Dokumente zur Deutschlandpolitik

Deutsche Einheit
Sonderedition aus den Akten des
Bundeskanzleramtes 1989/90

W0176527

Dokumente zur Deutschlandpolitik

Herausgegeben vom
Bundesministerium des Innern
unter Mitwirkung des Bundesarchivs

Wissenschaftliche Leitung:
Klaus Hildebrand, Hans-Peter Schwarz
Bundesarchiv:
Friedrich P. Kahlenberg

I. Reihe
3. September 1939 bis 8. Mai 1945
II. Reihe
9. Mai 1945 bis 4. Mai 1955
III. Reihe
5. Mai 1955 bis 9. November 1958
IV. Reihe
10. November 1958 bis 30. November 1966
V. Reihe
1. Dezember 1966 bis 20. Oktober 1969

Deutsche Einheit 1989/90 – Sonderedition

R. Oldenbourg Verlag München

Dokumente
zur
Deutschlandpolitik

Deutsche Einheit
Sonderedition aus den Akten
des Bundeskanzleramtes
1989/90

Bearbeitet von
Hanns Jürgen Küsters und Daniel Hofmann

R. Oldenbourg Verlag München 1998

Vorschlag zur Zitierweise:
Dokumente zur Deutschlandpolitik, Deutsche Einheit 1989/90
DzD Deutsche Einheit 1989/90

Die Deutsche Bibliothek – CIP-Einheitsaufnahme

Dokumente zur Deutschlandpolitik / hrsg. vom Bundesministerium des Innern
unter Mitw. des Bundesarchivs. – München : Oldenbourg

Deutsche Einheit. Sonderedition aus den Akten des Bundeskanzleramtes 1989/90 /
bearb. von Hanns Jürgen Küsters und Daniel Hofmann. – 1998

ISBN 3-486-56361-0 (geb.)
ISBN 3-486-56360-2 (brosch.)

© 1998 R. Oldenbourg Verlag GmbH, München

Das Werk einschließlich aller Abbildungen ist urheberrechtlich geschützt. Jede Verwertung außerhalb
der Grenzen des Urheberrechtsgesetzes ist ohne Zustimmung des Verlages unzulässig und strafbar. Das
gilt insbesondere für Vervielfältigungen, Übersetzungen, Mikroverfilmungen und die Einspeicherung und
Bearbeitung in elektronischen Systemen.

Umschlagentwurf: Hanns Jürgen Küsters, Bad Honnef-Rhöndorf
Gesamtherstellung: R. Oldenbourg Graphische Betriebe GmbH, München

Gedruckt auf säurefreiem, alterungsbeständigen Papier

ISBN 3-486-56361-0 (geb.)
ISBN 3-486-56360-2 (brosch.)

Geleitwort

Die Wiedervereinigung Deutschlands in Frieden und Freiheit am 3. Oktober 1990 war ein epochales Ereignis. Es markiert eine entscheidende Zäsur in der Geschichte der Nachkriegszeit. Zu Hunderttausenden hatten Männer und Frauen im Herbst 1989 an der friedlichen Revolution mitgewirkt. Nicht zuletzt durch ihren Freiheitswillen wurde die jahrzehntelange kommunistische Herrschaft überwunden. Ohne die tatkräftige Unterstützung unserer Verbündeten, vor allem des amerikanischen Präsidenten George Bush, unserer Partner in der Europäischen Gemeinschaft und unserer ungarischen Freunde wäre der Wiedervereinigungsprozeß nicht in Gang gekommen und so erfolgreich verlaufen. Nach über vierzig Jahren erzwungener Teilung Deutschlands erhob der Präsident der Sowjetunion, Michail Gorbatschow, keine Einwände mehr dagegen, daß die Deutschen ihr Selbstbestimmungsrecht frei ausüben und das vereinte Deutschland das Recht hat, über die Bündniszugehörigkeit souverän zu entscheiden. Bundeskanzler Dr. Helmut Kohl hat nicht gezögert, diese Chance zu ergreifen und den Weg zur Freiheit zu beschreiten.

Der Einigungsprozeß entwickelte eine kaum für möglich gehaltene Dynamik, die vor allem durch den Wunsch der Menschen in der ehemaligen DDR nach baldiger Wiedervereinigung erzeugt wurde. In dieser geschichtlich einmaligen Konstellation mußte die Bundesregierung für das deutsche Volk zahlreiche grundlegende Entscheidungen treffen. Der staatlichen Einheit folgten enorme Herausforderungen, von denen die Deutschen schon so manche gemeinsam gemeistert haben. Doch immer noch gilt es, Lasten aus der Zeit der Teilung und der SED-Diktatur zu beseitigen. Vieles ist mühsamer und schwieriger als anfangs gedacht. Um so wichtiger sind deshalb genaue Kenntnisse über das Zustandekommen der Wiedervereinigung. Sie tragen zum besseren Verständnis gegenwärtiger Probleme bei und schärfen zugleich den Blick für zukunftsweisende Lösungen.

Aus diesem Grunde wurde die Entscheidung getroffen, bereits acht Jahre nach Vollendung der deutschen Einheit eine Ausnahme von der gesetzlich geregelten Freigabefrist für Regierungsakten zu beschließen und zentrale Quellen der wissenschaftlichen Forschung, der Publizistik und auch der interessierten Öffentlichkeit im Rahmen der „Dokumente zur Deutschlandpolitik" zugänglich zu machen. Dem Bundeskanzleramt, das diese Sonderedition ermöglichte, danke ich für diese Bereitschaft ganz besonders. In bewährter Form haben die Wissenschaftliche Leitung der Gesamtedition und der Präsident des Bundesarchivs die Arbeiten betreut. Gedankt sei ihnen und den Herren Dr. Küsters und Dr. Hofmann, die das Werk mit großem und vorbildlichem Einsatz bearbeiteten.

Manfred Kanther
Bundesminister des Innern

Inhalt

Vorbemerkung   9

Zur Edition   13

Entscheidung für die deutsche Einheit.
Einführung in die Edition   21

Verzeichnis der Dokumente   237

Dokumente   269

Abkürzungen   1559

Organisationsplan des Bundeskanzleramtes   1567

Biographisches Verzeichnis   1569

Personenregister   1581

Sachregister   1599

Vorbemerkung

Die historische Tatsache, daß die deutsche Teilung im Oktober 1990 überwunden wurde, hat Deutschland und Europa tiefgreifend verändert. Ohne Zweifel darf die deutsche Einheit als eines der bedeutendsten Ereignisse der neuesten Geschichte beurteilt werden. Das Unvermutete des Vorgangs, das Tempo seiner Entwicklung und die Besonderheit der Entscheidungsprozesse fielen, wie nicht wenige andere Elemente des geschichtlichen Zusammenhangs, völlig aus dem Rahmen des Gewohnten heraus. Insofern ist es nicht erstaunlich, daß zu dem Gegenstand bereits ein recht ausgedehntes Schrifttum existiert. Über autobiographische Berichte der an den Entscheidungen Beteiligten und Darstellungen von Journalisten und Wissenschaftlern hinaus gibt es durchaus schon verschiedene Dokumentationen einschlägiger Materialien. In diversen Veröffentlichungen wird, paraphrasierend oder mit selektiver Zitation, auch auf amtliche Dokumente Bezug genommen, die noch nicht freigegeben sind. Die Öffentlichkeit hat somit ein großes und berechtigtes Interesse, möglichst viele und möglichst wichtige Dokumente bereits vor Ablauf der regulären Sperrfrist für amtliches Archivgut kennenzulernen. Da die Wiederherstellung der staatlichen Einheit vor allem in Deutschland als eine tiefe Zäsur zu gelten hat, ist eine Ausnahme von den Vorschriften, die üblicherweise für die relevanten Archivalien Gültigkeit haben, erwünscht und berechtigt.

Daher haben wir der Bitte, eine entsprechende Edition vorzubereiten, die der Bundesminister des Innern in Verbindung mit dem Bundeskanzleramt im Jahre 1995 an uns herangetragen hat, gerne entsprochen. In dem vorliegenden Sonderband der „Dokumente zur Deutschlandpolitik" wird eine Auswahl von Dokumenten, vor allem zu den außenpolitischen und innerstaatlichen Aspekten des Vereinigungsprozesses vorgelegt, die eine Fondsedition aus den Beständen des Bundeskanzleramtes darstellt.

Vor dem Hintergrund der bislang verfügbaren Materialien handelt es sich dabei ohne Zweifel um einen Meilenstein in der Entwicklung der historischen Forschung. Angesichts der Dimension des Untersuchungsgegenstandes braucht freilich nicht besonders betont zu werden, daß lediglich ein bemerkenswertes Zwischenergebnis zu einem komplizierten Vorgang von weltgeschichtlicher Bedeutung unterbreitet werden kann, der noch auf lange Zeit das Interesse der Geschichtswissenschaft finden wird.

Von Anfang an gab es gewisse Grenzen für dieses Vorhaben, auf die bei Konzipierung der Edition Rücksicht genommen werden mußte:

1. Der verfügbare Stab von Editoren war mit zwei Wissenschaftlern denkbar klein. Wollte man in überschaubarer Zeit zu einem Resultat kommen, verbot es sich, über die möglichst vollständige Durchsicht der einschlägigen Quellen im Bundeskanzleramt hinaus auch noch die Bestände anderer Ministerien heranzuziehen. Zudem wäre die ohnehin außerordentlich schwierige Freigabeproblematik im Falle einer solchen Ausweitung der Provenienzen fast unlösbar geworden.

2. Desgleichen mag es einleuchten, daß es nicht möglich war, die Edition auf die Materialien des Deutschen Bundestages und des Bundesrates, der Bundestagsfraktionen oder der am Vereinigungsprozeß gleichfalls stark beteiligten Parteiorganisationen auszuweiten.

3. Unnötig zu sagen ist schließlich, daß in einer so angelegten Fondsedition keine Dokumente aus den heute prinzipiell zugänglichen Beständen der ehemaligen DDR und ihrer Massenorganisationen Aufnahme finden konnten.

Bei der Entscheidung für eine Fondsedition aus Beständen des Bundeskanzleramtes waren gleichfalls einige grundsätzliche Einschränkungen zu akzeptieren:

1. Die im Bundeskanzleramt vorfindbaren Bestände aus dem Auswärtigen Amt, die den

dortigen Entscheidungsprozeß ohnehin nur teilweise zu spiegeln imstande sind, mußten weitestgehend außer Betracht bleiben.

2. Desgleichen war die an und für sich wünschenswerte Berücksichtigung von Materialien des Kabinettsausschusses Deutsche Einheit aufgrund der bekannten Beschlußlage, die für alle Kabinettsakten der Bundesregierung gilt, prinzipiell nicht möglich.

Die Auswahl beginnt mit dem für den zukünftigen Gang der Dinge maßgeblichen Besuch des amerikanischen Präsidenten George Bush in der Bundesrepublik Deutschland am 30./31. Mai 1989 und wird vom Sommer 1989 an intensiv gestaltet. Weshalb der Anfang des Monats Oktober 1990 als Schlußtermin gewählt wurde, bedarf nicht der näheren Erläuterung.

Unterstützt von den zuständigen Beamten des Bundeskanzleramtes, begannen die Arbeiten mit einer gründlichen Durchsicht der einschlägigen Bestände. Dabei konnten Dokumente, die nicht selten an entlegener Stelle deponiert waren oder sich noch im Geschäftsgang befanden, aufgespürt werden, weil von den Bearbeitern auf der Grundlage aller bisher bekannt gewordenen Informationen über Reisen, Konferenzen, Besprechungen, Telefonate und Korrespondenzen umfangreiche, möglichst vollständige und chronologisch geordnete Suchlisten angelegt und beim Bundeskanzleramt eingereicht wurden.

Aus einem durch die Bearbeiter ausgewählten, umfangreich disponierten Bestand wurde in intensiven Diskussionen eine erste Auswahl von 465 Dokumenten einschließlich der Anlagen getroffen. An den ausgedehnten Klausursitzungen, auf denen Dokument um Dokument erörtert wurde, nahmen die Unterzeichneten und die Bearbeiter, Dr. Küsters und Dr. Hofmann, teil. Die letztliche Verantwortung für die Dokumentenauswahl liegt bei der Wissenschaftlichen Leitung.

Geleitet wurde die definitive Auswahl der hiermit abgedruckten 430 Dokumente von der Überlegung, möglichst viele Archivalien aufzunehmen, die für die Vorgänge aufschlußreich und kennzeichnend sind.

Im Rahmen dieser Grenzen ist unserer Bitte um Freigabe – in quantitativer Hinsicht über 90% der beantragten Materialien – sehr weitgehend entsprochen worden. Für eine geringe Anzahl von Dokumenten wurde damit, wie international üblich, die Auflage verbunden, auf den Abdruck persönlich gefärbter Bemerkungen über lebende Personen der Zeitgeschichte zu verzichten. Einige Dokumente des Bundeskanzleramtes und der Ressorts, in denen sich Feststellungen über bis heute maßgebliche Sachverhalte der deutschen Innen- und Außenpolitik und der internationalen Beziehungen finden, wurden nicht freigegeben. Auf einen Abdruck der vielschichtigen Materialien zur Vorgeschichte des Zehn-Punkte-Programms mußte verzichtet werden.

Dennoch ist die Zahl der maßgeblichen, hier erstmals veröffentlichten Dokumente bemerkenswert groß: Die vorgelegte Auswahl ist also trotz der im einzelnen benannten Lücken, für die man, in einem sehr großen Maße jedenfalls, Verständnis aufbringen kann, aus unserer Sicht voll vertretbar. Sie dokumentiert alle wesentlichen Phasen der Entwicklung und erweitert die Kenntnis über die zentralen Entscheidungen in vielen Punkten beträchtlich.

Die Dokumente sind in der jeweils originalen Form eingesehen worden, die sich in den Registraturen des Bundeskanzleramtes befinden. Für die Bearbeitung wurden Photokopien der ausgewählten Akten hergestellt. Nach Erscheinen dieses Bandes wird im Bundesarchiv-Zwischenarchiv in Sankt Augustin ein gesonderter Bestand eingerichtet werden. Dort können alle im Zusammenhang mit der vorliegenden Edition freigegebenen Dokumente eingesehen werden.

Im Vorfeld der Editionsarbeiten hat das Bundeskanzleramt weiteren Wissenschaftlern Zugang zu denselben Aktenmaterialien gewährt, um quellengestützte Darstellungen zu ermöglichen. Beide Projekte sind selbstverständlich voneinander völlig unabhängig in wissenschaftlicher Eigenständigkeit entwickelt und vollendet worden. In allen Fällen, in denen einschlägige weitere Dokumente im Zusammenhang mit den genannten Monographien freigegeben wurden, werden die Photokopien nach Abschluß der entsprechenden Arbeiten gleichfalls dem erwähnten Sonderbestand im Bundesarchiv-Zwischenarchiv in Sankt Augustin zugeführt und damit für die Benutzung zugänglich gemacht werden.

Zum Schluß bleibt die angenehme Aufgabe des Dankens. Ohne die sehr nachhaltige und verständnisvolle Unterstützung von seiten des Bundesministeriums des Innern und des Bundeskanzleramtes hätten die vorliegenden Bände nicht so vergleichsweise zügig erarbeitet werden können. Namentlich erwähnt seien insbesondere die Herren Manfred Speck und Alex F. Stute vom Bundesministerium des Innern sowie die Herren Michael Mertes, Dr. Edmund Duckwitz und Frank Gehm vom Bundeskanzleramt.

In erster Linie aber gilt nachdrücklicher Dank Herrn Dr. Hanns Jürgen Küsters und Herrn Dr. Daniel Hofmann für ihren unermüdlichen Einsatz und die sorgfältige Bearbeitung. An dieser Stelle soll zusätzlich vermerkt werden, daß die Initiative und die Sachkenntnis von Herrn Dr. Küsters für das Gelingen des Projekts maßgeblich gewesen sind. Die Einführung ist von ihm in völliger wissenschaftlicher Eigenständigkeit verfaßt worden.

Bonn im März 1998

Klaus Hildebrand   Hans-Peter Schwarz
Wissenschaftliche Leitung

Friedrich P. Kahlenberg
Präsident des Bundesarchivs

Zur Edition

Der vorliegende Band „Deutsche Einheit" erscheint als Sonderedition der „Dokumente zur Deutschlandpolitik" (DzD) und ist deshalb keiner der bisher erschienenen I. bis V. Reihe für die Jahre 1939 bis 1969 zugeordnet. Anhand der im Bundeskanzleramt überlieferten Akten wird der Zeitraum zwischen dem Besuch des amerikanischen Präsidenten Bush am 30./31. Mai 1989 in Bonn, unmittelbar nach dem 40. Jahrestag der Verkündung des Grundgesetzes, und dem Tag der Wiederherstellung der deutschen Einheit am 3. Oktober 1990 dokumentiert. Für diese Fondsedition von Schriftstücken, die mit Unterstützung moderner Kommunikationstechnik entstanden sind, galt es, angemessene Editionsgrundsätze festzulegen.

Die Strukturierung des Bandes folgt dem bewährten Vorbild der Gesamtedition. Nach der Einführung bietet das Verzeichnis der Dokumente einen Überblick über alle abgedruckten Aktenstücke einschließlich ihrer Anlagen und des Sachbetreffs, falls solcher in der Vorlage erwähnt wird. Den insgesamt 430 Dokumenten schließen sich Abkürzungsverzeichnis, ein Organisationsplan des Bundeskanzleramtes mit Stand vom 10. April 1990, Biographisches Verzeichnis sowie Personenregister und Sachregister an.

Aktenbestände

Grundlage für die Auswahl der Dokumente waren alle in der offenen Registratur des Bundeskanzleramtes verfügbaren, teils noch im laufenden Geschäftsgang befindlichen und die bereits an das Bundesarchiv-Zwischenarchiv in Sankt Augustin (Bestand B 136) übermittelten Akten, die in erkennbarem sachlichen Bezug zu dem Prozeß der Wiederherstellung der Einheit Deutschlands standen. In der VS-Registratur des Bundeskanzleramtes wurden außerdem als Verschlußsache eingestufte Dokumente mit entsprechendem Sachbetreff für den Bearbeitungszeitraum gesichtet und auf Antrag von den zuständigen Fachreferaten herabgestuft. Darüber hinaus konnten einschlägige, die Wiedervereinigung Deutschlands betreffende Akteneinheiten in der Registratur des Bundesministeriums des Innern (Bestand GE – 020 056) herangezogen werden. Ausgewertet wurden ferner sich auf diese Phase erstreckende Akten des Bundesministeriums für innerdeutsche Beziehungen (Bestand B 137) und der Ständigen Vertretung der Bundesrepublik Deutschland bei der Deutschen Demokratischen Republik in Ost-Berlin (Bestand B 288) im Bundesarchiv.

Die gesichteten Akten der Abteilung 2 „Auswärtige und innerdeutsche Beziehungen; Entwicklungspolitik; äußere Sicherheit" des Bundeskanzleramtes – insbesondere des Arbeitsstabes 20 „Deutschlandpolitik" und der Gruppe 21 „Auswärtiges Amt; BM für wirtschaftliche Zusammenarbeit" – umfassen hauptsächlich die äußeren Aspekte der Wiedervereinigung. Von Bedeutung sind vor allem Vermerke über Gespräche des Bundeskanzlers und des Chefs des Bundeskanzleramtes mit ausländischen Persönlichkeiten sowie Vorlagen des Abteilungsleiters. Unter den Materialien befinden sich Entwürfe für Schreiben des Bundeskanzlers, Vorlagen an die Leitungsebene zu aktuellen außenpolitischen Entwicklungen und Ereignissen, Analysen zur außen- und sicherheitspolitischen Interessenlage der Bundesrepublik im nordatlantischen Bündnis, über die sich wandelnden Ost-West-Beziehungen, Entwicklungen in der Sowjetunion und die Staaten Ost- und Mitteleuropas. Diskussionspapiere für Positionsfestlegungen, Ergebnisprotokolle interministerieller Besprechungen, Weisungen an die Ständige Vertretung der Bundesrepublik Deutschland bei der DDR in Berlin (Ost) sowie deren Berichte an das Bundeskanzleramt sind in diesem Aktenbestand ebenso überliefert wie Schriftwechsel, den das Auswärtige Amt mit Auslandsmissionen der Bundesrepublik Deutschland geführt hat. In Ausarbeitungen der Gruppe 23 „BM der Verteidigung; Sicherheitspolitik (Verteidigungsfragen); Bundessicherheitsrat", die meistenteils Verhandlungspositionen der Bundesregierung bei der Konferenz für Sicherheit und Zusammenarbeit in Europa, der Konferenz über Vertrauens- und Sicherheitsbildende Maßnahmen und Abrüstung in Wien und bei den Verhandlungen über Konventionelle Streitkräfte in Europa betreffen, spiegeln sich vor allem die Arbeitsbeziehungen des Bundeskanzleramtes mit dem Bundesministerium der Verteidigung wider.

Deutschlandpolitisch relevante Akten der Abteilung 3 „Innere Angelegenheiten; Soziales; Umwelt" sind insonderheit in der Gruppe 33 „Recht; staatliche Organisation" entstanden, die mit den Beziehungen zu den Bundesministerien des Innern und der Justiz befaßt war und Fragen der öffentlichen und inneren Sicherheit sowie des Verfassungsrechts und der Geschäftsordnung der Bundesregierung bearbeitete. Das Material bezieht sich auf innerstaatliche und verfassungsrechtliche Aspekte des Beitritts der DDR zum Geltungsbereich des Grundgesetzes, der Überleitungsgesetzgebung, Änderungen des Grundgesetzes und der Rechtsordnung der Bundesrepublik Deutschland.

In engem Zusammenhang damit haben die Aufgaben der Abteilung 1 „Zentralabteilung" und der Gruppe 12 „Aufgabenplanung der Bundesregierung" gestanden, in der das Referat 121 „Kabinett- und Parlamentreferat; Ständiger Protokollführer" Kabinettangelegenheiten bearbeitete. Das Referat 122 „Bund-Länder-Verhältnis; Bundesrat und Vermittlungsausschuß; Besprechungen des Bundeskanzlers mit den Regierungschefs der Bundesländer" ist für die föderale Koordinierungsarbeit zuständig. Die betreffenden Aktenbestände enthalten Ergebnisprotokolle über Besprechungen des Bundeskanzlers mit den Regierungschefs der Länder und der regelmäßig abgehaltenen Gespräche des Chefs des Bundeskanzleramtes mit den Chefs der Staats- und Senatskanzleien der Länder sowie entsprechende Korrespondenz, Vermerke und Vorlagen.

Das für die Wiedervereinigung bedeutsame Aktenmaterial der Abteilung 4 „Wirtschafts- und Finanzpolitik" kommt in erster Linie aus der Gruppe 41 „Europäische Wirtschaftsintegration; Europäischer Binnenmarkt" und der Gruppe 42 „Wirtschaftspolitik", die für die internationale Währungsordnung, Geld-, Kredit- und Kapitalmarktpolitik zuständig ist. Es betrifft im wesentlichen Fragen der wirtschaftlichen und finanziellen Lage der DDR, Überlegungen zur Schaffung einer Währungs-, Wirtschafts- und Sozialunion sowie die Gewährung und Finanzierung von Krediten, Bürgschaften und sonstigen Unterstützungsmaßnahmen für die Länder Ostmitteleuropas und die Sowjetunion. Zusammen mit der Gruppe 43 „BM der Finanzen; Finanzverfassungs- und Haushaltsrecht; Steuerpolitik" hat die Abteilung für die Koordinierungen der Arbeiten mit dem Bundesministerium der Finanzen, dem Bundesministerium für Wirtschaft und der Kommission der Europäischen Gemeinschaften Sorge zu tragen.

Akten der Abteilung 5 „Gesellschaftliche und politische Analysen – Kommunikation und Öffentlichkeitsarbeit" geben Aufschlüsse über interne Anregungen und Initiativen aus der Gruppe 51 „Gesellschaftliche und politische Analysen" und der Gruppe 52 „Kommunikation und Öffentlichkeitsarbeit; politische Planung" zur wirksamen Darstellung der Politik des Bundeskanzlers und der Vermittlung seiner deutschlandpolitischen Ziele in der Öffentlichkeit.

Insgesamt eröffnet das für die Auswahl durchgesehene Material Einblicke in Lagebeurteilungen und Strategieeinschätzungen, Überlegungen, persönliche Absprachen und Schriftwechsel des Bundeskanzlers mit wichtigen ausländischen Persönlichkeiten wie den Präsidenten Bush, Gorbatschow, Mitterrand und Premierministerin Thatcher oder den Außenministern Baker, Schewardnadse und Hurd. Gleichfalls werden der Regierungsstil des Bundeskanzlers, die Koordinierung der Arbeiten über den Chef des Bundeskanzleramtes und die Arbeitsweise der

Leitungsebene mit den Mitarbeitern des Amtes, aber auch deren Arbeiten, Vorschläge, Empfehlungen und Expertisen in der Phase der Wiedervereinigung deutlich.

Allerdings gibt es nach wie vor durch Memoiren oder in Interviews von Zeitzeugen bekanntgewordene Vorgänge, die nicht in den gesichteten Akten gefunden wurden. Dafür gibt es im wesentlichen drei Gründe: Die entsprechenden Vorgänge sind in den Akten der Registratur des Bundeskanzleramtes nicht zu ermitteln gewesen. Oder es handelt sich um noch nicht zur Verfügung gestellte Dokumente des Bundeskanzlers. Oder es betrifft Gespräche und Telefonate, die von den Beteiligten aus verschiedensten Gründen – unter anderem wegen des großen Arbeitsanfalls und aus Zeitmangel – nicht in Vorgängen festgehalten wurden.

Auswahl und Anordnung der Dokumente

Für den Abdruck in dieser Edition wurden nur solche Schriftstücke ausgewählt, die vertieft Einblick in den Entscheidungsprozeß über die Herstellung der deutschen Einheit aus Sicht des Bundeskanzleramtes gewähren und bislang nicht amtlich veröffentlicht wurden. In Betracht kamen dabei vorrangig Dokumente, die nachweislich dem Bundeskanzler, dem Chef des Bundeskanzleramtes oder einem Staatsminister vorgelegen haben, zumindest aber den jeweiligen Abteilungsleitern zur Kenntnis gelangten. Von anderen Ressorts dem Bundeskanzleramt übermittelte Vorgänge fanden dann Berücksichtigung, wenn sie für die Entscheidungsfindung eine erkennbar wichtige Rolle spielten oder Vorlagen über den Chef des Bundeskanzleramtes an den Bundeskanzler beigefügt waren.

Die Dokumente sind chronologisch ohne besondere thematische Eingrenzung geordnet und fortlaufend numeriert. Ihre Reihenfolge richtet sich nach dem Datum des beschriebenen Ereignisses, ansonsten nach dem ausgewiesenen Datum ihrer Ausfertigung. Gerade bei Vermerken über Gespräche, die wegen der aktuellen politischen Arbeit häufig erst einige Tage später angefertigt wurden, hätte eine streng nach dem Ausstellungsdatum sortierte Dokumentenordnung zur Folge gehabt, daß der wirkliche Ereignisablauf erheblich durcheinandergeraten und schwerlich nachzuvollziehen gewesen wäre. Deshalb erfolgt in diesen Fällen die Einordnung nach dem Ablauf der Geschehnisse. Abweichungen zwischen dem Tag, an dem das Ereignis stattfand, und dem Datum der Niederschrift sind in den der Dokumentenüberschrift nachfolgenden Kopfregesten ausdrücklich erwähnt. Bei mehreren Dokumenten des gleichen Datums bestimmt die angegebene Uhrzeit die Reihenfolge. Verschiedene Gesprächsdaten konnten durch Auskünfte des Kanzlerbüros anhand des Terminkalenders des Bundeskanzlers ermittelt werden. In einigen jeweils nachgewiesenen Fällen ließ sich durch Zuhilfenahme einschlägiger Memoirenliteratur die Tageszeit – beispielsweise morgens, nachmittag, spät abends – genauer bestimmen.

Bei Dokumenten lediglich gleichen Datums rangieren jene des Bundeskanzleramtes vor denen der übrigen Ministerien in alphabetischer Reihe. Dokumente der Bundesregierung und der Regierung der DDR haben dann Vorrang vor denen anderer Staaten. Diese werden in der nach amtlichem Protokoll festgelegten Folge Vereinigte Staaten von Amerika, Französische Republik, Vereinigtes Königreich Großbritannien und Nordirland, Union der Sozialistischen Sowjetrepubliken und andere Staaten geordnet. War die exakte Datierung nicht möglich und auch aus anderen Überlieferungen nicht genau rekonstruierbar, erscheint der Hinweis „ohne Datum". Undatierte Aufzeichnungen, die sich jedoch in etwa zeitlich eingrenzen ließen, wurden nach dem frühestmöglichen Datum eingruppiert, sofern sie nicht als Anlage einem Vorgang bereits beigegeben waren. Sämtliche Anlagen sind mit der dazugehörigen Dokumentennummer und einem Buchstaben kenntlich gemacht.

Angaben zu den Dokumenten

Alle wiedergegebenen Texte sind mit einem standardisierten Dokumentenkopf versehen, der sich aus der Überschrift und Kopfregesten zusammensetzt. Die halbfett gedruckte Überschrift faßt die wichtigsten Informationen zu dem nachfolgenden Dokument formal zusammen. Das sind für gewöhnlich die Art des Dokuments, Bezugsperson(en) mit Angabe ihrer jeweiligen Funktion(en), Ausstellungsort bzw. Ort des Geschehens und Datum. In kleingedruckten Kopfregesten sind Hinweise zu dem jeweiligen Dokument enthalten, im einzelnen durch einen längeren Bindestrich abgegrenzt. Stets wird zuerst der Fundort angegeben. Geschäfts- bzw. Aktenzeichen beziehen sich auf den Zeitpunkt, zu dem die Bearbeiter die Akten einsahen. Auch bei schon in das Bundesarchiv übernommenen Akten werden – entgegen der sonst üblichen Zitierweise – außer der Archivsignatur zusätzlich noch die Geschäfts- und Aktenzeichen angegeben. Das Kürzel „BK" gibt an, daß sich die Akte noch in der Registratur des Bundeskanzleramtes befunden hat; das Kürzel „BArch" verweist auf den Fundort Bundesarchiv. Anschließend sind weitere Informationen aufgeführt wie Ausfertigungs- und Absendedatum, Stempel, Paraphen, Verfügungen der ranghöchsten Person, der das Schriftstück vorlag, nachträglich eingefügte handschriftliche Vermerke, spezielle sachbezogene Verweise auf vorangegangene Entwürfe oder Anordnungen zur Weitergabe von Ausfertigungen. Zahlreiche Dokumente wurden gemeinsam mit einer weiteren Vorlage dem Bundeskanzler unterbreitet, die zusätzliche Bemerkungen zu dem beigefügten Schriftstück enthält. Angaben zu solchen Vorgängen sind in Kopfregesten aufgeführt worden, ebenso abweichende Ausfertigungsdaten der Vorlage von dem nachfolgenden Dokument einschließlich des Sachbetreffs und der Unterschrift bzw. Paraphe des Mitarbeiters. Bei Fernschreiben werden die Übermittlungsdaten angegeben, wie Aufgabe, Eingang, Empfänger und Verteiler. In Ergebnisprotokollen der Besprechungen des Chefs des Bundeskanzleramtes mit den Chefs der Staats- und Senatskanzleien der Länder werden die Verhandlungsführer nicht namentlich, sondern nur als Vertreter der Länder mit Amtsbezeichnungen erwähnt. Auch sind Teilnehmerlisten nicht Bestandteil der Protokolle. Deshalb wurden aus Sachakten Einladungslisten hinzugezogen und in Kopfregesten die jeweils zuerst genannten Vertreter der einzelnen Länder zusammengestellt. Bei Gesprächsvermerken werden zudem Ort und Dauer der Unterredung angegeben; war letztere nicht zu ermitteln, ist der Beginn des Gesprächs angegeben.

Textwiedergabe und textkritische Bearbeitung

Nach dem Dokumentenkopf folgt der Text des Dokuments entsprechend der Vorlage. Grundsätzlich werden die Texte in vollem Umfang wiedergegeben mit Erwähnung des Sachbetreffs und der Teilnehmer, falls diese vermerkt worden sind. Wird im Text lediglich auf die Teilnehmerliste als Anlage verwiesen, unterblieb der Abdruck. Die Teilnehmer sind dann in einer Anmerkung aufgeführt. Enthält die Überschrift des Dokuments keine von dem Dokumentenkopf abweichende Information, wird diese nicht wiederholt. Bei der Textwiedergabe der Schreiben und Telegramme wurden genaue Anschriften des Absenders und des Empfängers nicht berücksichtigt. Von diesen Angaben wird ohne besondere Hinweise abgesehen. Anrede und Schlußformel werden, sofern vorhanden, übernommen. Gerade in persönlich gehaltenem Schriftverkehr des Bundeskanzlers mit führenden Persönlichkeiten kommt ihnen besondere Bedeutung zu. Gesprächsaufzeichnungen sind in verschiedenen Redeformen überliefert und geben das Gesprochene wörtlich, in indirekter Rede oder nur den Inhalt zusammenfassend wider.

Alle Auslassungen sind gekennzeichnet. Sie wurden dann vorgenommen, wenn es sich um ein noch VS-eingestuftes Dokument handelt, das nicht vollständig zum Abdruck freigegeben wurde, wenn Vorgänge wiedergegeben werden, die unverändert hohe politische Bedeutung haben und aktuelle Interessen der Bundesrepublik Deutschland tangieren oder der Schutz lebender Persönlichkeiten der Zeitgeschichte gewahrt bleiben muß. Einige Kürzungen waren erforderlich, weil Textpassagen in keinem sachlichen Zusammenhang mit der Deutschlandpolitik standen. In vielen Fällen werden die angesprochenen Themen in den Anmerkungen stichwortartig erläutert.

Die Wiedergabe der Texte erfolgt in der Regel nach der vom Verfasser durch Paraphe oder Unterschrift autorisierten und von der Leitungsebene des Bundeskanzleramtes, nach Möglichkeit durch den Bundeskanzler selbst, genehmigten Fassung. Bei Schreiben, Botschaften und Memoranden auswärtiger Mächte wurde gewöhnlich auf die deutsche amtliche Übersetzung zurückgegriffen, wenn diese vorlag. Andernfalls diente die zumeist mit übergebene inoffizielle deutsche Übersetzung des Absenders als Vorlage. Bei einigen Dokumenten wurde derjenigen Version der Vorzug gegeben, die dem Bundeskanzler vorgelegen und die er mit seiner Paraphe versehen hat. War keine deutsche Übersetzung zu ermitteln oder wurde dem Bundeskanzler zunächst der fremdsprachige Text unterbreitet, richtet sich der Abdruck nach dieser Fassung.

Schreibweisen von Namen und Sachbegriffen sind im Text der Vorlage entsprechend beibehalten worden. Bei der Erwähnung russischer Namen wird auf die in der Wissenschaft gebräuchliche Transliteration verzichtet zugunsten der in den Dokumenten ausschließlich verwandten transkribierten Schreibweise.

Das äußere Erscheinungsbild des Textes in Form von Absätzen, Zentrierungen, eingerückten Passagen oder herausgehobenen Zitaten sowie rechts- oder linksbündigen Anordnungen folgt der Vorlage. Weisen diese in ihrer Gestaltung ein typisches Erscheinungsbild auf, zum Beispiel Rasterung einzelner Begriffe oder Satzteile zur besseren Kenntlichmachung und schnelleren Übersicht für den Leser, sind sie übernommen worden. Sonstige Hervorhebungen und Druckauszeichnungen in der Textvorlage wie Fettdruck, Sperrungen, Unterstreichungen, Kapitälchen und Versalien bleiben erhalten. Kursive Schrift zeigt ausschließlich handschriftliche Ergänzungen bzw. Unterschriften an. Selten vorkommende kursive Schreibweisen sind als textkritische Auszeichnung angemerkt worden. Orthographie und Interpunktion wurden dann ohne Anmerkungen von den Bearbeitern korrigiert, wenn es sich um offensichtliche Fehler handelte.

Eingriffe der Bearbeiter in den Text bei unvollständigen und keinen Sinn ergebenden Worten und Sätzen sind in eckigen Klammern [ ] ergänzt und in Zweifelsfällen in einer Anmerkung erklärt worden. Drei Punkte ... mit einer Anmerkung markieren Auslassungen, die sachlich nicht die Deutschlandpolitik betreffen, oder nicht freigegebene Worte und Sätze, auf deren Anzahl in der Anmerkung hingewiesen wird. Dies gilt auch für Auslassungen in der Textvorlage. Abkürzungen von Ländern, Institutionen, Parteien und Verbänden werden unverändert beibehalten, ungebräuchliche Abkürzungen dagegen im Text oder durch das Abkürzungsverzeichnis aufgelöst.

Eine oder mehrere Anlagen, die den Dokumenten beiliegen, werden in der Bezeichnung und Reihenfolge der Vorlage entsprechend wiedergegeben. Kamen nicht alle Anlagen für einen Abdruck in Frage, blieben die ursprüngliche Numerierung der Anlage und ihre Titulierung unverändert.

Faksimilierte Dokumente stammen aus den Beständen des Bundeskanzleramtes. Auf die Fundorte wird in den Anmerkungen verwiesen.

Kommentar

Anmerkungen enthalten textkritische und sachbezogene Hinweise. Der Einfachheit halber sind diese beiden verschiedenen Anmerkungsarten durchgehend numeriert worden und jeweils am Ende der Seite zu finden. Textkritische Anmerkungen werden durch spitze Klammern ⟨ ⟩ kenntlich gemacht und erläutert. Die auf diese Weise markierten handschriftlichen Hervorhebungen, Korrekturen, Randnotizen und Ergänzungen werden in textkritischen Anmerkungen oder in Kopfregesten des entsprechenden Dokuments nach Möglichkeit mit einer Person identifiziert. Notizen des Bundeskanzlers auf hier abgedruckten Dokumenten sind ausnahmslos vermerkt worden. Daraus wird oftmals ersichtlich, welche Entscheidungen und Weisungen ergangen sind. Unleserliche Textstellen, satzverändernde und sinnentstellende Berichtigungen sind ebenfalls durch spitze Klammern ausgewiesen und mit einem erläuternden Satz in der Anmerkung richtiggestellt worden.

Sachbezogene Anmerkungen leisten Hilfestellung zum Verständnis der angesprochenen Vorgänge und verdeutlichen Zusammenhänge. Dabei geht es darum, jene Ereignisse und Sachverhalte darzulegen, die nicht durch Rückgriff auf einschlägige Chroniken und Handbücher erschlossen werden können. Vornehmlich wird auf amtliche Publikationen verwiesen. Agenturmeldungen, Artikel in Tageszeitungen, Interviews und Beiträge sind mit Angaben zur Veröffentlichung nachgewiesen, wenn sie im Text angesprochen werden. Memoirenliteratur, sonstige Publikationen von Zeitzeugen und nichtamtliche Dokumentationen finden in geringem Umfange Berücksichtigung. Sekundärliteratur wird nur in Ausnahmefällen zitiert; sie ist erfahrungsgemäß durch neuere Arbeiten bald überholt.

Die inhaltliche Verklammerung geschieht durch fortlaufende Numerierung der Dokumente und Querverweise auf Dokumentennummern und betreffende Anmerkungen, die dazu Sachinformationen aufweisen.

Verzeichnisse und Register

Das chronologisch angelegte „Verzeichnis der Dokumente" bietet eine Übersicht über Dokumentennummer, Datum sowie Bezeichnung des einzelnen Schriftstücks und zeigt die Seite des Abdrucks an. Dadurch können auch Personen und Stichworte mit dem Dokument in Bezug gesetzt werden. Zugleich führt es alle abgedruckten Texte auf und befindet sich deshalb vor dem Dokumententeil. Kolumnentitel erlauben einen raschen Zugriff auf bestimmte Teile des Bandes. Im Dokumententeil tragen Kolumnentitel jeweils auf der linken Seite das Datum des Dokuments und einen Kurztitel und auf der rechten Seite die Dokumentennummer und den Kurztitel. Das Auffinden eines Dokumententextes wird damit erleichtert.

Das „Abkürzungsverzeichnis" löst die im Text und Kommentar erwähnten fachspezifischen Kürzel auf. Nicht allgemein übliche und selten vorkommende Kurzformen, etwa für Gesetzesbeschreibungen, werden im Text aufgelöst und erscheinen nicht im Abkürzungsverzeichnis.

Das „Biographische Verzeichnis" enthält Angaben zu den wichtigsten in der Einführung, im Dokumentenkopf, im Text und in Anmerkungen mehrfach erwähnten Personen mit ihren Nachnamen, Vornamen, Geburtsjahr, gegebenenfalls Sterbejahr und den im Bearbeitungszeitraum 1989/90 maßgeblichen politischen, dienstlichen oder beruflichen Funktionen.

Das „Personenregister" erfaßt alle genannten Personen, nach Alphabet mit Nachnamen und Vornamen – soweit sie zu ermitteln waren – geordnet, und die jeweiligen Seitenzahlen.

Dem gezielten Auffinden bestimmter Sachbezüge dient das alphabetisch angelegte „Sachregister". Einführung, Dokumente und Kommentar sind durch Schlagwortbildung nach thematischen Gesichtspunkten und häufig genannten Begriffen erfaßt. Einträge bestehen aus dem Hauptschlagwort und gegebenenfalls weiteren Unterschlagworten in alphabetischer oder sachlich gebotener Reihenfolge und den entsprechenden Seitenzahlen.

Hanns Jürgen Küsters
Leiter der Editionsgruppe

Entscheidung für die deutsche Einheit

Einführung in die Edition
von Hanns Jürgen Küsters

Niemand rechnet im Frühjahr 1989 mit der baldigen Wiederherstellung der deutschen Einheit. Vierzig Jahre nach Verkündung des Grundgesetzes am 23. Mai 1949 präsentiert sich die Bundesrepublik Deutschland als demokratisch gefestigter Staat mit enormer Wirtschaftskraft, eingebunden in die westliche Staatengemeinschaft. Seit dem Ende des Zweiten Weltkriegs hat die Entscheidung über die nationale Einheit niemals in den Händen der Deutschen alleine gelegen. Manche denken kaum noch daran. Abrupte Veränderungen in den innerdeutschen Beziehungen scheinen ausgeschlossen, erst recht ein Zusammenbruch der SED-Herrschaft in der DDR.

Der Fall der Mauer am 9. November 1989 in Berlin kommt für die Politiker genauso überraschend wie für die Bevölkerung. Nach den Wahlen einer demokratischen Regierung in Polen im Frühjahr 1989, dem Abbau der ungarischen Grenzbefestigungen zum Westen Mitte September, Ausreisen von Flüchtlingen aus der DDR über die Botschaften in Prag und Warschau und dem Sturz von SED-Generalsekretär Honecker im Oktober setzt die Öffnung der innerdeutschen Grenze die deutsche Frage wieder auf die Tagesordnung der Weltpolitik. In einem engen Kreis führender Politiker fallen die Entscheidungen über die Wiederherstellung der deutschen Einheit am 3. Oktober 1990. Neben den Regierungszentralen in Washington und Moskau ist das Bundeskanzleramt in Bonn wichtigstes Koordinations- und Entscheidungszentrum des Wiedervereinigungsprozesses.

Entscheidungszentrum Bundeskanzleramt

Seit Gründung der Bundesrepublik Deutschland gehören alle wichtigen Entscheidungen in der Deutschlandpolitik zur Domäne des Bundeskanzlers. Helmut Kohl steht damit in der Kontinuität Konrad Adenauers, der schon 1949 die Teilung Deutschlands[1] als vorübergehenden Zustand angesehen hat.[2] Seitdem ist die Wiedervereinigung das eigentliche deutschlandpolitische Ziel aller Bundesregierungen. Die Art und Weise, wie Kohl im Jahre 1990 darüber verhandelt, sagt viel über die Facetten seines Regierungsstils aus. Sein Erfolg beruht nicht allein auf der Ausübung der Richtlinienkompetenz. Bei seinen Gesprächspartnern wirbt er zumeist um Vertrauen, stimmt vielfältige Interessen aufeinander ab. Davon soll öffentlich möglichst wenig bekanntwerden. Das stört den Frieden in der Koalition oder gar in der eigenen Partei. Auseinandersetzungen über die Medien kosten in aller Regel nur Sympathien und Stimmen. Solange politische Entscheidungen noch heranreifen, schottet der Bundeskanzler die Öffentlichkeit weitgehend ab. Lieber pflegt er eine ausgiebige Telefondiplomatie und sucht in direkten Kontakten mit einflußreichen Personen Schwierigkeiten aus der Welt zu schaffen. Beschlüsse läßt er den Medien mitteilen, wenn er die Zeit für gekommen hält. Themen, die ihm Presse, Rundfunk und Fernsehen aufzwingen, versucht er für ge-

---

1 Regierungserklärung des Bundeskanzlers Adenauer, 20. September 1949, in: Verhandlungen des Deutschen Bundestages. 1. Wahlperiode 1949. Stenographische Berichte. Bonn. Bd. 1. 5. Sitzung, 22–30; Auszug in: Dokumente zur Deutschlandpolitik II/2 (1949), 31–40.
2 Helmut Kohl, „Ich wollte Deutschlands Einheit". Dargestellt von Kai Dieckmann/Ralf Georg Reuth. Berlin 1996, 11, 15–17.

wöhnlich zu unterlaufen, indem er selbst auf öffentliche Äußerungen dazu verzichtet und abwartet.

Vom Bundeskanzleramt aus steuert Kohl Regierung, Koalition und Partei. Hier trifft er zwischen November 1989 und Oktober 1990 – binnen elf Monaten – viele innen- und außenpolitische Grundsatzentscheidungen für die Wiedervereinigung, führt er Gespräche mit in- und ausländischen Gästen, finden Koalitionsgespräche statt, werden mit den Bundesressorts und Vertretern der Länder Absprachen getroffen und Kontroversen ausgefochten. Doch ist der Politiker Kohl kein Mensch der Gremien. Politik vollzieht sich für ihn in persönlichen Gesprächen, in kleinen Zirkeln, beim gemeinsamen Essen und Trinken. Dabei hat sich ein spezielles System der Entscheidung und Konsensfindung herausgebildet.

Zentrale Koordinierungsinstanz sind die Koalitionsgespräche der Partei- und Fraktionsvorsitzenden von CDU, CSU und FDP, an denen Alfred Dregger,[3] Theo Waigel,[4] Wolfgang Bötsch, Hans-Dietrich Genscher[5] und Wolfgang Mischnick teilnehmen. Sie dienen der fortlaufenden Abstimmung unter den Koalitionspartnern und stärken dem Kanzler mit den erforderlichen Mehrheiten im Deutschen Bundestag den Rücken. Daran sind die Fraktionsvorsitzenden maßgeblich beteiligt. In diesem Kreis wird Einvernehmen angestrebt, bevor sich andere führende Mitglieder der Koalitionsparteien äußern.

Richtungsweisende Entscheidungen erarbeitet der Bundeskanzler also nicht im Bundeskabinett. Er regiert auch nicht mit der großen Beamtenschar einer gewaltigen Kanzleramtsbürokratie, sondern mit einzelnen Mitarbeitern. Auf seinen Vorlagen finden sich meistens konkrete Hinweise, wer die Angelegenheit weiter bearbeiten soll. Von seinen engsten Mitstreitern erwartet er unbedingt Loyalität, Treue, Kameradschaft und in allererster Linie die Tugend der Diskretion. Eigentlich ist es nur eine Handvoll Auserlesener, die sich als seine wirklichen Berater bezeichnen können.

Zum inneren Kreis der im Bundeskanzleramt Beschäftigten[6] gehört 1989/90 seine Persönliche Mitarbeiterin Juliane Weber. Mit ihr verbindet Kohl über Jahrzehnte seines Arbeitslebens hinweg ein besonderes Vertrauensverhältnis. Gleiches gilt für den Leiter des Kanzlerbüros, Ministerialdirigent Walter Neuer, ein stiller, aber höchst effizienter Arbeiter in der Funktion des Persönlichen Referenten. Seit April 1989, nachdem der Bundeskanzler den bisherigen Chef des Bundeskanzleramtes, Wolfgang Schäuble,[7] mit der Führung des Bundesministeriums des Innern betraut hat, bekleidet nunmehr Rudolf Seiters dieses Amt. Der gebürtige Niedersachse, bis dahin Erster Parlamentarischer Geschäftsführer der CDU/CSU-Bundestagsfraktion und der Öffentlichkeit noch wenig bekannt, gilt als Bindeglied zwischen Fraktion und Regierungszentrale. Er besticht durch pointierte, nüchterne Analysen. Seine Verläßlichkeit, Disziplin und Akkuratesse machen ihn auch für politische Gegner zu einem anerkannten Verhandlungspartner, dem es um faire und sachgerechte Kompromisse geht.[8] Als Kanzleramtsminister ist er der Behördenleiter und die administrative Koordinierungsstelle der gesamten Regierungspolitik. Er hat für die Durchführung der Regierungsbeschlüsse und die Abstimmungen mit den einzelnen Ministerien zu sorgen. Zu seinem Geschäftsbereich gehört auch die Ständige Vertretung der Bundesrepublik Deutschland bei der

3   Alfred Dregger, Einigkeit und Recht und Freiheit. Beiträge zur deutsch-europäischen Einheit. München 1993, 137–238.
4   Theo Waigel, Tage, die Deutschland und die Welt veränderten, in: Ders./Manfred Schell, Tage, die Deutschland und die Welt veränderten: Vom Mauerfall bis zum Kaukasus. Die deutsche Währungsunion. München 1994, 26–56.
5   Hans-Dietrich Genscher, Erinnerungen. Berlin 1995, 614–887.
6   Organisationsplan des Bundeskanzleramtes. Stand: 10. April 1990, S. 1567.
7   Wolfgang Schäuble, Der Vertrag. Wie ich über die deutsche Einheit verhandelte. Hg. und mit einem Vorwort von Dirk Koch/Klaus Wirtgen. Stuttgart 1991, 13–283. Ders., Der Einigungsvertrag – Vollendung der Einheit Deutschlands in Freiheit, in: Bernd Guggenberger/Tine Stein (Hg.), Die Verfassungsdiskussion im Jahr der deutschen Einheit. Analysen – Hintergründe – Materialien. München-Wien 1991, 283–306.
8   Antonius John, Rudolf Seiters. Einsichten in Amt, Person und Ereignisse. Bonn-Berlin 1991, 28–30, 47–54.

DDR. Somit besitzt er großen Einfluß auf die Deutschlandpolitik. Es bedarf dazu neben juristischer Kenntnisse auch einer gehörigen Portion Fingerspitzengefühls im Umgang mit den Botschaftern der drei Westmächte.

In außenpolitischen Fragen steht dem Kanzler zu dieser Zeit ein schlagkräftiges Team beiseite. Fragen der Außen- und Deutschlandpolitik koordiniert die Abteilung 2 (Auswärtige und innerdeutsche Beziehungen; Entwicklungspolitik; äußere Sicherheit). Ihr Leiter, Ministerialdirektor Horst Teltschik,[9] ist einer seiner treuesten Mitarbeiter seit den Tagen, als Kohl Ministerpräsident von Rheinland-Pfalz war. Mit Leidenschaft widmet sich Teltschik vor allem den Fragen der Außen- und Sicherheitspolitik. Diskret, verantwortungsvoll und mit Verhandlungsgeschick, wenn es gilt, heikle Gespräche zu führen oder im Auftrag des Kanzlers Missionen zu erfüllen. Im Auswärtigen Amt erfreut er sich keiner besonderen Beliebtheit. Dort herrscht die „verfestigte Meinung", mit Teltschik, dem ersten Nicht-Berufsdiplomaten auf dem wichtigen Posten des Abteilungsleiters für Außenpolitik im Bundeskanzleramt, sei ein „‚Amateur' am Werk".[10] Solche Eifersüchteleien stören den Kanzler nicht. Doch sind manche Friktionen im Benehmen zwischen Bundeskanzleramt und Auswärtigem Amt auf diese besondere Konstellation zurückzuführen.

Unterstützt wird Teltschik von Ministerialdirigent Peter Hartmann, Leiter der Gruppe 21 (Auswärtiges Amt), einem gelernten Diplomaten, der zusammen mit Dieter Kastrup, dem Leiter der Politischen Abteilung 2 im Auswärtigen Amt, und Frank Elbe,[11] dem Leiter des Büros von Bundesaußenminister Genscher in den siebziger Jahren im Grundsatzreferat „Fragen, die Berlin und Deutschland als Ganzes betreffen" gearbeitet hat. Hartmann kennt sich in allen deutschlandpolitischen Detailfragen bestens aus und hat ein sicheres Urteil über die anzustrebenden Ziele.

Speziell Ost-West-Fragen bearbeitet der Vortragende Legationsrat I Uwe Kaestner, für Angelegenheiten der Europäischen Integration und besonders der deutsch-französischen Beziehungen ist der Vortragende Legationsrat I Joachim Bitterlich zuständig. Neben der Gruppe 23 (Bundesministerium der Verteidigung) sind der Arbeitsstab 20 (Deutschlandpolitik) mit Ministerialdirigent Claus-Jürgen Duisberg an der Spitze und die Gruppe 22 (Bundesministerium für innerdeutsche Beziehungen, Beziehungen zur DDR, Berlin-Fragen), geleitet von Ministerialdirigenten Ernst Stern, die zentrale Arbeitseinheit für die Beziehungen der Bundesrepublik Deutschland zur DDR. Darunter fallen sowohl Kontakte zur Ständigen Vertretung der Bundesrepublik Deutschland bei der DDR in Berlin (Ost) als auch zur Ständigen Vertretung der DDR in Bonn.

Innerstaatliche Angelegenheiten werden in der Abteilung 3 (Innere Angelegenheiten, Soziales, Umwelt), vor allem von der Gruppe 33 (Recht, staatliche Organisationen) unter Leitung von Ministerialdirigent Busse[12], bearbeitet.

In wirtschaftspolitischen Fragen vertraut der Bundeskanzler hauptsächlich Johannes Ludewig, der in der Abteilung 4 (Wirtschaft) über enge Verbindungen zu Staatssekretär von Würzen im Bundesministerium für Wirtschaft verfügt. Großes Gewicht mißt Kohl den Worten Hans Tietmeyers bei. Dieser ist bis Ende 1989 Staatssekretär im Bundesministerium der Finanzen und wird dann zum Mitglied des Direktoriums der Deutschen Bundesbank berufen. Auf ausdrücklichen Wunsch des Kanzlers nimmt er sich im April 1990 der schwierigen

---

9   Horst Teltschik, 329 Tage. Innenansichten der Einigung. Berlin 1991, 7–9.
10   Richard Elbe/Frank Kiessler, Ein runder Tisch mit scharfen Ecken. Der diplomatische Weg zur deutschen Einheit. Baden-Baden 1993, 98.
11   Frank Elbe, Die Lösung der äußeren Aspekte der deutschen Vereinigung: der Zwei-plus-Vier-Prozeß (Institut für internationales Recht an der Universität Kiel. Schriftenreihe des Walther-Schücking-Kollegs 14). Bonn 1993, 29 S.
12   Volker Busse, Bundeskanzleramt und Bundesregierung. Aufgaben, Organisation, Arbeitsweise – mit Blick auf Vergangenheit und Zukunft. 2. überarbeitete Aufl. Heidelberg 1997, 39–133.

Frage der Wirtschafts- und Währungsunion mit der DDR an und führt die bundesdeutsche Delegation.[13]

Zu den langjährigen Vertrauten Kohls zählt Eduard Ackermann[14]. Der Leiter der Abteilung 5 (Gesellschaftliche und politische Analysen, Kommunikation und Öffentlichkeitsarbeit) ist für die mediengerechte Präsentation der Kanzlerpolitik verantwortlich und stets loyal an seiner Seite. Bevor Kohl ihn 1982 in dieses Amt holt, hat Ackermann 24 Jahre lang die Pressestelle der CDU/CSU-Bundestagsfraktion geleitet.

Wichtigste Figur im Umfeld des Kanzlers für alle großen machtstrategischen Überlegungen ist zweifelsohne der Bundesminister des Innern, Wolfgang Schäuble. Im Zuge der Kabinettsumbildung am 13. April 1989[15] wird er Nachfolger von Friedrich Zimmermann[16], der dafür in das Bundesministerium für Verkehr wechselt. Schäuble ist gewöhnlich anwesend, wenn der Bundeskanzler längerfristige Planungen erörtert. Das geschieht bevorzugt in der sogenannten Bungalow-Runde, die sich in unregelmäßigen Abständen abends im Kanzlerbungalow einfindet. Nicht selten wird hier vorentschieden, was Kohl in den nächsten Tagen zum Thema der Koalitionsrunde macht oder von einzelnen Mitarbeitern genauer prüfen läßt. Das Bundeskabinett behandelt und verabschiedet anschließend die größtenteils fertigen Entscheidungen, die von der Administration umzusetzen sind. Verschiedentlich neigt Kohl dazu, Meinungen von Vertrauten außerhalb der Bonner Zirkel einzuholen. Wert legt er vor allem auf die Brüder Fritz und Erich Ramstetter; früher der eine Oberstudiendirektor, der andere Dekan. Mit ihnen diskutiert er beispielsweise am Wochenende des 25./26. November 1989 über die geplante Veröffentlichung des Zehn-Punkte-Programms.

Vom Bundeskabinett und der Koalitionsrunde einmal abgesehen, existieren seit etwa Mitte der achtziger Jahre sechs verschiedene Entscheidungs- und Beratungsgremien unter Beteiligung des Bundeskanzleramtes und der Fachressorts, die sich mit Fragen der Deutschlandpolitik befassen: der Kabinettausschuß für Deutschland- und Berlinfragen, das Deutschlandpolitische Koordinierungsgespräch, der Erweiterte Dreier-Kreis, die Deutschlandpolitische Koordinierung, der deutschlandpolitische Gesprächskreis mit Vertretern der Koalitionsfraktionen im Deutschen Bundestag und die Bonner Viergruppe.[17] Die einzelnen Gremien haben in der entscheidenden Verhandlungsphase über die Wiedervereinigung allerdings recht unterschiedliches politisches Gewicht.

Der „Kabinettausschuß für Deutschland- und Berlin-Fragen", 1985 wieder eingerichtet, soll unter Vorsitz des Bundeskanzlers zusammentreten, hält aber bis Mitte 1989 keine Sitzung ab.[18] Das „Deutschlandpolitische Koordinierungsgespräch" unter Vorsitz des Bundesministers für innerdeutsche Beziehungen ist ein informelles Gremium. Es geht nach dem Regierungswechsel 1982 aus dem sogenannten „Fünfer-Kreis" hervor. Zu den regelmäßigen Teilnehmern gehören der Chef des Bundeskanzleramtes, der Bevollmächtigte der Bundesregierung in Berlin, die Staatssekretäre des Auswärtigen Amtes und des Bundesministeriums für

---

13   Hans Tietmeyer, Erinnerungen an die Vertragsverhandlungen, in: Waigel/Schell, Tage, die Deutschland und die Welt veränderten, 57–117.

14   Zu seinem Tagesablauf im Bundeskanzleramt: Eduard Ackermann, Mit feinem Gehör. 40 Jahre in der Bonner Politik. Bergisch-Gladbach 1994, 9–15.

15   Bundeskanzler Kohl hat den bis dahin amtierenden Bundesminister der Finanzen, Gerhard Stoltenberg (Wendepunkte. Stationen deutscher Politik 1947–1990. Berlin 1997, 306), zum Bundesminister der Verteidigung, Theo Waigel zum Bundesminister der Finanzen und den bisherigen Bundesminister für Verkehr, Jürgen Warnke, zum Bundesminister für Entwicklungshilfe berufen.

16   Zum Wechsel des Amtes: Friedrich Zimmermann, Kabinettstücke. Politik mit Strauß und Kohl 1976–1991. München-Berlin 1991, 298 f.

17   Vorlage des Ministerialrats Kass an die Parlamentarische Staatsministerin Berger betr. Entscheidungsgremien für deutschland- und berlinpolitische Fragen, 29. Januar 1988; BArch, B 136/20170, 223 – 14470 Ka 1 Bd. 1.

18   Vermerk des Ministerialrats Germelmann, Entscheidungs- und Beratungsgremien für deutschland- und berlinpolitische Fragen, 12. März 1987; ebd.

innerdeutsche Beziehungen, der Leiter der Ständigen Vertretung der Bundesrepublik Deutschland in Berlin (Ost) sowie der Senator Berlins für Bundesangelegenheiten. Außerdem nehmen von Fall zu Fall Staatssekretäre der Bundesministerien des Innern, der Justiz, der Finanzen, für Wirtschaft und für Verkehr teil. In der zweiten Hälfte der achtziger Jahre findet aber kein Koordinierungsgespräch mehr statt.

Dafür gewinnt der sogenannte „Erweiterte Dreier-Kreis" an Bedeutung. Dieses informelle, stets im Bundeskanzleramt zusammentretende Gremium, dem ursprünglich der Chef des Bundeskanzleramtes und ein Staatssekretär des Auswärtigen Amtes und des Bundesministeriums für innerdeutsche Beziehungen angehören, geht ebenfalls aus dem „Fünfer-Kreis" hervor. Den Vorsitz führt der Chef des Bundeskanzleramtes. Weitere ständige Teilnehmer sind die Staatssekretäre des Bundesministeriums der Finanzen und des Bundesministeriums für Wirtschaft sowie der Leiter des Arbeitsstabes Deutschlandpolitik im Bundeskanzleramt, der Leiter der Ständigen Vertretung der Bundesrepublik Deutschland in Berlin (Ost) und der Berliner Senator für Bundesangelegenheiten. Über die Sitzungen des „Erweiterten Dreier-Kreises", die je nach Bedarf stattfinden, werden keine Protokolle angefertigt. Allenfalls faßt der Leiter des Arbeitsstabes Deutschlandpolitik den wesentlichen Inhalt in internen Vermerken zusammen.

Die „Deutschlandpolitische Koordinierung" dient dazu, auf Referatsleiterebene unter Vorsitz des Leiters der Abteilung Deutschlandpolitik des Bundesministeriums für innerdeutsche Beziehungen die Zusammenarbeit der mit deutschland- und berlinpolitischen Fragen befaßten Referate der einzelnen Bundesministerien zusammenzuführen.

Forum für monatliche Abstimmungen von Vertretern der Bundesregierung mit Vertretern der Koalitionsfraktionen im Deutschen Bundestag ist der „Deutschlandpolitische Gesprächskreis", auch „Deutschlandpolitisches Frühstück" genannt. Seitens der Bundesregierung nehmen gewöhnlich der Chef des Bundeskanzleramtes und der Bundesminister für innerdeutsche Beziehungen an diesen Unterredungen teil.

In unregelmäßigen Abständen kommt es in der „Bonner Vierergruppe", die auf Ebene der Botschafter Frankreichs, Großbritanniens und der Vereinigten Staaten von Amerika oder deren Vertreter tagt, zu Konsultationen der Bundesregierung mit den Drei Mächten über Fragen der Deutschland- und Berlinpolitik. Diese Treffen haben grundsätzlich informatorischen Charakter, dienen aber auch verschiedentlich der politischen Koordinierung. In den Sitzungen von Herbst 1989 an wird die Bundesregierung durch den Staatssekretär des Auswärtigen Amtes, Sudhoff, gelegentlich auch durch Staatssekretär Lautenschlager, und den Chef des Bundeskanzleramtes, Seiters, bzw. den Leiter des Arbeitsstabes Deutschlandpolitik, Duisberg, vertreten.

Nach der organisatorischen Struktur der Zuständigkeiten in der Geschäftsordnung der Bundesregierung ist das Bundesministerium für innerdeutsche Beziehungen für die Koordinierung der Deutschlandpolitik zuständig. Dem Haushaltsplan zufolge soll es der Einheit der Nation dienen, den Zusammenhalt des deutschen Volkes stärken, die Beziehungen der beiden Staaten in Deutschland fördern, die deutschlandpolitische Verantwortung der Bundesregierung wahrnehmen sowie in Gesetzgebung und Verwaltung entsprechende Vorhaben der Ressorts koordinieren. Grundproblem ist jedoch: Das Bundesministerium nimmt zwar an allen offiziellen Verhandlungen mit der DDR teil, wird aber von der DDR nicht als vorrangiger Gesprächspartner akzeptiert. Wirkliche Kompetenz gegenüber der DDR besitzt das Ministerium nur, wenn es um die Regelung und Durchführung humanitärer Anliegen wie Familienzusammenführung und Ausreisefragen geht.[19] In diesen Angelegenheiten arbeitet das Ministerium eng mit der Ständigen Vertretung in Berlin (Ost) zusammen.

---

19 Vermerk des Ministerialdirigenten Stern betr. Struktur der Zuständigkeiten, 19. April 1989; ebd., B 136/20223, 221 – 34900 De 1 Bd 104.

In einem Organisationserlaß auf der Grundlage von § 9 der Geschäftsordnung der Bundesregierung hat Bundeskanzler Brandt am 25. April 1974 die Zuständigkeit für die Ständige Vertretung der Bundesrepublik Deutschland bei der Deutschen Demokratischen Republik dem Chef des Bundeskanzleramtes zugewiesen. Weisungen an die Ständige Vertretung werden seitdem vom Bundeskanzleramt auf der Grundlage von Vorschlägen des Bundesministeriums des Innern oder des entsprechenden federführenden Ressorts bzw. nach Abstimmung mit diesem erteilt. Ihrerseits ist die Ständige Vertretung dem Bundeskanzleramt berichtspflichtig. In außenpolitischen Fragen, die Berlin und Deutschland als Ganzes betreffen, und in allgemeinen außenpolitischen Fragen, die nicht überwiegend das Verhältnis der Bundesrepublik zur DDR berühren, kann das Auswärtige Amt der Ständigen Vertretung direkt Weisungen erteilen. Gleiches trifft für das Bundesministerium für innerdeutsche Beziehungen in Einzelfällen ohne politische oder grundsätzliche Bedeutung und auf dem Gebiet der Familienzusammenführung zu.[20]

Im Bundeskanzleramt ist der Leiter des Arbeitsstabes Deutschlandpolitik mit der Gruppe 22 zuständig für diese Weisungen und Berichte. Ungeachtet der organisatorischen Einordnung in die Abteilung 2 untersteht er direkt dem Chef des Bundeskanzleramtes. Damit unterliegt die operative Zuständigkeit für die Beziehungen zur DDR fast ausschließlich dem Bundeskanzleramt, das in jeder Hinsicht politischer Ansprechpartner der DDR ist, sowohl für Gespräche mit der Ständigen Vertretung der DDR in Bonn wie in direkten Kontakten mit der Regierung der DDR. In der Praxis resultiert daraus ein Übergewicht des Bundeskanzleramtes in der Meinungs- und Entscheidungsbildung. Infolgedessen hat das Kanzleramt bei fast allen Verhandlungen mit der DDR die Lenkung der Deutschlandpolitik in der Hand. Lediglich in zwei Bereichen werden Kontakte mit der DDR unmittelbar von den Ressorts – und auch nicht über die Ständigen Vertretungen – wahrgenommen, und zwar vom Bundesministerium für Wirtschaft durch die nachgeordnete Treuhandstelle für Industrie und Handel bei allen Fragen des innerdeutschen Handels und durch den Staatssekretär des Bundesministeriums für innerdeutsche Beziehungen bei Verhandlungen mit Rechtsanwalt Vogel über Fragen der Familienzusammenführung und vorzeitigen Haftentlassungen.

Abstimmungsaufgaben aller Berlin betreffenden Fragen sind keinem besonderen Ressort zugeordnet. Begrenzt nimmt das Bundesministerium für innerdeutsche Beziehungen Koordinierungen wahr. Denn für außenpolitische Fragen besitzt das Auswärtige Amt die Zuständigkeit und führt die Gespräche in der Vierer-Gruppe, während das Bundesministerium für Wirtschaft die Wirtschaft Berlins betreffende Fragen abstimmt. Die beschränkte Wahrnehmung der Aufgaben durch die Ressorts führt dazu, daß das Bundeskanzleramt nicht selten diese Funktion übernimmt. Die erforderliche Rückkoppelung mit dem Senat erfolgt durch das Bundeskanzleramt bzw. durch die Ressorts mit der Landesvertretung Berlins in Bonn. Gibt es bis zum Herbst 1989 auch begrenzt unmittelbare Kontakte zwischen dem Bundeskanzleramt und der Senatskanzlei, die nach den Wahlen zum Abgeordnetenhaus Ende Januar 1989 noch nicht wieder aufgenommen worden sind, so ändert sich das nach dem Gespräch des Bundeskanzlers mit dem Regierenden Bürgermeister am 1. Dezember 1989.

In den Westsektoren Berlins wird die Bundesregierung dem Viermächte-Abkommen von 1972 folgend bei den westalliierten Behörden und beim Senat durch eine ständige Verbindungsbehörde vertreten. Nach einem Erlaß vom 2. Juni 1972 vertritt der Bevollmächtigte der Bundesregierung in Berlin die Bundesregierung gegenüber den drei Stadtkommandanten und dem Senat. Ihm stehen keine Weisungsbefugnisse zu. Die Abteilungen und Referate erhalten Weisungen von den jeweils zuständigen Ressorts.

---

20 Vorlage des Ministerialrats Germelmann an den Leiter des Arbeitsstab Deutschlandpolitik, Kurzdarstellung von Status und Aufgaben der Ständigen Vertretung der Bundesrepublik Deutschland, 221 – 35016 – Ve 20, 16. Januar 1985; ebd., B 136/21288, 221 – 35016 Ve 20 März 84 – Febr. 86 Bd. 13.

Fester Bestandteil der deutschlandpolitischen Arbeit des Bundeskanzleramtes sind informelle Gespräche zwischen dem Chef des Bundeskanzleramtes und dem Staatssekretär im Ministerium für Außenhandel, Schalck-Golodkowski. Zu diesen Begegnungen kommt es in unregelmäßiger Folge. Sie dienen der Vorbereitung und Abklärung politischer und finanzieller Fragen, die später Gegenstand förmlicher Verhandlungen zwischen der Bundesregierung und der Regierung der DDR sind, wie zum Beispiel die Transitpauschale oder die Vorbereitung des Besuchs von Generalsekretär Honecker in der Bundesrepublik Deutschland. In der Amtszeit von Bundesminister Schäuble als Chef des Bundeskanzleramtes kommt es häufig zu Gesprächskontakten, die beide Seiten mit äußerster Diskretion und Vertraulichkeit behandeln. Die Gesprächstermine sind in der Regel weder den beteiligten Bundesministerien noch auf seiten der DDR der Ständigen Vertretung in Bonn bekannt.[21]

Einen zweiten vertraulichen Gesprächskanal unterhält der Staatssekretär im Bundesministerium für innerdeutsche Beziehungen, Walter Priesnitz,[22] mit Rechtsanwalt Wolfgang Vogel, dem Beauftragten der DDR-Regierung für humanitäre Fragen. In diesen Unterredungen geht es vornehmlich um Übersiedler aus der DDR in die Bundesrepublik, Bemühungen der Bundesregierung um vorzeitige Entlassungen von Häftlingen aus Gefängnissen der DDR und deren Ausreise in die Bundesrepublik und gelegentlich einzelne Fragen des Reiseverkehrs. In Ausnahmefällen übermittelt das Bundeskanzleramt vom Amtschef besonders unterstützte Reiseanliegen außerhalb des üblichen Verfahrens an das Büro des Leiters der Ständigen Vertretung der DDR.

Seit den Verhandlungen zwischen Bundeskanzler Schmidt und Generalsekretär Honecker besteht eine dritte Kontaktschiene in Berlin (Ost) zwischen dem Leiter der Ständigen Vertretung der Bundesrepublik Deutschland und Staatssekretär Schalck-Golodkowski. Dieser Verhandlungskontakt ist nach dem Regierungswechsel 1982 in einem Briefwechsel zwischen Bundeskanzler Kohl und Generalsekretär Honecker vom 19. November 1982 ausdrücklich bestätigt worden. Doch hat dieser Gesprächskanal angesichts der direkten Gespräche zwischen Bundesminister Schäuble und Staatssekretär Schalck-Golodkowski an Bedeutung eingebüßt.

Internationale Kontakte

Zur täglichen Arbeitsroutine des Bundeskanzlers gehören unmittelbare persönliche Kontakte mit den maßgeblichen ausländischen Führungspersönlichkeiten. Sie sind unabdingbare Voraussetzung für eine erfolgreiche Politik. Kurze Verbindungswege in die Regierungszentralen bauen Vertrauen auf und ermöglichen es, Probleme direkt von Regierungschef zu Regierungschef anzusprechen und einer Klärung näherzubringen. Kohl pflegt im Frühjahr 1989 besonders zu George Bush und François Mitterrand[23] enge Beziehungen. 1989/90 trifft er sich sechsmal bilateral mit Bush und telefoniert fast wöchentlich mit ihm. Mitterrand sieht er in dieser Zeit noch häufiger, sowohl bilateral als auch im Rahmen der turnusmäßig zweimal jährlich stattfindenden deutsch-französischen Regierungskonsultationen und bei Sitzungen des Europäischen Rates, von denen zwischen November 1989 und Oktober 1990 vier stattfinden. Hinzu kommen die beiden NATO-Gipfeltreffen im Dezember 1989 in Brüssel

---

21　Verfügung des Ministerialrats Germelmann betr. Vertrauliche Gesprächskanäle, 17. April 1989; ebd., B 136/20223, 221 – 34900 De 1 Bd. 104.
22　Äußerung von Walter Priesnitz in: Zur Freiheit durch Ungarn. Die Öffnung der ungarischen Grenze in der Nacht vom 10. auf den 11. September 1989. Symposium, 8. September 1994. Haus Ungarn, Berlin. Dokumentation. Hg. von der Konrad-Adenauer-Stiftung. Sankt Augustin 1994, 22–24.
23　François Mitterrand, Über Deutschland. Frankfurt/Main-Leipzig 1996, 7–138 (französische Ausgabe: De l'Allemagne, De la France. Paris 1996).

und Anfang Juli 1990 in London. Allein mit der britischen Premierministerin Thatcher trifft sich Kohl außerhalb der europäischen Gremien nur zu einem bilateralen Gespräch Ende März 1990 in London. Gorbatschow begegnet der Kanzler dreimal, im Juni 1989 in Bonn sowie im Februar und Juli 1990 in Moskau bzw. im Kaukasus, wo jeweils politische Weichen gestellt werden.

Bei dem 65jährigen Bush, der im Januar 1989 das Präsidentenamt antritt, genießt Kohl einen erheblichen Vertrauensvorschuß. Mehrfach hat der Kanzler während seiner Amtszeit seit 1982 seine proamerikanische Haltung unter Beweis gestellt. Die Regierung in Washington rechnet ihm sein freundschaftliches Verhältnis zu Frankreich und den Einsatz für die europäische Einigung hoch an. Kohl, das weiß auch Bush, ist in seiner Karriere häufig unterschätzt worden. Er besitzt Familiensinn und Nationalstolz, wofür Amerikaner großes Verständnis haben.[24] Bushs Vertrauen, so meint der Kanzler später selbst, beruht ganz wesentlich darauf, daß er sich sowohl bei der Durchsetzung des NATO-Doppelbeschlusses als auch in der Umbruchphase Mitte der achtziger Jahre als verläßlicher Partner erwiesen hat. Ständig signalisiert er, nicht bei der ersten besten Gelegenheit aus Gründen der nationalen Einheit die Solidarität mit dem westlichen Bündnis brechen zu wollen.[25] Bush wiederum bringt Erfahrungen in der internationalen Diplomatie mit und arbeitet diszipliniert, ganz im Managerstil. Als Vizepräsident hat er sich gegenüber Präsident Reagan stets loyal gezeigt. Der Kanzler schätzt so etwas. Bush ist in seinen Augen zwar kein charismatischer Typ, eher ein Intellektueller von der Atlantikküste, der aber von Europa mehr versteht als sein Vorgänger. Als Republikaner hat Bush innenpolitisch einen schweren Stand. Im Kongreß verfügen die Demokraten über die Mehrheit. Mit solchen Gefechtslagen ist Kohl bestens vertraut.

Anders ist die politische Situation Mitterrands. Seitdem die Parlamentswahlen im Juni 1988 die *cohabitation* beendet haben, arbeitet er wieder mit der von der Sozialistischen Partei geführten Regierung unter Ministerpräsident Michel Rocard zusammen. Mitterrand und Kohl kennen sich aus zahllosen Gesprächen und Begegnungen. Beide haben oft über die deutschfranzösischen Kriege gesprochen und über den Kriegsgräbern von Verdun die Versöhnung besiegelt. Als sie sich bei ihrem ersten Vieraugen-Gespräch am 21. Oktober 1982, drei Wochen nach der Amtsübernahme des Kanzlers, über die deutsche Frage unterhalten, versichert Kohl dem französischen Staatspräsidenten, er wolle keine Rückkehr zum Bismarckschen Nationalstaat. Der Staatspräsident antwortet daraufhin, selbstverständlich müsse die deutsche Frage eines Tages gelöst werden, wie man auch Jalta loswerden mußte. Mitterrand glaubt, es werde sich ganz von allein ergeben, „vielleicht gegen Ende des Jahrhunderts". Der Solidität des sowjetischen Imperiums schenkt er wenig Vertrauen; „es werde von innen zerfallen, sich selbst zerstören. Wenn dieser Augenblick gekommen ist, dann müssen wir die europäische Karte spielen." Bis dahin müsse „bei den Unterdrückten ein Hauch von Freiheit erhalten bleiben". Die Bundesrepublik wirke dann auf die Deutschen in der DDR wie ein Magnet. „Die Deutschen hätten dann ihre Chance." Plötzliche Änderungen könne es ohne Krieg nicht geben. Man brauche „daher 20 Jahre Geduld und sehr viel Geschick".[26]

Verständnis für das Anliegen der Deutschen vermag der Kanzler bei der britischen Premierministerin Margaret Thatcher kaum zu entdecken. 1982 schon drei Jahre im Amt, entwickelt

---

24   Philip Zelikow/Condoleezza Rice, Germany Unified and Europe Transformed. A Study in Statecraft. Cambridge (Massachusetts)-London 1995, 76 (deutsche Ausgabe: Sternstunde der Diplomatie. Die deutsche Einheit und das Ende der Spaltung Europas. Berlin 1997).

25   Äußerung von Helmut Kohl in: Ekkehard Kuhn, Gorbatschow und die deutsche Einheit. Aussagen der wichtigsten russischen und deutschen Beteiligten. Bonn 1993, 148.

26   Vermerk über das erste Vier-Augen-Gespräch des Bundeskanzlers Kohl mit Staatspräsident Mitterrand am 21. Oktober 1982, 23. Oktober 1982, BK, 21 – 30103 Ko 6/13/82, VS-Vertraulich; BK, 21 – 30103 (2) – 21 – Ko 6 Bd. 4 Deutschfranzösische Konsultationen, Bl. 139.

die damals 57jährige Konservative nie dieselbe Beziehung zu Kohl wie zu Helmut Schmidt. Wenn es Gemeinsamkeiten gibt, betreffen sie in erster Linie die übereinstimmende Ablehnung des Kommunismus, das Bekenntnis zur NATO, zu dem amerikanischen Verbündeten und zu allerletzt die europäische Integrationspolitik.[27] Beobachter in ihrem Umfeld glauben, Thatcher sehe in Kohl nicht einen christdemokratischen Politiker, sondern den Deutschen aus tiefer Provinz, dessen Einfluß auf Geld und Ansehen der D-Mark in der Welt beruht.[28] Kohl hält sie für eine sehr energische, aber auch sehr kritische Regierungschefin, die in überholten insularen Sicherheits- und Machtkategorien des britischen Königreiches denkt und Schwierigkeiten hat, sich auf moderne gesellschaftliche Entwicklungen einzustellen.[29] Ausgleichend auf dieses nicht spannungsfreie Verhältnis wirkt vor allem Außenminister Douglas Hurd, der immerhin zu drei Gesprächen mit dem Kanzler im Februar, März und Mai nach Bonn reist und offenbar mehr Verständnis für die Entwicklung in Deutschland aufbringt.

Das zeichnet auch den Generalsekretär der KPdSU, Michail Gorbatschow,[30] aus. Er nimmt in der Reihe sowjetischer Führer sowohl mit seiner Persönlichkeit als auch aufgrund seiner verfassungsmäßigen Stellung eine Sonderrolle ein. Seine Ausstrahlungs- und Überzeugungskraft beeindruckt. Als Sohn einer Bauernfamilie hat er die deutsche Besetzung in seiner Heimat im nördlichen Kaukasus erlebt, in Moskau Jura studiert und Parteikarriere gemacht, bis er KGB-Chef Andropow auffällt und 1978 als Sekretär des Zentralkomitees in die sowjetische Hauptstadt gerufen und für Agrarfragen zuständig wird. Gespräche führt er selbstbewußt, mitunter auch emotional betont, wenn er damit sein Gegenüber glaubt beeinflussen zu können. Er tritt nicht mit den Allüren eines Regenten auf, vielmehr schätzt er den ebenbürtigen Partner, der seine Position offen verficht. Auch bei einem harten Schlagabtausch wahrt er den guten persönlichen Kontakt, wobei sein Zickzackkurs in der Gesprächsführung oftmals auch für Mitarbeiter schwer nachvollziehbar ist. Die Umgestaltungspolitik, in allen Lebensbereichen zur Maxime seines politischen Programms erkoren, nötigt der eigenen Bevölkerung und den westlichen Führern ein Überdenken gewohnter Vorstellungen sowjetischer Politik ab.

Einfluß auf sein Verhältnis zu den Deutschen hat sicherlich die Tatsache, daß er und seine Familie mehr unter Stalins Herrschaft gelitten haben als unter den Grausamkeiten deutscher Besatzungstruppen. Zudem ist Gorbatschow, als er 1985 neuer Generalsekretär wird, mit seinen 58 Jahren der erste sowjetische Führer aus der Generation nach dem Zweiten Weltkrieg. Er kennt die westeuropäischen Staaten aus eigener Anschauung. Die Bundesrepublik hat er schon 1975 das erste Mal besucht.

Der Kanzler hat in seiner Einschätzung der Person Gorbatschow einen bedeutsamen Wandel durchlaufen. Aus der eher ablehnenden Haltung Kohls entwickelt sich bei seinem Besuch im Oktober 1988 in Moskau eine positivere Beurteilung. Wie ihm selbst, so kommt es auch Gorbatschow auf den unmittelbaren Kontakt an, das Bemühen um Verständnis für die eigentlichen Handlungsmotive des Gesprächspartners, das Aufbauen von Vertrauen, um schwierige Fragen möglichst einfach, rasch, ohne große diplomatische Winkelzüge und Protokollarien zu entscheiden.[31] Das Aufeinanderzugehen ist für den Kanzler die entscheidende Voraussetzung dafür, unkomplizierte Wege zu gehen. Beide empfinden sich als Kinder der Nachkriegszeit, wollen das Erlebte den nachfolgenden Generationen ersparen. So gesehen

27 Margaret Thatcher, Downing Street No. 10. Die Erinnerungen. Düsseldorf-Wien-New York-Moskau 1993, 374, 381 f. (englische Ausgabe: The Downing Street Years, London 1993).
28 George R. Urban, Diplomacy and Disillusion at the Court of Margaret Thatcher. An Insider's View. London-New York 1996, 131.
29 Nr. 1 Gespräch des Bundeskanzlers Kohl mit Präsident Bush in erweitertem Kreise in Bonn, 30. Mai 1989.
30 Michail Gorbatschow, Erinnerungen. Berlin 1995, 21–262.
31 Ebd., 637, 704.

ist das vertrauliche Gespräch, das beide im Garten des Kanzlerbungalows am 14. Juni 1989 während des Besuchs von Gorbatschow in Bonn führen, in seiner Bedeutung für die folgenden Ereignisse kaum zu überschätzen.

Nicht nur der Kanzler, auch seine Mitarbeiter im Kanzleramt pflegen zu den wichtigsten Beratern der Präsidenten und Regierungschefs in den vier Hauptstädten eigene, engmaschige Beziehungs- und Informationsnetze. Althergebrachte Rivalitäten zwischen dem Bundeskanzleramt und dem Auswärtigen Amt, partei- und koalitionspolitische Prärogativen und Loyalitäten spielen ebenso eine Rolle wie das Bestreben, mittels Direktkontakt selbst die Dinge in der Hand zu behalten.

Im Umfeld von Präsident Bush sind vor allem für Teltschik der Nationale Sicherheitsberater, Brent Scowcroft, und dessen Stellvertreter, Robert Gates, die zentralen Ansprechpartner. Mit ihnen und Außenminister James Baker[32], Verteidigungsminister Cheney und dem Vorsitzenden der Vereinigten Stabschefs, Colin Powell,[33] stimmt Bush seine Außenpolitik ab. Baker, erzogen an der Ostküste und Princeton-Absolvent, ist seit einem viertel Jahrhundert ein enger Freund des Präsidenten. Scowcroft hingegen hat bereits unter Präsident Ford das Amt des Nationalen Sicherheitsberaters innegehabt und dem Stab von Henry Kissinger angehört. Er praktiziert eine enge informelle Arbeitsteilung mit Baker. Während dieser, gemeinsam mit Cheney und Powell, für die Kohärenz der politischen Richtung zu sorgen hat, ist es Scowcrofts Aufgabe, die Arbeitsfähigkeit des Regierungsapparates in der Außen- und Sicherheitspolitik herzustellen. Gates, der als intelligenter Analytiker gilt, ist schon stellvertretender Direktor der CIA in der zweiten Amtsperiode Reagans gewesen und hat sich mit den Vorgängen in der Sowjetunion befaßt. Dennis Ross, Sowjetologe aus Kalifornien und Leiter des Politischen Planungsstabes im Außenministerium, komplettiert den inneren Zirkel um Baker.

Im Außenministerium sind für die Formulierung der amerikanischen Deutschlandpolitik hauptsächlich der stellvertretende Außenminister Lawrence Eagleburger und Raymond Seitz[34] verantwortlich, der das Büro für Europaangelegenheiten leitet. Sein Vertreter, James Dobbins, ist zuvor stellvertretender Leiter der Mission in Bonn gewesen, verfügt also über Erfahrungen vor Ort. Außerdem ist der 35jährige Robert B. Zoellick,[35] Absolvent der Harvard's Law School und der Kennedy School of Government als Berater und Spezialist für Deutschlandfragen Baker vom Finanzministerium ins Außenministerium gefolgt. Er unterhält enge Arbeitsbeziehungen mit dem Direktor des NSC, Robert D. Blackwill.[36] Dieser hat zuvor für Kissinger und Brzezinski gearbeitet und ist Botschafter in Österreich gewesen. Über ihn ist Philip Zelikow, in Wien für Blackwill tätig, dem Mitarbeiterstab des Nationalen Sicherheitsrates empfohlen worden. Eine weitere Mitarbeiterin, Condoleezza Rice, kommt von der Universität Stanford. Sie wird von Scowcroft rekrutiert, kennt Ross von der Universität Berkeley und fungiert bei der Gesprächen zwischen den Präsidenten Bush und Gorbatschow als Protokollantin. 1990 gehört sie zur amerikanischen Verhandlungsdelegation bei den Zwei-plus-Vier-Gesprächen.[37]

---

32   James A. Baker, III, with Thomas M. Defrank, The Politics of Diplomacy. Revolution, War and Peace 1989–1992. New York 1995, 1–60 (deutsche Ausgabe: Drei Jahre, die die Welt veränderten. Erinnerungen. Berlin 1996).

33   Colin Powell mit Joseph E. Persico, Mein Weg. München-Zürich 1996, 407–422 (amerikanische Ausgabe: My American Journey. New York 1995; britische Ausgabe: A Soldier's Way. An Autobiography. London 1995).

34   Raymond Seitz, Over here. London 1998, 301f.

35   Zu Robert B. Zoellicks amtlicher Stellungnahme zum Wiedervereinigungsprozeß: United States Senate. One Hundred First Congress. Second Session. Hearing before the Committee on Foreign Relations. 28. September 1990. Treaty on the Final Settlement with Respect to Germany. Washington (D.C.) 1991, 2–8, 22–46.

36   Robert D. Blackwill, Deutsche Vereinigung und amerikanische Diplomatie, in: Außenpolitik. Zeitschrift für Internationale Fragen, Hamburg. 45. Jg. (1994) Nr. 3, 211–225.

37   Zelikow/Rice, Germany Unified and Europe Transformed, 21–23.

Zoellick und Ross haben bei der Behandlung der Deutschlandfragen nicht nur im Außenministerium die Arbeitsebene weitgehend ausgeschaltet. Auch die Botschafter bleiben weitgehend außen vor. Besonders der amerikanische Vertreter in Bonn, Walters,[38] dessen Beziehungen zu Baker nicht gerade die besten sind, beklagt sich über mangelnde Unterrichtung der Leitungsebene. Häufiger Informationsaustausch der unmittelbar für die politischen Führungsspitzen arbeitenden Beamten und Mitarbeiter ist ein wesentlicher Grund für die nachgeordnete Rolle, die gerade die Botschafter der westlichen Mächte in dieser Zeit spielen. Die Unterrichtung von Serge Boidevaix, Christopher Mallaby und Vernon Walters durch den Chef des Bundeskanzleramtes ist jedenfalls kaum mehr als eine Pflichterfüllung. Entscheidungen werden dadurch nicht wesentlich beeinflußt.

Eigentlich ausschlaggebend sind die unmittelbaren Verbindungen der Arbeitsstäbe um die Regierungschefs. Parallel dazu bestehen genauso gut funktionierende Kanäle unter den Außenministern. Die Mitarbeiter um Bundesaußenminister Genscher haben ihre eigenen Drähte ins State Department zu den Leuten um Baker[39] und ins Außenministerium in Moskau zu den Mitarbeitern um Schewardnadse,[40] auf denen sie über Fragen der deutschen Einheit verhandeln. So wundert es nicht, wenn die Kommunikation zwischen Bundeskanzleramt und Auswärtigem Amt oftmals schwieriger ist als die zwischen Kanzleramt und Weißem Haus in Washington.

In der Abteilung 2 des Bundeskanzleramtes hat sich dazu eine gewisse interne Arbeitsteilung herauskristallisiert. Ohne bürokratische Umwege arbeitet Teltschik eng mit Scowcroft und Blackwill zusammen, während Ministerialdirigent Hartmann sich mehr um die Beziehungen zu London kümmert, Kaestner die Entwicklung in Washington und Moskau im Auge behält und Bitterlich die EG beobachtet. Speziell für Abrüstungsfragen ist der Vortragende Legationsrat Westdickenberg verantwortlich. In Paris ist Teltschiks Verbindungsmann Jacques Attali,[41] der außenpolitische Berater von Präsident Mitterrand. Bitterlich, Absolvent der ENA in Paris, hält enge Kontakte mit Hubert Védrine und Elisabeth Guigou, die im Stab des französischen Präsidenten arbeiten. Über sie laufen hauptsächlich die Abstimmungen zwischen Kanzleramt und Elysée in Fragen der EG-Politik. Den Kontakt zu Charles Powell, Privatsekretär von Premierministerin Thatcher, nimmt vornehmlich Hartmann wahr. Doch sind die Kontakte der Abteilung 2 des Bundeskanzleramtes dorthin keineswegs so intensiv wie die Verbindungen zu Anatoli Tschernajew[42] in Moskau, mit dem Teltschik enge Fühlung hält. Seit Januar 1986 engster Berater Gorbatschows, ist der damals 65jährige ständig bei Sitzungen des Politbüros anwesend, begleitet den Generalsekretär auf den meisten Auslandsreisen und führt das Protokoll bei Vieraugen-Gesprächen mit Kohl, Bush und Thatcher.[43] Zwanzig Jahre hat Tschernajew in der Internationalen Abteilung des Zentralkomitees der KPdSU gearbeitet, wo er für die Beziehung zu den westlichen Staaten, insbesondere Großbritannien und die Vereinigten Staaten, zuständig war. In Fragen der Beziehungen

---

38   Zu dessen Schwierigkeiten mit Außenminister Baker: Vernon A. Walters, Die Vereinigung war voraussehbar. Hinter den Kulissen eines entscheidenden Jahres. Die Aufzeichnungen des amerikanischen Botschafters. Berlin 1994, 45–67. Ders., Die USA und die deutsche Einheit, in: Die politische Meinung. Monatsschrift zu Fragen der Zeit. Hg. von Bernhard Vogel. 36. Jg. (1991) 262, 4–9.

39   Kiessler/Elbe, Ein runder Tisch mit scharfen Ecken, 21.

40   Zu dessen Begegnungen mit dem Bundesaußenminister: Reinhard Bettzuege, Hans-Dietrich Genscher Eduard Schewardnadse. Das Prinzip Menschlichkeit. Bergisch Gladbach 1994, 51–109.

41   Jacques Attali, Verbatim. III: 1988–1991. Paris 1995, 239, 321, 348, 351 f., 449.

42   Anatoli Tschernajew, Die letzten Jahre einer Weltmacht. Der Kreml von innen. Stuttgart 1993, 228 f. Anatolii Cherniaev, Gorbachev and the Reunification of Germany: Personal Recollections, in: Gabriel Gorodetsky (Hg.), Soviet Foreign Policy, 1917–1991. A Retrospective. London 1994, 158–169.

43   Zu den Erinnerungen des Dolmetschers von Präsident Gorbatschow: Pavel Palazchenko, My Years with Gorbachev and Shevardnadze. The Memoir of a Soviet Interpreter. The Pennsylvania State University Press (Pennsylvania) 1997, 139–204.

zu den sozialistischen Staaten, also auch zur DDR, läßt sich Gorbatschow hauptsächlich von dem Armenier Georgij Schachnasarow[44] beraten.

Für viele Beobachter unerwartet, wird im Juli 1985 der 58jährige Parteichef der KPdSU aus Georgien, Eduard A. Schewardnadse, zum Minister für Auswärtige Angelegenheiten der UdSSR ernannt. Ins Gewicht fallen seine wirtschaftlichen Erfolge. Den außenpolitisch Unerfahrenen, in administrativen Angelegenheiten durchaus geschickt Taktierenden verbindet eine lange, enge Freundschaft mit Gorbatschow. Nach eigenem Bekunden ist er schon 1986 zu dem Schluß gelangt, „in der allernächsten Zukunft" werde die deutsche Frage „zum wichtigsten, für Europa ausschlaggebenden Problem aufrücken".[45] Schewardnadses Berater in deutschlandpolitischen Fragen sind der 52jährige Sergej Tarasenko, als Leiter des Generalsekretariats des Außenministers, der eigentlich ein Nahostexperte ist, und Tejmuras Stepanow, der nicht aus dem diplomatischen Dienst stammt und den Schewardnadse aus Tiflis mitgenommen hat. Sie sorgen mit Unterstützung des Außenministers für eine tiefgreifende Personalumstrukturierung der unter Gromykos Führung und Denktradition aufgewachsenen Diplomatengeneration.

Nach knapp vier Jahren ist im März 1989 nur jeder achte Botschafter aus jener Zeit noch im Dienst tätig, wodurch sich die neue Führung zusätzlich Feinde schafft. Mit ihrer neuen, flexiblen Denkart stehen sie den Vertretern der orthodoxen Linie gegenüber, die über Jahre hinweg die Deutschlandpolitik bestimmt haben und nun in der Bürokratie des Zentralkomitees, teils noch auf diplomatischen Spitzenposten und in Teilen des Ministeriums für Auswärtige Angelegenheiten verstreut sind. Zu dieser wegen ihrer Ausbildung „Germanisten" genannten Gruppe zählen hauptsächlich Alexander Bondarenko, Leiter der III. Europäischen Abteilung im Ministerium für Auswärtige Angelegenheiten, die für die Bundesrepublik und Westberlin zuständig ist, aber seit zwei Jahren nicht mehr für die DDR, sowie Julij A. Kwizinskij,[46] bis Mai 1990 Botschafter in Bonn, und der Botschafter in Ost-Berlin, Wjatscheslaw Kotschemassow[47].

Beaufsichtigt wird das Außenministerium von der Internationalen Abteilung des Zentralkomitees der KPdSU, die Valentin Falin[48] führt, der sich unter anderem von Nikolaj Portugalow beraten läßt. Falin untersteht im Politbüro – sozusagen als „Aufpasser" – Alexander Jakowlew,[49] ein Weggefährte Gorbatschows und Anhänger der Reformpolitik. In Bonn ist Falin aufgrund seiner Botschafterzeit und vor allem als Vertreter eines harten unnachgiebigen Kurses der sowjetischen Deutschlandpolitik bekannt, mit dem die Bundesregierung seit Jahrzehnten zu kämpfen hat.

Bestandsaufnahme

Nachdem Helmut Kohl im Frühjahr 1987 zum dritten Mal das Amt des Bundeskanzlers übernommen hat, sieht er sich in der Mitte der Legislaturperiode heftiger Medienkritik ausgesetzt. Manche bezweifeln, ob er die nächsten Bundestagswahlen Ende 1990 oder Anfang 1991 noch einmal gewinnen wird. Einige munkeln gar schon vom Ende der Ära Kohl. Dage-

44   Georgij Schachnasarow, Preis der Freiheit. Eine Bilanz von Gorbatschows Berater. Hg. von Frank Brandenburg. Bonn 1996, 135–152.
45   Eduard Schewardnadse, Die Zukunft gehört der Freiheit. Reinbek bei Hamburg 1991, 233.
46   Julij A. Kwizinskij, Vor dem Sturm. Erinnerungen eines Diplomaten. Berlin 1993, 11–69, 392–445.
47   Wjatscheslaw Kotschemassow, Meine letzte Mission. Fakten, Erinnerungen, Überlegungen. Berlin 1994, 29–258.
48   Valentin Falin, Politische Erinnerungen. München 1993, 466–500. Ders., Konflikte im Kreml. Zur Vorgeschichte der deutschen Einheit und Auflösung der Sowjetunion. München 1997, 21–204, 314–316.
49   Zur Biographie: Lilly Marcou, Gespräch im Kreml, in: Alexander Jakowlew, Offener Schluß. Ein Reformer zieht Bilanz. Leipzig-Weimar 1992, 5–19, hier 8–18.

gen hat das außenpolitische Gewicht des Kanzlers in den letzten Jahren erheblich zugenommen. Seiner Vorleistung ist der erfolgreiche Abschluß der Verhandlungen über die nuklearen Mittelstreckenwaffen (INF) zu verdanken, der zu einer merklichen Entspannung der Beziehungen zur Sowjetunion geführt hat. Kohl spürt diesen Wandel bei seinem Besuch im Oktober 1988 in Moskau. Generalsekretär Gorbatschow meint es offenbar mit seiner Politik der Perestroika ernst. Doch weiß keiner der westlichen Staatsmänner, wohin die Entwicklung in Osteuropa letztlich führt. Um so wichtiger ist deshalb die Geschlossenheit des westlichen Bündnisses.

Aufmerksam verfolgen Kohls Mitarbeiter Botschaftsberichte, Pressemeldungen und Informationen von Besuchern in Washington, die über die Erarbeitung eines außenpolitischen Konzepts der neuen Regierung Bush berichten.[50] Zu seinen ersten Weisungen an den Nationalen Sicherheitsrat gehört der Auftrag einer umfassenden Bestandsaufnahme. Der Politische Koordinierungsausschuß für Europa unter Vorsitz von Rozanne Ridgway, früher Botschafterin in Ost-Berlin, arbeitet das Papier „Nationale Sicherheitsüberprüfung – Westeuropa" (NSR-5) aus.[51] Mit der „Nationalen Sicherheitsüberprüfung 12" (NSR-12) wird eine zusammenhängende Konzeption für die Beziehungen zur Sowjetunion, Aspekte der Rüstungskontroll- und Verteidigungspolitik sowie globale Fragen in Auftrag gegeben. Einige vergleichen deren Bedeutung mit der Direktive NSC 68 aus dem Sommer 1950. Damals ging es nach der ersten sowjetischen Atombombenexplosion und der Machtübernahme der Kommunisten in China um Richtlinien für eine neue überparteiliche Außenpolitik. Im Ergebnis wird nun ein Gegenstück zu Gorbatschows Konzept des „Neuen Denkens" erwartet, dem die Regierung Bush gehörige Skepsis entgegenbringt. Wer vermag schon abzusehen, ob Gorbatschow mit seiner Reformpolitik mittel- und langfristig überleben wird?

Im Westen existieren zwei Denkschulen zur Politik der Perestroika. Die einen vertreten eine restriktive Haltung, raten zum Abwarten und Zuschauen, was herauskommt. Die anderen befürworten die Unterstützung und Förderung des Prozesses, wozu auch der Kanzler neigt. Auf der Arbeitsebene im Kanzleramt werden die Aussichten auf wirkliche Reformen aber mit gewisser Skepsis beurteilt. Zu widersprüchlich sind politische Kräfte und Tendenzen, die auf die innere Lage einwirken. Dynamisch schreitet die personelle Umgestaltung in der KPdSU voran. Das Plenum des Zentralkomitees verzeichnet im April 1989 den radikalsten Personalschnitt seit Gorbatschows Amtsantritt 1985. Von 301 Vollmitgliedern sind 83 ausgeschieden, von 157 Kandidaten 27; in das deutlich verkleinerte Zentralkomitee rücken 24 Vollmitglieder nach. Damit findet zugleich eine Wachablösung der orthodoxen „alten Garde" durch ausgewiesene Verfechter der Perestroika statt. Gehen müssen unter anderem Andrej Gromyko, langjähriger Außenminister und zuletzt Staatschef als Vorsitzender des Präsidiums des Obersten Sowjets, Tichonow, früherer Ministerpräsident, und der ZK-Sekretär und ehemalige Leiter der Internationalen Abteilung, Boris Ponomarjow, dessen Funktion seit 1986 Falin übernommen hat. Auslösende Faktoren dieser Entwicklung sind einerseits die Wahlen zum Kongreß der Volksdeputierten der UdSSR am 26. März 1989, bei denen viele konservative Kandidaten des Apparates durchgefallen sind und Anhänger der Perestroika obsiegen, und andererseits das Landwirtschaftsplenum des Zentralkomitees, bei dem Gorbatschow seine Reformvorstellungen mit der Einführung des Pachtsystems weitgehend durchsetzen kann, um die tägliche Versorgung mit Nahrungsmitteln und Konsumgütern zu verbessern.[52] Zudem stehen die Wahl Gorbatschows zum Staatsoberhaupt mit

---

50 Vorlage des Vortragenden Legationsrats Westdickenberg an Bundeskanzler Kohl, Die „Ostpolitik" der Bush-Administration, 2 – 30101 A 5, 27. April 1989; BArch, B 136/29806, 212 – 30101 A 5 Am 4 Bd. 21.
51 Zelikow/Rice, Germany Unified and Europe Transformed, 25.
52 Vorlage des Ministerialdirektors Teltschik (Entwurf VLR I Kaestner) an Bundeskanzler Kohl, Veränderungen im Zentralkomitee der KPdSU, 26. April 1989; BK, 213 – 30105 S 25 So 31 Bd. 10.

umfassenden Vollmachten und die Wahlen eines neuen Obersten Sowjets als ein ständiges Parlament bevor. Die Reformmaßnahmen stoßen bei der mittleren und unteren Ebene der Partei- und Staatsverwaltung auf zählebige Widerstände gegen den Kurs der Perestroika. Diesen Kräften wie auch altgedienten Militärs bereiten angekündigte Reduzierungen der konventionellen Rüstung und die Umleitung von Ressourcen in zivile Sektoren Existenzsorgen. Verschiedentlich wird über harte Auseinandersetzungen bis in die Spitze der Militärführung hinein berichtet. Angesichts der in letzter Zeit zunehmenden wirtschaftlichen Versorgungsschwierigkeiten sowie wachsender Brisanz von Nationalitätenkonflikten in Georgien und im Baltikum hängt der Erfolg der Umgestaltungspolitik entscheidend davon ab, ob Gorbatschow die Motivation der Bevölkerung gelingt.[53]

Innere Reformen bedingen aber ebenso ein stabiles außenpolitisches Umfeld, zuvorderst im Warschauer Pakt, aber auch Dialog und Kooperation im Verhältnis zu den Vereinigten Staaten und den westeuropäischen Mächten. Dafür, so schätzt Teltschik, ist die sowjetische Führung bereit, eigene Leistungen in Form von einseitigen Truppenreduzierungen, konstruktive Verhandlungsführungen bei den KSZE-Folgetreffen in Wien und in Rüstungskontrollforen sowie in Arrangements über Afghanistan zu erbringen. Hauptadressat ist unverändert Washington. Doch nimmt die Bundesrepublik aufgrund ihrer bedeutenden Stellung im westlichen Bündnis, ihrer Wirtschaftskraft und der geographischen Nähe in Europa in der Westeuropapolitik Moskaus eine herausgehobene, allerdings keine privilegierte Stellung ein. Die sowjetische Diplomatie ist sichtlich um Balance zwischen den westeuropäischen Mächten bemüht. Auf Gorbatschows Besuchsplan im April 1989 steht die britische Hauptstadt, im Juni will er nach Bonn kommen, im Juli Paris besuchen und für den Spätherbst ist eine Visite in Rom vorgesehen.

Vor allem zeigt sich die sowjetische Führung an der Problematik der Kurzstreckenwaffen interessiert, demonstriert aber eine gewisse Gelassenheit, weil sie sich nicht wie im Falle der Pershing II und der Cruise Missiles zentral bedroht fühlt. Neuerdings hält sich Moskau mit öffentlichen Stellungnahmen und Propagandaattacken einigermaßen zurück. Ein Streit zwischen Kontinentaleuropäern und Angelsachsen läge zwar im sowjetischen Interesse, aber durch offene Parteinahme würde der Konflikt nur eingedämmt und der Westen noch enger zusammengeschweißt. Betont die Bundesregierung gesamtdeutsche Sicherheitsinteressen, wie Generalsekretär Honecker es dem Bundeskanzler in einem Schreiben am 10. Februar 1989 nahelegt,[54] würde die deutsche Frage in neuer Form wiederbelebt und den sowjetischen Interessen an der Erhaltung des Status quo in Mitteleuropa zuwiderlaufen. Und das vor dem Hintergrund einer reformunwilligen Führung in der DDR. Somit sieht die Abteilung 2 des Kanzleramtes im Frühjahr 1989 keine Anzeichen, die darauf hindeuten, daß die sowjetische Regierung in ihrer Deutschlandpolitik gegenüber der Bundesregierung Avancen macht. Und das erst recht nicht in Fragen der Einbeziehung West-Berlins in deutsch-sowjetische Vertragsvereinbarungen. Vielmehr legt das sowjetische Außenministerium hierbei unverändert eine orthodoxe Haltung an den Tag.

Entgegen der Auffassung in der Bundesregierung glaubt in Washington niemand so recht, durch Kooperation mit der Sowjetunion zum Erfolg Gorbatschows beitragen zu können. Scheitert der Reformprozeß, will keiner Vorleistungen erbracht haben und als gutgläubig dastehen. Nichtsdestoweniger muß die neue amerikanische Führung in ihren langfristigen außenpolitisch-strategischen Planungen Antworten auf zwei Fragen berücksichtigen: Liegt

53   Vorlage des Ministerialdirektors Teltschik (Entwurf VLR I Kaestner) an Bundeskanzler Kohl, Besuch des sowjetischen Außenministers Eduard A. Schewardnadse (Bonn, 12./13. Mai 1989), 9. Mai 1989; BK, 213 – 30105 S 25 So 16 Am Schewardnadse 12./13. Mai 1989.
54   Schreiben des Generalsekretärs und Staatsratsvorsitzenden Honecker an Bundeskanzler Kohl, 10. Februar 1989; BArch, B 136/21328, 221–35016, Ve 40 NA 1.

Gorbatschows Reformpolitik im Interesse des Westens? Und wie soll das militärische Potential strukturiert und auf aktuellem Stand gehalten werden? Gradmesser für die Bereitschaft der sowjetischen Führung zu Dialog und Kooperation sind vornehmlich die Fragen der Rüstungskontrolle und Abrüstung, aber auch die Lösung von Regionalkonflikten in Afghanistan, Zentralamerika und im südlichen Afrika (Angola/Namibia). Dabei steht die Notwendigkeit der weltweiten Stationierung amerikanischer Streitkräfte gleichermaßen zur Überprüfung an wie die bestehende Diskrepanz zwischen der verfolgten Militärstrategie und den zur Verfügung stehenden Finanzmitteln. Besonders schwierig scheint die Frage der künftigen Mischung der landgestützten strategischen Waffen (MX/Midgetman), um deren Beantwortung die Reagan-Administration sich jahrelang gedrückt hat. Nicht zuletzt soll in ähnlicher Weise der infolge des Vietnamtraumas verlorengegangene zwischenparteiliche Konsens über den Stellenwert militärischer Macht bei der Wahrung der nationalen Sicherheit im Rahmen der allgemeinen Außenpolitik wiederhergestellt werden.

Blackwill und Zelikow sind der Ansicht, die deutsche Frage muß aufgegriffen werden, wenn der kalte Krieg ins Endstadium tritt. Priorität amerikanischer Politik in Europa soll nach Vorstellung Scowcrofts das Schicksal der Bundesrepublik Deutschland haben. Seine Devise lautet: Eine Vision für die Zukunft Europas muß einen Ansatz für die deutsche Frage einschließen. Zwar will auch er keine politische Wiedervereinigung verheißen, doch sollen die Vereinigten Staaten eine Versprechung auf den Wandel machen.[55] Der Nationale Sicherheitsrat kommt am 20. März 1989 allerdings zu dem Schluß, es liege nicht im amerikanischen Interesse, die Initiative zu übernehmen. In einem von Zoellick am 17. Mai 1989 unterbreiteten Papier „Germany" zur Vorbereitung der NATO-Frühjahrskonferenz Ende Mai in Brüssel ist jedoch erneut die Rede davon, daß die Deutschlandfrage auf die Tagesordnung zurückkehrt und Gorbatschow sie möglicherweise aufgreift.[56] Nach Absprache mit Bush plädiert Außenminister Baker vorsichtig für eine Politik der Normalisierung deutsch-deutscher Beziehungen – nicht für die Wiedervereinigung – und eine stärkere Kooperation mit den westeuropäischen Staaten, unter denen die Bundesrepublik „partner in leadership" ist.[57] Diese Akzentverschiebung zugunsten der Deutschen verärgert Premierministerin Thatcher nachhaltig. Die Regierung in London fühlt sich trotz Beteuerungen Bushs, die Briten seien „führende Partner", versetzt.[58] Argwöhnisch beobachten Regierungskreise die strategischen Überlegungen der Bush-Administration, die das Dilemma von Rüstungskontrolle und nuklearer Abschreckung in Einklang bringen und zugleich Gorbatschows Philosophie der Perestroika testen will, insbesondere was das Selbstbestimmungsrecht der osteuropäischen Staaten anbelangt.

Bush ist überzeugt, so schreibt er am 12. Mai dem Bundeskanzler,[59] „daß sich uns eine historische Chance bietet", die Ost-West-Beziehungen zu verändern. Vierzig Jahre lang ist es mit der Strategie der Eindämmung gelungen, sowjetischen Expansionsdrang in Schach zu halten und die Führung in Moskau davon zu überzeugen, daß sich Konfrontationspolitik nicht durchsetzt, liest der Kanzler. Ziel müsse es nun sein, tiefgreifende Änderungen und grundlegende Umstrukturierungen der sowjetischen Institutionen und Streitkräfte einzuleiten. Bemühungen ihrer Führer um bessere Einhaltung der Menschenrechte im eigenen Land und eine weniger konfrontative Haltung gegenüber dem Ausland wertet der amerikanische Präsident als deutliche Anzeichen, daß Moskau auch international an neuen Konstellationen

55 Robert L. Hutchings, American Diplomacy and the End of the Cold War. An Insider's Account of U.S. Policy in Europe, 1989–1992, Washington (D.C.)-Baltimore-London 1997, 31.
56 Zelikow/Rice, Germany Unified and Europe Transformed, 26–28.
57 Baker, The Politics of Diplomacy, 159.
58 Thatcher, Downing Street No. 10, 1092f. Geoffrey Howe, Conflict of Loyalty. London-Basingstoke 1994, 560.
59 Schreiben des Präsidenten Bush an Bundeskanzler Kohl, Vertraulich, ohne Datum, übergeben von der Botschaft der Vereinigten Staaten von Amerika in Bonn am 12. Mai 1989; BArch, B 136/29806, 212 – 30101 A 5 Am 4 Bd. 21.

interessiert ist. Bush will den ideologischen Kampf fortführen und die Sowjetunion drängen, ihre Lasten der Oktoberrevolution von 1917 endlich abzuschütteln. Sie soll von ihrem Glauben an den Klassenkampf, „die Erblast von 1945" Abstand nehmen und den Staaten Mittel- und Osteuropas das Selbstbestimmungsrecht gewähren, aber auch von den Hypotheken enormer Aufrüstung und weltweit verschärfter Regionalkonflikte der sechziger und siebziger Jahre Abstand nehmen. Bush möchte wissen, inwieweit die Sowjetunion Beiträge zur Bekämpfung neuer gesellschaftspolitischer Herausforderungen der internationalen Beziehungen wie dem Drogenmißbrauch, Terrorismus, Umweltproblemen und der Beseitigung chemischer Waffen zu leisten bereit ist. Dabei geht es ihm letztlich um die Veränderung des Systems: „Die Umwandlung der Sowjetunion von einem Faktor der Instabilität in eine produktive Kraft der Völkergemeinschaft ist ein langfristiges Ziel. Dazu braucht der Westen Geduld und Kreativität." Ein gewagter Prozeß, dem der Westen mit Verständnis zu begegnen habe, wo sich die Sowjetunion veränderungsbereit zeigt, und unnachgiebig bleiben müsse, wo sie an ihrer herkömmlichen Politik festhält.

Bush verpackt die Grundzüge seines Ansatzes in einer Rede am 12. Mai an der Texas A&M Universität gemeinsam mit ganz konkreten Verhandlungsangeboten. Im Juni will er mit Moskau wieder Gespräche über den Umfang strategischer Streitkräfte aufnehmen und den Mitgliedern der NATO und des Warschauer Paktes – unabhängig von allen laufenden Beratungen – vorschlagen, unbewaffnete Luftinspektionen durchzuführen, „ihren Himmel zu öffnen"; ein Vorschlag, mit dem Präsident Eisenhower schon 1955 das amerikanisch-sowjetische Verhältnis zu entspannen suchte. Schließlich stellt Bush in Form eines Junktims die Annullierung des Jackson-Vanik-Amendments von 1974 in Aussicht. Es verknüpft die Gewährung der Meistbegünstigungsklausel für die Sowjetunion in Handelsbeziehungen mit den Vereinigten Staaten an die Änderung sowjetischer Auswanderungsgesetze nach internationalen Rechtsvorschriften, so daß Juden ihre Ausreiseerlaubnis erhalten. Bei alledem baut Bush auf die Unterstützung der Bundesrepublik im westlichen Bündnis.

Wie schätzt der Bundeskanzler die internationale Lage ein? Existentiell sind für ihn die Beziehungen zu den Vereinigten Staaten, die Bereitschaft der Westeuropäer, in Verteidigungsfragen ihren Beitrag zum „burden sharing" zu leisten, und die Fortentwicklung der europäischen Integration, dessen eigentlicher Motor die Deutschen sind. Um die Jahrtausendwende gibt es seiner Einschätzung nach drei regionale Schwerpunkte: Japan, Korea und Südostasien, die Vereinigten Staaten von Amerika und Kanada sowie Europa. Europa braucht keine Angst vor der technologischen Herausforderung Japans zu haben. Eine protektionistische Haltung der Europäischen Gemeinschaften wird es mit ihm nicht geben, versichert Kohl dem amerikanischen Präsidenten bei dessen erstem offiziellen Besuch Ende Mai 1989 in Bonn.[60]

Auch das deutsch-sowjetische Verhältnis hat seit dem Besuch des Bundeskanzlers im Oktober 1988 in Moskau enormen Auftrieb erhalten. Es ist der erste Teil eines Gesamtpakets gewesen, dessen zweiter Teil mit dem Gegenbesuch des Generalsekretärs Gorbatschow in Bonn Mitte Juni 1989 seinen Abschluß finden soll. Daß der Kanzler zunächst wieder die sowjetische Hauptstadt besucht, ist bereits eine Vorleistung der deutschen Seite. Denn eigentlich hätte Gorbatschow zunächst einen Besuch am Rhein abstatten müssen. Die mißverständliche Wiedergabe einer Äußerung des Bundeskanzlers über den sowjetischen Parteichef in einem Interview mit „Newsweek" im Herbst 1986, die den Eindruck erweckte, als habe der Kanzler Gorbatschow mit Goebbels verglichen, von der sich Kohl mit Entschie-

---

60   Nr. 1 Gespräch des Bundeskanzlers Kohl mit Präsident Bush in erweitertem Kreise in Bonn, 30. Mai 1989.

denheit distanziert hat,[61] haben zu diesem Schritt ebenso bewogen wie die feste Zusicherung, die Verhandlungsergebnisse erst bei dem zweiten Treffen festzuschreiben.
Kohl und Gorbatschow sind sich nach einer offenen Aussprache in Moskau einig gewesen, ihre unterschiedlichen Bewertungen in Grundsatzfragen dürften nicht praktischer Kooperation im Wege stehen. Vor allem Gorbatschow ist an einem deutsch-sowjetischen *Rapprochement* interessiert, weil er ohne die finanzielle Unterstützung der Bundesrepublik in Europa seine Reformziele nicht erreichen kann.[62] Die beiden Außenminister erhalten daher den Auftrag, in der umstrittenen Frage der Einbeziehung West-Berlins in vertragliche Vereinbarungen auf der Grundlage des Viermächte-Abkommens von 1972 praktikable Lösungen zu suchen.
Seismographisch genau registriert das Bundeskanzleramt seitdem die unterschiedlichen Entwicklungen der bilateralen Beziehungen. Während die Aussiedlerzahlen im Jahre 1989 – immerhin 18 900 Personen im ersten Quartal im Vergleich zu 6 660 Personen ein Jahr zuvor – auf einen neuen Höchststand zusteuern und von Erörterungen über die Neugründung einer autonomen Wolga-Republik im Zentralkomitee der KPdSU zu hören ist, verlaufen die Wirtschaftsbeziehungen eher ruhig. Zwar ist der negative Trend im Handelsaustausch umgekehrt worden, doch wird der Kredit über eine Milliarde Rubel nur allmählich bedient. Es mangelt noch an Voraussetzungen. Im April 1989 erst paraphieren beide Seiten in der Gemischten Wirtschaftskommission einen Vertrag zur Investitionsförderung und zum Investitionsschutz, dessen Unterzeichnung beim Gegenbesuch Gorbatschows in Bonn erfolgen soll. Außerdem wird über ein Haus der Deutschen Industrie in Moskau sowie eine entsprechende sowjetische Einrichtung in der Bundesrepublik verhandelt. Im Mittelpunkt des bundesdeutschen Interesses aber steht die gemeinsame politische Erklärung. Dem Bundeskanzler geht es in erster Linie darum, von Gorbatschow eine Bestätigung des geltenden Völkerrechts und des Selbstbestimmungsrechts zu erhalten. Der vom Auswärtigen Amt angefertigte erste Entwurf enthält diese Elemente nicht. Im wesentlichen ist es Teltschik, der darauf besteht, daß Kastrup in Verhandlungen mit Bondarenko die Anerkennung des Selbstbestimmungsrechts in diesem Papier durchsetzt. Teltschik will alle Elemente sowjetischer Deutschlandpolitik zusammentragen, um damit eine gewisse Kontinuität zu wahren und es der Gegenseite schwerer zu machen, den Vorschlag zu einem gemeinsamen Papier abzulehnen, wenn sich darin Bestandteile wiederfinden, die ursprünglich die sowjetische Seite als ihre Position vertreten hat.
Dessen ungeachtet hält der Bundeskanzler an den vier deutschlandpolitischen Grundprinzipien fest. *Erstens*, der Moskauer Vertrag ist die verläßliche Basis deutsch-sowjetischer Beziehungen, zu der sich die Bundesregierung uneingeschränkt bekennt. *Zweitens*, die Bundesregierung erhebt keinerlei Gebietsansprüche gegen irgend jemanden. *Drittens*, sie betrachtet die Grenzen aller Staaten in Europa als unverletzlich. Und *viertens*, sie achtet die territoriale Integrität. Diese Axiome halten die Bundesregierung nicht davon ab, auf einen Zustand des Friedens in Europa hinzuwirken, in dem das deutsche Volk in freier Selbstbestimmung seine Einheit wiedererlangt. Das Recht auf Selbstbestimmung kann dem deutschen Volk nicht auf Dauer vorenthalten werden. Es wird aber auch nicht gewaltsam eingefordert. Die Überwindung der Teilung ist ein legitimes Interesse, das mit dem legitimen Interesse der Nachbarstaaten, in sicheren Grenzen zu leben, in Einklang gebracht werden muß.
Jenseits dieser deutschlandpolitischen Philosophie scheinen die grundsätzlichen Auffassungen zwischen Bonn und Moskau in zwei Punkten schier unüberbrückbar. Die Sowjetunion strebt nach wie vor eine uneingeschränkte Anerkennung des territorialen und politischen

---

61   Zur Übergabe des von Bundeskanzler Kohl autorisierten Textes der Richtigstellung an Generalsekretär Gorbatschow: Genscher, Erinnerungen, 517 f.
62   Cherniaev, Gorbachev and the Reunification of Germany, 163.

Status quo in Mitteleuropa durch die Bundesregierung und alle bedeutsamen politischen Kräfte an. Und: Sie enthält den Deutschen das Recht auf Selbstbestimmung vor. Die Bedeutung des Besuches von Gorbatschow vom 12. bis 15. Juni in Bonn liegt zum einen in der Bereitschaft der sowjetischen Seite, in der Gemeinsamen Erklärung das Selbstbestimmungsrecht der Deutschen prinzipiell anzuerkennen. Zum anderen haben die persönlichen Gespräche im Garten des Kanzlerbungalows beiden deutlich gemacht, wie weit ihre Gedanken auf einer gemeinsamen Wellenlänge liegen.[63] Der Besuch bestätigt überdies, was sich bereits im Oktober 1988 in Moskau abgezeichnet hat: Die deutsch-sowjetischen Beziehungen durchlaufen in diesen Tagen einen Wendepunkt.[64]

Für beide Seiten stellt der Abbau der Invasionsfähigkeit das entscheidende Element zukünftiger Beziehungen dar. Kohl will auf dem Weg weitergehen, den er bereits 1987 eingeschlagen hat, als er in den Verhandlungen über Mittelstreckenwaffen die Vorleistung erbracht und sich mit dem zwischen Washington und Moskau gefundenen Kompromiß einverstanden erklärt hat. Gorbatschow ist nicht entgangen, daß der Kanzler eine Modernisierung der Lance nicht vor 1992 ins Auge faßt. Auch Verhandlungen über nukleare Kurzstreckensysteme und die Nuklearartillerie sind in greifbarer Nähe gerückt, wenn es bei den Wiener VKSE-Verhandlungen entsprechende Fortschritte gibt. Selbst ein weltweites Verbot chemischer Waffen scheint machbar zu sein. Kohl rät Gorbatschow, im Umgang mit dem amerikanischen Präsidenten zu bedenken, daß dieser zum „Geschäft" bereit sei. Die Vereinigten Staaten würden die gleichberechtigte Rolle der Sowjetunion anerkennen.[65] Der Kanzler hört aufmerksam zu, als Gorbatschow ihm sagt, Neutralismus würde zur Destabilisierung in Europa führen und eine Gefahr für die Sowjetunion darstellen. Der Generalsekretär verhehlt nicht beachtliche wirtschaftliche Schwierigkeiten in seinem Lande. Das Ausmaß der Nationalitätenkonflikte und die Gefahr des islamischen Fundamentalismus beurteilt der Kanzler ähnlich.[66] Was die Deutschlandpolitik anbelangt, so ist es nach Einschätzung Kohls im wesentlichen Generalsekretär Honecker selbst, der allmählich die DDR destabilisiert, weil er Reformen verweigert. Kohl beteuert verschiedentlich, die Bundesregierung habe kein Interesse daran, die europäische Statik zu verändern.[67]

Gorbatschows Zustimmung zur Gemeinsamen Erklärung, die das Recht eines jeden Staates auf Selbstbestimmung unterstreicht, wertet die Bundesregierung als Erfolg. In Washington sieht die Regierung darin allerdings keine entscheidenden Zugeständnisse.[68] Im Frühsommer 1989 gibt es also noch keine Hinweise darauf, wie schnell die deutsche Frage in den Mittelpunkt rückt. Zunächst haben die Verhandlungen über die Reduzierung konventioneller Streitkräfte in Europa Vorrang. Sie sind der eigentliche Test, ob die Sowjetunion künftig zu wirklichen vertrauensbildenden Maßnahmen im Ost-West-Verhältnis bereit sein wird. Darüber sind sich Kohl und Bush einig.[69]

Prüfstein für den sich im Ostblock vollziehenden Wandel ist die Entwicklung in Polen. Nachdem Anfang Juni bei den Wahlen zum Sejm die Kommunisten eine katastrophale Wahlniederlage erleiden und nun demokratisch gesinnte Kräfte unter Mazowiecki die Regierung bilden, verstärken sich die Hoffnungen auf wirtschaftliche Unterstützung aus dem

---

63   Äußerungen von Helmut Kohl und Michail Gorbatschow in: Kuhn, Gorbatschow und die deutsche Einheit, 32–36, hier 33–36.

64   Nr. 3 Gespräch des Bundeskanzlers Kohl mit Generalsekretär Gorbatschow in Bonn, 13. Juni 1989. Nr. 4 Delegationsgespräch des Bundeskanzlers Kohl mit Generalsekretär Gorbatschow in Bonn, 13. Juni 1989.

65   Cherniaev, Gorbachev and the Reunification of Germany, 163.

66   Nr. 5 Telefongespräch des Bundeskanzlers Kohl mit Präsident Bush, 15. Juni 1989. Nr. 6 Telefongespräch des Bundeskanzlers Kohl mit Premierministerin Thatcher, 15. Juni 1989. Nr. 7 Telefongespräch des Bundeskanzlers Kohl mit Ministerpräsident González, 15. Juni 1989.

67   Nr. 2 Gespräch des Bundeskanzlers Kohl mit Generalsekretär Gorbatschow in Bonn, 12. Juni 1989.

68   Zelikow/Rice, Germany Unified and Europe Transformed, 34.

69   Nr. 10 Telefongespräch des Bundeskanzlers Kohl mit Präsident Bush, 23. Juni 1989.

Westen – nicht zuletzt von seiten der Bundesregierung. Deren großangelegte Kooperationsverträge mit der Sowjetunion haben bereits unter der alten kommunistischen Führung in
Warschau Erwartungen einer ähnlich intensiven Wirtschaftshilfe der Bundesrepublik genährt. Zwischen Kohl, Bush, Thatcher und Mitterrand herrscht Einvernehmen darüber, in
einer großen Unterstützungsaktion für die demokratische Regierung in Polen den Demokratisierungsprozeß in Ost-Mitteleuropa weiter voranzubringen. Denn der Westen hat zum
ersten Mal seit vierzig Jahren „die Karten in der Hand", zum polnischen Nachbarn seine Beziehungen elementar zu verbessern. Entscheidende Voraussetzung ist, ein Gesamtpaket von
Hilfsmaßnahmen im europäischen Rahmen zu vereinbaren.
Vor allem der Bundeskanzler bemüht sich tatkräftig um abgestimmte Kredithilfen.[70] Mit der
Unterstützungspolitik für Polen will er zugleich einen politisch-psychologischen Durchbruch in den bilateralen Beziehungen erreichen und neue Wege der Verständigung gehen.
Gegenüber Mitterrand bezeichnet Kohl am 22. Juni die Gespräche der beiden Regierungs-
beauftragten, Teltschik und Pszon, als die wichtigsten Verhandlungen seit Abschluß des
Warschauer Vertrages vor 16 Jahren.[71] Die deutsch-polnischen Beziehungen sollen mit mehr
Leben erfüllt werden, insbesondere durch den Ausbau des Jugendaustausches. Nach Ab-
schluß der Vertragsverhandlungen plant der Bundeskanzler dann einen Besuch in Polen.
Von der Reformbewegung dort erhofft sich Kohl zugleich positive Auswirkungen auf die
Sowjetunion und deren Reformanstrengungen. Dies führt dann unweigerlich zur Erhöhung
des Druckes auf die DDR-Führung, wenn sie sich weiterhin reformunwillig zeigt.
Berichte des Ständigen Vertreters der Bundesrepublik bei der DDR, Bertele, bestätigen die
Einschätzungen des Kanzlers. Nach der 8. Tagung des Zentralkomitees der SED am 22./
23. Juni steht die Führung von drei Seiten unter Druck: der Reformbewegung der sozialistischen Parteien in Polen und Ungarn, der Erwartungshaltung der eigenen Bevölkerung und
der Forderung des Westens nach Veränderungen, insbesondere hinsichtlich der Respektierung der Menschenrechte. Die SED reagiert nach bekannt orthodoxem Muster. Sie verbietet
sich jede Einmischung in innere Angelegenheiten und verkennt damit die tatsächliche Lage.
Diese ist gekennzeichnet von Versorgungsschwierigkeiten, langen Warteschlangen beim
Kauf von Konsumgütern und Gebrauchsgegenständen, mangelnder Infrastruktur im Bereich der Verkehrswege und der Kommunikation und unveränderter staatlicher Überwachung und Repression. Bei den Menschen in der DDR nimmt das Gefühl der Ausweglosigkeit und Frustration ständig zu. Die deprimierende Grundstimmung läßt den Ausreisedruck
steigen. Dem setzt die SED ihre doktrinäre Linie entgegen, mit der sie jegliche Reformbe-
strebung abzuwehren sucht. Es sind vor allem die Westmedien, die Tag für Tag den Deutschen in der DDR die Attraktivität der Bundesrepublik vor Augen und somit Hetzkampa-
gnen der SED von der Verelendung der Bundesbürger ad absurdum führen.[72]
Der Besuch des neuen Kanzleramtschefs Seiters am 3./4. Juli[73] in Ost-Berlin dient einer Bestandsaufnahme der deutsch-deutschen Beziehungen und ist nicht auf konkrete Ergebnisse
angelegt. Die Bundesregierung gestaltet ihre Beziehungen zur DDR unverändert unter der
Maßgabe der Politik des Dialogs, des Interessenausgleichs und der Möglichkeiten praktischer Zusammenarbeit. Bewußt rückt die Bundesregierung dagegen das Machbare in den
Vordergrund. Die Themenpalette erstreckt sich von Regelungen der Elbgrenze über den Eisenbahnverkehr, die Öffnung des Südübergangs in Berlin, Fragen kultureller Beziehungen,
Wissenschaft, Technik und Umweltschutz wie die Salzbelastung der Werra bis hin zum In-
formations- und Erfahrungsaustausch beim Strahlenschutz und im Gesundheitswesen auf

---

70 Nr. 12 Schreiben des Bundeskanzlers Kohl an Präsident Bush, 28. Juni 1989.
71 Nr. 8 Gespräch des Bundeskanzlers Kohl mit Staatspräsident Mitterrand in Paris, 22. Juni 1989.
72 Nr. 11 Fernschreiben des Staatssekretärs Bertele an den Chef des Bundeskanzleramtes, 27. Juni 1989.
73 Nr. 13 Offizieller Besuch des Bundesministers Seiters in Berlin (Ost), 3./4. Juli 1989.

den Gebieten von Aids, Rheuma sowie Herz- und Kreislaufbeschwerden.[74] Praktisch heißt das jedoch: Die Deutschlandpolitik ist in die Mühlen der Bürokratie geraten. Gleichwohl sind drei Bereiche besonders wichtig: der Reiseverkehr, der innerdeutsche Handel und die Verhandlungen über die Transitpauschalen.

Mit dem Besuch Honeckers in der Bundesrepublik im September 1987 hat die Regierung Kohl versucht, das Tor noch weiter zu öffnen. Seitdem hat sich der Reise- und Besuchsverkehr spürbar verbessert. Abfertigungen durch die Behörden der DDR an den Grenzübergängen laufen reibungsloser ab. Während 1985 rund 66 000 Bewohner aus der DDR unterhalb des Rentenalters in die Bundesrepublik reisen dürfen, steigt die Zahl 1986 auf über 245 000 Reisende und 1987 gar auf 1,2 Millionen Personen. Außerdem erhalten 3,8 Millionen Rentner Reiseerlaubnisse. 1988 übersteigt die Zahl die Fünf-Millionen-Grenze, darunter wieder 1,2 Millionen Bewohner, die noch nicht das Rentenalter erreicht haben. Ähnlich positiv verläuft die Kurve der Reisen von Bundesbürgern in die DDR. Von 1986 hält die Entwicklung mit 3,89 Millionen Reisenden 1987 mit über 5 Millionen Personen an.[75]

Die Bundesregierung setzt auch 1989 auf eine positive Fortsetzung dieses Trends. Jeder weitere Besucher aus der DDR im Westen Deutschlands macht die Grenze durchlässiger, lernt das wirkliche Leben der Menschen im anderen Teil der Nation kennen. Dem setzt Ost-Berlin stets die Forderung nach Anerkennung der Realitäten und Respektierung der „Souveränität der DDR" entsprechend den Geraer Forderungen Honeckers entgegen: endgültige Anerkennung der innerdeutschen Grenze, Anerkennung einer eigenen DDR-Staatsbürgerschaft und die Abschaffung der Erfassungsstelle in Salzgitter.

Der innerdeutsche Handel verzeichnet dagegen nach einer zwanzigjährigen Aufwärtsentwicklung in den Jahren 1986 und 1987 einen Rückgang um etwa 10 v.H. bzw. 5. v.H. Auch 1988 wird ein leichter Rückgang registriert. Während die Lieferungen aus der Bundesrepublik in die DDR um 14 v.H. sinken, steigen die Bezüge aus der DDR um 11 v.H. Von großer Bedeutung für die DDR ist in diesem Zusammenhang der erfolgreiche Abschluß der Verhandlungen über die Transitpauschale und die Pauschalabgeltung von Straßenbenutzungsgebühren für die neunziger Jahre am 5. Oktober 1988. Als Gegenleistung sagt die DDR die Öffnung eines dritten Übergangs in Berlin sowie die Grunderneuerung einer Teilstrecke des Berliner Rings und der Transitautobahnen zwischen Berlin und Hof bzw. Berlin und Herleshausen zu.

Dessenungeachtet bestehen in zentralen Fragen unüberbrückbare Gegensätze fort. Die Präambel des Grundgesetzes, in der das deutsche Volk aufgefordert wird, seine Einheit wiederzuerlangen, steht für die Bundesregierung nicht zur Disposition. Vorrangiges Ziel ist es, die Freizügigkeit für die Menschen in der DDR herzustellen. Mauer, Grenze und Schießbefehl müssen überwunden werden.

Mehrfach hat Honecker gegenüber Ministerpräsidenten, die ihn im ersten Halbjahr 1989 aufsuchen, erklärt, einen Schießbefehl gebe es nicht. Und im übrigen sei das, was die bundesdeutsche Seite als Schießbefehl bezeichnet, aufgehoben worden.[76] Damit macht er wiederholt deutlich: Das Grenzregime ist für ihn kein Verhandlungsgegenstand. Honecker weist bei diesen Gelegenheiten lieber auf positive Entwicklungen beim Reiseverkehr hin. Gegenüber dem Parteivorsitzenden der SPD, Hans-Jochen Vogel,[77] behauptet er Ende Mai, generell werde an der Grenze nicht geschossen. Ausnahme seien Angriffe auf und Widerstand ge-

74 Nr. 9 Deutschlandpolitisches Gespräch bei dem Chef des Bundeskanzleramtes Seiters in Bonn, 23. Juni 1989.
75 Bundesministerium für innerdeutsche Beziehungen, Vermerk: Stand der innerdeutschen Beziehungen, 15. Juni 1989; BArch, B 136/20236, 221 De 1 NA 7 Bd. 2.
76 Vorlage des Ministerialdirigenten Duisberg an Bundeskanzler Kohl betr. Treffen von Ministerpräsident Späth und von Bürgermeister Voscherau mit Generalsekretär Honecker in Berlin (Ost) [23. und 24. Februar 1989], 221 – 350 16 – Ve 40 NA 1, 27. Februar 1989; ebd., B 136/21334, 22 – 35016 Ve 40 NA 1.
77 Hans-Jochen Vogel, Nachsichten. Meine Bonner und Berliner Jahre. 2. Aufl. München-Zürich 1996, 283f.

gen Grenztruppen. Wenn diese gezielt schießen, hätten sie tödliche Wirkung zu vermeiden; auf Frauen und Kinder dürfe überhaupt nicht geschossen werden.[78]
Die Bundesregierung weiß um die besondere Verantwortung für die menschenrechtliche Lage aller Deutschen. Sie hält deshalb an der Forderung nach humanitären Erleichterungen fest. Hierbei setzt sie vor allem auf die Wege der stillen Diplomatie und verzichtet auf öffentliche Einforderungen, weil sie auf vertraulichen Gesprächskanälen in humanitären Fragen und mit entsprechenden finanziellen Transaktionen mehr für einzelne Menschen in der DDR erreichen kann.
Auch in dem Gespräch mit Seiters läßt Honecker sein Interesse an der Fortsetzung des Dialogs erkennen und fordert erneut, den Verzicht auf den Ersteinsatz von Kernwaffen in Abrüstungsverhandlungen einzubringen. Die Politik der Veränderungen der Grenzen bezeichnet er nach wie vor als illusionär. Von dem Fortbestand des Deutschen Reiches von 1937 zu sprechen, erklärt er für unhaltbar, weil „das Deutsche Reich untergegangen sei". Das Grenzregime sei geändert worden, so „daß es keinen Schießbefehl mehr gebe". Damit gibt Honecker erstmals gegenüber einem Vertreter der Bundesregierung zu, daß ein solcher Schießbefehl bestanden hat. Die neuesten Reisezahlen[79] sind für ihn Beleg für die weite Öffnung der Grenze. Immerhin hätten 1,1 Millionen Menschen im ersten Halbjahr 1989 die DDR verlassen können. Doch sind Reisen auch stets für die DDR eine Kostenfrage. Wichtiges Ergebnis des Besuchs ist die Zusage Honeckers, den Schießbefehl auch künftig auszusetzen und damit wieder zu der seit seinem Besuch in Bonn 1987 angewandten Praxis zurückzukehren. Nach verschiedenen Zwischenfällen an der Mauer im Februar 1989 hat die Bundesregierung davon keineswegs ausgehen können.
Gespräche am Rande offizieller Begegnungen zeigen an, wie wirtschaftlich destabil die Lage in Wirklichkeit ist. Verschiedene Anzeichen deuten auf einen bevorstehenden Bankrott hin. An diskreten Äußerungen einzelner hoher Offiziere des Ministeriums für Staatssicherheit ist abzulesen, daß sie sich Gedanken über die deutsch-deutsche Entwicklung machen.
Die Bundesregierung ist in dieser Phase hauptsächlich an einer weiteren Ausweitung des Reiseverkehrs interessiert. Sie will eine gewisse Destabilisierung des Regimes in der DDR erreichen und die Grenzen für die Menschen in beiden Teilen Deutschlands öffnen. Ein Schritt in diese Richtung ist die Aufnahme des Flugverkehrs der Lufthansa zur Leipziger Messe,[80] ein weiterer Schritt die Ausweitung legaler Übersiedlungen in die Bundesrepublik.[81]
Die Vier Mächte sehen trotz der erkennbaren Veränderungen vorerst keinen Grund zur Änderung ihrer bewährten deutschlandpolitischen Linie. Gorbatschow läßt sich bei seinem Besuch in Frankreich Anfang Juli 1989 nicht zu einer weitergreifenden Interpretation des Selbstbestimmungsrechtes der Deutschen verleiten. Nebulös bemüht er wieder einmal die Geschichte, die alles verfüge. „Die Welt", so antwortet er auf die Frage eines Journalisten, „wird sich entsprechend unserer Haltungen verändern". Das gemeinsame europäische Haus müsse gebaut werden. Mitterrand hält das Streben nach Wiedervereinigung zwar für legitim. Doch fügt er gleich hinzu: „Was ist die Realität? Zwei Deutschlands, die verschiedenen Systemen in jeder Hinsicht angehören." Man könne „nicht einfach die Geschichte über Bord werfen", deren Grundlagen unmittelbar nach dem Zweiten Weltkrieg gelegt worden seien. Weder gebe es „eine grundsätzliche Verweigerung" der Wiedervereinigung „noch eine

---

78 Vorlage des Ministerialdirigenten Duisberg an Bundeskanzler Kohl betr. Gespräch des Partei- und Fraktionsvorsitzenden der SPD, Dr. Vogel, mit GS Honecker am 25.05.1989 in der DDR (Hubertusstock), 221 – 35016 – Ve 40, 30. Mai 1989; BArch, B 136/21334, 22 – 35016 Ve 40 NA 1.
79 Nr. 13A Zusammenstellung der von Generalsekretär Honecker übergebenen Reisezahlen, 3./4. Juli 1989.
80 Nr. 14 Gespräch des Bundesministers Seiters mit den Botschaftern der Drei Mächte in Bonn, 6. Juli 1989. Nr. 14A Gesprächslinie, 6. Juli 1989.
81 Nr. 17 Antragsteller in den Bundesaufnahmestellen, 31. Juli 1989.

zwingende Realität".[82] Mit anderen Worten: Die deutsche Frage steht nicht auf der Tagesordnung.
Zunächst gilt es, die Reformprozesse in Polen abzuwarten. Wenn diese Erfolg haben sollen, sind vier Bedingungen zu erfüllen: Die Versorgungslage muß sich bessern, die Schuldenlast verringert werden, ein Schuldenerlaß ist ins Auge zu fassen, und der Umfang der Auslandsinvestitionen muß steigen. Schlägt die Unterstützung der demokratischen Entwicklung in Polen fehl, kann das katastrophale Folgen für den gesamten Reformprozeß in Osteuropa haben. Dies, so versichert Kohl dem Fraktionsvorsitzenden des Bürgerkomitees „Solidarität" im Sejm, Geremek, sei seine und auch Gorbatschows Meinung. Besorgte Fragen polnischerseits nach der Zukunft der Oder-Neiße-Grenze beantwortet der Kanzler mit dem Hinweis, 84 v.H. der deutschen Bevölkerung sähen die Grenze als gültig an, und die Bundesregierung gehe von dem aus, was vertraglich klar sei.[83]

Zufluchtsuchende, Grenzöffnung und Kredithilfen

Während der Urlaubszeit Ende Juli/Anfang August 1989 drängen täglich mehr Bürger der DDR in die Botschaft der Bundesrepublik in Budapest. Der Flüchtlingsstrom nimmt drastisch zu. Auch die Ständige Vertretung in Ost-Berlin sieht sich einer wachsenden Zahl von Hilfesuchenden ausgesetzt. Überwiegend sind die Menschen felsenfest entschlossen, das Gebäude nur zu verlassen, wenn sie in die Bundesrepublik ausreisen dürfen. Vereinzelt sind solche Fälle von Botschaftsbesetzungen schon Anfang des Jahres vorgekommen, auch in der amerikanischen und der dänischen Botschaft in Ost-Berlin. Die Fälle sind dann über den Beauftragten der DDR-Regierung, Rechtsanwalt Vogel, stillschweigend reguliert worden. Anfang August ist aber der plötzliche Ansturm auf die Ständige Vertretung nicht absehbar. Ihr Leiter, Staatssekretär Bertele, befindet sich zu dieser Zeit in Urlaub. Am 7. August eskaliert die Situation. Inzwischen halten sich 130 Personen dort auf. Offiziell verweist die Regierung der DDR auf die Verordnung vom 30. November 1988, die den behördlichen Ausreiseantrag regelt. Rechtsanwalt Vogel signalisiert der Bundesregierung, diese Erklärung ernst zu nehmen.[84] Die DDR-Führung bleibt also hart. Das Bundeskanzleramt ist gezwungen, die Ständige Vertretung für den Publikumsverkehr zu schließen.[85] Es ist ein schwieriger Entschluß. Denn die Bundesregierung läuft damit Gefahr, in der Öffentlichkeit in Verdacht zu geraten, sie verabschiede sich von ihrem Kurs, humanitäre Lösungen für ausreisewillige Bürger zu suchen. Zwar ist sie der Meinung, die angebotene Straffreiheit sei zu wenig und die DDR müsse ihren Beitrag leisten. Doch will sie keinen Druck auf die DDR ausüben und die Probleme auf dem Kontaktwege ausräumen. Zunächst bleibt sie bei der alten Linie und versichert der DDR-Regierung ihre guten Absichten, ermuntert Ausreisewillige zur legalen Ausreise, um eine größere Reisefreiheit zu ermöglichen und nimmt in ihren Vertretungen Flüchtlinge auf. Damit setzt die Bundesregierung möglicherweise weitreichende Reformen in Gang, legt aber in der Öffentlichkeit keine provozierende Haltung gegenüber Ost-Berlin an den Tag.[86]
Die DDR-Führung ist jedoch nicht bereit nachzugeben. Nier, stellvertretender Außenminister, bezeichnet gegenüber Duisberg den Aufenthalt der Zufluchtsuchenden als einen rechts-

---

82 Nr. 16 Vorlage des Vortragenden Legationsrats I Bitterlich an Bundeskanzler Kohl, 14. Juli 1989.
83 Nr. 15 Gespräch des Bundeskanzlers Kohl mit dem Fraktionsvorsitzenden des Bürgerkomitees „Solidarität", Geremek, in Bonn 7. Juli 1989.
84 Nr. 19 Mitteilung des Rechtsanwalts Vogel, 7. August 1989.
85 Nr. 18 Fernschreiben des Ministerialdirigenten Staab an den Chef des Bundeskanzleramtes, 7. August 1989.
86 Nr. 20 Vorlage des Ministerialdirigenten Stern an den Chef des Bundeskanzleramtes Seiters, 8. August 1989.

widrigen Akt. Versuche, eine Sonderregelung durchzusetzen, dürfe die Bundesregierung keine weitere Hoffnung geben. Sie befindet sich also in einer schwierigen Situation. Einerseits will sie den Menschen helfen, was sie aber ohne die Mithilfe der DDR nicht zu leisten vermag. Andererseits will sie an zwei Grundsätzen festhalten: Es muß ein freier Zugang zur Ständigen Vertretung gewährleistet sein; und Deutsche, die in die Ständige Vertretung kommen, werden nicht zurückgewiesen. Die Bundesregierung versucht der DDR-Führung nun klarzumachen, daß keine andere Wahl bestanden habe, als die Ständige Vertretung zu schließen, was jedoch die DDR nicht einsehen will.[87] Vogel hofft die Bundesregierung zu einer stillschweigenden Vereinbarung zu bewegen. Bonn soll dafür sorgen, daß keine Flüchtlingsfälle mehr vorkommen. Ihrerseits will die DDR-Seite gewisse Reiseerleichterungen gewähren. Auf eine solche Lösung läßt sich die Bundesregierung aber nicht ein. Sie müßte damit von ihren Grundsätzen abrücken. Nun nimmt der Kanzler selbst die Sache in die Hand.
Am 14. August gibt Kohl dem schwer erkrankten Honecker in einem Schreiben zu verstehen, daß Zusicherungen allein nicht mehr helfen. Zugleich weist er darauf hin, an einer weiteren Entwicklung der bilateralen Beziehung in „vernünftiger Weise" interessiert zu sein. Im Grunde fordert er Honecker zu einer konstruktiven Lösung auf.[88] Dazu ist dieser aber nicht bereit. Der SED-Generalsekretär lehnt eine Sonderregelung ab. Er stellt lediglich die Zusicherung in Aussicht, die Menschen würden keine Nachteile haben. Alles weitere solle in vertraulichen Gesprächen abgewickelt werden,[89] Die am 18. August in Ost-Berlin stattfindende Begegnung zwischen Seiters und Krolikowski[90] verläuft entsprechend ergebnislos. Der Erste Stellvertretende Außenminister verurteilt die Ausgabe von Pässen an Bürger der DDR durch die bundesdeutsche Botschaft in Budapest als völkerrechtswidrig und verweist auf 54 000 legale Ausreisen im Jahre 1989. Für die Zufluchtsuchenden in der Ständigen Vertretung will die DDR keine gesonderte Regelung treffen.
Allmählich wächst der Druck auf die Bundesregierung. 115 Ausreisewillige wenden sich in ihrer Verzweiflung in einem Schreiben direkt an den Bundeskanzler.[91] Vergeblich bemüht sich dieser nun um einen telefonischen Kontakt mit Honecker, um die Lage zu entspannen. Ein Spitzengespräch wird von DDR-Seite nicht gewünscht, was die Situation zusätzlich verkompliziert. Entgegenkommen zeigt die DDR nur in Fällen von Benachteiligung. Den Personen soll dann anwaltliche Betreuung zustehen.[92] Ansonsten insistiert die DDR-Regierung auf Ausreisen über geregelte Verfahren. Der von Honecker abgesegnete Vorschlag garantiert Straffreiheit und anwaltliche Vertretung für die Zufluchtsuchenden. Diese Modalitäten gelten für die Regelung der Probleme in der Ständigen Vertretung wie für eine geregelte Ausreise der Zufluchtsuchenden in der deutschen Botschaft in Budapest. Die DDR will damit hervorkehren: Der Weg über die Botschaft führt nicht zum Erfolg, nur ein ordentliches Verfahren ermöglicht die Ausreise.[93]
Unterdessen zeichnen sich in Kontakten zur ungarischen Regierung, die in diesen Tagen hauptsächlich über das Auswärtige Amt laufen, Lösungsmöglichkeiten ab. Die Regierung Németh scheint geneigt, die Grenzen zu öffnen. Hintergrund ist der Beitritt Ungarns zur

---

87 Nr. 21 Gespräch des Ministerialdirigenten Duisberg mit dem Stellvertretenden Außenminister Nier in Berlin (Ost), 11. August 1989.
88 Nr. 22 Schreiben des Bundeskanzlers Kohl an den Generalsekretär und Staatsratsvorsitzenden Honecker, 14. August 1989.
89 Nr. 23 Schreiben des Generalsekretärs und Staatsratsvorsitzenden Honecker an Bundeskanzler Kohl, 17./30. August 1989.
90 Nr. 24 Gespräch des Bundesministers Seiters mit dem Ersten Stellvertretenden Außenminister Krolikowski in Berlin (Ost), 18. August 1989.
91 Nr. 25 Schreiben der Zufluchtsuchenden in der Ständigen Vertretung der Bundesrepublik Deutschland bei der DDR an Bundeskanzler Kohl, 20. August 1989.
92 Nr. 26 Fernschreiben des Staatssekretärs Bertele an Bundesminister Seiters, 23. August 1989.
93 Nr. 27 Fernschreiben des Staatssekretärs Bertele an Bundesminister Seiters, 24. August 1989.

Flüchtlingskonvention, die eine Rechtsgrundlage für diesen Akt abgibt. Aber auch die Rückversicherung bei Gorbatschow, der diesen Schritt zumindest nicht unterbindet, spielt eine nicht unwesentliche Rolle. Am 25. August kommt es dann zu einem streng geheimgehaltenen deutsch-ungarischen Treffen auf Schloß Gymnich. Im Umfeld des Kanzlers weiß davon nur ein kleiner Kreis Eingeweihter. Zu der entscheidenden Unterredung mit Ministerpräsident Németh – dessen Name übersetzt „deutsch" heißt – und Außenminister Horn[94] zieht Kohl lediglich Genscher hinzu. Anwesend ist dann nur noch die Dolmetscherin der ungarischen Delegation. Anschließend diktiert der Bundesaußenminister einen Ergebnisvermerk[95] und übergibt ihn dem Kanzler.

Németh, so hält Genscher fest, berichtet offenbar zunächst über die Auseinandersetzungen zwischen Reformbefürwortern und Reformgegnern in Ungarn. Seine Regierung werde trotz der schweren wirtschaftlichen Krise alles tun, versichert der Ministerpräsident, um der Politik Gorbatschows zum Erfolg zu verhelfen. Zugleich fordert er den Westen zu tatkräftiger Hilfe auf. Németh macht keinen Hehl daraus, daß er vor dem Parteitag der USAP Anfang Oktober 1989 Erfolge braucht. Notwendige Unterstützung erhält er von amerikanischer Seite nur, wenn es in Ungarn zu einer Koalitionsregierung kommt. Gorbatschow und der RGW sind zur Hilfe nicht fähig. Also bleibt im Westen eigentlich nur die Bundesrepublik. Kohl und Németh gelangen zu einer stillschweigenden Vereinbarung. Jeder hilft dem anderen. Németh ist bereit, am 11. September, kurz vor Beginn des Parteitags der CDU in Bremen, die Deutschen aus der DDR über Österreich ausreisen zu lassen.[96] Im Gegenzug fragt der ungarische Ministerpräsident, ob er mit der Unterstützung der Bundesrepublik und des ganzen Westens rechnen könne oder ob die Devise heiße: abwarten. Er benötigt eine positive Entscheidung vor seinem Parteitag am 6. Oktober. Németh sitzt nämlich in der Klemme. Er kann schlechterdings das Recht eines jeden Madjaren, alle drei Jahre bis zu 350 US-Dollar umzutauschen, wieder rückgängig machen. Das würde er politisch nicht überleben. Denn allein die Verbindlichkeiten bei vier bis fünf deutschen Banken belaufen sich auf 400 bis 500 Millionen DM, die bedient werden müssen. Der Kanzler sagt die Entsendung des Chefs der Deutschen Bank, Alfred Herrhausen, nach Ungarn zu. Außerdem fragt er, was die Bundesrepublik, die EG und die USA tun können. Über Botschafter Horváth sollen Genscher die entsprechenden Vorschläge der ungarischen Seite angetragen werden. Vorsichtig klopft Horn die Frage ab, ob die Vereinigten Staaten wesentliche Truppenteile aus Europa abzögen, wenn sowjetische Streitkräfte aus Ungarn, der Tschechoslowakei und Polen zurückgezogen würden. Genscher schiebt solche Überlegungen beiseite und führt die sowjetischen Kontingente in der DDR an, die unverändert einen Bedrohungsfaktor darstellten.

Beim Mittagessen legt Kohl seinem Gast dar, warum die deutsch-polnischen Beziehungen so kompliziert sind und er nicht schon längst seine geplante Polenreise unternommen hat.[97] Nach Abschluß des Warschauer Vertrages dürfe es nunmehr keine zweite Enttäuschung im beiderseitigen Verhältnis geben, das einen Beitrag zur Stabilisierung in Europa leisten soll. Auch wenn der Kanzler die Reformunwilligkeit Honeckers für einen Fehler hält, so bringt er für dessen persönliche Situation durchaus ein gewisses Verständnis auf. Denn jede Reform kostet ihn das Amt. Völlig unverständlich ist für den Kanzler die Haltung der tschechischen Kommunisten. Es sei nur eine Frage der Zeit, wann dort die Reformdiskussion weitergehen werde. Deshalb orientiert Kohl seine Osteuropapolitik an zwei Bezugspunkten:

94   Guyla Horn, Freiheit, die ich meine. Erinnerungen des ungarischen Außenministers, der den Eisernen Vorhang öffnete. Hamburg 1991, 317–320.
95   Nr. 28 Vermerk des Bundesministers Genscher über das Gespräch des Bundeskanzlers Kohl mit Ministerpräsident Németh und Außenminister Horn auf Schloß Gymnich, 25. August 1989.
96   Äußerung von László Kovács in: Zur Freiheit durch Ungarn, 8–15.
97   Nr. 29 Gespräch des Bundeskanzlers Kohl und des Bundesministers Genscher mit Ministerpräsident Németh und Außenminister Horn während des Mittagessens auf Schloß Gymnich, 25. August 1989.

Abrüstung und wirtschaftliche Zusammenarbeit, wobei ihm die Kulturbeziehungen zu wenig Berücksichtigung finden.

Nachdem am 1. September Németh in einem langen Schreiben über Botschafter Horváth die Wünsche nach Krediterleichterungen übermittelt hat, kann der Kanzler sich zu Beginn des Parteitags in Bremen „für den großherzigen Akt der Menschlichkeit" bedanken, durch die Grenzöffnung den Deutschen aus der DDR die Ausreise über Österreich in die Bundesrepublik zu gestatten. „Ihre Politik ist richtungsweisend und vorbildlich", lobt Kohl die Entscheidung und verspricht: „Herr Ministerpräsident, was Ungarn in diesen Tagen für uns geleistet hat, werden wir nie vergessen." Der Kanzler steht natürlich zu dem, was er Németh an wirtschaftlichen Unterstützungsmaßnahmen in Aussicht gestellt hat.[98] Seiters sagt am 19. September Horváth wirtschaftliche Hilfeleistungen zu. Dieser nimmt sie dankend an, denn die Ungarn fühlen sich seit 1945 doppelt bestraft: Sie haben den Krieg verloren, Gebietsabtretungen an Nachbarn erlitten und eine erzwungene Systemänderung erlebt.[99]

Trotz der Fluchtwelle über Ungarn hält die SED an ihrer Position fest.[100] In der Ständigen Vertretung in Ost-Berlin ist daher keine Lösung in Sicht. Die Bundesregierung sieht sich gezwungen, auf das Angebot der DDR einzugehen,[101] die immer noch keine weitergehende Zusage als die Straffreiheit für die Zufluchtsuchenden geben will.[102] Bonn besteht unverändert darauf, die Leute müßten freiwillig die Vertretung verlassen und dürften nicht gezwungen werden. Während die DDR die Einhaltung der Vereinbarung fordert, hat die Bundesregierung keinerlei Veranlassung, den Druck auf die DDR zu mildern.[103] In Analysen geht das Bundeskanzleramt im September und Oktober 1989 zwar von der Möglichkeit einer Destabilisierung bzw. der möglichen Veränderung der Verhältnisse in der DDR aus. Zunächst aber wartet man ab.

Offensichtlich gehen Überlegungen in der amerikanischen Bürokratie schon weiter als im Bundeskanzleramt. Anders ist die Frage des stellvertretenden amerikanischen Außenminister Eagleburger am 7. September an Bundesminister Seiters nicht zu verstehen, ob die Möglichkeit eines Volksaufstandes bestünde, wenn es in der DDR keine Reformen gäbe. Wie steht es dann um die Zukunft des Systems dort? Was ist die DDR ohne das System? „Deutschland", antwortet Seiters. Die DDR-Führung habe eben nicht den Rat beherzigt, die Reiseregelung großzügiger zu handhaben.[104] Eagleburger versichert, Präsident Bush meine es mit der Wiedervereinigung ernst und unterstütze die Koordinierung der Polenhilfe. Derweil forciert Kohl die Verhandlungen über Hilfsmaßnahmen. Vor allem erwartet Mazowiecki Hermes-Bürgschaften.[105] Auch Walesa, Gewerkschaftsführer der „Solidarität", wirbt bei Kohl nicht nur für die deutsch-polnische Aussöhnung. Mit Unterstützung der Bundesregierung hoffen die Polen, „die Krawatte der Verschuldung" ein wenig zu lockern. Der Kanzler will einen Neuanfang auf solider Grundlage, in Form von Hilfe zur Selbsthilfe.[106] Gelder an Polen sollen nicht wieder zu einem Faß ohne Boden werden, in das – wie einst in den siebziger Jahren – viel Geld hineinfließt und in dunkle Kanäle versickert. Das

---

98   Nr. 40 Telegramm des Bundeskanzlers Kohl an Ministerpräsident Németh, 12. September 1989.
99   Nr. 41 Gespräch des Bundesministers Seiters mit Botschafter Horváth in Bonn, 19. September 1989.
100   Nr. 33 Fernschreiben des Staatssekretärs Bertele an den Chef des Bundeskanzleramtes, 31. August 1989.
101   Nr. 30 Fernschreiben des Ministerialdirigenten Duisberg an Staatssekretär Bertele, 29. August 1989.
102   Nr. 32 Fernschreiben des Staatssekretärs Bertele an den Chef des Bundeskanzleramtes, 31. August 1989.
103   Nr. 34 Fernschreiben des Staatssekretärs Bertele an den Chef des Bundeskanzleramtes, 1. September 1989. Nr. 35 Fernschreiben des Ministerialdirigenten Duisberg an Staatssekretär Bertele, 6. September 1989. Nr. 36 Gespräch des Bundesministers Seiters mit dem Ständigen Vertreter der DDR, Neubauer, in Bonn, 7. September 1989.
104   Nr. 37 Gespräch des Bundesministers Seiters mit dem stellvertretenden Außenminister Eagleburger in Bonn, 7. September 1989.
105   Nr. 31 Telefongespräch des Bundeskanzlers Kohl mit Ministerpräsident Mazowiecki, 31. August 1989.
106   Nr. 38 Gespräch des Bundeskanzlers Kohl mit dem Vorsitzenden der Gewerkschaft „Solidarität", Walesa, in Bonn, 7. September 1989.

gleiche unmißverständliche Signal zur Verständigungsbereitschaft gibt der Bundeskanzler am nächsten Tag in einem Schreiben an Mazowiecki, in dem er den am Jahresanfang vereinbarten Besuch in Polen für November ankündigt.[107] Dieser hat ein großes Interesse, rasch „das Paket zu schnüren". Er verspricht, sich für die Wahrung der Rechte deutschstämmiger Bürger einzusetzen, insbesondere im kulturellen Bereich. Dies ist für die Bundesregierung ein „unerläßlicher Bestandteil" der polnischen Entwicklung zur Demokratie und Freiheit.[108]

Die Bundesregierung wie die Regierung in Washington sehen, daß die von der DDR vorgeschlagene Lösung für das Flüchtlingsproblem nicht greift. Nachdem sich 500 Flüchtlinge mehr als vor dem Besuch von Rechtsanwalt Vogel in die Botschaft in Prag und 110 Flüchtlinge in der Botschaft der Bundesrepublik in Warschau aufhalten, ist ungewiß, ob die ungarische Lösung auch in Warschau durchsetzbar ist. Nicht zu unrecht fragt Walters, ob in der DDR ein Wandel ohne Destabilisierung überhaupt möglich sei. Auch der Bundesregierung ist klar: Wenn die Entwicklung, wie in Ungarn, weitergeht, besteht für die DDR kaum eine andere Chance, als sich gegenüber dem Reformprozeß in Osteuropa zu öffnen.[109]

Deutliches Anzeichen eines Erosionprozesses ist die Gründung der Oppositionsgruppe Neues Forum am 19. September in der Ost-Berliner Gethsemane-Kirche mit der Bürgerrechtlerin Bärbel Bohley an der Spitze. Zur Verbreitung ihrer Anliegen bedient sich auch die Gruppe Demokratie Jetzt gezielt der Westmedien. Ihr Auftreten wirkt nach Einschätzung der Ständigen Vertretung amateurhaft und hat mit effektiver Oppositionsarbeit noch wenig zu tun. Bald werde das Ministerium für Staatssicherheit dafür sorgen, daß die Aufbruchstimmung nicht in einen tatsächlichen Aufbruch umschlage.[110] Einen plötzlichen Wandel vermag sich niemand vorzustellen.

Die Diskussionen über die sich wandelnden Ost-West-Beziehungen haben inzwischen auch auf die NATO übergegriffen. Generalsekretär Wörner nennt gegenüber Bundesminister Seiters im wesentlichen zwei Ziele: Die NATO muß auch als politisches Bündnis bei einem Wandel der Ost-West-Beziehungen größere Bedeutung erlangen, und das Bündnis muß als Instrument des Wandels zugleich eine Insel der Stabilität darstellen. Viel zu wenig sei bislang die Unterstützung der NATO in der Gipfelerklärung von Brüssel bekanntgeworden, das freie Selbstbestimmungsrecht wahrzunehmen. Die NATO respektiere die Sicherheit der Sowjetunion, gebe ihr jedoch keine Bestandsgarantie für den Warschauer Pakt. Moskau sehe zwar die ausweglose Situation der DDR. Sie stecke in einem Dilemma. Alles, was sie tue, berge Gefahren in sich. Dabei seien Reformen im Inneren noch das geringste Risiko.[111]

Diese Einschätzung deckt sich im wesentlichen mit den Berichten der Ständigen Vertretung in Ost-Berlin. „Die DDR befindet sich in einer Krise, in der sie erstmals in ihrer Geschichte weitgehend isoliert ist", resümiert Bertele die Situation.[112] Führende Politiker hätten keinen Mut zu Reformen. Die oppositionellen Kräfte seien zu schwach, was letztlich Immobilität mit einhergehendem Loyalitätsverfall bewirke. Am Vorabend des 40. Jahrestages des Bestehens der DDR sieht er die ernste Gefahr, daß repressive Kräfte erstarken und die Situation für sich ausnutzen.

Gegen Ende September wird im Bundeskanzleramt immer deutlicher, welche unterschiedlichen Linien die sowjetische Außenpolitik bestimmen. Das Treffen zwischen den beiden Außenministern Baker und Schewardnadse in Wyoming hat gezeigt, inwieweit Gorbatschow zu wirklichen Fortschritten in der Rüstungskontrollpolitik bereit ist. Entgegenkommen

---

107 Nr. 39 Schreiben des Bundeskanzlers Kohl an Ministerpräsident Mazowiecki, 8. September 1989.
108 Nr. 48 Schreiben des Ministerpräsidenten Mazowiecki an Bundeskanzler Kohl, 27. September 1989.
109 Nr. 42 Gespräch des Bundesministers Seiters mit Botschafter Walters in Bonn, 20. September 1989.
110 Nr. 43 Fernschreiben des Staatssekretärs Bertele an den Chef des Bundeskanzleramtes, 20. September 1989.
111 Nr. 44 Gespräch des Bundesministers Seiters mit Generalsekretär Wörner in Bonn, 21. September 1989.
112 Nr. 45 Fernschreiben des Staatssekretärs Bertele an den Chef des Bundeskanzleramtes, 22. September 1989.

beim Abbau der Radarstation Krasnojarsk, Fallenlassen der Frist, in der der ABM-Vertrag nicht gekündigt werden darf, und die Bereitschaft der Sowjetunion zur Zusammenarbeit bei der Vereinbarung von Verifikationsmaßnahmen sind erkennbare Fortschritte. Auch der Wunsch nach SNF-Verhandlungen, ein möglicher Durchbruch bei Nukleartests und bei den Vereinbarungen über Chemiewaffen lassen auf eine veränderte Position schließen. Anscheinend erwägt Gorbatschow einseitige Reduzierungen, um die Unterzeichnung des VKSE-Abkommens möglich zu machen, und sucht darüber hinaus Kompromisse bei den START-Verhandlungen. Auch gegenüber dem amerikanischen Vorschlag einer Open-Sky-Konferenz verhält sich die sowjetische Seite aufgeschlossen.[113]

Bestätigt werden diese positiven Ergebnisse der amerikanisch-sowjetischen Konsultationen durch das Gespräch Teltschiks mit dem sowjetischen Botschafter Kwizinskij. Dieser nutzt Ende September den offiziellen Auftrag Gorbatschows, dem Bundeskanzler das Fortbestehen der Vereinbarungen vom Juni 1989 mitzuteilen, Teltschik wegen der Rede Kohls auf dem Bremer CDU-Parteitag die Meinung zu sagen. Gorbatschow befürchtet, Kohl wolle in der Öffentlichkeit die Stimmung für die Wiedervereinigung anheizen. Kwizinskij erinnert daran, der Moskauer Vertrag habe den Status quo in Europa festgeschrieben. Teltschik hingegen rekuriert auf die Menschenrechte und das Selbstbestimmungsrecht, das der Kanzler in den Vordergrund gestellt habe. Gegenüber Zweifel des Sowjet-Botschafters räumt Teltschik ein, das Recht auf Selbstbestimmung der Deutschen könne zur Einheit führen, müsse aber nicht. Der Kanzler wolle die Situation insoweit ändern, wie sie zum Bau des gemeinsamen europäischen Hauses, von dem Gorbatschow stets spricht,[114] notwendig sei.[115] Zu guter Letzt verlangt Kwizinskij die Abweisung der Zufluchtsuchenden in den deutschen Botschaften – eine für die Bundesregierung unmöglich zu akzeptierende Forderung.

Die sich vor allem in der deutschen Botschaft in Prag zuspitzende Lage mit über 5000 Ausreisewilligen soll Rechtsanwalt Vogel bei einem Besuch dort lösen. Die Regierung der DDR schlägt vor, so teilt Vogel Staatssekretär Priesnitz in der tschechoslowakischen Hauptstadt mit, die Ausreise innerhalb von sechs Monaten zu erlauben, macht jedoch ein förmliches Ausreiseverfahren zur Bedingung.[116] Für die Lösung der Situation in Warschau fordert die DDR die Anwendung des „Berliner Modells",[117] das heißt die Botschaft für den Publikumsverkehr vorübergehend wegen Renovierungsarbeiten geschlossen zu halten und somit die Zufluchtmöglichkeiten einzudämmen.

Auch nach verschiedenen Gesprächen von Bundesaußenminister Genscher mit Schewardnadse, der zusagt, bei der DDR auf eine Verbesserung der Lage der Flüchtlinge hinzuwirken, und den Unterredungen mit DDR-Außenminister Fischer sowie dem tschechoslowakischen und dem polnischen Außenminister am Rande der Vereinten Nationen in New York ist noch keine Klärung in Sicht. Am 30. September bietet die DDR über ihren Ständigen Vertreter in Bonn, Neubauer, an, die Zufluchtsuchenden in den Botschaften in Prag und Warschau könnten am 1. Oktober mit Sonderzügen der DDR über das Gebiet der DDR in die Bundesrepublik ausreisen. Zugleich sichert die Regierung freies Geleit zu. Die DDR hofft mit dieser Ausnahmeentscheidung den auf sie lastenden Druck loszuwerden. Denn Rechtsanwalt Vogel hat in Warschau nur einige Dutzend Menschen zur Rückkehr in die DDR bewegen können, indem er die feste Zusage gegeben hat, in den nächsten Wochen

---

113   Nr. 46 Vorlage des Ministerialdirektors Teltschik an Bundeskanzler Kohl, 25. September 1989.
114   Michail S. Gorbatschow, Das gemeinsame Haus Europa und die Zukunft der Perestroika. Düsseldorf-Wien-New York 1990, 17–61, 127–136.
115   Nr. 49 Gespräch des Ministerialdirektors Teltschik mit Botschafter Kwizinskij in Bonn, 29. September 1989. Nr. 50 Gespräch des Ministerialdirektors Teltschik mit Botschafter Kwizinskij in Bonn, 29. September 1989.
116   Nr. 47 Schreiben des Rechtsanwalts Vogel an Staatssekretär Priesnitz, 26. September 1989.
117   Nr. 51 Gespräch des Ministerialdirigenten Duisberg mit dem Ständigen Vertreter der DDR, Neubauer, in Bonn, 1. Oktober 1989.

werde ihnen die Ausreise genehmigt. Nach Rücksprache mit Kohl stimmt die Bundesregierung dem Vorschlag der DDR zu. Als Vertreter des Bundeskanzleramtes, das die Verhandlungen und Kontakte mit Ost-Berlin, Prag und Warschau koordiniert, reist Seiters gemeinsam mit Genscher noch im Laufe des Tages nach Prag, um die Ausreise der Flüchtlinge sicherzustellen. Auf dem Terrain der Botschaft, wo zunächst einmal der Bundesaußenminister faktisch Hausherr ist, verkündet Genscher und nicht der eigentliche Koordinator Seiters den Menschen die Ausreiseerlaubnis.[118]

Am 1. Oktober unterstreicht Neubauer im Bundeskanzleramt, allein die DDR-Regierung habe über die Ausreise entschieden. Falsch sei, daß Bundesminister Genscher die Ausreise bewirkt habe. Wiederholt wirft Neubauer der Bundesregierung vor, die Botschaften nicht geschlossen zu haben. Seiters pariert solche Attacken mit dem Hinweis, es sei nicht das Problem der Bundesregierung, wenn Menschen die DDR verlassen wollten.[119]

Das Bild, das die Bundesregierung am 2. Oktober der deutschen Öffentlichkeit vermittelt, gibt die wirklichen Vorgänge nur in Umrissen wieder. Tatsache ist, es sind nicht nur die Zufluchtsuchenden aus den Botschaften, die mit den Sonderzügen durch die DDR in die Bundesrepublik gelangen. Während der teils langsamen Fahrt springen noch viele Menschen auf die Züge und nutzen die Gelegenheit zur Flucht. Von den 5500 Zufluchtsuchenden in der Tschechoslowakei und den 809 Personen aus Warschau sind lediglich 50 Personen aus der Botschaft in Warschau bereit, in die DDR zurückzukehren.[120]

Sicherlich hat die Bundesregierung kein Interesse daran, die Situation weiter eskalieren zu lassen. Aus technischen Gründen bleiben die Botschaften in Prag und Warschau vorerst geschlossen.[121] Das bringt Zeitgewinn für weitere Lösungen und kommt auch der DDR entgegen. Nicht einkalkuliert ist, daß am nächsten Tage schon wieder 6000 Deutsche aus der DDR in die bundesdeutsche Botschaft in Prag drängen und 2000 Personen sich in der Umgebung aufhalten, ganz abgesehen von den 3000 bis 4000 Menschen, die auf dem Weg dorthin sind. Die Grenze zwischen der DDR und der Tschechoslowakei wird daraufhin geschlossen. Bundeskanzler Kohl bemüht sich in einem Telefonat mit dem tschechoslowakischen Ministerpräsidenten Adameč[122] um eine einvernehmliche Regelung. Die Bundesregierung legt Wert darauf, daß die DDR diese Personen nicht ausweist, ihnen somit eine Rückkehrmöglichkeit offenbleibt.[123] Deshalb weigert sich die Bundesregierung, das sogenannte Berliner Modell weiterhin anzuwenden, hält aber zunächst noch die Ständige Vertretung in Ost-Berlin für Renovierungsarbeiten geschlossen. Indes gibt Abteilungsleiter Seidel vom Außenministerium der DDR gegenüber Staatssekretär Bertele zu, die Ursachen für die Fluchtwelle lägen in der DDR selbst.[124] Bahnen sich in der DDR vielleicht doch Veränderungen an?

In dieser Situation kommt es für Kohl besonders darauf an, den Reformprozeß in Ungarn und in Polen voranzubringen. Ohne die geschlossene Haltung der EG-Mitgliedstaaten läßt sich dieser Prozeß nicht bewerkstelligen. Zwei Probleme sind für die Polen besonders dringend: Die Lebensmittelversorgung muß stabilisiert und die monetäre Reserve, die bald aufgebraucht ist, aufgefüllt werden. Den Polen fehlen 100 Millionen Dollar in der Kasse. Ungarn braucht ebenso einen Überbrückungskredit, um Zinsen für Schulden bezahlen zu kön-

---

118 Genscher, Erinnerungen, 13–24. John, Rudolf Seiters, 88–94.
119 Nr. 53 Gespräch des Bundesministers Seiters mit dem Ständigen Vertreter der DDR, Neubauer, in Bonn, 2. Oktober 1989.
120 Nr. 52 Fernschreiben des Staatssekretärs Bertele an den Chef des Bundeskanzleramtes, 2. Oktober 1989.
121 Nr. 54 Vorlage des Ministerialdirigenten Duisberg an Bundesminister Klein, 2. Oktober 1989.
122 Nr. 55 Telefongespräch des Bundeskanzlers Kohl mit Ministerpräsident Adameč, 3. Oktober 1989.
123 Nr. 56 Gespräche und Kontakte des Chefs des Bundeskanzleramtes Seiters und des Ministerialdirigenten Duisberg, 3.–5. Oktober 1989.
124 Nr. 59 Fernschreiben des Staatssekretärs Bertele an den Chef des Bundeskanzleramtes, 6. Oktober 1989.

nen. Gegenüber Ministerpräsident Németh hat der Kanzler die Aufstockung des Kredits um 500 Millionen DM auf 1 Milliarde DM insgesamt zugesagt und versprochen, sich beim Internationalen Währungsfonds und bei der Weltbank für internationale Kredite einzusetzen.[125] Die Reformpolitik läßt sich allerdings nur unterstützen, wenn die Integrationsbewegung in Westeuropa weiter voranschreitet. Darum ist die nächste Sitzung des Europäischen Rates in Straßburg in der ersten Dezemberhälfte so wichtig. Dort soll unter den EG-Mitgliedstaaten der Einstieg in den stufenweisen Aufbau einer Wirtschafts- und Währungsunion beschlossen werden. Für den Erfolg, den Staatspräsident Mitterrand als amtierender Vorsitzender des Europäischen Rates damit einheimst, will der Kanzler zugleich dessen Unterstützung für die Reformbewegung einkaufen. Denn für ihn gibt es langfristig auch in der Entwicklung der deutschen Frage kein Entweder-oder, sondern nur ein Sowohl-als-auch – nämlich sowohl Integration der Deutschen in den Westen als auch das Streben nach der Einheit Deutschlands.[126]

Während der Gespräche mit Honecker im Rahmen der Feiern zum 40. Jahrestag der Gründung der DDR am 7. Oktober macht Gorbatschow erneut die Erfahrung: Der SED-Generalsekretär ist reformunfähig, ein Führungswechsel unausweichlich.[127]

Vier Tage später versichert der Kanzler in einem Telefonat Gorbatschow, die Bundesregierung sei nicht daran interessiert, die Entwicklung in der DDR außer Kontrolle geraten zu lassen. Zugleich ist für Kohl wichtig, daß es bei den Vereinbarungen von Bonn bleibt, sprich: Die Deutschen haben im Falle des Falles ein Recht auf Selbstbestimmung.[128]

Aus Gesprächen mit Charles Powell erfährt Ministerialdirigent Hartmann, Gorbatschow habe in der Begegnung mit der britischen Premierministerin am 23. September in Moskau große Sorgen um den Fortbestand des Warschauer Paktes geäußert.[129] Notfalls sehe sich dieser sogar gezwungen, Schritte zur Wahrung der Sicherheitsinteressen zu unternehmen. Auch wenn von britischer Seite ein promptes Dementi folgt, so herrscht im Bundeskanzleramt doch der Eindruck vor, in Moskau ist über das deutsche Problem gesprochen worden und Thatcher sieht die Gefahren, der europäische Kontinent könnte zu einem Unruheherd mit wachsender Instabilität werden. Um die westlichen Verbündeten nicht zu verschrecken, unterstreicht Hartmann gegenüber seinen Gesprächspartnern im britischen Außenministerium das Angebot des Bundeskanzlers zur Kooperation mit der DDR, wenn Wirtschaftsreformen eingeleitet werden.

Taktisch reagiert die Bundesregierung in solch heiklen Fragen stets zurückhaltend und verweist darauf, die DDR müsse in den Reformprozeß einbezogen werden und an ihre Destabilisierung sei nicht gedacht. Es gehe darum, den Demokratisierungsprozeß zu fördern, und nicht um eine Diskussion von Wiedervereinigungsmodellen. Damit versucht man, Befürchtungen der Verbündeten zu besänftigen, durch eine Wiedervereinigung könnte es zu Verschiebungen im europäischen Kräftegleichgewicht kommen.

In Wirklichkeit ist die Bundesregierung sehr wohl an einer Destabilisierung der DDR interessiert, will aber den Prozeß in sicheren Bahnen steuern. Die Menschen sollen in der DDR bleiben, versichert Bundeskanzler Kohl dem italienischen Ministerpräsidenten Andreotti. Eine explosive Lage wolle keiner, weil damit das Eingreifen der Sowjetunion provoziert würde. Das SED-Regime hat abgewirtschaftet, und mehr politischer Pluralismus und größere wirtschaftliche Freiheit müssen folgen. Doch die Bundesregierung wartet die Entwicklung zunächst weiter ab. Der Kanzler setzt auf Besuchserleichterungen, die in den letzten

---

125 Nr. 57 Schreiben des Bundeskanzlers Kohl an Ministerpräsident Németh, 4. Oktober 1989.
126 Nr. 58 Gespräch des Bundeskanzlers Kohl mit Präsident Delors in Bonn, 5. Oktober 1989.
127 Gorbatschow, Erinnerungen, 931–935.
128 Nr. 60 Telefongespräch des Bundeskanzlers Kohl mit Generalsekretär Gorbatschow, 11. Oktober 1989.
129 Nr. 61 Vermerk des Ministerialdirigenten Hartmann, 13. Oktober 1989.

drei Jahren 3,5 Millionen Deutschen aus der DDR die Möglichkeit des Besuchs in der Bundesrepublik eröffnet haben. Es ist letztlich nur eine Frage der Zeit, bis die wachsende Unzufriedenheit der DDR-Bevölkerung in offene Proteste gegen das eigene Regime umschlägt. Zudem weiß der Kanzler genau, die schlechte Versorgungslage in der DDR hat maßgeblich mit den Lieferschwierigkeiten der Sowjetunion zu tun. Eine Reformentwicklung in der DDR hat jedoch nur Erfolg, wenn Gorbatschow seinem Prinzip treubleibt und den „sozialistischen Bruderländern" eine eigene Entwicklung und die Freiheit der Wahl ihres Systems ermöglicht, die keine Einmischung in die Entwicklung innerer Angelegenheiten zuläßt.[130]

Mauerfall

In der Sitzung des Politbüros des Zentralkomitees der SED am 18. Oktober wird Honecker gestürzt. Dem Führungswechsel an der Partei- und Staatsspitze gehen heftige Kontroversen voraus,[131] hauptsächlich über die Wirtschaftspolitik. Sein Nachfolger, Egon Krenz,[132] kündigt zwar eine Wende an. In der ersten Rede des neuen Generalsekretärs ist jedoch kein grundlegend neuer Ansatz zu Reformen erkennbar. Die Ständige Vertretung erwartet, daß die SED politisch und ideologisch wieder die Offensive erlangen will und keine Abstriche von ihrem Macht- und Führungsanspruch gestattet. Ihr Ziel sei und bleibe der Aufbau des Sozialismus in der DDR, die Bewahrung von Ruhe und Ordnung, die Beseitigung ökonomischer Defizite, jedoch nicht um den Preis einer Veränderung der gesellschaftlichen Verhältnisse, meint Ministerialdirigent Duisberg im Bundeskanzleramt. Allein die Ankündigung eines neuen Reisegesetzes reiche nicht aus, den bestehenden Druck in der DDR abzubauen. Krenz wird als kompromißloser Mann eingeschätzt, der mit aller Härte den Machtanspruch der SED verfolgt und dazu nötigenfalls alle verfügbaren Machtmittel einsetzt.[133] Er ist eben kein Reformer und erst recht kein Revolutionär.

Weitere Entwicklungen sind für die Bundesregierung deshalb schwer kalkulierbar. Wenn bis Weihnachten Reformen ausbleiben, ist mit einer Übersiedlerzahl von 150 000 Personen unter dreißig Jahren zu rechnen. Der Kanzler will den Kessel nicht weiter anheizen, sieht aber Schwierigkeiten voraus. Um so wichtiger ist ihm ein festes Bekenntnis zum nordatlantischen Bündnis und zur EG. Der Westen muß zusammenstehen und helfen. Ansonsten haben Abrüstung und Reformbewegung in Osteuropa keinen Nährboden. Auch Bush will den Prozeß nicht forcieren und damit die Entwicklung unnötig gefährden. Er legt wie Kohl Wert auf einen engen Schulterschluß zwischen Bonn und Washington. Bush lädt ihn deshalb zu einem Besuch nach Camp David ein. Eine Auszeichnung, die vor Kohl noch keinem deutschen Bundeskanzler zuteil geworden ist.[134]

In Washington kursieren weiterhin Befürchtungen, in der DDR könnte die Lage zu einem Volksaufstand eskalieren, dem der Westen machtlos gegenübersteht. Die Bundesregierung kann nicht mehr tun, als Reformschritte unterstützen. Die Frage ist nur: Was passiert, wenn wirklich ein Aufstand in der DDR losbricht?[135] Aufmerksamkeit erregen in Bonn die Reden

---

130 Nr. 62 Gespräch des Bundeskanzlers Kohl mit Ministerpräsident Andreotti in Bonn, 18. Oktober 1989.
131 Dazu den Beitrag des Leiters der Informationsabteilung der Vertretung des KGB in Berlin (Ost) Iwan Kusmin, Die Verschwörung gegen Honecker, in: Deutschland Archiv. Zeitschrift für das vereinigte Deutschland, Köln. 28. Jg. (1995) Heft 3, 286–290.
132 Egon Krenz unter Mitarbeit von Hartmut König und Gunter Rettner, Wenn Mauern fallen. Die Friedliche Revolution: Vorgeschichte – Ablauf – Auswirkungen. Wien 1990, 141–158. Ders., Anmerkungen zur Öffnung der Berliner Mauer im Herbst 1989, in: Osteuropa. Zeitschrift für Gegenwartsfragen des Ostens, Stuttgart. Hg. von der Deutschen Gesellschaft für Osteuropakunde. 42. Jg. (1992) Heft 4, 365–369.
133 Nr. 63 Vorlage des Ministerialdirigenten Duisberg an Bundeskanzler Kohl, 19. Oktober 1989.
134 Nr. 64 Telefongespräch des Bundeskanzlers Kohl mit Präsident Bush, 23. Oktober 1989.
135 Nr. 65 Gespräch des Bundesministers Seiters mit Botschafter Walters in Bonn, 23. Oktober 1989.

von Außenminister Baker zur deutschen Frage, weil sich hier unterschiedliche Linien andeuten. Im amerikanischen Außenministerium glauben einige Beobachter zu diesem Zeitpunkt noch, die deutsche Nation lasse sich auch auf einem anderen Weg als durch die Wiedervereinigung erhalten. In einer Ansprache am 16. Oktober bezeichnet Baker das Streben der Deutschen nach Selbstbestimmung in Frieden und Freiheit als ihr legitimes Recht. Er spricht jedoch nicht von der Möglichkeit der Wiedervereinigung („reunification"), vielmehr redet er von der Versöhnung („reconciliation") in den deutsch-deutschen Beziehungen, die auf der Grundlage der westlichen Werte erfolgen müsse. Dahinter verbirgt sich offenbar der Gedanke, die DDR könne als selbständiger Staat fortbestehen, wenn das kommunistische System beseitigt ist. Hält die amerikanische Administration etwa die Reformierbarkeit des Sozialismus für wahrscheinlicher als dessen Zusammenbruch? Das wäre zu diesem Zeitpunkt sicher eine gravierende Fehleinschätzung.[136] Bush dagegen spricht von der Möglichkeit der Wiedervereinigung, die allerdings eine Verständigung unter den Westmächten voraussetze.[137]

Vonnöten sind für die Bundesregierung jetzt vor allem enge Konsultationen mit den drei Westmächten. Am 24. Oktober erörtert Bundesminister Seiters mit den Botschaftern die Situation. Keiner von ihnen glaubt so recht daran, daß sich die neue Führung in der DDR lange hält. Mallaby hält Krenz für einen „Opportunisten", Walters ihn allenfalls für einen Übergangskandidaten. Und Boidevaix bezweifelt, ob Krenz mit der Ankündigung einer neuen Ausreiseregelung die Lage stabilisieren kann. Seiters gibt ganz offen zu: Jeder Schritt zu mehr Freiheit ist auch ein Schritt zur Überwindung der deutschen Teilung. Gleichwohl hat die Bundesregierung aber auch das Problem der Flüchtlingsintegration in die bundesdeutsche Gesellschaft im Auge. Wenn sie nicht aufpaßt, entsteht Sozialneid,[138] der jeder Wiedervereinigungsbewegung nur abträglich sein kann.

Der neue SED-Generalsekretär bleibt im Grunde bei der alten Linie. Das bestätigt sich einmal mehr in dem Telefongespräch, das der Bundeskanzler am 26. Oktober mit Krenz führt. Zwar erkennt dieser die Notwendigkeit einer neuen Reiseregelung an, die Kohl als Geste des guten Willens fordert. Ein Durchbruch zu einer umfassenden Reformpolitik ist aber nicht in Sicht. Beide vereinbaren zunächst den Besuch von Bundesminister Seiters in der zweiten Novemberhälfte in Ost-Berlin[139] und kommen überein, schon bald sollen persönliche Beauftragte – Schalck-Golodkowski und Seiters – eine Begegnung des Kanzlers mit Krenz vorbereiten.[140]

Seit seinem Amtsantritt hat Seiters von der vertraulichen Kontaktschiene zu Schalck-Golodkowski vergleichsweise weniger Gebrauch gemacht als sein Vorgänger Schäuble. Als es Anfang November zu der verabredeten Begegnung in Bonn kommt, läßt Schalck-Golodkowski durchblicken: Die DDR steht in Kürze vor dem Bankrott. Seiters habe finanzielle Unterstützung bei der Regelung des Reiseverkehrs angeboten, wenn die SED oppositionelle Gruppen zulasse und die Gewährleistung freier Wahlen zusage, berichtet Schalck-Golodkowski am 7. November Krenz über das Verhandlungsergebnis.[141]

Die Bundesregierung, so beschließen die beamteten Staatssekretäre am 6. November, ist bereit, die von der neuen SED-Führung angestrebte grundlegende Sanierung der DDR-Wirtschaft zu unterstützen. Doch hält sie Wünsche nach mittelfristiger Liquiditätshilfe in Form von ungebundenen Finanzkrediten zur Absicherung der Reformen in den nächsten fünf Jah-

136 Zelikow/Rice, Germany Unified and Europe Transformed, 96 f.
137 Nr. 67 Vorlage des Ministerialdirektors Teltschik an Bundeskanzler Kohl, 24. Oktober 1989.
138 Nr. 66 Gespräch des Bundesministers Seiters mit den Botschaftern der Drei Mächte in Bonn, 24. Oktober 1989.
139 Nr. 68 Telefongespräch des Bundeskanzlers Kohl mit dem Staatsratsvorsitzenden Krenz, 26. Oktober 1989.
140 Äußerung von Helmut Kohl in: Kuhn, Gorbatschow und die deutsche Einheit, 55 f., 61.
141 Schreiben des Alexander Schalck-Golodkowski an Generalsekretär Krenz, 7. November 1989, abgedruckt in: Peter Przybylski, Tatort Politbüro. Bd. 2: Honecker, Mittag und Schalck-Golodkowski. Berlin 1992, 394 f.

ren in der Größenordnung von acht bis zehn Milliarden DM für unrealistisch. Würden dafür nicht wirkliche Reformmaßnahmen verlangt, käme ein solches Finanzvolumen einer „reinen Systemfinanzierung" gleich. Die Bundesregierung will im Gegenzug die Generalbereinigung der aus der Fluchtbewegung entstandenen Probleme verlangen, insbesondere die weitgehende Lockerung des Reiseverkehrs nach Westen, eventuell auch mit der Konsequenz, daß Ausreisen aus der DDR wieder rückgängig gemacht werden.[142]

In ihrer Lage ist die DDR genötigt, eine direkte Ausreiseregelung zu ermöglichen. Es ist nur eine Frage des Zeitpunktes. Denn in der deutschen Botschaft in Prag hat sich die Situation wieder mit 5000 Flüchtlingen dramatisch verschlechtert. Staatssekretär Bertele bemüht sich am Rande der Gratulationscour für Krenz am 3. November um eine unbürokratische Lösung. Während Krenz auf die neue Ausreiseregelung zu Beginn der kommenden Woche verweist, lehnen Außenminister Fischer und Staatssekretär Krolikowski generelle Ausreisegenehmigungen zur Entspannung der Situation in Prag ab. Bei dieser Gelegenheit kündigt Bertele an, die Ständige Vertretung werde erstmals nach der Schließung im August ab 13. November wieder für den Publikumsverkehr geöffnet sein.[143] Für diesen Tag rechnet er mit einem großen Besucheransturm.

Nach Erkenntnissen des Bundesnachrichtendienstes schwankt nämlich in den letzten Wochen die Stimmungslage bei der Bevölkerung in der DDR zwischen Hoffnung auf Veränderungen, Ratlosigkeit über die weitere Entwicklung, Schadenfreude, daß der SED-Führung die Menschen weglaufen, und Selbstvorwürfen, bisher nicht den Mut zu einem solchen Schritt aufgebracht zu haben. Im Umfeld des jeden Montag stattfindenden „Friedensgebetes" in der Leipziger Nikolai-Kirche breitet sich eine Protestszene mit neuer Aufbruchstimmung aus, wie sie niemand von der anscheinend in Lethargie verfallenen Bevölkerung erwartet hat. Die Menschen wollen gesellschaftliche Veränderungen und fordern Demokratie und Freiheit. Doch Rufen „Wir-wollen-raus" schallen Sprechchöre „Wir-bleiben-hier" entgegen. Viele der schon weit mehr als 200 000 Demonstranten sehen darin die letzte Chance, vor Ort etwas zu bewegen.[144]

Im Augenblick kann die Bundesregierung wenig ausrichten. Ja der Kanzler wendet sich sogar gegen einen Deutschlandplan. Die Entwicklung sei nicht vorhersehbar, äußert er gegenüber Präsident Mitterrand bei den deutsch-französischen Konsultationen Anfang November in Bonn. Kohl wartet die Entwicklung zunächst ab. Im Moment genießen bei ihm die bevorstehende Polenreise, der geplante Gipfel zwischen Bush und Gorbatschow sowie Fortschritte bei der europäischen Integration Vorrang. Auch darf das deutsch-französische Verhältnis nicht leiden. Aus Sicht des Bundeskanzleramtes haben die Beziehungen im Frühherbst 1989 merklich an Schwung verloren. Als Ursachen macht Ministerialdirigent Hartmann Unsicherheiten der französischen Haltung gegenüber der deutschen Frage, ausbleibende Erfolge bei der gemeinsamen Sicherheits- und Verteidigungspolitik – Stichwort: Aufbau einer deutsch-französischen Brigade –, der Entwicklungsstand der europäischen Integration und die nuklearpolitische Zusammenarbeit aus.[145]

Wesentlicher Baustein ist die bevorstehende Entscheidung des Europäischen Rats über den Beginn einer europäischen Wirtschafts- und Währungsunion. Sie kann aber nach Einschätzung des Kanzlers nicht das Endziel dieser Entwicklung sein. Kohl will den Einstieg in die Diskussion um die Politische Union. Frühestens Ende 1990 soll dazu eine Regierungskonferenz einberufen werden, die sich auch mit der institutionellen Weiterentwicklung, vor allem

142   Nr. 74 Besprechung der beamteten Staatssekretäre in Bonn, 6. November 1989. Nr. 74A Anlage 4 Vermerk des Ministerialdirigenten Stern, 6. November 1989.
143   Nr. 71 Fernschreiben des Staatssekretärs Bertele an den Chef des Bundeskanzleramtes, 3. November 1989.
144   Nr. 72 Vorlage des Ministerialdirigenten Jung an Bundeskanzler Kohl, 3. November 1989.
145   Vorlage des Ministerialdirigenten Hartmann an Bundeskanzler Kohl betr. Gesprächsführungsvorschlag für Treffen am 24. 10. 1989 in Paris, 20. Oktober 1989; BK, 211–30104 F 2 Fr 24 Paris 24. Okt. 1989.

den Kompetenzen des Europäischen Parlaments, befaßt. Die nächsten Europawahlen im Jahre 1994 können seiner Auffassung nach nicht abgehalten werden, ohne dem Europäischen Parlament mehr Kompetenzen zu geben.[146]

Eine gewisse Bewegung zeichnet sich jetzt auch auf amerikanisch-sowjetischer Ebene ab. Bush, der schon seit Juli mit dem Gedanken einer Gipfelbegegnung spielt, kündigt dem Kanzler Ende Oktober das Treffen mit Gorbatschow Anfang Dezember auf Malta mit dem Hinweis an, er beabsichtige nicht, detaillierte Verhandlungen zu führen. Er schraubt bewußt die Erwartungshaltung herunter, um den Erfolgsdruck zu mindern. Vielmehr gilt das amerikanische Interesse dem Abtasten nach Möglichkeiten der Veränderungen im sowjetischen Machtbereich.[147] Nach Einschätzung Teltschiks sehen die Amerikaner deutlich, welche Schrittmacherdienste die Rüstungskontrolle für die Verbesserung der Ost-West-Beziehungen leisten kann. Der Kanzler bestärkt Bush in der Fortführung der START-Verhandlungen, plädiert für die Einbeziehungen sowjetischer Interessen bei der VKSE-Konferenz und unterstützt den amerikanischen Vorschlag einer Open-sky-Konferenz.[148] Mehr kann er gegenwärtig zur Verbesserung des Klimas zwischen Washington und Moskau nicht tun.

Mit seinem Besuch in Polen will der Kanzler historische Zeichen setzen. Von der geplanten Begegnung auf dem Annaberg sieht er ab. Statt dessen vereinbart er mit Ministerpräsident Mazowiecki, einen gemeinsamen Gottesdienst auf dem Gut des Grafen von Moltke in Kreisau zu besuchen.[149] Dort, wo sich 1942/43 der Widerstandskreis gegen Hitler getroffen hat, will Kohl in einem symbolischen Akt die deutsch-polnische Versöhnung demonstrieren. Während des Gottesdienstes tauscht er mit Mazowiecki einen Bruderkuß aus. Zuvor spricht sich der Deutsche Bundestag am 8. November in einer Resolution für die deutsch-polnische Aussöhnung aus.

Eine achtzigköpfige Delegation hochrangiger Vertreter aus Politik und Wirtschaft begleitet den Kanzler am 9. November in die polnische Hauptstadt. Im Anschluß an sein erstes Vieraugen-Gespräch mit Mazowiecki trifft Kohl Gewerkschaftsführer Walesa. Das Gespräch dreht sich nicht nur um die deutsch-polnischen Beziehungen. Im Mittelpunkt stehen vielmehr die Massendemonstrationen mit 600 000 bis 700 000 Menschen in Leipzig und in Ost-Berlin. Sie bereiten Walesa große Sorge. Was passiere, „wenn die DDR ihre Grenzen voll öffne und die Mauer abreiße – müsse dann die Bundesrepublik sie wieder aufbauen?", fragt er den Kanzler. Wenn die Zahl der Zufluchtsuchenden noch dramatischer ansteige, prognostiziert Kohl, „werde die DDR kollabieren". Walesa fürchtet unkontrollierbare Entwicklungen, die der Nomenklatura Vorwand zum Einsatz von Militär geben könnten. Schließlich zweifelt er, „ob die Mauer in ein bis zwei Wochen noch stehen wird". Der Kanzler sieht die Lage noch nicht so dramatisch. Er glaubt nicht an eine radikale Entwicklung, schließt allerdings nicht aus, daß die DDR-Führung „weggefegt" werde, wenn es keine wirklichen Reformen gebe. Drei Gruppen sieht er miteinander ringen: die alten Betonköpfe, Krenz und seine Gefolgsleute und echte Veränderer. Abhilfe schaffen kann nur die Zulassung freier Parteien, freie Wahlen und glaubwürdige Garantien an die Bevölkerung. Ansonsten wird es keine Ruhe geben. Gegen die Menschenmenge bei Demonstrationen ist letztlich nichts auszurichten. Die Dinge könnten sich schneller entwickeln als vorhersehbar, betont Walesa nicht zu unrecht.[150] Doch wer ahnt schon, daß nur Minuten nach Ende dieses Gesprächs das ZK-

146 Nr. 70 54. Deutsch-französische Konsultationen in Bonn, 2./3. November 1989.
147 Nr. 69 Schreiben des Präsidenten Bush an Bundeskanzler Kohl, 31. Oktober 1989.
148 Nr. 75 Schreiben des Bundeskanzlers Kohl an Präsident Bush, 7. November 1989.
149 Nr. 73 Telefongespräch des Bundeskanzlers Kohl mit Ministerpräsident Mazowiecki, 6. November 1989.
150 Nr. 76 Gespräch des Bundeskanzlers Kohl mit dem Vorsitzenden der Gewerkschaft „Solidarität", Walesa, in Warschau, 9. November 1989.

Mitglied Günter Schabowski[151] in Ost-Berlin vor die internationale Presse tritt und die neue Ausreiseregelung mit unvorhersehbaren Folgen verkündet? In den nächsten Stunden überschlagen sich die Ereignisse. Ackermann erfährt in seinem Kanzleramtsbüro aus den Fernsehnachrichten von der Ankündigung Schabowskis. Währenddessen sitzt der Kanzler in Warschau beim Festbankett mit Mazowiecki. Zur gleichen Zeit findet in Bonn eine Besprechung zwischen Seiters, Dregger, Bötsch, Mischnick und Vogel statt. Ackermann überbringt die Meldung der Agentur Reuter und telefoniert dann mit Neuer in Warschau, der wiederum Regierungssprecher Klein beauftragt, er solle den Kanzler ins Bild setzen. Wenig später ruft Kohl bei Ackermann an. Zunächst reagiert Kohl recht skeptisch.[152] Er kann einfach nicht glauben, daß wirklich die Mauer geöffnet sein soll. Eine innere Freude ist bei ihm kaum zu verspüren. Eher dominiert die Ungewißheit, wie die Entwicklung nun weitergehen wird. Zu diesem Zeitpunkt ist Kohl noch nicht entschlossen, den so wichtigen Polenbesuch zu unterbrechen. Er kündigt ein weiteres Telefonat mit Ackermann gegen Mitternacht an. Auf Fragen von Journalisten zur Pressekonferenz Schabowskis antwortet Kohl zunächst ausweichend. Nach seiner Rückkehr aus Polen werde er Gespräche mit der DDR-Regierung aufnehmen. Das ist nichts Neues.
Bald ist allen Beteiligten im Umfeld des Kanzlers bewußt: Ihm darf das Mißgeschick, wie es Adenauer nach dem Bau der Berliner Mauer am 13. August 1961 passiert ist, nämlich in entscheidender Situation nicht in Berlin zu sein, auf keinen Fall wiederfahren. In der Nacht fällt die Entscheidung. Kohl unterbricht den Besuch vorübergehend für einen Tag. Bei dem Gedanken ist ihm sehr unwohl zumute. Er kennt die Empfindlichkeiten der polnischen Gastgeber und weiß nicht, ob sie verletzt auf die Unterbrechung reagieren. Wiederum ist ihm auch klar: In dieser historischen Stunde gehört der Bundeskanzler nach Berlin.
Mazowiecki will die Reise Kohls nach Berlin verhindern.[153] Als am nächsten Morgen der polnische Regierungschef den Kanzler empfängt, erweckt Mazowiecki den Eindruck, als sei nichts Besonderes geschehen. Nach der Begrüßung geht er zum politischen Tagesgeschäft über. Kohl hält ein und spricht die aktuellen Ereignisse in Berlin an. Die Situation verdeutlicht, welch schwieriger diplomatischer Drahtseilakt nun dem Kanzler bevorsteht. Erst nach einen Telefonat mit Jaruzelski, der keineswegs erfreut ist, besteht Klarheit: Kohl setzt den Besuch in anderthalb Tagen fort und kann noch am gleichen Tag in Berlin sein.[154]
In Bonn konferiert am Nachmittag Bundesminister Seiters mit den Botschaftern der Drei Mächte. Niemand vermag zu sagen, ob die Reisefreiheit nun stabilisierende oder destabilisierende Wirkung hat. Auf jeden Fall ist mit einer Abwanderungswelle zu rechnen. Seiters zeigt sich zuversichtlich, daß bald unabhängige Parteien entstehen.[155] Gegenüber dem stellvertretenden Ständigen Vertreter der DDR in Bonn, Glienke, der die neue Reiseregelung präsentiert, wiederholt Duisberg das Interesse der Bundesregierung, den Deutschen in der DDR den Entschluß zum Verbleib in ihrer Heimat zu erleichtern.[156]
In Berlin redet der Bundeskanzler zunächst auf einer von der SPD initiierten Kundgebung vor dem Schöneberger Rathaus. Wohlrabe, Vorsitzender der dortigen CDU, hat ihn dazu gedrängt. Versammelt sind auch Brandt, Genscher und natürlich der Regierende Bürgermei-

---

151   Günter Schabowski, Der Absturz. Berlin 1991, 302–311. Ders., Vor fünf Jahren barst die Mauer. Erinnerungen und späte Einsichten, in: Frankfurter Allgemeine. Nr. 260. 8. November 1994, 13.
152   Zu den Vorgängen: Ackermann, Mit feinem Gehör, 309f. Hans Klein, Es begann im Kaukasus. Der entscheidende Schritt in die Einheit Deutschlands. Berlin–Frankfurt/Main 1991, 118. Abweichende Darstellung bei John, Rudolf Seiters, 117.
153   Kohl, „Ich wollte Deutschlands Einheit", 129.
154   Nr. 77 Delegationsgespräch des Bundeskanzlers Kohl mit Ministerpräsident Mazowiecki in Warschau, 10. November 1989.
155   Nr. 78 Gespräch des Bundesministers Seiters mit den Botschaftern der Drei Mächte in Bonn, 10. November 1989.
156   Nr. 79 Gespräch des Ministerialdirigenten Duisberg mit dem stellvertretenden Ständigen Vertreter der DDR, Glienke, in Bonn, 10. November 1989. Nr. 79A Zur neuen Reiseregelung, 10. November 1989.

ster Momper.[157] Er spricht davon, in der DDR werde „jetzt ein faszinierendes Kapitel deutscher Geschichte" nunmehr „vom Volk der DDR selbst geschrieben". „Volk der DDR" und damit die Betonung der Zweistaatlichkeit in Deutschland in einer solchen historischen Stunde – das sind für den Kanzler unglaubliche Worte.[158] Er ist erbost. Die demokratische Kultur der Bürger der DDR sei „unverbraucht", redet Momper weiter, zeuge von „sozialer Verantwortung und Abneigung gegen die Ellenbogengesellschaft", wovon sich mancher „eine Scheibe abschneiden" könne. Kohl kann nicht mehr an sich halten: „Lenin spricht, Lenin spricht", hört Momper aus dem Hintergrund.[159] Die anschließende Rede des Kanzlers quittieren linke Gruppierungen mit einem gellenden Pfeifkonzert – und das bei einer Liveübertragung im Fernsehen. In dieser Situation – ein Bundeskanzler, der ausgepfiffen wird! Kohl empfindet das als einen Reinfall sondergleichen. Von der anschließenden Veranstaltung der CDU auf dem Kurfürstendamm nimmt die Öffentlichkeit so gut wie keine Notiz. Der Kanzler ist nachhaltig verärgert.

Zur gleichen Stunde läßt Gorbatschow, der von der Öffnung der Mauer an diesem Tag ebenso überrascht worden ist,[160] dem Kanzler über Botschafter Kwizinskij eine mündliche Botschaft zukommen, die Teltschik telefonisch im Schöneberger Rathaus entgegennimmt.[161] Darin unterstreicht der Generalsekretär die Entscheidung der DDR-Führung, den Menschen freie Ausreise zu gewähren, und betont, es gebe in Deutschland zwei souveräne Staaten. Gorbatschow hofft, daß keine Verschärfung der Lage eintritt, und bittet den Kanzler, einer Destabilisierung vorzubeugen. Der Kreml befürchtet offensichtlich, die deutsche Frage könne explosiv wirken. Aus Andeutungen Jakowlews gegenüber Brzezinski ist zu schließen, daß dieser mit Veränderungen in Deutschland („Germanija, eto germanija") auch die DDR meint. Jakowlow sieht offenbar das Verhältnis der beiden deutschen Staaten wieder als eine Frage an und nicht – wie die sowjetische Führung über jahrelang zuvor – als abgeschlossenes Kapitel der Geschichte. Was immer auch in der DDR geschehe, die Sowjetunion werde unter keinen Umständen Gewalt anwenden, hat Jakowlew erklärt. Im Vordergrund aber steht die Sorge, der Westen könnte die Schwäche der DDR ausnutzen. Doch Gorbatschow vertraut auf den Widerstand der westlichen Mächte.[162]

Am späten Abend trifft Kohl im Bundeskanzleramt ein und telefoniert zunächst mit der britischen Premierministerin. Trotz der Gefühle, die ihn in den letzten 24 Stunden übereilt haben, reagiert er ganz staatsmännisch. Er will nicht den Fehler machen und gleich mit der Tür ins Haus fallen. So berichtet er eingangs über den Stand seiner Gespräche in Polen. Erst dann kommt er auf die Ereignisse in Berlin zu sprechen, schildert, wie glücklich die Menschen dort sind und daß das DDR-System in seinen Grundfesten getroffen ist. In der SED gebe es zwei Gruppen. Die Mehrheit wolle ohne politischen Pluralismus weitermachen, und nur eine Minderheit sei wirklich zu Reformen bereit. Thatcher, die auch eine Botschaft Gorbatschows erhalten hat, rät dem Kanzler dringend zu einem Telefonat mit Gorbatschow. Außerdem schlägt sie eine halbtägige Sitzung des Europäischen Rats vor, um die Lage in den Griff zu bekommen.[163]

157 Kundgebung vor dem Rathaus Schöneberg aus Anlaß der Öffnung der Berliner Mauer, 10. November 1990, in: Texte zur Deutschlandpolitik. Hg. vom Bundesministerium für innerdeutsche Beziehungen. Reihe III/Bd. 7 – 1989. Bonn 1990, 394–407.
158 Dazu Vorlage des Ministerialdirigenten Duisberg (Mitverfasser MR Germelmann) an Bundeskanzler Kohl betr. Ereignisse in der DDR, hier: Rede von RBM Momper auf der Kundgebung am 10. November 1989 vor dem Rathaus Schöneberg in Berlin, 221 – 34900 – De 1, 14. November 1989, 2 S.; BK, 212 – 35400 De 39 Bd. 1.
159 Walter Momper, Grenzfall. Berlin im Brennpunkt deutscher Geschichte. München 1991, 166.
160 „Schön, ich gab die DDR weg'. Michail Gorbatschow über seine Rolle bei der deutschen Vereinigung", in: Der Spiegel. Nr. 40. 2. Oktober 1995, 66–81, hier 72.
161 Nr. 80 Mündliche Botschaft des Generalsekretärs Gorbatschow an Bundeskanzler Kohl, 10. November 1989.
162 Zelikow/Rice, Germany Unified and Europe Transformed, 88.
163 Nr. 81 Telefongespräch des Bundeskanzlers Kohl mit Premierministerin Thatcher, 10. November 1989.

Für 23 Uhr ist ein Telefonat mit Bush vereinbart. Auch ihm erläutert der Kanzler zunächst den Verlauf seines Besuches in Warschau, bevor er dem Präsidenten seine Eindrücke von den dramatischen Ereignissen wiedergibt. Kohl weiß, die DDR-Führung hat im Grunde keine Zeit mehr. Vielleicht warten die Menschen noch einige Wochen, spätestens dann aber, so sagt er voraus, laufen sie dem System davon. Für Bush bekommt das bevorstehende Gipfeltreffen mit Gorbatschow nun schlagartig eine ganz besondere Bedeutung.[164]

Zu später Stunde kreisen Kohls Gedanken immer wieder um die Fortsetzung seines Polenbesuchs. Dort darf nicht der Eindruck entstehen, nunmehr bedeute ihm die Entwicklung der Beziehungen weniger. Als der Kanzler am nächsten Morgen mit Präsident Mitterrand telefoniert, zieht er wiederum eine Zwischenbilanz seiner Begegnungen in Polen. Dann stellt er den friedlichen Verlauf der Entwicklung in der DDR heraus. Nur ein kleiner Prozentsatz der Leute wolle wirklich im Westen bleiben. Mitterrand begreift rasch: Es handelt sich um einen großen Augenblick der Geschichte, die Stunde des Volkes. Hier spricht ein Präsident, der um die Wirkungen der Revolution eines Volkes Bescheid weiß. Zu recht erinnert der Kanzler an die Bedeutung der letzten gemeinsamen Pressekonferenz am 3. November, bei der Mitterrand die Möglichkeit einer deutschen Wiedervereinigung nicht ausgeschlossen hat.[165]

Anschließend kommt es zum telefonischen Kontakt mit Krenz. Der Kanzler unterstreicht erneut, die Menschen sollen in ihrer Heimat bleiben. Er bietet einen Besuch von Bundesminister Seiters an, der auf den 20. November in Ost-Berlin festgelegt wird. Krenz zeigt sich einmal mehr als orthodoxer Kommunist. Für ihn, so ist zu vernehmen, bleiben auch in Zukunft die Grenzen in Deutschland bestehen. Sie würden allenfalls etwas durchlässiger. Das Thema Wiedervereinigung steht seiner Ansicht nach nicht zur Diskussion an. Daß dies nicht der Wahrheit entspricht, braucht dem Kanzler niemand zu sagen. Allerdings sieht auch er, die Bundesbürger beschäftigen augenblicklich andere Probleme mehr. Kohl und Krenz stimmen nur darin überein, den Dialog fortzusetzen und jede Form von Radikalisierung zu vermeiden.[166] Der Kanzler hütet sich davor, die Entwicklung einseitig auszunutzen oder sie unnötig anzuheizen. Sowohl gegenüber den Westmächten als auch gegenüber Gorbatschow ist jetzt Vertrauen, Zuverlässigkeit und Augenmaß wichtiger als alles andere.

Eine Ausnutzung der Instabilität kommt nicht in Frage, stabile Rahmenbedingungen sind erforderlich – das ist Kohls Botschaft in dem Telefonat, das er zur Mittagsstunde des 11. November mit Gorbatschow führt.[167] Wiederholt lehnt er jede Form von Radikalisierung strikt ab, betont allerdings auch, nunmehr hänge alles von der Reformfähigkeit der DDR-Führung ab. Gorbatschow stimmt ihm zu. Die Entwicklung in der DDR brauche Zeit. Am Herzen liegen ihm vor allem Stabilität, Verantwortungsgefühl und die Umsicht, kein Chaos entstehen zu lassen. Man müsse die Folgen der Taten bedenken, mahnt er. So sieht das auch der Kanzler.

Bevor die Öffentlichkeit begreift, was sich da eigentlich in den vergangenen 36 Stunden ereignet hat, meldet Staatssekretär Bertele dem Bundeskanzleramt: Die Öffnung der Mauer ist „so" überhaupt nicht geplant gewesen. Äußerungen aus Kreisen der DDR-Führung lassen darauf schließen, daß in Wirklichkeit der Zufall Pate stand, als die Mauer fiel. Polizeikräfte hätten nach Verkündung der neuen Reiseregelung zunächst keine Weisung erhalten. Und dann hieß die Order: keinen Widerstand leisten. Die SED-Führung, so berichtet die Ständige Vertretung, suche nun die Situation in ihrem Interesse auszunutzen und wirbt in der Bevölkerung um Vertrauen. Durchaus seien Zweifel angebracht, ob die Reiseregelung von

---

164 Nr. 82 Telefongespräch des Bundeskanzlers Kohl mit Präsident Bush, 10. November 1989.
165 Nr. 85 Telefongespräch des Bundeskanzlers Kohl mit Staatspräsident Mitterrand, 11. November 1989.
166 Nr. 86 Telefongespräch des Bundeskanzlers Kohl mit dem Staatsratsvorsitzenden Krenz, 11. November 1989.
167 Nr. 87 Telefongespräch des Bundeskanzlers Kohl mit Generalsekretär Gorbatschow, 11. November 1989.

langer Dauer sein und nicht schon bald als Übergangsregelung hingestellt werde, wenn ein neuer Gesetzentwurf vorliegt. Behinderungen im Verkehr bestehen weiterhin fort. Die weitere Entwicklung ist keineswegs absehbar.[168]

Die Fortsetzung seines Polenbesuchs ist für den Kanzler nun doppelt schwierig. Einerseits muß er Befürchtungen der Polen entgegentreten, die Bundesregierung werde jetzt nur noch die Entwicklung in der DDR im Auge haben und darüber europäische Nachbarstaaten vergessen. Andererseits gilt es tiefsitzende Ängste bei den Gastgebern um ihre Westgrenze zu beruhigen. Der Kanzler reist am 12. November mit der festen Absicht wieder nach Polen, deutlich zu machen, daß es ihm trotz der aktuellen Entwicklung unverändert um eine Erneuerung des deutsch-polnischen Verhältnisses geht. Beruhigen und den Polen verbal und mit Finanzhilfen Sicherheit anbieten, heißt sein Rezept. In einer Unterredung mit Staatspräsident Jaruzelski spricht er die wunden Punkte an. Polen könne sich auf Kredithilfen des Internationalen Währungsfonds verlassen. Er, Kohl, betrachte das Land als einen Teil Europas. Deutsch-polnische Jugendbegegnungen würden ähnlich wie das Deutsch-französische Jugendwerk ein wesentliches Fundament künftiger bilateraler Beziehungen darstellen. Absichten, die Lage zu destabilisieren, habe er nicht.

Jaruzelski ist da skeptisch. Er entpuppt sich unversehens als Anhänger de Gaulle'scher Philosophie des „Europas der Vaterländer", der Grenzen für unantastbar hielt. Verschiedentlich macht Kohl deutlich: Die Lösung der Frage hänge letztlich von der Überwindung der Teilung Deutschlands ab. Denn auch für Polen wäre die Teilung Warschaus unakzeptabel. Einen deutschen Nationalstaat im Sinne Bismarcks werde es nicht mehr geben. Nur unter dem europäischen Dach sei die deutsche Frage lösbar.[169] Zudem trete eine hohe Prozentzahl der Bevölkerung in der Bundesrepublik für eine Grenzanerkennung ein. Immerhin sei die DDR das Land gewesen, das die Grenzen Polens anerkannt habe, wendet Jaruzelski ein. Auf die Frage, ob Kohl überhaupt die Möglichkeit eines Friedensvertrages sehe, und wenn ja, ob man das wirklich anstreben solle, weicht der Kanzler aus. Noch ist es viel zu früh, dieses Problem anzugehen.

Die Polen beschäftigt am meisten das Grenzproblem. Das bestätigt Mazowiecki. Der Kanzler verweist darauf, auch ihm seien durch die Rechtsprechung des Bundesverfassungsgerichtes die Hände gebunden. Kohl will und kann nicht auf einen Teil Deutschlands verzichten, solange Deutschland als Ganzes nicht wieder existiert. Daher bittet er um Geduld und vereinbart mit Mazowiecki, das Thema in der Pressekonferenz herunterzuspielen; auch was die Frage eines Reparationsverzichtes anbelangt. Denn Polen hat als einziges Land 1953 einen solchen Verzicht ausgesprochen. Allerdings hat die Bundesrepublik bis Ende 1989 rund 100 Milliarden DM an Wiedergutmachung gezahlt. Der Kanzler fürchtet mögliche Präzedenzwirkungen für andere Länder, wenn jetzt das Thema Reparationen in die öffentliche Diskussion gerät.[170]

Nach Beendigung der Reise setzt sich der Kanzler gegenüber Bush nachhaltig für die benötigte Lebensmittelhilfe der Polen ein und fordert eine Kreditunterstützung der amerikanischen Regierung in Höhe von 250 Millionen Dollar. Bush mahnt zur Vorsicht. Er hat Angst vor unvorhersehbaren Reaktionen. Unter keinen Umständen will er in die Lage kommen, euphorischen Stimmungen der Europäer nachgeben zu müssen. Bush verfolgt die Taktik: bloß keine Provokation der Sowjetunion. Gorbatschow soll kein Anlaß zur Intervention mit militärischen Mitteln geboten werden. Überzogene Forderungen nach Unterstützungsleistungen blockt Bush ab. In der deutschen Frage ist er jetzt an jeder Nuance interessiert. Im

---

168   Nr. 88 Fernschreiben des Staatssekretärs Bertele an den Chef des Bundeskanzleramtes, 11. November 1989.
169   Nr. 89 Gespräch des Bundeskanzlers Kohl mit Staatspräsident Jaruzelski in Warschau, 12. November 1989. Nr. 91 Schreiben des Staatspräsidenten Jaruzelski an Bundeskanzler Kohl, 13. November 1989.
170   Nr. 92 Gespräch des Bundeskanzlers Kohl mit Ministerpräsident Mazowiecki in Warschau, 14. November 1989.

Vorfeld des Gipfeltreffens legt er Wert auf enge Abstimmungen mit dem Kanzler. Dieser versichert ihm, was die Menschen in der DDR letztlich wollten, seien freie Wahlen, die freie Zulassung der Parteien, Gewerkschaften und der Presse. Wenn es keine Reformen gebe, prophezeit er, scheitere die Regierung.[171]

Bereits am 13. November äußert Seiters gegenüber Kwizinskij die Erwartung, daß in der DDR bald freie Wahlen stattfinden. Der Sowjet-Botschafter bleibt jedoch bei seiner bekannten unnachgiebigen Haltung. Er verlangt von der Bundesregierung, die DDR als souveränen Staat zu behandeln. Offenbar hegt er die Erwartung, in Kürze werde die Euphorie in der Bevölkerung im politischen Tagesgeschehen untergehen. Angesichts der hohen Flüchtlingszahlen sorgen sich die Sowjets weniger um die chaotische Lage, die in der DDR entstehen könnte. Sie fürchten vielmehr die allmählich spürbaren negativen Auswirkungen auf die eigene Versorgungslage. Immerhin macht der Import aus der DDR rund 20 v.H. des sowjetischen Außenhandels aus. Es liegt also auch im sowjetischen Interesse, daß die Leute nicht abwandern.[172]

Die im Kanzleramt vorliegenden Berichte über die Stimmungslage in der DDR besagen alle durchweg das gleiche: Nichts ist mehr berechenbar. Die bisher Herrschenden werden wegen ihrer Korruption zur Rechenschaft gezogen. Jeder verfährt nach dem Prinzip: „Rette sich wer kann". Doch macht sich neben der Überschwenglichkeit auch eine gewisse Hoffnungslosigkeit und Lähmung breit. Gerade bei den Oppositionsgruppen ist ein depressiver Stimmungsumschwung zu beobachten. Diese Schicht will den Sozialismus menschlich erneuern – was immer das auch heißen mag. Vordringlicher als alles andere ist jedoch die Regelung der deutsch-deutschen Währungsbeziehungen und der Begrüßungsgelder, weil ansonsten eine Massenflucht zur D-Mark stattfindet. In diesen Tagen ist erstmals vom Spätsommer 1990 als möglichem Termin für Neuwahlen zur Volkskammer die Rede.[173]

Am 20. November trifft Bundesminister Seiters zu der vereinbarten Unterredung mit Krenz und dem neuen Ministerpräsidenten Modrow[174] in Ost-Berlin zusammen. Beide sind augenblicklich die mächtigsten Vertreter der DDR. Zwar bekennt sich Krenz zu politischen Reformen, doch klingen seine Ankündigungen wenig überzeugend. Im wesentlichen will er nur die Verfassung der DDR ändern. Die SED ist angeblich bereit, ihr Machtmonopol und die führende Rolle der Partei in Staat und Gesellschaft aufzugeben. Außerdem plant sie die Verabschiedung eines neuen Wahlgesetzes, das die Zulassung aller Parteien – also auch der neuen Bürgerbewegungen und Gruppierungen – vorsieht. Dagegen soll die sozialistische Gesellschaftsordnung unverändert bleiben.

Ganz offensichtlich setzen orthodoxe Kräfte in der SED-Führung auf den Faktor Zeit. Sie wollen zunächst die Schwächeperiode mit möglichst wenigen Reformen durchstehen und hoffen, einigermaßen ungeschoren davonzukommen. Die Bundesrepublik solle mit einem Kredit in Höhe von 15 Milliarden DM über die Krise hinweghelfen, fordert Modrow in seiner Regierungserklärung am 17. November. Somit würde die Bundesregierung indirekt zum Machterhalt der SED beitragen. Wenn sich die Lage in der Bevölkerung wieder beruhigt hat, so das Kalkül der SED, wird sich die eigene Machtposition schon wieder verfestigen. Modrow hat deshalb eine deutsch-deutsche Verantwortungsgemeinschaft vorgeschlagen, die allmählich zur Vertragsgemeinschaft ausgestaltet werden müsse. Durch gemeinsame Jointventures mit bundesdeutschen Unternehmen will die SED schrittweise Wirtschaftsreformen einleiten. Krenz bietet Seiters überdies wirtschaftliche Zusammenarbeit im Bereich von Umwelt, Post und Eisenbahn an. Außer dem Ausbau der Transitstrecken will die DDR-Regie-

---

171   Nr. 93 Telefongespräch des Bundeskanzlers Kohl mit Präsident Bush, 17. November 1989.
172   Nr. 90 Gespräch des Bundesministers Seiters mit Botschafter Kwizinskij in Bonn, 13. November 1989.
173   Nr. 95 Vorlage an Bundeskanzler Kohl, ohne Datum.
174   Hans Modrow mit Hans-Dieter Schütt, Ich wollte ein neues Deutschland. Berlin 1998, 324–440.

rung weitere Grenzübergänge schaffen. Die Bundesregierung soll sich dafür an einem Reisefonds beteiligen.

Aus den Vorgängen der jüngsten Vergangenheit scheint Krenz so gut wie nichts gelernt zu haben. Politisch hält er an althergebrachten Positionen fest. Die DDR bleibe ein sozialistischer Staat. Nicht der Sozialismus, der seiner Ansicht nach weiter gestärkt werden muß, hat versagt, sondern seine Entstellung. Die DDR sei ein souveränes Land, erklärt er Seiters. Durch Reformen will er die sozialistische Planwirtschaft an Marktbedingungen anpassen. Krenz zeigt sich allenfalls bereit, Grenzen durchlässiger zu machen, stellt sie aber nicht prinzipiell in Frage. Übersiedler sollen als legal Ausreisende behandelt werden. Die Wiedervereinigung ist für ihn nicht aktuell. Er sagt lediglich freie Wahlen und die Ausarbeitung eines neuen Wahlgesetzes zu.

Seiters hingegen fordert, den Menschen das Selbstbestimmungsrecht zu gewähren und die Marktwirtschaft einzuführen. Die Bundesregierung hält an dem von Kohl am 8. November in seinem Bericht zur Lage der Nation ausgesprochenen Junktim fest: Hilfe ist abhängig vom politischen Wandel und durchgreifenden Wirtschaftsreformen.[175] Die Beteiligung an einem Reisefonds kommt für die Bundesregierung nur unter der Voraussetzung des Verzichts auf den Mindestumtausch in Frage. Immerhin belastet das Begrüßungsgeld in Höhe von 100 DM für Besucher aus der DDR den Bundeshaushalt mit etwa 1,6 Milliarden DM. Erhebliche Reiseerleichterungen sind nur akzeptabel, wenn der Sichtvermerk gänzlich wegfällt. Letztlich sollen die Menschen in der DDR selbst entscheiden.[176] Beide Seiten vereinbaren schließlich den Besuch des Bundeskanzlers für einen Zeitpunkt nach dem SED-Parteitag Mitte Dezember 1989 und noch vor Weihnachten, der von einer weiteren Gesprächsrunde zwischen Seiters und Modrow vorbereitet werden soll.

Zehn-Punkte-Programm für die Wiedervereinigung

Überraschend ist nun vierzig Jahre nach Gründung der beiden deutschen Staaten der Tag X der Grenzöffnung eingetreten, und die Bundesregierung verfügt über kein politisch brauchbares Konzept, was zu tun ist. Erst recht nicht gibt es für den Fall der bevorstehenden Wiedervereinigung irgendwelche Vorarbeiten, Ablaufpläne oder Krisenszenarien neueren Datums, auf die das Bundeskanzleramt zurückgreifen kann. Womit Regierungen und Planungsstäbe nicht rechnen, darüber werden auch keine Überlegungen angestellt. Wer weiß schon, welche Bedingungsfaktoren die konkrete Lage dann bestimmen. Zudem sind Vorwarnungen des Bundesnachrichtendienstes ausgeblieben. Dessen Berichte konzentrieren sich im Sommer und Herbst 1989 hauptsächlich auf Vorgänge in der SED, die wirtschaftliche Situation der Länder Osteuropas und Konflikte zwischen Gruppen in der Parteiführung und Militärs in der Sowjetunion.[177]

Auch nach dem Mauerfall macht im Bundeskanzleramt zunächst niemand Anstalten, ein Gesamtkonzept für den Fall der Wiedervereinigung auszuarbeiten. Der Kanzler wartet ab. Nach dem mageren Ergebnis des Besuchs von Bundesminister Seiters in Ost-Berlin ist Kohl unverändert für ein vorsichtiges, abgestuftes Vorgehen. Vorrangiges Ziel ist die Unterstützung wirtschaftlicher Reformen, verbunden mit einer dauerhaften Verbesserung der Lebensverhältnisse in der DDR. Erst müssen die akuten Probleme gelöst werden, die in Form einer Vertragsgemeinschaft mit der DDR ihren Niederschlag finden können. Wahlen sollen

---

175 Nr. 96A Aufzeichnung des Bundesministeriums für Wirtschaft, 20. November 1989.
176 Nr. 96 Gespräch des Bundesministers Seiters mit dem Staatsratsvorsitzenden Krenz und Ministerpräsident Modrow in Berlin (Ost), 20. November 1989.
177 Kiessler/Elbe, Ein runder Tisch mit scharfen Ecken, 45 f.

möglichst bald stattfinden. Dann müssen konföderative Strukturen entwickelt werden.[178]
Das Rezept heißt „Hilfe zur Selbsthilfe", wie es auch Bundesfinanzminister Waigel am
10. November dem Kanzler vorgeschlagen hat. Die Bundesrepublik zahlt nämlich jetzt
schon 1,1 Milliarden DM für Post und Verkehr an die DDR, zusätzlich noch 300 Millionen
DM für Umweltprojekte und 1,4 Milliarden DM für Reisen von Bundesbürgern in den
anderen Teil Deutschlands.[179]
Das Bundeskanzleramt will auch deshalb nicht vorpreschen, weil sowohl die Westmächte als
auch die Sowjetunion ganz unterschiedlich auf die jüngste Entwicklung reagiert haben. Zu
diesem Ergebnis kommt jedenfalls Teltschik in einer Vorlage an den Kanzler am 17. November.[180] Die mit Abstand positivste Haltung legen die Vereinigten Staaten an den Tag. Sie
wollen langsam und mit Vorsicht in einem demokratisch evolutionären Prozeß auf die Wiedervereinigung zusteuern, eingebettet in die europäische Einigung. Präsident Bush und der
Mehrheitsführer der Demokraten im Senat, Senator Mitchell, haben sich für die Wiedervereinigung ausgesprochen; vorsichtiger Baker, der mehr für eine Verständigung mit den Westmächten plädiert. Eine legalistische Haltung nimmt die französische Regierung ein. Zwar
hält Mitterrand das Streben nach Wiedervereinigung für legitim, den Prozeß jedoch für
schwierig und langwierig. Auch er fordert eine friedliche, demokratische Entwicklung,
macht aber deutlich, es wird dafür von französischer Seite keine Unterstützung geben. Während sich die britische Premierministerin noch nicht hat verlauten lassen, bekräftigt Außenminister Hurd das Selbstbestimmungsrecht der Deutschen. Von britischer Seite wird aber
immer wieder betont, die Wiedervereinigung stünde jetzt nicht zur Debatte. In London
scheint die britische Regierung nach dem Prinzip zu verfahren: Wir sind für die Wiedervereingung, weil wir wissen, sie findet nicht statt. Thatcher geht davon aus, daß auch Mitterrand
die Wiedervereinigung nicht will. Das Foreign Office tendiert zum Ziel der Selbstbestimmung, jedoch nicht zur Wiedervereinigung.
Auf dem bevorstehenden EG-Sondergipfel in Paris am 18. November muß Kohl Überzeugungsarbeit leisten. Will er Zweifel an der Bündnistreue der Deutschen von vornherein ausschalten, kommt es jetzt wesentlich darauf an, die Integration Westeuropas zu forcieren.
Seine Ziele heißen europäische Wirtschafts- und Währungsunion, Politische Union, Unterstützung des Reformprozesses in Mittel- und Osteuropa. Die Überwindung der Teilung
Deutschlands muß einhergehen mit der Überwindung der Teilung Europas im Rahmen einer stabilen Friedensordnung.[181] Dazu sind klare Zeitplanungen für das weitere Vorgehen
zur Wirtschafts- und Währungsunion, bei den Konvergenzschritten und für die geplante
Regierungskonferenz erforderlich.[182]
Doch gehen die Meinungen darüber zwischen Kanzleramt und Elysée-Palast auseinander.
Im Vorfeld des Gipfeltreffens des Europäischen Rats in Straßburg kommt es dem französischen Präsidenten auf definitive Entscheidungen über die Einberufung einer Regierungskonferenz Ende 1990 an. Er sieht in einer europäischen Wirtschafts- und Währungsunion
die einmalige Chance, die D-Mark einzubinden. Die Berater des Kanzlers wollen zunächst
Sachprobleme klären und dann Lösungen suchen. Für sie sind Verhandlungen über die
Wirtschafts- und Währungsunion und eine Regierungskonferenz über die Politische Union

---

178 Teltschik, 329 Tage, 46.
179 Nr. 84 Schreiben des Bundesministers Waigel an Bundeskanzler Kohl, 10. November 1989.
180 Nr. 94B Haltung der drei Westmächte und der Sowjetunion zur deutschen Frage und zur Entwicklung in der
DDR, 17. November 1989.
181 Nr. 94 Vorlage des Ministerialdirektors Teltschik an Bundeskanzler Kohl, 17. November 1989. Nr. 94A Gesamtgesprächsführungsvorschlag, 17. November 1989.
182 Nr. 100 Schreiben des Bundeskanzlers Kohl an Staatspräsident Mitterrand, 27. November 1989. Nr.100A EG-Gipfel in Straßburg am 8. und 9. Dezember 1989: Arbeitskalender für das weitere Vorgehen bis 1993, 27. November
1989.

zwei Seiten einer Medaille. Während die französische Regierung offenbar die Wirtschafts- und Währungsunion als Antwort auf die Herausforderung aus dem Osten erkennt, zeigt sie wenig Interesse an einer politisch-institutionellen Fortentwicklung der Europäischen Gemeinschaften und zuallerletzt an der Ausweitung der Rechte des Europäischen Parlaments.[183]

In den Erfolgen der europäischen Einigung liegt für den Kanzler eine der tieferen Ursachen für die gegenwärtigen Umwälzungen in Osteuropa. Daneben haben seines Erachtens die Durchsetzung des NATO-Doppelbeschlusses und die Stationierung der Pershing-IIa-Raketen eine entscheidende Rolle gespielt. Gorbatschow, glaubt der Kanzler, ist zu der Erkenntnis gelangt, daß das Wettrüsten für die Sowjetunion nicht zu gewinnen sei und deshalb eine Änderung der Abrüstungspolitik eingeleitet werden müsse. Überdies sieht Kohl das sowjetische Wirtschaftsmodell als gescheitert an. Dort sind qualifizierte Fachleute einfach nicht mehr bereit, ohne besseren Verdienst zu arbeiten. Ferner habe die sowjetische Führung festgestellt, die Länder Osteuropas drohen bei fortdauernder Repression unregierbar zu werden. Und nicht zuletzt sei die Entwicklung in der DDR auch maßgeblich von der Entwicklung in der Bundesrepublik beeinflußt worden.

Zur Maueröffnung, so verkündet der Kanzler dem koreanischen Präsidenten Roh Tae Woo stolz, hätten 170 000 Übersiedler die Bundesrepublik besucht, und in den folgenden zwanzig Tagen seien es allein acht von siebzehn Millionen Bürgern aus der DDR gewesen. Die SED-Führung werde sich nicht lange im Amt halten, schätzt er, weil der Wunsch nach staatlicher Einheit eine langfristige Wirkung habe. Überdies gelte die Sorge der europäischen Nachbarn weniger dem militärischen als dem wirtschaftlichen Potential der Bundesrepublik.[184]

Die Westmächte wie auch die Bundesregierung gehen davon aus, daß die Wirtschaft der DDR und vor allem ihre Währung nicht mehr zu retten ist. Zudem wird die Einrichtung eines Reisefonds keine stabilisierende Wirkung haben. Keiner vermag überdies zu sagen, ob die Führung in Ost-Berlin bis zu möglichen Neuwahlen politisch überlebt.[185] Von Montag zu Montag nehmen die Teilnehmerzahlen bei den Massendemonstrationen zu. 250 000 Menschen in Leipzig, 50 000 in Halle, 40 000 in Chemnitz, 10 000 in Schwerin und Zehntausende in Ost-Berlin, Dresden, Cottbus verfehlen ihre Wirkung nicht. Aus dem Ruf „Wir sind das Volk" ist mittlerweile die Forderung geworden „Wir sind ein Volk". Doch der Kanzler hält sich immer noch zurück. Er will die Stimmung nicht zusätzlich anstacheln. Wöchentliche Umfrageergebnisse signalisieren ihm allerdings: Es besteht die Gefahr, in der deutschen Öffentlichkeit die Meinungsführerschaft in der nationalen Frage zu verlieren. Denn bislang hat Kohl es tunlichst vermieden, öffentlich zur Frage der Wiedervereinigung Stellung zu beziehen.

In dieser Situation meldet sich am 21. November Nikolai Portugalow bei Ministerialdirektor Teltschik an. Er ist im Bundeskanzleramt als Mitarbeiter der Internationalen Abteilung des Zentralkomitees der KPdSU und Vertrauter Falins altbekannt. Portugalows deutschlandpolitische Einstellung hat Teltschik schon „immer für eine Wetterfahne gehalten". Er gehört zu den sogenannten „Germanisten" in Moskau, die über die letzten Jahrzehnte wesentlich für die orthodoxe Haltung des Kremls verantwortlich sind. Anscheinend hat sich unter ihnen die Überzeugung durchgesetzt, daß der Prozeß der Annäherung zwischen den beiden deutschen Staaten kaum noch aufzuhalten ist. Sie hoffen ebenso wie die SED-Führer darauf, die Entwicklung möglichst lange hinauszögern zu können, wollen aber nun Genaue-

---

183 Nr. 108 Vorlage des Vortragenden Legationsrats I Bitterlich an Bundeskanzler Kohl, 2./3. Dezember 1989. Nr. 108A Schreiben des Staatspräsidenten Mitterrand an Bundeskanzler Kohl vom 1. Dezember 1989, 2./3. Dezember 1989.

184 Nr. 97 Gespräch des Bundeskanzlers Kohl mit Präsident Roh Tae Woo in Bonn, 21. November 1989.

185 Nr. 99 Gespräch des Bundesministers Seiters mit den Vertretern der Drei Mächte in Bonn, 23. November 1989.

res wissen. Im Auftrag Falins soll Portugalow auskundschaften, wie die Bonner Regierungszentrale über die Wiedervereinigung denkt.[186] Er ahnt nicht, welche Lawine er damit im
Bundeskanzleramt ungewollt lostritt, die in den nächsten Wochen der sowjetischen Führung erheblich zu schaffen macht.

Portugalow übergibt ein handgeschriebenes Papier, dessen erster Teil, wie er ausdrücklich
betont, amtlichen Charakter hat und mit Falin und Tschernajew abgestimmt worden ist.
Daraus geht unzweifelhaft hervor: Die Sowjets sind sich der Konsequenzen ihrer Reformpolitik für die DDR bewußt, deren Umgestaltung erst das Anfangsstadium erreicht hat. Ihre
Hauptsorge ist, die Entwicklung in der deutschen Frage nicht mehr kontrollieren zu können. Priorität hat eine gesamteuropäische Friedensordnung auf der Basis der Ostverträge
und des Grundlagenvertrags. Genaugenommen stellt Modrows Vorschlag einer Vertragsgemeinschaft einen Angriff auf den Alleinvertretungsanspruch der Bundesregierung dar, dem
Moskau künftig mehr pragmatisch begegnen will.

Das zweite Papier, das Teltschik in die Hand gedrückt bekommt, sind nach Aussagen Portugalows weiterführende Überlegungen, die er angeblich nur mit Falin abgesprochen hat.[187]
In diesen nichtamtlichen Gedanken schimmern Befürchtungen durch, angesichts der wirtschaftlichen Schwierigkeiten der DDR komme es nicht mehr zu einer Stabilisierung. Werden jedoch recht bald weitere Fortschritte in der Abrüstungspolitik erzielt, so die Überlegung offensichtlich, wird die Wiedervereinigung vielleicht zunächst von der tagespolitischen
Agenda verbannt, zumal sich in der DDR ein Wahlkampf abzeichnet. Den Kaderfunktionä-
ren ist wohl allmählich bewußt geworden, wie schnell die Politik der Perestroika in der
DDR in forcierte Wiedervereinigungsanstrengungen umschlagen kann. Und das schneller
als beabsichtigt. Die „Germanisten" wollen keineswegs an der Verantwortung der Vier
Mächte für Deutschland als Ganzes rühren. Denn auch London und Paris können ihrer Einschätzung nach kein Interesse haben, auf das „Besatzungsstatut" – wie Portugalow die Viermächterechte nennt – zu verzichten. Diese sollen so schnell nicht aufgegeben werden.
Würde dies geschehen, stellt sich sogleich die Frage des sowjetischen Truppenaufenthalts
und damit die letztlich entscheidende Frage der Nuklearpräsenz fremder Mächte auf deutschem Boden.

Teltschik ist „wie elektrisiert". Schlagartig wird ihm klar: In der sowjetischen Führung sind
Überlegungen zur deutschen Einheit schon viel weiter gediehen, als die Beamten im Bundes-
kanzleramt vermuten. Moskau befaßt sich ernsthaft mit dieser Frage. Teltschik sagt zu, dem
Kanzler zu berichten und schlägt eine möglichst baldige persönliche Begegnung zwischen
dem Bundeskanzler und Generalsekretär Gorbatschow vor. Als der Kanzler, in Eile, durch
Teltschik von alledem erfährt, will er bald mit seinen Mitarbeitern ausführlich darüber spre-
chen. Das Gespräch mit Gorbatschow ist notwendig. Denn „schier Unglaubliches" ist für
Teltschik nun „in Gang gekommen".[188]

Das belegen zusätzlich vertrauliche Informationen Willy Brandts. Sie tragen dazu bei, daß
Kohl und Brandt sich „in der Beurteilung immer näher" kommen.[189] Bundeskanzlern gegenüber in staatspolitischen Angelegenheiten loyal, läßt Brandt über seinen Mitarbeiter
Klaus Lindenberg[190] via Teltschik Kohl ausrichten, nötigenfalls zu einer Vermittlungsfunk-
tion zwischen Bonn und Moskau bereit zu sein. Bei dieser Gelegenheit erfährt Kohl, in
einem Gespräch am 17. Oktober 1989 habe Gorbatschow – den Brandt seit seiner ersten Be-

---

186   Äußerung von Nikolai Portugalow in: Kuhn, Gorbatschow und die deutsche Einheit, 81.
187   Nr. 112 Vorlage des Ministerialdirektors Teltschik an Bundeskanzler Kohl, 6. Dezember 1989. Nr. 112A SU und
       „deutsche Frage", 6. Dezember 1989.
188   Teltschik, 329 Tage, 42 f., 45.
189   Kohl, „Ich wollte Deutschlands Einheit", 136.
190   Nr. 98 Vorlage des Ministerialdirektors Teltschik an Bundeskanzler Kohl, 21. November 1989.

gegnung 1985 für „eher" deutschlandfreundlich hält -[191] die Versorgungslage in der Sowjetunion als sehr kritisch bezeichnet. Für den Generalsekretär gebe es keine Alternative zur strategischen Entscheidung, die Perestroika fortzuführen. Eine politisch-kulturelle Reform in der DDR sei erforderlich. Bei alledem habe er zur Geduld gemahnt und zugesagt, über die gemeinsame Entwicklung in Europa nachdenken zu wollen. Besorgt habe sich Gorbatschow auch über die Rede des Kanzlers auf dem Parteitag der CDU in Bremen geäußert. Nach Gorbatschows Geschmack sei der Kanzler zu sehr „auf das nationalistische Steckenpferd zurückgekommen". Ähnliche Einschätzungen hätten ihm auch Mitterrand und Thatcher kundgetan. Offenbar schließt der Generalsekretär die Möglichkeit nicht aus, daß die Amerikaner befürchten, Moskau wolle als Taufpate der deutschen Wiedervereinigung dastehen. Dem wolle Washington möglicherweise zuvorkommen.

Am Abend des 23. November trifft sich Kohl mit seinem für Öffentlichkeitsarbeit zuständigen Mitarbeiterstab. Es geht um die weitere Kommunikationsstrategie. In Teltschiks Augen ein leidiges Thema „wie eh und je".[192] Angestoßen durch das Gespräch mit Portugalow, nutzt er die Gelegenheit und regt an, der Kanzler müsse während der Debatte über den Bundeshaushalt in der kommenden Woche einen realistischen Weg zur Wiedervereinigung aufzeigen. Der ehrgeizige Ministerialdirektor will mit seinen Leuten das Konzept erarbeiten, was keineswegs auf einhellige Zustimmung trifft. Seiters und Duisberg bezweifeln, ob es angesichts der Reaktionen im westlichen Ausland und der möglichen Wirkungen auf die Bevölkerung in der DDR taktisch klug ist, den Kanzler jetzt mit einem Wiedervereinigungsplan an die Öffentlichkeit treten zu lassen. Teltschik ist entschieden anderer Meinung. Unterstützung erfährt er hauptsächlich von den beiden Redenschreibern Norbert Prill und Michael Mertes und dem Abteilungsleiter im Presse- und Informationsamt der Bundesregierung, Wolfgang Gibowski. Schließlich soll zumindest ein Plan ausgearbeitet und vorgelegt werden. Der Kanzler muß dann selbst entscheiden, ob er die Initiative ergreift.

An den internen Diskussionen und Überlegungen am nächsten Tag nehmen Hartmann, Duisberg, Kaestner, Kass vom Arbeitsstab Deutschlandpolitik sowie Prill und Mertes teil. Heftig wird vor allem über die Frage gestritten, ob der Bundeskanzler konföderative Strukturen oder eine deutsche Föderation vorschlagen soll. Bis Sonnabend nachmittag, dem 25. November, steht der Entwurf. Das Konzept wird einem Vorschlag Kaestners folgend auf zehn Punkte konzentriert. Der Kanzler arbeitet am Wochenende das Zehn-Punkte-Programm durch, verändert es, fügt ein[193] und stimmt sich dabei insbesondere in den staatsrechtlichen Bezügen mit Rupert Scholz ab. Auch andere Freunde fragt er um Rat.

Wichtig ist nach Fertigstellung des Redeentwurfs am Montag morgen nun, wie das Konzept der Öffentlichkeit präsentiert werden soll. Wird der Inhalt des Plans vorzeitig bekannt, ist der Überraschungseffekt dahin. Kohl selbst entscheidet. Erst mit Beginn seiner Rede vor dem Deutschen Bundestag am nächsten Vormittag sollen die Spitzen der Fraktionen den Text erhalten. Keine Vorabunterrichtung des Koalitionspartners. Entgegen sonstigen diplomatischen Gepflogenheiten werden auch die Westmächte nicht zuvor in Kenntnis gesetzt. Einzige Ausnahme ist Präsident Bush. Wegen der Zeitverschiebung wird der Text eine Stunde vor Beginn der Rede nach Washington gekabelt. Bush hat den Text vorliegen, als sein Arbeitstag beginnt.[194]

Die Haushaltsrede mit dem Zehn-Punkte-Programm soll *das* deutschlandpolitische Konzept für die nächsten Jahre darstellen, beginnend mit Sofortmaßnahmen für die DDR, der

191 Willy Brandt, Erinnerungen. Frankfurt/Main-Zürich 1989, 407.
192 Teltschik, 329 Tage, 49.
193 Faksimilierter Auszug aus dem für diese Edition nicht zur Verfügung gestellten „Original-Entwurf" für das Zehn-Punkte-Programm zur deutschen Einheit, versehen mit handschriftlichen Ergänzungen des Bundeskanzlers: Kohl, „Ich wollte Deutschlands Einheit", 162.
194 Hutchings, American Diplomacy and the End of the Cold War, 99, 383 f.

anschließenden Schaffung einer Vertragsgemeinschaft, über die Entwicklung konföderativer Strukturen bis am Ende die Föderation erreicht ist. Kohl schätzt, dieser Prozeß, an dessen Ende die deutsche Einheit verwirklicht sein wird, werde etwa fünf bis zehn Jahre dauern. Bescheiden meinen die Mitarbeiter im Bundeskanzleramt, selbst wenn die Einheit erst am Ende des Jahrhunderts erreicht sein sollte, wäre das immer noch ein Glücksfall der Geschichte.[195] Bundespräsident von Weizsäcker, den Teltschik am Montagmittag über die Idee des Stufenplans zur deutschen Einheit unterrichtet,[196] zeigt sich wenig beeindruckt. Nachdem Teltschik abends in einem vertraulichen Hintergrundgespräch handverlesenen Journalisten erste Informationen über die geplante Rede am nächsten Morgen zugespielt hat und die Partei- und Fraktionsspitzen informiert sind, bleibt der Medienerfolg nicht aus. Der Überraschungscoup gelingt perfekt.

Die Initiative des Kanzlers bringt über alle Parteigrenzen hinweg positives Echo. Was hat Kohl mit diesem Schritt erreicht? Er bezieht erstmals Position und legt ein Konzept zur langfristigen Einheit Deutschlands vor, das nach allen Seiten abgefedert ist: Einbettung in den europäischen Integrationsprozeß, Unterstützung der DDR bei ihren wirtschaftlichen Schwierigkeiten, Öffnung gegenüber Osteuropa und Rückversicherung gegenüber dem Westen, es werde keine Alleingänge in der deutschen Frage geben. Damit gewinnt er in der Tat die Meinungsführerschaft. Zugleich fordert das Zehn-Punkte-Programm das westliche Ausland zu Stellungnahmen heraus. Die Bundesregierung erfährt somit, wer von den Verbündeten die Wiedervereinigung zu unterstützen bereit ist.

Auch administrativ zieht Teltschik nun die Deutschlandpolitik vollends an sich. Politische Konzeptionen und Positionen werden künftig nicht mehr vom zuständigen Arbeitsstab entwickelt. Fortan nehmen die wichtigsten außenpolitischen Berater des Kanzlers in Absprache mit dem Chef des Bundeskanzleramtes und dem Bundeskanzler selbst diese Fragen in die Hand. Der Arbeitsstab, in dem die Deutschlandpolitik zuletzt mehr verwaltet denn gestaltet worden ist, übt in den nächsten Monaten kaum noch Einfluß aus.

Noch am selben Tage legt Kohl in einem elfseitigen Schreiben Präsident Bush seine Position für das bevorstehende Gipfeltreffen mit Präsident Gorbatschow auf Malta dar.[197] Der Kanzler sieht Forderungen der Bevölkerung in der DDR nach der deutschen Einheit weiter anschwellen, wenn Reformen ausbleiben. Nicht ohne Stolz verweist er darauf, wie vernünftig und besonnen die Menschen bisher reagiert haben. Chaos, das Gorbatschow Sorge macht, ist jedenfalls nicht zu befürchten. Erneut unterstreicht er, die Lage nicht einseitig ausnutzen zu wollen, „um das nationale Ziel der Deutschen in einem Alleingang zu erreichen". Zugleich wirbt er bei Bush um Hilfe für Gorbatschow, vor allem bei Lebensmittellieferungen. In der Abrüstungs- und Rüstungskontrollfrage ist die deutsche Position unverändert. Kohl befürwortet START-Verhandlungen, Verhandlungen über das konventionelle Streitkräfteniveau Europas in Wien und über das Chemiewaffenverbot. Deutschlandpolitisch ist zunächst die Frage vorrangig, ob die SED während des bevorstehenden Parteitags ihren Führungsanspruch aufgibt und freie Wahlen und Wirtschaftsreformen zuläßt. Im Mittelpunkt seiner Botschaft stehen jedoch die Prämissen bundesdeutscher Wiedervereinigungspolitik: Erfüllung der Präambel des Grundgesetzes, Selbstbestimmung der Deutschen in der DDR, Einhaltung vertraglicher Verpflichtungen und Behutsamkeit im Vorgehen. Ausführlich erläutert er dann seinen Zehn-Punkte-Plan. Dahinter verbirgt sich ein dualer Ansatz, nämlich in den ersten fünf Punkten die Beschreibung des Weges zur Einheit in Zusammenarbeit mit der DDR und in weiteren vier Punkten der Plan für die Einbettung des Prozesses in den internationalen Rahmen. Punkt eins Sofortmaßnahmen für die DDR, die – Punkt zwei – den

---

195   Teltschik, 329 Tage, 52.
196   Richard von Weizsäcker, Vier Zeiten. Erinnerungen. Berlin 1997, 366.
197   Nr. 101 Schreiben des Bundeskanzlers Kohl an Präsident Bush, 28. November 1989.

Menschen in beiden Teilen Deutschlands zugute kommen sollen, werden dann zu einem Junktim verbunden. Punkt drei sieht eine Ausweitung der Kooperation nur bei einem von der DDR zu beschließenden „grundlegenden" politischen und wirtschaftlichen Systemwandel vor, der unumkehrbar sein muß. Daraus kann – so Punkt vier – ein „immer dichteres Netz" von Vereinbarungen in Form einer Vertragsgemeinschaft als erster Etappe mit gemeinsamen Institutionen erwachsen. Erst dann – Punkt fünf – ist die Bundesregierung zu einem qualitativen Schritt bereit, indem „konföderative Strukturen zwischen beiden Staaten in Deutschland" geschaffen werden. Es stellt praktisch den Beginn der zweiten Wiedervereinigungsetappe dar. Sie soll ein Übergangsstadium bilden und bald in die dritte Etappe, die „Föderation", münden. Denn solange die Endphase nicht erreicht ist, besteht die Gefahr, daß sich konföderative Strukturen von zwei abhängigen, aber immer noch nebeneinander existierenden deutschen Staaten verfestigen. Das liegt nicht im Interesse der Bundesregierung. Die Punkte sechs bis neun skizzieren bereits erste Garantienversprechen an die Vier Mächte und die europäischen Nachbarstaaten. Dazu gehört die Einbettung der „Architektur Deutschlands" in eine gesamteuropäische Sicherheitskonzeption – Punkt sechs – ebenso wie die Einfügung des Wiedervereinigungsprozesses in die fortschreitende europäische Integration – Punkt sieben – und das Vorantreiben des KSZE-Prozesses – Punkt acht –, flankiert von weiteren Abrüstungsmaßnahmen – Punkt neun. Als krönender Abschluß dieser Prozesse – Punkt zehn – soll dann die Föderation zu einem wiedervereinigten Deutschland führen.

Die Regierung Bush bewertet den Zehn-Punkte-Plan in erster Linie als Anstachelung zur Wiedervereinigung. Kohl will, so schätzt die Regierung in Washington, eine eigenständige politische Rolle spielen, seine Popularität vor der Bundestagswahl 1990 erhöhen und einen Gegenvorschlag zu Modrows Vertragsgemeinschaft in die Diskussion bringen. Übereinstimmung herrscht in dem Urteil: Der Kanzler hat mit dem Plan die Handlungsinitiative ergriffen. Sie muß von amerikanischer Seite gebremst werden, um Gorbatschow nicht zu unbedachten Reaktionen zu provozieren.[198]

Schon am nächsten Tag nennt Baker gegenüber der Presse vier Punkte, die wenig später auch Bush übernimmt. Sie gehen unter anderem auf ein Papier von Ross zurück und kennzeichnen die Eckpfeiler der amerikanischen Position. Soll es zur Wiedervereinigung kommen, müssen demnach vier Bedingungen erfüllt sein: *erstens* die Achtung des Selbstbestimmungsrechts, *zweitens* die Bindung Deutschlands in der NATO und die Ablehnung einer Neutralisierung, *drittens* die Fortentwicklung der deutschen Frage als ein gradueller Prozeß und *viertens* die Unverletzlichkeit der Grenzen, die gemäß der KSZE-Schlußakte nur mit friedlichen Mitteln verändert werden können.[199] Die amerikanische Regierung zögert in dieser Phase nicht, sofort ihre *Conditio sine qua non* aufzutischen, die für ihre Zustimmung zur Wiedervereinigung unabdingbar ist, nämlich die Einbeziehung eines wiedervereinten Deutschlands in das westliche Allianzsystem.

Sympathien, die der spanische Ministerpräsident González und EG-Kommissionspräsident Delors dem Anliegen der Bundesregierung entgegenbringen, stehen in krassem Gegensatz zu den großen Bedenken, die in Moskau und bei den Hauptverbündeten in Westeuropa dominieren. Aus der sowjetischen Hauptstadt wird der Ruf nach einer Viermächte-Konferenz laut. Teltschik und Scowcroft weisen solche Forderungen strikt zurück.[200] Den Leuten im Kreml geht das alles viel zu schnell.[201] Thatcher und Mitterrand[202] sind äußerst verstimmt

---

198 Zelikow/Rice, Germany Unified and Europe Transformed, 118–121.
199 Ebd., 115.
200 Ebd., 107.
201 Nr. 94B Haltung der drei Westmächte und der Sowjetunion zur deutschen Frage und zur Entwicklung in der DDR, 17. November 1989.
202 Attali, Verbatim III, 350–352.

über das einseitige Vorpreschen Kohls. Einen solchen Alleingang von deutscher Seite sind die Westmächte schon lange Zeit nicht mehr gewohnt. Britische Regierungskreise lassen nur Nichtssagendes verlauten. Alles sei in Bewegung geraten, heißt es dort. Französische Diplomaten bezeichnen zwar das deutsche Anliegen als legitim, weisen aber darauf hin, es dürften keine vollendeten Tatsachen geschaffen werden. Die Wiedervereinigung habe letztlich im Kontext der europäischen Integration zu erfolgen.[203]
Dabei gilt nach wie vor die vertragliche Verpflichtung der drei Westmächte in Artikel 7 Deutschlandvertrag vom 23. Oktober 1954, sich für die Wiedervereinigung Deutschlands einzusetzen. In Downing Street No. 10 wird diese Vertragsklausel geflissentlich ignoriert oder so gut es geht verwässert.[204] Halbherzig sucht Thatcher nach einem Machtgleichgewicht und hofft dabei auf eine enge britisch-französische Verteidigungskooperation. Whitehall steht vollkommen unvorbereitet dem Wandel in der Sowjetunion gegenüber und wirkt angesichts der Entwicklung in Deutschland machtlos, manchmal sogar hilflos. Ihre Deutschlandpolitik, so wird die „eiserne Lady" später in ihren „Erinnerungen" eingestehen, sei ihr einziger außenpolitischer Fehlschlag gewesen.[205] Dabei lautet ihre Grundthese simpel: Die Wiedervereinigung ist nicht unvermeidbar. Letzten Endes will sie Deutschland keine andere Rolle als die eines geteilten Landes zubilligen, kontrolliert durch die Nachkriegsvereinbarungen. Sie sieht das vereinte Deutschland zur dominanten Macht Europas aufsteigen, einen ökonomischen Imperialismus betreiben, wobei ganz Osteuropa in Gefahr schwebt, von den Deutschen abhängig zu werden. Die britische Premierministerin denkt dabei wie so manche ihrer Vorgänger in Kategorien von Hegemonie, Vergeltung, ausschließlicher Dominanz nationalstaatlicher Interessen sowie alter Pakt- und Allianzmuster des 19. Jahrhunderts, die auf die Aufrechterhaltung des Machtgleichgewichts in Europa abzielten. Das Recht der von kommunistischer Diktatur unterdrückten Völker auf Selbstbestimmung hält sie für durchaus zweifelhaft. Es berücksichtigt in ihren Augen zu wenig die komplizierten ethnischen und religiösen Strukturen der Sowjetunion und Osteuropas.[206]
Und was denkt Kohl darüber? Jedem, der es hören will, sagt er, Thatchers Vorstellungen entsprächen nicht mehr der Zeit. Sie ist in nationalstaatlichen Denkkategorien verhaftet, wo es darum geht, die westeuropäischen Staaten auf die Herausforderungen des 21. Jahrhunderts mit grenzüberschreitender Technologieentwicklung und Kommunikation vorzubereiten. In der deutschen Frage ist ihrer Meinung nach die Nachkriegszeit noch keineswegs zu Ende gegangen.[207] An ihrer Stelle würde sich der Kanzler statt dessen an die Spitze der Bewegung stellen und versuchen, die Deutschen einzubinden. Im Gegensatz zu Mitterrand, so meint er, habe die Premierministerin auch in bezug auf die europäische Integration nicht begriffen, daß eine neue Zeit angebrochen ist,[208] in der die Europäischen Gemeinschaften nicht nur als Wirtschaftsfaktor anzusehen sind. Doch der Ärmelkanal ist für Thatcher die Grenze,[209] Bonn und Paris liegen „overseas".
Nicht weniger besorgt über pan-germanistische Bestrebungen zeigt sich die Regierung Andreotti.[210] Verärgerung löst bei Kohl auch der israelische Ministerpräsident Shamir aus, als er in einem Interview die Befürchtung äußert, in einem wiedervereinigten Deutschland sei eine Wiederholung des Holocaust möglich. Der Kanzler reagiert darauf mit dem Vorwurf, Shamir verweigere den Deutschen Gerechtigkeit, und verbittet sich jede Parallele zum natio-

203   Nr. 102 Vorlage des Ministerialdirektors Teltschik an Bundeskanzler Kohl, 30. November 1989.
204   Urban, Diplomacy and Disillusion at the Court of Margaret Thatcher, 99.
205   Thatcher, Downing Street No. 10, 1125.
206   Urban, Diplomacy and Disillusion at the Court of Margaret Thatcher, 105, 131.
207   Nr. 109 Gespräch des Bundeskanzlers Kohl mit Präsident Bush in Laeken bei Brüssel, 3. Dezember 1989.
208   Nr. 120 Gespräch des Bundeskanzlers Kohl mit Außenminister Baker in Berlin (West), 12. Dezember 1989.
209   Nr. 1 Gespräch des Bundeskanzlers Kohl mit Präsident Bush in erweitertem Kreise in Bonn, 30. Mai 1989.
210   Nr. 107 Vorlage des Ministerialdirigenten Hartmann an Bundeskanzler Kohl, 1. Dezember 1989.

nalsozialistischen Unrechtsregime. Er hoffe, die Antwort auf die Wiedervereinigung fällt europäisch aus, schreibt er dem Ministerpräsidenten.[211] Dessen auf Schadensbegrenzung bedachte Antwort läßt erkennen, welche Schwierigkeiten die israelische Regierung mit der Entwicklung in Deutschland hat.[212]

Ungeachtet dessen nutzt Kohl jede Gelegenheit zur Vertrauenswerbung in Sachen Wiedervereinigung. Dabei schimmern Konturen seines politischen Weltbildes durch. Gerade in Gegenwart amerikanischer Senatoren bekräftigt er, Demokratie in Deutschland sei auch in Zukunft nur auf der Basis einer festen Werteordnung vorstellbar und die Westbindung bleibe Staatsräson der Bundesrepublik. Voraussetzung dafür sei, den Deutschen werde nicht das Recht auf Selbstbestimmung vorenthalten. Das würde den Frieden gefährden. Auch meint der Kanzler, die Supermächte würden künftig nur einen begrenzten Einfluß auf die Kriegsführung haben. Kriege, so argumentiert er, seien nicht mehr führbar. Deshalb habe auch der Einfluß der Sowjetunion auf die Geschicke abgenommen. Geostrategische Entwicklungen werden nach seiner Ansicht nicht mehr von der Kriegskunst, sondern von der Technologie bestimmt. Deren Zentren liegen im nächsten Jahrhundert in Japan und Korea, auf dem nordamerikanischen Halbkontinent und in Europa. Kohl bewegt die Vorstellung, gemeinsame Wirtschaftsinteressen und Technologieentwicklungen machen Kriege unwahrscheinlicher und haben eine friedensstiftende Wirkung. Nichtsdestoweniger steht die Mitgliedschaft Deutschlands in der NATO für ihn nicht zur Disposition.[213]

Wie schätzt der Beraterkreis um Bush die Lage vor dem Gipfelgespräch mit Gorbatschow ein? In Washington setzt der Stab des Präsidenten darauf, daß die Sowjetunion die Kontrolle über Osteuropa verliert. Anscheinend besitzt sie keine ausgefeilte Strategie, vielmehr reagiert sie sporadisch von Tag zu Tag. Im Grunde, so nehmen die Berater an, muß die sowjetische Führung gegen die Wiedervereinigung sein, weil ihr das Herzstück der europäischen Sicherheitskonzeption herausgenommen würde und schlimmste Erwartungen eintreten könnten, nämlich die Einbeziehung des vereinten Deutschland in die NATO. Der Warschauer Pakt verlöre mit der DDR einen bündnispolitischen Anker, die sowjetische Verteidigungslinie wäre durchbrochen, die im Zweiten Weltkrieg errungenen Gewinne wären dahin. Moskau, so meinen Bushs Berater, setzt auf den Fortbestand der beiden deutschen Staaten, an dem auch Frankreich und Großbritannien zur Stabilisierung der Lage in Europa großes Interesse haben. Dort gibt es noch keine Anzeichen der Panik über die deutsche Frage. Falls die beiden europäischen Mächte an Einfluß verlieren sollten, setzen sie wahrscheinlich auf ein gesamteuropäisches kollektives Sicherheitskonzept oder Verhandlungen über einen deutschen Friedensvertrag. Somit glaubt man, genügend Instrumente zur Steuerung des Prozesses in der Hand zu haben.

Blackwill, Rice, Zelikow und Ross raten dem Präsidenten, weiterhin die Wiedervereinigung zu verfolgen, jedoch das Konzept einer Viermächte-Konferenz zurückzuweisen. Bush soll Kohls Zehn-Punkte-Plan befürworten und dafür die Unterstützung der Bundesregierung in der Frage der NATO-Mitgliedschaft sichern. Außerdem muß Bush Perspektiven der Transformation für die europäische Politik in Zentraleuropa aufzeigen. Allerdings steht zu befürchten, die Sowjetunion könnte die deutsche Frage mit Verhandlungen in der KSZE verquicken.[214] Damit wäre allen europäischen Staaten ein Mitspracherecht in der deutschen Frage eröffnet, was aus amerikanischer Sicht tunlichst zu vermeiden ist. Daher gibt es nur eine Konsequenz: Gorbatschow darf nicht in die Situation kommen, zu westlichen Vor-

---

211 Nr. 106 Schreiben des Bundeskanzlers Kohl an Premierminister Shamir, 1. Dezember 1989.
212 Nr. 118 Schreiben des Premierministers Shamir an Bundeskanzler Kohl, 10. Dezember 1989.
213 Nr. 104 Gespräch des Bundeskanzlers Kohl mit Mitgliedern der Rüstungskontroll-Beobachtergruppe des amerikanischen Senats in Bonn, 1. Dezember 1989.
214 Zelikow/Rice, Germany Unified and Europe Transformed, 125–127.

schlägen nein sagen zu können. Washington verfolgt im Herbst 1989 also zunächst eine gewisse *Appeasement*-Politik gegenüber Moskau in der Hoffnung, Gorbatschow nicht als Verhandlungspartner zu verlieren.

Beim Gipfeltreffen am 2./3. Dezember auf dem Kreuzer „Maxim Gorki" vor Malta signalisiert der amerikanische Präsident Gorbatschow, er werde keine Schritte zur Beschleunigung der deutschen Frage unternehmen. Bush betont, niemand könne von den Vereinigten Staaten die Mißbilligung der Wiedervereinigung Deutschlands erwarten. Der Aussage seines Militärberaters Akromejew nach hat Gorbatschow auf dem Gipfeltreffen mit Bush ein falsches Signal gegeben, und zwar dergestalt, daß er auf amerikanischer Seite den Eindruck hat aufkommen lassen, es gebe keine konkrete Opposition sowjetischerseits gegen die fortgesetzte Diskussion über die deutsche Frage. Ob Gorbatschow diesen Eindruck bewußt oder ungewollt erzeugt hat oder es vielleicht auch seinem Prinzip der Achtung des Selbstbestimmungsrechts entspricht, bleibt dahingestellt.[215]

Nicht nur die Amerikaner fragen sich, was der Bundeskanzler der Sowjetunion und den Westmächten anzubieten hat. Es sind zum einen Sicherheitsgarantien und Rückversicherungen in Form der Westbindung an NATO und EG, zum anderen die Vertiefung der europäischen Integration, Allianztreue und schließlich die Anerkennung der Westgrenze Polens. Das Dilemma besteht in der Geschwindigkeit, mit dem die Prozesse ablaufen: Das Tempo der Wiedervereinigung darf die Sicherheit in Europa nicht gefährden. Kommt aber die Wiedervereinigung nicht zustande, gefährdet das höchstwahrscheinlich die Sicherheit Europas. Gespannt ist der Kanzler auf die Unterrichtung durch den amerikanischen Präsidenten, unmittelbar im Anschluß an den Gipfel von Malta.[216] Dazu treffen beide am Vorabend des NATO-Gipfeltreffens am 3. Dezember in Laeken bei Brüssel zusammen.[217] Bush gibt sich insgesamt sehr zurückhaltend. Er will Kohl zu einem gemäßigteren Vorgehen anhalten und ihn auf seine Linie bringen. Gorbatschow habe ihm gesagt, berichtet er, die Deutschen gingen zu schnell voran, worauf Bush geantwortet habe, der Zehn-Punkte-Plan sehe zwar drei Stufen vor, aber keine Daten. Deutlich sei geworden, Gorbatschow wolle nicht die Entwicklung zu freien Wahlen bremsen; vielmehr nehme er Abstand von der alten Garde der SED. Diese dürfe aber auch nicht unterschätzt werden. Bush legt den Kanzler im Grunde auf drei Zugeständnisse fest: *Erstens,* nichts zu tun, was unvernünftig ist. Ein zu schnelles Vorgehen könnte Gorbatschow in Bedrängnis bringen. *Zweitens* kommt es ihm auf die Zusicherung des Kanzlers an, daß der Zehn-Punkte-Plan kein Zeitplan ist. Und *drittens* gibt es für Bush keine Alternative zur Entwicklung der europäischen Integration und der Einbindung Deutschlands in die NATO. Wenn Kohl Gorbatschow herausfordert, würde das nur Kräfte begünstigen, die gegen die Refombewegung in der Sowjetunion stehen. Bush strebt mit Kohl gemeinsam eine Formel an, die Gorbatschow keine Schwierigkeiten bereitet. Zudem will er den Westen zusammenhalten. Nur zu gut kennt er die Vorbehalte, die Thatcher und Mitterrand gegen den Prozeß der Einigung hegen. Bush sieht eine historische Chance für die Abrüstung, weil bei Gorbatschow die Einsicht gewachsen sei, daß die Sowjetunion den Rüstungswettlauf verloren hat. Jede zusätzliche Verschlechterung der Wirtschaftslage in der Sowjetunion würde nur das Scheitern der Perestroika begünstigen. Teil der Voraussetzungen für den Erfolg der Reformen ist eine funktionierende westeuropäische Gemeinschaft, in der die Deutschen ihre Rolle weiterhin wahrnehmen.

Der Kanzler seinerseits versucht Bushs Unterstützung für den Zehn-Punkte-Plan und das Konzept der Konföderation zu gewinnen. Dabei weiß der Kanzler sehr wohl: Eine Wiedervereinigung in zwei Jahren würde ein wirtschaftliches Abenteuer darstellen. Das Gefälle

---

215   Ebd., 128–131.
216   Michail S. Gorbatschow, Gipfelgespräche. Geheime Protokolle aus meiner Amtszeit. Berlin 1993, 93–129.
217   Nr. 109 Gespräch des Bundeskanzlers Kohl mit Präsident Bush in Laeken bei Brüssel, 3. Dezember 1989.

zwischen der Bundesrepublik und der DDR ist zu groß. Zuvor muß ein gewisses ökonomisches Gleichgewicht hergestellt sein. Niemand kann absehen, was in den nächsten zehn Jahren passiert. Kohl will wissen, ob Gorbatschow von den Amerikanern Wirtschaftshilfe erbeten hat und inwieweit mit den Sowjets das Problem der Kurzstreckenwaffen erörtert worden ist. Beides verneint Bush, erklärt aber, Verhandlungen über binäre Waffen angeboten zu haben.

Alles in allem kann der Kanzler mit dem Ergebnis des Gipfeltreffens durchaus zufrieden sein. Weder Moskau noch Washington haben sich dezidiert gegen das schrittweise Zustandekommen einer deutschen Konföderation ausgesprochen. Auf französischer Seite, so schätzt Kohl, kann mit Hilfe einer vertieften europäischen Integration ein Gutteil der Bedenken beiseite geräumt werden. Und im Laufe der Zeit werde auch Margaret Thatcher einsehen, am Ende des 20. Jahrhundert könne Politik nicht mehr in Kategorien des 19. Jahrhunderts betrieben werden. Dem Kanzler liegt nun vor allen Dingen daran, daß der bevorstehende Europäische Ratsgipfel ein klares Signal sendet, entschieden auf dem Wege zur Politischen Union voranzugehen und die Wirtschafts- und Währungsunion vorzubereiten.[218]

Zunächst aber muß der innerdeutsche Dialog in Gang kommen. Im Vorfeld des Besuchs von Seiters in Ost-Berlin am 5. Dezember zeichnet die Ständige Vertretung ein desolates Bild der Lage in der DDR. Teile der Bevölkerung hätten Angst vor der alten SED-Führung, vor einer Wirtschaftskatastrophe, aber auch vor der Übernahme des bundesdeutschen Sozialstaatsmodells, was den Verlust eigener Identität bedeute. Man hält die Trennung von Partei und Regierung ebenso für unwiderruflich wie die Rücknahme der Reisefreiheit. Die alten Zustände an der Grenze mit Schießbefehl würden nicht wiederherstellbar sein. Zu ausgeprägt sei mittlerweile das Selbstvertrauen des Volkes. Rückwärts gewandte Entscheidungen würden in einem Proteststurm ausufern. Der Machtverfall habe den Führungsanspruch der SED diskreditiert. Sie müsse freie Wahlen zulassen und zugleich Abschied von der Einheitsliste nehmen. Die Staatssicherheit sei moralisch zerstört.[219]

Seiters kann also aus einer relativ starken Position heraus verhandeln. Seine Gespräche dienen der Vorbereitung des Besuchs von Kohl, der auf Vorschlag der bundesdeutschen Seite in Dresden stattfinden soll. Im Mittelpunkt der Unterredung mit Modrow stehen drei Ziele: Für künftige Entwicklungen soll ein Rahmen abgesteckt werden, die Vertragsgemeinschaft, auf den sich die Bundesregierung nun als ersten Schritt ihres Drei-Stufen-Plans eingelassen hat, muß ausgefüllt werden, und beide Seiten wollen sich auf das zunächst Machbare konzentrieren.[220]

Eingangs läßt Modrow durchblicken, Gorbatschow habe ihn bei einem Gespräch Anfang Dezember in Moskau ausdrücklich in dem Konzept der Vertragsgemeinschaft unterstützt. Dann versucht er, seinem Gegenüber in puncto Wiedervereinigung sofort den Wind aus den Segeln zu nehmen. Die Sowjetunion, fügt Modrow hinzu, akzeptiere nicht das Konzept der Wiedervereinigung. Es bleibe bei der Existenz zweier unabhängiger Staaten. Modrow, von dem Seiters den Eindruck eines nachdenklichen Mannes gewinnt, der weiß, was seine Aufgabe ist und wo die Probleme liegen, spielt offensichtlich weiterhin auf Zeit und will seine eigene Schwächeposition durch eine Verzögerungstaktik in der Verhandlungsführung allmählich konsolidieren. Darauf läßt sich Seiters aber nicht ein. Er würdigt seinerseits den Verzicht der DDR auf den Mindestumtausch und die Sichtvermerke bei den Grenzübertritten. Doch sind das für die Bundesregierung nur Grundvoraussetzungen, wenn sie weitere wirtschaftliche Unterstützung gewähren soll.

218 Nr. 111 Schreiben des Bundeskanzlers Kohl an Staatspräsident Mitterrand, 5. Dezember 1989.
219 Nr. 105 Fernschreiben der Ständigen Vertretung bei der DDR an den Chef des Bundeskanzleramtes, 1. Dezember 1989.
220 Nr. 110 Gespräch des Bundesministers Seiters mit Ministerpräsident Modrow in Berlin (Ost), 5. Dezember 1989.

Wie Gorbatschow und Schewardnadse Kohls Zehn-Punkte-Plan wirklich beurteilen, erfährt Außenminister Genscher bei seinen Gesprächen am 5. Dezember in Moskau. Beide fühlen sich überrumpelt und wollen eine solche Entwicklung unter keinen Umständen mitmachen. Kohl, so poltert Gorbatschow los, wolle mit dem Zehn-Punkte-Plan die DDR einverleiben, ihr die Gesellschaftsordnung der Bundesrepublik überstülpen. Das alles mache den Anschein einer „Blitzvereinigung".[221] Die Verärgerung hinterläßt bei der deutschen Delegation Eindruck. Hat der Bundeskanzler genau den gegenteiligen Effekt erreicht, der ursprünglich beabsichtigt war? Haben jene recht, die davor warnten, dem Kanzler diesen Schritt zu empfehlen?

In seinem Rechenschaftsbericht vor dem Auswärtigen Ausschuß des Deutschen Bundestages spielt Genscher in bewährter Manier die Kritik herunter und stellt nur die positiven Ergebnisse heraus.[222] Die Sowjetunion toleriere die Entwicklung in der DDR, ja, sie habe diese sogar maßgeblich angestoßen und beeinflußt. Jedoch herrsche Sorge über Provokation vor. Auch habe Moskau keinerlei Kritik an dem Endziel der Einheit geübt, läßt Genscher sich entlocken. Die sowjetische Führung habe lediglich Vorbehalte gegen die Geschwindigkeit geäußert und bemängelt, es gebe Unklarheiten hinsichtlich der polnischen Westgrenze. Außerdem habe es keine Andeutung eines möglichen Junktims von Wiedervereinigung und Neutralität gegeben. Die Sowjetunion sei für die Demokratisierung der DDR und deren Verbleib im Warschauer Pakt. Man nehme an, die Einheit Deutschlands vollziehe sich tatsächlich von unten durch Vernetzung von Wirtschaft und Gesellschaft.[223]

Die unerwartete Reaktion in Moskau hat Kohl offenbar verärgert, der seinerseits Teltschik dafür verantwortlich macht. Anders läßt sich dessen Vorlage einen Tag später, am 6. Dezember, nicht erklären. Darin versucht er dem Kanzler klarzumachen, was Portugalow ihm am 21. November unterbreitet hat. Mit drei Argumenten rechtfertigt Teltschik den Vorstoß des Zehn-Punkte-Plans. *Erstens* diskutiere die Sowjetunion konkret die Frage der Wiedervereinigung in allen möglichen Varianten. *Zweitens* habe Kohl damit verhindert, von der Weltöffentlichkeit mit sowjetischen Vorschlägen konfrontiert zu werden, ohne daß die Bundesregierung dazu vorher eine Position bezogen hätte, und *drittens* entspreche das Angebot zu einem Gespräch des Kanzlers mit Präsident Gorbatschow dessen eigener Überzeugung.[224] Teltschik fügt in der Anlage die Auflistung der von Portugalow übergebenen amtlichen und nichtamtlichen Überlegungen bei. Nun kommt der Kanzler nicht umhin, die Position weiterzuverfolgen, worin der Abteilungsleiter allerdings kein Problem sieht.

Treffen in Dresden

Den drei westlichen Botschaftern gegenüber bestätigt Kanzleramtschef Seiters die Bereitschaft des Bundeskanzlers zu erheblicher wirtschaftlicher Hilfe. Doch bleibt kaum noch Zeit. Sonst ist eine neue Zuspitzung der Übersiedlerwelle zu erwarten. Ohne Hilfe der Bundesregierung sieht sich auch der Senat in Berlin großen sozialen Problemen der Integration gegenüber. Das hat der Regierende Bürgermeister Momper dem Bundeskanzler am 1. Dezember vorgetragen und zugleich Unterstützung der Bundesregierung für die Direktwahl Berliner Abgeordneter in den Deutschen Bundestag gefordert.[225] Die Westmächte sollen

---

221   Kiessler/Elbe, Ein runder Tisch mit scharfen Ecken, 69.
222   Nr. 119 Vorlage des Ministerialdirektors Teltschik an Bundeskanzler Kohl, 11. Dezember 1989.
223   Nr. 115 Vorlage des Ministerialdirektors Teltschik an Bundeskanzler Kohl, 7. Dezember 1989.
224   Nr. 112 Vorlage des Ministerialdirektors Teltschik an Bundeskanzler Kohl, 6. Dezember 1989. Nr. 112A SU und „deutsche Frage", 6. Dezember 1989.
225   Nr. 103 Gespräch des Bundeskanzlers Kohl mit dem Regierenden Bürgermeister Momper in Bonn, 1. Dezember 1989

sich für eine entsprechende Initiative einsetzen, sehen das aber mit großer Skepsis. Sie befürchten, ihr Status als Alliierte könnte unterminiert werden und sukzessiv eine neue
Rechtssituation für Berlin schaffen.[226] Der britische Botschafter Mallaby hält eine bürger-
kriegsähnliche Situation für eher unwahrscheinlich, sieht aber „das Problem eines Machtvakuums". Mehr noch beunruhigt ihn die Gefahr eines Kollaps der Währung in der DDR.
Dort zeigt sich zunehmend die Gefahr von Gewaltanwendungen. Sie drohen die Lage unkontrollierbar zu machen. Die Ständige Vertretung fordert, Bundesregierung und westdeutsche Medien müßten beruhigend auf die Bevölkerung einwirken. Vor allem dürfe nicht der
Eindruck entstehen, als sei die Wiedervereinigung kurzfristig herzustellen. Viele in der DDR
meinen, damit wären alle Probleme lösbar, ohne die Schwierigkeiten jedoch vollends zu
übersehen. Tatsache aber ist: In der DDR liegt momentan die Macht auf der Straße.[227]
Im Kanzleramt kreisen Gedanken um die Frage, wie binnen kurzer Zeit Beträge in Milliardenhöhe in die DDR fließen können? Die Bundesregierung muß in erster Linie die private
Hand zu Investitionen anregen. Voraussetzungen dafür sind klare Rechtsgrundlagen für die
Beteiligung von Privatkapital an Unternehmen in der DDR, ein Investitionsschutzabkommen mit einer Gewinntransfergarantie und schließlich die Beseitigung des staatlichen Außenhandelsmonopols, das heißt, es müssen Direktbeziehungen zwischen Unternehmen der
Bundesrepublik und der DDR hergestellt werden. Die Bundesregierung kann dazu staatliche Kapitalhilfe in Form von Fördermaßnahmen zum Ausbau der Infrastruktur leisten, mit
denen Verkehrsverbindungen, Telekommunikation und der Umweltschutz verbessert werden. Wesentliches Problem sind die langen Anlaufzeiten. Konkret überlegt die Abteilung 4
im Bundeskanzleramt, über die Kreditanstalt für Wiederaufbau einen größeren Kreditrahmen für die DDR zu schaffen, Garantien für Kredite zu übernehmen und Zinssubventionen
für Kredite der DDR bereitzustellen. Fürs erste ist an einen Umfang von fünf Milliarden
DM mit einer Laufzeit von zehn Jahren zu einem 7%igen Marktzins und 5%igen Subventionen gedacht, die effektiv 2% Zins ausmachen. Das würde in der Modellrechnung für den
Bundeshaushalt eine Belastung von 250 Millionen DM bedeuten, kein allzu großes Risiko
darstellen und politisch eine gewisse Signalfunktion haben.[228]
Eine Signalfunktion in Richtung Integration erhofft sich Kohl von der Tagung des Europäischen Rats am 8./9. Dezember in Straßburg. Niemals zuvor hat der Kanzler „einen EG-Gipfel in so eisiger Atmosphäre miterlebt". Er muß eine „fast tribunalartige Befragung" zu seinen Absichten des Zehn-Punkte-Plans über sich ergehen lassen. Bevor er mit Mitterrand ein
Arbeitsfrühstück einnimmt,[229] erreicht den Kanzler eine Botschaft Modrows, der höchst
beunruhigt über die instabile Lage in der DDR ist. Mitterrand bringt die Entwicklung auf
den Punkt. Das Regime stürzt in sich zusammen – eine echte Revolution, die vom Volk ausgeht, im Gegensatz zur russischen Revolution von 1917. Für Mitterrand ist es jedoch noch
längst nicht sicher, ob sich die Sowjetunion wirklich auf die Wiedervereinigung Deutschlands zubewegt. Manchmal scheine es allerdings, entgegnet er dem Kanzler, als ob auch Gorbatschow von Anfang an eine klare Sicht der Dinge gehabt habe. Ihm seien die Grenzen
wichtig, vor allem in Anbetracht der Tatsache, daß der Warschauer Pakt zunehmend zu
einer Fiktion werde. Der Kanzler hingegen rückt nicht von seiner These ab, Gorbatschow
habe erkannt, angesichts der Waffenentwicklung ist letztlich ein Krieg nicht mehr gewinnbar. Er habe deshalb auf die moderne Demokratie gesetzt, die enorme finanzielle Kosten
verursache. Schließlich müsse die Sowjetunion ihre „Urfurcht" vor dem Westen verlieren.

---

226 Nr. 113 Gespräch des Bundesministers Seiters mit den Botschaftern der Drei Mächte in Bonn, 7. Dezember 1989.
227 Nr. 114 Fernschreiben des Staatssekretärs Bertele an Bundesminister Seiters, 7. Dezember 1989.
228 Nr. 116 Vorlage des Ministerialrats Ludewig an den Chef des Bundeskanzleramtes Seiters, 7. Dezember 1989.
229 Kohl, „Ich wollte Deutschlands Einheit", 195. Nr. 117 Arbeitsfrühstück des Bundeskanzlers Kohl mit Staatspräsident Mitterrand in Straßburg, 9. Dezember 1989.

Die eigentlich brisanten deutsch-französischen Themen schneiden beide anscheinend nur am Rande an. Über Kohls Vorgehen beim Zehn-Punkte-Plan ist dem Protokoll nach mit keinem Wort mehr die Rede; auch zwischen den Zeilen läßt sich eine Verärgerung Mitterrands darüber nicht ausmachen. Vielmehr holt er sich beim Kanzler sogar das Einverständnis zur geplanten Reise nach Ost-Berlin, zu der Kohl letztlich nicht nein sagen kann. Beide wissen aber, daß damit das SED-Regime unnötig und zusätzlich aufgewertet wird. Auch als Mitterrand Kohls Haltung zu dem bevorstehenden Botschaftertreffen der Vier Mächte in Berlin abklopft, läßt sich der Kanzler seine Meinung dazu nicht entlocken. Er rät abzuwarten, was die Sowjetunion vorträgt, und weicht damit einer klaren Antwort aus. Augenscheinlich will Kohl kein weiteres Konfliktfeld schüren, wo es doch in Straßburg darum geht, die grundsätzlichen Weichen für die europäische Integrationspolitik in den nächsten Jahren zu stellen.

Durchaus als Erfolg können Kohl und Genscher die gemeinsame Erklärung der EG-Mitgliedstaaten verbuchen, in der erstmals wörtlich der entscheidende Satz aus dem Brief zur deutschen Einheit von 1970 zum Moskauer Vertrag übernommen worden ist: „Wir streben die Stärkung des Zustandes des Friedens in Europa an, in dem das deutsche Volk in freier Selbstbestimmung seine Freiheit wiedererlangt." Hinzugefügt wird, dieser Prozeß solle sich im Kontext der KSZE-Schlußakte vollziehen und müsse in die Perspektive der europäischen Integration eingebettet werden. Das ist ein unzweideutiges Bekenntnis der westeuropäischen Partner zur Wiedervereinigung.

Dies entspricht der Haltung der amerikanischen Regierung. Sie will sich selbst ein Bild von der Situation in der DDR machen. Baker trifft vor dem ersten Besuch eines amerikanischen Außenministers in Ost-Berlin überhaupt am 12. Dezember zu einem ausführlichen Gespräch mit Kohl in West-Berlin zusammen. Der Kanzler erhofft sich von Baker vor allen Dingen innenpolitische Schützenhilfe gegen aufkommende Stimmen, die einer Neutralisierung Deutschlands das Wort reden, und bekräftigt seinerseits die Westbindung der Bundesrepublik als einzig vernünftige Staatsräson.[230] Auch Bakers Botschaft ist unmißverständlich. Das amerikanische Konzept umfaßt die vier bekannten Punkte, die sich auch der Präsident vollends zueigen gemacht hat.

Zweimal weist Baker in dem Gespräch Kohl nachdrücklich darauf hin, die Bundesregierung solle die Entwicklung bitte nicht weiter forcieren. Auch Briten und Franzosen seien angesichts der jüngsten Entwicklung äußerst nervös. Obwohl der Kanzler sich davor hütet, ein Datum für die Wiedervereinigung zu nennen – er selbst, so ist zu vernehmen, glaubt nicht daran, daß diese in den nächsten drei bis vier Jahren eintritt –, macht er doch Baker bewußt, die Öffentlichkeit benötige klare Perspektiven. Erforderlich sind seiner Ansicht nach drei Voraussetzungen: Gorbatschow darf nicht scheitern, der Westen muß der Sowjetunion eventuell Hilfe angedeihen lassen; die Lage in Polen muß stabilisiert werden, und im Frühsommer 1990 sind freie Wahlen in der DDR abzuhalten. Wirkliche Abmachungen will der Kanzler nur mit einer demokratisch legitimierten Regierung im Zuge der Verwirklichung der Vertragsgemeinschaft aushandeln. Grundvoraussetzung dafür ist die wirtschaftliche Konsolidierung der DDR, die den Menschen ein Ziel vor Augen führt. Sein Ziel ist außerdem, im europäischen Rahmen eine Wirtschafts- und Währungsunion zu schaffen und dazu die politischen Schritte einzuleiten. Dabei ist Kohl bewußt: Ein künftiger Verzicht auf die D-Mark stellt für „deutsche Interessen" ein Opfer dar. Politisch wichtig ist der Entschluß, um Mißtrauen und Alpträume mancher europäischer Nachbarn vor der Wirtschaftskraft Deutschlands zu beschwichtigen. Was die Oder-Neiße-Grenze anbelangt, so meint der

---

230   Nr. 120 Gespräch des Bundeskanzlers Kohl mit Außenminister Baker in Berlin (West), 12. Dezember 1989.

Kanzler, existierten dazu vertragliche Vereinbarungen, aber auch Bindungen der Bundesregierung an das Urteil des Bundesverfassungsgerichts.

Die gesamte Entwicklung müsse verantwortungsbewußt, friedlich und stabil verlaufen, betont Baker anschließend vor der Presse. Das wird aber als Signal aufgefaßt, Washington übe an Kohls Programm Kritik und lehne die Wiedervereinigung nach Terminplan ab. Das wiederum bereitet Kohl unnötig Schwierigkeiten und Zweifel an den deutsch-amerikanischen Abstimmungen, wofür sich Baker einige Tage später bei ihm in aller Form entschuldigt.[231] Er habe eigentlich das Gegenteil beabsichtigt.

Daß sich die Botschafter der vier Siegermächte nach zwanzig Jahren in Manier alter Besatzungsmächte wieder zu Viermächte-Gesprächen im Alliierten Kontrollratsgebäude in Berlin zusammensetzen, empfindet die Bundesregierung als einen Akt diplomatischer Degradierung. Die Westmächte versichern, die Initiative dazu sei von sowjetischer Seite ausgegangen. Sie wollen sich anhören, was Kotschemassow zu sagen habe, ansonsten aber nur die Gesprächspunkte zur Berlin-Initiative für eine Direktwahl der Berliner Abgeordneten in den Deutschen Bundestag vortragen. Dennoch herrscht sowohl im Auswärtigen Amt wie im Kanzleramt große Skepsis, ob es nicht doch zu einem Viermächte-Komplott kommt. Genscher hat bereits während des Besuchs am 21. November in Washington betont, bei Verhandlungen mit den Vier Mächten würden die Deutschen nicht erneut wie 1959 auf der Genfer Außenminister-Konferenz am „Katzentisch" Platz nehmen.[232]

Am 10. Dezember erfahren Bundesminister Seiters und Staatssekretär Sudhoff von den Botschaftern der drei Westmächte, Kotschemassow habe durch Einsetzung von Arbeitsgruppen versucht, das Botschaftertreffen in eine ständige Institution umzuwandeln. Einmütig warnen Seiters und Sudhoff vor weiteren Viermächtetreffen, die in der Öffentlichkeit erheblichen Erklärungsbedarf hervorrufen würden. Damit wirkt die Bundesregierung vor allem der Neigung französischer Diplomaten entgegen, den sowjetischen Vorschlägen auf der Arbeitsebene entgegenzukommen und die Deutschen in die Zuschauerrolle zu verweisen.[233] Wiederum kann sich es die Bundesregierung auch nicht leisten, die Vier Mächte zu verärgern.

Gorbatschows Verstimmung sucht der Kanzler mit einer ausführlichen Stellungnahme zum Zehn-Punkte-Plan abzumildern. In seinem Schreiben vom 14. Dezember bestätigt er zunächst einmal alte Abmachungen mit den drei Eckpunkten Moskauer Vertrag, KSZE-Schlußakte und gemeinsame Erklärung aus dem Juni 1989. Gleichzeitig signalisiert Kohl Verhandlungsbereitschaft über alle Themen. Konstruktiv will er die künftigen Prozesse gestalten, eine Destabilisierung der Lage verhindern und – was für die sowjetische Seite besonders wichtig ist – einseitige Vorteile aus Übergangs- und Anpassungsschwierigkeiten zum Schaden anderer vermeiden. Allerdings macht Kohl auch deutlich, wo die Hauptquelle für die gegenwärtige Instabilität liegt, nämlich in verzögerten Reformen der DDR-Regierung. Nicht er, der Kanzler, sondern die Menschen dort hätten die deutsche Frage auf die Tagesordnung gesetzt, indem sie ihr Recht auf Selbstbestimmung einfordern. Die umsichtige Verhaltensweise seit dem Fall der Mauer belege dies. Kohl ist nun darauf bedacht, sein Zehn-Punkte-Programm Gorbatschow als Stabilitätsgewinn zu verkaufen. Hinter allem stehe kein Termindruck, versichert er. Priorität habe die Vermeidung einer chaotischen Situation. Ziel müsse es sein, den Menschen eine Perspektive und Leitlinien für die öffentliche Diskussion zu bieten. Doch muß er in der deutschen Frage auch Diskussionsstoff offerieren, der für Gorbatschow von grundsätzlichem Interesse ist. Dazu gehört, ihm bessere Ost-West-Beziehungen in Aussicht zu stellen, eine Beschleunigung von Abrüstung und Rüstungskontrolle – jedoch keine Infragestellung der Bündnisse –, Voranschreiten der KSZE-Verhandlungen

---

231 Nr. 125 Schreiben des Außenministers Baker an Bundeskanzler Kohl, ohne Datum.
232 Genscher, Erinnerungen, 667.
233 Nr. 121 Gespräch des Bundesministers Seiters mit den Botschaftern der Drei Mächte in Bonn, 13. Dezember 1989.

und Unterstützung der Reformen in Ost- und Mitteleuropa. Damit verbindet Kohl zugleich die klare Zieldefinition, einen Zustand des Friedens herbeizuführen, in dem das deutsche Volk seine Selbstbestimmung in Einheit wiedererlangt. Er erwartet die Respektierung der Menschenrechte in der DDR und ist zu humanitärer Hilfe und wirtschaftlicher Unterstützung ebenso bereit wie zur Aufnahme von Verhandlungen über eine Vertragsgemeinschaft. Die Anregung, über konföderative zu föderativen Strukturen zu kommen, bedeute quasi eine Anerkennung der DDR und keinerlei Zwangsvereinigung. Für den Kanzler ist es die Absage an deutsche Alleingänge und jegliche Form von Nationalismus. Schließlich sagt er zu, im Verhältnis zwischen Deutschland und der Sowjetunion bleibe die Perspektive des Moskauer Vertrages erhalten, was indirekt heißt: Wenn es zur Wiedervereinigung kommen sollte, ist die Bundesregierung bereit, auf die unter sowjetischer Verwaltung stehenden Ostgebiete zu verzichten.[234] Kohl regt „bald im neuen Jahr" ein informelles Treffen an.

Wie der Zufall es will, kreuzt sich dieses Schreiben mit einem Brief Gorbatschows an den Bundeskanzler am Vorabend seines Besuchs in Dresden. Auch der sowjetische Generalsekretär hat anscheinend das Bedürfnis, nochmals seine Position darzulegen und seine Besorgnisse dem Kanzler drastisch vor Augen zu führen. Unverändert empfindet er den Zehn-Punkte-Plan als ultimativ, mahnt außerdem zur Zurückhaltung und Nichteinmischung in die inneren Angelegenheiten der DDR. Ganz offensichtlich fühlt sich die sowjetische Regierung von dem Tempo und der Finalität des Einigungsprozesses, wie sie im Zehn-Punkte-Plan beschrieben ist, überfordert. Gorbatschow hat scheinbar Angst, der Zug in Richtung deutsche Einheit fahre ohne die Sowjetunion ab.[235]

Bei dem Besuch in Budapest am 14. Dezember hört Kohl von Németh, auf dem Gipfeltreffen der Warschauer-Pakt-Staaten sei der Zehn-Punkte-Plan als wahltaktisches Manöver der Bundesregierung abgetan worden. Der Kanzler versucht dagegen seinem Gesprächspartner klarzumachen, die Menschen auf der Straße müßten „Licht am Ende des Tunnels" sehen können. „Es liegt der Geruch von Rache in der Luft", charakterisiert er die Lage in der DDR, und zwar von der Spitze bis hinunter auf die lokale Ebene. Autoritätsverlust und totale Diskreditierung der Partei und des Staatssicherheitsapparates einschließlich der gesamten Verwaltung seien die Hauptprobleme. Eine Entwicklung zur Föderation brauche Zeit, nicht zuletzt wegen des großen Wirtschaftsgefälles zwischen beiden deutschen Staaten. Damit versucht Kohl, dem Nachbarn Angst vor Deutschland zu nehmen, insbesondere vor der Wirtschaftskraft. Deutschland stünde vor einem großen Integrationsproblem von 18 Millionen Deutschen. Auf die sensible Grenzfrage angesprochen, antwortet Kohl, ein Drittel des Deutschen Reiches sei ohne Friedensvertrag „verschwunden". Nicht Deutschland, die Alliierten hätten sich eine endgültige Grenzregelung in einem Friedensvertrag vorbehalten. Eine Erklärung zur Oder-Neiße-Linie könne der Kanzler zum gegenwärtigen Zeitpunkt nicht abgeben. Wenn es jedoch gelinge, die Wiedervereinigung zustande zu bringen, werde kein Mensch mehr über die Grenze reden.[236]

Von Anfang an läuft Kohls Taktik darauf hinaus, nationalistische Kräfte, die für die Offenhaltung der Oder-Neiße-Frage eintreten, mit dem Argument zum Schweigen zu bringen, ansonsten bekommen die Deutschen die Einheit nicht. Kohl setzt auf die Einsicht der deutschen Öffentlichkeit, daß für die Wiedererlangung der Einheit als Preis die Oder-Neiße-Grenze endgültig anerkannt werden muß. Aus seiner Sicht ist es taktisch ungeschickt und politisch unverantwortlich, die Grenzanerkennung auszusprechen, solange die Entscheidung über die Einheit Deutschlands nicht getroffen worden ist.

---

234 Nr. 123 Schreiben des Bundeskanzlers Kohl an Generalsekretär Gorbatschow, 14. Dezember 1989.
235 Nr. 126 Schreiben des Generalsekretärs Gorbatschow an Bundeskanzler Kohl, ohne Datum. Nr. 127 Vorlage des Ministerialdirigenten Hartmann an Bundeskanzler Kohl, 18. Dezember 1989.
236 Nr. 124 Gespräch des Bundeskanzlers Kohl mit Ministerpräsident Németh in Budapest, 16. Dezember 1989.

Doch zunächst reist Kohl am 19. Dezember zum erstenmal in seiner Amtszeit zu einem offiziellen Besuch der DDR nach Dresden. Aufenthalte im anderen Teil Deutschlands sind für ihn nichts Besonderes. Schon mehrfach hat er sich dort privat aufgehalten. Begegnungen mit den Menschen vor Ort prägen mehr als alles andere das Urteil des Politikers Kohl. Presseberichte und Fernsehbilder haben in diesen Tagen das Stimmungsbild zwar maßgeblich beeinflußt. Doch ist Kohl sich unschlüssig, wie die Bevölkerung jetzt auf ihn reagiert. Als der Kanzler die jubelnde Menschenmasse bei seinem Empfang auf dem Flughafen in Dresden erlebt, ist ihm wohl schlagartig bewußt, welche Verantwortung er für die Menschen in der DDR trägt. Dresden ist für ihn das Schlüsselerlebnis auf dem Weg zur Einheit.[237] Er und seine Politik sind Hoffnungsträger für Abertausende. Politische Führerschaft ist mehr denn je gefragt, wohl dosiert, so, daß die Erwartungen nicht überkochen und der Druck, den sie auf das Ausland ausüben, abgeschwächt wird.

Was kann er der Regierung Modrow anbieten? An finanziellen Maßnahmen plant das Bundesfinanzministerium für das Jahr 1990 Ausgaben in Höhe von 1,777 Milliarden DM ein. Der Bürgschaftsrahmen im innerdeutschen Handel von 4,5 Milliarden DM wird um 1,5 Milliarden DM auf insgesamt sechs Milliarden DM aufgestockt, ERP/KfW-Kreditprogramme für kleinere und mittlere Unternehmen sollen um zwei Milliarden DM aus dem Bundeshaushalt erhöht werden. Damit kann das entsprechende Kreditvolumen um sechs Milliarden DM ausgeweitet werden. Außerdem ist die Bundesregierung zur Übernahme einer Bürgschaft für Finanzkredite in Höhe von ein bis zwei Milliarden DM in Form eines gebundenen oder ungebundenen Finanzkredits bereit, um kurzfristig fällige Auslandsschulden der DDR umschichten zu können. Das würde die Schuldensituation der DDR verbessern.[238]

Die Leitlinien für seine Gespräche mit Ministerpräsident Modrow[239] konzentrieren sich auf drei Punkte. Entscheidend ist, das Selbstbestimmungsrecht der Menschen in der DDR zu verwirklichen, die Einbettung des innerdeutschen Annäherungsprozesses in den gesamteuropäischen Prozeß und die Umsetzung des Zehn-Punkte-Plans. Daraus resultieren vier ganz konkrete Forderungen an die DDR-Führung: die Abhaltung freier Wahlen und gleichberechtigter Zugang nichtsozialistischer Parteien, eine umfangreiche Verfassungs- und Strafrechtsreform, Wirtschaftsreformen, die letztlich zur Einführung der Marktwirtschaft führen, und die Ausformung der Vertragsgemeinschaft. Die Bundesregierung stimmt der Einsetzung gemeinsamer Kommissionen, wie es die DDR wünscht, zu. Noch vor Weihnachten soll die Visafreiheit hergestellt und das Brandenburger Tor als symbolischer Akt der Grenzöffnung durchlässig werden.[240]

Zunächst unterhält sich Kohl mit Modrow unter vier Augen. In dem anschließenden Delegationsgespräch nennt der DDR-Ministerpräsident einige Sorgen, die ihn augenblicklich umtreiben. Aus seiner Sicht droht die Situation zwischen extremistischen Kräften und Wiedervereinigungsbefürwortern zu eskalieren. Angesichts der angespannten Wirtschaftslage setzt Modrow auf umfangreiche Unterstützung durch die Bundesregierung. Er wiederholt wie schon Schalck-Golodkowski Anfang November die Forderung nach einem Kredit von 15 Milliarden DM, um die DDR 1990/91 über Wasser zu halten. Gleichwohl spricht Modrow von der Existenz zweier deutscher Staaten und behauptet nach wie vor, die Wiedervereinigung sei nicht aktuell. Kohl erkennt recht schnell, daß sein Gegenüber kein politisches Reformkonzept parat hat. Angesichts der wirtschaftlichen Schwäche der DDR ist es nur eine Frage der Zeit, wie lange die SED mit Modrow an der Spitze politisch überleben kann. Der

---

237 Kohl, „Ich wollte Deutschlands Einheit", 213.
238 Nr. 122 Vorlage des Ministerialrats Ludewig an den Chef des Bundeskanzleramtes Seiters, 13. Dezember 1989. Nr. 122A Maßnahmen zugunsten der DDR und Berlin (West), 13. Dezember 1989.
239 Hans Modrow, Aufbruch und Ende. 2. Aufl. Hamburg 1991, 95–100.
240 Nr. 128 Vorlage des Ministerialdirigenten Duisberg an Bundeskanzler Kohl, 18. Dezember 1989. Nr. 128A Vorschlag für Gesprächslinie, 18. Dezember 1989.

Kanzler ist nicht bereit, mit dieser Führung weitergehende Abkommen zu schließen. Allenfalls kommt eine Absichtserklärung zu einer Vertragsgemeinschaft in Frage. Verhandlungen darüber sollen im Frühjahr abgeschlossen sein. Kohl fordert seinerseits, rasche Investitionsmöglichkeiten zu schaffen, und sagt zu, sich für einen Beitrittsantrag der DDR zum Internationalen Währungsfonds einzusetzen. Forderungen nach Lastenausgleich weist er zurück. Erneut braucht er die Metapher vom „Licht am Ende des Tunnels", das den Menschen aufgezeigt werden müsse.

Das Gespräch macht ganz deutlich: Der Kanzler sitzt einem Ministerpräsidenten gegenüber, der politisch schwach, rückhaltlos dasteht und mit dem auf lange Sicht nicht zu rechnen ist. Die Bundesregierung hat in dieser Situation verständlicherweise kein Interesse, die Position Modrows in irgendeiner Form zu stärken, auch wenn aus des Kanzlers Mund ab und zu Gegenteiliges zu hören ist.[241]

Als Kohl am nächsten Morgen mit Vertretern verschiedener Oppositionsgruppen zusammentrifft, von denen nur die SPD fernbleibt, kann jedermann aus seinen Äußerungen ablesen, die Bundesregierung beabsichtigt keine ökonomische Stabilisierung der DDR zur Rettung der SED. Der erfahrene Politiker Kohl sitzt zumeist Leuten aus den Bürgerbewegungen gegenüber, die von Zukunftsängsten umgetrieben werden. In ihren Köpfen geistert die Gefahr einer Militärdiktatur, die der Kanzler für unvorstellbar hält. Doch weiß er nur zu gut, in den Reihen des sowjetischen Militärs kreisen wahrscheinlich immer noch Gedanken um eine militärische Intervention in der DDR zur Wiederherstellung der alten Ordnung. Strikt lehnt er eine Aufforderung an die alliierten Mächte ab, Rechtsgrundlagen für die Einigung zu schaffen – denn diese Vorstellung ist von den Realitäten weit entfernt. Wichtig ist ihm, daß schnell Wahlen stattfinden. Als Termin wird erstmals der 6. Mai 1990 genannt.[242]

Drei wichtige Erkenntnisse bringt Kohl aus Dresden mit. Ihm obliegt eine hohe Verantwortung für die Entwicklung in der DDR. Der Prozeß ist unumkehrbar; jeder Versuch würde zu einem Ansturm neuer Übersiedler ausarten. Und was das Wichtigste ist: Die Bundesregierung muß in neue Dimensionen für die Unterstützung der DDR eintreten, in Washington und Moskau darf jedoch kein allzu großer Argwohn entstehen.[243]

Problem der Sowjetunion ist, sie verfügt über keinerlei Handlungsinitiative. Bei seinem Besuch in Brüssel versucht Schewardnadse vor dem Politischen Ausschuß des Europäischen Parlaments mit sieben Fragen, die er zur Wiedervereinigung aufwirft, die Initiative zurückzugewinnen.[244] Aus Sicht des Kanzleramtes lassen seine Äußerungen drei Leitmotive sowjetischer Außenpolitik erkennen: Einerseits geht es um die Achtung der Nachkriegsrealitäten, andererseits um die Abwehr einer destabilen Lage, und schließlich sind die Sowjets über die schnelle Entwicklung irritiert. Sie befürchten, ihnen könnte alles aus dem Ruder laufen und sie sind nicht mehr imstande, das Tempo mitzubestimmen. Teltschik faßt deshalb die Rede Schewardnadses als Anstoß zum Dialog über die Konditionen der Wiedervereinigung auf. Doch in welchem Rahmen sollen diese vonstatten gehen?

Viermächte-Verhandlungen implizieren nach Ansicht des Kanzlers eine Reihe von Gefahren. Die Mitsprache aller Europäer bei der Regelung der deutschen Frage würde das Selbstbestimmungsrecht der Deutschen zu einer bedeutungslosen Restgröße dezimieren. Moskaus Aufforderung, die Alliierten müßten ihre Vorbehaltsrechte wahrnehmen, zeigt an, daß der Kreml die Bundesregierung im Wiedervereinigungsprozeß noch nicht als adäquaten Verhandlungspartner anerkennt. Positiv ist allenfalls die Dialogbereitschaft zu werten. Daraus

---

241 Nr. 129 Gespräch des Bundeskanzlers Kohl mit Ministerpräsident Modrow im erweiterten Kreis in Dresden, 19. Dezember 1989.
242 Nr. 130 Gespräch des Bundeskanzlers Kohl mit Vertretern von Oppositionsgruppen in der DDR in Dresden, 20. Dezember 1989.
243 Nr. 132 Gespräch des Bundesministers Seiters mit den Vertretern der Drei Mächte in Bonn, 21. Dezember 1989.
244 Nr. 131 Vorlage des Ministerialdirigenten Hartmann an Bundeskanzler Kohl, 20. Dezember 1989.

folgen drei Konsequenzen. Bonn unterläßt tunlichst eine Diskussion über Details, die Schewardnadse genannt hat. Die Bundesregierung konzentriert sich auf die gegenwärtige Übergangssituation in der DDR und beharrt weiterhin auf das Recht zur Selbstbestimmung.[245]

Als der Kanzler am 21. Dezember mit den Ministerpräsidenten der Länder konferiert, hat sich an seiner grundsätzlichen Strategie noch nichts geändert. Er will vor den im Frühjahr anstehenden Wahlen in der DDR einen Vertrag möglicherweise schon im April 1990 abschließen. Damit erhöht er den Druck auf die Regierung in Ost-Berlin, Verhandlungen über die Wiedervereinigung aufzunehmen. Die Länderregierungschefs heißen das Vorgehen gut. Ihr Sprecher, Ministerpräsident Rau, weist allerdings auf den Wunsch der Länder hin, an den Entscheidungen zu einer Vertragsgemeinschaft mit der DDR umfassend beteiligt zu werden.[246]

Strategiewechsel

Über den Jahreswechsel 1989/90 werden verschiedene Überlegungen angestellt, wie die Entwicklung weitergehen soll. Die Bundesregierung braucht eine neue deutschlandpolitische Strategie. Mit ihrer defensiven Wiedervereinigungspolitik kommt sie nicht viel weiter. Innerhalb weniger Tage und Wochen hat sich die Lage weiter verschärft. Zum einen hält der Flüchtlingsstrom unvermindert an. Jetzt, wo die Übergänge geöffnet sind, setzen sich Millionen von Ost-West-Reisenden über die innerdeutsche Grenze in Bewegung. Zum anderen zerbricht die Staatsautorität der DDR zusehends. Die Bundesregierung braucht rasch ein überzeugendes Wiedervereinigungskonzept. Es geht darum, die Einheit zu planen. Allzu sehr forcieren darf sie aber die Entwicklung schon mit Rücksicht auf die Amerikaner und auf Gorbatschow nicht.

Kohls Strategie beruht auf zwei Leitgedanken. Einerseits muß er alles zu tun, die Entwicklung voranzubringen. Es darf jedoch nicht der Eindruck entstehen, als sei er die treibende Kraft. Vielmehr muß für alle überzeugend sein, daß es nicht die Bundesregierung ist, die auf die Wiedervereinigung drängt. Reinen Gewissens vermag Kohl nur dann Druck auszuüben, wenn er sagen kann, daß dieser nicht ursächlich von ihm selbst, sondern von den Leuten auf der Straße in der DDR ausgeht. Andererseits darf der Umwälzungsprozeß erst zu einem gewissen Abschluß kommen, wenn die Wiedervereinigung erreicht ist. Die Bundesregierung muß also dafür sorgen, „die Revolution unvollendet" zu halten und „unblutig" dazu.[247] Hat das Jahr 1989 die Deutschen „ein gutes Stück näher gebracht" an die Wiedervereinigung, dann könnte das neue Jahrzehnt die Vollendung bringen, mindestens für die Deutschen „das glücklichste dieses Jahrhunderts" werden, erklärte der Bundeskanzler in seiner Neujahrsansprache. Für ihn kommt es in nächster Zeit darauf an, die Wiedervereinigung so schnell wie möglich zu verwirklichen – sofern auch nur der Hauch einer Chance dazu besteht.[248] Doch steckt Kohl in einem Dilemma. Er will weder die kommunistische Regierung in der DDR stabilisieren noch einen politischen Kollaps verursachen. Seine Hoffnung richtet sich auf freie Volkskammerwahlen und einen möglichst reibungslosen Machtwechsel, der Gelegenheit bietet, von der Konföderation zur Föderation überzugehen. Doch wie soll die Form der deutschen Wiedervereinigung aussehen? Welche politischen Bedingungen müssen erfüllt sein? Und wie ist die Zustimmung der Sowjetunion zu erreichen?

---

245 Nr. 131 Vorlage des Ministerialdirigenten Hartmann an Bundeskanzler Kohl, 20. Dezember 1989.
246 Nr. 133 Besprechung des Bundeskanzlers Kohl mit den Regierungschefs der Länder in Bonn, 21. Dezember 1989.
247 Schäuble, Der Vertrag, 23.
248 Nr. 134 Gespräch Bundeskanzlers Kohl mit Staatspräsident Havel in München, 2. Januar 1990.

Kohl und Schäuble neigen aus mehreren Überlegungen zu dem Verfahren nach Artikel 23 Grundgesetz, das den Beitritt der DDR zum Geltungsbereich des Grundgesetzes für die Bundesrepublik Deutschland ermöglicht. *Erstens,* ein zentrales Motiv ist die Wahrung der Verfassungs- und Rechtsordnung der Bundesrepublik Deutschland. Das bewährte Grundgesetz soll erhalten bleiben. *Zweitens* ist damit eine Übergangsphase ausgeschlossen, es kommt also nicht zur Verunsicherung der Bevölkerung in der Bundesrepublik über die neue Verfassung. *Drittens,* ein Großteil der Bürger der DDR will nicht ein grundlegend neues politisches System für das vereinte Deutschland mit einer neuen Verfassung; sie wollen die Vorteile der Wirtschafts- und Sozialordnung der Bundesrepublik wahrnehmen. *Viertens* können die Verwaltungsstrukturen der Bundesrepublik auf diese Weise leichter übernommen werden. Mithin bietet der Beitritt der DDR über Artikel 23 Grundgesetz ein sicheres Fundament für die rechtliche, wirtschaftliche und gesellschaftliche Restitution des DDR-Gebietes und ist offen für mögliche Veränderungen. *Fünftens,* der Beitritt der DDR bietet die Möglichkeit, den Wiedervereinigungsprozeß beschleunigt voranzutreiben. Und *sechstens* spielt nicht zuletzt der Gedanke an die Kernstaatstheorie eine beachtliche Rolle. Der freiheitlich-demokratische Rechtsstaat Bundesrepublik hat sich seit 1949 als Kernstaat des 1945 suspendierten Deutschen Reiches verstanden, Stabilität bewiesen und genießt weltweit hohes Ansehen. Warum soll die Bundesregierung diesen Staat zur Disposition stellen, auch wenn er sich als Provisorium bis zur Vollendung der Einheit definiert hat?

Die andere Alternative wäre, den Weg zur deutschen Einheit über Artikel 146 Grundgesetz einzuschlagen. Demnach verliert das Grundgesetz seine Gültigkeit, wenn eine neue Verfassung für das gesamte Deutschland in Kraft tritt. Das bedingt praktisch die Einberufung einer verfassunggebenden Versammlung. Damit würde das Grundgesetz einer Revision unterzogen, was aus Sicht des Kanzlers und des Bundesinnenministers mehr politische, wirtschaftliche und soziale Risiken vorübergehender Instabilitäten des an sich politisch gefestigten Systems der Bundesrepublik impliziert. Sie sehen keinen Grund, ohne große Not dieses Wagnis einzugehen.[249]

Wenn sich relativ bald etwas in der deutschen Frage bewegen soll, dann sind drei Dinge notwendig: die enge Zusammenarbeit mit den Vereinigten Staaten, ein gewisses Entgegenkommen gegenüber Mitterrand und die Unterstützung Gorbatschows und sowjetischer Sicherheitsinteressen, die durch die Wiedervereinigung nicht beeinträchtigt werden dürfen.

Der Strategiewechsel der Bundesregierung im Januar 1990 verläuft zeitlich parallel zu der Kursänderung in der amerikanischen Regierung. Auch Bush und seine Berater haben ihre Schritt-für-Schritt-Politik der Wiedervereinigung aufgegeben und verfahren nach der Devise: Je schneller die Wiedervereinigung erreicht ist, desto besser. Je mehr sich der Prozeß der Wiedervereinigung in die Länge zieht, desto größere Gelegenheit hat die Sowjetunion zur Mobilisierung von Widerständen. Der Nationale Sicherheitsrat befürchtet, Gorbatschow könnte eine deutsche Friedenskonferenz vorschlagen, auf der er seine Zustimmung zur Wiedervereinigung von der Bedingung der Neutralität und substantieller Demilitarisierung alliierter Truppen abhängig macht. Denkbar wäre, daß Deutschland in der EG bliebe, aber nicht in der NATO; die DDR wäre dafür, London und Paris würden bremsen, Bonn und Washington wären isoliert, Kohl geriete unter Druck, den Abzug amerikanischer Nuklearwaffen und Streitkräfte zu fordern, um das Einverständnis der Sowjetunion für die Wiedervereinigung zu gewinnen. Überdies fürchtet der Nationale Sicherheitsrat, die Kremlherren könnten den Westen vor die Alternative stellen: Einheit oder NATO. Die Amerikaner sehen daher im wesentlichen drei Handlungsoptionen: Sie legen Deutschland auf eine detaillierte Position in der Wiedervereinigungsfrage fest, oder sie betreiben auf Vier-

---

249 Zu den Überlegungen: Schäuble, Der Vertrag, 55.

mächteebene eine gewisse Verzögerungsstrategie, oder sie versuchen, die Verhandlungsmasse auf die rein rechtlichen Fragen der Ablösung der Viermächte-Rechte zu begrenzen. NSC und State Department plädieren für ein begrenztes Verhandlungsmandat und eine Verzögerungstaktik, bis die innere Wiedervereinigung vollzogen worden ist.[250]
Anfang des Jahres bemüht sich der Kanzler zunächst, die deutsch-französischen Irritationen aus dem Wege zu räumen. Mitterrand hat durch sein Treffen mit Gorbatschow am 6. Dezember in Kiew[251] und den Besuch in der DDR am 20./21. Dezember – der erste eines Staatschefs der drei Westmächte – seine Entscheidungsfreiheit demonstriert. Es ist zugleich das Signal, er kann zwar die Wiedervereinigung nicht verhindern, jedoch gegebenenfalls verzögern. Zudem möchte der französische Präsident nicht den europäischen Einigungsprozeß in Mitleidenschaft gezogen sehen. In seiner Neujahrsrede hat Mitterrand zur Entwicklung in Deutschland eine Reihe von Fragen aufgeworfen, die momentan aber keiner zu beantworten vermag. Unter welchen Bedingungen wird sich die Wiedervereinigung vollziehen? Bleiben die bestehenden Grenzen unantastbar? Und wie wird die Entwicklung Osteuropas weitergehen?
Ein Bericht in der „Frankfurter Allgemeinen" am 4. Januar über die Einschätzung des deutschen Botschafters in Paris, Franz Pfeffer, wonach es ungeklärt sei, ob Frankreich dem deutschen Einigungsprozeß konstruktiv gegenüberstehe oder sich ihm entgegenstellen werde, ärgert die Beamten im Bundeskanzleramt.[252] Bekanntlich sitzen in der französischen Administration Bremser. Doch ist die Wiedervereinigung nicht voranzubringen, wenn das deutsch-französische Verhältnis belastet wird. Unter keinen Umständen kann sich die Bundesregierung eine Eintrübung der in den vergangenen Jahren gewachsenen Zusammenarbeit leisten oder gar eine Entfremdung riskieren. Ohne die Unterstützung Frankreichs, das wissen der Kanzler und seine Mitarbeiter nur zu gut, bewegt sich in Europa kaum etwas.[253]
In der seit einem halben Jahr geplanten Begegnung in Mitterrands Privathaus in Latché[254] nutzt der Kanzler am 4. Januar die Gelegenheit, dem Präsidenten seine Einschätzung der Lage ausführlich darzulegen und Ängste zu beschwichtigen. In der DDR hätten die Menschen das Vertrauen verloren. Die neuen Parteien seien von großem Idealismus beseelt, doch nicht gerade solide strukturiert. Zwar verlassen immer noch 2000 Menschen jeden Tag die DDR; es werde aber noch Jahre dauern, bis die Wiedervereinigung komme. Nicht zuletzt aus deutschen Gründen. Denn beide Teile könnten nicht einfach zusammengefügt werden, sie müßten zusammenwachsen. Wichtig sei das Prinzip Hoffnung. Das gelte ebenso für die Verankerung der Deutschen in der EG. Den Zehn-Punkte-Plan rechtfertigt Kohl mit dem Argument, er wolle damit Diskussionen in Deutschland kanalisieren und extremistische Kräfte ins Abseits stellen. Mitterrand dagegen sieht für die künftige Entwicklung zwei Probleme: das russische und das deutsche Problem. Hauptgefahren lauern seiner Ansicht nach in der Sowjetunion. Bezeichnenderweise redet er stets von „Rußland" und dem Nationalgefühl, das den Westeuropäern noch zu schaffen machen könnte. Gleichzeitig warnt er, die Einigung Deutschlands dürfe nicht zum „Säbelrasseln" im Sowjetreich führen. Zwar ist ihm bewußt, daß Schlesien und Ostpreußen länger deutsch als russisch waren, doch muß „man" – eben der Kanzler – die Realitäten anerkennen. Das impliziert sowohl die Grenzfrage als auch das Verlangen des deutschen Volkes nach staatlicher Einheit.
Vom Kanzler möchte er hören, wie dieser sich die Strategie vorstellt, die Sowjetunion zur Aufgabe ihrer Position in Deutschland zu veranlassen. Mitterrand zweifelt, ob Gorbatschow

250 Zelikow/Rice, Germany Unified and Europe Transformed, 154f., 159f., 210.
251 Attali, Verbatim III, 360–367.
252 „Frankreich spielt in der deutschen Frage auf Zeit", in: Frankfurter Allgemeine. Nr. 3. 4. Januar 1990, 3.
253 Teltschik, 329 Tage, 98.
254 Nr. 135 Gespräch des Bundeskanzlers Kohl mit Staatspräsident Mitterrand in Latché, 4. Januar 1990.

wirklich so weit geht und das bewaffnete Gleichgewicht in Europa möglicherweise gefährdet. Auch der Bundeskanzler hat auf solch heikle Fragen spontan keine schlüssigen Antworten parat. Er sichert aber Mitterrand zu, weiter an der europäischen Integration festzuhalten. Man brauche eine Wiedervereinigungsstrategie und eine Strategie für Europa. Wäre er Deutscher, würde er, antwortet Mitterrand, auch für eine möglichst rasche Wiedervereinigung sein. Doch sei er Franzose. Der Staatspräsident versteht sehr wohl das Anliegen des Kanzlers, kann dieses aber aus ureigensten französischen Interessen nicht teilen. Kohl muß ihm Rückversicherungen geben, und zwar in Form eines gemeinsamen Vorgehens zur deutschen Einheit, zur europäischen Einigung und in Form des Fortbestandes der deutsch-französischen Beziehungen. Der europäischen Verantwortung ist sich der Kanzler bewußt, wie er in einer Rede am 17. Januar in Paris herausstreicht. Mitterrand würdigt das.[255] Nach außen hin ist zwischen Kohl und Mitterrand wieder Einvernehmen hergestellt. Doch bleibt Mitterrand im Hinblick auf Gorbatschows Zustimmung zur Wiedervereinigung skeptisch.

In diesen Tagen bietet sich dem Kanzler erstmals Gelegenheit, Gorbatschow konkret zu helfen. Am 7. Januar leitet Botschafter Kwizinskij über Teltschik die Bitte Schewardnadses um eine sofortige Lebensmittelhilfe an die Bundesregierung weiter.[256] Aufgrund akuter Versorgungsengpässe werden hauptsächlich Fleisch, Fette, Pflanzenöl und Käse benötigt. Kohl geht es nicht nur um die Einhaltung eines Hilfeversprechens, das er Gorbatschow bei dessen Besuch im Juni 1989 gegeben hat. Es ist zugleich eine ausgezeichnete Chance, das deutsch-sowjetische Klima nachhaltig zu verbessern, wenn es gelingt, die Sowjetunion über den Winter zu bringen. Je schneller und unkomplizierter der Kanzler hilft, um so größer wird die Anerkennung dafür in Moskau sein. Kiechle hält die Lieferung von 120000 Tonnen Fleisch in den nächsten ein bis anderthalb Monaten für organisierbar. Zusätzlich setzt sich Kohl bei Delors für weitere Unterstützung durch die EG-Kommission ein. Gegenüber Kwizinskij verspricht der Kanzler, Mitterrand und er seien entschlossen, Gorbatschow zu unterstützen. Zugleich macht er dem Sowjet-Botschafter klar, er tue zur Beruhigung der Lage das ihm Mögliche. Die Entwicklung aber sei unvorhersehbar, wenn der am 7. Dezember zusammengetretene „Runde Tisch" aufgrund ernster Spannungen zwischen der SED/PDS und den Oppositionsgruppen auseinanderbreche und die Staatssicherheit hinwegfege.

Überlegungen zur Lösung der Wirtschaftsprobleme

Den Kanzler plagt vor allem die Sorge, die Wirtschaft der DDR könnte auf dem Wege einer Vertragsgemeinschaft nicht reformierbar sein. Bereits wenige Tage vor dem Besuchs in Dresden Mitte Dezember 1989 ist im Kreise von Kohl, Schäuble, Seiters, Teltschik, Scholz und einigen anderen Mitarbeitern des Kanzleramts erstmals über den Gedanken einer Wirtschafts- und Währungsunion zwischen der Bundesrepublik und der DDR diskutiert worden, vorwiegend in der Absicht, die Übersiedlerzahlen einzudämmen.[257] In den Wochen über Weihnachten und Neujahr verfestigen sich diese Überlegungen.

In der Runde der beamteten Staatssekretär am 8. Januar heißt die Devise für offizielle Verhandlungen mit der DDR zunächst: keine Übereilung. Jegliche Vereinbarung mit der DDR muß ein unumkehrbarer Schritt Richtung Einheit sein, der der Bevölkerung Perspektiven aufzeigt.[258] Wirtschaftsexperten, die am 9. Januar bei Bundesminister Seiters zusammenkommen, sind mehr oder weniger alle der Auffassung, eigentlich wissen sie viel zu wenig über die Geld- und Kreditwirtschaft der DDR. Wer kennt schon die Bilanz der Notenbank?

255 Nr. 138 Schreiben des Staatspräsidenten Mitterrand an Bundeskanzler Kohl, 17. Januar 1990.
256 Teltschik, 329 Tage, 100–102.
257 Schäuble, Der Vertrag, 21.
258 Nr. 136 Besprechung der beamteten Staatssekretäre in Bonn, 8. Januar 1990.

Und welcher Unternehmer ist bereit, ohne ein entsprechendes Investitionsschutzabkommen dort zu investieren? Genaugenommen kursieren inzwischen fünf verschiedene Wechselkurse, wobei die D-Mark und die Mark der DDR praktisch als Parallelwährungen fungieren. Zudem ist die SED weder reformwillig noch reformfähig. Sie möchte sich allenfalls als Koalitionspartner bereithalten. Eine kurzfristige Transformation von der Planwirtschaft zur Marktwirtschaft ist einfach nicht zu leisten. Darüber hinaus scheint die ideologische Auseinandersetzung mit der DDR keineswegs ausgestanden. Eine große Lücke klafft zwischen dem Apparat der SED, der den Sozialismus erhalten will, und der Opposition, die „keine Marktwirtschaft kann". Die Rahmenbedingungen stimmen einfach noch nicht, um in großem Stile Investitionen privater Unternehmer voranzubringen. Nach wie vor existiert eine staatliche Genehmigungspflicht bei Joint-ventures.[259] Wenn aber die Marktwirtschaft nicht vollständig eingeführt wird, gibt es auch keine Reformen, lautet das Fazit der Experten.

Im Bundesfinanzministerium gibt es zwei Denkschulen zu dem bislang beispiellosen Übergang einer gescheiterten sozialistischen Planwirtschaft zu dem Modell der sozialen Marktwirtschaft. Dabei stellt sich eine grundsätzliche Frage: Soll dem ökonomisch Sinnvollen oder dem politisch Notwendigen der Vorzug gebühren? Anhänger der ökonomischen Denkschule plädieren für eine bedächtige Vorgehensweise in einem langfristen, etappenweisen Transformationsprozeß, bei dem auf jeder Übergangsstufe die einzelnen Elemente zusammenpassen müssen. Freie Preisbildung setzt die Abschaffung der Staatsmonopole voraus, Voraussetzung für eine halbwegs stabile Währung ist die Beherrschung des Staatsdefizits, um eine funktionierende Marktwirtschaft aufbauen zu können. Die andere Denkschule befürwortet einen rascheren Übergang, der in zeitlich kürzeren Stufen erfolgen soll. Ihre Anhänger erkennen an, daß zuerst die finanzpolitischen Voraussetzungen geschaffen werden müssen, haben aber auch die politische Motivation der Bürger in der DDR im Auge, die nach D-Mark rufen und durch ihre Wanderungsbewegung zu einer beschleunigten Destabilisierung beitragen. Jene Experten sehen den täglich wachsenden Handlungsdruck, dem die Bundesregierung ausgesetzt ist. Sie bringen mehr Risikobereitschaft mit im Vertrauen auf die bundesdeutsche Wirtschaftskraft und schätzen die eigene Fähigkeit, Probleme des Übergangs zur Marktwirtschaft zu meistern, weit optimistischer ein.[260]

Bundesfinanzminister Waigel liegt am 15. Januar der Vermerk „Zehn Punkte auf dem Weg zu einer deutsch-deutschen Währungsunion" vor, der in Anlehnung an das Konzept des Kanzlers ein Stufenprogramm für die Schaffung einer Wirtschafts- und Währungsunion aufzeigt.[261] Nach Stellungnahmen von Bundesbankpräsident Pöhl in einer Rede in Paris und sieben Thesen der Bundestagsabgeordneten Matthäus-Maier in der Wochenzeitung „Die Zeit" zur Bildung eines deutsch-deutschen Währungsverbundes[262] befaßt sich auch die Arbeitsebene der Abteilung 4 im Bundeskanzleramt intensiv mit dieser Frage.

Will die Bundesregierung den Übersiedlerstrom stoppen und die Abwanderung der Menschen aus der DDR zur D-Mark in die Bundesrepublik verhindern, besteht aus Sicht des Kanzlers im wesentlichen nur die Möglichkeit, in einem radikalen Schritt die D-Mark in der DDR einzuführen. Zwar läßt die Tagung der deutsch-deutschen Wirtschaftskommission am 23. Januar eine gewisse Besserung der Behandlung kleinerer und mittlerer Betriebe in der DDR erkennen. Doch fehlen unverändert wichtige Voraussetzungen wie die Niederlassungs- und Gewerbefreiheit und ein Statut für die Bildung von Industrie- und Handelskammern, die größere Investitionsbereitschaft hemmen. Außerdem muß erst das staatliche Au-

259   Nr. 137 Gespräch des Chefs des Bundeskanzleramtes Seiters mit Wirtschaftsexperten in Bonn, 9. Januar 1990.
260   Thilo Sarrazin, Die Entstehung und Umsetzung des Konzepts der deutschen Wirtschafts- und Währungsunion, in: Waigel/Schell, Tage, die Deutschland und die Welt veränderten, 160–225, hier 164 f.
261   Abdruck ebd., 176–180.
262   Ingrid Matthäus-Maier, Signal zum Bleiben. Eine Währungsunion könnte den Umbau der DDR-Wirtschaft beschleunigen, in: Die Zeit (Hamburg). 45. Jg. Nr. 4. 19. Januar 1990, 23.

ßenhandelsmonopol beseitigt und das Bankenwesen eingerichtet werden, ganz abgesehen von einer Reform der Steuergesetzgebung.[263]

Der deutschlandpolitische Gesprächskreis, der am 24. Januar den Besuch von Bundesminister Seiters am nächsten Tag in Ost-Berlin vorbereitet, kommt zu dem Schluß, die staatlichen Organe der DDR haben vollends ihre Glaubwürdigkeit verloren, nachdem am 15. Januar die Bevölkerung die Zentrale der Staatssicherheit in der Ost-Berliner Normannenstraße ungehindert gestürmt hat. Im Vordergrund steht nun die Notwendigkeit, positive Signale zu setzen und den Leuten mit der Einführung der D-Mark eine klare Perspektive zu geben. Eine Vertragsgemeinschaft kommt für die Bundesregierung sowieso erst nach den Volkskammerwahlen in Betracht. Mit anderen Worten: Sie wird mit der Regierung Modrow keinen Vertrag mehr abschließen. Zugleich spricht sich Staatssekretär Kinkel für eine Eventualfallplanung im Falle eines Zusammenbruchs der DDR aus. Um auf zahlreiche Eingaben aus der Bevölkerung zu Fragen von in der DDR enteignetem Vermögen reagieren zu können, soll zwischen dem Bundesministerium für innerdeutsche Beziehungen und dem Bundesjustizministerium eine Sprachregelung erarbeitet werden.[264]

Der Besuch von Kanzleramtschef Seiters in Ost-Berlin dient in erster Linie der Vorbereitung des zweiten Gesprächs zwischen Kohl und Modrow, das für Mitte Februar in Bonn vorgesehen ist. Modrow zeichnet bei dieser Gelegenheit ein düsteres Bild der inneren Lage in der DDR. Im Grunde leistet er einen politischen Offenbarungseid. Verfall der staatlichen Autorität, übergreifende Streikbewegungen und die Gefahr der Gewaltanwendung bei inneren Auseinandersetzungen kennzeichnen die desolate Lage. Bis zum 15. Januar sind alleine 42 500 Übersiedler registriert worden. Der DDR-Ministerpräsident hebt die Arbeit seiner Regierung hervor, die in kurzer Zeit mehr leisten müsse, als alle anderen Regierungen zuvor. Die am Runden Tisch versammelten Kräfte hätten auf die Entwicklung im Lande keinen Einfluß mehr. Schlagender Beweis sei die Besetzung der Staatssicherheitszentrale.

Modrow übergibt Seiters den Entwurf für eine Vertragsgemeinschaft in der Erwartung, darüber bald Verhandlungen aufnehmen zu können. Seiters hält jedoch den Entwurf der Bundesregierung[265] zurück. Darin wird nur die administrative Deutschlandpolitik fortgeschrieben, wie sie bis in den Herbst 1989 betrieben worden ist und der aktuellen Lage nicht mehr entspricht. Den wiederholt vorgetragenen Wünschen der DDR-Regierung nach Finanzleistungen der Bundesregierung in Höhe von 15 Milliarden DM, die als Zuschüsse dem innerdeutschen Handel zugeführt werden sollen, stellt Seiters die Forderung nach einer klaren Perspektive für die Herstellung der staatlichen Einheit Deutschlands entgegen. Wirtschaftsinvestitionen bedürfen eines institutionellen Rahmens; für eine Rechtsangleichung ist die Anpassung der Arbeits- und Sozialordnung unabdingbar. Modrow sieht dafür keine Chancen. Die Lage sei nicht mehr stabil. Ihm wird schnell deutlich, daß die Bundesregierung kein Interesse an elementaren Verhandlungen mit einer SED-geführten Regierung über eine Vertragsgemeinschaft hat. Der Kanzler wartet die Volkskammerwahlen ab. Modrow kämpft zumindest darum, bei der Begegnung in Bonn die Zustimmung der Bundesregierung für ein Verhandlungsmandat zu erzielen. Das ist allerdings das Äußerste, zu dem sich Seiters bereiterklärt.[266]

Zwar plädieren auch die Vertreter von Oppositionsgruppen für Vorgespräche über eine Vertragsgemeinschaft, wenn ihre Beteiligung sichergestellt ist und die Handlungsfähigkeit der

263 Nr. 143 Vorlage des Ministerialrats Ludewig an den Chef des Bundeskanzleramtes Seiters, 24. Januar 1990.
264 Nr. 142 Deutschlandpolitisches Gespräch bei dem Chef des Bundeskanzleramtes Seiters in Bonn, 24. Januar 1990.
265 Nr. 139 Entwurf der Bundesregierung: Vertrag zwischen der Bundesrepublik Deutschland und der Deutschen Demokratischen Republik über Zusammenarbeit und gute Nachbarschaft, 18. Januar 1990. Nr. 145A Entwurf der Regierung der DDR: Vertrag über Zusammenarbeit und gute Nachbarschaft zwischen der Deutschen Demokratischen Republik und der Bundesrepublik Deutschland, 25. Januar 1990.
266 Nr. 145 Gespräch des Bundesministers Seiters mit Ministerpräsident Modrow in Berlin (Ost), 25. Januar 1990.

neuen Regierung nicht eingeschränkt wird. Aber sie wollen keine schnelle Wiedervereinigung, weil damit ihrer Meinung nach anstehende Probleme nicht gelöst werden. So mancher dieser Bürgerrechtsvertreter glaubt noch an die Reformierbarkeit des politischen Systems der DDR, wenn die SED entmachtet ist.[267] Ziemlich unrealistisch ist die Annahme, die Bundesregierung werde diesen Prozeß unter Einsatz erheblicher Finanzmittel subventionieren und länger als notwendig die Aufrechterhaltung des geteilten Deutschlands dulden. Das würde letztlich wieder nur alten Seilschaften der SED politischen Aufwind verleihen.

Gegenüber Botschafter Walters, der am 24. Januar zu Besuch ist, läßt der Kanzler an Modrow nun kein gutes Haar mehr. Kohl macht dem DDR-Ministerpräsidenten zum Vorwurf, die in Dresden gegebenen Versprechen nicht eingehalten zu haben, „wahrscheinlich habe er sie nicht halten können". Der Entwurf des neuen Wahlgesetzes sei inakzeptabel, der Zerfall der Staatssicherheit über ihn hereingebrochen; auch habe er seinen Ratschlag nicht befolgt, die ungarische Wirtschaftsgesetzgebung rasch zu übernehmen und damit klare Signale zu setzen.[268] Doch sind solche Vorwürfe in der Regel spürbare Anzeichen für ein Ansteigen der Nervosität. Denn von allen Seiten nimmt der Druck auf den Kanzler zu.

Seit einigen Tagen verlangt die polnische Presse offen die endgültige Anerkennung der Oder-Neiße-Grenze als Voraussetzung für die Einheit Deutschlands. FDP und SPD machen sich diese Forderung zueigen. In den Augen des Kanzlers wäre jetzt nichts schädlicher als eine öffentliche Diskussion über die deutschen Ostgebiete. Den Vortrag in Paris am 17. Januar nutzt Kohl, um zum erstenmal öffentlich zu erklären, niemand in Deutschland bringe die Wiedervereinigung mit einer Veränderung der polnischen Westgrenze in Zusammenhang. Er will damit Zweifel an seiner Haltung zur Oder-Neiße-Grenze zerstreuen. Zugleich bekräftigt er auch die deutsch-französische Freundschaft, nachdem sich die Wogen zwischen ihm und Mitterrand wieder geglättet haben. Einen nationalen Alleingang oder Sonderweg der Deutschen bei der Klärung der deutschen Frage wird es mit ihm als Kanzler nicht geben. Mitterrand weiß diese Geste zu schätzen.[269] Um so mehr verwundert die Regierungserklärung Mazowieckis am 18. Januar. Die bestehenden Grenzen beider deutscher Staaten mit ihren Nachbarn dürften nicht in Frage gestellt werden, erklärt der polnische Ministerpräsident. Anscheinend will er von einer entsprechenden Erklärung den Beginn des Wiedervereinigungsprozesses abhängig machen.

Zu alledem erfährt der Kanzler von Genscher, Sowjet-Botschafter Dubinin habe in Washington den Wunsch nach baldiger Einberufung einer Viermächte-Außenministerkonferenz zur Vorbereitung einer deutsch-deutschen Vertragsgemeinschaft vorgetragen. Moskau hat also keineswegs den Gedanken fallengelassen, die deutsche Frage allein unter den Vier Mächten zu regeln. Kohl reagiert verärgert: „Wir brauchen keine vier Hebammen."[270] Für Verhandlungen über die Wiedervereinigung kommt nach Ansicht der Bundesregierung weder eine großangelegte Friedenskonferenz noch eine Viermächte-Konferenz noch eine deutsch-deutsche Konferenz allein in Betracht.

Heftige Kritik an der Politik des Bundeskanzlers schwappt am 26. Januar auch in dem Interview Margaret Thatchers mit dem „Wallstreet Journal" über den Ärmelkanal. Eine zu schnelle deutsche Einheit schaffe möglicherweise enorme Probleme für Gorbatschow. Der könnte darüber stürzen, was eine Katastrophe für alle Beteiligten wäre, argumentiert sie. Die „eiserne Lady" spielt sich als Beschützerin Gorbatschows auf und setzt die Priorität der deutschen Einheit merklich zurück. Diese, so ist Thatcher zu vernehmen, könne nur verwirklicht werden, wenn alle anderen Verpflichtungen berücksichtigt seien. Kohl und Gen-

267 Nr. 146 Gespräch des Bundesministers Seiters mit Vertretern des Runden Tisches in Berlin (Ost), 25. Januar 1990.
268 Nr. 141 Gespräch des Bundeskanzlers Kohl mit Botschafter Walters in Bonn, 24. Januar 1990.
269 Nr. 147 Schreiben des Bundeskanzlers Kohl an Staatspräsident Mitterrand, 25. Januar 1990.
270 Teltschik, 329 Tage, 105.

scher sollten ihre nationalistischen Ziele längerfristigen Bedürfnissen Europas unterordnen. Schließlich bezichtigt sie die Bundesregierung, mit ihrem Einheitsstreben das wirtschaftliche Gleichgewicht der Europäischen Gemeinschaften zu zerstören, die heute schon von der Bundesrepublik dominiert würden.[271]

Obschon er von der Antiquiertheit der Vorstellungen Thatchers überzeugt ist, ärgert den Kanzler ungerechtfertigte Kritik zutiefst. Ihrer Ansicht nach ist die deutsche Einheit eine Gefahr für das kontinentale Gleichgewicht, das es auszutarieren gilt. Großbritannien hat eine Kontrollfunktion wahrzunehmen und im Sinne Gorbatschows für die Erhaltung des Status quo zu sorgen. Ihre Germanophobie ist letztlich eine Phobie gegen den Kontinent und entspricht in Kohls Augen einer gewissen „Bunkermentalität".

Spätestens seit dem Tage besteht im Bundeskanzleramt kein Zweifel mehr, daß von der britischen Premierministerin keine Unterstützung für die Wiedervereinigung zu erwarten ist. Die Bundesregierung – so empfiehlt Teltschik dem Kanzler – tue gut daran, öffentliche Diskussionen zu vermeiden. Vielmehr solle sie weiterhin an der europäischen Linie festhalten.

Thatcher befindet sich Ende Januar offensichtlich in einer gewissen Torschlußpanik. Sie zieht in dem Interview alle Register, nachdem ihr auch Mitterrand aktive Gegenwehr in der Wiedervereinigungsfrage vorenthalten hat. Dieser verlegt sich auf das Konzept der Verzögerungspolitik nach der Devise: Wenn Frankreich die Wiedervereinigung schon nicht verhindern kann, so muß er sie dennoch nicht besonders forcieren. Auch viele britische Beobachter wähnen Thatcher auf dem Kriegspfad gegen die teutonische Gefahr, nicht zuletzt, weil sie aus innerer Überzeugung handelt und sich vernünftigen Argumenten gegenüber ziemlich verschlossen gibt.[272] Hurd dagegen sieht anscheinend die Entwicklung gelassener. Für ihn sind die einzig wirklichen Probleme die Transformation der deutschen Wirtschaftskraft in politische Macht und die Frage, wie die Deutschen künftig damit umgehen. Doch trägt das Verhalten der Premierministerin in erheblichem Maße dazu bei, daß sich die britische Diplomatie deutschlandpolitisch selbst neutralisiert.

Weichenstellungen

In der Tat steht die gesamte Deutschlandpolitik in der zweiten Januarhälfte vor dem entscheidenden Wendepunkt. In diesen Tagen legen Washington, Moskau und Bonn ihre Rahmenbedingungen fest, unter denen auf innerdeutscher wie auf internationaler Schiene weiterverhandelt wird.

Bush steht mit seiner Europapolitik gleich vor mehreren Fragen: Wie schnell soll die Wiedervereinigung kommen? Welchen Prozeß soll er unterstützen, um die äußeren Aspekte der Wiedervereinigung zu managen? Was ist für die NATO-Partner akzeptabel?[273] Übereinstimmung herrscht zwischen dem Weißen Haus und dem Außenministerium über den Grundsatz, möglichst schnell die langfristige Einbindung Deutschlands in die NATO herzustellen. Das State Department favorisiert zur Lösung der internationalen Fragen der Deutschlandpolitik den Vier-plus-zwei-Ansatz – Verhandlungen der vier für Deutschland als Ganzes verantwortlichen Hauptsiegermächte des Zweiten Weltkriegs unter Einbeziehung der beiden deutschen Staaten. Somit bleiben die Verhandlungen weder auf die Vier Mächte allein beschränkt, noch müssen alle KSZE-Staaten berücksichtigt werden. Ein wei-

---

271   Nr. 148 Vorlage des Ministerialdirektors Teltschik an Bundeskanzler Kohl, 25. Januar 1990.
272   Thatcher, Downing Street No. 10, 1103f. Urban, Diplomacy and Disillusion at the Court of Margaret Thatcher, 141.
273   Zelikow/Rice, Germany Unified and Europe Transformed, 165f.

teres Problem ist die Entscheidung über den Umfang und das Niveau amerikanischer Truppenpräsenz in Europa und wie diese Frage mit den Rüstungskontrollgesprächen verbunden werden soll. Wenn die Vereinigten Staaten auf der NATO-Mitgliedschaft Deutschlands beharren, besteht aus der Sicht Washingtons die Gefahr, daß die Forderung der Amerikaner und nicht die Zustimmung der Sowjets zum eigentlichen Hindernis der Wiedervereinigung hochstilisiert wird.

Baker plädiert für einen *Quid-pro-quo*-Ansatz. Washington hilft der Bundesregierung beim Zustandekommen der Wiedervereinigung und erwartet dafür deren Unterstützung bei der Forderung nach der Mitgliedschaft des vereinten Deutschland in der NATO. Die sechs Teilnehmerstaaten legen anschließend die Ergebnisse ihrer Verhandlungen einer Gipfelkonferenz der 35 KSZE-Staaten vor. Jedoch wollen die Amerikaner es nicht zulassen, wenn die KSZE-Teilnehmerstaaten das Gipfeltreffen zu einer Friedensvertragskonferenz über Deutschland umfunktionieren wollen. Dann nämlich stünde Kohl unter dem Druck Gorbatschows und anderer Delegationen.

Differenzen bestehen zwischen dem Stab des Präsidenten und dem Außenministerium vor allem über die Rolle, die der Sowjetunion im Wiedervereinigungsprozeß eingeräumt werden soll, und das richtige *Timing* des Verhandlungsprozesses. Im Weißen Haus setzen Scowcroft, Blackwill, Rice und Zelikow auf das Interesse der beiden deutschen Staaten an einem raschen Vollzug der inneren Wiedervereinigung. So hat die Sowjetunion keine Chancen, sich dem zu widersetzen. Dieses Vorgehen impliziert einerseits die Trennung des äußeren von dem inneren Prozeß der Wiedervereinigung und andererseits eine vorübergehende Verzögerung der äußeren Wiedervereinigung, zumindest solange, bis der Prozeß der inneren Wiedervereinigung faktisch vollzogen und unumkehrbar ist. Ross und Zoellick im Außenministerium wollen dagegen der Sowjetunion eine aktive Teilnahme an diesem Prozeß anbieten, um mit ihr die verschiedenen Aspekte der Wiedervereinigung zu diskutieren. Sie befürchten, ohne einen Viermächte-Verhandlungsrahmen werde die Bundesregierung das „Geschäft" vielleicht allein mit der Sowjetunion abschließen, möglicherweise gar zu Lasten der Vereinigten Staaten, die auf jeden Fall weiterhin eine „europäische Macht" bleiben wollen. Bush hat drei gewichtige Probleme. Er benötigt einen Plan als Antwort auf die Herausforderungen in Europa, der ihm die Fortsetzung amerikanischer Truppenpräsenz sichert; zugleich muß er das Verteidigungsbudget im Kongreß managen und in der NATO als Führer der stärksten Macht Stabilität demonstrieren.[274]

Am 29. Januar kündigt Bush in einem Telefonat dem Bundeskanzler den Besuch seines stellvertretenden Außenministers Eagleburger an. Dieser reist in vertraulicher Mission mit Personalreduzierungsvorschlägen in der Tasche an, die Bush bei den VKSE-Verhandlungen in Wien unterbreiten will.[275] Zu dem Gespräch am 30. Januar zieht der Kanzler Genscher, Stoltenberg, Teltschik, seinen Büroleiter Neuer und den Leiter der Stabsabteilung III im Führungsstab der Streitkräfte, Naumann, hinzu. Den Amerikanern geht es darum, das Niveau ihrer Streitkräfte in Europa auf 195 000 Mann in einer Zentralzone und insgesamt auf 225 000 Mann zu reduzieren. Die Gründe für diesen Reduzierungsvorschlag, so läßt Eagleburger sich vernehmen, liegen in der Befürchtung des Präsidenten, angesichts der Entwicklung in Osteuropa in einen Sogeffekt zu geraten. Eigentlicher Hintergrund dieser Offerte sind aber vielmehr handfeste innenpolitische Gründe. Bush braucht gute Argumente, damit der Kongreß dem Verteidigungshaushalt zustimmt. Gleichzeitig will er den Druck der Warschauer Paktstaaten auf die Sowjetunion etwas lindern. Außerdem bietet das Personalreduzierungsangebot Gorbatschow Schutz vor dem Vorwurf, er laufe vor den Problemen weg. Nicht zuletzt macht der Vorschlag Verifikationen möglich.

274 Ebd., 167, 169.
275 Teltschik, 329 Tage, 117.

Verständlicherweise hat Thatcher auf diesen Plan nicht sonderlich begeistert reagiert. Das räumt Eagleburger dem Kanzler ein. Mitterrands wie auch Kohls Hauptsorge ist, die Amerikaner könnten damit den Einstieg in eine Abkopplung vom europäischen Kontinent anzeigen. Eagleburger verneint das nachdrücklich. Mitterrand ist wichtig, die Bindung aufrechtzuerhalten. Frankreich an der Seite eines vereinten Deutschland ohne Rückendeckung amerikanischer Truppen in Europa – das ist für den französischen Präsidenten ein entsetzlicher Gedanke. Auch der Kanzler hält eine Abkehr für ein Unding.[276]

Kohl weiß, der ABC-Waffen-Verzicht und die Reduzierung konventioneller Waffen sind Garantien für die grundsätzliche Nichtangriffsfähigkeit des vereinten Deutschland und stellen den Anker der künftigen Friedensordnung in Europa dar. Das sind wichtige Trümpfe in den Verhandlungen mit der Sowjetunion, aber auch gegenüber den Westmächten.

In Moskau nehmen die Warnungen der Osteuropaexperten vor Gorbatschows bedachtem Vorgehen zu. Übertriebene Vorsicht und halbherzige Maßnahmen werfen sie ihm vor, die dazu geführt hätten, daß die Zeit gegen ihn arbeite. Tschernajew sieht eine Führungskrise des Generalsekretärs heraufziehen, wenn er jetzt nicht endlich den Durchbruch wagt. Denn die Kluft zwischen innerparteilicher Reformunfähigkeit der KPdSU, dem schleppenden Fortgang der Perestroika, wachsender Kritik mehr orthodoxer Vertreter wie Ligatschow[277] und die Dynamik der Entwicklung in Europa nehmen zu. Die osteuropäischen Länder wenden sich zusehends von Moskau ab. Die letzten Reste der internationalen kommunistischen Bewegung zerfallen. Am 22. Januar diskutiert das Politbüro den Entwurf einer Plattform für die KPdSU, die so grundlegende Fragen wie die Zulassung eines Mehrparteiensystems, was die Allmacht der Partei zerstören würde, die Zukunft der Sowjetunion als Föderation oder Konföderation und die Einführung der Privatwirtschaft aufwirft. Auch die Außenpolitik muß neue Leitlinien erhalten, will Gorbatschow nicht vollends den Entwicklungen hinterherhinken. Letztlich geht es in dieser Phase um die deutschlandpolitische Konzeption, für die Ende Januar intern die Weichen gestellt werden.

Ausgangspunkt der Diskussionen ist die Überzeugung, die deutsche Einheit wird unvermeidbar sein.[278] Dazu hat der rasante Zusammenbruch der Staatssicherheit in der DDR ebenso beigetragen wie die wirtschaftlichen Schwierigkeiten, die Wirkung des Zehn-Punkte-Plans, verbunden mit dem Risiko, daß die Entwicklung zur deutschen Einheit schneller voranschreitet als gedacht und es für die Sowjetunion zunehmend schwieriger wird, ihre Interessen einzubringen. Hinzu kommt die Unterstützung Washingtons für diesen Prozeß. Dem werden sich in letzter Konsequenz London und Paris nicht widersetzen können. Ins Gewicht fallen außerdem zunehmende Versorgungsprobleme und sich abzeichnende Liquiditätsschwierigkeiten.

Ende Januar treten in der sowjetischen Führung drei deutschlandpolitische Meinungsströmungen zum Vorschein. Da ist Tschernajew mit seiner radikal pro-westlichen Haltung, der die DDR fallenlassen will, in Kohl einen verläßlichen Partner sieht und die Bindung Deutschlands an die NATO befürwortet, verbunden mit einer gesamteuropäischen Entwicklung. Gegen diese Position kämpfen hauptsächlich Falin und Fjodorow, die sich für die Wahrung der herkömmlichen sowjetischen Interessen aussprechen und den Besitzstand DDR nicht einfach preisgeben wollen. Sie, aber auch Jakowlew und Schachnasarow, befürworten eine enge Orientierung an der Linie der deutschen Sozialdemokraten. Schewardnadse und Ryschkow vertreten die mittlere Linie. Sie wollen eine engere Zusammenarbeit

276   Nr. 153 Gespräch des Bundeskanzlers Kohl mit dem stellvertretenden Außenminister Eagleburger in Bonn, 30. Januar 1990.
277   Inside Gorbachev's Kremlin. The Memoirs of Yegor Ligachev. Boulder (Colorado) 1996, 243–253 (russische Ausgabe erschienen Nowosibirsk 1992).
278   Michail Gorbatschow, Die Einheit war eine Sache der Deutschen. Moskau und die Ereignisse nach dem November 1989, in: Frankfurter Allgemeine. Nr. 64. 17. März 1998, 9f.

mit Deutschland nicht blockieren, Kohl soll aber auch nicht alles bekommen, was er haben will. Selbst der Vorsitzende des KGB, Krjutschkow, stimmt dieser Position zu, weil er die SED für faktisch nicht mehr existent hält.[279]

Gorbatschow nimmt aus der Diskussionsrunde fünf wichtige Ergebnisse mit. Die Sowjetunion stimmt dem vorgesehenen Verhandlungsgremium, bestehend aus den Vier Mächten und den beiden deutschen Staaten zu. Die Führungsspitze will „sich an Kohl orientieren, aber die SPD nicht ignorieren". Gorbatschow sucht seinerseits das Gespräch mit der Bundesregierung, geht damit in die Offensive und richtet sich auf Verhandlungen mit dem Bundeskanzler ein. Das gelingt nur, wenn in der zentralen Frage des Selbstbestimmungsrechts der Deutschen zwischen Moskau und Bonn Klarheit besteht. Gleichzeitig versucht Gorbatschow durch enge Kontakte mit London und Paris seine Position zu stärken. Und schließlich wird Achromejew mit der Vorbereitung des Abzugs von 300 000 sowjetischen Soldaten beauftragt. Die Sowjetführung denkt also an radikale Schritte, nämlich in absehbarer Zeit ihre Militärpräsenz in der DDR zu beenden. Das schafft vornehmlich Probleme der Unterbringung.

Mehr aus Gründen der Gesichtswahrung werden zuerst Modrow am 31. Januar und Gysi am 2. Februar[280] nach Moskau eingeladen, um ihnen den neuen Kurs zu erläutern. Mit einiger Skepsis nimmt das Bundeskanzleramt Meldungen über Äußerungen Gorbatschows gegenüber Modrow[281] auf, unter den Deutschen und unter den Vier Mächten gebe es ein gewisses Einvernehmen darüber, daß die Vereinigung Deutschlands von niemandem prinzipiell in Zweifel gezogen werde. Die Deutschen hätten verstanden, diese wichtige Frage müsse verantwortungsvoll gelöst werden. Als Modrow auf einer Pressekonferenz nach seinem Gespräch mit Gorbatschow im Kreml bestätigt: „Die Vereinigung der beiden deutschen Staaten ist die vor uns liegende Perspektive", ist auch im Kanzleramt jedem bewußt: Gorbatschow hat begonnen, sich auf die deutsche Frage einzustellen. Auch von Modrow ist zu hören, er sei sich mit Gorbatschow einig gewesen, die Entwicklung müsse nunmehr in Etappen vollzogen werden, wobei er die Vertragsgemeinschaft, konföderative Züge und weitere Schritte hin zu einer Konföderation erwähnt. Modrow ist damit auf das Konzept des Zehn-Punkte-Programms mehr oder weniger eingeschwenkt. Viel bedeutsamer ist jedoch der augenscheinliche Kurswechsel in Moskau.

Teltschik liegt mit seiner Einschätzung, die er am 29. Januar dem Kanzler unterbreitet, gar nicht so falsch. Die deutsch-sowjetischen Beziehungen sind wesentlich von politisch-psychologischen Faktoren bestimmt, analysiert er die Lage. Gegenwärtig ist die Stellung der Sowjetunion als Großmacht schwach, sie hat einen erhöhten Stabilitäts- und Rückversicherungsbedarf, sieht sich mit zunehmenden Schwierigkeiten bei der Umsetzung der Perestroika konfrontiert und gezwungen, Hilfe in Anspruch zu nehmen. Mehr als die kontinuierliche Fortführung der bilateralen Beziehungen zu erwarten, wird im Kanzleramt aber derzeit noch als vermessen angesehen.[282]

Fürs erste konzentrieren sich die konzeptionellen Arbeiten der Abteilung 2 auf Perspektiven der Deutschlandpolitik im gesamteuropäischen Rahmen nach den geplanten Volkskammerwahlen. In einer Aufzeichnung vom 29. Januar arbeitet Ministerialdirigent Hartmann fünf Prämissen heraus.[283] *Erstens,* der Druck einer Wiedervereinigung wächst. Deshalb ist es er-

279   Tschernajew, Die letzten Jahr einer Weltmacht, 296 f.
280   Niederschrift über das Gespräch von Gregor Gysi, Vorsitzender der SED/PDS, mit Michail Gorbatschow, Generalsekretär des ZK der KPdSU und Vorsitzender des Obersten Sowjets der UdSSR, am 2. Februar 1990 in Moskau; Parteivorstand der PDS, Archiv, Tagungen des Parteivorstandes, ohne Signatur (abgedruckt: Gero Neugebauer/Gerd-Rüdiger Stephan, „Eure Sorgen sind auch unsere Sorgen." Das Treffen von Gregor Gysi und Michail Gorbatschow am 2. Februar 1990 in Moskau, in: Jahrbuch für Historische Kommunismusforschung 1997. Berlin 1997, 238–254).
281   Modrow, Aufbruch und Ende, 120–124.
282   Nr. 150 Vorlage des Ministerialdirektors Teltschik an Bundeskanzler Kohl, 29. Januar 1990.
283   Nr. 151 Aufzeichnung des Ministerialdirigenten Hartmann, 29. Januar 1990.

forderlich, die Vertragsphase mit der DDR zu überspringen mit dem Ziel, eine deutsche Föderation zu gründen. Dies hat *zweitens* einen Stabilisierungseffekt der Lage in der DDR zur Folge; die damit verbundene Annäherung muß unumkehrbar sein. *Drittens,* die Politik der großen Schritte verbessert die wirtschaftliche Situation der DDR und ist ein Signal an die Menschen. *Viertens,* der Bundeskanzler muß vor dem saarländischen Ministerpräsidenten und voraussichtlichen Kanzlerkandidaten der SPD, Oskar Lafontaine, der bei den Landtagswahlen im Saarland am 28. Januar einen überwältigenden Wahlsieg errungen hat, eine Vertrauensgrundlage für seine Politik in der Bevölkerung schaffen. Und *fünftens* wird die Deutschlandpolitik nur im europäischen Raum zu bewerkstelligen sein.

Ministerialdirigent Hartmann schlägt dem Kanzler eine deutschlandpolitische Kurs- und Tempokorrektur vor: Abkehr von dem Drei-Stufen-Konzept des Zehn-Punkte-Plans statt dessen unverzügliches Anvisieren der deutschen Föderation, zumal ein gesamtdeutscher Konsens über die Wiedervereinigung existiert. In einem Vertrag müßten klar die Ziele festgeschrieben werden: die Wirtschafts- und Währungsunion und die staatliche Einheit durch Schaffung einer gesamtstaatlichen Ordnung. Benötigt werden dazu zwei Institutionen: ein gemeinsamer Regierungsausschuß und gemeinsame Parteigremien. Was die internationale Eingliederung des vereinten Deutschlands anbelangt, so gilt es vor allem drei Probleme zu bewältigen. Zum einen die Einbettung der deutsch-deutschen Wirtschaftsvereinigung in den europäischen Integrationsprozeß, insbesondere hinsichtlich der direkten Mitgliedschaft der DDR in den Europäischen Gemeinschaften; zum anderen genießen die VKSE-Verhandlungen Priorität wegen des Umfangs zukünftiger gesamtdeutscher Streitkräfte; und schließlich müssen die Viermächte-Rechte beseitigt werden. Hartmann geht davon aus, Deutschland ist rechtlich nicht an die Viermächte-Vereinbarungen von Potsdam gebunden. Allerdings, so schätzt er, dürfte die Folgeentwicklung entscheidend sein. Denn die Geschäftsgrundlage der Viermächte-Verantwortung für ganz Deutschland hat sich in den vergangenen vier Jahrzehnten wesentlich verändert. Mit der Wahrnehmung des Selbstbestimmungsrechts scheint ihm der Abschluß eines Diktatfriedens der Vier Mächte gegenüber Deutschland unvereinbar zu sein. Politische Regelungen sind seiner Meinung ohne Einbeziehung der Deutschen nicht mehr zu treffen. Entscheidend ist für ihn die Frage, in welcher Art und Weise die Einbindung geschieht. Wichtig für die Bundesregierung ist vor allen Dingen, weiterhin die Initiative zu behalten. Sie muß die innere Entwicklung bis zu gesamtdeutschen Wahlen vorantreiben und sich möglicherweise dann im Einvernehmen mit den Vier Mächten die Billigung zur Einberufung einer verfassunggebenden Versammlung geben lassen. Nach Einschätzung Hartmanns sind außenpolitisch die Sicherheitsgarantien in Form von übergreifenden Sicherheitsstrukturen, rüstungskontrollpolitische Maßnahmen, die Gewährleistung der Nichtangriffsfähigkeit und der Truppenabzug fremder Streitkräfte die zentralen Probleme.

Ohne Zweifel ist in die sowjetische Deutschlandposition Bewegung gekommen. Das beweist Gorbatschows Schreiben an den Kanzler, mit dem Botschafter Kwizinskij am 2. Februar im Kanzleramt vorstellig wird.[284] Darin teilt der Sowjet-Führer mit, er halte – wie Modrow am 1. Februar vorgeschlagen hat – „die Schaffung einer Vertragsgemeinschaft als Etappe auf dem Weg zur Konföderation der zwei deutschen Staaten" für den „realistischen und praktischen Weg zu diesem Ziel". Zugleich nennt er für das Zustandekommen drei Bedingungen: die Unterzeichnung eines entsprechenden Dokuments, der Erhalt der Stabilität und die Einbettung in den gesamteuropäischen Prozeß. Gorbatschow scheint aber letztlich noch nicht festgelegt zu sein. Weiteres will er mit dem Kanzler direkt am 9. Februar in Moskau besprechen.[285]

Für Kohl und die CDU wird es nun höchste Zeit, sich endlich auf einen möglichen Koali-

284 Nr. 156 Schreiben des Generalsekretärs Gorbatschow an Bundeskanzler Kohl, 2. Februar 1990.
285 Nr. 155 Gespräch des Bundeskanzlers Kohl mit Botschafter Kwizinskij in Bonn, 2. Februar 1990.

tionspartner in der DDR festzulegen. In den Parteigremien ist die erste Freude über den Mauerfall längst Besorgnissen gewichen, aus der nationalen Frage könnte im Falle der Wiedervereinigung eine soziale Frage werden. Niemand überblickt, welche Kosten die Einheit langfristig verursacht. Nach Schäubles Meinung ist die Wiedererlangung der Einheit von so überragender Bedeutung, daß soziale Themen dahinter zurückstehen müssen. Bei den fälligen Bundestagswahlen Ende 1990/Anfang 1991 würden die Wähler der CDU die Wiedererlangung der deutschen Einheit honorieren. Kohl teilt diese Einschätzung. Mit dem Anliegen der Wiedervereinigung, so glauben Kanzler und Bundesinnenminister, wird die CDU die Wahl gewinnen. Schäuble hält es für taktisch wichtig, wenn in der DDR zunächst die Entwicklung weiterhin in der Schwebe bleibt. Denn solange nichts endgültig entschieden ist, kann die Bundesregierung den Prozeß leichter auf das Ziel der nationalen Einheit zusteuern. Nicht wenige in der CDU – unter ihnen Generalsekretär Rühe – tun sich allerdings schwer mit der Vorstellung, gemeinsam mit alten „Blockflöten" der Ost-CDU in den Wahlkampf ziehen zu müssen. Außerdem befürchtet man, ein Zusammengehen mit der Ost-CDU könnte den eigenen Wahlchancen abträglich sein. Hat nicht Churchill 1945 den Krieg gewonnen und anschließend die Unterhauswahlen dennoch verloren? Die Parteispitze ist sich unschlüssig, auf welche Kräfte sie setzen soll.[286]

Nachdem Anfang Januar die Deutsche Soziale Union unter tatkräftiger Hilfe der CSU in Leipzig gegründet worden ist, die Entscheidung über die Vorverlegung der Volkskammerwahl vom 6. Mai auf den 18. März gefallen ist und Modrow acht Oppositionsvertreter als Minister ohne Geschäftsbereich in seine „Regierung der nationalen Verantwortung" geholt hat, um den Zusammenbruch zu verhindern, muß die CDU-Führung sich entscheiden. Erst Ende Januar ist die Zeit der Orientierung der West-CDU vorüber. Nach langem Hin und Her, bei dem Seiters im Auftrag des Kanzlers viele Koordinierungsgespräche führt, schließen am 5. Februar Demokratischer Aufbruch, DSU und Ost-CDU das Wahlbündnis „Allianz für Deutschland", das die West-CDU fortan unterstützt.[287] Das verschafft dem Kanzler die notwendige Plattform für große Wahlkampfauftritte in der DDR.

Doch steht er unverändert unter dem Druck, einen aktualisierten Wiedervereinigungsplan vorlegen zu müssen. Sein Popularitätsvorsprung und die errungene Meinungsführerschaft mit dem Zehn-Punkte-Programm schwinden dahin. Nicht zuletzt auch deshalb, weil sein innerparteilicher Kontrahent, der baden-württembergische Ministerpräsident Lothar Späth, ein starkes deutschlandpolitisches Engagement an den Tag legt. Der Kanzler steht in Gefahr, öffentlich Einbußen zu erleiden, wenn er nicht mit neuen Vorschlägen aufwartet. Die für Öffentlichkeitsarbeit zuständigen Mitarbeiter Mertes, Prill und Gotto schlagen Kohl einen Tempowechsel vor. Er braucht ein griffiges, allgemein überzeugendes Konzept für die Bürger, mit dem die Partner in der DDR die Wähler in dem schon angelaufenen Wahlkampf mobilisieren können. Der Kanzler soll seine Zurückhaltung aufgeben und nun die Einheit öffentlich mit voller Kraft propagieren.[288] Dazu muß er wieder in die Vorreiterrolle gebracht werden. Im Mittelpunkt ihrer Überlegungen steht der wirtschaftliche Neuaufbau der DDR. Sie knüpfen an die im Bundesfinanzministerium ausgearbeiteten Pläne für das Angebot einer Wirtschafts- und Währungsunion zwischen der Bundesrepublik und der DDR an, das am 30. Januar Gegenstand einer ausführlichen Besprechung zwischen Bundesminister Waigel und seinen Abteilungsleitern gewesen ist.[289]

Ein solches Angebot erfüllt mehrere Funktionen. Es soll den Übersiedlerstrom unter Kontrolle bringen und den Leuten in der DDR das Zeichen geben, es lohnt sich nicht, die Heimat

---

286 Schäuble, Der Vertrag, 22–24.
287 John, Rudolf Seiters, 156 f.
288 Nr. 157 Vorlage des Regierungsdirektors Mertes an Bundeskanzler Kohl, 2. Februar 1990.
289 Horst Köhler, Alle zogen mit, in: Waigel/ders., Tage, die Deutschland und die Welt veränderten, 118–134, hier 119.

zu verlassen, die D-Mark kommt. Auf die DDR-Regierung wird gleichzeitig ein Entscheidungsdruck ausgeübt. Die Wirtschafts- und Währungsunion ist zudem ein erster Schritt zur Entwicklung konföderativer Strukturen in der Perspektive der Einheit. Und schließlich beantwortet das Konzept die Forderung der SPD, die Bundesregierung müsse Maßnahmen ergreifen.

In einem Fünf-Punkte-Plan, so schlagen seine Mitarbeiter vor,[290] soll der Kanzler die Schaffung einer Wirtschafts- und Währungsunion unmittelbar nach den Volkskammerwahlen am 18. März ankündigen, die Elemente einer Vertragsgemeinschaft und konföderative Strukturen enthält. Dazu könnten gemeinsame Regierungsausschüsse gebildet werden, die für eine Harmonisierung des Rechts sorgen und die Rechtsordnung der DDR auf den Standard der EG bringen. Grundsätzliche politische Prinzipien müßten die Einführung der repräsentativen Demokratie, Gewaltenteilung, Rechtsstaatlichkeit, Sozialstaatlichkeit und Pluralismus sein. Die ehemaligen Länder der DDR sollen als neue Länder wiederhergestellt werden. Ein gesamtdeutscher Rat des Deutschen Bundestages und der Volkskammer unter Beteiligung der Länder könnte den Auftrag zur Ausarbeitung einer freiheitlichen Verfassung für einen gemeinsamen deutschen Bundesstaat bekommen. Dem Vorschlag liegt das Konzept der Einführung des Modells Bundesrepublik Deutschland in der DDR auf dem Wege einer deutschen Integration zugrunde. Auch wirtschaftspolitisch sind die Ziele klar abgesteckt. Die Einführung der sozialen Marktwirtschaft ist eine Vorbedingung für die politische Einheit Deutschlands. Das Konzept sieht die sofortige Einführung der D-Mark als gemeinsame Währung vor. Zur gleichen Zeit übernimmt die Bundesbank alle Verantwortung für die Geldwertstabilität der DDR.

Als der Bundeskanzler am 3. Februar 1990 am Rande des World Economic Forums in Davos Modrow trifft, klagt dieser erneut über die seit Dezember eskalierende Lage in der DDR. An der Regierung laufe alles vorbei. Von der Allparteienregierung erhofft sich Modrow eine gewisse politische Beruhigung, zumindest bis zu den Wahlen. Allenthalben seien die Menschen verunsichert. Modrow läßt keinen Zweifel an den geringen Chancen der SED/PDS bei den Wahlen. Er selbst stellt sich als Patriot dar, der – soweit es ihm möglich ist – staatsmännisch handelt. Wiederholt unterstreicht er die Forderung nach Hilfen im Umfang von 15 Milliarden DM, darunter 4 Milliarden DM für die Versorgung mit Nahrungsmitteln und Textilien.

Nichtsdestoweniger hat die SED/PDS-Führung von ihrer Strategie des längstmöglichen Machterhalts in der Hoffnung auf eine Beteiligung an einer Koalitionsregierung, die ihr weiter politische Mitsprache eröffnet, noch nicht Abstand genommen. Mit Unterstützung der Bundesrepublik, erklärt Modrow, könne man möglicherweise auch über die Wahlen im März bis zum Mai gelangen. Die Einführung der D-Mark als alleinige Währung ist für ihn die einzige Lösung. Die Menschen in der DDR müßten es hinnehmen, wenn sie aufgrund des niedrigeren Produktivitätsniveaus auch einen niedrigeren Lohn erhalten. Modrow wirft in diesem Zusammenhang die Frage auf, ob die Bodenreform weiterhin Gültigkeit haben würde. Besorgte Bauern hätten gefordert, die insbesondere zwischen 1945 und 1949 von der sowjetischen Besatzungsmacht vorgenommenen Enteignungen sollten zu einem rechtmäßigen Akt erklärt werden, um bestehende Rechtsunsicherheiten zu beseitigen.

Der Kanzler durchschaut schnell dieses Spiel. Er ist lediglich damit einverstanden, Beauftragte zu benennen, die weiterhin Probleme erörtern – mehr nicht. Wichtig ist für ihn allein, daß die Vier Mächte, wenn sie eine Lösung des deutschen Problems anstreben, Deutschland nicht als Protektorat behandeln. Thatcher, so ist Kohl sicher, habe dies immer noch nicht be-

---

290   Nr. 157A Statement, 2. Februar 1990. Nr. 157B Schritte zur deutschen Wirtschaftseinheit, 2. Februar 1990.

griffen. Mitterrand dagegen sei anders. Er habe sich für das Selbstbestimmungsrecht ausgesprochen, hält ihm der Kanzler zugute.[291]

Während Kohl mit Modrow in Davos konferiert, trifft Teltschik am Rande der Wehrkunde-Tagung in München abends Brent Scowcroft und Robert Blackwill. Von ihnen erfährt er, Gorbatschow habe Präsident Bush über den bevorstehenden Besuch des Kanzlers unterrichtet und Baker sich zuvor mit Schewardnadse in Moskau verabredet. Der amerikanische Außenminister soll seinen Gastgebern die Unsinnigkeit einer Neutralität Deutschlands plausibel machen, ihnen die Vorzüge der NATO-Mitgliedschaft darlegen, eine Formel für die Ausdehnung der NATO-Jurisdiktion auf das DDR-Territorium anbieten und verdeutlichen, warum amerikanische Truppen auch weiterhin in Europa stationiert bleiben müssen.[292] Scowcroft will wissen, was die Sowjetunion „gegen die Bundesregierung in der Hand" hat. Teltschiks Hinweis auf die Viermächte-Verantwortung läßt Bushs Sicherheitsberater nicht gelten. Von einem KSZE-Gipfel sind die Amerikaner nicht besonders angetan. Sie wollen den Sowjets keine Gelegenheit geben, daraus eine Ersatz-Friedenskonferenz über Deutschland zu machen, erfährt Teltschik.[293] Übereinstimmung besteht zwischen den wichtigsten außenpolitischen Beratern des Kanzleramtes und des Weißen Hauses über die einzuschlagende Strategie: schnelle Wiedervereinigung, deren erster Schritt die Wirtschafts- und Währungsunion ist, kein Viermächte-Ansatz, Anerkennung der Grenzen, Betonung der Westbindung, keine Ausdehnung der NATO nach Osten und Einbettung der Ergebnisse in den KSZE-Rahmen.[294] Diese Linie konvergiert mehr mit den Vorstellungen des Präsidentenstabes, als das, was das Kanzleramt derzeit von Außenminister Genscher zu hören bekommt.

Am nächsten Tag spricht Botschafter Walters bei Teltschik in einer delikaten Angelegenheit vor. Baker hat Walters beauftragt, Teltschik über das Gespräch des Außenministers mit Genscher zu unterrichten. Ein keineswegs gewöhnlicher Vorgang. Offensichtlich ist sich die Spitze des State Departments unsicher, ob der Bundeskanzler die in Washington von Genscher dargelegte Position mitträgt. Anscheinend macht das Wort vom „Genscherismus" in der amerikanischen Hauptstadt wieder einmal die Runde, was in Wirklichkeit nichts anderes als *Appeasement*-Politik gegenüber der Sowjetunion meint. Genscher habe gegenüber Baker betont, berichtet der Botschafter, der Zug der Einheit sei in schneller Fahrt. Der Prozeß könne stabilisiert werden. Voraussetzung sei, es gebe keine Neutralisierung Deutschlands und die NATO-Mitgliedschaft sei gesichert. Das atlantische Bündnis dürfe nicht auf das Gebiet der DDR ausgedehnt werden. Diese Garantie müsse der Sowjetunion gegeben werden. Genscher habe in diesem Zusammenhang auf seine Rede am 31. Januar 1990 vor der Evangelischen Akademie in Tutzing[295] aufmerksam gemacht. Der KSZE-Prozeß könne als Vehikel für neue Sicherheitsvereinbarungen benutzt werden und der Sowjetunion Garantien bieten. Noch 1990 solle ein KSZE-Gipfeltreffen stattfinden, auf dem über die deutsche Frage zu sprechen sei. Eine stärkere Institutionalisierung der KSZE eröffne der Sowjetunion die Möglichkeit der Gesichtswahrung. Baker habe Genscher verdeutlicht, wie sehr die sowjetische Führung über die Entwicklung beunruhigt sei. Für die amerikanische Regierung sei zwar unverändert die KSZE wichtig; doch ebenso die Stärkung der Zusammenarbeit zwischen Washington und der EG-Kommission sowie die Vermeidung der Diskriminierung der Sowjetunion.

Wie sich herausstellt, hat Genscher in Washington fünf Sicherheitsgarantien für die Sowjetunion in die Diskussion gebracht: keine Ausweitung der NATO auf das Gebiet der DDR, der KSZE-Prozeß als Instrument einer neuen Sicherheitsvereinbarung und stärkere Einbe-

291 Nr. 158 Gespräch des Bundeskanzlers Kohl mit Ministerpräsident Modrow in Davos, 3. Februar 1990.
292 Zelikow/Rice, Germany Unified and Europe Transformed, 178.
293 Teltschik, 329 Tage, 126 f.
294 Zelikow/Rice, Germany Unified and Europe Transformed, 173 f.
295 Genscher, Erinnerungen, 713 f.

ziehung der Sowjetunion in die europäischen Sicherheitsstrukturen, ein KSZE-Gipfeltreffen als Rahmen für die Verhandlungen über die deutsche Frage und letztlich die Institutionalisierung der KSZE.

Die Ankündigung Genschers in seiner Rede, keine Ausdehnung der NATO ostwärts anzustreben, hält nicht nur die Regierung in Washington, sondern auch das Bundeskanzleramt für eine präventive Kapitulation. Denn sie impliziert die Gefahr, daß Deutschland einen unnötigen Preis an die Sowjetunion zahlt, bevor darüber verhandelt worden ist. Vorleistungen ist das letzte, was die Amerikaner jetzt den Sowjets entgegenbringen wollen, bevor sie nicht ja zur Wiedervereinigung gesagt haben. Problematisch ist die Taktik, die Genscher einschlägt. Sein ausbleibendes öffentliches Bekenntnis zur NATO-Mitgliedschaft Deutschlands schürt in Washington Bedenken. Umgekehrt fürchtet Genscher, die NATO-Frage könnte Gorbatschow zu negativen Reaktionen provozieren und eine Verhärtung der sowjetischen Position zur Folge haben. Während die amerikanische Regierung darauf setzt, Deutschland in der NATO zu halten, entpuppt sich Genscher wohl mehr als Europäer denn als Atlantiker.

Anfang Februar spielt die Bush-Administration alle Varianten einer sicherheitspolitischen Lösung der deutschen Frage durch, 17 an der Zahl. Sie gelangt zu dem Ergebnis, es existiert kein Grund, Gesamtdeutschland einen anderen Status zu geben, als vierzig Jahre zuvor. Die Westbindung ist eine Garantie für die Gleichgewichtspolitik auf dem europäischen Kontinent. Das liegt im amerikanischen Interesse wie auch im Interesse der Sicherheit der Europäer. Hauptsächlich das Pentagon beharrt auf die Rechte der Vereinigten Staaten als Siegermacht, um weiterhin die direkte Kontrolle über Deutschland zu behalten.[296] Zunächst aber sind die Amerikaner an einem gewissen Einvernehmen mit der Bundesregierung über den geplanten Verhandlungsmechanismus interessiert. Zoellick und Ross haben Baker das Konzept von Viermächte-Beratungen unter Beteiligung der Deutschen schmackhaft gemacht. Im Auswärtigen Amt sind ähnliche Gedanken entwickelt worden. Daher unterstützt Genscher prinzipiell das Konzept der Vier-plus-Zwei-Verhandlungen, sofern sie nach den Wahlen in der DDR beginnen. Wert legt er darauf, die Verhandlungen „Zwei plus Vier" zu nennen. So wird den Deutschen eine gewisse Priorität eingeräumt.[297]

Der Kanzler ist dieses Mal geschickt genug, vor seinem Besuch in Moskau zumindest Mitterrand nicht erneut einen Anlaß zur Trübung ihrer Beziehungen zu geben. Mit seinem Anruf am 5. Februar signalisiert Kohl, er wird mit Gorbatschow über die deutsche Frage verhandeln. Aufhänger ist die katastrophale Situation in der DDR. Alles sei in Auflösung begriffen, die Autorität der Regierung nahezu null, berichtet er dem französischen Präsidenten. Hochqualifizierte Menschen gingen weg, sie seien nicht mehr aufzuhalten. Jedermann rechne mit Streiks. Die Situation sei undurchsichtig, eine Stabilisierung unbedingt notwendig. Der Kanzler weiß genau, eine mögliche Öffnung der Türen zur Wiedervereinigung in Moskau bedarf unbedingt der Absicherung im Westen. Von daher versichert er Mitterrand, bei seinen Verhandlungen mit Gorbatschow in Sicherheitsfragen keine Präjudizierung vorzunehmen. Vielmehr bekräftigt Kohl seinerseits die Notwendigkeit eines europäischen Konsenses, wobei er den Hinweis nicht unterläßt, vor allem die SPD rede in diesen Tagen von Neutralität. Mitterrand zeigt Verständnis und betont, zwischen ihm und dem Kanzler bestünden keine Schwierigkeiten.[298]

Einerseits hat die Bundesregierung überhaupt kein Interesse, die Vier Mächte an Verhandlungen über die Herstellung der innerstaatlichen Einheit zu beteiligen. Andererseits kommt sie um eine gewisse Beteiligung der Vier Mächte nicht herum, wenn sie allseits Einvernehmen über den Einigungsprozeß erreichen will. Forderungen von britischer Seite, bei Beginn

---

296 Hutchings, American Diplomacy and the End of the Cold War, 119, 384.
297 Nr. 159 Gespräch des Ministerialdirektors Teltschik mit Botschafter Walters in Bonn, 4. Februar 1990.
298 Nr. 160 Telefongespräch des Bundeskanzlers Kohl mit Staatspräsident Mitterrand, 5. Februar 1990.

der Verhandlungen über konföderative Strukturen die Vier Mächte zu involvieren, weist Hartmann gegenüber dem Foreign Office mit dem Argument zurück, es handele sich hierbei um innerdeutsche Verhandlungen auf der Basis des Selbstbestimmungsrechts. Allein bei der Regelung des Berlin-Problems räumt er den Vier Mächten ein Mitspracherecht ein. Jedoch gibt er zu bedenken, ob es im Sinne der Westmächte und auch der Bundesrepublik opportun sei, der Sowjetunion ein Mitbestimmungsrecht in Fragen der innerstaatlichen Entwicklung zuzugestehen. Klärungswürdig sei allenfalls das Verhältnis zwischen der EG und der DDR. Weston, Politischer Direktor im britischen Außenministerium, hat dieser Argumentation wenig entgegenzusetzen. Er reklamiert lediglich Rechte, die bei der Grenzregelung zu beachten seien. Doch kennt auch er die Rechtsbindung der Bundesregierung in dieser Frage an das Urteil des Bundesverfassungsgerichts, die wenig Handlungsspielraum offenläßt. In der Abwehr solcher Mitsprachewünsche weiß sich das Bundeskanzleramt in der Regel mit dem Auswärtigen Amt einig. Hartmann und Kastrup argumentieren auf gleicher Linie.[299]

Es ist Ausdruck des internationalen Machtzuwachses, den die Bundesregierung in diesen Tagen verbuchen kann. Ohne die Hilfe der Bundesrepublik droht in der DDR Chaos. Die Westmächte scheuen davor zurück, Mittel zur Verbesserung der Lage in Osteuropa bereitzustellen. Die Regierung Bush unterstützt die Entwicklung in Deutschland, Mitterrand scheint sie zumindest zu tolerieren, und britischen Bedenken entgegenzutreten ist zunächst Aufgabe Washingtons. Der Kanzler befindet sich genau in der Situation, die er vorher als ideal beschrieben hat. Die sich überschlagenden Ereignisse diktieren das Tagesgeschehen. Er kann die Entwicklung beschleunigen, aber gleichzeitig gegenüber jedem ausländischen Gesprächspartner beteuern, er trage an allem keine Schuld.

So fällt es dem Kanzler auch nicht schwer, dem polnischen Außenminister Krzysztof Skubiszewski am 7. Februar[300] zu erläutern, vor wenigen Monaten habe die Bundesregierung von der heutigen Situation nur träumen können. Gleichzeitig deutet er an, es könne die Lage entstehen, wo die Regierung in Ost-Berlin sagt: „Bitte schön, übernehmt Ihr die Sache!" Der Kanzler schreckt jetzt nicht mehr davor zurück, unverblümt von der Einheit Deutschlands zu sprechen. Jeder Beobachter könne nachvollziehen, die DDR ist nicht mehr zu stabilisieren. Der Übersiedlerstrom werde anhalten. Sein Angebot einer Wirtschafts- und Währungsunion scheine die einzige Möglichkeit zu sein, die Dinge im Griff zu kriegen. Nach der Wahl, hört Skubiszewski vom Kanzler, werde es in der DDR eine Koalitionsregierung geben, mit der ein Regierungsprogramm auszuhandeln ist, dessen erster Punkt heißt: Einheit Deutschlands. Es kommt nun darauf an, die „bisher friedlichste Revolution unserer Geschichte" in geordnete Bahnen zu lenken. Seine schnellen Entscheidungen seien letztlich vom Druck der Menschen bestimmt worden, begründet der Kanzler sein bisheriges Vorgehen. Der Völkerrechtsprofessor aus Warschau versteht die Situation. Die DDR – „ein Land ohne Regierung", analysiert er treffend die Situation. Er muß zugeben, nun gilt es, das Recht der Deutschen auf Selbstbestimmung zu verwirklichen. Keiner habe ahnen können, antwortet ihm Kohl, daß die DDR wie eine Seifenblase platzt.[301]

Skubiszewski möchte vom Kanzler die Zusicherung haben, daß die Deutschen bei allen Einigungsbemühungen keinen Alleingang unternehmen. Zudem soll sich die Bundesregierung für eine Assoziierung Polens mit der EG einsetzen. Kohl weiß, wie wichtig es für den Vertreter eines jeden deutschen Nachbarstaates ist, die Versicherung von ihm zu hören, auch künftig mit Deutschlands Bindung an den Westen rechnen zu können. In Zeiten, wo sich

---

299 Nr. 162 Vorlage des Ministerialdirigenten Hartmann an Ministerialdirektor Teltschik, 5. Februar 1990.
300 Krzysztof Skubiszewski, Die völkerrechtliche und staatliche Einheit des deutschen Volkes und die Entwicklung in Europa [Beitrag auf der Grundlage eines Vortrages vor der Deutschen Gesellschaft für Auswärtige Politik e.V. am 7. Februar 1990 in Bonn], in: Europa-Archiv. Zeitschrift für internationale Politik. Hg. von der Deutschen Gesellschaft für Auswärtige Politik, Bonn. 45. Jg. (1990) Folge 6, 195–202.
301 Nr. 164 Gespräch des Bundeskanzlers Kohl mit Außenminister Skubiszewski in Bonn, 7. Februar 1990.

Feindbilder verändern, scheinen Kohl die historischen und psychologisch erklärbaren Ängste der Sowjetunion besonders problematisch. Seiner Einschätzung nach sind die Sowjets „Gefangene ihrer eigenen Propaganda".

Vor allen Dingen aber interessiert den polnischen Außenminister, ob sich die Bundesregierung in Zukunft ausschließlich auf die DDR konzentrieren wird und inwieweit die Unterstützung für sein Land noch anhält. Ende Januar hat nämlich der polnische Ministerpräsident in einem Schreiben an den Kanzler zwei elementare Fragen angeschnitten: Zum einen das Recht des polnischen Volkes, in gesicherten Grenzen zu leben; Mazowiecki erwartet vom Kanzler eine Grenzgarantie. Zum anderen will er von der Bundesregierung die Umwandlung der Drei-Milliarden-Kreditbürgschaft in nichtrückzahlbare Anleihen der Bundesrepublik in einen Stabilitätsfonds erreichen, so wie es die Vereinigten Staaten praktizieren. In diesem Zusammenhang erinnert er den Kanzler an dessen Versprechen aus dem November 1989, die deutschen Konditionen würden nicht schlechter als die der Amerikaner sein. Zwar hat die Bundesregierung ein größeres Kreditvolumen zur Verfügung gestellt, doch handelt es sich hierbei um rückzahlbare Finanzkredite.[302] Der Gesprächsaufzeichnung nach zu urteilen, verhält sich Kohl bei derlei Forderungen bedeckt. Er sagt zunächst lediglich die Bereitschaft zur Fortsetzung der Verständigungspolitik zu.

Das Angebot einer Wirtschafts- und Währungsunion

Anfang Februar hat die Bundesregierung erste administrative Vorkehrungen für die bevorstehenden Verhandlungen über die deutsche Einheit getroffen. Am 7. Februar beschließt das Kabinett die Einsetzung des Kabinettsausschusses Deutsche Einheit, der künftig die interministerielle Koordinierung übernehmen soll. Den Vorsitz führt der Bundeskanzler und in seiner Vertretung der Chef des Bundeskanzleramtes. Als ständige Mitglieder sind die klassischen Ressorts Auswärtiges Amt und die Bundesministerien des Innern, der Justiz, der Finanzen, für Wirtschaft, für innerdeutsche Beziehungen sowie für Arbeit und Sozialordnung vertreten. Auf der am gleichen Tage stattfindenden konstituierenden Sitzung werden sechs Arbeitsgruppen eingesetzt, für die je ein Ressort die Federführung übernimmt. Eine Arbeitsgruppe unter Federführung des Bundesministeriums der Finanzen befaßt sich mit dem zentralen Bereich der Währungsunion. Für Fragen der Wirtschaftsunion und der Umwelt ist das Bundeswirtschaftsministerium, für die Arbeits- und Sozialordnung das Bundesarbeitsministerium, für Rechtsfragen das Bundesjustizministerium, für die innere Ordnung und Staatsstrukturen das Bundesinnenministerium und für die Fragen der außen- und sicherheitspolitischen Zusammenhänge das Auswärtige Amt federführend.[303]

Das zentrale Thema dieser Kabinettssitzung, an der die Partei- und Fraktionsvorsitzenden und Bundesbankpräsident Pöhl teilnehmen, ist das Angebot einer Wirtschafts- und Währungsunion mit der DDR und die Bereitstellung benötigter Finanzmittel. Schon tags zuvor hat sich der Kanzler in einem Koalitionsgespräch mit den Parteivorsitzenden Graf Lambsdorff und Theo Waigel darauf verständigt, angesichts des Kollaps der DDR könne nur eine Wirtschafts- und Währungsunion sofort Abhilfe schaffen.

Drei Wege stehen dazu offen. Nach der sogenannten „Krönungstheorie" wird ein Währungsverbund erst am Ende dieser Entwicklung geschaffen, wenn die DDR-Wirtschaft Anschluß an das Niveau der Bundesrepublik gefunden hat. Dieser Weg braucht Zeit. Die Menschen in der DDR aber wollen schnelle Lösungen. Der zweite Weg besteht in einer künst-

---

302 Nr. 154 Schreiben des Ministerpräsidenten Mazowiecki an Bundeskanzler Kohl, 30. Januar 1990.
303 Nr. 161 Tischvorlage des Chefs des Bundeskanzleramtes für die Kabinettssitzung am 7. Februar 1990, 5. Februar 1990.

lichen Verklammerung von Mark der DDR und D-Mark so, wie ihn die SPD vorschlägt. Damit würde nach Ansicht der Beamten des Kanzleramtes jedoch die Stabilität der D-Mark aufs Spiel gesetzt. Der dritte Weg ist die Einführung der D-Mark als gesetzliches Zahlungsmittel in der DDR. Das setzt einen partiellen Verzicht der DDR auf Hoheitsrechte voraus und bedingt die Festlegung eines Umtauschkurses. Eine Entscheidung darüber ist erst nach Kenntnis aller Wirtschaftsdaten der DDR ratsam, über die die Bundesregierung aber bislang nicht verfügt. Die Währungsunion ist allerdings nur im Zusammenhang mit einer grundlegenden Wirtschaftsreform zu bewerkstelligen – also einem direkten Übergang von der Planwirtschaft zur Marktwirtschaft.[304] Davon sind die meisten Verantwortlichen in der Regierungskoalition überzeugt.[305]

Nun muß Bundesfinanzminister Waigel in der CDU/CSU-Bundestagsfraktion zunächst einmal einen Nachtragshaushalt für das laufende Jahr 1990 durchsetzen, mit dem die Sofortmaßnahmen für die DDR bezahlt werden sollen. Das Volumen beziffert er auf 6,87 Milliarden DM.[306] Befände sich die Bundesrepublik in der Situation des Jahres 1982, dann wäre ein Einsatz öffentlicher Mittel nicht möglich, argumentiert Waigel. Doch die erreichte wirtschaftliche Dynamik, so lautet seine Begründung in einem Schreiben an die Fraktion, lasse nunmehr Hilfen für die DDR aus den Sozialproduktzuwächsen zu. In einem Elf-Punkte-Plan[307] wird den Bundestagsabgeordneten von CDU und CSU dargelegt, warum die deutsche Einheit ein zusätzliches Wachstumsprogramm sein werde und erhebliche Expansionsmöglichkeiten zu erwarten seien. Wer Sonderopfer von Arbeitgebern und Arbeitnehmern verlange, heißt es, müsse sich über die Auswirkungen auf Wachstum, Arbeitsplätze und Realeinkommen im klaren sein.

Erhebliche Vorbehalte gegen das Konzept einer Wirtschafts- und Währungsunion hegt dagegen der Sachverständigenrat zur Begutachtung der gesamtwirtschaftlichen Lage beim Bundesminister für Wirtschaft. Der Vorsitzende, Hans Schneider, teilt dem Kanzler am 9. Februar die Bedenken der Wirtschaftsprofessoren mit. Sie warnen entschieden vor einem solchen Unternehmen, das in ihren Augen das falsche Instrument ist, den Übersiedlerstrom zu stoppen. Sinnvoller scheint ihnen eine umfassende Wirtschaftsreform ohne vertragliche Bindung der Bundesrepublik. Eine solche Entwicklung dürfe nicht mit einer Wirtschafts- und Währungsunion begonnen werden, weil keine Aufwertung der Kaufkraft nach Umwandlung der DDR-Mark in D-Mark in Aussicht stünde. Besser sei hingegen, der Verkauf von Sachwerten aus dem Staatsbesitz der DDR an Sparer, um Vermögenseinbußen so gering wie möglich zu halten. Außerdem werde der Anschein eines Anschlusses an den westdeutschen Lebensstandard erweckt, der effektiv mit einer Produktionssteigerung nicht oder kaum erreichbar sei, da die Löhne so schnell nicht steigen könnten. Die Wirtschafts- und Währungsunion verdeutliche zudem schlagartig den bestehenden Abstand zwischen Ost und West. Forderungen nach einer schnellen Anpassung der Lebensverhältnisse seien schwerlich zurückzuweisen. Der Druck auf einen Finanzausgleich wachse und damit die Belastung für die öffentlichen Haushalte. Infolgedessen seien erhebliche Steuererhöhungen unvermeidbar. Notwendige Finanztransfers in die DDR würden die Bereitschaft bei der Bevölkerung zur eigenen Anstrengung untergraben. Darüber hinaus werde die Preisstruktur in der DDR verzerrt, die Standortqualität verschlechtere sich im Verhältnis zur Bundesrepublik und der Übersiedlerstrom würde wieder anschwellen, wenn eine Ernüchterung erst Platz greift; von den Auswirkungen einer verstärkten Nachfrage nach Westgütern und einer

---

304 Nr. 163 Vermerk des Regierungsdirektors Nehring, 6. Februar 1990.
305 Teltschik, 329 Tage, 130 f.
306 Nr. 165 Schreiben des Bundesministers Waigel an die Mitglieder der Fraktion der CDU/CSU im Deutschen Bundestag, 7. Februar 1990. Nr. 165A Nachtrag zum Bundeshaushalt 1990, 7. Februar 1990.
307 Nr. 165B Währungsunion mit Wirtschaftsreform, 7. Februar 1990.

entsprechenden Preisreform erst gar nicht zu reden. Schneiders Fazit: Eine Währungsunion kann mangelnde Reformschritte nicht ausgleichen. Priorität muß die Wirtschaftsreform und nicht die Währungsunion haben.[308]

Doch solche pessimistischen Einschätzungen will zu dieser Zeit im Bundeskanzleramt niemand hören. Was nutzen wirtschaftstheoretische Bedenken, wenn die politische Lage schnelles Handeln erfordert und es Chaos abzuwenden gilt? Steckt die DDR jetzt nicht in einer ähnlich katastrophalen Situation wie die Bundesrepublik in der Nachkriegskriegszeit? Muß nicht in Analogie zu dem von Ludwig Erhard 1948 vertretenen Konzept des Leitsätzegesetz, das die Grundsätze für die Wirtschafts-, Rechts- und Sozialpolitik festgeschrieben hat,[309] nun ähnlich verfahren werden, um die soziale Marktwirtschaft in der DDR einzuführen? Allgemein wird eine rasche Aufwärtsentwicklung erwartet, die viel schneller kommen soll, als manche Experten unken, wenn erst die Rahmenbedingungen existieren. Nicht wenige nehmen an, nach der Währungsunion werde sich der Übergang zur Marktwirtschaft von selbst vollziehen.[310]

Zunächst aber muß ein klarer Stichtag für die Einführung der D-Mark als gesetzliches Zahlungsmittel in der DDR vereinbart werden, und es müssen die rechtlichen Voraussetzungen für die Einführung der sozialen Marktwirtschaft bestehen. Zwar sind in der Übergangsphase Versorgungsmängel keineswegs auszuschließen, doch werden diese wohl schnell behoben sein. Der erforderliche Strukturwandel – so rechnet das Bundesfinanzministerium – wird zum vorübergehenden Verlust von Arbeitsplätzen führen und zugleich aber mit zunehmendem Wandel zusätzliches Einkommen und Beschäftigung schaffen.[311]

Der Kanzler weiß um die Dringlichkeit, unverzüglich in Verhandlungen über eine Währungsunion und eine Wirtschaftsreform einzutreten. Doch will er in dieser Situation den Eindruck „ultimativer Forderungen" an die Adresse Ost-Berlins vermeiden. Der Arbeitskreis Deutschlandpolitik ist sich keinesfalls sicher, ob Modrow oder auch die neu zu wählende Regierung das Angebot akzeptiert. Notfalls will man auf das Stufenkonzept des Zehn-Punkte-Programms zurückgreifen. „Wenn die Union es zulasse", erklärt Kohl am Abend des 8. Februar vor dem Bundesvorstand der CDU, „daß unser Land in dieser Schicksalsstunde aus finanziellen Ängsten vor der Einheit zurückweiche, dann danke die Bundesrepublik vor der Geschichte ab".[312] Jetzt, wo alle Welt davon redet, die Wiedervereinigung sei in greifbare Nähe gerückt und selbst Thatcher vor dem Unterhaus die Wiedervereinigung Deutschlands als wahrscheinlich bezeichnet, konzentriert sich der Kanzler als erstes auf seine bevorstehenden Verhandlungen mit Gorbatschow.

Gorbatschows Ja zum Selbstbestimmungsrecht der Deutschen

Zur Vorbereitung der Gespräche in Moskau unterbreitet Teltschik dem Kanzler den Entwurf für eine gesamteuropäische Sicherheitsarchitektur.[313] Darin sind alle Komponenten einer künftigen deutschen Sicherheitspolitik enthalten. Deutschland, Kernland Europas, will keine Nuklearmacht sein, verfügt über eine unbeschränkte Bündnisfähigkeit und besitzt

---

308   Nr. 168 Schreiben des Vorsitzenden des Sachverständigenrats zur Begutachtung der gesamtwirtschaftlichen Entwicklung, Schneider, an Bundeskanzler Kohl, 9. Februar 1990.
309   Zu diesbezüglichen Überlegungen in der Bundesregierung: Tietmeyer, Erinnerungen an die Vertragsverhandlungen, 65, 90.
310   Peter Klemm, Die Verhandlungen über die deutsch-deutsche Währungsunion, in: Waigel/Schell, Tage, die Deutschland und die Welt veränderten, 135–148, hier 137.
311   Nr. 169 Schreiben des Staatssekretärs Köhler an Ministerialdirigent Duisberg, 9. Februar 1990.
312   Teltschik, 329 Tage, 133.
313   Nr. 166 Vorlage des Ministerialdirektors Teltschik an Bundeskanzler Kohl, ohne Datum.

eigene Streitkräfte. Drei Komponenten bestimmen seine Sicherheitspolitik: die KSZE, der Rüstungskontroll- und Abrüstungsdialog sowie seine wirtschaftliche Kooperationsfähigkeit. Für ein geeintes Deutschland sind folgende Elemente unverzichtbar: die Mitgliedschaft Gesamtdeutschlands in der NATO, die Aufrechterhaltung einer deutschen Streitkraft und die Präsenz amerikanischer Truppen in Deutschland. Im Mittelpunkt steht die Frage: Welche Sicherheitsgarantien können der Sowjetunion angeboten werden, wenn sie der Einheit Deutschlands zustimmt? Im wesentlichen sind es vier Bestandteile: der Verzicht auf ABC-Waffen, Verhandlungen über den Umfang deutscher Streitkräfte, Verifikationen im Rüstungskontrollbereich, Inspektionen im Bereich der C-Waffen, eventuell auch das Versprechen, keine Einheiten und Einrichtungen der NATO über die innerdeutsche Grenze zu verschieben. Die Stationierung deutscher Streitkräfte auf dem Territorium der DDR soll jedoch möglich sein; über den Umfang wäre zu verhandeln. Teltschiks Gedanken kreisen ebenfalls um einen Verzicht auf nukleare Kurzstreckenraketen und nukleare Artillerie, vielleicht sogar ein gänzlicher Verzicht auf die Lagerung von Nuklearwaffen in Friedenszeiten. Traumatischen Sicherheitsängsten der Sowjets kann der Kanzler auch in bezug auf die Innenpolitik mit einer Erfolgsbilanz begegnen. Vierzig Jahre Stabilität der demokratischen Entwicklung und der Föderalismus in der Bundesrepublik haben dazu geführt, daß kein Bundesland eine allein dominierende Rolle spielt.[314] Ein Preußen in Deutschland existiert nicht mehr.

Unmittelbar vor seiner Abreise nach Moskau erreicht den Kanzler ein Schreiben des amerikanischen Präsidenten. Dieser später vom Bundeskanzler als Dokument historischer Freundschaft mit den Vereinigten Staaten bezeichnete Brief[315] ist zuvor lange Gegenstand interner Beratungen in der amerikanischen Regierung gewesen. Dazu hat es zwei Entwürfe gegeben, einen des NSC-Stabes und einen zweiten der Europa-Abteilung des Außenministeriums. Während der Stab des Nationalen Sicherheitsrates sich für eine uneingeschränkte Rückendeckung des Präsidenten hinsichtlich der Wiedervereinigung, der NATO-Mitgliedschaft Deutschlands, amerikanischer Truppenpräsenz in Europa und der nuklearen Abschreckung stark macht, intendiert der Entwurf des Außenministeriums, Bush solle den Kanzler zur Rückversicherung gegenüber Gorbatschow bewegen und die NATO-Frage in veränderter Weise angehen, nämlich den Schutz des DDR-Territoriums außerhalb des NATO-Vertrages direkt durch die drei Westmächte suchen.[316] Baker und Bush neigen zu dem Entwurf des Nationalen Sicherheitsrats, da bei Scowcroft inzwischen Bedenken aufgetaucht sind, wie die Vereinigten Staaten Sicherheitsgarantien gegenüber einem Teil des geeinten Deutschlands übernehmen sollen.

Der Präsident unterstützt in dem Schreiben[317] die Bestrebungen Kohls und sagt ihm Unterstützung zu, falls sich die Einheit schneller realisieren sollte. Auch würden die Vereinigten Staaten jede Entscheidung der Deutschen akzeptieren. Bush macht aber ebenso seine Bedingungen für die Zustimmung zur Einheit deutlich. Er will nicht zulassen, daß sich die Sowjetunion des Viermächte-Mechanismus bedient, um ein Deutschland zu schaffen, das Moskau will, auf einem Weg, den Moskau will. Das heißt im Klartext: Ein neutrales oder nach Osten orientiertes wiedervereintes Deutschland ist für die Vereinigten Staaten nicht akzeptabel. Bush sieht die Rolle des zukünftigen Deutschland in der NATO. Damit macht er die Westbindung zur Bedingung für die Wiedervereinigung. Dafür ist er bereit, einen besonderen sicherheitspolitischen Status des DDR-Territoriums hinzunehmen, fordert aber seinerseits

---

314   Nr. 172 Gesprächspunktation der Abteilung 2 für Bundeskanzler Kohl, ohne Datum.
315   Nr. 180 Telefongespräch des Bundeskanzlers Kohl mit Präsident Bush, 13. Februar 1990. Nr. 361 Schreiben des Bundeskanzlers Kohl an Präsident Bush, 19. Juli 1990. Kohl, „Ich wollte Deutschlands Einheit", 267.
316   Zu den verschiedenen Fassungen dieses Schreibens Zelikow/Rice, Germany Unified and Europe Transformed, 185 f., 422.
317   Nr. 171 Schreiben des Präsidenten Bush an Bundeskanzler Kohl, 9. Februar 1990.

eine Truppenreduzierung der Sowjetunion und bietet zugleich an, der NATO eine mehr politische Rolle zu übertragen. Unverzichtbar ist für ihn die Präsenz amerikanischer Truppen in Europa. Nichts, was Gorbatschow dem Kanzler sagen werde, könne das verhindern. Ganz offensichtlich geht es dem Präsidenten nicht nur um eine enge Koordination der deutsch-amerikanischen Position.[318] Bush bindet seine Unterstützung der Wiedervereinigung an zwei Bedingungen: Die Deutschen bleiben Mitglied der westlichen Allianz, was der Kanzler stets beteuert hat. Und sie werden im Falle der Wiedervereinigung ihre Truppen weiterhin in Europa und auch in Deutschland präsent halten. Damit tragen sie zur Stabilität auf dem Kontinent bei und sichern sich dort langfristig ihren Einfluß. Letztendlich ist es gleichgültig, was Gorbatschow dem Kanzler offeriert. Die amerikanische Regierung wird ihre Einwilligung zur Einheit Deutschlands nur geben, wenn die Westbindung der Bundesrepublik garantiert ist. Dabei fürchtet Washington nichts mehr als die Forderung der Sowjets nach einem parallelen Truppenrückzug aus Deutschland. Das aber würde wiederum bedeuten: Die Sowjetunion wäre weiterhin bestrebt, ihre Sicherheit gegenüber Deutschland selbst zu garantieren, wozu sie jedoch bei einem zerfallenden Warschauer Pakt kaum mehr in der Lage ist.

Unmittelbar vor dem Gespräch des Kanzlers mit Generalsekretär Gorbatschow verhandelt Baker am 9. und 10. Februar mit der sowjetischen Führungsspitze. Was will Baker erreichen? Ihm geht es um fünf Ziele: Er will die Sowjets für die Zwei-plus-Vier-Formel gewinnen, Gorbatschow von der Unsinnigkeit der Neutralität Deutschlands überzeugen, ihm die Vorzüge der NATO-Mitgliedschaft darlegen, eine juristische Formel für die Erstreckung der NATO-Jurisdiktion auf das Gebiet der DDR anbieten und verdeutlichen, daß amerikanische Truppen in Europa stationiert bleiben müssen.[319]

Bakers Argumentation geht von zwei Thesen aus: zum einen von der Unvermeidbarkeit der Wiedervereinigung Deutschlands, die Gorbatschow im wesentlich akzeptiert, bei ihm jedoch große Besorgnisse hinsichtlich der Instabilität Europas und der Grenzgarantie durch Deutschland weckt. Und zum anderen versucht Baker seinem Gegenüber die Vorzüge zu erklären, wenn die Vereinigten Staaten die Verankerung Deutschlands im Westen und damit die Kontrolle über das deutsche Militärpotential behalten. Letzteres ist aus amerikanischer Sicht nur bei einer fortdauernden Mitgliedschaft Deutschlands in der NATO zu gewährleisten. Mit geschickter Verhandlungstaktik stellt Baker Gorbatschow unmißverständlich vor die Alternative, ob der sowjetische Präsident lieber ein vereintes Deutschland außerhalb der NATO sehe, unabhängig und ohne amerikanische Truppen, oder ob er ein vereintes Deutschland bevorzuge, eingebunden in die NATO mit der Zusicherung, die NATO-Jurisdiktion nicht auf ostdeutsches Gebiet vorzuschieben. Für Gorbatschow ist jede Ausdehnung der NATO inakzeptabel. Bakers Argumente scheinen ihm überdenkenswert.

Ferner vertritt Baker gegenüber Gorbatschow die Position, die innenpolitische Vereinigung sei Sache der Deutschen. Der Kreis der Vier Mächte könne nicht exklusiv über Deutschland verhandeln, und der KSZE-Rahmen mit 35 Mitgliedstaaten sei zu groß. Realistisch scheinen dem amerikanischen Außenminister Verhandlungen unter sechs Beteiligten zu sein – die Vier Mächte und die beiden deutschen Staaten. Am Ende der Verhandlungen erreicht Baker eine Verständigung über den Rahmen von Sechsmächte-Verhandlungen. Damit gelingt ihm ein wichtiger Schachzug. Der Prozeß der Wiedervereinigung wird in eine innenpolitische und eine außenpolitische Entwicklung entkoppelt. Die innenpolitische Vereinigung kann gegebenenfalls schneller vonstatten gehen als die Einigung über die außenpolitischen Fragen, ohne daß die Sowjetunion Verhandlungen zwischen Bonn und Ost-Berlin verzögern oder direkt konterkarieren kann. Sobald die innere Einheit Deutschlands hergestellt ist, wächst

---

318   Nr. 170 Schreiben des Präsidenten Bush an Bundeskanzler Kohl, 9. Februar 1990.
319   Zelikow/Rice, Germany Unified and Europe Transformed, 180.

zugleich der Druck auf Moskau, den außenpolitischen Fragen der Wiedervereinigung zuzu-
stimmen.
Bevor der amerikanische Außenminister Moskau am 10. Februar verläßt, setzt er den Kanz-
ler über die wichtigsten Gesprächsergebnisse brieflich in Kenntnis.[320] Kohl erhält das
Schreiben am Flughafen in Moskau über Botschafter Klaus Blech.[321] Beruhigt kann er in das
Gespräch mit Gorbatschow gehen. Als sich beide gegen 16 Uhr im Kreml zurückziehen,
sind nur die beiden Berater Teltschik und Tschernajew sowie zwei Dolmetscher anwesend.
Zunächst knüpft Kohl an die Begegnung in Bonn an und sagt seine Unterstützung für die
Reformen in der Sowjetunion zu. Gorbatschow versteht das als Akt der Solidarität, die der
Kanzler schon mit seiner Lebensmittelhilfe im Januar unter Beweis gestellt hat. Kohl sieht
zwei Schienen der Entwicklung: die Zusammenarbeit zwischen den beiden deutschen Staaten und der internationale Rahmen, das heißt, die Einbeziehung der Interessen der Nachbarstaaten. Mitte Januar, so erklärt er Gorbatschow, sei die Staatsautorität der DDR zusammengebrochen, wobei für die Bürger das entscheidende Motiv, die DDR zu verlassen, nicht
das Geld gewesen sei.[322] Nach der Volkskammerwahl, so prognostiziert der Kanzler die
weitere Entwicklung, würde das Parlament die Einheit verlangen. Für die Bundesregierung
sei das Problem nur mit Hilfe einer Wirtschafts- und Währungsunion lösbar. Hinsichtlich
der Stabilisierung der Wirtschaft der DDR läßt sich der Kanzler nicht auf eine zeitliche Eingrenzung festlegen. Die Entscheidung darüber stehe kurz bevor und sei unaufhaltsam.
Kohl legt dann seine Sicherheitsgarantien auf den Tisch, nachdem er spürt, daß Gorbatschow seinem Verhandlungsansatz von der Unvermeidbarkeit der Wiedervereinigung nicht
grundsätzlich widerspricht. Der Kanzler sagt die Respektierung der Sicherheitsinteressen aller Nachbarstaaten, also auch der Polens, zu. Dann umreißt er seine Vorstellungen von staatlicher Einheit: nämlich die Zusammenfassung der Territorien der Bundesrepublik Deutschland, der DDR und Berlins. In der Grenzfrage ist Kohl zu einer vertraglichen Absicherung
bereit und sieht darin auch kein wirkliches Problem. Grundlage sind für ihn die Verträge
von Moskau und Warschau, die es zu bestätigen gilt. Das Urteil des Bundesverfassungsgerichts stellt seiner Ansicht nach kein allzu großes Hindernis dar, denn es gelte nur für die
Bundesrepublik. Mit anderen Worten: Für den Preis der Wiedervereinigung ist die Bundesregierung bereit, den Verzicht auf die Gebiete jenseits der Oder-Neiße-Linie und das 1945
sowjetischer Verwaltung unterstellte Territorium Ostpreußens endgültig zu bestätigen.
Letztlich sei die Erlangung der Souveränität Deutschlands das Ziel.
Besonderen Wert legt der Kanzler auf die Frage der Bündniszugehörigkeit und auf Fortschritte bei den Abrüstungsverhandlungen über START, die Chemiewaffen und die Modernisierung der Kurzstreckensysteme. Eine Neutralisierung Deutschlands – auch das sagt er
Gorbatschow unumwunden – ist mit ihm, Kohl, nicht zu machen. Er bietet dem sowjetischen Staatschef an, es werde keine Ausdehnung der NATO auf DDR-Territorium erfolgen.
Schließlich stellt er den Verzicht Gesamtdeutschlands auf ABC-Waffen in Aussicht, womit
das vereinte Deutschland gegenüber Großbritannien und Frankreich spürbar schlechter gestellt bleiben würde.
Gorbatschow eröffnet dann dem Kanzler, zwischen ihnen bestehe keine Meinungsverschie-
denheit über das Recht der Deutschen, die Einheit anzustreben. Die Deutschen müßten es
selbst entscheiden. Auf diesen Ausspruch haben deutsche Politiker praktisch seit dem Ende
des Zweiten Weltkrieges vergeblich gewartet! Sofort fragt der Kanzler nach und hält fest:
Die Entscheidung über die Einheit ist eine deutsche Angelegenheit. Gorbatschow nennt daraufhin zwei Bedingungen: Sie müsse im Kontext bestehender Realitäten folgen; eine neue

---

320   Nr. 173 Schreiben des Außenministers Baker an Bundeskanzler Kohl, 10. Februar 1990.
321   Teltschik, 329 Tage, 137.
322   Nr. 174 Gespräch des Bundeskanzlers Kohl mit Generalsekretär Gorbatschow in Moskau, 10. Februar 1990.

Phase des Denkens habe begonnen, in der die Deutschen Lehren aus der Geschichte gezogen hätten. Und es dürfe von deutschem Boden nie wieder Krieg ausgehen. Der Kanzler münzt dies sogleich in eine positive Schlußfolgerung um: Es dürfe von deutschem Boden nur Frieden ausgehen.

Gorbatschow ist also bereit, sich auf die Wiedervereinigung einzulassen; jedoch nur, wenn sie Schritt für Schritt erfolgt und die fundamentale Frage der Grenzregelung gelöst wird. Der Kanzler macht daraufhin deutlich, die Entscheidung über die Grenze müsse am Tage X erfolgen, nicht heute. Mit anderen Worten: Er ist nicht zu rechtsverbindlichen Zugeständnissen bereit, solange alle Beteiligten noch nicht ihre Unterschrift unter das Papier zur deutschen Einheit gesetzt haben. Wichtig ist für Gorbatschow die Zusage Kohls, auch das gesamte Deutschland werde das Niveau der Beziehungen zur Sowjetunion, wie es zur DDR bestanden habe, aufrechterhalten – mit anderen Worten: Die Bundesrepublik wird vertragliche Verpflichtungen der DDR gegenüber der Sowjetunion erfüllen. Außerdem hofft er darauf, für den Preis der Einheit künftig exklusive Beziehungen zu Deutschland aufbauen zu können. Ihm ist klar, der Kern des deutschen Problems stellt die militärische Frage der europäischen Machtbalance dar. Deshalb konkretisiert er nochmals seine Bedingungen: Nie wieder Krieg von deutschem Boden, die Unverletzlichkeit der Grenzen, das deutsche Territorium darf nicht von äußeren Kräften genutzt werden, womit er die Stationierung fremder Truppen meint; und schließlich muß der Status Deutschlands in Europa geklärt werden. Verständnis bringt er für die Position des Kanzlers auf, der die Neutralität Deutschlands ablehnt. Doch hält sich Gorbatschow die Option der Blockfreiheit offen. Auch ventiliert er die Frage, ob Deutschland nicht zwei Blöcken angehören könnte, obwohl er selbst anscheinend die Frage nicht ganz ernst nimmt. Ihm kommt es darauf an, daß amerikanische Truppen nicht bis zur Oder vorrücken. Gorbatschow ist realistisch genug, die Erosionserscheinungen des Warschauer Pakts zu erkennen. Jedoch darf in seinen Augen das östliche Bündnis nicht zerfallen und die NATO bestehenbleiben. Das kann er sich politisch nicht erlauben. Gorbatschow braucht die Zusammenarbeit in Europa, um Stabilität im Ostblock wiederherzustellen. Deshalb plädiert er für die Fortführung von NATO und Warschauer Pakt unter neuen Bedingungen.

Eine Viermächte-Konferenz zur Lösung der deutschen Frage lehnt Kohl grundsätzlich ab. Nachdrücklich unterstützt er den amerikanischen Vorschlag von Zwei-plus-Vier-Gesprächen, wobei Gorbatschow um die starke Verhandlungsposition des Kanzlers weiß und ihm ins Wort fällt: „Nichts ohne Sie!"

Was hat der Kanzler erreicht? Kohl hat in diesem Gespräch den historischen Bruch des Kreml-Führers mit der über vier Jahrzehnte lang fest zementierten sowjetischen Deutschlandpolitik erlebt. Das Ergebnis kann sich sehen lassen. Über die Frage der Einheit entscheiden die Deutschen selbst. Der internationale Kontext ist zu berücksichtigen, ebenso die Sicherheitsinteressen der Nachbarstaaten. Die Bündnisfrage muß gelöst werden. Die Bundesrepublik wird für eine Bestandsaufnahme der Wirtschaftsbeziehungen zwischen der DDR und der Sowjetunion sorgen. Ausfallende Lieferungen der DDR sollen nicht zum Schaden der Sowjetunion sein. Die Deutschland-Verhandlungen werden sich auf zwei deutsche Staaten und die vier alliierten Mächte oder einen deutschen Staat mit den Vier Mächten konzentrieren.

In dem anschließenden Delegationsgespräch bekräftigt Gorbatschow das Recht des deutschen Volkes, die Wahl zu treffen, in welchem Staat es leben wolle. Der Kanzler unterstreicht erneut, die Entwicklung werde auf zwei Schienen vorangehen, im innerdeutschen und im internationalen Kontext. Mit dieser Bestätigung hat die Sowjetunion in innerdeutschen Angelegenheiten ihr politisches Mitspracherecht faktisch aufgegeben. Außenminister Genscher und Außenminister Schewardnadse berichten über ihre parallel abgehaltenen Gespräche. Sie haben sich im wesentlichen um das beabsichtigte KSZE-Gipfeltreffen, Abrüstungsfragen und die Umwandlung des Warschauer Paktes und der NATO gedreht.[323] Kohl unterstreicht seinerseits das Junktim, es werde keinen KSZE-Gipfel ohne vorherige Lösung der deutschen Frage geben. Damit bindet er die Interessen der Sowjets an einen KSZE-Gipfel und bekräftigt, außer den beiden deutschen Staaten und den Vier Mächten hat kein weiterer KSZE-Teilnehmerstaat in der deutschen Frage ein Wort mitzureden, ja selbst die deutsche Frage ist dort kein Diskussionsgegenstand.[324]

In den deutsch-sowjetischen Beziehungen ist der Bann gebrochen. Nach außen nüchtern und geradezu gelassen richtet der Kanzler auf der anschließenden Pressekonferenz am Abend eine Botschaft an alle Deutschen und teilt den Erfolg seiner Verhandlungen mit. Gorbatschow habe der deutschen Einigung zugestimmt. Dies sei ein guter Tag für Deutschland und für ihn persönlich, setzt er hinzu. Die verhaltene, ja geschäftsmäßige Reaktion der internationalen Presse löst in der deutschen Delegation Verwunderung aus. Erst am nächsten Tage, als die offizielle TASS-Mitteilung über das Gespräch vorliegt, wird manchem Beobachter bewußt, was der Bundeskanzler und der Generalsekretär wirklich vereinbart haben. „Gorbatschow stellte fest – und der Kanzler stimmte ihm zu", ist zu lesen, „daß es zur Zeit zwischen der UdSSR, der BRD und der DDR keine Meinungsverschiedenheiten darüber gebe, daß die Deutschen selbst die Frage der Einheit der deutschen Nation lösen und selbst ihre Wahl treffen müssen, in welchen Staatsformen, zu welchen Zeitpunkten, mit welchem Tempo und zu welchen Bedingungen sie diese Einheit realisieren werden."

Auf dem Rückflug nach Köln/Bonn stößt der Kanzler mit Journalisten bei einem Glas Sekt auf den Erfolg an, denkt aber daran, eine Überflugbotschaft an Mazowiecki zu richten, in der er das Selbstbestimmungsrecht der Deutschen und das Recht auf Einheit betont und die Beachtung polnischer Interessen hervorhebt.[325]

Kohl, aber auch Baker haben Moskau in dem Glauben verlassen, Gorbatschow habe nichts gegen die Wiedervereinigung einzuwenden.[326] Damit wächst zugleich die Sorge um die innenpolitische Entwicklung in der Sowjetunion. Doch stellt sich die Frage: Wie lange wird sich Gorbatschow mit einer solchen Politik im Amt halten können?

Wie intensiv die Kommunikation zwischen Bundeskanzler und amerikanischem Präsidenten inzwischen geworden ist, zeigt sich daran, daß Kohl ihn am 13. Februar persönlich über die Ergebnisse seiner Verhandlungen in Moskau unterrichtet. In den nächsten Wochen und Monaten wird von ihnen mit Gorbatschow, Mitterrand und Thatcher kein halbwegs wichtiges Gespräch geführt, über das sich beide nicht telefonisch unmittelbar anschließend informieren. Fast gebetsmühlenartig, wie ein Ritual, bekennt sich der Kanzler zu Beginn solcher Telefonate zunächst immer wieder zur Einbindung Gesamtdeutschlands in die NATO. Er betreibt auf diese Weise beim wichtigsten westlichen Verbündeten kontinuierlich Vertrauensbildung und Rückversicherungspolitik. Stets beteuert er, Neutralisierung sei für ihn kein Thema, und den Menschen in der DDR müsse ein gewisser Hoffnungsschimmer vermittelt werden. Seinen Eindruck von den Gesprächen mit Gorbatschow in Moskau bringt der Kanzler gegenüber Bush auf den Punkt. Er glaube, die Sowjets lassen sich die Bündnismitgliedschaft Deutschlands abverhandeln. Die Modalitäten seien allerdings wichtig.[327]

Bevor die eigentlichen Verhandlungen jedoch beginnen können, sind die Bedingungen der Zwei-plus-Vier-Verhandlungen festzuklopfen. Genscher ist direkt zur Open-sky-Konferenz nach Ottawa weitergereist, wo sich die Außenminister der NATO-Staaten und der Teilnehmerstaaten des Warschauer Paktes treffen. Fast noch wichtiger als der eigentliche

323 Genscher, Erinnerungen, 831–833.
324 Nr. 175 Delegationsgespräch des Bundeskanzlers Kohl mit Generalsekretär Gorbatschow in Moskau, 10. Februar 1990.
325 Nr. 176 Überflugbotschaft des Bundeskanzlers Kohl an Ministerpräsident Mazowiecki, 11. Februar 1990.
326 Zelikow/Rice, Germany Unified and Europe Transformed, 190.
327 Nr. 180 Telefongespräch des Bundeskanzlers Kohl mit Präsident Bush, 13. Februar 1990.

Anlaß der Konferenz sind die Gespräche der Außenminister der Vier Mächte und der beiden deutschen Staaten über die äußeren Aspekte der Wiedervereinigung. Genscher hat sich vorgenommen, eine definitive Verständigung über die Einsetzung und den Verhandlungsmodus zu erreichen. Besonders Schewardnadse ist darauf nicht vorbereitet. Am Rande des Konferenzbetriebs finden zahlreiche bilaterale Gespräche zwischen Baker und Schewardnadse, Baker und Genscher, Genscher und Schewardnadse, aber auch mit Hurd und Dumas statt. Telefonisch berichtet der Bundesaußenminister dem Kanzler am 13. Februar, die Zwei-plus-Vier-Gespräche sollten vor dem geplanten KSZE-Gipfel beendet sein und müßten daher direkt nach den Volkskammerwahlen unter den Staats- und Regierungschefs beginnen.[328]

Die Amerikaner begnügen sich nicht mit einer Vereinbarung über das Zwei-plus-Vier-Forum. Sie wollen eine öffentliche Erklärung durchsetzen, durch die der Zwei-plus-Vier-Mechanismus auf die Diskussion der „äußeren Aspekte" der Vereinigung begrenzt und das Prozedere in bezug auf die „innere Vereinigung" abgestimmt wird. Zunächst haben Genscher und Baker den Beginn der Zwei-plus-Vier-Gespräche kurze Zeit nach den Volkskammerwahlen am 18. März vereinbart.[329] Davor soll ein Gespräch zwischen dem Bundesaußenminister und dem DDR-Außenminister und anschließend mit den Außenministern der Vier Mächte stattfinden. Dabei schwingt die Erwartung mit, bis dahin werde der innere Vereinigungsprozeß schon ein Stück vorangekommen sein.

In der amerikanischen Administration gibt es jedoch erhebliche Meinungsverschiedenheiten über die einzuschlagende strategische Linie. Im Gegensatz zu Baker und seinen Mitarbeitern Ross und Zoellick hegen Scowcroft, Blackwill und Seitz ernsthafte Bedenken gegen den Zwei-plus-Vier-Ansatz. Sie befürchten unverändert, damit werde der Sowjetunion Einmischungen in den deutschen Vereinigungsprozeß erlaubt und außerdem könnten Franzosen und Briten die Verhandlungen zur Verzögerung des gesamten Prozesses benutzen. Baker hat zwar bereits die Zustimmung Bushs, und er weiß auch um die Unterstützung Genschers und Kohls zu diesem Ansatz. Doch hat wohl Scowcroft interveniert, weil Baker den Präsidenten vor vollendete Tatsachen gestellt hat.[330] Baker versucht nun über Genscher und Kohl Druck auf Bush auszuüben, indem er die Zustimmung des Kanzlers gegenüber dem Bundesaußenminister in Zweifel zieht und somit eine wiederholte Zustimmung Kohls provoziert. Genscher reagiert verblüfft und gewinnt wohl aus Bakers Hinweis auf Scowcroft den Eindruck, jemand in Bonn stecke dahinter.[331] In Kenntnis der Rivalitäten zwischen dem Bundeskanzleramt und dem Auswärtigen Amt liegt die Annahme nahe, daß Genscher hinter alledem Teltschik vermutet. Dieser hat sich in einem Telefonat mit Blackwill beklagt, über die Gespräche in Ottawa erfahre das Kanzleramt so wenig. Die bürokratische Kontrolle über die Zwei-plus-Vier-Gespräche solle nicht vollends dem Auswärtigen Amt überlassen werden.[332] Genscher bittet Kohl, telefonisch bei Bush die Angelegenheit geradezustellen, weil aufgrund eines Mißverständnisses ein „irreparabler Schaden" entstehen könnte.[333] Doch ruft zwischenzeitlich Bush bei Kohl an, um dessen Vorbehalte zu klären. Kohl erklärt sich einverstanden, wenn die Besprechungen der Deutschen untereinander vor den Wahlen beginnen und das erste Treffen der Minister nach den Wahlen stattfindet, da die Regierungsbildung in der DDR vier Wochen dauern werde. Bush ist darüber erleichtert. Er kann Baker die Zustimmung des Kanzlers mitteilen.[334] Somit vermag er beide Parteien in seiner Administration zufriedenstellen; jene, die den direkten Einstieg in den Zwei-plus-Vier-Prozeß anstre-

---

328 Teltschik, 329 Tage, 145 f.
329 Zelikow/Rice, Germany Unified and Europe Transformed, 193.
330 Ebd., 193 f., 424.
331 Genscher, Erinnerungen, 726.
332 Kiessler/Elbe, Ein runder Tisch mit scharfen Ecken, 101.
333 Genscher, Erinnerungen, 727.
334 Nr. 180 Telefongespräch des Bundeskanzlers Kohl mit Präsident Bush, 13. Februar 1990.

ben, und jene, die es lieber sehen, wenn sich der eigentliche Verhandlungsprozeß in diesem Rahmen noch etwas verzögert, damit im Zuge der inneren Vereinigung schon möglichst viele Fakten geschaffen werden können.

Bei der anschließenden Sitzung der Außenminister der NATO-Mitgliedstaaten machen der Italiener De Michelis und der Niederländer van den Broek ihrer Verärgerung Luft, weil sie von der Vereinbarung mit der Sowjetunion ausgespart worden sind. Sie fordern ein Mitspracherecht der NATO-Staaten bei den Zwei-plus-Vier-Verhandlungen. In drastischer Form macht Genscher ihnen deutlich, daß sie nach Ansicht der Vier Mächte und der beiden deutschen Staaten nichts am Verhandlungstisch zu suchen haben: „You are not part of the game!"[335]

Die Vereinbarung von Ottawa signalisiert: Der Durchbruch zu Verhandlungen unter den sechs Beteiligten über die Wiedervereinigung ist erzielt. Zwei Herausforderungen sind zu bewältigen. Es geht um eine tragfähige Position für die äußere Bindung Deutschlands in Europa, und es geht um eine diplomatische Strategie bei den Zwei-plus-Vier-Verhandlungen, die geschwächte Sowjetunion einzubinden, ihr allerdings wenig Störpotential zu bieten. Die Bush-Administration will die Früchte der demokratischen Revolution in Osteuropa konsolidieren und die sowjetische Militärmacht in Deutschland gänzlich beseitigen. Dieser Balanceakt kann nur gelingen, wenn die Sowjetunion nicht als Verlierer dasteht. Sie darf das Verhandlungsergebnis am Ende nicht als Niederlage empfinden, wenn es Bonn und Washington wirklich gelingen sollte, die Wiedervereinigung zu westlichen Konditionen zu vereinbaren.[336]

Einbeziehung der Länder und der Streit über Artikel 23 Grundgesetz

Bevorstehende Verhandlungen über die inneren und äußeren Aspekte der deutschen Einheit haben schon im Januar 1990 die Länder alarmiert, rechtzeitig ihre Interessen in den Entscheidungsprozessen zur Geltung zu bringen. In dem Gespräch mit den Ministerpräsidenten am 21. Dezember hat der Bundeskanzler eine enge Zusammenarbeit mit den Ländern bei der Vorbereitung der Vertragsgemeinschaft mit der DDR zugesagt. Damit stellt sich die Frage nach der Form der Beteiligung. Als federführender Amtschef der Ländervertreter erhebt der Chef der Staatskanzlei Nordrhein-Westfalens, Staatssekretär Clement, am 25. Januar 1990 in einem Schreiben an den Chef des Bundeskanzleramtes die Forderung nach einer Beteiligung.[337] Grundlage ist die schriftliche Verständigung des Bundeskanzlers mit den Ministerpräsidenten vom 17. Dezember 1987[338] über die Beteiligung der Länder an Verhandlungen mit der DDR. Darin sagt die Bundesregierung zu, „die Länder umfassend und zum frühestmöglichen Zeitpunkt über alle Verhandlungen des Bundes" mit der DDR, die zu einem Vertragsabschluß führen sollen, „soweit diese für die Länder von Interesse sein könnten", zu unterrichten.

Mit einem Beschlußvorschlag für die nächste Sitzung des Chefs des Bundeskanzleramtes mit den Chefs der Staats- und Senatskanzleien am 30. Januar streben die Länder eine neue Geschäftsgrundlage durch Modifizierung der Verständigung in vier Punkten an. Zum einen

335   Genscher, Erinnerungen, 729.
336   Zelikow/Rice, Germany Unified and Europe Transformed, 197.
337   Nr. 149 Schreiben des Staatssekretärs Clement an Bundesminister Seiters, 25. Januar 1990. Nr. 149A Beschlußvorschlag, 25. Januar 1990.
338   Ergebnisprotokoll. Besprechung des Bundeskanzlers mit den Regierungschefs der Länder am 17. Dezember 1987 in Bonn. Anlage zu TOP 4a). Verständigung zwischen der Bundesregierung und den Regierungen der Länder über die Beteiligung der Länder bei Abkommen zwischen der Bundesrepublik Deutschland und der Deutschen Demokratischen Republik, 4 S. (mit hs. Unterschriften); BArch, B 136/20634, 22 – 35014 Lä 1 Bd. 4.

wollen sie von der Bundesregierung „umfassend und fortlaufend über die Vertragsgemeinschaft und alle damit im Zusammenhang stehenden Vorhaben" informiert werden. Das bezieht sich sowohl auf die Vertragsverhandlungen als auch auf Gespräche und Planungen. Zudem wird statt der vereinbarten punktuellen Unterrichtung eine „fortlaufende" Information gefordert. Zum anderen erwarten die Länder, ihre Vorstellung „vor einer abschließenden Willensbildung der Bundesregierung" bei allen mit der DDR abzuschließenden Verträgen einbringen zu können, die Bestandteil der Vertragsgemeinschaft sein werden. Der Handlungsspielraum der Bundesregierung würde eingeengt, wenn deren Entscheidungen von dem vorherigen Einverständnis der Länder abhingen. Des weiteren betrachten die Länder die Vertragsgemeinschaft mit der DDR als „Gesamtvertragswerk". Sie knüpfen daran die Forderung, ihr Einverständnis einzuholen, wenn ausschließlich Länderkompetenzen tangiert sind. Und schließlich verlangt die Länderseite die Beteiligung mit je vier Vertretern an allen Vertragsverhandlungen. In der Vereinbarung von 1987 ist die Zahl der Vertreter nicht festgeschrieben und eine „grundsätzliche" Beteiligung – also nicht in jedem Fall – in Aussicht genommen worden, außer bei Abkommen, die „wesentliche Interessen" der Länder berühren. Als Konsultationsgremium ist die Ständige Vertragskommission vorgesehen. Nach Beschluß der Regierungschefs der Länder vom 21. Dezember 1989 sollen die Chefs der Staats- und Senatskanzleien das Ständige Gremium bilden und der Bundesregierung als Ansprechpartner für Fragen der Vertragsgemeinschaft dienen.[339]
Das Bundesministerium für innerdeutsche Beziehungen empfiehlt, „schon aus politischen Gründen" die Länder in die Verhandlungsvorbereitungen „soweit wie möglich einzubeziehen" und zu informieren, ohne aber an der Verständigung von 1987 etwas zu ändern. Verhandlungsführer sollen weder Weisungen der Länder unterliegen noch Interventionen einzelner Länder berücksichtigen.[340]
Bei ihrem Treffen am 30. Januar kommen der Chef des Bundeskanzleramtes und die Chefs der Staats- und Senatskanzleien der Länder überein, die Länder an den Entscheidungen einer Vertragsgemeinschaft zu beteiligen, soweit dies gemäß der Vereinbarung vom Dezember 1987 notwendig und deren Durchführung möglich ist. Die Beteiligung der Länder an Kommissionen soll erfolgen, soweit ihre Interessen berührt sind. Das Kanzleramt will mit einer pragmatischen Handhabung in Form monatlicher Treffen des Chefs des Bundeskanzleramtes mit den Chefs der Staats- und Senatskanzleien, bei denen die Bund-Länder-Aktivitäten gegenüber der DDR koordiniert werden,[341] die Länder zwar durch regelmäßige politische Konsultationen auf dem laufenden halten und ihre Beteiligung von Fall zu Fall flexibel gestalten, sich aber nicht auf die Teilnehmerzahl festlegen lassen und ihnen erst recht keine Mitspracherecht bei der Verhandlungsführung einräumen, indem es sich von dem Einverständnis der Länder abhängig macht.[342] Diese Gespräche sollen zu einer wichtigen Abstimmungsplattform zwischen Bund und Ländern werden, jedoch nicht mehr.
Am 6. Februar wiederholt Clement die Bitte, die Länder an den Beratungen mit der Regierung Modrow zu beteiligen.[343] Als Reaktion darauf schlägt der Kanzler vor, je ein Ministerpräsident für die SPD-regierten Länder (sogenannte „A-Länder") und die CDU- bzw.

---

339   Verfügung des Ministerialrats Germelmann betr. Abweichungen des Beschlußvorschlages der Länder vom 25. Januar 1990 von der Verständigung vom 17. Dezember 1987, 221 – 35014 Lä 1, 26. Januar 1990, 2 S.; ebd.
340   Schreiben des Ministerialrats Mahnke an Ministerialdirigent Duisberg betr. Beteiligung der Länder an Verhandlungen und Verträgen mit der DDR, II A 3 – 3230 – 13026/84, 5. Februar 1990; ebd.
341   Nr. 152 Besprechung des Chefs des Bundeskanzleramtes Seiters mit den Chefs der Staats- und Senatskanzleien der Länder in Bonn, 30. Januar 1990.
342   Vorlage des Ministerialdirigenten Duisberg an den Chef des Bundeskanzleramtes Seiters betr. Kabinettssitzung am 7. Februar 1990, hier: TOP 2 Aussprache zu deutschlandpolitischen Fragen, 7. Februar 1990; BArch, B 136/20634, 22 – 35014 Lä 1 Bd. 4.
343   Schreiben des Staatssekretärs Clement an den Chef des Bundeskanzleramtes, Bundesminister Seiters, 6. Februar 1990; ebd.

CSU-regierten Länder (sogenannte „B-Länder") soll bei dem Besuch Modrows in Bonn an dem Delegationsgespräch teilnehmen. Zugleich bekundet Clement gegenüber Seiters am 9. Februar das Interesse der Länder, an der Arbeitsgruppe Staatsstruktur und öffentliche Ordnung des Kabinettsausschusses Deutsche Einheit mitzuwirken.[344]

In dem Gespräch des Bundeskanzlers mit den Regierungschefs der Länder am 15. Februar[345] wird sorgfältig die Beteiligung der Länder an den innerdeutschen Verhandlungen abgesteckt. Kohl und Seiters wollen die Teilnahme der Ländervertreter flexibel gestalten, schließen aber eine Länderbeteiligung an den Zwei-plus-Vier-Verhandlungen generell aus, was Rau akzeptiert. Auch wollen sie die Länder nicht direkt an den Verhandlungen zwischen Bonn und Ost-Berlin teilhaben lassen. Sie sollen allenfalls hinzugezogen werden, wenn die Finanzhoheit der Länder betroffen ist. Auch den Ländern ist im Grunde klar, daß sie nicht alle an den Verhandlungen über die zukünftige Staatsstruktur teilnehmen können. Jedoch fordern sie in einem Beschluß die gleichgewichtige Bund-Länder-Vertretung, das heißt, die Länder wollen ihren Anteil an der künftigen Staatsstruktur einbringen. In ihrem Beschlußvorschlag vom 15. Februar ist zudem die Rede von einer fortlaufenden Unterrichtung der Europäischen Gemeinschaft über den Verhandlungsprozeß.[346]

Für die Verhandlungen mit der DDR werden vier grundsätzliche Vereinbarungen getroffen. *Erstens*, die Bundesregierung sagt zu, die Länder umfassend und fortlaufend über die Verhandlungen zu informieren. Dazu werden Besprechungen zwischen dem Chef des Bundeskanzleramtes und den Chefs der Staats- und Senatskanzleien der Länder als ständiges Konsultationsgremium eingerichtet. Dieses Forum ist Ansprechpartner des Bundes für die Länderinteressen. *Zweitens* sagt die Bundesregierung zu, vor ihrer abschließenden Willensbildung den Ländern Gelegenheit zu geben, ihre „Vorstellungen nach Abstimmung untereinander einzubringen". *Drittens* werden die Verhandlungen mit der DDR auf der Grundlage der Verständigung vom 17. Dezember 1987 geführt. Die „grundsätzliche" Teilnahme von Vertretern der Ländern wird als „regelmäßige" verstanden. Beteiligt werden zwei Ländervertreter, und zwar das vorsitzführende Land der Ministerpräsidentenkonferenz und der Sprecher der Ländergruppe, der der Vorsitzende nicht angehört. Andere Länder werden je nach besonderen Interessen hinzugezogen.[347] *Viertens*, wenn ausschließlich Länderkompetenzen betroffen sind, liegt die Verhandlungsführung bei den Ländern. In diesen Fällen sind Bund und Länder gleichberechtigt in den Delegationen vertreten.

Die Bundesregierung kommt also den Länderinteressen entgegen. Ihre Verhandlungsführung wird dadurch aber nicht beeinträchtigt. Doch wird dieser pragmatische Beschluß nicht von allen Ländern geteilt. In einer einseitigen Protokollnotiz hält Hamburgs Erster Bürgermeister, Voscherau, fest: Die Rechtsstellung der Länder ist nicht disponibel, Dritte können die Verfassungsposition Hamburgs nicht vertreten, und sämtliche Länder sind an den Verhandlungen zu beteiligen.

Unabhängig davon legen die Länder einen gesteigerten Wert darauf, die Bund-Länder-Finanzbeziehungen außen vor und die Finanzausstattung vor einer Neuverteilung der Umsatzsteuer ab 1999 davon unberührt zu lassen. Der mittelfristige Bund-Länder-Finanzausgleich soll bis 1994 so gestaltet werden, daß die neu entstehenden Länder in der DDR davon nicht profitieren. Erst ab 1995 wollen die Länder darüber beraten.

Ihnen ist schnell klargeworden, um was es bei den anstehenden Verhandlungen über die Fragen der Währungs- und Wirtschaftsunion geht, nämlich um grundsätzliche Aspekte der künftigen Staatsstruktur und substantielle Veränderungen des föderalen Systems der Bun-

---

344 Nr. 167 Gespräch des Bundesministers Seiters mit Staatssekretär Clement in Bonn, 9. Februar 1990.
345 Nr. 185 Besprechung des Bundeskanzlers Kohl mit den Regierungschefs der Länder in Bonn, 15. Februar 1990.
346 Nr. 185A Anlage 1 Beschlußvorschlag der Länder, 15. Februar 1990.
347 Nr. 185B Anlage 2 Beschlußvorschlag des Bundes, 15. Februar 1990.

desrepublik. In der Besprechung am 2. März versuchen die Chefs der Staats- und Senats-kanzleien gegenüber dem Chef des Bundeskanzleramtes[348] nachzuverhandeln und ihre Be-teiligungen an den Vorarbeiten und den Verhandlungen mit der DDR weiter auszubauen. Zum einen erwartet Clement über die Beschlüsse vom 15. Februar hinaus von der Bundes-regierung, „umfassend über die Absichten zu dem politischen Prozeß" auf dem Weg zur deutschen Einheit unterrichtet zu werden – folglich auch über die außenpolitischen Ent-wicklungen. Die Vertreter von Baden-Württemberg, Bremen, Hessen, Nordrhein-Westfa-len und Schleswig-Holstein begründen diese Forderung damit, daß die Länder zur internen Vorbereitung für die Abstimmung der Vorstellungen weitergehende Informationen benöti-gen, um sie in die Willensbildung der Bundesregierung einbringen zu können. Zum anderen unterstreichen sie ihre Teilnahme an den Verhandlungen, wenn die Länderfinanzhoheit be-troffen ist. Clement fordert im übrigen, Ländervertreter zu allen Arbeitsgruppen des Kabinettausschusses Deutsche Einheit hinzuziehen mit Ausnahme der Arbeitsgruppe „Bil-dung einer Währungsunion, Finanzfragen". Seiters schmettert den Vorstoß mit dem Hin-weis ab, es sei am 15. Februar eine Beteiligung der Länder an den Fragen der Staatsstruktur beschlossen worden und deswegen lediglich die Teilnahme an den Arbeitsgruppen „Rechts-fragen, insbesondere Rechtsangleichung" und „Staatsstrukturen und öffentliche Ordnung" möglich.

Nachdem sich auf der zweiten Sitzung des Kabinettsausschusses Deutsche Einheit am 14. Februar Genscher für eine Verständigung der beiden frei gewählten deutschen Regierun-gen über das verfassungsrechtliche Prozedere ausgesprochen und für den Weg über Artikel 23 Grundgesetz plädiert hat,[349] zeigen sich in der Arbeitsgruppe „Staatsstrukturen und öf-fentliche Ordnung" recht bald Meinungsunterschiede über den möglichen Weg zur Wieder-vereinigung. Kohl, Schäuble und die CDU-regierten Länder treten für die Ausweitung des Grundgesetzes auf die DDR und den Beitritt nach Artikel 23 Grundgesetz ein. Dagegen wird eingewandt, die Bevölkerung habe dann kein Abstimmungsrecht. Die SPD-regierten Länder geben deshalb dem Verfahren über Artikel 146 Grundgesetz den Vorzug. Dieser Weg eröffnet ihrer Meinung nach eine größere demokratische Legitimation und hat mögli-cherweise größere Akzeptanz in der Bevölkerung zur Folge. Dagegen spricht aus Sicht der Bundesregierung jedoch die längere Wartezeit, bis eine neue Verfassung ausgearbeitet und in Kraft getreten ist. Zudem können Bundesregierung und Regierung der DDR kaum vorab verfassungsmäßige Anpassungen vornehmen. Der Wiedervereinigungsprozeß würde da-durch möglicherweise verzögert.

In der Sitzung der Arbeitsgruppe am 1. März übergibt Schäuble ein Diskussionspapier, das im Bundesinnenministerium entstanden ist. Es enthält erste Überlegungen zur Positionsbe-schreibung für eine Überleitungsgesetzgebung.[350] Ausgangspunkt ist das Staatsverständnis der Bundesrepublik Deutschland. Nach Auffassung des Bundesverfassungsgerichts existiert erst dann ein vollständiger Staat, wenn der Bundesrepublik die anderen Teile des Deutschen Reiches in den Grenzen von 1937 angehören. Das Deutsche Reich, das 1945 nicht unterge-gangen und 1949 in Form der Bundesrepublik Deutschland neu organisiert worden ist, stellt den Kernstaat dar, dem nunmehr die DDR beitritt. Alternativ wird der Beitritt nach Artikel 23 Absatz 2 Grundgesetz entweder durch den Beitritt des Staatsgebiets der DDR oder durch den Beitritt der Länder der DDR vollzogen. Relevant ist vor allem, daß die Erklärung durch legitimierte Organe und auf freiwilliger Basis erfolgt. Damit nimmt das Staatsvolk sein

348　Nr. 200 Besprechung des Chefs des Bundeskanzleramtes Seiters mit den Chefs der Staats- und Senatskanzleien der Länder in Bonn, 2. März 1990.
349　Nr. 182 Konstituierende Sitzung der Arbeitsgruppe Außen- und Sicherheitspolitik des Kabinettsausschusses Deut-sche Einheit in Bonn, 14. Februar 1990.
350　Nr. 196 Aufzeichnung des Bundesministeriums des Innern, 27. Februar 1990.

Selbstbestimmungsrecht wahr. Der Teil des Staatsvolkes, dem beigetreten wird, also die Bundesrepublik Deutschland, hat seinerseits keine Entscheidungsmöglichkeit über die Annahme. Ein Beschluß oder ein Volksentscheid ist nicht vorgesehen. Außerdem muß das Grundgesetz in Kraft gesetzt werden, denn das geschieht nicht automatisch mit der Beitrittserklärung.

Bis 6. März haben sich die Ressorts der Bundesregierung in verschiedenen Arbeitspapieren zunächst einmal einen Überblick über die zu behandelnden Sachthemen verschafft. Heraus kommen in der Regel nicht mehr als vorläufige Punktationen, in denen die Probleme aufgelistet werden, die im Zusammenhang mit einer Wirtschafts- und Währungsunion zu beachten sind.[351] An der mit der DDR verabredeten Gemeinsamen Regionalkommission[352] mitzuwirken hegen die Länder kein sonderliches Interesse. Sie haben sich meistenteils selbst schon regionale Schwerpunkte für ihre Kooperation mit der DDR ausgesucht. So konzentriert sich Baden-Württemberg hauptsächlich auf Sachsen, Bayern, Hessen und Rheinland-Pfalz auf Bezirke in Thüringen, Berlin auf den Ostteil der Stadt, Bremen auf die Hansestadt Rostock, Hamburg auf Dresden, Niedersachsen auf Sachsen-Anhalt, das Saarland auf Cottbus, Schleswig-Holstein auf Mecklenburg und Nordrhein-Westfalen auf einzelne Städte im Rahmen bestehender Städtepartnerschaften.[353]

Bankrott der DDR

Ungeachtet dieser Kooperationsprojekte spitzt sich die Krise der DDR Mitte Februar rasant zu. Der Verfall staatlicher Autorität ist unübersehbar, die Regierung unfähig, Entscheidungen durchzusetzen. Sie wirkt führungslos bis auf kommunaler Ebene herunter. Infolge des Produktionsrückgangs und personeller Ausfälle bei öffentlichen Dienstleistungen verschlechtert sich die Versorgungslage zusehends. Ernsthafte Probleme bei der Gesundheitsversorgung und Hinweise auf Lücken in der Lebensmittelversorgung sind Anzeichen eines bevorstehenden Zusammenbruchs der DDR. Angst und Unsicherheit in der Bevölkerung nehmen zu. Das ist an den Übersiedlerzahlen abzulesen. Bis zum 11. Februar sind es im Jahre 1990 bereits 74 421 Menschen, täglich durchschnittlich rund 2000 Personen. Hochgerechnet bis zum Monatsende beläuft sich die Zahl auf annähernd 100 000 Personen. Das ist vergleichsweise die Einwohnerzahl einer Stadt wie Dresden, die nunmehr in die Bundesrepublik strömt. Für den Kanzler Anlaß genug, auf das Tempo zu drücken. Die Zeit drängt. Mit wachsender Dynamik des Einigungsprozesses mehren sich zudem in der bundesdeutschen Bevölkerung Sorgen, zu Sonderopfern für die bevorstehende Wiedervereinigung herangezogen zu werden. Halbherzige Ankündigungen, die unerfüllt bleiben, kann sich die Regierung der DDR nicht mehr leisten, sie geben falsche Signale. „Wir sind daher zu der Erkenntnis gekommen", heißt es in den Gesprächsunterlagen Kohls für den bevorstehenden Besuch Modrows, „daß in sich beschränkte Einzelmaßnahmen nicht mehr ausreichen. Wir meinen daher auch, daß es keinen Sinn hat, außer im rein humanitären Bereich größere Hilfen für einzelne Problembereiche zu geben." Den Bürgern in der DDR muß eine Perspektive eröffnet werden, und zwar durch Wirtschaftsmaßnahmen und radikale demokratische Reformen. Wiederholt vorgetragene Forderungen Modrows nach sofortiger Finanzhilfe von

---

351 Nr. 207 Vermerk des Ministerialdirigenten Busse, 6. März 1990. Nr. 208 Vermerk des Ministerialdirigenten Busse, 6. März 1990. Nr. 209 Vermerk des Regierungsdirektors Stark, 6. März 1990.
352 Nr. 200A Anlage 1 Vereinbarung über die Bildung und Arbeitsweise einer Gemeinsamen Kommission der BRD und der DDR zur Förderung und Unterstützung regionaler Zusammenarbeit, 2. März 1990.
353 Nr. 200B Anlage 2 Maßnahmen der Länder der Bundesrepublik Deutschland zur Zusammenarbeit mit der DDR, 2. März 1990.

insgesamt 15 Milliarden DM „würden die Probleme nicht lösen, sondern nur verlängern". Die Bundesregierung ist nicht gewillt in „von Grund auf sanierungsbedürftige Systeme" Milliarden DM zu investieren, steht in Kohls Gesprächsführungsvorschlag.[354]
Mit dem Angebot einer Wirtschafts- und Währungsunion[355] strebt die Bundesregierung einen radikalen Schnitt an. Eine Gemeinsame Kommission soll eingesetzt werden, die schon in der darauffolgenden Woche mit Expertengesprächen beginnt. Erforderlich ist eine umfassende Bestandsaufnahme der Finanzdaten der DDR, um einen Überblick über das wirkliche Ausmaß des Schuldenstandes im Inland und gegenüber dem Ausland, den Geldumlauf, den Staatshaushalt und die Unternehmenslage zu bekommen. Rechtliche Voraussetzungen sind die Übertragung der Regelung des Bundesbankgesetzes und der Entscheidungen des Zentralbankrates auf die DDR, die Einführung des Bankensystems, Zulassung von Privatbanken, Bankenaufsicht und die Errichtung eines funktionierenden Kapitalmarktes. Dazu gehört ebenso die Herstellung der Gewerbefreiheit mit privaten Unternehmensentscheidungen wie eine Reform der Eigentumsordnung, der Abbau von Subventionen, die Schaffung einer effektiven Wettbewerbsordnung und ein liberales Außenwirtschaftsrecht, aber auch die soziale Absicherung durch die Einführung einer Arbeitslosenversicherung und die Anpassung der Rentenversicherung unter Berücksichtigung der Einkommensentwicklung und der Wegfall von Subventionen.
Von 17 Ministern begleitet, trifft Modrow am 13. Februar praktisch mit leeren Händen in Bonn ein. Es ist der zweite Besuch eines DDR-Regierungschefs in der Bundeshauptstadt nach dem Aufenthalt Honeckers im September 1987. Der Kanzler empfängt Modrow kühl, ohne jegliches militärisches Zeremoniell. Nun ist er in der Situation, Forderungen stellen zu können. In seinen Unterlagen findet der Kanzler Versäumnisse der DDR-Regierung und anzustrebende Zusagen aufgelistet.[356] Viel zu lange hat die Verabschiedung des neuen Wahlgesetzes der DDR am Runden Tisch und in dem zuständigen Volkskammerausschuß gedauert. Freie, geheime Wahlen sind von zentraler Bedeutung für die Vertrauensbildung bei der Bevölkerung. Neue politische Gruppierungen müssen gleiche Chancen haben, vor allem hinsichtlich der Publikationsmöglichkeiten. Die Staatssicherheit muß aufgelöst und das politische Strafrecht geändert werden, damit die Menschen wieder Vertrauen in die Unabhängigkeit der Justiz gewinnen.
Beschlüsse des Runden Tisches in der DDR werden in Bonn nicht so recht ernst genommen. Seine Legitimation bezieht das Gremium im wesentlichen aus der wachsenden Autorität und Akzeptanz bei der Bevölkerung. Verfassungsrechtlich entbehrt der Runde Tisch jeder Grundlage, obgleich seine Mitglieder politisch die Rolle des obersten Verfassungsorgans der DDR spielen. Die Regierung Modrow nimmt deren Beschlüsse hin, weil sie sich dem Druck der Opposition nicht mehr entziehen kann, aus Furcht vor einer unkontrollierbaren Lage und aus Sorge um die Stabilität der Regierung. Die „Opposition auf der Straße" steht als legitimierender Faktor dahinter. Dennoch ist die politische Beschlußkraft des Runden Tisches begrenzt. So läßt sich beispielsweise ein Mehrheitsbeschluß über das Verbot von Auftritten bundesdeutscher Wahlredner nicht umsetzen. Es ist ein typisches Zeichen dafür, daß der Runde Tisch nur eine zahlenmäßige Minderheit qualitativ starker politischer Kräfte repräsentiert, die sich jedoch um Verbote nicht kümmert. Je näher aber der Wahltag heranrückt, desto mehr verliert dieses Gremium an politischer Substanz.[357]

---

354 Gesprächsführungsvorschlag, ohne Datum, 12 S.; BArch, B 136/20579, 221- 35014 – Ge 33 13. Febr. 90 Bd. 2 Besuch Modrow in Bonn vom 13.–14.2.90.
355 Nr. 169A Angebot zur Schaffung eines gemeinsamen Wirtschafts- und Währungsgebietes, 9. Februar 1990.
356 Gesprächsunterlagen, Stabilisierung der politischen Lage in der DDR, und Wirtschaftliche Zusammenarbeit, beide ohne Datum; BK, 212 – 30105 De 57 MP Modrow 13.–14.2.1990 Hauptvorgang.
357 Fernschreiben des Vortragender Legationsrat I von Studnitz an den Chef des Bundeskanzleramtes, Gruppe 22,

Wen wundert es, daß sich der Kanzler von dem Papier des Runden Tisches mit der Forderung nach einem Kredit bis zu 15 Milliarden DM, das Modrow ihm während des Vieraugen-Gesprächs überreicht,[358] wenig beeindruckt zeigt. Dramatisch hingegen klingen Modrows Ausführungen über die absehbare Zahlungsunfähigkeit der DDR. Im zweiten Halbjahr 1990 sind die Finanzmittel erschöpft. Die DDR steht also vor dem Bankrott. Modrow nennt dem Kanzler konkrete Zahlen. Mindestens 3 Milliarden DM sind aufzubringen, um die Zahlungsfähigkeit aufrechtzuerhalten. Das Nettosozialprodukt der DDR beläuft sich derzeit 1,4 Billionen Mark der DDR, davon 980 Milliarden Mark Staatseigentum und genossenschaftliches Vermögen. Hinzu kommen 280 Milliarden Mark Pachtvermögen. Wiederholt spricht Modrow von einem Solidarbeitrag zur Stabilisierung der Lage von bis zu 15 Milliarden DM. Doch selbst er glaubt nicht so recht, jetzt noch von der Bundesregierung einen solch horrenden Betrag zu erhalten. Ihm bleibt eigentlich nur übrig, in das Angebot einer Wirtschafts- und Währungsunion einzuwilligen und den Kanzler um Drosselung des Tempos zu bitten. Dafür erwartet er die Anerkennung der Oder-Neiße-Linie und fordert erneut soziale Absicherungen, vor allem in der Eigentumsfrage.

Auf die Kreditforderung reagiert Kohl distanziert, teilweise sogar abweisend.[359] Angesichts der jüngsten Äußerung Gorbatschows sieht er keine Notwendigkeit, zum jetzigen Zeitpunkt der PDS-geführten Regierung mit Subventionen beiseite zu stehen. Die DDR-Führung ist hilf- und machtlos, der Zug in Richtung Wiedervereinigung in voller Fahrt.

Daran läßt auch Bundesminister Seiters gegenüber einigen Ministern keinen Zweifel. Diese sind aus koalitionspolitischer Arithmetik in ihr Amt gekommen und vertreten nicht einmal einen Geschäftsbereich.[360] Die Bundesregierung, so betont Seiters, sei bereit, ihren größten Aktivposten, die D-Mark, einzusetzen und erwarte dafür, daß sich die DDR das staatliche und marktwirtschaftliche Modell der Bundesrepublik zueigen macht. Einwände verschiedener DDR-Minister, die überschnelle Einführung einer Währungsunion könnte von der Bevölkerung als bedingungslose Kapitulation empfunden werden, weist Seiters zurück. Transferleistungen der Bundesrepublik, auf die verschiedene Minister der PDS immer noch hoffen, sind aus seiner Sicht der falsche Weg. Rigoros lehnt er Eppelmanns Forderung nach einem ungebundenen Fünf-Milliarden-DM-Kredit ab. Wer sich jetzt noch auf seiten der DDR Illusionen über weitere Unterstützungen der Bundesregierung macht, den holt Seiters auf den Boden der Tatsachen zurück. Die Bundesregierung wolle der DDR nichts aufzwingen, sie habe letztlich die Wahl. Entschieden werde über die Wirtschafts- und Währungsunion erst nach der Volkskammerwahl. Damit erneuert die Bundesregierung ihr Junktim zwischen der Gewährung des politischen Selbstbestimmungsrechts in der DDR und massiver wirtschaftlicher Unterstützung. Sie hat ein lang gehegtes Ziel ihrer Deutschlandpolitik erreicht: freie Wahlen in der DDR. Erst dann will die Bundesregierung mit der Sanierung der DDR-Wirtschaft beginnen.

In dem Delegationsgespräch, an dem die Ministerpräsidenten Rau und Streibl teilnehmen, weist Finanzminister Waigel die erneut vorgebrachten Kreditforderungen der DDR zurück. Immerhin sind 31,7 Milliarden DM in den Bundeshaushalt für Leistungen an die DDR eingestellt. Allein im Etat 1990 für Überbrückungsmaßnahmen 30 Milliarden DM. Für Sofortmaßnahmen hält der Nachtragshaushalt fünf Milliarden DM bereit.

Die Verhandlungsführung der DDR-Regierung ist ziemlich uneinheitlich. Eine gewisse Übereinstimmung besteht darin, die Entwicklung nicht zu schnell anzugehen. Die Vertreter

---

betr. Zentraler Runder Tisch in Ost-Berlin, Abschließende Wertung, StäV Nr. 0648, 15. März 1990; BK, 132 – 35400 De 12 Bd. 3.
358 Nr. 177 Gespräch des Bundeskanzlers Kohl mit Ministerpräsident Modrow in Bonn, 13. Februar 1990.
359 Nr. 179 Delegationsgespräch des Bundeskanzlers Kohl mit Ministerpräsident Modrow in Bonn, 13. Februar 1990.
360 Nr. 178 Gespräch des Bundesministers Seiters mit den Ministern ohne Geschäftsbereich der DDR in Bonn, 13. Februar 1990.

der PDS wollen sie gar verlangsamen. Sie rechnen wohl damit, es werde sich im Viermächte-Rahmen so leicht keine Verständigung über die sicherheitspolitischen Fragen erreichen lassen. Während Minister Beil die Einführung der sozialen Marktwirtschaft für unabweislich hält, sieht Ministerin Luft[361] „tiefgreifende soziale und eigentumsrechtliche Probleme" auf die Bevölkerung zukommen. Sie pocht auf die Klärung der eigentumsrechtlichen Fragen, „insbesondere auch derjenigen im Ergebnis der Bodenreform" der sowjetischen Besatzungsmacht. Unabhängig davon deutet sich erstmals an: Die Bundesregierung hat sich auf Artikel 23 Grundgesetz als Weg zur Wiedervereinigung festgelegt. Dieser Artikel, argumentiert Waigel, biete zugleich eine Gewähr dafür, daß in Deutschland nicht wieder ein Zentralstaat entsteht und der Föderalismus fortgeführt wird. Rau ist davon nicht überzeugt. Er hält Artikel 23 Grundgesetz nicht für einen besonders schnellen Weg und unterstützt den Wunsch einiger DDR-Vertreter nach mehr Zeit. Im Wahljahr haben die Sozialdemokraten kein sonderliches Interesse, gegen einen Bundeskanzler Wahlkampf zu führen, dessen Regierung unmittelbar zuvor die nationale Einheit wiederhergestellt hat. Sie setzen auf Zeitgewinn und hoffen, in ein bis zwei Jahren, wenn eine nüchterne Beurteilung Platz gegriffen hat und erste Schwierigkeiten aufgetaucht sind, auf eine günstigere Ausgangslage für einen Regierungswechsel. Diese Situation sucht die Bundesregierung zu vermeiden. Zudem muß sie für die prekäre Lage in der DDR Lösungen präsentieren.

Die Verhandlungen mit Modrow haben gezeigt: Die DDR ist zum Offenbarungseid gezwungen. Ohne D-Mark bewegt sich nichts mehr. Die Botschafter der drei Westmächte schätzen die Lage noch pessimistischer ein. Zumindest Walters schließt angesichts der sich rapide verschlechternden Situation den Zusammenbruch der DDR und einen Beitritt zum Geltungsbereich des Grundgesetzes vor den Volkskammerwahlen am 18. März nicht aus. Selbst dann, so ist Seiters zu vernehmen, müßte es eine Übergangszeit geben. Doch sieht der Kanzleramtschef die Situation nicht ganz so schwarz.[362]

Vom Regierenden Bürgermeister in Berlin bekommt der Kanzler am 28. Februar zu hören, der Magistrat in Ost-Berlin stehe vor dem Zusammenbruch. Momper fordert eine Notfallplanung für die nächsten drei Wochen bis zu den Wahlen.[363] Unterdessen bringt Modrow in offiziellen Schreiben an Bundeskanzler Kohl[364] und Generalsekretär Gorbatschow die Eigentumsfrage in die öffentliche Diskussion. Die Bundesregierung wird aufgefordert, die Eigentumsverhältnisse in der DDR künftig nicht in Frage zu stellen. In der beiliegenden Erklärung[365] erwartet die Regierung Modrow Rechtssicherheit für die Bürger in der DDR. Die von der sowjetischen Besatzungsmacht zwischen 1945 und 1949 vorgenommenen Enteignungen seien in Artikel 24 Verfassung der DDR festgelegt. Die Bürger, so heißt es, hätten einen legitimen Anspruch auf den Fortbestand dieses Rechtsverhältnisses.

Interministerieller Streit um die Ausweitung der NATO

In der Arbeitsgruppe Außen- und Sicherheitspolitik des Kabinettsausschusses Deutsche Einheit finden von Mitte Februar an die interministeriellen Abstimmungen über die Verhandlungsposition der Bundesregierung bei den bevorstehenden Zwei-plus-Vier-Gesprä-

---

361   Christa Luft, Treuhandreport. Werden, Wachsen und Vergehen einer deutschen Behörde. Berlin-Weimar 1992, 15–46. Dies., Die Lust am Eigentum. Auf den Spuren der deutschen Treuhand. Zürich 1996, 17–27.
362   Nr. 183 Gespräch des Bundesministers Seiters mit den Botschaftern der Drei Mächte in Bonn, 14. Februar 1990.
363   Nr. 197 Gespräch des Bundeskanzlers Kohl mit dem Regierenden Bürgermeister Momper in Bonn, 28. Februar 1990.
364   Nr. 201 Schreiben des Ministerpräsidenten Modrow an Bundeskanzler Kohl, 2. März 1990.
365   Nr. 201A Erklärung der Regierung der Deutschen Demokratischen Republik zu den Eigentumsverhältnissen, 1. März 1990.

chen statt. In der ersten Sitzung am 14. Februar besteht Einigkeit darüber, unter allen Umständen einen Friedensvertrag zu vermeiden. Dafür sprechen drei Gründe: Die Bundesregierung lehnt einen Diktatfrieden, der dem des Vertrages von Versailles 1919 gleichkommt, ab. Sie hat kein Interesse, früheren Kriegsgegnern eine Grundlage für Reparationsansprüche zu verschaffen. Und sie will von vorneherein einen Sonderstatus Deutschlands in Form einer Singularisierung und Diskriminierung ausschließen. Somit kann es bei den Sechsmächte-Verhandlungen lediglich darum gehen, Regelungen zu vereinbaren, aufgrunddessen Rechte der Alliierten obsolet werden.[366] Die Interessenlage der Vier Mächte schätzen die Beteiligten unterschiedlich ein. Während die Amerikaner die deutsche Position voraussichtlich unterstützen, werden die Briten wahrscheinlich Schwierigkeiten bei der Eingliederung der DDR in die EG machen, weil demgegenüber die Polen benachteiligt werden. Den Sowjets wird es im wesentlichen um vier Fragen gehen: die Grenzregelung, die Zukunft ihrer Streitkräfte auf DDR-Gebiet, die Stärke der deutschen Streitkräfte und Wirtschaftsbeziehungen.

Über die Frage der möglichen Ausweitung der NATO auf das Gebiet der nach der Wiedervereinigung dann nicht mehr bestehenden DDR und die Notwendigkeit eines gemeinsamen deutschen Oberkommandos beider deutscher Streitkräfte kommt es zwischen Verteidigungsminister Stoltenberg und Außenminister Genscher zu einer ernsthaften Auseinandersetzung. Während Stoltenberg dafür plädiert, der Sowjetunion die Zustimmung für die Aufstellung eines nicht der NATO integrierten deutschen Territorialheeres abzuverhandeln – also nach der Wiedervereinigung deutsche Soldaten auf dem Territorium der dann ehemaligen DDR zu stationieren –, spricht sich Genscher vehement gegen ein solches Ansinnen aus. Faktisch impliziert diese Verhandlungsposition den Status einer entmilitarisierten Zone für das Gebiet der DDR, der Genscher das Wort redet. Hinter dieser Formalfrage verbergen sich unterschiedliche Erwartungshaltungen und Verhandlungsstrategien, was die Bundesregierung der Sowjetunion letztlich zumuten soll. Der Bundesaußenminister hält es nicht für möglich, ein solches Zugeständnis von den Sowjets zu erreichen, und sieht darin die Gefahr der Überforderung des Verhandlungspartners. Stoltenberg, der seine Position eng mit Teltschik abstimmt, sieht hingegen *a priori* keinen Grund, Vorleistungen zu erbringen, die von sowjetischer Seite noch nicht *expressis verbis* gefordert worden sind.

Dem Vorwurf des Bundesverteidigungsministeriums, Genscher wolle auf DDR-Territorium überhaupt keine Bundeswehrsoldaten stationieren, begegnet das Auswärtige Amt mit dem Hinweis, der Minister habe sich gegen eine Überfrachtung der Sowjetunion mit Forderungen gewandt. Der Streit über die Notwendigkeit eines gemeinsamen deutschen Oberkommandos für Streitkräfte aus beiden Teilen Deutschlands, so rechtfertigen sie Genschers Position, sei kein Beleg für die Unterstellung, er wolle keine Bundeswehr in der DDR haben.[367] Auch in Ressortbesprechungen[368] bleiben die Vertreter des Auswärtigen Amtes bei ihrer Position der Nichtverschiebung der NATO-Grenze nach Osten. Sie arbeiten auf eine Kompromißlösung hin, die künftig eine Bundeswehr vorsieht, die der NATO untersteht und einen östlichen Teil, der nicht der NATO untersteht.

Die Auseinandersetzung hat außer verhandlungstaktischen Aspekten noch eine nicht zu unterschätzende bündnispolitische Komponente. Naumann ist der Ansicht, für das gesamte Deutschland müsse die Schutzgarantie des Atlantischen Bündnisses, insbesondere Artikel 5 und 6 NATO-Vertrag weiterhin gewahrt bleiben. Den Sowjets könne die Bundesregierung im wesentlichen den ABC-Verzicht und die weitere Mitgliedschaft Gesamtdeutschlands zum Nichtverbreitungsvertrag zusichern. Im Kriegsfalle werde jedoch diese Selbstbeschrän-

366 Nr. 182 Konstituierende Sitzung der Arbeitsgruppe Außen- und Sicherheitspolitik des Kabinettausschusses Deutsche Einheit in Bonn, 14. Februar 1990.
367 Kiessler/Elbe, Ein runder Tisch mit scharfen Ecken, 81 f.
368 Nr. 184 Vermerk des Vortragenden Legationsrats I Kaestner, 15. Februar 1990.

kung hinfällig. Ohne Präsenz deutscher Streitkräfte auf dem Territorium der dann ehemaligen DDR bringe die Bundesrepublik im vorhinein ein „Geländeopfer".
In einem Gespräch am 19. Februar 1990 schlichtet Kohl den Streit seiner Kabinettsmitglieder und verpflichtet Stoltenberg mit einer gemeinsamen Erklärung[369] weitgehend auf die Linie Genschers. Beide Minister bekräftigen darin, daß „keine Einheiten und Einrichtungen des westlichen Bündnisses auf das heutige Gebiet der DDR vorgeschoben werden". Das entspricht dem, was auch Gorbatschow dem Kanzler in Moskau gesagt hat. Der Satz, so heißt es ausdrücklich, „bezieht sich auf die der NATO assignierten und nichtassignierten Streitkräfte der Bundeswehr". Das bedeute zwar keine Ausweitung von NATO-Truppen nach Osten. Der sicherheitspolitische Status des Gebietes der DDR müsse aber in Verhandlungen mit der Regierung der DDR und den Vier Mächten geklärt werden.
Voraussetzung ist die Klärung des Gebietsstandes, die Genscher für ebenso schwierig hält. In der zweiten Sitzung der Arbeitsgruppe Außen- und Sicherheitspolitik ist er der Meinung, die Regelung der Grenzfrage dürfe auf keinen Fall dazu führen, daß sie zum Aufhänger einer Reparationsregelung gemacht werde.[370] Ein Grund ist der Besuch des israelischen Außenministers Moshe Arens am 15. Februar in Bonn. Er will die Verstimmung im bilateralen Verhältnis nach dem Interview von Shamir im November 1989 wieder beilegen und zugleich testen, inwieweit die Bundesregierung möglicherweise bereit ist, für Wiedergutmachungsleistungen der DDR geradezustehen. Die DDR-Regierung hat ihrerseits Israel die baldige Aufnahme diplomatischer Beziehungen angekündigt und sich erstmals zur Mitschuld an den Verbrechen im Zweiten Weltkrieg am jüdischen Volk bekannt. Daraus sind diplomatische Verhandlungen erwachsen, die im Februar in Kopenhagen begonnen haben. Nach Ansicht des Kanzlers sollten Vereinbarungen angesichts der bevorstehenden Volkskammerwahlen nicht kurzfristig terminiert werden. Kohl will vermeiden, daß die Frage zu einem Wahlkampfthema hochstilisiert wird. Denn die Wahlen sind für die DDR-Bevölkerung ein wichtiges politisches Ereignis. Kohl vergleicht sie mit den ersten Wahlen zu den Landtagen 1946 in den Westzonen. Immerhin müsse jemand heute 79 Jahre alt sein, um als Deutscher in der DDR schon einmal frei gewählt zu haben, nämlich bei den letzten Reichstagswahlen im November 1932.
„Atemberaubend" sei die Entwicklung in der DDR, erklärt der Kanzler dann. Die Bevölkerung akzeptiere die eigene Währung nicht mehr, NVA-Offiziere würden sich bei der Bundeswehr bewerben, regionalen und kommunalen Behörden mangele es an Durchsetzungskraft, gegen Dutzende Bürgermeister seien Untersuchungsverfahren eingeleitet worden, die alte Staatsführung sitze in Haft oder stehe unter Anklage. Mit großem Optimismus rechtfertigt er die Notwendigkeit einer Wirtschafts- und Währungsunion als die alles entscheidende Schubkraft, nicht zuletzt für die Konjunktur und das Bruttosozialprodukt. Sie werde sich als zweites Wirtschaftswunder erweisen. Von der Wiederherstellung des alten Deutschen Reiches will er nichts wissen und auch nichts von einem Vergleich mit dem Versailler Friedensvertrag, der für ihn Grund allen Übels gewesen ist. Die Wirtschaftsverhältnisse sind nicht mehr vergleichbar. Die Orientierungsachse der Menschen in der Bundesrepublik habe sich mit dem wirtschaftlichen Schwergewicht nach Westen und Südwesten verschoben.[371]
Auf ähnlicher Linie argumentiert Kohl während einer abendlichen Kurzvisite bei Mitterrand in Paris. Er will den französischen Präsidenten persönlich über die Ergebnisse des Mos-

369   Erklärung des Bundesministers des Auswärtigen, Hans-Dietrich Genscher, und des Bundesministers der Verteidigung, Gerhard Stoltenberg, 19. Februar 1990, in: Bulletin. Hg. vom Presse- und Informationsamt der Bundesregierung. Bonn. Nr. 28. 21. Februar 1990, 218.
370   Nr. 189 Zweite Sitzung der Arbeitsgruppe Außen- und Sicherheitspolitik des Kabinettausschusses Deutsche Einheit in Bonn, 19. Februar 1990.
371   Nr. 186 Gespräch des Bundeskanzlers Kohl mit Außenminister Arens in Bonn, 15. Februar 1990.

kau-Besuchs unterrichten. Beide nutzen die Gelegenheit und zeigen sich gegenseitig die Grenzen ihrer Handlungsmöglichkeiten im Wiedervereinigungsprozeß auf.

Gorbatschow habe begriffen, erklärt der Kanzler, es gebe keine Chance einer Neutralität Deutschlands, und fügt hinzu, Gorbatschow werde das akzeptieren. Außerdem wartet Kohl mit der Voraussage auf, es werde auch zum Abzug der sowjetischen Truppen aus der DDR kommen. Eine Übergangsregelung sei allerdings notwendig. Erneut versichert Kohl, das vereinte Deutschland wolle keine militärische Großmacht sein und werde eine andere Achse haben, als sie das Deutsche Reich kannte, nämlich den Rhein mit anderen industriellen Schwerpunkten.[372]

Mitterrand hingegen sucht zuerst zwar den Eindruck zu erwecken, als habe er sich bereits mit der Wiedervereinigung Deutschlands als einer unausweichlichen historischen Realität abgefunden. Doch ist die entscheidende Frage, ob Gorbatschow zustimmen werde, die DDR vollends in das westliche Bündnis zu integrieren, für ihn noch längst nicht entschieden. Mitterrand glaubt nicht an die Konzessionsbereitschaft der Sowjetunion. Da Frankreich kein direktes Mitspracherecht bei der inneren Wiedervereinigung mehr zusteht, pocht Mitterrand auf das juristische Prüfungsrecht als alliierte Macht. Er erinnert den Kanzler daran, auch Frankreich habe noch ein Wort mitzureden, wenn es um die Aufgabe alliierter Vorbehaltsrechte geht. Juristisch bestünden sie noch, obgleich die Vier Mächte politisch eigentlich kein Recht hätten, in die Wiedervereinigung einzugreifen. Doch hätten sie das „droit de regard", was die Konsequenzen der Wiedervereinigung anbelange. Dazu zählt vor allem die Präsenz der westlichen Truppen und die atomare Bewaffnung. Für Frankreich ist das eine zentrale Frage, zumal der Warschauer Pakt nach den Worten Mitterrands „nur noch eine leere Hülse" ist. Kohl deutet in diesem Zusammenhang sofort den Verzicht auf ABC-Waffen für Gesamtdeutschland an.

Umgekehrt lehnt Kohl bei der Regelung der Grenzfrage mit Polen jede alliierte Beteiligung ab. Beide wissen nur zu gut: Mazowiecki wird von einem „cauchemar" gegenüber Deutschland geplagt, so jedenfalls drückt es Delors aus.[373] Für Mitterrand stellt die Anerkennung der Oder-Neiße-Linie eine Vorbedingung für die Wiedervereinigung dar. Der Kanzler sieht darin eigentlich kein Problem. Doch ist er nach wie vor in dieser Frage nicht zu Vorleistungen bereit. Er will die Anerkennung der Grenze erst dann vollziehen, wenn die Wiedervereinigung unter Dach und Fach ist. Die Frage ist seiner Meinung nach bisher in der Öffentlichkeit ohne Not hochgespielt worden. Mit Kohls Vorschlag, das Parlament des vereinten Deutschland müsse die Unabänderlichkeit der Oder-Neiße-Grenze erklären, gibt sich Mitterrand allerdings nicht zufrieden. Das sei nur ein einseitiger Akt und reiche nicht aus, erklärt er. Kohl lenkt dann ein und betont, ein Vertrag müsse aber dem gesamtdeutschen Parlament zur Ratifizierung vorgelegt werden. Damit macht er deutlich, Vertragspartner sollen nur Deutschland und Polen, nicht aber die Vier Mächte, sein. Sie scheiden für ihn als Garantiemächte aus. Womit Kohl nicht rechnet, ist, daß sich hieraus schon bald ein handfester Konflikt mit Mitterrand entwickelt. Dessen Handlungsoptionen sind zwar sehr begrenzt; seine Möglichkeiten, den Wiedervereinigungsprozeß zu verlangsamen, aber nicht ausgeschöpft, solange Gorbatschow der NATO-Mitgliedschaft Deutschlands seine Zustimmung verweigert.

Mitterrands Einwilligung zur Wiedervereinigung ist nur über den Weg einer weiteren engen Zusammenarbeit und Stärkung der EG zu bekommen. Deshalb will der Kanzler Mitterrand für einen Sondergipfel des Europäischen Rates gewinnen, der das Streben nach einer Politischen Union bekräftigt. Der Staatspräsident unterstreicht seinerseits die Notwendigkeit

---

372 Nr. 187 Gespräch des Bundeskanzlers Kohl mit Staatspräsident Mitterrand in Paris, 15. Februar 1990.
373 Nr. 188 Gespräch des Ministerialdirigenten Hartmann und des Ministerialrats Ludewig mit Präsident Delors in Paris, 16. Februar 1990.

einer Stärkung der Europäische Gemeinschaften, sieht aber daneben die „Perspektive der Konföderation, die noch gefunden werden müsse". Mit anderen Worten: Er ist zu informellen Gesprächen nach den Wahlen in der DDR im Kreise der Regierungschefs bereit, hat allerdings nicht ja zu Regierungsverhandlungen gesagt.

Eine wichtige Stütze ist in diesen Tagen die Hilfsbereitschaft des EG-Kommissionspräsidenten Delors. Der Ministerrat hat am 22. Dezember 1989 zunächst der EG-Kommission ein Mandat für den Abschluß eines Handels- und Kooperationsabkommens mit der DDR erteilt. Aus Sicht der Kommission stellt die DDR im Vergleich zu anderen Staaten des Rats für Gegenseitige Wirtschaftshilfe einen Sonderfall dar. Denn die Bundesregierung hat sich am 28. Februar 1957 vor Abschluß der Verhandlungen über den EWG-Vertrag und den Euratom-Vertrag für den Fall der Wiedervereinigung ein Überprüfungsrecht ausbedungen. Delors ist bemüht, die DDR so weit wie möglich einzubinden, und zeigt sich bei der praktischen Druchsetzung flexibel. Im Januar hält er drei Optionen für denkbar: die Assoziierung der DDR mittels Abkommen, den Beitritt zur EG als selbständiger Staat, woran die Bundesregierung kein Interesse hat, und die Einbeziehung der DDR infolge der Wiedervereinigung mit der Bundesrepublik.[374]

Wichtig für die Bundesregierung ist, den EG-Verträgen für das größere deutsche Staatsgebiet Geltung zu verschaffen, keine Änderung der institutionellen Vorschriften der Gemeinschaftsverträge anzustreben und es bei der Zahl der Kommissare und der Stimmengewichtung im Rat vorerst zu belassen. Die Frage der Anpassung der Zahl deutscher Abgeordneter im Europäischen Parlament soll erst dann aufgriffen werden, wenn in Regierungsverhandlungen unter den EG-Staaten allgemein über die Kompetenzausweitung beraten wird. In verschiedenen EG-Bereichen sind allerdings Übergangsregelungen erforderlich. Ein frühzeitiger und intensiver Kontakt der Bundesregierung mit der EG-Kommission scheint daher ratsam.[375] Die Bundesregierung legt aus mehreren Gründen besonderen Wert auf enge Abstimmungen. Zu einen will sie weder der DDR-Regierung noch der EG-Kommission exklusive Verhandlungen eröffnen. Somit beugt sie vor, wenn die DDR-Regierung in Brüssel eigene Verhandlungspositionen aufbauen will. Die Entwicklung gemeinsamer Lösungsvorschläge mit der EG-Kommission bindet zum anderen beide Seiten und schafft im Kreise der EG-Partner zusätzliches Vertrauen.

Gegenüber Hartmann und Ludewig spricht sich Delors für die Einbindung der DDR in die EG aus, selbst wenn Frau Thatcher Widerstand leisten sollte.[376] Delors setzt auf die Europapolitik Kohls und dessen Willen, konkrete Fortschritte in Richtung einer europäischen Wirtschafts- und Währungsunion und institutioneller Reformen zu erreichen. Als Ergebnis des EG-Sondergipfels schwebt dem Kommissionspräsidenten die neuerliche Bekräftigung dieser beiden Ziele vor, verbunden mit einem Signal an die Menschen in der DDR, sie würden bald Mitglied der EG sein. Damit sichert sich Delors die Unterstützung des Kanzlers für die Fortsetzung der nächsten Schritte im europäischen Einigungsprozeß und bindet das künftige Gesamtdeutschland eng an die Europäischen Gemeinschaften.

Am 21. Februar beschließt der Kabinettausschuß Deutsche Einheit, sich bei Informationen und Kontakten ausschließlich auf bestehende Gremien und das übliche Prozedere in der EG zu stützen. Für die Kanalisierung der Unterrichtung im EG-Bereich ist künftig das Auswärtige Amt zuständig. Dabei gehen alle Beteiligten von einer umfassenden Unterrichtung

---

374 Nr. 144 Vermerk des Vortragenden Legationsrats I Bitterlich und des Ministerialdirigenten Thiele, 24. Januar 1990.

375 Vorlage des Ministerialdirigenten Thiele an den Chef des Bundeskanzleramtes betr. Regelmäßige Unterrichtung der EG-Kommission über die EG-relevanten deutschlandpolitischen Überlegungen, 16. Februar 1990; BK, 211 – 35400 Eg 29 Bd. 1.

376 Nr. 188 Gespräch des Ministerialdirigenten Hartmann und des Ministerialrats Ludewig mit Präsident Delors in Paris, 16. Februar 1990.

des Bundeskanzleramtes aus. Mit der Paraphierung des Handels- und Kooperationsabkommens zwischen der DDR und der EG will man bis nach den Volkskammerwahlen abwarten.[377] Zur gleichen Zeit wird die Bundesregierung mit weiteren Forderungen aus Moskau konfrontiert. In Interviews haben Schewardnadse in der „Iswestija" am 19. Februar und Gorbatschow in der „Prawda" am 21. Februar für die Zwei-plus-Vier-Verhandlungen vier zentrale Themen genannt: die NATO-Zugehörigkeit Deutschlands, der Abschluß eines Friedensvertrages, in dem der sicherheitspolitische Status Deutschlands in Europa völkerrechtlich fixiert werden soll, völkerrechtlich verbindliche Garantien für die Unveränderlichkeit der Nachkriegsgrenzen und die Regelung der Reparationsfrage. Mit ausschlaggebend für diesen Vorstoß sind Meinungsverschiedenheiten im Politbüro der KPdSU über die Haltung Gorbatschows. Kritiker werfen ihm gegenüber den Deutschen Nachgiebigkeit vor. Insbesondere Ligatschow warnt vor der Einverleibung der DDR durch die Bundesrepublik.

Teltschik ist in seiner Lagebeurteilung unsicher, ob die Äußerungen Gorbatschows und Schewardnadses nur der innenpolitischen Rechtfertigung ihrer Deutschlandpolitik dienen oder Anzeichen einer tendenziell sich verhärtenden Gangart sind.[378] Jedenfalls stellt die Forderung nach einem Friedensvertrag mit Festlegung des Status' Deutschlands eine Nachbesserung vor dem Hintergrund der Gespräche des Kanzlers in Moskau dar. Kohls Berater hat den Eindruck, die deutsche Frage werde von sowjetischer Seite als Hebel für die Schaffung einer europäischen Sicherheitsarchitektur benutzt. Unverändert herrsche wohl in Moskau die Sorge, die deutsche Einheit komme schneller, als den Kremlherren lieb sei, und werde das militärstrategische Gleichgewicht in Europa ändern. Auch Schewardnadses Äußerung, die Option, ein neutrales Deutschland sei einer NATO-Mitgliedschaft vorzuziehen, gelte nur, solange die NATO sich nicht ändere, bewertet Teltschik als Hinweis, daß sich die Sowjets alle Optionen offenhalten wollen. Dem setzt er die These entgegen: Der Niedergang der DDR bestimmt das Tempo und zwingt die Bundesregierung zu schnellerem Handeln, als sie es für richtig gehalten hätte. Es ist ein schlagkräftiges Argument zur Rechtfertigung des eingeschlagenen Kurses, das Tempo aufgrund des hohen Erwartungsdrucks in der DDR zu beschleunigen.[379]

Derweil ist auch Mazowiecki nicht untätig. Nach seinem Besuch in London, wo er die britische Regierung mit der Forderung nach Teilnahme Polens an den Sechsmächte-Verhandlungen konfrontiert, hat er am 16. Februar den Abschluß eines Friedensvertrags über die Grenzfrage mit der Bundesrepublik und der DDR vor Wiederherstellung der deutschen Einheit verlangt. Am 21. Februar schlägt er auf einer Pressekonferenz eine Stufenlösung für einen Friedensvertrag vor. Nach der Volkskammerwahl will die polnische Regierung mit beiden deutschen Staaten einen Friedensvertrag abschließen, in dem die gegenwärtigen Grenzen anerkannt werden. Nach der Wiedervereinigung soll die gesamtdeutsche Regierung den Vertrag unterzeichnen.

Unmittelbar vor seiner Amerikareise und wohl auch mit Blick auf die polnische Lobby in Washington und London bemüht sich der Kanzler am 23. Februar in einem dreiviertelstündigen Telefonat mit Mazowiecki um eine Entschärfung der Situation. Der polnische Ministerpräsident drängt auf eine klare Aussage der Bundesregierung zur Anerkennung der Grenze.[380] Kohl äußert Verständnis für die Angst der polnischen Bevölkerung. Ihnen

---

377 Vorlage des Vortragenden Legationsrats I Bitterlich an Ministerialdirektor Teltschik betr. Kabinettausschuß Deutsche Einheit, Sitzung Arbeitsgruppe Außen- und sicherheitspolitische Zusammenhänge am 19.2.1990 unter Vorsitz von BM Genscher, 19. Februar 1990; BK, 211 – 35400 Eg 29 Bd. 1.

378 Nr. 191 Vorlage des Ministerialdirektors Teltschik an Bundeskanzler Kohl, 22. Februar 1990.

379 Teltschik, 329 Tage, 157 f.

380 „Sowjetunion weiter gegen eine NATO-Mitgliedschaft Deutschlands" in: General-Anzeiger (Bonn). 100. Jg.

schwebt die Abmachung von Jalta 1945 vor Augen, als Roosevelt, Stalin und Churchill über die Köpfe der Betroffenen hinweg die Territorialverschiebung Polens vorgenommen haben. Da die sechs Mächte in Ottawa eine gleichberechtigte Teilnahme Polens an den Deutschland-Verhandlungen abgelehnt haben, befürchtet Mazowiecki nun, ein weiteres Mal Opfer alliierter Absprachen zu werden. Kohl erinnert ihn an seine Zusage, es würden keine Grenzen verschoben. Zu weitergehenden Festlegungen ist er jedoch gegenwärtig nicht bereit.[381]

Auch über Moskau versucht die polnische Regierung Druck auf Bonn auszuüben. Stanislaw Ciosek, Polens Botschafter in der sowjetischen Hauptstadt, überreicht Schewardnadse eine Botschaft von Mazowiecki an Gorbatschow, in der die polnische Haltung zur Wiedervereinigung Deutschlands dargelegt und eine Beteiligung an den Verhandlungen verlangt wird. Schewardnadse befürwortet anschließend öffentlich, Polen Sitz und Stimme bei den Zwei-plus-Vier-Verhandlungen einzuräumen.[382]

Eine gewisse Verstimmung über das Verhalten der Deutschen, wenn auch nicht so gravierend, ist obendrein bei den Kanadiern auszumachen. Allem Anschein nach hat Premierminister Mulroney als einziger Regierungschef dem Kanzler am 10. November zu dem historischen Ereignis mit einem persönlichen Schreiben gratuliert und wie andere westliche Partner Hilfe für die Flüchtlinge angeboten.[383] Der Kanzler aber findet erst gut zweieinhalb Monate später, am 23. Januar 1990,[384] Gelegenheit, den Brief zu beantworten. In einem Telefongespräch mit dem Kanzler am 21. Februar versucht Mulroney nun, sich in den deutsch-amerikanischen Abstimmungsprozeß einzuklinken und lädt den Kanzler auf seiner Reise in die Vereinigten Staaten zu einer Stippvisite in Kanada ein. Kohl wiegelt ab. Selbst für ein Treffen in New York hat er keine Zeit.[385] Krasser kann man langjährigen Verbündeten nicht vor Augen führen, wie sehr internationale Machtverhältnisse im Wandel begriffen sind.

Deutsch-amerikanische Abstimmungen in Camp David

Am 23./24. Februar reist Kohl zu der lange vereinbarten Begegnung mit Präsident Bush nach Camp David. In zwangloser Atmosphäre, frei von tagespolitischer Etikette wollen Kohl und Bush die Strategie für die Wiedervereinigung festlegen. Washington kennt die außenpolitischen Rivalitäten zwischen Kanzler und Außenminister und zeigt Verständnis dafür, daß Kohl Genscher zu Hause gelassen hat. Den Kanzler begleiten Teltschik, Neuer und Kaestner, während Bush Außenminister Baker und Sicherheitsberater Scowcroft zur Seite hat.

Wie ist die Ausgangslage? Kohl trifft einen Präsidenten, der gegenwärtig in den Meinungsumfragen eine Hausse durchläuft. Über 70 v.H. der Amerikaner billigen nach dem ersten Amtsjahr seine Politik – in der Nachkriegszeit ein Rekordergebnis, das vornehmlich auf die außenpolitischen Entwicklungen zurückzuführen ist. Innenpolitisch hat Bush mit einem doppelten Defizit im Haushalt und im Außenhandel zu kämpfen. Die Schere zwischen Arm und Reich öffnet sich weiter. Der Ruf nach einer „Friedensdividende" wird lauter, durch Einsparungen im Verteidigungshaushalt soziale Probleme zu bewältigen. Das führt zu Auseinandersetzungen zwischen Administration und Kongreß über die sicherheits- und vertei-

---

Nr. 30437, 26. Februar 1990, 2. Claus Gennrich, Kohls Balancegang in Camp David, in: Frankfurter Allgemeine. Nr. 48. 26. Februar 1990, 5.
381   C[laus] G[ennrich], Bonner Streit über die polnische Grenze wird schärfer, in: Frankfurter Allgemeine. Nr. 49. 27. Februar 1990, 1f.
382   Teltschik, 329 Tage, 163.
383   Nr. 83 Schreiben des Premierministers Mulroney an Bundeskanzler Kohl, 10. November 1989.
384   Nr. 140 Schreiben des Bundeskanzlers Kohl an Premierminister Mulroney, 23. Januar 1990.
385   Nr. 190 Telefongespräch des Bundeskanzlers Kohl mit Premierminister Mulroney, 21. Februar 1990.

digungspolitischen Prioritäten. Vor allem tangiert es die Lastenteilung mit den Europäern, die Präsenz amerikanischer Truppen auf dem Kontinent und die Modernisierung von Waffensystemen. Vor den Wahlen zum Repräsentantenhaus im November 1990 muß der Präsident verstärkt innenpolitisch Rücksichtnahme üben. Dessenungeachtet sind die deutsch-amerikanischen Beziehungen derzeit ausgezeichnet. Bush hat mit dem Schlagwort „Partner in der Führungsrolle" demonstrativ die Beziehungen zu Bonn herausgehoben und sich öffentlich deutlicher als jede andere Macht zum Ziel der deutschen Einheit bekannt. Bedenken sind lediglich hinsichtlich der Berücksichtigung polnischer Interessen lautgeworden.[386]
Der Kanzler will in dieser günstigen Stimmungslage einen engen Schulterschluß mit Bush herstellen. Nach Vorstellung seiner Berater soll Kohl den Eindruck auf amerikanischer Seite bestätigen, daß die Federführung auf seiten der Bundesregierung in diesen Fragen beim Bundeskanzler und im Kanzleramt liegt[387] und nicht im Auswärtigen Amt. Wichtig ist vor allem, die Zwei-plus-Vier-Formel mit Substanz zu füllen und sich über die Verhandlungsstrategie klarzuwerden. Die Amerikaner stellen sich ein dreistufiges Abstimmungsverfahren vor: enge Koordination mit der Bundesregierung, Abstimmung im Kreis der drei Westmächte und der Bundesrepublik und schließlich das eigentliche Zwei-plus-Vier-Verfahren. Drei Eckpfeiler bilden das Gerüst der inhaltlich zu klärenden Fragen: die volle Mitgliedschaft des geeinten Deutschland in der NATO, Garantien für die polnische Westgrenze und der Verzicht auf ABC-Waffen.
Zu welchen Zusagen soll der Bundeskanzler bereit sein? In seinen Gesprächsunterlagen findet sich ein Katalog von sechs Punkten: der Verbleib des künftigen Deutschland in der NATO, keine Verlegung der militärischen, integrierten Struktur der NATO über das Territorium der derzeitigen Bundesrepublik Deutschland hinaus nach Osten einschließlich der der NATO assignierten und der der NATO nichtassignierten deutschen Streitkräfte, die Anerkennung des Verbleibs sowjetischer Truppen während einer festzulegenden Übergangszeit auf dem Gebiet der dann ehemaligen DDR, die Abgabe einer Grenzgarantie für Polen durch einen gesamtdeutschen Souverän, substantielle Abrüstungsschritte bei den Folgeverhandlungen über konventionelle Streitkräfte (sogenannte Wien-II-Verhandlungen) sowie der Verzicht auf ABC-Waffen und die Fortdauer des Nichtverbreitungsvertrags für das vereinte Deutschland. Dafür erwartet die Bundesregierung flankierende Hilfestellung bei der Abwehr von Diskussionen über Reparationsforderungen.[388]
So munitioniert, knüpft Kohl zu Beginn des Gesprächs an das Schreiben Bushs vom 9. Februar an, das die Rahmenbedingungen für den weiteren Prozeß abgibt. Der Kanzler unterstreicht die Bedeutung der engen Zusammenarbeit zwischen der EG und den Vereinigten Staaten und die Kooperation mit Frankreich. Keinen Zweifel läßt er an seiner Absicht, die politische Integration in der EG voranzutreiben. Das lindert die Angst der Nachbarn vor Deutschland. Damit ist das Signal der fortdauernden Westbindung gesetzt. Die Grenzfrage mit Polen spricht er von sich aus an und bezeichnet sie als lösbar. Immerhin kann der Kanzler auf das lange Telefonat mit Mazowiecki verweisen, das ihm wohl die Augen darüber geöffnet hat, wie wichtig den Polen die Sicherheit ihrer Westgrenze ist. Schnell geht das Gespräch auf die bevorstehenden Zwei-plus-Vier-Verhandlungen über. Beide sind sich darin einig: Einen Friedensvertrag anzustreben macht keinen Sinn, wenn an den Verhandlungen 110 Länder teilnehmen, die mit dem Deutschen Reich im Krieg gestanden haben. Reparationen sind für den Kanzler nicht akzeptabel. Die Bundesrepublik Deutschland hat Wiedergutmachung geleistet; außerdem ist so etwas innenpolitisch nicht durchsetzbar. Was die Sicher-

---

386 Gesprächsführungsvorschlag, Vorbemerkungen, ohne Datum, 4 S.; BK, 212 – 30104 A 5 Am 2 Reise BK in die USA 24.–25. 2. 1990.
387 Punktation zur Gesprächsführung, ohne Datum, 4 S., ebd.
388 Gesprächsrahmen, ohne Datum, 4 S., ebd.

heitsfragen anbelangt, bekräftigt Kohl, Gesamtdeutschland habe kein Interesse an ABC-Waffen. Mit diesem Verzicht spricht er eine wesentliche Vorleistung an die amerikanische Adresse aus. Außerdem bleibt er bei dem Versprechen gegenüber Gorbatschow, keine Einheiten der NATO auf dem Territorium der DDR zu stationieren. Das gelte auch für jene Einheiten der Bundeswehr, die nicht der NATO unterstellt sind. Damit vertritt der Kanzler jedoch gegenüber Bush uneingeschränkt die Linie Genschers. Kohl bittet darum, nicht von NATO-Jurisdiktion zu sprechen, wie es Außenminister Baker in Moskau getan habe. Das würde einen zweigeteilten Sicherheitsstatus Deutschlands implizieren und Gesamtdeutschland nicht unter den Schutz der Artikel 5 und 6 NATO-Vertrag stellen. Zugleich will der Kanzler wissen, wie die Amerikaner sich die Zukunft der in der Bundesrepublik stationierten nuklearen Kurzstreckensysteme (SNF) vorstellen, die 1992 modernisiert werden sollen. Kohl ist daran gelegen, daß Bush in dieser Frage die Initiative behält und er nicht dem Druck des Kongresses ausgesetzt ist, dem er ansonsten vielleicht bei anderen Fragen, etwa beim Umfang amerikanischer Truppen in Europa, nachgeben muß.

Kohl und Bush verständigen sich auf die Maximalposition gegenüber der Sowjetunion, nämlich die Mitgliedschaft des geeinten Deutschlands in der NATO. Dafür sind ganz unterschiedliche Gründe maßgebend. In den Augen des Kanzlers ist das die einzig vernünftige Lösung. Jede andere Option bringt größere Risiken mit sich und ist in Übereinstimmung mit den westlichen Nachbarstaaten politisch nicht durchzusetzen. Damit stellt der Kanzler die Kontinuität deutscher Außenpolitik, die Stabilisierung der Lage in Europa und die größtmögliche Unterstützung Bushs für die deutsche Einheit sicher. Der amerikanische Präsident kann gewiß sein, die Vereinigten Staaten werden im Bündnis weiterhin die Kontrolle über das militärische Potential Deutschlands behalten. Ein Argument, gegen das Thatcher und Mitterrand wenig einwenden können. Ohnehin schließen Kohl und Bush einen Frankreich adäquaten Status für Deutschlands NATO-Mitgliedschaft aus.

Schwierig zu beantworten ist die Frage der künftigen amerikanischen Truppenpräsenz in Deutschland. Am meisten bedrückt Bush der Gedanke, die Sowjets könnten im Falle der Rückführung ihrer Streitkräfte aus Deutschland gleichfalls den Abzug der amerikanischen Truppen fordern. Bush sieht hauptsächlich die Gefahr einer sowjetischen Kampagne gegen amerikanische Nuklearwaffen in Europa. Seine Strategie zielt darauf ab, durch enge Konsultationen mit der Bundesregierung und den anderen westeuropäischen Partnern Ängste vor der Wiedervereinigung abzubauen und ihnen als doppelte Rückversicherung den Verbleib amerikanischer Streitkräfte anzubieten.

Bush kommt damit natürlich Forderungen von französischer und britischer Seite entgegen. In einem dreiviertelstündigen Telefonat hat Thatcher auf Bush eingeredet[389] und die Wichtigkeit betont, Deutschland in der NATO, aber auch amerikanische Truppen in Deutschland zu belassen. Für Gorbatschow werfe der Abzug aller sowjetischen Truppen Probleme auf. Das Beste schiene ihr, wenn einige wenige sowjetische Truppen auf unbestimmte Zeit dort stationiert blieben. Zudem hat sie eine stärkere Rolle der KSZE verlangt. Thatcher will damit der drohenden Isolierung der Sowjetunion begegnen und ein Gegengewicht zur Macht der Deutschen auf dem Kontinent schaffen.

Insgeheim verständigen sich Kohl und Bush auf eine gewisse Arbeitsteilung. Die Amerikaner werden vor allen Dingen auf die NATO-Partner einwirken und für die Zustimmung der britischen Premierministerin sorgen, die – wie Bush berichtet – die Wiedervereinigung akzeptiert habe. Die Deutschen kümmern sich um die Zustimmung der Franzosen und die Unterstützung seitens der EG-Partner. Bei alledem versteht es sich, daß es Aufgabe der Bundesregierung ist, die DDR auf den Weg zu bringen.[390] Eine wichtige Voraussetzung für die

---

389   Thatcher, Downing Street No. 10, 1105f.
390   Nr. 192 Gespräch des Bundeskanzlers Kohl mit Präsident Bush in Camp David, 24. Februar 1990.

Durchsetzung dieser Ziele ist der Erfolg der Reformpolitik Gorbatschows. Darüber hinaus bedarf es eines erfolgreichen Gipfeltreffens, auf dem über Abrüstung und Rüstungskontrolle verhandelt wird. Ein solcher Gipfel ist für Anfang Juni 1990 geplant.[391]
Mit Blick auf das endgültige Verhandlungsergebnis gibt sich der Kanzler optimistisch: Die Sowjetunion wird bei dem Zwei-plus-Vier-Prozeß in der Frage der deutschen Bündniszugehörigkeit zu guter Letzt einlenken. Das entscheidende Wort werde der sowjetische Präsident gegenüber dem amerikanischen Präsidenten voraussichtlich beim Gipfeltreffen im Juni geben. Gorbatschow – so jedenfalls sagt Kohl es Bush auf den Kopf zu – will das Geschäft mit der anderen Weltmacht abschließen. Damit wird die eigentliche Entscheidung getroffen.[392] In diesem Punkt macht sich Kohl keine Illusionen. Die jüngsten sowjetischen Äußerungen gehören deshalb für ihn zum Ritual des Verhandlungspokers. „Am Ende werde die Frage nach Bargeld stehen." Irgendwann kommen die Sowjets mit ihrer Forderung nach finanzieller Unterstützung, sagt Kohl voraus. Eigentlich seien sie froh, wenn die Deutschen der NATO angehörten. Sie hätten dann nicht das Problem, das andere mit dieser Frage haben – nämlich die Deutschen zu kontrollieren. Sie wollten aber einen Preis, woraufhin Bush scherzhaft antwortet: „Der Bundeskanzler habe große Taschen!"
Was die Strategie im Zwei-plus-Vier-Prozeß anbelangt, so stimmen beide überein, ein verfrühtes Eingreifen der Vier Mächte werde dem innerdeutschen Einigungsprozeß nur abträglich sein. Genaugenommen bedeutet das aber: Beide vereinbaren für die Sechsmächte-Verhandlungen indirekt zunächst einmal eine gewisse Verzögerungsstrategie. Ausgangspunkt ist die Frage, wie kann die Sowjetunion einerseits aus den innerdeutschen Verhandlungen herausgehalten werden und wann soll ihr andererseits das Angebot für ihre Zustimmung zur Westbindung Gesamtdeutschlands in der NATO unterbreitet werden. Das Kalkül der beiden läuft darauf hinaus, zunächst im innerdeutschen Einigungsprozeß die Dinge soweit wie möglich voranzutreiben. Die Sowjetunion gerät dann außenpolitisch so sehr unter Druck, daß sie ihr Einverständnis zur äußeren Herstellung der deutschen Einheit quasi geben muß. Kohl und Bush setzen also auf die Macht des Faktischen.
Was haben die Gespräche in Camp David erbracht? Übereinstimmung besteht darin: *Erstens*, die deutsche Einheit soll so schnell wie möglich voranschreiten; *zweitens*, die NATO-Vollmitgliedschaft Deutschlands und dessen Teilnahme an der integrierten Militärstruktur wird angestrebt; *drittens*, eine gewisse Verzögerungsstrategie bei den Zwei-plus-Vier-Gesprächen ist notwendig, nicht zuletzt auch, um im westlichen Lager Konsens herzustellen; *viertens*, der Kanzler ist zum Verzicht auf die Ostgebiete bereit; *fünftens*, weder Präsident noch Kanzler zweifeln daran, am Ende dieses Schachspiels, dessen Eröffnungszüge Gorbatschow und Schewardnadse augenblicklich spielen, die Zustimmung der Sowjets zur NATO-Mitgliedschaft Deutschlands zu erhalten;[393] *sechstens*, die Präsenz amerikanischer Truppen in Deutschland stellt die Voraussetzung für die Stabilität und die Sicherheit der europäischen Nachbarstaaten dar; *siebtens*, ohne Rückversicherung Bushs kann Kohl keinen Abschluß in der deutschen Frage mit der Sowjetunion erreichen, und ohne die Unterstützung Kohls läßt sich die amerikanische Truppenpräsenz in einem geeinten Deutschland nicht aufrechterhalten. Gewisse Meinungsunterschiede bleiben über die Haltung zur deutsch-polnischen Grenzfrage bestehen, die sich jedoch mehr auf die Taktik beziehen, in welcher Form und zu welchem Zeitpunkt die Grenzanerkennung durch die Bundesrepublik erfolgen soll.[394]

---

391   Nr. 193 Tischgespräche des Bundeskanzlers Kohl mit Präsident Bush in Camp David, 24./25. Februar 1990.
392   Nr. 194 Gespräch des Bundeskanzlers Kohl mit Präsident Bush in Camp David, 25. Februar 1990.
393   Teltschik, 329 Tage, 158–161. Blackwill, Deutsche Vereinigung und amerikanische Diplomatie, 216.
394   Äußerung von Horst Teltschik in: Kuhn, Gorbatschow und die deutsche Einheit, 123. Klein, Es begann im Kaukasus, 185 f.

Nachdem amerikanische Journalisten bei der Ankunft in Camp David Kohl zugerufen haben „Wie steht's mit Polen?", muß der Kanzler mit der gleichen Frage auf der abschließenden Pressekonferenz am 25. Februar rechnen. Bush reagiert mit dem Hinweis, die Vereinigten Staaten von Amerika hätten bereits die polnische Westgrenze anerkannt, während der Kanzler lediglich seinen öffentlich bekannten Standpunkt wiederholt, darüber könne nur ein gesamtdeutscher Souverän entscheiden. Hinsichtlich der Verschiebung von NATO-Streitkräften auf das Gebiet der DDR verzichten die Amerikaner auf die Verwendung des Begriffs „NATO-Jurisdiktion". Künftig soll die Rede von „NATO-Streitkräften" („forces") sein. Das erläutert Baker am 28. Februar 1990 Genscher in einem Schreiben.[395]
Am selben Tag telefonieren Bush und Gorbatschow über die Ergebnisse des Kanzlerbesuchs. Scowcroft berichtet anschließend Teltschik, Gorbatschow ringe gegenwärtig um die NATO-Mitgliedschaft Deutschlands. In Wirklichkeit hat der amerikanische Präsident keine überzeugenden Gründe auf die Frage Gorbatschows nennen können, warum das wiedervereinigte Deutschland Mitglied der NATO sein und der Westen die Kontrolle darüber ausüben soll, wenn die Deutschen keine Bedrohung darstellen. Bush hat darauf nur die lapidare Antwort parat, die NATO biete Schutz vor Unsicherheiten und Instabilitäten.[396]

Streit über den Zeitpunkt der Grenzanerkennung

Derweil dauern die Auseinandersetzungen in der deutschen Öffentlichkeit um die Oder-Neiße-Grenze an. Verschärft hat sich der Dissens zwischen Kanzleramt und Auswärtigem Amt durch Kritik aus Kreisen der FDP und eine Erklärung Genschers. Dieser hat den Vorschlag Mazowieckis, noch vor der Vereinigung einen Vertrag mit beiden Staaten auszuhandeln und zu paraphieren, als Versuch Polens bewertet, sich Gewißheit zu verschaffen und den in Deutschland vertretenen rechtlichen Erwägungen Rechnung zu tragen. Genscher hält eine baldige Regelung der deutsch-polnischen Grenzfrage für unausweichlich und distanziert sich damit von der Position des Kanzlers. Als zweite Möglichkeit kommt nach den Wahlen in der DDR eine gemeinsame Willenserklärung beider deutschen Parlamente in Betracht. Von allen Seiten wächst der Druck auf den Kanzler in dieser Frage.
Um die Wogen der öffentlichen Erregung zu glätten und Kohl aus der Schußlinie zu bringen, weist sein Redenschreiber Mertes auf die Notwendigkeit hin, noch vor der Volkskammerwahl eine eindeutige Initiative zu ergreifen. Dabei müsse er begründen, warum keine völkerrechtlich verbindliche Zusage zum jetzigen Zeitpunkt möglich sei. Kohl wird empfohlen, die Absicht anzukündigen, einen Vertrag mit Polen über die Zusammenarbeit und Nachbarschaft zu schließen. Dessen Hauptelemente sollen die deutsch-polnische Versöhnung, ständige Konsultationen nach dem Muster des Elysée-Vertrags, die Anerkennung der polnischen Westgrenze, aber auch umgekehrt der Verzicht Polens auf Reparationen und der Schutz der deutschen Minderheiten in den ehemaligen Ostgebieten sein. Mertes rät zu einer geschmeidigen Position. Denn eine zu starre Haltung könne negative Rückwirkungen auf die amerikanische Regierung haben. Überdies verstünden es die Polen, in den Vereinigten Staaten ihre Interessen zu vertreten. Bestehe zwischen Bonn und Warschau Einvernehmen über die Verfahrensfragen, werde das für die Amerikaner wichtig sein,[397] zumal auch ein Gesamtdeutschland auf dem Boden der Politik des *Pacta sunt servanda* stehen werde. Damit ist der Fortbestand vertraglicher Bindungen gemeint, die beide deutschen Staaten eingegan-

395 Baker, The Politics of Diplomacy, 233 f. Kiessler/Elbe, Ein runder Tisch mit scharfen Ecken, 81.
396 Nr. 199 Mitteilung des Sicherheitsberaters Scowcroft an Ministerialdirektor Teltschik, 28. Februar 1990.
397 Nr. 195 Vorlage des Regierungsdirektors Mertes und des Legationsrats I Hanz an Bundeskanzler Kohl, 27. Februar 1990.

gen sind, aber auch die internationale Rechtssicherheit, die alle Nachbarstaaten von Deutschland weiterhin erwarten.[398]

Vor dem Staatsbesuch Jaruzelskis und Mazowieckis in Paris telefoniert der Kanzler mit François Mitterrand.[399] Er will ihn von dem deutschen Ansatz zur Lösung der Oder-Neiße-Frage überzeugen. In einer Entschließung sollen sich Deutscher Bundestag und Volkskammer für die Anerkennung der polnischen Westgrenze aussprechen, die von der gesamtdeutschen Regierung in einem Vertrag zu besiegeln ist. Kohl bleibt bei seiner Strategie, unter keinen Umständen einen Vertrag mit Polen abzuschließen, bevor die deutsche Einheit nicht endgültig sichergestellt ist. Nach wie vor ist der Kanzler nicht zu Vorleistungen bereit, die innenpolitisch für erheblichen Zündstoff sorgen könnten. Er sucht den Ausweg über eine politisch bindende Absichtserklärung, für die er sich – so verspricht er Mitterrand – „mit ganzer Autorität" einsetzen werde. Eine völkerrechtliche Anerkennung will er erst eingehen, wenn auch die Einheit völkerrechtlich abgesichert ist. Dann kann er der Öffentlichkeit sagen, nur zu diesem Preis sei die Wiedervereinigung zu erhalten. Die Anerkennung der Realitäten – darauf setzt er – wird niemand im nachhinein in Zweifel ziehen. Zugleich nimmt er Kritikern auf dem rechten Flügel von CDU und CSU das Argument, die Wiedervereinigung dürfe sich nicht nur auf das Gebiet der Bundesrepublik, der DDR und Berlins beziehen, sondern müsse die Gebiete jenseits der Oder-Neiße-Linie einschließen, Deutschland also in den Grenzen von 1937 wiederhergestellt werden. Ein Entlastung wäre gegenwärtig für Kohl, wenn sich möglichst alle im Deutschen Bundestag vertretenen Parteien zur Anerkennung der Grenze bekennen. In dem Verzicht der Polen auf jegliche Reparationsleistungen sieht er einen fairen Preis. Aus Sicht des Kanzleramtes stehen den Polen Entschädigungsansprüche nicht mehr zu. Und immerhin bekommen sie ein Drittel des ehemaligen Reichsterritoriums dafür endgültig überschrieben.[400] Kohl verbindet damit seinerseits die Erwartung, die polnische Regierung werde Minderheitenrechte der Deutschen stärker respektieren. Auf keinen Fall will er in der jetzigen Situation vor den Wahlen in der DDR auf Mazowieckis Vorschlag eingehen.

Mitterrand bringt zwar gewisses Verständnis für die Haltung des Kanzlers auf, läßt sich aber auf dessen Linie nicht festlegen. Man müsse zwischen juristischen und politischen Aspekten unterscheiden, entgegnet er dem Kanzler. Vom politischen Standpunkt aus wäre eine klare Absichtserklärung willkommen. Doch scheint sie Mitterrand nicht auszureichen. Ein französischer Staatspräsident denkt letztlich stets in juristischen Kategorien. Mitterrand sagt lediglich zu, darüber nachdenken zu wollen, und verspricht dem Kanzler, ihn nach der Begegnung mit der polnischen Staatsführung anzurufen.

Am Vormittag des 6. März verabschiedet die Koalitionsrunde einen gemeinsamen Entschließungsantrag der Bundestagsfraktionen der CDU/CSU und der FDP. Darin wird das Recht des polnischen Volkes unterstrichen, in sicheren Grenzen zu leben, aber auch die Gültigkeit des polnischen Reparationsverzichts von 1953 betont. Beide Parlamente und Regierungen beabsichtigen, möglichst bald nach den Volkskammerwahlen gleichlautende Erklärungen zur Unverletzlichkeit der Grenze gegenüber Polen abzugeben. Ein Vertrag soll nach Vollendung der Wiedervereinigung zwischen der gesamtdeutschen Regierung und der polnischen Regierung ausgehandelt werden. Der Kanzler hat mit der eigenen Bundestagsfraktion Fraktur geredet und seine Position durchgesetzt. Nun ist er stolz, die Rückendeckung der Fraktion für die Anerkennung schon in der Tasche zu haben. Noch am gleichen Tag diktiert er Schreiben an Bush, Gorbatschow, Mitterrand und Thatcher und übermittelt ihnen

---

398   Nr. 198 Vorlage des Ministerialdirektors Teltschik an Bundeskanzler Kohl, 28. Februar 1990.
399   Nr. 203 Telefongespräch des Bundeskanzlers Kohl mit Staatspräsident Mitterrand, 5. März 1990.
400   Nr. 206 Vorlage des Vortragenden Legationsrats I Ueberschaer an Ministerialdirektor Teltschik, 6. März 1990.

den Entschließungsantrag.[401] Kohl will den Vier Mächten zeigen, auf seine Zusagen ist Verlaß.

Vor allem Margaret Thatcher würdigt die Entschließung als einen „höchst staatsmännischen Schritt", der von großem Nutzen sein werde.[402] Und auch Bush sieht in der Initiative einen positiven und wichtigen Beitrag.[403] Nichtsdestoweniger sind die Sowjets über die Entwicklung beunruhigt. Anders ist das Schreiben Schewardnadses an die Beteiligten der Zwei-plus-Vier-Verhandlungen[404] nicht zu erklären. Der sowjetische Außenminister bittet nachdrücklich darum, nicht im Alleingang zu handeln, wenn „im Zusammenhang mit den bevorstehenden Wahlen in der DDR unvorhergesehene Umstände zutage treten". Offensichtlich, so urteilt der Kanzler in dem Telefonat mit Mitterrand, habe Moskau größte Befürchtungen, die Ereignisse in der DDR könnten nach der Wahl in unkontrollierte Bahnen geraten.

Um so mehr Aufmerksamkeit erregt im Kanzleramt das Interview Gorbatschows mit der ARD am 6. März und das Gespräch Schewardnadses mit der „Neuen Berliner Illustrierten", in denen sie die Bedingungen für die Vereinigung präzisieren. Gorbatschow hat erstmalig der NATO-Mitgliedschaft des vereinten Deutschland eine deutliche Absage erteilt und einen schrittweisen, kontrollierten Vereinigungsprozeß gefordert, allerdings dabei das Wort Neutralität nicht in den Mund genommen. Alles andere bleibt schwammig. So sieht er Deutschlands Stellung in einem einheitlichen europäischen Prozeß, spricht von veränderten Rollen des Warschauer Pakts und der NATO, die sich zu militärisch-politischen Organisationen entwickeln sollen, ohne jedoch konkret zu werden. Von der Auflösung der Bündnisse zu reden, vermeidet er. Das deutet darauf hin: Die Sowjets haben noch keine Lösungen gefunden, betreiben taktische Winkelzüge, wissen selbst nicht genau, welche Position sie in diesen zentralen Fragen einnehmen sollen.

Schewardnadse bezeichnet das Einigungsverfahren nach Artikel 23 Grundgesetz als einen „überaus gefährlichen Weg". Offenbar hegt die sowjetische Führung nach Einschätzung Teltschiks Befürchtungen, die DDR könne untergehen und damit alle Rechte und Verpflichtungen, die sie gegenüber der Sowjetunion haben. Deshalb möchte Moskau Garantien von der Bundesregierung für die Übernahme möglichst aller Verpflichtungen, besonders der Lieferzusagen. Zwar verurteilt Schewardnadse die Aussagen zur NATO-Mitgliedschaft als taktlos. Anschließend deutet er aber an, es müsse eine angemessene Lösung dieser komplizierten und bedeutsamen Frage gesucht werden. Er bezieht sich dabei auf die Äußerung Kohls in Moskau, vom deutschen Boden dürfe nur noch Frieden ausgehen.

Nach Meinung Teltschiks will die Sowjetunion unverändert die deutsche Frage als Hebel für eine europäische Sicherheitsstruktur nutzen und gleichzeitig ihre Flexibilität behalten. Erstmals nennt Schewardnadse Tagesordnungspunkte für die bevorstehenden Zwei-plus-Vier-Verhandlungen: Anerkennung der Grenzen, Ausschluß jeglicher Kriegsgefahr, Entmilitarisierung, Garantien gegen das Wiederentstehen des Nazismus, Bündnisstatus Deutschlands, Viermächte-Verantwortung, ausländische Truppen auf deutschem Territorium und finanzielle Ansprüche gegen Deutschland, wobei der Ausdruck Reparationen unerwähnt bleibt.[405]

Einige Tage, nachdem der Kanzler glaubt, nun kehre in der Oder-Neiße-Frage endlich etwas Ruhe ein, wirbelt der Besuch Jaruzelskis in Paris neuen Staub auf. Mazowiecki will partout die Paraphierung eines Friedensvertrages vor der Wiedervereinigung durchsetzen, den an-

---

401 Nr. 204 Schreiben des Bundeskanzlers Kohl an Generalsekretär Gorbatschow, 6. März 1990. Nr. 204A Entwurf eines Entschließungsantrages der Fraktionen der CDU/CSU und der FDP, 6. März 1990.
402 Nr. 210 Schreiben der Premierministerin Thatcher an Bundeskanzler Kohl, 7. März 1990.
403 Teltschik, 329 Tage, 170.
404 Nr. 202 Vorlage des Ministerialdirigenten Hartmann an Bundeskanzler Kohl, 5. März 1990. Nr. 202A Schreiben des Außenministers Schewardnadse an Bundesminister Genscher, 5. März 1990.
405 Nr. 211 Vorlage des Ministerialdirektors Teltschik an Bundeskanzler Kohl, 9. März 1990.

schließend die gesamtdeutsche Regierung unterzeichnen soll. Skubiszewski hat zusätzlich am 23. Februar einen Fünf-Punkte-Plan vorgelegt, der die Teilnahme Polens an den Zwei-plus-Vier-Verhandlungen in Sicherheitsfragen und nicht nur in Grenzfragen verlangt. Die Ausarbeitung eines Vorvertrages mit Bestätigung der Grenze soll ein Hauptelement der Friedensregelung sein. In einem Interview mit „Liberation" am 9. März hat sich Jaruzelski für eine Synchronisierung der deutschen mit der europäischen Einigung ausgesprochen, ein Junktim zwischen der Regelung der Grenzfrage und dem Minderheitenproblem der Deutschen abgelehnt und die Entschließung des Deutschen Bundestages mit keinem Wort erwähnt.

Nun erklärt Mitterrand öffentlich, die französische Position in der Oder-Neiße-Frage reiche weiter als die Erklärung des Deutschen Bundestages, und fordert die Beteiligung Polens an den Zwei-plus-Vier-Gesprächen. Er befürwortet darüber hinaus die Aufnahme von Verhandlungen über einen Grenzvertrag vor der absehbaren Vereinigung der beiden deutschen Staaten. Überdies bietet er Garantien für den zu vereinbarenden völkerrechtlichen Rechtsakt an. Mit diesen Äußerungen stellt sich Mitterrand vollends hinter die Forderungen der polnischen Regierung, einen Vertrag vom Range eines Friedensvertrages über die Grenze abzuschließen, und zwar unter Beteiligung der Vier Mächte und vor Vollendung der Einheit Deutschlands. Dieser Vertrag wäre dann von dem gesamtdeutschen Parlament zu ratifizieren. Mitterrand, der bislang im Einigungsprozeß keine herausragende Rolle spielt, macht sich damit zum Sachwalter der Interessen Warschaus und stellt sich öffentlich gegen den Bundeskanzler.

Die Haltung der Vier Mächte in dieser Frage weichen in Nuancen voneinander ab. Frankreich lehnt zwar eine direkte Beteiligung Polens als Mitglied der Zwei-plus-Vier-Verhandlungen ab, hält aber eine Assoziierung für realisierbar und steht dem Gedanken einer Viermächte-Garantie des Grenzvertrages positiv gegenüber. Thatcher teilt die Haltung Mazowieckis, und auch Hurd fordert eine Regelung der polnischen Grenzfrage. Schewardnadse hat sich in diesem Sinne ausgesprochen und die polnischen Wünsche unterstützt. Die Form der Beteiligung Polens läßt er offen. Gorbatschow hat den Abschluß eines Friedensvertrages schon in einem „Prawda"-Artikel am 21. Februar aufgebracht, ohne sich auf die Modalitäten festzulegen. Flexibler ist die amerikanische Position. Bush bleibt bei seiner in Camp David gegebenen Zusage, die Unverletzlichkeit der Grenzen müsse gewahrt werden. Die Polen seien zu konsultieren. Einen Zeitplan sieht er dafür nicht vor.

Kohls Grenzanerkennungsstrategie scheint zusammenzubrechen. Überflüssige Auseinandersetzungen über seine Haltung in der Öffentlichkeit, Streit mit der FDP, Beharren der Polen auf ihrer Teilnahme an den Verhandlungen und eine ziemlich geschlossene Front der Vier Mächte gegen seine Verfahrensvorschläge, die Frage zu bereinigen, machen ihn mürbe. Auf Teltschik wirkt er „fast depressiv".[406]

Ministerialdirigent Hartmann führt in einer Aufzeichnung nochmals die Haltung der Polen vor Augen und versucht den Kanzler zu einem offensiveren Kurs zu bewegen, ohne von der grundsätzlichen Position der Bundesregierung abzurücken. Insgesamt ist die Lage aus fünf Gründen keineswegs rosig. *Erstens*, Polen ist es gelungen, bei den Hauptverbündeten politische Unterstützung „in erheblichem Ausmaße zu mobilisieren". Dieser Erfolg, der im wesentlichen auf die französische Haltung zurückzuführen ist, dürfte sich, so steht aus der Sicht des Kanzleramtes zu befürchten, angesichts starker Einflüsse aus Polen stammender Amerikaner im Kongreß bei dem bevorstehenden Besuch Mazowieckis in Washington wiederholen. *Zweitens*, Polen kann somit im Westen „mit einer stark emotional gefärbten Welle der Sympathie" rechnen. *Drittens*, es wird weiterhin versuchen, Unterstützung für sich zu

---

406 Teltschik, 329 Tage, 173.

mobilisieren. *Viertens*, die Grenzfrage kann sich zu einem erheblichen Stolperstein auf dem Wege zur deutschen Einheit entwickeln. *Fünftens*, es ist deshalb notwendig, eine offensive Strategie einzuschlagen, das heißt offene Auseinandersetzung mit den polnischen Forderungen, und ihnen die Grenzen der Zumutbarkeit aufzeigen. Das gilt für Polen genauso wie für die Vier Mächte.

Daraus folgt: Die Bundesregierung steht momentan isoliert da und kommt nicht umhin, Polen in irgendeiner Form in die Zwei-plus-Vier-Verhandlungen einzubeziehen, wenn es um die Regelung der Grenzfrage geht. Einen gleichberechtigten Status will sie auf jeden Fall vermeiden. Die Beteiligung soll auf die Grenzregelung beschränkt bleiben. Unter anderem tut die Bundesregierung gut daran, eine Präzisierung auf die Oder-Neiße-Linie zu vermeiden, wenn es um die Regelung der Grenzfrage geht. Die Bundesregierung könne es sich nicht bieten lassen, argumentiert Hartmann, daß ein Wort des Deutschen Bundestages in Zweifel gezogen werde. Nach der Devise „Angriff ist die beste Verteidigung" schlägt er vor, offensiv den Forderungen zu begegnen. Ein ausgehandelter Vertrag biete jetzt nicht mehr Sicherheit für Polen als die parlamentarische Absichtserklärung. Er weiß jedoch, eine Zuspitzung in dieser Frage wird kaum zu vermeiden sein. Wenn Genscher, der dazu neigt, Polen in die Verhandlungen mit einzubeziehen, nach der Volkskammerwahl in Gespräche mit Warschau einsteige, dann, so schätzt Hartmann, gebe es eine Möglichkeit, die Option einer Viermächte-Grenzgarantie „wegzudrücken" oder zumindest „abzumildern". Denn die Übernahme einer erneuten Garantie durch die Vier Mächte sei schließlich mit der Selbstachtung der Deutschen und eines souveränen deutschen Staates nicht mehr vereinbar.[407]

Teltschik hält es nicht für ausgeschlossen, daß der britische Außenminister Hurd bei seinem Gespräch mit dem Kanzler am 12. März 1990 in Bonn neben den Fragen künftiger Sicherheitsvereinbarungen in Europa[408] auch die Haltung der Bundesregierung zur einer „internationalen Garantie" der polnischen Westgrenze anschneidet.[409] Die Forderung sei von polnischer und französischer Seite in die Diskussion gebracht worden, ohne nähere Spezifizierung bislang. Ob dies der KSZE-Rahmen sein solle und wer als Garantiemächte eines deutsch-polnischen Grenzvertrages auftreten könnte, ist nicht auszumachen. Solches Ansinnen „sollte unmißverständlich zurückgewiesen werden", rät Teltschik, denn damit werde „die Vertragstreue der Bundesrepublik Deutschland in unzulässiger Weise in Zweifel gezogen".

Der Kanzler ahnt, was eigentlich hinter dem Versuch der polnischen Seite steht, Zweifel zu säen: Reparationsforderungen, die die Bundesregierung strikt ablehnt. Prüfungen im Kanzleramt hinsichtlich der Berechtigung solcher Forderungen der ehemaligen Kriegsgegner Deutschlands führen zu dem Ergebnis, 45 Jahre nach Kriegsende bestehe weder *de jure* noch *de facto* ein Anspruch mehr auf Reparationsleistungen.[410] Die Sowjetunion und Polen sind nach Abschluß eines Grenzvertrages durch Gebietsabtretungen entschädigt worden, und die Westmächte haben durch das Londoner Schuldenabkommen Wiedergutmachung erhalten. Die Bundesrepublik Deutschland hat keinerlei vertragliche Vereinbarungen unterschrieben und folglich keine Ansprüche anerkannt. Selbst das Londoner Schuldenabkommen von 1953 stellt die Prüfung aller Forderungen bis zur endgültigen Regelung der deutschen Frage zurück, wobei ein Zeitpunkt nicht genannt worden ist. Der Überleitungsvertrag mit den Westmächten von 1954/55 sieht ebenfalls eine Regelung in einem Friedensvertrag vor. Da Ansprüche bekanntlich erst durch Abkommen entstehen, liegt der Abschluß eines Friedensver-

---

407   Nr. 216 Vorlage des Ministerialdirigenten Hartmann an Bundeskanzler Kohl, 13. März 1990.
408   Nr. 205 Vorlage des Ministerialdirektors Teltschik an Bundeskanzler Kohl, 6. März 1990.
409   Vorlage des Ministerialdirektors Teltschik an Bundeskanzler Kohl betr. Gespräch mit dem britischen Außenminister Douglas Hurd am Montag, den 12. März 1990, 14.00–14.30 Uhr, 8. März 1990; BK, 211 – 30105 B 20 Gr 14 AM Hurd 12. März 1990.
410   Nr. 222 Vorlage des Ministerialdirektors Teltschik an Bundeskanzler Kohl, 15. März 1990.

trages nicht im deutschen Interesse. Bei Friedensvertragsverhandlungen wäre es kaum zu verhindern, wenn das Thema Reparationen wieder auf den Tisch kommt, und die Bundesregierung würde unter Druck geraten, heißt es in einer Vorlage Teltschiks. Ohne Abschluß eines formellen Friedensvertrages kann sie darauf verweisen, die Wiedervereinigung bedeute nicht, daß die Reparationsfrage wieder aufgerollt werden müsse. Der britische Außenminister ist zwar mit der Bundestagsresolution zufrieden, bringt aber ebenso für die polnische Forderung nach prozeduralen Zusagen Verständnis auf.[411] Das gesamtdeutsche Parlament könnte den Abschluß eines Grenzvertrages verzögern, bis eine andere Situation eingetreten sei, und würde dann den Versuch einer verdeckten Revision der Oder-Neiße-Grenze starten.

Gegenüber Mitgliedern des amerikanischen Senats, die am gleichen Tag zu Besuch sind, hält sich der Kanzler mit Kritik an Jaruzelski zurück. Er erinnert nur daran, der General sei es gewesen, der Anfang der achtziger Jahre in Polen das Kriegsrecht verhängt habe. Wie kein anderes Land hätten die Deutschen Polen Hilfe geleistet. Immerhin sei Jaruzelski Mitglied der Regierung Gierek gewesen, die von der Bundesrepublik Geld bekommen habe, das in nicht mehr nachkontrollierbare Kanäle abgeflossen sei.[412]

Am 14. März informiert Mitterrand Kohl über die Ergebnisse des Besuchs von Jaruzelski in Paris. Der französische Präsident stellt drei Punkte der Übereinstimmung heraus: die Notwendigkeit der Anerkennung der Oder-Neiße-Grenze, den Wunsch nach Beginn von Verhandlungen über einen Grenzvertrag vor der Wiedervereinigung, der dann durch das gesamtdeutsche Parlament zu billigen wäre, und die Beteiligung Polens an der Regelung der Grenzfrage in den Zwei-plus-Vier-Verhandlungen. Mit letzterem erklärt sich Kohl einverstanden; er sei schon immer der Meinung gewesen, die Polen müßten eine Möglichkeit der Mitwirkung bei der Grenzfrage haben. Grimmig aber ist der Kanzler darüber, daß die Polen mit Mitterrand über die Grenzfrage sprechen, jedoch nicht mit den Deutschen. Kohl hält es für unverständlich, wie jemand behaupten könne, in der Bundestagsresolution sei unklar, welche Grenze mit der Entschließung gemeint sei. Schließlich habe im jetzigen Zeitpunkt ein völkerrechtlicher Vertrag für das geeinte Deutschland keine andere Wirkung als eine Absichtserklärung. Im Hinblick auf die Reparationsfrage erinnert der Kanzler an den Besuch des Sejm-Präsidenten im Dezember 1989, der „astronomische Zahlen" genannt habe. Noch tags zuvor seien auch von israelischer Seite neue Reparationsforderungen erhoben worden. Kohl verlangt von Polen, den 1953 bereits ausgesprochenen Reparationsverzicht zu wiederholen, und erwartet den Schutz der deutschen Minderheit. Mitterrand bekommt nun zu spüren, wie sehr er den Kanzler verärgert hat. Unmißverständlich macht er ihm klar, bei aller Aussöhnung müsse man auch die Gefühle der Deutschen verstehen. Es könne nicht angehen, daß vierzig Jahre Demokratie nichts gelten. Das sei aber die logische Folgerung, wenn einer Erklärung des Deutschen Bundestages kein Respekt gezollt werde. Von den Polen komme in dieser Frage keine positive Geste. Meinungsunterschiede bestünden letztlich darüber, wie Polen von nun an bis zur endgültigen Ratifikation eines Grenzvertrages durch ein gesamtdeutsches Parlament Sicherheit gegeben werden könne.[413]

Am nächsten Tag trifft Teltschik mit dem Generalsekretär des Elysée, Bianco, zusammen, der um ein vertrauliches Gespräch gebeten hat. Ganz offensichtlich ist das Umfeld Mitterrands bemüht, die Irritationen zwischen Kanzler und Staatspräsidenten beizulegen. Die deutsch-französischen Beziehungen seien unbelastet und unverändert gut, betont er. Gekonnt spielt Bianco die Pressekonferenz von Mitterrand und Jaruzelski herunter. Doch ist

411 Nr. 214 Gespräch des Bundeskanzlers Kohl mit Außenminister Hurd in Bonn, 12. März 1990.
412 Nr. 213 Gespräch des Bundeskanzlers Kohl mit Mitgliedern der Rüstungskontroll-Beobachtergruppe des amerikanischen Senats in Bonn, 12. März 1990.
413 Nr. 218 Telefongespräch des Bundeskanzlers Kohl mit Staatspräsident Mitterrand, 14. März 1990.

nicht daran zu deuteln: Die Franzosen haben sich zum Sachwalter polnischer Interessen auf-geschwungen. Auch Jacques Attali und Elisabeth Guigou sind um Schadensbegrenzung be-müht. Mit Teltschik verabreden sie die Vorbereitung einer deutsch-französischen Initiative zur Politischen Union auf dem bevorstehenden EG-Gipfel im April in Dublin.[414]

In einem Telefongespräch mit Bush weist Kohl die Ausweitung der Zwei-plus-Vier-Ver-handlungen strikt zurück.[415] Einverstanden ist er damit, Polen bei der Grenzfrage zu kon-sultieren. Ansonsten bleibt er bei seiner Position. Die gemeinsame Erklärung des Deutschen Bundestages und der Volkskammer, unverzüglich nach der Wiedervereinigung einen völ-kerrechtlich verbindlichen Vertrag mit Polen abzuschließen, ist für ihn das Maximum des-sen, was er an Garantien geben will. Die polnische Regierung schiebt seiner Meinung Forde-rungen nach. Einen Vorvertrag hält er ebenso für völlig indiskutabel wie die Abhaltung von Zwei-plus-Vier-Treffen in Warschau, wo die Deutschen denn auf der Anklagebank sitzen würden. Dann, so erklärt Bush, „könne man auch gleich nach Jalta fahren". Kohl wehrt sol-che Überlegungen mit dem versteckten Hinweis ab, dann käme möglicherweise wieder die Forderung nach Neuverhandlung über die Mitgliedschaft Deutschlands in der EG und in der NATO auf den Tisch, anschließend das Problem der Neutralisierung und des Abzugs amerikanischer Truppen aus Europa. Geschickt droht er mit dem Schreckgespenst eines eu-ropäischen Mächtesystems ohne die Amerikaner, wohlwissend, daß eine solche Konstella-tion weder in Washington noch in Bonn erwünscht ist. Bush erkennt die Schwierigkeiten des Kanzlers und spricht sich gegen ein Zwei-plus-Vier-Treffen in Warschau aus. Kohl rückt seinerseits von der Verknüpfung des Schutzes der deutschen Minderheiten in Polen und der Reparationen mit dem Grenzvertrag ab. Damit habe er lediglich klarstellen wollen, beteuert er Bush, es gebe in diesen Fragen für ihn kein Junktim. Wichtig ist ihm in diesem Moment, daß der Präsident hinter der gemeinsam verabredeten Linie steht. Nächste Woche wird näm-lich Ministerpräsident Mazowiecki in Washington zu Besuch erwartet.

Die Wahl in der DDR ist für Bush willkommener Gradmesser, ob bei der Bevölkerung dort die Integration eines künftigen Deutschland ein attraktives Konzept darstellt. Kohl schmei-chelt Bush, indem er ihm erzählt, an welchen Punkten seiner Wahlkampfauftritte er ge-wöhnlich Beifall erhält, wenn er nämlich sagt: Das Hauptverdienst der Entwicklung in der DDR gebührt den Bürgern. Ohne Hilfe der Verbündeten und der Amerikaner im besonde-ren wäre die Entwicklung nicht so ruhig verlaufen. Eine wichtige Triebkraft ist die Politik der Perestroika Gorbatschows und der Reformprozeß in Polen, in Ungarn und in der Tsche-choslowakei. Die Bundesregierung ist bereit, mit Polen einen Vertrag über die Grenze abzu-schließen; deshalb braucht sich keiner Sorgen zu machen. Die Deutschen stehen weiterhin zur Westbindung in der EG und der NATO. So etwas hört Bush gern. Kohl stärkt damit seine Glaubwürdigkeit und schafft Vertrauen für seinen Kurs. Denn allmählich ist nun die Zeit angebrochen, wo die sensiblen Fragen mit sehr viel Fingerspitzengefühl angepackt wer-den müssen, um größeren Flurschaden zu vermeiden.

In einer Unterredung mit Teltschik am 19. März in Bonn kündigt der Abteilungsleiter im polnischen Außenministerium, Sulek, ein Memorandum seiner Regierung und einen Ver-tragsentwurf für die Verhandlungen über die Grenzfrage an.[416] Teltschik weist auf die Be-deutung der Bundestagsentschließung hin, die immerhin 95prozentige Zustimmung erhalten habe. Damit sei der vorletzte Schritt zur Anerkennung getan. Schließlich könnten die Deut-schen mit ihrem Angebot nicht mehr Sicherheit bieten. Darum sei es jetzt eine Frage des Vertrauens. Jede Infragestellung der Erklärung des Deutschen Bundestages und der Volks-

414   Teltschik, 329 Tage, 175 f.
415   Nr. 221 Telefongespräch des Bundeskanzlers Kohl mit Präsident Bush, 15. März 1990.
416   Nr. 223 Gespräch des Ministerialdirektors Teltschik mit Botschafter Karski und dem stellvertretenden Abtei-lungsleiter Sulek in Bonn, 19. März 1990.

kammer sei ein Signal „Wir trauen den Deutschen nicht". Im gleichen Atemzug macht Teltschik deutlich, daß Reparationsforderungen kein Verhandlungsthema sein würden. Er sagt
lediglich die Prüfung der von polnischer Seite gewünschten Begleichung individueller Ansprüche für Zwangsarbeiter und KZ-Häftlinge zu. Die polnischen Vertreter dringen jedoch
weiterhin auf die Aufnahme bilateraler Verhandlungen. Auch Teltschiks Hinweis reicht
nicht aus, der Grenzvertrag müsse in den KSZE-Rahmen eingebettet sein. Zudem habe
schließlich der Kanzler zugesagt, die Frage so regeln zu wollen, daß der Friede gewahrt
bleibe. Teltschik gelingt es nicht, bei seinen Gesprächspartnern Verständnis dafür aufzubringen, daß der Kanzler eine Zerreißprobe im Deutschen Bundestag über die Grenzfrage
mit allen Mitteln zu vermeiden sucht.

Am Nachmittag besprechen Kohl, Seiters, Genscher und Stoltenberg das weitere Vorgehen.
Der Bundesaußenminister will offensiv auf den Vorschlag Mazowieckis eingehen und in
Verhandlungen eintreten. Wohl unter dem allseitigen Druck entscheidet Kohl zunächst, es
solle ein Vertragsentwurf vorbereitet werden. Er wolle ihn sich ansehen und dann erst entscheiden. So entwindet er sich aus einer schwierigen Situation, ohne sich gegenüber dem Koalitionspartner und erst recht nicht gegenüber Polen in irgendeiner Form festzulegen. Der
Kanzler setzt jetzt auf Zeitgewinn.[417]

Unmittelbar vor dem Besuch Mazowieckis in Washington stimmen Kohl und Bush am
20. März telefonisch die Gesprächslinie ab.[418] Bush wiederholt seine Position: Beteiligung
Polens an den Zwei-plus-Vier-Verhandlungen – nein, doch wenn es um die Regelung der
Grenzfrage geht – ja. Warschau als Verhandlungsort kommt nicht in Frage. Ansonsten ist
Kohl bereit, den Polen „ausgedehnte Gespräche" anzubieten. Bush verspricht, die amerikanische Seite werde die deutsche Position nicht unterminieren. „Von ihm seien keine Überraschungen zu erwarten." Er beweist damit seinen Schulterschluß mit Kohl, mit dem ihn zusehends ein enges persönliches Vertrauensverhältnis verbindet.[419]

Kohl schätzt solche Gesten der Solidarität. So gibt er dem Präsidenten zu verstehen, er
könne Mazowiecki das sagen, was sie beide schon in Camp David vereinbart hätten, nämlich
der Bundeskanzler sei fest zur Anerkennung der Oder-Neiße-Grenze entschlossen. Regierung und Parlament behielten sich jedoch diesen letzten Akt vor. Zudem müsse Mazowiecki
verstehen, daß auch er „hier den Erfolg brauche". Der polnische Ministerpräsident solle wissen, nach den Volkskammerwahlen sei eine gemeinsame Erklärung des Deutschen Bundestages und der Volkskammer noch leichter zu erreichen. Im Mai oder Juni, so schätzt Kohl,
könne eine solche Erklärung verabschiedet werden. Bush befürchtet allerdings, die Sowjetunion könnte mit der Grenzfrage Unruhe stiften und auch die NATO-Mitgliedschaft
Deutschlands in Frage stellen. Notfalls ist Kohl sogar bereit, bis Anfang Juni mit Mazowiecki ein entsprechendes Schreiben abzustimmen, um die Zwei-plus-Vier-Verhandlungen
nicht zu gefährden. Der Kanzler gibt Bush grünes Licht, Mazowiecki das zu sagen. Kohl
setzt darauf, daß Bush Mazowiecki zur Räson bringt und ihm klarmacht, warum der deutsche Verfahrensvorschlag letztlich auch den polnischen Interessen zugute kommt. Bush ist
wohl erleichtert. Denn die Regierung in Washington rechnet insgeheim doch damit, Kohl
wolle nicht als der Kanzler in die Geschichte eingehen, der die Ostgebiete endgültig aufgibt.[420] Auch in der Frage der NATO-Mitgliedschaft zeigt sich der Kanzler unverändert
siegessicher: „Gemeinsam werden wir diese Frage meistern".

---

417   Teltschik, 329 Tage, 179.
418   Nr. 224 Telefongespräch des Bundeskanzlers Kohl mit Präsident Bush, 20. März 1990.
419   Nr. 226 Schreiben des Präsidenten Bush an Bundeskanzler Kohl, 21. März 1990.
420   Hutchings, American Diplomacy and the End of the Cold War, 115.

Vorverhandlungen der Zwei plus Vier

Am 9. März führen Kastrup und Duisberg im Ministerium für Auswärtige Angelegenheiten in Ost-Berlin ein Vorbereitungsgespräch über die Abstimmung der deutschen Position für die erste Verhandlungsrunde der Zwei plus Vier auf Beamtenebene. In freundlich-sachbezogener Atmosphäre – früher keineswegs selbstverständlich – werden prozedurale und materielle Fragen besprochen. Einigkeit besteht darüber, die Beamtengespräche abwechselnd in Bonn und Ost-Berlin abzuhalten. Die Tagesordnung soll drei Punkte umfassen: die Grenzfrage, den militärpolitischen Status Deutschlands und die Beendigung der Viermächte-Rechte. Meinungsverschiedenheiten bestehen hauptsächlich über die Teilnehmer und die Form des Vertragsschlusses. Die DDR-Vertreter wollen mehr Staaten einbeziehen, einen völkerrechtlich verbindlichen Friedensvertrag unterschreiben und neigen dazu, die Eigentumsfragen in die Zwei-plus-Vier-Verhandlungen einzubeziehen. Das lehnt die bundesdeutsche Delegation rundweg ab. Das Auswärtige Amt und das Ministerium für Auswärtige Angelegenheiten kommen überein, nach der Volkskammerwahl gemeinsame außenpolitische Kommissionen zur Vorbereitung ihrer Positionen bei den Zwei-plus-Vier-Verhandlungen zu bilden.[421]

Am 13. März verabschiedet die Arbeitsgruppe Außen- und Sicherheitspolitik des Kabinettsausschusses Deutsche Einheit die zwischen Genscher und Stoltenberg erzielte Einigung. Die militärische Stärke Deutschlands soll kein Gegenstand der Zwei-plus-Vier-Verhandlungen sein. Wichtig sind nun Vorarbeiten für die Klärung der gesamten völkerrechtlichen und juristischen Fragen, die sich mit der Ablösung der alliierten Rechte in Deutschland stellen. Das Auswärtige Amt, das Bundesministerium für innerdeutsche Beziehungen und der Chef des Bundeskanzleramtes sollen die Erklärung der beiden Parlamente zur polnischen Grenzfrage vorbereiten. Eine weitere Unterarbeitsgruppe, bestehend aus dem Auswärtigen Amt, dem Bundesverteidigungsministerium, dem Bundesfinanzministerium, dem Bundesjustizministerium, dem Bundesministerium des Innern und dem Chef des Bundeskanzleramtes, wird mit der Klärung der Völkerrechtsfragen beauftragt. Übereinstimmend wird ein Friedensvertrag abgelehnt. Nach Auffassung der Beamten des Auswärtigen Amtes wäre es ideal, wenn die Vier Mächte ihre Rechte für obsolet erklären würden. Zu prüfen bleibt, welche Voraussetzungen dazu erfüllt sein müssen. Bei der Ablösung alliierter Rechte in Berlin ist die Truppenstationierung ein zentrales Problem. Aus Sicht der Bundesregierung bedarf es nach der Wiedervereinigung für den befristeten Aufenthalt sowjetischer Streitkräfte eines Stationierungsvertrages, der eventuell den Westmächten zur Notifizierung übergeben wird. Im Rahmen des NATO-Truppenstatuts ist ebenso eine Neufassung des Stationierungsvertrages mit den Westmächten erforderlich. Schließlich gilt es zu überprüfen, welche wirtschaftlichen Verpflichtungen der DDR gegenüber der Sowjetunion und dem Rat für gegenseitige Wirtschaftshilfe existieren. Eine dritte Arbeitsgruppe, der das Auswärtige Amt, der Chef des Bundeskanzleramtes, das Bundesministerium für innerdeutsche Beziehungen und das Bundesverteidigungsministerium angehören, erhält den Auftrag, ein Konzept für die gesamtdeutsche Position der KSZE zu entwickeln.[422]

Am 14. März findet in Bonn das erste Beamtengespräch im Zwei-plus-Vier-Rahmen auf der Ebene der Politischen Direktoren statt. Schon am 14. Februar hat Ministerialdirigent Hartmann bei Teltschik darauf gedrängt, das Bundeskanzleramt solle auf seiten der Bundesregierung neben dem Auswärtigen Amt direkt an den Gesprächen beteiligt sein. Nur so könne

---

421   Nr. 212 Gespräch von Vertretern der Bundesregierung und der Regierung der DDR im Rahmen des Mechanismus Zwei plus Vier in Berlin (Ost), 9. März 1990.
422   Nr. 217 Vorlage der Arbeitsgruppe Innenpolitische Grundsatzfragen im Bundesministerium des Innern an Bundesminister Schäuble, 13. März 1990.

die Abteilung 2 „eine lückenlose Unterrichtung des Bundeskanzlers und dessen rechtzeitige Einbeziehung in den Entscheidungsprozeß sicherstellen". Er selbst sei bereit, die Aufgabe zu übernehmen, wenn der Bundeskanzler einen solchen „Wunsch" bei Bundesminister Genscher durchsetzt.[423] Das geschieht auch. Neben Ministerialdirektor Kastrup, der die Delegation leitet, und dem Vortragenden Legationsrat I Frank Elbe vom Auswärtigen Amt gehört Hartmann zu den Vertretern der Bundesregierung bei den Beamtengesprächen. Aus dem Ministerium für Auswärtige Angelegenheiten der DDR sind der Hauptabteilungsleiter Herbert Süß, Unterabteilungsleiter Ernst Krabatsch und Botschafter Karl Seidel, vom amerikanischen Außenministerium Robert Zoellick, Abteilungsleiter Raymond Seitz und vom NSC Condoleezza Rice abgeordnet. Die französische Delegation leitet der Abteilungsleiter im Quai d'Orsay, Bertrand Dufourcq, als Berater stehen ihm Denis Gauer und Thierry Dana zur Seite. Vom Foreign Office in London nimmt der Politische Direktor John Weston sowie Abteilungsleiter Hillary Synnott und der Berater Jonathan Powell teil. Vizeaußenminister Anatoli Adamischin und Julij Kwizinskij vertreten das Ministerium für Auswärtige Angelegenheiten der UdSSR. Adamischin wird jedoch im Mai durch Alexander Bondarenko abgelöst.[424]

Im Vordergrund der ersten Begegnung stehen prozedurale Fragen.[425] Die deutschen Vertreter setzen gegen den französischen Vorschlag, das Rotationsprinzip anzuwenden, durch, Beamtengespräche alternierend in Bonn und Ost-Berlin zu führen. Eigentlich wollen die Deutschen dieses Prinzip auch für die Außenministertreffen vereinbaren. Die Westmächte sind damit einverstanden, die sowjetische Seite geht hierbei jedoch nicht von dem ständigen Wechselprinzip ab. Der Vorsitz bei diesen Treffen soll sich in der Reihenfolge der Sitzordnung ändern, unabhängig vom Ort der Treffens. Altbewährtes Prinzip bei Beschlüssen ist das Konsensverfahren. Sitzungsverlauf und Gesprächsthemen sollen stets streng vertraulich bleiben. Es wird Mitteilungen an die Öffentlichkeit geben. Verbindliche Erklärungen während der Gespräche werden festgehalten, wobei die Form noch unklar ist. Als problematisch wird aus bundesdeutscher Sicht der sowjetische Vorschlag angesehen, daß jedes Mitglied jederzeit die Einberufung der Zwei-plus-Vier-Konferenz verlangen kann. Die bundesdeutsche Seite besteht darauf, dazu müsse Konsens erforderlich sein und im konkreten Fall sei eine substantielle Begründung erforderlich. Über den weiteren Zeitrahmen sollen die Minister entscheiden. Vorbereitet werden die Sitzungen durch das vorsitzführende Land. Vor allem umstritten ist die Frage der Beteiligung von Drittländern. Konkret ist damit Polen gemeint. Der sowjetische und der französische Vertreter machen sich für die Einbeziehung Polens in Fragen seiner Sicherheit stark. Die Sowjets sprechen sich sogar für Sitzungen in Warschau aus, wogegen die französischen Vertreter keine Einwände erheben. Dagegen lehnt der bundesdeutsche Delegationsleiter Kastrup eine förmliche Berücksichtigung Polens und Warschau als Verhandlungsort ab. Er erkennt die polnischen Interessen bei der Regelung der Grenzfrage an, ohne sich allerdings auf die Modalitäten festzulegen. Einvernehmen erzielen die Sechs über eine Einladung Polens bei der Behandlung der Grenzfrage, Warschau als Sitzungsort bleibt offen.

Recht schnell einigen sich die Beteiligen über die Verhandlungsthemen Grenzfrage, politisch-militärische Fragen und Berlin-Problem. Schwieriger ist die Behandlung des Themas Viermächte-Rechte und deren Ablösung. Dissens existiert zwischen den Westmächten und der Sowjetunion vor allem, weil darunter die Problematik des Friedensvertrages fällt. Hartnäckig insistiert der sowjetische Verhandlungsführer auf einer friedensvertraglichen Rege-

---

423 Vorlage des Ministerialdirigenten Hartmann an Ministerialdirektor Teltschik betr. In Ottawa beschlossene Gespräche „2+4", 14. Februar 1990; BK, 212 – 35400 De 39 NA 4 Bd. 1.
424 Liste der Teilnehmer, 14. März 1990, ebd.
425 Nr. 220 Erste Gesprächsrunde Zwei plus Vier auf Beamtenebene in Bonn, 14. März 1990.

lung. Auf Anhieb ist er nicht bereit, statt dessen den Begriff „endgültige Regelung" zu akzeptieren. Moskau strebt also weiterhin einen deutschen Friedensvertrag an. Keine Zustimmung findet der Vorschlag der DDR, die deutsche Einheit mit dem gesamteuropäischen Einigungsprozeß eng zu verzahnen. Diese Position hat die Regierung in Ost-Berlin schon am 23. Februar in einem Memorandum dargelegt.[426] Sie geht auf Vorschläge einer Rede Modrows vor der Volkskammer am 20. Februar zurück. Ebenso lehnen die Westmächte den Vorstoß ab, die Eigentumsverhältnisse in der DDR („beispielsweise Bodenreform") und ihre internationalen Vertragsverpflichtungen zu einem eigenen Tagesordnungspunkt zu machen. Es sind im wesentlichen sowjetische Petita, die sich die DDR-Delegation zueigen macht. Die bundesdeutsche Delegation schiebt den Vorschlag mit dem Hinweis beiseite, diese Frage zunächst auf innerdeutscher Schiene zu erörtern. Bevor über diese Fragen ernsthaft weiterverhandelt wird, finden zunächst die Volkskammerwahlen statt.

Volkskammerwahl und gesamtdeutscher Wahltermin

Viele Meinungsforscher und eine überwiegende Mehrheit bundesdeutscher Spitzenpolitiker gehen im Januar und Februar 1990 von einem Wahlsieg der Sozialdemokraten aus. Mangels ausreichend gesicherter Erhebungsdaten fließen auch historische Bewertungskriterien wie etwa die hohen Stimmenanteile der SPD in traditionellen Hochburgen Sachsens und Thüringens bei den Reichtagswahlen Ende der zwanziger/Anfang der dreißiger Jahre mit in solche Prognosen ein. Mitte März, in der letzten Woche vor der Wahl, gibt sich der Kanzler jedoch durchaus optimistisch. Der Vorsprung der SPD in der DDR ist deutlich zurückgegangen. Kohl rechnet mit einer Koalitionsregierung. Unverhohlen nennt er am 12. März dem britischen Außenminister den Grund, warum er, der Kanzler, für den Weg der Wiedervereinigung über Artikel 23 Grundgesetz ist und Artikel 146 Grundgesetz ablehnt: Er will der SPD nicht die Chance geben, sozialistische Elemente in die deutsche Verfassung hineinzuschreiben. Seiner Ansicht nach nehmen die Sozialdemokraten eine polarisierende Haltung ein und streben immer noch eine Neutralität Gesamtdeutschlands an.[427]

Fast 58 Jahre nach den letzten freien Wahlen 1932 und zum ersten Mal auf dem Gebiet der DDR dürfen die Bürger am 18. März in freier und geheimer Wahl die Abgeordneten der Volkskammer wählen. Das Ergebnis überrascht alle. Durch die hohe Wahlbeteiligung von 93,38 v.H. demonstriert die Bevölkerung, wie ernst sie ihre neu errungenen bürgerlichen Rechte nimmt. Die „Allianz für Deutschland" gewinnt 192 Mandate, die SPD erringt 88 Abgeordnetensitze. Fernsehen und Presse werten das Ergebnis übereinstimmend als Triumph für Kohl. Erstaunlich ist das überdurchschnittliche Abschneiden der Allianz in Thüringen und Sachsen. Dort wird gleich die Parallele zu den Wahlergebnissen der Weimarer Republik gezogen, wo einst starke sozialistisch und kommunistisch durchdrungene Regierungen geherrscht haben. Zur Erringung der absoluten Mehrheit fehlen der Allianz nur acht Mandate. Das ist ein „Gottesgeschenk", kommentiert Kohl das Resultat.[428]

Genaugenommen ist nicht nur eine neue Volksvertretung gewählt worden. Es hat zugleich eine Abstimmung über die deutsche Einheit stattgefunden. Der Kanzler ist sich nun sicher. Breite Bevölkerungsteile unterstützen seine Politik. Rechts- und Linksradikale haben keine Chancen gehabt. Und was kaum in der Öffentlichkeit wahrgenommen wird: Von der PDS

---

426 Memorandum des Ministeriums für Auswärtige Angelegenheiten der Deutschen Demokratischen Republik zur Einbettung der Vereinigung der beiden deutschen Staaten in den gesamteuropäischen Einigungsprozeß, ohne Datum; BArch, B 136/20244, 221 – 349 00 Wi 14 Bd. 1.
427 Nr. 214 Gespräch des Bundeskanzlers Kohl mit Außenminister Hurd in Bonn, 12. März 1990.
428 Teltschik, 329 Tage, 177.

abgesehen, stimmen die Wahlberechtigten in der DDR nach ähnlichen politischen Mehrheitsverhältnissen ab, wie sie über Jahrzehnte hinweg aus den Bundestagswahlen bekannt sind.

Als am 20. März der amerikanische Präsident telefonisch seine Glückwünsche zum Wahlsieg übermittelt,[429] ist der Kanzler vor allem stolz darauf, daß die Arbeiter in der DDR die CDU gewählt haben. Praktisch müsse man jetzt bei null wieder anfangen. Dennoch sei er sicher, in fünf Jahren werde aus der DDR eine blühende Landschaft.

Hat der Kanzler zuvor noch mit einer SPD-geführten Regierung gerechnet, bei der die Parteien der Allianz für Deutschland ein gewichtiges Wort als Koalitionspartner mitreden können, so beschert ihm die Wahl – auf den ersten Blick zumindest – eine überraschend günstige parteipolitische Konstellation. Christdemokraten bilden die stärkste Fraktion in der neuen Volkskammer und können mit dem Vorsitzenden der CDU (Ost), Lothar de Maizière,[430] den Ministerpräsidenten stellen. Kohl befürwortet eine große Koalition bürgerlicher Kräfte aus CDU (Ost), DSU, Demokratischer Aufbruch, Liberalen und SPD, weil er eine Mitte-Links-Koalition aus PDS und SPD ausschließen möchte. Die SPD soll vor der Alternative stehen: sich entweder der Koalition anzuschließen oder sich später den Vorwurf gefallen lassen zu müssen, sie entziehe sich in geschichtlicher Stunde der nationalen Verantwortung. Ihre Einbindung in die Regierung scheint Kohl besser als eine grundsätzliche Opposition zu sein, zumal die Bundesregierung – angesichts der Mehrheitsverhältnisse auf Bundesebene – die Zustimmung der Sozialdemokraten für Verfassungsänderungen benötigt.

Jetzt, nach der Wahl und nach Bildung einer neuen Regierung, kommt es darauf an, drei unterschiedliche Gesprächs- und Verhandlungslinien in zeitlichen und sachlichen Einklang zu bringen: die bilateral mit der DDR zu besprechenden Schritte zur Herstellung der staatlichen Einheit, die ebenfalls zweiseitigen Verhandlungen über die Verwirklichung der Währungs-, Wirtschafts- und Sozialunion und die im Rahmen der Zwei plus Vier stattfindenden Verhandlungen über die äußeren Aspekte zur Herstellung der deutschen Einheit. In den Verhandlungen mit der DDR geht es im Kern um den verfassungsrechtlichen Weg, die Modalitäten und die beiderseits zu schaffenden gesetzlichen Voraussetzungen für die Wiedervereinigung, also um die staatliche Grundlage des vereinten Deutschland.[431]

Im Bundeskanzleramt sind sich die Beamten über die Zeitplanung noch nicht recht im klaren. Bundesminister Seiters redet gegenüber den drei Botschaftern der Westmächte davon, die Einheit komme erst nach Einigung bei den Zwei-plus-Vier-Verhandlungen zustande, und das nicht 1990, sondern 1991. Aller Voraussicht nach würden im Dezember 1990 zuerst einmal Bundestagswahlen stattfinden und nicht Wahlen zu einem gesamtdeutschen Parlament. Bis dahin seien gewisse Übergangsfristen erforderlich.[432]

Prinzipiell sieht die zuständige Abteilung 3 des Bundeskanzleramtes zwei Wege, in der nächsten Legislaturperiode gesamtdeutsche Wahlen abzuhalten. Sollen in der zwölften Wahlperiode von 1990 bzw. 1991 an solche Wahlen stattfinden, müßte zuerst der Deutsche Bundestag aufgelöst werden. Das setzt wiederum die Änderung des Grundgesetzes voraus, da bekanntlich das Parlament kein Selbstauflösungsrecht besitzt. Die zweite Möglichkeit wäre, die zwölfte Wahlperiode des Deutschen Bundestages wird nicht verkürzt, und nach dem Beitritt der DDR zum Geltungsbereich des Grundgesetzes kommen die Abgeordneten

---

429   Nr. 224 Telefongespräch des Bundeskanzlers Kohl mit Präsident Bush, 20. März 1990.
430   Lothar de Maizière, Anwalt der Einheit. Ein Gespräch mit Christine de Maizière. Berlin 1996, 77–91. Hans-Joachim Meyer, Mit Augenmaß und Festigkeit. Erinnerung an die Rolle von Lothar de Maizière im Prozeß der deutschen Einigung, in: Frankfurter Allgemeine. Nr. 119. 25. Mai 1991. Beilage, Ereignisse und Gestalten.
431   Vorlage des Ministerialdirigenten Duisberg an Bundeskanzler Kohl betr. Weiteres Vorgehen auf dem Wege zur deutschen Einheit, 15. März 1990; BArch, B 136/21664, 222 – 35023 Wä 1 Bd. 1.
432   Nr. 225 Gespräch des Bundesministers Seiters mit den Botschaftern der Drei Mächte in Bonn, 20. März 1990.

aus dem Gebiet der ehemaligen DDR hinzu. Dazu sind jedoch politische Entscheidungen erforderlich.[433]

Diskussionen über den Zeitpunkt der ersten gesamtdeutschen Wahlen und das verfassungsmäßige Verfahren unterliegen wesentlich dem parteipolitischen Kalkül über den Wahlausgang. Im Grunde kommen vier Optionen in Betracht: *erstens,* die gesetzlich vorgeschriebenen Bundestagswahlen Ende des Jahres zu gesamtdeutschen Wahlen umzufunktionieren; *zweitens,* die laufende Wahlperiode um eine bestimmte Frist zu verlängern; *drittens,* die nächste Wahlperiode um eine bestimmte Zeit zu verkürzen, um gesamtdeutsche Wahlen zu ermöglichen; und *viertens* Nachwahlen auf dem Gebiet der dann ehemaligen DDR abzuhalten. Die zweite und und die dritte Möglichkeit bedingen entweder die Auflösung des Deutschen Bundestages mittels konstruktiven Mißtrauensvotums des Kanzlers – ein Weg, den nicht wenige Staatsrechtler, aber auch das Bundesinnenministerium als juristisch bedenklich mit Blick auf die Entscheidung des Bundesverfassungsgerichts ansehen – oder Grundgesetzänderungen, über die der Deutsche Bundestag mit Zweidrittelmehrheit in der laufenden Wahlperiode beschließen müßte.[434]

Ende März teilt Schäuble dem CDU/CSU-Fraktionsvorstand mit, in der Arbeitsgruppe des Kabinettausschusses Deutsche Einheit herrsche im Hinblick auf die Frage des Beitritts der DDR nach Artikel 23 Grundgesetz die Ansicht vor, man solle sich auf Nachwahlen zum Deutschen Bundestag in der DDR beschränken und nicht in ganz Deutschland das Parlament neu wählen. Die Nachwahl könne entweder durch die Wähler stattfinden oder durch die Volkskammer, die dann die Abgeordneten der DDR ebenso in den Deutschen Bundestag delegieren könnte, wie dies bisher durch das Berliner Abgeordnetenhaus geschehen sei. Eine Nachwahl hätte unter anderem den Vorteil, der Fortbestand der Bundesrepublik als Staat und als Vertragspartner würde für alle deutlich. Neuwahlen in allen Teilen Deutschlands hätten dagegen hohen Symbolwert. Der Fraktionsvorstand ist der Ansicht, die Nachwahl könne nur kurz vor den Bundestagswahlen stattfinden. Eine Regelung für längere Zeit erfordere nämlich eine qualitativ andere politische Legitimation, die nur vom Wähler direkt ausgehen könne. Das impliziere die Tendenz, den Wiedervereinigungsprozeß zeitlich in die Länge zu ziehen.

Zum gegenwärtigen Zeitpunkt ist aber nicht abzusehen, wann der Beitritt der DDR wirklich erfolgt. Voraussichtlich finden erst Ende 1990 die Bundestagswahlen statt und irgendwann 1991 gesamtdeutsche Wahlen. Hinter vorgehaltener Hand reichen Überlegungen sogar über das Jahr 1992 hinaus. Kohl dagegen erwartet für die zweite Jahreshälfte 1991 gesamtdeutsche Wahlen. Auf einer Pressekonferenz am 28. März spricht er sich gegen die vor allem von der CSU favorisierte Lösung von Nachwahlen aus. Er unterstützt damit indirekt die von Schäuble ins Feld geführten „gewichtigen" politischen Gründe für die Abhaltung gesamtdeutscher Wahlen, die einen höheren Legitimationsgrad und mehr Integrationskraft erwarten lassen als ein durch Nachwahlen komplettiertes Parlament.

Die FDP kann sich nicht zu einer geschlossenen Haltung durchringen. Graf Lambsdorff tritt im April für die Verlängerung der laufenden elften Wahlperiode bis zum Frühjahr 1991 ein, falls es dafür eine verfassungsrechtliche Grundlage gibt. Die Bundesminister Engelhard und Möllemann fordern hingegen, Ende 1990 zunächst Bundestagswahlen abzuhalten und erst für Ende 1991 gesamtdeutsche Wahlen vorzusehen, wenn dazu die verfassungsrechtlichen Voraussetzungen geschaffen worden sind. Weil diese aber nicht existieren, lehnt Bundesminister Schäuble die Verlängerung der Wahlperiode ab.[435]

433 Nr. 229 Vorlage des Ministerialdirigenten Busse an den Chef des Bundeskanzleramtes Seiters, 26. März 1990.
434 Nr. 247 Vorlage des Ministerialdirigenten Busse an den Chef des Bundeskanzleramtes Seiters, 17. April 1990.
435 Nr. 254 Vorlage des Ministerialdirigenten Busse an den Chef des Bundeskanzleramtes Seiters, 23. April 1990.

Die Situation ist zunächst verfahren. Niemand kann den genauen Zeitpunkt der Wiedervereinigung und demzufolge den genauen Wahltermin benennen. Seiters sieht keinen Grund, von dem vorgesehenen Fahrplan abzuweichen. Dieser sieht zunächst die Verwirklichung der Währungsunion mit der DDR im Juli 1990 und anschließend die Einigung über die äußeren Aspekte in den Zwei-plus-Vier-Verhandlungen bis zum Herbst vor. Der im November vorgesehene KSZE-Gipfel kann dieses Ergebnis zur Kenntnis nehmen. Dann folgen voraussichtlich am 2. Dezember die Bundestagswahlen und im Herbst 1991 gesamtdeutsche Wahlen.

Die Sozialdemokraten lassen jedoch durchblicken, ohne Grundgesetzänderung, mit der sich der Deutsche Bundestag das Recht zur Selbstauflösung gibt, ist dieser Weg nicht gehbar. Und dazu bedarf es der Zustimmung der SPD. Diese macht der stellvertretende Vorsitzende der SPD-Bundestagsfraktion, Ehmke, von drei Bedingungen abhängig: *Erstens* verlangt er den Abschluß eines Staatsvertrages mit der DDR einschließlich der Änderung des Grundgesetzes; *zweitens* soll eine Beitrittserklärung der Volkskammer der DDR nach Klärung der außen- und sicherheitspolitischen Voraussetzungen vorliegen; und *drittens* fordert er die Billigung des geänderten Grundgesetzes als gesamtdeutsche Verfassung durch einen Volksentscheid. Erst dann könne sich der Deutsche Bundestag selbst auflösen und die gesamtdeutsche Wahl stattfinden.[436] Die Taktik der Opposition läuft darauf hinaus, gesamtdeutsche Wahlen so lange wie möglich hinauszuzögern. Sie hofft, ein größerer zeitlicher Abstand zwischen Wiedervereinigung und gesamtdeutschen Wahlen bei wachsenden innenpolitischen Problemen infolge der Wiedervereinigung werde ihre Chancen auf den Regierungswechsel verbessern.

Das ist für den Kanzler ein Grund mehr, auf das Verhandlungstempo zu drücken. Am 24. April berät die Koalitionsrunde über die Einsetzung eines Arbeitskreises unter Leitung Schäubles. Er soll bis zum nächsten Koalitionsgespräch am 9. Mai die Verfassungslage hinsichtlich gesamtdeutscher Wahlen prüfen. Damit wird wachsender Unmut aus den Reihen der Regierungsfraktionen wegen mangelnder Einbeziehung der Parlamentarier bei der Erarbeitung der Konzeption für die Währungsunion beruhigt. Zudem vereinbaren die Koalitionspartner, im Deutschen Bundestag einen „Ausschuß für deutsche Einheit" einzusetzen. Dieser soll federführend für die Beratung der Gesetze im Zusammenhang mit der Wiedervereinigung zuständig sein und über den Stand der Verhandlungen unterrichtet werden. Damit lehnt die Regierung auch den Vorschlag der SPD eines gemeinsamen Ausschusses von Bundestag und Bundesrat ab, über den der Opposition aufgrund ihrer starken Stellung im Bundesrat bessere Einwirkungsmöglichkeiten eingeräumt worden wären.[437]

Positionskämpfe

In den Sechsmächte-Verhandlungen müssen unterdessen Lösungen vor allem für vier Probleme gefunden werden: den militärischen und sicherheitspolitischen Status des vereinigten Deutschlands, die Regelung seiner Ostgrenze, die Beendigung der Rechte und Verantwortlichkeiten der Vier Mächte in bezug auf Berlin und Deutschland als Ganzes sowie die Erlangung der uneingeschränkten Souveränität.[438]

---

436 „Die FDP will die Bundestagswahl verschieben", in: Frankfurter Allgemeine. Nr. 89, 17. April 1990, 1 f. „Die deutsch-deutschen Regierungsgespräche beginnen", in: General-Anzeiger (Bonn). 100. Jg. Nr. 30478, 17. April 1990, 1 f.
437 „Arbeitsgruppe der Koalition soll gesamtdeutsche Wahlen vorbereiten" in: Frankfurter Allgemeine. Nr. 96. 25. April 1990, 1 f. „Die Koalition will das Parlament in den Einigungsprozeß einbinden" in: General-Anzeiger (Bonn). 100. Jg. Nr. 30485, 25. April 1990, 1.
438 Vorlage des Ministerialdirigenten Duisberg an Bundeskanzler Kohl betr. Weiteres Vorgehen auf dem Wege zur deutschen Einheit, 15. März 1990; BArch, B 136/21664, 222 – 35023 Wä 1 Bd. 1.

Dem Kanzler kommt es nun in erster Linie darauf an, die Sowjetunion einzubinden und die Reaktion auf einen möglichen Abzug der sowjetischen Truppen zu sondieren. Unter keinen Umständen will er Gorbatschow vor ein *fait accompli* stellen. Als Kohl am 22. März Botschafter Kwizinskij empfängt, wirbt er um Vertrauen. Denn der Kanzler wird in den nächsten Wochen die Geschwindigkeit des Wiedervereinigungsprozesses noch erhöhen. Die Dynamik, so ist von Kohl zu vernehmen, sei nicht abzusehen gewesen. Ursprünglich habe sein Zeitplan 1990 Vertragsgemeinschaft, 1991 Aufbau konföderaler Strukturen und 1992/93 Übergang in eine Föderation vorgesehen. Er wolle weder die deutsch-sowjetischen Beziehungen belasten, noch das Paket der Probleme Gorbatschows vergrößern. Der habe mit der Entwicklung in Litauen, das am 11. März seine Unabhängigkeit von der UdSSR proklamiert hat, augenblicklich schon genug zu tun. Kohl verspricht, sich aus dieser Frage herauszuhalten, ist aber jederzeit zu Gesprächen mit Gorbatschow bereit, um Mißverständnissen vorzubeugen.[439] Er müsse den Kopf für Hitler und Gorbatschow in Litauen den Kopf für Stalin hinhalten.

Die deutsche Einigung sei nun nicht mehr aufzuhalten, erklärt der Kanzler. Der Fluß werde auf jeden Fall sein Ziel erreichen. Kohl ist daran gelegen, das bilaterale Verhältnis in ein neues Fahrwasser zu lenken. Auf die Bemerkung Kwizinskijs, die NATO-Mitgliedschaft sei innenpolitisch für die Sowjetunion nicht verkraftbar, eine zweifache Verankerung Deutschlands in den beiden Bündnissystemen besser, reagiert der Kanzler mit dem Angebot eines Vertrags über die sowjetische Truppenpräsenz auf die Dauer von etwa fünf Jahren. Kwizinskij spricht von einem anderen Modell und versucht zunächst, eine Entmilitarisierung in einem Streifen von 150 km beiderseits der innerdeutschen Grenze ins Gespräch zu bringen. Für einen möglicherweise gleichzeitigen Rückzug amerikanischer Truppen ist Kohl nicht zu gewinnen. Unterschiedliche Ausgangspositionen der Sowjetunion und der Vereinigten Staaten gäbe es nun einmal, macht er Kwizinskij klar. Die Bundesregierung sei zur Übernahme vertraglicher Verpflichtungen der DDR gegenüber der Sowjetunion bereit. Bei rund 3600 Verträgen, so Kwizinskij, sei das nicht ganz einfach. Zugleich läßt er erkennen, daß die Sowjetunion von dem Gedanken an einen Friedensvertrag noch nicht Abstand genommen hat. Kohl verdeutlicht ihm aber, daß er „keine Katze im Sack kaufen könne" und „Deutschland kein Dukatenesel sei".[440]

Das Gespräch zeigt den außenpolitischen Beratern des Kanzlers, wie schwankend die sowjetische Position in der Frage der NATO-Mitgliedschaft Deutschlands noch ist. Die Gründe dafür liegen auf der Hand: Moskau will keine einseitige Aufgabe der im Zweiten Weltkrieg im östlichen Teil Deutschlands errungenen Position. Die Sowjets achten auf die Wahrung der Machtbalance zu den Vereinigten Staaten in Europa. Sie sorgen sich um die Zukunft ihrer Truppen in der DDR und versuchen mit flexibler Verhandlungstaktik, Zeit zu gewinnen und den Abzug ihrer Truppen irgendwann als Kompensation einzubringen. Nach Einschätzung Teltschiks muß die Bundesregierung ihre Überzeugungsarbeit fortsetzen und den Sowjets vor Augen führen, daß die Mitgliedschaft Deutschlands in der NATO auch in ihrem Interesse liegt. Nützlich sind flankierende Maßnahmen, insbesondere im Bereich des Rüstungs- und Abrüstungsprozesses, der gesamteuropäischen Sicherheitsstruktur und der Wirtschaftskooperation.[441]

Ein wichtiger Teil der Zangenbewegung, die Bonn in Richtung Moskau ansetzt, sind die Verhandlungen Genschers mit Schewardnadse. Dieses Vorgehen resultiert nicht zuletzt aus den bekannten administrativen Rivalitäten, bringt aber auch taktische Vorteile, wenn es ge-

439   Zum Inhalt des Telefongesprächs zwischen Premierministerin Thatcher und Präsident Gorbatschow: Nr. 235 Vorlage des Ministerialdirektors Teltschik an Bundeskanzler Kohl, 29. März 1990.
440   Nr. 227 Gespräch des Bundeskanzlers Kohl mit Botschafter Kwizinskij in Bonn, 22. März 1990.
441   Nr. 228 Vorlage des Ministerialdirektors Teltschik an Bundeskanzler Kohl, 23. März 1990.

lingt, im Vorfeld der Zwei-plus-Vier-Verhandlungen bilateral mit den Sowjets wesentliche Fragen zu regeln. Zum einen hilft es, Moskaus Handlungsspielraum zu begrenzen. Es schützt aber ebenso vor unliebsamen Koalitionen der Sowjets mit Briten und Franzosen, die ihrerseits den Wiedervereinigungsprozeß hinauszögern möchten. Zu alledem erleichtert es die Abstimmung mit Washington.

Über seine Gespräche mit dem sowjetischen Amtskollegen am Rande der Unabhängigkeitsfeier für Namibia in Windhuk und bei einer Konferenz in Lissabon läßt der Bundesaußenminister in der Sitzung des Kabinettausschusses Deutsche Einheit am 27. März durchblicken, daß Schewardnadse den Widerstand gegen einen Friedensvertrag noch nicht aufgegeben hat. Er, Genscher, habe vorgeschlagen, das Potsdamer Abkommen mit dem Bleistift durchzuziehen und Punkt für Punkt abzuhaken. Doch Schewardnadse habe sich letztendlich nicht festgelegt.[442]

Nun ist in diesen Tagen der Kanzler auf Genscher nicht gut zu sprechen. Erzürnt hat ihn dessen Rede vor der Versammlung der WEU am 23. März in Luxemburg über das neue Rollenverständnis der Bündnisse. Genscher hat vorgeschlagen, die Rolle der Bündnisse mehr politisch zu definieren und sie als langfristiges Instrument sicherheitsbildender Kooperation zu nutzen. In einem zweiten Schritt sollen die dann kooperativ strukturierten Bündnisse in einem „Verbund gemeinsamer kollektiver Sicherheit" überführt werden. Am Ende stünden neue Sicherheitsstrukturen, die in Europa die Bündnisse zunehmend „überwölben, in denen sie schließlich aufgehen können". Das bedeutet nichts anderes als ein gesamteuropäisches System kollektiver Sicherheit, in dem keine NATO mehr existiert. Kohl schreibt Genscher daraufhin einen geharnischten Brief. Diese Position ist nämlich genau das Gegenteil von dem, was der Kanzler am gleichen Tage bei einem Besuch der NATO in Brüssel bekräftigt hat, nämlich die Notwendigkeit des Fortbestandes der atlantischen Allianz und die Einbindung Deutschlands. Derlei Stellungnahmen Genschers kann das Ausland nur als Signal interpretieren, als trete die Bundesregierung insgeheim doch für die Auflösung der Bündnisse ein. Es schadet der deutschen Vertrauenswerbung bei den Sowjets und unterminiert vor allem Kohls ständige Beteuerung der Bündnistreue gegenüber Bush. Die Bundesrepublik gerät überdies bei den Westmächten in Verruf, nicht worttreu und letztlich gegenüber der Sowjetunion zum Einlenken gewillt zu sein. Kohl läßt den Außenminister nicht nur wissen, daß er seine Aussage nicht teile. Er kündigt auch an, es nicht zuzulassen, wenn die Bundesregierung durch solche öffentlichen Erklärungen auf Positionen festgelegt werde, die er nicht unterstütze.[443]

Keineswegs zufällig einigen sich vier Tage später Kohl und Genscher darauf, die Linie des Kanzlers in der Grenzfrage zu verfolgen. Das heißt Abstimmung mit Ost-Berlin über einen Text zur Entschließung des Bundestages und der Volkskammer zur Oder-Neiße-Grenze, der anschließend der polnischen Regierung gegenüber bekräftigt wird. Genscher gibt nach und sieht nun seinerseits keine Notwendigkeit mehr, auf Mazowieckis Vorschlag einzugehen, noch vor der deutschen Einigung einen Vertrag auszuhandeln und zu paraphieren. Kohl ist zunächst mit seiner Strategie eindeutig in der Vorhand.

Am 28. März kommt erneut Portugalow zu Teltschik und berichtet über den Stand der Überlegungen in Moskau. Dieses Mal ist er ausdrücklich legitimiert. Gorbatschows Berater Tschernajew hat ihn geschickt. Portugalows Botschaft lautet: Die Sowjetunion hegt keine Bedenken gegen Artikel 23 Grundgesetz als Weg zur deutschen Einheit. Doch hat die sowjetische Führung mit drei Fragen erhebliche Probleme. Zum einen will sie wissen, ob die Bundesregierung wirklich nur die Gebiete der Bundesrepublik, der DDR und Berlins vereinigen

---

442   Nr. 230 Sitzung der Arbeitsgruppe Außen- und Sicherheitspolitik des Kabinettausschusses Deutsche Einheit in Bonn, 27. März 1990.
443   Teltschik, 329 Tage, 182 f.

oder sich einen Zugriff auf Gebiete in den Grenzen Deutschlands von 1937 offenhalten will. Bleibt der Artikel 23 Grundgesetz bestehen, würde „anderen Teilen Deutschlands" immer noch die Möglichkeit eines Beitritts zur Bundesrepublik offenstehen. Das beträfe die Gebiete jenseits der Oder-Neiße-Linie und den seit 1945 unter sowjetischer Verwaltung stehenden Teil Ostpreußens mit der Region um Königsberg. Zum anderen befürchten die Sowjets, die DDR werde durch den Beitritt nach Artikel 23 Grundgesetz aus sämtlichen vertraglichen Verpflichtungen entlassen. Fraglich ist, ob diese dann von der Bundesrepublik übernommen werden. Moskau strebt ganz offensichtlich Zusicherungen der Bundesregierung für die Übernahme dieser Verpflichtungen an. Was den militärischen Status Deutschlands anbelangt, so interessiert die Sowjets, ob es bei drei grundsätzlichen Prinzipien bleibt: Verzicht auf ABC-Waffen, Anerkennung des Nichtverbreitungsvertrages und Streitkräftereduzierung der Bundeswehr.

Die sowjetischen Überlegungen befinden sich nach wie vor auf unsicherem Terrain. Das deutet Portugalow an, um sich nicht festlegen zu müssen. Auf den Begriff Neutralisierung Deutschlands könne man verzichten. Die Sowjetunion sei aber nicht bereit, die NATO-Mitgliedschaft anzuerkennen. Schließlich verweist er auf die Rede Genschers vor der WEU-Versammlung und greift den Gedanken der langfristigen Auflösung der Bündnisse auf, klopft aber zugleich ab, ob nicht für Deutschland ein Status ähnlich dem Frankreichs innerhalb der NATO in Betracht komme. Deutschland müsse möglicherweise Mitglied in beiden Bündnissen bleiben.

Die konservativen Kräfte in Moskau hoffen unverändert, die Westbindung Deutschlands in Form der NATO-Mitgliedschaft verhindern zu können, wenn es gelingt, einen Sonderstatus Deutschlands zu vereinbaren, oder, wie Portugalow vorschlägt, bündnisübergreifende Strukturen, vielleicht durch stärkere Institutionalisierung der KSZE, zu erreichen. Diese, so gibt er allerdings zu, habe einen Nachteil. Es bedürfe geraumer Zeit, um hier Lösungen zu finden. Prompt trägt er die Forderung nach Abschluß eines Friedensvertrages vor, über den auf einer Friedenskonferenz diskutiert werden müsse. Als Teilnehmer kämen zehn bis fünfzehn Staaten in Betracht, die ihrerseits auf jegliche Reparationsforderungen verzichten sollten. Zum Ende des Gesprächs formuliert er gar ein Junktim. Wenn Deutschland in der Frage des zukünftigen militärischen Status der Sowjetunion entgegenkomme, werde sich diese in der Frage eines Friedensvertrages ebenso flexibel verhalten. Doch was vielleicht vor einem halben Jahr noch für die Bundesregierung überlegenswert gewesen wäre, stellt heute keine akzeptable Verhandlungsgrundlage mehr dar.[444]

Für Teltschik ist dieses Gespräch ein erneuter Beleg dafür, daß sich die sowjetische Führung zu den Zentralproblemen der Zwei-plus-Vier-Verhandlungen noch immer keine definitive Meinung gebildet hat. Sie versucht in Erfahrung zu bringen, wie die Bundesregierung denkt und wie flexibel sie handelt. Darin dokumentiert sich ein Armutszeugnis an Handlungskraft und Ideenlosigkeit der sowjetischen Bürokratie, auf neue Gegebenheiten in Europa Antworten zu finden und ihre eigenen Interessen zu bestimmen.

Vor ähnlichen Schwierigkeiten steht die britische Diplomatie. Die Premierministerin macht aus ihrer Ablehnung der Wiedervereinigung keinen Hehl. Obwohl selbst enge Berater sie verschiedentlich davon zu überzeugen versuchen, die Bundesrepublik habe in vierzig Jahren einen fundamentalen Wandel zur Demokratie durchgemacht, vermag das ihr negatives Bild von den Deutschen nicht zu ändern. In ihren Augen sind sie vom Charakter her agressive Krieger, die in den letzten vier Jahrzehnten von den westlichen Mächten unter Kontrolle gehalten worden sind. Thatcher läßt keine Gelegenheit aus, massive Kritik an dem Vorgehen der Bundesregierung in den letzten Monaten zu üben, obschon sie damit weder in Paris noch

---

444   Nr. 232 Gespräch des Ministerialdirektors Teltschik mit dem Berater der Abteilung für internationale Beziehungen des Zentralkomitees der KPdSU, Portugalow, in Bonn, 28. März 1990.

in Washington großes Gehör findet. Im Januar ist ihr Versuch, Mitterrand von einer gemeinsamen britisch-französischen Achse gegen Deutschland zu überzeugen, fehlgeschlagen. Gegenüber der „Sunday Times" hat sie am 5. Februar ihre isolierte Position eingeräumt, aber insistiert, in der Sache Recht zu haben, denn ihre ausländischen Gesprächspartner stimmten ihr insgeheim oder offen zu. Auch ihre Intervention bei Präsident Bush im Februar hat wenig Erfolg gezeigt. Bemühungen Außenminister Hurds und anderer Kabinettsmitglieder, sie von ihrer Linie abzubringen, sind erfolglos geblieben. Erst am 22. Februar – als eine positive Stellungnahme längst überfällig ist – hat Hurd vor dem Unterhaus erklärt: „Als Freunde des neuen und demokratischen Deutschland können wir froh darüber sein, daß die Jahre der schmerzhaften Teilung zu Ende gehen." Selbst gegenüber Vernunftargumenten, die ihr renommierte englische Historiker am 24. März in Chequers vor Augen führen,[445] ist die ansonsten so ökonomisch und rationell denkende Regierungschefin verschlossen.

Über alles das ist Kohl höchst verärgert. Außer dem Telefonat am Abend des 10. November und bei den Treffen des Europäischen Rates und auf dem NATO-Gipfel Anfang Dezember 1989 hat es seit dem Fall der Mauer keine direkten Kontakte gegeben. Nun stehen am 30. März die 20. Deutsch-britischen Konsultationen in London bevor. Am Abend des 29. März wird Kohl von Thatcher auf dem Flughafen in Cambridge empfangen. Der Kanzler wünscht in getrennten Wagen zur Königswinterer Konferenz in das St. Catherine's College zu fahren. Drastischer läßt sich die Verstimmung zwischen Bonn und London nicht hervorkehren. Dort bekommt Kohl zwar zu hören, sie begrüße sein „entschlossenes Eintreten" für die NATO-Mitgliedschaft und „für die Fortdauer der amerikanischen Truppenpräsenz". Doch nimmt sich Thatcher an diesem Abend demonstrativ Zeit für ein Gespräch mit vier Vertretern von Bürgerrechtsbewegungen der DDR.

Am nächsten Morgen findet in Downing Street No. 10 das Vieraugen-Gespräch statt.[446] Eingangs wiederholt der Kanzler seine Position zur Westbindung und unterstreicht das westliche Interesse, Gorbatschows Probleme nicht zu vergrößern. Kohl meint, es bleiben allenfalls sechs bis sieben Monate Zeit, um die notwendigen Absprachen zu treffen. Für die Einheit werde er nicht den Preis der Neutralität zahlen. Die Premierministerin erwartet von ihm die Anerkennung der Oder-Neiße-Grenze, und zwar im Rahmen einer friedensvertraglichen Regelung mit Polen. Hinsichtlich der innenpolitischen Entwicklung rechnet der Kanzler im Herbst mit Landtagswahlen in der DDR und erwartet in der zweiten Hälfte 1991 gesamtdeutsche Wahlen. Das ändere nichts an der Bundestagswahl Ende 1990. Was die wirtschaftliche Entwicklung anbelangt, so verheißt er, mit einem Investitionsschub in der DDR bedürfe es keiner Steuererhöhung. Notwendig seien Umschichtungen im Finanzsystem zwischen Bund, Ländern und Gemeinden. Mit Stolz verweist er auf die Wirtschaftsentwicklung der Bundesrepublik während seiner Amtszeit; der Aufwärtstrend gehe ins achte Jahr. Das wirtschaftliche Gravitationszentrum am Rhein und im Südwesten bleibe auch in einem vereinten Deutschland erhalten und werde gewiß nicht nach Osten verschoben.

Zuerst fallen jedoch in den nächsten Tagen im Kanzleramt die Vorentscheidungen für die Verhandlungslinien über die Gültigkeit des NATO-Vertrages im vereinten Deutschland, die Vertiefung des europäischen Integrationsprozesses und die Anerkennung der Grenzfrage. Zur Vorbereitung der deutschen Verhandlungsposition bei den Zwei-plus-Vier-Gesprächen kommen am 2. April Kohl, Genscher, Stoltenberg, Seiters, Kastrup, Naumann und Teltschik zusammen. Sie vereinbaren, Artikel 5 und 6 des NATO-Vertrages sollen auch für das verei-

---

445 Gordon A. Craig, Die Chequers-Affäre von 1990. Beobachtungen zum Thema Presse und internationale Beziehungen, in: Vierteljahrshefte für Zeitgeschichte. Im Auftrag des Instituts für Zeitgeschichte, München, hg. von Karl Dietrich Bracher/Hans-Peter Schwarz. 39. Jg. (1991) Heft 4, 611–623. Urban, Diplomacy and Disillusion at the Court of Margaret Thatcher, 120–144.
446 Nr. 238 20. Deutsch-britische Konsultationen in London, 30. März 1990.

nigte Deutschland gelten. Zunächst bleibt noch offen, ob die Regelung unmittelbar mit der Wiedervereinigung oder erst nach Abzug der sowjetischen Truppen in Kraft treten soll. Der Kanzler will ein genaues Datum für den Abzug festlegen, damit sich diese Prozedur nicht um Jahre hinauszögert. Er ist der Ansicht, die Bundeswehr müsse in Gesamtdeutschland stationiert sein, also auch auf dem Gebiete der DDR, wo künftig die Wehrpflicht gelten solle.[447]

Zur gleichen Zeit bemüht sich Teltschik in verschiedenen Gesprächen mit Attali um eine deutsch-französische Initiative für die geplanten Regierungsverhandlungen über den weiteren Integrationsprozeß. Einerseits gilt es, Mitterrand für konkrete Vereinbarungen über den Zeitpunkt des Abschlusses der Regierungskonferenz zur europäischen Wirtschafts- und Währungsunion bis spätestens Juni 1991 zu gewinnen,[448] so daß die Reformmaßnahmen am 1. Januar 1993 in Kraft treten können. Andererseits hofft die deutsche Seite, Inhalte einer Politischen Union festzulegen, um damit den Einstieg in die Diskussion der weitergehenden politischen Integration zu finden. Dazu bedarf es institutioneller Reformen, über die auf Anhieb noch keine Verständigung erreicht worden ist.[449] Der Europäische Rat soll nach Vorstellung des Kanzlers darüber auf dem Sondergipfel am 28. April in Dublin entscheiden.[450] Dazu werden „Elemente von Schlußfolgerungen" von beiden Seiten diskutiert.[451] Der Kanzler hat am 2. April grünes Licht für die weiteren Abstimmungen mit dem Mitarbeiterstab um Mitterrand gegeben. Je konkreter es in den nächsten Tagen um Textformulierungen dieser Initiative geht, desto deutlicher kristallisieren sich aber Vorbehalte Mitterrands heraus. Am 5. April teilt Guigou Bitterlich mit, der Präsident halte es ebenfalls für erforderlich, „ein Minimum an Einvernehmen über den Inhalt" herzustellen, bevor eine gemeinsamen Verfahrensinitiative in Gang gebracht wird. Die Außenminister Genscher und Dumas sollten sich über Prozedere und Inhalt beraten. Das ist nicht im eigentlichen Interesse des Kanzleramtes. Denn es bedarf dazu einer Abstimmung unter den Koalitionspartnern, die nicht so leicht zu erzielen sein wird. Augenscheinlich ist Mitterrand nicht daran interessiert, mit Kohl eine substantielle Diskussion über Inhalte einer institutionellen Reform und einer Politischen Union zu beginnen. Für gewöhnlich schiebt diejenige Seite Verfahrensfragen zunächst in den Vordergrund, die noch nicht über materielle Fragen sprechen will. Guigou regt an, auf dem Treffen in Dublin die Außenminister zu beauftragen, einen Bericht vorzulegen, bei dessen Abfassung Bonn und Paris konzertiert vorgehen. Dann soll auf dem turnusmäßigen Gipfeltreffen des Europäischen Rates im Juni in Dublin nach eingehender Sachdiskussion eine Entscheidung über das Verfahren zur Vorbereitung der Regierungskonferenz fallen. Somit bleibt offen, ob Frankreich wirklich eine parallele Abhaltung beider Regierungskonferenzen – Wirtschafts- und Währungsunion und Politische Union – will. Bitterlich vermutet nicht zu unrecht, die französischen Partner suchen sich aus der gemeinsamen Initiative herauszuwinden. Zu deutlich sind deutsch-französische Auffassungsunterschiede, Animositäten und administrative Rivalitäten spürbar. Eine gemeinsame Initiative macht eigentlich nur Sinn, wenn sie vor dem Sondergipfel ergriffen wird. Doch ist in diesen Tagen schwerlich zu erkennen, ob Frankreich im Moment großen Wert auf eine politische Fortentwicklung der Europäischen Gemeinschaften legt. Bitterlich schlägt vor, Frankreich nicht „nachzulaufen" und weitere Gespräche abzuwarten.[452]

---

447 Teltschik, 329 Tage 190.
448 Zu dem Vorschlag: Nr. 181 Schreiben des Ministerpräsidenten Haughey an Bundeskanzler Kohl, 13. Februar 1990.
449 Nr. 241 Vorlage des Ministerialdirektors Teltschik an Bundeskanzler Kohl, 3. April 1990.
450 Nr. 215 Schreiben des Bundeskanzlers Kohl an Präsident Delors, 13. März 1990.
451 Nr. 241A Wesentliche Elemente von Schlußfolgerungen der Sondertagung des Europäischen Rates am 28. April 1990 in Dublin zur Beschleunigung des europäischen Integrationsprozesses, 3. April 1990.
452 Nr. 243 Vorlage des Vortragenden Legationsrats I Bitterlich an Ministerialdirektor Teltschik, 6. April 1990.

Am 3. April feiert Kohl seinen 60. Geburtstag. In der Gratulationspost befindet sich ein Schreiben Mazowieckis.[453] Außer Glückwünschen übermittelt er seine Bedingungen für die deutsch-polnische Aussöhnung. Bei dem Besuch in Washington hat ihm Bush wohl klargemacht, ein Vertrag über die Oder-Neiße-Grenze im Rahmen eines Friedensvertrages als Ergebnis der Zwei-plus-Vier-Verhandlungen lasse sich nicht realisieren. Mit großer Wahrscheinlichkeit komme ein Friedensvertrag nicht zustande. Die Polen müssen also ihre Hoffnung auf einen von den Vier Mächten mitunterzeichneten Grenzvertrag aufgeben. Doch hat Mazowiecki von dem Konzept vorgezogener Vertragsverhandlungen keineswegs Abstand genommen. Die Anerkennung der Oder-Neiße-Grenze in einem bilateralen Vertrag ist für ihn nach wie vor die entscheidende Voraussetzung für eine Verständigung zwischen Deutschen und Polen. Damit hat sich die polnische Position ein wenig verändert.

Schon am nächsten Tag antwortet Kohl mit der Bekräftigung dieser gemeinsamen Zielsetzung und hält fest, die polnische Regierung akzeptiere nun den Vorschlag eines zweiseitigen Vertrages als Grundlage für die Regelung der Grenzfrage. Gleichzeitig verficht der Kanzler seine Linie, in gleichlautenden Erklärungen des Deutschen Bundestages und der Volkskammer das Recht Polens, in gesicherten Grenzen zu leben, anzuerkennen. Weiterhin keine Gebietsansprüche zu stellen sei die stärkste Bindung für einen künftigen gesamtdeutschen Souverän, die – so der Kanzler wörtlich – „jetzt denkbar ist". Sofort zeigt er die Grenzen seiner Kompromißbereitschaft auf. Eine solche politische Willenserklärung stellt in seinen Augen das Maximum dessen dar, was momentan erreichbar sei. Zugleich wirbt er um Vertrauen. Ein breiter parlamentarischer Konsenz sei nicht nur ihm wichtig, sondern müsse auch der polnischen Seite wichtig sein. Denn die Stunde der Einheit bedeutet für die Deutschen bitteren Verzicht. Das ist nach Ansicht Kohls nicht wenig, was den Deutschen hier abverlangt wird. Dafür erwartet er von den Polen die Bestätigung des bereits 1953 ausgesprochenen Verzichtes auf Reparationen gegenüber Deutschland. Er will dies keineswegs mehr als Junktim zu einem Grenzvertrag verstanden wissen, obschon ein enger Zusammenhang besteht. Wie er auch keine Verknüpfung mit der polnischen Forderung, Zwangsarbeiter und Opfer des nationalsozialistischen Regimes zu entschädigen, herstellt. Er sagt aber zumindest eine Prüfung der Angelegenheit zu.[454] Im übrigen wiederholt er seine Forderung, die in der Mitte November 1989 unterzeichneten Gemeinsamen Erklärung enthaltene Regelung der Minderheitenrechte zu erneuern.

Verhandlungen über die Wirtschafts- und Währungsunion

Seit den Volkskammerwahlen gilt die innenpolitische Aufmerksamkeit hauptsächlich der Regierungsbildung in der DDR und den Verhandlungen über die Wirtschafts- und Währungsunion. Unmittelbar nach dem Besuch Modrows in Bonn Mitte Februar haben Staatssekretär Köhler vom Bundesfinanzministerium unter Mitwirkung des Vizepräsidenten der Bundesbank, Schlesinger, und DDR-Finanzminister Romberg die vorgesehenen Expertengespräche über die Wirtschaftslage der DDR aufgenommen. Dabei stellt sich auf seiten der Bundesregierung eine erste Ernüchterung über das tatsächliche Potential der angeblich weltweit achtstärksten Volkswirtschaft heraus. Die Wirtschaftsdaten der DDR sind weit ungünstiger, als dies die Bundesregierung zuvor angenommen hat. Auf absehbare Zeit wird der Finanzbedarf wachsen, darüber ist sich das Bundesfinanzministerium recht schnell im kla-

453 Nr. 240 Schreiben des Ministerpräsidenten Mazowiecki an Bundeskanzler Kohl, 3. April 1990.
454 Nr. 242 Schreiben des Bundeskanzlers Kohl an Ministerpräsident Mazowiecki, 4. April 1990.

ren.[455] Hauptfaktoren sind die niedrige Produktivität der Industrie und in der Landwirtschaft, hohe Verschuldung der Staatsbetriebe und des Wohnungswesens und die weit größere Verschuldung im Ausland als erwartet. Gleichwohl bekennen sich die Experten in dem am 14. März einvernehmlich verabschiedeten Zwischenbericht zur Schaffung einer „Währungsunion und Wirtschaftsgemeinschaft, gestützt durch einen Sozialverbund", die sie als „entscheidenden Schritt zur deutschen Einheit" verstehen.[456] Die zügige Realisierung werde machbar sein, wenn auf beiden Seiten der politische Wille vorhanden ist. Der Zeitpunkt unterliege der politischen Entscheidung.

Für die Bundesregierung gibt es zunächst einmal keinen Grund, jenen skeptischen Stimmen in der Öffentlichkeit Gehör zu schenken, die davor warnen, die Bundesrepublik sei für dieses Unternehmen Wirtschafts- und Währungsunion nicht gerüstet. Seit mehr als sieben Jahren wächst die bundesdeutsche Wirtschaft mit zunehmender Dynamik. Wachstumserwartungen für die Jahre 1990 und 1991 liegen zwischen 3,5 und 4 v.H., der Investitionsmotor läuft auf vollen Touren. Immerhin ist in den letzten Monaten die Zahl der Arbeitsplätze um rund eine halbe Million gestiegen, das Preisniveau stabil und die Staatsfinanzen auf einem im internationalen Vergleich soliden Fundament. Die wirtschaftliche Vereinigung Deutschlands könne finanziell abgestützt werden, ohne Haushalt und Kapitalmarkt zu überfordern, lautet die Argumentation. Zwar ist auch von schmerzlichen Anpassungen die Rede. Dem aber wird entgegengehalten, es würden erhebliche zusätzliche Wachstumskräfte durch die Wiedervereinigung freigesetzt. Für Steuererhöhungen bestünde deshalb kein Anlaß. Diese würden nur die Investitionsbereitschaft und das unternehmerische Engagement beeinflussen.

Der Kanzler möchte vor den am 6. Mai stattfindenden Kommunalwahlen in der DDR ein Verhandlungsergebnis vorliegen haben. Die Beratungen sollen bis zum 1. Mai weitgehend abgeschlossen sein und ein positives Signal setzen. So kann er den Leuten guten Gewissens sagen, er habe sein Versprechen der schnellen Hilfe wahrgemacht. Noch vor Beginn der Reisezeit im Sommer soll die Wirtschafts- und Währungsunion realisiert und alle Bürger in der DDR im Besitz von D-Mark sein. Die Zeitplanung sieht vor, zunächst die am 30. März angekündigten Koalitionsverhandlungen abzuwarten, dann in die Verhandlungen einzutreten und bis etwa Mitte Mai den Vertrag über die Wirtschafts- und Währungsunion abzuschließen.[457]

Kohl braucht angesichts der unverändert kritischen Lage in der DDR und den großen Erwartungen der Bevölkerung einen ausgewiesenen Finanzexperten, dem er voll Vertrauen kann. Am 26. März läßt der Kanzler über Finanzminister Waigel bei Hans Tietmeyer anfragen, ob er als persönlicher Berater des Kanzlers für die Verhandlungsführung bei den Gesprächen mit der DDR zur Verfügung stünde.[458] Denn vor drei Monaten erst ist der frühere Staatssekretär im Bundesfinanzministerium Mitglied des Direktoriums der Bundesbank geworden. Unterdessen haben die Bundesressorts bis Anfang April eine sogenannte „Erste Skizze für einen Vorschlag an die DDR"[459] erarbeitet. Ergebnis ist ein 50 Seiten umfassender Rohentwurf eines Vertrages mit vier umfangreichen Anlagen, der im wesentlichen zwischen

455   Köhler, Alle zogen mit, 127. Klemm, Die Verhandlungen über die deutsch-deutsche Währungsunion, 137. Sarrazin, Die Entstehung und Umsetzung des Konzepts der deutschen Wirtschafts- und Währungsunion, 210.
456   Nr. 219 Schreiben des Staatssekretärs Köhler an Bundesminister Seiters, 14. März 1990. Nr. 219A Zwischenbericht der Expertenkommission zur Vorbereitung einer Währungsunion und Wirtschaftsgemeinschaft zwischen der Bundesrepublik Deutschland und der Deutschen Demokratischen Republik, 14. März 1990.
457   Nr. 234 Vorlage des Ministerialrats Ludewig an den Chef des Bundeskanzleramtes Seiters, 28. März 1990.
458   Tietmeyer, Erinnerungen an die Vertragsverhandlungen, 57.
459   Erste Skizze für einen Vorschlag an die DDR. Vertrag über die Schaffung einer Währungsunion, Wirtschafts- und Sozialgemeinschaft zwischen der Bundesrepublik Deutschland und der Deutschen Demokratischen Republik, Stand: 4. April 1990, 19.00 Uhr, sowie Anlagen I bis IV; BArch, B 136/21664, 222 – 35023 Wä 1 Bd. 1.

dem Bundesfinanzministerium, der Bundesbank und dem Kanzleramt abgestimmt worden ist. Der Entwurf soll als Verhandlungsgrundlage für die DDR dienen und den Charakter eines Staatsvertrages haben, dem Bundestag und Bundesrat sowie die Volkskammer zustimmen müssen.

Mit der Vorlage eines Vertragsentwurfs verbindet die Bundesregierung zwei wesentliche verhandlungstaktische Ziele: Sie bleibt – schon aufgrund der Sachkompetenz der zu regelnden Fragen – Herrin des Verhandlungsprozesses, indem sie damit den eigentlichen Rahmen vorgibt, über welche Themen zu beraten ist. Außerdem beschleunigt sie damit das Verhandlungstempo. Die DDR-Regierung hat im Grunde keine Zeit, einen eigenen Vertragsentwurf vorzulegen. Wenn sie an einem schnellen Abschluß der Beratungen interessiert ist, bleibt ihr im Grunde nur die Möglichkeit, jene Punkte anzusprechen, die für sie inakzeptabel sind.

Ausgangspunkt des Vertragsinhalts ist die Annahme, die staatliche Einheit Deutschlands wird in absehbarer Zeit nach Artikel 23 Grundgesetz vollendet und die Währungsunion, Wirtschafts- und Sozialgemeinschaft stellt dazu den ersten bedeutsamen Schritt dar. Somit bleiben die in den Zwei-plus-Vier-Verhandlungen zu lösenden Fragen bewußt ausgeklammert. Zweck des Vertrages ist die Schaffung eines einheitlichen deutschen Währungsgebietes mit der Deutschen Bundesbank als Währungs- und Notenbank. Grundlage der angestrebten Wirtschaftsgemeinschaft, ergänzt durch die Sozialunion, ist die Errichtung einer gemeinsamen Wirtschaftsordnung beider Vertragsstaaten auf der Grundlage der sozialen Marktwirtschaft. Die DDR soll sich in diesem Zusammenhang zur Änderung, Ergänzung oder Übernahme umfangreicher Gesetze verpflichten.[460]

Verschiedene Punkte sind allerdings noch offen, weil darüber unter den Ressorts kein Einvernehmen herzustellen ist. Dazu gehören so wichtige Fragen wie die Festlegung der Umstellungsmodalitäten für laufende Zahlungen und für Bestände an Bargeld, Sparguthaben und Verbindlichkeiten, die Klärung der Eigentumsfragen, aber auch Fragen, die für die Bundesrepublik mit hohen finanziellen Anschubfinanzierungen bzw. Sozialleistungen verbunden sind, wie zum Beispiel der Leistungsumfang und die Höhe des Leistungsniveaus in den Sozialversicherungssystemen, die Höhe der Sozialhilfe, die Einbeziehung von Arbeitsförderungsmaßnahmen in die Sozialversicherung, Lohnfortzahlungsregelungen und die Mitfinanzierung durch die bundesdeutsche Rentenversicherung.

Umstritten ist vor allem die Eigentumsfrage. Nach der Erklärung der Regierung Modrow vom 1. März hat das Bundesministerium der Justiz angeregt, von einer formalen Beantwortung des Schreibens abzusehen. Um dem Eindruck einer widerspruchslosen Hinnahme entgegenzuwirken, beabsichtigt die Bundesregierung, in der nächsten Sitzung der inzwischen gebildeten Expertengruppe „Klärung offener Vermögensfragen" am 29./30. März die DDR-Vertreter auf diese Problematik anzusprechen. Dazu hat der Kabinettausschuß Deutsche Einheit am 14. März die Ausarbeitung einer Sprachregelung beschlossen, die als einheitliche Grundlage für Äußerungen in der Öffentlichkeit und als Antwort der Bundesregierung an die DDR verwendet werden kann. Der daraufhin vom Bundesministerium der Justiz erarbeitete Entwurf,[461] in der zweiten Sitzung der Expertengruppe als Non-paper der DDR-Delegation übergeben, bekräftigt die Notwendigkeit, „sozial verträgliche Kompromisse" zu finden, „die die Interessen der Beteiligten in einsichtiger Weise berücksichtigen". Regelungen sind erforderlich, mit denen die offenen Vermögensfragen „bald und endgültig bereinigt" werden, um einen Schlußstrich unter die Vergangenheit zu ziehen und künftig Rechts-

---

460 Bundesministerium der Finanzen, Vermerk über das Ergebnis der Ressortberatungen zum Entwurf eines Vorschlages für einen Vertrag über die Schaffung einer Währungsunion, Wirtschafts- und Sozialgemeinschaft zwischen der Bundesrepublik Deutschland und der Deutschen Demokratischen Republik, 4. April 1990, 5 S.; BK, 212 – 35400 De 39 Bd. 3.

461 Vorlage des Ministerialrats Malina an den Chef des Bundeskanzleramtes betr. Sitzung des Kabinettausschusses „Deutsche Einheit" am 28. März 1990, 27. März 1990, 4 S.; BArch, B 136/20251, 221 – 34905 Ka 6 Bd. 3.

sicherheit herzustellen. Denn ungelöste Eigentums- und Vermögensfragen sollen nicht den wirtschaftlichen Wiederaufbau in der DDR hemmen. Ebensowenig soll es zu „langjährigen unerquicklichen politischen und gerichtlichen Auseinandersetzungen über die Abwicklung" solcher Fragen kommen. Vielmehr gilt es, Regelungen zu vereinbaren, „die in beiden Teilen Deutschlands breite politische und soziale Akzeptanz finden". Nur so lasse sich stabiler sozialer Friede in der Gesellschaft sichern.[462]

In einer am 27. März 1990 von der Nachrichtenagentur TASS verbreiteten Erklärung[463] wendet sich die sowjetische Regierung „gegen die Versuche, die Vermögensverhältnisse in der DDR im Falle der Bildung der Währungs- und Wirtschaftsunion" sowie „im Falle des Entstehens des einheitlichen Deutschlands in Frage zu stellen". Das setze voraus, heißt es weiter, im Wiedervereinigungsprozeß gehen beide deutsche Staaten davon aus, „daß die 1945 bis 1949 von der Sowjetischen Militäradministration in Deutschland verwirklichten Wirtschaftsmaßnahmen gesetzmäßig waren". Als „absolut unannehmbar" werden „eventuelle Versuche" bezeichnet, „die Rechte der gegenwärtigen Besitzer von Boden und anderen Vermögens in der DDR in Abrede zu stellen, die seinerzeit mit Einwilligung oder auf Beschluß der sowjetischen Seite, die sich dabei von der Erklärung über die Niederlage Deutschlands, vom Potsdamer Abkommen und von anderen vierseitigen Beschlüssen und Entscheidungen leiten ließ, erworben wurden". Die sowjetische Regierung unterstützt also „die Position der Regierung der DDR, wonach es notwendig ist, die Rechtsordnung strikt einzuhalten sowie die sozialökonomischen Rechte und Interessen von Millionen Menschen in der DDR zu schützen".

In der Sitzung der Expertengruppe am 29./30. März[464] werden die Probleme der Enteignungen vor Gründung der DDR zunächst aus den weiteren Verhandlungen ausgeklammert. Einigkeit besteht darüber, daß die Bodenreform und die von der Sowjetischen Militäradministration zwischen 1945 und 1949 angeordneten Enteignungen nach vierzig Jahren und wegen der inzwischen entstandenen neuen Eigentums- und Nutzungsrechte kaum mehr rückgängig gemacht werden können. Davon abgesehen, so wird von bundesdeutscher Seite argumentiert, habe die DDR mit dem Gesetz über die Gründung und Tätigkeit privater Unternehmen und Unternehmensbeteiligungen vom 7. März 1990 bereits die Wiederherstellung ursprünglicher Eigentumsrechte durch Reprivatisierungen begonnen, die seit 1972 in Volkseigentum überführt worden sind. Somit stellt sich die Frage von über den Lastenausgleich hinausgehenden Entschädigungen aus dem Vermögensbestand der DDR.

Niederschlag findet dieser Vorschlag in Anlage II der Leitsätze. Dort ist vorgesehen: „Ein rechtlich gesicherter Erwerb und eine rechtlich gesicherte Belastbarkeit von enteigneten oder von staatlicher Verwaltung erfaßten Grundstücken ist zu gewähren".[465] Dieser Grundsatz geht dem Bundesministerium für innerdeutsche Beziehungen nicht weit genug. Es will im Vertrag einen umfassenden Einstieg in das Eigentums- und Entschädigungsthema erreichen, Klarheit für Investoren schaffen und eine Entschädigungsregelung herbeiführen.[466] Strittig ist zudem die Frage des Umtauschkurses, der zugleich eine Wertbemessung der Güter in der DDR bedeutet. Bundesarbeitsminister Blüm weist den Kanzler bereits am

---

462   Nr. 236A Sprachregelung zu den offenen Vermögensfragen, 29./30. März 1990.
463   Meldung TASS/russ./27.3.90/1420 in: Presse- und Informationsamt der Bundesregierung. Ostinformationen. Nr. 61. 28. März 1990, 3 f., hier 4; BPA/PA, F 1/22. Abdruck in: Texte zur Deutschlandpolitik. Reihe III/Bd. 8a – 1990, Bonn 1991, 135–138.
464   Nr. 236 Kurzbericht über die zweite Sitzung der Expertengruppe Klärung offener Vermögensfragen, 29./30. März 1990.
465   Nr. 256A Gemeinsames Protokoll über Leitsätze zum Vertrag über die Schaffung einer Währungsunion, Wirtschafts- und Sozialgemeinschaft zwischen der Bundesrepublik Deutschland und der Deutschen Demokratischen Republik, Stand: 17. April 1990.
466   Vermerk der Arbeitsgruppe Innerdeutsche Beziehungen, Für das Gespräch beim Bundeskanzler am 5. April 1990, 4. April 1990, 5 S.; BK, 212 – 35400 De 39 Bd. 3.

27. März darauf hin, seiner Einschätzung nach müsse die Umstellung im Verhältnis 1:1 erfolgen, weil ansonsten tiefgreifende soziale Veränderungen und destabilisierende Wirkungen zu befürchten seien.[467] Kurz vor seiner Amtsübergabe warnt Modrow Staatssekretär Bertele vor der großen Erwartungshaltung der Bevölkerung in der DDR beim Umtauschkurs. Bertele teilt die Sorge. Angesichts der Wirtschaftslage der DDR könnten Enttäuschungen schnell zu sozialen Spannungen führen, besonders wenn die „Vorwirkungen der Wirtschafts- und Währungsunion auf den Beschäftigungsbereich durchschlagen, ohne daß das hierfür erforderliche soziale Netz geknüpft ist".[468] Zusätzlich angeheizt wird die öffentliche Diskussion, als die Presse über die Stellungnahme des Zentralbankrates, die Präsident Karl Otto Pöhl am 30. März dem Bundeskanzler übersendet[469], berichtet.[470] In der Entschließung spricht sich der Zentralbankrat für eine generelle Umstellung aller Schuldverhältnisse im Verhältnis 2:1 aus, mit Ausnahme von Sparguthaben bis 2000 Mark je Einwohner in der DDR.[471] Das bedeutet für Rentner und Sparer eine reale Aufwertung ihrer Ersparnisse. Angesichts der Wahlkampfversprechen löst das Bekanntwerden dieser Vorschläge eine Welle des Protestes bei der Bevölkerung in der DDR aus. Von „Wortbruch" ist sogar die Rede. Überwiegend lehnen die Parteien dort den Vorschlag der Bundesbank ab und fordern ein Umtauschverhältnis von 1:1. Der Bundeskanzler verständigt sich in einem Telefonat mit dem designierten Ministerpräsidenten de Maizière zunächst darauf, daß noch keine endgültige Entscheidung über den Umtauschkurs getroffen worden sei. Die Modalitäten sollen in Verhandlungen der beiden deutschen Regierungen festgelegt werden. Kohl bestreitet nicht zu unrecht in der Öffentlichkeit die Festlegung auf einen Umtauschkurs, während de Maizière das Konzept der Bundesbank zurückweist.

Am 3. April beginnen die Koalitionsverhandlungen zwischen der Allianz für Deutschland, der SPD und den Liberalen der DDR. An den Gesprächen nehmen insgesamt 19 Personen teil, darunter acht Vertreter der SPD, vier der CDU und zwei der DSU, die restlichen fünf kommen vom Demokratischen Aufbruch und vom Bund Freier Demokraten. Die Parteien einigen sich auf die Bildung von fünf Arbeitsgruppen. Eine davon befaßt sich mit der Regierungsorganisation und Fragen der deutschen Einigung. Die eigentlichen Verhandlungsführer sind der Vorsitzende der CDU (Ost) de Maizière, der SPD-Fraktionsvorsitzende Richard Schröder, DA-Vorsitzender Rainer Eppelmann, DSU-Generalsekretär Peter Michael Diestel und der Fraktionschef der Liberalen, Rainer Ortleb. Bereits am 4. April vereinbaren die Koalitionspartner, de Maizière am nächsten Tag von der Volkskammer den Auftrag zur Regierungsbildung zu erteilen. Außerdem erzielen sie eine grundsätzliche Verständigung über Artikel 23 Grundgesetz als Weg zur deutschen Einheit.

Nun drückt der Kanzler weiter auf das Verhandlungstempo. Am 5. April bespricht er mit Waigel, Haussmann, Blüm, Seiters, Schlesinger und Tietmeyer die Leitlinien über den Entwurf eines Staatsvertrages. Tietmeyer will zwei Ziele vertraglich fixieren: zum einen die erforderlichen währungspolitischen Maßnahmen wie das Umtauschverfahren der Mark der DDR in D-Mark, die Festlegung der Modalitäten zur Währungsumstellung und die Regelung künftiger Befugnisse der Bundesbank und zum anderen möglichst unzweideutige Regelungen für die neue Wirtschaftsordnung der DDR. Dabei geht es um die Übernahme der in der Bundesrepublik geltenden Gesetze, wozu auch das vom Bundeswirtschaftsministerium befürwortete Leitsätzegesetz zählt.[472]

---

467   Nr. 231 Schreiben des Bundesministers Blüm an Bundeskanzler Kohl, 27. März 1990.
468   Nr. 233 Gespräch des Staatssekretärs Bertele mit Ministerpräsident Modrow in Berlin (Ost), 28. März 1990.
469   Nr. 239 Schreiben des Bundesbankpräsidenten Pöhl an Bundeskanzler Kohl, 30. März 1990.
470   „Mark der DDR soll 2:1 getauscht werden", in: Frankfurter Rundschau. 46. Jg. Nr. 77/13. 30. März 1990, 1–3.
471   Nr. 239A Entschließung des Zentralbankrats, 30. März 1990.
472   Tietmeyer, Erinnerungen an die Vertragsverhandlungen, 65.

Am 7. April erhöht Kohl den Entscheidungsdruck mit seiner Ankündigung in einem Interview, noch vor Urlaubsbeginn solle am 1. Juli die D-Mark in der DDR eingeführt werden. Abgefedert wird das Vorgehen durch ein Gespräch Tietmeyers und Ludewigs mit Kommissionspräsident Delors am 9. April in Brüssel, der seine Unterstützung bei der Angleichung des Gemeinschaftsrechts und der EG-Politik in bezug auf die DDR zusagt.[473] In einer ersten Unterredung mit de Maizière stellt Tietmeyer heraus, eine Entsendung von Vertretern der DDR in den Zentralbankrat komme erst in Betracht, wenn die staatliche Einheit existiert. Mit dieser „Fremdbestimmung" erklärt sich de Maizière zunächst nicht einverstanden und schiebt eine Klärung bis zu den Verhandlungen auf.

Nach zehntägigen Beratungen einigen sich die Allianz für Deutschland, SPD und die Liberalen auf eine große Koalition und unterzeichnen einen 50seitigen Koalitionsvertrag.[474] Begründet wird die Koalition in der Präambel mit der besonderen Lage in der DDR, die es „zur Lösung der anstehenden Zukunftsaufgaben im Prozeß der Vereinigung beider Teile Deutschlands erforderlich" mache, „parteitaktische Interessen zurückzustellen". Die Koalitionspartner, so heißt es weiter, streben als Ziel die Sicherung des Wohlstands und der sozialen Gerechtigkeit für alle Bürger der DDR an. Sie wollen Freiheit und Rechtsstaatlichkeit durchsetzen und die „Einheit Deutschlands nach Verhandlungen mit der BRD auf der Grundlage des Art. 23 GG zügig und verantwortungsvoll für die gesamte DDR gleichzeitig" verwirklichen und „damit einen Beitrag zur europäischen Friedensordnung" leisten. Verhandlungsziel der Regierung ist es – entweder in eine neue Verfassung der DDR oder bei der Veränderung des Grundgesetzes –, „soziale Sicherungsrechte als nicht einklagbare Individualrechte einzubringen". Damit sind vor allem das Recht auf Arbeit, Wohnung und Bildung gemeint, die als Rechte in Form von Staatszielbestimmungen gewährleistet werden sollen. Die zu treffenden Regelungen mit der Bundesrepublik Deutschland, insbesondere die Währungs-, Wirtschafts- und Sozialunion, müßten diesen Vereinbarungen entsprechen. Die parlamentarischen Gremien sollen den Vereinigungsprozeß mitgestalten, Volkskammer und Deutscher Bundestag je einen parlamentarischen Ausschuß zur deutschen Einigung bilden, dem die beiden Parlamentspräsidenten angehören. Sie verkörpern den gemeinsamen Ausschuß zur Deutschen Einheit und tagen regelmäßig. Als weitere Voraussetzung für die Wiederherstellung der Einheit wird die Schaffung kompatibler Länderstrukturen zur Bundesrepublik genannt.

Kernaussage der Vereinbarungen über die Außenpolitik ist die Forderung nach Ablösung der Militärbündnisse durch ein gesamteuropäisches Sicherheitssystem. Bis dieses geschaffen ist, soll das vereinte Deutschland „für eine Übergangszeit" Mitglied der NATO sein, deren Funktionen sich vom militärischen zum politischen Bündnis wandeln sollen. Verbunden wird damit die Forderung nach Aufgabe der bisherigen NATO-Strategien wie Vorneverteidigung, *flexible response* und nuklearer Ersteinsatz, die den osteuropäischen Staaten nicht zuzumuten seien. Für eine Übergangszeit soll auf dem Gebiet der DDR eine eigene deutsche Armee stehen, die weder der NATO untersteht noch Teil der Bundeswehr ist. Die Regierung der DDR will schon im Vorgriff auf die Vertragsverhandlungen über die konventionelle Abrüstung in Wien die Nationale Volksarmee schrittweise abbauen und auf Massenvernichtungswaffen verzichten.

Der Koalitionsvertrag sieht als Termin für das Inkrafttreten der Währungs-, Wirtschafts- und Sozialunion den 1. Juli 1990 vor. Gefordert wird die Umstellung des Kurses im Verhältnis 1:1, die Umbewertung der Inlandsschulden und in der Übergangsphase ein innerdeutscher Finanzausgleich zwischen der Bundesrepublik und der DDR, um die Finanzierung des

---

473 Ebd., 67.
474 Grundsätze der Koalitionsvereinbarung zwischen den Fraktionen der CDU, der DSU, dem DA, den Liberalen (DFP, BFD, F.D.P.) und der SPD vom 12. April 1990; BK, 212 – 35400 De 39 Bd. 3.

Staatshaushaltes der DDR „bis zum vollen Greifen der Marktwirtschaft" sicherzustellen, sowie die gleichberechtigte Vertretung der Länder der DDR im Zentralbankrat. Zu den regelungsbedürftigen Punkten im Staatsvertrag, die in einem Anhang zu dem Koalitionsvertrag festgelegt sind, zählt die „Anerkennung der Eigentumsformen, einschließlich der Bodenreform, und der anderen durch die Siegermächte festgelegten Enteignungen". Die Regierung will also die Enteignungen und Bodenreform aufgrund der Entscheidungen der sowjetischen Besatzungsmacht zwischen 1945 und 1949 festschreiben. Volksvermögen soll über eine Treuhandgesellschaft, die der Volkskammer verantwortlich ist, entflechtet, verwaltet und privatisiert werden.[475]

Im Zentrum innenpolitischer Maßnahmen steht die Abschaffung des Staatssicherheitsdienstes, die Aufarbeitung der SED-Vergangenheit bis hin zur Enteignung unrechtmäßigen Vermögens, das die SED/PDS erworben hat, sowie eine grundlegende Verwaltungsreform. In der Phase bis zur Herstellung der Einheit soll in der DDR eine Übergangsverfassung gelten, die Elemente der Verfassung von 1949 und des an das Grundgesetz angelehnten Verfassungsentwurfs des Runden Tisches vom 4. April enthält. Zwei wesentliche Abweichungen sind in der künftigen gesamtdeutschen Verfassung vorgesehen: Die polnische Westgrenze soll anerkannt und die Verfassung so gestaltet werden, daß daraus keinerlei Gebietsansprüche mehr abzuleiten sind. Das impliziert den Verzicht auf Artikel 23 Grundgesetz nach Vollzug der Wiedervereinigung.

Zur Organisation der Regierungsarbeit hält der Koalitionsvertrag ausdrücklich fest, daß „die Richtlinienkompetenz des Ministerpräsidenten insbesondere in der Deutschlandpolitik" gewährleistet ist. Danach hat es de Maizière als zukünftiger Ministerpräsident in der Hand, alle wesentlichen Abstimmungen mit der Bundesregierung in seinem Amte zu konzentrieren. Überdies behält er sich damit die Zuständigkeit für die Zwei-plus-Vier-Verhandlungen vor.[476] Unterstützt wird er von Klaus Reichenbach, der als Minister im Amt des Ministerpräsidenten praktisch die Rolle eines Stabschefs übernimmt, und Günther Krause, Vorsitzender der CDU-Volkskammerfraktion, der zukünftig als Parlamentarischer Staatssekretär im Amt des Ministerpräsidenten die Koordinierungsarbeit zwischen Exekutive und Legislative leisten soll.

In einer Analyse der Koalitionsvereinbarung für den Kanzler[477] stellt Ministerialdirigent Duisberg in einigen detaillierten Aussagen Widersprüche fest. Obgleich die Vereinbarung nur für eine Übergangszeit gelten soll, umfaßt sie gleichwohl umfangreiche Gesetzgebungstätigkeiten, die bei realistischer Betrachtung längere Zeit in Anspruch nehmen.

Zwei Tage nach Abschluß der Koalitionsverhandlungen versuchen Tietmeyer und Ludewig bei einem Treffen am 14. April in Ost-Berlin de Maizière, Reichenbach und Krause von ihrer angestrebten Umstellung der Geldbestände im Verhältnis 1:1 abzubringen. Tietmeyers Argumentation, diese Relation führe zu einer Aufblähung der Geldmenge und mache extrem hohe Ausgleichsforderungen an den Staat erforderlich, findet bei den Gesprächspartnern Verständnis, zumal zur gleichen Zeit ein weitgehender Erlaß der Betriebskredite nicht in Frage kommt. Am Ende der Unterredung verspürt er vor allem bei Krause, einem gelernten Wirtschaftsmathematiker, eine gewisse Nachdenklichkeit.[478]

Abstimmungsbedarf mit dem Bundeskanzleramt besteht auch in außenpolitischen Fragen. In vier Punkten weichen nämlich die Koalitionsvereinbarungen von der Position des Bundeskanzlers erheblich ab. Ostermontag reisen Teltschik und Hartmann nach Ost-Berlin und beraten mit de Maizière, Reichenbach und Krause. In dem Gespräch werden schnell de Mai-

475 Nr. 246 Vorlage des Regierungsdirektors Nehring an Bundeskanzler Kohl, 17. April 1990.
476 Teltschik, 329 Tage 196.
477 Nr. 245 Vorlage des Ministerialdirigenten Duisberg an Bundeskanzler Kohl, 17. April 1990.
478 Tietmeyer, Erinnerungen an die Vertragsverhandlungen, 69 f.

zières eigene Vorstellungen über die Gestaltung der Außenpolitik ersichtlich.[479] Zum einen will er die NVA längerfristig erhalten und auch Offiziere übernehmen.[480] Sie stellen in seinen Augen einen Faktor der Instabilität dar, wenn sie entlassen werden. Zum anderen ist er bereit, dem Wunsch Mazowieckis zu folgen, zwischen beiden deutschen Staaten vor der Wiedervereinigung einen Grenzvertrag zu paraphieren. Ferner will de Maizière die NATO-Mitgliedschaft des geeinten Deutschlands nur für eine Übergangszeit bis zur Schaffung des gesamteuropäischen Sicherheitssystems akzeptieren. Von der Bundesregierung erwartet er schließlich die Zusage, daß bestehende Lieferverträge der DDR mit der Sowjetunion und mit dem RGW eingehalten werden. Darauf drängt besonders Sowjet-Botschafter Kotschemassow. Unverhohlen hat er de Maizière erklärt, die Sowjetunion habe nach wie vor noch in der DDR das Sagen.[481]

Schwierig ist die Lage für die Bundesregierung, weil die DDR-Regierung in vielen Positionen unverändert Eigenständigkeit unter Beweis zu stellen sucht, in starkem Maße aber auf ihre Unterstützung angewiesen ist. In Bonn will niemand den Eindruck einer Fernsteuerung der DDR aufkommen lassen. Das schürt nur unnötige Konflikte. Doch können öffentliche Festlegungen der Regierung de Maizière nach einem Beitritt der DDR für die Bundesregierung durchaus politisch bindende Wirkungen haben.

Die Regierungserklärung am 19. April steht aus der Sicht des Bundeskanzleramtes vollends im Zeichen des Ja zur Einheit, verbunden mit der Forderung nach Mitspracherecht. Der neue Ministerpräsident ist sichtlich um innere Befriedung bemüht. Er vergißt nicht, jene Kräfte zu nennen, die alles bewirkt haben: zuerst Gorbatschow, dann die demokratischen Gruppen in der DDR, die polnische Gewerkschaft „Solidarität", Ungarn, die Bundesregierung, westliche Medien und verantwortungsvolle Politiker. De Maizière erwähnt von Weizsäcker, Kohl, Brandt, Genscher und die Kirchen in der DDR – in dieser Reihenfolge. Auf eine klare Aussage zur NATO-Mitgliedschaft verzichtet er. Im Kanzleramt wird das mit Stirnrunzeln zur Kenntnis genommen. Dafür bekennt sich de Maizière zur Ablösung der Militärbündnisse und zur Vertragstreue gegenüber der Sowjetunion und befürwortet eine intensive politische Zusammenarbeit im Warschauer Pakt.[482] Einzelheiten des Koalitionsvertrages tauchen hier nicht auf. De Maizière hat auf einigen Zündstoff, der in den Diskussionen mit Vertretern des Bundeskanzleramtes aufgekommen ist, verzichtet.[483]

Am 22. April berichtet Tietmeyer in einer Gesprächsrunde mit Mitgliedern des Kabinetts und der Bundesbank unter Vorsitz Kohls über die Grundzüge des Entwurfs für den Staatsvertrag mit der DDR,[484] bevor am nächsten Tag die Spitzen der Koalition und die CDU/CSU-Bundestagsfraktion das Angebot billigen. Die Bundesregierung will der Regierung in Ost-Berlin vorschlagen, Löhne und Gehälter in der DDR im Verhältnis 1:1 umzustellen. Sparguthaben und Bargeld sollen bis zu 4000 DM im Verhältnis 1:1, darüber hinaus im Verhältnis 1:2 ab 2. Juli 1990 umgetauscht werden.[485]

Tietmeyer und Schäuble verdeutlichen am 23. April de Maizière und seinen Mitarbeitern die Konsequenzen der Wirtschafts- und Währungsunion für die Wettbewerbsfähigkeit der

479 Nr. 244 Gespräch des Ministerialdirektors Teltschik mit Ministerpräsident de Maizière und Minister Reichenbach in Berlin (Ost), 16. April 1990.
480 Zu den Gesprächen zwischen Bundesminister Stoltenberg und Minister Eppelmann am 27. April 1990 auf dem Flughafen Köln/Bonn: Jörg Schönbohm, Zwei Armeen und ein Vaterland. Das Ende der Nationalen Volksarmee. Berlin 1992, 24 f. Rainer Eppelmann, Wendewege. Briefe an die Familie. Hg. von Dietmar Herbst. Bonn-Berlin 1992, 33–39.
481 Teltschik, 329 Tage, 198.
482 Nr. 248 Vorlage des Ministerialdirigenten Duisberg an Bundeskanzler Kohl, 19. April 1990.
483 Nr. 249 Vorlage des Ministerialdirigenten Hartmann an Bundeskanzler Kohl, 19. April 1990.
484 Teltschik, 329 Tage, 203 f.
485 Angebot der Bundesregierung für den Staatsvertrag mit der DDR zur Gründung einer Währungsunion mit Wirtschafts- und Sozialgemeinschaft (Mitteilung des stellvertretenden Sprechers der Bundesregierung, Dieter Vogel), 23. April 1990, in: Bulletin. Nr. 47. 24. April 1990, 374.

DDR-Wirtschaft[486] und übergeben das Arbeitspapier über die Vertragsgrundzüge.[487] Vier zentrale Punkte werden darin festgeschrieben: die Herstellung der deutschen Einheit über Artikel 23 Grundgesetz, die innere Abhängigkeit zwischen der Schaffung der Wirtschafts- und Währungsunion und den Verhandlungen im Rahmen der Zwei plus Vier, die Einführung der sozialen Marktwirtschaft und die Ausweitung der Rechte der EG auf das Gebiet der DDR.

Kohl und de Maizière unterhalten sich bei einem dreistündigen Meinungsaustausch am 24. April in Bonn ausführlich über dieses Arbeitspapier.[488] Der Kanzler will auf dieser Grundlage zu einer Einigung kommen. Doch ist Ost-Berlin mit dem Angebot eines Höchstbetrages von 4000 DM für einen Umtausch von 1:1 nicht einverstanden. Am darauffolgenden Tag beginnen im Amtssitz des Ministerpräsidenten in Ost-Berlin zwischen der DDR-Delegation unter Leitung des Parlamentarischen Staatssekretärs Krause und des Delegationsleiters der Bundesregierung, Tietmeyer, offiziell die Verhandlungen über den Staatsvertrag.

Die Diskussionen drehen sich vor allem um die Bestimmungen über die Währungsunion und die Währungsumstellung,[489] die außenwirtschaftlichen Beziehungen zum RGW, Strukturanpassungen der Unternehmen und die finanzwirtschaftlichen Fragen, die Anpassung des Rentensystems in der DDR und die dafür vorhandenen Möglichkeiten der Finanzierung sowie um die Eigentumsfragen.

Schlesinger und Tietmeyer setzen sich in internen Gesprächen, bei dem die Staatssekretäre der Bundesministerien für Finanzen, für Wirtschaft und für Arbeit sowie Ministerialrat Ludewig vom Kanzleramt vertreten sind, für einen Umstellungskurs im Verhältnis 2:1 ein, wie es der Zentralbankrat vorgeschlagen hat. Angesichts der Widerstände der DDR-Regierung halten einige Beteiligte eine andere Umstellung als in der Relation 1:1 für politisch nicht durchsetzbar. Überzeugendes Argument Tietmeyers ist der von DDR-Seite anerkannte Grundsatz, die Stabilität der D-Mark dürfe durch die auszuhandelnden Vereinbarungen nicht gefährdet werden. Nach zahlreichen Besprechungen kristallisiert sich in der dritten Verhandlungsrunde am 30. April eine Lösung heraus, über die in der Koalitionsrunde in Bonn am 1. Mai verhandelt und endlich der Durchbruch über die Währungsumstellung erzielt wird. Die Umstellung der Geldbestände und Forderungen soll im Verhältnis 2:1 erfolgen. Für die von der DDR je Einzelperson verlangten Beträge für die Umstellung von Bargeld- und Bankguthaben im Verhältnis 1:1 wird eine je nach Lebensalter abgestufte Regelung von 2000 DM bis zu 6000 DM vereinbart.[490]

Als eine weitere Schlüsselfrage kristallisiert sich die Eigentumsregelung heraus.[491] Die Ministerrunde unter Vorsitz des Bundeskanzlers ist dazu am 22. April übereingekommen, zwischen Bestimmungen der künftigen Eigentumsordnung in der DDR und den Vermögensansprüchen aufgrund von Enteignungen zu unterscheiden. Der erste Komplex soll in dem Staatsvertrag möglichst eindeutig geregelt werden. Über den zweiten Teilbereich soll wegen der politischen Sensibilität des Themas in der DDR und auf seiten der sowjetischen Regierung weiter beraten werden. Der Kanzler beauftragt Staatssekretär Kinkel vom Bundes-

486 Tietmeyer, Erinnerungen an die Vertragsverhandlungen, 73f. Schäuble, Der Vertrag, 99f.
487 Nr. 256 Arbeitspapier für die Gespräche mit der DDR für einen Vertrag über die Schaffung einer Währungsunion, Wirtschafts- und Sozialgemeinschaft zwischen der Bundesrepublik Deutschland und der Deutschen Demokratischen Republik, 24. April 1990. Nr. 256A Gemeinsames Protokoll über Leitsätze zum Vertrag über die Schaffung einer Währungsunion, Wirtschafts- und Sozialgemeinschaft zwischen der der Bundesrepublik Deutschland und der Deutschen Demokratischen Republik, 24. April 1990.
488 Klein, Es begann im Kaukasus, 236.
489 Nr. 256B Anlage I Bestimmungen über die Währungsunion und über die Währungsumstellung, 24. April 1990.
490 Tietmeyer, Erinnerungen an die Vertragsverhandlungen, 79–85.
491 Nr. 271 Vermerk des Beauftragten des Bundeskanzlers, Tietmeyer, und des Ministerialrats Ludewig, 8. Mai 1990.

justizministerium mit der Prüfung der mit den Enteignungen zusammenhängenden Fragen.[492]

Verschiedentlich ist bei internen Besprechungen schon die Frage aufgetaucht, inwieweit die zwischen 1945 und 1949 im Zuge der Bodenreform und aufgrund anderer Weisungen von der sowjetischen Besatzungsmacht verfügten Enteignungen in ihrer Besatzungszone rückgängig gemacht werden sollen oder können. Dazu gibt es am 28. April, einen Tag vor dem Besuch de Maizières in Moskau, ein eindeutiges Signal. Im sowjetischen Außenministerium wird Botschafter Blech ein Aide-mémoire zu dem Arbeitspapier für die Gespräche mit der DDR über eine Wirtschafts- und Währungsunion ausgehändigt. Schewardnadse persönlich übergibt am nächsten Tag DDR-Außenminister Meckel das fast gleichlautende Memorandum.[493] Es zeigt den Rahmen auf, in dem nach sowjetischer Vorstellung die Vermögens- und Bodenfragen zu regeln sind. „Nichts soll im Vertragsentwurf zwischen der BRD und der DDR", so heißt es wörtlich, „Veranlassung geben, die Legitimität der Maßnahmen und Beschlüsse in Frage zu stellen, die in den Fragen der Entnazifizierung, Entmilitarisierung und Demokratisierung von den Vier Mächten gemeinsam oder von ihnen jeweils in ihren ehemaligen Besatzungszonen ergriffen wurden". Und dann kommt der aus Sicht der Bundesregierung entscheidende Satz: „Die Rechtmäßigkeit dieser Beschlüsse, insbesondere zu den Vermögens- und Bodenfragen, unterliegt keiner Neuüberprüfung oder Neubewertung durch die deutschen Gerichte oder anderen deutschen Staatsorgane". Das betreffe auch „diejenigen Verpflichtungen, die die DDR zur Änderung ihrer Verfassung und der Gesetze über das sozialistische Eigentum in Stadt und Land übernehmen soll". Damit verbindet die sowjetische Regierung fünf konkrete Forderungen: die Erfüllung vertraglicher Verpflichtungen der DDR durch die Bundesrepublik, die Nichtdiskriminierung ihrer Rechte gegenüber den Europäischen Gemeinschaften, die Sicherung des Aufenthalts sowjetischer Truppen auf dem Gebiet der DDR einschließlich der Lösung der Frage des Währungsumtauschs für Angehörige der Streitkräfte, der Preissubventionierung, der Unterhaltskosten und der Reiseregelung sowie die Vermeidung negativer Auswirkungen auf die SDAG Wismut. Für den Fall einer „unbefriedigenden Lösung" der aufgezählten Fragen kündigt die sowjetische Regierung an, diese als Blockadeinstrument in die Zwei-plus-Vier-Verhandlungen einzubringen, wo es die Beratungen aufhalten könnte.[494] Hinter der Frage des Währungsumtauschkurses offenbart sich noch ein weiteres Problem. Die DDR wickelt ihre Außenhandelsgeschäfte mit dem Rat für Gegenseitige Wirtschaftshilfe auf der Grundlage von Transferrubel ab. Aus Sicht der Sowjets stellt sich die Frage, zu welchen Umtauschrelationen die Transferrubel demnächst in D-Mark bewertet werden.

Schäuble begreift dieses Memorandum als „Warnung". Die Sowjetunion will nicht, daß Deutsche über ihre Enteignungsmaßnahmen zu Gericht sitzen und ihre Nachkriegsentscheidungen als Siegermacht in Zweifel ziehen oder gar umstürzen. Für Moskau ist das eine Prestigefrage. Schäuble steht auf dem Standpunkt, die Bundesregierung solle kein Interesse daran zeigen, entstandene Eigentumsverhältnisse in der DDR wieder rückgängig zu machen und das noch obendrein als eine Bedingung für die Wiedererlangung der Einheit von Moskau fordern. Der Versuch, die Standhaftigkeit Gorbatschows in dieser Frage zu testen, wird nicht unternommen. Die Bundesregierung sieht es auch nicht als notwendig an, diese Frage zum Gegenstand direkter Verhandlungen zwischen dem Bundeskanzler und Generalsekretär Gorbatschow zu machen. Daran will der Kanzler die Wiedervereinigung nicht scheitern lassen, ganz im Gegensatz etwa zur Frage einer möglichen sowjetischen Forderung nach

---

492   Tietmeyer, Erinnerungen an die Vertragsverhandlungen, 72.
493   Kiessler/Elbe, Ein runder Tisch mit scharfen Ecken, 186.
494   Aide-mémoire der Regierung der UdSSR an die Regierung der DDR, 28. April 1990, Inoffizielle Übersetzung, VS-NfD; BK, 213 – 30100 Fr 6 Bd. 4.

einem neutralen Gesamtdeutschland. Zudem geht die Bundesregierung wie auch die Regierung de Maizière davon aus, diejenigen Bürger in der DDR, die guten Glaubens Eigentum erworben oder bekommen haben, brauchen nun nicht zu befürchten, ihren Grund und Boden wieder zu verlieren, selbst wenn sich die DDR-Staatsorgane diesen rechtswidrig angeeignet haben.[495]

Für die Lösung der Vermögens- und Eigentumsfrage werden zunächst zwei Modelle in Aussicht genommen. Eine einseitige Erklärung der DDR hinsichtlich gewerblicher Investitionen, die sofort ermöglicht werden sollen, was allerdings eine Änderung des Koalitionsvertrages bedeuten würde, oder eine gemeinsame Erklärung zu den offenen Vermögensfragen. Die FDP neigt zur Verschiebung der Entscheidung und will eine endgültige Regelung über die Entschädigungsfrage dem gesamtdeutschen Parlament übertragen, da sich immer deutlicher die katastrophale Finanzlage der DDR abzeichnet. Voraussichtlich wird sich das Haushaltsdefizit der DDR im zweiten Halbjahr 1990 auf etwa 44 Milliarden DM und im Haushaltsjahr 1991 auf rund 75 Milliarden DM belaufen. Zusätzlich fordert der Agrarminister fünf Milliarden DM jährlich an Subventionen. Dabei sind Ausgleichszahlungen für Kleinrentner infolge der Währungsumstellung noch nicht berücksichtigt.[496]

Über die konkrete Lösung des Problems, mit dem zunächst Kinkel und Krause beauftragt werden, entspannt sich in der Regierungskoalition in Bonn ein heftiger Streit. Graf Lambsdorff wendet sich strikt gegen die Absicht, Enteignungen aus der Zeit zwischen 1945 und 1949 nicht mehr rückgängig zu machen. Und auch in Reihen der CDU und CSU finden sich viele Befürworter dieser Haltung. Gegner dieser Position wie Schäuble verweisen in diesen Fällen auf de Maizières Regierungserklärung und den Willen der Koalitionspartner in der DDR, die in dieser Frage keine Kompromißbereitschaft zulassen wollen; wohl auch aufgrund des Drucks aus Moskau. Jedenfalls ist de Maizière nicht geneigt, einen Staatsvertrag zu unterzeichnen, der keine spezielle Eigentumsgarantie enthält. Es muß deshalb ein Weg gefunden werden, der zwei Forderungen gerecht wird: Einerseits Unrecht an Enteigneten wiedergutzumachen und andererseits daraus kein neues Unrecht entstehen zu lassen. Diese Frage ist aber bei dem hohen Zeitdruck nicht mehr kurzfristig zu klären. Also wird die Problemlösung verschoben. In einem Anhang zum Staatsvertrag verpflichtet sich die DDR deshalb nur, Eigentum privater Investoren an Grund und Boden für Investitionen zur Arbeitsplatzbeschaffung zu genehmigen. Folglich ist die eigentlich heikle Frage, ob Entschädigung oder Rückgabe Vorrang genießen soll, weiter ungeklärt und damit auch die Frage der Höhe der möglichen Entschädigungen.

Die Regelung hängt natürlich mit der Frage nach den Kosten der Einheit zusammen, über die in der Öffentlichkeit spätestens seit dem Angebot des Kanzlers diskutiert wird. Herrscht anfangs die Einschätzung vor, die Finanzierung der Einheit lasse sich ohne Erhöhung von Steuerabgaben und Schaden für den Kapitalmarkt bewerkstelligen, so zeigt sich ab März, daß eine größere Kostenlawine auf die Bundesregierung zukommt als gedacht. Verschiedene Gründe werden für den höheren Finanzbedarf angegeben: Zum einen die schnelle Einführung der Wirtschafts- und Währungsunion zum 1. Juli 1990. Sie bedingt die vollständige Beseitigung der planwirtschaftlichen Unternehmensführung, die eine hauptsächliche Einnahmequelle für den DDR-Staatshaushalt darstellt. Zum anderen dauert der Neuaufbau der Finanzverwaltung voraussichtlich länger und braucht Zeit, bis ein funktionierendes Steuer-

495 Schäuble, Der Vertrag, 103.
496 Nr. 276 Vorlage des Beauftragten des Bundeskanzlers, Tietmeyer, und des Ministerialrats Ludewig an Bundeskanzler Kohl, 13. Mai 1990. Nr. 276A Anlage 1 Zusammenstellung der wichtigsten Kompromißpunkte im Staatsvertrag, 13. Mai 1990. Nr. 276B Anlage 2 Möglichkeiten des Eigentumserwerbs an Grundstücken in der DDR zur Förderung gewerblicher, arbeitsplatzschaffender Investitionen, 13. Mai 1990. Nr. 276C Anlage 3 Entwurf einer gemeinsamen Erklärung der Regierungen der Bundesrepublik Deutschland und der Deutschen Demokratischen Republik zu den offenen Vermögensfragen, 13. Mai 1990.

system nach bundesdeutschem Vorbild eingeführt ist. Größere Haushaltslöcher werden sich voraussichtlich auch auftun, wenn die Ausgaben, bedingt durch Forderungen nach schneller Anpassung an den in der Bundesrepublik herrschen Lebensstandard, steigen. Zusätzliche Belastungen ergeben sich des weiteren durch den hohen Bestand öffentlich Bediensteter.[497]

Auf bundesdeutscher Seite stellt sich die Frage, wie der Bund die Länder und Gemeinden an den Finanzlasten der DDR beteiligen kann, wiewohl die Bundesregierung die Länder eigentlich aus den Verhandlungen heraushalten will. In der Besprechung der Chefs der Staats- und Senatskanzleien mit dem Chef des Bundeskanzleramtes am 26. April berichtet Tietmeyer allgemein über die Grundzüge des vorgesehenen Vertrages. Das Bundeskanzleramt kommt somit der Forderung der Länder nach eingehender Unterrichtung nach. Bereits vor vier Wochen, in der Besprechung des Chefs des Bundeskanzleramtes mit den Chefs der Staats- und Senatskanzleien der Länder am 30. März, hat der Vorsitz führende Staatssekretär Clement die mangelnde Information durch die Bundesregierung beklagt. Seiters hat den Vorwurf mit dem Hinweis zurückgewiesen, es hätten lediglich Expertengespräche stattgefunden, Entscheidungen in der Sache seien noch nicht getroffen worden.[498]

Auch in der Sitzung am 26. April führen die SPD-geführten Länder wieder heftig Klage über die nicht ausreichende Unterrichtung über die bisherigen Verhandlungen. Den Entwurf des Staatsvertrages haben die Länder erst einen Tag vor dem offiziellen Verhandlungsbeginn erhalten. Der Vertreter Hamburgs rügt die unzureichende Beteiligung und hält das in einer Protokollnotiz fest. Die Bundesregierung verweist dagegen auf das erste Expertengespräch mit der DDR, das tags zuvor stattgefunden, aber noch zu keinen Verhandlungen geführt habe. Auf seiten der Länderregierungen herrscht großes Mißtrauen, zumal es sich bei dem Staatsvertrag nicht nur um die Schaffung einer Wirtschafts- und Währungsunion handelt, sondern damit weitgehende Rechtsangleichungen verbunden sein werden, die das Staatsgefüge substantiell verändern. Die Befürchtungen der Länder konzentrieren sich vor allem darauf, die Bundesregierung könnte in so einer sensiblen Frage wie die des Länderfinanzausgleichs eine Präjudizierung herbeiführen.[499] Clement und der Chef der bayerischen Staatskanzlei, Rauscher, verlangen deshalb die politische Beteiligung an den Verhandlungen. Der Kanzleramtschef sagt zwar die Beteiligung von zwei Ländervertretern zu, sobald diese auf politischer Ebene geführt werden. Doch wird weiterhin vornehmlich auf Ressortebene und in kleinen Zirkeln verhandelt. Der Vorstoß läuft somit weitgehend ins Leere.

Am 30. April fordert Staatssekretär Clement in einem Schreiben an Bundesminister Seiters nochmals, daß die Verhandlungen zwischen der Bundesregierung und der DDR „unter Beteiligung der in der Sache federführenden Fachministerkonferenzen vorbereitet und durchgeführt" werden. Außerdem sollen an den Verhandlungen zwei Ländervertreter teilnehmen. Größte Sorge der Länder ist, aus dem Verhandlungsprozeß ganz ausgebootet zu werden. Clement hält in einem weiteren Schreiben an Seiters dessen Zusage fest, seitens der Bundesregierung werde es keine Vorfestlegungen hinsichtlich der Finanzbeziehungen zwischen Bund und Ländern geben.[500]

Diese Frage ist für die Länder von zentraler Bedeutung. Immerhin hat sich in den letzten zwanzig Jahren der Anteil des Bundes am gesamten Steueraufkommen stetig verringert, zwischen 1970 und 1988 von 53,0 v.H. auf 45,1 v.H. In gleicher Zeit hat sich jedoch der An-

497   Sarrazin, Die Entstehung und Umsetzung des Konzepts der deutschen Wirtschafts- und Währungsunion, 210f.
498   Nr. 237 Besprechung des Chefs des Bundeskanzleramtes Seiters mit den Chefs der Staats- und Senatskanzleien der Länder in Bonn, 30. März 1990.
499   Nr. 258 Besprechung des Chefs des Bundeskanzleramtes Seiters mit den Chefs der Staats- und Senatskanzleien der Länder in Bonn, 26. April 1990.
500   Nr. 261 Schreiben des Staatssekretärs Clement an Bundesminister Seiters, 30. April 1990. Nr. 262 Schreiben des Staatssekretärs Clement an Bundesminister Seiters, 30. April 1990.

teil der Länder von 44,7 v.H. auf 50,0 v.H. erhöht. Bei der Umsatzsteuerverteilung ergibt sich so nach Artikel 106 Absatz 3 und 4 Grundgesetz eine Schieflage zu Lasten des Bundes, für das Jahr 1990 von etwa knapp 11 Milliarden DM. Für 1990 ist eine Beteiligung an der Umsatzsteuer von 65 v.H. für den Bund und 35 v.H. für die Länder vorgesehen. Abgesehen davon streiten sich die Länder heftig untereinander über den Länderfinanzausgleich und die Strukturhilfen. Beim Bundesverfassungsgericht sind dazu sechs Normenkontrollanträge anhängig.[501]

Die Länderfinanzminister haben am 20. April die Beteiligung der Länder an der finanziellen Unterstützung der DDR „als gesamtstaatliche Aufgabe" im Zuge der bundesstaatlichen Solidaritätspflicht grundsätzlich anerkannt. Auch sind sie damit einverstanden, die von Bund und Ländern zu tragenden „DDR-Lasten" bei der Umsatzsteuerverteilung ab 1991 einzukalkulieren. Doch lehnen sie eine Berücksichtigung für das laufende Jahr überwiegend ab. Den von Bundesfinanzminister Waigel vertretenen Ansatz, die Länder über eine zeitweise Abtretung zweckgebundener Umsatzsteuerpunkte an den Bund ab 1991 an den Kosten zu beteiligen, haben die Länder nicht rundweg zurückgewiesen. Doch wollen sie weit unter den vorgesehenen Beiträgen bleiben. Bayern, Niedersachsen, Nordrhein-Westfalen, Rheinland-Pfalz, Schleswig-Holstein und das Saarland befürworten eine vom Bundeshaushalt separierte Fondslösung und wollen darüber ihre Beteiligung an den Entscheidungen über die Verwendung der Gelder in der DDR durchsetzen. Zudem streben die SPD-geführten Länder Hamburg und das Saarland mit der Lastenteilung zugleich eine Neugestaltung der Finanzverfassung bzw. des Länderfinanzausglichs an, oder sie koppeln daran eine Einschränkung der Mischfinanzierung, wie dies Hessen beabsichtigt. Baden-Württemberg und Hessen fordern nachdrücklich die Abschaffung bzw. Umgestaltung der Strukturhilfe. Schließlich gehen alle Länder von dem Grundsatz aus, der Lastenverteilung wird ein bereinigter Saldo nach Abzug aller von seiten des Bundes möglicher Einsparungen zugrunde gelegt.

In den abschließenden Verhandlungen, die Bundesminister Waigel gemeinsam mit dem nordrhein-westfälischen Finanzminister Schleußer und dem bayerischen Finanzminister Tandler als Ländervertreter in Ost-Berlin führt, geht es um zwei Fragen: In welcher Größenordnung leistet die Bundesrepublik Finanzhilfen? Und wie werden die Schulden des Haushalts der DDR zwischen dem Bund und den Ländern aufgeteilt?

Angesichts der komplizierten Ausgangslage scheint es dem Bundeskanzleramt ratsam, zunächst nur eine unmittelbare Regelung für 1990 und 1991 anzupeilen unter der Maßgabe, nach Beitritt der DDR wird ohnehin eine umfassende Neuregelung der Bund/Länder-Finanzverhältnisse erforderlich sein. Es soll eine möglichst kurzfristig wirksame Lösung her. Dazu werden zwei Modelle diskutiert. Eine Möglichkeit wäre, die DDR-Lasten für die Zeit bis Ende 1991 über den Bundeshaushalt zu finanzieren. Die Länder und Gemeinden treten zweckgebundene Umsatzsteueranteile an den Bund ab. Dieser leitet die Mittel an die DDR weiter. Die gesetzliche Regelung bedürfte der Zustimmung des Bundesrates, sie wäre bei Einwilligung der Ländermehrheit schnell umsetzbar und würde auf die öffentlichen Haushalte einen starken Konsolidierungsdruck ausüben. Doch scheint die Zustimmung des Bundesrates kaum erreichbar zu sein, weil dann elf Nachtragshaushalte noch 1990 durch die Landesparlamente bewilligt werden müßten, und das teils im Vorfeld von Wahlen. Das alternative Modell sieht vor, die erforderlichen Mittel für Hilfen an die DDR in einem rechtlich unselbständigen Sondervermögen des Bundes in Form eines Sonderfonds „Deutsche Einheit" aufzubringen, das nach Artikel 110 Absatz 1 Grundgesetz eingerichtet und durch Kreditaufnahme am Kapitalmarkt finanziert wird. Die Schuldendienstleistungen werden in

---

501 Vorlage des Ministerialrats Nowak an Abteilungsleiter 4 betr. Vorbereitung der nächsten Besprechung des Bundeskanzlers mit den Regierungschefs der Länder am 16. Mai 1990, 431 – 14020 – Be 2, 11. Mai 1990; BArch, B 136/ 34454, 213 – 35400 De 39 Bd. 4.

den Bundeshaushalt eingestellt und entsprechend ihren Anteilen am Gesamtsteueraufkommen gemeinsam getragen. Die Länder treten ihren Anteil an der Umsatzsteuer in Höhe des Betrags an den Bund ab, der ihrem Teil am Schuldendienst entspricht. Das erfordert ein Bundesgesetz mit Zustimmung des Bundesrates. Die jährliche Etatbewilligung geschieht durch Bundesgesetz. Damit würden die Haushaltsbelastungen bei Bund und Ländern zeitlich gestreckt. Für den Bund hat die Lösung den Vorteil, daß Forderungen der Länder nach Zuschüssen des Bundes an den Fonds, die eine Umschichtung der Kosten der Teilung bedeuten, mit dem Argument der grundsätzlichen Benachteiligung des Bundes bei der Umsatzsteuerverteilung zurückgewiesen werden können. Prinzipiell favorisiert die Abteilung 4 den ersten Vorschlag, hegt allerdings Bedenken hinsichtlich der Durchsetzbarkeit. Deshalb soll eine Vereinbarung auf der Grundlage des Modell B in den Gesprächen angestrebt werden, wenn die Ministerpräsidenten Modell A zurückweisen.

Am 16. Mai erzielen der Kanzler und die Regierungschefs der Länder in den wichtigsten Finanzierungsfragen Einigkeit.[502] Auf ihrer Konferenz sind die Finanzminister übereingekommen, einen Fonds Deutsche Einheit ins Leben zu rufen, der die Haushaltsdefizite der DDR auf Bund, Länder und Gemeinden angemessen verteilt. Ab 1995 soll ein neues bundesstaatliches Ausgleichssystem geschaffen werden unter Berücksichtigung der Steuerkraft, der Finanzkraft und der Verschuldung der einzelnen Länder. Die Regierungschefs achten jedoch streng darauf, wie Ministerpräsident Rau darlegt, daß die Kreditaufnahme und die folglich steigenden Zinsen und Einsparungen des Bundes nicht zu Lasten der Länder erhöht werden. Berlin wird sowieso wegen der besonderen Beziehungen von Zahlungsverpflichtungen gegenüber dem Bund freigestellt. Wobei die veranschlagten sieben Jahre, in denen die Kosten der Teilung abgebaut sein sollen, nach Ansicht Mompers sehr knapp bemessen sind. Zunächst soll der Fonds Deutsche Einheit eine Laufzeit von viereinhalb Jahren haben und Beiträge von insgesamt 115 Milliarden DM für die Jahre 1990 bis 1994 vorsehen. Der Bund übernimmt davon 20 Milliarden DM aus Einsparungen, 95 Milliarden DM kommen durch Nettokreditaufnahme zusammen. Die Lasten werden zwischen Bund und Ländern im Verhältnis 50:50 verteilt. Die Neuregelung ist ab dem 1. Januar 1995 in Aussicht genommen. Wichtig ist für die Länder, daß die Umsatzsteuerverteilung bis 1992 unverändert bleibt. Verschiedene Länder äußern gegen diese Kompromisse deutliche Vorbehalte. In einer Protokollnotiz halten die Regierungschefs fest, die Einbeziehung der neuen Länder ab 1995 in den Bund-Länder-Ausgleich erfolge nur dann, wenn die finanzwirtschaftliche Entwicklung dies zulasse. Außerdem gibt der Erste Bürgermeister Hamburgs zu Protokoll, das angestrengte Normenkontrollverfahren zum Länderfinanzausgleich werde dadurch nicht hinfällig. Wiederholt beklagen Rau und Voscherau die mangelnde Unterrichtung und Beteiligung der Länder an den Vorbereitungen der Verhandlungen über den Staatsvertrag. Kohl rechtfertigt das Vorgehen mit dem schnellen Ablauf der Ereignisse, der rasche Entscheidungen erfordert habe. Er regt jedoch weiterhin zügige und regelmäßige Konsultationen über den Chef des Bundeskanzleramtes und die Chefs der Staats- und Senatskanzleien im vierwöchigen Turnus an. Die Länder sind zwar seit dem 30. Januar regelmäßig unterrichtet worden, an den eigentlichen Entscheidungen über den ersten Staatsvertrag aber relativ wenig beteiligt gewesen. Eine Aufstellung der Abteilung 1 des Kanzleramtes weist Daten von sechs vorbereitenden Unterrichtungen bis zum 20. April aus und weitere zwölf Termine, an denen Vertreter der Länder Informationen über das Arbeitspapier bzw. den Staatsvertrag durch Vertreter der Bundesregierung erhalten haben.[503]

---

502 Nr. 280 Besprechung des Bundeskanzlers Kohl mit den Regierungschefs der Länder in Bonn, 16. Mai 1990.
503 Vorlage des Richters am Verwaltungsgericht Köster (Mitverfasser MR Annecke) an den Chef des Bundeskanzleramtes betr. Unterrichtung der Länder durch die Bundesregierung über die deutschlandpolitische Situation unter beson-

Kurz vor Unterzeichnung des Staatsvertrages gibt es im wesentlichen noch vier Fragen zu klären: die Eigentumsfragen mit den offenen Vermögensfragen – dazu sollen beide Regierungen eine gemeinsame Erklärung verabschieden –, die Einbeziehung des Umweltschutzes, hier insbesondere die Übernahme bundesdeutschen Umweltrechts auf die DDR, Kreditaufnahme und Schulden der DDR sowie die Aufteilung der Schulden durch ein Treuhandvermögen, da die verbleibende Verschuldung zur Hälfte auf den Bund und auf die sich in der DDR neu bildenden Ländern aufgeteilt werden soll.[504]

Am 18. Mai unterzeichnen Bundesminister Waigel und DDR-Finanzminister Romberg im alten Kabinettsaal des Palais Schaumburg in Bonn den Staatsvertrag.[505] Die erste wichtige Etappe der inneren Vereinigung ist erreicht. Angesichts der außenpolitischen Entwicklungen ist der Kanzler noch mehr von der Notwendigkeit überzeugt, nun erst recht das Verhandlungstempo zu beschleunigen. Denn je schwächer Gorbatschows Position von Tag zu Tag wird, desto spürbarer ist seine Kompromißbereitschaft – und die will der Kanzler nutzen.

Vertragsangebot an Moskau und Konsultationen in Paris

Am Rande der seit Mitte März in Bonn tagenden KSZE-Konferenz über wirtschaftliche Zusammenarbeit in Europa hat der stellvertretende sowjetische Ministerpräsident Sitarjan gegenüber Bundeswirtschaftsminister Haussmann am 9. April im Hinblick auf die Wirtschafts- und Währungsunion und die zu erwartende deutsche Einheit „unverzüglichen Gesprächsbedarf" über die bestehenden außenwirtschaftlichen Verpflichtungen der DDR gegenüber der Sowjetunion avisiert. Den Vorschlag trilateraler Gespräche gemeinsam mit der DDR wiederholt Sitarjan am nächsten Tag in einem Gespräch mit Bundesaußenminister Genscher.[506]

Am 19. April läßt die sowjetische Regierung durch ihren Geschäftsträger in Bonn im Bundeskanzleramt ein Non-paper zum Vertrag über die Schaffung einer Währungsunion, Wirtschafts- und Sozialgemeinschaft überreichen, nachdem drei Tage zuvor die Regierung der DDR ein weitgehend identisches Papier erhalten hat. Im Kern lautet die Aussage: Die Bundesregierung möge die wirtschaftlichen Verpflichtungen der DDR gegenüber der Sowjetunion ernst nehmen und für ihre Erfüllung sorgen.[507] Außerdem werden Bedenken gegen den Beitritt nach Artikel 23 Grundgesetz erhoben. Der Staatsvertrag bedeutet nach Ansicht der sowjetischen Regierung ein Vorpreschen der Bundesregierung, weil die DDR veranlaßt werden solle, wesentliche Rechte auf den Gebieten Wirtschaft, Finanzen und Sozialpolitik abzutreten.

Das Signal ist eindeutig. Die Form dieser Stellungnahme wertet das Kanzleramt als offensichtliches Bemühen der sowjetischen Führung, die eigene Ausgangslage für Verhandlungen unmißverständlich zu kennzeichnen und den möglichen Schaden, der bei Wegfall der Export- und Importverpflichtungen mit der DDR entsteht, zu begrenzen. Die Sowjetunion will zuvor ihre Sicherheits- und Wirtschaftsinteressen berücksichtigt wissen. Und zwar zum

---

derer Berücksichtigung des Staatsvertrages mit der DDR, 122 – 14020 – Mi 1/90, 22. Mai 1990, 3 S.; BArch, B 136/29249, 121 – 14020 Mi 1.

504 Nr. 283 Vermerk der Abteilung 4, 17. Mai 1990.

505 Darstellung der einzelnen Vertragsbestimmungen: Bruno Schmidt-Bleibtreu, Der Staatsvertrag in seiner rechtlichen Gestaltung und Umsetzung, in: Klaus Stern/Bruno Schmidt-Bleibtreu (Hg.), Verträge und Rechtsakte zur Deutschen Einheit. Bd. 1 Staatsvertrag zur Währungs-, Wirtschafts- und Sozialunion. München 1990, 47–75. Klaus-Dieter Schnapauff, Der Einigungsvertrag, in: Deutsches Verwaltungsblatt. 105. Jg. des Deutschen Reichsverwaltungsblattes. Heft 23. 1. Dezember 1990, 1249–1256.

506 Nr. 252 Vermerk des Ministerialrats Ludewig, 20. April 1990.

507 Nr. 250 Non-paper der Regierung der UdSSR, 19. April 1990.

einen durch die Garantie der Übernahme bestehender Handels- und Lieferverträge seitens der Bundesrepublik nach der Währungsumstellung und zum anderen durch die Klärung der Rechtsstellung ihrer Streitkräfte in der DDR.[508]

Die Sowjets sehen mit Inkrafttreten der Wirtschafts- und Währungsunion den Beitritt der DDR zur Bundesrepublik praktisch schon als vorweggenommen an. Die Wiedervereinigungsstrategie, zuerst die Einigung im Inneren herzustellen und dann über die äußeren Fragen zu verhandeln, womit die Sowjetunion zusätzlich unter Druck gerät, scheint aufzugehen.

Ebenfalls am 19. April erhält de Maizière von Botschafter Kotschemassow ein weiteres Non-paper, in dem die sowjetische Regierung den Vereinigungsprozeß befürwortet, aber auf der engen Verbindung des inneren und äußeren Prozesses beharrt. Die Probleme könnten nur synchron gelöst werden. Insbesondere pocht die sowjetische Regierung auf die Einhaltung vertraglicher Verpflichtungen. Erneut lehnt sie die NATO-Mitgliedschaft des vereinigten Deutschland ab und verlangt die Schaffung eines gesamteuropäischen Sicherheitssystems auf der Grundlage kollektiver Sicherheitsstrukturen. Die Bedingung, einen Friedensvertrag abzuschließen, hat Moskau inzwischen aufgegeben. Ausdrücklich ist davon die Rede, die Regelung könne auch in einem „anderen adäquaten Dokument" erfolgen, das im Rahmen der Zwei-plus-Vier-Verhandlungen ausgearbeitet werden müsse. Die Sowjets befürchten anscheinend, die Wiedervereinigung gehe an ihnen vorbei, wenn sie nicht rechtzeitig die Verhandlungsgeschwindigkeit bremsen.

Am 23. April empfängt der Bundeskanzler Botschafter Kwizinskij zu einem ausführlichen Gespräch. Er will auf diesem Wege Gorbatschow die Idee eines umfassenden bilateralen Vertrages nahebringen. Dieser Gedanke ist in einer der vielen Expertenrunden diskutiert worden, die am Abend des 4. April Vertreter aus Wissenschaft und Medien zusammengebracht hat. Ursprünglich stammt die Idee von Boris Meissner, dem bekannten Ordinarius aus Köln und Experten für sowjetische Innen- und Außenpolitik. In Kenntnis russischer Mentalität und Neigungen, neue Entwicklungen auch angemessen groß herauszustellen, regt er an, die Bundesregierung solle zwei Vorschläge unterbreiten. Sie müsse der Sowjetunion schon heute für die Phase nach dem Zustandekommen der Einheit einen umfassenden bilateralen Vertrag über Gewaltverzicht und Zusammenarbeit anbieten. Damit würde der sowjetischen Führung signalisiert, Deutschland hat die zentrale Bedeutung der beiderseitigen Beziehungen erkannt und ist gewillt, sie umfassend zu entwickeln und zu vertiefen. Der zweite Vorschlag solle sich auf einen gesamteuropäischen Gewaltverzichtsvertrag zwischen der NATO und dem Warschauer Pakt beziehen, der einen Gewaltverzicht umfaßt, die Anerkennung der Grenzen festschreibt, den Prinzipienteil der KSZE-Schlußakte bekräftigt und ein Streitschlichtungsverfahren vorsehen könnte.[509]

Der Kanzler läßt nun im Gespräch mit Kwizinskij durchblicken, er habe für das sowjetische Non-paper eigentlich kein Verständnis. Es gehe doch hier um weitreichendere Entwicklungen der Zusammenarbeit. Nachdem Kohl über Ostern mit Bush dahingehend die Politik gegenüber der Sowjetunion abgestimmt hat, ist er sicher, auch Washington will bei Gorbatschow nicht den Eindruck erwecken, als beabsichtige der Westen, die gegenwärtigen Wirtschaftsprobleme der Sowjetunion auszunutzen. Kohl unterstreicht, am Ende seiner Dienstzeit wolle er zwei Ziele erreicht haben: Der Zug in Richtung europäische Integration soll nicht mehr aufzuhalten sein, und er will ein gutes Verhältnis mit der Sowjetunion aufgebaut haben.[510] Deutsch-sowjetische Beziehungen wie zu Bismarcks Zeiten, das ist Kwizinskijs „Traum", wie er dem Kanzler versichert. Die Rolle der Waffen, so prognostiziert Kohl,

---

508 Nr. 251 Vorlage des Ministerialdirigenten Duisberg an Bundeskanzler Kohl, 19. April 1990.
509 Teltschik, 329 Tage, 192 f.
510 Nr. 253 Gespräch des Bundeskanzlers Kohl mit Botschafter Kwizinskij in Bonn, 23. April 1990.

werde reduziert sein. Größere Bedeutung würden Technologie, Forschung, Wissenschaft und Kultur zuwachsen. Die Bundesregierung sei in den Vereinigten Staaten außerhalb jeglichen Verdachts, wenn sie nunmehr mit der Sowjetunion einen umfassenden Vertrag abschließe. Er wolle bei den Zwei-plus-Vier-Verhandlungen frühzeitig Kompromisse schließen, müsse allerdings sagen, ein unbegrenzter Aufenthalt sowjetischer Truppen in Deutschland sei nicht akzeptabel, weil das im Widerspruch zur deutschen Souveränität stünde. Die Situation der Sowjetunion nicht ausnutzen, das weiß Kwizinskij sehr zu schätzen, insbesondere die Zurückhaltung der Westeuropäer in dem sich anbahnenden Konflikt mit Litauen. Der Kreml hofft hier auf Verständnis des Westens. Kohl verspricht seinerseits, er werde die Dinge nicht weiter forcieren. Es könne nicht im deutschen Interesse liegen, wenn die Entwicklung in Litauen den Einigungsprozeß nachhaltig stören würde.

Das Bundeskanzleramt ist in der Bewertung der sowjetischen Ziele und Kompromißmöglichkeiten durchaus zuversichtlich. Kohl betont in seinem Schreiben an Gorbatschow vom 24. April,[511] er wolle „die berechtigten Sicherheitsinteressen aller europäischen Länder, insonderheit auch Ihres Landes" respektieren, und sagt einvernehmliche Lösungen für die Verpflichtungen der DDR gegenüber der Sowjetunion zu. Gleichzeitig läßt er seine generelle Verständigungsbereitschaft auf der Grundlage des Moskauer Vertrages, der wirtschaftlichen Kooperationsverträge und der Gemeinsamen Erklärung aus dem Juni 1989 sowie den Willen zum Ausbau der bilateralen Beziehungen anklingen, in Anknüpfung „an die guten Traditionen der jahrhundertelangen Geschichte". Kohl ist entschlossen, mit der Sowjetunion ein neues Kapitel der beiderseitigen Beziehungen aufzuschlagen.

Bevor er dies tun kann, müssen allerdings die Entscheidungen zur Fortsetzung der europäischen Integration getroffen werden.

Mit großem Ministergefolge reist der Kanzler am 25. April zu den 55. deutsch-französischen Konsultationen nach Paris.[512] Mißklänge und Verstimmungen sind größtenteils ausgeräumt. Maßgeblich dazu beigetragen hat die Überzeugungsarbeit, die Bush in seinen Gesprächen mit Thatcher und Mitterrand geleistet hat.

Bei dem Treffen Bushs mit der britischen Premierministerin am 13./14. April in Hamilton auf den Bermudas haben wohl vor allem drei Fragen im Mittelpunkt gestanden: *Erstens* ist über die Zukunft der NATO und Beschlüsse zur europäischen Verteidigung diskutiert worden. Bush und auch NATO-Generalsekretär Wörner drängen auf die Einberufung einer NATO-Gipfelkonferenz im Sommer. Pläne dazu reifen in der amerikanischen Administration seit März heran.[513] Thatcher will die Entwicklung noch hinauszögern und möchte lieber eine solche Konferenz im Herbst abhalten.[514] *Zweitens* geht es um die Frage der deutschen Einheit. Bush macht klar, ein geeintes Deutschland solle künftig die volle Kontrolle über sein gesamtes Territorium ohne jedwede neuen diskriminierenden Beschränkungen der Souveränität haben. *Drittens* wird über die Frage der Stationierung amerikanischer Kurzstreckenwaffen auf deutschem Boden nach der Wiedervereinigung beraten. Bush antwortet auf die Forderung Thatchers nach Modernisierung der nuklearen Kurzstreckenwaffen und der Aufrechterhaltung einer bedeutenden amerikanischen Truppenpräsenz in Europa mit dem Hinweis, dies müsse von der Allianz insgesamt geklärt werden.

Auch Mitterrand stimmt bei dem Treffen mit Bush am 20. April in Key Largo[515] in Florida der veränderten Rolle der NATO und der Wiedervereinigung Deutschlands zu. Bush erreicht auch Mitterrands Einverständnis zur Einberufung eines NATO-Gipfels noch in die-

---

511 Nr. 255 Schreiben des Bundeskanzlers Kohl an Präsident Gorbatschow, 24. April 1990.
512 Attali, Verbatim III, 478.
513 Zelikow/Rice, Germany Unified and Europe Transformed, 239 f.
514 Thatcher, Downing Street No. 10, 1121–1123.
515 Attali, Verbatim III, 468–472. Blackwill, Deutsche Vereinigung und amerikanische Diplomatie, 217

sem Jahr. Zudem legt er den französischen Präsidenten auf die Wiederherstellung der vollen Souveränität Deutschlands fest.[516] Die Form, in welcher die Vier Mächte Vorbehaltsrechte insgesamt aufgeben werden, bleibt den Zwei-plus-Vier-Gesprächen vorbehalten.

Noch bevor die eigentlichen Sechsmächte-Verhandlungen beginnen, haben Thatcher und Mitterrand sich damit erstmals übereinstimmend bereit erklärt, die Viermächte-Rechte aufzugeben.[517] Das ist ein wichtiger Erfolg amerikanischer Deutschland-Diplomatie, deren Wert Kohl zu würdigen weiß. Nun ist es seine Aufgabe, durch eine abgestimmte deutsch-französische Initiative auf dem EG-Sondergipfel am 28. April in Dublin die Verquickung des deutschen und des europäischen Einigungsprozesses herzustellen.

Im Vorfeld der Gespräche haben Kohl und Mitterrand am 18. April ein gemeinsames Schreiben an den irischen EG-Ratsvorsitzenden Haughey gerichtet.[518] Sie setzen sich für die beschleunigte Vorbereitung der Bildung einer Europäischen Union ein, die parallel zu der geplanten Regierungskonferenz über die europäische Wirtschafts- und Währungsunion in Angriff genommen werden soll. Beabsichtigt ist, die Wirtschafts- und Währungsunion und die Politische Union zum 1. Januar 1993 in Kraft treten zu lassen. Die Ziele sind weitgesteckt: Die demokratische Legitimation der Union soll gestärkt, ihr institutionelles System wirksamer ausgestaltet, die Einheit der Union auf den Gebieten Wirtschaft, Währung und Politik gesichert und eine gemeinsame Außen- und Sicherheitspolitik in Aussicht genommen werden. Kohl und Mitterrand regen an, dem Europäischen Rat im Juni einen Bericht vorzulegen. Ein Schlußbericht wird dann für die Tagung des Europäischen Rates im Dezember in Rom erarbeitet.

Bei ihrem Frühstück am nächsten Morgen erklärt Mitterrand dem Kanzler,[519] Frankreich wolle künftig keine Besatzungsmacht mehr sein. Mit dieser Äußerung testet der Präsident die Reaktion des Kanzlers, vor allem hinsichtlich der Stationierung amerikanischer Truppen in Deutschland. Kohl bleibt bei seiner bekannten Position und macht deutlich, der Schutz müsse im wesentlichen durch die amerikanischen Nuklearwaffen aufrechterhalten werden. Der Kanzler denkt also nicht daran, die amerikanische Truppen aus dem geeinten Deutschland zu vertreiben, verliert aber kein Wort zur Zukunft der französischen Truppen auf deutschem Boden.

Der deutsch-französische Sicherheitsrat kommt in seiner dritten Sitzung[520] überein, bei der KSE-Konferenz in Wien bis zum Herbst den Abschluß eines Abkommens über die Reduzierungen der konventionellen Waffen anzustreben. Parallel dazu soll über vertrauens- und sicherheitsbildende Maßnahmen gesprochen werden. Weitere Verhandlungen sind dann in zwei Phasen geplant. Bis zur nächsten regulären KSZE-Konferenz in Helsinki 1992 sollen das Abkommen über die konventionellen Streitkräfte der 23 Bündnismitglieder und die Vereinbarung über vertrauens- und sicherheitsbildende Maßnahmen aller 35 KSZE-Mitglieder in getrennten Verhandlungen fortentwickelt und erweitert werden. Ab 1992 werden die beiden Konferenzen in einem gemeinsamen Verhandlungsforum aller 35 KSZE-Staaten aufgehen, das sich mit der Entwicklung einer gesamteuropäischen Sicherheitsstruktur befaßt.

Zu guter Letzt richten Kohl und Mitterrand gemeinsam einen Brief an den litauischen Parlamentspräsidenten Landsbergis[521], die im Verlauf des Unabhängigkeitsprozesses vom Parlament in Wilna gefaßten Beschlüsse außer Kraft zu setzen.[522] Beide wollen jegliche Provokationen Gorbatschows vermeiden. Sie könnten eine Kettenreaktion auslösen und die Mos-

516 Teltschik, 329 Tage, 200.
517 Blackwill, Deutsche Vereinigung und amerikanische Diplomatie, 217.
518 Teltschik, 329 Tage, 207–210.
519 Nr. 257 55. Deutsch-französische Konsultationen in Paris, 26. April 1990.
520 Attali, Verbatim III, 479–481.
521 Vytautas Landsbergis, Jahre der Entscheidung. Litauen auf dem Weg in die Freiheit. Eine politische Autobiographie. Ostfildern vor Stuttgart 1997, 239, 241.
522 Wortlaut des Schreibens in: Bulletin. Nr. 48. 28. April 1990, 384.

kauer Führung zur Intervention in Litauen veranlassen mit unabsehbaren Folgen für die europäische Entwicklung.

In der Oder-Neiße-Frage haben sich beide, zumindest nach außen hin, wieder arrangiert. Mitterrand gibt zu, daß Stalin den Polen Land genommen und ihnen dafür zum Ausgleich deutsches Gebiet gegeben habe. Er gesteht also die Unrechtmäßigkeit der Verschiebung polnischer Territorialgrenzen ein. Kohl hofft weiterhin auf eine Normalisierung der deutsch-polnischen Beziehungen, von der Polen auch wirtschaftliche Vorteile habe. Es könnte dann eine Lage an der Grenze vergleichbar der zwischen Baden und dem Elsaß eintreten.

Zur Lösung des Problems legt Ministerialdirektor Teltschik dem Kanzler am 26. April den Entwurf einer Entschließung des Deutschen Bundestages vor, der unter Federführung des Auswärtigen Amtes entstanden ist. Die Präambel lehnt sich an die Gemeinsame Erklärung an, die Kohl mit Mazowiecki im November 1989 vereinbart hat, und bezieht den Görlitzer Vertrag zwischen der DDR und Polen von 1950 und den Warschauer Vertrag, zwischen der Bundesrepublik und Polen aus dem Jahre 1970 ein. Zwar werden damit beide Verträge gleichgesetzt, was Teltschik nicht so ganz behagt. Doch geht es schließlich darum, die beiden Vertragswerke durch einen neuen mit dem gesamtdeutschen Souverän abzuschließenden Vertrag zu ersetzen.[523]

Zwei Tage später überreicht Skubiszewski den beiden deutschen Botschaftern in Warschau den Entwurf eines Vertrages zur polnischen Westgrenze. Mit diesem Schritt setzt die polnische Seite die Bundesregierung erneut unter Druck. Sie will nun vor Vollendung der Einheit einen Vorvertrag abschließen. Allerdings hat Skubiszewski bei Übergabe des Entwurfes die Forderung nach einer vorherigen Paraphierung nicht wiederholt und damit die Tür für einen Kompromiß offengelassen.

Drei Schwerpunkte sieht der Entwurf vor: die Präambel, die Grenzregelung mit Verzicht auf die Gebietsansprüche und Grundsätze für die künftige Gestaltung der bilateralen Beziehungen. Abschnitte über die Rechte der deutschen Minderheit fehlen.[524] Die Grenzfestschreibung bezieht sich nicht auf das Potsdamer Abkommen, was Stettin ausschließen würde, sondern legt den Gebietsstand aufgrund der nachträglichen Regelung aus dem Oktober 1945 zugrunde. Zugleich wird die Forderung nach Abschaffung des Artikels 23 Grundgesetz erhoben. Damit versucht die polnische Regierung, in innenpolitische Angelegenheiten der Bundesrepublik Deutschland einzugreifen. Offensichtlich traut sie den Versicherungen Kohls nicht, Deutschland stelle keine territorialen Ansprüche mehr.[525]

Derweil hat die EG-Kommission einen Drei-Stufen-Plan zur Eingliederung der DDR in die Europäischen Gemeinschaften ausgearbeitet. Die „Interimsphase" beginnt mit der Einführung der deutsch-deutschen Währungsunion und wird von der „Übergangsphase" mit der formalen Vereinigung der beiden deutschen Staaten abgelöst, bevor dann in der „endgültigen Phase" die volle Integrierung der DDR erfolgt. Das Papier, von den Außenministern der EG-Mitgliedstaaten am 28. April in Dublin gebilligt, sieht außerdem für die EG-Kommission eine weitgehende Mitsprache beim Vollzug der Eingliederung vor. Delors kommt damit der Bundesregierung entgegen, indem die EG-Kommission auf Beitrittsverhandlungen verzichtet. Die Bundesregierung sorgt umgekehrt dafür, daß Vertreter der Kommission bei den Verhandlungen über den Staatsvertrag anwesend sein können.

Die britische Regierung reagiert zurückhaltend auf den Vorschlag von Kohl und Mitterrand,

---

523 Nr. 259 Vorlage des Ministerialdirektors Teltschik an Bundeskanzler Kohl, 26. April 1990. Nr. 259A Anlage 1 Entschließung, 26. April 1990. Dazu auch Nr. 275 Vorlage des Vortragenden Legationsrats I Kaestner an Bundeskanzler Kohl, 11. Mai 1990.

524 Nr. 263 Vorlage des Ministerialdirektors Teltschik an Bundeskanzler Kohl, 30. April 1990. Nr. 263A Entwurf: Vertrag zwischen der Republik Polen und Deutschland über die Grundlagen ihrer gegenseitigen Beziehungen, 30. April 1990.

525 Genscher, Erinnerungen, 762f.

die Politische Union schneller als bisher geplant zu verwirklichen. Thatcher verlangt, die Probleme der Eingliederung der DDR müßten gelöst sein, bevor über die umfassendere Politische Union gesprochen werde. Dagegen erklärt Hurd, seine Regierung sei bereit, über diese Fragen zu verhandeln. Vertragsverhandlungen würden nicht durch eine Politik des „leeren Stuhls" boykottiert.

Der Sondergipfel des Europäischen Rates in Dublin diskutiert ausführlich über die Folgen der Wiedervereinigung. Der Rat bekennt sich zur deutschen Einheit und legt erste Schritte zur Politischen Union fest.[526] Die Außenminister sollen die weitere Klärung herbeiführen, indem sie bis Ende Juni eine Materialsammlung aller bisher vorgelegten, aber nicht verwirklichten Pläne zusammenstellen. Nach außen hin ist das ein mageres Ergebnis. Doch hinter den Kulissen steht die ganz andere Frage im Vordergrund: Wie ist das vereinte Deutschland mit seiner harten D-Mark am besten in eine europäische Wirtschafts- und Währungsunion einzubinden? Die westeuropäischen Partner wissen um die Wirtschaftskraft Deutschlands, die aus ihrer Sicht durch einen europäischen Währungsverbund an den Westen gebunden wird. Mit Beginn der ersten Übergangsstufe in eine europäische Wirtschafts- und Währungsunion, die am 1. Juli beginnen soll, ist der erste Schritt dazu getan. Beschlossen wird, im Dezember 1990 mit einer Regierungskonferenz zu beginnen, deren Ergebnisse vor Ende 1992 ratifiziert sein sollen.

Erstes Außenminister-Treffen der Zwei plus Vier in Bonn

In der zweiten Runde der Zwei-plus-Vier-Beamtengespräche am 30. April werden erneut prozedurale Fragen diskutiert. Zu klären sind im wesentlichen die Tagesordnung für das erste Treffen der Außenminister und Verfahrensfragen. Die künftigen Verhandlungen sollen sich auf vier Punkte konzentrieren: 1. Grenzfragen, 2. politische und militärische Fragen, 3. Berlin und 4. Viermächte-Rechte. Die Sowjetunion will außerdem die Verhandlungspartner auf den Abschluß eines Friedensvertrages oder eines adäquaten Schlußdokuments festlegen und verlangt eine Synchronisierung des Einigungsprozesses mit dem gesamteuropäischen Prozeß. Kastrup weist Bondarenkos Forderungen zurück und hat dabei vor allem den amerikanischen Vertreter Seitz auf seiner Seite. Die Bundesregierung besteht darauf, den Tagesordnungspunkt 4 als abschließende völkerrechtliche Regelung zu definieren, womit sichergestellt ist, daß die Regelung ausschließlich unter den Vier Mächten und den beiden deutschen Staaten erfolgt. Damit bleibt die Frage der Bündniszugehörigkeit außen vor. Das sei, so der britische Vertreter Weston, eine souveräne Entscheidung Deutschlands, welchem Bündnis es angehören möchte. Tagesordnungspunkt 2 der Beamtengespräche betrifft die Prozedurfragen. Dazu wird lediglich vereinbart, die Außenminister sollen über die endgültige Tagesordnung der Konferenz letztlich selbst entscheiden, ebenso über Ort und Zeit der nächsten Treffen. In diesem Zusammenhang wird auch die Einbeziehung Polens diskutiert. Hier soll zunächst der Beginn der Expertengespräche zwischen der Bundesregierung, der DDR-Regierung und der polnischen Regierung über Grenzfragen in Warschau abgewartet werden. Die Verhandlungen gehen auf eine Verabredung zwischen Bundesminister Genscher und DDR-Außenminister Markus Meckel[527] zurück, wobei das Verfahren der Anerkennung im Vordergrund[528] steht.

Vor Beginn der Außenminister-Konferenz fallen in Washington und Moskau wichtige Entscheidungen. Am 3. Mai schlägt Bush in einem Fernschreiben an den Bundeskanzler und die

---

526 Teltschik, 329 Tage, 211.
527 Zu den Veränderungen im Ministerium für Auswärtige Angelegenheiten der DDR und den Verhandlungen mit Polen: Ulrich Albrecht, Die Abwicklung der DDR. Die „2+4-Verhandlungen". Ein Insiderbericht. Opladen 1992, 18–40.
528 Nr. 264 Zweite Gesprächsrunde Zwei plus Vier auf Beamtenebene in Berlin-Niederschönhausen, 30. April 1990.

übrigen Regierungschefs der NATO-Staaten[529] für Anfang Juli 1990 ein Gipfeltreffen vor.[530] Vier Themen sollen im Mittelpunkt stehen: die politische Rolle der NATO als Schaltstelle für die westliche Umgestaltung, die Überprüfung des Bedarfs an konventioneller Verteidigung, die Zukunft der amerikanischen Nuklearwaffen in Europa sowie die Festlegung der erweiterten Aufgaben der KSZE. Des weiteren gibt Bush den Verzicht auf das Folgeprogramm für nukleare Kurzstreckensysteme und die weitere Modernisierung der nuklearen Artillerie bekannt. Damit vollzieht er eine Kehrtwende und gibt Moskau ein Signal für die Ernsthaftigkeit seiner Verhandlungsbereitschaft. Er will sowjetische Befürchtungen vor der Wiedervereinigung abbauen und zugleich eine Mitgliedschaft Deutschlands in der NATO akzeptabler machen.

Zugleich sind die amerikanischen Ziele des Zwei-plus-Vier-Prozesses klar definiert. Es geht in der Verhandlungen lediglich um die Wiederherstellung der Souveränität eines geeinten deutschen Staates und die Abschaffung der Viermächte-Rechte. Neue Beschränkungen der Souveränität sind ausgeschlossen. Im Rahmen des Zwei-plus-Vier-Prozesses soll es keine Verhandlungen über das Recht Deutschlands geben, Vollmitglied der NATO zu bleiben. Die Frage der Anwesenheit bzw. der Disposition konventioneller und nuklearer alliierter Streitkräfte auf dem Gebiet der Bundesrepublik und die mögliche Begrenzung der gesamtdeutschen Streitkräfte werden aus diesen Verhandlungen ausgeklammert. Die Sowjetunion soll Zusicherungen hinsichtlich des militärischen Status der DDR, der zeitlichen Präsenz der sowjetischen Truppen in der DDR und ihrer Sicherheitsinteressen erhalten. Darüber ist bei der VKSE-II-Konferenz und den SNF-Verhandlungen zu sprechen.

Über die einzuschlagende sowjetische Verhandlungsstrategie kommt es im Politbüro der KPdSU zu harten Auseinandersetzungen. Offenbar raten einige Politbüromitglieder Gorbatschow in der Frage der Bündniszugehörigkeit schon zu frühzeitigen Konzessionen, um dafür dringend benötigte Wirtschaftshilfe einzuhandeln. Gorbatschow lehnt den Verbleib des vereinten Deutschlands in der NATO jedoch „kategorisch" ab, wie sein Berater Tschernajew später aufschreibt. „Eher nehme ich das Scheitern der Wiener KSZE-Verhandlungen und des START-Vertrags in Kauf", soll Gorbatschow erregt geäußert haben, „aber das lasse ich nicht zu".[531] Das Politbüro beauftragt schließlich Schewardnadse, mit der Maxime in die Sechsmächte-Verhandlungen zu gehen, auf der militärischen Neutralität Deutschlands oder im äußersten Fall auf der Mitgliedschaft Deutschlands in beiden Bündnissen zu beharren.[532] Entgegen dieser harten Linie vertritt Tschernajew die Meinung, Deutschland bleibe sowieso in der NATO. Warte der Generalsekretär zu lange, dann laufe er „wieder dem abgefahrenen Zug hinterher". Es geht also wieder einmal darum, die Handlungsinitiative dem Westen aus der Hand zu nehmen, solange die Frage der Bündniszugehörigkeit nicht endgültig entschieden ist und die Sowjetunion nicht vielleicht doch ihr Ja zur NATO-Mitgliedschaft Deutschlands gibt. Im Gegensatz zu den innenpolitischen Gegnern Gorbatschows, die ein Heranrücken des atlantischen Bündnisses an die Sowjetunion befürchten, plädiert Tschernajew dafür, jetzt klare Bedingungen zu nennen, um mit im Spiel zu bleiben. Denn bei überzogenen Forderungen der Sowjetunion könnten die Westmächte die Zwei-plus-Vier-Verhandlungen scheitern lassen und die Wiedervereinigung ohne Moskau vollziehen.[533]

Genscher liegt nicht so ganz falsch, als er im NATO-Rat am 3. Mai den Außenministerkollegen über das Gespräch mit Karpow in Bonn berichtet, dieser habe zur Frage der Bündniszugehörigkeit durchblicken lassen, daß sich Moskau mit dem Gedanken einer NATO-Mit-

---

529 Blackwill, Deutsche Vereinigung und amerikanische Diplomatie, 217.
530 Teltschik, 329 Tage, 215.
531 Tschernajew, Die letzten Jahre einer Weltmacht, 297.
532 Gorbatschow, Erinnerungen, 721.
533 Tschernajew, Die letzten Jahre einer Weltmacht, 297.

gliedschaft anfreundet.[534] Hauptberatungsthemen in Brüssel sind jedoch die Wiener Verhandlungen über den Abbau konventioneller Truppen sowie die Verhandlungen zwischen Baker und Schewardnadse in der übernächsten Woche in Moskau zur Vorbereitung des Gipfeltreffens zwischen Bush und Gorbatschow Anfang Juni. Ausführlich wird über die Wiedervereinigung und ihre enge Verzahnung mit den Auswirkungen auf die Rüstungsbegrenzung diskutiert. Vom Verbleib Deutschlands in der NATO hängt maßgeblich das amerikanische Engagement in Europa ab. Das ist mit ein ausschlaggebender Grund für Briten und Franzosen, sich für die NATO-Mitgliedschaft Deutschlands auszusprechen. Skepsis herrscht bei den Amerikanern vor allem gegenüber dem KSZE-Prozeß als Rahmen für das künftige deutsche Streitkräftepotential. Einigkeit besteht unter den NATO-Partnern darüber, bei den Zwei-plus-Vier-Verhandlungen Sicherheitsfragen der beiden Bündnisse nicht zu behandeln. Somit wollen sie eine Singularisierung Deutschlands vermeiden und die Einbettung in die Wiener Verhandlungen garantieren.

Um so wichtiger ist es, bei dem geplanten Treffen der NATO-Regierungschefs eine Verständigung über verschiedene zentrale Fragen des Bündnisses zu erzielen: *Erstens,* wie kann die politische Rolle der NATO verstärkt werden? Nach amerikanischer Ansicht muß sich die NATO zu einem Instrument entwickeln, das friedensbildend und demokratiefördernd in Mittel- und Osteuropa wirkt. *Zweitens,* welche konventionellen Streitkräfte braucht die NATO künftig noch, vorausgesetzt, der Abbau sowjetischer Streitkräfte und die Wiener Abrüstungsvereinbarungen kommen zustande? Und welche Ziele soll die NATO in künftigen Verhandlungen über konventionelle Abrüstung anstreben? *Drittens,* wie steht es um die Nuklearstrategie der NATO? Washington rechnet damit, daß die NATO sowohl konventionelle als auch nukleare Streitkräfte unterhalten wird. Das impliziert wiederum die Fragen, welche Rolle in Europa stationierte Atomwaffen in der künftigen Militärstrategie der NATO spielen sollen und welche Ziele bei den künftigen Verhandlungen über nukleare Waffen kurzer Reichweite von der NATO anzustreben sind. Baker schließt eine dritte Null-Lösung für Nuklearraketen kurzer Reichweiten und für Atomartillerie nicht aus. *Viertens,* wie kann die KSZE so gestärkt werden, daß es dem veränderten Rollenverständnis der NATO – Sicherung des Friedens und der demokratischen Werte – förderlich ist? Unter den NATO-Staaten gibt es eine gewisse Präferenz, das Hauptgewicht auf die KSZE zu legen und nicht auf die Regelung der deutschen Frage.

Aus Sicht des Bundeskanzleramtes ist ein NATO-Gipfel zum Zeitpunkt Ende Juni/Anfang Juli keineswegs unproblematisch.[535] Zum einen ist kaum zu erwarten, daß bis dahin die Zwei-plus-Vier-Verhandlungen abgeschlossen sein werden. Es entsteht dadurch also ein erhöhter Zeitdruck, denn die Gipfelthemen sind mit dem Ergebnis der Zwei-plus-Vier-Verhandlung gekoppelt. Eine NATO-Erklärung zur Mitgliedschaft Deutschlands könnte eventuell zu einer Verhärtung der sowjetischen Position führen und die Verhandlungen behindern. Wichtig ist ferner, negative Rückwirkungen auf den Parteitag der KPdSU Mitte des Jahres zu vermeiden. Dabei ist die Abteilung 2 sich über die Relevanz der Themen durchaus im klaren. Die NATO muß in ihrer politischen Rolle gestärkt werden, eine Anpassung an die konventionelle Streitkräftehöhe nach der Wien-I-Konferenz erfolgen und der Westen sein Abschreckungsminimum bestimmen. Schwierigkeiten bereitet zudem der Verzicht auf die Nachfolgeverhandlungen über die Lance-Raketen, die Modernisierung der nuklearen Artillerie, der Vorschlag vorgezogener SNF-Verhandlungen und die schnelle Fortführung der KSZE-Verhandlungen.

Zur Abstimmungen ihrer Positionen kommen Baker und anschließend Schewardnadse am 4. Mai mit den Kanzler zusammen. Das Gesprächstableau der Unterredung mit dem ameri-

---

534   Genscher, Erinnerungen, 767 f.
535   Nr. 265 Vorlage des Ministerialdirektors Teltschik an Bundeskanzler Kohl, 3. Mai 1990.

kanischen Außenminister reicht von der COCOM-Politik über Chemiewaffen, Open Skies, START, SNF, Rüstungskontrolle und Abrüstung bis hin zu vertrauens- und sicherheitsbildenden Maßnahmen; alles Faktoren, die letztlich bei der Definition des sicherheitspolitischen Status' Deutschlands in die Waagschale geworfen werden. In der Frage der NATO-Mitgliedschaft sind sich beide Seiten wiederholt einig: Verschieben von Einheiten des Bündnisses auf das Gebiet der DDR kommt ebenso wenig in Betracht wie eine Entmilitarisierung Deutschlands. Es bleibt beim Fortbestand militärischer Präsenz der Vereinigten Staaten und Kanadas in Europa. Zu einseitigen Sicherheitsvorleistungen der Deutschen zählen der ABC-Waffenverzicht und der weiterhin gültige Nichtverbreitungsvertrag. Regelungsbedürftig sind die politisch-militärischen Fragen, der Status Berlins sowie die Ablösung der Viermächte-Rechte und -Verantwortlichkeiten.

Zwischen Washington und Bonn treten jedoch unterschiedliche Strategien hinsichtlich des geeigneten Zeitpunkts des NATO-Gipfels zutage, die vor allem von der Bewertung der Lage in der Sowjetunion abhängen. Gorbatschows Staatspräsidentenamt ist zwar mit starken konstitutionellen Vollmachten ausgestattet, was es ihm erleichtert, die Abschaffung des Machtmonopols der KPdSU zu fordern und sich für die Ablösung des Parteiregiments des Politbüros einzusetzen. Auch sind die Weichen für die Trennung von Staat und Partei gestellt und personelle Alternativen nicht zu erkennen. Doch geht die innenpolitische Polarisierung durch die Bündelung konservativer Kräfte voran. Die Wirtschafts- und Versorgungslage ist verheerend, die Radikalisierung der Wirtschaftsreform gegen konservative Widerstände groß.[536] So schlagen zuweilen Spannungen zwischen Reformern und Konservativen in offene Kritik an der Person Gorbatschows um. Insgesamt steht die Sowjetführung in zentralen innenpolitischen Fragen unter enormem Druck und ist in wichtigen Fragen der Sechsmächte-Verhandlungen isoliert. Doppelte Bündnismitgliedschaft und Friedensvertrag sind für die Westmächte nicht akzeptabel. Gorbatschows außenpolitischer Handlungsspielraum ist durch den Litauen-Konflikt stark eingeengt. Auch Schewardnadse muß sich Kritik an seiner West- und Rüstungskontrollpolitik gefallen lassen, vor allem von den deutschlandpolitischen Experten seines Hauses, die zur orthodoxen Linie neigen.

In Anbetracht dieser schwierigen Situation hält Kohl den Zeitpunkt für ein NATO-Gipfeltreffen vor dem KPdSU-Parteitag Anfang Juli für ungünstig, weil sich Gorbatschow anschließend voraussichtlich in einer politisch gestärkten Position befindet. Bakers Argument, der Gipfel könne für Gorbatschow eine günstigere Auswirkung haben, wenn sich die NATO-Staaten auf eine veränderte Position zubewegen, hält der Kanzler nicht für schlüssig. Er meint, die Richtung sei schon vor dem Parteitag klar zu erkennen. Im Grunde befürchtet Kohl, der NATO-Gipfel könnte den Vertretern der harten Linie Gelegenheit bieten, Gorbatschow zusätzliche Schwierigkeiten zu bereiten, vor allem angesichts der katastrophalen Versorgungslage. Schon jetzt sei die Lage Gorbatschows in der Litauen-Frage schwierig genug. Wenn er den Litauern nachgebe, stelle sich sofort das Problem der russisch-polnischen Grenze. Der Kanzler rät deshalb zu Besonnenheit und zurückhaltenden Reaktionen. Schließlich ist immer noch die entscheidende Frage: Was ist Gorbatschow zuzumuten und was nicht?[537]

Die Interessen der Bundesregierung für das Gespräch mit dem sowjetischen Außenminister sind einfach definiert: Fortsetzung des Dialogs, Nutzung langfristiger Chancen des deutsch-sowjetischen Verhältnisses in der Perspektive der Einheit und Unterstützung reformfreudiger Kräfte, nicht zuletzt Gobatschows selbst.[538] Kohls gemeinsames Schreiben mit Mitter-

---

536   Gesprächsführungsvorschlag für Treffen mit Baker, 3. Mai 1990; BK, 212 – 35400 De 39 NA 4 Bd. 1.

537   Nr. 266 Gespräch des Bundeskanzlers Kohl mit Außenminister Baker in Bonn, 4. Mai 1990.

538   Gesprächsführungsvorschlag und Gesprächspunktation für Treffen Kohl – Schewardnadse, Mai 1990; BK, 212–35400 De 39 NA 4 Bd. 1, auch BK, 213 – 30105 S 25 So 16 AM Schewardnadse.

rand stelle kein Vermittlungsangebot dar, es solle lediglich der Beruhigung dienen, unterstreicht der Kanzler.[539] Schewardnadse respektiert die Zurückhaltung der Bundesregierung. Somit wird eine Destabilisierung des Baltikums vermieden, die in eine Destabilisierung der Sowjetunion umschlagen könnte. Schewardnadse verspricht, auf Gewaltanwendung zu verzichten, und läßt Dialogbereitschaft erkennen. Er pocht jedoch darauf, die Litauer dürften ihr Selbstbestimmungsrecht nur über die verfassungsmäßig vorgesehenen Mechanismen ausüben. Immerhin gebe es 15 Republiken in der Sowjetunion, die souverän sein wollten. Gewiß schmeichelt es dann Schewardnadse, aus dem Mund des Kanzlers zu hören, dieser wolle „bis zum Ende des Jahrhunderts" noch einmal einen großen Wurf machen – einen Vertrag über die langfristigen Beziehungen zwischen der Sowjetunion und Deutschland. Es sei sein Ehrgeiz mit einer gesamtdeutschen Regierung einen solchen Vertrag zu unterschreiben. Schewardnadse zeigt großes Interesse. Denn es geht ihm darum, die Bundesrepublik zum Eintritt in die Verträge der DDR mit der Sowjetunion zu bewegen. Kohl sagt die Aufnahme bilateraler Wirtschaftsverhandlungen zu und eröffnet somit neben den Zwei-plus-Vier-Verhandlungen eine separate Verhandlungsschiene mit Moskau.

Doch ist Schewardnadse nicht nur an dem Erhalt bestehender Wirtschaftsverbindungen interessiert. Vielmehr zielt er auf wirtschaftliche Stützungsmaßnahmen, die sich für die Bundesrepublik im Einigungsprozeß nur vorteilhaft auswirken können. In den Augen des Kanzlers handelt es sich hier „um eine geschichtliche Stunde", in der er Außenpolitik „nicht im Zeitrahmen des deutschen Rechnungshofs – vom 1. Januar – 31. Dezember eines Jahres – betreiben" kann. Schewardnadse pflichtet ihm bei, man „müsse strategisch-langfristig planen". Das ist der verklausulierte Hinweis darauf, daß die sowjetische Führung inzwischen auf dauerhafte Wirtschaftshilfe der Bundesrepublik baut. Schneller als mancher im Bundeskanzleramt denkt, macht die sowjetische Regierung von dieser Kooperationsofferte schon am nächsten Tag Gebrauch. In der Frage der NATO-Mitgliedschaft Deutschlands hält sich Schewardnadse bedeckt und unterstreicht, er könne diese nicht unterstützen, bietet aber im gleichen Atemzug die Suche nach einem Kompromiß an.

Anschließend beraten Baker und Schewardnadse vier Stunden in Königswinter. Verhandlungspunkte sind Deutschland, Litauen und die Rüstungskontrollpolitik. Baker besteht darauf, Deutschland nicht zu diskriminieren oder zu singularisieren. Die nach dem Ersten Weltkrieg verfolgte Isolierungsstrategie habe zu Ressentiments und Revisionsforderungen geführt. Berechtigte Sicherheitsinteressen müßten Berücksichtigung finden. Zugleich kündigt Baker den Umbau der NATO zur politischen Allianz und die Stärkung der KSZE an. Deutschland solle in so viele Institutionen wie möglich eingebunden sein. Die Amerikaner wollten keine Wiederholung der Vorgänge von 1939 erleben. Schewardnadse führt die psychologische Wirkung und Schwierigkeit für die sowjetische Öffentlichkeit einer Mitgliedschaft Deutschlands in der NATO ins Feld, erkennt aber durchaus die Logik der amerikanischen Argumentation an. Neutralität, das gibt auch der sowjetische Außenminister zu, ist nicht die Antwort auf eine langfristige Stabilität in Europa. Die Sowjetunion wünsche sich militärische, nicht nur politische und wirtschaftliche Präsenz der Amerikaner in Europa. Mindestens für sieben oder zehn Jahre, wahrscheinlich länger, schätzt Baker. Seiner Ansicht nach wissen die Sowjets nicht, wie sie die Quadratur des Kreises auflösen sollen: einer NATO-Mitgliedschaft Deutschlands zustimmen und gleichzeitig der eigenen Öffentlichkeit verdeutlichen, die Sicherheit der Sowjetunion werde dadurch nicht gefährdet. Schewardnadse läßt anklingen, der Parteikongreß stelle eine politische Wasserscheide für die Sowjetunion dar. Vorher seien keine Fortschritte zu erwarten.[540]

---

539   Nr. 267 Gespräch des Bundeskanzlers Kohl mit Außenminister Schewardnadse in Bonn, 4. Mai 1990.
540   Baker, The Politics of Diplomacy, 245–247.

Zunächst aber ist der Einstieg in die Zwei-plus-Vier-Verhandlungen vorrangig. Welche Ziele verfolgt die Bundesregierung? Sie will die vollständige Ablösung der Viermächte-Rechte und die volle Souveränität des vereinten Deutschland sowie die Zustimmung der Vier Mächte zur Mitgliedschaft in der NATO erreichen. Dabei darf kein Sonderstatus vereinbart werden, der Deutschland in eine Außenseiterrolle versetzt. Die Bundesregierung besteht auf dem Abzug sowjetischer Streitkräfte, und sie ist zur Lösung der Grenzfrage mit Polen[541] bereit. Erneut bekräftigt Bundesminister Seiters gegenüber den Botschaftern der drei Westmächte, die Bundesregierung sei nicht gewillt, über einen deutsch-polnischen Grenzvertrag vor Vollendung der Einheit zu verhandeln. Schwierigkeiten sieht die bundesdeutsche Seite in dem Verlangen der Sowjetunion nach einen Friedensvertrag. Staatssekretär Lautenschlager vom Auswärtigen Amt meint, die Neutralitätsfrage sei endgültig vom Tisch. Die Sowjetunion, so schätzt der französische Botschafter Boidevaix, könne etwas angeboten werden, wenn der Westen Bereitschaft zu Verhandlungen über die NATO-Strategie zeige.[542]

Als sich am 5. Mai die Außenminister zur ersten Zwei-plus-Vier-Konferenz im Bonner Auswärtigen Amt versammeln, sind 31 Jahre vergangen, seitdem die Außenminister der Vier Mächte mit Vertretern der beiden deutschen Staaten das letzte Mal auf der Genfer Konferenz 1959[543] über die Deutschlandfrage verhandelt haben. In ihren Eingangserklärungen erkennen alle Teilnehmer den Willen der Deutschen zur Einheit an. Einvernehmen besteht auch darüber, die Wiedervereinigung ohne Verzögerungen anzustreben. Zum weiteren Prozedere beschließen die Außenminister, ihre folgenden Treffen in Berlin, Paris und Moskau abzuhalten, wobei das Treffen in Paris unter Beteiligung Polens stattfinden und der polnische Vertreter an der letzten Sitzung auf Beamtenebene vor dieser Konferenz teilnehmen soll. DDR-Außenminister Meckel unterstützt den Vorschlag der polnischen Regierung nach Vertragsverhandlungen vor der Vereinigung, weil der Vorschlag der Bundesregierung als Garantie nicht ausreiche. Auch Frankreichs Außenminister Dumas vertritt den Standpunkt, es sei am besten, ein voll ausgearbeiteter Vertrag würde von den Außenministern im Rahmen der Zwei-plus-Vier-Verhandlungen verabschiedet. Außerdem heißt er den Gedanken einer Garantieerklärung der Vier Mächte für die deutschen Grenzen gut.

Die größte Aufmerksamkeit erregt Schewardnadses Äußerung, die inneren und äußeren Aspekte der Vereinigung müßten nicht unbedingt zeitlich aufeinander abgestimmt sein. Sein Vorschlag bedeutet, die Vier Mächte würden ihre Rechte in Deutschland erst nach Beendigung dieser Übergangzeit aufgeben. Zudem verlangt Schewardnadse, außer den vier in den Beamtengesprächen festgelegten Tagesordnungspunkten die Synchronisierung des deutschen und europäischen Einigungsprozesses als fünften Tagesordnungspunkt für die weiteren Beratungen aufzunehmen. Die sowjetische Seite hält überdies daran fest, Sicherheitsfragen zu einem Bestandteil der Sechsmächte-Verhandlungen zu machen.

Baker hingegen ist nur bereit, Themen zu diskutieren, die unmittelbar mit dem Zwei-plus-Vier-Mechanismus im Zusammenhang stehen. Er sieht die Außenministerkonferenz lediglich als Steuerungsinstrument. Die eigentlich wichtigen Verhandlungen will er außerhalb dieser Konferenz führen und dort Entscheidungen bis zur Beschlußreife vorantreiben. Die Vier Mächte besäßen kein Mandat zur Wahrnehmung der Interessen anderer Nationen, argumentiert er. Schewardnadse bietet als Kompromiß für die Formulierung des fünften Tagesordnungspunktes an: „Politische, militärische Fragen sowie Vereinbarungen betreffs Ansätzen der Kompatibilität der deutschen Einigung mit der Errichtung von Sicherheitsstrukturen in Europa". Daraus wird am Ende „Politische und militärische Fragen unter Berück-

---

541 Kiessler/Elbe, Ein runder Tisch mit scharfen Ecken, 106.
542 Nr. 260 Gespräch des Bundesministers Seiters mit den Vertretern der Drei Mächte in Bonn, 30. April 1990.
543 Zum Verlauf der Konferenz: Dokumente zur Deutschlandpolitik IV/2 (1959), 876–1194.

sichtigung von Ansätzen geeigneter Sicherheitsstrukturen in Europa".[544] Damit können alle Beteiligten leben. Denn unter dieser schwammigen Formulierung lassen sich nach Bedarf alle Fragen subsumieren, aber auch nötigenfalls in nichtssagenden Erklärungen verwässern. Nochmals unterstreicht Baker die Notwendigkeit, Deutschland Souveränität zu verleihen, jede Behinderung des Selbstbestimmungsrechtes führe zu Instabilität. In großer Interessenallianz fordern die drei Westmächte die NATO-Mitgliedschaft Deutschlands. Schewardnadse wehrt diese Bestrebungen mit dem Argument ab, dem Westen fehle das Vertrauen zum neuen Deutschland.[545] Meckel bemerkt dazu, die demokratische Revolution sei nicht mit dem Ziel vollzogen worden, die Länder der DDR in die NATO zu bringen. Er zeigt erhebliche Distanz zum westlichen Bündnis und fordert Veränderungen ihrer Aufgaben und der Bündnisstrategie, wenn Deutschland „zunächst" der NATO angehören solle. Entsprechend der Koalitionsvereinbarung strebt die DDR-Regierung also keineswegs eine Bündnismitgliedschaft Deutschlands in der NATO auf Dauer an. Sie will neue Sicherheitsstrukturen aufbauen.

Schewardnadse spricht sich deshalb für eine Paketlösung aus. Wenn die Sowjetunion auf einen Friedensvertrag verzichten soll, fordert sie dafür von den Westmächten Entgegenkommen in zentralen Bestimmungen des Schlußdokuments über die Grenzen Deutschlands, die Anzahl seiner Streitkräfte, den militärpolitischen Status, die internationalen Verpflichtungen und die Klärung der Truppenpräsenz alliierter Mächte in einer Übergangsperiode. Außerdem knüpft der sowjetische Außenminister an alte, schon unmittelbar nach dem Zweiten Weltkrieg erhobene Forderungen der Sowjetunion an wie die Nichtzulassung nazistischer Ideologien bzw. deren Verbot. Dazu gehört auch die Vermeidung der Revision legislativer Maßnahmen, die von den Vier Mächten in ihren Besatzungszonen eingeleitet worden sind. Das zielt auf die Beibehaltung der Enteignungen und Bodenreform in der DDR zwischen 1945 und 1949 ab.

Kohl ist mit dem Ergebnis der Zwei-plus-Vier-Gespräche ebenso zufrieden wie Bush und Baker[546]. Die Koppelung zwischen inneren und äußeren Aspekten der Einigung bleibt bestehen. Wenn die Verhandlungen rechtzeitig abgeschlossen sind, sollen nach Ansicht des Kanzlers die ersten gesamtdeutschen Wahlen noch im Jahre 1990 zustande kommen. Allerdings erscheint die Frage nach dem geeigneten Zeitpunkt nun in neuem Licht. Zwei Voraussetzungen müssen erfüllt sein: die Zustimmung der Regierung de Maizière und der erfolgreiche Abschluß der Zwei-plus-Vier-Verhandlungen.[547]

Insgesamt gesehen verfolgen Washington, Bonn und Moskau also durchaus ähnliche Strategien im Hinblick auf die Entkoppelung der inneren und äußeren Aspekte, jedoch mit unterschiedlichen Zeitplänen und Absichten. Während Washington nur daran interessiert ist, die Verhandlungen bis zum Inkrafttreten der Wirtschafts- und Währungsunion zu verzögern, um anschließend die äußeren Aspekte endgültig zu regeln, wollen konservative Kräfte in Moskau eine längere Zwischenphase eintreten lassen, um die Entscheidung zu vertagen und sich eine Option offenzuhalten, die Wiedervereinigung vielleicht ganz zu Fall zu bringen. Die Reformkräfte dagegen sind an direkter Hilfe aus Bonn interessiert und können nicht schnell genug Verhandlungen aufnehmen.

544   Genscher, Erinnerungen, 780.
545   Nr. 268 Erstes Treffen der Außenminister der Zwei plus Vier in Bonn, 5. Mai 1990.
546   Nr. 273 Schreiben des Außenministers Baker an Bundeskanzler Kohl, 10. Mai 1990.
547   Teltschik, 329, Tage, 224.

Deutsche Kredite für die Sowjetunion

Als die Außenminister am 5. Mai im Auswärtigen Amt konferieren, läßt Schewardnadse über Kwizinskij bei Teltschik ein Papier über die Kreditwünsche der sowjetischen Regierung abgeben.[548] Verpflichtungen zur Rückzahlung von Krediten und Zinszahlungen haben in westlichen Banken- und Geschäftskreisen die Vermutung der bevorstehenden Zahlungsunfähigkeit der Sowjetunion aufkeimen lassen. Bei ausländischen Banken genießt sie kaum noch Bonität. Kredite werden ihr versagt. Moskau hofft jetzt auf Finanzmittel und staatliche Garantien seitens der EG-Länder, in erster Linie von der Bundesrepublik, Frankreich, Italien und vielleicht Großbritannien. Damit will die sowjetische Regierung ihre internationale Kreditwürdigkeit wiederherstellen und eine Insolvenz abwenden. Benötigt wird ein Gesamtbetrag von 20 Milliarden DM auf die Dauer von fünf bis sieben Jahren.[549]

Hilmar Kopper, Vorstandssprecher der Deutschen Bank AG, und Wolfgang Röller, in gleicher Funktion bei der Dresdner Bank AG, bestätigen dem Kanzler am 8. Mai die Zahlungsschwierigkeiten der Sowjetunion. Der spürbare Vertrauensverlust auf den internationalen Finanzmärkten ist sichtbares Zeichen für die schwere Liquiditätskrise. In der genannten Größenordnung halten die beiden Bankiers eine privatwirtschaftliche Lösung allerdings für aussichtslos. Auch die Bundesregierung hat keine Möglichkeit, alleine in ausreichendem Umfange Finanzmittel bereitzustellen. Kohl ist aber entschlossen, in den westlichen Staaten die führende Rolle bei der Beschaffung von Krediten für die Sowjetunion zu übernehmen. Zusammen mit Teltschik sollen Röller und Kopper in vertraulichem Gespräch bei Ministerpräsident Ryschkow, eventuell auch bei Gorbatschow selbst, schnelle Hilfe anbieten. Schon am nächsten Tag liegt die Terminbestätigung aus Moskau für den 14. Mai vor.[550] Auf massive Wirtschafts- und Finanzprobleme deutet auch der unerwartet rasche Beginn der ersten Verhandlungsrunde der deutsch-sowjetischen Wirtschaftsgespräche zwischen dem stellvertretenden Außenminister Obminskij und Staatssekretär Lautenschlager am 8. Mai hin. Hauptanliegen der sowjetischen Seite sind die Regelung der Stationierungskosten und der Umtauschkurs für Bargeldbestände ihrer Truppen.[551]

Während des Besuchs der litauischen Ministerpräsidentin Prunskiene, die eine Goodwill-Tour durch die westeuropäischen Hauptstädte macht, schätzt Kohl die Lage Gorbatschows aus verschiedenen Gründen als „sehr kritisch" ein. Ausschlaggebende Faktoren sind für ihn die Wirtschaftslage, Nationalitätenprobleme und ausbleibende wirtschaftspolitische Erfolge, weil kein entscheidender Schritt zur Marktwirtschaft unternommen worden ist. Zunehmende Schwierigkeiten bei der Stundung von Krediten und der wachsende internationale Druck auf Gorbatschow in der Litauenfrage können zum Zünder werden, der die Existenz der Sowjetunion insgesamt bedroht. Das politische Gewicht des sowjetischen Kolosses im Ost-West-Verhältnis läßt rapide nach. Kohl sieht ganz klar: Mit Gorbatschow weiß jedermann, woran er ist. Doch niemand weiß, was kommt.

Im Gegensatz zu Parlamentspräsident Landsbergis zeigt sich Prunskiene kompromißbereit gegenüber Forderungen aus Moskau. Die Unabhängigkeitserklärung könnten die Litauer zwar nicht zurücknehmen, jedoch die praktischen Folgen beeinflussen, versichert sie. Zur Entschärfung der Lage rät Kohl Prunskiene zu einer Politik der unterschwelligen Vorleistungen. Die litauische Regierung solle ihre Forderungen einfrieren, an den Schritt keine Bedingungen knüpfen und dafür die Erwartung hegen, daß sich die andere Seite langsam

---

548 Ebd., 226.
549 Nichtbezeichnetes Schriftstück, Inoffizielle Übersetzung, 5. Mai 1990; BK, 213 – 30130 S 25 So 38 Bd. 1.
550 Teltschik, 329 Tage, 226 f.
551 Nr. 270 Vorlage des Ministerialdirektors Teltschik an Bundeskanzler Kohl, 8. Mai 1990.

bewegt, die Blockade beendet und sich ihrerseits gemäßigt entgegenkommend verhält.[552] Prunskiene versteht. Sie will Gorbatschow keine Probleme bereiten, meint aber, Schwierigkeiten bereite die Haltung von Landsbergis.

Was Kohl jetzt unter keinen Umständen gebrauchen kann, ist eine kritische Situation für Gorbatschow, die der Bundesregierung und den Westmächten aus innenpolitischen Gründen die Hände bindet, ihm weiterhin zu helfen. Wie dringend Gorbatschow Hilfe benötigt, wird bei dem Blitzbesuch Teltschiks in Moskau deutlich.[553]

Allem Anschein nach steht die Sowjetunion finanziell vor dem Ende. Nach dem Gespräch mit Ryschkow läßt es sich Gorbatschow nicht nehmen, den Abteilungsleiter aus dem Bundeskanzleramt und die Bankiers aus Frankfurt am Main persönlich zu empfangen. Einerseits, erklärt er Teltschik, müsse die Sowjetunion eine „Phase der Krankheit" durchmachen. Andererseits weist Gorbatschow mit Stolz darauf hin, für dieses Riesenreich sei Abhängigkeit von westlicher Hilfe nicht akzeptabel. Unausgesprochen sind seine Worte dennoch ein einziger Hilferuf. Wenn nicht schnellstens Unterstützung komme, stehe seine gesamte Reformpolitik der Perestroika vor dem Scheitern. Die Durchsetzung der Marktwirtschaft sei außer Kontrolle geraten. Über Jahrzehnte habe die Regierung Militärausgaben und der Rüstungsproduktion Priorität vor der Entwicklung der Konsumgüterindustrie eingeräumt. Vorrangig sei für ihn jetzt die Absicherung der Kredite und der Kauf von Nahrungsmitteln. Er wolle die Konvertibilität des Rubels beschleunigen, denn die Sowjetunion „brauche Sauerstoff". Den Kreditbedarf beziffert er auf 15 bis 20 Milliarden DM, zurückzuzahlen in den nächsten sieben bis acht Jahren. Zur Lösung aktueller Probleme würden 1,5 bis 2 Milliarden DM benötigt. Die Vereinigten Staaten, erklärt Gorbatschow, wollten nicht helfen. Darum wende er sich an Deutschland. Quasi als Gegenleistung kündigt er zunächst einmal ein Gespräch mit dem Bundeskanzler nach dem 20. Juli an, wenn der Parteitag der KPdSU vorüber ist. Dann will er sich ausführlich mit ihm über die Fragen der deutschen Einheit unterhalten. Dabei dürfe allerdings nicht der Eindruck entstehen, als sei die Sicherheit der Sowjetunion in irgendeiner Form gefährdet.

Das Signal kommt bei Teltschik an. Gorbatschow sieht offensichtlich in allen Fragen die Möglichkeit einer Einigung, folglich auch in der Frage der NATO-Mitgliedschaft, ohne diese besonders anzusprechen. Ihm kommt es in dieser Situation darauf an, die strategische Balance zu wahren. Keine Seite dürfe der anderen etwas aufzwingen. Geschickt fordert er Teltschik auf, gemeinsam Druck auf Bush auszuüben und ihn zur Zusammenarbeit zu überreden. Dann berichtet er von dem Telefonat mit Bush Ende Februar, als er ihm gesagt habe, wenn er kein Mißtrauen gegen Deutschland hege, könne Deutschland auch Mitglied des Warschauer Pakts sein. Bush habe darauf geantwortet, Deutschlands Mitgliedschaft in der NATO sei erforderlich, damit es unter westlicher Kontrolle sei. Die Blockauflösung, so Gorbatschow, sei sicherlich die einfachste Lösung. Teltschik pariert den Vorstoß mit dem Hinweis, eine Lösung sei nur im Gesamtpaket möglich, und die Bundesregierung sei willens, einen neuen Vertrag mit historischer Bedeutung abzuschließen. Die Bereitschaft zu Abrüstungsschritten und die Zurückhaltung des Westens in der Litauenpolitik seien letztlich ein Signal dafür, wieviel Verständnis die Westmächte für Gorbatschows Politik aufbringen.

Was ist die Quintessenz des Gesprächs? Die Bundesregierung leistet der Sowjetunion Hilfe und wird Gorbatschow nicht überfordern, damit er sein Gesicht wahren kann, wenn er im Gegenzug sein Einverständnis zur Wiedervereinigung Deutschlands gibt und die Frage der Mitgliedschaft in der NATO befriedigend gelöst wird. Augenscheinlich sind es gegenwärtig noch die Reformgegner, die Gorbatschow zu einem anderen deutschlandpolitischen Kurs

---

552 Nr. 274 Gespräch des Bundeskanzlers Kohl mit Ministerpräsidentin Prunskiene in Bonn, 11. Mai 1990.
553 Nr. 277 Gespräch des Ministerialdirektors Teltschik mit Präsident Gorbatschow in Moskau, 14. Mai 1990.

zwingen. Seine Äußerungen lassen darauf schließen, daß er den Verlauf des Parteitags der KPdSU abwarten will und dann seine Entscheidung trifft.

Vor diesem Hintergrund ist verständlich, warum der britische Außenminister am nächsten Tag den Kanzler in optimistischer Stimmung vorfindet. Jetzt, wo der Staatsvertrag vor der Unterzeichnung steht, drängt Kohl auf einen frühen Abschluß der Zwei-plus-Vier-Verhandlungen. „Je früher, desto besser", meint er, denn die Sowjetunion werde wahrscheinlich in der Frage der NATO-Mitgliedschaft nachgeben, erfährt Hurd. Der Westen müsse dafür sorgen, daß die Sowjetunion ihr Gesicht wahrt und ihre Wirtschaftsinteressen befriedigt sind.[554] Die Kooperationsbereitschaft Moskaus erklärt sich der Kanzler relativ einfach. Moskau habe begriffen, der Kollaps der DDR-Wirtschaft ist für die Sowjetunion gravierender als für den Westen. Gleichzeitig erzählt der Kanzler nun jedem, er glaube, Gorbatschow werde sich letztlich einer Lösung des deutschen Problems nicht verweigern. „Er werde pokern, aber unter der Berücksichtigung seiner Interessen einlenken." Unter dem Eindruck der Gespräche mit Schewardnadse und der Ergebnisse des Besuchs von Teltschik in Moskau faßt Kohl am 15. Mai in einem Schreiben an Mitterrand und Thatcher seinen Gesamteindruck dahingehend zusammen, „daß die Ausgangslage für einen Kompromiß nicht ungünstig ist".[555]

Am 17. Mai reisen erstmals im Jahre 1990 Kohl und Genscher gemeinsam nach Washington.[556] Es geht um die Abstimmung der Positionen für das amerikanisch-sowjetische Gipfeltreffen. Kohl will sichergehen. Bush soll auf dem bevorstehenden Treffen den Knoten in der Bündnisfrage durchschlagen. Damit bleibt die Sicherheit des vereinten Deutschland gewahrt. Und Washington soll sich an der finanziellen Unterstützung für Gorbatschow beteiligen. Bush plagt jedoch mehr das Problem der nuklearen Kurzstreckenwaffen in Europa und die Sorge um das politische Überleben Gorbatschows.

In dem Vieraugen-Gespräch, an dem Teltschik und Scowcroft teilnehmen, werden vier zentrale Fragen besprochen: *Erstens,* Kohl steht „ohne Wenn und Aber zur NATO", hält die Anpassung der NATO an die neuen Entwicklungen für notwendig, will aber die nukleare Frage aus der öffentlichen Diskussion heraushalten. Das würde die Allianz und das Verhältnis zur Sowjetunion nur unnötig belasten. *Zweitens,* für Bush ist neben der NATO-Mitgliedschaft Deutschlands die amerikanische Truppenpräsenz in Europa und in Deutschland die zweite wichtige Bedingung für sein Ja zur Wiedervereinigung. Unter allen Umständen will er die Forderung nach einem parallelen Abzug amerikanischer und sowjetischer Truppen vermeiden. Dazu braucht er die Unterstützung des Kanzlers, der ihm versichert, es wäre „der größte Fehler der Nachkriegszeit", wenn die Europäer das zuließen. *Drittens,* der Kanzler erwartet große wirtschaftliche Schwierigkeiten bei der Umstellung der Betriebe in der DDR und für die Arbeitsmarktsituation. Die verdeckte Arbeitslosigkeit ist höher als angenommen. Angesichts der absehbaren Probleme strebt er so früh wie möglich gesamtdeutsche Wahlen an. Damit legt er sich darauf fest, die fälligen Bundestagswahlen zu den ersten gesamtdeutschen Wahlen nach Kriegsende zu machen. *Viertens,* Kohl will der Sowjetunion einen Kredit in Höhe von fünf Milliarden DM verbürgen, der Teil des Lösungspakets der deutschen Frage ist, wie Teltschik in Moskau vorgetragen hat. Der Kanzler ist entschlossen, mit einem Kreditangebot Gorbatschow die Zustimmung zur NATO-Mitgliedschaft zu erleichtern. Seine Bitte um wirtschaftliche und finanzielle Unterstützung der Sowjetunion bringt Bush in Schwierigkeiten, dem angesichts der Vorkommnisse in Litauen die Hände seitens des Kongresses gebunden sind. Doch ist auch der amerikanische Präsident der Meinung, über Litauen dürften Gorbatschows Reformpolitik und die Abrüstungsverhandlun-

554 Nr. 278 Gespräch des Bundeskanzlers Kohl mit Außenminister Hurd in Bonn, 15. Mai 1990.
555 Nr. 279 Schreiben des Bundeskanzlers Kohl an Staatspräsident Mitterrand, 15. Mai 1990.
556 Nr. 281 Delegationsgespräch des Bundeskanzlers Kohl mit Präsident Bush in Washington, 17. Mai 1990.

gen nicht scheitern. Beide sind sich einig: Der Gipfel muß für Gorbatschow zu Hause ein Erfolg werden.[557]

Im Mittelpunkt des anschließenden Delegationsgesprächs werden diese Punkte nochmals ausgeführt. Zur Entwicklung in Litauen will Bush Gorbatschow klarmachen, eine normale Weiterentwicklung ihrer bilateralen Beziehungen stockt solange, wie die Frage ungelöst bleibt. Kohl verweist auf seinen Ratschlag an Prunskiene, die Unabhängigkeitserklärung vorübergehend auf Eis zu legen und eine Politik der Vorleistungen zu betreiben, damit die Lage nicht eskaliert. Ihm kommt es vor allem darauf an, daß Bush Gorbatschow stärkt und ihn als Gleichen behandelt, wenn er zum Gipfeltreffen nach Washington kommt.

Voller Zuversicht berichtet der Kanzler dann über den bevorstehenden Abschluß des Staatsvertrages. Vor vier Wochen habe er selbst eine solche Entwicklung noch nicht für möglich gehalten. In vier Jahren werde Deutschland als ein wirtschaftlich blühendes Land dastehen. Hauptschwierigkeit sei nicht die wirtschaftliche Entwicklung, sondern die Überwindung der Wunden aus vierzig Jahren Sozialismus. In Deutschland, so berichtet der Kanzler, herrsche eine paradoxe Situation, die Bevölkerung erkennt einerseits die Notwendigkeit zur Hilfeleistung in der DDR, hat jedoch andererseits Angst vor dem Unbekannten. In Deutschland wachse die Stimmung, bald zu wählen. Kohl macht keinen Hehl daraus, daß er die Ernte so schnell wie möglich in die Scheune einfahren wird. Er will Bush bewegen, bei den Zwei-plus-Vier-Verhandlungen aufs Tempo zu drücken.

Bush hingegen befürchtet, bei der großen Dynamik könnte alles letztlich auf ein Zugeständnis der amerikanischen Seite hinauslaufen, wenn die Öffentlichkeit den parallelen Abzug sowjetischer und amerikanischer Streitkräfte fordert. Außerdem besorgt ihn, die Sowjetunion könnte über die Zwei-plus-Vier-Gespräche in den KSZE-Prozeß überleiten und die NATO überspielen. Daher sieht er eine erweiterte Rolle der NATO als unbedingt notwendig an und zeigt ein vorrangiges Interesse, die Diskussion über die Veränderung der NATO-Strategie in Gang zu setzen, in dem Deutschland und ganz Europa eingebunden sind und amerikanische Truppen in Europa verbleiben. Kohl beruhigt ihn und wiederholt seine Vision, in der Perspektive des Jahres 2000 werde zwar das Militärische an Bedeutung verlieren, die Präsenz amerikanischer Truppen in Europa aber dennoch notwendig sein. Die NATO müsse weiterentwickelt werden. Der Neigung in der deutschen Öffentlichkeit, Amerikaner und Sowjets gleichzusetzen, habe er 1983 bei der Stationierung der Pershing-Raketen bekämpft, und er müsse dies gegebenfalls „wieder kämpferisch durchstehen". Bush „könne davon ausgehen, daß er seine politische Existenz wieder aufs Spiel setzen werde". Der Kanzler bleibt dabei: Die NATO-Mitgliedschaft ist für ihn „kein Preis, den er für die deutsche Einheit bezahlen" wird.[558] Spätestens seit Moskau Anfang Mai die Kreditwünsche auf den Tisch gelegt hat, weiß Kohl, wie sehr es Gorbatschow vor allen Dingen um finanzielle Transferleistungen geht. Der Kanzler sagt Bush voraus, er werde bei seinen Gesprächen mit Gorbatschow merken, „daß dieser, wenn er über die NATO rede, die Wirtschaft meine".

Es kommt nun auf die Verhandlungstaktik an, den Weg für einen Kompromiß zu ebnen. Die amerikanischen Vorstellungen zielen darauf ab, Gorbatschow ein ganzes Paket an Sicherheitsgarantien zusammenzustellen, um ihm die Zustimmung zur NATO-Mitgliedschaft Deutschlands abzuringen. Ausgangspunkt sind drei Prämissen: Wirtschaftliche Hilfe erleichtert der Sowjetunion die Zustimmung zur Einheit. Veränderungen der NATO-Strategie sind erforderlich. Und es bedarf finanzieller deutsch-sowjetischer Arrangements, die den Sowjets Rückversicherungen geben. Im Kanzleramt wie im Weißen Haus glaubt man, die Sowjetunion von ihrer diplomatischen Isolierung überzeugen zu können, wenn keine Einigung zustande kommt. Voraussetzung dafür ist die Solidarität der westlichen Mächte. Ein-

---

557   Teltschik, 329 Tage, 236–238.
558   Nr. 281 Delegationsgespräch des Bundeskanzlers Kohl mit Präsident Bush in Washington, 17. Mai 1990.

ziges Instrument, über das die drei Westmächte verfügen, ist die Drohung, ihre Rechte in Deutschland ohne Beteiligung der Sowjetunion aufzugeben, wenn diese keine Bewegung zeigt.[559]
Bei seinen Verhandlungen in Moskau soll Außenminister Baker ein ganzes Bündel an Sicherheitsgarantien präsentieren.[560] Der neun Punkte umfassende Katalog, im Kreise der Politischen Direktoren erarbeitet,[561] stellt eine Kombination deutscher, amerikanischer und allgemein westlicher Sicherheitsgarantien dar. Im einzelnen handelt es sich *erstens* um die Verpflichtung zu KSE-Folgeverhandlungen nach Abschluß der Verhandlungen über die konventionellen Streitkräfte in Wien, bei denen das Niveau der Streitkräfte in Europa zu klären ist; *zweitens* die Vorverlegung des Beginns neuer Rüstungskontrollverhandlungen über nukleare Kurzstreckenwaffen; *drittens* die Bestätigung des Verzichts Deutschlands auf atomare, biologische und chemische Waffen und somit des nichtnuklearen Status Deutschlands; *viertens* die Zusicherung, während einer Übergangsphase auf dem Gebiet der DDR keine NATO-Truppen zu stationieren; *fünftens* die Festlegung einer Übergangsphase für den Abzug sowjetischer Truppen aus Deutschland; *sechstens* den Vorschlag von Präsident Bush, die NATO-Strategie im nuklearen und konventionellen Bereich unter Berücksichtigung der Veränderungen in Europa zu überprüfen; *siebtens* die verbindliche Festlegung der Grenzen des künftigen Deutschland, womit die Vereinbarung über die deutsch-polnische Grenze und der künftige Verzicht auf Gebietsansprüche gemeint ist; *achtens* die Stärkung der KSZE-Institutionen und der Rolle der Sowjetunion im europäischen Rahmen, die auf einer KSZE-Gipfelkonferenz in Paris beschlossen werden soll, und *neuntens* die Ausweitung der deutsch-sowjetischen Wirtschaftsbeziehungen, die der Perestroika zugute kommen, was letztlich die Einhaltung vertraglicher Verpflichtung der DDR gegenüber der Sowjetunion impliziert.[562] Davon können fünf Garantien eigentlich nur von der Bundesregierung gegeben werden, nämlich Zusagen über die Begrenzung der Streitkräfte, die Fortdauer des ABC-Waffenverzichts, die Stationierung sowjetischer Streitkräfte in Deutschland für eine Übergangsperiode, der Verzicht auf die Gebiete jenseits der Oder-Neiße-Grenze und die Ausweitung der Wirtschaftshilfe.[563]
Während ihrer Gespräche vom 17. bis 19. Mai einigen sich Baker und Schewardnadse im Vorfeld des Gipfeltreffens über die Grundelemente eines START-Vertrages und auf eine gemeinsame Erklärung, in der „Übereinstimmung über die radikale Verringerung der (nuklearen) Offensivwaffen" festgestellt wird. Ungewiß ist weiterhin eine Vereinbarung über konventionelle Streitkräfte. Auf die von Baker unterbreiteten Sicherheitsgarantien geben Gorbatschow und Schewardnadse wenige konkrete Antworten. Sie akzeptieren einige Punkte, verlangen, die Truppenstärke Deutschlands schon bei den Zwei-plus-Vier-Gesprächen festzulegen und dann in die Wiener Verhandlungen einzufügen, verhalten sich aber in der Frage der NATO-Zugehörigkeit Deutschlands weiterhin ablehnend. Baker verläßt Moskau mit dem Eindruck, Gorbatschow und Schewardnadse fühlen sich in die Enge getrieben, sie sind Einwirkungen der Militärs ausgesetzt, vertrauen zwar Kohl und Bush und sind zeitweise zur Anerkennung der westlichen Forderung bereit gewesen, werden aber immer noch von Alpträumen ihrer historischen Erfahrungen und Erinnerungen geplagt.[564]
In den nächsten Tagen ist die Stimmung in Bonn zwischen Bundeskanzleramt und Auswär-

---

559 Zelikow/Rice, Germany Unified and Europe Transformed, 254–256.
560 Baker, The Politics of Diplomacy, 247–252, insbes. 250 f. Zelikow/Rice, ebd., 260–266, insbes. 263 f.
561 Genscher, Erinnerungen, 787 f. Teltschik, 329 Tage, 241 f. Kiessler/Elbe, Ein runder Tisch mit scharfen Ecken, 148 f.
562 Teltschik, ebd. Genscher, Erinnerungen, 787. Baker, The Politics of Diplomacy, 250 f. Zelikow/Rice, Germany Unified and Europa Transformed, 263 f.
563 Hutchings, American Diplomacy and the End of the Cold War, 128–131.
564 Baker, The Politics of Diplomacy, 251 f.

tigem Amt wieder einmal gereizt. Genscher hat aus dem „Spiegel" – der am 21. Mai mit dem Titelblatt „Kohls Machtrausch" und der Kopfzeile „In Eile zur Einheit" erscheint -[565] einiges über Teltschiks „Geheime Mission" in Moskau erfahren. Kohl sieht sich am Montag morgen veranlaßt, den Bundesaußenminister persönlich über die näheren Umständen der Reise zu unterrichten. Vorsichtshalber fragt der sowjetische Geschäftsträger in Bonn, Leonid Ussytschenko, abends bei Teltschik nach, was Schewardnadse denn Genscher über die Unterredungen des Abteilungsleiters in Moskau sagen könne. Dieser will natürlich den direkten Kontakt zwischen dem Bundeskanzler und dem sowjetischen Präsidenten nicht durch Verhandlungen Genschers an der Moskwa gestört sehen und kündigt ein Schreiben des Kanzlers in den nächsten beiden Tagen an. Es soll die Antwort auf die Kreditwünsche enthalten.

Nach Rücksprachen mit Röller und Kopper teilt Kohl am 22. Mai Gorbatschow mit, kurzfristig könnten ungebundene Kredite, für die die Bundesregierung eine Bürgschaft übernimmt, in Höhe von fünf Milliarden DM bei Privatbanken abgerufen werden. Das bedeutet für die Bundesregierung eine erhebliche politische Anstrengung, schreibt der Kanzler und scheut nicht davor zurück, gleich Gegenforderungen zu stellen. Er erwartet, daß die Sowjetunion bei den Zwei-plus-Vier-Verhandlungen „alles unternimmt, um erforderliche Entscheidungen herbeizuführen, die eine konstruktive Lösung der anstehenden Fragen ermöglichen". Im Klartext: Gorbatschow soll den Weg zur Einheit endgültig freimachen. Der Kanzler will eine Entscheidung noch in diesem Jahr und bietet seinerseits einen zusätzlichen Kooperationsvertrag zwischen der Sowjetunion und Deutschland an. Zwei weitere langfristigere Kredite stehen überdies im Rahmen der Europäischen Gemeinschaften und bei der Gruppe der 24 in Aussicht. Hierzu bietet der Kanzler seine Bereitschaft zu Sondierungen an.[566] Kohl konstruiert also ein *linkage* zwischen Krediten und der sowjetischen Zustimmung bei den Zwei-plus-Vier-Verhandlungen zur deutschen Souveränität und NATO-Mitgliedschaft Deutschlands. Er spielt auf der Klaviatur Gorbatschows, der – wie Kohl es ausdrückt – NATO sagt und in Wirklichkeit wirtschaftliche Unterstützung, Kredite und Transferzahlungen meint.

Am nächsten Tag unterrichtet der Kanzler Präsident Mitterrand und Premierministerin Thatcher in fast gleichlautenden Briefen über die Ergebnisse seiner Gespräche in Washington. Die deutsche Einheit kommt, lautet seine Botschaft. In drei bis vier Jahren sei die DDR als Teil Deutschlands ein blühendes Land. Die Zwei-plus-Vier-Verhandlungen müßten zügig fortgeführt werden. Die Frage der polnischen Westgrenze werde geregelt. Und über NATO-Strategie und Bündnisstruktur entscheide der Londoner Gipfel Anfang Juli. Die Lage in der Sowjetunion sei dramatisch, die Reform der Wirtschaft unabwendbar. Bush habe innenpolitische Schwierigkeiten wegen Litauen. Möglicherweise sei er gezwungen, sich gegen Hilfen für die Sowjetunion auszusprechen oder gar das Gipfeltreffen zu verschieben.[567] Geschickt stellt der Kanzler heraus, die Handlungsinitiative liege nicht in seinen Händen. Es komme ausschließlich auf die westliche Führungsmacht an, die Fortschritte im Wiedervereinigungsprozeß zu bestimmen.

Die dritte Verhandlungsrunde der Zwei plus Vier auf Beamtenebene am 22. Mai in Bonn läßt kaum Fortschritte erkennen. Dufourq, der französische Vertreter, hat ein Schema für ein Schlußdokument als Arbeitsgrundlage vorgelegt, das akzeptiert wird. Es besteht aus einer Politischen Erklärung in Form einer Präambel, Bestimmungen über die Grenzen Deutschlands, die Beendigung des Status der Alliierten in Berlin und die Ablösung der Viermächte-Rechte und -Verantwortlichkeiten. Außerdem ist der Hinweis enthalten, die Vier

565   „Geheime Mission", in: Der Spiegel (Hamburg). 44. Jg. Nr. 21. 21. Mai 1990, 16.
566   Nr. 284 Schreiben des Bundeskanzlers Kohl an Präsident Gorbatschow, 22. Mai 1990.
567   Nr. 286 Schreiben des Bundeskanzlers Kohl an Staatspräsident Mitterrand, 23. Mai 1990.

Mächte würden von dem deutsch-polnischen Vertrag und entsprechenden Änderungen des Grundgesetzes Kenntnis nehmen.

Die Sowjetunion besteht weiterhin mit Nachdruck darauf, Bestimmungen zum politisch-militärischen Status Deutschlands in das Schlußdokument aufzunehmen, und verlangt den freiwilligen Verzicht Deutschlands auf die Nutzung des Nuklearpotentials des Bündnisses. Die Westmächte lehnen in bekannter Manier jede Art von Singularisierung Deutschlands ab, weil dies dem KSZE-Prinzip widerspreche. Hinsichtlich der Grenzfrage weist die bundesdeutsche Delegation nach wie vor Garantien der Vier Mächte zurück. Unverändert ist das Ziel der Bundesregierung, die Zwei-plus-Vier-Gespräche von der Grenzdiskussion freizuhalten und die Teilnahme Polens auf ein unvermeidbares Minimum zu begrenzen. Kastrup schlägt dazu ein konkretes Prozedere vor: Zunächst sollen sich die beiden deutschen Staaten verständigen und dann das geeinte Deutschland eine Einigung mit Polen in einem völkerrechtlich verbindlichen Vertrag herbeiführen. Die Bundesregierung bietet eine Erklärung zu dem Territorium des vereinten Deutschland an, das aus der Bundesrepublik, der DDR und Berlin bestehen werde. Zudem ist sie bereit, eine Erklärung zur Kenntnis zu geben, der zufolge das vereinte Deutschland keine Gebietsansprüche mehr erhebt und auch in Zukunft nicht mehr erheben wird. Ferner bietet Kastrup die Abgabe einer Erklärung an, daß das Grundgesetz des vereinten Deutschland keine Verpflichtung mehr im Sinne der Präambel und der Artikel 23 und Artikel 146 enthält. Schließlich ist die bundesdeutsche Seite bereit, die Vereinbarungen mit Polen den Vier Mächten zur Kenntnis zu geben. Zu diesem Punkt, so wird vereinbart, will Kastrup ein Arbeitspapier dem nächsten Außenministertreffen der Zwei plus Vier vorlegen. Bondarenko kündigt seinerseits ein Papier über Sicherheitsvorstellungen an. Am Ende der Verhandlungen haben die Beamten immerhin eine Einigung über die Form der Beteiligung Polens erreicht.[568]

In dieser Phase muß die Bundesregierung nun ihr Versprechen hinsichtlich der beabsichtigten Erklärung des Deutschen Bundestages[569] einlösen. Denn das Ministerium für Auswärtige Angelegenheiten der DDR hat bei dem deutsch-deutsch-polnischen Expertengespräch am 29. Mai einen Vertragsentwurf eingebracht, den die polnische Seite als annehmbar bezeichnet. Der Entwurf der DDR sieht die Aufnahme von Verhandlungen vor Abschluß der Zwei-plus-Vier-Gespräche vor und stellt somit die Erklärungen der beiden deutschen Parlamente als einseitige Vorleistung dar. Der von der Bundesregierung ausgearbeitete Entwurf der Erklärung hingegen beinhaltet keine konstitutive Festlegung der Grenze, wie von Polen gewünscht, sondern allenfalls eine Beschreibung des Rechtszustandes. Auch ist nicht vorgesehen, die Grenzregelung zu einem Bestandteil der Friedensregelung zu machen, was letztendlich eine Rückkehr zum Potsdamer Abkommen bedeuten würde. Ein Bezug auf internationale Dokumente fehlt, außer der Grenzfrage soll keine weitere Regelung vorgenommen werden. Teltschik empfiehlt, an dem bundesdeutschen Entschließungsentwurf festzuhalten, weil darin der wesentliche Inhalt des künftigen Grenzvertrages zusammengefaßt ist. Die DDR-Regierung soll zuerst das Dokument erhalten, bevor es vertraulich den Westmächten zur Kenntnis gegeben wird.[570]

Kohl übermittelt de Maizière am 31. Mai den Entwurf und beschwert sich über das einseitige Vorpreschen des DDR-Außenministeriums, das ohne vorherige Rücksprache einen Entwurf in die Verhandlungen mit Polen eingebracht habe. „Angesichts dieser Vorgehensweise", bemerkt der Kanzler verstimmt, sehe er „erhebliche Schwierigkeiten in dieser Ange-

---

568 Nr. 285 Dritte Gesprächsrunde Zwei plus Vier auf Beamtenebene in Bonn, 22. Mai 1990.
569 Nr. 288 Vorlage des Ministerialdirigenten Hartmann an Bundeskanzler Kohl, 25. Mai 1990. Nr. 288A Entschließung, 25. Mai 1990.
570 Nr. 296 Vorlage des Ministerialdirektors Teltschik an Bundeskanzler Kohl, 30. Mai 1990. Nr. 296A Anlage 1 Entschließung, 30. Mai 1990. Nr. 296B Anlage 2 Entwurf Vereinbarung/Protokoll, 30. Mai 1990. Nr. 296C Anlage zu Anlage 2 Entwurf Note, 30. Mai 1990.

legenheit voraus".[571] Bei den Eins-plus-Drei-Gesprächen der Bundesregierung mit den drei Westmächten, in denen die westlichen Positionen für die Sechsmächte-Verhandlungen vorbereitet werden, argumentiert der französische Rechtsberater immer noch, Frankreich werde eine Zwei-plus-Vier-Vereinbarung nur unterzeichnen, nachdem ein Grenzvertrag unterschrieben und vom deutschen Parlament ratifiziert worden sei. Frankreich unterstützt also weiterhin das polnische Vorgehen und versucht, Sand in das Verhandlungsgetriebe zu streuen.[572]

Dennoch, der Kanzler ist sich jetzt seiner Sache ziemlich sicher. Gorbatschow werde der Mitgliedschaft Deutschlands in der NATO zustimmen und die deutsche Einheit daran nicht scheitern lassen, erklärt er Vertretern des amerikanischen Kongresses am 29. Mai.[573] Zum wiederholten Male beteuert Kohl, er zahle keinen Preis für die NATO-Mitgliedschaft. Der Frieden von Versailles 1919 habe Deutschland isoliert. Den Fehler hätten alle europäischen Nachbarstaaten erkannt.

Gleichwohl klingen Signale aus Paris nicht besonders ermutigend. Mitterrands Botschaft und sein Schreiben über das Gespräch mit Gorbatschow am 25. Mai in der sowjetischen Hauptstadt, die am 30. Mai im Kanzleramt eintreffen,[574] geben keinen Anlaß zur Hoffnung. Gorbatschow hat keine andere Position in der Frage des Verbleibs deutscher Truppen in der NATO bezogen als in den Gesprächen mit Baker. Seine Ablehnung sei nicht nur taktischer, sondern fester Natur, berichtet Mitterrand. Gorbatschow habe sich für eine Doppelmitgliedschaft Deutschlands in beiden Bündnissen ausgesprochen.

Die Mitteilung aus dem Elysée-Palast vermittelt den Eindruck, als habe sich Gorbatschows Haltung verhärtet. Über dessen Gründe läßt sich aus französischer Sicht nur spekulieren. Sie könnten innenpolitisch bedingt sein, um unter dem Strich mehr herauszuschlagen und sich so des Vorwurfs zu erwehren, er habe einen zu niedrigen Preis gefordert. Teltschik hingegen prophezeit, auf das große Kolonialreich Sowjetunion komme die Frage des Selbstbestimmungsrechtes zu. Die Institutionalisierung der KSZE – so wie Schewardnadse sie den Teilnehmerstaaten gegenüber vorgeschlagen hat[575] – könne für die Lösung des europäischen Krisenmanagements ein geeignetes Instrument sein, allerdings kein Ersatz für die NATO. Jedermann weiß aber: Alle Hilfeleistungen sind umsonst, wenn der sowjetische Führer mit seiner Politik der Perestroika den KPdSU-Parteitag politisch nicht überlebt. Wie aber ist es um seine Durchsetzungskraft bestellt? Eppelmann, mittlerweile Minister für Abrüstung und Verteidigung der DDR, habe von seinem Besuch am 8. Mai in Moskau den Eindruck mitgebracht, daß Gorbatschows Position „in höchstem Maße gefährdet" ist, berichet Bertele dem Kanzleramt. Schewardnadse habe „größte Mühen, die von ihm in Bonn eingenommene Linie zu Hause durchzusetzen" und Verteidigungsminister Jasow einzubinden. Wie sich die Militärführung verhält, wenn es zu Unruhen kommt, und ob bei einem Putsch sowjetische Einheiten in Polen und in der DDR nicht zerfallen und sich unterschiedlichen Gruppierungen anschließen, vermag niemand zu sagen.[576]

Dennoch: Die Sowjetunion benötigt Hilfe, die letztlich nur von Japan, Kanada, den Vereinigten Staaten und Europa kommen kann. Zudem werde die deutsche Einheit den europäischen Integrationsprozeß beschleunigen, weil die EG das Dach letztlich für alle Deutschen

---

571   Nr. 298 Schreiben des Bundeskanzlers Kohl an Ministerpräsident de Maizière, 31. Mai 1990.
572   Hutchings, American Diplomacy and the End of the Cold War, 387.
573   Nr. 291 Gespräch des Bundeskanzlers Kohl mit Vertretern der Studiengruppen über Deutschland des amerikanischen Kongresses in Bonn, 29. Mai 1990.
574   Nr. 294 Vorlage des Ministerialdirigenten Hartmann an Bundeskanzler Kohl, 30. Mai 1990. Nr. 295 Schreiben des Staatspräsidenten Mitterrand an Bundeskanzler Kohl, 30. Mai 1990.
575   Nr. 292 Vorlage des Ministerialdirektors Teltschik an Bundeskanzler Kohl, 29. Mai 1990.
576   Nr. 287 Fernschreiben des Staatssekretärs Bertele an den Chef des Bundeskanzleramtes, 25. Mai 1990.

sei. In dieser Situation brauche auch Europa die Konkurrenz Japans nicht zu fürchten, beruhigt Kohl den Ministerpräsidenten von Singapur, Lee Kuan Yew, am 31. Mai.[577]

Amerikanisch-sowjetischer Kompromiß

Zwischen dem 31. Mai und 3. Juni muß nun Bush bei dem Gipfeltreffen mit Gorbatschow in Washington und Camp David seine „Hausaufgaben" erledigen. Er soll die Schlüsselfrage der Bündnismitgliedschaft Deutschlands so weit wie möglich lösen und gleichzeitig Gorbatschow gegen innenpolitische Kritik abschirmen. Hat Kohl nicht schon im Februar in Camp David dem amerikanischen Präsidenten vorausgesagt, Gorbatschow werde mit der anderen Macht das Geschäft beim Gipfeltreffen abschließen?

Bush, so drängt der Kanzler am 30. Mai in einem Telefonat unmittelbar vor Beginn des Treffens, solle Gorbatschow klarmachen, daß der Bundeskanzler ohne jede Einschränkung zur NATO-Mitgliedschaft stehe und zudem der Westen nicht um die Ausnutzung sowjetischer Schwächen bemüht sei. Beide wissen genau: Jetzt müssen sie den Vorstoß wagen und Gorbatschow zu dem alles entscheidenden Zugeständnis bewegen. Zunächst spielt Bush die Erwartungen herunter und macht Kohl keine allzu großen Hoffnungen auf einen Durchbruch. Den werde es jetzt sicherlich in der deutschen Frage noch nicht geben. Denn in der Litauenfrage tun sich unverändert große Schwierigkeiten auf. Doch sagt Bush erneut zu, er werde deswegen Gorbatschow keine Probleme bereiten. Kohls Angebot zur Reduzierung der Höchstgrenze der deutschen Streitkräfte hält Bush im jetzigen Stadium für verfrüht.[578]

Gorbatschow reist offenbar mit der festen Absicht nach Washington, ein Stück der Handlungsinitiative in der Deutschlandpolitik durch die Vereinbarung einer Kompromißformel wieder zurückzugewinnen.[579] Letzten Endes will er bestimmen, wann Deutschland wiedervereinigt wird.

In ihrem ersten Gespräch am 31. Mai tasten sich Bush und Gorbatschow vorsichtig an das schwierige Thema heran. Zunächst stellen sie fest, Deutschland dürfe auch künftig für niemanden eine Bedrohung darstellen.[580] Bush wiederholt dann in dem zweites Gespräch am Abend die neun Sicherheitsgarantien, nachdem er sich zuvor nochmals mit dem Kanzler telefonisch abgesprochen hat.[581] Eine ausgefeilte Gesprächstaktik Bushs bringt schließlich einen Kompromiß zustande. Sein Ausgangspunkt ist der Rückbezug auf die KSZE-Schlußakte. Gorbatschow verfolgt dagegen den Ansatz der doppelten Bündnismitgliedschaft. Deutschland auszugrenzen und einen Sonderstatus zu verleihen, so argumentiert Bush, sei eine größere Gefahr für das Wiederauferstehen des deutschen Militarismus als die Einbindung in die westliche Allianz bei gleichzeitiger militärischer Präsenz amerikanischer Truppen in Europa. Gorbatschow hält Bush vor, ebenso Angst vor den Deutschen zu haben und vor einer Gefährdung des Friedens durch das wiedervereinigte Deutschland. Deshalb wolle Bush Deutschland vollständig in die NATO „zerren". Die Vier Mächte hätten ja mit ihren Mechanismen die Möglichkeit gehabt, den Wiedervereinigungsprozeß zu stoppen. Gorbatschow schlägt vor, Deutschland selbst entscheiden zu lassen. Bush bekräftigt seine Ausgangsthese, Deutschland dürfe keine besondere Stellung erhalten. Dann bezieht er sich auf die KSZE-Prinzipien, wonach jeder Staat das Recht habe, seine eigenen Bündnisse zu wählen. Gorbatschow bestätigt dies. Damit haben beide eine gemeinsame Plattform gefunden.

577 Nr. 297 Gespräch des Bundeskanzlers Kohl mit Premierminister Lee Kuan Yew in Bonn, 31. Mai 1990.
578 Nr. 293 Telefongespräch des Bundeskanzlers Kohl mit Präsident Bush, 30. Mai 1990.
579 Cherniaev, Gorbachev and the Reunification of Germany, 168.
580 Gorbatschow, Erinnerungen, 721 f.
581 Blackwill, Deutsche Vereinigung und amerikanische Diplomatie, 219.

Bush geht schließlich so weit und schlägt vor, wenn Deutschland nicht in der NATO bleiben wolle, stehe es ihm frei, einen anderen Weg zu wählen. Damit rückt er theoretisch von seiner Forderung der Westbindung Deutschlands ab und gibt – „rein hypothetisch" – zu, wenn sich die Bundesregierung weigere, in der NATO zu bleiben, und den Abzug der amerikanischen Truppen verlange, würden die Vereinigten Staaten das respektieren. Doch weiß Bush, daß diese Option für Bundeskanzler Kohl nicht in Betracht kommt. Gorbatschow regt die Formulierung an: Die Vereinigten Staaten und die Sowjetunion treten dafür ein, das vereinte Deutschland solle nach der endgültigen Regelung, „die die Ergebnisse des Zweiten Weltkrieges berücksichtigt, selbständig über die Mitgliedschaft in einem Bündnis entscheiden".[582] Damit wäre aber die NATO-Mitgliedschaft Deutschlands nicht festgeschrieben gewesen. Die beiden Mächte hätten der Bundesregierung die Entscheidung für oder gegen die NATO überlassen. Diese könnte dann möglicherweise von Gegnern der NATO-Mitgliedschaft in der deutschen Öffentlichkeit als Druckmittel gegen Kohls Westbindungspolitik benutzt werden. Das will Bush vermeiden. Er schlägt „eine etwas andere redaktionelle Fassung" vor, eine „weniger neutrale Formulierung", wie Baker später feststellt.[583] „Die Vereinigten Staaten" – von der Sowjetunion spricht Bush nicht – „befürworten unmißverständlich eine Mitgliedschaft Deutschlands in der Nato. Sollte Deutschland jedoch eine andere Wahl treffen, werden" die Vereinigten Staaten „sie respektieren".[584] Damit wird der Bundesrepublik nur noch die negative Entscheidungsoption belassen, weil die Kontinuität der NATO-Mitgliedschaft des vereinten Deutschland als solche nicht zur Disposition gestellt ist und mit großer Wahrscheinlichkeit eine innenpolitische Kontroverse über einen Austritt aus der NATO somit abgewendet wird. Gorbatschow stimmt dieser Formulierung zu. Damit hat er allerdings noch nicht sein definitives Einverständnis zur NATO-Mitgliedschaft Deutschlands gegeben.[585] Denn genaugenommen bezieht sich diese Formulierung nur auf die Vereinigten Staaten. Doch hat Bush sie als auch von Gorbatschow mitzutragende gemeinsame Position artikuliert. Ansonsten würde diese Feststellung keinen Sinn machen. Das wiederum bedeutet implizit Gorbatschows Zustimmung zur Mitgliedschaft des vereinten Deutschlands in der NATO. Ein wichtiger diplomatischer Durchbruch scheint erreicht!
Nach Einschätzung der Berater Bushs hat Gorbatschow aus verschiedenen Gründen in diese Formulierung eingewilligt. Zum einen wirkt die Realität der herannahenden Wiedervereinigung mittlerweile für sich. Der Zug ist nicht mehr aufzuhalten. Moskau steht in der Gefahr, den Anschluß zu verlieren. Diese Sorge ist damit abgewendet. Zum anderen ist Gorbatschow ein viel zu realistisch denkender Staatschef, als daß er seine Argumentationslücken nicht selbst erkannt hat. Er deutet seine Kompromißbereitschaft an, kann aber dem Kompromiß letztlich nicht vollends zustimmen, weil ihm die innenpolitischen Voraussetzungen dazu fehlen, solange der KPdSU-Parteitag seine Politik nicht abstützt. Schließlich ist die KSZE die lange Zeit von Moskau bevorzugte Sicherheitsinstitution in Europa. Als Bush diese Prinzipien seiner Argumentation zugrunde gelegt hat, ist Gorbatschow in die schwierige Lage geraten, diese Prinzipien nicht zurückweisen zu können.[586]
Am 1. Juni informiert Bush den Kanzler telefonisch über das Verhandlungsergebnis. Er verweist auf Gorbatschows Ansatz, Deutschland solle gleichzeitig Mitglied in beiden Bündnissen sein. Doch gehe es ihm mehr noch um eine Veränderung der gegen die Sowjetunion ge-

---

582 Wörtlich zitierte Passagen aus dem Gespräch: Gorbatschow, Erinnerungen, 722f. Baker (The Politics of Diplomacy, 253) zufolge sagt Gorbatschow, „die USA und die UdSSR sind einverstanden, daß Deutschland frei entscheidet, welchem Bündnis es sich anschließen möchte" nach Abschluß einer Zwei-plus-Vier-Vereinbarung.
583 Zu diesen Nuancen: Gorbatschow, ebd. Baker, ebd.
584 Bei Gorbatschow, ebd., lautet die Passage: „nicht dagegen einschreiten, sondern diese respektieren".
585 Wörtlich zitierte Passagen aus dem Gespräch: Gorbatschow, ebd., 722f. Tschernajew, Die letzten Jahre einer Weltmacht, 298.
586 Blackwill, Deutsche Vereinigung und amerikanische Diplomatie, 219.

richteten NATO-Strategie. Gorbatschow sei in der Bündnisfrage nicht festgelegt. Um so wichtiger werde der NATO-Gipfel sein und der Ausbau des Artikels 2 des NATO-Vertrages, der die politische Zusammenarbeit des Bündnisses beschreibt. Fast beiläufig erwähnt Bush dann, Gorbatschow habe „gewissermaßen zugestimmt" („kind of agreed"), Deutschland soll das Entscheidungsrecht haben, vollständiges Mitglied der NATO zu sein. Kohl hingegen erkundigt sich nach dem Stand der Verhandlungen über die Wirtschaftshilfe für die Sowjetunion. Bush bestätigt ihm, beide hätten zwar über das Handelsabkommen gesprochen, aber noch nicht über Kreditvorschläge. Die Diskussion darüber erwartet er während der anschließenden Gespräche in Camp David am nächsten Tag. Ausführlich bestätigt Kohl seine Position zur NATO-Frage und erklärt, warum er meine, die Bundesrepublik solle nicht noch einmal über die Möglichkeit des Bündnisaustritts diskutieren. Der Gesprächsaufzeichnung des Präsidentenmitarbeiters Hutchings nach zu urteilen, gewinnt Bush den Eindruck, der Kanzler habe den entscheidenden Punkt – Gorbatschows Konzession in der NATO-Mitgliedschaft Deutschlands – nicht verstanden. Deshalb fragt Bush den Kanzler direkt, ob er irgendwelche Probleme sehe zu sagen, nach der KSZE-Schlußakte hat Deutschland das Recht, sich zu entscheiden. Kohl billigt das, was Bush sagt, ist jedoch mehr mit den Wirtschaftsfragen beschäftigt. Bush unterbricht ihn erneut und betont, was Gorbatschow zu dem Entscheidungsrecht Deutschlands gesagt hat. Doch der Kanzler ist in diesem Moment mehr an den Wirtschaftsproblemen interessiert. Die Information kommt anscheinend für Kohl doch überraschend, so daß er wahrscheinlich auf Anhieb nicht zur Kenntnis nimmt, welch möglicherweise entscheidender Durchbruch in Washington gelungen ist.[587]

Alles in allem kann Gorbatschow mit seinen Verhandlungsergebnissen zufrieden sein. Er reist mit der Zusage Bushs ab, die NATO werde umgestaltet,[588] hat eine Vereinbarung über die Halbierung strategischer Waffen[589] und ein Handelsabkommen in der Tasche. Sein Vorschlag eines Abkommens zwischen dem Warschauer Pakt und der NATO wird von den westlichen Mächten geprüft.[590]

In einem ausführlichen Fernschreiben teilt Bush am 4. Juni dem Bundeskanzler die Ergebnisse des Gipfeltreffens mit.[591] Ein Schritt nach vorne sei getan. Gorbatschow habe keine Einwände gegen seine Erklärung auf der Pressekonferenz zur Frage der deutschen Bündnismitgliedschaft erhoben. Beide seien sich zwar nicht einig gewesen, daß ein vereintes Deutschland Mitglied der NATO sein solle. Doch habe Gorbatschow eingewilligt, die Frage der Bündniszugehörigkeit müsse in Übereinstimmung mit der Schlußakte von Helsinki von den Deutschen selbst entschieden werden. Je mehr der Westen Sicherheitsinteressen der Sowjetunion außerhalb der Zwei-plus-Vier-Verhandlungen entgegenkomme, desto größer sei die Chance, Gorbatschow zur Anerkennung der NATO-Mitgliedschaft Deutschlands zu bewegen. „Er muß wissen", so schreibt Bush wörtlich, „daß die volle NATO-Mitgliedschaft nicht zur Disposition steht, wir ihm aber in anderer Weise helfen können". Verschiedene Voraussetzungen seien notwendig. Bündnispolitisch müsse die NATO auf dem Gipfel in London „ein verändertes Gesicht" erhalten. Rüstungskontrollpolitisch sei die amerikanisch-sowjetische Erklärung zu den VKSE-Verhandlungen das Bekenntnis der Vereinigten Staaten zu einem KSE-Vertrag als Basis für die künftige europäische Sicherheit. Das verpflichte

---

587 Zelikow/Rice (Germany Unified and Europe Transformed, 280, 454) beziehen sich auf eine Gesprächsaufzeichnung über das Telefongespräch von Präsident Bush und Bundeskanzler Kohl am 1. Juni 1990, das Hutchings als Protokollant angefertigt hat. Ein Vermerk des Bundeskanzlers oder einer seiner Mitarbeiter über dieses Telefongespräch ist in der Registratur des Bundeskanzleramtes und in Akten, die sich im Geschäftsgang des Leiters des Persönlichen Büros des Bundeskanzlers befinden, nicht zu ermitteln gewesen.
588 Ebd., 457. Äußerungen von Michail Gorbatschow in Kuhn: Gorbatschow und die deutsche Einheit, 138f.
589 Gorbatschow, Erinnerungen 729f.
590 Genscher, Erinnerungen, 799.
591 Nr. 299 Fernschreiben des Präsidenten Bush an Bundeskanzler Kohl, 4. Juni 1990.

sozusagen zum beschleunigten Abschluß der Verhandlungen in Wien. Die Erklärung zur Reduzierung strategischer Waffen solle den START-Verhandlungen neuen Schwung geben. Von besonders großer Bedeutung sei für Gorbatschow das Handelsabkommen, das er als Erfolg mit nach Hause nehmen könne. Nichtsdestoweniger habe er Gorbatschow zu verstehen gegeben, Kredite und Wirtschaftshilfe hingen von sichtbaren Fortschritten in Litauen und der Kürzung sowjetischer Unterstützungen in Kuba, Vietnam und Kambodscha ab. Auch in persönlich gehaltenen Grüßen versichert der Präsident, daß sich beide über die „bevorstehenden historischen Sachverhalte einig sind".[592] Die Achse Bonn–Washington funktioniert ausgezeichnet. Deutsch-amerikanischer Gleichklang ist das ausschlaggebende Moment, weitere Veränderungen innerhalb der atlantischen Gemeinschaft durchzusetzen.

Routinemäßige Unterrichtungen der drei westlichen Botschafter durch den Kanzleramtschef Seiters büßen folglich von Mal zu Mal an politischem Gewicht ein. Erörtert werden meistenteils bereits exekutierte Entscheidungen und Einschätzungen zeitlicher Perspektiven, in denen sich die Wiedervereinigung vollziehen wird. Großen Einfluß oder weiterreichende Mitwirkungsmöglichkeiten haben die Botschafter nicht. Zentrale Fragen werden in direktem Verkehr der Regierungschefs miteinander verhandelt oder durch deren Berater vorentschieden. So befaßt sich diese Runde nur noch mit nachgeordneten Problemen wie die Formalitäten bei der Inkraftsetzung des Staatsvertrages und den von der Bundesregierung ins Auge gefaßten möglichen Zeitpunkt gesamtdeutscher Wahlen. Fragen der Botschafter, ob es ein Junktim zwischen dem KSZE-Gipfel und dem Wahltermin gebe oder ob der Westen nicht eine Politik des *fait accompli* betreiben solle, wenn Gorbatschow standhaft nein zur deutschen Einheit sagt, demonstrieren der Leitungsebene des Bundeskanzleramtes, wie weit deren Kenntnisstand hinter den aktuellen Diskussionen zwischen den Regierungszentralen herhinkt.[593] Über die Botschafter laufen in diesen Tagen hauptsächlich formale Vorgänge wie die Mitteilung über die Rücknahme der Vorbehaltsrechte der drei Westmächte vom 12. Mai 1949 hinsichtlich der Direktwahl Berliner Abgeordneter zum Deutschen Bundestag.

Fünf Tage nach dem amerikanisch-sowjetischen Gipfel fliegt Kohl schon wieder nach Washington. Er will den NATO-Gipfel vorbereiten und mit Bush über die wirtschaftliche Hilfe für die Sowjetunion sprechen. Im Mittelpunkt steht die Frage, was muß an der NATO-Strategie verändert werden, damit Gorbatschow zusätzliche Rückversicherungen erhält.[594] Die Außenminister haben darüber auf der Frühjahrstagung der NATO am 7./ 8. Juni in Turnberry ebenso beraten wie über die von Baker vorgetragenen neun Sicherheitsgarantien.[595] Deutsche und Amerikaner wollen nun die Bündnispartner auf ihre Position zur Wiedervereinigung festlegen.[596] Moskau soll ein politisches Signal erhalten: Die NATO ist zur Ausweitung und Vertiefung des politischen Meinungsaustausches bereit. Die im Kommuniqué erwähnten Ansatzpunkte beziehen sich auf Gespräche über die Beseitigung der Fähigkeit zu Überraschungsangriffen und raumgreifenden Offensivhandlungen, begleitet von einer Reihe weiterer vertrauensbildender Maßnahmen, die Berechenbarkeit, beiderseitiges Vertrauen und ein höheres Sicherheitsniveau anstreben.[597] Gorbatschow soll Argumente gegen konservative Dogmatiker in der Hand haben, die bislang jede Kooperation mit dem westlichen Bündnis geißeln.

Wichtigstes Moment ist die Frage der künftigen deutschen Truppenstärke. Derzeit hat die Bundeswehr einen Umfang von 480 000 Mann, kommt die Sollstärke der NVA hinzu, steigt

592   Nr. 303 Schreiben des Präsidenten Bush an Bundeskanzler Kohl, 7. Juni 1990.
593   Nr. 300 Gespräch des Bundesministers Seiters mit den Botschaftern der Drei Mächte in Bonn, 6. Juni 1990.
594   Nr. 305 Gespräch des Bundeskanzlers Kohl mit Präsident Bush in Washington, 8. Juni 1990.
595   Teltschik, 329 Tage, 260.
596   Blackwill, Deutsche Vereinigung und amerikanische Diplomatie, 220.
597   Genscher, Erinnerungen, 802–804. Kiessler/Elbe, Ein runder Tisch mit scharfen Ecken, 153 f.

die Zahl um 170 000 Mann. Kohl weiß, der Gesamtumfang kann nicht allein aus der Addition beider Armeen resultieren. Die Sowjets sprechen von einer Gesamtstärke von 200 000 bis 250 000 Soldaten und würden es gerne sehen, wenn sich die Deutschen schon jetzt im Vorgriff auf die VKSE-Nachfolgekonferenz (VKSE II) auf eine Obergrenze festlegen, obgleich sie keine Regelung im Rahmen der laufenden VKSE-Verhandlungen in Wien verfolgen. Die Frage löst aufgrund historischer Erfahrungen deutscher Soldaten vor Moskau bei den Sowjets „irrationale Ängste" aus.

Kohl spricht gegenüber Bush Überlegungen an, Gorbatschow einen Nichtangriffspakt zwischen der Sowjetunion und der NATO anzubieten. Auch dieser Vorschlag ist bereits in Turnberry diskutiert worden. Die Regierung Bush ist davon nicht begeistert. Sie will dem Warschauer Pakt keine zusätzliche Legitimation und Integrationskraft mehr verleihen und bevorzugt deshalb Verhandlungen mit einzelnen osteuropäischen Staaten. Dahinter steht unverändert die Furcht vor einer möglichen sowjetischen Forderung nach einem parallelen Truppenabzug aus Europa. Mit dieser Begründung kann der Kanzler auch elegant einen neuerlichen Vorstoß Bakers nach Verhandlungen über die nuklearen Kurzstreckenwaffen beiseite schieben. Er bittet, diese Fragen bis nach den Bundestagswahlen zurückzustellen. Seine Taktik ist, die Frage bis zum Abschluß des Einigungsvertrages herunterzuspielen. Ihm kommt es darauf an, den Druck auf gesamtdeutsche Wahlen, vornehmlich aus der DDR, aufrechtzuerhalten.

In ihrer Einschätzung der sowjetischen Deutschlandpositionen stimmen Bush und Kohl weitgehend überein. Die Sowjets wissen nicht, was sie wollen. Die Führungskräfte in Moskau neigen zu einer Politik der Improvisation, was dem Kanzler nur recht sein kann. Um so günstiger sind die Aussichten auf einen wirklichen Kompromiß. In den nächsten acht Wochen müssen seiner Ansicht nach die Dinge wirklich vorangebracht werden. Gorbatschow pokert, um sich zu Hause gegen den Vorwurf zu wehren, er verspiele die sowjetische Position in der Weltpolitik. Ob er den Parteitag übersteht, hängt nach Kohls Meinung wesentlich von der Wirtschaftsbilanz und der Nationalitätenfrage ab. Dankbar ist Kohl, daß Bush und Baker Gorbatschow auf dem Gipfeltreffen nicht gedemütigt haben.

Doch hat nicht nur die sowjetische Führungsspitze ihre Probleme mit den Deutschen. Premierministerin Thatcher bekommt am 7. Juni in Moskau von Gorbatschow mit keinem Wort mehr zu hören, die Zugehörigkeit Deutschlands zur NATO sei nicht akzeptabel.[598] Um so nachhaltiger hat sie die Schaffung europäischer Sicherheitsstrukturen betont[599] und offenbar begonnen, sich mit dem Gedanken eines wiedervereinigten Deutschland vertraut zu machen. Im Gegensatz zu Thatcher gelten die Vorbehalte der politischen Klasse in Frankreich in erster Linie dem wirtschaftlichen Einfluß Deutschlands und weniger seiner politischen Stärke. Bei den europäischen Verbündeten ist nach Kohls Einschätzung die Angst vor einer übermächtigen deutschen Wirtschaftskraft ein psychologisches Problem. Nicht ohne Stolz erwähnt er, Mitterrand habe ihm kürzlich gesagt: „Helmut, jetzt haben Sie alle Fäden in der Hand." Auf Bushs Frage, ob das Mitterrand nicht mit Sorgen erfülle, antwortet der Kanzler unmißverständlich mit nein. Allerdings muß Kohl zugeben, in den Unterton sei eine gewisse Resignation zu verspüren gewesen. Beiden ist klar, ein Ausscheren Deutschlands aus der NATO kommt auch aus diesen Gründen unter keinen Umständen in Betracht. Dann würde, so Kohl, die alte *Entente cordiale* zwischen Großbritannien und Frankreich wieder aufblühen.

Nach Rückkehr aus Washington erreicht den Kanzler am 9. Juni die Antwort Gorbatschows auf sein Schreiben vom 22. Mai. Der sowjetische Präsident bekräftigt sein Interesse an Krediten und läßt Bereitschaft zur Regelung der Zwei-plus-Vier-Fragen vor der KSZE-Gipfel-

---

598 Thatcher, Downing Street No. 10, 1114.
599 Gorbatschow, Erinnerungen, 746.

konferenz erkennen. Die angedeutete konstruktive Haltung der sowjetischen Seite kann eigentlich nur heißen, Gorbatschow hat sich in der Bündnisfrage nun zu einer Verständigung entschlossen. Damit öffnet sich eindeutig die Perspektive für eine umfassende Zusammenarbeit und einen deutsch-sowjetischen Vertrag.[600] Als Teltschik am 11. Juni den neuen sowjetischen Botschafter in Bonn, Terechow, empfängt, übergibt dieser die Abschlußerklärung der Warschauer-Pakt-Staaten vom 7. Juni, in der die Teilnehmer eine Revision des Bündnisses vereinbart haben und die Einbettung der Vereinigung Deutschlands in den gesamteuropäischen Sicherheitskontext fordern. Ungarn werde wohl das Bündnis verlassen, um Mitglied der NATO zu werden, bemerkt Terechow.[601] Offenkundig beginnt die sowjetische Führung, sich mit dem Zerfall ihres Bündnisses abzufinden. In gleichem Maße steigt ihr Interesse an einer direkten Verständigung mit der Bundesregierung.
Kohl bietet Gorbatschow am 12. Juni an, über alle anstehenden Fragen, insbesondere die im Bereich der Zwei-plus-Vier-Verhandlungen, zu sprechen. Für die Kreditfrage will er Lösungen einleiten. Zugleich bestätigt er die Einladung zu einer Begegnung in der zweiten Julihälfte in Moskau.[602] Kohls Engagement für Gorbatschow ist ein wichtiger Schlüssel, um Lösungen bei den außenpolitischen Fragen der Wiedervereinigung vorzubereiten. In einer Botschaft an die Staats- und Regierungschefs der EG-Mitgliedstaaten und der G-7-Staaten setzt sich der Kanzler nachdrücklich für eine Unterstützung der Sowjetunion ein.[603] Die deutsch-amerikanische Doppelstrategie – Moskau ein ganzes Paket an Sicherheitsgarantien offerieren und Gorbatschow mit Wirtschaftshilfe unterstützen, um seine Kompromißfähigkeit zu erhöhen – trägt erste Früchte.[604]
Offenbar steht die Sowjetunion wirtschaftlich vor dem Kollaps. Das läßt sich aus den beiden Schreiben Gorbatschows vom 14. und 15. Juni ablesen. Er will die deutsch-sowjetischen Beziehungen grundlegend verbessern[605] und drängt auf den Beginn von Verhandlungen über einen ungebundenen Finanzkredit binnen zwei Tagen. Gleichzeitig bekräftigt er sein Signal zur Kompromißbereitschaft. Zusätzliche Unterstützung erhofft er sich von den Ergebnissen des NATO-Gipfels, der über Perspektiven einer veränderten Bündnisstruktur in Europa entscheiden soll.[606] Das wiederum deckt sich mit der Einschätzung de Maizières, der Bush gegenüber in Washington erklärt, der Zusammenbruch der UdSSR sei kaum noch zu vermeiden.[607] Im übrigen hält der amerikanische Präsident den neuen Ministerpräsidenten der DDR für einen unerfahrenen Mann. Der Idee einer Pufferzone in Mitteleuropa, wie sie Außenminister Meckel am Rande der zweiten KSZE-Konferenz über die menschliche Dimension am 15. Juni in Kopenhagen vorgetragen hat, kann die amerikanische Administration nichts Positives abgewinnen. Und erst recht nicht dem Gedanken, Deutschland solle eine Brückenfunktion übernehmen, „um dabei zu helfen, die Sowjets, die Polen und auch die Tschechen zu beruhigen".[608]
Daß die Sowjetunion jetzt hauptsächlich an Zusagen für Wirtschaftshilfen und Krediten interessiert ist, belegen auch die deutsch-sowjetischen Konsultationen über die Klärung der Finanzfragen für die in der DDR stationierten Streitkräfte. Nach der dritten Gesprächsrunde zwischen Staatssekretär Lautenschlager und dem stellvertretenden Außenminister

600   Nr. 306 Schreiben des Präsidenten Gorbatschow an Bundeskanzler Kohl, 9. Juni 1990.
601   Nr. 307 Gespräch des Ministerialdirektors Teltschik mit Botschafter Terechow in Bonn, 11. Juni 1990.
602   Nr. 309 Schreiben des Bundeskanzlers Kohl an Präsident Gorbatschow, 12. Juni 1990.
603   Nr. 312 Botschaft des Bundeskanzlers Kohl an die Staats- und Regierungschefs der Mitgliedstaaten der Europäischen Gemeinschaften und der G-7-Staaten, 13. Juni 1990.
604   Nr 311 Vorlage des Majors i.G. Domröse an Ministerialdirektor Teltschik, 12. Juni 1990.
605   Nr. 316 Schreiben des Präsidenten Gorbatschow an Bundeskanzler Kohl, 15. Juni 1990.
606   Nr. 315 Schreiben des Präsidenten Gorbatschow an Bundeskanzler Kohl, 14. Juni 1990.
607   Nr. 313 Schreiben des Präsidenten Bush an Bundeskanzler Kohl, 13. Juni 1990.
608   Zelikow/Rice, Germany Unified and Europe Transformed, 289 f.

Obminskij am 19. Juni in Bonn schält sich ein zweites Finanzpaket in Milliardenhöhe heraus, das die sowjetische Seite vor der Wiedervereinigung abschließen will.[609] Ein zentrales Problem der Verhandlungen stellt die Finanzierung der in der DDR stationierten Westgruppe der sowjetischen Streitkräfte im zweiten Halbjahr 1990 nach der Währungsumstellung dar. Die DDR hat bislang der UdSSR jährlich 2,8 Milliarden Mark in bar gezahlt und dafür 500 Millionen Transferrubel für Energieimporte zu einem Kurs von 1:5,5 erhalten. Das bedeutet faktisch einen Kurs von 1:4,67 und somit eine hohe Subventionierung der sowjetischen Streitkräfte durch die DDR. Den mit der Bundesregierung bisher vereinbarten Umrechnungskurs für Transferrubel in D-Mark im Verhältnis 1:2,34 will die DDR nun für die Umrechnung mit der Sowjetunion durchsetzen. Die sowjetische Delegation lehnt das ab. Sie weist das Argument der bundesdeutschen Seite zurück, die höhere Kaufkraft der D-Mark gleiche den niedrigeren Kurs aus. Letztlich geht es um einen Betrag von 1,4 Milliarden DM, der zum 2. Juli zur Verfügung stehen muß.

Das zweite Problem betrifft den Umtausch der im Besitz der sowjetischen Soldaten befindlichen Bestände an Mark der DDR. Hier ist von einem Volumen von 600 bis 700 Millionen DDR-Mark auszugehen. Die sowjetische Seite ist mit der von der Bundesregierung äquivalent zu dem Umtauschkurs für die DDR angebotenen Regelung nicht einverstanden. Ihrer Meinung nach müßten die bis zum 31. Dezember 1989 vorhandenen Bankguthaben im Verhältnis 1:2 und ab dem 1. Januar 1990 im Verhältnis 1:3 umgetauscht werden. Die sowjetische Regierung will die Beträge in Höhe von 4000 bis 5000 DDR-Mark pro Person im Verhältnis 1:1 umtauschen und darüber hinaus einen Kurs von 1:2 akzeptieren. Diese Forderung geht vor allen Dingen auf die Moskauer Militärführung zurück. Auf Drängen der Bundesregierung macht die DDR zwei Konzessionen. Die „Feldbank", Bargeldbestände in Truppenkassen, wird als Bankguthaben betrachtet, und die Umstellung im Verhältnis 1:2 erfolgt ohne einen Stichtag.

In der dritten Verhandlungsrunde am 25. Juni erzielt Lautenschlager auf der am 20. Juni zwischen Kohl, Genscher, Waigel und Haussmann verabredeten Verhandlungslinie zwei Ergebnisse. Angehörige der sowjetischen Streitkräfte können ihre Guthaben im Verhältnis 2:1 umtauschen, und die Stationierungskosten werden im zweiten Halbjahr 1990 mit einem Betrag von 1,25 Milliarden DM finanziert und für die Sowjetunion Transferrubel im Umtauschkurs von 1:5,50 bereitgestellt. Die bundesdeutsche Delegation knüpft daran die Bedingung, daß diese Regelung ausschließlich für die zweite Jahreshälfte 1990 gilt und keine Präzendenzwirkung für die kommenden Jahre hat.[610]

NATO-Gipfelerklärung

In Moskau haben Gorbatschow und Schewardnadse das Signal von Turnberry verstanden. Sie erwarten vom NATO-Gipfel eine ähnlich wichtige Deklaration, wie sie die Warschauer-Pakt-Staaten verabschiedet haben. „Zusammen mit einer Begrenzung der deutschen Streitkräfte auf 350 000 bis 400 000 Mann könnte man", so faßt Genscher am 12. Juni gegenüber Kohl seine Eindrücke von dem Gespräch mit Schewardnadse in Brest zusammen, „die Bündnisfrage in unserem Sinne lösen". Genscher will die Begrenzung im Zusammenhang mit den Wiener Abrüstungsverhandlungen suchen.[611]

Am Rande der KSZE-Konferenz in Kopenhagen spricht Schewardnadse gegenüber dem Bundesaußenminister von der „Transformation der Bündnisse", auf die sich die Beteiligten

---

609 Nr. 320 Vorlage des Ministerialdirektors Teltschik an Bundeskanzler Kohl, 19. Juni 1990.
610 Nr. 329 Vorlage des Ministerialdirektors Teltschik an Bundeskanzler Kohl, 27. Juni 1990.
611 Genscher, Erinnerungen, 815.

verständigen könnten. Mit verbalen Winkelzügen versucht nun Schewardnadse, einerseits konservativen Kräften im eigenen Lager nachzuweisen, daß er alles unternimmt, den Westen von dem blockübergreifenden Ansatz für die sicherheitspolitische Einbettung Deutschlands zu überzeugen, was für Bonn und Washington inakzeptabel ist. Andererseits stimmt er Genscher zu – und rückt damit wieder von dieser Position ab –, als dieser unter Transformation eine neue Definition des Verhältnisses der Bündnisse zueinander versteht. Schewardnadse bestätigt, beide Seiten seien der Frage nach dem Status Deutschlands ausgewichen. Jedoch ist er bereit, einer Lösung der Höchststärke der deutschen Streitkräfte außerhalb der Zwei-plus-Vier-Verhandlungen zuzustimmen, wenn der Bundeskanzler oder der Bundesaußenminister eine öffentliche Erklärung vor Abschluß der Zwei-plus-Vier-Gespräche dazu abgeben. Somit würde vermieden, daß die Vier Mächte den Deutschen die Obergrenze diktieren und diese von ihnen als unzumutbare Bedingung empfunden wird.[612]

Schewardnadse versucht, geschmeidig zu taktieren, will im Vorfeld des Parteitags Sperrfeuer der orthodoxen Kritiker abwehren, wiewohl er sich im Grunde auf Einlenkkurs befindet. In dem Gespräch mit Baker reagiert er positiv auf den Neun-Punkte-Katalog. Auch Genscher ist nun klar, was Baker seit dem Gipfel mit Gorbatschow weiß und Bush dem Kanzler am 4. Juni schriftlich mitgeteilt hat: Die Sowjetunion wird mit hoher Wahrscheinlichkeit auf die westliche Position in der Bündnisfrage eingehen. „Moskau kommt über", sagt Genscher dem Bundeskanzler am Telefon.[613]

Am 18. Juni bringt Schewardnadse bei seinem Gespräch mit dem Bundesaußenminister in Münster ein Papier über vertragliche Beziehungen zwischen dem Warschauer Pakt und der NATO in die Diskussion, das er zuvor am 13. Juni Baker übergeben hat. Zugleich schlägt der sowjetische Außenminister aber vor, die Frage der Bündniszugehörigkeit Deutschlands zurückzustellen.[614] Die Allianzbeziehungen sollen künftig auf zwei Prinzipien beruhen: Ihre Mitglieder betrachten sich nicht mehr als Gegner, und sie schaffen bündnisübergreifende Strukturen und entwickeln die KSZE weiter. Die Mitgliedschaft in einem Bündnis soll kein Hindernis für die Mitgliedschaft in einem anderen Bündnis sein. Die Paktstaaten verzichten auf Gewaltanwendung, Territorialansprüche sowie den Ersteinsatz von Nuklearwaffen und erklären sich zur Abrüstung bereit bis hin zur vollständigen Abschaffung der Nuklearwaffen kürzerer Reichweite unter 500 Kilometer. Der Vorschlag wird in Zusammenhang mit der Wiedervereinigung Deutschlands gebracht. Die Zwei plus Vier sollen darüber verhandeln, und zwar anhand ganz konkreter Fragen wie die Festlegung einer Obergrenze für deutsche Streitkräfte, den ABC-Waffen-Verzicht Deutschlands, einen besonderen Status für das Territorium der DDR sowie den Aufenthalt sowjetischer Streitkräfte und ihr sukzessiver Abbau, der parallel mit den ausländischen Truppen in der Bundesrepublik reduziert werden soll. Nach außen hat es den Anschein, als haben die Sowjets ihre Idee, Deutschland blockübergreifend einzubinden, keineswegs aufgegeben. Dabei stellen sie genau jene Bedingung des gleichzeitigen alliierten Truppenrückzugs, die Bush befürchtet.[615] Außerdem trägt Schewardnadse erneut Überlegungen für eine Übergangsperiode bis zur Wiedervereinigung vor. Unter der Hand aber übergibt Sergej Tarassenko, Schewardnadses Planungschef, Elbe ein Papier, in dem von der Übergangsperiode nichts mehr steht. Zugleich versichert er, danach werde die sowjetische Seite verfahren. Die Sowjets spielen in dieser Phase also ein Doppelspiel, sagen nach außen etwas anderes als im hinteren Konferenzzimmer.

Im westlichen Bündnis konzentriert sich alles auf die Abfassung der NATO-Gipfelerklä-

---

612 Ebd., 816–818.
613 Ebd., 818. Kiessler/Elbe, Ein runder Tisch mit scharfen Ecken, 152.
614 Genscher, Erinnerungen, 821.
615 Teltschik, 329 Tage, 276f.

rung. Sie soll unter anderem als Vehikel dienen, der Sowjetunion das endgültige Ja zur NATO-Mitgliedschaft Deutschlands abzuringen. Der vom Internationalen Stab der NATO am 18. Juni vorgelegte Entwurf sieht eine kurze politische Botschaft mit fünf begleitenden Papieren vor. Sie beinhalten den KSZE-Gipfel einschließlich der Vorschläge zur Institutionalisierung, militärpolitische Fragen, in denen die Gültigkeit der fundamentalen Sicherheitsprinzipien hervorgehoben wird, die Rüstungskontrolle, die deutsche Einigung mit der vollen Souveränität Deutschlands, aber auch den nicht unproblematischen Hinweis auf eine Übergangszeit, in der keine NATO-Truppen und NATO-Einrichtungen auf das Gebiet der DDR vorgeschoben werden, und die Frage einer gemeinsamen Erklärung – nicht Vertrag – von NATO und Warschauer Pakt, in der vertrauensbildende Maßnahmen angesprochen, Block-zu-Block-Verhandlungen jedoch abgelehnt werden.[616]

Teltschik einigt sich am 18. Juni mit dem Ständigen Vertreter der Bundesrepublik bei der NATO, von Ploetz, über die deutschen Ziele der NATO-Gipfelerklärung. Bei KSZE-Fragen will die Bundesregierung die politische Zusammenarbeit durch regelmäßige Treffen der Staats- und Regierungschefs, der Außen- und Verteidigungsminister und der Generalstabschefs sowie durch Einrichtung eines Sekretariats stärken. Die sicherheitspolitische Zusammenarbeit soll mit einem Konfliktverhütungs- und Verifikationszentrum verbessert werden. Im Bereich der Rüstungskontrolle und Abrüstung ist die Bundesregierung bereit, zu den VKSE-Folgeverhandlungen eine allgemeine Absichtserklärung abzugeben, bei denen über Obergrenzen von Streitkräften einschließlich der deutschen Streitkräfte in Zentraleuropa verhandelt wird. Ein Minimum an nuklearen Waffen für substrategische Systeme soll erhalten bleiben. Als Rückfallposition kommt das erneute Verhandlungsangebot über amerikanische und sowjetische landgestützte nukleare Kurzstreckenwaffen in Betracht, aber eventuell auch ein einseitiger Verzicht auf nukleare Artillerie zu einem noch zu bestimmenden Zeitpunkt. Hinsichtlich der Militärstrategie ist der Ausgangspunkt die veränderte Risikoanalyse. Raumgreifende Offensiven und Überraschungsangriffe der Staaten des Warschauer Paktes sind mittlerweile praktisch ausgeschlossen. Die Erklärung soll sich daher nicht nur auf die Bereitschaft zur Strategieveränderung beschränken. Sie soll auch den veränderten strategischen Bedingungen Rechnung tragen. Überlegt wird, den Begriff der Vorneverteidigung zu ersetzen und dafür den Begriff einer Verteidigung an Grenzen von Bundesminister Stoltenberg einzuführen. Gleichfalls soll künftig nicht mehr von Abschreckung, sondern dem nuklearen Konzept der Rückversicherung die Rede sein. Überdies ist die politische Rolle des Bündnisses herauszuheben. Die Bundesregierung will sich auf keinen Fall in die Gipfelerklärung einen Hinweis hineinschreiben lassen, daß nur für eine beschränkte Übergangszeit NATO-Truppen nicht auf das Gebiet der DDR vorgeschoben werden dürfen. Schließlich gibt es noch eine formelle Differenz, ob die Erklärung etwas ausführlicher sein oder nur in einer kurzen Erklärung münden soll.[617]

Am 21. Juni übermittelt Bush zunächst dem Kanzler, Präsident Mitterrand, Premierministerin Thatcher, Ministerpräsident Andreotti und NATO-Generalsekretär Wörner den vom Nationalen Sicherheitsrat ausgearbeiteten Entwurf einer Gipfelerklärung. „Wir befinden uns in einer Zeit der Geschichtswende", schreibt Bush. Die Sowjetunion habe in diesem Jahr zu entscheiden, ob sie Deutschland als NATO-Mitglied hinnehmen will. Die NATO müsse ihrerseits nun kurz und unbürokratisch erklären, was sie wolle. Bush skizziert die Veränderung der Bündnisaufgaben in vier Punkten: *Erstens* die Verstärkung der politischen Aufgaben der NATO einschließlich des Verzichts auf den Ersteinsatz von Waffen, des Abschlusses eines Nichtangriffspakts mit den Mitgliedern des Warschauer Pakts und der Eröffnung

---

616   Nr. 318 Vorlage des Vortragenden Legationsrats Westdickenberg an Ministerialdirektor Teltschik, 18. Juni 1990.
617   Nr. 319 Gespräch des Ministerialdirektors Teltschik mit Botschafter von Ploetz und Vertretern des Auswärtigen Amtes in Bonn, 18. Juni 1990.

diplomatischer Missionen in Brüssel, *zweitens* der Wandel der Doktrin, *drittens* die Diskussion einer neuen NATO-Nuklearstrategie und *viertens* die Stärkung der KSZE. Bedenken erhebt Bush gegen eine gemeinsame Erklärung von NATO und Warschauer Pakt, um dem Eindruck der Gleichwertigkeit der Bündnisse entgegenzuwirken. Verhandlungen über eine solche Erklärung könnten sich über die Wiedervereinigung hinaus verzögern und in den Zwei-plus-Vier-Verhandlungen von der Sowjetunion als Druckmittel benutzt werden. Bush ist gewillt, Kohls Vorschlag eines Nichtangriffspaktes weiterzuverfolgen, unterstreicht aber mehr die Idee der Nichtaggression, über die mit den osteuropäischen Staaten einzeln verhandelt werden soll. Deutsche Obergrenzen will er nur im Rahmen einer europäischen Rüstungskontrolle akzeptieren, wenn in diese Rechnung die Offensivpotentiale eingehen. Die Überprüfung konventioneller Verteidigungspläne der NATO sollen ein Zeichen für die Abkehr von dem Konzept der Vorneverteidigung sein. Bush betont ferner die Bereitschaft zur Verteidigung des gesamtdeutschen Gebietes unter dem Schutz der Artikel 5 und 6 des NATO-Vertrages, womit das Gebiet der DDR automatisch entsprechend der Botschaft von Turnberry unter dem Schutz der NATO stünde. Hinsichtlich der SNF-Rüstungskontrollgespräche mit den Sowjets will Bush sich nicht festlegen. Damit hofft er, Kohl zu helfen, eine innenpolitische Debatte bis nach den Bundestagswahlen zu verschieben. Die Revision der Strategie der *flexible response* ist für ihn letztlich von dem Wandel der Beziehungen zur Sowjetunion und dem Abzug sowjetischer Streitkräfte abhängig. Auf jeden Fall werde das Bündnis nicht von der Ersteinsatzoption abrücken, da ansonsten der Westen konventionell der Sowjetunion unterlegen wäre. Die Flexibilität bei dem Einsatz von Atomstreitkräften als letzte Notwehr müsse gesichert sein. Außerdem scheint Bush bereit zu sein, neue Initiativen im KSZE-Rahmen zu unterstützen, insbesondere bei der Einrichtung eines Zentrums zur Konfliktverhütung und eines parlamentarischen Gremiums.[618]

Wenn es eine gewisse Phase der Uneinigkeit zwischen Bonn und Washington im Wiedervereinigungsprozeß gegeben hat, dann ist es in dieser letzten Juniwoche. Die Abteilung 2 des Kanzleramtes ist mit dem amerikanischen Entwurf keineswegs zufrieden. Ihrer Ansicht nach muß die Bedeutung des Wandels stärker herausgearbeitet werden. Die Erklärung soll ein unmißverständliches Angebot an die Bündnismitglieder sein und der Sowjetunion einen deutlichen Gewaltverzicht signalisieren. Problematisch ist vor allem die Verknüpfung von sowjetischem Truppenabzug und VKSE-I-Verhandlungen. Zudem ist die Koppelung des Abbaus nuklearer Artillerie an den Abzug der sowjetischen Truppen ebenso wenig akzeptabel wie der praktische Ausschluß einer Nullösung bei den SNF-Verhandlungen. Hinsichtlich der NATO-Strategie wollen die Mitarbeiter des Bundeskanzlers stärker die eigentlichen neuen Ziele in den Mittelpunkt rücken. Dagegen bedeuten die KSZE-Passagen und die Bereitschaft, das Konfliktverhütungszentrum und ein Verifikationszentrum aufzubauen, ein Einschwenken auf die deutschen Vorstellungen.[619]

Teltschik übersendet am 28. Juni Scowcroft den in verschiedenen Abschnitten ergänzten Entwurf,[620] in denen die Vorstellungen der Bundesregierung eingebaut sind. Zwei Tage später antwortet Scowcroft mit einem veränderten amerikanischen Entwurf.[621] Zwischen Bonn und Washington besteht nunmehr Übereinstimmung, die Gipfelerklärung zu einem politisch überzeugenden Dokument auszuarbeiten, das der sowjetischen Seite die Einrichtung einer diplomatischen Mission in Aussicht stellt und eine Einladung an Gorbatschow zur

618   Nr. 321 Fernschreiben des Präsidenten Bush an Bundeskanzler Kohl, 21. Juni 1990. Nr. 321A Entwurf: Gipfelerklärung, 21. Juni 1990.
619   Nr. 326 Vorlage des Oberstleutnants i.G. Ludwigs und des Vortragenden Legationsrats Westdickenberg an Ministerialdirektor Teltschik, 25. Juni 1990.
620   Nr. 330 Schreiben des Ministerialdirektors Teltschik an Sicherheitsberater Scowcroft, 28. Juni 1990. Nr. 330A Entwurf: NATO-Gipfelerklärung, 28. Juni 1990.
621   Nr. 335 Schreiben des Sicherheitsberaters Scowcroft an Ministerialdirektor Teltschik, 30. Juni 1990.

Teilnahme an einer NATO-Konferenz eröffnet. Außerdem stimmt das Kanzleramt einer NATO-Nichtangriffserklärung zu. Meinungsunterschiede bestehen weiterhin in der Frage eines wechselseitigen Gewaltverzichtsvertrags statt eines gemeinsamen Dokuments und bei der Festlegung einer Personalobergrenze gesamtdeutscher Streitkräfte, die Washington als verfrühte Konzession ansieht. Die Amerikaner befürchten, Gorbatschow könnte dieses „Geschenk" ohne Gegenleistung einstecken und für eine NATO-Mitgliedschaft Deutschlands noch weitere Zugeständnisse im Rahmen der Zwei-plus-Vier-Verhandlungen verlangen. Unproblematisch scheint es, die Details im Rahmen der VKSE-I-Verhandlungen auszuhandeln. Nach wie vor offen ist die Frage der nuklearen Artillerie und die Veränderung der Nukleardoktrin der NATO.

In der Frage der Reduzierung nuklearer Kurzstreckenwaffen hat der Kanzler die Unterstützung Mitterrands, der den amerikanischen Komuniquéentwurf weitgehend mitträgt.[622] Doch genauso wichtig wie der NATO-Gipfel sind für den Kanzler Fortschritte auf der europäischen Integrationsschiene. Am Nachmittag des 22. Juni trifft er sich mit dem französischen Präsidenten in Assmannshausen zu einer Schiffstour auf dem Rhein.[623] Beide wollen den Europäischen Ratsgipfel am 25./26. Juni in Dublin vorbereiten. Dabei besteht Einvernehmen in dem Ziel, eine Entscheidung über die Einberufung einer Regierungskonferenz zur Politischen Union herbeizuführen und den Termin für die Konferenz zu konkretisieren. Das Mandat dazu soll der Europäische Rat Ende Dezember 1990 unter italienischer Präsidentschaft erteilen.

Kohl nutzt die Gelegenheit und wirbt bei Mitterrand um Hilfe für die Sowjetunion und Osteuropa. Wenn der Westen nicht in einer Größenordnung von 15 bis 20 Milliarden Dollar Unterstützung leistet, könnten die Reformen schiefgehen. Das zu verhindern ist Aufgabe einer Entwicklungsbank für Osteuropa. Dann kommt der Kanzler auf das Thema Grenzen zu sprechen. Kohl fühlt sich von Polen mit der Forderung nach einem vorzeitigen Vertragsabschluß weiter unter Druck gesetzt. Er ist enttäuscht von der Haltung der polnischen Regierung, die kein Verständnis für die Deutschen und den Verlust ihrer Heimat zeigt. Viel Mühe hat es den Kanzler gekostet, am 13. Juni führende Vertreter der CDU/CSU-Bundestagsfraktion und den Flügel der Vertriebenenpolitiker auf die gemeinsame Entschließung des Deutschen Bundestages zur Oder-Neiße-Grenze einzuschwören. Für Kohl ist der Zeitpunkt eines Aktes der Ehrlichkeit herangereift. Daher verfährt er nach der Methode „Alles-oder-Nichts". Wer der Entschließung nicht zustimme, wo alle Welt die Anerkennung der Oder-Neiße-Grenze von der Bundesregierung verlange, solle ihm sagen, wie die Einigung Deutschlands anders erreicht werden könne, zumal es keinen Friedensvertrag geben werde, stellt er die CDU/CSU-Bundestagsfraktion vor die Alternative.[624] Am Ende erreicht Kohl endlich die angestrebte parteiinterne Unterstützung, auf die er fünf Monate lang systematisch hingearbeitet hat.

Dem ungarischen Ministerpräsidenten Antall, der ihn am 21. Juni aufsucht,[625] beteuert Kohl, er habe kein Junktim zwischen Grenzanerkennung und Reparationen hergestellt. Zudem sei es absurd, von Reparationen zu reden, wenn die Deutschen auf ein Viertel ihres alten Reichsgebietes verzichten. Antall bietet seine Vermittlung an. Kohls Unmut bekommt auch der stellvertretende polnische Ministerpräsident und Finanzminister Balcerowicz zu spüren.[626] Dieser reist mit der Absicht nach Bonn, für radikale Lösungen der polnischen Aus-

---

622 Teltschik, 329 Tage, 287.
623 Nr. 324 Gespräche des Bundeskanzlers Kohl mit Staatspräsident Mitterrand in Assmannshausen und auf dem Rhein, 22. Juni 1990.
624 Teltschik, 329 Tage, 270–272.
625 Nr. 322 Tischgespräch des Bundeskanzlers Kohl mit Ministerpräsident Antall in Bonn, 21. Juni 1990.
626 Nr. 323 Gespräch des Bundeskanzlers Kohl mit dem stellvertretenden Ministerpräsidenten und Finanzminister Balcerowicz in Bonn, 22. Juni 1990.

landsverschuldung zu werben. Sie würden Polen hindern, „auf die eigenen Füße zu kommen", sagt er dem Kanzler. Kohl soll zudem die polnischen Wünsche auf der G-7-Gipfelkonferenz in Houston anschneiden. Gute Beziehungen, so gibt Kohl seinem Gast zu verstehen, sind nicht nur eine Frage von Krediten. Die deutsch-polnische Grenze darf allerdings auch nicht zu einer Wohlstandsgrenze werden. Kohl sagt lediglich die Behandlung der Frage im Rahmen der EG und auf der Gipfelkonferenz zu – mehr nicht.

Vertraulich läßt der Kanzler gegenüber dem französischen Präsidenten durchblicken, er mißbillige den polnischen Grenzvertragsentwurf. Dieser beinhalte indiskutable Forderungen, nämlich die Änderung des Grundgesetzes und Eingriffe in die Vertriebenengesetzgebung. Mitterrand bescheinigt dem Kanzler daraufhin, er habe zu dieser Grenzproblematik eine sehr überzeugende Rede im Deutschen Bundestag gehalten. Kohl bekräftigt seine Bereitschaft zum Abschluß eines Vertrages nach der Wiedervereinigung, jedoch müsse Gorbatschow zunächst der NATO-Mitgliedschaft zustimmen und innerhalb von drei Jahren einen Abzug der sowjetischen Streitkräfte akzeptieren. Auch den Staatspräsidenten versucht der Kanzler nun von dem Nutzen eines Gewaltverzichtsabkommens zwischen dem Warschauer Pakt und der NATO zu überzeugen. Mitterrand sagt dem Vorschlag seine Unterstützung zu, wenn in der Substanz wirklich etwas verändert wird.[627] Doch das vermag noch niemand abzusehen.

Unterdessen bringen die Zwei-plus-Vier-Verhandlungen während des zweiten Außenministertreffens am 22. Juni in Berlin-Niederschönhausen[628] wenige substantielle Fortschritte. Die eigentliche Überraschung hat Schewardnadse parat. In einem Entwurf zu den Grundprinzipien für die abschließende Regelung, die ihm Vertreter der harten deutschlandpolitische Linie in Moskau ausgearbeitet haben,[629] schlägt er vor, die Viermächte-Rechte erst nach Ablauf von fünf Jahren nach der Wiedervereinigung außer Kraft zu setzen. In dieser Zeit soll die DDR weiterhin Mitglied des Warschauer Paktes und die Bundesrepublik Mitglied der NATO bleiben. Außerdem sollen sämtliche internationalen Verträge fortgelten. In den nächsten drei Jahren könnten Verhandlungen über die Reduzierung von Truppen um 50 v.H. vorgenommen werden. Als Obergrenze für die deutschen Truppen schlägt Schewardnadse ein Kontingent von 200000 bis 250000 Mann vor. Zusätzlich wird im sowjetischen Vertragsentwurf erneut die Forderung erhoben, die Legitimität der Besatzungsmaßnahmen einschließlich der Eingriffe in Vermögen und Grundeigentum anzuerkennen und keine Überprüfung durch deutsche Gerichte zuzulassen.[630] Derlei Bedingungen sind für die Bundesregierung „von der Sache her unannehmbar", vermerkt Teltschik in einer Vorlage an Kohl.[631]

DDR-Außenminister Meckel unterstützt die sowjetische Forderung,[632] der sich vor allem Baker widersetzt. Auch Dumas und Hurd warnen davor, zwischen der inneren und äußeren Entwicklung der Wiedervereinigung einen Zeitraum entstehen zu lassen. Die Außenminister billigen schließlich ein Prinzipienpapier zu den Grenzfragen und auch einen Gliederungsentwurf für die abschließende Regelung.[633] Sie verweisen dieses Papier an die Politischen Direktoren. Diese sollen die Diskussion fortsetzen und eine Liste jener Punkte erstel-

---

627 Nr. 324 Gespräche des Bundeskanzlers Kohl mit Staatspräsident Mitterrand in Assmannshausen und auf dem Rhein, 22. Juni 1990.
628 Nr. 325 Zweites Treffen der Außenminister der Zwei plus Vier in Berlin-Niederschönhausen, 22. Juni 1990.
629 Dazu auch Kwizinskij, Vor dem Sturm, 41–46.
630 Nr. 325C Anlage 3 Grundprinzipien für eine abschließende völkerrechtliche Regelung mit Deutschland, 22. Juni 1990.
631 Nr. 327 Vorlage des Ministerialdirektors Teltschik an Bundeskanzler Kohl, 26. Juni 1990.
632 Nr. 331 Vorlage des Ministerialdirektors Teltschik an Bundeskanzler Kohl, 28. Juni 1990.
633 Nr. 325A Anlage 1 Prinzipien für die Diskussion unter Tagesordnungspunkt 1, 22. Juni 1990. Nr. 325B Anlage 2 Eine vorläufige Gliederung für Elemente einer abschließenden Regelung, 22. Juni 1990.

len, über die keine Einigung zu erzielen ist. Auf der dritten Außenminister-Konferenz Mitte Juli in Paris wird dann Bilanz gezogen. Die Kernpunkte sind also immer noch unklar. Dumas fordert in einer Pressekonferenz erneut beide deutschen Staaten zu Verhandlungen mit Polen auf und kündigt an, die polnische Regierung müsse bei dem nächsten Treffen in Paris die Möglichkeit haben, sich zu dem Grenzpapier zu äußern.

Im Kanzleramt wird der Vorstoß Schewardnadses vor dem Hintergrund des bevorstehenden KPdSU-Parteitages gesehen und somit als innenpolitische Reaktion gewertet,[634] der nicht allzuviel Gewicht beizumessen ist. Aufgrund einer genauen Prüfung des neuen sowjetischen Forderungskatalogs ergibt sich die Schlußfolgerung: Es handelt sich hier um ein eilig zusammengestelltes Papier, das lediglich Maximalforderungen enthält und zu den bekannten Positionen keine Veränderungen aufweist. Das läßt auf die innenpolitische Zielrichtung schließen. Den konservativen Kräften im Apparat wie auch den Reformkritikern wird unmittelbar vor dem KPdSU-Parteitag die Aussichtslosigkeit demonstriert, diese Position bei den Westmächten durchzusetzen.[635] Teltschik rät daher dem Kanzler, sich erst gar nicht auf eine Einzeldiskussion der Vorschläge einzulassen.[636]

Das gilt auch für die Haltung gegenüber Polen. Ende Juni macht das Bundeskanzleramt uneinheitliche Stellungnahmen auf polnischer Seite zur Grenzfrage aus. Während Skubiszewski sich mehr flexibel und kompromißbereit zeigt, bleiben Mazowiecki und Geremek bei ihrer unnachgiebigen Haltung. Zwar fordert die polnische Regierung unverändert Grenzgarantien, doch ist Skubiszewski zu Verhandlungen in Form von Gesprächen bereit, die in endgültige Verhandlungen auch nach der Wiedervereinigung einmünden können. Außerdem besteht er nicht mehr auf dem polnischen Entwurf als Verhandlungsgrundlage. Mazowiecki hingegen will eine Vereinbarung vor der Wiedervereinigung und zusätzliche Garantien erreichen. Obschon aus Sicht des Kanzleramtes die Gefahr von Grenzgarantien durch die Vier Mächte beseitigt ist, wirkt die polnische Forderung immer noch als Störpotential, zumal das französische Außenministerium Polen zusehends unterstützt.[637] Kohl nutzt die Begegnung mit Mazowiecki während der Konferenz der europäischen Christdemokraten am 1. Juli in Budapest und wirkt nochmals auf ihn ein. Er bietet ihm zusätzlich verstärkte regionale Zusammenarbeit an,[638] um sein Mißtrauen zu schmälern. Mazowiecki zeigt schließlich Bewegung in der Frage des Zeitpunktes. Nunmehr ist die polnische Seite bereit, die trilateralen deutsch-deutsch-polnischen Gespräche soweit fortzuführen, daß zum Zeitpunkt der Wiedervereinigung Klarheit über den Vertragsinhalt besteht und anschließend nach der Vereinigung sofort ein Vertrag unterzeichnet werden kann.

Auf der Sitzung der Zwei plus Vier am 3./4. Juli verabschieden die Beamten eine sogenannte Inventurliste für die abschließende Regelung, in der die zu regelnden Punkte aufgeführt sind, und ein Papier zur Grenzregelung. Über die Inventurliste gehen die Meinungen noch erheblich auseinander. Während die sowjetische Seite sicherheitspolitische Fragen erörtern will, diese als Bestandteil in die abschließende Regelung aufzunehmen gedenkt und außerdem eine Übergangsperiode anstrebt, will die bundesdeutsche Delegation mit dem Entwurf einer Präambel in die nächste Außenminister-Konferenz gehen und auf diese Weise in substantielle Verhandlungen über die Prinzipien der Grenzfragen und die Ablösung der Viermächte-Rechte einsteigen. Jedoch kommen die Beteiligten in der Sache nur unwesentlich voran.

---

634 Nr. 327 Vorlage des Ministerialdirektors Teltschik an Bundeskanzler Kohl, 26. Juni 1990.
635 Schewardnadse, Die Zukunft gehört der Freiheit, 248–250. Kwizinskij, Vor dem Sturm, 46 f.
636 Nr. 327 Vorlage des Ministerialdirektors Teltschik an Bundeskanzler Kohl, 26. Juni 1990.
637 Nr. 332 Vorlage des Ministerialdirektors Teltschik an Bundeskanzler Kohl, 28. Juni 1990.
638 Teltschik, 329 Tage, 292 f.

Der polnische Vertreter, Sulek, der erstmals zeitweise an den Besprechungen teilnimmt, rückt dann von der Forderung nach förmlichen Vertragsverhandlungen vor der Wiedervereinigung ab und ist mit Gesprächen einverstanden, besteht aber darauf, zunächst ausschließlich einen Grenzvertrag abzuschließen, dem dann ein Kooperationsvertrag folgen soll. Dafür kündigt die bundesdeutsche Seite an, „auf ganzer Breite" über das deutsch-polnische Verhältnis sprechen zu wollen und auf dieser Grundlage „*nach* der Vereinigung *bald*" in Verhandlungen einzutreten.[639]

Zu dem Prinzipienpapier macht die polnische Delegation drei Ergänzungswünsche geltend. Zum einen möchte sie die Außengrenzen Deutschlands als Bestandteil einer europäischen Friedensregelung festschreiben, um damit den Wegfall des Friedensvertragsvorbehalts zu verdeutlichen. Zum anderen verlangt sie Änderungen des Grundgesetzes und die Anpassung von Rechtsvorschriften. Darüber hinaus soll der deutsch-polnische Vertrag mit der abschließenden völkerrechtlichen Regelung koordiniert werden. Die letzte Forderung ist Bestandteil der Note der polnischen Regierung vom 3. Juli als Antwort auf die Entschließung des Deutschen Bundestages vom 21. Juni.

Der Kanzler ist über die zögerliche Haltung der Polen verärgert. Enttäuschend ist für ihn vor allem die Reaktion der Polen auf die Resolution des Deutschen Bundestages und der Volkskammer. Am 13. Juli schlägt er Mazowiecki ein modifiziertes Verfahren für die Behandlung des Grenzproblems vor. Er ist bereit, einen auf die Grenzfrage beschränkten Vertrag abzuschließen, der sich in wesentlichen Teilen auf die Bundestagsentschließung stützen kann. Binnen drei Monaten nach Zusammentreten des gesamtdeutschen Parlaments, so verspricht der Kanzler, werde die gesamtdeutsche Regierung Polen einen entsprechenden Vertragsentwurf vorlegen. Darüber hinaus werde die Bundesregierung im Rahmen der Zweiplus-Vier-Verhandlungen eine Absichtserklärung dazu abgegeben. Eine direkte Verbindung zwischen der Herstellung der Souveränität Deutschlands und dem Abschluß des Grenzvertrages lehnt Kohl ab.[640] Die Erfolge auf dem NATO-Gipfel in London und beim G-7-Gipfel in Houston haben seine Position gestärkt.

Auf der Tagesordnung der NATO-Gipfelkonferenz am 5./6. Juli stehen vier Punkte: die politische Aufgabenstellung des Bündnisses, künftige Erfordernisse für die konventionelle Verteidigung, die Zukunft amerikanischer Streitkräfte in Europa und die gemeinsamen Ziele der Alliierten für die Zukunft der KSZE.[641] In den Verhandlungsunterlagen des Kanzlers[642] hat die Abteilung 2 die Kernfragen zusammengefaßt: das Verhältnis von NATO zu Warschauer Pakt, die Personalobergrenzen im Rahmen der VKSE-Konferenz in Wien, Nuklearstrategie und Nukleararartillerie sowie die KSZE.

Die Beratungen müssen auf eine Reihe von Fragen Antworten geben: Ist das Bündnis wandlungsfähig, und nutzt es seine Chance zu einer aktiveren Politik? Bietet die NATO eine Ankerwirkung für Deutschland? Wie ist es um die Koordinierung wirtschaftlicher und finanzieller Hilfen für die Sowjetunion und die Entwicklung der mittel- und osteuropäischen Staaten bestellt? Wie gestaltet sich das Verhältnis zum Warschauer Pakt? Und welche Rolle soll aus Sicht der NATO künftig die KSZE spielen?[643] Wenn der Prozeß der deutschen Einheit unumkehrbar und die Beziehungen der Staaten in Europa untereinander wirklich neu

---

639   Nr. 339 Sechste Gesprächsrunde Zwei plus Vier auf Beamtenebene unter Beteiligung Polens in Berlin-Niederschönhausen, 3./4. Juli 1990. Nr. 339A Anlage 1 Liste, 3./4. Juli 1990.
640   Nr. 349 Schreiben des Bundeskanzlers Kohl an Ministerpräsident Mazowiecki, 13. Juli 1990.
641   Nr. 344A Vorbemerkung, 5./6. Juli 1990.
642   Nr. 344 Gesprächsunterlagen des Bundeskanzlers Kohl für das Gipfeltreffen der Staats- und Regierungschefs der Mitgliedstaaten der NATO in London, 5./6. Juli 1990.
643   Nr. 344B Wirtschaftlich-finanzielle Hilfsmaßnahmen für die Sowjetunion, 5./6. Juli 1990. Nr. 344C Entwicklung in Mittel- und Osteuropa, westliche Hilfsmaßnahmen, 5./6. Juli 1990. Nr. 344D KSZE, 5./6. Juli 1990. Nr. 344E Gemeinsame Erklärung der Mitgliedstaaten von NATO und Warschauer Pakt, 5./6. Juli 1990.

gestaltet werden sollen,[644] bedarf es durchgreifender Erfolge bei der Rüstungskontrolle und Abrüstungspolitik sowie einer Überprüfung der NATO-Militärstrategie.[645]

Im Vorfeld wird intern heftig über die Obergrenze der deutschen Streitkräfte diskutiert. Die Bundesregierung muß mit einer klaren Vorstellung über die Höhe gesamtdeutscher Streitkräfte in die Verhandlungen mit den Bündnispartnern, aber auch gegenüber Moskau gehen. Kohl, Stoltenberg, Seiters und Teltschik sind zunächst am 2. Juli auf der Grundlage eines Papiers des Bundesverteidigungsministeriums prinzipiell übereingekommen, die Zahl aktiver Soldaten bei Land- und Luftstreitkräften des vereinten Deutschland von zwei Bedingungen abhängig zu machen: dem im Rahmen der Zwei-plus-Vier-Gespräche festzulegenden Abzug der sowjetischen Streitkräfte und der Bereitschaft der Sowjets, ihre Streitkräfte im westlichen Teil der UdSSR so weit zu reduzieren, daß sie weder für die Staaten Zentraleuropas noch für die NATO-Staaten ein unannehmbares Bedrohungsrisiko darstellen. Außerdem müßten die übrigen VKSE-Staaten bereit sein, für ihre Land- und Luftstreitkräfte Obergrenzen verbindlich festzulegen, um eine Singularisierung Deutschlands auszuschließen. Stoltenberg ist bereit, die Zahl aktiver Soldaten auf 395 000 Mann einschließlich der Marinesoldaten zu begrenzen und damit unter der magischen Grenze von 400 000 Mann zu bleiben. Der Kanzler legt sich jedoch noch nicht fest.[646]

Am nächsten Tag nehmen an den Gesprächen auch Genscher, Kastrup und Naumann teil. Kohl ist verärgert über Indiskretionen in der Presse, die über Meinungsverschiedenheiten zwischen Genscher und Stoltenberg berichten, was die Sowjetunion ausnützen könnte. Die Bundesregierung geriete dann möglicherweise so sehr unter Druck, eine Reduzierung der Bundeswehr hinzunehmen, „die faktisch die Wehrpflicht außer Kraft" setze. Im Grunde geht es wieder um das alte Thema: Was ist den westlichen Partnern bzw. der Sowjetunion zuzumuten? Kohl spricht sich für eine Zahl unter 400 000 Mann aus, für den Bundesaußenminister ist jede Zahl über 350 000 Mann zu hoch gegriffen und nicht durchsetzbar. Kohl hält ein Angebot von 350 000 Mann für zu gering. Unter Einbeziehung notwendiger Konzessionen läge dann die tatsächliche Zahl bei 280 000 Mann. Deshalb bevorzugt er, mit der Zahl von 400 000 Mann in die Verhandlungen zu gehen. Genscher beharrt jedoch auf 350 000 Mann. Das Gespräch endet ohne Einigung. Kohl will selbst mit Gorbatschow über die Zahl verhandeln.[647]

Entsprechend hart wird auch in London über die Formulierung zu den konventionellen Streitkräften in Europa im Zusammenhang mit den VKSE-Verhandlungen gerungen. Die Erklärung von London signalisiert die Bereitschaft der NATO zum Wandel, bekräftigt die Rolle der Vereinigten Staaten in Europa, stellt eine Überprüfung der Nuklearstrategie in Aussicht, enthält die Aufforderung an die Warschauer-Pakt-Staaten, sich dem Nichtangriffsversprechen der NATO anzuschließen und betont die Bereitschaft der Bundesrepublik, mit Paraphierung des VKSE-Vertrages eine verbindliche Aussage zur Höhe der künftigen deutschen Streitkräfte zu machen. Die KSZE soll weiterhin institutionalisiert werden. Damit haben die Amerikaner Block-zu-Block-Vereinbarungen abgewehrt und auf elegante Weise in den größeren Rahmen der KSZE übergeleitet.

Die Reihe der Gipfelverhandlungen wird nur wenige Tage später mit dem Weltwirtschaftsgipfel in Houston fortgesetzt. Am Rande des Treffens stimmen Teltschik und Scowcroft die Verhandlungslinie für den Moskau-Besuch des Kanzlers ab. Die Festlegung der Obergrenze soll von dem vollständigen Abzug sowjetischer Streitkräfte aus der DDR abhängig gemacht werden. Kohl sagt auf dem Gipfel Bush zu, die Obergrenze von 370 000 Mann für die deut-

---

644 Nr. 344F 2+4-Gespräche, 5./6. Juli 1990. Nr. 344G Fortgang des deutschen Einigungsprozesses, 5./6. Juli 1990.
645 Nr. 344H Rüstungskontrolle und Abrüstung, 5./6. Juli 1990. Nr. 344I NATO-Militärstrategie, 5./6. Juli 1990.
646 Teltschik, 329 Tage, 293.
647 Ebd., 294–296.

schen Streitkräfte zu akzeptieren.[648] Damit wird der Druck auf die Sowjets aufrechterhalten, und – was die Amerikaner noch mehr interessiert – es wird einer Koppelung des sowjetischen und amerikanischen Truppenabzuges vorgebeugt. Wenn Gorbatschow die volle NATO-Mitgliedschaft Deutschlands dem Kanzler anbietet, kann dieser im Gegenzug die Festlegung der Obergrenze versprechen.[649]

In den Gipfelgesprächen geben sich Kohl, Genscher, Waigel und Haussmann alle Mühe, Finanzhilfe für die Sowjetunion zustande zu bringen. Kohls Hinweis auf den deutschen Fünf-Milliarden-DM-Kredit beeindruckt die übrigen Staaten wenig, denn alle Beteiligten wissen, daß ein Kredit von 15 Milliarden DM erforderlich ist.[650] Unterstützung erfährt Kohl teils von Mitterrand und Andreotti.[651] Bush macht Wirtschaftshilfe von der Durchsetzung marktwirtschaftlicher Reformen und der Einbindung in die Weltwirtschaft abhängig. Damit ist der Kanzler nicht zufrieden. Es ist keine Antwort auf die Bitte Gorbatschows an die G-7-Staaten um Hilfe, wenn diese sich auf technische Unterstützung beschränkt. Gorbatschow braucht Erfolg – darüber sind sich alle einig. Doch ohne Zusagen an die Sowjetunion kann auch der Kanzler nicht erfolgreich in Moskau über die deutsche Einheit verhandeln. Schließlich ergeht sich die Erklärung der Sieben weitgehend in Absichtsbekundungen, den Reformprozeß in der Sowjetunion zu unterstützen. Kredite gewähren aber nur jene Staaten, die jetzt schon dazu in der Lage sind. Das heißt im Klartext: Den größten Anteil an finanzieller Unterstützung kann Gorbatschow nur vom Bundeskanzler erwarten.

Kompromisse in Moskau und Archys

Der Verlauf des 28. KPdSU-Parteitags ist die Nagelprobe, ob Gorbatschow politisch mit seinem Reformkurs überlebt und genügend Macht behält, die wichtigen deutschlandpolitischen Entscheidungen zu treffen. Teltschik sieht auf die sowjetische Innenpolitik eine konservative Bugwelle zurollen. Verschiedentlich werden Zweifel an Gorbatschows Refomfähigkeit und Reformwilligkeit laut. Die Führungsspitze muß sich mit den Konservativen auseinandersetzen und sie politisch niederringen. Allem Anschein nach, so bewertet Teltschik die Lage, wolle Gorbatschow die Entscheidung. Entweder trügen die Kritiker die notwendigen Reformen mit oder Gorbatschow verwirke seinen Anspruch auf die Führungsrolle. Wenn die Macht auf staatliche Institutionen beschleunigt verlagert werde, sei die Abspaltung progressiver Kräfte nicht ausgeschlossen. Gorbatschow werde auch künftig mit dieser ambivalenten Situation zu kämpfen haben. Seine Stellung und Durchsetzungskraft „für eine konsequente Reformpolitik nach innen und eine dem ‚Neuen Denken' verpflichtete Außenpolitik" bleiben „auf absehbare Zeit" eingeschränkt, meint der Abteilungsleiter.[652] Auch wenn der Westen Gorbatschow helfe, so bleibe seine innenpolitische Position auf absehbare Zeit dennoch instabil. Wie desolat Zahlungsbilanz und Liquidität der Sowjetunion sind, belegt das Schreiben von Bundesfinanzminister Waigel am 13. Juli. Der von der Bundesregierung verbürgte Fünf-Milliarden-DM-Kredit ist bereits in vollem Umfange abgerufen worden.[653] Um so wichtiger ist es, jetzt Kompromisse auszuhandeln. Kohls zweites Zusammentreffen mit Gorbatschow am 15./16. Juli soll den endgültigen Durchbruch bringen.

---

648   Blackwill, Deutsche Vereinigung und amerikanische Diplomatie, 221.
649   Teltschik, 329 Tage, 307.
650   Genscher, Erinnerungen, 829 f.
651   Teltschik, 329 Tage, 306 f. Genscher, Erinnerungen, 829. Attali, Verbatim III, 533–538.
652   Nr. 340 Vorlage des Ministerialdirektors Teltschik an Bundeskanzler Kohl, 4. Juli 1990.
653   Teltschik, 329 Tage, 316.

Auf dem Flug nach Moskau stimmen Kohl und Genscher ihre Verhandlungslinien ab. Immer noch streiten sie über die künftige Obergrenze der deutschen Armee.[654] Auf einem Zettel listet der Kanzler die Gesprächspunkte auf: volle Souveränität für das vereinigte Deutschland, Zugehörigkeit zur NATO, verbindliche Absichtserklärung zur drastisch verringerten Mannschaftsstärke der gesamtdeutschen Streitkräfte als Beitrag zu den Wiener Abrüstungsverhandlungen, langfristig umfassender Vertrag zwischen dem vereinigten Deutschland und der Sowjetunion, daneben Abwicklungsvertrag über den Abzug der sowjetischen Truppen aus dem Gebiet der DDR, Übergangsregelungen für 1990 und außenwirtschaftliche Regelungen ab 1991.[655] Zu klären ist *erstens* der genaue Umfang der deutschen Streitkräfte zwischen 350 000 und 400 000 Mann, *zweitens* das Ausmaß der deutschen Finanzhilfen, *drittens* die Dauer des Verbleibs sowjetischer Truppen auf deutschem Boden und *viertens* die Stationierung und der Status deutscher Streitkräfte auf dem Gebiet der DDR.[656]
Noch am Abend vor der entscheidenden Verhandlungsrunde wirkt Falin in einem langen Telefonat auf Gorbatschow ein, damit dieser dem Kanzler fünf Zugeständnisse abringt. Gorbatschow soll im Falle der Wiedervereinigung keinen „Anschluß" der DDR an die Bundesrepublik zulassen, das heißt keine Übernahme des staatlichen und gesellschaftlichen Systems der Bundesrepublik, die Mitgliedschaft Deutschlands in der NATO ablehnen, einen Verzicht auf die Stationierung von Atomwaffen auf dem Territorium Deutschlands erwirken, die Regelung des Abzugs sowjetischer Streitkräfte vorher und nicht im nachhinein vereinbaren[657] und die Wiedervereinigung auf dem Wege des Artikels 23 Grundgesetz zurückweisen.[658] Doch Gorbatschow läßt sich von Falin nicht mehr beeinflussen.
Als am 15. Juli morgens um 10 Uhr Kohl und Gorbatschow im Gästehaus des Außenministeriums, einer ehemaligen Villa des Moskauer Textilfabrikanten Morosow, ihre Verhandlungen beginnen, sind wiederum nur Teltschik, Tschernajew und zwei Dolmetscher anwesend. Geschichtsträchtig beginnt der Kanzler die Unterredung. Bismarck habe gesagt, man müsse den „Mantel der Geschichte" ergreifen. Nichts anderes hat Kohl im Sinn. Er will in Moskau Geschichte schreiben. Gorbatschow reagiert gelassen und in entspannter Stimmung. Auf dem Parteitag habe er einen hohen Einsatz gewagt und schließlich am Ende gewonnen, antwortet er. Nun befindet er sich in einer einzigartigen Machtsituation wie vor ihm nach dem Ende des Zweiten Weltkriegs kein anderer sowjetischer Parteichef. Der Parteitag, so deutet er dem Kanzler an, gehöre zu den vier wichtigsten der Partei überhaupt.
Als erstes bietet der Kanzler nun erneut einen großen Vertrag mit der Sowjetunion an.[659] Zugleich bestätigt er den geplanten Termin für die ersten gesamtdeutschen Wahlen am 2. Dezember und erinnert an vier bereits erbrachte „Vorleistungen" der Bundesregierung: die Lebensmittelaktion im Januar/Februar 1990, den Fünf-Milliarden-DM-Kredit im Mai, die großzügige Regelung des Umtauschkurses für die sowjetischen Streitkräfte in der DDR im zweiten Halbjahr 1990 und schließlich die Zusage, die Lieferverpflichtungen der DDR gegenüber der Sowjetunion einzuhalten. Alle Übereinkommen sind ohne größere Verhandlungen zustande gekommen. Damit hat die Bundesregierung der sowjetischen Seite einen erheblichen Vertrauensvorschuß entgegengebracht.
Dafür erwartet Kohl auf drei Feldern klare Vereinbarungen: über den Rückzug der sowjetischen Truppen, über die NATO-Mitgliedschaft Deutschlands und über deren volle Souveränität zum Zeitpunkt der Einheit. Diese Forderungen will er mit drei Gegenleistungen ho-

---

654 Genscher, Erinnerungen, 831. Teltschik, 329 Tage, 317 f.
655 Klein, Es begann im Kaukasus, 35 f.
656 Genscher, Erinnerungen, 831.
657 Dazu Falin, Konflikte im Kreml, 190–204, Wortlaut seines „schriftlichen Appells" an Michail Gorbatschow 192–198. Äußerung von Valentin Falin in: Kuhn, Gorbatschow und die deutsche Einheit, 145 f.
658 Äußerung von Nikolai Portugalow in: Kuhn, ebd., 147; Äußerung von Valentin Falin, ebd., 160 f.
659 Nr. 350 Gespräch des Bundeskanzlers Kohl mit Präsident Gorbatschow in Moskau, 15. Juli 1990.

norieren: zum einen unter Berücksichtigung bereits erbrachter Leistungen mit der Zusage weiterer finanzieller Hilfe, zum anderen mit der Festlegung einer Obergrenze der gesamtdeutschen Streitkräfte und mit der Unterstützung eines umfangreichen bilateralen Vertrages. Bei alledem ist für den Kanzler eines wichtig: Die Vereinigten Staaten und die westlichen Bündnispartner hegen kein Mißtrauen gegenüber der deutsch-sowjetischen Annäherung.

Besonders groß ist Gorbatschows Interesse an dem Abschluß eines bilateralen Vertrages. Dazu übergibt er dem Kanzler einen entsprechenden Entwurf.[660] Kohl überreicht eine Punktation. Beide sind sich einig, die Außenministerien nicht zu involvieren. Teltschik und Tschernajew sollen die Arbeiten fortsetzen.[661]

Der erneute Hinweis des Kanzlers auf sein Angebot an Mazowiecki zum Abschluß eines Grenzvertrages vor der Reise nach Moskau macht Gorbatschow klar: Dieses Angebot ist „wasserdicht" und „eindeutig", also nicht mehr verhandelbar. Kohl wird sich da nicht bewegen. Gorbatschow zählt nun seinen Forderungskatalog für die Wiedervereinigung auf. *Erstens,* die Festlegung des Territoriums in den Grenzen der Bundesrepublik, der DDR und Berlins als Gesamtdeutschland, *zweitens* der ABC-Waffenverzicht, *drittens* keine Ausdehnung der militärischen Strukturen der NATO auf das Territorium der DDR einschließlich einer Übergangsregelung für die Präsenz sowjetischer Truppen und *viertens* die Ablösung der Viermächte-Rechte.

In einigen Punkten kommen sich Kohl und Gorbatschow bereits in diesem ersten Gespräch entgegen. Sie stimmen überein, Deutschland soll die volle Souveränität im Zuge der Einigung erhalten. Voraussetzung ist für Gorbatschow: Es werden keine NATO-Strukturen auf DDR-Gebiet ausgedehnt, und es kommt zu einer Übergangsregelung. Gorbatschow konzediert zunächst die Mitgliedschaft Deutschlands in der NATO und fordert dann, es dürfe keine Ausdehnung des Geltungsbereiches des NATO-Vertrages geben, solange in der DDR sowjetische Streitkräfte stationiert wären. Damit verlangt er im Grunde vorübergehend einen Verzicht auf Artikel 5 und 6 des NATO-Vertrages für das Territorium der DDR. Dieses Gebiet würde nicht unter den Schutz des Bündnisses fallen, in Deutschland demzufolge für einen gewissen Zeitraum ein zweigeteilter Sicherheitsstatus gelten. Kohl spricht dann die sofortige Ablösung der Viermächte-Rechte als Ergebnis der Zwei-plus-Vier-Verhandlungen an, die durch einen Vertrag ratifiziert werden müßten, und bietet einen Aufenthalt sowjetischer Truppen für die Dauer von drei bis vier Jahren an. Gorbatschow geht darauf ein und meint, eine Truppenpräsenz sei auch bei voller Souveränität möglich. Der Kanzler weist aber auf die Notwendigkeit hin, Deutschland als Ganzes müsse Mitglied der NATO bleiben, und fügt hinzu, NATO-Truppen würden auf dem Gebiet der DDR nicht stationiert. Gorbatschow besteht darauf, das Territorium der DDR solle nicht zum Wirkungsbereich der NATO gehören. Außerdem fordert er ein Wohnungsbauprogramm für die Soldaten, da seine Regierung erhebliche Probleme der Unterbringung bei deren Rückführung habe. Der Kanzler zeigt dafür Verständnis. Ganz offensichtlich hat die sowjetische Seite beim Abbau der Truppenpräsenz wirkliche Probleme. Verständnis bringt Kohl ebenso für die Forderung nach Verzicht auf ABC-Waffen auf, weil damit auch die Machtbalance zwischen Deutschland und Frankreich gewährleistet bleibt. Allerdings spielt er die Bedeutung der Atomwaffen erneut herunter und fragt, was sie heute noch wert seien. Für ihn hätten die Nuklearwaffen in Zukunft weit weniger Bedeutung als Fragen der wirtschaftlichen Entwicklung und der Technologie.

---

660   Nr. 351 Überlegungen zum Inhalt eines Vertrages über Partnerschaft und Zusammenarbeit zwischen der Union der Sozialistischen Sowjetrepubliken und Deutschland, 15. Juli 1990.
661   Tschernajew, Die letzten Jahre einer Weltmacht, 305. Äußerung von Anatoli Tschernajew in: Kuhn, Gorbatschow und die deutsche Einheit, 151.

Der Aufzeichnung Teltschiks zufolge ist es alles in allem ein gelungener Gesprächsauftakt. Anscheinend hat Gorbatschow zu keinem Punkt unüberwindbare Gegenwehr gezeigt. Eine Gesprächspassage ist jedoch nicht festgehalten worden. Der Kanzler erzählt abends im Kreise der deutschen Delegation, es habe am Morgen eine durchaus schwierige Situation gegeben.[662] Gorbatschow hat wohl einen letzten Versuch gestartet und Kohls Standfestigkeit in der Frage der NATO-Mitgliedschaft getestet. Als der Kanzler daraufhin verdeutlicht, ansonsten verzichte er lieber auf die Einheit, ist Gorbatschow klargeworden, daß er nichts würde einhandeln können, wenn er auf den Austritt Deutschlands aus der NATO bestünde.[663] Zugleich dient wohl die Antwort Kohls Gorbatschow als Beleg zur Abwehr von Vorwürfen seiner orthodoxen Kritiker, eine andere Regelung sei möglich gewesen.

Im anschließenden Delegationsgespräch streicht Gorbatschow noch einmal die innenpolitischen Schwierigkeiten heraus und betont, er habe sich den Ultrarechten und Ultralinken erwehren müssen, um Gefahren abzuwenden. Immerhin habe der Parteitag einen Aktionsplan zur Einführung der Marktwirtschaft verabschiedet und Ministerpräsident Ryschkow mit der Vorlage eines Entwurfes beauftragt. Eine zweite große Entscheidung sei in Form des Beschlusses über die Reform des Allunionsvertrages gefaßt worden.

Kohl hingegen drängt unverhohlen auf Entscheidungen. Er unterstützt Gorbatschows Position, der sich auch die G-7-Staaten beim Gipfel in Houston angeschlossen hätten. Der Westen wolle den Erfolg der Reformpolitik. Der Kanzler kann nun auf die Weichenstellung beim NATO-Gipfeltreffen in London zugunsten einer gemeinsamen Erklärung von NATO und Warschauer Pakt unter dem Dach der KSZE verweisen.[664]

Beide Delegationen brechen dann in den Heimatort Archys im Kaukasus auf, wo die Verhandlungen fortgesetzt werden. Auf dem gemeinsamen Flug führen Kohl und Gorbatschow ein langes, ausführliches Gespräch. Ihr Aufenthalt in der Abgeschiedenheit der kaukasischen Berge wird medienwirksam mit einem gemeinsamen Spaziergang in Szene gesetzt, bevor sich beide am späten Abend zu einem letzten Vieraugen-Gespräch an diesem Tage zusammensetzen.[665] Am nächsten Vormittag kommt es zu der entscheidenden abschließenden Verhandlungsrunde. Nun müssen die Kompromisse festgeschrieben werden.

Der Kanzler bekräftigt zu Beginn des Gesprächs[666] sein Angebot, binnen Jahresfrist einen umfassenden, auf Dauer angelegten Vertrag mit der Sowjetunion abzuschließen, der die bilateralen Beziehungen in ein neues Fahrwasser der Zusammenarbeit lenkt. Beide gehen dann gemeinsam den Katalog der noch offenen Fragen durch. Jetzt ist endgültig klar: Deutschland erhält die volle Souveränität ohne jede Einschränkung und wird anschließend mit Polen einen Grenzvertrag abschließen. Gorbatschow erwidert, damit enden die Zwei-plus-Vier-Verhandlungen. Und zwar mit einem abschließenden Dokument, wirft Genscher ein. Gorbatschow skizziert die Grenzen: Deutschland umfaßt die Bundesrepublik, die DDR und Berlin. Er erwartet den Verzicht auf ABC-Waffen und die Nichtausdehnung nuklearer Streitkräfte auf das Gebiet der DDR. Mit der Sowjetunion soll ein Vertrag über den vorübergehenden Aufenthalt der sowjetischen Streitkräfte abgeschlossen werden. Wenn Deutschland das Recht der Bündniswahl hat, wird es sich für die NATO entscheiden. Gorbatschow will jedoch die NATO nicht ausdrücklich erwähnt wissen. Dafür lenkt Kohl zunächst beim Verzicht auf ABC-Waffen ein und sagt den Abschluß über Verhandlungen eines Truppenstationierungsvertrages für die sowjetischen Streitkräfte bis November 1990 zu.

662 Klein, Es begann im Kaukasus, 234.
663 Äußerung von Helmut Kohl in: Kuhn, Gorbatschow und die deutsche Einheit, 148. Kohl, „Ich wollte Deutschlands Einheit", 301 f.
664 Nr. 352 Delegationsgespräch des Bundeskanzlers Kohl mit Präsident Gorbatschow in Moskau, 15. Juli 1990.
665 Klein, Es begann im Kaukasus, 113 f., 233–235.
666 Nr. 353 Gespräch des Bundeskanzlers Kohl mit Präsident Gorbatschow im erweiterten Kreis in Archys/Bezirk Stawropol, 16. Juli 1990.

Ferner willigt er ein, die NATO dürfe nicht auf das DDR-Gebiet erstreckt werden, solange die sowjetischen Streitkräfte dort verbleiben. Schewardnadse stellt klar, auf DDR-Territorium dürften keine Nuklearwaffen der NATO stationiert werden, und versucht, den gänzlichen Verzicht auf die Ausweitung von NATO-Streitkräften auf das Territorium der DDR durchzusetzen. Die deutschen Streitkräfte könnten auf diesem Gebiet stationiert werden, aber keine NATO-Nuklearwaffen. Genscher macht auf die veränderte sowjetische Position aufmerksam. Denn die Intervention Schewardnadses bedeutet, es dürften auch keine der NATO assignierten Bundeswehreinheiten auf DDR-Gebiet stationiert werden, was wiederum eine differenzierte Sicherheitszone in Deutschland schaffen würde. Gorbatschow geht davon aus, daß NATO-Strukturen nicht auf das DDR-Territorium erstreckt werden. Deutsche Streitkräfte, die nicht im NATO-Verband integriert seien, könnten dort stationiert werden, denn die Sowjetunion wolle keine Erstreckung der NATO-Truppen auf DDR-Territorium. Genscher unterstreicht, die NATO-Garantie für das vereinte Deutschland sei unabhängig von der Stationierung der NATO-Truppen. Gorbatschow willigt ein, Artikel 5 und 6 des NATO-Vertrages sollen für ganz Deutschland gelten, auch bereits zu dem Zeitpunkt, wenn sowjetische Streitkräfte noch auf dem Gebiet der DDR stationiert sind.

Ganz offensichtlich geht es bei diesem Verhandlungspoker Gorbatschow darum, die Verlegung von NATO-Nuklearwaffen auf das DDR-Gebiet abzuwehren. Zudem möchte er keine ausländischen Truppen auf dem DDR-Gebiet stationiert haben. Demnach dürften nach Abzug sowjetischer Streitkräfte auch keine deutschen der NATO assignierten Verbände auf das Gebiet der DDR verlegt werden. Kohl ist damit nicht einverstanden. Gorbatschow spricht zunächst von drei bis vier Jahren Aufenthaltsdauer, will dann aber den Zeitraum auf fünf bis sieben Jahre ausdehnen. Der Kanzler sagt daraufhin Hilfe bei der Rückführung der Soldaten zu, gibt sich aber mit der Aussage Gorbatschows, in drei bis vier Jahren würden sowjetische Truppen die DDR verlassen haben, nicht zufrieden. Wenn erst nach dieser Zeit Verhandlungen über den Abzug beginnen, würde sich die Aufenthaltsdauer noch um einige Jahre länger hinziehen. Kohl macht nun die Hilfeleistungen vom vollständigen Abzug in einer Frist von drei bis vier Jahren abhängig. Gorbatschow erwartet dafür eine Erklärung der deutschen Delegation bei den Wiener VKSE-Verhandlungen zur Obergrenze gesamtdeutscher Streitkräfte. Für das Zugeständnis, die Truppen in drei bis vier Jahren abzuziehen, offeriert Kohl die Reduzierung der gesamten Bundeswehr im gleichen Zeitraum auf 370 000 Mann. Genscher fügt hinzu, die Bundesregierung werde bei den Verhandlungen in Wien eine entsprechende Erklärung abgeben und bei den Nachfolge-Verhandlungen der VKSE die Reduzierung völkerrechtlich bestätigen; allerdings dürfe das kein Präjudiz für den Verhandlungsgegenstand darstellen. Die Erklärung könne sie im Rahmen der Zwei-plus-Vier-Verhandlungen zur Kenntnis geben. Gorbatschow ist einverstanden.

Ein erheblicher Kostenfaktor ist für ihn der Anteil an Stationierungskosten, den bisher die DDR nach einem komplizierten Schlüssel bezahlt. Der Unterhalt der Truppen in der DDR entspricht immerhin einem Gegenwert von 6 Millionen Tonnen Erdöl, wie Sitarjan vorrechnet. Werde die Kompensationformel nicht geändert, würde die Stationierung künftig 17 Millionen Tonnen Erdöl in D-Mark kosten. Der Kanzler lehnt strikt die Zahlung von Stationierungskosten an die Sowjetunion ab, wenn Gesamtdeutschland souverän ist. Doch hat Gorbatschow das Finanzierungsproblem für den Unterhalt der eigenen Truppen. Er schlägt daher zwei Verträge vor; einen über den Aufenthalt und den Abzug der sowjetischen Streitkräfte und einen weiteren „Überleitungsvertrag", der die finanziellen Fragen regelt. Kohl sagt die finanzielle Unterstützung eines Wohnungsbauprogramms für in die Heimat zurückkehrende sowjetische Streitkräfte zu. Die Forderung nach Stationierungskosten wird in ein Investitionsabkommen eingekleidet, das in der Öffentlichkeit besser vertretbar ist.

Dafür kommt Gorbatschow dem Kanzler in der Grenzfrage entgegen. Die drei zusätzlichen Forderungen Polens, einen Vertrag abzuschließen, bevor Deutschland wiedervereinigt wird, lehnt die deutsche Seite ab; auch den Eingriff in innerstaatliches Recht sowie die Forderung, die Grenzfrage zum Bestandteil einer Friedensregelung zu machen. Gorbatschow stimmt dieser deutschen Position zu. Er legt aber Wert darauf, die gefundenen Kompromisse sollten bei dem am nächsten Tag in Paris beginnenden Außenministertreffen der Zwei plus Vier nicht den Eindruck erwecken, als seien alle Fragen schon bilateral entschieden worden. Vor allem dürfe nicht der Anschein entstehen, als habe er, Gorbatschow, die NATO-Mitgliedschaft gegen Kreditleistungen der Bundesregierung verkauft. Gorbatschow besteht darauf, „es sei Realpolitik betrieben worden".

Was hat der Kanzler in Moskau und Archys erreicht? Die Zusage der Sowjetunion zur Wiederherstellung Deutschlands als souveräner Staat, deren Einwilligung in die Ablösung der Viermächte-Rechte zu diesem Zeitpunkt, die freie Bündniswahl Deutschlands und somit das Einverständis zur NATO-Mitgliedschaft sowie die Unterstützung bei der Abwehr polnischer Forderungen nach einem vorzeitigen Grenzvertrag. In drei Punkten ist der Kanzler Gorbatschow entgegengekommen: beim Verzicht auf ABC-Waffen für Deutschland, in der Zusage von Hilfsleistungen bei der Rückführung sowjetischer Streitkräfte in die UdSSR und bei der Festlegung einer Obergrenze für die gesamtdeutschen Streitkräfte. Die Frage der Verlegung von NATO-Truppen in das Gebiet der DDR nach Abzug der sowjetischen Streitkräfte ist nach Auffassung Kohls dahingehend geklärt worden, daß zwar deutsche, aber keine ausländischen NATO-Truppen und keine Nuklearwaffen dort stationiert werden dürfen. Mit dieser Regelung ist letzlich der entscheidende Durchbruch in den Verhandlungen erreicht worden.

Eine historische Stunde habe er erlebt, erzählt der Kanzler tags darauf Bush am Telefon. Das könne nur ein Gorbatschow leisten, der legal über soviel Macht wie keiner vor ihm im Amte verfügt. Der Parteitag habe ihm freie Hände für diese Entscheidungen gegeben. Den Schlüssel zum Erfolg sieht der Kanzler in dem Besuch Gorbatschows im Juni 1989 in Bonn, der eine qualitative Veränderung der bilateralen Beziehungen zur Sowjetunion gebracht habe, aber auch in der Hilfestellung der amerikanischen Verbündeten. Gorbatschow habe die mit Präsident Bush vereinbarte Formel von Camp David angewandt und Deutschland das Recht zur Entscheidung gegeben, als souveränes Land zu wählen, welchem Bündnis es angehören wolle. Der Kanzler nennt auch den Preis, den er entrichtet hat: keine Verlegung ausländischer NATO-Truppen in die DDR, Festlegung einer Höchstgrenze von 370000 Mann gesamtdeutscher Streitkräfte und die Ankündigung eines Gesamtvertrages mit der Sowjetunion.

Einerseits ist Bush über den Erfolg erfreut, andererseits macht ihm Sorge, in einem Zeitraum von drei bis vier Jahren bis zum Abzug der sowjetischen Streitkräfte aus der DDR könnten in der Öffentlichkeit Forderungen nach einem parallelen Abzug der amerikanischen Streitkräfte aus Europa aufkommen und zu antiamerikanischer Propaganda genutzt werden. Kohl weist im Gegenzug darauf hin, Gorbatschow habe dazu kein Junktim aufgestellt.[667]

Kohl und Bush wissen genau, was sie sich gegenseitig zu verdanken haben. Der Kanzler hebt in einem Schreiben am 19. Juli die besondere Rolle des amerikanischen Präsidenten hervor und betont die Bedeutung des Schreibens von Bush vom 9. Februar, das für ihn ein „Dokument der deutsch-amerikanischen Freundschaft und Partnerschaft von historischem Rang" ist.[668] Der amerikanische Präsident schätzt die Unterstützung Kohls, der mit zu dem Erfolg des Weltwirtschaftsgipfels in Houston beigetragen hat. Bush ist bereit, mit Krediten zu helfen,[669] wenn die Sowjetunion sich künftig auf fundamentale Wirtschaftsreformen be-

---

667 Nr. 355 Telefongespräch des Bundeskanzlers Kohl mit Präsident Bush, 17. Juli 1990.
668 Nr. 361 Schreiben des Bundeskanzlers Kohl an Präsident Bush, 19. Juli 1990 und Nr. 170 Schreiben des Präsidenten Bush an Bundeskanzler Kohl, 9. Februar 1990.
669 Nr. 365 Schreiben des Präsidenten Bush an Bundeskanzler Kohl, 20. Juli 1990.

schränkt, die Nutzung substantieller Recourcen von dem militärischen Bereich auf den Konsumgütersektor umlenkt und nicht Länder unterstützt, die Regionalkonflikte führen.[670] Mitterrand, Thatcher und Andreotti informiert Kohl schriftlich über das Resultat im Kaukasus. Im Überschwang des Erfolgs spricht der Kanzler davon, die Zukunft des Kontinents werde auf Dauer friedlich und frei gestaltet werden, und listet das Tableau seiner Verhandlungsergebnisse auf.[671] Thatcher gratuliert ihm zu dem Erfolg.[672] Sie hat schnell die Notwendigkeit erkannt, die eigene Streitkräfteplanung an die neue militärische Lage in Europa, die mit dem sowjetischen Truppenabzug entsteht, anzupassen. Ziel sei die Verkleinerung der Streitkräfte bis 1995, teilt sie Kohl am 24. Juli mit. Dabei will die britische Regierung die unabhängige strategische Streitmacht aufrechterhalten, vor allen Dingen die mit Nuklearwaffen ausrüstbaren Tornadoflugzeuge, und auch die maritimen Streitkräfte nicht verändern. Kürzungen sind bei den konventionellen Streitkräften vorgesehen. London plant die Reduzierung der britischen Rheinarmee auf 50 v.H. Die Luftverteidigungsbereitschaft soll langfristig abgebaut werden, ebenso die Royal Air Force in Berlin.[673] Thatcher ist durchaus bereit, dem Wunsch des Kanzlers nachzukommen, die Truppen erst dann aus Berlin abzuziehen, wenn die sowjetischen Truppen die DDR verlassen haben. Zugleich signalisiert sie ihr Einverständnis, über den Aufenthalt britischer Truppen in Deutschland neu zu verhandeln. Bevor jedoch neue Rechtsgrundlagen geschaffen werden können, bedarf es der Klärung, welche Rolle britische Streitkräfte in Deutschland spielen sollen und unter welchen Konditionen die Stationierung fortbesteht.[674] Das ist eine Frage des Geldes.

Auch im Bereich der Europäischen Gemeinschaften dreht sich in diesen Tagen beinahe alles um die Finanzmittel. Die zuständigen Staatssekretäre haben sich bei der Anpassung des EG-Rechts entsprechend den Schlußfolgerungen der Sondertagung des Europäischen Rats in Dublin darauf verständigt, daß „im Grundsatz das abgeleitete EG-Recht im Gebiet der DDR sofort und unverändert in Kraft tritt, die EG-Kommission so bald wie möglich ein Gesamtpaket notwendiger Anpassungs- und Übergangsmaßnahmen vorlegt und der Rat darüber vor der deutschen Vereinigung beschließt". Dabei sollen – soweit das durchsetzbar ist – alle Anpassungen erfolgen und Übergangsregelungen festgelegt werden. Das Bundesfinanzministerium will vom ersten Tag des Beitritts der DDR an die volle Abführung der zusätzlichen Eigenmittel an die EG vereinbaren und dafür die Rückflüsse aus dem EG-Haushalt voll ausnutzen.[675]

Die Einbeziehung der DDR in die EG bleibt deshalb nicht ohne Folgen für den Haushalt der Europäischen Gemeinschaften. Vehement wendet sich der Kanzler gegen die Absichten der EG-Kommission, eine Erhöhung des Plafonds für Eigenmittel der EG vorzuschlagen. Diese könnte – wie Kohls Berater vorschlagen – möglicherweise an die Übergangsregelung zur Integration der DDR gebunden werden und somit aus deutscher Sicht eine Paketlösung darstellen, die schon bis Anfang September geschnürt sein könnte. Der Kanzler will die Koppelung der beiden Sujets auf jeden Fall verhindern. Das bekommt EG-Kommissionspräsident Delors am 20. Juli schriftlich von ihm.[676] Dem Vizepräsidenten der EG-Kommission, Bangemann, teilt er dazu kurz und bündig mit, es dürfe unter keinen Umständen der Eindruck bei den europäischen Nachbarn entstehen, als müßten diese nun für die deutsche

---

670 Nr. 366 Vorlage des Ministerialdirigenten Hartmann an Bundeskanzler Kohl, 23. Juli 1990.
671 Nr. 356 Schreiben des Bundeskanzlers Kohl an Staatspräsident Mitterrand, 17. Juli 1990.
672 Nr. 357 Schreiben der Premierministerin Thatcher an Bundeskanzler Kohl, 17. Juli 1990.
673 Nr. 368 Schreiben der Premierministerin Thatcher an Bundeskanzler Kohl, 24. Juli 1990.
674 Nr. 370 Botschaft der Premierministerin Thatcher an Bundeskanzler Kohl, 25. Juli 1990.
675 Vermerk des Ministerialrats Kaiser über Ressortbesprechung im BMF betr. Deutsche Einheit und EG, finanzielle Auswirkungen, 13. Juli 1990; BK, 211 – 35400 Eg 29 Bd. 3.
676 Nr. 362 Schreiben des Bundeskanzlers Kohl an Präsident Delors, 20. Juli 1990.

Wiedervereinigung bezahlen. „Das ist das letzte, was wir jetzt brauchen!"[677] Es gilt, größeren Flurschaden zu vermeiden, der psychologisch negative Wirkungen in der Öffentlichkeit gegen die Wiedervereinigung hervorrufen könnte.[678]

Für den Fall des schnellen Beitritts der DDR braucht die Bundesregierung eine Zusage der EG-Kommission, unter Beachtung der EG-rechtlichen Verpflichtungen das Gemeinschaftsrecht in der DDR einzuführen. Wiederum will die Bundesregierung nicht als *demandeur* auftreten, wenn die EG-Kommission eine Beschleunigung nicht für möglich hält. Günstig wäre ein Verfahren nach Artikel 235 EWG-Vertrag oder eine Übergangsregelung in Form einer Verständigung zwischen der Bundesregierung und der EG-Kommission. Dann könnten bei der Überleitung des EG-relevanten Bundesrechts durch den Einigungsvertrag oder das Überleitungsgesetz jene Bereiche, bei denen das EG-Recht sofort angewendet werden kann, bzw. die Wünsche der EG-Kommission berücksichtigt werden. Die Bundesregierung strebt dazu eine Ermächtigung an.[679]

Nachdem Delors Anfang August auf die Folgen für den EG-Haushalt durch die Einbeziehung der DDR hingewiesen hat,[680] schwenkt er in einem Telefonat mit dem Kanzler am 20. des Monats, einen Tag vor der geplanten öffentlichen Stellungnahme der EG-Kommisison, ein.[681] Delors sagt zu, er werde erklären, die deutsche Einheit sei ohne Erhöhung der Geldmittel der Europäischen Gemeinschaften zu bewerkstelligen. Außerdem ist er bereit, auch wenn die Wiedervereinigung früher zustande komme als geplant, Übergangsregelungen für die DDR in Kraft treten zu lassen. Kohl weiß das Delors zu danken. Ohne dessen Unterstützung würde die Eingliederung der DDR in die Europäischen Gemeinschaften längst nicht so verhältnismäßig reibungslos vonstatten gehen.[682] Der Kommissionspräsident kann dafür auf den Kanzler zählen, wenn die Entscheidungen über die Fortführung der Integrationsverhandlungen getroffen werden. Doch zunächst muß die innere Einheit vollzogen werden.

Überlegungen für einen zweiten Staatsvertrag

Die seit Mitte Mai vorliegenden Anzeichen sowjetischer Kompromißbereitschaft ermutigen den Kanzler, öffentlich das Ziel der Einheit noch für das Jahr 1990 zu erklären. Die Koalitionsrunde von CDU/CSU und FDP verständigt sich am 15. Mai, statt der fälligen Bundestagswahl zum frühestmöglichen Zeitpunkt gesamtdeutsche Wahlen abzuhalten.[683] Doch haben sich die innenpolitischen Rahmenbedingungen für den Einigungsprozeß verändert. Nach dem Verlust der Mehrheit für die CDU bei den Landtagswahlen in Niedersachsen und der neuen Regierungskoalition aus SPD und Grünen verfügen die SPD-regierten Länder über eine Mehrheit im Bundesrat. Mit Unterzeichnung des Staatsvertrages über die Wirtschafts- und Währungsunion ist zudem das erste Ziel auf dem Weg zur Einheit erreicht. Die Bundesregierung drängt nun auf die schnelle Aufnahme von Verhandlungen, um auf diesem

677   Nr. 363 Schreiben des Bundeskanzlers Kohl an Vizepräsident Bangemann, 20. Juli 1990.
678   Nr. 364 Schreiben des Bundeskanzlers Kohl an Bundesminister Blüm, 20. Juli 1990.
679   Ergebnisvermerk über die Sitzung der hochrangigen Arbeitsgruppe der Ressorts zur Koordinierung der deutschen Haltung für die Durchführung der Verhandlungen zur Anpassung des EG-Rechts bei Einbeziehung der DDR in EG, 7. August 1990; BK, 132 – 35400 De 12 NA 5 Bd. 12.
680   Nr. 376 Schreiben des Präsidenten Delors an Bundeskanzler Kohl, 1. August 1990.
681   Nr. 388 Telefongespräch des Bundeskanzlers Kohl mit Präsident Delors, 20. August 1990. Dazu auch Vorlage des Ministerialdirektors Grimm an Bundeskanzler Kohl betr. Telefongespräch mit Delors am 20.8.1990, 16. August 1990; BK, 211 – 35400 Eg 29 Bd. 4.
682   Nr. 429 Gespräch des Bundeskanzlers Kohl mit Präsident Delors in Bonn, 28. September 1990.
683   Presse- und Informationsamt der Bundesregierung. Pressemitteilung Nr. 197/90. 15. Mai 1990. 1 S.; BPA/PA, F 1/25 Pressemitteilung.

Wege für die nach dem Beitritt der DDR zum Geltungsbereich des Grundgesetzes gemäß Artikel 23 geltende staatliche Ordnung Absprachen zu treffen.

Neben dem Bundeskanzleramt hat bis zum Abschluß des Vertrages über die Wirtschafts- und Währungsunion das Bundesfinanzministerium die führende Rolle in den Verhandlungen über die inneren Aspekte der Wiedervereinigung gespielt. Mit Rückendeckung des Kanzlers nimmt fortan Bundesinnenminister Schäuble für die Bundesregierung die einheitliche Verhandlungsführung mit der DDR wahr. Das eigentlich zuständige Bundesministerium für innerdeutsche Beziehungen ist lediglich mit Verhandlungen über kulturelle Angelegenheiten beauftragt.

Die Verhandlungen über die Wirtschafts- und Währungsunion sind weitgehend ohne Beteiligung der Länder geführt worden, weil die Kompetenz zur Aushandlung von Staatsverträgen in Händen der Bundesregierung liegt. Den Klagen der Ministerpräsidenten in der Besprechung am 16. Mai kommt der Bundeskanzler mit dem Versprechen einer verstärkten Mitwirkungsmöglichkeit der Länder entgegen.[684] Der eigentliche Grund, die Länder nunmehr stärker einzubeziehen, ist zum einen das Bestreben der DDR, die Konditionen des Beitritts ebenfalls in Form eines Staatsvertrages zu regeln. Dieses Vorgehen hat einerseits den Vorteil, daß die parlamentarische Opposition im Deutschen Bundestag zunächst nicht in die Verhandlungen einbezogen werden muß. Da jedoch die Ratifizierung der Zustimmung des Bundesrates bedarf, kann andererseits die Mehrheit dort nur mit Unterstützung der SPD-geführten Länder erreicht werden. Zum anderen sind im Zuge der deutschen Einheit Grundgesetzänderungen erforderlich, die eine Zweidrittelmehrheit erfordern und die rechtzeitige Einbindung der Sozialdemokraten unumgänglich machen. Günstig für die Bundesregierung ist der turnusmäßige Vorsitz durch das von der SPD regierte Land Nordrhein-Westfalen, das selbst nachhaltiges Interesse an der Einbindung der Opposition geltend macht.

Nachdem am 20. Mai die Führungsspitzen der SPD über ihre Haltung zum Staatsvertrag beraten und Nachbesserungen für Unternehmen in der DDR gefordert haben, stellt sich der Parteivorstand am nächsten Tag hinter die im wesentlichen von Lafontaine vorgegebene Linie. Ihre Zustimmung zum Staatsvertrag machen die Sozialdemokraten von vier Änderungen und Ergänzungen abhängig. Diese beziehen sich auf den Strukturwandel der Wirtschaft in der DDR, wobei der Übergang in die Marktwirtschaft wirtschaftlich und sozial erträglicher gestaltet werden soll, den Umweltschutz, die Verwendung des Vermögens der SED und der Staatssicherheit sowie die Einbeziehung „der maßgeblichen politischen Kräfte" in der Bundesrepublik und der DDR.[685] In der ersten Lesung findet der Staatsvertrag in der Volkskammer bei CDU, Liberalen und SPD breite Zustimmung. Für die CDU-Bundestagsfraktion ist das ein Grund mehr, Zusätze oder Nachverhandlungen zum Staatsvertrag abzulehnen. Doch der Kanzler will keine Blockadepolitik. Der Staatsvertrag soll mit einer möglichst breiten Unterstützung im Deutschen Bundestag verabschiedet werden. In einem Spitzengespräch des Bundeskanzlers mit dem SPD-Parteivorsitzenden Vogel am 29. Mai im Kanzleramt, an dem die Minister Haussmann, Schäuble, Seiters, Waigel, der FDP-Parteivorsitzende Graf Lambsdorff, Ministerpräsident Wallmann und die stellvertretende Vorsitzende der SPD-Bundestagsfraktion, Däubler-Gmelin, Ministerpräsident Engholm und der designierte niedersächsische Ministerpräsident Schröder teilnehmen, fordert die SPD Zusatzvereinbarungen für ihre Zustimmung zum Staatsvertrag. Auch die SPD-regierten Länder führen erhebliche Bedenken ins Feld. Nordrhein-Westfalen und das Saarland sehen ein unüberschaubares Risiko in dem Strukturwan-

---

684   Nr. 280 Besprechung des Bundeskanzlers Kohl mit den Regierungschefs der Länder in Bonn, 16. Mai 1990.
685   Erklärung des Parteivorstands der SPD in: Presseservice der SPD. Hg. von Anke Fuchs. Sozialdemokratische Partei Deutschlands, Parteivorstand. Nr. 205/90. 21. Mai 1990, 2 S., hier 2.

del in der DDR und verlangen eine Revisionsklausel und keine alleinige Entscheidungsbefugnis der Bundesregierung und der DDR. Kanzleramtschef Seiters lehnt am 7. Juni gegenüber den Chefs der Staats- und Senatskanzleien eine Vertragsrevision ab und sagt eine Beteiligung der Länder bei der Durchführung des Staatsvertrages zu.[686]
Schon in der zweiten Maihälfte hat Schäuble im Bundesministerium des Innern die Konzeption eines zweiten Staatsvertrages – bald Einigungsvertrag genannt – ausarbeiten lassen. Am 28. Mai liegt eine erste Arbeitsskizze „Grundstrukturen eines Staatsvertrages zur Herstellung der Deutschen Einheit"[687] vor, die er Krause am nächsten Tag übergibt. Dieser steckt ihm ein fünf Seiten umfassendes Papier zu, das stichpunktartig Grundgesetz, Wirtschaft, Finanzen, Innenpolitik, Außenpolitik, Rechtswesen und Schule/Universität als zu regelnde Probleme aufführt.[688] Ganz im Sinne des Kanzlers beschleunigt Schäuble im Juni das Verhandlungstempo. Sein Hauptargument lautet: Niemand kann einen baldigen Beitritt der DDR zur Bundesrepublik ausschließen. Dabei hat Schäuble hauptsächlich die DSU im Auge. Sie stellt am 17. Juni den Antrag, die Volkskammer möge sofort den Beschluß zum Beitritt nach Artikel 23 Grundgesetz fassen. Obschon der Antrag an den Verfassungs- und Rechtsausschuß verwiesen wird, ist ein erneuter Vorstoß jederzeit möglich. Desto dringender ist es aus Sicht der Bundesregierung, die notwendigen Regelungen zu treffen.[689]
Zwei grundsätzliche Fragen sind zu klären: der Zeitpunkt gesamtdeutscher Wahlen und die Modalitäten des Beitritts der DDR.
Um Wahlen noch 1990 zu ermöglichen, werden drei verschiedene Modelle diskutiert. Die erste Möglichkeit sieht vor, die ersten gesamtdeutschen Wahlen zum Zeitpunkt der fälligen Bundestagswahl abzuhalten. Voraussetzung ist, die DDR erklärt frühzeitig ihren Beitritt, so daß genügend Zeit zur Vorbereitung für die am 2. Dezember 1990 oder 13. Januar 1991 geplanten Bundestagwahlen bleibt. Der genaue Zeitpunkt ist aber noch nicht absehbar. Als zweite Möglichkeit wird die Abhaltung von Wahlen am selben Tage in beiden Teilen Deutschlands diskutiert. Am Tage der geplanten Bundestagswahl würden getrennt in der Bundesrepublik und in der DDR Wahlen zu einem gesamtdeutschen Parlament abgehalten. Dieses Modell ist vor allem für den Fall gedacht, daß die DDR ihren Beitritt nicht im Laufe des Sommers erklärt. Schäuble und Krause befürworten diese Lösung, weil sie darin die beste Chance sehen, rasch und unkompliziert gesamtdeutsche Wahlen und die Wiedervereinigung zu erreichen. Dazu bedarf es aber eines Wahlgesetzes durch Gesetzgebungsverfahren in der DDR. Das Problem dieser Regelung besteht darin, daß in der DDR noch keine Länder existieren, die ihrerseits Wahllisten aufstellen können. Dazu müssen aber Regionen festgelegt sein. Weiterhin ist ein Bundesgesetz notwendig, das die Übernahme der Abgeordneten der DDR in den Deutschen Bundestag bestimmt. Die dritte Variante ist der Abschluß eines Wahlvertrages. Das gemeinsame Wahlrecht könnte durch vertragliche Regelung zwischen der Bundesrepublik und der DDR vereinbart werden. Der Wahlmodus müßte sich nach dem Bundestagswahlrecht richten. Mit Abschluß der Wahl oder kurze Zeit danach würde der Beitritt wirksam.[690] Ein weiteres Problem stellt die Fünf-Prozent-Sperrklausel dar. Im Falle getrennter Wahlen würden zwei verschiedene Wahlsysteme über die Zusammensetzung der Parteien und der Abgeordneten des Deutschen Bundestages entscheiden.[691]
Bei Überlegungen zu den Beitrittsmodalitäten spielt als Vorbild der Beitritt des Saarlandes zur Bundesrepublik am 1. Januar 1957 eine wichtige Rolle. Nunmehr stehen vor allem zwei

---

686   Nr. 302 Besprechung des Chefs des Bundeskanzleramtes Seiters mit den Chefs der Staats- und Senatskanzleien der Länder in Bonn, 7. Juni 1990.
687   Nr. 290 Aufzeichnung des Bundesministers des Innern, 28. Mai 1990.
688   Schäuble, Der Vertrag, 136 f.
689   Schreiben des Bundesministers Schäuble an alle Bundesminister, 13. Juni 1990; BK, 132–35400 De 12 NA 1 Bd. 5.
690   Schäuble, Der Vertrag, 82 f.
691   Nr. 282 Vorlage des Regierungsdirektors Lehnguth an den Chef des Bundeskanzleramtes Seiters, 17. Mai 1990.

Probleme im Vordergrund. Zum einen die Frage, ob ein Staatsvertrag oder ein Überleitungsgesetz als Instrumentarium für den Beitritt der DDR dienen soll, und zum anderen die Frage, in welchem Umfang das Grundgesetz geändert werden muß.

Die Regierung de Maizière will im wesentlichen aus drei Gründen unbedingt einen Staatsvertrag abschließen: Sie tritt dabei als gleichberechtigter Verhandlungspartner auch gegenüber der Bevölkerung auf. Ihre politische Bedeutung wird damit aufgewertet, was psychologisch eine wichtige Rolle spielt. Und der Staatsvertrag eröffnet die Möglichkeit detaillierterer Regelungen als ein Überleitungsgesetz. Differenzen bestehen über die Frage, ob die Ländergründungen vor dem Beitritt erfolgen müssen. Hier soll einerseits der Anschein überhasteter Entwicklungen vermieden, aber auch andererseits der föderale Charakter des deutschen Staates herausgestellt werden. Des weiteren schlägt die DDR einen gemeinsamen Parlamentsausschuß Deutsche Einheit zwischen Deutschem Bundestag und Volkskammer vor,[692] der die Gleichrangigkeit beider Parlamente herausstellen soll.

Auch das Bundesministerium des Innern plädiert aus materiellen und politischen Gründen dafür, die erforderlichen Rechtsänderungen zum Gegenstand eines zweiten Staatsvertrages mit der DDR zu machen, obwohl auch ein Überleitungsgesetz ausreichen würde.[693] In jedem Fall ist eine materielle Regelung unumgänglich. Denn aufgrund des Beitritts nach Artikel 23 Grundgesetz wird Bundesrecht nicht automatisch in der DDR in Kraft gesetzt. Dazu ist eine besondere gesetzliche Regelung erforderlich. Zunächst gilt der Grundsatz: In der DDR soll geltendes Recht weitergelten, soweit dies mit dem Grundgesetz konform ist und nicht gegen EG-Recht verstößt. Die Rechtsangleichung wird stufenweise erfolgen und somit zu einem Zeitfaktor werden, über den der gesamtdeutsche Gesetzgeber letztlich zu entscheiden hat.

Doch auch politisch scheint es dem Bundesministerium des Innern günstiger, einen Staatsvertrag auszuhandeln. Worin liegen die Vorteile? Die DDR weiß, „wohin die Reise geht". Es besteht eine zeitliche Konkordanz von Beitritt und Rechtsangleichung. Die Bündelung aller Änderungen und Anpassungswünsche geschieht in einem gesetzgeberischen Akt. Es sind keine endlosen Debatten über eine zeitlich gestreckte Überleitungsgesetzgebung notwendig. Das Vorgehen würde eine breite Akzeptanz auf beiden Seiten finden und der DDR über den Inhalt der Überleitungsgesetzgebung Mitbestimmung einräumen.

Mit der Überleitung von Bundesrecht in die DDR sind nach Auffassung des Bundesinnenministeriums zwei grundsätzliche Ziele verbunden: die umfassende und schnelle Verwirklichung der Rechtseinheit und die Schaffung einheitlicher Lebensverhältnisse in ganz Deutschland. Vor allem aber müssen jene Vorschriften des Bundesrechts übergeleitet werden, die zur Herstellung der staatlichen Einheit unverzichtbar sind. Für die Dringlichkeit hat das Ministerium verschiedene Kriterien festgelegt: die Verankerung grundlegender Demokratie- und Rechtsprinzipien, die Gewährleistung sachlich notwendiger Aufgabenwahrnehmung durch die Bundesbehörden, die Überleitung rechtlicher Vorgaben nur mit entsprechender Ermächtigungsgrundlage, Anpassungen, zu denen Völkerrecht und EG-Recht verpflichten, sowie die finanziellen Auswirkungen.[694]

Das Bundesministerium der Finanzen argumentiert gegen die staatsvertragliche Lösung und vertritt eine härtere Linie. Über den Inhalt des Vertrages könnte der Gesetzgeber nur noch

---

692   Nr. 314 Aufzeichnung der Arbeitsgruppe Kabinettausschuß Deutsche Einheit für Bundesminister Schäuble, 13. Juni 1990. Nr. 314A Anlage 2 Wesentliche Mängel der gegenwärtigen bzw. in der DDR vorgesehenen Ländergliederung, 13. Juni 1990. Nr. 314B Anlage 4 Einheit Deutschlands – Beitritt der DDR nach Artikel 23 Grundgesetz für die Bundesrepublik Deutschland, 13. Juni 1990. Nr 314C Anlage 5 Standpunkt zum Material des Bundesministers des Innern der Bundesrepublik Deutschland, 13. Juni 1990.
693   Nr. 290 Aufzeichnung des Bundesministers des Innern, 28. Mai 1990.
694   Nr. 328B Anlage 2 Kriterien für die Überleitung von Bundesrecht in die DDR im Zusammenhang mit einem Beitritt gemäß Artikel 23 Satz 2 Grundgesetz, ohne Datum.

mit Ja oder Nein beschließen. Es entstünde eine Diskussion um die Abänderungen, obwohl Erörterungen mit der DDR über Grundgesetzänderungen nicht angezeigt seien. Zugleich würde der DDR die Möglichkeit gegeben, weitere unerwünschte Finanzforderungen zu stellen. Die Opposition hätte nur geringe Einflußnahme auf die Vertragsverhandlungen und könnte bei Grundgesetzänderungen dann Schwierigkeiten bereiten. Zudem würde der Beitritt der DDR nach Artikel 23 Grundgesetz nicht eine Verfassungsänderung voraussetzen und dürfte nicht in Abhängigkeit zum Beitritt gebracht werden.

Eine ähnliche Position vertritt das Bundesministerium der Justiz. Ein Staatsvertrag würde eine breite Verfassungsdiskussion ermöglichen, die politisch nicht gewollt sei. Eine Grundgesetzänderung in einem zwischenstaatlich völkerrechtlichen Vertrag sei verfassungspolitisch nicht wünschenswert und bedürfte der nötigen Zweidrittelmehrheit im Deutschen Bundestag und im Bundesrat. Überdies würde schon im Beratungsstadium die frühzeitige Einbindung der Opposition und der Länder nach dem Modell des „Runden Tisches" erforderlich.[695]

Einigkeit besteht unter den Ressorts lediglich darüber, daß die staatsvertragliche Lösung nicht verfassungswidrig ist. Auch herrscht Übereinstimmung, das Ausmaß der Grundgesetzänderungen auf das unbedingt notwendige Maß zu beschränken. Die Bundesregierung will auf keinen Fall eine allgemeine Diskussion um eine Verfassungsnovellierung in Gang setzen. Schäuble beabsichtigt, in den zweiten Staatsvertrag nur unmittelbar rechtstechnische Anpassungen aufzunehmen, die für die Herstellung der staatlichen Einheit erforderlich sind. Dazu gehören die Präambel, Artikel 23, jedoch nicht zwingend Artikel 146, da es sich hier um eine keineswegs vordringliche redaktionelle Überarbeitung handelt. Doch welche Änderungen sind noch erforderlich? Darüber gehen die Meinungen unter den Bundesministerien weit auseinander.

Die Minimallösung sieht vor, nur die Präambel zu ändern und Artikel 23 Grundgesetz, der als Ermächtigungsnorm für das Überleitungsrecht gebraucht wird, eventuell ersatzlos zu streichen. Beim Text der Präambel ist jedoch fraglich, ob der Gedanke der Vollendung der deutschen Einheit ausdrücklich enthalten sein soll. Das Bundesministerium des Innern spricht sich dafür aus, das Bundesministerium der Justiz dagegen, unentschieden verhält sich das Auswärtige Amt unter der Voraussetzung, den Artikel 146 Grundgesetz zu streichen. Überdies ist unklar, ob die Wahrung nationaler und staatlicher Einheit als Inhalt der Präambel erhalten bleiben soll. Das Bundesministerium der Justiz meint ja, grundsätzlich auch das Auswärtige Amt, das Bundesministerium des Innern ist dagegen. Das Bundeskanzleramt will den Vollendungsgedanken unmißverständlich zum Ausdruck bringen.[696]

Bei Artikel 29 Grundgesetz über die Neugliederung des Bundesgebietes tritt das Bundesministerium des Innern für die völlige Neufassung ein mit dem Ziel, die künftige Länderneugliederung zu erleichtern. Zugleich soll eine indirekte Festlegung auf die gegenwärtigen Ländergrenzen vermieden werden, die spätere Neugliederungen erschwert. Das Bundesministerium der Justiz hält eine Änderung des Artikels im Rahmen unbedingt erforderlicher Grundgesetzänderungen nicht für notwendig. Dagegen sieht das Bundesministerium der Finanzen politisch keine Chance für die Änderung des Artikels. Das Bundeskanzleramt will wegen der erforderlichen Zweidrittelmehrheit im Bundesrat, die eine Beteiligung der SPD bedingt, nicht weiter daran rühren und die Entscheidung dem gesamtdeutschen Parlament überlassen.

---

695 Vorlage der Oberregierungsrätin Wilhelm an den Chef des Bundeskanzleramtes betr. Überlegungen für Verfassungsänderungen mit Beitritt der DDR, 12. Juni 1990; BK, 132 – 35400 De 12 Bd. 10.
696 Vorlage des Ministerialrats Hegerfeldt an den Chef des Bundeskanzleramtes betr. Änderung des Grundgesetz im Zusammenhang mit Beitritt DDR, AL-Besprechung im Bundesministerium des Innern, 27. Juni 1990; BK, 132 – 35400 De 12 NA 5 Bd. 1.

Was die Finanzverfassung des Grundgesetzes anbelangt, so ist deren Einführung in der DDR für das Bundesfinanzministerium und das Bundesinnenministerium mit praktischen Fragen verbunden. Bedenken verursachen hier die Vorgaben aus dem ersten Staatsvertrag. Die vollständige Überleitung des Grundgesetzes wird nicht zuletzt wegen der Wehrverfassung, insbesondere Artikel 12a Wehr- und Dienstpflicht, Artikel 87a Aufstellung und Einsatz der Streitkräfte und Artikel 115a-l Verteidigungsfall, im Zusammenhang mit der Frage des Oberbefehls über die Nationale Volksarmee und der Durchführung des Lastenausgleichs nach Artikel 120a Grundgesetz als problematisch angesehen. Das Bundesministerium der Verteidigung ist für die vollständige Übertragung der Wehrverfassung, eventuell mit Abstrichen, um sich somit Möglichkeiten der Konzessionen bei den Zwei-plus-Vier-Verhandlungen zu bewahren. Das Auswärtige Amt sieht es als unnötige Belastung dieser Verhandlungen an. Das Bundeskanzleramt spricht sich dafür aus, zumindest partiell die sofortige Überleitung anzustreben.

Bei Artikel 116 Grundgesetz tritt die Frage auf, ob es nach Wiederherstellung der Einheit noch Deutsche ohne deutsche Staatsangehörigkeit geben wird. Von Interesse ist die Frage vornehmlich für das Ausland. Dieser Aspekt wird auch bei Artikel 146 Grundgesetz diskutiert. Hier stellt sich die Frage, ob dieser gestrichen werden soll. Das Auswärtige Amt unterstützt dies, das Bundesministerium des Innern votiert dagegen, das Bundesministerium der Justiz plädiert für die Streichung, hält aber die Festschreibung einer späteren gesamtdeutschen Verfassungskommission für möglich. Das Bundeskanzleramt geht davon aus, die Beibehaltung könnte gegenüber dem Ausland ein falsches Signal geben in dem Sinne, die Deutschen sind noch nicht „saturiert". Zudem ist die Zustimmung der Opposition zur Streichung ungewiß. Da die Sozialdemokraten es als formelle Beendigung der Verfassungsdiskussion ansehen würden, soll die Entscheidung offenbleiben.

Eine andere Dimension stellt sich mit einer neuen Regelung des § 218 StGB.[697] Hierbei ist zu überlegen, welche Möglichkeiten bestehen, unterschiedliche Regelungen für eine Übergangszeit beizubehalten.

Als ein weiteres schwieriges Problem kristallisieren sich die offenen Vermögensfragen heraus. Die DDR strebt die Veröffentlichung einer Gemeinsamen Erklärung mit der Bundesregierung an, und zwar vor Ratifizierung des Staatsvertrages. In einem geänderten Entwurf dieser Gemeinsamen Erklärung rückt die DDR-Regierung jedoch von der ersten Entwurfsfassung ab, weil darin die politische Endgültigkeit der Enteignungen zwischen 1945 und 1949 ohne Entschädigung festgestellt wird. Es soll nur eine Entschädigung und keine Erbbaurechtsregelung geben, geschweige denn eine Rückübertragung für Enterbte. Dieser Entwurf ist für die Bundesregierung nicht akzeptabel. Darum präsentiert das Bundesministerium der Justiz einen neuen Entwurf mit der Zielrichtung, einen sozialverträglichen Ausgleich zwischen den Westeigentümern und den Bürgern in der DDR im Sinne einer gleichrangigen Entschädigungsregelung zu erreichen. Dies würde ein Entgegenkommen gegenüber der DDR bedeuten, denn die Restitution soll zwingend Vorrang vor einer Entschädigung haben. Außerdem soll eine Veränderungssperre gelten, wobei noch zu prüfen ist, inwieweit Veräußerungen nach dem 1. Januar 1990 stattgefunden haben. Im Ergebnis bisheriger Gespräche ist nur eine Übereinstimmung darüber erzielt worden, daß Enteignungen endgültig sind und nicht rückgängig gemacht werden sollen. Dies ist die Grundaussage des DDR-Entwurfs.[698]

---

697   Nr. 310 Vorlage des Regierungsdirektors Lehnguth an den Chef des Bundeskanzleramtes Seiters, 12. Juni 1990.
698   Nr. 308 Vorlage des Regierungsdirektors Vogel an Ministerialdirektor Wagner, 11. Juni 1990. Nr. 308A Anlage 2 Entwurf einer gemeinsamen Erklärung der Regierungen der Bundesrepublik Deutschland und der Deutschen Demokratischen Republik zur Regelung von Vermögensfragen vom 11. Juni 1990. Nr. 308B Anlage 3 Gesprächskonzeption zum Thema „Offene Vermögensfragen", 11. Juni 1990.

Am 6. Juni sprechen die Bundesminister Schäuble und Waigel mit Vertretern der SPD über das Vermögen des Ministeriums für Staatssicherheit und der Parteien der DDR. Die SPD will im Staatsvertrag eine bindende Verpflichtung der Regierung der DDR durchsetzen, weil sie befürchtet, die konkrete Umsetzung des Beschlusses der Volkskammer vom 31. Mai zur Überprüfung, treuhänderischen Verwaltung und Einleitung eines gesetzlichen Verfahrens für die zukünftige Verwendung des Vermögens der Parteien und Massenorganisationen werde noch auf sich warten lassen. Schäuble weist jedoch eine solche vertragliche Verpflichtung mit der Begründung zurück, das sei der DDR nicht zumutbar. Sie müsse diese Probleme selbst lösen.[699]

Weniger zurückhaltend gibt sich das Bundesministerium für Wirtschaft, als es um die Abstimmung mit dem Amt des Ministerpräsidenten der DDR hinsichtlich des Gesetzentwurfes zur Privatisierung und Reorganisation des volkseigenen Vermögens der DDR geht. Das Bundeswirtschaftsministerium vertritt die Auffassung, um die Umstrukturierung und Privatisierung der gewerblichen Wirtschaft zügig durchführen zu können, müsse schon im Juli 1990 ein hochkarätig besetzter Vorstand einer umfassenden Holding-Gesellschaft existieren und – nicht wie zwischenzeitlich überlegt – eine Aufgliederung der Gesamtverantwortung für die Privatisierung durch eine Vielzahl branchenbezogener Treuhandgesellschaften vorgenommen werden. Dadurch würden die auf einzelne Sektoren konzentrierte Privatisierung in den Vordergrund gerückt und die unter betriebswirtschaftlichen Aspekten notwendigen Entscheidungen verzögert. Befürchtet wird, daß über den Verteilungskampf der Erhalt einzelner Betriebe nur sekundäre Bedeutung hat. Ein Vorstand, dem die Gesamtverantwortung obliegt, wird – so argumentiert Haussmann gegenüber Seiters – schnell ein leistungsfähiges Management für zwei bis maximal drei Holding-Gesellschaften finden. Eine straff geführte, zentrale Treuhand-Aktiengesellschaft fälle leichter harte Entscheidungen, als dies bei einer Aufteilung der Verantwortung zwischen branchenbezogenen Holding-Gesellschaften und einer der Regierung näher stehenden Treuhandanstalt zu erwarten sei.[700]

Eckpunkte der Länder

Als am 13. Juni die „Berliner Morgenpost" über den Inhalt des Staatsvertragsentwurfs vom 28. Mai berichtet,[701] beklagt sich Clement erneut bei Seiters über die unzureichende Unterrichtung der Länder durch die Bundesregierung. Die nordrhein-westfälische Landesregierung habe erst nach Übergabe der Unterlagen an die DDR von den Überlegungen und dem Material erfahren. Selbst die EG sei über die deutsch-deutschen Vorgänge früher informiert worden als die Länder. Clement fordert daher von Seiters die Übergabe der Ausarbeitung des Bundesinnenministeriums.[702]

Der Zeitdruck ist ein wichtiges Argument für die Bundesregierung, das Abstimmungsverfahren mit den Ländern auf ein Minimum zu reduzieren. Aufgrund ihrer Erfahrungen bei den Verhandlungen über den ersten Staatsvertrag und angesichts der großen Bedeutung des zweiten Staatsvertrages sind die Länder nun noch mehr an einer politischen Regelung mit dem Bund über die Frage der Länderbeteiligung interessiert. Vor allem befürchten die Länder, die Bundesregierung nutze den Einigungsprozeß für eine verstärkte Zentralisierung im Bund-Länder-Verhältnis. Die Länder fordern „für die bevorstehende zweite Phase eine um-

699 Nr. 301 Gespräch des Bundesministers Schäuble und des Bundesministers Waigel mit Vertretern der SPD in Bonn, 6. Juni 1990.
700 Nr. 304 Schreiben des Bundesministers Haussmann an Bundesminister Seiters, 7. Juni 1990.
701 „Zweiter Staatsvertrag wird schon verhandelt", in: Berliner Morgenpost. Nr. 135. 13. Juni 1990, 14.
702 Nr. 317 Schreiben des Ministers Clement an Bundesminister Seiters, 15. Juni 1990.

fassende Information und Beteiligung zum frühestmöglichen Zeitpunkt". Die Ministerpräsidentenkonferenz beschließt daher am 22. Juni die im Verhältnis zum Bund gleichgewichtige Mitverantwortung der Länder für den deutschen Einigungsprozeß. Die Landesregierungen verlangen in dem Gemeinsamen Regierungsausschuß von Bundesregierung und Regierung der DDR, der nach Artikel 8 des Staatsvertrages eingerichtet wird, eine gleichgewichtige Vertretung im Verhältnis zur Bundesregierung. Darüber hinaus erwarten sie eine umfassende Unterrichtung und Teilnahme an den Vorbereitungen und Verhandlungen, die eine maßgebliche Mitbestimmung ermöglichen.[703]
Bundesminister Waigel und Bundesminister Seiters haben am 22. Juni im Bundesrat unterstrichen, der Weg zur deutschen Einheit müsse von Bund und Ländern in gesamtstaatlicher Verantwortung gemeinsam gegangen werden. „Die Bundesregierung", betont Seiters „ist daran interessiert, die Zusammenarbeit mit den Ländern entsprechend den verfassungsrechtlichen Gegebenheiten und den getroffenen Vereinbarungen pragmatisch zu gestalten und sicherlich auch zu überprüfen, was man in der Zukunft noch anders machen kann."[704]
Anläßlich einer Besprechung am 26. Juni über die von der Bundesregierung angestrebte Konzeption des zweiten Staatsvertrages, an der Schäuble, Seiters, Clement, Rauscher und Schröder teilnehmen, drängt der Chef der Staatskanzlei Nordrhein-Westfalens auf die „gleichberechtigte Beteiligung der Länder an den Verhandlungen". Noch vor der Abstimmung unter den Bundesressorts übergibt Schäuble den zweiten Entwurf des Staatsvertrages den Ländervertretern[705] und übersendet das Papier am folgenden Tag den übrigen Chefs der Staats- und Senatskanzleien.[706]
Der Chef der bayerischen Staatskanzlei, Rauscher, wirft die Frage nach der Änderung des Stimmengewichts im Bundesrat auf. Denn Bayern und auch Nordrhein-Westfalen als finanz- und bevölkerungsstarke Länder wollen keine Schwächung ihrer Position im Bundesrat durch die neu hinzukommenden Länder hinnehmen. Des weiteren vereinbaren die Beteiligten, die Hauptstadtfrage und die Frage des Sitzes von Regierung und Parlament des vereinten Deutschland aus der Verhandlungsmasse des zweiten Staatsvertrages herauszunehmen. Die zuständigen Verfassungsorgane sollen darüber entscheiden.[707]
Auf Initiative Hamburgs erarbeiten die Staats- und Senatskanzleien der Länder in einer Arbeitsgruppe eine gemeinsame Position. Zwischen CDU/CSU- und SPD-regierten Ländern herrscht ein weitgehender Konsens. In „Eckpunkten für die bundesstaatliche Ordnung im vereinten Deutschland", die der vorsitzführende Ministerpräsident Rau dem Bundeskanzler am 5. Juli übermittelt,[708] weisen sie auf die besondere Pflicht der Mitbestimmung der Länder bei dem Einigungsprozeß hin und erteilen dem „Nationalstaat im historischen Sinne" eine klare Absage. Zugleich fordern die Länder eine Überprüfung der Bund-Länder-Finanzbeziehungen, für die Gespräche im Herbst 1991 vorgesehen sind. Auf keinen Fall wollen sie an einer Neuordnung des Finanzausgleichs vor 1994/95 rühren. Vor diesem Datum kommt für die Länder der Bundesrepublik eine Teilnahme der neuen Länder nicht in Betracht. Die Län-

703   Nr. 336 Schreiben des Ministerialdirigenten Hessing an Bundesminister Seiters, 3. Juli 1990.
704   Verhandlungen des Bundesrates 1990. Stenographische Berichte von der 609. Sitzung am 16. Februar 1990 bis zur 625. Sitzung am 14. Dezember 1990. Hg. vom Bundesrat. Bonn. Plenarprotokoll 615[. Sitzung], 22. Juni 1990, zu den Ausführungen des Bundesministers Waigel 338–343, hier 340, zu den Ausführungen des Bundesministers Seiters 353–355, hier 354 f. Auch: Vermerk des Ministerialrats Malina betr. Beteiligung der Länder an den Verhandlungen mit der DDR und am Gemeinsamen Regierungsausschuß, 2. Juli 1990; BK, 132–35400 De 12 NA 5 Bd. 1.
705   Nr. 328 Rundschreiben des Bundesministers Schäuble an die ständigen Mitglieder des Kabinettausschusses Deutsche Einheit, ohne Datum. Schäuble, Der Vertrag, 114, 116.
706   Nr. 338 Vermerk der Abteilung 3, 3. Juli 1990.
707   Nr. 334 Schreiben des Ministers Clement an Bundesminister Seiters, 30. Juni 1990.
708   Nr. 342 Schreiben des Ministerpräsidenten Rau an Bundeskanzler Kohl, 5. Juli 1990. Nr. 342A Eckpunkte der Länder für die bundesstaatliche Ordnung im vereinten Deutschland, 5. Juli 1990.

der schlagen die Einsetzung einer Enquete-Kommission für Verfassungsreformen vor und regen eine neue Fassung des Artikel 24 Grundgesetz hinsichtlich der Übertragung von Hoheitsrechten auf zwischenstaatliche Einrichtungen an. Damit wollen sie vornehmlich eine stärkere Mitsprache bei der Festlegung der deutschen Positionen zur europäischen Integrationspolitik erreichen. Außerdem verlangen sie eine neue Stimmenverteilung im Bundesrat, wenn die neuen Länder hinzukommen.

In Protokollnotizen reklamieren einige Länder ihre spezifischen Interessen. Berlin erhebt den Anspruch, Hauptstadt zu werden, und hält sich die Türe für eine Neugliederung durch Zusammenlegung der entstehenden Länder Berlin und Brandenburg offen. Die Landesregierungen von Hessen und Nordrhein-Westfalen geben zu Protokoll, die Hauptstadtfrage werde nicht im Staatsvertrag geregelt, sondern der Entscheidung des gesamtdeutschen Parlamentes vorbehalten bleiben. Schließlich vermerken die Länder Berlin, Bremen, Rheinland-Pfalz und das Saarland, über die Neufestsetzung der Stimmenverteilung im Bundesrat werde erst nach Bildung der Länder in der DDR unter deren Mitwirkung entschieden.

Zusätzlich wendet sich der hessische Ministerpräsident Wallmann an Bundesminister Seiters mit der dringenden Bitte, keine Übergangsbestimmungen in den zweiten Staatsvertrag aufzunehmen, die für anderthalb bis zwei Jahre im Bereich der DDR ein zentrales Kulturministerium einrichten. Er sieht die Gefahr, daß der Bund in einen Kernbereich der Länderhoheit – nämlich den Kompetenzen für Bildung, Wissenschaft und Kultur – möglicherweise mit präjudizierender Wirkung eingreift, wenn die Bundesregierung nach Beitritt der DDR dort vorübergehend zentralstaatliche Kompetenzen ausübt.[709] Auch die Landesregierung von Baden-Württemberg hinterlegt bei Seiters und Schäuble am 12. Juli eine umfangreiche Stellungnahme zu den Eckpunkten des zweiten Staatsvertrages, die eine Reihe von Einzelforderungen und Vorschlägen enthält.[710]

Schon am 4. Juli haben die Ländervertreter gegenüber Bundesminister Schäuble verschiedene grundsätzliche Anregungen zur Sprache gebracht. Für die Staatsbezeichnung schlagen sie die Namen „Bundesrepublik Deutschland, Deutschland und Bund deutscher Länder" vor. Hinsichtlich der Änderung des Grundgesetzes fordern sie Ergänzungen zu Artikel 24 und 32 zugunsten einer stärkeren Beteiligung der Länder in auswärtigen Angelegenheiten, vor allem in Fragen der Europäischen Gemeinschaften und bei der Neugliederung des Bundesgebietes (Artikel 29 und Artikel 118 Grundgesetz). Zudem beharren sie auf eine neue Stimmenverteilung im Bundesrat (Artikel 51 Absatz 2 Grundgesetz).

Bayerns Ministerpräsident Streibl verlangt, das größere Stimmengewicht der bevölkerungsreicheren Länder auch in dem gesamtdeutschen föderalen Staatsgebilde entsprechend zum Ausdruck zu bringen. Das politische Gewicht Bayerns im Bundesrat soll erhalten bleiben.[711] Zudem will Streibl bei einer Änderung der Finanzverfassung die finanzielle Ausstattung leistungsstarker Länder sicherstellen und durch Revision des Artikels 72 Grundgesetz die konkurrierenden Gesetzgebungszuständigkeiten des Bundes einschränken.

Bei der Besprechung mit den Chefs der Staats- und Senatskanzleien am 5. Juli berichtet Kanzleramtschef Seiters[712], schon wenige Tage nach Inkrafttreten der Wirtschafts- und Währungsunion am 1. Juli[713] zeichne sich ein stabilitätsbewußtes Verhalten der Bürger in

---

709 Nr. 343 Schreiben des Ministerpräsidenten Wallmann an Bundesminister Seiters, 5. Juli 1990.
710 Nr. 348 Schreiben des Staatssekretärs Menz an Bundesminister Seiters und Bundesminister Schäuble, 12. Juli 1990. Nr. 348A Stellungnahme der Landesregierung von Baden-Württemberg zu Eckpunkten des Zweiten Staatsvertrags mit der DDR, 12. Juli 1990.
711 Nr. 358 Schreiben des Ministerpräsidenten Streibl an Bundeskanzler Kohl, 17. Juli 1990. Nr. 358A Vorschlag zur Neuverteilung der Stimmen, 17. Juli 1990.
712 Nr. 341 Besprechung des Chefs des Bundeskanzleramtes Seiters mit den Chefs der Staats- und Senatskanzleien der Länder in Bonn, 5. Juli 1990. Schäuble, Der Vertrag, 114.
713 Nr. 333 Note der Regierung der DDR an die Bundesregierung, 30. Juni 1990.

der DDR ab.[714] Der Übergang in die neue Währung sei ziemlich reibungslos vonstatten gegangen. Die Abteilung 4 des Bundeskanzleramtes stellt auch bei der weiteren Umstrukturierung der DDR-Wirtschaft positive Entwicklungstendenzen fest. Die Einführung der D-Mark in der DDR ist ihrer Ansicht nach die richtige Entscheidung gewesen. Die Preisfreigabe zeige noch Anlaufschwierigkeiten, doch habe sich die Güterversorgung schon eindeutig verbessert. Zwar leiden die Unternehmen an Liquiditätsmangel und auch die Industrieproduktion ist rückläufig mit der Konsequenz weiterer Kurzarbeit. Doch wird dies als Anzeichen verdeckter Arbeitslosigkeit gewertet. Zwar befindet sich die DDR auch einen Monat nach Einführung der D-Mark auf der Durststrecke. Die Abteilung 4 glaubt jedoch, günstige Voraussetzungen für spürbare Besserungen zu erkennen.[715]

Des weiteren informiert Seiters über die Vereinbarung mit der DDR, daß der Gemeinsame Regierungsausschuß unter seiner Leitung und der des Parlamentarischen Staatssekretärs Krause stehen werde. Die Zahl der Mitglieder sei noch festzulegen, danach solle sich die Anzahl der Ländervertreter richten. Die Bundesregierung denkt an die Beteiligung von mindestens zwei Ländervertretern und einem Vertreter Berlins. Damit geben die Länder sich nicht zufrieden, sie setzen fünf Vertreter und einen Vertreter Berlins durch. Von seiten der Länder werden daraufhin der nordrhein-westfälische Minister Schwier, der bayerische Ministerialdirektor Rauscher, Staatsrat Vahrenholt aus Hamburg, der baden-württembergische Staatssekretär Menz und Staatssekretär Scheibe aus Niedersachsen als Vertreter benannt sowie Staatssekretär Schröder für Berlin. Darüber hinaus sollen zu den Ressortgesprächen zwischen der Bundesregierung und der DDR-Regierung mindestens zwei Ländervertreter hinzugezogen werden, soweit Interessen einzelner Länder berührt sind.

Der ebenfalls anwesende Bundesinnenminister schlägt den Ländervertretern die Einsetzung einer kleinen Arbeitsgruppe vor. Diese soll diejenigen Punkte erörtern, über die bis Ende August Konsens in Fragen der Verfassungsänderungen herbeigeführt werden kann. Einerseits signalisiert Schäuble Kooperationsbereitschaft, weil er die Unterstützung der Sozialdemokraten für diese Änderungen braucht. Andererseits befürchtet er jedoch, diese könnten die Gunst der Stunde nutzen und die notwendigen Grundgesetzänderungen zum Hebel einer weiterreichenden Verfassungsrevision machen, gerade wenn es um die Neufassung der Präambel und mögliche Staatszielbestimmungen geht. Zugleich deutet er Übergangslösungen an, wenn auf die Schnelle kein Konsens gefunden wird. Die Länder fordern, zumindest Einvernehmen über Änderungen der Artikel 24 und 72 Grundgesetz anzustreben.

Die weiteren Zeitplanungen sehen als frühesten Termin für gesamtdeutsche Wahlen den 2. Dezember 1990 vor. Unter dieser Maßgabe muß bis Anfang September ein zweiter Staatsvertrag ausgehandelt und paraphiert sein. Der Ablaufplan[716] erstreckt sich auf drei größere Verhandlungsrunden. Die erste ist für den 6. Juli auf Minister- bzw. Staatssekretärsebene vorgesehen. Danach treten in der ersten Julihälfte die Bundesressorts und die Ressorts der DDR in die zweite Beratungsrunde ein, um die administrativen Einzelheiten auszuhandeln. Dabei werden jeweils Ländervertreter zu bestimmten Arbeitsgruppen hinzugezogen. Abstimmungen mit den Ländern sind für die zweite Julihälfte geplant. Die abschließende dritte Verhandlungsrunde soll im August folgen.

Im Gegensatz zu den Verhandlungen über die Wirtschafts- und Währungsunion will Schäuble keinen ausformulierten Vertragsentwurf präsentieren, sondern lediglich ein „Diskussionspapier", das die wichtigsten zu regelnden Fragen enthält.[717] Er werde „offen in die Ver-

---

714 Nr. 337 Punktation des Ministerialrats Ludewig, des Referatsleiters Westerhoff und des Regierungsdirektors Stark, 3. Juli 1990.
715 Nr. 373 Vorlage des Regierungsdirektors Nehring an Bundeskanzler Kohl, 30. Juli 1990.
716 Nr. 328C Anlage 3 Möglicher Ablaufplan, ohne Datum.
717 Nr. 328A Anlage 1 Diskussionspapier des Bundesministers des Innern mit Elementen einer zur Herstellung der deutschen Einheit zu treffenden Regelung, ohne Datum.

handlungen" gehen, unterstreicht er gegenüber den Chefs der Staats- und Senatskanzleien. Die Bundesregierung habe „kein originäres Interesse", sondern die DDR, sie wolle beitreten. Folglich sei es ratsam, von bundesdeutscher Seite keine Vorgaben zu formulieren. So wird der Eindruck des Zwangs auf die DDR vermieden.[718] Seine Verhandlungsstrategie läuft darauf hinaus, die DDR weiterhin in die Rolle des *demandeurs* zu belassen. Die Regierung in Ost-Berlin soll ihre Bedingungen für den Beitritt nennen. Somit stehen nach wie vor die Verfahrenswege im Mittelpunkt.

Eine Option sieht vor, die DDR erklärt den Beitritt und der Deutsche Bundestag beschließt ein Überleitungsgesetz, mit dem das Grundgesetz in der DDR in Kraft gesetzt wird. Die zweite Option geht davon aus, Bundesrepublik und DDR schließen einen Vertrag über die Inhalte einer Übergangsregelung, und auf dieser Grundlage erklärt die DDR ihren Beitritt. Der Deutsche Bundestag stimmt dem zu und verschafft dem Vertragsinhalt nach Artikel 59 Absatz 2 Grundgesetz Geltung im Inneren. Interessiert ist die DDR-Regierung vor allem an der zweiten Option. Zum einen bestehen zu dem Zeitpunkt des Beitritts wahrscheinlich bereits die Länder und Landesregierungen. Zum anderen ist davon auszugehen, daß der Beitritt mit der Wahl zum gesamtdeutschen Parlament wirksam wird. Überdies glaubt man, es sei günstig, das Grundgesetz und Teile des EG-Rechts in der DDR unmittelbar wirksam werden zu lassen. Die staatliche Einheit soll mit dem Inkrafttreten der Beitrittserklärung hergestellt sein. Der Staatsvertrag könne vor dem Beitritt in Kraft treten. Da die Zwei-plus-Vier-Verhandlungen voraussichtlich im Dezember 1990 abgeschlossen sein würden, wären allenfalls noch Vorbehalte zu berücksichtigen, die von den Vier Mächten eingebracht würden.

Erste Verhandlungsrunde über den Einigungsvertrag

Am 6. Juli beginnt die erste Verhandlungsrunde über den Einigungsvertrag[719] in Ost-Berlin. Eingangs erklärt DDR-Ministerpräsident de Maizière, die DDR sei bereit, nach über vierzig Jahren die Teilung Deutschlands zu beenden, die staatliche Einheit durch Beitritt gemäß Artikel 23 Grundgesetz zu vollenden, und strebe gesamtdeutsche Wahlen im Dezember 1990 an. Seine Formulierung „Die Teilung sei nur durch Teilung zu überwinden" gilt insbesondere für die finanziellen Regelungen. Die Besonderheit des auszuhandelnden Vertrages, der die Voraussetzungen für den Beitritt festlegen soll, bestehe darin, daß einer der beiden Verhandlungspartner „dabei untergehen werde". Er will die Interessen der Bürger in der DDR sichern. Dazu gehört für ihn unter anderem auch, daß „die politische Einigung über die Eigentumsfragen juristisch festgeschrieben werde". Damit macht die DDR-Regierung die in der Gemeinsamen Erklärung vom 15. Juni getroffene Regelung zu einer Bedingung für das Zustandekommen des Einigungsvertrages.[720]

De Maizière fordert Verständigung über vier Punkte: die Hauptstadt, die staatlichen Symbole, die Finanzen der fünf neu zu bildenden Länder in der DDR und des künftigen Landes Berlin sowie die Zuständigkeit und Verantwortlichkeit für die Treuhandanstalt. Der Vertrag soll sich aus einem allgemeinen Teil und einem besonderen Teil zusammensetzen, der Beitritt nach den gesamtdeutschen Wahlen wirksam werden. Die DDR-Regierung will also

---

718   Nr. 341 Besprechung des Chefs des Bundeskanzleramtes Seiters mit den Chefs der Staats- und Senatskanzleien der Länder in Bonn, 5. Juli 1990.
719   Nr. 345 Erste Verhandlungsrunde über den Vertrag zur Herstellung der Einheit Deutschlands (Einigungsvertrag) in Berlin, 6. Juli 1990. Schäuble, Der Vertrag, 90, 114, 123–139, 180f. Teltschik, 329 Tage, 305.
720   Nr. 345A Abgestimmter Katalog der Verhandlungsthemen zum Vertrag über die Herstellung der Einheit Deutschlands (Einigungsvertrag), 6. Juli 1990.

möglichst lange im Amt bleiben und die Interessen der DDR vertreten. Zum Problem wird die Kandidatenaufstellung, die sich in den für die Bundestagswahl am 2. Dezember 1990 vorgesehenen Fristen nicht bewerkstelligen läßt. Schwierig ist zudem die Fünf-Prozent-Sperrklausel. Sie bezieht sich auf das ganze Bundesgebiet und gibt daher den Parteien, vor allem den Splittergruppen in der DDR, eine verringerte Chance zum Einzug in das gesamtdeutsche Parlament. Im ungünstigsten Falle wären etwa 30 v.H. der Bevölkerung in der DDR nicht repräsentiert. Auch Bundesminister Schäuble sieht die Schwierigkeiten, wenn gesamtdeutsche Wahlen nach dem Beitritt stattfinden. Der Ministerpräsident der DDR meint, die Entscheidung über den Beitritt solle bis Ende Juli 1990 fallen.

De Maizière schlägt die Bezeichnung „Deutsche Bundesrepublik" vor. Die neue gesamtdeutsche Hymne, „könne als 1. Strophe die – textlich an die Melodie von Haydn angepaßte – DDR-Hymne und als 2. Strophe die 3. Strophe des Deutschlandliedes umfassen". Schäuble dagegen sieht keine Veranlassung, Fahne und Hymne der Bundesrepublik Deutschland zu ändern. Die Hauptstadtfrage will de Maizière im Einigungsvertrag regeln, während Schäuble vorschlägt, die Entscheidung dem gesamtdeutschen Gesetzgeber vorzubehalten. Zudem fordert de Maizière, die Erträge der Treuhandanstalt sollten ausschließlich dem Gebiet der DDR zukommen. Dazu sei die Einrichtung eines Aufbauministeriums notwendig oder eine Sonderkonferenz der Ministerpräsidenten der DDR. Was die Änderung des Grundgesetzes betrifft, so stimmt die DDR-Delegation der Ansicht Schäubles zu, die Änderung auf das Notwendigste zu beschränken und nur die Präambel sowie die Artikel 23, 29 und 146 anzupassen. De Maizière will hauptsächlich eine Konkretisierung der Staatszielbestimmungen einbringen und schlägt vor, Artikel 23 zu streichen.

Auf Schwierigkeiten einer Grundgesetzänderung machen auch die Botschafter der Drei Mächte aufmerksam. Bundesminister Seiters erklärt ihnen am 11. Juli,[721] beabsichtigt sei, die Gemeinsame Erklärung zu den offenen Vermögensfragen in den Einigungsvertrag aufzunehmen. Überdies sei die Bundesregierung zur Streichung des Artikels 146 bereit. Walters betont die Schwierigkeit, wenn die Regierung der Forderung der SPD nicht nachkomme und den Artikel 146 belasse. Dem Ausland, vor allen Dingen Polen würde signalisiert, die Frage der Ostgebiete sei nicht endgültig geklärt. Die Möglichkeit bestünde fort, daß weitere Gebiete – gemeint ist der seit 1945 unter sowjetischer Verwaltung stehende Teil Ostpreußens – dem vereinten Deutschland beitreten. Als nächstes, so erklärt Seiters, seien drei Schritte geplant: den Einigungsvertrag aushandeln und ratifizieren, dann soll der Beitritt der DDR erfolgen, und anschließend wird ein Vertrag mit den Polen abgeschlossen, um die Grenzfrage zu lösen.

Zwischen dem 10. und 20. Juli finden die sogenannten Ressortgespräche zwischen den Bundesministerien und den DDR-Ministerien statt. Jedes Ressort verhandelt in eigener Zuständigkeit mit jedem Fachressort der DDR über das überzuleitende Bundesrecht und die Aufhebung bzw. Fortgeltung von DDR-Recht. Grundlage ist der abgestimmte Katalog der Verhandlungsthemen, den die DDR-Regierung in überarbeiteter Form am 9. Juli vorlegt.[722] Ab dem 1. August ist die zweite Verhandlungsrunde vorgesehen. Bis dahin soll ein erster Vertragsentwurf des Einigungsvertrages erstellt werden. Ab dem 27. August ist in der dritten Verhandlungsrunde die Klärung der dann noch offenen Fragen geplant.[723]

Die erste Verhandlungsrunde zwischen den Bundesressorts unter Beteiligung der Ländervertreter und den DDR-Ressorts findet am 11. Juli, die zweite am 18. Juli statt.[724] Sie werden

---

721   Nr. 347 Gespräch des Bundesministers Seiters mit den Botschaftern der Drei Mächte in Bonn, 11. Juli 1990.
722   Nr. 345A Abgestimmter Katalog der Verhandlungsthemen zum Vertrag über die Herstellung der Einheit Deutschlands (Einigungsvertrag), 6. Juli 1990.
723   Nr. 328B Anlage 2 Kriterien für die Überleitung von Bundesrecht in die DDR im Zusammenhang mit einem Beitritt gemäß Artikel 23 Satz 2 Grundgesetz, ohne Datum.
724   Nr. 359 Sitzung von Vertretern des Bundes, der Deutschen Demokratischen Republik und der Länder in Bonn,

immer mehr zu dreiseitigen Beratungen zwischen Vertretern des Bundes, der Länder und der DDR. Die eigentlichen Konfliktlinien verlaufen weniger zwischen der Bundesregierung und der Regierung der DDR. Vielmehr machen sich Spannungen zwischen der Bundesregierung und den SPD-geführten Ländern unter Vorsitz Nordrhein-Westfalens bemerkbar, das die Forderungen der Opposition einbringt.

Die Verhandlungen konzentrieren sich im wesentlichen auf die beitrittsbedingten Änderungen des Grundgesetzes, die Haushalts- und Finanzhilfen, Fragen der Überleitung des Bundesrechts und der öffentlichen Verwaltungen.[725] Hinsichtlich der Präambel will der Bund lediglich die Vollendung der Einheit zum Ausdruck bringen,[726] während die SPD-geführten Landesregierungen den Gedanken der Verantwortung für unterentwickelte Gebiete der Erde, den Umweltschutz, das Recht auf Arbeit, Wohnen, soziale Sicherheit, Gesundheit, Bildung und Kultur als Staatsziele berücksichtigt sehen wollen.[727] Die DDR-Delegation schließt sich weitgehend der Position des Bundes an. Sie will vorrangig den Gedanken der Einheit hervorheben, die 16 Länder erwähnen und die allgemeine Geltung des Grundgesetzes betonen. Alle Beteiligten lehnen eine ausschließlich historische Sicht in der Präambel ab, in der nach Vorstellung des Zentralrats der Juden in Deutschland auch der Holocaust erwähnt werden soll.

Bundesregierung und DDR-Regierung befürworten die Streichung des Artikel 23 Grundgesetz. Der Vertreter Hamburgs plädiert für eine eventuelle Beibehaltung des Artikels in geänderter Form, wenn die künftigen neuen Länder aufgezählt werden. Das Bundeskanzleramt möchte eine solche Auflistung eher in Artikel 29 Grundgesetz unterbringen. Dieser soll künftig die Neugliederung des Bundesgebietes erleichtern,[728] die bis zum 31. Dezember 1999 erfolgen kann. Damit scheint gewährleistet zu sein, daß die Länder nach Größe und Leistungsfähigkeit die ihnen obliegenden Aufgaben wirksam erfüllen können. Der redigierte Vorschlag der Bundesregierung,[729] der mit einer Alternative des Bundesministeriums der Justiz diskutiert wird,[730] sieht ein zweistufiges Verfahren vor. In der ersten Phase bis zum 31. Dezember 1995 soll eine Regelung der Neugliederung durch Staatsverträge ausgearbeitet werden, bei der die Bundesregierung ein Anhörungsrecht besitzt. Sollte es nicht zu einer Einigung kommen, dann würde bis zum 31. Dezember 1999 die Neugliederung durch ein Bundesgesetz beschlossen und durch einen Volksentscheid bestätigt, bei dem jedoch die betroffenen Länder anzuhören sind. Die DDR-Vertreter geben dazu keine Stellungnahme ab. Das Abgeordnetenhaus in Berlin hat bereits am 28. Juni ein vereinfachtes Verfahren beschlossen, das die Bildung eines die Länder Berlin und Brandenburg umfassenden Landes ermöglichen soll.[731]

Erörtert wird außerdem ein vom Bundesinnenministerium vorgelegter Zusatzartikel zum Grundgesetz.[732] Danach können bis zu einem bestimmten Stichtag Bestimmungen des Grundgesetzes abweichen, wenn die völlige Anpassung nicht erreicht werden kann. Dabei sind Abweichungen von Artikel 19 Absatz 2 (Wesensgehaltsgarantie) ausgeschlossen und

---

18. Juli 1990. Vermerk des Regierungsdirektors Lehnguth für die Sitzung des Kabinettausschusses Deutsche Einheit am 18. Juli 1990 betr. Änderung des Grundgesetzes im Zusammenhang mit Beitritt DDR nach Artikel 23, 17. Juli 1990; BK, 132–35400 De 12 NA 5 Bd. 4.

725 Nr. 367 Vermerk des Regierungsdirektors Lehnguth für die Sitzung des Kabinettausschusses Deutsche Einheit am 24. Juli 1990, 23. Juli 1990.

726 Nr. 359A Anlage 2a Vorschlag des Bundes, 18. Juli 1990.

727 Nr. 359B Anlage 3 Vorschlag Nordrhein-Westfalens, 18. Juli 1990. Nr. 359K Anlage 11 Vorschlag Nordrhein-Westfalens, 18. Juli 1990.

728 Nr. 359C Anlage 4 Vorschlag des Bundesministers des Innern, 18. Juli 1990.

729 Nr. 359E Anlage 6 Redigierter Vorschlag des Bundes, 18. Juli 1990.

730 Nr. 359F Anlage 6 Alternative des Bundesministers der Justiz, 18. Juli 1990.

731 Nr. 359D Anlage 5 Beschluß des Abgeordnetenhauses von Berlin, 18. Juli 1990.

732 Nr. 359H Anlage 8 Vorschlag des Bundesministers des Innern, 18. Juli 1990.

müssen zudem mit Artikel 79 Absatz 3 (Änderung des Grundgesetzes) vereinbar sein, was ein besonderes Anliegen der DDR ist.

Zu den weitergehenden Forderungen der Länder nach Änderungen des Grundgesetzes gehört unter anderem die Neufassung von Artikel 72 Grundgesetz mit der Absicht, eine Einschränkung der Befugnisse des Bundes zur Gesetzgebung im Rahmen der konkurrierenden Gesetzgebung vorzusehen und die Erweiterung der Zustimmungsbedürftigkeit nach Artikel 83 durch Hinzufügung eines zweiten Absatzes.[733]

Überdies soll eine Anpassung des Artikels 116 Grundgesetz zum Begriff des Deutschen und der Wiedereinbürgerung erfolgen. Hier kann auf Arbeitsebene keine Einigung erzielt werden. Das Bundesministerium des Innern betont die Notwendigkeit der Änderung. Doch sollen die Gespräche mit Polen abgewartet werden.

Ferner schlägt Nordrhein-Westfalen vor, an Artikel 26 einen Absatz 3 hinzuzufügen, der Massenvernichtungsmittel, insbesondere ABC-Waffen, verbietet,[734] und einen Artikel 146a Grundgesetz einzufügen, mit dem Bundestag und Bundesrat zur Einberufung eines Verfassungsrates ermächtigt werden, der binnen zwei Jahren auf der Basis des Grundgesetzes eine neue Verfassung ausarbeiten soll. Dieser beschließt mit Zweidrittel-Stimmenmehrheit über die neue Verfassung, die durch Volksentscheid von der Mehrheit der Wahlberechtigten zu bestätigen ist.[735] Diese Vorstellung einer grundlegenden Überarbeitung der Verfassung wird auf Arbeitsebene zurückgewiesen, insbesondere wegen des unklaren Verhältnisses des Verfassungsrates zu den bestehenden Verfassungsorganen.

In einer Reihe von Fragen ist keine Einigung möglich. Das betrifft die Haushalts- und Finanzhilfen, vor allem die vertikale Verteilung des Steueraufkommens[736] zwischen Bund und beitrittswilligen Ländern. Der Bund spricht sich für die Übertragung der Steuerverteilung nach Artikel 106 Grundgesetz aus, während die DDR bis Ende 1994 die Zuweisung des gesamten Steueraufkommens auf dem Gebiet der DDR an die neuen Länder einschließlich deren Gemeinden[737] erreichen will. Bei der Aufteilung der Mittel des Fonds Deutsche Einheit stellt sich die Frage der Erfüllung zentralstaatlicher und länderspezifischer Aufgaben im beitretenden Teil Deutschlands. Der Bund strebt feste Anteile für DDR-Länder und Bund an. Dagegen will die DDR die Entscheidung für jedes Haushaltsjahr im jeweiligen Haushaltsgesetz treffen. Problematisch ist auch die Zuordnung der Defizite und Neuverschuldung auf einzelne Gebietskörperschaften. Unstrittig ist die Übernahme der Gesamtverschuldung des DDR-Haushalts bis Ende 1993 auf das Sondervermögen. Dann erst soll die Aufteilung der Schulden nach Artikel 27 Absatz 3 des Staatsvertrages vom 18. Mai 1990 erfolgen. Dabei will der Bund die neuen Länder zu einem Drittel an den Zinsleistungen beteiligen. Die DDR ist der Ansicht, die Zinsleistungen des Sondervermögens bis Ende 1993 seien von Bund und Treuhandanstalt zu tragen. Zudem geht es um die sofortige und umfassende Nutzung der Mischfinanzierungstatbestände sowie die Verteilung des öffentlichen Vermögens auf staatliche Ebenen einschließlich der Problematik des Stichtages. Der Bund schlägt vor, die Vermögensverwaltung auf die Zweckbestimmung mit Stichtag 1. Oktober 1989 abzustellen und den Gebietskörperschaften in der DDR Vermögenswerte, die vom Zentralstaat entzogen worden sind, unentgeltlich zurückzuübertragen. Die DDR vertritt den Standpunkt, die DDR-Gesetze über die Verteilung des öffentlichen Vermögens sollten weiterhin gelten. Umstritten ist zudem die Verteilung des Länderanteils an der Umsatzsteuer. Der Bund in-

---

733   Nr. 359G Anlage 7 Vorschlag der Länder, 18. Juli 1990.

734   Nr. 359I Anlage 9 Vorschlag Nordrhein-Westfalens, 18. Juli 1990.

735   Nr. 359J Anlage 10 Vorschlag Nordrhein-Westfalens, 18. Juli 1990.

736   Zum Problem der Kirchensteuer in der DDR Nr. 272 Gespräch des Bundeskanzlers Kohl mit Vertretern der Evangelischen Kirche in Deutschland in Bonn, 9. Mai 1990.

737   Zu den Auswirkungen des Kommunalvermögensgesetzes der DDR Nr. 372 Schreiben des Staatssekretärs Schlecht an Bundesminister Seiters, 26. Juli 1990.

tendiert die Aufteilung in einen West- und einen Ost-Anteil nach Einwohnerzahl. Die Länder lehnen dies ab, da aus ihrer Sicht die Finanzbeteiligung der Länder durch den Fonds Deutsche Einheit abschließend geregelt ist. Die DDR will das Gesamtumsatzsteueraufkommen in der bisherigen DDR an die DDR-Länder einschließlich der Gemeinden fließen lassen.

Am 18. Juli unterbreitet das Bundesministerium des Innern Überlegungen zur Grundstruktur des Einigungsvertrages[738] und treibt damit die Verhandlungen vorwärts. Darüber hinaus liegt auch ein Entwurf des Bundesinnenministeriums[739] und ein Vorschlag der DDR für die Präambel des Einigungsvertrages[740] vor.

Als Ergebnis der Ressortgespräche stellen sich nunmehr die Verhandlungsschwerpunkte heraus. Hinsichtlich der Änderung der Präambel des Grundgesetzes sind sich alle Beteiligten einig, die Forderung von jüdischer Seite nach Erwähnung des Holocaust in der Präambel des gesamtdeutschen Staates nicht aufzunehmen. Artikel 23 Grundgesetz soll ersatzlos gestrichen werden und die übrigen Änderungen sollen nur soweit erfolgen, wie sie unbedingt notwendig sind. Der Einberufung einer Enquete-Kommission für eine Verfassungsreform will der Bund nur zustimmen, wenn dies unabweisbar ist. Kaum lösbar scheint die vertikale Verteilung des Steueraufkommens zwischen dem Bund und den neuen Ländern sowie die Aufteilung der Mittel, aus dem der Fonds Deutsche Einheit bestritten werden soll. Darüber hinaus umstritten sind die Zuordnung der Defizite, die durch die Neuverschuldung entstehen, und die Verteilung des öffentlichen Vermögens bzw. die Verteilung des Länderanteils an der Umsatzsteuer.[741]

Eine Verständigung über diese Konfliktthemen zeichnet sich zwischen Bund und Ländern so bald nicht ab. Auch die Besprechung des Chefs des Bundeskanzleramtes mit den Chefs der Staats- und Senatskanzleien am 25. Juli[742] bringt in der Sache kaum Fortschritte. Eine Änderung des Artikel 29 Grundgesetz halten alle Beteiligten für erreichbar, ebenso eine Stimmenneuverteilung im Bundesrat. Schäuble ist allenfalls bereit, Verfassungsänderungen, die im Eckpunktepapier der Länder vorgesehen sind, als Absichtserklärung in den Einigungsvertrag aufzunehmen, womit natürlich keine Festlegung erfolgt. In zentralen Punkten der Regelung des Schwangerschaftsabbruchs, der offenen Vermögensfragen und der Frage des Wehrrechts ist keine Einigung in Sicht. Die SPD-geführten Länder wollen stärker in die Verhandlungsführung eingreifen. Vor allem der Erste Bürgermeister Hamburgs, Voscherau, will nun selbst an den Verhandlungen teilnehmen. Schäuble lehnt das mit dem Argument ab, die Verhandlungsführung liege voll und ganz in den Händen der Bundesregierung, die ihrerseits mit der DDR zu verhandeln habe. Er ist lediglich geneigt, Kompromißmöglichkeiten hier mit einzubringen.

Zweite Verhandlungsrunde über den Einigungsvertrag

In der zweiten Julihälfte geraten die Verhandlungen zusätzlich unter Zeitdruck. Die Frage eines sofortigen Beitritts der DDR schwebt wie ein Damoklesschwert über den Beratungen. Die Zahl der Abgeordneten, die möglicherweise für diesen Schritt stimmen, wächst anscheinend von Tag zu Tag. Viele halten gesamtdeutsche Wahlen zum Zeitpunkt der in der Bundesrepublik fälligen Bundestagswahl Ende des Jahres für den einzig vernünftigen Schritt.

738 Nr. 359N Anlage 14 Vorschlag des Bundesministers des Innern, 18. Juli 1990.
739 Nr. 359L Anlage 12 Vorschlag des Bundesministers des Innern, 18. Juli 1990.
740 Nr. 359M Anlage 13 Vorschlag der DDR, 18. Juli 1990.
741 Nr. 367 Vermerk des Regierungsdirektors Lehnguth für die Sitzung des Kabinettausschusses Deutsche Einheit am 24. Juli 1990, 23. Juli 1990.
742 Nr. 369 Besprechung des Bundesministers Schäuble mit den Chefs der Staats- und Senatskanzleien der Länder in Bonn, 25. Juli 1990. Nr. 369A Vorschlag der Regierung des Saarlandes, 25. Juli 1990.

Am 22. Juli beschließt die Volkskammer einen Antrag, der die Bundesregierung zum Abschluß eines Wahlvertrages mit der DDR auffordert. Dieser soll die rechtzeitige Vorbereitung der Wahl eines gesamtdeutschen Parlaments sicherstellen. Das schließt die Möglichkeit getrennter Wahlen aus. Schäuble und Krause, lange Anhänger dieses Modells, müssen also jenen Kräften in den verschiedenen Parteigruppierungen Tribut zollen, für die neben dem Wahltermin auch die Frage der Sperrklausel bei der Ausgestaltung des Wahlrechts von entscheidendem Interesse ist.[743] Desto heftiger entbrennt nun die Auseinandersetzung um die Fünf-Prozent-Sperrklausel. Die Bundesregierung will die PDS nach Möglichkeit aus dem gesamtdeutschen Parlament heraushalten. Diese Möglichkeit besteht nur, wenn sich die Fünf-Prozent-Sperrklausel auf das gesamte Wahlgebiet der Bundesrepublik, der DDR und Berlins bezieht. Dazu würde die PDS auf dem Gebiet der DDR, wo sie vermutlich nur ein größeres Wählerpotential ansprechen kann, über 23 Prozent der Stimmen erringen müssen, um im gesamten Wahlgebiet über die Fünf-Prozent-Hürde zu gelangen. Von dieser Regelung ist aber ebenso die der CSU nahestehende DSU betroffen. Ihre Aussichten wie die aller anderen Gruppierungen, über die Fünf-Prozent-Marke zu kommen, sind dann ziemlich gering. PDS, Grüne und Republikaner lehnen die Fünf-Prozent-Sperrklausel ab und wollen sie allenfalls auf ein Land bezogen akzeptieren.

Schäuble hat schnell erkannt, daß sich die Fünf-Prozent-Sperrklausel bei den ersten gesamtdeutschen Wahlen nicht ohne Einschränkungen anwenden läßt. Er plädiert deshalb für die getrennte Anwendung der Klausel nach dem Wahlgebiet der bisherigen Bundesrepublik und der DDR. Das bringt ihm von seiten der SPD und des Koalitionspartners FDP den Vorwurf ein, die CDU/CSU wolle nur die DSU politisch am Leben erhalten.[744]

In einem Koalitionsgespräch am 26. Juli verständigen sich CDU/CSU und FDP auf den 2. Dezember als endgültigen Wahltermin. Dieser Termin kristallisiert sich dann als interfraktioneller Kompromiß zwischen CDU/CSU, SPD und der FDP heraus. Lediglich die Grünen plädierten für den 9. Dezember.[745] Außerdem stimmt die Koalition dem Vorschlag des Abschlusses eines Wahlvertrages zu, in dem ein einheitliches Wahlgebiet, ein einheitliches Wahlrecht und die Fristenverkürzung vereinbart werden sollen. Offen bleibt die Fünf-Prozent-Sperrklausel und die Frage der Listenverbindungen. Schwierigkeiten bereitet in diesem Zusammenhang auch noch die Frage der Wahlkreiseinteilung. Die beamteten Staatssekretäre haben bereits am 7. Mai die Einteilung des Wahlgebietes der DDR in acht Wahlkreise angestrebt.[746] Mitte August fordert die DDR entsprechende Neueinteilungen.[747]

In einem Gespräch mit dem Bundeskanzler kommt es zwischen Bundesminister Schäuble und Staatssekretär Kinkel zum Streit. Der Bundesinnenminister hält eine auf das gesamte Wahlgebiet bezogene Fünf-Prozent-Klausel ohne Einschränkungen für verfassungswidrig, weil Anfang des Jahres entstandene Parteigruppierungen dabei kaum eine Chance haben. Dagegen hegt Kinkel für das von der FDP geführte Bundesministerium der Justiz keine Bedenken. Die Entscheidung wird vertagt. Am 31. Juli wähnen sich die Koalitionspartner sicher, einen tragfähigen Kompromiß gefunden zu haben. Der Lösungsansatz liegt darin, im Wahlvertrag, dessen Entwurf im Bundesinnenministerium schon am gleichen Tag vorliegt, die Fünf-Prozent-Sperrklausel festzuschreiben und für die erste gesamtdeutsche Wahl Listenverbindungen zwischen Parteien und politischen Gruppierungen zuzulassen, die nicht

---

743   Schäuble, Der Vertrag, 83 f.
744   Ebd., 86–90.
745   Nr. 379 Tischvorlage des Bundesministers Schäuble für die Sitzung des Bundeskabinetts, 9. August 1990.
746   Nr. 269 Besprechung der beamteten Staatssekretäre in Bonn, 7. Mai 1990.
747   Nr. 389 Vorlage des Ministerialdirektors Kabel an den Chef des Bundeskanzleramtes Seiters, 20. August 1990.
Nr. 389A Schreiben der amtierenden Bundestagspräsidentin Renger an Bundesminister Schäuble, 20. August 1990.
Nr. 389B Schreiben der Volkskammerpräsidentin Bergmann-Pohl an den Parlamentarischen Staatssekretär Krause,
20. August 1990. Nr. 389C Vorlage an die amtierende Bundestagspräsidentin Renger, 20. August 1990.

in einem Land nebeneinander kandidieren. Jeder Partei stehen drei Möglichkeiten offen: die Ausdehnung auf das gesamte Wahlgebiet, die Fusion mit einer anderen Partei im jeweiligen anderen Teil Deutschlands oder die Vereinbarung einer Listenverbindung. Damit ist den Interessen der SPD und der FDP genauso gedient wie der CSU und der DSU, die gemeinsam die Fünf-Prozent-Hürde nehmen können, da sie nicht in einem Bundesland nebeneinander kandidieren.[748] Das Bundesverfassungsgericht macht allerdings diesen Kompromiß am 29. September mit seiner Entscheidung wieder hinfällig. Demnach darf bei der ersten Wahl des gesamtdeutschen Parlaments die Fünf-Prozent-Klausel nur auf die beiden bisherigen Wahlgebiete Bundesrepublik und DDR bezogen angewandt werden.

Vor Beginn der zweiten Beratungsrunde über den Einigungsvertrag stellt sich die Verhandlungslage ziemlich konfus dar. Hauptstreitpunkt ist die Finanzverfassung. Eine Annäherung zwischen Bund und Ländern ist in der Frage nicht absehbar, weil die Länder unter Berufung auf die Vereinbarung vom 16. Mai zu keinen weiteren Finanzleistungen bereit sind. Auch die Forderung der DDR, die dort aufgebrachten Steuern sollten den neuen Ländern und Kommunen zugute kommen, ist problematisch. Denn davon würden die Anteile an der Umsatzsteuerverteilung, der Regionalförderung und der Verteilung von Schulden und Mittel des Fonds Deutsche Einheit betroffen sein.

Annäherungen zeigen sich bei den Änderungen des Grundgesetzes hinsichtlich der Präambel, der Streichung des Artikels 23, der Ergänzung des Artikels 146 und eines Zusatzartikels für das Überleitungsrecht. In der Frage der Präambel setzt sich der Bund durch. Der Text wird um die fünf neuen Länder ergänzt und die Geltung des Grundgesetzes für das gesamte „Deutsche Volk" bekräftigt.[749] Änderungen der Artikel 29 und 51 sind nicht ausgeschlossen, wenn sich die Länder darüber einigen. Kontroversen bestehen über die erweiterten Staatszielbestimmungen und die Vorschläge zur verstärkten Legitimation des Grundgesetzes entweder mittels Einsetzung eines Verfassungsrates und anschließender Volksabstimmung durch Ergänzung des Artikels 146 oder mittels Einsetzung einer Enquete-Kommission.

In der Frage der Rechtsvorschriften will Schäuble nun auf Druck verschiedener Ressorts, nicht zuletzt des Bundesjustizministeriums, ein anderes Verfahren anwenden. Bisher haben die Arbeiten auf dem Grundsatz beruht, nur das Bundesrecht gilt in der DDR vom Tage des Beitritts an, das zuvor in Verhandlungslisten aufgeführt wird (sogenannte Positivliste). Nunmehr kommt die sogenannte Negativliste zum Tragen, wonach grundsätzlich Bundesrecht gelten soll, wenn der Einigungsvertrag nicht Ausnahmen vorschreibt (sogenannte Negativliste). Offen ist die Übergangsregelung. De Maizière will sicherstellen, daß die DDR zwischen dem Beitritt und der Bildung einer gesamtdeutschen Regierung nicht ohne Regierung dasteht. Außerdem besteht die DDR unverändert darauf, die Hauptstadtfrage im Einigungsvertrag zu klären, was auf bundesdeutscher Seite politisch nicht durchsetzbar ist.[750] Ende Juli zweifelt Schäuble, ob der Einigungsvertrag, der bisher als Zusammenstellung der Textvorschläge aus den Ressortverhandlungen existiert,[751] überhaupt noch zustande kommt. Von Tag zu Tag nehmen die Meinungsverschiedenheiten in der Koalition der DDR zu. Die Unruhe unter den Menschen in der DDR wird größer. Die DDR-Regierung fürchtet, bald nicht mehr die Renten zahlen zu können. Im ersten Staatsvertrag vorgesehene Unterstützungsgelder für die DDR kommen wegen administrativer Hemmnisse und Sabotage alter Seilschaften – wie Krause und Reichenbach meinen – nur zu einem kleinen Teil bei den

---

748 Schäuble, Der Vertrag, 92 f., 96 f.
749 Nr. 374B Anlage 1 Neufassung der Präambel des Grundgesetzes, 30. Juli 1990.
750 Nr. 375 Vorlage des Ministerialdirigenten Stern an den Chef des Bundeskanzleramtes Seiters, 31. Juli 1990.
751 Nr. 374 Aufzeichnung des Arbeitsstabes Deutsche Einheit im Bundesministerium des Innern, 30. Juli 1990.
Nr. 374A Erklärung zu Protokoll, 30. Juli 1990.

Empfängern an. Die Landwirtschaft droht zusammenzubrechen, weil fast nur noch Waren aus dem Westen gekauft werden.

Am 1. August reisen de Maizière und Krause zu einem Gespräch mit dem Kanzler an dessen Urlaubsort am Wolfgangsee und versuchen ihn zu einem konstruktiven Mißtrauensvotum zu bewegen, um den Weg zu gesamtdeutschen Wahlen freizumachen. Schäuble erfährt jedoch in einem Gespräch mit dem Bundespräsidenten, daß dieser seine Einwilligung verweigert. Krause setzt Schäuble vor der Pressekonferenz über den Wortlaut der Erklärung in Kenntnis, die de Maizière mit Kohl am Wolfgangsee abgesprochen hat. Seinem Vorschlag nach sollen die Wahlen zum gesamtdeutschen Bundestag auf den 14. Oktober vorgezogen und gemeinsam mit den für diesen Tag geplanten Landtagswahlen in der DDR abgehalten werden. Die Volkskammer soll zuvor den Beitritt der DDR zum Geltungsbereich des Grundgesetzes erklären und somit nicht mehr in die Verlegenheit kommen, den 41. Jahrestag der Gründung der DDR am 7. Oktober feiern zu müssen. Schäuble ist überrascht, da er nach Rücksprache mit dem Bundeskanzler davon ausgeht, de Maizière werde die Erklärung erst in der kommenden Woche in der Volkskammer abgeben. Auch der Kanzler gibt sich über die Erklärung des DDR-Regierungschefs an diesem Tag erstaunt und begrüßt den Vorschlag nur allgemein, weil er zur Klärung über Beitritt und Wahltermin beitrage.[752]

Die zweite Verhandlungsrunde über den Einigungsvertrag vom 1. bis 3. August im Staatsratsgebäude der DDR in Ost-Berlin[753] läuft in konstruktiver Atmosphäre ab. Parallel dazu laufen Verhandlungen über den Wahlvertrag, die am 2. August erfolgreich abgeschlossen werden und am 3. August zur Paraphierung des Vertrages führen. Wenn die gesamtdeutschen Wahlen am 14. Oktober abgehalten werden sollen, muß bis 28. August der Wahlvertrag in Kraft getreten und die Entscheidung über eine Verfassungsänderung oder die Auflösung des Deutschen Bundestages getroffen sein.

Grundlage der Beratungen ist eine „Rohskizze" des Einigungsvertrages der DDR-Delegation. Sie beruht zum großen Teil auf den vom Bundesinnenministerium übersandten Materialien. Oftmals vertritt der DDR-Verhandlungsführer Krause Positionen gegen die eigene Delegation. Die Vertreter der Länder zeigen nunmehr größere Kooperationsbereitschaft. Wegen des erhöhten Verhandlungsdrucks wird die letzte Beratungsrunde vom 27. August um eine Woche auf den 20. August vorgezogen. Zwischenzeitlich sollen die Arbeitsgruppen tagen. Insgesamt gesehen sind die Fortschritte größer als erwartet. Immerhin gelingt es, im wesentlichen Einvernehmen über die Struktur des Einigungsvertrages herzustellen.

Schwierigkeiten bestehen vor allem bei den Fragen der Finanzierung und Harmonisierung der unterschiedlichen Anteile der Länder der DDR und des Bundes. Unverändert problematisch ist auch die Regelung der Hauptstadtfrage. Vor allem Nordrhein-Westfalen und Rheinland-Pfalz wehren sich gegen eine Festlegung im Einigungsvertrag. Die Grundgesetzänderungen konzentrieren sich auf die Präambel, die Artikel 23, 131, 143 und den Zusatz zu Artikel 146. Bei der Frage der Finanzverfassung, dem schwierigsten Abschnitt, wollen die Länder vor allem ihren Status quo wahren und überzogene Forderungen der DDR zurückweisen. Hier zeichnet sich eine Paketlösung ab, in der die Fragen zwischen Bund und Ländern im Detail geregelt werden müssen. Die Umstrukturierung der öffentlichen Verwaltung in der DDR ist eigentlich nur durch Unterstützungsmaßnahmen der westdeutschen Länder zu leisten. Ein Hauptproblem unter den Bundesressorts ist die Frage der Übernahme von Verwaltungspersonal der DDR in Bundesbehörden. Das Bundesministerium des Innern weist auf die Eigenverantwortlichkeit der Ressorts hin. Das Auswärtige Amt wendet sich dagegen und schlägt eine zentrale Regelung des Problems zur Wahrung der Einheitlichkeit

---

752   Schäuble, Der Vertrag, 158 f.
753   Nr. 377 Zweite Verhandlungsrunde über den Vertrag zur Herstellung der deutschen Einheit (Einigungsvertrag) in Berlin (Ost), 1.–3. August 1990. Schäuble, ebd., 93, 157–160, 168–175, 181 f.

vor. Das Bundesministerium des Innern weist auf das Dienstrecht hin, das eine einheitliche Handhabung gewährleiste. Das Bundesministerium für Arbeit lehnt hingegen eine besondere Vermittlung ab.[754]
Neben der Verwaltungsstrukturreform ist dringend der Aufbau der verschiedenen Gerichtsbarkeiten erforderlich. Der Präsident des Bundesverfassungsgerichts hat sich schon am 10. Juli beim Bundeskanzler über die Grenzen der Belastbarkeit beklagt. Bei den hinzukommenden 16 Millionen Einwohnern rechnet Herzog mit einem Anstieg der Verfassungsbeschwerden um 30 v.H. Angesichts dieser „Verstopfungseffekte" schlägt er vor, entweder die gesamte Gerichtsbarkeit der DDR den obersten Gerichtshöfen des Bundes zu unterstellen und nur auf Bundesrecht und nicht auf Fragen des Rechts allgemein zu beschränken oder die vorübergehende Einführung einer Selbstkontrolle der DDR-Justiz durch die neu einzurichtenden Landesverfassungsgerichte oder andere eigenständige Organe zu erwägen.[755] In der Besprechung der beamteten Staatssekretäre hat sich darüber schon Ende Mai eine grundsätzliche Diskussion entspannt.[756] Die Länder wollen die auf drei Jahre angelegte Finanzierung der Richterstellen zur Hälfte dem Bund anlasten.
Hinsichtlich der wirtschaftlichen Entwicklung kehrt zunehmend eine realistischere Betrachtung der Wirtschaftsverhältnisse in der DDR ein. Staatssekretär Schlecht weist in einem Schreiben an die Mitglieder des Kabinettausschusses Deutsche Einheit am 9. August darauf hin, es werde „zeitweilig schmerzhafte Reibungsverluste" geben in Form von Betriebsschließungen und erhöhter Arbeitslosigkeit. Wirtschaftsprobleme, die von heute auf morgen nicht zu bewältigen seien, stünden gegenwärtig einem besonnenen Handeln der Bürger gegenüber. Der nicht ganz auszuschließende Kaufrausch sei ausgeblieben. Vielmehr hätten die Bürger die Anlagechancen auf dem Geld- und Kapitalmarkt und beim Bausparen erkannt. Besorgniserregend sei der Rückgang der Industrieproduktion und der Beschäftigung. Doch werde möglicherweise die in der DDR verdeckt herrschende Arbeitslosigkeit in dem Umfange von 1,5 Millionen Erwerbstätigen nunmehr sichtbar.
Die eigentlichen Strukturanpassungen stehen also noch bevor. Ein gewisser Aufwärtstrend ist zu verzeichnen. Ab 1. August 1990 gehört die DDR *de facto* der Zoll- und Agrarunion der Europäischen Wirtschaftsgemeinschaft an. Infolgedessen ist der Warenverkehr voll liberalisiert. Prekär ist jedoch das inzwischen bekanntgewordene Haushaltsdefizit der DDR. Im zweiten Halbjahr 1990 beläuft sich die Summe auf 35 Milliarden DM, die mit einer Zehn-Milliarden-DM-Nettokreditaufnahme und mit 25 Milliarden DM, zu finanzieren durch den Bund und die Länder, ausgeglichen werden soll. Dennoch kommt Schlecht zu dem optimistischen Ergebnis: „Die DDR hat gute Chancen, in wenigen Jahren beträchtliche wirtschaftliche Fortschritte zu vollziehen und allmählich Anschluß an die Verhältnisse in der Bundesrepublik zu finden." Allgemein werde der Anfang der Durststrecke, die sich nun abzeichnet, unvermeidlich sein. Gleichwohl werden Verheißungen ausgesprochen. In wenigen Wochen, so schätzt er, würden die Preis- und Versorgungsprobleme überwunden sein und neue Arbeitsplätze entstehen, weil neue Beschäftigungschancen sich auftun, die allgemein einen wirtschaftlichen Aufschwung erst richtig in Gang setzen, wenn keine neuen administrativen und tatsächlichen Hemmnisse mehr bestehen.[757]
Ungeachtet dieser positiven Erwartungshaltung wächst Mitte August im Kanzleramt die Befürchtung, der Einigungsvertrag könnte scheitern, wenn die Koalition in der DDR zer-

754 Bundesministerium des Innern, Arbeitsgruppe Kabinettausschuß Deutsche Einheit, Verhandlungen mit der DDR über den Einigungsvertrag, hier: Staatssekretärsbesprechung, Ergebnisvermerk, 9. Juli 1990; BK, 132–35400 De 12 NA 5 Bd. 3.
755 Nr. 346 Schreiben des Präsidenten des Bundesverfassungsgerichts Herzog an Bundeskanzler Kohl, 10. Juli 1990.
756 Nr. 289 Besprechung der beamteten Staatssekretäre in Bonn, 28. Mai 1990.
757 Nr. 380 Rundschreiben des Staatssekretärs Schlecht an die Mitglieder des Kabinettausschusses Deutsche Einheit, 9. August 1990. Nr. 380A Zur wirtschaftlichen Situation in der DDR, 9. August 1990.

bricht. Die Zerfallserscheinungen sind allzu deutlich. Es ist nur noch eine Frage des genauen Zeitpunkts, wann die DDR den Beitritt zur Bundesrepublik erklärt.[758]
Nachdem am 16. August im Bundesinnenministerium auf der Arbeitsebene nicht alle offenen Punkte unter Beteiligung der Länder geklärt werden können, ergibt sich auf Staatssekretärsebene weiterer politischer Abstimmungsbedarf.[759] Vorsorglich läßt Seiters im Kanzleramt schon einmal die Folgen prüfen, falls der Einigungsvertrag scheitert. „Ohne Einigungsvertrag", so lautet das Ergebnis, ist gemäß Artikel 23 Grundgesetz dieses „nach dem Beitritt der DDR dort in Kraft zu setzen". Dafür bedarf es nur eines einfachen Bundesgesetzes, das die Koalition mit Mehrheit verabschieden kann. Allerdings können dann gleichzeitig keine Änderungen des Grundgesetzes vorgenommen werden, weil dazu eine Zweidrittelmehrheit erforderlich ist. Das übrige Bundesrecht müßte in dem Falle durch ein Überleitungsgesetz auf dem Gebiet der DDR in Kraft gesetzt werden. Bei der parlamentarischen Beratung im Bundestag könnten zu jedem Teil des Gesetzes Änderungsanträge eingebracht werden im Gegensatz zu einem Ratifikationsverfahren, bei dem die Abgeordneten nur das Recht der Zustimmung oder Ablehnung hätten. Zudem würde diesem Verfahren politisch mehr der Anruch eines „Anschlusses" in der Öffentlichkeit zuteil werden. Doch den will die Bundesregierung vermeiden.[760]

Beitrittserklärung vor Abschluß des Einigungsvertrags

Vor Beginn der dritten Verhandlungsrunde, die vom 20. bis 24. August erstmals in Bonn im Bundesverkehrsministerium stattfindet, nimmt der parteipolitische Streit spürbar an Schärfe zu. Ministerpräsident de Maizière hat am 15. August vier Minister aus seinem Kabinett entlassen, darunter Finanzminister Romberg von der SPD. Aufgrund eines Beschlusses ihrer Volkskammerfraktion legen daraufhin am 19. August die vier der SPD angehörenden Minister ihre Ämter nieder. Die Sozialdemokraten der DDR verlassen die Regierungskoalition. Mit diesem Schritt übernehmen die SPD-regierten Länder noch stärker als zuvor schon die Rolle der Opposition zu den Regierungen in Bonn und Ost-Berlin. Vor allen Dingen wirft die SPD der Bundesregierung nun vor, de Maizière habe absichtlich aus parteitaktischen Gründen den Bruch der Regierungskoalition in der DDR herbeigeführt. Zudem behauptet Lafontaine, die Bundesregierung täusche die Bevölkerung über die Notwendigkeit von Steuererhöhungen. Allenthalben kommen Zweifel auf, ob in der Volkskammer eine parlamentarische Mehrheit für den Einigungsvertrag zu erzielen ist, wenn praktisch keine handlungsfähige Regierung mehr existiert.
Ihre Kritik an dem bisherigen Verhandlungsstand fassen die SPD-regierten Länder in Absprache mit der SPD-Bundestagsfraktion am 19. August in einer acht Punkte umfassenden Erklärung[761] für die Besprechung der Chefs der Staats- und Senatskanzleien mit dem Chef des Bundeskanzleramtes Seiters am nächsten Tag zusammen, bei der noch offene Fragen des Vertrages geklärt werden sollen.[762] Die SPD will testen, ob die Bundesregierung noch an einer Vertragslösung interessiert ist oder inzwischen eine gesetzliche Regelung der Beitrittsbedingungen mittels Überleitungsgesetz bevorzugt. Ihre weitere Teilnahme an den Ver-

---

758   Nr. 385 Vorlage des Regierungsdirektors Lehnguth an den Chef des Bundeskanzleramtes Seiters, 17. August 1990.
759   Nr. 383 Vorlage des Ministerialdirigenten Busse an den Chef des Bundeskanzleramtes Seiters, 17. August 1990.
760   Nr. 384 Vermerk des Regierungsdirektors Lehnguth, 17. August 1990.
761   Nr. 387C Anlage 3 Erklärung der Regierungschefs der SPD-geführten Länder vom 19. August 1990, 20. August 1990.
762   Nr. 387 Besprechung des Chefs des Bundeskanzleramtes Seiters mit den Chefs der Staats- und Senatskanzleien der Länder in Bonn, 20. August 1990.

handlungen machen die SPD-geführten Länder von substantiellen Fortschritten abhängig. Sie scheinen wohl auch bereit, von der Staatsvertragslösung gänzlich Abstand zu nehmen.[763] SPD-Verhandlungsführer Clement mahnt Änderungen des Artikels 51 Absatz 2 Grundgesetz und an der Finanzverfassung an, fordert, die Entscheidung über die Hauptstadt offenzuhalten, und moniert die mangelnde Rechtssicherheit für Investitionen bei der Regelung der offenen Vermögensfragen. Er spricht von dem Versäumnis, Länder und Gemeinden in der DDR finanziell handlungsfähig zu machen, was den Aufbau einer wirtschaftlichen Infrastruktur verhindere, und beklagt den Verzicht auf die eindeutige Festlegung des Vermögens der SED/PDS, der Blockparteien und Massenorganisationen in der DDR, das die SPD in die wirtschaftliche Umstrukturierung investieren will. Dabei stelle sich die Frage, ob und inwieweit sich das am 22. Juli von der Volkskammer verabschiedete Parteiengesetz der DDR auf die finanzielle und rechtliche Situation der Parteien der Bundesrepublik – insbesondere im Hinblick auf Vermögenswerte der Blockparteien und die Einhaltung von Sozialplänen – auswirke, wenn sich diese mit den Parteien der Bundesrepublik zusammengeschlossen haben.[764]

Des weiteren lehnt die SPD die geplanten zentralstaatlichen Regelungen für Verwaltungs-, Finanz- und Treuhandvermögen in der vorliegenden Form ab und verlangt für die zwei Millionen Beschäftigten des öffentlichen Dienstes in der DDR Regelungen,[765] um deren Ungewißheit zu beenden. Die Länder sehen insbesondere zusätzliche Personalkosten auf sich zukommen. Denn schon „jetzt findet in der DDR eine sachlich nicht gerechtfertigte Verschiebung von Personal in Verwaltungsbereichen statt, die später auf die Länder übergehen", heißt es in der Erklärung. Für unzureichend hält die SPD die sozialen Schutzfunktionen beim Kündigungsrecht für Wohnraum, bei der Vorruhestandsregelung und der Krankenhausfinanzierung sowie bei den Vorkehrungen zur Anpassung der Landwirtschaft in der DDR an die Vorschriften der Europäischen Gemeinschaften. Keine Bewegung kann sie in der Frage der Einheitlichkeit der Rechtsverhältnisse im künftigen Deutschland ausmachen. Weitere Änderungswünsche der SPD zielen auf den § 218 StBG, die Wahl zwischen Wehrdienst und Zivildienst und eine Amnestie für Angehörige des Staatssicherheitsdienstes der DDR. Schließlich fordern die Sozialdemokraten eine klare Übereinkunft über Verfassungsänderungen, die der Weiterentwicklung des Föderalismus dienen sollen. Mit einem „bloßen Inaussichtstellen einer Diskussion" wollen sie sich nicht zufrieden geben. Ebenso insistiert Clement erneut auf die Aufnahme des Umweltschutzes und die Konkretisierung des Sozialstaatsgebots bei der Bestimmung der Staatsziele in der Präambel der neuen Verfassung, über die das deutsche Volk entscheiden soll.

Die CDU/CSU-regierten Länder lehnen diese Forderungen größtenteils ab. Rauscher spricht sogar von einer „Aufkündigung des Konsenses, der ursprünglich weitgehend zwischen den Ländern bestanden habe". Schäuble macht der SPD zum Vorwurf, sie gefährde den Einigungsvertrag, „wenn nicht konsensfähige Forderungen zusätzlich gestellt würden". Zudem hält er an dem Abschluß eines Staatsvertrages zur Regelung der Beitrittsfragen fest[766] und sagt weitere Gespräche über den Forderungskatalog der SPD-geführten Länder in speziellen Arbeitsgruppen zu.

Die eigentlichen Verhandlungen finden jetzt weniger zwischen der Bundesregierung und der DDR-Regierung, sondern parallel in den politisch gewichtigeren Besprechungen zwischen Bundesregierung und SPD-geführten Ländern statt. Zunächst kommt es auf die Klä-

763 Christian Dästner, Der Beitrag war bedeutsam, in: Frankfurter Allgemeine. Nr. 296. 20. Dezember 1997, 11.
764 Nr. 382 Schreiben des Bundesministers Seiters an Bundesminister Schäuble, 16. August 1990. Nr. 382A Beschluß der Unabhängigen Kommission vom 1. August 1990, 16. August 1990.
765 Nr. 387A Anlage 1 Formulierungsvorschlag des Bundes für Artikel 13a und 13b Einigungsvertrag, 20. August 1990. Nr. 387B Anlage 2 Abgestimmte Fassung der Artikel 13a und 13b Einigungsvertrag, 20. August 1990.
766 Schäuble, Der Vertrag, 189 f.

rung der im Bund-Länder-Verhältnis innerhalb der bundesdeutschen Delegation noch strittigen Punkte an, hauptsächlich die Verteilung der Umsatzsteuer, Änderungswünsche der A-Länder bei den offenen Vermögensfragen, die Bund/Länder-Verteilung bei dem Verwaltungs- und Finanzvermögen und der Treuhandanstalt, die Regelung für den öffentlichen Dienst der DDR, die Staatszielbestimmungen, Änderungen des § 218 StGB und die Stimmrechtsverteilung im Bundesrat.[767]

Noch bevor der Einigungsvertrag fertig ausgehandelt ist, überschlagen sich in der Volkskammer die Ereignisse. Vor allem die DSU drängt auf einen Beschluß über den Beitritt. Zu Beginn der Volkskammersitzung am Abend des 22. August, die um 21.10 Uhr beginnt, ist nicht abzusehen, welche historische Entscheidung bevorsteht. Erst in der Nacht auf den 23. August wird erneut der Antrag zum Beitritt eingebracht und darüber namentlich abgestimmt. Von den 400 Mitgliedern sind 363 Parlamentarier anwesend. Um 2.45 Uhr gibt Parlamentspräsidentin Bergmann-Pohl[768] das Ergebnis der Abstimmung über den Beitritt der DDR zum Geltungsbereich des Grundgesetzes für die Bundesrepublik Deutschland mit Wirkung vom 3. Oktober bekannt.[769] 294 Abgeordnete haben für den Beitritt votiert, 62 Abgeordnete dagegen, sieben Abgeordnete sich der Stimme enthalten. Für die weit überwiegende Mehrheit ist das ein glücklicher Beschluß, den der PDS-Vorsitzende Gysi anschließend in einer persönlichen Erklärung einleitend mit dem Satz kommentiert: „Frau Präsidentin! Das Parlament hat soeben nicht mehr und nicht weniger als den Untergang der Deutschen Demokratischen Republik zum 3. Oktober ..." – das Protokoll vermerkt an dieser Stelle jubelnden Beifall bei der CDU/DA, der DSU, teilweise bei der SPD – „beschlossen". Am 25. August teilt Bergmann-Pohl dem Kanzler offiziell das Ergebnis mit.[770]

Den Ausschlag bei der Festlegung des Beitrittsdatums hat der weitere Zeitplan für den Abschluß des Zwei-plus-Vier-Prozesses gegeben. Das Ergebnis der für den 12. September vorgesehenen letzten Verhandlungsrunde in Moskau soll den Außenministern der KSZE-Mitgliedstaaten zum nächstmöglichen Termin vorgelegt werden. Das ist die geplante Vorbereitungssitzung am 1./2. Oktober in New York. Als Beitrittsdatum kommt somit frühestens der 3. Oktober in Betracht.

Für die Übergangszeit bis zu den Bundestagswahlen am 2. Dezember muß eine Lösung gefunden werden, Mitglieder der Regierung der DDR an der Bundesregierung zu beteiligen. Die Bundesregierung soll sich in dieser Phase nicht ausschließlich aus westdeutschen Politikern zusammensetzen. Bundeskanzler Kohl bietet am 28. August dem DDR-Ministerpräsidenten de Maizière an, vorübergehend Bundesminister für besondere Aufgaben, die bisher in dessen Kabinett tätig gewesen sind, in das Bundeskabinett zu berufen.[771]

Das Beitrittsvotum hat die Lage grundlegend verändert. Genaugenommen wäre nun der Abschluß des Einigungsvertrages nicht mehr erforderlich. Bundesrecht könnte auch durch ein Überleitungsgesetz in der DDR in Kraft gesetzt werden. Das aber will die Bundesregierung wegen der negativen politischen Wirkungen nicht. Ihr kommt es darauf an, dennoch den Einigungsvertrag abzuschließen. In den Gesprächen mit den Vertretern der Länder, die sich

---

767 Nr. 393 Vorlage des Ministerialdirigenten Busse und des Ministerialdirigenten Stern an den Chef des Bundeskanzleramtes Seiters, 22. August 1990.
768 Sabine Bergmann-Pohl, Abschied ohne Tränen. Rückblick auf das Jahr der Einheit. Aufgezeichnet von Dietrich von Thadden. Frankfurt/Main 1991, 155–158.
769 Äußerung von Lothar de Maizière in: Kuhn, Gorbatschow und die deutsche Einheit, 170.
770 Nr. 397 Schreiben der Volkskammerpräsidentin Bergmann-Pohl an Bundeskanzler Kohl, 25. August 1990. Nr. 397A Beschluß der Volkskammer der Deutschen Demokratischen Republik über den Beitritt der Deutschen Demokratischen Republik zum Geltungsbereich des Grundgesetzes für die Bundesrepublik Deutschland vom 23. August 1990, 25. August 1990.
771 Nr. 400 Schreiben des Bundeskanzlers Kohl an Ministerpräsident de Maizière, 28. August 1990.

am 23. August über fünf Stunden erstrecken, steht das Bestreben nach einer Verständigung über die Streitpunkte im Vordergrund.[772]
Schäuble deutet in der Frage der Staatszielbestimmungen an, einen Konsens auf der Grundlage eines Artikels 20a Grundgesetz anzustreben, in dem der Umweltschutzgedanke zum Ausdruck kommt. Dafür sind die Länder bereit, auf die Einsetzung eines Verfassungsrates und einen Volksentscheid zu verzichten, wenn es zur Berufung einer Enquete-Kommission kommt. Zudem besteht Clement darauf, die Regelung des Regierungs- und Parlamentssitzes offenzulassen. Letztlich müssen der Bundeskanzler und die Regierungschefs der Länder die Frage klären.
Für den öffentlichen Dienst wird als gemeinsames Ziel der Abbau des Personalüberhangs in der DDR vereinbart. Die SPD-geführten Länder befürchten, die neuen Länder erwarte wegen der ehemaligen SED-Mitglieder Schwierigkeiten. Sie schlagen deshalb die Einrichtung einer Personalabwicklungsstelle vor, wohingegen der Bund dafür eintritt, die Verantwortung für den Personalabbau nach föderalistischen Gesichtspunkten zwischen Bund und Ländern aufzuteilen. Dabei wird Einigung über „sozialverträgliche Flankierungsmaßnahmen" erzielt.[773]
Bei der Behandlung der Vermögensfragen besteht Übereinstimmung in der Zielsetzung, Investitionshindernisse wegen ungeklärter Eigentumsfragen zu beseitigen. Der Bund hat dazu vorgeschlagen, eine Absichtserklärung aufzunehmen, in der DDR ein Gesetz zu schaffen, das die Kommunen ermächtigt, bei Investitionsbereitschaft Grundstücke auch bei ungeklärter Eigentumsfrage zu veräußern. In der Frage der Vermögensaufteilung sagt Schäuble für den Bund zu, die Zinsleistungen für Schulden der DDR statt je zu einem Drittel auf Bund–Treuhandanstalt–Länder der DDR zu verteilen, nun je zur Hälfte von Bund und Treuhandanstalt zu übernehmen. Das Vermögen der Staatssicherheit der DDR wird der Treuhandanstalt zugewiesen. Im Gegenzug sind die Länder bereit, die Konzeption der Vermögensaufteilung hinzunehmen.
Bei der Verteilung des Umsatzsteueraufkommens zwischen Bund und Ländern prallen die unterschiedlichen Positionen zum künftigen Finanzausgleich aufeinander. Krause verlangt die sofortige Einbeziehung der neuen Länder in den Bund-Länder-Finanzausgleich nach Artikel 107 Grundgesetz, dem Schäuble mit der Begründung widerspricht, dafür sei eigens bis 1994 der Fonds Deutsche Einheit geschaffen worden, der befristet einen gesamtdeutschen Länderfinanzausgleich ersetzt. Schäuble schlägt den Ländern vor, den Umsatzsteueranteil für die neuen Länder in den Jahren 1991 bis 1994 zunächst in einer Relation von 60 v.H. des durchschnittlichen Umsatzsteueranteils pro Kopf ihrer Bevölkerung zu dem entsprechenden Wert der Bundesrepublik anzusetzen. Dieser Satz soll sich jährlich um 10 v.H. auf 90 v.H. bis 1994 steigern. 1995 wäre dann unter der Annahme des erwarteten Aufschwungs der Gleichstand von 100 v.H. der alten und neuen Länder erreicht und der volle Finanzausgleich könnte beginnen. Ferner bietet Schäuble an, der Bund überlasse statt 50 v.H. nun 80 v.H. des Fonds Deutsche Einheit den neuen Ländern. Doch die Länder der Bundesrepublik weigern sich. Überlegt wird dann, die Prozentsätze auf 55 v.H. statt 60 v.H. zu senken und jährlich um 5 v.H. bis 70 v.H. für das Jahr 1994 steigen zu lassen und dafür als Ausgleich den neuen Ländern statt 80 v.H. nunmehr 85 v.H. aus dem Fonds Deutsche Einheit zur Verfügung zu stellen.[774] Die SPD-geführten Länder halten an der Absprache fest,

---

772 Nr. 394 Vorlage des Ministerialdirigenten Busse und des Ministerialdirigenten Stern an den Chef des Bundeskanzleramtes Seiters, 23. August 1990.
773 Schäuble, Der Vertrag, 203.
774 Nr. 393 Vorlage des Ministerialdirigenten Busse und des Ministerialdirigenten Stern an den Chef des Bundeskanzleramtes Seiters, 22. August 1990. Schäuble, Der Vertrag, 181.

außer ihrem Beitrag zum Fonds Deutsche Einheit würden keine weiteren Kosten auf sie zukommen. Diese seien mit ihrem Beitrag zum Fonds Deutsche Einheit abgegolten.

Am Ende der dritten Verhandlungsrunde ist in einer Reihe von zentralen Fragen immer noch keine Annäherung erreicht worden. Zu klären bleibt insbesondere die vorgesehene Regelung des § 218 StGB, die Hauptstadtfrage und die Finanzverteilung.[775] Ein Gespräch des Bundeskanzlers mit den Regierungschefs der Länder wird notwendig. Dem soll eine Beratung des Bundesfinanzministers mit den Finanzministern der Länder vorangehen. Auch die SPD hält das bisher erreichte Ergebnis für nicht ausgewogen. Angesichts des durch den Beitrittsbeschluß der Volkskammer entstandenen öffentlichen Drucks auf den Abschluß der Vertragsverhandlungen hofft die SPD nun, ihre wichtigsten Positionen durchsetzen zu können. Sie besteht auf einem Gespräch des SPD-Vorsitzenden Vogel mit dem Bundeskanzler. Daraus wird am 26. August ein Gespräch der Partei- und Fraktionsvorsitzenden. Zu den strittigen Punkten werden parteiübergreifende Arbeitsgruppen eingesetzt, wodurch sich die Verhandlungen in den letzten Augusttagen fast nur noch zwischen Bundesregierung und Opposition abspielen.

In der Frage des Schwangerschaftsabbruchs läuft alles auf eine zweigeteilte Rechtssituation in Deutschland hinaus. Am 21. August hat sich die Koalitionsrunde auf das Wohnortprinzip bei der Abtreibungsregelung verständigt.[776] In der DDR soll die alte Regelung vorübergehend fortbestehen, während für die westlichen Länder das in der Bundesrepublik gültige Recht weiterhin existiert, bis eine Neuregelung gefunden worden ist.[777] SPD und FDP gehen auf das Wohnsitzprinzip bei der Übergangslösung des § 218 StGB ein. Sie wollen das Abweichen vom Grundsatz des interlokalen Strafrechts nicht hinnehmen. Der Streit konkretisiert sich dann auf die Dauer der Übergangsfrist. Schäuble hat der FDP fünf Jahre zugestanden, muß davon aber wieder abrücken und die Frist auf höchstens zwei Jahre begrenzen, weil sonst die CDU/CSU-Bundestagsfraktion dem nicht zustimmt.[778] Die SPD wertet die Vereinbarung des Tatortprinzips in bezug auf die übergangsweise unterschiedliche strafrechtliche Behandlung von Schwangerschaftsabbrüchen als Fortschritt, will aber letztlich nicht die Begrenzung der Übergangszeit auf maximal zwei Jahre hinnehmen, wogegen sich auch der Bundesjustizminister gesträubt hat. Doch der Kanzler bleibt hart, und die SPD-Vertreter müssen sich mit einer zweijährigen Übergangszeit einverstanden erklären.[779]

In der Frage der Hauptstadt setzt sich Clement mit der Forderung Nordrhein-Westfalens durch, die Entscheidung über die Hauptstadt dem gesamtdeutschen Gesetzgeber zu überlassen. Somit erhält die bisherige Bundeshauptstadt Bonn noch eine Chance, Hauptstadt des vereinten Deutschlands zu werden. Für die DDR-Regierung bedeutet der Verzicht, im Einigungsvertrag Berlin als Hauptstadt festzulegen, eine Konzession.

Am 28. August verhandeln die Länderfinanzminister mit Bundesfinanzminister Waigel[780] über die geplante Regelung der Umsatzsteuerverteilung. Diese sieht in Artikel 7 des Entwurfs für die Länder erhebliche finanzielle Mehrbelastungen in den kommenden vier Jahren vor. Zwischen 1991 und 1994 haben die Länder mit Umsatzsteuereinbußen von etwa 4 bis 5 Milliarden DM zu rechnen. Die vorgesehene Regelung steht somit im Widerspruch zu der Vereinbarung des Fonds Deutsche Einheit, die davon ausgeht, daß die Kosten des Einigungsprozesses „abschließend geregelt" sein sollen. Die Länderfinanzminister wollen vom Bund nicht zusätzlich zu Finanzleistungen herangezogen werden und machen ihre Zustim-

---

775   Nr. 394 Vorlage des Ministerialdirigenten Busse und des Ministerialdirigenten Stern an den Chef des Bundeskanzleramtes Seiters, 23. August 1990.
776   Schäuble, Der Vertrag, 231, 235.
777   Nr. 386 Vermerk des Ministerialrats Hegerfeldt, 17. August 1990.
778   Schäuble, Der Vertrag, 240 f.
779   Ebd., 249 f.
780   Nr. 401 Gespräch des Bundesministers Waigel mit den Finanzministern der Länder, 28. August 1990.

mung zur Umsatzsteuerverteilung unter den neuen Ländern von sechs Bedingungen abhängig: *Erstens* soll die Bundesregierung förmlich erklären, daß die neuen Länder bei der Umsatzsteuerverteilung im Verhältnis des Bundes zu den westdeutschen Ländern nicht berücksichtigt werden. Waigel akzeptiert die Forderung. *Zweitens* fordern die Länder eine weitere Erklärung des Bundes, daß die Länder mit ihrem Anteil zum Fonds Deutsche Einheit den Beitrag zur Finanzierung der Vereinigung „abschließend geleistet" haben, was Waigel ablehnt. *Drittens* soll der Bund auf die Aufnahme einer Revisionsklausel verzichten, andernfalls müsse eine Überprüfungsklausel aufgenommen werden, mit der die festgelegten Prozentsätze anhand der Wirtschaftsdaten gegebenenfalls für die Jahre 1993 und 1994 neu bestimmt werden; zudem sollen sie kein Präjudiz für die Neuregelung der Bund-Länder-Finanzbeziehungen ab 1995 darstellen. Vereinbart wird eine spezielle Revisionsklausel, wobei sich die Überprüfung jedoch nicht an makroökonomischen Daten orientieren soll. Die Länder akzeptieren schließlich eine generelle Revisionsklausel. Die Frage der Neuordnung der Finanzbeziehungen wird durch die Erklärung Waigels gelöst, die Umsatzsteuerverteilung gehöre zu den neu zu ordnenden Bestandteilen. *Viertens* verlangen die Länder vom Bund eine weitere Zusicherung, daß durch die Mischfinanzierungstatbestände die Länder der alten Bundesrepublik keine finanziellen Nachteile erfahren und der Bund seine Etatpolitik daran ausrichtet. Dies lehnt Waigel grundweg ab. *Fünftens* soll die beabsichtigte Erstattung der Verwaltungskosten des Bundes aus dem Fonds Deutsche Einheit entfallen, weil die Länder ihre Verwaltungskosten ebenfalls nicht erstattet bekommen. Hierbei soll eine Präzisierung vorgenommen werden. Und *sechstens* wollen die Länder beim Aufbau der Landesverwaltungen in den neuen Ländern mitwirken, um im öffentlichen Dienst Lösungen zu vereinbaren, die die neuen Länder vor untragbaren Haushaltsbelastungen bewahren[781] und später gegebenenfalls von ihnen mitgetragen werden müssen.

Unmittelbar vor Abschluß der Verhandlungen kann es sich politisch niemand leisten, den Einigungsvertrag noch platzen zu lassen. In einem Spitzengespräch des Bundeskanzlers mit den Regierungschefs der Länder am 29. August[782] wird eine endgültige Einigung der noch strittigen Fragen gesucht. Zunächst berichtet Rohwedder über die Aufbauarbeit der Treuhandanstalt, mit deren Erlösen vorrangig die Wirtschaft saniert und Schulden bedient werden sollen und dann erst Möglichkeiten der Beteiligung breiter Bevölkerungsschichten in der DDR am ehemals volkseigenen Vermögen vorzusehen sind.[783] Auf Vorschlag des Kanzlers wird statt des 17. Juni als Gedenktag für die Ereignisse des Aufstandes 1953 in der DDR der 3. Oktober als „Tag der Deutschen Einheit" zum Nationalfeiertag erklärt. Zur Klärung der Zukunft des öffentlichen Dienstes wird die Einrichtung einer von Bund und Ländern eingerichteten Clearingstelle für die Erstellung der Musterstellenpläne und des Personalabbaus beschlossen. Hier kommt es vor allem darauf an, daß Bundesregierung und Landesregierungen notwendige Maßnahmen für den Aufbau der Landesverwaltungen in den neuen Ländern unterstützen. Darauf verständigten sich die Chefs der Staats- und Senatskanzleien mit Bundesminister Seiters endgültig am 10. September.[784]

Des weiteren regeln Kanzler und Ministerpräsidenten die Stimmenverteilung der bevölkerungsstärkeren Länder im Bundesrat nach Artikel 51 Absatz 2 Grundgesetz. Länder mit mehr als 7 Millionen Einwohnern erhalten demnächst sechs Stimmen. In der Frage der Bund-Länder-Finanzierung kommen die Beteiligten zu der Feststellung: Der Bund erfüllt seine rechtlichen Verpflichtungen bei der Mischfinanzierung. Waigel lehnt aber weiterhin

---

781 Nr. 401A Beschluß der Finanzministerkonferenz der Länder, 28. August 1990.
782 Nr. 403 Besprechung des Bundeskanzlers Kohl mit den Regierungschefs der Länder in Bonn, 29. August 1990.
783 Dazu Nr. 411 Vorlage des Ministerialrats Ludewig an Bundeskanzler Kohl, 5. September 1990.
784 Nr. 419 Besprechung des Chefs des Bundeskanzleramtes Seiters mit den Chefs der Staats- und Senatskanzleien der Länder in Bonn, 10. September 1990.

eine Besitzstandsgarantie für die Länder ab, weil die Entscheidung über künftige Haushaltsausgaben dem Parlament obliegt. Dafür macht er die Zusage, der Bund beabsichtige „grundsätzlich" nicht, die für die Länder der alten Bundesrepublik „vorgesehenen Mittel zu schmälern", insbesondere nicht in den Bereichen der Gemeinschaftsaufgaben wie Hochschulbau, Landwirtschaftsstruktur und Küstenschutz. Bei der regionalen Wirtschaftsförderung können die Länder zukünftig nicht mehr mit den gewohnten Beträgen rechnen und müssen eine Neubewertung hinnehmen.

Klärungsbedürftig ist schließlich noch die Forderung der Sozialdemokraten, auch das nach 1949 enteignete Vermögen nicht mehr zurückzugeben und die alten Eigentümer durch das Geltendmachen von Entschädigungsansprüchen abzufinden. Eine solche Regelung geht über das hinaus, was die Bundesregierung und die Regierung der DDR in der Gemeinsamen Erklärung vom 15. Juni mit Zustimmung der SPD der DDR vereinbart haben. Die in der DDR populäre Position übernimmt Krause, nicht zuletzt aus koalitionspolitischer Rücksichtnahme. In der Sitzung des Kabinettausschusses Deutsche Einheit am 22. August plädiert Staatssekretär Kinkel für die Beibehaltung des Grundsatzes, Natural-Restitution hat bei Eigentum Vorrang vor Entschädigung, weil es der „grundrechtlichen Wertordnung am nächsten" komme. Sonst geriete die Bundesregierung in einen „Schlingerkurs", der „politisch, vor allem aber rechtlich wohl schwer durchzuhalten" sei. Dem widerspricht die CDU/CSU-Bundestagsfraktion. Dort überwiegen Stimmen, die einen generellen Verzicht auf die Wiederherstellung alter Eigentumsrechte hinsichtlich der zwischen 1945 und 1949 von der sowjetischen Besatzungsmacht ergriffenen Maßnahmen für untragbar halten. Die Bundesregierung steckt in einem Dilemma. Einerseits will sie Rechtsbrüche aus den vergangenen 45 Jahren wiedergutmachen und andererseits künftig nicht aus altem Unrecht neues Unrecht entstehen lassen. Es sollen nicht nur die Interessen derjenigen berücksichtigt werden, die damals ihr Eigentum verloren, sondern auch diejenigen, die in der Zwischenzeit guten Glaubens Eigentums- und Nutzungsrechte erworben haben, meint Schäuble. Er will diese heiklen Klärungen nicht bis in alle Details im Einigungsvertrag ausfechten, um den Einigungsprozeß damit nicht zu belasten. Vielmehr setzt er auf den letzten Satz der Gemeinsamen Erklärung, der staatliche Ausgleichsleistungen vorsieht und alle Möglichkeiten einer finanziellen, aber auch materiellen Regelung einschließlich des Rückerwerbs ehemaligen Eigentums offenläßt. Auf diese Weise hofft er Kritik von zwei Seiten zu begegnen: von jenen, denen die Wiederherstellung alter Eigentumsrechte zu weit gehen, weil sie negative Auswirkungen auf die Investitionsbereitschaft befürchten, und von jenen, denen die Wiederherstellung alter Eigentumsrechte nicht ausreichend geschützt erscheinen.[785]

Ende August wird zu den offenen Vermögensfragen der Entwurf eines Ausfüllungsgesetzes der DDR mit den Bundesressorts, Vertretern der Länder Bayern, Berlin, Nordrhein-Westfalen und Vertretern der DDR beraten. Damit sollen vermögensrechtliche Ansprüche an Vermögenswerten geregelt werden, die enteignet und in Volkseigentum überführt, durch staatliche Treuhänder oder nach Überführung in Volkseigentum an Dritte veräußert oder durch unlautere Vorgehensweise von Dritten erworben worden sind.[786] Die Verständigung läuft darauf hinaus, in die Anlage II des Einigungsvertrages die Gesetzestexte über besondere Investitionen in der DDR und zur Regelung der offenen Vermögensfragen aufzunehmen. Durch das Investitionsgesetz haben die gegenwärtig Verfügungsberechtigten das Recht, über Grundstücke und Gebäude zu verfügen, die Gegenstand von Ansprüchen zur Rückübertragung sein können. Damit hat die Bundesregierung der eigentlich klar umrissenen Formulierung für die Annahme eines besonderen Investitionszweckes, der vorliegen soll, auf Wunsch der SPD-regierten Länder nachgegeben. Dafür sind die A-Länder von ihrer

---

785 Schäuble, Der Vertrag, 259, 261 f.
786 Nr. 405 Vorlage des Ministerialrats Zilch an den Chef des Bundeskanzleramtes Seiters, 29. August 1990.

Position, bei Enteignungen in der DDR statt Restitution allgemein Entschädigungszahlungen vorzusehen – wie dies in der Gemeinsamen Erklärung der Bundesregierung und der DDR-Regierung vom 15. Juni festgelegt ist – abgerückt. Zur Frage der Entschädigung wird in der Gesetzesfassung nur noch die Geldentschädigung angesprochen. Näheres soll ein Gesetz regeln. Die unmittelbare Entscheidung wird somit vertagt und dem gesamtdeutschen Gesetzgeber ein entsprechender Gestaltungsspielraum belassen. Die ursprüngliche Formulierung, daß die Entschädigung „grundsätzlich nach Maßgabe der für die Bürger der Deutschen Demokratischen Republik im Zeitpunkt der Maßnahme geltenden Rechtsvorschriften gewährt" wird, ist in der Endphase der Verhandlungen wieder herausgenommen worden. Das hat zunächst zur Folge, daß die Kriterien der Entschädigung in dem zu verabschiedenden Gesetz festgelegt werden müssen und zu einer zeitlichen Verzögerung der Entscheidung über die geltend gemachten vermögensrechtlichen Ansprüche führen und die Unklarheit für die Rechtsverhältnisse zunächst andauert. Denn die Berechtigten, so heißt es in einer Vorlage an Kanzleramtschef Seiters, die „zwischen Rückübertragung und Geldentschädigung wählen" können, werden ihr Wahlrecht erst ausüben, wenn zumindest eine ungefähre Taxierung der voraussichtlichen Entschädigungssummen möglich ist.[787]

Nach zähem Ringen um Detailfragen[788] wird schließlich in der Nacht des 31. August 1990 um 2.14 Uhr der Einigungsvertrag paraphiert. Am nächsten Vormittag stimmen Bundeskabinett und Ministerrat der DDR dem Vertrag zu. Am Nachmittag unterzeichnen Bundesminister Schäuble und der Parlamentarische Staatssekretär Krause im Kronprinzen-Palais in Ost-Berlin den Vertrag.[789] Am 3. September wird durch die Überreichung der Note der DDR an die Bundesregierung die Inkraftsetzung des Wahlvertrages abgeschlossen.[790]

Zwei-plus-Vier-Vertrag

Als die Außenminister am 17. Juli zu ihrer dritten Konferenz in Paris zusammentreten,[791] können die übrigen Mächte im wesentlichen nur noch die in Moskau und im Kaukasus vereinbarten deutsch-sowjetischen Verhandlungsergebnisse zur Kenntnis nehmen. Am Nachmittag legt Skubiszewski erstmals in dieser Runde seine Haltung dar. Dem Text zu den Grenzfragen stimmt er zu, fordert aber, im ersten Absatz die Bestätigung hinzuzufügen, die Grenzen Deutschlands stellen einen wesentlichen Beitrag zur Friedensordnung in Europa dar. Dafür muß er sich mit der Erklärung Bundesminister Genschers einverstanden erklären, daß der Grenzvertrag erst nach der Vereinigung unterzeichnet wird. Damit rückt die polnische Regierung von ihrer Forderung ab, eine Regelung müsse vor der Vereinigung in Kraft treten. Sie fordert zwar die Fortsetzung der Verhandlungen, gibt dies aber nicht förmlich zu Protokoll. Außerdem will Skubiszewski in einer Protokollerklärung festgelegt haben, daß die Grenzen des vereinigten Deutschlands weder durch äußere noch durch innere Umstände in Frage gestellt werden. Daraufhin gibt Genscher zu Protokoll, dies bedeute keine Grenzgarantie der Vier Mächte, und ein Friedensvertrag oder eine Friedensregelung sei nicht beab-

787 Nr. 409 Vorlage des Ministerialrats Zilch an den Chef des Bundeskanzleramtes Seiters, 3. September 1990.
788 Dazu Bruno Schmidt-Bleibtreu, Der Einigungsvertrag in seiner rechtlichen Gestaltung und Umsetzung, in: Klaus Stern/Bruno Schmidt-Bleibtreu (Hg.), Verträge und Rechtsakte zur Deutschen Einheit. Bd. 2 Einigungsvertrag und Wahlvertrag mit Vertragsgesetzen, Begründungen, Erläuterungen und Materialien. München 1990, 57–87.
789 Schäuble, Der Vertrag, 252–254.
790 Nr. 408 Note der Regierung der DDR an die Bundesregierung, 3. September 1990.
791 Nr. 354 Drittes Treffen der Außenminister der Zwei plus Vier unter zeitweiliger Beteiligung Polens in Paris, 17. Juli 1990.

sichtigt. Damit ist ein Friedensvertrag endgültig ad acta gelegt[792] und der gordische Knoten im deutsch-polnischen Streit um den Grenzvertrag gelöst. Premierminister Mazowiecki willigt am 25. Juli offiziell in den Abschluß eines Vertrages über die Grenze nach Herstellung der Wiedervereinigung ein. Er äußert aber dennoch seine Befürchtung, wenn der Entwurf erst binnen drei Monaten erstellt werde, könnte sich die Unterzeichnung noch länger hinziehen. Mazowiecki unterstellt der Bundesregierung unvermindert Verzögerungsabsichten. Deshalb will er den Vertrag direkt nach der Wiedervereinigung unterzeichnen und fordert die Aufnahme von Verhandlungen unmittelbar nach der Sommerpause im September. Den geplanten deutsch-polnischen Vertrag über die Zusammenarbeit will er davon ganz abkoppeln.[793]

Anfang August zeichnet sich das Ende der Zwei-plus-Vier-Verhandlungen auf der für den 12. September in Moskau geplanten Außenministerkonferenz ab.[794] Die Politischen Direktoren sollen die Texte zwischen dem 4. und 7. September in Berlin fertigstellen. Der KSZE-Gipfel der Staats- und Regierungschefs im November in Paris nimmt dann von der Wiedervereinigung Deutschlands Kenntnis. Zur Vorbereitung des Treffens kommen die Außenminister der KSZE-Mitgliedstaaten am Rande der UNO-Vollversammlung Anfang Oktober in New York zusammen und werden über die Ergebnisse informiert. Eine Billigung ist nicht vorgesehen.

Die Bundesregierung will nun mit aller Macht die Verhandlungen zum Abschluß bringen. Je länger sie dauern, desto größer werden möglicherweise die Finanz- und Kreditforderungen der Beteiligten, und je komplizierter wird der Vertragsabschluß. Unter diesem Zeitdruck können wichtige Verträge nicht mehr vollständig ausgehandelt werden. Jetzt kommt es mehr auf die Vereinbarung von Übergangsregelungen an, die dann eine weitere vertragliche Ausformung ermöglichen, jedoch den Verhandlungsabschluß nicht aufhalten. Das betrifft sowohl den Überleitungsvertrag wie auch den Abzugsvertrag, die die Bundesrepublik mit der Sowjetunion aushandeln muß.

In einem Schreiben an den Bundeskanzler vom 18. Juli hat der sowjetische Ministerpräsident Ryschkow weitere Finanzforderungen präsentiert. Moskau kommt es zum einen darauf an, die Finanzregelung für das zweite Halbjahr 1990 betreffend die sowjetischen Truppen in der DDR auf das Jahr 1991 auszudehnen. Zum zweiten ist die Regierung brennend daran interessiert, die Verhandlungen über den Überleitungsvertrag aufzunehmen. Die Verwirklichung des sowjetischen Wirtschaftsplans zur Umstellung auf die Marktwirtschaft hängt nicht zuletzt von Zusagen bundesdeutscher Finanz- und Wirtschaftshilfe ab.[795]

Bei dem Überleitungsvertrag wollen die Sowjets vor dem Beitritt der DDR die Vertragsinhalte klären und sich dabei auf die dringendsten Probleme wie Kostenfrage, die Klärung der Liegenschaften und die Unterbringung der Soldaten nach dem Abzug beschränken. Der geplante Kooperationsvertrag mit der Sowjetunion soll bis November ausgehandelt sein. Hier ist die deutsche Seite bereit, denjenigen Staaten, die mit der DDR Verträge abgeschlossen haben, Vertrauensschutz zuzusagen. Ebenso muß eine Übergangsregelung für die Stationierung der Streitkräfte der drei Westmächte in Berlin gefunden werden, bis der endgültige Abzug erfolgen kann. Und schließlich ist die vollständige Einbeziehung der DDR in die EG zu regeln.[796]

Die Bundesregierung ist hauptsächlich an einer vorzeitigen Suspendierung der Viermächte-Rechte interessiert, um letzte Reste alliierter Besatzungsherrschaft loszuwerden. Wer ver-

---

792   Nr. 354A Anlage 1 Pariser Text zu den Grenzfragen, 17. Juli 1990. Nr. 354B Anlage 2 Protokoll des französischen Vorsitzenden, 17. Juli 1990.
793   Nr. 371 Schreiben des Ministerpräsidenten Mazowiecki an Bundeskanzler Kohl, 25. Juli 1990.
794   Genscher, Erinnerungen, 850f.
795   Nr. 360 Schreiben des Ministerpräsidenten Ryschkow an Bundeskanzler Kohl, 18. Juli 1990.
796   Nr. 378 Vorlage des Ministerialdirigenten Hartmann an Bundeskanzler Kohl, 3. August 1990.

mag schon zu sagen, wie lange die Ratifizierung des Zwei-plus-Vier-Vertrages und damit die völkerrechtlich wirksame Herstellung der Souveränität Deutschlands wirklich dauert? Deshalb will die Bundesregierung die Vier Mächte zur vorzeitigen Außerkraftsetzung ihrer Rechte gleichzeitig mit der Wiederherstellung der Einheit Deutschlands bewegen. Während die drei Westmächte diesem Prozedere zustimmen, sucht die Sowjetunion für sich weitere Rückversicherungen einzuhandeln. Am 15. August berichtet Kastrup Teltschik über die Gespräche mit Kwizinskij in Moskau zur Vorbereitung der bilateralen Verträge und zum Stand der Sechsmächte-Verhandlungen. Die sowjetische Regierung strebt zwei Abzugsabkommen an: je einen Vertrag über die Stationierung ihrer Truppen in der DDR und in Berlin. Damit würde möglicherweise erneut ein Verhandlungspaket über die Frage des Abzugs eröffnet, wogegen sich die Bundesregierung wehrt.[797] Teltschik und Kastrup kommen überein, die Unterzeichnung des Zwei-plus-Vier-Vertrages solle durch die beiden deutschen Regierungen erfolgen, die Ratifizierung aber das gesamtdeutsche Parlament vornehmen. Von sechs Vertragsparteien bleiben nur fünf übrig. Zuvor muß jedoch Klarheit über den Stationierungsvertrag mit der Sowjetunion herrschen. Wiederum möchte Kohl erreichen, daß die Westmächte ihre Streitkräfte in Deutschland erst verringern, wenn die sowjetischen Truppen deutschen Boden verlassen haben.[798]

Nach der Beitrittserklärung der Volkskammer am 23. August geht es nunmehr darum, alle Restfragen abzuwickeln. Genscher macht de Maizière am 24. August klar, ein Austritt der DDR aus dem Warschauer Pakt sei nicht vonnöten, weil die Mitgliedschaft automatisch erlischt. Ferner will der Bundesaußenminister Zusagen finanzieller Leistungen der DDR-Regierung an Israel oder den Jüdischen Weltkongreß vorbeugen, die der Bundesregierung noch mehr Kosten aufbürden.[799] Beide vereinbaren überdies, in einer gemeinsamen Erklärung der Bundesregierung und der DDR-Regierung die Festlegung der Höchstgrenze deutscher Streitkräfte auf 370 000 Mann bei den Verhandlungen in Wien zu verkünden.[800]

Über Einzelheiten des deutsch-sowjetischen Verhandlungsergebnisses ist die amerikanische Regierung keineswegs erfreut. Der Grund ist die nicht ganz eindeutige Regelung der Verlegung von NATO-Truppen auf das Gebiet der DDR zwischen Kohl und Gorbatschow. Die Regierung in Washington befürchtet, zwischen Bonn und Moskau sei im Kaukasus ein Arrangement ausgehandelt worden und die Deutschen hätten mit der Formulierung, die alliierten Truppen überschreiten nicht die innerdeutsche Grenze, von der bisherigen Formulierung Abstand genommen. Um solcher Skepsis vorzubeugen, legt Kastrup bei den Eins-plus-Drei-Gesprächen der westlichen Politischen Direktoren am 23. August in London eine Sprachregelung vor, die ernsthafte Zweifel an Deutschlands Vollmitgliedschaft in der NATO ausräumen soll.[801] Die Westmächte sind nicht mit der Regelung einverstanden, daß nach Abzug der sowjetischen Streitkräfte keine NATO-Truppen auf DDR-Gebiet verlegt werden dürfen und somit eventuell NATO-Truppen auch nicht zu Manöverzwecken die innerdeutsche Grenze überschreiten dürfen.[802] Die Amerikaner haben sich darüber schon ziemlich verärgert auch gegenüber der Bundesregierung geäußert.[803] Problem ist die Frage,

---

797 Nr. 381 Gespräch des Ministerialdirektors Teltschik mit Ministerialdirektor Kastrup in Bonn, 15. August 1990.
798 Nr. 391 Schreiben des Bundeskanzlers Kohl an Premierministerin Thatcher, 22. August 1990.
799 Nr. 395 Gespräch des Bundesministers Genscher mit dem Ministerpräsidenten de Maizière in Berlin (Ost), 24. August 1990.
800 Nr. 396 Vorlage des Kapitäns zur See Lange an Ministerialdirektor Teltschik, 24. August 1990. Nr. 396A Anlage 1 Erklärung der Bundesregierung über die Reduzierung der Streitkräfte Deutschlands, 24. August 1990. Nr. 396B Anlage 5 Neuformulierung der Erklärung der Bundesregierung über die Reduzierung der Streitkräfte Deutschlands, 24. August 1990.
801 Hutchings, American Diplomacy and the End of the Cold War, 390.
802 Nr. 416 Vorlage des Vortragenden Legationsrats I Kaestner an Ministerialdirektor Teltschik, 7. September 1990.
803 Nr. 407 Schreiben des Ministerialdirektors Teltschik an Staatssekretär Sudhoff, 30. August 1990.

was letztendlich unter dem Begriff „Stationierung ausländischer Truppen zu Manöverzwekken" zu verstehen ist.[804]

In der abschließenden Verhandlungsrunde auf Beamtenebene der Zwei plus Vier in Berlin geht es unter anderem um den Versuch der Sowjets, mit Hinweis auf die Absprache zwischen Kohl und Gorbatschow das Verbot durchzusetzen, außer den ABC-Waffen doppelt verwendbare Trägersysteme auf das Gebiet der DDR zu verlegen. Des weiteren ist unklar, ob nicht in der DDR stationierte ausländische Truppen – gemeint sind NATO-Truppen – vorübergehend zu Manövern dorthin verlegt werden können.[805] Kohl wehrt die sowjetischen Bestrebungen mit Bezug auf seine Vereinbarungen mit Gorbatschow ab. Er habe mit ihm die Stationierung konventioneller Streitkräfte auf DDR-Gebiet ausgehandelt, nicht aber die Stationierung von ABC-Waffen. Auch ist er nicht bereit, auf die Vorstellungen der Amerikaner einzugehen. Er bleibt bei der Abmachung, „daß auf dem heutigen Gebiet der DDR keine ausländischen Truppen stationiert werden dürfen. Deshalb könnten dort auch keine Manöver stattfinden." In der Bundesrepublik existierten genügend militärische Übungsplätze.[806]

Vor seiner Zusammenkunft mit Gorbatschow in Helsinki läßt Bush am 8. September über Scowcroft im Kanzleramt nachfragen, ob es nach Abzug der sowjetischen Streitkräfte den NATO-Truppen verboten sei, die Linie des Territoriums zur DDR zu überqueren.[807] Doch Kohl verändert seine Position in dieser Frage nicht. Die Vereinigten Staaten und Frankreich bestehen aber auf dem Recht, Manöver dort abhalten zu können, wobei die Briten Truppenübungen unterhalb einer Schwelle von 13 000 Mann ermöglichen, die Sowjets aber hauptsächlich große Manöver ausschließen wollen. Artikel 5 Absatz 3 Satz 3 des Zwei-plus-Vier-Vertrages sieht eine Formulierung vor, daß solche Truppen in dieses Gebiet nicht „verlegt" werden dürfen. Das läßt allerdings die Deutung zu, kurzzeitig sei ein Truppenaufenthalt möglich. Genscher besteht unmittelbar vor Abschluß der Beratungen auf der Außenministerkonferenz am 12. September in Moskau darauf, darüber könne nur das vereinigte Deutschland unter Berücksichtigung der Sicherheitsinteressen aller Beteiligten verantwortlich entscheiden. Hurd beharrt auf die Zulässigkeit der Manöver mit bis zu 13 000 Mann. Es ist aus bundesdeutscher Sicht der letzte Versuch der britischen Regierung, die Zwei-plus-Vier-Regelung zu Fall zu bringen.[808] In einer von den Vier Mächten akzeptierten Protokollnotiz wird schließlich der deutschen Regierung das Entscheidungsrecht über den Begriff „verlegt" eingeräumt. Ein völkerrechtlich ungewöhnlicher Kompromiß, da einer Vertragspartei allein das Interpretationsrecht zusteht.

Sowjetische Nachbesserungen und deutsche Gegenleistungen

Nicht weniger hektisch gestalten sich die deutsch-sowjetischen Verhandlungen über den Überleitungsvertrag und den Aufenthalt- und Abzugsvertrag.[809] In der ersten Gesprächsrunde über den Überleitungsvertrag, den Waigel und Sitarjan am 23./24. August in Moskau verhandeln,[810] versucht die sowjetische Seite das Wohnungsbauprogramm für ihre aus der DDR zurückkehrenden Soldaten mit einem möglichst hohen Betrag auszustatten.[811] Bei den

804   Nr. 417 Vorlage des Ministerialdirektors Teltschik an Bundeskanzler Kohl, 8. September 1990.
805   Nr. 416 Vorlage des Vortragenden Legationsrats I Kaestner an Ministerialdirektor Teltschik, 7. September 1990.
806   Teltschik, 329 Tage, 361.
807   Nr. 420 Vorlage des Vortragenden Legationsrats I Kaestner an Ministerialdirektor Teltschik, 10. September 1990.
808   Genscher, Erinnerungen, 866 f., 870–872.
809   Nr. 392 Schreiben des Bundeskanzlers Kohl an Ministerpräsident Ryschkow, 22. August 1990.
810   Waigel, Tage, die Deutschland und die Welt veränderten, 53–55.
811   Nr. 399 Vorlage des Vortragenden Legationsrats I Kaestner an Ministerialdirektor Teltschik, 27. August 1990.

Verhandlungen über den Abzugsvertrag geht es vor allem um die zu vereinbarende Frist. Die Sowjetunion will den Zeitraum strecken und mit der Abzugsphase erst ab 1992 beginnen. Der Abzug würde dann erst in drei bis vier Jahren – faktisch Mitte 1996 – abgeschlossen sein und nicht – wie ursprünglich von deutscher Seite beabsichtigt – innerhalb der nächsten vier Jahre, also bis Ende 1994. Teltschik neigt dazu, in der Sache unnachgiebig zu bleiben und auf dem Grundsatz des Abzugs in vier Jahren zu beharren. Die sowjetische Seite kann trotz konstruktiver Verhandlungsführung das von der Bundesregierung eingeschlagene hohe Verhandlungstempo nicht mithalten. Möglicherweise will sie es auch nicht mithalten, um nicht unter Zeitdruck zu schnellen Konzessionen gezwungen zu werden.[812]

In dieser Phase des „end game" wendet sich Kwizinskij im Auftrag Schewardnadses am 28. August an Teltschik. Die Sowjetunion will über die finanziellen Konditionen verhandeln. Kwizinskij berichtet von der sich dramatisch zuspitzenden Lage in der Sowjetunion. Bedingt durch die Beratungen über den Allunionsvertrag und die bevorstehenden Wirtschaftsreformen befinde sich die Sowjetunion in einer „kritischen Minute". Nachdem das Ausmaß der Vereinbarungen, die Gorbatschow mit dem Kanzler getroffen hat, bekannt geworden sei, tobe nun ein heftiger Kampf der politischen Führung mit den Militärs über das, was Gorbatschow zugestanden habe. Niemals zuvor, so erzählt Kwizinskij, habe Schewardnadse „in solcher Weise mit den Militärs auf Kriegsfuß gestanden wie heute". Wenn Bundesminister Waigel keine Mittel für den Abtransport, für neue Wohnungen und den Aufenthalt der sowjetischen Truppen bereitstelle, „werde es in der Sowjetarmee einen ‚Aufstand' geben". Die sowjetische Führung wolle sich bei ihren Reformbestrebungen „auf Deutschland ‚abstützen'". Sie brauche die Mittel aus dem Überleitungsvertrag und wolle sich auf den Generalvertrag mit Deutschland berufen, der zur innenpolitischen Rechtfertigung dringend benötigt werde. Von besonderem Interesse sind daher die Aussagen zu Sicherheit, Gewaltverzicht und Nichtangriffspakt sowie die in Aussicht gestellte wirtschaftliche und technologische Zusammenarbeit. Kwizinskij läßt hinsichtlich der Zwei-plus-Vier-Verhandlungen erkennen, die Rechtsnachfolge der DDR müsse geklärt und dabei „die Unantastbarkeit der Gesetzgebung der Alliierten in den Jahren 1945 bis 1949" gewährleistet sein. Die sowjetische Regierung stünde gerade in dieser Frage unter starkem Druck der DDR. In Moskau hoffe die Führung darauf, den bilateralen Vertrag noch vor der Wiedervereinigung paraphieren zu können, weil das innenpolitisch hilfreich sei.[813]

Das bereitet dem Kanzler jedoch Kopfzerbrechen im Hinblick auf den Wunsch der Sowjets, den geplanten Generalvertrag zusammen mit dem Zwei-plus-Vier-Vertrag abzuschließen. Kohl fürchtet neue Verstimmungen in Warschau, wenn die Bundesregierung vor Wiederherstellung der Einheit mit der Sowjetunion einen Vertrag schließt – und somit indirekt die polnisch-sowjetische Grenze, das heißt auch den 1945 unter sowjetischer Verwaltung gestellten Teil Ostpreußens als zur UdSSR gehörend anerkennt –, jedoch den Polen diese Grenzanerkennung zuvor verweigert. Genscher ist der Meinung, beide Verträge seien nicht vergleichbar, und teilt deshalb die Befürchtung nicht.[814] Deshalb schreibt Kohl am 6. September Mazowiecki einen Brief und erläutert ihm sein Einverständnis mit dem Vorgehen, möglichst bald nach der Wiedervereinigung den Grenzvertrag und einen weiteren deutschpolnischen Kooperationsvertrag abzuschließen. Außerdem lädt er den polnischen Ministerpräsidenten zu einem Besuch am 8. November 1990 ein.[815]

Kohl schreibt auch an Genscher und erklärt sich einverstanden, daß der Generalvertrag mit

812 Nr. 398 Vorlage des Ministerialdirektors Teltschik an Bundeskanzler Kohl, 27. August 1990.
813 Nr. 402 Gespräch des Ministerialdirektors Teltschik mit dem stellvertretenden Außenminister Kwizinskij in Bonn, 28. August 1990.
814 Teltschik, 329 Tage, 356f.
815 Nr. 412 Schreiben des Bundeskanzlers Kohl an Ministerpräsident Mazowiecki, 6. September 1990.

der Sowjetunion eine Aussage über die Nichtunterstützung eines Angreifers enthält, wie sie von sowjetischer Seite gewünscht wird. Auch das ist in bezug auf Polen eine keineswegs unproblematische Erklärung. Kohl besteht darauf, bei der Formulierung müsse die Nähe zum Hitler-Stalin-Pakt oder zu Verträgen der DDR mit der Sowjetunion ausgeschlossen sein.[816]

In den kommenden dramatischen Wochen wird nun auf allen möglichen Ebenen mit Hochdruck über das abschließende Dokument der Zwei-plus-Vier-Gespräche, den Stationierungsvertrag und den Überleitungsvertrag mit der Sowjetunion verhandelt. Ein weiteres Problem hat Kohl in seinen Schreiben an die Westmächte über die Verhandlungsergebnisse in Moskau anklingen lassen: die Revision des NATO-Truppenstatuts für die in der Bundesrepublik stationierten alliierten Streitkräfte. Aufgegriffen werden soll diese Frage aber erst, wenn die anderen Verhandlungen einigermaßen abgeschlossen sind.

Die Sowjets wollen bis zur Außenministerkonferenz am 12. September ein unterschriftsreifes Ergebnis vorliegen haben.[817] Doch sind noch zu viele Details ungeklärt. In den Verhandlungen über den Abzugsvertrag lenkt die Sowjetunion ein und legt sich auf das Datum 31. Dezember 1994 fest. Am 20. September werden die Verhandlungen abgeschlossen[818] und die Fakten in einer Verbalnote festgehalten. Paraphiert wird der Vertrag erst nach der Wiedervereinigung am 12. Oktober.

Äußerst hart wird beim Überleitungsvertrag über die Frage der von der Bundesregierung zu zahlenden Summe für die Rückführung der sowjetischen Soldaten gestritten. Die sowjetische Seite will zwar zu Ergebnissen kommen, ist jedoch nicht bereit, die von Bundesminister Waigel angebotene Summe von zunächst 5 Milliarden DM, dann 6 Milliarden DM für die Jahre 1991 bis 1994 zu akzeptieren.[819] Die sowjetische Delegation fordert insgesamt einen Betrag von 18,5 Milliarden DM. Darunter fallen elf Milliarden DM als Hilfe zum Wohnungsbau für zurückkehrende Soldaten, vier Milliarden DM an Kosten für den vorübergehenden Aufenthalt, drei Milliarden DM Transportkosten bis zur sowjetischen Grenze und eine halbe Milliarde DM für Umschulungs- und Ausbildungsmaßnahmen. In Waigels Augen ist die Größenordnung „unrealistisch" und „für eine zukünftige Zusammenarbeit schädlich", weil die Öffentlichkeit diese Summe nicht akzeptieren werde. Bei internen Überlegungen hält das Bundesfinanzministerium einen Betrag von vier Milliarden DM plus eine zu vereinbarende Marge für realistisch.[820] Am 6. September sind die Verhandlungen zwischen Waigel und Sitarjan festgefahren. Die Regelung des Gesamtfinanzrahmens ist nunmehr Chefsache.

Am nächsten Tag telefoniert der Kanzler mit Gorbatschow und bietet ihm die Gesamtsumme von acht Milliarden DM an, woraufhin Gorbatschow einwendet, elf Milliarden DM seien allein für den Wohnungsbau einschließlich der Infrastruktur wie Schulen, Kindergärten und Krankenhäuser notwendig. Die bundesdeutsche Seite gewinnt den Eindruck, daß es der sowjetischen Seite außer dem Wohnungsbauprogramm um sehr viel weiterreichende Infrastrukturmaßnahmen geht. Das sehr sachbezogene Gespräch erweckt bei Gorbatschow das Empfinden, in der Falle zu sitzen. Nachdem er Konzessionen gemacht hat, ist nun der Kanzler nicht bereit, auch ihm noch einige Milliarden DM draufzulegen. Gorbatschow fürchtet offenbar, Kohl halte sich nun nicht mehr an die bisherige Praxis gegenseitiger stillschwei-

816   Teltschik, 329 Tage, 357.
817   Nr. 410 Vorlage des Vortragenden Legationsrats Westdickenberg an Ministerialdirektor Teltschik, 3. September 1990.
818   Nr. 425 Vorlage des Vortragenden Legationsrats Westdickenberg an Ministerialdirektor Teltschik, 20. September 1990.
819   Nr. 413 Schreiben des Bundesministers Waigel an Bundeskanzler Kohl, 6. September 1990.
820   Nr. 414 Notiz des Referatsleiters Westerhoff für den Chef des Bundeskanzleramtes Seiters, 6. September 1990.

gender politischer Vorleistungen und des finanziellen Entgegenkommens, die sie bislang gepflegt haben. Im Ergebnis sagt Kohl zunächst lediglich eine weitere Prüfung zu.[821]
Das Bundesfinanzministerium stockt nun das Angebot an Gorbatschow auf. Köhler kommt
zu dem Ergebnis, möglich sei die Erhöhung auf zehn bis elf Milliarden DM plus die Gewährung eines zinslosen Kredites über drei Milliarden DM.[822]
In dem Telefonat mit Gorbatschow am 10. September erhöht der Kanzler den Betrag um ein
bis zwei Milliarden DM und bietet einen Gesamtbetrag in Höhe von elf bis zwölf Milliarden
DM an. Gorbatschow ist damit nicht einverstanden. Er verweist auf die notwendigen Wirtschaftsreformen in schwieriger Zeit, rückt allerdings von den geforderten 18 Milliarden DM
ab und schlägt einen Betrag von 15 bis 16 Milliarden DM vor. Schließlich, so argumentiert er,
„gehe es darum, einen Großmechanismus zu bewegen, um die Vereinigung Deutschlands zu
erreichen". Der Kanzler bewegt sich auf ihn zu, meint, das sei ein erstes Angebot, dem möglicherweise ein zweiter Schritt gegen Ende des Jahres folgen könne. Nachdem Gorbatschow
zu erkennen gibt, sie müßten ihre Verhandlungen quasi wieder von vorne anfangen, wenn
sein Ziel nicht zu erreichen sei – womit er alle Verhandlungsergebnisse über die Wiedervereinigung praktisch in Frage stellt –, rückt der Kanzler seinen letzten Trumpf heraus und geht
auf das erweiterte Angebot Gorbatschows von 15 Milliarden DM ein. Kohl sagt die Zahlung
von zwölf Milliarden DM zu und gewährt überdies den zinslosen Kredit in Höhe von drei
Milliarden DM. Darüber könnten schon am nächsten Tage seine Mitarbeiter in Moskau verhandeln. Gorbatschow, „spürbar erleichtert", hat damit sein Ziel erreicht und kann bei der
Zahl von 15 Milliarden DM bleiben. Der Kanzler hat den ursprünglich vorgesehenen Betrag
von elf Milliarden DM um eine Milliarde DM auf zwölf Milliarden DM erhöht und die restliche Summe durch einen Kredit von drei Milliarden DM überbrückt.[823] Mit diesem Kompromiß ist der Durchbruch in den Verhandlungen über den Überleitungsvertrag erzielt. Bereits am Nachmittag desselben Tages setzt Kwizinskij Teltschik davon in Kenntnis.[824]
Mit Genugtuung verkündet der Kanzler am 12. September im Kabinett, mit Unterzeichnung
des Zwei-plus-Vier-Vertrages in Moskau sei die deutsche Einheit im Einvernehmen mit
allen europäischen Nachbarn erreicht worden. Auch die anderen Verträge stehen unmittelbar vor dem Abschluß. Am nächsten Tag wird der Vertrag über gute Nachbarschaft mit der
Sowjetunion von Genscher paraphiert.[825]
Unter welchem finanziellen Druck die sowjetische Regierung derzeit steht, läßt sich aus dem
Gespräch Teltschiks mit Botschafter Terechow am 15. September entnehmen. Die Bundesrepublik soll den zinslosen Drei-Milliarden-DM-Kredit sofort bedienen und nicht – wie
eigentlich geplant – auf fünf Jahre verteilen. Damit will die Sowjetunion fällige Schulden bei
deutschen Firmen begleichen.[826] Die erste Tranche von einer Milliarde DM soll noch im
September ausgezahlt werden.
Die Verhandlungen verschärfen sich nochmals am 25. September, nachdem Gorbatschow
die sofortige Auszahlung des Drei-Milliarden-DM-Kredits in voller Höhe fordert. Die Bundesregierung zeigt nun nochmals Entgegenkommen und ist bereit, sofort zwei Milliarden
DM als erste Tranche zur Verfügung zu stellen und die restliche eine Milliarde DM im Jahre
1991.[827]

821   Nr. 415 Telefongespräch des Bundeskanzlers Kohl mit Präsident Gorbatschow, 7. September 1990.
822   Nr. 418 Schreiben des Staatssekretärs Köhler an Bundeskanzler Kohl, 9. September 1990. Nr. 418A Argumentation für Überleitungsvertrag, 9. September 1990. Nr. 418B Finanztableau, 9. September 1990.
823   Teltschik, 329 Tage, 361 f.
824   Ebd., 362 f.
825   Nr. 421 Gespräch des Chefs des Bundeskanzleramtes Seiters mit den Vertretern der Drei Mächte in Bonn, 13. September 1990. Genscher, Erinnerungen, 875 f.
826   Nr. 422 Gespräch des Ministerialdirektors Teltschik mit Botschafter Terechow in Bonn, 15. September 1990.
827   Nr. 427 Vorlage des Ministerialdirektors Teltschik an Bundeskanzler Kohl, 25. September 1990.

Gorbatschow bedrückt aber noch ein weiteres Problem: die Behandlung der SED-Mitglieder, die wegen subversiver Tätigkeit für den Staatssicherheitsdienst gearbeitet haben. Er selbst wendet sich in dieser Angelegenheit am 26. September mit der Bitte an den Bundeskanzler, doch alles zu tun, damit es nicht zu einer Verfolgung von SED-Mitgliedern kommt.[828]

In diesen Tagen wird Kohl auch von amerikanischer Seite mit Finanzforderungen konfrontiert. Durch den Überfall Iraks auf Kuwait tut sich international ein neues Spannungsfeld auf. Die Lage am Golf verschärft sich zusehends. Präsident Bush ist entschlossen, die Seeblockade gegenüber dem Irak durchzusetzen und macht dem Kanzler klar, er sei nicht gewillt, den gegenwärtigen Status quo hinzunehmen. Bush baut auf die Unterstützung Kohls. Für diesen ist Solidarität im westlichen Bündnis keine Einbahnstraße. Er honoriert die Unterstützung Bushs beim Zustandekommen der deutschen Einheit. Die Bundesrepublik muß nun ihrerseits die amerikanische Politik in Nahost unterstützen, die zudem im Interesse des westlichen Bündnisses liegt. Ein militärisches Engagement der Bundeswehr außerhalb des NATO-Gebietes kommt vorerst nicht in Betracht. Das würde gegen Verfassungsgrundsätze verstoßen. Zwar hat Kohl bereits erste Gespräche über eine Änderung des Grundgesetzes in Gang gebracht, die langfristig ein militärisches Engagement der Bundeswehr außerhalb der NATO ermöglicht. Doch dauert es, bis die innenpolitischen und parlamentarischen Hürden genommen worden sind. Finanzielle Unterstützung zu gewähren ist das einzige, was die Bundesregierung in der gegenwärtigen Situation tun kann.[829] Am 30. August kündigt Präsident Bush dem Kanzler den Besuch von Außenminister Baker Mitte September an. Hauptthema sind Kosten und die von der Bundesrepublik zu leistende logistische Unterstützung. Kohl kann und will sich einem deutschen Finanzbeitrag in der Golfkrise nicht entziehen,[830] zumal sich eine amerikanisch-sowjetische Zusammenarbeit zur Lösung des Konflikts bei dem Treffen von Bush und Gorbatschow am 9. September in Helsinki abzeichnet. Deutschland, so bittet Bush nun Kohl am 13. September, müsse seinen „gerechten Anteil an der Verantwortung für die Bemühungen einer Beilegung der Golf-Krise übernehmen".[831] Als Baker den Kanzler zwei Tage später in seinem Privathaus in Ludwigshafen besucht, geht es hauptsächlich um die deutschen Beitragszahlungen für die alliierte Truppenpräsenz am Golf. Kohl bietet dem amerikanischen Außenminister 1,6 Milliarden DM Unterstützungsleistungen an. Im laufenden Jahr beträgt die Hilfe insgesamt 3,3 Milliarden DM. Baker hat mit einem so großzügigen Angebot nicht gerechnet. Der Betrag ist höher, als die amerikanische Seite vorgeschlagen hat. Verständlicherweise ist Baker damit äußerst zufrieden. Gleichwohl drängt er die Bundesregierung, mehr internationale Verantwortung mitzutragen, und bedauert, daß aus verfassungsrechtlichen Gründen deutsche Truppen noch nicht in solche Krisenregionen entsandt werden dürfen.[832]

Sorgen um seine Streitkräfte macht sich auch Mitterrand. Bei den 56. Deutsch-französischen Konsultationen am 17./18. September in München möchte er vom Kanzler wissen, ob der Fortbestand französischer Streitkräfte auf deutschem Boden eine Notwendigkeit darstellt. Kohl weicht einer klaren Antwort aus. Einmal mehr wirbt er für die zusätzlichen Unterstützungsleistungen an die Sowjetunion. Denn vor den Wahlen zum Repräsentantenhaus Anfang November ist von der amerikanischen Regierung kaum Hilfe zu erwarten. Zugleich fordert der Kanzler weitere Fortschritte in der europäischen Einigung mit dem Ziel einer

828 Nr. 428 Schreiben des Präsidenten Gorbatschow an Bundeskanzler Kohl, 26. September 1990.
829 Nr. 390 Telefongespräch des Bundeskanzlers Kohl mit Präsident Bush, 22. August 1990.
830 Nr. 406 Telefongespräch des Bundeskanzlers Kohl mit Präsident Bush, 30. August 1990.
831 Teltschik, 329 Tage, 365.
832 Nr. 423 Gespräch des Bundeskanzlers Kohl mit Außenminister Baker in Ludwigshafen, 15. September 1990.

Politischen Union. Die westlichen Nachbarn sollen nicht den Eindruck haben, als ob das vereinte Deutschland nicht weiterhin am Integrationskurs festhält.[833]

Kurz vor Erreichen „einer über Jahrzehnte hinweg gehegten Vision: der Einheit der Deutschen in Freiheit" würdigt Kohl die Entscheidung der ungarischen Regierung zur Öffnung der Grenzen im September 1989. Der Kanzler weiß, was die Deutschen der Regierung in Budapest schulden. Sie hat den Weg geebnet, „die künstliche Teilung Deutschlands und Europas endlich zu überwinden".[834]

Nachdem die Volkskammer bei der Verabschiedung des Einigungsvertrages noch heftig über die Regelungen des Vermögens der Staatssicherheit und des § 218 StGB gestritten hat, sind die Voraussetzungen für das Inkrafttreten am 29. September erfüllt. Die Regierung der DDR unterrichtet die Bundesregierung darüber offiziell in einer Note vom 1. Oktober.[835] Die Vier Mächte übergeben auf der KSZE-Außenminister-Konferenz am 2. Oktober in New York das Schreiben, in dem sie die Suspendierung ihrer Rechte in Deutschland mitteilen. Das Ende der DDR ist gekommen.[836]

Bundeskanzler Kohl greift am 3. Oktober 1990 die Anregung des ehemaligen Bundespräsidenten Karl Carstens von Ende August[837] auf und richtet an alle Regierungen der Welt, mit denen das vereinte Deutschland diplomatische Beziehungen unterhält, die Botschaft: „Mit dem heutigen Tage ist das deutsche Volk in Frieden und Freiheit wiedervereint."[838]

Wiedervereinigung – ein Zufall der Geschichte?

Die Wiedervereinigung Deutschlands wird in einer einmalig günstigen historischen Konstellation mit einem innen- wie außenpolitisch enormen Kraftakt hergestellt. Verschiedene günstige Faktoren prägen die Auslage und die Strategie zur Krisenbewältigung im Jahre 1989, die Anfang 1990 an Dynamik gewinnt und in einem plötzlichen Umschwung der Entwicklung zur schnellen inneren und äußeren Wiedervereinigung führt, wobei erhebliche Widerstände aus dem Wege geräumt werden.

Die Ausgangslage. – Von Frühjahr bis zum Fall der Mauer am 9. November 1989 ist die Entwicklung *erstens* von der Reformpolitik in der Sowjetunion und dem Wandel der deutsch-sowjetischen Beziehungen geprägt. Gorbatschow will die Perestroika in der Sowjetunion mit allen Wirkungen auf Osteuropa durchsetzen, auch in bezug auf die DDR. Seine Garantie der Nichteinmischung in innere Angelegenheiten und die Freiheit der Bündniswahl bedeuten die Aufgabe der Breschnew-Doktrin. Wirtschaftliche Versorgungsschwierigkeiten zwingen ihn zur Reduzierung der Rüstungsausgaben und zu einer flexibleren Haltung in rüstungskontrollpolitischen Fragen. Bei der Durchsetzung seiner Perestroika setzt er zunehmend auf die Hilfe der Bundesrepublik und eine verstärkte deutsch-sowjetische Kooperation. Das ist nach der Entspannung des bilateralen Verhältnisses seit dem Besuch im Oktober 1988 in Moskau auch ein zentraler Ansatzpunkt der Ostpolitik des Bundeskanzlers.

833   Nr. 424 56. Deutsch-französische Konsultationen in München, 17./18. September 1990.
834   Nr. 426 Schreiben des Bundeskanzlers Kohl an Ministerpräsident Antall, 25. September 1990.
835   Nr. 430 Vorlage des Ministerialdirigenten Duisberg an Bundeskanzler Kohl, 1. Oktober 1990. Nr. 430A Note der Regierung der DDR an die Bundesregierung vom 29. September 1990, 1. Oktober 1990.
836   Dazu Franz Bertele, Letzter Drahtbericht der Ständigen Vertretung der Bundesrepublik Deutschland bei der DDR vom 2. Oktober 1990, in: Auf Posten… Berichte und Erinnerungen aus 50 Jahren deutscher Außenpolitik. Zum 125jährigen Jubiläum des Auswärtigen Amtes. Zusammengestellt von Reinhard Bettzuege. München-Landsberg/Lech 1996, 127–131.
837   Nr. 404 Schreiben des Bundespräsidenten a.D. Carstens an Bundeskanzler Kohl, 29. August 1990.
838   Botschaft des Bundeskanzlers an alle Regierungen der Welt, 3. Oktober 1990, in: Bulletin. Nr. 118. 5. Oktober 1990, 1227 f.

Zweitens wird Polens neue demokratische Regierung unter Mazowiecki zum Testfall für mehr politische Freiheit und Selbstbestimmung in Osteuropa. Kohl unterstützt den sich in Polen abzeichnenden Wandel aktiv mit Wirtschaftshilfen und Krediten. Er will den Polen zu mehr Demokratie und Freiheit verhelfen und bei seinem geplanten Besuch eine endgültige Aussöhnung der deutsch-polnischen Beziehungen erreichen.

Drittens, Überlegungen zu veränderten deutschlandpolitischen Zielsetzungen gehen auf eine umfassende Bestandsaufnahme der neuen Regierung Bush zurück. Washington mißt in der Europapolitik den deutsch-amerikanischen Beziehungen durch die Formel „partner in leadership" einen besonderen Stellenwert bei. Die Bundesregierung steht dem aufgeschlossen, aber zunächst abwartend gegenüber.

Viertens, die Bundesregierung hält an ihren deutschlandpolitischen Grundprinzipien mit der Forderung nach dem Recht auf Selbstbestimmung für alle Deutsche unvermindert fest. Gorbatschow bestätigt dies erstmals in der Gemeinsamen Erklärung, die während seines Besuchs Mitte Juni 1989 in Bonn verabschiedet wird. In den Beziehungen zur DDR setzt die Bundesregierung unverändert auf die schrittweise Verbesserung der Kontakte und Zusammenarbeit in möglichst vielen Bereichen. Das scheint nach wie vor der einzige Weg zu sein, die Teilung Deutschlands erträglicher zu gestalten.

Fünftens, die Reformunwilligkeit der SED-Führung und die Haltung Honeckers zur sowjetischen Reformpolitik verstärken die Perspektivlosigkeit der Bevölkerung in der DDR. Die im August einsetzende Fluchtbewegung nach Ungarn und die Besetzung der Ständigen Vertretung der Bundesrepublik Deutschland bei der DDR in Ost-Berlin setzen Honecker zusätzlich unter Druck. Ost-Berlin ist unfähig, die Flüchtlingsbewegung zu kontrollieren. Die Entscheidung der ungarischen Regierung zur Öffnung ihrer Grenze und die Ausreisemöglichkeit für Deutsche aus der DDR fällt in enger Abstimmung mit der Bundesregierung und wohl nicht ohne Rückkoppelung mit Gorbatschow. Dafür sagt der Kanzler der Regierung Németh Kredithilfen zu und unterstützt somit die Reformbewegung. Ab September erkennt das Bundeskanzleramt den wachsenden eigenen Handlungsspielraum, je mehr sich die Lage in der DDR destabilisiert. Allerdings hat die Bundesregierung kein Interesse, die Entwicklung außer Kontrolle geraten zu lassen.

Sechstens, die größtenteils durch diplomatische Verhandlungen des Bundeskanzleramtes mit der DDR zustande gekommene Ausreise der tausenden Zufluchtsuchenden in den Botschaften der Bundesrepublik in Prag und Warschau sind Zeichen der Machtlosigkeit der DDR-Führung, die schließlich dem Freiheitsdrang der Menschen nachgeben muß. Sie tragen zur weiteren Destabilisierung des Machtapparates der SED und zu den im Oktober entstehenden Bürgerbewegungen und zunehmenden Massendemonstrationen in der DDR maßgeblich bei. Die SED unterschätzt lange Zeit die Konsequenzen der Fluchtbewegung.

Siebtens, der Sturz Honeckers und der Führungswechsel an der Spitze der SED vermögen keine Wende herbeizuführen. Krenz versucht lediglich das System DDR zu retten, ist aber nicht zu notwendigen Systemreformen bereit. Immer stärker geht die Macht in der DDR von der Bevölkerung auf der Straße aus. Entscheidende Faktoren sind der Drang der Menschen nach Freiheit und Wahrnehmung bürgerlicher Rechte sowie die desolate Wirtschafts- und Finanzlage der DDR.

Achtens, die Strategie der Bundesregierung ist zunächst von dem Junktim bestimmt, umfangreiche Wirtschafts- und Finanzhilfen für die DDR von der Gewährung der Freizügigkeit und politischer Reformen, vor allem der Abschaffung des Machtmonopols der SED, der Zulassung von Oppositionsgruppen und der Abhaltung freier Wahlen abhängig zu machen.

Neuntens, der Fall der Mauer am 9. November 1989 ist in seinem Ereignisablauf ein glücklicher Zufall und zu diesem Zeitpunkt von niemandem erwartet worden. Alle Regierungen trifft die Entwicklung unvorbereitet. Dementsprechend besorgt und zögerlich verhalten sich die Beteiligten. Im Mittelpunkt steht allseits das Bestreben, die Entwicklung unter Kontrolle zu halten. Eine wesentliche Voraussetzung für den friedlichen und unblutigen Verlauf des Zusammenbruchs der DDR ist der Verzicht der sowjetischen Führung auf den Einsatz militärischer Mittel. Dem folgt von seiten des Westens der Verzicht, die Schwäche der Sowjetunion einseitig auszunutzen. Schließlich sind es die Menschen in der DDR, die nach der Wiedervereinigung verlangen.

Zehntens, in dieser Krisensituation und beim Zustandekommen der Wiedervereinigung spielt die persönliche Diplomatie der Staats- und Regierungschefs und ihre Steuerung des Entscheidungsprozesses eine entscheidende Rolle. In engen Kontakten und Telefonaten betreiben Kohl, Bush, Gorbatschow, Mitterrand, Thatcher, Genscher, Baker, Schewardnadse, Hurd und Dumas durch intensiven Informationsaustausch Krisenmanagement und übergehen oftmals ihre Bürokratien. Sie verhindern das Entstehen einer explosiven Lage und helfen, Konflikte beizulegen, Verstimmungen zu begrenzen und Kompromisse auszuhandeln.

Krisenstrategien. – Die beteiligten Mächte verfolgen zunächst unterschiedliche Strategien zur Bewältigung der Krisensituation. Die Bundesregierung wird von dem schnellen wirtschaftlichen und politischen Zusammenbruch der DDR gegen Ende des Jahres 1989 selbst überrascht. Der Bundeskanzler nutzt die destabile Lage in der DDR nach dem Fall der Mauer nicht ungestüm für eine ausschließlich nationale Interessenpolitik aus. Er zögert, will behutsam die Entwicklung handhaben. Ein Konzept für die Wiedervereinigung existiert nicht. Grotesk ist, daß der Anstoß zur Ausarbeitung eines Wiedervereinigungskonzepts aus jenen Kreisen orthodoxer Deutschlandpolitiker in Moskau kommt, die jahrzehntelang die Wiedervereinigungspolitik der Bundesregierung boykottiert haben. Der Anstoß löst im Bundeskanzleramt Diskussionen um den Zehn-Punkte-Plan aus, der zunächst ein vorsichtiges Langzeitprogramm auf dem Weg einer Vertragsgemeinschaft über eine Konföderation hin zur Wiedervereinigung darstellt.

Kohl betreibt mit der kontinuierlichen Beteuerung des Festhaltens an der NATO-Mitgliedschaft Deutschlands und der beschleunigten Fortsetzung der europäischen Integration in Richtung europäischer Wirtschafts- und Währungsunion und dem Einstieg in die Diskussion um die Politische Union Rückversicherungspolitik bei den westlichen Verbündeten. Damit stellt er die Westbindung des vereinten Deutschland sicher, die wesentlich von der EG-Kommission unter Delors unterstützt wird. Insbesondere für Mitterrrand ist die europäische Einbindung der deutschen Währung und Wirtschaftskraft ein entscheidender Faktor, der Wiedervereinigung zuzustimmen. Der Kanzler nutzt zugleich den Vertrauensvorschuß bei Bush und begeht nicht den Fehler, aus nationalen Gründen die Bündniszugehörigkeit in Frage zu stellen.

Anfang Dezember signalisiert Bush dem Kanzler bei dem Gespräch in Laeken Unterstützung, wenn Kohl den Wiedervereinigungsprozeß nicht unnötig forciert. Bush teilt als einziger das strategische Verständnis Kohls für die Situation. Der Präsident hegt allerdings Skepsis hinsichtlich Gorbatschows Nichteinmischungserklärung. Deshalb tendiert er zur Rücksichtnahme. Sein Problem ist herauszufinden, wieviel Freiheit die Sowjetunion den osteuropäischen Staaten wirklich gewährt, auch im Hinblick auf Polen. Außerdem ist Bush unsicher, ob alle Kräfte in der Sowjetunion den Verlust der DDR hinnehmen. Er will Gorbatschow nicht unter Zwang setzen, um ihm oder konservativen Kräften nicht den Vorwand zur Intervention zu geben oder Kräfte gegen ihn aufzubringen. Die Opposition Frankreichs und Großbritanniens gegen die Wiedervereinigung – sowohl prozedural als auch substantiell – wollen Kohl und Bush gemeinsam überwinden. Entscheidende Voraussetzung dafür ist die fortdauernde NATO-Mitgliedschaft Deutschlands.

Gorbatschow hat die Wiedervereinigung nicht bewußt und zielstrebig vorangetrieben. Vielmehr nimmt er sie als Folge der Entwicklung hin, da ihm keine gewaltlose Alternative bleibt. Auf dem Gipfeltreffen mit Bush Anfang Dezember 1989 in Malta bestätigt er das Selbstbestimmungsrecht der Deutschen und eröffnet einen nächsten Schritt für freie Wahlen. Das mindert die Sorgen der Amerikaner über einen möglichen Einsatz von Gewalt. Doch fühlt sich Gorbatschow von Kohls Zehn-Punkte-Programm überrollt. Er erwartet keineswegs die deutsche Einheit so kurzfristig, vielmehr hofft er auf den Reformschub in der DDR. Der Prozeß der Wiedervereinigung, so schätzt er, werde noch eine lange Zeit dauern. Bis dahin würden gemeinsame europäische Institutionen geschaffen sein, nicht unter amerikanischem, sondern europäischem Schirm. Das ursprüngliche Denken kreist um eine Form von Assoziation, vielleicht Konföderation in Deutschland. Die Rede Schewardnadses Mitte Dezember 1989 in Brüssel zeigt jedoch: Die Sowjets wollen sich nicht in Gegensatz zu Deutschland setzen; sie zeigen Elemente auf, die sie in der deutschen Frage für regelungsbedürftig halten. Das heißt, sie wollen den Prozeß politisch beeinflussen. Moskau unterschätzt allerdings die amerikanische Unterstützung für die Wiedervereinigung. Gorbatschow tut aber selbst wenig zur Mobilisierung der Gegenkräfte in Paris und London.

Mitterrand ist in seiner Haltung unentschlossen. Ihn verwundert zwar der Gewaltverzicht der Sowjetunion zur Lösung der Krise in der DDR. Doch sieht er Ende 1989 die Wiedervereinigung noch längst nicht kommen. Kohl ist in seinen Augen unentschlossen, weil sein Zehn-Punkte-Programm das Wort Wiedervereinigung nicht enthält und nur von Konföderation die Rede ist. Vor allem setzt Mitterrand auf Gorbatschows ablehnende Haltung. Er kann sich nicht vorstellen, daß die Sowjetunion letztlich ihre Zustimmung zur Wiedervereinigung gibt. Damit versäumt er, selbst eine aktive Rolle im Wiedervereinigungsprozeß zu übernehmen. Mitterrand teilt mit Thatcher dieselben historischen Befürchtungen gegenüber einem vereinten Deutschland. Aus französischer Sicht ist es angenehmer, wenn Deutschland geteilt bleibt. Doch ist für ihn vorrangig, wie die anderen Mächte sich verhalten.

Thatcher hingegen ist von Beginn an gegen die Wiedervereinigung. Sie hegt vor allem geopolitische Besorgnisse, daß Deutschland die dominierende Nation in den Europäischen Gemeinschaften wird. Sie will die Demokratisierung der DDR vorantreiben und gleichzeitig die Wiedervereinigung hinauszögern. Ein zu schnelles Zustandekommen würde aus ihrer Sicht drei unerfreuliche Entwicklungen begünstigen: *erstens* die Stärkung des europäischen Föderalismus zur Bindung Deutschlands, *zweitens* den Erhalt des deutsch-französischen Blocks, mit dem Deutschland ebenfalls gebunden bleibt, und *drittens* die Gefahr eines schrittweisen Abzugs amerikanischer Truppen aus Europa. Dahinter steht die Annahme, eine stärker integrierte Europäische Gemeinschaft werde unter maßgeblicher deutscher Führung sowohl stabil als auch in der Lage sein, sich um seine Verteidigung selbst zu kümmern. Thatchers deutschlandpolitische Strategie scheitert, als sie im Januar 1990 vergeblich versucht, dem wiedervereinigten Deutschland eine britisch-französische Ententepolitik entgegenzusetzen, der sich Mitterrand versagt. Auch Bush unterstützt ihr gegenüber die Wiedervereinigung im Rahmen der westlichen Integrationspolitik und nicht ein Wiederaufleben der alten Politik europäischer Nationalstaaten.

Der Umschwung. – Der Wiedervereinigungsprozeß vollzieht sich mit größerer Dynamik, als alle Beteiligten erwarten. Anfang des Jahres 1990, vor allem in der zweiten Januarhälfte, stellen die Regierungen in Bonn, Washington und Moskau die Weichen in Richtung Wiedervereinigung. Verschiedene Gründe sind dafür ausschlaggebend. Die Entwicklung in der DDR ist von der Unfähigkeit und dem zunehmenden Machtverfall der Regierung Modrow gekennzeichnet. Sie wird inzwischen von der Bürgern nicht mehr als Macht im Staate akzeptiert. Die desolate ökonomische Lage der DDR treibt die Zahl der Übersiedler in die Bundesrepublik weiter in die Höhe. Die DDR steht unmittelbar vor dem Bankrott und benötigt dringend die Finanzhilfe der Bundesrepublik. Der Wille der Bürger dort, möglichst sofort in den Genuß der Freiheitsrechte und des Lebensstandards der Bundesrepublik zu gelangen, zwingt die Bundesregierung, ein neues Konzept vorzulegen.

Kohl entschließt sich zum richtigen Zeitpunkt zu einem Strategiewechsel und trifft drei Grundsatzentscheidungen. Er wirft das Konzept einer Vertragsgemeinschaft über Bord und strebt die Wiedervereinigung in Form einer bundesstaatlichen Lösung so schnell wie möglich an. Zudem will er mit dem Vorschlag einer Wirtschafts- und Währungsunion mit der DDR einen Teil der innerstaatlichen Wiedervereinigung erzielen. Gleichzeitig hält die Bundesregierung aber die Krisenlage in der DDR solange aufrecht und verweigert umfangreiche Wirtschafts- und Finanzhilfen, bis eine demokratische Regierung gewählt ist, die Mitte Mai 1990 den Staatsvertrag über die Währungs-, Wirtschafts- und Sozialunion mit der Bundesrepublik unterzeichnet. Schließlich entscheidet sich die Bundesregierung für den verfassungsrechtlich vorgezeichneten Weg des Beitritts der DDR zur Bundesrepublik nach Artikel 23 Grundgesetz. Darüber hinaus gelingt es mit der Wahl der parteipolitischen Bündnispartner in der DDR und der Zusammenführung der „Allianz für Deutschland" dem Kanzler, eine parteipolitische Wahlkampfplattform bis zu den Volkskammerwahlen zu schaffen und über die Parteigremien Einfluß auf die innenpolitische Entwicklung in der DDR zu erlangen.

Ebenfalls im Januar 1990 gibt auch die Regierung Bush ihre Strategie der Schritt-für-Schritt-Politik auf und drängt auf eine schnelle Wiedervereinigung. Die veränderte Taktik beruht auf der Überlegung, Deutschland nicht vor die Wahl Einheit oder Allianz zu stellen. Hauptsorge ist, daß diese Frage erst gar nicht aufgeworfen wird; und erst recht nicht die Frage: Einheit oder Allianz mit der Sowjetunion. Die amerikanische Strategie zielt auf die Unterstützung des Kanzlers, Einheit und Souveränität Deutschlands wiederherzustellen und das Land an den Westen zu binden.

Der Schlüssel zur Wiedervereinigung liegt jedoch bei Gorbatschow. Er kann den Deutschen die Wiedervereinigung anbieten, die Westmächte vermögen dies nicht. Sie können allenfalls Garantien geben. Aufgrund des enormen äußeren Drucks ist Gorbatschow schneller zu dieser Offerte gezwungen worden, als er ursprünglich beabsichtigt hat. Häufig reagiert er mehr, als daß er agiert. Für seine Entscheidung Ende Januar 1990, den Deutschen das Selbstbestimmungsrecht zu gewähren, spielen die erhebliche finanzpolitische Zwangslage und massive Versorgungsschwierigkeiten ebenso eine Rolle wie die Erkenntnis, daß die Entwicklung in Deutschland ohne Gewalteinsatz nicht mehr aufzuhalten ist. Die Massendemonstrationen der Bürger in der DDR setzen auch Moskau unter Handlungsdruck. Gorbatschow muß auf die Bundesregierung zugehen und um Wirtschafts- und Finanzhilfe bitten. Selbst wenn er bis Ende des Jahres 1989 noch gezögert hat, in welche Richtung er sich deutschlandpolitisch bewegen soll, so ist ihm spätestens nach dem Zusammenbruch des Staatssicherheitsapparates der DDR Mitte Januar klargeworden, daß der Staat DDR nicht mehr zu retten ist. Zeitweise hinkt er den Entscheidungen hinterher. Stets sind sich Gorbatschow und einige seiner Berater aber darüber im klaren, wann sie welche Zugeständnisse machen müssen, um vom Westen dafür Gegenleistungen einzuhandeln. Das wechselseitige Bedürfnis nach bilateraler Zusammenarbeit zwischen Deutschland und der Sowjetunion nutzen sie dabei geschickt aus.

Die äußere Wiedervereinigung. – Die Bundesregierung hat Anfang Februar klare Vorstellungen über Ziele, Taktik und Methoden der Wiedervereinigung. Sie strebt die Wiederherstellung der Einheit und Souveränität Deutschlands durch Ablösung sämtlicher Viermächte-Rechte an. Einvernehmen besteht mit der Regierung Bush über die Trennung der inneren und äußeren Aspekte der Wiedervereinigung, verbunden mit einem schnellen Verhandlungstempo. Die Entscheidung, im Zwei-plus-Vier-Rahmen nur über die Ablösung der Viermächte-Rechte zu verhandeln und die Verhandlungen über die innere Wiedervereinigung den Deutschen zu überlassen, schafft die Ausgangsbasis, die Sowjetunion unter den Vier Mächten zu isolieren. Voraussetzung ist ein zügiger Abschluß der Verhandlungen über die Wirtschafts- und Währungsunion.

Wichtigste Voraussetzung für die Zustimmung der amerikanischen Regierung zur deutschen Einheit ist die Vollmitgliedschaft Deutschlands in der NATO. Sie bezieht in der Frage der Bündniszugehörigkeit Deutschlands eine Maximalposition, weil die Bundesregierung die Westbindung selbst anstrebt, diese eine Garantie für die Gleichgewichtspolitik auf dem europäischen Kontinent im amerikanischen Interesse darstellt und der Sicherheit der europäischen Staaten dient. Bei seinem Besuch im Februar 1990 in Moskau beginnt Außenminister Baker bei Gorbatschow in der Sicherheitsfrage mit seiner Überzeugungsarbeit und bietet die vollständige Einbindung Deutschlands in die NATO sowie die Reduzierung konventioneller Truppen in Europa an. Im Grunde ist es eine Strategie der Isolation und der Rückversicherungspolitik gegenüber der Sowjetunion nach der Devise, wenn es ihr erschwert wird, nein zu sagen, fällt es ihr leichter, am Ende zur NATO-Mitgliedschaft Deutschlands ja zu sagen. Durch Beharren auf einer vollgültigen Rolle der NATO als Institution gelingt es, die Interessen anderer westlicher Staaten abzufedern. Zugleich sucht die amerikanische Regierung engen Kontakt mit der Bundesregierung und stellt mit abgestimmten Verhandlungspositionen sicher, daß sich die Wiedervereinigung nicht auf Kosten der NATO-Mitgliedschaft vollzieht.

Im Frühjahr 1990 befindet sich nach Einschätzung des Bundeskanzleramtes alles in einer Schwebelage. Das Politbüro der KPdSU ist teilweise geschwächt, aber nicht entmachtet. Erkennbar sind erhebliche Meinungsverschiedenheiten innerhalb des Parteiapparates der KPdSU und der Regierung zwischen Vertretern der orthodoxen Deutschlandpolitik und den Anhänger der Reformpolitik, die Kontakte zum Westen für ihre eigene Modernisierungspolitik nutzen wollen. Sie vereiteln eine klare Zieldefinition ihrer Deutschlandpolitik. Das führt dazu, daß Gorbatschow und Schewardnadse ihre Deutschlandpolitik zunehmend im Alleingang durchsetzen müssen. Sie hoffen darauf, daß ihre Entscheidungen nach einem allmählichen Umdenkungsprozeß in den eigenen Reihen als richtig anerkannt werden. Gorbatschow setzt zwar offiziell bis zu seinem zweiten Gipfeltreffen mit Bush Anfang Juni 1990 in Washington auf die Option einer doppelten Bündnismitgliedschaft Deutschlands in der NATO und im Warschauer Pakt. Doch hat er bereits in dem Gespräch mit Kohl im Februar 1990 in Moskau auch diese Option als nicht überzeugend bezeichnet. Gorbatschow hat erkannt, wie isoliert die Sowjetunion mit dieser Position unter den Vier Mächten dasteht. Bushs Kompromißformel, jeder beharrt auf seiner Position, doch es ist das Recht der Deutschen, selbst über die Bündnismitgliedschaft zu entscheiden, der Gorbatschow zustimmt, markiert den Durchbruch. Bush willigt aus der Überzeugung ein, daß Kohl nicht ein vereintes Deutschland außerhalb der NATO anstrebt, sondern für den Westen und gegen eine Neutralität zwischen NATO und Warschauer Pakt optiert, wie sie Gorbatschow vorschlägt. Nicht zuletzt aufgrund massiver wirtschaftlicher Schwierigkeiten im eigenen Land erkennt erstmals nach Kriegsende ein sowjetischer Führer damit die geopolitischen Realitäten in Europa an und nutzt die Vereinigten Staaten als Bündnismacht. Gorbatschows Zustimmung zur Präsenz amerikanischer Truppen in Europa als stabilisierender Faktor ist die eigentliche Überraschung. Er denkt offenbar an die Nützlichkeit eines amerikanischen Gegengewichts auf dem europäischen Kontinent zu einem neuen, mächtigeren Deutschland. Die Kontrolle der Deutschen ist fortan allein Angelegenheit des Westens.

Die Vereinigten Staaten versuchen, die Schwierigkeiten für die Sowjetunion zu minimieren, indem sie Sicherheitsgarantien anbieten, den Umbau der NATO und der Allianzstrategie versprechen und Verbesserungen der amerikanisch-sowjetischen Beziehungen zusagen. Je mehr der Handlungsspielraum Gorbatschows schwindet, desto größer ist die Handlungsmarge des Westens, zumal ihm verbesserte Beziehungen zu Deutschland und den Vereinigten Staaten in Aussicht stehen sowie dringend benötigte Finanzhilfe, die hauptsächlich von der Bundesrepublik kommen muß, um den finanziellen Ruin abzuwenden. Die mangelnde Kreditwürdigkeit der Sowjetunion auf dem internationalen Finanzmärkten ist in der Situation Mitte Mai 1990 für die Bundesregierung gewiß ein glücklicher Zufall. Der Kanzler erkennt die Schwäche und sorgt direkt für Hilfe, was ihm bei Gorbatschow zusätzliches Vertrauenskapital einbringt. Dabei betreibt er eine Politik der stillschweigenden Vorleistung in der berechtigten Erwartung, Gorbatschow werde nunmehr der Wiedervereinigung zu den Konditionen der Bundesregierung zustimmen.

Bis zum 28. Parteitag der KPdSU ist Gorbatschows Handlungsspielraum für Kompromisse eingeengt, zumal er sich innenpolitisch wachsender Kritik ausgesetzt sieht. Die orthodoxe Gegenbewegung erreicht im Mai/Juni 1990 ihren Höhepunkt, als die Entscheidung über die innere Wiedervereinigung mit der Wirtschafts- und Währungsunion bereits gefallen ist. Nachdem Gorbatschow durch den Verlauf des Parteitags politisch gestärkt worden ist, kann er die Kompromisse in der Bündnisfrage Deutschlands eingehen. Auch diese Situation ist für den Westen eine glückliche Fügung. Für seine Zustimmung zur Wiedervereinigung erhält er westliche Sicherheitsgarantien, eine Absichtserklärung zur Veränderung der NATO und dringend benötigte Kredithilfen.

Mit Hilfe der Sicherheitsgarantien bringen Amerikaner und Deutsche gemeinsam auch das Kunststück fertig, Gorbatschow von den Vorzügen eines einseitigen Abzugs sowjetischer Truppen aus Deutschland zu überzeugen, ohne daß Bush in Zugzwang gerät, parallel amerikanische Streitkräfte aus Deutschland abziehen zu müssen. Das verdankt er vor allem der Unterstützung Kohls, der die psychologische Bedeutung der Präsenz amerikanischer Streitkräfte in Deutschland für die NATO-Partner zutreffend einschätzt.

Mitterrand versucht durch seine Unterstützung der Forderung Polens nach einem Grenzvertrag und entsprechenden Viermächte-Garantien vergeblich und zu spät eine eigenständige Rolle im Wiedervereinigungsprozeß zu übernehmen, weil er nicht an die Gewährung des Selbstbestimmungsrechts der Deutschen durch Gorbatschow und seine Kompromißfähigkeit in der Bündnisfrage glaubt. Kohl ist zwar seit Öffnung der Mauer zur vertraglichen Anerkennung der polnischen Westgrenze bereit, jedoch nur unter der Bedingung, daß die Wiedervereinigung besiegelt ist und ein gesamtdeutsches Parlament dem zustimmen kann. Er will den Territorialverzicht Deutschlands freiwillig und nicht unter dem Diktat der Alliierten leisten. Der Verzicht auf die Gebiete jenseits der Oder-Neiße-Linie ist ein Preis, den die Deutschen für die Einheit in seinen Augen zahlen müssen.

Bei seinem Besuch in Moskau und Archys erreicht der Kanzler Gorbatschows Einverständnis zur NATO-Mitgliedschaft Deutschlands, womit er schon seit Mai 1990 rechnet, und vereinbart die volle Souveränität Deutschlands und den Abzug der sowjetischen Streitkräfte aus Deutschland. Als Preis wiederholt er den Verzicht auf ABC-Waffen und sagt die Festlegung der Obergrenze der deutschen Streitkräfte zu. Die Westmächte müssen dafür ihrerseits den Umbau der NATO in ein stärker politisches Bündnis und die Veränderung der Nuklearstrategie in Kauf nehmen.

Die innere Wiedervereinigung. – Die zügige Einführung der D-Mark in der DDR zum 1. Juli 1990 ist der erste Schritt zur Wiedervereinigung Deutschlands, der die Regelung der außenpolitischen Fragen nach sich zieht. Der Wahlsieg der „Allianz für Deutschland" bei den Volkskammerwahlen Mitte März 1990 wird als Erfolg des Bundeskanzlers gewertet. Damit sind letzte Zweifel an dem Willen der Deutschen zur Einheit ausgeräumt. Das Konzept der Bundesregierung geht auf. Erst der Abschluß des Staatsvertrages über die deutsche Wirtschafts- und Währungsunion Mitte Mai 1990 garantiert der DDR umfangreiche Wirtschafts- und Finanzhilfen und verknüpft damit die erste Wiedervereinigungsetappe. Die Regierungskoalition nutzt diesen Erfolg und strebt nunmehr gesamtdeutsche Wahlen zum Zeitpunkt der fälligen Bundestagswahl Ende 1990 an. Sie geht davon aus, daß die bis dahin erreichte Wiedervereinigung ihr den Wahlsieg beschert.

Hat die Bundesregierung die Länder bisher aus den Verhandlungen mit der DDR weitgehend heraushalten können, so gelingt das bei den Verhandlungen über den Einigungsvertrag nicht mehr. Die Ausgangslage hat sich Mitte Mai verändert. Nach der Landtagswahl in Niedersachsen verlieren die CDU/CSU-regierten Länder im Bundesrat die Stimmenmehrheit. Außerdem benötigt die Bundesregierung für den zweiten Staatsvertrag, der die Einigung besiegeln soll und ohne Änderungen des Grundgesetzes nicht zu bewerkstelligen ist, die Stimmen der SPD für eine Zweidrittelmehrheit. Somit ist die Bundesregierung gezwungen, sich mit den Sozialdemokraten zu arrangieren. Der Schachzug des Bundesinnenministers führt zum Erfolg. Er läßt die Verhandlungen soweit vorbereiten, daß alle notwendigen Prüfungen für einen Beitritt erfolgt sind, bevor die Verhandlungen beginnen und anschließend nur darüber gesprochen wird, was die beitrittswillige DDR-Regierung als verhandlungsnotwendig erachtet. Weitreichende Veränderungen an dem politischen und gesellschaftliches System der Bundesrepublik hält er nicht für erforderlich. Die frühe Festlegung auf den Beitritt der DDR über Artikel 23 Grundgesetz bestätigt die von der Bundesregierung seit vierzig Jahren vertretene Kernstaatstheorie.

Immer lauter werdende Stimmen in der DDR nach sofortigem Beitritt und die Koalitionskrise der Regierung de Maizière Anfang August sowie die notwendigen Abstimmungen zwischen Bund und Ländern machen die Verhandlungen über den Einigungsvertrag zu einer Auseinandersetzung zwischen bundesdeutscher Regierung und Opposition. Während die Bundesregierung nur das Notwendigste an der bestehenden Verfassungs- und Rechtsordnung der Bundesrepublik ändern will, sieht die Opposition darin ihre Chance, eine Revision des Grundgesetzes zu verlangen. Zentraler Streitpunkt sind überdies die Kosten der Einheit, über deren Finanzierung Bund und Länder von Beginn an streiten. Während der Bund sich mit der Beteiligung der Länder an dem Mitte Mai 1990 vereinbarten Fonds Deutsche Einheit nicht zufrieden geben will, erkennt die DDR-Regierung zunächst nicht den Vorteil, an dem Länderfinanzausgleich beteiligt zu werden. Der Einbeziehung der in der DDR neu entstehenden Länder in dieses Ausgleichssystem stimmen die Länder der Bundesrepublik nur nach einer Übergangszeit zu. Zugleich setzen sie eine neue Stimmengewichtung im Bundesrat durch, wodurch das politische Gewicht der bevölkerungsstarken und finanzkräftigeren Länder gewahrt bleibt.

Insgesamt gesehen ist die Wiedervereinigung für Deutschland und die beteiligten Mächte ein großer diplomatischer Erfolg. Die Bundesregierung und die amerikanische Regierung haben ihre Hauptziele erreicht. Die Geschwindigkeit der Verhandlungsführung ist deshalb von Erfolg gekrönt gewesen, weil die sowjetische Seite sich kompromißbereit gezeigt hat. Für Gorbatschow ist die Lösung der deutschen Frage die geeignete Trumpfkarte, die wirtschaftlichen Probleme im eigenen Land zu lösen in der Hoffnung, längerfristig die Macht des Sowjetimperiums zu sichern. Die französische Regierung hat mit dem parallel zur deutschen Währungsunion am 1. Juli beginnenden Stufenplan für die europäische Wirtschafts- und Währungsunion eine festere Bindung der deutschen Währung und Wirtschaftskraft an die Staaten der Europäischen Gemeinschaften in Aussicht und kann sich somit der Westbindung des vereinten Deutschland sicher sein.

Gewiß wären andere Entwicklungen und Optionen möglich gewesen. Die Wiedervereinigung stellt keine historische Unausweichlichkeit dar, wie Thatcher stets behauptet hat. Doch ist auch sie wie die anderen Staats- und Regierungschefs nicht in der Lage gewesen, eine überzeugendere Alternative als die Wiedervereinigung zur Lösung der deutschen Frage beizusteuern. Die britische Regierung hat lediglich in der NATO-Mitgliedschaft Deutschlands einen gewissen Erfolg gesehen. Ihren Widerstand aber hat sie erst aufgegeben, als das vereinte Deutschland mittels Wirtschafts- und Währungsunion praktisch schon exisitiert.

In einer von der Bundesregierung zunächst keineswegs bewußt herbeigeführten Situation hat sich die Möglichkeit der Wiedervereinigung ergeben. Nach einer vorübergehenden Phase des Zögern sind politischer Instinkt, Verhandlungsgeschick, Durchsetzungskraft und auch einige glückliche Umstände ausschlaggebend gewesen, daß die deutsche Einheit schneller wiederhergestellt worden ist, als viele sich das nach vier Jahrzehnten Teilung noch haben vorstellen können.

Verzeichnis der Dokumente

1	30.5.1989	Gespräch des Bundeskanzlers Kohl mit Präsident Bush in erweitertem Kreise in Bonn	271
2	12.6.1989	Gespräch des Bundeskanzlers Kohl mit Generalsekretär Gorbatschow in Bonn	276
3	13.6.1989	Gespräch des Bundeskanzlers Kohl mit Generalsekretär Gorbatschow in Bonn	287
4	13.6.1989	Delegationsgespräch des Bundeskanzlers Kohl mit Generalsekretär Gorbatschow in Bonn	295
5	15.6.1989	Telefongespräch des Bundeskanzlers Kohl mit Präsident Bush	299
6	15.6.1989	Telefongespräch des Bundeskanzlers Kohl mit Premierministerin Thatcher	301
7	15.6.1989	Telefongespräch des Bundeskanzlers Kohl mit Ministerpräsident González	303
8	22.6.1989	Gespräch des Bundeskanzlers Kohl mit Staatspräsident Mitterrand in Paris	305
9	23.6.1989	Deutschlandpolitisches Gespräch bei dem Chef des Bundeskanzleramtes Seiters in Bonn Deutschlandpolitik, Erweiterter Dreierkreis	311
10	23.6.1989	Telefongespräch des Bundeskanzlers Kohl mit Präsident Bush	314
11	27.6.1989	Fernschreiben des Staatssekretärs Bertele an den Chef des Bundeskanzleramtes Innere Lage der DDR nach dem 8. ZK-Plenum am 22./23.6.1989	316
12	28.6.1989	Schreiben des Bundeskanzlers Kohl an Präsident Bush	320
13	3./4.7.1989	Offizieller Besuch des Bundesministers Seiters in Berlin (Ost)	323
13A		Zusammenstellung der von Generalsekretär Honecker übergebenen Reisezahlen	336
14	6.7.1989	Gespräch des Bundesministers Seiters mit den Botschaftern der Drei Mächte in Bonn Lufthansa-Antrag auf Ausweitung des Flugverkehrs zur Leipziger Messe	337
14A		Gesprächslinie Lufthansa-Antrag auf Ausweitung des Flugverkehrs zur Leipziger Messe	338
15	7.7.1989	Gespräch des Bundeskanzlers Kohl mit dem Fraktionsvorsitzenden des Bürgerkomitees „Solidarität", Geremek, in Bonn	339

16   14.7.1989   Vorlage des Vortragenden Legationsrats I
                        Bitterlich an Bundeskanzler Kohl   345
                        Gemeinsame Pressekonferenz der Staatspräsidenten
                        Mitterrand und Gorbatschow am 5.7.1989 in Paris

17   31.7.1989   Antragsteller in den Bundesaufnahmestellen   347

18   7.8.1989   Fernschreiben des Ministerialdirigenten Staab
                        an den Chef des Bundeskanzleramtes   349
                        DDR-Ausreiseproblematik

19   7.8.1989   Mitteilung des Rechtsanwalts Vogel   351

20   8.8.1989   Vorlage des Ministerialdirigenten Stern an den
                        Chef des Bundeskanzleramtes Seiters   351
                        Schließung der Ständigen Vertretung in Ost-Berlin

21   11.8.1989   Gespräch des Ministerialdirigenten Duisberg
                        mit dem Stellvertretenden Außenminister Nier
                        in Berlin (Ost)   353
                        Schließung der Ständigen Vertretung in Berlin (Ost)

22   14.8.1989   Schreiben des Bundeskanzlers Kohl an den
                        Generalsekretär und Staatsratsvorsitzenden
                        Honecker   355

23   17./30.8.1989   Schreiben des Generalsekretärs und Staatsrats-
                        vorsitzenden Honecker an Bundeskanzler Kohl   357

24   18.8.1989   Gespräch des Bundesministers Seiters mit
                        dem Ersten Stellvertretenden Außenminister
                        Krolikowski in Berlin (Ost)   358

25   20.8.1989   Schreiben der Zufluchtsuchenden in der Ständigen
                        Vertretung der Bundesrepublik Deutschland bei
                        der DDR an Bundeskanzler Kohl   371

26   23.8.1989   Fernschreiben des Staatssekretärs Bertele an
                        Bundesminister Seiters   372
                        Zufluchtsproblematik in der Ständigen Vertretung

27   24.8.1989   Fernschreiben des Staatssekretärs Bertele an
                        Bundesminister Seiters   374
                        Zufluchtsfälle in Ostblockbotschaften und in der Ständigen
                        Vertretung

28   25.8.1989   Vermerk des Bundesministers Genscher über das
                        Gespräch des Bundeskanzlers Kohl mit Minister-
                        präsident Németh und Außenminister Horn auf
                        Schloß Gymnich   377

29   25.8.1989   Gespräch des Bundeskanzlers Kohl und des
                        Bundesministers Genscher mit Ministerpräsident
                        Németh und Außenminister Horn während des
                        Mittagessens auf Schloß Gymnich   380

30   29.8.1989   Fernschreiben des Ministerialdirigenten Duisberg
                        an Staatssekretär Bertele   382
                        Zufluchtsfälle in der Ständigen Vertretung und in der Botschaft in
                        Prag

| 31 | 31.8.1989 | Telefongespräch des Bundeskanzlers Kohl mit Ministerpräsident Mazowiecki | 384 |

32 31.8.1989 Fernschreiben des Staatssekretärs Bertele an den Chef des Bundeskanzleramtes 386
Zufluchtsfälle in der Ständigen Vertretung und in der Botschaft in Prag

33 31.8.1989 Fernschreiben des Staatssekretärs Bertele an den Chef des Bundeskanzleramtes 388
Zur Stimmungslage in der Bevölkerung

34 1.9.1989 Fernschreiben des Staatssekretärs Bertele an den Chef des Bundeskanzleramtes 391
Ausreisewillige DDR-Bürger; Lage in Ungarn und in der Ständigen Vertretung

35 6.9.1989 Fernschreiben des Ministerialdirigenten Duisberg an Staatssekretär Bertele 392
Zufluchtsfälle in der Ständigen Vertretung und in den Botschaften in Prag und Warschau

36 7.9.1989 Gespräch des Bundesministers Seiters mit dem Ständigen Vertreter der DDR, Neubauer, in Bonn 393

37 7.9.1989 Gespräch des Bundesministers Seiters mit dem stellvertretenden Außenminister Eagleburger in Bonn 395

38 7.9.1989 Gespräch des Bundeskanzlers Kohl mit dem Vorsitzenden der Gewerkschaft „Solidarität", Walesa, in Bonn 398

39 8.9.1989 Schreiben des Bundeskanzlers Kohl an Ministerpräsident Mazowiecki 402

40 12.9.1989 Telegramm des Bundeskanzlers Kohl an Ministerpräsident Németh 404

41 19.9.1989 Gespräch des Bundesministers Seiters mit Botschafter Horváth in Bonn 405

42 20.9.1989 Gespräch des Bundesministers Seiters mit Botschafter Walters in Bonn 407

43 20.9.1989 Fernschreiben des Staatssekretärs Bertele an den Chef des Bundeskanzleramtes 409
Bildung von Oppositionsgruppen in der DDR

44 21.9.1989 Gespräch des Bundesministers Seiters mit Generalsekretär Wörner in Bonn 411

45 22.9.1989 Fernschreiben des Staatssekretärs Bertele an den Chef des Bundeskanzleramtes 413
Die Krise der DDR

46   25.9.1989   Vorlage des Ministerialdirektors Teltschik an
                   Bundeskanzler Kohl   417
                   Zwei Fernschreiben von Präsident Bush an den Bundeskanzler
                   vom 22. bzw. 25.9.1989; Unterrichtung über Schreiben von GS
                   Gorbatschow an Präsident Bush, bevorstehende CW-Initiative
                   der USA

47   26.9.1989   Schreiben des Rechtsanwalts Vogel an Staats-
                   sekretär Priesnitz   420

48   27.9.1989   Schreiben des Ministerpräsidenten Mazowiecki
                   an Bundeskanzler Kohl   420

49   29.9.1989   Gespräch des Ministerialdirektors Teltschik mit
                   Botschafter Kwizinskij in Bonn   422

50   29.9.1989   Gespräch des Ministerialdirektors Teltschik mit
                   Botschafter Kwizinskij in Bonn   425

51   1.10.1989   Gespräch des Ministerialdirigenten Duisberg mit
                   dem Ständigen Vertreter der DDR, Neubauer, in
                   Bonn   429

52   2.10.1989   Fernschreiben des Staatssekretärs Bertele an den
                   Chef des Bundeskanzleramtes   430
                   Gestrige Ausreise der Zuflüchtigen mit Sonderzug Warschau-
                   Helmstedt

53   2.10.1989   Gespräch des Bundesministers Seiters mit dem
                   Ständigen Vertreter der DDR, Neubauer, in
                   Bonn   433

54   2.10.1989   Vorlage des Ministerialdirigenten Duisberg an
                   Bundesminister Klein   435
                   Pressekonferenz am 2.10.1989; Ausreise der DDR-Flüchtlinge
                   aus den Botschaften Prag und Warschau

55   3.10.1989   Telefongespräch des Bundeskanzlers Kohl mit
                   Ministerpräsident Adameč   437

56   3.-5.10.1989 Gespräche und Kontakte des Chefs des Bundes-
                   kanzleramtes Seiters und des Ministerialdirigenten
                   Duisberg   438
                   Zufluchtsuchende in den Botschaften Prag und Warschau

57   4.10.1989   Schreiben des Bundeskanzlers Kohl an Minister-
                   präsident Németh   442

58   5.10.1989   Gespräch des Bundeskanzlers Kohl mit Präsident
                   Delors in Bonn   443

59   6.10.1989   Fernschreiben des Staatssekretärs Bertele an den
                   Chef des Bundeskanzleramtes   447
                   Stand der Beziehungen zur DDR im Lichte der Zuflucht-
                   sproblematik

60   11.10.1989   Telefongespräch des Bundeskanzlers Kohl mit   449
                   Generalsekretär Gorbatschow

61   13.10.1989   Vermerk des Ministerialdirigenten Hartmann   450
                   Gespräche in London (FCO und Cabinet Office)

62	18.10.1989	Gespräch des Bundeskanzlers Kohl mit Ministerpräsident Andreotti in Bonn	452
63	19.10.1989	Vorlage des Ministerialdirigenten Duisberg an Bundeskanzler Kohl Führungswechsel in der DDR	455
64	23.10.1989	Telefongespräch des Bundeskanzlers Kohl mit Präsident Bush	459
65	23.10.1989	Gespräch des Bundesministers Seiters mit Botschafter Walters in Bonn	461
66	24.10.1989	Gespräch des Bundesministers Seiters mit den Botschaftern der Drei Mächte in Bonn	462
67	24.10.1989	Vorlage des Ministerialdirektors Teltschik an Bundeskanzler Kohl Reden von US-Außenminister Baker insbesondere zum Verhältnis US-SU, aber auch zur deutschen Frage	465
68	26.10.1989	Telefongespräch des Bundeskanzlers Kohl mit dem Staatsratsvorsitzenden Krenz	468
69	31.10.1989	Schreiben des Präsidenten Bush an Bundeskanzler Kohl	469
70	2./3.11.1989	54. Deutsch-französische Konsultationen in Bonn Wesentlicher Inhalt der Gespräche mit Staatspräsident Mitterrand und PM Rocard	470
71	3.11.1989	Fernschreiben des Staatssekretärs Bertele an den Chef des Bundeskanzleramtes Heutige Gratulationscour des diplomatischen Korps bei Egon Krenz; Zufluchtsfälle in Prag	476
72	3.11.1989	Vorlage des Ministerialdirigenten Jung an Bundeskanzler Kohl DDR: Stimmungsumschwung in der Bevölkerung (BND-Erkenntnisse)	478
73	6.11.1989	Telefongespräch des Bundeskanzlers Kohl mit Ministerpräsident Mazowiecki Vorbereitung des offiziellen Besuchs des Bundeskanzlers in der Volksrepublik Polen	480
74	6.11.1989	Besprechung der beamteten Staatssekretäre in Bonn Besprechung im Staatssekretär-Kreis über deutschlandpolitische Fragen	482
74A		Anlage 4: Vermerk des Ministerialdirigenten Stern	487
75	7.11.1989	Schreiben des Bundeskanzlers Kohl an Präsident Bush	489
76	9.11.1989	Gespräch des Bundeskanzlers Kohl mit dem Vorsitzenden der Gewerkschaft „Solidarität", Walesa, in Warschau	492
77	10.11.1989	Delegationsgespräch des Bundeskanzlers Kohl mit Ministerpräsident Mazowiecki in Warschau	497

78   10.11.1989   Gespräch des Bundesministers Seiters mit den
                      Botschaftern der Drei Mächte in Bonn   501

79   10.11.1989   Gespräch des Ministerialdirigenten Duisberg
                      mit dem Stellvertretenden Ständigen Vertreter
                      der DDR, Glienke, in Bonn   502

79A   Zur neuen Reiseregelung   504

80   10.11.1989   Mündliche Botschaft des Generalsekretärs
                      Gorbatschow an Bundeskanzler Kohl   504

81   10.11.1989   Telefongespräch des Bundeskanzlers Kohl mit
                      Premierministerin Thatcher   505

82   10.11.1989   Telefongespräch des Bundeskanzlers Kohl mit
                      Präsident Bush   507

83   10.11.1989   Schreiben des Premierministers Mulroney an
                      Bundeskanzler Kohl   509

84   10.11.1989   Schreiben des Bundesministers Waigel an
                      Bundeskanzler Kohl   510

85   11.11.1989   Telefongespräch des Bundeskanzlers Kohl mit
                      Staatspräsident Mitterrand   511

86   11.11.1989   Telefongespräch des Bundeskanzlers Kohl mit
                      dem Staatsratsvorsitzenden Krenz   513

87   11.11.1989   Telefongespräch des Bundeskanzlers Kohl mit
                      Generalsekretär Gorbatschow   515

88   11.11.1989   Fernschreiben des Staatssekretärs Bertele an den
                      Chef des Bundeskanzleramtes   517
                      Reiseregelung in der DDR

89   12.11.1989   Gespräch des Bundeskanzlers Kohl mit
                      Staatspräsident Jaruzelski in Warschau   519

90   13.11.1989   Gespräch des Bundesministers Seiters mit
                      Botschafter Kwizinskij in Bonn   530

91   13.11.1989   Schreiben des Staatspräsidenten Jaruzelski an
                      Bundeskanzler Kohl   531

92   14.11.1989   Gespräch des Bundeskanzlers Kohl mit Minister-
                      präsident Mazowiecki in Warschau   532

93   17.11.1989   Telefongespräch des Bundeskanzlers Kohl mit
                      Präsident Bush   538

94   17.11.1989   Vorlage des Ministerialdirektors Teltschik an
                      Bundeskanzler Kohl   541
                      Sondertreffen der Staats- und Regierungschefs sowie der
                      Außenminister der Europäischen Gemeinschaft und des
                      Präsidenten der EG-Kommission auf Einladung des amtie-
                      renden ER-Vorsitzenden, des französischen Staats-
                      präsidenten, am 18.11.1989 im Elysée in Paris

94A   Gesamtgesprächsführungsvorschlag   541

94B		Haltung der drei Westmächte und der Sowjetunion zur deutschen Frage und zur Entwicklung in der DDR	546
95	ohne Datum	Vorlage an Bundeskanzler Kohl Zur Stimmung in der Bevölkerung der DDR	548
96	20.11.1989	Gespräch des Bundesministers Seiters mit dem Staatsratsvorsitzenden Krenz und Ministerpräsident Modrow in Berlin (Ost)	550
96A		Aufzeichnung des Bundesministeriums für Wirtschaft Wirtschaftliche Zusammenarbeit	559
97	21.11.1989	Gespräch des Bundeskanzlers Kohl mit Präsident Roh Tae Woo in Bonn	561
98	21.11.1989	Vorlage des Ministerialdirektors Teltschik an Bundeskanzler Kohl Gespräch von Bundeskanzler a.D. Willy Brandt mit Generalsekretär Gorbatschow am 17.10.1989 in Moskau	563
99	23.11.1989	Gespräch des Bundesministers Seiters mit den Vertretern der Drei Mächte in Bonn	564
100	27.11.1989	Schreiben des Bundeskanzlers Kohl an Staatspräsident Mitterrand	565
100A		EG-Gipfel in Straßburg am 8. und 9. Dezember 1989: Arbeitskalender für das weitere Vorgehen bis 1993	566
101	28.11.1989	Schreiben des Bundeskanzlers Kohl an Präsident Bush	567
102	30.11.1989	Vorlage des Ministerialdirektors Teltschik an Bundeskanzler Kohl Reaktionen aus den wichtigsten Hauptstädten auf den 10-Punkte-Plan	574
103	1.12.1989	Gespräch des Bundeskanzlers Kohl mit dem Regierenden Bürgermeister Momper in Bonn	578
104	1.12.1989	Gespräch des Bundeskanzlers Kohl mit Mitgliedern der Rüstungskontroll-Beobachtergruppe des amerikanischen Senats in Bonn	586
105	1.12.1989	Fernschreiben der Ständigen Vertretung bei der DDR an den Chef des Bundeskanzleramtes Vierertreffen in Brüssel am 13.12.1989; Bericht über DDR und innerdeutsche Beziehungen	590
106	1.12.1989	Schreiben des Bundeskanzlers Kohl an Premierminister Shamir	594
107	1.12.1989	Vorlage des Ministerialdirigenten Hartmann an Bundeskanzler Kohl Italienische Äußerungen zur deutschen Frage	595

108   2./3.12.1989   Vorlage des Vortragenden Legationsrats I
Bitterlich an Bundeskanzler Kohl   596
Vorbereitung ER Straßburg; Antwort von Staatspräsident
Mitterrand auf das Schreiben des Bundeskanzlers vom
27.11.1989

108A   Schreiben des Staatspräsidenten Mitterrand an
Bundeskanzler Kohl vom 1. Dezember 1989   599

109   3.12.1989   Gespräch des Bundeskanzlers Kohl mit Präsident
Bush in Laeken bei Brüssel   600

110   5.12.1989   Gespräch des Bundesministers Seiters mit
Ministerpräsident Modrow in Berlin (Ost)   609

111   5.12.1989   Schreiben des Bundeskanzlers Kohl an Staatspräsident Mitterrand   614

112   6.12.1989   Vorlage des Ministerialdirektors Teltschik an
Bundeskanzler Kohl   616
Die Sowjetunion und die „deutsche Frage"

112A   SU und „deutsche Frage"   616

113   7.12.1989   Gespräch des Bundesministers Seiters mit den
Botschaftern der Drei Mächte in Bonn   619

114   7.12.1989   Fernschreiben des Staatssekretärs Bertele an
Bundesminister Seiters   621
Gespannte innere Lage in der DDR

115   7.12.1989   Vorlage des Ministerialdirektors Teltschik an
Bundeskanzler Kohl   622
Gespräch BM Genscher – AM Baker am 3.12.1989;
Auswertung des Berichts über das Gespräch

116   7.12.1989   Vorlage des Ministerialrats Ludewig an den
Chef des Bundeskanzleramtes Seiters   625
Vorbereitung des Besuchs des Bundeskanzlers in der DDR
am 19.12.1989; wirtschaftliche Hilfe für die DDR

117   9.12.1989   Arbeitsfrühstück des Bundeskanzlers Kohl mit
Staatspräsident Mitterrand in Straßburg   628

118   10.12.1989   Schreiben des Premierministers Shamir an
Bundeskanzler Kohl   632

119   11.12.1989   Vorlage des Ministerialdirektors Teltschik an
Bundeskanzler Kohl   633
Ausführungen BM Genschers vor dem Auswärtigen und dem
Innerdeutschen Ausschuß am 7.12.1989

120   12.12.1989   Gespräch des Bundeskanzlers Kohl mit Außenminister Baker in Berlin (West)   636

121   13.12.1989   Gespräch des Bundesministers Seiters mit den
Botschaftern der Drei Mächte in Bonn   641

122   13.12.1989   Vorlage des Ministerialrats Ludewig an den
Chef des Bundeskanzleramtes Seiters   643
Finanzielle Maßnahmen zugunsten der DDR

122A		Maßnahmen zugunsten der DDR und Berlin (West)	644
123	14.12.1989	Schreiben des Bundeskanzlers Kohl an Generalsekretär Gorbatschow	645
124	16.12.1989	Gespräch des Bundeskanzlers Kohl mit Ministerpräsident Németh in Budapest	651
125	ohne Datum	Schreiben des Außenministers Baker an Bundeskanzler Kohl	658
126	ohne Datum	Schreiben des Generalsekretärs Gorbatschow an Bundeskanzler Kohl	658
127	18.12.1989	Vorlage des Ministerialdirigenten Hartmann an Bundeskanzler Kohl Brief von Generalsekretär Gorbatschow an den Bundeskanzler	660
128	18.12.1989	Vorlage des Ministerialdirigenten Duisberg an Bundeskanzler Kohl Gespräche des Bundeskanzlers in Dresden	662
128A		Vorschlag für Gesprächslinie	663
129	19.12.1989	Gespräch des Bundeskanzlers Kohl mit Ministerpräsident Modrow im erweiterten Kreis in Dresden	668
130	20.12.1989	Gespräch des Bundeskanzlers Kohl mit Vertretern von Oppositionsgruppen in der DDR in Dresden Besuch des Bundeskanzlers in Dresden am 19. und 20.12.1989	673
131	20.12.1989	Vorlage des Ministerialdirigenten Hartmann an Bundeskanzler Kohl Äußerungen des sowjetischen Außenministers Schewardnadse vor dem Politischen Ausschuß des Europäischen Parlaments (Brüssel, 19.12.1989); Deutschlandpolitische Passagen	676
132	21.12.1989	Gespräch des Bundesministers Seiters mit den Vertretern der Drei Mächte in Bonn Besuch des Bundeskanzlers in Dresden an 19./20.12.1989; Unterrichtung der Drei Mächte	679
133	21.12.1989	Besprechung des Bundeskanzlers Kohl mit den Regierungschefs der Länder in Bonn	680
134	2.1.1990	Gespräch des Bundeskanzlers Kohl mit Staatspräsident Havel in München	681
135	4.1.1990	Gespräch des Bundeskanzlers Kohl mit Staatspräsident Mitterrand in Latché	682
136	8.1.1990	Besprechung der beamteten Staatssekretäre in Bonn	690
137	9.1.1990	Gespräch des Chefs des Bundeskanzleramtes Seiters mit Wirtschaftsexperten in Bonn Informelles Gespräch über Wirtschafts- und Währungsfragen der DDR am 9.1.1990	691
138	17.1.1990	Schreiben des Staatspräsidenten Mitterrand an Bundeskanzler Kohl	694

139   18.1.1990   Entwurf der Bundesregierung: Vertrag zwischen
                    der Bundesrepublik Deutschland und der
                    Deutschen Demokratischen Republik über
                    Zusammenarbeit und gute Nachbarschaft   695

140   23.1.1990   Schreiben des Bundeskanzlers Kohl an Premier-
                    minister Mulroney   698

141   24.1.1990   Gespräch des Bundeskanzlers Kohl mit
                    Botschafter Walters in Bonn   699

142   24.1.1990   Deutschlandpolitisches Gespräch bei dem Chef
                    des Bundeskanzleramtes Seiters in Bonn   701
                    Deutschlandpolitik; Erweiterter Dreierkreis

143   24.1.1990   Vorlage des Ministerialrats Ludewig an den
                    Chef des Bundeskanzleramtes Seiters   703
                    Ergebnisse der Tagung der deutsch-deutschen Wirtschafts-
                    kommission am 23.1.1990 in Ost-Berlin

144   24.1.1990   Vermerk des Vortragenden Legationsrats I
                    Bitterlich und des Ministerialdirigenten Thiele   705
                    Beziehungen EG-DDR

145   25.1.1990   Gespräch des Bundesministers Seiters mit
                    Ministerpräsident Modrow in Berlin (Ost)   707

145A   Entwurf der Regierung der DDR: Vertrag über
                    Zusammenarbeit und gute Nachbarschaft
                    zwischen der Deutschen Demokratischen
                    Republik und der Bundesrepublik Deutschland   713

146   25.1.1990   Gespräch des Bundesministers Seiters mit
                    Vertretern des Runden Tisches in Berlin (Ost)   716

147   25.1.1990   Schreiben des Bundeskanzlers Kohl an Staats-
                    präsident Mitterrand   718

148   25.1.1990   Vorlage des Ministerialdirektors Teltschik an
                    Bundeskanzler Kohl   719
                    Interview der britischen Premierministerin Margaret Thatcher
                    mit dem Wall Street Journal am 25.1.1990

149   25.1.1990   Schreiben des Staatssekretärs Clement an Bundes-
                    minister Seiters   721
                    Nächste Besprechung des Chefs des Bundeskanzleramtes mit den
                    Chefs der Staats- und Senatskanzleien am 30.1.1990

149A   Beschlußvorschlag   721

150   29.1.1990   Vorlage des Ministerialdirektors Teltschik an
                    Bundeskanzler Kohl   722
                    Stand und Perspektiven der deutsch-sowjetischen Beziehungen

151   29.1.1990   Aufzeichnung des Ministerialdirigenten Hartmann   727
                    Deutschlandpolitik im gesamteuropäischen Rahmen nach den
                    DDR-Wahlen im März 1990

152   30.1.1990   Besprechung des Chefs des Bundeskanzleramtes
                    Seiters mit den Chefs der Staats- und Senats-
                    kanzleien der Länder in Bonn   735

153   30.1.1990   Gespräch des Bundeskanzlers Kohl mit dem stell-
vertretenden Außenminister Eagleburger in Bonn   739
Personalreduzierungsvorschlag Präsident Bushs für die Wiener
VKSE; Gespräch des Bundeskanzlers mit stv. US-AM
Eagleburger und stv. Sicherheitsberater Gates

154   30.1.1990   Schreiben des Ministerpräsidenten Mazowiecki an
Bundeskanzler Kohl   744

155   2.2.1990   Gespräch des Bundeskanzlers Kohl mit
Botschafter Kwizinskij in Bonn   747

156   2.2.1990   Schreiben des Generalsekretärs Gorbatschow an
Bundeskanzler Kohl   748

157   2.2.1990   Vorlage des Regierungsdirektors Mertes an
Bundeskanzler Kohl   749

157A   Statement   751

157B   Schritte zur deutschen Wirtschaftseinheit   752

158   3.2.1990   Gespräch des Bundeskanzlers Kohl mit Ministerpräsident Modrow in Davos   753

159   4.2.1990   Gespräch des Ministerialdirektors Teltschik mit
Botschafter Walters in Bonn   756

160   5.2.1990   Telefongespräch des Bundeskanzlers Kohl mit
Staatspräsident Mitterrand   757

161   5.2.1990   Tischvorlage des Chefs des Bundeskanzleramtes
für die Kabinettsitzung am 7. Februar 1990   759
TOP 2: Aussprache zu deutschlandpolitischen Fragen

162   5.2.1990   Vorlage des Ministerialdirigenten Hartmann an
Ministerialdirektor Teltschik   760
Deutschlandpolitik; Beteiligung der Vier Mächte

163   6.2.1990   Vermerk des Regierungsdirektors Nehring   761
Wirtschafts- und Währungsunion (WWU) mit DDR

164   7.2.1990   Gespräch des Bundeskanzlers Kohl mit Außenminister Skubiszewski in Bonn   762

165   7.2.1990   Schreiben des Bundesministers Waigel an die
Mitglieder der Fraktion der CDU/CSU im
Deutschen Bundestag   766

165A   Nachtrag zum Bundeshaushalt 1990   767

165B   Währungsunion mit Wirtschaftsreform   768

166   ohne Datum   Vorlage des Ministerialdirektors Teltschik an
Bundeskanzler Kohl   771
„Gesamteuropäische Sicherheitsarchitektur". Sicherheitspolitik
der Bundesregierung auf dem Weg zur deutschen Einheit

167   9.2.1990   Gespräch des Bundesministers Seiters mit Staatssekretär Clement in Bonn   776
Beteiligung der Länder an Verhandlungen und Verträgen mit der
DDR; Gespräch von Chef BK mit dem Chef der Staatskanzlei
von NRW, St Clement, am 9.2.1990

168	9.2.1990	Schreiben des Vorsitzenden des Sachverständigen-rats zur Begutachtung der gesamtwirtschaftlichen Entwicklung, Schneider, an Bundeskanzler Kohl	778
169	9.2.1990	Schreiben des Staatssekretärs Köhler an Ministerialdirigent Duisberg	782
169A		Angebot zur Schaffung eines gemeinsamen Wirtschafts- und Währungsgebiets	782
170	9.2.1990	Schreiben des Präsidenten Bush an Bundeskanzler Kohl	784
171	9.2.1990	Schreiben des Präsidenten Bush an Bundeskanzler Kohl	785
172	ohne Datum	Gesprächspunktation der Abteilung 2 für Bundeskanzler Kohl Sicherheitsbedürfnisse europäischer Nachbarn, insb. der UdSSR	786
173	10.2.1990	Schreiben des Außenministers Baker an Bundeskanzler Kohl	793
174	10.2.1990	Gespräch des Bundeskanzlers Kohl mit General-sekretär Gorbatschow in Moskau	795
175	10.2.1990	Delegationsgespräch des Bundeskanzlers Kohl mit Generalsekretär Gorbatschow in Moskau	808
176	11.2.1990	Überflugbotschaft des Bundeskanzlers Kohl an Ministerpräsident Mazowiecki	814
177	13.2.1990	Gespräch des Bundeskanzlers Kohl mit Minister-präsident Modrow in Bonn	814
178	13.2.1990	Gespräch des Bundesministers Seiters mit den Ministern ohne Geschäftsbereich der DDR in Bonn	819
179	13.2.1990	Delegationsgespräch des Bundeskanzlers Kohl mit Ministerpräsident Modrow in Bonn	821
180	13.2.1990	Telefongespräch des Bundeskanzlers Kohl mit Präsident Bush	826
181	13.2.1990	Schreiben des Ministerpräsidenten Haughey an Bundeskanzler Kohl	828
182	14.2.1990	Konstituierende Sitzung der Arbeitsgruppe Außen- und Sicherheitspolitik des Kabinett-ausschusses Deutsche Einheit in Bonn	830
183	14.2.1990	Gespräch des Bundesministers Seiters mit den Botschaftern der Drei Mächte in Bonn	831
184	15.2.1990	Vermerk des Vortragenden Legationsrats I Kaestner Außen- und bündnispolitische Fragen der deutschen Einigung; Ressortbesprechung im Auswärtigen Amt	833
185	15.2.1990	Besprechung des Bundeskanzlers Kohl mit den Regierungschefs der Länder in Bonn	834

185A		Anlage 1: Beschlußvorschlag der Länder	838
185B		Anlage 2: Beschlußvorschlag des Bundes	838
186	15.2.1990	Gespräch des Bundeskanzlers Kohl mit Außenminister Arens in Bonn	839
187	15.2.1990	Gespräch des Bundeskanzlers Kohl mit Staatspräsident Mitterrand in Paris	842
188	16.2.1990	Gespräch des Ministerialdirigenten Hartmann und des Ministerialrats Ludewig mit Präsident Delors in Paris	852
189	19.2.1990	Zweite Sitzung der Arbeitsgruppe Außen- und Sicherheitspolitik des Kabinettausschusses Deutsche Einheit in Bonn	854
190	21.2.1990	Telefongespräch des Bundeskanzlers Kohl mit Premierminister Mulroney	855
191	22.2.1990	Vorlage des Ministerialdirektors Teltschik an Bundeskanzler Kohl Jüngste sowjetische Äußerungen zur deutschen Frage	857
192	24.2.1990	Gespräch des Bundeskanzlers Kohl mit Präsident Bush in Camp David	860
193	24./25.2.1990	Tischgespräche des Bundeskanzlers Kohl mit Präsident Bush in Camp David	873
194	25.2.1990	Gespräch des Bundeskanzlers Kohl mit Präsident Bush in Camp David	874
195	27.2.1990	Vorlage des Regierungsdirektors Mertes und des Legationsrats I Hanz an Bundeskanzler Kohl Polnische Westgrenze	878
196	27.2.1990	Aufzeichnung des Bundesministeriums des Innern Überlegungen zu verfassungsrechtlichen Fragen im Zusammenhang mit der Einigung Deutschlands	879
197	28.2.1990	Gespräch des Bundeskanzlers Kohl mit dem Regierenden Bürgermeister Momper in Bonn	887
198	28.2.1990	Vorlage des Ministerialdirektors Teltschik an Bundeskanzler Kohl Das geeinte Deutschland und seine völkerrechtlichen Verträge	893
199	28.2.1990	Mitteilung des Sicherheitsberaters Scowcroft an Ministerialdirektor Teltschik	898
200	2.3.1990	Besprechung des Chefs des Bundeskanzleramtes Seiters mit den Chefs der Staats- und Senatskanzleien der Länder in Bonn	899
200A		Anlage 1: Vereinbarung über die Bildung und Arbeitsweise einer Gemeinsamen Kommission der BRD und der DDR zur Förderung und Unterstützung regionaler Zusammenarbeit	901

200B		Anlage 2: Maßnahmen der Länder der Bundesrepublik Deutschland zur Zusammenarbeit mit der DDR	903
201	2.3.1990	Schreiben des Ministerpräsidenten Modrow an Bundeskanzler Kohl	906
201A		Erklärung der Regierung der Deutschen Demokratischen Republik zu den Eigentumsverhältnissen	906
202	5.3.1990	Vorlage des Ministerialdirigenten Hartmann an Bundeskanzler Kohl	908
202A		Schreiben des Außenministers Schewardnadse an Bundesminister Genscher	909
203	5.3.1990	Telefongespräch des Bundeskanzlers Kohl mit Staatspräsident Mitterrand	909
204	6.3.1990	Schreiben des Bundeskanzlers Kohl an Generalsekretär Gorbatschow	912
204A		Entwurf eines Entschließungsantrages der Fraktionen der CDU/CSU und der FDP	913
205	6.3.1990	Vorlage des Ministerialdirektors Teltschik an Bundeskanzler Kohl	913
206	6.3.1990	Vorlage des Vortragenden Legationsrats I Ueberschaer an Ministerialdirektor Teltschik Polnische Entschädigungsansprüche	915
207	6.3.1990	Vermerk des Ministerialdirigenten Busse Arbeitsgruppe des BMI „Staatsstrukturen und Öffentliche Ordnung"	917
208	6.3.1990	Vermerk des Ministerialdirigenten Busse Arbeitsgruppe des BMJ „Rechtsfragen, insbesondere Rechtsangleichung"	918
209	6.3.1990	Vermerk des Regierungsdirektors Stark Arbeitsgruppe „Bildung einer Währungsunion, Finanzfragen"	919
210	7.3.1990	Schreiben der Premierministerin Thatcher an Bundeskanzler Kohl	920
211	9.3.1990	Vorlage des Ministerialdirektors Teltschik an Bundeskanzler Kohl Jüngste sowjetische Äußerungen zur deutschen Frage	921
212	9.3.1990	Gespräch von Vertretern der Bundesregierung und der Regierung der DDR im Rahmen des Mechanismus Zwei plus Vier in Berlin (Ost)	924
213	12.3.1990	Gespräch des Bundeskanzlers Kohl mit Mitgliedern der Rüstungskontroll-Beobachtergruppe des amerikanischen Senats in Bonn	927
214	12.3.1990	Gespräch des Bundeskanzlers Kohl mit Außenminister Hurd in Bonn	932

215 13.3.1990 Schreiben des Bundeskanzlers Kohl an Präsident
Delors 935

216 13.3.1990 Vorlage des Ministerialdirigenten Hartmann an
Bundeskanzler Kohl 937
Polnische Westgrenze; Sachstand, Bewertung und weiteres
Vorgehen

217 13.3.1990 Vorlage der Arbeitsgruppe Innenpolitische
Grundsatzfragen im Bundesministerium des
Innern an Bundesminister Schäuble 941
Kabinettausschuß „Deutsche Einheit"; Arbeitsgruppe Außen-
politik und sicherheitspolitische Zusammenhänge

218 14.3.1990 Telefongespräch des Bundeskanzlers Kohl mit
Staatspräsident Mitterrand 943

219 14.3.1990 Schreiben des Staatssekretärs Köhler an Bundesminister Seiters 947

219A Zwischenbericht der Expertenkommission zur
Vorbereitung einer Währungsunion und Wirt-
schaftsgemeinschaft zwischen der Bundesrepublik
Deutschland und der Deutschen Demokratischen
Republik 948

220 14.3.1990 Erste Gesprächsrunde Zwei plus Vier auf
Beamtenebene in Bonn 950

221 15.3.1990 Telefongespräch des Bundeskanzlers Kohl mit
Präsident Bush 952

222 15.3.1990 Vorlage des Ministerialdirektors Teltschik an
Bundeskanzler Kohl 955
Berechtigung eventueller Reparationsforderungen von Siegern
des 2. Weltkriegs gegen ein vereintes Deutschland; Völkerrechtliche Bewertung

223 19.3.1990 Gespräch des Ministerialdirektors Teltschik mit
Botschafter Karski und dem stellvertretenden
Abteilungsleiter Sulek in Bonn 956

224 20.3.1990 Telefongespräch des Bundeskanzlers Kohl mit
Präsident Bush 961

225 20.3.1990 Gespräch des Bundesministers Seiters mit den
Botschaftern der Drei Mächte in Bonn 964

226 21.3.1990 Schreiben des Präsidenten Bush an Bundeskanzler
Kohl 966

227 22.3.1990 Gespräch des Bundeskanzlers Kohl mit
Botschafter Kwizinskij in Bonn 966

228 23.3.1990 Vorlage des Ministerialdirektors Teltschik an
Bundeskanzler Kohl 970
Sowjetische Position zum sicherheitspolitischen Status eines ver-
einten Deutschland, insbesondere zur NATO-Mitgliedschaft

229   26.3.1990   Vorlage des Ministerialdirigenten Busse an den
                    Chef des Bundeskanzleramtes Seiters   975
                    Möglichkeit gesamtdeutscher Wahlen in der nächsten
                    Legislaturperiode

230   27.3.1990   Sitzung der Arbeitsgruppe Außen- und Sicher-
                    heitspolitik des Kabinettausschusses Deutsche
                    Einheit in Bonn   978

231   27.3.1990   Schreiben des Bundesministers Blüm an
                    Bundeskanzler Kohl   979

232   28.3.1990   Gespräch des Ministerialdirektors Teltschik mit
                    dem Berater der Abteilung für internationale
                    Beziehungen des Zentralkomitees der KPdSU,
                    Portugalow, in Bonn   981

233   28.3.1990   Gespräch des Staatssekretärs Bertele mit Minister-
                    präsident Modrow in Berlin (Ost)   983
                    Aktuelle Probleme in den Beziehungen zwischen D und DDR

234   28.3.1990   Vorlage des Ministerialrats Ludewig an den Chef
                    des Bundeskanzleramtes Seiters   986
                    Sitzung des Kabinettausschusses Deutsche Einheit am 28.3.1990;
                    Bericht des BMF/BMWi zum Thema Währungsunion mit
                    Wirtschafts- und Sozialgemeinschaft

235   29.3.1990   Vorlage des Ministerialdirektors Teltschik an
                    Bundeskanzler Kohl   987
                    Lage in Litauen; Telefongespräch PM Frau Thatcher/
                    Staatspräsident Gorbatschow

236   29./30.3.1990 Kurzbericht über die zweite Sitzung der Exper-
                    tengruppe Klärung offener Vermögensfragen   989

236A   Sprachregelung zu den offenen Vermögensfragen   992

237   30.3.1990   Besprechung des Chefs des Bundeskanzleramtes
                    Seiters mit den Chefs der Staats- und Senats-
                    kanzleien der Länder in Bonn   993

238   30.3.1990   20. Deutsch-britische Konsultationen in London   996

239   30.3.1990   Schreiben des Bundesbankpräsidenten Pöhl an
                    Bundeskanzler Kohl   1002

239A   Entschließung des Zentralbankrats   1003

240   3.4.1990   Schreiben des Ministerpräsidenten Mazowiecki
                    an Bundeskanzler Kohl   1004

241   3.4.1990   Vorlage des Ministerialdirektors Teltschik an
                    Bundeskanzler Kohl   1005
                    Vorbereitung Sonder-ER Dublin, 28.4.1990; Deutsch-franzö-
                    sische Initiative

241A   Wesentliche Elemente von Schlußfolgerungen
                    der Sondertagung des Europäischen Rates am
                    28. April 1990 in Dublin zur Beschleunigung
                    des europäischen Integrationsprozesses   1006

242   4.4.1990   Schreiben des Bundeskanzlers Kohl an Minister-
                   präsident Mazowiecki   1007

243   6.4.1990   Vorlage des Vortragenden Legationsrats I
                   Bitterlich an Ministerialdirekor Teltschik   1010
                   Vorbereitung Sonder-ER Dublin, 28.4.1990; Deutsch-franzö-
                   sische Initiative

244   16.4.1990   Gespräch des Ministerialdirektors Teltschik mit
                   Ministerpräsident de Maizière und Minister
                   Reichenbach in Berlin (Ost)   1011

245   17.4.1990   Vorlage des Ministerialdirigenten Duisberg an
                   Bundeskanzler Kohl   1012
                   Regierungsbildung in der DDR; Koalitionsvereinbarung

246   17.4.1990   Vorlage des Regierungsdirektors Nehring an
                   Bundeskanzler Kohl   1015
                   DDR-Koalitionsvereinbarung vom 12.4.1990; wirtschafts-
                   und sozialpolitische Aussagen

247   17.4.1990   Vorlage des Ministerialdirigenten Busse an den
                   Chef des Bundeskanzleramtes Seiters   1016
                   Bildung eines gesamtdeutschen Parlaments; Verfassungs-
                   rechtliche Problematik der Verkürzung/Verlängerung der
                   Wahlperiode

248   19.4.1990   Vorlage des Ministerialdirigenten Duisberg an
                   Bundeskanzler Kohl   1018
                   Regierungserklärung von Ministerpräsident de Maizière am
                   19.4.1990

249   19.4.1990   Vorlage des Ministerialdirigenten Hartmann an
                   Bundeskanzler Kohl   1021
                   Regierungserklärung von MP de Maizière; Bewertung der
                   außen- und sicherheitspolitischen Aussagen

250   19.4.1990   Non-Paper der Regierung der UdSSR   1023

251   19.4.1990   Vorlage des Ministerialdirigenten Duisberg an
                   Bundeskanzler Kohl   1024
                   Vertrag über die Schaffung einer Währungsunion mit Wirt-
                   schafts- und Sozialgemeinschaft mit der DDR; Sowjetische
                   Demarche vom 19.4.1990

252   20.4.1990   Vermerk des Ministerialrats Ludewig   1025
                   Wirtschaftsbeziehungen DDR-Sowjetunion im Zusammenhang
                   mit der Währungsunion mit Wirtschafts- und Sozialgemeinschaft
                   (WWU) mit der DDR

253   23.4.1990   Gespräch des Bundeskanzlers Kohl mit
                   Botschafter Kwizinskij in Bonn   1026

254   23.4.1990   Vorlage des Ministerialdirigenten Busse an den
                   Chef des Bundeskanzleramtes Seiters   1030
                   Koalitionsgespräch am 24.4.1990; Wahltermin und gesamt-
                   deutsche Wahlen

255   24.4.1990   Schreiben des Bundeskanzlers Kohl an Präsident
                   Gorbatschow   1033

256   24.4.1990   Arbeitspapier für die Gespräche mit der DDR für
                        einen Vertrag über die Schaffung einer Währungs-
                        union, Wirtschafts- und Sozialgemeinschaft
                        zwischen der Bundesrepublik Deutschland und
                        der Deutschen Demokratischen Republik   1034

256A   Gemeinsames Protokoll über Leitsätze zum Ver-
                        trag über die Schaffung einer Währungsunion,
                        Wirtschafts- und Sozialgemeinschaft zwischen der
                        Bundesrepublik Deutschland und der Deutschen
                        Demokratischen Republik   1045

256B   Anlage I: Bestimmungen über die Währungsunion
                        und über die Währungsumstellung   1049

257   26.4.1990   55. Deutsch-französische Konsultationen in Paris 1056

258   26.4.1990   Besprechung des Chefs des Bundeskanzleramtes
                        Seiters mit den Chefs der Staats- und Senats-
                        kanzleien der Länder in Bonn   1059

259   26.4.1990   Vorlage des Ministerialdirektors Teltschik an
                        Bundeskanzler Kohl   1063
                        Entschließung des Deutschen Bundestages und der DDR-
                        Volkskammer zur polnischen Westgrenze

259A   Anlage 1: Entschließung   1065

260   30.4.1990   Gespräch des Bundesministers Seiters mit den
                        Vertretern der Drei Mächte in Bonn   1066

261   30.4.1990   Schreiben des Staatssekretärs Clement an Bundes-
                        minister Seiters   1067

262   30.4.1990   Schreiben des Staatssekretärs Clement an Bundes-
                        minister Seiters   1069

263   30.4.1990   Vorlage des Ministerialdirektors Teltschik an
                        Bundeskanzler Kohl   1069
                        Polnische Westgrenze; polnischer Vertragsentwurf

263A   Entwurf: Vertrag zwischen der Republik Polen
                        und Deutschland über die Grundlagen ihrer
                        gegenseitigen Beziehungen   1071

264   30.4.1990   Zweite Gesprächsrunde Zwei plus Vier auf
                        Beamtenebene in Berlin-Niederschönhausen   1074

265   3.5.1990   Vorlage des Ministerialdirektors Teltschik an
                        Bundeskanzler Kohl   1076
                        Fernschreiben von Präsident Bush an den Bundeskanzler vom
                        3.5.1990, insbesondere zu NATO-Gipfel

266   4.5.1990   Gespräch des Bundeskanzlers Kohl mit Außen-
                        minister Baker in Bonn   1079

267   4.5.1990   Gespräch des Bundeskanzlers Kohl mit Außen-
                        minister Schewardnadse in Bonn   1084

268   5.5.1990   Erstes Treffen der Außenminister der Zwei plus
Vier in Bonn   1090

269   7.5.1990   Besprechung der beamteten Staatssekretäre in Bonn   1094

270   8.5.1990   Vorlage des Ministerialdirektors Teltschik an
Bundeskanzler Kohl   1096
Deutsch-sowjetische Gespräche über Wirtschaftsfragen auf dem
Weg zur deutschen Einheit

271   8.5.1990   Vermerk des Beauftragten des Bundeskanzlers,
Tietmeyer, und des Ministerialrats Ludewig   1098
Koalitionsgespräch am 9.5.1990 zum Thema Währungs-, Wirt-
schafts- und Sozialunion mit der DDR; offene Fragen und Zeitplan

272   9.5.1990   Gespräch des Bundeskanzlers Kohl mit Vertretern
der Evangelischen Kirche in Deutschland in Bonn   1100

273   10.5.1990   Schreiben des Außenministers Baker an Bundeskanzler Kohl   1102

274   11.5.1990   Gespräch des Bundeskanzlers Kohl mit Ministerpräsidentin Prunskiene in Bonn   1103

275   11.5.1990   Vorlage des Vortragenden Legationsrats I
Kaestner an Bundeskanzler Kohl   1106
Westgrenze der Republik Polen; Regierungserklärung von
Bundesminister Genscher (10.5.1990)

276   13.5.1990   Vorlage des Beauftragten des Bundeskanzlers,
Tietmeyer, und des Ministerialrats Ludewig an
Bundeskanzler Kohl   1108
Morgige Tagung der CDU-Gremien sowie das Gespräch des
Bundeskanzlers mit MP de Maizière; Stand der Verhandlungen
zum Staatsvertrag und Eigentumsfragen

276A   Anlage 1: Zusammenstellung der wichtigsten
Kompromißpunkte im Staatsvertrag   1110

276B   Anlage 2: Möglichkeiten des Eigentumserwerbs an
Grundstücken in der DDR zur Förderung gewerblicher, arbeitsplatzschaffender Investitionen   1111

276C   Anlage 3: Entwurf einer gemeinsamen Erklärung
der Regierungen der Bundesrepublik Deutschland
und der Deutschen Demokratischen Republik zu
den offenen Vermögensfragen   1112

277   14.5.1990   Gespräch des Ministerialdirektors Teltschik mit
Präsident Gorbatschow in Moskau   1114

278   15.5.1990   Gespräch des Bundeskanzlers Kohl mit Außenminister Hurd in Bonn   1119

279   15.5.1990   Schreiben des Bundeskanzlers Kohl an Staatspräsident Mitterrand   1121

280   16.5.1990   Besprechung des Bundeskanzlers Kohl mit den
Regierungschefs der Länder in Bonn   1122

281   17.5.1990   Delegationsgespräch des Bundeskanzlers Kohl
                      mit Präsident Bush in Washington   1126

282   17.5.1990   Vorlage des Regierungsdirektors Lehnguth an den
                      Chef des Bundeskanzleramtes Seiters   1132
                      Gesamtdeutsche Wahlen am 2.12.1990 oder 13.1.1991;
                      Umsetzung

283   17.5.1990   Vermerk der Abteilung 4   1134
                      Abschließende Veränderungen im Staatsvertrag

284   22.5.1990   Schreiben des Bundeskanzlers Kohl an Präsident
                      Gorbatschow   1136

285   22.5.1990   Dritte Gesprächsrunde Zwei plus Vier auf
                      Beamtenebene in Bonn   1137

286   23.5.1990   Schreiben des Bundeskanzlers Kohl an Staats-
                      präsident Mitterrand   1143

287   25.5.1990   Fernschreiben des Staatssekretärs Bertele an den
                      Chef des Bundeskanzleramtes   1146
                      Prozeß 2+4 und Fragen der militärischen Präsenz der UdSSR in
                      der DDR; Gespräche mit dem Minister für Abrüstung und Ver-
                      teidigung, Eppelmann, und Staatssekretär Ablass

288   25.5.1990   Vorlage des Ministerialdirigenten Hartmann an
                      Bundeskanzler Kohl   1147
                      Polnische Westgrenze

288A   Entschließung   1149

289   28.5.1990   Besprechung der beamteten Staatssekretäre in Bonn 1150

290   28.5.1990   Aufzeichnung des Bundesministers des Innern   1151
                      Grundstrukturen eines Staatsvertrages zur Herstellung der
                      Deutschen Einheit

291   29.5.1990   Gespräch des Bundeskanzlers Kohl mit Vertretern
                      der Studiengruppen über Deutschland des
                      amerikanischen Kongresses in Bonn   1155

292   29.5.1990   Vorlage des Ministerialdirektors Teltschik an
                      Bundeskanzler Kohl   1159
                      Sowjetische Vorstellungen zur Institutionalisierung der KSZE

293   30.5.1990   Telefongespräch des Bundeskanzlers Kohl mit
                      Präsident Bush   1161

294   30.5.1990   Vorlage des Ministerialdirigenten Hartmann an
                      Bundeskanzler Kohl   1162
                      Treffen Mitterrand/Gorbatschow am 25.5.1990 in Moskau;
                      Unterrichtung durch den Elysée

295   30.5.1990   Schreiben des Staatspräsidenten Mitterrand an
                      Bundeskanzler Kohl   1164

296   30.5.1990   Vorlage des Ministerialdirektors Teltschik an
                      Bundeskanzler Kohl   1165
                      Polnische Westgrenze; DDR-Entwurf für eine „feierliche
                      Erklärung" und einen Grenzvertrag

296A   Anlage 1: Entschließung   1168

296B   Anlage 2: Entwurf Vereinbarung/Protokoll   1169

296C   Anlage zu Anlage 2: Entwurf Note   1171

297   31.5.1990   Gespräch des Bundeskanzlers Kohl mit Premierminister Lee Kuan Yew in Bonn   1172

298   31.5.1990   Schreiben des Bundeskanzlers Kohl an Ministerpräsident de Maizière   1177

299   4.6.1990   Fernschreiben des Präsidenten Bush an Bundeskanzler Kohl   1178

300   6.6.1990   Gespräch des Bundesministers Seiters mit den Botschaftern der Drei Mächte in Bonn   1180

301   6.6.1990   Gespräch des Bundesministers Schäuble und des Bundesministers Waigel mit Vertretern der SPD in Bonn   1182
Thema: Staatsvertrag mit der DDR

302   7.6.1990   Besprechung des Chefs des Bundeskanzleramtes Seiters mit den Chefs der Staats- und Senatskanzleien der Länder in Bonn   1184

303   7.6.1990   Schreiben des Präsidenten Bush an Bundeskanzler Kohl   1189

304   7.6.1990   Schreiben des Bundesministers Haussmann an Bundesminister Seiters   1190

305   8.6.1990   Gespräch des Bundeskanzlers Kohl mit Präsident Bush in Washington   1191

306   9.6.1990   Schreiben des Präsidenten Gorbatschow an Bundeskanzler Kohl   1199

307   11.6.1990   Gespräch des Ministerialdirektors Teltschik mit Botschafter Terechow in Bonn   1200

308   11.6.1990   Vorlage des Regierungsdirektors Vogel an Ministerialdirektor Wagner   1201
Entwurf gemeinsamer Erklärung zu offenen Vermögensfragen; Expertensitzung im BMJ am 11.6.1990

308A   Anlage 2: Entwurf einer gemeinsamen Erklärung der Regierungen der Bundesrepublik Deutschland und der Deutschen Demokratischen Republik zur Regelung von Vermögensfragen   1203

308B   Anlage 3: Gesprächskonzeption zum Thema Offene Vermögensfragen   1204

309   12.6.1990   Schreiben des Bundeskanzlers Kohl an Präsident Gorbatschow   1207

310   12.6.1990   Vorlage des Regierungsdirektors Lehnguth an den Chef des Bundeskanzleramtes Seiters   1208
Überlegungen für Verfassungsänderungen im Zusammenhang mit dem Beitritt der DDR; Gespräch zwischen BMI, BMJ, BMF und Bundeskanzleramt am 11.6.1990

311   12.6.1990   Vorlage des Majors i.G. Domröse an Ministerial-
                    direktor Teltschik   1210
                    Amerikanisch-sowjetischer Gipfel; 9-Punkte-Konzept des
                    US-Außenministeriums vom 2.6.1990

312   13.6.1990   Botschaft des Bundeskanzlers Kohl an die Staats-
                    und Regierungschefs der Mitgliedstaaten der
                    Europäischen Gemeinschaften und der G-7-Staaten   1211

313   13.6.1990   Schreiben des Präsidenten Bush an Bundeskanzler
                    Kohl   1212

314   13.6.1990   Aufzeichnung der Arbeitsgruppe Kabinett-
                    ausschuß Deutsche Einheit für Bundesminister
                    Schäuble   1214
                    Staatsvertrag/Überleitungsvertragsgesetzgebung im Zusammen-
                    hang mit einem Beitritt der DDR gemäß Artikel 23 GG

314A   Anlage 2: Wesentliche Mängel der gegenwärtigen
                    bzw. in der DDR vorgesehenen Ländergliederung   1217

314B   Anlage 4: Einheit Deutschlands – Beitritt der
                    DDR nach Artikel 23 Grundgesetz für die
                    Bundesrepublik Deutschland   1220

314C   Anlage 5: Standpunkt zum Material des Bundes-
                    ministers des Innern der Bundesrepublik
                    Deutschland   1222
                    Grundstrukturen eines Staatsvertrages zur Herstellung der
                    Deutschen Einheit

315   14.6.1990   Schreiben des Präsidenten Gorbatschow an
                    Bundeskanzler Kohl   1224

316   15.6.1990   Schreiben des Präsidenten Gorbatschow an
                    Bundeskanzler Kohl   1226

317   15.6.1990   Schreiben des Ministers Clement an Bundes-
                    minister Seiters   1226

318   18.6.1990   Vorlage des Vortragenden Legationsrats
                    Westdickenberg an Ministerialdirektor Teltschik   1227
                    Entwurf des Internationalen Stabes der NATO für Gipfel-
                    erklärung London

319   18.6.1990   Gespräch des Ministerialdirektors Teltschik mit
                    Botschafter von Ploetz und Vertretern des Aus-
                    wärtigen Amtes in Bonn   1229
                    NATO-Gipfelerklärung

320   19.6.1990   Vorlage des Ministerialdirektors Teltschik an
                    Bundeskanzler Kohl   1232
                    Finanzierungsfragen der Westgruppe der sowjetischen Streit-
                    kräfte in der DDR, 3. Konsultationsrunde Staatssekretär
                    Lautenschlager/stv. Außenminister Obminskij in Bonn

321   21.6.1990   Fernschreiben des Präsidenten Bush an Bundes-
                    kanzler Kohl   1234

321A   Entwurf: Gipfelerklärung   1237

322 21.6.1990 Tischgespräch des Bundeskanzlers Kohl mit
                Ministerpräsident Antall in Bonn   1241

323 22.6.1990 Gespräch des Bundeskanzlers Kohl mit dem
                stellvertretenden Ministerpräsidenten und
                Finanzminister Balcerowicz in Bonn   1244

324 22.6.1990 Gespräche des Bundeskanzlers Kohl mit
                Staatspräsident Mitterrand in Assmannshausen
                und auf dem Rhein   1247
                Überblick über die wesentlichen Themen und Ergebnisse

325 22.6.1990 Zweites Treffen der Außenminister der Zwei plus
                Vier in Berlin-Niederschönhausen   1249

325A   Anlage 1: Prinzipien für die Diskussion unter
                Tagesordnungspunkt 1   1251

325B   Anlage 2: Eine vorläufige Gliederung für
                Elemente einer abschließenden Regelung   1252

325C   Anlage 3: Grundprinzipien für eine abschließende
                völkerrechtliche Regelung mit Deutschland   1252

326 25.6.1990 Vorlage des Oberstleutnants i.G. Ludwigs und des
                Vortragenden Legationsrats Westdickenberg an
                Ministerialdirektor Teltschik   1256
                Bewertung und Ergänzung des amerikanischen Entwurfs einer
                NATO-Gipfelerklärung (Bush-Brief)

327 26.6.1990 Vorlage des Ministerialdirektors Teltschik an
                Bundeskanzler Kohl   1262
                Außenminister-Treffen im Rahmen der 2+4-Gespräche am
                22. Juni in Berlin (Ost); Sowjetischer Entwurf betreffend Grund-
                prinzipien für eine abschließende völkerrechtliche Regelung mit
                Deutschland

328 ohne Datum Rundschreiben des Bundesministers Schäuble an
                die ständigen Mitglieder des Kabinettausschusses
                Deutsche Einheit   1265
                Sitzung des Kabinettausschusses „Deutsche Einheit" am 4.7.1990

328A   Anlage 1: Diskussionspapier des Bundesministers
                des Innern mit Elementen einer zur Herstellung
                der deutschen Einheit zu treffenden Regelung   1267

328B   Anlage 2: Kriterien für die Überleitung von
                Bundesrecht in die DDR im Zusammenhang mit
                einem Beitritt gemäß Artikel 23 Satz 2 Grund-
                gesetz   1274

328C   Anlage 3: Möglicher Ablaufplan   1275

329 27.6.1990 Vorlage des Ministerialdirektors Teltschik an
                Bundeskanzler Kohl   1275
                Finanzierungsfragen der Westgruppe der sowjetischen
                Streitkräfte in der DDR; Verhandlungen Staatssekretär
                Lautenschlager/stv. AM Obminskij und stv. MP Sitarjan
                am 25.6.1990 in Moskau

330   28.6.1990   Schreiben des Ministerialdirektors Teltschik an
                    Sicherheitsberater Scowcroft   1276

330A   Entwurf: NATO-Gipfelerklärung   1276

331   28.6.1990   Vorlage des Ministerialdirektors Teltschik an
                    Bundeskanzler Kohl   1281
                    DDR-Haltung zu den äußeren Aspekten der deutschen Einheit;
                    Rede von AM Meckel auf der AM-Konferenz im 2+4-Rahmen in
                    Berlin (Ost) am 22.6.1990

332   28.6.1990   Vorlage des Ministerialdirektors Teltschik an
                    Bundeskanzler Kohl   1282
                    Polnische Reaktion auf die Entschließung des Deutschen
                    Bundestages vom 21.6.1990

333   30.6.1990   Note der Regierung der DDR an die Bundes-
                    regierung   1283

334   30.6.1990   Schreiben des Ministers Clement an Bundes-
                    minister Seiters   1284

335   30.6.1990   Schreiben des Sicherheitsberaters Scowcroft an
                    Ministerialdirektor Teltschik   1285

336   3.7.1990   Schreiben des Ministerialdirigenten Hessing an
                    Bundesminister Seiters   1286
                    Ministerpräsidentenkonferenz am 22.6.1990 in Bonn;
                    Deutschlandpolitik

337   3.7.1990   Punktation des Ministerialrats Ludewig, des
                    Referatsleiters Westerhoff und des Regierungs-
                    direktors Stark   1287
                    Umsetzung des Staatsvertrages zur Schaffung einer Währungs-,
                    Wirtschafts- und Sozialunion mit der DDR

338   3.7.1990   Vermerk der Abteilung 3   1290
                    Stand der Überlegungen zu Staatsvertrag und Überleitung des
                    Grundgesetzes im Zusammenhang mit dem Beitritt der DDR

339   3./4.7.1990 Sechste Gesprächsrunde Zwei plus Vier auf
                    Beamtenebene unter Beteiligung Polens in
                    Berlin-Niederschönhausen   1293

339A   Anlage 1: Liste   1295

340   4.7.1990   Vorlage des Ministerialdirektors Teltschik an
                    Bundeskanzler Kohl   1297
                    Innere Lage in der Sowjetunion nach Beginn des 28. KPdSU-
                    Parteitages

341   5.7.1990   Besprechung des Chefs des Bundeskanzleramtes
                    Seiters mit den Chefs der Staats- und Senatskanz-
                    leien der Länder in Bonn   1299

342   5.7.1990   Schreiben des Ministerpräsidenten Rau an
                    Bundeskanzler Kohl   1304

342A   Eckpunkte der Länder für die bundesstaatliche
                    Ordnung im vereinten Deutschland   1305

343   5.7.1990   Schreiben des Ministerpräsidenten Wallmann an
                          Bundesminister Seiters   1308

344   5./6.7.1990   Gesprächsunterlagen des Bundeskanzlers Kohl für
                          das Gipfeltreffen der Staats- und Regierungschefs
                          der Mitgliedstaaten der NATO in London   1309

344A   Vorbemerkung   1309

344B   Wirtschaftlich-finanzielle Hilfsmaßnahmen für
                          die Sowjetunion   1313

344C   Entwicklung in Mittel- und Osteuropa, westliche
                          Hilfsmaßnahmen   1314

344D   KSZE   1317

344E   Gemeinsame Erklärung der Mitgliedstaaten von
                          NATO und Warschauer Pakt   1318

344F   2+4-Gespräche   1319

344G   Fortgang des deutschen Einigungsprozesses   1320

344H   Rüstungskontrolle und Abrüstung   1320

344I   NATO-Militärstrategie   1322

345   6.7.1990   Erste Verhandlungsrunde über den Vertrag zur
                          Herstellung der Einheit Deutschlands (Einigungs-
                          vertrag) in Berlin   1324

345A   Abgestimmter Katalog der Verhandlungsthemen
                          zum Vertrag über die Herstellung der Einheit
                          Deutschlands (Einigungsvertrag)   1328

346   10.7.1990   Schreiben des Präsidenten des Bundesverfassungs-
                          gerichts Herzog an Bundeskanzler Kohl   1331

347   11.7.1990   Gespräch des Bundesministers Seiters mit den
                          Botschaftern der Drei Mächte in Bonn   1332

348   12.7.1990   Schreiben des Staatssekretärs Menz an Bundes-
                          minister Seiters und Bundesminister Schäuble   1334

348A   Stellungnahme der Landesregierung von Baden-
                          Württemberg zu Eckpunkten des Zweiten Staats-
                          vertrags mit der DDR   1335

349   13.7.1990   Schreiben des Bundeskanzlers Kohl an Minister-
                          präsident Mazowiecki   1339

350   15.7.1990   Gespräch des Bundeskanzlers Kohl mit Präsident
                          Gorbatschow in Moskau   1340

351   15.7.1990   Überlegungen zum Inhalt eines Vertrages über
                          Partnerschaft und Zusammenarbeit zwischen der
                          Union der Sozialistischen Sowjetrepubliken und
                          Deutschland   1348

352   15.7.1990   Delegationsgespräch des Bundeskanzlers Kohl
                          mit Präsident Gorbatschow in Moskau   1352

353	16.7.1990	Gespräch des Bundeskanzlers Kohl mit Präsident Gorbatschow im erweiterten Kreis in Archys/ Bezirk Stawropol	1355
354	17.7.1990	Drittes Treffen der Außenminister der Zwei plus Vier unter zeitweiliger Beteiligung Polens in Paris	1367
354A		Anlage 1: Pariser Text zu den Grenzfragen	1369
354B		Anlage 2: Protokoll des französischen Vorsitzenden	1369
355	17.7.1990	Telefongespräch des Bundeskanzlers Kohl mit Präsident Bush	1371
356	17.7.1990	Schreiben des Bundeskanzlers Kohl an Staatspräsident Mitterrand	1374
357	17.7.1990	Schreiben der Premierministerin Thatcher an Bundeskanzler Kohl	1377
358	17.7.1990	Schreiben des Ministerpräsidenten Streibl an Bundeskanzler Kohl	1377
358A		Vorschlag zur Neuverteilung der Stimmen	1378
359	18.7.1990	Sitzung von Vertretern des Bundes, der Deutschen Demokratischen Republik und der Länder in Bonn	1379
359A		Anlage 2a: Vorschlag des Bundes Präambel	1388
359B		Anlage 3: Vorschlag Nordrhein-Westfalens Präambel	1389
359C		Anlage 4: Vorschlag des Bundesministers des Innern Artikel 29 Grundgesetz	1389
359D		Anlage 5: Beschluß des Abgeordnetenhauses von Berlin Vereinfachtes Verfahren für eine Neugliederung der Länder Brandenburg und Berlin	1390
359E		Anlage 6: Redigierter Vorschlag des Bundes Artikel 29 Grundgesetz	1391
359F		Anlage 6: Alternative des Bundesministers der Justiz Artikel 29 Grundgesetz	1392
359G		Anlage 7: Vorschlag der Länder Föderative Elemente im Einigungsvertrag, Formulierungsvorschläge zur Umsetzung der Eckpunkte der Länder	1392
359H		Anlage 8: Vorschlag des Bundesministers des Innern Zusätzlicher Artikel des Grundgesetzes	1394
359I		Anlage 9: Vorschlag Nordrhein-Westfalens Ergänzung Artikel 26 Grundgesetz	1394
359J		Anlage 10: Vorschlag Nordrhein-Westfalens Einfügung Artikel 146a Grundgesetz	1395

359K Anlage 11: Vorschlag Nordrhein-Westfalens 1395
Staatszielbestimmungen Umweltschutz, Arbeit, Wohnen, soziale
Sicherheit, Gesundheit, Bildung und Kultur

359L Anlage 12: Vorschlag des Bundesministers des Innern 1396
Präambel Einigungsvertrag

359M Anlage 13: Vorschlag der DDR 1397
Entwurf Präambel

359N Anlage 14: Vorschlag des Bundesministers des Innern 1397
Überlegungen zur Struktur des Einigungsvertrages

360 18.7.1990 Schreiben des Ministerpräsidenten Ryschkow an
Bundeskanzler Kohl 1400

361 19.7.1990 Schreiben des Bundeskanzlers Kohl an
Präsident Bush 1401

362 20.7.1990 Schreiben des Bundeskanzlers Kohl an Präsident
Delors 1402

363 20.7.1990 Schreiben des Bundeskanzlers Kohl an Vizepräsident Bangemann 1403

364 20.7.1990 Schreiben des Bundeskanzlers Kohl an Bundesminister Blüm 1403

365 20.7.1990 Schreiben des Präsidenten Bush an Bundeskanzler
Kohl 1404

366 23.7.1990 Vorlage des Ministerialdirigenten Hartmann an
Bundeskanzler Kohl 1405
Implementierung des Wirtschaftsgipfels in Houston; Brief von
Präsident Bush an den Bundeskanzler vom 20.7.1990; Brief von
Präsident Bush an Präsident Gorbatschow

367 23.7.1990 Vermerk des Regierungsdirektors Lehnguth für
die Sitzung des Kabinettausschusses Deutsche
Einheit am 24. Juli 1990 1406
Vertrag über die Herstellung der Einheit Deutschlands
(Einigungsvertrag)

368 24.7.1990 Schreiben der Premierministerin Thatcher an
Bundeskanzler Kohl 1410

369 25.7.1990 Besprechung des Bundesministers Schäuble mit
den Chefs der Staats- und Senatskanzleien der
Länder in Bonn 1412

369A Vorschlag der Regierung des Saarlandes 1417

370 25.7.1990 Botschaft der Premierministerin Thatcher an
Bundeskanzler Kohl 1418

371 25.7.1990 Schreiben des Ministerpräsidenten Mazowiecki an
Bundeskanzler Kohl 1418

372 26.7.1990 Schreiben des Staatssekretärs Schlecht an Bundesminister Seiters 1421

| 373 | 30.7.1990 | Vorlage des Regierungsdirektors Nehring an Bundeskanzler Kohl | 1423 |

Zur Wirtschaftslage in der DDR

| 374 | 30.7.1990 | Aufzeichnung des Arbeitsstabes Deutsche Einheit im Bundesministerium des Innern | 1425 |

Zusammenstellung der Textvorschläge aus den Ressortverhandlungen für den Einigungsvertrag

| 374A | | Erklärung zu Protokoll | 1444 |

| 374B | | Anlage 1: Neufassung der Präambel des Grundgesetzes | 1444 |

| 375 | 31.7.1990 | Vorlage des Ministerialdirigenten Stern an den Chef des Bundeskanzleramtes Seiters | 1446 |

Deutsche Einheit

| 376 | 1.8.1990 | Schreiben des Präsidenten Delors an Bundeskanzler Kohl | 1448 |

| 377 | 1.-3.8.1990 | Zweite Verhandlungsrunde über den Vertrag zur Herstellung der deutschen Einheit (Einigungsvertrag) in Berlin (Ost) | 1449 |

| 378 | 3.8.1990 | Vorlage des Ministerialdirigenten Hartmann an Bundeskanzler Kohl | 1454 |

Außenpolitischer Regelungsbedarf im Hinblick auf die neue deutschlandpolitische Lage (mögliche gesamtdeutsche Wahlen und Beitritt im Oktober)

| 379 | 9.8.1990 | Tischvorlage des Bundesministers Schäuble für die Sitzung des Bundeskabinetts | 1456 |

Wahltag für die Wahl des 12. Deutschen Bundestages

| 380 | 9.8.1990 | Rundschreiben des Staatssekretärs Schlecht an die Mitglieder des Kabinettausschusses Deutsche Einheit | 1458 |

| 380A | | Zur wirtschaftlichen Situation in der DDR | 1458 |

| 381 | 15.8.1990 | Gespräch des Ministerialdirektors Teltschik mit Ministerialdirektor Kastrup in Bonn | 1462 |

| 382 | 16.8.1990 | Schreiben des Bundesministers Seiters an Bundesminister Schäuble | 1463 |

| 382A | | Beschluß der Unabhängigen Kommission vom 1. August 1990 | 1464 |

Fusion gemäß § 13a Parteiengesetz

| 383 | 17.8.1990 | Vorlage des Ministerialdirigenten Busse an den Chef des Bundeskanzleramtes Seiters | 1464 |

3. Verhandlungsrunde zum Einigungsvertrag

| 384 | 17.8.1990 | Vermerk des Regierungsdirektors Lehnguth | 1466 |

Entwurf des Einigungsvertrages

| 385 | 17.8.1990 | Vorlage des Regierungsdirektors Lehnguth an den Chef des Bundeskanzleramtes Seiters | 1471 |

Einigungsvertrag

386　17.8.1990　Vermerk des Ministerialrats Hegerfeldt　1472
Regelung des Schwangerschaftsabbruchs nach Beitritt der DDR

387　20.8.1990　Besprechung des Chefs des Bundeskanzleramtes
Seiters mit den Chefs der Staats- und Senatskanzleien der Länder in Bonn　1473

387A　　　Anlage 1: Formulierungsvorschlag des Bundes für
Artikel 13a und 13b Einigungsvertrag　1476

387B　　　Anlage 2: Abgestimmte Fassung der Artikel 13a
und 13b Einigungsvertrag　1477

387C　　　Anlage 3: Erklärung der Regierungschefs der
SPD-geführten Länder vom 19. August 1990　1478

388　20.8.1990　Telefongespräch des Bundeskanzlers Kohl mit
Präsident Delors　1479

389　20.8.1990　Vorlage des Ministerialdirektors Kabel an den
Chef des Bundeskanzleramtes Seiters　1481

389A　　　Schreiben der amtierenden Bundestagspräsidentin
Renger an Bundesminister Schäuble　1482

389B　　　Schreiben der Volkskammerpräsidentin
Bergmann-Pohl an den Parlamentarischen
Staatssekretär Krause　1483

389C　　　Vorlage an die amtierende Bundestagspräsidentin
Renger　1484
Beratung des Wahlrechtsvertrages mit der DDR im Deutschen
Bundestag

390　22.8.1990　Telefongespräch des Bundeskanzlers Kohl mit
Präsident Bush　1484

391　22.8.1990　Schreiben des Bundeskanzlers Kohl an Premierministerin Thatcher　1486

392　22.8.1990　Schreiben des Bundeskanzlers Kohl an Ministerpräsident Ryschkow　1488

393　22.8.1990　Vorlage des Ministerialdirigenten Busse und des
Ministerialdirigenten Stern an den Chef des
Bundeskanzleramtes Seiters　1488
3. Verhandlungsrunde zum Einigungsvertrag

394　23.8.1990　Vorlage des Ministerialdirigenten Busse und des
Ministerialdirigenten Stern an den Chef des
Bundeskanzleramtes Seiters　1490
Einigungsvertrag; Internes Gespräch mit den Vertretern der
Bundesländer

395　24.8.1990　Gespräch des Bundesministers Genscher mit dem
Ministerpräsidenten de Maizière in Berlin (Ost)　1492

396　24.8.1990　Vorlage des Kapitäns zur See Lange an Ministerialdirektor Teltschik　1494
Reduzierung der Streitkräfte Deutschlands

396A		Anlage 1: Erklärung der Bundesregierung über die Reduzierung der Streitkräfte Deutschlands	1496
396B		Anlage 5: Neuformulierung der Erklärung der Bundesregierung über die Reduzierung der Streitkräfte Deutschlands	1496
397	25. 8. 1990	Schreiben der Volkskammerpräsidentin Bergmann-Pohl an Bundeskanzler Kohl	1497
397A		Beschluß der Volkskammer der Deutschen Demokratischen Republik über den Beitritt der Deutschen Demokratischen Republik zum Geltungsbereich des Grundgesetzes für die Bundesrepublik Deutschland vom 23. August 1990	1498
398	27. 8. 1990	Vorlage des Ministerialdirektors Teltschik an Bundeskanzler Kohl Verhandlungen mit der SU über den Aufenthalts-/Abzugsvertrag; Sachstand	1498
399	27. 8. 1990	Vorlage des Vortragenden Legationsrats I Kaestner an Ministerialdirektor Teltschik Verhandlungen der Bundesminister Waigel und Haussmann in Moskau (24./25. 8. 1990)	1500
400	28. 8. 1990	Schreiben des Bundeskanzlers Kohl an Ministerpräsident de Maizière	1502
401	28. 8. 1990	Gespräch des Bundesministers Waigel mit den Finanzministern der Länder Gespräch des Bundesministers der Finanzen mit den Länderfinanzministern am 28. 8. 1990 über Finanzfragen des Einigungsvertrages	1503
401A		Beschluß der Finanzministerkonferenz der Länder Finanzfragen (Bund/Länder) im Zusammenhang mit dem Einigungsvertrag	1504
402	28. 8. 1990	Gespräch des Ministerialdirektors Teltschik mit dem stellvertretenden Außenminister Kwizinskij in Bonn	1505
403	29. 8. 1990	Besprechung des Bundeskanzlers Kohl mit den Regierungschefs der Länder in Bonn	1508
404	29. 8. 1990	Schreiben des Bundespräsidenten a.D. Carstens an Bundeskanzler Kohl	1511
405	29. 8. 1990	Vorlage des Ministerialrats Zilch an den Chef des Bundeskanzleramtes Seiters Regelung offener Vermögensfragen mit der DDR; Gesetzentwurf der DDR	1512
406	30. 8. 1990	Telefongespräch des Bundeskanzlers Kohl mit Präsident Bush	1514
407	30. 8. 1990	Schreiben des Ministerialdirektors Teltschik an Staatssekretär Sudhoff	1515

408   3.9.1990   Note der Regierung der DDR an die Bundes-
                     regierung   1515

409   3.9.1990   Vorlage des Ministerialrats Zilch an den Chef des
                     Bundeskanzleramtes Seiters   1516
                     Regelung offener Vermögensfragen mit der DDR

410   3.9.1990   Vorlage des Vortragenden Legationsrats
                     Westdickenberg an Ministerialdirektor Teltschik   1518
                     Deutsch-sowjetische Verhandlungen über den Abzugsvertrag;
                     Ergebnis Zweite Runde am 31.8.1990/1.9.1990 in Moskau

411   5.9.1990   Vorlage des Ministerialrats Ludewig an Bundes-
                     kanzler Kohl   1521
                     Überlegungen zur Beteiligung breiter Bevölkerungsschichten in
                     der DDR am ehemals „volkseigenen Vermögen"

412   6.9.1990   Schreiben des Bundeskanzlers Kohl an Minister-
                     präsident Mazowiecki   1523

413   6.9.1990   Schreiben des Bundesministers Waigel an
                     Bundeskanzler Kohl   1524
                     Deutsch-sowjetischer Vertrag über einige überleitende
                     Maßnahmen

414   6.9.1990   Notiz des Referatsleiters Westerhoff für den Chef
                     des Bundeskanzleramtes Seiters   1526
                     Überleitungsabkommen mit der UdSSR; Ergebnis der gestrigen
                     Sitzung im Bundeskanzleramt

415   7.9.1990   Telefongespräch des Bundeskanzlers Kohl mit
                     Präsident Gorbatschow   1527

416   7.9.1990   Vorlage des Vortragenden Legationsrats I
                     Kaestner an Ministerialdirektor Teltschik   1531
                     Stand der 2+4-Gespräche in Berlin

417   8.9.1990   Vorlage des Ministerialdirektors Teltschik an
                     Bundeskanzler Kohl   1532
                     Verhandlungen mit der SU über den Aufenthalts-/Abzugs-
                     vertrag; Verhandlungsstand nach der 3. Verhandlungsrunde

418   9.9.1990   Schreiben des Staatssekretärs Köhler an
                     Bundeskanzler Kohl   1534

418A   Argumentation für Überleitungsvertrag   1534

418B   Finanztableau   1536

419   10.9.1990   Besprechung des Chefs des Bundeskanzleramtes
                     Seiters mit den Chefs der Staats- und Senats-
                     kanzleien der Länder in Bonn   1537

420   10.9.1990   Vorlage des Vortragenden Legationsrats I
                     Kaestner an Ministerialdirektor Teltschik   1538
                     2+4-Verhandlungen; Problem „crossing the line"

421   13.9.1990   Gespräch des Chefs des Bundeskanzleramtes
                     Seiters mit den Vertretern der Drei Mächte in
                     Bonn   1539

422   15. 9. 1990   Gespräch des Ministerialdirektors Teltschik mit
                      Botschafter Terechow in Bonn   1541
                      Kreditanfrage der Sowjetunion über den sowjetischen
                      Botschafter

423   15. 9. 1990   Gespräch des Bundeskanzlers Kohl mit Außen-
                      minister Baker in Ludwigshafen   1542

424   17./18. 9. 1990   56. Deutsch-französische Konsultationen in
                          München   1544

425   20. 9. 1990   Vorlage des Vortragenden Legationsrats
                      Westdickenberg an Ministerialdirektor Teltschik   1546
                      Verhandlungen mit der SU über den Aufenthalts-/Abzugs-
                      vertrag; sich abzeichnendes Endergebnis

426   25. 9. 1990   Schreiben des Bundeskanzlers Kohl an Minister-
                      präsident Antall   1549

427   25. 9. 1990   Vorlage des Ministerialdirektors Teltschik an
                      Bundeskanzler Kohl   1549
                      Überleitungsabkommen mit der UdSSR; zinsloser, ungebundener
                      Kredit in Höhe von 3 Mrd. DM für 5 Jahre an die Sowjetunion

428   26. 9. 1990   Schreiben des Präsidenten Gorbatschow an
                      Bundeskanzler Kohl   1550

429   28. 9. 1990   Gespräch des Bundeskanzlers Kohl mit Präsident
                      Delors in Bonn   1552

430   1. 10. 1990   Vorlage des Ministerialdirigenten Duisberg an
                      Bundeskanzler Kohl   1553
                      Inkraftsetzung des Einigungsvertrages mit der DDR

430A   Note der Regierung der DDR an die Bundes-
                      regierung vom 29. September 1990   1553

Dokumente

Dokumente

Nr. 1
Gespräch des Bundeskanzlers Kohl mit Präsident Bush
in erweitertem Kreise
Bonn, 30. Mai 1989

BK, 212 – 30105 A 5 Am 7, Präsident Bush, 30./31.5.1989, Hauptvorgang Bd. 2. – Vermerk des VLR I Kaestner, 5. Juni 1989. – Mit Vorlage des MD Teltschik über Chef BK an den Bundeskanzler: „Hiermit lege ich einen Vermerk über das o.a. Gespräch mit der Bitte um – Genehmigung – vor. Zugleich erbitte ich Ihre – Zustimmung –, daß das Auswärtige Amt und das Bundesministerium der Verteidigung – jeweils zu Händen der Herren Staatssekretäre – Doppel dieses Vermerks erhalten." Abgezeichnet: „i.O. K[ohl]". – Gesprächsdauer: 17.30 bis 18.30 Uhr.

Teilnehmer auf amerikanischer Seite:
– Außenminister James A. Baker III.
– Botschafter Vernon A. Walters
– Stabschef John H. Sununu
– Nationaler Sicherheitsberater Brent Scowcroft
– Pressesprecher Max M. Fitzwater
– Referent des Präsidenten, Robert Blackwill (Note taker)

Teilnehmer auf deutscher Seite:
– Bundesminister Genscher
– Botschafter Ruhfus
– MD Teltschik
– MD Dr. Kastrup
– MDg Dr. Neuer
– VLR I Dr. Kaestner (Note taker)

Der Bundeskanzler begrüßt den Präsidenten aufs herzlichste zu seinem ersten Besuch in unserem Land im neuen Amt.[1] Dies sei ein guter und – wenn er an die Ergebnisse denke, die man heute morgen in Brüssel gemeinsam erarbeitet und verabschiedet habe[2] – ein besonders guter Tag und ein Markstein in den deutsch-amerikanischen Beziehungen. Die deutsch-amerikanischen Beziehungen seien für uns existentiell – dies werde er auch heute in seiner Tischrede[3] verdeutlichen. Vor einigen Tagen habe man des 40. Jahrestages der Bundesrepublik Deutschland gedacht.[4] Ohne Unterstützung und Beistand der USA wäre die Bundesrepublik Deutschland nicht möglich gewesen, vor allem sei die amerikanische Unterstützung in der Frühgeschichte unseres Staatswesens von kaum zu überschätzender Bedeutung: Der Marshall-Plan habe nicht nur eine materielle Hilfe gebracht, so wichtig diese als Initialzündung sei, sondern darüber hinaus moralische Hilfe bedeutet, die im Leben des einzelnen und der Völker eine mindestens genauso wichtige, womöglich noch wichtigere Rolle spiele.
Der Rhein, dessen schönstes Stück morgen auf dem Programm stehen werde (dies führt der Bundeskanzler näher aus), durchquere eine Region, aus der viele deutsche Auswanderer in

---

1 Präsident Bush stattete nach Teilnahme an der Gipfelkonferenz der NATO in Brüssel der Bundesrepublik Deutschland am 30./31. Mai 1989 einen Besuch ab.
2 Gesamtkonzept für Rüstungskontrolle und Abrüstung, verabschiedet auf dem 9. Gipfeltreffen des Nordatlantikpakts am 29./30. Mai 1989 in Brüssel, in: Bulletin. Nr. 53. 31. Mai 1989, 469–476; NATO-Brief. Hg. vom NATO Information Service. Brüssel. Nr. 3/1989 – Mai/Juni, 24–29.
3 Ansprache des Bundeskanzlers Kohl bei dem Abendessen zu Ehren von Präsident Bush in der Redoute in Bonn-Bad Godesberg, 30. Mai 1989, in: Bulletin. Nr. 54. 2. Juni 1989, 477–480.
4 Mit einem Staatsakt war in Bonn der 40. Jahrestag des Inkrafttretens des Grundgesetzes am 24. Mai 1949 – einen Tag nach der Verkündung durch den Parlamentarischen Rat – gefeiert worden (ebd. Nr. 51. 25. Mai 1989, 445–456).

die Vereinigten Staaten gekommen seien. William Penn habe hier Siedler für Pennsylvanien geworben, und auch der Schöpfer des Symbols der Republikanischen Partei, des Elefanten, stamme aus dieser Gegend.

Er wiederhole, was er bereits in Brüssel gesagt habe:[5] Die Bürger unseres Landes wüßten, daß es ohne Partnerschaft und Freundschaft mit den USA und ohne die NATO keine Sicherheit für uns gebe. Dafür seien wir auch zu Opfern bereit (Hinweis auf Bundeswehr als Wehrpflichtigenarmee).

Besonders – so der Bundeskanzler weiter – sei ihm daran gelegen, die deutsch-amerikanischen Beziehungen auch in der jungen Generation auf beiden Seiten des Atlantiks zu verankern. Deshalb habe er mit Präsident Reagan eine Initiative ergriffen (Jugendrat), deshalb habe er im vergangenen Sommer ein Gespräch mit den Präsidenten der wichtigsten amerikanischen Universitäten geführt. Er biete nunmehr an, dieses Werk gemeinsam mit Präsident Bush fortzusetzen. Es gelte, viele junge Bäume zu pflanzen, damit daraus ein neuer Wald deutsch-amerikanischer Beziehungen entstehe.

In unserem Verhältnis gebe es einen weiteren Schatz, der zu wenig gepflegt werde: Die vielen Millionen amerikanische Soldaten und ihre Familien, die im Lauf der vergangenen 40 Jahre in Deutschland – gemeinsam mit den Soldaten unserer Bundeswehr – die gemeinsame Sicherheit gewährleistet, die gemeinsame Freiheit verteidigt hätten. Wir wüßten dies sehr zu würdigen.

Im Zusammenhang mit der Frage der Streitkräfte sei es seine Bitte, nicht nur auf militärischer, sondern auch auf politischer Ebene über gewisse Belastungen zu sprechen, die sich aus der Tatsache ergäben, daß auf unserem relativ kleinen Territorium rd. 900 000 Soldaten stationiert seien und übten (vgl. Länge Long Island = Breite der Bundesrepublik Deutschland). Hierfür gelte es, vernünftige Lösungen zu finden.

Des weiteren seien wir bereit, in den nächsten Monaten zum Thema burden-sharing Verhandlungen aufzunehmen. Er sage immer wieder auch öffentlich, daß es nicht angehe, den Amerikanern die Lasten der Verteidigung allein zu überlassen. Auch im Blick auf die amerikanische innenpolitische Situation (Kongreß) sei es nur von Nutzen, wenn beide Seiten ohne Druck in enger Abstimmung zu vernünftigen Vereinbarungen gelangten, die der Präsident auch öffentlich anführen könne. Sein – des Bundeskanzlers – Ziel sei es, diese Verhandlungen noch in diesem Jahr zum Abschluß zu bringen.

Zur Europäischen Gemeinschaft könne er – der Bundeskanzler – ohne Überschätzung sagen: Wir seien ihr eigentlicher Motor, wir zahlten sehr viel dafür, wir zögen auch den größten Nutzen daraus. Über 50% unserer Güterproduktion werde in die EG-Länder exportiert. Im Blick auf den Binnenmarkt 1992 stehe man jetzt vor schwierigen Entscheidungen. Unsere Politik sei klar: Es dürfe auf keinen Fall eine Festung, eine Abschnürung nach außen herauskommen – darin sei die Mehrheit der EG-Mitglieder mit uns einig. Vor einigen Monaten habe es Auseinandersetzungen zwischen EG und USA und Schlagzeilen über „Handelskrieg" gegeben. Dies alles sei völlig abwegig. Wenn wir uns des gemeinsamen existentiellen Verbundes bewußt seien, müsse man vernünftige Mittel und Wege finden, um auch im Bereich des Wirtschaftsaustauschs Offenheit zu gewährleisten. Die Entscheidung Ludwig Erhards für die Soziale Marktwirtschaft sei auch die Entscheidung für einen offenen Markt gewesen.

Der Präsident dankt, zugleich namens seiner Delegation, für die Gastfreundschaft.

Mit dem Ergebnis des NATO-Gipfels Brüssel sei auch er sehr zufrieden. Aus USA, aus Kongreß und Medien, lägen erste positive Kommentare vor. Er wolle dem Bundeskanzler

---

5 Erklärung des Bundeskanzlers Kohl auf dem Gipfeltreffen der Staats- und Regierungschefs der NATO in Brüssel, 29. Mai 1989, in: Pressemitteilung Nr. 255/89. 29. Mai 1989, 5 S., hier 4; BPA/PA, F 1/25.

nicht verhehlen, daß es im Kongreß Gefühle und Stimmen des Inhalts gebe, daß nunmehr, nach 40 Jahren, jemand anderes die Hauptlast der Verteidigung Europas übernehmen solle – er betone: Dies sei nicht Meinung seiner Administration, auch die Kongreßführung erkenne die Bedeutung der NATO und wisse, daß ihre Stärke im besten Interesse der USA liege. Gerade vor dem Hintergrund der Haushaltsdefizite sähen jedoch gewisse Leute sich nach Kürzungsmöglichkeiten um, auch was die NATO-Verpflichtung angehe. Der Erfolg des Brüsseler Treffens erlaube nun, die „Saat der Unzufriedenheit" einzugrenzen und Kritikern in Medien und Öffentlichkeit die Mission der NATO sichtbar vor Augen zu führen.

Gleichzeitig sehe er mit Sorge eine gewisse Euphorie (hinsichtlich des Prozesses der Abrüstung und Rüstungskontrolle), desgleichen gewisse Fragen und Zweifel: Was solle der nächste Schritt sein? Wie könne man die Dinge voranbringen? Oder gehe man zu schnell vorwärts? Seien die von ihm – Bush – genannten Daten realistisch?

Seine Meinung sei klar: Wir sollten gemeinsam versuchen, nach der Sommerpause mit Schwung zurückzukommen, bürokratische Trägheiten zu überwinden, Einzelheiten auszuarbeiten und uns in Richtung eines Vertrages vorwärtszubewegen.

Seine Brüsseler Initiative[6] werde ein aufschlußreicher Test für Generalsekretär Gorbatschow sein: Er – Bush – habe das Gefühl, daß der Generalsekretär durchaus einige interessante Elemente sehen werde. Andere würden ihm zweifellos weniger gefallen. Aber er habe große wirtschaftliche Probleme und müsse in der Frage der Rüstung etwas tun. Vielleicht werde er auch einen Gegenzug machen.

Zu den deutsch-amerikanischen Beziehungen sage er – und zwar nicht nur wegen der jetzigen Begegnung mit dem Bundeskanzler –, daß sie wahrscheinlich niemals besser gewesen sind als heute. In den USA gebe es ein sehr starkes Gefühl des guten Willens gegenüber Deutschland. Er selbst fühle dies wirklich! Es gebe sehr starke emotionelle Verbindungen der Deutsch-Amerikaner mit ihrem alten Heimatland. Beide Länder arbeiteten auf vielen Gebieten aufs engste zusammen. Bei der kürzlichen Beerdigung McCloys – Außenminister Baker sei dabeigewesen – habe man diese guten Gefühle förmlich mit Händen greifen können. Das amerikanische Volk verstehe dies besser, als die Regierungen und insbesondere als die Medien dächten: Sie unterstützten die deutsch-amerikanischen Beziehungen gerade in dieser Gefühlsdimension.

Deshalb pflichte er dem Bundeskanzler bei, daß man auf dem Gebiet des Austauschs weiter vorangehen solle. Botschafter Walters stehe für Gespräche über die nächsten Schritte zur

---

6 Auf dem NATO-Gipfeltreffen in Brüssel griff Präsident Bush einen Vorschlag der Außenminister vom 8. Dezember 1988 (Erklärung in: NATO-Brief. Nr. 6/1988 – November/Dezember, 27 f.) auf und schlug vor, den Gesamtbestand an Waffen sowie den Umfang und die Konzentration der Streitkräfte in Europa zu begrenzen. Für die NATO und den Warschauer Pakt sollten jeweils Obergrenzen von 20000 Panzern, 16500 Artilleriegeschützen und 28000 gepanzerten Mannschaftsfahrzeugen gelten. Außerdem war vorgesehen, Flugzeuge und Kampfhubschrauber in die Verhandlungen einzubeziehen und beiderseits auf 85 v.H. des gegenwärtigen Niveaus der NATO-Streitkräfte zu reduzieren. Darüber hinaus sollten amerikanische und sowjetische, außerhalb des eigenen Territoriums stationierte Land- und Luftstreitkräfte in Europa oberhalb der Grenze von 275000 Soldaten demobilisiert werden. Dies bedeutete für die Vereinigten Staaten eine Truppenkürzung um etwa 70000 Mann, für die UdSSR um 325000 Mann. Bush schlug vor, sofort in Verhandlungen über diese Vorschläge einzutreten und innerhalb eines halben bis eines Jahres Ergebnisse vorzulegen, die bis 1992/93 umzusetzen wären (Public Papers of the Presidents of the United States. George Bush. 1989 (in two books). Book I-January 20 to June 30, 1989. Hg. vom Office of the Federal Register, National Archives and Records Administration. Washington [D.C.] 1990, 618–621, hier 618).
Das auf dem NATO-Gipfel verabschiedete Gesamtkonzept für Rüstungskontrolle und Abrüstung (Anm. 2) verband die Initiative des amerikanischen Präsidenten mit der Frage der landgestützten nuklearen Kurzstreckenwaffen. Demzufolge sollten die Vorschläge Präsident Bushs in die Verhandlungen über konventionelle Streitkräfte in Europa in Wien eingebracht werden. Für den Fall eines erfolgreichen Abschlusses dieser Verhandlungen innerhalb eines Jahres kündigte die NATO an, über eine „teilweise Reduzierung" amerikanischer und sowjetischer Nuklearflugkörper kürzerer Reichweite auf ein gleiches Niveau zu verhandeln. Der Abbau sollte dann nach vollständiger Umsetzung der KSE-Vereinbarungen beginnen. Die Entscheidung über ein Nachfolgesystem für die Kurzstreckenrakete Lance wurde auf das Jahr 1992 verschoben, jedoch die Notwendigkeit anerkannt, zwischenzeitlich dessen Entwicklung voranzubringen.

Verfügung. Die USA seien stolz, daß junge Leute zum Studium nach USA kämen – und sie freuten sich, daß junge Amerikaner in Deutschland seien. Was der Bundeskanzler zu den hier stationierten amerikanischen Soldaten gesagt habe, unterschreibe er voll und ganz. Auch hier spielten die bekannten Haushaltsschwierigkeiten eine Rolle, und er stehe unter einem strengen Mandat des Kongresses. Aber er wolle das amerikanische Engagement auf-rechterhalten. Gerade deshalb freue er sich, daß die Gespräche über burden sharing weiter-gingen.

In beiden Ländern gebe es heute sehr starke Gefühle für den Schutz der Umwelt: Er wolle diese nicht anschwärzen, leider aber ließen sich viele Leute aus Umwelteifer zu unrealisti-schen politischen Forderungen verführen. Die Erdöl-Verschmutzung in Alaska werde wahrscheinlich langfristig für das Tierleben nur marginale Folgen haben. Die heutigen Emo-tionen aber verlangten, daß die Erdölexploration vollkommen eingestellt werde. Dann seien die USA stärker vom Nahen Osten abhängig!

Hierzulande, so habe man ihm berichtet, spiele auch der Umweltgesichtspunkt bei Manö-vern usw. eine große Rolle. Aber wenn die amerikanischen Soldaten nicht fliegen könnten, nicht unter angemessenen Bedingungen üben könnten, dann könnten sich Ressentiments auftun, auf die amerikanische Bevölkerung zurückwirken und im Kongreß zur Forderung führen: Ruft die Truppen zurück! Er wolle nicht, daß derartige Gefühle hochkämen. Also müsse man den Ursachen entgegenwirken. Er habe größte Sympathie für die Lage der Bundesrepublik Deutschland. Er begrüße, daß über diesen Komplex Gespräche, auch mit dem Botschafter, aufgenommen [worden] seien, und bitte darum, in engster Verbindung zu bleiben.

Zur Europäischen Gemeinschaft könne er dem Bundeskanzler nur beipflichten. Bei einigen Leuten könne der Eindruck entstanden sein, daß die USA dagegen seien oder sie gar als Be-drohung empfänden. Er habe kürzlich Kommissionspräsident Delors gesagt und in den letz-ten Tagen öffentlich wiederholt, daß dies keineswegs der Fall sei. Er sei überzeugter Anhän-ger des Freihandels. Aber die Administration sehe sich wachsendem Druck gegenüber. Es gebe Schwierigkeiten etwa bei der Landwirtschaft, und dies nicht nur in USA, sondern auch in der Bundesrepublik Deutschland, in Japan usw. Darüber müsse beim Wirtschaftsgipfel in Paris[7] gesprochen werden. Er halte es für eine Ehrensache, hier Fallen zu vermeiden, die sich bei diesem Thema auftun könnten.

Insgesamt aber gelte: Die USA seien keineswegs negativ gegenüber den Anstrengungen in Richtung europäischer Einheit [eingestellt]. Dies werde große Möglichkeiten auch für die USA eröffnen. Auch das Freihandelsabkommen USA-Kanada sei für die USA eine gute Sache.[8]

Er pflichtet dem Bundeskanzler bei, daß man eine „Festung Europa" vermeiden müsse. Er wertet positiv, daß die Konsultationen viel enger geworden seien – keine Seite wolle und solle die andere überraschen.

Der Bundeskanzler erwidert, er habe die Aussagen des Präsidenten zur Europäischen Ge-meinschaft in seiner kürzlichen Bostoner Rede[9] noch einmal nachgelesen und erinnere sich gern, was der Präsident in Brüssel zu diesem Thema gesagt habe: Dies alles finde seine volle Billigung!

---

7 Vom 14.–16. Juli 1989 fand in Paris das Gipfeltreffen der G-7-Staaten und der Vertreter der Europäischen Gemein-schaften statt.
8 Das am 2. Januar 1988 unterzeichnete Freihandelsabkommen zwischen den Vereinigten Staaten von Amerika und Kanada war am 1. Januar 1989 in Kraft getreten.
9 Rede des Präsidenten Bush an der Universität Boston, 21. Mai 1989, in: Amerika Dienst. Hg. vom United States Information Service. Embassy of the United States of Amerika, Bonn. Nr. 21. 24. Mai 1989, 4 S.; Public Papers of the Presidents of the United States. Bush. 1989 I, 582–585.

Der Binnenmarkt mit 320 Mio. Menschen werde auch für die USA ein interessanter Partner sein. Am Ende des Jahrhunderts könne dieser Markt sogar noch größer sein. 1992 werde die eigentliche Entwicklung in der EG beginnen, und diese könne – offen gesagt – auch dramatischer werden. AM Baker habe in Brüssel in einer langen Nachtsitzung einen Vorgeschmack mitbekommen.

Nach 1992 werde es dann die eigentlich große Diskussion geben, ob man bei der wirtschaftlichen Integration stehenbleiben solle oder im Sinn der Römischen Verträge zur staatlichen Integration weitergehen wolle. Manche würden (nach 1992) noch streitbarer, noch massiver auftreten. Aber das Rad der Geschichte laufe weiter. Die Politik müsse über die eigene Amtszeit hinausreichen. Deshalb zähle für ihn die Perspektive des Jahres 2000: Dann werde Europa einen gewaltigen Schritt weiter sein, eine große Bedeutung für Mittel-, Ost- und Südost-Europa haben und zunehmend politisches Gewicht bekommen.

Um die Jahrtausendwende werde man drei große Schwerpunkte in der Welt haben: die USA und Kanada; Japan, Korea und Südostasien; Europa.

Wir Europäer hätten keine Angst vor Japan. Wenn wir in Japan zu gleichen Bedingungen antreten könnten wie die Japaner bei uns, dann sei ihm nicht bange. Für ihn gelte der Satz MacArthurs: „Wir kommen wieder!"

Große gemeinsame Aufgaben lägen vor uns: die Bekämpfung des internationalen Terrorismus, des Drogenhandels, der internationalen Kriminalität. Hier müsse im übrigen auch die EG Folgerungen aus dem bevorstehenden Wegfall der Binnengrenzen ziehen (FBI).

Kurzum: Es sei sein dringender Wunsch, daß auf beiden Seiten des Atlantiks begriffen werde, daß die Politik der Bundesregierung nichts tun und nichts billigen werde, was zu einer Abschnürung der EG nach außen führen werde.

Der Präsident fragt nach der Rolle Großbritanniens und nach den Besorgnissen von PM Frau Thatcher hinsichtlich der EG – worauf bezögen sie sich, seien sie zu managen? Er erkundigt sich ferner, wie die EG sich künftig zur Schweiz und zu Österreich verhalten werde.

Der Bundeskanzler betont, er kenne Frau Thatcher seit mehr als 18 Jahren, aus der gemeinsamen Zeit als Parteivorsitzende, der gemeinsamen Rolle als Oppositionsführer und nun als Regierungschefs, und er schätze sie sehr. Sie sei energisch, aber auch sehr britisch. Wie die Mehrzahl ihrer Landsleute empfinde sie den Kanal als Grenze und denke, was die „Times" schreibe: Bonn und Paris seien overseas. Die Hälfte der Briten habe noch nie die Insel verlassen – eine erstaunliche Zahl in der heutigen Zeit. Aber die Welt ändere sich. Auch unter dem Kanal werde ein Tunnel gebaut. Er – der Bundeskanzler – glaube, daß die britische Politik die europäische Entwicklung, wenn auch mit einem Phasenverzug, nachvollziehen werde. PM Frau Thatcher meine, in dem einen oder anderen Punkt das Rad der Geschichte anhalten zu können, dies aber werde nicht gelingen. Die Kontinentaleuropäer gingen voran (Exkurs: Europawahlkampf[10] der französischen Sozialisten mit Plakat, das BK und Mitterrand gemeinsam zeigt). Dies zeige eine unglaubliche Veränderung nicht nur im politischen Ziel, sondern auch im Denken und Fühlen. Noch in seiner Schülerzeit sei Frankreich der „Erbfeind" gewesen, heute bewege sich die Jugend ungehindert von einem Land ins andere. Die Geschichte habe uns in diese Richtung gebracht: Konrad Adenauer habe die historische Entscheidung für die europäische Einigung getroffen – und nicht für den Nationalstaat des 19. Jahrhunderts.

Zur Ehre Großbritanniens wolle er gleich anfügen, daß es Winston Churchill 1947 in seiner

---

10 Vom 15.–18. Juni 1989 fanden in den zwölf Mitgliedstaaten der Europäischen Gemeinschaften die Wahlen der Abgeordneten zum Europäischen Parlament statt.

berühmten Züricher Rede[11] gewesen sei, der den Anstoß zur europäischen Einigung gegeben habe.

Nun sorge sich PM Frau Thatcher, das Westminster-Parlament dürfe keine Kompetenzen an „supranationale" Institutionen abgeben. Dies meine unser Bundestag auch, aber trotzdem gehe die Geschichte weiter.

Hinsichtlich der anderen europäischen Länder wolle er folgende Prognose wagen:
- Norwegen werde in 3–4 Jahren das negative Votum für Europa korrigieren und beitreten. MP Frau Brundtland wolle beitreten, dürfe dies nur in ihrer Partei nicht öffentlich sagen.
- Schweden und Finnland würden sich mit Sicherheit assoziieren (Exkurs: großer Respekt vor politischer Leistung Finnlands – „Finnlandisierung" in Wirklichkeit ein Kompliment).
- Die Schweiz werde ihre Position verändern, wenn es sich in Schweizer Franken rechne. Die Entscheidungsprozesse seien jedoch, wie die wiederholten Abstimmungen über den UNO-Beitritt zeigten, schwierig.
- Österreich habe einen Beitrittsantrag gestellt,[12] es werde aber nicht vor 1992 versuchen, eine Assoziierung zu erreichen oder – wenn möglich – als Vollmitglied beizutreten. Österreich habe Probleme, wenn die EG-Integration zur politischen Integration, die auch die Sicherheitspolitik einbeziehe, weiterentwickelt werde. (Exkurs: besondere Situation Irlands.)

Insgesamt – so der Bundeskanzler – sei seine feste Überzeugung, daß es in den nächsten 10 Jahren noch zu bedeutenden Veränderungen kommen werde. Dies werde vergleichbar sein mit den Entwicklungen, die man bereits heute auf der iberischen Halbinsel verzeichne.

Der <u>Bundeskanzler</u> verabschiedet Präsident Bush und seine Delegation. Dabei wird verabredet, das Gespräch über die Entwicklung in der Sowjetunion und in Osteuropa im kleinen Kreise fortzusetzen.

Kaestner

Nr. 2
Gespräch des Bundeskanzlers Kohl mit Generalsekretär Gorbatschow
Bonn, 12. Juni 1989

BK, 21 – 30130 S 25 – De 2/4/89, Bd. 20, Bl. 29–41. – Vermerk des MD Teltschik, 13. Juni 1989. 1. Ausfertigung. Geheim. – Mit Vorlage des MD Teltschik über Chef BK an den Bundeskanzler mit der Bitte um Billigung, 19. Juni 1989 (BK, 21 – 30130 S 25 – De 2/7/89, Bd. 20, Bl. 43. Eine Ausfertigung – ohne Anlage offen). Hs. von Bundeskanzler Kohl vermerkt: „Teltschik R[ücksprache]". – Gesprächsdauer: 15.15 bis 16.30 Uhr.

<u>Teilnehmer:</u>
A.S. Tschernajew, Persönlicher Referent des Generalsekretärs
Horst Teltschik, Ministerialdirektor
Andreas Weiß, Dolmetscher
I. A. Kurpakow, Dolmetscher

---

11 Gemeint war die Rede Churchills am 19. September 1946 an der Universität Zürich (The Sinews of Peace. Post-War Speeches by Winston S. Churchill. Ed. by Randolph S. Churchill. Boston 1949, 198–202).
12 Außenminister Mock übergab am 17. Juli 1989 in Brüssel dem amtierenden EG-Ratspräsidenten Dumas das offizielle Beitrittsgesuch Österreichs.

Liste
Kriegsgefangenen

Halbinsel Kola | *Metallgesellschaft*
+ Ferrostahl
Projektliste o.k.

V i e r – A u g e n – G e s p r ä c h

[handschriftlich] *Aluminium → Salze*
Restentwicklt

1. Politischer Rahmen

- Erneute Glückwünsche zur Wahl zum "Vorsitzenden des Obersten Sowjets".

- Wichtiger Zeitpunkt: 50 Jahre Kriegsbeginn – 40 Jahre Bundesrepublik.

- BK-Besuch Moskau und Gegenbesuch politische Einheit.

- "Gemeinsame Erklärung" wird wichtigstes Besuchsergebnis, verdeutlicht neue Qualität der Beziehungen, von beiden Völkern mitgetragen.

2. Menschliche Faktoren

- Armenien-Hilfe mit beachtlichem Spendenaufkommen unserer Bevölkerung – erneutes Beileid zu Ural/Eisenbahnunglück.

- Deutsche in der Sowjetunion – Teil langer gemeinsamer Geschichte.
  = Dank für großzügige Ausreisen: jeder bei uns willkommen, aber keine Abwerbung

  = Wunsch: Rasche Entlassung aus SU-Staatsbürgerschaft.
  = Angebot: Unterstützung der Bleibenden bei Wahrung kultureller Identität (Ungarn-Modell)
  = Bitte: Erleichterte Kirchenkontakte auch kath. Delegation
  = Frage: Mögliche Ergebnisse ZK-Nationalitätenplenum (autonome Wolga-Republik?)

- Reisen ins nördliche Ostpreußen: Erster Schritt Kreuzfahrten nach Königsberg/Kaliningrad.

- Rehabilitierung der Stalin-Opfer: Bitte in Aufarbeitung dieser *Wallenberg* schrecklichen Periode deutsche Opfer und pauschal verurteilte Kriegsgefangene einbeziehen. Exkurs: Wallenberg

- Kriegsgräber: Dank für Öffnung weiterer Kriegsgefangenenfriedhöfe. Gute Zusammenarbeit Sowjetisches Rotes Kreuz – DRK + VdK weiterentwickeln.

3. Berlin-Anliegen

- Wichtig, Berlin (West) gemäß VMA in Aufwärtsentwicklung deutsch-sowjetischer Beziehungen voll einbeziehen.

billig - Bedauern, daß nicht alle Abkommen fertig (Binnenschiffahrtsvertrag wird bei Öffnung Main-Donau-Kanal für SU dringlich).

- Appell an Vorsitzenden Obersten Sowjets, in Bundestagsdelegationen auch Berliner MdB zuzulassen (nicht nur "Experte"): Beispiel MdB Dr. Vogel!

- Wirtschaftszentren auch für Berliner Firmen/Unternehmen offen.

4. Abrüstung und Rüstungskontrolle
- bitte wenden -

Entwicklung in China
u. in EG

[handschriftlich] ... BRD

0544

Gesprächsführungsunterlagen mit hs. Notizen des Bundeskanzlers Kohl für das Vieraugen-Gespräch mit Generalsekretär Gorbatschow am 12. Juni 1989 in Bonn.

Punktation Rüstungskontrolle und Abrüstung

1. Ergebnis NATO-Gipfel
   - Kursbestimmung Sicherheitspolitik 90er Jahre
   - Berücksichtigung der Chancen im West-Ost-Verhältnis
   - Angebot einer breiten Abrüstungsperspektive an den Osten
     = Wahrung dualen Ansatzes: gesicherte Verteidigungsfähigkeit und Rüstungskontrolle und Abrüstung = Sicherheitspolitik
     = Ziel: ein Mehr an Stabilität auf dem niedrigsten ausgewogenen Niveau
   - SU: Ergebnis positiv aufgenommen; Reserve bei SNF-Teil

2. VKSE in Wien/Bush-Initiative
   - haben für uns ganz hohen politischen Stellenwert
   - Verhandlungen bisher konstruktiv: Osten hat
     = westliche Vorschläge z.T. übernommen (z.B. Obergrenzen Panzer, Schützenpanzer)
     = eigene Positionen konkretisiert und beziffert
   - somit Basis für breite Gemeinsamkeit gegeben
   - Bush-Initiative - vom NATO-Konsens getragen -
     = geht auf sowjetische Anliegen ein (Einbeziehung von Flugzeugen, Hubschraubern, Personalreduzierung)
     = bietet Chance für schnelles Verhandlungsergebnis
   - dafür entschlossener politischer Wille nötig
     = Ziel: Ergebnis in 6 - 12 Monaten
     = Appell an SU: Angebot erfolgsorientiert aufgreifen und ange- kündigte einseitige Schritte umsetzen
   - erfreulich: SU sieht Bush-Initiative als ernsthaft und konstruktiv

3. SNF-Position
   - Gesamtkonzept: Rüstungskontrollperspektive auch bei SNF:
     = Eintritt in Verhandlungen, sowie VKSE-Implementierung aufgenommen
     = Ziel: teilweise Reduzierung nuklearer landgestützter Flugkörper- systeme kürzerer Reichweite der SU und US auf gleiches Niveau
   - für schnellen Verhandlungsbeginn wichtig:
     = rascher Abbau der konventionellen Überlegenheit des WP
     = Verminderung der enormen SU-Überlegenheit bei SNF
   - daher: Appell: Überlegenheit einseitig abbauen - NATO hat einseitig 2.400 GK abgebaut - wir verzichten einseitig auf Pershing Ia
   - SU: Gipfelergebnis bei SNF "enttäuschend", "verzögert Verhandlungen"

Der Bundeskanzler überreichte zu Beginn des Gesprächs dem Generalsekretär zwei Silbermünzen der Bayerischen Münzanstalt, die anläßlich des Besuches mit den Portraits geprägt wurden. GS Gorbatschow bedankte sich und stellte eine gewisse Ähnlichkeit der beiden Portraits fest.

Anschließend berichtete der Bundeskanzler, daß er in den Vorberichten des deutschen Fernsehens zu dem Besuch von Generalsekretär Gorbatschow ein Interview mit seiner Mutter gesehen habe. Er sei davon sehr beeindruckt gewesen und erlaube sich deshalb, ein Geschenk an die Mutter[1] des Generalsekretärs mitzugeben. GS Gorbatschow war von dieser Geste sehr beeindruckt. Seine Mutter sei eine sehr einfache Frau im Alter von 78 Jahren. Sein Vater[2] sei eigentlich robuster und sportlicher gewesen, auch wenn er keinen Sport betrieben habe, dennoch sei er plötzlich im Alter von 66 Jahren gestorben. Er fügte hinzu, daß er über das Geschenk des Bundeskanzlers an seine Mutter sehr gerührt sei.

Der Bundeskanzler gab noch einmal seiner Freude Ausdruck, den Generalsekretär in Bonn begrüßen zu können. Er beglückwünsche ihn noch einmal zu seiner Wahl zum Vorsitzenden des Obersten Sowjets.[3] Der Zeitpunkt des Zusammentreffens sei sowohl günstig als auch wichtig. Der Bundeskanzler erinnerte daran, daß man am 1. September zum 50. Male dem Ausbruch des Zweiten Weltkrieges gedenken werde. Vor wenigen Tagen habe man den 40. Geburtstag der Bundesrepublik Deutschland begangen.

Für den Besuch seien ein gemeinsames Dokument und eine Reihe von Abkommen[4] erarbeitet worden, die sehr beachtlich seien. Er wolle für die Bundesregierung, aber auch für sich ganz persönlich sagen, daß er die Chance nutzen wolle, mit dem Generalsekretär die Beziehungen neu zu gestalten. Er hoffe, daß das große Wagnis, das der Generalsekretär mit seiner Reformpolitik auf sich genommen habe, erfolgreich verlaufen werde. Ein solcher Erfolg wäre für beide Seiten von großem Nutzen. Er könne sich dabei vorstellen, welche Schwierigkeiten der Generalsekretär dabei überwinden müsse.

Die Welt sei in starkem Maße in Bewegung geraten. Er habe gerade darüber mit Präsident Bush gesprochen[5] und ihm gesagt, daß es sowohl im deutschen als auch im europäischen Interesse sei, alle Chancen für Abrüstung und Rüstungskontrolle jetzt wahrzunehmen. Er habe den Eindruck, daß dies Präsident Bush auch so sehe. In jedem Falle entspräche dies dem deutschen Interesse. Er überschätze die Position der Bundesrepublik Deutschland nicht, jedoch habe der NATO-Gipfel in Brüssel gezeigt, über welches Gewicht sie verfüge. Ob er daran Zweifel gehabt hätte, fragte GS Gorbatschow?

Der Bundeskanzler erwiderte, daß in der Politik häufig Zufälle eine Rolle spielen würden. So habe Friedrich der Große einmal gesagt, daß Generäle auch Fortune haben müßten. Dies gelte sicherlich auch für die Politik. Manchmal könne man arbeiten und arbeiten, wenn jedoch keine Fortune hinzukomme, gebe es dennoch Schwierigkeiten. Der Generalsekretär habe ja durch das Erdbeben in Armenien ebenfalls einen Rückschlag erlebt. Er wolle jedoch damit sagen, daß jetzt die Zeit für Fortune gekommen sei. Sie sollten sie deshalb entschieden nutzen.

GS Gorbatschow stimmte zu. Er teile diese Überlegungen des Bundeskanzlers. Er wolle dem Bundeskanzler für seine Gastfreundschaft und für seine Beiträge danken, die diesen Besuch mit einem solchen Maßstab ermöglicht hätten. Sie könnten beide, ohne unbescheiden zu sein, feststellen, daß das Dokument[6] und die Abkommen die Wende und den Durch-

---

1 Marija Pentelejewna Gorbatschowa, geb. Gopkalo.
2 Sergej Andrejewitsch Gorbatschow (1909–1976).
3 Der Oberste Sowjet der UdSSR wählte Gorbatschow am 25. Mai 1989 erneut zum Vorsitzenden des Präsidiums. Glückwunschtelegramm des Bundeskanzlers Kohl in: Bulletin. Nr. 52. 30. Mai 1989, 464.
4 Nr. 4 Anm. 1–4.
5 Nr. 1.
6 Nr. 4 Anm. 1.

bruch in den Beziehungen und in der Weltanschauung bewiesen und eine große Vision aufzeigten. Sie könnten beide die Ergebnisse begrüßen. Er würdige nochmals, daß dies alles durch den Bundeskanzler ermöglicht worden sei. Dies sei nicht nur seine Meinung, sondern auch die der ganzen sowjetischen Führung.

Wenn der Bundeskanzler von den sich jetzt ergebenden Chancen spreche, so begrüße er dies. Sie sähen jetzt mehr als früher. Welche Entwicklung nehme die Welt und die internationalen Beziehungen? Sind sie geprägt von der Trägheit des Kalten Krieges, oder verliefen sie jetzt in neuen Gleisen konstruktiver Zusammenarbeit und des gegenseitigen Respekts? Es gebe jetzt die Chance, die internationalen Beziehungen umzugestalten, ohne die Interessen der jeweiligen anderen Seite zu beeinträchtigen und unter Respektierung der gegenseitigen Sicherheit.

Sie seien Realisten. Sie wüßten, daß es schwierig wäre, die „Gesundung" der internationalen Beziehungen einzuleiten, solange sich die amerikanisch-sowjetischen Beziehungen nicht verbessert hätten.

Wenn sie jetzt gemeinsam offen darüber sprechen würden, wie dies geschehen und beeinflußt werden könne, dann wolle er sagen, daß die Sowjetunion nach den Beziehungen mit den Vereinigten Staaten Europa die größte Bedeutung beimesse und bilateral den Beziehungen zur Bundesrepublik Deutschland. Sie hätten dies in der sowjetischen Führung besprochen, wie er dies bereits im Oktober[7] dem Bundeskanzler berichtet habe. Er wolle dies heute erneut bestätigen. Aus diesem Verständnis heraus habe die Bundesrepublik für die Sowjetunion eine „globale Rolle".

GS Gorbatschow erinnerte daran, daß sie mit Bundespräsident von Weizsäcker über die Stimmung in Washington gesprochen hätten.[8] Er wolle den Bundeskanzler jetzt erneut fragen, ob nicht gegenüber Präsident Bush und gegenüber der Administration der Eindruck einer Ambivalenz bestünde.

Aufgrund der persönlichen Kontakte und durch den Austausch von Briefen habe er den Eindruck von Bush als einem pragmatischen Politiker ohne Emotionen und mit sehr positiven Entscheidungen gewonnen. Wenn er dagegen die öffentlichen Reden von Bush lese, lösten sie widersprüchliche Gefühle bei ihm aus. Er frage sich, was Bush damit bezwecken wolle. Wolle er seinem rechten Flügel oder dem militärisch-industriellen Komplex gefallen, oder müsse er beweisen, daß er entschlußfähig sei?

Dies alles erinnere ihn an all das, was eigentlich schon hinter ihnen liege, und an die Zeiten des Kalten Krieges, die sie bereits verlassen hätten.

Der Bundeskanzler erwiderte, daß er offen darauf antworten wolle. Er sei mit Präsident Bush sehr befreundet. Man müsse die Lage verstehen, in der sich Bush befinde, um ihn beurteilen zu können. Bush sei 8 Jahre Vizepräsident unter Präsident Reagan gewesen. Er sei gegenüber Reagan immer loyal gewesen, was bekanntlich weder in der Sowjetunion noch in der Bundesrepublik immer von Vorteil sei. Diese Loyalität habe für Bush den Nachteil, daß sie ihn mit der Frage konfrontiere, ob er aus dem Schatten von Reagan heraustreten könne. Bush sei kein charismatischer Typ und trete nicht in gleichem Maße so fernsehgerecht auf, wie dies Reagan konnte. Bush sei außerdem ein Intellektueller. Im Gegensatz zu Reagan komme er nicht von der pazifischen, sondern von der Atlantikküste. Dieser Aspekt dürfe

---

7 Bundeskanzler Kohl stattete der UdSSR vom 24.–27. Oktober 1988 einen offiziellen Besuch ab (Ansprachen, Erklärung des Bundeskanzlers vor der Presse in Moskau und abgestimmte Besuchsergebnisse in: Bulletin. Nr. 141. 1. November 1988, 1265–1276).

8 Bundespräsident von Weizsäcker, Bundeskanzler Kohl und Generalsekretär Gorbatschow führten am 12. Juni 1989 gegen 13.00 Uhr ein etwa 20minütiges Gespräch in der Villa Hammerschmidt (Besuchsprogramm, Vorlage des Ministerialdirigenten Neuer an Bundeskanzler Kohl, 12. Juni 1989; BK, 01 [213] – 30105 S 25 So 16, GS Gorbatschow, 12.–15.6.1989, Protokoll Bd. 3).

nicht unterschätzt werden. Er sei besonders für die Sowjetunion und für die Europäer wichtig.

Bush sehe viele Probleme in stärkerem Maße mit europäischen Augen als Reagan. Er verstehe auch mehr von Europa als Reagan.

Der Bundeskanzler berichtete über sein Gespräch mit Reagan, als dieser 1979 als Präsidentschaftskandidat in Bonn gewesen sei. Damals habe sein Vorgänger Helmut Schmidt Reagan keinen Termin gegeben, weil er seine Zeit nicht verschwenden wollte. Aber Reagan sei Präsident geworden. Er habe jedoch von Europa praktisch nichts gewußt, und er hätte sich damals gefragt, welche Folgen dies alles haben werde. Teltschik habe damals an diesem Gespräch teilgenommen, und sie hätten anschließend darüber gesprochen.

Dies sei jedoch bei Bush völlig anders. Außerdem habe er ein schwieriges innenpolitisches Erbe angetreten. Er sei mit gewaltigen innenpolitischen Problemen konfrontiert. Vor allem die Lage der sozial Schwachen sei in den USA besonders schwierig. Der Bundeskanzler berichtete über seinen privaten Besuch in der vergangenen Woche in den USA anläßlich der Examensfeier seines ältesten Sohnes[9] in Harvard. Er habe bei dieser Gelegenheit mit vielen Studenten und Professoren gesprochen. Es sei dabei deutlich geworden, daß Bush große Probleme, vor allem im Bereich der Sozialpolitik, lösen müsse. Reagan habe diese Probleme alle vor sich hergeschoben.

Außenpolitisch müsse der amerikanische Präsident in Europa mit dem Binnenmarkt bis 1992 rechnen. Hinzu komme die große Aktivität Japans in den Vereinigten Staaten von Amerika. Außerdem verfüge Bush über keine Mehrheit im Kongreß. Dort habe sich allerdings seine Lage deutlich verbessert, da der neue Führer im Senat, Tom Foley, gegenüber Präsident Bush keine aggressive Politik betreiben werde. Vielmehr werde er bereit sein, mit dem Präsidenten stärker zusammenzuarbeiten, um sich selbst als Präsidentschaftskandidat der Demokraten aufzubauen.

Auch der NATO-Gipfel in Brüssel habe gezeigt, daß Bush Stärke beweisen kann. Vor dem Gipfel seien die Positionen innerhalb der NATO weit auseinandergegangen. Dies habe weniger mit den USA als mehr mit der Kollegin in London zu tun gehabt. Bush habe entschlossen mitgewirkt, ein gemeinsames Ergebnis zu erreichen. Dies gelte auch für Außenminister Baker. Die Rolle von Außenminister Baker sollte vom Generalsekretär nicht unterschätzt werden.

Hinzu komme ein Faktor, der scheinbar nichts mit Politik zu tun habe. Die Ehefrau von Bush trage sehr zur Beruhigung bei. Dies sei nicht immer so im Weißen Haus der Fall gewesen. Er verstehe dies, warf GS Gorbatschow ein.

Der Bundeskanzler wies darauf hin, daß Barbara Bush Mutter und Großmutter sei und für eine gemäßigte Politik eintreten werde und keinen Sinn für Scharfmacherei habe. Die Veränderungen im Weißen Haus seien deshalb elementar. Wenn der Generalsekretär einmal dort gewesen sein werde, werde er ähnlich urteilen. Er sei sich sicher, daß der Generalsekretär mit Bush als Typ gut zusammenarbeiten werde. Er wisse auch, daß dies die klare Absicht von Bush sei. Dies gelte auch für Baker und für das Umfeld von Präsident Bush.

Dies mache auch die veränderte Position der USA gegenüber Israel deutlich. Diese amerikanische Haltung habe sich verändert. Im übrigen werde Bush auf viele in Europa hören, jedoch auf zwei in besonderem Maße. Er meine damit den französischen Präsidenten und sich selbst. Dies werde kein Nachteil sein. Für die Sowjetunion sei das auch nicht schlecht, warf der Generalsekretär ein.

Der Bundeskanzler fuhr fort, daß es in zentralen Fragen zwischen ihm und Präsident Mitterrand keine Meinungsunterschiede gebe, was sie gemeinsam zu tun hätten. Er selbst sei ein

---

9   Walter Kohl.

Realist; dies müsse auch der Generalsekretär sein, sonst werde er keinen Erfolg haben. Beides stimme, ergänzte der <u>Generalsekretär</u>.

Dies gelte auch für den Vorsitzenden der CDU, fuhr der Bundeskanzler fort. Adenauer habe einmal gesagt, daß man als Parteivorsitzender auf einem Tiger reite. Er mache dies jetzt schon 16 Jahre. Alle Vierteljahre werde er einmal totgesagt, aber er lebe immer noch.

Weil dies alles so sei, sei seine Prognose, daß sie für die meisten Probleme Lösungen finden könnten, wenn sie miteinander klug, offen und freundschaftlich umgehen, Schwierigkeiten, Unterschiede und Probleme offen besprechen würden. Erforderlich seien Geduld und gegenseitiges Verständnis. Er selbst sei optimistisch, daß dies möglich sein könne, und er wolle alles tun, um dies auch zu erreichen.

<u>GS Gorbatschow</u> berichtete über sein letztes Zusammentreffen mit Präsident Bush in New York.[10] Er habe sich damals mit ihm zurückgezogen und folgende Formel vereinbart. Sein Vorschlag sei die Formel „Kontinuität plus eigene Beiträge". Sie hätten delikate Themen besprochen und vereinbart, wie sie weiter vorangehen wollten. Einstweilen habe es von diesen Vereinbarungen noch keine Abweichungen gegeben. Dies sei sehr wichtig und gelte für beide Seiten. Jetzt habe aber Präsident Bush begonnen, seine europäische Konzeption vorzutragen. So habe er in einer Rede am 12. Mai in Texas[11] und am 21. Mai in einem technologischen Institut[12] über Europa und Osteuropa gesprochen und [darüber], wie er die Entwicklungen sehe. Diese Reden seien ihm weder realistisch noch konstruktiv erschienen. Sie hätten ihn vielmehr an die Rede von Präsident Reagan in London erinnert, als dieser damals zum Kreuzzug gegen die Sowjetunion aufgerufen habe.[13] Sicherlich würden sich diese Reden in der Wortwahl unterscheiden, im Geist und im Sinne seien sie jedoch identisch. Bush spreche von den Kräften der Freiheit, die die Sowjetunion verdrängen und den Status quo verändern werden; Osteuropa müsse geöffnet und der Sozialismus verdrängt werden. Westliche Ideen sollten freien Zugang erhalten. Demgegenüber würden sie in der Sowjetunion von der Notwendigkeit der De-Ideologisierung, vom Ausgleich der Interessen und von der unteilbaren Sicherheit sprechen.

Dies alles führe dazu, daß er darüber nachdenke, welcher nun der echte Bush sei, der, der der Rhetorik Tribut zolle, oder der, der in der Konzeption zum Ausdruck komme? Dies seien solche Fragen, die bei ihm jetzt entstanden seien.

<u>Der Bundeskanzler</u> erwiderte, daß die zukünftige Entwicklung die Antwort darauf geben werde. Er sei überzeugt, daß Fortschritte in der Abrüstung erreicht werden können, wenn dies beide Weltmächte wollen. Er halte Fortschritte in Wien innerhalb der nächsten 12 bis 15 Monate für möglich.

---

10 Am 7. Dezember 1988 führten Präsident Reagan, sein designierter Nachfolger, Vizepräsident Bush, und Generalsekretär Gorbatschow Gespräche auf Governor's Island im Hafen von New York (dazu: Department of State Bulletin. The Official Monthly Record of United States Foreign Policy. Washington [D.C.]. Vol. 89. No. 2143. February 1989, 1–7; Public Papers of the Presidents of the United States. Ronald Reagan. 1988–89 [in two books]. Book II-July 2, 1988 to January 19, 1989. Hg. vom Office of the Federal Register, National Archives and Records Administration. Washington [D.C.] 1991, 1590–1594).

11 In seiner Rede am 12. Mai 1989 vor der Texas Agriculture and Mechanical University in College Station (Texas) schlug Präsident Bush Verhandlungen der Vereinigten Staaten, der UdSSR und der Bündnispartner beider Seiten über die Zulassung von Überflügen zu Beobachtungszwecken über ihren Territorien vor („Open Skies"). Gespräche sollten bald aufgenommen werden (Public Papers of the Presidents of the United States. Bush. 1989 I, 540–543; Amerika Dienst. Nr. 20. 17. Mai 1989, 5 S.).

12 Nr. 1 Anm. 9.

13 Präsident Reagan rief am 8. Juni 1982 in einer gemeinsamen Sitzung des Unterhauses und des Oberhauses in London zu einem „Kreuzzug für die Freiheit" auf und betonte, die „erneuerte Stärke der demokratischen Bewegung, ergänzt durch eine weltweite Kampagne für die Freiheit", werde am Ende „den Marxismus-Leninismus auf dem Aschehaufen der Geschichte" zurücklassen (Department of State Bulletin. Vol. 82. July 1982, 24–29, hier 28 f.; Weekly Compilation of Presidential Documents. Hg. vom Office of the Federal Register, National Archives and Records Administration. Washington [D.C.]. Vol. 18. No. 23, 764–770, hier 769 f.; Amerika Dienst. Nr. 23. 14. Juni 1982, 18 S., hier 16, 18).

Der Bundeskanzler berichtete über die Gespräche mit Präsident Bush auf dem NATO-Gipfel in Brüssel. Dort sei über COCOM und über eine mögliche Änderung der Verfahren gesprochen worden. Präsident Bush habe sich für größere Flexibilität eingesetzt. Er könne dem Generalsekretär auch von einem anderen Beispiel aus der Diskussion berichten, das die Position von Präsident Bush widerspiegele. Er habe das große Interesse der Bundesrepublik Deutschland an Ungarn erläutert. Dieses Interesse werde auch von den USA geteilt. Aber sowohl Präsident Bush wie auch er würden beide gemeinsam den Ungarn immer wieder sagen, daß sie die Kirche im Dorf lassen sollten. Er hoffe, daß der Generalsekretär verstehe, was er damit meine. All dies habe mit einer Kreuzzugsideologie nichts zu tun. Dies wisse er genau.

GS Gorbatschow erwiderte, daß der Bundeskanzler das Thema jetzt offen angesprochen habe, und er wolle deshalb genauso offen antworten. In der sozialistischen Welt gebe es große Veränderungen, die sehr tiefgreifend seien. Die Absichten, die mit diesen Veränderungen verbunden seien, sollten dem Westen keine Furcht einflößen oder ihn einschüchtern. Es handele sich um sehr sensible Prozesse. Man müsse wissen, daß große Wirkungen ausgelöst würden, wenn jetzt jemand von außen mit einem Stock in diesem aufgewühlten Ameisenhaufen herumwühlen würde. Ihm ginge es darum, dies zu vermeiden, warf der Bundeskanzler ein.

GS Gorbatschow fuhr fort, daß die grundlegenden Veränderungen innerhalb der sozialistischen Staaten zu gewaltigen internen Spannungen führen würden. Wenn jemand versuchen würde, von außen Einfluß zu nehmen, müsse dies zu Destabilisierung und Vertrauensverlust führen und gefährde die Verständigung zwischen West und Ost.

Der Bundeskanzler erklärte, daß er mit dem Generalsekretär in diesem Punkte übereinstimme. Diese Einsicht bestimme auch die Beziehungen der Bundesrepublik Deutschland zur DDR. Er sei nicht an einer Destabilisierung der DDR interessiert. Dies sage er mit allem Nachdruck. Im Augenblick sei die Situation jedoch die, daß Generalsekretär Honecker selbst zur Destabilisierung der DDR beitrage, weil er nicht bereit sei, Veränderungen durchzuführen.

Er sei in der Bundesrepublik selbst mit dem Problem konfrontiert, daß er immer wieder von Leuten aufgefordert werde, auf die DDR öffentlich Druck auszuüben, damit dort wie in der Sowjetunion, Polen und Ungarn Veränderungen durchgeführt würden. Beispielsweise habe das Verbot sowjetischer Zeitungen in der DDR[14] in der Bundesrepublik eine schlimme Wirkung gehabt. Viele hätten darüber gelacht. Er sei sich bewußt, daß er hier eine Gratwanderung unternehme. Er halte sich in seinen öffentlichen Äußerungen zurück, könne jedoch die innenpolitischen Wirkungen nicht völlig außer acht lassen. Aber er wolle noch einmal bekräftigen, daß er nicht die Absicht habe, eine Politik der Destabilisierung zu betreiben.

GS Gorbatschow erläuterte, wie sie reagieren würden, wenn Zeitungen verboten und Artikel nicht veröffentlicht würden. Sie seien der festen Meinung, daß jede Führung in Partei oder Staat für die eigenen Angelegenheiten selbst und vor der eigenen Bevölkerung verantwortlich sei. Sie würden niemanden belehren und bäten andere nicht um Ratschläge. Früher sei immer die Frage gestellt worden, ob es eine Breschnew-Doktrin gebe. Dies sei eine Frage, die im wesentlichen im Westen selbst erfunden worden sei.

Die Position der Sowjetunion sei es, daß sich in jedem Land Veränderungen vollzögen, und zwar im konkreten Kontext der Bedingungen, die in jedem dieser Länder gegeben seien. Das

---

14   Das Ministerium für Post- und Fernmeldewesen der DDR verbot im November 1988 die in deutscher Sprache erscheinende sowjetische Monatszeitschrift „Sputnik" (Moskau), die Beiträge aus Zeitungen der UdSSR nachdruckte. Begründet wurde das Verbot mit dem Argument, sie bringe „keinen Beitrag, der der Festigung der deutsch-sowjetischen Freundschaft dient, statt dessen verzerrende Beiträge zur Geschichte" (ADN-Mitteilung in: Neues Deutschland [Berlin]. 43. Jg. Nr. 274. 19./20. November 1988, 2).

wirtschaftliche und soziale Niveau in allen diesen Ländern sei unterschiedlich, und deshalb würden sich die Veränderungen auch in unterschiedlicher Weise vollziehen.

Der Bundeskanzler wiederholte seine Feststellung, daß er nichts tun werde, was zur Destabilisierung führen könnte. Dies wäre eine falsche Politik. Seine Position sei sehr einfach und gelte auch im Falle von Polen und von Ungarn: Wer jetzt versuchen wolle, die europäische Statik zu verändern, werfe die Entwicklung zurück.

GS Gorbatschow stimmte zu. Dies sei für ihn eine sehr wichtige Feststellung. Er hätte auch die Absicht gehabt, mit dem Bundeskanzler darüber zu sprechen. Sie bräuchten Perestroika. Inwieweit diese Politik in das Konzept des Westens passe, sei Angelegenheit des Westens. Deshalb würden sie auf die entsprechenden Schlußfolgerungen im Westen sehr ruhig reagieren. Die Aussage des Bundeskanzlers zeuge davon, daß er die Verantwortung für Europa verstehe. Dies sei wichtig.

Der Bundeskanzler erwiderte, daß es Prozesse gebe, die eine neue Bewegung ermöglichten. Jetzt sei es das Wichtigste, klug zu sein und Verständnis füreinander zu haben trotz der unterschiedlichen Positionen. Im Augenblick geschehe viel Ungewöhnliches. Er sei als Vorsitzender der größten christlich-demokratischen Partei Europas ideologisch vom Generalsekretär weit entfernt. Dennoch sei er an dem Erfolg des Generalsekretärs interessiert. Er habe dies gerade letzte Woche in einer Rede im Council on Foreign Relations in New York in einer geschlossenen Veranstaltung gesagt.[15] Anschließend habe es eine große Diskussion gegeben. Der gemeinsame Nenner sei gewesen, daß alle seine Position als die einzig vernünftige Politik bezeichnet hätten.

Es sei sicherlich wichtig, daß er sich mit dem Generalsekretär in der deutschen Frage nicht einig sei. Was nütze aber schon der ständige Streit über diese Frage? Die Positionen müßten jedoch immer wieder dargelegt werden, weil sie im eigenen Lande erwartet würden. Ein deutscher Bundeskanzler müsse z.B. über Berlin sprechen. Entscheidend sei aber dabei die Frage, ob sie sich bei diesen Problemen aufhalten würden oder ob sie zusammenarbeiten würden, wo immer dies möglich sei.

Er wolle vor allem auch die Wirtschaftsbeziehungen zur Sowjetunion verbessern. Er wisse, daß der Generalsekretär mit zwei großen Problemen konfrontiert sei: mit der Versorgung der Bevölkerung und mit der Nationalitätenfrage. GS Gorbatschow nickte zustimmend.

Der Bundeskanzler fuhr fort, daß es falsch wäre, wenn sie sich jetzt im Westen gewissermaßen in eine Loge setzen würden, um auf die Bühne der Sowjetunion zu blicken, um am Ende sagen zu können, sie hätten es schon immer gewußt. Natürlich falle die Entscheidung über Erfolg oder Mißerfolg in Moskau selbst. Die wirtschaftlichen Beziehungen seien auch nicht nur eine Frage des Gewinnstrebens. Vielmehr erhöhe ein Erfolg Gorbatschows die Chance für mehr Frieden. Dies sei für seine Generation besonders wichtig. Er wolle, daß seine Söhne immer in Frieden leben könnten. Dies hätten sie beide in der Hand. Nach diesen Ausführungen habe er im Council am Ende der Diskussion Ovationen erhalten. Natürlich müsse man eine Politik ohne Illusionen betreiben. Gorbatschow sei Vorsitzender der KPdSU und er der CDU. Welche Alternative gebe es jedoch zu einer vernünftigen Politik? Beide könnten keinen Weltkrieg wollen. GS Gorbatschow stimmte zu.

Offene Gegensätze blieben bestehen, fuhr der Bundeskanzler fort. Andererseits sei es doch ebenso wahr, daß sie heute schon in anderer Weise miteinander reden würden, als dies noch im Oktober in Moskau geschehen sei. Gorbatschow habe ja inzwischen auch mit einer Reihe von anderen Kollegen gesprochen, wie z.B. mit dem spanischen Ministerpräsidenten González. Er habe gerade heute noch einmal zur Vorbereitung des Europäischen Rates mit Gon-

---

15   In seiner Rede vor dem Council on Foreign Relations am 6. Juni 1989 in New York äußerte sich Bundeskanzler Kohl zu den „Grundlinien deutscher Außenpolitik" (Redemanuskript: BK, 212 – 30101 A 5 Co 4 Bd. 4).

zález telefoniert.[16] González sei Vizepräsident der Sozialistischen Internationale und dennoch ein Freund von ihm. González habe ihn aufgefordert, daß er sich anstrengen solle, gute Ergebnisse zu erreichen. Gleichzeitig bat er darum, Grüße an den Generalsekretär auszurichten.

Am Sonntag[17] fänden in der Europäischen Gemeinschaft Wahlen zum Europäischen Parlament statt. Der Bundeskanzler berichtete, daß die Partei Mitterrands, die französischen Sozialisten, ein Wahlplakat in ganz Frankreich plakatiert hätten, das ihn mit Präsident Mitterrand zusammen in Verdun zeige. Dies sei vor wenigen Jahren noch undenkbar gewesen.

Dies alles sei für ihn äußerst interessant zu hören, erwiderte GS Gorbatschow. Es seien sehr interessante Äußerungen gewesen. Sie seien auch nicht taub. Er teile die Meinung, daß sie aufeinander zugehen müßten, auch wenn beide Seiten bei ihren Positionen blieben. Dies rege aber nur den Wettbewerb an.

Es gehe ihm um folgendes: Er messe diesem Gespräch größte Bedeutung bei. Es gehe um Veränderungen, darum, die Beziehungen in neue Gleise zu bringen und das Vertrauen zu festigen. Es gehe um Realismus. Die Politik der militärischen Konfrontation müsse abgebaut werden. Dabei seien die Wiener Verhandlungen von entscheidender Bedeutung. Die Abrüstung sei in Gang gekommen. Er habe deshalb folgende Frage an den Bundeskanzler zu richten. Er habe eine Übersetzung des Brüsseler Dokumentes[18] gelesen, das an die 50 Punkte umfasse. Er habe es mit gemischten Gefühlen gelesen. Einerseits werde in diesem Dokument von konstruktiven Prozessen in Europa gesprochen, von der KSZE, von den Wiener Verhandlungen, von konventioneller Abrüstung. Alles das sei in diesem Dokument enthalten. Einzelheiten seien jetzt nicht wichtig. Er wolle morgen noch einmal konkreter über die Wiener Verhandlungen sprechen.[19]

Was er jedoch besonders erwähnen möchte, sei die Aussage im Brüsseler Dokument über die Strategie der nuklearen Abschreckung. Es werde sogar über die Anwendung von nuklearen Systemen gesprochen. Dabei habe er mit Präsident Reagan in Genf darüber gesprochen und eine Erklärung unterschrieben, daß es einen Atomkrieg nicht geben dürfe.[20] Wie könne der Bundeskanzler eines Landes, das in der Mitte Europas liege, eine Erklärung mit solch einer Aussage unterschreiben? Er habe den Eindruck, daß Premierministerin Thatcher dem Bundeskanzler ihre Position aufgezwungen habe. Sie hatten sich in der Sowjetunion das Ziel gesetzt, die Annäherung voranzutreiben. Im Brüsseler Dokument werde jedoch auf eine Politik der Stärke gesetzt. Der Welt solle demonstriert werden, daß die NATO stark und stabil bleibe. Diese Aussagen seien für ihn unverständlich, weil sie Ausdruck einer alten Politik seien. Erneut würde die nukleare Abschreckung unterstrichen. Wenn man das Dokument lese, fühle man sich an den Geruch erinnert, der einer alten Höhle entströme.

Der Bundeskanzler bestätigte, daß es das Ziel bleibe, die NATO stark und einig zu halten. Dieses Ziel sei jedoch kein Selbstzweck. Sie seien fest entschlossen, die Waffenberge abzubauen, wie sie es bei den INF-Verhandlungen getan hätten. Dieses Abkommen[21] sei eine

---

16 Vermerk über das Telefongespräch in der Registratur des Bundeskanzleramtes nicht zu ermitteln.
17 18. Juni 1989.
18 Nr. 1 Anm. 2.
19 Nr. 3.
20 Der gemeinsamen Erklärung über das Gipfeltreffen vom 19.–21. November 1985 in Genf zufolge stimmten Präsident Reagan und Generalsekretär Gorbatschow überein, „daß ein Atomkrieg nicht gewonnen werden kann und niemals ausgetragen werden sollte" (Public Papers of the Presidents of the United States. Ronald Reagan. 1985 [in two books]. Book II-June 29 to December 31, 1985. Hg. vom Office of the Federal Register, National Archives and Records Administration. Washington [D.C.] 1988, 1407–1410, hier 1408).
21 Vertrag zwischen den Vereinigten Staaten von Amerika und der Union der Sozialistischen Sowjetrepubliken über die Beseitigung ihrer Flugkörper mittlerer und kürzerer Reichweite, 8. Dezember 1987 (The United Nations Disarmament Yearbook. Vol. 12: 1987. Hg. vom Department for Disarmament Affairs. New York 1988, 444–474).

gute Sache gewesen. Er sei damals bereit gewesen, einseitig auf die deutschen Pershing Ia zu verzichten.[22] So trete er jetzt auch dafür ein, die START-Verhandlungen so rasch wie möglich voranzutreiben. In Brüssel habe man auch einen klaren Beschluß über ein weltweites Verbot chemischer Waffen gefaßt.[23] Er sei ein Vorkämpfer für eine solche Konvention. Der Schlüssel bei den konventionellen Abrüstungsverhandlungen liege jetzt beim Generalsekretär.

Wenn es möglich sein sollte, innerhalb der nächsten 12 bis 15 Monate, also so rasch wie möglich, in Wien Ergebnisse zu erreichen, werde dies eine qualitative Veränderung der Lage sein. Er biete dem Generalsekretär gerne an, daß sie in den vor ihnen liegenden Monaten, die sehr wichtig seien, sehr direkt zusammenarbeiten würden. Sie könnten ja die Hot line, die direkte Verbindung nutzen,[24] warf GS Gorbatschow ein.

Sie könnten auch telefonieren, fuhr der Bundeskanzler fort, sie sollten dies auch hin und wieder tun, selbst wenn es keine konkreten Probleme gebe. Sie könnten ja dann über das Wetter sprechen, erwiderte GS Gorbatschow lachend. Wichtig sei, daß man miteinander spreche, dann wäre es auch leichter, wenn tatsächlich Probleme auftreten würden, fügte der Bundeskanzler hinzu. Er biete dem Generalsekretär auch an, Horst Teltschik direkt nach Moskau zu ihm zu entsenden, wenn dies erforderlich sei. GS Gorbatschow stimmte zu.

Der Bundeskanzler erklärte, daß er die Rolle der Bundesrepublik nicht überbewerte. Die Verhandlungen in Wien seien jedoch besonders wichtig und würden große Wirkungen haben.

GS Gorbatschow erwiderte, daß er morgen noch einmal mit dem Bundeskanzler über Wien sprechen wolle. Zusammenfassend wolle er sagen, daß er über das offene und sehr freundliche Gespräch sehr zufrieden sei.

Der Bundeskanzler antwortete, daß er auch über die Vorbereitung dieses Besuchs sehr zufrieden sei. Dies gelte für das gemeinsame Dokument und für die Abkommen. Es gebe nur noch einen Punkt, der für ihn unbefriedigend sei, dies sei z.B. die Frage der Einbeziehung West-Berlins in die Schiffahrtsabkommen. Er wolle den Generalsekretär fragen, ob dieses Problem nicht doch noch lösbar sei, solange der Generalsekretär in der Bundesrepublik weile. Dies wäre sicherlich sehr gut. In dieser Frage gelte für ihn das Beispiel des Generalsekretärs von dem Geruch aus der alten Höhle.

---

22 Bundeskanzler Kohl sagte am 26. August 1987 vor der Bundespressekonferenz, er sei „bereit, schon heute zu erklären, daß mit der endgültigen Beseitigung aller sowjetischen und amerikanischen Mittelstreckenflugkörper die Pershing-Ia-Raketen nicht modernisiert, sondern abgebaut werden". Bedingungen seien eine Einigung bei den amerikanisch-sowjetischen Verhandlungen in Genf über ein Abkommen zur weltweiten Beseitigung ihrer Mittelstreckenraketen, die Lösung der noch offenen Verifikationsfragen, Ratifizierung und Inkrafttreten des Abkommens sowie die Einhaltung des vereinbarten Zeitplans bei der Beseitigung. Darüber hinaus forderte der Bundeskanzler von den Teilnehmerstaaten des Warschauer Vertrages den Verzicht auf die Modernisierung von Raketen kurzer Reichweite und den Abbau des bestehenden Potentials und drängte „erneut nachdrücklich auf Verhandlungen über die nuklearen Kurzstreckensysteme in Europa" (Bulletin. Nr. 80. 27. August 1987, 682).
23 In dem Gesamtkonzept für Rüstungskontrolle und Abrüstung (Nr. 1 Anm. 2) sprachen sich die Staats- und Regierungschefs der NATO-Staaten dafür aus, „so bald wie möglich ein weltweites, umfassendes und wirksam überprüfbares Verbot aller chemischen Waffen zu vereinbaren". Ziel sei es, „Entwicklung, Herstellung, Lagerung und Weitergabe" zu verbieten. Außerdem kündigten sie strenge Kontrollen bei der Ausfuhr von Gütern an, „die mit der Herstellung chemischer Waffen zusammenhängen".
24 Eine entsprechende Vereinbarung wurde am darauffolgenden Tag unterzeichnet (Abkommen zwischen der Regierung der Bundesrepublik Deutschland und der Regierung der Union der Sozialistischen Sowjetrepubliken über die Einrichtung einer direkten Nachrichtenverbindung zwischen dem Bundeskanzleramt in Bonn und dem Kreml in Moskau, 13. Juni 1989, in: Bundesgesetzblatt. Teil II. Jahrgang 1989. Hg. vom Bundesminister der Justiz. Bonn, 687f.).

<u>GS Gorbatschow</u> erwiderte, daß das vierseitige Abkommen[25] für ihn keine Höhle sei. Er werde jedoch die Frage des Bundeskanzlers an Schewardnadse weitergeben. Dieser habe von einer guten Formel gesprochen. Hier ginge es jedoch um einen konkreten Anwendungsfall.

Horst Teltschik

Nr. 3
Gespräch des Bundeskanzlers Kohl mit Generalsekretär Gorbatschow
Bonn, 13. Juni 1989

BK, 21 – 30130 S 25 – De 2/6/89, Bd. 20, Bl. 44–53. – Vermerk des MD Teltschik, 16. Juni 1989. Entwurf und 3 Ausfertigungen. Geheim. Mit hs. Verteiler: „Ex[emplar] 1 BK, Ex. 2 AL 2, Ex. 3 BM Genscher". – Gesprächsdauer: 12.00 bis 13.15 Uhr [laut Nr. 4: Gesprächsende 12.40 Uhr].

<u>Teilnehmer:</u>
A.S. Tschernajew, Persönlicher Referent des Generalsekretärs
Horst Teltschik, Ministerialdirektor
Andreas Weiß, Dolmetscher
I.A. Kurpakow, Dolmetscher

<u>Der Bundeskanzler</u> eröffnete das Gespräch mit bilateralen Fragen. Er berichtete, daß ihn viele Briefe erreichen würden mit dem Wunsch, einmal nach Ostpreußen und nach Königsberg reisen zu können. Er bitte den Generalsekretär zu prüfen, dieses Gebiet für Touristen zu öffnen. Ein Beginn könnte mit solchen Touristen erfolgen, die im Rahmen von Kreuzfahrten die Möglichkeit erhalten sollten, Tagesausflüge nach Königsberg zu unternehmen. Dies wäre auch ein gutes Geschäft für die Sowjetunion.

Der Bundeskanzler bedankte sich für die Bereitschaft Gorbatschows, weitere Friedhöfe deutscher Gefallener zugänglich zu machen. Dies sei psychologisch von besonderer Bedeutung. Er wäre dankbar, wenn die Zusammenarbeit zwischen dem Deutschen Roten Kreuz, der Deutschen Kriegsgräberfürsorge und dem Sowjetischen Roten Kreuz weiterentwickelt werden könnte.

Der Bundeskanzler berichtete auch von zahlreichen Briefen, die er von Angehörigen von Kriegsgefangenen erhalte, die pauschal verurteilt worden seien. Ganze Verbände und Einheiten seien unter Stalin pauschal verurteilt worden. 1955 seien die noch wenigen Überlebenden nach dem Besuch von Bundeskanzler Adenauer in Moskau zurückgekehrt. Er bitte den Generalsekretär, einen Beauftragten zu benennen, mit dem ein Beauftragter von ihm in aller Diskretion über dieses Problem sprechen könne. Diese Beauftragten könnten aus dem Mitarbeiterbereich kommen. Eine Lösung dieser Frage wäre von großer öffentlicher Wirkung. Er sage jedoch zu, daß er über diesen Punkt nur öffentlich sprechen werde, wenn er eine positive Antwort des Generalsekretärs erhalte. Er wisse, daß diese zeitliche

---

25 Vierseitiges Abkommen, unterzeichnet am 3. September 1971 im Gebäude des Alliierten Kontrollrats in Berlin (United Nations/Nations Unies. Treaty Series/Recueil des Traités. Treaties and international agreements registered or filed and recorded with the Secretariat of the United Nations/Traités et accords internationaux enregistrés ou classés et inscrits au répertoire au Sécrétariat de l'Organisation des Nations Unies. Vol. 880, 115–142; Bulletin. Sonderausgabe. Nr. 127. 3. September 1971, 1360–1365). Erklärung der Bundesregierung, 3. September 1971, und weitere ergänzende Dokumente ebd., 1359, 1366–1396.

Periode auch für den Generalsekretär besonders schwierig sei. GS Gorbatschow nickte zustimmend.

Der Bundeskanzler dankte GS Gorbatschow für seine Bereitschaft, eine große Anzahl von
Rußlanddeutschen in die Bundesrepublik ausreisen zu lassen. Er verfolge mit großer Aufmerksamkeit die Diskussion innerhalb der sowjetischen Führung über die Frage, ob die
Deutschen in ein autonomes Gebiet zurückgeführt werden sollten. Sollte eine solche Entscheidung getroffen werden, könnte man auch darüber nachdenken, ob die Bundesrepublik
Deutschland für ein solches Projekt besondere wirtschaftliche Unterstützung zur Verfügung stelle. Er könne sich vorstellen, dafür eine Art Modell zu entwickeln. Dies sei aber nur
eine spontane Idee von ihm. Er wolle diese Frage nicht öffentlich diskutieren, aber sie sollten
beide darüber gemeinsam nachdenken. Er wäre dankbar, wenn ihn der Generalsekretär über
seine Überlegungen unterrichtet halten könnte. Eine positive Entscheidung wäre ein gutes
Signal für die deutsch-sowjetische Zusammenarbeit. Er wolle aber nachdrücklich hinzufügen, daß es ihm dabei um keinerlei Propaganda gehe.

GS Gorbatschow verwies darauf, daß er in seiner Delegation drei Rußlanddeutsche habe,
darunter Frau Gellert, eine Landwirtschaftsarbeiterin, die sogar Mitglied des Zentralkomitees sei. Er sei gerne bereit, die Fragen des Bundeskanzlers aufzugreifen und sie zu prüfen.
Er wolle auch über Kaliningrad nachdenken, was dort möglich sein könne. Es gehe ihm
dabei darum, daß der Prozeß der Beziehungen aufrechterhalten und von beiden Seiten als
normal empfunden werde.

Was die Frage der Kriegsgefangenen angehe, so hätten sie keine Angaben über vermißte
Wehrmachtsangehörige zur Verfügung. In ihren Archiven gebe es aber Akten über 300 000
deutsche Kriegsgefangene, die in der Sowjetunion gestorben seien. Man sei dabei, Listen
vorzubereiten. Daran werde gearbeitet. Botschafter Kwizinskij habe an das Deutsche Rote
Kreuz eine Liste von eineinhalbtausend Fällen übergeben. Weitere Listen würden folgen.

Er wolle den Bundeskanzler auch davon unterrichten, daß sie jetzt beschlossen hätten, ab
Oktober je zwei Friedhöfe in der RSFSR und in Usbekistan für Besuche freizugeben. Er
handele sich dabei um folgende Friedhöfe: Kasan und Jelabuga, Tatarische ASSR, Rußland,
Kokand, Gebiet Fergana, und Kagan, Gebiet Buchara, Usbekistan.

Er wolle auch die Gelegenheit wahrnehmen, dem Bundeskanzler dafür zu danken, daß sie
eine Liste von 330 000 sowjetischen Bürgern erhalten hätten, die hier gestorben und begraben seien.

Was die dritte Frage des Bundeskanzlers betreffe, so sei ihm völlig neu, daß ganze Einheiten
abgeurteilt worden seien. Sie würden sich damit befassen und das Gespräch darüber fortsetzen.

In bezug auf die Rußlanddeutschen in der Sowjetunion könne er sagen, daß sie sich diesen
gegenüber gut verhalten würden. Sie würden sie wie ihre Bürger behandeln. Der Volksdepu-
tierten-Kongreß habe jetzt Beschlüsse gefaßt, die noch nicht veröffentlicht worden seien.
Darin sei der Auftrag enthalten, das Schicksal der Deutschen, der Krimtataren und anderer
zu prüfen und sich mit all denen zu befassen, die im Krieg deportiert worden seien. Die
Frage der Autonomie klopfe an die Tür. Die Kompliziertheit bestehe jedoch darin, daß das
Problem heute weniger schmerzlich wäre, wenn man sich damit früher befaßt hätte. Jetzt
seien inzwischen alle Gebiete wieder bevölkert und bewirtschaftet, und die Reaktion der
dort lebenden Menschen könne kompliziert sein. Die Perestroika habe sich etwas verspätet,
aber es handele sich hierbei um Fragen des Lebens. Eine Lösung müsse gefunden werden.

GS Gorbatschow versicherte dem Bundeskanzler, daß sie sich mit all diesen Fragen befassen
und darüber in Kontakt bleiben würden.

Der Bundeskanzler bekräftigte noch einmal, daß es wichtig sei, in Kontakt zu bleiben. GS
Gorbatschow stimmte zu.

Anschließend fragte der Bundeskanzler, ob der Generalsekretär mit Außenminister Schewardnadse noch einmal über die Frage der Einbeziehung West-Berlins in die Schiffahrtsabkommen gesprochen habe.[1] GS Gorbatschow bestätigte dies. Es sei ihm gelungen, mit Schewardnadse zu sprechen. Dieser habe ihm gesagt, daß man sich bei diesem Problem zurechtfinden müsse. Es gelte dabei, die Praxis einzubeziehen und eine Lösung zu finden. Die Praxis bestehe darin, daß die Schiffe schon heute fahren würden.

Von seiten der DDR entstünden keine Probleme. Man müsse jetzt weitersprechen und weiterarbeiten. Für Schewardnadse sei das Problem neu gewesen, daß die Schiffe tatsächlich schon fahren würden. Jetzt gelte es, eine rechtliche Lösung zu finden.

GS Gorbatschow leitete auf die Verhandlungen über konventionelle Abrüstung in Wien über. Er wolle darüber noch einige Worte vom Bundeskanzler hören. Er selbst habe mit Marschall Achromejew über diese Fragen gesprochen. Er wolle dem Bundeskanzler ihre Position erläutern, wie sie an Fragen der Abrüstung herangingen. Sie seien für ein radikales Herangehen.

Was die Truppenstärke betreffe, so sollten auf jeder Seite 1 Million Soldaten reduziert werden, um damit auf beiden Seiten eine Zahl von 1,35 Millionen zu erreichen.

Die Reduzierung von Flugzeugen, Hubschraubern, Panzern, Artillerie, gepanzerten Fahrzeugen sollte etappenweise durchgeführt werden. Dabei gehe es darum, in der ersten Etappe die Ungleichgewichte zu beseitigen, um gleiche Obergrenzen zu erreichen. Das Ergebnis sollte sein, daß auf beiden Seiten Streitkräfte verblieben, die über keine Offensivfähigkeit und Angriffsfähigkeit verfügten.

Dies sei für ihn sehr wichtig, erwiderte der Bundeskanzler. Der Abbau der Invasionsfähigkeit sei für ihn gewissermaßen das A und O der Verhandlungen.

GS Gorbatschow stimmte zu. Die Antwort der NATO und der USA[2] auf die sowjetischen Vorschläge[3] sei in vielerlei Hinsicht annehmbar. Dies beziehe sich auf die Reduzierung von Panzern, Artillerie und Schützenpanzern. Auch die NATO anerkenne jetzt die Notwendigkeit der Reduzierung von Flugzeugen und Hubschraubern. Dies alles sei wichtig. Die Lesart bei den Terminen, die genannt worden seien, sei verschieden, aber nach seiner Ansicht lösbar.

Für ihn blieben jedoch einige Fragen offen: Erstens müsse eine Reduzierung der Truppenstärke vereinbart werden, damit zukünftig die Invasionsfähigkeit ausgeschlossen sei. Es sei für ihn unverständlich, daß bei diesem Vorschlag die Reduzierung der ausländischen Truppen auf solche der Sowjetunion und der USA verengt werde. Aber in dieser Frage gebe es wohl keine unüberwindlichen Hindernisse.

Der Bundeskanzler bestätigte dies. Auch für ihn gebe es dabei keine unüberwindbaren Hindernisse.

GS Gorbatschow fuhr fort, daß vom Westen immer wieder gefragt werde, warum der sowjetische Vorschlag eine Unterscheidung bei den Flugzeugen vornehme. Der Westen werte die

---

1   Dazu Nr. 2.
2   Nr. 1 Anm. 6.
3   Die von Außenminister Schewardnadse in seiner Rede zur Eröffnung der VKSE am 6. März 1989 in Wien unterbreiteten Vorschläge (Meldung TASS/russ./6. 3. 89/0603 in: Ostinformationen. Nr. 46. 7. März 1990, 2–10, hier 4; BPA/PA, F 1/22) sahen die Reduzierung der Streitkräfte in Europa in drei Etappen vor. In der ersten Etappe von zwei bis drei Jahren sollten NATO und Warschauer Pakt Asymetrien bei den Truppenstärken und bei bestimmten „Kategorien von Rüstungen" – vor allem Angriffs-Kampfflugzeuge, Panzer und gepanzerte Fahrzeuge, Kampfhubschrauber und Artillerie – beseitigen. Das neue Streitkräfteplafond auf beiden Seiten sollte auf gleicher Höhe und 10–15 v.H. unter dem zur Zeit niedrigsten Stand liegen. Ergänzend seien entlang der gegenseitigen Bündnisgrenzen in Europa Zonen mit verringertem Rüstungsniveau und ohne taktische Atomwaffen einzurichten. Nach dem Erreichen gemeinsamer Streitkräfteplafonds sollten diese in einer zweiten Etappe beiderseits erneut um 25 v.H. reduziert und weitere Rüstungskategorien ebenfalls verringert werden. Ziel sei es, die Streitkräfte nach dem Prinzip der Hinlänglichkeit für die Verteidigung umzubauen und ihnen im Verlauf der dritten Etappe „strengen Verteidigungscharakter" zu verleihen, ferner Obergrenzen bei den letzten noch nicht erfaßten Rüstungskategorien festzulegen.

sowjetischen Vorschläge ab. Sie wollten die Kampfflugzeuge einbeziehen und die, die der Verteidigung dienen, ausklammern. Sie sind eine Frage, die in der Zukunft behandelt werden könne.

Panzer, Schützenpanzer, Artillerie und vieles mehr könne reduziert werden. Schwierigkeiten gebe es aber beim Westen in der Frage der Flugzeuge und Hubschrauber. Besorgnis habe er auch über die Position zu den taktischen Nuklearwaffen.

Er wolle offen sagen, daß es ein amerikanischer Vorschlag gewesen sei, die SS 23 in die INF-Verhandlungen einzubeziehen, obwohl sie eine Reichweite von weniger als 500 km gehabt habe. Sie hätten daraufhin auf die SS 23 verzichtet. Jetzt wollten jedoch die USA ein System gleicher Reichweite einführen. Er frage sich deshalb, wozu sie damals die SS 23 einbezogen hätten. Er habe dies alles Außenminister Baker erläutert[4] und ihm gesagt, daß sein Vorgänger Shultz die Einbeziehung der SS 23 seinerzeit gefordert habe. Jetzt solle die Lance mit gleicher Reichweite modernisiert werden. Wenn der Bundeskanzler über taktische Nuklearwaffen spreche, dann beziehe er nur Raketen ein, aber es gebe ja auch noch die nukleare Artillerie und die Flugzeuge mit nuklearen Systemen.

Der Bundeskanzler erwiderte, daß es gut sei, daß sie offen über diese Fragen reden würden. Dies würde das gegenseitige Vertrauen verstärken. Er halte es für wichtig, daß sie in all diesen Fragen einen engen Kontakt halten würden.

Für ihn liege der Schlüssel für alle diese Fragen im Moment in Wien. Er halte es für möglich, daß sich beide Seiten über die bisherigen Vorschläge hinaus bewegen würden. Bereits die jetzigen Vorschläge zeigten, daß eine Annäherung erreicht sei. Daran sollte weiter gearbeitet werden. In dem Maße, in dem in Wien Ergebnisse erreicht würden, wäre dies auch für alle anderen Fragen hilfreich. Er wisse, daß das Zeitmaß, das Präsident Bush vorgegeben habe, sehr kurz sei. Er erinnere nur daran, daß in dem Augenblick, als die Sowjetunion und die USA beschlossen hätten, ein INF-Abkommen[5] zu erreichen, sie einen solchen Vertrag innerhalb von 12 Monaten abgeschlossen hätten.

GS Gorbatschow nickte zustimmend.

Der Bundeskanzler fuhr fort, daß man etwas tun könne, um ein Ergebnis zu erreichen. Er selbst beanspruche eine Mitverantwortung für die Frist von 12 Monaten. Der Grund liege in der Entscheidung, über ein Nachfolgesystem für die Lance nicht vor 1992 zu beschließen.[6] Heute schreibe man den Juni 1989. Er habe in Brüssel die Meinung vertreten, daß Verhandlungen über nukleare Kurzstreckensysteme und Nuklearartillerie dann beginnen könnten, wenn in Wien Fortschritte erreicht seien. Dies heiße für ihn nicht unbedingt, daß ein Vertrag schon abgeschlossen sein müsse. Er sehe die Triade, von der Gorbatschow gesprochen habe. Er wolle sie auch nicht auflösen, sehe jedoch eine bestimmte Reihenfolge: Erst müßten Ergebnisse in Wien erreicht werden, und dann könne man über nukleare Kurzstreckensysteme verhandeln. Für ihn komme eine dritte Frage hinzu. Für ihn sei es ebenso wichtig, ein Abkommen über ein weltweites Verbot chemischer Waffen zu erreichen. Diese Systeme würden sie in der Bundesrepublik als besonders gefährlich einschätzen. ...[7] Deshalb werde er alles unterstützen, damit die chemischen Waffen verschwänden.

Die Bundesrepublik bereite jetzt Gesetze vor, die unter Strafe stellten, daß Deutsche als Personen oder als Vertreter von Firmen an der Produktion von Anlagen für biologische oder chemische Waffen, wo auch immer in der Welt, sich beteiligten. Er wisse, daß es gerade bei

---

4   Generalsekretär Gorbatschow besprach dieses Thema mit Außenminister Baker während dessen Besuchs am 10./ 11. Mai 1989 in Moskau (Gorbatschow, Erinnerungen, 689–692, hier 691; Gorbatschow, Gipfelgespräche, 76–92; Baker, Drei Jahre, die die Welt veränderten, 73–84; Pressekonferenz Bakers in Moskau, 11. Mai 1989, in: Department of State Bulletin. Vol. 89. No. 2148. July 1989, 30–33).
5   Nr. 2 Anm. 21.
6   Nr. 1 Anm. 6.
7   Im folgenden besprochen: Fragen im Zusammenhang mit Produktionsanlagen in Libyen.

den chemischen Waffen ein großes Problem gebe. Chemiker hätten ihm berichtet, daß solche Produktionsanlagen Produktionen beider Art durchführen könnten.

GS Gorbatschow stimmte zu. Er glaube, wir könnten aktiv zusammenarbeiten, um eine solche Konvention zu erreichen.

Der Bundeskanzler erwiderte, daß er auch zu einer engen Zusammenarbeit bei den Verhandlungen über konventionelle Abrüstung in Wien [bereit] sei. Wenn der Generalsekretär einverstanden sei, werde er Präsident Bush sagen, daß er den Eindruck gewonnen habe, daß ein Ergebnis bei den Genfer Verhandlungen über chemische Waffen in kurzer Zeit erreichbar sein könne. GS Gorbatschow bestätigte dies.

Der Bundeskanzler bekräftigte noch einmal seinen Wunsch, daß auch in Wien rasche Ergebnisse möglich sein sollten. GS Gorbatschow stimmte zu. Dies sollte dann auch für die Verhandlungen über nukleare Kurzstreckensysteme gelten, fuhr der Bundeskanzler fort. Auch hier stimmte GS Gorbatschow zu. Er wolle dazu aber noch ergänzen, daß sie die Gegenvorschläge für die Wiener Verhandlungen begrüßen würden. Diese Gegenvorschläge würden den Wiener Prozeß realistisch machen. Sie hätten jedoch auch Besorgnisse. Manche dieser Besorgnisse könnten in den Verhandlungen beseitigt werden, weil sie nicht so bedeutend seien. Zwei bis drei Punkte seien für ihn jedoch wesentlich. GS Gorbatschow kündigte eine wohlüberlegte Antwort anläßlich der Sitzung des Politischen Beratenden Ausschusses des Warschauer Paktes im Juli in Bukarest[8] an. Im voraus wolle er jedoch die Aufmerksamkeit des Bundeskanzlers auf folgende Punkte lenken, die Befremden ausgelöst hätten:

Erstens: Die NATO-Antwort enthalte keine Reaktion auf den sowjetischen Vorschlag, die Truppen um 1 Million Soldaten zu reduzieren, um auf beiden Seiten den Stand von 1,35 Millionen Soldaten zu erreichen. Damit könne die Invasionsfähigkeit abgebaut werden. Die Reduzierung von ausländischen Truppen sollte nicht auf die der USA und der Sowjetunion allein beschränkt werden. Der Bundeskanzler warf ein, daß es sich dabei um keine bedeutenden Zahlen handele.

GS Gorbatschow fuhr fort, daß das heutige amerikanische Herangehen an diese Frage heiße, daß nur die Sowjetunion entscheidend reduzieren müsse, während die USA nur einen symbolischen Abbau durchführen müsse, der auf Hilfstruppen begrenzt bleibe. Außerdem müßten nur die Sowjetunion und die USA reduzieren. Bei den USA handele es sich um lediglich 30 000 Soldaten des Bedienungspersonals von Systemen, die abgebaut würden.

Der Bundeskanzler erwiderte, daß er den Vorschlag des amerikanischen Präsidenten anders verstanden habe. Die Amerikaner seien bereit, 30 000 Soldaten abzubauen. Es handele sich dabei um 20% der Kampftruppen. Das heiße, daß komplette Einheiten verschwinden würden. Er könne auch nicht erkennen, wo das Problem bei dem Einwand von Gorbatschow liege, daß die Reduzierung ausländischer Truppen sich nur auf die USA und auf die Sowjetunion beschränken solle. Bei den genannten Zahlen handele es sich ja nicht um gewaltige Größenordnungen, sondern nur um symbolische Zahlen.

GS Gorbatschow erwiderte, daß es ihr Problem sei, daß sie vorgeschlagen hätten, auf beiden Seiten je eine Million Soldaten zu reduzieren. Dies sei ihr Vorschlag, weil nach einer solchen Reduzierung keine Invasionsfähigkeit mehr bestehe.

Der Bundeskanzler fragte nach, ob die Frage der Begrenzung der Reduzierung bei den ausländischen Truppen auf die Sowjetunion und auf die USA ein prinzipielles Problem für die Sowjetunion sei?

GS Gorbatschow bekräftigte noch einmal, daß auch alle anderen ausländischen Truppen einbezogen werden müßten. Es handele sich dabei um rd. 100 000 [Mann]. Für ihn gebe es zwei prinzipielle Momente: Der NATO-Vorschlag enthalte keine Antwort auf ihren Vor-

---

8 Zum Ergebnis der Tagung des Politischen Beratenden Ausschusses der Teilnehmerstaaten des Warschauer Vertrages am 7./8. Juli 1989 in Bukarest: Neues Deutschland. 44. Jg. Nr. 160. 10. Juli 1989, 1 f. (Erklärung), 2 (Kommuniqué).

schlag, die Truppen um 1 Million zu reduzieren. Die Zahl von 1 Million sei für ihn das Wichtigste. Das zweite Problem seien die Flugzeuge. Der westliche Vorschlag spreche nur allgemein von Kampfflugzeugen und schließe die Luftabwehr des Warschauer Pakts mit ein. Davon seien aber nur 20% mit den Offensiv(Front-)flugzeugen verbunden. Sie wollten die Flugzeuge der Marine und der Luftabwehr aus den Verhandlungen herauslassen.

Der NATO-Vorschlag bedeute, daß sie 50 bis 60% ihrer Flugzeuge reduzieren müßten. Sie wüßten jedoch, daß die Kampfflugzeuge des Westens über 4000 verschiedene Sprengköpfe verfügten mit einer Reichweite von 1000 km. Das vergleichbare Potential der Sowjetunion bestehe aus Raketen. Es gehe darum, eine Gleichheit der Vorschläge zu erreichen, um zu gleicher Sicherheit ohne Umgehungsmanöver zu kommen. Die Experten würden jetzt diese Vorschläge der NATO prüfen. Sie enthielten Positives, aber auch gewisse verdeckte Gefahren für die Sowjetunion.

Er sei jetzt dafür, daß im Wiener Verhandlungsprozeß rasche Fortschritte erreicht würden. Über die Termine könnte man sich einigen. Letzteres sei für die Bundesregierung unter dem Gesichtspunkt 1992 besonders wichtig, fügte der Bundeskanzler hinzu.

Er verstehe dies, erwiderte GS Gorbatschow. Er sei an einer dritten Null-Lösung interessiert, während der Bundeskanzler an einem nuklearen Minimum festhalten wolle.

Der Bundeskanzler begründete seine Haltung mit der nuklearen Überlegenheit der Sowjetunion. Der Termin 1992 sei für ihn wichtig, und er wolle die Zeit bis dorthin nutzen. Darin lag ein Teil seines Problems in Brüssel. Wenn jetzt alles so komme, wie sie sich das vorgestellt hätten, könne man 1992 mit einer neuen Lage rechnen. 1992 sei außerdem das Wahljahr in den Vereinigten Staaten von Amerika. Er habe sich also bei diesem Termin etwas gedacht.

GS Gorbatschow stimmte zu. Jetzt müsse man diesen Weg weitergehen, fuhr der Bundeskanzler fort. Er sehe jetzt auf allen Seiten Bewegung, erwiderte GS Gorbatschow. Sie hätten ein gemeinsames Schicksal, und dies verspüre keiner so wie sie beide. Warum müßten sie Geisel sein?

Der Bundeskanzler berichtete, daß er gestern mit Frau Gorbatschowa gesprochen habe, die heute den Friedhof in Stukenbrock besuche. Dies sei ein sehr gutes und wichtiges Ereignis. Sie seien ja nicht nur Politiker, sondern auch Menschen, die das Schicksal der eigenen Familie interessiere. So habe er zwei Söhne[9] bei der Bundeswehr gehabt, und sein Bruder sei im Zweiten Weltkrieg gefallen[10].

Er verstehe den Bundeskanzler sehr gut und wisse diesen menschlichen Aspekt sehr zu schätzen, erwiderte GS Gorbatschow. Moderne Politik ohne Menschlichkeit wäre unseriös und nicht moralisch.

Der Bundeskanzler berichtete, daß er auf dem NATO-Gipfel zu einer Dame gesagt habe, daß er der einzige Teilnehmer sei, dessen Söhne in einer NATO-Armee gedient hätten. Dies habe nichts mit Feigheit zu tun.

Dies sei eine ganz reale Sache, warf GS Gorbatschow ein. Es gebe jetzt ein großes Feld der Zusammenarbeit auf der Grundlage des Vertrauens, das jetzt entstanden sei, und auf der Grundlage der persönlichen Beziehungen. Er sei bereit, daß sie persönlich Lösungen suchen würden.

Der Bundeskanzler stimmte zu. Diese Zusammenarbeit sollte jedoch nicht immer über die Ämter erfolgen. Es gelte auch für die Sowjetunion: Je mehr Perestroika, desto weniger gebe es Vertraulichkeit.

T
(Teltschik)

---

9   Peter Kohl und Walter Kohl.
10   Walter Kohl, älterer Bruder, im Herbst 1944 gefallen.

<u>D e l e g a t i o n s g e s p r ä c h</u>

1. <u>Einführung</u>
   - Begrüßung GS Gorbatschows und seiner Delegation. Begrüßen, daß erste Auslandsreise im neuen Amt in unser Land führt.

   - Deutsch-sowjetische Beziehungen für uns von zentraler Bedeutung – ihr möglichst guter Stand von zentraler Bedeutung für West-Ost-Verhältnis insgesamt.

   - Würdigung anschließend zu unterzeichnender Dokumente
     = Gemeinsame Erklärung: Zukunftsweisend, verdeutlicht neue Qualität der Beziehungen
     = Abkommen öffnen Tür zu mehr Begegnung (Jugendaustausch, Kultur-institute usw.) und engerer wirtschaftlicher Zusammenarbeit (Investitionsförderungsvertrag, Aus- und Weiterbildung, Wirt-schaftszentren).

2. <u>Vorträge über Parallelgespräche</u>
   - Bundesminister Genscher/Außenminister Schewardnadse
   - Bundesminister Haussmann/stv. MP Silajew

3. <u>Wirtschaftsbeziehungen/Perspektive europäischer Einigung</u>
                          - Bitte wenden! -

4. <u>Verabschiedung</u>
   - Weiteres Besuchsprogramm soll Bundesrepublik Deutschland vorstellen als
     = freiheitlich-sozialen Rechtsstaat
     = funktionierende soziale Marktwirtschaft
     = modernen Industriestaat mit hoher Forschungskapazität

   - Wie vereinbart Fortsetzung des Dialogs auf höchster politischer Ebene.

Gesprächsführungsunterlagen mit hs. Notizen des Bundeskanzlers Kohl für das Delegationsgespräch mit General-sekretär Gorbatschow am 13. Juni 1989 in Bonn.

Delegationsgespräch – Wirtschaftsfragen

- Gipfelerklärung der NATO
    - = würdigt Reformbestrebungen in Mittel- und Osteuropa
    - = bietet breite Kontakt- und Kooperationsmöglichkeiten an
- Konferenz über wirtschaftliche Zusammenarbeit in Europa in Bonn (Frühjahr 1990) zeigt hohen Stellenwert dieser Fragen
- Wir wollen <u>ganz Europa</u> zu dynamischem, prosperierendem Wirtschaftsraum machen:
    - = einheitlicher EG-Binnenmarkt bringt neue Qualität
    - = wir für Offenheit nach außen – auch nach Mittel- und Osteuropa
- Bundesregierung und unsere Industrie bereit zu mehr Zusammenarbeit:
    - = Wirtschaftswachstum im Osten von dortigen Bemühungen abhängig
    - = Westen kann und will flankierenden Beitrag leisten
- bilaterale Handelsbeziehungen erfreulich: starker Zuwachs beim Warenverkehr, jetzt auch in <u>beiden</u> Richtungen
- deutscher Beitrag für Unterstützung des wirtschaftlichen Umbaus wichtig; insbesondere bei

- = Aus- und Weiterbildung von sowjetischen Führungskräften,
- = Unternehmenskooperation; durch Investitionsförderungs- und Schutzvertrag erleichtert,
- = Projekt "Haus der Wirtschaft" im jeweiligen Land: eröffnet kleinen und mittleren Unternehmen langfristige Chancen,
- = Dienstleistungen im "Consulting"-Bereich: Effizienzsteigerung
- Ausbau von Agrar- und Ernährungswirtschaft in SU zentrale Bedeutung:
    - = Ressortabkommen bei Nahrungsmittelindustrie müssen durch Firmenvereinbarung ergänzt werden
    - = Austausch von Praktikanten und Weiterbildung von Fachkräften
    - = unsere Zuchtviehlieferung nach Armenien zur Wiederaufbauhilfe ist angelaufen
- Projekte weiterer Zusammenarbeit aus unserer Sicht:
    - = Medizintechnik,
    - = friedliche Nutzung Kernenergie,
    - = Raumfahrt- und Flugzeugtechnik,
    - = Umwelttechnik
- <u>wichtig:</u> Augenmaß bewahren – beiderseitige Interessen beachten
- keine Spaltung Europas: weder bei Kultur noch bei Technik und Wissenschaft
    - = deshalb: <u>Anpassung der COCOM-Regeln an neue West-Ost-Entwicklung</u>
    - = jedoch: Kernbereich strategisch wichtiger Technologie bleibt in West <u>und</u> Ost geschützt

Nr. 4
Delegationsgespräch des Bundeskanzlers Kohl mit Generalsekretär Gorbatschow
Bonn, 13. Juni 1989

BK, 213 – 30105 S 25 So 16, GS Gorbatschow, 12.–15.6.1989, Hauptvorgang Bd. 3. – Vermerk des VLR I Kaestner, 14. Juni 1989. – Mit Vorlage des MD Teltschik über Chef BK an den Bundeskanzler: „Hiermit lege ich einen Vermerk über das o.a. Gespräch mit der Bitte um – Genehmigung – vor. Zugleich erbitte ich Ihre – Zustimmung –, daß die Bundesminister Genscher und Dr. Haussmann Doppel erhalten." Hs. von Bundeskanzler Kohl vermerkt: „Teltschik", zur Bitte um Genehmigung: „i.O. K[ohl]", zur Weitergabe an die Bundesminister: „Ja". – Gesprächsdauer: 11.40 bis 13.15 Uhr.

Das Delegationsgespräch beginnt unter Leitung von Bundesminister <u>Genscher</u>, der die sowjetische Delegation unter Außenminister Schewardnadse herzlich begrüßt und darauf hinweist, daß der herzliche Empfang Generalsekretär Gorbatschows durch die Bonner Bevölkerung vor dem Alten Rathaus beweise, daß unsere Politik der Zusammenarbeit mit der Sowjetunion bei uns breite Zustimmung finde.

AM <u>Schewardnadse</u> dankt und zeigt sich beeindruckt von der spontanen Begeisterung und den freundlichen Gefühlen seitens der Bevölkerung. In der Sowjetunion wisse man dies sehr zu schätzen.

Die Gemeinsame Erklärung, die der Generalsekretär heute mit dem Bundeskanzler unterzeichnen werde,[1] sei das wichtigste Ergebnis des Besuchs. Sie sei fertig und abgestimmt.

BM <u>Genscher</u> fragt, ob die sowjetische Seite nunmehr der abgestimmten Presseerklärung ebenfalls zustimme.

Stv. AM <u>Kowaljow</u> stellt fest, daß dies hinsichtlich der Formulierung betreffend Sowjetbürger deutscher Nationalität noch nicht zutreffe.

Dem schließt sich ein längeres Abstimmungsgespräch an, an dem sich die Botschafter Dr. <u>Meyer-Landrut</u> und <u>Kwizinskij</u> sowie MD <u>Dr. Kastrup</u> beteiligen.

BM <u>Genscher</u> bringt schließlich einen Kompromiß- und zugleich Kürzungsvorschlag ein, der beiderseitige Zustimmung findet.

Stv. MP <u>Silajew</u> berichtet über sein Gespräch mit BM Dr. Haussmann und die heute zu unterzeichnenden wirtschaftlichen Verträge und Dokumente:
– Mit dem Vorstandssprecher der Deutschen Bank, Dr. <u>Herrhausen</u>, habe er die endgültige Fassung der Vereinbarung über die „Häuser der Wirtschaft" paraphiert und [sei] sie anschließend mit BM Dr. Haussmann noch einmal durchgegangen: Das Dokument sei fertig,[2] und die sowjetische Seite messe ihm große Bedeutung bei.
– Desgleichen seien die beiden Abkommen über Schutz und Förderung von Investitionen[3] sowie über Aus- und Weiterbildung von Managern[4] fertig.

---

1 Bundeskanzler Kohl und Generalsekretär Gorbatschow unterzeichneten am 13. Juni 1989 in Bonn die Gemeinsame Erklärung, in der sie feststellten, „Bauelemente des Europas des Friedens und der Zusammenarbeit" müßten die „uneingeschränkte Achtung der Integrität und Sicherheit jedes Staates" und das „Recht, das eigene politische und soziale System frei zu wählen", sein. Dazu gehöre die „uneingeschränkte Achtung der Grundsätze und Normen des Völkerrechts", insbesondere die „Achtung des Selbstbestimmungsrechts der Völker" (Bulletin. Nr. 61. 15. Juni 1989, 542–544, hier 542).
2 Protokoll über die Einrichtung des Hauses der Wirtschaft und Industrie der Sowjetunion in der Bundesrepublik Deutschland und des Hauses der Wirtschaft der Bundesrepublik Deutschland in der Sowjetunion, unterzeichnet von dem Vorsitzenden des Büros des Ministerrates der UdSSR für Maschinenbau, Silajew, und dem Sprecher des Vorstandes der Deutschen Bank, Herrhausen, am 13. Juni 1989 in Bonn; Deutsche Bank, Kultur und Gesellschaft, Historisches Institut.
3 Vertrag der Bundesrepublik Deutschland und der Union der Sozialistischen Sowjetrepubliken über die Förderung und den gegenseitigen Schutz von Kapitalanlagen, 13. Juni 1989, mit Protokoll, in: BGBl. 1990 II, 343–349.
4 Abkommen zwischen der Regierung der Bundesrepublik Deutschland und der Regierung der Union der Sozialistischen Sowjetrepubliken über eine vertiefte Zusammenarbeit in der Aus- und Weiterbildung von Fach- und Führungskräften der Wirtschaft, 13. Juni 1989, mit Anlagen, ebd., 842–850.

Mit BM Dr. Haussmann – so Silajew weiter – habe man die Perspektiven der künftigen Arbeit der Gemischten Wirtschaftskommission abgesteckt. Schwerpunkte sollten sein:
- Umweltzusammenarbeit
- Wissenschaftlich-technische Zusammenarbeit vor allem im Bereich der Raum- und Luftfahrt (einschließlich neue Materialien)
- Informatik und elektronische Datenverarbeitung
- Neue Transportmittel (einschließlich Magnetbahn)
- Consulting und Engineering
- Weiterentwicklung des Tourismus.

Stv. MP Silajew berichtet sodann über persönliche Gespräche mit jungen Sowjetbürgern, die zur Ausbildung in der Bundesrepublik Deutschland sind. Das Interesse in seinem Land sei sehr groß. So hätten sich für die 10 von Dr. Körber gestifteten Langzeitstipendien 600 Kandidaten beworben.

In der Nähe von Moskau werde zusätzlich ein Zentrum für die Ausbildung von Managern errichtet.

Botschafter Dr. Meyer-Landrut erläutert dieses von der Firma Hatesaul betreute Projekt weiter. Er selbst werbe bei allen Besuchern aus dem Wirtschaftsbereich für die Zurverfügungstellung von Ausbildungsplätzen – und bekomme kaum eine negative Antwort.

Auf die Frage von Botschafter Dr. Meyer-Landrut, ob die sowjetische Seite ihren Standort für das sowjetische „Haus der Wirtschaft" bereits getroffen habe, erläutert stv. MP Silajew, es lägen zwei Angebote – Hannover und Düsseldorf – vor, und die Entscheidung werde bis Juli getroffen. Nunmehr habe sich zusätzlich die Stadt Nürnberg – nicht die bayerische Landesregierung – interessiert.

BM Dr. Haussmann drängt auf rasche Entscheidung, damit in der Entwicklung der beiden Projekte ein gewisser Gleichstand gewahrt bleibe. Dabei müsse man von Anfang an von einer längeren Planungs- und Bauzeit für das Haus der Deutschen Wirtschaft in Moskau ausgehen, weil es größer und komplizierter sei; demgegenüber werde das sowjetische „Haus der Wirtschaft" bei uns schneller zu realisieren sein.

Stv. MP Silajew betont, da die Bundesrepublik Deutschland flächenmäßig nicht so groß sei, werde die sowjetische Seite weniger nach der Geographie, hauptsächlich nach wirtschaftlichen Gesichtspunkten entscheiden. Wichtig sei, daß die Zentren auf Grundlage der Selbstfinanzierung arbeiteten.

BM Dr. Haussmann pflichtet dem bei und betont, fast noch wichtiger als die Kosten des Baus und der Ersteinrichtung seien die laufenden Kosten.

Der Bundeskanzler und Generalsekretär Gorbatschow übernehmen um 12.40 Uhr[5] die Leitung ihrer Delegationen.

Der Bundeskanzler begrüßt erneut den Generalsekretär und seine Delegation aufs herzlichste und verzeichnet mit Genugtuung die intensiven, ausgezeichneten Gespräche, die man miteinander geführt habe, geprägt von der Tiefe des Inhalts und der Art des vertrauensvollen Miteinanders.[6]

Der Bundeskanzler und Generalsekretär Gorbatschow beschließen sodann, unter Verkürzung der Mittagspause die Sitzung wie geplant fortzusetzen und die Fachminister um Bericht zu bitten.

AM Schewardnadse faßt die sowjetische Wertung in vier Punkten zusammen:
- Dem Besuch des Generalsekretärs sei eine große Vorbereitungsarbeit – mehrere Treffen der Außenminister, viele Treffen der Experten und der Außenämter – vorangegangen. Die

---

5   Laut Nr. 3: Ende des vorangegangenen Gesprächs des Bundeskanzlers Kohl mit Generalsekretär Gorbatschow 13.15 Uhr.

6   Dazu Faksimiles aus den Gesprächsunterlagen mit hs. Zusätzen des Bundeskanzlers Kohl S. 293f.

Gemeinsame Erklärung, das Hauptdokument dieses Besuchs, sei abgestimmt und könne nunmehr von beiden führenden Persönlichkeiten unterzeichnet werden.
– Prinzipiell sei auch vereinbart, morgen eine abgestimmte Presseerklärung zu veröffentlichen, in der die unterzeichneten Verträge, der Inhalt der Gespräche und ihre Atmosphäre umrissen würden. Auch dieser Entwurf sei fertig.[7]
– Unterschriftsreif sei auch eine große Zahl von Abkommen auf allen Gebieten – wirtschaftliche, kulturelle, wissenschaftlich-technische Zusammenarbeit. Darüber hinaus habe es Besprechungen über die humanitäre Sphäre gegeben.
– Noch nicht fertiggestellt seien die Schiffahrtsabkommen – hier gebe es noch einige Schwierigkeiten, die man aber nicht dramatisieren solle. Vereinbart sei, über dieses Thema intensiv weiter zu sprechen, um diese Abkommen in nächster Zeit ebenfalls zu finalisieren.

Insgesamt wolle er festhalten: All diese Arbeit sei in einer sehr guten Atmosphäre auf allen Ebenen geleistet worden, nunmehr lägen sehr solide und fundierte Ergebnisse vor. Von sowjetischer Seite sei man zu Recht überzeugt, daß dieser Besuch wirklich ein großes Ereignis in den Beziehungen sein werde.

BM Genscher unterstützt diese Ausführungen voll und ganz und dankt für den konstruktiven, vertrauensvollen Geist der Gespräche.

Stv. MP Silajew berichtet aus seinen Gesprächen mit BM Dr. Haussmann, man habe sich auf eine „revolutionäre" Umstrukturierung der Arbeit der Gemischten Wirtschaftskommission geeinigt. Es gelte Stil und Methoden der Arbeit zu ändern, und zwar derart, daß man die Direktverbindungen zwischen den Betrieben und Unternehmen beider Seiten maximal fördere und ihre Zusammenarbeit erleichtere.

Unter Beteiligung der Gemischten Wirtschaftskommission seien auch drei heute zu unterzeichnende Abkommen vorbereitet worden, die AM Schewardnadse bereits kurz erwähnt habe.
– Aus- und Weiterbildung: Hier habe die praktische Zusammenarbeit bereits begonnen. Man werde die Zahl von 500–600 Managern pro Jahr erreichen.
– „Häuser der Wirtschaft" der Bundesrepublik Deutschland und der Sowjetunion: Diese Häuser würden in der Form eines Joint-venture und auf Grundlage der Selbstfinanzierung arbeiten. Das deutsche Haus werde in Moskau errichtet, über den Standort des sowjetischen Hauses werde in den nächsten Wochen entschieden. Anfang 1990 solle Baubeginn sein; man rechne mit einer Errichtungszeit von 1 1/2 Jahren.
– Schutz und Förderung von Investitionen: Es seien bereits 71 deutsch-sowjetische Joint-ventures gegründet mit einem Grundkapital von insgesamt 500 Mio. Rubel (?). Man erwarte, daß dieser Prozeß sich rasch weiterentwickle und die von den Joint-ventures produzierten Produkte bald auf den Markt kämen.

Anschließend wiederholt stv. MP Silajew die Schwerpunktaufgaben der Gemischten Wirtschaftskommission (s.o.).

BM Dr. Haussmann ergänzt, der Umfang des Warenaustauschs entspreche bisher leider nicht der Bedeutung der Beziehungen beider Länder: Deshalb sei es wichtig, im Rahmen der Gemischten Kommission auf Verbesserungen hinzuarbeiten. Es gehe nicht nur um Austausch von Rohstoffen, sondern um einen breiten Warenhandel unter Einschluß mittlerer und kleiner Unternehmen.

Der Bundeskanzler dankt allen, die daran mitgearbeitet haben, daß dieser Besuch so gut verläuft, insbesondere auch den beiden Außenministern und Botschaftern.

---

7 Abgestimmte Pressemitteilung, 13. Juni 1989, in: Bulletin. Nr. 61. 15. Juni 1989, 544 f.

Seit seinem – des Bundeskanzlers – Besuch in Moskau im Oktober 1988[8] sei eine gewichtige Wegstrecke zurückgelegt worden. Die Dinge bewegten sich offensichtlich in die richtige Richtung – dies sei sehr gut! Er hoffe, daß auch die Schiffahrtsabkommen noch fertiggestellt würden.

Zu den Wirtschaftsabkommen wolle er nur zwei Punkte hinzufügen:

– Er bewerte die Ausbildung sowjetischer Manager in unserem Lande sehr hoch, und zwar für beide Seiten. Es sei wichtig für die sowjetischen Manager, über unser Land nicht nur aus Büchern, sondern aus der Praxis etwas zu erfahren. Aber auch für unsere jungen Leute sei es wichtig, ihre sowjetischen Gegenüber kennenzulernen.

– Die beiden „Häuser der Wirtschaft" seien für manchen auf den ersten Blick nicht so wichtig, für ihn – den Bundeskanzler – jedoch sehr: Denn ihm liege daran, daß der Wirtschaftsaustausch nicht nur zwischen den großen Konzernen stattfinde. Diese hätten große Rechtsabteilungen, große Auslandsabteilungen und Repräsentanzen vor Ort. Das „Haus der deutschen Wirtschaft" in Moskau werde seine Hauptfunktion gerade für die mittelständischen Unternehmen erfüllen. Diese seien flexibel, schnell entscheidungsfähig und innovativ, ohne sie könne man unsere wirtschaftliche Realität nicht verstehen. Aber sie brauchten ein gutes Umfeld.

Er erinnere sich gut an ein Gespräch mit einem Vorgänger des Generalsekretärs in den 1970er Jahren: Damals sei nur die Rede von den großen Konzernen gewesen. Dies sei genau der falsche Weg. Natürlich müßten Großbetriebe zusammenarbeiten, und schließlich werde das „Haus der deutschen Wirtschaft" in Moskau auch unter der Leitung der Deutschen Bank von Großbetrieben errichtet. Wichtig aber sei, daß die ganze Wirtschaft in diese Bemühung einbezogen werde. Dies sei sehr im sowjetischen Sinne: Denn gerade von ihnen könne man viel lernen.

Generalsekretär <u>Gorbatschow</u> pflichtet den Darlegungen und Bewertungen des Bundeskanzlers bei. In der Tat habe man seit dem vergangenen Oktober vieles erreicht und die Beziehungen auf ein neues Niveau gebracht.

Man habe lange Zeit gebraucht, dahin zu kommen. Die Sonne sei nicht plötzlich aufgegangen, es habe langjähriger Suche, langjähriger Überlegung und Bemühungen im europäischen, aber auch im weltweiten Kontext bedurft.

Nunmehr sei man ohne übertriebene Ambitionen, aber auch ohne Schwächen zu dieser Einschätzung gelangt. Der Verlauf seines Besuches verkörpere dies – dies habe bereits eine gewaltige Bedeutung in sich. Jetzt gehe es darum, die von der Politik geschaffenen Bedingungen in praktische, konkrete Schritte umzusetzen. Die Sowjetunion sei dazu im Geist der Vereinbarung, die heute getroffen wurde, und der Verträge, die unterzeichnet werden, bereit.

Dies beziehe sich auf den politischen Dialog, dies beziehe sich auf die wirtschaftliche, kulturelle und wissenschaftlich-technische Zusammenarbeit, zwischen den Regierungen, zwischen den Organisationen und den Menschen. Dies werde das Wichtigste sein.

Er – der Generalsekretär – wolle allen hier Anwesenden und ihren Mitarbeitern seine Glückwünsche zu der geleisteten gewaltigen Arbeit aussprechen. Die Zusammenarbeit habe sich bewährt, und das Vertrauen sei gewachsen. Ohne den politischen Willen, das persönliche Engagement und die Beiträge vieler hier am Tisch, aber auch ihrer Mitarbeiter draußen, hätte man diese Wende (im deutsch-sowjetischen Verhältnis) nicht erreichen können.

Er glaube, daß die Mühen und Anstrengungen nicht umsonst gewesen seien: Denn nach seinem Urteil spreche die Grundstimmung der Menschen in der Bundesrepublik Deutschland und in der Sowjetunion dafür, daß dieser Weg fortgesetzt werde.

---

8 Nr. 2 Anm. 7.

Natürlich habe er aus vielen Informationen gewußt, daß die Bundesregierung und die Bevölkerung gegenüber den Veränderungen in der Sowjetunion eine positive Einstellung hätten. Eine andere Sache sei aber, dies selbst zu sehen und zu spüren. Auf dem Bonner Marktplatz habe er sich gefühlt wie auf dem Roten Platz in Moskau!

Dies alles bedeute, daß man in der Politik versucht habe, das umzusetzen, was Grundstimmung der Bevölkerung sei. Und die Politik könne nur so bleiben und weitergeführt werden, wenn sie diese gute Grundstimmung der Bevölkerung und Öffentlichkeit in beiden Ländern mit aufnehme.

Er selbst habe hinsichtlich der stagnierenden Wirtschaftsbeziehungen zwischen beiden Ländern große Sorge gehabt: Denn diese Beziehungen seien das Fundament für jede Politik. Was jedoch die beiden Außenminister und Wirtschaftsminister in der Zwischenzeit geleistet hätten, gebe ihm Optimismus, daß auch auf diesem Gebiet Veränderungen entstanden seien.

Er wolle gern den Gedanken des Bundeskanzlers unterstreichen, daß es sehr gut wäre, wenn gerade mittelständische Betriebe mehr als bisher in diesem Prozeß mitwirkten (Hinweis auf neu gegründeten Verband für Zusammenarbeit mit Firmen aus der Bundesrepublik Deutschland). Auch hoffe er, daß das gleich zu unterzeichnende Abkommen über Schutz und Förderung von Investitionen ein weiteres Fundament für schnelle Zusammenarbeit schaffen werde.

Abschließend wolle er dem Bundeskanzler für die Gastfreundschaft danken. Er könne damit rechnen, daß ihm diese Gastfreundschaft auch künftig von sowjetischer Seite erwidert werde.

Kaestner

Teilnehmer: vgl. Anlage[9]

Nr. 5
Telefongespräch des Bundeskanzlers Kohl mit Präsident Bush
15. Juni 1989

BK, 213 – 30105 S 25 So 16, GS Gorbatschow, 12.–15.6.1989, Hauptvorgang Bd. 4. – Vermerk des MDg Neuer, 15. Juni 1989. Hs. von Bundeskanzler Kohl vermerkt: „Teltschik".

Nach der Begrüßung bemerkt Präsident Bush, der Besuch Generalsekretär Gorbatschows in der Bundesrepublik Deutschland[1] sei offenbar gut verlaufen.

Der Bundeskanzler bejaht dies und berichtet über seine Eindrücke. Gorbatschow sei in sehr guter Verfassung und sei auch wesentlich optimistischer in bezug auf seine eigene Lage, als er dies im Oktober bei dem Besuch des Bundeskanzlers in Moskau gewesen sei. Nach seiner Wahl zum Präsidenten und der Neuordnung der Institutionen habe er sichtlich Terrain ge-

---

9 Teilnehmerliste des Kanzlerbüros, 8. Juni 1989 (BK, 213 – 30105 S 25 So 16, GS Gorbatschow, 12.–15.6.1989, Hauptvorgang Bd. 3): Generalsekretär Gorbatschow, Außenminister Schewardnadse, Politbüromitglied Jakowlew, Stellvertretender Ministerpräsident Silajew, Botschafter Kwizinskij, Persönlicher Berater Tschernajew, Berater Sagladin, Berater Achromejew, Erster Stellvertretender Außenminister Kowaljow, Hauptabteilungsleiter Gerassimow, Dolmetscher Kurpakow, ein Note taker; Bundeskanzler Kohl, Bundesminister Genscher, Bundesminister Haussmann, Bundesminister Klein, Ministerialdirektor Teltschik, Ministerialdirektor Kastrup, Generalmajor Naumann, Ministerialdirigent Neuer, Vortragender Legationsrat I Kaestner (Note taker), Vortragender Legationsrat Scheel (Dolmetscher). Nicht aufgeführt: Botschafter Meyer-Landrut.

1 Nr. 2 – Nr. 4.

wonnen. Der Bundeskanzler habe auch mit Politbüromitglied Jakowlew gesprochen, der ihm gesagt habe, dies sei die allgemeine Beurteilung in der Sowjetunion. Was die Entwicklung im Warschauer Pakt angehe, habe Gorbatschow eindeutig klargemacht, daß er Jaruzelski sehr nahestehe. Er hoffe, daß die Lage in Polen sich gut entwickle. Ähnliches gelte auch für Ungarn. Seine Distanz zu Bukarest sei gewaltig. Auch die Distanz zur DDR sei deutlich. Gorbatschow habe seine Bestürzung über die Vorgänge in China geäußert. Er habe ferner sein Interesse an einer baldigen Lösung des Nahostkonflikts im Hinblick auf Israel zum Ausdruck gebracht. Er fürchte die Auswirkungen des Fundamentalismus aus dem Iran auf die Sowjetunion. Der Bundeskanzler habe [mit] GS Gorbatschow auch lange über Präsident Bush gesprochen. Der Eindruck des Bundeskanzlers aus einigen Stunden Gespräch sei, daß Gorbatschow sehr deutlich spürbar auf einen guten Kontakt mit Bush hoffe. Er hege die Hoffnung, daß dies mit Bush besser möglich sei, als dies mit Präsident Reagan der Fall gewesen sei. In dieser Auffassung werde er sehr stark von Frau Gorbatschowa unterstützt. Sie habe sich sehr nett über Barbara geäußert, es jedoch vermieden, über andere Damen zu sprechen. Der Bundeskanzler fuhr fort, er habe den Eindruck, daß Gorbatschow die Kontakte vertiefen wolle, und zwar auch zu Bush persönlich. Er habe Gorbatschow erklärt, daß es keine Chance gebe, einen Keil zwischen die USA und die Bundesrepublik Deutschland zu treiben oder die Europäer von den USA abzudrängen. Dies gelte auch für das Verhältnis zwischen ihm selbst und Präsident Bush. Gorbatschow habe auf diese Bemerkungen beinahe heftig reagiert; es sei keineswegs seine Absicht, die Bundesrepublik Deutschland abzuspalten. Neutralismus würde zur Destabilisierung führen. Dies wäre auch eine Gefahr für die Sowjetunion. Gorbatschow habe sich auch positiv über ein Gespräch mit Jim Baker geäußert. ...[2]

Der Bundeskanzler fährt fort, er glaube, wenn Präsident Bush ein Stück auf Gorbatschow zugehe, würde dies eine gute Gesprächschance eröffnen. Das prinzipielle Mißtrauen gegenüber den USA sei unverkennbar. Es sei nicht vorgespielt, daß er einen guten Kontakt wolle. Was die Abrüstung angehe, sei es für den Bundeskanzler überraschend gewesen, daß Gorbatschow kein unüberwindliches Hindernis in dem Zeitplan von 12 Monaten sehe. Er habe gesagt, man könne schneller arbeiten. Der INF-Vertrag sei auch in nur 12 Monaten fertiggestellt worden, als man ihn gewollt habe. Der Bundeskanzler schlägt Präsident Bush als Anregung vor, er möge ab und zu, wenn die Verhandlungen in Wien gut liefen, von sich aus eine direkte Nachricht an Gorbatschow geben. Dies wäre nützlich. Es wäre auch ein Zeichen des wachsenden Vertrauens zwischen den USA und der SU.

Für Gorbatschow sei ein persönliches Vertrauensverhältnis sehr wichtig. Die „Chemistry" müsse stimmen.

Interessant sei auch der Bericht Gorbatschows darüber gewesen, wie die Dinge sich in Moskau entwickelten. Er habe schonungslos über die Verbrechen der Stalinzeit berichtet. Gorbatschow sei entschlossen, alles offenzulegen. In diesem Zusammenhang habe er ausdrücklich bejaht, was die Ungarn jetzt tun. Die wirtschaftlichen Schwierigkeiten in der Sowjetunion seien unübersehbar. Darüber rede Gorbatschow ganz offen und auch darüber, daß ihm einige schwierige Jahre bevorstünden. Seine Botschaft an die Deutschen sei gewesen, daß der Krieg jetzt vorbei sei, eine andere Generation lebe und daß man bei allen Unterschieden der Systeme auf Zusammenarbeit setzen solle. Er, der Bundeskanzler, habe nie in Frage gestellt, daß es in wesentlichen Fragen unterschiedliche Auffassungen gebe, nämlich was die Teilung Deutschlands und Berlins angehe. Ihm sei aufgefallen, daß Gorbatschow auf die

---

2 Ein Satz nicht freigegeben.

sehr pointierte Tischrede des Bundeskanzlers[3] wesentlich milder reagiert habe[4] als in Moskau im Oktober des vergangenen Jahres[5].

Zusammenfassend wolle er sagen, daß er sehr zufrieden mit dem Besuch sei. Gorbatschow wisse, wo er, der Bundeskanzler, stehe und daß es gut sei, diese Position zu respektieren. Man habe versucht, zu einer Übereinstimmung zu kommen, die eine vernünftige Grundlage für die Politik sein könne.

Der Bundeskanzler fragt, ob Präsident Bush seine Tischrede bei dem Abendessen für Gorbatschow erhalten habe.

Präsident Bush bejaht dies. Die Rede habe ihm gut gefallen. Er dankt dem Bundeskanzler für die schnelle und ausführliche Unterrichtung. Er habe genau zugehört. Wenn sich nach genauerer Analyse noch zusätzliche Punkte ergeben würden, würde er sich freuen, von uns zu hören.

Der Bundeskanzler äußert den Wunsch, mit Präsident Bush noch über den Weltwirtschaftsgipfel bei einem künftigen Telefongespräch zu sprechen. Es wurde vereinbart, gegen Ende nächster Woche wieder zu telefonieren.[6]

Präsident Bush teilt mit, er werde für das Gespräch die Initiative ergreifen.

Das Gespräch endete nach ca. 20 Minuten.

Neuer

Nr. 6
Telefongespräch des Bundeskanzlers Kohl mit Premierministerin Thatcher
15. Juni 1989

BK, 213 – 30105 S 25 So 16, GS Gorbatschow, 12.–15.6.1989, Hauptvorgang Bd. 4. – Vermerk des MDg Neuer, 15. Juni 1989. Hs. von Bundeskanzler Kohl vermerkt: „Teltschik".

Der Bundeskanzler begrüßt PM Thatcher und berichtet über den Besuch von GS Gorbatschow. Er wolle seine Eindrücke aus vielen Stunden Gespräch zusammenfassen. Gorbatschow sei in sehr guter Verfassung. Er wirke sehr viel selbstsicherer und zuversichtlicher als im Oktober vergangenen Jahres in Moskau. Die Wahl zum Präsidenten und die Neuordnung der Institutionen hätten die Position Gorbatschows aus dessen eigener Sicht gefestigt. Man merke dies auch im Gespräch mit Frau Gorbatschowa. Der wichtigste Kollege Gorbatschows im Politbüro, Jakowlew, habe ihm gegenüber dies als allgemeine Auffassung bestätigt. Gorbatschow spreche offen über seine wirtschaftlichen Schwierigkeiten. Er befürchte in diesem Jahr wieder eine schlechte Ernte wegen des schlechten Wetters, das in der Ukraine geherrscht habe. Er sei aber fest entschlossen, seinen Kurs weiterzuverfolgen. Interessant sei, daß Gorbatschow in den Untersuchungen über die Stalinzeit sehr weit gehen wolle. Jakowlew habe dem Bundeskanzler gegenüber bestätigt, daß in ca. 1 Jahr ein Bericht und Akten aus jener Zeit veröffentlicht werden sollten. Darin sollten alle Verbrechen offenbart werden. Alles müsse an den Tag kommen. Gorbatschow habe in diesem Zusammenhang

3 Ansprache des Bundeskanzlers Kohl bei dem Abendessen in der Redoute in Bonn-Bad Godesberg, 12. Juni 1989, in: Bulletin. Nr. 61. 15. Juni 1989, 537–539.
4 Ansprache des Generalsekretärs Gorbatschow bei dem Abendessen in der Redoute in Bonn-Bad Godesberg, 12. Juni 1989, ebd., 539–541.
5 Ansprachen des Generalsekretärs Gorbarschow und des Bundeskanzlers Kohl bei dem Abendessen im Kreml, 24. Oktober 1988, ebd. Nr. 141. 1. November 1988, 1265–1267, 1268–1271.
6 Nr. 10.

ausdrücklich das ungarische Vorgehen begrüßt. Zum NATO-Gipfel akzeptiere Gorbatschow die grundsätzliche Richtung. Gorbatschow sei an schnellen Fortschritten bei den Verhandlungen interessiert. Nichts solle vertagt oder aufgeschoben werden. Er wolle selbst Vorschläge machen, nach einem Treffen der Warschauer-Pakt-Staaten, das innerhalb der nächsten 14 Tage stattfinden solle. Er wolle vorwärtsgehen. Man müsse nun abwarten.

Der Bundeskanzler habe im Gespräch gegenüber Gorbatschow[1] und auch in seiner Tischrede[2] bei dem Abendessen, das er für Gorbatschow gegeben habe, erklärt, es sei sinnlos zu hoffen, daß man die Bundesrepublik Deutschland von der Seite der NATO wegdrängen könne.

Bei dem Brüsseler Gipfel sei die Einheit des Bündnisses deutlich bewiesen worden. Gorbatschow habe sowohl im privaten Gespräch wie auch öffentlich energisch in Abrede gestellt, daß es seine Absicht sei, einen Keil in die NATO zu treiben. Er habe erneut betont, daß die Abrüstung im Verhältnis von Bündnis zu Bündnis erfolgen müsse. Der Bundeskanzler habe sehr ernsthaft gegenüber Gorbatschow zum Ausdruck gebracht, daß er keine Hoffnung auf eine Neutralisierung bei uns setzen solle. Die freundliche Aufnahme Gorbatschows durch die deutsche Bevölkerung sei so zu erklären, daß man mit Gorbatschow einem Russen begegne, der nach 40 Jahren die Periode des Kalten Kriegs abschließe und die Grundlage für eine Verbesserung der Beziehungen lege. Es sei sowohl bei Gorbatschow als auch bei seiner Frau spürbar, daß sie starke Erinnerungen an den letzten Krieg hätten. Gorbatschows Vater sei im Krieg verwundet worden. Sein Großvater sei in der Stalinzeit eingesperrt gewesen. Dies sei der persönliche Hintergrund für die Enthüllung über die Stalinzeit.

Selbst Gorbatschow habe ein starkes Interesse an einer Regelung der Nahost-Frage rund um Israel zum Ausdruck gebracht. Er wolle sich positiv hieran beteiligen und habe offen über die Schwierigkeiten gesprochen, die in der Sowjetunion bei der islamischen Bevölkerung durch die Auswirkungen des iranischen Fundamentalismus entstünden. Was China angehe, liege seine Sympathie bei dem bisherigen Generalsekretär Zhao. Er sei bestürzt über die Befürchtungen, Zhao könne der Prozeß gemacht werden. Was die EG angehe, hoffe er, vernünftige Beziehungen zu bekommen. Der Bundeskanzler habe ihm erklärt, es bestehe eine gute Chance, die Zusammenarbeit zu verbessern. Er sei bereit hierzu, wenn nicht nur Worte gesprochen, sondern Taten gezeigt würden. Er werde auch im Bundestag bei seiner Regierungserklärung zum Ausdruck bringen, daß man von den Realitäten und nicht von Illusionen ausgehe.[3]

Der Bundeskanzler teilt ferner mit, daß im Warschauer Pakt von allen Partnern offensichtlich Jaruzelski Gorbatschow am nächsten stehe, dann Ungarn. Gorbatschow sei sehr schroff, was Bukarest betreffe, und auch distanziert zu Ost-Berlin. Es gebe viel Bewegung im Warschauer Pakt. Wenn man diese Chance nutze, könne viel erreicht werden.

PM Thatcher stellt die Frage, ob Gorbatschow sich dazu geäußert habe, daß er das Vorgehen der chinesischen Armee auf dem Platz des himmlischen Friedens nicht verurteilt habe.

Der Bundeskanzler bemerkt hierzu, in der heutigen Pressekonferenz habe Gorbatschow die Tendenz, sich hiervon zu distanzieren, erkennen lassen.[4]

---

1 Nr. 2 – Nr. 4.
2 Nr. 5 Anm. 3.
3 Regierungserklärung des Bundeskanzlers Kohl, 16. Juni 1989, in: Verhandlungen des Deutschen Bundestages. Stenogr. Berichte. Bd. 149. Plenarprotokoll 11[. Wahlperiode]/150[. Sitzung], 11185–11190, hier 11188.
4 Pressekonferenz des Generalsekretärs Gorbatschow in Bonn. Einleitende Erklärung und Antworten auf Fragen von Journalisten, 15. Juni 1989 (Meldungen ZSF/russ./15.6.89/1900 und Radio Moskau/russ./15.6.89/1700 in: Ostinformationen. Nr. 113. 16. Juni 1989, 1–5, 6–11, hier 8 f.; BPA/PA, F 1/22).

PM Thatcher fragt, ob Gorbatschow etwas dazu bemerkt habe, daß er Schewardnadse zu dem Ayatollah entsandt habe.[5]

Der Bundeskanzler bezeichnet das Verhältnis zum Iran als kritische Angelegenheit.

PM Thatcher stellt fest, daß aus der Sicht des Bundeskanzlers der Besuch sehr erfolgreich verlaufen sei. Sie freue sich und hoffe, dies werde dem Bundeskanzler helfen. Wie der Bundeskanzler selbst gesagt habe, seien aber Taten und nicht Worte entscheidend. Sie freue sich darüber, daß die Beschlüsse von Brüssel aufrechterhalten würden. Abschließend bedankt sie sich nochmals herzlich für die schnelle Unterrichtung durch den Bundeskanzler.

Neuer

Nr. 7
Telefongespräch des Bundeskanzlers Kohl mit Ministerpräsident González
15. Juni 1989

BK, 213 – 30105 S 25 So 16, GS Gorbatschow, 12.–15. 6. 1989, Hauptvorgang Bd. 4. – Vermerk des MDg Neuer, 15. Juni 1989. Hs. von Bundeskanzler Kohl vermerkt: „Teltschik".

Der Bundeskanzler begrüßt MP González und teilt ihm mit, er wolle ihn – wie vereinbart – über den Besuch von Gorbatschow[1] unterrichten.

MP González bemerkt, heute sei in Spanien Wahltag für das Europäische Parlament; er hoffe auf ein gutes Abschneiden. Er erkundigt sich nach dem Verlauf des Besuchs.

Der Bundeskanzler führt aus, er habe Gorbatschow die Grüße von MP González bestellt. Gorbatschow habe ihn gebeten, wiederzugrüßen. Sein Eindruck aus vielen Stunden Gespräch mit dem Generalsekretär – er habe gestern abend bis spät in die Nacht mit ihm im Park gesessen und alleine mit ihm gesprochen[2] – sei folgender gewesen: Gorbatschow sei in besserer Verfassung als im Oktober letzten Jahres, als der Bundeskanzler in Moskau zu Besuch gewesen sei. Es sei spürbar, daß die Wahl zum Präsidenten für ihn ein Erfolg sei und daß auch die „Parlamentarisierung" im Sinne Gorbatschows verlaufe. Gorbatschow spreche sehr offen über die wirtschaftlichen Schwierigkeiten, die nicht abgenommen hätten. Er sei hierüber sehr besorgt. Am meisten beschäftigten ihn zwei Problemkreise, nämlich die Nationalitätenfrage, wobei deutlich die Sorge über die Auswirkungen des iranischen Fundamentalismus zum Ausdruck komme. Ein Teil seiner aktuellen Schwierigkeiten rühre aus diesem Bereich her. Er wolle im Nahen Osten bei der Lösung des Konflikts im Hinblick auf Israel hilfreich sein, weil er hoffe, daß sich dann alle Augen auf den Iran richten würden. Von dort sehe er die größten Probleme auf sich zukommen. Was die Frage der deutschen Minderheit betreffe, wolle man ihnen offensichtlich ein eigenes Territorium zuweisen. Dies sei für uns sehr wichtig, denn wenn die Deutschen in der Sowjetunion ihre eigene Identität bewahren könnten, wollten sie nicht mehr ausreisen. Es habe auch keinen Sinn, daß 2 Millionen Deutsche die Sowjetunion verließen. Zu den Brüsseler Beschlüssen wolle er bemerken, daß bei Gorbatschow noch viel Mißtrauen bestehe. Er – der Bundeskanzler – habe gerade

---

5 Außenminister Schewardnadse traf bei seinem Besuch vom 25.–27. Februar 1989 im Iran mit Ayatollah Khomeini zusammen.

1 Nr. 2 – Nr. 4.

2 Zu dem Gespräch zwischen Bundeskanzler Kohl und Generalsekretär Gorbatschow am Abend des 14. Juni 1989 im Park des Bundeskanzleramtes: Kohl, „Ich wollte Deutschlands Einheit", 43 f.; Kohl, Die deutsche Einheit, 298, 303; Äußerungen Kohls und Gorbatschows in: Kuhn, Gorbatschow und die deutsche Einheit, 33–36.

mit George Bush telefoniert[3] und ihm gesagt, wenn die USA konsequent vorangehen, glaube er, könne das 12-Monats-Ziel gehalten werden. Er habe an die INF-Verhandlungen erinnert, die ebenfalls innerhalb von 12 Monaten hätten abgeschlossen werden können. Gorbatschow habe auch begriffen, daß 1992 für uns wegen der Modernisierung der Lance Bedeutung habe. Gorbatschow habe den Eindruck vermittelt, daß er noch nicht so recht wisse, woran er mit Präsident Bush sei. Er, der Bundeskanzler, glaube jedoch, Bush werde ein gutes persönliches Verhältnis zu Gorbatschow begründen können, wenn er auf ihn zugehe. Der Bundeskanzler betont, er sehe alles mit Realismus und ohne Illusionen. Er habe Gorbatschow erklärt, ein Versuch, die NATO zu destabilisieren oder Deutschland zu neutralisieren, hätte schwere Konsequenzen. Gorbatschow habe in Abrede gestellt, daß er dies beabsichtige. Der Bundeskanzler habe ferner zu Gorbatschow bemerkt, er wolle die DDR nicht destabilisieren, weil dies auf die Statik Europas einen negativen Einfluß habe. Er habe den Eindruck, das sei auch die Meinung Gorbatschows. Der Bundeskanzler regt an, daß González bei einem gelegentlichen nächsten Telefongespräch mit Bush ihm sagt, es wäre nützlich, wenn er das Thema „Brüssel" fortführe. Er wolle auch Präsident Mitterrand hierum bitten. Der Bundeskanzler fährt fort, er wolle auch noch erwähnen, daß Gorbatschow deutlich gemacht habe, Jaruzelski stehe ihm innerhalb des Warschauer Pakts am nächsten. Dann komme Ungarn. Es sei klar und deutlich geworden, daß er für die Rehabilitierung der Opfer von 1956 sei. Ganz weit entfernt sei Gorbatschow von Bukarest. Auch die Distanz zu Ost-Berlin sei beachtlich. Unter Bezugnahme auf das Thema „Spanien nach Franco", das er mit MP González in Sevilla besprochen habe,[4] führt der Bundeskanzler aus, Gorbatschow sei fest entschlossen, die Verbrechen der Stalin-Ära zu veröffentlichen. Der zweite Mann im Politbüro, Jakowlew, habe den Vorsitz in der Rehabilitierungskommission übernommen. Der Bericht sei in etwa einem 3/4 Jahr fertig. Dann erfolge die Veröffentlichung. Es seien schreckliche Wahrheiten, die man nicht unterdrücken könne. Der eigene Großvater Gorbatschows – der Vater seiner Mutter – sei dabei ein Opfer gewesen.

Zusammenfassend wolle er bemerken, daß Gorbatschow keinen Versuch unternommen habe, zwischen die Bundesrepublik und die USA oder die NATO einen Keil zu treiben. Gorbatschow hoffe auf unsere Unterstützung und die Unterstützung der Europäischen Gemeinschaft. Er wisse, daß die größten Schwierigkeiten noch vor ihm liegen. Man merke insbesondere auch an Frau Gorbatschowa, daß beide wüßten, sie müßten auf Gedeih und Verderb diesen Weg weitergehen. Er sei sehr zufrieden. Es sei ein wichtiger und guter Besuch gewesen.

MP González bemerkt, er habe den Besuch mit großem Interesse verfolgt. Er habe ja auch sehr viel öffentliche Aufmerksamkeit erregt.

Der Bundeskanzler bittet MP González, beim Europäischen Rat die Frage der sozialen Dimension zum Erfolg zu bringen.[5] Das sei sehr wichtig für González. Er helfe ihm gerne dabei. Wenn dies erforderlich sei, könne man ja noch einmal telefonieren.

Der Bundeskanzler teilt ferner mit, daß er schon am nächsten Sonntag, 25. Juni 1989, abends in Madrid eintreffen werde.

MP González bedankt sich sehr für die schnelle und ausführliche Unterrichtung.

Neuer

---

3 Nr. 5.

4 Bundeskanzler Kohl hielt sich als persönlicher Gast von Ministerpräsident González und im Rahmen der deutsch-spanischen Regierungskonsultationen vom 4.–6. Februar 1989 in Sevilla auf (Mitteilung des Regierungssprechers Ost, 5. Februar 1989, in: Bulletin. Nr. 14. 11. Februar 1989, 134f.).

5 Zu den Ergebnissen der Tagung des Europäischen Rates am 26./27. Juni 1989 in Madrid: Schlußfolgerungen des Vorsitzes, mit Anlagen, in: Bulletin. Nr. 69. 30. Juni 1989, 605–612. Aufzeichnung der Abteilung 2 „Europäischer Rat Madrid (erste Bewertung und Überblick über die wesentlichen Ergebnisse)", ohne Datum; BArch, B 136/29240, 122 – 14020 Mi 1, 29.7.1989, Hauptkonferenz, Mappe BK.

Nr. 8
Gespräch des Bundeskanzlers Kohl mit Staatspräsident Mitterrand
Paris, 22. Juni 1989

BK, 211 – 30104 F 2 Fr 24, Paris 22.6.1989, Hauptvorgang. – Vermerk des VLR I Bitterlich, 29. Juni 1989. – Mit Vorlage des MD Teltschik über Chef BK an den Bundeskanzler mit der Bitte um Zustimmung, 3. Juli 1989. Hs. von Bundeskanzler Kohl vermerkt: „Teltschik erl." – Gesprächsdauer und -ort: 13.15 bis 14.45 Uhr, Elysée-Palast.

Teilnehmer:

Der Staatspräsident	Der Bundeskanzler
M. Hubert Védrine	MDg Dr. Neuer
Mme. Elisabeth Guigou	VLR I Bitterlich
Dolmetscherin	Frau Raible als Dolmetscherin

Wesentliche Themen des Treffens waren
– die Bewertung der Wahlen zum Europäischen Parlament
– die Entwicklung der Beziehungen zu Polen
– die Beziehungen zur Sowjetunion (Unterrichtung über den Gorbatschow-Besuch)
– die Vorbereitung des Europäischen Rats Madrid.[1]

Insgesamt ist folgendes festzuhalten:

1. Bewertung der Wahlen zum Europäischen Parlament
Auf Frage des Präsidenten nach der Bewertung des Ausgangs der Wahlen zum Europäischen Parlament[2] am vergangenen Sonntag erläutert der Bundeskanzler, daß eigentlich nur die Republikaner über den Wahlausgang froh seien. Er sei mit dem Ergebnis der CDU trotz des Stimmenrückgangs letztlich zufrieden; auch die FDP könne dies insbesondere mit dem Wiedereinzug ins Europäische Parlament sein; die SPD habe ihre Ziele nicht erreicht; die Grünen stagnierten.
Der Präsident ergänzt, daß die Europawahlen gegenüber anderen nationalen Wahlen erhebliche Unterschiede aufwiesen. Die Sozialistische Partei habe bei diesen Wahlen immer gewisse Schwierigkeiten gehabt, da sich ihre Klientel, die vor allem aus der Arbeiterschaft bestehe, für diese Fragen nicht besonders interessiere, sie seien zu abstrakt. Die Wählerschaft des Zentrums und der Rechten sei dagegen gegenüber der Außenwelt offener und nehme an dem Geschehen außerhalb der Grenzen Frankreichs mehr Anteil. Insgesamt wiesen die Ergebnisse der Europawahlen aber eine deutliche Konstanz auf, 1979 habe er selbst rund 24% erzielt, sein Nachfolger 1984 gute 20%, und 1989 seien es wieder rund 23% gewesen. Die Europawahlen hätten keine Auswirkungen auf die französische Innenpolitik. Sie erlaubten es gewissen kleineren Gruppen – wie z.B. einer Partei der Jäger –, Stimmenanteile zu erreichen, die sie bei normalen Wahlen nicht schaffen würden.
Der Bundeskanzler fügt hinzu, daß ein grundlegender Unterschied zwischen den Europawahlen und nationalen Wahlen schon in der unterschiedlichen Wahlbeteiligung zu sehen sei, die Differenz betrage über 25%. Bei den Bundestagswahlen komme man an eine Wahlbeteiligung von 90% heran, bei diesen Europawahlen läge sie knapp über 60%, dies aber nur wegen der parallel stattfindenden Kommunalwahlen in verschiedenen Bundesländern. Die Europawahlen seien insgesamt damit ideale „Denkzettelwahlen". Für die

---

1 Vorlage des Ministerialdirektors Teltschik an Bundeskanzler Kohl mit Überblick über die Gesprächsthemen und Gesprächsführungsvorschlag im einzelnen, 21. Juni 1989: BK, 211 – 30104 F 2 Fr 24, Paris 22.6.1989, Protokoll.
2 Bei den Direktwahlen zum Europäischen Parlament in der Bundesrepublik Deutschland am 18. Juni 1989 errangen: SPD 37,3 v.H. der gültigen Stimmen (31 Sitze), CDU 29,5 v.H. (25), Die Grünen 8,4 v.H. (8), CSU 8,2 v.H. (7), FDP 5,6 v.H. (4) und Die Republikaner 7,1 v.H. (6). Die Wahlbeteiligung lag bei 62,3 v.H. Angaben in: Statistisches Jahrbuch 1989 für die Bundesrepublik Deutschland. Hg. vom Statistischen Bundesamt. Wiesbaden 1989, 77.

kommende Zeit müsse man die Republikaner im Auge behalten. Diese seien im Grunde keine Nazis. In der Führung gebe es einige Rechtsextreme, die mit der Richtung von Le Pen in Frankreich vergleichbar seien. ...[3]

2. Entwicklung der Beziehungen zu Polen

Der <u>Bundeskanzler</u> erläutert, daß wir zur Zeit mitten in den ersten wichtigen Verhandlungen mit Polen seit Abschluß des Warschauer Vertrages[4] vor 16 Jahren stünden. Ziel sei es, eine neue Qualität in den Beziehungen aufbauend auf diesem Vertrag zu erreichen und ihn damit mit Leben zu erfüllen. Dabei seien erhebliche Belastungen aus der Geschichte zu bedenken. In Polen lebten heute noch rund 300 000 Deutsche, deren Lebensbedingungen verbessert werden müßten. Man müsse ihnen Gelegenheit geben, ihre Muttersprache zu sprechen, Sprachunterricht zu erhalten u. a. m. Es gehe aber auch um die Einleitung neuer Schritte, wie z. B. um den Ausbau des Jugendaustausches. Ein Teil des Ein-Milliarden-Kredits, den sein Vorgänger Helmut Schmidt Gierek gewährt habe und den die Polen nicht zurückzahlen könnten, wolle man insbesondere für den Jugendaustausch, den Bau von Jugendherbergen und ähnliche Maßnahmen nützen. Die finanziellen Forderungen, die die Polen stellten, seien enorm. Er sei bereit, hier sehr weit zu gehen, insbesondere die Verbürgung konkreter Projekte in der Landwirtschaft und Wirtschaft in Aussicht zu nehmen. Lech Walesa habe ihn gebeten, gerade an dieser Linie festzuhalten. Wenn die Vertragsverhandlungen abgeschlossen seien, werde er nach Polen fahren. Er stehe insofern nicht unter Zeitdruck. Der Präsident habe in der letzten Woche Polen besucht.[5] Er, der Bundeskanzler, sei an der Einschätzung des Präsidenten der Lage in Polen sowie an einer Unterrichtung über die konkreten finanziellen Vereinbarungen, die bei diesem Besuch abgeschlossen worden seien, interessiert.

Der <u>Präsident</u> erläutert, daß Frankreich einer Umschuldung von 7 Mrd. FF durch Verlängerung der Rückzahlungen um fünf Jahre sowie neuen Kreditlinien über 650 Mio. FF zugestimmt habe. Es handle sich um einen kurzfristigen Kredit über 150 Mio. FF und um einen mittelfristigen Kredit über 500 Mio. FF, die für konkrete Projekte nach Abschluß entsprechender internationaler Vereinbarungen Polens mit dem IWF bzw. im Pariser Club[6] zur Verfügung stehen werden. Die Ausrichtung entspreche damit den vom Bundeskanzler genannten Bedingungen. Er habe den Eindruck gewonnen, daß Polen das Wasser bis zum Halse stehe und finanzielle Hilfe dringendst brauche. Walesa habe ihm im übrigen ein eher idealistisches, wohl zu theoretisches Projekt unterbreitet, das aber voll der Philosophie der Solidarität entspreche. Der Westen solle danach dem polnischen Staat „Besitztümer" abkaufen und sie wirtschaftlich funktionsfähig machen, später könne Polen sie dann zurückkaufen. Interessant für ihn sei ferner gewesen, daß es heute bereits 50 gemischte deutsch-polnische Firmen gebe, aber nur 2 französisch-polnische. Noch mehr als mit Deutschland bestünden solche Kooperationsvereinbarungen aber mit Italien, das im übrigen als erstes westliches Land Polen erneut Kredit gewährt habe.

Der <u>Bundeskanzler</u> betont, sein Ziel sei es, daß Frankreich und die Bundesrepublik Deutschland möglichst viele gemeinsame Schritte gegenüber Polen in die Wege leiteten. Wichtig sei dabei, daß man einer stabilen Regierung gegenüberstehe. Er fragt den Präsidenten, wie er die jüngste Entwicklung einschätze.

---

3   Zwei Sätze nicht freigegeben.
4   Vertrag zwischen der Bundesrepublik Deutschland und der Volksrepublik Polen über die Grundlagen der Normalisierung ihrer gegenseitigen Beziehungen, unterzeichnet am 7. Dezember 1970 in Warschau (BGBl. 1972 II, 362 f.). Der Vertrag trat am 3. Juni 1972 in Kraft (Bekanntmachung ebd., 651).
5   Staatspräsident Mitterrand traf bei seinem Besuch vom 14.–16. Juni 1989 in Polen mit dem Staatsratsvorsitzenden Jaruzelski, Ministerpräsident Rakowski und dem Vorsitzenden der Gewerkschaft „Solidarität", Walesa, zusammen.
6   „Pariser Club" bezeichnet den Zusammenschluß von Gläubigerländern, in dem Bedingungen von Umschuldungen öffentlicher bzw. öffentlich garantierter Kredite gegenüber dem jeweiligen Schuldnerland abgestimmt werden.

Der <u>Präsident</u> betont, daß eine klare Einschätzung der Lage extrem schwierig sei. Regierung und Solidarität hätten den Willen zum Erfolg; sie seien sich auch bewußt, daß ohne den andern ein Erfolg nicht möglich sei; andererseits sei eine Zusammenarbeit zwischen diesen beiden Gruppen fast wider die Natur. Es gebe in beiden Lagern Extremisten, die an einem Scheitern interessiert seien. Walesa, der Jaruzelski unbedingt weitermachen lassen wolle, werde von eigenen Gefolgsleuten in Frage gestellt. Jaruzelski selbst sei entschlossen, den eingeschlagenen Weg fortzusetzen, den er bereits heute für unumkehrbar halte. Jaruzelski setze zudem stark auf die Unterstützung durch Gorbatschow.

Der <u>Bundeskanzler</u> ergänzt, daß Gorbatschow ihm gesagt habe, er wolle Jaruzelski unterstützen. Gorbatschow habe in einer Art Skala der Führer des Ostblocks Jaruzelski an die Spitze gestellt, Ungarn an die zweite Stelle, wobei er die Frage gestellt habe, ob sie das richtige Tempo eingeschlagen hätten.

Der <u>Präsident</u> fährt fort, es werde interessant sein zu sehen, ob und unter welchen Bedingungen Jaruzelski zum Staatspräsidenten gewählt werde und wie sich dann der Reformprozeß fortsetzen werde.

Der <u>Bundeskanzler</u> kommt nochmals auf die von Gorbatschow genannte Reihenfolge zurück und ergänzt, daß Gorbatschow Bulgarien an die dritte Stelle gesetzt habe, wobei Gorbatschow die Entwicklung als positiv ansehe, jedoch für ihn Schiwkow schon zu lange an der Macht sei. Am negativsten habe Gorbatschow das rumänische Regime und Ceaușescu beurteilt.

Der <u>Präsident</u> ergänzt, daß Jaruzelski ihm gesagt habe, Gorbatschow brauche im Grunde den Erfolg des polnischen Experiments. Jaruzelski habe sich bei seinem Besuch als offener, lockerer, als er zuvor gedacht habe, erwiesen. Nach außen wäre er als Militär sehr streng, fast schüchtern; wenn er einmal diese Haut abgelegt habe, sei er ein interessanter Mann. Jaruzelski habe ihm seinen Werdegang erläutert und dabei eher beiläufig erwähnt, er sei vier Jahre in Sibirien gewesen – aus seiner Sicht bestimmt nicht als Tourist.

Der <u>Bundeskanzler</u> stimmt dem zu; Gorbatschow habe ihm bestätigt, daß der Vater Jaruzelskis[7] mit der Familie in Sibirien verbannt gewesen sei.

Der <u>Bundeskanzler</u> kommt noch einmal auf die Frage der finanziellen Leistungen zugunsten von Polen zurück und betont, es wäre gut, wenn wir nach außen gemeinsam sagen könnten – und hier solle man auch Präsident Bush einbeziehen –, daß wir Polen im Rahmen von IWF und Pariser Club gemeinsam unterstützen.

Der <u>Präsident</u> betont, daß dies ein guter Gedanke sei, wir könnten darüber sprechen (wörtlich: „c'est une bonne idée, on peut en parler").

3. Vorbereitung des Europäischen Rates in Madrid

Der <u>Bundeskanzler</u> leitet die Aussprache hierüber mit dem Bemerken ein, er wisse nicht, wie PM Thatcher sich in Madrid einlassen werde. Nach seinem Eindruck sei die Sache durch den Ausgang der Wahlen zum Europäischen Parlament nur schwieriger geworden. Er greift zunächst die soziale Dimension auf, in der es zwischen Frankreich und der Bundesrepublik Deutschland keine Beurteilungsunterschiede gebe. Man solle in Madrid soweit wie möglich vorangehen, um die Distanz, das Desinteresse der Arbeitnehmer zu überwinden. Gerade bei den Arbeitnehmern hätten die Republikaner in Deutschland durch Ansprache der Ängste vor dem Binnenmarkt Stimmen geholt.

Der <u>Bundeskanzler</u> flechtet an dieser Stelle ein, daß ihm ein Teil der öffentlichen Meinung in Frankreich Mißbehagen bereite, diese würden ständig die Frage stellen, ob die Deutschen „bei der Stange bleiben" würden bzw. ob für die Deutschen der Weg zur politischen Einigung Europas wirklich schon unumkehrbar sei. Er würde gerne ein klares Wort in ei-

---

7 Wladyslaw Jaruzelski, geb. 1888.

nem ausführlicheren 15–20minütigen Fernsehinterview im französischen Fernsehen sagen. Er würde dies gerne vor dem Weltwirtschaftsgipfel, an dessen Themen man dann ja anknüpfen könne, tun. Er wäre dem Präsidenten und seinen Mitarbeitern dankbar, wenn sie uns bei der Vorbereitung behilflich sein könnten.

Der Präsident sagt dies zu.

(Nähere Einzelheiten sollen zwischen Herrn Neuer und Herrn Védrine abgesprochen werden.)

Der Bundeskanzler spricht sodann die zweite Kernfrage des Gipfels in Madrid an, das weitere Vorgehen zur Wirtschafts- und Währungsunion. Von den vier von MP González genannten Zielvorstellungen[8] bereite uns nur die letzte Zielvorstellung gewisse Probleme. Der Bundeskanzler erläutert kurz die ersten drei Zielvorstellungen des MP González und gibt zum vierten Punkt (Beauftragung des Rates, die Vorbereitungen für die Regierungskonferenz zur Änderung der Verträge zu treffen) zu bedenken: Er wolle González helfen, man müsse aber gleichzeitig den Europäischen Rat im Dezember im Auge haben. Präsident Mitterrand und er sollten rechtzeitig über die Vorbereitungen sprechen, damit der Erfolg sichergestellt werden könne. Die Vorschläge von González ließen die Methode der künftigen Arbeit offen. Dies sei aber eine wichtige Frage. Man müsse vor allem zwei Dinge vermeiden. Einerseits dürften die Ratifizierungsverfahren in den nationalen Parlamenten nicht zu nahe um das Datum 31. Dezember 1992 durchgeführt werden, da dies in vielen Mitgliedstaaten Probleme bereiten könne und zu zusätzlichen Forderungen verleiten könne. Realistisch sei es, wenn alles gut laufe, an einen Abschluß der Beratungen ungefähr 1991 unter den Präsidentschaften von Luxemburg und der Niederlande zu denken und danach die Ratifizierungsverfahren einzuleiten, wobei die Dauer wohl mit 6–12 Monaten anzusetzen sei. Diese Zielvorstellung solle man aber besser öffentlich nicht nennen. Andererseits sei es gefährlich, jetzt überstürzt vorzugehen und die vielen offenen Sachfragen nicht auszudiskutieren. Für die Lösung dieser Fragen sei sehr viel Sachverstand notwendig. Man brauche sich hierfür nur einmal die Abschnitte 4 und 5 des Delors-Berichtes[9] näher anzuschauen. Er stelle sich daher einen Mittelweg vor, der wie folgt aussehen könne: In Madrid Einleitung der Vorarbeiten, bis Dezember könne man sich über den weiteren Zeitplan klarer werden. In diesem Sinne könne die Regierungskonferenz ihre Arbeit aufnehmen, sobald die 1. Stufe am 1. Juli 1990 begonnen habe und die Vorarbeiten entsprechend fortgeschritten seien. Die Mitarbeiter sollten sich bis Montag kurzschließen, vielleicht auch mit den Mitarbeitern von MP González und Kommissionspräsident Delors. Im übrigen halte er es für taktisch klüger, in Madrid mit den Beratungen über die soziale Dimension zu beginnen, um nicht zu früh in eine Sackgasse zu kommen. Es sei vielleicht nützlich, zunächst einmal am Rande der Beratungen mit anderen, noch unentschlossenen wie den Niederlanden und Dänemark zu sprechen. Er werde diese Anregung an MP González weitergeben lassen.

Der Präsident betont, daß er in bezug auf die Reihenfolge offen sei. Entscheidend sei es für ihn, daß man Madrid mit klaren Vorgaben in beiden Materien verlasse. Es könne nicht angehen, daß man nur in einem Punkt weiterkomme, den anderen aber unerledigt liegenlasse. Wichtig sei es für Frankreich, Italien, Spanien und Deutschland zu wissen, wie weit

---

8   Gemeint waren die vier Punkte zur Wirtschafts- und Währungsunion in den Schlußfolgerungen des Vorsitzes des Europäischen Rates in Madrid (Nr. 7 Anm. 5). In Punkt 4 wurden die zuständigen Gremien ersucht, „die für den Beginn der ersten Stufe am 1. Juli 1990 erforderlichen Maßnahmen zu verabschieden" und eine Regierungskonferenz zur Festlegung der anschließenden Stufen vorzubereiten. Die Regierungskonferenz sollte zusammentreten, „sobald die erste Stufe begonnen hat".

9   Bericht zur Wirtschafts- und Währungsunion in der Europäischen Gemeinschaft. Hg. vom Ausschuß zur Prüfung der Wirtschafts- und Währungsunion. Ohne Ort und Jahr; auch in: Europa-Archiv. 44. Jg. (1989) Folge 10, D283-D304. Kommissionspräsident Delors stellte den Bericht am 17. April 1989 der Öffentlichkeit vor.

sie grundsätzlich im Streit mit Großbritannien über das weitere Vorgehen gehen wollen. Aus seiner Sicht sei es wesentlich, das Vorgehen mit Blick auf die Wirtschafts- und Währungsunion als eine Einheit anzusehen. Dies müsse bereits jetzt beschlossen werden. Man müsse vor allem entscheiden, daß man nicht nach der ersten Stufe stehenbleibt, sondern konsequent sich auch für die Verwirklichung der zweiten und dritten Stufe und damit für die Regierungskonferenz engagiere.

Der Bundeskanzler nimmt an dieser Stelle den Gedanken nochmals auf, daß die Regierungskonferenz nach entsprechender Vorbereitungsarbeit nach dem 1. Juli 1990 ihre Arbeiten aufnehmen solle.

Der Präsident stimmt dem zu; das gesamte Verfahren bis hin zur dritten Stufe müsse unbedingt als eine Einheit angesehen werden. Es könne nicht angehen, daß man nach der ersten Stufe aufhöre.

Der Bundeskanzler stimmt dem zu, auch aus seiner Sicht müsse der Weg zur Wirtschafts- und Währungsunion ein unumkehrbarer Prozeß sein. Er wiederholt noch einmal, daß die vorbereitenden Arbeiten für die Regierungskonferenz präzise sein müßten. Man müsse sich der Schwierigkeiten der von Delors genannten zentralen Elemente der Wirtschafts- und Währungsunion genau bewußt sein. Er betont noch einmal, daß man sich zwei Dinge nicht erlauben dürfe: eine Verschleppung und eine unpräzise Arbeit, da sonst die Gefahr bestehe, daß der Gesamtplan scheitern werde.

Der Präsident erklärt sich mit dem vom Bundeskanzler erläuterten Stufenansatz einverstanden. Der Beginn der Regierungskonferenz mit dem Inkraftsetzen der ersten Stufe zum 1. Juli 1990 mache nur dann Sinn, wenn man sich für die Fortsetzung des Stufenprozesses engagiere. Es komme darauf an, beide Stufen des Verfahrens miteinander fest zu verbinden.

Der Bundeskanzler bittet noch einmal darum, daß die Mitarbeiter bis Montag engen Kontakt halten.

4. Beziehungen mit der Sowjetunion

Der Bundeskanzler erläutert dem Präsidenten anschließend seine Eindrücke aus den persönlichen Gesprächen mit Gorbatschow.[10] Er habe fest den Eindruck, daß Gorbatschow seinen Kurs fortsetzen wolle und auf den Erfolg hoffe bzw. an ihn glaube. Gorbatschow gehe davon aus, daß die Hauptprobleme noch auf ihn zukämen. An erster Stelle stünden die Nationalitäten- und Versorgungsprobleme.

Interessant sei gewesen, daß Gorbatschow betont habe, daß die Sowjetunion sich an der Befriedung des Nahen Ostens beteiligen wolle. Gorbatschow habe ihm gegenüber betont, es sei falsch, wenn jetzt immer wieder behauptet werde, daß die Sowjetunion an der Aufrechterhaltung des Gegensatzes zwischen Israel und seinen Nachbarn interessiert sei und davon profitieren wolle. Sein Hauptaugenmerk in dieser Region gelte dem Iran, von dem die meiste Gefahr ausgehe. Aus dieser Einlassung ziehe er, der Bundeskanzler, die Schlußfolgerung, daß der Westen dieses Momentum nutzen solle.

Zur Stellung der Bundesrepublik Deutschland habe Gorbatschow mehrmals „beschworen", er wolle nicht versuchen, die Bundesrepublik aus der NATO und aus der Europäischen Gemeinschaft herauszuholen: Jegliche Veränderung berge das Risiko der Destabilisierung Europas in sich. Hieran sei die Sowjetunion nicht interessiert.

In der Abrüstung habe Gorbatschow noch erhebliches Mißtrauen gegenüber Bush. Er könne ihn noch nicht richtig einschätzen, wisse noch nicht richtig, woran er mit Bush sei. Er, der Bundeskanzler, habe Gorbatschow dringend geraten, zu Bush einen engen, permanenten Gesprächskontakt aufzubauen. Er, der Bundeskanzler, habe sowohl zu Bush als auch zu Gorbatschow gesagt, es gäbe ein einfaches Experiment, um in der Abrüstung ge-

10 Nr. 2 – Nr. 4.

genseitiges Vertrauen herzustellen: Man brauche nur entsprechend der Vorschläge des NATO-Gipfels[11] innerhalb der nächsten 12 Monate in Wien zu positiven Ergebnissen zu kommen. Gorbatschow habe ihm gesagt, er schließe nicht aus, daß dies eine gute Fristsetzung sei.

(Der Präsident kommentiert dies leise mit dem Wort „unmöglich".)

Gorbatschow habe sich ferner interessiert gezeigt, Näheres über die deutsch-französischen Beziehungen zu erfahren; er verstehe nicht, warum diese Beziehungen sich so gut entwickeln würden. Er habe Gorbatschow gesagt, daß der Präsident und er sich heute zum 68. Male seit seinem Amtsantritt treffen würden. Gorbatschow sei daraufhin sprachlos gewesen.

Er habe mit Gorbatschow auch über die jüngste Entwicklung in der VR China gesprochen, die Gorbatschow mit Bedauern aufgenommen habe. Gorbatschow befürchte einen Schauprozeß gegen den GS der KP, den er sehr schätze, und habe dies – wohl auch ein wenig mit Blick auf sich selbst – mit den Worten kommentiert, das könne passieren, wenn man nicht erfolgreich sei.

Gorbatschow betrachte die Entwicklung der DDR sehr skeptisch. Er habe sich in dem Gespräch insoweit zurückgehalten und eher ihm zugehört. Die Art und Weise, wie Gorbatschow auf seine Erläuterungen eingegangen sei, sei aber interessant gewesen. Er habe in diesem Zusammenhang Gorbatschow darauf hingewiesen, daß Honecker nicht nur Zeitungen aus der Bundesrepublik, sondern auch aus der Sowjetunion verbiete. Dies sei schlichtweg „verrückt".

Gorbatschow habe dieser Einschätzung zugestimmt und hinzugefügt, bei der Führung der DDR handle es sich um sehr alte Leute, man müsse die ganz Jungen betrachten. Er frage sich, wen Gorbatschow damit meine, da die denkbaren Nachfolger Honeckers aus dem Politbüro bzw. ZK alle um die 60 Jahre alt seien.

Zur ČSSR habe er, der Bundeskanzler, sich sehr hart und schroff geäußert. Gorbatschow habe diese Einschätzung nicht dementiert.

Insgesamt könne er seine Gespräche wie folgt zusammenfassen: Der Westen habe zum ersten Male seit 40 Jahren „die Karten in der Hand". Wenn er jetzt klug, nicht rechthaberisch und ohne Illusionen vorgehe, bestehe eine gute Chance, zu besseren Beziehungen zu kommen. Hier sollten Frankreich und die Bundesrepublik gemeinsam vorangehen. Es wäre gut, wenn der Präsident und er das nächste informelle Treffen im Spätsommer dazu nützen würden, intensiv über die gesamte weitere Entwicklung in Europa zu sprechen.

Der <u>Präsident</u> stimmt der Zusammenfassung des Bundeskanzlers mit den Worten zu: Wir werden folgen.

Anmerkung:

E. Guigou bestätigte mir am Rande des Treffens, daß im Hinblick auf den Brief des Bundeskanzlers vom 15. Juni 1989[12] zum weiteren <u>Fortgang der Arbeiten im Rahmen des Schengener Abkommens</u>[13] Antwortentwurf in Vorbereitung sei. Entsprechend unserer Vorabklärung werde sich der Präsident wahrscheinlich dafür aussprechen, daß die beiden Beauftragten – Europaministerin Cresson und StM Stavenhagen – bald in einem Treffen alle offenen Fragen besprechen sollten.

Bitterlich

---

11 Nr. 1 Anm. 2 und 6.
12 Schreiben in der Registratur des Bundeskanzleramtes nicht zu ermitteln.
13 Übereinkommen zwischen den Regierungen der Staaten der Benelux-Wirtschaftsunion, der Bundesrepublik Deutschland und der Französischen Republik betreffend den schrittweisen Abbau der Kontrollen an den gemeinsamen Grenzen, unterzeichnet am 14. Juni 1985 in Schengen, in: Gemeinsames Ministerialblatt. Hg. vom Bundesminister des Innern. Bonn. 37. Jg. Nr. 5. 12. Februar 1986, 79–81.

Nr. 9
Deutschlandpolitisches Gespräch bei dem Chef des Bundeskanzleramtes Seiters
Bonn, 23. Juni 1989

BArch, B 136/20169, 221 – 14223 Sta 8 Bd. 3. – Vermerk des MDg Duisberg, 28. Juni 1989. Weiterleitung an GL 22 zum Verbleib.

Betr.: Deutschlandpolitik
hier: Erweiterter Dreierkreis am 23. Juni 1989, 11.30 Uhr

1. **Teilnehmer:**
Frau BM Dr. Wilms
Frau Senatorin Prof. Pfarr
St Dr. Lautenschlager (in Vertretung von St Dr. Sudhoff)
St Dr. von Würzen
St Dr. Klemm
St Dr. Knittel
St Stroetmann
St Dr. Bertele
MDgt Dr. Duisberg
(St Dr. Priesnitz war verhindert).

2. **Themen:**
(1) Ihr Besuch in Berlin (Ost) am 03./04. Juli 1989
(2) Stand der Eisenbahnverhandlungen
(3) Probleme des Südübergangs in Berlin
(4) Weiterbehandlung der Elbe-Sanierung und der Werra-Versalzung
(5) Antrag der Lufthansa für erweiterten Messeflugverkehr.

3. **Zu den einzelnen Themen:**

3.1 Besuch Chef BK in Berlin (Ost)[1]
Chef BK unterrichtet in allgemeinen Zügen über das vorgesehene Programm und die Gesprächslinie. St Dr. Bertele weist darauf hin, daß von DDR-Seite mit Sicherheit das Thema der Elbe-Grenze angesprochen werde. Sein Eindruck sei, daß hier erneut ein Dissens bestehe. MDgt Dr. Duisberg trägt kurz aus dem diesbezüglichen Vermerk unseres Delegationsleiters in der Grenzkommission[2] vor, der diesen Eindruck zu bestätigen scheint.

3.2 Stand der Eisenbahnverhandlungen
St Dr. Knittel trägt vor und kommt dabei auf den Gedanken eines westdeutschen Generalunternehmers zurück. Er habe mit dem Vorstand von Dyckerhoff & Widman gesprochen; die Firma sei bereit, jedenfalls für zwei eingrenzbare Einzelpositionen gegen relativ geringes Entgelt (je DM 100 000,–) ein Gutachten mit Kostenangebot bis September zu unterbreiten. Dies könne dann bei den Verhandlungen berücksichtigt werden.
Frau BM Dr. Wilms weist darauf hin, daß die Verhandlungen möglichst rasch weitergeführt werden sollten; je länger sie dauerten, je kostspieliger werde das Projekt und je weniger könne man sich auch von anderen Seiten kommenden Wünschen

---

1 Nr. 13.
2 Vermutlich: Ergebnisvermerk des Ministerialrats Lenz betr. Delegationssitzung am 31. Mai 1989 zur Vorbereitung der 89. Sitzung der Grenzkommission am 7. und 8. Juni 1989 in Husum, 2. Juni 1989, G 5 – 118 511–1/88 VS-NfD; BArch, B 106/115655.

nach Straßenbaumaßnahmen widersetzen. St Dr. von Würzen warnt vor Festlegungen gegenüber Dyckerhoff & Widman; dort dürfe nicht der Eindruck entstehen, daß ihnen schließlich ein Auftrag erteilt werden könne.

Frau Senatorin Prof. Pfarr betont für Berlin, daß das Bahnprojekt weiterhin absolute Priorität habe. Mit Rücksicht auf die Fahrzeit bestehe eine Präferenz für einen durchgehend dreigleisigen Ausbau (keine Notwendigkeit der Geschwindigkeitsverringerung bei Bahnhofdurchfahrten). Sie warnt vor zeitlichen Verzögerungen durch die Einholung weiterer Gutachen.

St Dr. Klemm erklärt, daß die Verhandlungen im alten Rahmen des Mandats bleiben müßten. BMF gehe davon aus, daß nach Ermittlung der Kosten noch einmal eine politische Entscheidung getroffen werden müsse, zwar nicht darüber, ob das Projekt überhaupt durchgeführt werden solle, sondern ob nötigenfalls mit Rücksicht auf die Kostenhöhe Beschränkungen erforderlich würden. Er erhebt im übrigen keine Einwendungen gegen die Weiterführung der Verhandlungen auf der im Ressortkreis abgestimmten Linie.

3.3 Südübergang

Frau Senatorin Prof. Pfarr erläutert den Beschluß des Senats dahingehend, daß damit eine Entscheidung für den Südübergang[3] in dem vorgesehenen Raum getroffen worden sei. Es sei klar, daß Nachverhandlungen nicht möglich seien; auch die Vereinbarung über die Transitpauschale könne nicht in Frage gestellt werden. Die Änderung bei der Lage des Übergangs könne mit Gebietstausch erfolgen; der Senat hoffe, daß die Lösung kostenneutral bleiben werde. Man bitte die Bundesregierung, sich gegenüber der DDR für eine geringere Dimensionierung der GÜST einzusetzen. Hinsichtlich des Autobahnzubringers sehe man, daß ein vierspuriger Ausbau vereinbart sei; man könnte hier jedoch auf eine geringere Dimensionierung (schmalere Fahrbahnen) hinwirken. Die Petita wegen der Möglichkeit des Busverkehrs und eines Fahrradübergangs seien allgemeine Wünsche, die nicht als Conditio sine qua non für den Südübergang zu verstehen seien.

Auf Frage von MDgt Dr. Duisberg nach der Bedeutung der im Senatsbeschluß enthaltenen Forderung nach Öffnung des Berliner Rings im Westen erklärte Frau Senatorin Pfarr, daß dies eine alte Grundsatzforderung des Senats sei, die weiter aufrechterhalten werde, der Bau des Südübergangs jedoch nicht bis zu ihrer Verwirklichung zurückgestellt werden sollte. Chef BK faßte diesen Punkt dahin zusammen, daß die Öffnung des Berliner Rings im Westen kein aktueller Verhandlungspunkt sei.

3.4.1 Elbe-Sanierung

St Dr. Stroetmann trug vor, daß unter den derzeit mit der DDR diskutierten Demonstrationsprojekten drei Fragen die Gewässergüte im Elbe-Bereich beträfen; man erhoffe sich hiervon einen günstigen Einstieg.

St Dr. von Würzen erklärte seine volle Unterstützung für diese Projekte, drückte aber Bedenken gegen die Modalitäten der vorgesehenen Förderung aus. Dadurch, daß jeweils die Gesamtkosten des Gesamtprojekts zugrunde gelegt und auf dieser Basis der Förderanteil von 30 bis 35% berechnet werde, würden die westdeutschen Komponenten praktisch zu 100% von uns finanziert. Damit werde von dem bisher stets eingehaltenen Grundsatz abgewichen, Obergrenzen für die Finanzierung des westdeutschen Anteils festzulegen. Auf diese Weise würden einerseits Mißbrauchsmöglichkeiten eröffnet; vor allem aber werde es kaum möglich sein, von diesem Mo-

---

3 Senatsbeschluß Nr. 165/89 Planung eines Südüberganges für den Transitverkehr, G Sen 1 – 1240 – 165/89, 1. Juni 1989; LA Berlin, Rep. 228.

dell in anderen Bereichen wieder herunterzukommen, zumal die Grenze zwischen Demonstrationsvorhaben, Pilotprojekt und kommerziellem Projekt im Einzelfall fließend sei.

St Dr. Stroetmann widersprach mit der Begründung, daß für die DDR dieselben Fördergrundsätze gelten müßten, die für Projekte im Bundesgebiet angewandt würden. Im übrigen werde die Gesamtkalkulation der Projekte jeweils genau geprüft, so daß Mißbrauchsmöglichkeiten vorgebeugt werden könne.

St Dr. von Würzen hält eine Ressortbesprechung zur Klärung der Grundsatzfrage vor dem Besuch von DDR-Umweltminister Reichelt für unerläßlich. Frau BM Dr. Wilms unterstützt ihn; die Preise dürften nicht verdorben werden.

Chef BK faßt zusammen, daß Koordinierungsbedarf für die Projekte selbst im Hinblick auf die Pläne Niedersachsens und der norddeutschen Küstenländer bestehe (zu erörtern beim Treffen der Ministerpräsidenten mit dem Bundeskanzler); daß aber auch Koordinierungsbedarf zwischen den Ressorts wegen der von St Dr. von Würzen aufgeworfenen Grundsatzfrage bestehe; er bittet BMU, hierzu eine Ressortbesprechung vorzusehen.

3.4.2 Werra-Versalzung

Frau BM Dr. Wilms trägt den Sachstand vor. Sie fügt daran als persönliche Einschätzung die Meinung, daß die DDR vor allem daran interessiert sei, das ESTA-Verfahren[4] zu erhalten; dagegen sei es ihrer Ansicht nach zweifelhaft, ob die DDR danach zu substantiellen Reduzierungsmaßnahmen bereit sei. Nach ihrem Eindruck sei die Haltung der Länder unterschiedlich; in Hessen werde nach wie vor sehr stark der Aspekt der Arbeitsplatzsicherung gesehen. Frau BM Dr. Wilms zieht daraus den Schluß, daß wir an unserer Position festhalten sollten.

St Dr. Stroetmann spricht sich ebenfalls für Beibehaltung unserer Verhandlungsposition aus, gibt aber zu bedenken, ob nicht auch noch einmal das Flotationsverfahren ins Gespräch gebracht werden könnte, das ja in jedem Fall eine raschere Wirkung erzielen könnte.

St Dr. von Würzen wendet ein, daß ein Zurückfallen auf das Flotationsverfahren von der DDR als Negativantwort gewertet werden müsse. Er habe den Eindruck, daß die DDR sich vernünftigerweise auch nicht auf unser 200-Mio.-DM-Angebot einlassen könne. Er gab andererseits zu, daß es auch keinen Sinn mache, der DDR das ESTA-Verfahren zugänglich zu machen, ohne Gewähr dafür zu erhalten, daß sie es dann auch tatsächlich zu einer substantiellen Verminderung der Salzbelastung der Werra anwenden werde.

3.5 Antrag der Lufthansa

St Dr. Knittel trägt vor mit dem Petitum, auf eine positive Entscheidung hinzuwirken. St Dr. Lautenschlager weist darauf hin, daß kurz vorher, am 21.06., US-AM Baker von sich aus gegenüber BM Genscher das Thema angesprochen und auf die Notwendigkeit der Verknüpfung mit der Berlin-Initiative[5] hingewiesen habe. Er

---

4 Elektrostatisches Trennverfahren zur Salzaufbereitung, von einer Firma in der Bundesrepublik entwickelt, bei dem Rohsalz ohne Verwendung von Wasser schrittweise in die gewünschten Produkte und das als Abfall verbleibende verunreinigte Steinsalz aufgetrennt wird (Stufenplan zur Reduzierung der Werraversalzung, BMB II B 3 – 73 1461/BMU U III 4 – 52 1407/2, 20. Mai 1988, VS-NfD; BArch, B 136/20169, 221 – 14223 Sta 8 Bd. 2).

5 Die Berlin-Initiative der drei Westmächte ging zurück auf die Rede von Präsident Reagan am 12. Juni 1987 vor dem Brandenburger Tor, in der er vorschlug, den zivilen Luftverkehr auszubauen, vermehrt internationale Tagungen – auch der Vereinten Nationen – und Sportbegegnungen in Berlin abzuhalten, den Jugendaustausch zwischen beiden Teilen der Stadt zu fördern und in der Zukunft Olympische Spiele in Berlin zu veranstalten (Public Papers of the Presidents of the United States. Ronald Reagan. 1987 [in two books]. Book I-January 1 to July 3, 1987. Hg. vom Office of the Federal Register, National Archives and Records Administration. Washington [D.C.] 1989, 634–638; Amerika Dienst. Sonder-

hält es aber ebenfalls für richtig, noch einmal auf politischer Ebene mit den Drei Botschaftern im Sinne unseres Vorschlages zu sprechen. Bei fortbestehendem Widerstand müsse dann allerdings Gelegenheit bestehen, auf politischer Ebene (z.B. am Rande des Kabinetts) sich abzustimmen, ob wir über den alliierten Widerstand hinweggehen sollten.

Ein Gespräch von Chef BK mit den Drei Botschaftern wird für kurz nach dem Besuch in Berlin (Ost) vorgesehen (Termin: 06. Juli 1989, 14.00 h).[6]

Duisberg

Nr. 10
Telefongespräch des Bundeskanzlers Kohl mit Präsident Bush
23. Juni 1989

BK, 212 – 30132 A 5 Am 31 Bd. 1. – Vermerk des MDg Neuer, 23. Juni 1989. Hs. vermerkt: „Teltschik erl. K[ohl]". – Gesprächsdauer: 13.30 bis 13.50 Uhr.

Nach der Begrüßung erwähnt <u>Präsident Bush</u>, daß er mit BM Genscher in Washington in dieser Woche ein Gespräch geführt habe.[1] Genscher werde dem Bundeskanzler sicherlich berichten.

<u>Der Bundeskanzler</u> bejaht dies und weist darauf hin, daß er zusammen mit dem Außenminister zum EG-Gipfel nach Madrid reise. Zum Ergebnis der Wahlen zum Europäischen Parlament führt der Kanzler aus, Präsident Bush brauche hierüber nicht beunruhigt zu sein. Die Bürger in der Bundesrepublik hätten diese Wahlen nicht als wirklich wichtig empfunden, was natürlich falsch sei. Die Haltung der Bürger sei dadurch zu erklären, daß es keine europäische Regierung und keine europäische Opposition gebe. Deshalb gebe man bei dieser Wahl Stimmungen nach. Die CDU/CSU sei weiter die stärkste Partei. Die Linke habe keine Mehrheit. Die Republikaner seien keine Nazis. Sie würden jedoch hart bekämpft. Die Wähler reagierten mit der Wahl der Republikaner Zorn und Ängste ab. Sie seien jedoch zurückzugewinnen. Hierfür bestehe eine gute Chance. Das Ergebnis der Republikaner erkläre sich u. a. aus der Furcht der Bauern, eines Teils der Arbeiterschaft und eines Teils des Mittelstands vor der EG.

<u>Präsident Bush</u> bemerkt, er habe den Eindruck gehabt, daß die CDU/CSU ein besseres Ergebnis hatte, als vor einigen Monaten zu erwarten gewesen wäre. Er wolle im übrigen noch einige Punkte ansprechen. Zunächst zur NATO nach dem Brüsseler Gipfel. BM Genscher sei über die amerikanische Auffassung schon unterrichtet worden. Präsident Bush hält es für einen großen Fehler, die Wiener Gespräche in Abschnitte zu unterteilen. Dies würde unsere

dienst). Nach Konsultationen mit der Bundesregierung übergaben die Regierungen Frankreichs, Großbritanniens und der Vereinigten Staaten am 29. Dezember 1987 im Ministerium für Auswärtige Angelegenheiten der UdSSR ein Aide-mémoire, in dem zu diesen Themen Gespräche zwischen den Vier Mächten über konkrete Maßnahmen zur Verbesserung der Lage Berlins angeregt wurden. In ihrer Antwort vom 15. September 1988 (Aide-mémoire, Übersetzung 105 – 88/4071, VS-NfD; BArch, B 136/21765, 223 – 35100 Be 10 NA 1 Bd. 1) erklärte sich die Regierung der UdSSR als nicht zuständig für Fragen, „die die Lage in der Hauptstadt der DDR berühren". Sie stellte Erörterungen über „die gegenwärtige anomale Situation" im Luftverkehr „unter gebührender Achtung der Souveränität der DDR und ihrer Zuständigkeit" in Aussicht. „Westberlin betreffende Fragen" könnten zwischen der „Botschaft der UdSSR in der DDR" und den „Verwaltungen" der Drei Mächte in Berlin „genauer bestimmt werden".

6 Nr. 14.

1 Bei dem Besuch am 21. Juni 1989 traf Bundesminister Genscher mit Präsident Bush, Außenminister Baker und Verteidigungsminister Cheney zusammen.

VKSE-Verhandlungsposition untergraben. Die erste Priorität in Wien habe die Einigung über die Reduzierung der konventionellen Streitkräfte. Deshalb dürfe man jetzt keine Diskussion innerhalb der NATO über SNF anfangen. Wir haben in Brüssel eine gute Formel gefunden, an die man sich jetzt auch halten solle.

Der Bundeskanzler stimmt zu. Er sei entschieden dagegen, das Thema SNF nochmals aufzugreifen. Man solle sich an das halten, was man in Brüssel vereinbart habe.

Präsident Bush fährt fort und bemerkt, bei dem Wirtschaftsgipfel[2] sollte die internationale Schuldensituation erörtert und mehr Koordinierung im makroökonomischen Bereich erreicht werden. Man müsse zu einer guten Koordinierungspolitik zurück.

Präsident Bush kommt anschließend auf seine Polenreise zu sprechen. Er führt aus, er sei dem Kanzler für jeden Vorschlag und jede Anregung in bezug auf Polen dankbar. Präsident Mitterrand habe zum Pariser Club zu Recht gesagt, man müsse einfallsreicher und flexibler sein. Auch über die Polenpolitik wolle er in Paris sprechen. Aber auch schon vor dem Pariser Gipfel. Ein wichtiges Thema sei auch, wie der Übergang zur Demokratie in Osteuropa gefördert werden könne.

Auf die Frage des Bundeskanzlers erwähnt Präsident Bush, er reise aus Washington um den 8. Juli herum ab. Er werde nach Polen und nach Ungarn reisen.[3]

Der Bundeskanzler bemerkt, er werde Präsident Bush einen Brief schreiben, der unsere Auffassung zur Lage und Entwicklung sowie unsere Politik gegenüber Polen und Ungarn darstelle.[4] Diesen Brief wolle er nach seiner Rückkehr vom Europäischen Rat Mitte nächster Woche absenden. Er wolle darin unsere Sicht der beiden Länder darlegen. Es werde sich um einen sehr vertraulichen Brief handeln, der nur für den Präsidenten bestimmt sei.

Präsident Bush bedankt sich. Er sichert vertrauliche Behandlung zu. Präsident Bush fährt fort, es gebe zur Zeit viel Emotionen, vor allem um Polen. Man dürfe jetzt keine Fehler machen und evtl. Geld für Dinge ausgeben, ohne etwas für die Bevölkerung zu erreichen.
...[5]

Präsident Bush kommt nochmals auf Polen zurück und sagt, er habe zu Polen noch besondere Vorschläge, die er mit dem Bundeskanzler diskutieren wolle. Er werde ihn hiervon unterrichten.

Der Bundeskanzler versichert, er sei sehr daran interessiert, da er auch bald nach Polen reisen wolle.

Neuer

---

2 Nr. 1 Anm. 7.
3 Präsident Bush besuchte vom 9.–11. Juli 1989 Polen und vom 11.–13. Juli Ungarn (Public Papers of the Presidents of the United States. George Bush. 1989 (in two books). Book II-July 1 to December 31, 1989. Hg. vom Office of the Federal Register, National Archives and Records Administration. Washington [D.C.] 1990, 917–929, 932–938, 940–946, 947 f.; Reden am 10. Juli 1989 vor dem Sejm und am 12. Juli vor der Karl-Marx-Universität in Budapest auch in: Amerika Dienst. Sonderdienst).
4 Nr. 12.
5 Im folgenden besprochen: Fragen der Uruguay-Runde und Umweltfragen.

Nr. 11
Fernschreiben des Staatssekretärs Bertele an den Chef des Bundeskanzleramtes
Berlin (Ost), 27. Juni 1989

BArch, B 288/124, 11 – 35005 Pa 4 Bd. 11. – FS StäV Nr. 1356, 11.26 Uhr. VS-NfD. Verteiler: ChBK, LASD, Gruppe 22; BMB, AL II; Bonn AA, Ref. 210, auch für Botschaften Brüssel-NATO, Moskau, Warschau, Prag, Budapest, Bukarest, Sofia, London; LV Berlin. Spruchvordruck mit hs. Korrekturen des St Bertele.

Betr.: Innere Lage der DDR nach dem 8. ZK-Plenum am 22./23. Juni 1989
Verf.: MR von Studnitz

I. Zusammenfassung

Die DDR-Führung steht weiterhin unter Druck von drei Seiten, nämlich dem Reformdruck aus den sozialistischen Bruderländern, der drängenden Erwartungshaltung der eigenen Bevölkerung, aber auch weiter Schichten in der Partei und schließlich den Menschenrechts- und Veränderungsforderungen aus dem Westen. Die DDR-Führung vertraut auf eine offensive Rundumverteidigung, indem den sozialistischen Brüdern vorgehalten wird, Erfolge ihrer Reformbemühungen seien bisher ausgeblieben, während die konsequent ihren Kurs haltende DDR ihrer Bevölkerung den höchsten Lebensstandard garantiere. Gegenüber der eigenen Bevölkerung beruft man sich auf die sozialen Vorteile fehlender Arbeitslosigkeit, ausreichenden Wohnraums und garantierter Ausbildungsmöglichkeiten. Westliche Forderungen werden als Einmischung in innere Angelegenheiten mit der Aufforderung zurückgewiesen, sich um die eigenen sozialen Mißstände zu kümmern.

Die Devise, daß Angriff die beste Verteidigung ist, beherrscht die öffentlichen Verlautbarungen der DDR-Führung. Honeckers Politik seit 1971 (8. Parteitag) wird im Blick auf den 12. Parteitag im Mai 1990 als eine ungebrochene Erfolgsserie ausgegeben. Alles, was andere sozialistische Länder an Reformen jetzt erst beginnen, ist nach dieser Lesart ständige Praxis der DDR-Politik gewesen, die sich von der Dialektik von Kontinuität und Fortschritt leiten lasse. Wegen dieser Erfolge besteht nach offizieller Lesart auch keine Veranlassung zur Kursänderung. Die Erfolgsbilanz wurde bereits mit Honeckers Rede vor dem 7. ZK-Plenum im Dezember 1988 gezogen,[1] dem das 8. Plenum im Juni 1989 nichts hinzufügte. Die offiziellen Erwartungen gehen dahin, daß der „erfolgreiche" Kurs durch den 12. Parteitag 1990[2] bestätigt und in sachlicher und personeller Kontinuität fortgeführt werden wird.

Dieses Erfolgsbild entspricht nicht der tatsächlichen und psychologischen Lage im Lande. Sie ist weiter gekennzeichnet durch Versorgungsschwierigkeiten bei den Dienstleistungen des täglichen Lebens, bei der Obst- und Gemüseversorgung, durch übermäßig lange Wartezeiten auf langlebige Gebrauchsgüter wie Wohnung, Auto, Telefon. Eine durchgreifende Verbesserung ist angesichts der über Jahrzehnte ausgefallenen oder nur unzureichenden Infrastrukturinvestitionen zur Erneuerung der Fabriken, Verkehrs- und Kommunikationswege, der Stadtsanierung nicht zu erwarten. Die Führung nimmt in ihren Verlautbarungen von diesen Mängeln nicht grundsätzlich Kenntnis, sondern gesteht allenfalls temporäre Rückstände zu.

Die allenthalben fühlbaren Versorgungsmängel, das weitverbreitete Gefühl, gegängelt und bevormundet zu werden, die Allgegenwart des staatlichen Überwachungs- und Repressionsapparats und das Ausbleiben jeglicher Reformansätze bei der Gewährung demokrati-

---

1 Bericht des Politbüros, erstattet von Generalsekretär Honecker auf der 7. Tagung des Zentralkomitees der SED am 1./2. Dezember 1988 in Berlin (Meldung ADN/1. 12. 89/11.01 ff. in: Presse- und Informationsamt der Bundesregierung. DDR-Spiegel. Nr. 231. 2. Dezember 1988. Anhang, 17 S.; BPA/PA, F 1/23. Wortlaut auch in: Neues Deutschland. 43. Jg. Nr. 285. 2. Dezember 1989, 3–6).
2 Das Zentralkomitee der SED beschloß auf seiner 7. Tagung, den XII. Parteitag für die Zeit vom 15.–19. Mai 1990 nach Berlin (Ost) einzuberufen. Beschluß in: Neues Deutschland. 43. Jg. Nr. 286. 3./4. Dezember 1988, 1.

scher Rechte in Staat und Gesellschaft wie auch bei der Reform der Kommandowirtschaft haben eine weitverbreitete deprimierte Grundstimmung im Lande erzeugt. Das Gefühl der Ausweglosigkeit und Frustration erfaßt nicht nur breite Schichten der Bevölkerung, sondern auch die aktiven Teile der Parteimitglieder, die sich durch die Stagnation an der Führungsspitze gehindert sehen, neue Ansätze zu versuchen. In Parteikreisen herrscht die Erwartung, daß auch über den 12. Parteitag hinaus sich zunächst nichts ändern werde.

II. Im einzelnen

1.

Die Reformbewegungen in Osteuropa, insbesondere in Ungarn, Polen und in der Sowjetunion, haben die DDR-Führung unter erheblichen Druck gebracht. Selbst wenn dort wirtschaftliche Erfolge immer noch ausgeblieben sind, worauf die DDR-Führung mit Selbstgerechtigkeit zur Abschreckung der eigenen Bevölkerung immer wieder verweist, bleiben die Geschehnisse dort für die Menschen in der DDR doch von großer Attraktion. Über die Einzelheiten sind sie durch das westliche Fernsehen bestens unterrichtet. Die DDR-Führung weiß, daß sie ein Mindestmaß an guten Beziehungen in erster Linie zur Sowjetunion, aber auch zu Polen aufrechterhalten muß. Für letzteres zeugt das Abkommen über die Oder-Bucht[3], wo ein erhebliches Irritationselement in den bilateralen Beziehungen ausgeräumt wurde. Mangels einer unmittelbaren Grenze und weil Ungarn nicht in gleicher Weise wie Polen historisch begründete Mitspracherechte bei der Gestaltung der DDR-Politik vor allem gegenüber der Bundesrepublik Deutschland geltend machen kann, zeigt die DDR wenig Rücksicht in der Kritik an den Zuständen in Ungarn. Die Sorge, daß dort die führende Rolle der kommunistischen Partei ernstlich in Frage gestellt ist, schreckt die SED sichtbar. Aus gleichen Überlegungen unterstützte sie vorbehaltlos den Unterdrückungskurs der chinesischen Regierung und Parteiführung.

Die SED versucht, durch die Formel der Gestaltung des Sozialismus in jeweiligen Nationalfarben zum einen die notwendige sozialistische Solidarität aufrechtzuerhalten, zum anderen ihre eigene doktrinäre Linie gegen die Übernahme aufgeweichter Sozialismusmodelle aus den Bruderländern abzuschotten. Die umfangreiche Behandlung des Themas „Wer ist Schuld an der deutschen Teilung?" im 40. Jahr des Bestehens der DDR zeigt, was auch ideologisch immer wieder betont wird, daß das einzig qualifizierende Merkmal für die Nation DDR der Sozialismus ist. Fällt er weg oder wird er in Frage gestellt, so entfällt auch die Rechtfertigung für die Selbständigkeit der DDR. Diese Sorge treibt die DDR-Führung wie nichts anderes um. Hierauf gründet sich auch die Ablehnung der Diskussion der Fehler Stalins, weil eine solche Erörterung vor der Deutschlandpolitik Stalins nicht haltmachen kann. Der Reformdruck aus dem Osten wirkt immer noch ausschließlich über die Erwartungen der eigenen Bevölkerung, nicht aber als Druck der sowjetischen Regierung auf die DDR. Dies gilt so lange, wie die relative Stabilität der Sowjetunion militärische Ruhe in Mitteleuropa und den Zufluß der dringend benötigten Waren für die eigene Bevölkerung aus der DDR gewährleistet. Die dennoch verbleibenden Koordinationsschwierigkeiten, mehr im RGW als im Warschauer Pakt, werden von der DDR wie ihren sozialistischen Partnerländern hingenommen.

2.

Indikator für die enttäuschten Hoffnungen auf Veränderungen in der DDR ist der anhaltend große Ausreisedruck in der DDR. Die Hochrechnung der gegenwärtigen Übersiedlerzahlen läßt für 1989 nach dem bisherigen Stand eine Zahl von 60 000 erwarten. Diejenigen, die fort-

---

3 Vertrag zwischen der Deutschen Demokratischen Republik und der Volksrepublik Polen über die Abgrenzung der Seegebiete in der Oderbucht, 22. Mai 1989, mit Anlage, in: Gesetzblatt der Deutschen Demokratischen Republik. Teil II. Jahrgang 1989. Hg. vom Sekretariat des Ministerrates der Deutschen Demokratischen Republik. Berlin 1989, 150f.

gehen, sind entweder so entmutigt, daß sie nicht mehr an einen Wandel in der DDR glauben, oder solche, die voller Skepsis nach 40 Jahren sozialistischer Herrschaft meinen, die jetzt sich bietende Chance müsse auf jeden Fall ergriffen werden. Die DDR-Führung ihrerseits erhöht die Zahl der Übersiedler dadurch, daß sie in beträchtlichem Umfang erkannte Oppositionelle zwangsweise zur Übersiedlung nötigt. Urteilt man nach der Stimmung im Lande, so ist das Ausreisepotential mit möglichen 60 000 am Ende dieses Jahres keineswegs ausgeschöpft. Die erweiterten Besuchsreisemöglichkeiten haben hier keine wirkliche Entlastung geschaffen, weil die DDR-Behörden die anfänglich gezeigte Großzügigkeit später durch kleinliche, nicht vorhersehbare Einschränkungen zurückgenommen und damit ihre eigene Glaubwürdigkeit zerstört haben. Hier könnte nur allmählich Wandel geschaffen werden, wenn sich die DDR-Führung bald zu einer konsequent durchgehaltenen großzügigen Besuchsreisepraxis entschlösse. Hierzu wäre erforderlich, daß die Verwandtschaftsbeschränkungen entfielen und beispielsweise eine Besuchsreise auf Einladung gestattet wäre. Für Menschen ohne Beziehungen zu Bundesbürgern müßten darüber hinaus touristische Reisemöglichkeiten eröffnet werden. Schließlich müßten auch die Wiedereinreisebeschränkungen für ehemalige DDR-Bürger entfallen. Zu solch weitreichender Politik mag sich die DDR-Führung nicht entschließen, weil sie befürchtet, daß hierdurch das Element der für notwendig befundenen Abgrenzung gegenüber dem Westen aufgeweicht wird. Sie meint vielmehr, mit der gegen die Bundesrepublik gerichteten Verelendungspropaganda könne sie genügend Loyalität bei der eigenen Bevölkerung gewinnen. Dieser Propaganda wird aber nicht wirklich Glauben geschenkt, wenn auch eine gewisse Verunsicherung in der DDR-Bevölkerung über die Lage der Arbeitslosen in der Bundesrepublik nicht zu übersehen ist.

Die DDR-Führung hat mit einer Folge von Festveranstaltungen im 40. Jahr des Bestehens der DDR sich den Anschein zu geben versucht, als werde der Staat von der überwältigenden Zustimmung seiner Bevölkerung getragen. Zeugnis hierfür sind

- 98,8% Ja-Stimmen bei der Kommunalwahl am 7. Mai, wobei der ganz offensichtlich zutreffende Vorwurf der Wahlfälschung mit den üblichen Mitteln des Staatssicherheitsdienstes vom Tisch gewischt wird,
- das Jubelfest von 75 000 FDJ-Angehörigen zu Pfingsten dieses Jahres, bei dem die jugendliche Freude an reichhaltigen und jugendgerechten Veranstaltungen in der Großstadt Berlin in Zustimmung zum DDR-Staat umgedeutet wird,[4]
- der 9. Pädagogische Kongreß der DDR, der die Sorge von Staat und Partei um das „kostbarste Gut der DDR", ihre Jugend, in einer Situation dokumentieren sollte, wo der Lehrerberuf denkbar unattraktiv ist und die Jugend in beträchtlichen Teilen durch das System zur Ablehnung des Staates erzogen wird. Die dem ideologischen Standard der 50er Jahre entsprechende Grundsatzrede der Bildungsministerin Honecker,[5] die beim 8. ZK-Plenum als richtungweisend für die gesamte ideologische Arbeit ausgegeben wurde, hat die auf Wandel hoffenden Menschen zusätzlich verschreckt.

3.

In der SED hat es nach dem Besuch Honeckers in der Bundesrepublik,[6] markiert durch Hagers Rede in Frankfurt/Oder im Oktober 1987[7] und die nachfolgenden Ereignisse Zionskir-

---

4 Zu dem Pfingsttreffen der FDJ vom 12.–15. Mai 1989 in Berlin (Ost): Fernschreiben des Ministerialrats von Studnitz an den Chef des Bundeskanzleramtes, StäV Nr. 1035, 17. Mai 1989, VS-NfD; BArch, B 136/20390, 221 – 35005 Pa 4 Bd. 13.
5 Referat der Ministerin Margot Honecker auf dem IX. Pädagogischen Kongreß der DDR in Berlin (Ost), 13. Juni 1989, in: Neues Deutschland. 44. Jg. Nr. 138. 14. Juni 1989, 3–9.
6 Der Generalsekretär der SED und Staatsratsvorsitzende der DDR, Honecker, besuchte vom 7.–11. September 1987 die Bundesrepublik Deutschland (Nr. 13 Anm. 23).
7 Auszug aus dem Referat des Politbüromitglieds Hager auf der Parteiaktivtagung der Bezirksparteiorganisation Frankfurt/Oder, 27. Oktober 1987, in: Neues Deutschland. 42. Jg. Nr. 253. 28. Oktober 1987, 3 f.

che[8] und Luxemburg/Liebknecht-Demonstration[9], einen immer deutlicher erkennbaren Wandel zur Verhärtung und Stagnation gegeben. Hager hat im Oktober 1987 die auf Wandel angelegten Aussagen des SED-SPD-Papiers[10] kassiert, was zunächst von Otto Reinhold, aber auch Eppler noch bestritten wurde. Mittlerweile neigt Eppler der Auffassung zu, daß der SED-SPD-Dialog eigentlich nicht mehr lohne, und die Diktion Reinholds befleißigt sich nur noch der Apologetik für die SED-Politik. Gesprächspartner im Parteiapparat, die früher noch die Überzeugung vertraten, Reformen in der DDR seien nur noch eine Frage der Zeit, sind heute skeptischer geworden und warten auf die Zeit nach Honecker. Dabei besteht Übereinstimmung, daß Honecker nicht geneigt ist, dieses Amt freiwillig abzugeben. Daß der Wind gegen jede Hoffnung auf Veränderung weht, hat das 8. ZK-Plenum mit der unüberhörbaren Kritik an dem bekanntesten Andersdenkenden in der oberen Parteiführung, dem 1. Sekretär der Bezirksleitung Dresden, Modrow, deutlich gemacht, dessen Arbeit in beispielloser Weise gerügt wurde. Es würde nicht überraschen, wenn er als Folge davon bald sein Amt aufgeben müßte. Weniger deutlich, aber gleichwohl sichtbar ist ein anderer Parteiführer, der 1. Sekretär von Berlin, Schabowski, in den vergangenen Monaten weniger in Erscheinung getreten. Das Feld der vermutlichen Nachfolger beherrscht gegenwärtig unbestritten Krenz, der für die Sicherheitsorgane, den Sport, die Jugend und die kommunalen Dinge verantwortliche ZK-Sekretär. Durch das Bekanntwerden der Wahlfälschung hat sein Bild einige Schrammen bekommen, worüber er sich jedoch resolut hinweggesetzt. Seine durch nichts gemilderte Verteidigung der Massaker in Peking bei seinem Besuch in Saarbrücken[11] zeigt seine Entschlossenheit, im Ernstfall alle staatlichen Machtmittel einzusetzen.

4.

Das Verhältnis des Staates zur ev. Kirche, das sich durch die Einstellung des Zensurkrieges Anfang 1989 vorübergehend leicht entspannt hatte, ist durch die von kirchlichen Gruppen unterstützte Überprüfung der Wahlauszählung und den auch in Kirchen verbreiteten Vorwurf der Wahlfälschung erneut belastet worden. Dies wurde beim Besuch Honeckers bei der Einweihung des Greifswalder Domes[12] sichtbar, als er darauf bestand, daß der mit dem Wahlfälschungsvorwurf assoziierte Bischof Forck von dem offiziellen Gespräch zwischen Staat und Kirche ausgeschlossen wurde. Auch ist bekannt, daß Honecker ein Gespräch mit dem Vorsitzenden des evangelischen Kirchenbundes, Landesbischof Leich, wegen dessen Kritik an Zuständen in der DDR ablehnt.

---

8 In einer gegen regimekritische Gruppen gerichteten Aktion durchsuchten Vertreter von Staatsanwaltschaft und Staatssicherheit in der Nacht auf den 25. November 1987 Räumlichkeiten der evangelischen Zionskirche im Bezirk Prenzlauer Berg in Berlin (Ost) und nahmen vorübergehend Mitglieder der dort untergebrachten Umweltbibliothek fest. Nachfolgend kam es auch in anderen Städten in der DDR zu Durchsuchungen und Festnahmen. Die Vorkommnisse waren Gegenstand einer Aktuellen Stunde des Deutschen Bundestages am 9. Dezember 1987 (Verhandlungen des Deutschen Bundestages. Stenogr. Berichte. Bd. 143. Plenarprotokoll 11/48, 3309–3319).

9 Zu der Demonstration am 15. Januar 1989 anläßlich des 70. Jahrestages der Ermordung von Karl Liebknecht und Rosa Luxemburg: Neues Deutschland. 44. Jg. Nr. 13. 16. Januar 1989, 1, 3.

10 „Der Streit der Ideologien und die gemeinsame Sicherheit", Papier der Grundwertekommission der SPD und der Akademie der Gesellschaftswissenschaften beim Zentralkomitee der SED, veröffentlicht am 27. August 1987, in: Politik. Informationsdienst der Sozialdemokratischen Partei Deutschlands. Nr. 3. August 1987; Texte zur Deutschlandpolitik. Reihe III/Bd. 5 – 1987. Bonn 1988, 171–181.

11 Krenz, der auf Einladung von Ministerpräsident Lafontaine mit einer Delegation des Zentralkomitees der SED am 7./8. Juni 1989 an den „Saarbrücker Gesprächen" teilnahm, wandte sich gegen „Horrordarstellungen der BRD-Medien" bei der „Beurteilung der Ereignisse in der Volksrepublik China". Man müsse sich „auf die wirklichen Ereignisse und die Erklärungen der chinesischen Partei- und Staatsführung stützen", denen zufolge die „friedlichen Demonstrationen der Studenten" auf dem Platz des himmlischen Friedens in Peking „zu einem konterrevolutionären Umsturz in der Volksrepublik China ausgenutzt" werden sollten (Erklärung in: Neues Deutschland. 44. Jg. Nr. 134. 9. Juni 1989, 2).

12 Zur Wiedereinweihung des Doms St. Nikolai zu Greifswald am 11. Juni 1989: ebd. Nr. 136. 12. Juni 1989, 1, 3.

5.

Der Stand der Beziehungen zur Bundesrepublik Deutschland bleibt ein wichtiger Indikator für die innere Lage der DDR. Die Attraktivität der Bundesrepublik wird nicht nur aus der unbegrenzten Zahl der Besuchswünsche und der großen Zahl der Übersiedlungswünsche ersichtlich, sondern auch an der intensivierten Gegenpropaganda der DDR-Führung. Zur Verelendungskampagne ist durch die Wahlerfolge der Republikaner jetzt das zusätzliche, nur allzu begierig aufgegriffene Argument neonazistischer Erscheinungen getreten. Zugleich bleibt die DDR-Führung wie das Kaninchen auf die Schlange fixiert, wenn die wirtschaftliche Leistungsfähigkeit der Wirtschaften der beiden deutschen Staaten miteinander verglichen wird. Die DDR weiß, daß sie auf die Zusammenarbeit mit der Bundesrepublik angewiesen bleibt, was Politbüromitglied Axen auf die Formel brachte, daß was die DDR in Europa erreichen könne, sie nur im Zusammenwirken mit der Bundesrepublik Deutschland tun könne. Das Dilemma, eine intensivierte Zusammenarbeit bei gleichzeitiger möglichst hoher Abgrenzungsschwelle zu erreichen, bleibt für die DDR-Führung angesichts der Unnatürlichkeit der deutschen Teilung ein unlösbares Problem. Die Vorwürfe der Einmischung seitens der Bundesrepublik oder ihrer Medien in die inneren Angelegenheiten der DDR sind dabei nur Schuldvorwürfe an die falsche Adresse. Das Nicht-zur-Kenntnis-nehmen-wollen oder zumindest Nicht-diskutieren-wollen der internen Probleme der DDR ist der eigentliche Grund der Schwierigkeiten, nicht der Umstand, daß bundesdeutsche Medien oder Politiker sich zu diesen Fragen kritisch äußern.

B 27/6
Bertele

Nr. 12
Schreiben des Bundeskanzlers Kohl an Präsident Bush
Bonn, 28. Juni 1989

BK, 21 – 65104 (23) Wi 7 Bd. 2, Bl. 13–18.

Lieber George,

wie wir Ende vergangener Woche telefonisch vereinbart haben,[1] möchte ich Sie hiermit über die Grundzüge meiner Politik und meine konkreten Planungen hinsichtlich Polens und Ungarns unterrichten.

Das deutsch-polnische Verhältnis ist durch eine lange, leidvolle Geschichte geprägt, die im Verhältnis der Staaten schwere politische Hypotheken und bei den Völkern tiefe emotionale, bis heute nicht verheilte Wunden hinterlassen hat. Im Zusammenhang mit dem 50. Jahrestag des Ausbruchs des Zweiten Weltkrieges, der mit dem Überfall auf Polen begann, und des Hitler-Stalin-Paktes, durch den kurz vorher Polen zum vierten Mal geteilt wurde, kommt diese Geschichte wieder schmerzlich ins Bewußtsein.

Ich möchte deshalb gerade in diesem Jahr einen politisch-psychologischen Durchbruch in unseren Beziehungen zu Polen erreichen und neue Wege zur Verständigung der Staaten und zur Versöhnung der Völker eröffnen.

Polen bildet zugleich – zusammen mit Ungarn – die Spitzengruppe derjenigen Länder des Warschauer Pakts, die tiefgreifende Reformen auf politischem, wirtschaftlichem und gesellschaftlichem Gebiet unternommen und damit die Weichen in Richtung auf mehr politischen Pluralismus, mehr Achtung der Menschenrechte, mehr Privatinitiative und schrittweise Ein-

---

1   Nr. 10.

führung der Marktwirtschaft gestellt haben. Diesen Prozeß – hier weiß ich mich mit Ihnen einig – muß der Westen nach besten Kräften abstützen, nicht zuletzt deshalb, weil ein Erfolg der Reformen in Polen und Ungarn positive Auswirkungen sowohl auf die Sowjetunion als auch – und hier liegt unser besonderes deutsches Interesse – auf die DDR auszuüben verspricht.

Beides – den Neuanfang in unseren bilateralen Beziehungen und unsere Unterstützung des polnischen Reformprozesses – möchte ich mit einem offiziellen Besuch in der VR Polen in diesem Jahr bekräftigen. Ich habe allerdings Anfang dieses Jahres mit Ministerpräsident Rakowski vereinbart, daß vorher eine Vielzahl offener Fragen gelöst und in ein „Gesamtpaket" eingebracht werden muß. Um dieses Paket auszuhandeln, haben wir Beauftragte bestellt (auf unserer Seite Horst Teltschik). Die Beauftragten sind seit Ende Januar sieben Mal zusammengetroffen und haben bereits weitgehende Annäherungen erzielt, werden aber ihre Gespräche noch fortsetzen müssen. Solange das „Gesamtpaket" nicht abgeschlossen ist, wird, so war dies von Anfang an vereinbart, der Termin für meinen Besuch nicht festgelegt.

Das Gesamtpaket besteht aus einer Reihe schwieriger Fragen, um deren Lösungen sich die von mir geführte Bundesregierung und ihre Vorgängerin zum Teil schon seit Jahrzehnten bemühen. Es enthält u. a.

- eine Reihe von Abkommen, z. B. Jugendaustausch, Errichtung von Kulturinstituten, wissenschaftlich-technische Zusammenarbeit, Umweltzusammenarbeit, Schutz und Förderung von Investitionen;
- humanitäre und historische Fragen: Kriegsgräberpflege, Erinnerung an den deutschen Widerstand gegen Hitler und an deutsche historische Persönlichkeiten;
- als Schwerpunkt unseres Interesses die Rechte der in Polen lebenden Deutschen und Deutschstämmigen: Pflege ihrer Religion, Sprache, Kultur und Tradition gemäß Wiener KSZE-Abschlußdokument[2] und anderen internationalen Instrumenten, und
- als vorrangiges polnisches Interesse die wirtschaftlich-finanzielle Zusammenarbeit: Unser Angebot hat Horst Teltschik in einem Telex an Brent Scowcroft am 27. Juni umrissen.[3]

Von polnischer Seite besteht außerdem der Wunsch, dieses Gesamtpaket in einer „Gemeinsamen Erklärung" zusammenzufassen.

Die Verhandlungen über die wirtschaftlich-finanzielle Zusammenarbeit gestalten sich aus zwei Gründen besonders schwierig:

- Einmal ist die heutige desolate Wirtschaftslage Polens in erster Linie Folge des Systems, der leichtfertigen Verschuldungspolitik der 70er Jahre sowie mißlungener westlicher Hilfsversuche aus derselben Zeit (zu denen auch frühere Bundesregierungen beigetragen haben); die polnischen Wirtschaftsprobleme kann auch nicht ein westliches Land allein lösen.
- Zum anderen müssen neue westliche Hilfsmaßnahmen aufs engste abgestimmt werden, damit sie konkreten und förderungswürdigen Projekten in Polen, vorzugsweise im Privatsektor, zugute kommen und Polen nicht – wie dies leider heute schon zwischen dem Pariser Club der staatlichen Gläubiger und dem Londoner Club der Privatbanken[4] der Fall ist – die westlichen Länder gegeneinander ausspielen kann.

Ich möchte Ihnen deshalb hiermit vorschlagen, daß wir uns mit unseren Partnern auf dem Wirtschaftsgipfel in Paris über einen westlichen Abstimmungsmechanismus verständigen, der die Hilfsmaßnahmen potentieller Geber koordiniert und für die anstehenden Beratungen des Internationalen Währungsfonds, der Weltbank und des Pariser Clubs politische Vorgaben – die natürlich auch übergeordnete außenpolitische Erwägungen enthalten müssen – gibt.

---

2 Abschließendes Dokument des KSZE-Folgetreffens vom 4. November 1986 bis 19. Januar 1989 in Wien, 15. Januar 1989, mit Anhängen, in: Bulletin. Nr. 10. 31. Januar 1989, 77–105.
3 Nicht freigegeben.
4 Bei dem „Londoner Club" handelt es sich um eine Vereinigung privater Geschäftsbanken zur Koordinierung von Umschuldungsmaßnahmen gegenüber Schuldnerländern.

Wir könnten zusätzlich daran denken, unter der Autorität dieses Mechanismus und mit Sitz in Polen ein Abstimmungsgremium von Experten der hauptsächlichen westlichen Geberländer unter Einschluß auch von Ländern Skandinaviens und der Schweiz zu schaffen, das Kooperationsprojekte vor Ort definiert, prüft und einzelnen Geberländern zuweist (dies wäre vergleichbar den sog. Geberkonferenzen in Entwicklungsländern bzw. dem Mechanismus der Marshallplan-Hilfe, ohne daß wir diesen Begriff einführen sollten).

Nach einer ersten Sondierung halte ich es für möglich, dafür die Zustimmung der polnischen Führung zu erreichen. Eine gewisse konzeptionelle Vorarbeit haben wir bereits bilateral geleistet: In den Beauftragten-Gesprächen haben die Polen ihr Einverständnis erklärt, daß im Zusammenhang mit der Wiedereröffnung von Hermes-Bürgschaften ein neuer Mechanismus gemeinsamer Projektprüfung eingerichtet wird – diesen könnte man nun multilateralisieren.

Ich wäre Ihnen sehr verbunden, wenn Sie zu diesem Vorschlag, den ich bisher mit anderen Partnern noch nicht aufgenommen habe, möglichst noch vor dem Wirtschaftsgipfel Paris Ihre Einschätzung übermitteln könnten.

Hinsichtlich Ungarns liegen die Dinge für uns politisch sehr viel leichter. Seit über 1000 Jahren – dies ist ein wohl einmaliger europäischer Rekord – hat es zwischen Deutschen und Ungarn keine kriegerischen Auseinandersetzungen gegeben. Nach dem Zweiten Weltkrieg hat sich zwischen der Bundesrepublik Deutschland und der Ungarischen Volksrepublik ein beispielhaft gutnachbarschaftliches Verhältnis entwickelt.

Ungarn betreibt gegenüber seinen nationalen Minderheiten eine vorbildliche Politik. Wir haben hinsichtlich der Ungarn-Deutschen 1987 eine richtungweisende bilaterale Vereinbarung getroffen,[5] die es uns erlaubt, die deutsche Minderheit kulturell zu unterstützen. Dies ist für unsere Gespräche mit der Sowjetunion, mit Rumänien und nicht zuletzt mit Polen ein überaus wertvoller Präzedenzfall.

Außenpolitisch hat sich Ungarn uns gegenüber stets offen und verständnisvoll gezeigt, insbesondere hat es sich an der konfrontativen Linie der Sowjetunion in der ersten Hälfte der 80er Jahre nicht beteiligt. Es hat schon damals versucht, die Gegensätze zwischen Ost und West zu überbrücken, und hat gleichzeitig im Inneren politische, wirtschaftliche und gesellschaftliche Reformen eingeleitet.

Dies alles hat mich bewogen, Ungarn mehr als andere Länder der Region zu fördern. So hat Ungarn 1987, während des offiziellen Besuchs des früheren Generalsekretärs Grósz, einen ungebundenen Finanzkredit in Höhe von 1 Mrd. DM von einer deutschen Geschäftsbank erhalten, den die Bundesregierung aus übergeordneten politischen Gründen verbürgt hat.[6] Nunmehr ist beabsichtigt, diesen Kredit um weitere 250 Mio. DM aufzustocken, und die Bundesregierung wird erneut eine Bürgschaft geben. Zusätzlich werden voraussichtlich zwei Bundesländer Kreditfazilitäten in Höhe von insgesamt 750 Mio. DM einräumen, so daß Ungarn im Abstand von weniger als zwei Jahren 2 Mrd. DM an „fresh money" erhält. Wir hoffen, daß die neuerliche finanzielle Hilfe Ungarn gerade in der jetzigen kritischen Phase in die Lage versetzen wird, seine politischen Reformen sowie die wirtschaftliche Öffnung zum Westen konsequent fortzusetzen.

Ich selbst beabsichtige, in diesem Jahr Ungarn einen offiziellen Besuch abzustatten. Ein Termin steht noch nicht fest, er wird jedenfalls nach dem bevorstehenden Parteitag der Ungarischen Sozialistischen Arbeiterpartei am 7. Oktober liegen.

---

5 Im Rahmen des Besuchs von Ministerpräsident Grósz am 7. Oktober 1987 in der Bundesrepublik Deutschland wurden Vereinbarungen über den Austausch von Kulturinstituten und über die Förderung von kulturellen Einrichtungen der deutschen Minderheit in Ungarn geschlossen (Erklärung des Regierungssprechers Ost, 7. Oktober 1987, in: Bulletin. Nr. 103. 14. Oktober 1987, 883).

6 Um „Ungarn gerade in der jetzigen Phase seiner Reformpolitik nach Kräften zu unterstützen", übernahm die Bundesregierung die Garantie für den „Bankenkredit in Höhe von 1 Mrd. DM zur Entwicklung der beiderseitigen wirtschaftlichen, industriellen und technischen Zusammenarbeit" (ebd.).

Wir sollten uns auf dem bevorstehenden Wirtschaftsgipfel auch über unsere Politik gegenüber Ungarn abstimmen. Denn trotz der schwierigen Wirtschaftslage mit einer noch höheren Pro-Kopf-Verschuldung als Polen könnte gerade wegen der relativ geringen Größe des Landes eine aktive Hilfe des Westens sich in besonderem Maße auszahlen.

Wir sollten uns in Paris ferner überlegen, ob wir auch für Ungarn einen internationalen Abstimmungsmechanismus, wie ich ihn für Polen vorgeschlagen habe, und ein Projektprüfungsgremium vor Ort einsetzen sollten.

Lieber George, da Sie in wenigen Tagen Warschau und Budapest besuchen werden,[7] werden Sie mit den aktuellsten Informationen aus beiden Ländern zum Wirtschaftsgipfel Paris kommen. Ich freue mich deshalb besonders auf unser Gespräch. Ich wünsche Ihnen für diese Besuche jeden nur denkbaren Erfolg und sende Ihnen und Barbara, auch in Hannelores Namen, die herzlichsten Grüße und alle guten Wünsche.

Mit freundlichen Grüßen

Ihr

Helmut Kohl

Nr. 13
Offizieller Besuch des Bundesministers Seiters in Berlin (Ost)
3./4. Juli 1989

BArch, B 136/21328, 221 – 35016 Ve 40 NA 1, BM Seiters, 3./4. Juli 1989. – Vermerk des MDg Duisberg, 5. Juli 1989. Verteiler: BMB, BM Wilms; AA, St Sudhoff; LV Berlin, Senatorin Pfarr; StäV, St Bertele; AL 2, GL 22. – Mit Vorlage des MDg Duisberg an Chef BK, 10. Juli 1989: „Hiermit lege ich den Vermerk über Ihre Gespräche mit Außenminister Fischer und Generalsekretär Honecker am 04. Juli 1989 in Berlin (Ost) mit der Bitte um Genehmigung des Inhalts und Zustimmung zu dem vorgeschlagenen Verteiler vor." Hs. vermerkt: „Herrn LASD. 1 Ergänzung, sonst einverstanden: S. 17/18 (Überzeugung: In der Bundesrepublik gebe es für Rechts- oder Linksextremismus keine Chance). Seiters 10/7".

1. Zusammenfassung:

1.1 Bundesminister Seiters machte am 3. und 4. Juli 1989 auf Einladung von Außenminister Fischer einen ersten offiziellen Besuch in Berlin (Ost).[1] Nach einer kurzen Begegnung unter vier Augen mit Außenminister Fischer am Nachmittag des 3. Juli führte BM Seiters am 4. Juli vormittags Gespräche mit Außenminister Fischer und nachmittags mit Generalsekretär Honecker. Außenminister Fischer gab am 4.7. ein formelles Mittagessen unter Teilnahme eines Politbüro-Mitglieds (Joachim Herrmann), eines Mitglieds des Staatsrats (Maleuda) und eines stellvertretenden Vorsitzenden des Ministerrats (Weiz).[2] Die DDR hatte außerdem am Abend des 3. Juli zu einer Seenrundfahrt eingeladen und für die Gesprächspausen am 4. Juli ein Besichtigungsprogramm (Nikolai-Viertel, Pergamon-Museum) vorbereitet.[3]

---

7 Nr. 10 Anm. 3.

1 Am 11. Mai 1989 war zwischen Bundesminister Seiters und Staatssekretär Schalck-Golodkowski „die Möglichkeit eines Besuchs von Chef BK in Ost-Berlin" erörtert worden. Schalck-Golodkowski regte am 17. Mai telefonisch einen „Besuch vor der Sommerpause" an und erklärte, ein „Gespräch mit Honecker werde möglich sein". Das Treffen sollte „auf normalem Wege (StäV/MfAA) vorbereitet werden" (Vermerk des Ministerialdirigenten Duisberg, 17. Mai 1989, mit hs. Notiz; BArch, B 136/20551, 221 – 35014 Ge 19 Bd. 2).

2 Tischrede des Bundesministers Seiters am 4. Juli 1989: BArch, B 136/21328, 221 – 35016 Ve 40 NA 1, BM Seiters, 3./4. Juli 1989.

3 Programm für den Besuch des Bundesministers Seiters am 3./4. Juli 1989 in Berlin (Ost); ebd.

1.2 Die Gespräche waren nicht auf konkrete Ergebnisse angelegt, sondern dienten in erster Linie der Aufnahme eines persönlichen Kontakts von BM Seiters mit der DDR-Führung. Sie gaben Gelegenheit zu einem allgemeinen Meinungsaustausch über den Stand der innerdeutschen Beziehungen und die aktuellen Probleme.[4] Die Atmosphäre war sachlich, teilweise freundlich. Die DDR war bemüht, Schärfen zu vermeiden, ließ in den Sachfragen aber keine Bewegung erkennen.

1.3 BM Seiters erklärte die Bereitschaft der Bundesregierung zur Fortsetzung der pragmatischen Politik der Zusammenarbeit in konkreten Fragen ungeachtet der Differenzen in Grundsatzpositionen, wies aber zugleich darauf hin, daß die Akzeptanz dieser Politik auch Entgegenkommen seitens der DDR erforderlich mache, insbesondere eine Umsetzung der Ergebnisse des Wiener KSZE-Folgetreffens. Angesichts allgemeiner Öffnung im West-Ost-Verhältnis müsse auch in den innerdeutschen Beziehungen die Entwicklung weitergehen; Belastungen (Grenzzwischenfälle, Behinderung der Journalisten) sollten auf jeden Fall vermieden werden. BM Seiters würdigte die positive Entwicklung im Reiseverkehr, einschließlich der im Zusammenhang mit dem Besuch von RBM Momper erzielten Fortschritte in Berlin,[5] drängte aber auf Ausweitung der Reisemöglichkeiten (insbesondere Reisen zu entfernten Verwandten und Bekannten, Tagesreisen in Berlin und im grenznahen Verkehr) bzw. Abbau bestehender Beschränkungen (insbesondere Einreisesperren, Modifizierung der Mindestumtausch-Regelung). BM Seiters unterstrich die Notwendigkeit der Einbeziehung Berlins in alle Entwicklungen[6] und forderte eine sachgerechte Handhabung bei der Beteiligung unserer StäV an Besuchen und Veranstaltungen aus Berlin (West).

AM Fischer und GS Honecker stellten in den Vordergrund die Friedenspflicht beider deutscher Staaten und die daraus folgende Verpflichtung, aktive Beiträge zum Abrüstungsprozeß zu leisten. Sie kritisierten das Festhalten der NATO an der Strategie der Abschreckung sowie die westliche Position zu SNF und mahnten konkretes westliches Entgegenkommen an. Im bilateralen Bereich wurde die Anerkennung der Realitäten und Respektierung der Souveränität der DDR (Grenze, Staatsangehörigkeit,

---

4   Dem Sprechzettel für Bundesminister Seiters zufolge (ebd.) sollte das Gesprächsziel sein, „den Bestand des bisher Erreichten zu gewährleisten und die Fortsetzung der bisherigen Politik zu bestätigen sowie Anstöße für weitere Fortschritte zu geben". In dem Gespräch mit Generalsekretär Honecker sollte Seiters „als gewichtigen Punkt aus dem internationalen Teil" die Sorge aussprechen, daß in bezug auf die KSZE „DDR in Isolierung gerät und damit auch Fortsetzung bilateraler Entwicklung erschwert wird. Unser Petitum: DDR muß sich weiter bewegen, informeller Meinungsaustausch sollte konstruktiv weitergeführt werden." Zu den anzusprechenden bilateralen Einzelfragen gehörten die Eisenbahnstrecke Hannover-Berlin (aus Sicht der Bundesregierung: „DDR-Forderung weit überhöht"), der Grenzverlauf im Elbebereich („Haltung der DDR erfragen"), Übersiedlung und Zufluchtsfälle „mit Hinweis auf Härtefalliste und generell auf Probleme der Haftbetreuung", der Reiseverkehr („Hauptpetita"), die Telefonverbindung der Ständigen Vertretung bei der DDR und – falls noch Zeit bestehe – der Umweltschutz. In einem Vier-Augen-Gespräch könnte Seiters darauf hinweisen, „daß DDR nicht versuchen sollte, Bund und Länder – insbesondere Berlin – auseinanderzudividieren". Die gegenüber Honecker anzusprechenden Punkte sollten vorher im Detail Außenminister Fischer dargelegt werden.
5   Regierender Bürgermeister Momper und Generalsekretär Honecker verabredeten bei ihrem Treffen am 19. Juni 1989 in Berlin (Ost) praktische Verbesserungen vor allem im Reise- und Besuchsverkehr (Presseerklärung. Hg. vom Presse- und Informationsamt des Landes Berlin. 19. Juni 1989; Vorlage des Ministerialdirigenten Duisberg an Bundeskanzler Kohl, 21. Juni 1989; beide: BArch, B 136/21332, 221 – 35016 Ve 40 NA 1, 1989 K-M).
6   Die zwischen dem Regierenden Bürgermeister Momper und Generalsekretär Honecker abgestimmte Presseerklärung erweckte im Bundeskanzleramt den „Eindruck, daß es zwischen der DDR und Berlin (West) besondere Beziehungen gebe". Gesamteindruck: „Drei-Staaten-Theorie" (Vorlage des Ministerialrats Kass an Bundesminister Seiters, 19. Juni 1989, ebd.). Angesichts der „Absicht" der DDR, „den freien Teil Berlins als besondere politische Einheit zu behandeln", betonte Bundesministerin Wilms in einer Aktuellen Stunde des Deutschen Bundestages am 21. Juni 1989 die Notwendigkeit, „die Bindungen zum Bund zu stärken und weiterzuentwickeln" (Verhandlungen des Deutschen Bundestages. Stenogr. Berichte. Bd. 149. Plenarprotokoll 11/151, 11328 f.).

Abschaffung von Salzgitter[7]) gefordert. Äußerungen von Mitgliedern der Bundesregierung auf dem Schlesiertreffen am 2. Juli 1989[8] wurden kritisiert. Insbesondere
Honecker äußerte Sorge vor dem Aufkommen der Republikaner.

1.4 Als konkrete Ergebnisse können festgehalten werden:
- Zustimmung Honeckers, daß bei Dringlichkeit künftig die StäV auch Ost-West-
  Reisefälle ansprechen kann.
- Angebot einer Standleitung für die StäV nach Berlin (West).

2. Im einzelnen:

2.1 Gespräch mit Außenminister Fischer am 04. Juli 1989, 10.00 bis 11.20 Uhr

AM Fischer begrüßte BM Seiters und drückte die Hoffnung auf sachliche, nach vorne
weisende Zusammenarbeit aus. Die Beziehungen zwischen den beiden deutschen
Staaten seien nicht nur für diese selbst wichtig, sondern hätten darüber hinaus einen
internationalen Stellenwert. Insofern müsse auch die Friedenspflicht der beiden deutschen Staaten im Vordergrund stehen.

BM Seiters dankte für die Einladung und die Gelegenheit zum Gespräch. Auf unserer
Seite bestehe die Absicht, die bisherige Politik konstruktiv fortzuführen. Es gehe um
praktische Zusammenarbeit im Interesse der Menschen. In den letzten Jahren seien
hier beachtliche Fortschritte gemacht worden. Die jetzigen Gespräche könnten Impulse für weitere Verbesserungen geben. Man solle offen über alle Chancen, aber auch
die Schwierigkeiten sprechen.

Im West-Ost-Verhältnis seien die Beziehungen in eine neue Phase eingetreten mit ermutigenden Aussichten für grundlegende Verbesserungen. Er erwähnte in diesem Zusammenhang den KSZE-Prozeß, die Aufnahme der Wiener Verhandlungen über konventionelle Rüstungskontrolle und die auf dem Gipfeltreffen Ende Mai 1989 festgelegte Position der NATO[9], die von einer generellen Verbesserung des Klimas ausgehe,
sowie die Ergebnisse des Gorbatschow-Besuchs. In der Gemeinsamen Erklärung von
BK Kohl und GS Gorbatschow[10] sei die Bereitschaft zu umfassender Zusammenarbeit zum Ausdruck gebracht worden. Nach unserer Einschätzung verbesserten sich
die Aussichten dafür durch den in der Sowjetunion und anderen Staaten des Warschauer Pakts eingeleiteten Reformprozeß, den wir deshalb mit besonderem Interesse
verfolgten. Beim NATO-Gipfel sei die Linie für das weitere Vorgehen im Bereich der
Rüstungskontrolle beschlossen worden. Wir hofften auf baldige Ergebnisse der Wiener Verhandlungen, so daß wir dann auch zu Verhandlungen über nukleare Kurzstreckenraketen kommen könnten. Der Abrüstungsprozeß müsse ganz allgemein
fortgesetzt werden mit dem Ziel einer verbesserten Stabilität in Europa.

---

7 Die Zentrale Erfassungsstelle der Landesjustizverwaltungen in Salzgitter wurde durch Beschluß der Justizministerkonferenz vom 25.–27. Oktober 1961 in Wiesbaden im November des gleichen Jahres errichtet (Allgemeine Verfügung
des Niedersächsischen Ministers der Justiz, 15. November 1961, in: Niedersächsische Rechtspflege. Hg. vom Niedersächsischen Ministerium der Justiz. Hannover 1961, 263). Sie sollte von Staatsorganen der DDR begangene Gewalttakte
registrieren und dokumentieren.
8 Bundesminister Waigel erklärte auf dem Schlesiertreffen am 2. Juli 1989 in Hannover, das deutschlandpolitische
Ziel bleibe „die Herstellung der staatlichen Einheit des deutschen Volkes in freier Selbstbestimmung". Nach dem Urteil
des Bundesverfassungsgerichts bestehe „das Deutsche Reich in den Grenzen von 1937 rechtlich fort". Die Ostverträge
seien „reine Gewaltverzichtsverträge und keine Grenzanerkennungsverträge". Solange es keinen Friedensvertrag gebe,
bleibe „die deutsche Frage rechtlich, politisch und geschichtlich offen" (Auszüge aus der Rede in: Deutscher Ostdienst.
Informationsdienst des Bundes der Vertriebenen – Vereinigte Landsmannschaften und Landesverbände. 31. Jg. Nr. 27.
7. Juli 1989, 1–3, hier 1 f.). Bundesministerin Wilms legte dar, die Bundesregierung werde „unbeirrt an ihrem Konzept
für ein in Freiheit geeintes Deutschland festhalten" (ebd., 3).
9 Nr. 1 Anm. 2 und 6.
10 Nr. 4 Anm. 1.

Der KSZE-Prozeß haben zu sehr positiven Ergebnissen geführt. Auch die DDR habe einiges davon bereits umgesetzt; auf diesem Wege müsse jedoch weitergegangen werden. Manche KSZE-Beschlüsse hätten zwar sicherlich im deutsch-deutschen Verhältnis eine besondere Dimension; dennoch müßten die Ergebnisse schließlich auch hier umgesetzt werden. Dies sei besonders wichtig für die Akzeptanz der Politik in den bilateralen Beziehungen. Zur Akzeptanz gehöre im übrigen auch, daß Belastungen vermieden würden, insbesondere durch Grenzzwischenfälle oder Behinderung von Journalisten.

BM Seiters begrüßte die praktischen Verbesserungen, die im Zusammenhang mit dem Besuch von RBM Momper erreicht worden sind. Dabei habe es sich um alte Petita des Senats und der Bundesregierung gehandelt. Die hier für Berlin erreichten Fortschritte seien daher zugleich Fortschritte in den Beziehungen zwischen den beiden deutschen Staaten. BM Seiters schloß daran die Hoffnung, daß auch die Probleme bei der Beteiligung unserer Ständigen Vertretung an Veranstaltungen bzw. Besuchen aus Berlin (West) überwunden würden; eine solche Beteiligung dürfe nicht generell in Frage gestellt werden. Wir respektierten den Status von Berlin, müßten aber darauf bestehen, daß auch die Bindungen Berlins an den Bund respektiert und weiter ausgebaut werden.

In Erwiderung auf die Ausführungen von BM Seiters wiederholte AM Fischer zunächst, daß das Interesse an den Beziehungen zwischen den beiden deutschen Staaten über Europa hinausreiche. In der internationalen Situation habe sich manches zum Guten entwickelt; diese Entwicklung sei aber noch nicht fest verankert; es gelte, sie unumkehrbar zu machen. Dabei hätten beide deutsche Staaten eine große Verantwortung. Entscheidend sei, daß von deutschem Boden nie wieder Krieg ausgehen dürfe. Durch Mitwirkung am Zustandekommen des INF-Abkommens hätten beide deutsche Staaten einen ermutigenden Beitrag geleistet. Dabei solle man aber nicht stehenbleiben. Nachdem man jetzt in eine weitere Phase der Abrüstung eingetreten sei, müßten sich beide Seiten auch hier beteiligen.

Auch die DDR sei für rasche Ergebnisse bei den Wiener Verhandlungen. Sie bedauere deshalb, daß die Bush-Initiative[11] erst im September mit konkreten Vorschlägen umgesetzt werde. Nach Auffassung der DDR sollten im übrigen alle Waffengattungen einbezogen werden, auch die Frage von Nukleartests. Es sei wichtig, auf allen Gebieten voranzukommen. Dabei müsse grundsätzlich das Prinzip der Gleichheit und der gleichen Sicherheit gelten.

Die DDR trete auch weiter für regionale Vereinbarungen ein im Sinne der Ermutigung für globale Regelungen. Dadurch sollten aber keine Prioritäten gesetzt werden; vielmehr solle das gemacht werden, was früher möglich sei.

Auf der anderen Seite begünstigten Pläne zur Modernisierung von Nuklearwaffen und das Festhalten an der Abschreckungsstrategie nicht die Abrüstung. Irritierend wirkten in der politischen Landschaft auch Äußerungen von Politikern einschließlich Ministern der Bundesregierung, die am voraufgegangenen Wochenende in Hannover vom Fortbestand des Deutschen Reiches in den Grenzen von 1937 gesprochen hätten.[12]

AM Fischer sagte, die DDR wiederhole ihren Vorschlag für regelmäßige Konsultationen über Abrüstung, KSZE- und VN-Fragen. Auch die trilateralen Gespräche in Genf sollten fortgeführt werden. Darüber hinaus könne ein Meinungsaustausch über die Frage der Nichtanwendung von Kernwaffen nützlich sein. Er erinnerte an den

---

11 Nr. 1 Anm. 6.
12 Anm. 8.

Vorschlag der DDR zu einem Treffen der Verteidigungsminister[13] und meinte, daß darüber hinaus der Austausch von Militärattachés gute Wirkungen haben könnte. Auf die bilateralen Beziehungen übergehend, erklärte AM Fischer, entscheidend sei die Respektierung der bestehenden Realitäten. Zu den von BM Seiters angesprochenen Fragen des Grenzregimes und der Journalisten könne er nur auf den bekannten Standpunkt der DDR verweisen. Im übrigen gehe es im bilateralen Verhältnis um konkrete Fragen. Der Besuch von GS Honecker habe dazu Anstöße gegeben. Vieles sei in der Zwischenzeit umgesetzt worden, vieles aber noch offen.

In der Frage der Elbe-Grenze habe es nach dem Besuch von MP Dr. Albrecht[14] den Anschein gehabt, daß ein neuer Anlauf gemacht werden könne. Das Signal sei aber anscheinend in Bonn nicht angekommen, da der Leiter unserer Delegation in der Grenzkommission sich zu einem Gespräch nicht in der Lage gesehen habe. Es wäre schade, wenn man hier nicht weiterkommen könnte.

Im übrigen sei generell notwendig, die Grenze als eine Grenze zwischen zwei souveränen Staaten zu achten; die Bezeichnung als „innerdeutsche Grenze" verschleiere diesen Sachverhalt. Die Einrichtung in Salzgitter müsse abgeschafft werden. Die Bundesrepublik Deutschland müsse auch die Staatsangehörigkeit der DDR respektieren; die Ausstellung von Personaldokumenten für DDR-Bürger durch unsere Auslandsvertretungen stelle eine Mißachtung dieses Grundsatzes dar. Alle der Behandlung der DDR als souveräner Staat entgegenstehenden Praktiken müßten aufgegeben werden. Vielmehr müßten im Umgang miteinander alle völkerrechtlichen Attribute ihren Platz haben. Dazu gehörten auch Kontakte zwischen den beiden Außenministern, die regelmäßig fortgeführt werden sollten und nicht allein in dritten Staaten. AM Fischer erwähnte in diesem Zusammenhang, daß er beabsichtige, zu der Konferenz des New Yorker Institute for East West Security Studies in Frankfurt im Oktober 1989 zu kommen.

AM Fischer erklärte dann das Interesse der DDR an den vorgesehenen gegenseitigen Ministerbesuchen und an der Fortsetzung der Verhandlungen über die Eisenbahn Hannover-Berlin. Die DDR sei auch bereit zu Verhandlungen über die Gewässergüte der Elbe sowie zu Gesprächen über den Gebirgsschlag und die Kalilaugen-Verpressung.

Eine Einigung sollte im übrigen möglich sein über den Linienflugverkehr; beide Staaten sollten sich endlich über die Einräumung von Überflugrechten verständigen.

Zu der von BM Seiters angesprochenen Beteiligung der Ständigen Vertretung an Veranstaltungen und Besuchen aus Berlin (West) könne er nur sagen, die DDR werde sich an das halten, was die Sowjetunion im Rahmen des „Vierseitigen Abkommens"[15] für möglich halte. Er sei im übrigen bereit, uns über einige Berliner Anliegen zu unterrichten. Bei dem Autobahn-Zubringer zum Südübergang sehe die DDR keine Möglichkeit, von der Vereinbarung abzuweichen. Der von Berlin gewünschte Fahrrad- und Busverkehr sei nicht vorgesehen und werde auch nicht möglich sein. Die Öffnung des Autobahnrings im Westen von Berlin für den Transitverkehr sei aus Sicht der DDR nicht erforderlich; er würde außerordentlich hohe Aufwendungen erforderlich machen.

---

13 Verteidigungsminister Keßler hatte dies mit Schreiben vom 7. November 1988 an Bundesminister Scholz vorgeschlagen und das Angebot am 3. Mai 1989 gegenüber Bundesminister Stoltenberg erneuert.
14 Ministerpräsident Albrecht traf während des Besuchs am 27./28. April 1989 in Berlin (Ost) zu einem knapp zweistündigen Gespräch mit Generalsekretär Honecker zusammen (Fernschreiben des Staatssekretärs Bertele an Bundesminister Seiters, StäV Nr. 909 und Nr. 912, 27. und 28. April 1989, VS-NfD; BArch, B 136/21330, 221 – 35016 Ve 40 NA 1, 1989 A-E).
15 Nr. 2 Anm. 25.

AM Fischer sprach dann die Zufluchtsfälle in der Ständigen Vertretung an und forderte, daß sie aus der Vertretung verwiesen werden. DDR-Bürger dürften in der Vertretung weder befragt noch registriert noch beraten werden.

AM Fischer sprach sich dann für eine baldige Vereinbarung des Programms für den Kulturaustausch 1990/91 sowie für den Abschluß der Gespräche über die Rückführung von Kulturgütern aus. Über die Postpauschale solle möglichst bald verhandelt, die Verhandlungen über die Abgrenzung des Festlandsockels und der Fischereizone sollten fortgesetzt werden.

Zur Aufnahme von Parlamentskontakten sei eventuell ein informelles Gespräch zwischen VK[-Präsident] Sindermann und BT-Präsidentin Süssmuth sinnvoll. Solche Gespräche sollten nicht öffentlich geführt werden; der Prozeß müsse reifen.

AM Fischer schlug schließlich noch vor, daß beide Staaten im Verhältnis zueinander die Wiener Konsularkonvention[16] anwenden sollten. Das würde auch in Fragen der Häftlingsbetreuung Verbesserungen möglich machen.

In seiner Erwiderung stimmte BM Seiters zu, daß im Bereich der Abrüstung das Prinzip der Gleichheit und der gleichen Sicherheit gelten müsse. Hinsichtlich eines Treffens der Verteidigungsminister verwies er auf den Brief von BM Dr. Stoltenberg mit dem Vorschlag einer Begegnung am Rande der Wiener Verhandlungen.[17] Zu den von der DDR gewünschten Konsultationen sagte er, daß von unserer Seite keine Bedenken gegen die Fortsetzung bestünden; bei den Abrüstungskonsultationen warteten wir allerdings seit längerer Zeit schon auf einen Terminvorschlag der DDR.

Zu der Kritik von AM Fischer an Äußerungen bei dem Schlesier-Treffen am voraufgegangenen Wochenende erklärte BM Seiters, die Bundesrepublik Deutschland habe den Warschauer Vertrag geschlossen und halte sich uneingeschränkt an die sich daraus ergebenden Verpflichtungen. Durch diesen Vertrag sei aber eine friedensvertragliche Regelung nicht vorweggenommen worden. Nichts anderes hätten Frau BM Wilms und BM Waigel zum Ausdruck gebracht.

Zu den Bemerkungen über die Elbe-Grenze stellte BM Seiters die Frage, was im einzelnen der bei dem Gespräch zwischen MP Dr. Albrecht und GS Honecker seitens der DDR gemachte Vorschlag bedeute. Er erinnerte zugleich auch an die damals von der DDR gemachte Prüfungszusage für die Einrichtung eines neuen Grenzübergangs bei Bad Harzburg und die Frage der Einbeziehung Hannovers in den grenznahen Verkehr. (Es wurde verabredet, daß die bestehende Sachlage bezüglich der Elbe-Grenze anschließend in einem Gespräch zwischen Botschafter Seidel und MDgt Duisberg geklärt werden sollte; s. u. 2.2.)

BM Seiters ging dann auf die Eisenbahn-Verhandlungen ein, verwies auf die bevorstehende neue Verhandlungsrunde und legte dar, daß wir zunächst den Leistungsrahmen festlegen möchten, bevor über Finanzierungsfragen gesprochen werden könne; die bisherige DDR-Forderung sei weit überhöht.

Zur Problematik der Zufluchtsfälle erklärte BM Seiters, daß in jedem Fall die Ständige Vertretung nachdrücklich auf die alleinige Zuständigkeit der DDR hinweise. Es sei keinesfalls unser Interesse, daß möglichst viele Menschen aus der DDR in die Bundes-

---

16 Wiener Übereinkommen über konsularische Beziehungen, 24. April 1963, mit Fakultativprotokollen in: BGBl. 1969 II, 1587–1703; UNTS. Vol. 596, 261–512.
17 Bundesminister Stoltenberg erklärte sich zu der vorgeschlagenen Begegnung mit Minister Keßler (Anm. 13) grundsätzlich bereit „in der Erwartung, daß sich daraus Perspektiven für Fortschritte bei der Vertrauensbildung, im Bereich der Abrüstung und bei den Menschenrechten ergeben werden". Man könne „nach einer Phase substantieller Verhandlungen über die beiderseitigen Vorschläge etwa gegen Ende des Jahres 1989" in Wien am Rande der Konferenz über konventionelle Streitkräfte in Europa zusammentreffen (Schreiben vom 21. Juni 1989; BArch, B 136/21328, 221 – 35016 Ve 40 NA 1, BM Seiters, 3./4. Juli 1989).

republik Deutschland übersiedelten; wir könnten und wollten aber niemanden aus unserer Ständigen Vertretung herausweisen. Letztlich handele es sich bei der Tatsache, daß viele Menschen die DDR verlassen wollten und dann deshalb in unsere StäV kämen, um ein Problem der DDR.

BM Seiters erkannte an, daß es beim Reiseverkehr in der Vergangenheit große Fortschritte gegeben habe. Man sollte jetzt über weitere Verbesserungen nachdenken. Die Möglichkeiten müßten ausgeweitet werden. Die Regelung, die für Kirchentagsbesucher[18] gefunden worden sei, könne als Modell dienen und sollte auch in anderen Bereichen, z. B. auch im grenznahen Verkehr, angewandt werden. Unserer Ständigen Vertretung sollte auch die Möglichkeit gegeben werden, einzelne Ost-West-Reisefälle anzusprechen. In der umgekehrten Richtung sei vor allem der Abbau der Einreiseverweigerungen, zumindest eine Fristverkürzung von großer Bedeutung. Beim Mindestumtausch sollte die DDR über eine Modifizierung wenigstens für sozial Schwache nachdenken. Zu diesen und einigen anderen Einzelpunkten seien unsere Vorstellungen in einigen Papieren aufgeführt, die anschließend übergeben werden sollten (vgl. Anlage; die Papiere wurden von MDgt Dr. Duisberg an Botschafter Seidel übergeben)[19].

AM Fischer kam zunächst auf die Zufluchtsfälle zurück: Wir müßten darüber nachdenken, wie wir uns hier „bestimmter" verhalten könnten. Beim Reiseverkehr wüßten wir, was die DDR tue; im Verhältnis zur Einwohnerzahl reisten sehr viel mehr DDR-Bürger in die Bundesrepublik Deutschland als umgekehrt. Hinsichtlich des Mindestumtausches verstehe er, daß dieses Problem aufgeworfen werden müsse. Die DDR werde jedoch von ihrer Grundsatzposition nicht abrücken. In bezug auf Härtefälle wolle er auf das verweisen, was nach dem Besuch von RBM Momper gemacht worden sei (Ausnahme für Fahrer von Tele-Bussen und Begleiter von Behinderten). Im übrigen gebe es ja auch bei uns jetzt eine Umtauschregelung für Polen.

Auf die Bemerkungen von AM Fischer zur Zufluchtsproblematik erklärte St Dr. Bertele, daß die DDR nach seinem Eindruck nicht völlig sehe, welche schwierigen Probleme sich in diesen Fällen für die Ständige Vertretung stellten. Es sei keineswegs so, daß diese Fälle gleichsam mit leichter Hand behandelt würden; vielmehr würde mit den Menschen in langen Gesprächen buchstäblich gerungen und nur diejenigen Fälle an die DDR herangetragen, in denen es nicht möglich sei, die Betreffenden zum Verlassen der Vertretung zu bewegen.

BM Seiters unterstützte diese Ausführungen. Er sprach dann noch das technische Problem der Telefonverbindung der Ständigen Vertretung an. Zur Erfüllung ihrer Aufgabe sei sie dringend auf funktionsfähige Telefonverbindungen ins Bundesgebiet angewiesen. Die beste Möglichkeit wäre, einen Zugang in das West-Berliner Telefonnetz zu schaffen.

AM Fischer verwies auf den normalen Verbindungsweg diplomatischer Vertretungen zu ihren Hauptstädten; eine Sonderregelung für die Ständige Vertretung könnte einen Berufungsfall für andere Botschaften schaffen. St Dr. Bertele erläuterte demgegenüber die Sondersituation der Ständigen Vertretung; es gehe auch nicht nur um die Kommunikation mit Bonn, sondern gerade in Anbetracht der Vielzahl von Besuchen und

18 Zu dem Kirchentag der Evangelisch-Lutherischen Landeskirche Sachsens vom 6.–9. Juli 1989 in Leipzig waren Gäste aus der Bundesrepublik Deutschland und mehreren Ländern eingeladen.
19 Nicht abgedruckt: „Verbindlicher Mindestumtausch bei Reisen in die Deutsche Demokratische Republik", „Einreisegenehmigungen und Besuchserlaubnisse in dringenden familiären Fällen", „Visa zur mehrfachen Ein- und Ausreise für Besuchsreisen in die DDR in besonderen Fällen", „Genehmigungsgebühren für die Mitnahme von Geschenken im Reiseverkehr", „Vermögensangelegenheiten" und „Zurückweisungen im Postverkehr" (Fach 14 „Zu übergebende Sachpapiere"; BArch, B 136/21328, 221 – 35016 Ve 40 NA 1).

Kontakten um reibungslose Telefonverbindungen mit anderen Orten im Bundesgebiet. (Es wurde verabredet, daß auch dieser Punkt im Gespräch zwischen Botschafter Seidel und MDgt Duisberg noch weiter behandelt werden sollte; s. u. 2.2.) Das Gespräch wurde dann beendet. Außenminister Fischer und BM Seiters sprachen gegenseitig Interesse an der Fortsetzung des Dialogs aus.

2.2 Anschließendes Gespräch zwischen Botschafter Seidel und MDgt Dr. Duisberg

Zur Frage einer Telefonverbindung für unsere Ständige Vertretung erläuterte MDgt Duisberg noch einmal die Interessenlage. Botschafter Seidel erklärte, daß unserem bisherigen Wunsch, einen Zugang zum West-Berliner Funktelefonnetz (C-Netz) zu erhalten, nicht entsprochen werden könne, weil das auf seiten der DDR nicht vorgesehen sei. Möglich sei
– entweder die Genehmigung einer Funkstelle (über die dann aber aus technischen Gründen wohl kein Sprechfunkverkehr, sondern nur FS-Verkehr abgewickelt werden kann)
– oder die Schaltung einer Standleitung nach Berlin (West) gegen Zahlung monatlicher Gebühren von DM 5600,–.
Es bestand Einvernehmen, daß diese Frage, insbesondere einer Standleitung, auf unserer Seite geprüft und dann auf technischer Ebene mit der DDR weiterbehandelt werden sollte.
Auf die Frage von MDgt Dr. Duisberg nach dem Stand der Prüfung für die Einrichtung eines Grenzübergangs bei Bad Harzburg erklärte Botschafter Seidel, die Prüfung sei noch nicht abgeschlossen; die Sache sei auf DDR-Seite wegen der Durch- bzw. Umfahrung von Ortschaften nicht einfach. Zur Frage der Einbeziehung Hannovers in den grenznahen Verkehr sagte Botschafter Seidel, es gebe dazu nichts Neues; GS Honecker habe seinerzeit erklärt, daß man darüber nachdenken könne.
Bezüglich der Elbe-Grenze erklärte Botschafter Seidel, beim Gespräch zwischen GS Honecker und MP Dr. Albrecht sei abgesprochen worden, die Gespräche über eine Lösungsmöglichkeit vertraulich zwischen den beiderseitigen Delegationsleitern der Grenzkommission zu führen. Man sei deshalb überrascht gewesen, daß unser Delegationsleiter nicht gesprächsbereit gewesen sei. MDgt Duisberg wies demgegenüber darauf hin, daß nach unseren Informationen über das Gespräch MP Dr. Albrecht ausdrücklich erklärt habe, die Frage solle zunächst von Chef BK mit der DDR weiterbesprochen werden.[20] Zwischenzeitlich seien uns dann Hinweise zugegangen, daß die DDR in der Sitzung der Grenzkommission ihrerseits Vorschläge zur Sache unterbreiten wolle, was jedoch nicht geschehen sei. Uns erscheine es in jedem Fall notwendig, zunächst auf politischer Ebene Einvernehmen über die Gesprächsgrundlage zu erzielen. Uns sei nämlich nicht klar, wie der von GS Honecker gemachte Vorschlag zu verstehen sei.
Botschafter Seidel erläuterte darauf die DDR-Position wie folgt: Der von GS Honecker übergebene Formulierungsvorschlag mit dem Vorbehalt der beiderseitigen Rechtspositionen sei als Vorspann zu verstehen, an den sich dann der 1975 ausgearbeitete Protokoll-Vermerk (in dem Übereinstimmung über den Grenzverlauf in Strom-

---

20 Generalsekretär Honecker erklärte während des Gesprächs mit Ministerpräsident Albrecht am 27. April 1989 in Berlin (Ost) zur „Elbe-Frage", man könne „hilfsweise nach dem Vorbild des Viermächteabkommens unter Aufrechterhaltung des grundsätzlichen Rechtsstandpunktes die vierzigjährige Praxis in Protokollabsichten umformen". Die Grenzkommission solle „dies prüfen". Albrecht schlug statt dessen vor, man solle „diese Fragen auf politischer Ebene mit dem neuen Chef des Bundeskanzleramtes besprechen" (Fernschreiben des Staatssekretärs Bertele an Bundesminister Seiters, StäV Nr. 909, 27. April 1989, VS-NfD; BArch, B 136/21330, 221 – 35016 Ve 40 NA 1, 1989 A-E).

mitte festgestellt worden war) anschließen sollte.[21] Sinn des Vorschlags sei, einen rechtlichen Vorbehalt zu machen, aber praktisch von einer Grenze in der Strommitte auszugehen. Eine Lösung allein auf der Basis der Ems-Dollart-Regelung[22] könne [es] nicht geben.

MDgt Duisberg erklärte, daß der DDR-Vorschlag auf unserer Seite nicht so verstanden worden sei. In der jetzt gegebenen Interpretation werde er mit Sicherheit nicht annehmbar sein. Vorstellbar sei allenfalls eine Lösung, bei der sich unmittelbar an den Vorspann praktische Regelungen zu den verschiedenen Sachfragen anschlössen; eine ausdrückliche Feststellung über einen Grenzverlauf in Strommitte müsse dabei in jedem Fall vermieden werden, auch wenn die Regelungen möglicherweise so ausgestaltet werden könnten, daß praktisch keine Seite ihre Tätigkeit über die Strommitte hinaus ausdehnen würde. Ob sich das tatsächlich für alle Bereiche, insbesondere für Fragen der Hoheitsausübung, realisieren ließe, sei allerdings nicht sicher. Botschafter Seidel bezweifelte dies ebenfalls. MDgt Duisberg erklärte weiter, daß es wohl in jedem Fall erforderlich sei, zunächst – zweckmäßigerweise auf politischer Ebene – zu klären, ob auf dieser Grundlage eine Lösung versucht werden solle. Auch für die Weiterführung der Gespräche schienen uns die beiderseitigen Delegationsleiter der Grenzkommission nicht geeignet; man müßte dann ggf. an besondere Beauftragten denken, wobei es natürlich jeder Seite freistehe, auf der vereinbarten Ebene ihren Vertreter zu benennen. Schließlich mache es aus unserer Sicht auch keinen Sinn, solche Gespräche zu führen und parallel dazu – wie von der DDR gewünscht – die Dokumentenprüfung fortzusetzen.

Botschafter Seidel erhob gegen den Gedanken von Beauftragten keine Bedenken, meinte aber, daß die Klärung des Gesprächsrahmens und der Verhandlungsgrundlage in jedem Fall von diesem Beauftragten und nicht auf politischer Ebene erfolgen solle. Er hielt es außerdem für unerläßlich, daß die Dokumentenprüfung entsprechend der bestehenden Verpflichtung weitergeführt werde; wir hätten schließlich immer noch nicht alle einschlägigen Dokumente vorgelegt.

Abschließend konnte nur festgestellt werden, daß die beiderseitigen Positionen jetzt klarer seien und daß geprüft werden müsse, ob in diesem Rahmen weiter Schritte unternommen werden könnten.

2.3 Gespräch mit Generalsekretär Honecker am 04. Juli 1989, 16.00 bis 17.20 Uhr

Nach der Begrüßung durch GS Honecker übermittelte BM Seiters zunächst die Grüße des Bundeskanzlers sowie Grüße von BM Dr. Schäuble. GS Honecker bedankte sich und bat ebenfalls um Übermittlung von Grüßen.

BM Seiters bekräftigte dann noch einmal das Interesse der Bundesregierung an der Weiterführung einer konstruktiven Zusammenarbeit, ungeachtet unterschiedlicher Auffassungen in Grundsatzfragen. Die weltpolitische Entwicklung gebe zusätzliche Impulse für die weitere Verbesserung der deutsch-deutschen Beziehungen. Natürlich gebe es hier auch nach wie vor erhebliche Probleme.

---

21 Protokollvermerk der Grenzkommission, Sitzung in Bamberg, 14./15. Mai 1975, und Formulierungsvorschlag der DDR für eine „Unbeschadetklausel": Anlage zum Fernschreiben des Staatssekretärs Bertele an Bundesminister Seiters, StäV Nr. 912, 28. April 1989, VS-NfD; ebd.
22 Vertrag zwischen der Bundesrepublik Deutschland und dem Königreich der Niederlande über die Regelung der Zusammenarbeit in der Emsmündung (Ems-Dollart-Vertrag) vom 8. April 1960 (mit Anlagen, Schlußprotokoll und Briefwechsel in: BGBl. 1963 II, 602–628; Zusatzabkommen vom 14. Mai 1962 mit Anlage, Schlußprotokoll und Briefwechsel ebd., 653–662; Änderungsabkommen vom 17. November 1975 in: BGBl. 1978 II, 310 f.).

Bezüglich des internationalen Rahmens verwies BM Seiters auf den KSZE-Prozeß, die Wiener Verhandlungen über koventionelle Rüstungskontrolle, wo wir an raschen Ergebnissen interessiert seien, um dann auch zu Verhandlungen über nukleare Kurzstreckenwaffen kommen zu können, sowie auf die gemeinsame Erklärung beim Gorbatschow-Besuch, die Zukunftsperspektiven für Europa eröffne. Es stelle sich daher die Frage, was im bilateralen Verhältnis geschehen könne, um dieser Entwicklung Rechnung zu tragen. Für die innenpolitische Akzeptanz der bilateralen Politik werde es wichtig sein, daß die getroffenen Vereinbarungen, insbesondere die KSZE-Beschlüsse, tatsächlich umgesetzt werden. Darüber hinaus müßten Belastungen im bilateralen Verhältnis vermieden werden; BM Seiters verwies in diesem Zusammenhang auf die Behandlung von Journalisten und auf die Grenzzwischenfälle.

BM Seiters würdigte die positive Entwicklung im Reiseverkehr und legte dar, wo nach unserer Meinung eine positive Weiterentwicklung möglich sein sollte – insbesondere Ausweitung der Reisemöglichkeiten und Abbau der Einreiseverweigerungen. Bei den Verkehrsverhandlungen gehe er davon aus, daß ein gemeinsames Interesse an einem Abschluß bestehe; allerdings bestünden noch sehr unterschiedliche Vorstellungen zu Finanzfragen. Wichtig würden gemeinsame Anstrengungen im Umweltschutz, wobei jedoch das Verursacherprinzip nicht aufgegeben werden dürfe.

Unter Bezug auf das Gespräch mit Ministerpräsident Dr. Albrecht erinnerte BM Seiters noch an die Prüfungszusage wegen Eröffnung eines Grenzübergangs bei Bad Harzburg und erneuerte das Petitum nach Einbeziehung von Hannover in den grenznahen Verkehr.

GS Honecker sagte, beide Staaten hätten mit dem INF-Abkommen etwas für den Aufbau des Friedens bewegt. Es sei gelungen, von der Konfrontation zu Zusammenarbeit zu kommen und damit verbunden auch Fortschritte bei den Abrüstungsbemühungen zu machen. Allerdings stünden wir noch am Anfang; die Entwicklung sei noch nicht unumkehrbar. In Wien sei die Aufnahme von Verhandlungen über die konventionelle Rüstungskontrolle erreicht, aber noch nicht Verhandlungen über nukleare Kurzstreckenwaffen. Auf die Dauer werde das zu einer Belastung für die Wiener Gespräche führen. Es sei nicht denkbar, daß man auf der einen Seite zu einer konventionellen Abrüstung komme, aber bei den nuklearen Kurzstreckenwaffen, die in beiden deutschen Staaten stationiert sind und hier ein besonderes Problem darstellten, nichts erreiche. GS Honecker zitierte erneut das Wort: „Je kürzer die Reichweite, desto deutscher die Toten".

Wir brauchten eine Welt ganz ohne Kernwaffen; denn keiner werde einen atomaren Krieg überleben können. Die DDR unterstütze daher die Position, im Zusammenhang mit der konventionellen Abrüstung in Verhandlungen über die vollständige Beseitigung aller Kernwaffen einzutreten. Es sei außerordentlich bedauerlich, daß Präsident Bush zwar Vorschläge zur konventionellen Abrüstung gemacht habe, aber für die Beibehaltung nuklearer Waffen eintrete und bei der Abschreckungsdoktrin bleibe. Hier bestehe noch ein starker Nachholbedarf auf westlicher Seite. Die DDR begrüße in jedem Fall ebenso wie wir die Gespräche über die Halbierung der strategischen Nuklearwaffen. Aus seinen Gesprächen mit dem französischen Außenminister Dumas wisse er, daß Frankreich im Hinblick auf diese Gespräche seine Position ebenfalls überprüfen wolle.

Der Besuch Gorbatschows in Bonn werde von der DDR sehr hoch eingeschätzt. Diese Beziehungen seien äußerst wichtig für die Erhaltung des Friedens. Auf der anderen Seite sei die amerikanische Politik, die auf Rückführung der Sowjetunion in die Wertegemeinschaft des Westens abziele, illusionär. Ebenso illusionär sei eine Politik der Veränderungen der Grenzen. GS Honecker verwies auf die Grenzaussage im

Kommuniqué vom 08.09.1987[23] (gemeint war wohl die dort enthaltene Bezugnahme auf die Gemeinsame Erklärung vom 12.03.1985[24]). Auch das Schlesier-Treffen und die dort abgegebenen Erklärungen seien nicht förderlich für den Verständigungsprozeß. Die Philosophie des Fortbestandes des Deutschen Reiches in den Grenzen von 1937 sei nicht haltbar; das Deutsche Reich sei untergegangen. Seit 1949 gebe es zwei deutsche Staaten, und an dieser Tatsache werde niemand etwas ändern können. Die einzige Perspektive sei heute die Schaffung eines gemeinsamen europäischen Hauses. Eine Politik der Illusionen dagegen helfe niemandem; man müsse ausgehen von den Realitäten. Die Äußerungen von Bundesministern und die Bekräftigung durch den Regierungssprecher stünden damit im Widerspruch.

Die DDR sei aber dafür, im Dialog zu bleiben, politisch, wirtschaftlich, wissenschaftlich-technisch und im Bereich der Kultur; auch im Sport solle etwas getan werden. Im Verhältnis zu Berlin (West) werde unter Berücksichtigung des „Vierseitigen Abkommens" ebenfalls etwas geschehen; einiges habe sich schon im Zusammenhang mit dem Besuch von Herrn Momper ergeben. Wichtig bleibe der Stromverbund und der Bau der Eisenbahn; die finanziellen Fragen sollten den Experten überlassen bleiben. Richtig sei schließlich, daß im Umweltbereich einiges geschehen müsse. Mit der ČSSR und Polen habe die DDR dazu gerade ein Abkommen geschlossen.[25] In der Frage der Elbe-Reinhaltung sei die DDR uns entgegengekommen und mache die Gespräche nicht mehr abhängig von einer Regelung der Grenze.

Hinsichtlich der Elbe-Grenze verstehe er aber nicht ganz unsere Haltung. Es gebe ja eine bestimmte Kompromißmöglichkeit, nämlich daß man auf 40 km die Grenze einvernehmlich in der Mitte feststelle und für den restlichen Abschnitt praktische Lösungen finde. Die DDR sei der Auffassung, daß man die Grenze dort feststellen solle, wo sie seit 40 Jahren praktisch bestehe. Dann würde auch die Passagier-Schiffahrt auf der Elbe von Hamburg nach Dresden möglich werden, ebenso die Lösung anderer praktischer Fragen.

Maßnahmen gegen die Weser-Verschmutzung lägen überwiegend im westdeutschen Interesse. Man müsse hier in jedem Fall gemeinsam vorgehen. Über den Gebirgsschlag müsse gesprochen werden. Nach den in der DDR vorliegenden Gutachten sei der Grund für den Gebirgsschlag allein in der Verpressung der Kalilaugen auf westlicher Seite zu sehen.

Zur Grenze allgemein wolle er sagen, daß alles, was auf DDR-Seite geschehe, ihre eigene Angelegenheit sei. Er verstehe aber nicht, daß die Bundesregierung immer weiter auf angeblichen Problemen herumreite. Es könne doch bei uns nicht unbemerkt geblieben sein, daß das Grenzregime geändert worden sei und daß es keinen Schießbefehl mehr gebe. Die DDR habe die Minenfelder beseitigt und das Grenzregime sozusagen humanisiert. Praktisch sei es so, daß die Waffengebrauchs-Anweisung die

23 Gemeinsames Kommuniqué über den offiziellen Besuch des Generalsekretärs des Zentralkomitees der Sozialistischen Einheitspartei Deutschlands und Vorsitzenden des Staatsrates der Deutschen Demokratischen Republik, Erich Honecker, in der Bundesrepublik Deutschland vom 7. bis 11. September 1987 in: Bulletin. Nr. 83. 10. September 1987, 710–713; Ansprachen, Erklärungen und Vereinbarungen ebd., 705–710, 714–720. Zu den Gesprächen des Bundeskanzlers Kohl mit Generalsekretär Honecker im Kreis der Delegationen, 7. und 8. September 1987: Vermerke des Ministerialdirigenten Stern, 221 – 35016 Ge 28 (NA 17), 10. September 1987; BArch, B 136/20572, 221 – 35014 Ge 28 Bd. 1.
24 In der Gemeinsamen Erklärung über das Gespräch des Bundeskanzlers Kohl mit Generalsekretär Honecker am 12. März 1985 in Moskau hieß es, die „Unverletzlichkeit der Grenzen und die Achtung der territorialen Integrität und der Souveränität aller Staaten in Europa in ihren gegenwärtigen Grenzen" seien „eine grundlegende Bedingung für den Frieden" (Bulletin. Nr. 28. 14. März 1985, 230).
25 Abkommen zwischen der Regierung der Deutschen Demokratischen Republik, der Regierung der Volksrepublik Polen und der Regierung der Tschechoslowakischen Sozialistischen Republik über die Zusammenarbeit auf dem Gebiet des Umweltschutzes, 1. Juli 1989, in: GBl. DDR 1990 II, 9–12.

gleiche sei wie bei uns. Von der Waffe werde nicht Gebrauch gemacht, außer bei Notwehr gegen einen Angriff und bei Fahnenflucht. GS Honecker fügte hinzu, was damals (gemeint im Frühjahr) geschehen sei, wäre – wenn man so wolle – „höhere Gewalt" gewesen.[26] Im einen Fall (gemeint war der Zwischenfall in Staaken)[27] seien Leute mit einem gestohlenen Lastwagen auf den Grenzposten zugefahren. Im Falle des Ballonfahrers hätte der Betreffende wissen müssen, daß er abstürzen könnte;[28] seine Frau sei heute froh, nicht mitgeflogen zu sein. Aber letztlich könne niemand verhindern, daß jemand Selbstmord begehe. Hier sei jedenfalls eine bessere gegenseitige Verständigung wirklich nötig.

Die Grenze nach Westen sei inzwischen weit offen, wie sich aus der Zahl der Westreisenden ergebe. GS Honecker übergab dazu eine Aufstellung mit den neuesten Reisezahlen (Anlage)[29]. Allerdings sei das Reisen auch eine Kostenfrage; man wolle die Bürger schließlich nicht als Bettler fahren lassen.

Auf die Frage zu einem Grenzübergang bei Bad Harzburg erklärte GS Honecker, dies werde noch geprüft. Man hoffe auf eine Lösung. Zur Einbeziehung Hannovers in den grenznahen Verkehr meinte er, daß dies möglich sein werde, wenn man in der Grenzkommission zu einer Einigung komme. Er wolle kein Junktim herstellen; aber Entgegenkommen sei auch auf unserer Seite erforderlich. Eine Möglichkeit bestehe schließlich zum Ausbau der Autobahn-Verbindung in Thüringen. Die DDR sei dazu bereit; dies koste aber natürlich Geld.

Zusammenfassend erklärte GS Honecker, es sei erfreulich, daß im Bereich der Abrüstung einiges erreicht worden sei; es bleibe aber noch mehr zu tun. Bilateral sollte man auf dem bisherigen Weg weitergehen. Wo es Probleme gebe, könne man telefonieren; auch diese Gespräche könnten fortgesetzt werden.

BM Seiters erwiderte, im Bereich der Abrüstung stimmten wir in dem Ziel überein, gleiche Sicherheit zu erreichen. Wir seien auch einig darin, daß noch erhebliche weitere Fortschritte notwendig sind. Die Bundesregierung habe sich im besonderem Maße für das Zustandekommen der Wiener Verhandlungen eingesetzt, weil wir den Abbau des bestehenden konventionellen Ungleichgewichts für vordringlich hielten. Wir wollten dann aber ebenfalls zu Verhandlungen über nukleare Kurzstreckenwaffen kommen.

Zu den Bemerkungen zum Schlesier-Treffen wolle er sagen, daß die abgeschlossenen Verträge und auch das Kommuniqué vom September 1987 in keiner Weise in Frage gestellt würden. Die Rechtspositionen, von denen die Bundesregierung stets ausgegangen sei, schlössen den Willen zur Verständigung nicht aus. Aber wir blieben da-

---

26 Grenzposten der DDR schossen am 5. Februar 1989 auf zwei Flüchtlinge aus Berlin (Ost). Chris Gueffroy wurde tödlich verletzt, Christian Gaudian blieb unverletzt und wurde festgenommen. Das Ministerium für Auswärtige Angelegenheiten der DDR bestritt, daß auf Flüchtlinge geschossen worden sei; der Tod Gueffroys wurde erst etwa zwei Wochen später bekannt. Am 14. Februar durchbrachen drei Männer in der Nähe des Reichstagsgebäudes in Berlin die Sperranlagen und durchschwammen die Spree. Dabei wurde der Flüchtling Martin Notev von der Besatzung eines Wachbootes der DDR gewaltsam an Bord gezerrt, „als dieser sich bereits an das zum britischen Sektor gehörende Ufer klammerte". Bei der Verhinderung einer Flucht von zwei Männern am Übergang Chausseestraße in Berlin am 8. April gab ein Grenzsoldat einen Schuß ab, ohne daß jemand verletzt wurde (Vorlage betr. Zwischenfälle an der Sektorengrenze in Berlin, 221 – 35009 – Schu 1, 2. Mai 1989; BArch, B 136/20241, 221 – 34900 Spr 2 Bd. 1).
27 Am 10. März 1989 verhinderten Grenzposten der DDR einen Fluchtversuch von drei Männern in der Nähe des Übergangs Berlin-Staaken unter Gebrauch von Schußwaffen. Die wiederholte Anwendung von Schußwaffen „trotz Beteuerungen der DDR-Seite, es gebe keinen Schießbefehl", führte zur Absage von geplanten Besuchen der Bundesminister Haussmann und Schneider in der DDR (ebd.).
28 Bei dem Versuch, mit Hilfe eines selbstgebauten Ballons aus der DDR nach Berlin (West) zu fliehen, stürzte am 7. März 1989 der Flüchtling Winfried Freudenberg ab (ebd.).
29 Nr. 13A.

bei, daß die deutsche Frage offen sei, solange es keine endgültige Friedensregelung gebe.

BM Seiters würdigte dann die Äußerungen zur Grenze und zum Schußwaffengebrauch. Bezüglich der Forderung nach Gesprächen über den Gebirgsschlag verwies er auf das vorliegende Angebot. Auch zur Beseitigung der Salzbelastung von Werra und Weser liege ein Finanzierungsangebot von unserer Seite vor. In Fragen der Elbe-Grenze bestünden nach wie vor unterschiedliche Positionen; wir müßten noch auswerten, was dazu heute besprochen worden sei.

BM Seiters würdigte ferner die positive Entwicklung im Reiseverkehr, setzte sich aber zugleich noch einmal für Erweiterung der Reisemöglichkeiten, z. B. durch Tagesbesuchsgenehmigungen in Berlin und im grenznahen Verkehr, sowie für den Abbau von Beschränkungen, insbesondere für eine Änderung der Praxis bei Einreiseverweigerungen, ein.

St Dr. Bertele fügte ein, daß der Ständigen Vertretung wieder die Möglichkeit eingeräumt werden sollte, auch Ost-West-Reisefälle anzusprechen. Wenngleich die Entscheidung in diesen Fällen eine Angelegenheit der DDR sei, gebe es doch auch die Interessen der Angehörigen auf unserer Seite, die sich mit der Bitte um Unterstützung an die Ständige Vertretung wendeten. GS Honecker erklärte dazu, daß dies bei dringenden Fällen möglich sein sollte.

GS Honecker kam dann zurück auf das Schlesier-Treffen. Die politische Entwicklung mache ihm Sorgen. Man müsse davon ausgehen, daß das Deutsche Reich in den Grenzen von 1937 untergegangen sei. In der DDR sei man nach dem Kriege für die Schaffung eines einheitlichen deutschen Staates eingetreten. Aber nachdem der westdeutsche Staat entstanden sei, habe auch die DDR gebildet werden müssen.[30] Damit gebe es nun zwei unabhängige deutsche Staaten. Es sei besser, mit diesen Realitäten nicht zu spielen. Auch die Polen seien davon nicht erbaut. Man könne mit solchen Positionen heute nichts gewinnen. Einen Friedensvertrag werde es nicht mehr geben. Bei uns vollziehe sich die Eingliederung in den europäischen Binnenmarkt, und die DDR füge sich in den sozialistischen Markt. Das seien die Realitäten, an die man sich halten solle. Er sage dies auch, weil er den Aufstieg der Neonazis bei uns als ein besorgniserregendes Phänomen ansehe.

Im übrigen wolle er noch einmal sagen, daß die DDR immer aufnahmebereit sei für unsere Vorschläge; sie erwarte aber auch ein entsprechendes Entgegenkommen. Er sei sehr für weitere Schritte im Grenzverkehr; aber man müsse dann auf der anderen Seite in der Grenzfrage etwas großzügiger sein. Er habe gemerkt, daß das auch der Wunsch des Bundeskanzlers sei. Deshalb sollte man die 40 km der Elbe-Grenze in der Mitte feststellen und für den Rest praktische Regelungen treffen.

Insgesamt sei vieles im Gang, und man solle im Gespräch bleiben.

BM Seiters begrüßte die Bereitschaft zur Fortsetzung der Gespräche. Er bat, im Anschluß noch eine Liste mit einigen Härtefällen übergeben zu können. (Die Liste wurde von MDgt Dr. Duisberg Botschafter Seidel übergeben.) Er sagte dann, er wolle außerdem noch einmal auf die Bemerkungen zu einem angeblich aufkommenden Neonazismus in der Bundesrepublik eingehen. Nach seiner festen Überzeugung gebe es ⟨in der Bundesrepublik für Rechts- oder Linksextremismus keine Chance⟩[31]. Man müsse auch bei den Wählern der Republikaner unterscheiden: Nicht alle könnten als

---

30 Zur Konstituierung der Bundesrepublik Deutschland und der Deutschen Demokratischen Republik: Dokumente zur Deutschlandpolitik II/2 (1949).

31 ⟨ ⟩ Hs. von Bundesminister Seiters korrigiert aus: „für eine solche Entwicklung keine Voraussetzungen".

rechtsextrem angesehen werden; viele hätten nur aus Protest die Republikaner gewählt. Jedenfalls werde es eine breitere rechtsextremistische Bewegung bei uns nicht geben.

GS Honecker erwiderte unter Hinweis auf seine eigenen Lebenserfahrungen und die Auseinandersetzungen in den 20er Jahren, der Eintritt von Neonazis in die Parlamente sei eine Erscheinung, die auch andere Betrachter als Gefahr empfänden. Man müsse das sehr ernst nehmen und den Anfängen wehren. Er gehe davon aus, daß das auch von seiten der Bundesregierung getan werde. Natürlich seien nicht alle Wähler der Republikaner Nazis, aber die führenden Kräfte, insbesondere Schönhuber, der Mitglied der Leibstandarte Adolf Hitler gewesen sei, seien alte Nazis. Die jetzige Bundesregierung sei eine demokratische Regierung; auf der anderen Seite gebe es die SPD und die Grünen, die ebenfalls demokratische Kräfte seien. Für beide gebe es aber keine Mehrheit mehr. Deshalb müsse man fragen, welche Sicherheit man künftig habe. Er könne aus seiner Lebenserfahrung nur sagen, daß sich die frühere Entwicklung nicht wiederholen dürfe.

Beim Abschied bekräftigte GS Honecker noch einmal die Bereitschaft zur Fortsetzung des Gespräches.

Duisberg

Anlagen:
– Anstelle eines mündlichen Vortrags beim Gespräch mit AM Fischer übergebene Papiere
– Tischreden von AM Fischer[32] und BM Seiters[33]
– Zusammenstellung der von GS Honecker übergebenen Reisezahlen.[34]

Nr. 13A
Zusammenstellung der von Generalsekretär Honecker übergebenen Reisezahlen

	1.1.–30.6.1988	1.1.–30.6.1989	Veränderung
Reisen in das nicht-sozialistische Ausland	2 588 788	2 885 544	+ 11,5%
davon BRD	1 070 062	1 167 872	+ 9,1%
davon Berlin (West)	1 422 145	1 708 306	+ 20,1%

---

32 Manuskript „Toast des Ministers für Auswärtige Angelegenheiten der DDR, Oskar Fischer, anläßlich des Essens für den Bundesminister für besondere Aufgaben und Chef des Bundeskanzleramtes der BRD, Rudolf Seiters, am 4. Juli 1989"; BArch, B 136/21328, 221 – 35016 Ve 40 NA 1.
33 Manuskript „Tischrede von Bundesminister Seiters am 4. Juli 1989"; ebd.
34 Nr. 13A.

Nr. 14
Gespräch des Bundesministers Seiters mit den Botschaftern der Drei Mächte
Bonn, 6. Juli 1989

BArch, B 136/20241, 221 – 34900 Spr 2 Bd. 1. – Vermerk des MDg Duisberg, 7. Juli 1989. Verteiler: AA, St Sudhoff; BMV, St Knittel; BMB, St Priesnitz; AL 2, GL 22. Vorlage an Chef BK mit der Bitte um Billigung und Zustimmung zu dem Verteiler, abgezeichnet: „Seiters" und hs. vermerkt „Ja".

Betr.: Lufthansa-Antrag auf Ausweitung des Flugverkehrs zur Leipziger Messe

Der Chef des Bundeskanzleramtes, Bundesminister Seiters, führte am 6.7.1989 ein Gespräch mit Botschafter Boidevaix (F), Botschafter Sir Christopher Mallaby (GB) und Botschafter Vernon Walters (USA), an dem weiter Staatssekretär Dr. Sudhoff (AA) und MDgt Dr. Duisberg (BK) teilnahmen.

BM Seiters unterrichtete zunächst über seinen Besuch in Ost-Berlin und die Gespräche mit Generalsekretär Honecker und Außenminister Fischer.[1]

Anschließend wurde die Weiterbehandlung des Lufthansa-Antrags auf Ausweitung des Flugverkehrs zur Leipziger Messe[2] erörtert. Bundesminister Seiters trug die Position der Bundesregierung auf der Grundlage der anliegenden Gesprächslinie[3] vor. Er betonte besonders, daß die Bundesregierung einer Entscheidung über den Antrag nicht ausweichen könne. Es bestehe ein nicht geringer Druck und damit die Gefahr, daß die Frage in eine öffentliche Auseinandersetzung auch unter dem Gesichtspunkt der deutschen Souveränität gerate, woran niemand ein Interesse haben könne. BM Seiters erklärte, daß deshalb in der Bundesregierung jetzt die Absicht bestehe, der LH die Genehmigung unter den genannten Bedingungen zu erteilen; die Bundesregierung gehe davon aus, daß die Alliierten bei dem dann zu erwartenden Antrag der Interflug keine Einwendungen erheben würden.

Der britische Botschafter fragte, ob wir von der DDR eine Zusage zur Einhaltung dieser Bedingungen verlangen würden. MDgt Dr. Duisberg antwortete darauf, daß dies bisher nicht vorgesehen sei, daß aber die Genehmigung bei Nichteinhaltung der Bedingungen sofort – d.h. vor Ablauf der vorgesehenen Zeit – widerrufen werde. Der britische Botschafter fragte weiter, ob die Bedingungen auch veröffentlicht würden, dies im Hinblick auf gewisse in Berlin geäußerte Sorgen. BM Seiters meinte, daß diesem Gesichtspunkt in geeigneter Form Rechnung getragen werden könne, auch wenn die Bedingungen dabei nicht wörtlich in ihrer kategorischen Formulierung wiedergegeben werden müßten.

Der britische Botschafter erklärte dann, es sei die generelle Auffassung seiner Regierung, daß es besser wäre, die Einheit der Berlin-Initiative zu erhalten und im Bereich des Luftverkehrs nichts zu tun, ohne eine bestimmte Sicherheit für die Möglichkeit von Flügen außerhalb der Korridore zu erhalten. Britischerseits sei man von dem Prinzip ausgegangen, daß von Bewegungen im innerdeutschen Luftverkehr immer auch Berlin Vorteile haben sollte.

BM Seiters erwiderte, wir meinten aus den genannten Gründen, daß gerade durch den vorgesehenen Schritt etwas zugunsten von Berlin in Bewegung gesetzt werde. Freilich sei niemand in der Lage, mit Sicherheit voraussagen zu können, ob sich diese oder andere Erwartungen erfüllten.

Der amerikanische und der französische Botschafter sagten, sie müßten über die Angelegenheit berichten.

Der britische Botschafter rief einige Zeit nachher noch einmal im Bundeskanzleramt an und sagte, er habe versucht, nicht ablehnend zu sprechen. Er wisse allerdings, daß dies nicht der

---

1 Nr. 13.
2 Die Leipziger Herbstmesse fand vom 3.–9. September 1989 statt.
3 Nr. 14A.

Haltung des amerikanischen Botschafters entspreche. Man werde aber versuchen, eine für uns akzeptable Position zu finden. Auf Fragen stellte er eine Reaktion in einigen Tagen in Aussicht.

Duisberg

Nr. 14A
Gesprächslinie

Ausfertigung: 6. Juli 1989.

Betr.:   Lufthansa-Antrag auf Ausweitung des Flugverkehrs zur Leipziger Messe

- Starkes Interesse der Bundesregierung an Verbesserung des Luftverkehrs von und nach Berlin. Umfassende Regelung für innerdeutschen Luftverkehr nur unter Einbeziehung Berlins möglich.
- Befriedigung über Weiterführung der Berlin-Initiative (Demarche im sowjetischen Außenministerium am 27.06.[4]). Sowjetische Reaktion jedenfalls nicht negativ; realistische Hoffnung auf weiterführende Gespräche.
- Haltung und Interessen der DDR werden in jedem Fall Einfluß auf sowjetische Position haben. Wenn ein Ziel der Initiative – Anflug Berlins auch außerhalb der Korridore – erreicht werden soll, wird Mitwirkung der DDR unerläßlich sein.
- Bundesregierung ist der Auffassung, daß Interesse der DDR stimuliert und Bereitschaft zu konstruktiver Haltung getestet werden kann durch begrenzten Schritt: einmalige Ausweitung des Messeverkehrs auf Zeitraum von einigen Monaten. Daher grundsätzlich positive Haltung zu Antrag der LH.
- Es handelt sich um zeitlich begrenztes Projekt mit präzisen Bedingungen zum Schutz des Berlin-Flugverkehrs. Diese Bedingungen sollen der LH und der DDR förmlich mitgeteilt werden; bei Nichteinhaltung sofortiger Widerruf der Genehmigung.
- LH und DDR sollen außerdem förmlich darauf hingewiesen werden, daß Genehmigung sich auf jetzt beantragten Zeitraum beschränkt. Entscheidung über eventuelle Wiederholung wird ausdrücklich von positivem Fortgang der Berlin-Initiative abhängig gemacht. Insofern klare Verknüpfung.
- Großes Interesse an gemeinsamem und abgestimmtem Vorgehen mit Alliierten. Argumente sind daher den Alliierten mehrfach dargelegt worden (3.5.1989 hier[5] und 29./ 30.05.1989 bei NATO-Gipfel). Alliierte sind auf diese Argumente nicht wirklich eingegangen. Vielleicht Mißverständnis über Dimension und Interessenlage:
    = zeitlich begrenztes, auf diese Saison beschränktes Vorhaben; keine automatische Verlängerung oder Wiederholung.
    = keine weitreichende Konzession an DDR: DDR-Interesse primär gerichtet auf Überflugrechte (so ausdrücklich AM Fischer im Gespräch am 04.07.) und Landerechte auf allen westdeutschen Flughäfen, insbesondere Frankfurt.

---

4 Vertreter der Botschaften der drei Westmächte in Moskau trugen die Demarche mündlich gegenüber dem Leiter der 3. Europäischen Abteilung im Ministerium für Auswärtige Angelegenheiten der UdSSR, Bondarenko, vor.
5 Bundesminister Seiters traf am 3. Mai 1989 mit den Botschaftern der Drei Mächte zusammen (Gesprächsvermerk des Ministerialdirigenten Duisberg; BArch, B 136/20241, 221 – 34900 Spr 2 Bd. 1).

= <u>Vorteil stärker auf unserer Seite</u>: kommerzielles Interesse der LH durch Anschlußflüge von Frankfurt; politisches Interesse an Erschließung des Flugtourismus im innerdeutschen Reiseverkehr (Wunsch zahlreicher Reiseveranstalter).
- LH hält ihren Antrag aufrecht, will Flugbetrieb nach kurzem Vorlauf auch jetzt noch zu jeder Zeit aufnehmen. Bundesregierung muß über Antrag entscheiden. Anderenfalls geraten wir in öffentliche Auseinandersetzung. Wir möchten in jedem Fall vermeiden, daß diese Frage in Verbindung mit Souveränitätsdebatte (Große Anfrage der SPD, Beantwortung im Herbst)[6] gebracht wird; auch Alliierte sollten daran kein Interesse haben.
- Bundesregierung beabsichtigt daher jetzt, der LH die Genehmigung unter den genannten Bedingungen zu erteilen (Zustimmung der Alliierten insoweit nicht erforderlich). Sie geht davon aus, daß die Alliierten bei dem dann zu erwartenden Antrag der Interflug keine Einwendungen erheben werden.

Nr. 15
Gespräch des Bundeskanzlers Kohl mit dem Fraktionsvorsitzenden des Bürgerkomitees „Solidarität", Geremek
Bonn, 7. Juli 1989

BK, 213 – 30105 P 4 Po 27, polnische Opposition, 7.7.1989. – Vermerk des VLR I Kaestner, 10. Juli 1989. – Mit Vorlage des MD Teltschik über Chef BK an den Bundeskanzler, 11. Juli 1989: „Hiermit lege ich einen Vermerk über das o. a. Gespräch mit der Bitte um – Genehmigung – vor. Zugleich erbitte ich Ihre – Zustimmung –, daß Bundesminister Genscher, sobald er seinerseits das Protokoll seines Gesprächs mit Prof. Geremek übersendet, Doppel dieses Protokolls zur persönlichen Unterrichtung erhält." Hs. von Bundeskanzler Kohl vermerkt: „Teltschik", zur Unterrichtung des Bundesministers: „Ja". – Gesprächsbeginn: 10.00 Uhr.

Gesprächsteilnehmer auf <u>polnischer</u> Seite:
Prof. Geremek
Prof. Trzeciakowski
Herr Bujak
Herr Dr. Sliwinski
Herr J. Reiter (Note taker)
Dolmetscher

Gesprächsteilnehmer auf <u>deutscher</u> Seite:
Bundesminister Klein
AL 2
RL 212 (Note taker)
Dolmetscherin Frau Domke

Der <u>Bundeskanzler</u> begrüßt Prof. Geremek zu einem wichtigen Gespräch, für das er volle Offenheit vorschlage und über das nichts publiziert werden solle.
Er freue sich, Vertreter der polnischen Opposition in diesem bedeutenden Abschnitt der Entwicklung begrüßen zu können. Er freue sich
- als CDU-Vorsitzender: Seine Partei habe sich in der Vergangenheit gegenüber der polnisch-kommunistischen Partei zurückgehalten, dies werde sich mit der Entwicklung zum

---

6 Große Anfrage der Fraktion der SPD „Gleichberechtigte Partnerschaft im Bündnis" (Deutscher Bundestag. Drucksache 11/4158. 9. März 1989); zur Beratung am 31. Mai 1990: Verhandlungen des Deutschen Bundestages. Stenogr. Berichte. Bd. 153. Plenarprotokoll 11/214, 16801–16806, 16809–16819.

Pluralismus nunmehr ändern: die Konrad-Adenauer-Stiftung beabsichtige, in Warschau eine Repräsentanz zu eröffnen – seine Partei werde deshalb auch auf diesem Wege für Kontakte und Gespräche zur Verfügung stehen.

Auch führe die CDU die Tradition des alten Zentrums fort, hier hätten im alten Reichstag die polnischen Abgeordneten hospitiert.

– als Person Helmut Kohl: Für ihn sei es eine sehr persönliche Frage, wie es in den Beziehungen zwischen Deutschen und Polen weitergehe. Er fühle sich der ersten Regierungserklärung Konrad Adenauers verpflichtet: Aussöhnung mit ehemaligen Kriegsgegnern, insbesondere mit F, Israel und Polen.[1]

Auch sei in seiner Heimat die Verbindung zum polnischen Befreiungskampf des vergangenen Jahrhunderts sehr lebendig (Hambacher Schloß).

Er wolle nunmehr in seiner Amtszeit den zweiten großen Schritt mit Polen tun: Als Christdemokrat, als Deutscher und als Europäer. Er sei sich über die zusätzliche Verantwortung der Bundesrepublik Deutschland angesichts der heutigen Veränderungen bewußt.

Deutsche und Polen verbinde eine lange gemeinsame Geschichte mit großartigen und schrecklichen Kapiteln. Diese Geschichte müsse man kennen, mit ihr leben, aus ihr lernen und auf ihrer Grundlage in die Zukunft gehen. Heute seien 65% unserer Bürger nach Hitler geboren oder aufgewachsen. In Polen liege der Prozentsatz vermutlich noch höher. Für diese Generation der Kinder und Enkel müsse eine neue Geschichte gemacht werden – sie müsse sich vor allem gegenseitig kennenlernen, deshalb sein Engagement für Jugendaustausch.

Die heutige Entwicklung in Polen trage viel Hoffnung in sich. Selbst GS Gorbatschow habe ihm vor ein paar Wochen gesagt, wenn die Entwicklung in Polen „kippe", habe dies katastrophale Folgen. Dies mindere nicht herab, was z. Zt. in Ungarn geschehe – aber die Gewichtungen seien durchaus unterschiedlich.

Prof. Geremek und seine Delegation säßen somit einem Mann gegenüber, der als Person, als Parteivorsitzender und als Bundeskanzler einen entscheidenden Schritt – einen vernünftigen Schritt – nach vorn tun wolle. Wenn man jetzt aus innenpolitischen Gründen – gleichgültig welcher Seite – das Falsche tue, werde man einen Rückschlag erleiden. Die Chance sei gegeben, die Dinge jetzt zu einem guten Abschluß zu bringen. Wir seien bereit, dazu unseren Beitrag zu leisten. Nächste Woche werde man in Paris darüber reden. Heute habe Präsident Bush ihm hierzu eine Botschaft zukommen lassen.[2]

Dabei habe er – der Bundeskanzler – den Eindruck, daß ein Teil der im Wirtschaftsbereich erörterten Dinge irreal sei: z. B. das Drängen auf Nennung eines Hermes-Plafonds. Wir hätten demgegenüber – entgegen aller früheren Praxis – angeboten, den Rahmen nach oben nicht zu begrenzen. Gebe es gute Projekte, dann sollten sie auch laufen! Daß gute Projekte beigebracht würden, sei in erster Linie polnische Sache. Wir könnten, wenn gewünscht, gern helfen. Insgesamt könne man auf diesem Wege sehr viel tun – andererseits sehe er keinen Sinn darin, Kredite zu geben, von denen man nicht wisse, wohin sie fließen.

Unser Ziel sei bei alledem, sowohl die wirtschaftlichen als auch die politischen Reformen Polens zu unterstützen.

Der Bundeskanzler äußert sodann die Hoffnung, daß diesem ersten Gesprächskontakt weitere, über den Tag hinausgreifende folgen werden.

Prof. Geremek drückt seine große Freude über den Empfang seiner Delegation aus, die nicht die polnische Regierung, sondern die Bevölkerung repräsentiere. Die polnische Opposition

---

1 Regierungserklärung des Bundeskanzlers Adenauer, 20. September 1949, in: Verhandlungen des Deutschen Bundestages. Stenogr. Berichte. Bd. 1, 22–30; Auszug in: Dokumente zur Deutschlandpolitik II/2 (1949), 31–40.
2 In der Registratur des Bundeskanzleramtes nicht zu ermitteln.

vertrete vieles von den menschlichen Bindungen und von den christlichen und europäischen Elementen, von denen der Bundeskanzler in historischer Perspektive gesprochen habe. Sie bejahe und unterstütze den Satz Konrad Adenauers von den drei Versöhnungen. Die Zeit sei im Verhältnis zu Polen jetzt reif.

Er selbst gehöre zur Kriegsgeneration – er kenne viele Gräber seiner Familie nicht und werde sie auch nie kennen: Viele seien in Auschwitz umgekommen.

Vor diesem Hintergrund sollte unsere Generation vor allem an die Generation der Jugend, die nach dem Krieg geboren sei, denken. Es gehe um eine Veränderung des Bewußtseins und des Denkens. Sie sei am besten durch Jugendaustausch, den der Bundeskanzler so nachhaltig fördere, zu erreichen. Er sei von seiten der Opposition ermächtigt, die Förderung des Jugendaustauschs mit allem Nachdruck zu unterstreichen, und zwar ohne Bedingungen, die je eine polnische Regierung stellen könnte. Dies könnte eine Verpflichtung für die Zukunft sein.

Auf die Lageentwicklung in Polen eingehend, stellt <u>Prof. Geremek</u> fest, es gehe hier nicht um Geld des Westens, es gehe vielmehr um das Engagement des Westens für die Reformen in Polen, denn davon hänge auch die Zukunft Europas ab.

Als Vertreter der polnischen Bevölkerung wolle er unterstreichen, daß die Opposition dazu beitragen wolle, daß die deutsche Kultur in Polen einen neuen Aufschwung nehme und die deutsch-polnischen Kulturbeziehungen gefördert würden. Man wünsche und verlange, daß es in Polen deutsche Kulturinstitute gebe. Man wolle die deutsche Sprache fördern.

Für derartige Zwecke werde man sicher den in Zloty umgewandelten Jumbo-Kredit einsetzen können – aber auch ohne derartige Mittel müsse Polen selbst dafür Sorge tragen, daß es deutsche kulturelle Vertretungen in Polen gibt, daß deutsche Sprache gefördert und deutsche Kulturdenkmäler geachtet werden.

Der <u>Bundeskanzler</u> dankt für diese Bereitschaft, betont aber seine Auffassung, daß hier aus den Jumbo-Mitteln vieles getan werden könne.

<u>Prof. Geremek</u> dankt, betont aber, auch wenn dies nicht so wäre, empfinde er es als eigene Verpflichtung, für diese Sache einzutreten. Die Opposition/Klub der Katholischen Intelligenz habe sich auch für den jüdischen Friedhof in Warschau eingesetzt und wolle es auch für deutsche Gräber tun.

Prof. Geremek spricht sodann die Sorge und Betroffenheit an, die in Polen verursacht werden, wenn man die polnischen Grenzen in Frage stelle. Er freue sich und unterstreiche, daß dies nie von seiten des Bundeskanzlers erfolgt sei.

Ferner sei auch die Opposition besorgt, wenn die Gespräche zwischen der polnischen und der deutschen Seite in Schwierigkeiten gerieten. Nach seinem Eindruck seien dies jedoch Übergangsschwierigkeiten und ohne Bedeutung für die Zukunft der deutsch-polnischen Beziehungen.

Kurzum: Man kenne und verstehe die innere Situation der Bundesrepublik Deutschland, erwarte aber, daß sie sich als grundlegende Kraft in Europa für die Reformen in Polen engagiere.

Auch vom Wirtschaftsgipfel Paris erwarte die Opposition nachhaltige Unterstützung für die polnischen Reformen. Gleichzeitig sei aber nötig, Unterstützungsstrukturen zu schaffen, die eine Kreditverschwendung, wie in der Vergangenheit, verhinderten.

Die vom Bundeskanzler genannten Hermes-Bürgschaften ohne Begrenzung nach oben, aber mit Bindung an gute Projekte, seien eine gute Sache für Polen.

Entscheidend sei, daß die Reformen wirklich zustande kommen. Dazu sei aus Sicht der Opposition erforderlich:

- Kurzfristig Hilfestellung für die Verbesserung der Lebensmittelversorgung, insbesondere bei Fleisch und Milchprodukten.
- Verringerung der Rückzahlungslasten durch großzügige Umschuldung Pariser Club.

- Entsprechende Schritte anderer westlicher Länder zum Schuldenerlaß nach Vorbild des Jumbo-Kredits.
- Längerfristig verstärkte Investitionstätigkeit in Polen und Hilfestellung bei der Umwandlung der Zentralplanwirtschaft in eine Marktwirtschaft, u.a. durch Übernahme von Staatsunternehmen durch private Unternehmer zu vernünftigen Bedingungen, was vernünftige Gewinne einschließe.

Von allen internationalen Hilfsmaßnahmen erhoffe die Opposition auch eine Kontrollgarantie für die Reformen. So könnten die Sieben eine Kommission mit Sitz in Warschau bilden, die die Reformschritte – einschließlich des gleichzeitigen Demokratisierungsprozesses – kontrolliere und die Hilfe entsprechend gewähre.

Bei dieser Aufgabe könne man aufs engste mit der Opposition, die ja zum ersten Mal eine wirkliche Repräsentanz im Parlament habe, zusammenarbeiten.

Der Bundeskanzler regt an, daß die Wirtschaftsfragen in einem weiteren Gespräch AL 2/ Prof. Trzeciakowski vertieft werden.

Des weiteren bekräftigt der Bundeskanzler, daß es bei diesen Reformen um eine für Gesamteuropa – nicht nur EG-Europa – wichtige Entwicklung gehe. Er sei zutiefst überzeugt, daß jetzt eine Chance bestehe, das zu schaffen, was man das Europa des 21. Jahrhunderts nennen könne. Dies werde nicht das Europa der Nationalstaaten sein. Zwar blieben Deutsche und Polen und bei uns Bayern, Hessen und Rheinländer. Aber das kommende Europa werde starke föderale, dezentralisierte Strukturen – auch im Geistigen – haben und für den einzelnen den Dreiklang der Loyalität zur Heimat, zum Vaterland und zu Europa umfassen.

(Exkurs: Zentralismus und zunehmende Regionalisierung in Spanien und Frankreich.)

Polen müsse integraler Bestandteil dieses Europas sein.

Gerade deshalb sei es wichtig, die Grenzen zu überwinden. Dies habe zwei Seiten, und er wolle offen darüber reden. Hitler habe den Zweiten Weltkrieg begonnen. Im deutschen Namen sei Entsetzliches geschehen. In der Revanche sei auch an Deutschen Entsetzliches geschehen. Ergebnis des Zweiten Weltkriegs sei, daß wir ein Drittel des Reichsgebiets verloren hätten. Im Ergebnis dieses Krieges habe Stalin die Achse Polens verschoben. Dies seien Realitäten. Die Betroffenen seien nicht gefragt und viele Menschen, die keine Verbrechen begangen hätten, seien unschuldig bestraft worden.

Wir hätten keinen Friedensvertrag, aber wir hätten klare rechtliche Definitionen im Warschauer Vertrag. Pacta sunt servanda. Dieser Vertrag gelte und verpflichte die Bundesrepublik Deutschland. Bei Gewichtung dieses Vertrages durch das Bundesverfassungsgericht sei deutlich geworden, daß er die Zukunft Deutschlands, die Frage der Einheit der Nation, nicht bestimme.

Nun gebe es viel Unvernunft auf beiden Seiten und gegenseitige Beschuldigungen. Was wir aber in dieser Frage brauchten, sei Ruhe!

Er wolle ein Wort zugunsten der Vertriebenen anfügen: Stalin habe in Jalta[3] zu Churchill gesagt, mit den vielen Millionen Deutschen, die vertrieben würden, werde die Weltrevolution marschieren – genau dies sei aber nicht geschehen. Dies sei ein großes Verdienst der Vertriebenen, die sich in ihrer Charta von 1950[4] zur Versöhnung bekannt und der Gewalt und Revanche eine Absage erteilt hätten. Aber diese Leute seien auch Menschen, und es gebe in ihren Rängen kluge und weniger kluge.

---

3 Auf der Konferenz von Jalta auf der Krim vom 4.–11. Februar 1945 faßten die Staats- und Regierungschefs Großbritanniens, der Vereinigten Staaten von Amerika und der UdSSR, Churchill, Roosevelt und Stalin, Beschlüsse zur Nachkriegsordnung (Kommuniqué und Verhandlungsprotokoll, 11. Februar 1945, in: Dokumente zur Deutschlandpolitik II/1 [1945], 2297–2302, 2303–2308).
4 Charta der deutschen Heimatvertriebenen, 5. August 1950, ebd. II/3 (1950), 272f.

Aber in dieser Frage müsse man klug sein. Ernsthafte demoskopische Umfragen ergäben seit Jahren, daß 84% der befragten Bürger die Oder-Neiße-Grenze für endgültig hielten, und bei den Vertriebenen und ihren Nachkommen sei der Prozentsatz um rd. 5% höher.

In der Bundesrepublik Deutschland gebe es kluge und weniger kluge Leute, aber keinen Revanchismus. Er sage dies bewußt in bezug auf seinen Freund Bundesminister Waigel, der ein ruhiger und abgewogener Mann sei.

Kurzum: Prof. Geremek möge davon überzeugt sein, daß wir von dem ausgingen, was vertraglich klar sei. Keine Seite solle allerdings versuchen, diesen Vertrag psychologisch nachzubessern. Man müsse die Bäume ruhig wachsen lassen. Die Zeit arbeite nicht gegen Polen und Deutsche, wenn sie ihren Weg erfolgreich gingen und – statt gegeneinander zu wirken – vieles miteinander täten.

Das Wichtigste, was in Europa erreicht werden könne, sei, Grenzen zu überwinden und den Menschen zur Freiheit zu verhelfen. Konrad Adenauer habe in diesem Sinn den für uns Deutsche schwierigen Satz geprägt: Freiheit sei wichtiger als Einheit.

Was die laufenden deutsch-polnischen Verhandlungen angehe, so halte er die Schwierigkeiten für lösbar. Er stehe hier unter dem Druck gewisser Kreise – aber diesem Druck werde er niemals weichen. Deshalb sei ihm gleichgültig, was die Zeitungen in Schlagzeilen brächten – ihm komme es auf die Sache an. Wichtig sei dabei, wer die neue polnische Regierung stellen werde. Werde sie so stabil sein, daß sie Abmachungen treffen und einhalten könne?

Sobald die Verhandlungen zum guten Abschluß kämen, werde er nach Polen fahren. Nur wenn der Besuch einen substantiellen Schritt nach vorn bedeute, werde man die Menschen nicht enttäuschen. Er könne sich vorstellen, daß sein Besuch in der 2. September-Hälfte oder im Oktober stattfinde.

Der Wirtschaftsgipfel Paris werde bringen, was Prof. Geremek erhoffe: Man plane eine besondere Erklärung zu Polen und Ungarn, mit der man die Reformprozesse prinzipiell und praktisch unterstützen werde.[5]

In der EG könne und müsse die Lebensmittelfrage angeschnitten werden. Das Wort der Bundesrepublik Deutschland als wirtschaftlich wichtigstem Mitglied zähle dort viel. Das gleiche gelte im Pariser Club. Hierzu habe er bereits mit Präsident Bush Kontakt. Wieweit allerdings andere westliche Länder – nach dem Beispiel des Jumbo-Kredits – sich zum Schuldenerlaß bereit finden könnten, wisse er nicht. Man werde in Paris darüber reden.

Hinsichtlich der Investitionen sei die Überlegung, eine Kommission zu bilden, sehr nachdenkenswert. Dabei müsse man überlegen, ob es klug sei, sie auf die Sieben zu begrenzen, oder ob nicht einige kleinere Europäer sehr hilfreich sein könnten. Es sei nicht gut, daß die wirtschaftlich stärksten Länder in dieser Kommission den Vorsitz führten. Ein Motto „Deutsche kontrollieren Polen" werde nicht überall günstig aufgenommen. Jedenfalls solle man Schweden, die Schweiz, Österreich und andere einbeziehen.

Prof. Geremek pflichtet dem Bundeskanzler bei.

Der Bundeskanzler und Prof. Geremek vereinbaren folgende Presselinie:

– Der Bundeskanzler hat die polnischen Besucher besonders herzlich begrüßt.
– Wichtiger Abschnitt der Veränderungen in Polen – deshalb Gesprächskontakt besonders nützlich, Fortsetzung verabredet.
– Nachdrückliche Unterstützung der Bundesrepublik Deutschland für innerpolnische Reformen, sowohl bilateral als auch in internationalen Gremien.
– Wunsch des Bundeskanzlers, jetzt einen wesentlichen Schritt [voran] zu einer freundschaftlichen Beziehung zwischen beiden Völkern zu kommen.

---

5 Punkt 6 der Erklärung des Wirtschaftsgipfels in Paris zu den Ost-West-Beziehungen vom 16. Juli 1989 betraf Polen und Ungarn (Bulletin. Nr. 76. 19. Juli 1989, 661 f.; dazu: Erklärung des Bundeskanzlers Kohl zum Abschluß des Wirtschaftsgipfels, ebd., 670–672, hier 671).

- Wunsch des Bundeskanzlers, angesichts der Last und der Heimsuchungen der Geschichte jetzt diese Erfahrungen an die junge Generation weiterzugeben.
- Deutsch-polnische Beziehungen auf Grundlage der Wertschätzung und Achtung der beiderseitigen Rechte.
- Grüße von/an Walesa.

(BM Klein verabschiedet sich zur Bundespressekonferenz.[6])

Prof. Geremek stellt gerade nach dem Gesagten fest, daß seine Delegation nicht umsonst nach Bonn gekommen sei und er sich – unabhängig von der weiteren Entwicklung in Polen – die Fortsetzung des Meinungsaustauschs und der Kontakte wünsche.

Der Bundeskanzler ist einverstanden.

Er bittet um Einschätzung der weiteren Entwicklung in Polen.

Prof. Geremek führt aus, alles sei verfassungsmäßig vorbereitet gewesen, daß General Jaruzelski zum neuen Staatspräsidenten gewählt werden sollte. Hier nun habe es eine unvorhergesehene persönliche Aktion des Generals gegeben: Er wolle nicht nur von einer Seite gewählt werden. Aber Solidarität fühle sich nicht in der Lage, den Urheber des Kriegsrechts zu wählen. Deshalb habe Jaruzelski einen anderen General vorgeschlagen: Für Kiszczak könne die Solidarität teilweise stimmen, sich evtl. teilweise enthalten. Allerdings wäre die Zahl der Zustimmungen seitens der Solidarität so gering, daß sich General Jaruzelski zunächst einmal weitere 10 Tage vorbehalten habe, über die eigene Kandidatur nachzudenken.

Nach der Wahl des Staatspräsidenten folge das Problem der Regierungsbildung. Theoretisch könne diese sowohl durch die PVAP als auch durch die Solidarität gestellt werden. Jedoch sei dies für die Solidarität eine unerhörte Perspektive: Noch vor einem halben Jahr sei das Tragen des Solidaritäts-Abzeichens mit Gefängnis strafbar gewesen, jetzt solle sie die Regierung bilden – könne man in einem halben Jahr wieder zur früheren Situation zurückkommen?

Standpunkt der Opposition sei, daß wenigstens ein halbes Jahr, wahrscheinlich ein Jahr gebraucht werde, um fundamentale Veränderungen und Reformen durchzusetzen. In dieser Zeit sei die Solidarität bereit, die Wirtschaftspolitik einer anderen Regierung zu unterstützen, wenn diese Wirtschaftspolitik unter strikter Kontrolle des Parlaments und seiner Kommissionen stehe.

In der Tat sei heute in Polen das wichtigste politische Problem die Wirtschaft. Wenn es in den nächsten Monaten nicht wenigstens eine spürbare Verbesserung der Wirtschaftslage gebe, könnten die politischen Erwartungen und Möglichkeiten verspielt werden.

Hierzu wolle er zum Abschluß nur eine persönliche Meinung äußern: Er sei Optimist. Es gebe heute die Chance einer Demokratisierung in Polen und eine Rückkehr seines Landes nach Europa. Dies hänge entscheidend von der Lösung der Wirtschaftsprobleme ab, bei der eine kluge Politik des Westens und selbstverständlich die Arbeit und das Engagement der Polen unerläßlich seien.

Dann werde sich das Antlitz Europas verändern, ein Europa werde sichtbar, wie Konrad Adenauer es sich gewünscht habe: verbunden durch Gemeinsamkeit der Werte, der politischen Ziele und des wirtschaftlichen Vorteils.

Der Bundeskanzler dankt für diese Analyse. Auch er sehe das Risiko, aber die Geschichte gehe oft seltsame Wege (Exkurs: Gründung der CDU im Sommer 1945 durch Männer, die noch Anfang 1945 vor dem Volksgerichtshof gestanden haben). Auch er sei im Grunde optimistisch.

---

6 Regierungssprecher Klein gab vor der Bundespressekonferenz eine Erklärung zu dem Gespräch ab (Pressekonferenz Nr. 72/89, 7. Juli 1989, 11.30 Uhr. Unkorrigiertes Manuskript, 9 S., hier 1 f.; BPA/PA, F 1/30).

Prof. Geremek bedankt sich für das Gespräch und übermittelt herzliche persönliche Grüße von Lech Walesa, der die Hoffnung hege, bald mit dem Bundeskanzler in Polen zusammenzutreffen.

Der Bundeskanzler dankt seinerseits und erwidert die Grüße. Er bittet, das Gespräch über Wirtschaftsfragen mit AL 2 fortzusetzen. Dabei möge die Solidarität selbst bestimmen, was in diesem Stadium von ihrer Seite möglich sei – er, der Bundeskanzler, wolle sie jedenfalls nicht in Verlegenheit bringen. Aber der Zeitpunkt sei wichtig. Und die Oppositionsdelegation habe heute den Mann kennengelernt, der im Bundeskanzleramt Hausherr ist.

Ende des Gesprächs: 11.25 Uhr.

(Dr. Kaestner)

Nr. 16
Vorlage des Vortragenden Legationsrats I Bitterlich an Bundeskanzler Kohl
Bonn, 14. Juli 1989

BK, 211 – 30101 F 2 Fr 11 Bd. 7. – Verteiler: 1. Original BK. 2. Durchdruck: AL 2, AL 5, LASD, GL 21, GL 41, RL 212, RL 211. Hs. vermerkt: „Herrn Bundeskanzler Bi[tterlich] 14/7“. Hs. von Bundeskanzler Kohl vermerkt: „Teltschik erl.“

Betr.:   Gemeinsame Pressekonferenz der Staatspräsidenten Mitterrand und Gorbatschow am 5. Juli 1989 in Paris
hier: Äußerungen zur deutschen Wiedervereinigung (Arbeitsübersetzung des vom Elysée übermittelten vollständigen Wortprotokolls)
Bezug: Vermerk vom 7. Juli 1989 (Arbeitsübersetzung des in Le Monde am 7. Juli 1989 verkürzt abgedruckten Protokolls[1])

Frage (Berliner Zeitung):
Ich würde gerne eine Frage an Präsident Gorbatschow stellen, und ich bitte Präsident Mitterrand, seine Haltung zum gleichen Thema zu erläutern.

Präsident Gorbatschow, anläßlich Ihrer kürzlichen Reise in die Bundesrepublik Deutschland haben Sie einen Zweifel in bezug auf das Recht der Völker auf Selbstbestimmung „in der Luft schweben lassen“.

Gehört dieses Recht ausschließlich dem Volk, wie es der Begriff anzeigt, oder seinen Führern?

Erlaubt dieses Recht, zweitens, ein Wahlrecht zum Beispiel für das deutsche Volk, das im Gegensatz zu den Interessen der 4 alliierten Mächte steht? Ich denke an die deutsche Wiedervereinigung.

Präsident Gorbatschow:
Ich glaube, daß man die Beziehungen zwischen den vier Alliierten fortsetzen muß, und zwar in der Weise, wie sie sich in jüngerer Zeit etabliert haben und wie sie es Europa – und insbesondere im Zentrum von Europa, wo Sie leben, wenn ich Sie richtig verstehe – erlaubt haben, sich relativ wohl zu fühlen.

Nunmehr – ich wollte zunächst den herausfordernden Charakter Ihrer Frage zerstreuen – möchte ich zur Sache antworten. Ich bin zutiefst dem grundsätzlichen Ansatz verbunden, den ich Ihnen erläutert habe (gemeint: das gemeinsame europäische Haus; aber die Veränderungen, die neuen Beziehungen, die sich in Europa und in der Welt entwickeln, laufen

---

1   „La conférence de presse des deux présidents“, in: Le Monde (Paris). 46. Jg. Nr. 13 822. 7. Juli 1989, 3.

nicht im Leeren oder auf einer verlassenen Insel ab; alles dieses muß sich auf unserer Erde entwickeln, wo wir alle leben, wo wir alle arbeiten, wo wir die Absicht haben, zusammenzuleben. Dies bedeutet, daß wir realistisch sein müssen, denn: Wenn wir die Realität in Zweifel ziehen würden, so wie sie entstanden ist, und wenn wir dadurch den gesamten Prozeß von Helsinki und den Prozeß von Wien, der die Folge von Helsinki darstellt, in Frage stellen würden, den wir im Interesse aller Völker fortsetzen wollen, dann wäre dies nicht die Aufgabe, der wir uns zu stellen haben.

In Europa müssen wir von der Lage ausgehen, die in der Folge gewisser Ereignisse entstanden ist – und die Verursacher dieser Lage, die gewisse Handlungen unternommen haben, deren Konsequenzen uns bekannt sind, haben in Berlin gelebt. Es ist die Geschichte, die entsprechend verfügt hat, und die Welt wird sich entsprechend unserer Handlungen verändern, die Geschichte wird im Rahmen unseres gemeinsamen europäischen Hauses darüber (letztlich) verfügen. Bauen wir (daher) dieses gemeinsame europäische Haus, ich lade Sie dazu ein.

Präsident Mitterrand:

Die Frage ist mir gleichermaßen gestellt worden: Ich möchte ganz einfach sagen, daß das Streben (an sich wörtlich: das Sehnen) nach Wiedervereinigung ein legitimes Streben ist für diejenigen, die es, hier und da, egal in welchem Teil Deutschlands, empfinden, wie Herr Gorbatschow soeben angedeutet hat. Was ist die Realität? Zwei Deutschlands, die verschiedenen Systemen in jeder Hinsicht angehören (wörtlich: gehorchen): wirtschaftlich, sozial, politisch, verschiedene Bündnisse, die innerhalb der Staaten, souveräner Staaten, bestehen. ⟨Dies wirft daher viele Probleme auf, und ich glaube, daß alle deutschen politischen Führer selbst wünschen, daß der Prozeß, den sie für wünschenswert halten, in Frieden abläuft, nicht aber zu einem Faktor neuer Spannungen wird.⟩[2]
Schließlich ist es wahr, daß die Wahl der Deutschen ein bestimmendes Element darstellt. Bevor man aber an diesem Punkt ankommen kann, ist es notwendig, wie Sie sich vorstellen können, die Gesamtheit der Probleme zu lösen. ⟨Deswegen möchte ich keine Haltung annehmen, die unvorsichtiger ist als diejenige der deutschen politischen Führer, die doch sehr patriotische Deutsche sind. Aber (es ist doch so) man „kann nicht einfach die Geschichte über Bord werfen", deren Grundlagen unmittelbar im Anschluß an den 2. Weltkrieg gesetzt worden sind, zugunsten einer Eingebung, mag sie auch noch so schön sein.⟩[3]
⟨(Insgesamt gesehen) es gibt daher weder eine grundsätzliche Verweigerung (gemeint: der Wiedervereinigung Deutschlands) noch eine zwingende Realität (gemeint: für oder gegen die Wiedervereinigung).⟩[4] Die Länder, die heute verantwortlich sind, werden es weiter sein (gemeint: die 4 Alliierten). Dieser Fragenkomplex wird noch sehr viele Gespräche notwendig machen.

(Anmerkung: Mitterrand gebraucht im Sinne eines Wortspiels (?) die Begriffe „aspiration" – für das Streben nach Wiedervereinigung – und „inspiration" – für die momentane Eingebung, übersetzt vielleicht mit „kurzfristiger Laune").

Bitterlich

2 ⟨ ⟩ Hs. am rechten Rand doppelt angestrichen; hier und im folgenden hs. Hervorhebungen des Bundeskanzlers Kohl.
3 ⟨ ⟩ Hs. am rechten Rand doppelt angestrichen.
4 ⟨ ⟩ Hs. am rechten Rand doppelt angestrichen.

Nr. 17
Antragsteller in den Bundesaufnahmestellen
31. Juli 1989

BArch, B 136/20273, 221 – 35001 Flu 12 Bd. 1. – Az. VtK I 6 – 934 000 VII. Vermerkt: „Behördeninterne Arbeitsunterlage, nicht zur Veröffentlichung bestimmt".

	Übersiedler		davon	
	Gesamtzahl	Mit Genehmigung zur Übersiedlung	Flüchtlinge	Sonstige
	1	2	3	4
Januar	4 627	3 741	41	33
Februar	5 008	4 087	31	218
März	5 671	4 487	26	265
April	5 887	4 996	40	54
Mai	10 642	9 115	54	237
Juni	12 428	10 645	140	233
Juli	11 707	9 563	463	96
August				
September				
Oktober				
November				
Dezember				
Insgesamt: 1.1.–31.7.	55 970	46 634	795	1136

Übersiedler   sind deutsche Staatsangehörige und deutsche Volkszugehörige, die die DDR und Berlin (Ost) verlassen haben, um in der Bundesrepublik Deutschland einschließlich des Landes Berlin im Wege der Aufnahme nach § 1 des Aufnahmegesetzes ständigen Aufenthalt zu begründen.

Flüchtlinge   sind deutsche Staatsangehörige und deutsche Volkszugehörige aus der DDR oder Berlin (Ost), die unter Gefahr für Leib und Leben oder die persönliche Freiheit in die Bundesrepublik Deutschland einschließlich des Landes Berlin gekommen sind.

Sonstige   sind deutsche Staatsangehörige und deutsche Volkszugehörige, die nach vorangegangener Haft in der DDR mit Genehmigung der dortigen Behörden oder auf deren Veranlassung ohne eigenen Antrag in die Bundesrepublik Deutschland einschließlich des Landes Berlin gekommen sind.[1]

---

1   Anmerkung in der Textvorlage: „Umstellung der Erfassung ab 1. Januar 1989".

Erfassungszeitraum	Gesamtzahl	
Kriegsende bis 31. Dezember 1948	732 100	Erfassung des Zuzugs aus der sowjetischen Besatzungszone durch das Statistische Bundesamt
1. Januar 1949 bis 12. August 1961 (Bau der Sperranlage)	2 686 942	Erfassung der Antragsteller nach dem Aufnahmegesetz
	3 419 042	

Erfassungs-zeitraum	Übersiedler		davon	
	Gesamtzahl	mit Geneh-migung zur Übersiedlung	Flüchtlinge	Sonstige[2]
13. August bis 31. Dezember 1961	51 624	–	8 507	–
1962	21 356	4 615	5 761	–
1963	42 632	29 665	3 692	–
1964	41 876	30 012	3 155	–
1965	29 552	17 666	2 329	–
1966	24 131	15 675	1 736	–
1967	19 573	13 188	1 203	–
1968	16 036	11 134	1 135	–
1969	16 975	11 702	1 193	–
1970	17 519	12 472	901	–
1971	17 408	11 565	832	–
1972	17 164	11 627	1 245	–
1973	15 189	8 667	1 842	–
1974	13 252	7 928	969	–
1975	16 285	10 274	673	–
1976	15 168	10 058	610	–
1977	12 078	8 041	721	–
1978	12 117	8 271	461	–
1979	12 515	9 003	463	–
1980	12 763	8 775	424	881
1981	15 433	11 093	298	1 440
1982	13 208	9 113	283	1 530
1983	11 343	7 729	228	1 127
1984	40 974	34 982	192	2 341
1985	24 912	18 752	160	2 676
1986	26 178	19 982	210	1 536
1987	18 958	11 459	288	1 247
1988	39 832	29 033	590	1 094
Insgesamt:	616 051	382 481	40 101	13 872
Gesamtzahl seit Kriegsende:	4 035 093			

2 Anmerkung in der Textvorlage: „Statistisch besonders erfaßt ab 1. Januar 1980. Umstellung der Erfassung ab 1. Januar 1989".

Nr. 18
Fernschreiben des Ministerialdirigenten Staab an den Chef des Bundeskanzleramtes
Berlin (Ost), 7. August 1989

BArch, B 137/15797. – FS StäV Nr. 1702, 13.12 Uhr. Az. 11 – 35022 250. VS-NfD. Verteiler: ChBK, Gruppe 22; BMB, AL I, AL II; Bonn AA, Ref. 210, auch für Botschaften Prag, Budapest; LV Berlin.

Betr.: DDR-Ausreiseproblematik
　　　hier: ADN-Meldung vom 6. 8. 1989
Verf.: MR Dr. von Studnitz

ADN-Meldung vom Wochenende findet sich in allen Montagszeitungen unter der Überschrift „Nur Angelegenheit der DDR"[1]. Neues Deutschland bringt die Meldung auf Seite 2 zweispaltig, relativ auffällig. Der Zweck der Meldung ist klar erkennbar: Es soll versucht werden, den Druck auf die auswärtigen Vertretungen einzudämmen. Es ist nicht anzunehmen, daß der kategorisch klingende Schlußsatz Ausreisewillige von ihren Vorhaben abbringen kann, den Weg über die auswärtigen Vertretungen zu suchen. Der Satz lautet: „Außergesetzliche Behandlung einzelner durch den Besuch in Botschaften anderer Länder ist nicht erreichbar." Der Ausweg über die Botschaften und Ständige Vertretung darf mittlerweile als in der DDR so gut wie überall bekannt betrachtet werden.

Die ADN-Meldung hat dennoch möglicherweise nicht nur gesichtswahrenden Charakter. Bekanntlich beruft sich die DDR-Seite bei der Bearbeitung von Ausreiseanträgen Zufluchtswilliger stets auf die Formel, dies geschehe im Rahmen der Rechtsordnung, d. h. der Reiseverordnung vom 30. November 1988[2]. Positive Entscheidungen über Zufluchtfälle in auswärtigen Vertretungen erfolgen durchaus im Einklang mit der Reiseverordnung, wenn die darin enthaltene Kann-Bestimmung des Para[graphen] 10 Abs. 3, der ständige Ausreisen auch aus anderen humanitären Gründen zuläßt, großzügig angewendet wird. Es bleibt allerdings ein bedauernswerter Umstand, daß die DDR-Seite sich bisher zu einer großzügigen Anwendung der Verordnung in der Regel nur im Falle der Zufluchtsuchenden verstehen wollte.[3]

---

1 „Wie westliche Medien, Politiker und Dienststellen der BRD verbreiten", so in der am 5. August 1989 herausgegebenen (ADN/5.8.89/20.27 in: DDR-Spiegel. Nr. 149. 7. August 1989, 2; BPA/PA, F 1/23) und wörtlich übernommenen Meldung („Nur Angelegenheit der DDR", in: Neues Deutschland. 44. Jg. Nr. 184. 7. August 1989, 2), „besuchen einige DDR-Bürger Botschaften der BRD im Ausland beziehungsweise die Ständige Vertretung der BRD in der DDR, um dort persönliche Angelegenheiten vorzubringen. Nach dem Völkerrecht haben Vertretungen der BRD keinerlei Rechte und Obhutspflichten gegenüber Bürgern der DDR. Für ihre Angelegenheiten ist einzig und allein die DDR zuständig, vor deren Gesetzen alle Bürger gleich sind. Außergesetzliche Behandlung einzelner durch den Besuch in Botschaften anderer Länder ist nicht erreichbar."
2 Verordnung über Reisen von Bürgern der Deutschen Demokratischen Republik nach dem Ausland, 30. November 1988, in: GBl. DDR 1988 I, 271–274.
3 Mit Wirkung vom 10. Februar 1989 galt eine zwischen Staatssekretär Priesnitz und Rechtsanwalt Vogel ausgehandelte Regelung zur Behandlung humanitärer Fälle. Danach wurden in von der Bundesregierung benannten Fällen der Familienzusammenführung/Übersiedlung an die Regierung der DDR wie bisher DM 4500,– pro Person gezahlt. Bei politischen Häftlingen belief sich der Betrag auf DM 96000,–, „jedoch nicht mehr für solche, die im Zusammenhang mit einem Ausreiseantrag verurteilt" worden waren. Bei den sogenannten Botschaftsfällen wurden einheitlich DM 10000,– entrichtet, „unabhängig davon, ob es sich um ‚Problemfälle‘ oder normale Fälle handelt". Bei Gesprächen mit Zufluchtsuchenden in der Ständigen Vertretung sollten künftig Besucher mit Ausreisewünschen „in erster Linie an die zuständigen Behörden der DDR verwiesen werden mit der Erläuterung, daß eine anwaltliche Vertretung in Ausreisefällen jetzt möglich sei". Bei einer Weigerung, die Ständige Vertretung zu verlassen, sollte Besuchern „nach Kontaktaufnahme mit dem Büro Vogel" eine „Vorladung durch die zuständigen Behörden der DDR in Aussicht gestellt werden". Reiche dies nicht aus, konnte ergänzend darauf hingewiesen werden, daß „dies eine günstige Prognose hinsichtlich des Ausgangs des Verfahrens erlaube". Im äußersten Falle sollte „eine positive Entscheidung noch innerhalb des laufenden Jahres in Aussicht gestellt werden" können (Vorlage des Ministerialdirigenten Duisberg an den Chef des Bundeskanzleramtes betr. Beziehungen zur DDR, hier: Regelung in humanitären Fällen, 22 – 20023 As 2/1/89 VS-V, 13. Februar 1989, VS-Vertraulich; BArch, B 136/21859, 222 – 83105 Fa 3 NA 2 Bd. 4).

Dadurch hat sie die Ausreisefrage im Jahre 1989 zunehmend zu einem komplizierten Problem auswachsen lassen.

Es stellt sich die Frage, ob der Hinweis der ADN-Meldung auf den von der DDR allein zu verantwortenden Gesetzesrahmen als erster Hinweis auf eine abermalige Novellierung der Reiseverordnung zu verstehen ist. Gewisse, von der Ständigen Vertretung nicht konkretisierbare Gerüchte wollen wissen, daß ein solcher Schritt für Anfang September erwogen werde. Was er möglicherweise bringen wird, läßt sich derzeit nicht sagen.

Nach hiesiger Einschätzung gründet sich der anhaltend hohe Ausreisedruck entscheidend auf eine psychologische Krise in der Bevölkerung und nur sekundär auf die immer wieder konstatierten Versorgungsmängel. Für diese psychologische Krise sind drei miteinander eng verbundene Gründe feststellbar:

– Die seit dem 7. ZK-Plenum im Dezember 1988[4] verschärfte innere Propaganda, die das Signal gibt, daß sich auch beim 12. Parteitag im Mai 1990 an den Verhältnissen in der DDR nichts Entscheidendes ändern würde, führt die unzufriedenen Gemüter in der DDR zum Schluß, daß es sich nicht länger lohne, auf einen Wandel zum Besseren zu warten. Sie geben mutlos auf und wollen jetzt fort.

– Die Gorbatschowschen Reformen in der Sowjetunion mit ihren Auswirkungen auf Polen und Ungarn werden in ihren Erfolgsaussichten angesichts der zunehmenden Krisenmeldungen aus der Sowjetunion vermehrt skeptisch beurteilt. Mancher mag befürchten, daß ein nicht auszuschließendes Scheitern Gorbatschows zu einer erneuten Verhärtung nicht nur in der Sowjetunion, sondern auch im Block insgesamt führen wird. Es gilt, vorher, d. h. jetzt, wo die Chancen günstiger denn je sind, auf den fahrenden Zug aufzuspringen. Es könnte auf lange Zeit der letzte sein.

– Nicht zu unterschätzen auf die Entschlußfassung, jetzt fortzugehen, ist die Wirkung der Debatte in der Bundesrepublik, ob wir den Zustrom von Deutschen aus der DDR und den übrigen Ländern von Ost- und Mitteleuropa länger verkraften können. Hieraus erwächst eine weitere Sorge, daß möglicherweise auch die Bundesrepublik früher oder später die Grenzen schließen könnte.[5] Auch das zwingt zu einer Ausreise jetzt.

Wir können allenfalls die Motive für den letztgenannten Ausreisegrund beseitigen. Die beiden erstgenannten Befürchtungen werden auf nicht abzusehende Zeit bestehenbleiben. Daher ist zu befürchten, daß der Ausreisedruck nicht abnehmen wird. Der Druck auf unsere auswärtigen Vertretungen wird sich nur dann abschwächen, wenn die DDR sich zu einem internen Verfahren durchringt, das den Wünschen der eigenen Bevölkerung gerecht wird. Konkrete Anzeichen liegen hierfür gegenwärtig nicht vor.

Staab

---

4 Nr. 11 Anm. 1.

5 In dem Gespräch mit Ministerialdirigent Staab erklärte der Stellvertretende Außenminister Nier am 9. August 1989 zur Fluchtbewegung und einer möglichen Grenzschließung durch die Regierung der DDR, „keine der Zufluchtsuchenden werde nach seiner Rückkehr an den Wohnort Nachteile zu befürchten haben". Entgegen der Berichterstattung in westlichen Medien werde in der DDR „nicht daran gedacht, den Reiseverkehr von DDR-Bürgern nach Ungarn einzuschränken" (Fernschreiben des Ministerialdirigenten Staab an den Chef des Bundeskanzleramtes, StäV Nr. 1749, 10. August 1989; BArch, B 137/15797).

Nr. 19
Mitteilung des Rechtsanwalts Vogel
7. August 1989

BArch, B 137/15797. – Mit Briefkopf: „Prof. Dr. jur. h.c. Wolfgang Vogel. Rechtsanwalt und Notar. Zugelassen auch bei Gerichten in Westberlin", und aufgeklebtem Schild: „KURZ & WICHTIG".

Die von ADN am 5.8.89 verbreitete Erklärung[1] mit allen sich daraus ergebenden Konsequenzen sollte sehr ernstgenommen werden.

Sie stellt klar, daß es nur den in der Verordnung vom 30.11.88[2] geregelten Behördenweg gibt. Zusicherungen für Ausreiseanliegen in diplomatischen Einrichtungen sind nicht möglich.

Prof. Dr. Vogel
Rechtsanwalt

Nr. 20
Vorlage des Ministerialdirigenten Stern an
den Chef des Bundeskanzleramtes Seiters
Bonn, 8. August 1989

BArch, B 136/21859, 222 – 83105 Fa 3 NA 2 Bd. 4. – Vorlage über LASD. Kopie: AL 2. Hs. vermerkt: „ab 8/8/89 Wi[chmann]". Hs. verfügt: „[Referat] 222 St[ern] 8".

Betr.:   Schließung der Ständigen Vertretung in Ost-Berlin

Zur Unterrichtung des Kabinetts schlage ich folgende Elemente vor:

1. Am 7. August 1989 abends habe ich entschieden, daß ab 8. August 1989 die Ständige Vertretung der Bundesrepublik Deutschland in Ost-Berlin für den Publikumsverkehr bis auf weiteres geschlossen bleibt. Der interne Dienstbetrieb wird weiterhin aufrechterhalten. Es handelt sich um eine gravierende Entscheidung, die mir nicht leichtgefallen ist. Insbesondere zwei Gründe waren maßgebend:

   – In der Ständigen Vertretung befanden sich am Abend des 7. August 1989 130 Deutsche aus der DDR, die nicht bereit waren, die Ständige Vertretung wieder zu verlassen (19 Einzelpersonen, 39 Familien mit 15 Kindern unter 18 Jahren). Damit war die Aufnahmefähigkeit der Ständigen Vertretung erschöpft. Der Aufenthalt weiterer Personen unter menschenwürdigen Bedingungen war nicht möglich.

   – Am gleichen Abend erklärte Rechtsanwalt Vogel gegenüber Herrn Staatssekretär Dr. Priesnitz, er sei lediglich zur Zusage der Straffreiheit bei Verlassen des Dienstgebäudes legitimiert, nicht jedoch zu weitergehenden Zusicherungen hinsichtlich der Ausreisewünsche.[1]

---

1   Nr. 18 Anm. 1.
2   Ebd., Anm. 2.

1   Staatssekretär Priesnitz notierte über die persönliche Besprechung mit Rechtsanwalt Vogel am 7. August 1989, 17.00 Uhr (BArch, B 137/15797): „Bo[tschafts]-(StäV-)Fälle. Vogel erklärt, ab sofort werde nur noch Straffreiheit zugesichert. Anträge müßten nach den Regeln der VO bearbeitet werden. Straffreiheit könne jedoch ausnahmslos zugesagt werden (NVA, MfS usw.), er verwies auf bereits anhängige besondere Fälle. Sein Mandat bliebe." Dazu auch: Notiz des Staatssekretärs Priesnitz vom 7. August 1989, hs. vermerkt „Schweizer Hof" und „St/Staab/P 7.8.89 nach dem Gespräch mit RA Vogel" (ebd.).

Zur Schließung der Ständigen Vertretung hat der Regierungssprecher am 8. August morgens eine Erklärung herausgegeben (Text = Anlage 1[2]).

> Nur zur Unterrichtung:
> Die Ständige Vertretung hat die Schließung – entgegen der Abrede – bereits am 7. August abends der Öffentlichkeit mitgeteilt.[3]

2. Die DDR hat mit einer Erklärung des Stellvertretenden Sprechers des Außenministeriums der DDR am 7. August abends in scharfer Form zu den Vorgängen in der Ständigen Vertretung und in unseren Botschaften im östlichen Ausland Stellung genommen (Text = Anlage 2[4]). Der Leiter des Arbeitsstabes Deutschlandpolitik im Bundeskanzleramt hat am 8. August morgens den Geschäftsträger der Ständigen Vertretung der DDR einbestellt und gegen die Erklärung protestiert. Die Erklärung sei in der Form und in der Sache völlig unakzeptabel.[5] Der Vorwurf einer Einmischung in die inneren Angelegenheiten der DDR wurde zurückgewiesen (Presseerklärung über dieses Gespräch = Anlage 3[6]).

3. Zu den Vorgängen fand am 8. August nachmittags eine Bundespressekonferenz statt, an der für die Bundesregierung der stellvertretende Regierungssprecher Schmülling, Staatssekretär Dr. Priesnitz und der Leiter des Arbeitsstabes Deutschlandpolitik im Bundeskanzleramt teilnahmen.[7]

4. Es ist nicht abzusehen, wann die Ständige Vertretung wieder für den Publikumsverkehr geöffnet werden kann. Dies hängt davon ab, ob die DDR bereit ist, mit dazu beizutragen, daß die Zufluchtsuchenden die Ständige Vertretung wieder verlassen. (Kontakte Dr. Priesnitz/RA Vogel, ggf. auch Kontakte von Ihnen mit St Sch[alck-Golodkowski].)

5. Unsere Beziehungen zur DDR sind durch diese Vorgänge erschwert worden. Wir sollten – dessen ungeachtet – daran festhalten, die bisherige Politik im Verhältnis zur DDR fortzusetzen. Am 8. August 1989 ist eine weitere Vereinbarung über die Rückführung von Kulturgütern mit der DDR unterzeichnet worden.[8] In den letzten Tagen haben Lufthansa und Interflug die Genehmigung zur Aufnahme eines Flugverkehrs zwischen Leipzig und Frankfurt bzw. Düsseldorf für einen begrenzten Zeitraum erhalten.

Allerdings muß auch die DDR ihren Teil zur Fortsetzung dieser Politik beitragen. Es liegt an der DDR, ob aus den Vorgängen eine Belastung der Beziehungen erwächst.

---

2 Anlage 1: Presse- und Informationsamt der Bundesregierung. Pressemitteilung Nr. 371/89. 8. August 1989.

3 Ministerialdirigent Staab rechtfertigte die Veröffentlichung der Presseerklärung seitens der Ständigen Vertretung mit dem „Ansturm der Journalisten", die „hier vor Ort eine Erklärung der StäV wünschen". Man könne sich „dem nicht entziehen, ohne schwere Kritik in den Massenmedien an der Bundesregierung heraufzubeschwören". Versuche, „auf BMB, StS Priesnitz, zu verweisen", seien „weitgehend fehlgeschlagen". Eine telefonische Abstimmung mit Bonn sei daran gescheitert, „daß die Telefonverbindung aus der StäV heraus unterbrochen ist" (Fernschreiben an Bundesminister Seiters, StäV Nr. 1713, 8. August 1989; BArch, B 137/15797). Ministerialdirigent Duisberg hielt dazu fest (Vermerk betr. Schließung der Ständigen Vertretung, 10. August 1989; ebd.): „1. Die StäV hatte keine Ermächtigung des Bundeskanzleramtes, die Schließung bereits am 07.08. abends öffentlich bekanntzugeben. Gemäß telefonischer Absprache zwischen Staatssekretär Dr. Priesnitz und mir sollte die Bekanntgabe am 08. August frühmorgens erfolgen – auch, um genügend Zeit zur vorherigen Unterrichtung innerhalb der Bundesregierung zu geben. 2. Der Wortlaut der von der Ständigen Vertretung herausgegebenen Presseerklärung war im Bundeskanzleramt vorher nicht bekannt. Er entsprach auch nicht der zwischen St Dr. Priesnitz und mir am Abend des 07.08. (zwischen 19.00 und 19.30 Uhr) telefonisch abgestimmten und von BM Seiters etwas später gebilligten Erklärung, die dann nachträglich am 08.08. noch vom Regierungssprecher abgegeben worden ist."

4 Anlage 2: Meldung „ADN: Erreichtes nicht leichtfertig aufs Spiel setzen – Erklärung des Sprechers des Außenministeriums der DDR", ADN/7.8.89/18.22f., in: DDR-Spiegel. Nr. 150. 8. August 1989, 2; BPA/PA, F 1/23.

5 Vermerk des Ministerialrats Zilch über das Gespräch des Ministerialdirigenten Duisberg mit dem Gesandten Glienke am 8. August 1989, 10.00 Uhr, 222 – 35016 – Ve 36, 9. August 1989; BArch, B 136/21859, 222 – 83105 Fa 3 NA 2 Bd. 4.

6 Anlage 3: Presse- und Informationsamt der Bundesregierung. Pressemitteilung Nr. 372/89. 8. August 1989.

7 Pressekonferenz, 8. August 1989, 15.00 Uhr. Unkorrigiertes Manuskript, 11 S.; BPA/PA, F 1/30.

8 Fernschreiben des Ministerialdirigenten Staab an Bundesminister Seiters betr. Schließung der Ständigen Vertretung und Notenaustausch über die Rückführung kriegsbedingt verlagerter Kulturgüter, StäV Nr. 1721, 8. August 1989, VS-NfD; BArch, B 136/21859, 222 – 83105 Fa 3 NA 2 Bd. 4.

6. Einzelheiten zur Situation in der Ständigen Vertretung:
Der Haupteingang und das Hoftor sind geschlossen. Mitarbeiter der Ständigen Vertretung betreten das Gebäude durch einen Nebeneingang. Schilder weisen auf die Schließung hin.
Die Zufluchtsuchenden sind im Gartenhaus untergebracht, das durch Zwischenwände unterteilt ist. Toiletten und Waschbecken stehen in sehr begrenztem Umfang zur Verfügung. Duschmöglichkeiten sind vorhanden. Etwa 90 bis 100 Matratzen sowie 150 bis 200 Decken stehen zur Verfügung. Als Liegefläche sind etwa 200 qm vorhanden einschließlich des Treppenvorraumes.
Das Personal der Ständigen Vertretung (Hausordnungsdienst und Sachbearbeiter) ist verstärkt worden. Verpflegung wird vom Hausordnungsdienst eingekauft und von den Zufluchtsuchenden selbst zubereitet. Es werden keine fertigen Mahlzeiten besorgt.
Die Ständige Vertretung ist auf Notmaßnahmen im Rahmen der Ersten Hilfe eingerichtet. Unter den Zufluchtsuchenden befinden sich drei Ärzte. Notfalls können zwei West-Berliner Ärzte zur Hilfe gerufen werden.
Psychologische Probleme unter den Zufluchtsuchenden sind bisher nicht aufgetreten.

Nr. 21
Gespräch des Ministerialdirigenten Duisberg mit dem Stellvertretenden Außenminister Nier
Berlin (Ost), 11. August 1989

BArch, B 136/21329, 221 – 35016 Ve 40 NA 1. – Vermerk des MDg Duisberg, versehentlich datiert: 8. August 1989. Verteiler: AL 2; GL 22; PR/Chef BK, ms. vermerkt: „(Chef BK ist am 12.08. telefonisch unterrichtet worden)"; StäV, St Bertele; BMB, St Priesnitz; AA, MDg Höynck.

Betr.: Schließung der Ständigen Vertretung in Berlin (Ost)
    hier: Gespräch im MfAA am 11. August 1989

Am 11. August 1989 empfing mich der stellvertretende DDR-Außenminister Nier zu einem Gespräch, an dem auf DDR-Seite der amtierende Leiter der für die Bundesrepublik Deutschland zuständigen Abteilung im MfAA, Schindler, auf unserer Seite der Leiter der Ständigen Vertretung, Staatssekretär Dr. Bertele, teilnahmen. (Ein von der StäV ebenfalls für mich erbetenes Gespräch mit dem Abteilungsleiter im ZK, Rettner, war wegen Abwesenheit Rettners nicht möglich.)
Das etwa 45minütige Gespräch mit mir war im Ton verbindlich, in der Sache hart.
Ich habe zunächst noch einmal die Gründe umrissen, die zur Schließung der Ständigen Vertretung geführt haben, und habe die Position der Bundesregierung bekräftigt, niemanden gewaltsam vor die Tür zu setzen. Wir wiesen auch alle Vorwürfe zurück, daß die Menschen sich widerrechtlich in der Ständigen Vertretung und anderen Missionen der Bundesrepublik Deutschland aufhielten. Wir würden, wie das bereits bisher geschehen sei, weiter auf sie einzuwirken versuchen, die Ständige Vertretung freiwillig zu verlassen. Nach dem jetzigen Stand bestünden jedoch keine Aussichten, daß sie das lediglich auf der Grundlage einer Zusage von Straffreiheit tun würden. Eine Lösung werde deshalb nicht möglich sein, ohne daß die DDR dazu einen Beitrag leiste. Unter Bezug auf die öffentlichen Erklärungen der Bundesregierung habe ich wiederholt, daß wir unverändert an der Fortsetzung der bisherigen, auf praktische Zusammenarbeit ausgerichteten Politik festhalten und davon ausgehen, daß dies auch das Interesse der DDR sei. Wir betrachteten die derzeitige Situation nicht als Krise,

doch würden die Beziehungen dadurch zweifellos erschwert. Auf die Dauer könnte daraus eine Belastung werden mit negativen Auswirkungen in allen Bereichen.

Ich habe erklärt, daß ich dies auch auf Weisung des Bundeskanzlers sage, der mich beauftragt habe, ausdrücklich zu erklären, daß er in keiner Weise irgendeinen Druck auf die DDR ausüben oder sie in die Ecke drängen wolle. An seiner Bereitschaft, die Beziehungen vernünftig weiterzuentwickeln, habe sich nichts geändert. Der Bundeskanzler sei daher auch sehr interessiert, daß für das jetzige Problem in den bestehenden Kontakten und auf politischer Ebene zwischen den Regierungen eine Lösung gefunden werde. Versuche, andere – etwa rein parteipolitische – Wege zu gehen, sollten vermieden werden, weil sie den Beziehungen eher abträglich sein würden. Der Bundeskanzler würde es für gut halten, wenn die DDR einen Gesprächspartner benennen würde, mit dem der Chef des Bundeskanzleramtes unter Wahrung voller Diskretion die notwendigen Gespräche führen könne. Ich habe gebeten, diese Botschaft des Bundeskanzlers der Führung der DDR zu übermitteln.

Nier sagte die Übermittlung zu, bezeichnete jedoch die von der Bundesregierung in der Sache eingenommene Position als nicht akzeptabel. Es sei allein die Verantwortung der Bundesregierung, daß die sich in unseren Vertretungen aufhaltenden DDR-Bürger die Gebäude verließen, in die wir sie eingelassen hätten und wo wir ihnen rechtswidrig Aufenthalt gewährten. Auch bei uns werde von offizieller Seite nicht bestritten, daß allein die DDR über Ausreisegenehmigungen zu entscheiden habe; wenn das aber so sei, dann sei es unverständlich, daß wir diesen Personen Aufenthalt gewährten. In der DDR seien alle Fragen der Reise und Ausreise gesetzlich geregelt; Versuche einzelner, auf solchen Wegen für sich eine Sonderregelung zu erreichen, könnten nicht hingenommen werden. Durch die Aufnahme in unsere Vertretungen würde aber die Hoffnung geweckt, daß ein Sonderweg doch möglich sei. Nier wiederholte, daß unsere Vertretungen nicht befugt seien, die Interessen von DDR-Bürgern zu vertreten; ihr Verhalten stehe im Widerspruch zum Völkerrecht und zum Grundlagenvertrag[1]. Die DDR erwarte, daß ihre Souveränität respektiert würde und die Bundesregierung das Notwendige tue, damit die DDR-Bürger unsere Vertretungen verließen. Sie würden keine Nachteile erleiden und nicht bestraft werden.[2] (Auf Nachfrage von St Dr. Bertele, ob sie auch keine beruflichen Nachteile zu erwarten hätten, ging Nier nicht ein, bekräftigte aber die Zusage der Straffreiheit.) Er betonte im übrigen, daß auch die DDR unverändert an normalen, sachlichen Beziehungen mit uns interessiert bleibe.

Ich habe die von Nier erhobenen Vorwürfe als ungerechtfertigt zurückgewiesen. Daß unsere Vertretungen allen, einschließlich Menschen aus der DDR, offenstünden, sei nicht nur eine Frage unserer Politik, sondern ergebe sich auch aus den KSZE-Festlegungen. Unsere Vertretungen betrieben jedoch keine Abwerbung; vielmehr werde in intensiven, meist sehr langwierigen Gesprächen allen Ratsuchenden eindringlich klargemacht, daß unsere Vertretungen und die Bundesregierung ihnen nicht unmittelbar zur Ausreise verhelfen könnten, die Entscheidung darüber vielmehr ausschließlich bei den zuständigen Stellen der DDR liege. In nicht wenigen Fällen verließen die Besucher nach solchen Gesprächen schließlich auch

---

1 Vertrag über die Grundlagen der Beziehungen zwischen der Bundesrepublik Deutschland und der Deutschen Demokratischen Republik, 21. Dezember 1972, mit Anlagen, in: BGBl. 1973 II, 423–429.

2 Rechtsanwalt Vogel teilte am 10. August Staatssekretär Priesnitz telefonisch mit, er habe folgende Erklärung „dpa in Ost-Berlin übergeben" (Telekopie von Staatssekretär Priesnitz an Ministerialdirigent Duisberg, 10. August 1989; BArch, B 137/15797): „Wenn ich die Rechtslage – auch aus Bonner Sicht – im Zusammenhang mit den Artikeln 11 und 116 des Grundgesetzes und dem Grundvertrag vom 21.12.72 überdenke, gelange ich zu folgendem Ergebnis: Ist verläßlich geklärt, daß DDR-Bürger, die sich in diplomatischen Einrichtungen der Bundesrepublik Deutschland festgesetzt haben, dafür straffrei bleiben, sollte ein weiterer Aufenthalt nicht zwingend sein. Dies gilt um so mehr, als diesen Besuchern ohnehin nur der Rat gegeben werden kann, sich an die für die Genehmigung der Reiseverordnung vom 30.11.88 zuständigen DDR-Behörden zu wenden. Werden darüber hinaus Eindrücke geweckt, so ist das eine Aufforderung zum Verbleiben, die für die Betroffenen, die Wartenden und die Beziehungen der beiden deutschen Staaten nicht hilfreich ist. Ich bin sehr besorgt, auch für meine Aufgaben, und mahne Augenmaß, vor allem aber Ruhe an."

unsere Vertretungen. Es komme jedoch nicht in Frage, daß wir die dennoch Bleibenden gewaltsam zum Verlassen nötigten. Staatssekretär Dr. Bertele ergänzte, der Vorwurf, es sei allein Sache der Bundesregierung, das Problem zu lösen, treffe nicht zu. Wir seien zu allen Überredungsversuchen bereit,[3] aber die DDR müsse auch ihrerseits einen Beitrag leisten. Unabhängig von allen rechtlichen Überlegungen solle die DDR auch bedenken, welche innenpolitischen Folgen die gewaltsame Ausweisung von Zufluchtsuchenden aus der dänischen Botschaft in dem vergleichsweise viel weniger interessierten Dänemark gehabt habe;[4] ein entsprechendes Vorgehen von unserer Seite müßte deshalb verheerende Folgen für die deutsch-deutschen Beziehungen haben.

Nier wiederholte demgegenüber, niemand anders als wir sei verantwortlich für die gegenwärtige Lage. Der freie Zugang zu den Vertretungen werde nicht in Zweifel gezogen. Entscheidend sei aber, daß wir DDR-Bürgern in unseren Vertretungen Aufenthalt gewährten.

D 15/8
(Duisberg)

Nr. 22
Schreiben des Bundeskanzlers Kohl an den
Generalsekretär und Staatsratsvorsitzenden Honecker
Bonn, 14. August 1989

BArch, B 288/355, 11 – 35016 Ve 33 NA 4. – Adressat: An den Generalsekretär des Zentralkomitees der Sozialistischen Einheitspartei Deutschlands und Vorsitzenden des Staatsrates der Deutschen Demokratischen Republik, Herrn Erich Honecker, Berlin. – Begleitschreiben des St Bertele an Botschafter Jahsnowski, 24. August 1989, mit der Bitte um Weiterleitung und dem Hinweis: „Dieser Text ist bereits am 14. August als Kopie eines Fernschreibens übersandt worden." Hs. vermerkt: „ausgefahren am 24.8."

Sehr geehrter Herr Generalsekretär,

in den letzten Wochen hat sich eine ständig wachsende Zahl von Menschen aus der Deutschen Demokratischen Republik an die Ständige Vertretung sowie an einige Botschaften der

---

3 Nach der Unterredung im Ministerium für Auswärtige Angelegenheiten sprachen Staatssekretär Bertele und Ministerialdirigent Duisberg mit den Zufluchtsuchenden (Vermerk des Ministerialdirigenten Duisberg betr. Schließung der Ständigen Vertretung in Berlin [Ost], hier: Lage der Zufluchtsuchenden, versehentlich datiert 8. August 1989, paraphiert „D[uisberg] 15/8" und hs. vermerkt „ab am 15/8/89 Wi[chmann]; BArch, B 136/21859, 222 – 83105 Fa 3 NA 2 Bd. 4). Dabei erklärte Staatssekretär Bertele, seitens der Bundesregierung werde „das unter den gegebenen Umständen Mögliche für ihren Aufenthalt in der Ständigen Vertretung" getan. Lösungen seien jedoch „nicht absehbar". Ministerialdirigent Duisberg wies auf die „sehr harte Haltung der DDR-Führung" hin. Sie könnten den Zufluchtsuchenden „nach dem gegenwärtigen Stand keine Hoffnungen machen", daß „die DDR-Führung Perspektiven auf Ausreise eröffne. Zugesagt worden sei allein Straffreiheit." Nach „allen bisherigen Erfahrungen" sei davon auszugehen, daß diese Zusage auch eingehalten werde. „Weitergehende Zusicherungen" könnte man „ehrlicherweise nicht geben". Man würde „niemanden hinausdrängen; jeder sollte aber doch für sich überlegen, ob er unter den gegebenen Umständen nicht doch von der Straffreiheitszusage Gebrauch machen und die Vertretung verlassen wolle. Auch diejenigen, die hinausgingen, würden nicht vergessen; die Bundesregierung würde sich gegenüber der DDR vordringlich um ihre Ausreise bemühen, sie würden gleichsam an die Spitze der langen Liste für Ausreisewillige gesetzt, für die sich die Bundesregierung einsetzte. In jedem Falle müsse jedoch klar sein, daß es keinen Weg aus der DDR heraus gebe ohne eine entsprechende Entscheidung der DDR selbst." Die „teilweise in Einzelgesprächen wiederholten Darlegungen" führten dazu, daß in den folgenden Tagen 15 Zufluchtsuchende die Ständige Vertretung verließen.
4 Sechs Frauen, sieben Männer und fünf Kinder aus der DDR suchten am 9. September 1988 gegen Mittag die Vertretung Dänemarks in Berlin (Ost) auf, um ihre Ausreise zu erwirken, und mußten in den frühen Morgenstunden des 10. September die Botschaft verlassen. Behörden der DDR ermittelten gegen die Gruppe, die Männer wurden zu Haftstrafen auf Bewährung verurteilt. In Dänemark sah sich das Außenministerium daraufhin heftigen Vorwürfen ausgesetzt, das Parlament setzte einen Untersuchungsausschuß ein (Johannes Leithäuser, „Wir wollen uns nicht länger von denen hinhalten lassen", in: Frankfurter Allgemeine. Zeitung für Deutschland. Nr. 76. 1. April 1989, 3).

Bundesrepublik Deutschland mit der Bitte gewandt, ihren Wunsch auf Ausreise aus der Deutschen Demokratischen Republik zu unterstützen. Obwohl die Mitarbeiter in den Vertretungen jedem einzelnen in intensiven und langwierigen Gesprächen klargemacht haben, daß die Entscheidung über eine Ausreisegenehmigung ausschließlich bei den zuständigen Stellen der Deutschen Demokratischen Republik liegt und daß gerade in diesem Jahr sehr viele Genehmigungen erteilt worden sind, ist es in vielen Fällen nicht gelungen, die Hilfesuchenden zum Verlassen der Missionsgebäude zu bewegen. Ohne Hoffnungen hinsichtlich ihres Ausreiseanliegens, wie sie bisher in den von Rechtsanwalt Prof. Dr. Vogel übermittelten Zusicherungen enthalten waren, haben sich diese Menschen nicht bereit gefunden, freiwillig zu gehen.

Die Bundesregierung hat oft erklärt, es sei nicht ihr Ziel, daß möglichst viele Menschen aus der Deutschen Demokratischen Republik in die Bundesrepublik Deutschland übersiedeln. Wir werden jedoch auch niemanden, der sich an uns mit der Bitte um Hilfe wendet, zurückweisen und gewaltsam zum Verlassen unserer Vertretungen nötigen. Unser Wunsch ist freilich, daß die Menschen in ihrer angestammten Heimat ein für sie lebenswertes Leben führen können. Nach meinem Eindruck sehen derzeit nicht nur einzelne, sondern eine größere Zahl, insbesondere auch viele jüngere Menschen, dafür unter den gegebenen Umständen keine Perspektive. Dies zu ändern liegt ausschließlich in der Verantwortung der Führung der Deutschen Demokratischen Republik. Ziel meiner Politik ist es – und das wissen Sie aus unseren persönlichen Gesprächen –, einen Beitrag für eine konstruktive und den Interessen der Menschen dienende Entwicklung der Beziehungen zwischen unseren beiden Staaten zu leisten.

Die gegenwärtige Lage erschwert diese Bemühungen. Auf die Dauer sind Belastungen unserer Beziehungen mit negativen Auswirkungen in allen Bereichen nicht auszuschließen. Ich möchte Ihnen noch einmal versichern, daß es das Interesse der Bundesregierung und mein ganz persönliches Interesse bleibt, die Beziehungen in einer vernünftigen Weise weiterzuentwickeln, wie wir es bei Ihrem Besuch vor zwei Jahren besprochen haben. Dies erfordert Beiträge von beiden Seiten.

Mein Mitarbeiter, Herr Dr. Duisberg, hat das bereits am 11. August in meinem Auftrag im Außenministerium der Deutschen Demokratischen Republik vorgetragen.[1] Ich möchte an Sie auch persönlich appellieren, zu konstruktiven Lösungen beizutragen, und wiederhole meine Anregung, durch vertrauliche Gespräche zwischen Vertretern der Führungen beider Seiten[2] dafür Möglichkeiten zu suchen.

Mit freundlichen Grüßen
Helmut Kohl

---

1 Nr. 21.
2 Der Gesandte Schindler teilte Staatssekretär Bertele am 15. August 1989 mit, Staatssekretär Krolikowski vertrete die DDR bei diesen Gesprächen (hs. Notiz des Staatssekretärs Bertele auf Kopie des Begleitschreibens zu dem Schreiben des Bundeskanzlers Kohl an Generalsekretär Honecker, 14. August 1989; BArch, B 288/355, 11 – 35016 Ve 33 NA 4). Bertele wurde daraufhin gebeten, „das MfAA davon zu unterrichten, daß BM Seiters das Angebot der DDR zu Gesprächen mit Staatssekretär Krolikowski als amtierendem Außenminister annimmt und bereit ist, Ende der Woche zu einem ersten Gespräch nach Berlin zu kommen". Die Gespräche sollten „informellen Charakter haben und unter weitestmöglicher Diskretion geführt werden". Daher solle das Treffen „nicht im MfAA" und „außerhalb der Dienstzeiten" stattfinden. Bundesminister Seiters sei „nötigenfalls auch zu Vier-Augen-Gespräch bereit", andernfalls werde „hier an Begleitung durch Sie und Unterzeichnenden gedacht" (Fernschreiben des Ministerialdirigenten Duisberg an Staatssekretär Bertele, 16. August 1989, VS-NfD, hs. vermerkt „ab per Computer 16/8/89 Wi[chmann]"; ebd.). Die Terminabsprache für das Treffen (Nr. 24) kam am 17. August zustande (Fernschreiben des Staatssekretärs Bertele an den Chef des Bundeskanzleramtes, StäV Nr. 1800, 17. August 1989, VS-NfD; BArch, B 137/15797).

Nr. 23
Schreiben des Generalsekretärs und Staatsratsvorsitzenden Honecker an Bundeskanzler Kohl
Berlin, 17. August 1989/30. August 1989

BArch, B 136/21860, 222 – 83105 Fa 3 NA 2 Bd. 5. – Undatierte Ausfertigung. Adressat: Bundeskanzler der Bundesrepublik Deutschland, Herrn Dr. Helmut Kohl, Bonn. Abgezeichnet: „K[ohl]". – Begleitschreiben des Gesandten Glienke an MDg Duisberg, 17. August 1989, mit der Bitte, den Text des Schreibens von GS Honecker an Bundeskanzler Kohl weiterzuleiten. Hs. vermerkt: „Seiters erl. K[ohl]". – Mit Vorlage des MDg Stern an Chef BK, 17. August 1989 (Kopien: AL 2, LASD): „Betr.: Schließung der Ständigen Vertretung. Der Geschäftsträger a.i. der Ständigen Vertretung der DDR, Herr Glienke, bat mich kurzfristig um einen Termin und überreichte mir heute nachmittag den Text eines Schreibens von GS Honecker an den Herrn Bundeskanzler mit einem Anschreiben. Er bat um umgehende Weiterleitung des Textes an den Herrn Bundeskanzler. Das Original des Schreibens würde in einigen Tagen nachgereicht werden. Ich habe unverzügliche Weiterleitung des Textes zugesagt. Auf meine Frage an Herrn Glienke, ob die DDR beabsichtige, die Übergabe des Briefes zu veröffentlichen, erklärte Herr Glienke, hierzu könne er nichts sagen. Er fragte seinerseits, ob von unserer Seite an eine Veröffentlichung gedacht wäre. Ich habe erwidert, daß ich zunächst den Text des Schreibens dem Herrn Bundeskanzler zuleiten würde. Einer Entscheidung über eine mögliche spätere Bekanntgabe möchte ich nicht vorgreifen." Hs. ergänzt: „Den mir übergebenen Text im Original habe ich Ihnen zur Weiterleitung an den Herrn Bundeskanzler beigefügt. St[ern] 17". Abgezeichnet: „Seiters". – Nicht abgedruckt: wortgleiches, von GS Honecker hs. unterzeichnetes Original des Schreibens mit ergänzter Angabe „Berlin, den 30. August 1989" (zur Übermittlung: Auszug aus dem Vermerk über ein Gespräch zwischen BR Klötzer und MR Zilch am 1. September 1989, 5. September 1989, 22 – 35016 Ve 36).

Sehr geehrter Herr Bundeskanzler!

Der Leiter der Ständigen Vertretung der Bundesrepublik Deutschland hat mir am 14. August 1989 den Text Ihres Briefes übermittelt.[1]

Ich stimme völlig mit der von Ihnen getroffenen Feststellung überein, daß die Entscheidung über die Ausreise von Bürgern der Deutschen Demokratischen Republik ausschließlich bei den dafür zuständigen Organen der Deutschen Demokratischen Republik liegt. Diesbezügliche Entscheidungen beruhen auf den für alle Bürger gleichermaßen gültigen gesetzlichen Regelungen, die – wie Sie wissen – von der Deutschen Demokratischen Republik sehr großzügig gehandhabt werden.

Angesichts des derzeitigen Aufenthaltes von Bürgern der Deutschen Demokratischen Republik in der Ständigen Vertretung sowie in einigen Botschaften der Bundesrepublik Deutschland ist jedoch der Hinweis berechtigt, daß alle Versuche einzelner, unter Umgehung der Rechtslage für sich Sonderregelungen durch die Verweigerung des Verlassens ausländischer Vertretungen zu erpressen, von der Deutschen Demokratischen Republik nicht gebilligt werden können.

Offizielle Vertreter der Bundesrepublik Deutschland haben wiederholt öffentlich zum Ausdruck gebracht, daß der Weg über diplomatische Missionen der Bundesrepublik Deutschland kein Weg zur ständigen Ausreise aus der Deutschen Demokratischen Republik sein kann. Dem wäre nichts hinzuzufügen, wenn nicht auf der anderen Seite von den Vertretungen Ihres Landes Bürgern der Deutschen Demokratischen Republik Aufenthalt in diesen Vertretungen gewährt würde. Eine solche Praxis negiert die sich aus dem Völkerrecht ergebende Tatsache, daß die Bundesrepublik Deutschland für Bürger der Deutschen Demokratischen Republik keinerlei Zuständigkeiten wahrnehmen kann. Darüber hinaus muß sie bei den Betreffenden Erwartungen hervorrufen, die durch nichts gerechtfertigt sind. Bei einer Beibehaltung dieser Praxis sind in der Tat Belastungen unserer Beziehungen nicht auszuschließen.

Die Lösung des entstandenen Problems kann deshalb nur darin bestehen, von seiten der Bundesrepublik Deutschland dafür Sorge zu tragen, daß die Bürger der Deutschen Demo-

---

1 Nr. 22.

kratischen Republik unverzüglich die Vertretungen der Bundesrepublik Deutschland verlassen. Aus der Tatsache des Aufenthaltes in den Missionen werden ihnen – wie schon mehrfach von Vertretern der Deutschen Demokratischen Republik zum Ausdruck gebracht – keine Nachteile entstehen. Darüber hinausgehende Zusagen sind jedoch nicht möglich.
Zu Ihrer Anregung, vertrauliche Gespräche zwischen Vertretern beider Seiten zu führen, habe ich keine Einwände.
Ihr Brief, Herr Bundeskanzler, veranlaßt mich jedoch noch zu einer weiteren Bemerkung: Es sollte vermieden werden, der anderen Seite Vorhaltungen bezüglich ihrer Verantwortung für die Perspektiven der Entwicklung zu machen. ⟨Das kann nicht anders als eine Einmischung in souveräne Angelegenheiten eines anderen Staates betrachtet werden und ist der Gestaltung gutnachbarlicher Beziehungen zwischen beiden Staaten nicht dienlich.⟩[2]
Abschließend bekräftige ich meinerseits, daß die Deutsche Demokratische Republik unverändert an der Entwicklung normaler und sachlicher Beziehungen zur Bundesrepublik Deutschland interessiert ist, wie es im September 1987 anläßlich meines Besuches in der Bundesrepublik Deutschland zwischen uns vereinbart[3] wurde.

Mit vorzüglicher Hochachtung
gez. E. Honecker

Nr. 24
Gespräch des Bundesministers Seiters mit dem Ersten Stellvertretenden Außenminister Krolikowski
Berlin (Ost), 18. August 1989

BArch, B 136/21860, 222–83105 Fa 3 NA 2 Bd. 5. – Vermerk des MDg Duisberg, 21. August 1989. Verteiler: AL 2, GL 22; StäV, St Bertele; BMB, St Priesnitz; AA, MDg Höynck. – Mit Vorlage des MDg Duisberg an Chef BK mit der Bitte um Billigung und Zustimmung zu dem Verteiler. Abgezeichnet: „Seiters“. – Gesprächsbeginn und -ort: 16.00 Uhr, Ministerium für Auswärtige Angelegenheiten der DDR.

1. **Zusammenfassung**
Das Gespräch, an dem auf seiten der DDR der stellvertretende Außenminister Nier und Gesandter Schindler (amtierender Abteilungsleiter für die Bundesrepublik Deutschland), auf unserer Seite Staatssekretär Dr. Bertele und MDg Dr. Duisberg teilnahmen, dauerte 1 3/4 Stunden. Es wurde ruhig, sachlich und sehr intensiv geführt, ohne daß im Ergebnis jedoch eine Änderung der Position der DDR erkennbar wurde. Deutlich war das Interesse der DDR, die Ergebnislosigkeit des Gespräches auch öffentlich bekanntwerden zu lassen.
BM Seiters legte dar, daß die Probleme in unserer Ständigen Vertretung und einigen Botschaften ihren Grund in der DDR haben und auch nur von dort gelöst werden können. Wir bemühten uns, die Zufluchtsuchenden zum freiwilligen Verlassen der Vertretungen zu bewegen, würden aber niemanden gewaltsam hinausweisen. Eine Lösung werde nur möglich sein, wenn die DDR einen Beitrag dazu leiste.
St Krolikowski, der weitgehend um Vermeidung von Schärfen bemüht war und die DDR-Position sehr argumentativ vortrug, vertrat demgegenüber die Auffassung, daß die Probleme in den Vertretungen von uns zu verantworten seien, da wir die Menschen eingelassen hätten und ihnen dort den Aufenthalt gestatteten. Er erklärte ausdrücklich, daß die

2 ⟨ ⟩ Hs. von Bundeskanzler Kohl am rechten Rand angestrichen.
3 Nr. 13 Anm. 23.

DDR den freien Zugang zu unserer Ständigen Vertretung gewährleiste, aber nicht den Aufenthalt dieser Menschen dort. Man verlange nicht, daß wir mit Gewalt gegen sie vorgingen; wir müßten sie jedoch nachdrücklich zum Verlassen der Vertretungen bewegen und alles unterlassen, was ihnen Hoffnung machen könnte, auf diesem Wege für sich doch eine Sonderregelung zu erhalten. In diesem Zusammenhang kritisierte St Krolikowski besonders die Ausgabe von Pässen an DDR-Bürger in Ungarn, die er als eindeutig rechtswidrig bezeichnete.[1] Auch zu nur begrenzten Zusicherungen, die über die Zusage bloßer Straffreiheit hinausreichen (erneute Überprüfung der Fälle von Amts wegen, Vermeidung sonstiger beruflicher Nachteile), war St Krolikowski nicht bereit. Er machte deutlich, daß es der DDR um eine Lösung gehe, bei der die Gefahr einer alsbaldigen Wiederholung der gegenwärtigen Lage ausgeschlossen wird.

BM Seiters wies darauf hin, daß wir uns unter diesen Umständen auf ein Andauern der jetzigen Situation über einen langen Zeitraum einstellen müßten. Auch wenn die Bundesregierung unverändert an einer konstruktiven Weiterentwicklung der Beziehungen interessiert sei, werde aus objektiven Gründen eine starke Belastung der Beziehungen kaum zu vermeiden sein. BM Seiters versicherte, daß die Bundesregierung in jedem Fall auf allen Ebenen weiterhin gesprächsbereit bleibe.

2. Im einzelnen:

Nach Begrüßung durch St Krolikowski erklärte BM Seiters unter Bezug auf den Briefwechsel zwischen BK Kohl und GS Honecker[2], daß unsere Bemühungen darauf gerichtet seien, ein politisch und menschlich schwieriges Problem zu lösen. Er habe bereits in seiner Erklärung vor der Bundespressekonferenz[3] die Fortschritte bei der Entwicklung der innerdeutschen Beziehungen, insbesondere im Reiseverkehr, gewürdigt und zum Ausdruck gebracht, daß wir auch in Zukunft zu einer konstruktiven und vernünftigen Zusammenarbeit mit der DDR bereit seien. Die Probleme, mit denen wir es jetzt in den Ständigen Vertretung zu tun hätten, seien aber in der DDR entstanden und könnten auch nur dort gelöst werden. Wir führten mit den Zufluchtsuchenden in der Vertretung eingehende Gespräche, um sie zu einem freiwilligen Verlassen der Ständigen Vertretung zu bewegen; lediglich auf der Grundlage einer Zusage von Straffreiheit seien sie dazu aber nicht bereit. Die Bundesregierung werde ihrerseits niemanden aus den Vertretungen hinausweisen. Wir müßten uns daher darauf einstellen, daß die jetzige Situation über einen langen Zeitraum andauern werde, wenn es uns nicht gelinge, zu einer beiderseitig befriedigenden Lösung des Problems zu kommen. Der jetzige Zustand könne weder im Interesse der DDR liegen noch im Interesse der Fortentwicklung der innerdeutschen Beziehungen, bei denen

---

1 Am 16. August 1989 hatte Gesandter Schindler Staatssekretär Bertele in das Ministerium für Auswärtige Angelegenheiten einbestellt und im Auftrag der Regierung der DDR „entschiedene Verwahrung gegen völkerrechtliche Aktivitäten unserer Botschaft in Budapest" eingelegt. Diese „betreue und berate Bürger der DDR und stelle ihnen auch Pässe aus". Ein solches Verhalten sei „unvereinbar mit den vertraglich geregelten Beziehungen zwischen der DDR und der Bundesrepublik Deutschland", etwa mit Artikel 4 Grundlagenvertrag. „Die Bundesregierung habe insbesondere keine Obhutspflichten gegenüber Bürgern der DDR." Staatssekretär Bertele bezeichnete die Aktivitäten der Botschaft in Budapest als „völkerrechtskonform". Die Botschaft der Bundesrepublik „berate DDR-Bürger dahingehend, daß Ausreiseanträge bei den Behörden der DDR zu stellen seien. Daß sie Zuflüchtige physisch betreue, sei eine Selbstverständlichkeit. Falls die Botschaft an Deutsche aus der DDR Pässe ausgestellt haben sollte, so liege auch hierin kein Verstoß gegen das Völkerrecht." Der DDR sei die Rechtsposition der Bundesregierung in bezug auf die deutsche Staatsangehörigkeit bekannt: „Durch das Ausstellen von Pässen" würde sie „die DDR weder international vertreten noch in ihrem Namen handeln, sondern eigene Rechte wahrnehmen" (Fernschreiben des Staatssekretärs Bertele an den Chef des Bundeskanzleramtes, StäV Nr. 1792, 16. August 1989, VS-NfD; BArch, B 137/15797).
2 Nr. 22 und Nr. 23.
3 Nach einer Sitzung des Kabinetts am 9. August 1989 machte Bundesminister Seiters vor der Bundespressekonferenz in bezug auf die innerdeutschen Beziehungen „einige grundsätzliche Bemerkungen zur Position und zur Bewertung durch die Bundesregierung" (Pressekonferenz Nr. 86/89. 9. August 1989, 14.30 Uhr. Unkorrigiertes Manuskipt, 11 S., hier 1–3; BPA/PA, F 1/30).

im Gegenteil zu befürchten sei, daß sie einer starken Belastung und Schädigung ausgesetzt würden mit negativen Auswirkungen in allen Bereichen.

BM Seiters erklärte dann, er sei im ausdrücklichen Auftrag des Bundeskanzlers mit der Bitte nach Berlin gekommen, daß auch die DDR einen Beitrag leiste, um dieses politische und menschliche Problem zu entkrampfen und zu lösen – pragmatisch wie auch in früheren Jahren, unbeschadet der unterschiedlichen Rechtspositionen. Er wolle ausdrücklich für die Bundesregierung sagen, daß wir keine Belastung und Beschädigung der innerdeutschen Beziehungen wollten, sondern eine konstruktive Fortentwicklung; er müsse aber auch mit allem Nachdruck darauf hinweisen, daß dies eine Lösung des anstehenden Problems voraussetze.

St Krolikowski erwiderte, die Ausführungen von BM Seiters berücksichtigten nicht das Verursacherprinzip. Schließlich hätten wir die Leute in unsere Vertretungen eingelassen. Die DDR garantiere den Zugang und hindere niemanden daran, unsere Vertretung aufzusuchen. Die Frage nach einer Lösung des jetzigen Problems richte sich jedoch in erster Linie an uns, da wir die bestehende Situation zugelassen hätten. Diese Lage sei auch nicht zum ersten Mal entstanden. Das Problem müsse nun ein für allemal in einer Weise gelöst werden, daß Verhältnisse entstehen, in denen die Dinge normal geregelt werden können. Es brauche ja niemand zu befürchten, daß es auf einmal mit den Ausreisegenehmigungen aufhöre. In unseren bilateralen Beziehungen müsse aber jeder sich an das halten, wozu er sich im Grundlagenvertrag verpflichtet habe. Mit diesen Verpflichtungen stehe es im Widerspruch, wenn unsere Botschaft in Ungarn 500 Reisepässe an DDR-Bürger ausstelle und weitere 1 000 Pässe zu diesem Zweck dorthin gebracht würden. Damit werde auch die Wiener Konsular-Konvention, die für beide Staaten gültig sei, verletzt. Darüber hinaus werde mit der gegenwärtigen Propaganda ein öffentlicher Druck entwickelt, der zu einer Lage wie jetzt in Ungarn führe. Die Leute glaubten dann, daß sie durch den Besuch in unseren Vertretungen für sich eine Sonderregelung erreichen könnten. Dem könne die DDR nicht nachgeben. Eine Lösung sei nur möglich, wenn wir den Leuten klar sagten, daß es keinen Sonderweg für sie gebe, und alle Praktiken unterließen, die den gegenwärtigen Zustand förderten und auch im Widerspruch zu den gegenseitigen Vereinbarungen und internationalen Abkommen stünden. Es müsse schließlich möglich sein, daß zwischen den beiden deutschen Staaten Menschen hin- und herreisen und auch Ausreiseprobleme gelöst werden können, ohne daß es zu solchen Situationen komme.

St Krolikowski wiederholte, die Probleme in unseren Vertretungen müßten wir lösen. Was die DDR betreffe, so sei deutlich gesagt worden, daß die betreffenden Personen wegen strafbarer Handlungen im Zusammenhang mit dem Betreten der Vertretungen nicht verfolgt würden. Es könne jedoch für sie keinen Sonderweg geben. Wenn diese Dinge jetzt nicht ordentlich und mit Augenmaß geklärt würden, werde sich das Problem sofort wieder stellen.

St Krolikowski erklärte weiter, die DDR empfinde die gegenwärtige Lage [als] nicht weniger unangenehm als wir – sowohl gegenüber den eigenen Menschen, als auch gegenüber dritten Staaten. Sie sei ebenfalls dafür, daß die Beziehungen nicht belastet und nicht negativ beeinflußt würden. Andeutungen dieser Art im Brief des Bundeskanzlers und auch in dem Vortrag von BM Seiters, die indirekt als Drohung zu verstehen seien, wären der Arbeit nicht hilfreich. Sicherlich nicht gut wäre es auch, wenn etwa der Besuch von BM Kiechle[4] gefährdet würde. (Anmerkung: Gastgeber von BM Kiechle ist das Politbüro-

---

4   Bundesminister Kiechle hielt sich am 3./4. September 1989 in der DDR auf und traf am 4. September in Berlin (Ost) mit Politbüromitglied Werner Krolikowski zu einem Gespräch zusammen (Fernschreiben des Ministerialdirigenten Staab an den Chef des Bundeskanzleramtes, StäV Nr. 1921, 6. September 1989; Vorlage des Ministerialrats Kass an Bundesminister Seiters, 11. September 1989; beide: BArch, B 136/21332, 221 – 35016 Ve 40 NA 1, 1989 K-M).

Mitglied Krolikowski, der jüngere Bruder des Staatssekretärs.) Er könne seinerseits versichern, daß – wo immer möglich – die notwendigen Schritte zur Verbesserung der Beziehungen getan würden. Die DDR werde ihre Politik in der bisherigen Form fortsetzen; in den Beziehungen sollte alles unabhängig von der gegenwärtigen Lage weiterlaufen. Es sei auch nicht gut, wenn der DDR offen oder versteckt der Vorwurf mangelnder Reformwilligkeit gemacht würde. Abgesehen davon, daß dies eine Einmischung in die inneren Angelegenheiten sei, müsse es jedem Land selbst überlassen bleiben, ob es solche Verhältnisse wie in Polen herstellen wolle – die DDR wolle das jedenfalls nicht. Auch die DDR mache zahlreiche Reformen und werde sie weitermachen. Die Menschen in der DDR hätten deshalb durchaus eine Perspektive. Sie würden aber verwirrt, wenn ihnen immer wieder von der anderen Seite etwas eingeredet werde.

St Krolikowski faßte zusammen, er habe uns dahingehend verstanden, daß wir niemanden aufforderten, in unsere Vertretungen zu kommen, aber auch niemanden hinauswiesen. Das normale Leben erfordere jedoch, daß wir die Leute informierten und ihnen klarmachten, daß sie die Vertretung zu verlassen hätten. Wir dürften ihnen nicht immer wieder Hoffnungen machen, auf diese Weise doch ihre Ziele erreichen zu können. Aus der Sicht der DDR müsse in dieser Frage endlich einmal Schluß sein; sonst würde sich das Problem immer wieder von neuem stellen. Die Leute sollten deshalb aus der Vertretung herausgebeten werden. Dann könnten sie im Rahmen ihrer Bürgerrechte alles in Anspruch [nehmen], was die DDR gebe – und das sei nicht wenig. In Budapest solle die Ausgabe von Pässen unverzüglich eingestellt werden. Ein solches Vorgehen führe nur dazu, daß einerseits Hoffnungen geweckt würden, andererseits DDR-Bürger zum illegalen Grenzübertritt, d. h. dazu veranlaßt würden, sich strafbar zu machen. Damit würde den Menschen, für die wir uns nach unseren eigenen Worten einsetzen wollten, sicher kein wirklicher Dienst erwiesen.

BM Seiters antwortete, er sei dankbar für die Offenheit der Darlegungen. Er könne jedoch keinesfalls den Vorwurf der Rechtswidrigkeit unseres Verhaltens akzeptieren. Im Grundlagenvertrag sei die Frage der Staatsangehörigkeit ausdrücklich offengelassen worden; hier gebe es bekanntlich unterschiedliche Rechtspositionen. Unsere sei durch das Grundgesetz und das Bundesverfassungsgericht bestimmt. Daraus ergebe sich auch, daß niemand aus unseren Vertretungen hinausgewiesen werde. Dies könne und werde für die Bundesregierung nicht in Betracht kommen. Andererseits müsse es ja offensichtlich Gründe dafür geben, daß nicht nur in Berlin und Budapest ein verstärkter Druck auf Ausreise aus der DDR bestehe. Wir hätten uns bereits dazu geäußert, wo diese Gründe zu suchen seien. Sicher sei, daß diese Vorkommnisse eine Belastung für die bilateralen Beziehungen darstellten. Vom Ende her betrachtet, liege es deshalb auch unmittelbar im Interesse der DDR, zu einer Lösung zu gelangen.

St Krolikowski warf ein, es treffe zu, daß die Staatsangehörigkeitsfrage im Grundlagenvertrag offengeblieben sei. Das heiße aber nicht, daß nicht jeder der beiden Staaten sich an internationales Recht halten müsse. Im Grundlagenvertrag werde nicht gesagt, daß der eine für den anderen tätig werden könne. Die Ausstellung von Pässen an DDR-Bürger in einem dritten Land, nachweislich auch außerhalb unserer Vertretung, sei schlechthin rechtswidrig. Sie trage auch nicht zur Beruhigung der Situation bei. Im übrigen könnten wir dafür auch bei anderen Staaten, und zwar nicht allein den sozialistischen Staaten, kein Verständnis finden. Die Gründe für die Interessen einzelner an einer Ausreise solle man nicht zum Maßstab der allgemeinen Praxis machen. Wenn diese Gründe wirklich so wirksam wären, wie immer gesagt würde, dann müßten 8 Mio. und nicht nur 500 der Meinung sein, auf dem Weg über die Vertretungen die DDR verlassen zu müssen. Das Problem ließe sich lösen, wenn den Leuten in den Vertretungen nicht immer neue Hoffnungen gemacht würden, auf diese Weise irgend etwas zu erreichen. Die DDR habe ihrerseits viel zur Lösung getan: Allein in diesem Jahr seien 54000 legal ausgereist.[5] Jeder Staat müsse aber die Verantwortung für seine gesetzliche Ordnung und ihre Einhaltung tragen. Die Grundlagen der staatlichen Ordnung der DDR dürften nicht Gegenstand einer Einmischung sein. Er wolle im übrigen darauf hinweisen, daß in den Augen nicht weniger durch die gegenwärtigen Entwicklungen auch das internationale Ansehen der Bundesregierung getrübt werde. Man müsse schließlich zugeben, daß die DDR das ihr Mögliche tue, indem sie zusichere, daß keine Nachteile entstehen sollten. Jeder könnte nach Hause gehen, ohne strafrechtliche Folgen befürchten zu müssen. Soweit jemand durch Überschreiten der Aufenthaltsgenehmigung oder Eintragungen in seinem Paß Schwierigkeiten zu befürchten habe, seien die Botschaften angewiesen, seine Papiere vor Rückkehr in Ordnung zu bringen. Die bei uns verbreitete Meldung von der Verhaftung zweier Personen sei nachgeprüft worden und habe sich als unrichtig erwiesen. Für die DDR sei wichtig, daß die Leute wieder in ihr Leben hineinkämen und ihren Platz finden. Wenn sie es auch manchmal vielleicht in ihrem Kreise schwer haben würden, werde ihr Fehlverhalten jedenfalls staatlicherseits keine Folgen haben.

St Dr. Bertele legte zur Ausgabe von Pässen an Deutsche aus der DDR in Ungarn dar, daß wir uns damit im Rahmen der Völkerrechts- und auch der bilateralen Verpflichtungen hielten. Unsere diesbezügliche Praxis werde auch von der ganz überwiegenden Mehrheit der Staaten akzeptiert. St Dr. Bertele fragte dann, was die Zusage der DDR über Verzicht auf rechtliche Folgen für die berufliche Stellung der Zufluchtsuchenden bedeute. Für ihn selbst sei es frappierend, wie verbittert alle diese Menschen aus den verschiedensten Schichten über ihre Behandlung durch die Behörden der DDR seien. Manche Fälle wären sicherlich allein durch eine andere Beratungspraxis nicht zu Problemen geworden. Es würde seine eigenen Gespräche mit diesen Menschen sehr erleichtern, wenn er ihnen über die formale Zusage der Straffreiheit hinaus sagen könnte, daß sie auch wieder den Zugang in ihren Beruf finden würden. Es wäre ferner hilfreich, wenn er in Aussicht stellen könnte, daß alle Verfahren noch einmal von Amts wegen überprüft würden.

St Krolikowski betonte erneut die Rechtswidrigkeit der Ausstellung von Pässen an DDR-Bürger, die auch gegen die Wiener Konsular-Konvention verstoße. Zu den Fragen von St Dr. Bertele sagte er, es könne sein, daß der eine oder andere in der DDR nicht richtig behandelt werde, aber dies sei nicht die durchgehende Praxis. Im übrigen bleibe es dabei, daß keine strafrechtlichen Folgen in diesem Zusammenhang eintreten würden. Das Recht auf Arbeit sei in der DDR für alle gewährleistet; allerdings sei es ja wohl *auch* bei uns so, daß jemand, der mehrfach ohne Grund fehle, seinen Arbeitsplatz verliere.

BM Seiters erklärte darauf, wenn den Menschen nichts darüber Hinausgehendes gesagt werden könne, dann würden wir und die DDR noch lange mit der gegenwärtigen Situation leben müssen. Wenn er unterstelle, daß die DDR nicht auf unser eigentliches Petitum – eine Zusicherung wohlwollender Prüfung – eingehen wolle, dann solle doch wenigstens erwogen werden, den Menschen zu sagen, daß ihre Anträge erneut von Amts wegen überprüft würden. St Dr. Bertele wiederholte, daß dies seine Gespräche mit den Zufluchtsuchenden sehr erleichtern würde.

St Krolikowski sagte, dies sei eigentlich weniger, als den Leuten ohnehin zustehe, da jeder ja das Recht der Beschwerde habe oder einen neuen Antrag stellen könne. Alles darüber Hinausgehende würde eine Bevorzugung bedeuten, wodurch das Problem nicht gelöst werde, sondern die Voraussetzungen für seine Wiederholung geschaffen würden. Der stellvertretende Außenminister Nier ergänzte, die Bundesregierung müsse nun ihrerseits die Konsequenzen daraus ziehen, daß die DDR in diesen Fragen allein zuständig sei. St

Krolikowski fuhr fort, die DDR gewährleiste den freien Zugang, aber nicht den Aufenthalt in der Vertretung. Alles, was machbar sei, solle getan werden, um den Zustand zu mildern. Aber man könne nicht an der Lage vorbeigehen, daß es unsere Sache sei, die Leute aus der Vertretung auszuladen.

BM Seiters erklärte darauf, wir würden unsere Position nicht ändern, d. h. niemanden, der nicht freiwillig zum Gehen bewegt werden könne, hinauszuweisen. Das bedeute, daß wir uns über einen längeren Zeitraum auf die gegenwärtige Lage einstellen müßten. Wir würden das auch aushalten können. Aber es sei wohl unvermeidlich, daß sich daraus Belastungen für unsere Beziehungen ergäben, und dies sei nicht als Drohung gemeint, sondern lediglich als Feststellung.

St Dr. Bertele erinnerte in diesem Zusammenhang an die Folgen, die sich bei der Ausweisung der Zufluchtsuchenden aus der dänischen Botschaft ergeben hatten. Wenn wir jemanden auf die Straße setzten, würde dies Konsequenzen haben, die unseren Beziehungen die politische Basis entziehen könnten.

St Krolikowski erwiderte, niemand fordere, daß jemand auf die Straße gesetzt werde. Wir sollten aber nicht immer wieder den Leuten in den Vertretungen Anlaß zu neuen Hoffnungen geben, daß es auf diesem Wege für sie doch eine Sonderregelung geben könnte.

BM Seiters beendete das Gespräch darauf mit der Bemerkung, daß wir auf den unterschiedlichen Ebenen gesprächsbereit blieben. Er fragte nach der Pressebehandlung des jetzigen Treffens. St Krolikowski erwiderte, die DDR werde in einer Meldung noch einmal ihren Standpunkt darlegen und klarmachen, daß es keinen Sonderweg über die Vertretungen geben könne; sie sehe es als notwendig an, ihren Rechtsstandpunkt zum Ausdruck zu bringen.[6] BM Seiters erklärte, daß er sich Fragen nicht werde entziehen können, worauf er die Position der Bundesregierung darlegen und auf den unveränderten Standpunkt der DDR hinweisen werde.

3. St Krolikowski erwähnte anschließend noch den Zwischenfall bei Eschwege,[7] dessentwegen der Geschäftsträger der DDR in Bonn gebeten worden sei, im Bundeskanzleramt Protest einzulegen. Dies sei gerade in der gegenwärtigen Situation ein schwerwiegender Vorfall und geeignet, die Beziehungen zu stören. MDg Dr. Duisberg antwortete, uns sei der Sachverhalt bisher nicht bekannt. Selbstverständlich würden wir den Hinweisen nachgehen. Die Polizei werde eingehende Ermittlungen aufnehmen, und soweit Verstöße gegen Strafrechtsbestimmungen anzunehmen seien, würden die entsprechenden Schritte unternommen werden. Für einen Protest gegenüber der Bundesregierung sei allerdings keine Grundlage zu sehen, da wohl auch die DDR nicht unterstellen wolle, daß Organe der Bundesrepublik Deutschland aktiv beteiligt seien oder den Vorfall bewußt geduldet hätten. Auf den Einwurf von VAM Nier, der Vorfall sei vom Territorium der Bundesrepublik ausgegangen, wiederholte MDg Dr. Duisberg, daß die zuständigen Stellen in jeder möglichen Weise um Aufklärung bemüht sein würden.

Duisberg

6 „Gespräch mit Minister der BRD", in: Neues Deutschland. 44. Jg. Nr. 195. 19./20. August 1989, 2.
7 In der Nacht vom 17. auf den 18. August 1989 gaben Unbekannte bei Bad Sooden-Allendorf im Kreis Eschwege (Hessen) über die Grenze hinweg mehrere Schüsse gegen die auf dem Gebiet der DDR gelegene Gemeinde Wahlhausen ab. Verletzt wurde niemand. Die DDR verurteilte den Zwischenfall scharf, Politbürokandidat Gerhard Müller besuchte „im persönlichen Auftrag Erich Honeckers" den Grenzort („Schwere Provokationen gegen die Staatsgrenze der DDR", ebd.; „Unterstützung für Betroffene der schweren Grenzprovokation", ebd. Nr. 196. 21. August 1989, 1 f.; auch: „DDR: Schüsse an der Werra brutaler Anschlag", in: Frankfurter Allgemeine. Nr. 192. 21. August 1989, 2).

**DER LEITER
DER STÄNDIGEN VERTRETUNG DER
BUNDESREPUBLIK DEUTSCHLAND**

Berlin, den 22. August 1989

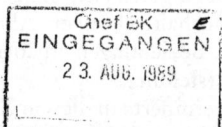

An den
Chef des Bundeskanzleramtes
und Bundesminister für
Besondere Aufgaben
Herrn Rudolf Seiters, MdB

5300 Bonn 1

Sehr geehrter Herr Bundesminister,

im Nachgang zu meinem Fernschreiben Nr. 1805 vom
21. August 1989 übermittle ich Ihnen in der Anlage
das Original des Schreibens der Zufluchtssuchenden
an den Herrn Bundeskanzler Dr. Kohl.

Mit freundlichen Grüßen
Ihr

Franz Buhl

222-83105-Fe3(NA2)

Schreiben des Staatssekretärs Bertele mit Anlage.

Ständige Vertretung, den 20.08.1989

Herrn Bundeskanzler Dr. Kohl
a. d. D.

Sehr geehrter Herr Bundeskanzler Dr. Kohl!

Wir, die 115 Ausreisewilligen in der Ständigen
Vertretung der Bundesrepublik in Ost-Berlin,
möchten uns mit diesem Hilfeersuchen an Sie
wenden. Den Entschluß, an Sie persönlich zu
schreiben, faßten wir, nachdem Kanzleramtsminister Seiters uns über das ergebnislose Gespräch mit dem amtierenden Außenminister der
DDR, W. Krolikowski, informiert hatte.

Wir freuen uns über Ihre uneingeschränkte Bereitschaft, sich für uns einzusetzen.
Ergreifende, tränenreiche und ungerechte
Schicksale haben uns hier zusammengeführt.
Für uns ist es die letzte Möglichkeit, unserem
humanitären Anliegen gegen die Uneinsichtigkeit und gegen die willkürliche Auslegung der
"Verordnung über Reisen von DDR-Bürgern nach
dem Ausland" vom 30.11.1988 Ausdruck zu verleihen.
Was Menschen in diesem Staat erlebt haben und
erleben müssen ist nahezu unvorstellbar.
Frauen dürfen nicht zu ihren Männern, Kinder
nicht zu ihren Eltern, Pflegebedürftige erhalten keine verwandtschaftliche Hilfe.
Familienbande sollen zerrissen werden, was
humanitäre Gründe sind, entscheiden die Behörden der DDR willkürlich. Vielen von uns
wurde die Möglichkeit genommen, ihren Beruf
auszuüben, andere werden aufgrund ihres Berufes gegen ihren Willen in der DDR festgehalten.

- 1 -

Politische Meinungsfreiheit wird uns nicht zugestanden. Mehrmals negativ bescheinigte Ausreiseanträge von 2 - 5 Jahren Dauer sind keine
Seltenheit. Eine erneute Antragstellung ist nur
möglich, wenn die Gründe, die zur Ablehung des
Antrages führten, nicht mehr vorliegen. Und so
ließe sich die Kette der Verstöße gegen die
Menschenrechte seitens des Staates DDR beliebig fortführen.
So verschieden die einzelnen Beweggründe auch
sein mögen - für uns alle war es ein Akt der
Verzweiflung und die letzte Hoffnung auf Erfolg.

Wir alle sind deshalb fest entschlossen, bis
zu einer für uns akzeptablen Lösung auf dem
Gelände der Ständigen Vertretung zu verbleiben. Ohne diese werden wir niemals den freiwilligen Weg zurück in die DDR antreten.
Würden wir diesen Schritt zurück wählen,
gäbe es für uns und unsere Kinder keine Perspektive mehr. Ein menschenwürdiges Leben
als mündige Bürger wäre für uns alle nicht
möglich. Versprechen der DDR-Behörden werden erfahrungsgemäß nur selten eingehalten.
Dieses sind nicht nur unsere Befürchtungen,
sondern praxisnahe Erfahrungen aus unserem
bisherigen Umfeld.

Wir, die hier in Ihrem Hause Hoffenden, müssen
deshalb mit der uns verbleibenden Kraft und
innerlichen Stärke auf Ihre Hilfe warten.
Dieses haben wir über Jahrzehnte gelernt, ja
mußten es erlernen. Tränen und Verzweiflungsmomente sind uns nicht fremd, doch wir haben
die Hoffnung, mit Ihrer Hilfe zu erreichen,
worum wir schon so lange kämpfen - um die
Freiheit, unseren Wohnsitz selbst zu wählen.

Ihnen, sehr geehrter Herr Bundeskanzler sowie
Ihren Mitarbeitern und dem Personal der Ständigen Vertretung, danken wir sehr herzlich
für die uns täglich zuteil werdende menschliche und materielle Hilfe und gute Betreuung.

- 2 -

Insbesondere sind wir dankbar für das uneingeschränkte Gastrecht, welches wir hier genießen dürfen.

Alle unsere Hoffnungen beruhen auf Ihren Verhandlungen, auf Ihrer Kraft, uns die Übersiedlung in unser freiheitliches und demokratisches
Vaterland zu ermöglichen.

Unsere Hoffnungen und Wünsche begleiten Sie
bei Ihren für uns so wichtigen Gesprächen mit
der DDR-Führung.
Sollte es Ihre Zeit erlauben, würden wir uns
über Ihren Besuch herzlich freuen.

Im Wissen um Ihre schwierige Aufgabe setzen
wir unser ganzes Vertrauen in Sie und verbleiben

       Hochachtungsvoll!

Unterschriften der Ausreisewilligen:

[Handschriftliche Unterschriften:]

Peter Kastner

Heike *[…]* u. Sohn Patrick (10 Jahre)

Eva-Leonia Abel

Gerta Abel

Manfred Zornchirs u. Frau Gabriele und Sohn Frans 3 70.

Bernd Langwardy u. Frau Margitta

Marile Schmitz u. Fam.

Thomas Aschel u. Fam.

Gabriela Rückert

Andreas Rückert

Christof Schneider

Ronald Steen u. Fam.

Roland + Edith Knaack und Sohn Martin (5 Jahre)

Doreen u. André Klementz

Weigel Mario

Kohler Bernd

Klaus. Zachreus u. Frau + Tochter

Heike Liebig (Tochter Doreen 9 Jahre)

Birgit Hitzeschan und Sohn Nico

Jutta Bock (Karl-Heinz Bock und Kinder Nicole (16) und
            Frauke (11)

Harald Jaude

Dieter Neusch

Schmiedefeger, Monika u. Fam.

Michael Hanse (Gundula Hanse, Dajana Hanse, Yves Hanse)

Gerald Kuster

Elisabeth u. Michael-Andreas Lanjate sowie die Töchter Andrea u. Sandra

Richter Horst-Jörg   Ute + Denis Richter

Richter, Günter   Heidi + Annett Richter

Deloja, Thomas

                    - 4 -

Ingeborg Rondzio und Töchter Johanna (10 Jahre) und Luise (7 Jahre)

Ilt Rommel und Kinder Steffen (12 Jahre) und Claudia (9 Jahre)

Rainer Rommel

Jürgen Pätzold u. Frau mit Tochter (10 Mon.)

Ulfert Hagemeier mit Frau Monika u. Tochter Doreen

Ina Bauer

Petra Meyer

Werner Gehrmann (5½ Jahre Wartezeit)

Eberhard Schmidt

Schott Kilmert u. Michael 7 Jahre, Adelheid 5 Jahre

Jörke Muth

Dinderhold Peggy

Maury Jackel

Angelika Plan u. Tochter Daniela (2 Jahre)

Henry Sluiberg u. Tochter Christin (2 Jahre) + Ehefrau

Aerbe u. Uwe Scherschner u. Nicole (3 Jahre) z. Z. in Beethke

Jürgen und Petra Kublik (u. Sohn Marco 6 Jahre alt z. Zeit in Nöthlow)

Cornelio Jurczyk, Ute Jurczyk (Klaus, Roland 13 Jahre, Sabine 6 Jahre)

Cornelia Kiehucke und Tochter Daniela 7 Jahre,

Beate Graf + Diethelm Graf

Iris Habelsand mit Sohn Robert (4 Jahre), stellvtr. auch für meinen Bruder Horst Matschiske

Jörg Kersken, Heilbram Kersken + Tochter Iris Kersken

Jörg Herpel (im Namen der ganzen Familie)

Michael Dörr (im Namen der ganzen Familie)

Kutz, Barbara, Andrea Kutz

Bernhard u. Beate Strauss + 4½ Jahre Sohn Markus in Behrenwalde

Thomas Braun und Familie

Peter Werner u. Sabine Werner + Kinder Matthias, Katrin und Marcus

Sylvia Kühl

D. Bach

- 5 -

Baries, Günther

Mugrauer, Horst (Ehefrau Elisabeth u. 3 Söhne)

Anke Meyer

Lesa Ackert (Ehemann Volker in Stiehl)

Si Che Ackert

Ingo Radvan

Brandenburg, Bernd, Elisabeth, Ronny, Isabel

Torsten ...

Birgit Vorreich u. Nine Lorenz

Heidrun Riedel

Heinz, Volker + Fam.

Ernst-Hermann Wolf und Familie

Dina Krausch

Hannes Krausch

Klaus Möbes

Jürgen Mundel

Uwe Hoff ... u. Familie

Margarete Cluster

Tiro Peka

Jens Mißbach & Frau Sylvia

Friedrich Meyer

Christa Jüretko

Jörg Jüretko

Erik Jaehs, Andreas Jahne, Ehefrau Gabriele Jaehs

Ursula Beneke (Ehemann Heinz-Jürgen Beneke, z. Zeit in der
Strafvollzugseinrichtung Thale) Sohn, Peter Beneke

Birgit Meyer

M. Uhlmann

Thomas u. Ines Grebendt

Niels, Bianca und _ 6 _ Uwe Koch

Nr. 25
Schreiben der Zufluchtsuchenden in der Ständigen Vertretung der Bundesrepublik Deutschland bei der DDR an Bundeskanzler Kohl
Berlin (Ost), 20. August 1989

BArch, B 136/21860, 222 – 83105 Fa 3 NA 2 Bd. 5. – Mit Kopfzeile: „Ständige Vertretung, den 20.08.1989". Adressat: Herrn Bundeskanzler Dr. Kohl a.d.D. – Mit Begleitschreiben des St Bertele an Chef BK Seiters, 22. August 1989: „Sehr geehrter Herr Bundesminister, im Nachgang zu meinem Fernschreiben Nr. 1805 vom 21. August 1989 übermittle ich Ihnen in der Anlage das Original des Schreibens der Zufluchtsuchenden an den Herrn Bundeskanzler Dr. Kohl." Mit Stempel: Chef BK Eingegangen, 23. August 1989. Abgezeichnet: „Seiters".

Sehr geehrter Herr Bundeskanzler Dr. Kohl!

Wir, die 115 Ausreisewilligen in der Ständigen Vertretung der Bundesrepublik in Ost-Berlin, möchten uns mit diesem Hilfeersuchen an Sie wenden. Den Entschluß, an Sie persönlich zu schreiben, faßten wir, nachdem Kanzleramtsminister Seiters uns über das ergebnislose Gespräch mit dem amtierenden Außenminister der DDR, ⟨H.⟩[1] Krolikowski,[2] informiert hatte. Wir freuen uns über Ihre uneingeschränkte Bereitschaft, sich für uns einzusetzen. Ergreifende, tränenreiche und ungerechte Schicksale haben uns hier zusammengeführt. Für uns ist es die letzte Möglichkeit, unserem humanitären Anliegen gegen die Uneinsichtigkeit und gegen die willkürliche Auslegung der „Verordnung über Reisen von DDR-Bürgern nach dem Ausland" vom 30.11.1988 Ausdruck zu verleihen.

Was Menschen in diesem Staat erlebt haben und erleben müssen, ist nahezu unvorstellbar. Frauen dürfen nicht zu ihren Männern, Kinder nicht zu ihren Eltern, Pflegebedürftige erhalten keine verwandtschaftliche Hilfe. Familienbande sollen zerrissen werden, was humanitäre Gründe sind, entscheiden die Behörden der DDR willkürlich. Vielen von uns wurde die Möglichkeit genommen, ihren Beruf auszuüben, andere werden aufgrund ihres Berufes gegen ihren Willen in der DDR festgehalten.

Politische Meinungsfreiheit wird uns nicht zugestanden. Mehrmals negativ bescheinigte Ausreiseanträge von 2–5 Jahren Dauer sind keine Seltenheit. Eine erneute Antragstellung ist nur möglich, wenn die Gründe, die zur Ablehnung des Antrages führten, nicht mehr vorliegen. Und so ließe sich die Kette der Verstöße gegen die Menschenrechte seitens des Staates DDR beliebig fortführen.

So verschieden die einzelnen Beweggründe auch sein mögen – für uns alle war es ein Akt der Verzweiflung und die letzte Hoffnung auf Erfolg.

Wir alle sind deshalb fest entschlossen, bis zu einer für uns akzeptablen Lösung auf dem Gelände der Ständigen Vertretung zu verbleiben. Ohne diese werden wir niemals den freiwilligen Weg zurück in die DDR antreten. Würden wir diesen Schritt zurück wählen, gäbe es für uns und unsere Kinder keine Perspektive mehr. Ein menschenwürdiges Leben als mündige Bürger wäre für uns alle nicht möglich. Versprechen der DDR-Behörden werden erfahrungsgemäß nur selten eingehalten. Dieses sind nicht nur unsere Befürchtungen, sondern praxisnahe Erfahrungen aus unserem bisherigen Umfeld.

Wir, die hier in Ihrem Hause Hoffenden, müssen deshalb mit der uns verbleibenden Kraft und innerlichen Stärke auf Ihre Hilfe warten. Dieses haben wir über Jahrzehnte gelernt, ja mußten es erlernen. Tränen und Verzweiflungsmomente sind uns nicht fremd, doch wir haben die Hoffnung, mit Ihrer Hilfe zu erreichen, worum wir schon so lange kämpfen – um die Freiheit, unseren Wohnsitz selbst zu wählen.

---

1 ⟨ ⟩ Von den Bearbeitern korrigiert aus: „W."
2 Nr. 24.

Ihnen, sehr geehrter Herr Bundeskanzler, sowie Ihren Mitarbeitern und dem Personal der Ständigen Vertretung, danken wir sehr herzlich für die uns täglich zuteil werdende menschliche und materielle Hilfe und gute Betreuung.

Insbesondere sind wir dankbar für das uneingeschränkte Gastrecht, welches wir hier genießen dürfen.

Alle unsere Hoffnungen beruhen auf Ihren Verhandlungen, auf Ihrer Kraft, uns die Übersiedlung in unser freiheitliches und demokratisches Vaterland zu ermöglichen.

Unsere Hoffnungen und Wünsche begleiten Sie bei Ihren für uns so wichtigen Gesprächen mit der DDR-Führung.

Sollte es Ihre Zeit erlauben, würden wir uns über Ihren Besuch herzlich freuen.

Im Wissen um Ihre schwierige Aufgabe setzen wir unser ganzes Vertrauen in Sie und verbleiben

Hochachtungsvoll!

Unterschriften der Ausreisewilligen:
...[3]

Nr. 26
Fernschreiben des Staatssekretärs Bertele an Bundesminister Seiters
Berlin (Ost), 23. August 1989

BArch, B 136/21860, 222 – 83105 Fa 3 NA 2 Bd. 5. – FS StäV Nr. 1832, 16.43 Uhr. VS-NfD. Cito. Verteiler: ChBK, BM Seiters, MDg Duisberg; BMB, St Priesnitz; Bonn AA, Ref. 210. Mit Stempel: 015402, BK-Amt, FS-Zentrale, 23. August 1989, 17.41 Uhr. Abgezeichnet: „Seiters".

Betr.: Zufluchtsproblematik in der Ständigen Vertretung;
hier: weitere Behandlung

Nach der Ost-Berliner Mission von BM Seiters[1] und dem nicht zustande gekommenen telefonischen Kontakt des Bundeskanzlers mit Honecker ist für das weitere Vorgehen von folgender Situation auszugehen:

1. Haltung der DDR

Die Haltung der DDR war seit dem öffentlichen Bekanntwerden der Zufluchtsfälle durch die Schließung der Ständigen Vertretung hart. Dies wurde beim Besuch von BM Seiters unterstrichen. Krolikowski hat die Haltung der DDR in der Sache kompromißlos vorgetragen. Nach meiner Einschätzung gibt es eine Entscheidung des Politbüros, über die Zusage der Straffreiheit nicht hinauszugehen. Die DDR will bei dieser Gelegenheit den Fluchtweg über die Missionen endgültig schließen. Dies ist nur erreichbar, wenn die jetzigen Zuflüchtigen ohne Erfolg die Vertretungen verlassen. Krolikowski hat diesen Punkt mehrfach unterstrichen. Die DDR ist überzeugt, daß sie dies auch international durchhalten kann, da sie gleichzeitig auf ein große Zahl legaler Ausreisen verweisen kann.

Auch ein Treffen des Bundeskanzlers mit Honecker würde nach meiner Überzeugung hinsichtlich der Zufluchtsuchenden kein Ergebnis bringen, das über die bisherigen Zusagen der

---

3 Im folgenden Unterschriften nicht abgedruckt. Faksimiles des Begleitschreibens des Staatssekretärs Bertele und des Schreibens der Zufluchtsuchenden einschließlich der Unterschriften S. 364–370.

1 Nr. 24.

DDR hinausgeht. Selbst wenn Honecker wollte, wäre er nach meiner Einschätzung aufgrund der in der DDR gegebenen Beschlußlage nicht in der Lage, dem Bundeskanzler entgegenzukommen. Er wird dies auch gar nicht wollen.
Das Zufluchtsproblem ist in der zur Zeit gegebenen Zuspitzung durch ein Spitzengespräch nicht lösbar.

2. Haltung der Zufluchtsuchenden in der Ständigen Vertretung
Knapp zwei Wochen nach Schließung der Vertretung sind bisher nur wenige gegangen. Solange sich am politischen Horizont Bewegung abzeichnet, werden die Schwankenden in der Vertretung bleiben. Dabei wird – die Zuflüchtigen haben Zugang zu unseren elektronischen Medien und zu unseren Tageszeitungen – jeder Hinweis auf ein mögliches neues Gespräch auf politischer Ebene als Ansatz für neue Hoffnungen genommen. Ich habe in einigen Ansprachen gegenüber allen Zuflüchtigen, aber auch in vielen Gesprächen mit kleineren Gruppen deutlich gemacht, daß nach meiner Einschätzung die DDR sich nicht bewegen wird und daß die Zufluchtsuchenden durch einen weiteren Aufenthalt keinerlei Vorteile für ihren jeweiligen Ausreisewunsch erwarten können. Nach dem Gespräch mit BM Seiters hat bei unseren Gästen zwar ein Ernüchterungsprozeß eingesetzt. Für diese ist jedoch immer noch nicht vorstellbar, daß die große Bundesrepublik ihre Ausreise nicht erreichen könne, wenn sie nur wollte.
Solange ein Spitzengespräch in der Diskussion bleibt, wird praktisch niemand den Entschluß fassen, die Vertretung zu verlassen. Sobald Klarheit eingetreten ist, daß eine politische Lösung nicht in Sicht ist, wird voraussichtlich ein langsamer Abschmelzungsprozeß eintreten. Ein zahlenmäßig erheblicher harter Kern wird jedoch auf längere Sicht bleiben.

3. Weiteres Vorgehen
Wir sollten uns in der jetzigen Situation nicht mehr um ein Spitzengespräch bemühen. Nach meiner Einschätzung wird sich Honecker unter Berufung auf seinen Gesundheitszustand diesem Gespräch entziehen. Falls es doch, wenn auch in weiter Zukunft, zustande kommen sollte, würde es für die Lösung der Zufluchtsfälle ein Ergebnis nicht bringen. Sobald diese Erkenntnis auch für unsere Gäste nachvollziehbar ist, sollten folgende Schritte ins Auge gefaßt werden:

3.1 Gespräch RA Vogel, StS Priesnitz und Leiter StäV
In diesem Gespräch sollte nach Verfahrenswegen gesucht werden, die zwar der harten DDR-Haltung Rechnung tragen, die aber dennoch eine gewisse Verbesserung der Lage für die einzelnen mit sich bringen. RA Vogel hat in einem Schreiben an Honecker den Gedanken vorgetragen, man solle den Zuflüchtigen für ihren Ausreisewunsch anwaltliche Betreuung besorgen. Dahinter steht auch der Gedanke, daß durch eine fachkundige Wahrnehmung der Interessen der Ausreisewilligen es den zuständigen staatlichen Stellen leichter fiele, in Einzelfällen zu positiven Ergebnissen zu kommen.
Eine weitere Verbesserung für die Zuflüchtigen könnte sich dadurch ergeben, daß die DDR akzeptiert, daß den Zufluchtsuchenden angeboten wird, daß sie im Falle von Nachteilen, die sich aus ihrer Zuflucht ergeben, die Ständige Vertretung informieren können und daß wir in die Lage versetzt werden, dies dann mit RA Vogel aufzunehmen. Dies ist ein sensibler Punkt, da die DDR uns bisher kategorisch jegliche Mitwirkung bei Ausreisefällen verweigert. Dennoch meine ich, daß ein Modus gefunden werden könnte, der die Ängste der Zuflüchtigen hinsichtlich ihrer Behandlung durch DDR-Stellen reduzieren könnte.

3.2 Gespräch mit den Zuflüchtigen in der Vertretung
Sobald die unter 3.1. genannten Gespräche abgeschlossen sind, sollten RA Vogel, StS Priesnitz und ich gemeinsam vor die Zuflüchtigen treten und ihnen die Situation erläutern. Dies wird einerseits in großer Klarheit geschehen müssen, andererseits aber auch mit viel Ver-

ständnis für die Probleme der Zuflüchtigen. Dieses Gespräch wird kein schnelles Ergebnis bringen, wird aber sicherlich weiterwirken, so daß ich damit rechne, daß als Folge eines solchen Gesprächs jedenfalls eine größere Zahl der Zuflüchtigen die Vertretung verlassen wird. Wir müssen uns andererseits darauf einstellen, daß ein erheblicher harter Kern auf absehbare Zeit bleiben wird. Für die weiteren Gespräche mit diesem Kern ist von entscheidender Bedeutung, daß keine negativen Nachrichten über das Schicksal derjenigen, die die Vertretung verlassen haben, bekanntwerden. Hilfreich wäre es dann, wenn die DDR einigen derjenigen, die die Vertretung verlassen haben, aus humanitären Gründen (nicht wegen, sondern trotz der Zufluchtsuche) die Ausreise erlauben würde.

3.3 Lage in Prag und Budapest

Nach meiner Einschätzung ist die Lage in Prag in den wesentlichen Kriterien mit der in der Ständigen Vertretung vergleichbar. Nur die DDR kann positive Entscheidungen über die Ausreisewünsche der Zuflüchtigen treffen. In Budapest gilt dies nur für diejenigen Zuflüchtigen in der Botschaft, die auch für noch in der DDR verbliebene Familienangehörige die Ausreise erzwingen wollen. Sowohl in Prag wie wohl auch in Budapest müßte mit den Zuflüchtigen in gleicher Weise gesprochen werden. Ich meine – obwohl dies außerhalb meiner Zuständigkeit liegt –, daß auch dort RA Vogel und StS Priesnitz mit den Zuflüchtigen sprechen sollten. Da die Vorgänge in der Ständigen Vertretung für Deutsche aus der DDR in vielen Fragen eine gewisse Vorbildfunktion haben, könnte auch meine Teilnahme von Nutzen sein.

Bertele

Nr. 27
Fernschreiben des Staatssekretärs Bertele an Bundesminister Seiters
Berlin (Ost), 24. August 1989

BArch, B 136/21860, 222 – 83105 Fa 3 NA 2 Bd. 5. – FS StäV Nr. 1833, 8.58 Uhr. Az. 83105 – Fa 4. VS-NfD. Citissime. Verteiler: ChBK, BM Seiters, MDg Duisberg; BMB, St Priesnitz; Bonn AA, Ref. 210. Mit Stempel: 015423, BK-Amt, FS-Zentrale, 24. August 1989, 10.23 Uhr.

Betr.: Zufluchtfälle in Ostblockbotschaften und in der Ständigen Vertretung
Bezug: FS Nr. 1832 vom 23.08.1989[1]
        Az. 83105 Fa 4

Gestern nachmittag bat mich der amtierende Abteilungsleiter Schindler im MfAA zu einem Gespräch zu sich und trug aus einem längeren Papier, das er mir nicht überlassen könne, folgendes vor:
In dem Gespräch mit Bundesminister Seiters habe Staatssekretär Krolikowski für die DDR zum Ausdruck gebracht,[2] daß sie an einer Lösung der Zufluchtfälle interessiert sei und daß der DDR daran gelegen sei, die Beziehungen zur Bundesrepublik nicht zu belasten. Dies wolle er hier nochmals ausdrücklich unterstreichen. Im Verlauf des Gesprächs betonte Schindler, daß das, was er mir vortrage, von der obersten Führung der DDR gebilligt worden sei. Auch Honecker sei am Krankenbett persönlich mit der Sache befaßt gewesen.

---

1 Nr. 26.
2 Nr. 24.

Die DDR lasse sich bei ihren Überlegungen von dem leiten, was auch Bundesminister Seiters und der Bundeskanzler in seiner Pressekonferenz[3] erklärt hätten, daß nämlich für die Lösung dieser Fälle ausschließlich die Organe der DDR zuständig seien. Die DDR könne sich vorstellen, daß die Zufluchtsfälle in unseren Vertretungen (Schindler betonte den Plural) auf folgende Weise gelöst werden könnten:

1.

Am Anfang stehen müsse die grundsätzliche Feststellung, daß Zuflucht in die Missionen der Bundesrepublik Deutschland nicht geeignet sei, Genehmigungen zur ständigen Ausreise aus der DDR zu erreichen. Dies sei nur in dem rechtlich geregelten Verfahren möglich, in dem die zuständigen Behörden über die Ausreisewünsche entschieden.

Die Vertretungen der Bundesrepublik Deutschland sollten alle DDR-Bürger, die mit Anliegen des Reise- und Besucherverkehrs und der ständigen Ausreise sich an sie wenden würden, an die zuständigen Stellen der DDR verweisen. Ein Verbleiben in den Vertretungen sollte nicht gestattet werden, damit die Wiederholung solcher Fälle ausgeschlossen würde. Bei Darstellung dieses Komplexes betonte Schindler, daß die DDR entsprechend der allgemeinen Praxis davon ausgehe, daß unsere Missionen für jeden Besucher frei zugänglich blieben. (Ich habe diesen Punkt als für uns sehr wesentlich unterstrichen.)

2.

Zusätzlich zu der bereits öffentlich verkündeten Straffreiheit könnten wir den zuflüchtigen Bürgern der DDR folgendes erklären:

Uns sei aus sicherer Quelle bekannt, daß die Zuflüchtigen nach ihrer freiwilligen Rückkehr in ihre Heimatorte die gleichen Rechte hätten wie andere Bürger der DDR auch. Das gelte auch im Hinblick auf die Verordnung über den Reise- und Besucherverkehr vom 30. November 1988. Hierzu zähle auch die Inanspruchnahme von Rechtsmitteln sowie die Möglichkeit der gerichtlichen Nachprüfung negativer Verwaltungsentscheidungen einschließlich der anwaltlichen Vertretungen vor staatlichen Organen und Gerichten.

Auf meine Frage, ob sichergestellt sei, daß die Zuflüchtigen auch Anwälte fänden, die ihre Sache engagiert vertreten würden – hier habe es in der Vergangenheit Probleme gegeben –, sagte Schindler, ich könnte sicher sein, daß dies geregelt sei. Ebenso sei an die lokalen Organe „durchgestellt", daß die Zurückkehrenden ordentlich behandelt werden müßten.

3.

Jede Seite trage Sorge gemäß ihren Möglichkeiten und Mitteln, daß die betreffenden DDR-Bürger entsprechend unterrichtet werden. Sie wirken auf sie ein, daß sie die Missionen freiwillig bzw. ihre Aufenthaltsorte freiwillig verlassen. Auf meine Nachfrage, was mit Aufenthaltsorten gemeint sei, sagte Schindler, hier sei Budapest gemeint. Ich habe daraufhin gesagt, daß ich keinerlei Einwirkungsmöglichkeit auf die Deutschen aus der DDR sehe, die sich außerhalb unserer Botschaft aufhielten.

4.

Schindler faßte dann das von ihm Vorgetragene dahingehend zusammen, daß diese Vorschläge im Einklang stünden mit öffentlichen Äußerungen vieler Politiker der Bundesrepublik, und zwar auch der Regierungskoalition. Entscheidend sei, daß klar würde, daß der Weg über die Missionen nicht zum Erfolg führe, so daß er nicht fortlaufend wiederholt

---

3 Bundeskanzler Kohl erklärte am 22. August 1989 vor der Bundespressekonferenz, für die entstandene Lage trage „ausschließlich die DDR-Führung die Verantwortung". Alle – auch die Zufluchtsuchenden – müßten wissen, „daß nicht die Bundesregierung über ihre Ausreise entscheiden kann, sondern nur die DDR". Um zu einer „raschen und für die betroffenen Menschen akzeptablen Lösung" zu gelangen, sei er zu einer Begegnung mit Generalsekretär Honecker bereit (Bulletin. Nr. 80. 24. August 1989, 701 f., hier 701).

würde. Die DDR möchte die weiteren Fragen auf der jetzt gewählten Ebene Schindler/Bertele erörtern. Diese Gespräche sollten vertraulich sein, auch weitere Kontakte, die in der Zukunft folgen würden. Ich habe zugesagt, daß auch wir die Vertraulichkeit einhalten würden.

Die DDR erwartet von uns jetzt eine Reaktion, ob wir zur Lösung der Zufluchtsprobleme auf dieser Basis bereit seien. Ich habe im Verlauf des Gesprächs die Erklärung von Bundesminister Seiters wiederholt, daß wir die DDR für die entstandene Problematik für verantwortlich hielten. Schindler bezog sich dann auf Krolikowski, der die Ursache bei uns gesehen hatte. Auf meine Frage, ob die Bemerkung, jede Seite trage Sorge, daß die Zufluchtsuchenden nach ihren Möglichkeiten und Mitteln unterrichtet würden, bedeute, daß die DDR bereit sei, z. B. RA Vogel zu einem Gespräch mit den Zuflüchtigen in die Ständige Vertretung und auch in unsere Botschaften zu entsenden, reagierte Schindler positiv. Auf [die] weitere Frage, ob denn die DDR-Führung zu einem Spitzengespräch bereit sei, antwortete Schindler, daß Honecker doch im Krankenhaus liege. Anschließend fügte er hinzu, daß auch durch ein Spitzengespräch eine andere Lösung des Zufluchtsproblems nicht vorstellbar sei („das bringt doch nichts").

Wertung
Der Einbestellung lag offenbar der Brief zugrunde, den RA Vogel an Honecker gesandt hatte. Die DDR ist offenbar zu einem Spitzengespräch nicht bereit, verspricht sich jedenfalls nichts davon und möchte nun, daß auf die Zuflüchtigen eingewirkt wird, die Vertretungen zu verlassen. Schindler betonte mehrfach, daß klarwerden müsse, daß die Zufluchtnahme ohne Erfolg bleibe. Er bemerkte aber auch, daß die DDR im regulären Verfahren viele Leute ausreisen lasse und daß er sich nicht vorstellen könne, daß die DDR an Personen, die einmal Zuflucht gesucht hätten, weiterhin interessiert sei.

Ich schlage vor, daß wir uns auf diesen Lösungsversuch einlassen, wobei wir zu gegebener Zeit bedauern können, daß die DDR zu weitergehendem Entgegenkommen nicht bereit war. Das habe ich gestern auch gegenüber Schindler getan. Wir sollten es bei unserer Antwort wiederholen.

Im Laufe des Gesprächs hatte ich Schindler darauf hingewiesen, daß ich einigermaßen Erfolg versprechende Gespräche mit den Zuflucht suchenden nur dann aufnehmen könnte, wenn RA Vogel für die DDR die Zusage der Betreuung der Anwälte etc. vortrage. Nicht ich könne mich dafür stark machen, sondern dies müsse von seiten der DDR geschehen. Schindler hat dem zugestimmt, allerdings mit der Bitte, Gespräche mit dem Anwalt erst dann aufzunehmen, wenn wir uns ihm gegenüber im Grundsatz positiv geäußert hätten.

Bertele

Nr. 28
Vermerk des Bundesministers Genscher über das Gespräch des Bundeskanzlers Kohl mit Ministerpräsident Németh und Außenminister Horn
Schloß Gymnich, 25. August 1989

BK, 213 – 30130 U 1 Un 25 Bd. 1. – Undatierter Vermerk, „Diktat BM". – Mit Vorlage des MDg Hartmann an den Bundeskanzler, 28. August 1989: „Betr.: Gespräch am 25. August 1989 auf Schloß Gymnich; hier: Weiteres Vorgehen. 1. Wie aus dem beigefügten Vermerk von BM Genscher hervorgeht, hat die ungarische Seite drei Papiere zu folgenden Fragen zugesagt: – Was kann die Bundesrepublik Deutschland tun? – Was kann die EG tun? – Was könnten die USA tun? Über den letzteren Punkt wollten Sie ein Telefongespräch mit Präsident Bush führen. Botschafter Horváth ist zur Zeit in Budapest und wird am Mittwoch (30.8.1989) wieder in Bonn sein. Ich nehme an, daß Sie das Gespräch mit Präsident Bush erst nach Vorliegen des ungarischen Papiers (Problematik IMF) führen werden. Andernfalls bitte ich um Weisung. 2. Wie BM Genscher mir im Anschluß an das Gespräch mitteilte, wollten Sie wegen der Problematik der DDR-Bürger in Ungarn mit BM Schäuble sprechen sowie mit dem österreichischen Außenminister Mock. BM Genscher hat noch in meiner Gegenwart MD Jansen den Auftrag erteilt, ebenfalls AM Mock in Wien aufzusuchen. 3. Da ich den ungarischen Botschafter am Freitag nicht mehr erreichen konnte, habe ich auch noch nicht Ihren Vorschlag übermitteln können, sich mit Herrn Herrhausen von der Deutschen Bank in Verbindung zu setzen. Dies werde ich am Mittwoch tun. Dabei wäre es wichtig für mich zu wissen, ob Sie selbst vorher noch mit Herrn Herrhausen sprechen." – Gesprächsdauer: 10.30 bis 13.00 Uhr.

Teilnehmer: Ministerpräsident Németh, Außenminister Horn,
               Bundeskanzler Kohl, Außenminister Genscher,
               ungarische Dolmetscherin

Németh erläutert die Entwicklung in der Volksrepublik Ungarn. Es sei die Taktik der Oppositionsparteien, die USAP für die Gesamtentwicklung verantwortlich zu machen, was ja auch nicht gänzlich unbegründet sei. Innerhalb der Partei laufe eine heftige Diskussion zwischen Reformern und Reformgegnern. Auch innerhalb der Reformer gebe es solche, die lieber mit den Reformgegnern zusammengingen, als den Reformprozeß fortzusetzen, z.B. Grósz.

Der Partei drohe eine Spaltung. Er halte es für möglich, daß links von der USAP eine kommunistische Partei gegründet werde, der sich von den 700 000 etwa 200 000 anschließen würden. Man solle darüber nicht beunruhigt sein, das könnte sogar der USAP eine größere Akzeptanz in der Bevölkerung geben. Man wolle verhindern, daß seiner Partei ein ähnliches Schicksal drohe wie der polnischen PVAP.

Die Entwicklung in Ungarn und Polen werde von den anderen Bündnispartnern aufmerksam beobachtet. Beim Gipfel in Bukarest[1] hätte Ungarn sein neues Konzept des Zusammenlebens im Warschauer Pakt vorgestellt. Das sei von allen, auch von Schewardnadse, zurückgewiesen worden. Als Gorbatschow dazugekommen sei, habe dieser sich das zu eigen gemacht, es sei dann schließlich akzeptiert worden.

In den ungarischen Oppositionsparteien werde auch die Frage der Neutralität diskutiert; das sei nicht das Ziel seiner Partei. Wenn allerdings der Versuch gemacht werden sollte, durch Einfluß von außen die Reformentwicklung zu verhindern, werde sich diese Frage auch für seine Partei neu stellen.

Ceausescu habe im Blick auf Warschau einen Gipfel verlangt. Ohne Zweifel habe er dabei auch Ungarn im Auge gehabt. Gorbatschow habe eine solche Konferenz zu diesem Thema strikt abgelehnt, natürlich auch Budapest.

Er stehe in einem engen Kontakt mit Rakowski.

---

1 Nr. 3 Anm. 8.

Über das Telefonat Rakowski/Gorbatschow[2] könne er folgendes sagen:
1. Rakowski habe erklärt, Polen werde sich nicht aus dem WP lösen;
2. Rakowski habe zur Lage der PVAP gesagt, sie sei nicht in der Lage, ihre Forderungen gegenüber Solidarność durchzusetzen.

Gorbatschow habe dazu gesagt, die PVAP verfüge über alle Machtmittel, mit denen sie die Teilnahme an der Macht durchsetzen müsse. Er, Németh, wolle dazu sagen, die Entwicklung in Polen bringe Gorbatschow in eine schwierige Lage, er habe auch in Moskau einen schweren Stand. Es sei das Ziel der ungarischen Regierung, alles zu tun, um den Erfolg der Gorbatschow-Politik zu sichern.

Németh sagte, man sei in einer schweren ökonomischen Krise in Ungarn. Gleichzeitig müsse man die Umstellung zur Marktwirtschaft bewirken, und es würden auch sofortige Ergebnisse erwartet. Die Zahnräder dieses Prozesses fügten sich noch nicht richtig ineinander. Er habe sich seit 20 Jahren mit Wirtschaftspolitik befaßt, er erkenne immer mehr, welchen Schaden die letzten 40 Jahre Ungarn zugefügt hätten. Es habe 6,5 Mrd. Schulden, von denen 3 Mrd. nicht eintreibbar seien. 2 Mio. Ungarn lebten unter dem Existenzminimum.

Im Grunde sollte man die Exporte nach Osten einschränken, um die Versorgung zu verbessern; dann müsse man aber mit Retorsionen der Sowjetunion rechnen, vor allen Dingen bei der Energieversorgung. Neulich habe es schon einen Stromausfall gegeben. Im übrigen sei die Exportkapazität zu stark auf COMECON und die dort geringen Ansprüche ausgerichtet.

Er erinnere an das, was er Genscher in Budapest gesagt habe,[3] der Westen dürfe nicht nur mit Worten, sondern müsse auch mit Taten handeln. Das könnten sie nur bei Österreich und der Bundesrepublik feststellen, alle anderen hätten nur Worte.

Er hätte seinen Ohren nicht getraut, als er im Fernsehen den Bericht über eine Pressekonferenz des amerikanischen Senators Cranston in Budapest gehört habe, wonach mit Hilfe der USA nur zu rechnen sei, wenn es in Ungarn zu einer Koalitionsregierung komme. Sie brauchten Erfolge vor ihrem Parteitag am 6. 10., damit sie ihren Kurs in der Partei fortsetzen könnten. Vor allem sei es wichtig, daß die USA auf eine größere Flexibilität des IWF hinwirkten.

BK erklärt, er wolle am Dienstag[4] oder Mittwoch mit Präsident Bush reden. Er wolle ihm sagen, wie falsch solche Erklärungen seien – Bush denke auch nicht so –, und ihn bitten, Ungarn zu unterstützen.

Man dürfe keine Entwicklung überhasten. Er habe BM Blüm, der heute nach Polen gereist sei, gebeten, sowohl Walesa als auch dem neuen Ministerpräsidenten zu sagen, sie sollten die gegebenen Handlungsgrenzen beachten, um nicht das Ganze zu gefährden.[5]

Seine Regierung stehe in Ungarn nicht schlecht da. Gallup habe eine Meinungsumfrage gemacht und dabei folgendes festgestellt: 87% anerkennen die Presse, 77% die Kirche, 67% die Regierung und nur 30–35% die Parteien, einschließlich der USAP und Opposition, an letzter Stelle stünden die Gewerkschaften.

Man müsse sich fragen, an wen man sich wenden könne wegen Hilfe: An Gorbatschow? Nein, an COMECON? Nein; man könne sich nur an den Westen wenden.

---

2 Die Nachrichtenagentur AFP meldete am 22. August 1989, Generalsekretär Gorbatschow habe in dem rund 45minütigen Telefongespräch die Auffassung der polnischen Kommunisten bekräftigt, „ohne ihre Beteiligung an der Regierung" könnten „die Probleme Polens nicht gelöst" werden (Meldung AFP/22. 8. 89/2108 in: Ostinformationen. Nr. 160. 23. August 1989, 18; BPA/PA, F 1/22).
3 Bundesminister Genscher führte am 9. Juni 1989 in Budapest Gespräche mit Generalsekretär Grósz, Ministerpräsident Németh, Außenminister Horn und Staatsminister Poszgay.
4 29. August 1989.
5 Bundesminister Blüm besuchte Polen vom 25.–27. August 1989. Zu seinen Gesprächen mit Ministerpräsident Mazowiecki und dem Vorsitzenden der Gewerkschaft „Solidarität", Walesa: Meldungen dpa/25. 8. 89/1721 und dpa/27. 8. 89/ 1332 in: Ostinformationen. Nr. 163. 28. August 1989, 10, 12; BPA/PA, F 1/22.

„Ich frage Sie, Herr Bundeskanzler, können wir auf Ihre Unterstützung rechnen? Ich meine nicht nur die Bundesrepublik, sondern den ganzen Westen. Wollen Sie den Reformkurs unterstützen, oder heißt die Devise ‚abwarten‘? Wir brauchen Ihre Entscheidung vor unserem Parteitag am 6. Oktober[6].“

BK sieht drei Ebenen des Handelns:
1) Was kann die Bundesrepublik Deutschland tun?
   Hier können wir eine Antwort geben innerhalb der ersten Septemberhälfte.
2) Was kann die EG tun?
3) Was können die USA tun?
   Darüber werde er mit Bush sprechen.
MP: USA sollten in IWF helfen. Ihr Problem sei, daß die Regierung Grósz zum 1.1.1988 den Weltpaß für Ungarn geschaffen hätte. Danach könne alle drei Jahre jeder Ungar bis zu 350 US-Dollar umtauschen. Das würden nicht nur diejenigen tun, die reisen, sondern auch die, die dableiben. Diese Auswirkung habe er, Grósz, nicht übersehen. Wenn er, Németh, das zurücknähme, werde er gestürzt.
Durch diese Entwicklung hätte man eine negative Zahlungsbilanz, obwohl die Handelsbilanz mit 600–700 Mio. Dollar positiv sei. Bei der Bedienung der Verbindlichkeiten ergebe sich jährlich ein Defizit von 1–1,2 Mrd. Dollar.
Bei deutschen Banken habe man – bei insgesamt 4 bis 5 Großbanken – je 400–500 Mio. Schulden. Man habe sich überlegt, ob nicht ein Weg zur Erledigung dieses Problems sein könne, daß deutsche Unternehmen vorhandene Unternehmen in Ungarn ganz oder teilweise kaufen, daß aber der Kaufpreis nicht nach Ungarn transferiert, sondern zur Bedienung der Bankschulden verwendet wird.

BK erklärt, das übersteige die Kompetenz der Bundesregierung. Er werde Herrn Herrhausen von der Deutschen Bank bitten, zur Erörterung dieser Fragen nach Ungarn zu reisen. Er wolle darüber auch mit dem Präsidenten des Bankenverbandes, Herrn Röller von der Dresdner Bank, sprechen.

Genscher bittet, eine Auflistung der Unternehmen vorzunehmen, die zum Verkauf in Frage kommen, und regt im übrigen an, daß drei Papiere im Laufe der nächsten Woche gefertigt werden:
1) Was erwartet man von der Bundesrepublik Deutschland?
2) Was von der EG?
3) Was von den USA?
Soweit es die EG angehe, wolle er mit Dumas sprechen.
Die Zuleitung der Papiere wird zugesagt.[7] Es soll über Botschafter Horváth an Genscher persönlich erfolgen.[8] Horváth sei in alles eingeweiht.

MP kam auf Abrüstung zu sprechen. Man habe Gorbatschow gebeten, den sowjetischen

---

6 Nr. 58 Anm. 3.
7 Mit Schreiben vom 1. September 1989 informierte Ministerpräsident Németh Bundeskanzler Kohl über die wirtschaftlichen Probleme Ungarns und unterbreitete „damit zusammenhängende Vorschläge, die für die mit Ihnen geführte Zusammenarbeit wesentlich sind" (Inoffizielle Übersetzung, VS-Vertraulich; BK, 21 – 30100 [102] Br 8 [VS], Bl. 21–28). Dem Schreiben beigefügt waren die beiden Anlagen „Ungarische Bestrebungen in den Beziehungen zur EWG" und „Ungarische Bestrebungen gegenüber den USA" (ebd., Bl. 29f. und 31), verbunden mit der Bitte, als „führende Kraft" der EWG „die Verwirklichung der ungarischen Wünsche (Anlage 1) und die Abschaffung unserer Einordnung in den Staatshandelsstatus" sowie „die den Amerikanern geschilderten Initiativen (Anlage 2) durch Ihren persönlichen Einfluß" zu unterstützen.
8 Botschafter Horváth suchte Bundesminister Genscher am 5. September 1989 in dessen Privathaus auf (Genscher, Erinnerungen, 640).

Truppenabzug schneller vorzunehmen und nach Möglichkeit bis 1992 die letzten sowjetischen Soldaten aus Ungarn abzuziehen.

Horn sagte, USA und SU seien sich offensichtlich einig, daß bis Anfang der 90er Jahre eine grundsätzliche politische Einigung über konventionelle Abrüstung erzielt sein müsse, die technische Abwicklung könne dann erörtert werden.

Man müsse sich fragen, ob nicht der Truppenabzug aus Ungarn auch dadurch erleichtert werden könne, daß Amerikaner wesentliche Truppen aus Europa abziehen. Man könne sich z. B. vorstellen, daß alle sowjetischen Truppen aus Ungarn, ČSSR und Polen abgezogen werden würden und nur Verbände in der DDR verblieben.

Genscher erklärte dazu, daß ganz sicher vom Abzug auch amerikanische Verbände betroffen seien, daß aber ein unverändertes Verbleiben sowjetischer Streitkräfte in der DDR ein Bedrohungsfaktor ersten Ranges sei. Bekanntlich sei der westliche Vorschlag, daß eigene Truppen und fremde Truppen in einem bestimmten Verhältnis stehen sollten, exakt auf DDR gemünzt.

BK sagt, man könne das insgesamt prüfen, aber unter Beachtung dieser Gesichtspunkte.[9]

Nr. 29
Gespräch des Bundeskanzlers Kohl und des Bundesministers Genscher mit
Ministerpräsident Németh und Außenminister Horn während des Mittagessens
Schloß Gymnich, 25. August 1989

BK, 21 – 30100 (56) Ge 28 (VS) Bd. 78, Bl. 296/1–296/5. – Vermerk des MDg Hartmann, 28. August 1989. – Mit Vorlage des MDg Hartmann über Chef BK an den Bundeskanzler zur Billigung. Hs. von Bundeskanzler Kohl vermerkt: „Teltschik erl."

Betr.: Arbeitsbesuch des ungarischen Ministerpräsidenten Németh am 25. August 1989 auf
Schloß Gymnich
hier: Gespräch während des Mittagessens

Der Herr Bundeskanzler erkundigt sich nach der Entwicklung in Polen. MP Németh erklärt, er habe kürzlich eine längeres Gespräch mit Generalsekretär Rakowski geführt. Rakowski habe hierbei Optimismus ausgestrahlt, gleichzeitig aber eingeräumt, daß man in der Vergangenheit eine Reihe Fehler gemacht habe. Ein Fehler sei gewesen, daß die Führung sich zu sehr auf die Lageberichte des Apparates verlassen habe. Ein weiterer Fehler sei gewesen, daß man in der Bauernpartei eine Art „Laufburschen" gesehen habe. Er, Németh, sei von vornherein davon ausgegangen, daß Kiszczak nicht reussieren könnte. Im übrigen sei es wohl so, daß die Bauernpartei ihre bisherige Rolle satt gehabt habe.

Jaruzelski, mit dem er ebenfalls gesprochen habe, habe ihm erklärt, daß man 1981 zwar militärisch gewonnen, aber politisch verloren habe.

Der Wunsch Ungarns sei es, daß die neue polnische Regierung erfolgreich sein werde. Die schwerste Aufgabe, die vor ihr liege, sei es, dem Land den Glauben an sich selbst zurückzu-

---

9 Bundeskanzler Kohl („Ich wollte Deutschlands Einheit", 71–74, hier 74) zufolge kündigte Ministerpräsident Németh im Laufe des Gesprächs die Ausreise der deutschen Fluchtsuchenden in Ungarn mit den Worten an, eine „Abschiebung der Flüchtlinge zurück in die DDR" komme „nicht in Frage". Németh fuhr fort: „Wir öffnen die Grenze. Wenn uns keine militärische oder politische Kraft von außen zu einem anderen Verhalten zwingt, werden wir die Grenze für DDR-Bürger geöffnet halten." Die Ausreise der Flüchtlinge solle bis Mitte September 1989 erfolgen.

geben. In den letzten zehn Jahren habe Polen eine Art Wende zum Nihilismus vollzogen.
MP Németh verweist als Beispiel auf die Rolle, die ausländische Devisen in der polnischen
Wirtschaft spielen.

AM Horn fügt hinzu, aus seiner Sicht sei es ein „Wahnsinn", daß der Innen- und der Verteidigungsminister unmittelbar dem Präsidenten unterstünden. Die neue Regierung werde mit
Sicherheit keine Wunder vollbringen können, wenn man bedenke, daß Armee und Polizei
weiterhin dem Staatspräsidenten unterstünden. Dies könne zu einem schizophrenen Zustand führen.

Der Bundeskanzler erklärt, auch er sei voller Skepsis, was die weitere Entwicklung angehe.
Man müsse sehen, daß die „Solidarität" keine Partei sei, sondern in Gruppen zerfiele. Im übri-
rigen sei „Solidarität" bisher nur stark im „Nein" gewesen.

Was die deutsch-polnischen Beziehungen angehe, so wollten wir jetzt rasch zu einem Abschluß der Verhandlungen kommen. Es habe bei uns eine unnütze Diskussion über seine
Reise nach Polen gegeben. Man habe ihm geraten, sofort zu fahren. Dies habe er abgelehnt.
Die deutsch-polnischen Beziehungen seien äußerst kompliziert. Das gelte nicht erst jetzt
oder seit 1933, sondern dies habe sich schon in der Weimarer Republik gezeigt.

Nach Abschluß des Warschauer Vertrages 1970 sei man voller Hoffnung hinsichtlich der
weiteren Entwicklung der deutsch-polnischen Beziehungen gewesen. Diese Hoffnungen
hätten sich nachher nicht erfüllt. Dies dürfe sich nicht wiederholen. Es dürfe keine zweite
Enttäuschung im deutsch-polnischen Verhältnis geben.

Wir sähen die deutsch-polnischen Beziehungen auch als einen Beitrag zur Stabilisierung in
Europa. Wir wollten unter keinen Umständen eine Destabilisierung. Deswegen sei die Entwicklung in Polen und Ungarn, aber auch in der DDR, für uns so wichtig. Was die DDR angehe, so glaube er allerdings, daß sich mit der derzeitigen Führung nichts ändern werde.

MP Németh erklärt, er habe seinerzeit als verantwortlicher Sekretär für Wirtschaft im ZK
der USAP ein langes Gespräch mit Honecker geführt und ihm die ungarische Position dargelegt. Honecker habe zwar zugehört, ihm aber dann drei Bücher überreicht, dessen Lektüre
er ihm dringend nahegelegt habe. Es habe sich einmal um seine Reden, dann um Materialien
über den letzten SED-Parteitag und das Programm der SED gehandelt.

Der Bundeskanzler wirft ein, man müsse sehen, daß Honecker unter allen Umständen im
Amt bleiben wolle. Jede Reform würde ihn sein Amt kosten. Auch wenn er das persönlich
ablehne, könne man hierfür ein gewisses Verständnis aufbringen. Was er hingegen nicht ver-
stehe, sei die Entwicklung in der ČSSR. Štrougal habe ihm seinerzeit bei seinem Besuch in
Prag[1] erklärt, welche Reformen man durchführen müsse. Auf seine Frage, wann er an die
Durchsetzung dieser Reformen gehe, habe Štrougal nur mit den Achseln gezuckt. Völlig un-
verständlich sei die Politik der tschechoslowakischen Regierung gegenüber der katholischen
Kirche.

AM Horn erklärt, man dürfe nicht vergessen, daß nach 1968 das Leben von 1 Mio. Menschen in der ČSSR radikal verändert worden sei. An der Spitze der Säuberungen habe seinerzeit Jakeš gestanden.

Auf die entsprechende Frage von BM Genscher, welche Rolle Lenárt spiele, erklärt AM
Horn, dieser sei „von der gleichen Sorte".

MP Németh erklärt, Štrougal sei ein sehr vernünftiger Mann gewesen. Man müsse sehen, daß
die derzeitige Führung die Vergangenheit – 1968 – nicht bewältigen könne. Andererseits
habe er den Eindruck, daß die Tschechen für eine Reformpolitik offener seien als die Slowa-
ken. Er sei im übrigen überzeugt, daß es nur eine Frage der Zeit sei, daß auch in der Tsche-

---

1 Bundeskanzler Kohl traf während seines offiziellen Besuchs am 26./27. Januar 1988 in der ČSSR mit Ministerpräsident Štrougal in Prag zusammen (Bulletin. Nr. 18. 3. Februar 1988, 145–152).

choslowakei die Reformdiskussion weitergehe. Es dürfe allerdings nicht zu einer Explosion kommen.

Der Bundeskanzler wirft ein, genau diese Gefahr sei aber gegeben.

Der Bundeskanzler fragt, wie die ungarische Seite die Entwicklung in Rumänien beurteile.

MP Németh erklärt, er habe Ceauşescu auf dem Gipfel in Bukarest[2] als einen psychisch kranken Mann erlebt. Er belegt dies an einer Reihe von Einzelheiten des Verhaltens von Ceauşescu während der Konferenz. Im übrigen sei die Lage der Bevölkerung in Rumänien bedrückend.

Auf die Frage des Bundeskanzlers nach Schiwkow und der Entwicklung in Bulgarien erklärt MP Németh, die Wirtschaft dort werde ständig umorganisiert. Es gebe daher erhebliche wirtschaftliche Probleme.

MP Németh erwähnt sodann, daß das bulgarische Politbüro wiederholt einen Antrag auf Mitgliedschaft in der Sowjetunion gestellt habe.

Der Bundeskanzler erklärt, unsere Politik orientiere sich daran, daß Ungarn, aber auch ein Land wie Österreich, Teil Europas seien. Die internationale Politik habe heute zwei Bezugspunkte, einmal die Abrüstung, zum anderen die wirtschaftliche Zusammenarbeit. Es gebe allerdings noch ein drittes Element, das leider immer wieder zu kurz komme, das sei die Kultur. Europa dürfe nicht nur ökonomisch ausgerichtet sein. Auch in den deutsch-ungarischen Beziehungen müsse diese kulturelle Identität – ungeachtet der zweifelsohne prioritären wirtschaftlichen Probleme – eine wichtige Rolle spielen.

Hartmann

Nr. 30
Fernschreiben des Ministerialdirigenten Duisberg an Staatssekretär Bertele
Bonn, 29. August 1989

BArch, B 136/21860, 222 – 83105 Fa 3 NA 2 Bd. 5. – VS-NfD. Nachrichtlich: BMB, z.Hd. St Priesnitz; AA, z.Hd. MD Kastrup. Ms. vermerkt: „2) Mit BMB (Sts Dr. Priesnitz) und AA (MinDir Dr. Kastrup nach Rücksprache mit BM Genscher) abgestimmt. 3) Vor Abgang Herrn Chef BK mit der Bitte um Billigung. 4) Wv. bei Herrn LASD." Abgezeichnet: „Seiters". Mit Stempel: Bundeskanzleramt, Fernschreibstelle, Nr. 1464, 29. August 1989, 19.17 Uhr.

Betr.: Zufluchtsfälle in der Ständigen Vertretung und in unserer Botschaft in Prag
Bezug: Ihr Fernschreiben Nr. 1833 vom 24.08.1989 – 83104 – Fa 4 – VS-NfD –[1]

Sehr geehrter Herr Staatssekretär,

auch aus hiesiger Sicht bietet der Vorschlag der DDR einen Ansatzpunkt für weitere Gespräche. Im Einvernehmen mit BMB und AA bitte ich Sie, auf folgender Linie mit Herrn Schindler das Gespräch fortzusetzen.[2]

2 Nr. 3 Anm. 8.
1 Nr. 27.
2 Staatssekretär Bertele trug am 30. August 1989 gegenüber dem Gesandten Schindler „die für die DDR bestimmten Punkte praktisch wörtlich" vor und hinterließ die „Präzisierungswünsche als Non-paper auf neutralem Blatt", nachdem er diese vorgetragen hatte. Im Verlauf der Unterredung hob Bertele mehrfach hervor, die Bundesregierung bedaure, „daß die DDR sich zu einem weitergehenden Entgegenkommen nicht bereit erklärt habe". Auch in Zukunft werde die Bundesrepublik niemanden aus ihren Missionen verweisen, der nicht dem Rat folge, die Vertretung wieder zu verlassen. Schindler sagte „eine baldige Antwort" auf die Präzisierungswünsche zu. Rechtsanwalt Vogel solle erst nach der Antwort unterrichtet werden (Fernschreiben des Staatssekretärs Bertele an den Chef des Bundeskanzleramtes, StäV Nr. 1865, 30. August 1989, VS-NfD; BArch, B 136/21860, 222 – 83105 Fa 3 NA 2 Bd. 5).

Die Bundesregierung begrüßt, daß die DDR zu Gesprächen über die Lösung der Zufluchtfälle in unseren Vertretungen bereit ist. Sie bedauert allerdings, daß sich die DDR in diesem
Gespräch zu einem weitergehenden Entgegenkommen nicht bereiterklärt hat. Wir haben
deshalb Zweifel, ob die Betroffenen bereit sind, auf der Grundlage des Vorschlags der DDR
die Vertretungen zu verlassen, zumal sie wohl auch noch Hoffnungen auf ein Spitzengespräch setzen und, zumindest in Prag, auf eine vergleichbare Lösung wie in Budapest hoffen.

Im einzelnen:

- (zu Ziff. 1)
Auch wir sind der Auffassung, daß die Vertretungen für jeden frei zugänglich sind. Wir
sind auch in Zukunft bereit, den Besuchern eindringlich zu sagen, daß über eine Genehmigung zur Ausreise aus der DDR nur die zuständigen Stellen der DDR entscheiden und
daß die Festsetzung in der Ständigen Vertretung oder in einer Botschaft kein geeigneter
Weg ist, eine solche Genehmigung zu erzwingen. Wir werden den Besuchern auch weiterhin raten, die Vertretungen zu verlassen. Wir werden aber auch in Zukunft niemanden,
der nicht freiwillig geht,[3] vor die Tür setzen.

(**Anmerkung zu Ihrer Unterrichtung:**
Wir können über Zusicherungen dieses Inhalts nicht hinausgehen, weil wir Lösungen wie
im Fall Budapest oder auch in Jugoslawien sowie generell die Hilfe unserer Auslandsvertretungen gegenüber DDR-Deutschen, die in die Bundesrepublik übersiedeln wollen,
nicht ausschließen dürfen. Bei den von Schindler gebrauchten Formulierungen könnte das
der Fall sein.)

- (zu Ziff. 2)
Wir bezweifeln, ob die Erklärungen der DDR (Gleichstellung mit anderen DDR-Bürgern
hinsichtlich des Übersiedlungsverfahrens, „ordentliche" Behandlung der Rückkehrer im
Heimatort, anwaltliche Vertretung beim Übersiedlungsverfahren) ausreichen, die Zufluchtsuchenden zum freiwilligen Verlassen der Vertretungen zu bewegen. Nicht wenige
von ihnen haben alle Brücken hinter sich abgebrochen (Wohnungen aufgegeben, Habe verkauft und verschenkt). Präzisierungen der Zusagen könnten hilfreich sein. Hierzu gehören:

(1) Wie wirkt sich die Gleichstellung aus, nachdem die Ausreiseanträge der meisten
rechtskräftig abgelehnt worden sind? Nach der Verordnung kann ein neuer Antrag
erst nach sechs Monaten gestellt werden. Wann können die Zufluchtsuchenden einen
neuen Antrag stellen (z.B. im Falle einer Fristversäumung während ihres Aufenthaltes in der Ständigen Vertretung)?

(2) Was heißt „ordentliche Behandlung"? Für die Entscheidung der Betroffenen könnte
insbesondere wichtig sein, ob sie wieder in ihren Beruf und an ihre Arbeitsstelle zurückkehren können.
Es wäre hilfreich, wenn die Rückkehrer die Möglichkeit erhielten, Schwierigkeiten
am Heimatort, die mit ihrer Zufluchtnahme zusammenhängen, der Ständigen Vertretung mitzuteilen.

(3) Präzisiert werden müßte auch der Punkt der anwaltlichen Vertretung. Unter anderem
müßte die DDR mitteilen, ob Rechtsanwalt Dr. Vogel mit seinem Büro (oder ggf. welche anderen Anwälte) die Rückkehrer in Übersiedlungsverfahren (von Amts wegen?)
vertreten wird.

Wir halten es für wichtig, daß diese Punkte für das Gespräch mit den Zufluchtsuchenden
näher erläutert werden.

---

3 Hs. im folgenden gestrichen: „gewaltsam".

– (zu Ziff. 3)
Der Vorschlag der DDR sollte von Rechtsanwalt Dr. Vogel den Zufluchtsuchenden in unseren Vertretungen übermittelt und erläutert werden (dies hätte verschiedene Vorteile: Die Betroffenen könnten sicher sein, daß der Vorschlag ungefiltert von der verantwortlichen Stelle unterbreitet wird. Vogel könnte Fragen beantworten und die Reaktion der Zufluchtsuchenden seiner Seite authentisch übermitteln.)

Diese Weisung hat vor Abgang Herrn Chef des Bundeskanzleramtes vorgelegen.

Mit freundlichen Grüßen
Im Auftrag
D 29/8
(Duisberg)

Nr. 31
Telefongespräch des Bundeskanzlers Kohl mit Ministerpräsident Mazowiecki
31. August 1989

BK, 21 – 30100 (56) Ge 28 (VS) Bd. 78, Bl. 297–301. – Vermerk des MDg Hartmann, 31. August 1989. – Mit Vorlage des MDg Hartmann über Chef BK an den Bundeskanzler zur Billigung. Hs. von Bundeskanzler Kohl vermerkt: „Teltschik erl."

Der Bundeskanzler erklärt eingangs, er habe von BM Blüm einen langen Bericht über dessen Reise nach Polen[1] bekommen, der ihn sehr beeindruckt habe. Er werde morgen vor dem Deutschen Bundestag eine Rede zum Ausbruch des 2. Weltkrieges vor 50 Jahren halten.[2] Den Text werde er MP Mazowiecki zustellen lassen.
Er wolle MP Mazowiecki versichern, daß er im Rahmen der Möglichkeiten alles tun wolle, um ihn zu unterstützen. Dabei sei für ihn sehr wichtig, daß die Beauftragtengespräche bald fortgesetzt würden. Darüber hinaus sei er daran interessiert, einen direkten Kontakt mit Mazowiecki zu eröffnen. Wenn der Ministerpräsident dazu bereit sei, werde er bald Herrn Teltschik nach Warschau schicken. Wenn der Ministerpräsident dazu bereit sei, könne Herr Teltschik ihn persönlich in seinem Namen aufsuchen.
MP Mazowiecki erwidert, er halte es für eine gute Idee, daß Herr Teltschik bald nach Warschau komme.
Der Bundeskanzler fährt fort, ihm läge daran, daß man jetzt mit den Verhandlungen schnell vorankomme und sie so rechtzeitig abschließe, daß er noch vor Weihnachten seine Reise nach Polen antreten könne.
MP Mazowiecki erwidert, er sei seinerseits sehr stark daran interessiert, daß die Beauftragtengespräche bald zum Abschluß kämen. Damit werde man einen Durchbruch in den deutsch-polnischen Beziehungen erzielen. Er freue sich daher, daß der Bundeskanzler Herrn Teltschik bald nach Warschau schicken werde. Für die polnische Bevölkerung sei es ein wichtiges Anliegen, die Aussöhnung mit Deutschland zu finden und das Gefühl zu haben, in sicheren Grenzen zu leben.
Wie der Bundeskanzler wisse, habe seine Regierung mit außerordentlich großen Schwierigkeiten auf wirtschaftlichem Gebiet zu kämpfen. Gleichzeitig sei die polnische Bevölkerung

1 Bericht in der Registratur des Bundeskanzleramtes nicht zu ermitteln. Zu der Reise: Nr. 28 Anm. 5.
2 Erklärung des Bundeskanzlers Kohl aus Anlaß des 50. Jahrestages des Ausbruchs des Zweiten Weltkrieges, 1. September 1989, in: Verhandlungen des Deutschen Bundestages. Stenogr. Berichte. Bd. 150. Plenarprotokoll 11/154, 11626–11632.

sehr ungeduldig geworden und erwarte rasche Ergebnisse. Sein größtes Problem sei die Zeit. Er würde sich daher sehr freuen, wenn es jetzt möglich wäre, bald ein Zeichen dafür zu setzen, daß es Fortschritte in den wirtschaftlichen Beziehungen zwischen Polen und der Bundesrepublik Deutschland gebe.

Er selber fange jetzt erst an, sich mit den ganzen Fragen eingehender zu beschäftigen. Für Polen sei es außerordentlich wichtig, daß man einen Plafond für die Hermes-Bürgschaften finde.

Der Bundeskanzler wirft ein, die Frage der Hermes-Bürgschaften sei in der Tat ein wichtiger Punkt, in dem er helfen wolle.

MP Mazowiecki fährt fort, er habe einen Vorschlag zu machen, den er den Bundeskanzler bitte zu prüfen. Er wolle eine Gruppe von Wirtschafts- und Finanzexperten in die Bundesrepublik Deutschland schicken, die die Frage der Zusammenarbeit zwischen polnischen und deutschen Unternehmen behandeln sollten. Eine solche Mission könne dazu beitragen, die jeweiligen Vorstellungen über die Hermes-Bürgschaften miteinander in Einklang zu bringen.

Der Bundeskanzler schlägt vor, daß die polnische Expertengruppe Mitte September nach Bonn kommt. Zu diesem Zeitpunkt werde er selber wieder in Bonn sein. Als Datum könne man den 14./15. September ins Auge fassen.

MP Mazowiecki erklärt sich grundsätzlich einverstanden.

Der Bundeskanzler bittet MP Mazowiecki, einen Mitarbeiter zu benennen, mit dem die weiteren technischen Einzelheiten besprochen werden könnten. Außerdem sei es für ihn wichtig, daß die Expertengruppe aus kompetenten Leuten bestehe und nicht zu groß sei. Im übrigen solle man die Mission mit äußerster Diskretion und ohne Publizität behandeln.

MP Mazowiecki erklärt sich einverstanden. Den Namen des Mitarbeiters werde er noch übermitteln.

MP Mazowiecki fährt fort, er bitte den Bundeskanzler auch um Unterstützung der polnischen Anliegen im Pariser Club. Hier gehe es um eine langfristige Lösung für das Problem der polnischen Auslandsverschuldung.

Der Bundeskanzler erwidert, wie er bereits erklärt habe, sei er gerne bereit, dem Ministerpräsidenten zu helfen, und zwar sowohl im Rahmen unserer nationalen Möglichkeiten – die allerdings begrenzt seien –, aber auch in der Europäischen Gemeinschaft und gegenüber den USA.

Sein Ziel sei es, jetzt die Chance zu nutzen für einen neuen Abschnitt im Verhältnis zwischen Polen und Deutschen, ja zwischen Polen und dem Westen.

MP Mazowiecki erwidert, er freue sich über diese Haltung des Herrn Bundeskanzlers. Auch er sei der Auffassung, daß man jetzt den entscheidenden Schritt tun müsse.

Er wolle noch fragen, ob er den Bundeskanzler dahingehend verstehen könne, daß er ihn möglicherweise noch im Dezember in Warschau begrüßen könne.

Der Bundeskanzler erwidert, dies sei in der Tat seine Absicht. Aber vorher sollten wir das ganze Maßnahmenpaket komplett verhandelt haben.

MP Mazowiecki erklärt sich einverstanden und fügt hinzu, er denke, daß auch die Themen, die den Bundeskanzler besonders interessierten, zum Abschluß gebracht werden können.

Der Bundeskanzler erklärt, er wolle diesen Weg gemeinsam mit MP Mazowiecki gehen.

MP Mazowiecki bedankt sich und fügt hinzu, es wäre gut, wenn man dies alles noch in diesem Jahr, dem 50. Jahrestag des Beginns des 2. Weltkrieges, bewerkstelligen könnte. Dies habe politische und moralische Bedeutung für ganz Europa.

Er wolle nur wiederholen, was er zahlreichen ausländischen Gesprächspartnern in den letzten Tagen gesagt habe: Wenn es Deutschen und Polen gelinge, diesen entscheidenden Schritt zu tun, sei dies für ganz Europa bedeutsam.

Der Bundeskanzler stimmt zu und erklärt, wenn der Ministerpräsident der Meinung sei, daß in einer wichtigen Angelegenheit ein direkter Kontakt nützlich sei, solle er ihn unmittelbar anrufen; er wolle das Gleiche tun.

MP Mazowiecki bedankt sich für den Anruf und bittet den Herrn Bundeskanzler, herzliche Grüße sowohl BM Blüm als auch dem Bundespräsidenten zu übermitteln. Er sei gestern bei Staatspräsident Jaruzelski gewesen, der zuvor den Brief des Herrn Bundespräsidenten[3] erhalten habe.

Hartmann

Nr. 32
Fernschreiben des Staatssekretärs Bertele an den Chef des Bundeskanzleramtes
Berlin (Ost), 31. August 1989

BArch, B 136/21860, 222 – 83105 Fa 3 NA 2 Bd. 5. – FS StäV Nr. 1873, 13.16 Uhr. Az. 83104 – Fa 4. VS-NfD. Citissime nachts. Verteiler: ChBK, MDg Duisberg; Info: BMB, St Priesnitz; Bonn AA, MD Kastrup. Mit Stempel: 015792, BK-Amt, FS-Zentrale, 31. August 1989, 13.48 Uhr. Hs. vermerkt: „Herrn Chef BK. D[uisberg]". Mit Paraphe: „Sp[eck] 1/9.", abgezeichnet: „Seiters".

Betr.:   Zufluchtsfälle in der Ständigen Vertretung und in unserer Botschaft in Prag
Bezug: Dortiges FS Nr. 1464 v. 29.08.89 Az. – 222 – 83105 – Fa 3 (NA 2)[1]
FS StäV Nr. 1865 v. 30.08.89

Schindler teilte mir heute morgen die Antworten der DDR auf die gestern erbetenen Präzisierungen[2] mit. Er betonte zunächst, daß in folgendem zwischen der DDR und uns eine übereinstimmende Beurteilung bestehe, daß nämlich Zufluchten in Missionen der Bundesrepublik nicht geeignet seien, die ständige Ausreise aus der DDR zu erreichen, und daß daher Zufluchtsuchende an die zuständigen Behörden der DDR verwiesen werden. Einigkeit bestehe auch, daß solchen Personen geraten (Schindler betonte das Wort „geraten" nachdrücklich) werde, die Vertretungen zu verlassen.
Nach dieser Einleitung übergab mir Schindler die erbetenen Präzisierungen auf die von mir gestern gestellten Fragen. Die Präzisierungen, die er mir zur Gedächtnisstütze schriftlich übergab, haben folgenden Wortlaut:

Präzisierungen:

Zu Ziffer 1:
Im Interesse der umgehenden Lösung der gegenwärtigen Situation in den diplomatischen Einrichtungen der BRD können die betroffenen Personen dahingehend informiert werden, daß sie nach Verlassen der Einrichtungen bei den zuständigen Abteilungen Innere Angelegenheiten vorsprechen können.
Diese Vorsprachen werden als Wiederholung der Antragstellung auf ständige Ausreise gewertet.

Zu Ziffer 2:
Grundsätzlich können die Betroffenen in ihrem Beruf und an ihre Arbeitsstelle zurückkehren. In dem Falle, wo eine derartige Möglichkeit nicht besteht, wird den Betroffenen insofern Unterstützung gewährt, daß ein entsprechender Einsatz unter weitestgehender Berücksichtigung des Berufes und der bisherigen Arbeitsstelle gesichert wird.

---

3   Botschaft des Bundespräsidenten von Weizsäcker an Staatspräsident Jaruzelski, 28. August 1989, in: Bulletin. Nr. 81. 30. August 1989, 713 f.
1   Nr. 30.
2   Ebd., Anm. 2.

Zu Ziffer 3:
Die anwaltliche Mitwirkung von RA Dr. Vogel und seines Büros wird gewährleistet. Zur weiteren Unterstützung werden die Vorsitzenden der Kollegien der Rechtsanwälte in den Bezirken der DDR bevollmächtigt, die Betroffenen nach dem Verlassen der diplomatischen Einrichtungen anwaltlich zu begleiten. Dazu gehört auch die Unterstützung bei der Betreuung vor den staatlichen Organen und den Gerichten der DDR. Die Vorsitzenden der Kollegien der Rechtsanwälte in den Bezirken der DDR sind des weiteren bevollmächtigt, entsprechende Rechtsanwälte in den Heimatorten der Betroffenen mit der Wahrnehmung der anwaltlichen Vertretung zu beauftragen.

Schindler bemerkte hierzu:

Zu Ziffer 1:
In diesem Punkt stecke ein großes Entgegenkommen uns gegenüber. Inhaltlich bedeute die Passage, daß die erneuten Vorsprachen als Wiederholung der Antragstellung gewertet würden, daß es keine Fristenprobleme gebe. Die DDR hätte sich hierzu durchgerungen, obwohl dies eine Besserstellung der Zufluchtsuchenden gegenüber anderen Antragstellern bedeute. Dies brauche man jedoch nicht an die große Glocke zu hängen.

Zu Ziffer 2:
Er habe sich wegen der von mir gestern erwähnten Frage des Lehrerehepaars, das aufgrund der Antragstellung entlassen und arbeitslos geworden sei, kundig gemacht. Richtig sei, daß es die DDR für ausgeschlossen halte, daß z.B. Lehrer, die in der Ständigen Vertretung Zuflucht gesucht haben und ihre Ausreise betreiben, „auf Kinder losgelassen werden können". Man werde jedoch dafür sorgen, daß sie nicht arbeitslos würden und daß sie auch nicht zu unqualifizierten Arbeiten – Schindler: Straßenverkehr – herangezogen würden. Das sei bei Lehrern nicht einfach, aber man suche Wege, sie z.B. in der Volksbildung zu beschäftigen. Hinsichtlich des zweiten von mir beispielhaft genannten Falls, wonach einem Mitarbeiter der Deutschen Reichsbahn bei einem früheren Zufluchtsfall Straffreiheit versprochen worden wäre, der aber dann doch disziplinarisch mit Geldbußen etc. belegt worden sei, bemerkte Schindler, daß der ausgesprochene Verweis durch den einzuschaltenden Anwalt sicherlich korrigiert werden könne. Daß die Jahresprämie gestrichen worden sei, sei in Ordnung gewesen. Dagegen sei nichts zu machen, da eben auch andere, die unentschuldigt gefehlt hätten, eine Jahresendprämie nicht erhielten. Nicht gebilligt werde, daß auch in das laufende Einkommen eingegriffen worden sei.
Schindler unterstrich zu Ziffer 2, daß die Betroffenen im Grundsatz in ihre Berufe und an ihre Arbeitsstelle zurückkehren könnten.
Arbeitslos dürfe aufgrund der Antragstellung niemand werden. Man wolle sich auch bemühen, qualifizierte neue Beschäftigungen zu finden.

Zu Ziffer 3:
Hier sei die anwaltliche Vertretung der Interessen der Antragsteller vor staatlichen Organen eine positive Weiterentwicklung.
Falls jemand keinen Anwalt finden sollte, der bereit sei, die anwaltliche Vertretung zu übernehmen, könne ein Anwalt bestellt werden (letzter Satz der Ziff. 3).

Abschließend betonte Schindler, daß die DDR selbstverständlich davon ausgehe, daß RA Vogel zugegen sei – falls ich dies wünsche –, wenn ich die Zuflüchtigen in der Vertretung über die Situation unterrichte. Ich habe unterstrichen, daß mir sehr daran gelegen sei, daß Vogel präsent sei und daß er, und nicht ich, die Position der DDR vortrage. Schindler meinte, daß dies zwischen uns abgesprochen werden solle. Ab sofort könnte ich mich in dieser Sache an RA Vogel wenden. Die DDR gehe im übrigen davon aus, daß das gleiche Verfahren auch auf Zufluchtsfälle in Prag ausgedehnt werde („dort wird es ja eine ungarische Lösung nicht geben").

Im Laufe des Gesprächs bemerkte Schindler, daß eine politische Lösung der Zufluchtsproblematik in einem Spitzengespräch nicht möglich sei. Es gebe in der DDR eine Entscheidung der gesamten Führungsspitze, daß weitergehende Zusagen als die Straffreiheit nicht in Betracht kommen können.

Ich bitte um Zustimmung, daß ich auf dieser Basis – zusammen mit Sts Priesnitz – mit RA Vogel die weitere Behandlung aufnehme und daß wir in dem genannten Sinne dann mit den Zuflüchtigen in der Ständigen Vertretung sprechen.

Bertele

Nr. 33
Fernschreiben des Staatssekretärs Bertele an den Chef des Bundeskanzleramtes
Berlin (Ost), 31. August 1989

BArch, B 136/20282. – FS StäV Nr. 1877, 14.42 Uhr. Az. 11 – 35004 La 4. Verteiler: ChBK, Gruppe 22; BMB, AL II; Bonn AA, Ref. 210; BML, BM Kiechle; BPA; LV Berlin. Mit Stempel: 015807, BK-Amt, FS-Zentrale, 31. August 1989, 15.25 Uhr.

Betr.:   Zur Stimmungslage in der Bevölkerung
Verf.:   RD Reuter

Aus zahlreichen Einzelgesprächen und Beobachtungen lassen sich Facetten eines Stimmungsbildes in der Bevölkerung der DDR gewinnen, das sich aber weitgehend einer quantitativen Bewertung entzieht. Schlagzeilen westlicher Zeitungen, es herrsche insgesamt eine Stimmung in der DDR wie kurz vor dem Mauerbau 1961, sind schwerlich zuverlässig zu belegen, auch wenn ein solcher Vergleich sich wegen der großen Fluchtwelle über die ungarisch-österreichische Grenze aufdrängen mag. Daß aber der Ausreisestrom als Indikator weitverbreiteter Unzufriedenheit der DDR-Führung ernsthafte Sorgen bereitet, zeigen ihre in den vergangenen Tagen und Wochen dünnhäutigen Reaktionen, die allerdings von den eigentlichen inneren Problemen ablenken und die Westmedien für die Unzufriedenheit im Lande und die daraus resultierende Fluchtwelle verantwortlich machen. Ein Beispiel hierfür ist der ADN-Kommentar in „Neues Deutschland" vom 25.08.1989[1] als Reaktion auf die Meldung der Tageszeitung „Die Welt" über mögliche Einschränkungen des touristischen Reiseverkehrs zwischen der DDR und Ungarn,[2] die auch von westlichen Fernseh-Nachrichtensendungen gebracht worden ist. Sicherlich ist richtig, daß besagte Meldung eine Art Torschlußpanik bei denjenigen befördern kann, die in ihrem Entschluß, die DDR zu verlassen, schwanken.

Im einzelnen:

1.

Nach wie vor sieht sich die DDR-Führung einem Druck von drei Seiten ausgesetzt. Der Druck aus dem Lager der reformbereiten sozialistischen Bruderländer und die Reformforderungen westlicher Politiker und Medien potenzieren einen Erwartungsdruck aus der eigenen Bevölkerung, der sich in vielfältigen Stimmungsströmungen, zwischen Resignation und noch nicht ganz aufgegebener Hoffnung auf innere Reformen schwankend, äußert.

---

1   „Kampagne gegen die DDR im Stile des kalten Krieges", in: Neues Deutschland. 44. Jg. Nr. 200. 25. August 1989, 2.
2   Werner Kahl, „Ungarn wird von der DDR als westliches Ausland eingestuft", in: Die Welt (Bonn). Nr. 196. 24. August 1989, 1.

2.

Durch die westlichen Medien gut informiert, ist das wichtigste Thema, das die Menschen hier bewegt, die Frage, wird es grundlegende Reformen geben oder nicht. Im Zusammenhang damit ist es die Fluchtwelle über die ungarisch-österreichische Grenze als Ausdruck von Hoffnungslosigkeit und Entmutigung, daß sich die DDR doch nicht wandeln werde. Die tägliche Propaganda der DDR-Führung tut das Ihre dazu, ein Gefühl der Ausweglosigkeit zu verstärken. Sie raubt jede Hoffnung auf Reform, indem fast täglich auf unterschiedliche Weise und mit unterschiedlicher Thematik deutlich gemacht wird, daß die Parteiführung an ihrem reformverweigernden innenpolitischen Kurs auch bis weit in die 90er Jahre hinein festhalten will. Der beschlossene innenpolitische Weg wird zudem bekräftigt mit täglichen Meldungen und Berichten über wirtschaftliche Erfolge in allen Bereichen von Industrie, Wirtschaft und Handel, die als Beweis dafür dienen sollen, daß die DDR innenpolitische Reformen nicht nötig bzw. mit dem Machtantritt Honeckers 1971 bereits eingeleitet habe. Längere Grundsatzartikel aus dem Institut für Gesellschaftswissenschaften beim ZK der SED bzw. der Parteihochschule, die insgesamt die SED-interne Diskussion mit Blick auf den 12. Parteitag im Mai 1990 widerspiegeln, signalisieren unter dem Strich die Verteidigung der bisherigen ideologischen und politischen Linie auch gegen Zweifler in den eigenen Reihen. Die innenpolitischen Entwicklungen insbesondere in Polen und Ungarn führen offenbar zu erheblicher Irritation innerhalb der SED. Die Bemühungen der SED-Führung, auf diese Weise die Stimmung in gelenkte Bahnen zu kanalisieren, scheinen wenig zu überzeugen.

3.

Obwohl die politische Führung keinen Zweifel läßt, daß sie so weitermachen will wie bisher, wird dennoch gesagt, daß es so doch nicht weitergehen könne und dadurch die politische Führung ⟨sich dieser Erkenntnis auf die Dauer nicht werde⟩[3] verschließen können. Denn das allgemeine Bewußtsein von den Schäden des Systems erhält aus dem persönlichen Erleben im Alltag täglich Nahrung und steht im Kontrast zu den Erfolgsmeldungen der Propaganda, der nicht mehr geglaubt wird. Die Mängel in der Arbeitswelt, das lustlose und laxe Verhalten der Kollegen beispielsweise, kennt man vom eigenen Arbeitsplatz her zu genau. Wer beispielsweise seine Besorgungen nicht während der Arbeitszeit erledigt hat, wird häufig leer ausgehen müssen. Als Konsument sind die ständigen Versorgungsmängel täglich erfahrbar und vergleichbar mit den ganz anderen Verhältnissen im Westen, woraus der Schluß gezogen wird, daß eine Gesellschaft anders und besser organisiert werden kann.

4.

Das Vertrauen in die eigenen Fähigkeiten, die vielfältigen Unzulänglichkeiten im Alltag, in der Arbeitswelt und in der Versorgung beseitigen zu können, wenn nur die politische Führung die Voraussetzungen dafür schafft, ist vorhanden. Persönliches Engagement, Einsatz- und Leistungsbereitschaft eines jeden werden von dieser Führung zwar in den gegenwärtig in den Betrieben geführten Plandiskussionen für das Wirtschaftsjahr 1990 unablässig eingefordert. Angesichts beispielsweise der langen Wartezeiten auf langlebige Gebrauchsgüter wie Wohnung, Auto und Telefon (für die Einrichtung eines Telefonanschlusses gilt eine Wartezeit bis zu 20 Jahren) und der gemessen am Durchschnittslohn (800 bis 1000 Mark der DDR) unverhältnismäßig hohen Preise für gehobene Konsumgüter wie etwa Farbfernsehgeräte (5000 bis 6000 Mark/DDR) oder angesichts des für jeden sichtbaren Verfalls alter Bausubstanz in den Städten gibt es kein Vertrauen mehr in die Methoden des bisherigen Wirtschaftens, mit denen es 40 Jahre lang nicht gelungen ist, diese und andere Mängel zu überwinden und den Bedürfnissen gerecht zu werden.

---

3 ⟨ ⟩ Von den Bearbeitern korrigiert aus: „wird sich dieser Erkenntnis auf die Dauer nicht".

5.

Wozu Verantwortungs- und Pflichtbewußtsein, wozu Einsatz- und Leistungsbereitschaft, wenn die Führung täglich den sich als untauglich bewiesenen Weg als einzig richtigen proklamiert? Leistungsbereitschaft lohnt sich nur, wenn damit die Aussicht auf Besserung der Verhältnisse für jeden einhergeht, wenn für pers[önliche] Leistung ein angemessenes Äquivalent geboten wird, beispielsweise in Form niedrigerer Preise für Auto und Fernseher. So können Gefühle entstehen, daß pers[önliches] Engagement und Einsatzwille weder gewünscht noch gewürdigt und gar nicht wirklich benötigt werden. Die Folge ist Apathie, die sich auch in Anklage und Verärgerung über die Engstirnigkeit der Führung Luft verschafft. Man hat „es" satt – und dahinter steht vieles, was sich konkret oftmals nicht festmachen läßt, auch Irrationales.

6.

Die Wertlosigkeit der eigenen Währung wird dem Bürger als potentiellem Konsumenten in Form überhöhter Preise für die langlebigen Gebrauchsgüter oder durch den Besitz westlicher Währungen, die es erlaubt, Waren besserer Qualität zu erwerben, auch im Inland ständig vor Augen geführt. Wer keine Westwährung besitzt, leidet stärker unter den ständigen Versorgungsmängeln. Ein Aufenthalt im beliebtesten Urlaubsland Ungarn ist trotz offizieller Verlautbarungen über in diesem Jahr erheblich angestiegene Reisezahlen nach Ungarn teuer, darüber hinaus hält der Staat zu wenig Devisen für den Umtausch bereit.

Westtouristen in Ungarn schwärmen in Gegenwart des DDR-Touristen von diesem für sie billigen Urlaubsland. Diese Beobachtung macht der DDR-Tourist auch in der Tschechoslowakei, und es stellen sich Minderwertigkeitsgefühle gegenüber dem Deutschen aus dem Westen ein. Man empfindet sich als „Deutscher 2. Klasse", und das in einem sozialistischen Bruderland, und macht dafür das eigene System bzw. die Regierung verantwortlich.

7.

Das in diesem Jahr von der Führung mehrmals wiederholte Wort vom Dauerbestand der Mauer hat dem Gefühl von Hoffnungslosigkeit und persönlicher Beengtheit nur Vorschub geleistet. Zum Teil reagiert man auch mit Galgenhumor. Die Fluchtwelle über die ungarisch-österreichische Grenze, nun seit einigen Wochen zentrales Thema westlicher Nachrichtensendungen, beansprucht bei den einen die ganze Aufmerksamkeit. Die Nachrichten und Informationen hierzu werden gebannt aufgesogen, zumal die eigenen Medien weitgehend darüber schweigen. Andere wollen hierzu schon gar nichts mehr hören, weil sie der westliche „Medienrummel" abstößt. So mischen sich Nachdenklichkeit und Bestürzung über das Ausmaß der Fluchtwelle mit zum Teil Verärgerung über die westliche Berichterstattung. Auch Fluchtmotive werden nicht einhellig beurteilt. Neben der Sorge, daß jeder Flüchtling das Arbeitskräftedefizit noch vergrößert und damit die Lücken in der Versorgung am eigenen Leib noch spürbarer werden könnten, unterstellt man speziell Ärzten häufiger als anderen Berufsgruppen, sie seien Wirtschaftsflüchtlinge, die nur wegen aussichtsreicher Verdienstmöglichkeiten in die Bundesrepublik Deutschland übersiedeln wollten. Wie ist das mit ihrem Berufsethos noch in Einklang zu bringen, wird gefragt.

Die Fluchtwelle über Ungarn führt neben Nachdenklichkeit, Bestürzung, Sorge und Verärgerung auch zu der Befürchtung, daß nun auch das beliebte Urlaubsland künftig für den DDR-Touristen weitgehend geschlossen werden könnte. „Dann brauchen sie bloß noch ein Gitter über uns zuzumachen", ist die Reaktion einer 18jährigen Schülerin. Denn die Tschechoslowakei sei zu teuer, und Polen habe selbst so große Versorgungsschwierigkeiten, daß es einen Touristenstrom aus der DDR gar nicht verkraften könne.

8.

Die SED selbst gibt immer wieder Hinweise darauf, daß ihr das allgemeine Stimmungstief bis hinein in die eigenen Reihen Anlaß zur Besorgnis ist. Sie setzt auf die Wirksamkeit ihrer Propaganda und die Überzeugungskraft ihrer alten politischen Argumente. Der allgemeine

Vertrauensverlust dürfte aber gegenwärtig auf diese Weise kaum wieder aufgefangen werden können. Vom SED-Parteitag im nächsten Jahr können keine Änderungen erwartet werden. So klammert man sich als einzige Hoffnung an einen Führungswechsel, obwohl auch darin keine absolute Garantie für einen Wandel in der DDR gesehen wird. Das Ausmaß der niedergeschlagenen Stimmung scheint vielen SED-Mitgliedern und der SED-Führungsspitze offenbar erst durch die Fluchtwelle über Ungarn deutlich vor Augen geführt worden zu sein. Ihre Reaktion darauf ist das unerschütterliche Festhalten am bisherigen Kurs.

Bertele

Nr. 34
Fernschreiben des Staatssekretärs Bertele an den Chef des Bundeskanzleramtes
Berlin (Ost), 1. September 1989

BArch, B 136/21860, 222 – 83105 Fa 3 NA 2 Bd. 5. – FS StäV Nr. 1882, 13.39 Uhr. Az. 83104 – Fa 4. VS-NfD. Citissime. Verteiler: ChBK, MDg Duisberg; Info: BMB, St Priesnitz; Bonn AA, MD Kastrup, auch für Botschaft Budapest. Mit Stempel: 015884, BK-Amt, FS-Zentrale, 1. September 1989, 14.14 Uhr.

Betr.: Ausreisewillige DDR-Bürger
hier: Lage in Ungarn und in der Ständigen Vertretung

Vom ungarischen Geschäftsträger Szatmari habe ich über Verlauf und Inhalt des gestrigen Besuchs des ungarischen Außenministers Horn in Berlin (Ost) folgendes erfahren:
Im Laufe der Gespräche hätten sich die Standpunkte zur Frage der Ausreise von Bürgern der DDR aus Ungarn nicht sehr angenähert. Außenminister Fischer habe gedrängt, daß Ungarn sich auf eine Lösung einlasse, wie sie für die Zuflüchtigen in der Ständigen Vertretung hier in Berlin gefunden worden sei. Dort – so habe Fischer erklärt – fänden „heute" Gespräche mit den Zuflüchtigen statt, an denen RA Vogel und Staatssekretär Priesnitz aus Bonn sich beteiligten. Fischer habe dann die Modalitäten geschildert, wonach entscheidender Punkt der gefundenen Lösung sei, daß die Zuflüchtigen in die DDR zurückkehren müßten und daß sie dort – mit anwaltlicher Hilfe – ihre individuellen Ausreiseverfahren betreiben könnten. Dies sollte im Kern auch die Lösung für die in Ungarn verweilenden Deutschen aus der DDR sein. Außenminister Horn habe bestritten, daß die Probleme vergleichbar seien. Im Laufe des Gesprächs habe er gesagt, daß für 5000, 10000 oder 15000 DDR-Bürger (genaue Zahlen seien ihm nicht bekannt), die nicht in die DDR zurückkehren wollten, eine solche Lösung nicht in Frage komme. Das Ungarnproblem habe eine andere Dimension und eine andere Qualität und müsse daher anders gelöst werden. Auch ich habe gegenüber dem ungarischen Geschäftsträger mehrfach betont, daß aus unserer Sicht die Situation der Zuflüchtigen in der Ständigen Vertretung und die Lage der nicht rückkehrwilligen DDR-Bürger in Ungarn überhaupt nicht vergleichbar seien. Mein ungarischer Gesprächspartner teilte diese Ansicht. Im Laufe des Gesprächs habe Außenminister Fischer betont, daß Einschränkungen im Reiseverkehr nach Ungarn von seiten der DDR nicht beabsichtigt seien. Mein Gesprächspartner kommentierte dies mit der skeptischen Bemerkung, da die Reisesaison im September zu Ende gehe, könne man in überschaubarer Zeit keine Sicherheit gewinnen, ob diese Aussage eingehalten werde.
Im Verlauf des gestrigen Tages hat sich als nachteilig erwiesen, daß ich über die Abläufe in Ungarn nicht informiert war. Da die nächsten Tage sowohl in Ungarn als auch in Berlin sehr kritisch sein werden, bitte ich um schnelle Unterrichtung über die Entwicklung in Ungarn.

Bertele

Nr. 35
Fernschreiben des Ministerialdirigenten Duisberg an Staatssekretär Bertele
Bonn, 6. September 1989

BArch, B 136/21860, 222 – 83105 Fa 3 NA 2 Bd. 5. – VS-NfD. Cito. Nachrichtlich: BMB, z.Hd. St Priesnitz; AA, z.Hd. MD Kastrup. Ms. vermerkt: „2) Mit AA (MD Dr. Kastrup) und BMB (Sts Dr. Priesnitz) inhaltlich abgestimmt." Mit Stempel: Bundeskanzleramt, Fernschreibstelle, Nr. 1520, 6. September 1989, 17.47 Uhr.

Betr.:   Zufluchtsfälle in der Ständigen Vertretung und in unseren Botschaften in Prag und Warschau

Bezug: FS der StäV Nr. 1873 vom 31. 08. 1989 – 83104 – Fa 4 –[1]

Sehr geehrter Herr Staatssekretär,

im Einvernehmen mit dem AA bitte ich Sie, unter Bezugnahme auf ihr letztes Gespräch mit Schindler am 31. August das Gespräch im MfAA auf folgender Linie fortzusetzen:

1. Auf unserer Seite besteht grundsätzlich Bereitschaft, den Zufluchtsuchenden in der StäV die von der DDR gegebenen Zusicherungen mit den dazu mitgeteilten Erläuterungen und Präzisierungen zur Kenntnis zu bringen. Diese Gespräche sollten allerdings in Anwesenheit von Herrn RA Vogel erfolgen, der auch seinerseits die Position der DDR darlegen und zur Beantwortung von Fragen zur Verfügung stehen müßte.
   Ein Gespräch in der StäV kann kurzfristig jederzeit stattfinden.

2. Die Bundesregierung sieht Veranlassung, noch einmal folgendes klarzustellen:

   2.1 Die zwischen uns und der DDR geführten Gespräche beziehen sich ausschließlich auf die Zufluchtsuchenden in unseren Vertretungen, nicht auf Personen außerhalb. Den Gesprächen kann von der DDR daher keine darüber hinausreichende Bedeutung gegeben werden.

   2.2 Eine Lösung der Zufluchtsproblematik in den Vertretungen ist für uns nur in der Weise möglich, daß die Zufluchtsuchenden selbst freiwillig (freiwillig) die Missionen verlassen. Wir haben ihnen das schon bisher stets geraten – unter Hinweis darauf, daß über eine Genehmigung zur Ausreise aus der DDR nur die zuständigen Stellen der DDR zu entscheiden haben. Wir werden auch weiter in dieser Weise mit ihnen sprechen. Zusicherungen und Erklärungen der DDR können bei diesen Gesprächen hilfreich sein und ggf. dazu führen, daß die Zufluchtsuchenden den Rat zum Verlassen der Vertretungen dann auch befolgen. Diese Zusicherungen stellen jedoch nicht bereits als solche eine Lösung dar. Die Bundesregierung kann sich insoweit auch zu nichts verpflichten.

   2.3 Wir sind nach wie vor äußerst skeptisch, ob die Zufluchtsuchenden auf der Grundlage der bisher von der DDR gegebenen Zusagen einschl. der Präzisierungen zu einem freiwilligen Verlassen der Vertretungen bereit sein werden, zumal der wesentliche Inhalt dieser Zusagen inzwischen bereits von der DDR öffentlich bekanntgegeben worden ist. Ungeachtet dessen sollte aber das Gespräch mit den Zufluchtsuchenden unter Beteiligung von RA Vogel aufgenommen werden.

Diese Weisung hat vor Abgang Herrn Chef des Bundeskanzleramtes vorgelegen.

Mit freundlichen Grüßen
Im Auftrag
Dr. Duisberg *D 6/9*

---

1 Nr. 32.

Nr. 36
Gespräch des Bundesministers Seiters mit dem Ständigen Vertreter der DDR, Neubauer
Bonn, 7. September 1989

BArch, B 136/21860, 222 – 83105 Fa 3 NA 2 Bd. 5. – Vermerk des MDg Duisberg, 8. September 1989. Verteiler: BMB, St Priesnitz; AA, MD Kastrup; StäV, St Bertele; AL 2, GL 22. – Gesprächsbeginn: 9.00 Uhr.

Das Gespräch, an dem noch MinDirig Duisberg teilnahm, war von Herrn Neubauer erbeten worden.

BM Seiters erklärte jedoch eingangs, daß anderenfalls er seinerseits ihn zu einem Gespräch gebeten hätte. Denn er müsse ihm das äußerste Befremden der Bundesregierung über den ADN-Kommentar vom Vortage[1] aussprechen. Der Kommentar enthalte in wesentlichen Punkten eine verfälschende Darstellung des Sachverhaltes und sei überdies in Kenntnis der Tatsache veröffentlicht worden, daß heute (7. September 1989) sowohl der Gesprächstermin im Bundeskanzleramt als auch ein Gespräch von Sts Dr. Bertele im MfAA bereits vereinbart worden seien.

BM Seiters führte dann aus, es treffe nicht zu, daß am 31. August[2] grundsätzliche Einigung über einen Lösungsweg für die Zufluchtsproblematik erzielt worden sei. Wir hätten der DDR gegenüber stets deutlich gemacht, daß eine Lösung der Problematik nur in der Weise möglich sei, daß die Zufluchtsuchenden freiwillig die Mission verlassen; wir würden sie keinesfalls gewaltsam hinausweisen. Es sei an der DDR, ihrerseits Zusicherungen zu geben, die die Zufluchtsuchenden zum freiwilligen Verlassen der Vertretungen bewegen. Hinsichtlich der am 31. August von der DDR gemachten Vorschläge seien wir skeptisch, daß sie dafür ausreichen. Wir seien dennoch grundsätzlich bereit, den Zufluchtsuchenden in der Ständigen Vertretung diese Zusicherung zur Kenntnis zu bringen, wir hielten es aber für unerläßlich, daß die Position der DDR dabei auch durch RA Vogel vertreten werde. Bei seinem heutigen Termin im MfAA sollte Sts Dr. Bertele dies besprechen.[3]

BM Seiters sagte weiter, die Bundesregierung habe auch mit Befremden davon Kenntnis genommen, daß die DDR Tatsache und Inhalt der bisher mit ihr geführten Gespräche in einer sachlich nicht richtigen Weise gegenüber Dritten verwendet habe. Er möchte daher noch einmal klarstellen, daß die Gespräche sich ausschließlich auf Zufluchtsuchende in unseren Vertretungen beschränkt haben und es keine Vereinbarung über eine Lösung gegeben habe.

Herr Neubauer erklärte, er sei beauftragt, nochmals den Standpunkt der DDR zur Gewährung von Aufenthalt von DDR-Bürgern in unseren Vertretungen und zur widerrechtlichen

---

1 Gemeint war die ADN-Meldung unter dem Titel „Zu einer zügellosen Hetzkampagne der BRD" in: Neues Deutschland. 44. Jg. Nr. 209. 5. September 1989, 1. Unter Bezug auf eine Erklärung des Sprechers des Ministeriums für Auswärtige Angelegenheiten, Botschafter Wolfgang Meyer, vom 4. September 1989 wurde darin die Haltung „der offiziellen BRD-Institutionen und -Persönlichkeiten" in der Flüchtlingsfrage als Anmaßung und „Einmischung auf der Grundlage einer aus der Vergangenheit unrühmlich in Erinnerung gebliebenen großdeutschen Ideologie" verurteilt. Zugleich wurde „verbindlich zugesagt", daß Zufluchtsuchende in Ungarn „nach Rückkehr in die DDR keinerlei Strafverfolgung unterliegen". Der „Aufenthalt in diplomatischen Vertretungen oder an anderen Aufenthaltsorten außerhalb der DDR" bringe jedoch „keine Begünstigung" und sei „kein Weg zur Erreichung der ständigen Ausreise aus der DDR".
2 Nr. 32.
3 In dem Gespräch erklärte Gesandter Schindler, daß die Regierung der DDR „keinerlei Abstriche von den gegebenen Präzisierungen vornehme. Dies sei auch öffentlich klargestellt worden." Überdies seien die Behörden der DDR „auf die Rückkehr der Zuflüchtigen vorbereitet. Es sei Vorsorge getroffen, daß Rechtsanwälte die Fälle übernehmen würden. Nur mit ‚Knirschen' habe ‚durchgestellt' werden können, daß die Zuflüchtigen grundsätzlich an ihre Arbeitsplätze zurückkehren könnten." Staatssekretär Bertele verabredete anschließend mit Rechtsanwalt Vogel, am folgenden Tag zusammen mit Staatssekretär Priesnitz in der Ständigen Vertretung „die Zuflüchtigen über die Zugeständnisse, die die DDR bei einem freiwilligen Verlassen der Vertretung einzuräumen bereit ist", zu unterrichten (Fernschreiben des Staatssekretärs Bertele an den Chef des Bundeskanzleramtes, StäV Nr. 1933, 7. September 1989, VS-NfD; BArch, B 136/21860, 222 – 83105 Fa 3 NA 2 Bd. 5).

Wahrnehmung von sog. Obhutspflichten gegenüber DDR-Bürgern zum Ausdruck zu bringen. Er verwies insoweit auf die Erklärung des Sprechers des MfAA vom 4. September 1989[4] und knüpfte daran die Aufforderung an die Bundesregierung, die gegenwärtige Hetz- und Verleumdungskampagne gegen die DDR sowie völkerrechtswidrige Praktiken in bezug auf DDR-Bürger unverzüglich einzustellen. Die Bundesrepublik Deutschland müsse die Staatsangehörigkeit der DDR respektieren. Durch die derzeitige Politik der Bundesrepublik Deutschland würden die Beziehungen ernsthaft gefährdet und auch die politische Lage in Europa erheblich beeinträchtigt. Die DDR sei zur Entwicklung normaler Beziehungen bereit. Die Ursachen und die Verantwortung für die gegenwärtig aufgetretenen Probleme lägen jedoch ausschließlich bei der Bundesrepublik Deutschland, die daher ihre Politik in Übereinstimmung mit den bestehenden Vereinbarungen und dem Völkerrecht bringen müsse. Die Haushaltsdebatte im Bundestag[5] und andere Erklärungen hiesiger Politiker stellten eine Einmischung in innere Angelegenheiten der DDR dar und stünden mit den Verpflichtungen der Bundesrepublik Deutschland nicht in Einklang. Es sei erforderlich, daß die Bundesrepublik Deutschland endlich zu einer Politik des Realismus und der Respektierung der gegenseitigen Interessen zurückkehre.

Herr Neubauer erklärte weiter, die Regierung der DDR sei befremdet darüber, daß die vereinbarten Gespräche mit den DDR-Bürgern in unserer Vertretung noch nicht begonnen hätten. Die DDR habe bekanntlich Vorschläge zur Lösung gemacht und auf unseren Wunsch auch noch weitere Präzisierungen gegeben. Am 31. August habe dann Übereinstimmung bestanden, daß man diesen Weg gehen könne, und wir hätten zugesagt, entsprechende Gespräche mit den DDR-Bürgern in unseren Vertretungen zu führen. Als Herr Schindler am 4. September nachgefragt habe, ob diese Gespräche bereits begonnen hätten, sei das verneint worden; die Gespräche seien bis heute nicht geführt worden. Es sei daher völlig gerechtfertigt, daß die DDR ihre Position mit dem Kommentar klargestellt habe. Es sei an der Bundesregierung, nun unverzüglich die vereinbarten Gespräche aufzunehmen.

BM Seiters wies die von Herrn Neubauer erhobenen Vorwürfe gegen die Politik der Bundesregierung zurück. Er stellte auch klar, daß es bisher keine Vereinbarung zur Lösung der Zufluchtsproblematik gegeben habe. MinDirig Dr. Duisberg wies ergänzend darauf hin, daß aus unserer Sicht eine Lösung nur darin bestehen könne, daß die Zufluchtsuchenden freiwillig die Vertretung verließen. Hierzu seien Zusicherungen der DDR erforderlich. Wir hätten von Anfang an unsere Skepsis ausgedrückt, daß die von der DDR bisher gegebenen Zusicherungen dafür ausreichend seien, dennoch vorsorglich in einigen Punkten um Präzisierung gebeten. Bei dem Gespräch im MfAA am 31. August sei keinerlei Verabredung getroffen worden; Sts Dr. Bertele habe lediglich eine Reaktion in Aussicht gestellt. Schindler habe am 4. September auch nur gefragt, ob diese Reaktion bereits vorliege, was seitens der Ständigen Vertretung verneint worden sei. Mit Rücksicht auf die Abwesenheit von RA Vogel und anderweitiger Inanspruchnahme von Sts Dr. Bertele sei dann am 6. September der Termin für heute vereinbart worden.

Herr Neubauer blieb demgegenüber bei seiner Behauptung, daß am 31. August bereits eine Vereinbarung getroffen worden sei, die wir bisher nicht eingehalten hätten. Das weitere Gespräch brachte keine Annäherung der beiderseitigen Positionen.

Duisberg

---

4 Anm. 1.
5 Erste Beratung des Haushaltsgesetzes 1990 im Deutschen Bundestag am 5. und 6. September 1989 (Verhandlungen des Deutschen Bundestages. Stenogr. Berichte. Bd. 150. Plenarprotokolle 11/156 und 11/157, 11715–11832, 11835–11970).

Nr. 37
Gespräch des Bundesministers Seiters mit dem stellvertretenden Außenminister Eagleburger
Bonn, 7. September 1989

BK, 212 – 30105 A 5 Am 7, stv. AM Eagleburger, 7.9.1989. – Vermerk des VLR Westdickenberg, 7. September 1989. – Mit Vorlage des VLR I Kaestner über GL 21 i.V. und AL 2 i.V. an Chef BK, 11. September 1989: „Anliegend wird mit der Bitte um Genehmigung ein Vermerk über Ihr o.a. Gespräch vorgelegt. Zugleich erbitte ich Ihre – Zustimmung –, daß das Auswärtige Amt mit Durchdruck unterrichtet wird." Abgezeichnet: „S[eiters]", zur Unterrichtung des Auswärtiges Amtes hs. vermerkt: „Ja". – Gesprächsdauer: 16.00 bis 17.25 Uhr.

Weitere Teilnehmer:
Executive Assistant Mary Gin Kennedy (State Department),
Gesandter Ward (US-Botschaft),
Frau Notbohm (Dolmetscher),
VLR Dr. Westdickenberg (Note taker).

ChBK unterstrich einleitend die ausgezeichneten Beziehungen zwischen den USA und der Bundesrepublik Deutschland. Der Besuch von Präsident Bush und die Zusammenarbeit auf dem NATO-Gipfel in Brüssel und dem Wirtschaftsgipfel in Paris hätten dies eindrucksvoll bewiesen. Minister Eagleburger habe in einem seiner Vorträge in Bonn die gewachsene globale Bedeutung und Verantwortung von Ländern wie der Bundesrepublik Deutschland und Japans betont, und er, ChBK, wolle unser Verantwortungsbewußtsein für die transatlantischen Beziehungen unterstreichen.

Eagleburger griff das Angebot von ChBK auf, die Lage in Mittel- und Osteuropa zu diskutieren und zeigte sich sehr interessiert an unserer Einschätzung der Lage in der DDR und der deutsch-deutschen Beziehungen.

Es habe ihn sehr beeindruckt, wie sehr während seines Bonner Aufenthaltes bei verschiedenen Veranstaltungen die Frage der Wiedervereinigung im Mittelpunkt gestanden habe. Er wolle „keine große Sache" daraus machen, aber doch darauf hinweisen, daß Präsident Bush meine, was er sage, wenn er sich öffentlich für die Wiedervereinigung ausspreche. Die USA seien unter allen Verbündeten das Land, das sich hierzu am eindeutigsten äußere. Die Wiedervereinigung sei zwar nicht eine „Frage des Heute" („not today's issue"), aber die Entwicklung in Osteuropa habe alles in Bewegung gebracht. Er wiederhole, daß es in dieser Frage keinen Unterschied in der öffentlich und privat geäußerten Meinung der US-Regierung gebe.

Auf Polen überleitend, meinte Eagleburger, die Bundesregierung wisse sicher mehr zur dortigen Situation, da sie näher dran sei. Es sei keine Frage, daß sich dort historischer Wandel ereigne, und zwar in Polen und Ungarn. Der Westen müsse tun, was er könne, um ihn zu unterstützen. Man müsse aber auch Vorsicht walten lassen: Millionen Dollar seien in der Vergangenheit nach Polen gepumpt worden, ohne daß ein wirkliches Ergebnis sichtbar sei. Man müsse Polen deshalb zu strukturellen Wirtschaftsreformen zwingen und es mit der Marktwirtschaft konfrontieren. Deshalb habe Präsident Bush beim Hilfsangebot während seines Besuches in Polen gerade das privatwirtschaftliche Element betont.

Die USA wüßten – so erkärte Eagleburger –, daß sie mehr an Hilfe geben müßten, und sei es auch nur aus politischen Gründen. Man denke auch bereits über konkrete Möglichkeiten hierzu nach. Denn man müsse berücksichtigen, daß die ca. 100 Mio. $ US-Hilfe vor der Regierungsübernahme von MP Mazowiecki zugesagt worden seien. Zudem dränge der Kongreß. Man müsse dies aber vor dem Hintergrund einer sehr angespannten Haushaltslage sehen, und das US-Finanzministerium zeige sich sehr zurückhaltend, was Erleichterungen beim Pariser Club anbetreffe. Das Gros der Verschuldung trügen im übrigen die US-Privatbanken. BM Genscher habe ihm gegenüber von einer „Atempause" gesprochen, die der Pariser Club Polen gewähren sollte. Vielleicht könne man hier etwas tun.

Eagleburger unterstrich die Notwendigkeit, daß Hilfe für Polen gemeinsam erfolgen müsse: USA, BR Deutschland, EG. Dies müsse nicht unbedingt in der Form eines gemeinsamen Management geschehen, aber jeder müsse wissen, was der andere tue.

Allerdings müßten auch die Probleme in Rechnung gestellt werden:

– es handele sich bei der neuen Regierung um unerfahrene Personen;

– sie müßten mit einer feindlich gesinnten „Nomenklatura" zusammenarbeiten;

  Polen benötige dringend Expertenrat (BM Genscher stimme da mit ihm überein).

Polen müsse sich selbst helfen, und der Westen könne lediglich seinerseits einen Beitrag leisten. Unser Einfluß sei begrenzt. Andererseits: Der Reformprozeß in ganz Osteuropa werde vom Erfolg der Entwicklung in Polen beeinflußt. Es stelle sich das Problem der Glaubwürdigkeit für uns. Es sei ein Riesenproblem („terrible problem"). Über Polen dürfe man aber nicht Ungarn vergessen. Dort seien die Erfolgsaussichten evtl. besser als in Polen.

Abschließend – fuhr Eagleburger fort – wolle er einer Meinung entgegentreten, die er bei seinem Aufenthalt in Bonn oft gehört habe: Glasnost, Perestroika und der Reformprozeß in Osteuropa seien voneinander abhängig. Es treffe zwar zu, daß die Entwicklung in der SU den Reformprozeß in Osteuropa ausgelöst und überhaupt erst ermöglicht habe. Nachdem er nun aber in Gang gesetzt worden sei, werde er unabhängig von der Entwicklung in der SU seinen Fortgang nehmen, sofern man die Osteuropäer gewähren lasse. Denn man müsse sehen, daß dort – anders als in der SU – das System nach dem Krieg von außen aufgezwungen worden sei. Die langfristige Zukunft von GS Gorbatschow sei fraglich. Nicht fraglich sei aber, daß in Osteuropa das jetzige System verschwinden werde, wenn es nach den Osteuropäern gehe. Polen und Ungarn gingen voran, und die anderen würden früher oder später folgen. Bei Rumänien und Bulgarien wisse allerdings nur Gott, wann das der Fall sei.

ChBK wies auf Äußerungen des DDR-Außenministers hin, wonach man keine polnischen Verhältnisse wolle: weder wirtschaftlich, noch in den politischen Reformen. In der DDR sehe die Führung in einem evtl. Scheitern des Reformprozesses in Ungarn und Polen eine Bestärkung ihres eigenen starren Kurses. Die Bundesregierung habe ein unmittelbares Interesse an den Reformen: Denn jeder Schritt zu mehr Reformen sei ein Schritt zur Überwindung der Teilung.

ChBK stimmte zu, daß wir wirtschaftlich, finanziell, bilateral, in der EG und in den internationalen Finanzinstitutionen helfen müßten. Wir wollten Hilfe zur Selbsthilfe, projektgebundene und keine ungebundene Hilfe leisten. Dies habe selbst der PVAP-ZK-Sekretär Wiatr ihm gegenüber akzeptiert. Das Thema abschließend, unterstrich ChBK die Entschlossenheit des Bundeskanzlers, nach Polen zu reisen.

ChBK bezeichnete die Entwicklung der Zufluchtsfälle als dramatisch. Das Problem für die DDR-Führung sei, daß die Bürger in unserem Fernsehen die Lageentwicklung in Polen und Ungarn hautnah erlebten und fassungslos zusehen müßten, daß diese Reformen alle an ihnen vorbeigingen. Er, ChBK, habe mit den Zufluchtsuchenden in unserer Ständigen Vertretung in Ost-Berlin und mit ausgereisten Personen im Gießener Aufnahmelager gesprochen. Bei ihren Motiven spielten sicherlich auch materielle Gründe eine Rolle, aber vorrangig sei der totale Vertrauensverlust, die Perspektivlosigkeit und das Gefühl, behördlicher Willkür, z.B. bei Ausreisegenehmigungen, ausgesetzt zu sein.

Wenn sich die Verhältnisse in der DDR nicht änderten, dann sei dies für die Ost-West-Beziehungen schlecht. Er verwies auf einen Besuch von Botschafter Kwizinskij vor wenigen Tagen, bei dem es nicht um die deutsch-sowjetischen Beziehungen, sondern um die Lage in der DDR gegangen sei.[1] Wir betonten immer wieder, daß wir keine Abwerbung betrieben und eine Fortentwicklung der Beziehungen zur DDR anstrebten. Die DDR müsse aber auch ihren Beitrag leisten.

Auf die Zwischenfrage von Eagleburger, wie gefährlich die Lage sich in der DDR entwickeln könnte, wenn es keine Reformen gebe, und ob die Gefahr eines Volksaufstandes bestehe, antwortete ChBK, das sei schwierig zu beantworten. Er wolle darüber nicht spekulieren. Er sehe die größere Gefahr darin, daß die junge Generation, daß die Aktiven und Selbstbewußten dann in Zukunft weiter die DDR verließen, die ihre Grenzen nach Ungarn nicht völlig dichtmachen könne. Eine solche Entwicklung sei mittel- und langfristig gefährlich. Natürlich würden auch Reformen ein Risiko bergen, aber das sei geringer. Denn die meisten Menschen wollten doch letztlich in der DDR bleiben.

ChBK bezeichnete die Äußerungen des Parteiideologen Reinhold als bezeichnend für die DDR-Führung: Die Existenzberechtigung der DDR werde in der sozialistischen Alternative gesehen. Was sei die DDR ohne das System? Deutschland! Einwurf Eagleburger: Sehr gut! Das Problem – so ChBK weiter – mit den Zufluchtsuchenden in der Ständigen Vertretung sei deshalb so schwer zu lösen, weil die DDR nicht sicher sei, ob nicht nach deren Ausreise sofort wieder neue Zufluchtsuchende kämen. Die Bundesregierung sei bereit, darüber nachzudenken, wirtschaftlich mehr für die DDR zu tun, wenn diese wirklich die Bereitschaft zu Reformen deutlich machte. Unserer Bevölkerung sei aber ohne Reformen eine größere Hilfe für die DDR nicht verständlich zu machen.

Eagleburger erkundigte sich nach der Zahl der Zufluchtsuchenden und fragte dann, ob sich denn unsere Vertretung in Ost-Berlin wieder mit neuen Flüchtlingen füllen würde.

ChBK nannte die Zahlen (Prag ca. 355, Ost-Berlin ca. 117, Warschau ca. 29) und meinte, zunächst könne man unter Hinweis auf notwendige Renovierungen die Vertretung geschlossen halten, aber nach einigen Wochen seien wir verpflichtet, sie wieder zu öffnen. In diesem Jahr erwarteten wir insgesamt 100 000 legal aus der DDR Übersiedelnde. Wenn die DDR ihre Erlaubnisse zu Besuchsreisen großzügiger handhabe, dann sei ein großes Problem gelöst. Diesen Rat gäben wir der DDR-Führung in unseren Kontakten.

Eagleburger bedauerte, daß man nicht 5 Jahre in die Zukunft sehen könne. Die Sorge der DDR-Führung sei wohl, daß der Ausgang eines Reformprozesses nicht absehbar sei. Mit ernstem Unterton drückte er seine Besorgnis aus, wie die SU bei ihrem „neuralgischen" Problem der Truppen in der DDR und den Verbindungswegen dorthin durch Polen reagieren werde.

Eagleburger unterstrich, die USA müßten über diesen Gesamtkomplex noch mehr nachdenken. Man habe nicht in dieser Deutlichkeit gesehen, welche Auswirkungen der Reformprozeß in Polen und Ungarn auf die DDR haben werde. Das Problem werde sich auch nicht allein lösen. Er wisse nicht, wie er uns bei diesem Problem helfen könne.

ChBK bezeichnete 5 Jahre als langen Zeitraum, wenn man sehe, wie schnell die Entwicklung in den letzten Monaten gewesen sei. Es werde verschiedentlich die Frage gestellt, ob wir die DDR stabilisieren oder destabilisieren wollten. Wir wollten diese Frage nicht taktisch beantworten. Wir wollten darauf hinwirken, daß sich die Lage für die Menschen in der DDR verbessere. Wir hätten gemeinsam den Krieg verloren; ihnen gehe es schlecht, und uns gehe es gut. Das Selbstbestimmungsrecht und das Recht auf Freiheit dürften nicht beeinträchtigt werden. Wir setzten uns dafür ein. Wie die Deutschen in der DDR ihre Rechte dann ausüben, wenn sie sie denn hätten, sei eine Angelegenheit, die nur z.T. von uns abhinge.

Eagleburger bezeichnete die Existenz der Bundesrepublik Deutschland als solche bereits als destabilisierend für die DDR. Erneut wies er darauf hin, daß die Auswirkungen des osteuro-

---

1 Vermerk über das Gespräch in der Registratur des Bundeskanzleramtes nicht zu ermitteln.

päischen Reformprozesses auf die DDR in den USA noch nicht ausreichend bedacht worden seien. Da gebe es ein großes Problem.

Eagleburger leitete dann über auf die Problematik, die Flüchtlinge weltweit in der Zukunft bereiten würden. GB habe Schwierigkeiten mit Hongkong; es gebe die vietnamesischen „boat people"; es gebe die Flüchtlingsprobleme in Afrika. Die USA würden allein in diesem Jahr ca. 100000 Juden aus der SU aufnehmen. Wenn die SU ihre Gesetze weiter lockern würde – und hiermit rechne er –, dann würden es in Zukunft noch mehr. Man könne in den USA nicht alle aufnehmen. Einige müßten nach Israel gehen, was neue Probleme im Nahen Osten aufwerfe. 20000 chinesische Studenten in den USA wollten nicht wieder zurück in die VR China.

ChBK verwies darauf, daß wir auf die DDR keinen wirtschaftlichen Druck ausübten. Die DDR müßte selbst Änderungen einleiten. In Kenntnis der Probleme sei die Politik der Bundesregierung behutsam und verantwortungsbewußt. Die USA könnten in ihren politischen Gesprächen den Gedanken fördern, daß in Osteuropa keine zweite „geistige Mauer" errichtet werden dürfe. Die KSZE-Bestimmungen müßten voll angewandt werden. Er verwies auch auf die Bonner Erklärung von GS Gorbatschow und BK Kohl, in der das Selbstbestimmungsrecht der Völker und das Selbstbestimmungsrecht über das soziale System genannt würden.[2] Dies gelte auch für die DDR.

Eagleburger schlug abschließend vor, er wolle AM Baker gegenüber anregen, in seine Gespräche mit AM Schewardnadse später in diesem Monat[3] die Linie einzubringen, die ChBK gerade aufgezeichnet habe.

ChBK nahm das Angebot dankend an und erwähnte seine Pläne, in diesem Jahr noch nach Washington zu kommen.[4] Eagleburger bot ihm an, das Gespräch dann ausführlich fortzusetzen.

G. Westdickenberg

Nr. 38
Gespräch des Bundeskanzlers Kohl mit dem
Vorsitzenden der Gewerkschaft „Solidarität", Walesa
Bonn, 7. September 1989

BK, 213 – 30105 P 4 Po 27, Lech Walesa, 7. 9. 1989. – Vermerk des VLR I Kaestner, 8. September 1989. – Mit Vorlage des MD Teltschik über Chef BK an den Bundeskanzler mit der Bitte um Genehmigung. Hs. von Bundeskanzler Kohl vermerkt: „Teltschik erl." – Gesprächsdauer: 16.50 bis 18.00 Uhr.

Der Bundeskanzler empfängt Lech Walesa (W.) und Delegation (vgl. Anlage)[1] zu einem knapp 1 1/2stündigen Gespräch, das zunächst mit Begrüßung vor Medien beginnt und dann im Arbeitszimmer des Bundeskanzlers fortgesetzt wird.

W. dankt für die freundliche Begrüßung und übergibt dem Bundeskanzler als Geschenk eine Schallplatte verbunden mit der Einladung, im Zuge seines bevorstehenden Besuches auch

---

2 Nr. 4 Anm. 1.
3 Nr. 46 Anm. 5.
4 Die Reise kam nicht zustande.

1 Anlage nicht abgedruckt: Kurzporträts Walesas und der Delegationsmitglieder Frasyniuk, Pusz, Woycicki und Zietkiewicz; BK, 213 – 30105 P 4 Po 27, Lech Walesa, 7. 9. 1989. Professor Trzeciakowski, dessen Kurzporträt ebenfalls beilag, gehörte offenkundig der Delegation nicht an (Vorlage des Ministerialdirektors Teltschik an Bundeskanzler Kohl, 4. September 1989, Vorbemerkung; ebd.).

nach Danzig zu kommen. Der Bundeskanzler-Besuch sei nicht, wie die Journalisten sagten, „verspätet" – er müsse gute Ergebnisse haben, und dafür werde der Bundeskanzler den richtigen Zeitpunkt finden.

Der <u>Bundeskanzler</u> betont seine Freude über dieses Gespräch, das für ihn als Regierungschef wie als Privatmann sehr wichtig sei. Einer sehr katholischen Familie entstammend, sei er vor mehr als 40 Jahren in die Politik gegangen: in die CDU, die u. a. die Tradition des katholischen Zentrums fortsetze. Vor 40 Jahren habe auch Konrad Adenauer seine erste Regierungserklärung abgegeben,[2] in der er Aussöhnung mit den ehemaligen Kriegsgegnern, insbesondere Frankreich, Israel und Polen, zum Ziel gesetzt habe. Mit Frankreich und Israel sei dies gelungen, nun fehle auf der Karte noch Polen. Hier gebe es aus Gründen, die W. kenne, einen Rückstand, der auch sehr viel mit der Geschichte der letzten Jahrhunderte zu tun habe. Heute – so der Bundeskanzler weiter – sei es jedoch einfach Zeit voranzukommen. Etwa zwei Drittel der Menschen bei uns und in Polen hätten den Krieg, hätten Hitler und Stalin nicht mehr erlebt. Heute gehe das östliche System in Konkurs – und dies bedeute neue Chancen für die Menschen, für die Menschenrechte und für Europa – wobei letzteres nicht mit EG-Europa gleichzusetzen sei, sondern selbstverständlich auch Krakau, Prag, Dresden, Leipzig umfasse.

Er wolle jedenfalls jetzt die deutsch-polnischen Beziehungen voranbringen – mit Walesa und seinen Freunden, mit den polnischen Menschen und vor allem mit der Jugend. Dabei seien viele Emotionen im Spiel, es müsse jedoch auch eine Sache des kühlen Verstandes sein. Denn wenn dieser jetzige Versuch mißlinge, wäre dies eine Katastrophe. Man müsse deshalb schnell, vor allem aber solide vorangehen. In diesem Sinne habe er am vergangenen Donnerstag mit MP Mazowiecki telefoniert,[3] und [in] diesem Sinne setze er sich bei der EG, bei den USA (vorgestern Telefonat mit Präsident Bush[4]), im Pariser Club sowie gegenüber Weltbank und Internationalem Währungsfonds für die Belange Polens ein.

Bilateral müsse man nun die Dinge schnell und reibungslos regeln. MD Teltschik solle nächste Woche in Warschau mit dem neuernannten polnischen Beauftragten[5] zusammentreffen. Nach diesem Termin solle man dann weitere Treffen kompetenter Leute für die Wirtschaftsfragen vereinbaren. Sei das für seinen Besuch vorgesehene Paket im Sinne eines gegenseitigen vernünftigen Ausgleichs geregelt, dann wolle er – der Bundeskanzler – gern nach Warschau kommen.

Der <u>Bundeskanzler</u> unterrichtet W. sodann, daß der DIHT für die 16 Danziger Unternehmen, deren Liste W. an BM Blüm übergeben hat, bereits deutsche Kooperationsinteressenten gefunden habe.

Ein Thema der beiderseitigen Erklärungen vor der Presse wiederaufnehmend, erklärt der <u>Bundeskanzler</u>, W. möge davon ausgehen, daß es in der Bundesrepublik Deutschland keine Revanchisten gebe. Zwar gebe es sowohl hier wie dort Verrückte und Unverbesserliche. Aber die riesige Mehrheit der Deutschen habe eine eindeutige Haltung (Umfragen bei Vertriebenen und deren Nachkommen).

Bei alledem – so der Bundeskanzler weiter – spiele beiderseits die Psychologie eine große Rolle. Aber ein Punkt werde in Polen nur schwer oder gar nicht begriffen: Wir hätten keinen Friedensvertrag – dies sei aber nicht nur ein Problem im Verhältnis zu Polen, sondern auch zur DDR. Den Warschauer Vertrag hielten wir nach Geist und Inhalt ein. Dort stehe u. a. der Satz, daß die Bundesrepublik Deutschland keine Gebietsansprüche an Polen habe. Was die Frage der Einheit der Deutschen angehe, so wolle er W. an die Geschichte Polens erin-

---

2 Nr. 15 Anm. 1.
3 Nr. 31.
4 Vermerk über das Telefongespräch in der Registratur des Bundeskanzleramtes nicht zu ermitteln.
5 Mieczyslaw Pszon.

nern, das immer wieder Teilungen erlebt hat – und dennoch, wie es in der Nationalhymne heiße, nicht verloren gewesen sei. Genauso dächten wir auch. Dabei sei uns durchaus bewußt, daß dieses Jahrhundert Entsetzliches gebracht habe und daß nahezu immer die Unschuldigen am meisten gelitten hätten. Sein Ziel sei es, zwischen Deutschen und Polen ein so gutes Verhältnis herzustellen wie zwischen Deutschen und Franzosen – vor allem zwischen den jungen Menschen. Für diesen Zweck wolle er auch einen Teil der deutschen Zloty-Guthaben einsetzen.

Was die wirtschaftlich-finanziellen Fragen angehe, so wolle er in den nächsten Wochen mit den USA und den EG-Partnern sprechen, um im Pariser Club sowie im IWF und der Weltbank eine Gemeinschaftsaktion zu unternehmen, vor allem im Blick auf die polnischen Schulden. Auf dem Pariser Wirtschaftsgipfel sei bereits EG-Nahrungsmittelhilfe beschlossen worden. In Paris sei auch Hilfe für Ungarn beschlossen worden, denn auch dort gelte: Wenn die Reform zusammenbreche, dann könne sich eine Katastrophe entwickeln.

Im bilateralen Verhältnis sei unser Bestreben, Hilfe zur Selbsthilfe zu geben. Die Privatinitiative müsse in beachtlichem Maße einbezogen werden. Was die Hermes-Bürgschaften angehe, so werde er Entscheidungen treffen wie noch gegenüber keinem anderen Land, weil er hoffe, damit die deutschen Unternehmen nach Polen zu bringen.

Dabei sei klar, daß auch die Polen selbst eine ungeheure Aufgabe zu bewältigen hätten – es genüge nicht, daß der Ministerpräsident dies sehe, sondern daß es auch die Bürokraten in den Wojewodschaften begriffen. Kurzum: Wolle man schnell etwas erreichen, so sei das Engagement der Privatindustrie der beste Weg. Unter den Sektoren solle man vor allem an [die] Landwirtschaft denken.

Abschließend betont der Bundeskanzler: Sein Ziel sei der Neuanfang auf solider Grundlage. W. dankt herzlich für den Empfang. Er sage nicht nur gegenüber der Presse, daß der Bundeskanzler große Chancen habe, ein großer Kanzler in Europa zu sein.

Die Solidarität habe im vergangenen Jahrzehnt gezeigt, daß sie in der Lage sei, das kommunistische System zum Zusammenbruch zu bringen. Der lange Weg habe bis zu einem Ministerpräsidenten aus den Reihen der Solidarität geführt. Jetzt sei der politische Kampf zunächst einmal am Ende. Jetzt gehe es um wirtschaftlichen Kampf. Vor allem müsse verhindert werden, daß das alte System sich wie ein Regenwurm immer wieder regeneriere. Das System habe 90% des Volkseigentums an sich gerissen, und dennoch sei es in einer ausweglosen Situation. Die Reformen – bei denen Polen an der Spitze stehe – seien kein Werk der Solidarität oder Gorbatschows – sie seien erzwungen von den Umständen, insbesondere von neuer Technologie: Je größer die Zivilisation, desto größer das Verlangen nach Freiheit.

Jetzt gehe es darum, 80% des vom alten System übernommenen Eigentums wieder zurückzunehmen – genau dafür aber fehlten die Mittel. Hier sei die Hilfe Europas, insbesondere der Bundesrepublik Deutschland, gefordert. Dabei gehe es nicht um Kredite, mit denen frühere Regierungen den Polen die Verschuldung eingebrockt hätten, nicht um Kredite, die Mammutunternehmen am Leben hielten, die man eigentlich liquidieren müsse.

Ihm gehe es darum, die Gesamtsituation neu zu betrachten. Ihm gehe es um Privatunternehmen – und die von ihm mitgebrachte Liste von 16 Betrieben aus Danzig sei nur ein Bruchteil der interessierten Firmen –, die mit westlichen Partnern zusammenarbeiten sollten. (Exkurs: Lenin-Werft: Gespräche mit Bremer Werft gescheitert, jetzt Hilfe durch Amerikaner.) Dabei ziehe er vor, in der Nachbarschaft zu bleiben – und das bedeutet Zusammenarbeit mit deutschen Unternehmen. Die USA und Japan zeigten auch Interesse – dies sei natürlich, und man werde, weil man keine andere Wahl habe, auch mit ihnen ins Geschäft kommen. Vorzuziehen sei aber allemal der Nachbar, den man kenne.

Der politische Sieg (der Opposition) sei im Augenblick ein Kartenhaus – er müsse wirtschaftlich abgestützt werden. Da er – W. – an das eine Europa glaube, so solle auch dieses

Europa in erster Linie Partner sein. Die neue Regierung habe nicht viel Zeit. Die Aufgaben seien ungeheuer, man könne nicht alles an einem Tag verändern und müsse Schritt für Schritt vorangehen.

Wichtig sei, das wirtschaftliche Niveau zu heben und an das westeuropäischer Länder anzugleichen: Dies werde die Lösung so vieler Probleme mit sich bringen: insbesondere Öffnung der Grenzen. Manche – so W. weiter – würden dann kritisieren, man verkaufe sich an die Deutschen – dies aber sei kein Ausverkauf an die Deutschen, sondern eine Chance für ganz Europa.

Dem, was der Bundeskanzler zu Ungarn und zur DDR gesagt habe, könne er nur beipflichten: Auch das Problem der DDR sei nur durch wirtschaftliche Angleichung an die Bundesrepublik Deutschland zu lösen.

Er erhoffe von seiten des Bundeskanzlers eine kluge Politik. Werde von anderer Seite die Grenzfrage angeschnitten, so sei dies nicht gut, erschwere vielmehr die Arbeit. Denn dies seien Gedanken aus einer anderen Epoche – womit er nicht übergehen wolle, daß die Menschen persönliches Leid an ihrem Schicksal trügen.

Kritik höre er auch, daß man angeblich die deutsche Minderheit nicht registrieren wolle. Für die betreffenden Menschen sei es besonders unangenehm: In Polen mißachte man sie als Deutsche, kämen sie hierher, würden sie als Polen betrachtet. Wichtig sei, den Menschen in ihrer Heimat die Möglichkeit zu geben, zu leben, zu arbeiten, sich selbständig zu machen.

Der <u>Bundeskanzler</u> wirft ein, genau dies entspreche auch seiner Politik. Wir ermutigten niemand zur Ausreise. Wir wollten vielmehr, daß die Menschen dort, wo sie geboren seien, wohnen bleiben, ihr Glück machen und ihre Rechte genießen könnten. In diesem Sinn habe er auch mit Bischof Nossol kürzlich gesprochen.

<u>W.</u> erwidert, man müsse das Problem der Deutschen im Komplex der Reformen sehen. Heute verließen sie das Land, und die Polen müßten die Zeche bezahlen. Die Politik des Bundeskanzlers sei bisher vollkommen richtig gewesen, nun gelte es, zu neuen politischen Lösungen beizutragen. Was in der DDR geschehe, müsse auch eines Tages aufgearbeitet werden: Dabei werde gerade die Zufluchtsuche (von Deutschen aus der DDR in unseren Auslandsvertretungen) den Druck auf Reformen erhöhen und den Prozeß beschleunigen.

Das, was er zur Unterstützung der Reformen in Polen vortrage, sei nicht der Wunsch nach Geschenken, sondern das Angebot guter Geschäfte, wo beide Seiten gut verdienten.

Erforderlich sei, die „Krawatte der Verschuldung ein wenig zu lockern". Unter dem ererbten System könne man die Kredite Giereks nicht zurückzahlen. Er rege an, daß westliche Banken in Polen ihre Filialen errichteten – seine Landsleute hätten etwa 5 Mrd. US-Dollar im Sparstrumpf, würden sie aber den „Kommunisten" nicht anvertrauen. Mit diesem Geld aber, in zuverlässigen Bankguthaben angelegt, könne man bereits einen Teil der Reformen finanzieren.

Ferner gehe es darum, wirtschaftlich solide Projekte auszuwählen (Exkurs: Werftzusammenarbeit, Hotelbau, Schlachthöfe).

Polen sei stark an Gemeinschaftsunternehmen interessiert. Habe ein ausländischer Unternehmer 51% eines Unternehmens übernommen, so könne er unfähige Geschäftsleitungen absetzen und selbst für eine kompetente Verwaltung sorgen: Dies sei nicht zuletzt auch im Interesse der Solidarität. Denn ein gut geführtes Unternehmen sei in der Lage, auch höhere Löhne zu zahlen – und dafür werde es bessere Arbeit bekommen. Sein persönliches Einkommen in der Leninwerft belaufe sich – wenn er es zum heutigen Kurs umtausche – auf 10 US-Dollar im Monat!

<u>W.</u> weist anschließend auf die enormen Lücken im Warenangebot seines Landes hin – „welch ein Markt!". Zwar habe Polen jetzt nicht viel Geld, wenn aber 80% des Volksvermögens wieder „zurückgenommen" seien, dann werde auch die jetzige Zloty-Inflation keine Rolle mehr spielen. Dann könne man in Deutscher Mark zahlen.

Die Deutschen seien erfahrene Wirtschaftler und wüßten, wie man die Dinge in Gang bringen könne. Sie seien herzlich eingeladen, nach Polen zu kommen und sich die Dinge anzusehen. Die Solidarität werde – mit dem Ministerpräsidenten an der Spitze – helfen, Hindernisse aus dem Weg zu räumen.

Der <u>Bundeskanzler</u> dankt für den engagierten Vortrag Walesas – notwendig seien jetzt sowohl Enthusiasmus als auch nüchterner Verstand. Deshalb erwäge er – der Bundeskanzler –, wie im Fall der Sowjetunion auch für Polen ein Ausbildungsprogramm für Manager ins Leben zu rufen. Dabei sollten Organisationen wie der DIHT helfen.

<u>W.</u> begrüßt diesen Vorschlag, bittet aber, im Gegensatz zur Sowjetunion die Kandidaten nicht aus der Nomenklatura zu nehmen, sondern aus den einzelnen Betrieben, insbesondere aus Joint-ventures.

Der <u>Bundeskanzler</u> ist einverstanden.

Er wiederholt die von ihm vorgeschlagene Reihenfolge: Nächste Woche MD Teltschik nach Warschau, dort Gespräch mit Ministerpräsident Mazowiecki – den zu grüßen er W. bitte –, sodann Zusammentreffen von Wirtschaftsfachleuten.

<u>W.</u> überbringt seinerseits Grüße von Ministerpräsident Mazowiecki.

Abschließend stellt er klar, daß die von Solidarität ins Gespräch gebrachte Summe von 10 Mrd. US-Dollar kein Kredit sein solle, sondern das Gesamtinvestitionsvolumen, das Polen kurzfristig brauche, damit seine Wirtschaft wieder auf die Beine komme.

Zu Recht habe der Bundeskanzler (in Begrüßungsstatement vor Medien) von einer historischen Epoche gesprochen. Diese Epoche – so W. – werde entscheidend vom Bundeskanzler geprägt. Er könne den Polen Europa öffnen. Auch Leute, die nach Danzig zurückkehren wollten, könnten dies in einem Europa der offenen Grenzen tun. Wichtig sei, die wirtschaftlichen Unterschiede auszugleichen. In der Solidarität stehe dem Bundeskanzler ein Partner – politisch und personell – für diese Aufgabe zur Verfügung.

Der <u>Bundeskanzler</u> äußert seine Freude über das offene und direkte Gespräch und hofft, es bald in Warschau fortzusetzen.

Kaestner

Nr. 39
Schreiben des Bundeskanzlers Kohl an Ministerpräsident Mazowiecki
Bonn, 8. September 1989

BK, 21 – 30100 (102) Br 8 (VS) Bd. 26, Bl. 83/4–83/5. – Hs. vermerkt: „im Original gezeichnet. D[omröse] 8/9".

Sehr geehrter Herr Ministerpräsident,

lassen Sie mich zunächst meine Glückwünsche zu Ihrer Wahl zum Ministerpräsidenten der Volksrepublik Polen erneuern und Ihnen in Ihrem verantwortungsvollen Amt eine erfolgreiche Tätigkeit zum Wohl Ihres Volkes und zur Verstärkung von Dialog und Zusammenarbeit in Europa wünschen.

Wie ich Ihnen bereits in unserem Telefongespräch am 31. August 1989[1] zugesagt habe, ist es der feste Wille der Bundesregierung und mein persönliches Anliegen, Sie auf dem nicht einfachen Wege, der vor Ihnen und Ihrer Regierung liegt, nachhaltig zu unterstützen.

1 Nr. 31.

Gleichzeitig bekräftige ich die Politik der Bundesrepublik Deutschland, auf der festen Grundlage des Warschauer Vertrages, den wir nach Buchstaben und Geist erfüllen, den Weg der Verständigung mit der Volksrepublik Polen konsequent fortzusetzen. Gerade in diesem Jahr, das an die leidvolle Vergangenheit erinnert, sollten wir in den Beziehungen unserer Länder und Völker einen Durchbruch erzielen und Zukunftsperspektiven unserer Zusammenarbeit aufzeigen.

Wie Anfang dieses Jahres vereinbart, möchte ich diese Zielsetzung mit einem offiziellen Besuch Ihres Landes verdeutlichen.

Zur Vorbereitung dieses Besuches wurden von beiden Seiten Beauftragte benannt, die seither wesentliche Annäherungen erreicht haben. Ich bekräftige ausdrücklich den Auftrag meines außenpolitischen Beraters, Ministerialdirektor Horst Teltschik, die Gespräche zur umfassenden Regelung offener Fragen im Verhältnis unserer beiden Länder sowie zur Vorbereitung meines Besuchs in meinem Namen fortzuführen und abzuschließen.

Zugleich bestätige ich meine Bereitschaft, während des Besuches zusammen mit Ihnen eine Gemeinsame Erklärung zu unterzeichnen, die diese Ergebnisse zusammenfaßt und Wege für eine zukunftsgewandte Entwicklung der Beziehungen unserer Länder und Völker in einem immer enger zusammenwachsenden Europa aufzeigt.

Ich weiß mich mit Ihnen darin einig, daß es jetzt gilt, alle Anstrengungen darauf zu konzentrieren, die noch offenen Fragen zügig einer ausgewogenen Lösung zuzuführen. Ich lege Ihnen Positionspapiere über die drei wichtigsten Sachfragen[2] bei. Ich verbinde damit die Bitte an Sie und Ihre Mitarbeiter, die bisherigen Positionen im Lichte der Gesamtentwicklung zu überprüfen.

Herr Ministerpräsident,
nach meiner festen Überzeugung können die noch offenen Fragen mit politischem Willen, fortgesetzter Verständigungsbereitschaft und Vertrauen in die gleichgerichteten guten Absichten der beiden Seiten gelöst und damit der laufende Verhandlungsprozeß in naher Zukunft zu einem erfolgreichen Abschluß gebracht werden.

Mit freundlichen Grüßen

---

2 Positionspapiere „Wirtschaftlich-finanzielle Hilfsmaßnahmen", „Vertrag zur Förderung und zum Schutz von Investitionen" und „Rechte der Deutschen in der Volksrepublik Polen" (Entwürfe, Anlagen zur Vorlage des Ministerialdirigenten Hartmann an Bundeskanzler Kohl, 28. August 1989, VS-NfD; BK, 213 – 30130 P 4 Wi 18 NA 1 Bd. 1).

Nr. 40
Telegramm des Bundeskanzlers Kohl an Ministerpräsident Németh
12. September 1989

BArch, B 136/30462, 21 – 30130 [U 1] Bd. 3. – Verschlüsselt. Budapest citissime. Abgezeichnet: „i.O. K[ohl]". – Mit Begleittext an die Botschaft in Budapest: „Betr.: Danktelegramm des Bundeskanzlers an MP Németh. Botschafter wird gebeten, das nachstehende Telegramm des Bundeskanzlers – mit dort zu erstellender Höflichkeitsübersetzung – unverzüglich und hochrangig zu übergeben. Drahtbericht erbeten. Bächmann. Folgt Anlage."

Sehr geehrter Herr Ministerpräsident,

für den großherzigen Akt der Menschlichkeit, den Ihr Land in diesen Tagen Tausenden meiner Landsleute erweist,[1] möchte ich Ihnen im Namen aller Deutschen aufs herzlichste danken. In meinen Dank schließe ich Ihre Mitarbeiter, insbesondere Herrn Außenminister Horn, sowie die karitativen Organisationen und alle Bürger Ihres Landes ein, die in den vergangenen Wochen großzügig und selbstlos geholfen haben.

Die weltweite Zustimmung, die Ihre Politik jetzt erntet, würdigt den Mut und die Entschlossenheit Ihres Handelns genauso wie Ihre humanitären Beweggründe, die in den besten Traditionen Europas wurzeln und auf den festen Boden der KSZE-Dokumente von Helsinki[2], Madrid[3] und Wien[4] gegründet sind. Ihre Politik ist richtungweisend und vorbildlich für eine europäische Friedensordnung, in der der Mensch mit seiner Würde und seinen Rechten im Mittelpunkt der Politik steht.

Herr Ministerpräsident, was Ungarn in diesen Tagen für uns geleistet hat, werden wir nie vergessen. Sie haben in überwältigender Weise Ihr Wort gehalten, sich für die menschliche Lösung eines Problems einzusetzen, das in der deutschen Teilung begründet ist.

Auch ich stehe meinerseits zu dem, was wir während Ihres kürzlichen Besuchs in der Bundesrepublik Deutschland besprochen haben.[5]

Nochmals meinen herzlichsten Dank und alle guten Wünsche für Sie und Ihre Mitarbeiter.

gez. Ihr Helmut Kohl
Bundeskanzler der Bundesrepublik Deutschland

---

1 Die ungarische Regierung hatte am 10. September 1989 bekanntgegeben, die sich in Ungarn aufhaltenden Deutschen aus der DDR könnten von Mitternacht an das Land mit beliebigem Ziel verlassen. Voraussetzung sei, daß das betreffende Land bereit sei, sie aufzunehmen. Bundeskanzler Kohl erklärte dazu am Abend des selben Tages, die Bundesregierung werde „dieses Zeugnis der Menschlichkeit nicht vergessen". Sie werde „alles tun, um unsere Landsleute aus der DDR, die jetzt zu uns kommen, herzlich aufzunehmen" (Erklärung in: Bulletin. Nr. 90. 12. September 1989, 785).
2 Schlußakte von Helsinki der Konferenz für Sicherheit und Zusammenarbeit in Europa, 1. August 1975, in: Bulletin. Nr. 102. 15. August 1975, 965–1000.
3 Abschließendes Dokument des KSZE-Folgetreffens vom 11. November 1980 bis 9. September 1983 in Madrid, 6. September 1983, mit Anhängen, ebd. Nr. 88. 12. September 1983, 813–825.
4 Nr. 12 Anm. 2.
5 Nr. 28 und Nr. 29.

Nr. 41
Gespräch des Bundesministers Seiters mit Botschafter Horváth
Bonn, 19. September 1989

BK, 21 – 30100 (56) Ge 28 (VS) Bd. 79, Bl. 30–34. – Vermerk des VLR I Kaestner, 19. September 1989. – Mit Vorlage des VLR I Kaestner über AL 2 an Chef BK: „Hiermit lege ich einen Vermerk über das o.a. Gespräch mit der Bitte um Ihre – Genehmigung – vor. Herr LASD hat Doppel vorab erhalten." Hs. vermerkt: „Original an Chef BK weitergeleitet. D[omröse] 25/9". – Gesprächsdauer: 11.30 bis 12.30 Uhr.

Der Chef des Bundeskanzleramtes, Bundesminister Seiters (BM), empfängt Botschafter Horváth (H.) auf dessen Wunsch zu einer etwa einstündigen Unterredung.

BM: Begrüßung – Hinweis auf hervorragenden Stand deutsch-ungarischer Beziehungen, was sich gerade in diesen Tagen erweise.

H.: Hinsichtlich der „DDR-Flüchtlinge" ungarischer Standpunkt bekannt. Weiterhin keine Absicht, ungarische Grenze zu schließen. Dies allerdings für Ungarn nicht einfach, vielmehr harter Druck konservativer osteuropäischer Staaten.

Bei Gespräch BK mit MP Németh und AM Horn am 25. August d. J.[1] habe man nicht damit gerechnet, daß ein so großer Flüchtlingsstrom sich über Ungarn in die Bundesrepublik Deutschland bewegen würde. Medienbehandlung – ebenso wie Äußerungen einzelner Politiker – seien der Sache nicht dienlich gewesen.

Was Ungarn getan habe – auch vor Beginn der jetzigen Aktion seien rund 6000 „DDR-Flüchtlinge" über die grüne Grenze nach Westen gekommen – sei politische Entscheidung. Dennoch Bitte um Berücksichtigung des ungarischen Interesses, daß „DDR-Bürger" nicht mit Paß der Bundesrepublik Deutschland nach Österreich reisen, sondern mit DDR-Paß. Mittel- und langfristige Folgen des Drucks auf Ungarn aus dem eigenen Lager seien noch nicht zu übersehen. Für Ungarn betrüblicher sei aber durchaus unterschiedliche westliche Haltung zur ungarischen Politik. In USA – Hinweis auf Rede Eagleburgers[2] – offenbar kein Interesse, daß Reformprozeß fortgesetzt werde, weil man im Grunde keine Änderung des Ost-West-Status-quo wünsche. Für Ungarn sei klar, den Weg der Reformen weiterzugehen, nicht um dem Westen zu gefallen, sondern weil man selbst es wolle. Dennoch stimme die westliche Reaktion – mit Ausnahme der Bundesrepublik Deutschland – sehr nachdenklich. Im Grunde habe man gegenüber den Reformprozessen keine Strategie. Man gebe verbale Unterstützung, real aber nichts, weder politisch noch wirtschaftlich. Die Angst vor Änderung des Status quo – so insbesondere in F – berühre auch deutsche Frage (Hinweis auf TV-Diskussionsrunde 18. September).

Ungarische Bewertung: Kürzlicher Schritt – zugunsten der Deutschen aus der DDR – werde zu starker Isolierung führen. In dieser Lage Bitte um Unterstützung durch die Bundesrepublik Deutschland, insbesondere auch für Reformflügel in der USAP.

Ungarn erwarte noch in diesem Jahr BK-Besuch – man höre inzwischen aber, daß BK zunächst Ende dieses Jahres nach Polen reisen werde. Dabei zeige sich gerade jetzt, daß Ungarn nicht nur im Verhältnis zur ČSSR und Rumänien isoliert sei, sondern im Grunde auch gegenüber Polen, das eine humanitäre Lösung zugunsten der Leute aus der DDR in Botschaft Warschau offenbar nicht wage. Mangelnde Solidarität!

BM: Sorgen des Botschafters sehr aufmerksam gehört.
– Reaktion der Bundesregierung und der politischen Parteien auf ungarische Haltung eindeutig und im Deutschen Bundestag sowie öffentlich immer wieder unterstrichen: Ungarn hat in ungewöhnlich schwieriger Situation aus eigener Verantwortung Entscheidung getroffen, für die wir außerordentlich dankbar sind.

---

1 Ebd.
2 Gemeint war vermutlich die Rede des stellvertretenden Außenministers Eagleburger am 13. September 1989 an der Georgetown University in Washington, D.C. („Die amerikanische Außenpolitik in einer Zeit des Umbruchs", in: Amerika Dienst. Nr. 35. 20. September 1989, 7 S.).

– Bundesregierung begleitet Reformen in Ungarn mit großer Sympathie und wünscht ihnen Erfolg. Dabei Unterstützung im Rahmen unserer Möglichkeiten. Wir unserer Verantwortung bewußt, unter moralischen, politischen und wirtschaftlichen Aspekten. Hinweis auf nächste EG-Koordinierungssitzung 26. September sowie Jahrestagungen von IWF und Weltbank[3]. Bundesregierung entschlossen, wirtschaftlich-finanzielle Hilfsmaßnahmen bilateral und international zu ergreifen bzw. zu unterstützen.

– Für BK-Besuch in der Tat kein Termin. Verständnis für elementares ungarisches Interesse, daß Besuch baldmöglichst zustande kommt.

RL 212: Hinweis, daß BK-Besuch von Anfang an für den Zeitpunkt nach dem USAP-Parteitag[4] in Aussicht genommen war.

H.: Unter Bezug auf Ungarn-Debatte im Deutschen Bundestag Ende Juni[5] – die man keinesfalls als Einmischung mißverstanden habe – jetzt weitere Bitte, daß Bundesregierung, insbesondere BK persönlich, Reformer in der USAP, insbesondere MP Németh und Pozsgay, unterstützt. Beide planen Gründung neuer Partei unter neuem Namen – „Ungarische Sozialistische Partei" – mit neuem Programm, ähnlich dem Godesberger Programm der SPD. Abkehr von weltanschaulicher, Hinwendung zu politischer Massenpartei. Bekenntnis zu Privateigentum und Marktwirtschaft. Mit diesem Programm im nächsten Jahr gute Wahlchancen. Auf USAP-Parteikongreß ca. 30 bis 40% der Delegierten unentschieden, aber beeinflußbar. Deshalb erneute Bitte um massive Unterstützung des Reformflügels.

Weitere erhoffte Unterstützung – Bekanntgabe des Rahmenkredites Bayern/Baden-Württemberg/Bundesregierung einige Tage vor Parteitag – leider durch vorzeitiges Leak vereitelt: besonders ärgerlich, weil am gleichen Tag AM Horn DDR-Beschuldigung, Ungarn nehme „Kopfgeld", zurückgewiesen habe. Nun immerhin Hoffnung, daß Kredit in Anwesenheit der zwei Ministerpräsidenten unterschrieben werde (Zusage MP Späth, MP Streibl bemüht). Ferner Eröffnung eines „Baden-Württembergischen Hauses" in Budapest als Beweis der Zusammenarbeit. Bitte um Unterstützung, damit Termin mit beiden Ministerpräsidenten zustande kommt.

BM: Frage, ob H. Skepsis hinsichtlich der Haltung von GB, F und USA tatsächlich berechtigt ist.

H.: Ungarn als kleines Land viel sensibler hinsichtlich der internationalen Strömungen. Lange gemeinsame Geschichte mit Deutschland: Krieg gemeinsam verloren, doppelt bestraft – Gebietsverluste an Nachbarn und erzwungene Systemänderung.

Angesichts heutiger ungarischer Politik Anzeichen, daß unter Nachbarstaaten die „Kleine Entente" – unbeschadet der gemeinsamen Bündniszugehörigkeit – mit antiungarischer Zielrichtung wiederauflebt.

Nunmehr durch „Ungarn-Geschichte" Wiedervereinigung wieder auf die Tagesordnung gekommen. Wenn DDR ungarischem Reformweg folge, dann kein Hindernis mehr für Wiedervereinigung. Hierzu positive Erklärung Präsident Bushs[6] – dahinter jedoch keine ernst-

---

3 Die Jahresversammlung von Internationalem Währungsfonds und Weltbank fand vom 26.–28. September 1989 in Washington (D.C.) statt.

4 Nr. 58 Anm. 3.

5 Der Deutsche Bundestag begrüßte am 22. Juni 1989 in einem einstimmig verabschiedeten interfraktionellen Antrag zur politischen Entwickung in Ungarn (Drucksache 11/4840) die Reformpolitik und forderte die Bundesregierung zu Unterstützungsmaßnahmen auf (Verhandlungen des Deutschen Bundestages. Stenogr. Berichte. Bd. 149. Plenarprotokoll 11/152, 11453–11459).

6 Präsident Bush hatte am Vortag bekanntgegeben, daß die Regierung der Vereinigten Staaten Ungarn auf Dauer Meistbegünstigungsstatus gewährt. Auf Frage eines Journalisten gab er zu, neben wirtschaftspolitischen Gesichtspunkten habe dazu die „mutige Entscheidung" der ungarischen Regierung beigetragen, DDR-Bürgern die Ausreise in den Westen zu ermöglichen. Die Wiedervereinigung bezeichnete Bush als „Angelegenheit, die von den Deutschen zu entscheiden" sei. Er denke nicht, daß man das „als schlecht für westliche Interessen betrachten" sollte (zu der Pressekonferenz in Helena [Montana], 18. September 1989: Public Papers of the Presidents of the United States. Bush. 1989 II, 1218–1225, hier 1218, 1221).

hafte Absicht. Typischer vielmehr Kissinger, der für zweites Jalta plädiere – was in letzter Konsequenz bedeuten könnte, daß Nachbarn in Ungarn einmarschierten, um dort „Ordnung" wiederherzustellen. Dies zwar Spekulation, keine derartigen Hinweise. Jedoch gleichwohl wahr, daß Westen in Osteuropa lieber keine Demokratie, dafür aber [eher] Stabilität als Demokratie mit möglicher Destabilisierung wolle – deshalb auch kein echtes westliches Interesse an Reformen in der DDR.

BM: Einheitliche deutsche und westliche Position: Wir unterstützen alles, was zu mehr Selbstbestimmung der Menschen, zu mehr Freiheit führt. Debatte über Stabilisierung/Destabilisierung zum großen Teil theoretisch.

H.: In der Praxis haben einzelne Völker mehr Selbstbestimmung als andere. Dies zeige sich für Ungarn auch bei Bündnisfrage: Obwohl theoretisch bei Abzug sowjetischer Truppen bis 1992 Möglichkeit, den WP zu verlassen, werde Ungarn sogar vom Westen gewarnt, ja nicht aus WP auszutreten. Für Ungarn dies ohnehin keine realistische Option, da man mit Bündnis mehr tun könne als ohne. Aber was geschehe, wenn DDR-Führung ebenfalls auf Rückzug sowjetischer Truppen bestehen werde?

BM: Wichtig jetzt Konzentration auf die von H. vorgetragenen Anliegen. Zusage, BK zu unterrichten und, wenn möglich, hilfreich zu sein.

H.: Dank für Gespräch, Bitte um Vertraulichkeit.

K 19/9
(Dr. Kaestner)

Nr. 42
Gespräch des Bundesministers Seiters mit Botschafter Walters
Bonn, 20. September 1989

BK, 21 – 30100 (56) Ge 28 (VS) Bd. 79, Bl. 26–29. – Vermerk des VLR I Kaestner, 21. September 1989. – Mit Vorlage des VLR I Kaestner über AL 2 an Chef BK: „Hiermit lege ich Ihnen einen Vermerk über das o.a. Gespräch mit der Bitte um Ihre – Genehmigung – vor. Herr LASD hat vorab Doppel erhalten." Abgezeichnet: „S[eiters]". – Gesprächsdauer: 17.00 bis 17.40 Uhr.

Der Chef des Bundeskanzleramtes, Bundesminister Rudolf Seiters (BM), empfängt Botschafter Walters (W.) zu einem etwa 40minütigen Gespräch, an dem BR Olaf Grobel und RL 212 als Note taker teilnehmen.

W.: Hinweis auf eigene erste Gespräche mit SPD-Vorsitzendem Vogel, in dem er – W. – Zusammenarbeit SPD-SED scharf kritisiert habe. MdB Vogel habe damals heftig widersprochen – heute sei die Dialog-Politik der SPD gescheitert. Bitte um Einschätzung des BM.

BM: Offensichtlich SPD-interner Streit über weitere Kontakte mit SED, die – wie W. – auch Unionsparteien von Anfang an kritisiert hätten. Getrennt davon zu sehen allerdings Notwendigkeit, mit DDR-Regierung zu sprechen. Unionsparteien lehnen Kontakte zu Ost-CDU unverändert ab, da diese Anhängsel der SED ist.

W.: Bitte – soweit möglich – um Unterrichtung über Entwicklung in der Flüchtlingsfrage.

BM: Wir bemüht, Zufluchtsfälle in Botschaften zu lösen. Voraussagen über Erfolg nicht möglich. Frühere Teillösung Botschaft Prag ad absurdum geführt: Mit über 500 Flüchtlingen heute mehr Menschen dort als vor Besuch von RA Vogel[1]. Botschaft Warschau – mit rd. 110 Flüchtlingen – seit gestern geschlossen.

---

1 Nachdem Rechtsanwalt Vogel Straffreiheit und eine beschleunigte und flexiblere Behandlung ihrer Ausreiseanträge durch die Behörden der DDR zugesagt hatte, verließen am Nachmittag des 12. September 1989 etwa 250 von rund 460 Zufluchtsuchenden die Botschaft der Bundesrepublik Deutschland in Prag.

W.: Ungarn nach US-Informationen fest entschlossen, bisherige Linie durchzuhalten – „wir können nicht in einem europäischen Haus geschlossene Türen haben".

BM: Ob ungarische Lösung auch in Warschau durchsetzbar sein wird – bisher reine Medienspekulation.

Insgesamt auf östlicher Seite deutliche Unsicherheit – so insbesondere vor 10 Tagen auch Botschafter Kwizinskij bei ihm.[2] Er – BM – habe Kwizinskij gegenüber klargestellt, daß Bundesregierung Zufluchten nicht verhindern könne, Änderungen vielmehr in DDR selbst stattfinden müßten.

W.: Unter Bezug auf eigene Interview-Äußerungen zur deutschen Wiedervereinigung – die er auf Frage des interviewenden Journalisten bejaht habe[3] – Hinweis auf gestrige Pressekonferenz Präsident Bushs[4] sowie dessen Rheingold-Rede,[5] ferner Erklärung der französischen Gaullisten: alle für Wiedervereinigung! Er selbst habe Wiedervereinigung „in Frieden und mit freien Wahlen" gefordert, Präsident Bush habe diese Qualifikation nicht ausdrücklich genannt.

BM: Falsche Fragestellung Stabilisierung/Destabilisierung – entscheidend, alles zu tun, damit mehr Freiheit und mehr Selbstbestimmung in der DDR durchgesetzt werden. Was die Menschen damit anfangen, ist andere Frage. Alles, was zu mehr Freiheit in Osteuropa führt, in unserem Interesse.

W.: Frage nach möglichen negativen Auswirkungen auf die Beziehungen zwischen Bundesrepublik Deutschland und Sowjetunion.

BM: Entgegen scharfmacherischen Anschuldigungen der DDR sieht Moskau durchaus die Ursachen des gegenwärtigen Exodus.

RL 212: Hinweis auf spärliche Prawda-Berichterstattung über Besuch Ligatschows in Ost-Berlin[6] (keine Vorwürfe gegen uns, „landwirtschaftlicher" Charakter) sowie Prawda-Artikel/Buchbesprechung Markus Wolf.[7]

W.: Bericht über Eindrücke von kürzlicher Reise in die Ukraine: Viele Gesprächspartner mahnen zur Vorsicht hinsichtlich Stabilität in SU-Führung – „wir haben keine Garantie, daß diese Lage andauern will". (BM wird zu Telefongespräch mit BK gebeten – W. schildert weitere Reiseeindrücke.)

W.: Heute für Nachdenken über Wiedervereinigung allgemeine Atmosphäre besser als je zuvor. Frage, ob in DDR Wandel ohne Destabilisierung überhaupt möglich.

---

2   Nr. 37 Anm 1.

3   In dem vom Deutschlandfunk gesendeten Interview am 3. September 1989 bejahte Botschafter Walters die Frage, ob er sich „ein wiedervereinigtes Deutschland in näherer Zukunft vorstellen" könne. Nach Bedingungen für die Wiedervereinigung gefragt, bezog er sich auf die angebliche Äußerung von Präsident Bush, „wenn das in Frieden und in freien Wahlen der Bevölkerung erreicht werden kann, sind wir dafür" (Auszüge aus dem Wortlaut in: Deutschland 1989. 25 Bde. Hg. vom Presse- und Informationsamt der Bundesregierung. Zentrales Dokumentationssystem. Bonn ohne Jahr [1990]. Bd. 3, 1135 f.).

4   Nr. 41 Anm. 6.

5   In der Rede forderte Präsident Bush, „Glasnost nach Ost-Berlin" zu bringen. Die Mauer müsse fallen und „ganz Berlin zu einem Zentrum des Handels zwischen Ost und West" werden (Ansprache in der Rheingold-Halle in Mainz, 31. Mai 1989, in: Bulletin. Nr. 54. 2. Juni 1989, 484–488, hier 486; Public Papers of the Presidents of the United States. Bush. 1989 I, 650–654, hier 652).

6   Eine Delegation des Zentralkomitees der KPdSU unter Leitung von Politbüromitglied Ligatschow besuchte vom 12.–14. September 1989 die DDR. Anläßlich der Treffen mit den Politbüromitgliedern Werner Krolikowski und Mittag prangerte man „die völkerrechtswidrigen Machenschaften bestimmter Kreise der BRD", die „DDR-Bürger zum gesetzwidrigen Verlassen ihres Staates zu manipulieren" versuchten, als „tendenziöse Kampagne gegen die DDR" an (Meldungen ADN/12. 9. 89/17.07 und ADN/14. 9. 89/18.22 ff. in: DDR-Spiegel. Nr. 176. 13. September 1989, 15; Nr. 178. 15. September 1989, 11 f.; BPA/PA, F 1/23).

7   Unter dem Titel „Michail Fridrichowitsch und seine Schulkameraden. Gespräch mit dem Agenten, der Schriftsteller wurde" berichtete der Korrespondent der „Prawda" in Berlin über ein Interview mit Markus Wolf zu dessen Buch „Die Troika"; Prawda (Moskau). Nr. 258 (25 976). 15. September 1989, 5.

BM: Dies für DDR-Führung entscheidende Frage. Wenn jedoch Prozesse in Polen und Ungarn sich weiterentwickeln, keine Alternative für DDR-Führung, als Perspektiven zu Reformen zu eröffnen. Hinweis auf Standpunkt der Kirchen, daß viele Menschen bleiben würden, wenn sie mehr Freiheit hätten, insbesondere Reisefreiheit usw.

W.: Zweifel, ob dies genügen wird. Andererseits in DDR keine Kristallisationsfigur wie Walesa oder Pozsgay.

USA haben an Bundesregierung keinerlei Kritik wegen Handhabung der Flüchtlingsfrage – wie ja übrigens auch nicht Opposition und Medien.

Frage, ob jüngste Geschehnisse zu einer Veränderung der Deutschlandpolitik der drei großen Parteien führen werden.

BM: Dies zu beantworten noch zu früh.

Frage nach weiterer Behandlung RIAS.

W.: RBM Momper absolut gegen vorgeschlagenen Kandidaten. Dies auch Eindruck Graf Lambsdorffs. Frage, was zu tun ist.

BM: Ernennen! Bundesregierung wird von ihrem Vorschlag nicht abweichen, nur weil RBM Momper nicht zustimmt. Zwar würde sie einvernehmliche Lösung vorziehen, bleibt aber bei Vorschlag.[8]

W.: SPD-Vorsitzender Vogel in Ablehnung des Kandidaten noch härter.

Dank für Gespräch. Bitte um weitere Information, da für USA sehr wichtig, gerade in dieser Entwicklungsphase in engstem Kontakt mit uns zu bleiben.

(Dr. Kaestner)

Nr. 43
Fernschreiben des Staatssekretärs Bertele an den Chef des Bundeskanzleramtes
Berlin (Ost), 20. September 1989

BArch, B 136/24338, 511 – 10002 Pa 12 Bd. 1. – FS StäV Nr. 2033, 17.59 Uhr. Az. 11 – 35004 La 4. VS-NfD. Verteiler: ChBK, Gruppe 22; Bonn AA, Ref. 210; BMB, AL II; LV Berlin.

Betr.: Bildung von Oppositionsgruppen in der DDR
Verf.: Vandersee

1.

Im Rundsprechverfahren war gestern abend (19.09.1989) in die Gethsemane-Kirche zur Vorstellung der neu ins Leben gerufenen Gruppe „Neues Forum" eingeladen worden. Die Veranstaltung wurde von ca. 200 Personen besucht. Die Organisatoren äußerten Bedauern darüber, daß es nicht gelungen sei, einen größeren Personenkreis zu erreichen.

Für das Neue Forum sprach Bärbel Bohley als eines der 30 Gründungsmitglieder. Sie berichtete, daß in einer Woche bereits 2 000 Personen den Gründungsaufruf[1] unterzeichnet hätten. Viele hätten sie persönlich in ihrer Wohnung aufgesucht; erfreulich sei, daß sich nicht nur die bekannte intellektuelle Szene angesprochen fühlte, sondern auch Hausfrauen und langjährige SED-Mitglieder gekommen seien. Auch die Gruppe Arche Netzwerk sei beigetreten. Ziel des Neuen Forums sei es, gegen Verkrustung und Hilflosigkeit anzugehen. Der Grün-

---

8 Das Direktorium des RIAS Berlin berief Anfang Oktober 1989 den stellvertretenden Fernsehprogrammdirektor beim WDR, Helmut Drück, mit Wirkung vom 1. Januar 1990 zum neuen Intendanten.

1 „Aufbruch '89 – Neues Forum", 10. September 1990, in: Wir sind das Volk. Aufbruch '89. Teil 1: Die Bewegung. September/Oktober 1989. Halle-Leipzig 1990, 11f.

dungsaufruf sei bewußt allgemein gehalten, um für alle offen zu sein. Sie selbst wisse nicht, was eines Tages aus der Bewegung werden könne. Sobald die SED reformiert sei, könne sich das Neue Forum auflösen. Am 19.09.1989 habe man beim Innenministerium und bei verschiedenen Bezirksleitungen die Zulassung der Bewegung beantragt. Bohley betonte, daß sie sich bewußt der Westmedien zur Verbreitung ihrer Anliegen bediene.

Die sich an die Vorstellung anschließenden Fragen zeigten Enttäuschung über die Richtungslosigkeit des Neuen Forums. Sicherlich könne man kein fertiges Programm erwarten, es fehlten jedoch Möglichkeiten, sich konkret zu beteiligen. Es müsse eine Struktur geschaffen werden, die es Interessierten ermögliche, untereinander in Verbindung zu kommen. Die Vereinzelung müsse beseitigt werden. Das Anliegen von Unterschriftenlisten bringe gar nichts, wenn dem nicht konkrete Taten folgen würden. Aufgrund derartiger Äußerungen und Fragen wurde darüber gesprochen, wie schwierig es sei, sich gegenseitig zu erkennen (Tragen eines Abzeichens?), Flugblätter und Aufrufe zu erstellen und zu verteilen und weitere Personen zur Mitarbeit zu motivieren.

Gegen Ende der Veranstaltung stellte sich kurz die Gruppe „Demokratie Jetzt" vor, die sich konkreter vorstellte als das Neue Forum und – was positiv vermerkt wurde – im Gegensatz zu den Gründungsmitgliedern des Neuen Forums mit Namen, Anschrift und Telefonnummern der Erstunterzeichner Anlaufpartner benannte. Ziel von „Demokratie Jetzt" sei die Aufstellung eigener Kandidaten für die nächsten Volkskammerwahlen.

2.

Wertung

Die Veranstaltung zeigte, daß die Arbeit neuer und alter Gruppen in der DDR weit entfernt ist von effektiver Oppositionsarbeit. Die in unserer Presse veröffentlichten Berichte über die „Opposition" in der DDR sind übertrieben und aufgebauscht. Bärbel Bohley konnte keine Orientierung geben, ihr amateurhaftes Auftreten zeigte deutlich die Schwierigkeiten bei inhaltlicher und organisatorischer Umsetzung ihrer Ziele. Der Teilnehmerkreis bestand, soweit erkennbar, ausschließlich aus Intellektuellen, unter denen keine politischen Talente sichtbar wurden, die eine solche Versammlung zu einheitlicher Willensbekundung führen könnten. Die meisten Besucher der Veranstaltung verließen die Kirche ebenso vereinzelt und hilflos, wie sie gekommen waren.

Selbst einfachste Organisationsformen waren nicht bedacht worden. So war z.B. der Gründungsaufruf vielen Besuchern nicht bekannt, war aber auch nicht in genügender Anzahl zur Verteilung vorhanden. Ebenfalls hatten die Organisatoren vergessen, vorher einen neuen Termin für ein neues Treffen festzulegen, um so Kontinuität und gegenseitiges Kennenlernen zu ermöglichen.

Nach der Veranstaltung versuchten viele, Anschriften und Adressen von Organisatoren zu erhalten.

Das Neue Forum wird durch derartige Veranstaltungen kaum zur Mobilisierung beitragen. „Demokratie Jetzt" geht langsamer und vorsichtiger vor. Sie hat erkannt, daß das Besorgen einer Druckmaschine, das Herausgeben einer „Zeitung" und das Verteilen von Informationen das Gefühl des Zusammengehörens schaffen und jedem einzelnen das Gefühl, gebraucht zu werden, geben können. Sie will einen Unterbau schaffen und nicht den Weg des „Neuen Forums" gehen, das über die Westmedien das Gefühl falscher Stärke bekomme. Auch sie war nicht in der Lage, konkrete Angaben über die weitere Arbeit zu machen.

Die Arbeit des Staatssicherheitsdienstes wird auch weiterhin dafür sorgen, daß die Aufbruchstimmung nicht zu einem tatsächlichen Aufbruch wird.

Bertele

Nr. 44
Gespräch des Bundesministers Seiters mit Generalsekretär Wörner
Bonn, 21. September 1989

BK, 212 – 30104 Na 15, Chef BK, 21.9.1989. – Vermerk des VLR Westdickenberg, 22. September 1989. VS-NfD. – Mit Vorlage des VLR I Kaestner über AL 2 an Chef BK (VS-NfD): „Betr.: Ihre Gespräche mit NATO-GS Wörner und General Altenburg am 21. September 1989, hier: Gesprächsvermerke. Anlg.: – 2 –. Anliegend werden je ein Vermerk über die o.a. Gespräche mit der Bitte um – Billigung – und um – Zustimmung – zur Weitergabe an das Auswärtige Amt und das Bundesverteidigungsministerium vorgelegt." Abgezeichnet: „S[eiters]". – Gesprächsbeginn: 10.45 Uhr.

NATO-Generalsekretär Wörner (GS) leitete das Gespräch ein mit dem Hinweis auf den erfolgreichen NATO-Gipfel[1]. Es gebe z.Zt. keine wirklichen Probleme in der Allianz.

GS legte zwei Ziele dar, die ihm bei seiner Arbeit besonders wichtig seien:
– Es müsse deutlich gemacht werden, daß die NATO ein politisches Bündnis sei und nicht nur ein militärisches. Dieser Aspekt werde in Zukunft bei sich wandelndem West-Ost-Verhältnis immer bedeutsamer.
– Es müsse der Öffentlichkeit bewußt gemacht werden, daß es sich um ein in die Zukunft gerichtetes Bündnis handele. NATO sei gleichzeitig ein Instrument des Wandels und eine Insel der Stabilität.

GS sah bei der Koordinierung der westlichen Unterstützung des Reformprozesses die NATO z.B. gegenüber EG, IWF etc. als ideale Organisation, da in ihr Europäer und Amerikaner vereint seien.

GS bedauerte, daß der Passus der Gemeinsamen Erklärung des Gipfels (Ziff. 26) zur Unterstützung der Wiedererlangung der Einheit des deutschen Volkes in freier Selbstbestimmung[2] zu wenig bekannt sei. Bundesregierung könne gewiß sein, in der NATO als Organisation und besonders bei den USA Unterstützung für ihr Anliegen zu finden.

GS zeigte sich besorgt, daß Eindruck entstehen könne, Rüstungskontrolle und Abrüstung seien wesentlichster Teil der West-Ost-Beziehungen. Bedeutung von Menschenrechten werde z.T. nicht genügend gewürdigt. Es müsse mehr betont werden, daß das Bündnis sich für eine Überwindung der Teilung Europas und für eine neue politische Friedensordnung in Europa einsetze.

Hinweis von Chef BK auf Artikel in der „Welt" vom gleichen Tag zu einem NATO-Plan, der eine stufenweise Neutralisierung der nichtsowjetischen WP-Staaten vorschlage,[3] beantwortete GS mit Feststellung, es gebe viele konzeptionelle Überlegungen in der NATO, aber keinen solchen Plan. Deshalb bestehe auch keine Notwendigkeit, allergisch auf den Artikel zu reagieren.

Beigeordneter Generalsekretär für politische Angelegenheiten Wegener verneinte Interesse des Bündnisses, Struktur des WP zu untergraben.

GS ergänzte, man respektiere die Sicherheitsinteressen der SU, könne ihr aber nicht den Bestand des WP garantieren. Ausschlaggebend sei das Prinzip des Rechts auf Selbstbestimmung. Das Bündnis habe allerdings ein Interesse daran, die Reformen Gorbatschows zu unterstützen, und erkläre dies auch öffentlich.

Auf Frage des GS ging Chef BK auf die Situation in Ungarn und Polen ein, betonte die historische Chance, die sich auftue, und die Entschlossenheit des Bundeskanzlers, noch in diesem

---

1 Dazu Nr. 1 Anm. 6.
2 Auf der Tagung am 29./30. Mai 1989 in Brüssel erklärten die Staats- und Regierungschefs des Nordatlantikpakts, „nach einem Zustand des Friedens in Europa, in dem das deutsche Volk in freier Selbstbestimmung seine Einheit wiedererlangt", zu streben (Erklärung in: Bulletin. Nr. 53. 31. Mai 1989, 465–469, hier 468; NATO-Brief. Nr. 3/1989 – Mai/Juni, 30–33, hier 32).
3 Herbert Kremp, „Nato-Ziel: Neutralität Osteuropas", in: Die Welt. Nr. 220. 21. September 1989, 1.

Jahr nach Polen zu reisen, wenn die Verhandlungen abgeschlossen seien. Chef BK erläuterte auch die Lage der Zufluchtsuchenden in den Vertretungen in Prag und Warschau.

Auf entsprechende Frage legte Chef BK die Einschätzung der Lage in der DDR dar. Er sehe in der Führung keinen, der bereit sei, sich für eine wirkliche Öffnung einzusetzen. Alles, was DDR-Führung tun könne, berge Risiken, aber das geringste Risiko gehe sie noch ein, wenn sie einen wirklichen, großen Schritt zu inneren Reformen mache.

GS legte auf zwei Punkte besonderen Wert:
– Die übrigen NATO-Mitglieder beobachteten die Bundeswehrplanung sehr aufmerksam. Man habe den W-18-Beschluß[4] zur Kenntnis genommen und wisse um die Personalprobleme der Bundeswehr. Man sei gespannt auf die von der Bundesregierung gewählte Lösung. Es sei enorm wichtig, wie die Bundesregierung entscheide (Hinweis auf Nunn-Amendment mit Drohung proportionaler US-Truppenverminderung[5]).
– In der SNF-Frage sei Ruhe erforderlich. Z.Zt. sei das Problem vom Tisch. Das sei sofort anders, wenn daran gerüttelt werde. Die USA würden stillhalten (er werde übrigens Präsident Bush am Montag[6] und dann in einigen Wochen erneut sehen) und ebenso GB und F. Wenn die Deutschen die Sache aufnähmen, dann sähe natürlich alles anders aus.

GS machte darauf aufmerksam, daß es bei der Planung des nächsten WINTEX/CIMEX Probleme gebe. Er mache sich Sorgen, wenn es hier auch Bedenken der Bundesregierung gebe, und weise deshalb ausdrücklich auf Problematik hin.

Mit Genugtuung verwies GS darauf, daß nunmehr in der HLTF auch Einigung über die noch ausstehenden Elemente Informationsaustausch, stabilisierende Maßnahmen etc. des westlichen VKSE-Vorschlags erzielt worden sei. Er hielte Optimismus bei VKSE für gerechtfertigt. Ein erstes Ergebnis innerhalb eines Jahres zu erreichen sei ein ambitioniertes, aber realistisches Ziel. Er gehe eher von einem Zeitraum von 1–2 Jahren aus, rechne aber in jedem Fall mit einem Ergebnis, weil sowohl USA als auch SU daran interessiert seien.

Hier endet nach ca. 45 Minuten das Delegationsgespräch und beginnt das Gespräch unter vier Augen.

Übrige Teilnehmer am Gespräch:
Internationaler Stab
Beigeordneter NATO-Generalsekretär für politische Angelegenheiten Dr. Henning Wegener
Dr. Roland Wegener, Büro des Generalsekretärs

---

4 Am 1. Juni 1989 beschloß der Deutsche Bundestag (Verhandlungen des Deutschen Bundestages. Stenogr. Berichte. Bd. 149. Plenarprotokoll 11/146, 10864), die bereits 1986 für diesen Tag gesetzlich festgelegte Anhebung der Wehrdienstzeit von 15 auf 18 Monate (§ 5 Satz 4 Wehrpflichtgesetz in der Neufassung der Bekanntmachung vom 13. Juni 1986 in: BGBl. 1986 I, 880–894, hier 882) auf 1992 zu verschieben (Gesetz zur Aussetzung der Verlängerung des Grundwehrdienstes und des Zivildienstes, 30. Juni 1989, ebd. 1989 I, 1292 f.). Bundesminister Stoltenberg kündigte am 7. Dezember 1989 vor dem Bundestag an, die Bundesregierung werde bei einem erfolgreichen Abschluß der VKSE „15 Monate über 1992 hinaus beibehalten" (Regierungserklärung „Die Bundeswehr in den 90er Jahren" in: Verhandlungen des Deutschen Bundestages. Stenogr. Berichte. Bd. 151. Plenarprotokoll 11/182, 13985–13991, hier 13989).
5 Der bei den Beratungen des amerikanischen Verteidigungshaushalts für 1984/85 eingebrachte Zusatz der Senatoren Nunn und Roth verknüpfte die Frage der Truppenpräsenz in Europa mit vermehrten Verteidigungsanstrengungen der europäischen Alliierten (Nunn-Roth-Amendment). Der Senat billigte den Zusatz in abgeschwächter Fassung am 20. Juni 1984 (Amendment No. 3266 „Improvements to NATO conventional capability", Amendment No. 3267 zu Amendment No. 3266 und Abstimmungsergebnis in: United States of America. Congressional Record. Proceedings and Debates of the 98th Congress. Second Session. Senate. Washington [D.C.]. Vol. 130. No. 85. 20. June 1984, S7720 f., S7741, S7782).
6 25. September 1989.

deutsche Seite
Botschafter Dr. Niels Hansen
VLR Dr. Westdickenberg (Note taker)
VLR Dr. Axel Hartmann

G. Westdickenberg

Nr. 45
Fernschreiben des Staatssekretärs Bertele an den Chef des Bundeskanzleramtes
Berlin (Ost), 22. September 1989

BArch, B 288/116, 11 – 35004 La Bd. 7. – FS StäV Nr. 2054/2055, 16.51/17.35 Uhr. VS-NfD. Verteiler: ChBK, MDg Duisberg; BMB St Priesnitz; Bonn AA, Ref. 210. Spruchvordruck mit hs. Korrekturen des MR von Studnitz und des St Bertele.

Betr.: Die Krise der DDR
Verf.: MR von Studnitz

I.

Die DDR befindet sich in einer Krise, in der sie erstmals in ihrer Geschichte weitgehend isoliert ist. Wesentlicher Teil der Krise ist die personelle und politische Überständigkeit der gegenwärtigen Führung. Überall im Lande, auch in der SED, wird die Notwendigkeit von Reformen anerkannt, die führenden Politiker bringen aber nicht den Mut und die Kraft auf, notwendige Reformschritte zu unternehmen, und oppositionelle Kräfte sind zu schwach. So ist die DDR zu einer der späten Breschnew-Phase vergleichbaren Immobilität verurteilt, aus der heraus sie zu einer Rundum-Verteidigung angesetzt hat. Aus Verdruß über die Immobilität schreitet der Loyalitätsverfall weiter fort (Fluchtbewegung) und macht auch vor der SED nicht halt. In dieser Situation entsteht die Gefahr eines weiteren Erstarkens der repressiven Kräfte in der Führung.

II.
Im einzelnen:

1.

Die Gorbatschowschen Reformen und ihre Auswirkungen auf das ganze kommunistische Europa haben die DDR am Vorabend der Feierlichkeiten zu ihrem 40. Jahrestag[1] in eine tiefe Krise gestürzt. Die Reformunwilligkeit einer überalterten Führung, die durch die Krankheit Honeckers zur objektiven Reformunfähigkeit geworden ist, hat die DDR in die Isolierung geführt. Die Einsicht in die Notwendigkeit von Reformen gewinnt allenthalben, nur nicht in der obersten Führung, weiteren Raum. Aus der SED hört man wiederholt, daß die unteren Parteiebenen von großer Unruhe erfaßt seien. Nach außen machte sich bisher nur der stellv. Kulturminister Höpcke (in der Jungen Welt vom 21.09.)[2] und die Junge Welt als Organ der FDJ im Zusammenhang mit der Ursachenerforschung für die Fluchtbewegung über Ungarn zum Fürsprecher gewandelten Denkens der DDR. Innerhalb des sozialistischen Systems ist der Vorsitzende der LDPD, Gerlach, in seiner in der Parteizeitung „Der Morgen" vom 20.09.1989 abgedruckten Rede[3] bisher am deutlichsten für Reformen einge-

---

1 Tag der Gründung der DDR: 7. Oktober 1949.
2 Klaus Höpcke, „Reden über das eigene Land", in: Junge Welt (Berlin). 43. Jg. Nr. 223. 21. September 1989, 4, 6.
3 Festansprache des Vorsitzenden der LDPD, Gerlach, anläßlich des 40. Jahrestages der DDR am 7. Oktober 1989 in: Der Morgen (Berlin). 45. Jg. Nr. 222. 20. September 1989, 3.

treten. Seine Hinweise auf erfolgreich überstandene Krisen im Jahre 1953 (d.h. nach dem 17. Juni durch die Politik des „neuen Kurses") und 1971 (d.h. nach der Ablösung Ulbrichts mit der neuen Politik Honeckers von der Einheit von Wirtschafts- und Sozialpolitik) machen deutlich, daß in zwei Fällen in der Vergangenheit die DDR durch Reformen schwierige Krisen meistern konnte. Es ist bezeichnend, daß er auf die Krise, die zum Bau der Mauer 1961 führte, nicht eingeht. Hinter den Hinweisen auf 1953 und 1971 steckt auch eine verdeckte Kritik an Ulbricht, die gegenwärtig auf Honecker Anwendung findet. Sie besagt nämlich, daß ein 1953 letztlich reformbereiter Ulbricht politisch überleben konnte, während sein Reformunwille 1970 zu seinem Sturz führte.

Die Erwähnung der Krisen von 1953 und 1971 ruft auch die Erinnerung an damalige sowjetische Hilfe für die DDR wach. 1953 unterstützte die SU die DDR mit umfangreichen Krediten für die Durchführung des neuen Kurses, und nach 1971 garantierte die SU der DDR, auch über die Ölkrise des Jahres 1973 hinweg, günstige Preise für die von der DDR dringend benötigten Energieträger. Daß auf derartige Hilfe aus der Sowjetunion unter den gegenwärtigen Umständen, insbesondere wegen der Reformunwilligkeit der DDR, vor allem aber wegen der großen sowjetischen Wirtschaftsprobleme nicht zu rechnen ist, zeigt die Isolierung der DDR. Gerade hieraus erklärt sich, weshalb die DDR peinlichst darauf bedacht ist, die Handelsbeziehungen zur Bundesrepublik in der gegenwärtigen gespannten Lage nicht zu beschädigen.

2.

Die Aussichten für eine erfolgreiche Wende aus der gegenwärtigen Krise sind düster. Die Rede von Dohlus (ND vom 22.9.)[4] dokumentiert den Willen der Führung, vom bisherigen Kurs nicht abzuweichen. 1953 stand eine personelle Alternative, die Ulbricht hätte ablösen können, bereit (Ackermann, Zaisser, Herrnstadt). 1971 war Honecker der unbestrittene Nachfolger. Krenz nimmt 1989 nicht die gleiche Position ein wie Honecker 1971. Es gibt weitreichende Zweifel an seiner politischen Führungsfähigkeit, die durch die ständig wiederholten Gerüchte über seine angegriffene Gesundheit (Diabetes, Alkoholprobleme) genährt werden. Der politische Gehalt dieser Zweifel besagt, daß andere (Schabowski, aber auch Modrow) besser in der Lage wären, den Anforderungen von Reformen in der DDR zu genügen. Wenn die Nachfolgefrage überraschend schnell aktuell werden sollte, würde gegenwärtig dennoch Krenz zum Nachfolger Honeckers berufen werden, aber wohl nicht, ohne ihn in eine Führungsgruppe mit Reformen einzubinden. Die Entscheidung über den künftigen Kurs der DDR würde dann erst nach einer Zwischenphase der Auseinandersetzung zwischen den „Stalinisten" und den Reformern fallen.

3.

Die gegenwärtig noch die Hebel der Macht haltenden „Stalinisten", zu denen außer Honecker vor allem Mielke, Hager und Krenz zu zählen sind und die wegen der noch nicht gebrochenen Loyalität des Politbüros zu Honecker die Möglichkeit haben, den Kurs weiterzubestimmen, könnten wegen der für die Kommunisten stalinistischer Prägung als existentiell bedrohend empfundenen Krise geneigt sein, durch eine Verschärfung des Kurses nach innen und nach außen für eine Sicherung ihrer Macht zu sorgen (wie es Ulbricht vor dem 17. Juni [1953] getan hat). Eine solche Gefahr ist in den Reaktionen der letzten Tage und Wochen auf die Fluchtereignisse in Ungarn und auf die wachsende Diskussion im Innern spürbar geworden und führte dazu, daß aus Kirchenkreisen die Sorge vor einem „Militärputsch" in der DDR geäußert wurde. Damit ist gewiß nicht eine Machtübernahme der NVA, wohl aber ein Ausschalten möglicher Reformkräfte durch die „Hardliner" zu verstehen. Die Elemente für

---

4 Rede von Politbüromitglied Dohlus unter der Überschrift „Einheitlich und geschlossen setzen wir unseren klaren und sicheren Kurs zum Wohle des Volkes fort" in: Neues Deutschland. 44. Jg. Nr. 224. 22. September 1989, 3.

einen harten Kurs werden überall sichtbar: die scharfe Kritik an den Zuständen im Bezirk Dresden, d.h. an Modrow, im Bericht des Politbüros an das Zentralkomitee im Juni 1989,[5] das harte Durchgreifen gegenüber den Demonstrationen an der Nikolai-Kirche in Leipzig und schließlich auch die Eliminierung zahlreicher Opponenten, die den Wahlbetrug am 7. Mai 1989 anprangerten, indem sie vor die Alternative entweder Gefängnis oder unverzügliche Ausreise gestellt wurden. Die schnelle Ablehnung der Genehmigung der Bewegung „Neues Forum" wegen Verfassungsfeindlichkeit zeigt die Entschlossenheit, mit der oppositionellen Gruppen begegnet wird.

Die Sorge, daß die Reaktionäre in der DDR die Oberhand gewinnen könnten, ist durch die bestürzenden DDR-Reaktionen auf die Ereignisse Anfang Juni in Peking, insbesondere auch die scharfen Äußerungen hierzu von Krenz, unterstrichen worden. (Krenz wird im übrigen die DDR bei der 40-Jahrfeier der VR China in Peking vertreten.)

Als Instrumentarium für interne Disziplinierung haben die Kräfte des Staatssicherheitsdienstes und der Volkspolizei bisher ausgereicht. Dahinter stehen aber die Betriebskampfgruppen bereit, die 1953 als Antwort auf den Aufstand geschaffen wurden. In eine verschärfte innere Situation passen sehr wohl Meldungen, daß es interne Anweisungen geben soll, nach denen die Betriebskampfgruppen auch für innere Unruhen gerüstet sein sollen. Die Ergebenheitsadresse einer Betriebskampfgruppeneinheit an das ZK (ND v. 22.9.)[6] bestätigt solche Informationen, wenn dort von der Verantwortung für die Sicherung der revolutionären Errungenschaften der DDR und der Sicherung der Macht durch die Arbeiterklasse gesprochen wird.

Daß die SED sich im Zweifelsfall lieber auf dieses Instrument als auf die NVA verläßt, ist auch eine Frage des Lebensalters. Mitglieder der Kampfgruppen sind jahrelang ideologisch gedrillte Parteimitglieder, während die Masse der NVA aus Wehrpflichtigen und damit kritischen Jugendlichen besteht.

4.

Das Regime wird weder durch die Kritik der Kirchen noch durch die oppositionellen Gruppierungen („Neues Forum" oder „Demokratie Jetzt" oder andere) gefährdet. Die Kirche versteht ihre Rolle nicht primär politisch, sondern eher diakonisch, d.h. helfend für Menschen, die mit dem Zustand von Staat und Gesellschaft nicht fertigwerden. Die oppositionellen Gruppen setzen sich zu allermeist aus Intellektuellen zusammen, die über wenig oder gar keine politische Erfahrung verfügen. Ihre Gefahr liegt allenfalls in der langfristigen zersetzenden Wirkung einer systemkritischen Diskussion. Sie würden erst dann gefährlich werden, wenn ein wirkliches politisches Talent vom Schlage eines Walesa aufträte.

Besorgt sein muß die Führung aber um die Stimmung in der Arbeiterschaft, die durch die allgemein bekannten Mängel in der Versorgung gereizt ist. Hier hat sich durch den Ausfall wichtiger Arbeitskräfte durch die Fluchtbewegung dieses Sommers die Situation verschärft. Ausfälle betreffen vor allem Dienstleistungen im medizinischen Bereich oder in der täglichen Versorgung, aber auch in der Produktion, wo u.a. wichtige Zulieferungen nicht pünktlich kommen. Das führt zur Gefährdung der Planerfüllung und u.a. zu Prämienkürzungen. Die zahlreichen Streiks in der Sowjetunion im Sommer 1989 und die verständnisvollen – in den Augen der DDR-Führung zurückweichenden – Reaktionen der sowjetischen Führung hierauf haben die Einstellung zu Streiks auch in der DDR verändert. Sollte es im Winter zu einer schwierigen Witterungslage wie 1986/1987 mit ähnlichen Ausfällen in der Energieversorgung kommen, so wird die DDR-Führung unter den erschwerten Bedingungen des Jahres 1989 zusätzlich verwundbar.

---

5 Bericht des Politbüros, vorgetragen von Politbüromitglied Herrmann am ersten Tag der 8. Tagung des Zentralkomitees der SED am 22./23. Juni 1989 in Berlin, ebd. Nr. 146. 23. Juni 1989, 3–9.
6 „Kampfgruppen wetteifern um beste Ergebnisse", ebd. Nr. 224. 22. September 1989, 5.

5.

Gegenüber all diesen Krisenelementen sind die stabilisierenden, bremsenden Elemente nur schwach ausgeprägt. Die Isolierung im eigenen Lager läßt auf nur geringe Solidarität und wenig wirtschaftliche Hilfe, für die die Mittel fehlen, rechnen. Das internationale Renommee, dessen Aufbau das besondere Anliegen Honeckers durch seine Dialogpolitik gegenüber dem Westen gewesen ist, ist durch die anhaltenden Verletzungen von KSZE-Verpflichtungen nachhaltig beschädigt. Bezeichnend ist, daß DDR-Gesprächspartner gegenüber Statusmächten wie USA und Großbritannien an deren Interesse an der Erhaltung einer selbständigen DDR appellieren. Die Reaktion unserer Verbündeten mit Hinweis auf das allein maßgebende Selbstbestimmungsrecht hat die Sorgen der DDR nicht behoben.

6.

Letztlich bleibt die DDR abermals auf die ungeliebte Bundesrepublik angewiesen. Die schrillen Reaktionen auf kritische Äußerungen bundesdeutscher Politiker zeigen nur, wie verletzlich die DDR ist. Sie kann sich nicht selbst verleugnen und führt deshalb die wüste Pressekampagne als Reaktion auf die Ungarnflucht. Zugleich ist sie bestrebt, den für sie vitalen Wirtschaftsstrang nicht zu beschädigen. Dennoch werden im Verhältnis zur Bundesrepublik Drohungen sichtbar, die die Handschrift der „Hardliner" verraten, wie aus der DDR-Berichterstattung über die obskuren Schießzwischenfälle an der Grenze in Thüringen und Niedersachsen erkennbar wird. Der gleichen emotionalen Verschärfung dient auch die am 13. August veröffentlichte Ehrentafel für im Grenzdienst gefallene NVA- oder Volkspolizeiangehörige. Wie das Deutschland Archiv nachgewiesen hat,[7] handelt es sich fast ausnahmslos um Fälle, wo die Opfer durch Schüsse von Flüchtlingen aus dem Osten zu Tode kamen. Die Wiederaufnahme dieser Märtyrer-Legende nach ihrem Erstabdruck im Jahre 1988 bezeugt das Interesse des Sicherheitsapparats auf eine stärkere Abgrenzungspolitik gegenüber der Bundesrepublik.

7.

In der gegenwärtigen Krise kann sich die DDR nur selbst helfen. Einwirkungsmöglichkeiten auch durch uns sind minimal. Eine Unterstützung oppositioneller Kräfte ist angesichts der Machtverhältnisse illusorisch. Andererseits liegt es in unserem Interesse, daß diese zarten Ansätze nicht zerstört werden. Je weniger sie im gegenwärtigen Augenblick von uns benutzt werden, desto mehr ist ihnen gedient. Somit bleiben die gegenwärtigen bescheidenen Einwirkungsmöglichkeiten auf die Führung selbst, d.h. die Einforderung der eingegangenen KSZE-Verpflichtungen. Hier befinden wir uns durch das westliche Bündnis, aber auch durch die konstruktive KSZE-Politik der östlichen Nachbarn, insbesondere Ungarns und Polens, in einer zunehmend starken Stellung. Der KSZE-Ring, der sich um die DDR gelegt hat, zeigt ihr einerseits täglich ihre Defizite und weist andererseits ständig auf die Vorteile hin, die aus einem KSZE-freundlichen Verhalten zu gewinnen sind. Hierdurch kann es am ehesten gelingen, unkontrollierte Reaktionen der Reaktionäre in der DDR-Führung zu vermeiden.

Bertele

---

7 Peter Boris, „Grenzsoldaten der DDR Mordopfer westlicher Banden?", in: Deutschland Archiv. Zeitschrift für Fragen der DDR und der Deutschlandpolitik. Köln. 22. Jg. (1989) Heft 8, 925–931.

Nr. 46
Vorlage des Ministerialdirektors Teltschik an Bundeskanzler Kohl
Bonn, 25. September 1989

BK, 21 – 30101 A 5 (20) Am 15/20/89, Bd. 7, Bl. 227–231. – Mitverfasser: VLR Westdickenberg. Eine Ausfertigung. Geheim. Vorlage über Chef BK. Hs. von Bundeskanzler Kohl vermerkt: „Teltschik erl."

Betr.: Zwei Fernschreiben von Präsident Bush an Sie vom 22. bzw. 25. September 1989;
hier: Unterrichtung über
— Schreiben von GS Gorbatschow an Präsident Bush
— bevorstehende CW-Initiative der USA

I. Votum:
Kenntnisnahme (Wertung Ziffer III)

II. Sachstand:

1. Am 22. September unterrichtete Präsident Bush Sie mit anliegendem Fernschreiben über einige der Schwerpunkte des an ihn gerichteten Briefes von GS Gorbatschow, überbracht durch AM Schewardnadse am 21. September. Der Inhalt des Fernschreibens läßt sich wie folgt zusammenfassen:
   — Brief Gorbatschows sei Antwort auf entsprechenden Brief von Präsident Bush und konzentriere sich umfassend und ausschließlich auf Rüstungskontrolle;
   — Brief zeige, daß Gorbatschow Fortschritte bei der Rüstungskontrolle anstrebe, und enthalte eine Reihe interessanter, wenn auch zum Teil mit Bedingungen verknüpfte Anregungen;
   — Vorschläge seien am weitgehendsten im Bereich von strategischer Rüstungskontrolle:
   = Abbau des Radars von Krasnojarsk,
   = Fallenlassen der Forderung nach festgelegter Frist, während der der ABM-Vertrag[1] nicht gekündigt werden darf,
   = Bereitschaft, mit den USA bei Paket zu Verifikations- und stabilisierenden Maßnahmen zusammenzuarbeiten.
   — Präsident Bush zeigt sich besonders ermutigt durch Ankündigung des Abbaus des Krasnojarsk-Radars – lange sichtbares Zeichen sowjetischer Mißachtung internationaler Verpflichtungen – und kündigt Ablehnung sowjetischer Forderung entsprechender Maßnahmen bei US-Radaranlagen in Grönland und GB an;
   — Gorbatschow schlage bei konventioneller Rüstungskontrolle ein Ministertreffen in Wien zur Beschleunigung der VKSE und in der 2. Hälfte 1990 einen VKSE-Gipfel für eine Abkommensunterzeichnung vor (Präsident Bush hält in unserem Interesse sorgfältige Prüfung für nötig);
   — Gorbatschow deute mögliche Flexibilität bei Einschluß von weiteren sowjetischen Flugzeugen bei VKSE an (Präsident Bush will dies auf jeden Fall weiterverfolgen);

---

1 Laut Artikel XV war der ABM-Vertrag (Vertrag zwischen den Vereinigten Staaten von Amerika und der Union der Sozialistischen Sowjetrepubliken über die Begrenzung Antiballistischer Raketensysteme vom 26. Mai 1972) prinzipiell „von unbegrenzter Dauer", konnte aber von einer Vertragspartei unter bestimmten Voraussetzungen mit einer Frist von sechs Monaten gekündigt werden (Documents on Disarmament 1972. Hg. von der United States Arms Control and Disarmament Agency. Publication 69. Washington [D.C.], Mai 1974, 197–201, hier 201).

- <u>Gorbatschow</u> wiederhole seinen Wunsch nach <u>sofortigen SNF-Verhandlungen</u> und weise darauf hin, weitere größere <u>einseitige sowjetische SNF-Reduzierungen zu erwägen</u>;
- der Brief beziehe sich auf die <u>Möglichkeit von Durchbrüchen</u> bei Abkommen über <u>Nukleartests und CW</u>;
- Präsident Bush zeigt sich besonders erfreut über sowjetische Bereitschaft, an einer internationalen Konferenz über den amerikanischen „Open-Skies"-(Offener-Himmel)-Vorschlag[2] teilzunehmen;
- Präsident Bush hofft, in den nächsten Tagen zu einer Klärung der Frage eines <u>Gipfeltreffens</u> zu kommen (kündigt sofortige Kontaktaufnahme mit Ihnen an und nennt im P.S. „Mitte 1990",
- Präsident Bush sieht im Brief Gorbatschows ein Zeichen für den guten Stand der West-Ost-Beziehungen und <u>betont</u> abschließend, wie sehr er auf <u>Ihre persönliche Freundschaft und andauernde Partnerschaft setzt</u>.

⟨2.⟩[3] Mit <u>Fernschreiben vom 25.9.</u> folgt die angekündigte <u>Unterrichtung über die C-Waffenfrage</u>, die Präsident Bush in das fortbestehende Muster Ihrer <u>engen Partnerschaft</u> einordnet und die ich wie folgt zusammenfasse:
- CW-Probleme stellten sich nicht nur wegen sowjetischer Fähigkeiten, sondern durch <u>Erosion der Beschränkungen in der Dritten Welt</u> zur Nutzung dieser Waffen und durch die <u>anhaltende Weiterverbreitung</u>;
- deshalb sei <u>globales Produktionsverbot desto dringlicher</u>, ein Ziel, das er mit Ihnen teile; er <u>schätze Ihre persönliche Befassung</u> mit diesen Fragen und die aktive und <u>hilfreiche Rolle der Bundesregierung</u> bei den Genfer Verhandlungen;
- er wolle alles Mögliche tun, um ein multilaterales CW-Verbot zu erreichen, und sei <u>zu folgenden Verpflichtungen bereit</u>:
  = Zerstörung von 98% der CW-Bestände innerhalb von 8 Jahren nach Inkrafttreten einer Konvention, wenn SU ebenfalls Vertragspartei ist,
  = völlige Beseitigung der Bestände innerhalb von 10 Jahren nach Inkrafttreten, wenn alle CW-fähigen Länder sofort mitzeichnen, bzw. 2 Jahre nach einem solchen Zeitpunkt;
  = noch <u>während der Vertragsverhandlungen Reduzierung</u> der eigenen Bestände <u>auf unter 20%</u>, wenn die SU zu vereinbarten Bedingungen, insbesondere für die Inspektion des Vernichtungsprozesses, ein Gleiches tut;
- im Hinblick auf die besondere Bedeutung der <u>Verifikation</u> habe er besondere Anstrengungen zur Lösung der noch offenen Fragen angeordnet und meine, sein <u>neuer Ansatz</u> werde die bestehende Unsicherheit über die Größe der sowjetischen CW-Bestände mindern helfen und zu einer verifizierbaren <u>Zerstörung einer großen Anzahl sowjetischer CW führen</u>;
- er habe seine Sorgen gegenüber AM Schewardnadse angesprochen und AM Baker gebeten, seinen Ansatz im Detail mit ihm zu diskutieren;
- er beabsichtige, <u>diese Schritte in seiner VN-Rede anzukündigen</u>;[4]
- der Weg zu einem Abkommen sei nicht einfach, aber er sei zuversichtlich, daß er mit Ihrer Unterstützung und mit Ihrer weiter anhaltenden aktiven Befassung diesem Ziel näherkommen werde.

---

2 Nr. 2 Anm. 11.
3 ⟨ ⟩ Von den Bearbeitern korrigiert aus: „3."
4 Zur Ansprache des Präsidenten Bush auf der 44. Generalversammlung der Vereinten Nationen in New York, 25. September 1989: Public Papers of the Presidents of the United States. Bush. 1989 II, 1248–1252, hier 1250f.

III. Wertung:

Nach Bekanntwerden weiterer Einzelheiten und Abstimmung mit dem AA wird Ihnen eine eingehende Bewertung und ein Antwortentwurf vorgelegt werden.
Grundsätzlich kann aber bereits zum jetzigen Zeitpunkt positiv festgestellt werden,
- daß die beiden beim AM-Treffen in Wyoming unterzeichneten Vereinbarungen im Bereich von CW und START[5] zu begrüßen sind, weil sie konkreten Fortschritt bedeuten;
- daß die sowjetische Bereitschaft zum Abbau von Krasnojarsk und das Fallenlassen nach einer zeitlichen Bindung an den ABM-Vertrag den Abschluß eines START-Abkommens[6] erleichtern (wenn auch z.B. das große Problem der nuklearen SLCM und ihrer Verifikation bleibt);
- daß Präsident Bush seinem Engagement für ein CW-Verbot treu geblieben und seine Initiative positiv zu bewerten ist, insbesondere die Bereitschaft zur Reduzierung auf weniger als 20% während der bereits laufenden Verhandlungen, desgleichen die weiteren Bemühungen im Bereich der Verifikation;
- daß die SU Flexibilität in der wichtigen Frage der Behandlung von Flugzeugen bei den VKSE anzudeuten scheint, was verklausuliert auch uns gegenüber in inoffizieller Weise geschah;
- daß USA und SU übereinstimmend der Auffassung sind, man sei bei der Verifikation der Abkommen von 1974[7] und 1976[8] über Nukleartests einer Lösung nahe;
- daß ein Gipfeltreffen in Aussicht steht, das spätestens Mitte 1990 stattfinden wird.
Nicht überraschend ist, daß Gorbatschow weiter daran festhält, sofort SNF-Verhandlungen zu führen; positiv ist, daß er weiterhin einseitige Reduzierungen erwägt.
Die Frage der AM- bzw. Staats- und Regierungschef-Konferenzen im kommenden Jahr zu VKSE sollten in der Bundesregierung und dann im westlichen Kreis geprüft werden.
Grundsätzlich erscheinen jedoch beide Gedanken interessant und eine Unterzeichnung eines substantiellen VKSE-Abkommens in Wien den Staats- und Regierungschefs grundsätzlich angemessen.

Teltschik

---

5 Außenminister Baker und Außenminister Schewardnadse unterzeichneten auf ihrem Treffen am 22./23. September 1989 in Jackson Hole (Wyoming) Vereinbarungen über die Kontrolle von Chemiewaffen, die gegenseitige Ankündigung größerer strategischer Übungen sowie über Prinzipien bei der Ausführung verifizierender und stabilisierender Maßnahmen nach Abschluß des Vertrages über die Verringerung und Begrenzung strategischer Offensivwaffen (START-Vertrag). Zu den Übereinkommen, 23. September 1989: Department of State Bulletin. Vol. 89. No. 2152. November 1989, 18–22.
6 Präsident Bush und Präsident Gorbatschow unterzeichneten den Vertrag am 31. Juli 1991 in Moskau (Arms Control and Disarmament Agreements. START. Treaty between the United States of America and the Union of Soviet Socialist Republics on the Reduction and Limitation of Strategic Offensive Arms. Hg. von der United States Arms Control and Disarmament Agency. Washington [D.C.] 1991).
7 Vertrag zwischen den Vereinigten Staaten von Amerika und der Union der Sozialistischen Sowjetrepubliken über die Begrenzung unterirdischer Nukleartests, 3. Juli 1974 (Documents on Disarmament 1974. Hg. von der United States Arms Control and Disarmament Agency. Publication 76. Washington [D.C.], Mai 1976, 225–229.
8 Vertrag zwischen den Vereinigten Staaten von Amerika und der Union der Sozialistischen Sowjetrepubliken über unterirdische Explosionen für friedliche Zwecke, 28. Mai 1976 (Documents on Disarmament 1976. Hg. von der United States Arms Control and Disarmament Agency. Publication 97. Washington [D.C.], Dezember 1978, 328–348).

Nr. 47
Schreiben des Rechtsanwalts Vogel an Staatssekretär Priesnitz
Prag, 26. September 1989

BArch, B 137/15797. – Absender: „Prof. Dr. Wolfgang Vogel. Rechtsanwalt und Notar. Z. Zt. in Botschaft der Bundesrepublik Deutschland, Prag". Adressat: „Herrn Staatssekretär Dr. Walter Priesnitz. Bundesministerium für innerdeutsche Beziehungen. Bonn. Z. Zt. in Botschaft der Bundesrepublik Deutschland, Prag". – Auf der Rückseite des Schreibens hs. notiert: „Vermerk. In der Besprechung am 22. 9. 89 bei BM Seiters erklärte RA Vogel, daß seine Seite davon ausgehe, daß sie für alle Bo[tschafts]-Fälle ab 7. 8. 89 keine Gegenleistung unserer Seite erhalte. Priesnitz 3/10".

Sehr geehrter Herr Staatssekretär,

unter Bezugnahme auf das am 22. 9. 1989 im Bundeskanzleramt geführte Gespräch wiederhole ich die im Bundeskanzleramt abgegebene Garantie[1], daß alle mir am 26. 9. 1989 von Ihnen benannten Personen, die sich im Botschaftsgebäude aufhalten, im Zeitraum von sechs Monaten, gerechnet ab Rückkehr, in die Bundesrepublik ausreisen können. Die Ausreisen erfolgen nach und nach. Die Frist von sechs Monaten soll nach Möglichkeit unterboten werden.
Die mir benannten Personen werden nach Rückkehr innerhalb einer Woche durch die örtlich zuständige Abteilung innerer Angelegenheiten zur Einleitung des Ausreiseverfahrens vorgeladen. Auf Wunsch kann sich ein jeder durch einen Rechtsanwalt beraten und vertreten lassen.

Mit freundlichen Grüßen
Vogel

Nr. 48
Schreiben des Ministerpräsidenten Mazowiecki an Bundeskanzler Kohl
Warschau, 27. September 1989

BK, 213 – 30130 P 4 Po 4 Bd. 17. – Übersetzung. Mit Stempel: Über Herrn Chef BK Herrn Bundeskanzler vorzulegen. Mit Stempel: Der Leiter des Kanzlerbüros, 3. Oktober 1989. Hs. von Bundeskanzler Kohl vermerkt: „Teltschik".

Sehr geehrter Herr Bundeskanzler,

mit wirklicher Befriedigung und Freude erfüllt mich Ihr Brief vom 8. September 1989,[1] in dem Sie mir aus Anlaß meiner Wahl zum Vorsitzenden des Ministerrats der Volksrepublik Polen gratulieren.
Mit Dankbarkeit und in der Hoffnung auf ein fruchtbares Zusammenwirken nehme ich Ihre freundlichen Wünsche entgegen, in denen Sie vor allem auch Ihre Bereitschaft, mit mir zusammenzuarbeiten und mich in meiner neuen Aufgabe zu unterstützen, zum Ausdruck bringen.

---

1 Rechtsanwalt Vogel hatte am 22. September 1989 schriftlich erklärt (BArch, B 137/15797), die DDR sei „bereit, bei der Behandlung von Anliegen der in den Auslandsvertretungen der BRD aufenthältlichen DDR-Bürger die humanitären Gründe gemäß § 10 Abs. 3 der Verordnung über Reisen von Bürgern der DDR in das Ausland vom 30. 11. 1988 zu berücksichtigen. Die DDR wird bei der Prüfung von Anträgen bzw. Wiederholungsanträgen dieser Personen auf ständige Ausreise davon ausgehen, daß dadurch grundsätzlich keine Beeinträchtigung gesellschaftlicher Interessen und von Rechten anderer Bürger sowie für die Volkswirtschaft oder die öffentliche Ordnung eintritt."
1 Nr. 39.

Mit allem Nachdruck möchte ich versichern, daß ich, an der Spitze der Regierung der Volksrepublik Polen stehend, konsequent danach streben werde, der für beide Seiten nützlichen Zusammenarbeit und dem Austausch in allen Bereichen der Beziehungen neue Dynamik zu verleihen. Für eine außerordentlich wichtige, historische, aber gleichzeitig auch dringende Aufgabe erachte ich es, in den Beziehungen zwischen den Gesellschaften unserer beiden Staaten zu einem Durchbruch zu gelangen und den Weg der wirklichen Verständigung und Aussöhnung zu beschreiten. Ich weiß, daß ich bei der Verwirklichung dieses erhabenen Zieles nicht nur auf Ihre aufrichtige Unterstützung, sondern auch auf Ihre konkrete und wirkungsvolle Mitwirkung rechnen kann. Mit Befriedigung stelle ich fest, daß wir die gemeinsame Überzeugung teilen, daß [wir] dieses Ziel auf der dauerhaften Grundlage des Vertrages vom 7. Dezember 1970[2], der entsprechend seinem Geist und Buchstaben mit Leben erfüllt werden soll, erreichen können.

Ich habe die Hoffnung, daß es uns dank gemeinsamer Anstrengungen noch in diesem Jahr gelingen wird – dem Jahr nämlich, in dem wir den schmerzhaften Jahrestag der Tragödie begehen, die vor 50 Jahren ihren Anfang genommen hat –, eine echte Perspektive der Entwicklung der Beziehungen und der Zusammenarbeit zwischen unseren Staaten zu erarbeiten, eine Perspektive, die mindestens bis zum Ende des 20. Jahrhunderts und vielleicht sogar in die Anfänge des nächsten Jahrhunderts hineinreicht.

Dieser erwartete Fortschritt würde hervorragend durch Ihren Besuch in Polen, sehr geehrter Herr Bundeskanzler, zum Ausdruck gebracht werden. Dieser Besuch würde ein wichtiges politisches Signal für unsere beiden Völker und für ganz Europa geben.

Ich teile Ihren Standpunkt, daß die Vereinbarung des Termins Ihrer Reise im Ergebnis des positiven Abschlusses der nächsten Runde der Gespräche unserer Bevollmächtigten, die im Oktober d.J. in Bonn stattfinden wird, erfolgen sollte. Wie ich dies bereits Herrn Teltschik gesagt habe, werden bindende Zusicherungen über die Berücksichtigung unserer finanziellen und wirtschaftlichen Forderungen ein wichtiges Element für die politische Unterstützung meiner Regierung darstellen, einer Regierung, die sich am Beginn eines außerordentlich schwierigen Weges befindet. Von polnischer Seite haben wir – und wir haben dies bei der letzten Verhandlungsrunde auf meine persönliche Weisung hin auch deutlich zum Ausdruck gebracht – die unabdingbare Bereitschaft bewiesen, alle Wünsche und Erwartungen der deutschen Seite zu berücksichtigen, darunter auch diejenigen, die Ihnen persönlich sehr am Herzen liegen. Dies fand auch seinen Ausdruck in den konkreten Auswirkungen der Verhandlungen unserer Bevollmächtigten und in den zur Unterzeichnung während Ihres Besuches in Polen vorbereiteten Vertrags- und Vereinbarungsentwürfen.

Ich bin davon überzeugt, daß Sie mit mir die Meinung teilen, daß es in unserem gemeinsamen Interesse liegt, möglichst schnell „das Paket zu schnüren" und Ihren Besuch in Polen noch im Laufe dieses Jahres zu verwirklichen. Dank des politischen Willens und des gegenseitigen Vertrauens beider Seiten können die Verhandlungen unserer Bevollmächtigten unverzüglich abgeschlossen werden.

Es ist mir bekannt, daß die Frage der Sicherung weitergehender Rechte für die polnischen Staatsbürger deutscher Abstammung im Bereich des Zugangs zur deutschen Kultur, des Erlernens der deutschen Sprache, der Bildung von Vereinigungen, der Herausgabe von Publikationen und ähnliches mehr im Mittelpunkt Ihrer Aufmerksamkeit sowie der Aufmerksamkeit der Regierung der Bundesrepublik Deutschland steht. Ich möchte Ihnen versichern, daß wir die Regelung dieses Problems als einen unerläßlichen Bestandteil der in Polen stattfindenden Veränderungen in Richtung auf Demokratie, Freiheit und volle Verwirklichung

---

2 Nr. 8 Anm. 4.

der Menschenrechte behandeln. Diese Angelegenheit ist auch Gegenstand des Interesses des polnischen Parlaments.

Die in Polen augenblicklich stattfindenden Reformen im gesellschaftlichen, politischen und wirtschaftlichen Bereich, mit denen die Schaffung von Bedingungen für die volle Entfaltung der bürgerlichen Freiheiten, des politischen Pluralismus und der parlamentarischen Demokratie Hand in Hand gehen, bilden ebenfalls eine große, einmalige Chance, um das historische Ziel der Verständigung und der Aussöhnung zwischen Polen und Deutschen zu erreichen. Ich möchte in aller Offenheit feststellen, daß wir bei der Verwirklichung des schwierigen Reformwerkes, das seitens der polnischen Gesellschaft viele Verzichte im materiellen Bereich fordert, auf eine konkrete wirtschaftliche und finanzielle Unterstützung seitens unserer westlichen Partner und hier vor allem seitens der Bundesrepublik Deutschland rechnen – vor allem, gerade weil uns mit Ihrem Land die breiteste Zusammenarbeit in allen Bereichen verbindet. Dies begründet auch den besonderen Charakter der deutsch-polnischen Beziehungen – wie in der Vergangenheit, so auch zum heutigen Zeitpunkt. Ich möchte mit allem Ernst und mit allem Verantwortungsbewußtsein betonen, daß das weitere Schicksal der polnischen Reformen im wesentlichen von den Möglichkeiten und vom Ausmaß der ausländischen Unterstützung abhängen wird. Eine entscheidende Bedeutung wird es dabei haben, ob diese Unterstützung in allernächster Zeit eintritt. Ich verhehle nicht, daß ich in dieser Hinsicht weiterhin auf Ihr ganz persönliches Engagement zähle.

Erlauben Sie mir, Ihnen zu versichern, daß es von meiner Seite weder an Bereitschaft noch an gutem Willen mangeln wird, um den Prozeß der Verhandlungen und der Schaffung von Bedingungen für die Öffnung hin zum Durchbruch in den Beziehungen zwischen der Volksrepublik Polen und der Bundesrepublik Deutschland zu einem erfolgreichen und für beide Seiten befriedigenden Abschluß zu bringen. Ich bin überzeugt, daß die guten Absichten unserer beiden Seiten in Kürze günstige Ergebnisse zeitigen werden, die unsere beiden Völker und ganz Europa mit Ungeduld erwarten.

Gestatten Sie mir, Ihnen meine persönlichen Wünsche einer schnellen Genesung auszusprechen.

Mit herzlichen Grüßen
gez. Mazowiecki

Nr. 49
Gespräch des Ministerialdirektors Teltschik mit Botschafter Kwizinskij
Bonn, 29. September 1989

BK, 213 – 30130 S 25 So 28 Bd. 4. – Vermerk des VLR Westdickenberg, 2. Oktober 1989. VS-NfD. – Mit Vorlage des VLR Westdickenberg über GL 21 an AL 2: „Betr.: Ihr Gespräch mit Botschafter Kwizinskij am 29. September 1989, hier: die beiden erbetenen getrennten Gesprächsvermerke. Anlg.: – 2 –. Anliegend werden Ihnen die beiden erbetenen Gesprächsvermerke mit der Bitte um Billigung vorgelegt. In Vertretung, G. Westdickenberg." – Vorlage des MD Teltschik über Chef BK an den Bundeskanzler, 3. Oktober 1989: „Anliegend lege ich Ihnen meine Vermerke über das Gespräch mit Botschafter Kwizinskij zu Ihrer Unterrichtung vor." Hs. von Bundeskanzler Kohl vermerkt: „Teltschik erl."

Botschafter <u>Kwizinskij (K.)</u> trug vor, er wolle aus sowjetischer Sicht über die Gespräche mit den USA (Bush/Baker mit Schewardnadse) berichten, und bediente sich dabei ausführlicher russischer Notizen, die er aus dem Stehgreif übersetzte.

Gespräch Präsident Bush/AM Schewardnadse:[1]
Bush habe positiv auf den Brief von Gorbatschow[2] reagiert, sei allerdings nicht konkret geworden und habe sich auf allgemeine, positive Ausführungen beschränkt: Er schätze die neuen Kooperationsmöglichkeiten zwischen beiden Ländern hoch ein und wolle nichts unternehmen, den konstruktiven Prozeß zu behindern.
Schewardnadse habe die Weiterentwicklung des Reformprozesses dargelegt, seine Schwierigkeiten aufgezeigt, sie aber nicht dramatisiert. Erste Resultate zeichneten sich ab.
Beide Seiten seien übereingekommen, regelmäßige Treffen auf höchster Ebene fortzusetzen.
Der nächste Gipfel werde Ende Frühjahr/Anfang Sommer 1990 in den USA sein.

Gespräch AM Baker/AM Schewardnadse:[3]
Dieses 5. Treffen sei sehr dicht gewesen; alle Fragen seien erörtert worden. Die Rüstungskontrolle habe allerdings im Vordergrund gestanden.
– ABM/Weltraum:
Die USA könnten sich nicht mehr darauf berufen, daß die Genfer START-Verhandlungen aufgrund des sowjetischen Junktims zwischen START und ABM-Vertrag so langsam voranschritten. Denn nunmehr habe die SU zu erkennen gegeben, ein START-Abkommen auch dann unterzeichnen und ratifizieren zu wollen, wenn keine Einigung in Fragen des ABM-Vertrages erzielt sei. Aber: Der ABM-Vertrag müsse so eingehalten werden, wie er unterzeichnet worden sei. Deshalb hätten die USA nicht freie Hand *im Weltraum*. Jede Seite könne den ABM-Vertrag kündigen, wenn sie der Überzeugung sei, die andere Seite verletze ihn.
Insoweit habe die SU vorgeschlagen, daß man sich auf eine einheitliche Auslegung dessen einige, was nach dem ABM-Vertrag erlaubt sei. Die Nichtkündigung des ABM-Vertrages sei keine Frage mehr. Das habe nur zu formaljuristischen Diskussionen geführt.
Die USA könnten jetzt auch nicht mehr mit dem Hinweis auf das Radar in Krasnojarsk am ABM-Vertrag „knabbern". Man baue es ab und habe die USA daran erinnert, daß ihre Geräte in Grönland und GB vertragswidrig seien. Baker habe zugesagt, daß er diese Frage besprechen wolle.
– START-Verhandlungen:
SU habe bei <u>ALCM</u> eine Paketlösung vorgetragen, die USA jedoch zu keinem Ergebnis bringen können. Bei <u>SLCM</u> habe man gemeinsam die Lage analysiert. SU habe vorgeschlagen, die gesamte SLCM-Frage aus den START-Verhandlungen auszuklammern. Allerdings müßten bei einer Einigung die Kontrollbestimmungen sehr genau sein. Die USA hätten zugesagt, die Sache zu prüfen.
Mit Genugtuung habe man die neue Position der USA bei den <u>mobilen ICBM</u> zur Kenntnis genommen. Im Prinzip habe man auch Übereinstimmung bei der Verifikation für diese Waffen erzielt.
Als <u>wichtig</u> werte man das <u>Abkommen über</u> die <u>Durchführung von Test-Verifikationen</u> und das Abkommen über <u>strategische Manöver</u> größeren Ausmaßes.
– Abkommen über Nukleartests:
Man habe sich im Prinzip über unterirdische Tests verständigt, und das Protokoll zum Abkommen von 1974[4] werde in Kürze fertig sein. Zusammen mit dem bereits grundsätz-

---

1 Präsident Bush und Außenminister Baker trafen am 21. September 1989 mit Außenminister Schewardnadse in Washington (D.C.) zusammen (dazu Pressekonferenz von Außenminister Baker im Weißen Haus, 21. September 1989: Department of State Bulletin. Vol. 89. No. 2152. November 1989, 1–4).
2 Dazu Nr. 46.
3 Ebd., Anm. 5.
4 Nr. 46 Anm. 7.

lich ausgehandelten Protokoll zum Abkommen von 1976[5] könne dies Protokoll dann beim geplanten Gipfeltreffen Bush/Gorbatschow unterzeichnet werden.
- VKSE:
Die SU habe im Sinne einer Beschleunigung ein Gipfeltreffen der Staats- und Regierungschefs (ausdrücklicher Hinweis: alle europäischen könnten anwesend sein) zur Unterzeichnung eines ersten VKSE-Abkommens vorgeschlagen, das Anfang 1990 von einem AM-Treffen vorbereitet werden solle. Die USA hätten Prüfung zugesagt und wollten sich wieder melden. Die SU werde sich mit ihren Verbündeten konsultieren, was noch nicht geschehen sei.
- Chemische Waffen:
In diesem Bereich habe man den Eindruck gewonnen, daß die USA wirkliche Zusammenarbeit wollten. Zum ersten Mal hätten sie einem baldigen Abschluß eines CW-Verbots zugestimmt. Die SU habe sich mit dem Bush-Vorschlag vor den VN[6] einverstanden erklärt. Die SU habe auch positiv auf den „Open-Skies"-Vorschlag der USA[7] reagiert und sich für eine völlige Einstellung der Produktion spaltbaren Materials eingesetzt. Die USA seien allerdings wohl dagegen.
...[8]
- Menschenrechte:
Die SU habe sehr betont, daß die internationalen Dokumente in diesem Bereich stärker hervorgehoben werden müßten. Man habe die USA kritisiert, weil sie nicht Unterzeichner der wichtigsten internationalen Konventionen seien bzw. ihre nationale Gesetzgebung internationalen Konventionen nicht anpaßten. Die hierzu von den USA gegebenen Erläuterungen seien unbefriedigend gewesen. Man habe gegenüber den USA 40 Fälle politischer Häftlinge angesprochen (Antikriegs- und Anti-Rassismus-Kämpfer) und habe die Praxis der Visaerteilung für sowjetische Gewerkschaften angesprochen. Diese sei nicht im Einklang mit neuem Denken.
- Bilateral habe man 3 Abkommen geschlossen, zusätzlich ein Dokument über die Jurisdiktion des Internationalen Gerichtshofes unterzeichnet und ein Programm für weitere praktische bilaterale Schritte (nicht näher erläutert) vereinbart.
Neben transnationalen Themen habe man zum ersten Mal auch Wirtschaftsthemen erörtert, u. a. die Kompatibilität zwischen unterschiedlichen Systemen.
- Mit Besuchsergebnis sei Sch[ewardnadse] zufrieden. Die Gespräche seien – mehr als in der Vergangenheit – zukunftsgerichtet gewesen. Es gebe nun auch langfristige Perspektiven auf neuen Gebieten.
AL 2 begrüßte die Unterrichtung auch durch die sowjetische Seite. Auch aus dem Brief von Präsident Bush an Bundeskanzler Kohl[9] seien zukunftsgewandte Aspekte zu entnehmen gewesen. Deutscherseits habe man sich immer für den Gipfeldialog eingesetzt, der geradezu Motor der West-Ost-Beziehungen sei.
Es böten sich im Bereich der Rüstungskontrolle und Abrüstung große Chancen:
- schrittweise Annäherung an einen Atom-Teststopp,
- ein erstes Ergebnis in Wien bei den VKSE erscheine 1990 möglich,
- im kommenden Jahr evtl. auch ein CW-Abkommen,
- 1991 evtl. START-Abkommen.

5 Ebd., Anm. 8.
6 Ebd., Anm. 4.
7 Nr. 2 Anm. 11.
8 Im folgenden besprochen: Regionalfragen (Afghanistan, Zentralamerika, Naher Osten, Kambodscha, afrikanische Länder).
9 Zu dem Inhalt des Fernschreibens vom 22. September 1989: Nr. 46.

Was die Verifikation bei den Abkommen anbetreffe, so müsse Bush im Hinblick auf den Kongreß sehr sorgfältig sein, der insoweit viel Ärger bereiten könne. Der Bundeskanzler werde dem US-Präsidenten im Antwortbrief mitteilen, wir täten alles, um Abkommen in Wien (VKSE) und Genf (CW) möglich zu machen. Hier lägen unsere Prioritäten.

K. erkundigte sich, ob die US-CW-Bestände im kommenden Jahr alle aus der Bundesrepublik Deutschland abgezogen würden. AL 2 bestätigte dies insoweit, als dies zumindest weitgehend der Fall sein werde. Der Abzug beginne in jedem Fall 1990. Die Vorbereitungen seien praktisch abgeschlossen. Es bestünden noch gewisse Probleme des Transports und der Vernichtungsmöglichkeit, so daß die USA evtl. zwischenlagern müßten. K. wollte wissen, was der betonte Hinweis auf die „Einseitigkeit" des Abzugs durch AL 2 bedeute. Da schwinge die Aufforderung mit, die SU sollte ähnlich handeln. – Einwurf AL 2: „In der Tat!" – Er könne nur immer wieder – trotz der ebenfalls immer wieder geäußerten Zweifel – betonen, man habe keine CW-Bestände außerhalb der SU. Wenn der Westen dies bezweifle, dann sei er zu Inspektionen eingeladen. Die SU beanspruche in diesem Fall aber auch das Recht auf Gegenseitigkeit. Man wolle dazu auch die Lager bei uns besichtigen.

G. Westdickenberg

Nr. 50
Gespräch des Ministerialdirektors Teltschik mit Botschafter Kwizinskij
Bonn, 29. September 1989

BK, 213 – 30130 S 25 So 28 Bd. 4. – Vermerk des VLR Westdickenberg, 2. Oktober 1989. – Mit Vorlage des VLR Westdickenberg über GL 21 an AL 2: „Betr.: Ihr Gespräch mit Botschafter Kwizinskij am 29. September 1989, hier: die beiden erbetenen getrennten Gesprächsvermerke. Anlg.: – 2 –. Anliegend werden Ihnen die beiden erbetenen Gesprächsvermerke mit der Bitte um Billigung vorgelegt. In Vertretung, G. Westdickenberg." – Vorlage des MD Teltschik über Chef BK an den Bundeskanzler, 3. Oktober 1989: „Anliegend lege ich Ihnen meine Vermerke über das Gespräch mit Botschafter Kwizinskij zu Ihrer Unterrichtung vor." Hs. von Bundeskanzler Kohl vermerkt: „Teltschik erl."

Nachdem Botschafter Kwizinskij (K.) über die sowjetisch-amerikanischen Gespräche unterrichtet hatte,[1] übermittelte AL 2 Grüße des Bundeskanzlers an GS Gorbatschow und kündigte an, der Bundeskanzler wolle – sowie er wieder in Bonn sei, d.h. voraussichtlich in der übernächsten Woche – ein ausführliches Gespräch mit Botschafter Kwizinskij führen. Darüber hinaus wolle der Bundeskanzler voraussichtlich in der 2. Oktoberwoche mit GS Gorbatschow telefonieren[2] und bitte um die Weiterleitung dieses Wunsches.

AL 2 betonte, der Bundeskanzler habe ihn beauftragt, über Botschafter Kwizinskij dem sowjetischen Generalsekretär ausrichten zu lassen, es gelte weiterhin alles voll und ganz fort, was sie beide im Juni vereinbart hätten[3]:

– Vor allem seien wir weiterhin am Erfolg seiner Reformbemühungen interessiert.
– Er, der Bundeskanzler, habe sich bei seinen Gesprächen mit Präsident Bush und mit den Partnern in der EG nachdrücklich für eine Unterstützung des Reformprozesses eingesetzt, und er werde dies auch weiterhin tun.
– Er, der Bundeskanzler, wolle GS Gorbatschow noch einmal wissen lassen, wir hätten weiterhin kein Interesse an einer Destabilisierung der Lage in der DDR und in den anderen NSWP-Staaten.

---

1 Nr. 49.
2 Nr. 60.
3 Nr. 2 – Nr. 4.

Er, der Bundeskanzler, müsse aber auch darauf hinweisen, daß wir angesichts des Interesses der deutschen Öffentlichkeit auch innenpolitisch gezwungen seien zu reagieren. Konkret bedeute dies, daß z. B. die Lage in der Prager Botschaft für uns indiskutabel sei. Die Zustände verschlechterten sich in katastrophaler Weise. Wir appellierten an die Prager Regierung im Sinne einer humanitären Lösung, in erster Linie wegen einer menschenwürdigen Unterbringung der Zufluchtsuchenden.

Beim Gespräch in der übernächsten Woche mit dem Botschafter wolle der Bundeskanzler sich über die Fortentwicklung der bilateralen Beziehungen unterhalten und Bilanz ziehen über das bisher Erreichte.

AL 2 sprach darüber hinaus ein Problem beim Procedere zum Entwurf über den Vertrag über gegenseitige Hilfe bei Katastrophen oder schweren Unfällen an: Wir hätten bisher in der SU keinen fachlich federführenden Gesprächspartner finden können. Im sowjetischen Außenministerium heiße es, es bedürfe des politischen Anstoßes von deutscher Seite, um die bürokratischen Probleme auf sowjetischer Seite zu überwinden. Den wolle er hiermit geben.

K. notierte sich diese Anliegen und griff dann seinerseits Passagen der Bremer Parteitagsrede des Bundeskanzlers[4] auf, die „böses Blut" hervorgerufen hätten. Der Status quo sei im Moskauer Vertrag[5] festgeschrieben.

AL 2 verwies darauf, daß der Moskauer Vertrag nicht von der Überwindung der Trennung Europas gesprochen habe, die gemeinsame Bonner Erklärung[6] tue dies jedoch. Die deutschlandpolitischen Passagen der Bremer Rede hätten die Wiedervereinigung nicht an die Spitze gestellt – Einwurf K.: „Aber auf die Tagesordnung gesetzt!" –, sondern die Menschenrechte und das Selbstbestimmungsrecht. Dies bedeute in der deutschen Frage konkret: Es könne Einheit heißen, müsse es aber nicht zwangsläufig. Es könne auch zu 2 deutschen Staaten führen. Zudem: Selbst Willy Brandt habe die Rede des Bundeskanzlers insoweit unterstützt! Man könne doch schlecht erwarten, daß der Bundeskanzler in seinen Äußerungen hinter Willy Brandt zurückbleibe!

AL 2 betonte, die Rede solle man sich genau und im Wortlaut ansehen – Einwurf K.: „Habe vollen Wortlaut nach Moskau geschickt!" Viele hätten gar nicht richtig hingehört – Einwurf K.: „Ich habe die Reaktionen selbst vernommen, weil ich dagewesen bin. Bei diesen Passagen sind alle höchst aufmerksam geworden!" –, und die Rede beginne jetzt auch schon zu wirken. Man möge die Rede in der SU nicht falsch interpretieren. Es sei bedauerlich, daß man

---

4 In seinem Bericht am 11. September 1989 auf dem Parteitag der CDU wandte sich der Vorsitzende, Bundeskanzler Kohl, gegen die „Anerkennung einer DDR-Staatsbürgerschaft" und die „Forderung nach einer Streichung des Wiedervereinigungsgebots" aus der Präambel des Grundgesetzes und erklärte: „Die Teilung unseres Vaterlandes ist widernatürlich, weil es wider die Natur des Menschen ist, ihm Freiheit und Selbstbestimmung zu verweigern" (37. Bundesparteitag der Christlich Demokratischen Union Deutschlands. Niederschrift. Bremen, 11.–13. September 1989. Hg. von der CDU, Bundesgeschäftsstelle. Bonn ohne Jahr, 17–35, hier 19).

5 In dem Vertrag zwischen der Bundesrepublik Deutschland und der Union der Sozialistischen Sowjetrepubliken, unterzeichnet am 12. August 1970 in Moskau (BGBl. 1972 II, 354f.), bekannten sich beide Staaten zu den Grundsätzen und Zielen der Charta der Vereinten Nationen. Sie verpflichteten sich, „die territoriale Integrität aller Staaten in Europa in ihren heutigen Grenzen zu achten", und erklärten, daß sie „keine Gebietsansprüche gegen irgend jemand haben und solche in Zukunft auch nicht erheben werden". Die Unverletzlichkeit der Grenzen in Europa gelte „einschließlich der Oder-Neiße-Linie, die die Westgrenze der Volksrepublik Polen bildet, und der Grenze zwischen der Bundesrepublik Deutschland und der Deutschen Demokratischen Republik". Die „von ihnen früher abgeschlossenen zweiseitigen und mehrseitigen Verträge und Vereinbarungen" würden durch den Vertrag nicht berührt. In dem „Brief zur deutschen Einheit" (ebd., 356), anläßlich der Vertragsunterzeichnung übergeben, stellte die Bundesregierung fest, „daß dieser Vertrag nicht im Widerspruch zu dem politischen Ziel der Bundesrepublik Deutschland steht, auf einen Zustand des Friedens in Europa hinzuwirken, in dem das deutsche Volk in freier Selbstbestimmung seine Einheit wiedererlangt". In gleichlautenden Noten an die drei Westmächte vom 7. August 1970 hatte die Bundesregierung zuvor den Wortlaut der Erklärungen des Bundesministers Scheel und des sowjetischen Außenministers Gromyko übermittelt, denen zufolge die Rechte der Vier Mächte durch den Vertrag nicht berührt wurden (ebd., 356–359).

6 Nr. 4 Anm. 1.

die Bemühungen des Bundeskanzlers, die territoriale Frage nicht in den Vordergrund zu stellen, seitens der SU genau entgegengesetzt verstehen wolle.

Auf weitere Einwürfe von K. – u. a. Hinweise auf NRW-CDU-Wahlkampagne – unterstrich AL 2 den Ernst seiner Aussagen. Die Rede des Bundeskanzlers in den deutschlandpolitischen Passagen sei gerade darauf angelegt gewesen, von den territorialen Fragen wegzuführen, sie nicht in den Vordergrund zu stellen. Das sei für einen Teil der CDU nicht einfach zu akzeptieren.

K. behauptete demgegenüber, die Situation um die deutsche Frage sei ruhig gewesen. Bundeskanzler und Bundespräsident hätten gesagt, sie stehe nicht auf der Tagesordnung. Dann aber sei offensichtlich eine andere Situation und der Bremer Parteitag gekommen – Einwurf AL 2: „Nein, die DDR und ihre innenpolitische Lage!" – Man müsse „die Sache wegkriegen", sonst bestehe die Gefahr, daß sie eskaliere. Das wäre auch schlecht für das bilaterale Verhältnis mit der SU.

AL 2 wiederholte mit großem Ernst, Menschenrechte und Selbstbestimmung hätten im Vordergrund der Rede gestanden, nicht die Wiedervereinigung. Dem Bundeskanzler liege daran, die Diskussion von der territorialen Frage wegzuführen. – Einwurf K.: „Der Bundeskanzler meinte das eine, alle anderen verstehen es anders, z.B. auch die FAZ!"[7] – Die FAZ habe falsch über ein internes Gespräch berichtet. Tatsache sei, daß – wie in der SU selbst – Menschenrechte und Selbstbestimmung im Vordergrund unserer Überlegungen stünden. Der Botschafter möge doch einmal das General-Anzeiger-Interview[8] von ihm, AL 2, lesen. Da habe er die Dinge ganz klar angesprochen (gibt K. Wortlaut des ihm unbekannten Interviews).

K. ließ anklingen, daß es die Bundesrepublik Deutschland sei, die die jetzige Situation hervorgerufen habe. Auf den Einwand von AL 2, das sei die DDR gewesen, die Reformen ankündigen solle, damit sich alles ändern werde, erwiderte K., das ändere nichts. Reformen könnten nur langfristig etwas ändern, während es sich bei den Botschaftsfällen um akute Probleme handele, die sich nicht durch Reformen lösten. Die Bundesregierung dürfe ihre Botschaften nicht zu einem dauernden Ärgernis machen. Man müsse den Leuten sagen, daß sie rausgehen müßten, daß man nicht länger Zuflucht bieten könne. Die Bundesregierung dürfe nicht sagen, sie weise keine Zufluchtsuchenden ab. – Einwurf AL 2: „Das können wir nicht machen!" – Er habe den Verdacht, daß die Bundesregierung die jetzige Entwicklung wolle. Botschaften dienten als „Tunnel".

AL 2 wies dies zurück. Legal seien in diesem Jahr bereits 50000 aus der DDR ausgereist. Da seien die jetzigen Zahlen der Zufluchtsuchenden nicht relevant. Fälle von Zufluchtsuchenden habe es früher auch gegeben, und man habe eine Lösung finden können. Das Problem sei jetzt, daß Rechtsanwalt Vogel nicht flexibler gewesen sei. Wir hätten den Eindruck, daß es nicht Honecker, sondern die Mehrheit im Politbüro sei, die nicht konstruktiv sein wolle.

AL 2 machte darauf aufmerksam, daß Rechtsanwalt Vogel das Verhalten der Vertreter der Bundesregierung bei seinen Gesprächen mit den Zufluchtsuchenden als fair bezeichnet habe. BM Seiters habe öffentlich davon gesprochen, daß das Angebot Vogels das weitestgehende sei. Vogel sage selbst, daß es auf Dauer nur zwei Lösungswege gebe:
– die Grenzen völlig undurchlässig zu machen. Das führe zu Explosionsgefahr;
– Reisepässe für alle DDR-Bürger auszustellen.

7 Vermutlich gemeint: „Kohl: Freiheit und Einheit für alle Deutschen", in: Frankfurter Allgemeine. Nr. 211. 12. September 1989, 6.

8 „Die deutsche Frage stellt sich neu", in: General-Anzeiger (Bonn). 99. Jg. Nr. 30240. 6. Juli 1989, 13. Aufgrund von „verkürzten und widersprüchlichen Agenturfassungen" ließ Ministerialdirektor Teltschik noch am gleichen Tag eine Klarstellung zu dem Interview verbreiten (Pressemitteilung Nr. 326/89. 6. Juli 1989; BPA/PA, F 1/25).

K. erwiderte, wenn man ein „Schlupfloch" entdecke, dann gehe die jetzige Bewegung weiter. Dem Hinweis von AL 2, man könne unsere Botschaft nicht mit Stacheldraht umziehen, begegnete K. mit dem Hinweis auf die ČSSR-Polizei. Wenn man das Hauptportal zum einzigen Zugang mache, dann sehe alles anders aus.

AL 2 äußerte seine große Sorge über die Situation in Prag. Zusammen mit dem Wetter führe alles zu einer katastrophalen Lage. Er hoffe, daß die beiden Rotkreuzorganisationen helfen könnten. Wenn man keine Regelung finden könne, dann müsse man sich auf folgende Bilder in den deutschen Medien einstellen: Kinder im Schlamm, emotionale Reaktionen in der deutschen Bevölkerung, Vorwürfe an eine als ratlos kritisierte Bundesregierung, internationale Anklagen gegen die ČSSR.

K. meinte, eine Lösung des Botschaftsproblems ließe sich auch anders finden. Die Konsularräume könnten leicht von der Botschaft getrennt werden und böten dann nur noch sehr begrenzte Aufnahmemöglichkeiten. Wenn man die Leute jetzt ausreisen ließe, kämen immer wieder neue. Reformen aber brauchten Zeit.

K. deutete an, die Bundesregierung brauche die ganze Angelegenheit evtl. für die Bundestagswahl (erneuter Hinweis auf die Wahlplakate der CDU in NRW). MdB Lintner wolle BM Genscher ja bereits wegen Äußerungen zu den Grenzen von 1937 vor den Bundestag zerren. Auf den Vorwurf von AL 2 wegen der Revanchismus-Terminologie reagierte K. mit der Feststellung, solange man von den Grenzen von 1937 rede, solange müsse man mit dem Revanchismusvorwurf rechnen.

AL 2 legte Wert auf die Feststellung, daß die Grenzen von 1937 nicht in der Parteitagsrede erwähnt seien und daß der Bundeskanzler sie in den ganzen 19 Jahren, in denen er ihn berate, nicht angesprochen habe. Der Bundeskanzler habe klar gesagt, es sei jetzt kein Zeitpunkt, von der Grenzfrage zu sprechen. Wir wollten weg von der territorialen Frage. Wir wollten den Status quo insoweit ändern, als wir ein europäisches Haus wollten.

K. bemängelte daraufhin, wir hätten nicht von einer Überwindung des politischen Status quo gesprochen, sondern vom Status quo generell. Er räumte aber auf Frage ein, AL 2 habe recht, wenn er im General-Anzeiger-Interview betone, daß man die Staatlichkeit der DDR berücksichtigen und sie beteiligen müsse.

Auf erneute Hinweise von AL 2 fragte K., ob man seine Äußerungen so verstehen könne, daß Einheit nicht staatlich sein müsse. AL 2 bestätigte dies und unterstrich, die Bevölkerung der DDR müsse selbst ihr Schicksal bestimmen können. Geschehe dies in völliger Freiheit, dann sei für uns jedes Ergebnis akzeptabel. Die Frage von K., welchen Sinn dann der Begriff Einheit im Grundgesetz habe, könne man dahingehend beantworten, daß Selbstbestimmung zur Einheit führen könne, aber nicht führen müsse.

Warum sollte in der DDR nicht das gleiche wie in der SU, Polen und Ungarn möglich sein! K. beschloß das Gespräch mit der Feststellung, die DDR sage, es ändere sich alles zum Schlechten. AL 2 nahm dies zum Anlaß, darauf hinzuweisen, die DDR bekomme mehr als alle anderen Länder im WP von uns als Unterstützung. Dennoch – und das sei das Besorgniserregende – gehe es dort bergab.

G. Westdickenberg

Nr. 51
Gespräch des Ministerialdirigenten Duisberg mit dem Ständigen Vertreter der DDR, Neubauer
Bonn, 1. Oktober 1989

BArch, B 136/21860, 222 – 83105 Fa 3 NA 2 Bd. 6. – Vermerk des MDg Duisberg, 2. Oktober 1989. Vorlage an Chef BK zur Unterrichtung. Verteiler: BMB, St Priesnitz; AA, MD Kastrup; StäV, St Bertele; AL 2, GL 22. – Gesprächsbeginn: 20.45 Uhr.

1. Nachdem ich um 18.30 Uhr am 01.10.1989 Herrn Neubauer angerufen und zu einem Gespräch bei BM Seiters am 02.10. um 14.00 Uhr gebeten hatte zur Erörterung
   – verschiedener Fragen im Zusammenhang mit der Abwicklung der Ausreiseaktion am 01.10.
   – sowie des Problems von Nachzüglern,
   ließ Herr Neubauer kurz vor 20.00 Uhr im Büro Chef BK um einen Termin noch am selben Abend bitten. Da BM Seiters verhindert war, habe ich erneut Herrn Neubauer angerufen und mich auf sein Drängen bereit erklärt, ihn um 20.45 Uhr in meinem Büro zu empfangen.
2. Herr Neubauer erklärte bei dem Gespräch, nach neuen Meldungen hielten sich erneut DDR-Bürger in unseren Botschaften in Warschau und Prag auf. Dies stehe im Widerspruch zu den getroffenen Absprachen, bei denen wir das „Berliner Modell" akzeptiert hätten. Die gestrige Aktion würde damit unterlaufen und eine neue tragische Situation geschaffen. Die DDR verlange daher nachdrücklich, daß die Bürger der DDR von den Botschaften in ihre Heimat zurückgeschickt würden, um dort ihre Angelegenheiten zu regeln.
   Herr Neubauer bat um Übermittlung an BM Seiters und BM Genscher.
3. Ich habe die Weiterleitung seiner Mitteilung zugesagt und als erste Reaktion folgendes erwidert:
   – Erstens müsse ich an die Erklärung von BM Genscher in dem Gespräch am 30.09.[1] erinnern, daß wir mit der DDR keine Vereinbarung über unsere Botschaften in Drittstaaten treffen könnten. Von uns sei lediglich darauf hingewiesen worden, daß unsere Botschaften ebenso wie die StäV nach Räumung aus Gründen der Renovierung noch eine Zeit lang geschlossen bleiben würden, aber natürlich nicht unbegrenzt.
   – Zweitens habe sich im Laufe des Sonntags (01.10.) vor der Botschaft in Prag eine Situation entwickelt, bei der eine offene Konfrontation zwischen ČSSR-Miliz und DDR-Deutschen drohte. Da an einer solchen Konfrontation keiner der Beteiligten ein Interesse haben dürfte, sei entschieden worden, diese DDR-Deutschen mit zahlreichen kleinen Kindern zur vorübergehenden Versorgung in die Botschaft einzulassen.
   – Drittens handelt es sich bei diesen Menschen vielfach um Angehörige von Personen, die bereits im Zuge der Aktion am 01.10. ausgereist seien. BM Seiters wolle das Problem dieser Nachzügler in dem vorgesehenen Gespräch am 02.10. ansprechen.
   Ich habe ergänzend darauf hingewiesen, daß BM Seiters in dem Gespräch am 02.10. außerdem auch Fragen im Zusammenhang mit der Abwicklung der Ausreiseaktion aufnehmen wolle, wo möglicherweise Widersprüche zu den von ihm, Neubauer, gegebenen Zusagen bestünden.[2]
   Herr Neubauer erwiderte, dies sei eine ganz fadenscheinige Begründung, die er zurückweisen müsse. Es liege ein Wortbruch der Bundesregierung vor, da das Berliner Modell

---

1 Zu dem Gespräch des Bundesministers Genscher und des Bundesministers Seiters mit dem Ständigen Vertreter der DDR, Neubauer, am Morgen des 30. September 1989: Genscher, Erinnerungen, 20 f.
2 Nr. 53, zur Ausreiseaktion auch Nr. 52.

eindeutig akzeptiert worden sei. Falls BM Seiters mit ihm über Fragen von Bürgern der DDR sprechen wolle, die sich in der DDR aufhielten, so könne er dazu keine Erklärungen abgeben und werde dann das Gespräch nicht führen.

Ich habe die Verwendung des Ausdrucks „Wortbruch der Bundesregierung" als in der Form und – aus den dargelegten Gründen – auch in der Sache völlig unangemessen zurückgewiesen; auf solcher Basis sei es nicht akzeptabel, miteinander zu sprechen. Hinsichtlich des für den 02.10. vorgesehenen Gespräches hätte ich die Themenkreise umrissen; er müsse selbst daraus seine Folgerungen ziehen. Da es sich zum einen um die Probleme der Nachzügler in Prag handele, die er selbst gerade eben angesprochen habe, vermöchte ich nicht einzusehen, wieso er sich dem Gespräch darüber entziehen wolle. Auch Fragen im Zusammenhang mit der Abwicklung der Ausreiseaktion, die er selbst hier eingeführt habe, müßten wohl weiter Gesprächsgegenstand sein können. Herr Neubauer räumte letzteres ein.

3. Herr Neubauer kam noch einmal auf die öffentliche Behandlung der Ausreiseaktion durch die Bundesregierung zurück: Das Interview von BM Genscher vor den Fernsehkameras außerhalb der Botschaft Prag widerspräche den getroffenen Abmachungen. Ich habe unter Bezug auf die Ausführungen von BM Seiters im Telefongespräch aus Prag am 30.09. darauf hingewiesen, daß die Unterrichtung der Zufluchtsuchenden in der Botschaft Prag in Anbetracht der Zahl und der Umstände notwendigerweise nicht unter Ausschluß der Öffentlichkeit erfolgen konnte; die Ansprache an die Zufluchtsuchenden sei von den Medien außerhalb des Botschaftsgeländes aufgenommen worden. BM Genscher habe anschließend nichts gesagt, was darüber hinausgehe. Herr Neubauer beharrte darauf, daß damit die Abmachung verletzt worden sei.

4. Herr Neubauer bat abschließend nochmals um Übermittlung seiner Erklärung an BM Seiters und BM Genscher. Ich bat meinerseits, auch seine Regierung über meine Erklärung dazu zu unterrichten. Herr Neubauer lehnte dies ab; er erwarte eine Antwort von BM Seiters. Ich erwiderte, daß BM Seiters zweifellos auf die Frage zurückkommen werde; ich müsse aber dennoch bitten, meine Ausführungen als erste Reaktion zur Kenntnis zu nehmen.

5. Das Gespräch verlief außerordentlich frostig. Herr Neubauer fand sich zum Schluß kaum bereit, sich in üblicher Weise zu verabschieden.

(Duisberg)

Nr. 52
Fernschreiben des Staatssekretärs Bertele an den Chef des Bundeskanzleramtes
Berlin (Ost), 2. Oktober 1989

BArch, B 136/21860, 222 – 83105 Fa 3 NA 2 Bd. 6. – FS StäV Nr. 2127, 17.57 Uhr. VS-NfD. Citissime. Verteiler: ChBK, MDg Duisberg, Gruppe 22; BMB, St Priesnitz, AL II; Bonn AA, St Sudhoff, auch für Ref. 210, Botschaft Warschau. Mit Stempel: 018001, BK-Amt, FS-Zentrale, 2. Oktober 1989, 20.27 Uhr. Abgezeichnet: „S[eiters]".

Betr.: Gestrige Ausreise der Zuflüchtigen mit Sonderzug Warschau-Helmstedt

Die Ausreise der über 800 Zuflüchtigen aus Warschau mit dem Sonderzug Warschau-Helmstedt ist weitgehend planmäßig verlaufen, allerdings erhielten die Zuflüchtigen während der Fahrt durch die DDR nicht die von der DDR zugesagten Ausreisepapiere. Über die Vorgänge in Warschau wird die Botschaft Warschau berichten. Sie sind hier nur skizzenhaft dargestellt:

1.

Staatssekretär Sudhoff und ich unterrichteten am Samstag abend die Zuflüchtigen in den Außenlagern und in der Botschaft selbst über die von der DDR angebotene Lösung des Problems, nämlich Überführung mit einem Sonderzug durch das Gebiet der DDR nach Helmstedt. Auf Fragen teilten wir mit, daß es sich um eine legale Ausreise handele. Der Vorschlag dieser Lösung sei vom Leiter der Ständigen Vertretung der DDR, Neubauer, gegenüber Bundesminister Seiters erfolgt; alle im Zug Mitfahrenden hätten freies Geleit bei der Fahrt durch die DDR; DDR-Funktionäre würden die DDR-Ausweise einsammeln und Ausreisepapiere ausgeben. Dies sei eine legale Ausreise aus der DDR, denn sie erfolge auf Vorschlag und unter Mitwirkung der DDR. Auf Fragen habe ich dann bestätigt, daß sich daran alle die Rechtsfolgen anschlössen, die RA Vogel gegenüber den Zuflüchtigen vor einigen Tagen dargestellt hätte, nämlich u.a. die Einbeziehung von Ehegatten oder minderjähriger Kinder, die sich noch in der DDR aufhielten, und später die Benutzung der Transitwege vom Bundesgebiet nach Berlin (West). Nach meiner Kenntnis haben mit einer Ausnahme alle Zuflüchtigen das Angebot, im Sonderzug in die Bundesrepublik Deutschland gebracht zu werden, angenommen. Nur ein Handwerksmeister zog es vor, auf das früher gemachte Vogel-Angebot (Rückkehr in die DDR, legale Ausreise innerhalb von 6 Monaten) einzugehen, da er seinen gewerblichen Betrieb persönlich liquidieren wolle. (Die Botschaft Warschau wird gebeten, über diesen Fall RA Vogel im Detail zu unterrichten.)

2.

809 Zuflüchtige bestiegen am Sonntag morgen gegen 2.00 Uhr den bereitstehenden Sonderzug, der gegen 2.45 Uhr Warschau verließ. Es herrschte eine drangvolle Enge, nicht alle Mitreisenden hatten einen Sitzplatz. Bis Frankfurt/Oder gab es keinerlei Verpflegung, aber die Stimmung war dennoch gut, wenn auch nicht ausgelassen. Fast alle Mitreisende hatten auf unseren Appell, vom Zeitpunkt über die Information der bevorstehenden Ausreise an auf Alkoholgenuß zu verzichten, da die bevorstehende Reise anstrengend und nervenaufreibend sei, positiv reagiert. Es gab keinerlei Probleme. Während zweier technischer Stopps auf polnischem Territorium stiegen noch mehrere DDR-Familien mit Kindern zu. Sie hatten von der Sonderzug-Lösung in den Nachrichten gehört und sich an Stellen postiert, an denen der Zug nach ihrer Kenntnis aus technischen Gründen halten müsse.

3.

Mit Annäherung an die DDR wurde die Stimmung im Zug gespannter, die Nervosität stieg. Nach Überschreiten der Grenze zur DDR hielt der Zug für eine längere Zeit außerhalb des Bahnhofs Frankfurt/Oder, wobei er von zwei Güterzügen, die auf den angrenzenden Nebengleisen standen, von der Öffentlichkeit abgeschirmt wurde. Hinter den Güterzügen patrouillierten Stasi-Leute. Von DDR-Seite kam niemand an Bord. Anschließend durchfuhren wir den völlig leergeräumten Bahnhof Frankfurt/Oder – alle Bahnsteige waren leergefegt –, und auch die Straßen der Innenstadt um den Bahnhof waren offenbar abgeriegelt, denn auch hier zeigte sich – es war immerhin Sonntag am späten Vormittag – niemand auf der Straße. Kurz hinter Frankfurt/Oder wurde der Zug erstmals von Straßen, Gärten und Häusern aus freundlich begrüßt. Offenbar war der Zug von vielen Menschen erwartet worden. Immer wieder standen im Verlauf der Fahrt Gruppen in der Nähe der Bahngleise, die diesen Zug offenbar erwartet hatten und ihm freundlich zuwinkten. Nur ganz wenige zeigten durch eine entsprechende Gestik ihre Ablehnung. Junge Leute zeigten ihre Unterstützung, oft mit beiden Armen in V-Form gewinkelt; ältere Frauen sah man häufig weinend Abschied winken. Kurz vor Marienborn, außerhalb eines kleinen Bahnhofs, stoppte der Zug zum zweiten Mal auf DDR-Gebiet und drei Gruppen von Stasi-Leuten, zu jeweils 7 oder 8 Personen, betraten den Zug. Ich erklärte ihnen zunächst, wer ich selbst sei und stellte ihnen dann Sts Sudhoff vor. Wir hätten den Zug von Warschau aus begleitet. Auf die Frage, welche Aufgaben sie hier hätten, wurde uns mitgeteilt, die DDR-Ausweise würden eingezogen. Auf die weitere Frage nach den Ausreisepapieren erhielten wir die Antwort: „Diese werden später übermittelt."

Sts Sudhoff, sein Persönlicher Referent, VLR Hoffmann, und ich sind den 3 Stasi-Gruppen bei ihrem Gang durch den Zug auf Schritt und Tritt gefolgt bzw. vorausgegangen. Dies hat sehr zur Beruhigung der gesamten Atmosphäre beigetragen. Auf unsere Bitten hin, die Stasi-Leute nicht zu provozieren, haben sich alle Zuflüchtigen zurückhaltend verhalten; auch die Stasi-Vertreter haben sich bemüht, in einem – für sie ungewohnten – angemessenen Ton mit den Ausreisewilligen zu sprechen. Zwischenfälle gab es nicht. Nachdem die Stasi-Leute den Zug verlassen hatten, stand er noch mindestens eine halbe Stunde, ehe er die Erlaubnis zur Weiterfahrt erhielt. Offenbar wurden die Namen der Ausreisewilligen, die der Staatssicherheit bis zu diesem Zeitpunkt größtenteils nicht bekannt waren, überprüft.

Der Empfang in Helmstedt durch Ministerpräsident Albrecht, Bundestagspräsidentin Frau Süssmuth und mehr als 1000 begeisterte Zuschauer war überwältigend. Unsere DDR-Gäste, nunmehr Bundesbürger, fielen sich und uns um den Hals. Es waren bewegende Szenen.

4.

Nachteilhaft war bei der gesamten Operation, daß Sts Sudhoff und ich von der Abfahrt in Warschau an keinerlei aktive Kommunikationsmöglichkeiten mit der Umwelt hatten. Wir konnten lediglich über den Rundfunk verfolgen, daß die Ausreise-Aktion aus Prag planmäßig lief, was auch zur Beruhigung unserer Mitreisenden beigetragen hat. Hätten sich wirklich Probleme ergeben, wären mangelnde Kommunikationsmöglichkeiten sehr ⟨nachteilhaft⟩[1] gewesen. Von großer Bedeutung ist, daß die DDR ihre Zusage, den Ausreisewilligen Ausreisepapiere auszustellen, nicht eingehalten hat. Wir konnten das DDR-Angebot (von ihr gestellter Sonderzug über das Territorium der DDR, freies Geleit, Einsammeln der DDR-Ausweise, Übergabe von Ausreiseunterlagen) nur so verstehen, daß dies eine legale Ausreise aus der DDR sei, mit all den Konsequenzen einer legalen Ausreise, wie sie DDR-Anwalt Vogel zwei Tage zuvor den Zuflüchtigen in Warschau vorgetragen hatte. Da es sich um eine Frage von vitaler Bedeutung (falls sich z.B. ein Ehegatte oder ein minderjähriges Kind in der DDR aufhalten) handelt, muß die DDR veranlaßt werden, diese ⟨Interpretation⟩[2] zu honorieren. Die Verweigerung, die Ausreisepapiere schon im Zug – wie verabredet – zu übergeben, kann technisch bedingt gewesen sein (es hätte wohl Stunden gedauert, ehe für mehr als 800 Personen solche Papiere ausgestellt gewesen wären). Dies muß jedoch nachgeholt werden. Die DDR kann nicht behaupten, daß diese Ausreise auf die von ihr vorgeschlagene Weise unter ihrer Mitwirkung – sie hat schlußendlich dem Sonderzug die freie Fahrt über die Grenze erlaubt – illegal gewesen sei. Wenn sie aber legal war, dann muß sie alle Konsequenzen gegen sich gelten lassen, die RA Vogel den Zuflüchtigen gegenüber im Falle einer legalen Ausreise in leuchtenden Farben geschildert hatte.

Bertele

---

1 ⟨ ⟩ Wort kaum leserlich.
2 ⟨ ⟩ Wort kaum leserlich.

Nr. 53
Gespräch des Bundesministers Seiters mit dem Ständigen Vertreter der DDR, Neubauer
Bonn, 2. Oktober 1989

BArch, B 136/21860, 222 – 83105 Fa 3 NA 2 Bd. 6. – Vermerk des MDg Duisberg, 6. Oktober 1989. Verteiler: BMB, St Priesnitz; AA, MD Kastrup; StäV, St Bertele; AL 2, GL 22. – Mit Vorlage des MDg Duisberg an Chef BK: „Hiermit lege ich den Vermerk über Ihr Gespräch mit Herrn Neubauer am 02. Oktober 1989 vor sowie eine chronologische Zusammenfassung der Gespräche und Kontakte am 03., 04. und 05. Oktober 1989 mit der Bitte um Billigung und Zustimmung zu dem Verteiler." Abgezeichnet: „S[eiters]". – Gesprächsbeginn: 14.00 Uhr.

1. Der Wunsch von BM Seiters zu dem Gespräch war Herrn Neubauer am 01.10.1989 gegen 18.30 Uhr durch MDgt Dr. Duisberg telefonisch übermittelt worden.[1] Herr Neubauer wurde von Herrn May begleitet. Auf unserer Seite nahmen noch MDgt Dr. Duisberg und Herr Speck teil.

2. BM Seiters erklärte, er habe um das Gespräch gebeten, weil der tatsächliche Ablauf der Ausreiseaktion in einzelnen Punkten von den Zusicherungen abweiche, die Herr Neubauer am 30.09. gegeben habe. Entgegen diesen Zusicherungen hätten die Ausreisenden keine Ausreisepapiere erhalten. Vielmehr seien die DDR-Ausweise ersatzlos eingesammelt worden, so daß die Betroffenen ohne Identitätspapiere ins Bundesgebiet gekommen seien. Wir stellten daher die Frage, ob die Betroffenen nachträglich noch eine förmliche Ausreisegenehmigung erhalten sollen oder ob diese Genehmigungen in anderer Weise, etwa listenmäßig, gegeben werden. Die Bundesregierung gehe in jedem Fall davon aus, daß es sich um eine legale Ausreise im Sinne der DDR-Vorschriften gehandelt habe, da die Ausreise aus der DDR mit Zustimmung der DDR-Regierung und nach Kontrolle der zuständigen Behörden erfolgt sei. Wir bäten um baldige Klärung, wie der Status der Betroffenen sei in bezug auf
   – in der DDR zurückgelassenes Vermögen,
   – Familienzusammenführung,
   – Benutzung der Transitwege nach Berlin (West),
   – evtl. spätere Besuchsreisen in die DDR
   und wie ggf. der Nachweis für eine legale Übersiedlung erbracht werden könne. Er möchte darauf hinweisen, daß bei der Vertrauenswerbung in Prag und Warschau das Argument, es handele sich um eine legale Ausreise, sehr ins Gewicht gefallen sei.
   Herr Neubauer erklärte, er werde darüber berichten; die Fragen müßten geprüft werden.

3. Herr Neubauer trug darauf seinerseits aufgrund eines vorbereiteten, jedoch nicht übergebenen Papiers vor:
   Er müsse entschiedene Verwahrung dagegen einlegen, daß die getroffene Abstimmung von der Bundesregierung nicht eingehalten worden sei. Von den verantwortlichen Politikern seien bewußt falsche Informationen über den Ablauf der Aktion in Umlauf gebracht worden. Es habe sich um eine einseitige Entscheidung der DDR gehandelt, die weder in New York[2] noch anderswo vorbereitet worden sei. Die Darstellung, daß Bundesminister Genscher durch Verhandlungen dies bewirkt habe, sei falsch. Es habe auch eine Abstimmung darüber gegeben, das Berliner Modell anzuwenden. Auch dies sei von unserer Seite nicht eingehalten worden. Die DDR betrachte dies als groben Vertrauensbruch. Sie for-

---

1 Dazu Nr. 51.
2 Bundesminister Genscher führte mit Außenminister Schewardnadse, Außenminister Fischer, Außenminister Johanes und Außenminister Skubiszewski am Rande der Generalversammlung der Vereinten Nationen am 27. und 28. September 1989 in New York Gespräche über die Lage der Zufluchtsuchenden in den Botschaften der Bundesrepublik Deutschland in Prag und Warschau (Genscher, Erinnerungen, 15–19).

dere nachdrücklich, daß die sich inzwischen wieder in den Botschaften in Prag und Warschau befindlichen DDR-Bürger hinausgewiesen würden, um in die DDR zurückzukehren, wo sie in Übereinstimmung mit den Erklärungen von Rechtsanwalt Vogel ihre Angelegenheiten regeln könnten.

Nur bei gegenseitigem Vertrauen könnten vernünftige Lösungen gefunden werden. Wenn
die Bundesregierung weiter DDR-Bürger in ihre Vertretungen einlasse, müsse sie die volle
Verantwortung für alle Konsequenzen übernehmen.

BM Seiters erklärte, von unserer Seite sei stets gesagt worden, daß es sich um eine einseitige Entscheidung der DDR handele. Alle Vertreter der Bundesregierung hätten zum
Ausdruck gebracht, daß sie über diese Entscheidung der DDR-Führung sehr erleichtert
seien. Neubauer warf ein, daß das alles immer im Kontext mit den Gesprächen in New
York gesagt worden sei. BM Seiters fuhr fort, hinsichtlich unserer Botschaften in Prag und
Warschau hätten wir in dem Gespräch am 30.09.1989 eindeutig erklärt, daß wir darüber
mit der DDR keine Vereinbarungen treffen könnten. Sie würden vorerst aus technischen
Gründen, aber nicht unbegrenzt geschlossen bleiben. Auch dadurch könnten jedoch
schwierige Situationen nicht verhindert werden. Er stelle die Frage, wem denn gedient
worden wäre, wenn wieder Bilder um die Welt gegangen wären von einer Massen-
ansammlung vor unserer Botschaft in Prag. Auch die DDR könne daran kein Interesse
haben.

Neubauer erwiderte, die Abstimmung – er sage bewußt nicht Vereinbarung – sei gewesen,
das Berliner Modell anzuwenden. Unser Verhalten stelle einen Vertrauensbruch dar.

BM Seiters wies das zurück und erklärte, er bitte dringend zu prüfen, ob man das Problem
nicht als Anschlußregelung in wenig spektakulärer Weise lösen könne.

Herr Neubauer sagte, die Aktion vom Wochenende sei ein einmaliger humanitärer Akt
gewesen, der nicht wiederholt werden könne. Er müsse auch darauf hinweisen, daß die
Leute dieses Mal ja nicht über den Zaun geklettert seien, sondern daß Botschafter Huber
sie durch das Tor hineingelassen habe. Er könne nur wiederholen, daß die Abstimmung
von uns nicht eingehalten worden sei. Wir könnten nicht erwarten, daß es zu einer neuen
Absprache komme. Eine Lösung werde es nur im Sinne der Angebote von Rechtsanwalt
Vogel geben. Die DDR lasse sich nicht wieder erpressen.

BM Seiters sagte, von einer Erpressung könne nicht die Rede sein. Er wolle allerdings in
jedem Fall fragen, in welchem Umfang die Zusicherungen von Rechtsanwalt Vogel weitergelten.

Herr Neubauer antwortete, die von Rechtsanwalt Vogel abgegebene Erklärung gelte auch
für diejenigen, die sich jetzt in den Botschaften befinden. Auf weitere Nachfrage, ob sie
vorerst, ggf. bis auf Widerruf, weitergelte, wiederholte Neubauer lediglich, die Erklärung
gelte so, wie sie abgegeben worden sei, für die jetzt in den Botschaften befindlichen Personen.

BM Seiters erklärte, er habe große Sorge, daß die Probleme auf dieser Grundlage nicht gelöst werden könnten. Er wiederhole daher die dringende Bitte, eine Anschlußregelung zu
prüfen.

Herr Neubauer erwiderte, wir seien es, die sich im Widerspruch zum Völkerrecht eine
Obhutpflicht anmaßten. Eine Anschlußregelung werde es nicht geben. Die DDR habe
ihre Verpflichtungen erfüllt; wir dagegen hätten das nicht getan.

BM Seiters sagte darauf mit großem Nachdruck, Herr Neubauer möge zur Kenntnis nehmen, daß nicht wir das Problem geschaffen hätten. Es sei nicht unser Problem, daß die
Menschen in großen Scharen die DDR verlassen wollen. Wir hätten nicht diese Situation
heraufbeschworen, die uns ebenfalls bedrücke. Die Menschen in der ganzen Welt sähen,
wo die Ursachen des Problems lägen. Ob er denn eine Wiederholung der Situation vom
vergangenen Wochenende wolle? Wir hätten daher die dringliche Bitte, die Möglichkeit

einer Anschlußregelung zu prüfen. Er könne sich nicht auf den Standpunkt stellen, dies nicht einmal in Erwägung zu ziehen.

Herr Neubauer wiederholte, es gäbe die Situation nicht, wenn jede Seite sich an die Absprache gehalten hätte. Die DDR habe ihrerseits ihre Zusagen immer eingehalten. Dies müsse auch die Bundesrepublik tun.

BM Seiters schloß das Gespräch mit der erneuten dringenden Bitte, sich um eine Anschlußregelung zu bemühen. Er fügte hinzu, wenn es einen Weg gebe, dann wäre es gut, wenn schnell gehandelt werden könne; dies liege auch im Interesse der DDR.

4. Bei einem Gespräch von MDgt Dr. Duisberg mit dem Gesandten Glienke am 03.10.1989 sagte dieser unter Bezug auf die unter 2) gestellten Fragen, die zuständigen Organe der DDR seien bereit, bei der Identifizierung der Personen mitzuwirken. Unsere Seite möge dazu Listen mit den Namen, Geburtsdaten und möglichst dem letzten Wohnort übermitteln. MDgt Dr. Duisberg erwiderte, daß damit die von uns gestellte Frage nicht beantwortet sei. Die Identifizierung sei nur ein Teilaspekt; entscheidend komme es auf die rechtlichen Konsequenzen für die Betroffenen an. Wir bäten weiterhin um eine Stellungnahme dazu.

Duisberg

Nr. 54
Vorlage des Ministerialdirigenten Duisberg an Bundesminister Klein
Bonn, 2. Oktober 1989

Handakte Persönlicher Referent/Chef BK Speck. – Vorlage über Chef BK. Kopie: Chef BPA (vorab).

Betr.: Pressekonferenz am 02. Oktober 1989 um 14.30 Uhr;[1]
        hier: Ausreise der DDR-Flüchtlinge aus unseren Botschaften Prag und Warschau

Zum Ablauf der Ausreiseaktion könnte auf folgender Linie vorgetragen werden:
Nach den Gesprächen, die Bundesaußenminister Genscher in New York, insbesondere mit dem sowjetischen Außenminister Schewardnadse, dem tschechoslowakischen und polnischen Außenminister sowie DDR-Außenminister Fischer geführt hat,[2] ist der Leiter der Ständigen Vertretung der DDR, Herr Neubauer, am 30.09. morgens im Bundeskanzleramt zu einem Gespräch mit Bundesminister Seiters zusammengetroffen, an dem auch Bundesminister Genscher teilnahm. (Weitere Teilnehmer: MD Dr. Kastrup, MDgt Dr. Duisberg und Herr Speck.) Neubauer hat den Vorschlag der DDR überbracht, daß die Zufluchtsuchenden in den Botschaften Prag und Warschau noch am 01.10. mit von der DDR bereitgestellten Sonderzügen über die DDR ausreisen könnten. Für die Durchfahrt durch die DDR wurde freies Geleit zugesichert.
Nach Beratung mit dem Herrn Bundeskanzler ist die Bundesregierung darauf eingegangen. Am Nachmittag des 30.09. sind Bundesminister Genscher und Bundesminister Seiters (begleitet von St Dr. Priesnitz, MD Dr. Kastrup, MD Dr. Jansen und MDgt Dr. Duisberg) nach Prag gefahren, um den Zufluchtsuchenden dort das Angebot der DDR zur Kenntnis zu bringen. Staatssekretär Dr. Sudhoff und Staatssekretär Dr. Bertele haben mit den Zufluchtsuchenden in der Botschaft Warschau gesprochen.

---

1 Pressekonferenz Nr. 107/89, 2. Oktober 1989, 14.30 Uhr. Unkorrigiertes Manuskript, 8 S.; BPA/PA, F 1/30.
2 Nr. 53 Anm. 2.

Es kam in besonderem Maße darauf an, bei den Zufluchtsuchenden Vertrauen zu wecken, damit sie sich bereit fanden, auf das Angebot der DDR einzugehen. Das war vielfach nicht einfach, weil die Fahrt ja durch die DDR gehen sollte. Zur Stärkung des Vertrauens sind deshalb auch in den Zügen aus Prag jeweils hohe Beamte der Bundesregierung (St Dr. Priesnitz, MD Dr. Kastrup, MD Dr. Jansen und MDgt Dr. Duisberg) sowie Mitarbeiter der Botschaft Prag mitgefahren; der Zug aus Warschau ist von St Dr. Sudhoff und St Dr. Bertele begleitet worden.[3]

Die Züge sind – abgesehen von technischen Halten – ohne Aufenthalt durch die DDR durchgefahren. Die Kontrolle der DDR-Behörden hat sich auf die Feststellung der Personalien beschränkt. Weitere Kontrollen haben nicht stattgefunden. Niemand ist an der Ausreise gehindert worden. Es gab insoweit keine Probleme, auch wenn während der Reise natürlich eine große Spannung bestand und die Menschen erst bei Überqueren der innerdeutschen Grenze wirklich erleichtert waren.

<u>Anmerkung:</u> Die Tatsache, daß bei der Durchfahrt durch die DDR weitere Personen aufgesprungen sind, sollte seitens der Bundesregierung nicht ausdrücklich bestätigt werden.

Insgesamt sind 5500 Zufluchtsuchende aus Prag und 809 aus Warschau auf diese Weise in die Bundesrepublik Deutschland ausgereist. In Prag haben sich etwa 50 Personen entschlossen, noch das Angebot von Rechtsanwalt Vogel anzunehmen, d. h. Rückkehr in die DDR, anwaltliche Betreuung und Ausreise innerhalb einer bestimmten Frist, in der Regel 6 Monate. Die DDR hatte ausdrücklich bestätigt, daß dieses Angebot noch Gültigkeit hatte.

<u>Auf Frage</u> nach Verkürzung der Frist:
Auf Einzelheiten kann im Interesse der Betroffenen nicht eingegangen werden.

<u>Auf Frage</u> nach dem Status der Ausreisenden („Legalübersiedlung"):
Die Bundesregierung geht davon aus, daß alle diese Personen im Sinne der DDR-Vorschriften legal ausgereist sind. Die Ausreise ist ja aus der DDR, mit Zustimmung der DDR-Behörden und auch nach förmlicher Personalkontrolle erfolgt. Zu den Konsequenzen, die das im einzelnen für die Betroffenen hat, kann zum jetzigen Zeitpunkt noch nichts gesagt werden.

<u>Auf Frage</u> nach neuen Zufluchtsfällen:
Die Botschaften Prag und Warschau bleiben (ebenso wie die Ständige Vertretung in Ost-Berlin) aus technischen Gründen vorerst geschlossen. In der Botschaft Warschau halten sich z. Zt. keine Zufluchtsuchenden auf (mit AA zu verifizieren). In Prag hat sich die Situation ergeben, daß noch eine größere Zahl von DDR-Deutschen, vielfach mit Kindern, gleichsam als Nachzügler nach Prag gekommen sind und in unsere Botschaft eingelassen werden wollten. Da eine Konfrontation zwischen diesen Deutschen und der tschechoslowakischen Miliz drohte, an der niemand ein Interesse haben kann, sind sie schließlich zur vorübergehenden Versorgung in die Botschaft eingelassen worden. Die Bundesregierung hofft, daß in diesen Fällen ebenfalls noch eine humanitäre Lösung gefunden werden kann. Dabei ist auch zu berücksichtigen, daß es sich häufig um Angehörige von Personen handelt, die am 01.10. im Rahmen der großen Aktion bereits ausreisen konnten.

Duisberg

---

3 Nr. 52.

Nr. 55
Telefongespräch des Bundeskanzlers Kohl mit Ministerpräsident Adameč
3. Oktober 1989

BArch, B 136/21860, 222 – 83105 Fa 3 NA 2 Bd. 6. – Vermerk des MDg Neuer, 4. Oktober 1989. – Gesprächsbeginn: 17.00 Uhr.

Der Bundeskanzler begrüßt MP Adameč und erklärt, er rufe an wegen der Entwicklung im Hinblick auf die Deutschen aus der DDR, die ihm große Sorgen bereiteten. Er hoffe, daß in den nächsten Stunden eine befriedigende Lösung für das Problem dieser Menschen gefunden werden könne. Er bedaure es sehr, daß diese Situation entstanden sei. Sein Wunsch sei es, daß die Frage unter humanitär akzeptablen Bedingungen ablaufe. Er sei von den Vorgängen zutiefst berührt. Es liege nicht in unserem Interesse, die Dinge zu dramatisieren. Er habe schon vor einem Jahr seine Sorge zum Ausdruck gebracht und gesagt, daß wir kein Interesse an einer Destabilisierung hätten. Wenn wir weiterkommen wollten bei dem Prozeß der Abrüstung und der Entspannung in Europa, sei es wichtig, im Gespräch miteinander zu bleiben. Sein Wunsch sei es, daß die Tschechoslowakei ihren Beitrag leiste. Er hoffe, daß das Problem so gelöst werden könne, daß die Beziehungen nicht tangiert werden.

MP Adameč dankt dem Bundeskanzler für den Anruf und erklärt, daß sich heute um 16.00 Uhr 6000 DDR-Bürger in der Botschaft der Bundesrepublik aufgehalten hätten, 2000 in der Umgebung. Außerdem seien 3000–4000 Bürger auf dem Weg nach Prag. Zusammen handele es sich um 10 000-11 000 Menschen. Mit der DDR sei vereinbart, daß ab 17.00 Uhr am heutigen Tage die Grenze geschlossen werde. Alle DDR-Bürger, die sich in der ČSSR jetzt befinden, würden die Möglichkeit bekommen, heute abend oder heute nacht über die DDR in die Bundesrepublik auszureisen.

Auf eine Zwischenfrage des Bundeskanzlers bemerkt MP Adameč, daß es sich insgesamt um die 10 000 oder 11 000 DDR-Bürger handele, für die eine Lösung wie am vergangenen Wochenende vorgesehen sei.

Der Bundeskanzler gibt seiner großen Erleichterung Ausdruck. Er erklärt, es handele sich hier um eine überaus wichtige Angelegenheit.

MP Adameč weist auf die Probleme, die in diesem Zusammenhang auf die ČSSR zugekommen seien, hin.

Der Bundeskanzler bemerkt, er würde es sehr begrüßen, wenn das nun begonnene Gespräch mit MP Adameč unter ruhigen Umständen fortgesetzt werden könnte.

MP Adameč stimmt dem zu.

Auf die Frage des Bundeskanzlers nach einer Mitteilung an die Öffentlichkeit erklärt MP Adameč, die tschechoslowakische Seite wolle dies heute abend bekanntgeben[1].

Der Bundeskanzler bemerkt seinerseits, daß auch wir die Absicht hätten, die Presse zu unterrichten.[2]

Das Gespräch endete nach etwa 10 Minuten.

Neuer

---

1 Meldung Radio Prag/tschech./03.10.89/2130 in: Ostinformationen. Nr. 191. 4. Oktober 1989, 1; BPA/PA, F 1/22.
2 Mitteilung des Bundesministers Seiters vor der Bundespressekonferenz; Pressekonferenz, 3. Oktober 1989, 17.55 Uhr. Unkorrigiertes Manuskript, 5 S., hier 1; BPA/PA, F 1/30.

Nr. 56

Gespräche und Kontakte des Chefs des Bundeskanzleramtes Seiters und des Ministerialdirigenten Duisberg
Bonn, 3. bis 5. Oktober 1989

BArch, B 136/21329, 221 – 35016 Ve 40 NA 1. – Vermerk des MDg Duisberg, 6. Oktober 1989. Verteiler: BMB, St Priesnitz; AA, MD Kastrup; StäV, St Bertele; AL 2, GL 22. – Mit Vorlage des MDg Duisberg an Chef BK (BArch, B 136/21860, 222 – 83105 Fa 3 NA 2 Bd. 6): „Hiermit lege ich den Vermerk über Ihr Gespräch mit Herrn Neubauer am 02. Oktober 1989 vor sowie eine chronologische Zusammenfassung der Gespräche und Kontakte am 03., 04. und 05. Oktober 1989 mit der Bitte um Billigung und Zustimmung zu dem Verteiler." Abgezeichnet: „S[eiters]".

Betr.: Zufluchtsuchende in den Botschaften Prag und Warschau;
hier: Abfolge von Gesprächen und Kontakten am 3., 4. und 5. Oktober 1989

Dienstag, 03.10.1989

1. Um 16.10 Uhr bat der Leiter der Ständigen Vertretung der DDR, Herr Neubauer, um einen dringenden Termin beim Chef des Bundeskanzleramtes. Er erschien um ca. 16.50 Uhr in Begleitung des 2. Sekretärs Mai. An dem Gespräch nahmen auch MDgt Dr. Duisberg und Herr PR/Chef BK Speck teil.
Herr Neubauer erklärte auf Weisung seiner Regierung:
Die Haltung der Bundesrepublik Deutschland und die Nichteinhaltung von getroffenen Absprachen durch sie habe dazu geführt, daß erneut eine große Zahl von DDR-Bürgern sich widerrechtlich in der Botschaft der Bundesrepublik Deutschland in Prag aufhalte. Da darunter eine große Zahl von Kindern und Kleinstkindern sei, habe die Regierung der DDR aus humanitären Gründen beschlossen, diese Personen in die Bundesrepublik Deutschland auszuweisen. Sie würden in Zügen der Deutschen Reichsbahn in gleicher Weise wie am 01.10. über Guthenfürst in die Bundesrepublik Deutschland gebracht. Die Regierung der DDR erwarte, daß die Botschaften der Bundesrepublik Deutschland sich nunmehr nach den Regeln des Völkerrechts und den internationalen Gepflogenheiten verhalten werden.
Die technischen Absprachen würden zwischen den Bahnverwaltungen getroffen werden. Der erste Zug werde am 03.10.1989 um 20.00 Uhr in Prag bereitstehen.
Chef BK fragte, ob sich diese Entscheidung auch auf die Personen erstrecke, die sich vor der Botschaft befänden. Herr Neubauer erklärte, er werde diese Frage nach Berlin geben.
Chef BK fragte weiter, ob davon ausgegangen werden könne, daß die folgenden Züge im Zwei-Stunden-Abstand von Prag abgehen würden. Herr Neubauer antwortete, dies müsse im einzelnen zwischen den Bahnverwaltungen abgesprochen werden.
MDgt Dr. Duisberg fragte nach den Rechtsfolgen der Ausweisung und erinnerte an die am 02.10.1989 gestellten Fragen hinsichtlich des rechtlichen Status der in die Bundesrepublik Deutschland ausgereisten Zufluchtsuchenden.[1] Die gleichen Fragen stellten sich auch in diesem Fall. Herr Neubauer sagte, daß er diese Fragen weitergeben werde.

2. Kurz nach 17.00 Uhr rief der Bundeskanzler den tschechoslowakischen Ministerpräsidenten Adameč an,[2] der ihm in dem Gespräch erklärte, daß sich an diesem Tag um 16.00 Uhr 6000 DDR-Bürger in der Botschaft der Bundesrepublik Deutschland aufhielten, weitere 2000 in der Umgebung. Außerdem seien 3000 bis 4000 DDR-Bürger auf dem Weg nach Prag. Zusammen handele es sich um 10000 bis 11000 Menschen. Mit der DDR sei vereinbart, ab 17.00 Uhr am Abend des 03.10. oder in der Nacht zum 04.10. über die DDR in die Bundesrepublik Deutschland auszureisen. Es sei eine Lösung wie am vergangenen Wochenende vorgesehen. Auf Frage des Herrn Bundeskanzlers nach einer Mittei-

---

1 Nr. 53.
2 Nr. 55.

lung an die Öffentlichkeit erklärte Ministerpräsident Adameč, die tschechoslowakische Seite wolle das am Abend des 03.10. bekanntgeben.

3. Um 17.30 Uhr hat Chef BK Herrn Neubauer angerufen, ihn über diesen Sachverhalt informiert und erklärt, die Bundesregierung werde nun ebenfalls die Entscheidung der DDR bekanntgeben. Herr Neubauer nahm dies ohne Widerspruch zur Kenntnis.

4. Gegen 19.45 Uhr erhielt Chef BK einen Anruf von Herrn Neubauer mit der Mitteilung, daß es eine Verzögerung technischer Art gebe. Er, Neubauer, werde sich wieder melden.

5. Um ca. 20.30 Uhr rief PR/Chef BK Speck bei Herrn Neubauer an, der ihm erklärte, die technischen Probleme würden zwischen der Deutschen Reichsbahn und der Bundesbahn abgeklärt.

6. Etwa um 21.20 Uhr rief MDgt Dr. Duisberg in der Ständigen Vertretung der DDR an und sprach – da Herr Neubauer nicht zu erreichen war – mit Herrn Glienke. Er wies auf die aufgetretenen Schwierigkeiten hin: Es seien bisher keine Züge bereitgestellt; Busse für die Fahrt zum Bahnhof stünden nicht zur Verfügung, auch die DDR-Botschaft in Prag sei offenbar ohne Weisung. Er bat um Einwirkung auf die zuständigen Stellen in Berlin (Ost), damit die Operation durchgeführt werden könnte. Herr Glienke sicherte Weiterleitung zu.

7. Kurz nach 22.00 Uhr rief MDgt Dr. Duisberg mit dem gleichen Petitum noch einmal Herrn Neubauer in seiner Residenz an. Herr Neubauer erklärte, daß er noch keine Informationen aus Berlin habe; Berlin sei aber auf den Anruf bei Herrn Glienke von unserem Petitum unterrichtet worden.

8. Gegen 23.30 Uhr rief MDgt Dr. Duisberg erneut Herrn Neubauer an und bat dringlich um Mitwirkung der DDR-Stellen. Nach letzten Informationen würden zwar angeblich Züge bereitgestellt, es fehlten aber die Busse für den Transport zum Bahnhof; die DDR-Botschaft sei offenbar immer noch ohne Weisung. Herr Neubauer verwies auf Nachrichtenmeldungen, wonach der erste Zug bereits abgefahren sei, und fragte, weshalb die DDR-Botschaft in Prag hierbei überhaupt etwas tun müsse. MDgt Dr. Duisberg sagte, die Meldung über die Abfahrt eines Zuges könne nicht bestätigt werden. Er erneuerte die Bitte, die DDR-Stellen zu unterrichten und zur Mitwirkung zu veranlassen. Herr Neubauer erklärte sich schließlich – eher widerstrebend – bereit, den Bereitschaftsdienst der Ständigen Vertretung der DDR entsprechend anzuweisen; wir könnten uns auch weiter an den Bereitschaftsdienst wenden und würden ggf. von dort auch unterrichtet werden.

9. Um 23.40 Uhr hat MDgt Dr. Duisberg daraufhin St Dr. Bertele gebeten, beim Bereitschaftsdienst des MfAA vorstellig zu werden und darauf hinzuwirken, daß die Züge eingesetzt würden, Busse zur Verfügung gestellt würden und die DDR-Botschaft in Prag entsprechend kooperiere.

Mittwoch, den 04. Oktober 1989

1. Erneuter Anruf bei Herrn Neubauer durch Chef BK gegen 00.30 Uhr morgens. Herr Neubauer erklärte, er habe keine Informationen aus Berlin. Er könne gegenwärtig keine weiteren Erklärungen dazu abgeben.

2. Gegen 0.25 Uhr Anruf des Gesandten der tschechoslowakischen Botschaft Kramár im Büro Chef BK bei Herrn Dr. Hartmann. Vize-Außenminister Sadovský habe mitgeteilt, daß es an der Grenze DDR/ČSSR technische Probleme gebe. Die DDR lasse dort bereitstehende Züge nicht durch. Er lege Wert auf die Feststellung, daß dieses Problem nicht an der ČSSR liege. Etwa 10 Minuten später erfolgte ein zweiter Anruf, Herr Kramár fragte, ob der Bundeskanzler die entstandenen Probleme kenne, ggf. erwarte Ministerpräsident Adameč seinen Anruf. Wenige Minuten später erfolgte ein dritter Anruf, die ČSSR könne nicht mehr tun, als sie bisher getan habe. Man müsse die weitere Entwicklung abwarten.

3. Anruf Chef BK beim Gesandten Kramár gegen 1.15 Uhr, der noch einmal seine Ausführungen hinsichtlich der Züge an der Grenze wiederholte. Ministerpräsident Adameč sei zur Zeit nicht erreichbar. Vielleicht könne der Bundeskanzler morgen mit ihm telefonieren.

4. St Dr. Bertele, der in der Nacht das Petitum an den Bereitschaftsdienst des MfAA herangetragen und zweimal – ohne Reaktion – um Termin gebeten hatte, wurde am 04.10. um
   07.15 Uhr von MDgt Dr. Duisberg telefonisch gebeten, wegen eines Termins im MfAA
   zu insistieren und dort unter Hinweis auf die schwierige Situation in Prag dringlich
   darum zu bitten, alles Erforderliche für den unverzüglichen Beginn der Operation zu
   veranlassen sowie mitzuteilen, wann der erste Zug fahren werde.
5. Um 07.40 Uhr rief PR/Chef BK in der StäV der DDR an und bat den Leiter zu einem
   Gespräch mit Chef BK ins Bundeskanzleramt. Herr Mai von der StäV der DDR sagte,
   ein Termin sei nicht vor 11.30 Uhr möglich, da Herr Neubauer nicht in der Stadt sei.
6. Darauf rief MDgt Dr. Duisberg den Gesandten Glienke an und bat ihn, unverzüglich zu
   einem Gespräch ins Bundeskanzleramt zu kommen. Herr Glienke wies auch seinerseits
   auf Terminschwierigkeiten hin, erschien dann jedoch um 08.30 Uhr.
   MDgt Dr. Duisberg brachte die große Besorgnis der Bundesregierung über die entstandene Lage zum Ausdruck und wies eindringlich auf die akuten Gefahren für Gesundheit
   und Sicherheit der betroffenen Menschen hin. Die DDR wurde gebeten, unverzüglich
   die Voraussetzung für die Durchführung der Aktion zu schaffen und uns mitzuteilen,
   wann der erste Zug fahren könne. Herr Glienke war zu näheren Auskünften nicht in der
   Lage, wiederholte jedoch, daß die Verzögerung nur auf technische Gründe zurückzuführen sei. MDgt Dr. Duisberg bot an, unsererseits nötigenfalls Züge zur Verfügung zu stellen. Herr Glienke meinte jedoch, daß die DDR dieses Angebot nicht annehmen werde.
7. 09.45 Uhr Anruf von PSt Waffenschmidt aus Hof: Nach Berichten von Reisenden gebe
   es erhebliche Menschenansammlungen entlang der Strecke.
8. Um 09.00 Telefonat Chef BK mit dem Leiter der Außenabteilung beim Präsidium der
   Regierung der ČSSR, Soukup. Herr Soukup erklärte, die gestern vereinbarte Regelung
   gelte nach dem Kenntnisstand der Regierung der ČSSR weiter. Sie sei jedenfalls von der
   DDR der ČSSR gegenüber nicht in Frage gestellt worden. Die ČSSR sei bereit, an dieser
   Regelung mitzuwirken. Es gehe darum, daß die Züge durchkommen, und zwar über das
   Territorium der DDR.
   Die ČSSR habe bereits gestern eine feste Absprache erhalten, daß ab 15.00 bzw. 16.00
   Uhr Züge bereitgestellt werden können. Die ČSSR werde Ministerpräsident Stoph nunmehr direkt um eine klare Stellungnahme bitten und die Bundesregierung sofort unterrichten. Auf die Frage nach der Bereitstellung von Bussen erklärte Soukup, dies sei
   sichergestellt. In der ČSSR sei alles parat.
9. 11.15 Uhr Anruf von MDgt Dr. Duisberg in der StäV der DDR. Herr Mai erklärte, es
   lägen noch keine neuen Informationen vor. Der für 11.30 Uhr vorgesehene Termin bei
   Chef BK wurde unter diesen Umständen nicht aufrechterhalten.
10. Um 12.00 Uhr Anruf von Herrn Soukup von der Außenabteilung beim Präsidium der
    Regierung der ČSSR: Der erste Zug werde in Kürze in die ČSSR einfahren und um 17.00
    Uhr abfahren.
11. Um 12.55 Uhr informierte MDgt Dr. Duisberg Herrn Neubauer davon und sagte, daß
    Bestätigung der DDR im Hinblick auf Regierungsbefragung um 13.00 Uhr und PK um
    14.30 Uhr höchst wünschenswert sei.
12. Um 13.00 Uhr teilte der Leiter der Ständigen Vertretung der DDR, Neubauer, MDgt Dr.
    Duisberg folgendes mit:
    – Die Aktion wird heute durchgeführt. Der erste Zug wird um 17.00 Uhr Prag verlassen.
      Das Weitere regeln die Bahnverwaltungen.
    – Die Bundesrepublik Deutschland wird ersucht, daß dieser neue Akt der Humanität
      geachtet wird und die Beziehungen nicht erneut durch nachfolgende Aktionen ange-
      spannt werden. Anderenfalls müßte die DDR Schlußfolgerungen daraus ziehen.
    – Die DDR wird eine Meldung darüber gegen 15.00 Uhr veröffentlichen.

– Es ist notwendig, daß die Bundesrepublik Deutschland endlich Maßnahmen trifft, die eine ⟨Botschaftsbesetzung⟩[3] verhindern werden.
– Die Busverbindung wird vor Ort geregelt.

Herrn Neubauer wurde zugesichert, daß wir in offiziellen Erklärungen von dieser Mitteilung vor 15.00 Uhr nicht Gebrauch machen werden. AA (MD Dr. Kastrup) wurde von MDgt Dr. Duisberg telefonisch und durch Übersendung eines Vermerkes unterrichtet.

13. Um 15.00 Uhr kam nach vorheriger Terminvereinbarung Herr Neubauer, begleitet von Herrn Mai, zu Chef BK; an dem Gespräch nahmen ferner teil MDgt Dr. Duisberg und PR/Chef BK Speck. Herr Neubauer bestätigte noch einmal seine telefonische Mitteilung und teilte mit, daß jedenfalls um 17.00 Uhr der erste Zug fahren könne, die weiteren dann voraussichtlich im Stundentakt. Insgesamt seien 10 Züge vorgesehen. Chef BK wiederholte unsere Position hinsichtlich der Botschaften. Herr Neubauer verwies seinerseits ebenfalls auf die Position der DDR in dieser Frage.

Chef BK erinnerte dann noch einmal an unsere Fragen hinsichtlich des Status der Ausreisenden. Wir bäten um eine Antwort auf unsere Fragen. Herr Neubauer sagte, es bestehe die Bereitschaft, Listen mit den Namen und Daten entgegenzunehmen, die dann bestätigt werden könnten. Auf unseren Einwand gab er allerdings zu, daß damit die Fragen noch nicht beantwortet seien; er werde diese Fragen weitergeben.

Auf Frage von Chef BK erklärte Herr Neubauer, daß die Behandlung der Leute in Warschau noch geprüft werde; er könne dazu bisher noch keine Mitteilung machen.

Herr Neubauer erklärte sich einverstanden mit Herausgabe einer Mitteilung über die Aktion in Prag.[4]

Donnerstag, den 05. Oktober 1989

1. Kurz nach 13.00 Uhr teilte der Leiter der Ständigen Vertretung der DDR, Neubauer, MDgt Dr. Duisberg telefonisch folgendes mit:
– Die DDR habe entschieden, daß auch die Leute aus Warschau in gleicher Weise über das Territorium der DDR ausgewiesen werden sollten.
– Der Zug nach Warschau sei auf dem Wege.
– Zeitpunkt der Ankunft und Abfahrt solle durch die Eisenbahnverwaltung abgestimmt werden. (Auf Rückfrage: Seitens der StäV/DDR würden keine Zeitangaben übermittelt werden; dies müsse ausschließlich über die Bahnverwaltung geklärt werden.)
– Die DDR gehe davon aus, daß die Bundesregierung keine Maßnahmen treffe, die den Erfolg der Aktion beeinträchtigen, und daß Wiederholungen solcher Vorfälle vermieden würden.

MDgt Dr. Duisberg verwies zum letzten Punkt auf unsere bekannte Position, daß wir mit der DDR keine Vereinbarungen über unsere Vertretungen in dritten Staaten treffen könnten und wollten und auch nicht bereit seien, Mauern um unsere Vertretungen zu ziehen, unabhängig davon, daß wir natürlich auch nicht an solchen Vorgängen interessiert seien, wie wir sie in der letzten Zeit erleben mußten.

Herr Neubauer verwies demgegenüber auf die Position der DDR, daß wir das Unsrige tun müßten, um das zu verhindern; die DDR werde das Ihrige tun.

AA (MD Dr. Hofstetter i.V. MD Dr. Kastrup) wurde sofort telefonisch und durch anschließende Übersendung eines Vermerks unterrichtet.

Duisberg

---

3 ⟨ ⟩ Von den Bearbeitern korrigiert aus: „Botschaftseinsetzung".
4 Pressemitteilung Nr. 464/89. 4. Oktober 1989; BPA/PA, F 1/25.

Nr. 57
Schreiben des Bundeskanzlers Kohl an Ministerpräsident Németh
Bonn, 4. Oktober 1989

BK, 21 – 30100 (102) Br 8 (VS) Bd. 26, Bl. 31/8–31/9. – Entwurf. Tag der Ausfertigung hs. ergänzt. Hs. vermerkt: „ab am 4. 10."

Sehr geehrter Herr Vorsitzender,

ich danke Ihnen für Ihr Schreiben vom 1. September 1989[1], in dem Sie mir mit großer Offenheit, die ich zu würdigen weiß, die mit den historischen Reformprozessen in Ihrem Land verbundenen wirtschaftlichen Probleme schildern und konkrete Vorschläge für unsere Zusammenarbeit unterbreiten.

Für die Bundesregierung und für mich persönlich war es von Anfang an erklärte Politik, die von Ihrem Land eingeleiteten historischen Reformen hin zu mehr Menschenrechten, zu politischem und gesellschaftlichem Pluralismus, zu Rechtsstaatlichkeit, zu Marktwirtschaft und Privatinitiative nachdrücklich zu unterstützen.

Ungarn hat damit einen Reformprozeß von gesamteuropäischer Bedeutung unternommen. Es hat zugleich seine traditionelle geistige und wirtschaftliche Verbindung zu Westeuropa gestärkt und die Tür für eine immer engere Verflechtung mit der Weltwirtschaft weit geöffnet.

Die unter Ihrer Führung getroffene Entscheidung Ihres Landes gegen trennende Grenzen und für Freizügigkeit aller Bürger hat Ungarn weltweit Anerkennung und Sympathie erworben. Ihre Behandlung der ethnischen Minderheiten und Ihre Haltung in humanitären Fragen sind richtungweisend auch für andere Länder Mittel- und Osteuropas.

Vor diesem Hintergrund hat die Bundesregierung Ihre Vorschläge sehr sorgfältig geprüft und sich, wie bereits früher, mit ihren westlichen Partnerländern abgestimmt, um einen möglichst wirksamen Beitrag zur Lösung der anstehenden Probleme zu leisten.

Schon heute kann ich Ihnen mitteilen, daß die Bundesregierung grundsätzlich bereit ist, die Garantie für den Kredit aus 1987 um 500 Mio. DM aufzustocken. Damit kann Ihre Regierung zusammen mit der parallelen Kreditaktion der Bundesländer Bayern und Baden-Württemberg mit einem deutschen Beitrag in Höhe von 1 Milliarde DM rechnen.

Zur Lösung der von Ihnen aufgezeigten Finanzierungsfragen sollten alle westlichen Industrieländer auf der Grundlage der von Ihnen angestrebten Vereinbarung mit dem Internationalen Währungsfonds beitragen. Ich bin bereit, entsprechende Initiativen Ihrer Regierung mit Nachdruck zu unterstützen. Ich habe deshalb den Bundesminister der Finanzen, Herrn Dr. Waigel, gebeten, sich bei der kürzlichen Tagung des Internationalen Währungsfonds und der Weltbank[2] sowie in den vorgeschalteten Abstimmungen der westlichen Industrieländer mit allem Nachdruck für die Belange Ihres Landes einzusetzen. Er hat dies getan und erreicht, daß Ihre Anliegen ausführlich erörtert und konstruktive Lösungswege aufgezeigt worden sind.

Mit freundlichen Grüßen
gez. Ihr Helmut Kohl

---

1 Nr. 28 Anm. 7.
2 Nr. 41 Anm. 3.

Nr. 58
Gespräch des Bundeskanzlers Kohl mit Präsident Delors
Bonn, 5. Oktober 1989

BK, 21 – 30100 (56) Ge 28 (VS) Bd. 79, Bl. 79–89. – Vermerk des VLR I Bitterlich, 11. Oktober 1989. VS-NfD. – Mit Vorlage des MD Teltschik über Chef BK an den Bundeskanzler mit der Bitte um Billigung, 13. Oktober 1989. Hs. von Bundeskanzler Kohl vermerkt: „Teltschik erl." – Gesprächsdauer: 11.00 bis 13.00 Uhr.

<u>Teilnehmer:</u>
<u>Der Bundeskanzler</u>	<u>Präsident Delors</u>
StM Dr. Stavenhagen	Kabinettchef Lamy
VLR I Bitterlich	Direktor Burghardt
VLR Frau Siebourg als Dolmetscherin	Frau Friedrich als Dolmetscherin

<u>Der Bundeskanzler</u> heißt den Präsidenten herzlich willkommen. Er regt an, sich ungefähr 3 Wochen vor dem Europäischen Rat[1] in Brüssel (der Präsident: oder in Paris) zu treffen. Genauer Zeitpunkt könne kurzfristig vereinbart werden, das Treffen solle in Diskretion erfolgen.

Ihm sei an einem Erfolg des ER in Straßburg aus zwei Gründen besonders gelegen: einerseits wegen der Gesamtentwicklung der Europäischen Gemeinschaft und in Europa, andererseits, um dem französischen Staatspräsidenten zu helfen. Der Gipfel in Straßburg erfolge zu einem psychologisch besonders wichtigen Zeitpunkt. Er sehe mit großem Interesse, daß manche Kollegen aus der Geschichte nicht gelernt hätten, wenn sie behaupteten, wir würden uns nur um Osteuropa, die DDR und um Polen kümmern. Er habe oft, auch in der Öffentlichkeit, betont, daß die Bundesrepublik Deutschland die Einbindung in die Europäische Gemeinschaft und in die Atlantische Allianz „wie die Luft zum Atmen" brauche. Aber auch für unsere Partner sei unsere Einbindung wichtig. Europa werde nicht auf immer geteilt bleiben; die deutsche Frage sei nur unter einem europäischen Dach zu lösen. Es gehe nicht an, Polen und die anderen osteuropäischen Staaten auszugrenzen. Wer Zweifel an seinen Absichten zur Fortsetzung und Vertiefung des westeuropäischen Integrationsprozesses äußere, verstehe ihn absichtlich falsch. Dies könne der Präsident der EG-Kommission auch jederzeit öffentlich sagen. Wenn man jetzt wieder denke wie 1913 oder 1936/37, dann werde man nichts erreichen.

Wenn der Reformprozeß in <u>Ungarn</u> heute schiefgehe, bedeute dies eine Katastrophe. Er habe dem ungarischen Ministerpräsidenten heute einen Brief[2] übergeben lassen, in dem er einen Kredit für Ungarn um 500 Mio. DM aufgestockt habe. Zusammen mit den Krediten, die seitens Bayerns und Baden-Württembergs gewährt würden, werde dies insgesamt einen projektgebundenen Kredit von 1 Mrd. DM ermöglichen. Es sei wesentlich, daß Ungarn diesen Kredit nutze, um Investitionen zu fördern. Er hoffe damit, dem Ministerpräsidenten bei seinem bevorstehenden Parteitag[3] zu helfen.

In bezug auf <u>Polen</u> seien die bilateralen Verhandlungen weit fortgeschritten. Er gehe davon aus, im November nach Polen zu reisen. Die finanzielle Hilfe sei dabei wichtig, genauso wichtig, wenn nicht entscheidend, sei die personelle Hilfestellung. Er werde diesbezüglich noch auf den Präsidenten zukommen. Er schaue sich zur Zeit die Verhandlungsergebnisse,

---

1 Gemeint war die Sitzung des Europäischen Rates in Straßburg, 8./9. Dezember 1989.
2 Nr. 57.
3 Der Sonderparteitag der Ungarischen Sozialistischen Arbeiterpartei vom 6.–9. Oktober 1989 in Budapest beschloß am 7. Oktober die Auflösung der kommunistischen USAP und die Gründung einer Nachfolgepartei unter dem Namen Ungarische Sozialistische Partei.

die Herr Teltschik erzielt habe, näher an. Er verfolge dabei die Idee, daß die Gemeinschaft Polen einen Stab von Experten zur Verfügung stellen sollte, die für ein halbes oder ein Jahr vor Ort hilfreich seien. Am besten, auch aus psychologischen Gründen, sei es, wenn dies unter der Überschrift „Europäische Gemeinschaft" laufe.

Der Präsident betont, bevor er sich zur Polen-Problematik insgesamt äußere, wolle er den Bundeskanzler fragen, ob es vielleicht ein nützlicher Gedanke wäre, wenn am letzten Tage seines Polenbesuches der Vorsitzende des EG-Ministerrats (der französische Außenminister Dumas) und er selbst nach Warschau kommen würden, um auf diese Weise die Einbettung der deutschen Hilfe in die Europäische Gemeinschaft und die Unterstützung der Europäischen Gemeinschaft zu demonstrieren.

Der Bundeskanzler betont, er halte dies für eine positive Idee, würde dies aber gern zunächst mit seinen Mitarbeitern durchsprechen.

Der Präsident weist darauf hin, daß er die Koordinierung der Polen-Hilfe durch die 24[4] in einem gewissen Grade durchaus positiv bewerte, sie entspräche aber insgesamt nicht der Tragweite des Problems.

Der Bundeskanzler wirft ein, daß das Grundproblem für ihn – auch aus westlicher Sicht insgesamt – darin bestehe, daß in Polen eine ungeheure Erwartung vorliege, die weder die Bundesrepublik Deutschland allein noch der Westen erfüllen könne. Er wolle aber ungeachtet aller innenpolitischer Schwierigkeiten das Menschenmögliche tun.

Der Bundeskanzler weist darauf hin, daß in den Beziehungen zu Polen in den 70er Jahren durch Gierek/Brandt ein erheblicher Rückschlag entstanden sei. Einen neuen Rückschlag wolle er um jeden Preis vermeiden. Dies könne sich die Bundesregierung nicht leisten. Wir müßten alles daran setzen, daß die jetzige Regierung in Polen Erfolg habe. Wir wollten auf bilateralem Wege helfen, die Bundesregierung werde sich aber auch an multilateralen Hilfen beteiligen; er verweist insofern darauf, daß der US-Präsident Bush heute ein zusätzliches Angebot unterbreiten werde (Beitrag von 200 Mio. Dollar zu einem Fonds von 1 Mrd. Dollar). Die Bundesregierung werde auch insoweit hilfreich sein. Für uns werde im Vordergrund stehen: Hilfe zur Selbsthilfe. Hauptposten seien dabei Hermes-abgesicherte Kredite. Im übrigen wolle er einen geeigneten Weg zur Abwicklung des 1-Mrd.-Kredits von 1974 finden ⟨..⟩[5].

Der Präsident erläutert, daß die Kommission in ihrer Koordinierungsaufgabe vor einem grundlegenden Problem dadurch stehe, daß seit dem Weltwirtschaftsgipfel kein Vertreter der polnischen Führung Kontakt mit ihr aufgenommen habe. Die Kommission sei daher bei ihrer Beurteilung der polnischen Lage auf dritte Quellen angewiesen. Aus seiner Sicht seien zwei Probleme vordringlich innerhalb der nächsten Wochen zu lösen. Wenn dies nicht gelinge, befürchte er eine dramatische Entwicklung der Lage. Einerseits müsse es darum gehen, die Nahrungsmittelversorgung in Polen auf solide Beine zu stellen. Man müsse rasch versuchen, einen funktionierenden Landwirtschaftssektor, einen Markt aufzubauen und dabei den Bauern Anreize zum Verkauf ihrer Waren zu geben. Er baue auf die Hilfe von BM Kiechle, um insofern einen praktikablen Vorschlag zu erarbeiten. Andererseits seien die monetären Reserven Polens fast aufgebraucht. Polen habe noch 100 Mio. Dollar in der Kasse. Polen brauche eine Währungsreform wie Deutschland 1948. Er sei dafür, Polen einen Beistandskredit von 1 Mrd. Dollar unter der Bedingung zu gewähren, daß sie eine solche Währungsreform durchführen würden. Hierzu könnte man den Polen Experten zur Verfügung stellen. Man könne aber nicht warten, bis der IWF so „um Weihnachten" im Sinne eines

---

4 Die „Gruppe der 24 für wirtschaftliche Hilfe an Polen und Ungarn", bestehend aus den Mitgliedstaaten der OECD, wurde infolge der Beschlüsse des Weltwirtschaftsgipfels von Paris (Nr. 15 Anm. 4) gebildet. Die EG-Kommission war mit der Koordinierung der Arbeiten beauftragt worden.
5 ⟨ ⟩ Von den Bearbeitern gestrichen: „müssen".

kleinen „Weihnachtsgeschenks" entscheiden würde. Die Gemeinschaft und die USA müßten in dieser Frage schnell handeln und zusammenarbeiten.

Der Bundeskanzler erklärt sich bereit, diese Gedanken des Präsidenten begleitend zu unterstützen. Er bittet den Präsidenten, ihm ein kurzes Papier hierzu zu übersenden, das er dann dem polnischen Ministerpräsidenten als eine gemeinsame persönliche Überlegung von Jacques Delors und ihm zuleiten könne.

Der Präsident stimmt diesem Vorschlag zu.

Der Präsident spricht sodann Ungarn an. Er verweist darauf, daß die Wirtschaftslage weniger dramatisch als in Polen aussehe. Er mache sich allerdings Sorgen um die Entwicklung der kommunistischen Partei, auch mit Blick auf den bevorstehenden Parteitag. Ein Bruch der Partei könne erhebliche Konsequenzen haben. Ungarn brauche einen Überbrückungskredit von 1 Mrd. Dollar, um die Zinsen der Schulden zu bezahlen. Er werde hierüber persönlich mit BM Waigel sprechen. Die beste Formel wäre wahrscheinlich ein Überbrückungskredit durch die Bank für Internationale Zahlungsausgleich, ersatzweise könne auch an eine Gemeinschaftsanleihe gedacht werden.

Der Bundeskanzler wendet sich der Lage in der DDR zu. Er wisse nicht, wie sich diese weiterentwickle. Sie habe sich dramatisch zugespitzt. Die Führung sei nach seinem Eindruck nicht mehr in der Lage, die Entwicklung zu meistern. Stimmung und Wirtschaftslage hätten sich erheblich verschlechtert. Die Versorgungsprobleme würden steigen. Die Bevölkerung in der DDR sehe im Fernsehen Bilder mit Gorbatschow, über Polen, Ungarn. Insgesamt sei ein lebensgefährliches Gemisch entstanden, das bei der Bevölkerung in der Frage gipfle, wieso sie allein den 2. Weltkrieg verloren habe. Folge sei der Ruf nach einem höheren Lebensstandard, nach sozialer Gerechtigkeit und – aber nicht nur – mehr Freiheit. Es hätten sich einzelne Oppositionsgruppen herausgebildet, die er zum Teil skeptisch beurteile. Die eigentliche Opposition schweige bisher. (Auf Einwurf des Präsidenten) Mit der Ost-CDU könne er nichts anfangen, es gebe sicherlich dabei vernünftige Leute, nur mit der Parteispitze könne und wolle er nicht zusammenarbeiten, diese sei verantwortlich für 1000 Tote in den Jahren 1945–1955 aus der Ost-CDU.

Der Bundeskanzler verweist auf die Krise bzw. dramatische Entwicklung in den Kirchen der DDR. Die katholische Kirche repräsentiere nur einen kleinen Prozentsatz der Bevölkerung, sie habe immer eine Zusammenarbeit mit der Führung abgelehnt. Sie befinde sich seit jüngerer Zeit im Aufschwung. In Leipzig seien von 100 Neugeborenen 1987 17 getauft worden, davon 11 katholisch, nur 6 evangelisch; und dies in Leipzig, einer der Hochburgen des Protestantismus.

Die evangelische Kirche befinde sich in einer Krise. Eine Minderheit attackiere die Mehrheit deswegen, da sie [dem] Staat zu nahestehe. Auch in den Gewerkschaften sei die Entwicklung dramatisch. Die eigentliche Katastrophe für Honecker sei aber, daß die junge Generation sich von ihm abwende, dies, obwohl er am meisten für sie getan habe. Unser Interesse sei es nicht, die DDR zu destabilisieren. Es wäre eine Illusion zu glauben, daß die Sowjetunion kein Interesse an der DDR habe. Sicherheitsinteressen hätten für die Sowjetunion Priorität vor der Perestroika. Er wolle dazu beitragen, daß es in der DDR nicht zu einer Explosion komme. Wir hätten kein Interesse, daß viele DDR-Bürger ihre Heimat verlassen würden, andererseits würden wir jeden, der dies wolle, bei uns aufnehmen. Die Fluchtbewegung habe auf der anderen Seite auch deutlich gemacht, daß unsere Bürokratie sich selbst ins absurde führe, besonders gelte dies für die Bundesanstalt für Arbeit. Ziel unserer Politik müsse es sein, daß die Bevölkerung in der DDR bleiben könne und wolle. Die DDR müsse politische und wirtschaftliche Reformen einleiten. Wenn sie dies tue, sei er bereit zu helfen. Es dürfe unter allen Umständen nicht der Eindruck entstehen – sei es in der Sowjetunion, Polen, DDR, sei es im Westen –, daß die deutsche Einheit bzw. die Hilfe und Zusammenarbeit mit Osteuropa für die Bundesrepublik Deutschland eine Alternative zur europäischen Integration darstelle. Dies sei nicht der Fall. Es gebe kein „Entweder-oder", sondern nur ein „Sowohl-als-auch". Unter den aktuellen Umständen habe sein Engagement für die westeuropäische Integration eine zusätzliche Notwendigkeit.

Der Präsident weist darauf hin, daß er dies heute abend in seiner Rede im Wissenschaftszentrum[6] hervorheben werde.

Der Bundeskanzler fügt hinzu, der Präsident könne sagen, daß dies auch seine Meinung darstelle. Er habe auch wegen dieses Ansatzes keine Probleme in seiner Partei.

Der Präsident wirft ein, daß die Äußerungen von Herrn Dregger nicht gerade ermutigend seien. Herr Dregger betone, daß der Westen eine Wiedervereinigung erlauben müsse, ohne überhaupt die Europäische Gemeinschaft zu erwähnen.[7]

Der Bundeskanzler weist darauf hin, daß aus seiner Sicht Dregger ein überzeugter Europäer sei. Man müsse verstehen, daß Dregger aufgrund der Abrüstungsdiskussion seit SNF wegen der Haltung von GB und der USA verbittert sei. Probleme bestünden in bezug auf die politische Linie der Bundesregierung für die Linken der SPD. Er sei überzeugt, daß er die Bundestagswahl 1990 gewinnen werde.

Der Bundeskanzler kommt auf die Vorbereitung des Europäischen Rates in Straßburg zurück. Der Europäische Rat finde – wie er bereits gesagt habe – zu einem psychologisch wichtigen Zeitpunkt statt. François Mitterrand sei einer der wenigen Politiker in Europa, die dies begreifen würden.

Der Präsident wirft ein, daß es in Frankreich zunehmend politische Stimmen gäbe, die die Deutschen als „unsichere Kantonisten" darstellten. Er rate dem Bundeskanzler zu einer gezielten Öffentlichkeitsarbeit in Frankreich.

Der Bundeskanzler ergänzt, daß ihm dieses Problem bewußt sei. Er wolle in diesem Winter einen grundsätzlichen Vortrag (mit Diskussion) in Paris halten.

In einer kurzen Diskussion weisen der Präsident und seine Mitarbeiter darauf hin, daß der aus ihrer Sicht geeignete Rahmen für einen solchen Vortrag entweder die Sorbonne oder das Collège de France darstellten.

Auf Vorschlag des Präsidenten erklärt sich der Bundeskanzler bereit, innerhalb der nächsten Wochen die Chefredakteure von Le Point, Le Monde und dem Express gemeinsam zu einem Interview und Hintergrundgespräch zu empfangen.

(Terminvorschlag ist den Chefredakteuren inzwischen übermittelt worden.)

...[8]

Der Bundeskanzler weist darauf hin, er sei für Straßburg zu einer großen Anstrengung bereit. Er werde den französischen Staatspräsidenten noch vor dem ER über die deutsch-französischen Konsultationen[9] hinaus treffen. In bezug auf die Vorstellung, eine Diskussion über „post 1992" zu führen, gibt der Bundeskanzler zu bedenken, daß diese Perspektiven eine Vision enthalten müßten. Es sei klar, daß die Gemeinschaft bei ihrem jetzigen Stadium nicht stehenbleiben könne und dürfe. Man müsse bis 1992 sicherstellen, daß man künftig die

---

6   „Der Aufbau Europas – Das Gebot der Stunde", Rede des Kommissionspräsidenten Delors am 5. Oktober 1989 im Wissenschaftszentrum Bonn, in: Europäische Gespräche. Heft 1. Oktober 1989. Hg. von der Kommission der Europäischen Gemeinschaften, Vertretung in der Bundesrepublik Deutschland. Bonn.

7   Der Vorsitzende der CDU/CSU-Bundestagsfraktion, Dregger, nannte am 1. September 1989 vor dem Deutschen Bundestag als „notwendige Partner einer gesamteuropäischen Friedensordnung" die UdSSR, die Vereinigten Staaten von Amerika und ein von Polen bis Portugal reichendes „vereinigtes Europa". Es gehe um „ein versöhntes, einiges und freies Europa, das mit beiden Weltmächten zusammenarbeitet, und in der Mitte Europas um ein einiges und freies Deutschland" (Verhandlungen des Deutschen Bundestages. Stenogr. Berichte. Bd. 150. Plenarprotokoll 11/154, 11637-11640, hier 11639f.).

8   Im folgenden besprochen: Fragen der Kohlepolitik, EG-Fragen, Fragen des europäischen Integrationsprozesses und der Beziehungen zur EFTA.

9   Nr. 70.

Richtung des Einigungswerkes nicht mehr ändern könne, allenfalls die Geschwindigkeit. Er werde hierüber mit dem französischen Präsidenten vor dem ER sprechen.

Der Bundeskanzler ergänzt, daß er den Vorschlägen des Präsidenten zu Polen entgegensehe. Es wäre vielleicht nützlich, wenn Herr Teltschik bei nächster Gelegenheit dem Präsidenten persönlich über seine Eindrücke in Warschau berichten würde.

Es wird vereinbart, daß, wenn möglich, noch vor den deutsch-französischen Gipfelkonsultationen ein Treffen von Herrn Teltschik mit Herrn Lamy in Brüssel oder in Bonn stattfinden wird, um die Polen-Hilfe insgesamt und die entsprechenden Maßnahmen auf Gemeinschaftsebene und bilateraler Ebene zu besprechen und aufeinander abzustimmen, ggf. mit dem Ziel, auch F einzubeziehen.

Bitterlich

Nr. 59
Fernschreiben des Staatssekretärs Bertele an den Chef des Bundeskanzleramtes
Berlin (Ost), 6. Oktober 1989

BArch, B 136/20224, 221 – 34900 De 1 Bd. 106. – FS StäV Nr. 2178, 12.08 Uhr. VS-NfD. Citissime. Verteiler: ChBK, MDg Duisberg, Gruppe 22; BMB, St Priesnitz, AL II; Bonn AA, MD Kastrup, Ref. 210. Mit Stempel: 018358, BK-Amt, FS-Zentrale, 6. Oktober 1989, 12.55 Uhr.

Betr.: Stand der Beziehungen zur DDR im Lichte der Zufluchtsproblematik

Aus einem längeren Vieraugengespräch, das ich gestern mit Abteilungsleiter Seidel hatte, halte ich zum grundsätzlichen Verhältnis zwischen den beiden Staaten folgendes fest: Seidel eröffnete unser Gespräch mit dem Hinweis, daß zu diesem Zeitpunkt die Ständige Vertretung der DDR das Bundeskanzleramt unterrichte, daß die Zufluchtsproblematik in der Botschaft Warschau erneut durch den Einsatz eines Sonderzuges gelöst werden konnte. Nach dieser zweiten Aktion in Prag und Warschau müsse dann allerdings Ruhe einkehren. Aus der großen Zahl der Zufluchtsfälle sei bisher eine Belastung der Beziehungen in der gesamten Breite noch nicht erfolgt, falls jetzt aber nicht ein Ende eintrete, würden sich Belastungen ergeben, die in voller Breite auf die Beziehungen durchschlagen würden. Als er das „Berliner Modell" für das Einkehren von Ruhe in Prag und Warschau empfahl, fragte ich ihn, was er damit meine. Er definierte dann „Berliner Modell" so, daß die Ständige Vertretung zur Renovierung geschlossen sei und daß durch diese Schließung Ruhe in die völlig aufgeregte Lage eingekehrt sei. Ich habe ihm daraufhin gesagt, daß wir ja die Botschaft in Warschau und Prag geschlossen hätten, daß aber durch die Dynamik der Zufluchtsproblematik unsere Missionen überrollt worden seien. Die Probleme, die zur massierten Zufluchtsuche Tausender geführt hätten, könnten nicht von unseren Missionen gelöst werden, sie seien in der DDR entstanden und müßten auch dort gelöst werden. Die Antwort Seidels war, daß es unbestreitbar Ursachen der Fluchtbewegung in der DDR gebe. Genauso unbestreitbar sei allerdings auch, daß massive Einwirkungen durch unsere Medien von außen erfolgt seien. Er wies in diesem Zusammenhang auf Erklärungen der Bundesanstalt für Arbeit mit Hinweis auf offene Stellen in handwerklichen Berufen hin („wer in seiner Entscheidung schwankt, sieht das als eine Einladung zur Flucht an") sowie auf eine Erklärung von Frau Bundesminister Wilms, daß die Bundesrepublik auch hunderttausend und mehr Flüchtlinge aufnehmen könne. Ich habe darauf geantwortet, daß – falls diese Erklärung tatsächlich so abgegeben worden sein sollte – sie der Beruhigung unserer Öffentlichkeit hätte dienen sollen. Frau

Wilms sei wegen ihrer Bemerkung, daß Botschaften keine Fluchttunnel sein könnten, von einigen unserer Medien sehr gescholten worden. Sie habe mit Sicherheit niemand abgeworben. Wenn sie jetzt erklärt haben sollte, daß wir auch hunderttausend Flüchtlinge aufnehmen könnten, so sei dies der Appell an die Bundesbürger, die jetzt zu uns kommenden Flüchtlinge zu akzeptieren. Dies sei aber keine Abwerbung. Seidel blieb dabei, daß durch die Berichterstattung unserer Medien, durch die Erklärungen führender Repräsentanten unseres Landes und durch die Praktizierung unserer Staatsangehörigkeitsauffassung objektiv eine Abwerbung aus der DDR erfolge.

Im Laufe des Gesprächs bemerkte Seidel, daß man in der DDR eine Äußerung von Bundesminister Genscher, wonach dessen Reise nach Prag in Abstimmung mit der DDR stattgefunden habe, mit Mißfallen aufgenommen habe. Hier sei zumindest ein Widerspruch angebracht. Man habe zur Kenntnis genommen, daß der Außenminister nach Prag reise. Man habe sich dagegen gewehrt, daß er in einem der Züge durch die DDR mit zurückfahre, aber man habe nie zugestimmt, daß er eine solche Reise unternehme.

Ich habe Seidel dann gesagt, wir gingen davon aus, daß die Ausreisen von Zuflüchtigen mit Sonderzügen aus unseren Botschaften in Warschau und Prag legale Ausreisen aus der DDR seien mit all den Folgen, wie sie RA Vogel gegenüber den Zuflüchtigen in Prag und Warschau vorgetragen habe. Als Seidel Zweifel äußerte und sich jedenfalls zu einer Bestätigung nicht in der Lage sah, habe ich ihm sehr nachdrücklich vorgetragen, daß ein Staat, der auf amtlichem Wege vorschlage, eigene Sonderzüge einzusetzen, die über sein eigenes Territorium fahren würden, wobei Organe dieses Staates in einem abgestimmten Verfahren an Bord des Zuges kämen, um Ausweise der Reisenden einzusammeln und ihnen andererseits Ausreisepapiere aushändigen würden, sich doch wohl nicht darauf berufen könne, daß dieses von ihm vorgeschlagene Verfahren illegal sei. Die DDR habe der Ausreise aller Reisenden in den Sonderzügen zugestimmt und müsse sich daran festhalten lassen. Seidel meinte schließlich, daß er dabei bleiben müsse, eine Äußerung nicht abgeben zu können, daß man aber dieses Problem in Gesprächen wohl lösen könne.

Ich habe Seidel dann nochmals darauf hingewiesen (ich hatte das bereits bei einem Gespräch am Dienstag, 03.10.89, am Rande des Mittagessens für Altbundespräsident Scheel getan), daß es für uns nicht akzeptabel sei, wenn die DDR-Posten vor der Ständigen Vertretung Personen, die zu uns kommen wollten, mit Gewalt daran hinderten. (Die DDR-Posten hatten einen Zufluchtwilligen, der versuchte, am Hoftor hochzusteigen, zurückgerissen.) Wir würden solche Handlungen nicht hinnehmen und dagegen protestieren. Seidel äußerte hierzu sein völliges Unverständnis für unsere Haltung. Die DDR-Position sei ganz eindeutig. Wenn DDR-Bürger sich außerhalb unseres Geländes widerrechtlich verhielten, würde die DDR einschreiten. Es sei für die DDR nicht akzeptabel, daß wir solche Menschen widerrechtlich in Obhut nähmen, außerhalb unseres räumlich geschützten Bereichs würde die DDR Zufluchtnahme, die in rechtswidriger Weise erfolge, verhindern.

Als ich auf die bevorstehenden Verhandlungen über das Kulturabkommen für die nächsten Jahre zu sprechen kam, sagte Seidel, falls nun wirklich Ruhe einkehre, könnten die Beziehungen auf allen Feldern weiterentwickelt werden. Falls sich jedoch Ereignisse wie in Prag noch einmal wiederholten, erscheine ihm ausgeschlossen, daß er dann seinen Vorgesetzten ein Kulturprogramm für zwei Jahre zur Genehmigung vorlegen könne. („Die schmeißen mich doch raus.") Seidel sagte sorgenvoll, daß die Beziehungen in ihrer ganzen Breite belastet werden würden, falls im Zufluchtsbereich jetzt nicht Ruhe einkehrte.

Bertele

Nr. 60
Telefongespräch des Bundeskanzlers Kohl mit Generalsekretär Gorbatschow
11. Oktober 1989

BK, 21 – 30100 (56) Ge 28 (VS) Bd. 79, Bl. 76–78. – Vermerk des MDg Neuer, 11. Oktober 1989. Hs. von Bundeskanzler Kohl vermerkt: „Teltschik".

Der Bundeskanzler begrüßt Präsident Gorbatschow und gibt seiner Freude Ausdruck, mit ihm zu telefonieren. Er hoffe, es gehe dem Präsidenten gut, und bittet ihn, an Frau Gorbatschowa herzliche Grüße von ihm selbst und von Frau Kohl zu übermitteln.

Der Generalsekretär begrüßt den Bundeskanzler herzlich. Er freue sich, ihn zu hören, und hoffe, daß es ihm wieder gut gehe und er sich gut erholt habe.

Der Bundeskanzler stellt fest, es sei ihm eine Freude, mit Präsident Gorbatschow den telefonischen Kontakt aufzunehmen. Er regt an, das in Zukunft regelmäßig zu tun.

Präsident Gorbatschow begrüßt den Vorschlag des Bundeskanzlers und gibt seinem Wunsch Ausdruck, daß die vertrauliche Telefonverbindung möglichst schnell eingerichtet werden soll.[1]

Der Bundeskanzler stimmt zu und bemerkt, er wolle folgende Feststellungen treffen: Erstens: Was bei dem Besuch des Präsidenten in Bonn besprochen worden sei,[2] gelte uneingeschränkt weiterhin.

Präsident Gorbatschow stimmt dem Bundeskanzler zu. Er nehme die Feststellung des Bundeskanzlers zur Kenntnis; sie sei „gut".

Der Bundeskanzler fährt fort, wenn es irgendeine Entwicklung gebe, die dies erforderlich mache, rege er an, sofort zu telefonieren.

Präsident Gorbatschow stimmt zu und bemerkt, es sei sein Wille, daß sichergestellt werde, daß die getroffenen Vereinbarungen realisiert werden.

Der Bundeskanzler weist in seiner zweiten Bemerkung darauf hin, daß in Ungarn die Dinge sich erheblich entwickelt hätten. Er nehme an, Präsident Gorbatschow habe bemerkt, daß er die Entwicklung in Ungarn ausdrücklich unterstützt habe. Er denke, dies sei im Sinne Gorbatschows.

Präsident Gorbatschow äußert hierzu, es sei schwierig, etwas zu sagen, er hoffe jedoch, daß die Beziehungen der Sowjetunion mit Ungarn erhalten blieben und weiterentwickelt werden könnten.

Der Bundeskanzler bemerkt hierzu, dies sei auch in unserem Sinne. Wir seien auch mit Polen bei der Entwicklung der beiderseitigen Beziehungen gut vorangekommen. Er vermute, daß er Mitte November nach Warschau reisen werde. Wenn er die Dinge genau übersehen könne, wolle er vor seiner Reise nach Warschau nochmals mit Präsident Gorbatschow telefonieren. Dies sei ja auch im Sinne der Absprache, die er mit ihm in Bonn getroffen habe. Der Präsident solle wissen, daß die Basis für ihn der Warschauer Vertrag sei.

Präsident Gorbatschow teilt dem Bundeskanzler mit, er habe heute mit Rakowski gesprochen. Dieser habe ihm ausführlich über die Lage in Polen berichtet. Die wirtschaftliche Situation dort sei nicht einfach. Die Polen rechneten mit einem wohlwollenden Verhalten der Bundesrepublik Deutschland, der Sowjetunion und der USA. Er, Gorbatschow, habe Rakowski erwidert, er könne mit der Sowjetunion rechnen, aber die Polen müßten sich vor allem auf sich selbst verlassen.

Der Bundeskanzler stimmt zu und fügt hinzu, man müsse hauptsächlich Hilfe zur Selbsthilfe geben.

---

1 Nr. 2 Anm. 24.
2 Nr. 2 – Nr. 4.

<u>Präsident Gorbatschow</u> fährt fort, er habe dieser Tage seine für die Bundesrepublik Deutschland zuständigen Beamten aufgefordert, die die Bundesrepublik Deutschland betreffenden Fragen schnell und gut voranzubringen.

Der <u>Bundeskanzler</u> bemerkt, er sei der Auffassung, daß es sehr wichtig sei, die Fragen, die er mit dem Präsidenten besprochen habe, weiterzuverfolgen. Er wolle im Frühjahr eine Übersicht über den Stand haben. Wenn der Präsident das Gefühl habe, der Bundeskanzler könne in irgendeiner Weise hilfreich sein, möge er ihn dies wissen lassen.

<u>Präsident Gorbatschow</u> bedankt sich und erklärt, er wolle dies tun.

Der <u>Bundeskanzler</u> teilt dem Präsidenten mit, es liege nicht im Interesse der Bundesrepublik Deutschland, daß die Entwicklung in der DDR außer Kontrolle gerate. Unser Interesse sei vielmehr, daß die DDR sich dem Kurs Gorbatschows anschließe und daß die Menschen dort blieben.

<u>Präsident Gorbatschow</u> bezeichnet diese Erklärung des Bundeskanzlers als sehr wichtig. Er nehme sie zur Kenntnis. Er glaube, daß die DDR eine Lösung für diese Probleme finden werde. Er drückt dem Bundeskanzler sein Vertrauen aus, wünscht ihm weiterhin eine erfolgreiche Tätigkeit und verabschiedet sich von dem Bundeskanzler „mit einem Händedruck" und herzlichen Grüßen auch von seiner Frau an den Bundeskanzler und Frau Kohl.

Neuer

Nr. 61
Vermerk des Ministerialdirigenten Hartmann
Bonn, 13. Oktober 1989

BArch, B 136/30501, 21 – 30131 B 20 Bd. 5.

<u>Betr.</u>: Meine Gespräche in London (FCO und Cabinet Office)

Aus meinen Gesprächen im FCO und im Cabinet Office in London halte ich folgendes fest:

1. West-Ost-Beziehungen

Charles Powell unterrichtete mich kurz über seine Eindrücke aus dem Gespräch zwischen PM Thatcher und GS Gorbatschow in Moskau[1]. Gorbatschow habe sich hinsichtlich der Fortsetzung seiner Reformpolitik sehr zuversichtlich gegeben. Der Eindruck, den er vermittelt habe, kontrastiere allerdings aus britischer Sicht stark mit den ökonomischen Daten, aber auch mit der Entwicklung des Nationalitätenkonflikts in der Sowjetunion.

Mit Nachdruck habe Gorbatschow im übrigen unterstrichen, daß bei aller Veränderung, die die Sowjetunion in Osteuropa tolerieren wolle, die Struktur des Warschauer Paktes nicht in Frage gestellt werden dürfe. Er habe in diesem Zusammenhang auch die sybillinische Äußerung getan, daß die Sowjetunion notfalls Schritte ergreifen müsse, um ihre Sicherheitsinteressen zu wahren. Ob dies ein versteckter Hinweis darauf sei, daß die Sowjetunion im Falle einer dramatischen Entwicklung vor (politischen oder militärischen) Maßnahmen nicht zurückschrecken würde, wollte Powell nicht abschließend beurteilen.

Meiner Frage, ob in Moskau über deutsche Probleme gesprochen worden sei, wich Powell aus. Ein Bericht unserer Botschaft in Moskau kommt demgegenüber zu dem Schluß, daß

---

1 Premierministerin Thatcher traf am 23. September 1989 in Moskau zu Gesprächen mit Generalsekretär Gorbatschow zusammen (Gorbatschow, Erinnerungen, 645 f.; Thatcher, Downing Street No. 10, 1097).

sehr wohl von den Gefahren für die Stabilität in Europa gesprochen worden sei, die von der Entwicklung in Deutschland ausgingen.

Bei der Diskussion über die innere Lage in der SU habe Gorbatschow auch davon gesprochen, daß er möglicherweise gezwungen sei, im bevorstehenden Winter bestimmte administrative Maßnahmen zu treffen. Nach Auffassung von Powell könnte damit u.a. die Rationierung von Lebensmitteln gemeint sein. (Ein heute eingegangener Bericht unserer Botschaft in Moskau spricht demgegenüber von Plänen, die Preise einzufrieren.)

P. unterrichtete mich darüber, daß PM Thatcher im Juni kommenden Jahres erneut nach Moskau reisen werde. Demgegenüber sei eine erneute Reise nach Warschau nicht geplant, wohl erwarte man im kommenden Monat den Besuch von Pozsgay.[2]

Ich habe sowohl gegenüber Powell als auch dem Politischen Direktor im FCO, Fretwell, unsere Einschätzung der Entwicklung in der DDR dargelegt und – anhand der Ausführungen des Bundeskanzlers vor dem CDU-Parteipräsidium[3] – die Linie erläutert, die wir gegenüber der DDR verfolgten. Dabei habe ich insbesondere auch das Angebot des Bundeskanzlers erläutert, die Zusammenarbeit mit der DDR zu erweitern, wenn diese sich zu politischen, sozialen und wirtschaftlichen Reformen entschließe. Ich habe unterstrichen, daß es unser Ziel sei, die DDR in den Reformprozeß einzubeziehen. Keinesfalls hätten wir ein Interesse daran – und dies werde auch in dem Angebot des Bundeskanzlers deutlich –, die DDR zu destabilisieren.

Dies wurde von beiden Gesprächspartnern mit Aufmerksamkeit vermerkt, wobei ich mir auch den Hinweis erlaubt habe, daß es – entgegen mancher Stimmen – jetzt in erster Linie darum gehe, den Demokratisierungsprozeß in der DDR zu fördern und nicht Modelle zur Wiedervereinigung zu diskutieren.

Daß diese Klarstellung wichtig ist, ergab sich auch aus einem späteren Gespräch mit Botschafter von Richthofen, der den Eindruck hat, daß nicht nur in britischen Medien, sondern auch in politischen und intellektuellen Zirkeln die derzeitige Entwicklung vor allem auch unter dem Gesichtspunkt möglicher Verschiebungen im europäischen Kräftegleichgewicht durch den Zusammenschluß der beiden deutschen Staaten diskutiert wird.

Ich halte es für wichtig, gerade diese Thematik mit den Briten weiter zu vertiefen.

Ich habe sowohl Powell als auch Fretwell kurz die wichtigsten Ergebnisse unserer Verhandlungen mit Polen erläutert. Dabei wurde mit einem gewissen Stirnrunzeln vermerkt, daß wir bereit sind, Hermes-Bürgschaften schon vor einer Einigung im IWF wieder in Gang zu setzen. (Ich habe dies nicht von mir aus mitgeteilt, aber die Frage wurde mir von beiden Gesprächspartnern gestellt.)

Powell teilte seinerseits mit, Großbritannien beabsichtige, den Know-how-fund für Polen zu erweitern und einen ähnlichen Fonds für Ungarn einzurichten.

Es bestand Einvernehmen, daß die EG-Aktion für Polen und Ungarn ein wichtiges gemeinsames Signal an die osteuropäische Seite sei. Fretwell erklärte im übrigen, daß aus britischer Sicht alles getan werden solle, um die Japaner zu einem stärkeren Engagement in diesem Bereich zu bewegen. Die politische Bedeutung eines solchen Engagements in diesem Augenblick müsse man den Japanern stärker plausibel machen.

...[4]

Hartmann

---

2   Staatsminister Pozsgay führte am 27. Oktober 1989 in London Gespräche mit Premierministerin Thatcher.
3   Bundeskanzler Kohl berichtete in einer Pressekonferenz am 9. Oktober 1989 in Bonn über die Ergebnisse der Sitzung von Präsidium und Bundesvorstand der CDU und gab eine neun Punkte umfassende Erklärung zur Lage in der DDR ab (Erklärung in: Union in Deutschland. Informationsdienst der Christlich Demokratischen Union Deutschlands. Nr. 32. 12. Oktober 1989, 1–4).
4   Im folgenden besprochen: Fragen der Sicherheitspolitik/Abrüstungskontrolle, EG-Fragen und Südafrika.

Nr. 62
Gespräch des Bundeskanzlers Kohl mit Ministerpräsident Andreotti
Bonn, 18. Oktober 1989

BK, 211 – 30103 Ko 30, Bonn, 18.10.1989, Hauptvorgang. – Vermerk des MDg Hartmann, 19. Oktober 1989. – Mit Vorlage des MDg Hartmann über Chef BK an den Bundeskanzler: „Anliegend lege ich Ihnen Vermerk über o.a. Gespräch zur Billigung vor. Ich bitte ferner um Weisung, ob der von Ihnen gebilligte Vermerk Herrn BM Genscher zur persönlichen Kenntnisnahme übersandt werden kann." Hs. vermerkt: „Teltschik i.O. K[ohl]".

<u>Teilnehmer:</u>
auf italienischer Seite:
Ministerpräsident Andreotti
Botschafter Vattani

auf deutscher Seite:
der Herr Bundeskanzler
MDg Hartmann als Note taker

Dolmetscher

<u>Der Bundeskanzler</u> eröffnet das Gespräch[1] mit einer kurzen Schilderung der innenpolitischen Entwicklung in der Bundesrepublik Deutschland. Die Stimmung habe sich erheblich zugunsten der Bundesregierung verbessert. Die Regierung habe mit der Durchsetzung ihres Reformprogramms eine schwierige Phase durchgemacht. Zwar gehe es den Menschen in der Bundesrepublik Deutschland heute besser als je zuvor, aber es sei vielleicht gerade deswegen besonders schwierig, ihnen Opfer zuzumuten. Dies habe sich insbesondere bei der Gesundheitsreform gezeigt, die Einsparungen von über 25 Mrd. DM erfordert habe. Allerdings setze sich jetzt langsam die Vernunft durch.

Die wirtschaftliche Entwicklung sei jetzt schon im 7. Jahr positiv. Die Zuwachsrate beim BSP werde in diesem Jahr an 4% heranreichen. Auch die Zahl von 1,8 Mio. Arbeitslosen täusche über die tatsächliche Lage hinweg.

<u>Der Bundeskanzler</u> weist in diesem Zusammenhang darauf hin, daß es den meisten Übersiedlern aus der DDR in sehr kurzer Zeit gelungen sei, Arbeitsplätze zu finden. Dies zeige allerdings auch die Schwäche unserer Arbeitsvermittlungsbehörden. Unter den Arbeitslosen gebe es beispielsweise 320000 Personen, die völlig überschuldet seien und an einer Arbeitsaufnahme schon deswegen nicht interessiert seien, weil sie dann wieder der Pfändung unterlägen.

Auch die Umfragen seien für die Union wieder günstiger. Beide Unionsparteien lägen wieder über 40%. Er glaube nicht, daß die Republikaner, deren Umfragewerte derzeit bei rund 4% lägen, in den nächsten Bundestag gelangen würden.

Auf die Entwicklung in der DDR eingehend, erklärt der <u>Bundeskanzler</u>, niemand wisse genau, wie es jetzt weitergehe. Die SED-Führung habe abgewirtschaftet. Die erste Garnitur sei überaltert. Es werde immer deutlicher, daß sie so nicht weitermachen könnten. Der <u>Bundeskanzler</u> verweist in diesem Zusammenhang auf die Demonstrationen in Leipzig, bei denen 120000 Menschen auf die Straße gegangen seien.

Es sei nicht unsere Politik, die DDR zu destabilisieren. Vielmehr wollten auch wir, daß die Menschen in der DDR blieben und dort Verbesserungen erreichten. Niemand könne Interesse an einer explosiven Lage in der DDR haben, denn dies würde letztlich die Sowjetunion zu einem Eingreifen veranlassen. Hier dürfe man keine Illusionen haben.

---

1 Das Gespräch fand im Rahmen der deutsch-italienischen Regierungskonsultationen statt.

Wenn die DDR-Führung tatsächlich Reformen durchführe, also mehr politischen Pluralismus und größere wirtschaftliche Freiheiten zulasse, dann sei er bereit, dies zu unterstützen. Die Lage habe sich deshalb so dramatisch entwickelt, weil die Menschen in der DDR die Vorgänge in Polen und Ungarn genau verfolgten. Im übrigen brodele es auch in der ČSSR. Die dortige Machtstruktur sei völlig verhärtet. Ein wichtiger Gegenpol sei heute die katholische Kirche.

Für ihn, den Bundeskanzler, sei es sehr wichtig, daß es angesichts dieser Entwicklung in der Gemeinschaft weiter vorangehe. Er werde dies auf dem bevorstehen ER in Straßburg noch einmal sehr deutlich machen. Für die Bundesregierung gebe es keine Alternative zur europäischen Einigungspolitik. Auch die deutschen Probleme könnten nur unter einem europäischen Dach gelöst werden. Im übrigen hätten viele Leute nicht begriffen, daß die Entwicklung in Osteuropa maßgeblich davon beeinflußt worden sei, daß die Gemeinschaft im Blick auf das Ziel 1992 beachtliche Dynamik entfaltet habe.

Nicht nur Gorbatschow spreche heute von dem gemeinsamen europäischen Haus, auch die Ungarn und Polen beriefen sich bei ihrer Reformpolitik darauf, daß sie Europäer seien. Er, der Bundeskanzler, habe immer die Ansicht vertreten, daß die Europäische Gemeinschaft nur der Nukleus eines größeren Europa sei.

Sein Ziel sei es, die deutsche Politik auf die Bindung an Europa so festzulegen, daß es künftig nicht mehr möglich sei, diese Richtung – allenfalls das Tempo – zu verändern.

Der Friede in Europa werde nur erhalten werden können, wenn die deutsche Politik auf dieser Linie bleibe. Deshalb sei auch eine enge Zusammenarbeit mit Frankreich und Italien so wichtig. Leider sehe PM Thatcher diese politischen Zusammenhänge nicht, da sie die Gemeinschaft nur als Wirtschaftsfaktor begreife.

Ziel für uns sei eine europäische Friedensordnung, in der auch die deutschen Probleme gelöst würden. Wie diese Lösung letztlich aussehen werde, könne man jetzt noch nicht wissen. Sicher werde es aber nicht eine Lösung im Sinne des Nationalstaates von Bismarck sein.

Der Bundeskanzler kommt noch einmal auf das Verhältnis zur DDR zu sprechen. Er habe seinerzeit mit Honecker Besuchserleichterungen vereinbart,[2] die dazu geführt hätten bzw. dazu führen würden, daß zwischen 1987 und 1990 rund 13 1/2 Mio. Menschen aus der DDR die Bundesrepublik besuchen könnten. Dies habe ungeheure Auswirkungen auf die Lage in der DDR.

Der Bundeskanzler wiederholt, daß er in Straßburg eine Grundsatzdiskussion darüber führen wolle, wie es in Europa nach 1992 weitergehe. Er wolle dabei noch einmal klarstellen, daß die Vollendung des Binnenmarktes für ihn nicht das Endziel darstelle. Man müsse vielmehr weiterkommen in Richtung auf eine Politische Union. Dies sei für die Bundesrepublik Deutschland eine existentielle Frage. Damit wolle er auch deutlich machen, daß bei uns nicht der Geist von Rapallo wehe.

Er wolle auch Fortschritte bei der Wirtschafts- und Währungsunion. Aber diese Fortschritte seien nur möglich, wenn das Ziel Politische Union heiße. Auch müsse man sich über das Verhältnis der EG zur EFTA klarwerden.

MP Andreotti bedankt sich für die Unterrichtung des Bundeskanzlers und beglückwünscht ihn zu der Entwicklung in der Innenpolitik. Er sei außerordentlich beeindruckt davon, daß es gelungen sei, die Übersiedler aus der DDR in so kurzer Zeit zu integrieren. Dies sei im übrigen eine hervorragende politische Propaganda für die Bundesrepublik Deutschland, die mehr Wirkung habe als tausend Bücher.

---

2 In dem Gemeinsamen Kommuniqué (Nr. 13 Anm. 23) vereinbarten Bundeskanzler Kohl und Generalsekretär Honecker im September 1987 „weitere Verbesserungen und Erleichterungen" im Reise- und Besuchsverkehr, insbesondere die „schrittweise Entwicklung des touristischen Reiseverkehrs".

Auf die Problematik der Wirtschafts- und Währungsunion eingehend, stellt <u>MP Andreotti</u> die Frage, ob der Bundeskanzler glaube, daß man in Straßburg bereits das Datum für eine Regierungskonferenz festlegen könne.

<u>Der Bundeskanzler</u> erwidert, dies hänge davon ab, daß die in Madrid festgelegten Prämissen[3] erfüllt seien. Dies bedeute zunächst, daß die erste Phase auch funktionieren müsse und daß man genau wisse, was denn die zweite und dritte Phase – die in Wirklichkeit zusammengehörten – inhaltlich umfaßten. Er plädiere dafür, das Verfahren auch unter dem Gesichtspunkt zu betrachten, daß wir im Dezember 1992 die Diskussion über die Weiterentwicklung führen müßten, wir also gut beraten wären, wenn die Ratifizierung des entsprechenden Vertrages in diesem Zeitraum läge.

Bevor man in die Regierungskonferenz eintrete, müsse man wissen, was man dort inhaltlich behandeln wolle. Er habe die Sorge, daß gewisse Leute einfach mit der Konferenz beginnen wollten, in der Annahme, daß sich dann schon zeigen werde, wie es weitergehe. So könne man nach seiner Auffassung nicht an dieses Vorhaben herangehen, zumal man dann Gefahr laufe, daß die Konferenz scheitere. Dies aber könne man sich unter keinen Umständen leisten.

<u>MP Andreotti</u> stimmt zu und erklärt, er wolle noch auf ein Problem aufmerksam machen, das sich bei den Finanzministern gestellt habe. Es gehe um die steuerlichen Aspekte bei der Liberalisierung des Kapitalverkehrs. Er wisse, daß es unterschiedliche Meinungen hinsichtlich der Kapitalertragssteuer gebe. Man diskutiere jetzt die Möglichkeit von Kontrollen, die jedes Land durchführen solle. Dies schaffe in Italien Probleme, denn bekanntlich sei die Steuermoral dort nicht so gut wie beispielsweise in der Bundesrepublik Deutschland. Für Italien sei es deshalb wichtig, daß die Liberalisierung des Kapitalverkehrs nicht zu Kapitalflucht, beispielsweise nach Luxemburg, führe, womit gleichzeitig dem italienischen Staat Steuern hinterzogen würden.

<u>Der Bundeskanzler</u> wirft ein, in dieser Frage seien wir uns einig. Zumal hierbei auch zu beachten sei, daß wir beispielsweise die „Geldwäsche" beim Drogenhandel in den Griff bekommen müßten.

<u>MP Andreotti</u> fährt fort, er wolle auch noch gerne die Auffassung des Bundeskanzlers zu der Frage hören, ob es aus seiner Sicht sinnvoll sei, den Europäischen Rat vor oder nach den Bundestagswahlen durchzuführen.

<u>Der Bundeskanzler</u> weist darauf hin, daß der Termin für die Bundestagswahl noch nicht festgelegt sei. Er nennt gegenüber MP Andreotti vertraulich den wahrscheinlichen Termin und schlägt vor, den ER nach diesem Termin durchzuführen. Im übrigen müsse man auch noch ein anderes wichtiges Datum im Auge behalten, nämlich den Abschluß der GATT-Runde am 12. Dezember 1990.[4]

<u>MP Andreotti</u> greift sodann das Thema Osteuropa auf und erklärt, in der Analyse bestünden keine Meinungsverschiedenheiten. Es sei sehr wichtig, daß durch die jetzige Entwicklung keine Sicherheitsprobleme aufgeworfen würden. Aber er habe den Eindruck, daß die NATO hier große Vorsicht walten lasse.

<u>MP Andreotti</u> erkundigt sich sodann nach dem Lebensstandard in der DDR im Vergleich zu Ländern wie Ungarn.

<u>Der Bundeskanzler</u> erwidert, die wirtschaftliche Lage in der DDR sei vergleichsweise gut. Dies habe nicht zuletzt historische Gründe. Sachsen und Thüringen seien beispielsweise stets hochentwickelte Industrieregionen gewesen. Hierauf habe die DDR aufbauen können,

---

3 Nr. 8 Anm. 8.
4 Die am 3. Dezember 1990 eröffnete Ministertagung des GATT in Brüssel – ursprünglich als Abschluß der Uruguay-Runde vorgesehen – wurde am 7. Dezember vor allem wegen Differenzen über den Abbau von Agrarsubventionen ohne Ergebnis vorzeitig beendet.

wobei eine besondere Rolle die hohe Qualifikation der dortigen Arbeiter gespielt habe. In einem Exkurs weist der Bundeskanzler darauf hin, daß auch die ČSSR über ähnlich günstige Strukturen verfügte.

Wenn die Lage in der DDR jetzt schlechter geworden sei, so habe dies auch damit zu tun, daß sie zur Versorgung der Sowjetunion herangezogen werde. Es sei natürlich nicht so, daß die Leute in der DDR hungerten, aber es mangele eben an vielen Dingen, die das Leben lebenswert machten.

MP Andreotti erkundigt sich nach einem möglichen Nachfolger von Generalsekretär Honecker.

Der Bundeskanzler verweist hierzu im einzelnen auf vertrauliche Gespräche, die er sowohl mit GS Honecker als auch mit GS Gorbatschow geführt habe. Letzte Woche habe er mit Gorbatschow telefoniert[5] und hierbei auch über die Lage in der DDR gesprochen. Dabei habe Gorbatschow auf entsprechende Fragen von ihm durchblicken lassen, daß es jetzt darauf ankomme, daß jüngere Leute in der DDR ans Ruder kämen. Er wolle im übrigen ausdrücklich erwähnen, daß Gorbatschow in der Frage der DDR-Bürger, die sich in unsere Botschaften in Warschau und Prag geflüchtet hätten, sehr hilfreich gewesen sei. Er habe seinerseits Gorbatschow deutlich gesagt, daß es nicht Ziel unserer Politik sei, die DDR zu destabilisieren.

Für ihn sei bemerkenswert gewesen, daß sich Gorbatschow sehr aktiv zum ungarischen und polnischen Reformprozeß geäußert habe, aber was die DDR angehe, sehr zurückhaltend gewesen sei. Er habe lediglich klargestellt, daß es sowjetische Politik sei, sich nicht in die Angelegenheiten der „Bruderländer" einzumischen.
...[6]

Hartmann

Nr. 63
Vorlage des Ministerialdirigenten Duisberg an Bundeskanzler Kohl
Bonn, 19. Oktober 1989

BArch, B 136/20295, 221–35002 Pe 3 Bd. 5. – Vorlage über Chef BK. Kopien: AL 2, AL 5. Zur Unterrichtung. Hs. von Bundeskanzler Kohl vermerkt: „Teltschik erl."

Betr.: Führungswechsel in der DDR

1. Die Verlautbarungen über die ZK-Sitzung am 18.10.1989 lassen darauf schließen, daß der personellen Veränderung in der DDR-Führung kontroverse Diskussionen vorausgegangen sind und eine Verständigung nicht erreicht werden konnte. Honecker ist nicht freiwillig zurückgetreten: In seiner Rücktrittserklärung gibt er zu, daß er „im Ergebnis der gestrigen Beratung im Politbüro" zu dem Entschluß gekommen sei.[1] Mittag und Herrmann sind ihrerseits nicht zurückgetreten, sondern von ihren Ämtern entbunden worden.[2] Krenz muß die ZK-Sitzung seit einiger Zeit aktiv betrieben haben, während Honecker und andere (u.a. Axen) sie hinauszuschieben suchten. Anders als 1971, wo Ulbricht das

5   Nr. 60.
6   Im folgenden besprochen: Fragen der Nahostpolitik und der italienischen Stahlindustrie.
1   Erklärung des Generalsekretärs Honecker in: Neues Deutschland. 44. Jg. Nr. 246. 19. Oktober 1989, 1.
2   Kommuniqué über die 9. Tagung des Zentralkomitees der SED, 18. Oktober 1989, ebd.

Amt des Staatsratsvorsitzenden noch bis zu seinem Tode behielt, ist der Wechsel diesmal vollständig: Honecker mußte auch auf seine staatlichen Ämter verzichten.[3] Die Entlassung von Mittag und Herrmann läßt erkennen, daß die Hauptstreitpunkte in der Wirtschafts- und Informationspolitik liegen und daß die Mehrheit im Politbüro und ZK die in den letzten Tagen in der Öffentlichkeit immer häufiger gewordene Kritik an diesen beiden Bereichen ernst nimmt. Die Tatsache, daß noch keine Nachfolger genannt werden, deutet andererseits an, daß sich die Einigung bisher auf die negative Seite der Probleme beschränkt.

Die jetzt getroffene Entscheidung wird personell und sachlich weiterer Ergänzungen bedürfen. Angesichts indirekter Kritik von Krenz an Ministerrat und Volkskammer dürften mit großer Wahrscheinlichkeit auch Stoph und Sindermann in den Führungswechsel einbezogen werden. Diese und andere Entscheidungen werden voraussichtlich im Rahmen der Vorbereitung des für die nächste Zeit angekündigten weiteren ZK-Plenums und bei diesem selbst vorgenommen werden. Krenz wird seine Position dabei noch festigen müssen. Bisher hat er anscheinend nicht das ganze ZK hinter sich: Seine Wahl erfolgte nur „einmütig", nicht einstimmig.

2. Die etwa einstündige, wohlvorbereitete Rede im Stil einer Regierungserklärung, mit der sich Krenz am Abend des 18. Oktober an die Öffentlichkeit wandte,[4] gibt eine Störung des Vertrauensverhältnisses zwischen Führung und Bevölkerung, Fehleinschätzungen der wirklichen Lage und konkrete Probleme, vor allem im Bereich der Wirtschaft, offen zu, läßt aber keine grundlegend neuen Ansätze zu Reformen erkennen. Krenz weist zwar auf den Ernst der Lage hin und kündigt ausdrücklich eine Wende an; die generelle politische Linie soll aber offensichtlich beibehalten werden, es soll nur besser gemacht werden. Wenn er von „Kontinuität und Erneuerung" spricht, liegt der Akzent eindeutig auf Kontinuität. Es geht primär darum, für die SED die „politische und ideologische Offensive" wiederzuerlangen.

Von dem ausschließlichen Macht- und Führungsanspruch der SED werden keinerlei Abstriche gemacht. Die Rede ist auch in erster Linie an die Partei und die mit ihr zusammenarbeitenden Organisationen gerichtet, nicht an die Bevölkerung insgesamt, der wie bisher die Rolle des Zuarbeiters beim weiteren Aufbau des Sozialismus zugewiesen wird. Dementsprechend wird auch allen neuen Kräften und Bestrebungen außerhalb der bestehenden Strukturen eine klare Absage erteilt. Andere als die etablierten Formen, in denen sich eine demokratische Willensbildung vollziehen könnte, soll es nicht geben. Auch wenn die Rolle der Blockparteien etwas deutlicher betont wird, bleibt eine Öffnung zu echtem Pluralismus ausgeschlossen.

---

3 In einem Bericht (Fernschreiben an den Chef des Bundeskanzleramtes, StäV Nr. 2310, 18. Oktober 1989; BArch, B 288/124, 11 – 35005 Pa 4 Bd. 11) bemerkte Staatssekretär Bertele dazu, die Verlautbarungen ließen „darauf schließen, daß der personellen Veränderung kontroverse Diskussionen vorausgegangen sind und eine Versöhnung nicht zustande gekommen ist: -- Mittag und Herrmann bekommen für ihre langjährige Tätigkeit nicht einmal gedankt. Der Dank an Honecker fällt mit einem Satz, der Würdigung und beste Wünsche für die Zukunft einschließt, kurz und bündig aus. -- Der Tonfall in Honeckers Rücktrittsrede ist unverbindlich. Sein Dank an das Politbüro und die Kampfgefährten ist kurz und trocken. Kein Mitarbeiter wird namentlich genannt. -- Krenz wird von Honecker nicht persönlich vorgeschlagen, sondern empfohlen. -- Krenz wird nur einmütig, nicht einstimmig zum Nachfolger gewählt. -- Die Lösung des ZK von Honecker, Mittag und Herrmann ist total. Auch die Abberufung von den Staatsämtern wird der zuständigen Volkskammer – ohne Dank – empfohlen. – Es liegen Anzeichen vor, daß die Entscheidungen weiterer Ergänzungen bedürfen. Krenz hat wohl nicht das ganze ZK hinter sich (nur einmütig). Honecker wünscht seiner Partei Festigung ihrer Einheit und Geschlossenheit."

4 In der Einschätzung des Staatssekretärs Bertele (ebd.) hielt Generalsekretär Krenz eine „kompromißlos harte und konservative Rede, insbesondere kompromißlose Betonung des Macht- und Führungsanspruches der SED bei keinerlei Öffnung gegenüber oppositionellen Kräften wie z.B. ,Neues Forum'". Wortlaut der Rede in: Neues Deutschland. 44.Jg. Nr. 246. 19. Oktober 1989, 1 f.

Im einzelnen ist hervorzuheben:
- Alle sollen das Recht haben, ihre Gedanken in die Politik einzubringen. Insbesondere die Jugend soll mitbestimmen bei allen Entscheidungen, die ihr Leben betreffen; sie müsse sich noch stärker selbst verwirklichen können. Der Dialog soll sich aber in den vorhandenen Strukturen vollziehen („Unsere Gesellschaft verfügt über genügend demokratische Foren") und eindeutig in seinem Ziel sein: „den Sozialismus in der DDR weiter auszubauen".
- Indirekt auf Demonstrationen bezogen, wird damit die Warnung verbunden vor „verantwortungslosem Handeln" und „Gewalt- und Zerstörungsakten", auf die es nur eine Antwort geben könne: „Sicherung von Ruhe und Ordnung".
- Selbstkritisch eingeräumt wird, daß Widersprüche des Lebens aus dem Blick geraten seien, Initiativen gebremst würden und das Vertrauensverhältnis mit dem Volk beeinträchtigt sei. Der Weggang von mehr als 100 000 vielfach auch jungen Menschen wird als schmerzliches Symptom für die entstandene komplizierte Lage gewertet und mit der Aufforderung verbunden, über die Ursachen nachzudenken und denen, die sich noch mit Ausreisegedanken tragen, Anstöße zum Überdenken ihres Entschlusses zu geben. („Wir brauchen sie.")
- Die Defizite werden fast ausschließlich in Wirtschafts- und Versorgungsmängeln, darüber hinaus im Umweltbereich gesehen, nicht dagegen in den gesellschaftlichen Verhältnissen. Es fehlt jeder Hinweis auf die als unerträglich empfundene Bevormundung und den fortwährenden politischen Druck.
- Für die künftige Wirtschaftspolitik wird andererseits der Schlüsselbegriff des bisherigen Systems – „Einheit von Wirtschafts- und Sozialpolitik" – ausdrücklich wiederholt. Das Subventionssystem und damit die Preisstruktur werden auch nicht indirekt in Frage gestellt. Allenfalls scheinen Korrekturen bei der Investitionslenkung ins Auge gefaßt zu werden.
- Erwähnt wird die Ausgestaltung des Rechtsstaats, allerdings nur im Sinne der Festigung bestehender Institutionen, wobei offenbar besonders die Volkskammer gestärkt werden soll. Dagegen wird anscheinend nicht an den Ausbau der gerichtlichen Kontrolle zum Schutz des Bürgers gegenüber der Staatsmacht gedacht.
- Die Presse wird zu größerer Lockerheit und argumentativer Auseinandersetzung aufgefordert, ohne daß sie jedoch „Tribüne eines richtungslosen, anarchistischen Geredes" werden darf. Die Kontrolle über die Richtung soll erhalten bleiben.
- Ohne Angaben zum Inhalt angekündigt wird ein neuer Gesetzentwurf über den Reiseverkehr, verbunden mit dem Hinweis, daß Einschränkungen im Verkehr mit den sozialistischen Staaten wieder aufgehoben oder modifiziert werden könnten.

Die Beziehungen zur Bundesrepublik Deutschland sind der Schwerpunkt in den Aussagen über das Verhältnis der DDR zu anderen Staaten. Erst danach wird die enge Anlehnung an die Sowjetunion genannt mit verbalen Huldigungen für die dort eingeleitete Perestroika, jedoch deutlicher Ablehnung eines Modellcharakters. („Zunehmende Vielfalt ist zweifellos ein Gesetz des Sozialismus.") An unsere Adresse werden scharfe Angriffe mit den bekannten Vorwürfen in Sachen Staatsangehörigkeit und Haltung zur deutschen Frage gerichtet, zugleich aber auch ein unüberhörbares Werben um Unterstützung und Ausbau der Zusammenarbeit.[5]

---

5 „Scharfe Angriffe gegen die Bundesrepublik bei gleichzeitig unüberhörbarem Werben um den Ausbau der Zusammenarbeit, offenbar vor allem aus Sorge um die Lage der eigenen Wirtschaft", wertete Staatssekretär Bertele (Anm. 3) und resümierte: „Insgesamt muß die Rede für diejenigen sehr enttäuschend sein, die in der DDR auf grundlegende Reformen des politischen, wirtschaftlichen und gesellschaftlichen Systems hoffen. Im übrigen werden Entscheidungen für die künftige Politik für den XII. Parteitag im Mai 1990 angekündigt. Eine weitere ZK-Tagung soll in Kürze folgen." Ähnliche Einschätzungen zur Ablösung von Generalsekretär Honecker durch Egon Krenz sowie dessen Rede in: Fern-

„Mit dem Ziel, die gemeinsame Verantwortung beider deutscher Staaten für ein friedliches, geregeltes und gleichberechtigtes Nebeneinander unterschiedlicher Gesellschaftsordnungen zu vertiefen, sind wir bereit, Wege und Möglichkeiten zu prüfen, um langfristig die Beziehungen zwischen der DDR und der BRD enger und vertraglich geregelt zu gestalten sowie kooperative und ständige Formen der wirtschaftlichen, ökologischen, politischen, kulturellen, humanitären und touristischen Zusammenarbeit zu entwickeln." (Neu ist die Nennung der humanitären und touristischen Thematik mit der Möglichkeit institutionalisierter Gesprächsebenen für diese Bereiche.)

Als Beitrag unsererseits – jedoch nicht als Voraussetzung – werden insbesondere die Respektierung der DDR-Staatsbürgerschaft, Verzicht auf staatliche Einvernahme von DDR-Bürgern, Entwicklung von Parlamentskontakten und Konsultationen auf verschiedenen Ebenen gefordert. Unsere bisherige Haltung in der Staatsangehörigkeitsfrage wird auch als Hindernis für die „in Aussicht genommenen Schritte für den Reiseverkehr in die BRD" genannt. Damit soll offenbar bereits für den Fall vorgebeugt werden, daß die angekündigte Reiseregelung hinter den Erwartungen zurückbleibt.

Die relativ breite Auseinandersetzung mit uns in der Rede von Krenz macht deutlich, wie sehr das innerdeutsche Verhältnis in der jetzigen Lage als entscheidend für die innere und äußere Existenz der DDR empfunden wird.

3. Es ist zu bezweifeln, daß der Führungswechsel ausreicht, um den bestehenden Druck in der DDR abzubauen. Krenz ist, wenn auch an Jahren jünger, Teil der alten Führung und mit ihr diskreditiert. Er verfügt über wenig Ausstrahlungskraft und ist zusätzlich mit dem Odium belastet, im Politbüro bisher u.a. für die interne Sicherheit zuständig gewesen zu sein; seine Erklärungen zur Niederschlagung der Studentenbewegung in China haben den Eindruck verstärkt, daß er zu den Hardlinern zählt. Um Vertrauen zu gewinnen, müßte er sehr viel mehr und anderes bieten als die vage Ankündigung bloßer systemimmanenter Verbesserungen. Es ist möglich, daß er weitergehende Schritte unternimmt, als er jetzt sagt oder sagen kann. Auch wenn das der Fall sein sollte, ist zu befürchten, daß diese Schritte dann für einen inneren Ausgleich zu spät kommen.

Die Massen, die in den letzten Tagen und Wochen zu Demonstrationen auf die Straße gegangen sind, werden nicht still in ihre Wohnungen zurückkehren, bloß weil ein anderer Mann an der Spitze steht. Sie werden vielmehr – nicht zu Unrecht – den Rücktritt Honekkers als ersten Erfolg ihrer Bewegung werten und sich insofern bestätigt fühlen. Das Angebot eines kanalisierten Dialogs im bestehenden Rahmen wird sie nicht zufriedenstellen. Andererseits ist Krenz ein Mann, der den Machtanspruch der SED kompromißlos mit aller Härte vertritt und auch bereit ist, ihn nötigenfalls mit Machtmitteln durchzusetzen. Er ist wahrscheinlich ein Mann des Übergangs, versteht sich selbst jedoch sicher nicht so. Der Übergang könnte sich daher länger hinziehen, wobei krisenhafte Entwicklungen keinesfalls auszuschließen sind.

Duisberg

schreiben des Staatssekretärs Bertele an den Chef des Bundeskanzleramtes, StäV Nr. 2319, 19. Oktober 1989, VS-NfD; BArch, B 288/124, 11 – 35005 Pa 4 Bd. 11.

Nr. 64
Telefongespräch des Bundeskanzlers Kohl mit Präsident Bush
23. Oktober 1989

BK, 212 – 30132 A 5 Am 31 Bd. 1. – Vermerk des MDg Neuer, 23. Oktober 1989. Hs. von Bundeskanzler Kohl vermerkt: „Teltschik erl." – Gesprächsbeginn: 14.00 Uhr.

Nach der Begrüßung spricht der Bundeskanzler dem Präsidenten sein Mitgefühl für die tragischen Ereignisse (Erdbeben in Kalifornien) aus.

Der Präsident bedankt sich und drückt die Hoffnung aus, daß die schlimmsten Auswirkungen bald überwunden seien.

Der Bundeskanzler berichtet Präsident Bush über die Lage in Polen, Ungarn und der DDR. Zu Ungarn führt der Bundeskanzler aus, daß dort die Dinge am günstigsten liefen. Die Ungarn seien sehr mutig und gingen außerordentlich entschieden vor. Was die ungarische Regierung unternehme, sei ein großes Wagnis. Es sei nicht sicher, daß dies bei Wahlen honoriert werde. Es sei durchaus möglich, daß die Partei, die jetzt aus der KP hervorgegangen sei,[1] bei den Wahlen nur Zweiter werde mit dem Ergebnis, daß evtl. eine Koalition eingegangen werden müsse. Die Bundesregierung habe die Ungarn nachdrücklich unterstützt. Im Dezember wolle er, der Bundeskanzler, für zwei Tage nach Ungarn reisen, um auch eine optische Unterstützung zu geben. Auf entsprechende Frage des Präsidenten führt der Bundeskanzler aus, er wolle Budapest und evtl. eine Stadt in der Provinz besuchen. Der Bundeskanzler fährt fort, die wirtschaftliche Entwicklung in Ungarn beurteile er positiv in Anbetracht der dortigen Verhältnisse. Ungarn könne es schaffen, sei aber noch nicht über den Berg.

Am 9. November 1989 werde er für vier Tage nach Polen reisen. Die Verhandlungen zwischen der Bundesrepublik Deutschland und Polen seien im wesentlichen abgeschlossen. Er werde tun, was er könne, um die neue Regierung finanziell und wirtschaftlich zu unterstützen. Für besonders wichtig erachte er die personelle Hilfe, die zusammen mit der EG in Aussicht genommen sei. Es scheine ihm überhaupt dies ein Hauptproblem zu sein, da es in Polen zwar viel guten Willen und viele guten Ideen gebe, aber zur Umsetzung in die Praxis gebe es noch keine klaren Vorstellungen. Polen müsse eine Währungsreform durchführen und das Bankensystem neu ordnen, wenn es ein marktorientiertes System haben wolle. Er wolle tun, was er könne. Es werde auch das aufgearbeitet werden, was Präsident Bush angeregt habe, um ein homogenes Vorgehen sicherzustellen. Er, der Bundeskanzler, sei der Auffassung, daß die westeuropäischen Partner mehr tun könnten. Hier bestehe ein Unterschied zwischen den Reden und den Taten. Er wolle den Besuch Polens auch dazu benutzen, um eine neue Phase der Beziehungen 50 Jahre nach Ausbruch des Zweiten Weltkriegs einzuleiten.

Zur DDR bemerkt der Bundeskanzler, die Situation dort sei dramatisch. Keiner könne eine Prognose abgeben. Ob der neue Mann den Willen und die Kraft zu Reformen habe, müsse man abwarten. Gorbatschow habe ihm, dem Bundeskanzler, gegenüber erklärt, er habe ihn ausdrücklich hierzu ermuntert. In der Bevölkerung bestehe eine enorme Unruhe. Die Dinge würden unkontrollierbar, wenn keine Reformen durchgeführt würden. Es liege nicht in unserem Interesse, daß möglichst viele Menschen aus der DDR weglaufen. Dies habe katastrophale Folgen für die DDR. Bis Weihnachten rechneten wir mit insgesamt 150000 Übersiedlern im Durchschnittsalter von unter 30 Jahren. Er, der Bundeskanzler, wolle alles tun, was vernünftig sei. Er wolle den Kessel nicht erhitzen, aber er wiederhole, falls keine Reformen durchgeführt würden, werde die Lage sehr schwierig sein.

Er wolle noch eine letzte Bemerkung machen und auf die Stimmung in den USA, auch in London, Den Haag, Rom und Paris zu sprechen kommen. Es werde die Meinung geäußert,

---

1 Nr. 58 Anm. 3.

die Deutschen – hart formuliert – beschäftigten sich jetzt mit „Ostpolitik" und Wiederver-einigungsgedanken. Deshalb seien die Bindungen an die EG, den Westen und die NATO nicht mehr so stark. Dies sei absoluter Unsinn. Er, der Bundeskanzler, wolle dies immer wieder öffentlich unterstreichen. Anfang Januar 1990 werde er in Paris einen Vortrag halten und das Thema öffentlich diskutieren. Dies wolle er auch im Hinblick auf die Linke in der Bundesrepublik Deutschland tun. Ohne eine starke Position der NATO – wie der NATO-Gipfel im Mai gezeigt habe – und ohne die Entwicklung der Gemeinschaft in Europa gebe es nicht diese starke Veränderung im Warschauer Pakt. Es wäre gut, wenn Präsident Bush bei passender Gelegenheit in einer Botschaft über den Atlantik die Aussage mache, daß die Er-gebnisse in der Abrüstung und die Reformbewegung im Osten nur möglich seien, weil der Westen zusammenstehe.

Präsident Bush dankt dem Bundeskanzler für seine Ausführungen. Er habe die Artikel, auf die der Bundeskanzler sich beziehe, auch gelesen. Er kenne die Position des Bundeskanzlers. Die USA seien für eine starke NATO und eine starke EG. Diese Stärke habe auch den Wechsel in Osteuropa ermutigt. Die Artikel über Wiedervereinigung und Neutralismus habe er auch gesehen. Er glaube nicht, daß dies die Haltung der Bundesrepublik sei. Auf die Veränderungen in der DDR reagierten die USA vorsichtig. Der Präsident drückt seine Be-wunderung dafür aus, wie der Bundeskanzler diese Frage meistere. Er habe nicht gewußt, daß es sich um eine so große Zahl – 150 000 – junger Leute handele.

Der Präsident weist darauf hin, daß Herr Teltschik bald in die USA komme. Man wolle mit ihm dann über die DDR, Polen und Ungarn sprechen. Präsident Bush erwähnt, er sei im Kongreß von liberalen Demokraten angegriffen worden, er tue nicht genug, um den Wechsel dort zu fördern. Er wolle aber bewußt nicht zu schnell vorangehen, um den Prozeß nicht zu gefährden. Der Kongreß habe außerdem gesagt, man solle Polen mehr Hilfe leisten. Er habe für den Stabilisierungsfonds 200 Millionen Dollar vorgeschlagen. Die USA wollten jetzt eine hochrangige Gruppe von Bankern und Managern aus dem öffentlichen und privaten Bereich nach Polen senden, die sich ein Bild davon machen sollten, wie die Reformen in der Praxis durchgeführt werden könnten.

Der Bundeskanzler bezeichnet diesen Vorschlag als sehr wichtig. Er bittet darum, daß einer der Mitarbeiter von Präsident Bush Herrn Teltschik anrufe, um eine gegenseitige Abstim-mung zu ermöglichen. Er wolle auch in der EG Entsprechendes veranlassen. Er habe schon mit Delors hierüber gesprochen.[2] Mitte des Monats November wolle er Herrn Teltschik zur Unterrichtung in die USA senden (nach der Polen-Reise).

Präsident Bush bemerkt, er wolle General Scowcroft bitten, Herrn Teltschik anzurufen, um mit ihm über die Frage der Unterstützung Polens und den Stabilisierungsfonds zu sprechen. Präsident Bush lädt den Bundeskanzler zu einem informellen Besuch nach Camp David ein.

Der Bundeskanzler bedankt sich und bemerkt, er wolle überlegen, wie er dies in seinen Zeit-plan einpassen könne. Er denke an einen Besuch von einem Tag.

Präsident Bush unterstreicht, daß dies sehr gut wäre im Hinblick auf die Veränderungen in Osteuropa. Er werde mit PM Thatcher Ende November zusammentreffen und möchte mit einer Begegnung mit dem Bundeskanzler signalisieren, welche Wichtigkeit er den deutsch-amerikanischen Beziehungen gerade in Anbetracht der bösartigen Zeitungsartikel beimesse.

Der Bundeskanzler erklärt sich damit einverstanden und bezeichnet diese Idee als sehr gut.

Präsident Bush bedankt sich für den Anruf.

Der Bundeskanzler kündigt an, er werde, ehe er nach Polen reise, nochmals mit Präsident Bush telefonieren.

Neuer

---

2 Nr. 58.

Nr. 65
Gespräch des Bundesministers Seiters mit Botschafter Walters
Bonn, 23. Oktober 1989

BArch, B 136/20241, 221 – 34900 Spr 2 Bd. 1. – Vermerk des MDg Duisberg, 24. Oktober 1989. Verteiler: AL 2, AL 3, GL 22. – Mit Vorlage des MDg Duisberg an Chef BK mit der Bitte um Billigung und Zustimmung zu dem Verteiler. Abgezeichnet: „S[eiters]" und hs. vermerkt: „Ja". – Gesprächsbeginn: 14.00 Uhr.

1. Das Gespräch dauerte etwa 40 Minuten. An ihm nahmen außerdem teil: auf amerikanischer Seite Botschaftsrat Grobel, auf unserer Seite MDgt Dr. Duisberg.
2. Hauptgegenstand war die derzeitige Lage in der DDR und die sich daraus ergebenden Aussichten. Botschafter Walters berichtete von kürzlichen Gesprächen in Washington, wo die Lage in Deutschland im Mittelpunkt der Aufmerksamkeit stehe. Er unterstrich das amerikanische Interesse, sich in allen diesbezüglichen Fragen eng mit uns abzustimmen. Er äußerte die Befürchtung, daß es in der DDR einen allgemeinen Volksaufstand geben könne (auf diesen Punkt kam er mehrfach im Verlauf des Gespräches zurück), und meinte, daß für diesen oder ähnliche Eventualfälle überlegt werden müsse, wie darauf zu reagieren sei.
   BM Seiters erklärte, die Bundesregierung werde alles unterstützen, was sich in der DDR an Reformprozessen entwickle. Niemand könne allerdings vorhersagen, ob diese Entwicklung stabil bleiben werde. Zur Zeit sei noch nicht zu übersehen, welche Politik die neue Führung konkret verfolgen werde. Die Rede von Krenz am 18. Oktober[1] habe eher einen orthodoxen Charakter gehabt; man müsse aber abwarten, was tatsächlich getan werde. Sicher werde die DDR versuchen, auf dem Feld der Reisefreiheit und der Amnestie für politische Häftlinge einiges zu tun, wie weitgehend diese Schritte sein würden, müsse man abwarten. Zur Zeit könnten wir nicht mehr tun, als unsere Bereitschaft zu erklären, auf echte Reformschritte auch positiv zu reagieren und sie zu unterstützen. BM Seiters unterstrich auch seinerseits die Notwendigkeit einer engen Koordinierung mit den Drei Mächten und sicherte zu, daß wir sie unsererseits laufend unterrichtet halten würden.
3. Botschafter Walters sprach dann die Klagen des Senats bezüglich des Senders RIAS an. RBM Momper habe ihm geschrieben und sich in einem längeren Gespräch darüber beklagt, daß die USA den von der Bundesregierung vorgeschlagenen Intendanten nicht abgelehnt hätten. Dies hätten die USA jedoch keinesfalls tun können, da sie sich dann mit Recht den Vorwurf zugezogen hätten, als Besatzungsmacht zu handeln.
   BM Seiters wies darauf hin, daß RBM Momper auch an den Bundeskanzler geschrieben habe.[2] Er werde sich um die Sache kümmern und mit RBM Momper sprechen.
4. BM Seiters sprach seinerseits die Frage des innerdeutschen Flugverkehrs auf den Strecken Leipzig-Frankfurt und Leipzig-Düsseldorf an. Er verwies auf die seinerzeit vor Genehmigung dieses Verkehrs getroffenen Abreden und das, was er selbst damals dazu gesagt habe. Er wolle davon nichts zurücknehmen, aber die Lage habe sich jetzt durch den Führungswechsel in der DDR geändert. Wenn wir jetzt den Lufthansa-Antrag auf Verlängerung ablehnten, setzten wir in einer politisch fließenden Situation ein negatives Signal. Das würde außerordentliche Schwierigkeiten bereiten, BM Seiters bat deshalb nachdrücklich um Verständnis, daß eine solche Entscheidung jetzt nicht getroffen werden könne. Auf Nachfrage von Botschafter Walters sagte er, daß keine unbefristete Verlängerung zur Debatte stehe. Wir wollten auch auf jeden Fall Spannungen mit den Alliierten vermeiden.

---

1 Nr. 63 Anm. 4.
2 In dem Schreiben an Bundeskanzler Kohl vom 9. Oktober 1989 (BK, 324 – 26202 Ru 4 Bd. 7) wies der Regierende Bürgermeister Momper darauf hin, er habe eine Kopie des Schreibens dem amerikanischen Botschafter in Bonn übergeben.

Er könne lediglich bitten, die psychologische Lage zu betrachten, in der wir nicht einen negativen Akzent setzen dürften.

Botschafter Walters erwiderte, durch eine Verlängerung würden wir den Druck von der DDR nehmen und damit der Berlin-Initiative nicht förderlich sein. Er verstehe aber unsere Argumentation und werde Washington um Weisung bitten. Auf dem Weg zum Aufzug sagte Botschafter Walters noch, es wäre wahrscheinlich leichter gegenüber seiner Regierung, wenn nicht ein bestimmter Termin genannt würde, bis zu dem die Verlängerung erfolgen solle, weil man dann wieder in die gleiche Schwierigkeit gerate. Man solle dies jetzt besser noch offenlassen.

Duisberg

Nr. 66
Gespräch des Bundesministers Seiters mit den Botschaftern der Drei Mächte
Bonn, 24. Oktober 1989

BArch, B 136/20241, 221 – 34900 Spr 2 Bd. 1. – Vermerk des MDg Duisberg, 30. Oktober 1989. Verteiler: AL 2; St Bertele; AA, St Sudhoff; BMB, St Priesnitz. Ms. vermerkt: „BMV (MD Niester und Leiter Ministerbüro) sind von dem Gesprächsinhalt betreffend innerdeutschen Flugverkehr am 24.10.1989 mündlich unterrichtet worden." – Mit Vorlage des MDg Duisberg an Chef BK mit der Bitte um Billigung und Zustimmung zu dem Verteiler. Abgezeichnet: „S[eiters]". – Gesprächsbeginn: 7.30 Uhr.

Teilnehmer:
Botschafter Vernon Walters (USA)
Botschafter Sir Christopher Mallaby (GB)
Botschafter Serge Boidevaix (F)
Staatssekretär Dr. Jürgen Sudhoff (AA)
Ministerialdirigent Dr. Duisberg

BM Seiters begann das Gespräch mit dem Angebot, in diesem Kreis häufiger zusammenzutreffen, um sich über die Entwicklung in der DDR zu unterrichten und über eventuelle Schritte eng abzustimmen. Ein weiteres Treffen könne im November stattfinden.

BM Seiters schilderte dann die labile Situation in der DDR und die großen Erwartungen, die in der Bevölkerung an konkrete Schritte der neuen Führung gestellt würden. Vor diesem Hintergrund möchte er darum bitten, jetzt eine konkrete Frage zu behandeln. Er erinnere an die Gespräche, die im Sommer über die Aufnahme des innerdeutschen Flugverkehrs nach Leipzig geführt worden seien. Er stehe voll zu dem, was damals verabredet worden sei. In der jetzigen Situation sei ein Auslaufen dieses Flugverkehrs aber aus innenpolitischen und innerdeutschen Gründen nicht zu verantworten. Wir könnten nicht jetzt unmittelbar nach dem Wechsel in der DDR ein derart negatives Signal geben. Er bitte deshalb um Verständnis, daß wir nicht jetzt in dieser Frage eine negative Entscheidung treffen wollten.

Der französische Botschafter erklärte, er habe keine Instruktionen, habe aber Verständnis für die dargelegte Position und werde darauf zurückkommen. Der amerikanische Botschafter äußerte sich im gleichen Sinne. Der britische Botschafter erklärte, er sei nicht auf die Behandlung dieser Frage vorbereitet. Das Problem bei der Zulassung des Flugverkehrs seinerzeit sei gewesen, ob dadurch nicht die Position des Westens unterminiert würde. Inzwischen habe es eine gewisse Bewegung in bezug auf die Berlin-Initiative gegeben; die Sowjetunion habe die Bereitschaft zu Gesprächen angekündigt, sobald sie ihre internen Prüfungen abgeschlossen hätte. Der Zusammenhang zwischen der Berlin-Initiative und dem innerdeutschen

Flugverkehr bestehe heute noch genauso wie bisher. Die Alliierten müßten diesen Aspekt ebenso wie die von BM Seiters vorgebrachten Überlegungen berücksichtigen. Der britische Botschafter stellte dann die Frage, ob zwischen dem Flugverkehr und gegenwärtigen Entwicklungen ein inhaltlicher oder lediglich ein atmosphärischer Zusammenhang gesehen würde. BM Seiters sagte, das letztere sei der Fall; wir könnten nicht in einer Zeit des Umbruchs die Flüge auslaufen lassen, die uns stärker mit der anderen Seite verbinden. St Dr. Sudhoff ergänzte, der Flugverkehr sei auch psychologisch ein Element der Verklammerung. BM Seiters wiederholte, wenn sich die Lage in der letzten Zeit nicht so dramatisch zugespitzt hätte, dann wäre aus unserer Sicht alles so gelaufen wie abgesprochen. Jetzt müßten wir aber anders entscheiden. Er dankte den Botschaftern für ihr grundsätzliches Verständnis und bat um eine Stellungnahme bis zum 26. 10. 1989.

BM Seiters kam dann auf die allgemeine Entwicklung in der DDR zurück, die in ihrer Bedeutung weit über die deutsch-deutschen Beziehungen hinausgehe. Ein enges Zusammenwirken sei deshalb erforderlich. Jetzt sei sicherlich noch nicht die Stunde einer abgestimmten Aktion gekommen; wir müßten aber in der Lage sein, nötigenfalls kurzfristig reagieren zu können. Deshalb sei zunächst wichtig, daß wir uns gegenseitig so umfassend wie möglich unterrichten.

Der britische Botschafter meinte, daß Krenz ein Opportunist sei, der aber vielleicht im Laufe der Zeit doch etwas bewirken könne. Er fragte nach dem Einfluß der Sowjetunion auf den Führungswechsel. BM Seiters sagte, daß die Sowjets zweifellos Einfluß auf den Wechsel als solchen gehabt hätten, nicht jedoch auf die Auswahl der Person, auch wenn man sich sicherlich darüber klar war, auf wen die Entwicklung zulaufen würde. Der amerikanische Botschafter vertrat die Auffassung, der wirkliche Nachfolger Honeckers werde erst später kommen; er verglich Krenz mit Andropow oder Tschernenko.

St Dr. Sudhoff wandte ein, Krenz' Selbstverständnis sei nicht das eines Übergangskandidaten. Er würde sicher alles daransetzen, an der Macht zu bleiben, und deshalb, gerade wenn er ein Opportunist sei, vielleicht Initiativen ergreifen, die wir jetzt nicht für möglich hielten. BM Seiters sagte, daß zunächst weitere personelle Wechsel zu erwarten seien, dann aber auch konkrete Schritte – vor allem eine Ausreiseregelung und eine Amnestie politischer Gefangener. Der französische Botschafter bezweifelte, daß dies ausreichen werde, um die Lage zu stabilisieren.

Der britische Botschafter fragte dann nach dem öffentlich gemachten Angebot des Bundeskanzlers zur Hilfe für die DDR;[1] wie solle das konkretisiert werden? BM Seiters antwortete, wir hätten das bisher öffentlich nicht konkretisiert, könnten auch keine Pläne machen in einer Zeit, wo wir noch nicht wissen, ob und in welcher Weise die andere Seite auf ein solches Angebot eingehen wolle. Im Bereich der Kooperation werde aber vieles möglich sein.

Der britische Botschafter bezog sich dann auf die Äußerungen des Bundeskanzlers, daß die deutsche Frage auf der Tagesordnung der Weltpolitik stehe,[2] und fragte, was in diesem Zusammenhang von den Alliierten erwartet werde. BM Seiters erwiderte, daß durchaus Entwicklungen denkbar seien, wo ein konkretes abgestimmtes Vorgehen notwendig würde. Jetzt komme es aber vor allem darauf an, alles zu tun, um die Entwicklungsprozesse in Osteuropa zu unterstützen. Denn die DDR könne sich auf die Dauer dieser Entwicklung nicht entziehen. Insofern hätten wir auch ein elementares Interesse an einer positiven Weiterent-

---

1   Bundeskanzler Kohl erklärte am 21. Oktober 1989 in einer Gedenkstunde anläßlich des Tages der deutschen Heimatvertriebenen seine Bereitschaft, „mit der DDR umfassend zusammenzuarbeiten", wenn es dort zu tiefgreifenden Reformen komme (Rede in: Bulletin. Nr. 111. 24. Oktober 1989, 953–957, hier 955).
2   Bereits am 22. August 1989 führte Bundeskanzler Kohl vor der Bundespressekonferenz aus (Nr. 27 Anm. 3), die „Entwicklung der letzten Wochen" habe „deutlich gemacht, daß die deutsche Frage – entgegen dem, was hier und da auch bei uns gesagt wird – nach wie vor auf der Tagesordnung der internationalen Politik steht".

wicklung in Polen und Ungarn. Im Vordergrund stehe jetzt die Forderung nach Freiheit und Selbstbestimmung für alle Deutschen, eine Forderung, gegen die niemand etwas einwenden könne. Für uns sei naturgemäß damit verbunden, daß jeder Schritt zu mehr Freiheit in der DDR auch ein Schritt zur Überwindung der deutschen Teilung sei. Jetzt sei aber nicht die Zeit der Pläne, sondern die Zeit der Prozesse und Entwicklungen, die man beobachten und behutsam fördern müsse.

Der französische Botschafter sagte, daß sicherlich eine grundsätzliche Bereitschaft zu wirtschaftlicher Hilfe auch in Frankreich bestehe; es gebe aber Grenzen. Er fragte, ob wir an projektgebundene oder an generelle Hilfe dächten. BM Seiters antwortete, daß wir in jedem Fall nur an konkrete Hilfe dächten. Eine bloße Budgethilfe komme nicht in Betracht. Es müßten vielmehr Maßnahmen sein, die geeignet sind, die aktuellen Schwierigkeiten zu überwinden. Der amerikanische Botschafter meinte, die Probleme seien so groß, die Zeit jedoch zu begrenzt. Alle Reformen, zu denen die andere Seite in der Lage sei, würden wahrscheinlich nicht ausreichen.

Der britische Botschafter meinte, daß in der Tat die Hilfe für Ungarn und Polen derzeit der Weg sei, um in der praktischen Tagespolitik die Dinge zu beeinflussen. Er wies auf das sowjetische Interesse hin; aus seinem letzten Gespräch mit dem sowjetischen Botschafter in Berlin (Ost) habe er den Eindruck, daß die Sowjetunion bereit sein könnte, die Lage in der DDR auch mit den Westmächten zu besprechen; die Sowjetunion erkenne das gemeinsame Interesse an Stabilität.

Der britische Botschafter kam dann noch auf die Aufnahme der Flüchtlinge aus der DDR im Bundesgebiet zu sprechen, die er als großen Erfolg wertete; er fragte, ob die positive Stimmung nach unserer Einschätzung anhalten werde. BM Seiters sagte, daß die Flüchtlinge in der Tat mit großer Sympathie aufgenommen worden seien. Im Alltag werde es sicherlich auch Reibungen und Enttäuschungen geben. Wir müßten hier vor allem sehen, Neidgefühle zu vermeiden. Bisher sei alles gut gelaufen. Probleme werde es am ehesten im Wohnungsbereich geben, wo die Bundesregierung deswegen prioritär handeln werde. Dagegen stelle sich auf dem Arbeitsmarkt kaum ein Problem, weil die Neuankömmlinge nicht in Konkurrenz zu den Langzeitarbeitslosen träten, außerdem aufgrund ihrer großen Mobilität leicht zu vermitteln seien.

Abschließend wiederholte BM Seiters sein Angebot zu baldiger Fortsetzung des Gespräches in diesem Kreis. Die Botschafter wollen dies gerne aufgreifen.

Duisberg

Nr. 67
Vorlage des Ministerialdirektors Teltschik an Bundeskanzler Kohl
Bonn, 24. Oktober 1989

BK, 212 – 35400 De 39 NA 1 Bd. 1. – Mitverfasser: VLR Westdickenberg. Vorlage über Chef BK. Hs. vermerkt: „1) Ø RL 211. 2) Hr. Anding z.K. 3) zdA (bei 212). Bi[tterlich] 31/10".

Betr.: Reden von US-Außenminister Baker insbesondere zum Verhältnis US-SU, aber auch zur deutschen Frage

1. Votum
Kenntnisnahme.

2. Sachverhalt
US-Außenminister Baker hielt am 16. Oktober in New York[1] und am 23. Oktober in San Francisco[2] zwei miteinander im Zusammenhang stehende Reden, in denen er insbesondere auf das amerikanisch-sowjetische Verhältnis eingeht. In seiner ersten Rede findet sich darüber hinaus auch eine Aussage zur deutschen Frage. In der zweiten Rede steht die Rüstungskontrolle und Abrüstung im Mittelpunkt.

2.1 In seiner New Yorker Rede vor der Foreign Policy Association spricht AM Baker von einer „vielversprechenden Zeit", in der **die Aussichten für eine dauerhafte Verbesserung"** der Beziehungen **„besser als je zuvor"** seien. Die Gründe sieht er in der erwiesenen Stärke des Westens und dem Scheitern des Ostens („Freiheit funktioniert, der Kommunismus nicht"). Präsident Bush und er wünschten der Perestroika Erfolg, weil sie eine sowjetische Handlungsweise verspreche, die eher im amerikanischen Interesse liege. Andererseits betont er, man müsse **„wachsam"** sein und einen Verteidigungshaushalt zur angemessenen Wahrung der eigenen Sicherheitsinteressen aufrechterhalten. Perestroika erfordere, daß die **Sowjetunion** selbst **ihre Probleme löse.** Großzügige Kredite von außen könnten nicht helfen.
Baker zieht folgende operative Schlußfolgerungen: Die USA müßten dem Streben nach Vorteilen für beide Seiten Vorschub leisten. Als Bereiche für eine solche Kooperation nennt er – ausdrückliche Rangfolge –:
- Es müsse die **Teilung Europas** berücksichtigt werden. Ein **VKSE-Ergebnis** gestalte die sicherheitspolitische Landkarte Europas neu, jedoch müsse sich – Hinweis auf **KSZE-Schlußakte** – die Wahrung der Menschenrechte hinzugesellen. Im einzelnen legt er sodann die Notwendigkeit der **Hilfe für Polen** dar, geht auf **Lage in der DDR** ein (dazu näher unten) und versichert, die **Entwicklung in Osteuropa nicht zum Nachteil der Sicherheit der SU ausnutzen** zu wollen.
- Bei den **regionalen Konfliktherden** müsse zusammengearbeitet werden (Afghanistan, Zentralamerika, Kambodscha, Afrika werden genannt).
- **Rüstungskontrolle** sei der dritte Bereich (VKSE, START, US-Initiative „Offener Himmel", CW werden genannt).
- Aktiv müßten US dazu beitragen, daß **Glasnost und Demokratisierung in der SU selbst gestärkt** und der Aufbau pluralistischer Institutionen stimuliert würden.
- Man sei **bereit, der SU** in bestimmten Bereichen der Wirtschaftsreform **technische Hilfe** zu leisten (Preisreform, Konvertibilität des Rubels).

---

1 Rede des Außenministers Baker vor der Foreign Policy Association in New York, 16. Oktober 1989, in: Amerika Dienst. Nr. 38. 18. Oktober 1989, 11 S.; Department of State Bulletin. Vol. 89. No. 2153. December 1989, 10–14.
2 Rede des Außenministers Baker beim Commonwealth Club in San Francisco, 23. Oktober 1989, in: Amerika Dienst. Nr. 39. 25. Oktober 1989, 9 S.; Department of State Bulletin. Vol. 89. No. 2153. December 1989, 14–20.

Die Passage zur deutschen Frage – wesentlicher Teil – lautet wörtlich:
„Den Bürgern der DDR kann in ihrem Land nicht immer und ewig das bessere Leben vorenthalten werden, das sie jetzt mit ihrer Flucht in den Westen suchen. Natürlich haben die Vereinigten Staaten und unsere NATO-Partner die deutsche Aussöhnung seit langem unterstützt. Das legitime Recht der Deutschen muß ihnen irgendwann zugestanden werden ... Aussöhnung durch Selbstbestimmung kann nur in Frieden und Freiheit erzielt werden. Die Normalisierung muß auf der Grundlage westlicher Werte mit dem Endergebnis erfolgen, ein in die Gemeinschaft demokratischer europäischer Nationen integriertes Volk zu sein."

2.2 Die Rede stieß auf ein sehr gutes Kommentarecho in den USA: „Der neue Ton ist richtig" (New York Times) bzw. „Ein stabiler Rahmen" (Washington Post), und wurde als Signal für die zukünftigen bilateralen Beziehungen gewertet. Gleichzeitig wird gerügt, daß VP Quayle und VM Cheney weiterhin mit überholten Bedrohungsbildern operieren.

2.3 Die Rede vor dem Commonwealth Club in San Francisco variiert die Aussage zu den **bilateralen Beziehungen mit der SU** dahingehend, daß sie „nach dem Abgrund des Krieges" in der Kuba-Krise nunmehr **„so vielversprechend wie nie seit dem 2. Weltkrieg"** seien.

Es wäre eine **„Verrücktheit (folly)", die Gelegenheit für den Erfolg von Perestroika zu verpassen.** Unsicherheiten über die Reformaussichten seien Grund zu verstärkter Anstrengung: Verminderte sowjetische Rüstung und verifizierbare Abkommen könnten bestehenbleiben, auch wenn Perestroika mißlinge.

Im Mittelpunkt der Rede steht die Rüstungskontrolle, und in seiner Analyse betont Baker,
– man müsse die Zukunft der **europäischen Sicherheitsbeziehungen** und das **zentrale strategische Supermacht-Verhältnis überdenken,**
– **Verteidigungsprogramme** und **Rüstungskontrolle** müßten **zusammenarbeiten,**
– die **Einheit** der Nation und der **Allianz** müsse **gewährleistet** sein, und die Diskussion national und mit den Partnern müsse vor der Unterzeichnung von Rüstungskontrollabkommen erfolgen.

Baker stellt klar, daß man **militärisch mit der SU im Wettstreit** liege, **weil man politisch unterschiedliche Auffassungen** habe. Nur eine Auflösung politischer Differenzen verlangsame das Wettrüsten. **Rüstungskontrolle** sei die Suche nach einem **stabilen, berechenbaren strategischen Verhältnis** durch friedliche, politische Mittel.

Dabei werde man von 4 Prinzipien geleitet:
– Verringerung der Fähigkeit zum überraschenden Erstschlag (Hinweis auf START und SDI),
– Berechenbarkeit durch Offenheit (Hinweis auf „Offener Himmel", VVSBM, VKSE),
– Ausweitung der Rüstungskontroll-Tagesordnung auch auf den Bereich der Regionalkonflikte und Nichtverbreitung von CW und Trägertechnologie,
– Institutionalisierung einer sicheren Welt durch dauerhafte Abkommen und Vernichtung und nicht lediglich Abzug von Waffen.

Emphatisch endet die Rede mit fünffacher Wiederholung, daß man eine neue Beziehung mit der SU wolle.

3. Wertung

3.1 Beide Reden senden ein deutliches politisches Signal aus, wenn sie letztlich auch nur in Einzelaspekten wirklich neue Akzente setzen. Es handelt sich um die bisher deutlichste Aussage der Bush-Administration zur Unterstützung der Gorbatschowschen Reformpolitik und könnte Wegmarken für die zukünftige US-Politik gegenüber der SU setzen. Es ist **mehr der Ton** als die konkreten Inhalte der Reden, die **darauf hindeuten,** daß die vorsichtige bis deutliche **Skepsis** zu Anfang der Bush-Administration nunmehr **einer entschlossenen,** wenn auch weiterhin **wachsamen Kooperationsbereitschaft zu weichen beginnt.**

Sachlich ist hervorzuheben, daß AM Baker
- **technische Hilfe** auch gegenüber der SU **anbietet;**
- positiv zur Entwicklung in Osteuropa Stellung nimmt und sich **dezidiert für Hilfe an Polen** ausspricht;
- gleichzeitig aber der **SU zusichert,** diese Entwicklung **nicht zu Lasten ihrer Sicherheit** ausnutzen zu wollen;
- die **Bedeutung der Rüstungskontrolle** und Abrüstung als Schrittmacher für die Verbesserung der Beziehungen deutlich macht.

3.2 Was die Passagen zur deutschen Frage anbetrifft, so sind sie **nicht so eindeutig, wie sie von anderen amerikanischen Stimmen** zu uns kommen. Der Begriff „**Wiedervereinigung" wird nicht benutzt** (sondern „Versöhnung") und die **Viermächteverantwortung** wird **nicht angesprochen.** Andererseits sind die **wichtigen Kernbegriffe** wie „Selbstbestimmung in Frieden und Freiheit" sowie „Integration in die Gemeinschaft demokratischer europäischer Nationen" und „legitimes Recht", das die USA unterstützen, **enthalten.**

Die jüngsten Äußerungen von Präsident Bush – vermutlich als Reaktion auf Ihr Telefonat mit ihm[3] – erscheinen demgegenüber deutlicher: So sagte er laut heutigen Agenturmeldungen gegenüber der New York Times, **er teile nicht die Sorgen** einiger europäischer Länder **hinsichtlich einer möglichen Wiedervereinigung Deutschlands.** Er befürchte nicht einen neutralistischen Weg. Jedoch sollten die **USA** sich in dieser Frage **zurückhalten.** Es sei **Aufgabe der deutschen, britischen und französischen NATO-Part**ner, sich über dieses Thema zu verständigen.[4] Allerdings: hier wird die Viermächteverantwortung nicht nur nicht erwähnt, sondern es wird Verantwortung der europäischen Alliierten GB und F in den Vordergrund gestellt.

Die deutsche **Wiedervereinigung** hat gerade der demokratische Mehrheitsführer im US-Senat, Mitchell, als „**unvermeidlich"** bezeichnet. Die Berliner Mauer werde in „relativ kurzer Zeit" abgerissen werden, und man werde einen „gewissen Grad an größerem Föderalismus zwischen Ost- und Westdeutschland" sehen.

(Teltschik)

---

3 Nr. 64.
4   Die in dem Interview vom 24. Oktober 1989 gestellte Frage, ob er Veränderungen im Status Deutschlands sehen könne, bejahte Präsident Bush und ergänzte, er „teile nicht die Besorgnisse einiger europäischer Länder über ein wiedervereinigtes Deutschland". Er glaube, daß „Deutschlands Bindung an und Anerkennung der Wichtigkeit des Bündnisses unerschütterlich" sei. Auch sehe er nicht die Gefahr, daß Deutschland – um die Wiedervereinigung zu erlangen – einen „neutralistischen Kurs" ansteuere, der es in Konflikt mit seinen NATO-Partnern bringe (R.W. Apple Jr., „Possibility of a Reunited Germany Is No Cause for Alarm, Bush Says", in: The New York Times. 139. Jg. Nr. 48034. 25. Oktober 1989, A1, A12, Interviewauszüge A12).

Nr. 68
Telefongespräch des Bundeskanzlers Kohl mit dem Staatsratsvorsitzenden Krenz
26. Oktober 1989

Handakte Persönlicher Referent/Chef BK Speck. – Vorlage des PR/Chef BK Speck über Chef BK an den Bundeskanzler, 26. Oktober 1989. Hs. von Bundeskanzler Kohl vermerkt: „erl. R[udolf] Seiters".

BK Kohl beglückwünschte zu Beginn des Telefongespräches den Staatsratsvorsitzenden zu seinem neuen und wichtigen Amt.[1] Er hoffe auf gute und konstruktive Gesprächskontakte im Interesse der gegenseitigen Beziehungen und der Menschen.
SV Krenz bedankte sich für die guten Wünsche und erwiderte seine Gesprächsbereitschaft.
BK betonte, daß die Bundesregierung an regelmäßigen Kontakten auf allen Ebenen interessiert sei. Er selber wolle bei vorliegenden Problemen, die einer Lösung bedürfen, zum Telefon greifen, um sie direkt zu besprechen. Er wolle darauf hinweisen, daß es für ihn auch selbstverständlich sei, über das Telefon mit Generalsekretär Gorbatschow zu konferieren.
SV Krenz erklärte, er begrüße die Anregung von BK Kohl, so zu verfahren. Wörtlich: „Ich greife zum Hörer, wenn wir Probleme haben. Sie bitte auch."
BK Kohl erklärte, er halte es für richtig, daß Bundesminister Seiters nach Berlin komme, und zwar in der zweiten Hälfte November. SV Krenz wirft ein, er sei damit einverstanden. Der Bundeskanzler wisse ja um die Vorschläge, die sein Beauftragter[2] gemacht habe. Die DDR sei an einer Antwort der Bundesregierung interessiert. Bei dem Besuch von BM Seiters würde es dann zu einem Gespräch mit Außenminister Fischer kommen. Natürlich aber auch mit ihm.
BK Kohl sagte, mit dem Wechsel in der DDR-Führung würden sich große Erwartungen der Menschen verbinden. Die angekündigte Neuregelung zur Reisefreiheit[3] sei ein wichtiger Schritt, den die Bundesregierung begrüße. Er werde allerdings die Probleme allein nicht lösen. Wichtig sei auch die in Aussicht genommene Amnestie für Menschen, die wegen illegalen Grenzübertritts (Republikflucht) verurteilt bzw. inhaftiert seien. Von besonderer Bedeutung sei aus der Sicht der Bundesregierung jedoch auch die Statusfrage der Menschen, die die DDR, zum Beispiel über die Botschaften der Bundesrepublik, verlassen hätten. Es werde eine erhebliche Wirkung haben, wenn mit einer positiven Lösung der Name des Staatsratsvorsitzenden verbunden wäre.
SV Krenz erklärt, er verweise in diesem Zusammenhang noch einmal auf seine letzten Reden. Er wolle eine Wende herbeiführen. Und diese könne allerdings keinen Umbruch bedeuten. Eine sozialistische DDR liege auch im Interesse der Stabilität Europas. Es gelte, in den Beziehungen zwischen den beiden Staaten das Erreichte auszubauen. Die Bereitschaft der DDR wolle er ausdrücklich bekräftigen. Dies habe er auch Herrn Mischnick erklärt.[4]
Das Gesetz über die Reisefreiheit, das noch vor Weihnachten verabschiedet werden solle, sei keine leichte Arbeit. Er wolle nicht verhehlen, daß diese Regelung enorme ökonomische Belastungen mit sich bringe. Aus der Sicht der DDR sei wichtig, daß die Respektierung der

---

1   Krenz war auf der 10. Tagung der Volkskammer am 24. Oktober 1989 mit großer Mehrheit bei 26 Gegenstimmen und 26 Enthaltungen zum Vorsitzenden des Staatsrates der DDR gewählt worden. Anschließend wählte sie ihn zum Vorsitzenden des Nationalen Verteidigungsrates der DDR (Wahlakte und Erklärung von Krenz in: Volkskammer der Deutschen Demokratischen Republik. 9. Wahlperiode. Protokolle. Bd. 25, 223, 223–227).
2   Staatssekretär Schalck-Golodkowski.
3   Das Politbüro des Zentralkomitees der SED bekräftigte am 24. Oktober 1989 die Empfehlung an den Ministerrat der DDR, „den Entwurf eines Gesetzes über Reisen von Bürgern der DDR nach dem Ausland auszuarbeiten und diesen im November öffentlich zur Diskussion zu stellen" („Politbüro des ZK der SED tagte", in: Neues Deutschland. 44. Jg. Nr. 251. 25. Oktober 1989, 1).
4   Generalsekretär Krenz empfing den Vorsitzenden der Bundestagsfraktion der FDP, Mischnick, am 25. Oktober 1989 im Amtssitz des Staatsrates in Berlin (Ost); Meldung ADN/25.10.89/0919 in: DDR-Spiegel. Nr. 207. 26. Oktober 1989, 2 f.; BPA/PA, F 1/23.

Staatsbürgerschaft durch die Bundesrepublik deutlicher zum Ausdruck komme. Auch praktische Maßnahmen seitens der Bundesrepublik sollten überlegt werden.

BK Kohl verweist auf die bestehenden grundsätzlichen Meinungsverschiedenheiten. Ungeachtet dieser Meinungsverschiedenheiten sollten die Möglichkeiten der Zusammenarbeit ausgeschöpft werden. In Ost und West stelle man eine Reihe von Erwartungen an die deutsch-deutschen Beziehungen.

SV Krenz erklärt, die Hand sei ausgestreckt. Er wünsche sich eine gute Zusammenarbeit, er verweist in diesem Zusammenhang auf die Bereiche Umweltschutz, Postverkehr und Tourismus. Was die Bürger anbetreffe, die die DDR verlassen hätten, so habe er veranlaßt, daß eine positive Lösung gefunden werde. Er gehe davon aus, daß Bundesminister Seiters mit seinem Beauftragten Kontakt halte und auch einen Termin vereinbare.

BK Kohl und SV Krenz verständigen sich darauf, daß sowohl in Bonn und Berlin ein amtlicher Hinweis auf das heutige Telefonat gegeben werde.[5] Hierbei solle zum Ausdruck kommen, daß beide Seiten ihr Interesse an einer Fortentwicklung der innerdeutschen Beziehungen und der Fortführung der praktischen Zusammenarbeit unterstrichen hätten und daß vereinbart sei, daß in absehbarer Zeit Bundesminister Seiters als Beauftragter des Bundeskanzlers zu Gesprächen mit der DDR-Führung nach Berlin reisen würde.

Das Telefongespräch verlief sachlich und in konstruktiver Atmosphäre.

Manfred Speck

Nr. 69
Schreiben des Präsidenten Bush an Bundeskanzler Kohl
31. Oktober 1989

BK, 21 – 30101 A 5 Am 12/8/89, Bd. 7, Bl. 261 f. – Vorlage des Majors i.G. Domröse über Chef BK i.V. an den Bundeskanzler, 31. Oktober 1989: „Betr.: Brief des amerikanischen Präsidenten an den Herrn Bundeskanzler (Skipper vom 31. Oktober 1989), hier: Arbeitsübersetzung", unterzeichnet: „H.-L. Domröse". Eine Ausfertigung. Geheim. Hs. von Bundeskanzler Kohl vermerkt: „Teltschik erl."

Lieber Helmut,

ich möchte Sie in Kenntnis setzen – bevor es öffentlich bekanntgegeben wird[1] –, daß Präsident Gorbatschow und ich uns an Bord von amerikanischen und sowjetischen Marineschiffen im Mittelmeer am 2. und 3. Dezember treffen werden, um die laufenden internationalen Vorgänge und die amerikanisch-sowjetischen Beziehungen zu erörtern.

Wie Sie wissen, wird es einen kompletten Gipfel in den Vereinigten Staaten im späten Frühling oder Anfang Sommer des nächsten Jahres geben. Das ist einige Zeit entfernt, und (so) sind Präsident Gorbatschow und ich übereingekommen, daß ein früheres informelles Treffen nützlich sein würde, um die Sichtweisen auszutauschen in dieser Zeit des schnellen und historischen Wandels.

Ich beabsichtige nicht, detaillierte Verhandlungen in diesen Dezember-Gesprächen zu führen, noch erwarte ich, daß Präsident Gorbatschow und ich Vereinbarungen über auch nur eines der Themen von Bedeutung in diesen Treffen beschließen werden. Mit Rücksicht auf CFE werde ich natürlich die laufende westliche Position erläutern, und ich werde jede neue Idee, die Präsident Gorbatschow haben könnte, anhören.

---

5 Mitteilung des Regierungssprechers Klein, 26. Oktober 1989, in: Bulletin. Nr. 115. 30. Oktober 1989, 992. Meldung ADN/26. 10. 89/1034 ff. in: DDR-Spiegel. Nr. 208. 27. Oktober 1989, 2; BPA/PA, F 1/23.

1 Präsident Bush unterrichtete am 31. Oktober 1989 die Presse (zu der Pressekonferenz im Weißen Haus, gegen 10.00 Uhr Ortszeit: Public Papers of the Presidents of the United States. Bush. 1989 II, 1423–1432, hier 1423).

Wie Sie wissen, hatte ich seit meinem Amtsantritt als Präsident noch keine Gelegenheit, Präsident Gorbatschow zu treffen, und obwohl wir uns oft geschrieben haben, möchte ich persönlichen Kontakt mit ihm herstellen.

Ich hoffe, ein besseres Gespür von dem zu bekommen, wie er die Herausforderung der Perestroika einschätzt und wie er den zukünftigen Verlauf der Ost-West- bzw. amerikanisch-sowjetischen Beziehungen sieht. Natürlich freue ich mich darauf, Ihnen meine Eindrücke nach meiner Rückkehr mitzuteilen.

Herzlichst,
George

Nr. 70
54. Deutsch-französische Konsultationen
Bonn, 2./3. November 1989

BK, 211 – 30103 Ko 28, Bonn, 2./3.11.1989, Ergebnisse. – Vermerk des VLR I Bitterlich, 7. November 1989. VS-NfD. – Mit Vorlage des MDg Hartmann über Chef BK an den Bundeskanzler mit der Bitte um Billigung, 9. November 1989. Hs. von Bundeskanzler Kohl vermerkt: „Teltschik erl."

Betr.:   Deutsch-französische Konsultationen am 2. und 3. November 1989 in Bonn
hier: wesentlicher Inhalt der Gespräche mit Staatspräsident Mitterrand und PM Rocard

I. Gespräch mit dem Präsidenten am 2. November 1989, 16.10–17.10 Uhr

Teilnehmer:

Der Bundeskanzler	Der Staatspräsident
MDg Dr. Hartmann	J. Attali
VLR I Bitterlich	Mme. Guigou
Dolmetscherin	Dolmetscherin

Wesentliche Themen:
– Entwicklung in Polen und in der DDR
– Vorbereitung ER Straßburg
– Deutschland-Politik

Im wesentlichen ist festzuhalten:
Der Bundeskanzler nimmt eingangs Bezug auf die laufenden Vorbereitungen für seinen Besuch in Polen und regt an, nach seiner Rückkehr gemeinsam zu überlegen, was Frankreich und die Bundesrepublik Deutschland gemeinsam für Polen tun könnten. Die EG leiste einiges an Hilfe, Präsident Delors bemühe sich darum, aber in Wahrheit sei das Interesse der EG-Mitgliedstaaten insgesamt an Polen nicht sehr groß. Einige Mitgliedstaaten hätten noch nicht begriffen, was auf dem Spiel stehe, wenn die Reformprozesse in Polen und Ungarn scheiterten.

Der Bundeskanzler erläutert dem Staatspräsidenten kurz die Zusammenhänge im Streit um den geplanten Besuch auf dem Annaberg[1] und spricht die Hoffnung aus, durch die

---

1   Annaberg mit der Wallfahrtskirche im Kreis Groß-Strehlitz, katholischer Mittelpunkt und Symbol für den Selbstbehauptungswillen Oberschlesiens, war nach Abhaltung des von der Friedenskonferenz in Versailles 1919 festgelegten und am 20. März 1921 durchgeführten Plebiszits zur Regelung der staatlichen Zugehörigkeit Oberschlesiens (59,6 v.H. der teilnehmenden Stimmberechtigten votierten für das Deutsche Reich und 40,4 v.H. für Polen) von der Polnischen Militärorganisation (POW) im Zuge der Besetzung des beanspruchten Teilgebietes vom 3.–6. Mai 1921 mit Hilfe auch nicht-

Gespräche von Herrn Teltschik in Warschau[2] einen Ausweg zu finden (Gedenken in Gut Kreisau[3]).

Der Bundeskanzler bewertet die Lage in der DDR als zunehmend kritisch und sich zuspitzend. Er könne GS Krenz keine gute Prognose geben, da dieser nur Wirtschaftsreformen wolle.

Der Präsident wirft ein, man frage sich, was – außer Repression – die ausgelöste Bewegung noch zurückhalten könne.

Der Bundeskanzler ergänzt, daß Repression aufgrund der Bewegung nicht mehr so einfach wie in der Vergangenheit möglich sei. Wenn Krenz so weiter vorgehe wie bei der gestrigen Pressekonferenz,[4] werde er sich nicht das Vertrauen der Deutschen in der DDR erwerben. Er habe mit ihm telefoniert,[5] Krenz wolle viel mehr Geld als bisher – er habe ihm gegenüber betont, erst müsse die DDR-Führung Reformen durchführen, dann sei an mehr Unterstützung zu denken. Seit der erneuten Öffnung der Grenzen zur ČSSR[6] seien in unserer Botschaft in Prag binnen kürzester Zeit wieder rund 5000 Flüchtlinge eingetroffen. All dies zeige, daß es in der DDR bislang zu keiner Entspannung der Lage gekommen sei.

Auf den Einwurf des Präsidenten, ob Honeckers Abtritt unter diesen Umständen unnütz gewesen sei, erläutert der Bundeskanzler, daß wahrscheinlich bei der Sitzung des ZK vom 6.–8. November weitgehende Personalveränderungen an der Spitze von Partei und Regierung beschlossen würden – allein ein solcher Schritt werde aber kaum weiterhelfen. Er weist darauf hin, daß Honecker lange Zeit relativ am beliebtesten von allen Führungspersönlichkeiten aufgrund seines landesväterlichen Auftretens gewesen sei. Die kommenden Monate würden zeigen, ob Krenz evtl. nur eine Zwischenlösung darstelle. Die kommende Zeit werde sehr kritisch sein, dies um so mehr, als die Lage in der Sowjetunion – insbesondere in bezug auf die Versorgungslage – schwieriger werde.

Der Präsident weist darauf hin, daß aus seiner Sicht die Kräfte derart in Bewegung geraten seien, daß niemand vorhersagen könne, was passiere. Er fragt den Bundeskanzler, ob er Chancen für eine Beeinflussung sehe. Er jedenfalls glaube nicht an eine solche Möglichkeit – außer der positiven Begleitung der Reformen von außen und entsprechender Hilfeleistungen zur Verbesserung der Versorgungslage.

---

schlesischer polnischer Kämpfer erobert und zwischen dem 22. und 24. Mai 1921 von deutschen Freikorps erstürmt worden. Nach Intervention alliierter Truppen erlosch der Aufstand. Eine Botschafter-Konferenz der Alliierten gab am 20. Oktober 1921 die territoriale Teilung Oberschlesiens bekannt und sprach Polen ein Gebiet mit rund einer Million Einwohner zu, das 85 v.H. der oberschlesischen Kohlenvorräte und 75 v.H. der Industrieanlagen enthielt. In dem zugeteilten Gebiet hatten sich 55,8 v.H. der Stimmberechtigten für Polen und 44,2 v.H. für die Zugehörigkeit zum Deutschen Reich ausgesprochen. Bestätigt wurde die Regelung durch das am 15. Mai 1922 in Genf von den Alliierten verfügte und auf 15 Jahre befristete Abkommen zwischen dem Deutschen Reich und Polen über Oberschlesien.

2 Regierungssprecher Klein gab am 2. November 1989 bekannt, Bundeskanzler Kohl und Ministerpräsident Mazowiecki hätten während eines 30minütigen Telefongesprächs vereinbart, „daß der Beauftragte des Bundeskanzlers, Ministerialdirektor Horst Teltschik, noch heute nach Warschau reist, um mit der polnischen Regierung eine Feinabstimmung des Besuchsprogramms für den Bundeskanzler vorzunehmen" (Pressemitteilung Nr. 521/89. 2. November 1989; BPA/PA, F 1/25).

3 Auf dem Gut von Helmuth James Graf von Moltke in Kreisau/Niederschlesien kamen zwischen Pfingsten 1942 und Pfingsten 1943 Angehörige des Widerstands gegen Hitler zu drei größeren Treffen zusammen („Kreisauer Kreis") und diskutierten über programmatische Grundsätze für die Neuordnung des Deutschen Reiches.

4 Generalsekretär Krenz gab am 1. November 1989 zu seinen Gesprächen mit Generalsekretär Gorbatschow in Moskau eine Pressekonferenz („Egon Krenz vor der internationalen Presse: ‚In großer Offenheit haben wir über alles gesprochen' ", in: Neues Deutschland. 44. Jg. Nr. 258. 2. November 1989, 1 f.).

5 Nr. 68.

6 Einer Mitteilung des Ministeriums des Innern zufolge konnte auf Beschluß des Ministerrates der DDR der Grenzübertritt zur Tschechoslowakei ab 1. November wieder „wie vor dem 3. Oktober 1989 mit einem gültigen Personalausweis für Bürger der DDR" erfolgen („ČSSR-Reisen wieder paß- und visafrei", in: Neues Deutschland. 44. Jg. Nr. 254. 28./29. Oktober 1989, 1).

Der <u>Bundeskanzler</u> stimmt dieser Einschätzung zu und betont, unser Interesse sei es, eine Explosion zu vermeiden. Wir müßten darauf vorbereitet sein, in dem kommenden Winter – als wichtiger Phase der Reformprozesse – Polen und evtl. sogar der Sowjetunion durch Lebensmittellieferungen zu helfen. Wenn die Reformprozesse nicht vorangingen, so hätte dies Einfluß auf das West-Ost-Verhältnis insgesamt, insbesondere auch auf die Abrüstung. Der Spielraum Gorbatschows werde zunehmend enger. Daher sei es wichtig, daß die Westeuropäer beim Europäischen Rat in Straßburg eine klare Sprache in bezug auf die Reformprozesse in Osteuropa und deren Unterstützung finden.

Der <u>Bundeskanzler</u> spricht dann die einzelnen Punkte der Tagesordnung von Straßburg an und verweist zunächst auf die Sozial-Charta, auf die sich die Sozialminister am 30. Oktober 1989 zu elft verständigt haben.

Er knüpft anschließend an das Gespräch mit dem Präsidenten vom 24. Oktober zur Wirtschafts- und Währungsunion an[7] und fragt nach dem in der Arbeitsgruppe unter Leitung von Frau Guigou ausgearbeiteten Fragenkatalog zur Vorbereitung der Regierungskonferenz.

<u>Frau Guigou</u> erläutert, daß die Gruppe in ihrer letzten Sitzung Einvernehmen zu zwölft über den Fragenkatalog erreicht habe. Der endgültige Text werde uns in den nächsten Tagen zugeleitet.

Der <u>Bundeskanzler</u> verweist darauf, daß sich hinter den Fragestellungen in vielen Fällen ein Dissens zur Sache verberge. Sein Wunsch sei es, daß Elysée und Bundeskanzleramt den Europäischen Rat insbesondere in dieser Kernproblematik gemeinsam vorbereiten und evtl. eine gemeinsame Vorlage erarbeiten. In der Bundesrepublik Deutschland laufe aus innenpolitischen Gründen eine gewisse Kampagne gegen die Währungsunion, er wolle aber keine Kontroverse zwischen Frankreich und der Bundesrepublik in diesem Kernbereich der europäischen Einigung. Evtl. Meinungsverschiedenheiten sollten nicht im Rahmen der EG-Räte, sondern vertraulich zwischen Elysée und Bundeskanzleramt abgeklärt und ausgeräumt werden. Er habe daher BM Genscher und BM Waigel gebeten, diese Fragen aus ihren Besprechungen auszuklammern. Gerade wegen der Entwicklung in Mittel- und Osteuropa wolle er den Erfolg des Gipfels in Straßburg. Ohne den europäischen Integrationsprozeß gäbe es keine Reformen im Osten. Auch in der Plenarsitzung zum Abschluß der Gipfelkonsultationen solle dieses Thema nicht besprochen werden. In der gemeinsamen Pressekonferenz[8] wolle er lediglich darauf hinweisen, daß wir eng zusammenarbeiten würden, um eine nach vorne weisende Entscheidung in Straßburg sicherzustellen.

Der <u>Präsident</u> stimmt dem zu.

Der <u>Bundeskanzler</u> spricht nochmals unter Bezugnahme auf das Gespräch vom 24. Oktober den Zeitpunkt des Beginns der Regierungskonferenz an, die aus seiner Sicht frühestens Ende nächsten Jahres erstmals zusammentreten könne. Für ihn stelle sich die Frage, ob man die Frage der Erweiterung der Rechte des EP aus der Vorbereitung auf diese institutionellen Veränderungen ausklammern könne. Das EP dränge zu Recht auf eine Erweiterung seiner Rechte mit Blick auf die nächsten Wahlen im Jahre 1994. Der EP-Präsi-

---

7 Staatspräsident Mitterrand empfing Bundeskanzler Kohl am Abend des 24. Oktober 1989 zu einem Arbeitstreffen in Paris.

8 Zur Wiedervereinigung befragt, antwortete Staatspräsident Mitterrand auf der gemeinsamen Pressekonferenz (Pressekonferenz, 3. November 1989, 12.30 Uhr. Unkorrigiertes Manuskript, 9 S., hier 4 f.; BPA/PA, F 1/30), vor allem zähle „die Entschlossenheit, der Wille des Volkes". Dies gehe natürlich „insbesondere die anderen europäischen Länder" an, bedingt durch Abkommen, Absprachen, „Nachkriegsübereinkünfte" und „die Tatsache, daß wir in der Gemeinschaft miteinander leben". Mitterrand erklärte dann, er selbst „habe keine Angst vor der Wiedervereinigung. Diese Art Frage stelle ich mir nicht. Die Geschichte ist da; man muß sie nehmen, wie sie ist. Ich glaube, der Wunsch nach Wiedervereinigung ist legitim seitens der Deutschen."

dent werde [dies] bestimmt zu Beginn des ER auf [der] Grundlage diesbezüglicher Entschließungen einfordern. Er halte es für unbedingt notwendig, im ER eine erste Aussprache über diese Aspekte zu führen. Es gehe dabei gleichzeitig darum, wie sich die EG nach 1992 insgesamt weiterentwickeln werde. Die Debatte über die Finalität der Gemeinschaft müsse unbedingt geführt werden. Er, der die Wirtschafts- und Währungsunion als wesentlichen Baustein der Europäischen Union verteidige, werde von Skeptikern gefragt, ob diese Union überhaupt kommen werde.

Der <u>Präsident</u> betont, das Vorangehen in diese Richtung liege in der Logik der Sache selbst. Er sei insgesamt optimistisch, Stück für Stück weiterzukommen. Aufgrund der Entwicklung in Mittel- und Osteuropa halte er es für notwendig, die Integration in Westeuropa zu beschleunigen und zu verstärken, um die notwendige Kraft zu gewinnen, die die anderen mitzieht. Er glaube, daß diese Notwendigkeit der westeuropäischen Integration selbst in GB mehr und mehr gesehen werde – Frau Thatcher werde nicht ewig an der Spitze bleiben.

Der <u>Bundeskanzler</u> wirft ein, MP González, MP Martens, MP Santer und der Präsident seien die einzigen, die in der EG die Politik begriffen hätten, die er mache, die der Präsident und er gemeinsam machten. Fortschritte in der deutschen Frage seien nur „in Europa" möglich.

Der <u>Präsident</u> betont, der weitere Aufbau Europas werde uns dem Tag näherbringen, an dem die Trennung Europas überwunden werde, an dem Deutschland wiedervereinigt werden könne. Die Einsicht in diese Entwicklung werde für die Sowjetunion schwierig sein. Letztlich werde die westliche Zivilisation die Oberhand gewinnen und behalten. Auf die in Frankreich an ihm geäußerte Kritik in bezug auf die deutsche Frage sage er, das deutsche Problem werde sich durch die Magnetkraft regeln, die von Westeuropa ausgehe.

Der <u>Bundeskanzler</u> dankt dem Präsidenten für seine Ausführungen und verweist darauf, von der Bundesregierung werde die Ausarbeitung eines Deutschland-Plans erwartet. Er halte dies für sinnlos, da man die weitere Entwicklung nicht vorhersehen könne. Besser sei es, die Anziehungskraft Europas weiter zu stärken.

Zum Abschluß des Gespräches spricht der <u>Bundeskanzler</u> die Vorbereitung der zweiten Sitzung des deutsch-französischen Rates für Verteidigung und Sicherheit an. BM Dr. Stoltenberg habe ihm seine Sorgen in bezug auf die Aufstellung der deutsch-französischen Brigade erläutert, da Frankreich an der ursprünglichen Geschäftsgrundlage nicht mehr festhalten wolle, zwei Regimenter zusätzlich aus Frankreich nach Deutschland für diese Brigade zu verlegen.

Der <u>Präsident</u> betont, es handele sich bisher um eine Vorstellung des Generalstabs im Verteidigungsministerium, die nicht politischer Natur sei. Man könne hierüber sprechen. Hintergrund dieser Vorstellungen sei die geplante Reduzierung der französischen Streitkräfte insgesamt; in einigen Garnisonen in Frankreich gebe es Proteste. Im übrigen spielten die Abrüstungsverhandlungen in Wien eine gewisse Rolle. Er sei sicher, mit dem Bundeskanzler zu einer politischen Verständigung über diese Frage zu gelangen.

Der <u>Bundeskanzler</u> und der Präsident verständigen sich dahingehend, daß die Minister in der Sitzung vortragen und man dann weitersehen werde.

Der <u>Bundeskanzler</u> weist abschließend auf die in der zweiten Jahreshälfte 1990 geplante Indienststellung der deutsch-französischen Brigade hin[9] und schlägt dem Präsidenten vor, diese Zeremonie gemeinsam abzunehmen. Der Präsident stimmt zu.

---

9 Am 17. Oktober 1990 stellten Bundesminister Stoltenberg und Verteidigungsminister Chevènement in Malmsheim bei Stuttgart die deutsch-französische Brigade offiziell in Dienst.

II. Gespräch mit dem Premierminister am 2. November 1989, 18.20–19.15 Uhr

Teilnehmer:

Der Bundeskanzler	PM Rocard
MDg Dr. Hartmann	Ph. Petit
VLR I Bitterlich	Mme. Quincy
Dolmetscherin	

Wesentliche Themen:
- Entwicklung in Mittel- und Osteuropa
- Vorbereitung ER Straßburg
- MWSt-Harmonisierung

Im wesentlichen ist festzuhalten:

Der Bundeskanzler weist eingangs auf die besondere Bedeutung des Europäischen Rats in Straßburg angesichts der aktuellen politischen Entwicklung hin und betont, daß er mit dem Präsidenten besprochen habe, alles daranzusetzen, gemeinsam zu einem Erfolg des Gipfels zu kommen. Im Hinblick auf die Vorbereitung der Kernthemen sollten Elysée bzw. Matignon und das Bundeskanzleramt diskret eng zusammenarbeiten. Aus seiner Sicht sei es darüber hinaus ausgeschlossen, in Straßburg zu tagen, ohne über die Erweiterung der Rechte des Parlaments ein erstes Gespräch zu führen. 1992 sei eine wichtige Etappe auf dem Wege zur Europäischen Union, die angestrebte Wirtschafts- und Währungsunion im wesentlicher Baustein, nicht aber das Endziel.

Der Bundeskanzler hebt hervor, daß gerade wegen der dramatischen Entwicklung in Mittel- und Osteuropa der Integrationsprozeß entschieden weitergehen müsse. Wir müßten alles tun, um den Reformen in Polen und Ungarn zum Erfolg zu verhelfen.[10] Er erläutert kurz, wie zuvor dem Präsidenten, seine Einschätzung der Entwicklung in der DDR und verweist auf Stellungnahmen in der Presse unserer Partnerländer, in denen die Bundesrepublik Deutschland als nicht mehr verläßlich dargestellt werde und wonach wir angeblich unser Interesse an der europäischen Integration verloren hätten. Auch um diesem Eindruck entgegenzutreten, werde er am 17. Januar 1990 in Paris einen Vortrag halten[11] und diskutieren. Man müsse sich darüber im klaren sein, daß der Aufbruch in Osteuropa ohne die Dynamik der westeuropäischen Integration nicht möglich sei. Die deutsche Antwort auf diese Entwicklung, gerade auch angesichts der im Westen entfachten Diskussion über die Wiedervereinigung, bleibe Europa. Die Überwindung der Teilung Europas sei die Voraussetzung für die Überwindung der Teilung Deutschlands.

Der Bundeskanzler erläutert nochmals kurz zur Frage der Wirtschafts- und Währungsunion und der Regierungskonferenz, daß es ihm am liebsten sei, wenn Frankreich und Deutschland einen gemeinsamen Vorschlag zum weiteren Vorgehen in Straßburg einbringen würden.

Der Premierminister verweist darauf, daß er sich in der innerfranzösischen Debatte zur Wiedervereinigung bisher zurückgehalten habe. Er halte es mit dem Bundeskanzler für wichtig, in Straßburg über die weitere Ausrichtung Europas zu sprechen. Hinsichtlich der Vorstellung des Bundeskanzlers, eine erste Aussprache zur weiteren Entwicklung des Europäischen Parlaments zu führen, gebe er zu bedenken, daß es schwierig sei, eine Debatte über ein Thema zu eröffnen – ohne Aussicht auf Ergebnisse oder Schlußfolge-

---

10 Bundeskanzler Kohl unterrichtete mit Schreiben vom 6. November 1989 Präsident Bush, Staatspräsident Mitterrand, Premierministerin Thatcher, die Ministerpräsidenten Andreotti, Kaifu und Mulroney sowie EG-Kommissionspräsident Delors über die geplanten wirtschaftlichen und finanziellen Hilfsmaßnahmen der Bundesregierung für Polen sowie den Stand der Hilfe für Ungarn; alle Schreiben in: BArch, B 136/30419, 212 – 30130 Fi 8 Bd. 2.
11 Nr. 138 Anm. 1.

rungen. Er sehe aber den Punkt des Bundeskanzlers. In bezug auf die Sozial-Charta sei durch die Sozialminister im Grunde alles geregelt worden; die französische Präsidentschaft habe unsere Anregung positiv aufgegriffen, einen Auftrag zur Erarbeitung von neun verschiedenen Mindestrechten zu erteilen. In bezug auf die Wirtschafts- und Währungsunion gehe er davon aus, daß die Finanzminister am 13. November 1989 Einvernehmen über die Ausgestaltung der ersten Stufe erreichen würden. Im Hinblick auf die Regierungskonferenz für die Festlegung der folgenden Stufen hoffe er mit dem Präsidenten darauf, daß man sich in Straßburg darauf einige, daß diese Konferenz von der italienischen Präsidentschaft eröffnet werde.

Der Bundeskanzler wirft ein: „am Ende der italienischen Präsidentschaft". Er weist auf die innenpolitischen Termine des Jahres 1990 in der Bundesrepublik Deutschland hin. In Straßburg sei es notwendig festzulegen, was im Laufe des Jahres 1990 geschehen müsse, damit die Regierungskonferenz auf sicherer Grundlage ihre Arbeiten aufnehmen könne. Nach seinen Informationen hätten die Arbeiten der Guigou-Gruppe zwar zu einer einvernehmlichen Festlegung von Fragen geführt, die dahinterstehenden Sachfragen seien aber umstritten. Bevor man zur Regierungskonferenz komme, müsse man genau wissen, was man wolle. Man brauche für diese Konferenz eine klare Zielvorstellung und ein genaues Mandat.

Der Premierminister weist darauf hin, daß man den Bericht des Delors-Ausschusses[12] als ausreichende Beschreibung der Ziele ansehen könne.

Der Bundeskanzler entgegnet, daß der Bericht alles Unangenehme nicht enthalte. Über das Ziel und die inhaltliche Ausfüllung gebe es in der EG viele verschiedene Vorstellungen. Einen Mißerfolg der Regierungskonferenz könne man sich aber in keinem Falle leisten. Daher müsse in Straßburg besprochen werden, wie ein Mandat auszuarbeiten sei, bevor die Konferenz selbst beginne. In Dublin im Juni 1990 könne man einen Zwischenbericht entgegennehmen und im Dezember unter italienischem Vorsitz die Mandatsvorbereitung abschließen.

Der Premierminister regt an, man könne in Straßburg einen Kalender für die weiteren Arbeiten unter Berücksichtigung der vom Präsidenten erläuterten Vorstellungen festlegen.

Der Bundeskanzler wirft ein, daß für diese Arbeiten die zuständigen Fachgremien, d. h. die Wirtschafts- und Finanzminister sowie die Notenbankpräsidenten, beauftragt werden müßten.

Der Premierminister stimmt dem zu und verweist darauf, daß in bezug auf die erste Stufe der Wirtschafts- und Währungsunion nur noch zwei Punkte offen seien, bei denen die Finanzminister am 13. November 1989 wohl Einvernehmen erreichen würden.

Der Premierminister kommt an dieser Stelle auf die Frage der Harmonisierung der Mehrwertsteuer zu sprechen und bittet den Bundeskanzler um die Unterstützung des französischen Vorschlages durch die Bundesregierung gegenüber der EG-Kommission, die sonst den ER damit befassen wolle.

Der Bundeskanzler verweist auf unsere bisherige Einschätzung, wonach dieser Vorschlag das Risiko von mehr Bürokratie für die Unternehmen beinhalte und nicht zu einem echten Binnenmarkt beitrage.

Der Premierminister widerspricht dieser Einschätzung vehement und betont, es müsse sich dabei um ein grundlegendes Mißverständnis gegenüber den französischen Vorschlägen handeln.

Der Bundeskanzler sagt zu, sich die französischen Vorschläge anzuschauen und die Angelegenheit mit dem Finanzminister aufzunehmen.

---

12 Nr. 8 Anm. 9.

Der Premierminister spricht nochmal den Fragenkomplex Europäisches Parlament an. Für den ER in Straßburg sei es zu spät, klare Schlußfolgerungen vorzubereiten; er frage sich, ob es daher klug sei, eine erste Diskussion zu führen.

Der Bundeskanzler wiederholt, daß er es für ausgeschlossen halte, in Straßburg nicht über das Parlament zu sprechen. Man werde auch sicher eine Form finden können, diese erste Diskussion in Schlußfolgerungen aufzunehmen.

Der Premierminister regt an, daß der ER dem Europäischen Parlament zusagen könne, es im Rahmen der Regierungskonferenz zu konsultieren.

Der Bundeskanzler verweist darauf, daß die Fragestellung erheblich weiter sei: Es gehe darum, dem Parlament mit Blick auf 1994 mehr Rechte zuzugestehen.

Der Premierminister wirft die Frage auf, wie man die Diskussion über die Entwicklung in Osteuropa in Straßburg am besten vorbereiten und strukturieren könne.

Der Bundeskanzler antwortet, dies hänge von der weiteren Entwicklung ab. Vielleicht könnte EGK-Präsident Delors eingangs über die Hilfe für Polen und Ungarn sowie über seinen Besuch in diesen Ländern[13] berichten; er könnte dann seine Einschätzung erläutern.

Der Premierminister regt an, sich kurz vor dem Gipfel ggf. über einen gemeinsamen Entwurf der Schlußfolgerungen zu verständigen.

...[14]

Bitterlich

Nr. 71
Fernschreiben des Staatssekretärs Bertele an den Chef des Bundeskanzleramtes
Berlin (Ost), 3. November 1989

BArch, B 136/21861, 222 – 83105 Fa 3 NA 2 Bd. 7. – FS StäV Nr. 2461, 18.13 Uhr. VS-NfD. Citissime. Verteiler: ChBK, MDg Duisberg, Gruppe 22; BMB, St Priesnitz, AL II; Bonn AA, Ref. 210, auch für Botschaft Prag. Mit Stempel: 020400, BK-Amt, FS-Zentrale, 3. November 1989, 18.53 Uhr.

Betr.: Heutige Gratulationscour des diplomatischen Korps bei Egon Krenz
hier: Zufluchtsfälle in Prag

Bei der heutigen Gratulationscour habe ich Herrn Krenz zunächst persönlich gratuliert und auf die Glückwünsche des Bundespräsidenten und des Bundeskanzlers[1] verwiesen. Er habe bei seiner ersten öffentlichen Erklärung nach der Wahl zum Generalsekretär[2] gesagt, daß Arbeit, Arbeit, Arbeit auf ihn warte. Wir wünschten ihm im Interesse der Menschen in der DDR viel Erfolg. Ich habe dann die Hoffnung ausgedrückt, daß sehr bald ein persönliches Gespräch zwischen Krenz und einem Mitglied der Bundesregierung zustande komme. Dann habe ich Krenz auf die dramatische Lage in der Botschaft Prag angesprochen und ihn im Anschluß an die Gratulationen um ein kurzes Gespräch gebeten. Damit hatte ich meine Zeit – im Verhältnis zu den anderen gratulierenden Missionschefs – bereits bei weitem überzogen. Krenz ließ mich während des anschließenden Empfangs zu sich holen. Ich verwies auf die

---

13 Nr. 94A Anm. 6.
14 Folgt „III. Gespräch mit dem Präsidenten im Beisein des Premierministers Rocard am 3. November 1989, 9.20 – 9.55 Uhr"; dort besprochen: Fragen der Drogenbekämpfung im EG-Rahmen, der Asylpolitik, des Schengener Abkommens sowie die Vorbereitung der gemeinsamen Pressekonferenz.

1 Glückwunschtelegramme des Bundespräsidenten von Weizsäcker und des Bundeskanzlers Kohl an den Staatsratsvorsitzenden Krenz in: Bulletin. Nr. 115. 30. Oktober 1989, 992.
2 Nr. 63 Anm. 4.

dramatische Lage in Prag mit rund 5000 Zuflüchtigen. Dieses Problem könne nicht in der bisherigen Weise durch das Ausstellen von erforderlichen Papieren durch die DDR-Botschaft in Prag gelöst werden. Außenminister Fischer, der neben Krenz stand, schaltete sich hier in das Gespräch ein und unterrichtete Krenz, daß das Ministerium für Auswärtige Angelegenheiten der DDR eine sofortige Verstärkung ihrer Botschaft in Prag beschlossen habe. Dies werde auch sofort umgesetzt. Ich habe daraufhin geantwortet, daß mit den herkömmlichen Verfahren das Problem in der jetzigen Größenordnung nicht gelöst werden könne. AM Fischer warf hier ein, daß Botschafter Huber ja die Botschaftstore nicht allzuweit aufmachen mußte. Ich habe darauf gesagt, daß unsere Botschaft in Prag überrollt würde.

Dann habe ich Krenz darauf hingewiesen, daß die StäV nach Abschluß der erforderlichen Baumaßnahmen im Laufe der nächsten Woche wieder öffnen werde[3] und daß die DDR sich darauf einstellen müsse, durch schnelles Entscheiden zu verhindern, daß eine vergleichbare Lage wie in Prag eintrete[4]. Krenz fragte, ob wir für die Arbeit nicht doch noch etwas mehr Zeit benötigten. Er verwies auf die neue Ausreiseregelung, die zu Beginn der kommenden Woche zur öffentlichen Diskussion gestellt werde. Dann werde sich das Problem entschärfen. Krenz betonte dann, daß ihm an einer weiteren positiven Entwicklung der Beziehungen zur Bundesrepublik Deutschland liege.

Ich hatte anschließend Gelegenheit, mit dem Stellvertreter von Außenminister Fischer, Sts Krolikowski, die Problematik in Prag und auch bezüglich der StäV eingehend zu erörtern. Krolikowski plädierte für ein gemeinsames Bemühen der Bundesrepublik Deutschland und der DDR gegenüber Zuflüchtigen: Wir sollten betonen, daß der Weg über Ausreiseanträge nach der Neuregelung in Kürze für alle DDR-Bürger erfolgversprechend sei. Sie sollten daher in die DDR zurückkehren. Ich habe dazu bemerkt, daß wir dies zu gegebener Zeit gerne tun würden, falls wir die Sicherheit hätten, daß eine solche Aussage zu treffen sei. Damit werde aber das akute Problem nicht gelöst. Auf meine Frage, ob man den Prag-Notstand nicht dadurch lösen könne, daß die DDR-Botschaft für alle Zuflüchtigen die Zustimmung zur Ausreise global erteile und daß wir der DDR dann später die Personalien der Ausgereisten in Listenform zur Verfügung stellten, reagierte Krolikowski abwehrend: Dann träten die gleichen Probleme ein wie bei den Sonderzügen: Viele stünden heute ohne irgendwelche Ausweise da. Das habe sich nicht bewährt. Krolikowski betonte dann, daß auch bei einer

---

3 Der Chef des Bundeskanzleramtes hatte gebeten (Schreiben des Ministerialdirigenten Duisberg an Staatssekretär Bertele, 221 – 35016 – Ve 20, 30. Oktober 1989; BArch, B 137/15797), die Kanzlei der Ständigen Vertretung der Bundesrepublik Deutschland „nach Abschluß der Bauarbeiten" am 9. November 1989 wieder für den Publikumsverkehr zu öffnen und dies dem Ministerium für Auswärtige Angelegenheiten der DDR „vorher auf angemessener Ebene zu signalisieren". Dabei sollte Staatssekretär Bertele auf das beiderseitige Interesse hinweisen, „daß die bewährten Verfahren erhalten bleiben, um eventuell auftretende Probleme rasch zu lösen. Eine besondere öffentliche Bekanntgabe der Wiedereröffnung sollte nicht erfolgen."
4 Gesandter Schindler teilte am 8. November 1989 mit (Fernschreiben des Staatssekretärs Bertele an den Chef des Bundeskanzleramtes, StäV Nr. 2498, 8. November 1989, VS-NfD; BArch, B 288/355, 11 – 35016 Ve 33 NA 4), „daß in Zufluchtsfällen die DDR in Zukunft bereit sei, die Ausreise binnen weniger Tage zu erlauben". Die Ständige Vertretung der Bundesrepublik Deutschland solle „entsprechende Personen an die zuständigen Behörden der DDR weiterverweisen, die dann sehr schnell handeln würden". Staatssekretär Bertele hielt dies für „nicht realistisch, da – zumindest in einer Übergangsphase – die Menschen nicht bereit seien, solchen Zusicherungen zu glauben". Schindler stimmte daraufhin zu, auch in Zukunft sei „in Zufluchtsfällen der Weg über das Anwaltsbüro Vogel offen". Dieser „könne in solchen Fällen über die Vertretung direkt eingeschaltet werden". Vereinbart wurde: „Die Ständige Vertretung erklärt den Zufluchtswilligen, daß die DDR bereit sei, ihnen die legale Ausreise aus der DDR in kürzester Frist zu erlauben. Dies habe die DDR der Bundesregierung zugesichert. Die Bundesregierung gehe davon aus, daß die DDR diese Zusicherung einhalte. Falls die DDR eine positive Ausreiseentscheidung nicht in kurzer Zeit treffe, können sich die betreffenden Personen erneut an die Ständige Vertretung wenden." Schindler bestätigte „ausdrücklich" das Interesse der DDR, daß die Ständige Vertretung „in den Gesprächen" anbiete, Besucher könnten sich erneut an die Ständige Vertretung wenden, „falls die Ausreiseerlaubnis aus der DDR nicht binnen kurzem erfolge". Bertele kündigte an, er werde „am kommenden Montag [13. November 1989] die Vertretung – ohne dies nach außen öffentlich anzukündigen – für den Publikumsverkehr wieder öffnen", und ergänzte: „Ich rechne damit, daß wir bereits am ersten Tag eine größere Zahl von Zuflüchtigen haben werden. Ob sie mit diesen Zusagen die Vertretung verlassen werden, bleibt abzuwarten."

Verstärkung der DDR-Botschaft in Prag mehr als 400 Ausreisepapiere pro Tag nicht ausgestellt werden könnten. Als bei diesem Gesprächsstand der tschechoslowakische Botschafter sich zu uns gesellte, habe ich diesen dringend gebeten, zur Lösung des Problems dadurch beizutragen, daß die ČSSR für die Zeit, die die DDR zur Ausstellung der Papiere benötige, Notunterkünfte zur Verfügung stellen möge. Dieser lehnte nicht rundweg ab, meinte jedoch, daß nach seiner Kenntnis auch auf unserer Seite in Prag Verzögerungen dadurch entstünden, daß wir entsprechende Antragsunterlagen und Paßbilder nicht schnell genug erstellen könnten. Ich habe daraufhin betont, daß gerade deshalb Notunterkünfte erforderlich seien, weil das Ausstellen von Einzelpapieren, auf dem die DDR bestehe, notwendigerweise zeitaufwendig sei. Der Botschafter sagte zu, sofort nach Hause zu berichten.

Bertele

Nr. 72
Vorlage des Ministerialdirigenten Jung an Bundeskanzler Kohl
Bonn, 3. November 1989

BK, 602 – 35001 (78) De 2/64/89, Bd. 29, Bl. 61–63. – Mitverfasser: RD Schaper. 1. Ausfertigung. VS-Vertraulich. Vorlage über StM zur Unterrichtung. Doppel: Chef BK, AL 2. Abgezeichnet: „St[avenhagen]". Hs. vermerkt: „zdA T[elt-schik] 8/11".

Betr.:   DDR: Stimmungsumschwung in der Bevölkerung
(BND-Erkenntnisse)

Zu der in jüngster Zeit sich ändernden Stimmungslage in der DDR-Bevölkerung hat der Bundesnachrichtendienst folgende Erkenntnisse übermittelt:

In der DDR-Bevölkerung konnte in den letzten Wochen ein Stimmungswandel beobachtet werden, der teilweise auch zu Verhaltensänderungen bestimmter Bevölkerungskreise geführt hat.

Während bis etwa Mitte/Ende August mehrheitlich die seit langem zu beobachtende resignative Grundstimmung in weiten Teilen der Bevölkerung anhielt, ist mit der Eskalation des Fluchtgeschehens über Ungarn und den aufsehenerregenden Vorgängen um die Festsetzungen von DDR-Bewohnern in den Botschaften von Prag und Warschau und deren spektakuläre Ausreisen zunehmend ein Stimmungsgemenge, schwankend zwischen blankem Entsetzen, Verwirrung und Ratlosigkeit, entstanden, das im weiteren Geschehensablauf teilweise überging in Zorn und steigende Aggressivität.

Waren zu Beginn der Fluchtbewegung noch teilweise Freude und Befriedigung erkennbar, daß es wieder welche „geschafft" haben, oftmals verbunden auch mit Schadenfreude, daß „denen da oben" die Menschen weglaufen, so ist dies mittlerweile umgeschlagen in Zorn, weil man vielfach nicht weiß, wie es im Lande weitergehen soll. Zukunftsängste breiten sich mit steigender Tendenz aus, es kommt zu Selbstvorwürfen, weil man selbst nicht den Mut zu einem vergleichbaren Schritt hat. Vor allem der Massenexodus führte in der Bevölkerung zu einer seit Jahren nicht gekannten Offenheit in den Diskussionen, weil fast jeder mittlerweile in seinem sozialen Umfeld davon betroffen ist. Unfaßbar für viele war dabei die Hilflosigkeit der eigenen Führung, die den Eindruck einer regelrechten Lähmung hinterließ.

Dieses Stimmungsgemenge hat letztlich dazu geführt, daß Teile der in Resignation und Lethargie verfallenden Bevölkerung regelrecht reaktiviert wurden, konfliktbereiter und auch veränderungswilliger geworden sind, wie zahlreiche nachrichtendienstliche Hinweise belegen.

Als weitere stimmungsbeeinflussende Faktoren positiver Art sind neben dem Schock, den die Fluchtbewegung ausgelöst hat, festzustellen:

– die an Umfang und Intensität seit Mitte September d.J. zunehmende Protestszene im Umfeld des montäglichen „Friedensgebetes" in der Leipziger Nikolai-Kirche mit den dort erhobenen Forderungen nach gesellschaftlichen Veränderungen und ähnliche Veranstaltungen in anderen Städten der DDR;
– die hoffnungweckenden demonstrativen Rufe „Wir bleiben hier" in Leipzig als Antwort auf die „Wir-wollen-raus"-Parolen der Antragsteller;
– der friedliche Verlauf dieser Demonstrationen in den letzten Wochen;
– die Gründung des „Neuen Forums" und anderer systemkritischer Sammlungsbewegungen;
– ermutigende Signale auf Veränderungen aus dem Bereich der Blockparteien.

Im Ergebnis dieses Bewußtseinswandels gehen erheblich mehr Menschen als früher zu Versammlungen kritischer Gruppen, die meist in Kirchen stattfinden. Als besonderer Magnet haben sich dabei Aufklärungs- und Vorstellungsversammlungen des „Neuen Forums" entwickelt, in denen Unterschriften für den Gründungsaufruf[1] gesammelt werden. Typische Stimmen für eine Art neue Aufbruchstimmung dieses früher passiven Teils der DDR-Bevölkerung:

– „Es ist wichtig, was hier passiert, also Ruhe darf hier nicht mehr einkehren."
– „Wir machen Aktionen, bisher hatten wir keine solchen Möglichkeiten, jetzt ist mir alles egal."
– „Man kann nicht mehr anders, man muß aggressiv werden."
– „Wenn man will, daß keine Ruhe mehr eintritt, muß man mitmachen."
– „Es ist vielleicht unsere letzte Chance, auf Veränderungen hinzuwirken."

Die mit dieser Entwicklung einhergehende Verhaltensänderung – zahlreiche Menschen beteiligen sich jetzt planmäßig oder ganz zufällig zum ersten Mal an einer Demonstration – erklärt weitgehend auch die hohe Beteiligung an den Massendemonstrationen der letzten Zeit in vielen DDR-Städten, die ursprünglich nur von wenigen Basisgruppen und ihrem Sympathisantenumfeld getragen wurden. Das Stichwort „Neues Forum" steht dabei – auch als skandierende Demonstrationsparole – weniger für die Gruppierung als Organisation, sondern überwiegend als Synonym für Freiheit und Demokratie. So haben beispielsweise in Leipzig bis jetzt etwa 1500 Menschen den Aufruf des „Neuen Forums" unterzeichnet, an den Demonstrationen nehmen jedoch 200 000 Personen und mehr teil. Zahlreiche nachrichtendienstliche Hinweise belegen, daß bei vielen Menschen erst durch die Massenproteste wieder Hoffnungen auf Veränderungen im Lande und Verbesserung der persönlichen Lebensperspektiven geweckt wurden.

Beobachter zahlreicher Protestzüge und -versammlungen wundern sich immer wieder, daß neben jungen Menschen auch sehr viele ältere aus allen Schichten der Bevölkerung an diesen Veranstaltungen teilnehmen. („Sogar auf Krücken laufen sie da mit.")

Ein führender Funktionär einer der Blockparteien der DDR auf Bezirksebene bestätigte „eine jetzt allerorts spürbare Aufbruchstimmung, die niemand in dieser Spontaneität, Intensität und Breite erwartet habe".

Jung

---

1 Nr. 43 Anm. 1.

Nr. 73
Telefongespräch des Bundeskanzlers Kohl mit Ministerpräsident Mazowiecki
6. November 1989

BK, 213 – 30104 P 4 Po 28 B. 5. – Gesprächsprotokoll des VLR I Kaestner, 7. November 1989 (versehentlich datiert: 7. September 1989). Hs. vermerkt: „1) Über Herrn GL 21 Herrn AL 2 m.d.B.u. Genehmigung. 2) DD LKB. K[aestner] 7/11", abgezeichnet: „H[artmann]" und „T[eltschik] 8/11".

Betr.: Vorbereitung des offiziellen Besuchs des Herrn Bundeskanzlers in der Volksrepublik Polen
09.–14. November 1989
hier: Telefongespräch des Herrn Bundeskanzlers mit Ministerpräsident Mazowiecki 06. November 1989, 9.15 Uhr – 9.35 Uhr

Der Herr Bundeskanzler begrüßt Ministerpräsident Mazowiecki und spricht sodann folgende Komplexe an:

1. Gemeinsame Erklärung
Die von AL 2 aus Warschau[1] mitgebrachten polnischen Änderungswünsche werden noch einmal geprüft, Ergebnis wird MP morgen schriftlich mitgeteilt. Wir gehen jedoch weiterhin davon aus, daß wir im Grundsatz einig sind (MP bestätigt dies).
– Was Wunsch der Kirche betrifft, Passus über Gottesdienste zu streichen, für ihn – BK – kein Problem, obwohl er Haltung polnischer Kirche überhaupt nicht verstehen könne. Darüber müsse weiter gesprochen werden.
– Problem hingegen bei anderem Wunsch hinsichtlich Ausbruch des Zweiten Weltkriegs: Hierbei werde er in Tischrede Donnerstag abend national-sozialistische Schuld sehr deutlich ansprechen,[2] wie er dies auch am 1. September getan habe.[3] Kein Zweifel über unsere Position! Gerade deshalb für ihn keineswegs überzeugend, daß Texte hierzu nochmals geändert werden müssen.
– 3. Änderungswunsch hinsichtlich Rechte der Deutschen ist eher rechtliche Frage, die noch geprüft wird.

2. Gottesdienst in Kreisau
Programmpunkt hat in Bundesrepublik Deutschland beachtliche Dimension bekommen. Eindrücke von Großveranstaltung katholischer Verbände vom Wochenende. Hohe Erwartungen an Gottesdienst. Sehr froh, daß AL 2 und LKB bei Kardinal Gulbinowicz, Breslau, volles Verständnis gefunden haben, desgleichen über Zelebration durch Bischof Nossol.
Sehr zu begrüßen, daß Gottesdienst auch optisch große Angelegenheit wird. Deshalb auf jeden Fall im Freien! Kirche Kreisau sowie in Nachbardorf zu klein.
Annaberg-Angelegenheit[4] macht hier weiterhin Probleme, deshalb herzliche Bitte, alles zu tun, damit jetzt Gottesdienst in Kreisau seiner beabsichtigten Wirkung entsprechend ausfällt. Hierbei Eindruck, daß polnische kirchliche Seite optimistischer ist als Minister im Amt des Ministerpräsidenten.[5] Er – BK – als guter Katholik jedenfalls optimistisch!
MP Mazowiecki erwidert mit Bezug auf Schlußsatz: Polnische Seite voll und ganz einverstanden, daß Gottesdienst im Freien stattfindet. Keine Meinungsunterschiede! Allerdings sehr wohl berechtigte Frage, was zu tun ist, wenn Wetter nicht gut sein wird.

---

1   Nr. 70 Anm. 2.
2   Nr. 77 Anm. 1.
3   Nr. 31 Anm. 2.
4   Nr. 70 Anm. 1.
5   Minister Jacek Ambroziak, Amtsleiter des Ministerrats.

Der Bundeskanzler wirft ein, man könne ein Zelt aufschlagen.

Ministerpräsident Mazowiecki sagt zu, dies zu prüfen, zumindest für einen Teil der teilnehmenden Personen. Was Altar angeht, muß Erzbischof Entscheidung treffen.

Hinsichtlich der Haltung des Ministers im Amt des Ministerpräsidenten hat AL 2 offenbar falschen Eindruck bekommen – er selbst und sein nächster Mitarbeiter seien ebenfalls katholisch und optimistisch.

Hinsichtlich Gemeinsamer Erklärung sieht polnische Seite jetzt schriftlicher Antwort entgegen.

– Hinsichtlich Ausbruch des Zweiten Weltkriegs sehr wohl verstanden, daß BK diese Frage in Tischrede ansprechen wird. Jedoch sollte kein Problem sein, auch in Gemeinsamer Erklärung diejenigen beim Namen zu nennen, die Krieg ausgelöst haben – die Menschen in Polen in dieser Frage sehr sensibel. Polnische Seite hat deshalb vorgeschlagen, daß die Aggression Hitlers auf Polen hervorgehoben wird.

Der Bundeskanzler wirft ein, hier könne man vernünftige Formulierungen finden.

Der Bundeskanzler betont abschließend, die Reise werde schwierig, er freue sich aber sehr darauf, insbesondere auf Begegnung mit MP.

Die psychologische Lage der Bundesrepublik Deutschland sei vielschichtig.

– Große Mehrheit der Bevölkerung, die dieser Reise positiv gegenübersteht, neuen Anfang machen will, und zwar mit demokratischem Polen.

– Hier viel guter Wille vorhanden, aber auch große Aufmerksamkeit. Deshalb komme es sehr auf den Ton an – wie sicher auch in Polen.

– Unter Vertriebenen und ihren Angehörigen wiederum Mehrheit für die Reise – aber auch mehr Skepsis.

– Des weiteren Minderheit, die nicht nur skeptisch, sondern eher negativ eingestellt ist.

– Schließlich – dies wolle er ausdrücklich über offene Leitung sagen – sowohl hier als vermutlich auch in Polen Leute, die weder MP noch ihm – BK – Erfolg bei dieser Reise gönnen. Gerade für sie – wenn sie Gespräch abhören – wichtig, seine Meinung zu kennen: Sie sind auf der Straße der Verlierer, dort sollen sie bleiben!

Der Bundeskanzler und Ministerpräsident Mazowiecki verabschieden sich.

K 9/11
(Dr. Kaestner)

Nr. 74
Besprechung der beamteten Staatssekretäre
Bonn, 6. November 1989

BArch, B 136/20169, 221 – 14223 Sta 8 Bd. 3. – Vorlage des MDg Duisberg an Chef BK, 6. November 1989. Kopien: St Bertele, GL 22.

<u>Betr.</u>: Besprechung im Staatssekretär-Kreis über deutschlandpolitische Fragen am 06. November 1989, 18.00 Uhr

1. <u>Teilnehmer:</u>
   Frau BM Dr. Wilms, BMB
   St Dr. Priesnitz, BMB
   St Dr. Sudhoff, AA
   St Dr. von Würzen, BMWi
   St Dr. Klemm, BMF
   St Dr. Knittel, BMV
   St Dr. Florian, BMP
   St Dr. Bertele, StäV
   MDgt Dr. Duisberg.

2. <u>Vorbemerkung:</u>
   Die von der DDR übermittelten Vorschläge und Wünsche zeigen, daß die neue Führung
   – eine grundlegende Sanierung der Wirtschaft anstrebt, wohl auch mit weitreichenden Änderungen des wirtschaftlichen Systems,
   – jedoch grundsätzliche Reformen der politischen Struktur vermeiden möchte, insbesondere nicht zu einer Beschränkung des Machtmonopols der SED und zu Zugeständnissen in Richtung auf Pluralismus bereit ist.
   Sie erwartet von uns massive finanzielle und technische Unterstützung für ihre Sanierungsbemühungen bei gleichzeitigem Verzicht auf Versuche unsererseits, auf eine politische Systemänderung hinzuwirken.
   Objektiv kann die DDR – jedenfalls kurz- und mittelfristig – nicht hoffen, von jemand anderem als von uns wirtschaftliche Hilfe in dem benötigten Umfang zu erhalten. Die Alternative wäre wohl in der Tat eine Politik der Austerität, die
   – einerseits den inneren Druck auf Systemveränderungen in der DDR verstärken,
   – andererseits dadurch aber auch das Risiko von Eruptionen mit repressiven Reaktionen beträchtlich erhöhen würde.
   An letzterem können wir sowohl aus nationalen als auch aus Gründen einer konstruktiven Weiterentwicklung des West-Ost-Verhältnisses kein Interesse haben. Außerdem ist zu berücksichtigen, daß Reformen in der Wirtschaft – selbst wenn man sich strikt auf diesen Bereich beschränken will – eine eigene Dynamik entwickeln und kraft Sachzwangs auch zu Wandlungen im politischen System zwingen.
   Aufgrund unseres Interesses an einer evolutionären Entwicklung, die zu besseren Lebensverhältnissen, längerfristig aber auch zu mehr Freiheit in der DDR führt, sollten wir den Wunsch der DDR nach Zusammenarbeit daher nicht zurückweisen. Diese Zusammenarbeit darf jedoch nicht so gestaltet werden, daß sie der Stabilisierung des Systems und des Regimes dient, vielmehr muß der Veränderungsdruck aufrechterhalten werden. Kriterium für Leistungen unsererseits sollte daher sein, daß sie primär den Menschen und allenfalls sekundär dem Regime zugute kommen. Das würde zutreffen bei Maßnahmen
   – im Infrastrukturbereich,

– auf dem Gebiet des Umweltschutzes,
die wir auch dann durchführen müßten, wenn Deutschland nicht geteilt wäre.
Grenzen für unseren Handlungsspielraum ergeben sich – außer durch die finanziellen Belastungen – aus der politischen Akzeptanz. Leistungen unsererseits müssen deshalb Leistungen der DDR gegenüberstehen. Erst wenn die DDR sich sichtbar auf den Weg zu politischen Reformen begeben hat, wird hier (vielleicht) die Bereitschaft wachsen, von unserer Seite größere finanzielle Vorleistungen zu erbringen. Bei der gegenwärtigen, auch kurzfristig kaum vorhersehbaren Entwicklung in der DDR ist in jedem Fall Vorsicht und Zurückhaltung angebracht.

3. Vorgeschlagene Gesprächslinie:
   3.1 DDR-Wünsche
   Die neue DDR-Führung hat uns sehr rasch intensives Interesse an Weiterführung und Intensivierung der Zusammenarbeit signalisiert. Sie erwartet von uns offenbar massive finanzielle und technische Unterstützung für ihre Sanierungsbemühungen.

   Im einzelnen:
   3.1.1 Wunsch nach umfassender wirtschaftlicher Zusammenarbeit auf sämtlichen Ebenen, einschließlich Förderung durch Kredite und Bürgschaften etc.
   Mögliche Reaktion von uns:
   Grundsätzliche Bereitschaft, DDR muß aber Voraussetzungen schaffen durch
   – Abbau handelshemmender Maßnahmen,
   – fortschrittliche Joint-venture-Gesetzgebung.
   Von unserer Seite kommt dann in Betracht:
   – Ausbau der Handelspolitik, u. a. durch zusätzliche Liberalisierung, Marketing-Beratung und Management-Schulung, Einrichtung von Kontaktstellen, Ausbau des Energieverbunds,
   – substantielle wirtschaftliche und finanzielle Hilfen, u. a. durch Aufstockung des bestehenden Bürgschaftsrahmens, Öffnung von ERP-Programmen für die DDR, eventuell Finanzierung von Infrastrukturmaßnahmen.
   (Im einzelnen Anlage 1[1], Seite 4 bis 10.)
   3.1.2 Wunsch nach mittelfristiger Liquiditätshilfe (d.h. ungebundene Finanzkredite zur Absicherung der geplanten Wirtschaftsreformen im Zeitrahmen bis 1995 in Höhe von 8 bis 10 Mrd. DM).
   Mögliche Reaktion von uns:
   Wäre unter gegebenen Umständen reine Systemfinanzierung; kann daher nur in Betracht gezogen werden bei wirklicher Reformentwicklung. Aber Hinweis auf bestehende, nicht ausgenutzte Kreditlinie der DDR von 850 Mio. VE im Swing; eventuell Bereitschaft, Swing zu erhöhen (Widerstand der Bundesbank zu erwarten).
   3.1.3 Vorschlag, für den Bau der Eisenbahn Hannover-Berlin die Leistungen in der Bundesrepublik Deutschland auszuschreiben; die DDR wünscht Vergütung für die Durchführung des Projekts und will nur einen Teil der Leistungen selbst erbringen.
   Reaktion von uns:
   Vergabe der Strecke Oebisfelde-Staaken an westdeutschen Generalunternehmer läge in unserem Interesse. Klarzustellen wäre, daß Gesamtprojekt an den Generalunternehmer vergeben wird, der seinerseits Unteraufträge in festzulegendem

---

1 Anlage 1 nicht abgedruckt: Vermerk des Bundesministeriums für Wirtschaft betr. Reformen in der DDR und Ausbau der wirtschaftlichen Zusammenarbeit mit der DDR, IV 1 – 02 10 86/1, 2. November 1989.

Umfang an DDR-Firmen vergibt; Zahlungen von uns an den Generalauftragnehmer. Für den Abschnitt in Berlin Vergabe der Leistungen durch den Senat. Klärungsbedürftig bei uns ist der Finanzrahmen (Dyckerhoff & Widman haben Generalunternehmerangebote über 3,2 Mrd. DM ausgearbeitet; hinzu kommen ca. 0,6 Mrd. DM für den Streckenabschnitt in West-Berlin). Klärungsbedürftig mit der DDR ist der Leistungsumfang (zwei- oder dreigleisig, Ausschluß des Streckenabschnitts in Ost-Berlin) und eventuelle Eigenbeteiligung der DDR an den Kosten (könnte ggf. in einer Weise erfolgen, daß ihr immer noch Gewinn bleibt).
(Im einzelnen Anlage 2[2].)

3.1.4 Wunsch nach Neuverhandlung und Erhöhung der Postpauschale mit Angebot der Schaltung zusätzlicher Leitungen.
Reaktion von uns:
Erhöhung der bisherigen Pauschale (200 Mio. DM) nur in geringem Umfang sachlich gerechtfertigt. Größere Erhöhung erfordert zusätzliche Leistungen durch Verbesserungen
– im gegenseitigen Postverkehr,
– im gegenseitigen Fernsprechverkehr (Schaltung zusätzlicher Leitungen in beiden Richtungen),
– im Fernmeldeverkehr Bundesgebiet-Berlin (West).
Da Verbesserungen im gegenseitigen Fernsprechverkehr durch unzureichende Kapazität des DDR-Fernsprechnetzes technisch begrenzt sind, sollten wir überlegen, im Rahmen der Postpauschale einen zusätzlichen Teilbetrag zweckgebunden für die Modernisierung des Fernsprechnetzes der DDR zu zahlen, eventuell ergänzt durch Kredit und/oder verlorenen Zuschuß bei Vergabe der Aufträge an unsere Firmen.
(Im einzelnen Anlage 3[3]).

3.1.5 Wunsch nach finanzieller Entlastung bei den durch die vorgesehene neue Reiseregelung entstehenden zusätzlichen Kosten.
Reaktion von uns:
Mit steigenden Reisezahlen steigen nicht nur die Devisenaufwendungen der DDR
– für den Umtausch von einmal jährlich 15,– Mark (1988: ca. 40 Mio. DM)
– und für den Saldenausgleich im Eisenbahnverkehr (1988: 70 Mio. VE),
sondern auch unsere Ausgaben für
– Begrüßungsgeld (1988: 260 Mio. DM),
– Übernahme eines Teils des Saldenausgleichs im Eisenbahnverkehr (50% des 35 Mio. DM übersteigenden Betrages, 1988: 35 Mio. VE) sowie zusätzliche Vergünstigungen auf der Bundesbahn (50% Ermäßigung, Umwegkarten und IC-Zuschläge kostenlos),
– Kosten für medizinische Hilfe nach dem Gesundheitsabkommen (1988: 43 Mio. DM).
(Zahlen auf der Basis von ca. 2,6 Mio. Reisenden bei einmaligem oder Mehrfach-Besuch – nach DDR-Angaben 6,76 Mio. Reisen).
Das Problem läßt sich nicht finanziell durch Umtausch- oder Reisefondsmodelle lösen; sie laufen sämtlich darauf hinaus, daß entweder die DDR oder wir oder beide die Finanzierung der Reisekosten übernehmen.

---

2 Anlage 2 nicht abgedruckt: Vermerk des Gruppenleiters 22 betr. Schnellbahn Hannover-Berlin, 3. November 1989.
3 Anlage 3 nicht abgedruckt: „Mögliche konzeptionelle Linie für Postverhandlungen", ohne Datum.

Zusätzliche Leistungen unsererseits werden politisch nur gerechtfertigt werden können, wenn die DDR ebenfalls etwas Zusätzliches tut. Möglichkeiten für zusätzliche Leistungen sind:

a) auf unserer Seite:
- Erhöhung des Begrüßungsgeldes, eventuell unter Herabsetzung des Barbetrages, und Ausgabe von Übernachtungsgutscheinen,
- volle Übernahme oder Übernahme eines größeren Anteils beim Eisenbahnsaldenausgleich,
- direkter Transfer an die DDR (wird mangels politischer Akzeptanz bei uns praktisch außer Betracht bleiben müssen);

b) auf seiten der DDR:
- Erhöhung des Umtauschbetrages durch Verwendung von Einnahmen aus dem Mindestumtausch,
- Senkung oder Korrektur beim Mindestumtausch (Befreiung sozial schwacher Gruppen, Verminderung bei Tagesbesuchen, Begrenzung der Mindestumtauschpflicht auf eine bestimmte Anzahl von Tagen, so daß zusätzliche Tage mindestumtauschfrei bleiben); durch erhöhtes Reiseaufkommen könnten Mindereinnahmen im einzelnen möglicherweise insgesamt ausgeglichen werden.

Durch Kombination der genannten Möglichkeiten sind verschiedene Modelle denkbar (im einzelnen Anlage 4[4]). Zusätzliche Leistungen unsererseits sollten in jedem Fall zunächst nur vorübergehend gewährt werden.

Hinsichtlich des Begrüßungsgeldes müssen Möglichkeiten zur Vermeidung von Mißbräuchen gefunden werden:
- entweder durch Kennzeichnung der DDR-Pässe
- oder durch Bindung an die bei Umtausch der 15,– Mark von der Staatsbank der DDR ausgegebene Mitnahmebescheinigung.

Beides bedarf der Erörterung mit der DDR.

Zu überprüfen ist auch die administrative Handhabung der Auszahlung des Begrüßungsgeldes. Die Sozialämter könnten stellenweise (Berlin, grenznahe Gebiete) überfordert werden. Zu erwägen wäre eine Auszahlung an den Postämtern. Festgehalten werden sollte daran, daß Begrüßungsgeld nur an Werktagen, eventuell auch nur Mo – Fr ausgezahlt wird, um reinen Einkaufstourismus einzuschränken.

Langfristig wird das Problem der Ausstattung der DDR-Reisenden mit Reisedevisen nur durch Erhöhung der Wirtschaftskraft der DDR gelöst werden können. Mittelfristig könnte die DDR auch Deviseneinnahmen aus der Entwicklung im West-Ost-Tourismus erzielen, die sie dann für den Ost-West-Tourismus verwenden könnte. Hierzu wären Beiträge von uns möglich (im einzelnen Anlage 1, Seite 10 bis 12).

3.2 Von uns in Gespräche mit der DDR einzubringende Petita:
3.2.1 Generalbereinigung der aus der Massenfluchtbewegung in den letzten Monaten entstandenen Probleme:
- Status (Entlassung aus der DDR-Staatsbürgerschaft?),
- Konsequenzen für Vermögensangelegenheiten einschließlich Haushaltsauflösung, Verbringung von Umzugsgut, Einrichtung eines Devisenausländerkontos,

4 Nr. 74A.

- Beschaffung von Urkunden/Zeugnissen aus der DDR,
- Konsequenzen für Familienzusammenführung, Besuchsreisen in die DDR, Benutzung der Transitstrecken nach Berlin (West).

3.2.2 Wir sollten darüber hinaus der DDR nahelegen, im Interesse der Stabilisierung grundsätzlich auf dem Weg der Herstellung von Freizügigkeit weiterzugehen, insbesondere

- nicht nur Westreisen mit eventueller Konsequenz der (illegalen) Ausreise zuzulassen, sondern auch die Rückübersiedlung – unabhängig davon, ob die Ausreise im Sinne der DDR-Vorschriften legal oder illegal war;
- die bestehenden Beschränkungen von Besuchsmöglichkeiten für Übersiedler (grundsätzliche Karenzzeit von 6 Jahren) ganz oder weitgehend aufzuheben.

3.2.3 Zur Bewältigung des wachsenden Reiseverkehrs sollte auch die Öffnung zusätzlicher Übergänge ermöglicht werden. Wichtig besonders in Berlin. An der innerdeutschen Grenze Bad Harzburg/Stapelburg.

3.2.4 Weitere Erleichterungen im Geschenkverkehr – auch zur Hebung des Versorgungsniveaus in der DDR (im einzelnen Anlage 5A[5]).

3.2.5 Lockerung von Hemmnissen im West-Ost-Reiseverkehr – zur Verbesserung der Akzeptanz eventueller Hilfen gegenüber der DDR (im einzelnen Anlage 5B[6]).

3.2.6 Angesichts der Lockerung in den DDR-Medien sollte die Zulassung westlicher Zeitungen nicht mehr ein so großes Problem sein; daher

- Zulassung von Geschenk-Abonnements von Wochen- und evtl. auch Tageszeitungen (die jetzt schon in Interhotels gegen DM zu erhalten sind);
- Zulassung der Mitnahme solcher Zeitungen durch Besuchsreisende.

3.2.7 Aufgrund der Fluchtbewegung ist der Nichtkommerzielle Zahlungsverkehr notleidend geworden. Ohne Einschuß können die bisherigen Zahlungen nicht mehr geleistet werden. Irgendwelche finanziellen Leistungen an die DDR wären politisch nicht zu vertreten, wenn hier gekürzt werden müßte. Erforderlich ist

- eine einmalige Zahlung der DDR möglichst bald von 50 Mio. DM,
- laufende Zahlungen der DDR ab 1991 in Höhe von 100 Mio. DM statt 70 Mio. DM jährlich.

(Im einzelnen Anlage 6[7].)

3.3 Laufende und geplante Umweltvorhaben

Zur Zeit werden 6 Pilotprojekte von uns mit etwa 300 Mio. DM gefördert; einige beziehen sich direkt oder indirekt auf die Elbe. Hinsichtlich der Werra steht eine Reaktion der DDR noch aus. Die DDR hat im letzten Beauftragtengespräch die Förderung von 11 weiteren Projekten (zum Teil ebenfalls mit Wirkung für die Elbe) vorgeschlagen; geschätzter Gesamtaufwand 349,5 Mio. DM, den wir allerdings keineswegs voll übernehmen würden. Die Vorschläge werden sachlich noch geprüft. Die laufenden Verhandlungen über die Reinhaltung der Elbe könnten in weitere konkrete Projekte einmünden. Außerdem gibt es Wünsche Berlins (im einzelnen Anlage 7[8]).

---

5 Anlage 5 nicht abgedruckt: „Vorschläge für Verbesserungen: A. im Geschenkverkehr in die DDR, B. im Reiseverkehr in die DDR".
6 Ebd.
7 Anlage 6 nicht abgedruckt: Vermerk des Gruppenleiters 22 „Nichtkommerzieller Zahlungsverkehr", 2. November 1989.
8 Anlage 7 nicht abgedruckt: Vermerk des Referats 221 betr. Förderung von Umweltschutzprojekten in der DDR und in Berlin (Ost), 221 – 35020 – Um 9, 2. November 1989.

Die Förderung von Umweltschutzprojekten erfordert die Schaffung eines entsprechenden Haushaltstitels, da die bestehenden Titel bei BMU und BMB nach Zweckbestimmung und Höhe nicht ausreichen. Dies sollte bei geeigneter Gelegenheit geklärt werden.

(Duisberg)

Nr. 74A
Anlage 4
Vermerk des Ministerialdirigenten Stern

Reiseverkehr

1. Lage

1988 nach DDR-Angaben 6,75 Mio. Reisen aus der DDR von (nach BMB-Zahlen) 2,6 Mio. Reisenden, darunter 2,5 Mio. Eisenbahnreisen.
Eine Verdoppelung des Reiseverkehrs würde bedeuten:
– Mehrbelastung DDR 100 Mio. (Erhöhung der DDR-Belastung durch Umtausch von 40 auf 80 Mio. DM, Erhöhung des DDR-Anteils am Saldenausgleich von 70 auf 130 Mio. DM)
– Mehrbelastung D 320 Mio. DM (Erhöhung des Begrüßungsgeldes von 260 auf 520 Mio. DM, Erhöhung des DB-Anteils am Saldenausgleich von 35 auf 95 Mio. DM)
Problem: Wenn zukünftig Reisen durchgeführt werden, ohne daß Verwandte und Bekannte vorhanden sind, reichen 15 DM von DDR und 100 DM von D keinesfalls aus. Nicht erwünschter Mitnahmeeffekt (Kurzreise nur zum Einkauf, insbesondere in Berlin und im Zonenrandgebiet) wird zukünftig größer.

2. Grundsatz

2.1 Wenn wir zusätzlich Mittel bereitstellen, setzt dies voraus, daß die DDR im Hinblick auf die Akzeptanz auch zusätzliche Mittel bereitstellt (sie hat große Einnahmen aus dem Reiseverkehr) bzw. daß sie unseren Reisenden Erleichterungen gewährt (insbesondere beim Mindestumtausch).

2.2 Mögliche Maßnahmen sollten im Hinblick auf Unübersehbarkeit der Entwicklung in der DDR und im Reiseverkehr zeitlich begrenzt werden.

3. Modelle

3.1 DDR zahlt Begrüßungsgeld in DM gegen Ost-Mark aus

Vorteile:	Kontrollschwierigkeiten entfallen.
	Kein Almosen, sondern Umtausch.
Nachteile:	Nicht D, sondern DDR erscheint als „Wohltäter". Grundsatz, daß DDR mit Devisen ausstatten muß, wird verwischt, wir kommen in Verantwortung und werden erpreßbar. DDR wird Verwaltungskosten kassieren, Ausgaben sind für uns nicht überprüfbar.
Also:	„Almosen" weiter in Kauf nehmen und bessere Kontrollmöglichkeiten schaffen:

– DDR akzeptiert Kontrollstempel im Paß des Reisenden, oder
– wir zahlen nur gegen ein Doppel [der] Umtauschquittung der Staatsbank der DDR.

3.2 D fordert für Begrüßungsgeld Ost-Mark

Vorteil:	Kein Almosen, sondern Umtausch.

Nachteil: Ost-Mark nicht verwendbar.

DDR wird Ost-Mark-Mitnahme auch zukünftig kaum genehmigen.

Also: Selbst wenn DDR Mitnahme zulassen sollte, nur optische Verbesserung.

3.3 Gründung eines Fonds D/DDR, in den beide einzahlen (Büchler)
- Schafft keine zusätzliche DM.
- Jeder Versuch, für eingezahlte Ost-Mark Leistungen der DDR zu erhalten, wird scheitern (auch in diesem Fall müßte Ost-Mark verbrannt werden).
Also: irreal.

3.4 Gründung einer Wechselbank (Kreutzer), in die sowohl Reisende aus D als aus DDR einzahlen. Überschuß für Verkehrsprojekte verwenden.

Konsequenz: DDR verzichtet auf DM-Einnahmen im Reiseverkehr und ermöglicht uns, mit Ost-Mark Verkehrsprojekte zu bezahlen.

Also: irreal, bei DDR nicht durchsetzbar.

3.5 Erhöhung des Begrüßungsgeldes

Nachteile: Kaum bezahlbar (Verdoppelung auf 200 DM bei Verdoppelung des Reiseverkehrs würde Ausgabe von über 1 Mrd. DM bedeuten). Für Reisende ohne Verwandte oder Bekannte auch nicht ausreichend. Unerwünschter Mitnahmeeffekt würde erheblich vergrößert.

Also: Keine zweckmäßige Maßnahme.

3.6 Ausgabe von Übernachtungsgutscheinen für preisgünstige und/oder nicht genutzte Unterkünfte.

Vorteil: Hilfe für Reisende ohne Verwandte und Bekannte.

Nachteile: Größenordnung schwer bezahlbar (Beschränkung auf Reisende ohne Verwandte und Bekannte kaum durchsetzbar). Organisation sehr kompliziert.

Deshalb: Nur vertretbar, wenn kombiniert mit Herabsetzung des Begrüßungsgeldes. Dadurch würde zusätzlich Mitnahmeeffekt für Begrüßungsgeld verringert.

3.7 Begrüßungsgeld (bzw. gekürztes Begrüßungsgeld und Übernachtungsgutscheine) nur bei mindestens 2tägigen Reisen. Für Reisen ohne Übernachtung nur gekürztes Begrüßungsgeld (20 DM).

Vorteil: Da viele Reisende nicht übernachten, kann bei gleichem Gesamtvolumen Begrüßungsgeld und Zahl der Übernachtungsgutscheine erhöht werden. Mitnahmeeffekt wird stark verringert; Herabsetzung bei Reisen ohne Übernachtung auf 20 DM vertretbar.

Nachteil: Organisation schwierig (Reisende benötigen Geld und Gutscheine am ersten Tag).

3.8 DDR verlangt höhere Ostmark-Beträge

Zum Beispiel: 600 Ostmark für eine erhöhte Devisenausstattung von 50 DM und für von uns (gegen Doppel der Umtauschquittung der Staatsbank – vgl. 3.1) zu zahlendes Begrüßungsgeld von 50 DM und Übernachtungsgutscheine im Wert von 100 DM (Kurs: 3:1).

Vorteil: Reisende erhalten keine Almosen. Insbesondere Reisenden ohne Verwandte und Bekannte wird geholfen.

Kontrollmöglichkeiten werden verbessert.

Vorteil
für DDR: Steuerung des Umfanges des Reiseverkehrs durch Einzahlung der Ostmark.

Ostmark-Beträge werden abgeschöpft.

3.9 Zusätzliche Hilfe beim Saldenausgleich
Zum Beispiel: Bei Saldo über 135 Mio. Übernahme von 100%: Entlastung der DDR bei verdoppeltem Reiseverkehr 45 Mio. (d.h. DDR könnte mit eingesparten Mitteln jedem Reisenden nur 9 DM mehr geben).
Zum Beispiel: Volle Übernahme des Saldos bei verdoppeltem Reiseverkehr: Entlastung der DDR um 95 Mio.
Nachteil: keine durchgreifende Verbesserung.

4. Mögliche Beiträge der DDR (alternativ oder kumulativ)
4.1 Erhöhung des Umtauschbetrages von bisher 15 DM
Muß gefordert werden, aber Vervielfachung der bisherigen DDR-Ausgaben schon bei Umtauschbeträgen, die bei weitem nicht ausreichen für Reisende ohne Verwandte und Bekannte (bei 30 DM und Verdoppelung des Reiseverkehrs 160 Mio. statt 40 Mio. DM, bei 60 DM 320 Mio. DM).
4.2 Korrektur des Mindestumtausches, insbesondere soziale Komponente, Verringerung bei langen Reisen und bei Tagesreisen. Mögliche Ausfälle der DDR schwer zu beziffern, aufzurechnen evtl. gegen höhere Zahl der Reisen infolge der geringeren Mindestumtauschsätze.
4.3 Maßnahmen der DDR, die gar nichts oder nur wenig kosten
Zum Beispiel:
– Liberalisierung für Mitnahme von Waren im Reiseverkehr,
– Zulassung des Verbringens von gebrauchten Gegenständen, insbesondere Autos,
– geringere Gebühren für Mitnahme von Waren im Reiseverkehr,
– Zulassung von neuen Übergängen,
– Verbesserung des Verfahrens bei der Erteilung von Reisegenehmigungen in beiden Richtungen,
– weitgehende Aufhebung der Einreisegenehmigungen.

Nr. 75
Schreiben des Bundeskanzlers Kohl an Präsident Bush
Bonn, 7. November 1989

BArch, B 136/29806, 212 – 30101 A 5 Am 4 Bd. 22. – Tag der Ausfertigung hs. ergänzt.

Lieber George,

ich danke Ihnen herzlich für Ihre Unterrichtung mit Fernschreiben vom 22. September dieses Jahres über ein Schreiben, das Generalsekretär Gorbatschow Ihnen durch Außenminister Schewardnadse übermittelte.[1]
Die Bundesregierung begrüßt den erfolgreichen Verlauf des Außenministertreffens in Wyoming[2], das zu einer Annäherung der Positionen in einer Reihe wichtiger Fragen geführt hat. Ich hoffe sehr, daß der dadurch bewirkte politische Impuls an den Verhandlungstischen zügig in konkrete Fortschritte und Ergebnisse umgesetzt werden wird.
Meiner Meinung nach sind die in den Verhandlungen über START und die Verteidigungs- und Weltraumwaffen erzielten Fortschritte ermutigend. Die Bundesregierung unterstützt

---

1 Dazu Nr. 46.
2 Ebd., Anm. 5.

das amerikanische Verhandlungsziel einer Stärkung des strategischen Gleichgewichts auf einem wesentlich niedrigeren Niveau der strategischen Offensivwaffen. Ich habe wiederholt – auch öffentlich – darauf hingewiesen, daß ein solches Ergebnis auch im Interesse der Europäer liegt.

Die Ausführungen, die Generalsekretär Gorbatschow im Hinblick auf die Verhandlungen über konventionelle Streitkräfte in Europa (VKSE) macht, deuten auf ein sowjetisches Interesse hin, ein VKSE-Abkommen 1990 zu schließen. Dieses Interesse müssen wir für Fortschritte in den Verhandlungen nutzen. Die bewährte deutsch-amerikanische Zusammenarbeit in Wien kann dazu beitragen, daß die noch offenen wichtigen Fragen einer Lösung nähergebracht werden.

Ich stimme Ihnen zu, daß man die von Generalsekretär Gorbatschow vorgeschlagenen Außenministertreffen im Rahmen der VKSE-Verhandlungen sorgfältig daraufhin prüfen muß, inwieweit sie dem westlichen Interesse an einem zügigen Abschluß der Verhandlungen entsprechen.

Ihre Mitteilung, daß die Verifikationsprobleme im Zusammenhang mit den Schwellenverträgen von 1974 und 1976 weitgehend gelöst sind, erfüllt mich mit Genugtuung. Ich hoffe, daß damit der Weg für eine baldige Ratifizierung der Abkommen frei ist.

Die sowjetische Bereitschaft zur Teilnahme an einer internationalen Konferenz über den amerikanischen Vorschlag eines „offenen Himmels" eröffnet die Chance für eine baldige Verwirklichung Ihres Vorschlags. Die Bundesregierung wird hieran aktiv mitwirken. Um einen erfolgreichen Verlauf der Konferenz zu gewährleisten, ist jedoch noch eine gründliche Vorbereitung im Bündnis erforderlich.

Ich bin mit Ihnen der Überzeugung, daß die Geschlossenheit des Atlantischen Bündnisses maßgeblich zur positiven Entwicklung der West-Ost-Beziehungen beigetragen hat. Der NATO-Gipfel, an dessen Erfolg Sie ausschlaggebenden persönlichen Anteil haben, hat für den Westen die Initiative im Rüstungskontrollprozeß gesichert. Die Bundesregierung wird in engem Kontakt mit den Vereinigten Staaten auf eine zügige Verwirklichung der im Bündnis gemeinsam beschlossenen Ziele hinwirken.

Ich wünsche Ihnen schon jetzt einen erfolgreichen Verlauf der Gespräche, die Sie Anfang Dezember mit Generalsekretär Gorbatschow führen werden und über die Sie mich fernschriftlich unterrichteten.[3] Treffen auf höchster Ebene zwischen den Vereinigten Staaten von Amerika und der Sowjetunion habe ich bereits in der Vergangenheit immer wieder als Motor des West-Ost-Dialogs befürwortet. Ich begrüße deshalb Ihren Entschluß, Generalsekretär Gorbatschow in einer Zeit dynamischer Entwicklungen, insbesondere in Mittel- und Osteuropa, zu treffen.

Mir liegt sehr daran, daß wir uns im direkten persönlichen Kontakt über die uns besonders bewegenden Probleme austauschen, und ich möchte meinerseits unterstreichen, wie sehr ich das Gespräch mit Ihnen und die enge Partnerschaft schätze.

Mit freundlichen Grüßen
Ihr
Helmut Kohl

3 Nr. 69.

Leipzig S. 38/38

Wir können nur versuchen, diese Entwicklung zu fördern.
Das erfordert den Dialog mit allen politischen Kräften in
der DDR - auch den Dialog mit jenen, die dort politische
Verantwortung tragen. Gegenüber der neuen SED-Führung erkläre ich unsere Bereitschaft, einen Weg des Wandels zu
stützen, wenn sie zu Reformen bereit ist. Mit kosmetischen
Korrekturen ~~wird es kein Bewenden haben~~. Wir wollen nicht
unhaltbar gewordene Zustände stabilisieren. Aber wir sind
zu umfassender Hilfe bereit, wenn eine grundlegende Reform
der politischen Verhältnisse in der DDR verbindlich festgelegt wird. Die SED muß auf ihr Machtmonopol verzichten
und sie muß freie Wahlen und damit die freie Zulassung von
Parteien verbindlich zusichern.

Unter dieser Voraussetzung bin ich bereit, über eine neue
Dimension unserer wirtschaftlichen Hilfe zu sprechen. Dabei
ist auch klar, daß ohne eine grundlegende Reform des gesamten Wirtschaftssystems, den Abbau bürokratischer Planwirtschaft und den Aufbau einer marktwirtschaftlichen
Ordnung jede wirtschaftliche Hilfe letztlich vergeblich
bleiben wird.

Einen grundlegenden politischen und wirtschaftlichen Wandel
in der DDR zu fördern, ist unsere nationale Aufgabe.

Zwischen Bundeskanzler Kohl, Bundesminister Schäuble und Bundesminister Seiters am Abend des 6. November 1989 im Kanzlerbungalow abgestimmte Textpassage für den Bericht des Bundeskanzlers zur Lage der Nation im geteilten Deutschland am 8. November 1989 vor dem Deutschen Bundestag.

Nr. 76
Gespräch des Bundeskanzlers Kohl mit dem
Vorsitzenden der Gewerkschaft „Solidarität", Walesa
Warschau, 9. November 1989

BK, 213 – 30104 P 4 Po 28, BK in Polen, 9.–14.11.1989, Bd. 5. – Vermerk des VLR I Kaestner, 10. November 1989. – Mit Vorlage des MD Teltschik über Chef BK an den Bundeskanzler, 15. November 1989: „Betr.: Ihr offizieller Besuch in der Volksrepublik Polen, hier: 1. Gespräch mit dem Vorsitzenden der Solidarität Lech Walesa (Warschau, 09.11.1989) 2. Delegationsgespräch (Warschau, 10.11.1989). Hiermit lege ich Ihnen Vermerke über die o.a. Gespräche mit der Bitte um – Genehmigung – vor. Zugleich erbitte ich Ihre – Zustimmung –, den Vermerk über das Delegationsgespräch allen teilnehmenden Bundesministern zukommen zu lassen." Hs. von Bundeskanzler Kohl vermerkt: „Teltschik", zur Weitergabe an die Bundesminister: „Ja". – Gesprächsdauer: 18.05 bis 19.00 Uhr.

Der Bundeskanzler begrüßt Lech Walesa (W.) und erinnert an das letzte Zusammentreffen Anfang September[1] – seither sei in Europa viel geschehen!
Er hoffe, jetzt wirklich ein neues Kapitel in den deutsch-polnischen Beziehungen beginnen zu können. Seine Delegationsstärke – darunter über 80 Persönlichkeiten aus der Wirtschaft – zeuge von starkem Interesse.[2] Wenn Polen nun die nötige politische Infrastruktur schaffe, könne man vieles gemeinsam tun: Förderung landwirtschaftlicher Genossenschaften, Handwerksgroßbetriebe, mittelständische Unternehmen – gerade hier besonderes Kooperationspotential.
Das von den Persönlichen Beauftragten ausgehandelte Gemeinsame Dokument[3] sei vernünftig und zukunftsweisend.
Allerdings müsse man wissen, daß die Linken in beiden Ländern Erfolg dieses Besuchs nicht wollten. Die Diskussion über den Annaberg[4] habe dies gezeigt, desgleichen die Art, wie man ganze Bevölkerungsgruppen wie die Vertriebenen – die ganz überwiegend gutwillig seien – psychologisch quäle, bis sie reagierten.
Ein Erfolg im deutsch-polnischen Verhältnis sei angesichts der dramatischen Entwicklung in der DDR besonders dringend geworden. Niemand könne sagen, wie es dort weitergehen werde – auch Krenz nicht. Pro Tag seien zwischen 10000 und 15000 Leute aus der DDR einfach weggelaufen. Ihm – dem Bundeskanzler – habe Krenz telefonisch gesagt,[5] er wolle Reformen durchführen, aber nach dem Modell Moskaus, nicht nach dem Warschaus und Budapests: Er wolle praktisch die bisherige Parteiherrschaft beibehalten. Dies aber werde nicht funktionieren: Wenn Krenz nicht Parteien zulasse und freie Wahlen garantiere, werde es keine Ruhe geben. Dies hätte vielleicht, wenn Honecker es vor zwei Jahren durchgeführt hätte, gewirkt, jetzt aber, angesichts von Demonstrationen von 500000 Menschen in Leipzig, von 600000–700000 Menschen in Berlin, sei es zu spät. Gegen derartige Menschenmengen könne man auch mit Polizei und Panzern nichts mehr ausrichten. Dies wisse auch Gorbatschow.
Gerade deshalb aber sei ein Erfolg der Reformen hier in Polen um so wichtiger. Dieser Erfolg sei ein europäisches Ereignis ersten Ranges. Deshalb wolle er – der Bundeskanzler – alles tun, um zu diesem Erfolg beizutragen. Erforderlich sei auf beiden Seiten kluge Politik.
W. dankt für die Möglichkeit zum Gespräch und erwidert zum Thema Annaberg, man möge diesen Fall nicht zu stark betonen. Man dürfe nicht vergessen, daß es zwischen beiden Ländern einen eisernen Vorhang gegeben habe, daß die polnische Bevölkerung über die Kon-

---

1 Nr. 38.
2 Programmrahmen, Stand: 6. November 1989, und abgeändertes Programm, Stand: 10. November 1989, 11.00 Uhr; BK, 213 – 30104 P 4 Po 28, BK in Polen, 9.–14.11.1989, Bd. 4.
3 Nr. 92 Anm. 3.
4 Nr. 70 Anm. 1.
5 Nr. 68.

zepte und Bestrebungen des Bundeskanzlers schlecht informiert worden sei. Die jetzige Öffnung sei noch zu jung, um diese Prägungen, diese Stimmungen zu überwinden. In einem Monat könne man dies nicht schaffen – in einem halben Jahr werde es ein derartiges Problem nicht mehr geben.

Heute wirke jedoch die verbreitete Angst vor deutscher Aggression, vor deutschen Panzern nach. Die Kommunisten hätten dieses Bild psychologisch aufrechterhalten – der Bundeskanzler wirft ein: und gebraucht.

W. rät, die Entwicklung der Dinge in Ruhe abzuwarten.

Die Entwicklung in der DDR sehe er als sehr gefährlich an. Man müsse dort zu bremsen versuchen. Er habe früher gesagt, daß es gut wäre, wenn die DDR an fünfter oder sechster Stelle (unter den Reformstaaten) zu finden sei. Er hätte [es] vorgezogen, daß die Entwicklung in einer gewissen Reihenfolge – mit Polen und Ungarn an der Spitze – bleibe. Nun aber stehe man unvorbereitet vor einer neuen Situation. Man brauche mutige Lösungen – etwa die völlige Öffnung: Jeder könne dorthin gehen, wo es ihm passe. Aber niemand sei auf derartige Lösungen vorbereitet.

In der DDR wirke alles auf ihn kurzfristig und zugleich verspätet gedacht. Ein Menschenzug bewege sich nach Westen, und niemand bleibe übrig, das Licht auszulöschen. Er frage sich, ob die Bundesrepublik Deutschland diesen Zustrom aushalten könne. Für Polen komme die ganze Entwicklung nicht gelegen, da die Bundesrepublik Deutschland gezwungen sein werde, ihren Blick in erster Linie auf die DDR zu richten – womit die polnischen Reformen zwangsläufig in den Hintergrund gerieten.

Der Bundeskanzler wirft ein, dies sei nicht seine Politik – ohne die Entwicklung in Warschau hätte es diese Entwicklung in der DDR nicht gegeben –, und wenn die Warschauer Reformen scheiterten, werde auch in der DDR nichts weiter passieren.

W. entgegnet, dies sei zwar logisch richtig, andererseits entwickle sich die Lage in der DDR mit schnellen Schritten und Sprüngen – er frage sich, was geschehen werde, wenn die DDR ihre Grenzen voll öffne und die Mauer abreiße – müsse dann die Bundesrepublik Deutschland sie wieder aufbauen?

Der Bundeskanzler erwidert, wenn die Zahl der Zufluchtsuchenden noch dramatischer anwachse, werde die DDR kollabieren.

W. betont erneut, die Reformentwicklung der DDR sei verspätet – und wenn die DDR nicht weiter könne oder wolle, werde sie versuchen, die ganze Schuld auf die Bundesrepublik Deutschland abzuwälzen.

Der Bundeskanzler hält einen derartigen Ablauf für unwahrscheinlich: Er habe gestern im Deutschen Bundestag gesagt, daß es drei Punkte gebe, die jetzt entscheidend seien: Zulassung freier Parteien, freie Wahlen und glaubwürdige Garantien. Dann könne auch die Bundesrepublik Deutschland helfen.[6]

W. hält eine derartige Entwicklung für zu spät – wenn er in der DDR zu entscheiden hätte, würde er ankündigen, daß volle Öffnung (der Grenzen) vorbereitet werde, ein politisches Programm in großen Linien darlegen und eine kluge Übergangslösung einführen, damit es

---

6 In dem „Bericht zur Lage der Nation im geteilten Deutschland" (Verhandlungen des Deutschen Bundestages. Stenogr. Berichte. Bd. 151. Plenarprotokoll 11/173, 13010–13018, hier 13016 f.) erklärte Bundeskanzler Kohl am 8. November 1989 gegenüber der neuen Führung der SED die „Bereitschaft, einen Weg des Wandels zu stützen, wenn sie zu Reformen bereit ist". Er wolle aber „nicht unhaltbar gewordene Zustände stabilisieren". Die Bundesregierung sei „zu umfassender Hilfe bereit, wenn eine grundlegende Reform der politischen und wirtschaftlichen Verhältnisse in der DDR verbindlich festgelegt" werde. Die SED müsse „auf ihr Machtmonopol verzichten", „unabhängige Parteien zulassen und freie Wahlen verbindlich zusichern". Unter diesen Voraussetzungen sei er bereit, über eine „völlig neue Dimension unserer wirtschaftlichen Hilfe" zu sprechen. Dabei sei „klar, daß ohne eine grundlegende Reform des Wirtschaftssystems, ohne den Abbau bürokratischer Planwirtschaft und den Aufbau einer marktwirtschaftlichen Ordnung wirtschaftliche Hilfe letztlich vergeblich sein wird" (dazu auch Faksimile S. 491).

nicht zur Verwirrung komme. Dies aber sei jetzt unmöglich – das wisse man gerade in Polen aus eigener Erfahrung. Er hätte eine saubere Lösung – „mit Handschuhen" – vorgezogen. Jetzt aber müsse man improvisieren. Trotz allem müsse der Versuch gemacht werden, auch in der DDR eine durchdachte Lösung durchzuführen, sonst gebe es ein Chaos.

Der Bundeskanzler wiederholt: Wirklich freie Parteien und freie Wahlen seien das, worauf die Leute in der DDR jetzt warteten.

W. fragt, ob es jemand gebe, mit dem man vernünftig reden könne.

Der Bundeskanzler gibt sein Bild von der DDR-Führung wieder. Es gehe nicht um eine Person, sondern um viele, die fürchteten, ihre Vorteile zu verlieren, und jetzt echte Angst hätten. Innerhalb der Führung gebe es drei Gruppen.

– Personen, die noch vor 10 Tagen geglaubt hätten, durch Absetzung Honeckers die Dinge in Ordnung zu bringen – jetzt seien sie selbst abgelöst worden, „die alten Betonköpfe sind weg".

– Krenz und seine Gefolgsleute, die Reformen nach dem Modell der Sowjetunion, d.h. mit führender Rolle der Partei machen wollten. Er – der Bundeskanzler – glaube nicht, daß dies gelingen werde.

– Die dritte Gruppe schließlich sei sehr schwer zu bestimmen – sie wolle jedoch offensichtlich echte Veränderungen. Er habe Anfragen nach „Bedingungen" bekommen, aber selbstverständlich geantwortet, daß die Bundesrepublik Deutschland keine Bedingungen zu stellen habe, sondern alle Entscheidungen aus der DDR selbst kommen müßten.

Betont habe er allerdings, daß er umfassend helfen könne, wenn es wirkliche Reformen gebe: Gründung freier Gewerkschaften, freie Parteien, freie Wahlen, Garantien ... Werde die DDR-Führung diesen Weg nicht gehen, werde sie weggefegt.

W. drückt erneut Furcht und Besorgnis vor unkontrollierbaren Entwicklungen aus: Die Lage in der DDR erfordere mutige Lösungen – diese würden jetzt aber auf der Straße gefällt. Er sehe keine zukunftsgerichtete Planung. Die SED sei nicht in der Lage, Reformen durchzuführen, niemand werde ihr glauben. Vielleicht solle man an Einschaltung der UNO denken. Insbesondere aber gebe es keine Personen und keine Institutionen – wie etwa in Polen die Kirche –, mit denen man die Lage vernünftig bereden und sie beherrschen könne. Es gebe keine ernstzunehmende Organisation – allerdings könnten gewisse Leute aus der Nomenklatura mit militärischer Macht spielen.

Der Bundeskanzler widerspricht: Militärische Kraft werde jetzt niemand helfen. Jedoch könne das Beispiel Ungarn dienen: Dort hätten in der Tat einige Leute aus der Partei selbst begriffen, daß Reformen nötig seien.

W. hält ein zweites Ungarn in der DDR nicht für möglich – er bezweifelt, ob die Mauer in ein bis zwei Wochen noch stehen wird.

Der Bundeskanzler betont, der friedliche Ablauf der Demonstrationen habe sehr klar bewiesen, daß die Leute nicht radikal seien.

W. berichtet aus eigener Erfahrung, auch er habe nach den Beratungen am „Runden Tisch" zunächst an den Ergebnissen festgehalten, sei aber von den Ereignissen überholt worden. Gerade deshalb seine Besorgnisse, daß sich die Dinge in der DDR zu schnell entwickelten.

Der Bundeskanzler weist darauf hin, daß die DDR im Gegensatz zu Polen und Ungarn keine Nation, sondern ein Teil Deutschlands sei. Wenn es aber eine feste Vereinbarung über Zulassung von Parteien und die Gewähr von freien Wahlen gebe, dann würden die Leute nicht mehr weglaufen. Da noch Reste früherer Parteien vorhanden seien – dies gelte allerdings nicht für die Ost-CDU –, könne in einem Vierteljahr eine neue Infrastruktur stehen.

Prof. Geremek wirft ein, die Frage stelle sich in der DDR wie in Polen: Die Gesellschaft wolle Freiheit und nicht Parteien. Wenn man die Probe aufs Exempel mache – wozu stehe dann noch die Mauer?

Der <u>Bundeskanzler</u> entgegnet, bei dieser Entwicklung werde die Mauer zweifellos weggeräumt. Andererseits: Wenn man schieße, sei alles vorbei.

<u>W.</u> sieht Schwierigkeiten bei Partei-Neugründung, weil viele der aktivsten Führungspersönlichkeiten bereits weggegangen sind. Vielleicht stehe das Parteienproblem damit sogar auf Sparflamme. Für das Volk aber, das rufe „Wir wollen Parteien", gehe es – wie in Polen – um die Freiheit.

<u>W.</u> fragt nach der Wirtschafts- und Versorgungslage in der DDR.

Der <u>Bundeskanzler</u> hält dies für das geringere Problem. Im übrigen habe er gestern im Deutschen Bundestag unsere Hilfsbereitschaft unterstrichen, wenn freie Gewerkschaften und Parteien zugelassen und freie Wahlen garantiert würden. Man könne die DDR-Wirtschaft ziemlich rasch aktivieren. Natürlich müßten die Hilfen groß sein – da hege er keine Illusionen.

Gerade in der jetzigen Situation – so der <u>Bundeskanzler</u> weiter – wolle er die Dinge mit Polen ins reine bringen. Er wolle Ergebnisse wegen der bilateralen Beziehungen, aber auch wegen der Entwicklung in der DDR erreichen. Es wäre grundfalsch, der DDR jetzt Priorität einzuräumen und zu behaupten, Polen sei kein Thema mehr. Denn die Entwicklung sei kein deutsches, sondern ein europäisches Problem. Alles, was er als Deutscher in dieser Situation tue, bewerte er unter dem Gesichtspunkt: Wie wirkt dies in Europa?

In Paris, London, Rom, Warschau gebe es sehr viele Leute, die diese Entwicklung nicht wünschten. Gerade deshalb müsse man sich um einen Konsens bemühen. Vor 8 Tagen habe er mit Staatspräsident Mitterrand darüber gesprochen[7] und dann mit ihm zusammen in der Pressekonferenz[8] festgestellt: Gerade jetzt brauche die Bundesrepublik Deutschland die Partnerschaft zu Frankreich – sie sei existentiell. Denn wir seien ein Stück Europa. Die Deutschen seien nicht Maß aller Dinge.

Im übrigen könne er nur wiederholen: Wenn die Dinge in Polen sich zum Schlechten entwickelten, dann auch in der DDR – gerade deshalb wolle er hier wichtige Anstöße geben.

<u>W.</u> fragt, ob die Bundesrepublik Deutschland Millionen Menschen aus der DDR aufnehmen könne.

Der <u>Bundeskanzler</u> hält derartig große Ströme von Zufluchtsuchenden für unwahrscheinlich. Aus eigenen Gesprächen wisse er, daß dies normale Menschen seien, die eigentlich nicht weggehen wollten, sondern durch ihre Zuflucht bessere Lebensverhältnisse in der Heimat erzwingen wollten.

<u>W.</u> verdeutlicht erneut seine Besorgnis vor unkontrollierten Entwicklungen und „revolutionärem Chaos". Dabei sei gemeinsames Interesse, daß die Dinge sich ruhig entwickelten.

Der <u>Bundeskanzler</u> stimmt nachdrücklich zu. Jedoch könne er – der Bundeskanzler – zusammen mit W. die Entscheidungen nicht treffen. Leute in der DDR-Führung brauchten noch eine Lektion, nämlich die, daß es mit der bisherigen Herrschaft der Partei nicht weitergehe. Eine militärische Alternative gebe es nicht – weder mit den eigenen noch mit den russischen Soldaten. Aber gerade weil einige Leute der Führung sich retten wollten, würden sie keine Politik der verbrannten Erde führen.

<u>W.</u> hält gleichwohl eine Entwicklung mit Kriegsrecht/Ausnahmezustand nicht für ausgeschlossen.

Der <u>Bundeskanzler</u> widerspricht erneut – die Leute wollten Veränderungen, keine Revolution.

<u>W.</u> und <u>G.</u> bezweifeln, daß dies auch für die Masse der Jugend gelte.

Der <u>Bundeskanzler</u> widerspricht – natürlich wollten sie Veränderungen und besseren Lebensstandard, aber sie sähen auch die Kosten und Risiken.

---

7 Nr. 70.
8 Ebd., Anm. 8.

Nächste Woche werde es nun in Ost-Berlin eine neue Regierung geben. Er kenne den vorgesehenen Ministerpräsidenten[9] nicht, wohl aber einige Leute seiner Umgebung. Es würde ihn – den Bundeskanzler – nicht wundern, wenn dieser nach einer Weile versuchen würde, Krenz zur Seite zu drücken und seine Rolle zu übernehmen.

Im übrigen seien die Leute in der DDR über die Verhältnisse bei uns durch Fernsehen hervorragend unterrichtet. Sie wüßten, was sie in der Bundesrepublik Deutschland erwarte. 14 Millionen Reisen in den letzten Jahren hätten den Menschen auch persönliche Eindrücke vermittelt.

Auch aus diesem Grund glaube er, daß es zu keiner Radikalisierung kommen werde: Bei Demonstrationen von 500 000 Leuten keine eingeschlagene Fensterscheibe – dies sei in der Tat beachtlich (Exkurs: DDR-Zufluchtsuchende in Botschaften Warschau, Prag).

Abschließend gibt der Bundeskanzler seiner Überzeugung Ausdruck, daß man in der DDR mit entschlossenen Schritten in Richtung auf Zulassung von freien Gewerkschaften, freien Parteien und in einer realistischen Perspektive freier Wahlen die Dinge unter Kontrolle halten könne. Die katholische und die evangelische Kirche spielten durchaus eine stabilisierende Rolle.

Nach Hinzukommen von Kardinal Hengsbach verdeutlicht der Bundeskanzler erneut, daß die Entwicklung in der DDR seine Politik nicht verändern werde, er wolle den Erfolg der Reformen in Polen und Ungarn, sie seien von gesamteuropäischer Bedeutung – kämen sie nicht zum Erfolg, werde es auch in der DDR keine vernünftigen Entwicklungen geben.

Er bekundet seine Bereitschaft, im Falle einer dramatischen Zuspitzung auch mit W. in Kontakt zu bleiben.

W. bedankt sich für das Gespräch.

Teilnehmer auf polnischer Seite:
Prof. Geremek

Teilnehmer auf deutscher Seite:
AL 2
RL 212 (Note taker)
Frau Hamerlak-Hermesdorff (Dolmetscherin)

Kaestner

---

9 Hans Modrow.

Nr. 77
Delegationsgespräch des Bundeskanzlers Kohl mit Ministerpräsident Mazowiecki
Warschau, 10. November 1989

BK, 213 – 30104 P 4 Po 28, BK in Polen, 9.–14.11.1989, Bd. 5. – Vermerk des VLR I Kaestner, 10. November 1989. – Mit Vorlage des MD Teltschik über Chef BK an den Bundeskanzler, 15. November 1989: „Betr.: Ihr offizieller Besuch in der Volksrepublik Polen, hier: 1. Gespräch mit dem Vorsitzenden der Solidarität Lech Walesa (Warschau, 09.11.1989) 2. Delegationsgespräch (Warschau, 10.11.1989). Hiermit lege ich Ihnen Vermerke über die o.a. Gespräche mit der Bitte um – Genehmigung – vor. Zugleich erbitte ich Ihre – Zustimmung –, den Vermerk über das Delegationsgespräch allen teilnehmenden Bundesministern zukommen zu lassen." Hs. von Bundeskanzler Kohl vermerkt: „Teltschik", zur Weitergabe an die Bundesminister: „Ja". – Gesprächsdauer: 10.30 bis 11.20 Uhr.

Ministerpräsident Mazowiecki begrüßt den Bundeskanzler und seine Delegation und regt an, daß in dieser Sitzung die wichtigsten Wirtschaftsfragen und -probleme von polnischer Seite angesprochen werden. Denn internationale Zusammenarbeit sei in der gegenwärtigen Situation Polens das wichtigste.

Seine Regierung habe zwei Hauptaufgaben ins Auge gefaßt – die Reform des politischen Systems und die Umgestaltung der Wirtschaft in Richtung Marktwirtschaft, und zwar ohne inflationäre Entwicklung. Beide Prozesse müßten parallel durchgeführt werden; denn weder werde man mit wirtschaftlichen Reformen ohne politische Veränderungen Erfolg haben, noch könne man die Leute mit politischen Reformen darüber trösten, daß sich zu ihren Lebzeiten materiell nichts ändern werde.

Der Bundeskanzler ist mit dem vorgeschlagenen Themenkreis einverstanden, bemerkt jedoch vorab zur aktuellen Lage folgendes:

Er bitte um Verständnis, daß er seinen Besuch angesichts der Entwicklung in der DDR um einen Tag unterbreche. Er werde heute abend in die Bundesrepublik Deutschland zurückkehren, dort morgen vormittag eine Kabinettsitzung leiten und morgen abend wieder nach Warschau zurückkehren. In Bonn gehe es jetzt um eine Reihe wichtiger, auch technischer Entscheidungen mit großer finanzieller Bedeutung. Niemand wisse, wie viele Flüchtlinge sich zum Bleiben entschlössen. Aber dies sei nur die eine Seite: Viele Leute in der Welt schauten jetzt auf Deutschland, auf das, was die Deutschen jetzt täten. Man müsse die psychologische Situation beachten!

Dem Ministerpräsidenten und der polnischen Öffentlichkeit wolle er sagen, daß sein Besuch hier nicht an Bedeutung verliere. Die Entwicklung in der DDR sei nur möglich gewesen, weil die Entwicklung in Polen und in Ungarn vorangegangen sei. Deshalb gelte alles, was er gestern in seiner Tischrede[1] gesagt habe, nicht nur für heute und morgen, sondern auch in einem Jahr. Die Bundesrepublik Deutschland sei elementar interessiert, daß die polnischen Reformen Erfolg haben – dies sei deutsches und europäisches Interesse. Es sei vielleicht gut, daß die Deutschen hier einmal europäische Interessen vertreten!

Es sei sein dringender Wunsch, daß das, was die beiderseitigen Minister in diesen Tagen besprochen hätten, intensiv nachgearbeitet und fortgesetzt werde. Seine Vision sei, daß zwischen Deutschen und Polen auch das möglich sein werde, was wir seit einem Vierteljahrhundert mit den Franzosen praktizierten: zweimal jährlich gemeinsame Kabinettsitzungen. In diesen vielen Jahren habe sich eine Atmosphäre der Zusammenarbeit entwickelt, bei der beide Seiten über die Probleme des Tages [hinaus] die Zukunft im Auge behielten.

---

1 Ansprache des Bundeskanzlers Kohl bei einem Abendessen mit Ministerpräsident Mazowiecki im Palais des Ministerrates in Warschau, 9. November 1989 (Manuskript: BK, 51 – 30104 Po 2 Bd. 1; Wortlaut: Bulletin. Nr. 128. 16. November 1989, 1085–1088).

Ministerpräsident <u>Mazowiecki</u> bekräftigt Verständnis, daß der Bundeskanzler seinen Besuch wegen der Kabinettsitzung in Bonn unterbreche.

Stv. Ministerpräsident und Finanzminister <u>Balcerowicz</u> berichtet aus seinen Gesprächen mit BM Haussmann, man sei die Liste der wirtschaftlichen Fragen durchgegangen. Anknüpfend an die früheren Gespräche in Bonn und jetzt in Warschau wolle er die wichtigsten finanziellen Festlegungen nennen:

1. Gesamtengagement der Bundesrepublik Deutschland in Höhe von 3 Mrd. DM, ausnutzbar in drei Jahren.
2. Deutscher Beitrag in Höhe von $\langle 500 \rangle^2$ Mio. DM zur Stabilisierungshilfe des Westens – damit bestehe eine gute Chance, den notwendigen Betrag von 1 Mrd. US-Dollar zusammenzubekommen.
   Er – Balcerowicz – habe die Hoffnung ausgedrückt, daß der Beitrag der Bundesrepublik Deutschland denselben Charakter haben werde wie der [der] USA: Geschenk.
3. Hermes-Bürgschaften in Höhe von 2,5 Mrd. DM, zusätzliche Bürgschaften für Kapitalbeteiligungen in Joint-ventures in Polen.
4. 10% des Gesamtrahmens – rd. 300 Mio. DM – kurzfristig, möglichst noch in diesem Jahr – und in vereinfachten Verfahren nutzbar für die Finanzierung laufender Bezüge. Dies entscheidend, um rückläufige Tendenzen in Industrie und Landwirtschaft zu stoppen.
5. Mit Freude und Dankbarkeit Lösung für Jumbo-Kredit verzeichnet.
6. Polnische Seite bekräftigt Wunsch, daß grundsätzlich die von deutschen Geschäftsbanken im Polen-Geschäft zu bildenden Reserven Polen-Risiko vermindert würden. Dies sei Vorbedingung, daß deutsche Geschäftsbanken an der Finanzierung von Hermes-Bürgschaften teilnehmen.
7. Da bekanntlich deutsche Geschäftsbanken Hauptbeteiligte im Londoner Club sind, polnische Bitte, daß diese Banken in Umschuldungsverhandlungen konstruktive Haltung einnehmen und nicht nur Verminderung des Schuldendienstes, sondern auch Verminderung der Verschuldung an sich akzeptieren werden.

Minister für wirtschaftliche Zusammenarbeit mit dem Ausland, <u>Swiecicki</u>, berichtet über jüngsten polnischen Antrag bei der Europäischen Gemeinschaft, Kontingente für polnische Exporte aufzuheben und dadurch [den] Zugang polnischer Waren zum EG-Markt zu erleichtern. Desgleichen Bitte um Gewährung von Zollpräferenzen: Polen falle aufgrund seiner wirtschaftlichen Kennziffern durchaus unter den Kreis begünstigter Länder.

Polen habe mit Befriedigung gehört, daß ein Teil der Kontingente zum 1. Januar 1990 aufgehoben werden solle – deshalb Frage, ob dieser EG-Beschluß endgültig sei.

Des weiteren starkes Interesse an Erhöhung oder Aufhebung der Kontingente für Stahlwaren, Textilien und Agrarprodukte.

Weiteres Problem sei Beschäftigung polnischer Werkvertragsarbeitnehmer in der Bundesrepublik Deutschland, insbesondere in der Bauwirtschaft. Derzeitig habe man Kontingent von 8500 Mann, polnisches Interesse sei Erhöhung auf 15000 Mann – oder überhaupt keine Begrenzung. Schließlich sei Polen dringend interessiert, erleichterten Zugang zu westlicher Technologie zu erhalten – dafür seien die COCOM-Beschlüsse weiterhin zu restriktiv. Er hoffe auf baldige Einschränkung der Liste.

Der <u>Bundeskanzler</u> erwidert, die Entwicklung in Polen werde sicher auch Auswirkungen auf die COCOM-Listen haben. Beispielsweise brauche COCOM nicht die Verbesserung der Telefonverbindungen behindern.

Hinsichtlich der Zahl der polnischen Bauarbeiter werde sich durch die Kabinettsbeschlüsse dieser Woche – Wohnungsbauprogramm für Aus- und Übersiedler in Höhe von 8 Mrd. DM

---

2 $\langle \rangle$ Von den Bearbeitern korrigiert aus: „5".

– bald eine positive Wirkung zeigen. Im übrigen sei die Zahl der Bauarbeiter bereits jetzt höher als 15 000.

Ministerpräsident Mazowiecki stimmt zu.

Industrieminister Syryjczyk betont starkes Interesse, die industrielle Zusammenarbeit auf allen Sektoren auszubauen. Bereits jetzt bestehe eine hohe Zahl von Kontakten zwischen Einzelunternehmen und Industriebetrieben. Polen erhoffe auch durch industrielle Zusammenarbeit Unterstützung seiner Öffnung zum Westen.

Dabei gehe es auch um das Problem der Standardisierung und der Anpassung an internationale Normen, Qualitätskontrolle, Schulung der Facharbeiter usw.

Von den jetzt eröffneten Hermes-Bürgschaften erhoffe er auch eine Intensivierung der industriellen Zusammenarbeit. Es gehe um einen Strukturwandel der Wirtschaft, es gehe um Förderung der Energiewirtschaft, der Stahlindustrie, der Landmaschinen- und Lebensmittelindustrie.

Dabei sei es besonderes Interesse, daß dort, wo es um geringeren Kapitaleinsatz, aber hohen Einsatz von Arbeitskräften gehe, polnische Arbeiter genutzt würden: Montage von Elektro- und medizinischen Geräten in größeren Serien.

Bundesminister Dr. Haussmann bestätigt, daß in den wichtigen Fragen der Hermes-Bürgschaften Übereinstimmung erzielt worden sei. Beabsichtigt sei, das hochrangige Prüfungs- und Beratungsgremium, bestehend aus drei polnischen und drei deutschen Fachleuten, noch in diesem Jahr zusammentreten zu lassen.

Ausdrücklich bestätigt wird, daß 10% des Gesamt-Garantierahmens für kurzfristige Lieferungen in vereinfachten Verfahren genutzt werden können.

Was Zugang polnischer Waren zum EG-Markt angehe, so habe in der Tat EG-Ministerrat Anfang November beschlossen, alle mengenmäßigen Beschränkungen ab 1. Januar 1990 zu beseitigen.

Mit der Wiedereröffnung der Hermes-Bürgschaften, mit dem neuen Prüfungsverfahren und mit Abschluß des Vertrages über die Förderung und den gegenseitigen Schutz von Investitionen seien nunmehr alle Voraussetzungen gegeben, um die bilaterale wirtschaftliche Zusammenarbeit stärker zu entwickeln. Erfreulich sei, daß bereits jetzt 40% aller neugegründeten Gemeinschaftsunternehmen in Polen deutsch-polnische Joint-ventures seien.

Unsere Privatindustrie habe im Gespräch mit Ministerpräsident Mazowiecki ihre Bereitschaft zum Engagement bekräftigt, dafür aber – neben neuen Kreditmöglichkeiten – auch infrastrukturelle Voraussetzungen gefordert. Es gehe um die Entwicklung eines Kammersystems, beginnend mit einem Delegierten hier in Warschau, es gehe um die Entwicklung eines Privatbankensystems und die Verbesserung der Verkehrs- und Kommunikationsinfrastruktur (Telefone!).

Schließlich sei sein Wunsch, daß möglichst bald im Jahr 1990 die deutsch-polnische Gemischte Wirtschaftskommission zusammentrete, um die gesammelten Projekte beider Seiten zu vertiefen und zu gutem Abschluß zu bringen.

Ministerpräsident Mazowiecki äußert starkes Interesse, daß die Gemischte Kommission möglichst bald tagt.

Stv. Ministerpräsident und Landwirtschaftsminister Janicki legt dar, daß Polen über genügend landwirtschaftliche Anbauflächen verfüge, so daß mit Hilfe zur Selbsthilfe die Landwirtschaft am besten vorangebracht werden könne. Daß heute die Landwirtschaft nicht produktiv genug sei, sei nicht allein durch ihre Struktur bedingt, sondern das allgemeine Umfeld der Nachkriegsentwicklung. Man erhoffe nunmehr ein größeres Engagement der Bundesrepublik Deutschland für technische Lieferungen und Ausstattungen der polnischen Landwirtschaft.

Man sei interessiert an modernen Anbautechnologien für Getreide, Zuckerrüben und Futter.

In einer zweiten Phase werde es dann um Modelle für die Verarbeitungsindustrie gehen, insbesondere für Speiseöl, Milch und Fleisch.

Nach seinen Gesprächen mit Bundesminister Kiechle und den Kontakten der Landwirtschaftsexperten seien mehrere Projekte – als Joint-venture – auf gutem Wege.

Schließlich wolle man auch von deutschen Erfahrungen auf dem Gebiet der landwirtschaftlichen Organisation, Selbstverwaltung, Agrarkammern profitieren. Er bitte den Bundeskanzler, diese Maßnahmen zu unterstützen.

Gesundheitsminister Kosiniak-Kamysz berichtet von der schwierigen Situation im Gesundheitsdienst des Landes. Es mangele an Medikamenten, insbesondere Antibiotika, und Gerätschaften, insbesondere für Herzchirurgie und sonstige Gefäßkrankheiten, sowie an Diagnoseapparaturen.

Deshalb richte er die Bitte um Hilfe und Unterstützung im Rahmen von Sofortmaßnahmen sowie bei Zusammenarbeit der Pharma-Industrie. Hierzu erhoffe er, daß bereits aufgenommene Kontakte bald in Verträge münden und geplante Kooperationen bald verwirklicht werden. (Folgt Exkurs: interessierte Einzelfirmen.)

Wichtig sei angesichts der jetzt geplanten Umgestaltung im medizinischen Bereich auch die Ausbildung von Ökonomen im medizinischen Sektor. Schließlich erhoffe er Zusammenarbeit der medizinischen Institute und der Hochschulen auf den Schwerpunktgebieten Kardiologie, Krebsforschung und Umweltschäden.

Der Bundeskanzler bezeichnet Medizin als eines der Gebiete, wo rasch und gezielt geholfen werden könne. Er verweist auf die bestehenden wissenschaftlichen Organisationen, die man von Staats wegen beeinflussen könne, aber auch darauf, daß es entscheidend wichtig sei, die Industrie zu gewinnen. Er bittet Bundesministerin Prof. Lehr und Bundesminister Dr. Riesenhuber, die bilaterale medizinische Zusammenarbeit zu intensivieren.

Besonders wolle er – über diesen Sektor hinausgehend – betonen, wie sehr ihn die Zusammenarbeit und Partnerschaft von Universitäten und wissenschaftlichen Instituten am Herzen liege. Im Augenblick seien wir dabei, eine gemeinsame deutsch-amerikanische Akademie der Wissenschaften zu gründen: etwas ganz Ungewöhnliches, das es weder bei uns noch in USA mit irgendeinem anderen Land gebe. Dies sei ein Feld, das auch Deutsche und Polen bearbeiten könnten – zumal hier alte, aus der Geschichte gewachsene Traditionen vorhanden seien.

Ministerpräsident Mazowiecki dankt dem Bundeskanzler: Er habe eine Tour d'horizon der polnischen Probleme erlebt. Er hoffe, daß diese noch in den Gesprächen der zuständigen Minister und der Experten weiterbehandelt und zu Lösungen gebracht würden.

Kaestner

Nr. 78
Gespräch des Bundesministers Seiters mit den Botschaftern der Drei Mächte
Bonn, 10. November 1989

BArch, B 136/20241, 221 – 34900 Spr 2 Bd. 1. – Vermerk des MDg Duisberg, 13. November 1989. Verteiler: AL 2; StäV, St Bertele; AA, St Sudhoff; BMB, St Priesnitz. Vorlage an Chef BK mit der Bitte um Billigung, abgezeichnet: „S[eiters]". – Gesprächsbeginn: 11.30 Uhr.

<u>Teilnehmer:</u>
Botschafter Boidevaix (F)
Botschafter Mallaby (GB)
Botschafter Walters (USA)
St Dr. Sudhoff (AA)
MDgt Dr. Duisberg

<u>BM Seiters</u> unterrichtete die drei Botschafter zunächst darüber, daß der Bundeskanzler seinen Besuch in Polen unterbrechen und am Nachmittag zur Kundgebung um 16.30 Uhr nach Berlin kommen werde. Am 11.11. werde er eine Sondersitzung des Kabinetts leiten. BM Seiters kündigte weiter die Absicht des Bundeskanzlers an, mit den Staats- bzw. Regierungschefs der Drei Mächte[1] sowie mit Präsident Gorbatschow[2] zu sprechen. Er selbst, BM Seiters, werde am 13.11. ein Gespräch mit dem sowjetischen Botschafter führen.[3]

<u>BM Seiters</u> wies dann auf die Ausführungen des Bundeskanzlers im Bericht zur Lage der Nation hin,[4] wo die Bereitschaft zu umfassender Hilfe erklärt worden sei, wenn es in der DDR zu grundlegenden Reformen komme. BM Seiters wies dann auf die Probleme hin, die sich aus der Öffnung der Reisefreiheit ergeben. Niemand könne auch schon sagen, ob diese neue Reisefreiheit stabilisierend wirken werde oder ob sich daraus eine weitere große Abwanderungswelle ergeben werde. Er bat die Alliierten zu prüfen, wie man, insbesondere in Berlin, bei der Unterbringung und Versorgung von Übersiedlern helfen könne.

Der <u>britische Botschafter</u> verwies auf die Erklärung von PM Thatcher vom gleichen Tage, in der die Bereitschaft zu praktischer Hilfe sowohl in der Bundesrepublik als auch in West-Berlin zum Ausdruck gekommen sei.[5] Der amerikanische Botschafter erklärte ebenfalls die Bereitschaft zu tun, was möglich sei; er habe deshalb bereits mit Under-Secretary Kimmit und dem Berliner Stadtkommandanten[6] gesprochen. Der <u>französische Botschafter</u> erklärte, daß auch von französischer Seite Maßnahmen vorgesehen seien, um Quartiere zur Verfügung zu stellen.

<u>BM Seiters</u> dankte den Botschaftern für die Hilfsbereitschaft.

Der <u>französische Botschafter</u> fragte nach dem Umfang der Aufnahme von DDR-Flüchtlingen in Berlin. <u>MDgt Dr. Duisberg</u> wies darauf hin, daß in West-Berlin aus Gründen des Selbstverständnisses grundsätzlich alle Flüchtlinge mit bisherigem Wohnsitz in Ost-Berlin aufgenommen würden, woraus sich für West-Berlin eine überproportionale Belastung ergebe; Flüchtlinge aus dem DDR-Gebiet würden dagegen ins Bundesgebiet weitergeleitet.

1 Nr. 81, Nr. 82 und Nr. 85.
2 Nr. 87.
3 Nr. 90.
4 Nr. 76 Anm. 6.
5 In der Erklärung, die von Regierungssprecher Ingham am Morgen des 10. November 1989 verlesen wurde, begrüßte Premierministerin Thatcher die Aufhebung der Reisebeschränkungen in der DDR und bot an, durch die britischen Militäreinrichtungen in Berlin und der Bundesrepublik erforderlichenfalls praktische Hilfe zu leisten, um Flüchtlinge aufnehmen zu können. Vordringlich sei jetzt die Herstellung einer wirklich demokratischen Regierungsform im Osten Deutschlands.
6 Raymond Haddock.

Der britische Botschafter fragte nach einem möglichen Treffen des Bundeskanzlers mit Krenz und Modrow. BM Seiters verwies auf die Äußerungen des Bundeskanzlers vor der Presse, wonach der Bundeskanzler angesichts der neueren Entwicklung möglichst bald ein solches Treffen anstrebe.[7] Der Wunsch der anderen Seite nach einem Spitzengespräch sei im übrigen schon vorher erkennbar gewesen. Im weiteren Verlauf des Gespräches wurden in allgemeiner Form die Aussichten für freie Wahlen in der DDR erörtert. St Dr. Sudhoff warf dabei die Frage nach den politischen Strukturen angesichts der Abwesenheit einer organisierten Opposition auf. BM Seiters äußerte die Zuversicht, daß sich im Verlauf der Entwicklung in jedem Fall auch unabhängige Parteien herausbilden würden.

Es bestand Einvernehmen, weiterhin in engem Kontakt zu bleiben.

Duisberg

Nr. 79
Gespräch des Ministerialdirigenten Duisberg mit dem Stellvertretenden Ständigen Vertreter der DDR, Glienke
Bonn, 10. November 1989

BArch, B 136/20496, 222 – 35010 Re 13 Bd. 33. – Vermerk des RD Schlemm, 10. November 1989. Az. 222 – 35016 – Ve 36. – Mit Vorlage des MDg Duisberg an Chef BK (Kopie: AL 2): „Zur Unterrichtung lege ich einen Vermerk über ein Gespräch mit dem Stellvertretenden Leiter der Ständigen Vertretung der DDR, Herrn Gesandten Glienke, am 10. November 1989 im Bundeskanzleramt vor." Abgezeichnet: „S[eiters]". – Gesprächsbeginn: 14.30 Uhr.

Einziger Gesprächspunkt: Beschluß des DDR-Ministerrates „Zur neuen Reiseregelung"

Das Gespräch fand auf Wunsch von Herrn Glienke statt, an ihm nahm auch RD Schlemm teil.

Herr Glienke übergab als mündlichen Vortrag den als Anlage beigefügten Text des Beschlusses des DDR-Ministerrats vom 9. November 1989 zur neuen Reiseregelung.[1] Er führte aus, daß die DDR-Regierung gehofft habe, mehr Zeit und Ruhe für die Ausformulierung eines neuen Reisegesetzes zu haben. Die Situation in der ČSSR sei aber nicht länger haltbar und dem befreundeten Land auch nicht länger zumutbar gewesen. Die Regelung vom 9. November 1989 werde bis zum Inkrafttreten des neuen Reisegesetzes[2] gültig bleiben. Die Bundesregierung möge diesen Schritt als Ausdruck des Willens der DDR zu einer neuen Politik anerkennen.

MDgt Dr. Duisberg dankte für die Information über den Text des Ministerratsbeschlusses und bestätigte, daß diese Regelung als etwas qualitativ Neues empfunden werde. Die Bundesregierung hoffe, daß diese Regelungen im Prinzip auch künftig Bestand hätten. Man gehe davon aus, daß Reisen jetzt so unkompliziert wie möglich stattfinden könnten. Erste Berichte zeigten, daß das Verfahren gut laufe. Es sei auch aufgefallen, daß der Rückstrom von DDR-Bürgern einfach gehandhabt werde.

---

7   In einem von den Nachrichtensendungen des ZDF, „heute journal", und der ARD, „Tagesthemen", ausgestrahlten Fernsehbeitrag erklärte Bundeskanzler Kohl am 9. November 1989 abends, er wolle „möglichst bald mit dem Staatsratsvorsitzenden und dem Ministerpräsidenten persönlich zusammentreffen" (Deutschland 1989. Bd. 14, 369 f.).

1   Nr. 79A.

2   Das Gesetz über Reisen von Bürgern der Deutschen Demokratischen Republik in das Ausland – Reisegesetz – vom 11. Januar 1990 (GBl. DDR 1990 I, 8 f.) trat am 1. Februar in Kraft.

Hierzu warf <u>Herr Glienke</u> ein, daß nach einem Beschluß jetzt jeder ehemalige DDR-Bürger in die DDR zurückkehren könne. Der Anteil der Leute, die auf ein „zeitweiliges Abenteuer" aus gewesen seien, werde nach seiner Einschätzung zunehmen.

<u>MDgt Dr. Duisberg</u> meinte hierzu, daß dies die Entwicklung zeigen müsse. Auf unserer Seite würde mit Sorge beobachtet, daß in bestimmten Bereichen in der DDR Versorgungsmängel aufträten. Wir hätten die Hoffnung, daß es eine positive Entwicklung geben [würde] und die entstandenen Ausfälle wieder ausgeglichen würden. [Als nicht offizielle Bemerkung fügte er an, daß auf unserer Seite auch Überlegungen angestellt würden, welche Beiträge zu einer (kurzfristigen) Behebung dieser Mängel, insbesondere bei der medizinischen Versorgung, geleistet werden könnten.][3]

Wie <u>Herr Glienke</u> erklärte, gehe seine Seite davon aus, daß die Rede von SED-Generalsekretär Krenz vom 8. November 1989[4] bei uns richtig verstanden worden sei. Es gebe eine krisenhafte Situation im Staat, in der Partei und in anderen Bereichen. Es gehe jetzt um schnelle Entscheidungen, um insbesondere das Vertrauen der Bevölkerung wiederherzustellen. Alle Bürger seien aufgefordert, durch ihre eigene Mitwirkung z. B. am Arbeitsplatz zur allgemeinen Stabilisierung beizutragen. Es sei beachtenswert, daß es jetzt zahlreiche Aufrufe zum Bleiben in der DDR gebe, z. B. vom „Neuen Forum".

<u>MDgt Dr. Duisberg</u> wiederholte, daß es nicht im Interesse der Bundesrepublik Deutschland liege, daß möglichst viele Deutsche aus der DDR ihre Heimat verlassen würden. Es bestehe die Hoffnung, daß die neue Reiseregelung und ihre Praxis den Entschluß von Deutschen aus der DDR erleichtere, in ihrer Heimat zu bleiben. Dies allein werde aber sicherlich nicht ausreichen, es müsse noch mehr hinzukommen.

Weiter führte <u>MDgt Dr. Duisberg</u> aus, daß nach seiner Einschätzung der Bundeskanzler nach seiner Rückkehr aus Warschau versuchen werde, mit Generalsekretär Krenz in Kontakt zu treten. Auf Nachfrage ergänzte er, daß er nicht sagen könne, ob dies evtl. am Samstagvormittag passieren könne. Die Bundesregierung hoffe auf weitere positive Ansätze in der Entwicklung der Beziehungen zwischen den beiden Staaten in Deutschland. Die hierzu von der DDR ergehenden Beschlüsse würden sorgfältig beobachtet werden.

<u>Herr Glienke</u> erwiderte, daß es sicherlich schwer werde, das Vertrauen wiederherzustellen. Die Entscheidungsfindung in der DDR sei nun schwieriger, da die Partei nicht mehr allein entscheide. Der Ministerrat und auch die Volkskammer würden mehr Gewicht erhalten, und es werde auch noch andere Gremien geben. Es sei ein demokratischer Prozeß in Gang gekommen, der von einer Kommandogebung von oben weg und zu einer Entwicklung von unten geführt habe. Dieser Weg sei unumkehrbar. Es komme jetzt darauf an, neben vielen kurzfristig erforderlichen Maßnahmen (z. B. bei der Versorgung) auch langfristige Entwicklungen einzuleiten (z. B. ein neues Wahlgesetz, das Reisegesetz und Veränderungen in Gesellschaft und Wirtschaft).

Schlemm

---

3 Eckige Klammern in der Textvorlage.
4 Referat des Generalsekretärs Krenz am ersten Tag der 10. Tagung des Zentralkomitees der SED vom 8.–10. November 1989 in Berlin (Ost), Meldung ADN/8. 11. 89 ff., in: DDR-Spiegel. Nr. 216a. Sonderdienst. 9. November 1989, 24–59; BPA/PA, F 1/23. Abgedruckt in: Neues Deutschland. 44. Jg. Nr. 264. 9. November 1989, 3–6.

Nr. 79A
Zur neuen Reiseregelung

Der Ministerrat der DDR hat beschlossen, daß bis zum Inkrafttreten einer entsprechenden Regelung der Volkskammer folgende Bestimmungen für Privatreisen und ständige Ausreisen aus der DDR ins Ausland mit sofortiger Wirkung in Kraft gesetzt werden:

1. Privatreisen nach dem Ausland können ohne Vorliegen von Voraussetzungen (Reiseanlässe und Verwandtschaftsverhältnisse) beantragt werden. Die Genehmigungen werden kurzfristig erteilt.
2. Die zuständigen Abteilungen Paß- und Meldewesen der Volkspolizei-Kreisämter in der DDR sind angewiesen, Visa zur ständigen Ausreise unverzüglich zu erteilen, ohne daß dafür noch geltende Voraussetzungen für eine ständige Ausreise vorliegen müssen. Die Antragstellung auf ständige Ausreise ist wie bisher auch bei den Abteilungen Innere Angelegenheiten möglich.
3. Ständige Ausreisen können über alle Grenzübergangsstellen der DDR zur BRD bzw. zu Berlin (West) erfolgen.
4. Damit entfällt die vorübergehende Erteilung von Genehmigungen in Auslandsvertretungen der DDR bzw. die ständige Ausreise mit dem Personalausweis der DDR über Drittstaaten.

Nr. 80
Mündliche Botschaft des Generalsekretärs Gorbatschow an Bundeskanzler Kohl
10. November 1989

BK, 213 – 30130 S 25 So 28 Bd. 4. – Aktenvermerk des MD Teltschik, 8. Dezember 1989.

Am 10. November 1989, 17.40 Uhr übermittelte mir der sowjetische Botschafter Julij Kwizinskij telefonisch aus Bonn nach Berlin folgende mündliche Botschaft von Generalsekretär Gorbatschow an den Herrn Bundeskanzler. Diese Botschaft traf während der laufenden Kundgebung vor dem Schöneberger Rathaus[1] ein.
Der Wortlaut lautet:
„Die Führung der DDR habe die Entscheidung getroffen, den Bürgern der DDR die freie Ausreise in die Bundesrepublik und nach Berlin zu eröffnen. Es sei verständlich, daß diese Entscheidung der neuen Führung der DDR nicht leichtgefallen sei.
Diese Entscheidung bekräftige zugleich mit neuem Nachdruck die Tiefe und Ernsthaftigkeit der Veränderungen, die sich zur Zeit in der DDR vollzögen. Die Führung der Deutschen Demokratischen Republik handele im Interesse des Volkes zielstrebig und dynamisch. Sie entwickle einen breiten Dialog mit den verschiedenen Gruppen und Schichten der Bevölkerung.
Auf diesem politischen und psychologischen Hintergrund können die in der Bundesrepublik abgegebenen Erklärungen die Emotionen und Leidenschaften anheizen. Die Losungen

---

1   Der Regierende Bürgermeister Momper rief am Morgen des 10. November 1989 kurzfristig zu der Kundgebung vor dem Schöneberger Rathaus auf, an der auch Bundeskanzler Kohl teilnahm. Die Mitteilung von Generalsekretär Gorbatschow traf während der Rede des Ehrenbürgers von Berlin, Brandt, ein (Rede Brandts in: Texte zur Deutschlandpolitik. Reihe III/Bd. 7 – 1989, 399–403). Kohl rief in seiner anschließenden Rede (ebd., 405–407, hier 406) dazu auf, „besonnen zu bleiben und klug zu handeln" sowie „radikalen Parolen und Stimmen nicht zu folgen". Zur Übermittlung der Botschaft Gorbatschows: Teltschik, 329 Tage, 19 f.

der Unversöhnlichkeit und der Intoleranz gegenüber der Realität, daß zwei souveräne deutsche Staaten existieren, verfolgen nur das Ziel, die Lage in der DDR zu destabilisieren. Sie seien geeignet, die sich in der DDR entwickelnden Prozesse der Demokratisierung und Erneuerung auf allen Gebieten des Lebens und der Gesellschaft zu unterminieren.

Es gingen Meldungen ein, daß heute in West-Berlin eine Kundgebung stattfände und offizielle Persönlichkeiten der Bundesrepublik und West-Berlins daran teilnähmen. Gleichzeitig sei eine andere Kundgebung in der Hauptstadt der DDR geplant. Angesichts der jetzt tatsächlich erfolgten Öffnung und der massenhaften Bewegung von Menschenströmen in beiden Richtungen könne eine chaotische Situation entstehen, deren Folgen unübersehbar wären.

Unter Berücksichtigung der knappen Zeit und der Zuspitzung im gegenwärtigen Augenblick halte ich es für notwendig, Sie im Geiste der Offenheit und des Realismus persönlich anzusprechen, damit von Ihrer Seite notwendige und dringlichste Maßnahmen eingeleitet werden können, um eine Verschärfung der Lage zu verhindern und der Destabilisierung vorzubeugen."[2]

(Teltschik)

Nr. 81
Telefongespräch des Bundeskanzlers Kohl mit Premierministerin Thatcher
10. November 1989

BK, 211 – 30131 B 20 Te 7 Bd. 1. – Vermerk des MDg Hartmann, 13. November 1989. – Mit Vorlage des MDg Hartmann über Chef BK an den Bundeskanzler zur Billigung. Hs. von Bundeskanzler Kohl vermerkt: „Teltschik". – Als Gesprächstermin vereinbart: „ab 22.00 Uhr" (Vorlage des MDg Hartmann an den Bundeskanzler, 10. November 1989; BK, 212 – 35400 De 39 NA 1 Bd. 1).

Der Bundeskanzler leitet das Gespräch mit dem Hinweis ein, daß er gerade aus Berlin komme. Er habe den Besuch in Polen nur kurz unterbrochen. Es sei ihm sehr wichtig, daß man in Warschau spüre, daß die neue polnische Regierung unsere Unterstützung habe.

Die Lage in Polen sei sehr, sehr schwierig. Die Führungsmannschaft sei zwar etwas unerfahren, aber mit großem Eifer bei der Sache. Nach Rückkehr aus Polen werde er der Premierministerin in einem Brief seine Eindrücke genauer schildern und ein paar Vorschläge für das weitere Vorgehen machen.

Er wolle heute nur einen Punkt ansprechen. Die Polen verhandelten derzeit intensiv mit dem IWF. Er habe der jetzigen Regierung klar gesagt, daß sie ihre Dinge selbst in Ordnung bringen müßten. Gleichzeitig sei er allerdings auch der Auffassung, daß man im IWF jetzt schnell handeln solle. Seine Bitte gehe dahin, daß auch der britische Vertreter im IWF beauftragt werde, darauf zu drängen, daß die laufenden Gespräche jetzt schnell beendet würden.

---

2 Die Bewertung der Lage in der DDR war Gegenstand eines Gesprächs zwischen Vertretern der britischen und der sowjetischen Botschaft in Berlin „nach Krenz' Besuch in Moskau" (Nr. 70 Anm. 4). Dabei habe Botschaftsrat Grinin „mehr formelmäßig" erklärt, „für die Sowjetunion seien die zwei deutschen Staaten eine Realität der Nachkriegszeit". Sogleich habe er eingeschränkt, „daß, wenn Krenz scheitere, andere friedliche Entwicklungen von der Sowjetunion akzeptiert werden müßten". Man müsse sich darauf einstellen, „daß binnen einer Woche eine völlig neue Agenda auf dem Tisch liege. Deshalb habe Gorbatschow Krenz gedrängt, er müsse schnell handeln, weil er nur noch diese letzte Chance habe." Nach Einschätzung der britischen Seite „wählten die Sowjets die Unterrichtung über die Gespräche in Moskau so, um eine Botschaft an die westliche Adresse loszuwerden" (Fernschreiben des Ministerialdirigenten Meyer-Sebastian an den Chef des Bundeskanzleramtes, StäV Nr. 2516, 9. November 1989, VS-Vertraulich, hs. von Ministerialdirigent Hartmann vermerkt: „Sehr wichtig!"; BK, 21 – 35003 [32] De 25 Bd. 2, Bl. 115 f.).

Das Ziel müsse sein, Ende November oder Anfang Dezember zu einem Abschluß zu kommen. Polen brauche jetzt eine klare Geschäftsgrundlage.

PM Thatcher erwidert, sie werde sich gerne dieses Anliegens annehmen. In der Tat sei das erste, was die Polen tun müßten, jetzt wirkliche wirtschaftliche Reformen durchzuführen. PM Thatcher fährt fort, sie habe am Fernsehen die Ereignisse in der DDR verfolgt. Es seien in der Tat historische Szenen, die sich dort abspielten. Jetzt komme es darauf an, daß die DDR eine wirklich demokratische Regierung bilde.

Der Bundeskanzler erklärt, die Stimmung, die er in Berlin erlebt habe, sei unvorstellbar. Es seien Hunderttausende dort. Er habe zwei Kundgebungen besucht, eine, die vom Senat,[1] und eine weitere, die von der CDU organisiert worden sei. An der letztgenannten Kundgebung, die auf dem Kurfürstendamm stattgefunden habe, hätten sich zwischen 120 000 und 200 000 Menschen beteiligt, darunter schätzungsweise die Hälfte aus Ost-Berlin und der DDR.[2]

Die Menschen seien einfach glücklich gewesen. Er sei auch am Checkpoint Charlie gewesen, wo er mit britischen Soldaten gesprochen habe, die ihm erklärt hätten, so etwas hätten sie in ihrem Leben noch nicht erlebt. Die Menschen seien zu Tausenden in beide Richtungen hin- und hergeströmt. Junge Leute hätten den Soldaten Blumen und Konfekt zugesteckt.

In der Tat könne man sagen, daß das System der DDR jetzt in seinen Grundfesten getroffen sei. Man wisse allerdings nicht, wie es weitergehe. Nächste Woche werde eine neue Regierung gebildet. Es gebe im Augenblick zwei Gruppen in der Führung, die unterschiedliche Positionen verträten. Die einen – dies sei die Mehrheit – wollten weitermachen, ohne politischen Pluralismus zuzulassen. Die kleinere Gruppe sei bereit, sich in diesem Punkt nach der Entwicklung in Warschau und Budapest zu richten.

Er sei allerdings der Auffassung, daß wenn die DDR-Führung die Dinge nicht wirklich ändere, keine Ruhe einkehren werde. Auch die wirtschaftlichen Verhältnisse würden sich dann katastrophal entwickeln. Die nächsten sechs Wochen würden sehr wichtig sein.

Das Entscheidendste sei gewesen, daß bei den Demonstrationen eine große Disziplin geherrscht habe und es nicht zu Ausschreitungen gekommen sei. Dies mache auf alle großen Eindruck.

Sollten sich die Dinge dramatisch entwickeln, werde er sofort mit PM Thatcher erneut in Kontakt treten. Von hieraus werde alles getan, um einen dramatischen Akzent zu vermeiden.

PM Thatcher fragt, ob die DDR-Führung bereit sei, von irgend jemandem einen Rat anzunehmen, sei es nun vom Bundeskanzler oder von den Regierenden in Polen oder Ungarn.

Der Bundeskanzler erwidert, er glaube nicht, daß die DDR-Führung derzeit dazu bereit sei. Aber er schließe eine Entwicklung nicht aus, bei der es wichtig sein werde, Rat zu erteilen.

PM Thatcher erklärt, sie glaube, es wäre ein großer Fehler, wenn die DDR jetzt politisch zu wenig tue, denn die Forderungen der Menschen gingen eindeutig in Richtung Demokratie.

Der Bundeskanzler erklärt, er habe Krenz am Telefon[3] empfohlen, sich ein Beispiel an Warschau und Budapest zu nehmen.

PM Thatcher stellt die Frage, ob der Bundeskanzler beabsichtige, mit Generalsekretär Gorbatschow zu sprechen.

Der Bundeskanzler bejaht dies,[4] denn Gorbatschow sei außerordentlich beunruhigt[5]. Er werde daher mit ihm Kontakt aufnehmen und auch ihm deutlich machen, daß nach seiner Auffassung es ohne Pluralismus in der DDR nicht funktionieren könne.

---

1 Nr. 80 Anm. 1.
2 Schilderung der Kundgebung vor der Kaiser-Wilhelm-Gedächtniskirche in: Kohl, „Ich wollte Deutschlands Einheit", 135.
3 Nr. 68.
4 Nr. 87.
5 Dazu Nr. 80.

PM Thatcher schlägt vor, sich noch vor dem ER in Straßburg für etwa einen halben Tag zu treffen. Dieses Treffen könne in London oder in Bonn stattfinden. Ihr sei es sehr wichtig, daß man in engem Kontakt bleibe.

PM Thatcher weist abschließend darauf hin, daß die britischen Streitkräfte das ihnen mögliche täten, um zu helfen.

Der Bundeskanzler erklärt, er werde sich in jedem Fall wieder telefonisch mit PM Thatcher in Verbindung setzen. Dann könne man auch über ein persönliches Treffen sprechen.

PM Thatcher bittet anschließend darum, daß der Bundeskanzler die Regierungsverantwortlichen in Warschau grüßen solle. Man solle unbedingt in Kontakt bleiben.

Hartmann

Nr. 82
Telefongespräch des Bundeskanzlers Kohl mit Präsident Bush
10. November 1989

BK, 212 – 30132 A 5 Am 31 Bd. 1. – Vermerk des MDg Hartmann, 13. November 1989. – Mit Vorlage des MDg Hartmann über Chef BK an den Bundeskanzler zur Billigung. Hs. von Bundeskanzler Kohl vermerkt: „Teltschik". – Als Gesprächstermin vereinbart: 23.00 Uhr (Vorlage des MDg Hartmann an den Bundeskanzler, 10. November 1989; BK, 212 – 35400 De 39 NA 1 Bd. 1).

Der Bundeskanzler erklärt, er freue sich über die Gelegenheit, mit Präsident Bush kurz telefonisch sprechen zu können. Er werde in der zweiten Hälfte der kommenden Woche erneut anrufen[1] und über seine Eindrücke in Polen berichten.

Er sei jetzt zwei Tage in Warschau gewesen und habe diesen Besuch nur kurz unterbrochen, um nach Berlin und nach Bonn zu kommen.

Zu Warschau wolle er nur kurz berichten, daß die Reformen dort vorangingen. Die neue Regierung sei mit sehr guten Leuten besetzt. Vielleicht seien sie etwas zu idealistisch und zu wenig professionell. Aber dabei müsse man berücksichtigen, daß viele von ihnen noch vor kurzem im Gefängnis gesessen hätten. Man müsse der neuen polnischen Regierung jetzt helfen.

Er habe noch eine konkrete Bitte, über die er bereits mit PM Thatcher gesprochen habe.[2] Wir sollten jetzt unsere Vertreter beim IWF beauftragen, darauf zu drängen, daß die Verhandlungen mit Polen sehr rasch abgeschlossen würden. Die Polen wüßten, daß die Bedingungen für sie nicht sehr angenehm sein würden. Aber es sei jetzt wichtig, daß die Polen Klarheit erhielten. Man könne ihnen dadurch sehr helfen, daß die Verhandlungen möglichst bis Ende November abgeschlossen würden. Über weitere, Polen betreffende Fragen werde er in der nächsten Woche mit dem Präsidenten sprechen.

Präsident Bush erklärt, er habe im Augenblick keine weiteren Fragen zu Polen, aber er sei sehr interessiert, wie der Bundeskanzler die Entwicklung in der DDR beurteile.

Der Bundeskanzler erwidert, er komme gerade aus Berlin. Dort gehe es zu wie auf einem riesigen Jahrmarkt. Die Grenze sei derzeit völlig offen. An einigen Stellen habe Ost-Berlin begonnen, die Mauer einzureißen, um neue Übergänge zu schaffen. Er sei auch am Checkpoint Charlie gewesen, den er seinerzeit zusammen mit Präsident Bush besucht habe.[3] Dort

---

1 Nr. 93.
2 Nr. 81.
3 Vizepräsident Bush besuchte zusammen mit Bundeskanzler Kohl am 31. Januar und 1. Februar 1983 Berlin (Amerika Dienst. Nr. 5. 2. Februar 1983, 13 S.; Bulletin. Nr. 14. 2. Februar 1983, 133–140).

strömten Tausende in beiden Richtungen über die Grenze. Die meisten seien junge Leute, die einfach einmal West-Berlin erleben wollten.

Was er jetzt sage, sage er mit großem Bedacht. Ihm scheine es, daß die Öffnung nicht zu einem dramatischen Anstieg von Übersiedlern führen werde. Es könne durchaus sein, daß die Leute, wenn sie den Eindruck hätten, daß die Grenze wirklich offenbleibe, zwar hin- und herreisen, aber nicht in die Bundesrepublik Deutschland übersiedeln würden. Dies werde allerdings nur so bleiben, wenn die DDR sich zu wirklichen Reformen entschließe.

Eben hieran habe er erhebliche Zweifel. Krenz wolle zwar Reformen durchführen, aber nur bis zu einer bestimmten Grenze. Diese Grenze liege da, wo die Einparteienherrschaft der SED berührt sei. Dies werde nach seiner Auffassung nicht funktionieren. Er sei sicher, daß die SED um wirklichen Pluralismus, das heißt freie Parteien und freie Gewerkschaften, wie es sie beispielsweise in Ungarn gebe, nicht herumkomme.

Er gehe davon aus, daß die Menschen in der DDR noch einige Wochen abwarten würden, ob es tatsächlich zu Reformen komme. Wenn sich dann aber kein Licht am Ende des Tunnels zeige, würden sie davonlaufen. Dies habe natürlich katastrophale Folgen für die Wirtschaft der DDR, denn es seien in erster Linie die qualifizierten Leute, die weggingen. In diesem Jahr seien bis jetzt 230 000 Menschen in die Bundesrepublik übergesiedelt. Das Durchschnittsalter liege zwischen 25 und 30 Jahren.

Was man derzeit erlebe, sei eine historische Stunde. Er habe soeben in Berlin auf zwei großen Kundgebungen gesprochen. Die erste Kundgebung habe vor dem Schöneberger Rathaus stattgefunden,[4] wobei sich unter den Teilnehmern viel linker Pöbel befunden habe. Leider würden diese Bilder um die Welt gehen, aber dies sei nicht das wirkliche Berlin. An einer zweiten Kundgebung auf dem Kurfürstendamm, die von der CDU organisiert worden sei, hätten zwischen 120 000 und 200 000 Leute teilgenommen.[5] Es habe eine unglaubliche Stimmung geherrscht. Die Menschen seien optimistisch gewesen und freundlich miteinander umgegangen. Er habe auf dieser Kundgebung noch einmal ausdrücklich den USA gedankt, denn ohne die USA wäre dieser Tag nicht möglich gewesen. Er wolle Präsident Bush ausdrücklich bitten, dies auch in Amerika selbst zu sagen.

Er werde den amerikanischen Präsidenten gerne auf dem laufenden halten. Er wolle nur noch hinzufügen, daß ihn besonders beeindruckt habe, daß es bei den Demonstrationen in der DDR stets sehr ernst und überhaupt nicht aggressiv zugegangen sei. So habe es keinerlei Ausschreitungen gegeben, obwohl in Ost-Berlin, aber auch in Dresden und Leipzig Hunderttausende auf den Straßen gewesen seien. Er hoffe sehr, daß die Menschen sich weiterhin so vernünftig verhalten würden. Dies habe er auch heute ausdrücklich gesagt.

Präsident Bush erwidert, er habe die allergrößte Achtung, wie die Regierung der Bundesrepublik Deutschland diese Vorgänge behandele. Seine bevorstehende Begegnung mit Generalsekretär Gorbatschow werde sehr wichtig sein.

Der Bundeskanzler erwidert, in der Tat werde dies eine sehr wichtige Begegnung sein.

Präsident Bush fährt fort, er werde Finanzminister Brady anrufen und ihm die Bitte des Bundeskanzlers wegen der Polen-Verhandlungen im IWF übermitteln. Er werde schließlich dafür sorgen, daß seine Leute sich jetzt nicht in eine exzessive Rhetorik steigerten, denn dann könne man Schwierigkeiten bekommen.

Der Bundeskanzler wirft ein, dies sei sehr gut.

Präsident Bush stellt die Frage, ob er mit Zustimmung des Bundeskanzlers über das heutige Telefongespräch eine Mitteilung an die Presse geben könne. Gleichzeitig wolle er erwähnen, daß der Bundeskanzler die Rolle der Vereinigten Staaten in dieser Weise gewürdigt habe und daß man erneut miteinander telefonieren werde.

---

4 Nr. 80 Anm. 1.
5 Nr. 81 Anm. 2.

Der Bundeskanzler erwidert, selbstverständlich könne dies Präsident Bush tun.[6]
Präsident Bush erklärt abschließend, er wünsche dem Bundeskanzler viel Erfolg. Er solle
wissen, daß die amerikanische Regierung sehr stolz darauf sei, wie er die Dinge handhabe.

Hartmann

Nr. 83
Schreiben des Premierministers Mulroney an Bundeskanzler Kohl
Ottawa, 10. November 1989

BK, 21 – 30100 (102) Br 8 (VS) Bd. 27, Bl. 108 f. – Vorlage des Majors i.G. Domröse an AL 2, 14. November 1989: „Betr.:
Brief des kanadischen Ministerpräsidenten Mulroney an den Herrn Bundeskanzler vom 10. November 1989 (überreicht
vom kanadischen Botschafter Delworth); hier: Arbeitsübersetzung". Mit Stempel: Über Herrn Chef BK Herrn Bundeskanzler vorzulegen; Paraphe: „T[eltschik] 16". Mit Stempel: Der Leiter des Kanzlerbüros, 16. November 1989. Hs. von
Bundeskanzler Kohl vermerkt: „Teltschik Briefentwurf".

Lieber Helmut,

dies ist in der Tat ein historischer Moment und eine Herausforderung für Europa und seine
Partner. Wir sind Zeugen des bedeutendsten Augenblicks für die Bundesrepublik Deutsch-
land und die Deutsche Demokratische Republik seit dem Berliner Mauerbau vor 28 Jahren.
Dieses mächtige Relikt des Kalten Krieges, dieses dauernde Symbol eines getrennten Volkes
könnte nun irrelevant in unserem Leben werden.
Für das erste Mal gibt es einen Hoffnungsschimmer, ein geeintes Europa in Frieden und
Freiheit zu erreichen. Unsere Hoffnungen bestehen in Freiheit, die sich selbst manifestiert.
Sie stützt sich auf den Mut des ostdeutschen Volkes, für echte Reformen innerhalb der Deutschen Demokratischen Republik weiterhin einzustehen. Sie stützt sich auf das polnische
Volk, auf das der Ungarn und auf andere Völker in Ost-Europa, es genauso zu machen.
Die freien Reisemöglichkeiten der Völker zwischen Ost- und West-Deutschland und die
dramatischen Entwicklungen in Berlin sind eine Rechtfertigung der Politik, die wir alle verfolgen in der Konferenz für Sicherheit und Zusammenarbeit in Europa und anderswo für ein
freies, demokratisches und geeintes Europa. Ich möchte diese Gelegenheit nutzen, Sie für
das pragmatische Vorgehen der Bundesrepublik Deutschland in dieser noch nie dagewese-
nen Situation zu loben.
Die Geschehnisse in Europa verlaufen so rasant, daß wir sie vorsichtig („mit Augenmaß")
fortsetzen müssen. Wie Sie wissen, hat Kanada seine Hilfe angeboten, in den militärischen
Basen in der Bundesrepublik Deutschland den gewaltigen Ansturm der Übersiedler unterzubringen. Sollte die Bundesrepublik weitere Hilfe erbitten, ist Kanada jederzeit bereit, eine
solche Nachfrage zu erörtern. Kanada bleibt fest entschlossen, seinen Beitrag zu leisten. Wir
sollten in dem Prozeß des friedlichen und demokratischen Wandels im Osten unsere Hilfe
auf jedem nur möglichen Weg fortsetzen.

Herzlichst
Brian

---

6 Dazu Erklärung des Pressesprechers Fitzwater über das Telefongespräch, 10. November 1989: Public Papers of the
Presidents of the United States. Bush. 1989 II, 1498; auch: Nr. 93, insbes. Anm. 11.

Nr. 84
Schreiben des Bundesministers Waigel an Bundeskanzler Kohl
Bonn, 10. November 1989

BArch, B 136/26444, 422 – 52602 Bu 48 Bd. 2. – Hs. von Bundeskanzler Kohl vermerkt: „R[udolf] Seiters erl."

Sehr geehrter Herr Bundeskanzler,

die Entwicklung der politischen Verhältnisse in der DDR stellt die bundesdeutsche Politik vor große Herausforderungen.

Wir müssen diese historische Stunde nutzen, um auch von uns aus den Menschen in der DDR eine neue politische und wirtschaftliche Perspektive zu geben. Es kommt darauf an, jene Kräfte zu stärken, die in der DDR auf politische Freiheit, marktwirtschaftliche Reformen und Eigenverantwortung setzen.

Wir müssen sehr rasch in der Lage sein, unsere Vorstellungen zu konkretisieren. Für mich sind dabei die folgenden Eckpunkte maßgebend:

– Unsere Maßnahmen müssen darauf gerichtet sein, die Lebensverhältnisse der Menschen in der DDR wirksam und dauerhaft zu verbessern.

– Sie müssen den unerläßlichen Prozeß ökonomischer Reformen in der DDR unterstützen; konkrete Reformschritte dort sind Voraussetzung unserer Leistungen.

– Alle Maßnahmen müssen Hilfe zur Selbsthilfe sein. Wir können darauf vertrauen, daß die Menschen in der DDR den Willen und die Fähigkeit haben, ihre Probleme selbst zu lösen.

Andererseits müssen wir darauf achten, daß Hilfen an die DDR eine breite Unterstützung in unserer Bevölkerung finden. Steuer und Abgabenerhöhungen könnten dies gefährden und würden zudem den wachstumspolitischen Erfordernissen bei uns zuwiderlaufen.

Bei unseren konkreten Überlegungen müssen wir ausgehen von den Leistungen, die der Bund heute schon für die DDR erbringt. Über 1,1 Milliarden DM fließen jährlich allein im Bereich Post und Verkehr in die DDR. Für Umweltschutzprojekte in der DDR haben wir in einem Mehrjahresprogramm 300 Mio. DM bereitgestellt. Deviseneinnahmen in Höhe von rd. 1,4 Milliarden DM hat die DDR aus Reisen von Bundesbürgern.

Zur Bewältigung der Aufgaben im Zusammenhang mit den Übersiedlern werden im Bundeshaushalt 1990 500 Mio. DM eingestellt. Für die Erstaufnahme von Übersiedlern haben Bund und Länder mit 46000 Plätzen eine aus heutiger Sicht hinreichende Vorsorge getroffen.

Bei allen weiteren Maßnahmen müssen wir darauf achten, daß sie auf Investitionen zur Modernisierung und zum Ausbau des Produktionsapparates in der DDR zielen und nicht primär vermehrtem Konsum dienen.

Wir sollten deshalb kurzfristig alle geeigneten Instrumente in dieser Richtung prüfen. In die Prüfung sollten dabei insbesondere folgende Möglichkeiten einbezogen werden:

– Anreize für Investitionen bundesdeutscher Unternehmen in der DDR durch Bürgschaften oder steuerliche Erleichterungen.

– Einsatz der Kreditinstitute des Bundes (Kreditanstalt für Wiederaufbau, Lastenausgleichsbank, Berliner Industriebank) zur Förderung von Investitionen (einschließlich Umweltschutzmaßnahmen), Joint-ventures, Existenzgründungen.

– Unterstützung von DDR-Unternehmen durch Beratung und Management-Schulung.

In diesem Zusammenhang könnte auch geprüft werden, ob es zusätzliche Ansatzpunkte gibt, die sich an den Erfahrungen des ERP orientieren.

Je nach Entwicklung der DDR-Außenbilanz wäre auch zu prüfen, ob die bisherige Swingregelung für den innerdeutschen Handel ausreicht.

Ich halte es für notwendig, unverzüglich eine interministerielle Arbeitsgruppe mit der Erarbeitung konkreter Vorschläge zu beauftragen.[1]

Bei diesen Arbeiten sollten auch die möglichen Folgeprobleme für uns aus den wirtschaftlichen Veränderungen in der DDR einbezogen werden.

Mit freundlichen Grüßen
Ihr
Theo Waigel

Nr. 85
Telefongespräch des Bundeskanzlers Kohl mit Staatspräsident Mitterrand
11. November 1989

BK, 211 – 30131 F 2 Te 6 Bd. 2. – Vermerk des MDg Hartmann, 13. November 1989. – Mit Vorlage des MDg Hartmann über Chef BK an den Bundeskanzler zur Billigung. Hs. von Bundeskanzler Kohl vermerkt: „Teltschik". – Als Gesprächstermin vereinbart: 9.15 Uhr (Vorlage des MDg Hartmann an den Bundeskanzler, 10. November 1989; BK, 212 – 35400 De 39 NA 1 Bd. 1).

Der Bundeskanzler berichtet Staatspräsident Mitterrand zunächst kurz über seine Eindrücke in Polen. Er habe den Besuch in Polen kurz unterbrochen, um nach Berlin und nach Bonn zu kommen. Er fahre heute nach Polen zurück. Nach seiner Rückkehr aus Polen werde er den Staatspräsidenten noch einmal anrufen.

Heute wolle er nur eine Bitte vorbringen. Die Dinge in Polen kämen gut voran. Die wirtschaftlichen Schwierigkeiten seien ungeheuer groß. Die neuen Regierungsmitglieder seien sehr idealistisch, wenn auch nicht so professionell, wie man sich das wünschen würde. Dies sei kein Wunder, denn die meisten von ihnen kämen aus dem Gefängnis.

Wie der Staatspräsident wisse, liefen derzeit Verhandlungen zwischen Polen und dem IWF. Den Polen sei klar, daß die Sache für sie schwierig sei und sie auch Opfer bringen müßten. Andererseits brauche Polen eine baldige Entscheidung. Sie selber müßten zum 1. Januar 1990 wichtige wirtschaftspolitische Entscheidungen treffen. Daher sei es jetzt wichtig, daß die Vertreter Frankreichs, der USA, Großbritanniens und der Bundesrepublik Deutschland im IWF darauf drängen, daß die Gespräche mit Polen bis Ende November/Anfang Dezember abgeschlossen würden.

Der Bundeskanzler berichtet sodann kurz über seine Eindrücke in Berlin. Die Stimmung dort sei unvorstellbar. Hunderttausende von Menschen bewegten sich zwischen Ost- und West-Berlin. Er selber sei auf einer großen Veranstaltung auf dem Kurfürstendamm gewesen. Dort sei es zugegangen wie auf den Champs Elysées am 14. Juli.

Die Stimmung sei insgesamt sehr sympathisch. Es gebe keinerlei radikale Ausschreitungen. Der Prozeß sei nicht revolutionär, sondern evolutionär. Das Bemerkenswerteste an den Demonstrationen sei überhaupt gewesen, daß sie sehr ernst und friedlich verlaufen seien.

---

1 Mit Schreiben an Bundesminister Waigel vom 1. Dezember 1989 (BArch, B 136/26244, 422 – 52602 Bu 48 Bd. 2) teilte Bundesminister Seiters mit, der Bundeskanzler stimme dem Vorschlag zu. Er, Seiters, habe Staatssekretär von Würzen „gebeten, die Arbeitsgruppe unter Federführung des Bundesministeriums für Wirtschaft einzurichten". In dem Schreiben an von Würzen vom gleichen Tag, das in Kopie beigefügt war (ebd.), teilte Seiters mit, nach Auffassung des Bundeskanzlers sollten der „umgehend" zu bildenden Arbeitsgruppe „neben anderen Ressorts in jedem Fall BMF, BMB und auch BK angehören" und deren Ergebnisse „dann dem unter meinem Vorsitz tagenden Staatssekretärsausschuß zur politischen Entscheidung vorgelegt werden".

Natürlich gebe es das Problem, daß die Leute sehr viel erwarteten. Wenn daher ihre Forderung nach Zulassung freier Parteien und Gewerkschaften enttäuscht würde, könnte die Lage immer schwieriger werden.

Für das Wochenende erwarte man über eine Million Besucher in der Bundesrepublik Deutschland und in West-Berlin. Er, der Bundeskanzler, gehe davon aus, daß nur ein kleiner Prozentsatz davon bei uns bleiben werde.

Kritisch werde, wie gesagt, die Sache nur dann, wenn sich in den nächsten Wochen zeigen sollte, daß die DDR-Führung keine wirklichen Reformen durchführen werde. Am 20. November 1989 werde er einen Beauftragten zu Generalsekretär Krenz schicken[1] und selbst mit diesem in etwa 14 Tagen zusammentreffen[2]. Bei dieser Gelegenheit werde er Krenz noch einmal verdeutlichen, daß wir zu wirtschaftlicher Hilfe bereit seien, wenn es wirklich zu Reformen komme. Unser Interesse sei nicht, die Lage zu destabilisieren.

Der Bundeskanzler erwähnt in diesem Zusammenhang, daß allein bis Ende Oktober 1989 rund 230000 Übersiedler aus der DDR in die Bundesrepublik Deutschland gekommen seien. Deren Unterbringung habe man bisher gut organisieren können, aber es sei nicht unser Ziel, daß die Menschen aus der DDR scharenweise weggingen, zumal es sich dabei häufig um Fachleute, Ärzte etc. handele.

Der Bundeskanzler kommt noch einmal auf die Kundgebung in Berlin zu sprechen. Auf der Senatskundgebung hätte leider ein Teil der chaotischen Linken das Bild bestimmt. Auf dem Kurfürstendamm seien aber zwischen 120000 und 200000 Menschen gewesen. Bei seinen Reden dort habe er ausdrücklich den USA, Frankreich und Großbritannien gedankt und erklärt, daß ohne sie all dies nicht möglich gewesen wäre. Er bitte den Präsidenten ausdrücklich, dies auch in Paris bekanntzugeben.

Der Bundeskanzler wiederholt, er werde Staatspräsident Mitterrand nächste Woche noch einmal anrufen, aber auch jederzeit mit ihm in Kontakt treten, wenn die Dinge sich dramatisch entwickeln sollten.

Staatspräsident Mitterrand wirft ein, er habe den Eindruck, daß der Bundeskanzler bewegende Stunden erlebe.

Der Bundeskanzler erwidert, in der Tat, man sei ja als Politiker hartgesotten, aber es gebe Ereignisse, die man im Leben nicht vergesse.

Der Bundeskanzler berichtet von seinen Eindrücken am Checkpoint Charlie, wo Tausende, vor allem junge Leute, nach West-Berlin geströmt seien.

Präsident Mitterrand erklärt, seine Wünsche seien mit dem deutschen Volk. Er schlage vor, daß der Bundeskanzler dies auch öffentlich sage.

Dies sei in der Tat ein großer Augenblick der Geschichte. Es sei die Stunde des Volkes. Wir hätten jetzt die Chance, daß diese Bewegung in die Entwicklung Europas einmünde. Er glaube, daß die gemeinsame Pressekonferenz mit dem Bundeskanzler in Bonn[3] zum richtigen Zeitpunkt stattgefunden habe.

Der Bundeskanzler wirft ein, in der Tat, dies sei ein sehr wichtiges Wort des französischen Präsidenten gewesen. Er wolle ihm bei dieser Gelegenheit noch einmal für seine Freundschaft danken.

Präsident Mitterrand fährt fort, er danke dem Bundeskanzler, denn dieser habe das richtige Gespür für die Sache gehabt. Er wolle den Bundeskanzler noch einmal ausdrücklich seiner Freundschaft versichern, und im übrigen bleibe es ja bei dem persönlichen Treffen Anfang Januar 1990.

Hartmann

---

1 Nr. 96.
2 Das Gespräch mit Generalsekretär Krenz kam nicht zustande.
3 Nr. 70 Anm. 8.

Nr. 86
Telefongespräch des Bundeskanzlers Kohl mit dem Staatsratsvorsitzenden Krenz
11. November 1989

BK, 212 – 35400 De 39 Bd. 1. – Vermerk des MD Teltschik, 13. November 1989. Hs. vermerkt: „Über H. Dr. Duisberg Herrn Chef BK z.K. dann zdA T[eltschik] 15/11". Abgezeichnet: „D[uisberg] 17/11" und „S[eiters]". – Gesprächsdauer: 10.10 bis 10.25 Uhr.

Staatsratsvorsitzender Krenz begrüßte den Bundeskanzler und wies darauf hin, daß die Atmosphäre bereits bei dem ersten Gespräch[1] sehr gut gewesen sei, heute dagegen sei die Technik sehr hinderlich gewesen. (Ursprünglich war das Telefonat für 9.00 Uhr verabredet.)
Der Bundeskanzler erwiderte die Grüße des Staatsratsvorsitzenden und unterstrich die besondere Bedeutung der Entscheidung der DDR-Führung, die Grenzen zu öffnen. Diese Entscheidung des Staatsratsvorsitzenden begrüße er sehr. Dies freue ihn sehr, erwiderte der Staatsratsvorsitzende.
Der Bundeskanzler unterstrich, daß diese Entscheidung sehr zur Verbesserung der Atmosphäre beitrage. Es sei nicht das Ziel der Bundesregierung und auch nicht sein persönliches Ziel, daß möglichst viele Menschen die DDR verlassen würden. Sein Wunsch sei es, daß die Menschen in ihrer Heimat blieben, jedoch jederzeit reisen dürften.
Herr Krenz sei sicherlich seiner Auffassung, daß sie jetzt vor einem wichtigen Zeitabschnitt stünden, der von beiden Seiten viel Vernunft, Besonnenheit, aber auch Gelassenheit erfordere. Es sei deshalb sein dringender Wunsch, mit dem Staatsratsvorsitzenden in naher Zukunft zusammenzutreffen.
Heute müsse er nach Polen zurückkehren, um seine Gespräche fortzuführen. Dies sei wichtig, da er jeden Eindruck vermeiden wolle, Polen jetzt geringer zu achten.
Er schlage vor, daß Ende nächster Woche Herr Seiters den Staatsratsvorsitzenden aufsuche, um den gemeinsamen Rahmen für die Zusammenarbeit abzustecken. Er sei dann bereit, einen Termin kurz darauf für ein gemeinsames Treffen zu vereinbaren, das jedoch nicht in Ost-Berlin stattfinden könne. Es sei ihm dabei auch sehr daran gelegen, den neuen Ministerpräsidenten kennenzulernen.
Bei diesem Zusammentreffen werde es vor allem auch erst einmal darum gehen, eine gemeinsame Tour d'horizon – wie man in der diplomatischen Sprache zu sagen pflegt – durchzuführen. Er sei daran sehr interessiert und wolle dazu auch ausreichend Zeit zur Verfügung haben. Man müsse gemeinsam darüber sprechen, was jetzt möglich sei und was nicht. Deshalb wäre es jetzt erst einmal wichtig, daß Herr Seiters zu Gesprächen nach Ost-Berlin kommen werde.
Staatsratsvorsitzender Krenz bedankte sich beim Bundeskanzler für die hohe Einschätzung der Entscheidung über den freien Reiseverkehr. Diese Entscheidung dokumentiere die Politik der Erneuerung, die jetzt in der DDR eingeleitet worden sei. Bei der praktischen Durchführung dieses Reiseverkehrs komme es jetzt in besonderer Weise auf die Tatkraft und auf den guten Willen bei den Organen an, die für die praktische Verwirklichung verantwortlich seien. Man sei sich sicherlich darüber einig, daß die Grenzen blieben, jedoch jetzt durchlässiger würden. Sie hätten viele Vorschläge vorbereitet und seien dabei, zusätzliche Übergänge zu öffnen.
Er sei sehr dafür, daß jetzt bestimmte Emotionen ausgeräumt würden, die mit der Absicht geschürt würden, über Nacht alles abschaffen zu wollen. Die Grenzen blieben bestehen und würden nicht abgeschafft werden. Er sei deshalb sehr dankbar, wenn der Herr Bundeskanzler zur Beruhigung beitrage.

---

1 Nr. 68.

Der Bundeskanzler erklärte, daß er dies schon gestern in seinen Reden in Berlin getan hätte. Es komme jetzt darauf an, jede Form von Radikalisierung zu vermeiden. Jede Form von Radikalisierung, wiederholt Krenz. Er sei sich sicherlich mit dem Bundeskanzler absolut darin einig, daß gegenwärtig die Wiedervereinigung nicht auf der politischen Tagesordnung stünde.

Der Bundeskanzler erwiderte, daß in diesem Punkt ihr Verständnis auseinanderginge. Er sei auf das Grundgesetz vereidigt und habe in dieser Frage sicherlich eine andere Grundauffassung als der Staatsratsvorsitzende. Die Wiedervereinigung beschäftige uns jedoch im Augenblick nicht am meisten.

Staatsratsvorsitzender Krenz erklärt, daß er zu Beziehungen auf allen Gebieten bereit sei und sie intensivieren wolle. Dies gelte für den Bereich der Wirtschaft, der Wissenschaft, der Technologie, des Umweltschutzes, der Kultur wie auch für den humanitären Bereich. Er begrüße, daß Herr Seiters Ende der nächsten Woche zu ihm kommen werde. Es gebe dabei nur eine Schwierigkeit, daß am Freitag und Samstag nächster Woche die Volkskammer tagen und die neue Regierung wählen werde. Er selbst werde am Donnerstag in der ČSSR sein. Vielleicht wäre es besser, wenn Herr Seiters am Montag in acht Tagen kommen könnte.

Der Bundeskanzler erwiderte, daß sie dies gleich vereinbaren könnten. Herr Seiters werde am 20. November 1989 nach Ost-Berlin kommen. Dies sollten beide Seiten heute auch gleich veröffentlichen. Im übrigen biete er dem Staatsratsvorsitzenden an, wenn irgendetwas geschehe, dann sollten sie sofort miteinander telefonieren und den Kontakt aufnehmen. Die Situation sei gegenwärtig sehr aufgeregt, und vieles könne geschehen. Er biete dem Staatsratsvorsitzenden an, daß dieser dann jederzeit sofort zum Telefon greifen könne.

Dies sei sehr wichtig, erwiderte der Staatsratsvorsitzende. Er sei auch sehr froh, daß der Bundeskanzler nach Polen reise. Polen sei für sie ein wichtiger Nachbar. Er solle seinen Gesprächspartnern über dieses Gespräch berichten und Grüße ausrichten.

Bei ihren Gesprächen mit Herrn Seiters und mit dem Bundeskanzler sollten sie dann Punkt für Punkt der Zusammenarbeit durchgehen. Dabei seien die Fragen des Reiseverkehrs besonders wichtig. Es wäre nicht gut, wenn sich die Dinge dramatisch entwickeln würden.

Der Bundeskanzler habe sicher die Sitzung des ZK-Plenums[2] verfolgt. Die Führung sei weiter verjüngt worden. Er wolle noch einmal sagen, daß er zu radikalen Reformen bereit sei. In diesem Zusammenhang hätten sie bereits eine Reihe von Vorleistungen gemacht, die vom Bundeskanzler gefordert worden seien. Er begrüße es sehr, daß es zwischen ihnen eine gute Atmosphäre gebe. Er erwarte und bitte jetzt um die Vorschläge des Bundeskanzlers zu den Fragen, die die Beauftragten bereits vorab diskutiert hätten.

Der Staatsratsvorsitzende wünschte dem Bundeskanzler eine erfolgreiche Kabinettsitzung und ebenso Erfolg für seine Polen-Reise.

Anschließend verabredeten der Staatsratsvorsitzende und der Bundeskanzler, was sie veröffentlichen sollten. Der Bundeskanzler erklärte, daß sie sagen sollten, daß sie ein intensives Gespräch geführt hätten, daß er die Öffnung der Grenzen besonders begrüßt habe; daß sie das Gespräch fortsetzen und die telefonische Verbindung aufrechterhalten wollten; dann sollten sie sagen, daß Herr Seiters am 20. November zu Gesprächen mit dem Staatsratsvorsitzenden und dem neuen Ministerpräsidenten nach Ost-Berlin kommen werde und daß bald danach sie selbst zu einem Gespräch zusammentreffen werden, jedoch außerhalb Ost-Berlins.[3]

---

2 Nr. 79 Anm. 4.
3 Bundeskanzler Kohl teilte der Presse in Bonn mit, er und Krenz würden sich „bald persönlich in der DDR – und zwar außerhalb von Ost-Berlin – treffen"; Pressekonferenz, 11. November 1989, 13.00 Uhr. Unkorrigiertes Manuskript, 15 S., hier 2; BPA/PA, F 1/30.

Ein Treffen außerhalb der Hauptstadt sei in Ordnung, erwiderte lachend der <u>Staatsratsvor-sitzende</u>. Er sei mit den Vorschlägen des Bundeskanzlers für die Veröffentlichung einverstanden.[4]

Teltschik

Nr. 87
Telefongespräch des Bundeskanzlers Kohl mit Generalsekretär Gorbatschow
11. November 1989

BK, 21 – 30100 (56) Ge 28 (VS) Bd. 79, Bl. 165–169. – Vermerk des MDg Neuer, 11. November 1989. Hs. vermerkt: „zdA T[eltschik] 16/11".

Der <u>Bundeskanzler</u> begrüßt Präsident Gorbatschow und bedankt sich bei ihm für die Botschaft, die er ihm am 10. November 1989 übermittelt habe.[1] Er führt aus, daß er seinen Besuch in Polen unterbrochen habe, später jedoch wieder nach Warschau fahre. Morgen, am Sonntag, habe er ein längeres Treffen mit Präsident Jaruzelski.[2] Der Bundeskanzler regt an, die Grüße von Präsident Gorbatschow zu überbringen.

<u>Präsident Gorbatschow</u> stimmt zu und fügt hinzu, der Bundeskanzler könne sich gerne auf das heute mit ihm geführte Telefongespräch beziehen.

Der <u>Bundeskanzler</u> fährt fort und bemerkt, daß er zu der Botschaft Präsident Gorbatschows vom gestrigen Tage eine kurze Antwort und Stellungnahme abgeben wolle. Vor einer Stunde habe er mit Herrn Krenz telefoniert.[3] In der DDR werde am Samstag eine neue Regierung gebildet. Am Montag, dem 20. November 1989, werde er einen Beauftragten zu Krenz schicken, um das Gespräch zwischen Krenz und ihm selbst vorzubereiten. Er werde sich mit Krenz wohl Ende November treffen. Er habe zu Krenz gesagt, er begrüße es, daß die Grenze jetzt geöffnet worden sei, und habe unser Interesse betont, daß die Reformen in Ruhe abgewickelt werden. Er, der Bundeskanzler, lehne jede Form der Radikalisierung ab. Dies habe er schon die ganzen vergangenen Tage gesagt und auch gestern in Berlin wiederholt. Er wünsche vor allem, daß die Menschen in der DDR bleiben. Dies nicht etwa, weil wir, wie manche befürchteten, Probleme mit der großen Anzahl von Menschen hätten, sondern im Interesse der Stabilität. Bisher seien 230 000 Übersiedler aus der DDR untergebracht worden. Aber es wäre eine absurde Entwicklung, wenn zu viele herüberkämen. Ein solcher Exodus sei mit schweren ökonomischen Schäden und Problemen verbunden. Seine Einschätzung von heute mittag um 12.00 Uhr sei, daß nach Öffnung der Grenzen zwar Hunderttausende zu Besuch kommen, aber die meisten wieder zurückgingen. Er glaube, daß weniger blieben, als ursprünglich ⟨befürwortet⟩[4] worden sei. Er habe schon betont, daß er keine Destabilisierung wolle, und dabei bleibe er. Er wisse noch nicht, in welchem Umfang Krenz Reformen machen wolle, aber hiervon hänge eben alles ab. Er dankt Gorbatschow nochmals für die Botschaft und bemerkt, er hätte Gorbatschow in der nächsten Woche, wie vereinbart, nach Abschluß seines Polen-Besuchs angerufen.

---

4 In der Mitteilung von ADN wurde hervorgehoben, daß „die Wiedervereinigung nicht auf der Tagesordnung" stehe. Die Ankündigung eines persönlichen Treffens zwischen Bundeskanzler Kohl und Krenz fehlte (ADN/11.11.89/1426 f. in: DDR-Spiegel. Nr. 219/I. 13. November 1989, 2; BPA/PA, F 1/23). In einer Rundfunksendung betonte Krenz, es gebe „zwei völlig souveräne deutsche Staaten" (Meldung Radio DDR/11.11.89/12.30 Uhr/Politik am Mittag, ebd., 3).

1 Nr. 80.
2 Nr. 89.
3 Nr. 86.
4 ⟨ ⟩ Vermutlich gemeint: „befürchtet".

Zu Polen wolle er noch bemerken, daß wir den Kurs der wirtschaftlichen Reformen dort stark unterstützten. Auch hierüber wolle er mit Gorbatschow in Kontakt bleiben. Er finde es gut, daß Gorbatschow mit Bush zusammentreffe. In seinem Telefongespräch gestern abend habe er Bush gesagt,[5] er hoffe sehr, daß auch im Hinblick auf die Abrüstungsverhandlungen Fortschritte erzielt werden. Schließlich wolle er noch sagen, daß, falls es bei der wirtschaftlichen Entwicklung in der Sowjetunion Schwierigkeiten gebe, aufgrund der Abmachungen, die wir auf diesem Gebiet getroffen hätten, durchaus die Dinge verbessert werden könnten, falls dies erforderlich sei. Er bittet Gorbatschow, ihm zu sagen, wenn er helfen könne.

Präsident Gorbatschow dankt dem Bundeskanzler für seinen Anruf. Er bemerkt, es entstehe auch in dieser Hinsicht eine gute Tradition. Dies entspreche dem Niveau sowohl der deutsch-sowjetischen Beziehungen als auch den persönlichen Beziehungen zwischen ihnen beiden.

Der Bundeskanzler wirft ein, vor allem der persönlichen Beziehungen.

Präsident Gorbatschow bemerkt, er habe für die Wichtigkeit der persönlichen Beziehungen viel Verständnis. Das Gespräch in Bonn mit dem Bundeskanzler betreffend die Analyse der Lage in der Welt und Europa[6] sei sehr nützlich gewesen. Die Veränderungen in Osteuropa hätten sich jedoch sehr viel schneller entwickelt, als man damals angenommen habe.

Der Bundeskanzler wirft ein, daß dies richtig sei.

Präsident Gorbatschow fährt fort, dies gelte z. B. jetzt auch für Bulgarien. Auch dort hätten die Veränderungen begonnen. Die Ereignisse gewönnen an Geschwindigkeit. Er glaube, daß jedes Land sein eigenes Tempo einschlagen müsse und daß ein Unterschied bestehe, was die Tiefe und die Form der Veränderungen angehe. Er wolle betonen, daß die Absprache, die er mit dem Bundeskanzler getroffen habe, in Kontakt zu bleiben, sehr wichtig sei und daß man bei allem die Ausgewogenheit beachten müsse. Er glaube, daß man infolge dieser Veränderungen nicht nur mehr Verständnis füreinander entwickle, sondern auch, daß wir uns näherkämen. Daher begrüße er, was der Bundeskanzler gestern und heute gesagt habe. Dies seien wichtige politische Äußerungen. Er glaube, daß die gegenwärtige Führung in der DDR ein weitgehendes Programm der Umgestaltung in bezug auf Freiheit, Demokratie und wirtschaftliches Leben habe. Es sei nötig, der Entwicklung Zeit zu lassen. Er habe Krenz den Rat hierzu gegeben und [den Rat,] mit der Öffentlichkeit und den verschiedenen demokratischen Bewegungen seines Landes zu diskutieren. Die Europäer und die ganze Welt verfolgten die Ereignisse in der DDR. Für die Bundesrepublik Deutschland und die Sowjetunion seien sie jedoch wegen der Geschichte und der gegenwärtigen Beziehungen von noch größerem Interesse. Es entstehe ein Dreieck, in dem alles balanciert und ausgewogen sein müsse. Er glaube, daß die gegenwärtigen guten Beziehungen dies ermöglichten. Natürlich beinhalteten alle Veränderungen eine gewisse Instabilität. Wenn er sage, die Stabilität solle bewahrt werden, so meine er, daß alle Verantwortungsgefühl und Umsicht zeigen müßten. Es handele sich um historische Veränderungen in Richtung auf neue Beziehungen und eine neue Welt. Er meine, man dürfe die Entwicklung nicht mit ungeschickten Handlungen behindern. Man müsse vorsorgen, daß kein Chaos entstehe. Er nähme sehr ernst, was der Bundeskanzler ihm gesagt habe, und hoffe, daß er weiterhin seinen politischen Einfluß geltend machen werde, damit auch andere in dem Rahmen blieben, den die Zeit erfordere.

Der Bundeskanzler weist darauf hin, daß er gerade in einer Sondersitzung des Kabinetts ähnliches geäußert habe. Wenn Gorbatschow dabeigewesen wäre, wäre er sicherlich über das Maß an Übereinstimmung mit ihm erstaunt gewesen. Man erlebe eine historische Stunde. Wir hätten den Begriff des „Augenmaßes". Dies bedeute, daß man bei allem, was man tue, die Folgen bedenken müsse. Es heiße dies auch, daß persönliche Verantwortung

---

5 Nr. 82.
6 Nr. 2.

gefordert sei. Diese Verantwortung verspüre er besonders. Kein Bundeskanzler sei bisher in einer Lage gewesen, die soviel Verantwortungsgefühl erfordert habe wie die jetzige. Er empfinde es als ausgesprochen glückliche Fügung, daß die Beziehungen zwischen der Sowjetunion und der Bundesrepublik Deutschland sich so gut entwickelt hätten wie jetzt, und insbesondere auch, daß die Beziehungen zwischen Gorbatschow und ihm selbst so gut seien. Er wolle sagen, daß man diese Beziehungen noch weiterentwickeln könne und er dazu bereit sei. Er wisse, daß die persönlichen Beziehungen kein Problem lösen, die Lösung jedoch erleichtern könnten. Zur Beurteilung der Lage in der DDR wolle er noch bemerken, daß er das Hauptproblem im psychologischen Bereich sehe. Honecker habe bis zuletzt jede Reform verweigert, und deshalb stehe seine Mannschaft nun unter ungeheurem Zeitdruck. Das sei ein großes Problem. Gorbatschow habe recht, wenn er sage, daß die Entwicklung Zeit brauche. Das Problem sei jedoch, daß man den Menschen in der DDR dies klarmachen müsse.

Präsident Gorbatschow gibt der Hoffnung Ausdruck, daß die Gründlichkeit der Deutschen, die ja in der DDR und in der Bundesrepublik Deutschland vorhanden sei, die Lösung dieses Problems ermöglichen werde. Die Fragen müßten alle eingehend durchgearbeitet werden, um zu einem guten Ergebnis zu kommen. Gorbatschow wünscht dem Bundeskanzler Erfolg bei der Fortsetzung seines Besuches in Polen. Er hoffe, daß, falls die Situation dies erfordere, eine Möglichkeit gefunden werde, um sofort in Kontakt zu kommen.

Der Bundeskanzler stimmt zu und fügt hinzu, daß er noch lieber mit Gorbatschow ohne dramatische Akzente spreche.

Präsident Gorbatschow teilt diese Auffassung und äußert abschließend nochmals, daß es wichtig sei, umsichtig zu handeln.

Der Bundeskanzler bittet Präsident Gorbatschow, seine Frau zu grüßen. Präsident Gorbatschow bedankt sich und läßt zurückgrüßen.

Das Gespräch endete nach ca. 30 Minuten.

Nr. 88
Fernschreiben des Staatssekretärs Bertele an den Chef des Bundeskanzleramtes
Berlin (Ost), 11. November 1989

BArch, B 136/20489, 222 – 35010 Re 3 Bd. 8. – FS StäV Nr. 2539, 12.05 Uhr. Verteiler: ChBK, MDg Duisberg, Gruppe 22; BMB, St Priesnitz, AL II; Bundeshaus Berlin, MR Plewa; Info: BMI; BMV, Bonn AA, Ref. 210, auch für Botschaften Prag, Budapest, Moskau; LV Berlin. Mit Stempel: 021014, BK-Amt, FS-Zentrale, 11. November 1989, 14.32 Uhr.

Betr.: Reiseregelung in der DDR
Verfasser: Hösch

Die von Politbüromitglied Schabowski am Abend des 9.11.89 überraschend angekündigte weitgehende Freigabe von Besuchsreisen und Übersiedlungen aus der DDR[1] kann als Signal nach innen und außen zu verstehen sein.

---

[1] Schabowski, für Informationswesen und Medienpolitik zuständiger Sekretär des Zentralkomitees, antwortete am 9. November 1989 abends im Konferenzsaal des Internationalen Pressezentrums in Berlin (Ost) auf Frage des Journalisten Riccardo Ehrman von der italienischen Nachrichtenagentur ANSA, ob der vor wenigen Tagen vorgestellte Reisegesetzentwurf nicht ein großer Fehler sei, es sei heute – soviel er wisse – „eine Empfehlung des Politbüros aufgegriffen" worden, wonach man aus dem Entwurf des Reisegesetzes den Passus über die ständige Ausreise herausnehme und in Kraft treten lasse. Man halte also für einen unmöglichen Zustand, daß sich die Ausreise über einen befreundeten Staat vollziehe. Deshalb „haben wir uns dazu entschlossen, heute eine Regelung zu treffen, die es jedem Bürger der DDR möglich macht, über Grenzübergangspunkte der DDR auszureisen". Auf die Frage, wann das in Kraft trete, verlas Schabowski gegen 18.57 Uhr die vier Punkte der neuen Reiseregelung (Nr. 78A) nach der Mitteilung, die seiner Information nach

Gegenüber der eigenen Bevölkerung soll der ungünstige Eindruck des Entwurfs eines neuen Reisegesetzes[2] neutralisiert und um Vertrauen in die „Politik der Erneuerung" geworben werden. Der dramatische Charakter dieser Maßnahme in einem emotional besonders stark besetzten Bereich dürfte seinen Eindruck auf die Bevölkerung nicht verfehlen.

Aber auch eine andere Version ist möglich und nicht unwahrscheinlich, die Aktion war so nicht geplant. Aus dem MfAA höre ich, daß geplant war, daß bis zum Inkrafttreten des (Aus-)Reisegesetzes Genehmigungen dieser Absicht zur Ausreise schnell erteilt werden sollten. Die öffentliche Ankündigung dieser Absicht durch Schabowski sei mißverständlich gewesen. Als er auf Frage noch ergänzt habe, diese Regelung trete sofort in Kraft, sei an den einzelnen Übergangsstellen unterschiedlich verfahren worden. Die Grenzsicherungskräfte hatten offenbar keine einheitlichen Weisungen, so daß es zu erheblichen Unterschieden in der Handhabung an den einzelnen Übergangsstellen kam. Als der Zustrom von Besuchern, die sich spontan auf den Weg gemacht hatten, am Übergang Bornholmer Straße schon anstandslos die Grenze passieren konnte, wurden am Übergang Invalidenstraße Besucher noch zurückgeschickt und auf den nächsten Morgen vertröstet. Grenzsoldaten am Übergang Bornholmer Straße, die sich freundlich und gesprächsbereit in der Menge bewegten, äußerten, sie hätten gegen 21.00 Uhr Weisung erhalten, „keinen Widerstand zu leisten". Das Innenministerium der DDR soll auf Anfragen geantwortet haben, die Öffnung der Übergänge sei erfolgt, um „Konfrontationen vorzubeugen".

Die überwiegend formlose Handhabung an den innerberliner Grenzübergangsstellen (Ausreise unkontrolliert bzw. unter Vorzeigen des Personalausweises), die teilweise noch am 10.11. fortgesetzt wurde, dürfte nicht von Dauer sein. Die Abfertigungspraxis wird vermutlich schrittweise auf den Stand der „Übergangsregelung", die der Ministerrat der DDR am 9.11. beschlossen hat, gebracht werden. Diese sieht generell kurzfristig zu erteilende Genehmigungen vor, kennt aber auch Versagungsgründe „in besonderen Ausnahmefällen". In großem Umfang werden schon jetzt für Besuchsreisen Visa zur mehrfachen Ein- und Ausreise erteilt, die 6 Monate gültig sind.

Die in der Übergangsregelung enthaltenen weitgehenden Erleichterungen dürften innenpolitisch kaum noch rücknehmbar sein. Eine gesetzliche Regelung im Stile des Entwurfs vom 2.11.1989 wird es mit Sicherheit nicht geben. Ob und ggf. wie die nunmehr eingeräumte Praxis noch gesetzlich festgeschrieben wird, bleibt abzuwarten. Da sich die Führung auf eine

---

„heute schon verbreitet" worden sei. Die „Paßfrage" könne er „jetzt nicht beantworten", auch sei dies „eine technische Frage". Sodann antwortete er auf die Wiederholung der Frage nach dem Zeitpunkt des Inkrafttretens: „Das tritt nach meiner Kenntnis ... ist das sofort, unverzüglich." Zu der Frage, ob das auch für Berlin (West) gelte, las Schabowski weiter ab: „Wie die Presseabteilung des Ministeriums ..., hat der Ministerrat beschlossen, daß bis zum Inkrafttreten einer entsprechenden gesetzlichen Regelung durch die Volkskammer diese Übergangsregelung in Kraft gesetzt wird", und ergänzte dann: „Die ständige Ausreise kann über alle Grenzübergangsstellen der DDR zur BRD bzw. zu Berlin-West erfolgen." Zu der Frage der Ausreise über Polen und die ČSSR wollte Schabowski sich nur „vorsichtig" äußern, da er „kurz, bevor" er „rüber kam, diese Information in die Hand gedrückt bekam". Zu der Frage, was mit der Berliner Mauer jetzt geschehe, bemerkte Schabowski, „die Frage des Reisens, die Durchlässigkeit also der Mauer von unserer Seite, beantwortet noch nicht und ausschließlich die Frage nach dem Sinn, also dieser, ich sag's mal so, befestigten Staatsgrenze der DDR" (Fernsehaufzeichnung „Aktuelle Kamera", 9. November 1989, Pressekonferenz mit Günter Schabowski zum Verlauf der 10. Tagung des ZK der SED mit Aussage zur Grenzöffnung, in: Deutsches Rundfunkarchiv, Fernseharchiv, Berlin, IDNR: 45440, T-MAZ Lagernummer VBA 60923, Timecode 17.54.58–19.06.05; eine vom Verfasser angefertigte Niederschrift einer Bildaufzeichnung der Pressekonferenz in: Hans-Hermann Hertle, Chronik des Mauerfalls. Die dramatischen Ereignisse um den 9. November 1989. 2. Aufl. Berlin 1996, 142–147, hier 145 f.). Ursprünglich war geplant, die Neuregelung in einer Pressemitteilung am 10. November zu veröffentlichen (Auszug aus einer Ton-Aufzeichnung der Sitzung des Zentralkomitees am 9. November 1989 nachmittags, ebd., 130–133, insbes. 131).

2 Der vom Ministerrat der DDR am 2. November 1989 bestätigte Entwurf des neuen Reisegesetzes (Gesetz über Reisen von Bürgern der Deutschen Demokratischen Republik in das Ausland) wurde 6. November veröffentlicht, verbunden mit der Aufforderung an die Bürger, „Vorschläge und Meinungen" an den Ministerrat zu richten (Neues Deutschland. 44. Jg. Nr. 261. 6. November 1989, 1).

gesetzliche Regelung wiederholt festgelegt hat und auch die Übergangsregelung eine solche ausdrücklich vorbehält, ist damit zu rechnen, daß auf der Grundlage der Übergangsregelung ein neuer Gesetzentwurf erarbeitet wird, der sich vom früheren Entwurf fundamental unterscheidet. Eine Neuregelung kann sich aber von der jetzigen Praxis schon wegen der psychologischen Wirkung kaum unterscheiden.

Berichte und Kommentare in der westlichen Presse, die bereits die Mauer funktionslos und die Grenzen offen sehen wollen, gehen an den Tatsachen vorbei. Trotz einer gewissen Lockerung der Kontrollverfahren bei Transits und Einreisen, von der Reisende berichten, bestehen die Einschränkungen und Behinderungen für Reisen in der DDR unverändert fort. Darauf haben auch in der vergangenen Nacht Offiziere der Grenztruppen an den Übergängen auf Fragen ausdrücklich hingewiesen.

Bertele

Nr. 89
Gespräch des Bundeskanzlers Kohl mit Staatspräsident Jaruzelski
Warschau, 12. November 1989

BK, 21 – 30100 (56) Ge 28 (VS) Bd. 79, Bl. 174–190. – Vermerk des VLR I Kaestner, 16. November 1989. – Mit Vorlage des MD Teltschik über Chef BK an den Bundeskanzler, 17. November 1989 (BK, 213 – 30104 P 4 Po 28, BK in Polen, 9.–14. 11. 1989, Bd. 5): „Hiermit lege ich Ihnen einen Vermerk über das o.a. Gespräch mit der Bitte um – Genehmigung – vor. Gleichzeitig erbitte ich Ihre – Zustimmung –, daß Herr Bundesminister Genscher zur persönlichen Unterrichtung Doppel dieses Vermerks erhält." Abgezeichnet: „i.O. K[ohl]", zur Weitergabe an BM Genscher hs. vermerkt: „Ja". – Gesprächsdauer: 19.00 bis 22.30 Uhr.

Staatspräsident **Jaruzelski** (J.) begrüßt den Bundeskanzler.

Der **Bundeskanzler** (BK) dankt für das Verständnis, das der Staatspräsident durch Verschiebung dieser Begegnung bewiesen habe.

Der **BK** gibt sodann seine Eindrücke von dem Versöhnungsgottesdienst in Kreisau wieder: Dieser habe – wie er aus ersten Reaktionen wisse – in der Bundesrepublik Deutschland ganz große Wirkung entfaltet. Der Gottesdienst sei keine Sache von Verstand, Politik und Diplomatie, sondern eine Sache des Herzens gewesen. Was die Dinge des Verstandes betreffe, so sei man ein großes Stück vorangekommen, nun gelte es, die Herzen zu mobilisieren.

Für ihn persönlich gehöre der Vormittag in Kreisau zu den Stunden, die sich dauerhaft einprägten.

Staatspräsident **J.** erwidert, er habe die Fernsehübertragung gesehen, der Gottesdienst sei wirklich sehr ausdrucksvoll gewesen. Er könne die Empfindungen des Bundeskanzlers nachfühlen.

Er wolle erneut die Freude zum Ausdruck bringen, gerade jetzt mit dem Bundeskanzler zu sprechen – zuletzt habe man sich ja bei Beerdigungen gesehen. Heute gebe es eine Geburt! Der **BK** pflichtet bei. Er übermittelt Grüße von Generalsekretär Gorbatschow, mit dem er gestern ein langes Telefongespräch wegen der Lage in der DDR geführt habe.[1]

Staatspräsident **J.** berichtet, auch er habe mit Generalsekretär Gorbatschow telefoniert, der ihn unterrichtet habe, daß er dem Bundeskanzler eine Botschaft geschickt habe.[2]

---

1 Nr. 87.
2 Nr. 80.

Der **BK** übermittelt weitere Grüße von Präsident Bush, Staatspräsident Mitterrand und Premierministerin Frau Thatcher. Mit ihnen habe er – der BK – auch über die Polen-Verhandlungen des IWF gesprochen[3] und mit ihnen vereinbart, daß alle vier Einfluß nehmen, daß diese Verhandlungen rasch abgeschlossen werden.

Staatspräsident **J.** dankt und betont die Bedeutung des jetzigen Zeitpunkts für die Beziehung zwischen beiden Staaten und Völkern, deren politisch-moralische Dimension der Bundeskanzler immer wieder hervorgehoben habe. Gleichzeitig verzeichne man heute einen gewichtigen Einschnitt in der Entwicklung in Europa und der Welt. Der Besuch des Bundeskanzlers werde die Idee des gemeinsamen europäischen Hauses voranbringen. Der Besuch werde in Europa und weltweit beobachtet, und er – der Staatspräsident – sei überzeugt, daß er starke Resonanz haben werde.

Der **BK** erwidert, man dürfe sich selbst nie zu ernst nehmen – diese Lehre gelte insbesondere für die Deutschen.

Trotzdem sei es angemessen, in dieser Gesamtlage von einer historischen Stunde der Weltpolitik zu sprechen. In wenigen Wochen werde ein Treffen zwischen Präsident Bush und Generalsekretär Gorbatschow stattfinden, und er habe mit beiden über die Vorbereitung dieses Treffens diskutiert. Er sei sicher, daß ein weiterer Abrüstungsschritt – nicht auf dem Schiff,[4] aber in Vorbereitung eines Abkommens im nächsten Jahr – herauskommen werde, etwa die Ächtung der chemischen Waffen. Auch in den Wiener Verhandlungen sei man ein gutes Stück weitergekommen. Das Klima habe sich entscheidend verändert.

In der Europäischen Gemeinschaft stehe man vor einem entscheidenden Schritt der Integration: dem großen Binnenmarkt bis 1992. Dabei sei uns klar, daß die EG nicht das ganze Europa, sondern nur ein Teil Europas sei. Selbstverständlich sei auch hier in Warschau Europa – wie in Wien, in Budapest, in Prag. Aber in der Gemeinschaft sei der Anfang eines großes dynamischen Prozesses gemacht, der zu einem Wirtschaftsraum von 320 Mio. Menschen mit großer ökonomischer Kraft führen werde. Darüber hinaus aber kehre Europa zurück zu einer entscheidenden Rolle in der Weltpolitik. Dies gelte insbesondere deshalb, weil in 10 Jahren militärische Kraft ihr Gewicht verloren haben werde und ökonomische Statur, soziale Gerechtigkeit, geordnete infrastrukturelle Verhältnisse usw. an ihre Stelle treten würden. Dann stünden in der Welt drei große Kraftzentren: die USA und Kanada (evtl. unter Einschluß Mexikos); Japan, Australien und Neuseeland und der südostasiatische Raum; Europa.

Wenn Generalsekretär Gorbatschow mit seinen Reformen – was er, der **BK**, sich wünsche – Erfolg habe und die Grenzen öffne, könnte Europa noch näher zusammenrücken. Dann werde seine Dimension noch viel stärker. Im Jahr 2000 werde Europa wieder gleichberechtigt sein.

Polen sei Teil Europas. Gerade im Blick auf die große kulturelle Geschichte des Landes wolle er wiederholen, was er in der Tischrede[5] gesagt habe: „Europa braucht Polen, Polen braucht Europa!" In diesem Europa brauchten auch Polen und Deutschland einander. Beide Länder seien Nachbarn, ob es uns gefalle oder nicht. Bekanntlich könne man sich seinen Nachbarn – ebenso wie die Mitglieder der Familie – nicht aussuchen.

Aber diese tausendjährige Nachbarschaft sei über lange Jahrhunderte gut gewesen, dann habe eine schreckliche Zeit begonnen. Dies solle nicht vergessen werden – nur Wahrheit bringe einen weiter. Heute aber gelte es, ein neues, gutes Kapitel anzufangen (Exkurs: deutsch-französische Versöhnung). Ein ähnlich enges Verhältnis, wie wir es heute mit

---

3 Nr. 81, Nr. 82 und Nr. 85.
4 Nr. 109 Anm. 1.
5 Nr. 77 Anm. 1.

Frankreich unterhielten, wünsche er – der **BK** – sich auch mit Polen. Schon Bismarck habe gesagt: „Der Weg nach Warschau führe über Paris." Wir aber wollten keine Umwege gehen, sondern direkt in beide Hauptstädte kommen!

Zur Lage in der DDR wolle er bemerken, daß er am gestrigen Abend die Feier von 180 000 Menschen auf dem Kurfürstendamm erlebt habe – ein Ereignis, daß auch zu Herzen gehe. Die Leute seien unglaublich vernünftig. Sie machten keine Revolution, sondern wollten ihre Rechte, wollten Reformen, wollten vor allem Frieden.

Bereits jetzt zeige es sich, daß der Strom der Besucher aus der DDR enorm zunehme – allein über das Wochenende 1 Million Menschen –, der der Zufluchtsuchenden aber deutlich abnehme.

Hier beginne – so der Bundeskanzler weiter – in der Tat ein neuer Abschnitt unserer Geschichte. Für seine Politik sei es ein ganz wichtiges Element, daß von dieser Entwicklung für unsere Nachbarn kein Grund zur Angst oder Besorgnis ausgehe. Den gebe es überhaupt nicht! (Exkurs: mehr oder weniger offen ausgesprochene Vorbehalte gegenüber Wiedervereinigung in europäischen Hauptstädten.) Gerade deshalb sei es für ihn ungeheuer wichtig, daß unser Problem unter einem europäischen Dach gelöst werde, damit von unserem Land, von unserem Territorium keine Angst ausgehe, die Menschen vielmehr zueinanderkommen könnten (Exkurs: geistige Quellen des europäischen Hauses – darunter die Ideen des deutschen Widerstandes – Graf Moltke, Pater Delp).

Als er – der **BK** – heute mit Ministerpräsident Mazowiecki das Gutshaus der Grafen von Moltke gesehen habe, das in einem schlechten baulichen Zustand sei, habe er mit dem Ministerpräsidenten beschlossen, eine Begegnungsstätte für Jugendliche – nicht nur Deutsche und Polen, sondern junge Europäer – in diesem Haus zu errichten.

Staatspräsident **J.** bestätigt, der heutige Zeitpunkt sei historisch außerordentlich. Die Dinge entwickelten sich viel schneller, als man noch vor kurzer Zeit vorhergesehen habe. Sie eröffneten neue Chancen in Europa und darüber hinaus. Die Zusammenarbeit des kulturellen Europas sei besonders wichtig. Historisch gesehen sei jedoch Europa ein Kontinent, in dem Kampf und Krieg vorgeherrscht hätten. Heute müsse nun damit Schluß gemacht werden. Europa würde einen weiteren Krieg nicht überleben. Außerdem stehe vor Europa und der ganzen Welt die historische Herausforderung, die Probleme der Ökologie, der Energie, der Rohstoffe, der Bevölkerung gemeinsam zu bewältigen.

Er teile die Philosophie General de Gaulles vom Europa der Vaterländer. Es gehe um ein Haus, in dem die Türen offen sind und alle Menschen ihre Erfahrungen frei austauschen könnten, insbesondere aber die Nachbarn. Polen wolle vom wirtschaftlich effektiven westlichen Europa lernen, wolle Demokratie einführen – dies werde uns zusammenbringen.

Aber jedes Land habe historische Besonderheiten, deshalb müsse es im Haus Wände geben – dies seien für ihn – **J.** – unantastbare Grenzen. Diese aber dürften nicht hinderlich sein für das Zusammenleben, für die Entwicklung der Freundschaft. Er glaube, daß wir im Begriff seien, ein derartiges neues Europa zu errichten.

Der **BK** bestätigt, genau das wolle er auch.

Das Gespräch wird bei Tisch fortgesetzt.

Der **BK** berichtet ausführlich über den Kreisauer Kreis und über die Opfer des deutschen Widerstandes gegen Hitler. Insbesondere erwähnt er den Leipziger Oberbürgermeister Goerdeler, der als typischer Deutscher kein Verschwörer gewesen sei; die am Attentat gegen Hitler beteiligten Militärs, die bereits in der Kriegsakademie die Benotung „zum Heerführer geeignet" erhalten hätten; die weiteren vier Attentate gegen Hitler, insbesondere das im Bürgerbräu-Keller 1938.

Er berichtet über ein Gespräch mit Freya Gräfin Moltke, die ihre Zustimmung verweigert habe, daß einer ihrer Söhne oder Enkel in der Sonderdelegation des Kanzlers nach Kreisau mitreise – sie wolle erst kommen, wenn [sie] von den Polen eingeladen [werde].

Staatspräsident **J.** nimmt das letztere zustimmend auf. Er berichtet seinerseits über lange Gespräche mit Gräfin Dönhoff.

Es folgt ein Austausch über die Rolle prominenter polnischer Familien in Preußen.

In einem kurzen <u>Toast</u> zitiert Staatspräsident **J.** Goethe: Wenn man einen Dichter verstehen wolle, müsse man sein Land sehen: Der Bundeskanzler habe nun – nicht zuletzt durch seine Busreisen – etwas von Polen gesehen. Zu Recht habe der Bundeskanzler festgestellt, daß sein Besuch zu großen Hoffnungen berechtige. Er – **J.** – sehe ihn als symbolisch an, wobei Symbole für die Polen sehr – manchmal zu – wichtig seien. Seine Landsleute müßten mehr auf Inhalte schauen und könnten durchaus Vernunft von den Deutschen lernen.

Er hoffe sehr, daß die Ergebnisse in die Zukunft führen, daß insbesondere die erklärten Absichten nun umgesetzt werden. Er wolle dem Bundeskanzler – auch namens des Ministerpräsidenten und aller Polen – versichern, daß Polen alles tun werde, um diese Erwartungen auch zu erfüllen.

Im weiteren Verlauf des Gesprächs überreicht der **BK** Staatspräsident Jaruzelski ein persönliches Geschenk – Exerzierreglement König Augusts III. –, und Staatspräsident **J.** erläutert die Funktionen des nationalen Verteidigungsrates.

Außenminister **Skubiszewski** berichtet, einer seiner Onkel sei als Fähnrich der preußischen Armee in den ersten Kriegstagen 1914 gefallen.

Das Gespräch wird sodann im <u>Delegationskreis</u> fortgesetzt.

Staatspräsident **J.** würdigt erneut Atmosphäre und Substanz des Besuches sowie den erreichten Stand des gegenseitigen Verständnisses und Vertrauens.

Dieser Prozeß dürfe nicht gestört werden. Die <u>Psychologie</u> sei dabei besonders wichtig, da oft Emotionen die bilateralen Beziehungen begleitet hätten – dies müsse nun endgültig überwunden werden. Polen sei von der Absicht geleitet, den Beziehungen dauerhaft Substanz zu geben. Dabei müsse man allen Gefahren ausweichen, die unterwegs entstehen könnten. Der Bundeskanzler möge dies nicht als Ausdruck von Minderwertigkeitskomplexen verstehen. Die Polen schätzten das deutsche Volk und wüßten, was es für die europäische Zivilisation geleistet habe. Andererseits gebe es wohl in Polen keine Familie, die nicht durch die Nazis geschädigt sei – ihn selbst betreffe es allerdings nicht (Exkurs: Kriegsschicksal seiner Familie in der Sowjetunion). Er selbst sei am 9. Mai 1945 in Berlin gewesen – seine Frau[6] sei Germanistin. Gerade dadurch spüre er sehr gut die Atmosphäre der großen deutschen Kultur, Literatur und Philosophie.

Er habe diese Vorbemerkungen gemacht, um dem Bundeskanzler ein Gespür dafür zu vermitteln, was evtl. später stören könnte. Der Bundeskanzler spreche häufig vom Ziel der Versöhnung mit Frankreich, Israel und Polen. Dem stimme er voll zu, bitte jedoch den Bundeskanzler, Unterschiede von historischer Tragweite zu sehen. Im Verhältnis zwischen Deutschen und Franzosen herrsche ein Gleichgewicht der Kräfte. Der vor 1000 Jahren gegründete polnische Staat habe hingegen über Jahrhunderte mit dem deutschen Nachbarn schwierige Zeiten erlebt. Auch im letzten Krieg sei die deutsche Besatzung in Polen anders als in Frankreich gewesen. Frankreich habe zu den Siegermächten gehört, Polen nicht. Frankreich und die Bundesrepublik Deutschland stünden in einem Bündnis, Polen auf der anderen Seite.

Diesen sensiblen Punkt möge der Bundeskanzler sehen – denn es gehe darum, daß Deutsche und Polen das dritte Jahrtausend nicht nur in enger Zusammenarbeit, sondern als Freunde begönnen.

Ein anderes wichtiges Thema sei das der <u>Grenzen</u>. Er wolle hier keine Details besprechen – die beiderseitigen Positionen seien bekannt. Er bitte jedoch den Bundeskanzler zu sehen,

---

6 Barbara Jaruzelska, geb. 1930.

was Polen verstehe, wenn von deutscher Seite mit dem Begriff des Friedensvertrages operiert
werde: Es sei belastend für die Beziehungen, die Grenzfrage damit irgendwie offenzulassen.
Notwendig sei vielmehr, jetzt einen Punkt zu setzen.

Sensibilitäten würden auch berührt, wenn offizielle Persönlichkeiten in öffentlichen Äußerungen Ansprüche auf polnisches Gebiet erhöben. Man möge sich vorstellen, wie die Reaktion sein würde, wenn die polnische Regierung Hoffnungen auf Wilna oder Lemberg äußerte. Ein Minister, der dies sage, werde in Pension gehen müssen.

Dabei sehe er durchaus, daß es Fragen der Innenpolitik und Spielregeln des Wahlkampfes
gebe, er bitte jedoch zu verstehen, was die polnische Bevölkerung empfinde, wenn es immer
wieder solche Erscheinungen gebe. Notwendig sei vielmehr, gewisse Sachen aus dem Wege
zu räumen.

Für ihn sei besonders wichtig, was der Bundeskanzler zu den Verhältnissen in der DDR gesagt habe: daß nämlich niemand interessiert sei, die Lage zu destabilisieren. Dies sage er gerade deshalb, weil die DDR – abgesehen von den politischen Verbindungen – ein Land sei,
das die polnischen Grenzen anerkannt habe. Dies sei von grundlegender Bedeutung.

Deshalb freue es ihn besonders, daß jetzt auch in der DDR Prozesse vor sich gingen, die dem
Geist der Zeit entsprächen und zur Überwindung der Relikte des Kalten Krieges und des Eisernen Vorhangs beitrügen. Für den Prozeß der Demokratisierung seien die polnischen Erfahrungen sehr wertvoll. Dies habe ihm auch Generalsekretär Krenz bei seinem kürzlichen
Besuch gesagt. Was das Verhältnis der Bundesrepublik Deutschland zur DDR angehe, so
habe er – J. – die Aussage des Bundeskanzlers begrüßt, daß man bei Unterstützung der DDR
die Dinge, die über deutsche Interessen hinausgingen, berücksichtigen werde.

Staatspräsident Jaruzelski führt sodann zur inneren Lage Polens aus: Man müsse die Entwicklung in Polen vor dem Hintergrund der Entwicklung in anderen Ländern des östlichen
Bündnisses, insbesondere der SU, sehen: Polen bilde die Vorhut! Das „gemeinsame europäische Haus" werde zunehmend durch Völker bewohnt, die sich einander annäherten und gewisse Grundsätze akzeptierten: Humanismus, Menschenrechte, Demokratie. Der Bundeskanzler kenne die polnischen Schwierigkeiten: Das Land habe eine wichtige neue Chance
bekommen, gehe aber einen riskanten neuen Weg. Hinsichtlich der Ziele herrsche bei den
Polen – trotz aller Differenzen – ein hohes Maß an Einverständnis. Dabei gehe es sowohl
darum, das Gute zu bewahren, was die Vergangenheit, aber auch die letzten Monate hervor-
gebracht hätten, als auch das Fehlerhafte und Schädliche auszuräumen. Eine große Chance
bestehe darin, daß die große Mehrheit der Bevölkerung die Regierung Mazowiecki unterstütze – der Ministerpräsident sei nach dem Papst die zweitpopulärste Person in Polen! Er –
Jaruzelski – wolle betonen, daß er die Zusammenarbeit mit dem Ministerpräsidenten besonders schätze und versuche, ihn nach Kräften zu unterstützen. Gemeinsam müsse man sich
darum kümmern, daß die Schwierigkeiten nicht extremen Kräften, gleichgültig welcher
Richtung, Vorschub leisteten. Derzeit sehe es so aus, daß die Lage stabil sei. Aber die Leute
seien nicht zufrieden – die Mängel des Alltags träfen sie hart.

Stabilisierend sei die Rolle der Kirche: Sie trage wesentlich dazu bei, die Stimmung der Bevölkerung im Sinne von Vertrauen und Hoffnung zu beeinflussen. Aber das Grundproblem
bleibe: Polen habe bei den politischen Reformen einen großen Vorsprung im Vergleich zu
den wirtschaftlichen Reformen erreicht.

Zu den bilateralen Beziehungen wolle er feststellen, daß erst 1988 das Volumen des Handels-
austauschs von 1979 wieder erreicht worden sei. Seit 1980/81 habe man, ausgelöst durch die
Arbeiterproteste, einen starken Rückgang erlebt. Auch die internationale Entwicklung habe
sich negativ bemerkbar gemacht. Damals seien beide Seiten nicht reif genug gewesen, die
Hindernisse zu überspringen.

Inzwischen nun gebe es in Polen Entwicklungen, die der Westen – insbesondere auch die
Bundesrepublik Deutschland – sehr positiv einschätze; gleichwohl sei die wirtschaftliche

Zusammenarbeit nicht wesentlich vorangekommen. Dies beruhe wohl darauf, daß westliche Geschäftsleute sein Land nicht als stabil ansehen. Gerade wenn aber die politische Entwicklung in eine Richtung gehe, die der Westen begrüße, liege es im Interesse der Bundesrepublik Deutschland wie Gesamteuropas, zu einer Stabilisierung Polens beizutragen – als Grundlage für die weitere Entfaltung der wirtschaftlichen Zusammenarbeit.

Ablesbar sei dies auch an der Entwicklung der Kooperationsverträge. 1982 habe es 80 gegeben, heute funktionierten nur 30. Von den neugegründeten Joint-ventures – 1989: bisher 200 Genehmigungen – entfielen zwar 40% auf die Bundesrepublik Deutschland, diese sei jedoch nur mit 20% des westlichen Kapitals beteiligt. Offensichtlich zögere insbesondere das westdeutsche Großkapital. Auf Frage des Bundeskanzlers nach den Gründen meint Staatspräsident Jaruzelski, offenbar interessiere man sich in Wirtschaftskreisen mehr für die DDR.

Hinsichtlich der Wiedereröffnung der Hermes-Bürgschaften freue ihn die getroffene Entscheidung. Er könne die deutschen Freunde nur beneiden, wie konsequent sie in den Verhandlungen ihre Interessen vertreten hätten: Die polnische Seite sei von 7 Mrd. DM Hermes-Bürgschaftsrahmen ausgegangen, nunmehr seien 3 Mrd. im Paket. Dies meine er keineswegs als Vorwurf! Er würde sich im Gegenteil sehr freuen, wenn man mit diesen 3 Mrd. DM große Investitionsprojekte für Polen bekommen könne – wobei das Schicksal des sogenannten Bangemann-Kreditrahmens zu vermeiden sei.

Zu Fragen der Abrüstung und Rüstungskontrolle wolle er nur die Entwicklungen im europäischen Raum ansprechen. Er kenne die Positionen der Bundesrepublik Deutschland im westlichen Bündnis und wisse, daß der Bundeskanzler positive Prozesse eingeleitet habe, insbesondere durch seine Entscheidung in der Raketenfrage[7].

Nunmehr stünden wir in einer Phase intensiver Verhandlungen über konventionelle Abrüstung. Polen und der Bundesrepublik Deutschland komme dabei – als den Ländern der Bündnisse mit den stärksten Armeen nach den USA und der Sowjetunion – große Verantwortung zu. Gerade deshalb sei es wichtig, die Abrüstungsverhandlungen in Wien durch neue Impulse zu stützen. Es freue ihn naturgemäß, daß der polnische Plan von 1987 (sc. Jaruzelski-Plan)[8] in vielen Komponenten Eingang in die Praxis gefunden habe, insbesondere was die Militärdoktrinen und die Vertrauensbildung angehe. Es wäre von gewisser Symbolik, wenn die Initiativen beider Seiten in diesem Bereich zusammengebracht werden könnten.

Schließlich wolle er erneut auf die Rolle Polens im Prozeß der Umwandlung in der Region zurückkommen: Sein Land sei viele Jahre lang „einsame Insel gewesen", heute sei die Reformentwicklung allgemein. Der Erfolg der polnischen Reformen sei jedoch Schlüsselfrage auch der Perestroika in der Sowjetunion und des Erfolgs des „gemeinsamen europäischen Hauses". Natürlich betreibe sein Land die Reform aus der Sicht seiner Interessen, sei sich jedoch gleichzeitig der Verantwortung bewußt, zu einer breit angelegten positiven Entwicklung beizutragen. Er glaube, daß die deutsch-polnische Zusammenarbeit, in der mit dem Besuch des Bundeskanzlers eine neue Dimension eingeleitet werde, ihren Beitrag zur Stärkung dieser (Reform-)Prozesse leisten werde.

---

7 Nr. 2 Anm. 22.
8 Der von Jaruzelski, Erster Sekretär des Zentralkomitees der PVAP, auf dem 2. Kongreß der Patriotischen Bewegung der Nationalen Wiedergeburt am 8. Mai 1987 in Warschau vorgestellte (Meldung Radio Polonia/dt./9.5.87/1600 in: Ostinformationen. Nr. 88. 11. Mai 1987, 46 f.; BPA/PA, F 1/22) und später in einem Memorandum der polnischen Regierung verbreitete Plan sah erstens vor, in einer zunächst die Benelux-Staaten, die Bundesrepublik Deutschland, Dänemark, die DDR, die ČSSR, Polen und Ungarn umfassenden Zone Atomwaffen mit Reichweiten unter 500 Kilometern schrittweise abzuziehen bzw. abzubauen. Damit einhergehen sollte – zweitens – der Abbau konventioneller Waffen, die aufgrund großer Schlagkraft und Präzision für Überraschungsangriffe besonders geeignet wären. Drittens seien die Militärdoktrinen von Warschauer Pakt und NATO künftig „strikt verteidigungsorientiert" auszurichten. Und viertens wurde die Vereinbarung „weitreichender vertrauens- und sicherheitsbildender Maßnahmen" und Kontrollmechanismen vorgeschlagen (Memorandum, 17. Juli 1987, in: Europa-Archiv. 42. Jg. (1987) Folge 24, D653-D655, hier D654).

Abschließend wolle er betonen, daß er die Zusammenarbeit im Bereich des Jugendaustauschs für sehr wichtig, für eine „Investition für das 21. Jahrhundert" halte (Exkurs: Austausch mit der DDR). Er vermittle Erfahrungen für das ganze Leben!
Dies sei wichtig vor allem wegen der moralischen Komponente in den Beziehungen, wozu auch die Wiedergutmachung für jene Polen gehöre, die durch den Zweiten Weltkrieg betroffen worden seien.
Er bittet den Bundeskanzler, seine Bemerkungen als Zeichen der Sorge aufzunehmen, damit man die Minen auf dem Felde, das es jetzt zu überqueren gälte, vermeiden könne: Dies liege im Interesse beider Völker und im Interesse ganz Europas. Er werde jedenfalls alles tun, damit die Hindernisse auf diesem Weg überwunden würden.
Der Bundeskanzler dankt für die offenen Worte. Er habe besonderen Respekt hinsichtlich der Stellung und Haltung Polens bei den Reformprozessen in den letzten Jahren und Monaten. Er wisse, welchen Problemen und Schwierigkeiten das Land jetzt gegenüberstehe. Er habe bereits dem Ministerpräsidenten gesagt, daß es im öffentlichen und privaten Leben Situationen gebe, wo man zunächst nicht auf die Lorbeeren, sondern auf die Pflicht schauen müsse. Dies könne man auch mit „gelebter Patriotismus" übersetzen.
Selbstverständlich sei er – der Bundeskanzler – sich der Unterschiede der Entwicklung unserer Beziehungen zu Frankreich und zu Polen bewußt: Geographie, Militärpolitik, wirtschaftliche Entwicklung der letzten 40 Jahre. Wenn er dennoch Vergleiche ziehe, dann deshalb, weil die geschichtliche Entwicklung zwischen Deutschland und Polen über viele Jahrhunderte günstiger verlaufen sei als zwischen Deutschland und Frankreich. Zwar habe de Gaulle mit Adenauer 1963 in Reims den Freundschaftsvertrag[9] besiegelt – derselbe de Gaulle aber habe noch 1946 den Rhein als natürliche Grenze Frankreichs gefordert. Wäre es dabei geblieben, so wäre Bonn heute eine geteilte Stadt!
Was die angesprochenen Abrüstungsfragen angehe, so sei er – der Bundeskanzler – sehr optimistisch. Die Entwicklung schreite Schritt für Schritt voran. Die Militärbündnisse würden zwar bleiben, aber an Bedeutung verlieren. Dies werde auch Auswirkungen auf Feldern wie COCOM haben. (Exkurs: DDR-Bürger können über offene Grenze COCOM-pflichtige Waren einführen, veränderte Haltung der SU hinsichtlich Krasnojarsk.)
Seine Prognose sei jedenfalls, daß man auf wichtigen Feldern der Abrüstung bald Fortschritte sehen werde: Ächtung der chemischen Waffen, Fortgang der Wiener Verhandlungen. Sehr einverstanden sei er, daß von seinem Besuch die Initiative ausgehe, die Kontakte zu verstärken, um zu mehr Gemeinsamkeit in Wien zu kommen. Im übrigen verweise er auf die Gemeinsame Erklärung[10].
Was die wirtschaftliche Zusammenarbeit angehe, so teile er die Besorgnis nicht, daß die Entwicklung in der DDR nunmehr den deutsch-polnischen Beziehungen das Wasser abgrabe. Wichtig sei, daß man jetzt einen längst überfälligen Vertrag – den Investitionsförderungsvertrag[11] – abgeschlossen habe. Erst dies schaffe die Voraussetzungen für stärkere deutsche Investitionen in Polen. Heute gebe es mit Ungarn weit über 200 Kooperationsverträge – wenn in Polen die Reformentwicklung fortgesetzt werde, könne man auch in relativ kurzer Zeit auf derartige Zahlen kommen.

---

9   Vertrag zwischen der Bundesrepublik Deutschland und der Französischen Republik über die deutsch-französische Zusammenarbeit, unterzeichnet am 22. Januar 1963 in Paris (BGBl. 1963 II, 707–710; den Vertrag ergänzende Protokolle, 22. Januar 1988, ebd. 1988 II, 1152–1156). Reims besuchte Bundeskanzler Adenauer ein halbes Jahr zuvor im Rahmen seines offiziellen Frankreich-Besuchs vom 2.–8. Juli 1962. Dort nahmen er und Staatspräsident de Gaulle an einer Parade deutscher und französischer Truppen nahe der Stadt sowie an einer Pontifikalmesse in der Kathedrale teil (Bulletin. Nr. 123. 10. Juli 1962, 1065 f., 1068).
10   Nr. 92 Anm. 3.
11   Vertrag zwischen der Bundesrepublik Deutschland und der Volksrepublik Polen über die Förderung und den gegenseitigen Schutz von Kapitalanlagen, 10. November 1989, mit Protokoll und Verbalnoten in: BGBl. 1990 II, 607–614.

Richtig sei in der Tat, daß das Kapital in Länder gehe, die stabil seien. Dazu wolle er feststellen: Die Regierung unter Ministerpräsident Mazowiecki verheiße Stabilität. Natürlich seien die Schwierigkeiten bekannt, die Botschaft aber sei die des Optimismus: Man sehe ein Licht in der Distanz. Polen sei ein Land mit begabten, mit fleißigen Menschen, die ihre Aktivität entfalten würden, wenn die Rahmenbedingungen Erfolg verhießen. Andererseits könnten wir unsere Wirtschaft nicht kommandieren, irgendwohin zu gehen. Aber er plädiere in Gesprächen mit der Wirtschaft und öffentlich für Engagement in Polen, was ihm aufgrund seiner parteipolitischen Ausrichtung leichtfalle (Exkurs: Ludwig Erhard/Karl Marx).

Mit den Abmachungen, die jetzt getroffen worden seien, sei eine gute Grundlage für wirtschaftliche Zusammenarbeit gesetzt. Zum Hermes-Plafond hätte er vorgezogen, keine Zahl zu nennen, habe dies aber auf polnische Bitten doch getan: Er sei sicher, daß nun viele gute Projekte kommen. Dann müsse aber auch die polnische Bürokratie zum Erfolg beitragen! Er habe auch, als Präsident Bush eine Stabilisierungshilfe vorgeschlagen habe, sofort veranlaßt, daß wir uns zum gleichen Beitrag wie die Amerikaner bereitfänden. Er sei selbst sehr gespannt, was die anderen westlichen Partner nun täten. Aber auf diesem Gebiet liege nicht die Zukunft: Sie liege vielmehr in rascher wirtschaftlicher Entwicklung in Richtung Kooperation und Gemeinschaftsunternehmen. Auch seien wir gern bereit, wenn dies gewünscht werde, mit erstklassigen Leuten beratend zur Seite zu stehen. Er stehe auch hier zum Satz: „Polen braucht Europa, und Europa braucht Polen."

Was die Entwicklung in der DDR angehe, so verstehe er polnische Befürchtungen, teile sie aber nicht. Die Logik sei hier umgedreht: Ohne polnische Reformen gebe es diese Entwicklung in der DDR nicht, und deshalb müsse man zum Erfolg der polnischen Reformen beitragen (Exkurs: Telefongespräch mit GS Krenz[12] – Aufforderung, dem Beispiel Warschaus und Budapests zu folgen). An einer Destabilisierung der DDR seien wir in keiner Weise interessiert. Dies wäre verrückte Politik! Auch sei nicht unser Ziel, die Leute aus der DDR in die Bundesrepublik Deutschland zu locken. Andererseits werde die Bundesrepublik Deutschland auch nicht durch einen großen Zustrom von DDR-Zufluchtsuchenden destabilisiert. (Exkurs: Altersstruktur der DDR-Zufluchtsuchenden, Berufe, insbesondere Ärzte usw.)

Unser Interesse sei jedenfalls, daß die Entwicklung in der DDR in Ruhe vonstatten gehe. Der Protest der Leute werde sehr ruhig, vernünftig und ohne jede Randaliererei geäußert. Dies berechtige zu Hoffnung. Wie gehe es nun weiter? Nach seinem Eindruck schauten die Leute in der DDR wirtschaftlich auf uns, in der Frage der Reformen aber auf Polen. Man könne sogar überspitzen: Wenn man von destabilisierenden Prozessen rede, dann destabilisiere Polen selbst die DDR!

Er habe – so der Bundeskanzler weiter – gestern mit Generalsekretär Gorbatschow über die Lage in der DDR gesprochen.[13] Dieser habe ihm gesagt, Krenz brauche Zeit. Er selbst aber habe Gorbatschow bereits im letzten Jahr in Moskau gesagt,[14] Honecker habe keine Zeit mehr; heute gelte: Womit Honecker noch vor einem Jahr erfolgreich gewesen wäre, reicht jetzt nicht mehr. Er wolle aber betonen, daß er keinerlei Druck ausübe und nicht auf die Destabilisierung der DDR setze. Wenn die DDR – und ebenso Polen – instabil seien, gehe es mit der Abrüstung nicht voran; die Dinge seien aufs engste miteinander verknüpft.

Auch Befürchtungen, unser Engagement für Polen werde nun zurückgenommen, das zugunsten der DDR steige, seien unbegründet. Er habe GS Krenz sowie auch öffentlich erklärt, wir seien bereit, über umfassende Unterstützung nachzudenken, wenn in der DDR

---

12 Nr. 86.
13 Nr. 87.
14 Nr. 2 Anm. 7.

Reformen unterwegs seien – nicht nur angekündigt, sondern irreversibel unterwegs. Aber diese Reformen müßten in der DDR geschehen, er habe keinen Einfluß darauf.

Zu den deutsch-polnischen Beziehungen könne er dem Staatspräsidenten nur beipflichten: Es gebe enorme psychologische Schwierigkeiten, hier in Polen und auch bei uns. Auf beiden Seiten seien in den letzten Jahrzehnten zu viele Feindbilder kultiviert worden. Er wolle aber mit aller Deutlichkeit betonen: Unsere Vertriebenen seien in der großen Mehrheit integriert und hegten keinerlei Haß mehr. Aber ihre Seele sei – wie die Seele von Hunderttausenden von Polen – wund. Als deutscher Regierungschef könne er nur sagen: „Ich habe keinen Anspruch darauf, daß ihr uns vergebt, aber ich kann Euch bitten." Zum Glück gebe es in Polen Leute, die dies täten – andere zögerten noch.

Um so wichtiger sei das, was der Staatspräsident von der jungen Generation gesagt habe. Zwei Drittel der in der Bundesrepublik Deutschland lebenden Deutschen seien nach Hitler geboren oder aufgewachsen, bald werde auch das ältere Drittel abtreten. Aber es sei Pflicht gerade dieser Generation, für die Zukunft vorzusorgen. Der Präsident habe von einem Minenfeld gesprochen – er vergleiche die Sache mit einem Slalomlauf. (Exkurs: Schicksal der Professoren der Universität Krakau 1939; MdB Dr. Czaja dort Assistent; Bücher über Kriegs-und Nachkriegszeit, u. a. Graf Lehndorff.)

Das Leid auf beiden Seiten sei das Minenfeld, von dem der Präsident gesprochen habe. Dabei sei selbstverständlich wahr, daß Hitler in deutschem Namen den Zweiten Weltkrieg begonnen habe. Nur akzeptierten einzelne Deutsche, die vertrieben wurden, diese Feststellung nicht mit allen Konsequenzen für ihr persönliches Schicksal. Dies sei auch eine Frage der psychologischen Entwicklung. Bekanntlich habe Stalin in Jalta zu Churchill gesagt, mit der Vertreibung von Millionen von Deutschen werde ein Sprengsatz der Revolution gelegt. Stalin habe geirrt: Diese Leute hätten geholfen, die Bundesrepublik Deutschland, so, wie sie heute sei, auch als ihren Staat aufzubauen.

Jetzt gehe es einfach darum, die Dinge richtig voranzubringen. So seien in der Grenzfrage die Rechtspositionen bekannt, aber man müsse über diese Rechtspositionen hinaus die Dinge günstig verändern. Seit fünfzehn Jahren sprächen sich in Meinungsumfragen die Deutschen in der Bundesrepublik Deutschland, darunter auch die Vertriebenen und ihre Nachkommen, mit hohen Prozentsätzen dafür aus, daß die Grenze endgültig sei. Wenn er – der Bundeskanzler – betone, uns sei bewußt, daß in zweiter oder dritter Generation Polen dort ihre Heimat gefunden hätten, bekomme er keinen Widerspruch. Wenn wir aber von Friedensvertragsvorbehalt[15] und von Artikel 4 des Warschauer Vertrags[16] redeten, gehe es um zentrale Fragen der Deutschen: um die Teilung Deutschlands und Berlins. Dies müsse man doch auch in Polen – selbst wenn man es nicht akzeptieren könne – wenigstens verstehen: Auch der Staatspräsident würde sich niemals mit der Teilung Warschaus abfinden – er, der Bundeskanzler, tue dies genauso wenig hinsichtlich Berlins. (Exkurs: diesbezügliches Gespräch mit GS Andropow[17].)

---

15 In Abschnitt IX des sog. Potsdamer Abkommens vom 2. August 1945 (Kommuniqué über die Berliner Konferenz der Drei Mächte, in: Dokumente zur Deutschlandpolitik II/1 [1945], 2101–2148, hier 2118) bekräftigten die Staats- und Regierungschefs Großbritanniens, der UdSSR und der Vereinigten Staaten von Amerika „ihre Auffassung, daß die endgültige Festlegung der Westgrenze Polens bis zur Friedensregelung zurückgestellt werden soll". Bis dahin wurden die deutschen Gebiete westlich von Oder und Neiße mit Ausnahme des sowjetisch verwalteten Teils Ostpreußens „der Verwaltung des polnischen Staates unterstellt".

16 Gemäß Artikel IV berührte der Warschauer Vertrag (Vertrag zwischen der Bundesrepublik Deutschland und der Volksrepublik Polen über die Grundlagen der Normalisierung ihrer gegenseitigen Beziehungen; Nr. 8 Anm. 4) „nicht die von den Parteien früher geschlossenen oder sie betreffenden zweiseitigen oder mehrseitigen internationalen Vereinbarungen".

17 Vermutlich gemeint: das Gespräch des Bundeskanzlers Kohl mit Generalsekretär Andropow während des offiziellen Besuchs vom 4.–7. Juli 1983 in der UdSSR.

Auch am Tage X werde es keinen deutschen Nationalstaat im Sinne Bismarcks geben. Die Geschichte wiederhole sich nicht, die Welt sei weitergegangen. Franz Josef Strauß habe bereits 1959 geschrieben, die deutsche Frage könne nur unter einem europäischen Dach gelöst werden, nur in friedlicher Weise, nur mit unseren Nachbarn.[18] Genau dies sei seine Politik. Er könne sich nicht anmaßen, für Deutschland zu sprechen, sei aber nichtsdestoweniger Deutscher. Ungeachtet seiner klaren Rechtsposition in der Grenzfrage sei er jederzeit bereit, darüber zu reden, was man tun könne, um die Angst der Menschen abzubauen. Für sie bestehe kein Grund, es gebe auch keinen Bundesminister, der unter diesem Gesichtspunkt Kritik verdiene.

Insgesamt stoße das, was der Präsident ihm gesagt habe, bei uns auf viel guten Willen. Die Dinge wären einfacher, wenn die Grenzfrage nicht zum innenpolitischen Thema gemacht würde. (Exkurs: nächstjährige Wahlen.)

Was die Deutschen in der Bundesrepublik Deutschland jetzt brauchten, sei Stabilität, friedliche Zeit, freiheitliche Entwicklung. Es gehe um das Haus Europa (Exkurs: Bundesrepublik Deutschland als weltoffenes Land, Stellenwert – und Zahlmeister-Rolle in der EG).

Er wisse sehr wohl, daß gegenüber uns Deutschen Mißtrauen auch im Westen fortbestehe, etwa nach dem Motto: „Wenn sie stark sind, werden sie unangenehm." Dafür gebe es leider geschichtliche Beispiele. Gerade deshalb sei er mit Staatspräsident Mitterrand einig, daß es angesichts der Entwicklung in der DDR jetzt entscheidend sei, daß der EG-Gipfel Anfang Dezember in Straßburg unter Mitterrands Vorsitz zu einem Erfolg werde.

Staatspräsident Jaruzelski dankt für diese Offenheit und Klarheit. In der Tat sei jetzt Vertrauen der Schlüssel für die Überwindung von Jahrzehnten von Feindbildern. Abgesehen von den Ursachen dafür müsse man nun zur Kenntnis nehmen, daß Polen seit Dezember 1988 einen wichtigen Weg gegangen sei – zwar nicht immer harmonisch, aber insgesamt nach vorn. Diesen Weg werde man beibehalten.

Gerade deshalb sei es wichtig, daß man Probleme nicht verwische, sondern auf den Tisch lege. So sehe er auch heute sein Gespräch mit dem Bundeskanzler als Konsultation von zwei Ärzten, die beraten, wie diese Krankheit – Mißtrauen – geheilt werden könnte.

Der Besuch des Bundeskanzlers finde statt im 50. Jahr des Kriegsausbruchs. Heute könne er mit Zufriedenheit feststellen, daß bei den Feiern sowohl in der Bundesrepublik Deutschland als auch in Polen Vertreter der Bundesrepublik Deutschland zu einer gemeinsamen Betrachtung der Geschichte beigetragen hätten.

Er glaube nun, daß der Erfolg des Polen-Besuchs des Bundeskanzlers die weiteren Aussichten positiv beeinflusse: Wichtig – gerade auch für die Bundesrepublik Deutschland – sei der heutige Tag in Kreisau gewesen. Er hoffe, daß dieser Besuch dazu beitrage, daß die starke Position des Bundeskanzlers noch stärker werde. Dies werde weitere Fortschritte im gegenseitigen Verhältnis erleichtern.

Dabei wolle er an die moralische Komponente erinnern: Man müsse abbauen, was in der Psyche der Menschen als Belastung der „alten Zeiten" wirke. Dies könne nur durch neue Tatsachen geschehen.

Polens Interesse liege parallel mit den europäischen Interessen: Ein starkes Polen, ein stabiles Polen sei gut für Europa. Hier gehe es nicht um Wohltätigkeit. Man dürfe aber Polen mit 40 Millionen Menschen und einem bedeutenden Potential nicht andauernd unter zu hoher Temperatur halten. Für Europa und für die Bundesrepublik Deutschland sei eine stabile

---

18 In dem Artikel („Soviet Aims and German Unity", in: Foreign Affairs [New York]. Vol. 37. No. 3 – April 1959, 366–377, hier 376f.) befürwortete Strauß die Einleitung einer Entspannung zwischen Ost und West durch Gespräche „über die Grundüberzeugungen und politischen Ziele, die beide Seiten verfolgen". Die deutsche Frage könne nur gelöst werden „in der Gemeinschaft mit dem Westen und in der Gewißheit, daß die Mitglieder dieser Gemeinschaft sich aufeinander verlassen können".

Entwicklung Polens wichtig. Dabei wolle er besonders betonen, daß Polen heute – auch unter Ministerpräsident Mazowiecki – ein sehr gutes Verhältnis zur Sowjetunion habe. Damit sei erstmals seit 1945 eine Situation gegeben, in der die Beziehungen zum Osten wie zum Westen gleich gut seien. Dies sei eine Entwicklung, die man nach der 1000jährigen polnischen Geschichte gar nicht hoch genug einschätzen könne.

Man müsse Generalsekretär Gorbatschow helfen, damit er sein großes Werk vollenden könne. Er müsse in nächster Zeit beweisen, daß die Reformen effektiv wirkten. Dazu gehörten spürbare Ergebnisse für die Bevölkerung. Deshalb müsse die wirtschaftliche Zusammenarbeit nicht nur dem Tagesbedürfnis entsprechen, sondern der Herausforderung der Zeit. Der Bundesrepublik Deutschland komme dabei eine besondere Rolle zu: Westliche Gesprächspartner, auch Präsident Bush, der seine Haushaltsprobleme habe, verwiesen auf die Deutschen.

In diesem Sinne begrüße er sehr, was der Bundeskanzler zum Verhältnis zur DDR bzw. zu Polen gesagt habe. Er habe auch nicht unterstellen wollen, daß die Unterstützung der Bundesrepublik Deutschland für Polen infolge der Ereignisse in der DDR geringer werde – aber wichtig sei auch die Entscheidung des Kapitals (sc. Privatwirtschaft). Hier werde bei Entscheidungen zwischen Polen und DDR eher an die DDR gedacht. Deshalb sei er sehr erfreut, daß der Bundeskanzler seinen Einfluß zugunsten Polens geltend machen wolle – und er verspreche, daß auch die polnische Bürokratie ihren Beitrag leisten werde.

Hinsichtlich der Grenzfrage und unserer Argumentation mit dem Friedensvertrag wolle er den Bundeskanzler offen fragen, ob er überhaupt die Möglichkeit eines Friedensvertrages sehe – und wenn ja, ob man dies wirklich anstreben sollte. Die Antwort sei wichtig für Polen. Besorgnisse, daß die polnischen Grenzen gefährdet werden könnten, würden unter der Haut immer vorhanden sein. Es müsse im gemeinsamen Interesse liegen, diesen emotionalen Zünder abzuschrauben.

Er frage sich, wie Frankreich reagieren würde, wenn die Elsaß-Lothringen-Frage wieder aufgebracht würde (Exkurs: Gespräch mit Giscard d'Estaing).

Gerade wenn man dieses psychologische Problem anpacken wolle, gelte es, Formulierungen zu wählen, die der Substanz entsprechen. Er wolle mit Genugtuung feststellen, daß mit der letzten Formulierung des Bundeskanzlers ein Schritt nach vorn getan worden sei. Er wolle hoffen, daß weitere folgten. Dies würde vieles in der künftigen Zusammenarbeit erleichtern.

Sein Ziel sei volle Aussöhnung zwischen den Ländern und Völkern – dies sei das Thema dieses Besuchs, dies habe er – Jaruzelski – auch in seinem Schreiben an Bundespräsident von Weizsäcker[19] ausgedrückt, dem er herzliche Grüße auszurichten bitte.

Der Bundeskanzler dankt und erwidert die Grüße im Namen des Bundespräsidenten.

Staatspräsident Jaruzelski wünscht dem Bundeskanzler weitere Erfolge. Er bewundere seine Energie und Dynamik. Er sei überzeugt, daß der Bundeskanzler seinem Land, Europa und dem deutsch-polnischen Verhältnis weiter gute Dienste leisten werde.

Der Bundeskanzler dankt für das Gespräch und den freundschaftlichen Geist, in dem es geführt worden sei.

Kaestner

---

19 Schreiben des Staatspräsidenten Jaruzelski an Bundespräsident von Weizsäcker, veröffentlicht am 8. November 1989, in: Europa-Archiv. 44. Jg. (1989) Folge 23, D670-D672.

Nr. 90
Gespräch des Bundesministers Seiters mit Botschafter Kwizinskij
Bonn, 13. November 1989

BArch, B 136/20241, 221 – 34900 Spr 2 Bd. 1. – Vermerk des MDg Duisberg, 27. November 1989. Ms. vermerkt: „2. Herrn Stern. 3. Herrn Germelmann. 4. Herrn Kaesler (für die Akten)". – Gesprächsbeginn: 15.00 Uhr.

BM Seiters hatte den sowjetischen Botschafter in das Bundeskanzleramt gebeten. An dem Gespräch nahmen Staatssekretär Dr. Sudhoff und MDg Dr. Duisberg teil.

BM Seiters sagte, daß ungeachtet der Gespräche zwischen dem Bundeskanzler und Generalsekretär Gorbatschow[1] sowie zwischen den Außenministern[2] er auch noch einmal persönlich dem Botschafter einiges zu den jüngsten Vorgängen sagen wollte:
- Wir begrüßten die Entscheidung der DDR zur Öffnung der Grenzen. Die Bilder der letzten Tage seien bewegend gewesen.
- Wie verschiedentlich erklärt, sei es nicht unser Ziel, daß die Menschen die DDR verlassen, sondern wir möchten, daß sie dort positive Perspektiven finden, um dort zu bleiben.
- Vor diesem Hintergrund seien wir auch zu umfassender Hilfestellung bereit, wenn es zu grundlegenden Änderungen in der DDR komme; BM Seiters verwies insoweit auf die Erklärung des Bundeskanzlers[3].
- Nach unserer Einschätzung erwarteten die Menschen jedoch mehr als nur Reisemöglichkeiten; die Erwartungen richteten sich insbesondere auf freie Wahlen.
- Wir hätten den Wunsch, daß die Sowjetunion den Prozeß der Reformen, der ja auch unter Berufung [auf] und im Namen von Gorbatschow betrieben werde, unterstützen werde.

BM Seiters unterrichtete den Botschafter, daß er selbst am 20. November ein Gespräch mit Krenz und Modrow haben werde[4] und daß es voraussichtlich noch vor Jahresende zu einer Begegnung des Bundeskanzlers mit beiden kommen werde.

Botschafter Kwizinskij erklärte, Generalsekretär Gorbatschow habe bereits dem Bundeskanzler gesagt, daß auch die Sowjetunion den eingeleiteten Prozeß begrüße. Die getroffenen Maßnahmen seien sehr weitgehend gewesen. Wesentlich sei, daß man die Entwicklung nicht störe, sondern die DDR als einen souveränen Staat behandele. Die Euphorie werde bald in den Alltag übergehen. Dann kämen auf alle schwere Probleme zu. Vieles sei nicht gelöst und müsse in der neuen Situation anders angegangen werden. Die Sowjetunion sei besorgt über den Abfluß der Bevölkerung aus der DDR – nicht nur aus politischen, sondern auch aus wirtschaftlichen Gründen. Hier gebe es sowjetisches Eigeninteresse, da die Sowjetunion 20% ihres Außenhandels mit der DDR abwickle. Die offenen Grenzen brächten Schwierigkeiten mit sich, die man auch früher schon gehabt habe. Damals seien die Grenzen zugemauert worden, weil man eine Konfrontation vermeiden wollte. Die neuen Probleme müsse man jetzt in den Griff bekommen, wozu Kooperation von uns erforderlich sei. Auf sowjetischer Seite würden alle Äußerungen hier sehr aufmerksam verfolgt; man sehe, daß es eine Bereitschaft zu Lösungen gebe. Die Sowjetunion selbst werde sich konstruktiv verhalten; aber es gebe auch harte Realitäten. Botschafter Kwizinskij fragte dann nach den Kommissionen, die im Gespräch seien.

BM Seiters wies darauf hin, daß die Reformanliegen aus der DDR selbst stammten. Er bekräftigte für die Bundesregierung die Bereitschaft zur Kooperation.

---

1 Nr. 87.
2 Zu dem Telefongespräch des Bundesministers Genscher mit Außenminister Schewardnadse am 11. November 1989: Der Bundesminister des Auswärtigen informiert. Mitteilung für die Presse Nr. 1173/89. 11. November 1989.
3 Nr. 76 Anm. 6.
4 Nr. 96.

<u>Botschafter Kwizinskij</u> wies auf die Schwierigkeiten der Wirtschaftslage hin, den Überhang des Geldes und den illegalen Transfer von Waren.

<u>BM Seiters</u> erwiderte, daß dies auch Schwierigkeiten bei uns hervorrufe. Wir würden vorerst das Begrüßungsgeld weiter bezahlen.

<u>St Dr. Sudhoff</u> nahm Bezug auf das Telefongespräch der beiden Außenminister und unterstrich die Notwendigkeit der peinlich genauen Einhaltung der bestehenden Verträge. Die innerdeutschen Beziehungen müßten eingebettet bleiben in das europäische Schicksal. Es sei deshalb wichtig, daß man die gesamteuropäische Entwicklung weiterbringe. Hier sei auch der KSZE-Prozeß von besonderer Bedeutung.

Duisberg

Nr. 91
Schreiben des Staatspräsidenten Jaruzelski an Bundeskanzler Kohl
Warschau, 13. November 1989

BK, 213 – 30104 P 4 Po 28, BK in Polen, 9.–14.11.1989, Bd. 5.

Sehr geehrter Herr Bundeskanzler,

herzlichen Dank für Ihre freundliche Einladung zu Ihrem heutigen Empfang, die ich sehr hochschätze. Ich habe mich darauf eingestellt, persönlich an diesem Empfang teilzunehmen. Leider machen es mir persönliche Verpflichtungen unmöglich, Ihrer Einladung nachzukommen, was ich aufrichtig bedaure. Ich hoffe, daß Sie hierfür Verständnis haben. Ich wünsche Ihnen als Gastgeber Genugtuung und gute persönliche Eindrücke.

Gleichzeitig möchte ich diese Gelegenheit nutzen, um meiner tiefen Befriedigung über das Gespräch mit Ihnen[1] sowie über das von Ihnen entworfene ehrgeizige Programm der Entwicklung unserer gegenseitigen Beziehungen zum Ausdruck zu bringen. Sie haben dargestellt, wie unsere Beziehungen in allen Bereichen der Zusammenarbeit auf eine hohe Ebene gebracht werden sollen und wie ihnen eine neue Dynamik verliehen werden soll.

Ich bin zutiefst davon überzeugt, daß Ihr Besuch in Kürze einen für unsere beiden Gesellschaften spürbaren Durchbruch im Prozeß der Verständigung zwischen unseren beiden Staaten bringen wird. Auch bin ich mir sicher, daß er in nicht allzu ferner Zukunft zur Aussöhnung zwischen Polen und Deutschen aus der Bundesrepublik Deutschland führen wird. Auch freue ich mich über die grundsätzliche Übereinstimmung der Bewertung der Bedeutung der polnischen Reformen für Europa sowie über die von Ihnen, Herr Bundeskanzler, zugesagte breite Unterstützung dieser Reformen.

Ich werde das Gespräch mit Ihnen als ein außerordentlich offenes Gespräch in Erinnerung behalten – als ein Gespräch, das vom Geiste und vom Willen gekennzeichnet war, eine dauerhafte Verständigung zwischen der Volksrepublik Polen und der Bundesrepublik Deutschland zustande zu bringen. Mit Freude sehe ich der von Ihnen in Aussicht gestellten Möglichkeit der Fortführung des Dialogs mit Ihnen entgegen. Ich freue mich ebenfalls darauf, mit dem Präsidenten der Bundesrepublik Deutschland, Herrn Dr. Richard von Weizsäcker, in Polen zusammentreffen zu können.[2]

Meine Hochachtung

(Wojciech Jaruzelski)

---

1 Nr. 89.
2 Nr. 223 Anm. 3.

Nr. 92
Gespräch des Bundeskanzlers Kohl mit Ministerpräsident Mazowiecki
Warschau, 14. November 1989

BK, 213 – 30104 P 4 Po 28, BK in Polen, 9.–14.11.1989, Bd. 5. – Vermerk des VLR I Kaestner, 15. November 1989. – Mit Vorlage des MD Teltschik über Chef BK an den Bundeskanzler: „Hiermit lege ich Ihnen einen Vermerk über das o.a. Gespräch mit der Bitte um – Genehmigung – vor. Zugleich erbitte ich Ihre – Zustimmung –, daß zum Vollzug Ihrer Zusagen die zuständigen Ressorts die sie betreffenden Abschnitte des Vermerks erhalten." Hs. von Bundeskanzler Kohl vermerkt: „Teltschik", zur Unterrichtung der Ressorts: „Ja". – Gesprächsdauer: 13.15 bis 14.45 Uhr.

Schreiben Delors'

Der **Bundeskanzler** übergibt – im Hinblick auf den bevorstehenden Besuch von EG-Kommissionspräsident Delors in Warschau[1] – ein EG-Papier zu den notwendigen Wirtschaftsreformen in Polen.[2] Er betont, die Ratschläge seien sicher nicht falsch, aber wenig diplomatisch abgefaßt (Exkurs: Persönlichkeit Delors').

Der **Bundeskanzler** bezeichnet Delors als einen der drei denkbaren Kandidaten als nächster Präsident der Französischen Republik. Als gläubiger Katholik greife er weit über seine Partei hinaus und spreche auch katholische, bürgerliche, marktwirtschaftlich orientierte Kreise an. Er empfiehlt MP Mazowiecki, den Kontakt zu pflegen.

Gemeinsame Erklärung

Ministerpräsident **Mazowiecki** erbittet eine kleine Ergänzung zu Punkt 40: Gen-Technik. Dieser Punkt sei für ihn als Katholiken nicht einfach, er rege an, hinzuzufügen „für Pflanzen und Tiere".

Der **Bundeskanzler** ist einverstanden. Er nehme in Europa, was die Gesetzgebung angeht, den härtesten Standpunkt ein und sei gegen jede Gen-Manipulation.

Allerdings sei es schon technisch nicht mehr möglich, die gewünschte Änderung jetzt noch in die unterschriftsreifen Texte hineinzubringen.

Ministerpräsident **Mazowiecki** schlägt vor, die Vereinbarung, so wie sie ist, zu unterzeichnen und später die betreffende Seite auszuwechseln.

Der **Bundeskanzler** ist einverstanden.[3]

Grenzfrage

Ministerpräsident **Mazowiecki** bezieht sich auf das Gespräch des Bundeskanzlers mit Staatspräsident Jaruzelski[4] und die beiderseitige Argumentation, insbesondere die des Bundeskanzlers zu den Rechtspositionen. Er – Mazowiecki – wolle den Bundeskanzler auf polnische Sensibilitäten hinweisen. Es klinge einfach anders, wenn man sage,
– „in der Sache gibt es einen Vertrag, und wir haben unsere rechtlichen Probleme" oder
– „wir haben diese Fragen geregelt, und für den Fall einer Vereinigung (Deutschlands) oder anderer künftiger Entwicklungen wird die Bundesrepublik Deutschland diese rechtliche Regelung quasi als Sacheinlage einbringen".
Hier mache in der Tat der Ton die Musik. Es sei ungünstig, daß die Frage der Rechtspositionen hauptsächlich von Vertretern der CDU/CSU aufgebracht würde, die zukunftsweisen-

---

1 Nr. 94A Anm. 6.
2 In dem Papier (undatierte Note des Kommissionspräsidenten Delors, hs. vermerkt „Dr. Kaestner. T[eltschik] 8" und „zdA (EG/Polen) K[aestner] 1/12"; BK, 211 – 68003 Ew 46 Bd. 3) wurden eine Währungsreform, die Umstrukturierung der Landwirtschaft und der Agrar- und Nahrungsmittelindustrie sowie eine rationellere Verschuldungspolitik als notwendige Maßnahmen empfohlen, um „das psychologische Klima sowie die Wirtschafts- und Währungsbedingungen" zu verändern.
3 Gemeinsame Erklärung, unterzeichnet von Bundeskanzler Kohl und Ministerpräsident Mazowiecki am 14. November 1989 in Warschau, in: Bulletin. Nr. 128. 16. November 1989, 1094–1098.
4 Nr. 89.

den Töne aber von der SPD kämen. Er wünsche sich, daß auch die Partei des Bundeskanzlers sensibler für die polnische Situation werde. Dies sei für die Entwicklung der bilateralen Beziehungen sehr wichtig.

Der **Bundeskanzler** erwidert, die Argumentation mit der SPD-Haltung imponiere ihm nicht – diese treibe ein ganz anderes Spiel. Es sei bedauerlich, daß es kaum mehr Gemeinsamkeit in außenpolitischen Grundsatzfragen gebe. (Exkurs: Umstände der Kundgebung vor dem Schöneberger Rathaus in Berlin.) Ziel dieses innenpolitischen Spiels sei, durch dauernde Forderungen Zwietracht in die Reihen der CDU/CSU zu säen und ihr einen Teil der Wähler abspenstig zu machen. Tatsächlich bekämpfe die SPD nicht die Republikaner, sondern wolle, daß sie einen Teil der Stimmen von CDU/CSU bekämen, um dann selbst eine linke Regierungsmehrheit zu bekommen. Die SPD habe in letzter Zeit nichts zur Erleichterung der außenpolitischen Lage der Bundesrepublik Deutschland getan: weder in Europa, noch in der NATO, noch anderswo.

Hauptpunkt sei jedoch, daß er als Bundeskanzler und Verfassungsorgan an die Gesetzgebung des Bundes und die Rechtsprechung des Bundesverfassungsgerichts gebunden sei. Würde er anders Stellung nehmen, als er es jetzt tue, würde er jeden Prozeß beim Bundesverfassungsgericht verlieren.

Es gebe einen weiteren gewichtigen Punkt, über den er nicht öffentlich rede: Jetzt sei durch die Entwicklung in der DDR eine Lage eingetreten, die wir erhofft hatten, aber sie stehe noch nicht am Ende der Entwicklung. Gerade weil in Artikel 4 des Warschauer Vertrages Regelungen, die Deutschland als Ganzes beträfen, als fortgeltend angezogen würden,[5] könne er jetzt nicht im Verhältnis zu Polen auf einen Teil dieser Regelungen verzichten, denn dann stelle sich sofort die Frage, was mit den anderen Teilen werden solle. Dabei gehe es um die Deutschland als Ganzes betreffenden Fragen, nicht in erster Linie um die Grenzen. Schließlich habe er hier in Warschau wie in Bonn formuliert – und er hoffe, daß man dies nicht mißverstanden habe –, daß es unseren Rechtsstandpunkt gebe, daß er aber zugleich wisse, daß in diesen Gebieten in der dritten Generation Polen lebten … Dies sei die Tendenz, und er glaube, daß die Tage seines Besuches auch bei uns große Wirkung entfalteten. Die Reaktion auf Kreisau sei gewaltig.

MP **Mazowiecki** wirft ein, selbst die Trybuna Ludu habe das Kreisau-Foto auf der Titelseite gehabt.[6]

Der **Bundeskanzler** fährt fort, die Psychologie sei in Polen anders als bei uns: Das Verwundetsein sei bei den Polen größer, und deshalb könne er nur unterstreichen, daß es genau auf den Ton ankomme. Aber auch bei uns brauchten die Entwicklungen gewisse Zeit. Leider werde die Frage zum innenpolitischen Thema gemacht, sonst wären die Dinge viel einfacher.

MP **Mazowiecki** erwidert, er hoffe, gut verstanden worden zu sein, warum die Frage in Polen so sensibel sei. Es gehe auch um das Image der Bundesrepublik Deutschland – und des Bundeskanzlers persönlich – hier in Polen.

Der **Bundeskanzler** zeigt sich überzeugt, daß wenn die Gemeinsame Erklärung in allen Teilen verwirklicht wird, in der Bundesrepublik Deutschland wie in Polen ein anderes politisches Klima entsteht, insbesondere die Passagen über die kulturellen Rechte würden Wun-

---

5 Ebd., Anm. 16.
6 In der am Tag nach der Begegnung in Kreisau erschienenen Ausgabe berichtete die Zeitung auf der Titelseite über das Treffen zwischen Bundeskanzler Kohl und Staatspräsident Jaruzelski in Warschau (Nr. 89) und druckte dazu ein Foto der beiden Politiker ab (Trybuna Ludu [Warschau]. Nr. 263 [14 030]. 13. November 1989, 1). Das Titelfoto der Ausgabe vom 12. November 1989 zeigte Kohl und Ministerpräsident Mazowiecki bei der Begrüßung des Bundeskanzlers auf dem Flughafen Warschau am 9. November (ebd. Nr. 262 [14 029]. 12. November 1989, 1) und ähnelte dem „Kreisau-Foto", auf dem beide Männer bei der Umarmung während des Versöhnungsgottesdienstes zu sehen sind (abgedruckt in: Zycie Warszawy. Nr. 263 [14 259]. 13. November 1989, 1).

der wirken. Auf beiden Seiten seien Scherben zu beseitigen. Dabei müßten wir den größeren Schritt tun. Er sei dem Ministerpräsidenten dankbar, daß er dies in seiner gestrigen Rede[7] anerkannt habe.

Andererseits bitte er aber auch die Polen um Geduld. Wichtig sei vor allem, daß die Leute spürten, daß es bei seinem Besuch nicht nur Worte gegeben habe, sondern daß Taten folgten. Das werde in erster Linie das Image der Bundesrepublik Deutschland in Polen bestimmen.

Der **Bundeskanzler** rät MP Mazowiecki schließlich, die Frage in der Pressekonferenz herunterzuspielen.[8]

Wiedergutmachung

MP **Mazowiecki** bezieht sich erneut auf das Gespräch des Bundeskanzlers mit Staatspräsident Jaruzelski, wo dieser das Thema angesprochen und der Bundeskanzler es nicht abgelehnt habe, darüber zu reden. In der Tat müsse man nach einem Weg, nach einer Lösung suchen. Er frage sich, an welchen Schritt man denken könne, um die Sache in Gang zu bringen: An eine Stiftung? An einen Ausschuß, der das Gesamtproblem aufarbeite?

Er wolle unterstreichen, daß dieses Problem vielen Polen am Herzen liege. Es wäre schlecht, wenn er nach dem Besuch sagen müßte, über das Problem sei zwar gesprochen worden, es habe jedoch keinerlei Bewegung gegeben.

Der **Bundeskanzler** erwidert, dies sei für uns eine außerordentlich schwierige Frage, weil es Rechtspositionen gebe: Polen habe auf Reparationen bereits 1950 verzichtet[9] und dies uns gegenüber bekräftigt. Dann sei beim Sozialversicherungsabkommen wieder darüber gesprochen worden (Exkurs: persönlicher Anteil an dessen Ratifizierung).

Zu bedenken sei auch, daß die Bundesrepublik Deutschland bis Ende dieses Jahres rd. 100 Mrd. DM an Wiedergutmachungszahlungen geleistet haben werde. Angesichts der bestehenden Rechtspositionen müsse man, wenn man mit Polen etwas tue, auch an die Präzedenzwirkung für mindestens ein halbes Dutzend weiterer Länder denken.

Insgesamt könne er heute noch keine Lösung nennen. Er habe aber die Argumente des Ministerpräsidenten zur Kenntnis genommen und wolle darüber nachdenken. Eins müsse er

---

7   Bericht über die Ansprache des Ministerpräsidenten Mazowiecki auf dem Empfang im Hotel Marriott in Warschau, 13. November 1989, in: Zycie Warszawy. Nr. 264 (14 260). 14. November 1989, 2.

8   Gemeinsame Pressekonferenz, Radio Warschau/poln./14.11.89/17.00 (geringfügig gekürzt), in: Ostinformationen. Nr. 220. 15. November 1989, 6–13, hier 7; BPA/PA, F 1/22.

9   Auf die Bitte der Provisorischen Regierung der DDR „auf Herabminderung der Reparationsleistungen Deutschlands" hin (Schreiben des Ministerpräsidenten Grotewohl an den Ministerratsvorsitzenden Stalin, 11. Mai 1950, in: Dokumente zur Deutschlandpolitik II/3 [1950], 183) teilte die Regierung der UdSSR mit, sie habe die Bitte „um Herabsetzung der von Deutschland à conto Reparationen zu zahlenden Summe geprüft" und „nach Vereinbarung mit der Regierung der Polnischen Republik den Beschluß gefaßt, die restliche noch zu zahlende Summe an Reparationszahlungen um 50 Prozent, das heißt bis auf 3 171 Millionen Dollar, herabzusetzen" (Schreiben des Ministerratsvorsitzenden Stalin an Ministerpräsident Grotewohl, 15. Mai 1950, ebd., 189 f.). In einer Erklärung vom gleichen Tag bestätigte die Regierung Polens ihr Einverständnis mit der Herabsetzung (Zbiór Dokumentów/Recueil de documents, Warschau. 1950. Nr. 7, 650 f.). Am 22. August 1953 kündigte die Regierung der UdSSR an, sie werde „im Einverständnis mit der Regierung der Volksrepublik Polen (in bezug auf den sie betreffenden Anteil an den Reparationen) ab 1. Januar 1954 die Entnahme von Reparationen aus der Deutschen Demokratischen Republik sowohl in Form von Warenlieferungen als auch in jeder anderen Form vollständig beenden" (Protokoll über den Erlaß der deutschen Reparationszahlungen und über andere Maßnahmen zur Erleichterung der finanziellen und wirtschaftlichen Verpflichtungen der Deutschen Demokratischen Republik, die mit den Folgen des Krieges verbunden sind, in: Dokumente zur Außenpolitik der Regierung der Deutschen Demokratischen Republik. Band I: Von der Gründung der Deutschen Demokratischen Republik am 7. Oktober 1949 bis zur Souveränitätserklärung am 25. März 1954. Hg. vom Deutschen Institut für Zeitgeschichte, Berlin. Berlin 1954, 286–288, hier 287). Einen Tag später gab die polnische Regierung bekannt, zur „Verbesserung der wirtschaftlichen Lage Deutschlands" habe sie beschlossen, „mit Wirkung vom 1. Januar 1954 auf die Zahlung von Reparationen an Polen zu verzichten" (Erklärung vom 23. August 1953 in: Zbiór Dokumentów/Recueil de documents 1953. Nr. 9, 1830–1832; Die Beziehungen zwischen der Deutschen Demokratischen Republik und der Volksrepublik Polen. Dokumente und Materialien 1949–1955. Hg. von der Akademie der Wissenschaften der DDR und der Polnischen Akademie der Wissenschaften. Berlin 1986, 266).

allerdings klarstellen: Für 800 000 Leute eine derartige Regelung anzustreben, sei aussichts-los. Es könne allenfalls um Überlegungen im Härtebereich gehen, dazu sei er bereit.

MP **Mazowiecki** wendet ein, Reparationen seien die eine Sache, hier gehe es um zivilrecht-liche Ansprüche.

Der **Bundeskanzler** erwidert, nach dem Londoner Schuldenabkommen[10] gebe es diese Trennung nicht. Im übrigen könne er nur noch einmal darauf hinweisen, daß Polen mit der DDR den (Görlitzer) Vertrag[11] gemacht habe – mit der DDR, die im Wiedergutmachungs-bereich überhaupt nichts getan habe.

MP **Mazowiecki** räumt ein, es sei falsch gewesen, daß man immer nur gegenüber der Bun-desrepublik Deutschland Ansprüche erhoben habe.

Der **Bundeskanzler** betont erneut, daß er jetzt keine Lösung sehe, wohl aber das mensch-liche Problem (Exkurs: Zwangsrekrutierte in Luxemburg).

MP **Mazowiecki** schlägt für die [be]vorstehende Pressekonferenz eine Äußerung des Inhalts vor, daß er sich freue, daß der Bundeskanzler die Tragweite dieses Problems begriffen habe und daß er – Mazowiecki – das Ergebnis von dessen Überlegungen erwarte.

Der **Bundeskanzler** regt hingegen an zu sagen, man habe über das Problem sehr intensiv ge-sprochen, und er – der Bundeskanzler – werde zu Hause überlegen, was man tun könne. Heute habe er noch keine Lösung anzubieten.

MP **Mazowiecki** insistiert erneut, man müsse in der Tat einen Weg finden, denn es gebe auch in Polen Leute, die gern sähen, wenn das Problem ungelöst bleibe!

Der **Bundeskanzler** verweist erneut auf das deutsch-polnische Rentenabkommen[12] und an-dere Entschädigungsregelungen (sc. für Opfer pseudomedizinischer Versuche). Zahlungen, die einzelnen zugedacht gewesen seien, hätten diese nie erreicht.

Internationaler Währungsfonds

MP **Mazowiecki** beklagt, daß der IWF die Vereinbarungen mit Polen erst Ende Januar ab-schließen wolle. Polen hingegen strebe an, daß der IWF den ursprünglichen Zeitplan ein-halte, d.h. am 4./5. Dezember eine Absichtserklärung (letter of intent) abgebe. Sodann möge Direktor Camdessus das Anliegen Polens auch in den IWF-Entscheidungsgremien unter-stützen: Dies wäre das positive Signal, das man jetzt brauche! Die Direktoriumssitzung selbst solle auf Anfang Januar vorverlegt werden – dies sei bereits angesichts der polnischen Wirtschaftslage der äußerste Termin.

Der **Bundeskanzler** sagt zu, diese Frage beim EG-Sondergipfel in Paris, Samstag, 18. No-vember, anzusprechen.[13]

MP **Mazowiecki** bittet ferner darum, dort auch die Bedeutung des Stabilisierungskredits zu unterstreichen mit dem Ziel, daß die anderen Partner auch Position beziehen.

Der **Bundeskanzler** sagt auch dieses zu.

MP **Mazowiecki** fährt in Anknüpfung an das erste Vier-Augen-Gespräch[14] fort, er habe

---

10 Abkommen über deutsche Auslandsschulden, unterzeichnet am 27. Februar 1953 in London (mit Anlagen und An-hängen in: BGBl. 1953 II, 333–485), geändert durch Abkommen vom 30. November 1956, vom 29. August 1960 und vom 26. Juni 1969. Zu den Änderungen und ergänzenden Vereinbarungen: Fundstellennachweis B. Völkerrechtliche Vereinbarungen und Verträge mit der DDR. Abgeschlossen am 31. Dezember 1989. Hg. vom Bundesminister der Justiz. Ausgegeben zu Bonn am 24. Januar 1990, 261.
11 Abkommen zwischen der Deutschen Demokratischen Republik und der Republik Polen über die Markierung der festgelegten und bestehenden deutsch-polnischen Staatsgrenze, unterzeichnet am 6. Juli 1950 in Görlitz (Görlitzer Ver-trag), in: Dokumente zur Deutschlandpolitik II/3 (1950), 249–262.
12 Abkommen zwischen der Bundesrepublik Deutschland und der Volksrepublik Polen über Renten- und Unfallver-sicherung, 9. Oktober 1975, in: BGBl. 1976 II, 396–400; Regierungsvereinbarung ebd., 401 f.
13 Zu dem Sondergipfel in Paris (dazu Nr. 94) hatte Staatspräsident Mitterrand als amtierender Präsident des Europäi-schen Rates am 13. November 1989 eingeladen.
14 Vermerk über das Gespräch in der Registratur des Bundeskanzleramtes nicht zu ermitteln. In dem Gespräch, das am 9. November 1989 gegen 16.20 Uhr begann und bei dem nur noch die Persönlichen Beauftragten Teltschik und

unterstrichen, daß Polen in jedem Jahr noch einen kurzfristigen Kredit brauche. Hier habe es vielleicht das Mißverständnis gegeben, daß Polen diesen Kredit über den Stabilisierungskredit hinaus brauche. Dies sei nicht der Fall. Vielmehr gehe es darum, in Erwartung dieses Kredits noch in diesem Jahr einen Zwischenkredit zu eröffnen.

Der **Bundeskanzler** verweist auf die Bush-Initiative.

MP **Mazowiecki** hält hierzu fest, daß von seiten der Bundesrepublik Deutschland dazu ein Betrag von 250 Mio. US-Dollar erbracht wird, und betont das polnische Interesse, daß ein Teil dieses Kredits bereits in diesem Jahr in Gang gesetzt wird. Der Zeitfaktor spiele für Polen eine ausschlaggebende Rolle.

Der **Bundeskanzler** sagt zu, hierüber sowohl mit Präsident Bush als auch auf dem EG-Sondergipfel zu sprechen.

Umschuldung

MP **Mazowiecki** betont das polnische Interesse an langfristigen Umschuldungsregelungen. Polen gehe davon aus, daß Freijahre auch für die Zinszahlungen eingeräumt würden. Nur werde durch derartige Regelungen das Problem insgesamt immer nur belastender – die Gesamtverschuldung steige weiter. Die Zinsen seien z. T. Wucherzinsen, gäbe es sie nicht, hätte Polen seine Schulden gegenüber dem westlichen Ausland bereits bezahlt.

Die Lage in Polen sähe nun heute anders aus: Seine Regierung sei nicht schuld daran, daß die früher aufgenommenen Gelder verschleudert worden seien. Man wolle einen Neuanfang machen und bitte deshalb, auch Schulden zu streichen oder weitgehend zu erlassen. Wenn man von Europa spreche, müsse auch hier eine besondere Verpflichtung der Europäer untereinander bestehen. Er bitte deshalb den Bundeskanzler, Vorreiter für mutige, großzügige Lösungen zu sein.

Der **Bundeskanzler** wirft ein, man habe ja gerade weit mehr als die Hälfte des Jumbo-Kredits gestrichen.

MP **Mazowiecki** fährt fort, es gehe ihm um einen Neuanfang auch mit den Mitgliedern des Pariser Clubs. Er bitte den Bundeskanzler, Initiator zu sein.

Der **Bundeskanzler** entgegnet, auch hierüber werde er mit seinen EG-Kollegen reden. Grundsätzlich gelte: Wenn man Polen helfen wolle, müsse man ein Gesamtkonzept haben. Die polnische Außenverschuldung sei nicht ein Problem, das die Bundesrepublik Deutschland allein betreffe.

MD **Teltschik** wirft ein, im Pariser Club sitze auch Brasilien – so müsse man die Präzedenzwirkung für Länder der Dritten Welt im Auge haben.

Der **Bundeskanzler** betont abschließend, sein Argument für die Hilfe Polens sei, daß die neue Regierung Vertrauen verdiene. Jeder Vergleich mit anderen Regelungen, etwa gegenüber Ländern der Dritten Welt, sei problematisch.

Hermes-Bürgschaften

MP **Mazowiecki** unterstreicht das polnische Interesse, daß die in der Plenarsitzung vereinbarte bilaterale Arbeitsgruppe über Hermes-Bürgschaften bald einberufen wird.

Des weiteren solle auch die Gemischte Wirtschaftskommission noch in diesem Jahr zusammentreten, er schlage den Monat Dezember vor.

Der **Bundeskanzler** hält das letztere für unproblematisch, das erstere hänge davon ab, wie schnell Polen geeignete Persönlichkeiten vorschlage. Er selbst sei für zügige Einsetzung dieses Gremiums.

...[15]

Pszon teilnahmen, ging es Ministerpräsident Mazowiecki zufolge „zunächst um Wirtschaftsprobleme" (Meldung Radio Warschau/poln./9.11.89/19.00 in: Ostinformationen. Nr. 217. 10. November 1989, 3; BPA/PA, F 1/22).

15   Im folgenden besprochen: Fragen der Werkvertragsarbeitnehmer.

Sichtvermerksbeschränkende Maßnahmen/Zwangsumtausch

MP **Mazowiecki** bezeichnet als sehr sensiblen Punkt, daß Polen die einzige Nation sei, von ⟨deren Bürgern⟩[16] bei Reisen in die Bundesrepublik Deutschland der Nachweis von 50,– DM pro Tag gefordert werde. Dabei gebe es viele unangenehme Situationen.

Der **Bundeskanzler** sagt zu, er werde Bundesminister Dr. Schäuble bitten, sich der Sache anzunehmen.

MD **Teltschik** betont, es gebe auch umgekehrt Wünsche: So erstrebten wir eine weitergehende Befreiung vom Zwangsumtausch für Jugendliche und Rentner. Könne man dies nicht in einem Schritt tun, so seien Stufenlösungen denkbar, zunächst bei Jugendlichen, dann bei Rentnern.

MP **Mazowiecki** weist darauf hin, der Zwangsumtausch gelte nicht nur gegenüber Deutschen, sondern gegenüber allen.

Polnischer Sprachunterricht in der Bundesrepublik Deutschland

MP **Mazowiecki** weist darauf hin, daß es in der Bundesrepublik Deutschland Kinder von Emigranten und Aussiedlern gebe, die Deutsch, Englisch oder andere Fremdsprachen lernen müßten, jedoch keine Möglichkeit hätten, Polnisch zu wählen.

Der **Bundeskanzler** hält dies für unzutreffend – tatsächlich werde der Polnisch-Sprachunterricht ausgebaut. Es sei jedoch ein Problem auch der Schülerzahlen. Mit der Gemeinsamen Erklärung erhoffe er sich neue Anstöße für den Sprachunterricht – dies gelte selbstverständlich auch in Schlesien. (Exkurs: polnischer Sprachunterricht und polnischsprachige Seelsorge im Ruhrgebiet.)

Es gelte – so der **Bundeskanzler** –, die Geschichte auch auf polnischer Seite aufzuarbeiten. Wenn Europa Sinn geben solle, dürfe man natürlich keine Sprache diskriminieren. Deutsch sei – obwohl nicht Weltsprache – für Polen immerhin sehr nützlich, weil es die meistgesprochene Sprache in der EG sei.

Was das von MP Mazowiecki angesprochene Problem angeht, so bitte er um weiteres Material. MP **Mazowiecki** sagt dies zu.

Ostsee-Konferenz

MP **Mazowiecki** betont unter Bezug auf seine kürzlichen Gespräche mit MP Carlsson das polnische Interesse an einer Konferenz der Ostsee-Anrainer über ökologische Fragen. Er würde sich sehr freuen, wenn er den Bundeskanzler dafür gewinnen könne. Dabei brauche es nicht nur um ökologische Fragen gehen, man könne auch am Rande über alles sprechen. Wichtig sei nur, eine geeignete Formel zu suchen, unter der die Ministerpräsidenten von West und Ost zusammenkommen könnten.

Der **Bundeskanzler** betont, er stehe der Idee prinzipiell nicht negativ gegenüber. Alles, was der Verbesserung der Umwelt im Ostseeraum diene, sei vernünftig und finde seine Unterstützung. Hingegen dürfe es nicht um atomwaffenfreie Zonen o.ä. gehen. Auch dürfe man nicht – wie bei früheren polnischen Vorschlägen – Veränderungen in den strategischen Linien anstreben.

MP **Mazowiecki** betont, es gehe bei der Konferenz um ökologische Probleme.

Der **Bundeskanzler** sagt zu, die Frage erneut zu überprüfen und dem Ministerpräsidenten Antwort zukommen zu lassen.

Kaestner

---

16 ⟨ ⟩ Von den Bearbeitern korrigiert aus: „denen".

Nr. 93
Telefongespräch des Bundeskanzlers Kohl mit Präsident Bush
17. November 1989

BK, 212 – 30132 A 5 Am 31 Bd. 1. – Vermerk des MDg Neuer, 17. November 1989. Hs. von Bundeskanzler Kohl vermerkt: „Teltschik erl."

Nach der Begrüßung berichtet der <u>Bundeskanzler</u> zunächst über seinen Polen-Besuch. Der Besuch sei erfolgreich gewesen. Die Beziehungen zwischen Deutschland und Polen seien historisch belastet und sehr schwierig. Für Polen und auch Ungarn sei es besonders wichtig, daß wegen der Entwicklung in der DDR diese beiden Länder nicht in Vergessenheit geraten. Wenn die Reformen in Polen und Ungarn scheiterten, wären sie auch in der DDR zum Scheitern verurteilt. Deshalb werde er in drei Wochen nach Ungarn reisen. Es gebe dort auch noch ziemlich große Probleme. Am Sonntag werde er sich diskret mit dem ungarischen Ministerpräsidenten treffen.[1] Falls es noch ein besonderes Problem geben werde, wolle er den Präsidenten in der nächsten Woche anrufen. Nach seinem Eindruck sei Polen in riesigen Schwierigkeiten. Der kommende Winter werde sehr schwer werden. Die EG werde Lebensmittelhilfe an Polen geben müssen. Aber ihn stimme optimistisch, daß MP Mazowiecki die Unterstützung des polnischen Volkes genieße. Dies sei deutlich spürbar gewesen. Es sei wichtig, die Entwicklung in Polen genau im Auge zu behalten.

Zur DDR wolle er bemerken, daß dort jetzt eine neue Regierung gebildet und ein neuer Ministerpräsident ernannt worden sei.[2] Es seien umfassende Reformen angekündigt worden, aber die Ankündigungen hätten sich sehr im allgemeinen bewegt. Es scheine, daß die richtige Richtung vor allem im wirtschaftlichen Bereich eingeschlagen werde; was aber die Bürger vor allem interessiere, nämlich freie Wahlen, freie Zulassung der Parteien, freie Gewerkschaften und eine freie Presse, sei leider noch nicht angesprochen worden. Er habe gestern im Bundestag gesagt, wir seien zu umfassender Hilfe an die DDR bereit, aber nur unter der Voraussetzung, daß es wirkliche Reformen gebe, wie sie die Menschen erwarteten.[3] Seine Prognose sei, daß, wenn keine derartigen Reformen durchgeführt würden, die Regierung dort scheitern werde. Die Entwicklung in der DDR habe eine enorme Bewegung in Deutschland hervorgerufen. Über eine Million Menschen seien am letzten Wochenende zu Besuch aus der DDR zu uns gekommen. Die Öffnung der Grenzen habe u.a. die positive Folge, daß die Menschen aus der DDR, die zu Besuch in die Bundesrepublik kämen, wieder zurückkehrten und nicht hier blieben. Allerdings könne sich dies rasch ändern, wenn die Hoffnungen auf Reformen enttäuscht würden.

Der <u>Bundeskanzler</u> versichert dem Präsidenten, er werde bei seinem bisherigen Kurs bleiben. Er werde nichts tun, was die Lage destabilisieren könne. Er müsse aber nochmals wiederholen, daß ohne wirkliche Reformen die Regierung der DDR sich nicht halten könne. Er habe mit Gorbatschow ein langes Telefongespräch geführt.[4] Die Sowjets seien sehr beunruhigt über die derzeitige Entwicklung. Er habe Gorbatschow erklärt, daß – falls er die Führung in der DDR nicht dahingehend beeinflussen könne, Reformen ähnlich wie in Polen und Ungarn durchzuführen – diese Führung scheitern müsse. Er dankt Präsident Bush für die

---

1   Am Abend des 19. November 1989 empfing Bundeskanzler Kohl in seinem Privathaus in Ludwigshafen-Oggersheim Ministerpräsident Németh zu einem „mehrstündigen und intensiven Arbeitsgespräch" (Presseerklärung des Regierungssprechers Klein, 20. November 1989, in: Bulletin. Nr. 132. 24. November 1989, 1127).
2   Die Volkskammer wählte Modrow am 13. November 1989 mit großer Mehrheit bei einer Gegenstimme zum Vorsitzenden des Ministerrates der DDR (Volkskammer. 9. Wahlperiode. Protokolle. Bd. 25, 264).
3   Bundeskanzler Kohl gab am 16. November 1989 vor dem Deutschen Bundestag eine Erklärung zur Polenreise und zur Lage in der DDR ab (Verhandlungen des Deutschen Bundestages. Stenogr. Berichte. Bd. 151. Plenarprotokoll 11/176, 13326–13335, hier 13332).
4   Nr. 87.

Unterstützung und seine öffentlichen Äußerungen in der jüngsten Vergangenheit.[5] Es sei wichtig, daß die Deutschen sehen, daß ihre Freunde die Entwicklung mit Sympathie beobachteten. Morgen werde er nach Paris zu dem informellen EG-Treffen reisen. Er werde dort in dem gleichen Sinne über Polen, Ungarn und die DDR berichten. Er werde seine europäischen Kollegen dringend bitten, die amerikanische Initiative in bezug auf Polen zu unterstützen. Wenn die USA 250 Millionen Dollar Stabilisierungshilfe für die polnische Währung zeichneten, könne der Präsident davon ausgehen, daß die Bundesrepublik die gleiche Summe zeichnen werde. Er hoffe, daß andere Länder dann in der Lage seien, den restlichen Betrag von 500 Millionen Dollar aufzubringen.

<u>Präsident Bush</u> dankt dem Bundeskanzler für seinen Bericht. Er betont, daß die USA beabsichtigen, ungeachtet einiger Äußerungen im amerikanischen Kongreß die Reformen zu unterstützen. In den USA bestünde jetzt eine Euphorie wegen der Veränderungen in diesen Ländern. Dies sei ein gewisses Risiko. Man müsse unvorhersehbare Reaktionen in der DDR oder der Sowjetunion vermeiden. Deshalb müsse man von großer Rhetorik Abstand nehmen. Man müsse deshalb auch davon absehen, über die Wiedervereinigung oder einen Zeitplan zum Abriß der Mauer zu reden. Man dürfe nicht zulassen, daß der Präsident der Vereinigten Staaten in eine Lage komme, in der er der euphorischen Stimmung nachgeben müsse. Zu dem Besuch von Lech Walesa bemerkt <u>Präsident Bush</u>, er sei gut verlaufen.[6] Walesa habe sich mit dem, was im Kongreß für Polen getan worden sei, zufrieden gezeigt. Er habe – dem Vorschlag des Bundeskanzlers folgend – bei dem Internationalen Währungsfonds auf eine schnelle Abwicklung gedrungen. Es gebe aber mit dem November-Termin Schwierigkeiten. Man sei jedoch zuversichtlich, daß bis Mitte Dezember die Angelegenheit geregelt sein könne.

Der <u>Bundeskanzler</u> wirft ein, dies sei gerade noch ein akzeptabler Termin, wenn die Verhandlungen Mitte Dezember beendet seien.

Der <u>Präsident</u> versichert, daß die Amerikaner weiter in Richtung auf eine schnelle Regelung drängen werden. Er regt an, daß der Bundeskanzler bei dem EG-Treffen am morgigen Samstag über das Telefongespräch mit Präsident Bush berichte und die amerikanische Position in dieser Frage darlege. Die Amerikaner wollten auch auf andere Länder einwirken, dem IWF eine schnelle Behandlung nahezulegen. Der Präsident fährt fort, daß er sich jetzt sehr intensiv auf das Treffen mit Gorbatschow am 2. Dezember vor Malta vorbereite. Er habe gehofft, daß es sich einrichten lasse, vorher mit dem Bundeskanzler zusammenzutreffen. Es sei ihm jedoch nicht möglich zu kommen. Auf eine entsprechende Anregung des Bundeskanzlers bemerkt er, daß es ihm auch nicht möglich sei, mit dem Bundeskanzler für 1 oder 2 Stunden in Spanien vor dem Treffen mit Gorbatschow zusammenzutreffen. Der Präsident bedauert, daß der Bundeskanzler nicht vorher nach Camp David kommen könne. Er lege allergrößten Wert darauf, mit dem Bundeskanzler zu sprechen, sehe jedoch dessen zeitliche Probleme. Jedenfalls sei er entschlossen, von dem Bundeskanzler persönlich seinen Rat und seine Vorschläge zu erhalten. Er halte dies für äußerst wichtig, mit ihm über die deutsche Frage nochmals eingehend zu sprechen, verstehe jedoch die logistischen Probleme, die einem persön-

---

5 Präsident Bush begrüßte am 9. November 1989 in einer Pressekonferenz die Öffnung der innerdeutschen Grenze durch die Führung der DDR und äußerte sich „sehr erfreut über diese Entwicklung". Die Vereinigten Staaten hätten „so enge Beziehungen zur Bundesrepublik, daß wir eine potentielle Bitte Bundeskanzler Kohls um Hilfe ernsthaft berücksichtigen würden" (Amerika Dienst. Sonderdienst. 15. November 1989, 4 S.; Public Papers of the Presidents of the United States. Bush. 1989 II, 1488–1490).

6 Zu den Begegnungen des Präsidenten Bush mit dem Vorsitzenden der Gewerkschaft „Solidarität", Walesa, am 13. und 14. November 1989 in Washington (D.C.): Public Papers of the Presidents of the United States. Bush. 1989 II, 1510–1512, 1526. Am 15. November hielt Walesa eine Rede vor dem Kongreß (United States of America. Congressional Record. Proceedings and Debates of the 101st Congress. First Session. House of Representatives. Washington [D.C.]. Vol. 135. No. 160. 15. November 1989, H8632-H8635).

lichen Treffen entgegenstehen. Er schlage vor, nach dem Besuch von BM Genscher in der nächsten Woche in Washington[7] mit dem Bundeskanzler ausführlich zu telefonieren, um dessen Meinung nochmals zu hören.

Der Bundeskanzler versichert, er werde soviel Zeit, wie nötig sei, zur Verfügung stellen.

Der Präsident fährt fort, er lege auf die deutsche Stellungnahme und vor allem die persönliche Stellungnahme von Helmut Kohl größten Wert. Er wolle sicher sein, daß er jede Nuance der deutschen Frage erfaßt habe. Er glaube, in der Allianz gebe es Nuancen und Differenzen bei der Beurteilung der Lage. Er wolle sich mit allen beraten. Wichtiger als eine große Konsultation sei jedoch ein Einzelgespräch mit den Deutschen, damit er deren Standpunkt verstehe, ohne daß er sich durch die Anwesenheit anderer Beschränkungen auferlegen müsse. Er werde am 4. Dezember 1989 nach Brüssel kommen. Er schlage vor, sich am Abend vorher, d.h. am Sonntag, dem 3. Dezember 1989, zum Abendessen mit dem Bundeskanzler zu treffen.[8]

Der Bundeskanzler stimmt zu.

Präsident Bush betont nochmals, daß er absolut sicher sein wolle, jede Nuance der Position Helmut Kohls verstanden zu haben. Nach dem Gespräch Genscher/Baker könnte entweder er mit dem Bundeskanzler oder Scowcroft mit Teltschik sprechen. Wenn es irgendwelche Differenzen gebe, könnten evtl. die beiden Herren zusammentreffen.

Der Bundeskanzler bemerkt, BM Genscher sei am Dienstag in Washington. Er werde Präsident Bush in der zweiten Hälfte der kommenden Woche ein detailliertes Memorandum übersenden.[9] Am Montag, dem 27. November 1989, könne man dann ein langes und ausführliches Telefongespräch führen.[10]

Präsident Bush fügt als persönliche Bemerkung noch hinzu, er habe den Dank des Bundeskanzlers an das amerikanische Volk und die Haltung der USA bezüglich der jüngsten Entwicklung in einer Rede erwähnt.[11] Dies habe ein sehr positives Echo gehabt. Er wolle dem Bundeskanzler nochmals danken.

Das Gespräch endet nach ca. 30 Minuten.

Neuer

---

7 Schilderung der Treffen mit Präsident Bush, Außenminister Baker und Sicherheitsberater Scowcroft während des Besuchs am 20./21. November 1989 in Washington (D.C.) in: Genscher, Erinnerungen, 664–668.

8 Nr. 109.

9 Nr. 101.

10 Vermerk über das Telefongespräch in der Registratur des Bundeskanzleramtes nicht zu ermitteln. Wie Regierungssprecher Klein am 29. November 1989 mitteilte, fand „das verabredete Telefongespräch" am Nachmittag desselben Tages statt (Pressemitteilung Nr. 579/89. 29. November 1989; BPA/PA, F 1/25). Zu dem Telefonat erklärte Präsident Bush in einem anschließenden Pressegespräch, er „denke, wir sind auf dem richtigen Weg" (zu dem Interview mit dem Pressekorps des Weißen Hauses, 29. November 1989, 11.00 Uhr: Public Papers of the Presidents of the United States. Bush. 1989 II, 1601–1607, hier 1601). Auf amerikanischen Akten beruhende Darstellung des halbstündigen Gesprächs in: Zelikow/Rice, Sternstunde der Diplomatie, 182f.

11 Zu der Ansprache des Präsidenten Bush auf einem Abendessen der Republikaner in Dallas (Texas), 10. November 1989: Public Papers of the Presidents of the United States. Bush. 1989 II, 1499–1501, hier 1500.

Nr. 94
Vorlage des Ministerialdirektors Teltschik an Bundeskanzler Kohl
Bonn, 17. November 1989

BArch, B 136/30915, 211 – 68000 Gi 46. – Mitverfasser: VLR I Bitterlich. VS-NfD. Vorlage über Chef BK. Hs. vermerkt: „(BK-Original)".

Betr.: Sondertreffen der Staats- und Regierungschefs sowie der Außenminister der Europäischen Gemeinschaft und des Präsidenten der EG-Kommission auf Einladung des amtierenden ER-Vorsitzenden, des französischen Staatspräsidenten, am Samstag, 18. November 1989, 20–23 Uhr im Elysée in Paris

Für das o.a. Treffen werden Ihnen hiermit vorgelegt:

A. Gesamtgesprächsführungsvorschlag zu dem Treffen[1]

B. Sachstände zu folgenden Fragenkomplexen:
   1. Haltung der Westmächte und der Sowjetunion zur deutschen Frage und zur Entwicklung in der DDR[2]
   2. Entwicklung in der DDR (einschließlich gegenüber der DDR anstehende Gesprächspunkte)[3]
   3. Lage in den Ländern Mittel- und Osteuropas und Beziehungen zur Bundesrepublik Deutschland
   4. Westliche Hilfe für Polen und Ungarn

C. Entwurf einer Erklärung vor der Presse nach Abschluß des Treffens[4]

Teltschik

Nr. 94A
Gesamtgesprächsführungsvorschlag

I. Vorbemerkungen
   1. **Die Motive des französischen Staatspräsidenten, eine Art „Vor-Gipfel" einzuberufen, sind innenpolitischer und außenpolitischer Natur:**
      – Ex-Präsident Giscard d'Estaing hatte am Wochenende ultimativ Einberufung eines Sondergipfels zur „Rettung der EG" gefordert, um den westeuropäischen Integrationsprozeß zu beschleunigen und ein umfassendes Hilfsprogramm für die reformwilligen Staaten Mittel- und Osteuropas zu beschließen. Gleichzeitig sollten sich die EG-Mitgliedstaaten verpflichten, „die gegenwärtigen Grenzen nicht in Frage zu stellen".
      (Hinweis: Auch Gerassimow fordert, daß der EG-Gipfel „eine Position der Vernunft erarbeitet, die der Unverletzlichkeit der Grenzen Rechnung trägt".)

---

1   Nr. 94A.
2   Nr. 94B.
3   Nicht abgedruckt: Sachstände zu den Fragenkomplexen 2–4; BArch, B 136/30915, 211 – 68000 Gi 46.
4   Nicht abgedruckt: Entwurf mit hs. Hervorhebungen und Korrekturen des Bundeskanzlers Kohl; ebd. Nach dem Sondergipfel gab Bundeskanzler Kohl auf einer gemeinsamen Pressekonferenz mit Außenminister Genscher in Paris eine vom Entwurf abweichende Erklärung ab (Pressekonferenz, 18. November 1989, 23.45 Uhr. Unkorrigiertes Manuskript, 5 S., hier 1–3; BPA/PA, F 1/30).

– Die aktuellen Ereignisse in der DDR, in Berlin wie auch die Entwicklung in Polen und in den anderen Ländern Osteuropas haben bei der französischen Präsidentschaft offenbar Besorgnis ausgelöst, daß die Verabschiedung der Sozial-Charta und die Wirtschafts- und Währungsunion nicht länger im Zentrum des Straßburger Gipfels stehen würden (was GB aufgrund seiner Haltung in diesen Fragen zupaß kommt). Hinter der Einladung für das Abendessen dürfte daher auch die Absicht stehen, zur ursprünglichen Vorstellung für Straßburg zurückzukehren, zumal Mitterrand seit einigen Wochen die These vertritt, der Integrationsprozeß müsse wegen der Entwicklung im Osten nicht nur fortgeführt, sondern verstärkt und beschleunigt werden.

– Darüber hinaus hat wohl auch die Selbsteinschätzung Frankreichs „als Sachwalter europäischer Interessen" und insbesondere des Präsidenten, wonach Frankreich gerade in dem von ihm propagierten Prozeß der Überwindung von Jalta eine hervorragende Rolle spielen muß, zu der Entscheidung beigetragen: Es gehört daher nach französischer Auffassung zum notwendigen Selbstbewußtsein der Europäer, vor dem Gipfel Bush-Gorbatschow am 2. Dezember 1989 im Mittelmeer ihre Haltung zu europäischen Fragen öffentlich festzuhalten. In diesem Zusammenhang ist es für F auch innenpolitisch von Bedeutung, nach außen herauszustellen, daß wir klar in die westliche Gemeinschaft und ihre Entscheidungsprozesse eingebunden sind.

2. **Ziele des Treffens**

Auch wenn die französische Präsidentschaft angesichts der Kürze der zur Verfügung stehenden Zeit keine abgestimmte Erklärung über das Treffen vorbereiten möchte, sondern der Präsident gemeinsam mit den Ministerpräsidenten von Spanien und Irland (EG-Troika-Formel) „nur" eine Pressekonferenz im Anschluß an das Essen geben wird,

so erwartet gerade die deutsche Öffentlichkeit eine „Botschaft", die aus unserer Sicht aus drei Elementen bestehen müßte:

– **Bekräftigung des Engagements aller Staats- und Regierungschefs, den europäischen Integrationsprozeß mit dem Ziel der politischen Union entschlossen fortzuführen;**

– **politische und wirtschaftliche Unterstützung der Reformprozesse in Mittel- und Osteuropa durch die Gemeinschaft;**

– **Betonung der Perspektiven zur Überwindung der Teilung Europas, um zu einer neuen und dauerhaften Stabilität in ganz Europa zu kommen. Dies schließt für uns die Perspektive ein, im Rahmen einer europäischen Friedensordnung die Teilung Deutschlands zu überwinden.**

Aufgrund der kurzen Beratungsdauer und der Tatsache, daß EGK-Präsident Delors und AM Dumas erst kurz vorher von ihrer Reise aus Moskau (AM Dumas allein)[5] und Budapest bzw. Warschau[6] zurückkommen, ist nicht auszuschließen, daß die Staats- und Regierungschefs der EG-Kommission den Auftrag erteilen werden, Einzelheiten eines Hilfsprogramms, insbesondere für Polen, bis zum ER in Straßburg vorzulegen.

---

5 Außenminister Dumas traf am 14. November 1989 in Moskau mit Generalsekretär Gorbatschow und Außenminister Schewardnadse zusammen.
6 Kommissionspräsident Delors und der amtierende EG-Ratspräsident Dumas besuchten am 17./18. November 1989 Ungarn und Polen.

II. Gesprächsführungsvorschlag im einzelnen[7]

1. **Sie könnten eingangs Präsident Mitterrand für seine Initiative danken und auf die wesentlichen Elemente der „Botschaft" dieses Abendessens für die Öffentlichkeit aus unserer Sicht hinweisen:**
   – aufgrund der Ereignisse in ⟨Mittel- und Osteuropa wird unser Engagement für das europäische Einigungswerk in keiner Weise abgebremst⟩[8] oder geschmälert. Wir stehen fest zu den in der Einheitlichen Akte[9] festgehaltenen Zielen, insbesondere zum Ziel der Europäischen Union.
   – Die neue Dynamik des europäischen Einigungsprozesses in den letzten Jahren hat das Entstehen der Reformprozesse in den Staaten Mittel- und Osteuropas nachdrücklich gefördert. Die EG ist aufgerufen, diesen Prozeß mit Nachdruck zu unterstützen. Unser Interesse ist, daß die Entwicklung „in geordneten Bahnen" erfolgt.[10]
   – Unsere Mitgliedschaft in der Europäischen ⟨Gemeinschaft und in der Atlantischen Allianz ist für uns unverzichtbar und Teil unserer Staatsraison⟩[11]. Unsere Antwort auf die deutsche Frage war von Anfang an europäisch und wird europäisch bleiben. Die Lösung der deutschen Frage und die Überwindung der Teilung Europas stehen in einem untrennbaren Zusammenhang. Wir wollen eine gerechte und dauerhafte europäische Friedensordnung erreichen, in der auch das deutsche Volk in freier Selbstbestimmung seine Einheit wiedererlangt.[12]

2. **Ereignisse in Berlin und in der DDR**
   Präsident Mitterrand wird Sie bitten, Ihre Einschätzung der Ereignisse und der weiteren Entwicklung zu geben sowie die weiteren Absichten der Bundesregierung zu erläutern.
   ⟨Sie könnten entsprechend Ihrer Erklärung vor dem Bundestag am 16. November[13] hervorheben:
   – Ereignisse des 8.–10. November 1989 haben die Lage der Nation im geteilten Deutschland grundlegend verändert („friedliche Kraft der Freiheit"), wir stehen jedoch erst am Anfang einer Entwicklung, die wir besonnen und mit kühlem Verstand begleiten wollen;[14]
   – exploratorische Gespräche von BM Seiters am 20. November 1989 mit GS Krenz und MP Modrow;[15]
   – Bereitschaft zu Sofortmaßnahmen zur Linderung akuter Versorgungsengpässe
   – Angebot der Unterstützung eines grundlegenden politischen und wirtschaftlichen Wandels in der DDR.⟩[16]
   ⟨EG-AM-Rat sollte der EG-Kommission möglichst bald Mandat und Verhandlungen über den Abschluß eines Handelsabkommens zwischen der EG und der DDR erteilen.⟩[17]

---

7 Hs. rechts daneben vermerkt: „Dramatische Entwicklung in Mittel-Ost-Südosteuropa/Stimme EG".
8 ⟨ ⟩ Hs. unterstrichen und Absatz am linken Rand doppelt angestrichen; hier und im folgenden hs. Hervorhebungen und Anmerkungen des Bundeskanzlers Kohl.
9 Einheitliche Europäische Akte mit Schlußakte, 28. Februar 1986, in: BGBl. 1986 II, 1104–1115.
10 Hs. Absatz am linken Rand doppelt angestrichen.
11 ⟨ ⟩ Hs. unterstrichen und am linken Rand vermerkt: „wichtig".
12 Hs. auf der Seite unten vermerkt: „Hinweis auf Teile der öffentlichen Meinung Mißtrauen gegen Deutschland".
13 Nr. 93 Anm. 3.
14 Hs. zwischen den folgenden Unterpunkten vermerkt: „über 3 Millionen DDR Leute", „Szenen – Herzen", „Selbstbestimmung → Ziel: Freiheit!!", und unter dem nachfolgenden Absatz weiter ausgeführt: „Einheit der Nation Vernunft – Augenmaß – DDR Protest ‚ruhig' ".
15 Nr. 96.
16 ⟨ ⟩ Hs. am linken Rand doppelt angestrichen.
17 ⟨ ⟩ Hs. am linken Rand dazu vermerkt: „Ja".

3. **Entwicklung in Polen**

Zunächst wird wohl EGK-Präsident Delors über seinen Besuch in Warschau berichten und evtl. erste Vorschläge für das weitere Vorgehen erläutern.

Sie hatten polnischem MP ein Papier von Delors übergeben,[18] in dem Delors Akzent setzt auf:
– Währungsreform
– Umstrukturierung Landwirtschaft (einschließlich Nahrungsmittelsektor)
– rationellere Schuldenpolitik.

Wir müssen damit rechnen, daß der französische Präsident seinen Vorschlag weiterverfolgen wird, eine ⟨Investitions- und Entwicklungsbank für Osteuropa (Polen, Ungarn, evtl. DDR)⟩[19] nach dem Modell der Europäischen Investitionsbank (EIB) einzurichten. Präsident Mitterrand könnte insbesondere anregen, daß die Gemeinschaft diesen Vorschlag gemeinsam in den 24er-Kreis (Koordinierung Polen-Hilfe im Anschluß an den Weltwirtschaftsgipfel vom vergangenen Sommer) einbringt.

⟨Anregung der Schaffung einer Investitionsbank für Polen war in der Rede Mitterrands vor dem EP vom 25. Oktober 1989 enthalten;[20] F hat hierzu präzisen Vorschlag am 14. November 1989 im Währungsausschuß vorgelegt; Ressorts haben zugesagt, bis zum ER Straßburg Stellungnahme vorzulegen.⟩[21]

Sie könnten eine zusammenfassende Wertung Ihres Besuchs in Polen geben und im Anschluß an Ihre Gespräche mit dem polnischen MP insbesondere folgende Punkte ansprechen:
– **Internationaler Währungsfonds** (IWF)[22]
⟨Angesichts seiner Wirtschaftslage möchte Polen erreichen, daß der IWF rascher vorgeht, d. h.
= Abgabe der Absichtserklärung am 4./5. Dezember
= politische Unterstützung des polnischen Anliegens in den IWF-Gremien
= Vorverlegung der Direktoriumssitzung auf Anfang Januar.⟩[23]
– **Gewährung eines Überbrückungskredits**
Polnisches Interesse, daß zumindest ein Teil des Überbrückungskredits ⟨bereits in diesem Jahr in Gang gesetzt wird⟩ (wir: 250 Mio. ⟨US-Dollar⟩[24]).
Z.E. Bush-Initiative (außer US und D bisher keine Zusage seitens anderer Länder)[25]
– **Umschuldung (Pariser Club)**
Polen wolle Neuanfang (nicht nur mit uns, sondern) mit den (übrigen) Mitgliedsländern des Pariser Clubs, d.h. auch von dort Streichung oder weitgehender Erlaß von bestehenden Schulden.

4. **Entwicklung in Ungarn**

Zunächst wird wohl EGK-Präsident Delors über seinen Besuch in Budapest berichten und dabei wahrscheinlich in erster Linie den ungarischen Wunsch nach einem kurzfristigen Überbrückungskredit in einer Größenordnung von ca. 1 Mrd. Dollar vortragen.

---

18 Nr. 92 Anm. 2.
19 ⟨ ⟩ Hs. unterstrichen.
20 Rede des amtierenden Präsidenten des Europäischen Rates, Mitterrand, am 25. Oktober 1989 vor dem Europäischen Parlament in: Amtsblatt der Europäischen Gemeinschaften. Hg. vom Amt für amtliche Veröffentlichungen der Europäischen Gemeinschaften, Luxemburg. Nr. 3–382, 175–186, hier 184.
21 ⟨ ⟩ Hs. am linken Rand angestrichen und dazu vermerkt: „prüfen".
22 Hs. rechts daneben vermerkt: „Polen".
23 ⟨ ⟩ Hs. am linken Rand doppelt angestrichen und vermerkt: „wichtig" und „Ja".
24 ⟨ ⟩ Hs. unterstrichen und Absatz am linken Rand doppelt angestrichen.
25 Hs. rechts daneben vermerkt: „Bush-Initiative 1 Milliarde Dollars USA + BRD = 500 Mill. aber?".

EGK-Präsident Delors denkt insofern an Finanzierung durch Bank für Internationalen Zahlungsausgleich (BIZ) oder durch EG.

Sie könnten darauf verweisen, daß unsere Hilfsmaßnahmen zur Abstützung des Reformkurses bereits 1987 eingesetzt und wir bis heute Ungarn ⟨2 Mrd. DM zur Verfügung gestellt haben⟩:[26]

= Herbst 1987: ⟨Bürgschaftsrahmen für einen ungebundenen Finanzkredit über 1 Mrd. DM⟩[27]

= Herbst 1989: Erhöhung dieses Bürgschaftsrahmens ⟨um 500 Mio. DM⟩ ferner Bürgschaften für projektgebundene Kredite in ⟨Höhe von je 250 Mio. DM⟩[28] durch Bayern und Baden-Württemberg.

Im übrigen waren wir die entscheidenden Betreiber eines großzügigen Handels- und Kooperationsabkommens zwischen der EG und Ungarn.

Sie könnten an die anderen EG-Mitgliedstaaten appellieren, Ungarn noch aktiver zu helfen.

5. Stellung zur Sowjetunion

Präsident Mitterrand wird wahrscheinlich über den Tenor seines ausführlichen Telefongesprächs mit GS Gorbatschow und über die Ergebnisse des Besuchs von AM Dumas in dieser Woche in Moskau berichten, bei dem nach Presseberichten Gorbatschow seine Sorge „über vom Westen ausgehende Destabilisierungs-Tendenzen für den Reformprozeß in Osteuropa" ausgedrückt haben soll.

Sie könnten ggf. auf Ihre laufenden Kontakte mit GS Gorbatschow hinweisen sowie Ihre Einschätzung des Standes und der Perspektiven des Reformprozesses in der Sowjetunion geben.

In diesem Zusammenhang könnten Sie auch auf die Ziele unserer Politik gegenüber der Sowjetunion eingehen.

6. „Gesamtkonzept" der EG gegenüber Mittel- und Osteuropa

Von verschiedener Seite wird von der Gemeinschaft gefordert, ein „Gesamtkonzept" für Mittel- und Osteuropa unter Berücksichtigung der jeweiligen Bedürfnisse und Reformen zu erarbeiten.

Ein solches „Konzept" müßte berücksichtigen:

– EG ist zur Zeit dabei, mit den einzelnen RGW-Staaten Handels- und teilweise auch Kooperationsabkommen abzuschließen; Abschluß mit allen wahrscheinlich bis 1990.

– Parallel hierzu ist die EG bzw. [sind] ihre Mitgliedstaaten bereit, die Reformprozesse politisch und wirtschaftlich zu unterstützen.

– Dies erfolgt insbesondere im Rahmen der durch den Weltwirtschaftsgipfel lancierten „24er-Koordinierung";

    nächstes Treffen in Brüssel am 24. November; für Mitte Dezember wird an hochrangiges Treffen (AM?) gedacht.

EG müßte jedoch darüber hinaus als „unmittelbarer Nachbar" stärker als bisher eigene Initiativen entwickeln; zudem müßten die Koordinierungsverfahren im Rahmen der Gruppe der 24 verbessert werden.

In diesem Sinne könnte die EG-Kommission ggf. aufgefordert werden, bis zum ER in Straßburg einen Gesamtansatz vorzulegen.

---

26 ⟨ ⟩ Hs. unterstrichen, am linken Rand des Absatzes vermerkt: „Ja" und „wichtig", am rechten Rand dreifach angestrichen.
27 ⟨ ⟩ Hs. unterstrichen.
28 ⟨ ⟩ Hs. unterstrichen und Absatz am linken Rand angestrichen.

– Wenn die Reformprozesse „aus dem Gröbsten raus" sind und die Handels- und Kooperationsabkommen ausgefüllt werden, kann man daran denken, die Beziehungen zu diesen Ländern politisch und wirtschaftlich weiterzuentwickeln.

(Dabei dürfen aber die anderen Nachbarn der EG wie die EFTA-Länder und insbesondere der südliche und östliche Mittelmeerraum nicht ins Hintertreffen geraten!)

Bitterlich

Nr. 94B
Haltung der drei Westalliierten und der Sowjetunion zur deutschen Frage und zur Entwicklung in der DDR

Anlg.: – 1 –

1. Haltung der drei Westmächte zur Wiedervereinigung

1.1. Unter den <u>drei Westmächten</u> gibt es eine <u>deutlich abgestufte Haltung</u> zur Wiedervereinigung: <u>am positivsten die USA</u>, zurückhaltender Frankreich und gegenüber beiden <u>deutlich abfallend Großbritannien</u> (Zitate in Anlage[29]).

Der mögliche <u>Prozeß einer Wiedervereinigung</u> wird – soweit überhaupt angesprochen – als <u>langsam, vorsichtig, demokratisch</u> und <u>evolutionär</u> gewünscht, ebenso wie eine <u>Einbettung</u> in den <u>europäischen Einigungsprozeß</u>.

Die <u>besondere Verantwortung</u> (Deutschlandvertrag)[30] wird – wenn überhaupt – dann <u>nur sehr zurückhaltend zum Ausdruck</u> gebracht. Nur Mitterrand und Thatcher haben ausdrücklich auf die Verantwortung der Vier Mächte Bezug genommen.

1.2. Die <u>USA</u> haben sich insgesamt – wenn auch mit Nuancen – <u>am deutlichsten für die Wiedervereinigung</u> ausgesprochen. Dies gilt <u>insbesondere für Präsident Bush</u>, aber auch z.B. für den Mehrheitsführer im US-Senat, den Demokraten Mitchell.

<u>AM Baker</u> hat eine gewisse Entwicklung durchgemacht (am 16.10. noch das Wort „Wiedervereinigung" vermieden und von „Aussöhnung" gesprochen,[31] später von „Wiedervereinigung oder Aussöhnung" gesprochen), aber zuletzt am 10.11. deutlich die über 40jährige Politik der NATO und der USA für Wiedervereinigung betont[32]. Bemerkenswerterweise <u>fehlen Hinweise auf die Viermächteverantwortung</u> für Deutschland als Ganzes. Insgesamt wird deutlich, daß man sich unter <u>Wiedervereinigung</u> einen <u>vorsichtigen, evolutionären, Zeit beanspruchenden Prozeß</u> vorstellt, der <u>auf westlichen Werten</u>, auf Frieden und Freiheit beruhen muß. Die <u>Verständigung mit wichtigen Partnern</u> (USA, GB und F) und die Einbettung in den <u>europäischen Einigungsprozeß</u> wird offensichtlich vorausgesetzt.

---

29 Anlage nicht abgedruckt: „Betr.: Haltung der drei Westmächte und der Sowjetunion zur Wiedervereinigung und zur Entwicklung in der DDR. Aktuelle Schlüsselaussagen"; BArch, B 136/30915, 211 – 68000 Gi 46.

30 In Artikel 7 Deutschlandvertrag (Vertrag über die Beziehungen zwischen der Bundesrepublik Deutschland und den Drei Mächten in der Fassung des am 23. Oktober 1954 in Paris unterzeichneten Protokolls über die Beendigung des Besatzungsregimes in der Bundesrepublik Deutschland; BGBl. 1955 II, 305–311, hier 309) erklärten die Unterzeichnerstaaten, eine „frei vereinbarte friedensvertragliche Regelung für ganz Deutschland, welche die Grundlage für einen dauerhaften Frieden bilden soll", sei „ein wesentliches Ziel ihrer gemeinsamen Politik". Die „endgültige Festlegung der Grenzen Deutschlands" müsse „bis zu dieser Regelung aufgeschoben" werden. Gemeinsames Ziel sei ein „wiedervereinigtes Deutschland, das eine freiheitlich-demokratische Verfassung, ähnlich wie die Bundesrepublik, besitzt und das in die europäische Gemeinschaft integriert ist".

31 Nr. 67 Anm. 1.

32 Zusammenstellung von Auszügen aus mehreren Interviews des Außenministers Baker am 10. November 1989 in: Amerika Dienst. Sonderdienst. 15. November 1989, 8 S.

1.3. Reservierter klingt die französische Position, die das Streben nach Wiedervereinigung als legitim bezeichnet. Vor der Wiedervereinigung habe man „keine Angst". Sie liege in der „Logik der Geschichte".

Ein entsprechender Prozeß wird als schwierig und langwierig eingeschätzt und sollte nur friedlich, demokratisch und im Rahmen Europas erfolgen. Als besonders wichtig wird der Wille und die Entschlossenheit des deutschen Volkes bezeichnet.

Gewisse Distanziertheit zur Wiedervereinigung wird darin deutlich, daß Mitterrand für den Fall, daß die „Deutschen die Wiedervereinigung durchführen können", lediglich die französische Politik anpassen will. Eine aktive Unterstützung klingt da nicht an, sondern ein Gewährenlassen.

Präsident Mitterrand hat mehrfach die Viermächteverantwortung und das Erfordernis der Zustimmung der Nachbarn angesprochen, allerdings eher mit dem Anklang eines Mitbestimmungsrechtes denn dem einer Förderung (wie z.B. im Deutschlandvertrag enthalten).

1.4. Noch deutlicher wird die Zurückhaltung in britischen Äußerungen, wobei gerade PM Thatcher sich zur Wiedervereinigung direkt überhaupt nicht in den letzten Tagen geäußert hat. AM Hurd wiederholte in einem Pressegespräch[33] gleich zweimal, daß „Selbstbestimmung" eine Angelegenheit der Deutschen sei und daß entscheidend nun nicht die Forderung nach Wiedervereinigung, sondern die nach Reformen sei. (Nr. 10 Downing Street hat diese Fassung als offizielle Linie der Regierung nach außen bestätigt.)

Inwieweit ein Hinweis von PM Thatcher im Juni im Unterhaus auf den Artikel 7 des Deutschlandvertrages (Ziel: wiedervereinigtes Deutschland) und die Zusicherung, zu dieser Verpflichtung zu stehen,[34] als wirkliche aktive Förderung verstanden werden kann, ist offen (unklar, ob Wortlaut Art. 7 zumindest teilweise zitiert oder lediglich auf ihn verwiesen wurde). Er könnte eher auf Beharren auf letztem Rest britischer Großmachtstellung deuten.

2. Haltung der drei Westmächte zur Entwicklung in der DDR
Hier wird übereinstimmend die Entwicklung in deutlicher Form begrüßt, die Reaktion der Bundesregierung gelobt und Hilfe bei Aufnahme der Übersiedler angeboten (z.B. durch die jeweils stationierten Streitkräfte).

3. Haltung der Sowjetunion zur Wiedervereinigung und [zu] der Entwicklung in der DDR
3.1 Zur Frage der Wiedervereinigung – GS Gorbatschow und AM Schewardnadse äußerten sich erst relativ spät – wird klar darauf hingewiesen, daß sie jetzt nicht zur Debatte stehe und lediglich in einer nicht, nicht sehr konkret gesehenen Zukunft nur bei Auflösung der Militärpakte, Beachtung der bestehenden Grenzen und nicht in Form einer „Absorbierung" der DDR denkbar sei. Allerdings: Grundsätzlich und kategorisch wird eine Wiedervereinigung der beiden deutschen Staaten nicht abgelehnt.

3.2. Was die aktuelle Entwicklung in der DDR anbetrifft, so werden insbesondere folgende sowjetische Überlegungen deutlich:
– Reformprozeß als solcher wird unterstützt (nicht zuletzt auch als Einschwenken

---

33 Interview des Außenministers Hurd mit dem Nachrichtensender BBC, Radio 4, 10. November 1989, 14.00 Uhr, in: Deutschland 1989. Bd. 15, 634f.

34 In einer Fragestunde des britischen Unterhauses am 6. Juni 1989 hatte Premierministerin Thatcher die Frage, ob das in der Erklärung des NATO-Gipfels (Nr. 44 Anm. 2) enthaltene Konzept eines geeinten und freien Europas die Vorstellung eines vereinten Deutschland umfasse, bejaht (The Parliamentary Debates. Official Report. Sixth Series. Vol. 154. 13. Vol. of Session 1988–89. House of Commons. London. 6. Juni 1989, 25).

auf Entwicklungen wie in SU selbst, in Polen und Ungarn) und als <u>unumkehrbar</u> bezeichnet.

– SU hat <u>große Besorgnis</u> wegen möglicher <u>Destabilisierung der Lage</u> und steht <u>deshalb z.B. mit USA</u> in Kontakt (GS Gorbatschow mit Botschaft an Präsident Bush)[35]. Botschafter Walters gegenüber hatte der SU-Botschafter in der DDR, Kotschemassow, erklärt, man wirke beruhigend auf die DDR-Führung ein.

– SU <u>kritisiert deutsche Forderungen nach freien Wahlen</u>, weil diese Unumkehrbarkeit des Prozesses in der DDR verkennen würden,

– sie äußert <u>Sorge, die Bundesregierung könne ihre bisherige Zurückhaltung</u> irgendwann einmal fallenlassen, und verweist auf „gewisse Kreise", die die Wiedervereinigung auf die Tagesordnung setzen und Wandlungsprozesse für sich nutzen wollten,

– SU sieht auch das Problem, daß politische Entwicklung bei den mittel- und osteuropäischen Verbündeten den möglichen Ergebnissen einer <u>konventionellen Abrüstungsvereinbarung in Wien vorauseilen</u>, d.h., daß ihre Truppenpräsenz in Frage gestellt werden könnte, bevor sie im gesichtswahrenden Weg einer Abrüstungsvereinbarung reduziert werden könnte.

Amerikanischerseits wird vermutet, daß das ausdrückliche Einräumen von Botschafter Kotschemassow, die USA hätten eine Rolle in Mitteleuropa zu spielen, gleichzeitig das sowjetische Bestreben zeige, selbst von einer solchen Rolle nicht ausgeschlossen zu werden.

4. Hätte es eines Beweises bedurft, daß die <u>SU beim informellen Gipfel mit den USA</u> im Mittelmeer gerade die <u>gemeinsame Verantwortung</u> beider Weltmächte für Osteuropa, einschließlich der DDR, betonen würde, dann zeigten es Tatsache und Inhalt des Gespräches der beiden Botschafter und Äußerungen von AM-Sprecher Gerassimow.

Auch die <u>USA sehen</u> die Entwicklung in Osteuropa als herausragendes Thema für die Begegnung an, sind sich jedoch – das zeigen die Äußerungen von AM Baker – der <u>Empfindlichkeiten der Europäer bewußt</u> und werden sie berücksichtigen.

Nr. 95
Vorlage an Bundeskanzler Kohl
ohne Datum

BK, 212 – 35400 De 39 Bd. 1. – Hs. von Bundeskanzler Kohl vermerkt: „R[udolf] Seiters erl."

I. Zur Stimmung in der Bevölkerung der DDR

1. In der politischen Führungselite herrscht der Eindruck, daß nichts mehr kalkulierbar ist. Niemand wagt mehr Prognosen, zu welchen politischen Aktionen und Zielen die Menschen sich hinwenden werden.

Ausgangspunkt der Diskussionen ist die Frage der Korruption der bisher Herrschenden. Hier wird ein sofortiges Zur-Rechenschaft-ziehen gefordert.

Im Vordergrund der Diskussionen steht ebenso die Forderung, Konsum jetzt zu erhalten. Daneben kommt eine Stimmung des „Rette-sich-wer-kann" auf. Untergründig wird befürchtet, daß es sowohl in der Frage der Auseinandersetzungen mit der SED wie bei der

---

35   Zum Inhalt der Botschaft von Generalsekretär Gorbatschow an Präsident Bush, Staatspräsident Mitterrand und Premierministerin Thatcher vom 10. November 1989: Zelikow/Rice, Sternstunde der Diplomatie, 160.

Versorgung hart auf hart kommen werde. Neben Euphorie gibt es Hoffnungslosigkeit und Lähmung.

2. Bei den intellektuell-moralischen Leitfiguren der Protest- und Erneuerungsbewegung machen sich Anzeichen eines depressiven Stimmungsumschlags bemerkbar. Diese Schicht sieht die Zustimmung zu ihrem Ziel, den Sozialismus menschlich zu erneuern, mehr und mehr in der Bevölkerung schwinden.

II. Erwartungen und Befürchtungen

Die bisherigen Wortführer der Erneuerungsbewegung befürchten eine politische Ermüdungsstrategie der SED, deren Ziel es sei, die Leute unpolitisch zu machen. Sie befürchten, daß die SED damit Erfolg haben könnte. Für die Bevölkerung anderseits scheint die SED kein ernsthaftes Thema mehr zu sein. Es kommt immer häufiger zur Forderung nach Volksabstimmungen.

In der Bevölkerung selber steht als ein wichtiger Punkt die Währungsfrage im Vordergrund. Noch ist diese Frage verbunden mit Vorwürfen an die bisherige Staats- und Parteiführung und dem verzweifelten Versuch, die Geldeinlagen in Sachwerte bzw. Devisen umzutauschen. Beobachter schließen nicht aus, daß es ohne schnelle Verbesserungen zu einer erneuten Massenauswanderung kommen könnte.

III. Lage in der CDU

Der neue Vorsitzende de Maizière[1] besitzt einen erheblichen moralischen Vertrauensbonus. Gleichzeitig findet er für seine Vorstellungen eines zu erneuernden Sozialismus in der CDU-Mitgliedschaft und auf regionaler Ebene keine Mehrheit. Er selber ist sich offensichtlich dieses Dilemmas bewußt. Er hat sich u.a. in der Redaktion der „Neuen Zeit" zu diesem Thema stellen müssen.

Der neue Jugendverband der CDU will nach eigenem Bekunden unabhängig von der CDU-Führung agieren.

De Maizière ist mit seiner Forderung, unabhängige Repräsentanten in die neue Regierung aufzunehmen, offensichtlich nicht durchgedrungen; damit ist auch ein wesentlicher Bestandteil seiner Koalitionsstrategie nicht aufgegangen.

Es ist nicht auszuschließen, daß de Maizière als Vorsitzender scheitert, zumal der Plan nicht mehr realisierbar ist, vor der SED einen Parteitag abzuhalten.

IV. Wahlerwartungen

Innerhalb der CDU wird mit einem Wahltermin im Spätsommer gerechnet. Man geht davon aus, daß die CDU und LDPD 15–20% der Stimmen erreichen können, so daß eine parlamentarische Mehrheit zusammen mit den neuen Parteien möglich wäre. Der SED gibt man 5%.

V. Eindrücke aus Berlin

Von DDR-Bürgern werden Befürchtungen geäußert, daß sie besonders in Berlin zu den „neuen Türken" werden könnten. Ebenso kommt Angst auf, daß nunmehr das Drogen- und Prostitutionsproblem überschwappen könnte.

---

1 De Maizière war am 10. November 1989 vom Hauptausschuß der CDU in der DDR zum Vorsitzenden gewählt worden.

Nr. 96
Gespräch des Bundesministers Seiters mit dem
Staatsratsvorsitzenden Krenz und Ministerpräsident Modrow
Berlin (Ost), 20. November 1989

BArch, B 136/21329, 221 – 35016 Ve 40 NA 1. – Vermerk des MDg Duisberg, 22. November 1989. Verteiler: St Bertele; BMB, St Priesnitz; AA, St Sudhoff; BMWi, St von Würzen; BMF, St Klemm. – Mit Vorlage des MDg Duisberg an Chef BK: „Anliegend wird eine Aufzeichnung über das Gespräch vorgelegt mit der Bitte um Billigung und Zustimmung zu dem Verteiler. Staatssekretär Dr. Sudhoff ist am 21.11.1989 vorab schon mündlich kurz über den wesentlichen Inhalt des Gespräches unterrichtet worden. Weitere betroffene Ressorts, insbesondere BMV und BM Post, sollten Auszüge aus dem Vermerk erhalten." Abgezeichnet: „S[eiters]".

1. **Teilnehmer:**
   a) DDR:
   Staatsratsvorsitzender Krenz, Ministerpräsident Dr. Modrow, Außenminister Fischer, Staatssekretär Eichler (Sekretär des Staatsrates), Staatssekretär Dr. Schalck-Golodkowski (MAH), Herr Neubauer (Leiter der StäV/DDR), Botschafter Seidel (MfAA);
   b) D:
   Bundesminister Seiters, Staatssekretär Dr. Bertele, MDgt Dr. Duisberg (BK), Herr Speck (BK), MD Dr. Dobiey (BMB).
2. Das Gespräch dauerte von 16.30 bis 19.15 Uhr, davon die letzten 45 Minuten als Sechs-Augen-Gespräch zwischen BM Seiters, Krenz und Modrow.
3. **Zusammenfassung und Ergebnisse**
   Die Gesprächsatmosphäre war sachlich und aufgeschlossen. Seitens der DDR wurden bestehende Probleme mit erstaunlicher Offenheit angesprochen, wobei insbesondere Modrow deutlich erkennen ließ, daß er ihre Dimension selbst noch nicht immer voll übersieht, sich aber der Komplexität und Schwere der vor ihm liegenden Aufgaben durchaus bewußt ist. Deutlich war gerade bei ihm die Bereitschaft, einen neuen Anfang zu machen und dafür auch vieles in den bestehenden Strukturen in Frage zu stellen.
   Zu den politischen Reformen erklärten Krenz und Modrow, daß die eingeleitete Entwicklung unumkehrbar sei. Die Verfassungsänderung und die Verabschiedung eines neuen Wahlgesetzes seien bis zum Frühjahr 1990 beabsichtigt. Die Verfassungsänderung wird sich wohl nicht nur auf Artikel 1 beziehen (führende Rolle der SED)[1], sondern auch andere Bestimmungen erfassen; die Festlegung auf eine sozialistische Ordnung wird aber voraussichtlich erhalten bleiben. Als möglichen Termin für neue Wahlen zur Volkskammer nannten Krenz und Modrow den Zeitraum zwischen Herbst 1990 und Frühjahr 1991. Zu den Wahlen sollen alle politischen Parteien und Gruppierungen zugelassen werden. Einzelheiten zu ihrer Betätigungsmöglichkeit waren aber noch nicht zu erhalten.
   Bezüglich der Wirtschaftsreformen ging Modrow nicht wesentlich über seine Regierungserklärung[2] hinaus. Das Gespräch bestätigte aber das grundsätzliche Interesse der DDR an westlicher Kapitalbeteiligung in Form von gemeinsamen Unternehmen (Joint-ventures).

---

1 Artikel 1 Abs. 1 Verfassung der Deutschen Demokratischen Republik vom 6. April 1968 in der Fassung des Gesetzes zur Ergänzung und Änderung der Verfassung der Deutschen Demokratischen Republik vom 7. Oktober 1974 (GBl. DDR 1974 I, 432–456, hier 434) bestimmte die DDR als „die politische Organisation der Werktätigen in Stadt und Land unter Führung der Arbeiterklasse und ihrer marxistisch-leninistischen Partei". Mit dem Gesetz zur Änderung der Verfassung der Deutschen Demokratischen Republik vom 1. Dezember 1989 wurde der Führungsanspruch gestrichen (ebd. 1989 I, 265).
2 Regierungserklärung des Ministerpräsidenten Modrow auf der 12. Tagung der Volkskammer, 17. November 1989, in: Volkskammer. 9. Wahlperiode. Protokolle. Bd. 25, 272–281.

Die DDR möchte im Rahmen einer Wirtschaftskommission (primär aus Regierungsvertretern) möglichst bald mit uns darüber sprechen, welche innerstaatlichen und bilateralen Regelungen dafür erforderlich sind.

Die Entwicklung der Beziehungen zu uns nimmt in den Überlegungen der DDR-Führung offensichtlich einen zentralen Platz ein (Krenz: „von der Verantwortungsgemeinschaft für den Frieden zu einer Vertragsgemeinschaft für die Beziehungen"). Wenngleich Krenz die Eigenständigkeit der DDR betonte und Bestrebungen zur Wiedervereinigung als nicht aktuell bezeichnete, gingen sowohl er als auch Modrow von der Besonderheit der deutsch-deutschen Beziehungen aus; Berlin betreffende Fragen wurden ohne auch nur angedeutete Vorbehalte in das Gespräch einbezogen.

Der Vortrag von Krenz wie von Modrow war getragen von dem Werben um Hilfe und Unterstützung durch die Bundesrepublik Deutschland. Dabei standen im Vordergrund die Fragen des Reiseverkehrs sowie die Wirtschafts- und Währungsproblematik.

Krenz erklärte, daß bis zum 24.11.1989 93 Übergänge an der innerdeutschen Grenze und in Berlin geöffnet würden, zugelassen für alle Verkehrsarten des Personenverkehrs (einschließlich Fahrräder, Mopeds und Motorräder). Er brachte die Bereitschaft der DDR zu weiteren Verbesserungen im Reiseverkehr zum Ausdruck:

- Erteilung von Mehrfach-Sichtvermerken mit sechsmonatiger Gültigkeit für das gesamte Gebiet der DDR (das Antragsverfahren bedarf noch der Konkretisierung);
- Wegfall des Mindestumtausches und der Gebühren;
- großzügige Regelung für die Mitnahme von Geschenken (Abschaffung bzw. Reduzierung der Gebühren);
- Öffnung des ganzen Berliner Autobahnrings sowie Wiederzulassung von Staaken für den Transitverkehr; Zulassung weiterer Fernverkehrsstraßen als Transitstrecken.
- Als „Generalbereinigung" ferner Aufhebung von Reise- und Transitbeschränkungen, auch für Personen, die über Ungarn, Prag und Warschau ausgereist sind und die insofern legalen Übersiedlern gleichgestellt werden sollen; dafür wird die Schließung der Erfassungsstelle Salzgitter erwartet.

Krenz verlangte als Gegenleistung für die Reiseerleichterungen die Beteiligung der Bundesrepublik Deutschland an einem Reisefonds durch Übernahme der Kosten zur Finanzierung eines Umtauschbetrages von DM 100,– pro Reisendem (genannt wurde ein Gesamtbetrag von 1,6 Mrd. DM) zusätzlich zur Weiterzahlung des Begrüßungsgeldes. Der Gegenwert soll für den Ausbau der Grenzübergänge, die Transitstrecken und sonstige gemeinsam festzulegende Projekte verwendet werden. Ebenfalls gewünscht wurde die Übernahme der Rückfahrkosten bei der Eisenbahn zur Verminderung des Saldenausgleichs. Für den Fall einer solchen Regelung wird die DDR auch zu der durch die Entwicklung notwendigen Aufstockung der Mittel für den Guthabentransfer bereit sein.

Modrow sprach im Zusammenhang mit dem Reiseverkehr die Problematik des illegalen Umtausches von DDR-Währung und die sich aus Währungsspekulationen für die DDR ergebenden Schwierigkeiten an. Er verband damit den Wunsch nach gemeinsamen Überlegungen und Bemühungen zur Lösung dieser Probleme.

Modrow betonte im übrigen die Notwendigkeit einer umfassenden wirtschaftlichen Zusammenarbeit. Die DDR wünscht insbesondere eine langfristige Zusammenarbeit bei größeren Umweltprojekten, die Verhandlungen über die Werra sollten fortgesetzt werden. Die DDR sei noch im Dezember zur Aufnahme von Verhandlungen über die Postpauschale bereit mit dem Ziel, ihr gesamtes Kommunikationsnetz schrittweise zu modernisieren (Zusammenarbeit mit SEL). Die Verhandlungen über den Ausbau der Eisenbahnstrecke Berlin–Hannover sollten kurzfristig fortgesetzt werden, auch unter Einbeziehung neuer Überlegungen für die Streckenführung. Zum Ausbau der Autobahn Hof–Plauen gebe es Überlegungen. Eine baldige Entscheidung wurde erbeten, ob es bei dem im

Zusammenhang mit der Transitpauschale vereinbarten Bau des Südübergangs in Berlin bleiben solle.

Modrow schlug ferner die Bildung einer Expertengruppe zur Erörterung von Fragen des Tourismus vor, wobei dem Ausbau von Unterkünften der einfachen und Mittelklasse besondere Aufmerksamkeit gegeben werden sollte. Im Zusammenhang mit dem nichtkommerziellen Zahlungsverkehr schlug er Regierungsgespräche auf Expertenebene über die Probleme des MRG 53[3] vor.

BM Seiters wiederholte die Bereitschaft der Bundesregierung zu umfassender Hilfe und Zusammenarbeit unter der Voraussetzung eines grundlegenden politischen Wandels und der notwendigen wirtschaftlichen Reformen in der DDR.[4] Er erklärte, daß wir auch jetzt schon zu substantiellen Maßnahmen im Bereich des Umweltschutzes und des Ausbaus des Kommunikationsnetzes bereit seien; an den Verhandlungen über den Bau der Eisenbahnstrecke Berlin-Hannover seien wir weiter interessiert.

Er würdigte die Freigabe des Reiseverkehrs durch die DDR und erklärte die grundsätzliche Bereitschaft, uns zeitlich und der Höhe nach begrenzt an einem Devisenfonds zu beteiligen, jedoch nur unter der Voraussetzung, daß die DDR außer Verzicht auf den Mindestumtausch und erheblichen Erleichterungen des West-Ost-Reiseverkehrs (bis hin zum Verzicht auf Sichtvermerke) ihrerseits ebenfalls einen substantiellen finanziellen Beitrag zur Finanzierung des Fonds leistet.

Ein weiteres Gespräch auf gleicher Ebene wurde für die Woche vom 04.12. in Aussicht genommen; daneben sollen Gespräche auf anderen Ebenen, einschließlich der Fachebene, stattfinden. Für das Treffen mit dem Bundeskanzler nannte Krenz seinerseits die Vorweihnachtswoche, d.h. die Zeit nach dem SED-Parteitag.

4. Im einzelnen:

Krenz begrüßte BM Seiters und brachte die Bereitschaft der DDR zum Ausdruck, die Beziehungen im Interesse der Menschen und der Stabilität in Europa weiter auszubauen.

BM Seiters dankte und erklärte, das Gespräch werde von unserer Seite dahin verstanden, daß es der gegenseitigen Information dienen solle. Der Bundeskanzler habe in seiner Regierungserklärung[5] deutlich gemacht, daß die Bundesrepublik Deutschland zu umfassender Hilfe bereit sei unter bestimmten Voraussetzungen, die mit der Akzeptanz einer solchen Hilfe in der eigenen Bevölkerung zusammenhingen. Die Entwicklung der letzten Zeit sei bei uns mit größter Aufmerksamkeit verfolgt worden. Nachdrücklich würde die Öffnung für den freien Reiseverkehr begrüßt; dadurch werde die Begegnung von Menschen in vielen Bereichen erleichtert. In diesem Zusammenhang sei beispielsweise die Möglichkeit unmittelbarer Vereinbarungen für Sportbegegnungen positiv zu würdigen. Es sei zu erkennen, daß die Freigabe des Reiseverkehrs auch zu einer Stabilisierung beitrage. Unser Interesse habe bekanntlich nie darin bestanden, daß die Menschen die DDR verlassen, sondern daß sie vielmehr blieben, weil sie dort eine Perspektive für sich finden. Nach unserem Eindruck gingen die Erwartungen der Menschen allerdings heute über bloße Reisefreiheit hinaus. Die zentralen Fragen seien die Verfassungsreform und die Abhaltung freier Wahlen. Hierzu müßten wir Fragen stellen, um Klarheit über Absichten und Zeitrahmen für die vorgesehenen Reformen zu erhalten. Desgleichen suchten wir weitere Aufklärung über die beabsichtigten Reformen des Wirtschaftssystems. Unmittel-

---

3 Gesetz Nr. 53 der Militärregierung – Deutschland (Neufassung) „Devisenbewirtschaftung und Kontrolle des Güterverkehrs", 19. September 1949, in: Verordnungsblatt für die Britische Zone. Amtliches Organ zur Verkündung von Rechtsverordnungen der Zentralverwaltungen. Hg. vom Zentral-Justizamt für die Britische Zone. Hamburg 1949, 520–523.

4 Anmerkung in der Textvorlage: „Übergabe des Papiers des BMWi" (Nr. 96A).

5 Nr. 76 Anm. 6.

bar zu behandeln seien im übrigen die Folgen aus dem gewachsenen Reiseverkehr. In diesem Zusammenhang sei für uns besonders wichtig auch der West-Ost-Reiseverkehr, wo Verbesserungen im Interesse der Akzeptanz notwendig würden.

Krenz erklärte, die in der DDR eingeleitete Entwicklung der radikalen Reformen sei ein unumkehrbarer Prozeß; er und die hier am Tisch Sitzenden stünden nicht für eine andere Politik zur Verfügung. Grundlegend seien drei Dokumente:

– In dem Aktionsprogramm der SED[6] werde angekündigt, daß auf dem Außerordentlichen Parteitag weitere Perspektiven abgestimmt werden sollen.

– Die Frage der Entwicklung der Demokratie sei in seiner Erklärung zur Wahl zum Vorsitzenden des Staatsrates[7] behandelt worden.

– In der Regierungserklärung[8] würden die einzelnen Schritte, insbesondere zur Wirtschaft, dargelegt.

Bei der Erneuerung stehe die SED im gleichberechtigten Bündnis mit allen demokratischen Kräften. Die Rolle der Partei sei keine Frage der Verfassung; die Partei müsse ihre Rolle vielmehr im politischen Kampf erstreiten. Die Änderung der Verfassung sei im Grundsatz beschlossen; der Zeitrahmen müsse von der Volkskammer bestimmt werden. Es gehe dabei nicht nur um Artikel 1, sondern auch um andere Bestimmungen. Wäre lediglich Artikel 1 betroffen, so hätte man die Änderung schon auf der letzten Volkskammer-Sitzung beschließen können.

Die SED beanspruche kein Monopol auf Wahrheit. Sie trete für allgemeine, freie und geheime Wahlen auf der Grundlage eines noch auszuarbeitenden Wahlgesetzes ein. Die Ausarbeitung solle sehr schnell erfolgen, die Wahl dann zu einem Termin stattfinden, der allen Parteien passe. Ein früher Wahltermin würde den neuen Kräften ungleiche Chancen geben.

Krenz fuhr fort, in der DDR bestehe ein breiter politischer Konsens in folgenden Punkten:

– Die DDR bleibe ein sozialistischer Staat; über die Ausgestaltung des Sozialismus werde allerdings zu diskutieren sein. Der Sozialismus solle durch mehr Demokratie stärker werden. Man gehe davon aus, daß nicht der Sozialismus versagt habe, sondern seine Entstellung.

– Die DDR sei ein souveränes Land, dessen Politik durch die Bürger dieses Landes bestimmt werde. Man sei für einen freien Gedankenaustausch offen. In Verhandlungen könnten auch immer Ratschläge gegeben werden; öffentlich erteilte Ratschläge kämen dagegen nicht nur bei der Führung schlecht an. Sie sollten vermieden werden.

– Die Wiedervereinigung Deutschlands stehe nicht auf der Tagesordnung. Zumindest heute gebe es wichtigere Probleme. Die Geschichte werde einmal entscheiden, wer recht behalte; darüber solle man heute jedoch nicht streiten.

Es komme jetzt auf die Entwicklung vertrauensvoller Beziehungen zu allen Schichten der Bevölkerung an; das schließe die Kirchen [mit] ein. Die gesamte Ordnung solle auf der Grundlage des Rechts organisiert werden. Vorgeschlagen sei ein Verfassungsgerichtshof, ein Gesetz über Versammlungs- und Vereinigungsfreiheit[9], ein neues Mediengesetz[10] und eine Strafrechtsänderung. Die Wirtschaftsordnung solle an Marktbedingungen orientiert

---

6 „Schritte zur Erneuerung", in: Neues Deutschland. 44. Jg. Nr. 266. 11./12. November 1989, 1 f.

7 Nr. 68 Anm. 1.

8 Anm. 2.

9 Gesetz über Versammlungen – Versammlungsgesetz –, 7. März 1990, in: GBl. DDR 1990 I, 145–147.

10 Weil „sofortige Maßnahmen erforderlich" seien, faßte die Volkskammer Anfang Februar 1990 einen entsprechenden Beschluß (Beschluß über die Gewährleistung der Meinungs-, Informations- und Medienfreiheit vom 5. Februar 1990, ebd., 39 f.), der „bis zum Erlaß von gesetzlichen Regelungen" gelten sollte.

werden. Das erfordere eine Reform der sozialistischen Planwirtschaft, die nicht über Nacht geschehen könne. Es werde freie und geheime Wahlen bei Zulassung aller politischen Gruppierungen geben. Alles, was im Zusammenhang mit den grundsätzlichen Fragen der Erweiterung der Rechte der Bürger stehe, werde im nächsten und übernächsten Jahr unter Dach und Fach gebracht werden.

Die Beziehungen zwischen den beiden deutschen Staaten seien durch die Gesamtentwicklung geprägt. Fragen der Abrüstung kämen jetzt leider etwas zu kurz. Wir sollten aber beide dazu beitragen, daß diese Fragen nicht aus der Diskussion verschwinden. Auszugehen sei bei den Beziehungen von den Grundsätzen der Souveränität, territorialen Integrität und der Nichteinmischung in die inneren Angelegenheiten. Der westdeutsche Standpunkt zur Wiedervereinigung sei bekannt; aber die Frage sei jetzt nicht aktuell, weil niemand in Ost und West eine Änderung des europäischen Gleichgewichts wolle. Der Sozialismus dürfe nicht in Frage gestellt werden. Die soziale Komponente habe für die Menschen große Bedeutung und sei insofern auch Ausdruck des Selbstbestimmungsrechts der DDR. Das sollte in dieser Weise zur Kenntnis genommen werden. Zur Zeit befinde die DDR sich in einer echten Revolution. Damit beantworte sich die Frage des Selbstbestimmungsrechts.

Die DDR mache die Grenzen durchlässiger; das heiße aber nicht, daß die Grenzen in Frage gestellt würden. Das gelte auch für die Grenze in Berlin. Unkontrollierbare Prozesse, die etwa von rechtsradikalen Kräften ausgelöst würden, sollten auf beiden Seiten unterbunden werden. In der Bevölkerung der DDR herrsche große Freude über die neue Regelung, aber auch die Sorge vor einem ökonomischen Ausverkauf, der mit der unterschiedlichen wirtschaftlichen Situation und der unterschiedlichen Währung zusammenhänge. In diesem Zusammenhang sei auch die Frage der Ordnung an der Grenze wichtig. Er bitte daher, diesem Problem unter dem Gesichtspunkt der geöffneten Grenzen besondere Aufmerksamkeit zu schenken.

Die DDR bekräftige das gemeinsame Bekenntnis, daß von deutschem Boden immer nur Frieden ausgehen solle. Wir sollten deshalb aktiv für baldige Ergebnisse in den Wiener Verhandlungen wirken. Die DDR leiste dazu einseitig bereits erhebliche Beiträge.

Die DDR sei zu einer umfassenden Zusammenarbeit mit uns bereit. Daher sollten Verhandlungen auf den entsprechenden Ebenen über alle anstehenden Fragen aufgenommen werden. Er gehe davon aus, daß auch bei uns eine entsprechende Bereitschaft bestehe. Mit den getroffenen Entscheidungen habe die DDR die Ernsthaftigkeit ihrer Absichten unter Beweis gestellt. In keiner anderen Weise habe so deutlich gemacht werden können, daß die eingeleiteten Prozesse unumkehrbar seien.

Bis zum 24. November würden 93 Übergänge geöffnet sein, wobei die DDR bereits für die 50 mit finanziellen Aufwendungen in Höhe von 750 Mio. Mark rechne. Unserer langjährigen Forderung, Fahrräder, Mopeds und Motorräder für die Einreise zuzulassen, sei ebenfalls entsprochen worden. Von entscheidender Bedeutung blieben jetzt die Frage der Ausstattung mit Reisemitteln und die finanziellen Belastungen im Eisenbahnverkehr. Es gehe in diesem Zusammenhang auch um weitere Erleichterungen des Reiseverkehrs von West nach Ost. Die DDR sei bereit, folgendes in Erwägung zu ziehen:

- die Ausgabe von Sichtvermerken mit Gültigkeit bis zu 6 Monaten und Aufenthaltsgenehmigung für die ganze DDR;
- im Zuge einer „Generalbereinigung" für Flüchtlinge und Ausgereiste Reise- und Transitbeschränkungen – begründete Einzelfälle ausgenommen – aufzuheben, wobei sie allerdings im Gegenzug die Auflösung der Erfassungsstelle Salzgitter erwarte;
- großzügige Regelungen für die Einfuhr von Geschenken unter Abschaffung bzw. Reduzierung der geltenden Gebührensätze;
- Behandlung der über Ungarn, Prag und Warschau Ausgereisten als legale Übersiedler.

Die DDR sei auch bereit, die Öffnung des Berliner Autobahnrings für den Transitverkehr positiv zu entscheiden, einschließlich der Wiedereröffnung der Übergangsstelle Staaken für den Transit, auch, weitere Fernverkehrsstraßen als Transitstrecken zuzulassen. Aber aus ökonomischen Gründen sei es unabdingbar, daß von unserer Seite eine finanzielle Beteiligung an den Reisekosten erfolge. Der Standpunkt der Bundesregierung werde zur Kenntnis genommen, daß an dem Begrüßungsgeld als einseitiger Maßnahme festgehalten werden solle. Die DDR schlage ihrerseits die Bildung eines zentralen Reisefonds unter gemeinsamer Verwaltung der Staatsbank der DDR und der Bundesbank vor, aus dem jeder Reisende im Wege des Umtausches einen Betrag von DM 15,– im Verhältnis 1:1 und einen zusätzlichen Betrag in Höhe von DM 100,– im Verhältnis 1:4,40 erwerben könne. Die Bundesrepublik übernehme die Finanzierung des Fonds in Höhe von 1,6 Mrd. DM. Dafür würden der Mindestumtausch sowie die Gebühren entfallen. Die DDR sei ferner bereit, den Wünschen im nichtkommerziellen Zahlungsverkehr Rechnung zu tragen. Die durch Umtausch im Fonds eingehenden Beträge von 7 Mrd. in Mark/DDR würden eingesetzt für die Grenzübergänge, den Ausbau der Transitstrecken sowie sonstige einvernehmlich festzulegende Projekte. Hinsichtlich des Eisenbahnverkehrs schlage die DDR vor, daß die Rückfahrkosten von unserer Seite übernommen würden.

Alle erforderlichen Entscheidungen könnten kurzfristig getroffen werden, wenn zu den Vorschlägen grundsätzlich Einvernehmen erzielt werde. Wenn nicht, dann werde es der DDR nicht möglich sein, ihre Maßnahmen aufrechtzuerhalten.

Krenz wies ferner darauf hin, daß im Zusammenhang mit der neuen Dimension des Reiseverkehrs das Problem der Schwarzarbeit auftrete, dies dürfe nicht zugelassen werden. Der Berliner Senat beabsichtige, eine Regelung auf der Grundlage einer Bestimmung der Militärregierung gegen Schwarzarbeit zu treffen. Die Bundesregierung solle entsprechende Maßnahmen vorsehen.

Was die Öffnung eines Übergangs am Brandenburger Tor für Fußgänger angehe, so solle ein solcher Schritt wegen der weitreichenden symbolischen Bedeutung erst dann erfolgen, wenn in den Gesprächen Einvernehmen über die konkreten Maßnahmen erzielt worden sei.

Krenz erklärte schließlich, er sei an einem Treffen mit dem Herrn Bundeskanzler interessiert. Terminlich gebe es bereits eine Reihe von Festlegungen, auch durch den SED-Parteitag; aus seiner Sicht sei wahrscheinlich die Vorweihnachtswoche am besten geeignet. Er sei aber für Vorschläge offen.

Modrow führte aus, daß die Entwicklung in der DDR in beachtlichem Tempo verlaufe. Wenn die Frage nach Garantien für die Einhaltung des eingeschlagenen Weges gestellt würde, so verweise er auf die Regierungserklärung, in der er gesagt habe, die Regierung würde hinweggefegt werden, wenn man versuchen wolle, die bisherigen Schritte rückgängig zu machen. Die neue Regierung werde jedenfalls dafür einstehen, daß es bei diesem Kurs bleibe. In der Regierungserklärung hätten die konstruktiven Anliegen aller Parteien ihren Niederschlag gefunden; sie sei das Ergebnis von Gesprächen, die Krenz und er mit jeweils zwei Vertretern der Parteien geführt hätten. Es entwickle sich ein neues Miteinander, auch unabhängig von der Frage der Verfassung (Artikel 1).

Zentrales Problem sei die Wirtschaftspolitik, an die man grundsätzlich neu herangehen wolle. Beabsichtigt sei eine umfassende Wirtschaftsreform mit höherer Eigenverantwortung der Betriebe. In der Regierungserklärung seien erste Ansätze für Reformen in bezug auf die Handwerks- und Produktionsgenossenschaften genannt worden; man werde darüber hinausgehend noch kleinere und Mittelstandsbetriebe einbeziehen. Man sei bereit für eine umfassende und langfristig angelegte Zusammenarbeit mit der Bundesrepublik Deutschland. Dabei werde am Ende allerdings auch die Frage einer Wiedergutmachung stehen insofern, als die DDR nach dem Kriege überproportionale Reparationsleistungen erbracht habe, nach Einschätzung der West-Berliner SPD 24 Mrd. [DM.]

Man werde jetzt eine Konzeption nach den eigenen Interessen entwickeln und danach die ersten Schritte tun. Aus der Entwicklung der Beziehungen mit der Bundesrepublik Deutschland werde dann aber auch einiges für die weiteren Reformen selbst abgeleitet werden können. Es sollte überlegt werden, ob in einer Wirtschaftskommission die Voraussetzungen für Joint-ventures, d.h. die erforderlichen innerstaatlichen Regelungen und die abzuschließenden bilateralen Vereinbarungen, ausgearbeitet werden können.

Modrow ging dann auf Einzelbereiche der Zusammenarbeit ein:

– Auf dem Gebiet des Umweltschutzes sollte eine langfristig orientierte Zusammenarbeit bei einigen größeren Projekten entwickelt werden. Die Verhandlungen über die Werra sollten fortgesetzt werden, um zu einer gemeinsamen Lösung zu kommen.

– Kurzfristig sollten die Verhandlungen über den Ausbau der Eisenbahnverbindung Hannover–Berlin wieder aufgenommen werden, wobei auch neue Überlegungen über die Streckenführung einbezogen werden könnten. Die DDR sei bereit, den Bau an einen westlichen Generalunternehmer auszuschreiben.

– Überlegungen sollten angestellt werden zum Ausbau der Autobahnverbindung Hof-Plauen zur besseren Erschließung des Grenzraums. Im Zusammenhang mit der Transitpauschale sei bereits mit den Vorbereitungsarbeiten für den Südübergang in Berlin begonnen worden. Es müsse rasch eine Entscheidung getroffen werden, ob man weiter zu der Vereinbarung stehe.

– Die Grenzübergänge sollten nicht allein der spontanen Regelung überlassen werden; dies müsse nun normalisiert werden.

– Im Zusammenhang mit der Postpauschale sei die DDR noch im Dezember zu Verhandlungen bereit. Ziel sollte sein, das gesamte Kommunikationssystem der DDR schrittweise zu modernisieren. Die DDR sei weiter an dem Angebot von SEL interessiert; dabei gebe es auch Möglichkeiten für Einbeziehung des einschlägigen DDR-Unternehmens und der Entwicklung einer weiterreichenden Kooperation.

– Beim nichtkommerziellen Zahlungsverkehr müsse auch die Frage des MRG 53 behandelt werden, durch das die DDR nach wie vor diskriminiert und die Verfügungsmöglichkeiten über Konten in der Bundesrepublik Deutschland eingeschränkt würden. Vorgeschlagen würden daher Regierungsgespräche auf Expertenebene. Soweit aufgrund der Entwicklung eine Aufstockung der Mittel für den Guthabentransfer verlangt werde, könne das nur geschehen, wenn zugleich das Problem der Reisefinanzierung geregelt werde.

– Die DDR sei zum Austausch von Fachzeitschriften bereit sowie zur Einspeisung ihres Programmes in das westdeutsche Kabelnetz.

– Für die Entwicklung des organisierten Tourismus sollte eine Expertengruppe gebildet werden, an der im frühen Stadium auch diejenigen beteiligt werden sollten, die touristische Projekte zu realisieren hätten. Man müsse sich dabei darauf einrichten, nicht nur „Nobelschuppen" auszubauen, sondern auch Normalunterkünfte.

– Dringlichst seien gemeinsame Schritte bei der Bekämpfung von Rauschgift-Kriminalität.

Insgesamt kämen jetzt Probleme ganz neuer Größenordnung auf uns zu. Das gelte insbesondere für den Währungsbereich. Früher seien etwa 350 Mio. Mark/DDR in den illegalen Umtausch außerhalb der DDR gegangen; jetzt handele es sich um Beträge in Milliardenhöhe, die eventuell wieder ihren Weg in die DDR zum Kauf von Waren fänden. Das hier auftretende Problem sei für ihn in seiner ganzen Dimension noch gar nicht überschaubar. Er frage, ob man nicht eine Modalität finden könne für den Aufkauf. Erhebliche Probleme werde auch die Schwarzarbeit bereiten. Mit dem RBM werde über die Arbeitskräftebewegung in Berlin gesprochen. In allen diesen Bereichen seien jetzt partnerschaftliche Gespräche zwischen beiden Seiten erforderlich.

Krenz fügte hinzu, beide, DDR und Bundesrepublik Deutschland, hätten die Freigabe des Reiseverkehrs gewollt. Beide müßten jetzt auch sehen, gemeinsam mit den sich daraus ergebenden Problemen fertig zu werden. Er wiederholte die Sorge um einen Ausverkauf der DDR. Der ganze Reformprozeß in der DDR werde erfolglos bleiben, wenn die wirtschaftlichen Probleme nicht gelöst würden.

BM Seiters ging in seiner Antwort zunächst auf die politischen Bemerkungen von Krenz ein und erklärte zur Frage einer Wiedervereinigung, daß unsere Forderung sich grundsätzlich auf das Selbstbestimmungsrecht richte. Dann sollten die Menschen selbst entscheiden, welchen Weg sie in Zukunft gehen wollten. In bezug auf die wirtschaftliche Entwicklung sei es unsere Überzeugung, daß soviel Marktwirtschaft wie möglich die besten Voraussetzungen schaffe. Sicherlich sei eine Preisreform erforderlich. Die DDR müßte sich auch öffnen für auswärtige Kapitalbeteiligungen, womit zugleich auch positive Wirkungen für die Währung erzielt würden. Wichtig sei ferner die Entwicklung einer mittelständischen Wirtschaft. Wir seien grundsätzlich zur Bildung einer Wirtschaftskommission bereit unter der Voraussetzung, daß keine Probleme in bezug auf West-Berlin, auch was den Tagungsort angehe, auftreten. Krenz bestätigte das.

BM Seiters ging dann auf verschiedene der angesprochenen Einzelfragen ein:
– Im Umweltschutz seien wir bereit, die vorgeschlagenen neuen Projekte kurzfristig zu prüfen und zum Abschluß zu bringen. Hinsichtlich der Werra liege ein Angebot unserer Seite vor, auf das noch eine Antwort der DDR ausstehe.
– Bei der Postpauschale seien wir zu einer substantiellen Erhöhung, auch für einen längeren Zeitraum, bereit, wenn die Pauschale insgesamt zweckgebunden für die Modernisierung des Telefonnetzes der DDR und die Vermehrung der Telefonverbindungen zwischen beiden Postverwaltungen eingesetzt würde. Gleichzeitig erwarteten wir die Zustimmung der DDR zur Errichtung eines zweiten Glasfaserkabels, das auch unabhängig zu bezahlen sei, und von zwei direkten Richtfunkverbindungen in digitaler Technik zwischen dem Bundesgebiet und Berlin (West) sowie konkrete Verbesserungen im Postverkehr. Bei uns sei allerdings die Frage aufgetreten, welche Infrastruktur-Maßnahmen auf diesem Gebiet von der DDR selbst getroffen würden; treffe es beispielsweise zu, daß 150 000 Anschlüsse von der DDR an die Sowjetunion geliefert würden?
– Bei der Eisenbahn seien wir an der Fortführung der Verhandlungen interessiert.
– Der Zeitungsaustausch sollte sich nicht auf Fachzeitschriften beschränken. Bei uns sei der freie Verkauf von DDR-Zeitungen möglich. Wir wünschten, daß für Westzeitungen und -zeitschriften Vertriebserlaubnisse auch für die DDR erteilt und Abonnements, einschließlich Geschenkabonnements, ermöglicht werden. Wichtig sei im übrigen eine Verbesserung der Arbeitsmöglichkeiten für Journalisten. Hier gebe es noch eine Reihe von administrativen Erschwernissen. St Dr. Bertele wies ergänzend auf die Probleme in der jetzigen Situation bei der Abfertigung an den Übergängen und der Benachteiligung gegenüber Reisekorrespondenten hin.

BM Seiters fragte dann noch einmal nach den von der DDR in Aussicht gestellten Erleichterungen im Reiseverkehr. Krenz bestätigte, daß die neuen Übergänge für alle Verkehrsarten des Personenverkehrs zugelassen seien und daß die DDR im Zusammenhang mit einer Regelung für die Reisefinanzierung bereit sei, Sichtvermerke für 6 Monate mit Geltung für die gesamte DDR zu erteilen und Gebühren für die Mitnahme von Geschenken aufzuheben bzw. herabzusetzen. (Auf spätere Nachfrage erklärte Seidel, daß bei dem langfristigen Sichtvermerk an einen Mehrfach-Sichtvermerk gedacht sei. Ob auch das Antragsverfahren geändert werde, konnte er noch nicht verbindlich bestätigen; das bedürfe noch der konkreten Ausgestaltung. An die Beantragung unmittelbar an der Grenze sei aber bisher nicht gedacht.)

<u>BM Seiters</u> ging dann auf die Frage der Reisefinanzierung ein. Er wies darauf hin, daß wir im Jahre 1990, wenn nichts verändert werde, bereits über 1 Mrd. DM für das Begrüßungsgeld einsetzten. Dies sei ein erheblicher Betrag. Grundsätzlich müsse es Sache der DDR sein, für Reisen ihrer Bürger die notwendigen Mittel zur Verfügung zu stellen. Die Bundesregierung sei allerdings grundsätzlich als Übergangslösung zur Bildung eines Devisenfonds bereit unter folgenden Voraussetzungen:

– zeitliche Befristung auf höchstens zwei Jahre, Plafonierung unseres Beitrags,
– Wegfall das Mindestumtausches,
– grundlegende Erleichterungen im West-Ost-Reiseverkehr, möglichst Wegfall der Sichtvermerkspflicht,
– zusätzliche Eigenleistung der DDR über den Verzicht auf den Mindestumtausch hinaus,
– erkennbarer Beitrag zur Erwirtschaftung zusätzlicher Deviseneinnahmen durch Maßnahmen für die Entwicklung des West-Ost-Tourismus.

In Fachgesprächen könnten geklärt werden:

– der Kreis der Berechtigten,
– die Kontrolle der bestimmungsgemäßen Verwendung der Mittel,
– die Verwendung des Gegenwerts und
– das Umtauschverhältnis sowie die Frage, wo der Umtausch erfolgen soll.

Erforderlich sei auch ein Gesamtüberblick über die wirtschaftlichen und finanziellen Verhältnisse der DDR, insbesondere der Devisenstatus. Gegebenenfalls müsse rasch gehandelt werden, damit eine Regelung noch zum 01.01.1990 in Kraft gesetzt werden könne.

<u>St Dr. Bertele</u> stellte die Frage nach eventuell beabsichtigten Maßnahmen zur Eindämmung der Währungsspekulation.

<u>Modrow</u> meinte, das eigentliche Verhängnis der DDR liege in dem Preis- und Subventionssystem, das auch geändert werden müsse. Eine Umstellung sei aber nicht schnell möglich. In der gegenwärtigen Situation gebe es notwendigerweise Probleme [im Verhältnis] zu Nachbarstaaten, im übrigen auch im Verhältnis zu Polen.

<u>Krenz</u> erklärte, eine Unterstützung sei dringend erforderlich, sonst gerate auch die großzügige Regelung wieder in Gefahr.

<u>Modrow</u> ergänzte, daß der Entwurf für eine formelle Reiseregelung bereits vorliege und möglicherweise noch in diesem Jahr in Kraft treten solle. Er ging dann erneut auf das Problem der Bewegung der Geldmengen ein. Die Auswirkungen müßten in irgendeiner Weise beschränkt werden. Auf Frage von <u>St Dr. Bertele</u>, ob die Summe von 140 Mrd. Mark/DDR für verfügbare Sparguthaben zutreffe, erklärte er, daß nur 30% dieses Betrags bei 70% der Bürger liege, während der Rest sich auf eine geringere Zahl von Konteninhabern verteile; er habe die Hoffnung, daß die größeren Spareinlagen weniger mobilisiert würden. Auf weitere Frage von <u>MDgt Dr. Duisberg</u>, an welche Stabilisierungsmaßnahmen er denke, sagte <u>Modrow</u>, daß es letztlich um eine Stützung der DDR-Währung gehe. Er sei gegebenenfalls bereit, den Präsidenten der Staatsbank der DDR zu beauftragen, über mögliche Maßnahmen mit dem Bundesbankpräsidenten zu sprechen.

<u>St Dr. Bertele</u> stellte die Frage, ob die Amnestie für Republikflucht[11] auch auf Personen, die unterstützend tätig geworden sind, ausgedehnt würde und wie die Reform des politi-

11 Der Staatsrat der DDR hatte eine Amnestieregelung für Personen erlassen, die „vor dem 27. Oktober 1989 Straftaten des ungesetzlichen Grenzübertritts" sowie Straftaten begangen haben sollten, „die darauf gerichtet waren, die Ausreise aus der DDR widerrechtlich durchzusetzen". Die Regelung erstreckte sich auch auf „Straftaten gegen die staatliche und öffentliche Ordnung im Zusammenhang mit demonstrativen Ansammlungen" (Beschluß des Staatsrates der Deutschen Demokratischen Republik über eine Amnestie, 27. Oktober 1989, in: GBl. DDR 1989 I, 237f.; ergänzt durch Beschluß vom 6. Dezember 1989, ebd., 266).

schen Strafrechts aussehen werde. Krenz erwiderte, daß man bezüglich der Amnestie auf den Einzelfall abstellen müsse. Bei der Strafrechtsreform sollten alle Tatbestände auf den modernsten Stand gebracht werden.

Zusammenfassend erklärte Krenz, daß es sich um ein Vorgespräch gehandelt habe, damit der Bundeskanzler bei seinem Besuch ein ergebnisreiches Gespräch führen könne. BM Seiters bot zur weiteren Vorbereitung eine Fortsetzung des Gespräches auf dieser Ebene an, wofür ein Termin in etwa zwei Wochen in Aussicht genommen wurde (Modrow wies auf seine Verhinderung durch die RGW-Ratstagung vom 06. bis 08.12. hin). Es wurde verabredet, daß vorher noch weitere Gespräche, auch auf Fachebene, stattfinden sollten.

5. In dem anschließenden Sechs-Augen-Gespräch von BM Seiters mit Krenz und Modrow wurden die Pläne für die vorgesehene Verfassungsänderung und das neue Wahlrecht erörtert. Dabei vermittelten Krenz und Modrow den Eindruck, daß in der Verfassung die führende Rolle der SED aufgegeben, aber an der Festlegung auf die Grundlagen des Sozialismus festgehalten werden solle. Als Termin für neue Wahlen zur Volkskammer wurde der Zeitraum zwischen Herbst 1990 und Frühjahr 1991 genannt. Weiter besprochen wurde auch die Frage der Reisefinanzierung, wobei BM Seiters erneut deutlich machte, daß zusätzliche Leistungen unsererseits nur machbar seien, wenn die DDR einen erheblichen Eigenbeitrag einbringe, bei dessen Höhe allerdings der Verzicht auf den Mindestumtausch berücksichtigt werden könne.

6. Nach dem Gespräch stellten sich BM Seiters, Staatsratsvorsitzender Krenz und Ministerpräsident Modrow gemeinsam der Presse.[12] BM Seiters brachte dabei u.a. erneut zum Ausdruck, daß nach unserer Auffassung ein grundlegender Wandel in den politischen und wirtschaftlichen Verhältnissen der DDR erforderlich sei, insbesondere eine klare Festlegung auf freie Wahlen, daß wir unter diesen Voraussetzungen aber auch zu einer neuen Dimension von Hilfe und Zusammenarbeit bereit seien.

Duisberg

Nr. 96A
Aufzeichnung des Bundesministeriums für Wirtschaft

Ausfertigung: 19. November 1989.

Wirtschaftliche Zusammenarbeit

1. Je früher in der DDR Reformen in Gesellschaft und Wirtschaft vollzogen werden, desto schneller können die Möglichkeiten einer vertieften wirtschaftlichen Zusammenarbeit genutzt werden, das gilt insbesondere für die Bereitschaft unserer Wirtschaft zur umfassenden Kooperation mit DDR-Betrieben. Damit verbunden wäre ein erheblicher Kapital- und Sachtransfer (Übertragung von Technologie und Know-how), der in der DDR rasch zu positiven Wirtschaftsergebnissen führen könnte. Insbesondere sind Firmen aus der Bundesrepublik bereit, durch Direktinvestitionen, auch mit Joint-ventures, zur Modernisierung der DDR-Wirtschaft schnell beizutragen.

Initiativen zur Intensivierung der bilateralen Wirtschaftsbeziehungen müssen Hand in Hand gehen mit dem Abbau prohibitiver Reglementierungen der unternehmerischen Be-

---

12 Zu der Pressekonferenz: „Solide Gespräche über einen großen Katalog von Fragen", in: Neues Deutschland. 44. Jg. Nr. 274. 21. November 1989, 1.

tätigung in der DDR selbst. Die volle Entfaltung der in der DDR vorhandenen privatwirtschaftlichen Möglichkeiten, insbesondere in Handwerk, Handel und Dienstleistungsbereichen, setzt Gewerbefreiheit, Einführung eines leistungsstimulierenden Steuersystems
und Abschaffung von Beschränkungen, die der Privatinitiative entgegenstehen, voraus.
2. Die Wirtschaft erwartet ein wirtschaftspolitisches Umfeld mit grundlegenden Reformen,
die die Leistungskraft und Flexibilität der DDR-Betriebe erhöhen. Neben grundlegenden
Reformen sollten unverzüglich Beschränkungen abgebaut werden, die den Wirtschaftsverkehr behindern. Es geht insbesondere um
die Möglichkeit von uneingeschränkten Direktkontakten,
die Verbesserung der Arbeitsbedingungen von Geschäftsleuten,
den Abbau aller Hemmnisse für Kooperationsbeziehungen (Kooperationen sollten nur
von wirtschaftlichen Gesichtspunkten abhängen),
die Übertragung von Verhandlungs- und Abschlußvollmacht auf die produzierenden Betriebe,
die Abschaffung der Einschaltung von zwangsweisen Vertretern,
die Sicherstellung der notwendigen Flexibilität etwa bei Zulieferungen für Betriebe,
die ungehinderte Zusammenarbeit der Mitarbeiter, auch bei Beratung und Schulung,
die Beseitigung der Konzentration der Verkäufe der DDR auf nur wenige Firmen in der
Bundesrepublik.
In der jetzigen Phase kommt es für die DDR darauf an, möglichst bald eine fortschrittliche Investitionsgesetzgebung zu schaffen, um schnell Direktinvestitionen, u. a. „joint ventures", zu ermöglichen. Die Bundesregierung ist bereit, hier aufgrund der Erfahrungen
mit anderen Ländern beratend zu helfen. Bilateral sollte insbesondere die Frage des Inve-
stitionsschutzes geregelt werden.
3. Damit würde dem Handel ein besseres Klima und eine neue Vertrauensbasis geschaffen
werden. Die DDR hat mit keinem anderen Land solch vorteilhafte Handelsbedingungen
wie mit uns; insbesondere der Sonderstatus des Handels innerhalb der EG wird auch in
Zukunft bestehenbleiben.
4. Bei einer grundlegenden Änderung der politischen und wirtschaftlichen Rahmenbedingungen in der DDR ist die Bundesregierung zu einer neuen Dimension der Zusammenarbeit bereit. Sie könnte sich neben anderem auf die Förderung von Investitionen in der
DDR auch durch Mobilisierung privaten Kapitals beziehen. Die bestehenden Programme
und Instrumente könnten kurzfristig angepaßt werden.
5. Die Bundesregierung sieht besondere Schwerpunkte der wirtschaftlichen Zusammenarbeit in den Bereichen Energie, Umwelt und Tourismus. Die Bundesregierung hat den Vorschlag von Generalsekretär Krenz zur Bildung einer gemeinsamen Arbeitsgruppe für den
Bereich „Tourismus" positiv zur Kenntnis genommen. Der Ausbau der touristischen Infrastruktur in der DDR ist ein wichtiger Ansatz der zukünftigen wirtschaftlichen Zusammenarbeit. Im Bereich von Energie/Umwelt stehen bereits jetzt – über die zwischen dem
Bundesumweltministerium und der DDR vereinbarte Förderung bei Pilotprojekten hinaus – zinsgünstige Kredite bei der Kreditanstalt für Wiederaufbau zur Verfügung. Hier ist
die Bundesregierung bereit, über zusätzliche Möglichkeiten nachzudenken; die Erweiterung der energiewirtschaftlichen Zusammenarbeit (insbesondere beim Stromverbund)
bietet ebenfalls wichtige konkrete Ansätze.
6. Der Bundeswirtschaftsminister ist bereit, möglichst bald mit dem auf seiten der DDR für
Wirtschaftsfragen verantwortlichen Partner zusammenzutreffen und alle anstehenden
Fragen des Handels und der Zusammenarbeit zu erörtern. Der Vorschlag zur Einberufung einer gemeinsamen Wirtschaftskommission wird grundsätzlich begrüßt. Die Bundesregierung geht davon aus, daß die Schwierigkeiten hinsichtlich einer Tagung in Berlin
(West) ausgeräumt sind.

Nr. 97
Gespräch des Bundeskanzlers Kohl mit Präsident Roh Tae Woo
Bonn, 21. November 1989

BK, 21 – 30100 (56) Ge 28 (VS) Bd. 79, Bl. 225–235. – Vermerk des VLR I Ueberschaer, 27. November 1989. – Mit Vorlage des MD Teltschik über Chef BK an den Bundeskanzler, 28. November 1989: „Hiermit lege ich den Vermerk über Ihr Gespräch mit der Bitte um – Billigung – Zustimmung zur Unterrichtung des Auswärtigen Amtes – vor." Hs. vermerkt: „Teltschik erl. K[ohl]", zur Unterrichtung des Auswärtigen Amtes: „Ja". – Gesprächsdauer: 11.00 bis 12.15 Uhr.

Gesprächsteilnehmer:

auf deutscher Seite:
– der Bundeskanzler
– VLR I Dr. Ueberschaer als Note taker
– Dr. Stiller als Dolmetscher

auf koreanischer Seite:
– Präsident Roh Tae Woo
– Botschafter Chung Sup Shing als Note taker
– Kim Tae Kyung als Dolmetscher

Der Bundeskanzler (BK) äußert seine Freude, Präsident Roh Tae Woo (P) kennenzulernen. Die Bundesregierung habe größtes Interesse, die traditionell guten und erfreulich unkomplizierten Beziehungen, insbesondere auch im Bereich von Wirtschaft und Kultur, weiter auszubauen.

Deutsche und Koreaner verbinde das gleiche Schicksal der Teilung beider Länder. Er, BK, habe großen Respekt vor dem Weg, den Südkorea genommen habe, insbesondere vor den bedeutenden wirtschaftlichen Leistungen. Das persönliche Verdienst von Präsident Roh sei es, seinem Land den Weg zur Überwindung einer schwierigen politischen Lage geebnet zu haben. Hierzu wolle er ihn beglückwünschen.

P dankt BK für die ihm gegebene Gelegenheit zu einem umfassenden Gespräch trotz der durch die Entwicklungen in der DDR bedingten Arbeitsbelastung. Sein heutiger Staatsbesuch sei sein erster Besuch in Deutschland seit Antritt seines Amtes.

Deutschland und Korea verbinde in der Tat ein gemeinsames Schicksal: Für beide Länder stelle sich die historische Aufgabe, die Teilung zu überwinden. Die BR Deutschland habe trotz der Teilung große wirtschaftliche Fortschritte gemacht; den Leistungen von BK als Regierungschef seit 1982 – insbesondere auf den Gebieten von Politik und Wirtschaft – bringe er großen Respekt entgegen.

Für die Entsendung des ehemaligen Bundespräsidenten Scheel als Sonderbotschafter zu seinem Amtsantritt wolle er BK bei dieser Gelegenheit noch einmal persönlich danken.

Gleiches gelte für die Unterstützung der Bundesregierung für die Ausrichtung der Olympiade in Seoul, die ein großer Erfolg geworden sei. Der deutsche Einfluß auf die Ausgestaltung habe zu diesem Erfolg erheblich beigetragen.

Die Bundesrepublik Deutschland sei für die Republik Korea in vielen Bereichen – insbesondere in denen der Wirtschaft, der Kultur und der sozialen Sicherheit – stets Vorbild gewesen. Gerade im Hinblick auf die vielen Gemeinsamkeiten zwischen beiden Ländern sei das bilaterale Handelsvolumen aber nicht ausreichend. Sein Besuch solle für einen weiteren Ausbau der wirtschaftlichen Zusammenarbeit neue Impulse geben.

BK stimmt zu, daß hier ein Nachholbedarf besteht, der Wunsch von P entspreche auch seinen Intentionen.

P bittet dann BK um dessen Bewertung der Reformpolitik in der Sowjetunion und der Entwicklungen in Ungarn, Polen und der DDR.

BK erklärt, daß der in der Tat dramatischen Situation in Osteuropa drei gleichermaßen wichtige Entwicklungen zugrunde lägen:

– Ohne die Durchsetzung der Durchführung des NATO-Doppelbeschlusses[1] und der Stationierung der Pershing-Raketen durch die gegenwärtige Bundesregierung hätte es nicht die bedeutsamen Abrüstungsschritte zwischen Ost und West gegeben. GS Gorbatschow habe nach Amtsübernahme erkannt, daß das Wettrüsten für die SU nicht zu gewinnen sei, und sich daher für einen neuen Kurs in der Abrüstung entschieden.

– Die SU und die Staaten des Warschauer Pakts hätten das Scheitern des sozialistischen Wirtschaftsmodells erkennen müssen, das für eine moderne Volkswirtschaft nicht brauchbar sei. Die im Zeitalter modernster Computer und Fernmeldetechnologie herangebildete große Zahl beruflich hochqualifizierter Experten sei nicht mehr bereit, ohne Freiheit und ohne angemessenes Entgelt zu arbeiten.

– Wesentliches zukunftsweisendes Element seien schließlich die Erfolge im europäischen Einigungsprozeß. Diese Erfolge könnten künftig auch Auswirkungen auf die koreanische Politik haben. Die Mitgliedsländer des Warschauer Paktes seien ebenso wie die der EG europäische Länder. Entwicklungen in Westeuropa blieben nicht ohne Auswirkungen auf die Entwicklungen in Osteuropa. Als die SU festgestellt habe, daß die Länder Osteuropas bei fortdauernder Repression unregierbar zu werden drohten, habe sie ihnen Freiraum für Reformen eingeräumt. Die daraufhin in einzelnen Ländern einsetzenden Entwicklungen hätten sich gegenseitig beeinflußt: Ohne die Entwicklungen in Polen und Ungarn hätte es keine Entwicklung in der DDR gegeben.

Dabei habe es Unterschiede in der Ausgangslage gegeben. Ungarn und Polen seien eigene Nationen; die DDR hingegen sei Teil einer gemeinsamen deutschen Nation. Für beide deutsche Staaten gebe es eine gleiche Geschichte, gleiche Sprache und gleiche Kultur. Es sei nur ein Zufall, in welchem der beiden deutschen Staaten ein Deutscher geboren sei.

Die dramatische Entwicklung der Lage in der DDR gehe nicht zuletzt auf die genaue Beobachtung der Lage der Bevölkerung in der Bundesrepublik Deutschland durch die Bevölkerung in der DDR zurück. Diese sei genauso intelligent und innovativ und mindestens genauso fleißig. Sie vermöge daher nicht einzusehen, warum es ihr schlechter gehen solle als der Bevölkerung in der Bundesrepublik.

Die Entwicklungen in Polen und Ungarn hätten ihren Eindruck auf die Menschen in der DDR nicht verfehlt. Diese hätten auch die Worte Gorbatschows über Reformen ernst genommen.

Bewundernswert sei, daß die Entwicklungen in der DDR bisher ohne jede Gewalt verlaufen seien: Hunderttausende kämen praktisch täglich bei friedlichen Demonstrationen zusammen, um freie Wahlen, Meinungsfreiheit und Wirtschaftsreformen in der DDR durchzusetzen.

Vor Öffnung der Grenzen sei die Bevölkerung der DDR dem Regime, das sich nicht reformbereit zeigte, in Massen weggelaufen. Bis zu diesem Zeitpunkt habe es 1989 170000 Aussiedler aus der DDR gegeben. Als die DDR-Führung dann die Grenzen geöffnet habe, seien innerhalb von 20 Tagen 8 von 17 Millionen DDR-Einwohnern zu Besuch in die Bundesrepublik gekommen, während das Interesse an einer Aussiedlung seither erheblich nachgelassen habe. Zu befürchten sei allerdings ein erneutes Zunehmen der Aussiedlerzahlen, wenn sich die DDR-Führung nicht zu wirklich weitreichenden Reformen bereit finden sollte.

---

1 Der sog. NATO-Doppelbeschluß von Dezember 1979 sah vor, die amerikanischen bodengestützten Raketensysteme in Europa zu modernisieren und parallel dazu mit der UdSSR über Rüstungskontrollvereinbarungen zu verhandeln (Kommuniqué der Sondersitzung der Außen- und Verteidigungsminister der NATO, 12. Dezember 1979, Brüssel, in: NATO-Brief. Nr. 1/1980 – Januar/Februar, 26 f.).

Die weitere Entwicklung in der DDR sei offen. Er, BK, habe Zweifel an einem Verbleiben der gegenwärtigen DDR-Führung im Amt. Sie müsse sich zunehmend mit Vorwürfen aus der Bevölkerung wegen ihrer bisherigen Politik auseinandersetzen.

Jetzt müsse man abwarten, wie sich die zunehmende Öffnung in der DDR auswirke: Eines Tages werde sich dort der Wunsch nach staatlicher Einheit manifestieren. Dies sei nicht eine Sache von wenigen Tagen; die Tatsache, daß in beiden Staaten Deutsche lebten, werde aber langfristig ihre Wirkung nicht verfehlen.

Er, BK, sehe eine wesentliche Aufgabe darin, das Ziel der deutschen Einheit in einer Weise zu verfolgen, die die Nachbarländer nicht beunruhige. Im Osten wie im Westen gebe es große Besorgnisse gegenüber einem einheitlichen Deutschland, und zwar nicht so sehr militärischer, als [vielmehr] wirtschaftlicher Art. Viele unserer Nachbarn seien geneigt, ein einheitliches Deutschland mit 62 + 17 Mio. Einwohnern als wirtschaftlich bedrohlich zu empfinden.

P bemerkt, daß die jüngsten Entwicklungen und die weiteren Perspektiven für die Lösung der deutschen Frage aus koreanischer Sicht beneidenswert seien. In Korea sei die Trennung zwischen Nord und Süd von Anfang an viel rigoroser als in Deutschland gewesen. ... .[2]

Ueberschaer

Nr. 98
Vorlage des Ministerialdirektors Teltschik an Bundeskanzler Kohl
Bonn, 21. November 1989

BK, 21 – 35400 (28) De 26 Bd. 1, Bl. 8f. – Ausfertigung: 6. Dezember 1989. 1. Ausfertigung. Az. AL 2 – 30130 S 25 – De 2/15/89. Geheim. Vorlage über Chef BK. Hs. von Bundeskanzler Kohl vermerkt: „Teltschik erl."

<u>Betr.:</u> Gespräch von Bundeskanzler a.D. Willy Brandt mit Generalsekretär Gorbatschow am 17. Oktober 1989 in Moskau
<u>Bezug:</u> Unterrichtung durch seinen Mitarbeiter, Herrn Lindenberg, am 21.11.1989

1. Innere Lage in der Sowjetunion:
   Generalsekretär Gorbatschow habe sich über die innere Situation seines Landes sehr selbstkritisch geäußert. Der nächste Monat könne für das Überleben entscheidend sein. Dies gelte auch für ihn persönlich. Die Versorgungslage sei sehr kritisch. Dennoch gebe es keine Alternative zur strategischen Entscheidung für eine Politik der Perestroika. Jetzt komme es jedoch auf die Taktik und auf die Geschwindigkeiten an. Jedes Streichholz könne jetzt das Feuer entzünden. Die sowjetische Führung denke über harte Maßnahmen nach.
2. Deutschlandpolitik:
   Generalsekretär Gorbatschow habe Willy Brandt erläutert, daß er in Erinnerung an seine Gespräche in Ost-Berlin[1] sehr besorgt über die Entwicklung in der DDR sei. Man verliere dort Zeit. In der DDR sei zwar viel für die Menschen geschaffen worden. Jetzt sei jedoch eine politisch-kulturelle Reform erforderlich. Er habe dies den Genossen in Berlin unmiß-

---

2 Im folgenden besprochen: Fragen Koreas sowie des bilateralen Verhältnisses zwischen der Bundesrepublik Deutschland und der Republik Korea.

1 Generalsekretär Gorbatschow besuchte am 6./7. Oktober 1989 die DDR anläßlich der Feierlichkeiten zum 40. Jahrestag ihres Bestehens und führte Gespräche mit Generalsekretär Honecker und dem Politbüro der SED.

verständlich gesagt. Das Leben gebe die Signale. Jetzt sei eine Entwicklung in der DDR in Gang gekommen, man müsse Geduld haben.

3. Aussage zum Bundeskanzler:
Der Bundeskanzler sei in seiner Bremer Parteitagsrede[2] zu sehr auf das nationalistische Steckenpferd zurückgekommen. Er verstehe, daß dies in erster Linie eine wahltaktische Komponente sei.

Der Generalsekretär berichtete über das Telefongespräch mit dem Bundeskanzler.[3] Er habe den Eindruck gewonnen, daß der Bundeskanzler die Lage sehr wohl verstehe, sich aber sehr zögerlich verhalte. Der Bundeskanzler habe die Lage in der DDR angesprochen. Die Erklärung des Bundeskanzlers sei für ihn sehr wichtig, daß alle Abmachungen, wie sie in Moskau und Bonn getroffen worden seien, weiterhin gültig wären.

Was er dem Bundeskanzler nicht gesagt habe, sei, daß es in den USA, bei Mitterrand und bei Mrs. Thatcher über bestimmte Strömungen in der CDU-Führung Besorgnisse gebe. Bei den Amerikanern gebe es aber auch im Sinne des Nachdenkens über die Entwicklung der innerdeutschen Beziehungen andere Impulse. In Washington sehe man Möglichkeiten, daß die UdSSR zum Taufpaten der deutschen Wiedervereinigung werden könne. Unter Umständen wollten die USA dabei der Sowjetunion zuvorkommen. Gorbatschow habe betont, daß dies jedoch nur Vermutungen seien, die nicht sehr konkret zum Ausdruck kämen.

Willy Brandt habe das Verhältnis beider Staaten angesprochen und von einem gemeinsamen Dach gesprochen, wenn die gesamte Entwicklung in Europa positiv verlaufe. Gorbatschow habe darauf geantwortet: „Wir wollen darüber nachdenken."

Teltschik

Nr. 99
Gespräch des Bundesministers Seiters mit den Vertretern der Drei Mächte
Bonn, 23. November 1989

BArch, B 136/20241, 221 – 34900 Spr 2 Bd. 1. – Vermerk des MDg Duisberg, 27. November 1989. Verteiler: AA, St Sudhoff; BMB, St Priesnitz, StäV, St Bertele; AL 2. Vorlage an Chef BK mit der Bitte um Billigung und Zustimmung zu dem Verteiler. Abgezeichnet: „S[eiters]". – Gesprächsbeginn: 17.00 Uhr.

An dem Gespräch nahmen teil:
Botschafter Boidevaix (F)
Botschafter Mallaby (GB)
Gesandter Ward als Geschäftsträger (USA)
St Dr. Sudhoff (AA)
MDgt Dr. Duisberg.

Der Termin war bereits vor einiger Zeit vereinbart worden. BM Seiters nutzte das Gespräch, um die drei Botschafter auf der Grundlage des Vermerks vom 22.11.1989 über sein Gespräch mit Krenz und Modrow[1] zu unterrichten.

___

2 Nr. 50 Anm. 4.
3 Nr. 87.

1 Nr. 96.

Die Fragen und Bemerkungen der Botschafter bezogen sich vor allem auf die Reisefinanzierung und die von der Bundesregierung in Erwägung gezogenen Hilfsmaßnahmen. Botschafter Mallaby erklärte, daß die DDR-Währung möglicherweise nicht zu retten sei. Der Fonds für Reisemittel werde sicherlich nicht für eine Stabilisierung reichen. BM Seiters antwortete, daß wir ein gewisses Verständnis für die Einführung von Zollkontrollen haben müßten. Im übrigen seien wir bereit zu Gesprächen über die Voraussetzungen für Kapitalbeteiligungen, die dann auch einen Einfluß auf das Devisenproblem haben würden. Botschafter Mallaby fragte, ob wir an die neue Dimension der Hilfe bereits vor Neuwahlen in der DDR dächten. Man könne natürlich auch noch ein Jahr warten; es sei nur die Frage, ob die DDR sich solange halten werde. BM Seiters erklärte dazu, wichtig sei, wie das Wahlgesetz aussehe, das im Frühjahr verabschiedet werden soll. Im übrigen sei vieles auch schon vorher machbar – vor allem im privaten Bereich (Joint-ventures). Botschafter Mallaby fragte weiter nach den Möglichkeiten der Ausweitung des innerdeutschen Handels. MDgt Dr. Duisberg wies auf die Lieferschwierigkeiten der DDR hin und auf die Probleme, die sich für die DDR aufgrund der Wirtschaftsschwierigkeiten der Sowjetunion ergeben. Es bestand Einvernehmen, über die weitere Entwicklung engen Kontakt zu halten.

Duisberg

Nr. 100
Schreiben des Bundeskanzlers Kohl an Staatspräsident Mitterrand
Bonn, 27. November 1989

BArch, B 136/30916, 211 – 68000 Gi 47, Hauptvorgang Bd. 1.

Sehr geehrter Herr Präsident,
lieber François,

bei unseren letzten Gesprächen am 24. Oktober 1989 in Paris[1] und Anfang November in Bonn[2] hatte ich Ihnen meine ersten Vorstellungen zum weiteren Fortgang der Arbeiten auf dem Wege zur Wirtschafts- und Währungsunion und zur Europäischen Union erläutert. Ich hatte damals betont, daß es wichtig sei, in Straßburg in die Zukunft weisende Entscheidungen herbeizuführen, und daß die Bundesregierung hierzu ihren Beitrag leisten wolle. Wir waren übereingekommen, nach Straßburg, wenn irgend möglich, mit einer gemeinsamen Linie bzw. einem gemeinsamen Vorschlag zum weiteren Verfahren zu gehen. Anliegend übermittle ich Ihnen einen Arbeitskalender, der zugleich die Arbeiten zur Wirtschafts- und Währungsunion in den Zusammenhang des weiteren Vorgehens der Gemeinschaft insgesamt stellt. Ich hoffe sehr, daß diese Vorschläge unseren gemeinsamen Vorstellungen entsprechen. Mit Blick auf den Eintritt in die erste Stufe der Wirtschafts- und Währungsunion können wir mit Genugtuung feststellen, daß die Vorarbeiten unter französischer Präsidentschaft[3] gut vorangekommen sind. So konnte inzwischen insbesondere Einvernehmen über die neuen Verfahren für die wechselseitige Überwachung und die verstärkte Konsultation er-

---

1 Nr. 70 Anm. 7.
2 Nr. 70.
3 Frankreich hatte im zweiten Halbjahr 1989 die Präsidentschaft in den Europäischen Gemeinschaften inne.

zielt werden. Außerdem zeichnet sich ab, daß die erforderliche volle Liberalisierung des Kapitalverkehrs zumindest zwischen den großen Ländern termingerecht zustande kommen kann.

Besondere Sorge bereitet mir jedoch die Tatsache, daß trotz der erheblichen Konvergenzschritte zwischen unseren beiden Ländern nach wie vor innerhalb der Gemeinschaft große Divergenzen in der Stabilitätsentwicklung bestehen, die sich evtl. sogar noch vergrößern können. Dies hat seine Ursache insbesondere in den nach wie vor hohen Haushaltsdefiziten einiger Mitgliedstaaten. Das gute Funktionieren des EWS könnte dadurch in nächster Zeit gefährdet werden und damit auch das tatsächliche Erreichen der Konvergenzziele in der ersten Stufe.

Beim Binnenmarkt, dessen volle Verwirklichung ein wichtiger Bestandteil für die Realisierung der ersten Stufe der Wirtschafts- und Währungsunion ist, sind wir unter französischer Präsidentschaft ebenfalls in einigen wichtigen Punkten vorangekommen. Sehr besorgt bin ich allerdings über die Lage im Bereich der Steuerharmonisierung. Die französische Präsidentschaft hat sich sehr um eine Übergangsregelung für die Mehrwertsteuererhebung im gewerblichen Bereich bemüht, über die rechtzeitige Beseitigung der Beschränkungen für den Reiseverkehr und die Angleichung der Verbrauchssteuersätze sowie die Mehrwertsteuersätze gibt es jedoch gegenwärtig keinerlei Aussicht auf eine Einigung. Ohne eine solche Einigung wird aber die für den Binnenmarkt notwendige Abschaffung der Grenzkontrollen nur schwer möglich sein. Damit könnte ein positiver Verlauf der ersten Stufe in Frage gestellt werden, was ich auf keinen Fall wünsche. Ich halte es deswegen für wichtig, daß wir in Straßburg die dringende Notwendigkeit baldiger Fortschritte gerade in diesem Bereich deutlich machen und auf deren Bedeutung für weitere Schritte zur Wirtschafts- und Währungsunion hinweisen.

Mit freundlichen Grüßen
Ihr
Helmut Kohl

Nr. 100A
EG-Gipfel in Straßburg am 8. und 9. Dezember 1989
Arbeitskalender für das weitere Vorgehen bis 1993

1. ER Straßburg Dezember 1989
   = bestätigt Einvernehmen über das Inkrafttreten der ersten Stufe zum 1. Juli 1990; er betont die Bedeutung verstärkter Bemühungen um stabilitätspolitische Konvergenz und die zeitgerechte Abschaffung der Grenzkontrollen für den Waren- und Leistungsverkehr,
   = erteilt den fachlich zuständigen Gremien den Auftrag, die Grundlagen zur Festlegung der anschließenden Stufen zur Vorbereitung der Regierungskonferenz zu erarbeiten und diese in Form eines Berichts bis zum ER unter italienischem Vorsitz Mitte Dezember 1990 vorzulegen.
2. ER Straßburg Dezember 1989 führt gleichzeitig erste Aussprache über die weiteren institutionellen Reformen, die insbesondere mit Blick auf die Vorgaben der Einheitlichen Akte und die EP-Wahlen 1994 notwendig erscheinen könnten.
   ER erteilt den zuständigen Gremien den Auftrag, die diesbezüglichen Fragestellungen bis zum ER unter irischem Vorsitz im Juni 1990 herauszuarbeiten; dort Entscheidung über das weitere Vorgehen.

3. Politische Entscheidung zur Einsetzung der Regierungskonferenz zur Wirtschafts- und Währungsunion auf Grundlage des Berichts der fachlich zuständigen Gremien und unter Berücksichtigung der zwischenzeitlichen Erfahrungen mit der ersten Stufe durch ER unter italienischem Vorsitz Mitte Dezember 1990; Beginn der Arbeiten der Regierungskonferenz Anfang 1991 („Regierungskonferenz I. Teil").

4. Verabschiedung des Auftrags für die weiteren institutionellen Reformvorhaben durch ER bis Dezember 1991 („Regierungskonferenz II. Teil").

5. Abschluß der Arbeiten beider Teile der Regierungskonferenz im Jahre 1992, so daß ER im Juni 1992 oder spätestens im Dezember 1992 feststellen kann, daß
   = die Gemeinschaft die Umsetzung der Nahziele der Einheitlichen Akte, insbesondere die Vollendung des Binnenmarktes, abgeschlossen hat,
   = die Gemeinschaft institutionelle Vorkehrungen getroffen hat, um in den Folgejahren entsprechend der tatsächlich erreichten wirtschafts- und währungspolitischen Konvergenz nächste Schritte auf dem Wege zur Wirtschafts- und Währungsunion und zur Europäischen Union einleiten zu können.

6. Anschließend Ratifizierung der Ergebnisse durch die nationalen Parlamente, so daß die EP-Wahlen im Mai/Juni 1994 unter dem Eindruck dieses neuen Schubes stattfinden können.

Nr. 101
Schreiben des Bundeskanzlers Kohl an Präsident Bush
Bonn, 28. November 1989

BArch, B 136/29806, 212 – 30101 A 5 Am 4 Bd. 22. – Tag der Ausfertigung hs. ergänzt.

Lieber George,

haben Sie herzlichen Dank für Ihre telefonische Bitte,[1] Ihnen für Ihre bevorstehende Begegnung mit Generalsekretär Gorbatschow bei Malta auch unsere deutschen Anliegen mitzugeben.

Ich begrüße dies außerordentlich. Sie geben damit ein unübersehbares Zeichen deutsch-amerikanischer Freundschaft und Partnerschaft. Gleichfalls danke ich Ihnen für die freundlichen Worte in Ihrer Fernsehansprache zum Erntedankfest.[2]

Daß ich Ihr Angebot recht ausführlich nutze, bitte ich zu verstehen: Denn es geht in Ihrer Begegnung mit Generalsekretär Gorbatschow voraussichtlich um Themen, die die Interessen der Bundesrepublik Deutschland und aller Deutschen berühren.

1. <u>Malta-Philosophie</u>

Ich bin Ihnen, lieber George, außerordentlich verbunden für die Klarheit, mit der Sie jede Parallele zwischen Jalta und Malta zurückgewiesen haben. Ich erwähne diesen Punkt nicht aus deutschen oder europäischen Prestigegesichtspunkten.

Mein Punkt ist vielmehr, daß die historischen Reformprozesse, die wir heute in den Staaten Ost- und Mitteleuropas erleben, nicht nur in Richtung unserer westlichen Werte –

---

1 Nr. 93.
2 In seiner Ansprache vom 22. November 1989 zum Erntedankfest begrüßte Präsident Bush die Überwindung der Berliner Mauer durch die „Deutschen aus Ost und West". Der Dank, den Bundeskanzler Kohl dem amerikanischen Volk ausgesprochen habe (Nr. 82), sei ein „passendes Lob von einem guten Freund" (Amerika Dienst. Nr. 43. 29. November 1989, 5 S., hier 2; Public Papers of the Presidents of the United States. Bush. 1989 II, 1581–1584, hier 1581).

freie Selbstbestimmung, Demokratie, Privatinitiative – verlaufen, sondern auch von den Völkern selbst getragen werden. Lech Walesa hat dies gerade im Gespräch mit Ihnen und vor dem Kongreß der Vereinigten Staaten eindrucksvoll unterstrichen.[3]

Gerade deshalb würden Versuche, diese Reformentwicklungen „von oben" zu steuern oder Volksbewegungen einzugrenzen oder zu kanalisieren, nicht den Erfordernissen dieser historischen Epoche entsprechen. Dies ist selbstverständlich eine Überlegung, die auch für uns selbst und für unsere europäischen Nachbarn gilt.

In diesem Sinn sollte die Begegnung in Malta jeden Anschein eines Status-quo-Gipfels vermeiden.

2. Stabilität der Reformprozesse

Unter diesem Gesichtspunkt sollte ein Anliegen behandelt werden, das Generalsekretär Gorbatschow Ihnen gegenüber mit großer Wahrscheinlichkeit ansprechen wird: Abwehr jeglicher Destabilisierung, Erhöhung der Stabilität durch Reformen.

Zu diesen Zielen möchte ich Ihnen empfehlen – auch in meinem Namen –, voll und ganz zuzustimmen. Das gleiche gilt für Ihre Zusicherung, daß Amerika diese Reformen begrüßt – und zwar nicht als Gegner, der einen Vorteil sucht, sondern als ein Volk, das Unterstützung anbietet.

Gerade deshalb ist wichtig, mit Generalsekretär Gorbatschow die Definition beider Begriffe festzuhalten:

– Destabilisierung entsteht nicht, wie dies einige östliche Propagandisten immer noch behaupten, durch Einwirkung oder Einmischung von seiten des Westens. Ihre Quelle ist vielmehr der Aufbruch von seit vielen Jahrzehnten gewaltsam unterdrückten Konflikten (z. B. der Nationalitäten) oder Reformverweigerung und [die] daraus folgende Reaktion – oder aber Flucht – der Bevölkerung. Die DDR und die ČSSR sind hier die letzten Beispiele, und das Schicksal Rumäniens ist Anlaß großer Sorge.

– Stabilität bedeutet stabile Reformentwicklung, die die Selbstbestimmung der Völker gewährleistet – in den Worten Generalsekretär Gorbatschows „Freiheit der Wahl" –, die den Bürgern eine demokratische Teilhabe an der politischen Willensbildung in ihren Staaten ermöglicht und die den Menschen konkrete Zukunftsperspektiven in ihrer angestammten Heimat eröffnet. – Kurz gesagt: Wie 1776 geht es auch heute um life, liberty, and the pursuit of happiness!

– Stabilität bedeutet nicht zuletzt ein günstiges außenpolitisches Umfeld, insbesondere dynamische Fortschritte bei Abrüstung und Rüstungskontrolle.

Wenn diese Definitionen richtig sind, dann ergibt sich zugleich, daß die wichtigsten Entscheidungen über Stabilität bzw. Destabilisierung in den Staaten Mittel- und Osteuropas selbst getroffen werden. Aufgabe des Westens muß es hingegen sein, die eingeleiteten Reformprozesse von außen abzustützen. Die konkreten Formen und Bedingungen derartiger Unterstützung dürften ein Schwerpunkt Ihrer Unterredungen mit Generalsekretär Gorbatschow sein.

3. Lage in der Sowjetunion

Nach unseren Analysen wird Ihnen Generalsekretär Gorbatschow als Mann gegenübertreten, der seine Politik entschlossen, konsequent und dynamisch fortführen will, aber auf interne Widerstände trifft und in entscheidendem Maße auf äußere Unterstützung angewiesen ist.

Die Wirtschaftslage der Sowjetunion ist nach dem Urteil unserer Fachleute heute schlechter als je seit Gorbatschows Amtsantritt. Im kommenden Winter könnte die bereits jetzt schwierige Versorgungslage durch eine Energiekrise verschärft werden.

---

3 Nr. 93 Anm. 6.

Unsere Analysen besagen, daß die Position Generalsekretär Gorbatschows derzeit unge-
fährdet ist und er unverändert auch von Führungskollegen, die Richtung oder Tempo der
Perestroika kritisch gegenüberstehen, als Nummer 1 akzeptiert wird. Gleichwohl ist nicht
zu übersehen, daß seine Popularität in der Bevölkerung wegen ausbleibender materieller
Ergebnisse sinkt.

Wenn es also – wie wir es auf dem NATO-Gipfel Ende Mai feierlich erklärt haben[4] – in
unserem besten Interesse liegt, daß die Perestroika in der Sowjetunion und die Reformentwicklung in Ost- und Mitteleuropa insgesamt Erfolg haben, dann könnte aus der theo-
retischen Frage „Gorbatschow helfen?" bald ernst werden, sowohl was die konkreten
Wünsche der Sowjetunion als auch was unsere tatsächlichen Hilfsmöglichkeiten angeht,
die vergleichsweise beschränkt sind.

4. Abrüstung und Rüstungskontrolle

Darüber hinaus könnten wir gemeinsam mit Generalsekretär Gorbatschow an außenpolitischen Fortschritten arbeiten. Hier hat die Agenda, die Secretary of State Baker und Außenminister Schewardnadse in Wyoming behandelt haben,[5] eine weit über das amerikanisch-sowjetische Verhältnis hinausreichende Bedeutung.

Ich möchte deshalb Ihrer Begegnung mit Generalsekretär Gorbatschow wünschen, daß
sie – auch wenn dort keine konkreten Vertragsabschlüsse angestrebt werden – den laufenden Rüstungskontrollverhandlungen starke Impulse geben wird.

Ich würde es sehr begrüßen, wenn der in Wyoming im Bereich der START-Verhandlungen erzielte Fortschritt sich weiter verfestigen würde. Dies könnte Hoffnungen bestär-
ken, noch im nächsten Jahr in diesem wichtigen Bereich, der auch für uns Europäer von
großer Bedeutung ist, ein Abkommen zu erreichen oder ihm entscheidend näherzukommen.

Ein herausragendes Interesse der Bundesregierung – hierin weiß ich mich aber auch mit
unseren Partnern in der NATO, insbesondere mit Ihnen, einig – richtet sich auf baldige
substantielle Ergebnisse der Wiener Verhandlungen über konventionelle Streitkräfte in
Europa. Denn es geht hier um ein Kernproblem der europäischen Sicherheit.

Angesichts der starken sowjetischen Streitkräfte in den Staaten Mittel- und Osteuropas
haben diese Verhandlungen durch die dynamische Entwicklung in diesen Ländern des
Warschauer Paktes zusätzliche Bedeutung gewonnen. Ich halte es für besonders wichtig,
daß der Fortschritt in den Wiener Verhandlungen mit den allgemein zu verzeichnenden
politischen Veränderungen in diesem Teil Europas Schritt hält.

Ich würde es daher begrüßen, wenn Sie GS Gorbatschow die westliche Entschlossenheit
erläutern würden, in dem von Ihnen im Mai beim NATO-Gipfel vorgezeichneten Zeitrahmen zu einem ersten Ergebnis in Wien zu kommen. Meiner Ansicht nach strebt die SU
dieses Ziel ebenfalls an. Sie sollte in diesem Interesse, das nicht zuletzt im Vorschlag GS
Gorbatschows zum Ausdruck kam, in der zweiten Hälfte 1990 ein Treffen der Staats- und
Regierungschefs zur Unterzeichnung eines Abkommens in der konventionellen Rüstungskontrolle abzuhalten, bestärkt werden.

Die USA und die Sowjetunion haben in Wyoming Vereinbarungen im CW-Bereich erzielt, die wir sehr begrüßen, weil sie die Hoffnung eröffnen, bei den Verhandlungen in
Genf möglichst bald zu einem weltweiten, umfassenden und wirksam überprüfbaren Verbot chemischer Waffen zu gelangen.

Ich würde es begrüßen, wenn Sie Generalsekretär Gorbatschow erneut auf dieses Ziel ver-

---

4 Nr. 44 Anm. 2.
5 Nr. 46 Anm. 5.

pflichten und dazu bewegen könnten, auch seinerseits aktiv für eine umfassende Beteiligung zu werben.

Wir haben auf dem NATO-Gipfel mit dem Gesamtkonzept für Rüstungskontrolle und Abrüstung[6] klar und deutlich Position bezogen zur Frage nuklearer Abschreckung und auch der <u>landgestützten nuklearen Kurzstreckensysteme</u>. Dabei haben wir eine genau definierte Verhandlungsperspektive für diesen Bereich aufgezeigt. Generalsekretär Gorbatschow sollte immer wieder darauf hingewiesen werden, daß er die große Überlegenheit des Ostens einseitig abbauen und so spätere Verhandlungen erleichtern sollte.

Lassen Sie mich an dieser Stelle ebenfalls festhalten: Ich habe mit Freude und Genugtuung Ihre erneute Versicherung in Ihrer Fernsehansprache zum Erntedankfest gehört, daß Sie amerikanische Streitkräfte in Europa belassen wollen, solange die europäischen Freunde sie wollten und brauchten. Ich versichere Ihnen: Wir betrachten die Präsenz Ihrer Streitkräfte nach wie vor als vital für die Sicherheit Europas.

5. <u>Entwicklung in weiteren Staaten des Warschauer Pakts</u>

Hinsichtlich der Reformprozesse in Polen, Ungarn, Bulgarien, der ČSSR und nicht zuletzt der DDR ist die bisherige Politik Generalsekretär Gorbatschows grundsätzlich zu begrüßen: Seine Perestroika hat diese Reformen mit ausgelöst, erleichtert oder beschleunigt. Er hat reformunwillige Führungen zur Öffnung und zum Eingehen auf die Wünsche der Bevölkerung gedrängt; und er hat Entwicklungen hingenommen, die zum Teil weit über den in der Sowjetunion selbst erreichten Standard hinausgingen.

Generalsekretär Gorbatschow hat die Breschnew-Doktrin praktisch für tot erklärt und statt dessen das Recht jedes Staates und Volkes auf „freie Wahl" seines politischen und gesellschaftlichen Systems festgeschrieben (u.a. auch in der mit mir im Juni d.J. unterzeichneten Gemeinsamen Erklärung[7] sowie im letzten Kommuniqué der Außenminister des Warschauer Paktes[8]).

Hier wird es darauf ankommen, Generalsekretär Gorbatschow auf seine eigenen Zusagen festzulegen und insbesondere zu betonen, daß das Verbot der Einmischung für jeden gilt, für die Sowjetunion insbesondere auch dort, wo sie eigene Truppen stationiert hat.

Was die Lage in Polen und Ungarn selbst angeht, so habe ich von meinem Besuch in Warschau und aus einem kurzfristig angesetzten Gespräch mit dem ungarischen Ministerpräsidenten Németh[9] die Überzeugung gewonnen, daß beide Länder, gerade angesichts des nahenden Winters, vor erheblichen Problemen der Versorgung ihrer Bevölkerung, durch sowjetische Lieferkürzungen auch hinsichtlich ihrer Energie stehen und sich schwerwiegenden Liquiditätsengpässen gegenübersehen. In beiden Ländern werden „soziale Eruptionen" nicht ausgeschlossen, zumal orthodoxe Parteikreise daran interessiert sein könnten.

Angesichts dieser Notlage muß ich leider feststellen, daß die westliche Hilfe viel zu langsam anläuft. Insbesondere haben weder der Internationale Währungsfonds und – im Falle Polens – der Pariser Club ihre Beratungen abgeschlossen, noch ist der von Ihnen Anfang Oktober vorgeschlagene Stabilitätsfonds in Höhe von 1 Mrd. US-Dollar bisher gesichert – außer den Vereinigten Staaten von Amerika und der Bundesrepublik Deutschland hat noch kein westliches Land Beiträge zugesagt.

---

6 Nr. 1 Anm. 2.
7 Nr. 4 Anm. 1.
8 In dem Kommuniqué der Tagung des Politischen Beratenden Ausschusses in Bukarest (Nr. 3 Anm. 8) unterstrichen die Teilnehmerstaaten des Warschauer Vertrages die Notwendigkeit, „die Beziehungen zwischen ihnen auf der Grundlage der Gleichheit, Unabhängigkeit und des Rechtes eines jeden, selbständig seine eigene politische Linie, Strategie und Taktik ohne Einmischung von außen auszuarbeiten, zu entwickeln". Die Souveränität und das Recht eines jeden Volkes, sein Schicksal frei zu bestimmen, sollten geachtet werden.
9 Nr. 93 Anm. 1.

Ich werde deshalb unser Zusammentreffen im Bündnis am 4. Dezember nutzen, um für schnelle Beschlußfassung in den internationalen Finanzinstitutionen zu drängen und für weitere Beiträge zum Stabilisierungsfonds zu plädieren.

6. Lage in der DDR

Was ich zur Notwendigkeit gesagt habe, die „Freiheit der Wahl" zu respektieren, gilt in besonderem Maße für die DDR.

Nach unseren Informationen und insbesondere nach den ersten Gesprächen des Chefs des Bundeskanzleramts, Bundesminister Seiters, in Ost-Berlin[10] sind wir zur Einschätzung gekommen, daß die Situation in der Führung noch nicht stabil und die Stimmung in der Bevölkerung weiterhin nicht beruhigt ist.

Trotz Öffnung von Grenze und Mauer, trotz Führungswechsel und in Aussicht gestellter Reformen dauern die Massendemonstrationen an und suchen Deutsche aus der DDR in nicht unerheblicher Zahl Zuflucht in der Bundesrepublik Deutschland.

Der Mitte Dezember bevorstehende Parteitag[11] wird Schlüsselfragen zu beantworten haben:

- Ist die kommunistische Partei bereit, auf ihr Machtmonopol zu verzichten und dementsprechend die Verfassung der DDR zu ändern?
- Ist die kommunistische Partei bereit, tatsächlich freie Wahlen in naher Zukunft zu ermöglichen, neue, auch nichtsozialistische Parteien und Gewerkschaften zuzulassen und dringende Wirtschaftsreformen einzuleiten?

Von positiven Antworten auf diese Fragen wird abhängen, ob die Bundesrepublik Deutschland ihr Angebot, der DDR in neuen finanziellen Dimensionen zu helfen, verwirklichen kann.

Sollte Generalsekretär Gorbatschow diese Haltung der Bundesregierung als Einmischung kritisieren, so wäre ich Ihnen sehr verbunden für die Klarstellung, daß es weder für uns noch für den Westen insgesamt darum gehen kann, eine diskreditierte Führung und unhaltbar gewordene Zustände zu stabilisieren; daß es vielmehr darum gehen muß – entsprechend dem Willen der Bevölkerung selbst –, einen tiefgreifenden politischen, wirtschaftlichen und gesellschaftlichen Veränderungsprozeß von außen abzustützen.

7. Deutsche Wiedervereinigung

Lassen Sie mich Ihnen zunächst im Namen aller Deutschen aufs herzlichste danken für Ihre klare Haltung, daß die USA die Wiedervereinigung Deutschlands begrüßen und daß es Sache der Deutschen bzw. der beiden deutschen Staaten ist, darüber zu entscheiden.

Generalsekretär Gorbatschow dürfte diese Frage in dem Sinne ansprechen, daß die Nachkriegsrealitäten auch in Zukunft respektiert werden müßten und daß deshalb die Reformen in der DDR jedenfalls nicht soweit gehen dürfen, die bestehenden Grenzen zwischen Ost und West zu verändern und die Einheit Deutschlands, in welcher Form auch immer, wiederherzustellen.

Ich bitte Sie nachdrücklich – gerade auch im Sinne dessen, was ich eingangs ausgeführt habe –, keinen Festlegungen zuzustimmen, die als Einschränkung (containment) für eine Politik ausgelegt werden könnten,

„auf einen Zustand des Friedens in Europa hinzuwirken, in dem das deutsche Volk in freier Selbstbestimmung seine Einheit wiedererlangt".

Dieses unser Ziel haben sich die Staats- und Regierungschefs der NATO in ihrer Erklärung vom 30. Mai 1989 erneut zu eigen gemacht und haben wir der Sowjetunion gegenüber bereits 1970 bei Abschluß des Moskauer Vertrages bekundet.

---

10 Nr. 96.
11 Nr. 117 Anm. 2.

Kern der Sache aber ist und bleibt die freie Selbstbestimmung der Deutschen in der DDR. Sie haben in den Ereignissen seit dem vergangenen Sommer bewiesen, daß sie nicht als Angehörige einer separaten Nation denken und fühlen. Seit Öffnung von Mauer und Grenze hat mehr als die Hälfte der Bewohner der DDR – bis heute mehr als 9 Millionen Menschen! – die Bundesrepublik Deutschland besucht und ist hier mit großer Herzlichkeit und Solidarität empfangen worden. Bei den Großdemonstrationen in der DDR wird der Ruf nach Freiheit, freien Wahlen, freien Gewerkschaften zunehmend ergänzt durch den Ruf nach Einheit. Er wird noch anschwellen, wenn die versprochenen Reformen ungenügend ausfallen.

Natürlich liegt es im gemeinsamen Interesse von West und Ost und aller Deutschen, daß hieraus keine „chaotischen Situationen" entstehen, wie sie Generalsekretär Gorbatschow in seiner Botschaft an Sie vom 10. d.M.[12] offenbar befürchtete. Tatsächlich haben die Deutschen in der DDR ein beachtliches Maß an Augenmerk, Vernunft und Besonnenheit gezeigt, selbst angesichts der noch Anfang Oktober praktizierten Repression.

Die Bundesregierung hat in keiner Weise die jetzt in der DDR entstandene Lage einseitig ausgenutzt, um das nationale Ziel der Deutschen in einem Alleingang zu erreichen. Wir haben im Gegenteil unsere unverbrüchliche Treue zum Bündnis bekräftigt und unsere aktive Mitarbeit an der europäischen Integration noch verstärkt. Dies ist von Ihnen und unseren europäischen Freunden und Verbündeten ausdrücklich gewürdigt worden, wofür ich an dieser Stelle nochmals danke.

Auch Generalsekretär Gorbatschow hat mir gegenüber telefonisch Anerkennung für die von der Bundesregierung geübte kluge Zurückhaltung ausgesprochen.[13] Ich hoffe sehr, daß er sich Ihnen gegenüber nicht anders äußert. Ich habe ihm versichert, daß die Bundesregierung fest zum Moskauer Vertrag und zu den KSZE-Verpflichtungen steht, wobei dies selbstverständlich für alle gelten muß.

Es gilt nun, die legitimen Sicherheitsinteressen aller Europäer und die berechtigten Interessen des deutschen Volkes, insbesondere aber der Bevölkerung der DDR, in einer langfristigen Perspektive zu harmonisieren.

Was die Bundesregierung ihrerseits zu tun beabsichtigt, um diesem Ziel näherzukommen, habe ich vor dem Deutschen Bundestag in 10 Punkten zusammengefaßt:[14]

Erstens:

Sofortige konkrete Hilfe für die Deutschen in der DDR auf humanitärem und medizinischem Gebiet und bei der Finanzierung ihrer neugewonnenen Reisefreiheit.

Zweitens:

Verstärkte Zusammenarbeit mit der DDR in allen Bereichen, die den Menschen unmittelbar zugute kommen: Wirtschaft, Wissenschaft und Technik, Kultur, Umwelt, Kommunikationen.

Drittens:

Bei grundlegendem Wandel des politischen und gesellschaftlichen Systems Ausweitung unserer Hilfe und Zusammenarbeit in neuen Dimensionen.

Viertens:

Positive Aufnahme der von Ministerpräsident Modrow angeregten Vertragsgemeinschaft: Bildung von gemeinsamen Institutionen, z.B. für Wirtschaft, Verkehr, Umweltschutz, Wissenschaft, Technik, Gesundheit, Kultur. Dabei volle Einbeziehung Berlins.

---

12 Nr. 94B Anm. 36; dazu auch: Nr. 80.
13 Nr. 87.
14 Bundeskanzler Kohl stellte das Zehn-Punkte-Programm in seiner Rede anläßlich der zweiten Beratung über den Einzelplan 04 „Geschäftsbereich des Bundeskanzlers und des Bundeskanzleramtes" des Haushaltsgesetzes 1990 am 28. November 1989 im Deutschen Bundestag vor (Verhandlungen des Deutschen Bundestages. Stenogr. Berichte. Bd. 151. Plenarprotokoll 11/177, 13510–13514).

Fünftens:

Sobald auf der anderen Seite ein demokratisch legitimierter Partner zur Verfügung steht, Entwicklung konföderativer Strukturen.

Sechstens:

Einbettung der künftigen Architektur Deutschlands in die künftige Architektur Gesamteuropas, wofür der Westen mit seinem Konzept einer dauerhaften und gerechten europäischen Friedensordnung den Weg gewiesen hat. Ebenso haben wir mit der Sowjetunion die Bauelemente dieser Architektur beschrieben: uneingeschränkte Achtung der Integrität und der Sicherheit jedes Staates, Recht jedes Staates, das eigene politische und soziale System frei zu wählen, Achtung der Grundsätze und Normen des Völkerrechts, insbesondere des Selbstbestimmungsrechts der Völker, und – nicht zuletzt – Verwirklichung der Menschenrechte.

Siebentens:

Offenheit und Flexibilität der Europäischen Gemeinschaft gegenüber allen reformorientierten Staaten Mittel-, Ost- und Südosteuropas, selbstverständlich unter Einschluß der DDR: baldiger Abschluß von Handels- und Kooperationsabkommen; in langfristiger Perspektive Formen der Assoziierung, die das wirtschaftliche und soziale Gefälle auf dem Kontinent abbauen helfen.

Achtens:

Energische Fortschritte im KSZE-Prozeß unter Nutzung der bevorstehenden Formen.

Neuntens:

Weitreichende und zügige Schritte in Abrüstung und Rüstungskontrolle (vgl. oben Ziffer 4).

Zehntens:

Organische Entwicklung zu einem Zustand, in dem das deutsche Volk in freier Selbstbestimmung seine Einheit wiedererlangt, wobei den Interessen aller Beteiligten Rechnung getragen und das friedliche Zusammenleben in Europa garantiert wird.

Lieber George,

ich wäre Ihnen besonders verbunden, wenn Sie gegenüber Generalsekretär Gorbatschow die in diesen 10 Punkten zum Ausdruck kommende Politik unterstützen und ihm verdeutlichen würden, daß nicht das Festhalten an überkommen Tabus, sondern dieser zukunftsgerichtete Kurs im besten Interesse auch seines Landes liegt. Dafür danke ich Ihnen im voraus!

Mit freundlichen Grüßen
Ihr
Helmut Kohl

Nr. 102
Vorlage des Ministerialdirektors Teltschik an Bundeskanzler Kohl
Bonn, 30. November 1989

BK, 212 – 34500 De 39 Bd. 1. – Mitverfasser: MDg Hartmann, VLR I Bitterlich, VLR Westdickenberg. Vorlage über Chef BK. Hs. vermerkt: „wegen Eilbedürftigkeit direkt vorgelegt, Chef BK hat Doppel erhalten". Hs. von Bundeskanzler Kohl vermerkt: „Teltschik erl."

Betr.: Reaktionen aus den wichtigsten Hauptstädten auf Ihren 10-Punkte-Plan

Zur Unterrichtung.

I. Die Reaktionen im einzelnen

1. USA

Laut dpa (bestätigt von unserer Botschaft) stellte **Außenminister Baker** folgende vier Grundsätze zur Erlangung der deutschen Einheit auf:[1]
- Selbstbestimmung sei vorrangig; „… wir sollten wirklich keinerlei bestimmte Vision der Einheit unterstützen oder ausschließen"; Einheit könne Bundesstaat, Konföderation oder „etwas anderes" bedeuten;
- Einheit müsse im Kontext von anhaltenden Bindungen an die NATO und eine zunehmend integrierte Europäische Gemeinschaft erfolgen; „… es sollte keinen Handel Neutralismus für Einheit geben … keine ‚Illusion' über den demokratischen Charakter der Bundesrepublik Deutschland" geben;
- es müsse im Interesse „europäischer Stabilität" ein „friedlicher, gradueller und schrittweiser Prozeß" sein;
- „… bezüglich der Frage von Grenzen, die nicht in Ihrer Rede[2] angesprochen wurde", müsse entsprechend den Grundsätzen der Schlußakte von Helsinki „die Unverletzlichkeit der Grenzen in Europa" anerkannt und „die Möglichkeit von Veränderungen dieser Grenzen nur mit friedlichen Mitteln" erlaubt werden.

2. Großbritannien

Botschafter von Richthofen hat uns über gestriges Gespräch von BM Genscher mit **PM Thatcher**[3], bei dem Ihre Erklärung wichtige Rolle gespielt habe, wie folgt unterrichtet:
- PM Thatcher habe BM Genscher eingangs um Erläuterung der Erklärung gebeten –

---

1 Außenminister Baker gab am 29. November 1989 im Weißen Haus vor der Presse eine Erklärung „zur Frage der deutschen Wiedervereinigung" ab (American Foreign Policy. Current Documents 1989. Department of State Publication 9815. Washington [D.C.] 1990, 346 f.). Der dpa-Meldung zufolge (Wiedergabe unter dem Titel „Supermächte zeigen Kohl die kalte Schulter" in: Frankfurter Rundschau. 45. Jg. Nr. 279. 1. Dezember 1989, 1 f.) erklärte er, „daß unsere Position dazu im wesentlichen vier Grundsätze einschließen sollte: – Zu allererst muß die Selbstbestimmung verfolgt werden, ohne das Ergebnis zu präjudizieren. Das bedeutet, daß wir wirklich keinerlei bestimmte Vision der Einheit unterstützen oder ausschließen sollten. Einheit kann vielerlei bedeuten, es kann einen einzigen Bundesstaat bedeuten, eine Konföderation oder es kann etwas anderes bedeuten. – Falls es Einheit gibt – zweites Prinzip –, sollte sie nach meiner Meinung im Kontext von Deutschlands anhaltenden Bindungen an die NATO und eine zunehmend integrierte Europäische Gemeinschaft eintreten. Das heißt, es sollte keinen Handel Neutralismus für Einheit geben und es sollte keine Illusion über den demokratischen Charakter der Bundesrepublik Deutschland geben [im Englischen wörtlich: „no dilution of the Federal Republic of Germany's liberal democratic character"]. – Dritter Grundsatz: Im Interesse allgemeiner europäischer Stabilität würde ich – meine ich – es vorziehen, daß Bewegung in Richtung Einigung friedlich, graduell und Teil eines schrittweisen Prozesses ist. – Und zuletzt, bezüglich der Frage von Grenzen, die nicht in der Rede von Bundeskanzler Kohl angesprochen wurde, denke ich, daß wir unsere Unterstützung für die Grundsätze der Schlußakte von Helsinki bekräftigen sollten, die die Unverletzlichkeit der Grenzen in Europa anerkennt und die Möglichkeit von Veränderungen dieser Grenzen nur mit friedlichen Mitteln erlaubt."
2 Nr. 101 Anm. 14.
3 Zu dem Gespräch am 29. November 1989: Genscher, Erinnerungen, 675 f.

sie sei sich aufgrund der Presseberichte (PK GS Rühe[4], Rede selbst) und des Berichts ihres Botschafters nicht „ganz im klaren".

– Nach der Erläuterung durch BM Genscher habe sie darauf verwiesen, daß man in Paris zusammengesessen[5] und festen Grund unter den Füßen gehabt habe. Hieran wollte man doch festhalten – nun sei plötzlich alles in Bewegung.

3. Frankreich

Präsident Mitterrand sagte auf einer Pressekonferenz in Athen[6]: „Ich habe volles Verständnis (für die Erklärungen des Bundeskanzlers), und ich würde mich den Bestrebungen der deutschen Politiker nicht widersetzen. Ich habe stets erklärt, sie seien legitim. Ich weiß, daß die deutschen Politiker verantwortungsbewußt und vernünftig genug sind, um derartige Fragen zur rechten Zeit zu behandeln. Zudem werden sie eine ganze Reihe von Situationen prüfen, die es natürlich notwendig machen werden, daß die übrigen europäischen Völker nicht vor eine vollendete Lage gestellt werden, vor allem jene nicht, die die Funktion von Garanten ausüben …"

AM Dumas hat gestern in der Fragestunde der Nationalversammlung zu Ihrer Erklärung im wesentlichen betont:[7]

– Die 10 Punkte, die die französische Regierung im einzelnen genau prüfen werde, stellten in vollständiger und klarer Weise die Haltung der Bundesregierung dar, die der französischen Seite aufgrund des bestehenden ständigen Dialogs voll vertraut sei.

– Die französische Haltung zur Wiedervereinigung sei bekannt. Jedes Volk und daher auch das deutsche Volk habe das Recht, sein Schicksal zu bestimmen. Daher sei der Wunsch nach Wiedervereinigung völlig legitim. Hierfür sei aber die Zustimmung der beiden deutschen Staaten und der Vier Mächte unerläßlich. Weg dahin könne nur in demokratischer und friedlicher Weise erfolgen.

– Französische Regierung lege besonderen Wert auf die Erklärung des Bundeskanzlers, daß die Wiedervereinigung im Kontext der europäischen Integration erfolgen müsse. Die Zugehörigkeit der Bundesrepublik zur EG, ihr Wille zur Europäischen Union müsse dazu führen, in Straßburg die notwendigen konkreten Beschlüsse zur sozialen Dimension sowie zur Wirtschafts- und Währungsunion zu fällen.

– Er sei davon überzeugt, daß die Bundesrepublik Deutschland in Straßburg die Skeptiker Lügen strafen werde, indem sie uns zeigen werde, daß es für sie keine Wahl zwischen EG und der DDR gibt – daß sie auf eine stärkere Gemeinschaft setze, auch gerade, um die Beziehungen zur DDR zu fördern.

4. Sowjetunion

Der sowjetische Außenamtssprecher **Gerassimow** erklärte in Rom[8], niemand in Europa sei „begierig, ein vereintes Deutschland zu sehen, weil es die gegenwärtige Stabilität Europas umstoßen würde". Er verwies darüber hinaus darauf, daß **Außenmini-**

---

4 Vermutlich gemeint: das Interview des Generalsekretärs der CDU, Rühe, mit der BBC, das am 28. November 1989 gesendet wurde (BBC Radio 4, The world tonight, 23.00 Uhr; Wortlaut in: Deutschland 1989. Bd. 5, 37 f.).
5 Dazu Nr. 94.
6 Staatspräsident Mitterrand hielt sich am 29. November 1989 in Athen auf, um mit Ministerpräsident Zolotas Fragen des bevorstehenden EG-Gipfeltreffens in Straßburg (Nr. 117 Anm. 1) zu erörtern.
7 Erklärung des Außenministers Dumas zur Wiedervereinigung Deutschlands in einer Fragestunde der Nationalversammlung, 29. November 1989, in: Journal Officiel de la République Française. Débats Parlementaires. Assemblée Nationale. 9e Législature. Première Session Ordinaire de 1989–1990. 98e Séance. Compte Rendu Intégral. 1re Sénace. 29 Novembre 1989, 5692 f.
8 Zu dem Besuch des Generalsekretärs Gorbatschow vom 29. November bis 1. Dezember 1989 in Italien: Gorbatschow, Erinnerungen, 659–663.

ster **Schewardnadse** die Ansicht vertreten habe, <u>falls</u> die Wiederherstellung Deutschlands in den <u>Grenzen von 1937 als Ziel fallengelassen</u> werde, könne die Sowjetunion ihre <u>Ablehnung des von Bundeskanzler Kohl formulierten Plans</u> überdenken. <u>Gegenüber dem italienischen Außenminister</u> habe er den Vorschlag von Bundeskanzler Kohl, die Bundesrepublik Deutschland und die DDR könnten über einen Staatenbund möglicherweise zu einem Bundesstaat zusammenwachsen, <u>abgelehnt</u>. <u>Konföderative Strukturen seien aber denkbar</u>. „Es gebe Realitäten, die nicht umgangen werden können." (Äußerungen liegen uns bisher nur als Agenturmeldungen vor.)

5. **Italien**
Von seiten des italienischen **MP Andreotti** liegt bisher <u>keine Äußerung</u> zu Ihrer Erklärung vor (zu seinen bisherigen grundsätzlichen Einlassungen zur deutschen Frage siehe Vorlage der Abteilung 2 vom 28. November 1989[9]).

Italienischer Regierungssprecher hat gestern nach dem Gespräch zwischen SU-AM Schewardnadse und **AM De Michelis** nach Agenturmeldungen erklärt, AM De Michelis <u>teile</u> in gewisser Weise die <u>Sorge Schewardnadses</u> hinsichtlich der Gefahr eines „deutschen Revanchismus" – AM De Michelis habe gesagt, „daß ein deutsches Problem existiert und daß es mit Phantasie und Erneuerungsgeist angegangen werden muß, damit es im Rahmen des gemeinsamen europäischen Hauses Fortschritte macht".

<u>Auf Anfrage von Botschafter Ruth</u> hat der Generalsekretär des italienischen Außenministeriums nach Rücksprache mit dem AM <u>klargestellt</u>, daß AM De Michelis <u>mit keinem Wort der Behauptung Schewardnadses „des deutschen Revanchismus"</u> zugestimmt habe. AM De Michelis habe <u>gewisse Sorgen</u> im Hinblick auf den in Europa aufflammenden <u>Rechtsradikalismus</u>, insbesondere der Republikaner in D, geäußert.

6. **Benelux**
Ministerpräsident Lubbers begrüßte (laut Pressemeldungen)[10] den 10-Punkte-Plan vor dem niederländischen Parlament, warnte gleichzeitig davor, die vorgeschlagene Konföderation zu einer rein deutschen Angelegenheit zu machen. Dies zu verhindern, sehe er als Aufgabe der EG-Mitgliedstaaten an.
Belgischer **AM Eyskens** (ähnlich LUX) hat Ihren Plan positiv aufgenommen.

7. <u>Spanien</u>
AM Ordonez hat nach Mitteilung von Botschafter Brunner gestern in mehreren Interviews im Rundfunk und Fernsehen <u>„alle Sympathie für das Anliegen der Deutschen"</u> geäußert und „die Erklärung des Bundeskanzlers als sachgemäß und flexibel" bezeichnet.

---

9 In der Vorlage an Bundeskanzler Kohl wies Ministerialdirektor Teltschik auf die „distanzierte Haltung von MP Andreotti zur deutschen Einheit" in einem Interview in der Tageszeitung „Corriere della Sera" (Mailand) vom 26. November 1989 hin. Für Andreotti sei entscheidend, „daß der Prozeß des Wandels in Mittel- und Osteuropa nicht außer Kontrolle gerät und einen Rückschlag erleidet sowie sich alle künftigen Wandlungsprozesse im Rahmen stabiler Strukturen (EG, KSZE) vollziehen". Dabei ziehe er „die KSZE-Schlußakte von Helsinki als Grundlage für die Endgültigkeit und Unberührbarkeit aller Grenzen in Europa" heran. Ein Interview des Außenministers de Michelis in „Stampa Sera" (Turin) vom 27. November lasse „keine Divergenzen", aber eine „etwas positivere Haltung des Außenministers zum Problem der Überwindung der deutschen Teilung" erkennen (Vorlage betr. Äußerungen des italienischen Ministerpräsidenten Andreotti zur Deutschlandpolitik, 28. November 1989, Anlage: Übersetzung der wesentlichen Passagen beider Interviews; BK, 211 – 30131 I 3 It 10 Bd. 1).
10 Der Nachrichtenagentur AP zufolge begrüßte Ministerpräsident Lubbers vor dem niederländischen Parlament den Zehn-Punkte-Plan, warnte aber davor, die vorgeschlagene Konföderation zu einer „rein deutschen Angelegenheit" zu machen. Dies zu verhindern, sehe er als Aufgabe der EG-Mitgliedstaaten an (Presse- und Informationsamt der Bundesregierung. Nachrichtenspiegel I. Nr. 333. 30. November 1989, 2; BPA/PA, F 1/20).

8. EG-Kommission
Präsident Delors hat gestern in einer persönlichen Erklärung[11] (Text liegt Ihnen vor) seine Unterstützung Ihrer politischen Linie bekräftigt.

II. Wertung

1. Während die amerikanische Reaktion durchgehend positiv ist und lediglich vor einem Handel „Neutralität gegen Einheit" warnt – für den es keine Grundlage in Ihrer Erklärung gibt –, fällt britische Reaktion von PM Thatcher gegenüber BM Genscher kritischer aus. (Öffentliche Erklärungen gibt es bisher nicht.)
Dies liegt auf der Linie der bisherigen Äußerungen von PM Thatcher, die offenbar dezidiert der Auffassung ist, daß das Thema „deutsche Einheit" jetzt nicht auf die TO gehört und ein überstürzter Prozeß in Richtung „deutsche Einheit" die Position Gorbatschows – und die Nachkriegsordnung in Europa – die für GB zugleich eine gewisse Garantie für Stabilität auf dem Kontinent darstellt – erschüttern könnte.

2. Die offizielle französische Reaktion – vor allem in der Stellungnahme von AM Dumas – ist konstruktiv. Der Hinweis, daß die Wiedervereinigung im europäischen Kontext erfolgen müsse, ist nicht anfechtbar. Gleichzeitig wird damit der taktische Versuch verbunden, uns in der Frage des weiteren Vorgehens bei der Wirtschafts- und Währungsunion auf eine klare Entscheidung beim nächsten ER festzulegen. Gleichwohl dürfte es in Paris – wie auch in London und anderswo – die tiefsitzende Sorge geben, daß in der ganzen weiteren Entwicklung – Annäherung zwischen den beiden deutschen Staaten, Öffnung der EG gegenüber Osteuropa – die Hauptrolle künftig bei Deutschland liegt.

3. Auch nach der Richtigstellung durch das italienische Außenministerium sind die Äußerungen des italienischen Außenministers befremdlich, da sie in keiner Weise der Tatsache Rechnung tragen, daß der 10-Punkte-Plan die deutsche Frage in den europäischen Prozeß und die Ost-West-Entwicklung einbettet. Ausgesprochen positiv sind demgegenüber die Äußerungen von Benelux und des spanischen Außenministers Ordonez.

4. Die sowjetischen Äußerungen sind weniger negativ, als es zunächst den Anschein hat. Wenn Gerassimow erklärt, niemand in Europa sei begierig, ein vereintes Deutschland zu sehen, so versucht er damit, die (vermeintlichen oder tatsächlichen) Besorgnisse anderer vorzuschieben. Auch die Vorwürfe von Gremitskich, der 10-Punkte-Plan bedeute eine „Ablenkung des Reformprozesses in der DDR in eine nationalistische Richtung", stellen eher eine Pflichterfüllung dar. Die Erklärung von Schewardnadse ist demgegenüber ein klarer Hinweis darauf, daß die Sowjetunion – wenn auch unter bestimmten Bedingungen (Verzicht auf Grenzen von 1937) – bereit ist, über Ihren Plan zu diskutieren.
In diesem Zusammenhang verdient festgehalten zu werden, daß auch in westlichen Hauptstädten die „Grenzfrage" mit der weiteren Entwicklung in Verbindung gebracht wird.

Teltschik

---

11 Laut dpa erklärte Delors in Brüssel, es sei „allein Sache der DDR-Bürger, über ihre Zukunft zu entscheiden". Auf diesem Prinzip beruhe auch der von Bundeskanzler Kohl vorgelegte Plan, der zugleich das „unwiderrufliche Engagement" der Bundesrepublik auf dem Weg zur europäischen Union bestätige (ebd.).

Nr. 103
Gespräch des Bundeskanzlers Kohl mit
dem Regierenden Bürgermeister Momper
Bonn, 1. Dezember 1989

BArch, B 136/21762, 223 – 35100 Be 9 NA 3 Bd. 2. – Undatierte Ausfertigung. Verteiler: AA, BM Genscher; BMI, BM Schäuble; BMF, BM Waigel; BMWi, BM Haussmann; BMB, BM Wilms; BMA, BM Blüm; BMJFFG, BM Lehr; BMV, BM Zimmermann. – Mit Vorlage des MR Kass über GL 22 und LASD an Chef BK, 7. Dezember 1989 (Kopien: PSt Straßmeir, AL 2, AL 3, AL 4, LASD): „Anbei lege ich das Protokoll über das o.a. Gespräch mit der Bitte um Billigung vor. Ich schlage vor, allen Teilnehmern der Bundesregierung das Protokoll zu übersenden. Es wird um Zustimmung gebeten." Hs. vermerkt: „auf Weisung LASD keine erneute Vorlage an ChBK; Versendung an teiln. Ressortminister; Ø an ChBK. zdA K[ass] 7/12". – Gesprächsdauer: 9.00 bis 11.00 Uhr.

Teilnehmer seitens der Bundesregierung:
BK, BM Genscher, BM Dr. Schäuble, PSts Carstens (für BM Dr. Waigel), Sts Dr. von Würzen (für BM Dr. Haussmann), BM Frau Dr. Wilms, BM Dr. Blüm, BM Frau Prof. Lehr, BM Dr. Zimmermann, Chef BK, PSts Straßmeir

Teilnehmer seitens des Berliner Senats:
RBM Momper; Bürgermeisterin und Senatorin für Gesundheit und Soziales, Frau Stahmer; Senator Wagner (Arbeit, Verkehr und Betriebe); Senatorin Frau Prof. Pfarr (Bundesangelegenheiten); Senator Dr. Meisner (Finanzen); Senatorin Frau Dr. Schreyer (Stadtentwicklung und Umweltschutz); Senator Dr. Mitzscherling (Wirtschaft); Staatssekretär Prof. Schröder (Chef der Senatskanzlei)

Teilnehmer des Bundeskanzleramtes:
MDgt Neuer, MDgt Dr. Duisberg, Herr Speck, MR Dr. Kass

Protokoll

Der Bundeskanzler begrüßte den Regierenden Bürgermeister und die Mitglieder des Senats von Berlin und wies einleitend in einer grundsätzlichen Bemerkung darauf hin, Berlin sei für ihn nicht irgendeine Stadt, er sei sich der Belastung für die Stadt infolge des Reformprozesses in der DDR voll bewußt. Die besondere Situation und die besondere Bedeutung der Stadt würden von der Bundesregierung unabhängig von der politischen Konstellation in Berlin gewürdigt. Er schlage vor, daß der Regierende Bürgermeister und die Mitglieder des Senats die einzelnen Sachthemen ansprechen sollten, über die dann diskutiert werden könne. Aus Zeitgründen werde eine umfassende Diskussion nicht möglich sein. Es sollte aber eine Verständigung erzielt werden, wie weiter zu verfahren sei. Er schlage vor, Ende Januar in einem kleineren Kreis zusammenzutreffen, um eine Leistungskontrolle vorzunehmen.

Der Regierende Bürgermeister erklärte, er sei dankbar für die einleitenden Worte des Bundeskanzlers und für die Gelegenheit, mit Vertretern der Bundesregierung die gegenwärtigen Probleme Berlins zu erörtern. Der Senat sei sich der zentralen Rolle Berlins bewußt. Die Probleme der Stadt seien nur in enger Kooperation zwischen dem Bund und Berlin zu lösen. Er unterstütze ausdrücklich den vom Bundeskanzler im Deutschen Bundestag vorgetragenen 10-Punkte-Plan. Dies sei ein gangbarer und sehr praktikabler Weg. Er begrüße es, daß der Bundeskanzler auf den Vorschlag von DDR-MP Modrow einer Vertragsgemeinschaft zwischen beiden deutschen Staaten eingegangen sei.

Für Berlin gehe es jetzt um eine sofortige Hilfe angesichts akuter Probleme in der Stadt. Über das Verfahren müsse man sich anhand der einzelnen Punkte verständigen. Er begrüße den Vorschlag des Bundeskanzlers, im Januar zu einer Zwischenkontrolle erneut zusammenzutreffen.

Der Regierende Bürgermeister führte weiter aus, nach entsprechenden Hinweisen von BM Seiters müsse das Begrüßungsgeld in diesem Kreis kein Thema mehr sein. Wenn es zu einem

Devisenfonds käme, wäre dies für Berlin eine erhebliche Entlastung. Die Stadt müsse zur Zeit mit enormen Besucherströmen fertig werden. In den ersten Tagen nach Öffnung der Grenze seien über 1 Mio. Besucher gekommen, zur Zeit kämen täglich 200 000 bis 300 000 Besucher in die Stadt. Die kommunale Infrastruktur der Stadt sei hierfür nicht eingerichtet und deshalb völlig überlastet. Die Normalität offener Grenzen sei zwar begrüßenswert, aber objektiv ergebe sich daraus eine schwere Belastung für die Berliner, z.B. bei der U-Bahnbenutzung und bei den täglichen Einkäufen, die jetzt für die Bewohner der Stadt oft mit langen Wartezeiten verbunden seien. Die Vorbehalte gegen die zahlreichen Besucher würden dadurch immer größer. Es sei wichtig, die Akzeptanz gegenüber den Besuchern aus Ost-Berlin und aus der DDR zu erhalten. Für die Stimmungslage der Stadt komme es deshalb auch darauf an, die Bindungen Berlins an den Bund fortzuentwickeln. Er wolle in diesem Zusammenhang die Direktwahl der Berliner Abgeordneten zum Bundestag und das Stimmrecht der Berliner Vertreter im Bundestag und im Bundesrat ansprechen. Die Direktwahl der Ost-Berliner Abgeordneten zur Volkskammer sei bereits 1979 in das Wahlgesetz der DDR[1] neu eingefügt worden. Es würde psychologisch eine schwierige Situation entstehen, wenn in Ost-Berlin Abgeordnete zur Volkskammer frei gewählt werden könnten und es in West-Berlin bei der gegenwärtigen Wahlpraxis bliebe. Die Direktwahl auch der Berliner Abgeordneten zum Bundestag müsse das Ziel aller im Bund und in Berlin sein. Nach seiner Auffassung sei dies auch erreichbar, wenn es von allen gewollt werde. Dies wäre eine Stärkung der mentalen Lage der Stadt.

Der Bundeskanzler erwiderte, er habe Sympathie für das Ziel freier Wahlen in ganz Berlin. Es sei zu erwarten, daß die Vier Mächte nicht gegen freie Wahlen in Ost-Berlin und in der DDR protestieren würden. Er sei sich mit dem Senat darin einig, daß man die Direktwahl der Berliner Bundestagsabgeordneten wolle. Es sei aber sinnvoll, dieses Anliegen erst im Zusammenhang mit freien Wahlen in der DDR weiterzuverfolgen.

BM Genscher sprach sich dafür aus, die Verabschiedung des neuen Wahlgesetzes in der DDR abzuwarten, um auf dieser Grundlage Gespräche zu diesem Punkt mit den Alliierten zu führen.

Der Bundeskanzler erklärte, er werde über dieses Thema mit seinen Gesprächspartnern bei den Drei Alliierten sprechen; man solle aber nichts tun, bevor nicht Klarheit über das neue Wahlverfahren in der DDR bestehe.

BM Dr. Schäuble wies darauf hin, daß bis zum April/Mai 1990 Klarheit über das Bundeswahlgesetz für die Bundestagswahl im Dezember 1990 bestehen müsse.

Der Bundeskanzler sprach sich dafür aus, den Gesamtkomplex vorher zu diskutieren. Der Reformprozeß in der DDR müsse unumkehrbar sein. Dies sei für ihn nicht erst am Wahltag der Fall, sondern mit der Änderung der DDR-Verfassung und der Verabschiedung eines neuen Wahlgesetzes in der DDR, dem auch die Opposition in der DDR zustimme.

Auf die Frage des Regierenden Bürgermeisters erklärte der Bundeskanzler, er habe keine Einwände dagegen, daß der Regierende Bürgermeister öffentlich erkläre, Bundesregierung und Senat strebten gemeinsam eine Direktwahl der Berliner Abgeordneten zum Bundestag an.

Der Regierende Bürgermeister schlug vor, als eine neue Institution im Rahmen der vorgesehenen Vertragsgemeinschaft zwischen beiden Staaten einen Regionalausschuß Berlin zu bilden, der die Probleme der ganzen Stadt und des Umfeldes beraten und Empfehlungen geben könne; Entscheidungen solle der Ausschuß nicht treffen.

---

1 Nach § 7 Abs. 1 Satz 2 Gesetz über die Wahlen zu den Volksvertretungen der Deutschen Demokratischen Republik – Wahlgesetz – vom 24. Juni 1976 (GBl. DDR 1976 I, 301–306, hier 302) wurden die Vertreter Berlins in der Volkskammer nicht durch die Bürger gewählt, sondern durch die Stadt entsandt. Das Gesetz zur Änderung des Wahlgesetzes vom 28. Juni 1979 (ebd. 1979 I, 139) hob diese Bestimmung auf.

Der Bundeskanzler erklärte, dieser Vorschlag finde seine Zustimmung. Bundeskanzleramt und Senatskanzlei sollten hierzu ein Konzept zu Papier bringen.

BM Frau Dr. Wilms wies darauf hin, daß sich die Frage regionaler Ausschüsse auch für das Zonenrandgebiet stelle.

Der Bundeskanzler bestätigte dies und erklärte, dies liege auf seiner Linie; evtl. könne der Berliner Ausschuß Modell für entsprechende Ausschüsse im ländlichen Raum sein.

Chef BK machte darauf aufmerksam, daß auch darüber gesprochen werden müsse, wie dieser Vorschlag an die DDR herangetragen werde. Dies müsse durch die Bundesregierung geschehen.

Der Regierende Bürgermeister führte aus, daß der Transitverkehr eine hohe psychologische Bedeutung für die Bewohner Berlins habe. Er bitte, in der Transitkommission die bestehenden Probleme gegenüber der DDR mit Nachdruck (auch hart) anzusprechen. Die Staus z. B. bei Helmstedt seien für die Transitreisenden unerträglich. Trotz einiger Maßnahmen, u.a. einer gewissen Trennung des Transitverkehrs und des anderen Verkehrs, gebe es noch keine durchgreifende Verbesserung.

Zum Eisenbahnverkehr meinte der Regierende Bürgermeister, auch dieser Verkehr nehme erheblich zu, er wäre deshalb sehr dankbar, wenn es bei der vorgesehenen Schnellbahnverbindung zwischen Hannover und Berlin bei der Nordtrasse bliebe. Damit könnte der höchste Entlastungseffekt erreicht werden. Es gehe darum, diese Verbindung möglichst schnell zu bauen.

Chef BK erläuterte, die Eisenbahnverbindung Hannover-Berlin sei Gegenstand der laufenden Verhandlungen mit der DDR. Die Probleme des Transitverkehrs würden in der Transitkommission behandelt. Außerdem werde es zu Gesprächen der Verkehrsminister beider Staaten kommen. Chef BK sagte zu, den Regierenden Bürgermeister zu unterrichten, sobald es in diesen Fragen konkrete Ergebnisse gebe.

BM Zimmermann erläuterte, daß die DDR die Öffnung des westlichen Autobahnringes um Berlin und des Grenzüberganges Staaken für den Transitverkehr prüfe. Es seien generell eine Reihe verkehrslenkender Maßnahmen für die Verkehrsströme aus der Bundesrepublik in die DDR und nach Berlin (West) erforderlich. Es wäre auch zu wünschen, wenn die Paßpflicht bei Reisen in die DDR abgeschafft würde. Er werde alle anstehenden Probleme bei seinem beabsichtigten Gespräch mit dem neuen DDR-Verkehrsminister Scholz erörtern.

Bürgermeisterin Stahmer warf ein, es müsse schnell etwas geschehen, damit die Stimmungslage in Berlin sich nicht verschlechtere.

Der Bundeskanzler erläuterte im Hinblick auf den Eisenbahnverkehr, man müsse in der Dimension einer schnellen Zugverbindung von Warschau über Berlin und Hannover bis nach Paris denken. Außerdem sei der Gesamtverkehr neu zu überlegen. In letzter Zeit sei der Straßenverkehr bevorzugt worden. Jetzt gelte es, den Eisenbahnverkehr auszubauen. Es gehe auch um eine Verbindung von Berlin nach Wien.

Auf den Einwand des Regierenden Bürgermeisters, es dürfe jetzt keine Verzögerung mehr bei der ausgereiften Planung der Eisenbahnschnellverbindung Hannover-Berlin geben, erwiderte der Bundeskanzler, diese Strecke müsse kommen.

Auch Senatorin Frau Prof. Pfarr sprach sich nachdrücklich für die Beibehaltung der Nordtrasse für die Eisenbahnverbindung Hannover-Berlin aus.

Der Bundeskanzler machte noch einmal deutlich, daß es um ein Gesamtkonzept gehen müsse. Die Verbindung Hannover-Berlin müsse gebaut werden; Details seien nicht sein Thema. Es gehe auch um Verbindungen von Berlin nach Frankfurt am Main und von Berlin nach München.

Der Regierende Bürgermeister erklärte, es gebe jetzt auch Chancen für ein deutsch-deutsches Luftverkehrsabkommen. Diese müßten jetzt – auch in Verfolgung der alliierten Berlin-Initiative – wahrgenommen werden. Eine Verbesserung des Flugverkehrs von und nach Tegel – in alle Richtungen – könne jetzt erreicht werden, wenn die Lufthansa bei Flugverbindungen in die DDR zum Zuge komme.

Senatorin Prof. Pfarr sprach das Schengener Abkommen[2] an und wies auf die danach vorgesehene Kontrolle der Außengrenze der EG hin. Dies habe auch Auswirkungen für den Transitverkehr von und nach Berlin. Die Erklärung der Bundesregierung auf Arbeitsebene müßte nach ihrer Auffassung jetzt auf politischer Ebene wiederholt werden.

BM Dr. Schäuble erwiderte, eine politische Erklärung sei nicht notwendig, sondern eher gefährlich. Man solle nicht schlafende Hunde wecken. Die Frage müsse ggf. genau geprüft werden. Man könne sich durch eine Erklärung der Bundesregierung auf politischer Ebene eher mehr Ärger einhandeln.

BM Frau Dr. Wilms meinte, für Berlin wäre es besser, wenn eine Erklärung der Bundesregierung auf politischer Ebene abgegeben würde. Es müßte geprüft werden, ob für eine solche Erklärung eine Formulierung gefunden werden könne, die beiden Ansprüchen genüge.

Der Bundeskanzler sprach sich dafür aus, AA, BMI, BMV und BMB sollten diese Frage noch einmal prüfen.

BM Genscher riet davon ab, eine Erklärung der Bundesregierung auf politischer Ebene jetzt in Erwägung zu ziehen.

Der Bundeskanzler schlug vor, Chef BK und Senatorin Pfarr sollten das weitere Verfahren in dieser Frage abstimmen.

Der Regierende Bürgermeister erläuterte, 1989 seien 53 000 Aus- und Übersiedler nach Berlin gekommen. Insgesamt gebe es in diesem Jahr in Berlin 143 000 Neubürger. Der Wohnungsmarkt könne dies nicht verkraften. Die Mietpreise seien raketenhaft in die Höhe geschnellt. Er wäre dankbar, wenn der Bund eine Mietrechtsinitiative unterstützen würde, die der Senat beabsichtige; sie sei vom Senat allerdings noch nicht fertiggestellt. Angesichts von 53 000 Aus- und Übersiedlern könne Berlin eine Versorgung mit Wohnraum in absehbarer Zeit nicht leisten. Die Verweildauer in Notunterkünften betrage über ein Jahr. Berlin müsse deshalb alle Übersiedler nach Westdeutschland weiterleiten, die nicht Verwandte ersten Grades in der Stadt hätten. Berlin liege bei der Aufnahme von Aus- und Übersiedlern weit über der verabredeten Quote von 4%. Die Situation in Berlin sei weitaus schwieriger als in Hamburg oder in Bremen. Die Stadt stehe vor großen finanziellen Problemen.

Bürgermeisterin Stahmer erläuterte, in Berlin gebe es täglich 600 bis 700 Zugänge an Übersiedlern aus der DDR. Der soziale Standard dieses Personenkreises sei deutlich abgesunken. Bei über 20% dieser Zugänge handele es sich um gescheiterte DDR-Bürger. Dies sei eine Belastung für die soziale Struktur der Stadt, es würden auch immer mehr Sozialarbeiter für die Betreuung dieses Personenkreises benötigt. Berlin habe ein zweites Aufnahmelager in Marienfelde eingerichtet. Allein im November habe die Stadt 17 000 bis 18 000 Neuankömmlinge aufnehmen und unterbringen müssen. Die Stadt erwarte eine Beteiligung des Bundes bei der Finanzierung der Unterkünfte und der anderen mit der Aufnahme verbundenen Kosten.

BM Dr. Schäuble verwies auf die im Juni getroffene Einigung bezüglich der Aufnahme von Aus- und Übersiedlern. Hieran sollte besser festgehalten werden. Eine Abweichung könne er sich allerdings in einem Punkt vorstellen: Nur wenn jemand Arbeit und Wohnung nachweisen könne, dürfe er auf Dauer bleiben.

Bürgermeisterin Frau Stahmer wies darauf hin, daß es schon jetzt einen schwunghaften Handel mit fingierten Wohnsitzen in Berlin gebe. Berlin habe die verabredete Aufnahme-

---

2 Nr. 8 Anm. 13.

quote von 4% schon jetzt mit ca. 7,2% weit überschritten. Eine Gefahr für die im Juni getroffene Vereinbarung gebe es nicht.

BM Dr. Schäuble meinte, dieser Einzelpunkt müsse mit den Ländern besprochen werden. Er sehe das Problem, er appelliere aber an Berlin nachdrücklich, darüber nicht zuviel öffentlich zu reden. Probleme gebe es auch anderswo. Die soziale Problematik sollte man besser nicht öffentlich ansprechen. Die Integration der Über- und Aussiedler sei schon schwer genug.

Der Regierende Bürgermeister stimmte dem zu und erklärte, der Senat spreche darüber auch nicht öffentlich. Um den Mißbrauch von Leistungsgesetzen einzudämmen, sollte allerdings überlegt werden, ob neben dem DDR-Reisepaß, der bereits eingezogen werde könne, bei der Aushändigung eines westlichen Passes auch der DDR-Personalausweis eingezogen werden müsse.

Der Bundeskanzler sprach in diesem Zusammenhang von historischen Übergangszeiten, in denen es unvermeidlich sei, daß bestimmte Vorteile ungerechtfertigt ausgenutzt würden.

Der Regierende Bürgermeister bat um eine schnelle Regelung, damit DDR-Personalausweise bei der Aushändigung von Personaldokumenten der Bundesrepublik Deutschland einschließlich Berlin (West) analog den DDR-Reisepässen eingezogen werden können. Fachleute des BMI und des Senats sollten über dieses Problem sprechen.

BM Dr. Schäuble wies noch einmal darauf hin, daß westdeutsche Personaldokumente nur ausgegeben werden, wenn der DDR-Paß in Verwahrung genommen wird. Im übrigen sei der Paß Eigentum des paßausstellenden Staates. Ein Gutteil des Problems werde entfallen, wenn das Begrüßungsgeld ab Januar 1990 wegfalle.

Der Regierende Bürgermeister wies auf die besondere Belastung Berlins durch die enorm gestiegenen Kosten im Bereich Verkehr und Kultur hin. Für den Ausbau der neuen Straßenverbindungen nach Ost-Berlin und in die DDR seien erhebliche Mittel aufzubringen. Zum Teil müßten Straßenverbindungen einschließlich Brückenbauten völlig neu hergerichtet werden. Die BVG habe neun neue Buslinien ins Umland eingerichtet, von denen nur zwei Linien paritätisch mit West-Berliner und DDR-Fahrzeugen bedient würden. Die BVG könne den Verkehr nur unter Einsatz aller eigenen Mittel und mit Hilfe alliierter und westdeutscher Fahrzeuge aufrechterhalten. Die Kapazität der BVG sei nach 28jähriger Trennung der Stadt nur auf ca. 2 Millionen Einwohner ausgerichtet.

Auf dem Kultursektor habe die Stadt große Einnahmeausfälle zu verkraften. Zur Zeit könnten Besucher aus Ost-Berlin und der DDR vielfach unentgeltlich kulturelle Einrichtungen Berlins besuchen. Ziel des Senats sei eine Devisenregelung, wonach die Besucher von Kulturveranstaltungen den halben Preis in Devisen zu bezahlen hätten. Beim öffentlichen Personennahverkehr strebe der Senat an, daß die Besucher aus dem Osten einen noch festzulegenden Fahrpreis in DDR-Währung bezahlen sollten; die Fahrscheinausgabe könnte in Ost-Berlin und im DDR-Umland über Fahrkartenautomaten geregelt werden. Das eingenommene DDR-Geld könnte zweckbestimmt für den Ausbau der Verkehrsverbindungen auf östlicher Seite verwandt werden.

Finanzsenator Dr. Meisner bezifferte die finanzielle Mehrbelastung Berlins durch die Eingliederung von Übersiedlern insgesamt auf rd. 200 bis 300 Mio. DM. Die Eingliederung von 10000 Übersiedlern koste in vier Jahren rd. 100 Mio. DM. Dabei denke er u.a. an die Versorgung mit Wohnungen, soziale Leistungen, Schulversorgung usw. Die übrigen finanziellen Mehrbelastungen Berlins bezifferte Senator Meisner auf ca. 500 Mio. DM. Diese Summe beziehe sich auf den dringend erforderlichen Ausbau des S-Bahn- und U-Bahn-Netzes, der Verkehrsverbindungen nach Ost-Berlin und ins Berliner Umland sowie die Kosten für Grenzübergangsstellen, Sozialleistungen sowie Einnahmeausfälle bei Beförderungsleistungen und auf dem Kultursektor. Der BMF habe in einem Gespräch mit dem Senat erklärt, daß es kein Geld für den Berliner Haushalt geben könne, sofern es um Maßnahmen in der DDR gehe. Die Haltung des BMF sei im Sinne des Überleitungsgesetzes[3] sicherlich korrekt. Man müsse jedoch fragen, ob es sich bei außerstädtischen Verkehrsmaßnahmen eventuell um Projekte im Sinne des 10-Punkte-Plans des Bundeskanzlers handeln könne.

Senator Wagner erklärte, die S-Bahn in Berlin sei alt und kaputt. Dringend erforderlich seien der innerstädtische Ausbau und die Wiederherrichtung der Verbindungen ins Berliner Umland; zur Zeit gebe es drei Übergänge. Die Anbindung an den alten Ring müßte wiederhergestellt werden. Dies habe allerdings nur Sinn, wenn die S-Bahn auch innerstädtisch ausgebaut werde. Dies betreffe auch die U-Bahnhöfe in Ost-Berlin, die an durchgehenden U-Bahn-Linien zwischen beiden Teilen der Stadt liegen. All dies dürfe nicht isoliert gesehen werden. Es gehe vor allem um eine Verteilung des Verkehrs auf S-Bahn, U-Bahn und Busse. Bei den Buslinien sei die Anschaffung neuer Busse dringlich.

Der Senat habe beschlossen, daß es ab Januar für Besucher aus dem Osten keine Freifahrt mehr geben werde. Für die Bezahlung der Fahrpreise mit Ostgeld würden zur Zeit mehrere Preismodelle überlegt. In jedem Fall werde eine erhebliche Unterdeckung bei der BVG bleiben, die aus dem Landeshaushalt allein nicht getragen werden könne.

PSt Carstens erwiderte, Berlin möge dem BMF konkrete Unterlagen und Berechnungen vorlegen; BMF werde daraufhin prüfen, ob und in welchem Umfang Hilfen des Bundes möglich seien.

Der Bundeskanzler betonte, daß eine baldige Prüfung dieser Fragen notwendig sei. PSt Carstens für das BMF und Finanzsenator Meisner für den Senat sollten sich dieser Frage unverzüglich annehmen, um bis zu dem nächsten Gespräch im Januar Zwischenergebnisse vorzulegen.

Auf die Bemerkung von PSt Carstens, daß in diese Überprüfung auch das übrige Ausgabeverhalten des Senats mit einzubeziehen sei, erklärte sich RBM Momper zu einer Diskussion hierüber bereit.

Senator Meisner verwies auf die Notwendigkeit, gegebenenfalls einen Nachtragshaushalt zu verabschieden. Dem stimmte PSt Carstens zu – vorbehaltlich der Prüfung der von Berlin darzulegenden Unterstützungswünsche.

Auf die Frage von RBM Momper, ob festgehalten werden könne, daß der Bund grundsätzlich bereit sei, Berlin zu helfen, erwiderte PSt Carstens, dies werde der Fall sein, wenn die von Berlin vorgetragenen Argumente und Unterlagen für den BMF überzeugend seien.

Chef BK bemerkte in diesem Zusammenhang, daß vom Senat erwartet werden müsse, daß es bei dem mit der DDR vereinbarten Stromverbund in der vorgesehenen Form und entsprechend dem verabredeten Zeitplan bleiben müsse.

Der Regierende Bürgermeister entgegnete, der Senat sehe dies auch so. Die DDR sei in der jetzigen Situation noch mehr als bisher auf die Einnahmen aus dem Stromverbund angewiesen. Der Entscheidungsprozeß des Senats laufe voll. Die Entscheidung werde im Dezember fallen. Senatorin Schreyer führte dazu aus, daß es in der neuen Lage auch die Konzeption der Nutzung des Reiseverkehrs um Berlin gebe. Die DDR sei darauf angesprochen worden; die Antwort werde auch für die Entscheidung wichtig werden.

St Dr. von Würzen betonte mit Nachdruck, daß die bestehende Vereinbarung mit der DDR verwirklicht werden müsse. Es seien weitere Energieprojekte mit der DDR geplant. Insofern komme der Realisierung des vereinbarten Stromverbundes nicht nur eine erhebliche deutschland- und berlinpolitische Bedeutung, sondern auch eine erhebliche Signalwirkung

---

3   Gesetz über die Stellung des Landes Berlin im Finanzsystem des Bundes (Drittes Überleitungsgesetz) vom 4. Januar 1952 (mit Anlagen in: BGBl. 1952 I, 1–6) in der zuletzt am 30. August 1971 geänderten Fassung (zu den bis dahin vorgenommenen Änderungen: Fundstellennachweis A. Bundesrecht ohne völkerrechtliche Vereinbarungen und Verträge mit der DDR. Abgeschlossen am 31. Dezember 1989. Hg. vom Bundesminister der Justiz. Ausgegeben zu Bonn am 20. Februar 1990, 152).

für weitere Projekte dieser Art zu. Der Regierende Bürgermeister erklärte, es gehe nicht um ein mögliches Scheitern des Stromverbundes, sondern lediglich um eine Überprüfung bestimmter Modalitäten.

BM Dr. Schäuble erinnerte an die Verwirklichung der Vereinbarung über den Bau des Deutschen Historischen Museums in Berlin und betonte das große Interesse der Bundesregierung an diesem Punkt.

Der Regierende Bürgermeister erklärte, man werde das Projekt weiterführen, wenn dies von der Bundesregierung gewünscht werde. Er werde die Sache aufnehmen; noch im Dezember werde es zu einer Klärung kommen.

Auf die Bemerkung des Bundeskanzlers, der Regierende Bürgermeister und der Senat müßten genau wissen, mit wem sie es in dieser Sache zu tun hätten, erwiderte der Regierende Bürgermeister, dies sei ihm klar.

Bürgermeisterin Stahmer sprach die Wohnsitznahme von DDR-Bewohnern in Berlin (West) im Zusammenhang mit der Beantragung von Sozialhilfe, Häftlingshilfe und anderer Sozialleistungen an. Vielfach behielten die Antragsteller ihren DDR-Paß und auch ihren Wohnsitz in Ost-Berlin oder in der DDR bei. Eine zwangsweise Einbehaltung sei nicht möglich. Grundsätzlich sei die Leistung bestimmter Hilfen nicht möglich mit zwei Wohnsitzen. Diese Situation wirke sich auf manche Antragsteller wie ein Druck zur Übersiedlung aus; dies sei vom Senat natürlich nicht beabsichtigt.

Auch bei Rentenanträgen sei es vielfach so, daß lediglich ein Scheinwohnsitz in Berlin (West) und ein Konto dort eingerichtet würden, obwohl der Lebensmittelpunkt weiter im Osten der Stadt oder in der DDR liege. Zahlenmäßig seien diese Fälle nur schwer zu erfassen.

Der Regierende Bürgermeister betonte, daß man mit öffentlichen Äußerungen zu diesem Komplex sehr zurückhaltend sei. Dies gelte auch für den Problembereich BAFöG. Man müsse sich schnell zusammensetzen, um zu einer Regelung zu kommen.

BM Dr. Blüm riet zu großer Behutsamkeit bei der Behandlung dieser Fragen. Hier könne viel Neid hervorgerufen werden. Man müsse sorgfältig prüfen und dann handeln. Er rate dringend, pragmatische Lösungen zu suchen und den Erwartungsdruck nicht zu hoch zu putschen. Bei der Rente gehe es wesentlich um die Definition des gewöhnlichen Aufenthaltes. Dies betreffe sowohl Übersiedler aus der DDR wie auch Aussiedler aus Polen. Einschlägig sei hier das Fremdrentengesetz[4], wonach die Rente im Westen so bemessen werde, als hätte er die in Polen oder in der DDR erbrachte Arbeitsleistung im Westen erbracht. Auf Dauer sei diese Regelung nicht durchzuhalten. Grundsätzlich werde es notwendig werden, das dieser Regelung zugrunde liegende Eingliederungsprinzip durch eine neue Regelung im Sinne des Leistungsexportprinzips abzulösen. Die Maßstäbe für das Leistungsexportprinzip seien allerdings schwierig zu ermitteln. Man müsse eine Neuregelung dieser Problematik auch im Rahmen der angestrebten konföderativen Strukturen sehen.

Es wurde beschlossen, daß die mit dem Arbeitsmarkt zusammenhängenden Probleme vom BMA gemeinsam mit der zuständigen Senatorin Stahmer beraten werden.

Bürgermeisterin Stahmer sprach die im Gesundheitswesen erbrachten Leistungen für Besucher an. Bisher gelte die Maxime: „Großzügig handhaben". Dies habe in Berlin allerdings zu einem Medizin-Tourismus geführt – bis hin zu einer Herzoperation, die 147000,– DM koste. Die Ärztekammer Berlin und der Magistrat von Ost-Berlin bemühten sich zur Zeit um eine Vereinbarung über medizinische Hilfeleistung.

In einer besonders schwierigen Situation befinde sich die AOK Berlin, die bei den für die Besucher erbrachten ärztlichen und sonstigen Leistungen vorleisten müsse; der Bund gleiche

---

4 Fremdrentengesetz (FRG) vom 7. August 1953 (BGBl. 1953 I, 848–856) in der zuletzt am 12. Juli 1987 geänderten Fassung (zu den bis dahin vorgenommenen Änderungen: Fundstellennachweis A 1989, 309).

diese Vorleistungen später aus. Da die Liquiditätsreserve der AOK gleich null sei, sei eine Vorschußzahlung des Bundes dringend vonnöten. Der Beitrag der AOK betrage schon jetzt 14,7%.

BM Prof. Lehr wies auf aktuelle laufende Beratungen der Gesundheitsbeauftragten beider Staaten hin. Grundsätzlich gehe es bei der medizinischen Behandlung von Besuchern aus der DDR nur um die Versorgung von akuten Fällen. Sie gehe jedoch davon aus, daß die bis zum 15.12.1989 vorgesehene bisherige großzügige Handhabung bei der medizinischen Versorgung von Besuchern jedenfalls bis zum Weihnachtsfest weiter so gehandhabt werde. Im übrigen lägen keine exakten Daten über einen möglichen Mißbrauch vor.

BM Frau Dr. Wilms machte darauf aufmerksam, daß das Zonenrandgebiet hinsichtlich der medizinischen Hilfe für Besucher aus der DDR im Grunde genauso betroffen sei wie Berlin. Sie halte es für erforderlich, bis Ende dieses Jahres eine klare Definition für Art und Umfang der medizinischen Hilfe für Besucher zu erarbeiten. Es wurde beschlossen, daß die Bundesminister Frau Prof. Lehr und Frau Dr. Wilms sowie die Senatorin Stahmer sich dieser Problematik gemeinsam annehmen.

Zum Thema Arbeitsaufnahme in Berlin (West) erklärte Senator Wagner, vor 1961 habe es 60000 Grenzgänger aus Ost-Berlin gegeben, die in Berlin (West) gearbeitet hätten; umgekehrt hätten 60000 West-Berliner in Ost-Berlin gearbeitet. Zur Zeit gebe es eine große Arbeitsnachfrage von Ost-Berlinern und DDR-Bewohnern in Berlin (West). Die Arbeitsvermittlungsstellen in Berlin verhielten sich hierzu sehr restriktiv. Die Arbeitsaufnahme von DDR-Bewohnern führe bereits jetzt in einigen Bereichen zu einem erheblichen Lohn-Dumping, d.h. Stundenlöhne von 5 bis 6 DM. Man müsse drei Kategorien unterscheiden:

Schwarzarbeiter, Jobsuche (d.h. geringfügige Beschäftigung, Wochenendarbeit), Dauerbeschäftigungsverhältnisse. Bei der Schwarzarbeit gehe es um ein allgemeines Problem; schärfere Kontrollen seien hier erforderlich. Bei den Jobs gehe es vielfach um Wochenendarbeit für 10,– DM pro Stunde, dies entspreche wertmäßig bei den derzeitigen Umtauschverhältnissen mehr als einem Monatslohn in der DDR. Bei den Dauerarbeitsverhältnissen müsse man überlegen, ob man angesichts von Arbeitswünschen auch in umgekehrter Richtung zu einem Ausgleich kommen könne. Senator Wagner wies in diesem Zusammenhang auf seinen an BM Dr. Blüm gerichteten Brief hin.

Eine Arbeitsaufnahme im Westen bedeute auch einen Entzug an Wirtschaftskraft für die DDR. Das neue Reisegesetz der DDR bedeute nach Einschätzung des Senats keine Bremse hinsichtlich der Arbeitsaufnahme im Westen. Nach § 8 des Gesetzes dürfe grundsätzlich auswärts gearbeitet werden, solange damit nicht der Lebensunterhalt bestritten werde. Insofern sei dies eher ein Anreiz zur Tätigkeit im Westen und keine Entlastung für die Berliner Probleme. Ziel müsse eine Vereinbarung zwischen der Bundesrepublik Deutschland und der DDR über die wechselseitige Arbeitserlaubnis sein. Für Berlin sei dies von existentieller Bedeutung. Im Zonenrandgebiet sei die Situation nicht vergleichbar. Der Drang, in Berlin (West) Arbeit aufzunehmen, sei ungleich größer als umgekehrt. Es gebe hier einen dringlichen Regelungsbedarf.

BM Dr. Blüm stimmte der Problemdarstellung von Senator Wagner grundsätzlich zu. Eine gewisse Entlastung verspreche er sich von der ab 01.01.1990 eingeführten Meldepflicht und dem vorgesehenen Beschäftigungsausweis. Im übrigen halte er das Problem der Arbeitsaufnahme für ein Langzeitthema wie bei der medizinischen Hilfe für DDR-Besucher. Hauptziel müsse es sein, Hilfe und Arbeit in der DDR zu schaffen. Lösungen könnten nicht nur über die Bundesanstalt für Arbeit mit finanziellen Mitteln gefunden werden. Vielmehr müßten phantasievolle und pragmatische Lösungen angestrebt werden, um die sich BMA nachdrücklich bemühe.

Senator Wagner verwies darauf, daß eine Lösung angesichts der derzeitigen Verfassungslage schwierig sei. Es gebe noch die einschlägige Kontrollratsdirektive Nr. 42[5], die aber nicht in Berlin gelte. Im Interesse einer schnellen Regelung erwäge der Senat, deshalb an die Alliierten heranzutreten. Tausende von Arbeitnehmern aus der DDR würden den sozialen Frieden in der Stadt gefährden.

BM Genscher sprach sich nachdrücklich gegen eine Wiederbelebung alliierter Bestimmungen aus. Die sei mit ihm nicht zu machen. Es gehe letztlich auch um eine neue Aufgabe. 40 Jahre DDR müßten aufgeholt werden. Dies sei nicht in wenigen Wochen und ohne Belastungen zu schaffen. Ein großer Solidarbeitrag der westdeutschen Bevölkerung sei hier gefordert.

BM Dr. Blüm sprach sich nachdrücklich dafür aus, an die Solidarität aller zu appellieren und pragmatische Lösungen zu suchen. Die bestehenden Probleme sollten aber nicht öffentlich diskutiert werden.

Der Bundeskanzler sprach eine „herzliche Einladung zu dieser großen Solidarleistung" aus.

Der Regierende Bürgermeister dankte für die Solidarität der Bundesregierung. Das Gespräch habe gezeigt, daß man auf einem guten Wege sei. Die konkreten Fragen müßten jetzt auf Fachebene weiterbehandelt werden. Er bat um Unterrichtung durch Chef BK, sobald es im Bereich des Reiseverkehrs Vereinbarungen mit der DDR gebe. Chef BK sagte dies zu.

Der Bundeskanzler erklärte zusammenfassend, es gebe eine Summe von Verabredungen, konkrete Probleme zwischen Mitgliedern der Bundesregierung und des Senats weiter zu erörtern. Bei dem geplanten nächsten Gespräch im Januar werde man bilanzieren, welche Fortschritte es in den Sachfragen inzwischen gegeben habe. Es sei generell notwendig, zwischen Bundesregierung und Senat weiter in Kontakt zu bleiben, auch im Hinblick auf mittel- und langfristige Überlegungen zu anstehenden Problemen. Er denke dabei u.a. an ein Verkehrskonzept, daß die europäischen Verkehrsströme insgesamt berücksichtigen müsse.

Nr. 104
Gespräch des Bundeskanzlers Kohl mit Mitgliedern der
Rüstungskontroll-Beobachtergruppe des amerikanischen Senats
Bonn, 1. Dezember 1989

BK, 212 – 30132 A 5 Am 23 Bd. 4. – Vermerk des VLR Westdickenberg, 5. Dezember 1989. – Mit Vorlage des MDg Hartmann über Chef BK an den Bundeskanzler, 7. Dezember 1989: „Hiermit lege ich Ihnen einen Vermerk über das o.a. Gespräch mit der Bitte um – Genehmigung – vor. Zugleich erbitte ich Ihre – Zustimmung –, daß das Auswärtige Amt (für Botschaft Washington) durch Doppel unterrichtet wird." Hs. von Bundeskanzler Kohl vermerkt: „Teltschik", zur Unterrichtung des Auswärtigen Amtes: „Ja". – Gesprächsdauer: 13.30 bis 14.55 Uhr.

Der Bundeskanzler leitet das Gespräch ein mit dem Hinweis auf die exzellenten Beziehungen zwischen den USA und der Bundesrepublik Deutschland und gibt seiner Freude darüber Ausdruck, daß es zu dem Besuch gekommen ist. Er hätte sich zwar lieber einen Besuchszeitpunkt [ausgesucht], der ihm zeitlich einen größeren Rahmen ermöglicht hätte, weil er u.a. zusammen mit den Senatoren einen Besuch bei Bundeswehreinheiten absolvieren wollte. Das werde man sich bis zum nächsten Mal aufheben müssen.

---

5   Direktive Nr. 42 „Grenzübertritt deutscher Arbeiter und Angestellter, die in einer Zone wohnen und in einer anderen Zone beschäftigt sind", 24. Oktober 1946, in: Amtsblatt des Kontrollrats in Deutschland. Hg. vom Alliierten Sekretariat. Berlin, 31. Oktober 1946, 213 f.

Senator Lugar übermittelt Grüße von Mehrheits- und Minderheitsführern im Senat, den Senatoren Mitchell respektive Dole, und kondoliert zum Anschlag auf Alfred Herrhausen[1]. Senator Pell eröffnet die Diskussion mit dem Hinweis, Geschichte könne man nicht vergessen. Wer die Lektionen der Geschichte vergesse, müsse sie wiederholen! Nach einem Rückblick auf die Jahre der Teilung nach dem Krieg stellt er fest, man habe wohl unterschätzt, wie sehr der Gedanke der Wiedervereinigung in Deutschland eine Rolle gespielt habe, und fragt, wie man sicherstellen könne, daß die 10 Punkte entsprechend dem Plan des Bundeskanzlers Wirklichkeit würden.

Der Bundeskanzler greift den geschichtlichen Rückblick auf und meint, es liege gerade auch an den USA, daß sich die Geschichte nicht wiederhole. Anders als Präsident Wilson nach dem 1. Weltkrieg habe sich Präsident Truman nach dem 2. Weltkrieg dafür entschieden, in Europa zu bleiben und auf einen dauerhaften Frieden hinzuarbeiten. Dies sei der eine Grund dafür, daß die alten Fehler nicht wiederholt worden seien. Der andere sei, daß man in Deutschland gelernt habe und z.B. wisse, daß eine Demokratie ohne eine feste Werteordnung nicht möglich sei.

Nach dem Krieg habe sich die Bundesregierung unter Konrad Adenauer bewußt für die westliche Werteordnung entschieden. Die NATO sei nicht in erster Linie ein Militärbündnis, sondern eine Werteordnung, für deren Schutz es die militärische Komponente gebe. Westbindung sei ein Teil unserer Staatsraison. Allerdings: Wenn diese Werte Gültigkeit hätten, dann müßten sie überall und für alle gültig sein, auch für die Deutschen. Die Bundesregierung und er persönlich hätten 1983 mit der Stationierungsentscheidung bewiesen, daß wir zu unserem Wort stünden. Daran müsse er denken, wenn er das Echo auf seinen 10-Punkte-Plan höre.

GS Gorbatschow habe vor seinen Entscheidungen Bilanz gezogen und dabei – was die Außenpolitik anbetreffe – erkannt, daß auch für eine Supermacht Kriege nicht mehr führbar sind. Daraus ergebe sich automatisch, daß der sowjetische Einfluß auf das Geschehen in der Welt heute geringer geworden sei. Gegenüber GS Gorbatschow müsse man eine klare Sprache führen über das, was möglich, und über das, was ausgeschlossen sei.

GS Gorbatschow habe eingesehen, daß er den bisherigen Kurs der SU nicht fortsetzen könne und daß die SU insgesamt „fit gemacht" werden müsse. Er sei noch nicht „über den Berg": Politisch sei er zwar stärker als vor einem Jahr, aber im Bereich der Wirtschaft sehe es schlechter als vor einem Jahr aus.

Es böten sich Chancen zu Veränderungen aufgrund der Entwicklung in Polen, Ungarn, der ČSSR, der DDR. Die Reformen in Polen und Ungarn müsse man unterstützen, weil man die Dinge so „festschreiben" könne. Historische Prozesse sollten jedoch auch nicht überstürzt werden. Die beiden Paktsysteme würden noch eine ganze Weile fortbestehen. Wir wollten keine Destabilisierung. Wir betonten das Recht auf Selbstbestimmung. Es sei nicht akzeptabel, wenn man den Deutschen dieses Recht verweigere. Dies drohe, den Frieden zu gefährden.

Man müsse die Interessen der Beteiligten sehen und sie berücksichtigen. Wir seien für freie Wahlen in der DDR, für Kooperation, wo es noch viel zu tun gebe. Unser Ziel sei die Föderation, aber nicht die Wiederherstellung des alten Bismarck-Reiches.

Er sei immer ein Vorkämpfer für die EG, für ein geeintes Europa gewesen, mehr als jeder andere europäische Politiker – mit der Ausnahme von Delors, der dies von Amts wegen tue. Man müsse auch Polen und der DDR die Chance geben, Teil der EG zu werden, und dürfe die Türe nicht zuschlagen. Die EG solle selbstbewußt sein. Sie habe die besseren Karten. Die Freiheit sei auf der Seite des Westens, und die Menschen wählten die Freiheit. Der Kommu-

---

1   Der Vorstandssprecher der Deutschen Bank fiel am 30. November 1989 in Bad Homburg einem Sprengstoffattentat der Terroristengruppe Rote Armee Fraktion zum Opfer.

nismus sei tot, und dem viel zitierten „demokratischen Sozialismus" stehe er skeptisch gegenüber.

Die Deutschen in der DDR zeigten, „wo der Weg langgehe", und hätten mit ihren Reaktionen bewiesen, daß die Einheit der Nation nicht verlorengegangen sei. Es wäre fatal, wenn man jetzt sagte, die Teilung Deutschlands sei der Preis für den Ausgang des 2. Weltkrieges. Damit verfalle man erneut in die Fehler von 1919, nur auf andere Weise. Der Bundeskanzler schließt mit einem Lob für die Äußerungen und das Verständnis von Präsident Bush.

Senator Garn greift Spekulationen über Vereinbarkeit von Wiedervereinigung und dem Fortbestehen der Paktsysteme auf und meint, letztlich interessiere ihn das z.Zt. nicht vorrangig. Die Entwicklungen verliefen sehr schnell, wie ihm ein Vergleich zwischen einem Besuch im Sommer d.J. und jetzt zeige. Die Wiedervereinigung sei eine gute Sache. Wenn alles „nach Plan" funktioniere, dann brauche man mit der Zeit auf beiden Seiten sehr wenig Militär.

Senator Garn lobt den Bundeskanzler für den Hinweis auf die wichtige Wertegemeinschaft und äußert Anerkennung für „Führungsbereitschaft" (leadership) und Freundschaft. Die USA und die Bundesrepublik Deutschland seien unglaublich erfolgreich. Er schließt mit der Frage, was sich der Bundeskanzler vom Treffen zwischen Präsident Bush und GS Gorbatschow erhoffe.

Der Bundeskanzler betont, seiner Meinung nach seien nicht in erster Linie Abmachungen oder Sachfragen von Bedeutung, sondern das persönliche Gespräch und das Kennen- und Einschätzenlernen. Vertrauen müsse wachsen. Beide Gesprächspartner müßten sich als berechenbar einschätzen, was nicht gleichzusetzen sei mit blindem Vertrauen.

Die Entwicklung in der SU zeige seiner Ansicht nach, daß alles immer mehr auf eine Person zulaufe: GS Gorbatschow. Der führe einen Kampf gegen Windmühlenflügel. Er müßte 100 000 entlassen können und – schwieriger noch – 100 000 geeignete neue Leute finden. Präsident Bush – dem er keine Ratschläge aufdrängen wolle – sollte die Probleme von GS Gorbatschow sehen und deutlich machen, daß er sie sehe, aber – dies sei psychologisch wichtig – nicht versuchen, sie auszunutzen. Man müsse sehen, ob man der SU im kommenden Winter helfen könne.

Hier verweist der Bundeskanzler auf ein ganz bedeutsames „burden-sharing" der Bundesrepublik Deutschland: die Hilfe für Polen und Ungarn. Militärisch mache sich dies auch bemerkbar: Die Armeen der Verbündeten seien für die SU nicht mehr voll einsatzfähig. Wer könne sich heute noch vorstellen, die NVA gegen die Bundesrepublik Deutschland einzusetzen? Er, der Bundeskanzler, hoffe, daß der US-Senat den von Präsident Bush erbetenen 250 Mio. $ für den Stabilisierungsfonds für Polen zustimmen werde.[2] Wir würden 250 Mio. $ beisteuern. Auf dem Europäischen Rat[3] werde er fragen, was denn die anderen beizutragen gedächten.

Für die VKSE und die Genfer CW-Verhandlungen erhoffe er sich weitere Fortschritte durch das Treffen bei Malta.

Senator Sarbanes erkundigt sich danach, wie der Sicherheitsrahmen für Europa in der Zukunft aussehen werde und wohin die 10 Punkte führen würden.

Der Bundeskanzler unterstreicht, sie würden auf keinen Fall zu einer Neutralität Deutschlands führen. Er hoffe, daß beide deutsche Staaten in die EG eingebracht werden könnten. Natürlich beinhalte dies auch Sicherheitsaspekte. Wenn beide deutsche Staaten in der EG sein könnten, dann müsse das auch für Polen, Ungarn, die skandinavischen Länder möglich sein. Dann seien die Paktsysteme natürlich nicht mehr die gleichen. Dann gebe es das Sicherheitsrisiko auch nicht mehr in der jetzigen Form: „Demokratische Staaten greifen nicht an!"

---

2 Präsident Bush hatte beantragt, 200 Millionen US-Dollar zu bewilligen (dazu Erklärung des Pressesprechers Fitzwater, 4.Oktober 1989: Public Papers of the Presidents of the United States. Bush. 1989 II, 1305–1307, hier 1306).
3 Nr. 117 Anm. 1.

Sicherlich: Auch im 21. Jahrhundert werde es Kriege geben. Die Gefahr eines Weltkrieges habe allerdings drastisch abgenommen. Es werde in der Zukunft drei wichtige Zentren auf der Welt geben: die USA mit Kanada und evtl. Mexiko, Japan und Korea und andere Staaten des pazifischen Raumes sowie Europa. Entscheidend seien insoweit nicht nur die Wirtschaftsdaten, sondern auch Punkte wie soziale Stabilität, Infrastruktur, Bildungswesen etc. Verteidigung werde beim Stellenwert eines Landes nicht mehr die erste Rolle spielen. Zudem werde der Nord-Süd-Gegensatz den Ost-West-Gegensatz in den Hintergrund drängen.

Senator Chafee geht auf die Debatte um die US-Truppenpräsenz in Europa ein und fragt, welchen Rat der Bundeskanzler in diesem Zusammenhang gebe.

Der Bundeskanzler meint, es komme für die USA darauf an, die richtige Balance zwischen den Haushalts- und den Verteidigungserfordernissen zu finden. Für uns sei die Tatsache einer US-Truppenpräsenz in Europa und Deutschland entscheidend. Es komme dabei aber nicht auf jedes Bataillon an. Er wisse, daß es Freiheit nicht zum Nulltarif geben könne, und betone das immer wieder öffentlich. Die US-Truppen hätten seit Ende des Krieges Frieden und Freiheit in Europa gesichert. Er habe aber auch Verständnis dafür, daß die USA das Ausmaß ihres Engagements überdächten. Wichtig sei es im Hinblick auf Wien, die Signale nicht zum falschen Zeitpunkt zu geben. Auch sehe er, daß einige Mitgliedstaaten, die oft laut lamentierten, selbst nicht immer ihren vollen Beitrag leisteten.
...[4]

Senator Nickles meint, Deutschland – auch ein wiedervereinigtes – solle in der NATO und ein enger Verbündeter der USA bleiben. Was aber werde die SU zulassen? Was werde aus der NATO?

Der Bundeskanzler betont, er habe als Nahziel bewußt nicht von einem Bundesstaat, sondern von konföderativen Strukturen gesprochen. Mit den jetzigen Pakten sei eine Föderation nicht möglich, aber wer wisse, wie die Dinge in 8–10 Jahren sich entwickelten? Ohne Ungarn hätte es die Entwicklung in der DDR nicht gegeben. Panzer habe man in China einsetzen können, nicht aber in Europa. GS Honecker sei „über die Füße der Flüchtlinge" gestürzt. Die Ungarn hätten die Bewohner der DDR nicht einsperren wollen, so daß – auch wenn die DDR ihre Grenzen nicht geöffnet hätte – ihre Bewohner weiterhin über Ungarn hätten fliehen können. In diesem Jahr seien bereits über 200000 Flüchtlinge aus der DDR zu uns gekommen, Durchschnittsalter unter 28 Jahren. Zusätzlich hätten wir eine große Anzahl von Aussiedlern aufgenommen.

Er habe mit seinem 10-Punkte-Plan einen Stufenplan vorgelegt. Eine Föderation sei nur bei Veränderung der Paktsysteme möglich. Man müsse fragen, was passiere, wenn Ungarn fordere, daß die Militärdoktrin des WP geändert werde.

Senator Bryan äußert Sorgen über den Zugang zum Markt der EG nach 1992.

Der Bundeskanzler betont, mit ihm gebe es keine „Festung Europa", denn dann würden wir das beseitigen, was den Erfolg der Bundesrepublik Deutschland ausgemacht habe. Unser Erfolg wäre mit Protektionismus und ohne Freihandel weltweit nicht möglich gewesen. Allerdings: Unsere eigene Erfahrung sei, daß Marktwirtschaft Zeit brauche. (Exkurs zu Erfahrungen im Zusammenhang mit Umweltschutz: Katalysatoren für Kfz und Sauberhaltung des Rheins.)

Anders als viele andere habe er keine Angst vor der Konkurrenz der Japaner. Sie seien nicht tüchtiger als wir, und in den Forschungsausgaben lägen wir vorn. Er wünsche sich eine möglichst enge Kapitalverflechtung zwischen Europa und den USA. Viele US-Firmen bei uns seien fast so gut wie viele US-Soldaten!

4　Im folgenden besprochen: Fragen der Nahostpolitik.

Teilnehmer des Gespräches waren
auf **amerikanischer** Seite:
– die <u>Senatoren</u> Pell, Lugar, Chafee, Warner, Sarbanes, Garn, Moynihan, Nickles,
– Botschafter Walters und Gesandter Grobel,
– 3 Mitarbeiter des US-Senats (die Herren Ashworth, Bell und Myers),
auf **deutscher** Seite:
– Prof. Dr. Weidenfeld,
– MDgt. Dr. Neuer,
– VLR I Dr. Kaestner,
– VLR Dr. Westdickenberg (Note taker).

G. Westdickenberg

Nr. 105
Fernschreiben der Ständigen Vertretung bei der DDR
an den Chef des Bundeskanzleramtes
Berlin (Ost), 1. Dezember 1989

BK, 212 – 35400 De 39 Bd. 1. – FS StäV Nr. 2742, 14.33 Uhr. Az. 12 – 37 – 901 NA 1. VS-NfD. Cito. Verteiler: ChBK, Gruppe 22; Bonn AA, Ref. 210, auch für Botschaften Moskau, Prag, Warschau, Budapest, Bukarest, Sofia, Paris Diplo, London Diplo, Washington, Brüssel-NATO; BMB, AL II. Mit Stempel: 022758, BK-Amt, FS-Zentrale, 1. Dezember 1989, 16.54 Uhr.

Betr.: Vierertreffen in Brüssel am 13.12.1989.
      hier: Bericht über DDR und innerdeutsche Beziehungen
Bezug: Erlaß AA Nr. 2330 vom 31.10.1989
Verfasser: Studnitz

1.
Die Lage in der DDR ist von Sorge und Angst geprägt, Angst der alten SED-Führung, die mit zunehmender Geschwindigkeit aus ihren Machtpositionen und Privilegien verdrängt wird, Sorge der Bevölkerung, die auf die sich allzu schnell anpassenden SED-Funktionäre (die Wendehälse) und die in den Apparaten ausharrenden Altfunktionäre schaut. Solange letztere nicht verschwunden sind, befürchtet die Bevölkerung, daß es noch einen Rückschlag geben könnte. Allgemein verbreitet ist insbesondere auch die Angst vor der Wirtschaftskatastrophe, nachdem sichtbar geworden ist, daß die Lage der DDR dramatischer ist, als je geahnt wurde. Weit verbreitet ist schließlich auch die Angst, daß nach dem Scheitern des Experiments Sozialismus in der DDR als einzige Alternative die Übernahme des Sozialmodells der Bundesrepublik Deutschland übrigbleiben könnte, wodurch ein in der DDR entstandenes Gefühl von eigener Identität verlorenzugehen droht. Die Angst wird durch die allgemein spürbare Konzeptionslosigkeit verstärkt, die Lösungsangebote der alten Parteien und neuen Bewegungen wirken nicht überzeugend, insbesondere deshalb, weil die Grundfrage nach der Einheit der Deutschen öffentlich nicht diskutiert wird. Dennoch tritt sie in Losungen bei den Leipziger Demonstrationen, in Leserbriefen in den Zeitungen und in verfälschter Form in der Diskussion des Konföderationsgedankens auf.

2.
Durch die Ablösung Honeckers am 18. Oktober 1989 und die weitreichenden Konsequenzen des ZK-Plenums vom 8. bis 10. November sind schon heute unwiderrufliche Veränderungen eingetreten, die das Bild der DDR entscheidend verändert haben.

a.

Die Trennung von Partei und Regierung ist konsequent und unwiderruflich vollzogen. Wichtige Machtfunktionen, die bisher das ZK-Sekretariat oder das Politbüro wahrgenommen hatten, liegen ausschließlich bei der Regierung: Die maßgebliche Sprecherrolle in Wirtschaftsfragen hat die Vizepremierministerin Luft und nicht der nominelle Nachfolger von Mittag, Rauchfuß, der in der kritischen Diskussion über Wirtschaftsfragen bisher überhaupt nicht in Erscheinung getreten ist. Fragen der Kommunalverwaltung und staatlichen Reorganisation liegen bei einem anderen Vizepremier, eine Funktion, die bisher im ZK-Sekretariat von Krenz bekleidet wurde. Gleiches gilt für die Jugendfragen, für die jetzt der Bildungsminister und nicht mehr ZK-Sekretär Herger als Nachfolger von Krenz zuständig ist. Der ZK-Sekretär für Medien und Information[1] (früher Agitation und Propaganda) agierte nur bei der Berichterstattung über das Parteiereignis ZK-Tagung, im übrigen aber amtiert der neuernannte Regierungssprecher im Ministerrang[2]. Insbesondere aber tritt Ministerpräsident Modrow in eigener Machtfülle auf und nicht mehr, wie früher Stoph, als Befehlsempfänger des Politbüros. Dementsprechend war er auch neben Krenz der Hauptgesprächspartner von BM Seiters. Konsequenterweise war bei den Besprechungen von BM Seiters auch mit Ausnahme von Krenz, der aber als Staatsratsvorsitzender amtierte, niemand ausschließlich als Parteifunktionär anwesend.[3]

b.

Durch den Abbau der Mauer und die Freigabe des Reisens in den Westen ist die 28 Jahre dauernde, strenge Abtrennung überwunden. Allein die physischen Abrißmaßnahmen bei der Beseitigung von Grenzanlagen schließen eine Rückkehr zum früheren Regime praktisch aus. Die eigentliche Garantie für die Nicht-Wiederherstellbarkeit der Abschließung liegt aber in dem gewachsenen Selbstbewußtsein des Volkes, das jeden derartigen Versuch mit einem Proteststurm beantworten würde.

Demgegenüber wäre auch der Rückgriff auf die bewaffnete Macht unvorstellbar, weil die tiefgreifende Kritik wie auch die öffentlichen Untersuchungen über Machtmißbrauch der Sicherheitskräfte das Selbstvertrauen der bewaffneten Kräfte von Polizei und Staatssicherheitsdienst so weit erschüttert haben, daß ein Griff zu den Waffen unvorstellbar ist. Er ist auch deshalb unvorstellbar, weil die DDR keine Hilfe von außen erwarten kann.

c.

Das Freiheitsbewußtsein der Bürger ist so stark ausgeprägt und manifestiert sich in den sich weiterhin vollziehenden Straßendemonstrationen, nicht nur in Leipzig, daß eine Rückkehr zu den alten Verhältnissen ausgeschlossen ist.

d.

Der Führungsanspruch der SED ist schon jetzt gefallen und kann wegen der weitreichenden Diskreditierung der SED auch nicht wiedergewonnen werden. In freien Wahlen wird nach vielerlei Einschätzung die SED Mühe haben, 20 v.H. der Stimmen auf sich zu vereinen. Das Streichen des Führungsanspruchs der SED aus der Verfassung[4] ist nur noch ein Formalakt, der nachvollzieht, was bereits Verfassungswirklichkeit ist.

e.

Es kann schon heute nicht mehr bezweifelt werden, daß es in der DDR zu freien Wahlen kommen wird: Die sich neu formierenden Bürgerbewegungen brauchen hierfür erhebliche Vorbereitungszeit, weil das Bildungsmonopol der SED es nicht zuließ, daß außerhalb von

---

1 Günter Schabowski.
2 Wolfgang Meyer, Regierungssprecher und Leiter des Presseamtes, war Mitglied des Ministerrates der DDR.
3 Nr. 96.
4 Ebd., Anm. 1.

ihr Fachwissen in nennenswertem Umfang heranwuchs und politische Führungstalente sich entwickeln konnten. Ein relativ später Wahltermin im Herbst 1990 birgt einerseits die Gefahr in sich, daß die politische Basis, die durch die Demonstrationen gewonnen wurde, verlorengeht.

Andererseits hat aber die so vollständig diskreditierte SED kaum eine realistische Chance, wieder Tritt zu fassen. Es ist schon jetzt zu erkennen, daß es bei den Wahlen keine gemeinsame Liste mehr geben wird. Alle Parteien treten gegeneinander an. Vieles spricht dafür, daß es ein Verhältniswahlrecht geben wird und daß es möglicherweise eine Sperrklausel gibt, um kleine Gruppen aus dem Parlament zu halten. Desgleichen werden die SED-geführten Massenorganisationen FDJ, FDGB, Kulturbund, Frauenbund u. a. künftig keine eigenen Listen mehr aufstellen können, da ihre Abgeordneten in der Vergangenheit SED-hörig waren und so zu einer Verfälschung des Wahlbildes zu Lasten der konkurrierenden anderen Parteien führen würden.

Wenn Massenorganisationen nicht kandidieren dürfen, trifft das auch das Neue Forum, wo es bisher noch Widerstand gegen ein Parteiverständnis gibt. Letztlich wird aber das Neue Forum kandidieren wollen und die notwendige Form annehmen.

3.

Die bisherigen zentralen autokratischen Strukturen sind in atemberaubender Schnelligkeit zerfallen. Das gilt insbesondere für die SED, deren bisherige Führung befürchten muß, daß beim außerordentlichen Parteitag vom 15. bis 17. Dezember, wie ZK-Mitglieder sagten, vielleicht nur noch 2–35 v.H.[5] der bisherigen Mitglieder wiedergewählt werden. Die Parteibasis wehrt sich vehement und erfolgreich gegen das bisherige Prinzip, daß Parteitagsdelegierte von der zentralen Parteileitung vorgeschlagen und von der Basis nur bestätigt wurden. Die Basis will selbst ihre Delegierten wählen, die reformorientiert sind. So wird sowohl der Parteitag wie auch das von ihm gewählte Zentralkomitee sich diametral von dem bisher Gewohnten unterscheiden. Diese Veränderungen werden auch vor der Parteiführung nicht haltmachen. Gegenwärtig kann nur mit Sicherheit angenommen werden, daß Ministerpräsident Modrow dem künftigen Politbüro angehören wird. Für alle anderen ist das zweifelhaft, auch für den Generalsekretär Krenz. Nicht umsonst hat der weithin geachtete Oberbürgermeister von Dresden, Berghofer, erkennen lassen, daß er für dieses Amt zur Verfügung stehen könnte. Nach den bisher schon vollzogenen Änderungen der Verfassungswirklichkeit wird ein künftiges Politbüro eher einem Parteivorstand, wie wir ihn kennen, entsprechen als einem politischen Führungsorgan bekannter kommunistischer Prägung. Somit wird denkbar, daß ein künftiger Generalsekretär der SED, wenn er überhaupt noch so heißt, kaum in Personalunion das Amt des Vorsitzenden des Staatsrats und des Vorsitzenden des Nationalen Verteidigungsrates in seiner Person vereinigt. Dies verträgt sich nicht mit dem Prinzip der Trennung von Partei und Staat. In diesem Zusammenhang gewinnt die entstehende Diskussion, das Präsidentenamt wiederzubegründen, zunehmend Gewicht. Ein Staatsrat als Organ der Volkskammer, der zwischen den Sitzungen der Volkskammer für diese amtiert, paßt nicht mehr in das sich wandelnde Verfassungsverständnis der DDR.

Auch die anderen traditionellen zentralen Organisationen wie FDJ und FDGB befinden sich in tiefer Krise. Für die FDJ ist es keineswegs sicher, ob sie als zentraler Jugendverband überhaupt noch fortbestehen wird. Es haben sich schon zahlreiche Jugendverbände, sei es der anderen Parteien, sei es in freier Organisation, gebildet, die das gemeinsame Dach der FDJ nicht mehr anerkennen wollen.

Der FDGB ist insbesondere durch die persönliche Korruptheit seines langjährigen Vorsitzenden Tisch und die zweckwidrige Verwendung von Mitteln, die für soziale Zwecke ge-

---

5   Vermutlich gemeint: „25–35 v.H.".

sammelt worden waren, zur Unterstützung des Pfingsttreffens der FDJ 1989 (50 Millionen) tiefgreifend diskreditiert.

Eine andere Säule des bisherigen Staatsapparates, der Staatssicherheitsdienst, ist moralisch zerstört. Seine Spitzelfunktionen passen nicht mehr in das neue freiheitliche Verständnis der Bürger des Landes. So ist es konsequent, daß Tausende von ehemaligen Mitarbeitern des Staatssicherheitsdienstes in andere Funktionen umgesetzt werden. Mit besonderer Genugtuung werden Meldungen verzeichnet, daß ehemalige Stasi-Angehörige etwa im Braunkohlentagebau eingesetzt werden.

4.

Bei aller Geschwindigkeit der Ablösung der alten Führung sind besorgte Stimmen nicht zu überhören, die darauf hinweisen, daß sich zwar an der Oberfläche sehr vieles ändere (Wendehälse), daß sich aber die alten Funktionäre verbissen schweigend zurückzögen, um in ihren Institutionen zu überwintern. Dies löst begreifliches Mißtrauen aus. Dennoch dürfte die um sich greifende Stimmung der Abrechnung vor ihnen nicht haltmachen, zumal die schwierige Wirtschaftslage die Parteifunktionäre in den Betrieben sehr schnell der Kritik des Nichtstuns aussetzt. In den wissenschaftlichen Instituten und Hochschulen werden ihre Absichten von den besonders eifrig auf Wandel bedachten jüngeren Intellektuellen durchkreuzt. So steht zu erwarten, daß die Alt-Stalinisten möglicherweise schon als Folge des außerordentlichen Parteitages im Dezember ihre Positionen räumen müssen und dann eher zum Sozialfall für die DDR werden, als daß sie noch wirkliche Macht repräsentieren.

5.

Parallel zum Zerfall der SED, aber deutlich weniger schnell und damit ein Machtvakuum erzeugend, vollzieht sich die Formierung der neuen Kräfte.

Die Altparteien neben der SED, LDPD, CDU, NDPD und DBD (Bauernpartei), haben durch ihre langjährige Bindung an die SED mit erheblichen Glaubwürdigkeitsdefiziten zu kämpfen. Die Bauernpartei hat nach wie vor wenig Profil entwickelt und ist aus dem Schatten der SED nicht wirklich herausgetreten. Den aktivsten Part spielt gegenwärtig die Liberale Partei (LDPD) unter ihrem Vorsitzenden Gerlach. Gerlach ist der artikulierteste Fürsprecher für Reformen, zugleich aber auch eine erhebliche Belastung für die LDPD, da niemand seine Vergangenheit vergessen hat, insbesondere nicht, daß er es war, der bei der Vernichtung der letzten selbständigen Kleinunternehmer eine unrühmliche Rolle gespielt hat. Es fragt sich, ob er dieses Defizit wirklich überwinden [wird] oder ob die LDPD bei künftigen Wahlen letztlich doch besser beraten wäre, sich von ihm zu trennen. Der am meisten verachtete Politiker der Blockparteien war der langjährige CDU-Vorsitzende Götting. Die CDU hat die Weisheit besessen, sich von ihm möglichst schnell zu trennen und in de Maizière einen untadeligen neuen Vorsitzenden zu küren, der eher durch seine Redlichkeit als durch seine Ausstrahlungskraft überzeugt. Die traditionell wenig prominente Nationaldemokratische Partei, die geschaffen wurde, um ehemaligen Nazis eine neue politische Heimstatt zu bieten, hat sich am konsequentesten auf das nationale Thema gestürzt, das sie in der unscharfen Form des Konföderationsgedankens in die Debatte einzuführen versucht. Es ist nicht zu erwarten, daß andere Mitbewerber bei künftigen Wahlen ihr dieses Thema allein überlassen werden. Diese Partei hat auch nicht die Statur, dieses wichtige Thema maßgeblich und allein zu repräsentieren.

– Ende von Teil 1 –

– Folgt Teil 2 mit FS Nr. 2743[6] –

---

6 In der Registratur des Bundeskanzleramtes und den einschlägigen Akten der Ständigen Vertretung der Bundesrepublik Deutschland bei der DDR (BArch, B 288) nicht zu ermitteln.

Nr. 106
Schreiben des Bundeskanzlers Kohl an Premierminister Shamir
Bonn, 1. Dezember 1989

BK, 214 – 30132 I 9 Is 18. – Entwruf des VLR I Ueberschaer. Tag der Ausfertigung hs. ergänzt. Abgezeichnet: „K[ohl]".
– Auf Reinschrift des Schreibens hs. vermerkt: „geänderte Fassung (Richtigstellung der Zeilen 1 + 2) ab an Botschafter Haas (Tel Aviv) am 4.12.89".

Sehr geehrter Herr Premierminister,

mit großem Befremden habe ich von ⟨Ihrer öffentlichen Äußerung⟩[1] erfahren, in ⟨der⟩[2] Sie die Befürchtung ausgesprochen haben, daß ein geeintes und starkes Deutschland die Gelegenheit nutzen könnte, die dem jüdischen Volk in der Vergangenheit zugefügten Verbrechen – den Holocaust – zu wiederholen.[3]

Ich halte solche Äußerungen für geeignet, unsere sonst guten und spannungsfreien Beziehungen zu belasten.

Wie Sie, Herr Premierminister, bin ich der Meinung, daß die im deutschen Namen begangenen Untaten nicht verdrängt werden dürfen. Die Erinnerung daran muß vielmehr als stete Mahnung für uns und für die kommenden Generationen erhalten werden.

Andererseits aber bin ich der Überzeugung, daß Sie als Regierungschef des uns befreundeten Staates Israel mit Ihrem Urteil den heutigen Deutschen – in beiden deutschen Staaten – nicht gerecht werden, ja ihnen Gerechtigkeit verweigern.

Die Deutschen in der Bundesrepublik Deutschland haben sich selbst eine freiheitlich-demokratische Grundordnung gegeben. Sie sind über die Europäische Gemeinschaft und die Atlantische Allianz in die Wertegemeinschaft des Westens eingebunden. Über 40 Jahre hindurch haben sie unter Beweis gestellt, daß sie aus der Geschichte gelernt haben.

Wenn in diesen Wochen auch die Menschen in der DDR in friedlichen und gewaltlosen Demonstrationen millionenfach ein unübersehbares Bekenntnis zu Demokratie, Rechtsstaatlichkeit und Selbstbestimmung ablegen, so ist dies – wie Sie selbst sagen – ein großer Sieg der freien Welt.

Das Zusammengehörigkeitsgefühl, das die Deutschen in West und Ost heute miteinander verbindet, ist nicht das Kennzeichen eines neuen deutschen Nationalismus. Es ist vielmehr die gemeinsame Überzeugung, daß die Freiheit jedes einzelnen Deutschen die Sache aller Deutschen ist. Dieser Freiheitswille verbindet uns als Nation ebenso wie die gemeinsame Geschichte und Kultur.

Wir stehen am Anfang einer Entwicklung, von der wir uns eines Tages auch eine Wiederherstellung der deutschen Einheit erhoffen. Im Vordergrund aber steht dabei für uns die Erfüllung der Forderung unserer Landsleute in der DDR nach Freiheit und Selbstbestimmung. Hierbei zählen wir auf die Unterstützung aller unserer Freunde und Partner, die sich den gleichen Prinzipien verpflichtet wissen.

---

1 ⟨ ⟩ Hs. korrigiert aus: „Ihren verschiedenen öffentlichen Äußerungen".
2 ⟨ ⟩ Hs. korrigiert aus: „denen".
3 Premierminister Shamir hatte am 15. November 1989 gegenüber dem amerikanischen Fernsehsender PBS auf die Frage, wie er „die jüdische Haltung zu den Deutschen und zum deutschen Volk in diesem Augenblick charakterisieren" würde, erklärt: „Alle von uns erinnern sich an das, was uns das deutsche Volk ... was uns die Deutschen angetan haben, solange sie vereint und stark – stark im militärischen Sinne – waren. Das deutsche Volk ... die große Mehrheit des deutschen Volkes entschied, Millionen Juden zu töten. Jeder von uns könnte denken, daß sie, wenn sie wieder dazu Gelegenheit erhalten und das stärkste Volk in Europa und vielleicht in der Welt sind, versuchen werden, es wieder zu tun." Einschränkend fügte er hinzu, er wisse „nicht, ob dies so ist oder ob es eine begründete Furcht ist" (Vorlage des Ministerialdirektors Teltschik an Bundeskanzler Kohl betr. israelische Befürchtungen vor einer Wiederherstellung der deutschen Einheit, 21. November 1989, Anlage: Arbeitsübersetzung der die Deutschlandfrage betreffenden Äußerungen von Premierminister Shamir; BK, 214 – 30104 I 9 Is 9, StM Stavenhagen, 12.–14.5.1990; Auszüge aus dem Interview auch in: Die Welt. Nr. 27. 1. Februar 1990, 8).

Unsere Antwort auf die deutsche Frage war von Anfang an europäisch und wird europäisch bleiben. Die Lösung der deutschen Frage und die Überwindung der Teilung Europas stehen in einem untrennbaren Zusammenhang. Wir wollen eine gerechte und dauerhafte europäische Friedensordnung erreichen, in der auch das deutsche Volk in freier Selbstbestimmung seine Einheit wiederfindet.

Niemand in Ost und West wird ein Votum aller Deutschen für die Einheit ihres Landes ignorieren oder als nicht berechtigt in Frage stellen können. Von einem demokratischen und nach rechtsstaatlichen Prinzipien regierten Deutschland wird für niemanden in Europa oder sonstwo eine Bedrohung ausgehen.

Insofern, so finde ich, verbietet sich jede Parallele zum nationalsozialistischen Unrechtsregime.

Mit freundlichen Grüßen

Nr. 107
Vorlage des Ministerialdirigenten Hartmann an Bundeskanzler Kohl
Bonn, 1. Dezember 1989

BK, 211 – 30131 I 3 It 10a Bd. 2. – Vorlage über AL 2. Hs. von Bundeskanzler Kohl vermerkt: „Teltschik".

Betr.:   Italienische Äußerungen zur deutschen Frage

Im Hinblick auf Ihr Zusammentreffen mit Herrn MP Andreotti im Rahmen der Zusammenkunft in Salzburg an diesem Wochenende [2./3. Dezember 1989][1] erlaube ich mir noch folgende Hinweise zu o.a. Thema:

1. Der italienische Außenminister De Michelis hat nach Abschluß der Regierungsgespräche mit der SU in einer Pressekonferenz am 30.11.1989 seine Haltung zur deutschen Frage erläutert und ist dem durch Pressemeldungen am Vortag entstandenen fatalen Eindruck entgegengetreten, er teile die Revanchismusbefürchtungen des sowjetischen Außenministers. Er erklärte ausdrücklich auf entsprechende Frage, die italienische Seite habe keine Befürchtungen hinsichtlich eines deutschen Revanchismus. Die legitimen Gefühle der Deutschen – in West wie in Ost – müßten im Rahmen der Regeln von Helsinki behandelt werden. De Michelis vermied das Wort ⟨Wiedervereinigung⟩[2] und ein unmittelbares Eingehen auf den Stufenplan; er insistierte statt dessen nachdrücklich auf der Verknüpfung der deutschen Frage mit der Schlußakte von Helsinki und dem europäischen Integrationsprozeß.

2. In einer vertraulichen Unterrichtung ist Botschafter Ruth im italienischen Außenministerium zu dem Gespräch zwischen AM De Michelis und AM Schewardnadse folgendes gesagt worden:
   - Das Stichwort „Revanchismus" sei überhaupt nicht gefallen.
   - Schewardnadse habe Sorge geäußert, das extreme Rechte in D unter Berufung auf das

---

1   Auf einem Treffen der Europäischen Demokratischen Union in Salzburg, an dem christdemokratische Politiker aus acht Ländern der EG teilnahmen, unterrichtete Ministerpräsident Andreotti Bundeskanzler Kohl über den Besuch des Generalsekretärs Gorbatschow vom 28. November bis 1. Dezember 1989 in Italien („Christdemokratische Spitzenpolitiker aus ganz Europa berieten in Salzburg. Kooperation mit Gruppen im Osten", in: Salzburger Nachrichten. 45. Jg. Nr. 280. 4. Dezember 1989, 15).

2   ⟨ ⟩ Von den Bearbeitern korrigiert aus: „Wiedervereinbarung".

Urteil des BVG von 1973³ die bestehenden Grenzen in Europa agitatorisch in Frage stellen könne.

- De Michelis habe Schewardnadse zugestimmt, daß Helsinki entscheidend (für die Lösung der deutschen Frage) sei. Es gebe aber auch das Problem der öffentlichen Meinung in der Bundesrepublik Deutschland (!).
- Schewardnadse habe unter Hinweis auf Ihr 10-Punkte-Programm erklärt, es sollte einen 11. Punkt geben, wonach die Bundesregierung die Entscheidung des BVG (zur Frage der Grenzen von 1937) aufgeben werde. Die Gefahr einer rückläufigen Bewegung müsse vermieden werden. AM De Michelis habe geantwortet, daß man in der Tat beim KSZE-Prozeß nach vorn sehen müsse.

Hartmann

Nr. 108
Vorlage des Vortragenden Legationsrats I Bitterlich an Bundeskanzler Kohl
Bonn, 2./3. Dezember 1989

BArch, B 136/30916, 211 – 68000 Gi 47, Hauptvorgang Bd. 1. – Hs. verfaßt. Vorlage über MD Teltschik. Hs. vermerkt: „zdA T[eltschik] 5/12".

Betr.: Vorbereitung ER Straßburg
        hier: Antwort von Staatspräsident Mitterrand auf Ihr Schreiben vom 27. November 1989
Anlg: – 3 –

Staatspräsident Mitterrand hat am Freitagabend Antwort auf Ihr Schreiben¹ per Telekopie übermitteln lassen.²
Text der Antwort³ und Arbeitsübersetzung⁴ sind als Anlagen beigefügt; ebenfalls Ihr Schreiben (einschl. Arbeitskalender⁵).

I.
Auffallende Unterschiede der Antwort im Vergleich zu unserem Vorschlag
1. Mitterrand möchte in Straßburg definitiv entschieden haben, daß die Regierungskonferenz durch die italienische Präsidentschaft im 2. Halbjahr 1990 einberufen wird und spätestens im Dezember 1990 durch den ER eröffnet wird,
   und nicht wie wir,

---

3   In dem Urteil des Zweiten Senats vom 31. Juli 1973 zum Grundlagenvertrag (Nr. 21 Anm. 1) bestätigte das Bundesverfassungsgericht, daß „das Deutsche Reich den Zusammenbruch 1945 überdauert" habe und fortbestehe. Die DDR könne „nicht als Ausland angesehen" werden. Bei der Grenze zwischen der Bundesrepublik und der DDR handele es sich um eine staatsrechtliche Grenze „ähnlich denen, die zwischen den Ländern der Bundesrepublik Deutschland verlaufen". Eine völkerrechtliche Anerkennung der DDR habe die Bundesrepublik „wiederholt ausdrücklich abgelehnt". Auch der Grundlagenvertrag trage dem „Anspruch des Grundgesetzes" Rechnung, daß „die nationale Frage, das ist die Forderung nach Erreichung der staatlichen Einheit des deutschen Volkes, offenbleibt" (Entscheidungen des Bundesverfassungsgerichts. 36. Bd. Tübingen 1974, 1–37, hier 15–17, 21–23, 26 f. [BVerfGE 36, 1]).
1   Nr. 100.
2   Telekopie des Originalschreibens an Bundeskanzler Kohl, 1. Dezember 1989, 20.23 Uhr übermittelt: BK, 21 – 30100 (102) Br 8 (VS) Bd. 27, Bl. 275 f.
3   Nicht abgedruckt; endgültige Fassung: Nr. 111.
4   Nr. 108A.
5   Nr. 100A.

daß Straßburg die Orientierung vergibt, daß die Regierungskonferenz nach entsprechender Vorbereitung durch italienischen ER im Dezember 1990 einberufen wird.
Das heißt:
M. hält an seiner bisherigen Linie grundsätzlich fest – ihm reicht Ihr politisches Engagement für den Arbeitskalender und seine Einhaltung nicht aus. Seine einzige Konzession liegt darin, daß die Eröffnung mit dem italienischen ER im Dezember 1990 erfolgen könnte (diese Idee hatten Sie M. bei den letzten Gesprächen unterbreitet).
Diese Haltung macht den unterschiedlichen Ansatz deutlich:
– Für F ist die Regierungskonferenz nach der Erarbeitung der Fragen (Guigou-Gruppe) das entscheidende Verhandlungsmoment.
– Wir hingegen gehen in 2 Stufen vor: Erst müssen die Sachprobleme klar herausgearbeitet werden („Grundlagen"), dann geht's um Verhandlungen und Lösungen.
2. Mitterrand ist „nicht dagegen", daß die Regierungskonferenz nach Abschluß der Arbeiten am Vertrag zur Wirtschafts- und Währungsunion auch „andere institutionelle Fragen" aufnimmt,
und nicht wie wir,
daß zwei ineinandergreifende Teile derselben Regierungskonferenz die Wirtschafts- und Währungsunion und die anderen institutionellen Fragen (EEA-Bilanz, EP) behandeln und ein Gesamtergebnis vorlegen.
Das heißt:
Für M. geht es in den nächsten Jahren in erster Linie und vor allem um die Wirtschafts- und Währungsunion – sie ist für die verbleibenden Jahre seiner Amtszeit das Ziel schlechthin. Die anderen Fragenkomplexe – die weitere Etappen zur Europäischen Union darstellen – haben für ihn e[ine] Nebenrolle.
3. Mitterrand nimmt in seiner Antwort die von Ihnen geforderte erste Diskussion zur Erweiterung der Rechte des Parlaments in Straßburg überhaupt nicht auf.
Nur im Rahmen der Wirtschafts- und Währungsunion wird beiläufig die „demokratische Legitimität" erwähnt.
Verdacht liegt nahe, daß M. diese Debatte entweder überhaupt nicht will oder sie nicht gerade fördern will – dies würde mit bisheriger F-Tendenz übereinstimmen, dem EP nur eher symbolische Rechte zuzuerkennen. Überspitzt könnte man auch sagen, M. hält Ihre Forderung für ein „Ablenkungsmanöver" von der Währungsunion.
4. Mitterrand geht auf Ihre Vorstellungen zum Zieldatum „Abschluß der Ratifikationen rechtzeitig vor EP-Wahl 1994" (Ziff. 5+6 Ihres Kalenders) überhaupt nicht ein.
Verdacht liegt nahe, daß M. an seiner Idee eines Abschlusses der Ratifikationen der Wirtschafts- und Währungsunion bis Ende 1992 festhält.
5. Auffällig ferner, daß Mitterrand die von Ihnen betonten Gefahren für den Erfolg der ersten Stufe (EWS-Stabilität, Haushaltsdefizite, MWSt-Harmonisierung) im Grunde nur sehr knapp im Wege von „Allgemeinplätzen" abhandelt.
Verdacht liegt auch hier nahe, daß M. schnelle Herstellung der Wirtschafts- und Währungsunion sucht; aus seiner Perzeption hat F dabei schon seinen Beitrag geleistet, und zwar durch die Liberalisierung des Kapitalverkehrs (trotz unseres „Verzichts" auf die Quellensteuer – daher zählt für ihn seine „Konzession" doppelt) und durch Anerkennung/Akzeptanz der Führungsrolle der DM und der deutschen Orientierung in der Ausrichtung (Geldwertstabilität, „Unabhängigkeit", Subsidiarität etc.).

II.

Bewertung und weiteres Vorgehen
1. Antwort macht insgesamt grundsätzliche Unterschiede im Ansatz wie auch in der inhaltlichen Orientierung der Gemeinschaft für die nächsten Jahre deutlich.

Für M. steht die möglichst schnelle Realisierung der Wirtschafts- und vor allem der Währungsunion eindeutig im Vordergrund – sie scheint für ihn innenpolitisch notwendiges Pendant zum Binnenmarkt und zugleich [die] entscheidende Etappe auf dem Weg zur Europäischen Union darzustellen. In Straßburg wird er auf die Umsetzung seiner Vorstellungen als „notwendiger Beschleunigung" des Integrationsprozesses – als Antwort auf die „Herausforderung aus dem Osten" – drängen.

2. Deshalb war auch nicht ein freudiges „Ja" auf Ihren Arbeitskalender zu erwarten (auch „Formalargument": Er könne nicht hinter dem zurückbleiben, was er bereits verkündet habe).

Andererseits können wir davon ausgehen, daß manche – aber nicht alle – Unterschiede in Straßburg durch „geschickte Formulierungen" in den Schlußfolgerungen überbrückt werden können.

3. Wir sollten an unserem „Europa-Plan" für Straßburg festhalten. Er stellt eine umfassende Antwort der Gemeinschaft auf die Herausforderungen dar i[m] S[inne] e[ines] „Aktionsprogramms bis 1994". Er scheint mir zudem dem möglichen Ergebnis in Straßburg näherzuliegen als M. Vorstellungen und konsensfähiger zu sein.

Mitterrand wird in Straßburg voll nur von It, GR und vielleicht IRL unterstützt werden. SPA wird sich zwar grds. positiv äußern, kann aber uns voll zustimmen. Benelux und DK werden eher uns folgen. GB wird in der ersten Runde wohl alles als zu ehrgeizig ablehnen. Wichtig wird es m.E. in Straßburg sein, daß Sie als erster intervenieren, den Gesamtansatz erläutern und damit „das Gesetz des Handelns" an sich ziehen.

4. Sie könnten gegenüber dem Staatspräsidenten hervorheben:
   – Kalender beinhaltet politische Orientierung und Engagement, auch tatsächlich in den nächsten Jahren entsprechend vorzugehen.
   – Kalender ist ein ehrgeiziges Aktionsprogramm der Gemeinschaft für die kommenden Jahre.
   – Die Umsetzung muß
      = die Erweiterung der EP-Rechte (über die Wirtschafts- und Währungsunion hinaus) beinhalten,
      = die anderen anstehenden und notwendigen Reformschritte einbeziehen,
      = zu einem Gesamtergebnis führen, das uns der politischen Einigung näherbringt.
   – zur Regierungskonferenz:
      = Wir brauchen jetzt die Aufnahme echter Vorarbeiten, um die Grundlagen, d.h. die Sachfragen, herauszuarbeiten.
      = Wenn wir jetzt einfach sagen würden „Italien beruft ein", würden alle die Erarbeitung der Grundlagen nicht ernst nehmen und die Sachdiskussion auf die Regierungskonferenz schieben.

III.

1. Im übrigen frage ich mich, ob es nicht opportun sein könnte, den Arbeitskalender vor dem ER einigen Regierungschefs diskret zukommen zu lassen (z.B. SPA, B, Lux), um deren Unterstützung für unseren umfassenden Ansatz zu gewinnen.
2. Ferner bitte ich um Ihre Entscheidung, ob eine Kopie der Antwort den Ministern Waigel und Genscher zur persönlichen Kenntnisnahme übermittelt werden soll.

Bitterlich

Nr. 108A
Schreiben des Staatspräsidenten Mitterrand an Bundeskanzler Kohl vom 1. Dezember 1989

Hs. verfaßte Arbeitsübersetzung. Mit Paraphe: „Bi[tterlich] 2/12".

Ich danke Ihnen für Ihren Brief vom 27. November und den beigefügten Arbeitskalender. Wie Sie wünsche ich, daß wir in Straßburg Entscheidungen treffen, die uns unmißverständlich auf den Weg der Wirtschafts- und Währungsunion und der Europäischen Union verpflichten.

Wie Sie denke ich, daß wir uns auf einen Kalender einigen sollten. Ich bestätige Ihnen daher, daß ich in Straßburg die Frage nach dem Datum der Eröffnung der Regierungskonferenz zur Wirtschafts- und Währungsunion stellen werde. Ich wünsche sehr, wie Sie wissen, daß wir in Straßburg beschließen, daß die Konferenz vor Ende 1990 eröffnet wird – zu einem Datum, das durch die italienische Präsidentschaft festgelegt werden könnte. Ich werde mich (einer Festlegung) widersetzen, wonach die 1. Sitzung der Konferenz im Dezember (1990) stattfindet. Wenn sie mit dem italienischen Europäischen Rat (terminlich) zusammenfällt, wäre dies die erste formelle Sitzung, und die echten Arbeiten würden dann, entsprechend Ihrem Wunsch, erst Anfang 1991 beginnen.

Ich teile Ihre Sorge, das gute Funktionieren der Wirtschafts- und Währungsunion durch eine bessere Konvergenz der Volkswirtschaften – unersetzlich für die monetäre Stabilität – sicherzustellen.

Die erste Phase, die gerade zum Ziel hat, neben der Vollendung des Binnenmarktes die Koordinierung unserer Wirtschafts- und Währungspolitiken zu verstärken, wird am 1. Juli 1990 in Kraft treten. Am 13. November haben sich die Wirtschafts- und Finanzminister über die notwendigen Entscheidungen zur Verstärkung der Konzertierung zwischen ihnen selbst und den Notenbankgouverneuren verständigt.[6] Diese Entscheidungen, verknüpft mit der Liberalisierung des Kapitalverkehrs, werden der Gemeinschaft während dieser ersten Phase die Mittel (an die Hand) geben, den Grund für die nächsten Phasen zu bereiten.

Die Wirtschafts- und Finanzminister können weiterhin unter irischer und italienischer Präsidentschaft die Überlegungen zur Koordinierung der Haushalte verfeinern. Ich hoffe wie Sie, daß sie auch schnell bei den indirekten Steuern zum Erfolg kommen werden. Die letzten Diskussionen haben zwar noch nicht zu einer Entscheidung geführt, aber die Haltungen schon erheblich einander angenähert, da alle Mitgliedstaaten jetzt mit einem Übergangssystem zur Erhebung der Mehrwertsteuer einverstanden sind, das die Kontrollen an den Grenzen wegfallen läßt. In Straßburg werden wir erneut darauf drängen, daß ein Einvernehmen über die Annäherung der Mehrwertsteuersätze dringend geboten ist.

In bezug auf die weiteren Phasen sollte die Regierungskonferenz ihre Arbeiten auf den Prinzipien der Parallelität und der Subsidiarität gründen, die wir in Madrid festgelegt haben. Sie wird die Tragweite der notwendigen wirtschaftlichen Disziplin(en) definieren, (dies) gleichzeitig mit dem gesamten institutionellen Gleichgewicht der Wirtschafts- und Währungsunion und ihrer demokratischen Legitimität. Ich sehe persönlich keinen Nachteil darin, daß die Regierungskonferenz – nach Abschluß der Arbeiten am Vertrag zur Wirtschafts- und Währungsunion – entscheidet, andere institutionelle Fragen anzugehen. Mit Ihnen wünsche ich in der Tat über die Wirtschafts- und Währungsunion hinaus die Europäische Union. Ich

---

6 Der Rat „Wirtschafts- und Finanzfragen" einigte sich am 13./14. November 1989 auf einen Vorschlag der Kommission zur Verstärkung der Zusammenarbeit zwischen den Zentralbanken der Mitgliedstaaten der Europäischen Wirtschaftsgemeinschaft (Bulletin der Europäischen Gemeinschaften. Hg. vom Generalsekretariat der Kommission der Europäischen Gemeinschaften. Brüssel. Nr. 11–1989, 12).

bin bereit, mit Ihnen den Kalender ins Auge zu fassen, um die Europäische Union in den kommenden Jahren zu verwirklichen.

Ich stehe zu Ihrer Verfügung, um mit Ihnen ausführlicher über diese Themen vor dem Europäischen Rat in Straßburg zu sprechen, zum Beispiel am Rande des NATO-Treffens am 4. Dezember in Brüssel[7].

Nr. 109
Gespräch des Bundeskanzlers Kohl mit Präsident Bush
Laeken bei Brüssel, 3. Dezember 1989

BK, 21 – 30100 (56) Ge 28 (VS) Bd. 79, Bl. 247/1–247/16. – Vermerk des MDg Neuer, 5. Dezember 1989. – Gesprächsbeginn: 20.30 Uhr (Abendessen).

Nach der Begrüßung durch Präsident Bush bemerkt der Bundeskanzler, es sei eine sehr gute Sache gewesen, daß gerade zu diesem Zeitpunkt der Gipfel zwischen Präsident Bush und Präsident Gorbatschow vor Malta[1] stattgefunden habe.

Präsident Bush führt aus, er habe es für sehr gut gehalten, diesen Gipfel nicht mit einer festen Tagesordnung anzugehen. Die Erwartungen, die in der Öffentlichkeit sehr hochgespannt gewesen seien, hätten reduziert werden können. Gorbatschow sei einverstanden gewesen, über einen großen Problemkreis zu reden. Er habe sich nicht länger gesträubt, über Menschenrechtsfragen zu diskutieren. Er sei zwar sehr temperamentvoll in der Diskussion gewesen; immerhin hätte man aber über diese Frage mit ihm reden können. Er, Bush, habe auch regionale Konflikte angesprochen. Er wolle hier als Beispiel nennen, daß Präsident Arias von Costa Rica ihn gebeten habe, die Frage des Revolutionsexportes durch Castro aufzunehmen. Er habe auch die Frage von Waffenlieferungen durch die Sowjetunion angesprochen. Gorbatschow habe verneint, daß sowjetische Waffen dorthin geliefert würden. Er habe jedoch nicht sehr insistiert. Bush habe Gorbatschow gegenüber erklärt, das Beste, was er tun könne, sei, sich in dieser Region zurückzuhalten; dies sei ganz wesentlich für die sowjetisch-amerikanischen Beziehungen. Es sei in dieser Frage keine Übereinstimmung erzielt worden; die Diskussion sei jedoch sehr gut gewesen. Gorbatschow habe sich sehr interessiert an der deutschen Frage gezeigt. Der Bundeskanzler kenne ja Gorbatschows Position. Gorbatschow meine, daß die Deutschen zu schnell vorangingen. Bush habe dazu gesagt, er habe durchaus nicht dieses Gefühl. Der 10-Punkte-Plan des Bundeskanzlers sehe drei Stufen, aber keine Daten vor. Gorbatschow habe bei der Erörterung der deutschen Frage recht gespannt gewirkt. Er habe gesagt, Kohl gehe zu schnell voran. Er, Bush, habe dazu bemerkt, dies sei eine emotional sehr geladene Zeit für die Deutschen. Er kenne Kohl. Er sei vorsichtig und werde die Dinge nicht überstürzen.

Der Bundeskanzler unterrichtet Präsident Bush über den neuesten Stand der Nachrichten aus der DDR. Zentralkomitee und Politbüro seien zurückgetreten. Ein geschäftsführender Ausschuß habe die Führung der Partei übernommen. Bisherige Parteiführer seien aus der Partei ausgeschlossen worden.[2] Der Bundeskanzler nennt in diesem Zusammenhang Ho-

---

7 Nr. 111 Anm. 2.

1 Zu der Begegnung von Präsident Bush und Generalsekretär Gorbatschow am 2./3. Dezember 1989 an Bord des sowjetischen Kreuzfahrtschiffes „Maxim Gorki" vor Malta: Gorbatschow, Gipfelgespräche, 92–129. Zur gemeinsamen Pressekonferenz und anschließenden Pressekonferenz von Präsident Bush, 3. Dezember 1989: Public Papers of the Presidents of the United States. Bush. 1989 II, 1625–1635 und 1635–1640.

2 Beschlüsse von Zentralkomitee und Politbüro der SED sowie Erklärung des Vorsitzenden des neugebildeten Arbeitsausschusses, Herbert Kroker, 3. Dezember 1989, in: Neues Deutschland. 44. Jg. Nr. 265. 4. Dezember 1989, 1.

necker, Mittag und Tisch. Die ganze alte Garde sei praktisch nicht mehr in der Partei. Honecker sei völlig zusammengebrochen. Der für den Außenhandel zuständig gewesene Staatssekretär Schalck-Golodkowski habe vor wenigen Tagen noch in Bonn verhandelt.[3] Er sei nicht mehr in die DDR zurückgekehrt.[4] Am Donnerstag habe es eine Sitzung in der Volkskammer gegeben, in der eine stürmische Diskussion über die Privilegien der früheren Führung losgebrochen sei.[5] Die Abgeordneten hätten wissen wollen, welche Privilegien nun wirklich gewährt worden seien, wie viele Jagden und Jachten es gegeben habe und welche Konten in der Schweiz geführt würden. Die Volkskammer habe verlangt, daß Staatssekretär Schalck-Golodkowski herbeizitiert werde und Auskunft gebe. Als der Staatssekretär dies gehört habe, sei er im Westen geblieben. In der DDR sei dies alles nur ein Anfang. Am Vortag seien Menschen in Rostock in Räume einer Firma eingedrungen und hätten dort Waffen gefunden. Schalck-Golodkowski sei Geschäftsführer dieser Firma gewesen. Vielleicht hänge das, was Präsident Bush in bezug auf Waffenlieferungen bemerkt habe, auch mit dieser Firma zusammen. Vor dem Gebäude des ZK seien gestern 5000–8000 Menschen versammelt gewesen und hätten nach Krenz gerufen. Als Krenz auf den Balkon getreten sei, sei er niedergeschrien worden. Heute warteten über 10 000 vor dem ZK-Gebäude. Bei der Verkündung des Rücktritts sei die Menge in Jubel ausgebrochen. Es hätten sich Menschenketten quer durch die DDR gebildet, zu der die Opposition als Zeichen des Protestes aufgerufen habe. Man schätze, daß ca. 2 Millionen Bürger teilgenommen hätten. Die Dinge seien der SED-Führung aus der Hand geglitten. Er, der Bundeskanzler, habe Gorbatschow vor Wochen schon darauf hingewiesen, daß die Führung in der DDR die Lage nicht beherrsche. Der Bundeskanzler habe Gorbatschow erklärt, es liege nicht in unserem Interesse, daß dort alles außer Kontrolle gerate.[6] Er, der Bundeskanzler, habe jedoch mit der Schnelligkeit der Entwicklung, wie sie jetzt eingetreten sei, nicht gerechnet. Niemand hätte auch erwartet, daß es ein solches Ausmaß an Korruption dort gebe. Die Offenlegung dieser Fakten mache die Menschen wütend. Krenz sei als Generalsekretär nicht mehr im Amt; er werde aber wohl auch als Staatsratsvorsitzender gehen müssen. Er, der Bundeskanzler, könne sich vorstellen, daß Modrow neben seinem Ministerpräsidentenamt auch zum Generalsekretär und daß irgendeine Galionsfigur zum Staatsratsvorsitzenden gewählt werde. Dieses Modell habe es ja zur Zeit Chruschtschows auch in der Sowjetunion gegeben. Mitte Dezember finde der Parteitag der SED statt. Er selbst werde am 18. Dezember 1989 noch in Ungarn sein, wo er vor dem Parlament eine Ansprache halten werde. Am 19. Dezember wolle er dann mit der neuen Führung der DDR zusammentreffen. Eine vordringliche Frage sei die Ersetzung des Begrüßungsgeldes. Die Zahlungen an die DDR-Bewohner, die in die Bundesrepublik zu Besuch kämen, beliefen sich jetzt bereits auf ca. 1,8 Milliarden DM. So könne es nicht weitergehen. Das Begrüßungsgeld sei zu einem Zeitpunkt eingeführt worden, als nur Rentner in die Bundesrepublik reisen durften. Wenn jetzt z.B. ein Ehepaar mit drei Kindern in den Westen

---

3 Nr. 110 Anm. 14.
4 Der Generalstaatsanwalt der DDR ermittelte gegen Staatssekretär Schalck-Golodkowski im Zusammenhang mit illegalen Waffengeschäften, die am 2. Dezember 1989 bekannt wurden. Schalck-Golodkowski wurde am 3. Dezember aller Ämter enthoben („Fahndung nach geflüchtetem Chef der Abteilung ‚Ko-Ko'", in: Neues Deutschland. 44. Jg. Nr. 265. 4. Dezember 1989, 1 f.). In einer am 5. Dezember im Bundeskanzleramt übergebenen Note ließ die Regierung der DDR wissen, daß gegen Schalck-Golodkowski ein Haftbefehl wegen Untreue und Vertrauensmißbrauchs vorliege und bat um „sofortige Mitteilung bei einem eventuellen Aufenthalt" oder „einer möglichen Durchreise" durch die Bundesrepublik sowie um die „Einleitung von Fahndungsmaßnahmen" (BArch, B 136/21573, 222 – 35021 Re 1 Bd. 1). Schalck-Golodkowski stellte sich am 6. Dezember im Westteil Berlins den Justizbehörden.
5 Die Debatte folgte einem von dem Abgeordneten Toeplitz vorgetragenen „Zwischenbericht über die Tätigkeit des Zeitweiligen Ausschusses zur Überprüfung von Fällen des Amtsmißbrauchs, der Korruption, der persönlichen Bereicherung und anderer Handlungen, bei denen der Verdacht der Gesetzesverletzung besteht". Anschließend billigte die Volkskammer „einmütig" einen Antrag, der dem Ausschuß umfangreiche Befugnisse übertrug (13. Tagung der Volkskammer, Freitag, 1. Dezember 1989, in: Volkskammer. 9. Wahlperiode. Protokolle. Bd. 25, 317–354, hier 343–353).
6 Nr. 87.

reise, erhalte es 500 DM Begrüßungsgeld. Wenn es für 200 DM Ware bei uns kaufe und 300 DM zum Kurs von ca. 1:20 wieder in Ostmark umtausche, bringe es von dieser Reise noch praktisch 6 Durchschnittsmonatsgehälter mit zurück. Der Bundeskanzler erwähnt noch, daß ein Grundschullehrer in der DDR vom Lebensstandard her gesehen etwa 35% des Einkommens eines Grundschullehrers in der Bundesrepublik Deutschland habe. Am 31. Dezember 1989 werde die Zahlung des Begrüßungsgeldes eingestellt. Ein gemeinsamer Fonds solle an dessen Stelle treten. Er wolle ferner die humanitäre Hilfe an die DDR fortsetzen. In der DDR gebe es als Folge der Abwanderung einen starken Ärztemangel. Wir wollten Ärzte in die DDR schicken. Ein ganz wichtiges Gebiet sei auch der Umweltschutz. Hier sollten verschiedene Projekte fortgesetzt und neue angegangen werden.

Die Frage von Präsident Bush, ob sich die geplanten Umweltschutzvorhaben auch auf die Bundesrepublik Deutschland auswirkten, bejaht der Bundeskanzler und nennt als Beispiel die Elbe, die einen sehr hohen Quecksilbergehalt habe. Wichtig seien die Umweltschutzmaßnahmen in der DDR auch zur Eindämmung des Waldsterbens. Von Bedeutung für uns sei auch eine Verbesserung des Telefonsystems in der DDR. Das sei auch für evtl. Investitionen von Wirtschaftsunternehmen von Bedeutung. Wichtig sei, daß in der DDR freie Gewerkschaften und Parteien zugelassen würden, daß Pressefreiheit eingeführt und die Verfassung geändert werde. Er glaube, bisher habe die Führung versucht, dies zu verhindern; jetzt werde sie dies aber nicht mehr können. Gorbatschow unterstütze dies. Er habe zu dem Bundeskanzler gesagt, wenn sich in der DDR die Verhältnisse so entwickelten wie in Ungarn und in Polen und wenn dort freie Wahlen stattfänden, wolle er eine solche Entwicklung nicht bremsen. Die Sowjetunion wisse, daß sie die alte Garde nicht mehr schützen könne, und habe diese Leute aufgegeben. Wenn die DDR nicht eine ähnliche Wirtschaftsreform wie Ungarn durchführe, habe sie keine Chance. Wenn sie dies tue, werde sie in 3–4 Jahren „auf den Beinen" sein. Es werde ihr dies schneller gelingen als Polen und Ungarn, weil die Ausgangsbasis günstiger sei. Viele westdeutsche Unternehmer würden bald in der DDR investieren, falls entsprechende Garantien dort gegeben würden. Németh habe ihm erklärt, Modrow habe eine Delegation nach Ungarn gesandt, um die ungarischen Wirtschaftsgesetze zu kopieren. Dies sei sicherlich ein kluger Gedanke.

Der Bundeskanzler kommt auf seine 10-Punkte-Erklärung zu sprechen. Er dankt dem Präsidenten für die ruhige Reaktion der USA. Er wolle ganz offen mit dem Präsidenten über diese Frage sprechen.

Präsident Bush begrüßt dies und unterstreicht, daß die Offenheit des Gesprächs gerade jetzt besonders wichtig sei.

Der Bundeskanzler versichert, daß er nichts tun werde, was unvernünftig sei. Die Reaktionen im Westen seien ihm z.T. sehr unverständlich. Viele Leute wüßten nicht, was sie unterschrieben hätten (KSZE-Schlußakte). Er wolle betonen, daß er keinen Zeitplan für die Durchführung seines 10-Punkte-Programms gemacht habe.

Präsident Bush wirft ein, daß dies ein sehr wichtiger Punkt sei.

Der Bundeskanzler fährt fort, er wolle auf folgende prinzipielle Position in seinem 10-Punkte-Programm hinweisen. Er habe betont, daß wir ein Teil Europas und ein integrierender Bestandteil der EG seien. Ohne ihn, den Bundeskanzler, hätte es den Fortschritt in der Entwicklung der EG nicht gegeben. Er habe dies alles mit François Mitterrand gemeinsam getan, und es sei wichtig, daß man dies herausstelle.

Präsident Bush stellt die Frage, ob Mitterrand Probleme mit dem 10-Punkte-Plan habe.

Der Bundeskanzler verneint diese Frage. Er sage, die 10 Punkte seien keine Alternative zur europäischen Einigung. Im Gegenteil, die europäische Einigung sei eine Voraussetzung für sein Programm. Es gebe zwei Gründe, weshalb die Dinge überhaupt so weit gediehen seien. Dies sei einmal, weil er 1982/83 vor der Drohung nicht zurückgewichen sei und die Stationierung der Pershing II durchgesetzt habe. Als die NATO sich als stabil erwiesen habe, habe

Gorbatschow eingesehen, daß er den Rüstungswettlauf verliere und seine wirtschaftliche Lage immer schlechter werde. Er habe mit der „Perestroika" begonnen. Die Folgen in Ungarn, Polen und in der DDR seien zu erwarten gewesen; nur die Geschwindigkeit, mit der sie eingetreten seien, wäre überraschend. Das zweite Element sei die europäische Einigung. Für Osteuropa sei es nicht erträglich, vor der Tür zu bleiben. Die Integration Europas sei eine entscheidende Voraussetzung für den Erfolg der Reformen in Osteuropa. Es sei schade, daß Frau Thatcher so zurückhaltend sei. Er wolle in Straßburg bei dem Europäischen Rat Ende nächster Woche vorankommen. Am Vortag aber habe er in Salzburg mit den Führern der christlich-demokratischen Parteien in der Europäischen Gemeinschaft diskutiert.[7] Gegen sein 10-Punkte-Programm habe es keine Einwendungen gegeben. Am schwierigsten sei Andreotti gewesen. Er befürchte, daß die Bundesrepublik weg von EG-Europa oder der Allianz drifte. Dies sei Unsinn. Die Bundesrepublik Deutschland sei ein integraler Bestandteil der EG und der Allianz. Niemand tue mehr für die Gemeinschaft und das Bündnis als er. Wenn die heutige Situation im September 1983 eingetreten wäre, wäre die Aufregung sicher nur halb so groß gewesen, da die wirtschaftliche Lage in der Bundesrepublik Deutschland damals erheblich schlechter gewesen sei. Das wahre Problem in der Europäischen Gemeinschaft sei, daß die Schere der Wirtschaftskraft zwischen der Bundesrepublik Deutschland und den anderen EG-Ländern sich immer weiter öffne. Alle hätten jedoch einen Vorteil davon, weil die Bundesrepublik Deutschland immer mehr zahle. Jetzt gebe es 62 Millionen Deutsche in der Europäischen Gemeinschaft, was schon wirtschaftlich schwer für die anderen zu ertragen sei. Weitere 17 Millionen dazu seien zuviel. Dies sei das Hauptproblem. Er wolle nochmals darauf hinweisen, daß unsere Position im Bündnis und in der Europäischen Gemeinschaft fest sei. Er habe vorgeschlagen, daß nach Durchführung von freien Wahlen in der DDR und Einsetzung einer frei gewählten Regierung konföderative Strukturen geschaffen würden. Dies bedeute nicht die Schaffung einer Konföderation. Es sollten gemeinsame Ausschüsse beider Staaten auf verschiedenen Gebieten gebildet werden. Dies werde dann weitere Folgen haben. Der Bundeskanzler erwähnt den Vorschlag Präsident Bushs an Gorbatschow, die Olympiade im Jahre 2004 in Berlin gemeinsam zu unterstützen.[8]

<u>Präsident Bush</u> wirft ein, die Sowjets hätten sich hierzu nicht geäußert.

Der <u>Bundeskanzler</u> fährt fort, wenn in Ost-Berlin das Kommunalparlament frei gewählt werde, werde man vor der Situation stehen, daß in Berlin (West) und in Ost-Berlin die gleichen Parteien regieren. Die Grenze dazwischen werde dadurch immer sinnloser. Es sei normal, daß die beiden Teile dann zusammengingen. Wenn er im letzten Punkt seines Programms von einer Föderation gesprochen habe, könne er zu Gorbatschow nur sagen, dies sei eine Sache der Zukunft, die sich erst in Jahren verwirklichen werde. Er könne als deutscher Bundeskanzler nicht sagen, dies werde nie eintreten. Er könne aber sagen, daß alles in Übereinstimmung mit den Nachbarn geschehen solle.

<u>Präsident Bush</u> bemerkt, Gorbatschows Problem sei die Geschwindigkeit, mit der sich diese Entwicklungen vollziehen. Es stelle sich für ihn die Frage, wie sich diese Entwicklung in seine anderen Probleme einfüge. Für Gorbatschow sei es beunruhigend, nicht absehen zu können, wo er morgen stehe. Er habe mit Gorbatschow über die Schlußakte von Helsinki und die Grenzfrage gesprochen. Gorbatschow sehe nicht, wohin die Dinge bei dieser Geschwindigkeit trieben. Er, Bush, empfinde es als beruhigend, daß die Entwicklung friedlich und gewaltlos sei. Man müsse eine Formel finden, die Gorbatschow nicht in Bedrängnis bringe und den Westen trotzdem zusammenhalte. Diese Formulierung solle die Abrüstung und alle Themen einschließen. Es gebe jetzt eine historische Chance für die Abrüstung.

---

7 Nr. 107 Anm. 1.
8 Präsident Bush unterbreitete den Vorschlag auf dem Gipfeltreffen in Malta (Mitteilung des Weißen Hauses, 4. Dezember 1989, in: Public Papers of the Presidents of the United States. Bush. 1989 II, 1642f., hier 1643).

Der Bundeskanzler führt aus, schon aus diesem Grund dürfe man nichts tun, was Gorbatschow beunruhigen könne. Er müsse dabei zwei Punkte berücksichtigen. Er wolle seine Gesamtpolitik wie bisher weiter betreiben, müsse aber auch auf die Stimmung im eigenen Land Rücksicht nehmen. Er habe bei seinen 10 Punkten die KSZE-Schlußakte zum Ausgangspunkt genommen. Die Akte lasse auch die Möglichkeiten der friedlichen Vereinbarung von Grenzänderungen zu. Er wolle jedoch Gorbatschow nicht in die Ecke drängen. Er frage sich, ob er nicht bald mit ihm zusammentreffen solle.

Präsident Bush begrüßt diesen Gedanken. Er habe bei Gorbatschow keine Feindseligkeit verspürt; dennoch sei es gut, wenn jetzt bald eine Begegnung zustande komme.

Der Bundeskanzler fährt fort, er telefoniere oft mit Gorbatschow. Er habe noch keinen Termin für ein Treffen in Aussicht genommen. Es sei nicht seine Absicht, die Lage für Gorbatschow zu erschweren. Der Bundeskanzler kommt auf die Bemerkung von Henry Kissinger zu sprechen, der für die Wiedervereinigung einen Zeitraum von 2 Jahren genannt habe.[9] Er erläutert, daß es ein wirtschaftliches Abenteuer wäre, wenn dies schon in zwei Jahren der Fall sei. Das wirtschaftliche Gefälle sei zu groß. Zunächst müßten die wirtschaftlichen Verhältnisse in den beiden deutschen Staaten in ein gewisses Gleichgewicht kommen.

Präsident Bush stellt die Frage, wie die DDR zur Wiedervereinigung stehe und ob es in der Bundesrepublik unterschiedliche Meinungen bei den politischen Gruppierungen gebe.

Der Bundeskanzler bemerkt, der Informationsstand über die weltpolitische Entwicklung in der DDR sei niedrig. Sie habe 40 Jahre praktisch in Quarantäne gelebt. Das westdeutsche Fernsehen erreiche Teile der DDR erst seit wenigen Jahren. So sei z.B. der Begriff der freien Marktwirtschaft dort nicht verwendbar, weil er diffamiert sei. Menschen, die für die Wiedervereinigung dort eintreten, sagten z.B., sie wollten keine Marktwirtschaft, aber auch keinen Sozialismus, da dieser bankrott sei. Es sei alles noch sehr wenig ausgegoren. Die Menschen dort müßten noch Zeit zum Nachdenken haben. Die Selbstbestimmung sei nur dann fair, wenn die Bürger wüßten, was sie tun. Man könne ja z.B. daran denken, die Staatsbetriebe in Aktiengesellschaften umzuwandeln. Aber alles brauche eben seine Zeit. Deshalb verspüre er keinen Druck. Er brauche eine ruhige Periode der Entwicklung. Man könne nicht wissen, was in 10 Jahren sei. Man dürfe sich nicht unter Druck setzen lassen. Wichtig sei es, daß die Menschen bei uns sehen, was der Bundeskanzler wolle. Die meisten seien damit sehr zufrieden.

Präsident Bush stimmt diesem Gedankengang zu.

Der Bundeskanzler weist auf die Zustimmung von SPD und FDP im Deutschen Bundestag hin. Die Grünen seien gegen seinen Plan. Sie seien für eine totale Neutralisierung, die Abschaffung der Bundeswehr und für eine andere Europäische Gemeinschaft. Sie wollten eine neutrale DDR und eine Form des grünen Sozialismus in beiden Ländern. Die Sozialdemokraten hätten seinem Programm am letzten Dienstag noch zugestimmt.[10] Jetzt bestehe Streit, weil die Linken in der SPD sagten, das Programm sei ein Sieg für Helmut Kohl. Auf Parteiebene hätten ja Kontakte zwischen der SED und der SPD bestanden. Es sei auch eine Vereinbarung zwischen den beiden Parteien unterschrieben worden.[11] Heute seien die Unter-

---

9   Der frühere amerikanische Außenminister Kissinger äußerte in einem vom Zweiten Deutschen Fernsehen am 29. November 1989 in gekürzter Fassung ausgestrahlten Interview die Ansicht, „die Wiedervereinigung sei unausweichlich". Sie müsse „nicht im nächsten Jahr" stattfinden, könne „aber auch nicht mehr zehn Jahre dauern" (Studio 1, 20.30 Uhr, Wortlaut in: Deutschland 1989. Bd. 3, 1276f.; Teilabdruck in: Die Welt. Nr. 279. 30. November 1989, 6).

10   Die Verkündung des Zehn-Punkte-Plans durch Bundeskanzler Kohl am 28. November 1989 vor dem Deutschen Bundestag wurde in den Reihen der SPD mit Beifall aufgenommen (Verhandlungen des Deutschen Bundestages. Stenogr. Berichte. Bd. 151. Plenarprotokoll 11/177, 13510–13514). Unmittelbar anschließend erklärte der Abgeordnete Karsten Voigt (SPD), seine Partei stimme „in allen zehn Punkten zu", und bot „Zusammenarbeit bei der Verwirklichung dieses Konzeptes, das auch unser Konzept ist, an" (ebd., 13514–13516, hier 13514).

11   Nr. 11 Anm. 10.

zeichner auf DDR-Seite im Gefängnis, stünden unter Hausarrest oder seien aus der Partei ausgeschlossen. Die FDP sei im Prinzip für sein Programm, jedoch bitterböse, weil es <u>sein</u> Erfolg sei. Dies sei im Zusammenhang mit den Wahlen zu sehen. Für ihn sei das alles kein schwieriges Problem. Im vergangenen Jahr sei er wegen der Reformvorhaben in einer innenpolitisch schwierigen Lage gewesen. Es sei nun einmal so, wenn ein Land in einer schlechten wirtschaftlichen Lage sei, sei es schwer zu regieren; wenn es ihm gutgehe, noch schwerer. Genau das sei unsere Situation. Die Menschen machten zu viele Ansprüche geltend. Er betone in seinen Reden immer wieder, wenn man nur von seinen Rechten rede und nicht lerne, auch seine Pflichten im Auge zu haben, hätten wir keine Zukunft. Die deutsche Frage sei wie eine Grundwelle gekommen; deshalb sei es notwendig und wichtig gewesen, daß der deutsche Bundeskanzler sagt, in welche Richtung die Entwicklung gehen solle. Der Bundeskanzler fährt fort, es werde keine Probleme geben, wenn man unsere Grundstimmung verstehe. Die Selbstbestimmung müsse vernünftig und klug durchgesetzt werden.

<u>Präsident Bush</u> bemerkt, bei der Durchführung des Selbstbestimmungsrechts müsse man berücksichtigen, daß die Dynamik des Wandels in der Sowjetunion uns allen zugute komme. Man müsse es Gorbatschow ermöglichen, Advokat für einen friedlichen Wechsel zu sein. Dies sei eine komplizierte Sachlage. Er habe zu ihm gesagt, man müsse es auch einmal von der deutschen Seite aus betrachten und sehen, welche Emotionen die Vorgänge in Deutschland hervorriefen. Präsident Bush fährt fort, er glaube, Gorbatschow sehe dies, er müsse dies auch sehen, und er zwinge ihn auch nicht, seinen Kurs zu ändern. Dies sei eine Schlüsselfrage.

Der <u>Bundeskanzler</u> erkundigt sich, was Gorbatschow zur wirtschaftlichen Lage in der Sowjetunion geäußert habe.

<u>Präsident Bush</u> bemerkt, seine Äußerungen seien entmutigend gewesen. …[12] Dies sei eine große Herausforderung für uns. Gorbatschows großes Problem sei es, daß die Regale in den Läden leer seien.

Der <u>Bundeskanzler</u> fragt, ob Gorbatschow um Hilfe gebeten habe.

<u>Präsident Bush</u> verneint diese Frage. Wir alle wüßten, daß Gorbatschow sehr stolz sei. Z.B. sei Außenminister Schewardnadse bei der Pressekonferenz gefragt worden, ob die Sowjetunion wolle, daß die USA ihr aus der Patsche helfen. Schewardnadse habe darauf ärgerlich reagiert. Man habe ferner über Klimaverbesserungen für Investitionen gesprochen. Dann sei von Pacht- und Erbfolgerecht die Rede gewesen. Die ganze Diskussion über wirtschaftliche Fragen habe nicht wegen der Unaufgeschlossenheit, sondern wegen der Unwissenheit der Russen etwas Unwirkliches gehabt. Gorbatschow habe z.B. an der Verwendung des Ausdrucks „westliche Werte" Anstoß genommen. Er, Bush, habe gesagt, „Glasnost" entspreche den westlichen Werten ebenso wie Frieden und Selbstbestimmung. Er habe das Gefühl, wenn man über westliche Werte spreche, bringe man Gorbatschow in eine Verteidigungsstellung. Man sollte besser den Ausdruck „demokratische Werte" verwenden. Er wolle nochmals auf die Frage eines Treffens zwischen dem Bundeskanzler und Gorbatschow zurückkommen. Er würde ein solches Treffen als sehr nützlich betrachten. Er glaube, Gorbatschow habe einen falschen Eindruck. Bush habe Gorbatschow darauf hingewiesen, daß Helmut Kohl ja gerade keinen Zeitplan vorgesehen habe.

Der <u>Bundeskanzler</u> betont erneut, daß er eine wegweisende Erklärung abgeben mußte. Nur so könne er den Kurs seines Landes halten. Wir trügen fast die ganze finanzielle Bürde in Westeuropa. Eine Reaktion auf den Vorschlag von Präsident Bush betreffend den Stabilisierungsfonds für Polen sei in Westeuropa – außer von uns – bisher nicht erfolgt. Wir hätten 250 Millionen Dollar zugesagt.

---

12   Ein Satz nicht freigegeben.

<u>Präsident Bush</u> wirft ein, die Japaner hätten 150 Millionen Dollar zugesagt.
Der <u>Bundeskanzler</u> fährt fort, dies sei nun eine Summe von 650 Millionen. Die kleine
Schweiz wolle weitere 50 Millionen Dollar dazugeben. Aber wo blieben die Leistungen der
anderen? Am Freitag sei eine Gruppe von amerikanischen Senatoren bei ihm gewesen.[13] Er
habe ihnen erklärt, daß wir bei der Polenhilfe den Bush-Vorschlag unterstützen wollten. In
London hätte man auch etwas tun können. Die Summe sei ja schließlich nicht so gewaltig.
Der Winter in Polen werde hart werden. Dies gelte auch für die Sowjetunion und Ungarn.
Németh sei vor 14 Tagen bei ihm zu Hause gewesen.[14] Die Lage in Ungarn sei katastrophal.
Die Sowjetunion habe ihre Energielieferung an Ungarn um 30% gekürzt, weil das sowjeti-
sche Transportsystem praktisch zusammengebrochen sei. Die Korruption sei gewaltig; die
Lage werde schlechter. Unser Interesse müsse es sein, daß Gorbatschow im Amt bleibe.
<u>Präsident Bush</u> stimmt zu und stellt die Frage, wie die westlichen Partner auf das 10-Punkte-
Programm des Bundeskanzlers reagierten. Ob es Unterschiede gebe?
Der <u>Bundeskanzler</u> stellt fest, daß es große Unterschiede gebe, z.B. in der Europäischen Gemeinschaft. González habe sich klar und positiv geäußert; auch bezüglich des Selbstbestimmungsrechts. François Mitterrand sei klug und wisse, daß es schlecht für Frankreich sei, gegen das Selbstbestimmungsrecht zu sein. Er wolle, daß alles in moderater Weise verlaufe, daß
es keine Hektik gebe und die deutsche Einigung mit der Entwicklung der europäischen Integration verbunden bleibe. Hier stimmten wir überein. Was die Entwicklung in der EG angehe, sehe Mitterrand einige Punkte anders, z.B. was die Rechte des Europäischen Parlaments betreffe. Mitterrand glaube, die gegenwärtige Lage des EP könne unverändert so bleiben. Er, der Bundeskanzler, glaube dies nicht. Die Entwicklung gehe in die Richtung von
mehr Kontrolle des EP über die Kommission. Dies sei eine Frage des Demokratieverständ-
nisses. Aber seit de Gaulle habe es eine eigenartige Entwicklung in Frankreich gegeben. In
der Vierten Republik sei das Parlament zu stark gewesen; jetzt habe man das andere Extrem.
Insofern sei Mitterrand ein Nachfolger de Gaulles. Luxemburg und Belgien hätten keine
Probleme. Die Niederlande hätten immer sehr stark auf London geschaut. London sei sehr
verhalten.
<u>Präsident Bush</u> bezeichnet diese Bemerkung als das Understatement des Jahres.
Der <u>Bundeskanzler</u> fährt fort, daß die Schweiz und Österreich positiv reagiert hätten.
<u>Präsident Bush</u> fragt, ob die niederländische Haltung nicht mit dem Zweiten Weltkrieg ver-
knüpft sei.
Der <u>Bundeskanzler</u> bejaht dies. Er respektiere dies auch. Die Nazis hätten Holland besonders schlecht behandelt. Die Holländer hätten dies um so mehr empfunden, als sie vor 1933
sehr deutschfreundlich gewesen seien. Der Bundeskanzler weist auf die Asylgewährung an
Kaiser Wilhelm II. hin. Ribbentrop habe am Tag vor dem Einmarsch der deutschen Truppen
in Holland noch versichert, daß eine Invasion Hollands nicht beabsichtigt sei. Dies sei unvergessen geblieben. In Belgien sei die Lage damals insofern anders gewesen, als es bis zum
Ende des Krieges von einem Militärbefehlshaber verwaltet worden sei. In den Niederlanden
sei indessen eine zivile Regierung eingesetzt worden, die sich aus den schlimmsten Wiener
Nazis zusammengesetzt habe. Zu all dem sei noch die Verfolgung der Juden in Holland hinzugekommen.
<u>Präsident Bush</u> erwähnt, die niederländische Königin habe ihm gesagt, daß sie einige Nazis
freigelassen habe. Sie sei deshalb heftig getadelt worden. Präsident Bush erkundigt sich nach
der Meinung von Frau Thatcher.
Der <u>Bundeskanzler</u> führt aus, er habe ein gutes Verhältnis zu Frau Thatcher. Es gebe jedoch
grundsätzliche Gegensätze. In einem Gespräch mit ihr über Churchill habe er einmal fest-

---

13 Nr. 104.
14 Nr. 93 Anm. 1.

gestellt, daß das Problem sei, daß Frau Thatcher vor Churchill lebe. Sie habe bis heute noch nicht die Rede von Churchill verstanden, die er 1947 in Zürich gehalten habe[15]. So erkläre sich vieles. Sie sage, das Europäische Parlament könne keine Rechte haben, weil Westminster keine abgeben könne. Vor zwei Wochen habe sie geäußert, was für ein Parlament sei das EP. Es spreche nicht einmal eine Sprache. Frau Thatchers Vorstellungen entsprächen einfach nicht mehr der Zeit. In der deutschen Frage sei sie der Meinung, die Nachkriegsära sei noch nicht zu Ende gegangen.

Präsident Bush erkundigt sich, ob sie Mißtrauen gegenüber Deutschland hege.

Der Bundeskanzler verneint dies. Sie sehe es aber als ungerecht an, wie die Geschichte sich entwickle. Man könne das ja auch verstehen und müsse fair sein. Großbritannien habe im Zweiten Weltkrieg seine Existenz aufs Spiel gesetzt und ein Weltreich geopfert. Es habe den Krieg gewonnen und viel verloren. Dies spiele eine große Rolle. Er verstehe nur nicht, daß Frau Thatcher das Falsche tue. An ihrer Stelle würde er sich an die Spitze der Bewegung setzen, um Deutschland einzubinden. Er sage, es gebe eine Zukunft Deutschlands in Frieden und Freiheit nur unter einem europäischen Dach. Mitterrand habe dies begriffen.

Präsident Bush bemerkt, er wisse, daß der Bundeskanzler ausgezeichnete Beziehungen zu Mitterrand habe. Margaret Thatcher sei in Camp David gewesen.[16] Er sei sehr besorgt darüber, daß es eine Festung Europa geben werde und daß zentrale Institutionen die Souveränität in Europa übernehmen würden (Brüssel).

Der Bundeskanzler betont, daß es mit ihm keine Festung Europa geben werde. Er sei für freien Welthandel. Auch sei er absolut gegen eine zentrale Bürokratie. Dafür gebe es in Europa keine Mehrheit. Europa könne nur in enger Verbindung mit den USA leben. Die Wahrheit sei, daß sie glaube, die Führung Europas liege in London. Er habe nichts gegen diese Auffassung einzuwenden, sie treffe jedoch nicht zu.

Der Bundeskanzler erkundigt sich nach dem Ergebnis des Gesprächs Bush/Gorbatschow in bezug auf die Abrüstung.

Präsident Bush führt aus, er habe den Eindruck, Gorbatschow sei erleichtert. Bushs erste Kommentare hätten Gorbatschow gezeigt, daß die USA vorankommen wollten. Dies gelte für den konventionellen Bereich und START. Einen Kompromiß könne es bezüglich der chemischen Waffen geben. Er, Bush, habe Gorbatschow zugesagt, die binären Waffen nicht zu modernisieren, wenn die Russen in den übrigen Fragen zustimmten.[17] Er, Bush, glaube, Gorbatschow habe dies verstanden. Was die Seestreitkräfte angehe, habe Bush geäußert, er glaube, auch hier müsse man vorankommen und versuchen, ein Abkommen abzuschließen. Es sei Gorbatschow klargeworden, daß die USA bezüglich der Seestreitkräfte in einer anderen Lage als die SU seien. Gorbatschow wolle jedoch auch Abrüstung bei den Seestreitkräften. Gorbatschow sei aus dem Gespräch mit dem Wissen weggegangen, daß Bush auch hier Fortschritte wolle. Die SU sei besonders besorgt wegen der seegestützten Raketen. Beide Seiten hätten Interesse daran, bald in der Frage der konventionellen Rüstungsbeschränkung zu einem Abschluß auf einer niedrigeren Ebene zu kommen.

Der Bundeskanzler fragt, ob über Kurzstreckenraketen gesprochen worden sei.

Präsident Bush verneint dies.

Der Bundeskanzler bemerkt, die Frage der Kurzstreckenraketen sei wegen der Veränderung der Lage in Europa jetzt komplizierter geworden. Er kenne die amerikanische Diskussion

15   Nr. 1 Anm. 11.

16   Präsident Bush empfing Premierministerin Thatcher am 24. November 1989 in Camp David zu einem viereinhalbstündigen Meinungsaustausch (Erklärung von Pressesprecher Fitzwater, 24. November 1989, in: Public Papers of the Presidents of the United States. Bush. 1989 II, 1591; Thatcher, Downing Street No. 10, 1099f.; auf amerikanischen Akten beruhende Darstellung in: Zelikow/Rice, Sternstunde der Diplomatie, 172f.).

17   Zu diesem Vorschlag von Präsident Bush in Malta: Public Papers of the Presidents of the United States. Bush. 1989 II, 1643; Gorbatschow, Gipfelgespräche, 98, 109f., 118f.

bezüglich des Haushalts. Der Bundeskanzler habe bisher alle Angriffe abwehren können. In der Euphorie bestehe die Gefahr, den Verteidigungsetat zusammenzustreichen. Er werde jedoch Kurs halten. Er sei für Abrüstung Schritt für Schritt, wenn wirkliche Fortschritte erzielt werden. Seit Mai sei die Situation bei uns jedoch psychologisch schwieriger geworden. ...[18] So habe z. B. Reykjavik[19] große Probleme für uns geschaffen. Als Bush gewählt worden sei, habe jeder gesagt, der frühere Vizepräsident werde im Stil Reagans weitermachen. Der Besuch Bushs im Frühjahr habe einen großen Eindruck in der Bundesrepublik Deutschland hinterlassen. Auch Frau Bush habe einen nachhaltigen Eindruck hinterlassen. Wichtig sei es, daß die USA und ihr Präsident die Führerschaft behielten. Bush werde jede Unterstützung von ihm haben.

Der Bundeskanzler erkundigt sich, ob ein Zeitplan für die nächsten Abrüstungsschritte erörtert worden sei.

Präsident Bush führt aus, ein fester Zeitplan sei nicht vereinbart worden, aber man wolle im Juni 1990 eine Vereinbarung zu START schließen. Über die konventionellen Waffen solle auch möglichst 1990 ein Abkommen unterschrieben werden. Auch bezüglich der chemischen Waffen wolle man so schnell wie möglich vorgehen. Bezüglich der chemischen Waffen befänden sich die USA derzeit in der Reduzierungsphase. General Scowcroft ergänzt, die USA hätten sich vorbehalten, die binären Waffen zu modernisieren. Dies sei von sowjetischer Seite nicht gut aufgenommen worden. Er glaube, es gehe für sie da um einen Sicherheitsfaktor. Das Problem der binären Waffen könne gelöst werden, wenn die SU den restlichen Punkten des amerikanischen Vorschlags zustimme.

Der Bundeskanzler sieht die Chance, daß im nächsten Jahr ein START-Abkommen und [ein Abkommen] über konventionelle Waffen unterzeichnet werden und ein Abkommen bezüglich der chemischen Waffen im September/Oktober.

Präsident Bush stimmt zu, bemerkt aber, daß man die Dinge sehr vorantreiben müsse, wenn man zu diesem Ergebnis kommen wolle.

Der Bundeskanzler führt aus, daß dies für uns eine hervorragende Sache wäre. Er könnte dann alle Angriffe gegen ihn abwehren. Es wäre sehr gut, wenn er sagen könne, die NATO und Präsident Bush hätten ihre Versprechungen gehalten.

Präsident Bush betont, daß General Galvin sehr dafür sei. Morgen werde er die NATO ermutigen, schnell voranzumachen. Man müsse sich jedoch vor Euphorie hüten.

Der Bundeskanzler betont nochmals, daß ein Erfolg in diesen Fragen außerordentlich positiv wäre, und bietet Präsident Bush seine Unterstützung an.

Präsident Bush bemerkt, er müsse vorsichtig sein. Schon jetzt sei Botschafter Walters in einer Talk-Show gefragt worden, ob die besondere Beziehung, die früher zu Großbritannien bestanden habe, jetzt mit der Bundesrepublik Deutschland bestehe. Walters habe jedoch sehr gut reagiert.

Der Bundeskanzler wiederholt, wenn man über chemische Waffen und START einig werde, würde dies enorme Auswirkungen haben. Auch für Gorbatschow und seine Generäle ergebe sich eine neue Situation. Der Warschauer Pakt habe über Nacht eine andere Qualität erhalten. Niemand glaube mehr daran, daß die Armee der DDR marschiere. Dasselbe gelte für die ungarische und die polnische Armee. D. h., die Zahlen hätten einen völlig anderen Wert.

Präsident Bush wirft ein, daß es trotzdem gut wäre, wenn die sowjetischen Divisionen zurückgezogen würden.

---

18   Zwei Sätze nicht freigegeben.
19   Zu dem Gipfeltreffen zwischen Präsident Reagan und Generalsekretär Gorbatschow am 11./12. Oktober 1986 in Reykjavik: Gorbatschow, Erinnerungen, 592–596; Ronald Reagan, Erinnerungen. Ein amerikanisches Leben. Berlin 1990, 716–722.

Der <u>Bundeskanzler</u> stimmt zu. Es sei für Gorbatschow schwierig, wenn gesagt werde, die NVA habe keinen Sinn mehr. Jedenfalls habe sich die Lage total verändert. Bis Weihnachten seien bei uns 200 000 Übersiedler in diesem Jahr im Durchschnittsalter von 28 Jahren eingetroffen. Es handle sich dabei um Jahrgänge, die der Wehrpflicht unterliegen. Das müsse man auch sehen.

<u>Präsident Bush</u> stimmt zu und bemerkt, bei den Übersiedlern handle es sich gewiß oft um die besten und intelligentesten Personen.

Das Gespräch, das um 20.30 Uhr begann, endet ca. 22.30 Uhr.

Neuer

Nr. 110
Gespräch des Bundesministers Seiters mit Ministerpräsident Modrow
Berlin (Ost), 5. Dezember 1989

BArch, B 136/20578, 221 – 35014 Ge 31 Bd. 1. – Vermerk des MDg Duisberg, 11. Dezember 1989. Verteiler: StäV, St Bertele; BMB, AL II; BMWi, St von Würzen; BMF, St Klemm; AA, St Sudhoff; AL 2. – Mit Vorlage des MDg Duisberg an Chef BK: „Anliegend wird ein zusammenfassender Vermerk über das o.a. Gespräch mit der Bitte um Billigung und Zustimmung zu dem Verteiler vorgelegt. Soweit weitere Ressorts betroffen sind, sollen sie durch Auszüge unterrichtet werden." Abgezeichnet: „S[eiters]".

1. Das Gespräch fand am 05. Dezember 1989 um 15.00 Uhr im Gebäude des Ministerrats in Ost-Berlin statt. Es dauerte etwa eine Stunde und 40 Minuten, davon die letzten 20 Minuten unter vier Augen.

Teilnehmer waren
   – <u>auf seiten der DDR</u>: Ministerpräsident Modrow, Außenminister Fischer, Außenhandelsminister Beil, der Leiter der Ständigen Vertretung, Neubauer, Gesandter Schindler, stellvertretende Finanzministerin Frau Dr. König, der Vizepräsident der DDR-Staatsbank, Meyer;
   – <u>auf unserer Seite</u>: BM Seiters, St Dr. Bertele, MDgt Dr. Duisberg, Herr Speck, MD Dr. Dobiey.

Nach dem Gespräch stellten sich Ministerpräsident Modrow und BM Seiters den Fragen der Presse.

2. Bei dem Gespräch wurde die in einer Besprechung am 04.12.1989 im MfAA zwischen MDgt Dr. Duisberg und Gesandter Schindler vorbereitete Gemeinsame Pressemitteilung mit einigen geringfügigen Änderungen gebilligt.[1] In der noch offengebliebenen Frage des Umtauschverhältnisses für den zweiten Teilbetrag von 100,– DM erklärte sich die DDR mit einem Satz von 1:5 einverstanden.

Die Frage von <u>BM Seiters</u>, ob es eine Kontrollmöglichkeit gebe, daß mit dem eingetauschten Geld tatsächlich gereist werde, wurde von seiten der DDR verneint. Zur Frage der Kontrolle gegen eine mißbräuchliche Inanspruchnahme des Umtausches erklärte die DDR-Seite, daß für das erste Jahr der Umtausch unter Vorlage des Personalausweises erfolgen solle, in dem ein entsprechender Eintrag gemacht werde; für Kinder unter 14 Jahren solle die Karte der Sozialversicherung vorgelegt werden, um eine doppelte Inanspruchnahme (beim Vater und bei der Mutter) zu vermeiden.

---

1 Gemeinsame Presseerklärung, 5. Dezember 1989, in: Bulletin. Nr. 138. 7. Dezember 1989, 1173 f.

Auf die Frage, ob bei einem Umtausch auf unserer Seite dem Umtauschenden auch Gebühren abverlangt würden, erklärte <u>BM Seiters</u>, daß der volle Betrag ausgezahlt werden solle.

Zu Absatz 4 der Pressemitteilung erklärte <u>BM Seiters</u>, wir verstünden dies als Plafondierung unseres Beitrags unter Berücksichtigung der Zahl der Umtauschberechtigten. Auf seine Nachfrage nach der derzeitigen Bevölkerungszahl der DDR wurde erklärt, man gehe derzeit von einer Gesamtzahl von 16,2 Mio. Einwohnern aus, darunter 3,5 Mio. Kinder unter 14 Jahren; die Zahlen verstünden sich mit einer Toleranzgrenze von 50 000.

3. Zum vorgesehenen Besuch des Bundeskanzlers erklärte <u>MP Modrow</u>, die DDR akzeptiere unseren Vorschlag von Dresden als Ort; für das Treffen und die Unterbringung dort sei das Hotel Bellevue vorgesehen. Gesprächspartner des Bundeskanzlers werde er selbst sein.[2] Herr Neubauer werde beauftragt werden, in der nächsten Woche die Gespräche über eine gemeinsame Erklärung für die Presse zu führen.

<u>MP Modrow</u> machte deutlich, daß nach seiner Vorstellung die bevorstehenden bilateralen Ministertreffen (BMPT am 11.12.,[3] BMV am 12.12.,[4] BMWi am 14.12.[5] und BMU am 14.12.[6]) ebenfalls in die Vorbereitung des Besuches eingeordnet werden sollten. Bei diesen Besuchen solle die Voraussetzung für Ergebnisse geschaffen werden, die dann beim Bundeskanzler-Besuch abschließend behandelt werden können. <u>BM Seiters</u> stimmte zu, daß es keinen Sinn mache, wenn alle diese Gespräche unabhängig voneinander liefen; er sehe ein gemeinsames Interesse, die Fragen für den 19.12. zu bündeln.

Zum Inhalt der Gespräche mit dem Bundeskanzler entwickelte <u>MP Modrow</u> folgende Vorstellungen:

– Zunächst solle der Rahmen abgesteckt werden, der sich aus der europäischen und internationalen Entwicklung ergebe.

– Dann werde es sicherlich um die beiderseitige Selbstdarstellung gehen, wobei er die Hoffnung habe, daß man sich nicht an Fernzielen orientiere, sondern vor allem dem zuwende, was wir beiderseits erreichen könnten. Der Bundeskanzler habe in seiner Regierungserklärung[7] alle einschlägigen Begriffe verwendet. Jetzt müsse man sich jedoch auf das Nächstliegende konzentrieren. Man könne nur sagen, wo man miteinander etwas tun wolle.

– Deutlich müsse werden, daß beide Seiten gegenwärtig eine hohe Verantwortung bei ihren Schritten hätten. Man solle sich daher am besten auf Punkt 4 der Regierungserklärung des Bundeskanzlers konzentrieren, d.h. die Ausfüllung einer Vertragsgemeinschaft.

<u>Außenhandelsminister Beil</u> ergänzte, daß hier vor allem wirtschaftliche Fragen angesprochen seien. Bei dem Besuch von BM Haussmann könnten die Felder dafür abgesteckt werden, damit bei dem Treffen mit dem Bundeskanzler dazu bereits erste Beschlüsse gefaßt oder Aufgaben für die Zukunft festgelegt werden könnten.

---

2 Nr. 129.
3 Bundesminister Schwarz-Schilling traf am 12. Dezember 1989 mit Minister Wolf in Berlin (Ost) zusammen (Ergebnisse des Treffens, vermerkt: „Stichworte.11“: BArch, B 136/20578, 221 – 35014 Ge 31 Bd. 1).
4 Zu dem Treffen zwischen Staatssekretär Knittel und Minister Scholz am 12. Dezember 1989: Aufzeichnung „Verkehr“, ohne Datum; ebd.
5 Nr. 122 Anm. 2.
6 Bericht über das Gespräch des Bundesministers Töpfer mit Minister Reichelt am 14. Dezember 1989 in Berlin (Ost): Fernschreiben des Ministerialdirigenten Meyer-Sebastian an Ministerialrat Germelmann, StäV Nr. 2879, 15. Dezember 1989; BArch, B 136/20578, 221 – 35014 Ge 31 Bd. 1. Zu den Ergebnissen auch: Mitteilung des Bundesministeriums für Umwelt, Naturschutz und Reaktorsicherheit, 14. Dezember 1989; ebd.
7 Nr. 101 Anm. 14.

BM Seiters erklärte das Einverständnis, daß man einerseits sich über den internationalen Rahmen einschließlich der Fragen von KSZE und Abrüstung unterhalten, dann aber sich vor allem auf das Machbare konzentrieren solle.

4. Aus dem Gespräch ist im übrigen noch festzuhalten:
MP Modrow würdigte das in der Gemeinsamen Pressemitteilung niedergelegte Ergebnis der bisherigen Gespräche. Er ging dann auf die Bundestagsdebatte zur Regierungserklärung des Bundeskanzlers sowie die nachfolgende Diskussion ein und meinte, daß der Bundeskanzler einerseits Bestätigung, andererseits auch Kritik gefunden habe. Modrow zeigte sich befriedigt, daß der Bundeskanzler im 4. Punkt seiner Regierungserklärung ausdrücklich auf seine, Modrows, Erklärung, Bezug genommen und das Angebot, sich um ein konkretes Herangehen an die Dinge zu bemühen, angenommen habe. Auf diesem Felde sollten in nächster Zeit konstruktive Schritte erfolgen. Modrow nannte die Wirtschaftskommission, die möglichst schon beim Bundeskanzler-Besuch eingerichtet werden sollte, sowie die Möglichkeit von Abkommen über Kooperation, Investitionsschutz, Zoll- und Abfertigungsfragen, Doppelbesteuerung und Schiedsgerichtsbarkeit.

MP Modrow erklärte, er habe bei seinen Gesprächen mit Gorbatschow in Moskau[8] ausdrückliche Ermutigung für das Konzept der Vertragsgemeinschaft gefunden. Andererseits akzeptiere die Sowjetunion nicht das Konzept der Wiedervereinigung. Auszugehen sei von der Existenz zweier unabhängiger deutscher Staaten. Für die Beziehungen zwischen ihnen könne es aber neue Aspekte geben. Dies müsse auch unter dem Gesichtspunkt von Helsinki II gesehen werden.

BM Seiters würdigte ebenfalls die in den bisherigen Besprechungen erreichten Ergebnisse. Er bezeichnete sowohl die Einrichtung des Reisedevisenfonds als auch den Verzicht auf Mindestumtausch und Sichtvermerke als bedeutende Schritte. Die jetzt getroffenen Vereinbarungen trügen einerseits aktuellen Notwendigkeiten Rechnung und bereiteten andererseits den Boden für eine weiterreichende Zusammenarbeit. Auf die Regierungserklärung des Bundeskanzlers Bezug nehmend, sagte BM Seiters, daß sie eine perspektivische Darstellung enthalte, die in die Formel von einer organischen Entwicklung gefaßt sei. Die Architektur Deutschlands solle in die Gesamtarchitektur Europas eingefügt sein. Die Überwindung der europäischen und der deutschen Teilung berühre beide deutschen Staaten. Unsere Vorstellungen dazu seien bekannt; letztlich komme es aber auf die Entscheidung der Bevölkerung in der DDR an.

BM Seiters sprach dann unter Bezug auf jüngste Vorgänge in der Haftanstalt Rummelsburg die Frage der politischen Häftlinge an.[9] Dieses Problem sollte gelöst sein, wenn der Bundeskanzler nach Dresden komme.

Ministerpräsident Modrow erklärte, daß der Innenminister mit Vorbereitungsarbeiten beauftragt sei. Dem Staatsratsvorsitzenden liege der Vorschlag für eine Teilamnestie vor.[10] Die DDR werde sich zu diesem Komplex weiter äußern. St Dr. Bertele wies darauf hin, daß von der StäV noch 35 Häftlinge betreut würden, die wegen Fluchthilfe verurteilt seien; hier sei eine baldige Regelung sehr wünschenswert. MP Modrow antwortete, er sehe bei dieser Größenordnung kein Problem.

---

8 Ministerpräsident Modrow traf am Rande des Gipfeltreffens des Warschauer Pakts am 4. Dezember 1989 in Moskau (Nr. 124 Anm. 6) mit Generalsekretär Gorbatschow und Ministerpräsident Ryschkow zusammen („Modrow führte Gespräche mit Gorbatschow und Ryschkow", in: Neues Deutschland. 44. Jg. Nr. 286. 5. Dezember 1989, 1).
9 Die Häftlinge mehrerer Strafanstalten in der DDR, darunter Berlin-Rummelsburg, forderten am 1. Dezember 1989 vor Medien- und Kirchenvertretern die „Überprüfung der Urteile aller einsitzenden Strafgefangenen", eine „menschenwürdige Unterbringung" und „umfassende Amnestie unter Ausschluß von Nazi- und Kriegsverbrechern" (Neues Deutschland. 44. Jg. Nr. 285. 4. Dezember 1989, 2).
10 Der Staatsrat der DDR erließ am 6. Dezember 1989 eine Teilamnestie (Nr. 96 Anm. 11).

BM Seiters erkundigte sich weiter nach dem Gang der gesetzgeberischen Arbeit, insbesondere hinsichtlich Strafrechtsreform und Wahlgesetz, und fragte nach dem Zeitplan. MP Modrow erklärte, daß alle diese Maßnahmen zu einem größeren Katalog von Gesetzgebungsvorhaben gehörten und in einem Zusammenhang stünden. Die Volkskammer müsse selbst den Gang der Beratungen regeln. Es werde aber keine Verzögerungen geben, eher eine Beschleunigung.

BM Seiters fragte nach der Möglichkeit, daß westdeutsche Zeitungen und Zeitschriften zum Vertrieb in der DDR zugelassen würden. MP Modrow antwortete, daß die Frage bearbeitet werde; eventuell könne man in den weiteren Gesprächen einen Weg finden.

Auf Frage von BM Seiters nach dem Status von Flüchtlingen und Übersiedlern sagte AM Fischer, in Erwägung gezogen werde eine Regelung in Form der Festlegung eines Zeitpunkts, nach dem alle, die sich nicht für die Beibehaltung der DDR-Staatsbürgerschaft erklärten, automatisch entlassen würden. MDgt Dr. Duisberg erinnerte an das in jedem Fall bestehende Problem des Nachweises sowie an die Frage der Erlangung von Zeugnissen und sonstigen Nachweisen. Ministerpräsident Modrow meinte, man müsse irgendwann auch die Frage aufwerfen, wer die Ausbildung der Übersiedler bezahlt habe und wer nun den Nutzen daraus ziehe. Die Bundesrepublik Deutschland habe auch erhebliche Vorteile durch die Übersiedlung qualifizierter Kräfte.

BM Seiters sprach unter Bezug auf das am selben Tage stattfindende Gespräch zwischen RBM Momper und OB Krack die Frage der Bildung eines Regionalausschusses in Berlin an und meinte, daß sich ähnliche Fragen auch an anderen Stellen ergeben. Daher seien wir der Meinung, daß dies größer angelegt werden sollte. Unter dem Dach einer allgemeineren Regelung könnten sowohl in Berlin als auch in anderen Bereichen Regionalausschüsse mit konsultativen Aufgaben eingerichtet werden. Ministerpräsident Modrow antwortete, daß in Berlin bereits bestimmte Probleme diskutiert würden. Natürlich seien hier sowohl die Sowjetunion als auch die drei Westmächte interessiert. In der konkreten Situation habe man sich über direkte Kontakte zwischen Magistrat und Senat verständigt. Was andere Bereiche angehe, so habe er ein gewisses Problem mit den Initiativen von Ministerpräsident Späth und Ministerpräsident Wallmann, die sehr stark die alte Länderstruktur im Blick hätten.[11] Zur Zeit werde zwar auch in der DDR über eine Änderung der Verwaltungseinteilung diskutiert; man könne jedoch nicht einfach das wieder zurückdrehen, was man 1952 geändert habe.[12] Er halte es daher für besser, sich auf kleinere Kontakte zwischen Kommunen und Kreisen zu konzentrieren und größere Konzepte nicht in den Vordergrund zu rücken. MDgt Dr. Duisberg regte an, im Zusammenhang mit den Gesprächen über eine Gemeinsame Pressemitteilung für den Bundeskanzler auch ein Verfahren über die weitere Behandlung dieser Frage festzulegen.

---

11   Ministerpräsident Späth und Ministerpräsident Wallmann initiierten im Dezember 1989 Hilfsprogramme ihrer Länder für die Regionen Sachsen und Thüringen. Späth erörterte während eines Besuchs in Dresden am 10. Dezember 1989 mit Ministerpräsident Modrow „Möglichkeiten der Erweiterung der regionalen Zusammenarbeit". Modrow erklärte, dies sei „ein Teil der Vertragsgemeinschaft". „Als Basis" brauche man zunächst „eine Regelung auf Regierungsebene" (Fernschreiben des Staatssekretärs Bertele an den Chef des Bundeskanzleramtes, StäV Nr. 2822, 11. Dezember 1989, VS-NfD; BArch, B 136/21334, 22 – 35016 Ve 40 NA 1, 1989 S-Z).
12   In der DDR wurde zunächst 1952 eine Neugliederung der Länder in Kreise und Bezirke und die „Überleitung der bisher von den Landesregierungen wahrgenommenen Aufgaben auf die Organe der Bezirke" vorgenommen (Gesetz über die weitere Demokratisierung des Aufbaus und der Arbeitsweise der staatlichen Organe in den Ländern der Deutschen Demokratischen Republik, 23. Juli 1952, in: GBl. DDR 1952, 613 f.). Laut Ordnung für den Aufbau und die Arbeitsweise der staatlichen Organe der Bezirke vom 24. Juli 1952 (ebd., 621 f.) gehörten die „bisherigen Abgeordneten der Landtage" bis zu Neuwahlen den neugebildeten Bezirkstagen an. Diese entsandten fortan Vertreter in die Länderkammer der DDR, die bis 1958 bestehenblieb (Gesetz über die Auflösung der Länderkammer der Deutschen Demokratischen Republik, 8. Dezember 1958, in: GBl. DDR 1958 I, 867).

BM Seiters fragte schließlich noch nach den Möglichkeiten einer Hilfe im Gesundheitsbereich. MP Modrow erwähnte das Angebot der Krupp-Stiftung, das er als besonders hilfreich bezeichnete, weil es ganz konkret sei. Andere Angebote litten darunter, daß sie sich zu sehr im allgemeinen hielten. Das Gesundheitsministerium sei beauftragt, eine exaktere Analyse dessen zu machen, was tatsächlich benötigt würde.

5. MP Modrow sprach am Anfang und erneut am Schluß des Gespräches die Belastung durch den Fall Schalck[13] an. Er sagte, daß er selbst keine Verdachtsmomente gekannt habe; er wolle auch ausdrücklich feststellen, daß sich die Verfehlungen, die Herrn Schalck vorgeworfen würden, nicht auf die mit der Bundesregierung geführten Verhandlungen bezögen. Die Vorbereitung des Besuches sei durch die Vorgänge um Herrn Schalck nicht beeinträchtigt worden. Modrow bat, daß wir uns auch öffentlich gemeinsam in diesem Sinne äußern sollten. BM Seiters unterrichtete MP Modrow über den Inhalt der Erklärung des Sprechers der Bundesregierung zu dem Fall Schalck[14] und sagte zu, daß wir auch unsererseits deutlich machen würden, daß die Gespräche durch diesen Fall nicht belastet worden seien. MDgt Dr. Duisberg wies darauf hin, daß allerdings auch bei uns jetzt Fragen nach Funktion und Tätigkeit der zum Zuständigkeitsbereich von Herrn Schalck gehörenden Firmen gestellt würden. Diese Firmen seien ja in unterschiedlicher Weise tätig gewesen; es wäre sicherlich im gemeinsamen Interesse, wenn die Tätigkeit sich auf das rein Kommerzielle beschränken würde. Außenhandelsminister Beil erklärte, er sei beauftragt, dafür zu sorgen, daß diese Firmen sich rein auf Fragen des Außenhandels konzentrierten. Ministerpräsident Modrow fügte hinzu, er habe bereits unabhängig von dem Verdacht gegen Schalck angeordnet, daß die bisherige Zweigleisigkeit vermieden werden sollte. Er müsse allerdings zugeben, daß man auch jetzt noch nicht alles in dieser Frage wisse.

Duisberg

---

13   Nr. 109 Anm. 4.
14   Der stellvertretende Regierungssprecher Vogel teilte am 4. Dezember 1989 mit, Staatssekretär Schalck-Golodkowski habe sich vor kurzem in Bonn aufgehalten, „aber nicht am vorigen Wochenende, am vorigen Samstag, wie es auch berichtet wurde, sondern am Mittwoch voriger Woche [29. November]". Schalck-Golodkowski habe mit einer Delegation der DDR, an der „die dortige Staatsbank beteiligt" war, „mit Minister Seiters über den in Aussicht genommenen Devisenfonds verhandelt". Schalck-Golodkowski habe „schon seit sehr vielen Jahren und bis zuletzt" als Unterhändler der DDR mit der Bundesregierung Gespräche geführt. Die nun gegen ihn erhobenen Vorwürfe bezögen sich lediglich auf sein Verhältnis zur Regierung der DDR. Vogel ergänzte: „Wir erheben keine Vorwürfe", auch wisse er nicht, wo sich Schalck-Golodkowski zur Zeit aufhalte (Pressekonferenz Nr. 129/89, 4. Dezember 1989, 14.30 Uhr. Unkorrigiertes Manuskript, 13 S., hier 2; BPA/PA, F 1/30).

Nr. 111
Schreiben des Bundeskanzlers Kohl an Staatspräsident Mitterrand
Bonn, 5. Dezember 1989

BArch, B 136/30916, 211 – 68000 Gi 47 Bd. 2. – Hs. vermerkt: „zdA 211 – Gi 47 (per Telekopie abgesetzt). Bi[tterlich] 5/12".

Sehr geehrter Herr Präsident,
lieber François,

haben Sie vielen Dank für Ihr Schreiben vom 1. Dezember 1989[1], in dem Sie mir Ihre Vorstellungen zu meinem Vorschlag eines Arbeitskalenders für die kommenden Jahre übermitteln.

Ich hätte gern die Gelegenheit wahrgenommen, mit Ihnen hierüber am Rande des gestrigen NATO-Treffens in Brüssel[2] eingehend zu sprechen. Leider war ja auch ein solches Gespräch anläßlich unseres gemeinsamen Aufenthalts in Straßburg vor einer Woche angesichts Ihrer Terminverpflichtungen nicht möglich gewesen.[3]

Ich möchte daher mein Anliegen auf diesem Wege noch einmal verdeutlichen.

Ich möchte zunächst nochmals das unterstreichen, was ich bereits vor dem Europäischen Parlament betont habe:[4] Gerade aufgrund der aktuellen Entwicklungen in den Ländern Mittel-, Ost- und Südosteuropas ist eine entschlossene Politik zur Fortführung der europäischen Integration wichtiger denn je.

Ich halte es für unbedingt notwendig, daß wir durch den Europäischen Rat in Straßburg insofern ein klares politisches Signal setzen und unser Engagement bekräftigen, in den kommenden Jahren entschieden auf dem Wege zur Politischen Union voranzuschreiten. Neben der Vollendung des Binnenmarktes sind die Ausfüllung seiner Sozialen Dimension und die Vorbereitung der Wirtschafts- und Währungsunion wesentliche Bausteine für dieses gemeinsame Ziel.

Dies ist auch der wesentliche Inhalt des Kalenders, den ich Ihnen am 27. November 1989 übermittelt habe.[5] Ich verstehe ihn als ein politisches Engagement der Staats- und Regierungschefs, entsprechend der darin enthaltenen zeitlichen und inhaltlichen Vorgaben auch tatsächlich vorzugehen.

In diesem Sinne sollten wir in Straßburg beschließen,

– daß die zuständigen Gremien im Jahre 1990 zur Vorbereitung der Regierungskonferenz die Grundlagen zur Festlegung der anschließenden Stufen erarbeiten und diese in Form eines Berichts bis zum Europäischen Rat unter italienischem Vorsitz im Dezember 1990 vorlegen;

– daß der Europäische Rat unter italienischem Vorsitz diesen Bericht erörtert und die Regierungskonferenz zur Wirtschafts- und Währungsunion eröffnet. Gleichzeitig sollte dieser Europäische Rat beschließen, im Rahmen der Regierungskonferenz ebenfalls – nach den entsprechenden Vorarbeiten unter irischer Präsidentschaft – die Erweiterung der Rechte des Europäischen Parlaments zu behandeln;

---

1 Nr. 108A.
2 Die Staats- und Regierungschefs der NATO trafen sich am 4. Dezember 1989 in Brüssel. Präsident Bush berichtete über sein Gipfeltreffen mit Generalsekretär Gorbatschow in Malta (Vorlage des Ministerialdirektors Teltschik über den Chef des Bundeskanzleramtes an den Bundeskanzler, 30. November 1989, Anlage: Entwurf einer Erklärung des Bundeskanzlers Kohl; BK, 01 [212] – 37921 Na 8 Protokoll, BK beim NATO-Rat, 4.12.1989).
3 Bundeskanzler Kohl und Staatspräsident Mitterrand hielten sich anläßlich der Plenartagung des Europäischen Parlaments am 22. November 1989 in Straßburg auf.
4 Erklärung des Bundeskanzlers Kohl vor dem Europäischen Parlament in Straßburg, 22. November 1989, in: ABl. EG. Anhang Nr. 3–383, 192–197; Bulletin. Nr. 133. 25. November 1989, 1133–1136.
5 Nr. 100A.

– daß die Regierungskonferenz im Jahre 1991 mit dem Ziel arbeitet, das politische Einvernehmen über diese grundlegenden Reformvorhaben beim Europäischen Rat unter niederländischem Vorsitz im Dezember 1991 herzustellen. Die endgültigen Vertragstexte könnten dann bis spätestens Frühjahr 1992 finalisiert werden.

Ziel dieses dynamischen Zeitplanes ist es, die Jahre 1992 und 1993 – die auch in unseren Parlamenten unter dem Zeichen der Vollendung des Binnenmarktes stehen werden – für die Ratifizierung des neuen Vertrages zu nutzen, so daß die nächsten Wahlen zum Europäischen Parlament im Mai/Juni 1994 unter dem Eindruck dieses neuen, entscheidenden Integrationsschubes erfolgen können.

Ich halte es für unbedingt notwendig, in die anstehenden Reformen die Erweiterung der Rechte des Europäischen Parlaments – das ja hierzu in seiner Entschließung vom 23. November 1989[6] erste Vorstellungen angemeldet hat – einzubeziehen. Die Durchsetzung der Übertragung neuer Befugnisse auf die europäischen Institutionen, insbesondere auf die EG-Kommission, und damit der Verzicht auf nationale parlamentarische Befugnisse erscheint mir nur möglich, wenn wir gegenüber unseren Parlamenten klar festhalten können, daß in gleichem Maße das Europäische Parlament mehr Kontrollrechte erhält.

Ich bin sicher, daß Sie in Straßburg einen geeigneten Weg finden werden, um diese Gesichtspunkte und Ziele in den Schlußfolgerungen niederzulegen.

Ich möchte an dieser Stelle nochmals hervorheben, wie wichtig eine derartige Ausgestaltung des Zeitplanes des kommenden Jahres für mich auch aus innenpolitischen Erwägungen ist.

Mit dem Arbeitskalender und mit vorstehenden Erläuterungen will ich zum Erfolg der französischen Präsidentschaft und zu Ihrem persönlichen Erfolg beitragen. Hierfür werde ich mich auch bei den Beratungen in Straßburg einsetzen.

Ich freue mich auf unser Wiedersehen am kommenden Freitag und Samstag.[7]

Mit freundlichen Grüßen
Ihr
Helmut Kohl

6 Entschließung zu der auf der Tagung des Europäischen Rates in Madrid beschlossenen Regierungskonferenz, 23. November 1989, in: ABl. EG. Nr. C 323, 111–113, hier 113.
7 Nr. 117, insbes. Anm. 1.

Nr. 112
Vorlage des Ministerialdirektors Teltschik an Bundeskanzler Kohl
Bonn, 6. Dezember 1989

BK, 21 – 35400 (28) De 26 Bd. 1, Bl. 1/0. – Eine Ausfertigung. Az. AL 2 – 30130 S 25 – De 2/14/89. Geheim. Vorlage über Chef BK. Hs. von Bundeskanzler Kohl vermerkt: „Teltschik R[ücksprache]".

Betr.:   Die Sowjetunion und die „deutsche Frage"

Beigefügte „amtliche" wie „nichtamtliche" Überlegungen sind mir auf dem zwischen Ihnen und Generalsekretär Gorbatschow verabredeten vertraulichen Wege übermittelt worden.[1] Der Überbringer hat mir ausdrücklich gesagt, daß die „amtliche Position" Überlegungen von „höchster Stelle" (Generalsekretär Gorbatschow) enthalte; die „nichtamtlichen" Ausführungen seien Gedanken, die in der Internationalen Abteilung des Zentralkomitees diskutiert würden (Politbüromitglied Jakowlew).
Ziffer 1 bis 7 beweisen, daß Ihr 10-Punkte-Plan zur Deutschlandpolitik auf wesentliche Überlegungen der sowjetischen Führung zurückgreift.
Der nichtamtliche Teil (II) dokumentiert, daß die sowjetische Führung die Frage der Wiedervereinigung in allen Variationen konkret diskutiert. Ihr 10-Punkte-Plan verhindert, daß die Weltöffentlichkeit mit sowjetischen Vorschlägen zur deutschen Frage konfrontiert wird, ohne daß die Position der Bundesregierung bekannt gewesen wäre.

Votum:

Die im Teil II angesprochenen Punkte sollten in dem von Bundesminister Seiters einzuladenden Deutschlandkreis sobald wie möglich diskutiert werden.
Auf vertraulichem Wege sollte Generalsekretär Gorbatschow ein Gespräch mit Ihnen angeboten werden. Bei diesem Gespräch sollten Sie in der Lage sein, die angesprochenen Themen mit der sowjetischen Seite zu diskutieren.

Teltschik

Nr. 112A
SU und „deutsche Frage"

BK, 21 – 35400 (28) De 26 Bd. 1, Bl. 2–5. – Entwurf und eine Ausfertigung. Az. AL 2 – 30130 S 25 – De 2/13/89. Geheim.

I. „Amtliche" Position
  1. Grundsätzlich positive Einstellung der sowjetischen Führung zur Entwicklung in der DDR.
  2. Keine Einmischung in die Angelegenheiten der DDR, aber Entwicklung wäre ohne SU und erst [recht] gegen sie undenkbar gewesen.

---

1 Portugalow, Berater der Internationalen Abteilung des Zentralkomitees der KPdSU, übergab Ministerialdirektor Teltschik das Papier am Morgen des 21. November 1989. In dem Gespräch regte Teltschik ein Treffen zwischen Bundeskanzler Kohl und Generalsekretär Gorbatschow an. Unmittelbar danach informierte er Kohl. „Wenn schon Gorbatschow und seine Berater die Möglichkeit der Wiedervereinigung und die damit zusammenhängenden Fragen" diskutierten, sei es „höchste Zeit", deutschlandpolitisch „in die Offensive" zu gehen. Kohl, „bereits auf dem Weg zum nächsten Termin", wollte „möglichst bald ausführlich darüber sprechen". Auch der Bundeskanzler hielt es für „notwendig, sich bald selbst mit Gorbatschow zu treffen" (Teltschik, 329 Tage, 42–45).

SU war sich von Beginn ihrer eigenen Reformpolitik an bewußt, welche Folgen dies für die DDR haben werde.

3. Strukturelle Umgestaltung in der SU in allen Bereichen (politisch, wirtschaftlich, „im nationalen Bereich") noch immer im Anfangsstadium. Dies gelte erst recht für die DDR.

Ablauf, Qualität und Tempo der Umgestaltung in der DDR hingen jedoch – im Gegensatz zur SU – entscheidend von der Politik der Bundesregierung ab.

4. Politische Parolen, wie der Vorrang der gesamteuropäischen Friedensordnung vor der Lösung der deutschen Frage oder die Lösung der deutschen Frage ausschließlich unter einem europäischen Dach, klängen vernünftig; sie könnten sich jedoch als Leerformeln erweisen oder – was noch schlimmer wäre – in Widerspruch zur tatsächlichen Politik geraten.

SU sei besorgt, daß die Entwicklung der deutsch-deutschen Beziehungen gerade in dieser entscheidenden Phase der Zäsur in eine für sie unerwünschte und gefährliche Richtung gehen könnte – aus welchen Gründen auch immer.

5. Die Entwicklung in der DDR müsse mit Geist und Buchstaben der gemeinsamen deutsch-sowjetischen Erklärung vom 12.6.1989 in Einklang bleiben. Das betreffe vor allen Dingen die Anerkennung der bestehenden europäischen Nachkriegsstrukturen auf absehbare Zeit als Grundlage für neue Entwicklung.

Für die SU heiße das, daß der Aufbau einer gesamteuropäischen Friedensordnung Priorität haben müsse vor der Lösung der deutschen Frage, d.h. vor der Beantwortung der Frage nach den künftigen Formen der nationalen und staatlichen Existenz der Deutschen. Die gesamteuropäische Friedensordnung müsse als unabdingbare Voraussetzung für die Lösung der deutschen Frage aufgefaßt werden.

6. Die strikte, uneingeschränkte und vorbehaltlose Einhaltung der Ostverträge, einschließlich des Grundlagenvertrages mit der DDR, müsse so lange eine Selbstverständlichkeit sein, bis die neue gesamteuropäische Friedensordnung und Stabilität hergestellt und gesichert sei.

7. Heute sei eine neue Lage in der DDR entstanden. Jetzt gilt es, auf der Grundlage des Grundlagenvertrages mit der DDR einen neuen Modus vivendi zu finden.

Der Vorschlag von Ministerpräsident Modrow einer „Vertragsgemeinschaft" sollte es ermöglichen, den Alleinvertretungsanspruch der Bundesrepublik Deutschland restriktiv und pragmatisch zu handhaben. Andernfalls werde die DDR objektiv in ihrer Existenz bedroht.

II. „Nichtamtliche" Überlegungen

Jetzt sei die Stunde gekommen, das Verhältnis der Bundesrepublik Deutschland zur DDR von allen Relikten aus der Vergangenheit zu befreien.

1. Die DDR sei auf wirtschaftliche Zusammenarbeit angewiesen. Vorbedingungen dürfen nicht zur Selbstverleugnung und zur Destabilisierung der DDR führen. Die Bundesregierung sollte sich großzügig verhalten und einen langen Atem haben.

2. Im Bereich der Abrüstung tun sich für beide Staaten der deutschen Nation zusätzliche großartige Möglichkeiten auf. Es hänge jetzt in ganz entscheidender Weise von der Bundesregierung ab, wie schnell und umfassend Fortschritte im Interesse beider deutscher Staaten bei den Abrüstungsfragen erreicht werden könnten.

3. Es sei der Wunsch bzw. die Bitte der SU, die langfristige Lösung der deutschen Frage nicht zum Gegenstand der Tagespolitik oder des Wahlkampfes zu machen.

4. Rein theoretisch gefragt: Wenn die Bundesregierung beabsichtigen würde, die Frage der Wiedervereinigung bzw. Neuvereinigung in die praktische Politik einzuführen, dann wäre es vernünftig, öffentlich über die Vorstellungen der zukünftigen Allianzzu-

gehörigkeit beider deutscher Staaten und über die Austrittsklausel der Pariser Verträge[2] und des Römischen Vertrages im Wiedervereinigungsfall[3] nachzudenken.

5. Sollte es – theoretisch gesehen – ebenso gelingen, die DDR recht bald in die EG zu integrieren, soll dann die SU am „Katzentisch" sitzen und ihren DDR-Handel via Brüssel betreiben, Eurozölle bezahlen und auf die heutige Meistbegünstigung mit der DDR verzichten? Auch darüber sollte die Bundesregierung nachdenken.

6. Die SU denke im Zusammenhang mit der deutschen Frage bereits über alle möglichen Alternativen nach, sogar über gewissermaßen „Undenkbares". Sie habe von Anfang an gewußt, worauf sie sich bei einer Umgestaltung auch in der DDR einlasse.

In diesem Zusammenhang wäre die SU an der Haltung der Bundesregierung zu einem möglichen Friedensvertrag interessiert. Die Bundesrepublik Deutschland könne sich dabei nicht auf ihre Alliierten verlassen, die nicht auf ihr Besatzungsstatut verzichten wollten.

7. Die SU verfolge mit einem lachenden und mit einem tränenden Auge, daß „mancher gescheite Kopf in Bonn" den Ausweg darin sieht, eine künftige deutsche Konföderation in die EG zu integrieren, wobei dies als gesamteuropäische Integration verbrämt werde. Diese Richtung passe der SU nicht.

Die Bundesregierung solle dabei daran denken, daß die SU die Westalliierten, vor allem Paris, mit der Idee von zwei Friedensverträgen jeweils mit der Bundesrepublik Deutschland und der DDR verführen könnte. Dabei sei sicher, daß in einem solchen Fall die Westalliierten mehr Rechte in der Bundesrepublik als die SU in der DDR beanspruchen würden.

8. Es könne durchaus davon ausgegangen werden, daß sich auf dem Wege der Annäherung der beiden deutschen Staaten schon sehr bald die Frage eines Friedensvertrages stellen werde. Es wäre deshalb vernünftig, gemeinsam vertraulich darüber nachzudenken, evtl. auch gemeinsam mit der DDR.

9. Es sei vorstellbar, daß die SU in absehbarer Zeit, d. h. mittelfristig, einer wie immer gearteten deutschen Konföderation grünes Licht geben könnte. Dies würde jedoch voraussetzen, daß es auf deutschem Boden keine fremde nukleare Präsenz mehr geben dürfte. Dies wäre vielleicht die einzige Conditio sine qua non, die die SU für ihr Wohlverhalten gegenüber künftigen deutschen Regelungen aufrechterhalten könnte.

---

2 Durch das Protokoll zur Änderung und Ergänzung des Brüsseler Vertrags, unterzeichnet am 23. Oktober 1954 in Paris (mit ergänzenden Protokollen und Briefwechsel in: UNTS. Vol. 211, 342–349, 350–387; BGBl. 1955 II, 258–261, 262–282), traten die Bundesrepublik Deutschland und Italien dem Vertrag bei (Vertrag über Zusammenarbeit in wirtschaftlichen, sozialen und kulturellen Angelegenheiten und zur kollektiven Selbstverteidigung, unterzeichnet am 17. März 1948 in Brüssel, in: UNTS. Vol. 19, 51–63), der in Westeuropäische Union umbenannt wurde; nach Artikel XII Brüsseler Vertrag ist ein Austritt „nach Ablauf des Zeitraums von fünfzig Jahren" möglich. Zugleich beschlossen die Außenminister der Nordatlantikpakt-Staaten in Paris, die Bundesrepublik Deutschland einzuladen, dem Nordatlantikvertrag beizutreten (Protokoll vom 23. Oktober 1954, ebd. Vol. 243, 308–313). Gemäß Artikel 13 Nordatlantikvertrag vom 4. April 1949 (in der Fassung des Protokolls vom 17. Oktober 1951: ebd. Vol. 34, 243–255 und Vol. 126, 352; BGBl. 1955 II, 289–294) kann jede Partei den Vertrag nach 20jähriger Geltungsdauer auslaufen lassen.
3 Gemäß Artikel 240 gilt der Vertrag zur Gründung der Europäischen Wirtschaftsgemeinschaft, unterzeichnet am 25. März 1957 in Rom (mit Anhängen in: BGBl. 1957 II, 766–963, hier 900) auf unbegrenzte Zeit. Die deutsche Delegation bei der Regierungskonferenz für den Gemeinsamen Markt und Euratom gab am 28. Februar 1957 im Ausschuß der Delegationsleiter die Erklärung „zur Kenntnis, wonach ‚die Regierung der Bundesrepublik Deutschland davon ausgeht, daß die Verträge zur Gründung der Europäischen Wirtschaftsgemeinschaft und der Europäischen Gemeinschaft für Atomenergie im Falle der Wiedervereinigung Deutschlands revidiert werden'" (Entwurf eines Protokolls über die Sitzungen am 28. Februar und am 1., 2. und 3. März 1957 in Brüssel, Ch.Del. 406, MAE 777 d/57, 9. März 1957; BArch, B 102/10870. Dazu auch: Aufstellungen der auslegenden Erklärungen zum EWG- und zum Euratom-Vertrag, MAE 874 d/57 und MAE 890 d/57, 26. März 1957; ebd.).

Nr. 113
Gespräch des Bundesministers Seiters mit den Botschaftern der Drei Mächte
Bonn, 7. Dezember 1989

BArch, B 136/20241, 221 – 34900 Spr 2 Bd. 1. – Vermerk des MDg Duisberg, 11. Dezember 1989. Verteiler: AA, St Sudhoff; BMB, St Priesnitz, StäV, St Bertele; AL 2. Vorlage an Chef BK mit der Bitte um Billigung und Zustimmung zu dem Verteiler, abgezeichnet: „S[eiters]". – Gesprächsbeginn: 10.00 Uhr.

Teilnehmer: Botschafter Boidevaix, F
Botschafter Mallaby, GB
Botschafter Walters, USA
Sts Dr. Sudhoff
MinDirig Dr. Duisberg

BM Seiters hatte die drei Botschafter zu dem Gespräch gebeten, um sie über seinen Besuch in Ost-Berlin am 5. Dezember 1989[1] zu unterrichten.

BM Seiters ging zunächst kurz auf die erzielten Ergebnisse ein, wie sie in der gemeinsamen Pressemitteilung[2] festgehalten sind. Er berichtete dann über sein Gespräch mit Ministerpräsident Modrow und gab seinen Eindruck von der Person Modrows wieder: Modrow sei ein nachdenklicher Mann, der genau wisse, was seine Aufgabe sei und wo seine Probleme lägen. Zur Zeit sei er die einzige handelnde Persönlichkeit in der DDR. In dem Gespräch sei Modrow auf die Regierungserklärung des Bundeskanzlers[3] eingegangen und habe ausdrücklich begrüßt, daß der Bundeskanzler die Anregung zur Entwicklung einer Vertragsgemeinschaft aufgegriffen habe. Modrow habe in diesem Zusammenhang von „Vertrags- und Vertrauensgemeinschaft" gesprochen und sei für [die] Bildung einer Wirtschaftskommission sowie für den Abschluß von Abkommen über Kooperation, Investitionsschutz, Zoll- und Abfertigungsfragen, Doppelbesteuerung und Schiedsgerichtsbarkeit eingetreten. Modrow habe erklärt, daß er bei seinem Besuch in Moskau[4] ausdrücklich zu einem solchen Konzept der Vertragsgemeinschaft ermutigt worden sei, nicht ermutigt allerdings zur Wiedervereinigung. Der Besuch des Bundeskanzlers am 19. Dezember 1989[5] sollte dazu dienen, das zu machen, was jetzt erreichbar sei. Im Vordergrund stünden dabei die wirtschaftspolitischen Fragen. Man werde sehen, welche Schritte zur wirtschaftlichen Kooperation und in Richtung auf eine Vertragsgemeinschaft möglich seien. Auch die Möglichkeit der Einrichtung von Regionalausschüssen an der Grenze werde geprüft werden. Der Besuch des Bundeskanzlers werde durch Treffen der Wirtschaftsminister, der Post-, Verkehrs- und Umweltminister vorbereitet werden.[6]

Der französische Botschafter dankte für die Unterrichtung und gratulierte zu den erreichten Ergebnissen. Er stellte dann die Frage nach unserer Einschätzung der derzeitigen Lage in der DDR. BM Seiters berichtete über besorgte Äußerungen von Ministerpräsident Modrow über den zunehmend aggressiven Ton in der DDR-Bevölkerung. Die weitere Entwicklung sei schwer zu übersehen. Wir werteten den Besuch des Bundeskanzlers und auch seinen eigenen Besuch als mögliche Elemente der Beruhigung.

Der britische Botschafter fragte, ob die Tendenzen für die deutsche Einheit in der DDR zunähmen. BM Seiters meinte, daß niemand dies genau sagen könne. Vertreter der Kirchen hätten kürzlich einem Mitglied der Bundesregierung gegenüber erklärt, daß ein außeror-

---

1 Nr. 110.
2 Ebd., Anm. 1.
3 Nr. 101 Anm. 14.
4 Nr. 110 Anm. 8.
5 Nr. 129.
6 Nr. 110 Anm. 3, 4 und 6 sowie Nr. 122 Anm. 2.

dentlich hoher Prozentsatz der Bevölkerung für die Einheit sei. Je geringer die Hoffnung werde, daß die eigene Führung die Probleme bewältige, desto stärker könnte der Druck in dieser Richtung werden.

Der britische Botschafter meinte, bisher sei die Frage nicht besonders dringlich gewesen; der Zeitfaktor sei nicht thematisiert worden. Aber wie lange könne das dauern? Der französische Botschafter fragte nach unserer Einschätzung der politischen Perspektiven für die nächsten Monate.

BM Seiters sagte, Modrow habe ihm den Eindruck vermittelt, daß die DDR-Führung im wirtschaftlichen Bereich zu erheblichen Änderungen bereit sei. Sie wisse auch, daß sie nicht mehr viel Zeit habe. Bisher seien deshalb alle Termine, wie jetzt zuletzt der Termin des Parteitages,[7] nach vorne gezogen worden. Unsere Hoffnung richte sich auf eine Entwicklung, die den Menschen Mut zum Dableiben mache. Bei einer Zuspitzung der Lage könne es zu neuen Übersiedlungswellen kommen.

Der britische Botschafter sah keine Gefahr im Sinne der Entwicklung einer bürgerkriegsähnlichen Situation; jedoch bestehe das Problem eines Machtvakuums. Er fragte dann weiter nach den Perspektiven für die DDR-Mark. BM Seiters antwortete, daß die Bildung des Reisedevisenfonds natürlich nur ein bescheidener Ansatz sei, der nichts mit Konvertibilität und Währungsreform zu tun habe, der allenfalls als Einstieg in ein realistisches Umtauschverhältnis gewertet werden könne. Die entscheidenden Schritte müßten von der DDR selbst getan werden.

Der britische Botschafter sprach dann die Entwicklung in Berlin an und fragte, welches Konzept für West-Berlin in der kommenden Zeit bestehe. Es gebe die Gefahr einer Unterminierung des Status durch die Hinnahme einer größeren Einbeziehung des Ostteils der Stadt in die DDR und auf der anderen Seite durch Erklärungen und Schritte auf der westlichen Seite. In diesem Zusammenhang sei auch die Frage der Direktwahl von Berliner Abgeordneten zum Bundestag zu sehen. Es sei deshalb besonders wichtig, ein Konzept zu entwickeln, das die wesentlichen Elemente des Status erhalte. BM Seiters antwortete, er nehme diese Frage gerne auf. Der Bundeskanzler habe in dem Gespräch mit dem RBM und Vertretern des Senates am 1. Dezember 1989[8] gesagt, daß man das neue Wahlgesetz der DDR abwarten solle und dann auf die Alliierten zugehen wolle. Wir seien uns der hier bestehenden Probleme voll bewußt. Der britische Botschafter meinte, der Wunsch nach Direktwahl sei politisch völlig verständlich, die Sache sei jedoch für die Alliierten – auch unter Berücksichtigung des Vier-Mächte-Abkommens – nicht einfach. Der französische Botschafter erkundigte sich nach den Zeitvorstellungen für die Entwicklung konzeptioneller Vorstellungen der Bundesregierung zu den Berlin-Fragen. Der britische Botschafter betonte noch einmal die Gefahr, daß man möglicherweise schrittweise Dinge tue, die zusammengenommen eine neue Rechtssituation für Berlin schaffen würden. BM Seiters sicherte zu, daß die Bundesregierung in jedem Fall in enger Abstimmung mit den Alliierten vorgehen werde und daß wir darüber möglichst bald weiter sprechen sollten.

Duisberg

---

7   Nr. 117 Anm. 2.
8   Nr. 103.

Nr. 114
Fernschreiben des Staatssekretärs Bertele an Bundesminister Seiters
Berlin (Ost), 7. Dezember 1989

BArch, B 136/20283, 221 – 35001 La 17 Bd. 12. – FS StäV Nr. 2795, 15.39 Uhr. VS-NfD. Citissime. Verteiler: ChBK, BM Seiters, MDg Duisberg; BMB, St Priesnitz, AL II; Bonn AA, Ref. 210; BPrA, St Meyer-Landrut. Mit Stempel: 023274, BK-Amt, FS-Zentrale, 7. Dezember 1989, 16.16 Uhr.

Gespannte innere Lage in der DDR

In den letzten Tagen häufen sich Übergriffe aus der Bevölkerung gegen staatliche Institutionen, insbesondere gegenüber Büros der Staatssicherheit, die z.t. besetzt werden und wobei z.B. Mitarbeiter der Staatssicherheit stundenlang in ihren Büros eingesperrt wurden. Die Sorge in der Bevölkerung ist groß, daß aus solchen Situationen durch Gewaltanwendung von der einen oder anderen Seite die Lage unkontrollierbar eskalieren könnte.

Ein Mitarbeiter des Neuen Forum, der sich als Wirtschaftsberater von Frau Bohley ausgab, suchte heute die Ständige Vertretung auf und richtete an uns einen dringenden Appell, beruhigend auf die Bevölkerung der DDR einzuwirken. Er trug vor, daß er im Auftrag der Führung des Neuen Forum gekommen sei und daß nach seiner Ansicht, die von der gesamten Führung des Neuen Forum geteilt werde, nur noch ein dringender Appell des Bundespräsidenten, der in der DDR in allen Bevölkerungskreisen höchstes Ansehen genieße, geeignet sei, beruhigend zu wirken. Er stelle sich vor, daß der Bundespräsident in einer kurzen Fernsehansprache an die Bevölkerung der DDR appelliere, Ruhe und Besonnenheit zu wahren und auf Gewaltanwendung zu verzichten.

Ich habe daraufhin die Sprecherin des Neuen Forum, Frau Bohley, aufgesucht und sie gefragt, ob dies in der Tat die Ansicht der Leitung des Neuen Forum sei. Frau Bohley unterstrich einerseits, daß sie große Angst habe, daß eine vereinzelte Gewaltanwendung zu einer Explosion führen könne, die die gesamte DDR erfassen könnte. Sie habe deshalb gegenüber Ralf Hirsch, der sich zur Zeit bei dem Regierenden Bürgermeister Momper aufhalte, angeregt, man möge eine Fernsehdiskussion im West-Fernsehen zustande bringen, in der Journalisten und Politiker aus beiden deutschen Staaten mäßigend auf die Bevölkerung der DDR einwirkten.

Im Verlauf des Gesprächs zeigte mir Frau Bohley einen Brief des neuen Leiters des Amtes für Staatssicherheit, Schwanitz, in dem Schwanitz seine Sorge über mögliche Eskalationen in der DDR äußerte. Sowohl die Regierung als auch die oppositionellen Gruppen befürchteten solche Eskalationen. Frau Bohley wies u.a. darauf hin, daß auch Waffen in den letzten Tagen aus Depots entwendet worden seien.

Frau Bohley bat mich dann, mich dafür einzusetzen, daß von seiten der Bundesrepublik insgesamt beruhigend auf die Bevölkerung der DDR eingewirkt werde und daß insbesondere nicht der Eindruck erweckt würde, daß die Wiedervereinigung der beiden deutschen Staaten kurzfristig erreichbar sei. Viele, die jetzt unzufrieden seien, glaubten, daß die Lösung aller Probleme in einer praktisch sofortigen Wiedervereinigung liege, sie könnten die Probleme, die damit zusammenhingen, gar nicht übersehen. Frau Bohley äußerte dann die Hoffnung, daß durch das heutige Gespräch am „Runden Tisch"[1] von innerhalb der DDR beruhigend

---

1   Der Runde Tisch, dem 14 Parteien und Gruppierungen angehörten, trat am 7. Dezember 1989 erstmals zusammen. Er verstand sich als „Bestandteil der öffentlichen Kontrolle" in der DDR und forderte, von Volkskammer und Regierung „rechtzeitig vor wichtigen Rechts-, Wirtschafts- und finanzpolitischen Entscheidungen informiert und einbezogen zu werden". Der Runde Tisch beschloß, „seine Tätigkeit bis zur Durchführung freier, demokratischer und geheimer Wahlen fortzusetzen". Eine paritätisch besetzte Arbeitsgruppe erhielt den Auftrag, eine neue Verfassung auzuarbeiten. Der Verfassungsentwurf sollte nach Neuwahlen zur Volkskammer, die für den 6. Mai 1990 vorgesehen waren, in einem Volksentscheid bestätigt werden (gemeinsame Erklärung und fünf Punkte des Runden Tisches, 7. Dezember 1989, in: Neues Deutschland. 44. Jg. Nr. 289. 8. Dezember 1989, 1).

auf die Öffentlichkeit eingewirkt werde. Sie bat aber dennoch nachdrücklich, daß dies durch entsprechende Äußerungen aus der Bundesrepublik Deutschland flankiert werde.

Ich teile die Ansicht von Frau Bohley, daß die Lage in der DDR in hohem Maße gespannt ist und daß Gewalttaten von der einen oder anderen Seite unabsehbare Folgen haben können. Ich teile weiterhin die Ansicht, daß bei vielen, und zwar in einer stetig steigenden Zahl, die Lösung aller Probleme in einer fast sofortigen Wiedervereinigung gesehen wird, die insbesondere als Folge von Unruhen in der DDR eintreten könnte. Daß dies eine offenbare Fehleinschätzung ist, liegt auf der Hand.

Es könnte zu furchtbaren Rückschlägen führen, wenn in der jetzigen Situation Gewalt angewendet würde. Wir sollten daher auf unserer Seite immer wieder öffentlich betonen, daß auch uns an einer ruhigen Entwicklung in der DDR gelegen ist und daß eine schnelle Wiedervereinigung als Folge von Unruhen nicht erreichbar ist.

P.S. Pfarrer Eppelmann sagte mir gerade, die Macht in der DDR liege auf der Straße. Er hoffe, daß MP Modrow sie aufhebe, was er allerdings nur in einer großen Koalition könne.

Bertele

Nr. 115
Vorlage des Ministerialdirektors Teltschik an Bundeskanzler Kohl
Bonn, 7. Dezember 1989

BK, 21 – 30101 A 5 (20) Am 15/23/89, Bd. 7, Bl. 287–292. – Mitverfasser: VLR Westdickenberg. Entwurf, abgezeichnet: „T[eltschik] 8". VS-Vertraulich. Vorlage über Chef BK. Hs. vermerkt: „ab am 11.12. Tü[nsmeyer]".

Betr.: Gespräch BM Genscher – AM Baker am 3.12.1989;
        hier: Auswertung des Berichts über das Gespräch

I. Votum:
    Kenntnisnahme (besonders Ziffer II 1.3, III)

II. Sachverhalt
    Gespräch beschränkte sich nicht nur auf Unterrichtung AM Baker über Malta-Treffen, sondern erstreckte sich auch auf Meinungsaustausch über Entwicklung in der DDR, Vorschau Europäischer Rat, Treffen der 24er-Gruppe und NATO-Außenministertreffen.

    1. Bericht über Malta
    1.1 Nüchterner Bericht Bakers ergab, daß Gipfel – getreu US-Grundsatz –
        – kein Rüstungskontroll- oder Verhandlungsgipfel,
        – keine bilaterale Erörterung eines Europakonzepts („Jalta-Syndrom"),
        sondern thematisch breit angelegt war.
        US/SU-Beziehungen erfuhren durch Gipfel auf ganzer Breite positive Impulse, insbesondere wurden für den in 2. Juni-Hälfte 1990 geplanten Gipfel konkrete Aufträge verabredet. Besonders hervorhebenswert:
        – Ziel eines START-Vertrages 1990 (Schwerpunkt eines AM-Treffens im Januar),
        – Gipfeltreffen der VKSE-Teilnehmerstaaten in 2. Hälfte 1990 für Unterzeichnung ersten VKSE-Abkommens,
        – Impulse für CW-Konvention, u.a. durch US-Bereitschaft, nach Inkrafttreten keine binären CW mehr zu produzieren,

– Bereitschaft der USA, SU-Integration in Weltwirtschaft konkret zu fördern und aus Schwierigkeiten in Osteuropa keine einseitigen Vorteile zu ziehen.

Keine Übereinstimmung wurde in zwei Bereichen erzielt:

– Zentralamerika: US-Zweifel an ausreichendem Druck der SU auf Kuba und Nicaragua zu Zurückhaltung (Bitte an BM Genscher, Punkt auch in Moskau bei Besuch anzusprechen – dies ist erfolgt).

– Frage der Wiedervereinigung: sowjetische Sorge vor „übereilten Entwicklungen", die nicht in KSZE eingebunden sind. Unausgesprochen konzentrieren sich Besorgnisse besonders deutlich auf polnische Westgrenze.

1.2 Zur Perspektive einer Wiedervereinigung habe sich GS Gorbatschow „ziemlich besorgt" gezeigt und bekräftigt, Wiedervereinigung stehe zur Zeit außer Frage und müsse der Geschichte überlassen werden. Der Präsident habe sich seinerseits grundsätzlich unterstützend zur Wiedervereinigung geäußert. Allerdings: auf Basis westlicher (nach SU-Protest: „demokratischer") Werte.

1.3 Zu Grenzfrage und Schlußakte von Helsinki habe BM Genscher darauf hingewiesen, AM Gromyko sei 1974 klargemacht worden, daß der Vorbehalt friedlichen Wandels[1] sich auf die innerdeutsche Grenze beziehe. Gromyko habe das abgelehnt, Bundesregierung jedoch insistiert, daß sie nur mit dieser Lesart zeichnen werde. Deshalb – so BM Genscher – könne SU heute nicht behaupten, Frage sei seinerzeit nicht diskutiert worden.

AM Baker habe festgestellt, in Malta sei Bedeutung der deutsch-deutschen und der deutsch-polnischen Grenze im Vergleich nicht besprochen worden. SU sehe Veränderung beider Grenzen wohl als „verboten" an, jedoch sei es ihr hinsichtlich deutsch-polnischer Grenze (implizit: nördliches Ostpreußen) wichtiger. SU sehe ganze Frage als nicht „reif" an und werde nach US-Eindruck Veränderung deutsch-polnischer Grenze nicht dulden.

BM Genscher habe auf seine VN-Rede[2] verwiesen und im Wortlaut Resolution des Deutschen Bundestages vom 8. November[3] verlesen. Darin sei enthalten, daß Frage deutsch-polnischer Grenze nicht erneut aufgeworfen werde. AM Baker habe dies als wichtig bezeichnet, da insoweit sowjetische „Aufregung" bestehe. BM Genscher habe betont, Klarheit sei im deutschen Interesse wichtig, weil sonst Polen an Seite der SU gedrängt werde.

1.4 Wirtschaftsprobleme in der SU (Wirtschaftslage sei sehr ernst, es gebe keine weiter-

---

1 In der KSZE-Schlußakte von Helsinki (Nr. 40 Anm. 2) bekannten sich die Teilnehmerstaaten zu der „Auffassung, daß ihre Grenzen, in Übereinstimmung mit dem Völkerrecht, durch friedliche Mittel und durch Vereinbarung verändert werden können" (Prinzip I „Souveräne Gleichheit, Achtung der der Souveränität innewohnenden Rechte"). Prinzip III „Unverletzlichkeit der Grenzen" enthielt die Verpflichtung, man werde „jetzt und in der Zukunft keinen Anschlag auf diese Grenzen verüben" und sich „jeglicher Forderung oder Handlung enthalten", um sich des „Territoriums irgendeines Teilnehmerstaates zu bemächtigen".

2 Bundesminister Genscher erklärte am 27. September 1989 vor der 44. Generalversammlung der Vereinten Nationen in New York, das polnische Volk sei „vor fünfzig Jahren das erste Opfer des von Hitler-Deutschland vom Zaune gebrochenen Krieges geworden. Es soll wissen, daß sein Recht, in sicheren Grenzen zu leben, von uns Deutschen weder jetzt noch in Zukunft durch Gebietsansprüche in Frage gestellt wird. Das Rad der Geschichte wird nicht zurückgedreht. Wir wollen mit Polen für ein besseres Europa der Zukunft arbeiten. Die Unverletzlichkeit der Grenzen ist Grundlage des friedlichen Zusammenlebens in Europa" (Bulletin. Nr. 98. 28. September 1989, 849–853, hier 849).

3 In der Entschließung vom 8. November 1989 sicherte der Deutsche Bundestag zu, die Bundesrepublik Deutschland halte „an Buchstaben und Geist des Warschauer Vertrages in allen seinen Teilen" fest und sei entschlossen, „die Beziehungen zur Volksrepublik Polen auf allen Gebieten weiter zu entwickeln". Die Passage zu den Grenzen Polens aus der Rede des Bundesministers Genscher vor der Generalversammlung (ebd.) wurde wörtlich übernommen. Die Abgeordneten billigten den Entschließungsantrag (Drucksache 11/5589) in namentlicher Abstimmung mit 400 gegen 4 Stimmen bei 33 Enthaltungen (endgültiges Ergebnis in: Verhandlungen des Deutschen Bundestages. Stenogr. Berichte. Bd. 151. Plenarprotokoll 11/173, 13061 f.).

führenden Pläne; AM Baker wenig beeindruckt von SU-Lösungsansätzen) und Möglichkeiten amerikanischer Unterstützung bei Lösungen hätten breiten Raum eingenommen (in Gesprächsführungsvorschlag für Präsident Bush in Brüssel werden sie an erster Stelle genannt!). SU habe nicht um Geld oder Nahrungsmittelhilfe gebeten, jedoch technische Zusammenarbeit begrüßt und hauptsächlich Zugang zu internationalen Wirtschaftsgremien gesucht.

1.5 Bei Rüstungskontrolle und Abrüstung ist hervorzuheben:
- für CW-Konvention sei kein Zeitplan in Aussicht genommen worden (wobei US von mehreren Jahren ausgehen!), aber man strebe Vereinbarung über 80% Kürzung beim nächsten Gipfel an;
- man beabsichtige, beim Gipfel im Juni die nuklearen Testverbotsverträge zu unterzeichnen;
- ein AM-Treffen im Rahmen VKSE sei von SU angesprochen und von US dahingehend beantwortet worden, man habe keine Probleme, wenn erzielbare Fortschritte dies rechtfertigten.

1.6 Zu sowjetischem Vorschlag für ein „Helsinki II-Treffen"[4] hätten die US auf notwendige Beratungen mit Verbündeten verwiesen. AM Baker habe gegenüber BM Genscher jedoch deutlich gemacht, daß man sich letztlich einem Drängen der Bündnispartner hierzu – BM Genscher sah Tendenz dazu – nicht verschließen werde, ziehe es aber vor, zunächst konkrete Folgeveranstaltungen wie Wirtschaftskonferenz in Bonn (KWZE)[5] oder Menschenrechtskonferenz in Kopenhagen[6] abzuwarten.

2. Entwicklung in der DDR
AM Baker habe sich nach Zustimmung für Wiedervereinigung in DDR erkundigt. BM Genscher habe Urteil als kaum möglich bezeichnet und Forderung nach Demokratie und freien Wahlen im Vordergrund gesehen. Ohne wirkliche Reformen werde sich jedoch großer Druck zu Wiedervereinigung ergeben. BM habe Informationen über jüngere und jüngste Geschichte „Mitteldeutschlands" gegeben.
SU habe nichts gegen Verbesserung unserer Beziehungen mit der DDR, ziehe aber klar die Grenze der Zustimmung bei einem Austritt aus dem Warschauer Pakt, während wirtschaftliche und gesellschaftliche Fragen kein Problem seien.

3. Europäischer Rat (ER), NATO
3.1 AM Baker habe Bedeutung betont, daß sich Institutionen wie NATO, EG, aber auch KSZE auf verändernde europäische Ordnung einstellten.
BM Genscher habe zugestimmt und für EG gleiche Dynamik wie für Prozeß in Mittel- und Osteuropa gefordert. Signal müsse doppelt sein: prioritär für Integration, sekundär für Zusammenarbeit mit Mittel- und Osteuropa.
Im Hinblick auf ER habe BM betont, es sei für deutsche Partner wichtig, ob dort weiteres deutsches Engagement für europäische Integration dokumentiert werde (ausdrückliche Zustimmung AM Baker); Präsident Mitterrand sehe deutsche Haltung in Straßburg als „Testfall" an. Auch SU sei an weiterer Integration von uns in EG interessiert (Zustimmung AM Baker).
3.2 BM habe dargelegt, daß NATO-AM-Treffen politischen Charakter des Bündnisses und seine Bedeutung für Bindung USA-Europa gerade auch für Öffentlichkeit noch

---

4 In einer Rede auf dem Kapitol in Rom am 30. November 1989 bezeichnete Generalsekretär Gorbatschow „ein Helsinki II" als „wünschenswert" und schlug vor, das für 1992 geplante KSZE-Gipfeltreffen schon 1990 abzuhalten (Wortlautauszüge, Radio Moskau/russ./30.11.89/18.30, in: Ostinformationen. Nr. 231. 1. Dezember 1989, 25–31, hier 29; BPA/PA, F 1/22).
5 Nr. 227 Anm. 1.
6 Nr. 295 Anm. 9.

deutlicher machen müsse. AM Baker stimmte zu und wollte Verankerung im Kommuniqué[7] noch vor Passage zu West-Ost-Veränderungen.

4. Treffen der 24er-Gruppe

AM Baker habe sich besorgt gezeigt, daß Stabilisierungsfonds von 1 Mrd. Dollar nicht tatsächlich, sondern lediglich als Exportkredite verfügbar sei. Deutscher Beitrag sei Darlehen, während US-Beitrag von ⟨200⟩[8] Mio. Dollar Zuschuß sei.

BM drängte, daß Hilfszusagen für Ungarn nicht bis zu den Wahlen zurückgestellt würden. Hilfe brauche Ungarn jetzt.

III. Wertung

1. Unterrichtung durch AM Baker hat praktisch keine bedeutsamen Nuancen zur Unterrichtung durch Präsident Bush gebracht, evtl. zusätzliche Details.
2. AM Baker und BM Genscher stimmten in der Beurteilung der besprochenen Fragen weitgehend überein.
3. Beim Ergebnis von Malta dürfte dem wirtschaftlichen Bereich weniger Bedeutung zukommen, als sie z.T. von Medien, insbesondere in USA, eingeräumt wird. Es handelt sich überwiegend um Absichtserklärungen.
4. Auch wenn es kein Abrüstungsgipfel war, so standen Fragen der Rüstungskontrolle und Abrüstung an vorderster Stelle. Begrüßenswert ist die Terminierung von VKSE- und START-Abkommen, beachtlich das Fehlen entsprechenden Zeitplanes bei CW, wenn auch hier Fortschritt.
5. Die deutsche Frage, Verhältnis Wiedervereinigung und KSZE-Schlußakte bildeten nicht nur wichtiges Thema in Malta, sondern evtl. stärker noch beim Treffen BM Genscher mit AM Baker (zumindest nach Bericht aus Brüssel). Bedeutsam erscheint die US-Einschätzung, daß Bestand deutsch-polnischer Grenze für SU noch wichtiger ist als der der deutsch-deutschen. BM Genscher hat für seine Position geworben und offensichtlich Verständnis gefunden.
6. Hinweis von AM Baker auf unterschiedliche Qualität des deutschen und US-Beitrags zum Stabilisierungsfonds Polen erscheint interessant und als Abwehr an möglicher Kritik wegen geringerer Höhe.

(Teltschik)

Nr. 116
Vorlage des Ministerialrats Ludewig an den Chef des Bundeskanzleramtes Seiters
Bonn, 7. Dezember 1989

BK, 213 – 30104 De 23, BK in Dresden, 19./20. 12. 1989, Bd. 1. – Vorlage über AL 4. Hs. vermerkt: „Ø Herrn Teltschik. L[udewig] 11/12" und „zdA T[eltschik] 15/1".

Betr.: Vorbereitung des Besuchs des Bundeskanzlers in der DDR am 19. Dezember 1989
hier: wirtschaftliche Hilfe für die DDR

1. Bei der wirtschaftlichen Zusammenarbeit mit der DDR geht es – neben speziellen Regelungen zu Einzelfragen wie Postpauschale, Überprüfung der Rechtsvorschriften für den beiderseitigen Handel, Verkehrsanbindungen etc. – im wesentlichen um die Frage, wie

---

7　Nr. 119 Anm. 7.
8　⟨ ⟩ Von den Bearbeitern korrigiert aus: „20".

<u>Kapital in Milliarden-Höhe aus der Bundesrepublik in die DDR fließen kann</u>, damit dort Wettbewerbsfähigkeit und Lebensstandard nachhaltig verbessert werden können. Dabei ist zu unterscheiden zwischen
– <u>Kapital</u>, das mit Hilfe der <u>öffentlichen Hand</u> – also insbesondere vom Bund – bereitgestellt wird, und
– <u>privatem Kapital</u>.
Gesehen werden muß dabei: Staatliche Hilfe könnte nie die Größenordnung privater Kapitalhilfe bei entsprechenden Voraussetzungen erreichen. Und: Jede öffentliche Hilfe droht zu versickern, wenn sie nicht durch wirksame private Projekte untermauert wird. Von daher kann die Bedeutung der <u>gegenseitigen Wechselwirkung von privater und öffentlicher Unterstützung</u> für die DDR kaum überschätzt werden.
<u>Im Blick auf die kurzfristige Vorbereitung</u> des BK-Besuchs am 19.12.1989 erscheint in diesem Zusammenhang <u>folgendes wichtig</u>:

2. <u>Voraussetzungen für privates Kapital</u>
Neben der glaubwürdigen Ankündigung von Reformen in Richtung auf mehr Marktwirtschaft und überschaubaren monetären Verhältnissen seitens der DDR würde wahrscheinlich zunächst die <u>Schaffung relativ weniger rechtlicher Voraussetzungen</u> in der DDR genügen, um einen beträchtlichen privaten Kapitalfluß zumindest in Gang zu setzen. Dabei ginge es im wesentlichen um <u>rechtliche Bedingungen für</u>
– die <u>Beteiligung von privatem Kapital</u> an Unternehmen in der DDR,
– den Abschluß eines <u>Investitionsschutzabkommens</u> mit Gewinntransfergarantie,
– die Beseitigung des <u>staatlichen Außenhandelsmonopols</u>, d.h. Zulassung direkter Beziehungen zwischen Unternehmen in der DDR und in der Bundesrepublik.
Die DDR sollte nachdrücklich auf die <u>Schlüsselfunktion dieser rechtlichen Rahmenbedingungen</u> hingewiesen werden. <u>Dies gilt um so mehr, als der bei weitem größte Teil des DDR-Kapitalbedarfs von privaten westlichen Kapitalgebern bereitgestellt werden müßte</u>.

3. <u>Ansatzpunkte für staatliche Kapitalhilfe</u>
Übereinstimmung dürfte darin bestehen, daß staatliche Kapitalhilfe seitens der Bundesrepublik in erster Linie dort sinnvoll ist, wo es um <u>Infrastrukturmaßnahmen in der DDR</u> geht, deren Auswirkungen auch für die Bundesrepublik von Bedeutung sind. Zutreffen wird dies vor allem auf Verkehrsanbindungen, Telekommunikation (Telefon), Umweltschutz u.ä. Die Realisierung derartiger Projekte sollte möglichst in Zusammenarbeit mit privaten westlichen Unternehmen erfolgen.
<u>Probleme</u> könnten sich daraus ergeben,
– daß die praktische Vorbereitung entsprechender Vorhaben in der Regel eine beträchtliche Vorlaufzeit benötigt,
– daß die DDR gegenwärtig selbst nicht über genügend Finanzierungsmittel verfügt.
Angesichts dieser Situation in der DDR hat die <u>Bundesregierung</u> mehrfach angekündigt, daß sie <u>zur finanziellen Unterstützung derartiger Infrastrukturvorhaben grundsätzlich bereit</u> ist („völlig neue Dimension der Hilfe und Zusammenarbeit").
<u>Davon ausgehend wäre folgendes Vorgehen denkbar</u>:
– Die Bundesregierung beauftragt die <u>Kreditanstalt für Wiederaufbau</u> (KfW), einen bestimmten <u>Kreditrahmen</u> bereitzustellen, aus dem Infrastrukturprojekte im beiderseitigen Interesse finanziert werden können.
– Die Bundesregierung ist bereit, <u>Garantien</u> für entsprechende Kredite zu übernehmen.
– Die Bundesregierung ist ferner bereit, entsprechende Kredite an die DDR durch <u>Zinssubventionen</u> zu verbilligen.
– Kredite aus diesem Kreditrahmen werden nur <u>projektgebunden</u> vergeben, d.h. Vor-

schläge durch die DDR bzw. durch deutsch-deutsche Gremien, Prüfung der Projekte durch die KfW.

Wie könnte ein solches Modell konkret aussehen?
– Die KfW stellt auf Wunsch der Bundesregierung einen Kreditrahmen von z.B. 5 Mrd. DM bereit (Laufzeit der Kredite: z.B. 10 Jahre).
– Die Bundesregierung sorgt für entsprechende Gewährleistungen im Bundeshaushalt.
– Die Bundesregierung ist bereit, diese Kredite durch Zinssubventionen zu verbilligen: z.B.
7% Marktzins,
5%-Punkte werden subventioniert,
2% effektiver Zins für die DDR.

Ein solches Modell würde für den Bundeshaushalt – bei voller Inanspruchnahme des Kreditrahmens von 5 Mrd. DM – rd. 250 Mio. DM pro Jahr bedeuten. Bei Subventionierung einer geringeren Zinsspanne fällt die Belastung des Bundeshaushaltes entsprechend geringer aus.

Die Vorteile eines solchen Kreditrahmens wären:
– deutliches Signal, daß wir zu substantiellen (öffentlichen) Hilfen an die DDR bereit sind,
– Begrenzung des direkten finanziellen Engagements auf die Zinssubventionen (max. 250 Mio. DM pro Jahr für 10 Jahre),
– Finanzierung von Projekten, an denen auch die Bundesrepublik interessiert ist,
– durch KfW-Prüfung Mitentscheidung der Bundesrepublik über die zu fördernden Projekte.

Denkbar wäre auch, daß der genannte Kreditrahmen über eine spezielle KfW-Tochter (mit Sitz in Berlin?) abgewickelt werden könnte.

4. Fazit:
Der Bundeskanzler könnte bei seinem Besuch am 19.12.1989 in der DDR herausstellen,
– daß die Schaffung bestimmter rechtlicher Rahmenbedingungen unerläßlich ist, um privates Kapital aus der Bundesrepublik in die DDR zu bringen,
– daß wir bereit sind, einen Kreditrahmen zu günstigen Bedingungen für Infrastrukturprojekte im gegenseitigen Interesse bereitzustellen.

Voraussetzung: Es müßten kurzfristige Gespräche mit dem Bundesfinanzminister geführt werden, ob im Rahmen des Bundeshaushalts 1990 (ein Nachtragshaushalt ist hierfür ohnehin vorgesehen) und in der mittelfristigen Finanzplanung Gewährleistungen und Zinssubventionen in entsprechender Höhe bereitgestellt werden können.

Weitergehende Möglichkeiten der wirtschaftlichen Zusammenarbeit mit der DDR werden gegenwärtig von einer interministeriellen Arbeitsgruppe (Vorsitz BMWi) geprüft. Entscheidungsreife Ergebnisse sollen bis Mitte Januar 1990 vorliegen.

(Dr. Ludewig)

Nr. 117
Arbeitsfrühstück des Bundeskanzlers Kohl mit Staatspräsident Mitterrand
Straßburg, 9. Dezember 1989

BK, 21 – 30100 (56) Ge 28 (VS) Bd. 79, Bl. 310–315. – Vermerk des VLR I Bitterlich, 14. Dezember 1989. – Gesprächsdauer: 8.45 bis 9.30 Uhr.

Teilnehmer:

auf französischer Seite:	auf deutscher Seite:
Der Staatspräsident	Der Bundeskanzler
Jacques Attali	MDg Dr. Neuer
Elisabeth Guigou	MDg Dr. Hartmann
Hubert Védrine	VLR I Bitterlich
Dolmetscherin	Dolmetscherin

Aus dem Gespräch ist im wesentlichen festzuhalten:

Der <u>Bundeskanzler</u> weist eingangs darauf hin, daß der Entwurf der Schlußfolgerungen[1] bisher leider nicht in deutscher Sprache vorliege. Seine Mitarbeiter hätten ihm den wesentlichen
Inhalt vorgetragen, den er für insgesamt sehr gelungen halte. Er hoffe daher auf einen raschen Durchgang und Abschluß der Erörterung. In der Sitzung werde er Anmerkungen zu
zwei Textpassagen vortragen.

Der <u>Bundeskanzler</u> spricht sodann den außerordentlichen Parteitag der SED an. Man habe
ununterbrochen bis heute morgen getagt und wollte der Partei eine neue Struktur, vielleicht
auch einen neuen Namen geben. Künftig werde es weder ein Politbüro noch ein Zentralkomitee geben, sondern ganz bürgerlich einen Parteivorsitzenden, Stellvertreter und einen
Vorstand.[2]

Auf entsprechende Frage des Staatspräsidenten erläutert der Bundeskanzler, daß er es als unsicher erachte, ob die Partei damit eine stabilere Lage finden könne. MP Modrow habe ihm
heute nacht eine Botschaft mit dem Wunsch zukommen lassen, daß er – der Bundeskanzler –
jetzt und insbesondere bei seinem Besuch in Dresden[3] beruhigend auf die Öffentlichkeit einwirken möge. Grund der sich steigernden Unruhe der Bevölkerung sei die Aufdeckung von
mehr und mehr Korruption. Die alte Führung werde aus der Partei ausgeschlossen, zum Teil
unter Anklage gestellt, zum Teil sei sie bereits in Haft.

Der <u>Staatspräsident</u> gibt zu bedenken, daß mit diesen Aufdeckungen auch politische Rache
verbunden sei. Das Regime stürze in sich zusammen. Es sei eine echte Revolution, die vom
Volk ausgehe – im Gegensatz zu der russischen Revolution 1917. Das gleiche wie in der
DDR spiele sich jetzt in Prag ab. Er frage sich, wie Gorbatschow reagieren würde, wenn
nicht er mit der Reformbewegung begonnen hätte, sondern diese zunächst in den anderen
Ländern entstanden wäre – und ob überhaupt bzw. wie Gorbatschow die Einführung eines
echten Mehrparteiensystems in der Sowjetunion noch verhindern könne oder ob er dies
überhaupt wolle.

Der <u>Bundeskanzler</u> ergänzt, daß die Lage in ganz Mittel- und Osteuropa sehr kritisch sei.
Der Westen müsse beruhigend einwirken. Er werde dies in einer Woche in Budapest versu-

---

1   Gemeint waren die Schlußfolgerungen des Vorsitzes des Europäischen Rates, der am 8./9. Dezember 1989 in Straßburg tagte (endgültige Fassung in: Bulletin. Nr. 147. 19. Dezember 1989, 1241–1245).
2   Zu den Beschlüssen und Diskussionen des ersten Beratungstages des außerordentlichen Parteitags der SED am 8./
9. Dezember 1989, der Wahl des neuen Parteivorstandes und den Referaten von Gysi und Modrow: Neues Deutschland.
44. Jg. Nr. 290. 9./10. Dezember 1989, 1, 3 f.; Nr. 291. 11. Dezember 1989, 1, 3–5. Der Parteitag wurde am 16./17. Dezember fortgesetzt und verabschiedete ein neues Statut für die fortan in SED-PDS umbenannte Partei (ebd. Nr. 297.
18. Dezember 1989, 1, 3–11; Nr. 298. 19. Dezember 1989, 3–8).
3   Nr. 129.

chen.[4] Interessant sei, daß Ungarn für die DDR eine Art Modell zu sein scheine. MP Modrow habe eine Gruppe enger Mitarbeiter nach Budapest zu MP Németh geschickt, um sich die wesentlichen Grundlagen des ungarischen Reformweges anzuschauen und z.B. das Wirtschaftsrecht zu übernehmen. Die Lage in Polen sei kritisch. Es sei zwar guter Wille und Engagement vorhanden, die Versorgungs- und Wirtschaftslage sei jedoch absolut chaotisch – der Staatspräsident wirft ein, Polen sei immer chaotisch gewesen –; bei seinem Besuch habe StP Jaruzelski ihm gesagt, er sei der unpopulärste Pole; nach dem Papst sei MP Mazowiecki hingegen der populärste Pole. Der Bundeskanzler fährt fort, in Polen sei neben dem Nahrungsmittelsektor die Lage in der Energieversorgung sehr kritisch. Es sei absehbar, daß die EG im Winter in diesen Sektoren wahrscheinlich helfen müsse, vielleicht gelte dies auch für die Sowjetunion.

Der Staatspräsident stimmt dem Bundeskanzler zu und betont, er wolle im Hinblick auf seine Reise in die DDR einiges präzisieren. Der Bundeskanzler wisse, daß die Einladung von Honecker bei seinem Besuch in Frankreich[5] abgesprochen worden sei. Er – der Bundeskanzler – habe ihm zugeraten, die Einladung anzunehmen. Daraufhin habe er gegenüber Honecker positiv reagiert. Der grobe zeitliche Rahmen des Besuchs sei uns schon länger bekannt gewesen. Krenz habe vor einigen Wochen in dem Dankschreiben auf die offiziell übliche Gratulation[6] die Einladung erneuert. Er habe keinen Grund gesehen, negativ zu reagieren. Nur jetzt wisse er nicht, mit wem er es am 20. Dezember 1989 zu tun haben werde. Das Ganze habe ein wenig surrealistische Züge – niemand, auch er nicht, habe ahnen können, daß alles auf einmal so schnell gehen werde.

Der Bundeskanzler wirft ein, daß jedenfalls heute noch Herr Gerlach, der Vorsitzende der LDPD, als Stellvertreter von Krenz amtierender Staatsratsvorsitzender sei. Gerlach sei kein sehr reputierlicher Mann. Er wisse nicht, ob in der DDR die Absicht bestehe, noch vor Jahresende einen neuen Staatsratsvorsitzenden zu wählen.

Der Staatspräsident ergänzt unter Hinweis auf die bisher so rasante Entwicklung, bis zum 20. Dezember sei es noch weit hin. Jetzt sei im Grunde nicht der ideale Zeitpunkt für den Besuch. Er wolle den Besuch, dessen Vorbereitung ja seit einem Jahr laufe, aber jetzt nicht absagen – es sei denn, daß aktuelle Ereignisse ihm dies nahelegten. Ein Teil der Presse versuche, seinen Besuch und den Besuch des Bundeskanzlers unter dem Gesichtspunkt einer „Rivalität" aufzuzeigen – dem sei aus seiner Sicht in keiner Weise so. Er fügt hinzu, daß er in seiner bisherigen Amtszeit viermal Ländern offizielle Besuche abgestattet habe, in denen eine Woche danach der Staatschef abgesetzt worden sei. Ähnlich ginge es ihm bei den Gipfeln mit den afrikanischen Ländern – irgendein Staatschef werde während des Gipfels regelmäßig zu Hause abgesetzt, und Frankreich müsse dann eine diskrete Bleibe finden.

Der Bundeskanzler betont, wenn die Lage in der DDR so bleibe, sehe er keinen Grund für den Staatspräsidenten, den Besuch abzusagen.

Der Staatspräsident betont, daß der Eindruck, den die Presse vermittle, er wolle unbedingt vor dem Bundeskanzler in die DDR, falsch sei. Er habe auf Einladung Honeckers hinreisen wollen und früh den zeitlichen Rahmen Ende 1989 gesteckt.

Der Bundeskanzler hebt hervor, daß der vorgesehene Termin für das nächste informelle Treffen zwischen dem Staatspräsidenten und ihm am 4. Januar ideal sei,[7] um in aller Ruhe über die Gesamtentwicklung und die Besuchsergebnisse zu sprechen.

Der Staatspräsident hebt hervor, daß er dann den Bundeskanzler eingehend über sein Ge-

4 Nr. 124.
5 Generalsekretär Honecker besuchte Frankreich vom 7.–9. Januar 1988.
6 Schreiben des Staatspräsidenten Mitterrand anläßlich der Wahl von Krenz zum Staatsratsvorsitzenden in: Neues Deutschland. 44. Jg. 26. Oktober 1989, 2.
7 Nr. 135.

spräch mit Gorbatschow[8] unterrichten werde. Sein Eindruck sei, daß es für Gorbatschow Fragen gebe, in denen er hart sei („points fermes"), und Fragen, in denen er nachgiebig sei („points à lâcher"). Erstaunlich sei für ihn die innere Ruhe Gorbatschows gewesen – er sei viel ruhiger als am 4. Juli in Frankreich gewesen.[9] Gorbatschow habe ihm dies damit erklärt, daß die wesentlichen Grundlagen des Reformprozesses entschieden seien. Gorbatschow sei ihm weniger[10] handelnd als philosophisch vorgekommen. Für ihn, den Staatspräsidenten, sei deutlich geworden, daß die Sowjetunion sich grundlegend verändert habe – es sei nicht mehr dieselbe Sowjetunion. Manchmal erscheine es ihm, als ob Gorbatschow in seine Pläne von vornherein die Folgeentwicklung eingebaut habe, als ob Gorbatschow eine klare Sicht der Zustände der sowjetischen Gesellschaft und ihrer Geschichte von Anfang an gehabt habe. Auf die Frage der deutschen Einheit habe Gorbatschow nicht scharf reagiert („pas de vive démonstration") – wesentlich seien für ihn die Grenzen („cher sur les frontières"). Hierin liege ein gewisser Widerspruch, wobei die Grenze zwischen der Bundesrepublik und der DDR von der Natur und Art von vornherein nicht mit anderen Grenzen vergleichbar sei. Was er, Mitterrand, noch nicht absehen könne und begreife, sei die Frage, wie Gorbatschow bei einer sehr raschen Entwicklung zur Einheit hin reagieren würde. In der DDR stehe die sowjetische Armee, die DDR sei ein Kernland für den Warschauer Pakt. Er sehe im übrigen nicht, wie und daß zwei verschiedene Allianzen (in einem Land) koexistieren könnten. Für Gorbatschow sei der Warschauer Pakt quasi das „letzte Bollwerk" (le dernier rempart). Unterhalb dieser Ebene sei für Gorbatschow wohl alles akzeptabel. Er, Mitterrand, glaube aber, daß der Warschauer Pakt allein für die Sowjetunion zur Zeit noch diese Bedeutung habe, nicht aber mehr für die anderen Länder Osteuropas. Er glaube nicht an die Aufrichtigkeit der neuen Führer, wenn sie ihre Zugehörigkeit zum Warschauer Pakt betonten. Was sei ein Bündnis wert, das nicht mehr fähig für den Kriegsfall sei. Fähig sei allein noch die Sowjetunion – erhebliche Zweifel, wenn nicht eine negative Antwort seien im Hinblick auf die DDR, die ČSSR, Polen, Ungarn angebracht. Der Warschauer Pakt sei zur Fiktion geworden – allein Gorbatschow brauche ihn, um sich nach innen abzusichern, nur: Er könne ja nicht mehr Illusionen haben als wir.

Der <u>Bundeskanzler</u> betont, er stehe seit Sommer mit Gorbatschow in einem engen Dialog. Gorbatschow habe von Anfang an sein Kernproblem erkannt, die Sowjetunion auf das Jahr 2000 vorzubereiten – dies unter Berücksichtigung der Einsicht, daß aufgrund der Waffenentwicklung ein Weltkrieg nicht mehr gewinnbar sei. Die Sowjetunion und die USA seien Weltmächte, die sich waffenmäßig in einem Patt hielten, deren tatsächliche Weltmacht aber beschränkt sei (Beispiel: Gaddafi). Gorbatschow setze daher auf moderne Industrie und wisse, daß damit Gewinnstreben und ein Mehr an Freiheit einhergehen müsse, wirtschaftlich (und politisch) sei eine gewaltige Anstrengung notwendig, da das Land heute in Wahrheit zerrüttet sei. Zudem sei die Sowjetunion heute die letzte Kolonialmacht. Gorbatschow wolle alles dies ändern. Dabei dürften von außen keine Aktionen gefördert werden, die ihn von diesem Weg abbringen könnten. Er brauche aus inneren Gründen politisch den Warschauer Pakt. Ein übereiltes Vorgehen in der deutschen Frage in der jetzigen Lage würde Gorbatschows Reformprozeß zum Einsturz bringen. Daher versuche er – der Bundeskanzler – zu entdramatisieren, zu beruhigen und das Tempo nach unten zu drücken. Ihm gehe es darum, im europäischen Rahmen die Chance engerer Zusammenarbeit mit der Sowjetunion zu nutzen, damit die Sowjetunion ihre „Urfurcht" vor dem Westen verliere. Er halte deswegen auch engen Kontakt mit ihm. Gorbatschow habe leider in bezug auf die DDR seine Rat-

---

8 Auszüge aus den Gesprächen des Staatspräsidenten Mitterrand mit Generalsekretär Gorbatschow am 6. Dezember 1989 in Kiew: Attali, Verbatim III, 360–367.
9 Generalsekretär Gorbatschow besuchte Frankreich vom 4.–7. Juli 1989.
10 Hs. im folgenden gestrichen: „agierend".

schläge nicht befolgt. Vor einem Jahr habe er ihm gesagt, die DDR müsse rasch Reformen einleiten, sonst drohe eine Explosion. Er habe ihm auch deutlich gemacht, daß Krenz keine Zukunft haben könne. Wenn die DDR vor 3 Jahren politische und wirtschaftliche Reformen eingeleitet hätte, wäre vieles heute leichter.

Der Staatspräsident stimmt der Analyse zu, daß Gorbatschow sich in einer kritischen Lage befinde. In bezug auf die DDR scheine Gorbatschow die politische Frage weniger Sorgen zu machen als die militärische Problematik. Ihn beschäftige die Frage der Grenze zwischen der DDR und der Bundesrepublik sehr – sie sei für ihn eher von militärischer als von politischer Bedeutung. Von anderer Natur sei die politische Grenze. Der Staatspräsident fährt fort, er wolle den Bundeskanzler darüber unterrichten, daß die Sowjetunion gestern bei den drei westlichen Garantiemächten demarchiert und um ein Treffen der vier Botschafter in Berlin gebeten habe.

Der Bundeskanzler fragt nach dem von der Sowjetunion genannten Thema. Berlin?

Der Staatspräsident sagt zu, bei AM Dumas Genaueres in Erfahrung zu bringen, und betont, daß Frankreich sich der sowjetischen Bitte nicht entziehen könne. Die drei westlichen Alliierten – in bestimmtem Maße auch die Sowjetunion – seien bisher eher Zuschauer der Ereignisse. Für die Sowjetunion stünden aber ihre Truppen in der DDR „auf dem Spiel" (l'enjeu sont les troupes …). Er habe noch nicht darüber nachgedacht, wie man sich in den Vierergesprächen verhalten solle, der Fragenkomplex mache ihm aber Sorgen – wie solle man sich z. B. verhalten, wenn die Sowjetunion ein Treffen der vier Staats- und Regierungschefs verlange? Auf eine solche Eventualität müsse man vorbereitet sein und reagieren. Man müsse daher gemeinsam anfangen, über diese Fragenkomplexe nachzudenken.

Jacques Attali erläutert nach Rücksprache mit AM Dumas, daß die Sowjetunion ein Treffen der vier Botschafter zum Thema „Berlin" erbeten habe, und zwar der drei westlichen Botschafter in Bonn und des sowjetischen Botschafters in Ost-Berlin.[11]

Der Staatspräsident betont, daß Frankreich die Bundesregierung über das Gespräch unterrichten werde. Frankreich werde gegenüber der Sowjetunion nicht initiativ tätig werden. Die Kanzleien sollten zu dem ganzen Fragenkomplex engen Kontakt halten und gemeinsam nachdenken. Das Verlangen der Sowjetunion sei jedenfalls kein Zufall.

Der Bundeskanzler hebt hervor, daß man in Ruhe abwarten solle, was die Sowjetunion vortragen werde. Gorbatschow müsse jedenfalls wissen, daß wir nichts Unüberlegtes tun und beruhigend einwirken wollten. Er habe keine Hinweise darauf, daß es Probleme in bezug auf die sowjetischen Truppen in der DDR durch die aktuelle Entwicklung gebe. Die Sowjetunion selbst habe Probleme mit ihren Soldaten – insbesondere schlechter Sold und Mangel an Disziplin seien daran schuld. Zudem wirke die Freiheitsbewegung in Mittel- und Osteuropa ansteckend. MP Németh habe ihm gesagt, er habe wegen russischer Deserteure Probleme mit der Sowjetunion. Auch in der sowjetischen Armee sei ein Gärungsprozeß in Gang gekommen.

Der Staatspräsident weist darauf hin, daß er nicht sicher sei, ob Gorbatschow im Hinblick auf das Ziel des Vierer-Treffens ausschließlich an die Erörterung militärischer Probleme denke. Er nehme dies nicht an.

Der Bundeskanzler stimmt dem zu.

Bitterlich   *F.d.R. H[artmann] 15/12*

---

11 Dazu Nr. 121.

Nr. 118
Schreiben des Premierministers Shamir an Bundeskanzler Kohl
Jerusalem, 10. Dezember 1989

BK, 214 – 30132 I 9 Is 18. – Übersetzung 105 – 89/5635.

Sehr geehrter Herr Bundeskanzler,

ich danke Ihnen für die offene Ausdrucksweise Ihres Schreibens vom Dezember 1989[1]. Ich werde in der gleichen Weise antworten.

Ich hoffe, daß die dramatischen Ereignisse, die sich vor unseren Augen in Osteuropa abspielen, zu einer besseren und stabileren Welt führen werden. Wir sind uns natürlich der Bedeutung bewußt, die dem Abriß von Mauern und der Beseitigung von Schranken zukommt, die die Welt in getrennte, unterschiedliche und gegnerische Lager teilte. Die Verbreitung von Freiheit und Demokratie kommt der gesamten Menschheit zugute.

Niemand kann genau sagen, zu welchem Ergebnis die jetzige Woge der Begeisterung und der Emotionen letztlich führen wird – am wenigsten das jüdische Volk. Unsere geschichtliche Erfahrung mit Deutschland in den 30er und 40er Jahren dieses Jahrhunderts hat sich unauslöschbar in unser Gedächtnis eingegraben. Wir können die Bilder der jubelnden Massen in den 30er Jahren und das, was sich daraus ergab, nicht vergessen. Wir bewahren in uns das Andenken an die Juden, die dann während des Holocaust in den 40er Jahren ermordet wurden.

Das jüdische Volk mußte infolge dieser Entwicklungen unbeschreibliches und unvorstellbares Leid ertragen. Der Verlust von Millionen niedergemetzelter Juden wird uns jeden Tag sehr deutlich bewußt. Wir sind wie ein Körper, dessen Gliedmaßen abgetrennt wurden und dessen Lebensfähigkeit sehr stark eingeschränkt ist. Hätten jene Millionen überlebt, wäre die Lage unseres Volkes und Israels heute völlig anders. Israel ist als Staat des jüdischen Volkes die Heimat der restlichen europäischen Juden, die den Holocaust überlebten. Als Ministerpräsident dieses Staates habe ich die Pflicht, unsere Zweifel und Ängste zum Ausdruck zu bringen.

Unsere Ansichten in dieser Frage können jedoch keineswegs so ausgelegt werden, als beeinträchtigten sie die besonderen Beziehungen, die im Laufe der Jahre mit großer Sorgfalt zwischen uns und der Bundesrepublik Deutschland entwickelt worden sind.

Mit freundlichen Grüßen
(gez.) Yitzhak Shamir

---

1 Nr. 106.

Nr. 119
Vorlage des Ministerialdirektors Teltschik an Bundeskanzler Kohl
Bonn, 11. Dezember 1989

BK, 212 – 35400 De 39 Bd. 1. – Mitverfasser: VLR I Kaestner. Vorlage über Chef BK. Hs. von Bundeskanzler Kohl vermerkt: „Teltschik".

Betr.: Ausführungen BM Genschers vor dem Auswärtigen und dem Innerdeutschen Ausschuß
Bonn, 07. Dezember 1989, 12.30 Uhr – 14.30 Uhr

Bundesminister Genscher hat am 07. [Dezember] d.J. den Auswärtigen und den Innerdeutschen Ausschuß des Deutschen Bundestages in gemeinsamer Sitzung unterrichtet über
– das Treffen Präsident Bush – Generalsekretär Gorbatschow bei Malta,
– den NATO-Gipfel Brüssel,
– seine Reisen nach London, Paris und Moskau.[1]
Aus den Ausführungen und Antworten auf Fragen der Abgeordneten halte ich fest:

1. Deutsche Frage
Beim Malta-Treffen von Präsident Bush grundsätzlich positiv behandelt („vier Punkte")[2], von GS Gorbatschow Unterstützung der „Vertragsgemeinschaft", jedoch keine zu rasche Entwicklung und fortdauernde WP-Mitgliedschaft der DDR. In diesem Zusammenhang: Bedeutung beider Bündnisse für Stabilität in Europa, zunehmend politische Rolle (noch im Juli in Straßburg: Abschaffung der Bündnisse!).
Bei Moskau-Besuch BM Genschers in deutscher Frage – offenbar ausgelöst durch jüngste Ereignisse in Ost-Berlin – stärkere Akzentuierung.
– Einerseits Betonung, daß SU Entwicklung in der DDR nicht nur „zuläßt" bzw. „toleriert", sondern „angestoßen" hat und „maßgeblich beeinflußt"; harte Kritik an früherer Führung der DDR.
– Andererseits Sorge vor unkontrollierbarer Entwicklung, insbesondere auch wegen SU-Streitkräften in der DDR: BM Genscher überzeugt, daß SU Streitkräfte nicht einsetzen wird, aber Provokationen seitens DDR-Bevölkerung befürchtet. Hierzu offensichtlich Vorstellungen der sowjetischen Militärs bei der politischen Führung, deutliche Warnungen vor „zu großer Geschwindigkeit".
Hinsichtlich 10-Punkte-Plan keine sowjetische Kritik am Endziel Einheit, wohl aber Vorbehalte gegen zu große Geschwindigkeit und Unklarheit hinsichtlich polnischer Westgrenze. BM Genscher hat hierzu Ihre Brüsseler Äußerungen zitiert („kein Zeitplan") und im übrigen auf eigene VN-Rede[3] sowie Resolution des Deutschen Bundestages[4] hingewiesen. Des weiteren Betonung, daß deutsche Frage in gesamteuropäische Entwicklung eingebettet bleibt.
Gegenüber AM Schewardnadse und GS Gorbatschow hat BM Genscher Bevölkerung der DDR gelobt wegen verantwortlicher, besonnener Proteste, gleichzeitig Wert darauf ge-

---

1 Bundesminister Genscher hielt sich zu Gesprächen am 29./30. November 1989 in London, am 30. November in Paris und am 5. Dezember in Moskau auf. Zu seinen Unterredungen mit Premierministerin Thatcher und Außenminister Hurd, Staatspräsident Mitterrand und Außenminister Dumas sowie mit Generalsekretär Gorbatschow und Außenminister Schewardnadse: Genscher, Erinnerungen, 675–687.
2 Einen Tag nach dem Gipfeltreffen in Malta wiederholte Präsident Bush vor der Presse in Brüssel die von Außenminister Baker bereits am 29. November 1989 verkündete Position (Nr. 102, insbes. Anm. 1) der amerikanischen Regierung zur Wiedervereinigung (zur Pressekonferenz, 4. Dezember 1989: Public Papers of the Presidents of the United States. Bush. 1989 II, 1647–1654, hier 1648).
3 Nr. 115 Anm. 2.
4 Ebd., Anm. 3.

legt, daß sowjetische Seite Ursache (unhaltbare Zustände in der DDR) und Wirkung (Protest der Bevölkerung, zunehmender Ruf nach Wiedervereinigung) nicht verwechselt. Des weiteren Hinweis auf Präambel unseres Grundgesetzes sowie Brief zur Deutschen Einheit[5], welche niemandem Recht zu Vorwurf geben, Bundesrepublik Deutschland hätte östliche und westliche Partner über politische Ziele im unklaren gelassen.

Auf Fragen mehrerer Abgeordneter: richtige Definition des Selbstbestimmungsrechts wichtig. Da es nur ein deutsches Volk gibt, grundsätzlich auch nur ein Selbstbestimmungsrecht. DDR-Bevölkerung kann dies aber „getrennt ausüben".

Auf weitere Frage: von sowjetischer Seite auch nicht die leiseste Andeutung, man könne „deutsche Karte" spielen: Wiedervereinigung gegen Neutralität. Tatsächlich sowjetisches Ziel: Demokratisierung in der DDR und deren Verbleib im WP.

Auf Fragen: Helsinki-II-Konferenz in Aufgabenstellung noch völlig offen. Vorschlag GS Gorbatschows in Rom[6] – Präsident Bush in Malta keine Äußerung – in westlichen Ländern vorsichtig positive Reaktion. Frage, ob beide deutsche Staaten Konferenz aktiv nutzen könnten, um übrige Europäer über Prinzipien ihres Zusammenlebens zu unterrichten, würde von vorheriger Wahl einer demokratisch legitimierten DDR-Regierung abhängen. Dabei Warnung, Gruppen in der DDR, die um Demokratisierung ringen, in diesem Zeitpunkt mit Fragen dieser Größenordnung [nicht] zu belasten. Nicht-Bevormundung bedeutet auch Nicht-Thematisierung von Fragen, mit deren Beantwortung Partner in der DDR heute überfordert wären.

Gleichfalls offen blieb Frage eines Abgeordneten, ob deutsche Einheit notwendigerweise am Schluß europäischer Einigung stehen müsse oder „auf dem Weg dorthin" verwirklicht werden könne. BM Genscher warnte vor „typisch deutscher Diskussion". Tatsächlich vollziehe sich bereits jetzt „Einheit von unten". Durch Besuchswelle und beiderseitige Medienberichterstattung immer stärkere „Vernetzung" von Wirtschaft und Gesellschaft. Einheitliche Staatsangehörigkeit hilft nicht nur DDR-Zufluchtsuchenden, sondern auch ehemaligen Führungsfiguren (Schalck-Golodkowski). Eigentliche Herausforderung: Angleichung der Lebensbedingungen – hier noch erhebliche Entscheidungen und Opfer seitens der Bundesrepublik Deutschland gefordert. Dies auch Meßlatte für Sonntagsredner.

2. Abrüstung und Rüstungskontrolle

Da Vorlage westlichen VKSE-Vertragsentwurfs nach wie vor von Griechenland blockiert, wird BM Genscher Donnerstag, 14. Dezember 1989, auf NATO-AM-Sitzung letzten Versuch unternehmen zu deblockieren[7]. Wiener Sitzung deshalb auf Spätnachmittag desselben Tages verschoben.

Weitere Förderung des ersten Wiener Abkommens durch AM-Konferenz Anfang 1990. BM-Idee: Verknüpfung mit Open-Sky-Konferenz in Kanada[8].

Auf Fragen: Bundesregierung hat keine Absicht, in Wien jetzt niedrigere Obergrenzen einzuführen. Hauptinteresse, das von USA und SU geteilt wird: schneller Abschluß. In-

---

5 In der Präambel war der Wille des deutschen Volkes zum Ausdruck gebracht, „seine nationale und staatliche Einheit zu wahren" und „in freier Selbstbestimmung die Einheit und Freiheit Deutschlands zu vollenden" (Grundgesetz für die Bundesrepublik Deutschland, 23. Mai 1949, in: Dokumente zur Deutschlandpolitik II/2 [1949], 346–374, hier 346). Zu dem „Brief zur deutschen Einheit": Nr. 50 Anm. 5.

6 Nr. 115 Anm. 4.

7 Am 14. Dezember 1989 begann in Brüssel die zweitägige Ministertagung des Nordatlantikrates. In dem Kommuniqué vom 15. Dezember (Bulletin. Nr. 146. 19. Dezember 1989, 1233–1236, hier 1236; NATO-Brief. Nr. 6/1989 – November/Dezember, 26–28, hier 27) erklärten die Außenminister ihre „Zuversicht, daß ein Abkommen 1990 unterzeichnet werden kann". Sie kündigten an, ihre „Anstrengungen in der hochrangigen Arbeitsgruppe (HLTF) des Bündnisses intensivieren" zu wollen.

8 Nr. 175 Anm. 5 und 6.

diz: Gorbatschow bringt gegenüber Bush Frage der Seestreitkräfte eher kursorisch auf, verknüpft dies nicht mit Forderungen in Richtung Wien I.

3. Lage in der SU, insbesondere Wirtschaft
BM Genscher sieht GS Gorbatschow in unverändert starker Stellung – dies auch amerikanische Einschätzung. Von sowjetischer Seite weder gegenüber USA noch gegenüber BM Genscher Wirtschaftsprobleme angesprochen oder gar Hilfe erbeten. Statt dessen Hinweis auf eigene Leistung für Verbündete (u.a. Polen). Reformentwicklung in der SU unumkehrbar, aber immer noch „zerbrechlich". Inzwischen nicht nur Präsident Bush, sondern auch PM Thatcher für Erfolg der Perestroika, gegen jegliche Destabilisierung.
Zur Wirtschaftslage und daraus [folgender] möglicher Destabilisierung negativere Einschätzung von seiten der SPD: Versorgungssituation katastrophal. Stimmung verfällt zusehends. Wenn weitere Akzeleration in DDR, ČSSR und anderen WP-Staaten hinzukommt, erscheint negative Koalition zwischen Alt-Stalinisten, Technokraten und Militärs nicht ausgeschlossen.

4. Deutsch-sowjetische Beziehungen
Seitens GS Gorbatschow und AM Schewardnadse klare Aussage, daß SU zu weiterer vertiefter Zusammenarbeit mit uns bereit. Ferner spürbar, daß europäische Entwicklung – einschließlich EG – positiv beurteilt wird. (Exkurs: Für steigenden Stellenwert der EG in östlichen Überlegungen zeugt auch DDR-Memorandum an EG-Präsidentschaft[9].)
Wesentliche Ergebnisse der während des Moskau-Besuchs tagenden Arbeitsgruppen:
– Unterstützung der SU „auf dem Wege zur Rechtsstaatlichkeit", z.B. Einladung sowjetischer Verfassungsjuristen.
– Hilfe des Deutschen Bundestages für Obersten Sowjet: Ausbildung von Abgeordneten-Mitarbeitern.
– Hilfe für Sowjetbürger deutscher Nationalität: erstmals zwei Bücherspenden offiziell übergeben.
– Zugang zu weiteren Kriegsgefangenengrabstätten.
– Einbeziehung Berliner Abgeordneter in den Parlamentsaustausch: seit Besuch Bundestagspräsidentin[10] keine weitere Entwicklung (Klartext: Problem besteht fort).
Letzterer Punkt löste Diskussion über Direktwahl der Berliner Abgeordneten aus: BM Genscher sagte, Thema sei bereits mit Berliner Senat besprochen worden und werde nunmehr mit westlichen Verbündeten konsultiert.[11] Nach bevorstehender Wahl zur Volks-

---

9 In dem Aide-mémoire vom 17. November 1989 hieß es, zu „einem gemeinsamen Haus Europa" gehörten „stabile, berechenbare Beziehungen zwischen der Deutschen Demokratischen Republik und der Bundesrepublik Deutschland. Deren Existenz in den Grenzen und ihre Bündniszugehörigkeit" blieben ein „Grundelement europäischer Sicherheit". Zugleich sei die DDR „von der Notwendigkeit eines neuen Typs der Zusammenarbeit zwischen Ost und West zutiefst überzeugt" und „zur Zusammenarbeit mit den Institutionen westeuropäischer Integration, so auch den Europäischen Gemeinschaften, bereit". Es sei ihr Wunsch, Verhandlungen über ein Handelsabkommen „so bald als möglich" aufzunehmen (BArch, B 136/21307, 221 – 35016 Ve 36 Bd. 44). Anläßlich der Übergabe im Bundeskanzleramt teilte der Gesandte Glienke mit, der Botschafter der DDR in Paris „sei beauftragt, der französischen Seite (Präsidentschaft) für den EG-Gipfel ein entsprechendes Aide-mémoire zu übergeben". Er selbst sei gehalten, „besonders auf die Passagen zu verweisen, die die Grenzen und die Zugehörigkeit zu den Bündnissystemen beträfen", und zu betonen, daß die DDR der Äußerung des „Generalsekretärs Gorbatschow vom 15.11.1989 zur ‚deutschen Frage' voll zustimme". Das Papier, um dessen schnelle Weiterleitung an Bundeskanzler Kohl und das Auswärtige Amt Glienke bat, sei nicht allen Mitgliedsländern der EG übermittelt worden (Gesprächsvermerk des Ministerialdirigenten Stern und Vorlage an den Chef des Bundeskanzleramtes, 17. November 1989; ebd.). Aide-mémoire, im Wortlaut leicht abweichend, auch in: Europa-Archiv. 45.Jg. (1990) Folge 1, D2-D4.
10 Bundestagspräsidentin Süssmuth und der Präsident der französischen Nationalversammlung, Fabius, trafen am 17. November 1989 in Moskau mit dem Vorsitzenden des Präsidiums und den Präsidenten der beiden Kammern des Obersten Sowjets der UdSSR, Gorbatschow, Primakow und Nischanow, zusammen.
11 Nr. 103 und Nr. 113.

kammer, bei der Ost-Berliner Abgeordnete erstmals frei gewählt werden dürften, <u>Ansprache auch gegenüber SU.</u>

5. <u>Außenpolitik der Bundesrepublik Deutschland</u>
„Wir hatten nie so gute Karten in der internationalen Politik wie in diesen Wochen." Deshalb Rat für weitere Diskussionen: Behutsamkeit, keine Überstürzung.

Teltschik

Nr. 120
Gespräch des Bundeskanzlers Kohl mit Außenminister Baker
Berlin (West), 12. Dezember 1989

BK, 212 – 30105 A 5 Am 7, AM Baker, 12.12.1989. – Vermerk des MDg Hartmann, 12. Dezember 1989. – Mit Vorlage des MD Teltschik über Chef BK an den Bundeskanzler zur Billigung, 13. Dezember 1989. Hs. von Bundeskanzler Kohl vermerkt: „Teltschik erl."

<u>Der Bundeskanzler</u> heißt AM Baker herzlich willkommen. Es sei sehr wichtig, daß in dieser schwierigen Zeit so gute Kontakte sowohl zum amerikanischen Präsidenten als auch zum amerikanischen Außenminister bestünden.

Gestern habe in Berlin der CDU-Bundesausschuß getagt. Dort habe er auch mit wichtigen Vertretern der Opposition in der DDR gesprochen. Sein Eindruck sei – und das decke sich mit einer Botschaft von MP Modrow, den er nächste Woche sehen werde –, daß die Menschen in der DDR im Augenblick außerordentlich empört über die bekanntgewordenen Korruptionsfälle seien. Moralisch sei dies zwar verständlich, aber damit komme man auch an einen kritischen Punkt.

<u>AM Baker</u> wirft ein, der amerikanische Botschafter in Ost-Berlin[1] habe ihm gestern abend gesagt, daß die Entwicklung trotzdem in geregelten Bahnen verliefe.

Auf die Eingangsbemerkung des Bundeskanzlers eingehend, erklärt AM Baker weiter, der Präsident und er seien glücklich darüber, daß in dieser schwierigen Zeit eine Persönlichkeit wie der Bundeskanzler an der Spitze der deutschen Politik stehe, der zugleich ein ausgewiesener Freund der USA sei. Deutschland sei heute einer der wichtigsten Verbündeten der Vereinigten Staaten von Amerika. Dies habe entscheidend dazu beigetragen, daß es gelungen sei, beim NATO-Gipfel ein schwieriges Problem erfolgreich zu lösen.

Der Bundeskanzler habe sicher auch feststellen können, daß die Vereinigten Staaten von Anfang an ihre Unterstützung für die Wiedervereinigung zum Ausdruck gebracht hätten. Diese Unterstützung sei eingebettet in den Rahmen der 4 Punkte, die der Präsident letzte Woche formuliert habe.[2] Damit bewege man sich sehr nahe an der Formulierung, die der ER in Straßburg gefunden habe.[3]

Andererseits wisse der Bundeskanzler sicherlich, daß bei anderen ein hoher Grad an Nervosität herrsche. Insbesondere die Sowjetunion sei besorgt, wie sich bei den Gesprächen in Malta gezeigt habe. Er komme soeben aus London.[4] Der Bundeskanzler wisse sicherlich, wie man dort denke. Eine gewisse Nervosität gebe es auch bei den Franzosen.

---

1 Richard Barkley.
2 Nr. 119 Anm. 2.
3 Dazu Nr. 128A, insbes. Anm. 9.
4 Außenminister Baker traf am 11. Dezember 1989 in London mit Premierministerin Thatcher zusammen.

Entscheidend sei daher, daß die Dinge verantwortungsbewußt vorangetrieben würden und daß die Entwicklung friedlich ablaufe. Auch müßten die Interessen aller berücksichtigt werden. Er werde im übrigen auch heute nachmittag MP Modrow sehen sowie einige Vertreter der Opposition, insbesondere auch Kirchenführer.[5]

Der Bundeskanzler erklärt, es stehe in der Tat außer Zweifel, daß man eine gefährliche Phase vor sich habe, wenn man nicht sehr vorsichtig vorgehe. Außenminister Baker könne aber davon ausgehen, daß von ihm selbst und der Bundesregierung nichts geschehe, was die Lage komplizieren könne.

Man habe es mit einer Art Slalomfahrt zu tun. Das gefährlichste Hindernis sei die öffentliche Meinung. Tatsache sei nun einmal, daß die Menschen zusammenkommen wollten. Wer ihnen etwas anderes einreden wolle, sage nicht die Wahrheit.

Daher sei es aus seiner Sicht außerordentlich wichtig, den Menschen eine Perspektive aufzuzeigen. Dies habe er mit seinem 10-Punkte-Vorschlag getan. Darin habe er deutlich gemacht, daß am Ende des Prozesses eine Konföderation stehen könne, aber er habe nie eine Art Kalender entwickelt. Natürlich gebe es auch Leute, die Termine ins Spiel brächten. So habe Kissinger davon gesprochen, daß die Wiedervereinigung in drei bis vier Jahren eintreffe.[6] Er halte derartige Voraussagen für völlig falsch. Denn erstens glaube er nicht, daß sie so einträfen; zweitens solle man nicht versuchen, ein Datum zu nennen.

Er sage daher immer wieder, man solle jetzt kleine Schritte machen; zugleich müsse man aber auch den Menschen aufzeigen, wohin der Weg führe. Wenn man das nicht tue, würde die Unruhe gewaltig gesteigert.

Vor allem aber mache er immer wieder deutlich, daß die deutsche Entwicklung in eine europäische Architektur eingebettet werden müsse. Dies habe er gestern erst auf dem Bundesparteiausschuß nachdrücklich unterstrichen. Gleichzeitig habe er darauf hingewiesen, daß es unsere Pflicht sei, die Sicherheitsinteressen aller Beteiligten zu beachten, dazu gehöre auch die Sowjetunion.

Wir heizten die Entwicklung nicht an. Er gehe davon aus, daß sich eine große Menschenmasse versammeln werde, wenn er nach Dresden reise. Aber auch dort werde er das gleiche sagen.

Vertraulich wolle er dem Außenminister mitteilen, daß er beabsichtige, sich so bald wie möglich mit Generalsekretär Gorbatschow zu treffen. Bei dieser Gelegenheit werde er alle Fragen – auch den 10-Punkte-Vorschlag – in Ruhe besprechen. Im übrigen sei es so, daß die Sowjets durchaus bereit seien, 9 Punkte zu akzeptieren. Nur bei der Konföderation hätten sie Schwierigkeiten.

Damit die Entwicklung erfolgreich verlaufe, seien drei Voraussetzungen erforderlich:

1. daß GS Gorbatschow nicht scheitere. Man müsse allerdings sehen, daß für ihn die Lage im kommenden Winter immer schwieriger werde. Möglicherweise werde man vor der Frage stehen, ob man ihm in irgendeiner Form helfen müsse. Diese Frage werde sich in erster Linie an die USA und die Bundesrepublik Deutschland richten.
2. Es gelte alles zu tun, um die Lage in Polen und Ungarn zu stabilisieren. Er wisse von dem ungarischen Ministerpräsidenten Németh – der im übrigen ein exzellenter Mann sei –, daß man bei der Energieversorgung vor großen Schwierigkeiten stehe. Auch hier werde man – wenn es soweit sei – helfen müssen.

5 Den Entschluß faßte Außenminister Baker „am Abend zuvor". Zu dem Treffen mit Ministerpräsident Modrow im Inter-Hotel Potsdam und der anschließenden Begegnung mit Repräsentanten der evangelischen Kirche in der Potsdamer Sankt-Nikolai-Kirche: Baker, Drei Jahre, die die Welt veränderten, 167–169; „USA an stabiler Entwicklung in der DDR interessiert", in: Neues Deutschland. 44. Jg. Nr. 293. 13. Dezember 1989, 1.
6 Nr. 109 Anm. 9.

3. die Entwicklung in der DDR: Er gehe davon aus, daß im Frühsommer dort freie Wahlen stattfänden. Niemand könne voraussagen, wie das Ergebnis sein werde. Aber auch nach den Wahlen werde man noch nicht wissen, wie die endgültige Struktur der Parteien sein werde. Mit einer dann demokratisch legitimierten Regierung werde er versuchen, so schnell wie möglich zu vernünftigen Abmachungen zu kommen, insbesondere in den Bereichen Verkehr und Umweltschutz. Mit anderen Worten: Es gehe um die Verwirklichung der anvisierten Vertragsgemeinschaft. Vor allem aber werde sich dann die Frage stellen, was man tun könne, um die wirtschaftliche Existenz der DDR zu konsolidieren. Dabei werde für uns entscheidend sein, was die DDR tue, um ihr Wirtschaftssystem umzustellen. Eigentlich müsse sie auch eine Währungsreform machen. Am besten täte die DDR daran, daß sie die neuen ungarischen Wirtschaftsgesetze kopiere. Wenn die DDR sich zu einer marktwirtschaftlichen Ordnung durchringe und beispielsweise mehr Privatinvestitionen zulasse, habe er keinen Zweifel, daß ihre Wirtschaft rasch saniert werden könne. Erst dann könne man darangehen, die von ihm vorgeschlagenen konföderativen Strukturen, z. B. Ministerkomitees oder parlamentarische Ausschüsse, ins Leben zu rufen. Dies werde Jahre kosten und im übrigen von der weiteren Entwicklung der Weltpolitik abhängen.

Aus seiner Sicht seien zwei Dinge entscheidend:
- Erstens müßten die Menschen ein Ziel vor Augen haben.
- Zweitens müßten sie zugleich wissen, daß die Verwirklichung dieses Ziels geraume Zeit dauern werde.

AM Baker erklärt, in der Tat sei es wichtig, daß die Menschen ein Ziel vor Augen hätten und gleichzeitig wüßten, daß man die Dinge nicht überstürzen dürfe.

Der Bundeskanzler fährt fort, es sei der Fehler von PM Thatcher, daß sie meine, man solle die Dinge lieber laufen lassen. Wenn aber er nicht das Ziel klar herausstelle, würden es andere tun.

AM Baker stimmt zu und wirft ein, eben deshalb hätten die Vereinigten Staaten auch ihre Vorstellungen dargelegt.

Der Bundeskanzler fährt fort, er habe seit vielen Jahren erklärt, daß wir den weiteren Zusammenschluß Europas brauchten. Aber besonders gelte dies für die Bundesrepublik Deutschland. Schon Adenauer habe erklärt, daß das deutsche Problem nur unter einem europäischen Dach zu lösen sei. Dies sei auch immer seine These gewesen.

Vor drei Jahren sei es gelungen, in der EG einen großen Durchbruch zu erzielen. Dabei sei sein Ziel auch gewesen, die Bundesrepublik Deutschland so stark wie möglich in der Europäischen Gemeinschaft zu verankern. Die gleichen Leute, die ihn kritisierten, hätten auf diesem Feld nichts getan. Er habe durchaus Verständnis für die Haltung anderer europäischer Länder. Schon jetzt sei die Bundesrepublik Deutschland wirtschaftlich Nummer eins in Europa. Wenn jetzt noch 17 Mio. Deutsche dazukämen, sei das eben für manche ein Alptraum. Aber diese 17 Mio. gebe es nun einmal.

Er frage sich, was er denn noch mehr tun könne, als beispielsweise die Schaffung einer Wirtschafts- und Währungsunion mitzutragen. Diesen Entschluß habe er gegen deutsche Interessen getroffen. Beispielsweise sei der Präsident der Bundesbank gegen die jetzige Entwicklung. Aber der Schritt sei politisch wichtig, denn Deutschland brauche Freunde. Es dürfe uns gegenüber kein Mißtrauen in Europa geben. Er gönne gerne Frankreich den Ruhm für den Erfolg von Straßburg, aber ohne ihn wäre die Sache dort nicht gelaufen.

AM Baker erklärt, in der Tat habe der Bundeskanzler in Straßburg Großartiges geleistet. Es sei aber auch wichtig, daß die Motive der Bundesrepublik Deutschland besser verstanden würden. Im Westen würde mit Sicherheit weniger Nervosität herrschen, wenn man sicher wisse, daß die Bundesrepublik Deutschland fest im Westen verankert sei.

Dem Osten müsse man noch deutlicher sagen, daß es keinen festen Zeitplan gebe. Eine große Rolle spiele auch die Sensibilität in der Grenzfrage.

<u>Der Bundeskanzler</u> erklärt, in der Tat sei die Grenzfrage ein wichtiger Punkt. Er habe daher in Punkt 8 seines 10-Punkte-Vorschlages deutlich auf die KSZE-Schlußakte abgestellt, die u.a. die friedliche Änderung der Grenzen vorsehe.

Viele sprächen zwar von der Oder-Neiße-Grenze, meinten aber in Wirklichkeit die innerdeutsche Grenze. Was die Oder-Neiße-Grenze angehe, so gebe es klare vertragliche Verpflichtungen der Bundesrepublik Deutschland wie den Moskauer und [den] Warschauer Vertrag, die für uns absolute Geltung hätten. Der Warschauer Vertrag sei vom Bundesverfassungsgericht aber mit der Maßgabe interpretiert worden, daß die Bundesrepublik Deutschland keine Erklärung für Gesamtdeutschland abgeben könne.[7] Er sei als Verfassungsorgan hieran gebunden. Die überwältigende Mehrheit der Deutschen wisse, daß niemand eine neue schreckliche Vertreibung in Gang setzen wolle. Der Bundeskanzler weist in diesem Zusammenhang auf die Vertriebenen-Charta von 1950[8] hin. Wenn es zur deutschen Einheit komme, werde die Grenzfrage mit Polen keine Sekunde ein Problem darstellen. Aber in Straßburg habe man immer wieder von den Grenzen im Plural gesprochen und damit deutlich auf die Sektorengrenze in Berlin und die innerdeutsche Grenze gezielt.

<u>Der Bundeskanzler</u> erinnert daran, daß sich die USA 1919 nach dem Versailler Vertrag enttäuscht aus Europa zurückgezogen hätten. Jetzt habe man Gott sei Dank eine andere Lage. Man habe insofern aus der Geschichte gelernt.

Es gebe Dinge, die könne man den Deutschen zumuten, und andere, die könne man ihnen nicht zumuten. Man könne ihnen beispielsweise nicht zumuten, daß sie zur Einheit der Nation „nein" sagten. Aber man könne ihnen gleichzeitig zumuten, daß sie ihren Verstand gebrauchten. Es genüge ein Blick auf die Landkarte, um zu sehen, daß jede Änderung in Deutschland Konsequenzen für die Statik Europas habe. Dies wiederum verändere die Lage der Welt.

Er habe auch durchaus Verständnis für die Art und Weise, wie die Sowjets dächten. Immerhin sei Rußland zweimal in 120 Jahren vom Westen her erobert und an den Rand des Ruins gebracht worden. Dies habe große psychologische Bedeutung. Zwar könne niemand heute im Ernst die deutsche und die sowjetische Armee vergleichen. Aber 20 Mio. Tote im Zweiten Weltkrieg hätten sich tief in das Gedächtnis der Russen eingegraben.

Im übrigen müsse man sehen, daß es auch auf russischer Seite den alten Traum gebe, mit Deutschland zusammenzugehen.

<u>Der Bundeskanzler</u> erläutert in diesem Zusammenhang eine Szene mit Generalsekretär Gorbatschow anläßlich der Unterzeichnung des deutsch-sowjetischen Technologieabkommens in Moskau. ...[9]

Wenn <u>er</u> den 10-Punkte-Plan nicht gemacht hätte, wären er selber und der amerikanische Außenminister eines Morgens aufgewacht und hätten festgestellt, daß Gorbatschow einen entsprechenden Vorschlag auf den Tisch gelegt hätte. Ein solcher Vorschlag hätte dann allerdings die Bedingung enthalten, daß die Bundesrepublik Deutschland sich aus der NATO zurückziehen müsse. Man müsse sehen, daß derartiges doch in der Luft liege.

<u>AM Baker</u> wirft ein, ähnliche Überlegungen habe Gorbatschow in der Tat schon im Gespräch mit den USA angestellt.

<u>Der Bundeskanzler</u> fährt fort, genau deswegen bitte er auch um Unterstützung und Vertrauen. Er spiele gegenüber den USA mit offenen Karten. Die Amerikaner würden von ihm über alles informiert. Er wolle mit Gorbatschow in dem bereits erwähnten Gespräch die weitere Wegstrecke abstecken und dabei klarmachen, daß er auf eine Politik der kleinen Schritte setze. Auch den Menschen in der DDR werde er sagen, daß es noch viel zu tun gebe.

7　Nr. 107 Anm. 3.
8　Nr. 15 Anm. 4.
9　Zwei Sätze nicht freigegeben.

Im übrigen habe man sich in den 40 Jahren der Teilung nicht nur im wirtschaftlichen Bereich auseinandergelebt, sondern es gebe auch erhebliche gesellschaftliche Unterschiede.

AM Baker erklärt, er werde heute in Berlin einen Vortrag halten und die amerikanische Auffassung zur Entwicklung darlegen.[10] Insbesondere werde er auf die Notwendigkeit einer neuen Architektur in Europa und enger Beziehungen zwischen EG und den USA hinweisen. Er begrüße es sehr, daß der Bundeskanzler mit Gorbatschow sprechen wolle, und er hoffe, daß es ihm gelinge, Gorbatschow zu beruhigen. In der Tat sei es wichtig, Schritt für Schritt vorzugehen.

Leider werde das, was der Bundeskanzler gesagt habe, von anderen aus dem Zusammenhang gerissen. Auf den Hinweis des Bundeskanzlers auf 1919 eingehend, erklärt AM Baker, Präsident Bush habe deutlich gesagt, daß die USA so lange eine europäische Macht blieben, wie die Europäer dies wollten. Er hätte noch hinzufügen können: solange die Sowjetunion dies wolle. Tatsächlich habe die Sowjetunion starkes Interesse daran, daß die USA in Europa präsent blieben. Die USA wollten eine starke EG, aber sie wollten zugleich mehr institutionalisierte Kontakte mit der EG. Zugleich wollten sie der NATO eine größere politische Rolle geben.

Der Bundeskanzler erklärt, er sei mit all dem einverstanden.

AM Baker fährt fort, die Amerikaner verstünden die emotionale Bedeutung der Wiedervereinigung und die Gefühle des deutschen Volkes. Wichtig sei nur, daß die Dinge friedfertig verliefen und die berechtigten Belange anderer berücksichtigt würden. Dann gebe es, wie er schon erwähnt habe, Widerstände, auch im Westen. Deshalb sei die Art und Weise, wie man die Probleme beschreibe, so bedeutsam.

Der Bundeskanzler erklärt, er habe nicht ohne Grund das Jahr 1919 erwähnt. Die enge Beziehung mit den Vereinigten Staaten sei eine entscheidende Säule seiner Politik, daher auch seine Bemühungen, die deutsch-amerikanische Freundschaft in der nächsten Generation zu verankern. Der Bundeskanzler erwähnt seine Vorschläge zu einer Verbesserung des Studentenaustauschs, Errichtung einer deutsch-amerikanischen Akademie etc. Mit ihm werde es auch keine Festung Europa geben.

Der Bundeskanzler kommt sodann auf die Entwicklung in der ČSSR zu sprechen. Dort werde es wahrscheinlich in 6–8 Monaten Wahlen geben. Er sei überzeugt, daß bei einem Fortgang der Entwicklung die ČSSR in zwei bis drei Jahren nicht wiederzuerkennen sei, denn die Tschechen seien besonders fleißig und begabt.

Mit Sicherheit würden daher eines Tages sowohl die Tschechen – wie auch die Ungarn und Polen – kommen und der EG beitreten wollen.

AM Baker wirft an dieser Stelle ein, die EG sei in diesem ganzen Prozeß außerordentlich wichtig. Sie sei eine Art Magnet für Osteuropa.

Der Bundeskanzler fährt fort, dies sei in der Tat so, zumal wenn man bedenke, daß bis zum Jahr 2000 auch die Beziehungen zwischen der EG und der EFTA immer enger würden. Wenn aber alle immer enger an die EG heranrückten, könne er nicht den Deutschen in der DDR sagen, sie dürften dies nicht. Er habe auch Staatspräsident Mitterrand gesagt, es sei im französischen Interesse, daß auch die Deutschen aus der DDR mit dabei seien.

AM Baker erklärt, die fortschreitende Integration der Europäischen Gemeinschaft sei für Frankreich kein Problem; das eigentliche Problem liege bei Großbritannien.

Der Bundeskanzler erwidert, das Problem heiße in Wirklichkeit Margaret Thatcher. Die jetzige britische Premierministerin würde nie die Rede halten, die Churchill seinerzeit in Zürich gehalten habe[11]. Sie habe eben nicht begriffen, daß wir in einer neuen Zeit leben.

---

10 Rede des Außenministers Baker vor dem Berliner Presseclub, 12. Dezember 1989, in: Amerika Dienst. Nr. 45. 13. Dezember 1989, 10 S.
11 Nr. 1 Anm. 11.

AM Baker erklärt, in der Tat lebe man in einer neuen Zeit, und dies werde er auch in seiner heutigen Rede sagen.

Der Bundeskanzler erklärt, er habe in diesem Zusammenhang eine Bitte. Er habe stets großes Verständnis für die Interessen anderer gezeigt. Aber es wäre auch gut, wenn der amerikanische Außenminister in seiner heutigen Rede psychologisches Verständnis für die besondere Lage der Deutschen zum Ausdruck bringe. Auch für uns gebe es eine Innenpolitik, und hier gebe es auch Gruppierungen, die die Neutralisierung der Bundesrepublik Deutschland anstrebten.

AM Baker erklärt, er werde sich heute auf die 10 Punkte des Bundeskanzlers beziehen, allerdings werde er nicht die Formel „Freiheit und Einheit" in den Mund nehmen.

Der Bundeskanzler erklärt, seine Politik habe sich nicht geändert. Er habe stets deutlich gemacht, daß die Westbindung Teil unserer Staatsraison sei. Daran halte er fest.

AM Baker kommt auf GB zu sprechen und erklärt, es gebe in der Tat eine kulturell und sprachlich bedingte besondere Beziehung der USA zu Großbritannien. Das schließe aber nicht engere Beziehungen mit anderen europäischen Ländern aus. Für ihn als Finanzminister seien die wichtigsten Gesprächspartner Japan und die Bundesrepublik Deutschland gewesen. Dies seien nun einmal die Länder „where the action is". Dies gelte auch für die politischen Beziehungen.

Der Bundeskanzler erklärt, es mache ihm Sorge, daß beispielsweise im Bereich von Forschung und Technologie die Entwicklung immer mehr zugunsten der Bundesrepublik Deutschland auseinandergehe. Deshalb lege er so großen Wert darauf, die Entwicklung in Forschung und Technologie gleichzeitig auf europäischer Ebene voranzubringen.
...[12]

Hartmann

Nr. 121
Gespräch des Bundesministers Seiters mit den Botschaftern der Drei Mächte
Bonn, 13. Dezember 1989

BArch, B 136/20241, 221 – 34900 Spr 2 Bd. 1. – Vermerk des MDg Duisberg, 15. Dezember 1989. Verteiler: St Sudhoff; AL 2. Vorlage an Chef BK mit der Bitte um Billigung und Zustimmung zu dem Verteiler. Abgezeichnet: „S[eiters]".

Teilnehmer:
BM Seiters
Botschafter Boidevaix (F)
Botschafter Mallaby (GB)
Botschafter Walters (USA)
StS Dr. Sudhoff

Das Gespräch diente der Unterrichtung über das Treffen der Botschafter der Vier Mächte im Kontrollratsgebäude am 11.12.1989. Botschafter Boidevaix bezog sich auf sein Gespräch mit StS Dr. Sudhoff am 11.12.1989 und schilderte die Vorbereitung und den Ablauf des Treffens. Zu Beginn habe Botschafter Walters aufgrund der in der Vierer-Gruppe abgestimmten talking points zur Berlin-Initiative[1] vorgetragen. Dann habe Botschafter Kotschemassow

---

12 Im folgenden besprochen: Fragen der Mittelamerikapolitik.

1 Nr. 9 Anm. 5.

eine sehr lange Erklärung abgegeben, in der er sich allgemein zur sowjetischen Politik geäußert und dann Sorge um die Bewahrung der Stabilität in Europa geäußert habe. Festzuhalten sei die von ihm erklärte Bereitschaft, auf die alliierten Vorschläge einzugehen und zur Vorbereitung Arbeitsausschüsse einzusetzen, verbunden mit der Bitte um ständige Treffen der Botschafter.

Botschafter Walters erklärte als eigene Wertung, daß die Sowjetunion ein Gespräch über die Berlin-Initiative nur akzeptiert habe, um über andere Fragen sprechen zu können. Botschafter Mallaby wies auf die Bemerkung von Kotschemassow hin, daß einige der alliierten Vorschläge bereits vom Leben selbst überholt worden seien; er habe das nicht weiter spezifiziert, jedoch den Luftverkehr ausdrücklich ausgenommen, den er zwar als kompliziert bezeichnet, aber grundsätzlich wohlwollend behandelt habe. Hier sei jetzt eine Konkretisierung erforderlich.

BM Seiters faßte seinen Eindruck von der sowjetischen Haltung dahin zusammen, daß die Sowjetunion vor allem an der Tatsache eines Vier-Mächte-Treffens und einer Fortsetzung interessiert sei. St Sudhoff ergänzte, daß bei der Thematik für die Sowjetunion die Frage der Stabilität in Mitteleuropa im Vordergrund stehe.

Die drei Botschafter stimmten dieser Einschätzung zu. Botschafter Walters sagte, die Sowjetunion sei insbesondere besorgt um die Stabilität in bezug auf die DDR. Botschafter Mallaby fügte hinzu, Kotschemassow habe sich andeutungsweise auf das 10-Punkte-Programm des Bundeskanzlers bezogen; er habe dies zwar nicht ausdrücklich erwähnt, es jedoch als Einmischung bezeichnet, wenn Hilfe von Vorbedingungen abhängig gemacht würde.

Botschafter Mallaby trat für die Ausarbeitung genauer Vorschläge zum Luftverkehr ein. Botschafter Boidevaix erklärte, daß man ggf. zur Vorbereitung weiterer Botschaftertreffen Arbeitsgruppen einsetzen müsse. Demgegenüber wies St Sudhoff auf die politische Optik weiterer Treffen auf Botschafterebene hin; eine Fortsetzung werde beträchtlichen Erklärungsbedarf auslösen. BM Seiters ergänzte diese Bemerkung mit dem Hinweis auf das überproportionale Interesse, das das erste Treffen gefunden habe.

MDgt Duisberg wies auf die Dringlichkeit hin, in jedem Fall bald zu greifbaren Fortschritten in Fragen des Berlin-Flugverkehrs zu kommen. Durch die Entwicklung gerieten wir unter einen erheblichen Druck. Die DDR habe nicht zu Unrecht den Eindruck, daß die Zeit für sie arbeite. Mit dem vorgesehenen Beitritt zu ICAO und IATA sowie dem Angebot zur Einrichtung einer Luftstraße werde sie ihre Position weiter verbessern. Wenn wir nicht rasch handelten und zu Ergebnissen kämen, bestünde die Gefahr, daß die Entwicklung an Berlin vorbeiginge.

BM Seiters bekräftigte – in Übereinstimmung mit dem britischen Botschafter – die Notwendigkeit, sehr bald zu detaillierten Konsultationen über diese Frage zu kommen. Bei dem Treffen des Bundeskanzlers mit Ministerpräsident Modrow am 19.12. werde das Thema Luftverkehr sicherlich angesprochen werden. BM Seiters stellte im übrigen in Aussicht, die drei Botschafter unverzüglich nach dem Treffen über den Verlauf der Gespräche zu unterrichten. (Ein Termin dafür ist inzwischen für den 21.12., 10.00 Uhr verabredet worden.)[2]

Duisberg

2 Nr. 132.

Nr. 122
Vorlage des Ministerialrats Ludewig an den Chef des Bundeskanzleramtes Seiters
Bonn, 13. Dezember 1989

BK, 213 – 30104 De 23, BK in Dresden, 19./20.12.1989, Bd. 1. – Hs. vermerkt: „Ø Herrn Teltschik. L[udewig]" und „zdA T[eltschik] 20/12".

Betr.:   Finanzielle Maßnahmen zugunsten der DDR
Bezug: Gestrige Staatssekretärs-Besprechung bei Ihnen

1. Die beigefügte Übersicht des BMF[1] enthält den finanziellen Rahmen der bisher vorgesehenen Maßnahmen zugunsten der DDR.
   Dabei handelt es sich noch nicht um haushaltsmäßig genau bezifferte Ansätze, sondern um erste grobe Schätzungen.
   Sie belaufen sich insgesamt für den Zeitraum 1990ff. auf 3,8 Mrd. DM. 1990 werden davon 1,777 Mrd. DM ausgabenwirksam.
2. Bei dem gestrigen Gespräch sind darüber hinaus folgende finanzielle Maßnahmen ins Auge gefaßt worden:
   (1) Aufstockung des Bürgschaftsrahmens für Lieferungen im innerdeutschen Handel (analog zum HERMES-System mit anderen Ländern)
   von derzeit 4,5 Mrd. DM um 1,5 Mrd. DM auf 6 Mrd. DM.
   Hintergrund: Der derzeitige Bürgschaftsrahmen von 4,5 Mrd. DM ist gegenwärtig mit 3,0 Mrd. DM belegt, also bei weitem nicht ausgeschöpft.
   (2) Aufstockung der ERP/KfW-Kreditprogramme (in erster Linie für kleine und mittlere Unternehmen):
   BMWi denkt an eine Aufstockung um 2 Mrd. DM aus dem Bundeshaushalt. Eine derartige Aufstockung würde bedeuten, daß das entsprechende Kreditvolumen um 6 Mrd. DM ausgeweitet werden könnte.
   Anmerkung: BMWi denkt in diesem Zusammenhang daran, daß – wenn seitens der DDR entsprechende Voraussetzungen geschaffen werden – die ERP/KfW-Mittelstandsprogramme auch für private DDR-Unternehmen geöffnet werden.
   Falls eine Belastung des Bundeshaushalts mit zusätzlich 2 Mrd. DM in 1990 beim BMF nicht durchsetzbar sein sollte, könnte auch gedacht werden
   – an eine Aufstockung um nur 1 Mrd. DM (dies würde eine Ausweitung des Kreditvolumens um 3 Mrd. DM erlauben)
   oder
   – an eine Aufstockung um 1 Mrd. DM in 1990 und um weitere 1 Mrd. DM in 1991.
   (3) Übernahme der Bürgschaft für einen Finanzkredit an die DDR
   Größenordnung: 1 oder 2 Mrd. DM
   Hier gibt es 2 Alternativen:
   – Ungebundener Finanzkredit, mit dessen Hilfe die DDR ihre allgemeine Schuldensituation (Umschichtung kurzfristig fälliger Auslandsschulden) erleichtern könnte;
   oder
   – gebundener Finanzkredit, mit dessen Hilfe die DDR von ihr vorzuschlagene konkrete Einzelprojekte (z.B. im Infrastrukturbereich) finanzieren könnte.
   Unsere Präferenz sollte der gebundene Finanzkredit sein, da er sich innenpolitisch wesentlich leichter vertreten läßt.
   Bei einem derartigen Finanzkredit müßte wahrscheinlich auch – angesichts der schlechten DDR-Finanzlage – eine Zinssubventionierung ins Auge gefaßt werden.

---

1 Nr. 122A.

D. h. „Heruntersubventionierung" eines 2-Milliarden-DM-Kredits von 8% Marktzins auf z. B. 3% bedeutet Zinssubventionen von 100 Mio. DM p.a. für die Laufzeit des Kredits.

3. BM Dr. Haussmann wird bei seinem morgigen Gespräch mit der DDR-Regierung[2] sondieren, in welcher Weise die genannten Finanzierungsinstrumente sinnvoll eingesetzt werden können.

4. Abschließende Entscheidungen sollen in der Staatssekretärs-Besprechung am Freitag, dem 15.12.1989, getroffen werden.

L

Nr. 122A
Maßnahmen zugunsten der DDR und Berlin (West)

Bundesministerium der Finanzen, Referat II A 1. Stand: 12. Dezember 1989.

Zusätzliche Belastungen gegenüber Bundeshaushalt 1990
und Finanzplan bis 1993
(grobe Schätzung)

Maßnahme	Gesamtvolumen Bundeshaushalt	1990 VE	1990 Ansatz – Mio. DM –	1991	1992	1993
1. Devisenfonds	4300	–	2150	2150	•	•
Gebühren Postbank	30	–	15	15	•	•
Einsparungen						
– Begrüßungsgeld	–1260	–	–600	–220	–220	–220
– humanitäre Maßnahmen, insbesondere Häftlingsfreikauf	–850	–	–100	–250	–250	–250
2. Weitere Pilotprojekte Umweltschutz	600	500	100	200	200	100
3. Werra-Entsalzung (im F[inanz]pl[an] bereits weitgehend enthalten)	100	100	12	–	–	–
4. Schnellbahnverbindung Berlin-Hannover	3400	3200	200	300	500	500
5. Bahnpauschale	180	–	–	60	60	60
6. Bundeshilfe für Berlin	•	•	•	•	•	•
7. Wirtschaftsförderung	•	•	•	•	•	•
8. Bürgschaften	–	–	–	–	–	–
9. Steuervergünstigungen	•	•	•	•	•	•
Summe	6500	3800	1777	2255	290	190
BMV-Forderung 12.12.			*240*	*1000*		
Nachrichtlich: Postpauschale aus dem Haushalt der Deutschen Bundespost	–	–	226	176	176	176

2 Bundesminister Haussmann traf am 14. Dezember 1989 mit der stellvertretenden Ministerpräsidentin Luft und Minister Beil in Berlin (Ost) zusammen. Zu dem Gespräch: Ergebnisvermerk des Ministerialrats Homann, IV 1 – 02 10 86/1, 15. Dezember 1989; BArch, B 136/20578, 221 – 35014 Ge 31 Bd. 1.

Nr. 123
Schreiben des Bundeskanzlers Kohl an Generalsekretär Gorbatschow
Bonn, 14. Dezember 1989

BK, 212 – 35400 De 39 NA 2 Bd. 1. – Tag der Ausfertigung hs. ergänzt. – Mit Vorlage des MD Teltschik über Chef BK an den Bundeskanzler – je gesondert: „Hiermit lege ich Ihnen weisungsgemäß den Entwurf einer persönlichen Botschaft an Generalsekretär Gorbatschow mit der Bitte um – Zustimmung und Zeichnung – vor. Es ist geplant, diese Botschaft (mit Höflichkeitsübersetzung) auf besonderem Wege zu übermitteln." Hs. von Bundeskanzler Kohl vermerkt: „Teltschik", zur Übermittlung: „Ja".

Sehr geehrter Herr Generalsekretär,

am Vorabend meiner Gespräche mit dem Ministerpräsidenten der DDR, Hans Modrow,[1] möchte ich Ihnen erneut die deutschland- und europapolitischen Ziele der Bundesregierung erläutern und die konkreten Zielsetzungen, die ich mit der Begegnung mit Ministerpräsident Modrow verfolge, umreißen.

Dazu veranlassen mich insbesondere die Unterrichtungen, die mir Präsident Bush,[2] Staatspräsident Mitterrand,[3] Ministerpräsident Andreotti[4] und nicht zuletzt Bundesminister Genscher[5] über ihre Gespräche mit Ihnen gegeben haben. Sie haben in allen diesen Gesprächen die Politik der Bundesregierung mit Kritik bedacht. Ich halte die sowjetischen Wertungen, die dieser Kritik offenbar zugrunde liegen, für nicht berechtigt und möchte mit diesem Schreiben zu einem besseren Verständnis meiner Politik beitragen und offensichtliche Mißverständnisse ausräumen.

I. Vorab möchte ich Ihnen jedoch erneut bestätigen – wie wir es bereits in unseren telefonischen Gesprächen[6] getan haben –, daß alles, was zwischen der Bundesrepublik Deutschland und der UdSSR vertraglich festgelegt ist, insonderheit der Moskauer Vertrag vom 12. August 1970 sowie die Schlußakte von Helsinki und die abschließenden Dokumente von Madrid und Wien, und – nicht zuletzt – die von uns am 13. Juni dieses Jahres unterzeichnete Gemeinsame Erklärung, unverändert und in vollem Umfang gelten, nach Buchstaben und Geist erfüllt werden und dem weiteren Ausbau der Beziehungen unserer Länder und Völker zugrunde zu legen sind. Dazu gehört unverändert unsere Bereitschaft, die für die Bundesrepublik Deutschland zentralen Beziehungen zur UdSSR umfassend zu entwickeln und auf allen Gebieten zukunftsgewandt auszubauen. Ich freue mich, daß Sie diese Bereitschaft Ihrerseits gegenüber Bundesminister Genscher bekräftigt haben.

Bei den eingangs erwähnten Gesprächen haben zu Recht die historischen Entwicklungen, die wir heute in Europa erleben, im Mittelpunkt gestanden. Dabei bestand volles Einvernehmen darüber, daß es in der jetzigen Phase entscheidend darauf ankommt, diese Prozesse konstruktiv zu gestalten, eine Destabilisierung der Lage in Europa zu verhindern und keine einseitigen Vorteile aus den Übergangs- und Anpassungsschwierigkeiten zum Schaden anderer zu ziehen. Dies ist auf dem kürzlichen Treffen der Staats- und Regierungschefs der NATO als Politik unseres Bündnisses bekräftigt worden. Dies ist zugleich meine tiefste Überzeugung und entspricht der Politik der Bundesregierung.

---

1 Nr. 129.
2 Nr. 109.
3 Nr. 117.
4 Nr. 107 Anm. 1.
5 Nr. 127 Anm. 6.
6 Nach dem Telefonat mit dem Staatsratsvorsitzenden Krenz am 26. Oktober 1989 (Nr. 68) führte Bundeskanzler Kohl „keine Stunde später" ein Telefongespräch mit Generalsekretär Gorbatschow (dazu: Kohl, „Ich wollte Deutschlands Einheit", 109–111; Vermerk über das Gespräch in der Registratur des Bundeskanzleramtes nicht zu ermitteln) und ein weiteres am 11. November 1989 (Nr. 87).

Dabei dürfen allerdings Ursache und Wirkung nicht verwechselt werden. Gerade der Ablauf der Ereignisse in der DDR in diesem Jahr beweist ohne jeden Zweifel, daß es die Hauptquelle der Destabilisierung ist, Reformen zu verzögern oder zu verweigern, wenn sich Probleme auftürmen und wenn vor allem Reformen durch das Vorbild der eigenen Partner nahegelegt werden. Sie selbst haben bei Ihrem Besuch in der DDR gesagt: „Wer zurückbleibt, den bestraft das Leben." Wir wissen in diesem Zusammenhang die positive Rolle der UdSSR sowie von Ihnen persönlich sehr wohl zu schätzen.

Die Reformverweigerung in der DDR hat seit dem Sommer dieses Jahres dazu geführt, daß rund 500 000 Menschen in die Bundesrepublik Deutschland übergesiedelt sind. Ich habe Sie von Anfang an wissen lassen, daß eine solche Entwicklung nicht im Interesse der Bundesregierung liegt. Jetzt haben die Menschen in der DDR ihr Schicksal selbst in die Hand genommen und ihre Freizügigkeit, ihre freie Selbstbestimmung und ihr Recht, über die eigene Zukunft zu bestimmen, eingefordert. Kurzum: Die Menschen selbst haben die deutsche Frage auf die Tagesordnung gesetzt!

Nachdem die damalige Führung der DDR die innerdeutsche Grenze und die Berliner Mauer geöffnet hat, haben Sie in Ihrer Botschaft vom 10. November an mich[7] und an unsere westlichen Verbündeten befürchtet, daß aus den Berliner Demonstrationen eine „chaotische Situation mit unübersehbaren Konsequenzen" entstehen könnte. Daß dies nicht eingetreten ist, beweist, mit welcher Umsicht und Verantwortung die Menschen in Berlin, in Leipzig, in Dresden und in anderen Orten der DDR in ihrem berechtigten Protest vorgehen. Ich bin überzeugt, daß dies auch in Zukunft so bleiben wird.

Es versteht sich aber von selbst, daß die jüngst von der neuen Führung der DDR aufgedeckten Korruptionsfälle die Gefühle der Menschen erregen. Verantwortliche Persönlichkeiten in der DDR haben frühzeitig – und mit Erfolg – aufgerufen, den Weg des gewaltlosen Protestes nicht zu verlassen. Die Bundesregierung hat diese Appelle mit allen Kräften öffentlich und im privaten Gespräch unterstützt. Ich werde dies auch in meinen bevorstehenden Gesprächen in Dresden tun.

II. Angesichts einer solchen historischen Entwicklung kann es nicht Sinn und Aufgabe verantwortlicher Politik sein, den Entwicklungen hinterherzulaufen. Sie ist vielmehr gefordert, einen stabilen Rahmen zu erhalten und – wo nötig – zu verstärken und neu zu schaffen, damit sich diese Prozesse friedlich und zum Wohl der Menschen vollziehen können. Jeder gelungene Reformschritt ist ein Zugewinn an Stabilität!

Lassen Sie mich ein Bild wählen: Wenn bekannt ist, daß ein Fluß nach Gewitterstürmen anschwellen und über die Ufer treten kann, so ist es ein Gebot der Klugheit, aus soliden Baumstämmen Dämme zu bauen, Hindernisse aus dem Flußbett selbst zu beseitigen und seiner ungestümen Kraft eine Richtung zu weisen. Die Wassermenge und die Flußgeschwindigkeit – die beide von der Schwere des Gewitters abhängen – zu vermindern, kann mit diesen Maßnahmen nicht erreicht werden – jeder Versuch, dies zu tun, würde erst recht die Dämme zum Brechen bringen.

Mit diesem Bild beschreibe ich die Motive für meine Regierungserklärung vom 28. November dieses Jahres und die darin enthaltenen zehn Punkte. Sie sind – angesichts der konkreten Entwicklung in der DDR und der dort erhobenen Forderungen – eine Zusammenfassung bekannter und bewährter Politik. Sie sind – und hier liegt eine Hauptquelle des Mißverständnisses – kein Fahrplan, sondern verzichten bewußt auf jegliche Terminvorgabe; und sie sind keine Reihenfolge von Schritten, sondern setzen im Gegenteil darauf, daß alle politischen Prozesse in einer zukunftsgewandten Parallelität ablau-

---

7 Nr. 80.

fen, auch ineinander verflochten bleiben. Sie erzeugen weder einen Zeitdruck noch stellen sie Vorbedingungen dar.

Ihr Ziel ist,

– jegliche „chaotische Situation" zu verhindern und für eine organische, evolutionäre gesamteuropäische Entwicklung die Türen zu öffnen;

– den Menschen in der DDR konkrete Perspektiven für ihre eigenen Anliegen zu geben und sie zu bewegen, eine Chance in der Veränderung der Verhältnisse vor Ort und [für] die Zukunft ihrer Kinder in der angestammten Heimat zu sehen; und

– der Diskussion in der Bundesrepublik Deutschland vernünftige und organische Leitlinien vorzugeben.

In meiner Regierungserklärung habe ich bewußt die deutschen Entwicklungen in einen größeren Rahmen von parallel ablaufenden und sich gegenseitig bedingenden Prozessen gestellt, auf deren Erfolg wir setzen und an denen wir maßgeblich mitwirken:

– So müssen das West-Ost-Verhältnis insgesamt weiter verbessert und insbesondere der Dialog und die Zusammenarbeit der Sowjetunion und der USA verstärkt werden. Ich habe deshalb das Ergebnis Ihrer Gespräche mit Präsident Bush bei Malta nachdrücklich begrüßt und wünsche Ihnen bereits jetzt für den verabredeten Gipfel im Juni 1990 allen Erfolg.

– Die europäische Einigung muß fortgeführt werden. Wir haben soeben beim Gipfel der Europäischen Gemeinschaft in Straßburg entscheidende Beiträge für eine weitere und unwiderrufliche Integration geleistet.

– Abrüstung und Rüstungskontrolle müssen beschleunigt werden. Wir sehen – wie Sie – eine der großen Prioritäten des Jahres 1990 in einem ersten Abkommen über konventionelle Streitkräfte in Europa und sind bereit, dieses Abkommen auf Gipfelebene zu unterzeichnen; des weiteren setzen wir auf einen Durchbruch bei den Genfer Verhandlungen über die Verminderung der strategischen Nuklearpotentiale der Großmächte und über die weltweite Ächtung chemischer Waffen.

– Wir stellen die Bündnisse nicht in Frage. Sie müssen aber zukunftsgerichtet, in Richtung auf eine überwiegend politische Rolle umgestaltet werden. Hierzu hat das jüngste Gipfeltreffen der Staats- und Regierungschefs der NATO[8] bereits wichtige Anstöße gegeben.

– Der Helsinki-Prozeß muß unter bestmöglicher Nutzung der bevorstehenden Foren und Veranstaltungen konsequent fortgesetzt werden. Dabei wird die Bundesregierung ihrer Gastgeberrolle beim nächsten derartigen Treffen, der West-Ost-Wirtschaftskonferenz in Bonn, durch intensive Vorarbeit und weiterführende Initiativen Profil geben.

Gleichzeitig unterstützen wir Fortschritte auf den Menschenrechtskonferenzen in Kopenhagen und Moskau und sind – wie auch in den zehn Punkten gesagt – für maximale Nutzung des nächsten Folgetreffens „Helsinki II", von dem wir [uns] neue institutionelle Formen der gesamteuropäischen Zusammenarbeit erhoffen.

Ich bin darüber hinaus einverstanden, daß die Zukunft des Helsinki-Prozesses und konkrete Vorgaben für das nächste Folgetreffen Gegenstand des Europäischen Gipfels sein können, zu dem wir im nächsten Jahr zur Unterzeichnung des ersten Wiener Abkommens zusammenkommen.

– Nicht zuletzt – und ich bitte Sie, hier meine Regierungserklärung wörtlich nachzulesen – setzen wir auf einen erfolgreichen Fortgang Ihrer Politik der Öffnung und Umgestaltung in der Sowjetunion sowie der Reformen in den anderen mittel- und ost-

---

8 Nr. 111 Anm. 2.

europäischen Staaten. Hierzu haben wir gegenüber Polen und Ungarn einen bilateralen Beitrag geleistet, der an der Spitze der westlichen Länder steht. Wir wirken an den koordinierten Anstrengungen der Gruppe der 24 westlichen Industrieländer maßgeblich mit. Unsere Unterstützung soll zur wirtschaftlichen Koordinierung und damit zur politischen Stabilisierung beitragen.

III. Diesen gesamteuropäischen Rahmen habe ich im Auge gehabt, als ich das Leitmotiv meiner zehn Punkte formulierte: die künftige Architektur Deutschlands in die künftige Architektur Gesamteuropas einzubetten.

Das politische Ziel der Bundesrepublik Deutschland, so wie es der letzte der zehn Punkte festhält, nämlich

„auf einen Zustand des Friedens in Europa hinzuwirken, in dem das deutsche Volk in freier Selbstbestimmung seine Einheit wiedererlangt",

kann dabei allerdings für keinen unserer Partner und insbesondere nicht für die UdSSR eine Überraschung sein. Denn das Zitat stammt wörtlich aus dem „Brief zur deutschen Einheit", der gemäß besonderer Absprache im Zusammenhang mit dem Moskauer Vertrag an die sowjetische Seite gerichtet und von ihr in das Ratifikationsverfahren des Obersten Sowjets einbezogen wurde (vgl. Prawda, 13. April 1972[9]).

Dabei bitte ich Sie zu beachten, daß es erklärte Politik der Bundesregierung ist, das Ergebnis einer in freier Selbstbestimmung getroffenen Wahl der Menschen in der DDR – wie immer es ausfällt – zu respektieren. Ich gehe davon aus, daß dies auch für unsere Nachbarn und Partner gilt.

Vor dem in der Zukunft liegenden politischen Ziel der Bundesrepublik Deutschland liegt eine Vielfalt von Aufgaben der praktischen Politik, die heute mit der DDR zu bewältigen sind – und wie Sie wissen, sieht dies die neue Führung der DDR nicht anders.

Es geht dabei um rasch wirkende humanitäre Maßnahmen genauso wie um die Verstärkung der Zusammenarbeit auf Feldern, die nur gemeinsam zu lösen sind, wie etwa den Schutz der Umwelt, die Verbesserung des Verkehrs und der Nachrichtenverbindungen. Für rasches Handeln auf diesen Feldern gibt es für mich keine andere Voraussetzung, als daß auf der Seite der DDR ein handlungsfähiger Partner mitwirkt.

Das gleiche gilt für verstärkten Handelsaustausch, wobei sich die DDR korrekterweise hierzu nicht an uns, sondern an die Europäische Gemeinschaft gewandt hat, der wir bereits vor langer Zeit unsere Außenhandelskompetenzen übertragen haben.

Für ein wesentlich verstärktes Engagement der Bundesrepublik Deutschland habe ich in den zehn Punkten Voraussetzungen genannt, die Ihre Kritik gefunden haben. Ich bitte Sie, Ihr Urteil unter Berücksichtigung folgender Tatsachen zu überprüfen:

– Was die politischen Veränderungen in der DDR angeht, so habe ich keine Forderung erhoben, die nicht schon vorher von der Bevölkerung selbst erhoben oder von der Führung der DDR bereits zugestanden [worden] war: Ich denke insbesondere an freie Wahlen und die Zulassung von neuen Parteien und Gewerkschaften.

– Ich habe für konkrete Fortschritte keinerlei Fristen gesetzt. Die Änderung der Verfassung der DDR, mit der das Machtmonopol der Sozialistischen Einheitspartei Deutschlands aufgegeben wurde,[10] war von der Bevölkerung und der SED selbst be-

---

9 Die „Prawda" (Nr. 104 [19612]. 13. April 1972, 2) berichtete, Gromyko habe „die Mitglieder der Kommissionen für Auswärtige Angelegenheiten der Kammern des Obersten Sowjets der UdSSR sodann über den Brief des Außenministers der BRD" informiert, „den die sowjetische Seite am Tag der Unterzeichnung des Vertrages am 12. August 1970 erhalten hat, in dem die Ansichten der westdeutschen Seite zu Fragen der Selbstbestimmung dargelegt werden. Die Abgeordneten nahmen von dem Text des Briefes Kenntnis."
10 Nr. 96 Anm. 1.

wirkt worden. Das gleiche gilt im übrigen für den kollektiven Rücktritt des Zentralkomitees der SED.

– Schließlich gibt es im Bereich der wirtschaftlichen Zusammenarbeit objektive Voraussetzungen für ein verstärktes Engagement aus der Bundesrepublik Deutschland: Da die Bundesregierung selbst keine kommerzielle Tätigkeit betreibt, ist sie darauf angewiesen, die Rahmenbedingungen dafür zu schaffen oder zu verbessern, daß auch die private Initiative mitwirken kann. Wir haben dies z. B. durch Verträge über den Schutz und die Förderung von Investitionen bereits mit der Sowjetunion, mit Polen, Ungarn, Bulgarien und Rumänien getan; es ist deshalb bezeichnend, daß Ministerpräsident Modrow die Aushandlung eines entsprechenden Abkommens mit uns mit höchster Priorität betreibt.

Dies bringt mich zum Vorschlag einer „Vertragsgemeinschaft" der beiden deutschen Staaten. Ich habe hier die entsprechende Anregung aus der Regierungserklärung Ministerpräsident Modrows vom 17. November 1989[11] bewußt positiv aufgenommen. Wir werden in Dresden intensiv über die nächsten möglichen Schritte sprechen, insbesondere über die Entwicklung einer Wirtschaftsgemeinschaft.

Mir geht es dabei vor allem um Formen der Gemeinsamkeit, wie sie unter guten und engen Nachbarn üblich sind und wie sie etwa zwischen der Bundesrepublik Deutschland und allen ihren südlichen, westlichen und nördlichen Nachbarn bereits bestehen. Daß sich aus gemeinsamer Geschichte, Sprache und Kultur darüber hinaus Ansatzpunkte erweiterter Zusammenarbeit ergeben können, halte ich für wahrscheinlich.

Schließlich habe ich angeregt, über „konföderative Strukturen" zu sprechen und in einer weiteren zeitlichen Perspektive zu einer „Konföderation" zu kommen. Damit ist dreierlei gesagt:

– Einmal setzt ein solcher Prozeß nach allgemein anerkannten Prinzipien des Staats- und Völkerrechts die Existenz von zwei souveränen Partnern voraus, die beschließen, aufeinander zuzugehen und dabei institutionelle Formen zu vereinbaren. Dies ist natürlich der völlige Gegensatz zur Propagandabehauptung, hier wolle der eine den anderen „verschlucken".

– Zum anderen ist es die klare Absage an jegliche Form zwangsweiser Vereinigung, wie sie tatsächlich im vergangenen Jahrhundert „mit Blut und Eisen" praktiziert worden ist. Ich habe Ihre Rede zum 40. Jahrestag der DDR und insbesondere Ihr Zitat des russischen Dichters und Diplomaten Fjodor Tjutschew aufmerksam gelesen und teile Ihre Deutung, was die Beziehungen unserer beiden Staaten angeht.[12]

Ich wünsche mir meinerseits ebenso große Aufmerksamkeit für die Rede, die ich am 18. Dezember 1989 in der ungarischen Nationalversammlung halte[13] und deren Schlüsselpassagen lauten:

---

11 Ebd., Anm. 2.
12 Generalsekretär Gorbatschow zitierte am 6. Oktober 1989 in seiner Grußansprache zum 40. Jahrestag der Gründung der DDR den russischen Diplomaten und Dichter Tjutschew, der unter Anspielung auf Bismarck die Worte verfaßt hatte: „Zur Einheit – wie der Große prophezeite – wird man mit Eisen nur und Blut getrieben … Doch wir versuchen es mit Liebe. – Wer recht hat, wird die Zukunft dann entscheiden." Gorbatschow bemerkte, Tjutschew habe mit dem Wort „Liebe" ausgedrückt, „was wir heute unter Übereinstimmung, Zusammenarbeit, Zusammenwirken, menschlicher Kommunikation in bezug auf Europa im 20. Jahrhundert verstehen". Gerade die „realistische Linie" habe es erlaubt, die Beziehungen zur Bundesrepublik Deutschland „zum beiderseitigen Nutzen und zur beiderseitigen Zufriedenheit weit voranzubringen" (Meldung ADN/6.10.89/1941 in: Ostinformationen. Nr. 194. 9. Oktober 1989, 1–8, hier 6; BPA/PA, F 1/22). Abgedruckt in: Neues Deutschland. 44. Jg. Nr. 237. 9. Oktober 1989, 3 f., hier 4.
13 Rede von Bundeskanzler Kohl vor der ungarischen Nationalversammlung, 18. Dezember 1989, in: Bulletin. Nr. 149. 20. Dezember 1989, 1257–1260.

„Unhistorisch und unglaubwürdig wäre aber auch die Behauptung, es gehe nur die Deutschen an,
- ob und wie sie über ihr Schicksal frei bestimmen;
- ob sie ihren Weg mit oder gegen ihre Nachbarn gehen.
Angesichts der leidvollen Geschichte weiß ich nur zu gut,
- daß diese Frage - und unsere Antwort darauf - keinen unserer Nachbarn in Ost und West gleichgültig läßt,
- mehr noch: daß wir Deutsche Mitverantwortung für die Sicherheit unserer Nachbarn tragen und ihren Gefühlen Achtung schulden."
„Wir wollen die Teilung Europas und unseres Vaterlandes organisch überwinden. Wir wollen, daß alle Europäer - und darin eingeschlossen alle Deutschen - in gemeinsamer Freiheit zusammenkommen.
Dies ist unsere klare Absage an
- deutsche Alleingänge oder Sonderwege und
- einen rückwärtsgewandten Nationalismus.
Die Zukunft aller Deutschen heißt Europa."
Meine Aussagen über die „Sicherheit unserer Nachbarn" beziehen sich selbstverständlich auch auf die legitimen Sicherheitsbedürfnisse Ihres Landes.
- Schließlich ist der Weg der „konföderativen Strukturen" und der „Konföderation" eine Antwort auf die Grenzfrage. Beide Partner können von der in der Schlußakte von Helsinki eingeräumten Möglichkeit Gebrauch machen,
„ihre Grenzen, in Übereinstimmung mit dem Völkerrecht, durch friedliche Mittel und durch Vereinbarung (zu) verändern".
Kommt eine derartige Vereinbarung nicht zustande, bleiben - wiederum entsprechend der Schlußakte -
„die Grenzen aller Staaten in Europa ... unverletzlich".
Zwischen der Bundesrepublik Deutschland und der UdSSR bleibt es bei dieser Perspektive, wie es im Moskauer Vertrag vereinbart ist.

IV. Herr Generalsekretär, ich bin mit der Wertung, die Sie gegenüber Bundesminister Genscher geäußert haben, einverstanden: Die gegenwärtigen Prozesse in Europa bedeuten eine wirkliche Wende der Entwicklung in Europa und in der ganzen Welt - und die Politiker werden vom historischen Prozeß einer Prüfung unterzogen, ob und wie sie gemeinsam an die Probleme herangegangen sind.
Gerade angesichts der Tragweite der Fragen, die ich in diesem Schreiben angeschnitten habe, bin ich mir bewußt, daß bei weitem nicht alle Aspekte erörtert und alle notwendigen Differenzierungen eingebracht sind.
Ich würde es deshalb sehr begrüßen, wenn wir unseren Gedankenaustausch in naher Zukunft persönlich fortsetzen könnten. Wir ⟨sollten⟩[14] dabei insbesondere auch den Ausbau der Wirtschaftsbeziehungen zwischen unseren Ländern erörtern. Ich schlage Ihnen deshalb vor, bald im neuen Jahr in informellem Rahmen an einem Ort Ihrer Wahl zusammenzutreffen.

Mit freundlichen Grüßen

---

14 ⟨ ⟩ Hs. korrigiert aus: „wollten".

Nr. 124
Gespräch des Bundeskanzlers Kohl mit Ministerpräsident Németh
Budapest, 16. Dezember 1989

BK, 213 – 30104 U 1 Un 13, BK in Ungarn, 16.–18.12.1989, Bd. 3. – Vermerk des VLR I Kaestner, 16. Dezember 1989. Mit Vorlage des MDg Hartmann über Chef BK an den Bundeskanzler, 19. Dezember 1989: „Hiermit lege ich Ihnen einen Vermerk über das o.a. Gespräch mit der Bitte um – Genehmigung – vor. Zugleich erbitte ich Ihre – Zustimmung –, daß das Auswärtige Amt (auch für Botschaft Budapest) durch Doppel unterrichtet wird." Hs. von Bundeskanzler Kohl vermerkt: „Teltschik", zur Unterrichtung des Auswärtiges Amtes: „Ja". – Gesprächsdauer: 15.00 bis 16.50 Uhr.

Ministerpräsident <u>Németh</u> gratuliert dem Bundeskanzler zu seiner neuen Doktorwürde und dankt ihm für seine Rede[1], die bei den Ungarn ein sehr freundliches Echo gefunden habe. Er berichtet sodann vom kürzlichen „internen Gipfel" Regierung-Opposition sowie über die Haushaltsberatungen im Vorfeld der am Montag beginnenden Parlamentssitzung.

Der <u>Bundeskanzler</u> berichtet vom Straßburger EG-Gipfel: Dort habe er, wie mit dem Ministerpräsidenten in Ludwigshafen besprochen, die ungarischen Anliegen vertreten, insbesondere auch gegenüber EG-Kommissionspräsident Delors. Der EG-Kredit stehe. Für den Fall, daß im kommenden Winter schwierige Probleme entstehen würden, sei er – der Bundeskanzler – bereit, erneut in der EG zu intervenieren und auch bilateral zu helfen. Denn für uns und für die Entwicklung in der DDR und Polen sei es existentiell wichtig, daß Ungarn erfolgreich sei.

Der <u>Bundeskanzler</u> umreißt sodann die Lage in der DDR: Durch die kürzlich aufgedeckten Korruptionsfälle sei die Atmosphäre psychologisch negativ aufgeladen. Zwar glaube er nicht, daß es zu irreparablen Reaktionen kommen könnte, aber die Diskussion sei – anders als zu Anfang, als die Menschen ruhig und souverän ihre Forderungen vertreten hätten – jetzt schwieriger geworden. „Es liegt der Geruch von Rache in der Luft." Dies ziele nicht nur auf die Spitze, sondern auch auf die lokale Ebene. Deshalb habe er soeben im Fernsehen der DDR die Leute zur Ruhe gemahnt.[2] Er werde das am kommenden Dienstag in Dresden[3] wieder tun, wo aus Anlaß seines Besuches wahrscheinlich über hunderttausend Leute zusammenströmen würden. Denn es habe keinen Sinn, jetzt radikale Theorien zu vertreten und radikale Taten zu setzen.

Die Sowjets seien beunruhigt, obwohl man nicht wisse, ob dies tatsächlich so sei oder nur von Ultras in der Sowjetunion selbst und in der DDR hochgespielt werde, um etwas gegen Gorbatschow zu tun. Andererseits habe die SU 22 Divisionen in der DDR stationiert, zusätzlich Zivilisten, Familienangehörige, Kinder. Er nehme diese Sorgen jedenfalls sehr ernst, hoffe aber, daß sie unbegründet seien.

Das eigentliche Problem sei der Autoritätsverlust in der DDR, Partei und Staatssicherheit seien total diskreditiert, die Verwaltung, insbesondere in Ost-Berlin, drohe zusammenzubrechen (Exkurs: Zustand der Berliner Verkehrsbetriebe und der Reichsbahn; Planungen der Bundesbahn für Weihnachts-Reisewelle).

---

1 Rede des Bundeskanzlers Kohl anläßlich der Verleihung der Ehrendoktorwürde durch die rechts- und staatswissenschaftlichen Fakultät der Lorand-Eötvös-Universität Budapest, 16. Dezember 1989, in: Bulletin. Nr. 149. 20. Dezember 1989, 1253–1255.
2 In einem Interview mit dem DDR-Fernsehmagazin „Aktuelle Kamera" am 15. Dezember 1989 (Wortlaut in: DDR-Spiegel. Nr. 247. 18. Dezember 1989. Anhang, 1–3; BPA/PA, F 1/23) erklärte Bundeskanzler Kohl, die im Zehn-Punkte-Plan skizzierte Entwicklung sei „nicht nach Tagen, Wochen oder Jahren" zu bemessen. Deutsche „auf beiden Seiten" müßten Geduld haben und insbesondere die „Sicherheitsinteressen der Weltmächte" berücksichtigen, „wenn dies ein ruhiger Weg in die Zukunft sein soll". Scharfmacherei und radikale Äußerungen würden nur „stören oder gar bremsen". Er mahne sich „selbst und andere dazu, jetzt in kleinen Schritten in diese Zukunft zu gehen".
3 Nr. 129.

In der DDR – so der Bundeskanzler weiter – sei jetzt eine große Initiative erforderlich. Was die Bundesrepublik Deutschland tun werde, müsse getan werden – ändere aber nichts an ihrem – und seinem persönlichen – Engagement für Ungarn! Er brauche hier keine großen Worte zu machen, der Ministerpräsident kenne seinen Standpunkt.

Möglicherweise werde es relativ rasch möglich sein, der DDR wirtschaftlich auf die Beine zu helfen. Das Bestürzende aber – im Unterschied zu Ungarn und Polen – sei der Mangel an Konzeption. Er – der Bundeskanzler – habe MP Modrow empfohlen, die ungarischen Wirtschaftsreformgesetze abzuschreiben. Dann sei sehr rasch ein Zustrom von Unternehmern aus der Bundesrepublik Deutschland zu erwarten – viele von Ihnen früher übrigens in der DDR ansässig. Aber die DDR müsse den rechtlichen Rahmen schaffen – und genau dazu fehle die politische Inspiration.

Hinsichtlich der 10 Punkte werde er oft nach den Motiven gefragt. Seine Antwort sei, daß es zwingend war, sie zu verkünden, damit die Diskussion nicht ihre Struktur verliere. Die 10 Punkte seien kein Kalender, keine mechanischen Abläufe. Alles brauche Zeit.

Auch in Dresden werde er betonen, daß man nicht in kurzen Zeiträumen denken dürfe und daß alles, was in Deutschland geschehe, die Entwicklung in Europa insgesamt beeinflusse. Bereits Adenauer habe gesagt, die deutsche Frage sei nur unter einem europäischem Dach zu lösen. Dies gelte heute mehr denn je.

Sehr wichtig – so der Bundeskanzler weiter – sei es, den Kontakt mit der sowjetischen Führung intensiv fortzusetzen. Er hoffe, sich bald mit GS Gorbatschow zu treffen.

Das Sicherheitsbedürfnis der SU müsse berücksichtigt werden – gerade angesichts der Bündnisse, hier NATO, dort Warschauer Pakt, müsse man mit besonderer Klugheit vorgehen.

Der Bundeskanzler erläutert sodann die Perspektiven „Vertragsgemeinschaft", „konföderative Strukturen" und „Föderation": Letzteres sei ein Ziel, das seine Zeit brauche, und zwar – selbst wenn es das Sicherheitsproblem nicht gäbe – wegen des Gefälles zwischen beiden deutschen Staaten.

Heute aber sei es erforderlich, Strukturen vorzugeben und den Menschen ein Ziel zu zeigen – dann könne man ihnen sagen, daß die Dinge Zeit brauchten. Ihnen aber zu sagen, „ihr dürft kein Ziel haben", werde nicht möglich sein.

Auf diesem Wege sei es für uns entscheidend, den Nachbarn die Angst zu nehmen, verständliche Angst aus der Geschichte und künstliche Ängste und Komplexe wegen der Wirtschaftskraft der Bundesrepublik Deutschland und in der Perspektive ihrer Vereinigung mit der DDR.

Der Bundeskanzler begründet die Besorgnisse im Rahmen der EG-Partner mit zunehmenden Disparitäten zwischen den schnell vorwärts schreitenden Volkswirtschaften, insbesondere der Bundesrepublik Deutschland, und zurückbleibenden wie der Großbritanniens. Dieses Tempo werde sich möglicherweise noch verstärken, wobei sich unser Forschungsaufwand der letzten Jahre nunmehr durch einen qualitativen Sprung auszahle. Dies aber sei für ein exportorientiertes Land wie die Bundesrepublik Deutschland gerade wegen der Konkurrenzverhältnisse zu Japan und den USA entscheidend.

In der Perspektive des Jahres 2000 – so der Bundeskanzler weiter – werde es zwar noch Waffen und Militärs geben, diese aber würden an Wichtigkeit verlieren. Statt dessen werde der Stellenwert eines Landes an seiner Wirtschaft, Forschungskapazität, Infrastruktur, an seinem sozialen Klima gemessen. Sein Ziel sei es, daß die Bundesrepublik Deutschland in diesem Wettbewerb – wie bei einer Olympiade – „auf dem Treppchen" stehe. Seinen EG-Kollegen verdeutliche er, daß die 62 Mio. Deutschen in der Bundesrepublik Deutschland und die 17 Mio. Deutschen in der DDR schlicht und einfach da seien und es für alle Beteiligten besser sei, sie unumkehrbar in Europa einzubinden. Deshalb müsse dieses Europa jetzt über die EG hinausgehen. Man müsse deshalb die Politik so führen, daß Länder wie Ungarn ihre

Beziehungen mit der EG so intensiv wie möglich gestalteten, bis dann irgendwann der Zeitpunkt komme, an dem Ungarn in die EG hineinkommen könne. Dies gehe nicht über Nacht, aber ein Konzept müsse doch so aussehen! (Exkurs: Gespräch mit dem jugoslawischen Staatspräsidenten Drnovsek[4] – Lösung der inneren Probleme nicht mit den Methoden des 19. Jahrhunderts.)

Die Europaperspektiven habe er in einem spontanen Zusatz zu seiner Doktorrede gerade den jungen Leuten ans Herz gelegt – und an der gespannten Aufmerksamkeit habe er gesehen, daß sie seinen Punkt verstanden hätten. Dies erhoffe er sich auch für die Gespräche und Begegnungen in Dresden.

Ministerpräsident Németh erwidert, die Völker in Mitteleuropa hätten jetzt zum ersten Mal seit Jahrzehnten die Chance, im Einklang mit dem von GS Gorbatschow verkündeten Grundprinzip der „freien Wahl" selbständig und souverän über ihre gesellschaftliche Ordnung zu entscheiden. Das Schreckgespenst einer Intervention von außen drohe nicht mehr. Nach der Epoche des Stalinismus, der die Menschen und ihre Seele verkrüppelt habe, könne man jetzt eine menschenwürdige neue Entwicklung aufbauen.

Dies schätze Ungarn besonders hoch, weil bisher alle ungarischen Freiheitskämpfe durch Eingriffe von außen niedergeschlagen worden seien. Deshalb habe Ungarn seine Reformen, seine Demokratisierung so schnell wie möglich vorangetrieben, weil die historische Erfahrung besage, daß man Chancen, wenn der Rückenwind günstig sei, nutzen müsse. Zum anderen habe Ungarn bereits Reformerfahrung: Schon seit 1968 habe sein Land bahnbrechend gewirkt, dabei aber die Erfahrung gemacht, daß ohne wirkliche politische Reform, ohne Systemwechsel, die wirtschaftlichen Reformen immer wieder ins Stocken geraten.

Ungarn könne ohne Überheblichkeit sagen, daß es im letzten Jahr immer wieder die Toleranzschwelle der SU abgetastet habe,

– außenpolitisch: Anerkennung der Republik Korea, diplomatische Beziehungen zu Israel, Abbau des Eisernen Vorhangs, Herauslassen der DDR-Bürger,
– innenpolitisch: Abschaffung der führenden Rolle der Partei, Abbau des Parteienstaates, Auflösung der Arbeitermilizen,
– wirtschaftlich: Verbannung der Partei aus den Betrieben usw.

Ungarn sei mit diesem Weg große Risiken eingegangen, auch das [Risiko] der Isolierung. Noch vor 2 bis 3 Monaten habe man aus Prag und Ost-Berlin herbe Vorwürfe einstecken müssen. Wichtig sei, daß nicht die Straße diese Veränderungen erzwungen habe, sondern die Reform mit der Stärkung der Funktion demokratischer Institutionen begonnen habe, wenn diese auch noch zerbrechlich seien. Die Veränderungen in Prag und Berlin gingen explosionsartig vor sich – hätten jedoch Ungarn als Modell vor Augen. Ungarn habe nichts dagegen, wenn man ihm diese Lokomotivfunktion für einige Zeit abnehmen würde.

Angesichts der Veränderungen in Prag und Berlin bestehe – so MP Németh weiter – durchaus die Gefahr einer Destabilisierung. Wenn die Dinge jetzt zu sehr ins andere Extrem umschlügen, könne dies eine Rückwärtsbewegung in den genannten Ländern, aber auch in der SU bewirken (Exkurs: Walesa-Vorschlag, die Regierung der Kontrolle des Parlaments zu entziehen).

Die größte Gefahr bestehe jedoch darin, daß in einzelnen Ländern ein wirtschaftlicher Notstand entstehe. Dann könne es zu negativen Reaktionen kommen. Das kürzlich von MP Ryschkow verkündete 5-Jahres-Programm[5] sei so ein Signal des Rückschritts: In den

---

4 Bundeskanzler Kohl empfing Staatspräsident Drnovsek und Außenminister Loncar am 5. Dezember 1989 zu einem zweistündigen Gespräch (Gesprächsvermerk des Vortragenden Legationsrats I Kaestner, 11. Dezember 1989; BK, 213 – 30105 J 8 Ju 10, Staatspräsident Drnovsek, 5.12.1989).
5 Bericht des Ministerpräsidenten Ryschkow zum 13. Fünfjahresplan auf dem 2. Kongreß der Volksdeputierten, 13. Dezember 1989, TASS/russ./13.12.89/1708, in: Ostinformationen. Nr. 240. 14. Dezember 1989, 4–32; BPA/PA, F 1/ 22.

nächsten 3 Jahren solle die SU zu harten administrativen Methoden zurückkehren, dann ab 1993 mehr Marktmechanismen einführen. Er – Németh – frage sich, ob dies gelingen werde.

Hinsichtlich der DDR stimme er dem Bundeskanzler zu, daß es dort leichter sein könnte, die Wirtschaft auf die Beine zu bekommen. Andererseits bestünden noch erhebliche Ängste vor marktwirtschaftlichen Elementen. Er habe in Moskau mit MP Modrow gesprochen und den Eindruck bekommen, daß dieser sehr wohl wisse, was er wolle. Aber – wie der Bundeskanzler zu Recht festgestellt habe – die Staatsautorität in der DDR sei ganz unsicher geworden, die Parteiführung in ihrer Glaubwürdigkeit erschüttert. Aus der Bevölkerung höre man immer mehr Stimmen nach Wiedervereinigung rufen.

Er stimme dem Bundeskanzler auch zu, daß sein 10-Punkte-Programm Zeit brauche und in einem gesamteuropäischen Zusammenhang gelöst werden müsse.

Beim Warschauer-Pakt-Gipfel, dem GS Gorbatschow über das Malta-Treffen berichtet habe,[6] seien die 10 Punkte von der SU eindeutig negativ-ablehnend aufgenommen worden und als wahltaktisch motiviert bezeichnet worden. Kritisch hätte sich auch Polen geäußert, insbesondere auf die 4-Mächte-Verantwortung hingewiesen. MP Modrow hingegen habe in seiner Rede festgestellt, die ersten 4 Punkte sofort annehmen zu können, was wiederum bei den anderen Verbündeten interessante Reaktionen ausgelöst habe.

MP Németh äußert die Überzeugung, daß der Bundeskanzler, wenn er sich gegenüber GS Gorbatschow wie ihm gegenüber äußere und insbesondere die Sicherheitsbedürfnisse der SU anspreche, diesen beruhigen könne. Mit MP Modrow habe er vereinbart, daß er ihm bei einem Besuch in der DDR im Januar 1990[7] die ungarischen Gesetzestexte – die bereits ins Deutsche übersetzt seien – mitbringen werde. Modrow habe ihn bezeichnenderweise gebeten, ihm die Gesetze selbst zu übergeben, da er offensichtlich noch Schwierigkeiten habe, die richtige Führungsriege um sich zu scharen und Konzepte zu entwickeln.

Der Bundeskanzler bittet MP Németh, gegenüber GS Gorbatschow und im Kreis der WP-Regierungschefs zu den 10 Punkten zu erläutern, daß er – der Bundeskanzler – alles andere als Wahlkampf betreibe. Wer sich den von Hitler begonnenen 2. Weltkrieg, die totale Kapitulation an seinem Ende und die Nachkriegsbeschlüsse der Alliierten vor Augen führe, müsse folgende Realitäten sehen – zu einem Friedensvertrag sei es nicht gekommen, ein Drittel des früheren Gebietes des Deutschen Reiches sei ohne Friedensvertrag „verschwunden".

– Lächerlich sei es zu behaupten, daß dies uralte polnische oder russische Gebiete gewesen seien,

– tatsächlich habe Stalin die Achse Polens nach Westen verschoben,

– die Alliierten – nicht die Deutschen! – hätten die endgültige Regelung der Grenzfrage einem Friedensvertrag vorbehalten.

Die Bundesrepublik Deutschland habe im Moskauer und [im] Warschauer Vertrag für jetzt und alle Zukunft auf Gebietsansprüche gegenüber der SU bzw. Polen verzichtet. Jedoch habe damals das höchste deutsche Gericht bestätigt, daß der Friedensvertragsvorbehalt der Alliierten noch bestehe[8] – und der Deutsche Bundestag habe dazu eine Entschließung mit

---

6   Mitteilung über das Informationstreffen der Parteiführer der Teilnehmerstaaten des Warschauer Vertrages am 4. Dezember 1989 in Moskau, Meldung ZSF/russ./4.12.89/1900, ebd. Nr. 233. 5. Dezember 1989, 5f.

7   Der Besuch im Januar 1990 kam nicht zustande.

8   In dem Urteil von 1973 zum Grundlagenvertrag (Nr. 107 Anm. 3) erklärte das Bundesverfassungsgericht, der Vertrag berühre die „von den Vertragspartnern ‚früher abgeschlossenen oder sie betreffenden zweiseitigen und mehrseitigen internationalen Verträge und Vereinbarungen nicht'". Es bleibe „vor allem auch unberührt Art. 7 des Deutschlandvertrags" (dazu Nr. 94B Anm. 30).

riesiger Mehrheit gefaßt.[9] Im „Brief zur deutschen Einheit" habe man gegenüber Moskau keinen Zweifel an unserem politischen Ziel gelassen.

Er – der <u>Bundeskanzler</u> – könne keine Erklärung zur Oder-Neiße-Grenze „für Deutschland" abgeben, er sage jedoch – und habe dies insbesondere auch kürzlich in Polen wieder getan –, daß die Deutschen wüßten, daß in diesen Gebieten jetzt in dritter Generation Polen lebten ... Eine Vertreibung sei schon zuviel gewesen, Gewalt sei kein Mittel der Politik. Mehr könne er heute nicht sagen – wenn allerdings an einem Tage X die Bundesrepublik Deutschland und die DDR eine Föderation bildeten, dann werde – mit Ausnahme einiger Randfiguren – kein Mensch über diese Grenze reden, auch wenn es bis dahin keinen Friedensvertrag geben sollte, was er für wahrscheinlich halte.

Bei alledem müsse man jedoch darauf achten, daß heute viel von „Grenzen" (Plural) gesprochen werde, und damit sei nicht nur die Oder-Neiße-Grenze gemeint. Hier sei, auch im Westen, viel Heuchelei dabei. Tatsächlich bestimme die KSZE-Schlußakte – die er in seinen 10 Punkten ausdrücklich zitiert habe –, daß durch friedliche Übereinkunft eine Grenze verändert werden könnte. Auch das müsse gelten! (Exkurs: Olympiade 2004 in Berlin – natürliches Zusammenwachsen.)

Bei alledem müsse man die Psychologie der Deutschen berücksichtigen: Wenn er sage, die Bundesrepublik Deutschland wolle mit der DDR nichts zu tun haben, so könne er in Moskau beliebt werden – den Leuten sei dies aber nicht zu vermitteln. Tatsächlich müsse man ihnen am Ende des Tunnels – von dem er nicht sage, daß er kurz sei – wenigstens ein Licht zeigen.

MP <u>Németh</u> sagt zu, die Argumente des Bundeskanzlers an bestimmter Stelle weiterzugeben. Wichtig sei der gesamteuropäische Rahmen für die angestrebten „konföderativen Strukturen".

Dabei gehe es um stabile Beziehungen der Bündnisse, um Abbau der militärischen Potentiale, um Ausbau eines wirtschaftlichen Netzes. Dann werde der natürliche Wunsch der Deutschen, zusammenzukommen, auf viel Verständnis stoßen. Es sei nicht von Gott ein für allemal vorherbestimmt, daß es zwei deutsche Staaten in Europa geben müsse.

In dieser Perspektive begrüße er, daß vom Malta-Treffen Impulse für den Ausbau blockübergreifender Beziehungen ausgegangen seien.

Bereits drei Verteidigungsminister aus NATO-Staaten hätten Ungarn besucht – und er rege auch diesen Besuchsaustausch mit der Bundesrepublik Deutschland an.

Der <u>Bundeskanzler</u> ist einverstanden und regt an, dies bei der Abschluß-Pressekonferenz zu sagen.

MP <u>Németh</u> berichtet vom kürzlichen Treffen der WP-Verteidigungsminister[10], denen er die ungarischen Reformmaßnahmen auf wirtschaftlichem und sozialem Gebiet, aber auch im Militärwesen erläutert habe:

– Herauslösung der Streitkräfte aus dem Verteidigungsministerium, Schaffung einer eigenständigen Heeresführung, Zivilisten an der Spitze des Verteidigungsministeriums,

---

9   In der Entschließung vom 17. Mai 1972 erklärte der Deutsche Bundestag, die Bundesrepublik habe die Verpflichtungen im Moskauer Vertrag und im Warschauer Vertrag „im eigenen Namen auf sich genommen". Die Verträge gingen „von den heute tatsächlich bestehenden Grenzen aus, deren einseitige Änderung sie ausschließen". Sie nähmen jedoch „eine friedensvertragliche Regelung nicht vorweg" und würden „keine Rechtsgrundlage für die heute bestehenden Grenzen" schaffen. Die Entschließung wurde mit 512 Stimmen bei 5 Enthaltungen verabschiedet. Entschließungsantrag der Fraktionen der CDU/CSU, SPD und FDP (Umdruck 287) und endgültiges Ergebnis in: Verhandlungen des Deutschen Bundestages. Stenogr. Berichte. Bd. 80. 187. Sitzung, 10943–10945, 10960f.
10   Das Komitee der Verteidigungsminister des Warschauer Pakts tagte am 29. November 1989 in Budapest (Meldung ADN/29.11.89/2247 in: Ostinformationen. Nr. 230. 30. November 1989, 16; BPA/PA, F 1/22).

– Abbau der Truppenstärke um 35% in zwei Jahren, begründet durch die neue Doktrin der „hinlänglichen Verteidigung",
– Verkürzung der Wehrpflicht von 18 auf 12 Monate.
Hinsichtlich des Vorschlags, 2004 in Berlin die Olympischen Spiele abzuhalten, frage er sich, ob Präsident Bush und GS Gorbatschow dabei nicht ein „timing" im Hinterkopf hätten.
Er fragte dann den Bundeskanzler nach unserer Reaktion auf den Vorschlag einer Helsinki-II-Gipfelkonferenz[11].
Der Bundeskanzler erwidert, er könne sich ein derartiges Treffen durchaus vorstellen, man müsse aber darüber reden, was am Ende herauskommen solle – ein Fehlschlag dürfe es auf keinen Fall werden. Für ihn wäre durchaus akzeptabel, wenn die gesamteuropäische Zusammenarbeit gefestigt werde – wie er dies auch in seinen 10 Punkten vorgeschlagen habe, wenn weiterführende Ideen im Prozeß der Abrüstung und Rüstungskontrolle formuliert würden – wobei er das Element der Kontrolle betonen wolle – und wenn ein Satz etwa des Inhalts verabschiedet werde, daß es unter bestimmten zeitlichen Entwicklungen auch für die Deutschen das Selbstbestimmungsrecht gebe – er wisse sehr wohl, daß jetzt in Gang gekommene Prozesse Jahre brauchten; deshalb könne er mit einer solchen Formel gut leben. (Exkurs: abnehmende Bedeutung der militärischen Macht der Großmächte: USA/Libyen; GS Gorbatschow/Leipziger Demonstrationen; auch chinesische Führung werde keinen zweiten „Platz des Himmlischen Friedens" riskieren können.)
MP Németh berichtet über Kritik an GS Gorbatschow, die beim jüngsten ZK-Plenum geäußert worden sei. Vielen lokalen Parteisekretären erschienen seine Programme schon deshalb verdächtig, weil der Papst und alle Imperialisten ihnen applaudierten. Die eigentliche Entscheidung über die innersowjetische Entwicklung falle jedoch in den Geschäften!
Der Bundeskanzler bekräftigt seine Bereitschaft, im Falle eines schlimmen Winters zu helfen – er frage sich aber, wer außer uns und den Amerikanern dies noch tun werde. Es sei unser Interesse, daß GS Gorbatschow Erfolg habe.
Anders – so der Bundeskanzler weiter – die Lage in der DDR: Von dort seien bereits jetzt etwa eine halbe Million Menschen zu uns übergesiedelt, und wenn MP Modrow nicht bald Erfolge habe, würden ihm noch mehr Leute weglaufen. Dies hänge wie ein Damoklesschwert über der Entwicklung in der DDR (Exkurs: Ärzte-Hilfe).
MP Németh schlägt vor, Gemeinschaftsunternehmen zwischen Ungarn, der Bundesrepublik Deutschland und der DDR zu bilden.
Der Bundeskanzler sieht darin kein Problem und betont, für ihn sei jede Initiative hilfreich, die die deutsche Frage multilateralisiere. Dies sei auch seine unentwegte Predigt im Kreis seiner EG-Kollegen: Je mehr man die Deutschen einbinde, je mehr Deutsche Kompetenzen an die Europäische Gemeinschaft übertragen würden, desto weniger Angst brauche man vor ihnen zu haben.
MP Németh bittet, das Kontingent für ungarische Werkvertragsarbeitnehmer in der Bundesrepublik Deutschland zu erhöhen.
Der Bundeskanzler verweist auf die bevorstehenden Gespräche mit BM Blüm; AL 2 ergänzt mit Hinweis auf die zur Unterzeichnung anstehenden Abkommen. Auch Ausbildungsprogramme könnten für diesen Zweck eingesetzt werden.
MP Németh äußert Zuversicht, daß das ungarische Parlament in der nächsten Woche seinen Haushalt verabschieden werde – dann könne auch das Beistandsabkommen mit dem IWF abgeschlossen werden, der Eine-Mrd.-ECU-Kredit könne in Kraft treten und die multilaterale und bilaterale Hilfe der 12 und der 24 könne umgesetzt werden.

---

11 Nr. 115 Anm. 4.

Sein Land – so MP <u>Németh</u> weiter – sei sehr interessiert an engerer Anbindung an die EG, ohne daß man mit der Tür ins Haus fallen wolle. Insbesondere gehe es ihm um ein asymmetrisches Freihandelsabkommen. Später um irgendeine Form der Assoziierung. Er würdige das Engagement des Bundeskanzlers für die ungarischen Anliegen.

Der <u>Bundeskanzler</u> betont, die psychologische Situation für Ungarn habe sich in den letzten 12 Monaten drastisch verbessert, was auch das persönliche Verdienst des Ministerpräsidenten sei.

MP <u>Németh</u> erinnert an das Ludwigshafener Gespräch[12]. Hinsichtlich der Energiefrage sei es im Augenblick noch zu keiner Notsituation gekommen. Dennoch habe man Vorsorge getroffen. Er werde den Bundeskanzler durch Botschafter Horváth unterrichten lassen.

MP <u>Németh</u> bemängelt, daß die technische Erneuerung seines Landes durch immer noch bestehende COCOM-Regelungen gehemmt werde. (Exkurs: Fall Conrad[13], der inzwischen bilateral mit den USA aus der Welt geschafft sei.) Für Ungarn – so der Ministerpräsident weiter – sei ein Technologietransfer entscheidend, denn man könne zwar unrentable Großbetriebe schließen auf Grund der IWF-Forderungen, man müsse jedoch den Menschen neue Arbeitsplätze geben. Er bittet zu bedenken, daß Ungarn seine politische Reform hin zur pluralistischen Demokratie aus eigenen Kräften geschafft habe – daß dies aber für die wirtschaftlichen Reformen nicht möglich sei.

MP <u>Németh</u> gibt eine kurze Vorschau auf die Wahlen, die voraussichtlich am 25. März 1990 stattfinden werden, sowie einen Überblick über das Parteienspektrum. Er bedauert, daß seine Regierung so kurz vor entscheidenden Wahlen harte und unpopuläre Maßnahmen durchsetzen müsse. Die Opposition habe jedoch keine anderen Rezepte – und er hoffe, daß der Wähler dies verstehen werde.

[Der] <u>Bundeskanzler</u> dankt für die sehr freundschaftlichen Worte von Außenminister Horn über die deutsche Frage.

gez. Kaestner

---

12 Nr. 93 Anm. 1.
13 Der mittlerweile aus dem aktiven Dienst bei den amerikanischen Streitkräften ausgeschiedene Sergeant Clyde Lee Conrad wurde im August 1988 wegen Spionage für den ungarischen Nachrichtendienst in der Bundesrepublik verhaftet. Conrad arbeitete bis 1985 im Hauptquartier der 8. US-Infanteriedivision in Bad Kreuznach und hatte dort Zugang zu streng geheim eingestuften Verteidigungsplänen der NATO.

Nr. 125
Schreiben des Außenministers Baker an Bundeskanzler Kohl
ohne Datum

BK, 212 – 30105 A 5 Am 7, AM Baker, 12. 12. 1989. – Arbeitsübersetzung, abgezeichnet: „Eisel 18/12". Hs. von Bundeskanzler Kohl vermerkt: „Teltschik R[ücksprache]".

Lieber Helmut,

ich bedaure es sehr, daß meine Bemerkung während einer Pressekonferenz[1] Probleme für Sie verursachte. Ich wollte genau das Gegenteil erreichen – weil ich dachte, daß die Frage für Sie innenpolitisch sensibel war. Es lag mir fern, Kritik zu üben. Ich hoffe, Sie wissen um die große Bedeutung, die ich den deutsch-amerikanischen Beziehungen (und insbesondere den Beziehungen mit Ihnen) beimesse, und die Anstrengungen, die ich Anfang des Jahres unternommen habe, sie zu verbessern. Diese Anstrengungen werden sich im Laufe des wichtigen Jahres 1990 intensivieren.

Ich hoffe, Sie und die Ihren haben schöne Feiertage, und möchte Ihnen versichern, daß ich niemals etwas sagen würde, was Sie angreifen würde.

Mit großem Respekt und herzlichen persönlichen Grüßen
Jim

Nr. 126
Schreiben des Generalsekretärs Gorbatschow an Bundeskanzler Kohl
ohne Datum

BK, 21 – 30100 (102) Br 8 (VS) Bd. 27, Bl. 325–327. – Inoffizielle Übersetzung. Hs. vermerkt: „18. 12. 89".

Sehr geehrter Herr Bundeskanzler,

ich wende mich an Sie unter dem frischen Eindruck meines neulichen Gesprächs mit Herrn Hans-Dietrich Genscher und seiner Verhandlungen mit E.A. Schewardnadse[1] sowie auch am Vorabend Ihres Besuches in der Deutschen Demokratischen Republik.

Aus verständlichen Gründen war das Gespräch in Moskau auf die gegenwärtige Situation im Zentrum Europas, auf die Beziehungen zwischen zwei deutschen Staaten, auf die Lage in der DDR konzentriert.

Wir haben dabei unsere Besorgtheit über die Linie nicht verhehlt, die sich in der Bundesrepublik Deutschland in bezug auf die DDR abgezeichnet hat, darunter auch durch die be-

---

1   Nach dem Treffen mit Ministerpräsident Modrow am 12. Dezember 1989 in Potsdam äußerte sich Außenminister Baker vor der Presse zu dem Reformprozeß in der DDR. Den Vereinigten Staaten liege „sehr daran, daß dieser Prozeß auf friedliche und stabile Weise vor sich geht. Das wollten wir bekunden, und darin liegt das politische Signal, daß wir mit unserer Anwesenheit hier geben wollen" (Meldung ADN/12.12.89/1936 in: DDR-Spiegel. Nr. 243. 13. Dezember 1989, 4; BPA/PA, F 1/23). Radio DDR kommentierte mit Blick auf den Zehn-Punkte-Plan, Baker habe „deutlich gemacht, daß für die USA eine deutsche Vereinigung nach einem Terminkalender nicht zur Debatte steht" (Radio DDR/ 13.12.89/16.53 Uhr/Magazin am Nachmittag; ebd. Nr. 244. 14. Dezember 1989, 4). Die Zeitung „Le Figaro" (Paris) wertete den Besuch Bakers als deutlichen Hinweis auf die Verantwortung der Vier Mächte; für die Vereinigten Staaten stehe es „außerhalb jeder Betrachtung, eine ‚wilde' Wiedervereinigung beider deutscher Staaten zu akzeptieren". Egon Bahr sprach im Saarländischen Rundfunk von einem „Dämpfer" für Bundeskanzler Kohl (Meldungen ADN/13.12.89/ 1153 und 1315; ebd., 2, 3).

1   Nr. 119 Anm. 1 und Nr. 127 Anm. 6.

kannten zehn Punkte, die in Ihrer Rede im Bundestag am 28. November d.J.[2] dargelegt wurden. Einige von denen waren eigentlich in der Form von Vorbedingungen, wenn nicht von ultimativen Forderungen verfaßt und an die Adresse des anderen selbständigen souveränen Staates gerichtet. Wie auch die DDR, halten wir [ein] derartiges Herangehen für unannehmbar. Es entspricht weder dem Buchstaben noch dem Geist der Schlußakte von Helsinki. Es stellt die Vereinbarungen in Frage, die wir mit Ihnen in dem zu Ende gehenden Jahr erzielt haben.

Die Prozesse in Europa, darunter auch in der DDR, vollziehen sich bei aller ihrer positiven Ausrichtung ziemlich kompliziert, in einer angespannten Atmosphäre. Die Ereignisse künstlich anzupeitschen, politischen Sprengstoff in das noch glühende Feuer zu werfen, ist äußerst gefährlich. Das würde schwerwiegende Folgen für den schöpferischen und friedensstiftenden Prozeß haben, der mit solcher Mühe von allen Teilnehmern des Helsinki-Prozesses und nicht zuletzt von der Sowjetunion und der Bundesrepublik Deutschland eingeleitet wurde und vorangebracht wird.

Die DDR hat jetzt tatsächlich den Weg der tiefgreifenden Erneuerung, der Demokratisierung des gesamten gesellschaftlich-politischen Lebens des Landes eingeschlagen. In dieser Zeit ist es für alle interessierten Seiten wichtig, Zurückhaltung und Besonnenheit zu bewahren, ihre Selbständigkeit in der Praxis zu respektieren, ohne sich in die inneren Angelegenheiten einzumischen.

Was die Position der Sowjetunion in den deutschen Angelegenheiten im ganzen anbelangt, so war sie in konzentrierter Form in meiner Ansprache auf der jüngsten Plenarsitzung des ZK der KPdSU erneut dargelegt worden.[3] Ich werde mich daher nicht wiederholen.

Herr Genscher hat mir, darunter auch in Ihrem Namen, versichert, daß im Bewußtsein der geschichtlichen Fehler der Deutschen in der Vergangenheit – und jedes Volk, jeder Staat haben ihre Geschichte – die Regierung der Bundesrepublik entschlossen ist, ein besonderes Europa der Zukunft bei der strikten Einhaltung des Prinzips der Unverletzlichkeit der Nachkriegsgrenzen in Europa aufzubauen. Er sprach auch darüber, daß die Bundesrepublik Deutschland nicht beabsichtigt, irgendwelche einseitigen Vorteile aus den jetzigen Geschehnissen zu ziehen, daß sie an der inneren Stabilität in der DDR sowie auch in Europa weitgehend interessiert ist.

Wir möchten diesen Versicherungen Glauben schenken. Wir nehmen die Absicht der Bundesrepublik Deutschland zur Kenntnis, die Entwicklung des gesamteuropäischen Prozesses, die Annäherung von allen Staaten und Völkern in dessen Rahmen allseitig zu fördern. Wenn wir bei dem gemeinsamen Verständnis in derart wichtigen Fragen bleiben – und es deckt sich mit der diesbezüglichen Haltung anderer europäischer Staaten, der USA und Kanadas –, dann möchte ich hoffen, daß Ihr bevorstehender Besuch in der DDR unter dem Zeichen des Einvernehmens und der gegenseitigen Verständigung stattfinden wird, die wir mit Ihnen während der Treffen in Moskau[4] und in Bonn[5] erreicht haben.

Ich bitte Sie, Herr Bundeskanzler, diese meine Botschaft ganz ernst zu nehmen und sie als die Fortsetzung unseres politischen Dialoges zu betrachten, der für unsere Beziehungen und für das Schicksal Europas so wichtig ist.

Mit Hochachtung

M. Gorbatschow

---

2 Nr. 101 Anm. 14.
3 Nr. 127, insbes. Anm. 4.
4 Nr. 2 Anm. 7.
5 Nr. 2 – Nr. 4.

Nr. 127
Vorlage des Ministerialdirigenten Hartmann an Bundeskanzler Kohl
Bonn, 18. Dezember 1989

BK, 212 – 35400 De 39 NA 2 Bd. 1. – Vorlage über Chef BK – je gesondert. Hs. von Bundeskanzler Kohl vermerkt: „Teltschik".

Betr.: Brief von Generalsekretär Gorbatschow an Sie[1]
Anlg.: – 1 –

1. Überblick

Botschaftsrat Kurnikow von der Bonner SU-Botschaft hat mir heute ein Schreiben von Generalsekretär Gorbatschow an Sie übergeben, in dem dieser seine Sorge über unsere Politik gegenüber der DDR zum Ausdruck bringt. Das Schreiben greift die in Gorbatschows ZK-Rede vom 09. Dezember 1989 enthaltene Kritik sowie die Erläuterungen der sowjetischen Führung gegenüber BM Genscher anläßlich dessen Moskau-Besuchs vom 05. Dezember 1989 auf.

Hauptziel des Schreibens ist es, Sie am Vorabend Ihrer Reise nach Dresden noch einmal in aller Deutlichkeit über die sowjetische Position zu informieren.

⟨Angesichts der Tatsache, daß Sie erst am 14. Dezember 1989 Generalsekretär Gorbatschow eine persönliche Botschaft zu diesen Fragen übermittelt haben,[2] dürfte sich eine schriftliche Antwort auf das heutige Schreiben erübrigen. Wir sollten dies allerdings auf diplomatischem Wege – etwa gegenüber Botschafter Kwizinskij – noch einmal klarstellen, damit die förmliche Nichtbeantwortung nicht zu weiteren Mißverständnissen führt.⟩[3]

2. Wesentlicher Inhalt des Schreibens

Gorbatschow kritisiert Ihren Zehn-Punkte-Plan als „ultimativ" und die darauf beruhende Herangehensweise als dem Geist der KSZE-Schlußakte und der Bonner Erklärung zuwiderlaufend. Die Veränderungsprozesse in Europa vollzögen sich in einer angespannten Atmosphäre. Jede künstliche Anfachung der Ereignisse hieße politischen Sprengstoff in das noch glühende Feuer gießen. Gorbatschow mahnt „Zurückhaltung und Besonnenheit" gegenüber der DDR sowie „Nichteinmischung in deren innere Angelegenheit" an. Die Politik der SU „in den deutschen Angelegenheiten" sei auf dem jüngsten ZK-Plenum dargelegt worden. Die SU wolle den Beteuerungen von BM Genscher,

– auf dem Prinzip der Unverletzlichkeit der Nachkriegsgrenzen aufzubauen,
– aus der entstandenen Situation keine einseitigen Vorteile zu ziehen bzw.
– an der inneren Stabilität der DDR interessiert zu sein,

Glauben schenken. Gorbatschow hofft daher, daß Ihr bevorstehender Besuch in der DDR im Zeichen des Einvernehmens und der gegenseitigen Verständigung stattfinden möge.

3. Deutschlandpolitische Elemente der ZK-Rede vom 09. Dezember 1989

In seiner ZK-Rede vom 09. Dezember 1989, die zum größeren Teil innenpolitischen Fragestellungen gewidmet war, hatte Generalsekretär Gorbatschow auch die Situation in der DDR angesprochen. Dabei hatte er betont, daß die SU alles tun werde, um Einmischungen in die inneren Angelegenheiten der DDR zu „neutralisieren". Die DDR sei „strategischer Verbündeter" und Mitglied des Warschauer Paktes. Von diesen gewachsenen Realitäten sowie der Existenz zweier deutscher Staaten sei auszugehen. Dies bedeute nicht, daß

---

1 Nr. 126.
2 Nr. 123.
3 ⟨ ⟩ Hs. am linken Rand vermerkt: „Ja"; hier und im folgenden hs. Hervorhebungen und Anmerkungen des Bundeskanzlers Kohl.

sich die Beziehungen zwischen uns und der DDR nicht ändern könnten. <u>Die friedliche Zusammenarbeit könne und solle sich entwickeln.</u> Die Zukunft werde vom Lauf der Geschichte und im Rahmen des gesamteuropäischen Prozesses bestimmt.[4]

4. Wertung

⟨Das Schreiben Gorbatschows am Vorabend Ihrer Gespräche in Dresden dient offensichtlich dazu, Ihnen die <u>Besorgnisse</u> der sowjetischen Führung hinsichtlich unserer Deutschlandpolitik noch einmal <u>drastisch vor Augen zu führen</u>. Die Sprache ist teilweise hart und geht über Formulierungen von Gorbatschows ZK-Rede hinaus.⟩[5]

In dieser Rede hatte Gorbatschow erstmalig explizit auf die für die Außenpolitik der SU wichtige <u>sicherheitspolitische Dimension der DDR</u> hingewiesen, uns darüber hinaus aber nicht direkt angegriffen.

Die jetzige Kritik Ihres Zehn-Punkte-Programmes greift <u>Schewardnadses Vorwürfe</u> („ultimative Forderungen") gegenüber BM Genscher vom 05. Dezember 1989[6] auf und gibt damit dieser Linie den Vorrang gegenüber einer früheren weicheren Reaktion Schewardnadses in Rom.

Gleichzeitig bleibt festzuhalten, daß Gorbatschow keine Bedenken gegen eine weitere Entwicklung des deutsch-deutschen Verhältnisses erhebt.

Was die SU im Kern besorgt, sind <u>Tempo und Finalität des deutsch-deutschen Einigungsprozesses</u> und dessen Rückwirkungen auf ihre eigene geopolitische und strategische Situation einschließlich evtl. bündnispolitischer Implikationen. Dies dürfte auch damit zu tun haben, daß die innersowjetische Kritik an Gorbatschow nicht mehr nur die desolate Wirtschaftslage, sondern zunehmend auch die Außenpolitik einbezieht.

5. Schlußfolgerungen

⟨Das Schreiben Gorbatschows hat sich offenbar mit Ihrer persönlichen Botschaft gekreuzt, die Sie ihm am 14. Dezember 1989 übermittelt haben: Eine <u>schriftliche Antwort</u> auf das Schreiben des Generalsekretärs ist daher hiesigen Erachtens <u>nicht erforderlich</u>. Wir sollten dies allerdings auf diplomatischem Wege – etwa gegenüber <u>Botschafter Kwizinskij</u> – noch einmal <u>klarstellen</u>, damit die förmliche Nichtbeantwortung nicht zu weiteren Mißverständnissen Anlaß gibt.⟩[7]

⟨Das Auswärtige Amt ist über die Botschaft Moskau bereits über die Existenz des Schreibens informiert. Es wird daher angeregt, <u>Kopie des Schreibens an BM Genscher</u> zu dessen persönlicher Information zu übermitteln.⟩[8]

Hartmann

---

4 Rede, TASS/russ./10.12.89/0000 (gekürzt), in: Ostinformationen. Nr. 237. 11. Dezember 1989, 19–29, hier 24; BPA/PA, F 1/22.

5 ⟨ ⟩ Hs. am linken Rand doppelt angestrichen.

6 Offenbar nicht Außenminister Schewardnadse, sondern Generalsekretär Gorbatschow erhob gegenüber Bundesminister Genscher am 5. Dezember 1989 in Moskau den Vorwurf, der Zehn-Punkte-Plan von Bundeskanzler Kohl enthalte „ultimative Forderungen" (zitierte Passage in: Gorbatschow, Erinnerungen, 713 f.; dazu: Genscher, Erinnerungen, 682–687, hier 685; auch: Nr. 126).

7 ⟨ ⟩ Hs. am linken Rand vermerkt: „Ja".

8 ⟨ ⟩ Hs. am linken Rand vermerkt: „Ja. Nach dem 20. XII."

Nr. 128
Vorlage des Ministerialdirigenten Duisberg an Bundeskanzler Kohl
Bonn, 18. Dezember 1989

BArch, B 136/20578, 221 – 35014 Ge 31 Bd. 1. – Vorlage über Chef BK. Kopien: Chef BK, AL 2. Hs. von Bundeskanzler Kohl vermerkt: „1.) Termin Reiseverkehr 23. XII.? 2.) Brandenburger Tor!", später durchgestrichen und vermerkt: „erl."

Betr.:   Ihre Gespräche in Dresden

Hiermit lege ich den mit der DDR abgestimmten Entwurf einer Gemeinsamen Mitteilung[1] sowie einen Vorschlag für die Gesprächslinie[2] und den Entwurf einer Eingangserklärung bei der Pressekonferenz[3] vor. Mappen mit ergänzenden Unterlagen (Sachständen zu Einzelpunkten)[4] haben Herr BM Seiters, Herr Teltschik und ich.

⟨Es ist vorbesprochen worden, daß im Falle einer Zusage der DDR, die politischen Häftlinge zu entlassen, Visumfreiheit und Verzicht auf den Mindestumtausch vorzuziehen und einen Übergang am Brandenburger Tor zu öffnen, die Gemeinsame Mitteilung entsprechend ergänzt wird.⟩[5] Fest steht in jedem Fall, daß 25 Häftlinge, die wegen Spionage für unsere (in 3 Fällen auch für amerikanische) Dienste verurteilt [worden] sind, im Austausch gegen 4 hier Einsitzende (darunter Frau Höke und Frau Falk)[6] freigelassen werden.

Es ist möglich, daß die DDR auch auf die Aussage in der Gemeinsamen Mitteilung über die Bereitstellung zusätzlicher Fördermittel in Höhe von 2 Mrd. DM zurückkommen wird (Seite 5 oben). In den Verhandlungen hat die DDR um Streichung dieser Aussage gebeten. Hintergrund dürfte sein, daß Modrow keine Festlegung auf Kredite möchte, sondern – wie in einem Gespräch mit NRW-Wirtschaftsminister Jochimsen erwähnt[7] – Budget- und/oder Zahlungsbilanzhilfe von uns erhofft.

Duisberg

---

1   Entwurf nicht zu ermitteln. Gemeinsame Mitteilung (9 S., S. 3 in abweichender Schrifttype), Absichtserklärung (hs. vermerkt: „Von MPr. Modrow am 19.12.1989 im Vieraugengespräch als Entwurf übergeben. Vom BK nach Änderungen in dieser Form als Entwurf akzeptiert") und Erklärung zur Öffnung des Brandenburger Tores (hs. vermerkt: „Modrow in PK am 19.12. [Formulierung von ihm]"): BArch, B 136/20578, 221 – 35014 Ge 31 Bd. 2.
2   Nr. 128A.
3   Nicht abgedruckt; BArch, B 136/20578, 221 – 35014 Ge 31 Bd. 1.
4   Gesprächsunterlagen; BArch, B 136/20578, 221 – 35014 Ge 31 Bd. 2.
5   ⟨ ⟩ Hs. unterstrichen und am linken Rand vermerkt: „Ja".
6   Margret Höke, Sekretärin im Bundespräsidialamt, war im August 1985 wegen Spionageverdachts festgenommen und 1987 wegen schweren Landesverrats zu einer langjährigen Haftstrafe verurteilt worden. Elke Falk, als Sekretärin unter anderem im Bundeskanzleramt und im Bundesministerium für Verkehr tätig, wurde im März 1988 ebenfalls wegen Spionageverdachts verhaftet und später verurteilt. Beide wurden am 21. Dezember 1989 von Bundespräsident von Weizsäcker begnadigt.
7   Minister Jochimsen traf in seiner Eigenschaft als amtierender Vorsitzender der Wirtschaftsministerkonferenz der Länder mit Ministerpräsident Modrow und Minister Beil am 16. Dezember 1989 in Berlin (Ost) zusammen. In dem Gespräch forderte Modrow eine „Starthilfe" für die Wirtschaft der DDR, „die weder Kredit noch rückzahlbar ist". Er wolle „für das Gespräch mit dem Bundeskanzler eine Summe von 15 Mrd. DM zur Diskussion stellen" (Fernschreiben des Ministerialdirigenten Meyer-Sebastian an den Chef des Bundeskanzleramtes, StäV Nr. 2887, 16. Dezember 1989; BArch, B 288/289, 11 – 35014 – In 11 Bd. 12). Hintergrund der Forderung war ein Einnahmedefizit im Staatshaushalt der DDR, das Modrow in seiner Regierungserklärung (Nr. 96 Anm. 2) mit „rund 15 Mrd. M." bezifferte.

Nr. 128A
Vorschlag für Gesprächslinie

I. Voraussetzungen und Rahmen für Beziehungen

Zeit tiefgreifender Veränderungen in Europa. Stabile Entwicklung in Deutschland von Bedeutung für ganz Europa. Interessen auch anderer Staaten berührt. Daraus besondere Verantwortung beider Staaten. Deutsche Architektur muß sich in künftige europäische Architektur einfügen. In dieser Architektur werden SU und USA weiterhin Funktion haben, aber wahrscheinlich andere Stellung einnehmen als heute.

Unser Ziel bleibt, „auf einen Zustand des Friedens in Europa hinzuwirken, in dem das deutsche Volk in freier Selbstbestimmung seine Einheit wiedererlangt" (Brief zur Einheit). Grundsätzliche Unterstützung von Verbündeten.

NATO-Kommuniqué vom ⟨15.12.89⟩[8] (entsprechend EG-Gipfel von Straßburg[9]): „Wir streben die Stärkung des Zustands des Friedens in Europa an, in dem das deutsche Volk in freier Selbstbestimmung seine Einheit wiedererlangt. Dieser Prozeß muß sich auf friedliche und demokratische Weise, unter Wahrung der einschlägigen Abkommen und Verträge sowie sämtlicher in der Schlußakte von Helsinki niedergelegten Prinzipien im Kontext des Dialogs und der Ost-West-Zusammenarbeit vollziehen. Er muß auch in die Perspektive der europäischen Integration eingebettet sein."

Entscheidend Selbstbestimmung: Wenn Menschen in DDR selbständigen Staat wollen, werden wir das respektieren; wenn sie für Einheit sind, wird auch das respektiert werden müssen. Entwicklung muß sich in jedem Fall in Ruhe vollziehen können. Keine Überstürzung, kein Terminkalender.

Einbettung in gesamteuropäischen Prozeß. Entwicklung in Deutschland muß im Einklang mit Entwicklung in ganz Europa stehen, d.h. immer auch die Interessen anderer berücksichtigen.

Zehn-Punkte-Programm konzentriert sich auf das, was in überschaubarer Zeit gemacht werden kann, und verdeutlicht Rahmenbedingungen – auch als Warnung vor übereilten Wünschen.

– Wir haben feste Position im Westen. EG soll zugleich offenbleiben für alle europäischen Staaten. Unterstützung für Handels- und Kooperationsabkommen EG/DDR. Einbeziehung der DDR in Erklärung der 24[10].
– KSZE-Prozeß soll aktiv weitergeführt werden. Neue institutionelle Formen der Zusammenarbeit suchen. Aufgeschlossen für KSZE-Gipfeltreffen schon 1990 unter der Voraussetzung einer guten Vorbereitung.
– Weitere Schritte und Beschleunigung bei Abrüstung und Rüstungskontrolle anstreben. Dürfen nicht hinter politischer Entwicklung zurückbleiben.

II. Grundzüge für Entwicklung der Beziehungen, Bereitschaft zur Hilfe

Verständnis für schwierige Situation in der DDR. Bisher bewundernswert friedliche Entwicklung. Aber Sorge wegen wachsender Emotionalisierung. Zunehmende Aggressivität in interner Auseinandersetzung, Polarisierung. Menschen wollen Ziele sofort errei-

---

8 ⟨ ⟩ Von den Bearbeitern korrigiert aus: „13.12.89"; zu dem Kommuniqué: Nr. 119 Anm. 7.
9 Erklärung zu Mittel- und Osteuropa der Tagung des Europäischen Rates am 8./9. Dezember 1989 in Straßburg (Bulletin. Nr. 147. 19. Dezember 1989, 1245f., hier 1246).
10 Erklärung der „Gruppe der 24 für wirtschaftliche Hilfe an Polen und Ungarn", abgegeben zum Abschluß des Treffens am 13. Dezember 1989 in Brüssel, in: Europa-Archiv. 45. Jg. (1990) Folge 3, D58-D60.

chen, die nur am Ende längerer Entwicklung stehen können. Auch sowjetische Interessen berührt.

Wir haben kein Interesse an Destabilisierung in der DDR. Wir wollen auch keinen Übersiedlerstrom. Erforderlich sind Behutsamkeit und Geduld, um organische Entwicklung zu ermöglichen. Wir werden, wo immer möglich, versuchen, zur Beruhigung beizutragen.

Fragen nach Fahrplan für politische und wirtschaftliche Reformen in der DDR. Wahltermin, gleichberechtigte Zulassung auch nichtsozialistischer Parteien, Chancengleichheit, Publikationsmöglichkeiten für alle Parteien; Verfassungs- und Strafrechtsreform.

> Unsere Erwartung ist, daß durch die Strafrechtsreform vor allem die politischen Straftatbestände beseitigt und – als positives Signal – die wegen solcher Delikte Verurteilten entlassen werden.

> Anmerkung: Es ist zu erwarten, daß MP Modrow Entlassung (einschl. Austausch der wegen Spionage Verurteilten) eventuell noch vor Weihnachten zusagen wird.

Wirtschaftsreformen

Marktwirtschaftliche Elemente und makroökonomische Planung statt Planwirtschaft; Änderung der Entscheidungsstrukturen; Privateigentum; Preis- und Lohnreform; Wechselkurs.

Wir sind bereit, Reformprozeß auch materiell zu unterstützen. Daher substantielle Beteiligung am Devisenfonds.

Zusammenarbeit in allen Bereichen soll fortgesetzt und umfassend ausgeweitet werden, wobei Berlin voll einbezogen wird. Bereit zur Entwicklung einer Vertragsgemeinschaft. Trotz aller Unterschiede haben Beziehungen besonderen Charakter. Viele gemeinsame Probleme, für die gemeinsame Lösungen erforderlich werden – verstärkt durch offene Grenzen. Daher gemeinsame Einrichtungen (Kommissionen), die gemeinsame Entscheidungen ermöglichen.

III. Zentraler Bereich für Zusammenarbeit: Wirtschaft

Entscheidend für ruhige Entwicklung wird sein, daß für Menschen in der DDR schnell überzeugende Perspektive erkennbar wird, wie soziales und wirtschaftliches Gefälle zum Westen abgebaut werden kann. Daher Stärkung der Wirtschaftskraft der DDR zentrales Problem. Bereit, auch dazu substantiellen Beitrag zu leisten.

DDR muß selbst über wirtschaftliche Reformen entscheiden. Wir stellen keine Bedingungen. Weisen allerdings hin auf Voraussetzungen, die gegeben sein müssen für effektive wirtschaftliche Zusammenarbeit.

Bester Weg ist Öffnung der DDR für private Investitionen. Staatliche Mittel werden keinesfalls ausreichen, haben immer nur subsidiäre Funktion (Kreditverbilligung, Absicherung). Breitenwirkung kann nur durch Förderung des Mittelstands erzielt werden.

Gespräche von BM Haussmann[11] haben erkennen lassen, daß DDR-Wirtschaft künftig stärker marktwirtschaftlich orientiert werden soll. Ist zu begrüßen.

Positiv bewerte ich insbesondere:

– Zulassung direkter Kontakte zwischen Unternehmen und Betrieben beider Seiten; wichtig ist Übertragung der Außenhandelsbefugnis auf Kombinate und Betriebe in der DDR,

– beabsichtigte Stärkung der Rolle privater Unternehmen in der DDR, kurzfristige Aufnahme von Verhandlungen über Investitionsschutzabkommen.

---

11 Nr. 122 Anm. 2.

Direktinvestitionen und Joint-ventures haben wesentliche Bedeutung für eine positive Entwicklung in der DDR.

Geplantes Joint-venture-Projekt zwischen VW und IFA-Kombinat ist gutes Beispiel. Auch zwischen den Eisenbahnen beider Seiten (DB und DR) ist wesentlich engere Zusammenarbeit bei Modernisierungsmaßnahmen vorstellbar.

⟨Mit dem Ziel, die wirtschaftliche Zusammenarbeit von Unternehmen und Betrieben beider Seiten zu unterstützen, wird die Bundesregierung weitere 2 Mrd. DM zur Finanzierung zinsgünstiger Kredite an kleine und mittlere Unternehmen bereitstellen. Ferner wird sie den Garantierahmen für Lieferungen in die DDR um 1,5 DM auf insgesamt 6 Mrd. DM erhöhen.⟩[12]

Im Blick auf den wirtschaftlichen Reformprozeß zu begrüßen, daß die DDR in den letzten Tagen Kontakt mit dem Internationalen Währungsfonds (IWF) aufgenommen hat.

Die weltweiten Erfahrungen des IWF mit wirtschaftlichen Reformanstrengungen in einer ganzen Reihe von Ländern – einschließlich der entsprechenden finanziellen Unterstützung – könnten hilfreich sein.

Da engere Zusammenarbeit mit IWF eine gewisse Vorlaufzeit benötigt, könnte auch die Erfahrung der OECD zusätzlich genutzt werden. Sie berät derzeit z. B. auch die Regierungen in Ungarn und Polen.

Falls gewünscht, ist auch die Bundesregierung selbstverständlich bereit, eine Beratung zu ermöglichen.

Reaktiv, falls Wunsch nach verstärkter Finanzhilfe von DDR-Seite angesprochen wird:

– ⟨Hierüber kann sinnvoll nur gesprochen werden, wenn Ursachen hierfür klar erkennbar sind: Handelt es sich z. B. um Umschuldungsbedarf, Kreditbedarf für bestimmte Projekte oder um Bedarf zur Zahlungsbilanzfinanzierung?⟩[13]
– ⟨Von daher zunächst umfassende Bestandsaufnahme von Finanzierungsbedarf und Finanzierungsmöglichkeiten der DDR notwendig.⟩[14]
– Auch in den zuständigen Gremien der Bundesrepublik (Bundestag, Haushaltsausschuß etc.) und in der deutschen Öffentlichkeit sind Hilfsmaßnahmen nur durchsetzbar, wenn präzise begründet.
– ⟨Falls gewünscht, sind wir kurzfristig zur Hilfe bei einer solchen Bestandsaufnahme bereit (könnte alternativ auch durch IWF- oder OECD-Experten erfolgen).⟩[15]

Reaktiv zu Forderung nach Reparationsleistung der Bundesrepublik:

Diskussionen über Lastenausgleich für die Vergangenheit sollten vermieden werden. Sie würden zu wechselseitiger Aufrechnung führen und könnten bittere Gefühle bei vielen Menschen auf beiden Seiten wecken. Wir müssen Blick nach vorne richten und den Menschen eine überzeugende Perspektive für eine friedliche und lebenswerte Zukunft geben.

IV. Neue Situation durch Freizügigkeit

Die Herstellung des visafreien Reise- und Transitverkehrs ist großer Fortschritt für die Menschen und die Beziehungen zwischen unseren beiden Staaten. Durch die praktische Herstellung der Freizügigkeit ist aber auch völlig neue Situation entstanden.

---

12 ⟨ ⟩ Hs. am linken Rand dreifach angestrichen.
13 ⟨ ⟩ Hs. unterstrichen und dazu am linken Rand vermerkt: „wichtig".
14 ⟨ ⟩ Hs. unterstrichen.
15 ⟨ ⟩ Hs. am linken Rand vermerkt: „wichtig!".

Schon die große Übersiedlungswelle der letzten Monate (1989 ca. 320 000) hat Probleme gebracht, für die Lösungen gefunden werden müssen, die den Interessen der betroffenen Menschen gerecht werden und Diskriminierung vermeiden. (Wir haben Katalog der Probleme an DDR übergeben.)

Reaktiv zu Forderung nach Ausgleich:
Wir haben Übersiedlungswelle nicht ausgelöst; Grund lag in der DDR. Dem Verlust der DDR stehen Lasten auch auf seiten der Bundesrepublik gegenüber.

Aus der neuen Dimension des Reiseverkehrs in beide Richtungen erwachsen beiden Staaten aber jetzt ganz neue Aufgaben:
- Verkehr
- wirtschaftliche Probleme (Geldumtausch, Ausfuhr von subventionierten Waren aus der DDR, „Leerkauf der DDR")
- soziale Fragen (Inanspruchnahme von Leistungsgesetzen bei uns)
- Arbeitsmarkt (Schwarzarbeit bei uns, Entzug der Arbeitskraft in der DDR)
- Probleme der Kriminalität
- Rechtsfragen.

Überall wird neue Zusammenarbeit erforderlich:
- Über polizeiliches Zusammenwirken soll zwischen den zuständigen Ministerien gesprochen werden.
- Rechts- und Amtshilfeverkehr erhält neue Bedeutung. Verhandlungen über das Rechtshilfeabkommen in Zivil- und Strafsachen sollten daher bald konstruktiv fortgesetzt werden.

Reaktiv:
Wir haben Verständnis dafür, wenn DDR Ausfuhr von Waren stärker kontrolliert und Maßnahmen zur Verhinderung der Arbeitsaufnahme bei uns trifft. Wir können allerdings auf unserer Seite nichts tun, um die Durchsetzung von DDR-Maßnahmen zu gewährleisten.

Petita von uns im Zusammenhang mit Reiseverkehr:
- Im Berlin-Transitverkehr sollte im Hinblick auf die zu erwartende Verkehrszunahme ein einfaches, die Abfertigung beschleunigendes, weitgehend mechanisiertes Verfahren eingeführt werden.
- Es wäre schön, wenn schon die Weihnachtsbesucher in den Genuß der Visafreiheit kämen. Eine Einführung an den stilleren Weihnachtsfeiertagen läge im gemeinsamen Interesse geordneter Verhältnisse.
- Die baldige Öffnung des Brandenburger Tores könnte ein gutes Zeichen neuer Verbundenheit sein. Da dies nicht heimlich geschehen kann, sollten wir eine Form finden, um es gemeinsam tun.

Anmerkung: MP Modrow wird voraussichtlich mitteilen, der Umtauschkurs für Bundesbürger werde statt bisher 1:1 zukünftig 1:3 betragen (für eine DM drei Mark der DDR). Ökonomisch besser wäre ein noch schlechterer Kurs der Mark der DDR (z. B. 1:5). Wegen der Gefahr des „Ausverkaufs" der DDR will die DDR jedoch zunächst bis zur Durchführung von Preisänderungen bei 1:3 bleiben. Stellungnahme: Schritt in die richtige Richtung.

V. Weitere Bereiche der Zusammenarbeit
Einzelgebiete sind in Ministergesprächen behandelt worden:
- Umweltschutz (gemeinsame Prüfung neuer Projekte, Umweltschutzkommission, Datenaustausch)

<u>Replik: Kaliabwässer</u>
Gespräche auf bewährten Strängen fortführen. Zusammenhang zwischen Werra-Entsalzung und der Versenkung von Kaliabwässern im Auge behalten.
- <u>Post</u> (schnelle <u>Modernisierung des Telefonnetzes</u> ist für die Kommunikation in allen Bereichen – insbesondere für die wirtschaftliche Zusammenarbeit – wichtig).
- <u>Verkehr</u> (Ausbau und Anbindung der <u>neuen Übergänge</u> und Zugangswege erforderlich; Fortsetzung der Verhandlungen über <u>Eisenbahn-Schnellverbindung zwischen Hannover und Berlin</u> auf der Nordtrasse durch westdeutsche Generalunternehmer).
Kommission „Verkehrswege" ist wichtig. Dort muß neue Verkehrsstruktur – wieder stärker West-Ost als Nord-Süd – erörtert werden.
- <u>Ausbildung/Qualifizierung:</u> Die Metall- und Elektroindustrie in der Bundesrepublik Deutschland bietet für insgesamt 1000 DDR-Ausbilder in Metall- und Elektroberufen eine vierwöchige Weiterbildung in der Bundesrepublik an.
Über Fragen des <u>Luftverkehrs</u> zwischen beiden Staaten sollten möglichst bald Gespräche aufgenommen werden. Luftverkehrsabkommen nur möglich, wenn es gelingt, für den <u>Anflug des Flughafens Berlin-Tegel</u> außerhalb der Korridore für alle interessierten Luftverkehrsgesellschaften eine vernünftige Regelung zu finden. Dabei müssen die Interessen aller berücksichtigt werden – nicht zuletzt die der Alliierten. Auch Abstimmung zwischen Tegel und Schönefeld wird erforderlich werden.
Aus <u>regionaler</u> und lokaler <u>Zusammenarbeit</u> ziehen beide Seiten Nutzen. Vorschlag, auf lokaler und regionaler Ebene Regionalausschüsse, übergreifend auf Regierungsebene gemeinsame Kommission zu bilden. Einzelheiten sollen Beauftragte der Regierungen absprechen. Hinweis auf Regionalausschuß Berlin im Vorgriff auf Regierungsvereinbarung.
<u>Partnerschaftliche Verbindungen</u> auch <u>auf kommunaler Ebene</u> (auch Landkreise) fördern. Bereitschaft des deutschen Städte- und Gemeindebundes, Kommunalpolitikern der DDR als Gesprächspartner für die Wiederherstellung der kommunalen Selbstverwaltung zur Verfügung zu stehen.
<u>Kulturelle Kontakte</u> und Veranstaltungen sollten in Zukunft vor allem von den Beteiligten beider Seiten unmittelbar vereinbart werden. Die beschlossene Kulturkommission kann dem umfassenden Ausbau der kulturellen Zusammenarbeit zusätzlich dienen.

Nr. 129
Gespräch des Bundeskanzlers Kohl mit Ministerpräsident Modrow
im erweiterten Kreis
Dresden, 19. Dezember 1989

BArch, B 136/20578, 221 – 35014 Ge 31 Bd. 2. – Vermerk des MDg Duisberg, 20. Dezember 1989. Verteiler: BM Genscher, BM Wilms, BM Haussmann, BM Blüm, St Bertele. – Mit Vorlage des MDg Duisberg über Chef BK an den Bundeskanzler (Kopie: AL 2): „Hiermit lege ich einen Vermerk über Ihr Gespräch mit Ministerpräsident Modrow im erweiterten Kreis vor mit der Bitte um Billigung und Zustimmung zu dem vorgeschlagenen Verteiler." Hs. von Bundeskanzler Kohl vermerkt: „Teltschik".

1. Im Anschluß an das Vier-Augen-Gespräch fand von 12.30 bis 13.15 Uhr ein Gespräch im erweiterten Kreis statt, das bei dem anschließenden Arbeitsessen fortgesetzt wurde.
Teilnehmer waren
   – auf unserer Seite:
   der Bundeskanzler, Bundesminister Seiters, Bundesminister Klein, Staatssekretär Dr. Bertele, MD Teltschik, MDgt Dr. Duisberg;
   – auf seiten der DDR:
   MP Modrow, AM Fischer, Regierungssprecher Meyer, Stv. AM Nier, Leiter StäV Neubauer, Ges[andter] Schindler (MfAA).
Während des Mittagessens kamen BM Blüm, BM Haussmann und BM Wilms sowie seitens der DDR AHM Beil hinzu, um über ihre Gespräche[1] zu berichten.

2. Modrow erklärte eingangs, das vorausgegangene Gespräch sei umfang- und inhaltsreich gewesen. Zusammenfassend wolle er folgende Punkte hervorheben:
   – Er habe eine Einschätzung der politischen Situation in der DDR gegeben, wo eine Eskalation der Auseinandersetzung mit extremistischen Kräften und Vereinigungskräften drohe; die Grenze zur Gewalt werde gelegentlich schon überschritten. Der Neuerungsprozeß werde in seiner Breite von demokratischen Kräften getragen und ziele auf freie Wahlen ab. Diese Wahlen seien eine Angelegenheit der Bevölkerung der DDR; der Wahlkampf in der Bundesrepublik sollte nicht in die DDR hineingetragen werden und umgekehrt.
   – Die wirtschaftliche Lage sei sehr angespannt. Im Verhältnis zur Bundesrepublik müsse an einen Lastenausgleich gedacht werden in Höhe von 15 Mrd. DM für die Jahre 1990/91. An dieser Frage sollten die Experten arbeiten. Er habe Einvernehmen festgestellt, daß der eingeleitete Prozeß nicht dahin führen dürfe, daß die reiche Bundesrepublik die arme DDR auskauft. Die DDR sei zu einer breiten Entwicklung der wirtschaftlichen Zusammenarbeit bereit. Hinsichtlich der Aktivitäten der Länder und Kommunen müsse man allerdings vorsorglich darauf hinweisen, daß Verträge mit nicht kompetenten Stellen unter Umständen nicht honoriert würden.
   – Einigkeit habe er festgestellt hinsichtlich der Verantwortung für die Lage in Europa und die Einbindung in den europäischen Prozeß. Insofern habe auch Einvernehmen bestanden über Helsinki II unter der Voraussetzung, daß ein solches Treffen gut vorbereitet werden müsse. Ausgehend von dem Erneuerungsprozeß in der Gesellschaft, sehe die DDR auch neue Möglichkeiten für eine neuorientierte, berechenbare Außenpolitik; die Perspektiven würden in einer demokratischen Gestaltung Europas gesehen.

---

1 Zu den Ergebnissen der Gespräche der Bundesminister Haussmann, Wilms und Blüm mit Minister Beil und den stellvertretenden Ministern König und Noack: Vermerk des Ministerialdirigenten Meyer-Sebastian, 19. Dezember 1989; BArch, B 288/290, 02 – 35014 In 11 NA 1 Bd. 1.

– Von großer Bedeutung sei eine Vertragsgemeinschaft zwischen den beiden Staaten; sie könne ein Beitrag zur Architektur des gemeinsamen europäischen Hauses sein. Die Völker sollten jeweils etwas Eigenes einbringen und die Entwicklungswege für das europäische Haus damit bestimmen.

– Die DDR trete für eine systemübergreifende Friedensordnung ein, wobei die Unverletzlichkeit der Grenzen und die Achtung der staatlichen Integrität als grundlegende Bedingungen für den europäischen Frieden angesehen würden. Kooperation müsse ein Pfeiler der europäischen Sicherheit werden und die militärischen Faktoren allmählich zurückdrängen. Die DDR strebe Beziehungen zur EG an und sei – wie in der Botschaft an die EG-Präsidentschaft[2] ausgeführt – zum Abschluß eines Abkommens über Handel und Kooperation bereit. Der KSZE-Prozeß werde als langfristiges Programm der Ost-West-Zusammenarbeit betrachtet und als Instrument der Überwindung der Spaltung Europas. Die DDR stehe vorbehaltlos zu den im Rahmen der KSZE übernommenen Verpflichtungen. Beide Staaten sollten auf diesem Gebiet Beispielhaftes leisten. In diesem Zusammenhang stehe auch das heutige Treffen.

– Die DDR stehe weiter zu dem wiederholt unterbreiteten Angebot der Aufnahme offizieller Beziehungen zwischen Warschauer Pakt und NATO. Es sei Zeit, sich den politischen Beziehungen zwischen den Bündnissen stärker zuzuwenden. Beide Bündnisse hätten eine besondere Verantwortung. Auf beiden Seiten gebe es auch ein besonderes Interesse an der Einbindung der deutschen Staaten. Die DDR werde ihr Bündnissystem nicht verlassen; sie werde ihre Verpflichtungen als alliierter Staat im Warschauer Pakt erfüllen und sehe weiterhin die Sowjetunion als ihren Hauptverbündeten.

– Abrüstung und Rüstungskontrolle würden ein wichtiges Thema für Helsinki II. Echte Fortschritte hier würden nach außen wie nach innen die Bedingungen für die inneren Reformen in der DDR verbessern. Es bestehe Einigkeit darüber, daß man bei den Wiener Verhandlungen rasch zu einem Ergebnis kommen solle und daß ein allgemeines Verbot der C-Waffen angestrebt werde. Die DDR trete auch für den Abbau der taktischen Nuklearwaffen in Europa mit dem Ziel ihrer völligen Beseitigung ein.

– Die Beziehungen zwischen den beiden Staaten könnten beispielhaft für ganz Europa entwickelt werden; sie könnten ein Beispiel für eine qualifizierte gute Nachbarschaft und Koexistenz geben. Daher habe er eine Absichtserklärung zur Schaffung einer Vertragsgemeinschaft vorgeschlagen, auf deren Grundlage die Beziehungen so umfassend gestaltet werden sollten, daß über den Grundlagenvertrag hinaus eine neue Qualität erreicht werde. Die Vertragsgemeinschaft würde dann auch eine Vertrauensgemeinschaft einschließen. Mit einem solchen Beitrag zum gegenseitigen guten Zusammenleben würden die Dinge für die beiderseitigen Nachbarn erleichtert. Dafür sollte die heutige Beratung der Ausgangspunkt sein.

– Die Existenz der beiden Staaten sei eine erstrangige Frage der Weltpolitik. Die Wiedervereinigung sei nicht aktuell. Versuche der Beschleunigung brächten erhebliche Gefahren mit sich. Diese Frage müsse der Entwicklung überlassen und in die gesamteuropäische Entwicklung eingeordnet werden. Die Vertiefung der europäischen Zusammenarbeit bis hin zur Auflösung der Bündnisse würde es möglich machen, auch die Beziehungen zwischen der DDR und [der] Bundesrepublik Deutschland auf eine neue Grundlage zu stellen.

3. Der <u>Bundeskanzler</u> erwiderte, er wolle mit einer persönlichen Bemerkung beginnen: Er sei sich der Bedeutung dieser Stunde wohl bewußt. Es sei eine historische Stunde, in der

---

2 Nr. 119 Anm. 9.

die Empfindungen der Deutschen, aber auch die Empfindungen der Menschen in der Welt draußen stark berührt würden. Er wolle daran folgende Feststellungen knüpfen:

– Was immer wir tun oder unterlassen, müsse in dem Bewußtsein geschehen, daß jede Veränderung in der Mitte Europas eine Veränderung der Statik Europas bedeute. Die Entwicklung in Deutschland sei daher unlösbar verbunden mit den Problemen der Welt. Alles, was man hier sagt und tut, müsse unter dem Gesichtspunkt gesehen werden, was es für die Entwicklung in der Welt bedeute. Beide deutsche Staaten seien verpflichtet, darüber nachzudenken, wie sie einen Beitrag leisten könnten, um ein Stück von dem wieder in Ordnung zu bringen, was unter deutscher Verantwortung in diesem Jahrhundert in Unordnung geraten ist. Wir müßten versuchen, bei unserem Weg in die Zukunft auch die Sicherheitsbedürfnisse aller unserer Nachbarn immer im Auge zu behalten. Zur Zeit seien die Aussichten günstig, um in drei wichtigen Feldern zu Abrüstungsvereinbarungen zu kommen – nämlich bei den C-Waffen, bei den strategischen Waffen und in den Wiener Verhandlungen. Wenn in diesem Zusammenhang eine KSZE-Gipfelkonferenz einberufen werden solle, so seien wir damit einverstanden unter der Voraussetzung, daß sie umfassend vorbereitet würde; es dürfe nicht nur darum gehen, daß die Konferenz stattfinde, sondern um substantielle Ergebnisse.

– Zwischen beiden Regierungen bestünden zu vielen Punkten Meinungsverschiedenheiten, die bei noch so langen Gesprächen nicht ausgeräumt werden könnten. Es gebe aber auch viel Gemeinsames. Von seinem 10-Punkte-Programm könne die DDR wahrscheinlich – wenn auch mit anderen Formulierungen – bis auf einen Punkt mit fast allem einverstanden sein. Er selbst habe die 10 Punkte aber auch nie als einen Zeitplan verstanden wissen wollen. Man solle jetzt den Gedanken einer Föderation beiseite lassen und sehen, was heute getan werden könne. Dabei gehe er davon aus, daß der Reformprozeß in der DDR unumkehrbar sei, daß im Frühjahr Wahlen stattfinden und daß das politische Strafrecht reformiert werde. Unser Interesse sei auf keinen Fall, zur Destabilisierung der DDR beizutragen oder zu unkontrollierbaren Entwicklungen. Es müsse auch alles vermieden werden, was die Reformprozesse in den anderen Ländern beeinträchtigen könne. Er sei sich völlig im klaren über die Emotionen, die im Spiel seien. Aber mit Emotionen könne der Staat nicht regiert werden. Man müsse sie allerdings berücksichtigen, zumal viele Menschen draußen darauf schauten.

– Für ihn, den Bundeskanzler, sei Ministerpräsident Modrow jetzt der Gesprächspartner. Es gehe darum, gemeinsam zu versuchen, seine Pflicht zu tun. Konflikte und Meinungsverschiedenheiten müßten in aller Fairneß ausgetragen werden. Man solle mehr miteinander als übereinander reden und sich nicht unter den Druck der Medien setzen, sondern vom Verstand leiten lassen. Er sei deshalb auch strikt dagegen, den Wahlkampf jeweils im anderen Bereich zu führen, auch wenn natürlich die Ereignisse die Menschen auf beiden Seiten berührten.

Der Bundeskanzler erklärte dann, er sei bereit, die vorgeschlagene Absichtserklärung zur Vertragsgemeinschaft (mit Ausnahme eines für ihn nicht akzeptablen Satzes) abzugeben, über das Thema Verhandlungen aufzunehmen und im Laufe des Frühjahres zu einem Abschluß zu kommen. Speziell zu wirtschaftlichen Fragen wolle er noch einmal klar sagen, daß es nicht unser Ziel sei, daß die Menschen aus der DDR in großer Zahl in die Bundesrepublik kommen, und daß man deshalb versuchen müsse, die wirtschaftliche Entwicklung in der DDR nachhaltig zu verbessern. Dazu wolle er drei Bemerkungen machen:

– Die DDR müsse rasch Möglichkeiten für Investitionen schaffen. Er sei optimistisch hinsichtlich der Investitionsbereitschaft unserer Wirtschaft. Voraussetzung sei aber ein geeigneter Rahmen. Ihn zu schaffen, sei Sache der DDR; wir wollten ihr da nicht hineinreden.

– Er empfehle, daß die DDR so schnell wie möglich einen Beitrittsantrag zum IWF stelle. Der Beitritt selbst werde längere Zeit in Anspruch nehmen; schon der Antrag könne aber für die Entwicklung von großer Bedeutung sein. Die Bundesregierung wolle nicht in die Lage kommen, der Revisor der DDR zu werden; hier könnten jedoch die Möglichkeiten des IWF genutzt werden. Es werde sich dabei natürlich die Frage nach dem Devisenstatus der DDR stellen.

– Die Frage, was nach Einführung der Sichtvermerksfreiheit geschieht, habe sehr wesentlich auch einen sozialpolitischen Aspekt. BM Blüm sei deshalb mitgekommen, um sich mit seinem Amtskollegen aus der DDR in Verbindung zu setzen. Es gebe zweifellos auf beiden Seiten viele Menschen, die vorhandene Möglichkeiten ausnutzten, um staatliche Leistungen zu erhalten. (Der Bundeskanzler nannte dafür einige Beispiele.) Wie man das bei den Besucherbewegungen in den Griff bekomme, dafür gebe es sicher kein Patentrezept. Jedoch sollten sich die maßgeblichen Leute kurzfristig und ohne besonderes Aufsehen zusammensetzen und gemeinsam darüber beraten.

Der <u>Bundeskanzler</u> ging dann noch auf den von MP Modrow verwendeten Begriff „Lastenausgleich" ein, den er nicht akzeptieren könne. In der Bundesrepublik Deutschland seien nach dem Krieg insgesamt 150 Mrd. DM intern als Lastenausgleich bezahlt worden; die Bundesrepublik Deutschland habe außerdem 100 Mrd. DM Wiedergutmachungsleistungen erbracht. Der Begriff sei damit besetzt. Wir müßten auch verhindern, daß einerseits der Eindruck entstehe, die DDR werde von der Bundesrepublik Deutschland ausgekauft, andererseits der Eindruck, die DDR sei ein Faß ohne Boden. Worum es vielmehr gehe, sei die Solidarität unter Deutschen, die jetzt gefordert ist.

Der <u>Bundeskanzler</u> wiederholte, es sei unser Interesse, daß die Menschen in ihrer Heimat bleiben und leben können. Das gelte für die Menschen in der DDR ebenso wie für die Deutschen in den osteuropäischen Staaten – mit Ausnahme Rumäniens, wo die Deutschstämmigen in der Tat keine echte Chance für eine weitere Existenz mehr hätten. Es komme deshalb darauf an, daß die Menschen sozusagen „Licht am Ende des Tunnels" sehen. Wenn das nicht der Fall sei, würden sie weggehen. Dagegen müßten wir etwas tun durch vernünftige Zusammenarbeit. Er sei dazu bereit. Er gehe davon aus, daß er und Ministerpräsident Modrow sich regelmäßig zusammensetzten; das nächste Treffen sollte Ende Januar oder Anfang Februar sein. Dabei müsse man sehen, daß die Art, wie sie beide miteinander umgingen, auch Wirkungen auf unsere Umwelt haben würde. Das werde in Deutschland, aber auch im EG-Raum und in den USA genau beobachtet.

Es wurde dann Einvernehmen über den Text der Absichtserklärung zur Vertragsgemeinschaft hergestellt. Der Entwurf der DDR wurde mit einigen Änderungen in der anliegenden Fassung verabschiedet (Anlage 1)[3].

Der Entwurf der Gemeinsamen Mitteilung wurde ebenfalls kurz erörtert und an einigen Stellen geändert. Unter anderem wurden auf Wunsch der DDR die Zahlenangaben in dem Abschnitt über die Bereitstellung von Förderungsmitteln und die Erhöhung des Garantierahmens für Lieferungen herausgenommen; MP Modrow erklärte dazu, die Zahlen könnten unrealistische Erwartungen wecken. Auf Frage von <u>BM Seiters</u> nach der Entlassung von politischen Häftlingen erklärte MP Modrow aufgrund einer handschriftlichen Notiz, daß zwischen dem 18. und 22. Dezember 25 wegen Spionage verurteilte Häftlinge entlassen würden. In allen anderen Fällen würden unverzüglich und ohne Ausnahme Entscheidungen getroffen werden. Auf Rückfrage von unserer Seite wurde während des Arbeitsessens erklärt, daß es sich bei den anderen Fällen um sämtliche von uns als politische Häft-

---

3 Anlage 1 nicht abgedruckt; BArch, B 136/20578, 221 – 35014 Ge 31 Bd. 2.

linge angesehene Personen handelte. Die entsprechende Aussage wurde darauf in die Gemeinsame Mitteilung (Anlage 2)[4] eingefügt.

Ministerpräsident Modrow sprach seinerseits unter Bezug auf das Vier-Augen-Gespräch die Möglichkeit an, die Aufhebung des Sichtvermerkszwangs und des Mindestumtausches bereits auf Weihnachten vorzuziehen. Der Bundeskanzler erklärte dazu, die DDR müsse das selbst beurteilen. Aus seiner Sicht diene es beiden, wenn die Regelung bereits am Heiligabend beginne. Für Ansehen und Stellung des Ministerpräsidenten werde eine solche Entscheidung positive Auswirkungen haben, sowohl bei uns als auch in der DDR. Wir seien nicht daran interessiert, daß seine Position geschwächt werde. Aller Unterschiede ungeachtet sei er der Gesprächspartner. MP Modrow antwortete, für die DDR stelle sich bei einem vorzeitigen Verzicht auf Sichtvermerk und Mindestumtausch ein wirtschaftliches Problem; er bezifferte den Ausgleich für den Verlust durch den Mindestumtausch in der fraglichen Zeit auf 150 Mio. DM, wofür ein Ausgleich erforderlich sei. BM Seiters bezeichnete den genannten Betrag in Anbetracht der für das Gesamtjahr geschätzten Summe von 550 Mio. DM als entschieden überhöht, bezweifelte aber vor allem, daß eine solche Regelung zum Gegenstand eines Handels gemacht werden sollte. BM Klein unterstützte dies und meinte, daß – wenn überhaupt eine Kompensation notwendig sei – sie dann lieber an anderer Stelle erfolgen sollte. Während des Arbeitsessens wurde dann Einvernehmen erzielt, daß die neue Regelung bereits am 24. Dezember in Kraft treten sollte.[5]

MP Modrow ging auch auf Überlegungen ein, das Brandenburger Tor zu öffnen. Er erklärte, daß der sowjetische Botschafter ihm in einem vor kurzem geführten Gespräch gesagt habe, daß die Entscheidung im DDR-Bereich liege. OB Krack sei beauftragt, mit RBM Momper die Vorbereitungen so zu treffen, daß die Dinge nicht in Bewegung gesetzt würden, bevor eine Einigung bestehe. Geplant sei von DDR-Seite ein Fußgängerübergang rechts und links vom Brandenburger Tor, der eine für den Ein-, der andere für den Ausgang. Alles würde so vorbereitet werden, daß nur drei Stunden Vorarbeit vor dem festzusetzenden Termin notwendig würden. Der Termin selbst sei noch offen. Der Senat wolle sich seinerseits darum bemühen, die Situation beherrschbar zu halten. Er verstehe, daß der Vorgang eine symbolhafte Bedeutung habe. Gegebenenfalls sollten der Bundeskanzler und er und die beiden Bürgermeister bei der Eröffnung anwesend sein. Der Bundeskanzler erklärte, daß dies auch seine Meinung sei, und fragte, ob das auch öffentlich gesagt werden könne. MP Modrow stimmte dem zu. (Wir haben darauf einen kurzen Text zur Verwendung von MP Modrow in der Pressekonferenz vorgeschlagen (Anlage 3)[6], der von der DDR akzeptiert und von Modrow in der Pressekonferenz auch verwendet wurde.[7])

MP Modrow erklärte in bezug auf andere neue Übergänge an der deutsch-deutschen Grenze, daß man sich bemühen solle, in den nächsten Wochen gemeinsam so zu arbeiten, daß man die Lage in den Griff bekomme. Es hänge bisher sehr von den lokalen Stellen ab, so daß die Zusammenarbeit je nach den handelnden Personen unterschiedlich gut sei. Er

---

4 Anlage 2 nicht abgedruckt; ebd. Veröffentlichte Fassung der Gemeinsamen Mitteilung in: Bulletin. Nr. 148. 20. Dezember 1989, 1249–1252.
5 Verordnung über Reisen von Bürgern der Bundesrepublik Deutschland und Personen mit ständigem Wohnsitz in Berlin (West) in und durch die Deutsche Demokratische Republik, 21. Dezember 1989, in: GBl. DDR 1989 I, 271 f.
6 Anlage 3 nicht abgedruckt; BArch, B 136/20578, 221 – 35014 Ge 31 Bd. 2.
7 Ministerpräsident Modrow teilte in seiner einleitenden Erklärung mit, „daß der Bundeskanzler und ich darüber einig sind, daß wir das Brandenburger Tor durch einen Fußgängerübergang öffnen und daß wir die Absicht haben, das gemeinsam mit dem Regierenden Bürgermeister und dem Oberbürgermeister Berlins noch vor Weihnachten zu tun". Außerdem sei „vereinbart, daß der visafreie Reiseverkehr aus der BRD und West-Berlin ab dem 24. Dezember beginnt" (Pressekonferenz, 19. Dezember 1989, 15.10 Uhr, Dresden. Unkorrigiertes Manuskript und Anhang: ZDF-Spezial, 14 S., hier 10 f.; BPA/PA, F 1/30.

bäte, hier auch von unserer Seite das Nötige zu tun. <u>Frau BM Dr. Wilms</u> wies beim Arbeitsessen auf die besonders schwierige Lage in Hof hin, wo auf eine mittelgroße Stadt ein großer Besucherstrom mit Autos zukomme. Der <u>Bundeskanzler</u> sagte zu, die Frage bei seinem Treffen mit den Ministerpräsidenten der Länder am 21.12.[8] aufzunehmen.

Duisberg

Nr. 130
Gespräch des Bundeskanzlers Kohl mit Vertretern von Oppositionsgruppen in der DDR
Dresden, 20. Dezember 1989

BArch, B 136/20578, 221 – 35014 Ge 31 Bd. 2. – FS StäV Nr. 2924, 21. Dezember 1989, 18.09 Uhr. Az. 02 – 35014 In 11. VS-NfD. Citissime. Verteiler: ChBK, MD Teltschik, MDg Duisberg, MDg Stern; BMB, Ministerbüro, AL II; BMA, Ministerbüro; Bonn AA, Ref. 210. Mit Stempel: 024481, BK-Amt, FS-Zentrale, 21. Dezember 1989, 18.53 Uhr.

Betr.: Besuch des Bundeskanzlers in Dresden am 19. und 20.12.1989
        hier: Gespräch mit Vertretern von Oppositionsgruppen am 20.12. von 10.00 bis 11.30 Uhr im Hotel Bellevue

Verfasser: MR Dr. Frick

1.
Der Bundeskanzler war begleitet von:
– BM Wilms
– BM Blüm
– Chef BK
– MD Teltschik
sowie von mir und VLR I Frick.

2.
Die Oppositionsgruppen waren wie folgt vertreten:
Christlich Soziale Partei Deutschlands (CSPD)
– Pfarrer Hans-Wilhelm Ebeling (Vorsitzender), Leipzig
– Dr. Peter-Michael Diestel (Generalsekretär), Leipzig
Demokratischer Aufbruch – Sozial, Ökologisch
– Rechtsanwalt Wolfgang Schnur (Vorsitzender), Rostock
– Sonja Schroeter (stv. Vorsitzende), Leipzig
Demokratie Jetzt
– Dr. Hans Jürgen Fischbeck, Berlin
– Frau Wartenberg, Dresden
Neues Forum
– Dr. Reinfried
– Albrecht Vaatz, beide Dresden
Gruppe der Zwanzig (Dresden)
– Dr. Herbert Wagner
– Frank Neubert.

Die ebenfalls eingeladene SDP, die ihre Teilnahme offengelassen hatte, war nicht erschienen.

---

8 Nr. 133.

3.
Ausgehend von zum Teil besorgten Fragen der Oppositionsgruppen setzte der Bundeskanzler folgende Schwerpunkte:
– Bewertung der politischen und wirtschaftlichen Situation in der DDR,
– Folgerungen für sein weiteres Vorgehen im bilateralen Verhältnis und in der deutschen Frage,
– Einschätzung der Sicherheitslage sowie Angebot logistischer Unterstützung beim weiteren organisatorischen Aufbau durch die Adenauer-Stiftung, soweit die Gruppen entsprechende Hilfestellungen in Anspruch nehmen möchten.
Die Gesprächsteilnehmer zeigten sich ohne Einschränkung äußerst zufrieden mit dem Verlauf der Begegnung und hoben vor allem die Ermutigung hervor, die ihnen für ihre weitere Arbeit gegeben worden sei. Auch sei ihnen durch das Gespräch bewußt geworden, daß ihr zum Teil noch ungeklärtes politisches Verhältnis zueinander zumindest gegenwärtig weit mehr durch gemeinsames als durch trennendes Gedankengut bestimmt sei.

4.
Im einzelnen:
Auf Wunsch gab der Bundeskanzler zunächst eine Bewertung seines Gesprächs mit MP Modrow. Es sei offen, intensiv und ernst gewesen. Ein nächstes Treffen sei für Ende Januar/Anfang Februar vereinbart. Er habe den Eindruck, daß sie beide persönlich „miteinander können". In neun Punkten seines Zehn-Punkte-Programms vom 28.11.1989 bestehe weitgehende Übereinstimmung. Sie seien sich einig, das Konzept einer Vertragsgemeinschaft unmittelbar in Angriff zu nehmen. Es gebe eine Reihe überfälliger Felder der Zusammenarbeit (Umweltschutz, Verkehrsplanung, regionale Zusammenarbeit, Stadtsanierung), die sich für sofortige erste Schritte eigneten. Die Zeit dränge. Es sei nicht möglich, bis zu den Wahlen am 6. Mai 1990 zu warten. Es müsse der Gefahr einer Instabilisierung der DDR und weiterer Abwanderung entgegengewirkt werden. Nach freien Wahlen könne man mit dem Aufbau konföderativer Strukturen beginnen.
Dies müsse allerdings schrittweise und pragmatisch geschehen. Er sei dagegen, einen Kalender vorzugeben und damit Zeitdruck zu schaffen. Auf den Einwurf, dies könne bis zu den Wahlen eine teilweise Stabilisierung der SED bewirken, entgegnete der Bundeskanzler, er sehe diesen Punkt und beabsichtige deshalb, in allen wichtigen deutsch-deutschen Schritten in den kommenden Monaten auch die Oppositionsgruppen mit einzubeziehen.

5.
Ein schnelles Handeln sei auch aus ökonomischen Gründen erforderlich. Die DDR habe im Jahre 1989 durch bislang etwa ⟨200 000⟩[1] Siedler unter 30 Jahren einen irreparablen Schaden erlitten. Deshalb sei es unumgänglich, ohne Verzögerung Perspektiven in der DDR zu schaffen und Vertrauen zurückzugewinnen. Es bestehe ein enormes deutsch-deutsches Entwicklungspotential zum beiderseitigen Vorteil. Die Bundesrepublik nehme nicht die Position des „reichen Onkels" ein. Auch wir könnten von der DDR lernen. Ein besonders akutes Problem sei das Währungsgefälle, das nun durch die Reisefreiheit von West nach Ost in den Vordergrund rücke. Er habe noch keine fertige Lösung hierfür. Der nunmehr vereinbarte Umtauschsatz von 1 DM : 3 DDR-Mark sei ein erster Schritt. Weitere Maßnahmen müßten schnellstmöglich im neuen Jahr folgen.

6.
Auf die Schilderung rechtsfreier Räume in der DDR, der sinkenden Akzeptanz der Ordnungskräfte sowie der Zunahme eines ⟨rechten wie linken politischen Gewaltpotentials ver-

---

1 ⟨ ⟩ Text unvollständig. Von den Bearbeitern ergänzt nach dem von Staatssekretär Bertele paraphierten Entwurf des Fernschreibens, VS-NfD; BArch, B 288/290, 02 – 35014 In 11 NA 1 Bd. 1.

wies der Bundeskanzler auf das hohe Maß an Vernunft und Friedfertig)keit[2] der bisherigen Entwicklung, die gerade das große Erstaunen und den Respekt für die DDR-Bevölkerung in aller Welt ausgelöst hätten. Gewalt von rechts und von links sei nicht auf die DDR beschränkt. Eine Demokratie könne und müsse dies aushalten. Allerdings müsse man darauf achten, daß die Gefahr von Gewalt auch nicht von außen etwa durch die Medien herbeigeredet würde. Die Möglichkeit einer dadurch ausgelösten Militärdiktatur in der DDR, wie sie eine Gesprächsteilnehmerin befürchtete, sei für ihn gegenwärtig nicht feststellbar. Andererseits habe er von ähnlichen Ängsten bei seinem Ungarnbesuch erfahren. Man dürfe sie nicht leugnen, sondern müsse sie ernst nehmen. Gerade deshalb sei es auch wichtig, zügig mit der Vertragsgemeinschaft zu beginnen. Alle Chancen für einen friedlichen und erfolgreichen Weg seien gegeben.

7.

In der deutschen Frage plädierte der Bundeskanzler für ein schrittweises und pragmatisches Vorgehen ohne Kalender. Er sei dagegen, wie es ein Gesprächsteilnehmer vorschlug, eine deutsch-deutsche Aufforderung an die Alliierten zu richten, Rechtsgrundlagen für eine baldige deutsche Einheit zu schaffen. Solche Ansätze würden in einer Situation wie heute von der Realität viel zu schnell überholt. Das Leben gehe seinen eigenen Weg. Entscheidend sei eine freiheitlich-rechtsstaatliche Entwicklung. Er blicke optimistisch in die Zukunft.

8.

Auf die Schilderung der Schwierigkeiten eingehend, mit denen die Gruppen gegenwärtig bei ihrem organisatorischen Aufbau und bei ihrer inhaltlichen Programmgestaltung konfrontiert sind, bot der Bundeskanzler eine Unterstützung durch die Konrad-Adenauer-Stiftung an, sofern die Gruppen dies wünschen. Die Gesprächsteilnehmer stellten noch während der Begegnung eine Anschriftenliste zusammen, die sie mit der Bitte um Weitergabe an die Adenauer-Stiftung überreichten. Der Bundeskanzler fügte hinzu, daß seine Partei in der gegenwärtigen Phase noch auf keine Gruppierung in der DDR festgelegt sei, sondern erst im Januar/Februar nächsten Jahres entsprechende Entscheidungen treffen wolle.

Bertele

---

2 ⟨ ⟩ Text unvollständig. Von den Bearbeitern ergänzt nach dem Entwurf des Fernschreibens; ebd.

Nr. 131
Vorlage des Ministerialdirigenten Hartmann an Bundeskanzler Kohl
Bonn, 20. Dezember 1989

BK, 212 – 35400 De 39 NA 2 Bd. 1. – Mitverfasser: VLR I Kaestner. Vorlage über Chef BK – je gesondert. Sofort auf den Tisch. Mit Stempel: Der Leiter des Kanzlerbüros, 20. Dezember 1989. Hs. von Bundeskanzler Kohl vermerkt: „Teltschik".

Betr.:   Äußerungen des sowjetischen Außenministers Schewardnadse vor dem Politischen
         Ausschuß des Europäischen Parlaments (Brüssel, 19. Dezember 1989)
         hier: Deutschlandpolitische Passagen
Anlg.:   – 1 –[1]

I. Votum:

Kenntnisnahme im Hinblick auf die heutige Kabinettsitzung, bei der Bundesminister Genscher eine von ihm abzugebende Stellungnahme – mit der Bitte um zustimmende Kenntnisnahme – vortragen wird.

II. Sachverhalt:

1. Der sowjetische Außenminister Schewardnadse nutzte seinen gestrigen Auftritt vor dem Politischen Ausschuß des Europäischen Parlaments zur bisher umfassendsten sowjetischen Stellungnahme zur „Lage um die Deutsche Demokratische Republik". Schewardnadses Aussagen – nach eigenem Bekunden „lautes Denken" – bilden den zentralen Teil seiner Rede und stehen unter drei Leitmotiven:
   – Achtung der in Europa existierenden (Nachkriegs-)Realitäten,
   – Abwehr jeglicher Destabilisierung der europäischen Ordnung, insbesondere der DDR, die er – wie GS Gorbatschow am 9. d.M. vor dem ZK-Plenum – als „strategischen Verbündeten" der SU bezeichnet, und
   – offenkundige Irritationen über eine zu schnelle Entwicklung zwischen den beiden deutschen Staaten, denen Schewardnadse nur ein schrittweises Aufeinanderzugehen (von „Existenz nebeneinander" über „Existenz miteinander" zu „engeren Formen der zwischenstaatlichen Kooperation") zugestehen will.

---

1 Anlage: „Wortlautauszüge der Rede AM Schewardnadses vor dem politischen Ausschuß des EP zur deutschen Frage" in: Presse- und Informationsamt der Bundesregierung. Nachrichtenspiegel I. Nr. 353. 20. Dezember 1989, Anhang III. Demnach erklärte Außenminister Schewardnadse der Nachrichtenagentur AFP zufolge, die „Frage der deutschen Einheit, in welcher Form auch immer", könne nicht gestellt werden, „ohne Klarheit über mehrere höchst wichtige Aspekte zu haben: 1) Wo sind die politischen, rechtlichen und materiellen Garantien dafür, daß die deutsche Einheit nicht die Sicherheit anderer Staaten und den Frieden in Europa gefährdet? Es gibt keine Antwort auf diese Frage. 2) Wäre ein solches hypothetisches Deutschland – wenn es im Laufe der Zeit zustande kommt – bereit, die bestehenden Grenzen in Europa anzuerkennen und jegliche Gebietsansprüche aufzugeben? Wie jeder weiß, vermeidet die Bundesregierung, auf diese Frage zu antworten. 3) Welchen Platz würde dieses nationale deutsche Gebilde in den bestehenden militärisch-politischen Strukturen unseres Kontinents einnehmen? Man kann nicht ernsthaft denken, daß das Statut der DDR sich radikal verändert, während das Statut der Bundesrepublik gleich bleibt. 4) Im Falle der Wiederherstellung der deutschen Einheit, welches wäre das wirkliche Potential einer solchen neuen Formation, ihre Doktrin und die Struktur ihrer Streitkräfte? Wäre sie bereit zur Entmilitarisierung, zur Neutralität, zum fundamentalen Umbau ihrer wirtschaftlichen und anderen Beziehungen, wie es in der Vergangenheit zur Debatte stand? 5) Wie würde es sich mit der Präsenz alliierter Truppen auf deutschem Boden verhalten, mit der weiteren Arbeit der militärischen Verbindungsstellen, mit dem Viermächte-Abkommen von 1971? 6) Wie würde sich die Bildung eines vereinten Deutschlands in den Helsinki-Prozeß einfügen, und würde dies konstruktiv die Überwindung der Teilung Europas begünstigen? ... – mit gegenseitigen Beziehungen ohne Diskriminierung und dem Weg in Richtung einheitlicher Rechts-, Wirtschafts-, Ökologie-, Kultur- und Datenräume. 7) Wären die deutschen Staaten, wenn sie sich – in welcher Form auch immer – für den Weg zur Einheit entscheiden, bereit, die Interessen anderer europäischer Staaten zu berücksichtigen und gemeinsam Antworten auf alle sich stellenden Probleme und Fragen zu finden, die für alle Seiten annehmbar sind, einschließlich des Abschlusses einer europäischen Friedensregelung?" Abschließend fügte er hinzu, „die Liste könnte noch weitergeführt werden".

Schewardnadse trägt zunächst einen längeren historischen Rückblick vor, in dem er nicht ohne Rückgriffe auf alte Propagandamuster („die BRD hat 1952 freie Wahlen in Gesamtdeutschland abgelehnt") das Entstehen der europäischen Nachkriegsordnung schildert und ihre juristischen Grundlagen ausführlich diskutiert – auch hier nicht ohne schiefe Darstellung („Selbstbestimmungsrecht der beiden deutschen Staaten").

2. Dem läßt Schewardnadse eine Liste von sieben Fragen (vgl. Anlage) folgen, die bemerkenswerterweise von der Hypothese eines vereinigten Deutschlands ausgehen („Deutsche Einheit" – „hypothetisches Deutschland" – „nationales deutsches Gebilde").
   Er nennt für eine solche Entwicklung umfassende politische und juristische Kautelen und führt dazu auch Fragen ein, die bisher nicht Gegenstand der aktuellen Diskussion sind, z. B. Entmilitarisierung, Neutralität, europäische „Friedensregelung" (Ausdruck des Potsdamer Abkommens!). Jedoch sind gerade hierzu seine Ausführungen nicht als verhülltes Angebot an uns zu werten, sondern entsprechend klassischem sowjetischen Muster als Vorgabe von Begriffen (vgl. auch „Gemeinsames Europäisches Haus"), um die Reaktionen der anderen Seite zu testen.

3. Die Ausführungen Schewardnadses sind von einer gewissen Widersprüchlichkeit gekennzeichnet. Insbesondere werden – abgesehen davon, daß Schewardnadse nicht die Entwicklung „in" der DDR, sondern nur „um" die DDR diskutieren will – Ursache und Wirkung verwechselt.
   - Schewardnadse stellt die Reformentwicklung in den Staaten des Warschauer Pakts heraus und bezeichnet sie als „richtigen Weg".
     „Wir erleben in den Ländern Osteuropas, wie etwa in der Sowjetunion, den natürlichen Zusammenbruch der Administrativ- und Kommandostrukturen der gesellschaftlichen Organisation und den Übergang zu demokratischen Regierungsformen ..."
   - Andererseits übergeht Schewardnadse gerade in bezug auf die DDR den massiven Bürgerprotest als auslösenden Faktor der Veränderungen. In seiner etatistischen („Revolution von oben") Linie liegt es, daß er nicht vom „Selbstbestimmungsrecht der Völker", sondern „der Staaten" spricht.

   Auch in anderen Punkten herrscht das einerseits/andererseits vor:
   - Einerseits begrüßt Schewardnadse die Tatsache, daß in den Erklärungen der Führer der beiden deutschen Staaten die Idee eines schrittweisen, ausgewogenen und verantwortlichen Herangehens (an die Frage verstärkter Beziehungen zwischen uns und der DDR) vorhanden ist;
   - andererseits warnt er pauschal, daß die Grundlage der Entwicklung des Helsinki-Prozesses nicht „auf deutschem Boden" in Frage gestellt oder zerstört werden dürfe;
   - einerseits spielt Schewardnadse mit Fragen an ein „hypothetisches Deutschland", dessen Zustandekommen er dem weiteren Verlauf der Geschichte überläßt;
   - andererseits warnt er implizit vor zu schnellen Fortschritten und explizit vor „Faustrecht";
   - einerseits wünscht er der Einigung Europas – „Projekt 1992" – Erfolg;
   - andererseits warnt er vor „gefährlicher Irrationalität, die die Nachkriegsrealitäten zum Schaden des gemeinsamen Interesses zerstört" sowie vor „gewissen Zeichen des politischen Extremismus in Europa".

III. Gesamtwertung:

1. Die Rede Schewardnadses ist als umfassende Darstellung sowjetischer Besorgnisse und Vorbehalte ernst zu nehmen. Wir werden wie bisher positive Ansätze zu würdigen (deutsche Einheit in geschichtlicher Perspektive) und begründeten Besorgnissen

Rechnung zu tragen haben; dabei müssen wir insbesondere darauf achten, daß nicht durch geballte juristisch-politische Anforderungen und eingeforderte Mitsprache-rechte aller Europäer das Selbstbestimmungsrecht der Deutschen zur bedeutungs-losen Restgröße wird.

2. In dieser Optik ist das von Schewardnadse gewählte Gremium bezeichnend. Tatsächlich sind seine Ausführungen die Aufforderung an die Europäer, ihr gesamteuropäisches „droit de regard" wahrzunehmen.

3. ⟨Mit Schewardnadses Ausführungen wird der Bundesregierung nicht der Fehdehandschuh hingeworfen. Im Gegenteil betont Schewardnadse den fortgesetzten Willen der Zusammenarbeit mit uns, insbesondere auf Grundlage des Moskauer Vertrages und der „historischen Gemeinsamen Erklärung" vom Juni 1989.⟩[2]
Schon die Tatsache, daß Schewardnadse sowjetische Vorbehalte in Frageform bringt, belegt, daß Raum für Antworten und damit für politischen Dialog gegeben ist.

4. Politisch bedeutsam ist auch die Tatsache, daß Schewardnadse bei seinem NATO-Besuch[3] (Gespräch mit Generalsekretär Wörner und den Botschaftern der Verbündeten) die deutsche Frage nicht ausdrücklich angesprochen, sondern nur allgemein die stabilisierende Rolle der Bündnisse betont hat.

5. Mögliche Reaktion unsererseits:

Erstens:

⟨Es wäre aus hiesiger Sicht sehr problematisch, wenn wir uns auf eine Detaildiskussion der von Schewardnadse angeführten historischen Abläufe und rechtlichen Begründungen einlassen⟩ würden.⟩[4] Dies würde – beginnend mit dem Recht der Selbstbestimmung bis hin zu politischen Hypothesen wie Entmilitarisierung und Neutralität – nur eine viel breitere Diskussion anstoßen, an der sich auch unsere Verbündeten mit problematischen Beiträgen beteiligen könnten.

Zweitens:

⟨Statt dessen sollten wir Schewardnadse bei der zentralen Schwäche seiner Argumentation fassen:
- völliges Übergehen der Lage in der DDR und einer ehrlichen Ursachenanalyse (wie sie GS Gorbatschow selbst in seinem Telegramm an die neue SED-Führung[5] durchaus versucht) und
- Beharren auf Selbstbestimmungsrecht des deutschen Volkes.⟩[6]

Drittens:

Im einzelnen könnten wir, etwa in Anlehnung an Ihre Ausführungen in Dresden[7] sowie vor der ungarischen Nationalversammlung[8], klarstellen:
- Jedes Volk, auch das deutsche, hat das Recht auf Selbstbestimmung;
- ⟨dieses Recht auszuüben, war den Deutschen in der DDR nach dem Zweiten Weltkrieg bisher nicht möglich;
- die Ereignisse in der DDR selbst und nicht äußere Einflüsse haben die Bevölkerung zu massiven Protesten gebracht, in denen sie Freiheit, Freizügigkeit, freie Selbstbestimmung, freie Wahlen fordern;

---

2 ⟨ ⟩ Hs. am rechten Rand doppelt angestrichen; hier und im folgenden hs. Hervorhebungen und Anmerkungen des Bundeskanzlers Kohl.
3 Außenminister Schewardnadse besuchte am 19. Dezember 1989 das Hauptquartier der NATO in Brüssel.
4 ⟨ ⟩ Hs. am linken Rand angestrichen und vermerkt: „Ja".
5 Wortlaut in: Neues Deutschland. 44. Jg. Nr. 297. 18. Dezember 1989, 1 f.
6 ⟨ ⟩ Hs. am linken Rand vermerkt: „Ja".
7 Rede des Bundeskanzlers Kohl am 19. Dezember 1989 vor der Frauenkirche in Dresden in: Bulletin. Nr. 150. 22. Dezember 1989, 1261 f.
8 Nr. 123 Anm. 13.

- die Bundesregierung hat mit ihren 10 Punkten ausdrücklich „die künftige Architektur Deutschlands in die künftige Architektur Gesamteuropas eingebettet" (so auch ER-Erklärung und NATO-AM-Rat);)[9]
- Verlauf und Ergebnisse des Besuchs in Dresden haben das schrittweise, verantwortungsvolle Herangehen der Bundesregierung voll und ganz bestätigt;
- evtl. Hinweis auf Ihren Schriftwechsel mit GS Gorbatschow.[10]

Hartmann

Nr. 132
Gespräch des Bundesministers Seiters mit den Vertretern der Drei Mächte
Bonn, 21. Dezember 1989

BArch, B 136/20241, 221 – 34900 Spr 2 Bd. 1. – Vermerk des MDg Duisberg, 8. Januar 1990.

Betr.: Besuch des Bundeskanzlers in Dresden am 19./20.12.1989
    hier: Unterrichtung der Drei Mächte

BM Seiters unterrichtete am 21. Dezember 1989 die Vertreter der Drei Mächte (Botschafter Boidevaix, Botschafter Mallaby, Gesandter Ward) in Anwesenheit von St Dr. Sudhoff, MD Teltschik und MDgt Dr. Duisberg über Verlauf und Ergebnisse der Gespräche des Bundeskanzlers[1].

BM Seiters bezog sich auf die Gemeinsame Mitteilung[2] und unterstrich die Aussagen über die Einbindung der innerdeutschen Entwicklung in den europäischen Prozeß; jede Veränderung in Deutschland führe auch zu einer Veränderung der Statik Europas, so daß bei der Entwicklung in Deutschland stets auch die Sicherheitsbedingungen für alle anderen Staaten in Europa mitbedacht werden müßten. Beide seien sich deswegen einig darüber gewesen, daß die beiden Staaten in Deutschland eine besondere Verantwortung für Sicherheitsfragen in diesem Bereich hätten. Hinsichtlich der Entwicklung in der DDR seien wir zu der Auffassung gekommen, daß der dort eingeleitete politische Prozeß unumkehrbar sei und daher auch der Eintritt in [eine] neue Dimension der wirtschaftlichen Unterstützung gerechtfertigt sei. Insgesamt sei der Besuch sehr gut verlaufen und habe sowohl in der DDR als auch in der Bundesrepublik breite Zustimmung gefunden.

Die Fragen der Vertreter der Drei Mächte bezogen sich auf
- die Frage der Konditionierung unserer Unterstützung,
- die Beteiligung von Oppositionsgruppen an dem deutsch-deutschen Dialog,
- die Stellung der DDR im Bündnis,
- die künftige Regierbarkeit der DDR nach den Wahlen sowie auf die politische Potenz von MP Modrow.

Duisberg

---

9 ⟨ ⟩ Hs. am linken Rand angestrichen und vermerkt: „Ja".
10 Nr. 123 und Nr. 126.

1 Nr. 129 und Nr. 130.
2 Nr. 129 Anm. 4.

Nr. 133
Besprechung des Bundeskanzlers Kohl mit den Regierungschefs der Länder
Bonn, 21. Dezember 1989

BArch, B 136/29243, 122 – 14020 Mi 1, 21.12.1989, Hauptkonferenz, Mappe BK, einschl. bildungspol. Gespräch. – Undatiertes Ergebnisprotokoll. – Vertreter: MP Rau, St Clement (Vorsitzland Nordrhein-Westfalen), MP Späth (Baden-Württemberg), stellv. MP StM'in Berghofer-Weichner i.V. von MP Streibl (Bayern), RBgm Momper (Berlin), Bgm Wedemeier (Bremen), Sen Gobrecht i.V. des Ersten Bgm Voscherau (Hamburg), MP Wallmann (Hessen), MP Albrecht (Niedersachsen), MP Wagner (Rheinland-Pfalz), stellv. MP Min Kasper i.V. von MP Lafontaine (Saarland), MP Engholm (Schleswig-Holstein); Bundeskanzleramt: Bundeskanzler Kohl, Chef BK Seiters, StM Stavenhagen; BM Genscher, BM Schäuble, BM Engelhard, BM Waigel, BM Wilms, BM Stoltenberg, BM Lehr, BM Hasselfeldt, BM Riesenhuber, BM Möllemann, BM Klein, PSt Waffenschmidt; Protokollführer: RiVG Köster (Teilnehmerliste, Stand: 21. Dezember 1989; BArch, B 136/29243, 121 – 14020 Mi 1, Hauptkonferenz, Mappe BK, 21.12.1989). – Besprechungsdauer: 19.00 bis 20.30 Uhr.

TOP 1 <u>Entwicklung der innerdeutschen Beziehungen (Ständiger TOP)</u>

Der Bundeskanzler kündigt an, daß der bei seinem Besuch in der DDR in Aussicht genommene Vertrag zwischen der Bundesrepublik Deutschland und der Deutschen Demokratischen Republik über gute Zusammenarbeit und gute Nachbarschaft schon im April 1990 abgeschlossen werden solle. Die Bundesregierung suche bei der Vorbereitung eine enge Zusammenarbeit mit den Ländern und auch mit den kommunalen Körperschaften.

Ministerpräsident Rau verweist auf den Beschluß der Ministerpräsidentenbesprechung vom 21. Dezember 1989 und betont die Bitte der Länder, an der Entwicklung der Vertragsgemeinschaft mit der DDR umfassend beteiligt zu werden.[1]

Die Regierungschefs der Länder begrüßen den Vorschlag des Bundeskanzlers, daß der Chef des Bundeskanzleramtes die Chefs der Staats- und Senatskanzleien der Länder zu einer Sonderzusammenkunft für Ende Januar 1990[2] einladen wird, in der die künftige Ausgestaltung der Beziehungen mit der DDR erörtert werden soll. Darüber hinaus bittet der Bundeskanzler die Regierungschefs der Länder, im kommenden Jahr auch kurzfristig persönlich zu gemeinsamen Beratungen bereit zu sein.

Ministerpräsident Albrecht weist darauf hin, daß die bevorstehende Reisewelle von West nach Ost zu Versorgungsengpässen in der DDR führen könne. In der Sonderzusammenkunft müsse über Möglichkeiten eines Ausgleichs beraten werden. Niedersachsen sei zu finanziellen Hilfen bereit.

...[3]

---

1   In dem Beschluß der Ministerpräsidentenkonferenz am 21. Dezember 1989 in Bonn erklärten die Länder den Willen, „im Rahmen ihrer Zuständigkeiten und finanziellen Möglichkeiten zur Verbesserung des Lebens der Deutschen in der DDR beizutragen". Um sie „an der Entwicklung der Vertragsgemeinschaft mit der DDR ihren verfassungsmäßigen Rechten entsprechend umfassend zu beteiligen", sollte eine Bund-Länder-Kommission berufen werden (Ergebnisprotokoll, TOP 1.1 „Entwicklung der innerdeutschen Beziehungen"; BArch, B 136/22416, 431 – 14020 Be 2 Bd. 26).
2   Nr. 152.
3   TOP 2 bis TOP 9 sowie TOP 11 und TOP 12 behandeln sachfremde Themen. Im Ergebnisprotokoll unter TOP 10 „Entwurf eines Abkommens zwischen der Regierung der Bundesrepublik Deutschland und der Regierung der DDR über regionale Zusammenarbeit" vermerkt: „Es wird Bezug genommen auf die Erörterung zu TOP 1."

Nr. 134
Gespräch des Bundeskanzlers Kohl mit Staatspräsident Havel
München, 2. Januar 1990

BK, 213 – 30105 T 2 Ts 6, V. Havel, 2.1.1990. – Vermerk des MDg Hartmann, 3. Januar 1990. – Mit Vorlage des MDg Hartmann über Chef BK an den Bundeskanzler zur Billigung. Hs. von Bundeskanzler Kohl vermerkt: „Teltschik".

Der Bundeskanzler erklärt eingangs, es sei für ihn eine große Freude, Staatspräsident Havel in München zu begrüßen. Für die Bundesregierung, aber auch für ihn persönlich sei sehr wichtig, daß Präsident Havel jetzt Erfolg habe.
Wir stünden jetzt am Anfang eines neuen Jahrzehnts. Er hoffe, daß in den 90er Jahren vieles von dem in Ordnung gebracht werde, was in diesem Jahrhundert kaputtgegangen sei.
Wenn in dem derzeitigen Aufbruch die Tschechoslowakei gefehlt hätte, hätte ein wichtiges Stück Europa gefehlt.
Natürlich seien wir derzeit stark auf die DDR fixiert. Das sei normal, aber was in Prag vor sich gehe, sei genauso wichtig.
Wenn der Reformprozeß in Budapest, in Prag und in Warschau keinen Erfolg habe, werde auch die DDR keine Aussicht auf eine Entwicklung in Richtung Reformen haben. Ebenso wichtig sei ein Erfolg der Perestroika in der Sowjetunion, wobei letztere das schwächste Glied in der Kette sei.
Seine Politik sei es, in der jetzt vor uns liegenden Zeit so viel wie möglich in die Scheune zu fahren. Er wolle Präsident Havel hierbei ausdrücklich seine persönliche Hilfe anbieten. Wenn er glaube, es gebe ein Problem, zu dessen Lösung er, der Bundeskanzler, persönlich beitragen könne, solle er es ihn wissen lassen. Er könne ihm auch einen persönlichen Beauftragten schicken.
Präsident Havel solle wissen, daß er in der Bundesrepublik Deutschland viele Freunde habe. Und dies sei nicht nur eine verbale Freundschaft.
Der Bundeskanzler weist darauf hin, daß er mit MP Calfa für Ende Februar/Anfang März einen Arbeitsbesuch in Bonn vereinbart habe.[1] Vorher werde er noch den Wirtschafts- und [den] Finanzminister bitten, nach Prag zu reisen. Auch die Außenminister würden sich noch einmal treffen. Er werde am 4. Januar mit dem französischen Präsidenten Mitterrand zusammenkommen[2] und ihm bei dieser Gelegenheit darlegen, daß man sich auch in der EG gemeinsam überlegen müsse, wie man der Tschechoslowakei helfen könne.
Präsident Havel erklärt, er habe das Gefühl, daß der Bundeskanzler die Lage richtig einschätze. Er spüre die Verantwortung, die ihm auferlegt sei. Er sehe die besondere Aufgabe der Tschechoslowakei darin, möglichst viel zur Erhaltung des Friedens beizutragen.
Die Tschechoslowakei habe sich lange am Rande Europas befunden. Hier gebe es einen Nachholbedarf. Die Tschechoslowakei habe genügend Kräfte, um diese Schuld Europa zurückzuzahlen.
Man müsse jetzt schnell handeln. Er glaube, daß die Lage in Osteuropa sich schnell stabilisieren werde. Wenn dies der Fall sei, werde dies auch auf die Sowjetunion zurückwirken.

---

1 Zu dem Gespräch des Bundeskanzlers Kohl mit Ministerpräsident Čalfa am 2. Januar 1990 in München: Vermerk des Ministerialdirigenten Hartmann, 3. Januar 1990; BK, 213 – 30105 T 2 Ts 6, V. Havel, 2.1.1990. Beide führten ein weiteres Gespräch am 3. Februar 1990 am Rande des World Economic Forum in Davos (Vorschlag für Gesprächslinie; BK, 213 – 30105 T 2 Ts 6, MP Čalfa, 29.11.1990, Hauptvorgang). Der angekündigte Besuch Čalfas in Bonn kam am 29. November 1990 zustande.
2 Nr. 135.

Er habe Bundespräsident von Weizsäcker nach Prag eingeladen. Der Besuch dort könne kurz sein, aber ihm komme große Bedeutung zu.[3]

Der Bundeskanzler wiederholt, er sei persönlich sehr engagiert, was den Erfolg von Staatspräsident Havel betreffe – dies sei eine Feststellung, die der Bundeskanzler nicht gegenüber jedem mache. Der Bundeskanzler erinnert in diesem Zusammenhang an ein Gespräch über das Schicksal von Václav Havel, das er während seines Besuches in Prag mit Kardinal Tomašek geführt habe.[4]

Ihm sei klar, daß die Aufgabe, vor der Staatspräsident Havel jetzt stehe, ungewöhnlich für ihn sei. Wenn sich aber jetzt die Europäer klug verhalten würden, würden die nächsten 10 Jahre das Jahrzehnt Europas – nicht das der Japaner.

Hartmann

Nr. 135
Gespräch des Bundeskanzlers Kohl mit Staatspräsident Mitterrand
Latché, 4. Januar 1990

BK, 21 – 30100 (56) Ge 28 (VS) Bd. 80, Bl. 8/1–8/12. – Vermerk des MDg Neuer, 8. Januar 1990.

An dem Gespräch nahmen auf deutscher Seite der Unterzeichner als Note taker und Herr Zimmermann als Dolmetscher teil; auf französischer Seite Herr Hennekenne als Note taker, Frau Stoffaes als Dolmetscherin.

Präsident Mitterrand bemerkt einführend, zur Zeit bewege sich sehr viel. Es sei eine glückliche Bewegung. Der bisherige Zustand sei im Grunde unerträglich gewesen; es habe sich aber um eine ruhige Ordnung gehandelt.

Der Bundeskanzler führt aus, das neue Jahrzehnt werde ein gutes Jahrzehnt werden. Sehr wichtig seien die Beziehungen zwischen der Bundesrepublik Deutschland und Frankreich. Der gemeinsame Weg müsse fortgesetzt werden; wenn dies nicht der Fall wäre, wäre dies sehr tragisch. Die Geschichte nehme ihren Lauf. Die Entwicklung in Ost- und Mitteleuropa könne nicht angehalten werden. Die große Unbekannte dabei sei die Entwicklung in der Sowjetunion. Es sei wichtig, Gorbatschow zu stabilisieren. Eine Chance gebe es. Er wolle so weit wie möglich hilfreich sein. Die wirtschaftliche Lage in der Sowjetunion sei sehr schlecht. Man müsse überlegen, wie man helfen könne. Die übrigen Länder in Mittel- und Osteuropa seien im Umbruch begriffen. Am optimistischsten sei er bezüglich Ungarns.

Präsident Mitterrand wirft ein, er werde in zwei Wochen nach Ungarn reisen.

Der Bundeskanzler fährt fort, er sei vor kurzer Zeit in Ungarn gewesen.[1] Ein großes Problem dort sei die Sanierung des Haushaltes. Ungarn werde aber seine Probleme bewältigen können. In Polen sei die Lage schwierig. Die Regierung sei zwar stabiler als in Ungarn, aber die wirtschaftliche Lage sei instabiler. Der große Vorteil von MP Mazowiecki sei, daß er das Vertrauen der Bevölkerung genieße. Ein Vorteil sei auch, daß Jaruzelski und Mazowiecki gut zusammenarbeiteten. In Rumänien sei die Lage sehr schwierig; das Land sei aber nicht von so zentraler Bedeutung wie die vorgenannten. Dies gelte auch für Bulgarien. Die ČSSR

---

3 Bundespräsident von Weizsäcker besuchte Prag am 15. März 1990, dem 51. Jahrstag des Einmarsches deutscher Truppen in die ČSSR (Bulletin. Nr. 36. 17. März 1990, 277–281).

4 Während eines offiziellen Besuchs in der ČSSR traf Bundeskanzler Kohl am 27. Januar 1988 mit Kardinal Tomašek zusammen (Erklärung vor der Presse, 27. Januar 1988, ebd. Nr. 18. 3. Februar 1988, 149–151, hier 149; Kohl, „Ich wollte Deutschlands Einheit", 90f.).

1 Nr. 117 Anm. 4 und Nr. 124.

könne auf die Beine kommen. Er sehe dort aber größere Schwierigkeiten als in Ungarn voraus. Die jetzige Führung der ČSSR sei sehr sympathisch, ...[2] Er sei mit Havel gerade zusammengetroffen.[3] Havel stelle eine große moralische Macht dar. Auch der Ministerpräsident habe eine relativ geringe Kenntnis der Sachfragen. Es fehle bei der derzeitigen tschechoslowakischen Führung an Handwerklichem. Die ideellen Voraussetzungen hingegen seien bei ihr voll gegeben. ...[4] Wenn die Führung für die Entwicklung der Wirtschaft günstige Bedingungen schaffen könne, werde die ČSSR schnell wieder auf die Beine kommen. Die Chance dort sei größer als z. B. bei den Polen. Auch Ungarn habe größere Chancen als Polen. ...[5] Die Lage in der DDR sei schlechter, als die DDR-Führung sie darstelle. Es komme darauf an, ob die Führung dort bereit sei, die Reformen durchzuführen. Wenn dies nicht schnell geschehe, könnten katastrophale Verhältnisse eintreten. Die Menschen dort hätten das Vertrauen verloren. ...[6] Ein Problem sei, daß die Struktur der Blockparteien erhalten geblieben sei. Sie hätten Geld vom Staat bzw. der SED erhalten. Die neuen Gruppen seien zwar von großem Idealismus getragen, jedoch nicht sehr solide strukturiert. In der Bevölkerung bestehe eine abwartende Tendenz. Die freien Wahlen würden sicherlich wie vorgesehen im Mai stattfinden. Wenn es in dieser Hinsicht Schwierigkeiten gebe, würde die Regierung innerhalb von 14 Tagen kollabieren durch eine dann dramatisch zunehmende Ausreisewelle. Zur Zeit würden immer noch etwa zweitausend Menschen pro Tag die DDR verlassen. Es sei wichtig, der Bevölkerung das Vertrauen zu vermitteln, daß aus dem Anschein Wirklichkeit werde. Die Menschen müßten sehen, daß es vorwärts gehe. Dieser Gesichtspunkt sei für ihn auch bei seinem 10-Punkte-Programm entscheidend gewesen. In dieser Woche gebe es eine sehr kritische Lage. Die DDR-Führung habe zwar den Stasi aufgelöst, jedoch geheim beschlossen, daß die Mitarbeiter des Stasi noch drei Jahre ihr volles Gehalt beziehen. Die Menschen würden so etwas nicht tolerieren. Bei der gestrigen Sitzung des „Runden Tisches" sei der Vorwurf erhoben worden, daß ein kleinerer Stasi im Verborgenen wieder eingeführt werde.

Der Bundeskanzler fährt fort, daß bis zum April ein Vertrag über die Vertragsgemeinschaft abgeschlossen werden solle, in dem Fragen wie Umweltschutz, Verkehrsfragen und anderes geregelt würden. Die Behandlung dieses Vorhabens betrachte er als eilig, damit die Menschen in der DDR sehen, daß es weitergeht. Wenn das dort nicht sichtbar würde, werde es einen Kollaps geben. Die Menschen würden die DDR verlassen, und zwar die, die für das Land am interessantesten seien. Er wolle hier nur auf das Beispiel der Krankenhäuser in der DDR hinweisen. Es nütze auch nichts mehr, die Menschen am moralischen Portepee zu fassen. Hier lasteten die 40 vergangenen Jahre schwer. Das Ziel seiner Politik sei es, die Menschen zum Bleiben in der DDR zu veranlassen. Dies setze voraus, daß sich die Wirtschaftsdaten schnell änderten. Eine Anpassung an die Verhältnisse bei uns werde allerdings Jahre dauern. Was er nicht verstehen könne, sei, daß man außerhalb Deutschlands Zweifel daran habe, was die Deutschen wollten. Das sei eindeutig. Die Deutschen wollten zusammenkommen. Wer in Dresden an der Frauenkirche gestanden habe, habe dies gespürt. Was man von den Deutschen erwarten müsse, sei, daß sie auf ihre Umwelt Rücksicht nehmen. Der Satz Adenauers erweise sich als richtig: Die deutschen Probleme könnten nur unter einem europäischen Dach gelöst werden. Die Wiedervereinigung warte nicht an der nächsten Ecke, sondern dies werde Jahre dauern. Auch aus deutschen Gründen. Das Niveau bezüglich der gesellschaftlichen Verhältnisse und des Sozialsystems sei so unterschiedlich, daß man die beiden Teile nicht einfach zusammenfügen könne. Sie müßten zusammenwachsen. Ganz

---

2 Halber Satz nicht freigegeben.
3 Nr. 134.
4 Ein Satz nicht freigegeben.
5 Ein Satz nicht freigegeben.
6 Vier Sätze nicht freigegeben.

wichtig für das deutsch-französische Verhältnis sei es auch, daß die Deutschen sehen, daß sie Freunde haben. Die Deutschen wollten ein Licht am Ende des Tunnels sehen. Daß die Wiedervereinigung nicht von heute auf morgen komme, sehen sie ein. Aber die Hoffnung müsse es geben. Es sei wichtig, daß in den neunziger Jahren ein Prozeß stattfinde, bei dem die EG entscheidend vorankomme. Die feste Verankerung Deutschlands in der EG sei die Voraussetzung für die spätere Entwicklung. Deshalb sollten wir alles machen, was wir uns gemeinsam vorgenommen hätten. Der Bundeskanzler unterstreicht erneut die Wichtigkeit der deutsch-französischen Beziehungen. Ein Teil der Kolleginnen und Kollegen könnten nicht begreifen, daß es keine Lösung 1919, auch keine Lösung 1945 geben könne, sondern daß man eine Lösung 2000 erreichen müsse. Er werde am 17. Januar 1990 in Paris einen Vortrag halten[7] und dort auch seine Auffassungen vortragen. Er verstehe die Ängste der anderen. Aber aus Ängsten könne man keine Welt aufbauen. Mit großem Interesse habe er die Neujahrsrede Präsident Mitterrands[8] gelesen. Zur Sowjetunion bemerkte der Bundeskanzler, das Land brauche den Pluralismus. Ohne ein pluralistisches System könne es im Computer-Zeitalter nicht bestehen. Intelligente und kreative Menschen wollten die Freiheit. Es werde sich schließlich auch die Frage nach den militärischen Bündnissen stellen. Er sage, im Verhältnis zur DDR müßten konföderative Strukturen entwickelt werden, aber keine Konföderation. Das bedeute, daß die beiden Länder in einer Übergangzeit zusammenarbeiteten, obwohl sie unterschiedlichen Blöcken angehörten. Am Ende müsse der Prozeß der europäischen Integration stehen – für die Staaten, die dies wollten –, wo dann ein Teil der Souveränität an die Gemeinschaft übertragen werde. Es sei wichtig, daß die beiden Teile Deutschlands dies akzeptierten. Sein Wort vom Handeln mit „Augenmaß" sei inzwischen auch international akzeptiert worden. Die Entwicklung müsse zusammen mit den Nachbarn erfolgen. Das Deutschland von morgen werde ein westlich orientiertes Land sein. Der Rhein habe heute eine andere Bedeutung als früher. Das Lebensgefühl in Deutschland sei anders geworden. Die DDR sei nicht Ostdeutschland, sondern Mitteldeutschland. Beim Bewahren von Vernunft und Augenmaß werde sich alles gut entwickeln. Für uns sei es von großer Bedeutung, daß auch optisch klar werde, daß wir diesen Weg nicht isoliert gehen und nicht gehen wollen. Der geborene Partner für uns sei Frankreich. Dies liege auch im Interesse Frankreichs. Er wolle ganz offen sagen, daß es gut wäre, wenn die Entwicklung mit Mitterrand und ihm persönlich, dem Bundeskanzler, verbunden werden könnte. Zu Recht würden der Präsident und er als diejenigen gelten, die den Europa-Motor wieder angeworfen hätten. Man müsse auf dieser Linie weitermachen. Die Geschichte habe sich so entwickelt, daß die Weiterentwicklung Europas von Persönlichkeiten angestoßen worden sei. Wenn es keine weitere positive Entwicklung im Hinblick auf Europa gebe, hätte dies für Ungarn, Polen und die ČSSR katastrophale Folgen. Gegen Moskau wolle er keine Anti-Position beziehen. Man müsse die Probleme mit Moskau auf dem Gebiet der Sicherheitspolitik lösen. Auch die Grenzen müßten garantiert werden. Die Diskussion um die Oder-Neiße-Grenze sei ein nur künstlich erzeugtes innenpolitisches Problem. Interessant sei übrigens, daß PM Thatcher mit Grenzen in diesem Sinne offenbar auch die Grenze zwischen der Bundesrepublik und der DDR meine. Der Bundeskanzler kommt nochmals auf Polen zu sprechen und bemerkt, man müsse dem Land auf seinem Weg nach Europa helfen. Sonst werde es keine Ruhe geben. Die Deutschen und Frankreich seien hierzu besonders berufen. Bismarck habe gesagt, der Weg nach Warschau führe über Paris. Dies sei ein kluger Satz. Er glaube, es wäre gut,

---

7 Nr. 138 Anm. 1.
8 Arbeitsübersetzung der wesentlichen Passagen der Neujahrsbotschaft des französischen Staatspräsidenten, Anlage zur Vorlage des Ministerialdirigenten Hartmann an Bundeskanzler Kohl, 3. Januar 1990; BK, 211 – 30101 F 2 Fr 17 Bd. 3. Wortlaut: „Le vœux de M. François Mitterrand", in: Le Monde. 47. Jg. Nr. 13 975. 2. Januar 1990, 5; „Une confédération européenne' ouverte aux pays de l'Est", in: Le Figaro. Nr. 14 105. 1. Januar 1990, 6.

wenn in den nächsten Wochen in aller Diskretion zwischen uns eine Art Agenda aufgestellt würde, wie man an diese Probleme gemeinsam herangehen könne. Der Weg der neunziger Jahre müsse ein deutsch-französischer Weg sein. Die Stellungnahme der französischen Presse und der politischen Klasse in Frankreich zu seinem Zehn-Punkte-Plan habe ihn zum Kopfschütteln veranlaßt. Der Zehn-Punkte-Plan sei notwendig gewesen, um die Diskussion in Deutschland zu kanalisieren. Seine Verkündung habe zur Folge gehabt, daß die extreme Rechte in dieser Frage aus der Diskussion sei, nur die Linksextremen behandelten das Thema in Richtung Neutralismus. Die Bürger der DDR hätten alle Prophezeiungen überrannt. Die Menschen wollten eine vernünftige gemeinsame Zukunft. Sie wüßten, daß Lösungen nicht am Mittag des nächsten Tages zu erwarten seien. Wenn man sie in diesem Jahrzehnt plaziere, sehe er eine gute Chance, ohne daß er ein Datum nennen wolle. Die deutsch-französische Gemeinsamkeit sei auch deswegen wichtig, weil sich die USA mit einem deutsch-französischen Vorspann lieber als alleine in dieser Arena bewege.

Präsident Mitterrand führt aus, bei dieser rapiden Entwicklung in Europa sehe er zwei Probleme, nämlich das russische Problem und das deutsche Problem. Er wolle hier ganz bewußt den Ausdruck „russisch" gebrauchen. Bei diesen beiden Problemen liegen die hauptsächlichen Reibungspunkte. Die unmittelbare Zukunft Gorbatschows sei nicht leicht mit der augenblicklichen Entwicklung in Einklang zu bringen. Das Experiment Gorbatschow werde noch für eine gewisse Zeit weitergehen. Was komme danach, wenn er scheitere? Ultras! Keine Kommunisten, aber eine harte Militärdiktatur. Es werde an das nationale oder nationalistische Gefühl appelliert, um Gorbatschow zu stürzen. Das kommunistische System sei bis ins Mark getroffen. Es werde sich nicht mehr erholen. Alle seien sich dessen bewußt. Aber das imperiale und das russische Nationalgefühl seien durch die Entwicklung in Osteuropa sehr stark in Mitleidenschaft gezogen worden. Er wolle hier nur das Nationalitätenproblem in der Sowjetunion nennen. Wenn die Militärs gewönnen, würden sie mit der Liberalisierung weitermachen. Aber die nationalistischen Elemente würden stark in den Vordergrund gestellt. Blut würde in Georgien und anderen Teilen der Sowjetunion fließen. Wo sie nicht nachgeben würden, sei das deutsche Problem. Gorbatschow selbst könne mit der Zeit bei geschicktem Vorgehen Verständnis entwickeln.

Präsident Mitterrand fährt fort, man müsse sehen, daß die Freunde Deutschlands, wenn sie sich vorsichtig äußerten, sofort als schlechte Freunde oder sogar als Verräter angesehen würden. (Präsident Mitterrand bezieht sich auf Kommentare der deutschen Presse, „sogar die FAZ".) Man könne nicht vernünftig über diese Fragen reden. Das Problem der Wiedervereinigung in der einen oder anderen Form sei angelaufen. Die Lösung müsse vom Willen der Deutschen in den beiden Staaten abhängen. Niemand stehe es zu, hier hineinzureden. Die Deutschen müßten verstehen, daß Ostdeutschland zum Warschauer Pakt, Westdeutschland zur NATO gehöre, daß die Wirtschaftssysteme und vieles andere unterschiedlich seien und daß jeder unkluge Schritt Gorbatschow verpflichtet, zu reagieren oder zu verschwinden. Für ihn, den Präsidenten, wäre das einzig wirkliche Problem, diesen Widerspruch in Einklang zu bringen. Die Einigung Deutschlands dürfe nicht so erfolgen, daß die Russen sich verhärteten und mit Säbelrasseln reagierten. Wir seien am Rande einer solchen Entwicklung. Gorbatschow sei in Kiew sehr unruhig gewesen,[9] nicht wegen der Entwicklung an sich, sondern wegen der überstürzten Eile. Heute sehe man nicht klar, wie die deutschen Staaten nach den Wahlen mit 365 000 Russen in Ostdeutschland zusammengehen könnten. Es sei dies eine Frage des Zeitplans. Wenn man mit der Vertragsgemeinschaft beginne, wie der Bundeskanzler dies vorhabe, würden die öffentliche Meinung und die Russen sich an den Gedanken gewöhnen. Dies sei der Weg der Geschichte, und man werde sich daran gewöhnen. Für ihn sei

9 Nr. 117 Anm. 8.

es kein Argument, wie z. B. für Großbritannien oder die Niederlande, daß es 80 Millionen Deutsche gebe. Es gebe eben diese 80 Millionen. Dies sei eine geschichtliche Realität. Man könne nicht gegen den Strom der Geschichte schwimmen. Aber die geographische Karte Europas könne zur Zeit nicht zu starke Spritzen verkraften. Deshalb verbinde er das deutsche mit dem russischen Problem. Die Realität Europas habe eine lange Geschichte. Kenner der Geschichte wüßten, daß zum Beispiel Ostpreußen und Schlesien länger deutsch als polnisch gewesen seien. Aber das Problem dieser Grenze präsentiere die Risiken des Bruchs, während das Problem der innerdeutschen Grenze nicht von der gleichen Qualität sei. Als die Schlußakte von Helsinki unterzeichnet worden sei, sei die innerdeutsche Grenze eine Grenze wie alle anderen gewesen. Heute jedoch erscheine sie wieder in ihrer geschichtlichen Realität, nämlich als eine Grenze anderen Charakters. Andere Grenzen seien schlecht gezogen worden. Dies gelte für 1919 und auch für 1945. Er glaube, daß das Problem eines Volkes, das nie seine richtigen Grenzen gefunden habe, ein besonderes Problem sei. Selbst wenn die Grenzen schlecht gezogen seien, wie zum Beispiel zwischen der Sowjetunion und Polen oder Rumänien, so seien dies Grenzen, die im großen und ganzen keine Nationen trennten. Dem Präsidenten sei die Wiedervereinigung Deutschlands kein Problem, sie sei eine Realität. Wenn beide Teile Deutschlands Regierungen wählten, die die deutsche Einheit wollten, wäre es dumm und ungerecht, sich dem zu widersetzen. Aber es gebe immer noch eine Mischung von dem Europa von 1919 und 1945 und nicht von 1990. 1919 sei der Gedanke der Nationalitäten übertrieben worden. An den Folgen trage man noch, wie die Vorgänge in Jugoslawien zeigten. 1945 seien Nationen geteilt worden. Die Idee der Vertragsgemeinschaft sei eine gute Idee. Man müsse sich dann Zeit nehmen, die Fragen der Allianzen und der Rüstung zu klären. Wenn die beiden Deutschlands durch die Zugehörigkeit zu verschiedenen militärischen Lagern getrennt würden, gebe es keine Chance. Es bestehe dann die Gefahr der Neutralisierung. Der Bundeskanzler wirft ein, dies sehe er als die größte Gefahr an. Präsident Mitterrand fährt fort, dies wäre die sowjetische These. Es erfordere große Geschicklichkeit, dieses Problem zu lösen.

Der Bundeskanzler wiederholt, daß es sich hier um den wichtigsten Punkt handele. Er habe deshalb seinen Zehn-Punkte-Plan verkündet und auch das Beispiel vom Tunnel verwandt, an dessen Ende für die Deutschen Licht zu sehen sein müsse. Wenn wir nicht klaren Kurs steuerten und mit Augenmaß vorgingen, werde die Idee der Neutralisierung Deutschlands kommen. Das innenpolitische Argument dafür, es sei keine Armee mehr erforderlich, wäre sehr bequem.

Präsident Mitterrand stellt die Frage, wie die Sowjetunion das Aufgeben ihrer militärischen Position akzeptieren werde, wenn nicht die USA und die anderen Mächte ebenfalls ihre Position aufgäben. Er habe hierauf keine Antwort. Man müsse Zeit haben zum Nachdenken. Man dürfe nicht so schnell vorgehen; zunächst müsse man eine Strategie haben. Präsident Mitterrand wiederholt, daß Frankreich an das Vorhandensein von 80 Millionen Deutschen gewohnt sei. (Es folgt ein historischer Exkurs bis in die Zeit Karls des Großen.) Zum ersten Mal in tausend Jahren gebe es jetzt eine Antwort auf diese Frage. Sie laute, die enge Verbindung von Deutschland, Frankreich und Europa. Anstelle eines bewaffneten Gleichgewichts sei ein friedliches Gleichgewicht getreten. Für das weitere Handeln sei das „Timing" wichtig. Wenn er, Mitterrand, Deutscher wäre, wäre er für die Wiedervereinigung so schnell wie möglich – er würde sogar mit Bedauern sehen, daß nicht alle Deutschen die Wiedervereinigung so schnell wollten. Aber er sei Franzose. Er spreche jetzt nicht, um französische Interessen zu berücksichtigen, wenn er sage, Europa habe noch keine klare Geographie. Europa wisse nicht, wohin es steuere. Wir seien nicht daran interessiert, daß Gorbatschow verschwinde. Das Schicksal Gorbatschows hänge von Helmut Kohl mehr ab als von Ligatschow.

Der Bundeskanzler wirft ein, er wisse das und Gorbatschow wisse dies auch. Gerade deshalb sehe er die deutsch-französischen Beziehungen als besonders wichtig an. Er empfinde es als sympathisch, wie Präsident Mitterrand sich geäußert habe, als ob er Deutscher wäre. Der kritische Punkt jetzt sei, daß er, der Bundeskanzler, erreichen müsse, daß die Menschen in der DDR bleiben. Dieses Problem sehe man leider außerhalb Deutschlands nicht. Wir würden nicht durchhalten, wenn zu viele aus der DDR davonliefen.

Präsident Mitterrand bemerkt hierzu, es sei richtig, wenn der Bundeskanzler sage, die Deutschen müßten Licht am Ende des Tunnels sehen. Man müsse gemeinsam vorgehen und die deutsche und die europäische Einheit gleichzeitig anstreben.

Der Bundeskanzler wirft ein, dies sei das Schlüsselwort.

Präsident Mitterrand stellt die Frage, was mit den Staaten geschehe, die jetzt nicht in die EG eintreten könnten, wie zum Beispiel Ungarn, Polen, die Tschechoslowakei. Was sei mit Österreich, was mit der Türkei? Die EG könne sie nicht alle aufnehmen. Dies müsse in den nächsten Wochen gründlich überlegt werden. Man müsse einen Status und Strukturen finden mit den Ländern Europas, die man nicht draußen lassen könne. Es müßten Verträge, auch politische Verträge mit diesen Ländern abgeschlossen werden. Eventuell auch mit der Sowjetunion. Dann werde es eine neue Lage Ende dieses Jahrhunderts geben.

Der Bundeskanzler stimmt zu. Selbst wenn Gorbatschow stürzen sollte, würden dessen Nach-Nachfolger dessen Weg weitergehen.

Präsident Mitterrand teilt diese Auffassung. Er fährt fort, der Bundeskanzler solle klar zeigen, daß die polnische Grenze nicht in Frage gestellt werde. Es müsse schnell eine Konzeption gefunden werden. Bis 1995 müsse die EG gestärkt werden und dann ein Abkommensystem mit den anderen demokratischen Ländern Europas begründet werden. Wenn die Sowjetunion nicht eine gleiche Entwicklung mitmache, werde sie isoliert sein.

Der Bundeskanzler stimmt zu und gibt seiner Meinung Ausdruck, daß diese gesamte Entwicklung sich im nächsten Jahrzehnt vollziehen werde.

Präsident Mitterrand betont, daß man keine Unruhe schaffen dürfte.

Der Bundeskanzler bemerkt hierzu, genau dies sei seine Politik.

Präsident Mitterrand äußert, wenn er nicht rede wie der Bundeskanzler, dann würden die großen Leitartikler in der Bundesrepublik intolerant reagieren. Er akzeptiere, daß die beiden deutschen Staaten Verträge schließen und sich vereinigen. Mehr könne man doch von ihm nicht verlangen. Allerdings dürfe die Lösung des deutschen Problems nicht ein neues russisches Drama hervorrufen oder umgekehrt.

Der Bundeskanzler bemerkt, was die Zeitungen schreiben, fechte ihn nicht an. Präsident Mitterrand werde mit der Auffassung der „politischen Klasse" in Paris identifiziert. In den deutschen Zeitungen werde alles zusammengewürfelt. Aus seiner Sicht wäre das wichtig, daß die Menschen in Deutschland – und er brauche bewußt diesen Ausdruck – das Gefühl hätten, es bleibe bei der deutsch-französischen Freundschaft, es bleibe bei der engen Kooperation Kohl/Mitterrand, es bleibe bei dem europäischen Kurs und im Elysée sitze ein Mann, der die Entwicklung in Deutschland mit Sympathie betrachte.

Präsident Mitterrand sagt hierzu: „Das halte ich fest."

Der Bundeskanzler fährt fort, es sei ein irrationales, aber wichtiges Element: Insbesondere die jungen Leute wollten, daß man ihnen vertraue. Niemand wolle Streit mit den Russen. Man müsse eine Lösung mit Gorbatschow suchen.

    Das Gespräch, das um ca. 12.15 Uhr begonnen hatte, wurde gegen 14.00 Uhr unterbrochen.

Es wurde beim Mittagessen, bei dem auch Frau Mitterrand[10] teilnahm, fortgesetzt.

---

10 Danielle Mitterrand, geb. 1924.

Auf Fragen des Präsidenten führt der <u>Bundeskanzler</u> aus, ...[11] Natürlich wolle er[12] die Herrschaft der SED aufrechterhalten. Jetzt sehe man, welche große Macht die Stasi hatte. <u>Präsident Mitterrand</u> stellt die Frage, ob die Deutschen sich den Kommunismus weiter gefallen lassen würden. Der <u>Bundeskanzler</u> sagt hierzu, dies werde überhaupt nicht der Fall sein. Aber die erste freie Wahl werde noch kein rechtes Bild geben. ...[13]

Der <u>Bundeskanzler</u> fragt, ob es in der KPF auch Bewegung gebe.

<u>Präsident Mitterrand</u> bejaht diese Frage. Er bezweifelt, ob sich Marchais wohl halten werde. Zur Situation der KPI stellt <u>Präsident Mitterrand</u> fest, die Führer der KPI seien keine Kommunisten mehr.

<u>Präsident Mitterrand</u> stellt die Frage, wie der Bundeskanzler auf die Ereignisse in Rumänien reagiert habe.

Der <u>Bundeskanzler</u> führt zunächst aus, daß noch 160 Tausend Deutsche in Rumänien lebten. Ceauşescu habe viel Geld mit diesen Deutschen verdient. Jahr für Jahr habe man 15 bis 20 Tausend Deutsche freigekauft. Das Geld habe Ceauşescu selbst eingesteckt. Ceauşescu habe ihm einen Brief geschrieben, er solle Rumänien einen offiziellen Besuch abstatten, sonst werde er das Abkommen nicht verlängern. Nach weiteren 14 Tagen habe er mitgeteilt, er werde organisieren, daß die rumänischen Arbeiter den deutschen Arbeitern Lebensmittel schickten. Ceauşescu sei verrückt geworden. Für viele sei es ein Glück gewesen, daß er hingerichtet worden sei. Er hätte viele belastet.

<u>Präsident Mitterrand</u> bemerkt, Ceauşescu habe keine Chance gehabt. Alle hätten ihn verlassen. Es sei erstaunlich, daß er nicht einmal einen eigenen Piloten für seinen Hubschrauber gehabt habe.

Die anschließende <u>Frage Präsident Mitterrands</u>, ob Modrow bereit sei, ein Abkommen über die Vertragsgemeinschaft zu schließen, bejaht der <u>Bundeskanzler</u>. Er macht kurze Ausführungen zum möglichen Inhalt dieses Abkommens. Ein großes Problem sei, ob die DDR-Führung im wirtschaftlichen Bereich die richtigen Schritte mache. Auch davon hänge es ab, ob die Menschen dort blieben. Es müsse erreicht werden, daß sie bleiben.

<u>Präsident Mitterrand</u> stellt die Frage, ob die Russen Geld oder Naturalien von der DDR erhalten hätten.

Der <u>Bundeskanzler</u> bemerkt, es seien Lieferungen in die Sowjetunion erfolgt. Auch Ungarn habe das gleiche Problem.

<u>Präsident Mitterrand</u> meint, diese Länder würden dagegen revoltieren.

Der <u>Bundeskanzler</u> teilt diese Auffassung. In einer kurzen Charakterisierung bezeichnet der Bundeskanzler MP Németh als den kompetentesten Mann; MP Mazowiecki als überzeugend und umfassend gebildete Persönlichkeit, dessen Stärke jedoch nicht Wirtschaftsfragen seien.

<u>Präsident Mitterrand</u> erkundigt sich, was Gorbatschow dem Bundeskanzler gegenüber äußere.

Der <u>Bundeskanzler</u> bemerkt, er denke, daß er ihn sehr bald treffen werde. Er wolle ihm sagen, daß er nichts tun wolle, was die Lage erschwere, und daß man Zeit brauche. Gorbatschow selbst habe wachsende Probleme bei der Versorgung und in der Nationalitätenfrage. Er wolle hier nur das Baltikum und die Vorfälle an der iranischen Grenze nennen. Wenn es uns gelinge, die Probleme zeitlich zu entzerren, und wenn Gorbatschow Vertrauen habe, daß wir kein Fait accompli schaffen wollen, sehe er, der Bundeskanzler, eine Chance für ein

---

11   Ein Halbsatz nicht freigegeben.
12   Gemeint: Ministerpräsident Modrow.
13   Neun Sätze nicht freigegeben.

Arrangement. Voraussetzung sei, daß sich die innenpolitische Lage in der Sowjetunion beruhige. Der Bundeskanzler wolle eventuell im Februar mit Präsident Mitterrand sprechen, ob man über die EG Gorbatschow helfen könne.

Präsident Mitterrand wirft ein, daß die Vorbereitungen betreffend die Ost-West-Bank gut vorankämen.[14] Es bestehe hier eine enge Zusammenarbeit.

Der Bundeskanzler stimmt zu.

Präsident Mitterrand fährt fort, Gorbatschow sehe wohl, daß ein Zurück nicht möglich sei. Aber irgendwann würden die Menschen in Moskau sagen, wir wollen auch Pluralismus. Dann würden sich eventuell die Gegner stärker formieren. Wenn Gorbatschow für das Amt eines europäischen Präsidenten kandidieren würde, hätte er mehr Chancen als in der Sowjetunion.

Der Bundeskanzler stimmt zu. Er bemerkt, das Problem in diesen Ländern sei der Verlust des Vertrauens. Dies sei auch nicht erstaunlich, wenn die Menschen dort jetzt lesen würden, wie die Oberschicht gelebt hat. Ihm, dem Bundeskanzler, vertrauten die Menschen in der DDR. Sie hätten jedoch zum Teil unrealistische Vorstellungen. Der Vorteil sei, daß sie unglaublich vernünftig seien (der Bundeskanzler berichtet von seiner Rede an der Frauenkirche in Dresden am 19.12.89). Es seien nicht mehr die Deutschen von 1932. Die Deutschen von heute wollten Frieden, Europa; sie wollten keinen Streit. Es habe in der DDR keine antisowjetischen Demonstrationen und keine Übergriffe gegen die Rote Armee gegeben. Dies habe Modrow bestätigt. Gorbatschow habe ihm gegenüber erklärt, er habe Furcht vor Ausschreitungen. Nichts sei jedoch geschehen. Das Problem der SU-Armee in Deutschland sei, daß es viele Deserteure gebe. Es herrsche brutale Disziplin.

Auf Frage Präsident Mitterrands führt der Bundeskanzler aus, er habe Modrow gegenüber erklärt, daß ein Prozeß gegen Honecker nichts nutze. Zur Persönlichkeit von Präsident Havel bemerkt der Bundeskanzler, er sei ein Intellektueller, der in der deutschen Tradition stehe und ein großer Idealist sei. Er sei ein europäischer Kopf. ...[15] In wenigen Monaten müsse in Ordnung gebracht werden, was über Jahrzehnte in Unordnung geraten sei. Seine moralische Autorität sei nur der Mazowieckis vergleichbar. (Der Bundeskanzler berichtet über seinen Besuch in Prag im letzten Jahr und sein Gespräch mit Kardinal Tomašek.)[16]

Das Gespräch endet gegen 15.30 Uhr.

Gegenüber Medienvertretern wurde bei einem informellen Fototermin u.a. folgendes geäußert:

Präsident Mitterrand bezeichnet als wichtigste Aufgabe die Stärkung der Gemeinschaft der Zwölf. Was soll mit den anderen geschehen? Langfristig gesehen müssen alle einbezogen werden. Das deutsche Problem und das Problem Europa müßten zusammen gelöst werden.

Der Bundeskanzler bezeichnet das Gespräch als interessant und sehr freundschaftlich. In der jetzigen Lage und angesichts der dramatischen Veränderung sei es für ihn entscheidend, daß der Weg mit unseren Nachbarn und Freunden gemeinsam fortgesetzt werde. Vor allem mit Frankreich. Die deutsch-französischen Beziehungen seien schon bisher von größter Bedeutung gewesen; in den neunziger Jahren würden sie noch größere Bedeutung haben. Er wolle Adenauer nennen, der gesagt habe, das deutsche Problem könne nur unter einem europäischen Dach gelöst werden. Es sei jetzt Geduld und Verständnis füreinander gefordert. Er stimme Präsident Mitterrand zu, es sei jetzt wichtig, auf dem Weg der europäischen Gemeinschaft voranzugehen und Perspektiven für die Länder Mittel- und Osteuropas zu fin-

---

14 Gemeint: die Europäische Bank für Wiederaufbau und Entwicklung, deren Errichtung auf der Tagung des Europäischen Rates am 8./9. Dezember 1989 in Straßburg beschlossen worden war. Zum Stand der Vorbereitungen Mitte Februar 1990: Vermerk des Ministerialrats Ludewig, 15. Februar 1990; BK, 211–30104 F 2 Fr 24, Paris, 15.2.1990, Hauptvorgang.
15 Ein Satz nicht freigegeben.
16 Nr. 134 Anm. 4.

den. Der Begriff der Konföderation gelte für diese Entwicklung. Er gelte nicht für die inner-deutsche Situation. Die Sicherheitsinteressen der Sowjetunion müßten berücksichtigt wer-den.

Neuer

Nr. 136
Besprechung der beamteten Staatssekretäre
Bonn, 8. Januar 1990

BArch, B 136/24370, 51 – 14223 Sta 1 Bd. 6. – Ergebnisprotokoll des RL Wormit, 8. Januar 1990. Verteiler: StM Staven-hagen, alle beamteten Staatssekretäre, AL 1, AL 2, AL 3, AL 4, AL 5, AL 6, LASD, MD Schmülling (BPA), LKB, PR/Chef BK, Herr Wormit, Frau Groschek, VS-Registratur. Vorlage an BM Seiters mit der Bitte um Billigung, abgezeich-net: „S[eiters]". – Besprechungsbeginn: 9.00 Uhr.

Nach dem Eindruck von St Neusel verlaufen die deutsch-deutschen Regierungsgespräche in den einzelnen Politikbereichen unterschiedlich intensiv. Angesichts der augenblicklichen Entwicklung in der DDR und des Echos hierauf wirft er die Frage auf, ob bei den Kontakten die bisherige Linie beibehalten werden solle und ob vielleicht Abstimmungsbedarf innerhalb der Bundesregierung bestehe.

BM Seiters kündigt an, nach seinen heute vorgesehenen Gesprächen gegebenenfalls kurzfri-stig zu weiteren Abstimmungen zwischen den Häusern einzuladen. Im übrigen müsse wei-ter behutsam auf dem Weg der Kontakte vorangeschritten werden, und dabei sei jede Über-eilung zu vermeiden. Alle bisherigen Vereinbarungen seien den Menschen in beiden Teilen Deutschlands gleichermaßen zugute gekommen; dies gelte etwa für die Themen Zwangsum-tausch, Visapflicht oder Durchlässigkeit der Grenzen. Die in Vorbereitung befindlichen Maßnahmen im Bereich des Umweltschutzes, der Telekommunikation oder in Verkehrsfra-gen würden sich ebenfalls zum Vorteil aller Deutschen auswirken. Die weitere Zusammen-arbeit auf Regierungsebene sei stets nachdrücklich unter den Vorbehalt bestimmter unum-kehrbarer Veränderungen in der DDR gestellt worden. Die Standfestigkeit der Bundesregie-rung in grundsätzlichen Positionen stehe außer Frage. Die Vorschläge der Opposition zur Gestaltung der Kontakte zur DDR-Regierung ließen jede Linie vermissen; sie enthielten keine seriösen Perspektiven. Die Politik der Bundesregierung sei von Anfang an auch be-stimmt gewesen durch das Bemühen, den Bürgern in der DDR Perspektiven für ihre dortige Zukunft zu eröffnen. Hieran habe sich nichts geändert. Von daher sollten die Kontakte wie geplant fortgesetzt werden. Dabei müßten kurzfristige Abstimmungen zwischen dem Kanz-leramt und den Ressorts angesichts der raschen Entwicklungen vorbehalten bleiben.

In der anschließenden Diskussion skizzieren mehrere St[aatssekretär]e den Stand der Kon-takte ihrer Ressorts. Übereinstimmend wird der Fortgang von Gesprächen befürwortet, die späteren Bindungen insbesondere im finanziellen Bereich vorgelagert seien.

St Jagoda äußert Bedenken gegen die Aufrichtigkeit der Reformbereitschaft der SED. Sein Vorschlag, bei nächster Gelegenheit diesbezügliche Erfahrungen einzelner Ressorts in der Runde der beamteten Staatssekretäre auszutauschen, wird von BM Seiters begrüßt. Er werde diesen Punkt aufgreifen.
...1

Wormit

---

1 Nicht abgedruckt: Punkte „1. Tagesordnung für die Kabinettsitzung am Mittwoch, dem 10. Januar 1990, 9.30 Uhr, Bundeskanzleramt", „2. Kabinettzeitplanung" und „3. Verschiedenes".

Nr. 137
Gespräch des Chefs des Bundeskanzleramtes Seiters mit Wirtschaftsexperten
Bonn, 9. Januar 1990

BArch, B 136/21664. – Vermerk des RL Westerhoff, 15. Januar 1990. Az. 421 – 35006 De 13. Vorlage über GL 42 und AL 4 an Chef BK.

Betr.: Informelles Gespräch über Wirtschafts- und Währungsfragen der DDR am
09.01.1990
Beginn: 16.00 Uhr, Ende: 18.30 Uhr
Teilnehmer: Chef BK Seiters, Prof. Dr. Schlesinger, Dr. Röller, Prof. Dr. Schneider, Dr. Walter, Dr. Gieseke, Sts Dr. von Würzen, Sts Dr. Köhler, Sts Dr. Tegtmeier, Dr. Grimm, Dr. Duisberg, Dr. Ludewig, Dr. Homann, Dr. Schnurr, Dr. Westerhoff
Hier: Ergebnisvermerk

Chef BK Seiters eröffnet die Sitzung. Er stellt den Stand der Verhandlungen mit der DDR in aller Kürze dar. Er gibt das Wort an Sts Dr. von Würzen als dem zuständigen Ressortvertreter.

Sts Dr. von Würzen (BMWi): Nach seiner Beobachtung stellen sich die zunächst recht umfassend angekündigten Reformen in der DDR heute im Lichte erster Konkretisierungsschritte sehr viel weniger weitgehend, durchgreifend und schnell dar. Vieles solle heute nicht mehr grundsätzlich geregelt werden, sondern über Ausnahmeregelung. Dies zeige sich insbesondere am derzeit diskutierten Investitionsschutzabkommen, das zahlreiche Klauseln enthält, die westdeutsche Direktinvestitionen nicht fördern, sondern erschweren. Er weist sodann darauf hin, daß mögliche Joint-ventures mit der DDR zwar neben vielen anderen Maßnahmen (z. B. Reform des Bankensektors) wichtig seien, daß im Zentrum der Reformbemühungen jedoch die Herstellung der Gewerbefreiheit stehen müsse. Hier gelte es, die vielfältigen bestehenden diskriminierenden Regelungen zu beseitigen. Schließlich wies er auf das offensichtliche Mißverhältnis zwischen der in unserer Wirtschaft zu beobachtenden optimistischen Stimmung bezüglich der Chancen in der DDR und den unzureichenden Reformbemühungen durch die SED hin. Sts Dr. von Würzen erklärte dies mit der Fülle der bereits heute bestehenden Kooperationsmöglichkeiten mit DDR-Unternehmen auf der Ebene unterhalb von Joint-ventures.

Prof. Dr. Schlesinger (BB) wies darauf hin, daß wir zuwenig wissen über die Geld- und Kreditwirtschaft in der DDR. So fehle es z. B. an einer Bilanz der Notenbank, und es gebe keine Bankenstatistik. Allerdings beurteilte er das in den Medien intensiv behandelte Problem des Geldüberhangs in der DDR als überpointiert. Er wies vor allem darauf hin, daß die beträchtlichen Sparkonten der DDR-Bürger auch dadurch zu erklären seien, daß sie die einzige Form der Geldanlage in der DDR darstellen. Für ihn ist weniger der Geldüberhang eine Quelle möglicher inflationärer Prozesse, als vielmehr der notwendige Subventionsabbau. Wenn nämlich die Subventionen auf Grundnahrungsmittel und Mieten abgebaut werden, wird es zu Preissteigerungen kommen, die man vermutlich durch Lohn- und Rentensteigerungen zu kompensieren versucht. Dies kann der Einstieg in einen inflationären Prozeß sein, der wegen eines fehlenden geldpolitischen Instrumentariums nicht zu beherrschen sein wird. Zum zweiten wies er darauf hin, daß es derzeit schon fünf unterschiedliche Wechselkurse mit der DDR-Mark gebe: 1:1 und 1:5 im Devisenfonds; 1:3 im privaten Reiseverkehr; 1:4,4 und der Kurs, der sich beim freien Tausch bildet. Die Auslandsverschuldung der DDR bezifferte er netto auf zehn Mrd. Dollar zuzüglich fünf Mrd. DM gegenüber der Bundesrepublik. Insgesamt sei dies im Vergleich zu anderen Reformstaaten des Ostens eine geringe Verschuldung. Wenn er einen Rat an die DDR geben sollte, würde er empfehlen, mit einem offiziellen Wechselkurs 1:5 zu beginnen, um dann in gewissen Zeitabständen aufzuwerten. Dies würde nämlich den Wirtschaftssubjekten in der DDR eine Perspektive eröffnen, weil eine Aufwertung als Erfolg gewertet würde. Er vermutete jedoch, daß die Chance gering ist, daß die DDR diesen Weg geht. Im übrigen fehlten ihm jegliche Informationen darüber, daß die DDR zum jetzigen Zeitpunkt überhaupt durchgreifende Änderungen im Geld- und Kreditwesen planen würde.

Dr. Röller (Dresdner Bank) berichtete zunächst über die Informationsstelle der Dresdner Bank in Dresden. Er wertete diese Aktion bereits heute als einen vollen Erfolg. Am 1. Januar habe man mit zwei Personen in dem Büro begonnen, heute seien es bereits neun. In den nächsten Wochen seien in anderen DDR-Städten weitere Informationsstellen geplant.

Nach seinen Beobachtungen fehlt es im Grundsatz nicht an Konzeptionen für eine Umstrukturierung der DDR-Wirtschaft. Was fehlt, sind Personen, die gewillt und in der Lage sind, diese umzusetzen. Er nannte als Beispiel das in der Konzeption halbherzig angelegte Investitionsschutzabkommen. Dieses Abkommen sei die Nagelprobe des Reformwillens. Von der Konzeption dieses Abkommens könne man schließen auf die Reformbereitschaft in anderen Bereichen wie z.B. der Eigentumsordnung, der Lieferbeziehungen usw. Darüber hinaus seien die Direktinvestitionen insofern von hoher Bedeutung, weil sie die Chance bieten, mit den Personen vorrangig in Kontakt zu treten, die an einer Wirtschaftsreform wirklich interessiert sind (der Wille zu Reformen sei im übrigen um so stärker, je weiter man sich von Ost-Berlin entferne und sich in der SED-Hierarchie nach unten bewege).

Er wies dann auf ein prinzipielles Problem in der DDR hin: In vierzig Jahren SED-Herrschaft habe sich nämlich die Denkgewohnheit herausgebildet, daß alles vom Staat kommen müsse. Und auch bei Gesprächen über bundesdeutsche Hilfen verfestigt sich der Eindruck, daß damit stets Staatsgelder gemeint seien. In Wirklichkeit könnten Hilfen bei der Reparatur der Infrastruktur und staatliche Hilfen stets nur Initialzündungen für privates Kapital aus der Bundesrepublik sein.

Herr Röller erwartet, daß sich aus mehreren Gründen in der DDR die DM als Parallelwährung etablieren wird. Und auch hier wird es von entscheidender Bedeutung sein, wie sich die DDR-Führung verhält, ob sie die Parallelwährung zuläßt oder [ob] sie versucht, die DM durch vielfältige Möglichkeiten abzuschöpfen.

Zusammenfassend glaubt er, daß die notwendigen wirtschaftspolitischen Maßnahmen in der DDR von den führenden Leuten noch nicht akzeptiert [worden] seien, und derzeit sei offenbar das Ziel der SED, nach dem 06. Mai[1] koalitionsfähig zu bleiben. Da viele der notwendigen Maßnahmen im wirtschaftlichen und vor allem im sozialen Bereich schmerzhaft sein werden, glaubt er, daß bis zur Wahl keine dieser Maßnahmen ergriffen werden (Dr. Walter bestätigte diese Position).

Prof. Dr. Schneider sah das Hauptproblem der DDR in der Spannung zwischen der Größe der notwendigen Reformvorhaben und der politisch bestimmten kurzen Zeit.

In das Zentrum der Reformbemühungen in der DDR müßte nicht nur eine Preisreform gestellt werden, sondern eine ganze Reform des Preisbildungssystems. Das heißt mit anderen Worten, es muß eine Wettbewerbswirtschaft geschaffen werden. Dies wiederum setzt die Zerschlagung der horizontalen Kombinate voraus. Denn diese beherrschen teilweise bis zu 80% des jeweiligen DDR-Inlandsmarktes. Mit diesem Problem hänge auch eng das Stichwort „Ausverkauf" zusammen. Denn dieser könne nur geschehen, solange die Preise nicht ihre Funktion als Wertmesser wahrnehmen könnten. Im übrigen gebe es kein Muster für die

---

1 Zu dem Zeitpunkt lag der Volkskammer ein Antrag ihres Präsidiums vom 4. Januar 1990 vor, die gegenwärtige Wahlperiode am 5. Mai enden zu lassen und dem Staatsrat zu empfehlen, Neuwahlen „für den 6. Mai 1990 auszuschreiben" (Drucksache Nr. 57). Der Antrag wurde am 11. Januar mit großer Mehrheit bei fünf Gegenstimmen und 15 Enthaltungen verabschiedet (Volkskammer. 9. Wahlperiode. Protokolle. Bd. 25, 383 f.).

Transformation einer sozialistischen Wirtschaft in eine Marktwirtschaft. Das Experiment China sei vor allem wegen des Hauptproblems Inflation auf halbem Wege steckengeblieben. Sts Dr. Tegtmeier (BMA) wies noch einmal auf den Übersiedlungsdruck hin, der unvermindert andauere, und machte auf einige mögliche Konsequenzen aufmerksam: In der DDR betrage eine durchschnittliche Rente zwischen 400 und 500 DDR-Mark p[ro] M[onat]. Würde eine Preisreform bei gleichbleibenden Renten stattfinden, würde mit hoher Wahrscheinlichkeit auch die Anzahl der Übersiedler wieder steigen. Bei uns bekommt ein „Durchschnitts"-Rentner etwa 20 000 DM p.a., das bedeutet bei 100 000 Übersiedlern im Rentenalter zwei Mrd. DM Mehrbelastung der Rentenversicherung.

In den bisherigen Verhandlungen mit der DDR-Führung wollte diese bisher jedoch nur Amtshilfe bei der Verhinderung von Arbeitsaufnahmen von DDR-Bürgern bei uns haben. Über andere Sachverhalte ist bisher nicht gesprochen worden. Andererseits steigen mittlerweile Anfragen aus der DDR über die Rentenhöhe und eine mögliche Arbeitsaufnahme bei uns.

Chef BK Seiters zog eine Zwischenbilanz der Diskussion und stellte die Frage, was zu tun sei, wenn die Stagnation im politischen Reformprozeß andauere.

Herr Dr. Gieseke (DIHT) erläuterte die Konzeption des geplanten DIHT-Kongresses in Berlin. Dazu lägen bereits viele Anfragen aus der DDR vor. Er äußerte die Besorgnis, daß die DDR-Führung ein großes propagandistisches „Getöse" bei einem nicht funktionierenden Investitionsschutzabkommen veranstalten werde, um mit Hinweis auf die Erfolgslosigkeit solcher Maßnahmen weitere Wirtschaftsreformen abzublocken.

Er sah es als besonders vordringlich an, in den Oppositionsgruppen die wirtschaftspolitisch Verantwortlichen ausfindig zu machen, um über diese einen entsprechenden Druck auf die offizielle Wirtschaftspolitik ausüben zu können. Hieran fehle es ganz besonders. In diesem Punkt wurde er ausdrücklich von Dr. Röller unterstützt. Sts Dr. Tegtmeier fragt später zu diesem Fragenkomplex, ob es überhaupt Gruppen gebe, die ein halbwegs geschlossenes Marktwirtschaftskonzept kennen und vertreten wollen.

Dr. Gieseke betonte noch einmal die Initialwirkung von Direktinvestitionen und nannte den engen Kontakt mit reformwilligen Kräften in der DDR den Transmissionsriemen für Reformen.

Sts Dr. von Würzen wies darauf hin, daß die ideologische Auseinandersetzung in der DDR noch nicht ausgestanden sei und daß sich hier auch wichtige Aufgaben für die Stiftungen unserer Parteien mit ihren Apparaten ergeben. Bisher scheine durchgängige Position aller Gruppen in der DDR zu sein, daß man soziale Sicherheit erhalten und eine ökonomische Erneuerung der DDR durchführen wolle, darüber hinaus im übrigen auch noch eine effiziente Wirtschaft für notwendig erachte. Die Erkenntnis, daß man erst produzieren müsse, bevor man verteilen könne, habe sich noch nicht durchgesetzt.

Auch müsse man sich darauf einstellen, daß ein optimales Ergebnis in unserem Sinne bei den Reformen in der DDR nicht zu erreichen sei. Man müsse deshalb auch Szenarien erarbeiten über das, was möglich erscheint. Es werde voraussichtlich keine volle Preisreform geben (die wir nach 1945 auch nicht sofort durchgeführt haben). Es werde vermutlich auch keine völlige Investitionsfreiheit geben, was aber durch eine weitgehende Gewerbefreiheit geheilt werden könne. Auf mögliche Hilfen für die DDR-Zahlungsbilanz müsse man sich einstellen. Dr. Röller meinte dazu später, auch wenn man nicht alles erreiche, was nötig wäre, so sammle die andere Seite auf jeden Fall Erfahrungen mit marktwirtschaftlichen Prozessen. Viele Unternehmer hätten bereits heute unterschriftsreife Kooperationsverträge mit DDR-Unternehmen in der Schublade. Im übrigen, meinte er, sollte man nicht von Auflagen sprechen, sondern von der Durchsetzung von Erkenntnissen marktwirtschaftlicher Erfahrungen.

Sts Dr. Köhler (BMF) wies darauf hin, daß alle Probleme, die sich heute stellen – im Arbeitsmarktbereich, im Währungsbereich, im Technologiebereich usw. –, Arbitrageprobleme seien. Im übrigen sollte man von unserer Seite auch manche Prozesse einfach laufenlassen, wie z. B. bei den Wechselkursen. Hier würden sich von selbst Gleichgewichtssituationen ergeben. Das Ziel der derzeitigen DDR-Führung sei: möglichst wenig Reformen im eigenen Land bei möglichst viel Geld aus der Bundesrepublik.

Chef BK Seiters wies nochmals auf die objektiven Schwierigkeiten hin, die sich uns entgegenstellen. Die SED könne nämlich auf einen vierzig Jahre lang beherrschten Apparat zurückgreifen, der den Sozialismus will. Andererseits gebe es eine Opposition, die „keine Marktwirtschaft kann".

Prof. Dr. Schlesinger stellte zwei Probleme heraus. Zum einen enthalte das jetzt vorgelegte Investitionsschutzabkommen einige Fallen: Private Unternehmer sind bei den Joint-ventures ausgeschlossen; es bestehe eine Genehmigungspflicht; der Anteil ausländischen Kapitals dürfe 49% nicht übersteigen; in den Preisbildungsprozeß könne eingegriffen werden; und über die mögliche Abführung von Devisen bestehe Unklarheit. Dies sei eher ein Modell der Investitionsabschreckung.

Zum zweiten wies er auf die bisher schon aufgelaufenen erheblichen Haushaltsbelastungen für Hilfen zugunsten von Polen, Ungarn und der DDR hin. Deshalb solle man sich nicht scheuen, auch in der politischen Sondersituation, in der wir uns gegenüber der DDR befinden, Auflagen zu verlangen. Er wies ausdrücklich auf Analogien zu IWF-Krediten hin.

Dr. Ludewig (BK) meinte, daß das Investitionsschutzabkommen vermutlich bis zum 06. Mai geregelt sei. Er stellt die Frage, was noch bis zum Wahltag hinzutreten müsse, z. B. im monetären Bereich. Denn immerhin sollen Schätzungen zufolge in diesem Jahr ca. 10 Milliarden DM privat in die DDR fließen.

Anknüpfend an diese Frage stellte Sts Dr. von Würzen noch einmal heraus, daß der Devisenzufluß ein wichtiges Problem sei, auch bei den Joint-ventures. Was geschehe z. B. mit Unternehmen, die nur für den Inlandsmarkt produzieren und keinen Zugang zu Devisen haben?

Dr. Westerhoff

Nr. 138
Schreiben des Staatspräsidenten Mitterrand an Bundeskanzler Kohl
Paris, 17. Januar 1990

BK, 03 (211) – 30104 F 2 Fr 24, Paris, 17./18.1.1990, Hauptvorgang Bd. 2.

Monsieur le Chancelier, Cher Helmut,

Votre venue est un événement qui suscite à Paris un vif intérêt.[1] Les Français ont suivi avec une attention très grande les événements qui bouleversent l'Est de l'Europe. Ils mesurent toute l'importance des idées que vous développerez, car ils connaissent votre engagement en faveur de la Communauté européenne et ils savent ce que nos deux pays ont fait ensemble pour que la Communauté soit par sa volonté politique à la hauteur des circonstances.

Mes obligations ne me permettent malheureusement pas d'être avec vous ce soir. Je tenais à vous faire part de mes regrets et à vous renouveler l'expression de ma très haute considération *et de mes sentiments amicaux*

François Mitterrand

---

1 Bundeskanzler Kohl sprach auf der Konferenz des Bureau International de Liaison et de Documentation und des Institut Français des Relations Internationales am 17. Januar 1990 in Paris zu dem Thema „Die deutsche Frage und die europäische Verantwortung" (Bulletin. Nr. 9. 19. Januar 1990, 61–66).

Nr. 139
Entwurf der Bundesregierung
Vertrag zwischen der Bundesrepublik Deutschland
und der Deutschen Demokratischen Republik
über Zusammenarbeit und gute Nachbarschaft

BArch, B 136/20635, 221 – 35014 Na 6 Bd. 1. – Stand: 18. Januar 1990.

Die Regierung der Bundesrepublik Deutschland und die Regierung der Deutschen Demokratischen Republik,
auf der Grundlage des Vertrages über die Grundlagen der Beziehungen zwischen der Bundesrepublik Deutschland und der Deutschen Demokratischen Republik vom 21. Dezember 1972,
angesichts der insbesondere durch die Öffnung der Grenzen in Deutschland eingetretenen neuen Entwicklungen in den Beziehungen zwischen den beiden Staaten,
in dem Bewußtsein, daß sie gemeinsam Verantwortung tragen für die Menschen in Deutschland sowie für eine organische Entwicklung zur Verwirklichung von Freiheit, Menschenrechten und Demokratie in Europa,
in dem Bestreben, zu Stabilität und Frieden in Europa auf der Grundlage freier Selbstbestimmung und umfassender Zusammenarbeit entsprechend den Zielsetzungen der KSZE-Schlußakte von Helsinki und den anderen KSZE-Dokumenten beizutragen,
mit dem Ziel, durch Vertiefung der Zusammenarbeit und Einrichtung gemeinsamer Institutionen eine Vertragsgemeinschaft zu entwickeln, um die besonderen Beziehungen der beiden Staaten weiter auszugestalten und so einen Beitrag zur Überwindung der Trennung Deutschlands und Europas zu leisten,
sind wie folgt übereingekommen:

Artikel 1

(1) Die Regierungen der Bundesrepublik Deutschland und der Deutschen Demokratischen Republik werden auf der Grundlage des Vertrages über die Grundlagen der Beziehungen zwischen der Bundesrepublik Deutschland und der Deutschen Demokratischen Republik vom 21. Dezember 1972 die Zusammenarbeit auf allen Ebenen und in allen Bereichen verdichten. Sie werden alle Möglichkeiten des Gesprächs und der Zusammenarbeit nutzen, um für gemeinsame Probleme gemeinsame Lösungen zu entwickeln.

(2) Sie werden die über weitere Fragen von beiderseitigem Interesse bereits laufenden Konsultationen fortführen und intensivieren.

(3) Sie haben die Absicht, zur Regelung praktischer Fragen weitere Vereinbarungen und Verträge abzuschließen, insbesondere auch auf weiteren als den in Artikel 7 des Vertrages über die Grundlagen der Beziehungen zwischen der Bundesrepublik Deutschland und der Deutschen Demokratischen Republik genannten Gebieten.

(4) Die Regierungen der Bundesrepublik Deutschland und der Deutschen Demokratischen Republik werden gemeinsame Institutionen für die Zusammenarbeit auf allen Ebenen errichten und die Errichtung solcher Institutionen fördern.

Artikel 2

Die Regierungen der Bundesrepublik Deutschland und der Deutschen Demokratischen Republik betrachten angesichts der aktuellen Entwicklung Zusammenarbeit und Annäherung in den Bereichen der Wirtschaft, der gemeinsamen Infrastruktur, des Umweltschutzes, des Rechts sowie im Arbeits- und Sozialwesen als besonders wichtig für die Entwicklung einer Vertragsgemeinschaft.

Artikel 3

(1) Für die Zusammenarbeit sind folgende gemeinsame Kommissionen eingerichtet:

a) Gemeinsame Kommission zur Vertiefung der wirtschaftlichen Beziehungen mit der Aufgabe, die Wirtschaftsbeziehungen zwischen den beiden Staaten weiterzuentwickeln und neue Bereiche der wirtschaftlichen Zusammenarbeit zu erschließen; Einzelheiten sind im Briefwechsel vom 19. Dezember 1989 zwischen dem Bundesminister für Wirtschaft der Bundesrepublik Deutschland und dem Minister für Außenwirtschaft der Deutschen Demokratischen Republik geregelt.[1]

b) Gemeinsame Kommission für Finanzfragen, Währungsprobleme und Steuern.

c) Gemeinsame Kommission zu Verkehrsfragen, die sich insbesondere mit der Verbesserung des Verkehrswegenetzes sowie der mittel- und langfristigen Verkehrswegeplanung vornehmlich für Straßen und Eisenbahnverbindungen befassen soll.

d) Gemeinsame Kommission zur Verbesserung des gegenseitigen Post- und Fernmeldeverkehrs mit der Aufgabe, Fragen der weiteren Ausgestaltung der Post- und Fernmeldebeziehungen zu erörtern.

e) Gemeinsame Umweltkommission mit der Aufgabe, die Zusammenarbeit zum Schutz und zur Verbesserung der Umwelt sowie auf dem Gebiet des Strahlenschutzes zu vertiefen, einen ökologischen Handlungsplan zu entwickeln und den Rahmen für einen abgestimmten Naturschutz zu schaffen.

f) Gemeinsame Kommission zu Rechtsfragen mit der Aufgabe, insbesondere aktuelle Fragen des Rechtsverkehrs und des Rechtsschutzes zu regeln, sowie der Aufgabe, mit offenen Vermögensfragen zusammenhängende Rechtsfragen zu klären.

g) Gemeinsame Kommission für Arbeit und Soziales mit der Aufgabe, Fragen der sozialen Sicherung sowie des Arbeitsrechts und des Arbeitsmarktes sowie Fragen des Gesundheitswesens zu erörtern.

h) Gemeinsame Kulturkommission mit der Aufgabe, die kulturelle Zusammenarbeit abzustimmen und zu vertiefen.

i) Gemeinsame Kommission für Wissenschaft und Technik gemäß Artikel 4 des Abkommens zwischen der Regierung der Bundesrepublik Deutschland und der Regierung der Deutschen Demokratischen Republik über die Zusammenarbeit auf dem Gebiet der Wissenschaft und Technik vom 8. September 1987[2].

j) Gemeinsame Kommission für Bauwesen, Städtebau und Wohnungswirtschaft mit der Aufgabe, Fragen in diesen Bereichen, insbesondere der Erhaltung und Erneuerung der Bausubstanz in Städten und Gemeinden, zu erörtern.

k) Gemeinsame Kommission für Ernährung, Landwirtschaft und Forsten mit der Aufgabe, auf diesen Gebieten die Felder einer engeren Zusammenarbeit näher zu bestimmen und diese Zusammenarbeit zu intensivieren.

l) Gemeinsame Kommission zu Medienfragen.

(2) Für weitere Bereiche können durch Vereinbarung zwischen den jeweils zuständigen Ministern beider Seiten gemeinsame Kommissionen gebildet werden.

---

1 Gleichlautende Schreiben des Bundesministers Haussmann und des Ministers Beil über die Bildung einer Gemeinsamen Kommission, 19. Dezember 1989: BArch, B 136/20578, 221 – 35014 Ge 31 Bd. 2. Ferner vereinbarten die Minister am gleichen Tag, „eine Rahmenvereinbarung über wirtschaftliche und industrielle Zusammenarbeit abzuschließen" (ebd.). Schreiben veröffentlicht in: Außenpolitische Korrespondenz. Hg. von der Hauptabteilung Presse des Ministeriums für Auswärtige Angelegenheiten der Deutschen Demokratischen Republik. Berlin. 33. Jg. Nr. 48. 22. Dezember 1989, 380.

2 Abkommen zwischen der Regierung der Bundesrepublik Deutschland und der Regierung der Deutschen Demokratischen Republik über die Zusammenarbeit auf den Gebieten der Wissenschaft und Technik, 8. September 1987, mit Briefwechsel, in: BGBl. 1988 II, 78–80.

(3) Die Kommissionen können nach Bedarf Expertengruppen, Fachgruppen oder andere Untergruppen einsetzen.

Artikel 4

(1) Auf regionaler und lokaler Ebene können Regionalausschüsse gebildet werden. Diese haben die Aufgabe, die Zusammenarbeit regionaler und lokaler Stellen in allen Bereichen zu fördern, Vorschläge für gegenseitige Hilfen und andere Empfehlungen zu erarbeiten sowie Fragen der Entwicklung der Region einschließlich Fragen abgestimmter Planungen zu erörtern.

(2) Es wird eine Gemeinsame Regionalkommission errichtet, die die Arbeit der Regionalausschüsse koordiniert, insbesondere indem sie für gegenseitige Information, auch über die Arbeit der in Artikel 3 und 5 genannten Kommissionen, sorgt und übergreifende Fragen klärt.

Artikel 5

Die zur Behandlung gemeinsamer Probleme vereinbarten gemeinsamen Kommissionen,

a) Transitkommission gemäß Artikel 19 des Abkommens zwischen der Regierung der Bundesrepublik Deutschland und der Regierung der Deutschen Demokratischen Republik über den Transitverkehr von zivilen Personen und Gütern zwischen der Bundesrepublik Deutschland und Berlin (West) vom 17. Dezember 1971[3],

b) Verkehrskommission gemäß Artikel 32 des Vertrages zwischen der Bundesrepublik Deutschland und der Deutschen Demokratischen Republik über Fragen des Verkehrs vom 26. Mai 1972[4],

c) Grenzkommission gemäß Zusatzprotokoll zu Artikel 3 des Vertrages über die Grundlagen der Beziehungen zwischen der Bundesrepublik Deutschland und der Deutschen Demokratischen Republik vom 21. Dezember 1972[5],

setzen ihre Arbeit auf der Grundlage der geschlossenen Abkommen und Vereinbarungen fort. Die Aufgaben und die Arbeit der in bestehenden Abkommen und Vereinbarungen bestellten Beauftragten beider Seiten werden durch diesen Vertrag nicht berührt.

Artikel 6

(1) Die Delegationen der beiden Seiten in den gemeinsamen Kommissionen werden in der Regel durch die jeweils zuständigen Minister oder durch von diesen bestellte Vertreter geleitet. Im übrigen bestimmt jede Seite die Zusammensetzung ihrer Delegation. Insbesondere können auch Vertreter regionaler oder lokaler Stellen sowie Fachleute in die Delegation aufgenommen oder zu den Beratungen hinzugezogen werden.

(2) Die Regionalausschüsse (Artikel 4 Abs. 1) werden von einem Vertreter der betreffenden Region geleitet. Den Delegationen kann je ein Vertreter der beiden Regierungen angehören.

(3) Die Kommissionen und Regionalausschüsse treten nach Vereinbarung oder auf Verlangen einer Seite zusammen. Die einladende Seite bestimmt den Tagungsort.

(4) Vorschläge und Entscheidungen dieser Gremien können nicht gegen das Votum einer der beiden Seiten erfolgen. Einzelheiten des Geschäftsablaufes und der Arbeitsweise regeln die genannten Gremien einvernehmlich.

---

3 Abkommen mit Zusatzvereinbarungen in: Bulletin. Nr. 183. 11. Dezember 1971, 1954–1965.
4 BGBl. 1972 II, 1450–1453.
5 Nr. 21 Anm. 1.

Artikel 7

Die Delegationsleiter der in Artikel 3 und 4 Abs. 2 genannten Kommissionen treffen halbjährlich, auf Verlangen einer Seite auch in kürzeren Abständen, zusammen.

Diese Treffen sollen der Koordinierung der Zusammenarbeit der genannten Gremien dienen und Impulse für deren Arbeit und für eine Vertiefung der Zusammenarbeit aller beteiligter Stellen geben.

Artikel 8

Entsprechend dem Vier-Mächte-Abkommen vom 3. September 1971[6] werden dieser Vertrag und die auf seiner Grundlage abgeschlossenen Vereinbarungen in Übereinstimmung mit den festgelegten Verfahren auf Berlin (West) ausgedehnt.

Geschehen in … am … in zwei Urschriften in deutscher Sprache.

Für die Regierung der   Für die Regierung der
Bundesrepublik Deutschland   Deutschen Demokratischen Republik

Nr. 140
Schreiben des Bundeskanzlers Kohl an Premierminister Mulroney
Bonn, 23. Januar 1990

BK, 21 – 30100 (102) Br 8 (VS) Bd. 27, Bl. 110 f. – Tag der Ausfertigung hs. ergänzt.

Lieber Brian,

für Ihr Schreiben vom 11. November 1989[1] danke ich Ihnen sehr herzlich. Ich weiß Ihr großherziges Angebot sehr zu schätzen, den Übersiedlern erste Unterkunft auf kanadischen Stützpunkten zu bieten, und bin sehr dankbar dafür.

Mit unseren Landsleuten in der DDR sind wir glücklich, daß nach fast drei Jahrzehnten der Trennung Mauer und Grenzsperren endlich friedlich überwunden werden konnten.

Mit ihrem friedlichen Eintreten für Freiheit, Menschenrechte und Selbstbestimmung haben die Deutschen in der DDR vor aller Welt ein Beispiel ihres Mutes und ihrer Freiheitsliebe gegeben. Sicher können Sie verstehen, daß wir hierüber alle Stolz empfinden.

Dabei dürfen wir allerdings nicht vergessen, daß wir erst am Anfang einer Entwicklung stehen: Das Recht aller Deutschen auf Selbstbestimmung ist noch nicht verwirklicht.

Den Weg dorthin, den ich in meinem 10-Punkte-Programm zur Überwindung der Teilung Deutschlands und Europas aufgezeigt habe, wollen wir – und hierauf habe ich in meiner Rede vor der Frauenkirche in Dresden am 19. Dezember 1989[2] besonders hingewiesen – mit Geduld, mit Augenmaß und gemeinsam mit unseren Nachbarn gehen. Mich freut es, daß diese Politik meiner Regierung auch von unseren Freunden und Verbündeten gewürdigt wird. Ihr Brief beweist es.

Bei der Unterstützung des Demokratisierungsprozesses in der DDR geht es um nationale Verantwortung, zugleich aber auch um eine Aufgabe von gesamteuropäischer Dimension. So wie der Wandel in Polen, Ungarn und der Sowjetunion sich auf die DDR auswirkte, so haben auch Erfolg oder Mißerfolg von Reformen in der DDR Rückwirkungen auf die übri-

---

6 Nr. 2 Anm. 25.
1 Nr. 83.
2 Nr. 131 Anm. 7.

gen Mitgliedsstaaten des Warschauer Paktes. Wir und unsere Partner in der Europäischen Gemeinschaft sind hier besonders gefordert; aber dies gilt auch für unsere westlichen Freunde und Verbündeten. Ich begrüße es, daß wir darin voll übereinstimmen.

Ich bin Ihnen für Ihren Zuspruch und die angebotene Unterstützung angesichts der jüngsten Entwicklungen in Deutschland besonders dankbar. Lassen Sie mich auch bei dieser Gelegenheit betonen: Wir sind und bleiben Teil der westlichen Wertegemeinschaft. Wir wissen, daß die Lösung der deutschen Frage mit der gesamteuropäischen Entwicklung, den West-Ost-Beziehungen verknüpft ist und eine organische Entwicklung ermöglicht, die den Interessen aller Beteiligten Rechnung trägt und – dies ist unser Ziel – einer friedlichen und freiheitlichen Entwicklung in Europa den Weg bahnt.

Mit freundlichen Grüßen

K

Nr. 141
Gespräch des Bundeskanzlers Kohl mit Botschafter Walters
Bonn, 24. Januar 1990

BK, 21 – 30100 (56) Ge 28 (VS) Bd. 80, Bl. 14–17. – Vermerk des MDg Hartmann, 25. Januar 1990. – Mit Vorlage des MDg Hartmann über Chef BK an den Bundeskanzler mit der Bitte um Billigung. Hs. von Bundeskanzler Kohl vermerkt: „Teltschik". – Gesprächsdauer: 15.00 bis 16.00 Uhr (Angabe nach Terminkalender des Bundeskanzlers).

Aus o. a. Gespräch halte ich folgendes fest:

1. Botschafter Walters erklärte, daß seine Äußerungen zur deutschen Wiedervereinigung vor der Friedrich-Ebert-Stiftung[1] mißverstanden worden seien. Er habe nicht – wie die Kritiker unterstellten – von Vorbedingungen gesprochen, sondern lediglich erklärt, der Prozeß müsse friedlich und über freie Wahlen verlaufen. Er sei auch in einem anderen Punkt mißverstanden worden. Er habe nicht von der Notwendigkeit gesprochen, daß ein wiedervereinigtes Deutschland der NATO angehören müsse, sondern habe lediglich erklärt, der Kongreß werde amerikanische Truppen in Europa nur unter dem NATO-Schirm belassen. Die Frage der deutschen Mitgliedschaft in der NATO sei eine Entscheidung der Deutschen. Er lege Wert darauf, beide Punkte gegenüber dem Bundeskanzler klarzustellen.

Botschafter Walters fügte (später) hinzu, die Allianz sei das größte Problem (im Zusammenhang mit der deutschen Einheit). Der Bundeskanzler erklärte, hierüber müsse in engster Partnerschaft gesprochen werden. Er habe im übrigen nie für die Einheit der Nation um den Preis der Neutralität plädiert. Außerdem sei es wichtig, den Charakter der Allianz als Wertegemeinschaft nicht aus dem Auge zu verlieren.

2. Botschafter Walters sprach kurz die Frage einer Reise des Bundeskanzlers in die USA an. Der Bundeskanzler erklärte, er habe noch keinen Termin festgelegt. Er werde hierüber demnächst mit Präsident Bush telefonieren. Seine Absicht sei, an einem Wochenende nach Camp David zu fliegen und sich dort mit dem Präsidenten zu treffen. Für dieses Treffen habe er ursprünglich den 24. Februar als Termin ins Auge gefaßt. Diese Überlegung habe sich wegen der Entwicklung in der DDR wieder zerschlagen.[2]

---

1 Rede des Botschafters Walters vor der Friedrich-Ebert-Stiftung in Bonn, 18. Januar 1990, in: Amerika Dienst. Nr. 3. 24. Januar 1990, 8 S.

2 Am 7. Februar 1990 teilte Regierungssprecher Klein mit, Bundeskanzler Kohl werde auf Einladung von Präsident Bush am 24./25. Februar nach Camp David reisen (Bulletin. Nr. 23. 9. Februar 1990, 188).

3. <u>Der Bundeskanzler</u> legte kurz die Entwicklung in der DDR dar. MP Modrow habe die Zusagen, die er ihm bei seinem Besuch in Dresden gegeben habe, nicht gehalten – wahrscheinlich habe er sie nicht halten können. Alles, was er jetzt tue, komme im Grunde genommen drei Wochen zu spät. Das gelte beispielsweise für das Wahlgesetz, dessen erster Entwurf[3] nicht akzeptabel gewesen sei. Katastrophal sei vor allem die Affäre um die Stasi gewesen. Er habe Modrow seinerzeit empfohlen, die ungarische Wirtschaftsgesetzgebung zu übernehmen, um möglichst rasch die Voraussetzungen für ein Tätigwerden westdeutscher Firmen zu schaffen. Auch hier habe er gezögert. Allerdings werde die DDR-Regierung jetzt von der 49%-Klausel der Beteiligung abrücken. Jetzt komme alles darauf an, daß die DDR-Regierung klare Signale setze, sonst würden immer mehr Leute das Land verlassen.

Die Lage der Parteien in der DDR sei außerordentlich schwierig. Es gebe eine Reihe neuer Gruppierungen mit Leuten, die sehr viel Idealismus hätten, aber wenig professionelle Erfahrung. Die Ost-CDU sei durch die jahrelange Zusammenarbeit mit der SED stark belastet. Zwar sei der neue Vorsitzende de Maizière selbst unbelastet, aber er habe das Problem, in der jetzigen Regierung zu sitzen. Auf der anderen Seite gebe es in der Ost-CDU regionale Differenzierungen. Z. B. hätten in Eichsfeld ganz neue Leute die Führung übernommen, die einen sehr ordentlichen Eindruck machten.

Für die SPD sei die Sache viel einfacher. Sie gehe daher mit guten Chancen in die kommenden Wahlen. Der SED hingegen räume er keine großen Erfolgsaussichten ein. Sie werde wahrscheinlich weniger als 10% der Stimmen erhalten.

4. <u>Der Bundeskanzler</u> betonte, daß es bei der derzeitigen Entwicklung mehr denn je darauf ankomme, daß wir die Freundschaft und das Vertrauen unserer Partner, vor allem der USA und Frankreichs, hätten. Wir seien uns der Tatsache bewußt, daß es insbesondere bei unseren kleineren Nachbarn auch verständliche Ängste gebe. Dem müßten wir Rechnung tragen. Er, der Bundeskanzler, wolle aber noch einmal klar betonen, daß das Haus Europa nicht ohne die USA gebaut werden könne. Der Bundeskanzler verweist in diesem Zusammenhang auf ein Interview von Portugalow in der heutigen BILD-Zeitung[4], das er als sensationell bezeichnet. Die Botschaft, die er hierzu von Gorbatschow erhielte,[5] ginge im übrigen in die gleiche Richtung.

5. <u>Botschafter Walters</u> erwähnte, daß die amerikanische Seite neue Vorschläge zur Änderung der COCOM-Liste gemacht habe. Dabei sei aus amerikanischer Sicht entscheidend, daß ein Unterschied gemacht werde zwischen den Ländern Osteuropas und der Sowjetunion. Hierauf lege seine Regierung sehr großen Wert.

---

3 Der am 4. Januar 1990 fertiggestellte und daraufhin dem Präsidium der Volkskammer und der Arbeitsgruppe Wahlgesetz des Runden Tisches zugeleitete erste Entwurf eines Gesetzes über die Wahlen zur Volkskammer der DDR wurde vorzeitig bekannt. Öffentliche Kritik galt vor allem dem § 44 Abs. 2, der Parteien, politischen Vereinigungen und Kandidaten die „Annahme materieller und finanzieller Unterstützung für den Wahlkampf durch Organisationen, Einrichtungen und Personen anderer Staaten" untersagte (Bericht des Vorsitzenden des Zeitweiligen Ausschusses zur Ausarbeitung eines neuen Wahlgesetzes der DDR, Eberle, 11. Januar 1990, in: Volkskammer. 9. Wahlperiode. Protokolle. Bd. 25, 386–388). Der überarbeitete Entwurf – der weiterhin ein reines Verhältniswahlrecht und ein kombiniertes Wahlrecht als Varianten vorsah – wurde am 29. Januar 1990 in erster Lesung von der Volkskammer beraten. Diese entschied für das Verhältniswahlrecht und beschloß, den Entwurf zu veröffentlichen (ebd., 424–434; Entwurf abgedruckt in: Neues Deutschland. 45. Jg. Nr. 25. 30. Januar 1990, 4).
4 „Wenn das Volk der DDR die Wiedervereinigung will", so Portugalow in dem Interview, „dann wird sie kommen. Wir werden uns in keinem Fall gegen diese Entscheidung stellen, werden uns nicht einmischen." Der beste Weg „zum allmählichen Zusammenwachsen der beiden Staaten deutscher Nation" verlaufe jedoch „im europäischen Rahmen und synchronisiert mit dem Gang des gesamteuropäischen Prozesses" („Wenn das Volk die Einheit will, kommt sie", in: Bild [Hamburg]. Nr. 20. 24. Januar 1990, 4).
5 Nr. 126.

Botschafter Walters erwähnte ferner die Gespräche der Botschafter der Vier Mächte und erklärte, es gehe in diesen Gesprächen ausschließlich um Berlin. Im übrigen habe die westliche Seite die Sowjets wissen lassen, daß man die weiteren Gespräche nicht mehr auf Botschafterebene führen wolle. Diese Absicht wurde vom Bundeskanzler ausdrücklich begrüßt. Zur Frage der Direktwahl der Berliner Abgeordneten erklärte Botschafter Walters, er habe hierzu noch keine Weisungen, er wolle aber darauf hinweisen, daß der sowjetische Botschafter Kotschemassow ihm gesagt habe, eine Direktwahl sei eine Verletzung des Vier-Mächte-Abkommens[6].

Hartmann

Nr. 142
Deutschlandpolitisches Gespräch bei dem Chef des Bundeskanzleramtes Seiters
Bonn, 24. Januar 1990

BArch, B 136/20169, 221 – 14223 Sta 8 Bd. 3. – Vermerk des MDg Duisberg, 29. Januar 1990. Mit. hs. Korrekturen des MDg Duisberg.

Betr.: Deutschlandpolitik
hier: Erweiterter Dreierkreis am 24.01.1990 um 15.00 Uhr

Teilnehmer:
BM Seiters
Frau BM Dr. Wilms
Frau Senatorin Pfarr
St Dr. Sudhoff
St Dr. Priesnitz
St Dr. von Würzen
St Dr. Klemm
St Dr. Kinkel
St Dr. Bertele
MDgt Dr. Duisberg

Das Gespräch diente in allgemeiner Form der Vorbereitung des Besuches von BM Seiters in Ost-Berlin am 25. Januar 1990.[1]

Zu Beginn berichtete St Dr. von Würzen über die Sitzung der Wirtschaftskommission am 23.01.1990.[2] Die DDR habe einen sehr konzisen Kalender für die verschiedenen wirtschaftlichen Reformschritte vorgelegt. Danach solle die Investitions-VO am 25.01. im Ministerrat verabschiedet werden; Gesetzentwürfe über Niederlassungsrecht[3], Gewerbefreiheit[4] und eine Steuerreform würden noch im Februar in der Volkskammer eingebracht werden. Die DDR wolle volle Gewerbefreiheit einführen. Der Steuerrahmen für kleine und mittlere Unternehmen solle verringert werden; der maximale Körperschaftssteuersatz werde bei 50% liegen.[5] Die Grenze für ausländische Beteiligungen bei Joint-ventures werde zwar grund-

---

6 Nr. 2 Anm. 25.
1 Nr. 145.
2 Nr. 143.
3 Gesetz über die Gründung und Tätigkeit privater Unternehmen und über Unternehmensbeteiligungen, 7. März 1990, in: GBl. DDR 1990 I, 141–144.
4 Gewerbegesetz der Deutschen Demokratischen Republik, 6. März 1990, ebd., 138–140.
5 Gesetz zur Änderung der Rechtsvorschriften über die Einkommens-, Körperschafts- und Vermögenssteuer – Steueränderungsgesetz, 6. März 1990, mit Anlagen, ebd., 136–138.

sätzlich bei 49% bleiben, jedoch würde für kleine und mittlere Unternehmen (bis 500 Beschäftigte) eine Ausnahme vorgesehen.[6] Insgesamt stellten die vorgesehenen Maßnahmen den Anfang durchgreifender Reformen dar, die auch von den Wirtschaftsvertretern grundsätzlich positiv gewertet würden. St Dr. von Würzen sprach sich dafür aus, daß auch die Bundesregierung sich – wie BM Haussmann dies bereits getan hat – positiv dazu erklären solle.

Frau Senatorin Pfarr machte Ausführungen zur inneren Lage der DDR und drückte die Sorge aus, ob überhaupt eine stabile Regierung dort erhalten bleiben werde. Nach den in Berlin vorliegenden Informationen sei die Produktion auf ein Drittel zurückgegangen; es gebe überbordende Streikbewegungen, die auch für die Versorgung der Bevölkerung von Bedeutung seien. Die staatlichen Organe hätten jede Glaubwürdigkeit verloren; es würden schon Fragen gestellt, ob im Krisenfall westliche Ordnungskräfte eingreifen sollten. Als Quelle für ihre Lageeinschätzung nannte sie auf Rückfrage den Ost-CDU-Vorsitzenden de Maizière.

St Dr. Bertele erklärte demgegenüber, daß nach seiner Einschätzung die Lage zur Zeit nicht schlechter geworden sei. Die Situation sei zweifellos prekär, aber er sehe auch die Möglichkeit, daß sie sich stabilisieren könne. Genaue Vorhersagen ließen sich aber keinesfalls machen.

BM Seiters betonte die Notwendigkeit, unter diesen Bedingungen positive Signale zu setzen, auch durch Fortsetzung der Gespräche und durch Besuche. Allerdings sollten nicht staatliche finanzielle Mittel zur Sanierung eingesetzt werden.

St Dr. Klemm ging auf die Forderung nach baldiger Herstellung einer Währungsunion ein und erklärte, daß diese nur am Ende eines längeren Prozesses stehen könne. St Dr. von Würzen sprach sich dafür aus, daß die Währungsfragen und die damit zusammenhängenden Probleme am besten ohne Öffentlichkeit in einem kleinen Kreis besprochen werden sollten.

BM Seiters stellte zur Frage der Vertragsgemeinschaft noch einmal fest, daß ratifizierungsbedürftige Instrumente erst nach dem 06. Mai zum Abschluß gebracht werden könnten; Vorarbeiten sollten aber schon vorher möglich sein. Frau Senatorin Pfarr unterstrich das und fügte hinzu, daß wir auch selbst den Eindruck einer dynamischen Entwicklung erwecken müßten.

St Dr. Kinkel teilte mit, daß der Staatssekretär des DDR-Justizministeriums[7] am 01.02. nach Bonn kommen wolle. Er habe allerdings schon angekündigt, daß dem Abschluß eines Rechtshilfeabkommens wohl weiter das Staatsangehörigkeitsproblem entgegenstehen werde. Man wolle aber jedenfalls die wichtigsten praktischen Fragen aufgreifen.

Zwischen Staatssekretär Dr. Kinkel und Staatssekrektär Dr. Priesnitz wurde kurz die Zuständigkeit bei Vermögensfragen erörtert. St Dr. Kinkel verwies auf sein letztes Schreiben und das Angebot, daß die spezifischen BMB-Fragen vom BMB in einer Untergruppe behandelt werden könnten. St Dr. Priesnitz widersprach nicht. BM Seiters bat, daß das BMJ baldmöglichst zu einer Besprechung über die weitere Behandlung der Vermögensfragen einladen solle. Hierbei sollte auch eine Sprachregelung erarbeitet werden, wie man auf die zahlreichen Eingaben zu Fragen von in der DDR enteignetem Vermögen reagieren könne.

St Dr. Kinkel regte ferner an, jetzt schon eine Eventualfall-Planung zu überlegen für den Fall eines Zusammenbruchs in der DDR und des Wunsches nach sofortigem Anschluß an die Bundesrepublik. St Dr. von Würzen hielt das in dieser Form nicht für machbar. BM Seiters wollte sich dazu nicht äußern.

Duisberg

---

6   § 3 Verordnung über die Gründung und Tätigkeit von Unternehmen mit ausländischer Beteiligung in der DDR, 25. Januar 1990, ebd., 16–19, hier 16.
7   Wolfgang Peller.

Nr. 143
Vorlage des Ministerialrats Ludewig an den Chef des Bundeskanzleramtes Seiters
Bonn, 24. Januar 1990

BArch, B 136/20578, 221 – 35014 Ge 31 Bd. 3. – Hs. von MR Ludewig vermerkt: „Ø Herrn Stern". Abgezeichnet: „St[ern] 24".

Betr.: Ergebnisse der gestrigen Tagung der deutsch-deutschen Wirtschaftskommission am 23. Januar 1990 in Ost-Berlin

1. Zusammenfassend kann als Ergebnis der o.a. deutsch-deutschen Wirtschaftskommission festgehalten werden:
   – Die Sitzung hat eine klare politische Akzentverschiebung der DDR-Regierung zugunsten kleiner und mittlerer Unternehmen erkennen lassen. Offensichtlich hat die Regierung Modrow verstanden, daß eine Belebung der DDR-Wirtschaft und damit Hoffnungssignale für die eigene Bevölkerung weniger mit Hilfe von Großunternehmen, sondern nur mit Hilfe kleiner und mittlerer Unternehmen zügig zu erreichen sind.
   – Was in dieser Hinsicht jetzt zur Schaffung einer tatsächlichen Gewerbefreiheit vorgesehen ist, kommt – vorbehaltlich einer Prüfung der noch vorzulegenden Verordnungs- und Gesetzestexte – unseren Vorstellungen von Gewerbefreiheit relativ nahe.
   – Die DDR will bei der Umsetzung dieser Politik ein zügiges Tempo vorlegen: Vorlage der notwendigen Gesetzesentwürfe noch im Februar, Verabschiedung im März/April. Für die Vorbereitung der Gesetzestexte hat die DDR-Seite erneut um Unterstützung und Beratung durch die Bundesregierung gebeten.
   – Organisatorisches: Auf Wunsch der DDR-Seite wurde die Einrichtung einer eigenständigen bilateralen Landwirtschaftskommission vereinbart. Im Blick auf den Baubereich soll noch geklärt werden, ob eine eigenständige bilaterale Kommission oder eine Untergruppe zur Wirtschaftskommission sinnvoll ist.
2. Zusatz: Für wichtig halte ich den Vorschlag von BDI-Präsident Dr. Necker (in der CDU/CSU-Fraktionssitzung am 23.01.1990 im Reichstag) zur Schaffung einer deutsch-deutschen Wirtschafts- und Währungsunion bis zum 31.12.1992 (also zeitlich parallel zur Vollendung des EG-Binnenmarktes).
   Hier könnte m.E. der Kernpunkt einer zweiten Phase der Vertragsgemeinschaft (nach dem 06. Mai 1990) liegen.
3. Im einzelnen sind in der deutsch-deutschen Wirtschaftskommission folgende Punkte angesprochen worden:
   (1) Investitionsgesetzgebung:
   – Verordnung über Unternehmen mit ausländischer Beteiligung:[1]
     Die DDR-Seite hat zugesagt, die 49%-Grenze noch einmal in dem Sinne zu überdenken, ob eine generelle Ausnahmeklausel für kleine und mittlere Unternehmen möglich ist. (Problem: Wie können kleine und mittlere Unternehmen gegenüber Großunternehmen sinnvoll abgegrenzt werden?)
     Zeitplan: 25.01.1990 im Ministerrat.
   – Investitionsschutzabkommen:
     Zeitplan: Entwurf ebenfalls am 25.01.1990 im Ministerrat, danach zügiger Beginn der beiderseitigen Verhandlungen.

---

1 Nr. 142 Anm. 6.

(2) Niederlassungs- bzw. Gewerbefreiheit
Entsprechendes Gesetz[2] soll keine Begrenzung für bestimmte Branchen oder Beschäftigtenzahlen enthalten.
Vorgesehene Genehmigung ist keine Prüfung im Sinne einer Bewertung, sondern hat lediglich Registrierungscharakter.
1972 verstaatlichte Betriebe sollen zurückerworben werden können![3]
Zeitplan: Gesetzentwurf bis Ende Februar, Verabschiedung in der Volkskammer im April 1990.
Bei der Vorbereitung des Gesetzes soll der neue Unternehmerverband ebenso beteiligt werden wie der neue Verband der Selbständigen.

(3) Statut für Industrie- und Handelskammern[4]
Bestehende Handels- und Gewerbekammern sollen sich bis Ende Februar konstituieren und ein Präsidium bilden.
Gesetzentwürfe über IHK-Statut sollen von den Kammern als Selbstverwaltungsorganen auch selbst vorbereitet werden.

(4) Steuergesetzgebung[5]
Mündlich erläuterte Einzelheiten zeigen, daß Gesamtsteuerbelastung für Unternehmen auf maximal 75% beschränkt werden soll (zum Vergleich: in der Bundesrepublik ca. 70%).
Kontakte auf Fachebene zum BMF bestehen bereits und werden für Beratung genutzt.
Besteuert wird der einzelne Betrieb (gilt auch für Betriebe innerhalb von Kombinaten).
Belegschaftsaktien bzw. Gewinnbeteiligung der Arbeitnehmer wird angestrebt. Zeitplan: Entsprechender Steuergesetzentwurf soll Anfang Februar fertiggestellt sein.

(5) Beseitigung des Außenhandelsmonopols
DDR-Seite betont: „Gewerbefreiheit bedingt auch Außenhandelsfreiheit"!
Zeitplan: Entsprechende Regelung soll bis April 1990 fertiggestellt sein.

(6) Problem von Zulieferungen für neue Unternehmen
DDR-Seite sichert zu, daß neue Unternehmen nicht benachteiligt werden. Über exakte praktische Lösung soll bilateral noch gesprochen werden. Bedeutung des Problems ist auf DDR-Seite offensichtlich erkannt worden.

(7) Bankwesen
DDR-Seite will zweistufiges Banksystem einführen (Zentralbank, Geschäftsbanken).
Zentralbank soll unabhängig sein und Geldwertstabilität gewährleisten.[6]
Geschäftsbanken sollen aus dem System der derzeitigen Staatsbank ausgegliedert werden, beginnend mit den Sparkassen (bis Ende des 1. Quartals 1990) und Genossenschaftskassen (noch im 1. Halbjahr 1990).[7]
Zur Frage der Zulassung ausländischer (auch bundesdeutscher Banken): zunächst nur Repräsentanzen, deren Beratungstätigkeit sehr erwünscht ist. Weiterentwicklung zu echten Geschäftsbanken „gut vorstellbar".

---

2 Ebd., Anm. 4.
3 § 17 Gesetz über die Gründung und Tätigkeit privater Unternehmen und über Unternehmensbeteiligungen; ebd., Anm. 3.
4 Statut der Handwerkskammern der DDR, Anlage 1 zur Verordnung über die Organisation des Handwerks der DDR, 22. Februar 1990, in: GBl. DDR 1990 I, 150–155, hier 151–153.
5 Nr. 142 Anm. 5.
6 § 1 Gesetz zur Änderung des Gesetzes über die Staatsbank der Deutschen Demokratischen Republik, 6. März 1990, in: GBl. DDR 1990 I, 125 f.
7 Bekanntmachungen über die Änderung des Statuts der Sparkassen der Deutschen Demokratischen Republik und über die Aufhebung von Rechtsvorschriften auf dem Gebiet des Bankwesens und der Versicherung, jeweils 8. März 1990, ebd., 174.

(8) Nutzung von ERP-Krediten in der DDR (6 Mrd. Kreditvolumen)
DDR nimmt Angebot der Bundesregierung hierzu an, hat daran „vitales Interesse", sieht hier Chance für Initialzündung.
Gemeinsames, paritätisch besetztes Gremium könnte entsprechenden Fonds verwalten.
Details werden zwischen BMWi, DDR-Staatsbank, KfW, Deutscher Ausgleichsbank geklärt.

(9) Währung
DDR-Seite äußerte hierzu: „Währungsverbund ist ein Prozeß, der von anderen Reformen begleitet sein muß."

J. Ludewig

Nr. 144
Vermerk des Vortragenden Legationsrats I Bitterlich und des Ministerialdirigenten Thiele
Bonn, 24. Januar 1990

BArch, B 136/20578, 221 – 35014 Ge 31 Bd. 3.

Betr.:   Beziehungen EG-DDR

Sachstand

1. Rat hat am 22. Dezember 1989 der EG-Kommission Mandat für den Abschluß eines Handels- und Kooperationsabkommens EG-DDR erteilt.
Ziel ist Abschluß (Unterzeichnung) der Verhandlungen noch im ersten Halbjahr 1990.[1]
Handels- und Kooperationsabkommen mit der DDR gehört damit zu den prioritären Aufgaben der EG im Verhältnis zu den Ländern Mittel-, Ost- und Südosteuropas unter irischem Vorsitz (hinzukommen wird neues Mandat für Handels- und Kooperationsabkommen mit der ČSSR sowie mit Rumänien, ferner Fortsetzung der Verhandlungen mit Bulgarien).
Bisher hat die EG Handels- und Kooperationsabkommen mit Polen, Ungarn und der Sowjetunion abgeschlossen.

Wesentlicher Inhalt des Mandats-Entwurfs:
– Im Handelsteil ist vorgesehen, daß die EG ihren Markt durch Abbau mengenmäßiger Einfuhrbeschränkungen bis 1995 öffnet.
– Kooperationsteil umfaßt insbesondere Aussagen zu Joint-ventures, Schaffung der Voraussetzung für Direktinvestitionen in der DDR und für direkte Aktivitäten von EG-Geschäftsleuten in der DDR.
– Im Mandat ist klargestellt, daß die Verhandlungen den innerdeutschen Handel unberührt lassen; durch die EG-Standard-Geltungsbereichsklausel ist sichergestellt, daß West-Berlin in das Abkommen einbezogen ist.
– In einer ergänzenden Erklärung von Rat und Kommission ist vorgesehen, daß während der Verhandlungen und später ergänzende Maßnahmen im Einklang mit den Schluß-

---

1 Wirtschaftsminister Pohl, der amtierende EG-Ratspräsident Collins und Kommissionsvizepräsident Andriessen unterzeichneten am 8. Mai 1990 in Brüssel das Abkommen zwischen der Europäischen Wirtschaftsgemeinschaft und der Deutschen Demokratischen Republik über den Handel und die handelspolitische und wirtschaftliche Zusammenarbeit.

folgerungen des ER Straßburg[2] ergriffen werden können (insbesondere Unterstützung der wirtschaftlichen und politischen Reformen in der DDR wie bereits im Verhältnis zu Polen und Ungarn).

2. Aus Sicht der EG-Kommission stellt die DDR einen Sonderfall dar, nicht nur im Verhältnis zu den anderen Mitgliedstaaten des RGW, sondern auch zu anderen potentiellen EG-Beitrittskandidaten.

EGK-Präsident Delors hat in seiner Programmrede vor dem Europäischen Parlament am 17. Januar 1990[3] hierzu insbesondere ausgeführt:

– Annäherung bzw. Herstellung der Einheit sei in erster Linie eine Angelegenheit der Deutschen, aber auch eine Angelegenheit der Gemeinschaft. Er zieht als Begründung die Präambel des Grundgesetzes heran, die die Herstellung der deutschen Einheit an das vereinte Europa binde.

– Er verweist zudem darauf, daß bereits die Römischen Verträge der deutschen Frage Rechnung trügen: Protokoll über den innerdeutschen Handel,[4] Erklärungen zur deutschen Staatsangehörigkeit und den Status von Berlin,[5] mündliche Erklärung der Bonner Unterhändler vom 28.02.1957 („Die Bundesregierung geht von der Möglichkeit aus, daß im Fall der Wiedervereinigung Deutschlands eine Überprüfung der Verträge über den Gemeinsamen Markt und Euratom stattfindet")[6].

EGK-Präsident Delors hat die operativen Konsequenzen dieser Sicht in letzter Zeit mehrfach, auch öffentlich erläutert und dabei darauf hingewiesen, daß es unter Beachtung der Schlußfolgerungen des ER Straßburg für die DDR über das gegenwärtig verhandelte Handels- und Kooperationsabkommen hinaus folgende grundsätzliche Optionen gebe:

– ein Assoziationsabkommen,

– den Beitritt als selbständiger Staat,

– Einbeziehung der DDR in die EG als Konsequenz der Wiedervereinigung mit der Bundesrepublik Deutschland.[7]

3. Fragenkomplex ist beim informellen Treffen der Außenminister am 20. Januar in Dublin erstmals auf Ministerebene erörtert worden.[8]

Die Vorstellungen von EGK-Präsident Delors, vor allem in bezug auf die Beitrittsoption ohne Wiedervereinigung, wurden in erster Linie von NL-AM van den Broek kritisch hinterfragt. Vor der Presse (aber nicht im Plenum) haben sich auch die Außenminister von Belgien, Frankreich und Großbritannien kritisch-distanziert geäußert.

4. EG-Kommission (Kabinett des Präsidenten) hat uns um diskrete, fortlaufende Unterrichtung über unsere bilateralen Verhandlungen mit der DDR gebeten. Wir sollten dies, auch wegen der bestehenden EG-Zuständigkeiten bzw. Konsultationsverpflichtungen in vielen Bereichen, unbedingt wahrnehmen.

Bitterlich   *Thiele*

---

2   Nr. 117 Anm. 1.

3   Rede von Kommissionspräsident Delors vor dem Europäischen Parlament über das Arbeitsprogramm der Kommission für 1990, 17. Januar 1990, in: ABl. EG. Anhang Nr. 3–385, 133–145; EG-Nachrichten. Nr. 2. 22. Januar 1990, 36 S.

4   Protokoll über den innerdeutschen Handel und die damit zusammenhängenden Fragen, 25. März 1957, in: BGBl. 1957 II, 984 f.

5   Erklärungen der Regierung der Bundesrepublik Deutschland über die Bestimmung des Begriffs „Deutscher Staatsangehöriger" und über die Geltung der Verträge für Berlin, ebd., 764 f.

6   Nr. 112A Anm. 3.

7   Vorlage des Ministerialdirektors Teltschik an Bundeskanzler Kohl betr. Äußerungen des Präsidenten der EG-Kommission Jacques Delors zu Beginn der irischen Präsidentschaft, 8. Januar 1990, mit Anlage: Arbeitsübersetzung wesentlicher Passagen des Interviews von Delors in „The Irish Times"; BK, 213 – 35400 De 39 Bd. 2.

8   Auf der Sondersitzung erörterten die Außenminister der EG Fragen der Einbeziehung der DDR und der Zusammenarbeit mit Länder Osteuropas. Ferner befürworteten sie, noch 1990 ein KSZE-Gipfeltreffen abzuhalten.

Nr. 145
Gespräch des Bundesministers Seiters mit Ministerpräsident Modrow
Berlin (Ost), 25. Januar 1990

BArch, B 136/20579, 221 – 35014 Ge 33 Bd. 1. – Vermerk des MDg Duisberg, 29. Januar 1990. Verteiler: BM Wilms, St von Würzen, St Bertele, St Sudhoff. – Mit Vorlage des MDg Duisberg an Chef BK: „Hiermit lege ich einen Vermerk über Ihr Gespräch vor mit der Bitte um Billigung und Zustimmung zu dem Verteiler. Im Hinblick auf die Problematik der Vertragsgemeinschaft schlage ich vor, die Verteilung auf die Beteiligten zu beschränken und die von Modrow übergebenen Papiere nicht beizufügen. Soweit betroffen, können die Ressorts auszugsweise unterrichtet werden. Über die Weitergabe der Papiere hatten Sie sich eine Entscheidung vorbehalten. Meines Erachtens sollte die übergebene Liste der bevorzugten Kooperationsgebiete ebenfalls noch an BMWi gegeben werden."

1. Das Gespräch zwischen BM Seiters und MP Modrow fand im Gebäude des Ministerrates in der Zeit von 14.00 bis 16.15 Uhr statt,[1] die letzten 20 Minuten als Vier-Augen-Gespräch. Beide stellten sich anschließend gemeinsamen Fragen der Presse. An dem Gespräch nahmen im übrigen teil:
   – auf unserer Seite: St Dr. Bertele, St Dr. von Würzen, MDgt Dr. Duisberg, MD Dr. Dobiey, Herr Speck;
   – auf seiten der DDR: St Rauchfuß (Ministerrat), Herr Neubauer (Leiter der StäV/DDR), Herr Arnold (Leiter des Büros von MP Modrow), Botschafter Seidel (Abteilungsleiter im MfAA).

2. **Zusammenfassung**

Besprochen wurden Rahmen und Ablauf des Besuches von MP Modrow unter Beteiligung der Vertreter der Opposition.[2] BM Seiters machte deutlich, daß wir insoweit keine Vorgaben geben würden, sondern daß die erforderliche Abstimmung zwischen Regierung und Opposition erfolgen müsse.

MP Modrow zeichnete ein düsteres Bild von der inneren Lage der DDR. Er wies auf den Verfall der staatlichen Autorität, übergreifende Streikbewegungen und die Gefahr von Gewaltanwendung bei inneren Auseinandersetzungen hin. Er warb nachdrücklich um Unterstützung unserer Seite durch positive Signale und auch durch konkrete wirtschaftliche/finanzielle Hilfe; hierzu übergab er eine Liste mit Wünschen.[3]

Erörtert wurde auch die Entwicklung einer Vertragsgemeinschaft. BM Seiters stellte noch einmal klar, daß weiterreichende vertragliche Regelungen nicht vor der Wahl[4] zum Abschluß gebracht werden können, daß aber im Einvernehmen mit der Opposition vorbereitende Gespräche auch schon vorher möglich seien. MP Modrow übergab einen Entwurf für einen Vertrag,[5] der bisher mit dem Runden Tisch nicht abgestimmt ist. Es bestand Einigkeit, daß eine Gesprächspause vermieden werden solle und daß man sich am 13. Februar auf Gespräche über ein gemeinsames Mandat für die Verhandlungen einigen könne. BM Seiters erklärte außerdem, daß man sich auch darauf verständigen könne, die Kommissionen zu formalisieren und zu ergänzen.

BM Seiters sprach außerdem eine Reihe von Einzelfragen an (Verwendung der Gegenwertmittel aus dem Reisedevisenfonds, Zeitschriftenvertrieb, Fragen des Reiseverkehrs).

3. **Im einzelnen:**

MP Modrow sagte einleitend, daß seit Dresden[6] zwar nur wenig Zeit vergangen sei, in

---

1   Programm für den Besuch von Bundesminister Seiters am 25./26. Januar 1990 in Berlin, 25. Januar 1990: BArch, B 136/20579, 221 – 35014 Ge 33 Bd. 3.
2   Nr. 177 – Nr. 179.
3   Anm. 7.
4   Nr. 137 Anm. 1.
5   Nr. 145A.
6   Nr. 129.

Anbetracht der veränderten Situation der Abstand aber bereits groß sei, so daß erheblicher Besprechungsbedarf bestehe.

3.1 <u>BM Seiters</u> übermittelte zunächst die Grüße des Herrn Bundeskanzlers und drückte dann unsere Besorgnis aus über die anhaltend hohe Zahl der Übersiedler. Im Januar seien bis zum Morgen des 25.01. 42 500 Menschen gekommen. Wichtigstes Ziel aus unserer Sicht sei deshalb die Herstellung von Vertrauen; den Menschen müsse wirtschaftlich und politisch eine Perspektive gegeben werden. Wir sähen jedoch mit Betroffenheit, daß das Vertrauen in letzter Zeit offenbar geringer geworden sei. Die Diskussion über das Wahlgesetz und die Staatssicherheit hätten hier zweifellos eine Rolle gespielt. Die Bundesregierung sei jedenfalls entschlossen, das ihr Mögliche zur Stabilisierung des Demokratisierungsprozesses beizutragen. Die laufenden Gespräche, auch das – nicht unkontroverse – Festhalten an dem Besuch von MP Modrow, sollten ebenfalls dazu dienen, die Lage zu beruhigen. Hinsichtlich des Termins für den Besuch sei bereits der 13. Februar in Aussicht genommen; das Datum könne ggf. heute bekanntgegeben werden. Über weitere Einzelheiten könne man jetzt sprechen. Er gehe in jedem Fall davon aus, daß Modrow auch die Opposition an dem Besuch beteiligen wolle.

<u>MP Modrow</u> entwickelte darauf die folgenden Überlegungen zum Ablauf:
– Ankunft am 13.02.1990 vormittags mit einer Sondermaschine.
– Entsprechend dem Dresdner Modell Beginn mit einem Vier-Augen-Gespräch mit dem Bundeskanzler, anschließend Gespräche im Kreis der Gesamtdelegation unter Einschluß von Vertretern der Opposition am Runden Tisch (Minimum 8); über die Beteiligung werde er sich mit der Opposition verständigen.
– Begleitung im übrigen durch Stellv. MP Prof. Dr. Luft, AM Fischer, AHM Beil, Minister für Bauwesen Prof. Dr. Baumgärtel (CDU), Minister für Tourismus Prof. Dr. Benthien (LDPD), Landwirtschaftsminister Dr. Watzek (DBD), Regierungssprecher Meyer sowie Experten.
– Frage eines Höflichkeitsbesuches beim Bundespräsidenten (ohne Beteiligung der ganzen Delegation) am Nachmittag.
– Ggf. auch noch am Nachmittag oder am nächsten Vormittag Gespräche mit den Fraktionsvorsitzenden im Bundestag.
– Am Vormittag des 14.02.1990 Gespräche mit Vertretern der Wirtschaft; eventuell eine Besichtigung, wenn dazu von uns ein Vorschlag gemacht wird; außerdem Gelegenheit für Sondergespräche der Fachminister.

<u>BM Seiters</u> schlug vor, bereits um 10.00 Uhr mit den Gesprächen zu beginnen. Er stimmte zu, daß zuerst ein Vier-Augen-Gespräch stattfinden soll, anschließend ein Gespräch im Kreis der Gesamtdelegation und ein Arbeitsessen. Er gehe davon aus, daß die Abstimmung über die Beteiligung der Opposition hier erfolge. Wir würden unsererseits auf dieser Grundlage einen Programmvorschlag machen, der im einzelnen noch abgestimmt werden könne. <u>Seidel</u> sagte, daß dazu der Protokollchef, Botschafter Jahsnowski, vorher noch einmal nach Bonn kommen werde (Herr Neubauer sagte mir anschließend, die Vereinbarung von Terminen mit den Fraktionsvorsitzenden sowie Vertretern der Wirtschaft werde von der StäV/DDR vorbereitet).

3.2 <u>MP. Modrow</u> erklärte dann zum Inhalt der Gespräche, daß sie sich nach seinen Vorstellungen auf drei Bereiche konzentrieren sollten:
– eine Bilanz seit Dresden,
– Fragen der Formulierung der Vertragsgemeinschaft und
– Fragen der weiteren wirtschaftlichen Zusammenarbeit.

<u>MP Modrow</u> führte dazu aus, daß nach der Absichtserklärung von Dresden eine Unterzeichnung der Vertragsgemeinschaft schon vor dem 06. Mai in Aussicht genommen

worden sei, daß inzwischen aber unterschiedliche Haltungen in der Bundesrepublik Deutschland zu erkennen seien. Seitens der DDR seien Entwürfe vorbereitet worden, eine umfangreichere Variante und eine knapper gehaltene Variante; Modrow übergab dann einen Text für die kurze Variante (Seidel sagte mir später, es handele sich dabei im Grunde nur darum, die Vorstellungen über einen möglichen Inhalt des Vertrages darzulegen). Modrow fuhr fort, es sei offenkundig, daß trotz der Absprache von Dresden eine Reihe von Fragen aufgetreten seien, über die man sich verständigen müsse.

3.3 MP Modrow machte anschließend längere Ausführungen über die derzeitige Lage in der DDR. Er betonte, daß seine Regierung entschlossen sei, rasche Schritte zu unternehmen. Niemals habe eine Regierung in Deutschland so schnell ein so umfangreiches Gesetzgebungsprogramm in Angriff genommen. Man müsse unter Bedingungen arbeiten, die wirklich einmalig seien und eine intensive Tag- und Nachtarbeit erforderlich machten. Seit Dezember hätten sich auch manche Fragen als noch komplizierter, als zunächst gedacht, erwiesen. Dies gelte etwa für das Wahlgesetz, wo sich jetzt neu die Frage stelle, ob die Wahlen nicht nur für die Volkskammer, sondern auch für die Städte und Gemeinden abgehalten werden sollten. Die Entwicklung im Lande führe in zunehmendem Maße zu Instabilität, die sich jetzt auch an der Basis, auf der Kommunalebene, bemerkbar mache. Entscheidungen und Überlegungen müßten ständig aus der Notwendigkeit des Tages getroffen werden. Wenn man beispielsweise untersuche, wer jetzt in die Bundesrepublik Deutschland gehe, dann müsse man feststellen, daß darunter die ersten Bürgermeister seien, die sich fürchten, in ihren Orten zu bleiben, auch Angehörige von Diensten, die sich in der DDR nicht mehr sicher fühlten. Die Kräfte am Runden Tisch hätten auf die Entwicklung im Lande keinen Einfluß mehr. Das gelte für die Vorgänge vom 15. Januar sowie für die Demonstrationen in Leipzig und anderenorts. Hier würden ganz neue politische Prozesse in Gang gesetzt. Jeder, der jetzt in diesem Lande politisch Verantwortung trage, könne die Schuld für die Zustände nicht mehr allein der Vergangenheit zuschieben; man sei gefordert, sich der Gegenwart zu stellen. Entweder komme es zu einem wirklichen demokratischen Aufbruch oder zu einer Zuspitzung, die sich dann etwa in Berlin nicht mehr allein auf einen Teil der Stadt beschränken würde.

Deswegen sei es notwendig, Signale zu setzen. Seine Überlegung sei, daß aus der Begegnung mit dem Bundeskanzler solche Signale kommen könnten; nämlich, daß wir gemeinsam einen Weg gehen, der gewiß für den Bundeskanzler im Rahmen seiner Vorstellungen des Zehn-Punkte-Programms liege, der aber hier in der DDR auch deutlich mache, daß alles in die europäische Entwicklung eingebunden bleiben müsse. Die Perspektive zu einem Zusammenwachsen der beiden Staaten müsse in einer Weise aufgezeigt werden, daß sie sich in die europäische Entwicklung einfügt. Er habe diese Sicht auch in seinen Gesprächen mit den drei Westmächten gefunden. Von der Sowjetunion werde es in der gleichen Weise gesehen: Nach sowjetischer Meinung müßte ganz deutlich gemacht werden, daß die beiden deutschen Staaten Stabilität in der DDR als Stabilität in Mitteleuropa verstünden. Die Sowjetunion erwarte, daß alles, was hier geschehe, in einen längeren Prozeß eingefügt werde und daß nicht durch die deutsche Frage die europäischen Probleme forciert würden.

MP Modrow erklärte, daß man daher mit aller Entschiedenheit an Dresden anknüpfen solle und etwas geschehen müsse, um zu weiterführenden Schritten zu gelangen. Er übergab dann ein Papier mit Wünschen der DDR zu Finanzleistungen aus der Bundesrepublik Deutschland[7] sowie eine vorläufige Liste für bevorzugte Gebiete der

---

7 In der Liste (ohne Datum; BArch, B 136/20579, 221 – 35014 Ge 33 Bd. 1) erbat die Regierung der DDR „im Inter-

Industrie-Kooperation und Joint-ventures mit Ansprechpartnern der DDR[8]. Er erklärte weiter, daß sich der Ministerrat heute erneut mit der Gesetzgebung für die weitere wirtschaftliche Entwicklung befaßt habe. Er sei zuversichtlich, daß alles in einem beachtlichen Tempo möglich sein werde. Allerdings müsse berücksichtigt werden, daß die DDR sich nicht aus dem RGW-Verbund herauslösen könne. Die Grundlast der wirtschaftlichen Stabilität könne für geraume Zeit nur gewährleistet werden, wenn die DDR mit der Sowjetunion, von der sie 90% ihrer Rohstoffe beziehe, eng verbunden bleibe; deshalb seien auch in den letzten Tagen entsprechende Verträge erneuert worden. Das, was man an Stabilisierung darüber hinaus brauche, das allerdings könne der DDR nur aus der Bundesrepublik und der EG zuwachsen. Die Regierung werde im Lande mit Forderungen konfrontiert, die sich hochgerechnet auf 17 Mrd. Mark beliefen. Der tatsächliche Warenzuwachs würde demgegenüber nicht mehr als 2% betragen. Diese Probleme könnten am Runden Tisch nicht vom Tisch gebracht werden. Daher sei es so wichtig, daß in der Zusammenarbeit mit der Bundesrepublik Signale gesetzt würden, auch Signale zu solidarischer Hilfe und Unterstützung.

3.4 <u>BM Seiters</u> erwiderte, er könne jetzt nicht im einzelnen auf die übergebenen Papiere eingehen, die wir aber jedenfalls genau prüfen würden. Zur Vertragsgemeinschaft habe sich an der grundsätzlichen Bereitschaft der Bundesregierung nichts geändert.[9] Allerdings gingen wir davon aus, daß grundlegende Vereinbarungen nicht vor den freien Wahlen in der DDR abgeschlossen werden könnten. Doch alles, was im übrigen vorher geregelt werden könne, sollte auch geregelt werden. Wir sollten den Prozeß der gegenseitigen Vernetzung soweit wie möglich voranbringen. <u>BM Seiters</u> zitierte dazu einschlägige Auszüge aus seiner Rede vor dem Deutschen Bundestag am 18.01.1990.[10] Bei dem Besuch von MP Modrow in Bonn sollte daher eine Zwischenbilanz gezogen und über die weitere wirtschaftliche Zusammenarbeit gesprochen werden. Möglich sei auch eine Verabredung über die Komplettierung der gemeinsamen Kommissionen; eine solche Verabredung könnte dann auch ein Strukturelement für die Entwicklung der Vertragsgemeinschaft darstellen. Die Frage sei, ob auch schon erste Schritte auf einen erst nach dem 06. Mai zu schließenden Vertrag getan werden könnten. Er wolle diese Frage auch mit den Vertretern der Opposition erörtern. Nach unserer Auffassung müsse in einem solchen Vertragswerk allerdings in jedem Fall die Perspektive auf die Herstellung der staatlichen Einheit Deutschlands klar zum Ausdruck kommen; denn wir seien der Meinung, daß sich hieran auch in der DDR Hoffnungen knüpften. Daß sich die deutsche Einheit nur im europäischen Rahmen verwirklichen solle, hätten wir andererseits mehrfach gesagt. Zentrales Element einer

---

esse der Annäherung und Verflechtung der beiden deutschen Staaten kurzfristige wirtschaftliche (solidarische) Unterstützung" und forderte die Lieferung technischer Ausrüstung und Infrastrukturmaßnahmen im Gesamtwert von 15 Milliarden DM.

8 „Vorläufige Liste für bevorzugte Objekte und Zielgebiete für Industriekooperation und Joint-ventures sowie Ansprechpartner in der DDR", ohne Datum; ebd.

9 In der „Gesprächslinie zur Frage einer Vertragsgemeinschaft" (Entwurf, Stand: 23. Januar 1990; BArch, B 136/20578, 221–35014 Ge 31 Bd. 3) wurde vorgeschlagen, „grundsätzliche Bereitschaft" zu Gesprächen über eine Vertragsgemeinschaft zu erklären. „Grundlegende vertragliche Regelungen" wiesen jedoch „über den Termin freier Wahlen in der DDR hinaus in die Zukunft" und seien vorerst nicht zu treffen, denn: „Freigewähltes Parlament und künftige Regierung der DDR" dürften „nicht präjudiziert werden". Es würde sich eher empfehlen, „Bausteine technischer Natur, wie Regelungen über Gemeinsame Kommissionen", vorzuziehen. Die Überlegungen mündeten in den „Vorschlag, sich bei einem Treffen des Bundeskanzlers mit MP Modrow darauf zu verständigen, Gespräche zunächst über ein Mandat für Vertragsverhandlungen zwischen den beiden Regierungen einzuleiten".

10 Rede des Bundesministers Seiters vor dem Deutschen Bundestag, 18. Januar 1990, in: Verhandlungen des Deutschen Bundestages. Stenogr. Berichte. Bd. 152. Plenarprotokoll 11/197, 14508–14512.

Vertragsgemeinschaft werde nach unserer Meinung im übrigen die Wirtschaft sein; außerdem müßte ein institutioneller Rahmen geschaffen werden für die Fragen der Rechtsangleichung, die Angleichung der Arbeits- und Sozialordnung sowie zu Verkehrs- und Umweltfragen.

BM Seiters fragte dann nach dem Status des übergebenen DDR-Entwurfs, wozu MP Modrow erklärte, daß es sich um einen Regierungsentwurf handele, der nicht mit dem Runden Tisch abgestimmt sei. BM Seiters schloß daran die Frage einer Beteiligung des Runden Tisches an. MP Modrow wies darauf hin, daß alles, was am Runden Tisch besprochen werde, sich in der Öffentlichkeit vollziehe und deshalb Vertragsvorbereitungen hier aus praktischen Gründen kaum erfolgen könnten. Herr Arnold warf ein, daß man versuchen solle, in einem ganz kleinen Kreis – zwei von jeder Seite – zunächst ein gemeinsames Papier über die Grundvorstellungen zu entwerfen, das dann weiter erörtert werden könne.

BM Seiters wies auf die Meinung bei uns hin, einen Vertrag erst nach dem 06. Mai abzuschließen. Wichtig sei andererseits, daß auch jetzt die richtigen Signale gegeben würden über eine pragmatische Zusammenarbeit. Am 13.02. könne man sich sicherlich darauf verständigen, die Kommissionen zu formalisieren und zu ergänzen. Er werde aber auch die Opposition fragen, ob es richtig wäre, mit den Vorarbeiten zu dem weiterführenden Vertrag bis nach den Wahlen zu warten, oder ob man nicht mit Zustimmung der Opposition in die Vorgespräche darüber schon jetzt eintreten solle. MP Modrow sagte, wenn wir nicht jetzt in eine Arbeitsphase einträten, dann würden wir unglaubwürdig. Der Ausgang der Wahl lasse sich nicht voraussehen. Er glaube nicht an Mehrheitsverhältnisse, die die SED begünstigten. Aber ob eine Regierungsfähigkeit hergestellt werde, sei durchaus offen. Deshalb müsse ein Zwang zur Stabilität mit der gemeinsamen Arbeit geschaffen werden. Ganz pragmatisch gelte, daß das, was jetzt begonnen würde, im frühen Herbst zur Realität führen könne. Über diesen Weg müßten Bindungen geschaffen werden – auch für gewisse Kräfte im eigenen Land, damit sie verstehen, daß sie in Verantwortung kommen. MP Modrow wies in diesem Zusammenhang auf die Gefahr des Zulaufs für die Republikaner hin, für die er einen Stimmanteil von etwa 15% für wahrscheinlich hielt.

BM Seiters betonte, daß wir eine Stabilisierung des Demokratisierungsprozesses unterstützen wollten. Die Frage sei nur, was wir mit der jetzigen Regierung machen könnten ohne Zustimmung der Opposition. Er verstehe die Ausführungen des Ministerpräsidenten dahin, daß man sich am 13. Februar auf Gespräche über ein gemeinsames Mandat für die Verhandlungen einigen solle. Es wäre in jedem Fall nicht gut, wenn wir in eine Gesprächspause hineinkämen. MP Modrow bestätigte das.

3.5 St Dr. von Würzen fragte unter Bezug auf das von MP Modrow übergebene Papier mit Wünschen für wirtschaftliche Leistungen, ob Kredite oder Zuschüsse gemeint seien. MP Modrow antwortete, erwartet würden Zuschüsse. St Dr. von Würzen wies auf den ungenützten Kreditrahmen des Swing im I[nner]d[eutschen]H[andel] hin; MP Modrow sagte, dieser Kredit werde ebenfalls voll ausgenützt werden. St Dr. von Würzen erklärte dann zu den einzelnen Posten der übergebenen Liste, daß es sich um Komponenten von sehr unterschiedlicher Qualität handele; man müsse differenzieren zwischen Ausgaben für den reinen Konsumbereich, für die Infrastruktur und für humanitäre Zwecke. Unter Bezug auf das Sachverständigengutachten[11] meinte er, daß Zahlungen für die erstgenannten Zwecke sicherlich bei uns dem Einwand begegnen

---

11 Sondergutachten des Sachverständigenrates zur Begutachtung der gesamtwirtschaftlichen Entwicklung, „Zur Unterstützung der Wirtschaftsreform in der DDR: Voraussetzungen und Möglichkeiten", 20. Januar 1990 (Deutscher Bundestag. Drucksache 11/6301. 24. Januar 1990).

würden, wir zahlten in ein „dunkles Loch", ohne Gewißheit über den makroökonomischen Rahmen zu haben. Ohne daß es zunächst eine derartige Übersicht gebe, wären Leistungen dieser Art bei uns politisch nicht durchsetzbar.

3.6 BM Seiters bekräftigte das, wiederholte aber zugleich, daß wir die Wünsche der DDR prüfen würden. BM Seiters erkundigte sich dann nach dem Stand der Vorbereitungen des Wahlrechts und verwies auf unsere bekannte Position hinsichtlich der Gewährleistung von Chancengleichheit. MP Modrow erwiderte, das Bemühen um Chancengleichheit habe inzwischen zu Ungleichheit in der Weise geführt, daß die etablierten Parteien benachteiligt würden; die oppositionellen Gruppen erhielten sehr viel mehr Raum im Fernsehen als die anderen, das gleiche gelte auch für die Zeitungen. St Dr. Bertele wandte ein, daß in den gedruckten Medien nach wie vor Probleme bestünden. BM Seiters wies auf die unzulängliche Ausstattung mit Räumen und Material hin. MP Modrow nannte demgegenüber die Möglichkeit, daß jede Partei bis zu 6 Millionen Mark Kredit aufnehmen könne; auch Räumlichkeiten würden im Rahmen des Möglichen zur Verfügung gestellt. Im übrigen müsse erst einmal das Wahlgesetz da sein. Auf die Fragen von BM Seiters, ob sowohl Parteien als auch Gruppierungen zugelassen werden sollten und wie es sich mit der Frage einer Doppelmitgliedschaft verhalte, antwortete MP Modrow, daß diese Fragen noch offen seien, weil sie auch am Runden Tisch kontrovers diskutiert worden seien. Er hoffe, daß dennoch der vorgesehene Zeitplan eingehalten und der Gesetzentwurf am 29.01. in der Volkskammer eingebracht und am 02./03.03. in zweiter und dritter Lesung verabschiedet werden[12] und dann am 06.03. in Kraft treten könne, so daß bis zur Wahl noch zwei Monate Zeit blieben.

MP Modrow wiederholte, daß er in jedem Fall für die SED keine großen Chancen sehe; die SED befinde sich in einer solchen „Zerfaserung", daß dort nicht mehr viel vor sich gehe. Er sprach in diesem Zusammenhang auch die Probleme an, die sich bei der Auflösung der Staatssicherheit ergeben hätten.[13] Tatsache sei, daß es keinerlei soziale Absicherung für die Mitarbeiter gebe, die buchstäblich auf der Straße stünden. Er selbst stehe vor dem Problem, daß er angegriffen werde, wenn er eine Übergangsregelung vorsehe, daß er aber auch erhebliche soziale Schwierigkeiten heraufbeschwöre, wenn nichts geschehe. Insgesamt lebe man in einem Zustand, wo das Recht nicht mehr sehr stabil sei.

3.7 BM Seiters sprach anschließend eine Reihe von Einzelfragen an:
– Wer werde auf seiten der DDR für die Frage der Verwendung der Gegenwertmittel aus dem Reisedevisenfonds zuständig sein, und auf welcher Ebene wolle die DDR darüber sprechen?
St Rauchfuß antwortete, daß wahrscheinlich das Ministerium für Finanzen feder-

---

12 Die Volkskammer beriet den Gesetzentwurf in erster Lesung am 29. Januar 1990. Zu Beginn dieser 15. Tagung gab Ministerpräsident Modrow die Einigung der am Runden Tisch vertretenen Parteien und Gruppen vom Vortag bekannt, die Wahlen zur Volkskammer auf den 18. März 1990 vorzuziehen (Volkskammer. 9. Wahlperiode. Protokolle. Bd. 25, 423, 424–434). Nach zweiter Lesung verabschiedete die Volkskammer den Gesetzentwurf (Drucksache Nr. 67. 19. Februar 1990) am 20. Februar mit Mehrheit bei 22 Gegenstimmen und 30 Enthaltungen (Volkskammer. 9. Wahlperiode. Protokolle. Bd. 25, 474–483).
13 Ministerpräsident Modrow bekräftigte am 12. Januar 1990 vor der Volkskammer, das Amt für Nationale Sicherheit werde aufgelöst. Zugleich kündigte er an, den bislang damit Beauftragten abzuberufen. Die „bisher gestellte Zielsetzung, bis zum 30.6. diese Aufgabe zu beenden", werde die Regierung „erneut prüfen". 30.000 Mitarbeiter des Amtes seien bereits entlassen worden. Bis zu den am 6. Mai vorgesehenen Wahlen zur Volkskammer werde auch „kein Amt für Verfassungsschutz gebildet" (Volkskammer. 9. Wahlperiode. Protokolle. Bd. 25, 415). Nachdem am 15. Januar durch einen dem Runden Tisch vorgelegten Zwischenbericht (Wortlaut, veröffentlicht unter dem Titel „Bedingungslos gehorsam bei der Arbeit gegen Andersdenkende", in: Frankfurter Rundschau. 44. Jg. Nr. 14. 17. Januar 1990, 9) Einzelheiten über Umfang und Aufgaben der Staatssicherheit bekannt wurden, stürmten Demonstranten die Zentrale des AfNS in der Normannenstraße in Berlin (Ost).

führend sein werde; die Gespräche sollten mindestens auf Staatssekretärsebene geführt werden.
- Eine Regelung für den Zeitschriftenvertrieb sei dringlich.

St Rauchfuß wies auf eine kürzlich abgegebene Absichtserklärung von vier westdeutschen Verlagen (Gruner & Jahr, Springer, Burda und Bauer) hin; man werde auf dieser Grundlage schon in Kürze zu einer Regelung kommen können.
- Im Reiseverkehr stelle die Paßpflicht ein besonderes Problem dar; ob man nicht davon abgehen könne?

MP Modrow erwiderte, daß man eigentlich bei den Pässen bleiben wolle.
- Die Abschaffung der Zählkarten im Reiseverkehr sei zu begrüßen; ein Problem stellen sie jedoch weiterhin für den Transitverkehr dar.

Herr Seidel erklärte, daß man auf das einfachste Verfahren hinauswolle; in die Zählkarten solle künftig nur das Pkw-Kennzeichen und die Zahl der Insassen eingetragen werden. Dies werde weniger Zeit erfordern als die von uns vorgeschlagene Plakette.
- Die Grenzempfehlung für ständig akkreditierte Korrespondenten sollte auf mehr Übergänge ausgeweitet werden; St Dr. Bertele wies auf die bestehenden Schwierigkeiten hin.

MP Modrow sagte, daß Erleichterungen geprüft würden.
- Bei den Zollerklärungen und auch bei Kontrollen und Befragungen an der Grenze habe es in letzter Zeit verschiedentlich Schwierigkeiten gegeben. Solche Maßnahmen sollten auf ein Minimum reduziert werden.

3.8 MP Modrow äußerte in diesem Zusammenhang den Wunsch, daß sich die beiden Innenminister in nächster Zeit, möglichst noch vor seinem Besuch in Bonn, treffen sollten. Im Laufe dieses Jahres sollte die Zuständigkeit für die Grenztruppen, die bisher noch beim Verteidigungsministerium liege, auf das Innenministerium übertragen werden; es wäre deshalb gut, wenn die Innenminister die sich hier stellenden Fragen miteinander besprechen könnten. Dabei könnten auch Probleme wie die von BM Seiters angesprochenen erörtert werden.

(Duisberg)

Nr. 145A
Entwurf der Regierung der DDR
Vertrag über Zusammenarbeit und gute Nachbarschaft zwischen der Deutschen Demokratischen Republik und der Bundesrepublik Deutschland

Ausfertigung: Berlin, den 17. Januar 1990.

Die Deutsche Demokratische Republik und die Bundesrepublik Deutschland,
getragen von dem gemeinsamen Willen, Frieden, Freiheit, Demokratie und Menschenrechte in einem vereinten Europa zu verwirklichen,
ausgehend von ihrer gemeinsamen nationalen Geschichte, Sprache, Kultur sowie anderen ethnischen Gemeinsamkeiten und dem Bestehen zweier Staaten im Rahmen einer deutschen Nation,
in dem Bewußtsein, daß die Annäherung und Verflechtung der Beziehungen zwischen den beiden deutschen Staaten im Einklang mit dem Zusammenwachsen der europäischen Staaten in einer europäischen Friedensordnung erfolgen muß,

in fester Absicht, eine Vertragsgemeinschaft als neue Dimension der gegenseitigen Beziehungen zwischen der Deutschen Demokratischen Republik und der Bundesrepublik Deutschland zu gestalten, die den Weg zu einer Konföderation bahnt, in der die Deutschen in beiden Staaten über ihr künftiges Zusammenleben im Einklang mit ihren Nachbarn entscheiden können,

sind wie folgt übereingekommen:

Artikel 1

Die Deutsche Demokratische Republik und die Bundesrepublik Deutschland (im weiteren die Vertragschließenden Seiten) werden auf der Basis des „Vertrages über die Grundlagen der Beziehungen zwischen der Deutschen Demokratischen Republik und der Bundesrepublik Deutschland" vom 21. Dezember 1972 sowie auf der Basis der Schlußakte von Helsinki und aller anderen Dokumente des KSZE-Prozesses durch enge und umfassende Vertragsbeziehungen der guten Nachbarschaft eine Vertragsgemeinschaft zum Wohle der Menschen sowie zur Stärkung der europäischen Friedensordnung entwickeln.

Durch die Vertragsgemeinschaft soll die politische, wirtschaftliche, umwelt-, energie- und verkehrspolitische, kulturelle und abrüstungspolitische Zusammenarbeit zwischen beiden deutschen Staaten gefördert und ihr eine neue Qualität verliehen werden.

Artikel 2

(1) Die Vertragschließenden Seiten kommen überein, als Organ der Vertragsgemeinschaft eine paritätisch zusammengesetzte Politische Konsultativkommission zu bilden. Sie steht unter Leitung des Vorsitzenden des Ministerrates der Deutschen Demokratischen Republik und des Bundeskanzlers der Bundesrepublik Deutschland.

(2) Die Politische Konsultativkommission hat die Aufgabe, Grundfragen der Ausgestaltung der Vertragsgemeinschaft und ihrer Weiterentwicklung zur Konföderation zu beraten, die Tätigkeit bestehender und zu bildender gemeinsamer Gremien zu koordinieren sowie Empfehlungen an die Parlamente und Regierungen beider Staaten zur Entwicklung von Beziehungen guter Nachbarschaft auszuarbeiten.

(3) Die Zusammensetzung und Geschäftsordnung der Politischen Konsultativkommission werden zwischen den Regierungen der Deutschen Demokratischen Republik und der Bundesrepublik Deutschland gesondert vereinbart.

(4) Die Ministerien und andere Institutionen der Deutschen Demokratischen Republik und der Bundesrepublik Deutschland können für die Realisierung der Zusammenarbeit in ihrer jeweiligen Zuständigkeit paritätisch zusammengesetzte gemeinsame Gremien bilden, die Empfehlungen an die Politische Konsultativkommission sowie an die Regierung der Deutschen Demokratischen Republik und die Regierung der Bundesrepublik Deutschland ausarbeiten.

Artikel 3

Die Vertragschließenden Seiten werden alle in der Schlußakte von Helsinki und den anderen KSZE-Dokumenten eingegangenen Verpflichtungen beispielhaft erfüllen. Sie ergreifen eigene sowie gemeinsame Initiativen für die Entwicklung zu einer neuen Qualität des KSZE-Prozesses, die dem gesellschaftlichen Wandel in Europa entspricht, mit dem Ziel, eine dauerhafte europäische Friedensordnung zu gestalten und den Prozeß des konföderativen Zusammenschlusses der Staaten Europas zu fördern.

Artikel 4

(1) Die Vertragschließenden Seiten leisten jeder für sich, gemeinsam sowie im Rahmen der jeweiligen Bündnisse, denen sie angehören, konkrete Beiträge zur Abrüstung und Rüstungskontrolle mit dem Ziel einer gegenseitigen strukturellen Angriffsunfähigkeit.

(2) Die Vertragschließenden Seiten unterstützen die Durchführung vertrauens- und sicherheitsbildender Maßnahmen, insbesondere in Europa, und die Vereinbarung weiterer Maßnahmen auf diesem Gebiet. Dazu streben sie nach kooperativen Sicherheitsstrukturen zwischen ihren Streitkräften, von denen positive Impulse für die Entwicklung des Vertrauensverhältnisses zwischen den Streitkräften beider Paktsysteme in Europa ausgehen.

Artikel 5

Mit dem Ziel, praktische Solidarität zu üben und soziale Gerechtigkeit zu sichern, streben die Vertragschließenden Seiten an, die Bedingungen für die Lebensqualität in beiden deutschen Staaten anzugleichen. Zu diesem Zweck stellen sie folgende Aufgaben in den Mittelpunkt ihrer Vertragsgemeinschaft:

- Schaffung eines Wirtschaftsverbundes auf der Basis marktwirtschaftlicher Prinzipien, die in ihrer sozialen und ökologischen Orientierung auf das Wohl der Bürger ausgerichtet sind. Beide Seiten fördern alle Aktivitäten, die sich in Übereinstimmung mit den Entwicklungszielen und Bedürfnissen der nationalen und internationalen Märkte befinden. Sie ziehen neue, zukunftsorientierte Bereiche stärker in die Zusammenarbeit ein. Sie entwickeln qualitativ neue Formen der Zusammenarbeit und schaffen dafür entsprechende Institutionen.
- Vereinbarung eines Währungsverbunds mit dem Ziel, volkswirtschaftliche Nachteile aus unrealistischen Wechselkursen für beide Staaten zu vermeiden.
- Ausbau der Infrastruktur, insbesondere der Kommunikationsnetze, der umweltverträglichen Energieerzeugung und des Verkehrs.
- Verwirklichung eines gemeinsamen Programms zur wirksamen Verminderung und Vorbeugung der Umweltverschmutzung sowie zur Herstellung gesunder Umweltverhältnisse.

Zur schnellen Realisierung dieser Aufgaben werden noch im Jahr 1990 die erforderlichen Vereinbarungen abgeschlossen.

Artikel 6

Die Vertragschließenden Seiten verstärken ihre Zusammenarbeit im humanitären Bereich mit dem Ziel, ein möglichst gleiches Niveau der Verwirklichung der zivilen, politischen, wirtschaftlichen, sozialen und kulturellen Rechte für die Menschen in beiden deutschen Staaten zu erlangen. Sie tragen damit zur Schaffung eines gemeinsamen europäischen Rechtsraumes bei.

Artikel 7

Die Vertragschließenden Seiten fördern eine umfassende Zusammenarbeit auf den Gebieten der Kultur, Wissenschaft und Bildung. Sie entwickeln insbesondere eine enge Kooperation bei der Pflege und schöpferischen Aneignung des nationalen und des europäischen Kulturerbes sowie den Austausch kultureller und wissenschaftlicher Leistungen.

Artikel 8

(1) Die Vertragschließenden Seiten fördern die partnerschaftlichen Beziehungen auf kommunaler Ebene. Sie unterstützen die Tätigkeit von Regionalausschüssen aus Vertretern von Gebietskörperschaften der Deutschen Demokratischen Republik und der Bundesrepublik Deutschland sowie einer entsprechenden Kommission auf Regierungsebene.
(2) Die Vertragschließenden Seiten fördern die Zusammenarbeit gesellschaftlicher Kräfte, von Kirchen und Religionsgemeinschaften, Parteien und Organisationen, Jugend und Sportverbänden, insbesondere im Hinblick auf gesamteuropäische Zielsetzungen.

Artikel 9

Die Bundesrepublik Deutschland wird einen Antrag der Deutschen Demokratischen Republik auf Mitgliedschaft in der Europäischen Gemeinschaft unterstützen.

Artikel 10

(1) Die Vertragschließenden Seiten stimmen darin überein, daß durch diesen Vertrag die von ihnen früher abgeschlossenen oder sie betreffenden zweiseitigen und mehrseitigen internationalen Abkommen und Vereinbarungen nicht berührt werden.

(2) Die Vertragschließenden Seiten stellen fest, daß die Rechte und Verantwortlichkeiten der Vier Mächte und die entsprechenden diesbezüglichen vierseitigen Vereinbarungen, Beschlüsse und Praktiken durch diesen Vertrag nicht berührt werden können.

Artikel 11

Entsprechend dem Vierseitigen Abkommen vom 3. September 1971[14] wird dieser Vertrag mit Ausnahme des Artikels 4 in Übereinstimmung mit den festgelegten Verfahren auf Berlin (West) ausgedehnt.

Artikel 12

Dieser Vertrag bedarf der Ratifikation und tritt am Tage des Austausches der Ratifikationsurkunden in Kraft.

Ausgefertigt in   am   in zwei Urschriften
in deutscher Sprache.

Für die   Für die
Deutsche Demokratische Republik   Bundesrepublik Deutschland

Nr. 146
Gespräch des Bundesministers Seiters mit Vertretern des Runden Tisches
Berlin (Ost), 25. Januar 1990

BArch, B 288/116, 11 – 35004 La 4 Bd. 8. – FS StäV Nr. 201, 26. Januar 1990, 17.27 Uhr. VS-NfD. Verteiler: ChBK, Gruppe 22; BMB, AL II; Bonn AA, Ref. 210; BMWi, Büro St von Würzen. Spruchvordruck mit hs. Korrekturen des St Bertele.

Betr.:   Gespräch von Bundesminister Seiters mit Vertretern von Oppositionsgruppen und -parteien am 25. 1. 1990 in Berlin (Ost)

Verfasser: Vandersee

1.

Der Einladung zu einem Gespräch mit Bundesminister Seiters sind am 25. 1. 1990 bis auf die SPD (wegen des Trauerakts für Herbert Wehner in Bonn) alle am Runden Tisch vertretenen Oppositionsgruppen bzw. Parteien gefolgt. Als Ergebnis kann festgehalten werden:

a)
Eine Beteiligung der Opposition an einer Übergangsregierung wird nicht ausgeschlossen;

14   Nr. 2 Anm. 25.

b)

die Opposition ist für Vorgespräche über eine Vertragsgemeinschaft beider deutscher Staaten schon jetzt, falls eine Beteiligung der Opposition sichergestellt ist und keine Absprachen getroffen und umgesetzt werden, die eine neue Regierung in ihrer Handlungsfähigkeit einschränken.

2. Im einzelnen

a)

Teilnehmer des Gesprächs:
Demokratischer Aufbruch: Erhard Neubert, Fred Ebeling, Dr. Gericke, Andreas Apelt
Demokratie Jetzt: Konrad Weiß, Dr. Hans-Jürgen Fischbeck
Grüne Partei: Dr. Christine Weiske
Initiative Frieden und Menschenrechte: Herr Weißhuhn
Unabhängiger Frauenverband: Dr. Ina Merkel (SED/PDS)
Neues Forum: Bärbel Bohley, Dr. Brandenburg
Grüne Liga: Gisela Henze, Falk Zimmermann
Vereinigte Linke: Bernd Gehrke

b)

Bundesminister Seiters schilderte die sowohl für die Bundesrepublik Deutschland als auch für die DDR schwierige Situation und nannte die hohe Zahl von Übersiedlern seit Beginn des Jahres. Er betonte das Interesse der Bundesregierung daran, die Lage zu stabilisieren.

c)

In den Fragen und Stellungnahmen der Oppositionsvertreter wurde durchweg tiefe Sorge über die innere Entwicklung geäußert. Die Zahl der Ausreisewilligen werde weiter ansteigen, wenn nicht kurzfristig Änderungen zu spüren seien. So wurde von den Grünen projektbezogene Hilfe vor allem im Umweltbereich gefordert, gleichzeitig wurde zu bedenken gegeben, es werde zuviel über Marktwirtschaft und zuwenig vom Wort sozial gesprochen. Das Neue Forum sprach sich sowohl für „intellektuelle Hilfe" als auch für „Signale in den Läden" aus. Die Vertreterin des Unabhängigen Frauenverbandes äußerte, daß die Bürger der DDR die Annäherung zwischen den beiden deutschen Staaten und das Einfließen von Geld aus der Bundesrepublik Deutschland nicht nur als Verbesserung der allgemeinen Situation erführen, sondern zunehmend als Verschlechterung der sozialen Lage (höhere Preise, höhere Mieten, Arbeitslosigkeit). Sie sprach sich gegen vormundschaftliche Hilfe aus der Bundesrepublik Deutschland aus und kritisierte die Einflußnahme der politischen Parteien der Bundesrepublik auf den Wahlkampf in der DDR.
Demokratie Jetzt erkundigte sich nach den Rückzahlungsmodalitäten für die in Aussicht gestellten Kredite, der Demokratische Aufbruch sprach den Notstand in der Gesundheitsversorgung an.
Auch die Vereinigte Linke zeigte sich kompromißbereit hinsichtlich der Unterstützung kleiner Betriebe, fragte aber auch, wie wohl die Probleme von Großbetrieben gelöst werden könnten und wo beispielsweise das Geld für den Ausbau des Telefonnetzes herkommen könne. Was mache beispielsweise ein Handwerker, der nicht über einen Telefonanschluß verfüge?

d)

Das Gespräch zeigte, daß die Gruppen z.T. nur unter der Last der Probleme bereit sind, pragmatische Lösungen zu akzeptieren. Sie werden die eigene Position nicht zu den Akten legen und um Mehrheiten kämpfen, zur Stabilisierung der DDR aber Abstriche an eigenen Wunschvorstellungen hinnehmen. Der Vertreter der Vereinigten Linken ließ erkennen, daß er eine marktwirtschaftliche Ordnung des DDR-Wirtschaftssystems ablehnt.

Mehrfach wurde die Bundesregierung gebeten, deutlich zu erklären, daß eine sofortige und schnelle Wiedervereinigung keines der anstehenden Probleme lösen werde.

3.

BM Seiters traf in kleinem Kreis auch mit Vertretern der Deutschen Sozialen Union (Pfarrer Ebeling, Herr Sabottka; Berlin) zusammen. Hier wurde ebenfalls die Sorge vorgetragen, daß mit ansteigenden Zahlen von Ausreisewilligen zu rechnen sei, wenn sich nicht schnell eine Verbesserung der allgemeinen Lage einstellen sollte. Vermieden werden müsse allerdings, daß die Hilfe der Regierung Modrow zugute käme. Viele DDR-Bürger litten mehr unter dem äußeren Erscheinungsbild der Städte als unter den politischen Strukturen. Deshalb sollte insbesondere in die Verbesserung der Infrastrukturen und des Gesundheitswesens investiert werden. Die DSU äußerte Sorge, daß die neue Gewerbefreiheit zum Kollaps der ohnehin angeschlagenen Betriebe führen werde, da viele Mitarbeiter die Betriebe verlassen würden, um selbst einen kleinen privatwirtschaftlichen Betrieb zu gründen. Gefordert wird die Auflösung der SED und ihr völliges Verschwinden aus dem täglichen Leben.

Bertele

Nr. 147
Schreiben des Bundeskanzlers Kohl an Staatspräsident Mitterrand
Bonn, 25. Januar 1990

BK, 03 (211) – 30104 F 2 Fr 24, Paris, 17./18.1.1990, Hauptvorgang Bd. 2.

Sehr geehrter Herr Präsident, *lieber François,*

haben Sie herzlichen Dank für Ihre freundlichen Zeilen vom 17. Januar 1990.[1] Ich habe mich über diese Geste der Freundschaft sehr gefreut.

Die Diskussionen und Gespräche, die ich im Anschluß an meine Rede in Paris[2] führen konnte, haben mich in meinem Willen bestärkt, in der kommenden Zeit gemeinsam mit Ihnen weiter alles zu tun, um den europäischen Integrationsprozeß gerade in dieser Phase der Herausforderung für uns alle energisch voranzubringen. Damit werden wir zugleich besser in der Lage sein, unseren gemeinsamen Beitrag zu leisten, damit die Reformen in den Ländern Mittel-, Ost- und Südosteuropas zum Erfolg geführt werden können.

Mit freundlichen Grüßen
Ihr
Helmut Kohl

---

1 Nr. 138.
2 Ebd., Anm. 1.

Nr. 148
Vorlage des Ministerialdirektors Teltschik an Bundeskanzler Kohl
Bonn, 25. Januar 1990

BArch, B 136/30501, 21 – 30131 B 20 Bd. 5. – Mitverfasser: VLR I Bitterlich. Vorlage über Chef BK. Mit Paraphe: „T[eltschik] 26".

<u>Betr.:</u> Interview der britischen Premierministerin Margaret Thatcher mit dem Wall Street Journal am 25. Januar 1990

I.

In einem Gespräch mit dem Wall Street Journal,[1] das in einer Mischung von direkten Zitaten, indirekter Rede und Zusammenfassung durch die Interviewpartner wiedergegeben wird, erläutert PM Thatcher in der ihr eigenen Weise – scharf, zum Teil überpointiert – ihre Ansichten
– zur Reformpolitik in der Sowjetunion, Mittel- und Südosteuropa,
– zur Wiedervereinigung,
– zur Europapolitik, insbesondere zur Währungsunion.
Sie geht dabei mit der Bundesregierung und dem Bundesbankpräsidenten ungewöhnlich scharf ins Gericht.

II.

<u>Wesentliche Passagen des Interviews:</u>

1. <u>Zur Wiedervereinigung</u>
 = Eine zu schnell kommende Einheit könne solch enorme politische Probleme für Gorbatschow schaffen, daß er evtl. darüber gestürzt werde. Und gerade dies wäre eine Katastrophe für alle.
 = Die deutsche Einheit könne daher nur zu einem Zeitpunkt erfolgen, der die anderen Verpflichtungen berücksichtige und uns Zeit gebe, diese anderen Dinge zu erarbeiten – <u>sonst könnte sie alles destabilisieren. Dies wäre in höchstem Maße unfair gegenüber Gorbatschow, ohne den dies alles hätte gar nicht zustande kommen können</u> (!).
 = Europäische Führer wie <u>Bundeskanzler Kohl</u> und Außenminister Genscher <u>sollten diese längerfristige Sicht der Bedürfnisse Europas vor ihre engen nationalistischen Ziele setzen. Man müsse der Bundesregierung diese weitsichtigere Vision eintrichtern</u> (!).
 = Ostdeutschland habe seit 1930 unter dem Nationalsozialismus oder dem Kommunismus gestanden, und man könne nicht über Nacht zu demokratischen Strukturen und einer freieren Marktwirtschaft kommen.
 = <u>Die deutsche Einheit würde ferner das wirtschaftliche Gleichgewicht der EG zerstören</u>, in der Westdeutschland ohnehin schon dominierend sei.

2. <u>Zur Europapolitik</u>
 = Sie würde bestimmt nicht die Schaffung einer <u>Europäischen Zentralbank</u> unterstützen mit der Kompetenz, Zinssätze und die Geldpolitik für alle Mitgliedstaaten zu regulieren. Sie sei fest gegen eine solche Bank.
 = Das <u>britische System, bei dem die Regierung die Währungspolitik bestimme</u>, sei in <u>Wahrheit das einzig demokratische System</u> (mit parlamentarischer Kontrolle). <u>Sie wäre in keiner Weise bereit, dies aufzugeben;</u> im übrigen sei es überhaupt nicht notwendig, eine Zentralbank zu schaffen, die außerhalb parlamentarischer Kontrolle stehe (so aber Vorschlag des Delors-Ausschusses).

---

1 „London Views: Thatcher Says Germans Should Slow Any Move Toward Reunification", in: The Wall Street Journal (New York). Europe. 7. Jg. Nr. 249. 25. Januar 1990, 1 f.

= Wörtlich über Bundesbankpräsident Pöhl, der kürzlich in einer Rede in Paris am 16. Januar 1990[2] ein solches Konzept unterstützt habe: „Lassen Sie mich etwas über Karl Otto sagen. Sie werden herausfinden, daß er alles und nichts gesagt hat. Er hat schon immer alles und nichts gesagt"(!).

= Die Ironie mit Westeuropa sei es, daß Westeuropa immer mehr auf ein zentralistisches, nichtgewähltes Entscheidungssystem zugehe, während Osteuropa nach Demokratie schreie. Diese Situation sei so absurd, daß man sie im Grunde nicht in Worte fassen könne.

III.

Bewertung

PM Thatcher bleibt in diesem Interview ihrer bisherigen Linie in der Europapolitik wie gegenüber der Entwicklung in der Sowjetunion und in den Ländern Mittel- und Südosteuropas treu, auch wenn sie diesmal durch Schärfe, Abwertung anderer Vorstellungen, harsche Vorwürfe und (vermeintliche) Ironie deutlich „eins draufsetzt". In der Deutschlandpolitik geht sie zum ersten Mal klar aus der bisherigen (öffentlichen) Reserve heraus und läßt ihrer kritischen Haltung freien Lauf.

PM Thatcher bleibt verhaftet in den Traditionen klassischer britischer Außenpolitik des 19. Jahrhunderts – die deutsche Einheit ist für sie letztlich eine Gefahr für das Gleichgewicht auf dem Kontinent (über das GB wohl weiterhin wachen möchte!). Zudem versucht sie sich (wie schon wiederholt) als die Beschützerin – und einzig wohlwollende Partnerin – für Gorbatschow hochzustilisieren – dies mit dem unausgesprochenen Ziel, eine gewisse Sonderstellung für Großbritannien im Rahmen des bestehenden und für Großbritannien günstigen Status quo zu erhalten.

In bezug auf die Europapolitik macht sie mehr als deutlich, daß sie nicht bereit ist und nicht bereit sein wird, dem Delorsschen und deutschen Konzept insgesamt wie insbesondere einer auf dem deutschen System beruhenden Wirtschafts- und Währungsunion zu folgen. Sie erteilt damit dem sich abzeichnenden Weg Westeuropas eine mehr als klare Absage.

Man darf insgesamt freilich nicht übersehen, daß PM Thatcher mit ihrer Haltung auch in Großbritannien mehr und mehr auf Kritik stößt – so z.B. bezichtigte ein angesehener Kommentator sie kürzlich der „Germanophobie", wobei manche Beobachter dies als Teil einer Phobie gegenüber dem Kontinent insgesamt ansehen. Die gleichen Beobachter weisen aber auch darauf hin, daß diese Kritik aufgrund einer zunehmenden „Bunker-Mentalität" bei ihr nicht ankommt.

Vorschlag:

Wir sollten mit PM Thatcher nicht in eine öffentliche Diskussion über ihre deutschlandpolitischen Ratschläge eintreten. Gleichwohl sollten wir – z.B. gegenüber AM Hurd (bei Ihnen am 6. Februar)[3] und dem hiesigen britischen Botschafter – verdeutlichen, daß wir Inhalt und Form dieser Kritik für unangemessen halten, nicht zuletzt vor dem Hintergrund der Tatsache, daß Sie persönlich die Einbettung der deutschen Frage in den gesamteuropäischen Prozeß wiederholt und sehr deutlich unterstrichen haben.

(Teltschik)

---

2 Bundesbankpräsident Pöhl sprach anläßlich einer Vortragsveranstaltung der Zeitung „Le Monde" am 16. Januar 1990 in Paris (Rede in: Deutsche Bundesbank. Auszüge aus Presseartikeln. Nr. 4. 16. Januar 1990, 1–6).

3 Außenminister Hurd erklärte am 6. Februar 1990 zu seinen Gesprächen mit Bundeskanzler Kohl und Außenminister Genscher in Bonn, die Regierung Großbritanniens unterstütze das Recht der Deutschen auf Selbstbestimmung, plädierte aber für „vernünftige Perioden des Übergangs". Er könne sich vorstellen, daß „am Ende eines ordnungsgemäßen Übergangs die deutsche Einheit und gleichzeitig eine neue, stabile Architektur Europas stehen werden". Es gelte einen „gemeinsamen Weg" zu finden, die „deutsche NATO-Mitgliedschaft und die nach wie vor bestehenden Besorgnisse der Sowjetunion unter einen Hut zu bringen"; jene Besorgnisse beträfen „auch die Ostgrenze Deutschlands" („Vernünftige Perioden des Übergangs", in: Frankfurter Allgemeine. Nr. 32. 7. Februar 1990, 3).

Nr. 149
Schreiben des Staatssekretärs Clement an Bundesminister Seiters
Düsseldorf, 25. Januar 1990

BArch, B 136/29247, 122 – 14020 Mi 1, 15.2.1990, Bespr. BK/Reg.Chefs d. Länder, Mappe BK. – Mit Briefkopf: Der Chef der Staatskanzlei des Landes Nordrhein-Westfalen.

<u>Betr.</u>: Nächste Besprechung des Chefs des Bundeskanzleramtes mit den Chefs der Staats- und Senatskanzleien am 30. Januar 1990

Sehr geehrter Herr Bundesminister,

wie ich Ihnen bereits in unserem Gespräch am 9. Januar 1990 in Bonn angekündigt hatte, beabsichtige ich, auf unserer Sonderzusammenkunft am 30. Januar 1990[1] auch das Problem der Länderbeteiligung an der Entwicklung der Vertragsgemeinschaft mit der DDR anzusprechen. Hierzu hat eine Länder-Vorbesprechung stattgefunden, als deren Ergebnis ein Beschlußvorschlag einvernehmlich zwischen den Ländern abgestimmt wurde, den ich zu Ihrer Information beifüge.[2] Niedersachsen hat jedoch die Protokollnotiz nicht mitgetragen. Ich glaube, daß mit diesem Beschluß die wesentlichen Eckpunkte einer Länderbeteiligung an der Entwicklung der Vertragsgemeinschaft mit der DDR fixiert sind und dieser Beschluß auch für die Bundesregierung durchweg akzeptabel ist.

Um für unsere Besprechung am 30. Januar 1990 ausreichend vorbereitet zu sein, bitte ich darum, meinen Kollegen in den anderen Ländern und mir alle der Bundesregierung derzeit schon vorliegenden Entwürfe von Vertragstexten zur Vertragsgemeinschaft mit der DDR zu übersenden und wegen der Eilbedürftigkeit möglichst per Telefax zu übermitteln. Wie ich Ihrer Einladung entnommen habe, sind in der Besprechung am 30. Januar 1990 auch Berichte mehrerer Bundesressorts über den Stand der Verhandlungen mit der DDR vorgesehen. Soweit in den Ressorts ebenfalls schon vorbereitende Unterlagen und Entwürfe von Vereinbarungen mit der DDR vorliegen, bitte ich auch um entsprechende Übermittlung dieser Unterlagen.

Die Übersendung dieser Unterlagen und Entwürfe wird sicherlich zu einem positiven und alle Beteiligten zufriedenstellenden Verlauf unserer Besprechung am 30. Januar 1990 beitragen.

Mit freundlichen Grüßen
Ihr Wolfgang Clement

Nr. 149A
Beschlußvorschlag

1. Die auf das Ziel ausgerichteten Verträge, eine Vertragsgemeinschaft mit der DDR vorzubereiten oder zu bilden, können die föderale Struktur der Bundesrepublik Deutschland beeinflussen. Die Länder sind deshalb an der Entwicklung der Vertragsgemeinschaft entsprechend ihren verfassungsmäßigen Rechten umfassend zu beteiligen.
2. In Anknüpfung an die „Verständigung zwischen der Bundesregierung und den Regierungen der Länder über die Beteiligung der Länder bei Abkommen zwischen der Bundes-

---

1 Nr. 152.
2 Nr. 149A.

republik Deutschland und der Deutschen Demokratischen Republik" vom 17. Dezember 1987[3] stimmen Bund und Länder in folgendem überein:

a) Die Bundesregierung informiert die Länder umfassend und fortlaufend über die Vertragsgemeinschaft und alle damit im Zusammenhang stehenden Vorhaben.

b) Vor einer abschließenden Willensbildung der Bundesregierung wird sie den Ländern Gelegenheit geben, ihre Vorstellungen – nach Abstimmung untereinander – einzubringen.

c) Zur Vertragsgemeinschaft wird die Bundesregierung vor Unterzeichnung das Einverständnis der Länder herbeiführen, wenn deren ausschließliche Kompetenz berührt wird.[4]

d) Die Bundesregierung beteiligt die Länder an den jeweiligen Vertragsverhandlungen mit je vier Ländervertretern.

3. Der Chef des Bundeskanzleramtes und die Chefs der Staats- und Senatskanzleien der Länder nehmen die Aufgaben der im Beschluß der Regierungschefs der Länder vom 21. Dezember 1989 vorgesehenen Bund-Länder-Kommission wahr. Die Chefs der Staats- und Senatskanzleien bilden das Ständige Gremium, das dem Bund als Ansprechpartner für Fragen der Vertragsgemeinschaft zur Verfügung steht.

Nr. 150
Vorlage des Ministerialdirektors Teltschik an Bundeskanzler Kohl
Bonn, 29. Januar 1990

BK, 213 – 30130 S 25 So 28 Bd. 4. – Mitverfasser: VLR I Kaestner. Vorlage über Chef BK – je gesondert. Mit Stempel: Der Leiter des Kanzlerbüros, 6. Februar 1990. Hs. von Bundeskanzler Kohl vermerkt: „Teltschik".

Betr.:   Stand und Perspektiven der deutsch-sowjetischen Beziehungen

I. Überblick

1. Seit dem Besuchsaustausch auf höchster politischer Ebene
   – Ihr Besuch in Moskau im Oktober 1988 und
   – Gegenbesuch Generalsekretär Gorbatschows in Bonn, Juni 1989[1]
   haben sich die deutsch-sowjetischen Beziehungen in eindrucksvoller Breite, aber nicht spektakulär fortentwickelt. Die „Gemeinsame Erklärung"[2] hat sich gerade angesichts der Umwälzungen in Mittel-, Ost- und Südosteuropa als prinzipielle Berufungsgrund-

---

3 Ziffer 1 der Verständigung zufolge unterrichtete die Bundesregierung die Länder „umfassend und zum frühestmöglichen Zeitpunkt über alle Verhandlungen des Bundes mit der Deutschen Demokratischen Republik, die zum Abschluß eines Abkommens führen sollen, soweit diese für die Länder von Interesse sein könnten". Gemäß Ziffer 2 war das Einverständnis der Länder erforderlich, soweit Abkommen, die „nach Auffassung der Länder deren ausschließliche Kompetenz berühren", „eine Verpflichtung des Bundes oder der Länder begründen". Bei Abkommen, welche „wesentliche Interessen der Länder berühren", sollte die Bundesregierung ihr vorgetragene Länderbelange „in ihrer Abwägung entsprechend berücksichtigen" (Ziffer 3). Die Ziffern 4–6 behandelten die Vertretung der Länder bei entsprechenden Verhandlungen, die Bildung der Ständigen Vertragskommission der Länder als Gesprächspartner des Bundes und die Beteiligung der Länder bei der „Erarbeitung von Arbeitsplänen und Programmen" mit der DDR (BArch, B 136/20634, 22 – 35014 Lä 1 Bd. 4).
4 Anmerkung in der Textvorlage: „Protokollnotiz: Die Länder gehen davon aus, daß die Vertragsgemeinschaft ein Gesamtvertragswerk und ihr Einverständnis erforderlich sein wird, wenn nur ein Teil des Vertragswerks ihre ausschließliche Kompetenz berührt."
1 Nr. 2 – Nr. 4.
2 Nr. 4 Anm. 1.

lage bewährt. Die bei beiden Besuchen abgeschlossenen Abkommen werden solide umgesetzt, die Firmenprojekte kommen mit unterschiedlicher Intensität voran.

2. Nicht zu übersehen ist allerdings, daß die sowjetische Seite – und Generalsekretär Gorbatschow persönlich – Bonn mit hohen Erwartungen verlassen hat, die in diesem Umfang nicht erfüllt werden konnten. Gleichwohl ist in einzelnen Bereichen nach wie vor die „Weisung von oben" zu spüren, bevorzugt mit uns zusammenzuarbeiten. Dabei zeigt sich, daß gerade in der jetzigen Phase der Umgestaltung [die] im wirtschaftlichen, sozialen und wissenschaftlich-technischen Bereich einmal angeknüpfte Zusammenarbeit grundsätzliche Weichenstellungen bewirkt und damit langfristig Einflußmöglichkeiten eröffnet.

3. Aus Gründen der sowjetischen Innenpolitik sowie aus der Entwicklung in Deutschland – vor allem in der DDR – und in Europa insgesamt sind politisch-psychologische Faktoren entstanden oder verstärkt worden, die es bei der künftigen Gestaltung der bilateralen Beziehungen zu berücksichtigen gilt:
   – bei insgesamt schwächerer Stellung der Sowjetunion als Großmacht in der Welt und im eigenen – früheren – Hegemonialbereich, bei schwerwiegenden Nationalitätenproblemen im Lande – wie bei zunehmenden Widerständen gegen Politik und Person Generalsekretär Gorbatschows – erhöhter Stabilitäts- und Versicherungsbedarf.
   – bei fortdauernden Schwierigkeiten der Perestroika – gerade im wirtschaftlichen Bereich – dringender Bedarf an Erfolgsnachweisen.
   – bei anhaltend schwieriger Versorgungslage der Bevölkerung, auch bei Grundnahrungsmitteln, Notwendigkeit rascher, diskreter Hilfe und
   – alle drei Faktoren zusammengenommen, verstärkte Notwendigkeiten, die Sensibilitäten einer nicht mehr siegesgewiß, sondern zutiefst verunsicherten Großmacht zu berücksichtigen.

4. Aus unserer Sicht besteht dringender Gesprächsbedarf in unseren zentralen deutschlandpolitischen und humanitären Anliegen:
   – Angesichts der Entwicklung in der DDR – Erläuterung unserer Deutschlandpolitik (10 Punkte) und möglicher Entwicklungsalternativen nach den Volkskammerwahlen.
   – Angesichts einer zu erwartenden Ausreisewelle von mehreren einhunderttausend Rußlanddeutschen – Maßnahmen zur wirtschaftlichen Stabilisierung und Hilfen zur Erhaltung von Sprache, Kultur und Identität vor Ort.
   Ferner sollten wir uns frühzeitig in die Erörterungen der sicherheits- und abrüstungspolitischen Weichenstellungen in Europa einschalten:
   – Fortgang von Abrüstung und Rüstungskontrolle Wien-I-Mandat
   Wien II – SNF (nach innerwestlicher Klärung);
   – KSZE-Gipfeltreffen: Tagesordnung und Schwerpunkte, insbesondere Art und Weise der Behandlung der deutschen Frage;
   – ggf. vertraulicher Gedankenaustausch über Zukunft der sowjetischen Truppenpräsenz in der DDR.

5. Alle Gründe sprechen für eine möglichst baldige Begegnung auf höchster politischer Ebene. Die unter Ziffer 4 genannten Themen werden den Besuchsschwerpunkt setzen; sie könnten durch geeignete symbolische Gesten ergänzt werden.
   Demgegenüber ist – im Gegensatz zum vorgenannten Besuchsaustausch – keine Fertigstellung bedeutender Abkommen und keine Häufung von Einzelprojekten der Regierungen bzw. der Wirtschaft zu erwarten.
   Ich werde Ihnen hierzu gesondert vortragen.

II. Einzelaspekte

1. Protokollarischer Rahmen

In der von Ihnen und Generalsekretär Gorbatschow unterzeichneten „Gemeinsamen Erklärung" sind – als Baustein der künftigen europäischen Architektur – regelmäßige Begegnungen auf höchster politischer Ebene vorgesehen. Sie haben mit Generalsekretär Gorbatschow jährliche Treffen verabredet. Turnusgemäß müßte das nächste Treffen in der Sowjetunion stattfinden; neben der Hauptstadt steht dafür noch die Einladung Generalsekretär Gorbatschows an seinen Geburtsort zur Debatte.

Sie haben in Ihrem Schreiben vom 14. Dezember 1989[3] ein Treffen „an einem Ort Ihrer Wahl" vorgeschlagen; hierzu steht die Reaktion der sowjetischen Seite aus.

2. Politische Einzelprobleme

Die mit den Abkommensabschlüssen 1988/89 verbundene Hoffnung, künftig nicht in jedem Einzelfall eine tragfähige Berlin-Lösung erkämpfen zu müssen, hat sich nicht erfüllt. Tatsächlich sind die Fragen, deren Lösung bereits im Vorfeld der o. a. Besuche nicht gelang, immer noch offen:

– Teilnahme Berliner Abgeordneter am Parlamentsaustausch, insbesondere an Delegationsreisen des Deutschen Bundestages in die Sowjetunion;
– Flaggenführung und Ausweisfragen innerhalb der Abkommen über See- und Binnenschiffahrt;
– Moskau-Reise des Regierenden Bürgermeisters/Begleitung durch unseren Botschafter;
– Direktwahl [der] Berliner Abgeordneten 1990.

Die offenere Haltung der DDR hat die sowjetische Position nicht beeinflußt. Als neue Themen der Zusammenarbeit zeichnen sich ab: „Begleitung auf dem Weg zum Rechtsstaat" durch Beratung beim Aufbau einer Verfassungsgerichtsbarkeit usw.; Hilfe in Katastrophenfällen (Abkommen in Vorbereitung), Kriminalitätsbekämpfung; Sozialgesetzgebung (Renten etc.).

3. Wirtschaft

Die wirtschaftliche Zusammenarbeit hat sich 1989 spürbar verstärkt. Das Handelsvolumen und die Zahl der Gemeinschaftsunternehmen ist gewachsen. Allerdings haben sich dabei schon früher ablesbare ungünstige Tendenzen fortgesetzt:

– sowjetische Exporte noch stark einseitig: Energie (Erdöl, Erdgas) und Rohstoffe;
– sowjetische Importe verstärkt im Agrar- und Konsumgüterbereich;
– 3-Mrd.-DM-Kredit ⟨nur zu 5/6 belegt⟩[4] – Projekte zur Modernisierung der Leicht- und Nahrungsmittelindustrie noch in frühem Stadium, bisher kein Beitrag zu besserer Versorgung der Bevölkerung;
– Gemeinschaftsunternehmen vorwiegend im Dienstleistungsbereich und mit geringer Kapitalausstattung;
– Entscheidungsschwäche, Schwerfälligkeit, Kompetenzwirrwarr in der sowjetischen Verwaltung.

Besonders positiv hat sich demgegenüber die Aus- und Fortbildung von Fach- und Führungskräften entwickelt: Die von Ihnen zugesagten Zahlen – für drei Jahre je tausend – werden übertroffen: Die sowjetische Nachfrage ist sehr groß, das Echo auf bisherige Ausbildungsmaßnahmen gut; das Projekt sollte – bei verbesserter Konzeption/Nachbetreuung – über 1991 hinaus fortgesetzt werden.

---

3 Nr. 123.
4 ⟨ ⟩ Hs. unterstrichen und von Bundeskanzler Kohl am linken Rand vermerkt: „?".

Für die beiderseitigen „Häuser der Wirtschaft" gibt es Abkommen und Standorte (Moskau, Düsseldorf), jedoch noch keinen Baubeginn.

Als lohnende Gebiete künftiger Zusammenarbeit werden bei der nächsten Sitzung der Gemischten Wirtschaftskommission behandelt:

Consulting, Konversion der Rüstungsindustrie, Bankwesen, Telekommunikation (hier COCOM-Problematik), Einbeziehung der SU in internationale Wirtschaftsorganisationen.

4. Wissenschaft und Technik

Die unter dem Dach des Abkommens über wissenschaftlich-technische Zusammenarbeit[5] geschlossenen Ressortabkommen haben zu deutlicher Belebung des Austauschs geführt: so insbesondere im Bereich der Medizin[6], der Agrar-[7] und der Nuklearforschung[8]. Der Austausch ist jedoch recht einseitig: Wir sind überwiegend die Gebenden. Der sowjetische Wunsch nach weiterer Zusammenarbeit übersteigt unsere personellen und materiellen Möglichkeiten.

Schwierigkeiten gibt es an der Nahtstelle zwischen Forschung und kommerziellen Interessen:

– Beim Hochtemperaturreaktor steht das BMFT zum vereinbarten Forschungsprogramm. Das parallele Firmenabkommen ist seit 1988 nicht vorangekommen (weiterhin unterschiedliche Vorstellungen über deutschen Liefer- und Finanzierungsanteil sowie sowjetische Kompensationswünsche).

– In der Weltraumforschung ist noch keine Vereinbarung über den Mitflug eines deutschen Kosmonauten in Sicht. Trotz unseres Eigeninteresses an dieser Forschungsmöglichkeit konnte die Preisdifferenz von zuletzt ⟨5 Mio. DM (!)⟩[9] nicht überbrückt werden.

5. Umwelt

Besonders erfreulich hat sich die Umweltzusammenarbeit entwickelt: 1989: 13 Expertentreffen, 1990: 20 Expertentreffen, Personalaustausch unter Ministerien.

Ein Umweltsymposium zum Baikal-See könnte Ansatzpunkt für integriertes Projekt geben: Transfer von Technologie (Zelluloseherstellung ohne Schadstoffe) – Umweltschutz – Gemeinschaftsunternehmen.

6. Militär

Beziehungen der beiderseitigen Militärs sind so umfassend, wie unter Nicht-Verbündeten möglich. Seit erster Kontaktaufnahme der Verteidigungsminister (Oktober 1988)[10] ist der Zusammenarbeitsplan 1989 erfolgreich absolviert (Schiffsbesuch Lenin-

---

5 Abkommen zwischen der Regierung der Bundesrepublik Deutschland und der Regierung der Union der Sozialistischen Sowjetrepubliken über wissenschaftlich-technische Zusammenarbeit, 22. Juli 1986, mit Anlage in: BGBl. 1988 II, 395–397.

6 Abkommen zwischen dem Bundesminister für Jugend, Familie, Frauen und Gesundheit der Bundesrepublik Deutschland und dem Ministerium für Gesundheitswesen der Union der Sozialistischen Sowjetrepubliken über die Zusammenarbeit auf dem Gebiet des Gesundheitswesens und der medizinischen Wissenschaft, 23. April 1987, mit Programm zur Anwendung des Abkommens, ebd., 403–406.

7 Abkommen zwischen dem Bundesminister für Ernährung, Landwirtschaft und Forsten der Bundesrepublik Deutschland und dem Staatskomitee für den agro-industriellen Komplex der Union der Sozialistischen Sowjetrepubliken über die Zusammenarbeit im Bereich der Agrarforschung, 4. Mai 1987, mit Anlage, ebd., 407–411.

8 Abkommen zwischen dem Bundesminister für Forschung und Technologie der Bundesrepublik Deutschland und dem Staatskomitee für die Nutzung der Atomenergie der Union der Sozialistischen Sowjetrepubliken über wissenschaftlich-technische Zusammenarbeit bei der friedlichen Nutzung der Kernenergie, 22. April 1987, mit Programm, ebd., 398–402.

9 ⟨ ⟩ Hs. von Bundeskanzler Kohl doppelt unterstrichen und am linken Rand vermerkt: „R[ücksprache]" und „?".

10 Im Rahmen des Besuchs von Bundeskanzler Kohl in Moskau (Nr. 2 Anm. 7) führte mit Bundesminister Scholz erstmals ein Verteidigungsminister der Bundesrepublik Deutschland Gespräche mit dem Minister der Verteidigung der UdSSR, Jasow.

grad, Kontakte der militärischen Ausbildungsstätten, Zusammenarbeit Militärhistoriker, Sport- und Heeresmusikaustausch usw.), ein Plan für 1990 verabredet. Alle Maßnahmen haben bei sowjetischen Streitkräften positive Resonanz gefunden und sind in hohem Maße vertrauensbildend.

7. Kultur (einschließlich Rußlanddeutsche)

Abkommen über Jugend- sowie Hochschul- und Wissenschaftsaustausch sind wegen ausstehender Zustimmung einiger Bundesländer noch nicht operativ. Zweites Durchführungsprogramm zum Kulturabkommen – für drei Jahre – ist verabschiedet. Gesamtpersonenaustausch in beiden Richtungen jährlich 5000 Personen. 1991 ist Kulturwoche in der Ukraine geplant.

Problematisch auch hier administrative Hemmnisse auf sowjetischer Seite, insbesondere noch ausstehende Dezentralisierung im Kulturbereich (d.h. keine Direktkontakte zwischen Universitäten!).

Für Kulturinstitute sind Standorte (Moskau/Stuttgart) identifiziert, die Unterbringungsfrage [ist] aber ungelöst.

Zentralthema unserer Kulturarbeit ist die Hilfe für die Rußlanddeutschen: Theaterarbeit, Bibliotheken, Ausbildung von Lehrern, Lieferung von Lehrmitteln. Erstmals konnten unter offizieller Beteiligung sowjetischer Stellen Bücherspenden übergeben werden. Dies ist jedoch nur ein Tropfen auf den heißen Stein – selbst bei massivem Ausbau unserer kulturellen Förderung und zusätzlichen Maßnahmen im Medienbereich (z.B. Satellitenfernsehen) ist nicht damit zu rechnen, daß Ausreisewillige in der angestammten Heimat bleiben. Um einen Meinungs- und Stimmungsumschwung zu bewirken, müßten hinzukommen

– deutlich verbesserte wirtschaftliche Perspektiven – dies aber angesichts der prekären Versorgungslage schwierig – und
– institutionelle Zusicherungen: etwa Wiederherstellung eines autonomen Gebiets an der Wolga oder Autonomiestatus in jetzigen Wohngebieten – dies aber vor dem Hintergrund wachsender Nationalitätenproblematik kurzfristig unwahrscheinlich.

8. Weitere humanitäre Fragen

Unspektakuläre Fortschritte sind bei der Möglichkeit zu verzeichnen, Kriegsgefangenenfriedhöfe und -gräber zu pflegen und aufzusuchen.

Demgegenüber gibt es keine vorzeigbaren Fortschritte auf zwei Feldern, die im Vorfeld des bisherigen Besuchsaustauschs zu den meisten Bürgerbriefen geführt haben:

– Rehabilitierung pauschal verurteilter Kriegsgefangener (Thema der humanitären Arbeitsgemeinschaft) und
– Reisemöglichkeiten in das nördliche Ostpreußen (hier evtl. Lockerung gegenüber einzelnen Reiseveranstaltern).

Teltschik

Nr. 151
Aufzeichnung des Ministerialdirigenten Hartmann
Bonn, 29. Januar 1990

BK, 211 – 31070 Si 23 Bd. 4. – Hs. vermerkt: „Ø RL 212 persönlich. H[artmann] 2/2". Abgezeichnet: „K[aestner] 2/2".

Deutschlandpolitik im gesamteuropäischen Rahmen nach den DDR-Wahlen im März 1990

I. Grundsätzliche Überlegungen

1. Es ist davon auszugehen, daß nach den Wahlen in der DDR der Druck wächst, schon bald greifbare Schritte zu tun, die beide Staaten in Deutschland – unter Überspringung der auch in den neuen Modrow-Vorschlägen wieder anvisierten Vertragsgemeinschaft[1] – dem Ziel der Föderation näherbringen.

2. Schon die Ankündigung eines solchen Unterfangens könnte dazu beitragen, die Lage in der DDR zu stabilisieren. Erst recht wird dies der Fall sein, wenn umgehend entsprechende Verhandlungen beginnen, an deren Ende Vereinbarungen stehen müssen, die deutlich machen, daß der Prozeß der Annäherung zwischen beiden deutschen Staaten unumkehrbar geworden ist.

3. Eine solche „Politik der großen Schritte" würde nicht nur die Rahmenbedingungen für den wirtschaftlichen Umschwung in der DDR entscheidend verbessern; sie wäre zugleich ein klares Signal an die Menschen, jetzt nicht der DDR den Rücken zu kehren, sondern dort zu bleiben.

4. Die Bundesregierung sollte – zumal nach dem Vorstoß Modrows – den Wahltermin nicht abwarten, sondern schon jetzt darauf hinarbeiten, spätestens Anfang März (Wiederauftauchen Lafontaines) einen konkreten, in die Zukunft weisenden Fahrplan vorzulegen (Kohl II). Es stellt sich auch die Frage, ob die Koalitionsparteien ihre Partner in der DDR vor den dortigen Wahlen in unsere Strategie einbinden.

5. Über die Grundlinien dieses Fahrplans sollten wir vor Eintreten in Gespräche mit der neuen DDR-Regierung unsere wichtigsten Bündnispartner, ggf. auch die Sowjetunion unterrichten, um unserer immer wieder vertretenen Auffassung Nachdruck zu verleihen, daß wir die Deutschlandpolitik in den gesamteuropäischen Prozeß und in die West-Ost-Beziehungen einbetten wollen.

II. Überlegungen zum weiteren Vorgehen im innerdeutschen Bereich

1. Nach dem Vorstoß Modrows haben auch in der DDR die Befürworter einer Politik, die über kurz oder lang zur nationalen Einheit führt, eindeutig die Oberhand – auch wenn es über Tempo und Modalitäten noch Meinungsverschiedenheiten geben dürfte. Da auch die maßgebenden politischen Kräfte in der Bundesrepublik Deutschland sich in dieser Zielsetzung einig sind, besteht ein gesamtdeutscher Konsens, auf dem wir aufbauen können.

2. Dies sollte es politisch und psychologisch möglich machen, die Phase der Vertragsgemeinschaft jetzt zu überspringen und die hierfür ins Auge gefaßten Elemente in eine Vereinbarung zu überführen, die neben konföderalen Strukturen eine klare Ausrichtung auf eine bundesstaatliche Ordnung – Föderation – enthält.

3. Entsprechende Regelungen lassen sich aus meiner Sicht nur in einem Vertrag treffen, da rein politische Absprachen weder der Bedeutung des Inhalts gerecht werden, noch das notwendige Maß an Verbindlichkeit aufweisen würden.
Ein solcher Vertrag könnte folgende Bestandteile haben:

---

1 Nr. 156 Anm. 2.

- eine Präambel mit politischen Grundaussagen;
- institutionelle Regelungen;
- grundsätzliche Aussagen zur schrittweisen Verwirklichung der Wirtschafts- und Währungsunion, Anpassung der sozialen Systeme etc.

4. In der Präambel müßte klar zum Ausdruck gebracht werden:
   - der gemeinsame Wille zur staatlichen Einheit;
   - Achtung der Menschen- und Bürgerrechte als Grundlage des Zusammenlebens in Deutschland;
   - gemeinsames Bekenntnis zu freiheitlicher, demokratischer und rechtsstaatlicher Ordnung;
   - die Einbettung der deutschen Einheit in den gesamt⟨europäischen⟩[2] Prozeß.

5. Was die Institutionen betrifft, so würde ich aus heutiger Sicht über das 10-Punkte-Programm hinausgehen und die dort in Aussicht genommenen Einrichtungen wie folgt konkretisieren:
   a) Der gemeinsame Regierungsausschuß – auf der Ebene der Regierungschefs und der jeweiligen Ressortminister (also eine Art erweitertes Kabinett) – sollte regelmäßig, etwa einmal im Monat, tagen, um auch gegenüber der Öffentlichkeit Kontinuität zu demonstrieren.
   (Alternativ wäre an einen kleineren Lenkungsausschuß zu denken, wenngleich fachliche Beschränkung schwierig ist.)
   Der Regierungsausschuß benötigt ein Sekretariat zur Koordinierung und einen ständigen Sitz (aus symbolischen Gründen kommt hierfür eigentlich nur Berlin in Betracht – hierfür benötigen wir allerdings die Zustimmung der Drei Mächte und auch das Einvernehmen der Sowjetunion).
   b) Ferner sollte ein parlamentarisches Gremium geschaffen werden, das m.E. nicht paritätisch zusammengesetzt sein sollte (d.h. nicht 50:50), sondern die demokratischen Mehrheitsstrukturen in beiden Staaten widerspiegeln sollte.
   Dieses Gremium kann in dieser Phase nur beratende Funktion haben, von ihm könnten aber wichtige politische Anstöße für die weitere Entwicklung ausgehen.
   c) Wie schon vorgesehen, sollten die bereits vereinbarten Kommissionen (Fachausschüsse) sowie weitere Kommissionen in diesem Vertrag förmlich festgeschrieben werden. Gleichzeitig könnte der Vertrag bestimmte Verfahrensregeln für diese Kommissionen enthalten.

6. Die entscheidende Frage der nächsten Jahre wird sein, wie schnell es gelingt, mit der DDR eine Wirtschafts- und Währungsunion herzustellen, die den Bedingungen in beiden deutschen Staaten gerecht wird. Ebenso wichtig wird die schrittweise Anpassung der Sozialsysteme sein. Hierzu könnten grundsätzliche Aussagen getroffen werden, wobei es auch erforderlich sein wird, sich auf den ordnungspolitischen Rahmen festzulegen („sozial verpflichtete Marktwirtschaft").
   Um in beiden Bereichen wirklich voranzukommen, genügt es m.E. nicht, normale Fachgremien einzusetzen, die aus Beamten des jeweiligen Regierungsapparates bestehen. Für die entsprechenden Gremien dürfte vielmehr eine zumindest teilweise politische Besetzung erforderlich sein.

7. Ohne Anspruch auf Vollständigkeit möchte ich ferner noch darauf hinweisen, daß ein weiteres Kapitel die außerordentlich komplizierten Fragen der Rechtsangleichung behandeln müßte. Ferner wird es vorrangig um eine Harmonisierung der Verkehrs- und Kommunikationsstrukturen beider Staaten mit dem Ziel eines Verbun-

---

2 ⟨ ⟩ Von den Bearbeitern korrigiert aus: „deutschen".

des gehen, um den gemeinsamen Umweltschutz, um die Anpassung der jeweiligen Bildungssysteme etc.

8. Im Zusammenhang mit der klaren Verpflichtung beider deutscher Staaten auf die Einheit der Nation stellt sich möglicherweise auch die territoriale Frage (gemeinsame Aussage zur Anerkennung der polnischen Westgrenze?), wenngleich auffällt, daß die Modrow-Vorschläge diesen Punkt nicht direkt aufgreifen. (Dabei wäre auch juristisch zu klären, wieweit zwei deutsche Staaten für ein Rechtssubjekt Gesamtdeutschland sprechen können – nur so wäre das Problem endgültig, d.h. ohne weiteren Rechtsvorbehalt, aus der Welt zu schaffen.)

9. Es sollte in diesem Vertrag auch eine Aussage über die „potentielle Zugehörigkeit" der DDR zur Europäischen Gemeinschaft getroffen werden. Hierbei ist darauf zu achten, daß keine Festlegung getroffen wird, die die Option „Mitgliedschaft durch Wiedervereinigung" verbaut.

10. In der Präambel des Vertrages sollten beide deutsche Staaten sich zu ihrer Verantwortung für Frieden und Sicherheit in Europa bekennen, aber m.E. keine Aussagen zur Problematik der Bündniszugehörigkeit beider deutscher Staaten oder künftiger sicherheitspolitischer Strukturen treffen.

Ich würde auch zögern, ausdrücklich auf die Vorbehaltsrechte der Vier Mächte in einem solchen Vertrag Bezug zu nehmen (wenngleich eine indirekte Bezugnahme auf bestehende Verträge etc. nicht zu umgehen sein dürfte – videant judices!).

11. Die Zeit ist bei diesem Unternehmen ein wichtiger politischer Faktor. Für die Bundesregierung stellt sich die Frage, ob sie die politische Ernte eines solchen Vertrages noch vor den Bundestagswahlen einfahren kann. Dies dürfte nicht einfach sein, da ein voraussichtlicher Kontrahent auf der anderen Seite – die SPD-Ost – möglicherweise andere Zeitvorstellungen hat.

Für ein rasches Vorgehen seitens der Bundesregierung spricht die Notwendigkeit, schon bald eine feste Vertrauensgrundlage bei der Bevölkerung in der DDR herzustellen, aber auch das Gesetz des Handelns in der Hand zu behalten.

III. Überlegungen zum Vorgehen im europäischen und internationalen Bereich

Auch wenn wir daran festhalten sollten, daß Ausgangspunkt jedes auf die Wiederherstellung der deutschen Einheit gerichteten Prozesses der freie und demokratische Wille der Deutschen – in beiden Teilen Deutschlands – sein muß, wird es entscheidend darauf ankommen, hierfür die erforderlichen internationalen Rahmenbedingungen zu schaffen. Hierbei wird es im wesentlichen um vier Faktoren gehen, die wir in Rechnung stellen müssen und die ihrerseits in unterschiedlicher Weise auf den innerdeutschen Prozeß einwirken:

– die Entwicklung der Europäischen Gemeinschaft;
– der KSZE-Prozeß;
– die Rechte und Verantwortlichkeiten der Vier Mächte;
– die Bündnis- und Sicherheitsstrukturen.

A. Die Europäische Gemeinschaft

1. Für die politisch-psychologische Absicherung unserer Deutschlandpolitik in Europa ist es unerläßlich, daß wir weiterhin unser Engagement für die wirtschaftliche und politische Integration der Europäischen Gemeinschaft unter Beweis stellen. Wir haben dies in Straßburg getan, aber wir müssen davon ausgehen, daß unsere Partner sehr genau darauf achten werden, ob dieser Elan bei der jetzt anstehenden schwierigen Vorbereitung der Regierungskonferenz für die WWU – und anderen Reformvorhaben – anhält.

2. Es wird möglicherweise noch in diesem Jahr zum Abschluß eines Handels- und Kooperationsabkommens zwischen der EG und der DDR kommen, mit einer entsprechenden Vorbehaltsklausel zugunsten des innerdeutschen Handels. Damit wird zwar die DDR näher an die EG herangeführt, aber wir sollten nicht außer acht lassen, daß dieser Schritt im Rahmen der Zweistaatlichkeit erfolgt und diese unterstreicht.

(Aus diesem Grunde ist es auch nicht klug, jetzt die Diskussion über eine förmliche Mitgliedschaft der DDR in der Europäischen Gemeinschaft zu forcieren.)

3. Die Frage, wie wir die schrittweise Verwirklichung der
   – Europäischen Wirtschafts- und Währungsunion einerseits und
   – der deutschen Wirtschafts- und Währungsunion andererseits miteinander verzahnen, wirft schwierige Probleme auf.
   Zunächst ist festzuhalten, daß die Verhandlungen hierüber in verschiedenen Bahnen laufen werden und laufen müssen. Ich würde auch davon abraten, für beide Verhandlungen einen bestimmten Zeithorizont oder gar einen Endpunkt zu fixieren. Es gibt keine logische Notwendigkeit, die innerdeutsche und die europäische WWU zeitlich zusammenzuführen. Eine solche Absicht wäre m. E. nicht durchzuhalten und würde uns die Flexibilität in beiden Bereichen nehmen.
   Vielmehr wird es Aufgabe der Bundesregierung sein, dafür zu sorgen, daß Vorgehen in beiden Bereichen sich inhaltlich nicht gegenseitig blockiert – kein leichtes Unterfangen!

4. Auch bei anderen Materien, über die wir demnächst mit der DDR intensiv verhandeln werden, wird die Bundesregierung darauf zu achten haben, daß entsprechende Vereinbarungen dem „acquis", aber auch der weiteren Entwicklung in der EG Rechnung tragen. Das betrifft insbesondere so schwierige Bereiche wie die Rechtsangleichung, die Verkehrsharmonisierung, aber auch die Energiepolitik (Kohle!).

5. Die Bundesregierung sollte sowohl bei bilateralen Gesprächen als auch im EG-Rahmen immer wieder darauf hinweisen, daß sie bei den Gesprächen mit der DDR diese europäischen Aspekte im Auge hat und nicht vernachlässigt. Ich rate aber davon ab, die Mitgliedstaaten der EG – etwa im Rahmen der EPZ – in irgendeiner Weise an dem eigentlichen innerdeutschen Prozeß zu beteiligen. Dafür gibt es weder eine rechtliche noch [eine] politische Grundlage. (Entsprechende Forderungen sind hier und da erhoben worden – sowohl von NL als auch von Italien.)

6. Eine andere Frage ist, wie wir auf den Vorschlag von Kommissionspräsident Delors (in seiner Straßburger Rede,[3] aber auch gegenüber dem Bundeskanzler in Paris) reagieren sollen, daß die EPZ jetzt eine gemeinsame Marschroute für den KSZE-Gipfel im Herbst festlegt. Da davon auszugehen ist, daß die deutsche Frage dort – direkt oder indirekt – eine wichtige Rolle spielen wird, impliziert dies – jedenfalls, was die Behandlung der deutschen Frage auf dem Gipfel angeht – auch ein Mitspracherecht unserer EG-Partner, dem wir uns aber (trotz der unerfreulichen Erfahrungen von Straßburg) nicht entziehen können. Es gilt, gleichzeitig einen Modus zu finden, der die USA (und Kanada) an dieser Abstimmung beteiligt.

B. Der KSZE-Prozeß

1. Nach den inzwischen vorliegenden Informationen besteht kein Zweifel, daß der Vorschlag Gorbatschows, den KSZE-Gipfel auf Ende 1990 vorzuziehen,[4] nicht

---

3 Nr. 144 Anm. 3.
4 Nr. 119 Anm. 6.

zuletzt dem Kalkül entspringt, die „deutsche Frage" gesamteuropäisch einzufangen (daß er auch noch andere Anliegen hat, steht dem nicht entgegen).
Es gibt vertrauliche Hinweise darauf, daß die SU bereits mit wichtigen Teilnehmerstaaten wegen der Vorbereitung dieser Konferenz in Kontakt steht. Unabhängig davon muß es unser Bestreben sein, durch eine offensive Strategie – sowohl gegenüber unseren westlichen Partnern, aber auch gegenüber der SU – dafür Sorge zu tragen, daß dieser Gipfel sorgfältig vorbereitet wird, und vor allem, daß dort keine Lage entsteht, die die Bundesrepublik Deutschland (oder auch die beiden deutschen Staaten) isoliert.

2. Zunächst sollten wir immer wieder deutlich machen, daß Hauptgegenstand des Gipfels die Unterzeichnung von VKSE I sein muß. Es dürfte wenig Sinn machen, einen KSZE-Gipfel durchzuführen, wenn es nicht gelingt, auf diesem entscheidenden Feld einen rüstungskontrollpolitischen Durchbruch zu erzielen.
Ferner sollten wir darauf drängen, daß der Gipfel sich nicht auf selektive Fragen beschränkt, sondern hiervon müssen neue Impulse ausgehen, die die ganze thematische Breite des KSZE-Prozesses (Sicherheit, Menschenrechte, Zusammenarbeit) umfassen.
Darüber hinaus könnten wir dafür eintreten, daß in der menschlichen Dimension das Recht auf freie, geheime und gleiche Wahlen verankert wird (entsprechend einer Idee von Bush)[5]. Ferner sollten wir den Weg weitergehen zu institutionellen Garantien bei den Menschenrechten. Schließlich wäre an die Schaffung permanenter gesamteuropäischer Organe zu denken, wobei man bei einer Umweltagentur (Vorschlag BK)[6] oder einem Verifikationszentrum (Vorschlag BM Genscher)[7] beginnen könnte.

3. Die Sowjetunion – aber nicht nur sie allein – dürfte ihrerseits versuchen, die deutsche Frage in den Mittelpunkt der Diskussion zu rücken. Auch wenn GS Gorbatschow „das Recht auf Vereinigung" ausdrücklich bejaht, müssen wir damit rechnen, daß die Sowjets – offen oder stillschweigend unterstützt von anderen Teilnehmern – den deutsch-deutschen Annäherungsprozeß mit Bedingungen verknüpfen werden, die vor allen Dingen auf die Sicherheitsproblematik zielen dürften (s. Punkt C.).

4. Es liegt ferner auf der Hand, daß Polen auf einem solchen Gipfel – mit tatkräftiger Unterstützung anderer, auch westlicher Staaten – versuchen wird, von beiden deutschen Staaten eine förmliche Garantie seiner Grenzen zu erhalten. Dies könnte zur schwierigsten Frage des Gipfels werden. Für uns wird es in diesem Fall entscheidend darauf ankommen, daß wir mit Hilfe unserer westlichen Partner unseren Rechtsstandpunkt wahren. Allerdings sollten wir uns auch darauf einstellen, daß wir uns zumindest der Position annähern müßten, wie sie in der Rede des

---

5 Auf der Tagung der Staats- und Regierungschefs der NATO-Mitgliedstaaten am 4. Dezember 1989 in Brüssel unterbreitete Präsident Bush den Vorschlag, „den KSZE-Menschenrechts-Korb zu erweitern, um freie Wahlen mit einzubeziehen". Er habe dies bereits „früher in diesem Jahr" angeregt (Public Papers of the Presidents of the United States. Bush. 1989 II, 1644–1647, hier 1646).
6 In seinem Zehn-Punkte-Plan vom 28. November 1989 (Nr. 101 Anm. 14) sprach sich Bundeskanzler Kohl für die Einrichtung eines „gesamteuropäischen Umweltrates" aus.
7 Bundesminister Genscher schlug Anfang Januar 1990 vor, eine Gipfelkonferenz der KSZE solle einen Auftrag „für die Entwicklung gesamteuropäischer Strukturen" erteilen. Er dachte dabei auch an „die Einrichtung eines Amtes oder einer Behörde, die sich mit der Verifikation von Abrüstungsabkommen befaßt" (Interview mit „RTL nachgefragt", 7. Januar 1990, in: Der Bundesminister des Auswärtigen informiert. Mitteilung für die Presse Nr. 1002/90. 7. Januar 1990, 18 S., hier 3).

Bundeskanzlers in Paris[8] enthalten ist (keine Verbindung von Wiedervereinigung mit Verschiebung der Grenzen).

C. Rechte und Verantwortlichkeiten der Vier Mächte

. 1. Durch die Konferenzen der Siegermächte (zuletzt Potsdam) sind die Rechte und Verantwortlichkeiten der Vier Mächte für ganz Deutschland definiert worden. Die Frage, ob eine deutsche Regierung durch dieses Abkommen (das eigentlich nur ein Konferenz-Kommuniqué war)[9] gebunden ist, dürfte unter rechtlichen Gesichtspunkten zu verneinen sein. Für die heutige Diskussion kommt es aber mehr darauf an, daß die Folgeentwicklung die Geschäftsgrundlage wesentlich verändert hat und daß heute weder die Vier Mächte noch die Drei Mächte in der Weise – wie 1945 vereinbart – die Zukunft Deutschlands als Ganzes bestimmen können.

2. Von daher ist nicht vorstellbar, daß die Wiedervereinigung Deutschlands durch die Vier Mächte – positiv oder negativ – vorentschieden wird – etwa durch eine Viererkonferenz[10] mit den Deutschen vor der Tür oder am Katzentisch[11] (so oder ähnlich Bahr und Gaus noch vor den Ereignissen Anfang November in der DDR)[12]. Jede derartige Konstruktion wäre mit dem Selbstverständnis der beiden deutschen Staaten nicht vereinbar (übrigens auch nicht mit unserem Verständnis von Selbstbestimmungsrecht), ja würde den Stempel einer „Friedensregelung" zwischen Siegern und Besiegten tragen.

3. Andererseits haben sich alle Bundesregierungen vor allem im Zusammenhang mit Berlin immer wieder auf die besonderen Rechte und Verantwortlichkeiten der Drei Mächte berufen (zuletzt beim Viermächte-Abkommen)[13]. Es macht daher keinen Sinn, jetzt in eine Diskussion über die Frage einzutreten, ob diese Rechte und Verantwortlichkeiten der Drei bzw. Vier Mächte durch die Entwicklung obsolet geworden sind (was Berlin betrifft, sind sie es sicher nicht).

4. Die Frage ist einzig und allein, wie die Drei Mächte, aber auch die Sowjetunion in den Prozeß der innerdeutschen Annäherung einbezogen werden können, ohne daß ihnen hierbei eine Rolle zuwächst, die wir nicht wünschen können, d.h. die Vier Mächte können weder Initiator der Regelung der deutschen Frage noch abschließende Kontrollinstanz sein.

---

8 Nr. 138 Anm. 1.

9 Nr. 89 Anm. 15.

10 Den Vorstoß zu einer Viermächte-Konferenz unternahm die UdSSR am 1. und am 10. Januar 1990 gegenüber der amerikanischen Regierung (Baker, Drei Jahre, die die Welt veränderten, 173). Mit Schreiben vom 11. Januar 1990 (Schreiben, mit Paraphe „T[eltschik] 11/1"; BK, 212 – 35400 De 39 NA 2 Bd. 2) dankte Bundesminister Genscher Außenminister Baker für die „unverzügliche Unterrichtung über Ihr Gespräch am 10.1.1990 mit Botschafter Dubinin und den sowjetischen Vorschlag einer baldigen Viermächte-Begegnung auf hoher, vorzugsweise Außenminister-Ebene". Bei diesem „Vorschlag von grundsätzlicher Bedeutung und großer Tragweite" gehe es für die Deutschen um „die zentrale Frage des Selbstbestimmungsrechts". Deshalb halte er es für „erforderlich, daß eine Antwort auf die sowjetische Initiative nur nach engster Konsultation und in Abstimmung mit der Bundesregierung gegeben wird". Genscher kündigte an, er werde sich „in gleicher Weise" an die Außenminister Dumas und Hurd wenden.

11 Bereits am 21. November 1989 hatte Bundesminister Genscher gegenüber Sicherheitsberater Scowcroft den Gedanken an eine Viermächte-Konferenz über Deutschland zurückgewiesen. Keinesfalls dürfe es „wieder zu einer ‚Katzentischlösung' kommen wie in den fünfziger Jahren in Genf: Alle sechs Teilnehmer müßten an einem Tisch Platz haben" (Genscher, Erinnerungen, 667). An der Konferenz der vier Außenminister 1959 in Genf hatten Regierungsvertreter aus der Bundesrepublik Deutschland und der DDR als Beobachter an separaten Tischen teilgenommen, die vom runden „Haupttisch durch einige Bleistiftbreiten getrennt sein mußten" (Wilhelm G. Grewe, Spiel der Kräfte in der Weltpolitik. Theorie und Praxis der internationalen Beziehungen. Düsseldorf-Wien 1970, 530, Abb. 531).

12 Zu den Vorschlägen des Journalisten Gaus und des Bundestagsabgeordneten der SPD, Bahr, eine Viermächtekonferenz unter Teilnahme der Bundesrepublik Deutschland und der DDR abzuhalten: „Solidarität mit den Übersiedlern wurde gefordert", in: General-Anzeiger (Bonn). 99. Jg. Nr. 30350. 11./12. November 1989, 4; Informationen am Morgen, DLF/13. 11. 89/06. 46, Wortlaut in: Deutschland 1989. Bd. 24, 388–390, hier 390.

13 Nr. 2 Anm. 25.

Der Vorschlag von Professor Stürmer (FAZ vom 27.1.1990), daß der KSZE-Gipfel den Vier Mächten und den beiden Deutschlands ein „Mandat" zur Regelung der deutschen Frage erteilt,[14] scheidet von daher aus. Die Initiative muß vielmehr bei den beiden deutschen Staaten bleiben (zumal dieser Gedanke unausgesprochen auch dem 10-Punkte-Programm des Bundeskanzlers zugrunde liegt).

5. Aus der deutschen Interessenlage heraus wäre daher ein Szenario vorzuziehen, bei dem

    a) beide deutschen Staaten den Prozeß der Annäherung (über die Schaffung konföderativer Strukturen, Wirtschafts- und Währungsunion etc.) bis zu dem Punkt vorantreiben, an dem es darum geht,

       – gesamtdeutsche Wahlen für eine verfassunggebende Versammlung durchzuführen und

       – nach der Verfassungsgebung ein Parlament zu wählen, das eine Gesamtdeutsche Regierung einsetzt.

    b) Dieser letzte entscheidende Schritt müßte die stillschweigende Billigung der Drei Mächte sowie der Sowjetunion haben, die gleichzeitig auf die Ausübung der Obersten Gewalt in Berlin verzichten müßten.

6. Hingegen wäre eine förmliche „Absegnung" des deutschen Annäherungsprozesses m. E. mit dem demokratischen Verständnis von Volkssouveränität nur schwer zu vereinbaren. Vielmehr sollte dem Erfordernis nach „gesamteuropäischer Einbettung" dadurch Genüge getan sein, daß beispielsweise die KSZE-Staaten in einer politischen Erklärung den Prozeß der Annäherung mit dem Ziel der Herstellung der staatlichen Einheit gutheißen.

Eine andere Frage ist, welche Sicherheitsgarantien beide deutsche Staaten bzw. der künftige Gesamtstaat gegenüber seinen Nachbarn abgeben sollten.

D. Bündnis- und Sicherheitsfragen

1. Die schwierigste Frage ist in der Tat die der Sicherheit eines künftigen gesamtdeutschen Staates. Es liegt auf der Hand, daß diese Frage nicht von den Deutschen allein angegangen, sondern nur im Rahmen „übergreifender Sicherheitsstrukturen" gelöst werden kann (wobei dies zunächst nicht viel mehr als eine „Leerformel" ist).

2. Schon die bisherigen Verhandlungen über Abrüstung und Rüstungskontrolle basieren auf der Annahme, daß Sicherheit in Zukunft eine vornehmlich defensive Struktur haben soll – und zwar nicht nur wie bisher auf westlicher Seite, sondern auch auf östlicher Seite. Dieser defensive Charakter wird sich durch weitere rüstungskontrollpolitische Maßnahmen in den nächsten Jahren (Wien II) noch verstärken lassen.

3. Hinzu kommt, daß die (konventionelle) Nichtangriffsfähigkeit des Warschauer Paktes, die unser Ziel in den bisherigen Verhandlungen ist, durch den Zerfall desselben weiter beschleunigt wird. Wenn sich dieser Prozeß fortsetzt, werden wir schon bald eine Lage haben, in der für den Westen als militärische Größe in erster Linie die Sowjetunion zählt.

4. Auch wenn dieses (wahrscheinlich realistische) Szenario zugrunde gelegt wird, bleibt die Frage, wie sich ein künftiges demokratisches Gesamteuropa mit einem vereinigten Deutschland in der geographischen Mitte gegen das politische und militärische Gewicht der Sowjetunion behaupten kann, zumal diese weiterhin über das politische Druckmittel breitgefächerter Nuklearkapazitäten verfügt.

---

14   Michael Stürmer, „Zum europäischen Frieden", in: Frankfurter Allgemeine. Nr. 23. 27. Januar 1990, 1.

5. Die Antwort hierauf kann – auch wenn ein militärischer Konflikt als Hypothese ausgeschlossen wird – nur lauten:

   a) Europa (und in diesem Fall nicht nur Westeuropa) wird auch in Zukunft noch des strategischen Gegengewichts der USA (und Kanadas) bedürfen, um die sowjetische Militärmacht auszubalancieren – wobei ich die Fragen offenlasse, in welcher Weise die Präsenz amerikanischer Truppen in Europa geregelt würde und wie unter den neuen Bedingungen die amerikanische Nukleargarantie aussehen würde.

   b) Zumindest für den westlichen Teil Europas stellt sich weiterhin die Frage nach einer europäischen Verteidigungsstruktur, zunächst beschränkt auf den konventionellen Bereich, aber – auch wenn dies zur Zeit ein Tabu ist – umfassende Sicherheit könnten die Europäer auf Dauer nur gewinnen, wenn die bestehenden nationalen nuklearen Kapazitäten von F und GB eines Tages auch dem Schutz Europas dienen.

6. Es liegt allerdings nahe, daß die Sowjetunion die Entwicklung einer europäischen Verteidigungsstruktur nur dann und insoweit hinnehmen würde, wenn ihr hierbei im Rahmen übergreifender gesamteuropäischer Strukturen – analog zu den USA – eine Rolle eingeräumt wird, die es ihr erlaubt, über Rüstungskontrollmechanismen eine gewisse Kontrolle auszuüben. Dies wäre aus unserer Interessenlage nur dann akzeptabel, wenn sich <u>alle</u> Beteiligten, <u>auch die SU selbst</u>, einem solchen Regime unterwerfen. D. h., auch wir müßten über Größe und Ausrüstung der auf sowjetischem Territorium stationierten Streitkräfte mitreden dürfen.

7. Realistischerweise müssen wir damit rechnen, daß die Sowjetunion – unterstützt auch von Staaten wie Polen – versuchen wird, derartige Regelungen vor allem auf die künftige militärische Rolle Deutschlands zuzuschneiden.

   Zwar ist das Konzept einer politischen „Neutralisierung" Gesamtdeutschlands durch den Prozeß der Demokratisierung in Osteuropa überholt. Aber wie die jüngsten Vorschläge von Modrow zeigen, die mit Moskau abgestimmt sein dürften, werden wir massiv mit der Forderung bedrängt werden, spätestens am Ende des Prozesses zur Wiederherstellung der Einheit Deutschlands alle ausländischen Truppen vom Territorium der DDR und der Bundesrepublik Deutschland abzuziehen. Ich halte dies – nicht zuletzt vor dem Hintergrund bestimmter innenpolitischer Strömungen – für eines der schwierigsten Probleme, mit dem wir uns werden auseinandersetzen müssen.

8. Ein solcher Schritt kann im derzeitigen Stadium für uns selbstverständlich nicht in Betracht kommen. Unsere politische Zugehörigkeit zum NATO-Bündnis würde in dem Augenblick fraglich, wo de facto eine militärische Entkoppelung der Bundesrepublik Deutschland von den übrigen NATO-Staaten stattfinden würde. Die bloße politische Zugehörigkeit der Bundesrepublik Deutschland zur NATO wäre eine leere Hülse!
   ...15

9. Unter den heutigen Bedingungen ist dagegen nur denkbar, daß die NATO-Mitgliedschaft der Bundesrepublik Deutschland (einschließlich aller militärischer Verpflichtungen der Partner in bezug auf das Territorium der Bundesrepublik Deutschland) bestehenbleibt und ein Sonderstatus für die (reduzierten) Streitkräfte der DDR vorgesehen wird. Eine langfristige Lösung dürfte dies allerdings auch nicht sein, einmal abgesehen von den komplizierten juristischen Fragen, die

---

15 Zwei Sätze nicht freigegeben.

sich hier stellen (beispielsweise könnten nur bisherige Bürger der DDR in diesen Streitkräften dienen).

(Zudem wäre politische Voraussetzung für eine solche Lösung, daß die SU bereit ist, die DDR förmlich aus den militärischen Verpflichtungen des Warschauer Paktes zu entlassen.)

10. Die Frage ist nicht nur, welchen Preis die Sowjetunion hierfür fordern würde, sondern auch, ob wir in der Lage sind, einen Preis hierfür zu zahlen, der nicht auf Kosten unserer Sicherheit geht. Die Formel von den „übergreifenden Sicherheitsstrukturen" reicht m. E. nicht aus, um dieses Dilemma zu überbrücken. Langfristig ist ausgeschlossen, daß in einem deutschen Einheitsstaat ein Teil der Streitkräfte der NATO unterstellt bleibt, ein anderer dem Warschauer Pakt. Um dieses Dilemma zu umgehen, genügt es auch nicht, die Rolle der Bündnisse umzudefinieren (in Richtung auf eine mehr politische, sprich abrüstungspolitische Funktion). Auch ein künftiges Gesamtdeutschland bedarf einer gesicherten Verteidigungsstruktur, und die kann es nur im Verbund mit den anderen europäischen Partnern finden.

Nr. 152
Besprechung des Chefs des Bundeskanzleramtes Seiters mit den Chefs der Staats- und Senatskanzleien der Länder
Bonn, 30. Januar 1990

BArch, B 136/29245, 122 – 14020 Mi 1, 30.1.1990, Besprechung Chef BK/CdS, Vorbereitung Bd. 1. – Undatiertes Ergebnisprotokoll. – Vertreter: St Clement (Vorsitzland Nordrhein-Westfalen), St Menz (Baden-Württemberg), MD Rauscher (Bayern), St Schröder (Berlin), StR Fuchs (Bremen), SenDir Schmid (Hamburg), St Gauland (Hessen), St Meyer (Niedersachsen), MD Bastian i.V. von St Schreiner (Rheinland-Pfalz), MDg Jungfleisch i.V. von St Kopp (Saarland), MDg Schmidt-Bens i.V. von St Pelny (Schleswig-Holstein); Bundeskanzleramt: Chef BK Seiters, MD Kabel, MDg Duisberg; Ressorts: St Priesnitz, St von Würzen, St Knittel, St Stroetmann, St von Loewenich, MDg Remling i.V. für den wegen einer Besprechung mit BM Waigel zeitweilig abwesenden St von Loewenich; Protokollführer: RiVG Köster (Teilnehmerliste: BArch, B 136/29246, 122 – 14020 Mi 1, 30.1.1990, Besprechung Chef BK/CdS). – Besprechungsdauer: 9.30 bis 12.30 Uhr.

Wie in der Regierungschefbesprechung am 21. Dezember 1989 vereinbart,[1] führen der Chef des Bundeskanzleramtes und die Chefs der Staats- und Senatskanzleien der Länder unter Beteiligung der Staatssekretäre Priesnitz (BMB), von Würzen (BMWi), Knittel (BMV), Stroetmann (BMU) und von Loewenich (BMBau) ein Gespräch über die künftige Ausgestaltung der Beziehungen mit der DDR. Sie verständigen sich auf folgende Tagesordnung:
1. Unterrichtung der Bundesregierung: Stand der Gespräche bzw. Verhandlungen mit der DDR; Länderbeteiligung an der Entwicklung der Vertragsgemeinschaft
2. Informationen der Länder über Aktivitäten gegenüber der DDR
3. Terminfestlegungen für weitere Besprechungen.

TOP 1   Unterrichtung der Bundesregierung: Stand der Gespräche bzw. Verhandlungen mit der DDR; Länderbeteiligung an der Entwicklung der Vertragsgemeinschaft

Der Chef des Bundeskanzleramtes erläutert die wesentlichen Zielsetzungen der aktuellen Deutschlandpolitik der Bundesregierung. Er berichtet über Ergebnisse seines Gesprächs mit Ministerpräsident Modrow am 25. Januar 1990,[2] das der Vorbereitung des Treffens des Bun-

---

1 Nr. 133.
2 Nr. 145.

deskanzlers mit Ministerpräsident Modrow in Bonn am 13. Februar 1990[3] gedient habe. Er habe auch Gespräche mit Vertretern der Opposition in der DDR geführt. Der Chef des Bundeskanzleramtes hebt bewertend einige Aspekte der aktuellen Entwicklung der inneren Lage in der DDR hervor.

Der Chef des Bundeskanzleramtes stellt zur Frage einer Vertragsgemeinschaft mit der DDR klar, bisher seien darüber noch keine Gespräche oder Verhandlungen mit der DDR aufgenommen worden. Ein grundlegender Vertrag könne erst nach freien Wahlen in der DDR mit der daraus hervorgehenden Regierung ausgehandelt werden. Der Chef des Bundeskanzleramtes skizziert die Vorstellungen der Bundesregierung zur Vertragsgemeinschaft und charakterisiert sie als Durchgangsstation eines Prozesses des Zusammenwachsens der beiden Staaten in Deutschland mit dem Ziel der staatlichen Einheit. Er bekräftigt die Zusage des Bundeskanzlers aus der Regierungschefbesprechung vom 21. Dezember 1989, daß die Bundesregierung bei der Vorbereitung des Vertrages eng mit den Ländern und den kommunalen Körperschaften zusammenarbeiten werde. Die „Verständigung zwischen der Bundesregierung und den Regierungen der Länder über die Beteiligung der Länder bei Abkommen zwischen der Bundesrepublik Deutschland und der Deutschen Demokratischen Republik" vom 17. Dezember 1987[4] stelle eine geeignete Grundlage für die Beteiligung der Länder dar. Die Bundesregierung werde bei jeder einzelnen Vereinbarung mit der DDR die Notwendigkeit einer Länderbeteiligung gemäß der Verständigung von 1987 prüfen und die Beteiligung durchführen.

Der Chef des Bundeskanzleramtes erinnert daran, daß im Gespräch des Bundeskanzlers mit Ministerpräsident Modrow am 19. Dezember 1989 in Dresden[5] mehrere gemeinsame Kommissionen (für Wirtschaft, Umwelt, Post- und Fernmeldewesen, Rechts- und Amtshilfeverkehr, regionale Zusammenarbeit und Kultur) verabredet worden seien. Die Länder würden beteiligt, soweit ihre Interessen berührt seien. Anläßlich der Zusammenkunft des Bundeskanzlers mit Ministerpräsident Modrow am 13. Februar 1990 werde u. U. eine weitere Gemeinsame Erklärung/Mitteilung über gemeinsame Kommissionen folgen. Er setze die Zustimmung der Länder hierzu voraus und, daß sie im Hinblick auf die Kürze der zur Verfügung stehenden Zeit und die Kompliziertheit des Verfahrens nicht eine Einschaltung der Ständigen Vertragskommission verlangten.

Der Chef des Bundeskanzleramtes begrüßt, daß eine breite regionale Zusammenarbeit aufgenommen worden sei. Er betont jedoch die Bedeutung einer Koordinierung, auch hinsichtlich der beabsichtigten Einrichtung von Länderbüros in der DDR. Die Länderbüros dürften nicht in Konkurrenz zur Ständigen Vertretung der Bundesrepublik Deutschland in der DDR treten.

Der Chef der Staatskanzlei des Vorsitzlandes verweist auf den Beschluß der Ministerpräsidentenbesprechung vom 21. Dezember 1989, mit dem die Regierungschefs der Länder die Bundesregierung gebeten haben, sie an der Entwicklung der Vertragsgemeinschaft mit der DDR ihren verfassungsmäßigen Rechten entsprechend umfassend zu beteiligen. Er erläutert den dem Chef des Bundeskanzleramtes mit Schreiben vom 25. Januar 1990 vorgelegten Beschlußvorschlag der Länder,[6] mit dem die Beteiligung der Länder an der Entwicklung der Vertragsgemeinschaft im Anschluß an die Verständigung vom 17. Dezember 1987 geregelt werden solle. Die Chefs der Staatskanzlei des Vorsitzlandes und der Senatskanzlei des Landes Berlin sowie der Vertreter des Chefs der Staatskanzlei Rheinland-Pfalz vertreten die Ansicht, daß der dynamische Prozeß des Zusammenwachsens der beiden deutschen Staaten die

3   Nr. 177 und Nr. 179.
4   Nr. 149A Anm. 3.
5   Nr. 129.
6   Nr. 149 und Nr. 149A.

bundesstaatliche Struktur und Organisation einschließlich der Institutionen unmittelbar berühre und damit die Grundlage, auf der die Verständigung vom 17. Dezember 1987 zustande gekommen sei, verändere. Dem müsse durch eine verstärkte Beteiligung der Länder Rechnung getragen werden.

Der Chef der Niedersächsischen Staatskanzlei erläutert die Gründe, aus denen Niedersachsen die Protokollnotiz zu dem Beschlußvorschlag der Länder[7] nicht mittrage.

Nach eingehender Erörterung kommen der Chef des Bundeskanzleramtes und die Chefs der Staats- und Senatskanzleien der Länder überein, die Beteiligung der Länder an den derzeit laufenden Gesprächen und Verhandlungen mit der DDR pragmatisch auf der Grundlage der Verständigung vom 17. Dezember 1987 durchzuführen. Der Chef des Bundeskanzleramtes erklärt darüber hinaus, daß er bald ohne inhaltliche Vorgaben auf das Anliegen der Länder zurückkommen werde.

Der Chef des Bundeskanzleramtes und die Chefs der Staats- und Senatskanzleien der Länder kommen ferner überein, sich künftig etwa im Abstand von vier Wochen zu regelmäßigen Besprechungen zu treffen, in denen die Entwicklung der Beziehungen zur DDR erörtert und die Aktivitäten von Bund und Ländern gegenüber der DDR koordiniert werden sollen. Unabhängig davon soll die erforderliche fachliche Koordinierung wie bisher auf Ressortebene stattfinden.

Staatssekretär von Würzen, Staatssekretär Stroetmann, Staatssekretär Knittel und Ministerialdirigent Remling (für Staatssekretär von Loewenich) berichten über den Stand der Gespräche und Verhandlungen der Bundesregierung mit der DDR auf den Gebieten Wirtschaft, Umweltschutz, Verkehr sowie Bauwesen, Städtebau und Wohnungswirtschaft:

Staatssekretär von Würzen gibt einen Überblick über das in der DDR für die Wirtschaftsreformen geplante Gesetzgebungsprogramm und berichtet über die dazu geführten Gespräche, wobei er auf die Themen Investitionsschutzabkommen, Beteiligung bundesdeutscher Unternehmen an DDR-Betrieben, Niederlassungs- bzw. Gewerbefreiheit, Errichtung von Industrie- und Handelskammern als Selbstverwaltungsorganen, Einführung eines zweistufigen Bankensystems und ERP-Kredite eingeht. Auf Nachfrage der Chefs der Senatskanzlei der Freien Hansestadt Bremen und der Staatskanzlei des Landes Hessen sowie des Amtschefs der Bayerischen Staatskanzlei werden zusätzlich Fragen der Wirtschaftskontakte der EG und ihrer Mitgliedstaaten zur DDR und der Umgestaltung der Zonenrandförderung erörtert.

Staatssekretär Stroetmann weist darauf hin, daß die Zusammenarbeit mit der DDR auf dem Gebiet des Umweltschutzes, insbesondere im Ergebnis der Gespräche von BM Töpfer vom 16./17. Januar 1990,[8] intensiviert worden sei. Im Vordergrund stünden die Arbeit in der Umweltkommission, einer Gemeinsamen Kommission für kerntechnische Sicherung und Strahlenschutz, die Weiterführung der Gespräche und Verhandlungen über Demonstrations- und Pilotprojekte, die Verhandlungen über die Elbe-Reinhaltung und die Reduzierung der Werra/Weser-Versalzung. Auf Nachfrage des Chefs der Staatskanzlei des Landes Hessen werden Fragen der Abfallbeseitigung auf DDR-Deponien sowie der Energieversorgung der DDR erörtert.

Staatssekretär Knittel berichtet unter Verteilung einer schriftlichen Unterlage über die Gespräche mit der DDR über kurzfristige Maßnahmen im Straßen- und Eisenbahnbereich.[9] Vorrangiges Ziel sei die Schließung vorhandener Verkehrswegelücken. Wegen der notwen-

---

7 Nr. 149A Anm. 4.

8 Zu den Ergebnissen des Besuches von Bundesminister Töpfer in der DDR, 16.–18. Januar 1990: Bulletin. Nr. 10. 19. Januar 1990, 75 f.

9 Bericht des Staatssekretärs Knittel in der Sonderzusammenkunft des Chefs des Bundeskanzleramtes mit den Chefs der Staats- und Senatskanzleien der Länder, 30. Januar 1990, A 10/00. 14. 00/22 Ha; BArch, B 136/29245, 122 – 14020 Mi 1, Besprechung Chef BK/CdS, 30. 1. 1990, Bd. 1.

digen Maßnahmen sei das Gespräch mit den Ländern aufgenommen worden. Der Beschluß der Ministerpräsidentenbesprechung vom 21. Dezember 1989 über die Aufstellung eines Sonderverkehrsplans für die Wiederherstellung und den Ausbau der Verkehrsverbindungen mit der DDR werde geprüft. Es bestehe auf seiten der DDR Bereitschaft, die Verhandlungen über die Eisenbahntrasse Hannover-Berlin zügig voranzutreiben. Bei einer Schnellbahnverbindung Hannover-Berlin würden – anders als im übrigen – Haushaltsmittel des Bundes auch für auf dem Gebiet der DDR liegende Baumaßnahmen zur Verfügung gestellt. Auf Nachfrage des Chefs der Staatskanzlei des Landes Hessen, des Vertreters der Freien und Hansestadt Hamburg, des Leiters des Staatsministeriums Baden-Württembergs und des Amtschefs der Bayerischen Staatskanzlei werden der Autobahnausbau „Thüringer Zipfel", Fragen der Binnenschiffahrt sowie eine Ausweitung des Luftverkehrs und der Überflugmöglichkeiten erörtert.

Ministerialdirigent Remling erläutert, daß mit der DDR eine Gemeinsame Kommission für Bauwesen, Städtebau und Wohnungswirtschaft mit vier Arbeitsgruppen (Stadt- und Dorferneuerung, Wohnungswirtschaft, Bauwirtschaft, Bautechnik) vereinbart worden sei. Als Pilotprojekte seien Sanierungsmaßnahmen in Meißen, Weimar, Brandenburg und Stralsund unter Einsatz auch von Mitteln aus dem Reisedevisenfonds geplant. Die DDR-Seite erstelle eine Liste von insgesamt 30 Städten, auf die sich die Sanierungsbemühungen schließlich konzentrieren sollen. Ziel und Umfang der Maßnahmen müßten noch erörtert werden.

Auf Nachfrage des Chefs der Senatskanzlei des Landes Berlin sichert Ministerialdirigent Remling die Weitergabe der Liste nach Erhalt zu.

Der Amtschef der Bayerischen Staatskanzlei fragt nach der Gemeinsamen Kommission für Medienfragen und der Kulturkommission, deren Tätigkeitsbereiche Länderzuständigkeit berührten. Der Chef des Bundeskanzleramtes und Staatssekretär Priesnitz bestätigen, bereits bei dem Gespräch des Bundeskanzlers mit Ministerpräsident Modrow am 19. Dezember 1989 in Dresden sei in Abstimmung mit der Kultusministerkonferenz die Kulturkommission eingerichtet worden. Der Bundesminister für innerdeutsche Beziehungen stimme sich derzeit mit der Kultusministerkonferenz über Einzelheiten ab. Staatssekretär Priesnitz merkt an, man denke daran, die Delegation unserer Seite klein zu halten (etwa 5 Mitglieder, 3 Bund/2 Länder), wobei man sich mit der Kultusministerkonferenz einig sei, daß die Delegationsleitung im Wechsel zwischen Bund und Kultusministerkonferenz liegen sollte.

Chef der Senatskanzlei des Landes Berlin spricht sich im Hinblick auf die Länderzuständigkeiten im Kulturbereich für eine stärkere Länderpräsenz in der Kulturkommission aus. Staatssekretär Priesnitz weist darauf hin, daß es sich dabei lediglich um erste Ergebnisse der Gespräche handele, die nicht als abschließend anzusehen seien.

TOP 2   Informationen der Länder über Aktivitäten gegenüber der DDR

Die Chefs der Staats- und Senatskanzleien der Länder berichten über Art und Umfang der Aktivitäten der Länder gegenüber der DDR (Regionalausschüsse, Partnerschaften, Verbindungsbüros, Haushaltsmittel für notwendige Sofortmaßnahmen). Es wird die Notwendigkeit von Sofortmaßnahmen vor allem in den Bereichen Umwelt, Gesundheit, Verkehr, Wohnungswesen, Aufbau einer Privatwirtschaft, kommunale Selbstverwaltung hervorgehoben. Der Chef der Staatskanzlei des Vorsitzlandes regt an, Verfahrensregelungen für einen umfangreichen Informationsaustausch über Aktivitäten des Bundes und der Länder zu erarbeiten.

Der Chef der Senatskanzlei des Landes Berlin bittet die Bundesregierung,
– eine Änderung des Einkommensteuergesetzes (§ 6b) mit dem Ziel vorzusehen, daß Betriebe gebrauchte Werkzeuge und Maschinen steuerfrei an privatwirtschaftliche Handwerksbetriebe in der DDR abgeben können,

– in Gesprächen mit der DDR darauf hinzuwirken, daß dort das öffentliche Beteiligungs-
verfahren für Großbaumaßnahmen (Autobahnen, Eisenbahntrassen, Flughäfen) gesetzlich geordnet wird.
Er appelliert an die Länder, durch Zurverfügungstellung von Wahlurnen und Kabinen die
Vorbereitung zur Volkskammerwahl am 18. März 1990 zu unterstützen.

TOP 3   Terminfestlegungen für weitere Besprechungen

Die nächste Besprechung des Bundeskanzlers mit den Regierungschefs der Länder findet
statt am

Donnerstag, 15. Februar 1990,
14.00–18.00 Uhr, Bundeskanzleramt.[10]

Es sollen die Themen
– Finanzbeziehungen Bund/Länder
– Situation in der DDR/Stand der Gespräche und Verhandlungen
erörtert werden.
Die nächste Besprechung des Chefs des Bundeskanzleramtes mit den Chefs der Staats- und
Senatskanzleien der Länder über das Thema „Situation in der DDR/Stand der Gespräche
und Verhandlungen" wird stattfinden am

Freitag, 2. März 1990, 9.30 Uhr, Bundeskanzleramt.[11]

Nr. 153
Gespräch des Bundeskanzlers Kohl mit
dem stellvertretenden Außenminister Eagleburger
Bonn, 30. Januar 1990

BK, 21 – 30100 (56) Ge 28 (VS) Bd. 80, Bl. 18–26. – Vermerk des VLR I Kaestner, 31. Januar 1990. – Mit Vorlage des MD
Teltschik über Chef BK an den Bundeskanzler: „Hiermit lege ich Ihnen – mit der Bitte um Genehmigung – einen Vermerk über das o.a. Gespräch vor. Zugleich erbitte ich Ihre – Zustimmung –, daß die Bundesminister Genscher und Dr.
Stoltenberg Doppel erhalten." Hs. vermerkt: „Teltschik i.O. K[ohl]", zur Übermittlung von Doppeln an die Bundesminister: „Ja".

Betr.:   Personalreduzierungsvorschlag Präsident Bushs für die Wiener VKSE
         hier: Gespräch des Herrn Bundeskanzlers mit stv. US-AM Eagleburger und stv.
         Sicherheitsberater Gates
         Bonn, 30. Januar 1990, 15.00 Uhr – 16.10 Uhr

Gesprächsteilnehmer
– Auf deutscher Seite:
  = Bundeskanzler
  = Bundesminister Genscher
  = Bundesminister Dr. Stoltenberg
  = MD Teltschik
  = MD Holik
  = General Naumann
  = LKB
  = RL 212 (Note taker)

10   Nr. 185.
11   Nr. 200.

- Auf amerikanischer Seite:
  = stv. AM Eagleburger
  = stv. Sicherheitsberater Gates
  = Botschafter Walters
  = General Butler (JCS)
  = Mister Tibitt (? Note taker)

Der <u>Bundeskanzler</u> begrüßt stv. US-AM Eagleburger (E.) und stv. Sicherheitsberater Gates (G.), die Präsident Bush ihm am Wochenende[1] telefonisch angekündigt habe.

<u>E.</u> dankt für freundlichen Empfang und erinnert an seinen Bonn-Besuch im Mai 1989[2], der demselben Thema gegolten habe: Niveau der US-Streitkräfte in Europa.

Nach Gesprächen in London, Paris und Rom beschließe er hier in Bonn seine Europa-Reise, um im Auftrag von Präsident Bush einen Vorschlag zu erläutern, den dieser am Abend des 31. Januar in seiner Botschaft über den Stand der Union[3] unterbreiten werde:

- Reduzierung von amerikanischen und sowjetischen Truppen in der Zentralzone auf je 195 000 Mann.

- Diese Zahl sei für USA Untergrenze (floor), unter die man nicht heruntergehen werde, für die SU jedoch Obergrenze (ceiling), über die sie nicht hinausgehen dürfe, die sie aber hoffentlich unterschreiten werde – entsprechender Druck seitens der ČSSR und Ungarns sei bereits gegeben.

- Mit diesem US-Vorschlag Ende der Verknüpfung zwischen amerikanischen und sowjetischen Truppenstärken in Europa.

- Verbleib von US-Truppen auch außerhalb der Zentralzone, neue Gesamtobergrenze für Stationierung in Europa: 225 000.

Der Präsident – so <u>E.</u> weiter – sei vor allem aus folgenden Gründen zu seinem Vorschlag gekommen:

1. Informationen, daß die SU, die weitere Truppen aus Osteuropa abziehen wolle, demnächst einen eigenen Reduzierungsvorschlag auf den Tisch legen werde – dem wolle der Präsident zuvorkommen.

2. Die Vereinigten Stabschefs glaubten, daß die neue Zahl für die Zentralzone – 195 000 – auch aus militärischen Gründen nicht nur zu verteidigen, sondern auch zu unterstützen sei.

3. Der Präsident sei im Blick auf die politischen Verhältnisse in den USA, aber auch in Europa, besorgt, daß angesichts der Entwicklungen in Osteuropa eine stückweise Reduzierung einzelner Verbündeter ohne Konzept und Strategie in Gang komme – dies wolle der Präsident auf jeden Fall vermeiden.

4. Der Präsident glaube, daß sein Vorschlag, von den Alliierten unterstützt, ihm gegenüber Kongreß und Öffentlichkeit die Argumente in die Hand geben werde, auch künftig einen adäquaten Verteidigungshaushalt durchzusetzen und eine substantielle amerikanische Militärpräsenz in Europa aufrechtzuerhalten. Dies sei notwendig für die Stabilität in Europa, die gerade angesichts der Umwälzungen in Osteuropa unverzichtbar sei. Zu dieser Stabilität gehöre – dessen sei der Präsident sich sehr wohl bewußt – auch das Vertrauen der Alliierten in die Zusage, daß es bei den jetzt genannten Zahlen bleiben werde.

---

1 27./28. Januar 1990.

2 Vermerk des Vortragenden Legationsrats I Kaestner über das Gespräch des Bundeskanzlers Kohl mit dem stellvertretenden Außenminister Eagleburger am 25. Mai 1989, 27. Mai 1989, VS-NfD; BK, 21 – 30100 (56) Ge 28 (VS) Bd. 78, Bl. 151–157.

3 Bericht zur Lage der Nation des Präsidenten Bush vor beiden Häusern des Kongresses (Address on the State of the Union), 31. Januar 1990, in: Amerika Dienst. Nr. 5. 7. Februar 1990, 6 S.; Public Papers of the Presidents of the United States. George Bush. 1990 (in two books). Book I-January 1 to June 30, 1990. Hg. vom Office of the Federal Register, National Archives and Records Administration. Washington (D.C.) 1991, 129–134.

E. erläutert schließlich, der US-Vorschlag ziele nur auf Mannschaftsstärken und berühre deshalb nicht die bei den Wiener Verhandlungen auf dem Tisch liegenden Obergrenzen für bestimmte Waffen. Deshalb glaube man von amerikanischer Seite nicht, daß die VKSE durch diesen Vorschlag gestört oder aufgehalten würden – ganz im Gegenteil: Die neue Zahl von 195000 werde, zusammengenommen mit Verifikationsmaßnahmen, ganz Europa ein noch höheres Maß an Sicherheit geben.

G. ergänzt, daß man sich auf amerikanischer Seite die Frage vorgelegt habe, warum man angesichts des Drucks auf GS Gorbatschow, sowjetische Truppen aus WP-Staaten zurückzuziehen, dieser Entwicklung nicht einfach ihren Lauf lassen solle, auch außerhalb der Wiener Verhandlungen. Dagegen sprächen jedoch drei gewichtige Gründe:
1. Derartige Truppen[rück]züge könnten gravierende Auswirkungen auf die SU selbst haben – bis hin zu möglichen Veränderungen in der Führung.
2. Demgegenüber gebe ein „ordnungsgemäßer" Truppenrückzug im Rahmen eines KSE-Abkommens ihm gewichtige Gegenargumente gegen Vorwürfe, er sei gezwungen, „aus Osteuropa wegzulaufen".
3. Nur innerhalb eines KSE-Abkommens könnten Truppenreduzierungen verläßlich verifiziert und müßten zurückgezogene Truppen demobilisiert werden.

E. berichtet über die Reaktionen in den drei von ihm besuchten Hauptstädten:
– London: kein Geheimnis, daß PM Frau Thatcher nicht übermäßig begeistert sei. Sie habe Unterstützung des amerikanischen Vorschlags zugesagt, gleichzeitig aber die Erwartung ausgedrückt, daß dies der letzte amerikanische Truppenreduzierungsschritt sein werde. Sie habe sich nach Auswirkungen auf Materialreduzierungen ausführlich erkundigt.
– Paris: Staatspräsident Mitterrand habe sich weniger an Einzelheiten interessiert gezeigt, dafür aber unterstrichen, daß er diesen Vorschlag unterstützen werde, solange klar sei, daß hier nicht der Beginn der Abkopplung der USA von Europa stattfinde; daß vielmehr auch auf dem verminderten Streitkräfteniveau die Kopplung zwischen USA und Europa aufrechterhalten werde.
– Rom: MP Andreotti habe den US-Vorschlag ohne substantielle Bemerkungen unterstützt. Aus eigener Tätigkeit als Verteidigungsminister habe er lediglich die Zahl von 195000 in der Zentralzone als vertretbar bezeichnet.

E. kündigt an, daß der Text der Botschaft des Präsidenten – zumindest der diesen Vorschlag betreffende Teil – vorab übermittelt werde.

Der Bundeskanzler antwortet – unter Hinweis, daß Einzelheiten später im Rahmen der NATO zu besprechen seien – mit folgenden prinzipiellen Feststellungen:

Auch für uns sei entscheidend, daß es keine Abkopplung USA-Europa gebe. 40 Jahre Bundesrepublik Deutschland seien 40 Jahre Freundschaft mit den USA gewesen. In einer Zeit der Veränderungen, wie wir sie heute erlebten, seien Freundschaft und Partnerschaft noch notwendiger. Dabei habe er stets betont, daß Freiheit nicht zum Nulltarif zu haben sei.

Die Welt wachse stärker zusammen (Exkurs: wirtschaftliche Schwerpunkte in 10 Jahren USA/Kanada – EG – Japan/Korea).

Für die Deutschen in der Bundesrepublik Deutschland seien die Beziehungen zu den USA, und zwar nicht nur im militärischen Bereich, eine der wichtigsten positiven Erfahrungen der neueren Geschichte. Gerade angesichts der europäischen Integration, für die wir uns leidenschaftlich einsetzten, gebe es für uns nie das Entweder-oder, sondern nur das Sowohl-als-auch. Er selbst habe sich persönlich für immer engere Beziehungen zu den USA eingesetzt, über das Militärische und Wirtschaftliche hinaus verstärkt auch im kulturellen Bereich (Exkurs: deutsch-amerikanische Akademie der Wissenschaften). Hier gehe es nicht um das Tagesgeschäft, sondern um lange Zeiträume – auch dies werde zur Stabilität beitragen.

Zur Stabilität sei aber auch weiterhin eine substantielle amerikanische militärische Präsenz notwendig. Die Welt verändere sich, niemand wisse, wie sie am Ende aussehe (Exkurs:

Tempo der Veränderungen am Beispiel des t[schecho]sl[owakischen] Schriftstellers/Staatspräsidenten Havel).

Was die Wiener Verhandlungen angehe, so seien wir sehr interessiert, sie in diesem Jahr erfolgreich abzuschließen.

Er bitte, dem Präsidenten auszurichten:
- Unter der Überschrift „Keine Abkopplung der USA von Europa" halte er – der Bundeskanzler – den Vorschlag des Präsidenten für vernünftig.
- Ganz wichtig sei, daß der Präsident die Initiative in Händen behalte, so wie er dies bereits beim NATO-Gipfel im Mai 1989 geschafft habe.

Er – der Bundeskanzler – wünsche dem Präsidenten als Freund, daß der Vorschlag auch seine Position in den USA stärke.

Gerade angesichts der dramatischen Entwicklungen in Osteuropa brauche man einerseits Stabilität, andererseits aber Konzeptionen, um aus der konkreten Entwicklung heraus das Bestmögliche zu erreichen.

BM Dr. Stoltenberg führt aus, der neue Vorschlag des Präsidenten sei für uns keine Überraschung, da sich eine amerikanische Diskussion in diese Richtung schon seit Herbst 1989 abgezeichnet habe und wir auch in bilateralen Kontakten bereits erste Signale empfangen hätten. Neu sei für ihn jedoch, daß die weitere Reduzierung bereits in die laufende Wiener Verhandlungsrunde (Wien I) einbezogen werden solle. Hierzu seien dringend Gespräche der Fachleute notwendig.

Er fragt sodann
- nach der Auswirkung der Personalreduzierungen auf die Obergrenzen für Material: Werde durch weiteren Abzug amerikanischer Panzer, Artillerie usw. der Gesamtreduzierungsrahmen der NATO in Anspruch genommen – oder aber könnten sich auch weitere interessierte europäische Staaten beteiligen?
- nach dem Fortbestand der Zahl von 195 000 als absolute Untergrenze für den Mittelabschnitt, auch für weitere Verhandlungen Wien II.

General Butler (B.) erwidert, die JCS und General Galvin hätten sich die Zahlen sehr genau angesehen: Die Materialreduzierungen könnten in die gegenwärtigen Obergrenzen gemäß bisherigem westlichen Vorschlag eingepaßt („akkommodiert") werden. Auch eine neue SHAPE-Studie belege, daß es wirklich keine Auswirkungen auf die Obergrenzen geben werde (Beispiel: Verminderung amerikanischer Panzer 56% der Gesamtverminderung). Wichtig sei lediglich, die Aufteilung des Reduzierungsvolumens zu überprüfen.

Im übrigen beabsichtigten die USA nicht, das Material in die USA zurückzuführen: Es werde teils in Depots eingelagert, teils im Zuge des sogenannten Kaskaden-Prozesses an deren Verbündete zur Erneuerung ihres Bestandes zur Verfügung gestellt.

G. ergänzt, der Präsident lege besonderen Wert darauf, daß die VKSE nicht verzögert würden. Deshalb habe man von amerikanischer Seite bewußt nur einen Personalstärkenvorschlag eingebracht.

E. führt zur zweiten Frage BM Dr. Stoltenbergs aus: Der Präsident strebe danach, ein Niveau der amerikanischen Truppenpräsenz in der Zentralregion festzuschreiben, das für die nächsten Jahre voraussehbar und den Veränderungsprozessen in Osteuropa nicht unterworfen sei.

Wenn er den Präsidenten richtig interpretiere, so wolle dieser die Zahl von 195 000 auch nicht nur für die gegenwärtige Phase von VKSE festlegen. Er erwarte vielmehr, daß die Zahl für eine gewisse Zeit halte. Wenn sich in der nächsten Dekade allerdings die Dinge „monumental" änderten, dann werde der Präsident in Kontakt mit den Verbündeten treten. Die Besorgnis von PM Frau Thatcher, daß die USA in wenigen Monaten wieder mit einer neuen Zahl aufwarten würden, sei nicht begründet.

BM Genscher schließt sich dem, was der Bundeskanzler zur Substanz gesagt hat, an.

Er fragt, wie diese Zahlen in die Wiener Verhandlungen eingeführt werden sollten.

<u>B.</u> und <u>E.</u> bestätigen, daß die Zahl baldmöglichst in die Wiener Verhandlungen eingeführt werden soll. Wenn allerdings dieser neue Vorschlag die Verhandlungen verzögere, dann müßten die USA einen anderen Weg finden, diese Zahl ins Spiel zu bringen.

<u>E.</u> stimmt dem Bundeskanzler ausdrücklich zu, daß ein KSE-Abkommen in diesem Jahr fertig zu verhandeln sei.

Der <u>Bundeskanzler</u> zeigt sich damit sehr zufrieden. Er bittet E., dem Präsidenten zu übermitteln, daß die Frage der Soldaten im Gesamtzusammenhang der Beziehungen USA-Europa und USA-D zu sehen sei. Dies sei eine Brücke, die viele andere politische Bindungen mit sich bringe. Er sage dies nicht zuletzt auch im Blick auf den großen Binnenmarkt 1992.

<u>E.</u> erwidert, auch in Washington sei das Datum 1992 eine höchst bedeutsame Sache, und man versuche, sich darauf einzustellen. Dabei sei man überzeugt, daß der große Binnenmarkt für die USA nicht geringere, sondern bessere Möglichkeiten biete.

Im Auftrag von AM Baker wolle er hier jedoch eine Sorge ansprechen: In jüngster Zeit habe in der NATO eine Diskussion über den KSZE-II-Gipfel stattgefunden, mit allseitigem Einverständnis, daß man darüber weiter reden müsse. Dann habe aber die EG in einem anderen Gremium beschlossen, daß dieser Gipfel stattfinden werde.[4] Damit werde den USA die Hand gebunden. Dies zeige, daß man gemeinsame Wege finden müsse, die Dinge zu besprechen und zu konsultieren. Da die USA in EG-Gremien nicht vertreten seien, komme in erster Linie die NATO in Frage, die nach wie vor für die USA die grundlegende Verbindung nach Europa sei.

Ein weiterer Anlaß zur Besorgnis sei die kürzliche Äußerung des französischen Sherpa[5] auf einer Tagung in Florida,[6] Europa müsse sich auf eine Zeit einstellen, in der die USA und die Sowjetunion aus Europa heraus seien. Und dies angesichts amerikanischer Bestrebungen, die Beziehungen zu Europa zu stärken und dafür geeignete Mechanismen zu schaffen!

Der <u>Bundeskanzler</u> betont, er habe eine Antwort hierzu bereits eingangs gegeben. Wir seien integraler Bestandteil Europas, die EG sei ohne uns heute nicht so stark, wie sie dastehe. Zu dieser europäischen Integrationspolitik gebe es keine Alternative, auch nicht durch die deutsche Frage.

Durch gute deutsch-französische Beziehungen habe der europäische Prozeß gerade in letzter Zeit starke Impulse empfangen, auch wenn dies nicht überall geschätzt werde.

Andererseits bleibe er dabei: Für uns gebe es keine Wahl zwischen Paris und Washington – beide seien für uns gleichbedeutend. Wir würden uns deshalb auch an keinen Plänen beteiligen, etwa die USA herauszudrängen, sondern strikt dagegen auftreten (Exkurs zur Person des französischen Sherpa).

Der <u>Bundeskanzler</u> spricht anschließend die Schwierigkeiten der Reformprozesse in der SU, in Ungarn, in Polen, in der ČSSR usw. an: Wer die Lage in Deutschland nach 1945 kenne, wisse, daß es uns damals viel schlechter gegangen sei, die psychologische Lage aber besser gewesen sei: Hilfe der USA (Marshall-Plan), gute wirtschaftliche Rahmenbedingungen (soziale Marktwirtschaft), Motivation der Menschen. Für sie habe es nur die Alternative gegeben: untergehen oder hart arbeiten!

Der <u>Bundeskanzler</u> bittet E. abschließend, Präsident Bush seine herzlichsten Grüße zu übermitteln. Er freue sich auf die verabredete Begegnung.[7]

Kaestner

---

4 Nr. 144 Anm. 8.
5 Jacques Attali.
6 Gemeint war das Treffen der Beauftragten der Staats- und Regierungschefs der G-7-Staaten (sog. Sherpas) vom 5.–7. Januar 1990 in Key West (Florida).
7 Nr. 141 Anm. 2 und Nr. 192 – Nr. 194.

Nr. 154
Schreiben des Ministerpräsidenten Mazowiecki an Bundeskanzler Kohl
Warschau, 30. Januar 1990

BK, 213 – 30130 P 4 Wi 18 Bd. 9 – Inoffizielle Übersetzung. Hs. von Bundeskanzler Kohl vermerkt: „Teltschik prüfen u. R[ücksprache]".

Sehr geehrter Herr Bundeskanzler,

Ich danke Ihnen für Ihren Brief vom 14. November 1989.[1] Mit Genugtuung nehme ich seinen Inhalt, der völlig mit unseren gemeinsamen Vereinbarungen übereinstimmt, zur Kenntnis.

Gleichzeitig darf ich meine tiefe Zufriedenheit mit den Ergebnissen Ihres Besuches in Polen[2] zum Ausdruck bringen. Ich würde mich freuen, wenn die Zukunft unser gemeinsames Herangehen bestätigen könnte, daß Ihr Besuch eine bahnbrechende Bedeutung für die Beziehungen zwischen unseren beiden Völkern und Staaten haben wird.

Die angenommenen Abkommen, Vereinbarungen und Abstimmungen stellen eine gute Grundlage für die Entwicklung der für beide Seiten vorteilhaften Zusammenarbeit, Partnerschaft und des Vertrauens zwischen unseren beiden Völkern und Staaten dar.

Ich bin tief davon überzeugt, daß das unseren Völkern aus Krzyzowa[3] gegebene Zeichen des Friedens und der Verständigung den schwierigen Prozeß der Überwindung der schmerzhaften Vergangenheit und der Versöhnung zwischen Polen und Deutschen beschleunigen wird. Gegenwärtig bleibt als unsere dringendste Aufgabe eine effektive Umwandlung der politischen und vertragsmäßigen Ergebnisse Ihres Polenbesuches in die Sprache der Praxis mit dem Ziel der möglichst schnellen Verwirklichung der vereinbarten Festlegungen und unserer gemeinsamen Absichten für die Zukunft.

Diesem Ziel wird der Besuch des Ministers für Auswärtige Angelegenheiten, Herrn Professor Krzysztof Skubiszewski, in Bonn in den Tagen 6.–7. Februar d.J.[4] gut dienen.

Meinerseits möchte ich Sie gleichzeitig versichern, daß wir alles tun werden, um in unseren gegenseitigen Beziehungen die Elemente der Kooperation und der Partnerschaft weiter auszubauen, den Dialog und die Zusammenarbeit auf allen Gebieten zu entwickeln, in der Sphäre der internationalen Beziehungen zusammenzuwirken, die Schranken zu überwinden, die den Fortschritt auf dem Wege zur vollen Verständigung und wirklichen Versöhnung erschweren.

Unser Wegweiser bleibt der Vertrag vom Jahre 1970 als Grundlage der gegenseitigen Beziehungen. In dieser Frage waren wir [uns] beide einig. Es freut mich, daß der Deutsche Bundestag es am 8. November 1989 feierlich zum Ausdruck gebracht hat, daß das Recht des polnischen Volkes auf das Leben in gesicherten Grenzen „von den Deutschen durch territoriale Ansprüche weder jetzt noch in der Zukunft in Frage gestellt wird"[5].

Mit Anerkennung begrüße ich auch die Stellungnahmen in dieser in unseren Beziehungen grundlegenden Frage, die vor kurzem vom Herrn Bundespräsidenten Richard von Weizsäcker,[6]

---

1 Schreiben in der Registratur des Bundeskanzleramtes nicht zu ermitteln.
2 Nr. 76, Nr. 77, Nr. 89 und Nr. 92.
3 Kreisau.
4 Nr. 164.
5 Nr. 115 Anm. 3.
6 Bundespräsident von Weizsäcker plädierte in seiner Weihnachtsansprache 1989 über Rundfunk und Fernsehen an das deutsche Volk, „auch wenn keiner von uns für einen gesamtdeutschen Souverän zu sprechen vermag, so können, müssen und wollen wir doch für uns selbst klar und eindeutig reden: Und das heißt, an der heutigen polnischen Westgrenze wird sich nach dem Willen von uns Deutschen jetzt und in der Zukunft nichts ändern" (Bulletin. Nr. 151. 27. Dezember 1989, 1269f., hier 1270).

von der Präsidentin des Deutschen Bundestages, Frau Rita Süssmuth,[7] und vom Herrn Bundesaußenminister, Hans-Dietrich Genscher,[8] abgegeben wurden.

Sehr geehrter Herr Bundeskanzler,
Ich vernehme die in Ihrem Brief enthaltenen Abstimmungen und möchte gleichzeitig meinerseits folgendes feststellen:
1. Bezugnehmend auf den Finanzkredit „Jumbo" von 1975:
Die angenommene Lösung /760 Mio. DM – Tilgung und Umwandlung von 570 Mio. DM in Zloty/ ist als erstes positives Beispiel der Reduzierung der polnischen Verschuldung zu betrachten.
Ich bringe meine Genugtuung zum Ausdruck, daß schon in nächster Zeit offizielle Gespräche über [den] Abschluß von entsprechenden Vereinbarungen in dieser Frage aufgenommen werden. Ich bin überzeugt, daß es uns während dieser Gespräche schnell gelingen wird, Grundsätze, Formen und Art der Nutzung des zukünftigen Zloty-Fonds gemäß unserer Vereinbarung im Artikel 31 der „Gemeinsamen Erklärung"[9] festzulegen.
Ich meine, daß es zweckmäßig wäre, ein repräsentatives und kompetentes Gremium unter Teilnahme der Vertreter der Bundesrepublik Deutschland ins Leben zu rufen, das sich mit der Ausarbeitung und der Verwirklichung von konkreten Projekten der Nutzung des Jumbo-Zloty-Fonds befassen würde.
Diese Projekte sollten das gemeinsame Interesse der beiden Seiten berücksichtigen, der Entwicklung der Beziehungen und der beiderseitigen Zusammenarbeit, der Verständigung und Annäherung der beiden Völker dienen.
2. Mit Freude nehme ich Ihre Vorschläge hinsichtlich der Entlastung der polnischen Zahlungsbilanz an. Nach wie vor sind wir an der effizienten und ständigen Unterstützung seitens der Bundesrepublik Deutschland interessiert, die uns in den Bemühungen bei der Lösung der Frage der polnischen Verschuldung behilflich sein kann. Ich erlaube mir, nochmals Ihre Aufmerksamkeit auf die von mir während Ihres Besuchs erwähnte Idee zu lenken, die auf eine Tilgung zumindest eines Teils der globalen Verschuldung Polens gegenüber dem Westen zielt. Es wäre für mich eine sehr große Genugtuung, wenn Sie persönlich, sehr geehrter Herr Bundeskanzler, die Rolle des Initiators und des Befürworters der polnischen Interessen auf diesem Gebiet übernehmen würden.
3. Angesichts dessen, daß für Polen Kreditbürgschaften von „Hermes" in Höhe von 3 Mrd. DM gewährt wurden und daß zugleich in diesem Rahmen ein Betrag von 500 Mio. DM der Stabilisierungsanleihe des Westens zufließen wird, möchte ich zu dem Vorschlag zurückkommen, den ich Ihnen gegenüber während des Gesprächs „unter vier Augen" bei Ihrem Besuch in unserem Lande kurz signalisiert habe. Ich freue mich, daß nach unseren Gesprächen die Entscheidung über die Erteilung von einem Finanzkredit in Höhe von 500 Mio. DM mit günstigen Bedingungen /mit einem bis auf 3 % gesenkten Zinssatz, mit einer 2jährigen Karrenz und mit einer 5jährigen Zahlungsfrist/ folgte. Ich schätze sehr hoch das finanzielle Gewicht, aber auch die politische Bedeutung von diesem Schritt, der seitens Ihrer Re-

---

7   Ende Dezember 1989 sprach sich Bundestagspräsidentin Süssmuth in einem Zeitungsinterview für „eine klare Willensbekundung der Bundesregierung und der DDR über die Anerkennung der bestehenden polnischen Westgrenze" aus („Menschen in der DDR Perspektiven geben", in: Neue Osnabrücker Zeitung. 23. Jg. Nr. 302. 29. Dezember 1989, 5). In ihrer Neujahrsansprache zum 1. Januar 1990 legte sie dar: „Die Polen müssen wissen, daß sie sich auf uns verlassen können und in sicheren Grenzen leben" (Bulletin. Nr. 1. 3. Januar 1990, 5 f., hier 5).
8   Aus Anlaß des Durchschneidens des Grenzzauns an der deutsch-tschechoslowakischen Grenze, gemeinsam mit Außenminister Dienstbier, bekräftigte Bundesminister Genscher am 23. Dezember 1989 „die territoriale Integrität und Souveränität aller Staaten und die Unverletzlichkeit der Grenzen in Europa", so wie es die Prinzipien der KSZE-Schlußakte von Helsinki verbindlich festlegten (Der Bundesminister des Auswärtigen informiert. Mitteilung für die Presse Nr. 1213/89. 23. Dezember 1989, 4 S., hier 3).
9   Nr. 92 Anm. 3.

gierung Polen gegenüber getan wurde. Ich möchte mich aber an Sie, Herr Bundeskanzler, mit der Frage wenden, ob dieser 500-Millionen-Kredit nicht in eine nichtrückzahlbare Anleihe der Bundesrepublik Deutschland in den Stabilisierungsfonds umgewandelt werden könnte, so, wie es manche westliche Länder, vor allem die Vereinigten Staaten, getan hatten. Ich erinnere mich an Ihre Versicherung aus dem Gespräch „unter vier Augen", daß „der deutsche Beitrag nicht geringer als der amerikanische sein werde". Während Ihres Besuches in unserem Land kannten wir beide noch nicht den Beitrag der USA zu dem Stabilisierungsfonds.

Heute ist schon bekannt, daß der Beitrag der Bundesrepublik Deutschland zwar höher ist als der der USA /500 Mio. DM aus der Bundesrepublik Deutschland gegenüber 199,14 Mio. US-Dollar aus den USA/, jedoch die Form und die mit dem deutschen Beitrag verknüpften Bedingungen sind schlechter als die amerikanischen /aus den USA – nichtrückzahlbare Anleihe, aus der Bundesrepublik Deutschland rückzahlbarer Finanzkredit/. Ich glaube, daß wir beide in der Einschätzung einig sind, daß Ihr Entgegenkommen unserem Wunsch gegenüber ein weiteres Beispiel der konkreten Hilfe der Bundesrepublik Deutschland für Polen darstellen würde, und zwar von einer großen Bedeutung gerade gegenwärtig, da wir seit dem 1. Januar d.J. mit der Realisierung eines ungeheuer schwierigen und mit einem Risiko behafteten Planes der Sanierung der Wirtschaft und des Zlotys begonnen haben.

4. Ich halte es für sehr zweckmäßig, daß die Gemischte Regierungskommission für die Entwicklung der wirtschaftlichen, industriellen und technischen Zusammenarbeit zu dem für März d.J. geplanten Termin zusammentrifft, um die konkreten, im Paragraphen 35 der Gemeinsamen Erklärung vorgesehenen Aufgaben aufzugreifen.

5. Bezüglich der unterschriebenen Abkommen und Vereinbarungen, die zu dem gegenseitigen besseren Kennenlernen beitragen sollten /Abkommen über die Errichtung von Instituten für Kultur und Wissenschaftlich-Technologische Information sowie über den Jugendaustausch/, möchte ich, daß gemäß den angenommenen Abstimmungen der Ausschuß für Kultur und der Rat für Jugendaustausch ihre Tätigkeit bald aufnehmen werden. Bei dieser Gelegenheit darf ich Ihnen, Herr Bundeskanzler, mitteilen, daß unsererseits keine Einwände gegen den Vorschlag gemeldet werden, dem Institut für Kultur und Wissenschaftlich-Technologische Information der Bundesrepublik Deutschland in Warszawa[10] den Namen von Goethe zu verleihen. Ähnlich sollte es auch im Falle des polnischen Instituts in der Bundesrepublik Deutschland geschehen.

Sehr geehrter Herr Bundeskanzler,
nochmals möchte ich meine aufrichtige Freude zum Ausdruck bringen, daß unter Ihrer Regierung die Bundesrepublik Deutschland entschlossen ist, den effizienten Beitrag für die Entwicklung des Reformprozesses und der Systemveränderungen in Polen in Richtung der Demokratie und Freiheit zu leisten.

Ich bin überzeugt, daß die fruchtbaren Ergebnisse Ihres Besuches in Polen sowohl für die Polen als auch für die Deutschen sowie für eine weitere Festigung der Stabilisierung und des Friedens in Europa nützlich [sein] werden.

Ich hoffe, daß ein weiterer Schritt auf diesem Wege getan werden wird, indem ich Ihrer höflichen Einladung zu einem offiziellen Besuch in der Bundesrepublik Deutschland folgen werde. Den genauen Termin dieses Besuches werden wir zur späteren Zeit vereinbaren können.

Ich benutze diesen Anlaß, um den Empfang Ihres Telegramms vom 17. November 1989 zu bestätigen, daß ich mit einem Schreiben der Botschaft der Bundesrepublik Deutschland in

---

10 Warschau.

Warszawa vom 20. November erhalten hatte.[11] Ich darf mich bei Ihnen, Herr Bundeskanzler, für dieses Telegramm höflich bedanken.

Mit den besten Grüßen zeichne ich

/-/ gez. Tadeusz MAZOWIECKI

Nr. 155
Gespräch des Bundeskanzlers Kohl mit Botschafter Kwizinskij
Bonn, 2. Februar 1990

BK, 213 – 30104 S 25 So 17, BK in der SU, 10./11.2.1990, Hauptvorgang. – Vermerk des VLR I Kaestner, 5. Februar 1990. VS-NfD. Entwurf, hs. vermerkt: „ab → AL 2 K[aestner] 5/2". – Gesprächsdauer: 15.40 bis 16.00 Uhr.

Der Bundeskanzler empfängt Botschafter Kwizinskij (K.) auf dessen Wunsch zur Übergabe einer persönlichen Botschaft Generalsekretär Gorbatschows[1].

Der Bundeskanzler stellt – nach Lektüre der Botschaft – klar, daß er zwar morgen – 03. Februar 1990 – in Davos mit Ministerpräsident Modrow zusammentreffen werde,[2] es sich aber nur um ein etwa 10minütiges Gespräch handeln werde. Demgegenüber werde man am 13. Februar 1990 in Bonn ausführlicher sprechen.[3] Jedenfalls bitte er, Generalsekretär Gorbatschow für dieses Schreiben seinen Dank zu übermitteln.

Der Bundeskanzler erkundigt sich sodann nach „der anderen Sache" (sc. Nahrungsmittellieferung)[4].

K. erklärt, eine sowjetische Delegation wolle am 7. Februar 1990 nach Bonn kommen, offensichtlich gebe es jedoch Schwierigkeiten mit der EG.

Der Bundeskanzler sagt zu, daß unsere Seite dieser Frage nachgehen werde.

Der Bundeskanzler fragt sodann, ob er auf den Terminvorschlag Generalsekretär Gorbatschows bereits heute antworten müsse.

K. weist darauf hin, daß er morgen nach Moskau fliegen werde – am kommenden Montag beginne das ZK-Plenum[5] – und er gern eine Antwort mitnähme.

Der Bundeskanzler erklärt daraufhin, daß er am 9. Februar zwei unaufschiebbare Termine – darunter seine Nominierung zum Kandidaten in der Wahlkreisversammlung – im Kalender habe, er jedoch Möglichkeiten sehe, das Wochenende 10./11. Februar 1990 freizumachen. Er werde Anfang der kommenden Woche Bescheid geben.

Beim Hinausgehen verdeutlicht der Bundeskanzler, das größte Problem sei der schnelle Verfall staatlicher Autorität in der DDR. Parallel dazu nehme die Zahl der Übersiedler zu – im Januar 1990 55 000! Diese Zahl sei nicht – wie mancher meine – in erster Linie sein Pro-

---

11 Telegramm in der Registratur des Bundeskanzleramtes nicht zu ermitteln.

1 Nr. 156.

2 Nr. 158.

3 Nr. 177 und Nr. 179.

4 Botschafter Kwizinskij fragte am 7. Januar 1990 im Auftrag des Außenministers Schewardnadse bei der Bundesregierung an, ob sie den in der UdSSR herrschenden Engpaß an Lebensmitteln – vor allem bei Fleisch – durch Lieferungen überwinden helfe. Am 24. Januar stimmte Bundeskanzler Kohl einem von Bundesminister Kiechle vorgelegten Plan zu, mit dem die Bundesregierung den Einkauf der Regierung der UdSSR von Nahrungsmitteln in der EG mit 220 Millionen DM subventionierte (Teltschik, 329 Tage, 100–102, 114). Ein entsprechendes Regierungsabkommen wurde am 8. Februar in Bonn unterzeichnet (Vereinbarung zwischen dem Bundesminister für Ernährung, Landwirtschaft und Forsten der Bundesrepublik Deutschland und dem Minister für Außenwirtschaftsbeziehungen der Union der Sozialistischen Sowjetrepubliken über den Bezug von Nahrungsmitteln, 8. Februar 1990, in: BGBl. 1990 II, 297).

5 Die Tagung des Zentralkomitees der KPdSU fand vom 5.–7 Februar 1990 in Moskau statt.

blem, sondern das Problem der DDR. Weg gingen die fähigsten Leute, die dringend gebraucht würden. Auch könne man nicht versuchen, die wirtschaftliche Erholung der DDR – auch mit Hilfe unserer Privatwirtschaft – in Gang zu setzen, wenn diese Übersiedlungsbewegung anhalte.

Er sei dringend interessiert, zur Stabilisierung beizutragen, und werde in Davos mit Ministerpräsident Modrow sprechen, ob und wie man ein Signal setzen könne.

K 5/2
(Dr. Kaestner)

Nr. 156
Schreiben des Generalsekretärs Gorbatschow an Bundeskanzler Kohl
2. Februar 1990

BK, 21 – 30100 (102) Br 8 (VS) Bd. 27a, Bl. 99. – Übersetzung, hs. vermerkt: „2.2.90". Hs. von Bundeskanzler Kohl vermerkt: „Teltschik".

Sehr geehrter Herr Bundeskanzler!

Ich wende mich an Sie mit diesem kurzen und vertraulichen Schreiben unmittelbar nach meinem Gespräch mit dem Vorsitzenden des Ministerrats der DDR, Hans Modrow.[1]
Er hat eine Reihe interessanter Ideen und Gedanken über die Annäherung beider deutscher Staaten und die Gestaltung von neuen Beziehungen der Zusammenarbeit und Partnerschaft zwischen ihnen dargelegt.[2] Auch wir könnten davon ausgehen, daß der realistischste und praktischste Weg zu diesem Ziel die Schaffung einer Vertragsgemeinschaft als Etappe auf dem Weg zur Konföderation der zwei deutschen Staaten ist. Selbstverständlich ist die schnellstmögliche Unterzeichnung eines Dokuments über die „Vertragsgemeinschaft" erforderlich, wie sich dies im übrigen auch aus dem vorausgegangenen Meinungsaustausch ergibt. Die Bewegung gerade in diese Richtung wird unserer Ansicht nach dazu beitragen, daß sich die Entwicklung ohne unvorhersehbare Momente vollziehen wird – unter Bedingungen der Stabilität und in Harmonie mit dem gesamteuropäischen Prozeß.
Ich weiß, daß Sie in Bälde ein Treffen mit Hans Modrow in Davos haben werden.[3] Ich halte es für wichtig, daß dieses mein Schreiben Sie vor diesem Treffen erreicht.

---

1 Zu dem Inhalt der Gespräche, die Ministerpräsident Modrow und Generalsekretär Gorbatschow am 30. Januar 1990 in Moskau führten: Meldungen TASS/russ./30.1.90 und ADN/30.1.90/1624 in: Ostinformationen. Nr. 22. 31. Januar 1990, 3f., 5f.; BPA/PA, F 1/22.
2 Ministerpräsident Modrow schlug nach seinem Besuch in Moskau am 1. Februar 1990 vor der Presse in Berlin eine Vertragsgemeinschaft von Bundesrepublik Deutschland und DDR mit „Wirtschafts-, Währungs- und Verkehrsunion sowie Rechtsangleichung" vor. Später sollte eine Konföderation mit gemeinsamen Organen und schließlich die „Bildung eines einheitlichen deutschen Staates in Form einer Deutschen Föderation oder eines Deutschen Bundes" folgen. Als notwendige Voraussetzungen dieser Entwicklung sah er die Berücksichtigung bestehender Verpflichtungen gegenüber anderen Ländern, die Wahrung der Interessen und Rechte der Vier Mächte sowie militärische Neutralität „auf dem Weg zur Föderation" an. Die Vier Mächte sollten ihre „Absicht" erklären, nach Herstellung der deutschen Einheit „alle aus dem Zweiten Weltkrieg und der Nachkriegsperiode entstandenen Fragen abschließend zu regeln einschließlich der Anwesenheit ausländischer Truppen auf deutschem Boden und der Zugehörigkeit zu Militärbündnissen" („Für Deutschland, einig Vaterland – Konzeption für den Weg zu einem einheitlichen Deutschland", Meldung ADN/1.2.90/1506f., in: DDR-Spiegel. Nr. 24. 2. Februar 1990, 3–5; BPA/PA, F 1/23. Abgedruckt in: Neues Deutschland. 45. Jg. Nr. 28. 2. Februar 1990, 1).
3 Nr. 158.

Wie auch Sie verspüre ich die Notwendigkeit, unmittelbar, persönlich und unter vier Augen mit Ihnen zu sprechen. Ich lade Sie ein, am 9. Februar 1990 nach Moskau zu fliegen, wenn dies Ihnen genehm ist, für ein Arbeitstreffen, welches inoffiziell und frei von Protokoll sein soll.[4]

Mit freundlichen Grüßen

gez.

G. Gorbatschow

Nr. 157
Vorlage des Regierungsdirektors Mertes an Bundeskanzler Kohl
Bonn, 2. Februar 1990

BArch, B 136/26447, 422 – 52602 Bu 48 Bd. 5. – Mitverfasser: GL Prill, GL Gotto, MR Ludewig, RD Nehring. Hs. Verteiler: „Teltschik, Ackermann, Ludewig, Nehring, Prill, Gotto, Hanz, Müller, Mertes".

1. Durch das Zehn-Punkte-Programm vom 28. November 1989[1] haben Sie und die Unionsparteien sich einen deutlichen deutschlandpolitischen Kompetenzvorsprung erworben. Es gilt jetzt, diesen Vorsprung zu halten und nach Möglichkeit auszubauen.
2. Im Mittelpunkt der gegenwärtigen Diskussion über die deutschlandpolitische Entwicklung steht die Frage des wirtschaftlichen Neuaufbaus in der DDR. Daran werden auch die Modrow-Vorschläge (in denen ja auch der Gedanke einer Wirtschafts- und Währungsunion aufgegriffen wird) nichts ändern.
Im Bewußtsein der Öffentlichkeit bei uns und in der DDR richten sich die Erwartungen dabei mindestens ebenso an die Bundesregierung wie an die Verantwortlichen in der DDR. Zwar gibt es auf unserer Seite in bezug auf die DDR eine Fülle wichtiger Aktivitäten auf wirtschaftlichem Gebiet. Diese entfalten jedoch keine für breite Bevölkerungskreise erkennbare Außenwirkung.
Die hiesige Opposition macht sich diesen Eindruck geschickt zunutze, indem sie versucht, die Bundesregierung in die Defensive zu drängen mit der ständig wiederholten Frage „Was tut ihr eigentlich, um den Übersiedlerstrom einzudämmen?".
3. Sie haben es bislang aus guten Gründen vermieden, die Dynamik des Einigungsprozesses zu forcieren. Inzwischen ist eine Situation eingetreten, in der Zurückhaltung von unserer Seite eher negative Auswirkungen haben dürfte. Insofern empfehlen wir, daß Sie sich – wie seinerzeit schon beim 10-Punkte-Programm – wieder „an die Spitze der Bewegung" setzen. Dafür sprechen folgende Argumente:
   - Es darf nicht der Eindruck entstehen, daß wir uns von der deutschlandpolitischen Entwicklung „überrollen" lassen.
   - Es geht um ein deutliches Signal gegenüber den potentiell ausreisebereiten Menschen in der DDR, daß sich die Verhältnisse in ihrer Heimat in überschaubarer Zeit zum Besseren wenden.

---

4   Mit Fernschreiben vom 5. Februar 1990 (Entwurf: BK, 213 – 30104 S 25 So 17, BK in der SU, 10./11.2.1990, Hauptvorgang) erhielt Botschafter Blech die Weisung, das sowjetische Außenministerium und das Zentralkomitee der KPdSU „möglichst hochrangig" darüber zu unterrichten, daß der Bundeskanzler die kurzfristige Einladung Generalsekretär Gorbatschows annehme und hierfür den 10./11. Februar 1990 vorschlage. Der Bundeskanzler, so hieß es weiter, gehe davon aus, daß das Treffen – wie von Generalsekretär Gorbatschow vorgeschlagen – inoffiziell und ohne Protokoll sein werde und Gelegenheit zu ausführlichem Vier-Augen-Gespräch sowie gemeinsamem Gespräch mit den Außenministern biete.

1   Nr. 101 Anm. 14.

- Zeitliche Perspektiven können – wie das erfolgreiche Beispiel „31. Dezember 1992" zeigt – einen heilsamen Entscheidungsdruck erzeugen.
4. Auch für unsere künftigen Partner in der DDR ist es von wahlentscheidender Bedeutung, ihrer eigenen Wählerschaft möglichst bald ein griffiges, allgemein verständliches Konzept für einen raschen Neuaufbau der DDR-Wirtschaft präsentieren zu können.
Unser Ziel sollte es sein, daß sie im bereits angelaufenen DDR-Wahlkampf auftreten können mit der ebenso einfachen wie durchschlagenden Aussage: „Dieses Konzept wollen wir sofort nach dem 18. März gemeinsam mit Helmut Kohl in die Tat umsetzen."
Das noch zu formierende Wahlbündnis der Mitte sollte sich mit einem solchen Konzept (= Wahlprogramm) möglichst bald in der Öffentlichkeit selbst darstellen können. Optimal wäre es, wenn das Konzept noch vor dem Modrow-Besuch feststünde.
5. Im übrigen sollte mit unseren künftigen Partnern ebenfalls in Grundzügen ein Konzept besprochen werden, wie es nach dem 18. März mit der Entwicklung konföderativer Strukturen – mit der Perspektive deutsche Einheit – weitergehen soll.
6. Zu diesem Zweck haben wir zwei „Papiere" vorbereitet, die als Anlage beigefügt sind:
   - ein Statement[2], in dem Sie Ihre Vorstellungen über die nächsten Schritte zur Verwirklichung der politischen Einheit in Deutschland präsentieren (z.B. bei Gelegenheit einer Pressekonferenz);
   - ein Stichwort-Konzept, in dem Schritte zur wirtschaftlichen Einheit Deutschlands dargestellt werden.[3]
Wenn Sie mit der Skizze zur Herstellung der deutschen Wirtschaftseinheit im Prinzip einverstanden sind, müßten die einzelnen Punkte noch einmal sorgfältig durchgeprüft werden – und zwar im Benehmen mit dem Bundesfinanzminister und der Bundesbank.
Die Skizze stellt sich bewußt in die Kontinuität Ludwig Erhards, der im September 1953 gesagt hat: „Als erste Maßnahme wird sich eine Währungsneuordnung in der Sowjetzone, d.h. eine Einbeziehung in unser Währungssystem, als unerläßlich erweisen. Damit vollzieht sich dann zwangsläufig eine Angleichung des Preis- und Lohnniveaus an die in der Bundesrepublik herrschenden Verhältnisse. Man wird dabei auf die Erfahrungen der Währungsreform von 1948 zurückgreifen können ..."[4] Es ist schon bemerkenswert, daß sich die hiesige SPD erbschleicherisch auf genau diesen Satz beruft, um ihr eigenes Konzept zu legitimieren.
Eine Kopie der Erhard-Rede, die von ihrer Aktualität nur wenig eingebüßt hat, ist zu Ihrer Information beigefügt. Man könnte sie als „Steinbruch" für Ihre eigenen Reden verwenden.

Mertes

Die Herren Teltschik und Ackermann erhalten eine Kopie.

---

2 Nr. 157A.
3 Nr. 157B.
4 Ludwig Erhard, „Wirtschaftliche Probleme der Wiedervereinigung", in: Bulletin. Nr. 174. 12. September 1953, 1453f., hier 1453.

Nr. 157A
Statement

Alle wesentlichen politischen Kräfte in Deutschland haben sich nunmehr für die Wiederherstellung der staatlichen Einheit Deutschlands ausgesprochen. Es steht also nicht mehr in Frage, <u>ob</u> die Einheit kommen wird – fraglich ist nur noch das <u>Wie</u>.

In dieser Hinsicht ist für mich entscheidend, welche Haltung eine demokratisch legitimierte Regierung der DDR nach dem 18. März einnehmen wird. Denn nur mit einer Regierung, die aus freien Wahlen hervorgegangen ist, werden wir über den besten Weg zur Einheit Deutschlands sprechen. Dann werden wir – dessen bin ich sicher – auch rasch Einvernehmen über grundsätzliche Fragen erzielen können.

Ich strebe an, möglichst bald zu Entscheidungen zu kommen, die zur Wiederherstellung der staatlichen Einheit Deutschlands führen werden. Die Zeit drängt – nicht zuletzt deshalb, weil für immer mehr Menschen in der DDR die Aussicht auf Einheit zur wichtigsten Perspektive für eine lebenswerte Zukunft in ihrer Heimat wird. Der nicht abreißende Zustrom von Übersiedlern beweist dies auf dramatische Weise.

Etliche Entscheidungen zur Vorbereitung der deutschen Einheit können nach meiner Überzeugung schon in diesem Jahr fallen. Dies ist von herausragender Bedeutung, um – wie gesagt – unseren Landsleuten in der DDR eine Perspektive für die Zukunft zu geben. Sie müssen Hoffnung schöpfen können, wenn sie in ihrer Heimat bleiben und sich dort für den Wiederaufbau engagieren sollen.

Ich kann mir im einzelnen folgende Schritte vorstellen:

<u>Erstens:</u> Unmittelbar nach den Wahlen am 18. März sollten die Bundesrepublik Deutschland und die DDR eine Wirtschafts- und Währungsunion schaffen. Diese muß Elemente der Vertragsgemeinschaft wie auch bereits der konföderativen Strukturen umfassen.

<u>Zweitens:</u> Ebenfalls gleich nach den Wahlen in der DDR könnten gemeinsame Regierungsausschüsse gebildet werden, die auf eine Harmonisierung des Rechts in Deutschland hinarbeiten mit dem Ziel, die Rechtsordnung der DDR an die Standards der Europäischen Gemeinschaft heranzuführen.

Wir sollten schon sehr bald eine weitgehende Rechtseinheit in Deutschland schaffen, die auf der Achtung vor der Würde des Menschen sowie auf den Vorstellungen von einer repräsentativen Demokratie, von Gewaltenteilung und Rechtsstaatlichkeit, von Sozialstaatlichkeit und Föderalismus beruht. Im Rahmen eines solchen Prozesses müßten zum Beispiel auch die alten Länder in der DDR wiedererstehen.

<u>Drittens</u> schlage ich vor, daß die demokratisch legitimierten Parlamente – der Bundestag und die am 18. März neu zu wählende Volkskammer – Vertreter in einen Gesamtdeutschen Rat entsenden, an dem auch die Länder angemessen beteiligt werden müssen. Die Aufgabe dieses „Gesamtdeutschen Rates" sollte die Ausarbeitung einer freiheitlichen Verfassung für einen gemeinsamen Bundesstaat sein.

<u>Viertens:</u> Ich werde gegenüber unseren Partnern im westlichen Bündnis darauf hinwirken, daß möglichst umgehend damit begonnen wird, im Rahmen des KSZE-Prozesses übergreifende Sicherheitsstrukturen in Europa zu entwickeln, die die Teilung unseres Kontinents überwinden können. Auch in Zukunft wird die Atlantische Allianz eine unverzichtbare Rolle für die politische Stabilität in Europa spielen, und dieser friedenserhaltenden Wertegemeinschaft wollen wir weiter angehören. Auch das liegt im Interesse der europäischen Stabilität.

<u>Fünftens:</u> Am Ende des Weges muß die Wiederherstellung der staatlichen Einheit Deutschlands in einer Föderation, d. h. einem Bundesstaat stehen. Auch dieses vereinte Deutschland wird Teil der Europäischen Gemeinschaft sein und aktiv an der fortschreitenden Integration mitwirken. Unser Ziel bleibt ein freies und geeintes Deutschland in einem freien und geeinten Europa.

Nr. 157B
Schritte zur deutschen Wirtschaftseinheit

(Vorbedingung: Entscheidung für eine schnelle Verwirklichung der politischen Einheit!)

Ziel: „Soziale Marktwirtschaft für Deutschland" – „Wohlstand für alle" durch Wettbewerb
mit sozialem Ausgleich und ökologischer Verantwortung.

Hinweis: I. Gemeinsame Maßnahmen, II. Maßnahmen der Bundesrepublik Deutschland
und III. Maßnahmen der DDR sind parallel einzuleiten.

I.

1. Sofortige Einführung der D-Mark als gemeinsame Währung in Deutschland:
   - als Zeichen, daß der Weg auch zur wirtschaftlichen Einheit unwiderruflich ist,
   - die Bundesbank übernimmt die Verantwortung für die Geldwertstabilität auch in der
     DDR
     o Ersatz der Mark durch die D-Mark
     o Gründung von Landeszentralbanken in den 5 neuen Ländern der DDR
     o Mitgliedschaft der neuen LZB-Präsidenten im Zentralbankrat der Bundesbank, sie
       sind so mitverantwortlich für die deutsche Geld- und Währungspolitik.

II.

2. Kurzfristiges Hilfsprogramm für die DDR:
   - Soforthilfen für das Gesundheitswesen,
   - unverzügliche Wirtschaftskonferenz des Bundeskanzlers (in Berlin) zur Mobilisierung
     und Koordination privater Direkthilfe (Teilnehmer: Unternehmen, Verbände).
3. Mittelfristig angelegtes Infrastrukturprogramm für die DDR
   (über 5 Jahre verteilter zweistelliger Mrd.-DM-Betrag):
   - Modernisierung und Ausbau des
     o Fernmeldenetzes   (Hinweis: finanziell über Post-Haushalt)
     o Bahnwesens   (in erster Linie über eine von Bundesbahn/BMV ohnehin ge-
                          plante Finanzierungsgesellschaft)
     o Straßennetzes   (unmittelbare Belastung des Bundeshaushalts)
   - Umstrukturierung und Reorganisation der Energieversorgung; vor allem auch Über-
     gang zu umweltfreundlicher Energieerzeugung.
4. Ausdehnen vorhandener staatlicher Förderprogramme in der Bundesrepublik auf die Unternehmen in der DDR – insbesondere zur Existenzgründung und Leistungssteigerung
   (Forschung, Beratung) kleiner und mittlerer Betriebe.
5. Auflage eines gesonderten Wiederaufbauprogramms,
   d.h. Bereitstellung umfangreicher Kreditmittel (zweistelliger Milliardenbetrag) bei der
   Kreditanstalt für Wiederaufbau (KfW) zu günstigen Konditionen für Unternehmensinve-
   stitionen in der DDR, vorzugsweise für kleine und mittlere Unternehmen.

III.

6. Zügiger Übergang von sozialistischer Planwirtschaft zu Sozialer Marktwirtschaft in der
   DDR – „Freiheit statt Sozialismus":
   - Freiheit zur wirtschaftlichen Entfaltung für alle
     o nach innen: z.B. Gewerbefreiheit, Freiheit der Berufs- und Arbeitsplatzwahl, Siche-
       rung des Wettbewerbs, Preisreform
     o nach außen: z.B. Abschaffen des Außenhandelsmonopols, ausländische Direktinve-
       stitionen
   - Freiheit zum Erwerb von Eigentum

- Aufbau leistungsfähiger Geschäftsbanken
- Abbau des Staatseinflusses; solide Staatsfinanzen.
7. Soziale Absicherung von Renten und Einkommen (z. B. Rentenerhöhung, Wohngeld, Kindergeld), Aufbau eines leistungsfähigen sozialen Sicherungssystems (Ziel: einheitliches Sozialleistungssystem in Deutschland).
8. Schrittweise Übernahme der bundesdeutschen Umweltstandards in der DDR (mittelfristiges Ziel: Umweltunion).

Nr. 158
Gespräch des Bundeskanzlers Kohl mit Ministerpräsident Modrow
Davos, 3. Februar 1990

BK, 21 – 30100 (56) Ge 28 (VS) Bd. 80, Bl. 27–32. – Vermerk des MDg Neuer, 5. Februar 1990. Hs. von Bundeskanzler Kohl vermerkt: „Teltschik".

Weitere Anwesende
auf DDR-Seite:
Dr. Karl-Heinz Arnold, persönlicher Mitarbeiter beim Vorsitzenden des Ministerrats der
                DDR
auf unserer Seite:
MDg Dr. Neuer als Note taker.

Der Bundeskanzler eröffnet das Gespräch mit der Bemerkung, daß man evtl. nochmals vor dem für den 13. Februar 1990 geplanten Treffen auf anderer Ebene Kontakt aufnehmen wolle. Er bittet MP Modrow, ihn jederzeit anzurufen, falls die Umstände dies erforderten. Er sehe die Lage sehr kritisch. Gorbatschow habe ihm gestern eine kurze Botschaft auch in diesem Sinne geschickt.[1] Die Verhältnisse dürften nicht weiter destabilisiert werden. Er habe auch mit Präsident Bush Kontakt.

Der Bundeskanzler teilt MP Modrow mit, daß dem BND Anweisung gegeben worden sei, keine Briefe aus der DDR mehr zu kontrollieren und auch die Telefonkontrolle einzustellen. Es liege ihm daran, wenn Herr Modrow sich – was die Kontrollen in der DDR angehe – massiv in dem gleichen Sinne äußere. Er halte dies für wichtig, weil diese Frage hochgespielt werde.

MP Modrow bemerkt dazu, es gebe keine Kontrollen in der DDR. Dies sei nicht machbar. Der BND höre jedoch nicht damit auf, mit übergelaufenen Stasi-Leuten zu reden. Ein Beweis hierfür sei z. B., daß bei der Besetzung des Gebäudes des Stasi in der Normannenstraße am 15. Januar genau die Räume gestürmt worden seien, wo ein bestimmter früherer Mitarbeiter des Stasi gearbeitet hatte.

Der Bundeskanzler wirft ein, diese Vorgänge müßten von der Tagesordnung verschwinden.

MP Modrow wiederholt, in der DDR werde nicht mehr abgehört und nicht kontrolliert. Zur Lage bemerkt er, wenn man die Situation im Dezember mit der jetzigen Situation vergleiche, müsse man feststellen, daß sie enorm eskaliert sei. Am Runden Tisch habe er geäußert, die neue Phase der revolutionären Umwälzung habe zwar viel Gutes in Bewegung gebracht; es gebe aber kaum noch Einfluß der etablierten Parteien. Es herrsche eine solche Spontaneität, daß alles „an uns vorbeigeht". Er versuche mit dem Runden Tisch eine Regierung der nationalen Verantwortung zustande zu bringen. Dies sei keine Wahltaktik. Er sehe

---

1 Nr. 156.

sich nicht an eine Partei gebunden. Alle sagten, niemand außer ihm könne das machen. Er könne nicht aus dieser Verantwortung schlüpfen. Die Frage nach der Chancengleichheit beantworte sich so, daß jeder seine Chance nutze. Der eine mache dies gut, der andere weniger gut. Am Montag werde die Regierung der nationalen Verantwortung gebildet.[2] Die Linke sei leider ausgeschert.

Er wolle auch bemerken, daß das Vorziehen des Wahltermins auf den 18. März keine taktischen Gründe habe. Man sehe darin die Chance einer politischen Beruhigung. Seine Überlegungen zur Zukunft Deutschlands habe er angestellt, weil das Verlassen der DDR nicht aufhöre. Er habe diese Überlegungen weder innerhalb der Regierung noch mit dem Runden Tisch abgestimmt. Dies wäre auch überhaupt nicht möglich gewesen. Nach der Besprechung mit Gorbatschow[3] habe er diese persönliche Initiative ergriffen. Die Situation habe ihm keine andere Wahl gelassen. Bei seinen Überlegungen hätten die sowjetischen Interessen wie auch die Bündnisinteressen der Bundesrepublik eine Rolle gespielt, z.B. die Neutralität. Seine und des Bundeskanzlers Verantwortung bis zum 18. März sei groß. In der DDR werde die Bevölkerung sehr unruhig. So fragten beispielsweise die Bauern, ob die Bodenreform in der DDR Bestand habe, wenn sie frühere Großgrundbesitzer durch Mecklenburg fahren und ihre alten Besitzungen besichtigen sehen. In den Betrieben fragten die Menschen, ob die Enteignung rechtmäßig gewesen sei. Es herrsche große Rechtsunsicherheit. Man könne sagen, daß die DDR-Bürger etwa so wie jetzt leben möchten und gleichzeitig das Einkommen und den Wohlstand der Bürger in der Bundesrepublik genießen.

Auf eine Zwischenfrage des Bundeskanzlers fährt <u>MP Modrow</u> fort, die Bauern forderten, daß vor dem 18. März die Bodenreform als rechtmäßig erklärt werde. Zur Lage im wirtschaftlichen Bereich bemerkt er, man erlebe jetzt, daß die Bundesbürger so billig und gut wie nie in der DDR lebten. Die Medien in der Bundesrepublik veröffentlichten dies auch. Die DDR subventioniere jetzt die Bundesbürger mit. Auf eine entsprechende Bitte des <u>Bundeskanzlers</u> sagt <u>MP Modrow</u> zu, die Daten vom Januar zu übersenden.

MP Modrow fährt fort, die Begegnung in Dresden sei gut gewesen. Die Lage sei über Weihnachten und bis zum neuen Jahr relativ stabil gewesen. Jetzt überlegten jedoch die Menschen, was sie tun sollten. Die lokale Verwaltung zerfasere. Jedem Amtsträger werde etwas angelastet. Bei den gewählten Amtsträgern werde der Vorwurf des Wahlbetrugs erhoben. Er habe Bischof Forck von der Evangelischen Kirche um ein Wort in dem Sinne gebeten, daß man bis zum Datum der Kommunalwahlen am 6. Mai weitermachen müsse, wenn auch einige Änderungen vorher nicht ausgeschlossen seien. Zu dem gegen ihn erhobenen Vorwurf, er sei zu spät an den Runden Tisch gegangen, wolle er bemerken, daß er seit der dritten Beratung[4] dort teilgenommen habe. Er habe den Eindruck gehabt, der Runde Tisch brauche zunächst etwas Zeit, um Demokratie zu lernen und sich Sachfragen zu widmen. Zum Teil sei dort wenig Sachkompetenz vorhanden. Dies baue sich jetzt langsam auf. Das Grundanliegen bleibe, man brauche Zeit, um die Entwicklung steuern zu können. Wichtig sei es, daß die Bürger weiter arbeiten gehen. Die Streiks und Demonstrationen erschwerten die Lage zusätzlich. Das Zuwachsen aufeinander sei unumgänglich. Das „Wie" entscheide sich in den

---

2 In der am 5. Februar 1990 gebildeten „Regierung der nationalen Verantwortung" unter Ministerpräsident Modrow waren neben den früheren Parteien des Demokratischen Blocks (SED bzw. SED-PDS, ab 4. Februar 1990 nur noch PDS, CDU, LDPD, DBD, NDPD) Parteien und Gruppierungen des Runden Tisches (Demokratie Jetzt, Demokratischer Aufbruch, Grüne Liga, Grüne Partei, Initiative Frieden und Menschenrechte, Neues Forum, SPD, Unabhängiger Frauenverband) jeweils durch einen Minister ohne Geschäftsbereich vertreten. Die Regierungsumbildung war von Ministerpräsident Modrow als Teil eines vier Punkte umfassenden Programms mit Repräsentanten des Runden Tisches am 28. Januar vereinbart und am folgenden Tag in der Volkskammer bekanntgegeben worden (Volkskammer. 9. Wahlperiode. Protokolle. Bd. 25, 423).
3 Nr. 156 Anm. 1.
4 Die dritte Sitzung des Runden Tisches fand am 22. Dezember 1989 statt.

nächsten Tagen und Wochen. Ob es berechenbar sei oder nicht, könne man nicht sagen. Die Entwicklung gehe rasant vor sich. Dies seien alles Fakten. Er wisse, die SED/PDS werde bei den Wahlen keine große Chance haben. Er gehöre aber nicht zu denen, die vor der Verantwortung davonlaufen. Er sei keiner Partei verpflichtet. Er lebe mit den Kräften, die in der Regierung vertreten seien. Ab Donnerstag seien 13 Parteien in der Regierung. Diese Regierung werde die Geschäfte bis zum 18. März führen, was keine Kleinigkeit sei. Er handele aus Patriotismus. Nach seinem Ausscheiden habe er keine Sicherheit in bezug auf seine Versorgung zu erwarten. MP Modrow kommt nochmals kurz auf seine Überlegungen zu Deutschland zu sprechen und betont, daß er von Moskau nicht damit „bestückt worden" sei. Gorbatschow habe jedoch seiner Einschätzung zugestimmt und das Konzept für die Vier Mächte für annehmbar und für Europa als tragbar angesehen.

Der <u>Bundeskanzler</u> sagt hierzu, er glaube nicht, daß dies unser Problem sei. Er werde sehr bald mit Gorbatschow über diese Frage reden. Es wäre grundfalsch, die jetzige Situation auszunutzen. In den nächsten 14 Tagen werde Herr Modrow hören, daß die Bundesrepublik Deutschland auf die UdSSR zugehe, um ihr konkret zu helfen.

<u>MP Modrow</u> wirft ein: „Vergessen Sie uns nicht!"

Der <u>Bundeskanzler</u> fährt fort, es wäre fatal, wenn wir sagten, die DDR stehe uns am nächsten und die anderen, wie z. B. Polen, Ungarn und die Tschechoslowakei, erhielten nichts. Er dankt MP Modrow für die große Offenheit seiner Darlegungen. Er respektiere dies in besonderer Weise. Die Lage habe sich seit Dresden dramatisch verschlechtert. Der Zerfall der Staatsautorität sei auf allen Ebenen festzustellen. Man müsse überlegen, welche dramatischen Schritte vor dem 18. März helfen könnten.

<u>MP Modrow</u> äußert die Auffassung, man müsse den Menschen eine Perspektive geben. Man dürfe jetzt nicht nur über die Frage der Neutralität diskutieren, sondern über das Machbare. Der 18. März dürfe kein „Grenztermin" sein. Es sei jetzt schon in der Regierung eine sehr große Breite gegeben. Wahrscheinlich sogar eine größere Breite als nach der Wahl. Alle stünden in der Verantwortung. Dies sollte auch von außen so angenommen werden. Die Bildung der neuen Regierung sei ein Schritt, der als verantwortungsvoll bewertet werden müsse. Das Zutrauen in der DDR auf echte Leistungen der Bundesrepublik sei nicht mehr sehr groß. Wo bleibe die wirkliche Hilfe? Das Angebot von BM Haussmann[5] sei zuwenig. Es könne kein Resultat, das ins Gewicht falle, haben. Er habe seine Idee (15 Mrd. DM) BM Seiters und StS von Würzen übermittelt. Herr von Würzen habe eine konkrete Liste[6]. Darin seien u. a. 4 Mrd. DM für die direkte Versorgung mit Nahrungsmitteln und Textilien für eine gewisse Zeit vorgesehen. Man sei jetzt an dem Punkt angekommen, daß man Gemeinschaftsunternehmen gründen müsse und nicht nur davon rede. Er würde gerne schneller an die Subventionen herangehen und sie abbauen. Aber wie solle das bewerkstelligt werden? Bei der Kinderkleidung habe man diesen Versuch gemacht. Bei der Umpreisung eines Paketes von 30 Mrd. seien hierfür 300000 Menschen am Wochenende nötig. Wenn er vorher mit dem Runden Tisch diskutiere und sich die Angelegenheit eine Woche hinziehe, sei die DDR „erledigt". Mit Unterstützung der Bundesrepublik müsse man über den März hinweg bis Anfang Mai kommen. Wenn dies nicht erfolge, könne alles passieren.

Der <u>Bundeskanzler</u> spricht die Währungsfrage an.

<u>MP Modrow</u> bemerkt, die DM als Alleinwährung sei eine Lösung. Es müsse dann in der DDR entsprechend der niedrigeren Produktivität ein niedrigerer Lohn gezahlt werden.

---

5 In dem Jahreswirtschaftsbericht 1990, vom Bundeskabinett am 22. Januar 1990 verabschiedet, schlug die Bundesregierung einen Katalog von Maßnahmen auf dem Gebiet der wirtschaftlichen Zusammenarbeit mit der DDR vor (Bulletin. Nr. 13. 23. Januar 1990, 89–108, hier 94). Bundesminister Haussmann erläuterte das Hilfsangebot an die DDR bei der Einbringung des Jahreswirtschaftsberichts am 26. Januar 1990 vor dem Deutschen Bundestag (Verhandlungen des Deutschen Bundestages. Stenogr. Berichte. Bd. 152. Plenarprotokoll 11/192, 14779–14783, hier 14781 f.).
6 Nr. 145 Anm. 7.

Der <u>Bundeskanzler</u> schlägt vor, eine kleine Gruppe zu bilden, die diese Frage bespreche. Er bittet um die Übermittlung von Namen von zwei bis drei auch unorthodox denkenden Personen in den nächsten 48 Stunden. Die Namen sollten seinem Büro unmittelbar benannt werden.

Der <u>Bundeskanzler</u> stellt fest, daß er die Dramatik durchaus begriffen habe. Wenn man mit den Vier Mächten eine Lösung finden wolle, dürften sie uns nicht als ein Protektorat ansehen. PM Thatcher habe dies offensichtlich nicht ganz verstanden. Die Haltung des französischen Präsidenten sei anders. Er habe ihm gegenüber erklärt, 80 Millionen Deutsche seien eine Realität und Frankreich akzeptiere Realitäten. Er habe sich auch klar für das Selbstbestimmungsrecht der Deutschen ausgesprochen. Er, der Bundeskanzler, begrüße dies. Mitterrand habe gegenüber dem Bundeskanzler auch geäußert, daß der Bundeskanzler nicht alleinstehe. Im übrigen sei er davon überzeugt, daß der Wähler einen gesünderen Instinkt habe als ein großer Teil der politischen Führung. Er wolle Frieden und Wohlstand.

Das Gespräch wendet sich dann noch kurz der Lage Honeckers zu. Zu seiner persönlichen Zukunft bemerkt <u>MP Modrow</u>, es werde sich zeigen, was nach dem 18. März geschehe.

Das Gespräch dauerte 1 Stunde.

Neuer

Nr. 159
Gespräch des Ministerialdirektors Teltschik mit Botschafter Walters
Bonn, 4. Februar 1990

BK, 212 – 35400 We 35 Bd. 1. – Vermerk des MD Teltschik, 7. Februar 1990. – Gesprächsbeginn: 13.00 Uhr.

<u>Walters</u> berichtete, daß er den Auftrag von Außenminister Baker habe, mich persönlich über das Gespräch mit Außenminister Genscher am 2. Februar 1990[1] zu unterrichten.

Dieses Gespräch habe zwei Stunden gedauert. Genscher habe die Botschaft vermittelt, daß sich der Zug in Richtung deutscher Einheit in schneller Fahrt befinde. Der Prozeß der Einigung sei in vollem Gange und könne stabilisiert werden.

Es sei vorgesehen, nach den Wahlen am 18. März einen Vertrag über die Einheit zu schließen, um die fortschreitende Umsiedlung zu stoppen.

Genscher habe bekräftigt, daß eine Neutralisierung Deutschlands nicht in Frage komme. Deutschland werde in der NATO verbleiben. Die NATO solle jedoch nicht auf das Gebiet der DDR ausgeweitet werden. Dies solle gegenüber der Sowjetunion versichert werden.

Genscher habe seine Ausführungen von Tutzing[2] erläutert. Er habe den KSZE-Prozeß als Vehikel für neue Sicherheitsvereinbarungen bezeichnet, die der Sowjetunion Sicherheit garantieren sollen. Genscher sei für einen KSZE-Gipfel in 1990 und 1992 eingetreten. Auf dem KSZE-Gipfel im Herbst 1990 solle die Schlußakte bekräftigt werden.

Genscher habe auch davon gesprochen, daß auf diesem KSZE-Gipfel über die deutsche Einigung gesprochen werden solle. Außerdem solle eine Institutionalisierung der KSZE angestrebt werden. Dies gebe der Sowjetunion die Möglichkeit der Gesichtswahrung.

Baker habe erläutert, daß alle Signale, die sie von der Sowjetunion erhielten, deutlich machten, daß sie über die Entwicklung in Zentraleuropa sehr nervös seien.

---

1 Zu dem Treffen zwischen Bundesminister Genscher und Außenminister Baker am 2. Februar 1990 in Washington (D.C.): Genscher, Erinnerungen, 715–719; Baker, Drei Jahre, die die Welt veränderten, 176.
2 Rede des Bundesministers Genscher anläßlich der Tagung der Evangelischen Akademie Tutzing, „Zur deutschen Einheit im europäischen Rahmen", 31. Januar 1990, in: Der Bundesminister des Auswärtigen informiert. Mitteilung für die Presse Nr. 1026/90.

Baker habe drei grundlegende Punkte im Zusammenhang mit dem KSZE-Gipfel erwähnt, denen Genscher zugestimmt habe:
- Der KSZE-Prozeß. Ein Handeln der Vier Mächte allein sei nicht akzeptabel. Darüber habe es Übereinstimmung gegeben. Verhandlungen im Rahmen der Vier Mächte plus der beiden deutschen Staaten habe Genscher nicht unterstützt, aber für den Zeitpunkt nach den Wahlen am 18. März in der DDR nicht ausgeschlossen.
- Sie hätten übereingestimmt, die Zusammenarbeit zwischen den USA und der Europäischen Kommission zu verstärken. Die Qualität dieser Zusammenarbeit solle sichtbar verbessert werden. Genscher habe zugesagt, Vorschläge zu erarbeiten.
- Es habe Übereinstimmung gegeben, alles zu vermeiden, die Sowjetunion zu diskriminieren.

Teltschik

Nr. 160
Telefongespräch des Bundeskanzlers Kohl mit Staatspräsident Mitterrand
5. Februar 1990

BK, 21 – 30100 (56) Ge 28 (VS) Bd. 80, Bl. 39–41. – Vermerk des MDg Neuer, 5. Februar 1990. Hs. von Bundeskanzler Kohl vermerkt: „Teltschik erl."

Der <u>Bundeskanzler</u> bedankt sich bei Präsident Mitterrand zunächst für die Teilnahme, die er an dem S-Bahn-Unglück in der Nähe von Frankfurt genommen habe, und stellt die Frage, ob der Präsident sich den ganzen Februar in Paris aufhalte.
<u>Präsident Mitterrand</u> führt aus, er werde ca. 48 Stunden in Ägypten weilen und 4–5 Tage nach Pakistan und Bangladesch reisen. In wenigen Tagen werde er den gewählten Präsidenten Brasiliens, Herrn Collor, empfangen. Auch der argentinische Präsident habe sich angekündigt; der Besuch sei aber verschoben worden.
Der <u>Bundeskanzler</u> bemerkt hierzu, Herr Collor sei am vergangenen Freitag bei ihm in Bonn gewesen.[1] Er habe auf ihn einen sehr guten Eindruck gemacht. Der Bundeskanzler fährt fort, daß er im Februar gerne nach Paris zu einem kurzen Besuch kommen wolle. Er kommt dann auf die Lage in der DDR zu sprechen und betont, daß sich dort alles dramatisch zuspitze. Der Staat und die staatlichen Strukturen auf allen Ebenen seien in Auflösung begriffen. Die Autorität der Regierung sei nahezu Null. Er habe mit Modrow etwa eine Stunde in Davos gesprochen.[2] Sein Bericht entspreche den Informationen des Bundeskanzlers. Die lokalen Instanzen machten, was ihnen in den Sinn komme. Dies alles habe katastrophale Wirkungen auch in psychologischer Hinsicht. Die Zahl der Übersiedler nehme nicht ab. Im Januar seien etwa 50 000 Übersiedler aus der DDR in die Bundesrepublik gekommen. Im Februar rechne man ebenfalls mit 50 000 bis 60 000 Menschen. All dies seien Leute, die für die DDR-Wirtschaft wichtig seien. Oft handele es sich um Programmierer, Ingenieure und andere hochqualifizierte Menschen. Diese Abwanderung müsse gestoppt werden. Bei einer Zuspitzung der Lage werde er sich bei dem Präsidenten melden. Er, der Bundeskanzler, werde alles tun, um die Lage zu stabilisieren und die Wahlen am 18. März zu erreichen. Jetzt rechne man mit großen Streiks in der DDR. Die ganze Situation werde immer undurchsichtiger. Dies sei auch die Auffassung der Sowjetunion.

1 Zu dem Gespräch des Bundeskanzlers Kohl mit Präsident Collor de Mello am 2. Februar 1990: Vermerk des Vortragenden Legationsrats I Ueberschaer, 14. Februar 1990; BK, 213 – 30105 B 5 Br 4, Hauptvorgang.
2 Nr. 158.

Modrow sei in Moskau gewesen und habe mit Gorbatschow gesprochen.[3] Er habe von Gorbatschow die Botschaft mitbekommen, daß er ihm nicht helfen könne. Er selbst habe eine Botschaft von Gorbatschow am vergangenen Freitag bekommen,[4] in dem er ihm den Ernst der Lage in der DDR schildere und ihn darum bitte, zur Stabilisierung mit beizutragen. Er wolle evtl. am nächsten Wochenende oder im Laufe der nächsten Woche bei einem Kurzbesuch in der Sowjetunion mit Gorbatschow zusammentreffen. Sobald ein Termin feststehe, werde er den Präsidenten unterrichten lassen. Er wisse nicht, welche Vorschläge Gorbatschow machen werde. Der Bundeskanzler wolle Gorbatschow unterrichten, was wir tun wollten. Wenn die aus Wahlen hervorgegangene neue Regierung in der DDR gebildet sei, werde man bald föderative Strukturen haben. Zur Frage der Sicherheit wolle er in Moskau keine Präjudizierung treffen. Er wolle bei der Absprache bleiben, daß alles vorher abgestimmt wird. Der Westen müsse jetzt eng zusammenstehen. Alles müsse im europäischen Konsens geschehen. Dies sei besonders wichtig, da eine bestimmte Tendenz bei der SPD und der Linken bestehe, die Frage der Neutralität zu spielen.[5] Er, der Bundeskanzler, werde ganz klar Gorbatschow erklären, daß dies nicht seine Position sei. Es wäre absolut falsch, einen Sonderstatus für Deutschland zu begründen. Deutschland müsse in Europa eingebettet sein. Er werde nach seiner Rückkehr aus der Sowjetunion Präsident Mitterrand sofort anrufen. Es sei äußerst wichtig, daß er mit dem Präsidenten jetzt engsten Kontakt halte.[6] Es sei dies auch wichtig für Präsident Bush, der keine Dissonanzen möchte. Er wolle auch mit Margaret Thatcher reden, deren Position allerdings sehr viel schwieriger sei. Die Sowjetunion erkundige sich zur Zeit, ob man sie mit Nahrungsmitteln unterstützen könne. Dies sollte getan werden. Er sei jedenfalls hierzu bereit.

Der <u>Präsident</u> stimmt dem Bundeskanzler zu und bemerkt, dies sei sehr dringlich. Er bedankt sich bei dem Bundeskanzler für den Anruf. Er würde sich freuen, den Bundeskanzler in Paris zu sehen. Er sei auch gerne bereit, nach Deutschland zu kommen.

Der <u>Bundeskanzler</u> regt an, daß der Präsident ihm die Daten übermittelt, an denen er im Februar nicht in Paris sei.

Der <u>Präsident</u> sagt zu. Er betont erneut die Wichtigkeit einer engen Abstimmung in dieser Zeit. Trotz allem, was er in der deutschen Presse lese, sehe er keine Schwierigkeiten zwischen dem Bundeskanzler und ihm selbst.

Der <u>Bundeskanzler</u> stellt fest, daß die deutsche Presse seit der Begegnung an der Atlantikküste[7] sehr viel positiver schreibe.

<u>Präsident Mitterrand</u> stimmt dem zu und dankt erneut für den Anruf.

Das Gespräch endete nach ca. ⟨20⟩[8] Minuten.

Neuer

---

3 Nr. 156 Anm. 1.
4 Nr. 156.
5 Die SPD setzte sich in dem vom Programm-Parteitag am 20. Dezember 1989 in Berlin beschlossenen Grundsatzprogramm das Ziel der Ablösung der „Militärbündnisse durch eine europäische Friedensordnung". Der Umbruch in Osteuropa verringere die militärische und erhöhe die politische Bedeutung der Bündnisse; dies eröffne auch die „Perspektive für das Ende der Stationierung amerikanischer und sowjetischer Streitkräfte außerhalb ihrer Territorien und Europas" (Grundsatzprogramm in: Protokoll vom Programm-Parteitag, Berlin, 18.–20.12. 1989. Hg. vom Vorstand der SPD. Bonn ohne Jahr, 1–51, hier 12). In einer Entschließung vom 2. Februar 1990 erklärte das Präsidium der SPD, „in diesem Stadium der Entwicklung" könne es „nicht um eine deutsche Neutralität zwischen fortbestehenden Bündnissen oder gar Blöcken und damit um einen deutschen Sonderweg" gehen (Presseservice der SPD. Nr. 56/90. 2. Februar 1990). Ein Neun-Punkte-Papier des Regierenden Bürgermeisters Momper (Wortlaut in: Frankfurter Rundschau. 46. Jg. Nr. 30. 5. Februar 1990, 4) enthielt den Vorschlag, nach der Vereinigung Deutschlands „Ostdeutschland" zu entmilitarisieren. Dort solle sowjetisches Militärpersonal verbleiben, „bis ein System der kollektiven Sicherheit in Europa verwirklicht ist". Verbindungsmissionen der Vier Mächte sollten bestehenbleiben und „die Einhaltung der militärischen Bestimmungen über Deutschland" beobachten.
6 Nr. 187.
7 Nr. 135.
8 ⟨ ⟩ Hs. von Ministerialdirigent Neuer korrigiert aus: „15".

Nr. 161
Tischvorlage des Chefs des Bundeskanzleramtes
für die Kabinettsitzung am 7. Februar 1990
Bonn, 5. Februar 1990

BArch, B 136/20170, 221 – 14470 Ka 1 Bd. 1. – Abgezeichnet: „S[eiters]".

TOP 2: Aussprache zu deutschlandpolitischen Fragen

1. Die Entwicklung in der DDR hat sich in den letzten Wochen dramatisch beschleunigt. Die Frage der Einheit Deutschlands ist das beherrschende Thema geworden. Alle politischen Kräfte in der DDR bekennen sich mittlerweile zu diesem Ziel. Auch MP Modrow hat erkannt, daß die Perspektive der staatlichen Einheit nicht verschlossen werden darf, und hat sich unter dem Druck der Entwicklung in seiner am 01.02. vorgeschlagenen „Konzeption für den Weg zu einem einheitlichen Deutschland"[1] dieses Ziel zu eigen gemacht.
Nach dem 18. März müssen wir kurzfristig Gespräche über die konföderative Zusammenarbeit der beiden Staaten in Deutschland im Hinblick auf ihr weiteres Zusammenwachsen aufnehmen. Schon vorher werden Entscheidungen erforderlich werden.

2. Es wird folgender Beschluß vorgeschlagen:[2]
   (1) Es wird ein Kabinettausschuß „Deutsche Einheit" unter Vorsitz des Bundeskanzlers, in seiner Vertretung des Chefs des Bundeskanzleramtes, gebildet.
   Ständige Mitglieder: AA, BMI, BMJ, BMF, BMWi, BMB, BMA.[3]
   Bei Fragen, die ihre jeweilige Zuständigkeit berühren, nehmen die anderen Kabinettmitglieder teil.
   (2) Der Kabinettausschuß wird am 07.02.1990 um 17.00 Uhr zu seiner konstituierenden Sitzung zusammentreten. In Arbeitsgruppen unter Beteiligung weiterer Ressorts und Sachverständiger auch von außerhalb der Bundesregierung wird er die notwendigen Schritte und Entscheidungen insbesondere in folgenden Problembereichen vorbereiten:
   – Bildung einer Währungsunion, Finanzfragen (Federführung: BMF)
   – Entwicklung der Wirtschaftsunion, Energie und Umwelt, Infrastruktur in der DDR (Federführung: BMWi)
   – Angleichung der Arbeits- und Sozialordnung[4] (Federführung: BMA)
   – Rechtsfragen, insbesondere Rechtsangleichung (Federführung: BMJ)
   – Staatsstrukturen und öffentliche Ordnung (Federführung: BMI)
   – Außen- und sicherheitspolitische Zusammenhänge (Federführung: AA).

1 Nr. 156 Anm. 2.
2 Der Beschlußvorschlag wurde vom Bundeskabinett am 7. Februar 1990 einstimmig verabschiedet, ergänzt um einen dritten Punkt: „Die Bundesregierung erklärt sich bereit, mit der DDR unverzüglich in Verhandlungen über eine Währungsunion mit Wirtschaftsreform einzutreten" (Pressemitteilung Nr. 60/90. 7. Februar 1990; BPA/PA, F 1/25).
3 In dem Bericht des Bundesministers Seiters, der noch am 7. Februar 1990 den Deutschen Bundestag über den Inhalt des Kabinettsbeschlusses unterrichtete, war zusätzlich der Bundesminister für Umwelt, Naturschutz und Reaktorsicherheit als ständiges Mitglied aufgeführt (Verhandlungen des Deutschen Bundestages. Stenogr. Berichte. Bd. 152. Plenarprotokoll 11/193, 14831).
4 Vor dem Deutschen Bundestag (ebd.) nannte Bundesminister Seiters als erweiterten Zuständigkeitsbereich: „Angleichung der Arbeits- und Sozialordnung sowie der Bildung und Ausbildung".

Nr. 162
Vorlage des Ministerialdirigenten Hartmann an Ministerialdirektor Teltschik
Bonn, 5. Februar 1990

BK, 212 – 35400 De 39 NA 4 Bd. 1. – Abgezeichnet: „T[eltschik] 5".

Betr.: Deutschlandpolitik;
hier: Beteiligung der Vier Mächte

Ich hatte heute morgen ein längeres Gespräch mit John Weston, Politischer Direktor im britischen Außenministerium. Weston erkundigte sich nach meiner Einschätzung der innerdeutschen Entwicklung und leitete dann über zu der Frage, wie wir uns zu einer Konferenz der vier Siegermächte unter Beteiligung der beiden deutschen Staaten stellen würden, die die jetzt sich abzeichnende Entwicklung begleiten sollte. Weston stellte mit großem Nachdruck heraus, daß nach britischer Auffassung spätestens bei Beginn von Verhandlungen über konföderative Strukturen eine Befassung der vier Siegermächte erforderlich sei, da hiervon deren Rechte und Verantwortlichkeiten für Berlin und Deutschland als Ganzes unmittelbar betroffen seien. Weston ließ durchblicken, daß dies auch die Auffassung der Sowjetunion und, wie er hinzufügte, wahrscheinlich auch der zwei anderen westlichen Mächte sei.

Ich habe – auf rein persönlicher Basis – erklärt, bei einer abschließenden Regelung der deutschen Frage müsse in der Tat auch das Berlin-Problem angegangen werden, und hier kämen die Rechte und Verantwortlichkeiten der Vier Mächte ins Spiel. Der jetzt in Gang kommende Prozeß einer Annäherung zwischen beiden deutschen Staaten und einer möglichen vertraglichen Regelung bestimmter Zwischenstufen oder auch von Fragen der wirtschaftlichen und monetären Zusammenarbeit vollzöge sich dagegen auf der Grundlage des Selbstbestimmungsrechtes.

Ich sähe daher rechtlich in diesem Stadium keine Grundlage für eine Befassung der Vier Mächte. Aus politischer Sicht würde damit sogar der fatale Eindruck erweckt, daß den Deutschen von außen Bedingungen für die schrittweise Verwirklichung des Selbstbestimmungsrechtes auferlegt würden.

Weston insistierte zunächst nachdrücklich und wurde erst nachdenklich, nachdem ich ihm die Frage stellte, ob es aus seiner Sicht denn wirklich politisch opportun sei, der Sowjetunion ein direktes Mitspracherecht bei dem sich jetzt anbahnenden Prozeß einzuräumen. Wir könnten doch auf westlicher Seite kein Interesse haben, daß die Sowjetunion beispielsweise formell ihre Vorstellungen einbringen könne, wenn es um die schrittweise Einbeziehung der DDR in die EG gehe oder um die noch schwierigere Frage des künftigen Sicherheitsstatus. Dies seien Fragen, die wir zunächst unter uns in der EG oder im Bündnis ausdiskutieren müßten.

Weston verwies abschließend darauf, daß die Rechte und Verantwortlichkeiten der Vier Mächte bei einer Grenzregelung ins Spiel kommen müßten. Ich habe dies nicht direkt verneint, habe mich aber auch nicht auf eine Detaildiskussion eingelassen. Weston meinte im übrigen, es müsse doch für die Bundesregierung sehr hilfreich sein, wenn sie sich beispielsweise gegenüber dem Bundesverfassungsgericht in der Frage der polnischen Westgrenze auf eindeutige Vorgaben der Vier Mächte berufen könne (ich habe mich hierzu nicht geäußert, bin aber der Meinung, daß eine solche „Handreichung" durchaus ihr Für und Wider hat – siehe Versailler Vertrag).

Ich habe MD Kastrup, der heute mittag mit Weston zusammentrifft, kurz über den Eindruck aus meinem Gespräch berichtet. Herrn Kastrup waren die Argumente von Weston nicht unbekannt. Er will auf der gleichen Linie argumentieren.

MD Kastrup ließ mich aber vertraulich wissen, daß BM Genscher wohl in Washington gegenüber einem entsprechenden Vorschlag der Amerikaner (Konferenz der Vier plus Zwei) nicht gänzlich ablehnend reagiert, sondern lediglich erklärt habe, eine solche Überlegung müsse man sehr sorgfältig prüfen.

Hartmann

Nr. 163
Vermerk des Regierungsdirektors Nehring
Bonn, 6. Februar 1990

BArch, B 136/26447, 422 – 52602 Bu 48 Bd. 5. – Hs. vermerkt: „Vfg. Sprechzettel direkt an Chef BK f. Regierungsbefragung 7. 2. 90. Ne[hring] 7/2".

<u>Betr.:</u>   Wirtschafts- und Währungsunion (WWU) mit DDR

1. Die Bundesregierung hat in der heutigen <u>Kabinettsitzung</u> ihre Bereitschaft erklärt, mit der DDR <u>unverzüglich in Verhandlungen</u> über eine Währungsunion mit Wirtschaftsreformen <u>einzutreten</u>[1] – natürlich nur, <u>wenn</u> die DDR dies will.
   Über <u>Details und Zeitplan</u> einer solchen Union kann mit DDR-Ministerpräsident Hans <u>Modrow</u> bei dessen <u>Besuch</u> in der kommenden Woche in Bonn gesprochen werden.
2. <u>Entscheidend</u> ist, daß die Bundesregierung mit diesem Angebot einer Wirtschafts- und Währungsunion ein deutsches <u>Signal für unsere Landsleute</u> in der DDR setzt.
   Angesichts des wirtschaftlichen wie politischen Verfalls in der DDR brauchen die Menschen dringend eine verläßliche <u>Zukunftsperspektive</u>.
   (So auch <u>SPD</u>: Ingrid Matthäus-Meier und Wolfgang Roth in ihrem Fraktions-Papier vom 2. Februar; sie fordern, mit Verhandlungen gleich nach DDR-Wahl zu beginnen mit dem Ziel einer Währungsunion spätestens Anfang 1991.)[2]
3. Vor diesem Hintergrund sehe ich auch <u>keinen nennenswerten Unterschied zwischen</u> den <u>Äußerungen</u> der Kollegen <u>Waigel</u> und <u>Haussmann</u> (sowie von Bundesbankpräsident Pöhl). Natürlich würde jeder ein <u>stufenweises</u> Vorgehen mit längerem Zeithorizont bevorzugen. <u>Doch</u> angesichts des <u>anhaltenden Übersiedlerstroms</u> aus der DDR und des <u>staatlichen Autoritätsverlustes</u> in der DDR müssen wir <u>schon jetzt</u> handeln und der DDR ein handfestes <u>Angebot</u> zur Zusammenarbeit unterbreiten.
4. Ich betone aber noch einmal: Es ist die <u>DDR</u>, die <u>selbst entscheiden</u> muß, ob sie unsere zukunftsorientierten Vorstellungen aufgreifen will.
   Ebenso klar muß bleiben:
   Eine <u>Währungsunion</u> mit der DDR macht <u>nur dann Sinn</u>, wenn die Einführung der D-Mark in ganz Deutschland zugleich von <u>durchgreifenden Wirtschaftsreformen</u> in der DDR <u>begleitet</u> wird.
   Das heißt: Die DDR muß den Übergang <u>von der sozialistischen Planwirtschaft zur Sozialen Marktwirtschaft</u> zügig und konsequent vollziehen.
5. Im übrigen: Auch <u>Ludwig Erhard</u> hatte <u>1948</u> zunächst mit der Währungsreform und sehr kurz darauf mit der Wirtschaftsreform (z. B. Aufhebung der Bewirtschaftung) begonnen. Gegen massive politische Widerstände schaffte er so den Weg von der Hoffnungslosigkeit zum späteren „Wirtschaftswunder".

Ne 7/2

---

1   Nr. 161, insbes. Anm. 2.
2   Erklärung der stellvertretenden Vorsitzenden der SPD-Bundestagsfraktion, Matthäus-Maier und Roth, in: Die SPD im Deutschen Bundestag. Nr. 256. 2. Februar 1990. 10 S., hier 6.

Nr. 164
Gespräch des Bundeskanzlers Kohl mit Außenminister Skubiszewski
Bonn, 7. Februar 1990

BK, 213 – 30105 P 4 Po 27, AM Skubiszewski, 7.2.1990. – Vermerk des VLR I Kaestner, 12. Februar 1990. – Mit Vorlage des MD Teltschik über Chef BK an den Bundeskanzler: „Hiermit lege ich einen Vermerk über das o.a. Gespräch mit der Bitte um – Genehmigung – vor. Zugleich erbitte ich Ihre – Zustimmung –, daß das Auswärtige Amt – z.Hd. des Staatssekretärs – unterrichtet wird." Hs. von Bundeskanzler Kohl vermerkt: „Teltschik". – Gesprächsdauer: 15.10 bis 16.20 Uhr.

Der Bundeskanzler führt zunächst mit Außenminister Prof. Dr. Skubiszewski (S.) ein etwa 10minütiges Gespräch unter vier Augen. Sodann treten hinzu
– auf polnischer Seite:
    = Botschafter Dr. Ryszard Karski
    = Direktor im PAM Jerzy Sulek;
– auf deutscher Seite:
    = AL 2
    = RL 212 (Note taker)
    = Dolmetscherin Frau Domke.
S. dankt zunächst im Namen von MP Mazowiecki für die Bereitschaft des Bundeskanzlers, an einer Konferenz der Ostseeanrainer teilzunehmen, sowie für sein Einverständnis mit der thematischen Erweiterung. Kern bleibe Umweltschutz, man werde jedoch darüber hinausgehen.
S. verweist sodann auf den Brief MP Mazowieckis zur Frage des Stabilisierungsfonds,[1] zu dem der deutsche Beitrag möglichst als Zuschuß (grant) gewährt werden sollte. Er – S. – habe mit BM Dr. Waigel darüber gesprochen und habe Verständnis für dessen Schwierigkeiten. Er bittet aber auch um Verständnis für die Schwierigkeiten seines Landes. Sollte der Wunsch MP Mazowieckis in dieser Form nicht zu erfüllen sein, bitte er wenigstens um Zinssenkung auf 2% und/oder Laufzeit von mindestens fünf Jahren bei zwei Freijahren.
Im übrigen habe er BM Waigel eingeladen, Warschau zu besuchen.
Der Bundeskanzler dankt für die Grüße MP Mazowieckis und erwidert sie aufs herzlichste. Sein Besuch in Polen[2] sei für ihn persönlich sehr wichtig gewesen, sein Engagement für die deutsch-polnische Verständigung und Versöhnung sei unverändert.
Zur Lage in Mittel- und Osteuropa bemerkt der Bundeskanzler, man stehe heute in einer Situation, von der man noch vor einigen Monaten nur hätte träumen können. (Exkurs: Lage in der DDR, Beschlüsse des Bundeskabinetts betreffend DDR[3].)
Es bestehe ein unauflöslicher Zusammenhang zwischen den Reformentwicklungen in Polen, Ungarn, der ČSSR und der DDR. Gerade deshalb – und hierin dürfe S. ihn öffentlich zitieren – werde die Bundesregierung und [werde] er persönlich keine Politik führen, in der wir uns auf die DDR konzentrierten und alle anderen Nachbarländer vergäßen. Im Gegenteil: Aus geographischen, geschichtlichen und gegenwärtigen Gründen bestehe ein enger Zusammenhang zwischen allen Reformentwicklungen. Gehe die Sache in Polen nicht gut, dann auch nicht in der DDR – und umgekehrt!
Die wichtigste Entwicklung vollziehe sich jedoch in der SU. Wir seien dabei, jetzt Unterstützungsmaßnahmen zu treffen, die noch vor einigen Jahren unvorstellbar gewesen seien. Mit Präsident Bush sei er einig, daß die Reformentwicklung in der SU stabilisiert werden müsse.

1 Nr. 154.
2 Nr. 76, Nr. 77, Nr. 89 und Nr. 92.
3 Nr. 161.

Seine Vision sei, daß die 1990er Jahre das Jahrzehnt der Europäer würden und nicht der Japaner. Gerade deshalb sei jetzt Solidarität der Europäer gefragt – und in diesem Sinn werde er auch den Brief MP Mazowieckis noch einmal mit BM Waigel besprechen und bald beantworten.[4]

Was die Lage in der DDR angehe, so überrollten uns die Ereignisse. Bei Darlegung seiner 10 Punkte und seiner Begegnung mit MP Modrow vor Weihnachten habe er – der Bundeskanzler – durchaus konkrete Vorstellungen gehabt, wie und in welchen Zeiträumen man die Dinge vorantreiben könne: Vertragsgemeinschaft – konföderative Strukturen – Föderation. Nun habe MP Modrow ihm in Davos gesagt,[5] er sei nicht einmal sicher, ob er bis zum 18. März durchhalten könne. Die staatliche Autorität zerfalle, die Wirtschaft gerate in immer größere Schwierigkeiten (Exkurs: Bericht von BASF-Vorständen über Verhältnisse in Leuna). Diese Situation habe ihn – den Bundeskanzler – veranlaßt, bereits gestern unsere Bereitschaft zur Wirtschafts- und Währungsunion zu erklären.[6] Er könne in der Tat eine Lage nicht ausschließen, in der die DDR-Regierung uns sage: Bitte schön, übernehmt ihr die Sache!

Besonders beunruhigend sei die hohe Übersiedlerzahl: Im Januar 1990 über 55000, davon 64% unter 40 Jahren. Im Februar 1990 erwarte er etwa 65000 oder mehr. Wenn der Wahlkampf oder die Wahlen zur Volkskammer nicht nach der Erwartung der Menschen ausfielen, würden die März-Zahlen noch höher ausfallen. Wenn die Leute in diesem Umfang weiter wegliefen, sei die DDR nicht zu stabilisieren. (Exkurs: Lage im Gesundheitswesen.)

Sein ganzes Bestreben sei jedoch – gerade im Blick auf die SU –, in Mitteleuropa nicht zu destabilisieren, sondern zu stabilisieren.

S. pflichtet nachdrücklich bei.

Der <u>Bundeskanzler</u> erläutert sodann rechtliche, soziale und ökologische Probleme, die bei einer Einheit Deutschlands zu bewältigen sind. Man stehe vor schwer zu beschreibenden Zuständen!

Seine Position sei eindeutig. Ein Zurück gebe es nicht – alles, was jetzt zu tun sei, müsse in europäischem Sinne geschehen. Zitat Konrad Adenauer: „Die Deutsche Frage ist nur unter einem europäischen Dach zu lösen."

Dabei komme es auf Polen, Ungarn, die Tschechoslowakei und die anderen Reformländer entscheidend an.

Die Zeit dränge: Die Leute wollten es jetzt wissen! Wie immer die Volkskammerwahl ausgehe, er rechne mit einer Koalitionsregierung und einem Regierungsprogramm, dessen erster Punkt laute: So schnell wie möglich die Einheit Deutschlands herstellen!

Die Bundesregierung müsse sich darauf vorbereiten.

Parallel dazu müsse man ein weltpolitisches und europäisches Sicherheitssystem bedenken und mit den USA, der SU, der NATO und dem WP die Dinge in einer vernünftigen Weise zueinanderbringen. Die wirtschaftliche Entwicklung (in der DDR) werde man schneller, als viele glaubten, normalisieren können.

Daneben seien schwierige psychologische Probleme zu bewältigen: In der DDR laufe ein

---

4 Nr. 176.
5 Nr. 158.
6 In einem Filmbericht der 19-Uhr-Ausgabe der Nachrichtensendung „heute" des ZDF am 6. Februar 1990 erklärte Bundeskanzler Kohl, in einer „Vorlage, die im Kabinett noch zu beschließen ist", heiße es: „Die Bundesregierung erklärt sich bereit, mit der DDR unverzüglich in Verhandlungen über eine Währungsunion mit Wirtschaftsreform einzutreten." In der Sendung „Tagesthemen" der ARD am Abend des gleichen Tages kündigte er an, „dem Kabinett morgen den Satz vorzuschlagen". Die „Dramatik des Geschehens in der DDR" erfordere eine Politik, „die den Realitäten entspricht" (Niederschriften der Filmberichte in: Deutschland 1990. 99 Bde. und Index [Dokumentation Deutschland 1989 und Deutschland 1990]. Hg. vom Presse- und Informationsamt der Bundesregierung. Zentrales Dokumentationssystem. Bonn ohne Jahr [1993]. Bd. 24, 14620–14622).

Rachefeldzug von unvorstellbaren Ausmaßen (Exkurs: Bedrohung des Pfarrers[7], der den ehemaligen GS Honecker aufgenommen hat). Staatsanwälte, die früher in anderer Richtung tätig gewesen seien, retteten sich jetzt auf die andere Seite: Untersuchungen gegen Staats- und Parteifunktionäre bis hinunter zur kommunalen Ebene.

S. wirft ein, dafür gebe es objektive Gründe!

Der Bundeskanzler fährt fort, bereits 30 Bürgermeister mittlerer Städte seien davongelaufen, von 15 Bezirkspräsidenten einer. Jeder im Amt Verbliebene handele nach der Parole: Jetzt nur nicht auffallen! Das bewirke praktisch Stillstand der Verwaltung.

In dieser unglaublichen Aufbruchsstimmung sei sein Ziel, die Ruhe wiederherzustellen. Insbesondere müsse gelingen, den Menschen Hoffnung zu geben, daß es nach einer Durststrecke wieder aufwärtsgehe. Bisher erlebe man die wohl friedlichste Revolution unserer Geschichte – aber wenn die Leute anfingen zu verzweifeln, könne manches passieren. Die SU habe davor offenbar panische Angst (Exkurs: fast 400 000 sowjetische Soldaten). Aber an eine militärische Lösung denke wohl niemand – die DDR sei kein „Platz des himmlischen Friedens"!

Er – der Bundeskanzler – sehe seine Aufgabe gerade jetzt darin, in einer Richtung zu wirken, daß die Dinge sich stabilisierten. Dazu gehöre auch unsere solidarische Hilfe gegenüber Polen, Ungarn, der ČSSR.

Entscheidungen seien in unglaublicher Schnelligkeit zu treffen. Wenn andere Kollegen ihm den Rat gäben, man müsse Zeit gewinnen, so könne er nur antworten, daß er gerade dies den Leuten in der DDR nicht sagen könne.

Er hoffe nur, daß die jungen Leute drüben und auch bei uns erkennten, daß jetzt die Entwicklung in der DDR eine ganz große Chance für sie bedeute (Parallele: Währungsreform 1948).

Der Bundeskanzler dankt abschließend für die polnische Unterstützung für das Recht der Deutschen auf Selbstbestimmung und auf Einheit – dies sei eine ganz wichtige Hilfe.

S. bestätigt, genau dies sei seine Haltung. Auch in Warschau sei man der Meinung, daß als erstes vor einer Vereinigung die Lage in der DDR stabilisiert werden müsse. Deshalb werde man am 16. d.M. MP Modrow empfangen.[8] Auch materiell helfe man – auch wenn die eigenen Mittel bescheiden seien (z. B. Krankenhäuser). Jedoch sei die Lage derart chaotisch, daß die Behörden nicht imstande seien, die empfangene Hilfe sinnvoll zu organisieren. Das gleiche gelte für die arbeitswilligen Polen – die DDR-Botschaft Warschau sei nicht imstande, in dieser Richtung zu helfen.

Der Bundeskanzler pflichtet bei: Die Autorität der DDR-Verwaltung sei weg.

S.: „Ein Land ohne Regierung!"

Der Bundeskanzler/S.: Exkurs über Entwicklung der Opposition in Polen – Solidarität – und in der DDR.

S. betont, das Recht der Deutschen auf Selbstbestimmung müsse nunmehr verwirklicht werden in den existierenden Umständen. Für diese Operation wolle Polen Stabilität. Im übrigen treffe die Lagebeschreibung des Bundeskanzlers exakt zu. Der Bundeskanzler habe nach seinem Eindruck erheblichen Einfluß auf die Stimmung der Bevölkerung in der DDR – noch sei sie nicht ganz unkontrollierbar. Noch könne man mit Vernunft vieles erreichen. Es sei Schuld des früheren Systems, daß die Dinge sich jetzt so schnell entwickelten – und insbesondere Honeckers.

Der Bundeskanzler pflichtet bei: Bei seinem Besuch 1987 habe sich Honecker, auf eine evtl. Nachfolge angesprochen, völlig uneinsichtig gezeigt. (Exkurs: Elternhäuser des Bundes-

---

7 Pastor Uwe Holmer, Leiter der Hoffnungstaler Anstalten in Lobetal bei Bernau.
8 Ministerpräsident Modrow führte am 16. Februar 1990 in Warschau Gespräche mit Präsident Jaruzelski und Ministerpräsident Mazowiecki und sprach vor den Auswärtigen Ausschüssen beider Kammern des Sejm.

kanzlers und Honeckers nur 60 km auseinander; Gespräche in Moskau bei Beerdigung Andropows[9]; Besuch Honeckers in Bonn – Tischreden[10].)

Honecker – so der Bundeskanzler – sei immer der Meinung gewesen, die DDR sei ein monolithischer Koloß – wie übrigens auch viele Beobachter in der Bundesrepublik Deutschland. Jetzt zeige es sich, daß die Luftblase platze.

S. betont, der Kollaps sei zu erwarten gewesen, wenn auch nicht so schnell. Er habe bereits bei den ersten Krisensymptomen im polnischen Parlament gesagt: Wenn der Totalitarismus in der DDR zusammenbreche, habe man noch am selben Tag das Problem der deutschen Einheit auf dem Tisch. Denn die Identität dieses Staates gehe mit dem Totalitarismus zugrunde. Er – S. – habe schon immer die Meinung vertreten, daß die Teilung Deutschlands künstlich sei, auch in Zeiten, wo derartige Ansichten dem offiziellen Polen noch nicht genehm gewesen seien. Die DDR habe nie eine wirkliche staatliche Identität entwickelt – wie etwa das frühere Königreich Bayern.

Der <u>Bundeskanzler</u> berichtet von seinen Eindrücken in Dresden und der Begeisterung für Sachsen. Es sei einer der schwersten Fehler von Ulbricht und Honecker gewesen, die Länder aufzulösen. (Exkurs: Verschiebungen in der Wirtschaftsgeographie von Norden nach Süden – auch in der DDR.)

S. betont, auch polnischerseits sehe man den Weg zur deutschen Vereinigung unter einem europäischen Dach – aber schnelle Maßnahmen seien erforderlich. Er habe bereits mit BM Genscher über die KSZE-Aspekte gesprochen.[11] Dies sei ein europäischer Prozeß, an dem beide Supermächte teilnähmen. Dies müsse so bleiben, da Europa nicht ohne die USA organisiert werden könne.

Er – S. – habe die Rede des Bundeskanzlers in Davos gelesen.[12] Er pflichtet dem bei, was der Bundeskanzler zu einer evtl. Neutralisierung Deutschlands gesagt habe: Diese Idee sei „verpaßt", sie gehöre einer anderen Epoche an. Er teile die Meinung des Bundeskanzlers, daß es keinen deutschen Alleingang geben dürfe – dies könnte gefährlich sein.

Der <u>Bundeskanzler</u> pflichtet lebhaft bei: Wer den Frieden in Europa gefährden wolle, müsse den Deutschen den Status eines neutralen Landes verpassen. Wer den Frieden sichern wolle, müsse die Deutschen einbinden. Hierin sei er mit Präsident Bush und Staatspräsident Mitterrand einer Meinung.

Auch pflichte er S. bei, daß die USA zu Europa gehörten (Exkurs: Wilson nach dem Ersten Weltkrieg – Truman nach dem Zweiten Weltkrieg).

Heute sei die Bundesrepublik Deutschland ein stabiler Faktor in Europa, und ein geeintes Deutschland werde dies auch sein. Wir seien nach wie vor bereit, Kompetenzen, nationale Souveränität an die EG abzugeben. Wir wollten den Weg der europäischen Integration weitergehen (Exkurs: Haltung PM Frau Thatcher). Wir suchten auch nach Wegen, wie Polen und andere östliche Nachbarn in die EG eingebaut werden können.

S. betont unter Bezug auf das kürzliche EG-AM-Treffen in Dublin[13]: Polen sei bereit für einen ziemlich schnellen Assoziierungsvertrag mit der EG. Polen wolle sich Europa öffnen. Parallel dazu suche man im KSZE-Prozeß ein neues Sicherheitssystem in Europa, in dem ein vereinigtes Deutschland seinen normalen Platz haben werde. Die Bündnisse seien ein Pro-

---

9   Bundeskanzler Kohl und Generalsekretär Honecker trafen am Rande der Beerdigung am 13. Februar 1984 in Moskau zusammen.

10   Nr. 13 Anm. 23.

11   Bundesminister Genscher traf am 6. Februar 1990 mit Außenminister Skubiszewski zusammen (Genscher, Erinnerungen, 720; Rede Genschers anläßlich des Abendessens im Hotel Maritim Bonn in: Der Bundesminister des Auswärtigen informiert. Mitteilung für die Presse Nr. 1033/90. 6. Februar 1990).

12   „Europa – die Zukunft aller Deutschen", Rede des Bundeskanzlers Kohl auf dem World Economic Forum in Davos, 3. Februar 1990, in: Bulletin. Nr. 21. 6. Februar 1990, 165–169.

13   Dazu Nr. 144 Anm. 8.

blem, aber es gebe schließlich Staatsmänner in Europa – deshalb sei er optimistisch, daß man Lösungen finden werde.

Der Bundeskanzler pflichtet bei: Die Bündnisse relativierten sich zunehmend. (Exkurs: Zustand des Warschauer Pakts, der NVA, der ungarischen und tschechoslowakischen Armee.) Die Feindbilder von gestern, so der Bundeskanzler weiter, veränderten sich. Die Abrüstung gehe Schritt für Schritt voran. Er sehe und respektiere jedoch, daß die Sowjetunion berechtigte Sicherheitsinteressen habe. Hinzu kämen gegenüber den Deutschen historisch und psychologisch erklärbare Ängste – heute allesamt nicht mehr berechtigt. Die Sowjets seien Gefangene ihrer eigenen Propaganda! (Exkurs: Begegnung mit ehemaligem SU-VM-Ustinow.)

Der Bundeskanzler faßt zusammen: Er lege großen Wert darauf, daß seine Position gegenüber Polen sich in nichts geändert habe, auch nicht durch die dramatischen Ereignisse in der DDR. Aber man müsse unter Umständen dort rasch Dinge vor allem im wirtschaftlichen Bereich tun, die noch vor kurzem unvorstellbar gewesen wären. Vor allem müsse man in die Offensive kommen, um die Menschen in der DDR zu beruhigen. Insgesamt sei er optimistisch (S. pflichtet bei).

Der Bundeskanzler richtet erneut herzliche Grüße an MP Mazowiecki, dem S. sagen solle, daß er in Bonn einen guten Freund habe.

S. pflichtet bei: Die polnische Hand bleibe ausgestreckt. Die deutsch-polnische Interessengemeinschaft verkörpere sich in der Gemeinsamen Erklärung[14], und diese Idee der Gemeinschaft zwischen Deutschen und Polen solle auch bei der Vereinigung Deutschlands erhalten bleiben.

Der Bundeskanzler pflichtet bei. Er erinnert an die Stunden in Kreisau, die – trotz der Kälte – zu den bewegendsten Erlebnissen seines Lebens gehörten, ähnlich der Stunde in Verdun[15]. In Kreisau sei ein wichtiger Anfang gemacht worden.

Kaestner

Nr. 165
Schreiben des Bundesministers Waigel an die Mitglieder der Fraktion der CDU/CSU im Deutschen Bundestag
Bonn, 7. Februar 1990

BK, 431 – 50103 Ha 55 Bd. 1. – Mit Stempel: Vorzimmer Bundeskanzler, 9. Februar 1990.

Sehr verehrte Frau Kollegin,
sehr geehrter Herr Kollege,

entsprechend den in der letzten Fraktionssitzung geäußerten Wünschen übersende ich Ihnen hiermit zwei Aufzeichnungen
– zum Entwurf eines Nachtragshaushalts 1990[1] sowie
– zu einer Währungsunion[2].
Der täglich zunehmende Vertrauensschwund unserer Landsleute in wirtschaftliche Reformen in der DDR macht es erforderlich, schon heute Perspektiven für die Zeit nach den dor-

---

14 Nr. 92 Anm. 3.
15 Bundeskanzler Kohl und Staatspräsident Mitterrand waren am 22. September 1984 in Verdun zusammengetroffen, um der deutschen und französischen Gefallenen beider Weltkriege zu gedenken. In ihrer gemeinsamen Erklärung bestätigten sie die Einigung Europas als gemeinsames Ziel (Bulletin. Nr. 108. 25. September 1984, 953).

1 Nr. 165A.
2 Nr. 165B.

tigen Wahlen aufzuzeigen. Aus diesem Grunde hat sich die Bundesregierung bereit erklärt, mit der DDR über eine Währungsunion zu verhandeln. Die Vorlage des Nachtragshaushalts 1990 ist ein politisches Signal für unsere Bereitschaft, einen Beitrag zur Stabilisierung der ökonomischen Verhältnisse zu leisten.

Mit freundlichen Grüßen
Ihr
Theo Waigel

Nr. 165A
Nachtrag zum Bundeshaushalt 1990

Der Nachtragshaushalt 1990 soll vorrangig der Finanzierung von Sofortmaßnahmen aufgrund der aktuellen Entwicklung in der DDR dienen. Die notwendige Modernisierung und Umstrukturierung der DDR-Wirtschaft erfordert in erster Linie private Direktinvestitionen. Hierfür muß die DDR die erforderlichen Rahmenbedingungen schaffen.

Staatliche Hilfen können dagegen nur subsidiären Charakter haben. Sie konzentrieren sich im wesentlichen auf die öffentliche Infrastruktur, auf die Vermittlung von „know-how" und auf humanitäre Maßnahmen.

Ich beabsichtige, dem Kabinett am 14. Februar 1990 den Entwurf eines Nachtragshaushalt 1990 mit folgenden Eckdaten vorzulegen:

	Soll 1990	Veränderung durch Nachtrag – Milliarden DM –	Neues Soll 1990
I. Ausgaben	300,14	+ 6,87	307,01
II. Einnahmen			
1. Steuereinnahmen	247,44	–	247,44
2. Sonstige Einnahmen	25,75	+ 0,33	26,09
3. Nettokreditaufnahme	26,94	+ 6,54	33,48

Die neue Nettokreditaufnahme liegt immer noch deutlich unter der Summe der investierten Ausgaben über 38 Milliarden DM.

Von den Mehrausgaben entfallen rund 6 Milliarden DM auf Sofortmaßnahmen aufgrund der aktuellen Entwicklung in der DDR und Berlin:

– 2,15 Milliarden DM sind für den Reise-Devisenfonds vorgesehen.

– Das ERP-Sondervermögen wird über vier Jahre verteilt um 2 Milliarden DM aufgestockt; davon 400 Millionen DM im Nachtrag. Insgesamt ergeben sich daraus Förderungsmöglichkeiten vor allem zugunsten kleiner und mittlerer Privatunternehmen in der DDR in Höhe von 6 Milliarden DM.

– 90 Millionen DM werden zugunsten der mittelständischen Wirtschaft in der DDR zur Verfügung gestellt – für Informations- und Schulungsveranstaltungen, für Forschung und Entwicklung, für Technologie-Transfer und anderes.

– Für die Krankenhilfe an DDR-Besucher werden die Mittel um 75 Millionen DM auf 150 Millionen DM aufgestockt. Für Sofortmaßnahmen zur Sicherung der medizinischen Versorgung in der DDR werden 320 Millionen DM bereitgestellt.

– Rund 200 Millionen DM sind vorgesehen zur Verbesserung der Verkehrswege in die DDR. Dabei geht es um den vordringlichen Ausbau von Bundesstraßen und Bundesautobahnen im grenznahen Bereich ebenso wie um den Ausbau von Bundesbahnstrecken und die Beschaffung von Reisezugwagen und Lokomotiven.
– Für Umweltschutzprojekte in der DDR und Untersuchungen zur Sicherheit kerntechnischer Anlagen werden 1990 zusätzlich 115 Millionen DM bereitgestellt. Das gesamte Programmvolumen für Umweltschutzinvestitionen in der DDR wird von bisher 300 Millionen DM im Haushalt 1990 um 600 Millionen DM auf 900 Millionen DM aufgestockt.
– Weitere 500 Millionen DM sind als Investitionszuschüsse an die Länder vorgesehen zur vorübergehenden Unterbringung von Aus- und Übersiedlern.
– Als Beitrag zur Bewältigung der besonderen Berliner Situation nach den Umwälzungen in der DDR wird die Bundeshilfe für Berlin im Jahr 1990 um 400 Millionen DM auf nunmehr 13,2 Milliarden DM angehoben.
– 2 Milliarden DM sollen in einen Globaltitel eingestellt werden. Er dient der Vorsorge für heute noch nicht etatreifen Sofortbedarf im Zusammenhang mit der aktuellen deutschlandpolitischen Entwicklung sowie für möglichen Mehrbedarf im Aus- und Übersiedlerbereich. Der Titel soll qualifiziert gesperrt werden. Damit ist die parlamentarische Kontrolle sichergestellt.
Einsparungen ergeben sich im wesentlichen aus dem Wegfall des Begrüßungsgeldes und aus geringeren Kosten bei der Rückführung von Deutschen.
Trotz aller Herausforderungen aus der Entwicklung in der DDR und in den anderen Staaten Mittel- und Osteuropas muß an einer soliden Haushaltspolitik festgehalten werden. Deshalb wird beim Bundeshaushalt 1991 und in den Folgejahren sorgfältig zu prüfen sein, wo Einsparungen und Umschichtungen als Ausgleich für die neuen Belastungen vorgenommen werden können.

Nr. 165B
Währungsunion mit Wirtschaftsreform

Die Bundesregierung erklärt sich bereit, mit der DDR unverzüglich in Verhandlungen über eine Währungsunion mit Wirtschaftsreform einzutreten. Unser Angebot einer Währungsunion mit der DDR ist ein klares Signal auf dem Weg zur deutschen Einheit, der wir uns verpflichtet fühlen und die unser verfassungsmäßiges Gebot ist.
1. Das wirtschaftliche Hauptanliegen der großen Mehrheit der Bürger der DDR ist es, schnellstmöglich Anschluß an das Realeinkommensniveau der Bundesrepublik zu finden („Wir haben 40 Jahre umsonst gearbeitet"). Sie wollen die politische Selbstbestimmung und die wirtschaftliche Selbstverwirklichung. Es muß sich wieder lohnen, in der DDR zu bleiben.
2. Das Realeinkommensgefälle liegt begründet im Abstand der Arbeitsproduktivität, der von Fachleuten mit 50 Prozent angegeben wird. Das heißt, die technologische und kapitalmäßige Ausstattung der DDR-Betriebe liegt weit unter dem Niveau unserer Wirtschaft.
3. Der wohl erfolgversprechendste Weg zur Hebung der Produktivität der DDR-Wirtschaft besteht in der Verklammerung der beiden deutschen Volkswirtschaften durch eine Währungsunion auf der Grundlage unmittelbar einzuleitender, tiefgreifender marktwirtschaftlicher Reformen in der DDR.
4. Eine Wirtschafts- und Währungsunion setzt ein gemeinsames ordnungspolitisches Fundament voraus. Die Einzelheiten hierzu sind bekannt: Herstellung von Märkten, freie Preise, Dominanz des Privateigentums an den Produktionsmitteln, freier Außenhandel,

Gewerbefreiheit und Rechtsschutz, freie Tarifvertragsparteien, ein leistungsfähiges Steuersystem.

5. Die Anhebung der Produktivität der DDR-Betriebsstätten erfordert einen Kapitaleinsatz in Milliardenhöhe. Sie kann von der Größenordnung her wie auch vom ordnungspolitischen Konzept nur durch die Mobilisierung von Privatkapital bewerkstelligt werden. Dies wiederum setzt einen ausreichenden Investitionsschutz und möglichst liberale Bedingungen für ein Engagement westlicher Investoren voraus.

6. Die bislang bekannten Vorstellungen der DDR, insbesondere der PDS, bezüglich Dominanz des Volkseigentums im Industriebereich, des Genehmigungsverfahrens für Direktinvestitionen, der Besteuerung, des gesetzlichen Anspruchs auf einen Arbeitsplatz und schließlich über einen DDR-spezifischen Weg zu einer neuen Variante der Marktwirtschaft sind kaum geeignet, das zur Sanierung der DDR erforderliche Kapital zu mobilisieren.

7. Zur Hebung der Produktivität durch Mobilisierung von Privatkapital muß komplementär der Aufbau einer modernen und leistungsfähigen Infrastruktur (Straßennetz, Telekommunikation, Stadtsanierung usw.) bewerkstelligt werden.

8. Mit Hilfen aus den öffentlichen Haushalten der Bundesrepublik lassen sich die Produktivitäts- und Infrastrukturdefizite der DDR nicht beseitigen. Unsere Hilfe muß sich auf folgende Punkte beschränken:
   – Erleichterungen für die Menschen durch den Devisenfonds.
   – Kurzfristige humanitäre Hilfen, z.B. medizinische Versorgung.
   – Begrenzte Förderung von privaten Investitionen im Bereich kleiner und mittlerer Betriebe.
   – Gezielte Infrastruktur- und Umweltschutzprojekte im beiderseitigen Interesse (z.B. Verkehrswege nach Berlin, Umweltprojekte mit grenzüberschreitender Bedeutung).
   Als Beispiel sei auf die europäische Integration verwiesen: Das Realeinkommensniveau in Spanien und Portugal kann nur durch ausländische Direktinvestitionen und durch Freisetzung privater Antriebskräfte in diesen Ländern erhöht werden. Öffentliche Hilfen über verschiedene Strukturfonds haben immer nur ergänzenden Charakter.

9. Stünde die Bundesrepublik wirtschaftlich in der Situation von 1982, so wäre ein Einsatz öffentlicher Mittel für Vorhaben in der DDR überhaupt nicht möglich. Aber angesichts der erreichten starken wirtschaftlichen Dynamik können wir Hilfen für die DDR weitgehend aus unseren Sozialproduktzuwächsen finanzieren.
   Die Deutsche Einheit wird sich als zusätzliches Wachstumsprogramm erweisen. Die Herausforderung des Aufbaus der Volkswirtschaft im anderen Teil Deutschlands wird dynamische Kräfte wecken, und die mittel- und osteuropäischen Märkte bieten nach wirksamen Reformen erhebliche Expansionsmöglichkeiten für unsere Betriebe. Erhebliche Chancen zeigen sich zum Beispiel heute schon im Bereich der Telekommunikation. Im staatlichen Bereich stehen den sich jetzt ergebenden Zusatzbelastungen später erhebliche Einsparungspotentiale gegenüber. So können z.B. die Befreiung Berlins aus der Insellage sowie neue Wachstumschancen für die Zonenrandgebiete die öffentlichen Haushalte spürbar entlasten.
   Wer kurzfristig Sonderopfer unserer Arbeitnehmer und Unternehmer (Ergänzungsabgabe, Rücknahme der Steuerreform, Vermögensabgabe) verlangt, muß sich über die Auswirkungen auf Wachstum, Arbeitsplätze und Realeinkommen bei uns und damit auch über die Auswirkungen auf die politische Akzeptanz derartiger Realeinkommenstransfers im klaren sein. Deshalb empfiehlt auch das SVR-Sondergutachten[3] eine Fort-

---

3 Nr. 145 Anm. 11.

setzung unserer Steuerpolitik und darüber hinaus gezielte kreditfinanzierte öffentliche Hilfen.

10. Die Mobilisierung von westlichem Kapital könnte beschleunigt werden durch die Errichtung einer gemeinsamen Währungsunion. Dafür gibt es im Prinzip drei Modelle:

   – Der realwirtschaftliche Ansatz entspricht der sogenannten „Krönungstheorie". Danach käme ein Währungsverbund mit freier Konvertibilität erst dann in Betracht, wenn die DDR-Wirtschaft Anschluß an unser Niveau gefunden hat. Dieser Weg braucht Zeit. Die Menschen in der DDR erwarten jedoch eine schnelle Lösung.

   – Abzulehnen ist der bis vor kurzem von der SPD vertretene Vorschlag einer künstlichen Verklammerung der DM mit der von den Bürgern in der DDR selbst immer weniger akzeptierten Ost-Mark. Dieses Aufkaufmodell zur Stützung der DDR-Währung würde nichts an den falschen ökonomischen Strukturen in der DDR ändern, aber möglicherweise den Einsatz von Milliarden-Beträgen auf Kosten des Bundes erfordern. Es zeigt sich an diesem Vorschlag einmal mehr, wie wenig die SPD von Wirtschaftsfragen versteht, wie leichtfertig sie die Stabilität unserer eigenen Währung aufs Spiel setzt und wie wenig überlegt sie das Geld der Steuerzahler ohne erfolgversprechende ökonomische Konzepte in der DDR einsetzen will.

   – Eine dritte Strategie ist die Einführung der D-Mark als gesetzliches Zahlungsmittel in der DDR, was die Mobilisierung westlichen Kapitals erheblich beschleunigen würde (DM als Kalkulationsbasis der Unternehmen, keine Devisenbewirtschaftung). Dabei müßten zu einem Stichtag alle geld- und kreditwirtschaftlichen Beziehungsgrößen (Preise, Löhne, Mieten, Renten, Forderungen und Verbindlichkeiten, Sparguthaben) auf D-Mark umgestellt werden. Das entscheidende Problem liegt dabei in der Festlegung des Umstellungskurses. Eine Entscheidung über diesen Kurs kann erst getroffen werden, wenn die relevanten wirtschaftlichen Daten der DDR auf dem Tisch liegen.

   Das Modell setzt im geld- und währungspolitischen Bereich einen partiellen Souveränitätsverzicht der DDR voraus. Die Deutsche Bundesbank bliebe stabilitätspolitischer Herr über die Geldmenge. Die Stabilität der DM darf nicht gefährdet werden.

   Im realwirtschaftlichen Bereich erfordert dieses Modell eine sofortige Übernahme unserer Wirtschaftsordnung. Für die damit verbundenen Anpassungsprobleme (vorübergehende Freisetzung von Arbeitskräften, Kaufkraftsicherung der Renten, Bedienung der Auslandsverschuldung) müßten gemeinsame Lösungen gefunden werden.

11. Die Einrichtung einer deutschen Währungsunion ist ein Angebot an die DDR. Die Verantwortlichen im anderen Teil Deutschlands müssen jetzt entscheiden, ob sie diesen Schritt in Richtung auf die deutsche Einheit gehen wollen.

Nr. 166
Vorlage des Ministerialdirektors Teltschik an Bundeskanzler Kohl
ohne Datum

BK, 212 – 35400 De 39 NA 4 Bd 1. – Hs. von Bundeskanzler Kohl vermerkt: „Persönlich!" – Auf geringfügig abweichender Fassung hs. vermerkt: „Stand 8.2. → GL 21 K[aestner] 8/2". – Entwurf (von VLR I Kaestner hs. vermerkt: „Verteiler: AL 2 GL 21 GL 23", mit hs. Korrekturen des MD Teltschik), hs. datiert vom 7. Februar 1990: BK, 212 – 31070 Si 23 Bd. 4.

„Gesamteuropäische Sicherheitsarchitektur"
Sicherheitspolitik der Bundesregierung auf dem Weg zur deutschen Einheit

A: **Ausgangslage**

I. völkerrechtlich

Auf dem Wege zu einem geeinten Deutschland,

– das in jeder Hinsicht ein souveräner Staat sein muß und
– das seine Sicherheit unter Beachtung der Interessen seiner Nachbarn und der geltenden Rechtslage selbst gestaltet,

bildet die Zugehörigkeit beider deutscher Staaten zu verschiedenen Bündnissen – NATO und Warschauer Pakt – ein zentrales politisches Problem.
Vertragliche Bindungen ergeben sich darüber hinaus u. a.

– für die DDR in Form der bilateralen Freundschaftsverträge mit der SU und den anderen WP-Staaten sowie des Stationierungsvertrages mit der SU[1];
– für die Bundesrepublik Deutschland durch den Deutschlandvertrag[2] und den Stationierungsvertrag[3] mit den Westalliierten, aber auch durch den WEU-Vertrag[4];
– für Berlin und Deutschland als Ganzes aus den Vereinbarungen der vier Siegermächte.

II. sicherheitspolitisch

1. Ein geeintes Deutschland ist das Kernland Europas. Seine Grenzen verlaufen nur selten entlang natürlicher geographischer Gegebenheiten. Es ist als Industrieland mit weltweiten Exportinteressen und hochgradiger Importabhängigkeit bei Rohstoffen auf wirtschaftliche Integration und festgefügte Partnerschaften sowie offene Grenzen und Verbindungswege angewiesen. Es erfüllt im Gegenzug – auch im Interesse seiner Nachbarn – klassische Durchgangs- und Verbindungsfunktionen.

2. Ein stabiles europäisches Kräftegleichgewicht ist nur mit festen vertraglichen Vereinbarungen von übergreifenden Sicherheitsstrukturen unter deutscher Beteiligung möglich.

3. GB und F tragen als europäische Nuklearmächte entscheidend zur Kräftebalance auf dem Kontinent bei.

4. Darüber hinaus ist die Präsenz der USA in Europa auch in Form von Streitkräften aufgrund der geographischen Enge Westeuropas, aufgrund der geschichtlichen Erfahrung und insbesondere aufgrund der Leistungen der USA für Europa in der

---

1 Abkommen zwischen der Regierung der Deutschen Demokratischen Republik und der Regierung der Union der Sozialistischen Sowjetrepubliken über Fragen, die mit der zeitweiligen Stationierung sowjetischer Streitkräfte auf dem Territorium der Deutschen Demokratischen Republik zusammenhängen, 12. März 1957, in: GBl. DDR 1957 I, 238–244; Dokumente zur Deutschlandpolitik III/3 (1957), 474–483.
2 Nr. 94B Anm. 30.
3 Vertrag über den Aufenthalt ausländischer Streitkräfte in der Bundesrepublik Deutschland (Aufenthaltsvertrag), 23. Oktober 1954, in: BGBl. 1955 II, 253–255.
4 Nr. 112A Anm. 2.

Nachkriegsepoche unverzichtbar. Die USA sind als Teilnehmer am KSZE-Prozeß allgemein als europäische Macht anerkannt und betrachten sich auch als solche.

5. Die SU bleibt auch zukünftig stärkste konventionelle Macht in Europa. Die Entwicklung zu verstärkter Demokratisierung und Dezentralisierung ändert hieran nichts. Denn sie sieht Bedarf an starken Streitkräften unter den Gesichtspunkten
   - des Gegengewichts gegenüber westlichen Kräften,
   - der Ordnungsmacht nach innen,
   - des Schutzes auch gegenüber Nicht-NATO-Staaten, vor allem im Süden und Osten ihres Landes.

6. Die SU wird auch zukünftig zur Sicherung ihrer Position in Europa und weltweit globale Nuklearmacht sein, die sich prinzipiell an den USA ausrichtet. Sie zeigt sich zunehmend aufgeschlossen gegenüber dem Gedanken einer „minimalen Abhaltung", die – vorrangig im strategischen Bereich – den Maßstab für den Bestand an Nuklearwaffen bildet.

7. Dies bedeutet für ein geeintes Deutschland, das keine Nuklearmacht sein wird, noch sein will und sich dafür einsetzen wird, daß der Nichtverbreitungsvertrag[5] auch über 1995 hinaus gültig bleibt, daß es der politischen und militärischen Solidarität des Bündnisses bedarf. Die Einbettung in dessen integrierte Struktur kommt dem Sicherheitsbedürfnis der Nachbarn, insbesondere den östlichen, entgegen. Die militärische Präsenz der USA in Europa und insbesondere des Schutzes durch deren nukleare Kräfte bleibt auf absehbare Zeit unverzichtbar.

8. Ein politisch-militärisches Vakuum im Herzen Europas muß zuverlässig ausgeschlossen werden. Ein geeintes Deutschland darf daher kein neutraler und/oder entmilitarisierter Staat sein, sondern bedarf – wie jeder souveräne Staat – eigener Streitkräfte und unbeschränkter Bündnisfähigkeit.

B: **Ziele und Bausteine einer gesamteuropäischen Sicherheitsarchitektur**

   I.   Ziel der Bundesregierung ist es, auf dem Wege zur deutschen Einheit
   - gesamteuropäische Stabilität zu wahren,
   - die berechtigten objektiven Sicherheitsinteressen aller beteiligten Staaten, insbesondere der Nachbarn, zu achten und
   - das subjektive Sicherheitsbedürfnis aller Europäer zu respektieren.

   Ihre Politik ist deshalb darauf gerichtet, an einer europäischen Friedensordnung – und, als ihrem Kernstück, übergreifenden europäischen Sicherheitsstrukturen – mitzubauen. Der Weg dahin ist ein Prozeß, der hauptsächlich geprägt ist von zwei Entwicklungssträngen:
   - dem KSZE-Prozeß,
   - dem Rüstungskontroll- und Abrüstungsdialog.

   Hinzutreten muß jedoch ein breites Spektrum wirtschaftlicher Kooperation. Denn nur eine enge wirtschaftliche Verflechtung ermöglicht es dem Osten, insbesondere der SU, übergreifende Sicherheitsstrukturen mitzutragen.

   II. Im Rahmen des KSZE-Prozesses schlagen wir als Bausteine vor:
   1. Vereinbarung über die defensive Ausrichtung von Streitkräften, z. B. Beschränkung der Aufwuchsfähigkeit im Frieden und in der Krise.
   2. weiterreichende vertrauensbildende Maßnahmen, wie z. B.

---

5 Der Vertrag über die Nichtverbreitung von Kernwaffen (Treaty on the Non-Proliferation of Nuclear Weapons, 1. Juli 1968, in: UNTS. Vol. 729, 161–299) trat am 5. März 1970 in Kraft. Der Beitritt der Bundesrepublik Deutschland erfolgte durch Hinterlegung der Ratifikationsurkunde am 2. Mai 1975 (Bekanntmachung, 22. März 1976, in: BGBl. 1976 II, 552).

- regelmäßige Treffen der Generalstabschefs,
- Intensivierung der Kontakte zwischen den Streitkräften,
- Einrichtung von „risk reductions centers" u.a. in Verbindung mit Vereinbarungen über die Vermeidung von Zwischenfällen (auf hoher See und/oder in der Luft),
- Offenlegung der Militärhaushalte gem. den VN-Grundsätzen,
- Austausch von Streitkräfteplanungen.
3. Einrichtung einer Verifikationsagentur im Bereich der Rüstungskontrolle.
4. Unterstützung durch westliches Know-how bei
   - Konversion von Rüstungsbetrieben,
   - Vernichtung von Rüstungsgütern als Folge von Abrüstungsvereinbarungen.
5. Zusammenarbeit bei der Lösung regionaler Konfliktsituationen.
6. Zusammenarbeit und Möglichkeiten einer Institutionalisierung im Bereich der Körbe II (Wirtschaft, Wissenschaft, Technik und Umwelt) und III (Zusammenarbeit im humanitären [Bereich] und anderen Bereichen) der Schlußakte, wie z.B.
   - Schaffung einer europäischen Umweltagentur,
   - mögliche Institutionen im KSZE-Korb-II-Bereich als Follow-up der Bonner Konferenz über wirtschaftliche Zusammenarbeit (März/April 1990),
   - Menschenrechts-Gerichtshof.
7. Schaffung einer europäischen Friedensordnung, Ausübung des Selbstbestimmungsrechts und Herstellung der Einheit der Nation im Rahmen bestehender Grenzen.

III. Im Rahmen der Rüstungskontrolle und Abrüstung setzen wir uns ein für:
   1. Baldigen Abschluß der laufenden Verhandlungen, die zum Ziel haben:
      - die Halbierung der strategischen nuklearen Offensivwaffen der USA und der SU (START).
      - die weltweite Ächtung der chemischen Waffen. In diesem Zusammenhang unterstreichen wir die Bedeutung der bilateralen Gespräche der USA und der SU in diesem Bereich für ein weltweites Abkommen, über das multilateral in Genf verhandelt wird.
        Wir bieten an, daß ab sofort die Lagerstätten von chemischen Waffen der USA bei uns inspiziert werden können, und unterstreichen, daß die USA noch in diesem Jahr mit dem Abzug dieser Waffen aus der Bundesrepublik Deutschland beginnen werden.
      - bei den Wiener Verhandlungen über konventionelle Streitkräfte in Europa noch in diesem Jahr ein substantielles Ergebnis zu erreichen.
   2. Baldige Ratifizierung der Teststoppverträge zwischen der SU und den USA.
   3. Auf der Grundlage des Konzeptes der „minimalen Abhaltung" bei den Nuklearwaffen
      - Verhandlungen über weitere Verringerungen der strategischen Offensivpotentiale der USA und der SU,
      - Verhandlungen über die „sub-strategischen" Systeme (Artillerie, landgestützte Flugkörper, Flugzeugwaffen).
      Bei den „sub-strategischen Nuklearwaffen" bieten sich grundsätzlich folgende drei Lösungsmöglichkeiten an:
      a) Die im Gesamtkonzept (NATO-Gipfel, Brüssel Mai 1989) gefaßten Beschlüsse[6] werden unverändert umgesetzt, d.h. Verhandlungen über landge-

---

6 Nr. 1 Anm. 2 und 6.

stützte amerikanische und sowjetische nukleare Flugkörpersysteme kürzerer Reichweite (auf westlicher Seite: Lance) werden mit dem Ziel der teilweisen Reduzierung nach Beginn der Implementierung eines VKSE-Ergebnisses (Wien I) aufgenommen.

b) Die Verhandlungen in diesem Bereich werden auch auf die nukleare Artillerie ausgedehnt, und das Ziel wird weiter gesteckt, d. h. völlige Beseitigung nuklearer Flugkörpersysteme und nuklearer Artillerie. Das Ergebnis wäre eine dritte und vierte Null-Lösung.

Zusätzlich könnte der Verhandlungsbeginn vorgezogen werden auf den Zeitpunkt
  – der Ratifizierung eines VKSE-Abkommens (Wien I), oder
  – zeitlich noch weitergehend – der Unterzeichnung eines VKSE-Abkommens (Wien I).

c) Ein geeintes[7] Deutschland verzichtet auf Lagerung von allen nuklearen Gefechtsköpfen in Friedenszeiten auf seinem Territorium (d. h. auch von luftgestützten Waffen wie Bomben und Raketen) unter Beibehaltung der Träger (Flugzeuge).

Hierzu wäre es erforderlich, daß die auf deutschem Boden Nuklearwaffen lagernden Staaten in Verhandlungen den Abzug dieser Waffen vereinbaren.

Ein solcher Schritt machte über unseren generellen Verzicht auf Herstellung und Besitz von ABC-Waffen hinaus deutlich, daß ein geeintes Deutschland sich in dieser Hinsicht besondere Zurückhaltung auferlegt.

Dem Vorteil, daß dann alle sowjetischen Systeme aus dem Vorfeld auf das Territorium der SU zurückverlegt sind, steht ein möglicherweise geringerer Einfluß unsererseits auf die westliche Einsatzplanung gegenüber.

Mit einem solchen Schritt käme ein geeintes Deutschland zudem in einem wichtigen psychologischen Bereich seinen Nachbarn entgegen und ließe gegenüber GB und F als europäischen Nuklearmächten eine deutliche Abstufung erkennen.

4. Unverzügliche Fortsetzung der Verhandlungen im konventionellen Bereich, wobei das Mandat und der Rahmen anzupassen wären an folgenden Kriterien:
  – weitere Reduzierungen in den bisherigen Kategorien (Panzer, Schützenpanzer, Artillerie, Flugzeuge, Hubschrauber),
  – Aufnahme neuer Kategorien (z. B. Brückenlegepanzer, Pioniergerät).

Als Zielsetzung insgesamt sind zu beachten:
  – Herstellung von Stabilität auf niedrigerem Niveau,
  – Umstrukturierung in Richtung Defensive,
  – Schaffung größerer Verhandlungsflexibilität.

IV. Angebote an die SU mit dem Ziel „wirtschaftlicher Sicherheit"
1. Grundsätzlich gilt es, der SU deutlich zu machen, daß zur Abstützung ihrer eigenen Entwicklung ein geeintes, wirtschaftlich starkes und gerade im Wirtschafts- und Technologiebereich kooperationsbereites geeintes Deutschland ein interessanterer Partner ist als eine im Niedergang befindliche DDR.

2. Wir können hinweisen auf Bereitschaft zur Kooperation mit der SU in wichtigen, Signalfunktionen ausübenden Pilotprojekten, wie z. B.
  – Nahrungsmittelhilfe auf bilateraler Basis in diesem Frühjahr,

---

7 In der auf den 8. Februar 1990 datierten Fassung (BK, 212 – 35400 De 39 NA 4 Bd. 1) hier erstmals abweichend: „vereintes". Bis auf insgesamt zwölf Korrekturen dieser Art – im folgenden nicht nachgewiesen – sind beide Fassungen wortidentisch.

- Reaktorsicherheit,
- Mitflug eines deutschen Kosmonauten,
- Umweltprojekt „Baikalsee".

Eine solche Kooperation kann sich stützen auf die Vereinbarungen, die im Oktober 1988 und im Juni 1989 zwischen dem Bundeskanzler und Generalsekretär Gorbatschow getroffen und die in der Zwischenzeit in eindrucksvoller Breite umgesetzt worden sind.

C: Schlußfolgerungen

Mit den voranstehend genannten Bausteinen – ihre Aufzählung ist nicht abschließend – sollen übergreifende europäische Sicherheitsstrukturen aufgebaut werden, die sich – im Interesse gesamteuropäischer Stabilität – so weit wie möglich abstützen
- auf bewährte Grundsätze und Philosophien der Sicherheit und
- bereits vorhandene Sicherheitsstrukturen und Verhandlungsprozesse.

Eckpfeiler hierbei sind u. a.:
- Ein geeintes Deutschland wird weder ganz noch teilweise entmilitarisiert. Es wird – wie jeder andere souveräne Staat auch – über Streitkräfte verfügen müssen, die mit dem erforderlichen Mindestmaß an Personal und Material die Sicherheit des eigenen Staatsgebiets im Zentrum Europas schützen können und das geeinte Deutschland auch in Zukunft bündnisfähig machen.
- Ein geeintes Deutschland bleibt Mitglied der NATO und der WEU. Allerdings werden keine Einheiten und Einrichtungen des Bündnisses über die bisherige innerdeutsche Grenze hinaus nach Osten verschoben.
- Ein geeintes Deutschland kann nicht neutral sein. Denn Neutralität im Zentrum des europäischen Kontinents widerspricht der Logik des gesamteuropäischen Prozesses, der darauf angelegt ist, die überholten Strukturen des Blockdenkens zu überwinden und ein Zusammenwachsen aller europäischer Staaten in Strukturen gleicher Sicherheit zu erzielen.
- Wie jeder souveräne Staat befindet ein geeintes Deutschland grundsätzlich selbst über die Dislozierung seiner Truppen auf eigenem Territorium. Eine Stationierung deutscher Streitkräfte auf dem Territorium der heutigen DDR bleibt grundsätzlich möglich.
- Die Streitkräfte des geeinten Deutschlands müssen in ihrem Aufbau entsprechend den veränderten Gegebenheiten neu organisiert werden. Sie müssen sicherstellen können, daß ein geeintes Deutschland an seinen Grenzen verteidigt werden kann, ein Grundsatz, wie er für jedes WEU-Mitglied bereits in der Haager WEU-Plattform[8] aufgestellt wurde.
- Wir sind bereit, im Rahmen der übergreifenden europäischen Sicherheitsstrukturen über den Umfang der zukünftigen deutschen Streitkräfte zu verhandeln.
- Die integrierte Kommandostruktur des Bündnisses muß verstärkt europäisch ausgerichtet werden. Die Streitkräfte eines geeinten Deutschlands, die im heutigen Vertragsgebiet stationiert sind, bleiben der NATO unterstellt; darüber hinaus wird auf einen nationalen Gesamtoperationsplan verzichtet.
- Als souveräne Entscheidung eines geeinten Deutschland und eines vereinten Europa wird es auch zukünftig eine – in ihrer Größenordnung noch näher festzulegende –

---

8 „Plattform: Europäische Sicherheitsinteressen", verabschiedet auf der Tagung des Ministerrates der WEU am 26./27. Oktober 1987 in Den Haag, in: Bulletin. Nr. 112. 29. Oktober 1987, 970–972; Assembly of Western Union. Proceedings. Thirty-third Ordinary Session. Second Part. III: Assembly Documents. Paris, December 1987, 287–290 (Document 1122).

Präsenz amerikanischer Truppen in Deutschland geben. Auf der Basis grundsätzlicher Gegenseitigkeit ist es ebenfalls möglich, daß Streitkräfte anderer Bündnispartner auf deutschem Territorium stationiert werden – immer unter der Einschränkung, daß eine Dislozierung östlich der bisherigen innerdeutschen Grenze ausgeschlossen ist.

- Zur Erhöhung der Sicherheit und zur weiteren Ausprägung übergreifender Sicherheitsstrukturen können mit allen Nachbarn multinationale Verbände aufgestellt werden.
- Für eine Übergangszeit kann die SU unter den o.a. Modalitäten (vgl. Ziffer B III 3 – Seite 5) konventionelle Truppenkontingente auf dem Gebiet der heutigen DDR stationieren.
- Im Vorgriff auf eine vertragliche KSZE-Regelung ist ein geeintes Deutschland zur umfassenden Verifikation einschließlich entsprechendem Informationsaustausch bereit, um durch Transparenz die Vertrauensbildung zu fördern.

D: **Angebote für die gesamteuropäische Sicherheitsarchitektur**

Im voranstehend dargelegten Konzept zur „Gesamteuropäischen Sicherheitsarchitektur" macht die Bundesregierung Angebote im Bereich der Sicherheitspolitik, die in der Regel vertraglich auszugestalten sind. Sie werden abschließend noch einmal zusammengefaßt:

- Verzicht auf ABC-Waffen,
- Bereitschaft zu Verhandlungen über Umfang der zukünftigen deutschen Streitkräfte,
- umfassende und weitreichende Verifikation im Rüstungskontrollbereich, auch im Vorgriff auf vertragliche Regelungen,
- Inspektion der bei uns gelagerten amerikanischen C-Waffen,
- evtl.: Verzicht auf nukleare Kurzstreckenraketen und nukleare Artillerie,
- evtl.: Verzicht auf die Lagerung von Nuklearwaffen in Friedenszeiten.

Horst Teltschik

Nr. 167
Gespräch des Bundesministers Seiters mit Staatssekretär Clement
Bonn, 9. Februar 1990

BArch, B 136/20634, 22 – 35014 Lä 1 Bd. 4. – Vermerk des MDg Duisberg, 12. Februar 1990. Durchdruck über AL 1 an RL 121. Vorlage über MDg Stern an MR Germelmann „mit der Bitte um weitere Veranlassung für die Besprechung am 15.02.1990", hs. ergänzt „u. StS-Bespr. am 19.02." Abgezeichnet: „St[ern] 13", hs. vermerkt: „RL 122 + 223 haben Ø. G[ermelmann] 13.2".

Betr.: Beteiligung der Länder an Verhandlungen und Verträgen mit der DDR
hier: Gespräch von Chef BK mit dem Chef der Staatskanzlei von NRW, St Clement, am 09.02.1990, 10.30 Uhr

1. An dem Gespräch nahmen noch MD Kabel und MDgt Dr. Duisberg teil.
2. BM Seiters unterrichtete St Clement über den Ablauf des Modrow-Besuches[1]. Inhaltlich sei vorgesehen, eine Zwischenbilanz der Entwicklung nach dem letzten Treffen in Dresden zu ziehen, evtl. einige weitere Kommissionen einzurichten und im übrigen schwerpunktmäßig die wirtschaftliche Lage der DDR zu behandeln. Modrow werde voraus-

1 Nr. 177 – Nr. 179.

sichtlich mit Forderungen in Milliardenhöhe kommen; wir würden uns unsererseits auf das Angebot zu Verhandlungen über die Schaffung eines gemeinsamen Währungs- und Wirtschaftsgebietes konzentrieren. Eventuell könne man sich über die Einsetzung einer Verhandlungskommission verständigen.

BM Seiters übermittelte sodann die Anregung des Bundeskanzlers, daß an dem Delegationsgespräch am 13.02. um 11.00 Uhr je ein Ministerpräsident der A- und der B-Länder[2] teilnehme. Er bat um eine Antwort bis 12.02.

St Clement begrüßte diesen Vorschlag, durch den Mißhelligkeiten vermieden werden könnten, und sagte zu, die Koordinierung zu übernehmen. Seitens der A-Länder werde voraussichtlich Ministerpräsident Rau teilnehmen; hinsichtlich der B-Länder werde er an Bayern als vorsitzführendes Land herantreten, damit dort eine Abstimmung erfolge. Eine Mitteilung wird rechtzeitig an MR Annecke gehen.

3. BM Seiters ging dann auf die Frage der Beteiligung der Länder an Verhandlungen mit der DDR ein. Die Bundesregierung wolle die Verständigung vom 17.12.1987[3] weiter anwenden und keine neue Vereinbarung treffen. Sie sei aber zu einer fortlaufenden Unterrichtung auf der Ebene Chef BK/Chefs der Staats- und Senatskanzleien der Länder bereit und werde auch die in der Verständigung von 1987 vorgesehene „grundsätzliche" Teilnahme von Ländervertretern als „regelmäßige" Beteiligung verstehen, ohne sich jedoch auf die Teilnehmerzahl festlegen zu wollen. In diesem Sinne werde sich die Bundesregierung bei der Besprechung des Bundeskanzlers mit den Ministerpräsidenten der Länder äußern.

Auf Frage von BM Seiters stellte MDgt Dr. Duisberg klar, daß sich die Teilnahme an Delegationen auf die Beteiligung bei Verhandlungen über Verträge beziehe.

St Clement erwähnte die Beteiligung der Länder an den Kommissionen und bedauerte, daß bei der Besprechung im BMI über Medienfragen am 08.02. die Länder nicht beteiligt worden seien.[4] BM Seiters sagte zu, daß er in der Staatssekretärsbesprechung am 19.02., d.h. nach der Besprechung mit den Ministerpräsidenten, besonders auf die Beteiligung der Länder hinweisen und ein kurzgefaßtes Papier dazu vorlegen werde.

St Clement äußerte das besondere Interesse der Länder, auch an der Arbeitsgruppe des Kabinettausschusses „Deutsche Einheit" zu Fragen der Staatsstruktur und öffentlichen Ordnung beteiligt zu werden.

4. BM Seiters und St Clement erörterten kurz die Initiative der SPD zur Einrichtung eines gemeinsamen Ausschusses Bundesrat/Bundestag über Deutschland-Fragen.[5] BM Seiters

---

2 Als sogenannte A-Länder werden die von der SPD regierten Bundesländer, als sogenannte B-Länder die von der CDU bzw. der CSU regierten Bundesländer bezeichnet. Die Bezeichnungen sind in den sechziger Jahren in der Kultusministerkonferenz entstanden und finden seitdem allgemeine Verwendung. Dazu Gerhard Konow, Der Bundesrat und das Gleichgewicht zwischen Bund und Ländern. Anmerkungen zur und aus der Arbeit des Bundesrates von 1958 bis 1988, in: Rudolf Hrbek (Hg.), Miterlebt – Mitgestaltet. Der Bundesrat im Rückblick. Stuttgart 1989, 244–265, hier 251, 264.

3 Nr. 149A Anm. 3.

4 An den „deutsch-deutschen Mediengesprächen" zwischen einer Delegation der Bundesrepublik Deutschland unter Vorsitz von Staatssekretär Neusel und einer von dem stellvertretenden Regierungssprecher Bachmann geleiteten Delegation der DDR nahmen auch Vertreter der Bundesländer teil (Gemeinsame Erklärung über medienpolitische Zusammenarbeit mit der DDR, 8. Februar 1990, in: Bulletin. Nr. 24. 13. Februar 1990, 189; Ergebnisprotokoll über die Besprechung, 12. Februar 1990, mit Teilnehmerlisten: BArch, B 106/112266, SM 10 – 344 690–6/1 Bd. 2).

5 In einem Schreiben an die Präsidenten des Deutschen Bundestages und des Bundesrates hatte der Vorsitzende der SPD, Vogel, die Bildung eines „gemeinsamen Gremiums beider Verfassungsorgane" angeregt. Einer internen Stellungnahme des Bundeskanzleramtes zufolge war ein solches Gremium zwar im Grundgesetz nicht vorgesehen, aber auch nicht grundsätzlich ausgeschlossen. Es sei als „Kooperation auf freiwilliger Basis" denkbar und dürfte „keinerlei Entscheidungsbefugnisse besitzen". Seine Tätigkeit könnte jedoch „faktisch eine bindende Wirkung entfalten", außerdem „in der Verfassungspraxis leicht zu Unklarheiten und Schwierigkeiten führen" (Vorlage des Regierungsdirektors Lehnguth an Staatsminister Stavenhagen, 8. Februar 1990; BArch, B 136/20634, 22 – 35014 Lä 1 Bd. 4).

machte deutlich, daß dies nicht das richtige Gremium sein könne und insofern auch nicht im Interesse der Länder liege. St Clement vertrat die Meinung, daß es wichtiger sei zu klären, wie man gemeinsam verfahren solle, wenn die Einheit in Deutschland hergestellt werde. Er deutete an, daß der Antrag[6] zwar im Bundesrat behandelt würde, daß NRW aber nicht auf einen Beschluß drängen werde.

5. St Clement sprach schließlich noch die Frage der Beteiligung an den deutsch-deutschen Kommissionen an. MDgt Dr. Duisberg wies darauf hin, daß dies von Fall zu Fall geregelt sei, je nachdem, wie die Zuständigkeiten der Länder berührt würden; in den meisten bestehenden Kommissionen seien die Länder ohnehin bereits vertreten. St Clement erbat für das Treffen der Ministerpräsidenten eine Liste der bestehenden Kommission mit Angaben, wie jeweils die Länder beteiligt seien. BM Seiters sicherte dies zu.

Duisberg

Nr. 168
Schreiben des Vorsitzenden des Sachverständigenrats
zur Begutachtung der gesamtwirtschaftlichen Entwicklung, Schneider,
an Bundeskanzler Kohl
Wiesbaden, 9. Februar 1990

BK, 421 – 60000 Wi 3 Bd. 1. – Übermittlung per Telefax. Absender: Statistisches Bundesamt Wiesbaden, 9. Februar 1990, 11.46 Uhr. Mit Stempel: Vorzimmer Bundeskanzler, 9. Februar 1990. Hs. vermerkt: „H. Waigel bitte direkt u. in meinem Namen erledigen!! K[ohl]", in abweichender Handschrift: „hat Telefax erhalten 9/2".

Sehr verehrter Herr Bundeskanzler!

Mit Besorgnis verfolgt der Sachverständigenrat die jüngsten Überlegungen, die auf die baldige Einführung einer Währungsunion mit der DDR hindrängen. Den Kabinettsbeschluß vom 7. Februar[1] nehmen wir zum Anlaß, um Ihnen auf diesem Wege unsere Vorbehalte gegen eine rasche währungspolitische Integration zu übermitteln.

Zur Diskussion steht eine Währungsunion, mit der die Mark der Deutschen Notenbank durch die D-Mark ersetzt wird. Mit der Währungsunion verzichtet die DDR vollständig auf die Souveränität in der Geld- und Währungspolitik.

1. Wir halten die rasche Verwirklichung der Währungsunion für das falsche Mittel, um dem Strom von Übersiedlern Einhalt zu gebieten. Zweifellos bedarf es eines deutlichen Zeichens, das den Bewohnern der DDR Hoffnung auf eine nicht nur schnelle, sondern auch nachhaltige Besserung ihrer Lebensverhältnisse verheißt und sie veranlaßt, in ihrer Heimat zu bleiben. Dieses Zeichen sehen wir in der überzeugenden Ankündigung einer umfassenden Wirtschaftsreform, die ohne Verzug in Gang gesetzt wird; wir verweisen hierzu auf die Ausführungen in unserem Sondergutachten[2]. Die Erklärung des Bundeskabinetts, in der ausdrücklich auf die Verbindung von Währungsunion und Wirtschaftsreform hingewiesen wird, könnte den Weg dazu ebnen; dabei kommt es jedoch entscheidend auf die Abfolge der einzelnen Schritte an.

---

6 Antrag des Landes Nordrhein-Westfalen „Entschließung des Bundesrates zur Mitwirkung von Bundestag und Bundesrat am Zusammenschluß der beiden deutschen Staaten" (Bundesrat. Drucksache 105/90. 12. Februar 1990).

1 Nr. 161, insbes. Anm. 2.

2 Nr. 145 Anm. 11.

Die Währungsunion sollte nach unserer Auffassung nicht am Beginn stehen:

– Es kann nicht Sinn einer Währungsunion sein, die durch die jahrzehntelange Mißwirtschaft in der DDR aufgeblähten Geldbestände nunmehr im Zuge der Umwandlung in D-Mark in ihrer Kaufkraft aufzuwerten. Statt auf diese Weise Lasten des alten Wirtschaftssystems abzutragen, sollten verfügbare Mittel besser in die Neugestaltung der Wirtschaft investiert werden. In unserem Sondergutachten haben wir dafür plädiert, die Lösung für den Abbau des Geldüberhanges in erster Linie über den Verkauf von Sachwerten aus dem Staatsbesitz der DDR an die Sparer zu suchen, um deren Vermögenseinbuße so gering wie möglich zu halten.

– Es ist wohl unvermeidlich, daß die Einführung der D-Mark bei den Bürgern der DDR die Illusion erwecken muß, mit der Währungsunion sei auch der Anschluß an den Lebensstandard der Bundesrepublik hergestellt. Davon kann jedoch keine Rede sein; das Einkommen ist an die Produktivität gebunden, die bisher weit hinter der in der Bundesrepublik zurückbleibt. Die Erwartung, daß die Produktivität und mit ihr Löhne wie Renten bald erheblich steigen werden, ist wohlbegründet, allerdings müssen die Voraussetzungen dafür im realwirtschaftlichen Bereich geschaffen werden. Die Währungsunion kann dies nicht leisten.

– Die einheitliche Währung wird den Abstand der Einkommen schlagartig verdeutlichen, Forderungen nach einer Korrektur werden nicht auf sich warten lassen und schwerlich abzuweisen sein. Die Nominallöhne werden dann über die Zunahme der Produktivität hinaus ansteigen. Dies geht zu Lasten des Produktionsstandorts DDR, und der dringend erforderliche Kapitalzustrom aus dem Westen bleibt aus.

Der Druck auf die Bundesrepublik würde anwachsen, den Abstand der Einkommen (Löhne und Renten) durch einen „Finanzausgleich" zugunsten der DDR zu verringern. Riesige Belastungen kämen auf die öffentlichen Haushalte zu. Es wären nicht nur erhebliche Steuererhöhungen unvermeidlich, es würden vielmehr auch öffentliche Mittel in Transfers für konsumtive Verwendungen gebunden, die bei der Finanzierung von Maßnahmen zur Verbesserung der Infrastruktur fehlen müßten. Dies kann nicht im Interesse der Menschen in der DDR liegen, deren Chance in einem Anstieg der eigenen Leistungsfähigkeit liegt. Private und öffentliche Investitionen und nicht erhöhter Konsum sind dafür die Voraussetzung. Transfers könnten sogar die Bereitschaft untergraben, sich selbst anzustrengen.

– Das Argument, eine Währungsunion sei die Voraussetzung, um das Engagement privater Investitionen in der DDR in Gang zu setzen, steht auf schwachen Füßen. Stabile Währungsverhältnisse lassen sich in der DDR auch auf andere Weise herstellen. Eine rasche Zunahme der Investitionen setzt Reformen im realwirtschaftlichen Bereich voraus. Solange die Preisstruktur in der DDR verzerrt ist und die Bedingungen für Investitionen unklar bleiben, bewirkt eine Währungsunion eher das Gegenteil; die Standortqualität der DDR verschlechtert sich im Verhältnis zu Regionen in der Bundesrepublik.

Es kann nicht ausbleiben, daß die Hoffnungen enttäuscht werden, die an die Währungsunion geknüpft werden und die mit dieser auch bewußt gefördert werden sollen. Greift die Ernüchterung aber um sich, wird der Strom der Übersiedler erst recht anschwellen.

2. Mit einer raschen Währungsunion werden Anpassungsprozesse in Gang gesetzt, die die Produktion und die Beschäftigung in der DDR beeinträchtigen können. Das Produktangebot in der DDR entspricht hinsichtlich Quantität und Qualität vielfach nicht den Wünschen der Menschen. Die Konsumenten, die mit der D-Mark eine konvertible Währung erhalten, werden verstärkt Nachfrage nach Konsumgütern in der Bundesrepublik oder im westlichen Ausland ausüben. Es fließt Kaufkraft aus der DDR-Wirtschaft ab. Die Unter-

nehmen der DDR werden schlagartig einer internationalen Konkurrenz ausgeliefert, der sie gegenwärtig nicht gewachsen sind. Die Erträge der DDR-Unternehmen schrumpfen. Da sie ihre Produkte noch schwerer veräußern können, werden Produktion und Produktivität der Unternehmen sinken. Dies bleibt nicht ohne Rückwirkung auf die Einkommen und die Beschäftigung, diese werden ebenfalls schrumpfen. Dem kurzfristigen Vorteil, daß die Menschen mit der Einführung der D-Mark in der DDR Zugang zu westlichen Märkten erhalten, wird alsbald der Rückschlag folgen, daß mit der tatsächlichen Verwendung dieser Einkommen für Käufe im Westen die eigene Einkommensbasis geschmälert wird. Abwanderungsbewegungen kommen wieder stärker in Gang.

Diese Effekte wären nur zu vermeiden, wenn die Unternehmen der DDR bereits an Konkurrenzfähigkeit gewonnen hätten. Die Mindestvoraussetzung dafür ist eine Unternehmensreform, die die Unternehmen in die Lage setzt, auf die Anforderungen des Marktes flexibel zu reagieren. Eine weitere dringliche Voraussetzung ist die Gewerbefreiheit, die es neuen Unternehmen ermöglicht, an die Märkte zu drängen und den Konsumwünschen der Menschen Rechnung zu tragen.

3. Mit einer der Preisreform voraneilenden Währungsunion würde es zu erhöhten Ineffizienzen im Güteraustausch der DDR kommen. Die derzeitigen Preisverzerrungen sind dadurch bedingt, daß die Preise der Güter in der DDR aufgrund vielfältiger staatlicher Eingriffe nicht in Einklang mit den Produktionskosten stehen. Mit der Währungsunion würden sich die Handelsströme an den verzerrten Marktpreisrelationen ausrichten. Noch häufiger als bisher würden DDR-Unternehmen Produkte ausführen, die im Vergleich zum Ausland teuer produziert und nur durch Subventionen konkurrenzfähig gemacht werden. Wo in der DDR auf Produkten hohe Abgaben lasten, wird es zu Importen kommen, auch wenn die Produkte von den Kosten her in der DDR vergleichsweise billig produziert werden könnten. Derartige Exporte und Importe gegen das Kostengefälle, die nur aufgrund der verzerrten Preisrelationen entstehen, bedeuten, daß die DDR im Außenhandel nicht Vorteile erzielt, sondern Nachteile erleidet.

Diese Fehlentwicklungen können nur durch eine schnelle Preisreform in der DDR vermieden werden. Die Preise müssen an die volkswirtschaftlichen Kosten angepaßt werden, und es müssen Preismechanismen eingeführt werden, die neuerliche Preisverzerrungen wirksam verhindern.

4. Wir verkennen keineswegs die Bedeutung der Währungspolitik im wirtschaftlichen Integrationsprozeß der beiden deutschen Staaten. Im Gegenteil, wir haben uns in unserem Sondergutachten dafür ausgesprochen, die Konvertibilität in weiten Bereichen möglichst rasch zu verwirklichen und die volle Konvertibilität als Ziel nicht in allzu weite Ferne zu rücken. Die Maßnahmen der Währungspolitik müssen jedoch im Kontext mit der grundlegenden Reform des Wirschaftssystems der DDR stehen. Ein Vorpreschen in der Währungspolitik halten wir für einen ungeeigneten Weg. Es könnte zudem – da es Illusionen auf Gesundung ohne eigene wirtschaftspolitische Anstrengungen weckt – die Bereitschaft zu Reformen in der DDR zumindest vorübergehend schwächen.

5. Die Währungsunion müßte keineswegs am Ende des wirtschaftlichen Integrationsprozesses der beiden deutschen Staaten stehen. Sobald das Problem des Geldüberhanges gelöst, die Reform der Preisbildung gut vorangekommen und die Preisstruktur an die Bedingungen des Weltmarktes angepaßt, das Banken- und Kreditsystem auf die Bedingungen der Marktwirtschaft ausgerichtet und die übrigen Reformvorhaben auf den Weg gebracht sind, kann man auch in der Währungspolitik mutiger sein, zumal die Notenbank der DDR dann Zeit gehabt hat, sich an die Bedingungen eines festen Wechselkurses zur D-Mark und zunehmender Konvertibilität anzupassen. Über die dann notwendigen Maßnahmen mag man frühzeitig verhandeln, sie schon in absehbarer Zeit zu ergreifen, erscheint uns als ein Weg, der nicht zum gewünschten Erfolg führen kann.

Die Abwanderungen aus der DDR lassen sich nur dadurch verhindern, daß die Menschen eine glaubwürdige Perspektive für eine baldige und nachhaltige Verbesserung ihres Lebensstandards erhalten. Die Grundvoraussetzung dafür besteht in der fundamentalen Transformation des Wirtschaftssystems der DDR in eine marktwirtschaftliche Ordnung. Die einzelnen Elemente einer solchen Reform haben wir in unserem Sondergutachten dargestellt. Nichts ist bisher in der DDR geschehen, was als sichtbares Zeichen eines wirklichen Neubeginns gewertet werden könnte. Halbherzige Maßnahmen wie das Joint-venture-Gesetz[3] belegen, daß die gegenwärtige Führung in der DDR sich noch nicht wirklich zu einer marktwirtschaftlichen Umgestaltung der Wirtschaft durchgerungen hat. Es überrascht bei dieser Entwicklung nicht, daß sich der Strom der Abwanderungen fortgesetzt hat.

Was an Reformschritten in der DDR bislang unterblieben ist, kann nicht durch eine Währungsunion ausgeglichen werden. Eine Währungsunion, die sich nicht im Gleichschritt mit dem grundlegenden Umbau des Wirtschaftssystems in der DDR vollzieht, verursacht lediglich Kosten, ohne die wirtschaftlichen Aussichten für die Menschen auf eine tragfähige, bessere Basis zu stellen. Der Übersiedlerstrom läßt sich dadurch nicht dauerhaft eindämmen. Priorität muß daher die Wirtschaftsreform in der DDR haben, nicht aber die Währungsunion.

In der Bundesrepublik wird diskutiert, ob das Aufnahmeverfahren eingestellt und Finanzleistungen reduziert werden sollten. Auf diesem Wege soll Zuwanderungen entgegengewirkt werden. Wir halten das für den gänzlich falschen Weg. Die Diskussion solcher Maßnahmen wird die Ausreisewilligen in der DDR, die bislang noch mit der Ausreise zögern, erst recht zur baldigen Übersiedlung bewegen. Nicht weniger, sondern mehr Übersiedler sind zu erwarten. Würde man den Menschen in der DDR im Gegenteil versichern, daß sie auch in Zukunft mit Hilfen in der Bundesrepublik rechnen können, wird dies viele bewegen, vorerst in der DDR zu bleiben und die weitere Entwicklung dort abzuwarten. Wird die Zeit für Reformen wirklich genutzt, werden sich dann viele entscheiden, doch in der DDR zu bleiben.

Genehmigen Sie, hochverehrter Herr Bundeskanzler, den Ausdruck meiner vorzüglichen Hochachtung

Ihr
H.K. Schneider

---

3 Nr. 142 Anm. 6.

Nr. 169
Schreiben des Staatssekretärs Köhler an Ministerialdirigent Duisberg
Bonn, 9. Februar 1990

BArch, B 136/20579, 221 – 35014 Ge 33 Bd. 1. – Weitere Adressaten des Rundschreibens: BMWi, St von Würzen, MD Becker, MR Schnurr; Bundeskanzleramt, MD Wagner, MR Ludewig.

Sehr geehrte Herren,

in der Anlage übersende ich das heute nachmittag abgestimmte Papier „Angebot zur Schaffung eines gemeinsamen Wirtschafts- und Währungsgebiets"[1] mit folgenden eingearbeiteten Änderungswünschen von Professor Dr. Schlesinger.
– Ziff. III. b) drittes Tiret
„Schaffungen der Voraussetzungen für einen funktionsfähigen Kapitalmarkt";
– Ziff. III. e) zweites Tiret
„Fragen der Rentenversicherung".
Ich empfehle, diesen Änderungen zuzustimmen.

Mit freundlichen Grüßen
H. Köhler

Nr. 169A
Angebot zur Schaffung eines gemeinsamen Wirtschafts- und Währungsgebiets

I. Angebot zur Schaffung eines ⟨gemeinsamen Wirtschafts- und Währungsgebiets⟩[2]
Die Bundesregierung macht der Regierung der DDR das Angebot, ⟨ein gemeinsames Wirtschafts- und Währungsgebiet⟩[3] zu schaffen. Dieses Angebot besteht im Kern aus zwei Teilen:
1. Zu einem Stichtag wird die Mark der DDR als Währungseinheit und gesetzliches Zahlungsmittel durch die D-Mark ersetzt.
2. Zeitgleich müssen von der DDR die notwendigen rechtlichen Voraussetzungen für die Einführung einer sozialen Marktwirtschaft (Rechtsangleichung auf den zentralen Feldern der Wirtschaftsordnung) geschaffen sein.
Beide Elemente stehen für die Bundesregierung in einem unauflösbaren Zusammenhang.

II. Die Chancen
Diese marktwirtschaftliche Reform ist die grundlegende Voraussetzung, um die bisherigen wirtschaftlichen Schwierigkeiten der DDR zu beseitigen, insbesondere die Versorgungsmängel rasch zu überwinden, den erforderlichen Zustrom privaten Kapitals zu ermöglichen und neue zukunftsträchtige Arbeitsplätze zu schaffen.
Dieser Weg verlangt große Anpassungen und Anstrengungen. Der notwendige Strukturwandel in der DDR kann dort vorübergehend den Verlust von Arbeitsplätzen verursachen, führt aber gleichzeitig zu zusätzlicher Beschäftigung und zusätzlichen Einkommen. Bei entschlossenem Handeln überwiegen die Chancen bei weitem die Risiken.

---

1 Nr. 169A.
2 ⟨ ⟩ In einer späteren, bis auf drei Korrekturen dieser Art wortidentischen Fassung korrigiert in: „einer Währungsunion und Wirtschaftsgemeinschaft" (hs. korrigierte Seite der ursprünglichen Fassung und Reinschrift der Neufassung: BArch, B 136/20579, 221 – 35014 Ge 33 Bd. 1).
3 ⟨ ⟩ Ebd. korrigiert in: „eine Währungsunion und Wirtschaftsgemeinschaft".

III. Das Verfahren

Die Bundesregierung schlägt der Regierung der DDR sofortige Verhandlungen zur Schaffung ⟨eines gemeinsamen Wirtschafts- und Währungsgebietes⟩[4] vor. Zu diesem Zweck wird eine gemeinsame Kommission gebildet, die unverzüglich Gespräche insbesondere zu folgenden Fragen aufnimmt:

a) Umfassende Bestandsaufnahme der erforderlichen finanziellen Daten und Fakten in der DDR (z. B. innere und äußere Verschuldung der DDR, Geldumlauf, Staatshaushalt, Lage der Unternehmen).

b) Währungsfragen
   - rechtliche und institutionelle Voraussetzungen für die Übertragung der Regelungen des Bundesbankgesetzes[5] und der Beschlüsse des Zentralbankrats auf die DDR,
   - Schaffung eines zweistufigen Bankensystems in der DDR, Zulassung von privaten Banken, Bankaufsicht, Schaffung der Voraussetzungen für einen funktionsfähigen Kapitalmarkt.

c) Durchführung der Wirtschaftsreform
   - Herstellung einer umfassenden Gewerbefreiheit mit Verlagerung der Entscheidungskompetenz auf Unternehmen und Private,
   - Reform der Eigentumsordnung,
   - zügige marktwirtschaftliche Reform des Preis- und Lohnsystems und Abbau von Subventionen,
   - Herstellung einer effektiven Wettbewerbsordnung, Einführung eines liberalen Außenwirtschaftsrechts.

d) Finanzen
   - Umstellung des Staatshaushalts auf die Anforderungen einer marktwirtschaftlichen Ordnung (u. a. mit rechtlicher Verselbständigung der Staatsbetriebe),
   - Einführung eines leistungsgerechten und investitionsfördernden Steuer- und Abgabensystems,
   - Übergangslösungen in Form pauschalierter Abgaben und Steuern.

e) Soziale Absicherung
   - Einführung einer Arbeitslosenversicherung (einschließlich der notwendigen Instrumente zur Qualifizierung der Arbeitnehmer),
   - Fragen der Rentenversicherung.

---

4 ⟨ ⟩ Ebd. korrigiert in: „einer Währungsunion und Wirtschaftsgemeinschaft".
5 Gesetz über die Deutsche Bundesbank vom 26. Juli 1957 (BGBl. 1957 I, 745–755) in der zuletzt am 24. April 1986 geänderten Fassung (zu den bis dahin vorgenommenen Änderungen: Fundstellennachweis A 1989, 225).

Nr. 170
Schreiben des Präsidenten Bush an Bundeskanzler Kohl
9. Februar 1990

BK, 21 – 30100 (102) Br 8 (VS) Bd. 27a, Bl. 148/0–148/1. – Zweites von 2 Exemplaren. Az. 21 – 35400 – De 26/1/90. Geheim. Mit Stempel: 002790, BK-Amt, FS-Zentrale, 9. Februar 1990, 16.19 Uhr. Hs. vermerkt: „zdA T[eltschik] 9/2".

Dear Helmut:

I know you will be hearing before your talks with Gorbachev[1] about the details of Jim Bakers discussions with the Soviets on the future of Germany, and we will have an opportunity to sit back and talk at length about some of these issues when you join me at Camp David later this month[2]. But, as you know so well, the pace of events lately has been accelerating, and I wanted to share with you, directly, some of my thoughts about Germany and Europe's future.

As you predicted when we last talked on the phone,[3] the situation in the GDR seems to be deteriorating quickly, forcing the pace of unification. I know this was not your preference. Still, these new developments do not alter the complete readiness of the United States to see the fulfillment of the deepest national aspirations of the German people. If events are moving faster than we expected, it just means that our common goal for all these years of German unity will be realized even sooner than we had hoped.

As unification comes ever closer to being a reality, people will be talking more and more about the role and responsibilities of the Four Powers. Let me tell you my attitude toward this question. After the end of the second world war, going back to the time of the occupation, the main American goal for your nation was to aid in the creation of a new Germany wedded to democratic values, part of what I have called the Commonwealth of free nations. Our legal rights in Germany, and in Berlin, were all aimed at protecting this objective and those values. As I see it, no one can doubt the strength and vitality of the Federal Republic's democratic institutions. So, whatever the formal legal role of the Four Powers may be in recognizing the freely expressed will of the German people, I want you to understand that the United States will do nothing that would lead your countrymen to conclude that we will not respect their choice for their nation's future. In no event will we allow the Soviet Union to use the Four Power mechanism as an instrument to try to force you to create the kind of Germany Moscow might want, at the pace Moscow might prefer.

I would also like to confirm again to you my view of the role of a unified Germany in the Western alliance. Naturally, this is again something for the German people, and its elected representatives, to decide. So I was deeply gratified by your rejection of proposals for neutrality[4] and your firm statement that a unified Germany would stay in the North Atlantic alliance. In this connection I endorse the idea put forward that a component of a united Germany's membership in the Atlantic alliance could be a special military status for what is now the territory of the GDR. We believe that such a commitment could be made compatible with the security of Germany, as well as of its neighbours, in the context of substantial, perhaps ultimately total, Soviet troop withdrawals from Central and Eastern Europe.

---

1   Nr. 174 und Nr. 175.
2   Nr. 192 – Nr. 194.
3   Vermutlich war das Telefongespräch zwischen Bundeskanzler Kohl und Präsident Bush am Wochenende des 27./ 28. Januar 1990 gemeint (Teltschik, 329 Tage, 117); Vermerk über das Telefonat in der Registratur des Bundeskanzleramtes nicht zu ermitteln.
4   Der in der deutschlandpolitischen Konzeption des Ministerpräsidenten Modrow enthaltene Vorschlag militärischer Neutralität von Bundesrepublik Deutschland und DDR „auf dem Weg zur Föderation" (Nr. 156 Anm. 2) war von Bundeskanzler Kohl in einer Presseerklärung „strikt" abgelehnt worden. Ein „vereinigtes Deutschland im Herzen Europas" dürfe „nicht eine Sonderstellung einnehmen und damit isoliert werden" (Pressemitteilung Nr. 52/90. 1. Februar 1990; BPA/PA, F 1/25).

In support of your position, I have said I expect that Germany would remain as a member of NATO, while noting that NATO will have a changing mission, with more emphasis on its original political role. I know we also agree that the presence of American forces on your territory and the continuation of nuclear deterrence are critical to assuring stability in this time of change and uncertainty.

Even if, as we hope, the Soviet Union withdraws all its troops from Eastern Europe, it will still remain far and away the most powerful single military power in Europe. U.S. troops in Germany, and elsewhere on the continent, backed by a credible deterrent, must in my view continue to help preserve the security of the West as long as our allies desire our military presence in Europe as part of the common defense. As our two countries journey together through this time of hope and promise, we can remain confident of our shared ability to defend the fruits of freedom. Nothing Mr. Gorbachev can say to Jim Baker or to you can change the fundamental fact of our deep and enduring partnership.

Let me finally say how much I understand the challenges you have had to face over the last few months, and how much I admire the way you, as a leader, have met them. Barbara and I look forward to seeing you and Hannelore in a few weeks.

Sincerely,
George Bush

Nr. 171
Schreiben des Präsidenten Bush an Bundeskanzler Kohl
White House, 9. Februar 1990

BK, 212 – 30132 A 5 Am 31 Bd. 2. – Vorlage des Majors i.G. Domröse über Chef BK an den Bundeskanzler, 12. Februar 1990 (mit Paraphe „T[eltschik] 12"): „Betr.: Schreiben des amerikanischen Präsidenten George Bush an Sie, hier: Arbeitsübersetzung". Mit Stempel: Der Leiter des Kanzlerbüros, 13. Februar 1990. Hs. von Bundeskanzler Kohl vermerkt: „erl."

Lieber Helmut,

ich habe unser gemeinsames Essen in Brüssel[1] genossen. Unser fortgesetzter, enger Meinungsaustausch, der in diesen schnell ablaufenden Zeiten entscheidend ist, ist auch eine persönliche Freude.

Ich habe mich über Ihren freundlichen Brief vom 14. Dezember[2] gefreut und entschuldige mich für diese späte Antwort. Ihre Worte der Unterstützung in meinem ersten Amtsjahr und Ihre Bereitschaft zu weiteren tiefergehenden deutsch-amerikanischen Beziehungen sind herzlich aufgenommen worden.

Ich freue mich, mit Ihnen im kommenden Jahr eng zusammenzuarbeiten und die engen Bindungen zwischen unseren Ländern auszuweiten.

Barbara und ich danken Ihnen und Hannelore für die Urlaubsgrüße und das beigefügte Foto. Vielen Dank auch für den großartigen deutschen Wein und das Fleisch. Mein Dank wäre unvollständig, wenn ich in ihn nicht besonders die wunderbare deutsche Uhr einschlösse. Sie ist ein sichtbares Zeichen unserer Freundschaft.

Mit unseren herzlichsten Wünschen für Sie und Hannelore,
Ihr
George Bush
P.S.: Ich freue mich sehr auf unser Treffen in Camp David.[3]

---

1 Nr. 109.
2 Schreiben in der Registratur des Bundeskanzleramtes nicht zu ermitteln.
3 Nr. 192 – Nr. 194.

Nr. 172
Gesprächspunktation der Abteilung 2 für Bundeskanzler Kohl
ohne Datum

BK, 211 – 31070 Si 23 Bd. 4. – Hs. von Bundeskanzler Kohl vermerkt: „Teltschik erl." Hs. vermerkt: „H. Dr. Kaestner. D[omröse] 13/2" sowie „zdA (BK-Besuch Moskau). K[aestner] 14/2".

Sicherheitsbedürfnisse europäischer Nachbarn, insb. der UdSSR
(Stichworte AM Schewardnadses unterlegt)

– Uns voll und ganz bewußt, daß Perspektive eines geeinten Deutschlands bei unseren europäischen Partnern, insbesondere unseren Nachbarn, zu Fragen und Besorgnissen führen kann. Deren Gründe und Motive durchaus unterschiedlich – wir nehmen alle sehr ernst!

– AM Schewardnadse hat sowjetische Interessen, Sorgen und auch Warnungen mehrfach ausführlich dargelegt, insbesondere in Brüsseler Rede[1]
   ⟨= Fragekatalog so umfassend, daß nicht alle Aspekte schon heute beantwortet werden können.⟩[2]
   = Einige Fragen verlangen vertieftes Studium durch Experten.
   = Wir auch nicht befugt, für andere Europäer zu sprechen.
   Unter diesen Prämissen begrüßen wir in heutigem Gespräch ersten Durchgang mit sowjetischer Führung.

– Wir verstehen sowjetischen Wunsch nach Garantien
   = im Sinne ⟨berechtigter sowjetischer Sicherheitsinteressen und gesamteuropäischer Stabilität.⟩[3]
   = nicht als Forderung von einseitigen Vorteilen oder einem Droit de regard.

– Frage nach Garantien muß umfassend gestellt werden.
   = ⟨Innenpolitisch: 40 Jahre politische, wirtschaftliche und soziale Stabilität der Bundesrepublik Deutschland. Freiheitlich-sozialer Rechtsstaat.⟩[4]
   Künftiges Deutschland föderaler Staat mit ausgewogener Struktur, keine Dominanz eines Landes (wie früher Preußen), Verfassungs-, Rechts-, Rechtswegestaat. Kein „Viertes Reich".
   = ⟨Außenpolitisch: 40 Jahre beständige und berechenbare Außenpolitik, Bündnistreue, europäische Integration.⟩[5]
   = Juristisch: ⟨Wir bereit, über völkerrechtliche Regelungen zu sprechen – dabei eindeutige Präferenz KSZE-Prozeß.⟩[6]
   = Materiell (hier sollte sowjetische Seite zunächst erläutern).
   = Militärisch: Zu bestimmen im gesamteuropäischen Rahmen sowie durch ⟨Abrüstung und Rüstungskontrolle.⟩[7] Wir in diesem Rahmen bereit zu weitreichenden vertrauensbildenden Maßnahmen sowie zu Verhandlungen über Umfang künftiger deutscher Streitkräfte.

---

1 Nr. 131.
2 ⟨ ⟩ Hs. unterstrichen und am linken Rand vermerkt: „Ja"; zu den hs. Hervorhebungen und Anmerkungen des Bundeskanzlers Kohl hier und im folgenden: Faksimile S. 789–792.
3 ⟨ ⟩ Hs. unterstrichen und am linken Rand vermerkt: „Ja".
4 ⟨ ⟩ Hs. am linken Rand vermerkt: „Ja".
5 ⟨ ⟩ Hs. am linken Rand vermerkt: „Ja".
6 ⟨ ⟩ Hs. unterstrichen und am linken Rand vermerkt: „Ja Ja".
7 ⟨ ⟩ Hs. unterstrichen und am linken Rand vermerkt: „Ja".

= Wirtschaftlich: ⟨Kein Autarkiedenken, sondern weltweite Exportinteressen⟩[8], Importabhängigkeit von Rohstoffen, Bereitschaft zu umfassender Kooperation gerade auch mit SU.

= Psychologisch: Deutsche haben aus Geschichte gelernt, kein Revanchismus, keine Feindbilder, statt dessen Versöhnung.
Beispiel: F, Israel, Polen.

– ⟨Unverletzlichkeit der Grenzen: Wir bekennen uns zu KSZE-Schlußakte und Moskauer Vertrag und sind bereit, Verpflichtung,

„… die territoriale Integrität aller Staaten in Europa in ihren heutigen Grenzen uneingeschränkt zu achten",

sowie Erklärung,

„daß sie keine Gebietsansprüche gegen irgend jemand haben und solche auch in Zukunft nicht erheben werden",

in geeigneter Form auf geeintes Deutschland überzuleiten (Präferenz: KSZE-Rahmen).⟩[9]

reaktiv – auf Vorhaltung wegen BVerfG-Urteil:

– Bei Abschluß des Moskauer Vertrags für beide Seiten klar, daß Friedensregelung noch ausstand und Bundesrepublik Deutschland nur im eigenen Namen abschloß. Nur dies hat BVerfG festgestellt.[10] Notwendig also Rechtsakt im Sinne „lex posterior". Interviews und Tischreden genügen dazu nicht!

– Europäische Friedensregelung/Friedensvertrag: Von uns allein selbstverständlich nicht zu beantworten. Ausgangspunkt Potsdam: Dies kein Friedensvertrag, keine Friedensregelung, vielmehr ausdrücklich vorbehalten.
SU und Verbündete haben nach Moskauer/Warschauer Vertrag sowie KSZE-Schlußakte Linie vertreten, dies sei Friedensregelung.
Wir damals nicht einverstanden, weil in weiten Teilen Europas Menschenrechte mißachtet und dem deutschen Volk – wie auch anderen Völkern – Recht auf freie Selbstbestimmung verweigert.
Heute andere Lage. Wir für konstruktiven Meinungsaustausch im Blick auf KSZE-II-Gipfel.

– Organische Verbindung der Interessen und Schicksale der europäischen Staaten ist auch unser fundamentales Interesse. Gerade deshalb Lösung der deutschen Frage nur unter europäischem Dach.
Im übrigen: SU und USA/Kanada gehören zu Europa.

– Militärische Strukturen eines „nationalen deutschen Gebildes" bestimmt durch:

= Sicherheitsstruktur des künftigen Gesamteuropas; dabei für Deutsche Schutz und Solidarität im Bündnis unverzichtbar.

= Prozeß der Abrüstung und Rüstungskontrolle – Ziel: niedriges Niveau, defensive Ausrichtung.

= Weitergehende Vereinbarungen, die wir freiwillig übernehmen, darunter Verzicht auf ABC-Waffen auch seitens des künftigen geeinten Deutschlands.

– Militärische Doktrin: Wie bei heutiger Bundeswehr rein defensiv (vgl. Seminar Wien[11]).
Wir für weitere vollständige Integration deutscher Streitkräfte in Bündnisstruktur.

---

8 ⟨ ⟩ Hs. unterstrichen, am linken Rand vermerkt: „Ja", dazu oben auf der Seite vermerkt: „COCOM-Liste, langfristige Lieferbindung DDR-Sowjetunion > BRD tritt ein".
9 ⟨ ⟩ Hs. am linken Rand angestrichen und vermerkt: „Vereinig. BRD DDR Berlin".
10 Nr. 107 Anm. 3 und Nr. 124 Anm. 8.
11 Gemeint war das Seminar über Sicherheitskonzepte und Militärdoktrinen vom 16. Januar bis 5. Februar 1990 in Wien, das im Rahmen der Verhandlungen über Vertrauens- und Sicherheitsbildende Maßnahmen stattfand.

- Entmilitarisierung eines geeinten Deutschlands lehnen wir ab.
Politisch-militärisches Vakuum im Herzen Europas liegt in niemandes Interesse. Geeintes Deutschland muß deshalb [wie] jeder souveräne Staat über eigene Streitkräfte verfügen und bündnisfähig bleiben.

- Neutraler Status: Diesbezüglicher Vorschlag MP Modrows[12] zeugt vom „alten Denken" und widerspricht der Logik des gesamteuropäischen Prozesses, der darauf angelegt ist, überholtes Blockdenken zu überwinden und Zusammenwachsen aller europäischen Staaten in Strukturen gleicher Sicherheit zu gewährleisten.

- Anwesenheit alliierter Truppen auf deutschem Boden, Zukunft der militärischen Verbindungsstellen: Wir einverstanden, daß auf Basis grundsätzlicher Gegenseitigkeit Streitkräfte anderer Bündnispartner auf deutschem Territorium stationiert werden – jedoch keine Dislozierung östlich der bisherigen innerdeutschen Grenze.
Auf Zusatzfrage:
Für Übergangszeit könnten auch sowjetische konventionelle Truppen auf Gebiet der heutigen DDR stationiert werden.
Darüber hinaus multinationale Verbände mit allen Nachbarn.

- Vier-Mächte-Abkommen von 1971[13] ist für uns unverändert feste Grundlage der geltenden Berlin-Regelungen. Wir halten unverbrüchlich daran fest, solange keine neue Vereinbarung getroffen wird. Hinweis: Berlin-Initiative Präsident Reagans 1987![14]

- Beitrag des „deutschen Gebildes" zur Überwindung der Spaltung Europas
  = Beseitigung [von] Diskriminierungen: Wir wirken nachhaltig auf COCOM-Reform hin. USA dazu bereit.
  = Einheitlicher Rechtsraum: Wir plädieren nachdrücklich für europäischen Menschenrechtsraum:
    ==) KSZE-Menschenrechtskonferenzen Kopenhagen 1990/Moskau 1991;
    ==) Erweiterung des Europarats (SU-Parlamentarier geladene Gäste in Parlamentarischer Versammlung, Ungarn und Polen Beitrittskandidaten);
    ==) gesamteuropäisches Menschenrechtsinstitut.
  = Umwelt: BK-Initiative Münchener Umweltkonferenz 1984[15] („in politisch schwieriger Zeit"), Vorschlag eines gesamteuropäischen Umweltrates (10-Punkte-Plan)[16].
  = Kultur: Symposium über kulturelles Erbe Krakau 1991 deutsch-polnische Initiative.
  = Information: KSZE-Informationsforum London.[17]

- Radikale Umgestaltung der wirtschaftlichen und anderen Kontakte eines geeinten Deutschlands zu Osteuropa: Wir wollen nicht „umgestalten", sondern sowohl bilateral wie im Rahmen der EG wie im Rahmen des KSZE-Prozesses (Bonner Wirtschaftskonferenz!)[18] Zusammenarbeit auf allen Gebieten intensivieren.

---

12 Nr. 156 Anm. 2.
13 Nr. 2 Anm. 25.
14 Nr. 9 Anm. 5.
15 Auf Einladung der Bundesregierung tagte vom 24.–27. Juni 1984 in München die Multilaterale Konferenz über Ursachen und Verhinderung von Wald- und Gewässerschäden durch Luftverschmutzung in Europa (Bulletin. Nr. 130. 29. November 1983, 1184; Nr. 79. 30. Juni 1984, 697–704).
16 Nr. 101 Anm. 14.
17 Das Informationsforum in London fand vom 18. April bis 12. Mai 1989 statt (Erklärungen des Delegationsleiters der Bundesrepublik, Botschafter Graf zu Rantzau, 19. April und 11. Mai 1989, in: Bulletin. Nr. 37. 25. April 1989, 317–319; Nr. 48. 20. Mai 1989, 429).
18 Nr. 227 Anm. 1.

[handschriftliche Unterschrift]

Sicherheitsbedürfnisse europäischer Nachbarn, insb. der UdSSR
(Stichworte AM Schewardnadses unterlegt) *[handschriftliche Notiz]*

- Uns voll und ganz bewußt, daß <u>Perspektive eines geeinten Deutschlands</u>
  bei unseren europäischen Partnern, insbesondere unseren Nachbarn, zu
  <u>Fragen und Besorgnissen</u> führen kann. Deren Gründe und Motive durchaus
  unterschiedlich - wir nehmen alle sehr ernst! *[hs. Notiz: + dA]*

  [hs. Notiz: CBK-...]
- <u>AM Schewardnadse</u> hat sowjetische Interessen, Sorgen und auch Warnungen
  mehrfach ausführlich dargelegt, insbesondere in <u>Brüsseler Rede.</u> *[hs. Notiz: Moskau]*
  = <u>Fragekatalog so umfassend</u>, daß nicht alle Aspekte schon heute beant-
    wortet werden können.
  = Einige Fragen verlangen vertieftes Studium durch Experten.
  = Wir auch nicht befugt, für andere Europäer zu sprechen.
  Unter diesen Prämissen begrüßen wir in heutigem Gespräch ersten Durchgang mit sowjetischer Führung.

- Wir verstehen sowjetischen Wunsch nach Garantien
  = im Sinn <u>berechtigter sowjetischer Sicherheitsinteressen</u> und gesamt-
    <u>europäischer Stabilität.</u>
  = <u>nicht</u> als <u>Forderung von einseitigen Vorteilen oder</u> einem <u>Droit de</u>
    <u>Regard.</u>

- Frage nach Garantien muß umfassend gestellt werden.
  = <u>Innenpolitisch:</u> 40 Jahre politische, wirtschaftliche und soziale
    Stabilität der Bundesrepublik Deutschland. Freiheitlich-sozialer
    Rechtsstaat.
    Künftiges Deutschland föderaler Staat mit ausgewogener Struktur,
    keine Dominanz eines Landes (wie früher Preußen), Verfassungs-,
    Rechts-, Rechtswegestaat. Kein "Viertes Reich".
  = <u>Außenpolitisch:</u> 40 Jahre beständige und berechenbare Außenpolitik,
    Bündnistreue, europäische Integration.
  = <u>Juristisch:</u> Wir bereit, über <u>völkerrechtliche Regelungen zu</u>
    <u>sprechen</u> - dabei eindeutige Präferenz KSZE-Prozeß.
  = <u>Materiell</u> (hier sollte sowjetische Seite zunächst erläutern).
  = <u>Militärisch:</u> Zu bestimmen <u>im gesamteuropäischen Rahmen</u> sowie durch
    <u>Abrüstung und Rüstungskontrolle.</u> Wir in diesem Rahmen bereit zu
    weitreichenden <u>vertrauensbildenden Maßnahmen</u> sowie zu Verhandlungen
    über <u>Umfang künftiger deutscher Streitkräfte.</u>

...

0563

Gesprächspunktation mit hs. Notizen des Bundeskanzlers Kohl für das Gespräch mit Generalsekretär Gorbatschow am 10. Februar 1990 in Moskau.

BRD Gottlein # COCOM Liste Langfristige Lieferfähig 1972 - Sowjetunion

Ja

= Wirtschaftlich: Kein Autarkiedenken, sondern weltweite Exportinteressen, Importabhängigkeit von Rohstoffen, Bereitschaft zu umfassender Kooperation gerade auch mit SU.

= Phsychologisch: Deutsche haben aus Geschichte gelernt, kein Revanchismus, keine Feindbilder, stattdessen Versöhnung Beispiel: F, Israel, Polen.

Vereinig BRD DDR Berlin

- Unverletzlichkeit der Grenzen: Wir bekennen uns zu KSZE-Schlußakte und Moskauer Vertrag und sind bereit, Verpflichtung

  "... die territoriale Integrität aller Staaten in Europa in ihren heutigen Grenzen uneingeschränkt zu achten"

  sowie Erklärung

  "daß sie keine Gebietsansprüche gegen irgend jemand haben und solche auch in Zukunft nicht erheben werden"

  in geeigneter Form auf geeintes Deutschland überzuleiten (Präferenz: KSZE-Rahmen).

reaktiv - auf Vorhaltung wegen BVerfG-Urteil:

- Bei Abschluß des Moskauer Vertrags für beide Seiten klar, daß Friedensregelung noch ausstand und Bundesrepublik Deutschland nur im eigenen Namen abschloß. Nur dies hat BVerfG festgestellt. Notwendig also Rechtsakt im Sinn "Lex Posterior". Interviews und Tischreden genügen dazu nicht!

- Europäische Friedenregelung/Friedensvertrag: Von uns allein selbstverständlich nicht zu beantworten. Ausgangspunkt Potsdam: Dies kein Friedensvertrag, keine Friedensregelung - vielmehr ausdrücklich vorbehalten.

  SU und Verbündete haben nach Moskauer/Warschauer Vertrag sowie KSZE-Schlußakte Linie vertreten, dies sei Friedensregelung.

  Wir damals nicht einverstanden, weil in weiten Teilen Europas Menschenrechte mißachtet und dem deutschen Volk - wie auch anderen Völkern - Recht auf freie Selbstbestimmung verweigert.

  Heute andere Lage. Wir für konstruktiven Meinungsaustausch im Blick auf KSZE-II-Gipfel.

- 3 -

- Organische Verbindung der Interessen und Schicksale der europäischen Staaten ist auch unser fundamentales Interesse. Gerade deshalb Lösung der deutschen Frage nur unter europäischem Dach.

  Im übrigen: SU und USA/Kanada gehören zu Europa.

- Militärische Strukturen eines "nationalen deutschen Gebildes" bestimmt durch:
  = Sicherheitsstruktur des künftigen Gesamteuropas; dabei für Deutsche Schutz und Solidarität im Bündnis unverzichtbar.
  = Prozeß der Abrüstung und Rüstungskontrolle - Ziel: Niedriges Niveau, defensive Ausrichtung.
  = Weitergehende Vereinbarungen, die wir freiwillig übernehmen, darunter Verzicht auf ABC-Waffen auch seitens des künftigen geeinten Deutschlands.

- Militärische Doktrin: Wie bei heutiger Bundeswehr rein defensiv (vgl. Seminar Wien). Wir für weitere vollständige Integration deutscher Streitkräfte in Bündnisstruktur.

- Entmilitarisierung eines geeinten Deutschlands lehnen wir ab. Politisch-militärisches Vakuum im Herzen Europas liegt in niemandes Interesse. Geeintes Deutschland muß deshalb jeder souveräne Staat über eigene Streitkräfte verfügen und bündnisfähig bleiben.

- Neutraler Status: Diesbezüglicher Vorschlag MP Modrows zeugt vom "alten Denken" und widerspricht der Logik des gesamteuropäischen Prozesses, der darauf angelegt ist, überholtes Blockdenken zu überwinden und Zusammenwachsen aller europäischen Staaten in Strukturen gleicher Sicherheit zu gewährleisten.

- Anwesenheit alliierter Truppen auf deutschem Boden, Zukunft der militärischen Verbindungsstellen: Wir einverstanden, daß auf Basis grundsätzlicher Gegenseitigkeit Streitkräfte anderer Bündnispartner auf deutschem Territorium stationiert werden - jedoch keine Dislozierung östlich der bisherigen innerdeutschen Grenze.
  Auf Zusatzfrage:
  Für Übergangszeit könnten auch sowjetische konventionelle Truppen auf Gebiet der heutigen DDR stationiert werden.
  Darüber hinaus multinationale Verbände mit allen Nachbarn.

- 4 -

- Vier-Mächte-Abkommen von 1971 ist für uns unverändert feste Grundlage
  der geltenden Berlin-Regelungen. Wir halten unverbrüchlich daran fest,
  so lange keine neue Vereinbarung getroffen wird. Hinweis: Berlin-
  Initiative Präsident Reagans 1987!

- Beitrag des "deutschen Gebildes" zur Überwindung der Spaltung Europas
  = Beseitigung Diskriminierungen: Wir wirken nachhaltig auf COCOM-
    Reform hin. USA dazu bereit.
  = Einheitlicher Rechtsraum: Wir plädieren nachdrücklich für
    europäischen Menschenrechtsraum:
      ==) KSZE-Menschenrechtskonferenzen Kopenhagen 1990/Moskau 1991;
      ==) Erweiterung des Europarats (SU-Parlamentarier geladene Gäste
          in Parlamentarischer Versammlung, Ungarn und Polen Beitritts-
          kandidaten);
      ==) gesamteuropäisches Menschenrechtsinstitut.
  = Umwelt: BK-Initiative Münchener Umweltkonferenz 1984 ("in politisch
    schwieriger Zeit"), Vorschlag eines gesamteuropäischen Umweltrates
    (10-Punkte-Plan).
  = Kultur: Symposium über kulturelles Erbe Krakau 1991 deutsch-
    polnische Initiative.
  = Information: KSZE-Informationsforum London.

- Radikale Umgestaltung der wirtschaftlichen und anderen Kontakte eines
  geeinten Deutschlands zu Osteuropa: Wir wollen nicht "umgestalten",
  sondern sowohl bilateral, wie im Rahmen der EG, wie im Rahmen des KSZE-
  Prozesses (Bonner Wirtschaftskonferenz!) Zusammenarbeit auf allen
  Gebieten intensivieren.

Nr. 173
Schreiben des Außenministers Baker an Bundeskanzler Kohl
10. Februar 1990

BK, 212 – 35400 De 39 NA 1 Bd. 2. – Mit Briefkopf: „The Secretary of State, Washington".

Dear Mr. Chancellor:[1]

In light of your meeting with President Gorbachev, the President wanted me to brief you on the talks I've had in Moscow.[2] These were wide-ranging talks, concerning all parts of the US-Soviet agenda. I believe we've made significant progress in all parts of that agenda – arms control, regional issues, bilateral questions, human rights, and transnational matters. I'll have Ambassador Walters brief you on the details of our progress and the character of my extensive discussions with President Gorbachev and Minister Shevardnadze on the recent Plenum and the course of perestroika.

For now, I want to report to you about our discussions on German unification. Gorbachev and Shevardnadze were eager to raise this issue with me. I know it won't surprise you that they have concerns. While now accepting unification as inevitable, they outlined a number of concerns:

– They feared unification could create instability and uncertainty in Europe.
– They wondered about the depth of the German commitment to current borders, noting the German court's decision on the border question.
– They evidenced unease over the effect unification would have on any German leadership, saying reassuring statements from FRG leaders in the current setting might mean little in the context of a unified Germany.
– They emphasized that unification had to be managed and take account of its effects on European security, and that the lessons of history required that the Soviet Union not be passive observers of this process.

I responded that you were sensitive to their concerns, but that no one except the Germans could decide the fate of Germany. I told them that I agreed that unification was inevitable and that events were moving very rapidly in this regard. Indeed, that I expected the internal aspects of unification to proceed very quickly after the March 18 elections[3].

I suggested that the internal elements of unification were strictly a German matter. I observed, as you have, that external aspects of unification were a different matter, and that it was important to take into account the security concerns of others.

To that end, I suggested that a framework or mechanism should be developed to address the external aspects of unification. I said the „Four Powers" was an inappropriate mechanism because the Germans could never accept it.

Similarly, CSCE was far too unwieldy and cumbersome to constitute a timely mechanism for addressing the issue. (CSCE could, of course, sanction the result of the unification process, but couldn't be a near-term practical mechanism for helping to shape it.)

As a preliminary idea, I noted that a Two Plus Four arrangement – e.g., the two Germanys plus the four powers – might be the most realistic way to proceed. I said such a mechanism

---

1 Botschafter Blech übergab das Schreiben bei der Ankunft von Bundeskanzler Kohl in Moskau (Kohl, „Ich wollte Deutschlands Einheit", 268 f.; vgl. Baker, Drei Jahre, die die Welt veränderten, 184).
2 Außenminister Baker hielt sich vom 7.–10. Februar 1990 zu Gesprächen mit Außenminister Schewardnadse in Moskau auf (zu den Ergebnissen: Gemeinsame amerikanisch-sowjetische Erklärung, 10. Februar 1990, in: Amerika Dienst. Nr. 6. 14. Februar 1990, 6 S.). Am letzten Tag seines Aufenthalts traf er mit Generalsekretär Gorbatschow zusammen (Baker, Drei Jahre, die die Welt veränderten, 183 f.; Gorbatschow, Erinnerungen, 715 f.).
3 Dazu Nr. 145 Anm. 12.

could begin only after the March 18 elections, only after the process on the internal aspects of unification has begun, and only if the Germans accept it. I mentioned that I had discussed this with Genscher,[4] and he had said it was worth thinking about. I said I had not had a chance to discuss it personally with you, but you had been briefed on the idea.

Gorbachev evidenced some interest in this approach, even suggesting that he thought it might be „suitable for the situation". There was clearly no commitment on his part, and he may be inclined to raise either a variant of this idea or an entirely different approach with you. Whatever he chooses to do with you, I thought it important to outline his response to me.

There's one other point I raised with him, and here again his response was interesting. I told him that the FRG's leadership was strongly in favor of a unified Germany remaining in NATO and not being neutral. I explained that we agreed with this, and thought the Soviets should not reject such an outcome. In this regard, I mentioned that it was unrealistic to assume that a big, economically significant country like Germany could be neutral. And then I put the following question to him. Would you prefer to see a unified Germany outside of NATO, independent and with no US forces or would you prefer a unified Germany to be tied to NATO, with assurances that NATO's jurisdiction would not shift one inch eastward from its present position?

He answered that the Soviet leadership was giving real thought to all such options, and would be discussing them soon „in a kind of seminar". He then added: „Certainly any extension of the zone of NATO would be unacceptable." (By implication, NATO in its current zone might be acceptable.)

In short, I believe we had a very interesting exchange and one that suggests Gorbachev, at least, is not locked-in. While he clearly has real concerns about German unification – some of which may be related to the passions this issue evokes in the Soviet Union – he may well be willing to go along with a sensible approach that gives him some cover or explanation for his actions. I suspect that the combination of a Two Plus Four mechanism and a broader CSCE framework might do that. But it is obviously too early to know, and we'll have to see how the Soviet position evolves.

In any case, we will need to coordinate very closely. I'll look forward to comparing notes with you after your meeting.

Sincerely yours,
Jim
James A. Baker, III

4   Nr. 159 Anm. 1.

Nr. 174
Gespräch des Bundeskanzlers Kohl mit Generalsekretär Gorbatschow
Moskau, 10. Februar 1990

BK, 21 – 30130 S 25 – De 2/1/90, Bd. 20, Bl. 98–123. – Vermerk des MD Teltschik, 14. Februar 1990. Entwurf und 3 Ausfertigungen. Geheim. – Gesprächsdauer: 16.00 bis 18.30 Uhr.

Teilnehmer:
Tschernajew, Persönlicher Berater des Generalsekretärs
Horst Teltschik, Ministerialdirektor
zwei Dolmetscher

GS Gorbatschow begrüßte den Bundeskanzler. Sie würden sich in einer Zeit treffen, die es erforderlich mache, immer wieder zu Gesprächen zusammenzukommen, zu schreiben oder miteinander zu telefonieren. Er erinnere sich sehr oft an die Gespräche in Bonn.[1] Man lebe jetzt in einer besonders dynamischen Zeit, die mit sehr großen Veränderungen verbunden sei. Vor einiger Zeit habe es noch den Anschein gegeben, als würde alles noch in den Wolken schweben. Heute sei alles sehr aktuell. Die Feststellung, daß die persönliche Zusammenarbeit besonders eng sein müsse, sei deshalb ganz richtig gewesen. In der Sowjetunion befinde man sich jetzt immer in Spannung, um, wie es in einem russischen Sprichwort heiße, kein unnötiges Holz zu fällen.

Der Bundeskanzler bedankte sich für das freundliche Willkommen. Für ihn persönlich wie für beide handele es sich um ein sehr wichtiges Gespräch. Damit sei er einverstanden, fügte GS Gorbatschow hinzu. Er wolle an die Begegnung in Bonn anknüpfen, fuhr der Bundeskanzler fort. Sie hätten damals sehr gute Gespräche gehabt, die er sehr ernst genommen habe und heute fortsetzen wolle. Sie hätten in Bonn eine Gemeinsame Erklärung unterschrieben,[2] die nach wie vor Punkt für Punkt gelte. Man müsse jetzt die anstehenden Probleme in diesem Geiste lösen. In der Zwischenzeit seien viele Veränderungen eingetreten, nicht zuletzt durch die Aktivitäten des Generalsekretärs. In der Bundesrepublik herrsche über die Erfolge des Generalsekretärs und die Ergebnisse seiner Reformpolitik große Befriedigung. Er könne sich sehr gut vorstellen, was vor und während des ZK-Plenums[3] hinter den Kulissen alles losgewesen wäre. Und auch im Plenum, fügte GS Gorbatschow hinzu.

Der Bundeskanzler gratulierte dem Generalsekretär zum Ergebnis des ZK-Plenums. Der Generalsekretär genieße in der Bundesrepublik viele Sympathien. Er selbst teile diese Sympathien. Eine sehr interessante Probe davon habe er gerade erlebt. Viele Deutsche seien dafür, daß die Bundesregierung die sowjetischen Reformen unterstütze, wie sie es gerade mit der Lebensmittelaktion[4] getan habe.

GS Gorbatschow bedankte sich für diese Aktion. Sie sei ein Zeichen offener Solidarität und reiche über die Vorgeschichte ihrer Beziehungen hinaus. Er verstehe sehr gut, daß hinter dieser Aktion die Position des Bundeskanzlers, der Bundesregierung sowie der Geschäftsleute zu sehen sei. Aber auch der Wille, zum Erfolg des Generalsekretärs beizutragen. Dies sei durchaus eine Novität. Der Bundeskanzler stimmte zu.

Der Bundeskanzler berichtete, daß er auf der Fahrt vom Flughafen Außenminister Schewardnadse gesagt habe, daß diese Aktion seinen Zusagen im Sommer entspreche. Er habe dem Generalsekretär damals gesagt, daß er es ihn wissen lassen solle, wenn er hilfreich sein könne. Diese Zusage gelte auch weiterhin. Er wolle, daß der Generalsekretär Erfolg habe.

---

1 Nr. 2 – Nr. 4.
2 Nr. 4 Anm. 1.
3 Nr. 155 Anm. 5.
4 Ebd., Anm. 4.

GS Gorbatschow erwiderte, daß er sich für ein solches Herangehen schon im voraus bedanke. Dies sei für ihn mehr als eine reine Aktion. Er lege Wert darauf, sie als politische Aktion zu bewerten.

Der Bundeskanzler leitete auf die Entwicklung in der DDR über. Seit ihrer Begegnung in Bonn sei es zu einer dramatischen Entwicklung gekommen, die niemand vorausgeahnt habe. In den letzten vier, fünf Wochen seien noch einmal dramatische Veränderungen eingetreten. Es sei jetzt sein Wunsch, eine enge Zusammenarbeit aufzunehmen sowohl zwischen dem Generalsekretär und ihm als auch mit den USA und den anderen Partnern, damit keine chaotischen Entwicklungen einträten.

Er sehe zwei Schienen für die weitere Entwicklung: Die erste betreffe die Zusammenarbeit zwischen den Deutschen und die zweite den internationalen Rahmen, die Einbeziehung der Nachbarn, ihre Interessen, insbesondere die der Sowjetunion, die Fragen der Sicherheit und der europäischen Einbettung. Beide Entwicklungsströme gehörten zusammen und seien nur zusammen denkbar.

Er wolle zuerst auf die deutschen Probleme eingehen, ohne damit diesen Zusammenhang aufzugeben. Der Bundeskanzler erinnerte Generalsekretär Gorbatschow an das Telefongespräch nach der Wahl von Egon Krenz zum Generalsekretär der SED.[5] Damals habe er Gorbatschow gesagt, daß er nicht glaube, daß Krenz die Probleme lösen könne. Dies sei auch so eingetreten. Dann sei Modrow als Ministerpräsident gefolgt. Er halte ihn für einen aufrichtigen Mann. Bei seiner Begegnung mit Modrow im Dezember[6] habe er gedacht, daß dieser die Sache in die Hand bekomme. Sicherlich sei damals schon erkennbar gewesen, daß der Prozeß voll im Gang sei, dennoch habe er gedacht, daß das Tempo kontrollierbar bleibe. Am 19. Dezember sei er mit Modrow in Dresden zusammengetroffen. Sie hätten eine Reihe von Fragen besprochen. Damals sei die Überlegung gewesen, Verhandlungen über eine Vertragsgemeinschaft einzuleiten, zu einem späteren Zeitpunkt konföderative Strukturen zu entwickeln und eines Tages darüber hinauszugehen. Das Konzept von Modrow habe sich auf Wirtschaftsreformen und auf die Vorbereitung eines Wahlgesetzes beschränkt.

Die Lage um die Jahreswende sei schwierig, jedoch ziemlich stabil gewesen. Danach sei innerhalb von 14 Tagen ein Einbruch erfolgt. Die Diskussion über die Reform des Staatssicherheitsdienstes habe katastrophale Wirkungen ausgelöst. Ungefähr seit Mitte Januar sei die Staatsautorität der DDR zusammengebrochen. Es gebe kein anderes Wort für diese Entwicklung. Die Wirkungen seien katastrophal.

1989 habe es 380 000 Übersiedler aus der DDR gegeben. Davon seien 200 000 unter 30 Jahre alt. Es gingen aus der DDR vor allem junge Leute weg, Fachkräfte, Computerexperten, Ingenieure und andere mehr. Wenn man in Moskau glaube, daß diese Menschen die DDR wegen des Geldes verließen, dann sei dies eine falsche Beurteilung. Die Geldleistungen der öffentlichen Hand würden keine Rolle spielen. Jeder Übersiedler erhalte lediglich 200 DM als Begrüßungsgeld und nach Nachweis einer Wohnung ein zinsgünstiges Darlehen von 4000 DM, das sich bei jeder weiteren Person um 1000 DM erhöhe. Es treffe also nicht zu, daß das Geld die entscheidende Rolle für die Entscheidung der Menschen spiele, die DDR zu verlassen. Anfang Januar sei die Zahl der Übersiedler zurückgegangen. Mitte Januar sei dann ein dramatischer psychologischer Einbruch erfolgt, der sofort die Zahlen wieder ansteigen ließ. Im Januar dieses Jahres seien rd. 55 000 Menschen aus der DDR übergesiedelt. Für den Februar erwarte er voraussichtlich 65 000 bis 70 000 Übersiedler. Aus diesem Grunde sei es schon wichtig gewesen, daß die Wahl in der DDR von Mai auf den März vorgezogen worden sei. Welche Wirkung die Wahl auf die Zahl der Übersiedler haben werde, könne man nicht voraussehen.

---

5   Nr. 123 Anm. 6.
6   Nr. 129.

Der Bundeskanzler berichtete über sein Gespräch mit Ministerpräsident Modrow vor 8 Tagen in Davos.[7] Dort habe Modrow ihm berichtet, daß die staatliche Autorität vor dem Zusammenbruch stehe. Dies sei beinahe unvorstellbar. Die Beispiele seien jedoch bekannt. Beispielsweise würden Betriebe in der DDR untereinander nur noch auf der Grundlage der D-Mark Ware liefern. Niemand könne dagegen einschreiten. Bürgermeister und Kreise erklärten sich unabhängig und setzten sich über die Entscheidungen in Berlin hinweg. Besonders besorgniserregend seien die Racheakte. Die Verfahren gegen Führungsleute nähmen zu. Er habe Ministerpräsident Modrow und öffentlich dringend zur Zurückhaltung geraten. Er wisse, daß Ministerpräsident Modrow solche Racheakte nicht betreibe, sondern sie bremse. Es gebe jedoch Staatsanwaltschaften, die sich auf diese Weise reinwaschen wollten. Die mittlere Verwaltungsebene sei besonders betroffen. Mehrere hundert Verfahren seien eingeleitet. Diese Ebene sei für das System der DDR von besonderer Wichtigkeit. Das jüngste Beispiel habe er gestern früh erfahren. Es sei jedoch noch nicht öffentlich bekannt. Der Magistrat von Ost-Berlin sei an den Senat von West-Berlin mit der Bitte herangetreten, alle kommunalen Dienste wie Krankenhäuser, Verkehr, Polizei, Müllabfuhr und anderes mehr für Ost-Berlin zu übernehmen.[8] Inzwischen würden sich auch Offiziere der Nationalen Volksarmee bei der Bundeswehr bewerben. Er könne noch andere Beispiele aufzählen. Dies alles sei nicht vorauszusehen gewesen. Es sei heute jedoch Realität.

Auf diese Weise sei er innerhalb von wenigen Tagen in einen ungewöhnlichen Zugzwang geraten, weil er dafür Sorge tragen müsse, daß die Menschen in der DDR bleiben, sonst könne die Wirtschaft nicht stabilisiert werden und das Krankenwesen werde zusammenbrechen. In der DDR herrsche heute eine depressive Stimmung. Bisher sei alles ungeheuer friedlich verlaufen. Die Demonstrationen erreichten eine Größe von 500 000 Teilnehmern. Sie würden aber bisher alle friedlich verlaufen. Es gebe keine Radikalisierung. Das seien nur Gerüchte. Die Menschen würden jedoch ihre Hoffnung auf die Bundesrepublik richten. Wenn eine Radikalisierung vermieden werden solle, dürften diese Hoffnungen nicht enttäuscht werden. GS Gorbatschow wisse, was dies bedeute. Schließlich seien in der DDR rund 400 000 sowjetische Soldaten mit ihren Angehörigen stationiert. GS Gorbatschow habe die Pflicht, sich für sie einzusetzen. Er wolle ausdrücklich sagen, daß er dieses elementare Interesse unterstütze. Alle von ihm aufgeführten Beispiele seien beweisbar.

Er wolle heute folgende Prognose über die weitere Entwicklung stellen. Im März werde die Wahl stattfinden. Er werde alles tun, um einen Kollaps der DDR vor der Wahl zu verhindern, auch einen wirtschaftlichen. Nach der Wahl werde sich das Parlament konstituieren und eine Regierung ernennen. Er sage voraus, daß das neue Parlament sich für die Einheit aussprechen werde, unabhängig davon, wie die Wahl ausgehen werde. In der DDR gebe es heute keine Partei, die die Einheit ablehne. Dies gelte auch für die PDS. Er sei sich sicher, daß Parlament und Regierung die Einheit Deutschlands verlangen werden.

In diesem Fall werde es darauf ankommen, vernünftig zu reagieren. Deshalb habe er den Vorschlag gemacht, eine Währungsunion und eine Wirtschaftsgemeinschaft zu entwickeln,[9] um die Wirtschaft in der DDR möglichst rasch wieder auf die Beine zu bringen, einen Rück-

---

7 Nr. 158.
8 In einem Gespräch mit Bundesminister Seiters am 15. Februar 1990 äußerte Regierender Bürgermeister Momper die Erwartung, daß „einzelne Bereiche der kommunalen Versorgung Ost-Berlins demnächst ausfallen werden". Auch „die Ost-Berliner Verwaltung (Magistrat, Bezirksverwaltungen)" werde „in Kürze funktionsunfähig". Er gehe davon aus, daß „dann die Wahrnehmung der öffentlichen Aufgaben von West-Berlin erwartet werde unter Aufgabe der 1948 vollzogenen Trennung (der Senat hat stets den Anspruch erhoben, für Groß-Berlin zuständig zu sein, die Berliner Verfassung gilt rechtlich ebenfalls für Groß-Berlin)" (Vorlage des Ministerialdirigenten Duisberg an den Bundeskanzler, 16. Februar 1990; BK, 22 – 35004 [12] De 27 Bd. 3, Bl. 17f.). Medienberichte dazu: „Im Rathaus zieht's", in: Wirtschaftswoche (Frankfurt/Main). 44. Jg. Nr. 9. 23. Februar 1990, 18, 21; „Dreck um die Ohren", in: Der Spiegel. 44. Jg. Nr. 9. 26. Februar 1990, 80, 82.
9 Nr. 169A.

gang der Umsiedler zu erreichen und evtl. welche zur Rückkehr zu veranlassen. Dieser Vorschlag bringe für die Bundesrepublik Probleme mit sich, die jedoch lösbar seien. Auch er müsse mit Ärger in der Bundesrepublik rechnen. Damit müsse er jedoch leben. Dies störe ihn nicht sonderlich. Er müsse jedoch handeln, wenn das Angebot zur Einigung da sei.

Er wolle aber mit Nachdruck sagen, daß er nur in engem Kontakt mit dem Generalsekretär handeln wolle, weil ein solcher Prozeß elementare Interessen der Sowjetunion berühre. Einen Punkt wolle er noch ergänzen. In der DDR habe eine intensive Diskussion über die Kernkraftwerke begonnen. Hier handele es sich um ein Problem, das alle betreffe. Umweltschutzminister Töpfer sei von der DDR-Regierung gebeten worden, die Sicherheitsvorsorge für die DDR-Kernkraftwerke zu übernehmen. Töpfer habe ihm gesagt, daß er dies nicht könne. Einige Anlagen in der DDR wie z.B. in Greifswald müßten sofort geschlossen werden, weil sie älter seien als das Kernkraftwerk in Tschernobyl. Es komme nicht von ungefähr, daß besonders viele Menschen Greifswald verließen und in die Bundesrepublik umsiedeln würden. GS Gorbatschow könne sich sicher noch an die hysterischen Reaktionen nach dem Zwischenfall in Tschernobyl erinnern. Ähnliche Ängste würden jetzt auch wieder über die Presse verbreitet.

Zusammenfassend wolle er sagen, daß er es drehen und wenden könne, wie er wolle: Die Frage der Entscheidung stünde kurz bevor. Er wäre froh, wenn er mehr Zeit zur Verfügung hätte. Aber er werde nicht mehr gefragt. Die Entwicklung komme unaufhaltsam auf ihn zu. Was die internationale Einbettung der deutschen Frage und damit die zweite Schiene betreffe, wolle er GS Gorbatschow sagen, daß er gewillt sei, alles in einem vernünftigen Miteinander zu machen. Die Sicherheitsinteressen der Sowjetunion wolle er berücksichtigen, sowohl die tatsächlichen als auch die, die im Psychologischen lägen. Er wisse, daß er die Vergangenheit einbeziehen müsse. Dies gelte sowohl gegenüber der Sowjetunion als auch gegenüber Frankreich, den Niederlanden und den anderen. Dies alles gehöre auch zur Realität. GS Gorbatschow stimmte zu.

Er, der Bundeskanzler, habe den Wunsch, mit GS Gorbatschow ganz persönlich das vor ihnen liegende Jahrzehnt der Geschichte so zu gestalten, daß sie beweisen könnten, daß sie beide aus der Geschichte gelernt hätten. Er wolle deshalb ausdrücklich sagen, daß er das heutige Gespräch als ein erstes Gespräch von mehreren verstehe, das möglichst bald fortgesetzt werden sollte. GS Gorbatschow stimmte zu.

Der Bundeskanzler erläuterte, daß über alle diese Fragen der internationalen Einbettung auch mit den anderen Partnern gesprochen werden müsse. Er sehe folgende Ausgangslage: Die staatliche Einigung Deutschlands umfasse die Bundesrepublik, die DDR und Berlin. Wenn der Zeitpunkt der Einigung erreicht werde, müsse sie vertraglich abgesichert werden. Dann könne auch die Grenzfrage endgültig geregelt werden. Er wisse, daß es in Moskau Bedenken wegen des Urteils des Bundesverfassungsgerichts gebe. Dieses Urteil stelle jedoch kein Problem dar. Eine gesamtdeutsche Regierung und ein gesamtdeutsches Parlament könnten die Grenzfrage definitiv entscheiden und würden sie entscheiden. In dieser Frage gebe es keinen Grund für Mißtrauen.

Ein schwieriges Problem stelle die unterschiedliche Bündniszugehörigkeit beider deutschen Staaten dar. Es seien jedoch bereits in diesem Jahr Fortschritte in der Abrüstung zu erwarten, wie dies auch das Gespräch des Generalsekretärs mit dem amerikanischen Außenminister Baker aufgezeigt habe. Er trete entschieden für Verhandlungsergebnisse in Wien, bei START und bei den Genfer Verhandlungen über ein weltweites Verbot der C-Waffen ein. Er wolle nur einen Satz noch hinzufügen: Wenn sich die zukünftige Entwicklung so abzeichne, dann werde sich auch die Frage der Modernisierung von Kurzstreckensystemen neu stellen. Auch darüber werde man dann rechtzeitig miteinander reden müssen.

Mit Nachdruck stellte der Bundeskanzler fest, daß eine Neutralisierung mit der Bundesregierung nicht durchsetzbar sei. Dies wäre darüber hinaus eine historische Dummheit. Die

Geschichte habe gezeigt, daß es ein Fehler gewesen sei, Deutschland nach 1918 unter einen Sonderstatus zu stellen. Der Sinn von Rapallo[10] sei ja gewesen, Deutschland aus diesem Sonderstatus herauszuholen.

Natürlich könne die NATO ihr Gebiet nicht auf das heutige Gebiet der DDR ausdehnen. Erforderlich seien jedoch Regelungen, um ein Einvernehmen zu finden. Er sei sich sicher, daß er die Sicherheitsinteressen der Sowjetunion richtig einschätzen könne.

Er wolle ganz offen darüber sprechen, daß er wisse, daß der Generalsekretär und die sowjetische Führung insgesamt die Entwicklungen und Ereignisse ihren Bürgern erklären können müßten. Das eine sei, was sie miteinander bereden würden, das andere, was die Menschen darüber denken. Die Ereignisse weckten Erinnerungen an den Vater, an den Bruder, die im Krieg gefallen seien. Diese Erinnerungen müsse man ernst nehmen. Wenn sie jedoch nicht jetzt handeln würden, werde sich die Lage kritisch entwickeln. Dies wolle er vermeiden, und deshalb sei es jetzt wichtig, mit den Partnern, den Nachbarn und den Freunden über alle diese Fragen zu sprechen. Das Thema der deutschen Einheit sei jetzt auf der Tagesordnung. GS Gorbatschow selbst habe einmal gesagt: „Wer zu spät komme, den bestrafe das Leben." Dies sei genau der Punkt. GS Gorbatschow stimmte zu.

Die Hauptsache sei, erwiderte GS Gorbatschow, daß man verstehe, wo die Geschichte gemacht werde. Er wolle zuerst ein paar Fragen an den Bundeskanzler richten. Er verstehe ihn so, daß jetzt die Stabilisierung der Wirtschaft in der DDR im Vordergrund stehen müsse. Dies bedeute, warf der Bundeskanzler ein, ein anderes Wirtschaftssystem für die DDR. Dies sei eine gewaltige Aufgabe.

GS Gorbatschow befragte den Bundeskanzler nach seinen zeitlichen Vorstellungen, wenn er über die Verwirklichung der Währungsunion und der Wirtschaftsgemeinschaft spreche. Diese Frage sei nicht zu beantworten, erwiderte der Bundeskanzler. Ende Dezember hätte er noch von einem Prozeß von Jahren gesprochen. Dies wäre auch vernünftig gewesen und entspreche auch der Meinung aller Ökonomen. Inzwischen sei jedoch eine Lage eingetreten, daß er nicht mehr gefragt werde. Die Menschen würden mit ihren Füßen entscheiden. In Wochen oder Monaten könnte ein Chaos eintreten, wenn er nicht auf diese Entwicklung reagiere. Dies sei der entscheidende Punkt.

Die Frage von Generalsekretär Gorbatschow, ob der Bundeskanzler die Währungsunion und Wirtschaftsgemeinschaft sofort nach den Wahlen beginnen wolle, beantwortete der Bundeskanzler positiv. Dabei ginge es nicht mehr darum, ob er dies wolle. Er verweise nur auf das Beispiel des Ost-Berliner Magistrats. Nächste Woche werde der Regierende Bürgermeister von Berlin zu ihm kommen.[11] Dieser werde ihm dann sagen, daß er einen solchen Wunsch des Ost-Berliner Magistrats nicht ablehnen könne, doch Bonn müsse für diese Leistungen West-Berlins zahlen. Die Ordnung löse sich auf, das Chaos nehme zu. Erforderlich seien für eine Währungsunion eine entsprechende Gesetzgebung und die notwendigen Rahmenbedingungen, wenn die Währungsunion und Wirtschaftsgemeinschaft funktionieren sollten. Als er seine zehn Punkte vorgelegt habe, sei es ihm darum gegangen, etappenweise vorzugehen, Punkt für Punkt die Probleme zu lösen.

GS Gorbatschow erklärte, daß er nicht ganz verstanden habe, was der Bundeskanzler gemeint habe, als er von einem Vertrag über die Grenze gesprochen habe. Was solle noch geregelt werden?

Der Bundeskanzler verwies auf den Moskauer und [den] Warschauer Vertrag. Ob diese noch einmal bestätigt werden sollten, fragte GS Gorbatschow.

---

10 Vertrag von Rapallo zwischen dem Deutschen Reich und der Russischen Sozialistischen Föderativen Sowjetrepublik, 16. April 1922, in: Reichsgesetzblatt. Teil II. Jahrgang 1922. Hg. vom Reichsministerium des Innern. Berlin, 677f.
11 Anm. 8; auch Nr. 185.

Der Bundeskanzler bejahte dies. Es handele sich jedoch dabei um Verträge mit der Bundes-republik Deutschland. Sie müßten deshalb nach Herstellung der staatlichen Einheit erneut bestätigt werden. Dies verstehe er, erwiderte GS Gorbatschow. Sie müßten jedoch nicht be-stätigt, sondern vielmehr bekräftigt werden. Der Bundeskanzler fügte hinzu, daß das Urteil des Bundesverfassungsgerichts nur für die Bundesrepublik Deutschland gelte.

Werde die Bundesrepublik verschwinden?, fragte GS Gorbatschow. Habe der Bundeskanz-ler keine Angst davor?, fügte der Generalsekretär lachend hinzu. Dann werde der Bundes-kanzler die Bundesrepublik also begraben!?

Dies werde dann kein Schaden sein, erwiderte der Bundeskanzler. Ein neuer Vertrag werde dann nicht erforderlich sein. Der neugebildete deutsche Staat könne in den Vertrag eintreten, wenn Moskau bzw. Warschau zustimmten. Dies sei mehr eine technische als eine politische Frage. Die Hauptfrage sei der Status des künftigen Deutschlands, vor allem der militärische. Dies sei die Hauptfrage, fügte GS Gorbatschow hinzu. Eine Lösung dieser Frage sei mög-lich, erwiderte der Bundeskanzler. Das Interesse des Generalsekretärs sei es, das Sicherheits-interesse der Sowjetunion zu wahren. Das deutsche Interesse sei, die Souveränität zu wahren und Regelungen zu finden, die auf beiden Seiten Vertrauen schaffen würden. Dies sei jedoch nicht nur eine Frage der Deutschen, sondern auch der USA, Großbritanniens und Frank-reichs, deren Interessen ebenfalls berührt seien. GS Gorbatschow stimmte zu. Seiner Mei-nung nach könne man vieles tun, fuhr der Bundeskanzler fort. Er wolle beispielsweise fest-stellen, daß die Position eines geeinten Deutschlands in der Frage von ABC-Waffen die glei-che sein werde wie die heute der Bundesrepublik. Dies sei sicherlich ein wichtiger Punkt für alle Partner. So sei es auch gut, daß Großbritannien und Frankreich über Waffen verfügten, die die Deutschen nicht hätten. Er befürchte nicht, daß diese die Waffen einsetzen könnten; sie seien jedoch von psychologischer Bedeutung.

GS Gorbatschow fragte den Bundeskanzler, ob es sich nicht so ergeben könne, daß das plu-ralistische System in der Bundesrepublik und der Wahlkampf jetzt einen Mechanismus in Gang gesetzt und einen Wettbewerb ausgelöst hätten zwischen allen Gruppen, wer aktiver für die Wiedervereinigung eintrete, was die Lage in der DDR weiter verschärfen würde und die Spaltung der Gesellschaft immer tiefer lassen werde. Werde dies nicht von der Bundesre-publik betrieben, und setze sich damit nicht eine gefährliche Entwicklung fort? Es gebe doch jetzt einen Wettbewerb zwischen den Parteien gegenüber der DDR um die Herstellung der Einheit. Sei die DDR nicht Geisel einer solchen Wahlkampagne?

Der Bundeskanzler verneinte diese Frage. Nach seiner Meinung wäre eine ruhigere Ent-wicklung möglich gewesen, wenn Honecker früher mit Reformen begonnen hätte. Dies habe er ihm auch gesagt, warf GS Gorbatschow ein.

Der Bundeskanzler erwiderte, daß es zwischen dem Generalsekretär und ihm glücklicher-weise menschliche Beziehungen gebe, um offen sprechen zu können. Er wolle deshalb den Generalsekretär fragen: Wo stünde heute die Sowjetunion, wenn Gorbatschow nicht die Führung übernommen hätte? Die Gegner des Generalsekretärs würden weder die Zeit noch die Menschen begreifen. Er könne nicht beurteilen, ob alle Entscheidungen richtig seien. Dies sei auch nicht seine Aufgabe. Dennoch habe er den Eindruck, daß alles, was der Gene-ralsekretär tue, auf die Zukunft ausgerichtet sei. GS Gorbatschow stimmte zu. Der Bundes-kanzler fuhr fort, daß politische Führer die Geschichte kennen müßten, sonst würden sie die Gegenwart nicht begreifen. Dies reiche jedoch nicht aus, wenn nicht gleichzeitig die Zukunft gestaltet werde. Honecker habe weder die Entwicklung in Ungarn noch in Polen noch in der Sowjetunion wahrgenommen, sondern nur nach Bukarest gesehen.

Die Wahlen in der DDR seien nicht von der Bundesrepublik aus gesteuert. Als er am Diens-tag vor Weihnachten in Dresden auf dem Flughafen gelandet sei, habe er noch auf der Gang-way zu seinem Minister hinter ihm gesagt, daß die Reise gelaufen sei. Tausende von Men-schen hätten ihn auf dem Flugplatz und Hunderttausende in der Stadt begrüßt. Er habe in

seinem Leben noch nie eine solch schwierige Rede gehalten wie in Dresden.[12] Der Generalsekretär habe sicher die Bilder gesehen und die Rede gelesen. Dann habe er auch festgestellt,
was er in Dresden zur Sowjetunion gesagt habe über die Notwendigkeit, den Weg gemeinsam mit der Sowjetunion zu gehen.

Was den Wahlkampf in der DDR betreffe, müsse der Generalsekretär wissen, daß es sich im
Falle von Thüringen und Sachsen um uralte deutsche Provinzen handele, die von einer großen Parteigeschichte geprägt seien. Männer wie Marx, Engels, Lassalle und Bebel kämen von
dort. Vor 1914 hätten beispielsweise in Eisenach und Gotha große SPD-Parteitage stattgefunden. 1932 hätten die Kommunisten in Sachsen neben der SPD in der Wahl die meisten
Stimmen erhalten. Deshalb sei es von Anfang an klar gewesen, daß die SPD in der DDR eine
bessere Ausgangsposition haben werde. 1945 sei die SPD mit den Kommunisten unter kräftiger Nachhilfe von Schukow und anderen zusammengeschlossen worden. Jetzt hätten sich
diese Parteien wieder neu gebildet. Willy Brandt sei ja dem Generalsekretär gut bekannt. Er
ziehe jetzt wie ein alter Bischof oder Metropolit durch die DDR, mit segnender Hand und
als Ehrenvorsitzender der SPD.

Der Bundeskanzler säße auch nicht nur zu Hause, wenn er auch nicht mit dem Wanderstab
in der DDR unterwegs sei, warf GS Gorbatschow ein. Er habe auf die Diskussion des Bundeskanzlers in Davos geachtet. Dort habe der Bundeskanzler verschiedene Überlegungen
geäußert, die er aufmerksam gelesen habe. Dabei sei es auch um das Thema der Nichteinmischung gegangen. Der Bundeskanzler stelle es als inneren Zerfall der DDR dar. Der Bundeskanzler stimmte zu.

GS Gorbatschow fuhr fort, daß er den Standpunkt des Bundeskanzlers verstanden habe. Er
müsse jedoch ganz offen sagen, daß die Bundesrepublik über alle Kanäle die Entwicklung in
der DDR beeinflusse. Aber dies sei die Sache der Deutschen; sie hätten das Recht, selbst zu
entscheiden. Er wolle jetzt die Hauptsache ansprechen: Vertreter der DDR hätten die Bundesrepublik gebeten, sie nicht als kleine Kinder zu behandeln. Dies täten wir nicht, warf der
Bundeskanzler ein.

GS Gorbatschow berichtete dem Bundeskanzler, daß er die Worte des Bruders[13] von Präsident von Weizsäcker aufmerksam gelesen habe. Er kenne sie nicht, erwiderte der Bundeskanzler. Er werde es sagen, fuhr GS Gorbatschow fort, um folgende Frage an den Bundeskanzler stellen zu können: Wolle der Bundeskanzler mit seinen Ausführungen sagen, daß die
Probleme der Vereinigung Deutschlands nicht mehr im Rahmen der europäischen Einigung,
sondern außerhalb gelöst werden sollten? Der Bundeskanzler verneinte dies. Für ihn bestünde zwischen beiden Entwicklungen kein Unterschied.

GS Gorbatschow fuhr fort, er glaube, daß es zwischen der Sowjetunion, der Bundesrepublik
und der DDR keine Meinungsunterschiede über die Einheit gebe und über das Recht der
Menschen, die Einheit anzustreben und über die weitere Entwicklung zu entscheiden. Was
den Hauptausgangspunkt betreffe, bestehe zwischen ihnen beiden Einvernehmen, daß die
Deutschen ihre Wahl selbst treffen müßten. Die Deutschen in der Bundesrepublik und in
der DDR müßten es selbst wissen, welchen Weg sie gehen wollten. Der Bundeskanzler bekräftigte, daß die Entscheidung für die Einheit eine deutsche Angelegenheit sei.

GS Gorbatschow bekräftigte, daß dies die Deutschen in der BRD und der DDR auch wissen
sollten. Es müsse die Wahl der Deutschen sein, jedoch im Kontext, im Kontext der Realitäten, auf die sich der Bundeskanzler berufe. Dazu gehöre die Tatsache, daß es einen Krieg gegeben habe, der uns ein Erbe hinterlassen habe. Sie seien dabei, dieses Erbe zu überdenken
und es zu ändern. Es gehe jetzt darum, Konfrontation und Spaltung zu überwinden. Sie hätten bereits einen europäischen Prozeß in Gang gesetzt und ein neues Denken in der Außen-

---

12 Nr. 131 Anm. 7.
13 Carl Friedrich von Weizsäcker.

politik eingeleitet. In diesem Rahmen habe jetzt eine neue Phase für die deutsche Frage begonnen. Er glaube, daß die Deutschen in Ost und West bereits bewiesen hätten, daß sie die Lehren aus der Geschichte gezogen haben. Dies würde in Europa und weltweit positiv bewertet werden. Die Bestätigung dafür, daß sie die Lehre aus der Geschichte gezogen hätten, sei der Satz, der heute sowohl in der Bundesrepublik als auch in der DDR gelte: Von deutschem Boden dürfe kein Krieg mehr ausgehen.

Der Bundeskanzler erwiderte, daß er diesen Satz immer positiv ausdrücke: Von deutschem Boden müsse Frieden ausgehen.

Dies sei sehr wichtig, fuhr GS Gorbatschow fort. Dies sei in dieser Etappe ein wichtiger Punkt, daß die Deutschen sich für den Frieden entschieden hätten. Der Bau des vereinigten Deutschlands müsse auf festen Fundamenten errichtet werden; man brauche eine Struktur im Zusammenhang mit einem vereinigten Deutschland. Deshalb habe er auch nach den Grenzen gefragt. Das sei für ihn auch eine fundamentale Frage. Er sage dies alles, weil sich manche schon bemühen würden, noch andere Fragen dazwischenzuschieben, während das neue Deutschland schon zu sehen sei.

Der Bundeskanzler erläuterte seine Position zur Oder-Neiße-Grenze.

GS Gorbatschow erwiderte, daß der Bundeskanzler jedoch anerkennen müsse, daß alle politischen Führungen, bei ihm in der Sowjetunion, bei Jaruzelski, bei Mazowiecki, in der Tschechoslowakei, ihre Probleme damit hätten. Wenn der Bundeskanzler darauf geachtet habe, konnte er feststellen, daß über diese Frage auch auf dem ZK-Plenum gesprochen wurde und, ob sie die Opfer des Zweiten Weltkrieges bereits vergessen hätten. Dies werde kein einmaliger Vorgang bleiben, der zufällig geschehen sei. Es sei vielmehr ein großes Thema, das der Bundeskanzler berücksichtigen müsse. Im übrigen müsse der Prozeß des sich vereinigenden Deutschlands Schritt für Schritt erfolgen und im internationalen Kontext.

Der Bundeskanzler unterstrich noch einmal seine Position, daß von deutschem Boden Frieden ausgehen müsse. Dies setze jedoch voraus, daß der innere Friede gewahrt bleibe. Im Zusammenhang [mit] der Oder-Neiße-Frage wolle er jedoch noch hinzufügen, daß dies mehr oder weniger das einzige offene Problem sei. Dagegen gebe es gegenüber der Tschechoslowakei keine Probleme mehr. Vor 14 Tagen hätte die Sudetendeutsche Landsmannschaft eine Erklärung abgegeben, daß es keine Grenzprobleme mit der Tschechoslowakei gebe, kein Wunsch nach Vergeltung, sondern die Zusammenarbeit angestrebt werden müsse.[14]

Was er erreichen wolle, sei, in der Frage der Oder-Neiße-Grenze auch die innere Zustimmung der großen Mehrheit der betroffenen Deutschen zu erhalten. Er sehe dafür eine gute Chance. Er habe sich zu dieser Frage auch in Paris geäußert.[15] Die polnische Seite hielte diese Aussage für völlig ausreichend und habe zustimmend reagiert.

GS Gorbatschow berichtete, daß er vor zwei Tagen mit Jaruzelski gesprochen habe, der ihm gesagt habe, daß er sich mit dem Bundeskanzler treffen werde und die Grenzfrage ansprechen solle. Jaruzelski habe in Polen eine gute Position. Er sei ein erstaunlicher Mann, warf der Bundeskanzler ein. GS Gorbatschow fuhr fort, daß er gesagt habe, daß der reale Prozeß der Einigung Deutschlands unter Berücksichtigung der inneren Prozesse und unter Berücksichtigung der Interessen der betroffenen Völker in Gang gekommen sei.

Der Bundeskanzler wies darauf hin, daß die Menschen ihre Entscheidung entsprechend ihrem Interesse treffen würden und im Rahmen des internationalen Kontexts. Die Grenzfrage sei dabei eine der Fragen. Der Generalsekretär könne jedoch diese Frage vergessen, weil sie am Tage X entschieden werde. Er sehe sich jedoch nicht in der Lage, dies heute zu tun, und

14   Erklärung des Präsidiums des Sudetendeutschen Rates, 26. Januar 1990, in: Sudetendeutsche Zeitung (München). 42. Jg. Folge 5. 2. Februar 1990, 1.
15   Nr. 138 Anm. 1.

bitte um Verständnis dafür. Der Generalsekretär könne ihn jedoch zum gegebenen Zeitpunkt beim Wort nehmen. Er verstehe dies, erwiderte GS Gorbatschow.
(Im Rahmen einer privaten Einlassung des Bundeskanzlers erinnerte GS Gorbatschow den Bundeskanzler, daß dieser ihn nach Rheinland-Pfalz eingeladen habe. Er wolle diese Einladung in Erinnerung rufen. Der Bundeskanzler begrüßte dies ausdrücklich.)
GS Gorbatschow berichtete, daß er bereits mit der Perestroika viele Sorgen habe, jetzt sei auch noch das deutsche Problem hinzugekommen. Trotzdem müßten sie sich treffen. Er wolle jetzt darüber sprechen, wie er an die deutsche Frage herangehen wolle und was seine prinzipielle Position sei. Er habe gesagt, daß die Geschichte über diese Frage entscheiden werde. Wann und in welcher Form ihre „Hoheit", die Geschichte, diese Frage entscheide, sei auch verknüpft mit den Bemühungen der Sowjetunion und auch von den Veränderungen abhängig, die sich in der Sowjetunion vollzögen. Es gelte jetzt, die Situation nach historischen Kriterien zu beurteilen. Es gebe verschiedene Emotionen. Es komme jedoch auf den realen Kontext und auf die damit verbundenen sozialen Fragen an. Die Verantwortung der Politiker müsse in einer solchen Situation wachsen. Es habe sich ergeben, daß die deutsche Frage die Entwicklung der Weltpolitik in den letzten Jahren beeinflußt habe. Sie seien bereit zusammenzuarbeiten. Die Zusammenarbeit müßte auf solche Weise geschehen, daß die Grundlage der Beziehungen mit der DDR und der Bundesrepublik nicht in Zweifel und nicht in Frage gezogen oder unterminiert werde. Die Beziehungen müßten vielmehr bereichert werden. Historisch habe es sich ergeben, daß sich die Beziehungen zur DDR besonders reich entwickelt hätten.
Der Bundeskanzler erwiderte, daß es ihm bewußt sei, daß sich für die Sowjetunion vor allem im Bereich des Handels und der wirtschaftlichen Beziehungen mit der DDR Probleme ergäben. Er wolle deshalb klar ankündigen, daß er bereit sei, in diese Vereinbarungen einzutreten, wenn die deutsche Einheit erreicht werde. GS Gorbatschow nickte zustimmend. GS Gorbatschow erklärte, daß dies eine Frage des Gesprächs sei und für ihn in den besprochenen Kontext gehöre.
Dies nehme er zur Kenntnis, erwiderte der Bundeskanzler. Er wisse, daß dies eine sehr wichtige Frage für den Generalsekretär sei, aber es sei zugleich auch eine zusätzliche Chance für die Entwicklung der Beziehungen.
Dies betrachte er auch so, erwiderte GS Gorbatschow, weil im Rahmen der Beziehungen zu den kapitalistischen Ländern die Bundesrepublik den ersten Platz einnehme. So habe es sich ergeben, daß sie heute schon mit den Deutschen die umfangreichsten Beziehungen hätten.
Es liege ihm sehr daran, erklärte der Bundeskanzler, daß sie sehr schnell über diese Fragen sprechen würden. Er wolle nicht, daß in der sowjetischen Führung Mißtrauen aufkomme, weil bestimmte Dinge nicht funktionieren würden, obwohl die Verantwortung nicht bei der Bundesrepublik liege. Er sei sich klar, daß im Falle der Vereinigung Deutschlands Bereiche der DDR für die Sowjetunion nicht mehr ansprechbar seien und dies die Gefahr von Mißverständnissen erhöhe. Er sei deshalb bereit, bald über diese Fragen zu sprechen und zu überlegen, was getan werden könne. Dies sollte jedoch ohne Öffentlichkeit geschehen.
GS Gorbatschow berichtete, daß er dies zu Modrow gesagt habe und jetzt auch gegenüber dem Bundeskanzler anspreche. Unabhängig von den politischen Fragen, wie diese sich weiterentwickeln würden, über eine Vertragsgemeinschaft, Konföderation, müsse er sagen, daß die Wirtschaft vorrangig sei. Der Bundeskanzler sage zu Recht, was sei die Wirtschaft ohne entsprechende Währung.
Er habe Modrow gesagt, wenn die DDR und die Bundesrepublik ihre Zusammenarbeit ausbauen und neu strukturieren würden, müsse man aufpassen, vorhandene Strukturen nicht zu zerstören, sondern die Zusammenarbeit zu bereichern. Er habe sich das genau überlegt. Die Bundesrepublik müsse jetzt von der DDR eine große Bürde übernehmen. Dies verstünde er. Er sei bereit, sich in unterschiedlichen Bereichen an der Zusammenarbeit, wie z.B. bei Joint-

ventures, die auf dem Gebiet der DDR vorhanden seien oder entstünden, zu beteiligen. Dies passe in das hinein, was sie besprochen hätten, daß die Beziehungen zwischen Deutschland und Rußland eine lange Tradition hätten. Sie müßten jetzt aufpassen, damit sie diese Erbschaft nicht verlieren, sondern anreichern würden.

Jetzt komme er jedoch zur Hauptfrage. Kern des deutschen Problems bleibe die militärische Frage, zu der das Problem der europäischen und globalen Balance hinzukomme. Ihre Formel würde einschließen: Es dürfe kein Krieg von deutschem Boden ausgehen; die Grenzen seien unverletzlich, und das Territorium des zukünftigen Deutschlands dürfe nicht von äußeren Kräften genutzt werden.

Wichtig sei die Frage nach dem Status des neuen Deutschlands. Wie solle er aussehen? Er wisse, daß für den Bundeskanzler wie für die meisten anderen die Neutralität nicht nur unannehmbar sei, sondern auch einen Rahmen schüfe, der das deutsche Volk erniedrige. Er verstehe diese Argumentation und unsere Gefühle. Auch er spüre, daß das so aussehen würde und daß bei den heutigen Generationen der Eindruck entstünde, als würden alle Leistungen für den Frieden, die in der Vergangenheit erbracht worden seien, jetzt gestrichen. So dürfe man politisch nicht handeln. Trotzdem sehe er ein vereinigtes Deutschland außerhalb des militärischen Gebäudes mit nationalen Streitkräften, die für die nationale Verteidigung ausreichten. Er wisse nicht, wie der Status aussehen solle, wenn nicht neutral, so vielleicht blockfrei wie beispielsweise Indien, China oder andere in Europa, als aktive Kraft in Europa und in der Welt.

Dieser Gedanke müsse weitergedacht und durchgespielt werden. Alle solche Überlegungen, daß ein Teil Deutschlands der NATO, der andere Teil dem Warschauer Pakt angehöre, seien nicht ernst zu nehmen. Dies gelte auch für den Vorschlag, daß bestimmte Truppen bis zu einem bestimmten Fluß, jedoch nicht im anderen Teil Deutschlands stationiert sein sollten. Dies sei auch nicht ernst zu nehmen. Sie sollten diese Gedanken einmal miteinander durchspielen. Was er jetzt sage, sei unter einem wirklichen Vier-Augen-Gespräch zu verstehen. Es werde immer die Frage gestellt, was denn die NATO ohne die Bundesrepublik, ohne Deutschland noch sei. Dies gelte dann aber auch für den Warschauer Pakt. Was sei denn noch der Warschauer Pakt ohne die DDR mit ihren starken Truppen noch wert? Wenn sie sich über die wichtigsten Fragen im Zusammenhang mit der deutschen Einheit einig würden, dann dürften sie aber nicht in der anderen wichtigen Frage des militärischen Aspekts auseinanderlaufen. Wenn gesagt werde, daß die NATO ohne Deutschland zerfallen werde, gelte dies auch für den Warschauer Pakt. Ein Blick auf die Karte zeige jedoch, warf der Bundeskanzler ein, daß das Gewicht des jeweiligen Teils Deutschlands für das jeweilige Pakt-System nicht vergleichbar sei.

Es gehe ihm darum, fuhr GS Gorbatschow fort, daß sie zusammen handeln wollten. Es könne nicht darum gehen, daß jede Seite ihren einseitigen Weg einschlage und auf diese Weise NATO und Warschauer Pakt zerschlagen würden. Dies sei nicht sein Weg. Sie könnten einseitig alle Truppen abziehen und erklären, wie es dann mit dem Warschauer Pakt aussehe. Dagegen würde der Westen die NATO zusammenhalten. Dies sei keine Politik von Gorbatschow. Dies wäre eine deformierte Politik. Er wolle niemanden verdächtigen, aber man solle auch keinen Argwohn aufkommen lassen. Es gehe jetzt darum, das Vertrauen zu sichern, das sie aufgebaut hätten: Deshalb sei es erforderlich zusammenzuarbeiten.

Gegenüber ihren Freunden sollten sie deshalb sagen, daß sie gemeinsam ein interessantes Gespräch darüber geführt hätten, wie Europa und die Welt aussehen sollten, und daß sie dieses Gespräch über die Zukunft der NATO und des Warschauer Paktes unter neuen Bedingungen fortführen wollten.

Er habe über diese Fragen auch mit Baker gesprochen. Baker habe sich auf den Bundeskanzler berufen und vorgeschlagen, daß die Vertreter der zwei deutschen Staaten und der vier Siegermächte miteinander sprechen und einen gemeinsamen Tisch finden sollten. Dies würde verhindern, daß Verdachtsmomente auftreten könnten.

Der Bundeskanzler bezeichnete diesen Vorschlag als eine gute Überlegung. Eine Vier-Mächte-Konferenz über Deutschland lehne er dagegen ab. „Nichts ohne Sie", rief GS Gorbatschow aus.

Der Bundeskanzler fuhr fort, daß ein Treffen der Zwei plus Vier oder Eins plus Vier bald stattfinden sollte. Wenn ein solches Gespräch in Deutschland stattfinden könne, wäre dies sehr gut. Dies halte er durchaus für möglich, erwiderte GS Gorbatschow. Aus psychologischen Gründen wäre dies wünschenswert, erklärte der Bundeskanzler. Aber wo solle dieses Gespräch stattfinden?, scherzte GS Gorbatschow. Solle der Verhandlungstisch mit zwei Beinen auf dem Boden der Bundesrepublik und mit zwei Beinen auf dem Boden der DDR stehen? Diese Vorstellung gehöre glücklicherweise der Geschichte an, erwiderte der Bundeskanzler. Er wolle dies auch nur als einen Scherz verstanden wissen, fügte GS Gorbatschow hinzu.

Der Bundeskanzler fügte hinzu, daß vor Beginn einer solchen Konferenz eine Lösung erreicht sein müsse. GS Gorbatschow nickte zustimmend. Es müsse eine Lösung gefunden werden, die die Sowjetunion, die USA und die Deutschen zufriedenstelle, ohne daß sie damit irgend jemandem zu nahetreten würden. Er sei einverstanden, erwiderte GS Gorbatschow. Sicherlich sei es aus psychologischen Gründen wichtig, Rücksicht auf Frankreich und Großbritannien zu nehmen, fuhr der Bundeskanzler fort. Der Bundeskanzler könne die Sowjetunion und die USA nicht so leicht loswerden, erklärte GS Gorbatschow, und Frankreich und Großbritannien seien die besten Freunde des Bundeskanzlers.

Der Bundeskanzler berichtete, daß Präsident Bush und die amerikanische Öffentlichkeit die deutsche Einheit unterstützten. So wie er den Generalsekretär gebeten habe, in der Grenzfrage aus psychologischen Gründen Rücksicht auf ihn zu nehmen, wie er bereit sei, Rücksicht auf den Generalsekretär zu nehmen, so müsse man auch auf Frankreich und Großbritannien Rücksicht nehmen. Er sei einverstanden, erwiderte GS Gorbatschow.

Der Bundeskanzler faßte das Gespräch zusammen und fragte den Generalsekretär, ob er mit folgender Schlußfolgerung einverstanden sei:

Sie seien sich darüber einig, daß die Entscheidung über die Einigung Deutschlands eine Frage sei, die die Deutschen jetzt selbst entscheiden müßten. Die Deutschen müßten jedoch den internationalen Kontext berücksichtigen. Dazu gehörten auch die Lehren aus der Geschichte, wie sie sich aus dem Krieg und seinen Folgen ergeben hätten. Dazu gehöre auch, daß die Deutschen die berechtigten Sicherheitsinteressen der Nachbarn zu berücksichtigen hätten. Parallel zum Einigungsprozeß in Deutschland müßten in der Frage der Bündnisse befriedigende Lösungen gefunden werden.

Man müsse demnach von einem Prozeß ausgehen, der auf zwei Schienen verlaufe. Jetzt gehe es darum, unverzüglich an diesen Themen zu arbeiten und mit den Partnern darüber zu reden. Er wolle den Generalsekretär fragen, ob er diese Zusammenfassung öffentlich berichten könne. Was er nicht öffentlich sagen werde, [sei,] daß sie vereinbart hätten, aufgrund der speziellen Wirtschaftsbeziehungen der Sowjetunion mit der DDR eine diskrete Bestandsaufnahme zu machen, um in die Verpflichtungen der DDR eintreten zu können. Die Bundesregierung werde auch mit den USA, mit Frankreich und Großbritannien reden. Ziel sei es, daß beide deutsche Staaten oder ggf. nur noch ein deutscher Staat sich zu Gesprächen mit den Vier Mächten träfen, um die Entwicklung zum Abschluß zu bringen.

GS Gorbatschow bestätigte, daß alles, was der Bundeskanzler gesagt habe, sehr nahe an seinen Ausführungen liege. Er wolle noch einmal auf den Anfang der Aussagen des Bundeskanzlers zurückkommen, um einen Akzent zu setzen. Zwischen der Sowjetunion und der Bundesrepublik und unter Berücksichtigung des Modrow-Besuchs[16] gebe es keine Mei-

---

16 Nr. 156 Anm. 1.

nungsverschiedenheiten über die Einheit der deutschen Nation. Und in bezug auf die eigene Wahl der staatlichen Form dieser Einheit. Und wie die Einheit vollzogen werden solle. Dies sei das Recht der Deutschen. Gleichzeitig gebe es Einvernehmen darüber: Es gehe dabei nicht nur darum, die objektiven Interessen und Hoffnungen der Deutschen, sondern auch die der Nachbarn voll zu berücksichtigen. Hier gebe es keine Differenz, warf der Bundeskanzler ein.[17]

GS Gorbatschow stimmte zu. Er fügte hinzu, daß dieser Prozeß ein äußerst wichtiger Teil des gesamten europäischen Prozesses darstelle.

Der Bundeskanzler erinnerte an die Aussage von Konrad Adenauer vor 35 Jahren, der darauf hingewiesen habe, daß die deutsche Frage nur unter einem europäischen Dach gelöst werden könne. Adenauer habe Recht behalten. Adenauer verdiene, immer wieder neu gelesen zu werden, erwiderte GS Gorbatschow. Er forderte den Bundeskanzler auf, daß sie die Hand auf den Pulsschlag legen sollten. Die Hauptsache bestehe darin zu verhindern, daß die Situation außer Kontrolle gerate.

Der Bundeskanzler berichtete, daß er auf der Fahrt vom Flughafen Außenminister Schewardnadse angeboten habe, daß er bereit sei, sich binnen weniger Stunden zu treffen, wenn eine schwierige Situation eintreffen sollte, die er zwar jetzt nicht voraussehe, aber wer wisse dies schon. Vor 5 Wochen hätte er auch noch nicht von der Notwendigkeit einer Währungsunion gesprochen. Er wolle den jetzt vor ihnen liegenden Weg mit dem Generalsekretär gemeinsam gehen. GS Gorbatschow nickte zustimmend.

Seit Bonn sei ein neues Kapitel in den beiderseitigen Beziehungen aufgeschlagen worden. Die Notwendigkeit für eine Zusammenarbeit sei heute noch größer geworden. Dies enthalte aber auch eine große Chance. Absolut, erwiderte GS Gorbatschow.

Der Bundeskanzler sprach die Lage der Deutschen in der Sowjetunion an. Die Zahlen der Ausreisen hätten sich erhöht. Er hätte kein Interesse, daß die Rußlanddeutschen in die Bundesrepublik ausreisen würden. Er wolle deshalb fragen, ob es eine Chance gebe, hier etwas gemeinsam tun zu können.

GS Gorbatschow erwiderte, daß er eine solche Chance sehe. Die Menschen sollten hierbleiben und Kasachstan etc. nicht verlassen. Sie seien sehr geschätzt. Sie seien dabei, diese Probleme zu besprechen und neue Formen zu suchen, damit die Menschen ihre Interessen im Rahmen einer Autonomie wahren könnten. Praktische Ideen bestünden weiter. Aber in den vergangenen Jahrzehnten sei so viel geschehen, daß es deshalb keine mechanische Rückkehr in alte Formen geben könne. Deshalb seien sie dabei, neue Formen zu finden. So habe es an einem Ort nicht geklappt, an einem anderen gebe es jedoch eine Chance. Er wolle diese Frage lösen. Der Oberste Sowjet befasse sich mit dieser Frage. Sie würden den Bundeskanzler unterrichten. Sie strebten eine positive Lösung an und diese sehr schnell.

Der Bundeskanzler fragte den Generalsekretär, wie er die Nationalitätenfrage sehe. GS Gorbatschow antwortete, daß die Nationalitätenprobleme gelöst werden müßten. Bei einem Staat mit 120 Sprachen kämen sie nicht umhin. Perestroika könne nicht erfolgreich sein, wenn diese Probleme nicht gelöst würden. Dabei handele es sich sowohl um wirtschaftliche als auch um politische Probleme. Seine Kritiker fänden in dieser Frage gute Nahrung gegen ihn. Die Gesellschaft verstünde es jedoch. Dies gelte selbst für konservativste Kreise. Wenn sie nicht vor 5 Jahren mit der Perestroika begonnen hätten, wäre es in der Sowjetunion wie in Rumänien und in der DDR gelaufen. Der Bundeskanzler helfe der DDR; ihnen würde niemand helfen. Es gebe keine Alternative zu diesem Weg. Er sage immer, daß die Probleme

---

17 Bundeskanzler Kohl gab daraufhin am 10. Februar 1990 in Moskau vor der Presse eine Erklärung ab (Manuskript: BK, 213 – 30104 S 25 So 17, Hauptvorgang; Faksimile S. 812); geringfügig abweichender Wortlaut in: Bulletin. Nr. 24. 13. Februar 1990, 189.

nicht auf einem Weg erreicht werden könnten, der nach rückwärts gewandt sei, sondern nur auf einem Weg, der nach vorne weise.

Der Bundeskanzler erwiderte, daß für die Entwicklung der Beziehungen beider Länder große Möglichkeiten vorhanden seien, wenn die deutsche Frage als Hemmschuh weggeräumt sei. Es gehe jetzt darum, eine Zeit friedlicher Beziehungen zu begründen. Sie hätten die Chance, gemeinsam viel zu leisten.

Die Bundesrepublik sei ökonomisch in einer guten Verfassung, um der vor ihr liegenden Entwicklung gerecht werden zu können. Die letzten 8 Jahre seien die besten nach dem Krieg gewesen. Es sei deshalb nur natürlich, daß die Bundesrepublik und die Sowjetunion vieles gemeinsam machen könnten. Dies gelte für den Bereich der Wirtschaft wie beispielsweise auch für die Zusammenarbeit in der Forschung. So habe er Anweisung gegeben, die Verhandlungen über die Zusammenarbeit im Weltraum zu beenden.[18] Es gebe noch eine Differenz in der Finanzierung in der Größenordnung von 8 Millionen. Er sei jedoch der Meinung, daß diese Frage jetzt gelöst werden solle. Damit könnten sie ein weiteres Beispiel für gute Zusammenarbeit dokumentieren.

Er sei entschieden der Meinung, daß das vor uns liegende Jahrzehnt ein Jahrzehnt der Europäer und nicht der Japaner sein werde.

GS Gorbatschow stimmte zu, daß die Japaner nicht mehr graue Zellen hätten als die Europäer: Sie verstünden es nur, sie einzukaufen. Japan habe vertrauliche Überlegungen für eine Zusammenarbeit in der Wirtschaft eingeleitet. ...[19] Er habe seinem japanischen Gesprächspartner Abe gesagt, daß es ein Irrtum sei zu glauben, daß die Sowjetunion mehr als Japan an wirtschaftlicher Zusammenarbeit interessiert sei. Sie könnten auch auf die neue Generation warten. Abe sei mit einem Vorschlag von neun Punkten für die Zusammenarbeit in Moskau gewesen.[20]

Der Bundeskanzler bedankte sich für das Gespräch. Er habe sich sehr gefreut, weil es ein sehr gutes Gespräch gewesen sei.

GS Gorbatschow erwiderte, daß er hoffe, daß in dieser für Europa und für die Welt historischen Zeit, in der sich das Schicksal unserer Länder entscheide, die Beziehungen nicht nur entwickelt, sondern weiter ausgebaut würden.

Der Bundeskanzler sagte dem Generalsekretär zu, ihn persönlich über die weitere Entwicklung auf dem laufenden zu halten und sich notfalls kurzfristig mit ihm zu treffen.

GS Gorbatschow erwiderte, daß viele Fragen auftauchen würden. Wenn z.B. der Bundeskanzler die D-Mark in der DDR einführen würde, seien davon auch die sowjetischen Truppen in der DDR betroffen. Ihre Kalkulation bezöge sich auf eine andere Währung.

Das Gespräch wurde in erweitertem Kreis mit beiden Außenministern fortgesetzt.[21]

Teltschik

---

18 Das am 25. Oktober 1988 in Moskau unterzeichnete Abkommen zwischen dem Bundesminister für Forschung und Technologie der Bundesrepublik Deutschland und der Akademie der Wissenschaften der Union der Sozialistischen Sowjetrepubliken über die wissenschaftlich-technische Zusammenarbeit auf dem Gebiet der Erforschung und Nutzung des Weltraums zu friedlichen Zwecken trat am 5. Juli 1990 in Kraft (BGBl. 1990 II, 801 f.)

19 Ein Satz nicht freigegeben.

20 Generalsekretär Abe und eine Delegation der Liberal-Demokratischen Partei Japans trafen am 15. Januar 1990 mit Generalsekretär Gorbatschow in Moskau zusammen.

21 Nr. 175.

Nr. 175
Delegationsgespräch des Bundeskanzlers Kohl mit Generalsekretär Gorbatschow
Moskau, 10. Februar 1990

BK, 213 – 30104 S 25 So 17, BK in der SU, 10./11.2.1990, Hauptvorgang. – Vermerk des VLR I Kaestner, 11. Februar 1990. Az. 21 – 30130 S 25 – De 2/2/90. Geheim. – Mit Vorlage des MD Teltschik über Chef BK an den Bundeskanzler mit der Bitte um Genehmigung, 12. Februar 1990. Abgezeichnet: „i.O. K[ohl]". – Gesprächsdauer: 18.40 bis 19.15 Uhr.

Generalsekretär <u>Gorbatschow</u> begrüßt den Bundeskanzler, Vize-Kanzler Genscher und die deutsche Delegation. Bevor er – so der Generalsekretär scherzhaft – den Außenministern das Wort erteile, um zu sehen, ob er sich mit dem Bundeskanzler von der Realität entfernt habe, wolle er noch einmal das Wesentliche des Vier-Augen-Gesprächs[1] zusammenfassen.

Noch vor wenigen Monaten sei man in Bonn zusammengetroffen,[2] später habe er mit Bundesminister Genscher in Moskau Gespräche geführt,[3] sowohl über die bilateralen Beziehungen als auch über das Problem, das heute im Zentrum der Aufmerksamkeit gestanden habe. Dies sei damals in einer anderen Lage und unter anderen Umständen geschehen. Man habe unter „philosophischen" Bedingungen gesprochen. Man habe keine klaren Prophezeiungen, sondern nur Vorahnungen über die kommenden Veränderungen gehabt.

Gleichwohl sei es sehr gut gewesen, daß man damals rechtzeitig in Gesprächskontakt getreten sei – wie es überhaupt in dieser Zeit des Umbruchs wichtig sei, in sehr verantwortungsvoller Weise miteinander zu sprechen und zusammenzuarbeiten.

In der Tat sei es sehr wichtig, daß man heute diese Gespräche geführt habe vor dem Hintergrund der Veränderungen in Osteuropa und auch in der Sowjetunion – und zwar im Geiste der gegenseitigen Verständigung. Dies zeuge davon, daß die beiderseitigen Beziehungen – und zwar nicht nur zwischen den beiden Staaten – nunmehr in eine neue Phase übergegangen seien. Unter dieser Perspektive habe man die deutsche Frage erörtert, die uns heute so bewege.

Er habe mit dem Bundeskanzler ein intensives Gespräch über die Zukunft Deutschlands geführt, über die Entscheidung des deutschen Volkes, in welchem Staat es leben wolle, über die Wahl, die das deutsche Volk treffen müsse. Und sicher sei es das Recht des deutschen Volkes, diese Wahl zu treffen.

Gemeinsame Meinung sei aber die gewesen, daß der Charakter der deutschen Frage derart sei, daß er nicht nur das deutsche Volk berühre, sondern auch seine Nachbarn, ja nicht nur die, sondern ganz Europa. Sie sei nicht zuletzt ein Zentralpunkt der Weltpolitik geworden. Dies sei eine sehr wichtige Verständigung und politische Feststellung. Dies sei eine sehr wichtige Orientierung, damit Mißverständnisse vermieden würden und jeder in dieser nicht einfachen Zeit verantwortungsvoll handele.

Natürlich gebe es Spezifika in den Beziehungen der Sowjetunion zu den beiden deutschen Staaten. Es sei deshalb sehr wichtig, daß gerade in dieser Umbruchzeit das, was man in der Zusammenarbeit an Positivem erzielt habe, nicht verlorengehe, sondern – im Gegenteil – die Zusammenarbeit weiter bereichere.

Wichtig sei also, daß wir uns abhängig davon, wie dieser Prozeß nun verlaufe, in welcher Art und Weise und in welchem Tempo, einig seien, die weitere Bereicherung der bilateralen Zusammenarbeit anzustreben.

Im Grunde gehe es um zwei sehr wesentliche Momente: die berechtigten Interessen der Deutschen und auch die berechtigten Interessen der Sowjetunion und anderer Völker. Mit

---

1 Nr. 174.
2 Nr. 2 – Nr. 4.
3 Nr. 127 Anm. 6.

dem Bundeskanzler habe er – ohne in Details zu gehen – die militärischen Aspekte dieser Problematik erörtert. Hier sollte man besonders verantwortungsvoll vorgehen – gerade darin habe er mit dem Bundeskanzler volles Einverständnis erzielt.

Der Bundeskanzler erwidert, er sehe die heutigen Gespräche – ungewöhnlich gute Gespräche – in der Kontinuität der Bonner Gespräche vom Sommer des vergangenen Jahres. Richtig sei, daß bei der Begegnung in Bonn niemand die Dramatik der jetzigen Ereignisse habe voraussehen können. Deshalb sei es so wichtig, daß man schon damals vereinbart habe, in engem Kontakt zu bleiben.

Wenn auch die Dynamik der Entwicklung unübersehbar sei, so seien wir doch auf keinen Fall daran interessiert, daß in Mitteleuropa chaotische Verhältnisse entstünden. Wer jetzt auf Destabilität setze, schade der Sache in jeder Weise.

Andererseits: Die Dinge entwickelten sich unbestreitbar in dramatischer Weise. Er habe darüber mit dem Generalsekretär lange und eingehend gesprochen.

Er begrüße sehr die Feststellung des Generalsekretärs, daß die Frage, ob die Deutschen in staatlicher Einheit leben wollten, eine Frage der Deutschen ist, eine Frage, die sie selbst entscheiden müssen; daß diese Entscheidung aber im Kontext mit den Interessen unserer Nachbarn in ganz Europa und in den weltpolitischen Dimensionen zu sehen sei.

All dies habe mit den Realitäten zu tun, entstanden im Krieg und in der Nachkriegszeit. Dazu gehörten die Sicherheitsinteressen unserer Nachbarn, nicht zuletzt die der Sowjetunion. Das berühre aber auch die psychologischen Gegebenheiten.

Im Zusammenhang mit den Sicherheitsfragen habe man auch über den Warschauer Pakt und die NATO ausführlich gesprochen. Dabei sei selbstverständlich, daß die Bundesrepublik Deutschland und die Sowjetunion nicht allein auf der Welt seien – gerade habe Außenminister Schewardnadse mit seinem amerikanischen Amtskollegen James Baker über Fragen der Sicherheit, der Abrüstung und Rüstungskontrolle gesprochen.[4] All dies sei, Gott sei Dank, nunmehr auf gutem Wege. Auch Großbritannien und Frankreich seien in diesen Fragen befaßt.

Was jetzt in Deutschland geschehe, könne diesen Weg nur verbessern. Dies setze allerdings voraus, daß man jetzt konsequent arbeite und das vor uns liegende Pensum bewältige.

Er wolle an ein Bild erinnern, das er vorhin gebraucht habe: Die Entwicklung laufe auf zwei Schienen:
– die Entwicklung in Deutschland und
– das, was er zusammen mit dem Generalsekretär den Kontext genannt habe.

Der Generalsekretär wirft ein, in der Tat könne man in dieser Situation mit einer Schiene keinen Ausweg finden – man müsse zweigleisig vorgehen.

Der Bundeskanzler fährt fort, die Schiene „Deutschland" laufe in einem Tempo, das man nur sehr bedingt beeinflussen könne. Gerade deshalb müsse man auch auf der anderen Schiene vorwärtskommen. Wenn wir dies schafften – und dies sei mit gutem Willen von beiden Seiten möglich –, dann könnten wir ein vereinigtes Deutschland aufbauen, das eine Kraft des Friedens sein werde: Von deutschem Boden müsse Frieden ausgehen!

Der Generalsekretär fährt fort, nun habe man den Rechenschaftsbericht abgelegt – die Frage sei jetzt an die Außenminister, ob aus dem, was hier gesagt worden sei, Politik gemacht werden könne.

AM Schewardnadse erwidert, die Außenminister dächten wie Führungen – sonst hätte man das Gespräch nicht führen können.

Mit Bundesminister Genscher habe er sehr eingehend über die Perspektiven eines KSZE-Gipfels in diesem Jahr gesprochen. Man sei einer Meinung gewesen, daß dieser Gipfel eine

---

4 Nr. 173 Anm. 2.

prioritäre Aufgabe sei. Man müsse den gesamteuropäischen Prozeß voranbringen. Bei diesem Gipfeltreffen könne man auch Antworten auf viele der akuten Probleme geben, etwa im Zusammenhang mit der deutschen Frage und der Entwicklung in Osteuropa, von der der Generalsekretär und der Bundeskanzler gesprochen hatten. Mit Bundesminister Genscher habe er vereinbart, daß dieses Gipfeltreffen gründlich vorbereitet werden müsse. Man werde die Konferenz in Ottawa[5] dazu benutzen, in gründlichen Diskussionen mit den Partnern darauf hinzuarbeiten. Gedacht sei an die Schaffung einer Expertengruppe zur Festlegung der Tagesordnung und Vorbereitung des Gipfeltreffens selbst. In einer gewissen Etappe sollten möglicherweise auch die Minister noch einmal zusammenkommen, um zu prüfen, ob die allseitige Bereitschaft zu einem solchen Gipfel bestehe.

Nur kurz wolle er erwähnen, daß die Abrüstungsproblematik sehr detailliert besprochen worden sei. Man sei einer Meinung gewesen, daß Fortschritte auf diesem Gebiet Garantie für Stabilität in Europa seien. Dabei – so habe man einvernehmlich festgestellt – gebe es noch große Reserven, die man jetzt einsetzen sollte.

Ausführlich habe man auch über die Umwandlung des Warschauer Pakts und der NATO gesprochen, und zwar unter dem Gesichtspunkt, daß die beiden militärpolitischen Bündnisse zu Garanten der Stabilität unter neuen Bedingungen, die mit den Veränderungen in Osteuropa entstanden seien, werden müßten.

Einig gewesen sei man sich, daß gerade in dieser Phase dynamischer Entwicklungen Konsultationen auf allen Ebenen einschließlich der Ministerbegegnungen vonnöten seien.

Schließlich habe man noch in eine sehr interessante Richtung diskutiert: Es gehe um die Schaffung einer vierseitigen Institution im Interesse Europas und seiner Stabilität und im Interesse der deutschen Nation – hier habe man noch keine konkreten Schlußfolgerungen erreicht.

Bundesminister <u>Genscher</u> fährt fort, man habe zunächst eine Einschätzung der Lageentwicklung der DDR und der Bemühungen, dort zur Stabilität, insbesondere auf wirtschaftlichem Gebiet, beizutragen, gegeben.

Dann habe man sich der KSZE-Gipfelkonferenz und ihrer intensiven Vorbereitung gewidmet. Denn sie müsse substantielle Ergebnisse erbringen. In Ottawa werde sicher Gelegenheit sein, darüber ausführlich zu sprechen.[6] Ottawa werde sich eher weniger mit dem Himmel, eher mehr mit der Erde befassen.

Man habe ferner darüber gesprochen, wie die beiden deutschen Staaten über ihre gemeinsame Zukunft und über ihren Weg zur Vereinigung sprechen könnten.

Richtig sei sicher, daß die beiden deutschen Staaten hier das Gespräch aufnehmen müßten – wie man es institutionell mache, darüber müsse noch geredet werden. Dies alles müsse so sein, daß man zu einer Verständigung unter den Sechs komme, deren Ergebnis man dann beim KSZE-Gipfel bekanntgeben könne.

Der <u>Bundeskanzler</u> unterstreicht dies ausdrücklich: Man könne nicht auf den KSZE-Gipfel gehen, ohne diese Fragen vorher gelöst zu haben. Er spricht sich gegen eine Erörterung im großen Kreise aus.

---

5 Anlaß des Treffens der Außenminister von NATO und Warschauer Pakt vom 12.–14. Februar 1990 in Ottawa war die Eröffnung der Konferenz über ein Regime des „Offenen Himmels" (Open Skies). In ihrem Kommuniqué, 13. Februar 1990 (Bulletin. Nr. 27. 20. Februar 1990, 214), verständigten sie sich auf Grundsätze und kündigten den Abschluß der Verhandlungen auf einer „zweiten Phase der Konferenz in Budapest" noch „in diesem Frühjahr" an.
6 In Ottawa einigten sich die Außenminister „grundsätzlich auf die Abhaltung eines KSZE-Gipfeltreffens in diesem Jahr" und dessen „rechtzeitige und gründliche Vorbereitung". Ferner stimmten sie überein, „daß die Verhandlungen in Wien so schnell wie möglich vorangebracht werden sollten". Wichtig sei „insbesondere die Entwicklung eines zuverlässigen Verifikationssystems". Es gelte, „ein KSE-Abkommen so schnell wie möglich im Jahre 1990 zu erreichen" (Kommuniqué zu VKSE und KSZE, 13. Februar 1990, ebd., 214f.).

Generalsekretär <u>Gorbatschow</u> weist darauf hin, daß dem Gipfeltreffen Helsinki I[7] auch ein Paket von Abkommen zwischen der Bundesrepublik Deutschland und der Sowjetunion, Polen, der ČSSR und der DDR vorangegangen sei.

Bundesminister <u>Genscher</u> fährt fort, bei den Gesprächen über die deutsche Zukunft wolle man nichts hinter dem Rücken der Vier tun.

Generalsekretär <u>Gorbatschow</u> erwidert, dann würde man beginnen, etwas hinter dem Rücken der Deutschen zu tun!

Bundesminister <u>Genscher</u> repliziert, damit wäre die Sowjetunion schlecht beraten!

Der <u>Bundeskanzler</u> wirft ein, derartiges habe man im 20. Jahrhundert schon einmal versucht – und keinen Vorteil daraus gehabt.

Generalsekretär <u>Gorbatschow</u> stellt fest, die Substanz der Außenminister-Gespräche falle zusammen mit Sinn und Richtung seiner Gespräche mit dem Bundeskanzler. Sehr wichtig sei, daß man in den heutigen Gesprächen die Vereinbarung erzielt habe, sowohl in dieser Etappe als auch weiterhin zusammenzuwirken, und zwar sowohl unter Berücksichtigung der Tatsache, daß es unerläßlich sei, Mißverständnisse zu vermeiden, als auch der beiderseitigen Entschlossenheit, den gegenseitigen Austausch möglichst noch zu intensivieren. Gerade in dieser Etappe müsse man verantwortungsvolle Beschlüsse treffen und umsetzen. Auch er habe mit dem Bundeskanzler vereinbart, die Kontakte zu „dynamisieren" – und in noch größerem Maße gelte dies für die Kontakte der Minister.

Der <u>Bundeskanzler</u> pflichtet bei: Wenn die Dinge sich sehr dramatisch entwickelten, werde man sich jederzeit auch kurzfristig wiedersehen. Seine Maxime sei immer gewesen, besser zweimal als einmal miteinander zu sprechen.

Schon in Bonn sei man mit der „Gemeinsamen Erklärung"[8] einen großen Schritt vorangekommen, dasselbe gelte von den heutigen Gesprächen.

Dies gelte auch für die wirtschaftlichen Dinge, einschließlich dessen, was er mit dem Generalsekretär im Blick auf die besonderen wirtschaftlichen Beziehungen zwischen der DDR und der Sowjetunion besprochen habe. Er glaube, man werde eine kluge Lösung finden.

Die beiderseitigen Botschafter werde es erfreuen, daß das Thema Weltraumfahrt nun heute glücklich abgeschlossen sei.[9]

Generalsekretär <u>Gorbatschow</u> unterstreicht, gerade dies charakterisiere das Niveau der Zusammenarbeit: Kooperation im Kosmos sei ein Beweis besonderen Vertrauens.

Der <u>Bundeskanzler</u> pflichtet bei.

Generalsekretär <u>Gorbatschow</u> beendet das Gespräch mit der Feststellung, nun habe man sein Abendessen verdient!

Kaestner

<u>Anlage:</u> Teilnehmerliste[10]

---

7   Gemeint: Schlußkonferenz der KSZE in Helsinki 1975 (Nr. 40 Anm. 2).
8   Nr. 4 Anm. 1.
9   Nr. 174 Anm. 18.
10 Anlage in der einschlägigen Akte nicht vorhanden.

Meine Damen und Herren,

ich habe heute Abend an alle Deutschen eine einzige
Botschaft zu übermitteln. Generalsekretär Gorbatschow
und ich stimmen darin überein, dass es das alleinige
Recht des deutschen Volkes ist, die Entscheidung zu
treffen, ob es in einem Staat zusammenleben will.

Generalsekretär Gorbatschow hat mir unmissverständlich
zugesagt, dass die Sowjetunion die Entscheidung der
Deutschen, in einem Staat zu leben, respektieren wird;
und dass es Sache der Deutschen ist, den Zeitpunkt und
den Weg der Einigung selbst zu bestimmen.

Generalsekretär Gorbatschow und ich waren uns ebenfalls
einig,, dass die deutsche Frage nur auf der Grundlage
der Realitäten zu lösen ist: d.h. sie muss eingebettet sein
in die gesamteuropäische Architektur und in den Gesamtprozess
der West-Ost-Beziehungen. Wir müssen die berechtigten
Interessen unserer Nachbarn und unserer Freunde und Partner
in Europa und in der Welt berücksichtigen.

0502

Erklärung des Bundeskanzlers Kohl vor der Presse am 10. Februar 1990 in Moskau.

- 2 -

Es liegt jetzt an uns Deutschen in der Bundesrepublik und in der DDR,, dass wir diesen gemeinsamen Weg mit Augenmass und Entschlossenheit gehen.

Generalsekretär Gorbatschow und ich haben ausführlich darüber gesprochen, dass auf dem Wege zur deutschen Einheit die Fragen der Sicherheit in Europa herausragende Bedeutung haben. Wir wollen die Frage der unterschiedlichen Bündnis-zugehörigkeit in enger Abstimmung auch mit unseren Freunden in Washington,, Paris und London sorgfältig beraten und gemeinsam eine Lösung finden. -

Ich danke Generalsekretär Gorbatschow, dass er dieses historische Ergebnis ermöglicht hat.

Wir haben vereinbart, im engsten persönlichen Kontakt zu bleiben.

Meine Damen und Herren,
dies ist ein guter Tag für Deutschland und ein glücklicher Tag für mich persönlich.

Nr. 176
Überflugbotschaft des Bundeskanzlers Kohl an Ministerpräsident Mazowiecki
11. Februar 1990

BK, 212 – 30102 P 4 Bd. 2. – Hs. vermerkt: „abgesandt 11.II. aus der Maschine. N[euer] 12.II."

Sehr geehrter Herr Ministerpräsident,
lieber Freund,

auf dem Rückflug von intensiven und verantwortungsvollen Gesprächen mit Generalsekretär Gorbatschow,[1] die für eine friedliche, stabile und zukunftsträchtige Entwicklung in Deutschland und in Europa insgesamt Schlüsselbedeutung hatten, sende ich Ihnen meine herzlichen Grüße.

Ich erwidere damit sogleich Ihre Grüße, die mir vor wenigen Tagen Herr Außenminister Professor Skubiszewski überbracht hat.[2] Zugleich danke ich für die erneute Zusage, daß Ihr Land den Wunsch des deutschen Volkes nach freier Selbstbestimmung und nach Einheit versteht und unterstützt.

Mit Ihrem Außenminister war ich mir auch darin einig, daß der Erfolg der Reformen in allen Staaten Mittel- und Osteuropas im gesamteuropäischen Interesse liegt und daß nur ihre konsequente Fortsetzung im Interesse der Menschen dauerhafte Stabilität verbürgt.

Die Bundesrepublik Deutschland – und ich persönlich – werden bei allen aktuellen Sorgen um die Lage in der DDR die Pionierrolle Ihres Landes nicht vergessen und Ihren weiteren Weg wie bisher nachhaltig unterstützen.

Ich freue mich auf die Fortsetzung unseres Meinungsaustauschs.

gez. Helmut Kohl
Bundeskanzler der Bundesrepublik Deutschland

Nr. 177
Gespräch des Bundeskanzlers Kohl mit Ministerpräsident Modrow
Bonn, 13. Februar 1990

BK, 21 – 30100 (56) Ge 28 (VS) Bd. 80, Bl. 87–94. – Vermerk des MD Teltschik, 15. Februar 1990. Erste Ausfertigung. Az. 21 – 35400 – De 26/4/90. VS-Vertraulich. – Mit Vorlage des MD Teltschik über Chef BK an den Bundeskanzler zur Genehmigung (Az. 21 – 35400 – De 26/5/90. VS-Vertraulich. Eine Ausfertigung – ohne Anlage offen). Hs. von Bundeskanzler Kohl vermerkt: „Teltschik". – Gesprächsdauer: 10.00 bis 11.00 Uhr.

Teilnehmer:
Karl Seidel, Leiter der Abteilung Bundesrepublik Deutschland im Ministerium für Auswärtige Angelegenheiten
Horst Teltschik, Ministerialdirektor

Der Bundeskanzler begrüßte Ministerpräsident Modrow und schlug vor, angesichts der dramatischen Lage gleich zum eigentlichen Thema zu kommen. In diesem Jahr seien bereits rund 75 000 Übersiedler aus der DDR gekommen. Ca. 10 000 Menschen müsse man hinzurechnen, die auf direktem Wege und nicht über die Notaufnahmelager kommen. Er müsse deshalb davon ausgehen, daß bis Ende Februar rund 100 000 Übersiedler zu erwarten seien.

1 Nr. 174 und Nr. 175.
2 Nr. 164.

Um die Größenordnung zu verstehen, verweise er darauf, daß es sich um die Einwohnerzahl von Dessau handele. Aus dieser Entwicklung ergebe sich ein enormer Druck. Es sei deshalb erforderlich, daß die Wahl am 18. März[1] durchgeführt werden könne. Außerdem sei jetzt die Zeit für dramatische Schritte gekommen. Deshalb müßten sie möglichst bald über die Verwirklichung der Einheit sprechen. In der DDR seien ja alle politischen Parteien und Gruppen mit Ausnahme der Grünen für die Einheit. In der DDR gebe es zwischen den Parteien und Gruppen noch bedeutende Nuancen in dieser Frage, warf <u>Ministerpräsident Modrow</u> ein.

<u>Der Bundeskanzler</u> fuhr fort, daß die Gesamtentwicklung jetzt auf zwei verschiedenen Schienen verlaufen müsse. Er wolle mit der Sicherheitspolitik beginnen. Er lehne jede Vier-Mächte-Konferenz über Deutschland ab. Dazu werde er niemals seine Zustimmung geben. Dies habe er auch Generalsekretär Gorbatschow gesagt.[2]

Die Bundesregierung habe Gespräche der beiden deutschen Staaten mit den Vier Mächten vorgeschlagen. Experten beider deutscher Seiten sollten, beispielsweise im Range von Politischen Direktoren, über diese Fragen sprechen. Er möchte erreichen, daß die Gespräche zwischen den zwei deutschen Staaten mit den Vier Mächten noch vor dem KSZE-Gipfel zum Abschluß kämen. Dies sei auch die Meinung von Präsident Bush und Generalsekretär Gorbatschow. Es könne nicht die Aufgabe der KSZE sein, solche Gespräche zu führen. Die KSZE solle das Ergebnis lediglich absegnen.

Außerdem wolle er sehr konkret anregen, daß bereits in der nächsten Woche die Expertengespräche über die Währungsunion und Wirtschaftsgemeinschaft aufgenommen werden, um ein deutliches Signal für die Menschen zu setzen. Er biete also Gespräche so schnell als möglich an.

<u>Ministerpräsident Modrow</u> erklärte, was die internationale Seite der deutschen Frage betreffe, gehe er davon aus, daß das Tempo den europäischen Rahmen nicht sprengen dürfe, sondern sich in diesem Rahmen bewegen müsse. Es dürfe nicht beschleunigt werden. Der Vorschlag für eine Konferenz der Vier Mächte mit den zwei deutschen Staaten decke sich auch mit seiner Auffassung. Diese Gespräche müßten in konstruktiver Weise vorbereitet werden. Die Außenminister in Ottawa werden sich in diese Richtung bewegen.[3] Die Außenminister des Warschauer Paktes hätten entsprechende Konsultationen durchgeführt.[4] Auch der französische Außenminister habe sich in dieser Richtung geäußert. Der Bundeskanzler habe mit Generalsekretär Gorbatschow darüber gesprochen. Sie sähen die Gesamtentwicklung genauso. Beide Seiten sollten jetzt auf der Ebene von Experten Gespräche führen.

In diesem Zusammenhang gehöre auch die Oder-Neiße-Grenze. Sie müsse akzeptiert werden, damit der polnische Nachbar stabil bleibe. Dies erwarte auch Frankreich, die Grenzen in Europa müßten verbindlich und die Einheit der beiden deutschen Staaten darin eingebettet sein.

Was das Problem der Sicherheit betreffe, seien die Interessen der Vier Mächte bezüglich der Stationierung ihrer Truppen anders gelagert als beispielsweise in der Tschechoslowakei. Dies sei eine Folge der Vier-Mächte-Verantwortung. Deshalb müsse der internationalen Seite der deutschen Frage gebührende Beachtung geschenkt werden, damit für andere keine

---

1 Nr. 145 Anm. 12.

2 Nr. 174.

3 Die Außenminister der Bundesrepublik, der DDR und der Vier Mächte vereinbarten in Ottawa, sich zu treffen, „um die äußeren Aspekte der Herstellung der deutschen Einheit, einschließlich der Fragen der Sicherheit der Nachbarstaaten, zu besprechen". „Vorbereitende Gespräche auf Beamtenebene" würden „in Kürze aufgenommen" (Kommuniqué, 13. Februar 1990, in: Bulletin. Nr. 27. 20. Februar 1990, 215).

4 Meldung über das Treffen der Außenminister des Warschauer Pakts am 11. Februar 1990 in Ottawa, TASS/russ./ 12.2.90/0758, in: Ostinformationen. Nr. 31. 13. Februar 1990, 11; BPA/PA, F 1/22.

Probleme erwachsen könnten. Dies gelte insbesondere für Polen. Man müsse jetzt aufeinander zugehen und direkte Gespräche führen. Dies sei der jetzt erforderliche Stil.
In diesen Fragen gebe es deutliche Nuancen, erwiderte der <u>Bundeskanzler</u>. Er wolle sie jedoch nicht jetzt austragen.
<u>Ministerpräsident Modrow</u> berichtete, daß der Runde Tisch gestern ein Paket für die Gespräche vorbereitet habe, das er dem Bundeskanzler überreichen solle. Dieses Paket stelle auch den Rahmen für seine heutigen Gespräche dar.[5]
Die Lage in der DDR habe in den letzten Tagen ihre eigene Entwicklung genommen. Die Demonstrationen zeigten, daß sich die Leute zu isolieren beginnen. Die Demonstranten in Leipzig hätten zunehmend Probleme.
Es gebe eine schweigende Mehrheit, die vor einem überhöhten Tempo und vor beschleunigten Schritten Furcht empfände. Sie erwarte eine soziale Absicherung. Der Vorschlag des Runden Tisches enthalte entsprechende Anregungen. Auch die Rechtsfragen würden mit größerer Entschiedenheit gestellt. Das gelte vor allem für die Eigentumsfragen. Der Runde Tisch sei sich einig. Dies gelte für alle Parteien, daß die Frage der sozialen Absicherung beantwortet werden müsse.
Die Bundesregierung werde aus einer kritischen Bewertung nicht ausgespart. Es werde die Erwartung ausgesprochen, daß der Einigungsprozeß so gestaltet werden müsse, daß keine Destabilisierung eintrete und kein Kurs der Verschärfung beginne.
Der Runde Tisch setze sich aus acht Parteien zusammen, die jetzt in die Regierung eingetreten seien.[6] Außerdem hätte sich jetzt die Partei der Freien Demokraten gebildet.[7] Insgesamt seien jetzt dreizehn Parteien in der Regierung. Am Runden Tisch säßen auch Nichtparteimitglieder. Das Verhältnis zwischen den Parteien und den Bewegungen sei drei zu eins.
Es sei jetzt notwendig, daß sich die Regierung mit allen diesen Fragen beschäftige und zu raschen Ergebnissen komme. Fortschritte seien zu erwarten. Die Zeichen für eine solide Entwicklung in der DDR auf dem Wege zur staatlichen Einheit müßten deutlicher herausgestellt werden. In diesem Ziel stimme er mit dem Bundeskanzler überein.
Die Frage der Übersiedler müsse jedoch gründlicher analysiert werden. Die Beweggründe seien nicht mehr die früheren, sondern vor allem ökonomisch-soziale Gründe.
Er habe den Wunsch, daß man die gegenseitigen Vorwürfe einstelle. Beide Seiten müßten jetzt an gleichen Maßnahmen interessiert sein. Und alle Maßnahmen müßten gründlicher überprüft werden, damit sie nicht an der Oberfläche blieben. Der bisherige Stil der Zusammenarbeit könne nicht fortgesetzt werden. Es gebe zuviel Nebeneinander. Er habe einen Vertragsentwurf übergeben,[8] auf den er keine Reaktion erhalten habe. Über die Medien habe er den Vorschlag für die Währungsunion und Wirtschaftsgemeinschaft[9] erfahren. Auch seien die Resultate der bisherigen Gespräche zu gering. Die Arbeit der Länder dagegen sei viel konkreter.
Der Wahlkampf würde bereits überwiegen. Wenn bis zum 18. März endlich etwas geschehen solle, müsse jetzt ein Solidarbeitrag geleistet werden.
Es entspreche auch seiner Meinung, daß die Währungsunion und Wirtschaftsgemeinschaft dazugehöre. Dies sei auch die Auffassung des Runden Tisches, der jedoch davon ausgehe,

---

5   „Positionen des Runden Tisches für die Verhandlungen zwischen Ministerpräsident Modrow und Bundeskanzler Kohl am 13./14. Februar 1990", mit „Standpunkt der Initiative Frieden und Menschenrechte, Vereinigte Linke, Grüne Partei, Unabhängiger Frauenverband, Demokratie Jetzt zum Punkt 4, 3. Anstrich der Positionen" und acht Anlagen; BArch, B 136/20579, 221 – 35014 Ge 33 Bd. 2.
6   Nr. 158 Anm. 2.
7   Am 12. Februar 1990 schlossen sich LDP (bis 9. Februar: LDPD), die am 4. Februar in der DDR konstituierte FDP und die Deutsche Forumpartei zum Wahlbündnis „Bund Freier Demokraten – Die Liberalen" zusammen.
8   Nr. 145A.
9   Nr. 169A, insbes. Anm. 2.

daß sie vor dem 18. März nicht verbindlich werde. Deshalb könnten jetzt Verhandlungen beginnen. Der Abschluß müsse aber einem neuen Parlament vorbehalten bleiben. Er schlage für eine gemeinsame Konferenz fünf Regierungsmitglieder vor, zu denen Minister Dr. Romberg und Minister Eppelmann gehören sollen. Die jetzige Übergangsregierung könne jedoch nicht mehr über ein Ergebnis entscheiden.

Ministerpräsident Modrow bat erneut darum, daß das Nebeneinander überwunden werden solle. Überraschungen sollten vermieden werden. Jetzt sollten sich alle Gespräche auf die marktwirtschaftliche Wirkung konzentrieren. Die Gesetzgebung der DDR werde entsprechend erfolgen, insbesondere im Bereich der mittelständischen Betriebe. Vieles sei angekündigt worden, aber es gebe noch keine greifbaren Ergebnisse. Die Verhandlungen mit westdeutschen Unternehmen, wie z.B. mit Siemens, AEG, VW und anderen, seien im Gange. Jedoch sei ein rascheres Tempo notwendig. Die Länder würden viel konkreter zusammenarbeiten.

Die gemeinsam einzurichtende Kommission für die Währungsunion und Wirtschaftsgemeinschaft müsse in eine Kontinuität hineinwachsen. Ankündigungen über eine mögliche Zahlungsunfähigkeit der DDR und solche über ein mögliches Vorziehen der Wahlen wie am Wochenende seien nicht nützlich. Sie hätten Unruhe geschaffen. Es könne nicht um ein Vorziehen der Wahl gehen, sondern höchstens um ein Verschieben.

Bezüglich der Zahlungsfähigkeit der DDR wolle er dem Bundeskanzler ganz persönlich mitteilen – er werde dies nicht öffentlich tun –, daß gegen Ende dieses Jahres die DDR drei Milliarden aufbringen müsse, um in das Jahr 1991 hineingehen zu können. Das Problem der Zahlungsfähigkeit stelle sich also erst in der zweiten Jahreshälfte. Darüber werde er jedoch nicht öffentlich reden. Es sollte jetzt ein Stufenprogramm entwickelt werden, um die Probleme nach innen beherrschbar zu machen. Beispielsweise sei das Problem der Länderbildung nicht über Nacht zu lösen. Aus diesem Grunde habe er ein Stufenkonzept vorgeschlagen, weil ein spontaner Prozeß nicht möglich sei. Er wolle auch deutlich sagen, daß die Wahlen am 18. März ein wichtiges Element darstellten, aber die Probleme nicht lösen könnten. Wenn sie sich aber über einen Solidarbeitrag der Bundesrepublik verständigen und eine Kommission über die Währungsunion und Wirtschaftsgemeinschaft einsetzen könnten, dann würden sie gut vorankommen.

Er wolle dem Bundeskanzler einige Zahlen in diesem Zusammenhang zur Kenntnis geben. Das Nettosozialprodukt der DDR betrage 1,4 Billionen Mark; davon befänden sich 980 Milliarden im Staatseigentum, dazu komme noch das genossenschaftliche Vermögen und 280 Milliarden Privatvermögen. Außerdem verfüge der Staat über 6,2 Millionen Hektar an Grund und Boden.

Er habe sehr gern vom Bundeskanzler gehört, daß er das Wort vom Anschluß ablehne. 16,5 Millionen DDR-Bürger wollten nicht vereinnahmt werden. Sie erwarten vor dem 18. März eine konstruktive Gestaltung der Beziehungen, sonst würden diese Teil der Wahlkampfauseinandersetzung.

Sein Ziel sei es, eine ruhige Entwicklung zu erreichen. Dazu gehöre auch das Thema der sozialen Absicherung der DDR-Bürger. Es herrsche Furcht vor Arbeitslosigkeit und Unsicherheit darüber, was mit den Spareinlagen geschehen werde. Hinzu komme das Problem der Rechtssituation. Ein Minister der CDU habe davon gesprochen, die Horte und die Schulspeisungen der DDR abzuschaffen. Dieser Minister mußte seinen Hut nehmen.[10] Die

---

10 Gemeint war Volker Abend, parteilos, der auf Vorschlag der CDU in der DDR das Amt des stellvertretenden Ministers für Bildung und Jugend übernommen hatte. Entgegen einer Meldung der Nachrichtenagentur dpa unter Berufung auf ADN (dpa 316 „DDR-Vize-Bildungsminister Volker Abend kündigte Rücktritt an", 9. Februar 1990) trat er nicht von seinem Amt zurück. Dazu Kurt Reumann, „Als sei Schulspeisung das Wichtigste", in: Frankfurter Allgemeine. Nr. 61. 13. März 1990, 16.

Menschen in der DDR erwarten weiterhin, daß die soziale Sicherung gewährleistet sei. Er habe vor einiger Zeit auch mit DDR-Intellektuellen wie mit Christa Wolf gesprochen. Auch dort gebe es Unruhe über die soziale Lage. Außerdem seien die Leistungen dieser Intellektuellen ein wichtiger Beitrag in Europa. Man müsse jetzt insgesamt aufeinander zugehen und die gegenseitigen Vorwürfe einstellen.

Der Bundeskanzler erklärte, daß die Lage durch den Wahlkampf nicht leichter werde. Die SPD in der DDR, die von der SPD in der Bundesrepublik stark unterstützt werde, versuche bereits, die Situation auszunutzen. Sie trage dazu bei, Angst zu erzeugen. Viele Vorwürfe kämen aus der DDR und würden hier in der Bundesrepublik reflektiert. Dies sei nicht immer alles sehr gescheit. Er wolle noch einmal das Stichwort vom Anschluß aufgreifen. Jetzt gehe es darum, bis zum 18. März Vorarbeiten zu leisten. Andere Bereiche würden bereits gut laufen, wie z. B. die Zusammenarbeit im Bereich des Umweltschutzes, der Post und anderes. Jetzt gilt es, die Zeit zu nutzen. Er sei bereit, mit den Expertentreffen zur Währungsunion schon nächste Woche zu beginnen. Es gehe jetzt nicht um protokollarische Treffen. In dieser Frage stehe er vor einer anderen Situation, warf Ministerpräsident Modrow ein.

Der Bundeskanzler bekräftigte noch einmal seinen Wunsch, bis zum 18. März in den Verhandlungen ein gutes Stück voranzukommen und die Fortschritte auch zu dokumentieren. Sein Zehn-Punkte-Plan sei bereits von der Entwicklung überholt worden. Er sehe jetzt keine Möglichkeit mehr für eine Vertragsgemeinschaft und für konföderative Strukturen. Die TASS-Mitteilung über sein Gespräch mit Generalsekretär Gorbatschow sei ein Beweis dafür.[11]

Von besonderer Bedeutung blieben jedoch für ihn die Zahlen der Übersiedler. Der Vorwurf, daß die Menschen in der DDR finanziell angelockt würden, sei unzutreffend. Ein DDR-Übersiedler erhalte lediglich DM 200,00 und nach Nachweis einer Wohnung ein zinsgünstiges Darlehen in Höhe von DM 4000,00 und für jede weitere Person DM 1000,00.

Eine Lösung könne nur darin gefunden werden, das Gefälle zwischen der DDR und der Bundesrepublik zu überwinden. Ob man dies über Stufen erreiche oder, wie Ministerpräsident Modrow gesagt habe, nicht „über Nacht", das sei für ihn praktisch das gleiche. Die sozialen Probleme seien auch aus seiner Sicht von besonderer Bedeutung. Hier gehe es vor allem um die Einrichtung einer Arbeitslosenversicherung, um die Sicherung der Renten; diese Probleme wie die Frage der Sparguthaben seien auch für ihn elementare Fragen. Vielleicht könne man dazu eine Unterkommission einrichten. Er wolle keine eigenständige Kommission, damit diese sich nicht selbständig mache. Geld könne nur soviel verteilt werden, wie eingenommen werde. Ministerpräsident Modrow erklärte sich damit völlig einverstanden.

Der Bundeskanzler wiederholte noch einmal seine Auffassung, daß eine Beruhigung der Lage ohne eine schnelle Währungsunion nicht erreicht werden könne. Es gebe in der Bundesrepublik eine große Bereitschaft zu Investitionen, wenn die Rahmenbedingungen vernünftig seien. Die Leute in der DDR seien genauso gescheit und fleißig wie [die] in der Bundesrepublik, wenn sie wüßten, daß sich Leistung wieder lohne. Dann sei er sich sicher, daß es in der DDR einen Boom geben werde.

Er habe gestern mit dem Präsidenten der EG-Kommission, Delors, gesprochen.[12] Sie seien

---

11   Wie in der „offiziellen Mitteilung des Treffens von Michail Gorbatschow und Helmut Kohl" am 10. Februar 1990 in Moskau verlautete, stellte Gorbatschow „fest – und der Kanzler stimmte ihm zu –, daß es zur Zeit keine Meinungsverschiedenheiten darüber gebe, daß die Deutschen selbst die Frage der Einheit der deutschen Nation lösen und selbst ihre Wahl treffen müssen, in welchen Staatsformen, zu welchen Zeitpunkten, mit welchem Tempo und zu welchen Bedingungen sie diese Einheit realisieren werden" (TASS/russ./10.2.90/2034 in: Ostinformationen. Nr. 30. 12. Februar 1990, 10f.; BPA/PA, F 1/22. Übersetzung der Nachrichtenagentur ADN in: Texte zur Deutschlandpolitik. Reihe III/ Bd. 8a – 1990. Bonn 1991, 86–88).

12   Vermerk über das Telefongespräch in der Registratur des Bundeskanzleramtes nicht zu ermitteln. Dazu: Teltschik, 329 Tage, 144.

sich einig gewesen, daß auch die Europäische Gemeinschaft einen Nutzen davon haben werde. Jetzt komme es darauf an, die Übergangszeit zu gestalten.

Ministerpräsident Modrow stellte noch einmal die Frage nach einem Solidarbeitrag der Bundesregierung. Nach seiner Meinung müsse sich vor dem 18. März noch etwas bewegen. Der Runde Tisch habe den Wunsch nach 15 Milliarden DM geäußert.[13] Die Länder würden ihrerseits bereits da und dort Millionenbeträge zur Verfügung stellen. Die DDR-Bürger würden jetzt von der Bundesregierung erwarten, daß sich in dieser Frage etwas tue.

Das Gespräch wurde im Rahmen der Delegationen fortgeführt.[14]

Teltschik

Nr. 178
Gespräch des Bundesministers Seiters mit
den Ministern ohne Geschäftsbereich der DDR
Bonn, 13. Februar 1990

BArch, B 136/20579, 221 – 35014 Ge 33 Bd. 2. – Vermerk des MDg Duisberg, 19. Februar 1990 (versehentlich datiert: „19.09.1990"; Gespräch versehentlich datiert: 14. Februar 1990). VS-NfD. Verteiler: AL 2, GL 22; StäV, St Bertele. Vorlage an Chef BK mit der Bitte um Billigung und Zustimmung zu dem Verteiler, abgezeichnet: „S[eiters]". – Gesprächsdauer: 10.00 bis 11.00 Uhr.

Nach der Begrüßung führte BM Seiters aus, wir seien an einer Stabilisierung der DDR interessiert. Das Zehn-Punkte-Programm des Bundeskanzlers ebenso wie sein Auftreten in Dresden habe deutlich gemacht, daß wir behutsam vorgehen wollten und darauf bedacht seien, die Lösung des deutschen Problems in die europäische Entwicklung einzugliedern. Auch die Überlegungen zur Entwicklung einer Vertragsgemeinschaft seien darauf ausgerichtet gewesen. Inzwischen sei die Entwicklung jedoch weitergegangen. In der DDR habe es erhebliche Enttäuschungen gegeben, die sich in dem anhaltenden Übersiedlerstrom – bis 11. Februar seien in diesem Jahr 74 421 Übersiedler gekommen – ausdrückten. Grundsätzlich sei ein längerer Zeitraum für die innerdeutsche Entwicklung wünschenswert; nach Lage der Dinge würden wir jedoch wohl nicht so viel Zeit haben. Wir hätten uns daher zu dem weitreichenden Schritt entschlossen, das Angebot zur Schaffung einer Währungsunion und Wirtschaftsgemeinschaft[1] zu machen. Wir setzten dabei unseren stärksten wirtschaftlichen Aktivposten – die Deutsche Mark – ein. Transferleistungen in Milliardenhöhe hielten wir dagegen in der gegenwärtigen Lage für den falschen Weg. Wir hätten Verständnis für die Sorgen, die man sich in der DDR mache; entsprechende Sorgen gebe es auch bei uns. Über diese Fragen müsse gesprochen werden. Eine Kommission sollte nach unserer Meinung unverzüglich die Arbeit aufnehmen.

DDR-Min. Romberg (SPD) erklärte, wichtig sei die Sicherung der Wahlen; wenn sie nicht stattfänden, hätte das auch europäische Konsequenzen. Daher erwarte man auf DDR-Seite, daß die Bundesrepublik einen größeren Betrag geben werde, um zur Stabilität beizutragen. Im übrigen stimme man zu, daß eine Kommission zur Vorbereitung der Währungsunion gebildet werden solle. Unmittelbar nach den Wahlen müßten dann auch Verhandlungen über

---

13 In dem übergebenen Positionspapier (Anm. 5) bezeichnete der Runde Tisch einen „Solidarbeitrag" der Bundesrepublik „in Höhe von 10 bis 15 Milliarden DM für angemessen, und dies sofort, unabhängig von allen weiteren Verhandlungen".

14 Nr. 179.

1 Nr. 169A.

eine gemeinsame Position der beiden deutschen Staaten gegenüber den Vier Mächten aufgenommen werden. Dabei müsse insbesondere der sicherheitspolitische Rahmen festgelegt werden, um den Vereinigungsprozeß sicherheitspolitisch abzusichern.
DDR-Min. Poppe (Frieden und Menschenrechte) meinte, die Wahlen dürften nicht durch den Eindruck belastet werden, daß das Ergebnis fremdbestimmt werde. Man müsse Wege gehen, die deutlich machten, daß das soziale Netz nicht reiße. In der DDR-Bevölkerung gebe es Beunruhigung, ob die soziale Sicherheit weiter gewährleistet werde. Nach einem Umfrageergebnis wollten 72% der Menschen in der DDR die Währungsunion nicht so schnell. DDR-Min. Frau Böhm (Unabhängiger Frauenverband) fügte hinzu, daß auch aus ihrer Sicht die Verunsicherung der sozial Schwächeren in der DDR stark zugenommen habe.
DDR-Min. Platzeck (Grüne Partei) drückte die Sorge aus, daß in der DDR das Gefühl einer Fremdbestimmung – nur durch die Bundesrepublik – wachse. Hilfe ohne Bedingungen sei nicht gekommen. Eine schnelle Währungsunion komme einer bedingungslosen Kapitulation gleich.
DDR-Min. Ullmann (Demokratie Jetzt) betonte die gemeinsame Verantwortung für die Entwicklung. Die Feststellung unsererseits, daß wir über die Vertragsgemeinschaft bereits hinaus seien, trage nicht zur Stabilisierung bei. Wir müßten jedoch gemeinsam an einer Stabilisierung der Demokratie in der DDR arbeiten. In der Frage des Vereinigungsprozesses gehe es darum, ein Ziel zu formulieren. Die Kommission für die Währungsunion könne eingesetzt werden; dies könne eine gewisse Signalwirkung haben.
DDR-Min. Pflugbeil (Neues Forum) sprach sich unter Bezug auf den ausdrücklichen Auftrag des Neuen Forums gegen die Teilnahme von Politikern aus Westdeutschland im Wahlkampf der DDR aus. Dies stelle eine Einmischung in die inneren Angelegenheiten der DDR dar.
DDR-Min. Schlüter (Grüne Liga) charakterisierte die derzeitigen Übersiedler als Wirtschaftsflüchtlinge. Bisher sei eine bescheidene wirtschaftliche Sicherheit in der DDR vorhanden gewesen, die nun aber rasch schwinde. Deshalb sei es notwendig, ein Zeichen zu setzen.
DDR-Min. Eppelmann (Demokratischer Aufbruch) wies ebenfalls auf soziale und ökonomische Ängste hin, die die Menschen in der DDR radikal lassen werden könnten. Notwendig sei eine ökonomische Penizillin-Spritze; er bitte deshalb um einen ungebundenen 5-Mrd.-DM-Kredit.
DDR-Min. Romberg sagte, in der Bundesrepublik unterschätze man die sozial-psychologische Situation der DDR-Bevölkerung, die in ihre neue Identität erst hineinwachsen müsse. Das Problem bestehe darin, daß der Prozeß der Demokratisierung von dem Prozeß der Vereinigung überholt worden sei. Wir müßten auch Hilfe leisten, damit die Menschen in der DDR ihre Identität finden könnten. Auch für ihn stelle sich unter diesem Gesichtspunkt die Frage der Beteiligung westdeutscher Politiker an den Wahlen.
DDR-Min. Poppe fügte hinzu, daß die Oppositionsbewegung, die die Entwicklung in der DDR herbeigeführt und geprägt habe, jetzt nicht verlorengehen dürfte.
DDR-Min. Schlüter und Platzeck wiederholten noch einmal den Appell für eine Hilfe in Milliardenhöhe. Der Runde Tisch sei Garant dafür, daß diese Beträge nicht in ein Faß ohne Boden fallen würden.
BM Seiters betonte abschließend, daß wir das Selbstbestimmungsrecht der DDR-Bevölkerung achteten. Wir wollten ihnen keinesfalls etwas aufzwingen. Die Zeit dränge aber. Nach unserer Meinung hätten wir ein sehr weitreichendes Angebot gemacht, über das zwar wohl erst nach dem 18. März entschieden werden könne. Die Wochen bis dahin müßten aber genutzt werden. Uns sei klar, daß die soziale Absicherung ganz besondere Bedeutung habe; wir seien hier auch zu Hilfeleistungen bereit.

Duisberg

Nr. 179
Delegationsgespräch des Bundeskanzlers Kohl mit Ministerpräsident Modrow
Bonn, 13. Februar 1990

BArch, B 136/20579, 221 – 35014 Ge 33 Bd. 2. – Vermerk des MDg Duisberg, 19. Februar 1990 (Gespräch versehentlich datiert: 14. Februar 1990). Verteiler: AL 2, GL 22; StäV, St Bertele. Vorlage an Chef BK mit der Bitte um Billigung und Zustimmung zu dem Verteiler, abgezeichnet: „S[eiters]". – Gesprächsdauer: 11.00 bis 15.34 Uhr.

Der <u>Bundeskanzler</u> wies in seiner Begrüßung auf die Bedeutung des Datums – Jahrestag des Bombardements auf Dresden – hin und knüpfte daran die Feststellung, daß die Deutschen eine besondere Verantwortung hätten; von deutschem Boden müsse Frieden ausgehen. Die weitere Entwicklung müsse sich jetzt auf zwei Ebenen vollziehen:
– International müsse man unverzüglich beginnen, mit den Partnern zu sprechen, um zu den notwendigen Vereinbarungen zu kommen. Wir seien gegen eine Viermächte-Konferenz, vielmehr für eine Konferenz „2+4", die in Deutschland noch vor dem KSZE-Gipfeltreffen stattfinden solle. Auf diese Weise könne die deutsche Frage mit dem internationalen Prozeß verbunden werden; es sei klar, daß wir die Sicherheitsinteressen unserer Nachbarn berücksichtigen müssen.
– Parallel dazu müsse die Entwicklung in Deutschland selbst weitergeführt werden. Dabei müsse auch die Zeit vor dem 18. März voll genutzt werden. Wir stünden vor einer dramatischen Entwicklung: Bis zum Abend des Vortags seien rd. 75 000 Übersiedler aus der DDR registriert worden; mindestens 10 000 weitere nicht registrierte müßten hinzugerechnet werden. Insgesamt müsse man für Januar und Februar von einer Gesamtzahl von 100 000 Übersiedlern ausgehen, was der Einwohnerzahl von Dessau entspreche. Diese Menschen kämen nicht wegen der sozialen Leistungen her, sondern weil sie von der Entwicklung in der DDR nichts Positives erwarteten; dazu hätten auch verschiedene Vorgänge in den letzten Wochen beigetragen. In Dresden sei eine so dramatische Entwicklung nicht zu erwarten gewesen. Wir seien ganz entschieden an Stabilität interessiert und daran, daß die Wahlen zu dem vorgesehenen Termin stattfinden können. Wir machten daher das Angebot zur Schaffung einer Währungsunion und Wirtschaftsgemeinschaft.[1] Selbstverständlich würden sich bei der Verwirklichung große Probleme auf beiden Seiten ergeben, vor allem im sozialen Bereich. Eine Arbeitslosenunterstützung sei notwendig, auch die Rentenfrage werde sich stellen. Diese Fragen müßten gelöst werden. Ab nächster Woche könne eine Expertendelegation zusammentreten, um alle mit der Währungsunion und Wirtschaftsgemeinschaft zusammenhängenden Fragen zu erörtern. Aus unserer Sicht seien die Reformen in der Wirtschaft das stärkste Mittel, um die Menschen zum Bleiben zu bewegen. Wir seien uns bewußt, daß es eine Zeit großen Umbruchs sei, erschwert noch durch den Wahlkampf. Die Zeit dränge; wir könnten nicht auf die Wahlen warten, sondern müßten jetzt handeln.
<u>MP Modrow</u> erwiderte, er stimme in der Bewertung überein, daß es sich um eine historische Situation handele. Oberstes Interesse müsse sein, die Lage stabil zu halten. Die Position der DDR dazu sei in dem Papier des Runden Tisches dargelegt.[2] Für die DDR sei es aber nicht recht überschaubar, was auf unserer Seite beabsichtigt sei. Man höre Erklärungen, erhalte aber keine wirkliche Hilfe. Die DDR stehe weiterhin auf dem Boden der Erklärung von Dresden[3]. Sie habe in der Zwischenzeit den Entwurf für eine Vertragsgemeinschaft vorgelegt.[4] Manches müsse sicherlich im Zuge der Entwicklung neu bedacht

---

1 Nr. 169A.
2 Nr. 177 Anm. 5.
3 Nr. 129 Anm. 4.
4 Nr. 145A.

werden. Notwendig sei aber, etwas zu tun, um einer Destabilisierung entgegenzuwirken. Man müsse klären, wie die Zukunft von Bundesrepublik und DDR in einem vereinten demokratischen Deutschland sein werde.

MP Modrow erklärte sich einverstanden mit der Einsetzung einer gemeinsamen Kommission zur Erörterung der Fragen der Währungsunion und benannte dafür seitens der DDR die Minister ohne Geschäftsbereich Prof. Romberg (als Vorsitzender) und Eppelmann sowie den amtierenden Finanzminister Siegert, Minister Grünheid, Staatssekretär Rauchfuß und den Präsidenten der Staatsbank, Kaminsky. Alle möglichen Vorarbeiten sollten bis 18. März geleistet werden, so daß nachher Verhandlungen über einen Abschluß aufgenommen werden könnten. Währungsverbund und Wirtschaftsgemeinschaft erforderten in jedem Fall eine soziale Absicherung; er gehe davon aus, daß dieses Problem nach der Wahl weiterbehandelt werde. Bereits vor dem 18. März sei jedoch ein Solidarbeitrag erforderlich.

Unter Bezug auf das Zehn-Punkte-Programm des Bundeskanzlers erklärte MP Modrow weiter, daß ein stufenweises Vorgehen erforderlich bleibe; man dürfe nichts überhasten. Der Einigungsprozeß müsse auch eingebettet bleiben in die außenpolitische Entwicklung. Hier komme der Garantie für die Grenzen eine besondere Bedeutung zu; ein klares Wort dazu sei erforderlich. Ebenfalls stellten sich grundlegende Fragen der Abrüstung. Beide deutsche Staaten müßten aktiv dafür eintreten; sie sollten sich insbesondere für die Beseitigung der nuklearen Kurzstreckenwaffen einsetzen. Insgesamt sei ein solidarisches Aufeinanderzugehen erforderlich.

DDR-Min. Ullmann erklärte, nach seiner Meinung werde der Flüchtlingsstrom erst enden, wenn niemand mehr das Gefühl haben müsse, von dem wirtschaftlichen und technischen Niveau Westdeutschlands ausgeschlossen zu werden. Alle Stufenpläne hätten einen gemeinsamen Mangel – nämlich die fehlende Klarheit über das Ziel, zu dem sie führen sollten. Erforderlich sei ein klares gemeinsames Bekenntnis zu einem Ziel. In dieser Beziehung habe er Bedenken gegen jede Politik, die in Richtung eines Beitritts nach Art. 23 GG führe. Ein Anschluß der DDR an die Bundesrepublik würde in der Mitte Europas ein Machtkartell entstehen lassen, das zu internationalen Problemen führen müsse.

Der Bundeskanzler wandte sich gegen die Verwendung des Begriffs „Anschluß" in diesem Zusammenhang. Die Bundesrepublik habe in den über 40 Jahren ihrer Existenz entscheidend zur Stabilität und zum Frieden in Europa beigetragen. Das Grundgesetz sei die freiheitlichste Verfassung, die es je in der deutschen Geschichte gegeben habe. Wie man auf dem Wege zur Einheit im einzelnen vorgehe, stehe jetzt nicht zur Diskussion. Kein Zweifel könne aber am Ziel der Einheit bestehen; alle Stufenpläne hätten darüber Klarheit geschaffen. Vordringlich gehe es jetzt aber darum, Stabilität in die Entwicklung zu bringen. Dabei seien die wirtschaftlichen Fragen entscheidend.

DDR-Min. Eppelmann meinte, die Entwicklung brauche mehr Zeit. Die Menschen in der DDR müßten die Chance haben, ein Stück Identität einzubringen in das gemeinsame Deutschland. Die jetzige Regierung sei ein ehrlich bemühter Makler für die Interessen der 16 Millionen DDR-Bürger. Er glaube, daß jetzt noch nicht eine Totaloperation wie die Währungsunion erforderlich sei, sondern eine Penizillin-Spritze. Wichtig erscheine ihm ein gemeinsames Wort beider deutscher Regierungen, ein ungebundener Finanzkredit von 5 Mrd. DM und die Arbeit in verschiedenen Kommissionen und Expertengruppen. Wichtig sei auch, daß nicht alles allein der deutsch-deutschen Entwicklung überlassen bleibe, sondern daß auch die westlichen Nachbarstaaten Unterstützung geben, damit die DDR auf diese Weise in den Westen eingebunden werde.

DDR-Min. Platzeck betonte die Notwendigkeit, die Selbstbestimmung der DDR zu erhalten. Es sei nicht Schuld der DDR-Bürger, daß es zu der jetzigen Lage gekommen sei; deshalb könnten sie mit Recht Hilfe erwarten. Das Vorgehen der Bundesregierung und die massive Einmischung der westdeutschen Parteien in den Wahlkampf der DDR erwecke dort aber den Eindruck der Fremdbestimmung; die Menschen hätten das Gefühl, sich nicht wiederzufinden. Der Kampf des Oktobers dürfe aber nicht umsonst gewesen sein.

Der Bundeskanzler erwiderte, es könne nicht erwartet werden, daß in einem Land mit gemeinsamer Geschichte die Dinge völlig getrennt verliefen. Die Parteien bei uns könnten schließlich nicht sagen, daß sie das nichts angehe. Eine entsprechende Kommunikation gebe es im übrigen auch bei den Grünen. Es sei ganz natürlich, daß Parteien, die gleiche Grundideen vertreten, miteinander in Verbindung stünden. Das habe nichts damit zu tun, die DDR zu bevormunden. Es sei ganz klar, daß auch die DDR manches zu geben habe.

BM Waigel ging auf die Frage eines Beitritts nach Artikel 23 GG ein und wies darauf hin, daß diese Bestimmung gerade die Gewähr dafür biete, daß kein Zentralstaat entstehe. Auf die Bemerkungen von DDR-Min. Eppelmann eingehend, führte er aus, daß wir gerade auch bei unseren europäischen Partnern um Unterstützung für den Prozeß der deutschen Einigung würben. Er legte dann dar, was von der Bundesrepublik in der Vergangenheit an Lastenausgleich sowie an Wiedergutmachung gegenüber Israel geleistet worden sei und was laufend für die DDR geleistet werde. In den öffentlichen Haushalten seien insgesamt 31,7 Mrd. DM für Leistungen an die DDR vorgesehen. Allein der Bundeshaushalt 1990 enthalte etwa 30 Mrd. DM an Ausgaben, die mit der deutschen Teilung zusammenhingen. Für schnelle Hilfe seien im Nachtragshaushalt noch einmal über 5 Mrd. DM vorgesehen. Den Vorwurf, die Bundesrepublik werde ihrer Verantwortung nicht gerecht, müsse er deshalb nachdrücklich zurückweisen.

Stellv. DDR-MP Luft bezeichnete das Projekt der Währungsunion als faszinierend und auch wünschenswert, doch müsse die Machbarkeit realistisch bewertet werden. Sie sei deshalb für eine Klärung der einschlägigen Fragen durch Experten. Auch sei sie keineswegs sicher, ob durch die Einführung der DM die Abwanderung gestoppt werden könne. Es gehe im übrigen um tiefgreifende soziale und eigentumsrechtliche Probleme. Die Bevölkerung in der DDR könne schwer einsehen, daß sie nach dem Weltkrieg jetzt zum zweiten Mal große Opfer bringen müsse. Es werde die Frage gestellt, wer der DDR denn helfen werde, wenn sie ihre Souveränität erst aufgegeben habe, wo schon jetzt, wo sie noch souverän sei, niemand helfe. Die Regierung müsse sich in jedem Fall davon leiten lassen, daß grundlegende Interessen der Menschen gewährt würden. Das beziehe sich insbesondere auf
– die Bewertung der vorhandenen Sparguthaben,
– den Schutz der DDR-Wirtschaft durch Gewährleistung zeitweiliger Subventionen für noch nicht voll wettbewerbsfähige Industrien und durch Vermarktungsgarantien,
– das soziale Netz einschließlich der Gewährleistung sicherer Wohnungen,
– die Klärung aller eigentumsrechtlichen Fragen, insbesondere auch derjenigen im Ergebnis der Bodenreform.

Der Bundeskanzler erwiderte, Solidarität sei für ihn kein bloßes Wort. Er habe sich deshalb gegen viele Widerstände zur Währungsunion entschlossen und sofortige Verhandlungen angeboten. Er sei dafür, daß man jetzt konkret arbeite, um möglichst rasch zu einem Abschluß kommen zu können. Die Einführung der DM sei nach seiner Überzeugung das stärkste Mittel, um der Destabilisierung entgegenzuwirken. Man müsse aber auch sofort handeln. Die Bundesrepublik habe in der Vergangenheit große Leistungen für die Wiedergutmachung und im Rahmen des Lastenausgleichs erbracht. Wir seien bereit, dies jetzt erneut zu tun. Das sei eine sehr große Aufgabe. Er persönlich möchte, daß die DDR zu einem blühenden Gemeinwesen werde. Die Schwierigkeiten seien auch für uns erheblich; neben den Übersiedlern müsse man auch an die Zahl der Aussiedler denken. Er bitte daher, unser Angebot nicht als einen dilatorischen Schritt zu verstehen. Es sei ein großes Wagnis auch für uns.

DDR-Min. Romberg meinte, es gehe um die Stabilität bis zur Bildung einer neuen Regierung und für diese neue Regierung. Der Wahltermin müsse in jedem Fall eingehalten werden. Probleme ergäben sich daraus, daß der Befreiungsprozeß in der DDR sich mit dem Vereinigungsprozeß verbunden habe. Die Bevölkerung habe keine Zeit gehabt, eine neue Identität zu finden. Man müsse deshalb langsam vorgehen und sich gemeinsam auf eine Viermächte-Konferenz mit den beiden deutschen Staaten vorbereiten; eine solche Vorbereitung sollte am besten durch Entwicklung von Vorstellungen im Bereich der Sicherheitspolitik erfolgen.

Der Bundeskanzler warf ein, daß dies nicht unseren Vorstellungen entspräche. Wir gingen von einer Konferenz der beiden deutschen Staaten mit den Vier Mächten aus. Die Vorbereitungen dazu sollten bilateral erst auf Expertenebene, dann auf politischer Ebene erfolgen, so daß am Ende ein Abschluß unter den Sechs vor dem KSZE-Gipfel möglich sei. Mit den bilateralen Gesprächen solle möglichst bald begonnen werden, auch wenn ausgeschlossen sei, noch vor dem 18. März ein Ergebnis zu erzielen.

DDR-Min. Ullmann kam erneut auf seinen Gedanken zurück, daß beide Regierungen in einer gemeinsamen Erklärung eine Feststellung über das gemeinsame Ziel treffen sollten; eine solche Erklärung sollte möglichst zu den Wahlen gegeben werden. Der Bundeskanzler stimmte zu, daß man so etwas machen könne.

Der bayerische Ministerpräsident Streibl erklärte, daß wir in keinem Fall Hilfe zur Staatsfinanzierung, sondern zur Erneuerung und Belebung des Wirtschaftssystems leisten wollten. Der in der DDR bestehende Druck gehe nicht von uns aus, sondern von der eigenen Bevölkerung. Er habe deshalb Zweifel am Sinn langer Stufenpläne. Der Weg über Artikel 23 GG, der auch Ausdruck der förderalen Struktur sei, sollte nicht gleich abgelehnt werden.

Der nordrhein-westfälische Ministerpräsident Rau wies darauf hin, daß auch der Weg über Artikel 23 GG kein besonders schneller Weg sei. Richtig sei, daß man Klarheit über das Ziel haben müsse, das nach seiner Meinung sein sollte: die Einheit als Bundesstaat, eingeordnet in ein europäisches Sicherheitssystem und in die EG. Er habe Verständnis für die Position des Runden Tisches, daß jetzt noch kein Abschluß über eine Währungsunion möglich sei. Er frage aber, was jetzt bereits geschehen könne, insbesondere von den Ländern und Gemeinden, und wer auf seiten der DDR Ansprechpartner sei, um praktische Fragen des Verkehrs, des Gesundheitswesens und des Städtebaus zu regeln. Auch wegen dieser Zusammenarbeit sei die Wiederbelebung der Länderstrukturen in der DDR wichtig. Zu fragen sei auch, in welchem zeitlichen Rahmen eine Währungsunion verwirklicht werden könne, da viele interessierte Investoren darauf warten. Wir erhielten aus der DDR, auch aus dieser Diskussion, immer wieder ambivalente Signale: einerseits ein Wunsch nach mehr Zeit, andererseits ein Drängen auf rasches Handeln. Wir müßten in jedem Fall jetzt schon sprechen über das, was vor dem 18. März dringend sei, und über das, was über den 18. März hinausweise.

BM Haussmann sagte, die rasche Verwirklichung einer Währungsunion und Wirtschaftsgemeinschaft biete die Chance, noch vor Vollendung des EG-Binnenmarktes gemeinsam die in diesem Rahmen bestehenden Möglichkeiten nutzen zu können. Es gehe auch darum, daß die Wirtschaft in der DDR langfristig leistungsfähig werde, um die sozialen Aufgaben finanzieren zu können. Auch wenn die Währungsunion nicht kurzfristig verwirklicht werden könne, sollten doch vor dem 18. März noch wichtige Schritte – Einführung der Gewerbefreiheit, Einrichtung eines Bankensystems – getan werden. Je mehr jetzt geschehe, desto besser sei es. Zu der DDR-Forderung nach Transferleistungen müsse er sagen, daß bloße Konsumhilfen ohne Währungsunion nichts bringen würden. Unser Angebot der Schaffung einer Währungsunion sei der größte Solidarbeitrag, den wir erbringen könnten; er gehe weit über Milliarden-Beiträge hinaus.

Bundesbankvizepräsident Schlesinger meinte, es sei wichtig, möglichst bald zu einer Klärung aller notwendigen Fakten zu kommen und die erforderlichen Regelungen vorzubereiten.

DDR-Min. Beil erklärte, die DDR wolle und brauche die soziale Marktwirtschaft. Daher stelle sich die Frage, was bis zum 18. März begonnen werden müsse, um nachher entschieden werden zu können. Aus seiner Sicht sollten Regelungen geschaffen werden, die den Prozeß zur sozialen Marktwirtschaft unumkehrbar machten, insbesondere für den Investitionsschutz, das Niederlassungsrecht und die Besteuerung. In Expertengesprächen sollte jetzt soviel wie möglich vorbereitet werden. Dabei gehe es auch um eine Klärung der Begriffe, damit nicht Mißverständnisse entstehen. Eine Frage sei u. a., ob mit Einführung der DM unmittelbar auch alle EG-Regeln übernommen werden müßten; dies werde für eine Übergangsperiode sehr schwierig sein. Der Bundeskanzler warf ein, daß ganz natürlich eine Übergangszeit für die Übernahme von EG-Regeln erforderlich werde. Er stimmte im übrigen den Ausführungen von Min. Beil ausdrücklich zu.

BM Blüm wies auf den Beitrag der Sozialpolitik hin, um Angst- und Neidgefühlen – in der DDR und bei uns – entgegenzuwirken. Es sei wichtig, einen Weg zu finden, daß beide Systeme der sozialen Sicherung sich zusammenfügen, ohne daß dadurch die Freizügigkeit in Deutschland beeinträchtigt wird. Das gelte für die Alterssicherung und für die Arbeitslosenversicherung. Wir wollten dabei Hilfe leisten und seien auch zu einer Anschubfinanzierung bereit; Ziel müsse aber die Selbstfinanzierung des Systems sein. Wir fingen da nicht bei null an; die Ansatzpunkte in beiden Systemen sollten weiter ausgebaut werden. Die Aufgabe sei zu bewältigen, und insgesamt biete der Prozeß nicht nur Risiken, sondern in viel größerem Maße auch Chancen.

DDR-Min. Watzek regte an, eine Arbeitsgruppe über die speziellen Probleme der Landwirtschaft zu bilden. Landwirtschaft und Ernährungsindustrie seien in der DDR ein stabilisierender Faktor. Man müsse gerade dort auch die Ängste hinsichtlich der als Ergebnis der Bodenreform entstandenen Eigentumsverhältnisse berücksichtigen. Der Bundeskanzler warf ein, daß wir uns dieses Problems wohl bewußt seien.

MP Modrow sagte in einer abschließenden Erklärung, daß es einen Druck gebe, der uns das Zeitmaß vorgebe. Wir müßten aber auch selbst den Zeitfaktor durch eigenes Handeln zu bestimmen suchen. Am Ende werde der Weg zu einem deutschen Bund oder Bundesstaat gehen. Man solle sich aber nicht unter Zeitdruck bringen lassen. Schließlich würden die Länder auf beiden Seiten sich in einem Bundesstaat zusammenfinden, in dem es keine Wohlstandsunterschiede mehr gebe. Er sei für eine Erklärung beider Regierungen, daß sie an die Frage in ⟨nationaler⟩[5] Verantwortung herangehen, sich dabei aber auch ihrer internationalen Verantwortung bewußt seien. Es sei gut, jetzt die gemeinsame Kommission zur Währungsunion einzusetzen. Man müsse aber auch den Zeitrahmen im Auge haben. Nach dem 18. März werde es sicher drei Wochen bis zu einer Regierungsbildung dauern; dann müßten weitere Entscheidungen und konkrete Regelungen getroffen werden, so daß es Sommer oder Herbst bis zum Abschluß einer Vereinbarung werden könne. Die Probleme würden in dieser Zeit nicht geringer werden, so daß die Frage einer solidarischen Hilfe sich unverändert stellen werde. Bei allem, was wir täten, sei es schließlich wichtig, daß wir in den KSZE-Prozeß eingebunden blieben.

Der Bundeskanzler erklärte seinerseits, daß er das Gespräch als offen und konstruktiv betrachte. Die vor uns stehenden Aufgaben seien sehr groß. Wir würden sie verfehlen, wenn wir dabei nur an Deutschland dächten. Wir müßten immer auch die Nachbarn im Blick haben. Deshalb sei das Verhältnis zur Sowjetunion und zu anderen Staaten so wichtig; er er-

---

5 ⟨ ⟩ Von den Bearbeitern korrigiert aus: „internationaler".

wähnte in diesem Zusammenhang die Hilfeleistung an die Sowjetunion und die Unterstützung für Polen, Ungarn und die ČSSR. Ängste hinsichtlich des deutschen Einigungsprozesses gebe es auch im Ausland, und zwar nicht nur aus sicherheitspolitischen, sondern vor allem auch aus wirtschaftlichen Gründen. Ängste gebe es ebenfalls in der Bundesrepublik Deutschland in bezug auf die Sicherheit der Renten, steigende Zinsen, Stabilität der Währung; es würde die Frage gestellt, ob wir uns nicht übernähmen. Schließlich sehe er auch die Ängste der DDR in bezug auf Renten, Arbeitslosigkeit und die Sparguthaben. All dem müßten wir Rechnung tragen. Man könne zur Bewältigung aller Aufgaben keinen Terminplan aufstellen. Andererseits müßten wir sehen, daß es einen von uns nicht zu beeinflussenden Termin, nämlich das voraussichtlich im November stattfindende KSZE-Gipfeltreffen, gebe. Bis dahin müßten wir uns untereinander über die innere Struktur eines künftigen Deutschlands klar sein. Die Gespräche sollten deshalb bald beginnen. Er sei einverstanden mit einer gemeinsamen Erklärung zur Wahl in der DDR, „am besten Anfang März". Der vor uns liegende Weg sei schwierig; er sehe aber die Chance, daß die DDR einen gewaltigen Aufschwung nehmen könne. Die Bedingungen dafür seien ungewöhnlich günstig. Gemeinsam sollten wir darauf hinwirken, daß von diesem Treffen die Botschaft ausgehe, daß das Gespräch fortgesetzt werde und daß wir es gemeinsam schaffen würden.

Duisberg

Nr. 180
Telefongespräch des Bundeskanzlers Kohl mit Präsident Bush
13. Februar 1990

BK, 21 – 30100 (56) Ge 28 (VS) Bd. 80, Bl. 56–59. – Vermerk des MDg Neuer, 14. Februar 1990. Hs. von Bundeskanzler Kohl vermerkt: „Teltschik". – Gesprächsbeginn: 19.45 Uhr.

Der <u>Bundeskanzler</u> berichtet Präsident Bush über den heutigen Besuch von MP Modrow.[1] Es sei besprochen worden, wie die Dinge weitergehen sollen. Die Situation in der DDR sei unverändert dramatisch. Zwischen dem ersten Januar und heute seien etwa 80 000 Übersiedler aus der DDR in die Bundesrepublik gekommen. Aus diesem Grunde habe er eine Wirtschaftsgemeinschaft und eine Währungsunion vorgeschlagen. Nach der Wahl in der DDR am 18. März 1990 müßte die neue Regierung gedrängt werden, schnell das Notwendige zu tun.

Vor allem aber wolle er dem Präsidenten herzlich für seine Hilfe in Moskau danken. Er bitte den Präsidenten auch, Jim Baker herzliche Grüße zu bestellen.[2] Er habe seine Arbeit in Moskau hervorragend gemacht. Der Brief, den der Präsident ihm vor der Abreise nach Moskau geschickt habe,[3] werde einmal zu den großen Dokumenten der deutsch-amerikanischen Freundschaft zählen. Die Unterstützung des Präsidenten sei sehr nützlich gewesen. Er wolle ein paar Worte zu den Gesprächen in Moskau[4] sagen. Gorbatschow sei in sehr guter Verfassung. Er habe eine schwere Woche im ZK gehabt. Er sei ziemlich zuversichtlich, daß er sich auf dem Parteitag[5] durchsetzen werde. Riesige Probleme seien die Nationalitätenfrage und die Versorgungslage. Er, der Bundeskanzler, sehe noch kein Licht am Ende des Tunnels.

1   Nr. 177 – Nr. 179.
2   Nr. 173, insbes. Anm. 2.
3   Nr. 170.
4   Nr. 174 und Nr. 175.
5   Nr. 350 Anm. 4.

Präsident Bush kenne ja den Text, der zur deutschen Frage veröffentlicht worden sei.[6] Er sei in hohem Maße befriedigend. Jetzt werde man in diese Richtung gehen. Parallel zur Lösung dieser Fragen sei die Sicherheitspolitik sehr wichtig. In Moskau sei schon besprochen worden, daß die Vier Mächte mit den beiden deutschen Staaten zusammenwirken sollten. Dies habe Außenminister Baker dort schon diskutiert. Er habe gerade mit BM Genscher telefoniert, der ihm mitgeteilt habe, die Außenminister hätten sich in Ottawa heute in diesem Sinne geeinigt.[7] Wenn er nach Camp David komme,[8] müsse man diese Frage sehr intensiv diskutieren. Ebenso die Frage der Zukunft der NATO und des Warschauer Pakts. Er könne sich vorstellen, man werde eine Lösung finden. Allerdings werde dies viel Arbeit kosten. Er habe Gorbatschow nochmals erklärt, die Neutralisierung Deutschlands komme nicht in Frage.

Präsident Bush erkundigt sich nach der Reaktion von Gorbatschow hierauf.

Der Bundeskanzler erwidert, er habe den Eindruck, dies sei ein Thema, über das die Sowjets verhandeln wollten, das sie sich aber abverhandeln ließen, wobei die Modalitäten wichtig seien. Er glaube, man könne eine Lösung finden.

Präsident Bush wirft ein, man müsse eine Lösung finden. Das Treffen in Camp David komme zur rechten Zeit. Er freue sich, daß der Bundeskanzler sich die Zeit nehme, in die USA zu kommen. Er wolle noch bemerken, als er die Äußerungen des Bundeskanzlers in Moskau gehört habe, daß Gorbatschow seine Position verändert und seinen langjährigen Widerstand gegen die deutsche Wiedervereinigung aufgegeben habe, er an den Bundeskanzler als Freund gedacht und sich vorgestellt habe, wie bewegt der Bundeskanzler gewesen sein müsse. Er könne sich auch denken, wie sehr die deutsche Bevölkerung der Einigung des Vaterlandes entgegensehe.

Der Bundeskanzler bejaht dies und bemerkt, dies sei eine große Stunde. Er habe gerade im Bundestag der CDU/CSU-Fraktion erklärt,[9] ohne die amerikanischen Freunde wäre das alles nicht möglich gewesen.

Präsident Bush bedankt sich und bezeichnet die Äußerung des Bundeskanzlers als sehr großzügig. Er wiederholt, daß er sich auf den Besuch des Bundeskanzlers freue. Er werde die Position seines Freundes Helmut Kohl unterstützen. Von der NATO-Mitgliedschaft dürfe man nicht abgehen. Man könne allerdings miteinander erörtern, wo man vielleicht flexibler sein und wo man fester auftreten müsse.

Der Bundeskanzler bedankt sich nochmals für die Einladung nach Camp David.

Das Gespräch endet nach 15 Minuten.

In einem zweiten Gespräch um 21.00 Uhr teilt Präsident Bush mit, daß er in bezug auf die Einigung der Außenminister in Ottawa einige Vorbehalte habe. Er wolle dem Bundeskanzler erklären, er habe die deutsche Position so verstanden, daß die Frage zuerst zwischen den beiden deutschen Staaten nach den Wahlen besprochen werden sollte und dann erst mit den Vier Mächten. In der ursprünglichen Fassung habe es geheißen, daß kurz nach den Wahlen in der DDR die Minister der beiden deutschen Staaten sich besprechen und dann mit den Vier Mächten sprechen würden. Wenn der Bundeskanzler mit der neuen Fassung einverstanden sei, sei er es auch.

Der Bundeskanzler erklärt, er sei mit der neuen Fassung einverstanden. Er sehe in ihr kein großes Problem. Der Ablauf werde so sein, daß die Wahlen in der DDR am 18. März stattfinden. Es dauere mindestens vier Wochen, ehe dort eine Regierung gebildet sei. Dann werde

---

6 Nr. 177 Anm. 11.
7 Ebd., Anm. 3.
8 Nr. 192 – Nr. 194.
9 Ausführungen des Bundeskanzlers Kohl vor der CDU/CSU-Bundestagsfraktion, 13. Februar 1990, in: CDU/CSU-Fraktion im Deutschen Bundestag. Pressedienst. 14. Februar 1990, 16 S.

die Bundesrepublik mit der DDR sprechen. Es müßten Beamte an dem Thema arbeiten. Bis dahin sei es dann Ende April oder Mitte Mai, was Zeit für die Abstimmung mit Präsident Bush gebe. Er habe eine andere Sorge. Er sei dafür, daß die Minister heute diesen Beschluß fassen, da er befürchte, wenn dies heute nicht geschehe und die Frage offenbleibe, wir uns plötzlich in der Lage wiederfänden, daß andere in Ost und West dazustoßen wollten. Dann sei der Ärger perfekt.

Präsident Bush bemerkt hierzu, das Konzept der 35 sei nicht gangbar (a non-starter). Wegen der Neufassung habe er nur deswegen Sorgen gehabt, weil er gedacht habe, ein vorläufiger Meinungsaustausch auf Beamtenebene müsse sehr bald sein. Er habe Ärger befürchtet, wenn dies vor den Wahlen in der DDR geschehen würde.

Der Bundeskanzler wiederholt, er finde die Neufassung in Ordnung.

Präsident Bush führt aus, er werde Baker sagen, der Bundeskanzler sei einverstanden.

Der Bundeskanzler bedankt sich für den Anruf des Präsidenten.

Der Präsident fügt hinzu, es sei wichtig, daß keine Mißverständnisse zwischen ihm und dem Bundeskanzler entstünden. Er habe immer gesagt, er unterstütze den Bundeskanzler Helmut Kohl und die Bundesrepublik Deutschland. Der Bundeskanzler wisse, daß er zu ihm stehe und volles Vertrauen zu ihm habe.

Der Bundeskanzler dankt für diesen Ausdruck der freundschaftlichen Gesinnung.

Das Gespräch endet nach 10 Minuten.

Neuer

Nr. 181
Schreiben des Ministerpräsidenten Haughey an Bundeskanzler Kohl
13. Februar 1990

BK, 211 – 68000 Gi 48, Hauptvorgang Bd. 1. – Übersetzung 105 – 90/0887. Mit Kopfzeile: Büro des Ministerpräsidenten. – Hs. unterzeichnetes Original des Schreibens vom 13. Februar 1990.

Sehr geehrter Herr Bundeskanzler,

seit der letzten Tagung des Europäischen Rates in Straßburg im Dezember[1] hat sich die Lage in den Staaten Mittel- und Osteuropas weiter verändert.

Diese Veränderungen sind nicht überall gleich verlaufen, waren jedoch insgesamt positiv. Wir alle haben sie mit großer Anteilnahme verfolgt, und es ist uns ein Anliegen gewesen, günstige Entwicklungen zu fördern und zu unterstützen.

Ich weiß, daß Ihnen die Entwicklungen in der Deutschen Demokratischen Republik sehr am Herzen liegen. Im Rahmen der von den zwölf Staats- und Regierungschefs in Straßburg formulierten Ziele kommen die Umstände, unter denen das deutsche Volk, wie wir hoffen, seine Einheit in freier Selbstbestimmung wiedererlangen kann, deutlich zum Ausdruck. Daher verfolgen wir die Entwicklungen, die zur Verwirklichung dieses Ziels führen, mit großem Interesse und besonderer Anteilnahme.

Die Ereignisse in den Staaten Mittel- und Osteuropas vollziehen sich so schnell, daß wir es in unserer Eigenschaft als Präsidentschaft bereits für erforderlich hielten, die Einberufung eines außerordentlichen informellen Treffens der EG-Außenminister vorzuschlagen. Dieses Treffen fand am 20. Januar in Dublin statt.[2] Ich weiß, daß Ihre Regierung diese Zusammenkunft

---

1   Nr. 117 Anm. 1.
2   Dazu Nr. 144 Anm. 8.

begrüßte, die es den Zwölf ermöglichte, die Grundzüge ihrer Politik angesichts der bedeutsamen Entwicklungen auf unserem Kontinent festzulegen.

Bei dieser Gelegenheit bekräftigten unsere Außenminister das Bekenntnis der Gemeinschaft zu ihrem eigenen Integrationsprozeß, der bei allen Überlegungen zur Zukunft Europas von entscheidender Bedeutung ist. Sie stimmten ferner grundsätzlich dem Vorschlag zu, ein Treffen der Staats- und Regierungschefs der 35 KSZE-Teilnehmerstaaten noch in diesem Jahr abzuhalten.

Es scheint klar zu sein, daß dieses KSZE-Treffen, das mittlerweile bei den Teilnehmerstaaten auf allgemeine Zustimmung stößt, von besonderer Bedeutung für die Zukunft unseres Kontinents sein wird. Ich bin sicher, auch Sie erkennen, wie entscheidend wichtig es ist, daß die Zwölf ihr gemeinsames Gewicht bei diesen Fragen in die Waagschale werfen und daß wir die erforderlichen Schritte unternehmen, damit unser eigener Integrationsprozeß auf eine Weise weiterentwickelt wird, die unsere Interessen wahrt, und auch die in dem neuen Europa an die Gemeinschaft gestellten Anforderungen berücksichtigt werden. Wir haben bereits eine Reihe von Maßnahmen getroffen, um uns auf diese Aufgabe vorzubereiten, und unsere Außenminister werden am 20. Februar die Gespräche hierüber fortsetzen.

Das Tempo der Entwicklungen und insbesondere ihre Auswirkungen auf das Ziel der Wirtschafts- und Währungsunion haben bei einigen Partnerländern die Frage aufgeworfen, ob es nicht wünschenswert wäre, den Eröffnungstermin der Regierungskonferenz vorzuziehen, die eine Vertragsänderung betreffend die letzten Stufen der Wirtschafts- und Währungsunion erarbeiten soll.[3]

Angesichts der großen, ja historischen Bedeutung dieser Vorgänge halte ich es für wesentlich, ein außerordentliches informelles Treffen der zwölf Staats- und Regierungschefs anzuberaumen, damit auf höchster Ebene ein gemeinsamer Standpunkt zu diesen Fragen entwickelt werden kann. Ich stelle fest, daß auch der Präsident der Kommission die Meinung geäußert hat, ein außerordentliches Treffen der Staats- und Regierungschefs sei wünschenswert. Ich schlage daher vor, bald ein solches Treffen in Dublin abzuhalten. Auf diesem Treffen könnten wir die Folgen erörtern, die die Entwicklungen in Mittel- und Osteuropa und insbesondere der rasche Fortschritt in Richtung auf die deutsche Einheit für die Gemeinschaft mit sich bringen würden. Ferner könnten wir über den Eröffnungstermin für die Regierungskonferenz und über deren Tagesordnung sprechen. Ich bin überzeugt, daß wir als Gemeinschaft bei guter Vorbereitung einen entscheidenden Beitrag zu dem Treffen der 35 Regierungschefs leisten können und damit der Zukunft unserer Gemeinschaft sowie des gesamten Kontinents ein guter Dienst erwiesen würde. Ich hoffe, Sie teilen meine Auffassung, und würde Ihre Stellungnahme zu diesem Vorschlag begrüßen.[4]

Mit freundlichen Grüßen
Charles J. Haughey

---

3 In den Schlußfolgerungen des Vorsitzes des letzten Europäischen Rates am 8./9. Dezember 1989 in Straßburg (Nr. 117 Anm. 1) war vorgesehen, die Regierungskonferenz „auf Einladung der italienischen Regierung vor Ende 1990" einzuberufen.

4 Am 16. Februar 1990 teilte der irische Botschafter Heaslip mit, Premierminister Haughey plane, „schon in den nächsten Tagen" die Staats- und Regierungschefs der EG zu dem Sondergipfel einzuladen. Haughey wolle als „Termin Ende März/Anfang April" vorschlagen und den genauen Termin mit dem Bundeskanzler besprechen. Ministerialdirigent Hartmann empfahl einen Terminvorschlag für „die zweite Hälfte April", um „genügend Flexibilität und Abstand gegenüber den Wahlen in der DDR" zu haben (Vorlage an Bundeskanzler Kohl, 16. Februar 1990, hs. von Kohl vermerkt: „H. Hartmann Samstag 28. April wäre gut"; BK, 211 – 68000 Gi 48, Protokoll). Vier Tage später wurde der Termin 28. April bestätigt (Vorlage des Ministerialdirigenten Neuer an Bundeskanzler Kohl, 20. Februar 1990; ebd.).

Nr. 182
Konstituierende Sitzung der Arbeitsgruppe Außen- und Sicherheitspolitik des Kabinettausschusses Deutsche Einheit
Bonn, 14. Februar 1990

BArch, B 136/20244, 221 – 34900 Wi 14 Bd. 1. – Vermerk des MDg Duisberg, 19. Februar 1990.

Die konstituierende Sitzung fand am 14. Februar 1990 unter <u>Vorsitz von BM Genscher</u> im AA statt. Beteiligt waren Chef BK, BMI, BMJ, BMF, BMB, BMVg, BMWi und BMU, meistens auf Ministerebene.

MinDir Dr. Kastrup berichtete über die Ergebnisse des Moskau-Besuches[1] und der Gespräche in Ottawa[2]. Danach müssen die inneren Aspekte allein zwischen den beiden deutschen Staaten geklärt werden, die äußeren Aspekte von den beiden mit den Vier Mächten. Vorzubereiten sei deshalb

– die verfassungsrechtliche Lage unter Einschluß der Beziehungen zu den alliierten Rechten,
– der EG-Bereich,
– die Bündnisproblematik mit den Eckdaten, daß Gesamtdeutschland Mitglied der NATO ist, die NATO-Jurisdiktion sich jedoch nicht auf die DDR erstreckt.

<u>BM Genscher</u> legte dar, daß zwischen den beiden deutschen Staaten eine Verständigung über den verfassungsrechtlichen Weg zur Einheit und einen entsprechenden Vertrag erfolgen müsse. Er sprach sich dabei für den Weg nach Artikel 23 GG aus (keine neue Verfassungsdiskussion, DDR-Erwartungen auf schnelle Vereinigung), was aber auch der Abdeckung durch die Vier Mächte bedürfe. Diese würden Fragen stellen, die sich auf die Grenze, den sicherheitspolitischen Status, die EG-Mitgliedschaft beziehen würden. Ziel müsse sein, eine friedensvertragsähnliche Lösung zu vermeiden, aber eine Regelung zu finden, in der die Alliierten schließlich ihre Rechte als obsolet erklären. Der Zeitrahmen werde durch den KSZE-Gipfel bestimmt. Wenn Lösungen nicht vorher gefunden werden, laufe man Gefahr,

– von Ereignissen in der DDR überrollt zu werden
– und bei der KSZE mit Mitsprachewünschen anderer, nicht zuletzt westlicher Staaten konfrontiert zu werden.

Von USA und F sei Unterstützung zu erwarten; GB werde wahrscheinlich Schwierigkeiten bei der EG machen; für die Sowjetunion sei die Grenzfrage von vitalem Interesse, im übrigen die Frage der Stationierung von Streitkräften im jetzigen DDR-Gebiet und die Stärke unserer Streitkräfte.

<u>BM Stoltenberg</u> erklärte sich einverstanden mit dem Konzept, daß ein vereinigtes Deutschland Mitglied der NATO sei, ohne daß das DDR-Gebiet Bündnisgebiet werde; er meinte aber, daß dies nicht Demilitarisierung heiße (nichtintegriertes deutsches Territorialheer wäre möglich) und stellte auch die Frage, ob die Schutzgarantie der NATO sich auf das DDR-Gebiet erstrecken könne. Eine Stationierung sowjetischer Streitkräfte in der DDR hielt er nur für eine Übergangszeit für akzeptabel; er warnte im übrigen vor einer Singularisierung der deutschen Streitkräfte; Obergrenzen, die uns berührten, dürften erst dann festgelegt werden, wenn wir wissen, wie sich die sowjetischen Streitkräfte entwickeln; Zusammenhang auch mit der Frage, inwieweit die Sowjetunion auf eigenem Territorium Beschränkungen akzeptiert. <u>BM Genscher</u> sprach sich nachdrücklich gegen den Gedanken aus, nichtintegrierte Bundeswehreinheiten in der DDR zu stationieren; dies würde auf Widerstand von allen Seiten stoßen. Allerdings solle die Bündnisgarantie für ganz Deutschland gelten. Er wies im

---

1 Nr. 174 und Nr. 175.
2 Nr. 177 Anm. 3.

übrigen darauf hin, daß der NATO-Vertrag die Voraussetzung für den Verbleib von US-Streitkräften in Europa darstelle, und warnte davor, die Stationierung sowjetischer Streitkräfte in der DDR mit der Anwesenheit amerikanischer Streitkräfte irgendwie in Verbindung zu bringen.

BM Stoltenberg bezeichnete demgegenüber eine entmilitarisierte Zone in der DDR als nicht vorstellbar; er wies in diesem Zusammenhang auf die psychologische Wirkung auf die Menschen hin, die seiner Meinung nach unverzichtbare einheitliche Wehrpflicht und warf auch die Frage der Zukunft der NVA auf. Allerdings hielt er Sonderregelungen für das DDR-Gebiet im Rahmen dieser Grundsätze für möglich.

BM Engelhard und Sts Kroppenstedt drückten eine Präferenz für die Herstellung der Einheit nach Artikel 23 GG aus, der als eigentlicher Weg vom Grundgesetz vorgesehen sei; Artikel 146 habe demgegenüber nur die Bedeutung, die „Ewigkeitsgeltung" nach Artikel 79 aufzuheben.

Das nächste Treffen wurde für den **19. Februar 1990, 16.00 Uhr** ebenfalls auf Ministerebene vorgesehen.[3] Fragen des Bündnisses und der Sicherheit sollten in einer Untergruppe von AA, BMVg und BK, die Fragen der EG in einer anderen Untergruppe unter Beteiligung von AA, BMI, BMF, BMU und BK behandelt werden. Die Fragen der Staatsstruktur werden in der vom BMI geleiteten Arbeitsgruppe behandelt.

Duisberg

Nr. 183
Gespräch des Bundesministers Seiters mit den Botschaftern der Drei Mächte
Bonn, 14. Februar 1990

BArch, B 136/20241, 221 – 34900 Spr 2 Bd. 1. – Vermerk des MDg Duisberg, 19. Februar 1990. Verteiler: AA, St Sudhoff; BMB, St Priesnitz; BMV, St Knittel; StäV, St Bertele. Vorlage an Chef BK mit der Bitte um Billigung und Zustimmung zu dem Verteiler, abgezeichnet: „S[eiters]". – Gesprächsbeginn: 15.00 Uhr.

Teilnehmer:
Botschafter Boidevaix (F)
Botschafter Mallaby (GB)
Botschafter Walters (USA)
Staatssekretär Sudhoff (AA)
MDgt Dr. Duisberg

1. BM Seiters unterrichtete die drei Botschafter über den Besuch von MP Modrow,[1] dessen wichtigstes Ergebnis die Verabredung der Aufnahme von Gesprächen über Währungsunion und Wirtschaftsgemeinschaft sei. Bei Erörterung der Lage sei auch seitens der DDR erklärt worden, daß sich die Situation in der DDR rapide verschlechtere; in einem bei dem Besuch übergebenen Papier des Runden Tisches[2] sei dies ausdrücklich festgestellt worden. MP Modrow habe zur Behebung der Schwierigkeiten eine Soforthilfe in Höhe von 10 bis 15 Mrd. DM gefordert. Wir hätten dies jedoch mit der Begründung abgelehnt, daß damit die Probleme nicht wirklich gelöst würden und daß wir in Form der Währungs-

---

3 Nr. 189.
1 Nr. 177 – Nr. 179.
2 Nr. 177 Anm. 5.

union eine sehr viel weiterreichende Maßnahme zur Sanierung vorschlügen. BM Seiters erläuterte unser Angebot[3] mit seinen wesentlichen Komponenten:
- Ersetzung der Mark der DDR als Währungseinheit und gesetzliches Zahlungsmittel durch die Deutsche Mark,
- zeitgleiche Einführung einer sozialen Marktwirtschaft,
- soziale Absicherung.

BM Seiters ging im übrigen auf die Ergebnisse des Moskau-Besuches des Bundeskanzlers[4] und des Außenministertreffens in Ottawa[5] ein und bekräftigte unsere Absicht einer engen Abstimmung. Auf Fragen des amerikanischen und des britischen Botschafters erläuterte er, daß nach unseren Vorstellungen zunächst bilateral deutsch-deutsche Gespräche geführt werden sollten mit einem ersten Kontakt möglicherweise noch vor der Wahl, im wesentlichen aber nachher, und daß anschließend die Gespräche der beiden deutschen Staaten mit den Vier Mächten folgen sollten. Der britische Botschafter stellte daraufhin die Frage, ob wir uns auch eine Parallelität der Gespräche vorstellen könnten; er fügte hinzu, seine Frage ziele insbesondere auf eine Situation, wenn seitens der DDR ein Beitrittsgesuch nach Artikel 23 gestellt werde. MDgt Dr. Duisberg wies darauf hin, daß auch in einem solchen Falle die Vereinigung nicht sofort erfolge, sondern in jedem Fall eine Übergangszeit erforderlich sei.

Auf weitere Frage des britischen Botschafters nach der Bündnisproblematik erläuterte BM Seiters als die für uns entscheidenden Parameter:
- einerseits keine Neutralisierung, d.h. Fortbestehen der Mitgliedschaft im Bündnis,
- andererseits kein Vorschieben der NATO-Streitkräfte bis an die Oder.

Der amerikanische und der britische Botschafter sprachen schließlich noch die Möglichkeit eines vorzeitigen Zusammenbruchs der DDR an. Der amerikanische Botschafter war der Meinung, daß dies sogar noch vor dem 18. März möglich sei. BM Seiters bemerkte dazu, daß man in der gegenwärtigen Lage sicher nichts ausschließen könne, daß er aber davon ausgehe, daß jedenfalls der 18. März erreicht werde und die Wahlen stattfinden.

2. BM Seiters sprach im übrigen noch die Frage des Luftverkehrs an. Er begrüßte, daß die Drei Mächte am 08.02. gegenüber MDgt Dr. Duisberg ihre Überlegungen erläutert hätten,[6] und wies darauf hin, daß unser Konzept ihnen in den nächsten Tagen vom Auswärtigen Amt übermittelt werde. Wir sähen keine grundlegenden Differenzen. Unsererseits seien wir daran interessiert, möglichst bald mit der DDR das Gespräch aufzunehmen. Unser Petitum gegenüber den Drei Mächten sei, ihrerseits im Verhältnis zur Sowjetunion bald ein Arrangement zu finden, daß den Einflug in den Berliner Luftraum für nichtalliierte Fluggesellschaften ermöglicht. Wir gingen dabei von der Erhaltung eines wirtschaftlich lebensfähigen Flugverkehrs der Alliierten in den Korridoren aus und seien nötigenfalls auch für eine Übergangszeit zu Absprachen über eine Aufteilung des Flugverkehrs bereit.

BM Seiters sagte weiter, daß die Frage des Überfliegens der ADIZ im Verhältnis zu den Drei Mächten kein Problem mehr sein sollte. Politisch wäre es kaum zu vertreten, wenn auf dem Boden die Grenzen fallen und in der Luft noch Hindernisse bleiben. Diese Frage solle möglichst noch vor der Leipziger Messe[7] geklärt werden.

---

3 Nr. 169A.
4 Nr. 174 und Nr. 175.
5 Nr. 177 Anm. 3.
6 Gespräch des Ministerialdirigenten Duisberg mit den Gesandten Chassard, Neville-Jones und Ward am 8. Februar 1990, Vermerk des Ministerialrats Kass, 9. Februar 1990; BArch, B 136/21869, 222 – 90005 Flu 1 Bd. 35.
7 Die Leipziger Frühjahrsmesse wurde am 11. März 1990 eröffnet.

Auf Nachfrage stellte MDgt Dr. Duisberg klar, daß sich unser Konzept nicht in diesen hier erwähnten Punkten erschöpfe, daß diese aber politisch unsere vordringlichen Anliegen in diesem Bereich seien.

Duisberg

Nr. 184
Vermerk des Vortragenden Legationsrats I Kaestner
Bonn, 15. Februar 1990

BK, 211 – 31070 Si 23 Bd. 4. – VS-NfD.

Betr.:   Außen- und bündnispolitische Fragen der deutschen Einigung
hier: Ressortbesprechung im Auswärtigen Amt
Donnerstag, 15.02.1990, 11.30 Uhr – 13.15 Uhr

1. Die o.a. Ressortbesprechung diente der Vorbereitung der für Montag, 19.02.1990 anberaumten Ministerbesprechung. Bis dahin wird ein Optionspapier/Fragenkatalog zwischen AA, BMVg und ChBK abgestimmt. GL 23 ist Mitglied der Redaktionsgruppe.
2. MD Dr. Kastrup gab – aufgrund der gestrigen Ministerbesprechung[1] – folgende Eckpunkte:
    – Auch das künftige Gesamtdeutschland bleibt Mitglied des westlichen Bündnisses, und
    – die bisherige „NATO-Grenze" wird nicht nach Osten verschoben.
    Er präzisierte anschließend – sowie im späteren Diskussionsverlauf – folgende Themen, die vertieft bearbeitet werden müssen:
    – Sicherheitsinteressen eines vereinigten Deutschlands,
    – evtl. Sonderstatus des Gebiets der bisherigen DDR,
    – Verbleib/Abzug sowjetischer Streitkräfte,
    – Zukunft der NVA,
    – Wehrpflichtgesetzgebung in der DDR.
    Als weiterer Problemkreis wurden definiert – ohne daß dazu im ersten Durchgang Aussagen gemacht werden sollen – die vermutlichen Sicherheitsinteressen der SU.
3. General Naumann führte in die Thematik „Sicherheitsinteressen eines vereinigten Deutschlands" ein und stellte – bei fortbestehender Bündniszugehörigkeit – die Frage nach der Erstreckung der Schutzgarantie des Bündnisses (Artikel 5/6)[2] auf das Territorium der heutigen DDR in den Mittelpunkt.
    Im übrigen trug er Optionen für sicherheits- und vertrauensbildende Maßnahmen (z.B. ABC-Verzicht, NVV-Mitgliedschaft eines geeinten Deutschlands usw.) zur Erörterung, wie er dies bereits in der hiesigen Besprechung am 5. d.M. getan hatte.
    Auf Fragen anderer Diskussionsteilnehmer präzisierte er insbesondere,

---

1 Nr. 182.
2 In Artikel 5 Abs. 1 Nordatlantik-Vertrag (Nr. 112A Anm. 2) vereinbarten die Vertragsparteien, „daß ein bewaffneter Angriff gegen eine oder mehrere von ihnen in Europa oder Nordamerika als ein Angriff gegen sie alle angesehen wird". Jede Partei verpflichtete sich, Beistand zu leisten und „im Zusammenwirken mit den anderen Parteien" Maßnahmen zu treffen, „die sie für erforderlich erachtet, um die Sicherheit des nordatlantischen Gebiets wiederherzustellen und zu erhalten". Artikel 6 definiert „bewaffneten Angriff" als einen solchen Angriff „auf das Gebiet einer der Parteien in Europa und Nordamerika, auf die algerischen Departements Frankreichs, auf das Gebiet der Türkei oder auf die der Gebietshoheit unterliegenden Inseln im nordatlantischen Gebiet nördlich des Wendekreises des Krebses" sowie auf Streitkräfte, Schiffe oder Flugzeuge einer der Parteien.

– daß im Kriegsfall alle evtl. Selbstbeschränkungen hinfällig werden müssen und
– daß ohne Präsenz von ⟨deutschen⟩[3] Streitkräften auf dem Gebiet der heutigen DDR
eine Verteidigung nicht oder nur unter Inkaufnahme erheblicher Gelände-Opfer denkbar ist; eine Stationierung deutscher, nicht integrierter Streitkräfte auf dem Gebiet der
heutigen DDR sei deshalb aus militärischen Gründen unerläßlich – über deren Umfang
könne man diskutieren, dabei seien Eckdaten
= Stärke der SU-Streitkräfte in der DDR nach „Wien I": ca. 180 000 Mann
= künftige Stärke der NVA nach bisherigen Planungen: ca. 60 000 Mann.
4. Aus der Diskussion wurden in keinem Fall Schlußfolgerungen gezogen; vielmehr soll das
sog. Minister-Papier Optionen und Fragen/Problemstellungen auflisten.
5. Aus meiner Sicht unzureichend behandelt wurden:
– die vertraglichen Fragen, u. a. Art und Weise der Ablösung bisheriger DDR-Verpflichtungen gegenüber der SU. Hierzu soll angeblich eine Arbeitsgruppe in der Rechtsabteilung des Auswärtigen Amts eingesetzt sein;
– wirtschaftliche Faktoren, und zwar
= weder in der Definition der Sicherheitsinteressen eines künftigen Deutschlands
(Rohstoffabhängigkeit usw.)
= noch in der Perspektive eines evtl. Verbleibs sowjetischer Truppen auf dem heutigen
Gebiet der DDR.

K 15/2
(Dr. Kaestner)

Nr. 185
Besprechung des Bundeskanzlers Kohl mit den Regierungschefs der Länder
Bonn, 15. Februar 1990

BArch, B 136/29246, 122 – 14020 Mi 1, Vorbereitung Besprechung BK/Reg.chefs der Länder, 15. 2. 1990, Bd. 2. – Unda-
tiertes Ergebnisprotokoll. – Vertreter: MP Rau, Min Schleußer i. V. für den zeitweilig abwesenden MP Rau, St Clement
(Vorsitzland Nordrhein-Westfalen); MP Späth (Baden-Württemberg), MP Streibl (Bayern), RBgm Momper (Berlin),
Bgm Wedemeier (Bremen), Erster Bgm Voscherau (Hamburg), MP Wallmann (Hessen), MP Albrecht (Niedersachsen),
MP Wagner (Rheinland-Pfalz), Stellv. MP Min Kasper i. V. von MP Lafontaine (Saarland), MP Engholm (Schleswig-
Holstein); Bundeskanzleramt: BK Kohl, Chef BK Seiters, StM Stavenhagen; BM Genscher, BM Schäuble, BM Engel-
hard, BM Waigel, BM Haussmann, BM Wilms, St Jagoda i. V. von BM Blüm, BM Töpfer, BM Hasselfeldt, BM Möllemann, BM Klein; Protokollführer: RiVG Köster (Teilnehmerliste, Stand: 13. Februar 1990; BArch, B 136/29247, 122 –
14020 Mi 1, Besprechung BK/Reg.chefs der Länder, 15. 2. 1990, Mappe BK). – Besprechungsdauer: 14.00 bis 18.00 Uhr.

Die Regierungschefs von Bund und Ländern verständigen sich auf folgende Tagesordnung:
1. Situation in der DDR/Stand der Gespräche und Verhandlungen/Beteiligung der Länder
2. Finanzbeziehungen Bund/Länder.

TOP 1   Situation in der DDR/Stand der Gespräche und Verhandlungen/Beteiligung der
Länder

Der Bundeskanzler bekräftigt die Absicht der Bundesregierung, die Länder über den Fortgang der Zusammenarbeit mit der DDR fortlaufend zu informieren und sie an Verhandlungen umfassend zu beteiligen. Diese Absicht sei schon umgesetzt worden durch Beteiligung
von Ländervertretern in den gemeinsamen Kommissionen mit der DDR und Teilnahme der
Ministerpräsidenten Rau und Streibl sowie des Regierenden Bürgermeisters Momper an den

---

3 ⟨ ⟩ Hs. von dem Vortragenden Legationsrat I Kaestner ergänzt.

Gesprächen mit Ministerpräsident Modrow am 13. Februar 1990.[1] Der Bundeskanzler weist darauf hin, daß es sich nach der Wahl zur Volkskammer der DDR am 18. März 1990 und nach Bildung einer neuen Regierung in der DDR sehr bald – etwa im April – als notwendig erweisen könnte, die Entwicklung in der DDR im Kreise der Regierungschefs von Bund und Ländern zu erörtern. Er bittet die Regierungschefs der Länder, ggf. kurzfristig zu einer solchen Besprechung zur Verfügung zu stehen.

Der Ministerpräsident des vorsitzführenden Landes verweist zur Beteiligung der Länder an den Gesprächen und Verhandlungen mit der DDR auf den Beschluß der Ministerpräsidentenbesprechung vom 21. Dezember 1989 und den ergänzenden Beschlußvorschlag der Länder vom 15. Februar 1990 – Anlage 1[2] –.

Der Chef des Bundeskanzleramtes erläutert den Beschlußvorschlag des Bundes vom 15. Februar 1990 – Anlage 2[3] –.

Hierzu erklärt er:

– Die Teilnahme von Ländervertretern in Gremien und Kommissionen solle flexibel entsprechend der Thematik gehandhabt werden. Das bedeute auch, daß es in Gremien/Kommissionen, in denen schon bisher mehr als zwei Ländervertreter mitwirkten, dabei bleiben könne.

– Wegen der ausschließlichen Kompetenz des Bundes komme keine Länderbeteiligung an den Verhandlungen der beiden deutschen Staaten mit den vier Siegermächten über die sicherheitspolitische Struktur des künftigen deutschen Staates (Vereinbarungen von Ottawa)[4] in Betracht.

– An den jetzt anlaufenden Verhandlungen mit der DDR über eine Währungsunion könnten die Länder nicht beteiligt werden. Die verfassungsrechtliche Lage werde dadurch nicht berührt. Sie würden jedoch hinzugezogen, wenn ihre Finanzhoheit betroffen sei.

Zu dem Beschlußvorschlag der Länder führt der Chef des Bundeskanzleramtes aus: Die Bundesregierung nehme ohne Kommentar die Absicht der Länder zur Kenntnis, nach Bildung von Ländern in der DDR zu einer Ministerpräsidentenkonferenz aller deutschen Länder einladen zu wollen (Ziff. 1 des Beschlußvorschlages). Die Mitwirkung „aller" Länder an Gremien/Kommissionen zur Vorbereitung einer künftigen Staatsstruktur in Deutschland (Ziff. 2 des Beschlußvorschlages) sei nicht praktikabel. Mit Ziff. 3 a) und b) des Beschlußvorschlages stimme die Bundesregierung überein. Soweit der Beschlußvorschlag jedoch die Außenvertretungskompetenz des Bundes berühre, könne er nicht akzeptiert werden.

Der Ministerpräsident des vorsitzführenden Landes erwidert: Er billige der Bundesregierung zu, daß sie die Verhandlungen mit den vier Siegermächten ohne Länderbeteiligung führe. Die Verhandlungen mit der DDR über eine Währungsunion berührten hingegen auch die Finanzhoheit der Länder mit dem Erfordernis ihrer Beteiligung.

Der Bundeskanzler entgegnet, daß die in einer Gemeinsamen Arbeitskommission anlaufenden, vorbereitenden Verhandlungen mit der DDR über eine Währungsunion keine Länderbelange berührten.

Nach weiterer Erörterung der Beschlußvorschläge fassen die Regierungschefs von Bund und Ländern folgenden Beschluß zur künftigen Beteiligung der Länder:

1. Die Regierungschefs von Bund und Ländern begrüßen die zügige Entwicklung auf dem Weg zur deutschen Einheit. Die Regierungschefs der Länder sind der Auffassung, daß den Ländern bei der Gestaltung des künftigen deutschen Bundesstaates, der Teil einer euro-

---

1   Nr. 179.
2   Nr. 185A.
3   Nr. 185B.
4   Nr. 177 Anm. 3.

päischen Friedensordnung werden soll, eine entscheidende Rolle zukommt. Sie kündigen
an, daß sie – nach Bildung von Ländern in der DDR – zu einer Ministerpräsidentenkonferenz aller deutschen Länder einladen werden.
2. An den Vorbereitungen auf seiten der Bundesrepublik Deutschland für die künftige
   Staatsstruktur in Deutschland wirken die Länder gleichberechtigt mit. In den entsprechenden Gremien/Kommissionen sind Bund und Länder gleichberechtigt vertreten.
3. Bund und Länder stimmen für den laufenden Verhandlungsprozeß mit der DDR im folgenden überein:
   a) Die Bundesregierung informiert die Länder umfassend und fortlaufend über alle Vor-
      haben auf dem Weg zur deutschen Einheit. Die Chefs der Staats- und Senatskanzleien
      bilden das Ständige Gremium, das dem Bund als Ansprechpartner für Fragen der deut-
      schen Einheit zur Verfügung steht.
   b) Vor einer abschließenden Willensbildung der Bundesregierung wird sie den Ländern
      Gelegenheit geben, ihre Vorstellungen nach Abstimmung untereinander einzubringen.
   c) Die Bundesregierung geht davon aus, daß die Verhandlungen mit der DDR entspre-
      chend der „Verständigung zwischen der Bundesregierung und den Regierungen der
      Länder über die Beteiligung der Länder bei Abkommen zwischen der Bundesrepublik
      Deutschland und der Deutschen Demokratischen Republik" vom 17. Dezember 1987[5]
      geführt werden. Es besteht Einverständnis, daß die in der Verständigung vorgesehene
      „grundsätzliche" Teilnahme von Ländervertretern als „regelmäßige" verstanden wird.
      Die Bundesregierung beteiligt die Länder an den Verhandlungen mit der DDR sowie
      an den einzurichtenden gemeinsamen Gremien/Kommissionen mit zwei Ländervertre-
      tern (der Vorsitzende der Ministerpräsidentenkonferenz und der Sprecher der Länder-
      gruppe, der der Vorsitzende nicht angehört, bzw. Beauftragte); soweit die Interessen
      einzelner Länder in besonderer Weise berührt sind, werden diese hinzugezogen.
   d) Soweit eine Verhandlungsmaterie in die ausschließliche Kompetenz der Länder fällt,
      liegt die Verhandlungsführung bei den Ländern. In diesem Fall sind Bund und Länder
      in entsprechenden Gremien/Delegationen paritätisch vertreten.

Protokollnotiz der Freien und Hansestadt Hamburg:[6]
Hamburg macht im Hinblick auf die Präambel und Art. 146 des Grundgesetzes den Vorbehalt geltend, daß die Rechtsstellung der deutschen Länder in der Bundesrepublik Deutschland und künftig wieder in der DDR nicht disponibel ist und dabei die Verfassungsposition
Hamburgs als Land nicht von Dritten vertreten werden kann; daher sind sämtliche Länder
bei den Vorbereitungen und den Entscheidungen auf dem Weg zur Vollendung der deutschen Einheit zu beteiligen.

TOP 2   Finanzbeziehungen Bund/Länder

Der Bundesminister der Finanzen weist darauf hin, daß es eine Reihe offener Finanzfragen
zwischen Bund und Ländern gebe. Sie beträfen die Umsatzsteuerverteilung, die rückwir-
kend zum 1. Januar 1990 neu zu regeln sei, die Höhe der Bundesbeteiligung an den Kosten
für die vorläufige Unterbringung der Aus- und Übersiedler, Mehrforderungen der Länder
im Bildungsbereich, Finanzierung der Naturschutznovelle, Beteiligung der Länder an den
EG-Anlastungen im Bereich der EG-Agrarmarktmaßnahmen, offene Fragen beim bundes-

---

5 Nr. 149A Anm. 3.
6 Erster Bürgermeister Voscherau bat mit Schreiben von Staatsrat Kruse an den Chef des Bundeskanzleramtes Seiters
   vom 27. Februar 1990 (BArch, B 136/29246, 122 – 14020 Mi 1, Vorbereitung Besprechung BK/Reg.Chefs der Länder,
   15.2.1990, Bd. 2), diese Fassung der Protokollnotiz durch die in dem Entwurf des Ergebnisprotokolls wiedergegebene
   Fassung („Hamburg akzeptiert den Beschluß zur künftigen Beteiligung der Länder unter der Voraussetzung, daß bei
   Entscheidungen, die die Vollendung der deutschen Einheit betreffen, alle Länder mitwirken können.") zu ersetzen.

staatlichen Finanzausgleich und beim Strukturhilfegesetz[7]. Die Finanzausstattung des Bundes habe sich im Verhältnis zu der der Länder verschlechtert. Die Ausgaben aufgrund der Entwicklung in der DDR und in Osteuropa träfen den Bund einseitig.

Der Ministerpräsident des vorsitzführenden Landes weist darauf hin, daß die Finanzverantwortung der grundgesetzlich festgelegten Aufgabenverteilung zu folgen habe und daß die Länder aufgrund der geschilderten Entwicklung ebenfalls erhebliche Mehrbelastungen trügen.

Der Bundesminister der Finanzen regt an, eine Bund/Länder-Arbeitsgruppe einzusetzen, die das Thema der Bund-Länder-Finanzausstattung erörtern und eine Gesamtlösung vorschlagen soll.

Die Ministerpräsidenten des Vorsitzlandes und des Landes Baden-Württemberg begrüßen den Vorschlag, eine Bund/Länder-Arbeitsgruppe mit dem Auftrag einzusetzen, die zwischen Bund und Ländern offenen Finanzfragen einer Lösung zuzuführen.

Nach eingehender Erörterung fassen die Regierungschefs von Bund und Ländern folgenden Beschluß:

Es wird eine Bund/Länder-Arbeitsgruppe eingesetzt, die einen Vorschlag zur Neuverteilung der Umsatzsteuer ab 1991 erarbeitet. Dabei sollen auch die Bund und Ländern entstehenden Kosten aufgrund der weiteren Entwicklung in der DDR berücksichtigt und die Mischfinanzierung geprüft werden. Auf Anregung des Bundes sollen zudem die Lasten der EG-Finanzierung vom Umsatzsteueraufkommen vor dessen Aufteilung auf Bund und Länder geprüft werden. In die Prüfung werden auch die Bundesnaturschutznovelle sowie das Nachwuchswissenschaftlerprogramm einbezogen. Die Arbeitsgruppe soll auch einen Vorschlag zur Regelung der offenen Fragen bei den EG-Anlastungen erarbeiten. Die Länder benennen ihre Vertreter. Der Bundeskanzler beauftragt für den Bund den Bundesminister der Finanzen mit den Verhandlungen.

Der Bundesminister der Finanzen erklärt für die Bundesregierung:

1. Der Bund beteiligt sich gemäß Artikel 104a Abs. 4 GG an der Finanzierung der vorläufigen Unterbringung von Aus- und Übersiedlern mit 500 Millionen DM für 1990.

2. Im Bildungsbereich stockt der Bund seine Mittel für den Hochschulbau um 200 Millionen DM jährlich ab 1991 für 3 Jahre auf.

Die Regierungschefs der Länder nehmen die Erklärung zu 1. zur Kenntnis und begrüßen die Erklärung zu 2.

Vor dem Hintergrund der finanziellen Herausforderungen, die sich aus der Entwicklung in der DDR ergeben, regt der Ministerpräsident des Landes Schleswig-Holstein ein Moratorium für ein Jahr an, während dessen Laufzeit Bund und Länder keine weiteren Leistungsgesetze mehr auf den Weg bringen und verabschieden sollten.

---

7 Gesetz über Finanzhilfen des Bundes nach Artikel 104a Abs. 4 des Grundgesetzes an die Länder Freistaat Bayern, Berlin, Freie Hansestadt Bremen, Freie und Hansestadt Hamburg, Niedersachsen, Nordrhein-Westfalen, Rheinland-Pfalz, Saarland und Schleswig-Holstein (Strukturhilfegesetz) in: BGBl. 1988 I, 2358–2360 (= Artikel 1 Gesetz zum Ausgleich unterschiedlicher Wirtschaftskraft in den Ländern vom 20. Dezember 1988).

Nr. 185A
Anlage 1
Beschlußvorschlag der Länder

1. Die Regierungschefs von Bund und Ländern begrüßen die zügige Entwicklung auf dem Weg zur deutschen Einheit. Sie sind der Auffassung, daß den Ländern bei der Gestaltung des künftigen deutschen Bundesstaates, der Teil einer europäischen Friedensordnung werden soll, eine entscheidende Rolle zukommt. Die Regierungschefs der Länder werden – nach Bildung von Ländern in der DDR – zu einer Ministerpräsidentenkonferenz aller deutschen Länder einladen.
2. An den Vorbereitungen für die künftige Staatsstruktur in Deutschland wirken alle Länder gleichberechtigt mit. In den entsprechenden Gremien/Kommissionen sind Bund und Länder paritätisch vertreten.
3. Bund und Länder stimmen für den laufenden Verhandlungsprozeß mit der DDR im folgenden überein:
   a) Die Bundesregierung informiert die Länder umfassend und fortlaufend über alle Vorhaben auf dem Weg zur deutschen Einheit. Die Chefs der Staats- und Senatskanzleien bilden das Ständige Gremium, das dem Bund als Ansprechpartner für Fragen der deutschen Einheit zur Verfügung steht.
   b) Vor einer abschließenden Willensbildung der Bundesregierung wird sie den Ländern Gelegenheit geben, ihre Vorstellungen – nach Abstimmung untereinander – einzubringen.
   c) Die Bundesregierung geht davon aus, daß die Verhandlungen mit der DDR entsprechend der „Verständigung zwischen der Bundesregierung und den Regierungen der Länder über die Beteiligung der Länder bei Abkommen zwischen der Bundesrepublik Deutschland und der Deutschen Demokratischen Republik" vom 17. Dezember 1987 geführt werden; es besteht jedoch Einverständnis, daß die Interessen der Länder von diesen Verhandlungen regelmäßig berührt werden.
   Die Bundesregierung beteiligt die Länder an allen Verhandlungen und Gesprächen mit der DDR sowie an den einzurichtenden gemeinsamen Gremien/Kommissionen mit mindestens je zwei Ländervertretern; soweit die Interessen einzelner Länder in besonderer Weise berührt sind, werden diese hinzugezogen.
   Soweit ausschließliche Kompetenzen der Länder berührt sind, liegt die Verhandlungsführung bei den Ländern.
4. Bund und Länder stellen eine fortlaufende Unterrichtung der Europäischen Gemeinschaft über den Verlauf der Verhandlungen sicher.

Nr. 185B
Anlage 2
Beschlußvorschlag des Bundes

Bund und Länder stimmen für den laufenden Verhandlungsprozeß mit der DDR im folgenden überein:
a) Die Bundesregierung informiert die Länder umfassend und fortlaufend über alle Vorhaben auf dem Weg zur deutschen Einheit. Die Chefs der Staats- und Senatskanzleien bilden das ständige Gremium, das dem Bund als Ansprechpartner für Fragen der deutschen Einheit zur Verfügung steht.

b) Vor einer abschließenden Willensbildung der Bundesregierung wird sie den Ländern Gelegenheit geben, ihre Vorstellungen – nach Abstimmung untereinander – einzubringen.

c) Die Bundesregierung geht davon aus, daß die Verhandlungen mit der DDR entsprechend der „Verständigung zwischen der Bundesregierung und den Regierungen der Länder über die Beteiligung der Länder bei Abkommen zwischen der Bundesrepublik Deutschland und der Deutschen Demokratischen Republik" vom 17. Dezember 1987 geführt werden; es besteht jedoch Einverständnis, daß die in der Verständigung vorgesehene „grundsätzliche" Teilnahme von Ländervertretern als „regelmäßig" verstanden wird.

Die Bundesregierung beteiligt die Länder an den Verhandlungen mit der DDR sowie an den einzurichtenden gemeinsamen Gremien/Kommissionen mit zwei Ländervertretern (der Vorsitzende der Ministerpräsidentenkonferenz und sein Stellvertreter bzw. Beauftragte); soweit die Interessen einzelner Länder in besonderer Weise berührt sind, werden diese hinzugezogen.

Nr. 186
Gespräch des Bundeskanzlers Kohl mit Außenminister Arens
Bonn, 15. Februar 1990

BK, 214 – 30105 I 9 Is 8. – Vermerk des VLR I Ueberschaer, 27. Februar 1990. – Mit Vorlage des MD Teltschik über Chef BK an den Bundeskanzler mit der Bitte um Billigung, 28. Februar 1990. Hs. von Bundeskanzler Kohl vermerkt: „Teltschik". – Gesprächsdauer: 17.35 bis ca. 17.55 Uhr.

Teilnehmer
auf deutscher Seite:
– der Bundeskanzler
– VLR I Dr. Ueberschaer als Note taker
– Frau VLR Siebourg als Dolmetscherin

auf israelischer Seite:
– AM Arens
– Botschafter Navon als Note taker

AM Arens (A) übermittelt dem Bundeskanzler die Grüße von PM Shamir. Er, A, hoffe, daß die durch Shamirs Äußerungen im amerikanischen Fernsehen zur potentiellen Rolle eines vereinigten Deutschlands[1] hervorgerufenen „Mißverständnisse" nicht zu einer Belastung des bilateralen Verhältnisses geführt hätten. Man könne Shamirs emotionale Äußerung nur dadurch verstehen, daß er seine ganze Familie durch das NS-Regime verloren habe.

Der Bundeskanzler (BK) wirft ein, daß er an einer solchen Belastung kein Interesse habe.

A fährt fort, daß in Israel das Vertrauen in die demokratische Entwicklung der Bundesrepublik Deutschland gefestigt sei. Man sehe daher in einer Ausdehnung der Demokratie auch auf das Gebiet der DDR einen positiven Schritt und hoffe, daß sich ein vereinigtes Deutschland im gleichen Sinne weiterentwickeln werde. Er, A, habe BM Genscher über die jüngsten Kontakte seiner Regierung mit der Regierung der DDR unterrichtet.[2] Diese sei an der baldigen Aufnahme diplomatischer Beziehungen zu Israel eindeutig interessiert. Sie habe bei

---

1 Nr. 106 Anm. 3.
2 Bundesminister Genscher empfing Außenminister Arens am 15. Februar 1990 zu einem Frühstück im Auswärtigen Amt (Genscher, Erinnerungen, 732).

einem Gespräch in Kopenhagen vor zwei Wochen auf Diplomatenebene[3] angeboten, die erforderlichen Voraussetzungen für die Aufnahme diplomatischer Beziehungen zu erbringen. Insbesondere sei sie bereit, die Mitverantwortung ihrer Bürger für das Schicksal des jüdischen Volkes anzuerkennen. Die jüngste Erklärung von Modrow[4] sei auch in diesem Sinne zu verstehen.

Angesichts der in Kürze bevorstehenden deutschen Einheit frage man sich in Israel allerdings nach dem Sinn der Fortführung solcher Gespräche.

BM Genscher habe ihm versichert, daß er alle Kontakte, die zur Herstellung diplomatischer Beziehungen zwischen Israel und der DDR führen könnten, begrüße.

BK bemerkt, dies sei auch seine Auffassung; man solle jedoch die Vereinbarungen hierüber angesichts der bevorstehenden Wahlen in der DDR nicht zu kurzfristig terminieren.

BK unterrichtet A sodann über seine Einschätzung der Lage in der DDR. Er selbst habe im Oktober vergangenen Jahres die Überzeugung geäußert, daß die deutsche Einheit eines Tages kommen werde. Einen derartig schnellen Zusammenbruch aller staatlichen Strukturen in der DDR habe er allerdings nicht erwartet, obwohl er nie an die vielbehauptete Stabilität ihrer Regierung geglaubt habe.

Das Tempo der Entwicklung in der DDR sei inzwischen atemberaubend. Noch im November v.J. habe er, BK, einen dreiphasigen Prozeß zur Herstellung der deutschen Einheit vorgeschlagen. Nach der Volkskammerwahl sollte zunächst eine Vertragsgemeinschaft beider deutscher Staaten vereinbart werden. Danach sollte einer zweiten Phase der Bildung konföderativer Strukturen schließlich eine dritte Phase des Zusammenschlusses zu einem Bundesstaat folgen. In der Zwischenzeit seien die beiden ersten Stufen durch die Entwicklung in der DDR überholt.

Für diese Entwicklung seien folgende Beispiele charakteristisch:
– Die eigene Währung werde in der DDR als Zahlungsmittel nicht mehr akzeptiert;
– NVA-Offiziere legten bei der Bundeswehr Bewerbungen vor;
– Kreisbehörden erklärten sich als aufgelöst;
– Behörden der mittleren Ebene verfügten nicht mehr über die erforderliche Autorität, um sich gegenüber nachgeordneten Stellen durchzusetzen;
– gegen Dutzende von DDR-Bürgermeistern seien Untersuchungen eingeleitet;
– die ehemalige Staatsführung befinde sich in Haft oder sei unter Anklage gestellt;
– Polizeibeamte scheuten sich, weiterhin Uniform zu tragen.

Der Wahlkampf für die Volkskammerwahlen verlaufe zur Zeit noch recht ungeordnet; dies sei auch kein Wunder, wenn man bedenke, daß man 79 Jahre alt sein müsse, um als DDR-Bewohner schon einmal (im November 1932) an demokratischen Wahlen teilgenommen zu haben.[5] Immerhin habe in der DDR seit 12 + 45 Jahren ein diktatorisches Regime geherrscht. Die fehlende Routine des DDR-Wahlkampfes sei nicht unsympathisch. Für uns sei die

3   Vertreter der DDR und Israels führten Anfang Februar 1990 in Kopenhagen Sondierungsgespräche über die Normalisierung der gegenseitigen Beziehungen. Botschafter Reiner Neumann teilte der Presse am 5. Februar in Berlin mit, von beiden Seiten sei „Interesse an der Aufnahme diplomatischer Beziehungen bekundet" worden („DDR-Diplomat zu Gesprächen mit israelischen Repräsentanten", in: Außenpolitische Korrespondenz. 34. Jg. Nr. 4. 9. Februar 1990, 32).
4   Darin hieß es, die DDR bekenne sich zur „Verantwortung des gesamten deutschen Volkes für die Vergangenheit" und erkenne „ihre humanitäre Verpflichtung gegenüber den Überlebenden des jüdischen Volkes" an. Sie bekräftige die „Bereitschaft zur solidarischen materiellen Unterstützung ehemaliger Verfolger des Naziregimes jüdischer Herkunft". Die am 8. Februar 1990 abgegebene Erklärung wurde der israelischen Regierung und dem Jüdischen Weltkongreß übermittelt (Meldung „DDR-Premier zur deutschen Verantwortung für die Vergangenheit", ADN/8.2.90/1928, in: DDR-Spiegel. Nr. 29. 9. Februar 1990, 33; BPA/PA, F 1/23. Abgedruckt in: Texte zur Deutschlandpolitik. Reihe III/Bd. 8a – 1990, 76).
5   Die letzten Wahlen zum Deutschen Reichstag vor der Machtergreifung der Nationalsozialisten fanden am 6. November 1932 statt. Ergebnis in: Statistisches Jahrbuch für das Deutsche Reich. Hg. vom Statistischen Reichsamt. 52. Jg. 1933. Berlin 1933, 539.

Volkskammerwahl in der DDR nur mit den ersten freien Landtagswahlen im August 1945[6] vergleichbar; ein Vergleich mit den Bundestagswahlen im Jahr 1949 sei nicht angängig. Die Mitglieder des Runden Tisches seien voller Idealismus, hätten aber an konkreter Politik wenig zu bieten.

Er, BK, glaube nicht an ein unehrliches Spiel Modrows. Modrow habe jedoch nicht mehr die erforderliche Autorität, um dringende Entscheidungen zu treffen und durchzusetzen. Zudem habe er in den vergangenen Monaten schwere Fehler gemacht. Er, BK, habe ihm seinerzeit bei dem Dresdner Treffen[7] geraten, sofort ein neues Wahlgesetz zu verabschieden und umfassende Wirtschaftsreformen einzuleiten. Konkret hätte Modrow das übernehmen können, was die Ungarn getan hätten. Statt diesem Rat zu folgen, habe sich Modrow jedoch vor allem seinen – später gescheiterten – Plänen zur Neugründung eines Staatssicherheitsdienstes gewidmet.

In der Bevölkerung sei die Stimmung in der DDR bis zum 2. Januar euphorisch gewesen. Sie sei dann erheblich gedämpft worden, als bekannt wurde, daß die bisherigen Stasi-Mitglieder für eine Übergangszeit von zwei Jahren ihr Gehalt weiter beziehen sollten. Man habe die früheren Stasi-Angehörigen zunächst ebenso behandeln wollen wie entlassene Funktionäre aus dem übrigen öffentlichen Dienst.

Als Folge solcher und ähnlicher Ungeschicklichkeiten hätten wir seit Jahresbeginn ca. 90 000 neue Übersiedler zu verzeichnen, bis Ende Februar rechneten wir mit 110 000.

Für ihn, BK, habe sich damit schon vor zwei Wochen die unausweichliche Frage gestellt, wie man kurzfristig dem weiteren Verfall der DDR Einhalt gebieten könne. Das Treffen mit Modrow in Davos[8] habe bei ihm den Eindruck eines unmittelbar bevorstehenden Zusammenbruchs der DDR nur verstärkt.

Um schnell und wirksam zu helfen, habe er Modrow daraufhin in Bonn eine baldige Währungs- und Wirtschaftsgemeinschaft vorgeschlagen. Dies sei ein glaubwürdiges Hilfsangebot. Dagegen hätte eine Zahlung der von Modrow und dem Runden Tisch beanspruchten 16 Mrd. DM an der Grundsituation in der DDR nichts geändert.

Es gebe inzwischen bereits 200 Angebote westdeutscher Unternehmen zu industrieller Zusammenarbeit mit DDR-Betrieben. Modrow habe zwar versprochen, sich dieser Angebote anzunehmen, aber lediglich Fremdbeteiligungen bis zu 49% an Gemeinschaftsunternehmen zugelassen, was für die westdeutschen Firmen nicht von Interesse sei.

Die drei Kernkraftwerke in der DDR befänden sich in einem schlechteren Zustand als das Unfallkraftwerk Tschernobyl vor der Katastrophe. Den DDR-Behörden sei deswegen von Experten aus der Bundesrepublik vorgeschlagen worden, diese KKW sofort – zumindest vorübergehend – stillzulegen.

Trotz dieses – insgesamt wenig positiven – Bildes bleibe er, BK, dennoch Optimist. Die Herstellung der Wirtschafts- und Währungseinheit werde zu einem massiven Schub für Konjunktur und Bruttosozialprodukt im gesamten Deutschland führen. Es werde zu einem zweiten Wirtschaftswunder kommen, an dem auch die EG profitieren werde.

Auf politischem Gebiet gelte es, bei Herstellung der deutschen Einheit neben dem innerdeutschen vor allem auch dem internationalen Aspekt Rechnung zu tragen:

Die Sowjetunion unterhalte in der DDR noch immer 380 000 Mann an Streitkräften und 120 000 Zivilisten.

Er selbst habe Gorbatschow darauf hingewiesen, daß sich die Menschen der DDR den dort stationierten Sowjetbürgern gegenüber bisher völlig friedlich verhalten hätten. Eine Gefahr

---

6   Die ersten Landtagswahlen fanden am 30. Juni 1946 in Bayern, Hessen und Württemberg-Baden statt.
7   Nr. 129.
8   Nr. 158.

bestehe nur im Falle eines militärischen Vorgehens der Stationierungsstreitkräfte der SU gegen DDR-Bürger. Die DDR sei nicht der Platz des Himmlischen Friedens in Peking. Wenn alles gutgehe, werde die deutsche Einheit sich als ein wesentliches Element für Frieden, Freiheit und Zusammenarbeit in Europa entwickeln. Ein neues einiges Deutschland werde mit Sicherheit nicht zu einem „Vierten Reich" werden, da es ganz andere Schwerpunkte habe als das Deutschland nach 1918. Der große Fehler des Versailler Vertrages[9] wie des Trianon-Vertrages[10] sei es gewesen, die Orientierungsachse Deutschlands in den Osten zu verlagern. Die Orientierungsachse des heutigen Deutschland liege im Westen und Südwesten mit seiner völlig anderen – rheinischen – Mentalität.

Er, BK, habe Gorbatschow auch darauf hingewiesen, daß dieser angesichts der bevorstehenden wirtschaftlichen Aufwärtsentwicklung in der DDR kaum mehr Interesse daran haben könne, dort weiterhin sowjetische Truppen stationiert zu halten.

A fügt ein, daß Staatspräsident Havel die Frage aufgeworfen habe, was die Sowjetunion künftig mit ihren bisher in den RGW-Staaten stationierten Truppen anfangen könne.

BK fährt fort, daß ein in der DDR stationierter Feldwebel der Roten Armee, der die künftig zu erwartende wirtschaftliche Aufwärtsentwicklung in der DDR beobachte, das eigene System in Frage stellen müsse.

Gorbatschow habe nur dann eine Chance, wirtschaftliche Erfolge zu erzielen, wenn es ihm gelinge, die Hindernisse auszuräumen, die bislang schon der Entfaltung der Perestroika im Wege gestanden hätten.

...[11]

Ueberschaer

Nr. 187
Gespräch des Bundeskanzlers Kohl mit Staatspräsident Mitterrand
Paris, 15. Februar 1990

BK, 211 – 30104 F 2 Fr 24, Paris, 15.2.1990, Hauptvorgang. – Vermerk des MDg Neuer, 16. Februar 1990. Hs. von Bundeskanzler Kohl vermerkt: „Teltschik erl."

Betr.: Treffen des Herrn Bundeskanzlers mit Präsident Mitterrand bei einem Abendessen in Paris am Donnerstag, dem 15. Februar 1990

Auf französischer Seite waren zugegen:
Jacques Attali
Elisabeth Guigou
Frau Stoffaes, Dolmetscherin.

Auf deutscher Seite:
MD Teltschik
MDg Dr. Neuer
Frau Siebourg, Dolmetscherin.

---

9   Friedensvertrag zwischen Deutschland und den alliierten und assoziierten Mächten, unterzeichnet am 28. Juni 1919 in Versailles (Versailler Vertrag), in: RGBl. 1919, 700–1349 (deutscher, englischer und französischer Wortlaut).
10   Mit den Friedensverträgen von Trianon, unterzeichnet am 4. Juni 1920 im Palais Grand Trianon in Versailles, und Saint-Germain-en-Laye, 10. September 1919, zwischen den alliierten und assoziierten Mächten und Ungarn bzw. Österreich wurde die Nachkriegsordnung des früheren Österreich-Ungarn festgeschrieben (G.Fr. de Martens/Heinrich Triepel, Nouveau Recueil Général de traités et autres actes relatifs aux rapports de droit international. Troisième série. Tome XII. Leipzig 1924, 423–565; ebd. Tome XI. Leipzig 1923, 691–839).
11   Im folgenden besprochen: Fragen der Beziehungen der EG-Staaten zu Israel und Südafrika.

Der <u>Bundeskanzler</u> berichtet zunächst kurz über die Bundestagsdebatte vom Vormittag zur Deutschlandfrage[1] und sein Treffen mit den Ministerpräsidenten der Länder[2]. Zur Lage in der DDR führt er aus, daß eine Prognose nicht möglich sei. Die Situation habe sich sehr zugespitzt. Als er Präsident Mitterrand am 4. Januar in Latché besucht habe,[3] habe er noch geglaubt, Modrow könne die Dinge stabilisieren. Leider habe Modrow nicht einhalten können oder wollen, was er in Dresden mit ihm besprochen habe.[4] Die psychologische Situation in der DDR sei zu dem Zeitpunkt, als er zuletzt mit Präsident Mitterrand gesprochen habe, noch von großem Enthusiasmus gekennzeichnet gewesen. Die Zahl der Übersiedler sei damals deutlich zurückgegangen. Dann sei jedoch die Stasi-Affäre gekommen. Hier habe Modrow einen entscheidenden Fehler begangen. Der Fehler sei gewesen, daß er den Stasi nicht sofort aufgelöst habe. Auch das früher versprochene Wahlgesetz für die DDR sei bis heute noch nicht fertiggestellt. Am 18. März seien bereits die Wahlen in der DDR; das Gesetz solle erst nächste Woche verabschiedet werden.

<u>Präsident Mitterrand</u> erkundigt sich, was es vorsehe.

Der <u>Bundeskanzler</u> antwortet, es sehe ein Verhältniswahlrecht vor, und fährt fort, daß neben der Stasi-Affäre entscheidend gewesen sei, daß die DDR nicht – wie das abgesprochen worden sei – wirtschaftliche Reformen, ähnlich wie in Ungarn, eingeleitet habe. Die DDR habe bisher noch nichts übernommen. Sie versuche, aus der SED-Ideologie zu retten, was noch zu retten sei. Dies habe dazu geführt, daß zwischen dem 1. Januar und heute etwa 90 000 Übersiedler in die Bundesrepublik gekommen seien. Wenn man diese Zahl fortschreibe, so komme man bis Ende des Monats Februar auf 110 000 Übersiedler. Dies entspreche der Größe einer Stadt wie Dessau.

<u>Präsident Mitterrand</u> nennt auf die Frage des Bundeskanzlers, welcher französischen Stadt dies entspreche, Clermont-Ferrant.

Der <u>Bundeskanzler</u> fährt fort, daß die fortgesetzte Abwanderung aus der DDR dort sehr ernsthafte Probleme verursache. Es seien viele Menschen darunter, die interessante Berufe hätten, wie Computerspezialisten, Facharbeiter, Chemiker, Handwerker.

Auf Frage des <u>Präsidenten</u> führt der <u>Bundeskanzler</u> aus, daß sie in der Bundesrepublik zwar nicht immer sofort, aber doch nach einiger Zeit Arbeit fänden. Für uns sei dies kein unlösbares Problem. Die Menschen würden aber in der DDR gebraucht. Wenn erst einmal in der DDR die notwendigen Rahmenbedingungen geschaffen seien, werde es dort einen großen Entwicklungsschub geben. Die Nationale Volksarmee löse sich auf. Zahlreiche Offiziere würden sich bei der Bundeswehr bewerben.

<u>Präsident Mitterrand</u> stellt die Frage nach dem Warschauer Pakt.

Der <u>Bundeskanzler</u> bemerkt, der Warschauer Pakt bestehe nur noch auf dem Papier fort. Er kommt zurück auf die Lage in der DDR. Man müsse versuchen, den Strom der Übersiedler abzustoppen und zunächst einmal den Wahltermin zu erreichen. Die neue Regierung müsse dann eine Wirtschaftsreform durchführen. Dies sei die Voraussetzung für eine Währungsunion. Er hoffe, daß die Wahlen die Lage in der DDR so stabilisierten, daß neue Gesetze verabschiedet werden könnten und wir nicht eines Tages aufwachten und die Probleme vor unserer Haustür abgeladen würden.

<u>Präsident Mitterrand</u> meint, es gebe keinen Grund dafür, daß sich bis zu den Wahlen die Lage sehr verändere.

---

1 Die Aussprache fand im Anschluß an eine Regierungserklärung des Bundeskanzlers Kohl über die Gespräche mit Generalsekretär Gorbatschow und Ministerpräsident Modrow statt (Verhandlungen des Deutschen Bundestages. Stenogr. Berichte. Bd. 152. Plenarprotokoll 11/197, Regierungserklärung 15102–15110, Aussprache 15110–15152).
2 Nr. 185.
3 Nr. 135.
4 Nr. 129.

Der Bundeskanzler stimmt mit der Bemerkung zu, dies sei richtig, wenn nichts Unvernünftiges in der DDR geschehe. Aber die Stasi-Affäre sei auch völlig unerwartet gekommen.

Der Präsident wirft ein, ein Monat vergehe schnell und nach einem Monat sei ein anderer Gesprächspartner in der DDR vorhanden.

Der Bundeskanzler bemerkt, unser Interesse sei es, daß der Prozeß in der DDR nicht zu schnell gehe und die Zahl der Übersiedler abnehme. Das Signal der Währungsunion und der Wirtschaftsunion[5] sei ein starkes Signal gewesen. Wenn die Menschen drüben erst sehen würden, wir meinten es ernst, werde dies auch Wirkung haben.

Präsident Mitterrand beurteilt den Vorschlag der Währungsunion und Wirtschaftsgemeinschaft als gut, wendet jedoch ein, die derzeitige Regierung entscheide hierüber nicht.

Der Bundeskanzler stimmt zu. Dies sei nicht möglich. Die Vorbereitung auf Expertenebene werde jedoch jetzt erfolgen. In der DDR würden auch noch andere Fragen diskutiert, die man als Außenstehender nicht so sehe. Die Bevölkerung wolle die alten Länder wieder – wie Thüringen, Sachsen und die übrigen. Sie wollten eine Art Bundesrepublik mit Ländergliederung. Viele sagten, es sei ein großer Fehler Ulbrichts gewesen, die Länder aufzulösen. Auch dies werde ein Thema nach den Wahlen sein. Die Diskussion werde dann auch darum gehen, ob man die früheren Länder wiederherstelle. Ein Teil sei kleiner geworden durch die Oder-Neiße-Grenze. Die Menschen in der DDR wollten Landtagswahlen. Er sehe der Entwicklung zuversichtlich entgegen. Die Hauptaufgabe sei jetzt, die Lage dort zu beruhigen.

Zu seinem Gespräch mit Gorbatschow am 10. Februar in Moskau[6] bemerkt der Bundeskanzler, er befinde sich in völliger Übereinstimmung mit ihm. Er habe Gorbatschow nach dieser schwierigen Woche mit der Sitzung des ZK[7] in sehr guter Verfassung gefunden. Gorbatschow habe eine gute Chance. Allerdings verursache ihm die miserable Versorgungslage große Sorgen. Ein weiteres riesiges Problem sei die Nationalitätenfrage. Er selbst habe den Eindruck, der kritischste Punkt sei die Ukraine. Dies sei eine Frage, die bei uns nicht diskutiert werde. Er könne sich vorstellen, daß eine Lage eintrete, in der die Sowjetunion das Baltikum ziehen lasse. ...[8]

Präsident Mitterrand wirft ein, man müsse Gorbatschow unterstützen, damit er sich halten könne.

Der Bundeskanzler fährt fort, was die Frage der Neutralität Deutschlands angehe, so habe Gorbatschow begriffen, daß es hierfür keine Chance gebe. Er werde das auch akzeptieren. In der DDR ständen 380 000 sowjetische Soldaten. Ferner seien dort 120 000 sowjetische Zivilisten. Die Sowjetunion wisse nicht, wohin sie bei einem Abzug mit diesen Menschen solle. Das gleiche Problem stelle sich in Ungarn und der ČSSR. Gorbatschow sehe auch, daß mit der Einführung der DM in der DDR und den dann vollen Regalen in den Läden die Probleme mit den sowjetischen Truppen in der DDR noch größer würden, denen dann der Unterschied zu den Zuständen zu Hause in der Sowjetunion deutlich vor Augen geführt werde. Schon jetzt sei dies ein Problem. Er glaube, daß man mit Blick auf das Problem NATO/ Warschauer Pakt eine Lösung finden könne. Er sei deswegen auch sehr zufrieden mit dem Ergebnis von Ottawa,[9] weil die Außen- und Sicherheitspolitik jetzt parallel zur Entwicklung in Deutschland verlaufe.

Präsident Mitterrand erkundigt sich, ob es nach dem Eindruck des Bundeskanzlers so aussehe, daß die Russen sich nach der Vereinigung Deutschlands ganz zurückziehen sollten.

Der Bundeskanzler bemerkt, es müßten Übergangsregelungen gefunden werden.

---

5 Nr. 169A.
6 Nr. 174 und Nr. 175.
7 Nr. 155 Anm. 5.
8 Zwei Sätze nicht freigegeben.
9 Nr. 175 Anm. 5 und 6 sowie Nr. 177 Anm. 3.

<u>Präsident Mitterrand</u> fragt, ob der Bundeskanzler dem zustimmen könne?
Der <u>Bundeskanzler</u> bejaht dies, wenn die Übergangsregelung zeitlich begrenzt wäre. Wichtig sei es zu zeigen, daß Deutschland kein militärisch starkes Land sein wolle. Für das Gebiet der DDR könne man eine Regelung finden, zumal die Dinge sich im Abrüstungsbereich gut entwickelten. Gorbatschows Hoffnung gelte den Wirtschaftsbeziehungen, dem Weiterlaufen der Lieferungen von Waren gegen Gas und Öl. Es gebe hier große Schwierigkeiten, die jedoch lösbar seien. Wichtig für uns sei es, daß diese Entwicklung aufs engste in die europäische Entwicklung eingebunden sei und daß vor allem die deutsch-französische Freundschaft eine feste Grundlage bleibe. Dies gelte heute mehr denn je. Hiervon sei er fest überzeugt. Er glaube sogar, dies sei für die Sowjetunion eine Beruhigung. Er habe Gorbatschow in dieser Auffassung sehr bestärkt. Je mehr Rechte Deutschland an die EG übertrage, was im Gange und unser Ziel sei, desto weniger wirklich erscheine das Gespenst eines Vierten Reichs. Hinzu komme, daß das aus der DDR, Berlin und der Bundesrepublik bestehende Deutschland eine andere Achse als das alte Deutschland habe. Diese Achse bleibe der Rhein. Es sei völlig anders als im Reich. Die Wirtschaftswanderung in der Bundesrepublik habe das Bild völlig verändert. 1930 seien Oberschlesien, die Saar und die Ruhr das Kerngebiet der Schwerindustrie gewesen. Heute sei diese Industrie weitgehend uninteressant. Jetzt spielten z. B. die Computerindustrie und die Chemie eine tragende Rolle. Diese Industrien hätten sich im deutschen Süden angesiedelt. Auch bei einer Restabilisierung in der DDR werde der Schwerpunkt südlich des Mains liegen, in Hessen, Baden-Württemberg, Bayern und Rheinland-Pfalz. Wenn man das historisch sehen wolle, so könne man sagen, südlich des Limes. Dies sei entscheidend anders als früher.
<u>Präsident Mitterrand</u> stimmt zu und bemerkt, er sehe das auch so. Er habe schon gesagt, daß ihm die Perspektive eines geeinten Deutschland keine Schwierigkeiten mache. Dies habe er bereits in Bonn am 3. November 1989 geäußert.[10] Aber man müsse solche Aussagen häufig wiederholen. Insbesondere gegenüber den deutschen Zeitungen.
Der <u>Bundeskanzler</u> wirft ein, er mache ständig die gleichen Erfahrungen mit der deutschen Presse.
<u>Präsident Mitterrand</u> fährt fort, man könne von ihm nicht erwarten, daß er wie ein deutscher Patriot rede. Er rede wie ein französischer Patriot. Als französischer Patriot sei er nicht beunruhigt. Was heiße überhaupt beunruhigt? Deutschland sei eine historische Realität, mit der man sich abfinden müsse, ob es einem gefalle oder nicht. Ihm gefalle es. Es wäre ungerecht, wenn man die Ostdeutschen nicht als Deutsche betrachte und den Deutschen das Recht vorenthalte, sich zu vereinigen. Von dieser Position sei er nie abgewichen. Er habe auch schon gesagt, daß die Franzosen an die Deutschen als Nachbarn gewöhnt seien. Es habe unglückselige Perioden in der Geschichte gegeben, aber auch glücklichere Zeiten. Die Frage sei, wie man die Konsequenzen der Vereinigung Deutschlands angehen wolle. Es gebe hier verschiedene Gebiete, von denen der Bundeskanzler eines genannt habe, nämlich die beiden Bündnissysteme. Hier gebe es praktische Schwierigkeiten. Die Sowjetunion sei nicht mehr in der Lage, übertriebene Forderungen zu stellen. Man dürfe sie aber nicht mehr in die Enge treiben als nötig. Die Frage der sowjetischen Soldaten in der DDR könne fortschreitend gelöst werden. Die Lösung dürfe aber nicht lange auf sich warten lassen. Er glaube, daß sich auch bald das Problem der Truppen des westlichen Bündnisses in der Bundesrepublik stellen werde. Er wolle nicht warten, bis die westdeutsche Bevölkerung finde, die Gegenwart amerikanischer, französischer und britischer Soldaten laste auf ihr zu schwer. Die Deutschen würden sagen, wir sind ein normales Land, wir haben unsere Streitkräfte, wir haben unsere Bündnisse, wir sind Teil des europäischen Gleichgewichts. Warum sollten wir darüber hin-

---

10 Nr. 70 Anm. 8.

ausgehen? Sie würden sagen, wir Deutsche sind wie die anderen. Wer neutral sein wolle, könne dies sein, wie z. B. Schweden und die Schweiz, die es freiwillig seien, Österreich[, das es] weniger freiwillig geworden sei. Die Deutschen könnten sagen, sie akzeptierten keine Vormundschaft mehr, weder westliche noch östliche. Sie wollten betrachtet werden wie eine erwachsene Nation. Er wolle nicht auf den Zeitpunkt warten, wo die Deutschen sagen werden, die fremden Soldaten sollen gehen. Man könne die Soldaten stehenlassen, solange die Verhandlungen dauerten, aber nicht mehr lange. 45 Jahre nach dem Krieg gebe es nicht mehr die Beziehungen wie zwischen Siegern und Besiegten. Man müsse den Augenblick erlauschen, wo die Deutschen sagten, wir brauchen keine fremden Truppen mehr. Vielleicht würden einige Elemente von US-Truppen noch stehenbleiben als Teil der Gesamtsicherung. Er wolle auf jeden Fall nicht zu spät kommen und plötzlich ein Verhältnis wie zu einem besetzten Land haben. In einem normalen Staat wäre dies eine normale Situation. Jeder deutsche Politiker, der in einem vereinten Deutschland sagen werde, wir sind ein erwachsenes Land, wir wollen keine fremden Truppen mehr, hätte Erfolg. Eine schwierige Frage werde sich für den Bundeskanzler stellen, wenn es um die Atomwaffen gehe. Bisher gebe es US-Atomwaffen in Deutschland. Frankreich habe glücklicherweise keine solchen Waffen in Deutschland stationiert. Aber was sollten die französischen Truppen dann noch in Deutschland? Es solle keine einseitige Entscheidung getroffen werden, aber es sollten Konsultationen stattfinden. Er möchte auf jeden Fall handeln, ehe es soweit komme. Für die Sowjetunion sei die Lage noch schwieriger. Die DDR sei für sie ein vorgeschobenes Glacis. Es sei für die Sowjetunion schwieriger, wenn die Ostdeutschen in das westliche Bündnis einbezogen würden. Er glaube nicht, daß Gorbatschow dem zustimmen könnte, ohne selbst gefährdet zu werden.
Der <u>Bundeskanzler</u> stimmt letzterem zu.
...[11]

<u>Präsident Mitterrand</u> fährt fort, eine solche Erklärung müßten alle NATO-Partner abgeben. Dies sei ein sehr dringliches Problem. Unmittelbar nach den Wahlen in der DDR am 18. März werde sich die Frage nach dem Status der DDR im Verhältnis zur sowjetischen Armee stellen, und in der Konsequenz daraus dürfe es bei der Sowjetunion keinen Zweifel geben, wenn die DDR militärisch neutral, aber politisch zu Deutschland gehöre – wann immer dies auch der Fall sein werde –, daß dies kein Vordringen der NATO bzw. einen Rückzug der Sowjetunion bedeute.
Der <u>Bundeskanzler</u> stimmt grundsätzlich zu, bemerkt jedoch, daß die von Präsident Mitterrand vorgetragene Auffassung bezüglich der westlichen Truppen in der Bundesrepublik nicht die Stimmung der deutschen Bevölkerung widerspiegle. Die deutsche Bevölkerung werde nicht den völligen Abzug der fremden Truppen verlangen. Nach der Reduzierung würden die Menschen sagen, diese müßten mindestens so lange bleiben, wie sowjetische Truppen in Deutschland.
<u>Präsident Mitterrand</u> bemerkt, daß in einem wiedervereinigten Deutschland die Bevölkerung nicht lange eine sowjetische Besatzung in Ostdeutschland hinnehmen könne. Aus diplomatischen Gründen müsse man dies sagen. Es werde sich aber um einen Prozeß von nur einem oder zwei Jahren handeln. Man müsse feierlich erklären, daß die NATO keinen Vorteil hieraus ziehen wolle, um ihr Gebiet auszudehnen. Er denke schon, eine gewisse Anzahl von Truppen sollten für die Sicherheit aller in Deutschland stehenbleiben. Es dürften jedoch nicht zu viele sein. Sonst würden die Reflexe des deutschen Nationalgefühls hochkommen. Um so mehr, als die Rolle der Vier Mächte [die] Möglichkeit in sich berge, die Deutschen zu reizen. Rein juristisch hätten die Vier Mächte ein „droit de regard" in allen Fragen. Dies betreffe auch die Wiedervereinigung. Das gefalle den Deutschen nicht. Wann immer die Vier

---

11   Zwei Sätze nicht freigegeben.

Mächte als solche auftreten würden, könne man feststellen, daß die Deutschen, auch der Bundeskanzler, die Augenbrauen hochziehen. Aber es gebe einen Unterschied zwischen den Rechten, die aus dem Krieg resultierten, und der Realität. In der Realität hätten die Vier Mächte kein Recht einzugreifen, wenn es um die Wiedervereinigung gehe. Sie hätten jedoch ein „droit de regard", wenn es um die Konsequenzen der Wiedervereinigung gehe. Es sei bereits hierüber gesprochen worden, z. B. im militärischen Bereich oder im Hinblick auf die atomare Bewaffnung der Deutschen.

Präsident Mitterrand stellt die Frage, ob ein vereintes Deutschland im Hinblick auf eine atomare Bewaffnung die gleiche Verpflichtung eingehen werde wie die Bundesrepublik Deutschland.

Der Bundeskanzler versichert, daß dies der Fall sein werde.

Präsident Mitterrand fährt fort, er stelle diese Frage, weil sie für Frankreich von großem Interesse sei. Er halte dies für legitim. Nicht legitim wäre es, wenn sich das „droit de regard" auf die Frage erstrecken sollte, wie die Deutschen unter sich ihre Einheit organisieren. Ein legitimes „droit de regard" bestehe, wenn es sich um das Verhältnis der Deutschen zu ihren Nachbarn drehe – z. B. um die Grenzen im Osten. Er habe dem Bundeskanzler gegenüber schon früher erklärt, daß die Verträge von 1918[12], 1919[13], 1920[14], 1921[15] und 1945[16] ungerecht gewesen seien. Aber man müsse damit leben. Man könne diese Fragen nicht allgemein in Europa wieder öffnen.

Der Bundeskanzler versichert, hier bestehe keine Gefahr.

Präsident Mitterrand bezeichnet als die wichtigste Frage die Oder-Neiße-Grenze. Es sei dies nicht die einzige Grenze, auf deren beiden Seiten Deutsche lebten. Er könne die Gefühle der Deutschen verstehen. Aber politisch gesehen, müsse man sagen, dies sei schicksalhaft. Er halte es für legitim, daß diese Fragen Frankreich beunruhigten und interessierten.

Der Bundeskanzler wiederholt, daß Deutschland die gleiche Position in bezug auf die Nuklearwaffen einnehmen werde wie die Bundesrepublik Deutschland. Ein wiedervereinigtes Deutschland werde auch die Grenzen bestätigen. Es sei ein psychologisch wichtiger Punkt, daß die Bestätigung der Grenzen mit der Wiedervereinigung einhergehe und keine Vorleistung sei.

Präsident Mitterrand erwidert, es wäre – politisch gesehen – gut gewesen, wenn der Bundeskanzler die Oder-Neiße-Grenze bestätigt hätte. Juristisch gesehen sei der Bundeskanzler im Recht.

Der Bundeskanzler bemerkt, die ganze Oder-Neiße-Frage sei ohne Not hochgespielt und zu einem Thema gemacht worden. Innenpolitische Gründe seien hierfür maßgebend gewesen. Natürlich sei dies eine große Wunde; es helfe aber nichts, sie aufzureißen. Er erwähnt als eindrucksvolles positives Beispiel eines Zugehens auf die Deutschen die Rede des tschechoslowakischen Präsidenten Václav Havel vor 14 Tagen.[17] Er habe das Unrecht bedauert, das

---

12 Waffenstillstandsabkommen zwischen den Alliierten und dem Deutschen Reich, unterzeichnet am 11. November 1918 in Compiègne, in: Der Waffenstillstand 1918–1919. Hg. im Auftrage der Deutschen Waffenstillstands-Kommission. Mit Genehmigung des Auswärtigen Amtes. I. Bd.: Der Waffenstillstandsvertrag von Compiègne und seine Verlängerungen nebst den finanziellen Bestimmungen. Berlin 1928, 23–57, französischer Wortlaut mit Zusatznoten und Beilagen 74–89.
13 Nr. 186 Anm. 9.
14 Ebd., Anm. 10.
15 Vertrag zwischen Deutschland und den Vereinigten Staten von Amerika, unterzeichnet am 25. August 1921 in Berlin, in: RGBl. 1921, 1318–1323.
16 Nr. 89 Anm. 15.
17 Präsident Havel bezeichnete am 25. Januar 1990 vor dem Sejm die Teilung Europas und Deutschlands als „zwei Seiten derselben Münze". Ein „vereintes Europa mit einem geteilten Deutschland" sei „schwer vorstellbar". Beide Vereinigungsprozesse sollten parallel und, „wenn möglich, auch möglichst schnell" verlaufen. Havel fuhr fort, die Deutschen hätten „für uns alle viel getan. Sie haben selber damit begonnen, die Mauer zu zerstören, die uns von den Idealen, von denen wir träumen, trennt, von dem idealen Europa ohne irgendwelche Mauern und ohne eiserne Vorhänge." Von seinem

den Deutschen geschehen sei, und den Menschen, die ihre Heimat hätten verlassen müssen, die Hand der Versöhnung hingestreckt.[18] Das sei eine sehr wichtige Geste gewesen. Der große Verband der Sudetendeutschen, dem übrigens sehr viele Leute unter 35 Jahre angehörten, habe gesagt, er schlage in diese ausgestreckte Hand ein.[19] Die Grenze sei endgültig.

Präsident Mitterrand fährt fort, man sei dabei, die Geschichte anders zu bauen. Man errichte europäische Institutionen und ein Europa mit dem Ziel, die Grenzen nicht mehr als so bedeutend zu sehen.

Der Bundeskanzler stimmt zu und sagt, was mit den Sudetendeutschen erreicht worden sei, möchte er auch mit den Schlesiern erreichen. Wenn man die Frage der Oder-Neiße-Grenze mit der Frage der deutschen Einheit verbinde, sei die Antwort klar. Das gesamtdeutsche Parlament werde sagen, so sei die neue Lage. Es wäre dies ein Ersatz für das, was im Warschauer und im Moskauer Vertrag steht und für eine endgültige Regelung durch einen Friedensvertrag. Jetzt wolle er dies jedoch nicht als Vorleistung erbringen.

Präsident Mitterrand wirft ein, die Frage werde aber in der Bundesrepublik Deutschland selbst gestellt. Er spreche sie jedoch nicht an, um sie zur Vorbedingung zu machen.

Der Bundeskanzler weist nochmals auf die innenpolitischen Gründe der Diskussion um die Oder-Neiße-Grenze in der Bundesrepublik hin. Mit der Thematisierung dieser Frage wolle man bestimmte Gruppen (Republikaner) stärken, um andere zu schwächen.

Präsident Mitterrand fährt fort, man habe indirekt ein Problem berührt, das vielleicht wichtig sei. Die Oder-Neiße-Linie sei eine direkte Hinterlassenschaft des Kriegs. Stalin habe diese Westverschiebung Polens gewollt, um sich polnisches Gebiet und auch deutsches Gebiet, nämlich Ostpreußen, anzueignen. Polen habe die Oder-Neiße-Grenze als Ausgleich für die verlorenen Gebiete im Osten erhalten. Dies sei geradezu der Inbegriff eines schlechten Vertrags. Als er Geschichte gelernt habe, sei Schlesien für ihn deutsch gewesen. Preußen sei der Angelpunkt eines großen Reiches über drei Jahrhunderte hinweg gewesen. Aber heute sei die Lage eben anders. Er sage nicht, daß die Anerkennung der Oder-Neiße-Linie eine Vorbedingung für die Wiedervereinigung sei, noch denke er das. Artikel 7 des Vertrags von 1954 (Vertrag über die Beziehungen zwischen der Bundesrepublik Deutschland und den Drei Mächten) sehe eine friedensvertragliche Regelung vor. Der Bundeskanzler sage, das Parlament eines vereinten Deutschlands müsse erklären, die Oder-Neiße-Grenze sei unabänderlich. Dies wäre jedoch nur ein einseitiger Akt der deutschen Seite. Das reiche seiner Auffassung nach nicht aus.

Der Bundeskanzler bemerkt, er habe nichts gegen einen Vertrag, der allerdings auch dem gesamtdeutschen Parlament zur Ratifizierung vorgelegt werden müsse. Vertragspartner dürften jedoch nicht „alle Länder" sein.

Präsident Mitterrand erläutert, ihm gehe es nicht um einen Friedensvertrag. Dies würde ja die Wiederaufnahme der Situation von 1945 bedeuten.

Der Bundeskanzler präzisiert, diese Frage müsse zwischen Polen und Deutschland geregelt werden.

Präsident Mitterrand ergänzt, „zwischen den interessierten Ländern". Man müsse darüber diskutieren, welche Länder dies seien. Es müßte sich um einen internationalen Akt zwischen

---

Besuch in Deutschland (Nr. 134) habe er „gute Eindrücke zurückgebracht" (Auszüge der Rede, Radio Warschau/poln./ 25.1.90/1500, in: Ostinformationen. Nr. 19. 26. Januar 1990, 2; BPA/PA, F 1/22).

18   In einem Interview Anfang Januar 1990 erklärte Präsident Havel zur Frage der Sudetendeutschen, „das Prinzip der kollektiven Schuld, das einer der Gründe zur Vertreibung war", sei unmoralisch und eine „Fortsetzung des Bösen" gewesen, „das im Zweiten Weltkrieg begangen wurde". Auch wenn unter den vertriebenen Deutschen „eine große Zahl von Menschen" schuldig gewesen sei, hätten sie „nicht nach dem Prinzip der kollektiven Schuld um ihr Zuhause gebracht werden dürfen" („Ich bin zu keiner Rache fähig", in: Stern [Hamburg]. Nr. 3. 11. Januar 1990, 18–21, hier 20).

19   Nr. 174 Anm. 14.

den Betroffenen handeln. Präsident Mitterrand nannte Polen/Deutschland oder zusätzlich Frankreich, Sowjetunion, USA und Großbritannien.

Präsident Mitterrand wirft die Frage auf, wie es mit den Bündnissen weitergehen solle. Dies sei nicht die deutsche Frage. Es handele sich um ein Problem Rußlands. Der Warschauer Pakt sei nur noch eine Fiktion. Es sei unvorstellbar, daß die DDR-Armee heute die Bundesrepublik angreife.

Der Bundeskanzler wirft ein, dies gelte genauso für die polnische und für die tschechoslowakische Armee.

Präsident Mitterrand fährt fort, niemand würde mehr marschieren. Der Warschauer Pakt sei nur noch eine leere Hülse. Er habe kürzlich in einem Zeitungsartikel geschrieben, das Bündnis sei da, um gegen einen Gegner geschützt zu sein. Bald wüßten wir nicht mehr, wer der Gegner sei. Dies bedeute nicht, daß die Sowjetunion nicht mehr eine große Militärmacht sei. Im Falle eines Militärputschs könnte sie sehr gefährlich werden. Dies sei ein internationales Problem. Dann gebe es das Problem der Europäischen Gemeinschaft. Was werde aus ihr? Das vereinigte Deutschland sei ein neues Faktum. Damit werde man fertig. Ein Mitgliedsland werde praktisch um 17 Millionen Bürger größer. Dies sei eine klare Lage, die es erlauben werde, daß man zu einem Ergebnis komme. Er sehe keinen zweiten deutschen Staat in der EG. Er sehe nur ein Deutschland. Delors habe sich zu schnell zur Sache geäußert.[20] Es werde sicherlich keinen 13. Mitgliedstaat in der EG geben. Die Erweiterung des deutschen Mitgliedstaates um 17 Millionen stelle kein großes Problem dar.

Der Bundeskanzler wirft ein, das Gegenteil sei der Fall.

Präsident Mitterrand bemerkt etwas zögernd, immerhin stünden dann 56 Millionen Franzosen ca. 77 Millionen Deutsche gegenüber.

Der Bundeskanzler bemerkt hierzu, in den 90er Jahren würden die Franzosen und die ganze Gemeinschaft von der verstärkten Wirtschaftskraft Deutschlands große Vorteile haben.

Präsident Mitterrand ist überzeugt davon, daß dies ein wichtiger Faktor sein werde. Die Menschen in der DDR – er nennt die Sachsen und die Preußen beispielsweise – seien bemerkenswert tüchtig. Im Grunde hätten sie in katastrophalen Verhältnissen gelebt. Er glaube, daß man jetzt verpflichtet sei, die Entwicklung der Europäischen Gemeinschaft voranzutreiben.

Der Bundeskanzler hält dies für selbstverständlich.

Präsident Mitterrand ergänzt, die Entwicklung müsse im Wirtschafts- und Währungsbereich sowie im Hinblick auf die politische Union vorangetrieben werden. Bei dem Treffen in Biarritz[21] habe er mit dem Bundeskanzler über seinen Gedanken einer europäischen Konföderation gesprochen. Viele hätten seine klaren Äußerungen, die er zu diesem Thema am 31. Dezember 1989 im französischen Fernsehen gemacht habe,[22] falsch interpretiert und gesagt, er habe eine Konföderation in vager Form gemeint. Was er jedoch gesagt habe, sei, daß es eine Realität gebe; das sei die Gemeinschaft der Zwölf. Die Strukturen dieser Gemeinschaft müßten gestärkt werden, die Geschwindigkeit des Zusammenwachsens erhöht. Daneben gebe es die Perspektive der Konföderation, die noch gefunden werden müsse. Wichtig sei es, die Staaten, die sich jetzt von der Sowjetunion befreiten, nicht allein zu lassen. Sie gehörten zum Warschauer Pakt, zum RGW. Jetzt stünden sie der Gemeinschaft allein gegenüber. Sie erschienen als die Kleinen, die Besitzlosen, aber auch diese Staaten hätten ihre große Geschichte, ihre Würde, ihren Stolz. Was würden sie tun? Einige von uns würden versuchen, sie um sich zu gruppieren. Dies wäre ein schlechter Wettbewerb. Italien würde eine Föderation mit Jugoslawien, Österreich und Ungarn eingehen wollen. Andere mit anderen Staaten. Es wäre dies ein gefährlicher Weg.

---

20 Nr. 144, insbes. Anm. 2.
21 Nr. 135.
22 Ebd., Anm. 8.

Der Bundeskanzler stimmt dem Präsidenten vorbehaltlos zu.

Präsident Mitterrand fährt fort, er sei deshalb für eine Konföderation, zu der alle demokratischen Länder Zugang hätten. Auch die Sowjetunion, wenn sie sich entsprechend gewandelt habe. Alle diese Länder sollten unter dieser Voraussetzung ein Recht auf Eintritt haben. Der Rahmen hierfür könnte die KSZE sein. Aber in der KSZE seien auch zwei amerikanische Staaten. Er habe nichts dagegen, aber die Konföderation müsse die Europäer umfassen. In sie könnten die EG, die KSZE, EUREKA, die europäischen Banken und andere Institutionen eingebracht werden. Seine Gedanken richteten sich auf das nächste Jahrhundert. Es wäre gut, wenn ein juristischer Rahmen geschaffen würde, innerhalb dessen alle Staaten gleichberechtigt einander gegenüberstehen. Die Großen und die Kleinen. So wie das in der EG der Fall sei. Man müsse morgen genauso mit der ČSSR wie auch mit Bulgarien von gleich zu gleich sprechen. Natürlich müsse es sich um eine lockere Institution handeln, mit wenig verpflichtenden Bestimmungen. Wichtig seien aber die gleichen Rechte für alle. Dies sei die Zukunft. Die Gegenwart sei die Europäische Gemeinschaft.

Der Bundeskanzler hält die Frage, wie man dieses Gebilde nennen wolle, für nicht wesentlich. Die Lösung für die Zukunft könne jedoch nicht sein, daß alle diese Länder der Gemeinschaft beitreten. Deshalb müsse es eine Alternative geben. Diese Alternative müßte allerdings ihre Vorbedingungen haben, nämlich daß nur ein freiheitlicher Rechtsstaat Mitglied sein könne.

Präsident Mitterrand stimmt diesem Gedankengang zu. Er kommt zurück auf seine vorherige Bemerkung, daß die Gegenwart die EG sei. Es dürfe nicht zu der Situation kommen, daß die Menschen denken, wegen der deutschen Vereinigung kämen die EG-Angelegenheiten nicht mehr voran. Er sei für die Einberufung eines informellen Europäischen Rats nach den Wahlen in der DDR. Man könne diesen Rat ähnlich ausgestalten wie den unter französischer Präsidentschaft im Herbst 1989 im Elysée.[23] Man brauche kein Heer von Beamten hierfür. Er stelle sich ein persönliches Gespräch unter den zwölf Regierungschefs vor. Der Präsident fährt fort, er freue sich, daß der Bundeskanzler zu ihm gekommen sei. Der Bundeskanzler sei zur Zeit der Mann, der an der Spitze eines historischen Abenteuers stehe (maître de file). Er fürchte ein vereinigtes Deutschland nicht. Er möchte jedoch, daß Frankreich und andere in der Lage seien, alle internationalen Konsequenzen zu prüfen, die sich aus der Vereinigung ergeben. Der Bundeskanzler dürfe nicht den Eindruck erwecken, daß dies „die andern" nichts angehe. Die anderen betreffe allerdings, was die Deutschen unter sich machten.

Der Bundeskanzler führt aus, die Idee des Präsidenten betreffend eine europäische Konföderation habe er schon bei dem Treffen in Biarritz begrüßt. Sie entspreche seinen Vorstellungen. Er wolle in diesem Zusammenhang ein Gespräch erwähnen, das er vor kurzem mit dem jugoslawischen Ministerpräsidenten in Davos geführt habe.[24] Jugoslawien fühle sich als europäisches Land, man dürfe ihm nicht die Tür weisen. Dies gelte für viele Länder. Sie wollten der Gemeinschaft beitreten. Er wolle hier nur Österreich, Norwegen, Schweden, Jugoslawien und die Türkei als Beispiel nennen. Dies könne aber nicht funktionieren. Er glaube, es sei wichtig, diese Frage ungefähr gleichzeitig mit der Verwirklichung des Binnenmarktes nicht nur zu diskutieren, sondern auch zu realisieren. Nach dem 31. Dezember 1992 müsse man damit rechnen, daß es 5, 8 oder sogar 9 Anträge auf Beitritt zur Gemeinschaft gebe. Man müsse jetzt schon an einer Lösung arbeiten.

Präsident Mitterrand wirft ein, man müsse die Entwicklung jetzt diskutieren und betreiben.

Der Bundeskanzler bemerkt, man solle die bereits vorhandenen Institutionen einbauen.

Präsident Mitterrand stimmt dem zu.

23 Nr. 94.
24 Gespräch des Bundeskanzlers Kohl mit Ministerpräsident Marković am 3. Februar 1990 in Davos, Vermerk des Ministerialdirigenten Neuer, 5. Februar 1990; BK, 21 – 30100 (56) Ge 28 (VS), Bl. 33–35.

Der <u>Bundeskanzler</u> unterstreicht, daß es für die Bundesrepublik Deutschland und für ihn selbst als Person keine Alternative zu dem gemeinsamen Weg gebe. Er wiederholt, daß wir gerade jetzt die enge Zusammenarbeit zwischen Deutschland und Frankreich brauchen, um Fortschritte in der Gemeinschaft zu machen. Deshalb solle man erklären, daß man die Einberufung eines informellen EG-Sondergipfels positiv beurteile. Zum Termin wolle er bemerken, daß am günstigsten ein Zeitpunkt gleich nach Ostern sei, also die zweite April-Hälfte. Es sei wichtig, auf diesem EG-Gipfel bereits zu wissen, wie die DDR aussehe. Er werde alles dafür tun, daß Deutschland jeden denkbaren Beitrag zu Fortschritten bei der Integration leiste. Alles, was in Straßburg beschlossen worden sei,²⁵ wolle er vorantreiben. Er glaube sogar, daß angesichts der Entwicklung in Deutschland das Datum 31. Dezember 1992 eine noch größere Bedeutung erhalten habe.

<u>Präsident Mitterrand</u> betont, er wolle nicht den Eindruck erwecken, ein schlechter Freund zu sein. Er beziehe sich bei dem Mitspracherecht nur auf die internationalen Konsequenzen der deutschen Vereinigung. Dies gelte nicht für die inneren Angelegenheiten, wie z.B. die Wiederherstellung des Landes Thüringen, obwohl er dies sehr begrüßen würde, weil er in Thüringen in deutscher Kriegsgefangenschaft gewesen sei. Scherzhaft bemerkt er, er werde sich desavouiert fühlen, falls es kein Land Thüringen geben werde.

Der <u>Bundeskanzler</u> gibt seinem Wunsch Ausdruck, daß Frankreich und Deutschland, Präsident Mitterrand und er selbst, diesen schwierigen Weg zusammen gehen sollten und daß nichts den Schatz der Freundschaft beschädigen dürfe, der über 30 Jahre zwischen Deutschland und Frankreich gewachsen sei. Diese enge Freundschaft und die Integration in der EG sei um so wichtiger angesichts der Wiedervereinigung Deutschlands, weil hierdurch jeglicher Verdacht gegen eine deutsche Hegemonie relativiert werde. Der Bundeskanzler weist erneut auf die günstigen wirtschaftlichen Perspektiven für Frankreich hin, die sich aus einer Vereinigung Deutschlands ergeben.

<u>Präsident Mitterrand</u> nimmt das Thema auf und bemerkt, der Bundeskanzler habe äußerst günstige Voraussetzungen für die Wiedervereinigung durch die Lage der deutschen Wirtschaft. Sein Land habe eine große Chance auch deswegen, weil es die Gemeinschaft gebe und es Mitglied der Gemeinschaft sei. Das Deutschland Kaiser Wilhelms II. sei wirtschaftlich ein blühendes Land gewesen. Seine Außenpolitik sei aber schlecht gewesen, was zum Krieg geführt habe. Heute gebe es ein demokratisches Deutschland, das in die Europäische Gemeinschaft eingebunden sei.

Der <u>Bundeskanzler</u> betont, es komme hinzu, daß die Bevölkerung völlig europäisch gesonnen sei. Dies sei ein entscheidender Unterschied und eine entscheidende Veränderung.

Das Gespräch wendet sich der bevorstehenden Begegnung mit der Presse zu.

<u>Präsident Mitterrand</u> schlägt vor, man solle erklären, daß man für einen Sondergipfel sei. Man wolle unterstreichen, daß die europäische Einigung weitergehen werde und daß man die für den Dezember 1990 vorgesehene Konferenz betreffend Währungsfragen zeitlich etwas vorziehen werde.

Der <u>Bundeskanzler</u> wirft ein, das sei ihm nicht möglich.

Der <u>Präsident</u> fährt fort, das sei ihm bekannt. Er weist jedoch darauf hin, die Italiener würden als Präsidentschaft einladen. Wenn sie Vorschläge machten, würden diese zu prüfen sein. Jedenfalls werde er – wenn eine entsprechende Frage gestellt werde – eine positive Haltung zu einer Vorverlegung einnehmen, ohne daß er damit dem Bundeskanzler Schwierigkeiten machen wolle. Er wolle alles, was getan werden müsse, zusammen mit dem Bundeskanzler machen. Mit wem denn sonst?

Er wolle sagen, daß es das Recht der Deutschen sei, über sich selbst zu bestimmen. Er sei für

---

25 Nr. 117 Anm. 1.

die Vereinigung der beiden deutschen Staaten und Berlins. Dies sei eine deutsche Entscheidung. Die nationalen Konsequenzen der deutschen Vereinigung oblägen der nationalen deutschen Regierung. Die internationalen Konsequenzen der Einigung müßten jedoch in anderem Rahmen besprochen werden. Er wolle hier nur die Fragen der Sicherheit und der Auswirkungen auf die EG nennen.

Der Bundeskanzler erklärt, er könne alles unterschreiben, was der Präsident ausgeführt habe, bis auf einen Punkt, nämlich den Gedanken des Abzugs der alliierten Truppen in kurzer Frist. Die deutsche Bevölkerung denke nicht so.

Präsident Mitterrand wirft ein, er sei nicht unzufrieden, wenn noch einige Truppen blieben.

Der Bundeskanzler begrüßt dies.

Präsident Mitterrand kommt auf die Äußerung BM Genschers zu sprechen, der gesagt habe, die verschiedenen heute abend erwähnten Fragen sollten von einem KSZE-Gipfel gebilligt werden. Er habe ein Interesse daran, dem Gipfel Substanz zu geben. Die Russen wollten dies auch. Sie stünden jetzt dort allerdings ohne Satelliten. Genscher habe den Eindruck vermittelt, als ob die KSZE die Frage der deutschen Vereinigung behandeln würde.

Der Bundeskanzler widerspricht dem. Zunächst müßten die Gespräche zwischen den Zwei plus Vier beendet sein. Die KSZE würde das Ergebnis nur billigen, aber nicht gestalten.

Präsident Mitterrand wirft ein, sechs seien besser als 35.

Der Bundeskanzler betont, daß das, was er gerade gesagt habe, die deutsche Position sei. Genscher sage nur, die Zwei plus Vier sollten ein Ergebnis erreichen – und dieses Ergebnis solle dann den 35 vorgelegt werden.

Die Unterhaltung endete kurz nach 22.00 Uhr.

Neuer

Nr. 188
Gespräch des Ministerialdirigenten Hartmann und des Ministerialrats Ludewig
mit Präsident Delors
Paris, 16. Februar 1990

BK, 211 – 68000 Gi 48, Hauptvorgang Bd. 1. – Vermerk des MDg Hartmann, 19. Februar 1990. Vorlage über AL 2 und Chef BK. Mit Stempel: Der Leiter des Kanzlerbüros, 21. Februar 1990. Hs. von Bundeskanzler Kohl vermerkt: „Teltschik – Hartmann".

Über die wesentlichen Inhalte des o.a. Gesprächs hatte ich Sie bereits mündlich unterrichtet. Ich fasse hier noch einmal kurz zusammen:

1. Präsident Delors erklärte, er habe aus einer Reihe von Gesprächen den bestimmten Eindruck gewonnen, daß die Sorgen vor der Entwicklung in Deutschland zunähmen. Man habe es teilweise sogar mit einer irrationalen Feindseligkeit zu tun, die im Wachsen begriffen sei. Delors nannte in diesem Zusammenhang sowohl einige Politiker der französischen Rechten (…[1]), aber auch der Linken (…[2]). Er bezog sich aber auch auf Gespräche mit niederländischen und italienischen Politikern und erwähnte insbesondere ein langes Gespräch mit dem polnischen MP Mazowiecki, der geradezu von einem „cauchemar" gegenüber Deutschland geplagt werde.

2. Dies alles habe auch Auswirkungen auf die europäische Entwicklung. Es gebe – nicht nur in Frankreich – Stimmen, die dazu neigten, den sich jetzt anbahnenden Prozeß der deut-

---

1 Zwei Worte nicht freigegeben.
2 Zwei Worte nicht freigegeben.

schen Einigung zugleich als das Ende der bisherigen europäischen Politik zu sehen. Meinem Einwand, daß Sie in Straßburg erneut unter Beweis gestellt hätten, daß wir konkrete Fortschritte in Richtung Wirtschafts- und Währungsunion und politisch institutionelle Reformen bis zur Politischen Union anstrebten, hielt Delors entgegen, angesichts der großen Energie, mit der sich die Deutschen derzeit auf die Frage der Wiedervereinigung konzentrierten, verblaßten in den Augen der Kritiker derartige Willensbekundungen, solange ihnen nicht konkrete Schritte folgten.

3. Delors begrüßte nachdrücklich, daß Sie dem irischen MP Haughey bereits einen konkreten Termin für den EG-Sondergipfel vorgeschlagen haben. Er hat sich diesen Termin notiert, wies allerdings zugleich darauf hin, daß die Außenminister bereits für den 28.4. ein „Gymnich-Treffen" vorgeschlagen hätten. Falls es bei dem von uns vorgeschlagenen Datum bleibe, könnten die Außenminister den Gipfel am Vorabend vorbereiten.

4. Delors schwebt vor, daß der Sondergipfel eine Botschaft zu zwei Fragen verabschiedet:

   a) Eine neuerliche Bekräftigung des Willens der Mitgliedstaaten der EG, die Politische Union zu verwirklichen. Eine entsprechende substantielle Erklärung würde deutlich machen, daß auch die neue Entwicklung in Deutschland und Europa uns von diesem Ziel nicht wegführen werde.

   b) Eine Solidaritätsadresse an die Menschen in der DDR, in der die Gemeinschaft zum Ausdruck bringe, daß sie auch ihrerseits bereit sei, bei dem schwierigen Übergangsprozeß zu helfen. Er, Delors, werde sich für eine solche Botschaft auch gegen Widerstand – etwa seitens der britischen Premierministerin – stark machen, wenn der Bundeskanzler dies wolle. Ein konkretes Angebot – beispielsweise zur Bereitstellung von Gemeinschaftsmitteln – könnte das „EG-Bewußtsein" der Menschen in der DDR stärken. Er wolle ein solches Angebot aber nur mit Zustimmung des Bundeskanzlers machen.

5. Dr. Ludewig und ich haben sowohl Präsident Delors als auch zuvor Kabinettschef Lamy über den jüngsten Modrow-Besuch in Bonn[3] informiert und die Probleme aufgezeigt, die sich im Zusammenhang mit dem Angebot einer Wirtschafts- und Währungsunion gegenüber der DDR[4] stellen. Wir sind dahingehend verblieben, daß Dr. Ludewig Kabinettschef Lamy vertraulich über die weiteren Schritte in diesem Bereich unterrichtet. Von besonderem Interesse für die Kommission ist auch die Frage, welchen politisch-institutionellen Weg wir hinsichtlich der Wiedervereinigung einschlagen werden, beispielsweise, ob der Weg über den Artikel 23 GG gegangen werden soll oder nicht. Wir haben zugesagt, auch in dieser Frage in Kontakt zu bleiben.

6. Mit besonderer Genugtuung hat Kommissionspräsident Delors zur Kenntnis genommen, daß GS Gorbatschow die Nahrungsmittelhilfe in Moskau ausdrücklich als eine bedeutsame „politische Aktion" gewürdigt hat. Dr. Ludewig hat schließlich ein längeres Gespräch mit Herrn Lamy über die Kohlenproblematik geführt, über die er Ihnen gesondert berichten wird.

<u>Vorschlag zum weiteren Prozedere:</u>
⟨Aus hiesiger Sicht möchte ich vorschlagen, daß Sie Kommissionspräsident Delors – unter Bezugnahme auf o.a. Gespräch – Ihre Reaktion auf seine Überlegungen zur thematischen Ausrichtung des Sondergipfels zukommen lassen. Eine entsprechende Vorlage mit Entwurf eines Schreibens ist in Vorbereitung.⟩[5]

Hartmann

---

3 Nr. 177 – Nr. 179.
4 Nr. 169A.
5 ⟨ ⟩ Hs. von Bundeskanzler Kohl am rechten Rand vermerkt: „Ja".

Nr. 189
Zweite Sitzung der Arbeitsgruppe Außen- und Sicherheitspolitik
des Kabinettausschusses Deutsche Einheit
Bonn, 19. Februar 1990

BArch, B 136/20244, 221 – 34900 Wi 14 Bd. 1. – Vermerk des MDg Duisberg, 21. Februar 1990.

Die zweite Sitzung der Arbeitsgruppe fand am 19.02.1990 unter Vorsitz von BM Genscher statt.

BM Genscher stellte einleitend fest, daß Aufzeichnungen und Arbeiten der Gruppe künftig geheim eingestuft werden sollten.

In allgemeiner Form erörtert wurden dann folgende Sachbereiche:

1. EG
   BM Genscher stellte fest, daß nach seiner Auffassung die Eingliederung der DDR in die EG durch Zusammenschluß mit der Bundesrepublik Deutschland keine Änderung des Regelwerkes der EG erfordere. Er werde dies auch im AM-Rat so vertreten. Zur Frage der Teilnahme der EG an den Gesprächen 2+4 wolle er sich dahin äußern, daß die EG laufend unterrichtet gehalten werde, aber nicht selbst an den Verhandlungen beteiligt werden solle.

2. Staatliche Strukturen
   BM Genscher vertrat hierzu die Meinung, daß man sich jetzt doch nicht auf das verfassungsrechtliche Verfahren festlegen solle. St Kroppenstedt berichtete, daß im BMI eine Problemskizze zu den Fragen des Art. 23 Satz 2 GG und Art. 146 GG erarbeitet worden sei.[1] Dabei sei man zu dem Ergebnis gekommen, daß auch Art. 23 eine elastische Regelung, d. h. Rücksichtnahme auf besondere Interessen der DDR, ermögliche. BM Engelhard ergänzte, daß nach Auffassung des BMJ Art. 23 Satz 2 GG ermögliche, daß der Beitritt von Wünschen der DDR bzw. Auflagen begleitet werde bis hin zur Bedingung einer punktuellen Änderung des GG.
   BM Genscher wies auf das schwierige Problem der Klärung des Gebietsstandes hin. Die dafür erforderliche Regelung dürfe keinesfalls in einer Weise erfolgen, daß sie zum Aufhänger für weitergehende Fragen, insbesondere Reparationen, gemacht werden könne. Das Verfahren in dieser Frage solle eingehend mit Chef BK erörtert werden.

3. Sicherheitspolitische Fragen
   BM Genscher schlug vor, daß hier ein Fragenkatalog auf Beamtenebene durch AA (D 2, D 2 A), BMVg und BK aufgestellt werden solle.

Die Arbeitsgruppe auf Ministerebene soll am 05.03., 18.00 Uhr wieder im Gästehaus und dann am 13.03. um 12.30 Uhr im AA[2] wieder zusammentreten. Es wurde Einvernehmen hergestellt, daß jedenfalls aus dieser Arbeitsgruppe keine schriftlichen Berichte für den Kabinettausschuß am 07.03. vorgelegt werden sollten.

(Duisberg)

---

1 Ausarbeitung des Bundesministeriums des Innern „Überlegungen zu verfassungsrechtlichen Fragen im Zusammenhang mit der Einigung Deutschlands – 1. Thema: Verfassungsordnung eines wiedervereinigten Deutschlands", 19. Februar 1990; BK, 132 – 35400 De 12 Bd. 1. Die Ausarbeitung wurde mit Schreiben des Ministerialdirektors Schiffer an Auswärtiges Amt, an die Bundesministerien der Justiz, der Finanzen, für innerdeutsche Beziehungen und für Arbeit und Sozialordnung sowie nachrichtlich an das Bundeskanzleramt übermittelt (ebd.).
2 Nr. 217.

Nr. 190
Telefongespräch des Bundeskanzlers Kohl mit Premierminister Mulroney
21. Februar 1990

BK, 212 – 30132 K 8 Bd. 3. – Vermerk des MDg Neuer, 21. Februar 1990. Hs. von Bundeskanzler Kohl vermerkt: „Teltschik".

Nach der Begrüßung gratuliert PM Mulroney dem Bundeskanzler zu seinem großen Erfolg in der Deutschlandpolitik und zu der persönlichen Führerschaft, die er unter Beweis gestellt habe. Seine Weitsicht habe diese historische Entwicklung, in der er eine Schlüsselrolle spiele, erst möglich gemacht.

Der Bundeskanzler bedankt sich und fährt fort, er habe überlegt, ob es ihm möglich wäre, anläßlich seines Besuchs in Camp David am kommenden Wochenende[1] mit PM Mulroney zusammenzutreffen. Dies sei ihm jedoch leider nicht möglich, da er unbedingt am Sonntag abend nach Deutschland zurückfliegen müsse. Er stehe zur Zeit unter enormen Belastungen. Man müsse überlegen, wie man ein Zusammentreffen für die nächste Zeit arrangieren könne. Vielleicht könne man sich auf halber Strecke treffen. Er fragt PM Mulroney, ob es ihm Recht sei, wenn man veröffentliche, daß er mit PM Mulroney ein ausführliches Telefongespräch geführt habe.

Er wolle jetzt zur Lage berichten. Die Entwicklung in der DDR verlaufe viel dramatischer, als man das je angenommen habe. Er habe im November letzten Jahres noch gedacht, es sei möglich, diese Entwicklung in Ruhe zu steuern. Dies sei auch der Sinn seines 10-Punkte-Plans gewesen. Der Plan habe viel Zustimmung gefunden. Er habe drei Zeitstufen vorgesehen, nämlich die Vertragsgemeinschaft, anschließend konföderative Strukturen, die schließlich zur Einheit führen sollten. Nach Weihnachten sei jedoch der Zusammenbruch des ganzen Regimes in der DDR erkennbar geworden. Die Staatsautorität sei praktisch nicht mehr vorhanden. Die Regierung könne nichts mehr durchsetzen. Die Soldaten der Nationalen Volksarmee entschieden selbständig, eine Woche nach Hause zu gehen, und sie gingen auch tatsächlich. Von den 15 wichtigsten Leuten der früheren Führung stünden 10 unter Anklage. Die Wirtschaft breche zusammen. Viele Betriebe kauften und verkauften nur noch gegen DM. Das Schlimmste jedoch sei, daß die Menschen aus der DDR davonliefen. Im letzten Jahr seien über 300 000 Übersiedler aus der DDR in die Bundesrepublik Deutschland gekommen, davon 200 000 unter 30 Jahre alt. Seit Januar habe sich die Lage nochmals dramatisch verschlechtert. Vom 1. Januar bis heute seien ca. 100 000 Übersiedler zu uns gekommen. Wenn die Entwicklung so weiterverlaufe, wäre bis Jahresmitte mit einer halben Million Übersiedlern zu rechnen. Dies schaffe auch bei uns Probleme; die Menschen hier würden unruhig. In der DDR fehle es an Arbeitskräften, vor allem an Chemikern, Computertechnikern und Facharbeitern. Deshalb habe er sich vor 10 Tagen gezwungen gesehen, seine alte Planung aufzugeben und die Wirtschaftsgemeinschaft und Währungsunion vorzuschlagen. Stabilität könne nur durch die Einführung der DM in der DDR erreicht werden. Die marktwirtschaftlichen Rahmenbedingungen müßten geschaffen werden. Wenn dies geschehe, werde das Land in drei oder vier Jahren wieder einen hohen Standard haben. Bei uns in der Bundesrepublik hätten sich bereits mehr als 2000 Betriebe bereit erklärt, sofort nach Schaffung der entsprechenden Rahmenbedingungen in die DDR zu gehen. Auch Betriebe aus anderen Ländern der Europäischen Gemeinschaft, aus Kanada, den USA und Japan hätten starkes Interesse gezeigt. Dies sei die innerdeutsche Schiene. Parallel dazu müsse man sehen, daß die deutsche Vereinigung keine Angelegenheit ausschließlich der Deutschen sei, sondern daß auch andere betroffen seien, nämlich Europa und die ganze Welt. Dies beginne mit der

---

1 Nr. 192 – Nr. 194.

NATO. Deshalb sei er für eine enge Abstimmung diesseits und jenseits des Atlantiks. Man müsse darüber reden, wie sich die NATO weiterentwickle, besonders im Hinblick auf den Warschauer Pakt. Man befinde sich auf einem guten Weg. Er wolle weiter sagen, daß für ihn die Neutralisierung oder Demilitarisierung eines vereinigten Deutschland indiskutabel sei. Er habe auch mit Gorbatschow bei seinem kürzlichen Besuch in Moskau[2] hierüber gesprochen. Gorbatschow sei nicht interessiert an einem Ausbrechen des vereinigten Deutschland aus der NATO. Im Gegenteil, er wolle sogar, daß ein vereinigtes Deutschland weiterhin zur NATO gehört, wie auch, daß die USA und Kanada in Europa bleiben. Er sehe der Entwicklung optimistisch entgegen. Auf jeden Fall müsse eine Destabilisierung in Europa vermieden werden.

PM Mulroney führt aus, Kanada unterstütze die Vereinigung Deutschlands, die aus Selbstbestimmung und freien Wahlen, wie sie für den 18. März geplant seien, hervorgehe. Er begrüße die Erklärung des Bundeskanzlers, daß das vereinigte Deutschland später in der NATO bleiben werde. Er glaube auch, daß die Formel 4 plus 2 die richtige Antwort auf diese Herausforderung sei, die durch die deutsche Vereinigung entstehe. Kanada sei als NATO-Mitglied seit fast 40 Jahren mit seinen Truppen in der Bundesrepublik Deutschland präsent. Dies habe hohe Kosten verursacht. Aufgrund dieser Tatsache verfolge Kanada die Entwicklung sehr aufmerksam; er erwarte, daß Kanada in die Erörterung der externen Aspekte des Vereinigungsprozesses – Fragen der Sicherheit – mit einbezogen werde. Über den internen Prozeß müßten die Deutschen selbst entscheiden.

PM Mulroney fährt fort, er hoffe, daß er doch mit dem Bundeskanzler am Wochenende zusammentreffen könne und schlägt als Treffpunkt evtl. New York vor. Er fragt den Bundeskanzler, wie nach den Wahlen in der DDR am 18. März 1990 die Entwicklung verlaufen werde und wo man in sechs Monaten stehe.

Der Bundeskanzler bedauert, daß er am Wochenende nicht mit MP Mulroney zusammentreffen kann. Zu der Frage nach der weiteren Entwicklung in der DDR betont er, daß er eine Antwort nur aus heutiger Sicht geben könne. Er strebe an, daß die Wahlen am 18. März geordnet ablaufen. Dafür sehe er eine gute Chance. Die Stimmung in der DDR sei unvorstellbar. Er sei gestern in Erfurt bei einer Wahlkundgebung gewesen. Die Stadt habe 200000 Einwohner. Um 17.00 Uhr hätten sich 150000 Menschen auf dem Domplatz versammelt, um seine Rede zu hören.[3] Etwas Ähnliches gebe es in der ganzen westlichen Welt nicht. Die Lage sei sehr angespannt. Ihm gehe es auch darum zu beruhigen. Er hoffe, daß nach der Wahl im Mai die Kommunalwahl stattfinde. Er hoffe ferner, daß der erste Schritt nach Bildung des neuen Parlaments die Wiederherstellung der von den Kommunisten abgeschafften Länder sei. Wir seien eine Bundesrepublik, daran solle nichts geändert werden, einen zentralistischen deutschen Staat wolle man nicht. Wenn dies so eintrete, so könne das bedeuten, daß man in der zweiten Jahreshälfte in der DDR Landtagswahlen habe und daß im nächsten Jahr gesamtdeutsche Wahlen stattfänden. Auf alle Fälle wolle er in der Bundesrepublik die Bundestagswahl wie vorgesehen im Dezember 1990 durchführen. Er hoffe, daß das neue Parlament die Wirtschaftsreformen bald durchführe und daß im Sommer die DM dort eingeführt werden könne. Dies setze allerdings eine Reihe von gesetzgeberischen Maßnahmen voraus. So könne die Entwicklung verlaufen.

PM Mulroney bemerkt, als er vor sechs Jahren zum ersten Mal mit dem Bundeskanzler zusammengetroffen sei,[4] habe dieser vorhergesehen, daß eines Tages Deutschland wiedervrei-

---

2 Nr. 174 und Nr. 175.
3 Zur Wahlkampfrede des Bundeskanzlers Kohl in Erfurt: „Deutschland unser Vaterland und Europa unsere Zukunft", in: Frankfurter Allgemeine. Nr. 45. 22. Februar 1990, 4.
4 Premierminister Mulroney besuchte vom 1.–5. Mai 1985 die Bundesrepublik Deutschland aus Anlaß des Wirtschaftsgipfels der G 7 in Bonn (2.–4. Mai).

nigt werde. Er habe allerdings nie gedacht, daß dies so schnell gehe und von solcher Begeisterung getragen sei. Er habe gestern im Fernsehen die Kundgebung in Erfurt gesehen. Wenn es für den Bundeskanzler bewegend gewesen sei, so müsse er sagen, er sei auch sehr beeindruckt gewesen. Er wolle nochmals dem Bundeskanzler zu seiner Schlüsselrolle und seiner politischen Führung gratulieren. Ohne diese wäre der Prozeß, der zur Vereinigung Deutschlands führe, nicht denkbar gewesen. Er freue sich, im September den Bundespräsidenten zu einem Besuch in Kanada begrüßen zu können.[5] Er und seine Frau würden sich freuen, wenn sie den Bundeskanzler und Frau Kohl bald einmal wiedersehen könnten. Er wolle dem Bundeskanzler noch eine gute Reise in die USA und viel Erfolg bei seinen Gesprächen in Washington wünschen.

Der Bundeskanzler bedankt sich und sichert MP Mulroney zu, ihn anzurufen, wenn die Lage sich dramatisch verändere.

Das Gespräch endet nach ca. 20 Minuten.

Neuer

Nr. 191
Vorlage des Ministerialdirektors Teltschik an Bundeskanzler Kohl
Bonn, 22. Februar 1990

BK, 212–35400 We 35 Bd. 1. – Mit Stempel: Der Leiter des Kanzlerbüros, 1. März 1990. Hs. von Bundeskanzler Kohl vermerkt: „erl. Teltschik".

Betr.: Jüngste sowjetische Äußerungen zur deutschen Frage

1. Überblick
GS Gorbatschow und AM Schewardnadse haben in Interviews das Recht der Deutschen auf Einheit bekräftigt. Beide zeichnen jedoch im Hinblick auf die anstehenden Verhandlungen eine engere Linie als bisher, ohne sich endgültig festzulegen. Schewardnadses Bemühen gilt der rhetorischen Zügelung eines als überstürzt empfundenen Vereinigungsprozesses. Gorbatschow fordert einen völkerrechtlich verbindlichen Akt („Friedensvertrag") zur abschließenden Festlegung des Status Deutschlands innerhalb der europäischen Sicherheitsarchitektur. Beide halten sich die Option offen und versuchen, die deutsche Frage als Hebel für ein gesamteuropäisches Sicherheitssystem zu benutzen.

Wiederum zeigt sich – wie schon vor Ihrem Moskau-Besuch – die Tendenz zu Arbeitsteilung zwischen dem Außenminister, dem die „hardliner" im sowjetischen Außenministerium zuarbeiten, und dem Generalsekretär, der sich auf „Vorausdenker" im ZK-Sekretariat stützt. Beide stehen jedoch offenbar unter Zwang, ihre Deutschlandpolitik im Inneren politisch-psychologisch zu erläutern und abzusichern.

Aus dieser Lage sind auch Mahnungen an unsere Adresse zu verstehen, den Prozeß zur deutschen Einheit nicht über Gebühr zu beschleunigen und Mitspracherechte anderer zu berücksichtigen.

---

5 Bundespräsident von Weizsäcker stattete Kanada vom 16.–22. September 1990 einen Staatsbesuch ab.

2. Schewardnadse-Interview (Iswestija vom 19. Februar)[1]
Der sowjetische Außenminister läßt eine deutliche Präferenz für den Modrow-Phasen-Plan (allmählicher Prozeß, Neutralität) erkennen.

„Man solle nicht denken, daß Moskau im Falle einer Eingliederung des vereinten Deutschlands in die NATO untätig bleibt. Wir haben noch einige Varianten auf Lager".
Wirtschaftlich könne die Vereinigung Deutschlands für die SU durchaus vorteilhaft sein:

„Wenn wir es (gemeint: 17 Mio. Tonnen Rohöl) zu Weltmarktpreisen und für Devisen verkaufen, wird dies einen gewaltigen Gewinn einbringen".

Allerdings seien angesichts der DDR-Lieferverpflichtungen gegenüber der SU (60–70% in einigen Industriezweigen) „ernsthafte Probleme" zu erwarten. Daraus (!) folgert Schewardnadse, daß

„die Vereinigung nicht so schnell vor sich geht, wie dies in Bonn vorausgesagt wird. Sie wird mindestens einige Jahre in Anspruch nehmen".

Der sowjetische Außenminister bedauert, daß der Prozeß der Vereinigung Deutschlands der europäischen Integration vorauseile. Die in Deutschland vor sich gehenden Veränderungen dürften den Aufbau des gesamteuropäischen Hauses nicht bremsen. Zu dieser Struktur gehörten auch die USA, die man seit dem Gipfeltreffen in Malta nicht mehr als Gegner betrachte.

Schewardnadse erklärt den Zerfall des Warschauer Paktes für unwahrscheinlich, da die ČSSR und Polen dessen Sicherheitsgarantien weiter brauchten, solange die deutsche Frage nicht gelöst sei.

Befragt, ob die NATO-Mitgliedschaft eines vereinten Deutschlands nicht einem neutralen Deutschland vorzuziehen sei, antwortet Schewardnadse, daß dies nur gelte, solange die NATO unverändert bleibe. In contrario hieße dies, daß die SU nichts gegen eine NATO-Zugehörigkeit Deutschlands hätte, falls sie Garantien – innerhalb einer gesamteuropäischen Sicherheitsstruktur – gegen fundamentale Veränderungen der NATO-Politik erhielte.

Schewardnadse schließt seine Ausführungen zur deutschen Frage mit einem geharnischten Angriff auf seine konservativen Kritiker und bestätigt damit den innenpolitischen Zwist um die Deutschlandfrage und die Notwendigkeit, der sowjetischen Öffentlichkeit Erläuterungen zu geben.

3. Gorbatschow-Interview in Prawda vom 21. Februar[2]
GS Gorbatschow bestätigt erneut das Recht auf Einheit der Deutschen in der TASS-Formulierung nach Ihrem Besuch vom 10. Februar.[3]
Ein geeintes Deutschlands müsse jedoch den „nationalen Interessen der Nachbarn", insbesondere „der Unverrückbarkeit der aus dem 2. Weltkrieg hervorgegangenen Grenzen", Rechnung tragen. Daneben seien die Vier Mächte nicht von ihrer Verantwortung entbunden:

„Es gibt noch keinen Friedensvertrag. Und nur ein solcher Friedensvertrag kann den Status Deutschlands in der europäischen Struktur in völkerrechtlicher Hinsicht abschließend festlegen."

---

1 „Eduard Schewardnadse: In der Welt ändert sich alles mit schwindelerregender Schnelligkeit. Interview im Flugzeug" (Iswestija [Moskau]. Nr. 51 [22954]. 19. Februar 1990, 5); geringfügig gekürzte deutsche Übersetzung, TASS/russ./19.2.90/1944, in: Ostinformationen. Nr. 36. 20. Februar 1990, 8–13; BPA/PA, F 1/22.
2 „Antworten von M.S. Gorbatschow auf Fragen des Korrespondenten der ‚Prawda'" (Prawda. Nr. 52 [26135]. 21. Februar 1990, 1); deutsche Übersetzung, TASS/russ./20.2.90/1937, in: Ostinformationen. Nr. 37. 21. Februar 1990, 1–5; BPA/PA, F 1/22.
3 Nr. 177 Anm. 11.

Angesichts der Tatsache, daß ein prinzipiell neues Sicherheitssystem in Europa erst entworfen werde, dürfe die Wiedervereinigung nicht zu einer Verletzung des militärstrategischen Gleichgewichtes führen. Daraus folgt, daß die Einheit Deutschlands „mit der Schaffung einer prinzipiellen neuen Struktur der europäischen Sicherheit, die die Blockstrukturen ablösen wird, organisch verbunden und abgestimmt sein muß". Angesprochen darauf, ob der 2+4-Mechanismus nicht für einige Staaten diskriminierend sei, äußert G. Verständnis für die berechtigten Anliegen der Nichtbeteiligten und fordert völkerrechtlich verbindliche Garantien für die Unveränderlichkeit (nicht Unverletzlichkeit) der Nachkriegsgrenzen (nicht nur Polens).

Gorbatschow zitiert Ihre Moskauer Formulierung: „Von deutschem Boden darf nur noch Frieden ausgehen." Darüber hinaus habe das sowjetische Volk das Recht, „daß unserem Land aus einer Vereinigung der Deutschen weder moralischer noch politischer noch wirtschaftlicher Schaden erwächst".

4. Bewertung

AM Schewardnadses in erster Linie innenpolitisch motivierte Rechtfertigung der sowjetischen Deutschlandpolitik enthält keine sachlichen Kehrtwendungen. Sie läßt auch keine auf Nervosität zurückzuführende Polemik erkennen. Seine Haltung kündigt jedoch für die Sechserverhandlungen eine sich tendenziell verhärtende sowjetische Gangart an.

GS Gorbatschow hingegen bessert gegenüber Ihren Moskauer Gesprächen zumindest in zwei Punkten nach:

– Er fordert einen Friedensvertrag zur Festlegung des Status Deutschlands und damit ein stärkeres „droit de regard" der am Krieg Beteiligten und eine verbindlichere Form als eine politische Erklärung eines KSZE-Sondergipfels.

– Er fordert eine Garantie der Nachkriegsgrenzen in einem völkerrechtlich verbindlichen Akt und nicht in einer lediglich staatsrechtlich relevanten Erklärung eines gesamtdeutschen Souveräns.

Darüber hinaus läßt er mit seiner Forderung nach einem Friedensvertrag und der Formulierung, daß die allgemeinen Interessen des sowjetischen Volkes keinen Schaden nehmen dürften, anklingen, daß noch nicht alle Karten auf dem Tisch sind. Inbesondere die Reparationsfrage ließe sich zu einem späteren Zeitpunkt nachschieben.

Beiden sowjetischen Politikern ist gemein, daß sie die deutsche Frage als Hebel benutzen wollen, eine neue europäische Sicherheitsstruktur beschleunigt als rechtzeitige Alternative zum abbröckelnden WP durchzusetzen.

Die Wahrscheinlichkeit, daß die deutsche Einheit aber schneller kommt, erklärt Schewardnadses Sorge vor einer übereilten Entwicklung und Gorbatschows Hinweis, daß eine Verletzung des militärstrategischen Gleichgewichtes unzulässig sei. Wie eine solche Verletzung aber definiert ist, ob also die SU bereit wäre, einen Sonderstatus der DDR innerhalb eines vereinten Deutschlands innerhalb der NATO hinzunehmen, dazu hält sich die sowjetische Führung vorläufig alle Optionen offen.

Teltschik

Nr. 192
Gespräch des Bundeskanzlers Kohl mit Präsident Bush
Camp David, 24. Februar 1990

BK, 21 – 30100 (56) Ge 28 (VS) Bd. 80, Bl. 113–138. – Vermerk des VLR I Kaestner, 27. Februar 1990. Erste von 2 Ausfertigungen. Az. 212 – 30132 A 5 – Am 15/4/90. Geheim. – Mit Vorlage des MD Teltschik über Chef BK an den Bundeskanzler (Az. 212 – 30132 A 5 – Am 15/3/90. Geheim): „Hiermit lege ich einen Vermerk über o.a. Gespräch vor. Ich erbitte Ihre Zustimmung, daß die Bundesminister des Auswärtigen und der Verteidigung auszugsweise unterrichtet werden." Hs. von Bundeskanzler Kohl vermerkt: „Teltschik", zur auszugsweisen Unterrichtung der Bundesminister: „Ja". – Gesprächsdauer: 14.30 bis 17.00 Uhr.

Teilnehmer
– auf amerikanischer Seite:
Präsident George Bush
Außenminister James Baker
Sicherheitsberater Brent Scowcroft
Botschafter William Blackwill[1] (Note taker)
Dolmetscherin Frau Gisela Marcuse
– auf deutscher Seite:
Bundeskanzler Dr. Helmut Kohl
MD Horst Teltschik
MDg Dr. Walter Neuer
VLR I Dr. Uwe Kaestner (Note taker)
Dolmetscherin Frau Gisela Siebourg

Präsident Bush begrüßt den Herrn Bundeskanzler als alten Freund und drückt seine Freude aus, in informeller Runde hier in Camp David mit ihm zusammenzutreffen[2].

Der Bundeskanzler dankt für die freundschaftliche Einladung in das Landhaus des Präsidenten sowie für den Beweis der Freundschaft, den der Präsident ihm mit seinem Brief[3] am Vorabend seiner Moskau-Reise erwiesen habe. Dieses Schreiben werde als eines der großen Dokumente der deutsch-amerikanischen Freundschaft in die Geschichte eingehen. Desgleichen danke er Außenminister Baker für seine Moskauer Gesprächsführung.

Die deutsch-amerikanische Freundschaft – so der Bundeskanzler weiter – sei heute wichtiger als vor 30 oder 40 Jahren – sie sei existentiell.

In der Sowjetunion vollzögen sich gewaltige Veränderungen. Selbst wenn man Gorbatschow stürzen würde, werde ein Nachfolger nach kurzer Zeit eine im Prinzip ähnliche Politik wie Gorbatschow führen müssen – der Zwang der Entwicklung gehe dahin. Es gebe kein Zurück zu Stalin – es gebe insbesondere in Europa keinen Platz des Himmlischen Friedens. Zwar sei es immer noch theoretisch möglich, daß in Dresden, Budapest oder Warschau Panzer aufführen – dies werde aber unabsehbare Konsequenzen haben. Die Welt sei darüber hinausgegangen. Dazu trage nicht zuletzt das Medienzeitalter bei (Exkurs: Radio London im Zweiten Weltkrieg, West-Sender in der DDR).

Präsident Bush wirft ein, man lebe in der Tat heute in einer anderen Welt.

Der Bundeskanzler erinnert daran, daß er vor etwas über einem Jahr dem damaligen polnischen Ministerpräsidenten Rakowski vorausgesagt habe, er und seine Partei seien am Ende – wenn der Papst komme, ströme eine Million Menschen zusammen. Und man könne nicht neben jeden polnischen Katholiken einen Polizisten stellen.

---

1   Vermutlich gemeint: Robert D. („Bob") Blackwill (Teltschik, 329 Tage, 159).
2   Zu dem Treffen: Gesprächsrahmen, Punktation für Gesprächsführung und Gesprächsführungsvorschläge zu Einzelthemen; BK, 212 – 30104 A 5 Am 2, BK in USA, 24./25.2.1990, Gesprächsmappen.
3   Nr. 170.

Der Aufbruch in Mittel-, Ost- und Südosteuropa werde weitergehen. Die Tschechoslowakei, Polen und Ungarn würden sehr rasch ihren Lebensweg in westlichem Sinne einrichten. Bulgarien und Rumänien würden folgen. Europa gewinne eine neue Dimension. Bis zum 31. Dezember 1992 werde die Europäische Gemeinschaft den großen Markt vollenden. Dies werde eine dynamische Entwicklung mit sich bringen.

Die Forderung, die europäische Integration voranzutreiben, um mit dem Prozeß der deutschen Einigung Schritt zu halten, nehme zu. Seltsam sei nur, daß die Ratschläge gerade von denen kämen, die bisher immer gebremst hätten.

Er – der Bundeskanzler – sei sehr für eine Beschleunigung der europäischen Integration. Dem 1994 zu wählenden Europäischen Parlament müßten wesentlich mehr nationale Kompetenzen übertragen [werden], als sie das heutige habe. Kurzum: Wenn der Weg zur deutschen Einigung die europäische Integration beschleunige, dann sei er sehr froh darüber. Dies werde auch Folgen für die Währungsunion in Europa haben. Die wichtigsten Entscheidungen hierzu würden zwischen 1992 – der Vollendung des Binnenmarktes – und 1994 – der Wahl des nächsten Europa-Parlaments – fallen müssen.

Die Beziehungen EG–USA seien von allergrößter Bedeutung, die Zusammenarbeit müsse immer enger gestaltet werden.

In den 90er Jahren werde es auch eine Annäherung der EG zu den heutigen EFTA-Ländern sowie zu den östlichen Nachbarn, etwa Polen, geben. Vorstellbar sei auch eine Entwicklung, wie sie Staatspräsident Mitterrand mit der „Konföderation europäischer Staaten" angesprochen habe. Unser Interesse müsse sein, dabei in enger Kommunikation mit den USA vorzugehen.

Fragen richteten sich in diesem Zusammenhang natürlich auch an die Deutschen. In der geographischen Mitte Europas, mit dann 80 Millionen Einwohnern, als wirtschaftliche Nummer 1 müsse man besonders sorgsam mit den psychologischen Problemen umgehen. Was viele fürchteten, sei in Wahrheit nicht das deutsche Militär, sondern die Wirtschaftskraft und das Forschungspotential – nach den USA gleichauf mit Japan – unseres Landes. Es gebe Ängste aus der Geschichte. Wir müßten sie ernst nehmen und auf die anderen Länder zugehen. Insbesondere müßten alle sehen, daß die Deutschen die europäischsten Europäer sind!

Psychologisch ganz entscheidend und wichtig für die Beziehungen D/F sei außerdem, daß wir – im Gegensatz zu F – keine Atommacht seien und auch nicht werden wollten.

Gerade vor diesem psychologischen Hintergrund sei außerordentlich bedeutsam, daß die Beziehungen D/USA intakt seien – dies helfe auch, den Ängsten zu begegnen. Kurzum – die deutsch-amerikanischen Beziehungen müßten so eng wie möglich geknüpft werden, insbesondere auch durch die Begegnung der jungen Generationen.

Die Entwicklung zur deutschen Einheit – so der Bundeskanzler weiter – vollziehe sich mit einer Dramatik, die er selbst sich nicht hätte vorstellen können. Zwar habe er nie die Überzeugung geteilt, daß das kommunistische Regime stabil sei, dennoch aber auch nicht geglaubt, daß die DDR wie ein Kartenhaus zusammenbrechen könnte.

Wichtig sei jetzt, die Lage zu stabilisieren, damit die Dinge nicht mit Hektik geschähen, sondern man Zeit zu vernünftiger Überlegung und Handlung gewinne.

Präsident Bush pflichtet bei.

Der Bundeskanzler fährt fort, genau dies habe er mit seinem 10-Punkte-Plan versucht – dieser sei aber durch die Entwicklung bereits überholt. Die psychologische Lage in der DDR sei bis Weihnachten 1989 stabil gewesen, seit Jahresanfang aber leide die Regierung Modrow an zunehmendem Autoritätsverlust, insbesondere habe sie nicht verstanden, Vertrauen zu schaffen. Die Übersiedlerzahlen schnellten deshalb in die Höhe. 1989 seien 350000 gekommen, davon 200000 unter 30 Jahren – junge, qualifizierte Leute. Diese fehlten natürlich an ihren Arbeitsplätzen – und dies schaffe eine katastrophale Situation. In den sieben Wochen seit Jahresbeginn seien über 100000 zu uns gekommen – umgerechnet auf die Verhältnisse der USA sei dies die Einwohnerzahl von Philadelphia.

Wenn die Entwicklung so weiterlaufe, sei der Schaden nicht reparabel. Die Produktivität der Industrie sei katastrophal zurückgegangen, DDR-Betriebe verrechneten untereinander mit ·DM, die Prozesse gegen frühere Führungspersönlichkeiten – und bis hinunter zur lokalen Ebene – hätten eine verheerende psychologische Wirkung.

Kurzum, es gelte, die Übersiedlungswelle zu stoppen und die Leute zum Bleiben zu veranlassen.

Deshalb habe er vor drei Wochen gefordert, die Wirtschaftsreform in der DDR sofort durchzusetzen, und angeboten, eine Währungsunion und Wirtschaftsgemeinschaft zu bilden. Darüber werde jetzt verhandelt. Dann werde das am 18. März zu wählende neue Parlament rasch entscheiden müssen.

Die Modrow-Regierung habe sich damit einverstanden erklärt, aber zusätzlich einen größeren Geldbetrag gefordert, den sie in den Staats- und Wirtschaftsapparat pumpen wolle. Dies aber werde er – der Bundeskanzler – nicht mitmachen. Wohl aber werde man im humanitären Bereich helfen (Krankenhauseinrichtungen usw.) und Infrastrukturmaßnahmen vorfinanzieren (Telefonnetz, Umweltschutzmaßnahmen, Reaktorsicherheit).

Alle Parteien, die sich jetzt in der DDR zur Wahl stellten, seien für die Einführung der Marktwirtschaft. Nach der Wahl müsse dann aus der Bundesrepublik Deutschland auf zwei Feldern finanziell sofort geholfen werden:

– Anstoßfinanzierung für das Rentenversicherungssystem und
– Einrichtung einer Arbeitslosenversicherung

(Exkurs: Vergleich der Beschäftigtenzahlen in der Bundesrepublik Deutschland und in der DDR).

Der Bundeskanzler fährt fort, er sei überzeugt, wenn man den Menschen in der DDR vernünftige Bedingungen gebe – Gewerbefreiheit, Privateigentum, Investitionsschutz, harte DM –, dann werde die DDR in 3–5 Jahren auf die Beine kommen. Es werde einen großen Investitionsschub geben, der nicht nur Deutschland, sondern der EG insgesamt zum Vorteil gereiche. Nicht vergessen dürfe man, daß z.B. Thüringen und Sachsen traditionelle Industrieregionen Deutschlands seien. Ungefähr 5000 Unternehmen aus der Bundesrepublik Deutschland – vom Großunternehmen bis zum kleinen Betrieb – stünden in den Startlöchern und können in vier Wochen mit Investitionsvorhaben in die DDR gehen.

Präsident Bush erkundigt sich, ob die großen Gesellschaften in der DDR allesamt verstaatlicht sind.

Der Bundeskanzler bestätigt dies – Privatbetriebe dürften nur bis 10 Leute haben.

AM Baker bittet um weitere Einzelheiten zur Währungsunion.

Der Bundeskanzler betont, gerade hierbei müsse man schnell handeln. Die DDR-Währung müsse umgestellt und das Währungsgebiet der Deutschen Bundesbank unterstellt werden. Parallel dazu müsse man ein Bankensystem aufbauen – dies alles sei lösbar!

Nicht zuletzt biete die Entwicklung in der DDR auch für die Bundesrepublik Deutschland eine große Chance, aus ihrer wohlgeordneten Bürokratie und Sattheit herauszukommen und sich wieder einer großen Aufgabe zu verschreiben (Exkurs: Engagement von CDU-Wahlhelfern, Wahlveranstaltungen in Erfurt und anderen Städten der DDR). Er selbst habe 1948 – damals 18jährig – dieselbe Aufbruchsstimmung, dieselbe Ursprünglichkeit erlebt.

Auch auf anderem Gebiet könne die Bundesrepublik Deutschland gewinnen, etwa durch das Beispiel der Kirchen in der DDR.

Nach den Volkskammerwahlen werde ein zweites wichtiges Thema angepackt, die Wiederherstellung der Länder in der DDR. Deren Abschaffung sei Ulbrichts größter Fehler gewesen – heute wolle die überwiegende Mehrheit der Menschen in der DDR sofortige Wiederherstellung. Auch er – der Bundeskanzler – sei sehr dafür, denn auf keinen Fall wolle man einen künftigen deutschen Zentralstaat, sondern eine „Bundesrepublik". Dies sei für alle Nachbarn, vor allem auch für die Franzosen und Polen wichtig.

Auf dem Weg zur deutschen Einheit müsse man – so der Bundeskanzler – weiter auf zwei Schienen vorangehen, beide von gleichem Gewicht und miteinander aufs engste verknüpft:
– deutsch-deutsche Verhandlungen und
– internationaler Rahmen.

Hierzu gehöre die Europäische Gemeinschaft: Sie werde – obwohl dies nicht alle gern sähen – um die DDR erweitert werden. Er selbst werde alles tun, um die politische Integration voranzubringen. Denn je mehr die Deutschen politisch integriert seien, desto weniger Grund für Ängste gebe es.

Sodann die Grenzfrage – in Wahrheit sei sie kein großes Problem, sie sei lösbar, es gehe nur um die Methode. Unter Freunden und mit aller Offenheit sage er: Wenn es eine Volksabstimmung gäbe, würden sich in der Bundesrepublik Deutschland 85% oder mehr der Bevölkerung für die Endgültigkeit der Oder-Neiße-Grenze aussprechen. Die anderen 15% bzw. 10% seien nicht automatisch gegen die Grenze, man müsse vorsichtig differenzieren.

Gestern habe er lange mit Ministerpräsident Mazowiecki telefoniert.[4] Dieser habe ihm ausführlich über die psychologischen Gegebenheiten in Polen berichtet. Dazu habe er – der Bundeskanzler – ihm gesagt, daß auch er ein psychologisches Problem habe. Dies habe damit zu tun, daß Polen in Jalta zu Lasten Deutschlands nach Westen verschoben worden sei und 12–13 Millionen Deutsche ihre Heimat verloren hätten, weitere 2 Millionen seien auf der Flucht und Vertreibung umgekommen. Das Problem sei nicht die Grenze, sondern die Psychologie der Menschen. Tatsache sei auch, daß sowohl in den alliierten Nachkriegsvereinbarungen als auch in den von seinen – des Bundeskanzlers – Vorgängern unterschriebenen Verträgen die endgültige Grenzregelung einem Friedensvertrag vorbehalten worden sei. Unter Freunden wolle er sagen, daß er von einem Friedensvertrag mit Deutschland überhaupt nichts halte. 110 Länder hätten mit uns im Krieg gestanden,[5] einige, etwa Uruguay, ab 1. Mai 1945!

Präsident Bush wirft ein, die Sowjetunion habe es im Pazifik nicht anders gemacht.

Der Bundeskanzler fährt fort, jetzt komme es darauf an, den Polen Sicherheit hinsichtlich ihrer Westgrenze zu geben.

Wenn man heute über die Einheit Deutschlands spreche, dann gehe es um drei Einheiten: die Bundesrepublik Deutschland, die DDR und Berlin (Exkurs: Sonderstatus, Rolle der Alliierten).

Auch im polnischen Interesse müsse es liegen, daß eine völkerrechtlich verbindliche Entscheidung über die Grenze in Form eines Vertrages zustande komme, den eine gesamtdeutsche Regierung aushandele und ein gesamtdeutsches Parlament ratifiziere. Er – der Bundeskanzler – könne hingegen nur für die Bundesrepublik Deutschland handeln, und dies sei bereits geschehen.

Um nun eine Lösung zu finden, müsse man in den nächsten Monaten hart arbeiten, damit man die Erwartungen der Polen befriedigen könne, und zwar in einem Prozeß, der irreversibel sei. Kurzum: Die Grenze sei nicht das Problem.

Allerdings sehe er ein anderes Problem, daß die Polen, aber auch andere aufbringen könnten: Reparationen. Dies sei für ihn inakzeptabel! Die Bundesrepublik Deutschland habe bisher 100 Mrd. DM an Wiedergutmachung an einzelne Personen oder an Staaten, etwa Israel, ge-

---

4 Vermerk über das Telefongespräch in der Registratur des Bundeskanzleramtes nicht zu ermitteln.
5 Dazu „Gesamtübersicht über Daten, Formen und Wirkungen der Beendigung des Kriegszustandes" in: Die Beendigung des Kriegszustandes mit Deutschland nach dem zweiten Weltkrieg. Bearb. mit einer Studiengruppe des Max-Planck-Instituts für ausländisches öffentliches Recht und Völkerrecht von Hermann Mosler/Karl Doehring (Beiträge zum ausländischen öffentlichen Recht und Völkerrecht, begründet von Viktor Bruns, hg. von Hermann Mosler. 37). Köln-Berlin 1963, 441–453.

zahlt. Auch Polen seien in der 1970er Jahren große Summen zugeflossen, die von dem korrupten Regime verschleudert worden seien, statt den Menschen zugute zu kommen. Nun könne man nicht 50 Jahre nach dem Krieg noch einmal mit Reparationen anfangen.
AM Baker erkundigt sich, ob MP Mazowiecki Reparationsforderungen gestellt oder angedeutet habe.
Der Bundeskanzler antwortet, zwar MP Mazowiecki nicht, aber die polnische Innenpolitik verlange dies (Exkurs: jüngste Leistungen an Polen, u.a. Jumbo-Teilerlaß). Wolle man nunmehr erneut mit Reparationen anfangen, so müsse er – der Bundeskanzler – klar sagen, daß dies innenpolitisch nicht durchzuhalten sei. Dies könne niemand den Deutschen erklären!
Der Bundeskanzler wendet sich sodann dem Thema „2 plus 4" zu. Engste Abstimmung und Zusammenarbeit mit den USA sei hierbei besonders wichtig. Dann müsse man mit den zwei westlichen Partnern reden und schließlich mit der Sowjetunion. Er sei strikt gegen Erweiterung der 2-plus-4-Runde. Gleichwohl halte er es für möglich, in engster Abstimmung mit den USA eine besondere Lösung für Polen zu suchen. Dabei könne es nicht um Teilnahme, sondern nur um Konsultationen gehen. In der Tat sei Polen wegen seiner Grenze in einer einzigartigen Lage, deshalb bestehe auch nicht die Gefahr eines Präzedenzfalles. Er – der Bundeskanzler – wolle MP Mazowiecki helfen, denn er sei [ein] Glücksfall, was nach ihm komme, werde sicher nicht besser. Aber was er wolle, gehe so nicht: zunächst 2 plus 5, nunmehr 2 plus 4 plus 1.
Tatsächlich solle man strikt bei 2 plus 4 bleiben, aber überlegen, wie man den psychologischen Druck auf Mazowiecki mindern könne. Dabei wisse er – der Bundeskanzler – sehr wohl, daß es auch in USA viele national motivierte Polen gebe.
Man müsse auch das Interesse GS Gorbatschows sehen: In Wahrheit wolle er nicht, daß die Polen die Diskussion über ihre andere Grenze begönnen, insbesondere nicht, wenn sich in den baltischen Staaten Veränderungen ergeben.
Im übrigen gebe er Staatspräsident Mitterrand Recht, der ihm gegenüber letzte Woche[6] die Grenzen als „Schande für die Zivilisation" bezeichnet habe. Leider aber seien sie Realität. Man könne nicht immer wieder Rechnungen aufmachen, sondern müsse endlich darüber hinwegkommen. Damit habe er – der Bundeskanzler – zu Hause durchaus Probleme, er müsse es aber tun, und zwar unter Beachtung der Psychologie nach beiden Seiten.
Etwas ganz anderes sei die Haltung der Linken bei uns: Obwohl sie genau wüßten, daß im Prinzip alle dieser Meinung seien, trieben sie die Frage innenpolitisch hoch in der Hoffnung, daß seine Partei rechtskonservative Wähler verliere. Motiv dieser Haltung sei wahrlich nicht Liebe zu Polen! Wenn in diesem Jahr keine Wahlen wären, wäre das Thema mit Sicherheit nicht so präsent.
Im übrigen habe Polen 1953 „gegenüber Deutschland" auf Reparationen verzichtet.[7] Davon wolle man in Warschau offenbar heute nichts mehr wissen.
Der Bundeskanzler stellt zusammenfassend fest: Er sei guten Willens und werde eine Lösung finden. Es gehe nicht um die Sache – diese sei klar –, sondern um die Prozedur. Er wisse nicht, wann ein gesamtdeutsches Parlament gewählt werde – viele glaubten 1990, er glaube eher 1991 – dann aber werde man in dieser Frage Ruhe bekommen.
Sicherheitsberater Scowcroft fragt nach den Zeitvorstellungen des Bundeskanzlers hinsichtlich der Grenzfrage.
Der Bundeskanzler erwidert, man müsse in diesem Jahr die 2-plus-4-Verhandlungen abschließen, sonst würden viele versuchen, das Thema auf den KSZE-Gipfel zu schieben. Wichtig aber sei, daß die 2 plus 4 vorher zu Ergebnissen kämen.
Auf Frage von AM Baker präzisiert der Bundeskanzler, der KSZE-Gipfel könne ein Ergebnis „zustimmend zur Kenntnis nehmen" bzw. „nach Art eines alten Bischofs den Segen geben".

6   Nr. 187.
7   Nr. 92 Anm. 9.

AM Baker sieht hinsichtlich des „Segens" der KSZE kein Problem.

Der Bundeskanzler wendet sich sodann Sicherheits- und Bündnisfragen zu. Er wolle gleich vorab sagen, daß wir an Atomwaffen nicht interessiert seien – dies wäre tödlich für die Beziehungen zu unseren Nachbarn. Es gebe bei uns auch keinerlei ernsthafte Bestrebungen in diese Richtung.

Sodann sei für uns wichtig, daß das geeinte Deutschland Mitglied der NATO sei. Dies müsse man definieren. Man werde Übergangszeiten brauchen. Es sei nicht denkbar, daß NATO-Einheiten auf das Territorium der jetzigen DDR gingen, auch nicht Einheiten der Bundeswehr, die nicht der NATO angehören.

Übergangsregelungen brauche man auch hinsichtlich der 380 000 sowjetischen Soldaten, die allerdings nach Wien I bereits auf die Hälfte reduziert werden müßten. Selbst wenn GS Gorbatschow diese Truppen schneller abziehen wolle, brauche er Zeit, um in der SU für Unterbringung usw. zu sorgen. Nur eins gehe nicht: daß die sowjetischen Truppen unbegrenzt dablieben.

Eine offene Frage sei auch, was mit der NVA geschehe – bereits jetzt habe die Bundeswehr Bewerbungen von Offizieren und Mannschaften.

Hinsichtlich der NATO-Mitgliedschaft eines geeinten Deutschlands habe die USA von der „NATO-Jurisdiktion" gesprochen – was bedeutet dies konkret für die militärische Integration? Für uns sei wichtig, daß kein Sonderstatus für Deutschland herauskomme. Er habe GS Gorbatschow eindringlich gesagt, eine Isolierung Deutschlands – außerhalb der NATO – sei für ihn unannehmbar, weil dies eine Wiederholung der katastrophalen Politik von 1918 bedeuten würde. Das Gegenteil müsse der Fall sein. Deutschland müsse in das „Haus Europa" hinein, nicht heraus.

Schließlich spricht der Bundeskanzler die nukleare Komponente an.

Zusammenfassend betont der Bundeskanzler, für die künftige Sicherheit Europas sei entscheidend, daß Deutschland in der NATO bleibe und die USA präsent seien – dies ergebe sich schon aus der Geographie: Von Berlin seien es bis zur sowjetischen Grenze ca. 800 km, bis nach USA das 10fache.

Präsident Bush betont die amerikanische Entschlossenheit, auch in Zukunft involviert zu bleiben. Allerdings stehe er unter Druck, das Niveau der amerikanischen Streitkräfte abzusenken und die Verteidigungsausgaben insgesamt bedeutend zu kürzen.

Dabei frage man ihn: Wer ist der Feind? Er antwortete: Ungewißheit über die künftige Entwicklung, Apathie, falsche Sicherheitsgefühle. Deshalb werde er sich im Kongreß weiterhin für ein bedeutendes Niveau der Verteidigungsausgaben einsetzen.

…[8]

Der Bundeskanzler wirft ein, er frage sich, ob man die Diskussion so lange aufhalten könne.

AM Baker macht auf die Beschlußlage im Bündnis aufmerksam: Entscheidung über Lance-Nachfolge 1992 und amerikanisch-sowjetische Verhandlungen über SNF, sobald Wien-I-Implementierung beginnt.

Der Bundeskanzler betont, hinsichtlich der Lance müsse auf jeden Fall der Eindruck vermieden werden, als handelten die USA auf Druck der öffentlichen Meinung zu Hause und in Europa. Vielmehr solle der Präsident auch in dieser Frage die Führerschaft behalten.

Das Konzept, daß das geeinte Deutschland in der NATO bleibe – so der Präsident weiter –, sei für die USA sehr wichtig. Er unterstütze ausdrücklich die Haltung des Bundeskanzlers. Die Idee, es könne noch ein weiteres Frankreich im Bündnis geben, wolle er lieber nicht diskutieren. Er unterstütze volle NATO-Mitgliedschaft – nur dies sei der stabilisierende Faktor, den Europa brauche.

---

[8] Zwei Sätze nicht freigegeben.

Auch werde sein Land Truppen in Deutschland beibehalten. Mit der Zahl 195 000 habe man ein Niveau, das man nach Unterzeichnung des Wien-I-Vertrages halten könne. Aber er stehe unter Druck des rechten und linken Flügels des Kongresses, insbesondere wenn die Sowjetunion ihre Truppen weiter stark vermindere.

Dabei besorge ihn, daß man in Polen jetzt darüber spreche, die Sowjets im Lande zu behalten, weil man sich um die polnischen Grenzen sorge. Dieser Meinung wolle er nicht nur Lippenbekenntnisse entgegenhalten. Tatsache sei, daß die sowjetischen Truppen in Polen nicht erwünscht seien. Wenn man ihnen jetzt einen neuen Zweck beilege, sei dies für ihn nicht akzeptabel.

Er stimme dem Bundeskanzler voll und ganz zu, daß die USA und die Bundesrepublik Deutschland hinsichtlich der Zukunft Europas eine Schlüsselrolle spielten. Dies sei auch Sinn dieses Treffens in Camp David.

Tatsache sei aber, daß die europäischen Verbündeten in diesen Fragen Ängste und Sensibilitäten hätten. Manchmal habe man vergessen, insbesondere die kleineren zu konsultieren. Deshalb müsse man aufs engste in Verbindung bleiben: Man wolle nicht, daß die USA und D einander überraschten, und man müsse sich insbesondere mit den Partnern abstimmen. Ganz offen wolle er anfügen: Anläßlich der Ottawa-Konferenz[9] habe BM Genscher den Italienern ziemlich unverblümt gesagt, daß für sie kein Platz am 2-plus-4-Tisch sei.[10] Dies habe nicht nur It, sondern auch andere auf den Plan gerufen und den Eindruck eines „insensitiven" Deutschlands hervorgerufen. Gerade deshalb müsse man jeden Eindruck vermeiden, daß USA und D über die Zukunft Europas entschieden.

Der Bundeskanzler betont, er sei an engsten Konsultationen interessiert (u. a. Treffen in Pisa mit MP Andreotti, MP Lubbers, MP Martens[11] usw.). …[12]

Er sehe durchaus auch die Schwierigkeiten anderer europäischer Staaten: Die Karten in Deutschland würden neu gemischt, in der SU ergäben sich große Veränderungen. Viele hätten Schwierigkeiten mitzukommen. In der Sache aber sei er mit dem Präsidenten einig: Man müsse die „Mund-[zu-]Mund-Beatmung" verstärken. Daß sich dies lohne, zeige – nach dem Pisa-Treffen – die betont positive Haltung von MP Andreotti zur deutschen Einheit.

Auch mit Staatspräsident Mitterrand stehe er in engstem Kontakt – und dieser stehe in der Sache eisern zu ihm. (Exkurs: Haltung der Franzosen zur deutschen Einheit: Volk – politische Klasse – Präsident.)

Kopenhagen sei auch ein nicht einfacher Fall – aber er werde dort den Dialog führen ebenso wie mit Norwegen, Schweden und Finnland.

Erfreulich positiv sei die Haltung der Tschechoslowakei und Ungarns.

In NL gebe es größere Probleme und natürlich in GB. Die Haltung von PM Thatcher könne man wohl nicht verändern. …[13]

Präsident Bush wirft ein, in der Tat lebe Frau Thatcher in der Geschichte. Anders die USA: Sie fürchteten keine Geister aus der Vergangenheit und glaubten auch nicht, daß die Deutschen ewig büßen müssen.

---

9   Nr. 175 Anm. 5 und Nr. 177 Anm. 3.
10   Bundesminister Genscher wehrte in Ottawa das Verlangen des italienischen und des niederländischen Außenministers, als NATO-Partner müßten sie an den Zwei-plus-Vier-Verhandlungen beteiligt werden, mit dem Hinweis ab, sie gehörten nicht zu den „vier für Deutschland verantwortlichen Mächten", und schloß mit den Worten: „You are not part of the game!" (Genscher, Erinnerungen, 728 f.).
11   Die Begegnungen fanden im Rahmen eines Treffens führender Christdemokraten der Europäischen Volkspartei am 17. Februar 1990 in Pisa statt.
12   Ein Satz nicht freigegeben.
13   Ein Satz nicht freigegeben.

Dennoch müsse man die Ängste der anderen ausschalten und die Leute aufs engste konsultieren. So habe er vor dem Besuch des Bundeskanzlers PM Thatcher angerufen und ihr eine gute Stunde zugehört[14] ... Es gehe um die berühmte „Extra-Meile" an Konsultationen!

Der Bundeskanzler betont, viele Menschen in der Bundesrepublik Deutschland fragten sich, warum die Tatsache, daß unser Land 40 Jahre treu als Bündnispartner gedient habe, nunmehr nicht in Rechnung gestellt werde. Aber es helfe nichts, hier allein mit logischen Argumenten zu kommen.

Präsident Bush versichert, die USA seien bereit – ja hätten die Verpflichtung –, hier zu helfen. Sein Land sei 45/50 Jahre in Europa engagiert gewesen. Man könne mit Fug und Recht sagen, Deutschland habe seine Pflicht getan. Auch in Zukunft wolle man volle NATO-Mitgliedschaft des geeinten Deutschlands.

Auch er bestätige, daß Konsultation sich lohne: So habe PM Thatcher ihm gesagt, jeder akzeptiere die deutsche Wiedervereinigung – noch vor drei oder sechs Monaten hätte sie dies nicht so gesagt. Allerdings füge sie auch heute noch hinzu, jeder sei über die Ungewißheiten besorgt. Gerade das Konzept „Deutschland voll in der NATO" könne dagegen helfen.

Im übrigen seien die USA nicht bereit, polnische Reparationsforderungen in Betracht zu ziehen (countenance). Über die Behandlung der polnischen Grenzfrage müsse man allerdings sprechen. Der Bundeskanzler habe von „Grenze, wie sie ist" gesprochen – je klarer er hier sei, desto weniger Probleme ergäben sich für die deutsche Wiedervereinigung insgesamt.

Zu den Nuklearwaffen wolle er – der Präsident – betonen, daß sie wesentlicher Teil der amerikanischen Militärpräsenz in Europa und Deutschland seien und dies in stabilisierender Rolle. Der Bundeskanzler habe vielleicht in dieser Frage Druck – wenn man aber [die] amerikanischen Nuklearwaffen aus D zurückziehe, dann gebe es kein Argument, andere NATO-Partner zu überzeugen, weiterhin Nuklearwaffen zu behalten. Deshalb müßten, solange die Ungewißheit, von der er gesprochen habe, andauere, amerikanische Nuklearwaffen präsent bleiben. In amerikanischer Sicht gebe es eine klare Querverbindung zur Frage der konventionellen Truppen, die „boys over there" könnten nur mit nuklearer Garantie sicher sein. Sei deren Stationierung nicht mehr sicher, werde man in Zukunft die Unterstützung für amerikanische Truppenpräsenz verlieren.

Hinsichtlich der 2-plus-4-Formel müsse man darüber sprechen, in welchem Stadium man über was rede. Die SU werde versuchen, über den Vier-Mächte-Mechanismus ein Deutschland nach ihrem Gusto zu schaffen. Hier machten die USA nicht mit: Der 2-plus-4-Mechanismus dürfe nicht dem Dialog der Bundesrepublik Deutschland mit der DDR über die Art der Vereinigung im Wege stehen. Ein zu frühes Engagement auf dieser Ebene (sc. der vier) könnte zu sowjetischen Einmischungen führen. Wenn die Bundesrepublik Deutschland allerdings zuerst mit der DDR spreche, sei dies gut. Er habe heute gegenüber PM Thatcher gesagt, in der 2-plus-4-Runde solle man über Wege für die Aufgabe der Vier-Mächte-Rechte und -Pflichten sprechen, hingegen wolle er nicht über die Vollmitgliedschaft Deutschlands in der NATO in diesem Kreise sprechen.

Der Bundeskanzler fragt AM Baker, welchen Eindruck er in dieser Frage aus seinem Gespräch mit GS Gorbatschow mitgebracht habe.

AM Baker bestätigt seinen Eindruck, daß GS Gorbatschow und AM Schewardnadse eine amerikanische Truppenpräsenz als stabilisierend ansehen und deren Verbleib wollten. Eine deutsche NATO-Mitgliedschaft könnten sie allerdings nicht aktiv unterstützen, würden sie aber am Ende durchaus akzeptieren. Seit seinem Besuch habe es allerdings verschiedene Erklärungen aus der SU gegeben, die er als Eröffnungszüge in einem Spiel interpretiere.

---

14 Das Telefongespräch fand vermutlich am 24. Februar 1990 statt (Thatcher, Downing Street No. 10, 1105 f.; abweichende Angabe bei Zelikow/Rice, Sternstunde der Diplomatie, 291 f. und 575 Anm. 22).

Präsident Bush betont, er wolle die volle NATO-Mitgliedschaft Deutschlands, verknüpft mit der amerikanischen Möglichkeit, amerikanische Streitkräfte in Europa und D aufrecht-zuerhalten.

Der Bundeskanzler pflichtet bei. Er wolle die Präsenz der USA und ihrer Streitkräfte in Europa nicht nur aus militärischen Gründen, sondern auch aus den früher genannten. Wenn man die Welt im Jahre 2000 ansehe, dann werde die Truppenfrage relativ an Bedeutung verlieren. Aber die USA sollten dann nichtsdestoweniger in Europa und Deutschland sein – dies bedeute auch, daß er jedem Versuch, eine Festung Europa zu schaffen, energisch entgegentreten werde.

AM Baker fährt fort, er habe in Moskau die NATO als Raison d'être für die Präsenz amerikanischer Truppen in Europa bezeichnet. Wenn man also fortbestehende Truppenpräsenz wolle, dann müsse man verstehen, daß dies nur als Teil der NATO gehe. Amerikanische Truppen gebe es auch nur auf dem Staatsgebiet von NATO-Vollmitgliedern.

Der Bundeskanzler pflichtet bei: Was die Sowjets jetzt sagten, gehöre zum Verhandlungspoker. Am Ende werde die Frage nach Bargeld stehen. Er sage ganz offen: Die SU habe Abmachungen mit der DDR über die Bezahlung der dort stehenden Truppen. Irgendwann würden die Sowjets deshalb sagen: „Wenn man zu einer Vereinbarung kommen will, müssen wir Unterstützung bekommen." Natürlich rede Moskau über diese Frage nicht – dies gehöre zur nationalen Ehre.

Präsident Bush berichtet aus seinem Gespräch mit Staatspräsident Havel,[15] der ihm gesagt habe, der Truppenrückzug aus der ČSSR werde für die Sowjets teuer. Man müsse Wohnungen und Arbeitsplätze schaffen und für die Familien sorgen.

Anknüpfend an das Tischgespräch betont Präsident Bush, die USA hätten großes Interesse, daß GS Gorbatschow Erfolg habe. Deshalb wolle man den bevorstehenden Gipfel USA–SU[16] zum Erfolg machen, insbesondere auf dem Gebiet der Abrüstungs- und Rüstungskontrolle, und zwar zu einem Erfolg, den GS Gorbatschow auch nach innen vorzeigen könne. So hoffe er noch in diesem Jahr auf einen START-Vertrag[17]. Wenn man ein erstes KSZE-Abkommen unterschriftsfertig bekomme, könne man auf einem KSZE-Gipfel unterschreiben.

Nehme man alles zusammen, so komme man zur Schlußfolgerung, daß die SU nicht in einer Position sei, dem Westen diktieren zu können, ob Deutschland in der NATO bleibt oder nicht. Man werde der SU Achtung zollen, ihr bei der Gesichtswahrung helfen. In diesem Zusammenhang wolle er seine Sorge wiederholen, daß einige Leute sagten, die Sowjets sollten wegen der deutschen Wiedervereinigung bleiben. Bei aller Unterstützung der Sowjets dürfe man ihnen nicht erlauben, „den Sieg aus den Klauen der Niederlage zu reißen". In dieser Hinsicht gebe es im US-Kongreß wilde Überlegungen, insbesondere um die Verteilung der sogenannten Friedensdividende in Höhe von 50 Mrd. US-Dollar oder mehr.

Der Bundeskanzler betont, für ihn komme eine zeitlich begrenzte Stationierung sowjetischer Truppen in Deutschland in Frage, allerdings als Ausfluß unserer Souveränität.

Präsident Bush fragt, warum der Bundeskanzler diese Truppen behalten wolle.

Der Bundeskanzler erwidert, von „wollen" könne keine Rede sein – es werde aber notwendig sein, denn GS Gorbatschow könne nicht 380 000 Mann über Nacht abziehen, vielmehr brauche er eine Stufenlösung.

Präsident Bush pflichtet bei. Es dürfe jedenfalls nicht zu einer Verknüpfung kommen in der Gestalt, daß bei Abzug aller sowjetischen Truppen auch die Amerikaner gehen müßten (Ex-

15   Präsident Bush und Präsident Havel äußerten sich zu ihren Gesprächen am 20. Februar 1990 in Washington (D.C.) vor der Presse (Public Papers of the Presidents of the United States. Bush. 1990 I, 241–243).
16   Nr. 299 Anm. 2.
17   Nr. 46 Anm. 6.

kurs: Ausführungen AM Bakers vor dem Auswärtigen Ausschuß des Obersten Sowjets zur Rolle der US-Marine)[18].

Präsident Bush präzisiert die amerikanischen Vorstellungen zum KSZE-Gipfel: Man werde teilnehmen, wenn ein Wien-I-Abkommen unterschrieben werden könne. Dann wolle man gleichzeitig alle Körbe durchgehen, insbesondere auch den Menschenrechtskorb (der Bundeskanzler pflichtet nachdrücklich bei).

Präsident Bush fährt fort, den USA gehe es um Verankerung des Rechts auf freie Wahlen, um der Reformbewegung in den Staaten Osteuropas einen weiteren Antrieb zu geben. Gerade jetzt dürfe man nicht aufhören, über ihren Weg zur Demokratie zu reden.

Ein KSZE-Gipfel könne auch 2-plus-4-Arrangements „ratifizieren", aber er sollte sich nicht auf Deutschland konzentrieren.

Die KSZE selbst solle – entgegen manchen Meinungen, die man in Europa höre – nicht die NATO als Herz der amerikanischen Abschreckung und als Rechtfertigung amerikanischer Truppenpräsenz ersetzen. Wähle man diese eher unklare Form, werde er zu Hause Probleme bekommen.

Der Bundeskanzler pflichtet bei: Der KSZE-Gipfel solle nicht zu einem Deutschland-Forum gemacht werden. Auf jeden Fall aber werde Präsident Bush mit GS Gorbatschow vorher, im Sommer 1990, zusammentreffen und in der Abrüstung wesentliche Fortschritte erzielen. Im übrigen sei er mit der vom Präsidenten vorgeschlagenen KSZE-Gipfel-Tagesordnung einverstanden.

AM Baker erkundigt sich nach den Vorstellungen des Bundeskanzlers zu den nächsten prozeduralen Schritten, insbesondere zum Beginn des 2-plus-4-Prozesses.

Präsident Bush erbittet eine Analyse der politischen Lage in der DDR vor den Wahlen, insbesondere auch zu den Wahlchancen der Sozialdemokraten. Was könnte deren evtl. Wahlsieg für die Bundesrepublik Deutschland bedeuten?

Der Bundeskanzler bekräftigt sein Bild von den zwei Schienen – der innerdeutschen Gespräche und der internationalen Einbettung. Deshalb sei es auch ungeheuer wichtig, daß alle Abrüstungsgespräche mit den Sowjets konsequent fortgesetzt würden. Auf keinen Fall dürfe es zu einem Eindruck kommen, wegen der deutschen Frage stoppe die Abrüstung.

Des weiteren werde er massiv die europäische Integration vorantreiben. Er habe einen EG-Sondergipfel Ende April mit angeregt.[19]

Ferner müsse man sehr klar mit den Sowjets reden: Insbesondere sollte man von amerikanischer Seite ungeachtet der 2-plus-4-Diskussion direkt die Frage der NATO-Mitgliedschaft Deutschlands weiter besprechen. Dies müsse natürlich diskret geschehen. Wichtig sei aber, den Sowjets zu vermitteln, daß die USA und die Bundesrepublik Deutschland in dieser Frage völlig klar und einig seien. Vielleicht würden die Sowjets sogar den USA den Preis eher nennen als ihm – dem Bundeskanzler.

AM Baker unterstreicht die Notwendigkeit, daß beide – USA und D – jetzt starke öffentliche Signale im Sinne einer vollen NATO-Mitgliedschaft aussenden.

Präsident Bush sieht die Gefahr, daß die Sowjets versuchen, den USA in der Frage der deutschen Wiedervereinigung Verbündete abspenstig zu machen.

Der Bundeskanzler betont erneut, die Sowjets seien im Grunde ganz froh, wenn die Deutschen in der NATO seien. Sie hätten nicht das Problem, daß andere mit dieser Frage hätten – aber sie wollten einen Preis.

Präsident Bush wirft scherzhaft ein, der Bundeskanzler habe große Taschen!

---

18 Im Anschluß an eine Rede vor dem Ausschuß für Internationale Angelegenheiten des Obersten Sowjets der UdSSR am 10. Februar 1990 (Amerika Dienst. Nr. 6. 14. Februar 1990, 3 S.) beantwortete Außenminister Baker „über eine Stunde lang" Fragen der Ausschußmitglieder (Baker, Drei Jahre, die die Welt veränderten, 184).
19 Nr. 181, insbes. Anm. 4.

Der Bundeskanzler fährt fort, hinsichtlich der 2-plus-4-Formel müsse man in nächster Zeit eng zusammenarbeiten. Die Bundesrepublik Deutschland werde nach der Volkskammerwahl mit der DDR sprechen und dabei die USA ganz eng informiert halten. Natürlich werde auch die SU versuchen, auf die neugewählte DDR-Regierung Einfluß zu nehmen. Dies müsse man abfangen, indem man jeden Schritt miteinander bespreche, zunächst mit den USA, dann im Vierer-Kreis, d.h. unter Hinzunahme von GB und F.

Zur innenpolitischen Entwicklung in der Bundesrepublik Deutschland wolle er sagen, daß die Menschen stark für die Wiedervereinigung seien – dies helfe ihm sehr –, gleichzeitig aber Ängste hegten, daß zu viele Opfer auf sie zukommen könnten. Es seien die typischen Probleme einer Wohlstandsgesellschaft. In Wahrheit seien die Opfer und Kosten nicht sehr groß, insbesondere wenn man sie in Verhältnis zu den Aufwendungen für die Abnormität setze; so koste uns die Trennung große Summen, allein Berlin 22 Mrd. DM, die Zonenrandprivilegien usw. noch einmal 30 Mrd. DM jährlich. Wenn man dies in die Zukunft projiziere, sei die Abnormität teurer als die Einheit, diese jedoch das wirtschaftlich Vernünftige und am Ende ein großes Geschäft.

Hinsichtlich der Wahlen in der DDR müsse man mit Prognosen außerordentlich vorsichtig sein, da dort seit 1932 keine freien Wahlen mehr stattgefunden hätten.[20] Ein damals wahlberechtigter 21jähriger sei heute 79 Jahre alt! Nach 1932 habe es 12 Jahre Nazi-Herrschaft und über 44 Jahre das „Rote Regime" gegeben. Dies habe die Menschen geprägt und die soziologische Struktur des Landes total verändert. Heute gebe es keinen Mittelstand, keine reichen Leute (Exkurs: Chefarztgehälter in Krankenhäusern). Selbst der heute angeprangerte Wohlstand der Funktionäre sei bei uns Normalmaß des Mittelstandes. Soziologisch sei die DDR in der Tat ganz überwiegend Arbeiter- und Bauernstaat. Jetzt komme das Element der Marktwirtschaft – auch dies verändere das Wahlverhalten. So sei sein Eindruck, daß diese erste Wahl nicht typisch sein werde, man vielmehr 2–3 weitere Wahlen brauche, bis sich die Situation geklärt habe (Exkurs: Nachkriegsentwicklungen der Bundesrepublik Deutschland). Botschafter Blackwill fragt, ob der Bundeskanzler davon ausgehe, erst die Bundestagswahlen im Dezember d.J. zu bestehen und dann im nächsten Jahr gesamtdeutsche Wahlen.

Der Bundeskanzler betont, er brauche die Bundestagswahlen aus den vorher diskutierten Gründen. Wähle man 1990 nicht, gerate man unter Zeitdruck – und er habe das Gesetz des Handelns nicht mehr in der Hand. Im Grunde tue er dasselbe wie 1983: Damals habe er die Bundestagswahl vorgezogen und dann stationiert. Hätte er dies nicht getan, wäre ihm bei Stationierung entgegengehalten worden, er habe dazu kein Mandat.

Ein weiterer wichtiger Grund sei, daß die jetzt zu bildende DDR-Regierung viele unangenehme Dinge tun und sagen müsse. Man dürfe ihr diese Entscheidungen nicht abnehmen und den Eindruck entstehen lassen, Bonn wisse alles besser. Diese Entscheidungen seien insbesondere im Gebiet der Wirtschaft und des Umweltschutzes zu treffen (Exkurs: Zustand der KKW und der chemischen Industrie in der DDR).

AM Baker fragt nach einem Szenario, wonach bei Wiederherstellung der Länder in der DDR die Wiedervereinigung nach Artikel 23 des Grundgesetzes vollzogen werde.

Der Bundeskanzler betont, auch in diesem Fall müsse in den DDR-Ländern erst gewählt werden, und selbst dies zwinge ihn nicht, gesamtdeutsche Wahlen auf 1990 vorzuziehen. So ergebe sich sein „Idealfahrplan": im März Volkskammerwahlen, dann im Mai/Juni Kommunalwahlen, dann Wiederherstellung der DDR-Länder, hingegen gesamtdeutsche Wahlen erst 1991.

All dies setze aber voraus, daß man die Währungsunion jetzt voranbringe. Leute, die glaubten, daß es am einfachsten wäre, wenn die DDR alles aus der Bundesrepublik Deutschland übernehme, begingen einen großen psychologischen Fehler. Denn die Menschen in der DDR müßten an der Lösung der unendlich schwierigen Probleme selbst beteiligt werden. Der <u>Bundeskanzler</u> erläutert sodann das Parteienspektrum in der DDR. Die SED habe sich zwar umbenannt und ein Programm mit Punkten wie Pluralismus usw. angenommen, gleichwohl müßte man davon ausgehen, daß sie mit der SU weiterhin in gutem Kontakt stehe, insbesondere auch auf der Schiene der Sicherheitsdienste. Es gebe Hinweise, daß MP Modrow den Auslandsnachrichtendienst pauschal an die SU weitergegeben habe. (Exkurs: Markus Wolf in Moskau!)

In der DDR seien Meinungsumfragen außerordentlich schwierig, jedoch schätze er – wie übrigens auch der ungarische MP Németh –, daß die SED/PDS keine 10% der Stimmen bekommen werde.

Anders die Sozialdemokraten: Sie hätten bereits 1945–1947 in den südlichen Regionen eine starke Position gehabt. Unter Anknüpfung daran gelinge es der Partei jetzt, starke Emotionen zu wecken.

Unter den sogenannten Blockparteien seien nur die Liberalen und die Christlichen Demokraten von Bedeutung. Sie seien unter massivem Druck gleichgeschaltet worden – es habe dabei eine hohe Zahl von Opfern gegeben –, aber der erzwungene Dienst am Regime habe die Leute geprägt – nunmehr seien diese Parteien erneuert worden.

Von den neuen Parteien würden gewiß nicht alle überleben – hier werde erst ein längerer Prozeß nach der ersten Wahl Klarheit bringen.

Insgesamt ergebe sich aus diese Lage, daß in der DDR-Wahl zwei Leute wichtig seien: Willy Brandt, der noch vor zwei Jahren von „Wiedervereinigung – Lebenslüge der Zweiten Republik" gesprochen habe,[21] und er selbst. Er selbst habe keine Probleme mit früheren Reden und sei immer für die deutsche Einheit eingetreten. Jedoch könnten seine Weggenossen fußstärker sein ... (Exkurs: eigene Wahlveranstaltungen in der DDR, Wahlkampfunterstützung).

---

21 Brandt hatte in einem Vortrag vor der Friedrich-Ebert-Stiftung am 14. September 1988 in Bonn gesagt (Manuskript „40 Jahre Grundgesetz – Hoffnung und Verpflichtung" mit hs. Korrekturen Brandts, 48 S., hier 32–35; Vorstand der SPD, Archiv/Dokumentation. Auszüge der Rede unter dem Titel „Ein ‚Notdach', unter dem der Rechtsstaat sich entwickeln konnte", in: Frankfurter Rundschau. 44. Jg. Nr. 215. 15. September 1988, 8), er komme zu einem „Mißverständnis, wenn wir es denn, weil das Eingeständnis von Realitätsverlust auf diese Weise nicht so wehtut, so nennen wollen: Wir haben lange so getan, ich auch, aber eines höchstes Gericht länger, als ich begreifen kann, als verpflichte uns das Grundgesetz zur Wieder-Vereinigung [‚Wieder.' ms. unterstrichen]." In Wirklichkeit spreche die Präambel des Grundgesetzes von der Verpflichtung des gesamten deutschen Volkes, „in freier Selbstbestimmung die Einheit und Freiheit Deutschlands zu vollenden". Die „Einheit zu beschwören" sei „mehr als eine Fiktion" gewesen. Von Anbeginn habe „es eine erhebliche Verwirrung der Begriffe gegeben, und damit wurde aus Einheit Wiedervereinigung [‚Wieder.' ms. unterstrichen], als ob die Geschichte und die europäische Wirklichkeit für uns die Anknüpfung an das Bismarck-Reich bereithielte. Oder als ob sich das ganze Problem darauf reduziere, wie sich der Anschluß der DDR an die Bundesrepublik Deutschland vollziehen lasse oder vollziehen werde." Er, Brandt, habe es, „wie der Begriff Wiedervereinigung im Bundesverfassungsgerichtsurteil zum Grundlagenvertrag in Anspruch genommen" worden sei, „in der Tat für wirklichkeitsfremd und schon deshalb nicht für hilfreich gehalten. Ich meine die Vorstellung vom Reich, das nur vorübergehend nicht ‚handlungsfähig' sei. Und den qualitativen Vergleich zwischen der Grenze zur DDR und Grenzen zwischen den Bundesländern." Mit der „Theorie vom Fortbestand des Deutschen Reiches" hätten „auch wir uns den Umgang mit dem Problem der deutschen Einheit gewiß nicht leichter gemacht. Vollends durch den Kalten Krieg und seine Nachwirkungen gefördert", wäre „die Hoffnung auf ‚Wiedervereinigung' [‚Wieder.' ms. unterstrichen] geradezu zu einer Lebenslüge der zweiten Deutschen Republik" geworden. Unter Rückgriff auf die Rede nahm Brandt den Satz in seinen 1989 erschienenen Memoiren in leicht veränderter Form auf (Brandt, Erinnerungen. 1. Aufl. September 1989, 4. Aufl. Januar 1990, 156f.): „Durch den Kalten Krieg und dessen Nachwirkungen gefördert, gerann die ‚Wiedervereinigung' zur spezifischen Lebenslüge der zweiten deutschen Republik." Auf dem Gründungsparteitag der SPD in der DDR am 24. Februar 1990 in Leipzig rechtfertigte Brandt seine Äußerung: „Dem Wahrheitsgebot zuwider ... möchte man mir anhängen, ich hätte von der deutschen Einheit als einer Lebenslüge gesprochen. Tatsächlich warnte ich vor schädlichem Umgang mit dem Wort Wiedervereinigung [‚Wieder.' kursiv gedruckt]; davon ist übrigens in der Präambel zum Grundgesetz der Bundesrepublik nicht die Rede. Bei mir war und ist davon die Rede, daß nicht wieder [‚wieder' kursiv gedruckt] wird, wie es einmal war: Kein Weg führt zurück zum Reich. Auch nicht zu den Grenzen von 1937 ..." (Willy Brandt, „... was zusammengehört". Über Deutschland. 2. völlig überarbeitete und erweiterte Aufl. Bonn 1993, 84–93, hier 91).

Präsident Bush erkundigt sich nach der Haltung der Bonner Opposition: insbesondere Kritik von MdB Vogel und MP Lafontaine an der Wiedervereinigungspolitik und der Behandlung der DDR.

Der Bundeskanzler bestätigt, in der Tat werde er kritisiert, weil er MP Modrow nicht die von ihm erbetenen 16 Mrd. DM zugesagt habe. Aber es sei eine Illusion, damit seien Leute in der DDR zurückzuhalten. Die beste Garantie für ihr Verbleiben sei die harte DM. Sie sei besser als 1000 Reden (Exkurs: Kaufkraftüberhang in der DDR – keine Waren).

Präsident Bush fragt zur Haltung der Opposition hinsichtlich der deutschen NATO-Mitgliedschaft und der Präsenz amerikanischer Truppen.

Der Bundeskanzler betont, hinsichtlich der NATO-Mitgliedschaft seien alle einig.

AL 2 wirft ein, MP Lafontaine denke allerdings laut darüber nach, aus der militärischen Integration auszutreten.[22]

Der Bundeskanzler sieht in Gedankenspielen über eine „französische Lösung" kein großes Problem. Desgleichen nicht hinsichtlich der Stationierung amerikanischer Truppen. Ihn besorge jedoch, daß das Thema Lance-Nachfolge in den nächsten Monaten hochkomme. Auf Nachfrage von Präsident Bush ergänzt er, dies gelte für alle Parteien. Dabei werde argumentiert werden, man könne keine Waffen einführen, die zwar Rostock, Budapest und Prag, nicht aber die Sowjetunion treffen könnten. Diese Position sei nicht zu halten. Deshalb habe er vorhin gesagt, daß sie nicht unter Druck geräumt werden dürfe, sondern aufgrund freier Entscheidung der USA.

AM Baker wirft ein, ob der Bundeskanzler sie auch [für] unhaltbar halte, solange sowjetische Truppen dort stehen und selbst über nukleare Kurzstreckenwaffen verfügten.

Der Bundeskanzler betont, selbstverständlich gehe es hier um die Frage der Gegenseitigkeit. Aber der Eröffnungszug müsse von den Amerikanern kommen.
...[23]

AM Baker regt an, die Presse-Behandlung der Frage der polnischen Grenze abzustimmen. Insbesondere müsse man den Eindruck vermeiden, daß der 2-plus-4-Mechanismus Jalta wiederhole.

Der Bundeskanzler pflichtet bei.

AM Baker regt an zu sagen, daß die Polen „involviert" sein sollten, weil es um eine Frage gehe, die polnische Interessen fundamental berühre. Andererseits solle man dieses Problem nicht in Zusammenhang mit anderen Fragen bringen, die die 2 plus 4 behandelten. Denn für ihn sei wichtig, daß der 2-plus-4-Mechanismus grundsätzlich konsultativen Charakter habe. Viele Dinge müßten die Deutschen allein beschließen, über andere die vier Mächte entscheiden, insbesondere ihre Rechte und Verantwortlichkeiten und Berlin-Fragen. Das gleiche gelte auch für die Frage der deutschen NATO-Mitgliedschaft. Wenn allerdings fundamentale Fragen, die andere unmittelbar berührten, behandelt würden, sollte man einen Modus finden, dieses oder jenes Land in dieser speziellen Frage an den Tisch zu bitten.

Bei der Ottawa-Konferenz habe man im NATO-Caucus eine große Diskussion über die Teilnahme anderer NATO-Länder gehabt. Die USA hätten Nein gesagt, aber volle Konsultationen zugesagt.

---

22 Wenige Tage zuvor antwortete der stellvertretende Vorsitzende und voraussichtliche Kanzlerkandidat der SPD, Lafontaine, in einem Interview auf die Frage nach der Bündnismitgliedschaft eines vereinten Deutschland, er habe „schon vor zehn Jahren für ein selbständiges Europa und eine Europäische Verteidigungsgemeinschaft votiert" („Oskar Lafontaine: ‚Nichts ist neutral' ", in: Bild. Nr. 44. 21. Februar 1990, 1, 10). Vor dem Parteitag der SPD in der DDR in Leipzig bezeichnete er es am 23. Februar 1990 als „anachronistisch" zu fordern, „ein vereintes Deutschland müsse in der NATO sein". Wer sich zu dem „Ziel der ‚Vereinigten Staaten von Europa' " bekenne, werde „ein europäisches Verteidigungssystem anstreben" (Presseservice der SPD. Nr. 87/90. 23. Februar 1990).
23 Im folgenden besprochen: die Modernisierung nuklearer Kurzstreckenwaffen.

Der Bundeskanzler sagt nähere Abstimmung in der morgigen Vormittagssitzung[24] zu. Abschließend kündigt er an, morgen den deutsch-amerikanischen Jugendrat anzusprechen, der zu größerer Aktivität auf beiden Seiten gebracht werden müsse.[25]
Präsident Bush erläutert das weitere Programm des Abends und des kommenden Vormittags.

Kaestner

Nr. 193
Tischgespräche des Bundeskanzlers Kohl mit Präsident Bush
Camp David, 24./25. Februar 1990

BK, 21 – 30100 (56) Ge 28 (VS) Bd. 80, Bl. 146–149. – Vermerk des VLR I Kaestner, 1. März 1990. VS-NfD.

Aus den o.a. Gesprächen halte ich fest:

1. Lage in der Sowjetunion
Präsident Bush betont starkes amerikanisches Interesse am Erfolg der Reformpolitik in der Sowjetunion und in den anderen Staaten Mittel- und Osteuropas. Die USA – und er selbst – bekundeten dies öffentlich und gingen dabei verstärkt dazu über, den Wunsch auf Erfolg auf Generalsekretär Gorbatschow persönlich zu beziehen. Er rege an, daß der Bundeskanzler sich im gleichen Sinne äußere (Pressekonferenz 25. Februar)[1].
Der Bundeskanzler bekräftigt, daß auch er dies bereits öffentlich und in Gespräch und Schriftwechsel mit GS Gorbatschow getan habe. Bei seinem Moskau-Besuch[2] habe GS Gorbatschow trotz des vorangegangenen ZK-Plenums entspannt und souverän gewirkt. Das Gesprächsklima sei besonders vertrauensvoll gewesen, was sich auch in der anschließenden TASS-Erklärung[3] niedergeschlagen habe.
Anschließend erläutert der Bundeskanzler ausführlich die Lebensmitteltransaktion mit der Sowjetunion[4] und hebt hervor, daß von sowjetischer Seite – nach Unterzeichnung des entsprechenden Abkommens am ⟨8.⟩[5] d.M. – die in Aussicht genommenen Mengen bereits am 12. d.M. vollständig geordert worden seien. Zugleich weist er auf anstehende Transport- und Verteilungsprobleme hin.
Der Präsident lobt diese Aktion des Bundeskanzlers und erwähnt, bei der Malta-Gipfelbegegnung habe die sowjetische Seite – trotz amerikanischer Sondierung – keinerlei Hilfsbitten geäußert oder anklingen lassen.
Der Präsident bekundet seine Entschlossenheit, den für Frühsommer anstehenden bilateralen Gipfel zu einem Erfolg zu machen, insbesondere auf dem Gebiet der Abrüstung und Rüstungskontrolle, und zwar zu einem Erfolg, den GS Gorbatschow auch nach innen vorzeigen könne.

---

24 Nr. 194.
25 Dazu: Vermerk des Parlamentarischen Staatssekretärs Pfeifer für den Bundeskanzler, 21. Februar 1990, hs. von Bundeskanzler Kohl vermerkt: „Teltschik für Camp David", mit Anlage; BK, 212 – 30104 A 5 Am 2, BK in USA, 24./25.2.1990, Gesprächsmappen.

1 Nr. 194 Anm. 5.
2 Nr. 174 und Nr. 175.
3 Nr. 177 Anm. 11.
4 Nr. 155 Anm. 4.
5 ⟨ ⟩ Von den Bearbeitern korrigiert aus: „9."

Vor diesem Gipfel würden sich die beiderseitigen Außenminister noch mindestens zwei Mal sehen. Auch im übrigen werde man im engsten Kontakt bleiben.

Unausgeschöpfte Möglichkeiten zur amerikanisch-sowjetischen Zusammenarbeit sieht der Präsident im Bereich der Dritte-Welt-Politik, insbesondere im Nahen Osten. Auch der Sowjetunion müsse daran liegen, daß an ihrer südlichen Grenze stabile Verhältnisse herrschten.

...[6]

Kaestner

Nr. 194
Gespräch des Bundeskanzlers Kohl mit Präsident Bush
Camp David, 25. Februar 1990

BK, 212 – 30104 A 5 Am 2, BK in USA, 24./25.2.1990. – Vermerk des MDg Neuer, 28. Februar 1990. Hs. von Bundeskanzler Kohl vermerkt: „Teltschik". Hs. vermerkt: „H. ChBK z.g.K. N[euer] 28.II." – Gesprächsdauer: 9.30 bis 10.30 Uhr.

Teilnehmer
auf amerikanischer Seite:
Präsident George Bush
Außenminister James Baker
Sicherheitsberater Brent Scowcroft
Botschafter William Blackwill[1]
Dolmetscherin Frau Marcuse

auf deutscher Seite:
Bundeskanzler
MD Teltschik
MDg Dr. Neuer
VLR I Dr. Kaestner
Dolmetscherin Frau Siebourg

Der Bundeskanzler leitet die Fortsetzung des Gesprächs vom Vortag[2] damit ein, daß er auf die Wichtigkeit des Verfahrens Zwei plus Vier hinweist.

Präsident Bush bemerkt, dies stelle die Frage nach den Kontakten, die Großbritannien und Frankreich vorgeschlagen hätten.

AM Baker weist auf die Erklärung von Ottawa hin. Vor dem 18. März 1990 sollten keine Besprechungen der Zwei plus Vier auf Ministerebene stattfinden. In nächster Zukunft sollten jedoch Gespräche auf anderer Ebene stattfinden. Auf welcher Ebene, sei nicht festgelegt worden. Es könnte jedoch die Ebene der Politischen Direktoren sein.

Der Bundeskanzler bemerkt, daß wir mit der DDR vereinbart hätten, ein Gespräch auf Beamtenebene am 7. März 1990 zu führen. Dies sei jedoch nur ein erster Kontakt, der der „Materialsammlung" diene. Dann sollten die Besprechungen bis nach den Wahlen in der DDR vertagt werden. Er wolle mit der Modrow-Regierung nicht verhandeln, sondern erst mit der aus demokratischen Wahlen hervorgegangenen künftigen Regierung der DDR.

---

6 Im folgenden besprochen: Naher Osten, Volksrepublik China, Mittelamerika, amerikanische Innenpolitik.
1 Vermutlich gemeint: Robert D. („Bob") Blackwill (Teltschik, 329 Tage, 159).
2 Nr. 192.

Außenminister Baker weist auf die Nervosität der Alliierten und der Polen hinsichtlich der bevorstehenden Verhandlungen hin. Er stellt sich vor, daß sich zunächst einmal Großbritannien, die USA, Frankreich und die Bundesrepublik auf der Ebene der Politischen Direktoren besprechen. Daran sollte sich so bald wie möglich das Gespräch im Rahmen der Zwei plus Vier anschließen. Durch diese Vorgehensweise könnten die Befürchtungen bei Großbritannien, Frankreich und den anderen NATO-Alliierten gedämpft werden. Er halte es für gut, die NATO-Alliierten zu unterrichten.

Der Bundeskanzler bezeichnet dies als unproblematisch. Er fragt, ob die Besprechung im Rahmen Eins plus Drei für den 1. März vorgesehen sei.

Außenminister Baker antwortet, dies stehe noch nicht fest.

Präsident Bush unterstreicht die Wichtigkeit der Unterrichtung der Alliierten.

Der Bundeskanzler faßt zusammen, daß bald – evtl. am 1. März 1990 – die Gespräche im Rahmen Eins plus Drei stattfinden sollten. Ein erstes Gespräch unsererseits mit der DDR sei für den 7. März 1990 geplant. Nach dem 18. März 1990 könnte dann das Gespräch Zwei plus Vier stattfinden. Der Bundeskanzler weist darauf hin, daß er bereits mit GS Wörner besprochen habe, die Ständigen Vertreter der NATO in der nächsten Woche zu unterrichten.[3]

Außenminister Baker weist darauf hin, daß ein Konsens der Bundesrepublik mit den drei Mächten hergestellt werden müsse, ehe man mit der Sowjetunion verhandele.

Der Bundeskanzler stimmt zu. Zuerst müsse eine einheitliche Meinung der Eins plus Drei gebildet sein, ehe die Verhandlungen Zwei plus Vier beginnen.

Außenminister Baker empfiehlt, die Verhandlungen Eins plus Drei ohne Publizität durchzuführen. Diese Gespräche sollten um den 1. März herum stattfinden. Dann könnten Gespräche auf der Ebene der Politischen Direktoren im Rahmen Zwei plus Vier stattfinden sowie Eins plus Eins (Bundesrepublik Deutschland/DDR).

Der Bundeskanzler unterstreicht, daß es das Ziel der Gespräche Eins plus Drei, die um den 1. März 1990 stattfinden sollten, sein müsse, einen gemeinsamen eindeutigen Standpunkt zu erarbeiten. Diese Gespräche sollten ohne Publizität stattfinden. Nach dem 18. März 1990 könnten dann auf der gleichen Ebene Gespräche im Rahmen Zwei plus Vier stattfinden.

Außenminister Baker sieht ein Problem darin, daß der Zeitraum zwischen den Gesprächen Eins plus Drei und Zwei plus Vier zu weit auseinanderliege. In Ottawa sei man übereingekommen, innerhalb kurzer Frist die Gespräche zu beginnen. Eine Möglichkeit wäre, daß man vor dem 18. März 1990 keine Gespräche auf Direktorenebene führt. Der Vorteil früherer Gespräche wäre allerdings ein gewisser Beruhigungseffekt.

Präsident Bush wirft ein, daß der Besuch des Bundeskanzlers bei der NATO am 8. März 1990 sicherlich hilfreich sein werde.

Außenminister Baker bemerkt, daß das Gespräch im Rahmen Eins plus Drei kurz vor dem Gespräch Zwei plus Vier stattfinden solle.

Der Bundeskanzler meint, hierdurch würde die ganze Angelegenheit erschwert. Die derzeitige DDR-Regierung werde in der NATO-Frage nur ein Sprachrohr der Sowjets sein. Deshalb wolle er die DDR-Vertreter vor dem 18. März 1990 nicht am Tisch haben. Dies würde nur die Verhandlungen erschweren. Er glaube auch nicht, daß dieser Aspekt der Angelegenheit in Ottawa diskutiert worden sei. Das Außenministerium der DDR sei nach wie vor kommunistisch. Am letzten Mittwoch sei ein Artikel in der Zeitschrift des Außenministeriums erschienen, der voller Anklagen sei, daß die Entwicklung in der DDR sich zur Demokratie hinbewege, nur das Außenministerium bleibe wie ein Monolith davon unberührt.

---

3 Nr. 205 Anm. 2.

Wenn ein Gespräch im Rahmen Zwei plus Vier vor dem 18. März 1990 stattfinde, säßen praktisch auf einer Seite des Tisches Drei plus Eins, auf der anderen die Sowjetunion und die DDR, die nur die sowjetischen Interessen vertreten werde. Der Bundeskanzler fragt, ob dies etwas bringe.

Außenminister Baker bemerkt, der Bundeskanzler habe da einen guten Punkt gemacht. Die amerikanische Seite sei im Hinblick auf den frühen Gesprächsbeginn im Rahmen Zwei plus Vier flexibel; Großbritannien und Frankreich seien da anderer Auffassung.

Der Bundeskanzler fragt, warum man nicht mit Großbritannien und Frankreich reden wolle.

Präsident Bush wirft ein, der Bundeskanzler habe hier eine wichtige Feststellung getroffen.

Der Bundeskanzler fährt fort, ein ganz wichtiger Punkt sei, daß man in der nächsten Zeit in aller Diskretion vorgehe und ein enger Schulterschluß zwischen den USA und der Bundesrepublik Deutschland bestehen müsse. Eine klare Position der Eins plus Drei müsse erarbeitet werden; erst dann könne das Gespräch Zwei plus Vier folgen. Wichtig sei es, wie man mit der Sowjetunion umgehe. Das, fährt der Bundeskanzler zu Außenminister Baker gewandt fort, sei dessen Aufgabe.

Außenminister Baker stimmt zu und bemerkt, er treffe im Rahmen der Vorbereitungen des Gorbatschow-Besuchs mit AM Schewardnadse zusammen.

Präsident Bush stellt die Frage, wie der Bundeskanzler den zeitlichen Rahmen für die Wiedervereinigung sehe.

Der Bundeskanzler erläutert, was er jetzt sagen werde, sei eine reine Vermutung. Es könne keine Prognose geben, die wirklich seriös wäre. Nach den DDR-Wahlen werde die Regierungsbildung erfolgen. Die Kommunalwahlen in der DDR folgten dann im Mai 1990. Der Wunsch, wieder Länder zu bilden, werde in der DDR wohl sehr stark werden. Diesen Wunsch unterstütze er nachdrücklich. Es sei nicht ganz einfach, welche Gebiete zu welchem Land schließlich gehören sollten. Bis dann die Landtagswahlen erfolgt seien, sei das Jahr vorüber. Gleichzeitig laufe die Arbeit an der Wirtschaftsgemeinschaft und der Währungsunion. Dies sei eine enorme Aufgabe. Alles in der DDR sei anders. Er wolle nur auf die Frage des Eigentums und der Bodenreform hinweisen. Die Regelung dieser Fragen koste Zeit. Er sei kein Freund von Hektik; auch wegen der Ängste der Nachbarländer. In der Europäischen Gemeinschaft gebe es Persönlichkeiten, die glaubten, man könne das Datum der Einigung bis nach der Vollendung der europäischen Integration verschieben. PM Thatcher habe gesagt, man müsse mit der Einigung warten, bis die Menschen in der DDR wieder gelernt hätten zu wählen. Trotz dieser nicht nachvollziehbaren Äußerung müsse man versuchen, PM Thatcher einzubinden.

Präsident Bush wirft ein, PM Thatcher sei wegen der Geschwindigkeit der Wiedervereinigung besorgt.

Der Bundeskanzler fragt, was geschehen solle, wenn 100 000 DDR-Bürger im März sagen würden „wir gehen". Letzte Woche habe in Dresden an der Universität eine Diskussion der Studenten mit Vertretern der CDU aus der Bundesrepublik stattgefunden. Ein Student habe geäußert, man könne sagen, was man wolle, wenn die Hochrechnungen am 18. März 1990 dem Ende zugehen, werde er bei einem entsprechenden Ergebnis seinen Koffer nehmen und gehen. Hierfür habe er stürmischen Applaus geerntet.

Präsident Bush wirft ein, dies sei die Realität.

Auf die Frage Außenminister Bakers, wann man die Gespräche auf die Ministerebene heben solle, bemerkt der Bundeskanzler, dies hänge vom Verlauf der Gespräche ab. Wenn sie einen guten Verlauf nähmen, könne man auch bald an die Ministerebene denken.

Außenminister Baker stimmt zu.

Der Bundeskanzler fährt fort, man dürfe sich nicht unter Zeitdruck setzen. Dies helfe nur der Sowjetunion. Der einzig relevante Termin sei der Termin der geplanten KSZE-Konferenz[4]. Bis dahin müßten die Gespräche im Rahmen Zwei plus Vier beendet sein. Sonst würde das Thema auf der KSZE-Konferenz eine dominierende Rolle spielen.

Auf die Frage des <u>Bundeskanzlers</u>, ob man den November als Termin für diese Konferenz im Auge habe, bemerkt <u>Präsident Bush</u>, dies sei der früheste Zeitpunkt. Die USA seien „not enthusiastic".

Der <u>Bundeskanzler</u> fragt, ob es nicht denkbar wäre, daß die Sowjetunion so spiele, daß sie zuerst einmal Gespräche im Rahmen Zwei plus Vier führen und dann ein letztes Wort mit dem Präsidenten der USA im Juni bei dem Gipfel haben wolle. Er hege diese Vermutung. Wie er Gorbatschow einschätze und wie er seine Lage sehe, sei die Frage nicht einfach für ihn. Er habe noch vor kurzem geäußert, es werde in naher Zukunft keine Wiedervereinigung geben. Aus seiner Sicht ist jetzt viel Prestige im Spiel. Die Sowjetunion habe aus der Sicht Gorbatschows in Wahrheit nur einen Partner, nämlich die USA. Das Gespräch im Rahmen Zwei plus Vier halte er zwar für nützlich, die eigentliche Entscheidung wolle er jedoch gemeinsam mit dem Präsidenten der USA treffen. Wenn er dann in die Sowjetunion zurückkomme und sagen könne, er habe im Bereich der Abrüstung viele Fragen regeln können und auch über Weltpolitik und Deutschland gesprochen, dann stehe er <u>als Partner des Präsidenten</u> da.

<u>Präsident Bush</u> stimmt mit der Bemerkung zu, man müsse Gorbatschow Gelegenheit geben, sein Gesicht zu wahren.

Der <u>Bundeskanzler</u> stimmt dem Präsidenten zu und wiederholt, Gorbatschow wolle <u>mit der anderen Weltmacht</u> abschließen.

<u>Außenminister Baker</u> stellt die Frage, ob man bis Juni soweit sein könne.

Der <u>Bundeskanzler</u> bejaht diese Frage grundsätzlich.

<u>Außenminister Baker</u> gibt zu bedenken, daß viele Fragen zu lösen seien.

Der <u>Bundeskanzler</u> unterstreicht, daß die Mitgliedschaft eines vereinigten Deutschland in der NATO die zentrale Frage sei. Er wolle die Behauptung aufstellen, Gorbatschow werde im Gespräch mit Präsident Bush diese Konzession machen.

<u>Außenminister Baker</u> wirft ein, Gorbatschow müsse genau wissen, daß die Mitgliedschaft eines vereinten Deutschland in der NATO absolut sicher sei. Er müsse auch wissen, welche Sicherheitsgarantien es gebe und was mit den sowjetischen Truppen in Deutschland geschehe.

Der <u>Bundeskanzler</u> stimmt Außenminister Baker zu. Die Sowjets würden ihre Karten in der DDR spielen. Die Menschen in der DDR würden zustimmen, wenn jemand die Forderung erheben würde, die sowjetischen Truppen müßten abziehen. Man müsse klug vorgehen. Der Bundeskanzler stellt die Frage, was die Äußerung Außenminister Bakers bedeute, die Jurisdiktion der NATO dürfe nicht ausgedehnt werden.

<u>Außenminister Baker</u> antwortet, er habe den Ausdruck zwar benutzt, es müsse aber statt Jurisdiktion heißen „Ausdehnung der Truppen"; also keine NATO-Truppen auf dem Gebiet der heutigen DDR.

Der <u>Bundeskanzler</u> bittet Außenminister Baker, dies in der Öffentlichkeit und auch gegenüber den westlichen Partnern richtigzustellen.

Der <u>Außenminister</u> stimmt zu.

Das Gespräch wendet sich dann noch kurz der Vorbereitung der bevorstehenden Pressekonferenz[5] zu.

Neuer

---

4 Nr. 175 Anm. 6.

5 Gemeinsame Pressekonferenz, 25. Februar 1990, 11.00 Uhr, Camp David. Unkorrigiertes Manuskript, 17 S.; BPA/ PA, F 1/30. Auch: Amerika Dienst. Nr. 8. 28. Februar 1990, 10 S.; Public Papers of the Presidents of the United States. Bush. 1990 I, 264–274.

Nr. 195
Vorlage des Regierungsdirektors Mertes und des Legationsrats I Hanz
an Bundeskanzler Kohl
Bonn, 27. Februar 1990

BK, 213 – 30130 P 4 Po 30 Bd. 7. – Ms. vermerkt: „Persönlich/Vertraulich".

Betr.: Polnische Westgrenze

Mittlerweile werden Sie auch von konservativen Publizisten wie Johann Georg Reißmüller (FAZ vom 27. Februar 1990)[1] gedrängt, in der Frage der polnischen Westgrenze eine gemeinsame politische Absichtserklärung des Bundestages und der neu zu wählenden Volkskammer zu befürworten.

– Verfassungsrechtlich ist diese Forderung unproblematisch, weil eine solche Absichtserklärung einen künftigen gesamtdeutschen Souverän juristisch nicht binden würde.
– Andererseits würde es Ihnen vermutlich als innenpolitische „Niederlage" ausgelegt werden, wenn Sie darauf eingingen.

In Absprache mit Herrn Dr. Ackermann schlagen wir daher vor, daß Sie möglichst nach Absprache mit dem Bund der Vertriebenen noch vor den Volkskammerwahlen am 18. März folgende Initiative ergreifen:

1. Sie bekräftigen Ihre bisherige Position und erläutern, weshalb zum gegenwärtigen Zeitpunkt keine völkerrechtlich verbindlichen Zusagen (namens eines künftigen gesamtdeutschen Souveräns) im Blick auf die polnische Westgrenze möglich sind.

2. Sie erklären die Absicht, daß ein vereintes Deutschland mit Polen einen „Vertrag über Zusammenarbeit und gute Nachbarschaft" abschließt, der folgende Elemente enthalten sollte:

– Präambel: deutsch-polnische Versöhnung und gute deutsch-polnische Nachbarschaft als wesentliches Bauelement einer künftigen europäischen Friedensordnung;
– Vereinbarung regelmäßiger deutsch-polnischer Konsultationen nach dem Vorbild des Elysée-Vertrages[2];
– endgültige Anerkennung der polnischen Westgrenze;
– endgültiger Verzicht Polens auf Reparationen;
– völkerrechtlich verbindliche Zusicherung Polens, daß die Minderheitenrechte der in den Vertreibungsgebieten lebenden Deutschen geachtet werden.

Argumente für einen solchen Vorschlag
– Es handelt sich um ein zukunftsweisendes Konzept, das an Ihren Polen-Besuch vom November 1989 anknüpft.
– Die Grenzfrage wird nicht isoliert gelöst, sondern im Rahmen eines „Pakets" von Leistung und Gegenleistung.
– Vertraglich zugesicherte Minderheitenrechte für die in den Vertreibungsgebieten lebenden Deutschen wären eine Möglichkeit, einem großen Teil der Vertriebenen die Regelung schmackhaft zu machen.
– Reparationsforderungen stoßen in der Bundesrepublik Deutschland auf breite Ablehnung. Forderungen unsererseits auf Verzicht darauf werden deshalb hierzulande breite Zustimmung finden. Das Thema „Reparationen" kommt ohnehin auf uns zu – es werden deshalb keine „schlafenden Hunde geweckt" –, und deshalb sollte man es offensiv angehen.

---

1 Rm [Johann Georg Reißmüller], „Reibungs-Verluste", in: Frankfurter Allgemeine. Nr. 49. 27. Februar 1990, 12.
2 Nr. 89 Anm. 9.

– Eine frühzeitige Initiative könnte dazu führen, daß sich die Wogen der Erregung bis Ende des Jahres wieder glätten. Es wäre fatal, wenn die – wohl unausweichliche – Diskussion erst im Herbst dieses Jahres entbrennen würde.
– Wir würden die Polen psychologisch auf unsere Seite ziehen. Dies wäre wichtig auch im Hinblick auf die starke polnische Minderheit in den USA. In Polen scheint sich die Sorge breitzumachen, man werde erneut nur als Objekt und nicht als Subjekt der Weltpolitik behandelt; das ergibt sich beispielsweise aus dem in Kopie beigefügten Schreiben von Prof. Bartoszewski[3], der mit Ministerpräsident Mazowiecki befreundet ist (nur zu Ihrer persönlichen Information).

Mertes   *Hanz*

Nr. 196
Aufzeichnung des Bundesministeriums des Innern
27. Februar 1990

BK, 422 – 35400 Ve 2 Bd. 1.

Überlegungen zu verfassungsrechtlichen Fragen
im Zusammenhang mit der Einigung Deutschlands

1. Thema:
Verfassungsrechtliche Wege zur Herstellung der deutschen Einheit

2. Ausgangslage
Das hochkomplexe Rechts- und Wirtschaftssystem der Bundesrepublik Deutschland, Verunsicherung und wirtschaftlicher Niedergang in der DDR verlangen rasche Entscheidungen über die rechtliche Grundordnung Gesamtdeutschlands nach Herstellung der staatlichen Einheit.

3. Problem
Das Grundgesetz nennt ausdrücklich zwei Wege der Herstellung der Verfassungsordnung eines vereinten Deutschlands:
– den Beitritt zur Verfassungsordnung des Grundgesetzes (Art. 23 Satz 2 GG);
– die Schaffung einer neuen gesamtdeutschen Verfassung durch das deutsche Volk (Art. 146 GG).
Die Wahl wird also mit der Entscheidung über den Weg zur Herstellung der staatlichen Einheit getroffen (das GG verwendet nicht den Ausdruck Wiedervereinigung; dieser Begriff findet sich allerdings in den Artikeln 2 und 7 Abs. 2 des Deutschlandvertrags[1] und in der Judikatur des Bundesverfassungsgerichts).
Die Anwendung des Art. 23 Satz 2 GG ist nicht deshalb ausgeschlossen oder durch Art. 146 GG verdrängt, weil mit dem Beitritt der anderen Teile zugleich das Programm der Herstellung der staatlichen Einheit erschöpft ist (vgl. BVerfGE 36, 1 ff., 28/29): Die Bundesrepublik Deutschland ist nach ihrem Selbstverständnis erst „vollständig", wenn die anderen Teile Deutschlands ihr angehören (BVerfGE 36, 1 ff., 28). Die Aufforderung an das gesamte deutsche Volk, in freier Selbstbestimmung die staatliche Einheit zu vollenden

---

3   Schreiben des Professors Bartoszewski an Regierungsdirektor Mertes, 21. Februar 1990; BK, 213 – 30130 P 4 Po 30 Bd. 7.

1   Nr. 94B Anm. 30.

(Satz 3 der Präambel), und der provisorische Charakter des Grundgesetzes stehen der Inanspruchnahme des Art. 23 GG für die Vereinigung nicht entgegen. Andererseits schließt dieser Artikel nicht zwingend die spätere Erarbeitung einer neuen Verfassung nach der Herstellung der staatlichen Einheit aus; er macht eine solche Ablösung aber nicht erforderlich und läßt damit die definitive Beibehaltung des GG zu.

Die durch das Grundgesetz eröffneten Möglichkeiten sind überlagert durch die Rechte und Verantwortlichkeiten der vier Siegermächte für Deutschland als Ganzes (Potsdamer Beschlüsse; Deutschlandvertrag; die einschlägigen Verträge zwischen der DDR und der Sowjetunion). Die drei Westalliierten haben sich im Deutschlandvertrag dem Ziel der Wiedervereinigung verpflichtet[2] und im Genehmigungsschreiben zum GG[3] keine Vorbehalte gegen Art. 23 Satz 2 und Art. 146 erhoben. Auch die Sowjetunion hat neuerdings verschiedentlich Weg und Zeitpunkt der Herstellung der staatlichen Einheit zur primären Angelegenheit der Deutschen erklärt.

Die Herstellung der staatlichen Einheit wird durch die Ergebnisse des KSZE-Prozesses nicht eingeschränkt: Vereinbarte friedliche Grenzänderungen bleiben möglich.

Umgekehrt darf die Bundesrepublik Deutschland (über die besatzungsrechtlich vorgegebenen Souveränitätsbeschränkungen und deren Ablösung hinaus) nach dem Wiedervereinigungsgebot sich nicht in rechtliche Abhängigkeiten begeben, die die freie Entscheidung für die Herstellung der staatlichen Einheit rechtlich behindern (BVerfGE 36, 1 ff., 28). Unberührt bleiben die Abhängigkeiten von friedensvertraglichen Regelungen oder eine an ihre Stelle tretende Friedensordnung zur endgültigen Festlegung der Grenzen und des Standorts eines vereinten Deutschlands.

4. Lösungsalternativen

I.   „Beitritt" zur Bundesrepublik Deutschland nach Art. 23 Satz 2 GG

    1.   Grundsatz

    1.1 Nach dem Wortlaut des Art. 23 Satz 2 GG „ist" das Grundgesetz „in anderen Teilen Deutschlands … nach deren Beitritt in Kraft zu setzen".

    1.2 Die hierdurch eröffnete Beitrittsoption gilt – wie das BVerfG in seinem Grundlagenvertrags-Urteil BVerfGE 36, 1 ff., 28 ausdrücklich festgehalten hat – auch für das Staatsgebiet der heutigen DDR.

    1.3 Der Beitritt steht sowohl der DDR als auch auf ihrem Staatsgebiet gebildeten Ländern nach dem Wortlaut des Art. 23 Satz 2 GG offen. (Ein definitiver Beleg für den Fortbestand der früheren DDR-Länder ist nicht ersichtlich, obwohl ein förmlicher ausdrücklicher Auflösungsbeschluß fehlt: Mit der Struktur der Verfassung 1968/1974 – zentralistischer Einheitsstaat – war eine Gliederung in Länder nicht vereinbar.[4] Zudem müßten die Handlungsfähigkeit dieser Länder erst durch die Bestellung der Organe wiederhergestellt werden und dabei Streitfragen der Gebietsabgrenzung – die derzeitigen Bezirksgrenzen decken sich nicht mit den Landesgrenzen – geklärt werden.)

---

2   Ebd.
3   Schreiben der Militärgouverneure der drei Westzonen an den Präsidenten des Parlamentarischen Rates, Adenauer, 12. Mai 1949, in: Dokumente zur Deutschlandpolitik II/2 (1949), 344–346.
4   In der Verfassung der Deutschen Demokratischen Republik vom 6. April 1968 in der Fassung vom 7. Oktober 1974 (Nr. 96 Anm. 1) waren sozialistische Planwirtschaft, die „zentrale staatliche Leitung und Planung der Grundfragen der gesellschaftlichen Entwicklung", ein staatlich reguliertes Währungs- und Finanzsystem, das staatliche Außenwirtschaftsmonopol und ein einheitliches sozialistisches Bildungssystem festgeschrieben. Gemäß Artikel 41 waren Betriebe, Städte, Gemeinden und Gemeindeverbände nur „im Rahmen der zentralen staatlichen Leitung und Planung eigenverantwortliche Gemeinschaften". Artikel 47 Abs. 2 bestimmte den „demokratischen Zentralismus" als „das tragende Prinzip des Staatsaufbaus".

1.4 Artikel 23 Satz 2 GG stellt den beitrittswilligen Teil Deutschlands nicht von vornherein vor die Alternative, das Grundgesetz in der bisherigen Fassung entweder unverändert zu übernehmen oder aber auf einen Beitritt zu verzichten. Artikel 23 Satz 2 GG geht zwar davon aus, daß der andere Teil Deutschlands das Grundgesetz so übernimmt, wie es im Zeitpunkt des Beitritts besteht. Dadurch ist aber nicht ausgeschlossen, daß der beitrittswillige Teil seinen Beitritt in Vorverhandlungen von Änderungen des Grundgesetzes abhängig macht, die über bloße Anpassungsänderungen hinausgehen. Die Bundesrepublik Deutschland müßte sich solchen Wünschen fair und offen stellen und – im Interesse der Wiedervereinigung – um einen für beide Seiten annehmbaren Konsens bemüht sein. Die gesetzgebenden Körperschaften müßten dann die entsprechenden Grundgesetzänderungen für den Fall des gleichzeitig zu erklärenden (unbedingten) Beitritts beschließen.

2. Voraussetzungen auf seiten der DDR

Entscheidendes Merkmal des Art. 23 Satz 2 GG ist die Beitrittserklärung, die freiwillig durch die demokratisch legitimierten Organe erfolgen muß. Sie ist Ausformung der Selbstbestimmung des Staatsvolks des hinzutretenden Teils, wogegen der Teil des Staatsvolks, zu dem beigetreten wird, eine Entscheidungsmöglichkeit über die Annahme des Beitritts nicht hat. Auf dieser Grundlage ist eine begriffliche Verwechslung mit einem „Anschluß" eigentlich ausgeschlossen.
Die Ausübung des Selbstbestimmungsrechts muß erfolgen

○ in freiwilliger Entscheidung der demokratisch legitimierten Stellen: Dies ergibt sich aus dem Wortlaut (Beitritt), der Grundlage (Selbstbestimmungsrecht) und der Intention (Zutritt zu einem freiheitlichen Staatswesen) der GG-Norm;

○ in dem von der (sofern noch gültigen) DDR-Verfassung zugelassenen Rahmen (Beitritt einzelner Länder nur dann, wenn in dieser Verfassung kein Sezessions-Verbot enthalten ist; ein solches Verbot ist gegenwärtig der Strukturierung als Einheitsstaat wohl mit zu entnehmen) – vgl. BVerfGE 36, 1 ff., 29 –;

○ in den von der (sofern noch gültigen) DDR-Verfassung vorgesehenen Formen: Volksentscheid oder Beschluß der (demokratisch legitimierten) Volksvertretung mit den jeweils vorgeschriebenen Mehrheitsverhältnissen;

○ ohne Hinzufügung von Bedingungen, die dem Zutritt zur grundgesetzlichen Ordnung – der mit Art. 23 GG verbunden ist – prinzipiell entgegenstehen. Dies schließt solche politischen Vereinbarungen vor einem Beitritt nicht aus, in denen Wünsche artikuliert werden, die im Rahmen einer Eingliederungsgesetzgebung – befristete oder unbefristet angelegte Modifikationen zur Rechtsordnung in der Bundesrepublik Deutschland – Berücksichtigung finden können. Darüber hinausgehende Änderungspostulate können nur in der Weise erfüllt werden, daß das Grundgesetz vor dem Beitritt novelliert wird und dann der Beitritt bedingungsfrei erklärt wird (vgl. vorstehend Nr. 1.4).

Daraus ergeben sich als mögliche Schritte zur Vereinigung der beiden deutschen Staaten unter Anwendung des Artikels 23 Grundgesetz:
1) Die Volkskammer beschließt nach dem 18. März 1990 den Beitritt zur Bundesrepublik Deutschland (ggf. Ermöglichung eines Volksentscheids in der DDR) oder
2) Die Volkskammer beschließt
   a) eine vorläufige Abgrenzung der Länder entlang der dem Verlauf ihrer Grenzen ungefähr entsprechenden Bezirksgrenzen,

b) Bestätigung der alten Länderverfassungen,

c) Neuwahlen der Landtage und nachfolgende Erneuerung der Landesorgane,

d) das Recht der Länder, sich innerhalb einer bestimmten Frist durch Landtagsbeschluß der Bundesrepublik Deutschland anzuschließen.

Problem: Möglichkeit unterschiedlicher Voten oder des Beitritts zu unterschiedlichen Zeitpunkten.

3.   Voraussetzungen auf seiten der Bundesrepublik Deutschland

3.1 Die Beitrittserklärung muß zugehen, aber nach herrschender Meinung und bisheriger Staatspraxis (Saarland) nicht durch eine besondere Annahmeentscheidung akzeptiert werden. Mit dem Beitritt nimmt vielmehr der hinzutretende Teil die Offerte des Grundgesetzes zu dem erstrebten Zuwachs an. Eine (mißverständliche) Passage des Grundlagenvertrag-Urteils des BVerfG spricht zwar von der Entschließung über die Aufnahme (BVerfGE 36, 1 ff., 28), sie wird aber an dieser Stelle bereits dadurch relativiert, daß das Gericht von der Verfassungspflicht ausgeht, den anderen Teilen Deutschlands den Beitritt offenzuhalten. Damit wäre eine selbständige Entschließung über das „Ob" der Vereinigung von vornherein unvereinbar. Die Entscheidungen der Bundesrepublik Deutschland können sich somit nur auf – zeitliche oder inhaltliche – Modalitäten der Verwirklichung (Inkrafttreten der neuen Rechtsordnung im aufzunehmenden Teil) beziehen. Bezüglich dieser Modalitäten dürfte ein gestalterisches Ermessen bestehen, das einerseits durch das Ziel: eine Rechtseinheit unter dem Grundgesetz, andererseits durch die Notwendigkeit der Überwindung praktischer Schwierigkeiten bei der Ablösung besatzungsrechtlicher Vorbehalte oder die Unvermeidbarkeit von Übergangszeiträumen für die volle Geltung im hinzutretenden Teil definiert wird.

3.2 Das Grundgesetz gilt nach dem Wortlaut des Art. 23 Satz 2 GG mit der Beitrittserklärung nicht automatisch im hinzutretenden Teil. Es bedarf besonderer Inkraftsetzung, die zeitlich nicht mit dem Beitritt zusammenfallen muß:

○ Das GG schreibt für diese Inkraftsetzung weder eine Verfassungsänderung noch eine verfassungsändernde Mehrheit vor. Nach Staatslehre (institutioneller Vorbehalt) und Staatspraxis (Eingliederung des Saarlands; zum damaligen Verfahren liegt gesonderte Aufzeichnung[5] bei) ist ein einfaches Bundesgesetz erforderlich und ausreichend. In dem Eingliederungsgesetz könnte das Recht der Volkskammer oder der Landtage festgelegt werden, während der Übergangszeit weiteres Bundesrecht schrittweise einzuführen. Auch könnte in dem Eingliederungsgesetz nach Maßgabe einer vom Bundestag zu erteilenden Rechtsverordnungsermächtigung weiter das Recht der Bundesregierung festgelegt werden, mit Zustimmung des Bundesrats in den Ländern Recht der Bundesrepublik Deutschland einzuführen.

○ Zu dieser Inkraftsetzung sind die zuständigen Organe der Bundesrepublik nach dem Wortlaut des Art. 23 Satz 2 GG verpflichtet. Ihnen ist kein Entscheidungsspielraum über das „Ob" eröffnet.

○ Die aktuellen gravierenden Unterschiede der Rechts- und Wirtschaftssysteme, die dadurch gegebenen Umstellungsschwierigkeiten der DDR können in der Weise berücksichtigt werden, daß für die uneingeschränkte Geltung des GG ein Stufenplan vorgesehen wird und das GG zunächst im beitretenden Teil nur

---

5 Aufzeichnung des Bundesministeriums des Innern „Überlegungen zum Thema: Eingliederung des Saarlandes in rechtlicher Hinsicht", 19. Februar 1990; BK, 132 – 35400 De 12 Bd. 2.

beschränkt/modifiziert – „näher am Grundgesetz" – in Kraft gesetzt wird. Auch dauerhafte Abweichungen in nicht zum zentralen Kernbereich gehörenden Materien (Beispiel: Bremer Klausel[6]) wären wohl möglich (Verfassungsänderung).

4. Folgen

Fortbestand der Bundesrepublik Deutschland; Erstreckung des Staatsgebiets auf die heutige DDR. Uneingeschränkte Geltung des Grundgesetzes (ggf. nach Ablauf des Stufenplans) und der verfassungsmäßigen Strukturen (Föderalisierung der heutigen DDR; Rechts- und Wirtschaftseinheit). Die Fragen der Erstreckung völkerrechtlicher Verpflichtungen (Beispiel: EG) auf das heutige DDR-Gebiet werden in einer gesonderten Ausarbeitung behandelt.[7] Konsequenz: Die Zugehörigkeit zur westlichen Werteordnung, die konkreten freiheitlichen Strukturen des GG werden nicht zur Disposition gestellt. Völkerrechtliche Verträge der DDR, die mit dem Verfassungs- oder Vertragssystem der Bundesrepublik Deutschland inkompatibel sind, lösen Kündigungs- und/oder Abwicklungsbedürfnisse aus.

Nach der Wiedervereinigung durch Beitritt gebietet das Prinzip der repräsentativen Demokratie den alsbaldigen Zutritt legitimierter Mandatsträger aus dem aufzunehmenden Teil zu den parlamentarischen Körperschaften. (Eine Verlängerung der Wahlperiode des Bundestages zum Zwecke einer einheitlichen Wahl in Gesamtdeutschland ist unzulässig.)

Denkbar wäre, im Neugliederungsgesetz auch die Wiedergliederung in Länder vorzusehen; eventuell mit der Möglichkeit einer – im Verhältnis zu Art. 29 GG vereinfachten – Randkorrektur binnen eines begrenzten Zeitraums. Wesentlicher Inhalt:

– Das Grundgesetz gilt in den wieder begründeten Ländern (Sachsen-Anhalt, Brandenburg, Mecklenburg, Sachsen und Thüringen);
– die Länder sind Bundesländer und erhalten Sitze im Bundesrat, je nach Größe drei, vier oder fünf.

Als Übergangsregelung käme modellhaft (teilweise nach dem Vorbild des Saarlands – siehe gesonderte Aufzeichnung[8] -) in Betracht:

– Durchführung einer Zusatzwahl im bisherigen DDR-Gebiet nach Maßgabe des Eingliederungsgesetzes gemäß Wahlkreiseinteilung (Begrenzung des Zeitraums der Mandate auf das Ende der regulären Legislaturperiode);
– bis zur Durchführung dieser Wahl Entsendung von Abgeordneten aus den Landtagen oder, falls die Länder auf DDR-Gebiet noch nicht wiederbegründet sind, der Volkskammer;
– wegen des begrenzten deutschen Kontingents im Europäischen Parlament muß eine Regelung der Repräsentation der Bevölkerung der DDR bis zu den nächsten Europawahlen gefunden werden (besondere Aufzeichnung);
– Repräsentation in der Beratenden Versammlung des Europarats.

Zugleich ist die Ergänzung des Bundesrats erforderlich. Beschränkung auf die Höchstzahl fünf stellt DDR mit NRW gleich (wegen der im wesentlichen glei-

---

6 Artikel 141 Grundgesetz, die sog. Bremer Klausel, begründet unter Bezug auf landesrechtliche Regelungen eine Ausnahme von der Vorschrift des Artikels 7 Abs. 3 Satz 1 über den Religionsunterricht an öffentlichen Schulen.
7 Ausarbeitung des Bundesministeriums des Innern „Überlegungen zum Thema: Auswirkungen des Zusammenschlusses Deutschlands auf die Zugehörigkeit zu EG, VN, NATO und RGW", 19. Februar 1990; BK, 132 – 35400 De 12 Bd. 2.
8 Anm. 5.

chen Bevölkerungszahl tolerabel). Teilnahme an den Ministerpräsidenten- und Fachministerkonferenzen. Um stärkeres Gewicht zu erreichen, dürfte der Wunsch nach alsbaldiger Ländergliederung laut werden: Neugliederung <u>vor</u> Beitritt würde diese Problemlage nicht entstehen lassen, aber wohl erheblichen Zeitbedarf schaffen.

II.   „Vollendung der Einheit Deutschlands" nach Art. 146 GG

1.   Grundsatz

Art. 146: „Das Grundgesetz verliert seine Gültigkeit an dem Tage, an dem eine Verfassung in Kraft tritt, die von dem deutschen Volk in freier Entscheidung beschlossen worden ist" schließt an Satz 3 der Präambel an: „Das gesamte Deutsche Volk bleibt aufgefordert, in freier Selbstbestimmung die Einheit und Freiheit Deutschlands zu vollenden."

Dieser Weg zur Herstellung der staatlichen Einheit greift auf das Selbstbestimmungsrecht des <u>gesamten</u> Staatsvolkes des fortbestehenden Deutschen Reichs zurück. (Zum „Selbstbestimmungsrecht" Hinweis auf gesonderte Aufzeichnung[9].)

2.   Voraussetzungen

Das GG hält lediglich zwei Voraussetzungen ausdrücklich fest:

○ Beteiligung des gesamten deutschen Volkes (Die Beteiligung der deutschen Bevölkerung jenseits der Oder-Neiße-Grenze wird nicht realisierbar sein. Dies darf den gesamtdeutschen Einigungsprozeß aber schon deshalb nicht blockieren, weil ihre Zahl im Verhältnis zu der in dem zu vereinigenden Gebiet ansässigen Bevölkerung so gering ist, daß von ihrem Abstimmungsverhalten das Ergebnis nur marginal berührt, jedoch nicht entscheidend beeinflußt werden könnte);

○ in freier Entscheidung (Wahrung des Mindeststandards freiheitlich-demokratischer Garantien: BVerfGE 5, 131 f.).

Für die weitere Festlegung der Entscheidungsformen wie der Strukturprinzipien des gesamtdeutschen Staatswesens trifft das GG keine eindeutige Aussage.

○ Der Weg zur Basis für die Schaffung einer gesamtdeutschen Verfassung ist nicht beschrieben. Unkalkulierbar lange Beratungsdauer, während derer die Legitimation der gegenwärtigen staatlichen Institutionen zwar nicht rechtlich, doch politisch geschwächt wäre. Ablösung der Rechte und Verantwortlichkeiten der Vier Mächte würde möglicherweise erschwert.

○ Die Verabschiedung der gesamtdeutschen Verfassung könnte durch Volksentscheid (das „deutsche Volk" in Art. 146 GG) oder durch Repräsentativorgane erfolgen.

○ Ein Quorum für die Bildung der Mehrheitsentscheidung (verfassungsändernde Mehrheit) wird nicht gefordert. Damit genügt die einfache Mehrheit.

○ Inhaltliche Vorgaben für die künftige Verfassungsstruktur sind kaum zu erschließen: Das Staatswesen muß sicherlich freiheitlichen Charakter haben (Satz 3 der Präambel: Vollendung der Einheit <u>und</u> Freiheit); es ist umstritten, ob auch der materielle Gehalt des „ewigen Artikels" (79 Abs. 3 GG) gewahrt werden muß. In Art. 7 des Deutschlandvertrages hat auch die Bundesrepublik eine freiheitlich-demokratische Verfassung ähnlich wie das GG als Ziel genannt.

---

9   Aufzeichnung des Bundesministeriums des Innern „Überlegungen zum Thema: Selbstbestimmungsrecht der Völker", 19. Februar 1990; BK, 132 – 35400 De 12 Bd. 2.

3. Folgen

Neustrukturierung der staatlichen Organisation Deutschlands und einer gesamtdeutschen Verfassung. Ablösung der Bundesrepublik und ihres Grundgesetzes
als bloß vorläufige Ordnungen.

Die verfassungsrechtlichen und verfassungspolitischen Grundentscheidungen
der Bundesrepublik stehen zur Disposition eines gesamtdeutschen Souveräns.
Hinsichtlich der völkerrechtlichen Verpflichtungen beider bisheriger Teilstaaten
sind Konfliktlagen (bei divergierenden Bindungen) zu lösen (vgl. gesonderte
Aufzeichnung).

III. Besatzungsrechtliche Vorbehalte

Unsere grundgesetzliche Ordnung geht davon aus, daß Ausübung und Ablösung der
alliierten Vorbehaltsrechte mit der Anwendung beider Normen für die Wiedervereinigung kompatibel gehalten werden können. Auch im Falle eines Beitritts (Art. 23
Satz 2 GG) kann Raum für die Abmachungen mit den Alliierten oder den Erörterungen über die endgültige Friedensordnung entweder dadurch geschaffen werden, daß
die DDR (nach dem Ergebnis bilateraler Verhandlungen) ihre Beitrittserklärung zeit-
entsprechend zurückstellt oder daß nach dem Beitritt der Abschluß des innerstaatlichen Wiedervereinigungsprozesses (durch Inkraftsetzen des Grundgesetzes) auf diesen Zeitbedarf Rücksicht nimmt.

– Im Zusammenhang mit dem Inkrafttreten des Gesetzes zur Eingliederung der
  DDR in die Bundesrepublik Deutschland und zur Einführung des Bundesrechts
  in den Ländern Anhalt, Brandenburg, Mecklenburg, Sachsen und Thüringen (Muster Saarland – Anlage) – nicht schon: gleichzeitig mit dem Beitrittsbeschluß! – tritt
  ein Vertragswerk zur kollektiven Friedenssicherung in Europa in Kraft,
– erklären die Vier Mächte die Beendigung ihrer Vorbehaltsrechte in Deutschland
  und Berlin (Berlin wird damit ein Bundesland ohne Vorbehalte).

5. Bewertung

5.1 Art. 23 GG

Für den Weg nach Art. 23 Satz 2 GG sprechen:
– Beibehaltung des bewährten, in der ganzen Welt als vorbildlich anerkannten Grundgesetzes (der bisher besten und freiheitlichsten deutschen Verfassung), das nicht lediglich auf die spezifische Situation des bisherigen Bundesgebiets ausgelegt ist (in der gesicherten Auslegung/Rechtsfortbildung des Bundesverfassungsgerichts);
– Fortbestand verläßlicher Grundentscheidungen und Grundstrukturen der Verfassungsordnung im Verhältnis zu unseren Partnern (Fortsetzung des europäischen Einigungsprozesses) und Nachbarn;
– Ausschluß einer Verunsicherung für die gewachsenen Strukturen im bisherigen Bundesgebiet (dessen Bevölkerung ohnehin durch die finanziellen Leistungen für das
  DDR-Gebiet belastet wird) in der Übergangsphase einer Konstituante;
– alsbaldiges sicheres Rechtsfundament für die rechtliche/wirtschaftliche/gesellschaft-
  liche Restrukturierung des bisherigen DDR-Gebiets;
– Offenheit der Verfassung für Änderungen, die aber angesichts des Quorums für verfassungsändernde Mehrheiten von breitem Konsens getragen sind.
Gegen diesen Weg könnte angeführt werden:
– Anschein eines „Anschlusses" (unzutreffend: freiwilliger Beitritt, Wahrung des
  Schutzbedürfnisses der Bevölkerung der DDR in Eingliederungsgesetzgebung);
– keine Abstimmung der Bevölkerung über Verfassungstext (Bevölkerung der Bundesrepublik Deutschland hat bisher in Wahlen ihre Akzeptanz zum Ausdruck gebracht).

5.2 Art. 146 GG

Für den Weg nach Art. 146 GG könnte sprechen:
- die Ermöglichung einer Abstimmung der Gesamtbevölkerung über die Verfassung (Akzeptanzerhöhung);
- die Einbringung eines in demokratischer Legitimation bestätigten freiheitlichen Ideenguts der friedlichen DDR-Revolution in einen neuen Verfassungstext.

Gegen den Weg nach Art. 146 GG müssen angeführt werden:
- fehlende inhaltliche Vorabfestlegungen für künftigen Verfassungsinhalt, damit (zumindest für Übergangszeit) Verunsicherung bei Bevölkerung beider Teile und bei Partnern/Nachbarn;
- vermutlich lange Wartezeit bis zur Verabschiedung einer Verfassung als Fundament für einheitliche Strukturierung des wiedervereinigten Deutschlands und als verläßliche Basis für den wirtschaftlichen Aufbau;
- Herstellung des Verfassungstextes (Konstituante) und endgültige Verabschiedung (Volksabstimmung) mit nur einfacher Mehrheit (die auf Kompromißbereitschaft, breiten Konsens, Schutz der Minderheiten und Bewahrung des Bewährten angelegten Quoren für GG-Änderungen gelten nicht); Infragestellung bisheriger Grundentscheidungen durch Zufallsmehrheiten; keine Detailkorrektur in Volksabstimmung (bloße Ja/Nein-Entscheidung);
- möglicherweise Verzögerung der Verhandlungen mit Alliierten angesichts der Unkalkulierbarkeit der Grundentscheidungen eines wiedervereinigten Deutschlands;
- wesentlich längerer Zeitraum bis zum Abschluß des Wiedervereinigungsprozesses, dabei Gefahr des Verlusts der für den Einigungsprozeß günstigen Eigendynamik und der Verstärkung der retardierenden Momente.

Hauptstadt

Die Entscheidung über die Hauptstadt (Sitz von Parlament und Regierung) steht grundsätzlich dem Bundestag/der verfassunggebenden Nationalversammlung durch Gesetzgebungsakt (Verfassungsbestimmung) zu. Wird von diesem institutionellen Vorbehalt nicht Gebrauch gemacht, so legt jedes dieser Verfassungsorgane an sich selbst seinen Sitz fest. Dabei ist der Grundsatz der Organtreue zu beachten.

Nr. 197
Gespräch des Bundeskanzlers Kohl mit dem Regierenden Bürgermeister Momper
Bonn, 28. Februar 1990

BArch, B 136/21762, 223 – 35100 Be 9 NA 3 Bd. 2. – Undatiertes Protokoll. Verteiler: AA, BM Genscher; BMI, BM Schäuble; BMF, BM Waigel; BMB, BM Wilms; BMJ, BM Engelhard; BMA, BM Blüm; BMV, BM Zimmermann; BMWi, BM Haussmann. – Mit Vorlage des MR Kass über GL 22 und LASD an Chef BK, 2. März 1990: „Anbei lege ich das Protokoll über das o.a. Gespräch mit der Bitte um Billigung vor. Ich schlage vor, allen Teilnehmern der Bundesregierung das Protokoll zu übersenden. Im Hinblick auf die Punkte Luftbrückenplanung und Berlin-Förderung sollte m.E. auch der Bundesminister für Wirtschaft das Protokoll erhalten. Es wird um Zustimmung gebeten." Bitte um Zustimmung hs. abgehakt und abgezeichnet: „Seiters". – Gesprächsdauer: 16.00 bis 17.45 Uhr.

Teilnehmer seitens der Bundesregierung:
BK, BM Engelhard, BM Frau Dr. Wilms, St Dr. Sudhoff (für BM Genscher), ⟨St Neusel (für BM Dr. Schäuble)⟩[1], PSt Carstens (für BM Dr. Waigel), St Jagoda (für BM Dr. Blüm), St Knittel (für BM Dr. Zimmermann), Chef BK, PSt Straßmeir, stellvertretender Regierungssprecher Vogel

Teilnehmer seitens des Berliner Senats:
RBM Momper, Senator Dr. Meißner (Finanzen), Senatorin Frau Prof. Pfarr (Bundesangelegenheiten), Senatorin Frau Dr. Schreyer (Stadtentwicklung und Umweltschutz), Staatssekretär Prof. Schröder (Chef der Senatskanzlei), Herr Kohlhoff (Sprecher des Senats), leitender Senatsrat Kaczmarek (Protokollführer)

Teilnehmer des Bundeskanzleramtes:
MDgt Dr. Neuer, MDgt Dr. Duisberg, Herr Speck, MR Dr. Kass

Protokoll

Der Bundeskanzler begrüßte den Regierenden Bürgermeister und die Mitglieder des Senats und schlug vor, zunächst die von Berlin genannten Besprechungspunkte zu erörtern. Danach könne man sehen, welche weiteren Punkte es gebe.

Der Regierende Bürgermeister bat zunächst um einen allgemeinen Meinungsaustausch über die Situation in Berlin, die auch schon Gegenstand eines Gesprächs mit BM Seiters[2] gewesen sei. Im Vordergrund stehe die konkrete Befürchtung, daß die Stadtverwaltung in Ost-Berlin ganz oder teilweise funktionsunfähig werde und sich mit Hilfeersuchen an den Senat wenden könnte. Der Senat gehe zwar derzeit davon aus, daß der Magistrat in Ost-Berlin und die DDR insgesamt es bis zum 18. März schafften, die Verwaltung und Versorgung der Bevölkerung aufrechtzuerhalten. Es liege fern, eine Krisensituation herbeizureden. Man müsse aber sehen, daß weite Teile der Stadtverwaltung Ost-Berlins nicht mehr voll arbeiteten und daß die Verhältnisse im Ostteil der Stadt in ihren Auswirkungen auf die ganze Stadt anders zu beurteilen seien als entsprechende Ausfälle in bestimmten Städten oder Bereichen der DDR. In Berlin wirkten sich Ausfälle in Versorgungs- oder Dienstleistungsbereichen, wie z.B. bei der U-Bahn, wie Dominosteine aus.

Es stelle sich in diesem Zusammenhang u.U. die Frage nach einer einheitlichen Währung.

---

1 ⟨ ⟩ Von den Bearbeitern ergänzt nach korrigierter erster Seite des Protokolls (mit Kanzleinotiz des Ministerialrats Kass, 16. März 1990; BArch, B 136/21765, 223 – 35100 Be 10 Bd. 19).

2 In dem Gespräch am 15. Februar 1990 (Nr. 174 Anm. 8) teilte Regierender Bürgermeister Momper mit, „daß er in absehbarer Zeit einen Zusammenbruch der DDR erwarte. Die Produktion gehe in allen Bereichen zurück, die öffentliche Infrastruktur werde notleidend und die staatliche Verwaltung befände sich weitgehend in Auflösung." Es sei davon auszugehen, daß „einzelne Bereiche der kommunalen Versorgung Ost-Berlins demnächst ausfallen werden und nur gegen Zahlung von DM wieder in Betrieb genommen werden können". In einer „Kettenreaktion" würde dies „nahezu unmittelbar die Einführung der D-Mark in ganz Berlin und weiter in der gesamten DDR erforderlich machen". Möglicherweise sei „sofortiges Handeln in Sachen Währungsunion erforderlich".

Falls es in Ost-Berlin zu gravierenden Problemen oder gar zu einem Zusammenbruch der Stadtverwaltung komme, wäre eine Übernahme durch den Senat und damit eine einheitliche Stadtverwaltung ohne einheitliche Währung außerordentlich schwer. Er schlage vor, daß der Finanzsenator über diesen Komplex Gespräche mit dem Bundesfinanzminister aufnehme.

Es sei notwendig, für einen solchen Fall eine Notfallplanung für Berlin zu entwickeln.

Der Bundeskanzler erwiderte, eine Notfallplanung werde überlegt. Falls es zu einem Kollaps kommen sollte, sei ein engster Kontakt zwischen der Senatskanzlei und dem Chef des Bundeskanzleramtes erforderlich. Wegen der rapiden Entwicklung in der DDR sei es derzeit praktisch unmöglich, Zeitpläne aufzustellen. Es sei vor allem außenpolitisch schwierig, dies verständlich zu machen. Man müsse aber sehen, daß es allein in diesem Jahr schon über 100 000 Übersiedler aus der DDR gebe, das sei die Größenordnung einer Stadt wie Dessau. Niemand im Ausland habe diese Erfahrung; es sei dort deshalb schwer zu begreifen. Deshalb könne der falsche Eindruck entstehen, daß die Entwicklung von uns dramatisiert werde. Dies sei jedoch keineswegs der Fall.

Es komme jetzt darauf an, für die Fragen der Rentenversicherung, der Arbeitslosenversicherung und der Sparguthaben in der DDR so rasch wie möglich Lösungsvorschläge zu unterbreiten.

Er sei einverstanden, daß der Finanzsenator mit dem Bundesfinanzminister über Notfallpläne spreche.

Zur weiteren Entwicklung erklärte der Bundeskanzler, ihm liege daran, die weiteren Schritte nach dem 18. März so rasch wie möglich zu vollziehen. Er gehe davon aus, daß sich die neugewählte Volkskammer spätestens in der Karwoche, d.h. zwischen dem 9. und 15. April, konstituiere. Er hoffe sehr, daß es möglich sein werde, die weiteren Schritte in einem normalen Ablauf zu vollziehen. Vor allem aus außenpolitischen Gründen seien vernünftige Zeiträume erforderlich. Die außenpolitische Absicherung habe für die weitere Entwicklung in Deutschland zentrale Bedeutung. Je ruhiger und normaler sich die Entwicklung vollziehe, desto besser sei dies auch und vor allem im Hinblick auf die Meinung im Ausland.

Er halte nichts von einer Verschiebung der Bundestagswahl. Wichtig sei es, daß die Menschen in der DDR mit begründeter Hoffnung in die Zukunft sehen könnten. Er wolle deshalb die deutsche Einheit so schnell wie möglich.

Der Regierende Bürgermeister sprach dann das Ergebnis der Finanzgespräche Bund/Berlin vom 24. Januar 1990 an und dankte für die Erhöhung der Bundeshilfe für 1990 um 400 Mio. DM. Dies sei ein vernünftiges Ergebnis. Er wolle über die besondere Situation in Berlin nicht lamentieren, aber doch darauf hinweisen, daß es weiterhin einen großen Ansturm in allen Bereichen aus Ost-Berlin und aus der DDR gebe.

Senator Dr. Meißner schloß sich dem Dank des RBM an und wies auf zwei Probleme hin. Der Senat bemühe sich, bei Verkehrsverbindungen in die DDR den West-Berliner Streckenteil rasch wiederherzurichten; es sei aber völlig offen, wer die Anschlußstrecken im Umland auf DDR-Seite herrichte. Er wolle auf dieses Problem hinweisen. Eine Finanzierung aus dem Reisedevisenfonds erscheine ihm unrealistisch, weil in der DDR die Baukapazitäten fehlten.

Zum anderen bitte er um Unterstützung der Bundesregierung, daß Berlin die zugesagten 10 Mio. nach dem Gemeindeverkehrsfinanzierungsgesetz[3] erhalte; hiergegen gebe es Widerstände von anderen Ländern bzw. Gemeinden.

---

3 Gesetz über Finanzhilfen des Bundes zur Verbesserung der Verkehrsverhältnisse der Gemeinden (Gemeindeverkehrsfinanzierungsgesetz – GVFG) vom 18. März 1971 in der Neufassung der Bekanntmachung vom 28. Januar 1988 (BGBl. 1988 I, 100–103).

PSt Carstens erklärte, die Bundesregierung unterstütze die Zuwendung der 10 Mio. an Berlin. Falls es hier zu einer Ablehnung kommen sollte, müßte ein neues Gespräch geführt werden, ggf. auch mit dem BMV. Es müsse auch erörtert werden, was aus dem Devisenfonds überhaupt machbar sei.

Der Regierende Bürgermeister wies darauf hin, daß es sich bei der Herrichtung von Verkehrsverbindungen auf DDR-Seite weniger um ein Finanzierungsproblem, sondern um ein Kapazitätsproblem auf DDR-Seite handele. Nach seiner Einschätzung könnten die betreffenden Verkehrsprojekte auch auf DDR-Seite nur mit westlichen Kapazitäten gebaut werden. Dies sei auch eine Planungsfrage.

Der Bundeskanzler sprach sich dafür aus, in diesen Fragen eine Zwischenlösung anzustreben. Zumindest sollten die Planungen weiterlaufen. Der Senat sollte dies mit BMF in Verbindung mit BMV weiter erörtern.

Zu dem Punkt praktische Regelungen der Rechts- und Amtshilfe mit der DDR bat der Regierende Bürgermeister um eine Einschätzung, ob hier ein Abkommen oder eine Anpassungsgesetzgebung sinnvoll sei, um Übergangslösungen zu schaffen.

BM Engelhard erklärte, man solle sich um außervertragliche Regelungen bemühen, eine vertragliche Vereinbarung zwischen der Bundesrepublik Deutschland und der DDR über diesen Komplex halte er nicht für sinnvoll. Am 13./14. Februar 1990 habe es Expertengespräche mit der DDR zur Erörterung pragmatischer Lösungen beim innerdeutschen Rechts- und Amtshilfeverkehr in Strafsachen gegeben. Fünf Länder, auch Berlin, seien bei diesen Gesprächen beteiligt gewesen. Während die Frage der Einbeziehung von Berlin (West) unproblematisch gewesen sei, hätten die Vertreter der DDR bei der Staatsangehörigkeitsfrage weniger Bewegungsspielraum erkennen lassen. Aus unserer Sicht müsse die Erledigung des Rechtshilfeverkehrs an dieser Frage aber nicht scheitern. Ein wichtiger Punkt aus unserer Sicht sei aber noch die Frage des Datenschutzes im Strafverfahren.

St Prof. Schröder warf ein, es gehe im wesentlichen bei diesen Problemen um mögliche Unfälle von Kraftfahrern, z.B. der West-Berliner Feuerwehr, bei Einsätzen in Ost-Berlin oder in der DDR. Es sei kein Zustand, wenn sie dabei möglicherweise mit strafrechtlichen Verwicklungen rechnen müßten. Es gebe hierzu auch bereits Fragen von Gewerkschaften. Deshalb sei das Problem dringlich.

Der Bundeskanzler meinte, man solle hierüber ein Protokoll machen, aber keinen förmlichen Vertrag schließen.

BM Engelhard erklärte, er könne sich nicht vorstellen, daß die von Prof. Schröder genannten Fälle zu einem Problem werden könnten.

Der Bundeskanzler regte an, der Senat möge seine Vertreter anweisen, mit der anderen Seite über ein Protokoll zu sprechen, das diese Probleme so unkompliziert wie möglich löse. Er denke dabei auch an gleichgelagerte Fälle an der deutsch-französischen oder deutsch-schweizerischen Grenze.

Zu dem Punkt Hilfsprogramm für die DDR/Verhinderung von Übersiedlung äußerte der Regierende Bürgermeister, es gehe darum, Zeichen zu setzen, z.B. im Bereich des Wohnungsbaus. Der Senat habe für Maßnahmen in Ost-Berlin 25 Mio. DM als Zeichen der Solidarität bereitgestellt. Wichtig sei eine stärkere Motivation der Menschen in Ost-Berlin und in der DDR, um der Abwanderungswelle entgegenzuwirken.

St Jagoda führte aus, es sei bereits eine Reihe von Gesprächen angelaufen, die sich mit der Übernahme unserer Systeme der Arbeitslosenversicherung, der Rentenversicherung und auch der Krankenversicherung befassen. Bei der Arbeitslosenversicherung werde wie bei uns eine Beitragsfinanzierung angestrebt. Für die Einführung einer Arbeitslosenversicherung in der DDR werde aber sicherlich eine Anschubfinanzierung erforderlich. Die Rentenversicherung solle beitrags- und lohnbezogen sein. Zunächst müsse – wie 1956 in der Bundesrepublik Deutschland – der Rentenbestand ermittelt werden. Die Renten müßten in der

DDR dann schrittweise an das Lohnniveau herangeführt werden. Auch bei der Krankenversicherung sollte in der DDR möglichst unser System eingeführt werden; bei Verwirklichung der Einheit komme es wesentlich auf die Kompatibilität der Systeme an.

Der Regierende Bürgermeister entgegnete, vielen Menschen gehe alles zu langsam, insbesondere seien Pendler durch das gegenwärtige Entwicklungstempo nicht abzuwehren.

Der Bundeskanzler stellte fest, das Problem sei in kurzer Zeit nicht voll lösbar. Je schneller es zu einer sozialen Normalisierung in der DDR komme, desto eher werde auch die Abwanderungswelle abebben. Mit Verwaltungsmaßnahmen sei dieses Problem allein nicht zu lösen.

Der Regierende Bürgermeister sprach dann den Punkt Luftverkehr an und erklärte, Berlin dränge die Alliierten, jetzt rasch den Anflug von Berlin (West) durch nichtalliierte Gesellschaften zu ermöglichen. Anderenfalls könnten sie von der Entwicklung überrollt werden. Die Vertreter insbesondere der USA sähen das Problem. Hinzu komme die Schieflage bei Pan-American. Falls PA im Berlin-Flugverkehr ausfalle, könne es ggf. Probleme geben.

Der Bundeskanzler warf ein, in einem solchen Fall könne sicher eine Ersatzlösung gefunden werden. Er denke an eine Marktlösung. Immerhin hätten die alliierten Gesellschaften am Berlin-Flugverkehr jahrelang gut verdient.

StS Dr. Knittel erklärte, im Luftverkehr geschehe zur Zeit alles, was ohne die Vier Mächte möglich sei. Dazu gehörten auch Überflüge über die Air Defense Identification Zone (ADIZ).

Der Regierende Bürgermeister wies darauf hin, daß es praktisch keine Handhabe mehr gebe, von der DDR Zugeständnisse im Hinblick auf den Flughafen Tegel zu erreichen, wenn es zu viele Löcher in der ADIZ gebe. Lufthansa-Chef Ruhnau strebe nicht nur den Anflug von Dresden und Leipzig, sondern letztlich auch von Schönefeld an. Dies bedeute Wettbewerbsnachteile für Tegel. Direktflüge in die DDR und evtl. auch nach Schönefeld bedeuteten auch Konkurrenz für den Korridorverkehr.

StS Dr. Knittel wies auf die Lärmschutzpolitik des Senats hin, die sich letztlich auch zu Lasten des Flughafens Tegel auswirke.

Der Bundeskanzler warf ein, der Bund habe die Mehrheit bei der Lufthansa und könne deshalb auch mitreden.

Der Regierende Bürgermeister wiederholte, die Lufthansa dränge nach Schönefeld, sie wolle über die ADIZ in die DDR fliegen, weil es sich mit der Realisierung der gewünschten Flüge nach Tegel zu lange hinziehe. Die Initiative der Drei Mächte komme zu langsam voran. Wenn es zu vermehrten Flügen über die ADIZ zunächst nach Leipzig und später womöglich auch nach Schönefeld komme, würden die Alliierten ausgehebelt. Zwar habe Schönefeld nur eine begrenzte Kapazität, dennoch seien die Auswirkungen nicht zu unterschätzen. Im Kern sei es eine Wettbewerbsfrage für Tegel. Noch seien die Überflüge über die ADIZ ein Hebel, um für Tegel etwas zu erreichen. Er frage sich sonst, ob man auf die Einheit warten wolle, um erst dann zu einer umfassenden Lösung für den Luftverkehr zu kommen.

Staatssekretär Dr. Knittel äußerte, die Politik des Senats zu diesem Punkt sei insofern zwiespältig gewesen, als der Senat den Ausbau des Flughafens Tegel gestoppt und sich öffentlich wiederholt für eine Kooperation mit dem Flughafen Schönefeld ausgesprochen habe. Es sei vom Senat der Eindruck vermittelt worden, daß Tegel das zusätzliche Fluggastaufkommen in Berlin nicht mehr schaffe.

Der Regierende Bürgermeister bekräftigte, die ADIZ sei das letzte Faustpfand, es sei bisher gehalten worden. Er wäre verwundert, wenn dies nicht mehr die Politik der Bundesregierung wäre. Es werde einen Ausbau Tegels geben. Man verlange von den Gesellschaften den Einsatz lärmarmer Flugzeuge. Im übrigen sei die Kapazität von Tegel nicht erschöpft. Man dürfe diese Aspekte nicht mit dem übergeordneten Problem des Anflugs von Tegel durch nichtalliierte Gesellschaften vermischen. Es gehe wesentlich um eine Wettbewerbsfrage; ein

Überfliegen der ADIZ wäre mit einer erheblichen Einsparung bei Treibstoffkosten verbunden. Der Senat bitte die Bundesregierung, ihn in seinem Drängen gegenüber den Alliierten zu unterstützen.

Bundesminister Seiters schlug vor, den Komplex noch einmal im Dreierkreis zu erörtern.

Der Bundeskanzler erklärte, die Bundesregierung verfolge beide Ziele: Überfliegen der ADIZ und Anflug von Tegel durch nichtalliierte Gesellschaften. Im übrigen gehe es um einen Ausgleich zwischen den Flughäfen Tegel und Schönefeld. Der Großraum Berlin brauche zwei Flughäfen. Allerdings dürfe keiner dem anderen völlig den Rang ablaufen.

Zum Thema Schnellbahn Berlin–Hannover führte Frau Senatorin Prof. Pfarr aus, die DDR sei jetzt bereit, eine höhere Geschwindigkeit bei der geplanten Schnellbahn Berlin-Hannover vorzusehen. Die Strecke dürfe nicht mehr nur als Transit durch die DDR, sondern als Teil einer weiterreichenden Verbindung über Köln nach Paris verstanden werden. Deshalb müsse man das Angebot der DDR, die Geschwindigkeit auf 250 km/h zu erhöhen, nach Meinung des Senats unbedingt annehmen, um auch auf diesem Streckenteil einen modernen westlichen Standard zu erreichen.

Es sollte überlegt werden, die Planungen auf unserer Seite zu überdenken, um neben der Verbindung Berlin-Hannover-Köln auch eine Schnellbahnverbindung von Berlin nach Frankfurt/Main über die Hildesheimer Kurve zu schaffen.

Staatssekretär Dr. Knittel erläuterte, daß die DDR bisher nur von einer Geschwindigkeit von 200 km/h gesprochen habe. Auch in der Bundesrepublik Deutschland gebe es bei dem gegenwärtigen Bau eines Schnellbahnnetzes Strecken mit unterschiedlichen Geschwindigkeiten zwischen 200 und 250 km/h. BMV hoffe, daß bis zum Sommer mit der DDR Einvernehmen über die Schnellbahnverbindung Berlin-Hannover erzielt werden könne.

Der Bundeskanzler stellte fest, für ihn seien schnelle Zugverbindungen sowohl im Hinblick auf den europäischen Binnenmarkt als auch unter ökologischen Aspekten von großer Bedeutung. Dazu zähle er auch die Verbindung Berlin-Frankfurt/Main, die dann weiterführe nach Paris. Ein schneller Bahnverkehr sei eine der wichtigsten Aufgaben für die Zukunft. Mit Straßenbau seien die Verkehrsprobleme nicht zu lösen. Mit der Bahn sei es wie mit der Einheit: Wenn man die Kosten auf zehn Jahre hochrechne, werde man in beiden Fällen erkennen, daß es lohnend sei.

Zum Thema Olympiade in Berlin im Jahre 2000 oder 2004 verwies der Regierende Bürgermeister auf die Gespräche mit dem Bundesminister des Innern und erklärte, das Projekt sollte möglichst weitgehend auch durch die Sportvereinigungen abgesichert werden. Olympische Spiele seien eine große Chance für den Aufbau Berlins, die Finanzierung könne aus den Übertragungsrechten für Rundfunk und Fernsehen erfolgen. Bewerbungen müßten rd. 7 Jahre vorher eingereicht werden, d.h. 1992 beim Nationalen Olympischen Komitee und 1993 beim Internationalen Olympischen Komitee. Es sei offen, ob nach den nächsten Olympischen Spielen 1992 in Barcelona die folgenden Spiele 1996 – wie langfristig geplant – tatsächlich in Athen stattfinden würden. Möglicherweise würde eine amerikanische Stadt für Athen einspringen. Dann könnte Berlin im Jahre 2000 zum Zuge kommen. Falls die Spiele 1996 doch in Athen stattfänden, wäre es unwahrscheinlich, daß im Jahre 2000 erneut eine europäische Stadt die Olympischen Spiele erhielte. Mit Blick auf den notwendigen und geplanten Aufbau Berlins kämen Olympische Spiele im Jahre 2004 wahrscheinlich zu spät.

Der Bundeskanzler sagte Berlin die Unterstützung der Bundesregierung für das Projekt zu. Er sei allerdings nicht überzeugt, daß sich die mit den Spielen verbundenen Kosten allein aus den Übertragungsrechten rechnen ließen.

Zu den Themen Luftbrückenplanung und Bevorratung bemerkte der Regierende Bürgermeister, er gehe davon aus, daß die für Juni vorgesehene Notfallübung einvernehmlich ausfallen werde. Auch hinsichtlich der Bevorratung hoffe er auf ein schnelles Einvernehmen mit den Alliierten. Angesichts der Versorgungslage in der DDR biete es sich geradezu an, mögliche Hilfeersuchen aus den Bevorratungsbeständen, z. B. bei Nahrungsmitteln, zu erfüllen. Der Senat habe zwar noch keine Listen aus der DDR erhalten, sehe dieser Möglichkeit aber ins Auge. PSt Carstens erklärte, dies sei ein schwieriges Thema, die Bestände seien zum Teil von der öffentlichen Hand, zum Teil in privater Hand bevorratet und finanziert. Sie könnten nicht einfach zu anderweitiger Verteilung abgerufen werden. Wichtig sei eine Abstimmung mit den Alliierten. Zuvor müsse dies auch innerhalb der Bundesregierung zwischen den beteiligten Ressorts erörtert werden.

Der Regierende Bürgermeister machte noch einmal deutlich, daß die bestehende Bevorratung bei Verwirklichung der Einheit politisch nicht zu halten sei. Der Senat sei deshalb schon an die Alliierten herangetreten. Immerhin handele es sich um Vorräte im Werte von 1,6 Mrd. DM, die in Berlin (West) notfalls für 6 Monate reichen würden. Angesichts der aktuellen Entwicklung sei ein Abbau dieser Vorräte angezeigt. Wichtig sei, daß Bundesregierung und Senat einvernehmlich den Alliierten erklärten, daß es für die Bevorratung keine Ausgaben mehr geben dürfe und daß sie ggf. als Hilfe für die DDR verwendet werden sollte. Der Bundeskanzler sagte, die Bundesregierung werde die Frage prüfen.

Zu dem Punkt Alliierte Bauvorhaben erklärte der Regierende Bürgermeister, es gehe um einen geplanten Schießplatz-Neubau der Amerikaner. Er habe darüber bereits mit dem amerikanischen Stadtkommandanten[4] gesprochen. Der Senat bitte um Unterstützung des BMF, der ggf. für die Kosten aufkommen müßte, um dem US-Stadtkommandanten bzw. der US-Regierung deutlich zu machen, daß so etwas nicht mehr gehe.

Der Bundeskanzler stimmte dem zu.

Der Regierende Bürgermeister sprach die Berlin-Förderung und Zonenrandförderung an und bat – auch im Interesse der Berliner Wirtschaft – darum, keine Verunsicherung entstehen zu lassen und zurückhaltend vorzugehen, wenn diese Förderung bei Verwirklichung der Einheit abgebaut werden soll. In Berlin gebe es schon jetzt hohe Energiepreise und hohe Mieten, auch nach Herstellung der Einheit bliebe Berlin auf mittlere Sicht eine reiche Insel inmitten einer eher armen Umgebung.

Der Bundeskanzler verwies auf eine „vernünftige Äußerung" von Bundesminister Waigel, der sich gegen Befürchtungen gewandt habe, die Einheit sei nicht finanzierbar.[5] Die Teilung mit all ihrer Anormalität habe Geld gekostet, auch der Übergang zur Normalität mache Aufwendungen erforderlich. Das Zonenrandgebiet und Berlin benötigten Unterstützung auch in dieser Übergangsphase. Ziel müsse es aber sein, endlich auch hier zu normalen Verhältnissen zu kommen. Er sei ein Anhänger der Beibehaltung der Berlin- und Zonenrandförderung, unter Umständen mit anderen Prioritäten. Er sei nicht für einen Abbau, solange die Anormalität in beiden Bereichen nicht beseitigt sei.

Der Regierende Bürgermeister dankte dem Bundeskanzler für seine klaren Worte.

Zum Thema Direktwahl der Berliner Bundestagsabgeordneten führte der Regierende Bürgermeister aus, die Haltung der Drei Mächte in dieser Frage sei grundsätzlich positiv, es läge ihnen aber auch an der Zustimmung der Sowjetunion; dies gelte insbesondere für Frankreich. Die Lösung dieser Frage ziehe sich hin. Er wäre für ein deutliches Zeichen der Bundesregierung dankbar, daß Berlin auch in dieser Frage zur Bundesrepublik Deutschland gehöre.

Der Bundeskanzler erwiderte, nach seiner Einschätzung gebe es in dieser Frage Probleme. Die Vier Mächte hätten anscheinend den Eindruck, durch die Deutschen unter einen unan-

---

4 Raymond Haddock.

5 Bundesminister Waigel erklärte in einem Zeitungsinterview, Sorgen, die deutsche Einheit könnte „höhere Steuern, steigende Zinsen, eine Inflation" verursachen, seien „nicht berechtigt". Die dadurch entstehenden Herausforderungen könne man „über die Zuwächse des Bruttosozialprodukts finanzieren" („Bonns Finanzminister Waigel gibt sich zuversichtlich: ‚Einheit ohne höhere Steuern finanzierbar' ", in: Abendzeitung [München]. Nr. 39. 16. Februar 1990, 2).

gemessenen Zeitdruck gesetzt zu werden. Generalsekretär Gorbatschow hätte sich ihm gegenüber in dem Sinne geäußert, daß man von einer Sache in die andere hineingedrängt werde.

Auf die Frage des <u>Regierenden Bürgermeisters</u>, ob die Alliierten nach Einschätzung des Bundeskanzlers ggf. auch ohne Zustimmung der Sowjetunion der Direktwahl mit den von ihnen dazu erforderlichen Schritten zustimmen würden, erwiderte der <u>Bundeskanzler</u>, die Vereinigten Staaten würden dies wohl machen, bei anderen sei es zumindest fraglich. Man müsse in dieser Frage „am Ball bleiben".

Nr. 198
Vorlage des Ministerialdirektors Teltschik an Bundeskanzler Kohl
Bonn, 28. Februar 1990

BK, 212 – 35400 De 39 NA 2 Bd. 2. – Entwurf. VS-NfD. Vorlage über Chef BK. – Mit Vorlage des VLR I Kaestner über GL 21 an AL 2: „Betr.: Völkerrechtliche Fragen auf dem Weg zur deutschen Einheit. Anlg.: -1-. 1. Hiermit lege ich für Ihre heutige Abendbesprechung mit dem Herrn Bundeskanzler den Entwurf meiner Aufzeichnung zum o.a. Thema vor. Ich bitte um Genehmigung, dieses Papier mit völkerrechtlich versierten Kollegen im Auswärtigen Amt – auf persönlicher Basis – zu besprechen. 2. Die unter Federführung des BMJ stehende Arbeitsgruppe Deutschlandpolitik behandelt die völkerrechtlichen Fragen in der Substanz nicht; vielmehr ist lediglich in einer Checkliste, nach der die DDR-Rechtsordnung durchgeprüft werden soll, der Merkposten ‚völkerrechtliche Fragen' aufgeführt. Ich wiederhole deshalb meine Anregung, eine Expertengruppe zur Beratung des Herrn Bundeskanzlers einzuberufen. Dabei müßten der Völkerrechtsberater der Bundesregierung und Leiter der Rechtsabteilung im Auswärtigen Amt, MD Dr. Oesterhelt, sowie seine Kollegen im BMI, MD Dr. Schiffer, und im BMJ, MD Dr. Bülow, beteiligt werden. 3. Die gestern im General-Anzeiger gestellte Frage, warum der Bundeskanzler in Sachen NATO-Mitgliedschaft für einen gesamtdeutschen Souverän spricht, dies aber hinsichtlich der polnischen Westgrenze ablehnt, ist gleichzeitig auch in der Prawda gestellt worden (vgl. heute eingegangenen DB)", Paraphe: „K[aestner] 28/2".

<u>Betr.:</u>   Das geeinte Deutschland und seine völkerrechtlichen Verträge

<u>Votum:</u>
Billigung in Substanz (Ziff. 1–9) und Verfahren (Ziff. 10–11).

1. Das <u>Grundgesetz</u> der Bundesrepublik Deutschland hat die <u>Entscheidung für den Rechtsstaat</u> mehrfach untermauert:
   – durch die verfassungsrechtliche Garantie von Menschen-, Freiheits- und Bürgerrechten, die auch individuell einklagbar sind;
   – durch Rechts- und Gesetzesbindung sowie eine umfangreiche gerichtliche Nachprüfbarkeit jeden staatlichen Handelns;
   – durch unmittelbare Geltung der <u>Prinzipien und Grundnormen des Völkerrechts</u> und Vorrang gegenüber innerstaatlichem Recht (Art. 25 GG);
   – entsprechend dem völkerrechtlichen Gebot zu Frieden und Gewaltverzicht sind alle auf einen Angriffskrieg zielenden Handlungen verfassungswidrig (Art. 26 GG).
   Diese Verfassungsnormen und unsere 40jährige Staatspraxis sind der <u>überzeugende Beweis, daß die Deutschen die Lehren aus der Zeit des NS-Unrechtsstaats</u>
   – mit der Negation der Menschenwürde ganzer Völker und Rassen und der willkürlichen Mißachtung der individuellen Menschenrechte („Du bist nichts, die Gemeinschaft ist alles"),
   – mit Einschränkung und Wegfall der Rechts- und Gesetzesbindung staatlichen Handelns,
   – mit Lockerung und Wegfall des individuellen Rechtsschutzes,

- mit einer grundsätzlich völkerrechtsfeindlichen Haltung (u. a. Rückzug aus dem Völkerbund) und eklatanten Brüchen völkerrechtlicher Verträge (u. a. Nichtangriffsvertrag mit Polen, Freundschaftsvertrag mit der Sowjetunion) und
- mit einer auf Krieg und Eroberung zielenden Außen- und Militärpolitik gezogen haben und <u>aus eigener Kraft ein auf Völkerrecht und internationaler Moral gegründetes Staatswesen</u> geschaffen haben.

Diese <u>radikale Abkehr von einer rechtlosen Vergangenheit</u> vor 1945 und das Bekenntnis zur <u>Herrschaft des Rechts</u>, wie sie seit 1949 bei uns gilt, sind Grundorientierungen und <u>Wertentscheidungen, die für ein geeintes Deutschland erhalten werden müssen</u>. Dies gilt für die Bindung allen staatlichen Handelns an Gesetz und Recht im Inland und an die Völkerrechtsordnung in den Außenbeziehungen.

2. Zu den Grundnormen des Völkerrechts mit unmittelbarer Geltungskraft in unserer Rechtsordnung gehört der Satz: „<u>Pacta sunt servanda</u>". Auf dem Wege zur deutschen Einheit darf dieses Prinzip in keinem Augenblick in Zweifel geraten. Dieses bedeutet auch eine grundsätzliche <u>Vermutung zugunsten der Bestandskraft</u>
   - sowohl <u>aller Verträge und Abkommen der Bundesrepublik Deutschland</u>
   - <u>als auch der Verträge und Abkommen der DDR</u>, sofern sie nicht völkerrechtswidrige Ziele verfolgen oder der gemeinsamen Verfassung bzw. einem internationalen „Ordre public" widersprechen.

<u>Für die internationalen Vertragspartner dürfen durch den Akt der deutschenVereinigung keine Nachteile</u> entstehen; sie können auch nicht mit der Ungewißheit darüber belastet werden, in welcher verfassungsrechtlichen Form die deutsche Einheit erreicht wird:
   - Artikel 23 Grundgesetz mit der darin enthaltenen Erstreckung der Rechtsordnung einschließlich der völkerrechtlichen Verträge der Bundesrepublik Deutschland auf das heutige Gebiet der DDR oder
   - Artikel 146 mit der Bildung eines neuen deutschen Staates aufgrund einer neuen Verfassung, was je nach Ausgestaltung den „Wegfall" oder das „Aufgehen" sowohl der Bundesrepublik Deutschland als auch der DDR bedeuten könnte.

Die völkerrechtlichen <u>Regeln der Staatennachfolge</u> gehen vom <u>Grundsatz der beweglichen Vertragsgrenzen</u> aus: D. h., die bisherigen Verträge des sich ausdehnenden Staates erstrecken sich auf das neu erworbene Teilgebiet, es sei denn, die Auslegung des Vertrages ergebe die Absicht der Parteien, daß eine solche Erstreckung des alten Vertrages auf dem neuen Gebietsteil nicht gewollt war. Bei „völligem Verschwinden" eines Völkerrechtssubjekts sollen nach überwiegender Meinung bilaterale Verträge erlöschen.

Es dürfte jedoch weder rechtlich noch politisch angezeigt sein, die deutsche Einigung als „völliges Verschwinden" der DDR aufzuzäumen.

Statt dessen ist davon auszugehen, daß der „neue" bzw. „übernehmende" Staat in Rechte und Pflichten des oder der „alten" bzw. „übernommenen" Staaten zunächst einmal eintritt, es sei denn, daß diese Verträge ausdrücklich etwas anderes vorsehen. Alle eventuellen Anpassungen müssen vom „neuen" bzw. „übernehmenden" Staat mit den jeweiligen Partnern ausgehandelt werden.

Bis zu einer evtl. Neuverhandlung gilt die alte Rechtslage weiter, es gibt <u>kein „Vertragsvakuum"</u>: Das Netz der internationalen Vertragsbeziehungen braucht nicht quasi „auf der grünen Wiese" neu gebaut zu werden.

3. Das <u>Interesse der Vertragspartner</u> beider deutschen Staaten an Klarheit und Beständigkeit der völkerrechtlichen Rechtslage ist um so stärker, als sich damit ihre <u>politische Zielsetzung</u> verbindet, <u>das geeinte Deutschland bereits in seiner Entstehung</u> („in statu nascendi") <u>in ein festgefügtes</u> außenpolitisches, sicherheitspolitisches, wirtschaftspolitisches und menschenrechtlich-humanitäres <u>Koordinatensystem einzupassen</u>. Es geht u. a. um

unsere fortdauernde Mitgliedschaft in NATO und EG, unseren ABC-Verzicht, unsere Eigenschaft als Vertragspartei des Nichtverbreitungsvertrages (NVV) und der Menschenrechtskonventionen der UNO und des Europarats. Dies ist eine von deutscher Seite auf dem Weg zur deutschen Einheit zu erbringende <u>Vorausleistung zur internationalen Vertrauensbildung</u>.

Damit sind also bereits im Entstehungsakt des geeinten Deutschland, <u>unabhängig davon, ob es bereits einen gesamtdeutschen Souverän gibt, Grundentscheidungen für das künftige geeinte Deutschland zu treffen</u>. Sie sind Vorabfestlegungen mit Bindungswirkung nach innen und außen, selbst wenn eine völkerrechtliche Verbindlichkeit im eigentlichen Sinne nicht in jedem Fall gegeben ist.

4. Derartige <u>Vorabfestlegungen liegen auch in unserem ureigenen Interesse</u>. Denn wir wollen für ein vereintes Deutschland neben der bereits obengenannten Verankerung des Rechtsstaates nach innen und nach außen die feste Einbindung in das westliche Bündnis und in den Prozeß der europäischen Integration und die Wahrung des von uns erreichten menschenrechtlichen Standards für alle Deutschen.

Daneben liegt es in unserem Interesse, auch <u>politische Willenserklärungen ohne eigentliche völkerrechtliche Verbindlichkeit</u> wie die <u>KSZE-Schlußakte</u> und ihre Folgedokumente sowie etwa die <u>Gemeinsamen Erklärungen</u> mit der Sowjetunion und der Republik Polen[1] zu erhalten.

5. Die grundsätzliche Annahme zugunsten des Fortbestandes vertraglicher Bindungen beider deutschen Staaten stößt nur bei <u>offensichtlicher Unvereinbarkeit konkreter Rechte und Pflichten an ihre Grenzen</u>. Musterbeispiel sind der <u>Nordatlantikvertrag</u> einerseits und der <u>Warschauer Vertrag</u>[2] andererseits. Das gleiche gilt für die bilateralen Verträge über Freundschaften, Zusammenarbeit und gegenseitigen Beistand zwischen der DDR und der Sowjetunion sowie den übrigen WP-Verbündeten.

Doch ist bereits beim <u>Abkommen DDR-Sowjetunion über die zeitweilige Stationierung sowjetischer Streitkräfte</u>[3] eine andere Betrachtung geboten. Das Abkommen ist zeitlich klar begrenzt. Es tritt bei völligem sowjetischen Truppenabzug automatisch außer Kraft; und die materielle Ausgestaltung hält sich grosso modo im international üblichen Rahmen von Truppenstationierungsverträgen (wobei allerdings die Vertragspraxis über das auf Papier Niedergelegte hinausgegangen sein mag). Jedenfalls könnte ein Festhalten gerade an diesem Abkommen für die Sowjetunion ein wesentliches Argument sein, ein geeintes Deutschland aus den Verpflichtungen des Warschauer Pakts und ⟨der bilateralen Beistandsverträge⟩[4] zu entlassen.

---

1 Nr. 4 Anm. 1 und Nr. 92 Anm. 3.

2 Vertrag über Freundschaft, Zusammenarbeit und gegenseitigen Beistand zwischen der Volksrepublik Albanien, der Volksrepublik Bulgarien, der Ungarischen Volksrepublik, der Deutschen Demokratischen Republik, der Volksrepublik Polen, der Rumänischen Volksrepublik, der Union der Sozialistischen Sowjetrepubliken und der Tschechoslowakischen Republik, unterzeichnet am 14. Mai 1955 in Warschau, in: GBl. DDR 1955 I, 382–391. Anläßlich der Unterzeichnung erklärte Ministerpräsident Grotewohl, die Regierung der DDR gehe „davon aus, daß das vereinte Deutschland [von den Bearbeitern gestrichen: ‚frei sein wird'] von den Verpflichtungen, die von diesem oder jenem Teil Deutschlands entsprechend den militärisch-politischen Verträgen und Vereinbarungen, die vor seiner Vereinigung geschlossen und getroffen wurden, frei sein wird" (Erklärung: SAPMO-BArch, NL Grotewohl NY 4090/461, Bl. 231f.); in der von ADN veröffentlichten Fassung hieß es abweichend, „daß das wiedervereinigte Deutschland von den Verpflichtungen frei sein wird, die ein Teil Deutschlands in militärpolitischen Verträgen und Abkommen, die vor der Wiedervereinigung abgeschlossen wurden, eingegangen ist" (Dokumente zur Außenpolitik der Regierung der Deutschen Demokratischen Republik. Band II: Von der Souveränitätserklärung am 25. März 1954 bis zur Warschauer Konferenz [11. bis 14. Mai 1955]. Hg. vom Deutschen Institut für Zeitgeschichte, Berlin. Berlin 1955, 231).

3 Nr. 166 Anm. 1.

4 ⟨ ⟩ Hs. von dem Vortragenden Legationsrat I Kaestner korrigiert aus: „des bilateralen Beistands".

Grundsätzlich liegt es in unserem Interesse, die Kategorie der „einander widersprechenden Vertragsverpflichtungen" eng zu definieren.

- Einerseits müssen wir verhindern, daß die anstehenden innerdeutschen und internationalen Erörterungen (Zwei plus Vier usw.) sich zu einem Neuverhandlungsforum für eine unabsehbare Zahl von Verträgen entwickeln, und
- zum anderen können wir bei grundsätzlicher Aussage zugunsten des Fortbestands auch der DDR-Verträge mit um so größerer vertrauensbildender Wirkung innen und außen rechnen.

6. In anderen Fällen wiederum kann das geeinte Deutschland von Positionen, die die DDR einbringt, profitieren. Zu denken ist hier insbesondere an die Erklärung der Regierung der damaligen Volksrepublik Polen vom 23. August 1953, in der sie gegenüber „Deutschland" auf alle Reparationen ab 1. Januar 1954 verzichtete.[5]
   Es ist dies – soweit hier bekannt – der bisher einzige Reparationsverzicht eines Gegners aus dem Zweiten Weltkrieg. Er wurde bereits bei Abschluß des Warschauer Vertrages uns gegenüber nur mündlich bestätigt. Heute wäre ein solcher Verzicht nicht mehr durchsetzbar: AM Skubiszewski hat bereits kurz nach seiner Amtsübernahme im letzten Jahr vor dem Sejm diese Verzichtserklärung als kardinalen Fehler des kommunistischen Systems gebrandmarkt.[6]

7. Gerade dieses Beispiel zeigt, daß jede halbherzige Erklärung
   - etwa derart, daß alle Verträge bis auf weiteres fortgelten, aber nach und nach durchgeforstet werden,
   - oder derart, daß wir die Vertragspartner zu Erklärungen auffordern, ob sie Verträge weiterführen oder neu verhandeln wollen,
   eine Pandora-Büchse von Nachbesserungsforderungen, Änderungs- und Ergänzungsvorschlägen eröffnet, und zwar sowohl seitens der Vertragspartner wie auch in Deutschland selbst.
   Erforderlich ist statt dessen eine klare und frühzeitige Weichenstellung zugunsten des grundsätzlichen Fortbestands völkerrechtlicher Verträge so, wie sie sind („tel quel").
   Jede andere Entscheidung würde Exekutive und Legislative eines geeinten Deutschlands über Jahre hinaus mit Neuverhandlungen – oder der Abwehr entsprechender Forderungen – und Ratifikationsverfahren belasten, während doch die Fragen der inneren Neuordnung erste Priorität genießen müßten.
   Darüber hinaus würde das ganze internationale Vertragswerk – insbesondere so grundlegende Weichenstellungen wie unsere NATO-Mitgliedschaft – mit der Ungewißheit über künftige Mehrheitsverhältnisse in der gesamtdeutschen Legislative behaftet.

8. Schließlich erlaubt eine Entscheidung zugunsten der grundsätzlichen Fortgeltung des gesamten Vertragsbestandes beider deutschen Staaten,
   - für uns unverzichtbare Verträge – insbesondere hinsichtlich der Westbindung der Bundesrepublik Deutschland – auf die heutige DDR zu erstrecken und
   - andere, ausdrücklich mit dem Vorbehalt letztgültiger Entscheidung durch einen gesamtdeutschen Souverän behaftete Verträge, deren Erhalt tel quel im Interesse gesamteuropäischer Stabilität unerläßlich ist – in erster Linie Moskauer und Warschauer Vertrag –, auf ein geeintes Deutschland überzuleiten.

---

5 Nr. 92 Anm. 9.
6 Außenminister Skubiszewski erklärte am 16. Oktober 1989 vor dem Sejm in einer aktuellen Fragestunde, die Regelung der Reparationsfrage im Potsdamer Abkommen (Nr. 89 Anm. 15) sei von Anfang an „unvorteilhaft" für Polen gewesen, und bedauerte, daß Polen 1953 „nicht nur gegenüber der DDR, sondern gegenüber Deutschland" auf weitere Entschädigungen verzichtet habe (Sejm. Kadencja X. Sprawozdanie Stenograficzne z 9 posiedzenia Sejmu Polskiej Rzeczypospolitej Ludowej w dniach 13 i 16 października 1989 r. Warszawa 1989, 147–154, hier 149).

Demgegenüber wäre es ein taktischer wie strategischer Nachteil, wenn wir uns aufgrund bisheriger Festlegungen bei Herstellung der deutschen Einheit automatisch dem Zwang zu Neuverhandlungen aussetzen, insbesondere wenn eine Neuverhandlung in der Sache auch kein anderes Ergebnis bringen würde.

9. Gerade in der jetzigen Phase unserer Deutschlandpolitik ist es notwendig, die Frage der internationalen Rechtssicherheit und damit der Fortgeltung der völkerrechtlichen Verträge anzusprechen und in internationale Beratungen nach unseren Vorgaben einzubringen. Dies bedeutet
   – Initiative Ihrerseits, im Namen der Bundesrepublik Deutschland, und
   – positiver Akzent auf beherzigte Lehren der Geschichte, Bekenntnis zu Rechtssicherheit, Völkerrechtstreue, Vertrauensbildung.
   Der Weg zur Einheit der zwei deutschen Staaten, die sich über 40 Jahre getrennt entwickkelt und unter verschiedenen politischen, gesellschaftlichen und weltanschaulichen Vorgaben ein internationales Vertragsnetz aufgebaut haben, ist ein in unserer Geschichte wie in der Völkerrechtspraxis präzedenzloser Vorgang. Deshalb könnte eine grundsätzliche Aussage zum Fortbestand der Verträge beider deutschen Staaten durchaus in den Rang einer „Doktrin" erhoben und so bezeichnet werden.
   Eine solche Aussage könnte – später – in gleicher Weise auch von der DDR abgegeben werden.

10. Eine derartige Erklärung muß in der aktuellen deutschlandpolitischen Situation sorgfältig plaziert werden. Sie sollte erfolgen, bevor die Verhandlungen mit der DDR sowie mit den Vier Mächten (Formel Zwei plus Vier) auf politischer Ebene beginnen.
   Im Sinne der erstrebten positiven Wirkungen sollten Sie selbst eine derartige Erklärung abgeben.
   Als nächste internationale Gelegenheit bietet sich Ihre Eröffnungsrede vor der Bonner Konferenz über wirtschaftliche Zusammenarbeit in Europa (ab 19. März 1990)[7] an. Da dort Bundesminister Dr. Haussmann – als Gastgeber – die von unserer Seite zu setzenden wirtschaftlichen Akzente in seiner Eröffnungsrede aufnehmen wird, würde eine grundsätzliche völkerrechtliche und KSZE-politische Aussage Ihrerseits um so größere Resonanz finden (eine Reihe Teilnehmerstaaten sind auf Ministerebene vertreten).
   Eine derartige Erklärung vor einem KSZE-Forum würde zudem – gerade vor dem Hintergrund der durch die Zwei-plus-Vier-Formel geweckten Empfindlichkeiten – überzeugend belegen, daß wir die Lösung der deutschen Frage – auch in ihren völkerrechtlichen Aspekten – von Anfang an in den gesamteuropäischen Rahmen einbetten und damit einen unerläßlichen Baustein zu einer europäischen Rechts- und Friedensordnung beitragen.

11. Wir sollten – insbesondere nach Ihren Gesprächen in Camp David[8] – unser Vorgehen mit den USA, aber auch mit F und GB hochrangig abstimmen.

(Teltschik)

---

7 Nr. 227 Anm. 1.
8 Nr. 192 – Nr. 194.

Nr. 199
Mitteilung des Sicherheitsberaters Scowcroft
an Ministerialdirektor Teltschik
28. Februar 1990

BK, 21 – 35400 (28) De 26 Bd. 1, Bl. 60 f. – Geheim. Vorlage des Majors i.G. Domröse an AL 2, 1. März 1990: „Betr.: Telefonat Präsident Bush – GS Gorbatschow; hier: Information durch Brent Scowcroft (Arbeitsübersetzung)", abgezeichnet: „T[eltschik] 1/3". Mit Stempel: Über Herrn Chef BK Herrn Bundeskanzler vorzulegen. Hs. von Bundeskanzler Kohl vermerkt: „Teltschik".

Horst,

der Präsident hat heute (28. 2.) Gorbatschow angerufen,[1] um mit ihm die Wahlen in Nicaragua zu erörtern. Er erwähnte auch – in sehr kurzer und allgemeiner Form – das Camp-David-Treffen mit Bundeskanzler Kohl.[2] Ich dachte, Sie könnten an einigen Höhepunkten dieser Unterredung interessiert sein.

Der Präsident sagte Gorbatschow, daß er mit Bundeskanzler Kohl gleiche Sicht habe, daß die deutsche Einheit eine positive Entwicklung sei. Er erklärte Gorbatschow, daß er und der Bundeskanzler sich darin einig seien, daß ein vereintes Deutschland in der NATO verbleiben sollte, daß amerikanische Truppen so lange in Europa stationiert bleiben sollten, solange die Europäer sie dort haben wollten, und daß es notwendig sei, einen besonderen Status für das ehemalige DDR-Gebiet zu erreichen.

Nach einigen einleitenden Äußerungen über die gemeinsame Sicherheit und den europäischen Prozeß erwähnte Gorbatschow seinen Standpunkt zu den Nachkriegsgrenzen und sagte, daß dieser Punkt Klarheit von der Bundesrepublik erfordere.

Er äußerte sich etwas negativ, wenngleich nicht kategorisch, zu der Mitgliedschaft eines vereinten Deutschlands in der NATO.

Er stellte dem Präsidenten folgende Frage: „Warum bestehen die westlichen Verbündeten auf dem Verbleib Deutschlands in der NATO, wenn der Prozeß der Wiedervereinigung keine Bedrohung für die Sicherheit Europas darstelle?"

Der Präsident antwortete, daß die NATO vor Unsicherheiten und Instabilitäten schütze.

Die Unterredung verlief in guter Atmosphäre. Beide Staatsmänner stimmten überein, in Kontakt nicht nur untereinander, sondern auch mit Bundeskanzler Kohl zu bleiben.

1 Zu dem Pressegespräch des Präsidenten Bush über das Telefongespräch: Public Papers of the Presidents of the United States. Bush. 1990 I, 284.
2 Nr. 192 – Nr. 194.

Nr. 200
Besprechung des Chefs des Bundeskanzleramtes Seiters mit den Chefs der Staats- und Senatskanzleien der Länder
Bonn, 2. März 1990

BArch, B 136/29247, 122 – 14020 Mi 1, 2.3.1990, Vorbereitung Besprechung Chef BK/CdS. – Undatiertes Ergebnisprotokoll. – Vertreter: St Clement (Vorsitzland Nordrhein-Westfalen), St Menz (Baden-Württemberg), MD Rauscher (Bayern), St Schröder (Berlin), StR Fuchs (Bremen), StR Kruse (Hamburg), St Gauland (Hessen), St Meyer (Niedersachsen), MD Bastian (Rheinland-Pfalz), St Kopp (Saarland), St Pelny (Schleswig-Holstein); Bundeskanzleramt: Chef BK Seiters, AL 1, LASD; Ressorts: St Kroppenstedt, St Kinkel, St Klemm, St von Würzen, St Jagoda, St Priesnitz, MD Sandhäger i.V. von St Knittel, St Stroetmann, St Schaumann; Protokollführer: RiVG Köster (Teilnehmerliste, Stand: 1. März 1990; BArch, B 136/29247, 122 – 14020 Mi 1, 2.3.1990, Vorbereitung Besprechung Chef BK/CdS, Mappe Chef BK). – Besprechungsbeginn: 9.30 Uhr.

TOP 1   Unterrichtung der Bundesregierung: Aktuelle Entwicklung in der DDR/Stand der Gespräche

Der Chef des Bundeskanzleramtes gibt einen Bericht über die Entwicklung der Lage in der DDR seit dem Besuch von Ministerpräsident Modrow in Bonn,[1] den derzeitigen Umfang des Zuzugs von Übersiedlern und den Stand der vorbereitenden Gespräche mit der DDR über eine Währungsunion und Wirtschaftsgemeinschaft. Das Kabinett werde zur Währungsunion und Wirtschaftsgemeinschaft erst nach der Wahl zur Volkskammer in der DDR am 18. März 1990 Entscheidungen treffen. Entgegen anderslautender Berichte sei ein Termin für die Umstellung der Währung bisher nicht bestimmt, ein Umtauschsatz nicht festgelegt worden.

Er bekräftigt, die Länder würden an den Vorbereitungen für die künftige Staatsstruktur in Deutschland und an den gemeinsamen Kommissionen mit der DDR nach Maßgabe des Beschlusses der Regierungschefs von Bund und Ländern vom 15. Februar 1990[2] beteiligt. Eine Teilnahme komme – wie in der Besprechung am 15. Februar 1990 besprochen – nicht bei den Verhandlungen der beiden deutschen Staaten mit den vier Siegermächten über die sicherheitspolitische Struktur des künftigen deutschen Staates und den Verhandlungen mit der DDR über eine Währungsunion in Betracht.

Der Chef des Bundeskanzleramtes weist ferner darauf hin, die Freie und Hansestadt Hamburg habe nachträglich eine gegenüber der bisherigen Fassung des Protokolls der Besprechung vom 15. Februar 1990 geänderte Protokollnotiz angemeldet. Die vorgelegte Fassung entspreche in ihrer Forderung nach Beteiligung aller Länder auch an Vorbereitungen zu einer neuen Staatsstruktur nicht dem Beschluß. Sie werde als einseitige Erklärung der Freien und Hansestadt Hamburg jedoch in das Protokoll der Besprechung vom 15. Februar 1990 aufgenommen.[3]

Der Chef der Staatskanzlei des vorsitzführenden Landes bittet die Bundesregierung, die Länder umfassend über die Absichten zu dem politischen Prozeß zu informieren, der zur Verwirklichung der deutschen Einheit (über Art. 23 oder Art. 146 Grundgesetz), zu außen- und sicherheitspolitischen Strukturen des künftigen deutschen Staates und zur beabsichtigten Währungsunion führen solle. Zur Währungsunion weist er ergänzend auf die Erklärung des Chefs des Bundeskanzleramtes in der Regierungschefbesprechung vom 15. Februar 1990 hin, wonach die Länder zu den Verhandlungen hinzugezogen würden, wenn ihre Finanzhoheit betroffen sei.

Der Chef des Bundeskanzleramtes erwidert: Er werde die Unterrichtungsbitte, soweit sie die außenpolitische Thematik betreffe, an den Bundesminister des Auswärtigen weiterleiten.

---

1   Nr. 177 – Nr. 179.
2   Nr. 185.
3   Ebd., Anm. 6.

Die Länder würden im übrigen jedoch nach Maßgabe des Beschlusses vom 15. Februar 1990 und seinen Erklärungen zu Protokoll der Besprechung vom 15. Februar 1990 umfassend und fortlaufend über alle Vorhaben auf dem Weg zur deutschen Einheit informiert und an den Vorbereitungen und Entscheidungen beteiligt. Dem Wunsch der Bundesregierung auf Abstimmung und Zusammenarbeit mit den Ländern entspreche auch die Bitte des Bundeskanzlers gegenüber den Regierungschefs der Länder am 15. Februar 1990, ggf. nach der Wahl zur Volkskammer und nach Bildung einer neuen Regierung in der DDR kurzfristig zu einer weiteren Regierungschefbesprechung zur Erörterung der dann gegebenen Lage zur Verfügung zu stehen. Nach der Wahl am 18. März 1990 bedürfe es möglicherweise schneller Entscheidungen. Er rege deswegen an, daß die Länder schon bald nach Ziffer 3 b) des Beschlusses die Abstimmung ihrer Vorstellungen über den Weg zur deutschen Einheit vornehmen und das Ergebnis sodann in die Willensbildung der Bundesregierung einbringen. Die Bundesregierung biete hierzu jederzeit Gespräche an.

Der Chef der Niedersächsischen Staatskanzlei befürwortet, unter Zurückstellung weitergehender Forderungen die Beteiligung der Länder auf dem Weg zur deutschen Einheit unter konsequenter Beachtung des Beschlusses vom 15. Februar 1990 vorzunehmen. Die Chefs der Staatskanzlei des Landes Nordrhein-Westfalen, der Hessischen Staatskanzlei, der Staatskanzlei des Landes Schleswig-Holstein, der Senatskanzlei der Freien Hansestadt Bremen und der Leiter des Staatsministeriums des Landes Baden-Württemberg sprechen sich demgegenüber dafür aus, daß die Bundesregierung darüber hinaus die Länder über eine Gesamtschau der politischen Prozesse auf dem Weg zur deutschen Einheit und die internen Vorbereitungen informiert, deren Kenntnis für eine länderseitige Abstimmung der Vorstellungen erforderlich sei. Dies müsse vor einer Beschlußfassung der Bundesregierung geschehen.

Der Chef des Bundeskanzleramtes erklärt, er nehme das Petitum zur Kenntnis. Die Bundesregierung halte jedoch an dem gemeinsamen Beschluß vom 15. Februar 1990 zur Information und Beteiligung der Länder fest.

Der Chef der Staatskanzlei des vorsitzführenden Landes kündigt an, die Länder würden sich in der der Besprechung mit dem Chef des Bundeskanzleramtes nachfolgenden Besprechung der Chefs der Staats- und Senatskanzleien der Länder auf ihre Vertreter in den Gremien und Kommissionen verständigen und sie dem Bund sodann benennen. Soweit den Ländern die Verhandlungsführung zustehe, vgl. Ziff. 3 d) des Beschlusses vom 15. Februar 1990, sollte die Delegation durch vier Länder und vier Bundesvertreter gebildet werden. Er gehe davon aus, daß Ländervertreter auch zu allen Arbeitsgruppen hinzugezogen würden – mit Ausnahme der Arbeitsgruppe „Bildung einer Währungsunion, Finanzfragen" –, die in dem Kabinettausschuß „Deutsche Einheit" gebildet worden seien.

Der Chef des Bundeskanzleramtes erwidert: Nach Ziffer 2 des Beschlusses wirkten die Länder nur an den Vorbereitungen in der Bundesrepublik Deutschland für die künftige Staatsstruktur mit. Ihre Vertreter würden deswegen nur zu den Arbeitsgruppen „Rechtsfragen, insbesondere Rechtsangleichung" und „Staatsstrukturen und öffentliche Ordnung" hinzugezogen. Ziffer 2 des Beschlusses besage nichts zur Zahl der in den genannten Arbeitsgruppen vertretenen Länder. Es entspreche jedoch der Übereinkunft der Regierungschefs von Bund und Ländern, daß aus Gründen der Praktikabilität nicht jeweils alle Länder vertreten sein könnten.

Der Chef der Senatskanzlei des Landes Berlin erklärt: Berlin gehe davon aus, daß die Beteiligung der Länder die bewährte enge Abstimmung der Berlin- und Deutschlandpolitik zwischen dem Bund und Berlin nicht erübrige, wobei der Bund insbesondere berücksichtige, daß das gesamte Berliner Verfassungs- und einfache Landesrecht von der Entwicklung in Deutschland unmittelbar berührt werde.

Sodann geben die Staatssekretäre Kroppenstedt (Bundesministerium des Innern), Kinkel (Bundesministerium der Justiz), von Würzen (Bundesministerium für Wirtschaft), Klemm

(Bundesministerium der Finanzen) und Jagoda (Bundesministerium für Arbeit und Sozialordnung) für ihre Fachbereiche einen Überblick über die Arbeit der Arbeitsgruppen und den Stand der Gespräche mit der DDR.

Auf Nachfrage des Chefs der Staatskanzlei des vorsitzführenden Landes bestätigt Staatssekretär von Würzen, daß mit der Wirtschaftsministerkonferenz ein reger Austausch darüber stattfinde, welche gesetzgeberischen Mindestregelungen zur Einführung der sozialen Marktwirtschaft in der DDR notwendig seien.

Auf den Vortrag von Staatssekretär Klemm weist der Chef der Staatskanzlei des vorsitzführenden Landes darauf hin, daß die Finanzverwaltung in der Kompetenz der Länder liege. Das gelte auch für das Justizwesen und die Kommunalverwaltung. Daher sei es in erster Linie Angelegenheit der zuständigen Fachministerkonferenzen, mit der DDR die erforderlichen Gespräche über einen Aufbau der entsprechenden Verwaltungsstrukturen in der DDR zu führen und ggf. personelle Hilfe anzubieten. Es sei erforderlich, zu einer flächendeckenden Koordination der länderseitigen Unterstützungsmaßnahmen zu kommen. Staatssekretär Klemm bittet in diesem Zusammenhang, einheitliche Organisationsschemata anzuwenden.

Staatssekretär Priesnitz bedauert die fehlende Bereitschaft der Länder, an der mit der DDR verabredeten Gemeinsamen Regionalkommission mitzuwirken. Das Bedauern werde auch von seiten der DDR geteilt. Diese habe ihr Interesse an der Gemeinsamen Regionalkommission bereits dadurch verdeutlicht, daß sie den Entwurf einer entsprechenden Vereinbarung über die Bildung und Arbeitsweise der Kommission erarbeitet habe – Anlage 1[4] –. Staatssekretär Priesnitz bittet die Länder, ihre Haltung nochmals zu überdenken.

TOP 2   Informationen der Länder über ihre Aktivitäten gegenüber der DDR

Der Chef der Staatskanzlei des vorsitzführenden Landes überreicht eine zusammenfassende Darstellung der Maßnahmen der Länder der Bundesrepublik Deutschland zur Zusammenarbeit mit der DDR (Stand: 1. März 1990, mit handschriftlichem Nachtrag des Saarlandes) – Anlage 2[5] –.

...[6]

Nr. 200A
Anlage 1
Vereinbarung über die Bildung und Arbeitsweise einer Gemeinsamen Kommission der BRD und der DDR zur Förderung und Unterstützung regionaler Zusammenarbeit

Entwurf, 5. Februar 1990. Hs. vermerkt: „Von St Rauchfuß erhalten am 27. 2. 90.“

Die Regierung der Deutschen Demokratischen Republik und die Regierung der Bundesrepublik Deutschland sind, ausgehend von dem Ziel, im Rahmen der Ausgestaltung der Vertragsgemeinschaft zwischen der Deutschen Demokratischen Republik und der Bundesrepublik Deutschland auch eine allseitige Zusammenarbeit auf regionaler Ebene zu fördern, wie folgt übereingekommen:

1. Es wird eine Gemeinsame Regierungskommission der Deutschen Demokratischen Republik und der Bundesrepublik Deutschland für regionale Zusammenarbeit (nachfolgend

---

4   Nr. 200A.
5   Nr. 200B.
6   Nicht abgedruckt: TOP 3 Verschiedenes.

Kommission genannt) gebildet, die insbesondere die Tätigkeit der Regionalausschüsse und die Mitwirkung der entsprechenden Gebietskörperschaften fördert und unterstützt und erforderliche Entscheidungen der Regierungen beider Seiten herbeiführt.

2. Die Kommission besteht aus zwei Delegationen, die von beauftragten Staatssekretären beider Regierungen geleitet werden.
Jeder Delegation gehören höchstens 8 Mitglieder an, von denen mindestens vier die regionalen Stellen vertreten.
Die Mitglieder der Delegationen werden von den Regierungen beider Seiten benannt.
Die Vorsitzenden der Delegationen in den Regionalausschüssen oder von ihnen Beauftragte sind entsprechend den Sacherfordernissen an den Arbeiten der Kommission zu beteiligen.

3. Die Kommission tritt entsprechend den Arbeitserfordernissen, mindestens jedoch einmal im Quartal, zusammen. Der Tagungsort wird durch den Delegationsleiter der gastgebenden Seite bestimmt.
Die Kommission kann Arbeitsgruppen bilden.
Die Kommission gibt sich eine Geschäftsordnung.

4. Die Kommission konzentriert sich in ihrer Tätigkeit auf die Förderung und Entwicklung der Zusammenarbeit in folgenden Regionen:
   - Berlin;
   - Lübecker Bucht (das Gebiet ca. 60 km um den Grenzübergang Lübeck/Selmsdorf);
   - Elberegion;
   - Harz;
   - westliches Thüringen/hessisches Bergland;
   - mittleres Thüringen/Franken.

5. Die Kommission behandelt vor allem grundsätzliche und allgemeine Fragen, die über die Kompetenzen der Regionalausschüsse und Gebietskörperschaften hinausgehen und die vor allem folgende Gebiete betreffen:
   - Regionalentwicklung unter Berücksichtigung besonderer Förderungsmaßnahmen;
   - Fragen des Umwelt- und Naturschutzes einschließlich der Entwicklung gemeinsamer Strategien zur Luftreinhaltung, zum Gewässerschutz, zur Abfallvermeidung und -beseitigung sowie zur Anlage von Naturparks;
   - besondere Förderung regionaler Wirtschaftsvorhaben;
   - Verkehrs- und Nachrichtenwesen;
   - Entwicklung des Tourismus und Fremdenverkehrs;
   - Fragen des Energiewesens;
   - Arbeits- und Sozialfragen;
   - Fragen des Kultur-, Freizeit- und Sportbereiches;
   - Unglücks- und Katastrophenhilfe.

6. Durch diese Vereinbarung wird die Tätigkeit der aufgrund anderer bestehender Vereinbarungen, die beide Seiten abgeschlossen haben oder die sie betreffen, gebildeten oder noch zu bildenden Gremien nicht berührt.

7. Die Kommission arbeitet Empfehlungen an die Regierungen beider Seiten aus und bereitet gegebenenfalls Entwürfe von Übereinkünften vor.
Die Kommission kann Regionalausschüsse beauftragen, Vorschläge zu unterbreiten und Entwürfe von Übereinkünften vorzulegen.

Für die Regierung der Deutschen Demokratischen Republik	Für die Regierung der Bundesrepublik Deutschland

Nr. 200B
Anlage 2
Maßnahmen der Länder der Bundesrepublik Deutschland zur Zusammenarbeit mit der DDR

Ausfertigung: 1. März 1990.

(zusammengestellte Darstellung der bis zum 28. Februar 1990 eingegangenen Berichte)

[Fußnoten zu S. 904 f.]

7 Schreiben des Staatsministeriums Baden-Württemberg, Hahl, an das Bundeskanzleramt, Ministerialrat Annecke, mit Anlage: Abteilung V, Gemischte Kommission für die Zusammenarbeit des Landes Baden-Württemberg mit Sachsen (Bezirke Dresden, Leipzig und Karl-Marx-Stadt), Projektvorschläge, 8. Februar 1990; BArch, B 136/29245, 122 – 14020 Mi 1, Besprechung Chef BK/CdS, 30. 1. 1990, Vorbereitung Bd. 2.

8 Schreiben des Amtschefs der Bayerischen Staatskanzlei, Ministerialdirektor Rauscher, an den Chef des Bundeskanzleramtes, Bundesminister Seiters, 22. Februar 1990; ebd.

9 Schreiben des Regierenden Bürgermeisters von Berlin, Senatskanzlei, Hinkefuß, an den Chef des Bundeskanzleramtes, Referat 122, Ministerialrat Annecke, II C 3 – 7310/13, 13. Februar 1990; ebd. Schreiben des Staatssekretärs Schröder an den Chef des Bundeskanzleramtes, Bundesminister Seiters, betr. Maßnahmen der Länder zur Zusammenarbeit mit der DDR, 23. März 1990, III G 1 – 7310/14 B 1; BArch, B 136/29247, 122 – 14020 – Mi 1, Vorbereitung Besprechung Chef BK/CdS, 2.3.1990.

10 Schreiben der Senatskanzlei der Freien Hansestadt Bremen, Cink, an das Bundeskanzleramt, Referat 122, Ministerialrat Annecke, betr. Unterrichtung über Aktivitäten der Länder gegenüber der DDR, 6. Februar 1990, Anlage: Ergebnisprotokoll über die Beratungen zum Einsatz der finanziellen Mittel im Rahmen des kommunalen Projekts „Zusammenarbeit mit Rostock" vom 1. Februar 1990; BArch, B 136/29245, 122 – 14020 – Mi 1, Besprechung Chef BK/CdS, 30. 1. 1990, Vorbereitung Bd. 1.

11 Fax der Senatskanzlei des Senats der Freien und Hansestadt Hamburg, Wesemann, an das Bundeskanzleramt, Referat 122, Ministerialrat Annecke, betr. Informationen über Aktivitäten Hamburgs gegenüber der DDR, 28. Februar 1990; BArch, B 136/29245, 122 – 14020 Mi 1, Besprechung Chef BK/CdS, 30. 1. 1990, Vorbereitung Bd. 2.

12 Aktionsprogramm Hessen-Thüringen. 1. Bericht – Grundlagen und Projekte –. Stand: 1. März 1990; BArch, B 136/29247, 122 – 14020 – Mi 1, Vorbereitung Besprechung Chef BK/CdS, 2.3.1990.

13 Schreiben des Staatssekretärs Meyer an das Bundeskanzleramt, Referat 122, betr. Unterrichtung über Aktivitäten der Länder gegenüber der DDR, 13. Februar 1990; BArch, B 136/29245, 122 – 14020 Mi 1, Besprechung Chef BK/CdS, 30. 1. 1990, Vorbereitung Bd. 1.

14 Fax vom 21. Februar 1990 an das Bundeskanzleramt betr. Deutschlandpolitisches Programm der Landesregierung NRW. Konzept und Aktivitäten. Stand: 6. Feburar 1990, 13. Februar 1990; BArch, B 136/29245, 122 – 14020 Mi 1, Besprechung Chef BK/CdS, 30. 1. 1990, Vorbereitung Bd. 2.

15 Vorgang in den einschlägigen Akten des Bundeskanzleramtes nicht zu ermitteln.

16 Schreiben des Chefs der Staatskanzlei des Saarlandes, Jungfleisch, an den Chef der Staatskanzlei des Landes Nordrhein-Westfalen, nachrichtlich an das Bundeskanzleramt, Ministerialrat Annecke, betr. Aktivitäten der Länder in der DDR mit Anlage: Vermerk betr. DDR-Hilfe durch die saarländische Landesregierung vom 1. März 1990, 8. März 1990; BArch, B 136/29247, 122 – 14020 Mi 1, Vorbereitung Besprechung Chef BK/CdS, 2.3.1990.

17 Schreiben des Staatssekretärs Pelny an den Chef des Bundeskanzleramtes, Bundesminister Seiters, Anlagen: Vermerk betr. Künftige Ausgestaltung der Beziehungen mit der DDR, Rahmen für die Arbeit des „Vorläufigen Regionalausschusses des Landes Schlesweg-Holstein mit dem Bezirk Rostock und dem Bezirk Schwerin", 8. Februar 1990; BArch, B 136/29245, 122 – 14020 Mi 1, Besprechung Chef BK/CdS, 30. 1. 1990, Vorbereitung Bd. 1.

	Baden-Württemberg[7]	Bayern[8]	Berlin[9]	Bremen[10]	Hamburg[11]
1. Regionale Konzentration auf …	Sachsen (Bezirke Dresden, Leipzig, Karl-Marx-Stadt)	Thüringen (Bezirke Suhl, Karl-Marx-Stadt)	Berlin (Ost)		
2. Partnerschaften mit …	Vereinbarung mit Sachsen	geplant mit Sachsen und Thüringen zusätzlich: Ausbau von Hochschulpartnerschaften		Rostock	Dresden
3. Sektorale Konzentration auf …	Soforthilfen Gesundheitsbereich, soziale Dienste, Energieversorgung, Kommunale Dienste Strukturhilfe durch Wissenstransfer, techn. Hilfe, Austauschprogramme in Wissenschaft u. Forschung, Gesundheitswesen, Umweltschutz, Verwaltungsaufbau (Kommunen), Schule und Kultur	Soforthilfen Gesundheitsbereich, Straßenverbindungen, Umweltschutz, Landwirtschaft, polit. Bildung Strukturhilfe Beratungsmaßnahmen, Expertenaustausch, Wissenstransfer durch Seminare, Austauschprogramme Infrastrukturkonzepte Verkehr, Energie, Luftreinhaltung Städtebau und Denkmalpflege	Soforthilfen Gesundheitsbereich, Stadtsanierung, kommunale Versorgung und Verwaltung, Verkehr Intensivierung der Zusammenarbeit sozialer und kultureller Einrichtungen	Soforthilfen Gesundheitsbereich, Umweltschutz (Abwasser) Städte- und Wohnungsbau, soziale Einrichtungen	Soforthilfen Technische Hilfen und Wissenstransfer im Gesundheitsbereich, Umweltschutz, Städtebau, Verkehr
4. Instrumente zur Förderung wirtschaftl. Entwicklung in der DDR	Mittelstandsförderprogramm (Handwerk, Gaststätten, Hotels) Förderung betrieblicher Zusammenarbeit Seminare für Führungskräfte Qualifizierungsmaßnahmen für kaufmänn. Ang.	Förderung des Aufbaus leistungsfähiger Selbstverwaltungseinrichtungen der Wirtsch. i.d. DDR Öffnung von Mittelstandsförderprogrammen für Gemeinschaftsuntern. Technologieberatung Managementausbildung	Bürgschaften f. DDR-Unternehmen Beratung mittelständischer Unternehmen bei Kooperationen Aus- und Weiterbildungsmaßnahmen Prüfung der Einsatzmöglichkeiten von EG-Programmen	Zusammenarbeit mit Kammern zur Förderung privaten Handwerks, Handels und Gewerbes in der DDR	Aus- und Weiterbildungsmaßnahmen (Gastgewerbe, Marketing, Handel) Existenzgründungs-Beratung Qualifizierungsmaßnahmen, Förderkurse Messebeteiligungen Investitionshilfe und Ausrüstungsförderprogramme
5. Verbindungsbüros	geplant: Dresden		geplant: Berlin (Ost)		Wirtschaftsbüro Dresden/Berlin (Ost)
6. Haushaltsansätze	1990: 20 Mio. 1991: 20 Mio. 1992: 20 Mio.	50 Mio. (davon 5 Mio. für Maßn. vor dem 18.3.90) 100 Mio. VE	?	5 Mio.	20 Mio., davon 9,3 Mio. für Sofortprogramm

Hessen[12]	Niedersachsen[13]	Nordrhein-Westfalen[14]	Rheinland-Pfalz[15]	Saarland[16]	Schleswig-Holstein[17]
Thüringen (Bezirke Suhl, Erfurt, Gera)	Sachsen-Anhalt, Obereichsfeld, Leipzig		Thüringen (Bezirke Erfurt, Gera, Suhl)	*Cottbus*	Mecklenburg (Bezirke Rostock, Schwerin, Neubrandenburg)
div. Städte-, Schul- u. Verbandspartnersch.	div. Städtepartnerschaften, Entwicklung von Schul- und Hochschulpartnersch.	10 bestehende Städtepartnerschaften, 1 Hochschulpartnerschaft	div. Städtepartnerschaften, Zusammenarbeit v. Verbänden, Schulen usw.	*Landtag Saarl. mit Bezirkstag Cottbus Hochschulpartnersch. div. Städtepartnersch.*	6 bestehende Städtepartnerschaften
Investitionen und Ausrüstungen im Gesundheitsbereich, Umweltschutz, Stadtsanierung, Verkehr	Soforthilfen im Gesundheitsbereich, in sozialen Einrichtungen, Verkehrsverbindungen Strukturhilfen Umweltschutz, Städtebau, Verkehr, Naturschutz, Tourismus	Soforthilfen im Gesundheitsbereich, Umweltschutz, kommunale Versorgung und Verwaltung, Verkehr Strukturhilfe Städtebau, Strukturwandel	Soforthilfen im Gesundheitsbereich und im Rettungswesen, Aus- und Weiterbildung, techn. Hilfe in den Bereichen Landwirtschaft, Jugend, Schule Symposien Rechtsangleichung, Rechtsvereinheitlichung	*Soforthilfen im Gesundheitsbereich, im Energiebereich, Transportwesen Strukturhilfe fachliche Beratung Energie- und Wasserversorgung Fremdenverkehr, Umweltschutz, Abfallbeseitigung, Infrastruktur-Konzepte Qualifizierung*	Soforthilfen im Gesundheitsbereich zusätzlich geplant: Maßnahmen in den Bereichen Umweltschutz, Landwirtschaft, Aus- und Weiterbildung
Förderprogramm für private Kleinunternehmen (Devisenhilfen)	Bürgschaftsprogramm für mittelständische Unternehmen Öffnung des Darlehensfonds des Landes für DDR-Unternehmen Aus- und Fortbildung Kooperationen, Messebeteiligung Praktikantenprogramm	Bürgschaftsprogramm für Unternehmenskooperationen Info-Börse bei der IHK Management-Training Unternehmensberatung in der DDR Qualifizierungsmaßnahmen	Wirtschaftsdarlehen für Investitionen Hilfen beim Aufbau von Partnerorganisationen und Verbänden, bei der Veranstaltung von Wirtschaftstagen und Informationsveranstaltungen	*Technologie- und Managementberatung Öffnung der Förderprogramme der SIKB.*	geplant, in der DDR Haushaltsmittel, Darlehen und Kredite sowie Bürgschaften einzusetzen
geplant: Erfurt	geplant: Leipzig, Halle, Magdeburg	eingerichtet: Berlin (Ost)	geplant: Erfurt	*geplant: Cottbus*	Kooperationsbüros in Rostock, Neubrandenburg, Schwerin
1990–1994 je 50 Mio.; zusätzl. Einsatz sonstig. Haushaltsmittel	53 Mio. Bar 11 Mio. VE Bürgschaftsrahmen 150 Mio.	20 Mio. Soforthilfe, 12 Mio. Städtepartnersch. Bürgschaftsrahmen 1 Mrd. zusätzl. Einsatz sonst. Mittel	1990–1992 50 Mio. f. Partnerschaft 150 Mio. für Wirtschaftshilfe zusätzl. Einsatz sonst. Mittel	*ca. 1,5 Mio. Einsatz sonst. Haushaltsmittel*	2,1 Mio. für Soforthilfe Nachtragshaushalt in Vorbereitung

Nr. 201
Schreiben des Ministerpräsidenten Modrow an Bundeskanzler Kohl
Berlin, 2. März 1990

BArch, B 136/26459, 422 – 52602 Ve 45 Bd. 1.

Sehr geehrter Herr Bundeskanzler!

Ausgehend von unserer gemeinsamen nationalen Verantwortung für die angestrebte Herbeiführung der deutschen Einheit in Übereinstimmung mit den vier Mächten und den europäischen Nachbarländern darf ich Ihnen beiliegende Erklärung der Regierung der Deutschen Demokratischen Republik zu den Eigentumsverhältnissen[1] zur Kenntnis geben.

In diesem Zusammenhang möchte ich Sie darüber informieren, daß meine Regierung zunehmend von großer Sorge getragene Fragen von Bürgern, gesellschaftlichen Vereinigungen und Parteien erreichen, in denen Rechtssicherheit zu den Eigentumsverhältnissen in der Deutschen Demokratischen Republik im Zusammenhang mit den aufgenommenen Verhandlungen über eine Währungsunion und Wirtschaftsgemeinschaft gefordert wird.

Darüber hinaus scheint es mir nicht nur unter dem Gesichtspunkt des deutschen Einigungsprozesses, sondern auch im Hinblick auf einen weiteren konstruktiven Verlauf der gesamteuropäischen Zusammenarbeit erforderlich, die nach dem Zweiten Weltkrieg in der Deutschen Demokratischen Republik entstandene Eigentumsordnung nicht in Frage zu stellen.

Ich darf die Erwartung zum Ausdruck bringen, daß auch die Regierung der Bundesrepublik Deutschland unter Beachtung aller Umstände und Konsequenzen sowie in dem Bestreben, die Einigung Deutschlands zu fördern, sich diesem Standpunkt anschließt und ihn in den weiteren Verhandlungen zwischen beiden deutschen Staaten mit zugrunde legen wird.

Mit vorzüglicher Hochachtung
Hans Modrow

Nr. 201A
Erklärung der Regierung der Deutschen Demokratischen Republik
zu den Eigentumsverhältnissen

Ausfertigung: Berlin, 1. März 1990.

Die Regierung der Deutschen Demokratischen Republik hält es im Zusammenhang mit dem angestrebten Zusammenwachsen beider deutschen Staaten sowie insbesondere mit den Verhandlungen zur Schaffung einer Währungsunion und Wirtschaftsgemeinschaft zwischen der Deutschen Demokratischen Republik und der Bundesrepublik Deutschland für erforderlich, nachfolgende Erklärung zu den Eigentumsverhältnissen in der Deutschen Demokratischen Republik abzugeben.

Sie geht davon aus, daß es im unmittelbaren Interesse aller Bürger der Deutschen Demokratischen Republik liegt, aber auch Anliegen der Regierung der Bundesrepublik Deutschland sein sollte, die Eigentumsverhältnisse in der Deutschen Demokratischen Republik, wie sie sich nach dem Zweiten Weltkrieg auf Grund völkerrechtlicher Abkommen, der Gesetze des Alliierten Kontrollrates für Deutschland und Bestimmungen in der ehemaligen sowjetischen

---

1　Nr. 201A.

Besatzungszone sowie der Gesetze und Rechtsvorschriften der Deutschen Demokratischen Republik herausgebildet haben, nicht in Frage zu stellen.

Dabei handelt es sich letztlich darum, das von den Bürgern der Deutschen Demokratischen Republik in über 40jähriger Arbeit geschaffene Volksvermögen in seinen wesentlichen Rechtskategorien zu wahren. Es geht um Rechtssicherheit, die mit wirtschaftlicher und sozialer Sicherheit verbunden sein muß.

Die Herausbildung und Entwicklung des Volkseigentums auf dem heutigen Gebiet der Deutschen Demokratischen Republik vollzog sich im Ergebnis des Zweiten Weltkrieges und hat seine Grundlage im Potsdamer Abkommen vom 2. August 1945 mit der Zielrichtung der Entmilitarisierung und Entnazifizierung in Deutschland sowie der Bestrafung der Kriegsverbrecher.

In Durchführung des Potsdamer Abkommens bestimmten Befehle der sowjetischen Militäradministration in Deutschland und Gesetze der Länder, die teilweise auf Volksentscheiden beruhten, die Überführung von Vermögenswerten in Volkseigentum. Dabei ist auch zu berücksichtigen, daß es sich um weitgehend kriegszerstörte Betriebe, Institutionen und Anlagen handelte.

Die von der damaligen Besatzungsmacht im Zusammenhang mit der Befriedigung von Reparationsansprüchen in sowjetisches Eigentum übernommenen Betriebe wurden bis 1953 in das Eigentum des Volkes der Deutschen Demokratischen Republik übergeben.

Hauptquelle der Schaffung von Volkseigentum war und ist die produktive Arbeit der Bürger der Deutschen Demokratischen Republik. Volkseigentum entstand weiterhin durch rechtsgeschäftlichen Erwerb von Grundstücken sowie im Wege der Inanspruchnahme auf gesetzlicher Grundlage.

Auf dem Lande werden die Eigentumsverhältnisse auf dem heutigen Gebiet der Deutschen Demokratischen Republik maßgeblich durch die 1945 durchgeführte Bodenreform bestimmt. Auf der Grundlage von Gesetzen bzw. Verordnungen der Länder wurden der Grundbesitz der Kriegsverbrecher und Naziaktivisten sowie der gesamte ländliche Großgrundbesitz über 100 Hektar entschädigungslos enteignet. Die Bodenreform entsprach vollinhaltlich den Zielen des Potsdamer Abkommens.

Die demokratische Bodenreform ermöglichte, landarmen und landlosen Bauern, die zum großen Teil Umsiedler waren, 3,3 Millionen Hektar Grund und Boden zur Verfügung zu stellen. Der enteignete Boden und mit ihm Gebäude und Inventar gingen in das Eigentum der Kleinbauern und Landarbeiter über. Die Verfassungen der Länder garantierten den Bauern ihre auf dem Wege der Bodenreform erworbenen Eigentumsrechte. Diese Rechte wurden durch Artikel 24 der ersten Verfassung der Deutschen Demokratischen Republik vom 7. Oktober 1949 ausdrücklich bekräftigt.[2]

Gleiche Beachtung verdient der Schutz der Eigentums-, Mieter- und Nutzerrechte der Bürger der Deutschen Demokratischen Republik an Grundstücken, Gebäuden und Wohnungen. Entsprechend den international geltenden rechtsstaatlichen Grundsätzen unterliegen Grundstücke und Gebäude, die sich auf dem Territorium eines Staates befinden, ausschließlich seiner Rechtshoheit. Das bedeutet, daß alle Bürger der Deutschen Demokratischen Republik, die auf der Grundlage des in der Deutschen Demokratischen Republik geltenden Rechts in den vergangenen vier Jahrzehnten Eigentums-, Nutzungs- und Mietrechte begründet haben, einen legitimen Anspruch auf den Fortbestand und die Stabilität ihrer erworbenen Rechte haben und darauf vertrauen.

Auf der Grundlage der Verfassung und des Zivilgesetzbuches der Deutschen Demokratischen Republik besteht für alle Wohnungsmietverhältnisse ein umfassender Kündigungs-

---

2 Artikel 24 Verfassung der Deutschen Demokratischen Republik vom 7. Oktober 1949 in: Dokumente zur Deutschlandpolitik II/2 (1949), 374–396, hier 378.

schutz. Er gilt auch für die Nutzung von Grundstücken und Gebäuden zum Wohnen und zur Erholung. Gegen den Willen der berechtigten Nutzer kann das Vertragsverhältnis nur durch Entscheidung ordentlicher Gerichte bei Vorliegen der gesetzlichen Voraussetzungen aufgehoben werden. Diese im Zivilgesetzbuch festgeschriebenen Schutzvorschriften für Mieter von Wohnungen und Nutzer von Bodenflächen gehören zu den elementaren sozialen Rechten der Bürger. Jeder neue Eigentümer oder Verwalter muß – unabhängig von der Art des Eigentumserwerbs und der Verwaltung – die Rechte und Pflichten der Mieter von Wohnungen und der berechtigten Nutzer von Bodenflächen wahren. Dazu kann jeder Bürger den Rechtsschutz durch die Gerichte in Anspruch nehmen.

Die Regierung der Deutschen Demokratischen Republik sieht diese Rechtsposition als unverzichtbaren Bestandteil der Verhandlungen mit der Bundesrepublik Deutschland über eine Währungsunion und Wirtschaftsgemeinschaft sowie über die Schritte zum Zusammenschluß beider Staaten an. Bei einer Rechtsangleichung im Zuge der Vereinigung beider deutscher Staaten ist diesem historisch gewachsenen Rechtszustand Rechnung zu tragen.

Nr. 202
Vorlage des Ministerialdirigenten Hartmann an Bundeskanzler Kohl
Bonn, 5. März 1990

BK, 212 – 35400 De 39 NA 4 Bd. 1. – Ms. vermerkt: „persönlich". Hs. von MDg Hartmann vermerkt: „Ø AL 2" und „Sofort auf den Tisch!". Abgezeichnet: „T[eltschik] 5/3".

Das Auswärtige Amt hat mir soeben Ablichtung des beigefügten Schreibens von AM Schewardnadse an BM Genscher[1] übersandt.

Hierüber ist heute morgen von MD Kastrup mit den Vertretern der Drei Mächte gesprochen worden. Das Ergebnis ist mir noch nicht bekannt. Sobald es mir vorliegt, werde ich Ihnen eine kurze Vorlage machen.[2]

Da ich davon ausgehe, daß BM Genscher die Angelegenheit in seinem heutigen Gespräch mit Ihnen aufgreift, lege ich Ihnen den Text vorab vor.

Hartmann

---

1 Nr. 202A.
2 In der angekündigten Vorlage (betr. Schreiben von AM Schewardnadse an BM Genscher, 5. März 1990; BK, 212 – 35400 We 35 Bd. 1) teilte Ministerialdirigent Hartmann mit, das Auswärtige Amt habe „nach Kontakten mit Briten, Amerikanern und Franzosen die Absicht, BM Genscher vorzuschlagen, daß zunächst in Moskau geklärt werden soll, was der ominöse Absatz 2 des Schreibens im Klartext bedeutet. Ohne eine solche Erläuterung sei eine Antwort an AM Schewardnadse nicht möglich. Die Klarstellung könnte von einem westlichen Vertreter im Namen der Drei Mächte und der Bundesregierung erbeten werden." Hartmann hatte „gegen dieses Vorgehen nichts einzuwenden, da man sich in der Tat nicht auf ein Verfahren einlassen kann, dessen sachlicher Hintergrund unklar ist".

Nr. 202A
Schreiben des Außenministers Schewardnadse an Bundesminister Genscher

BArch, B 136/20244, 221 – 34900 Wi 14 Bd. 1. – Inoffizielle Übersetzung. Hs. von Bundeskanzler Kohl vermerkt: „Teltschik erl."

Sehr geehrter Herr Bundesminister,

in Weiterentwicklung unserer Vereinbarung über die Schaffung des Mechanismus „Zwei plus Vier" möchte ich folgende Frage stellen.

Es ist nicht auszuschließen, daß im Zusammenhang mit den bevorstehenden Wahlen in der DDR unvorhergesehene Umstände zutage treten können, die eine Reaktion erfordern.

Es ist nach meiner Ansicht außerordentlich wichtig, daß keiner von uns „Sechs" unter diesen Bedingungen im Alleingang handelt, ohne dabei andere Mitglieder von seinen Absichten in Kenntnis zu setzen und sie zu konsultieren.

Ich würde folgendes Verfahren vorschlagen. Diejenige Seite, die von diesen eventuellen unvorhergesehenen Umständen berührt wird, wird um ein dringendes Zusammentreffen der Botschafter der „Sechs" in ihrer Hauptstadt bitten. Wenn sie keine Zusage zu solch einem Treffen im Laufe von maximal 12 Stunden nach der Übergabe entsprechender Bitte bekommt, hat sie freie Hand in ihren Handlungen als Antwort auf die zustande gekommene Situation, wobei gleichzeitig darüber andere Mitglieder der „Sechs" informiert werden. Selbstverständlich sollten in solchen Fällen die operativsten Kommunikationsmittel zwischen uns eingesetzt werden.

Ich bin der Auffassung, daß das Einvernehmen in dieser Frage eine gewisse stabilisierende Grundlage für unsere zukünftige Zusammenarbeit schaffen würde. Anderenfalls können wir in eine schwierige Lage geraten, weil unerwünschte Mißverständnisse möglich sein werden. Mit diesem Vorschlag wende ich mich an meine Kollegen in London, Paris und Berlin. Ich rechne mit Ihrer Unterstützung sowie der Unterstützung der Kollegen in dieser Frage.

Hochachtungsvoll
gez. E. Schewardnadse

Nr. 203
Telefongespräch des Bundeskanzlers Kohl mit Staatspräsident Mitterrand
5. März 1990

BK, 21 – 30100 (56) Ge 28 (VS) Bd. 80, Bl. 157–161. – Vermerk des MDg Neuer, 6. März 1990. Hs. von Bundeskanzler Kohl vermerkt: „Teltschik", hs. von MDg Neuer ergänzt: „über Herrn Chef BK z.g.K. N[euer] 6.III." – Gesprächsdauer: 18.50 bis 19.15 Uhr.

Der Bundeskanzler erklärt nach der Begrüßung, er habe den Präsidenten in der vergangenen Woche nach seinem Besuch bei Präsident Bush in Camp David[1] anrufen wollen. Das Gespräch sei jedoch nicht zustande gekommen. Er wolle deshalb jetzt kurz über seinen Besuch in den USA berichten. Das wichtigste Ergebnis sei, daß völlige Übereinstimmung mit den USA bestehe, was die Zugehörigkeit eines vereinten Deutschland zur NATO angehe, und daß auch die USA der Auffassung seien, Deutschland als Ganzes müsse den Schutz der NATO genießen. Für eine Übergangszeit würden allerdings noch sowjetische Truppen in der DDR stationiert sein. Die ganze Frage sei mit Gorbatschow verhandelbar. Das Haupt-

---

1 Nr. 192 – Nr. 194.

problem liege für Gorbatschow im wirtschaftlichen Bereich. Die Lieferungen der DDR an die Sowjetunion bedeuteten für diese große Vorteile, die Gorbatschow sichern wolle. Im Prinzip sei der Bundeskanzler mit Präsident Bush einig, daß die Verhandlungen über die Abrüstungsfragen nicht in dem Gremium 2 plus 4, sondern in Wien und im NATO-Bereich fortgeführt werden müssen. Er habe den Eindruck gewonnen, daß Bush besonders auf dem Gebiet der Abrüstung am Ball bleiben wolle. Er befinde sich hier unter starkem Druck des Kongresses. Zu den Verhandlungen 2 plus 4 habe er Bush erklärt und wolle dies gegenüber dem Präsidenten wiederholen, daß er keinen Schritt bei der innerdeutschen Fusionsbewegung für möglich halte, ehe nicht die Gespräche der 2 plus 4 abgeschlossen seien. Er sage dies auch im Hinblick auf den Brief Schewardnadses an seine Kollegen.[2] Der Brief gehe offensichtlich von der Befürchtung aus, daß sich die Dinge nach der Wahl in der DDR überschlagen werden. Er, der Bundeskanzler, wolle dies nicht. Er wolle versuchen, nach der Wahl in ein ruhiges Gespräch ohne Hektik zu kommen. Seine Vorstellung sei es, daß alle vorgesehenen Wahlen in der DDR noch in diesem Jahr stattfinden, d. h. nach der Volkskammerwahl am 18. März 1990 die Kommunalwahlen Anfang Mai und auch die Landtagswahlen, da in der DDR eine starke Stimmung dafür bestehe, die alten Länder wieder zu errichten. Dies bedeute ein Riesenpensum noch in diesem Jahr. Abgesehen davon seien auch wichtige Fragen im Bereich der Wirtschaft und Währung zu regeln. Er wolle die Bundestagswahl wie vorgesehen im Dezember durchführen. Sie werde natürlich dann auch stattfinden. Man habe dann eine gute Chance, die Dinge im innerdeutschen Bereich im nächsten Jahr auf den Punkt zu bringen. Notwendig seien die vorherigen Entscheidungen im außenpolitischen Bereich im Rahmen 2 plus 4 und die Entscheidungen im EG-Bereich zur Frage der Währungsunion unter italienischer Präsidentschaft. Dies sei sein Fahrplan. Er hänge allerdings nicht von ihm ab; er, der Bundeskanzler, werde aber Einfluß in dieser Richtung nehmen.
Zur Frage der Oder-Neiße-Grenze wolle er bemerken, daß er sich heute in einer Pressekonferenz[3] erneut dafür ausgesprochen habe, beide deutschen Parlamente sollten eine Entschließung verabschieden, die möglichst den gleichen Text habe und in der deutlich der Wille zum Ausdruck gebracht werde, daß eine gesamtdeutsche Regierung und ein gesamtdeutsches Parlament in völkerrechtlich verbindlicher Weise die Oder-Neiße-Grenze anerkennen. Dies könne mit völkerrechtlicher Wirksamkeit nur ein gesamtdeutscher Souverän. Er wolle, daß diese Diskussion beendet werde, die unsinnigerweise über die Oder-Neiße-Grenze geführt werde. Er habe allerdings den Wunsch, zwei Fragen damit zu verbinden. Im November des vergangenen Jahres habe er mit dem polnischen MP Mazowiecki eine Vereinbarung über die Verbesserung der Beziehungen unterzeichnet.[4] Darin sei auch zu der deutschen Minderheit, die in Polen lebe – es handele sich um etwa 700 000 Menschen – Stellung genommen worden. Ihnen sollten Rechte bezüglich ihrer Sprache und anderen in der KSZE-Akte erwähnten Menschenrechte zugesichert werden. Diese Erklärung sei nur zwischen dem Bundeskanzler und MP Mazowiecki vereinbart worden. Es sei jedoch wichtig, daß sie auch für ein vereintes Deutschland Gültigkeit habe. Er habe keinen Zweifel daran, daß Mazowiecki guten Willens sei, brauche jedoch auch aus innenpolitischen Gründen eine öffentliche Erklärung Polens, die die Verbindlichkeit für ein vereintes Deutschland zusichere. Die zweite Frage, die in der Bundesrepublik breit diskutiert werde, sei, daß Polen 1953 erklärt habe, auf Reparationen gegenüber Deutschland zu verzichten[5]. Dieses müsse auch noch einmal deutlich bekräftigt werden, wenn die Oder-Neiße-Frage geregelt werde. Er sei dafür, einen ehrlichen Anfang

2 Nr. 202A.
3 Bundeskanzler Kohl äußerte sich am 5. März 1990 in einer Pressekonferenz nach einer Sitzung des Präsidiums der CDU in Bonn („Bundeskanzler Kohl: Wir wollen mit unseren Nachbarn in Frieden leben", in: Union in Deutschland. Nr. 9. 8. März 1990, 1–5).
4 Nr. 92 Anm. 3.
5 Ebd., Anm. 9.

mit Polen zu machen, nicht mit Tricks zu arbeiten und keine Frage unerwähnt zu lassen. Er werde sich mit ganzer Autorität für eine Absichtserklärung zur Oder-Neiße-Grenze einsetzen und erwarte von Polen das gleiche bezüglich der anderen Fragen. Er sage dies jetzt auch, weil er wisse, daß Präsident Mitterrand mit Jaruzelski und Mazowiecki in dieser Woche zusammentreffe. Er wäre Präsident Mitterrand dankbar, wenn er ihnen diese Position erläutern würde. Innenpolitisch sei die Frage bei uns von großer Brisanz. Er werde dies jedoch durchsetzen, trotz des großen Risikos der Angriffe der Rechtsradikalen. Er werde das durchstehen, selbst wenn es ihm einen weiteren Sturm beschere. Hinzu komme, daß einige die Neutralität Deutschlands wollten. Dies sei für ihn inakzeptabel. Deshalb müsse parallel zu der deutschen Entwicklung die europäische Entwicklung vorangetrieben werden, wie er dies bereits in Paris geäußert habe.

Präsident Mitterrand dankt dem Bundeskanzler für seinen Bericht. Er bemerkt, er habe seinerseits den Bundeskanzler anrufen wollen, ehe er mit Jaruzelski [und] mit Mazowiecki am Freitag dieser Woche[6] zusammentreffe. Mit dem, was der Bundeskanzler zur Frage der deutschen Einigung gesagt habe, habe er keine Schwierigkeiten. Die Dinge seien klar. Er sei auch mit allen Entscheidungen einverstanden, die die Deutschen treffen, d.h. die beiden deutschen Staaten. Er habe nur ein Problem – falls es dazu komme –, nämlich die Tendenzen zum Neutralismus. Dem könne er keinesfalls zustimmen. Er könne auch nicht dem zustimmen, was die Polen hierzu sagten. Für ihn gehe es hier um grundsätzliche Fragen sowie darum, wie er sinnvollerweise seine Grundsätze wiederhole. Präsident Bush habe ihn angerufen und ihn über seine Begegnung mit dem Bundeskanzler informiert. Hierzu habe er keine Bemerkungen zu machen. Bezüglich der deutschlandpolitischen Entwicklungen sei man ohnehin miteinander einig. Es gehe hier lediglich um die Frage, daß NATO-Streitkräfte nicht auf dem Territorium der DDR stationiert werden könnten. Auch in dieser Frage seien er, Präsident Mitterrand, und der Bundeskanzler miteinander einig. Zur Frage der Oder-Neiße-Grenze könne Frankreich allerdings nicht stumm bleiben. Die Polen würden diese Frage angesichts der bevorstehenden Wahlen[7] und der Vereinigung stellen.

Der Bundeskanzler wirft ein, er habe jedes Verständnis für den Präsidenten, wenn er seine Position wiederhole. Allerdings könne eine klare völkerrechtliche Anerkennung der Oder-Neiße-Grenze nur durch ein gesamtdeutsches Parlament und eine gesamtdeutsche Regierung erfolgen. Auf dem Weg dahin sei er jedoch bereit, die Entschließungen des Bundestags und der Volkskammer zu befürworten.

Präsident Mitterrand bemerkt, er kenne die Position des Bundeskanzlers. Man müsse jedoch zwischen dem juristischen und dem politischen Aspekt unterscheiden. Politisch gesehen sei die Grenze eine Realität. Das juristische Verfahren könne variieren, insbesondere angesichts dessen, was der Bundeskanzler ihm gerade im Hinblick auf die verfassungsrechtlichen Aspekte dargelegt habe.

Der Bundeskanzler fährt fort, die klarste Regelung, die denkbar sei, sei, daß beide Parlamente ein klares Votum abgeben, das er unterstützen werde. Seine Sorge sei – und viele sähen das nicht im Ausland –, daß die gleichen Leute, die sich 1983 gegen die Stationierung der Pershing II eingesetzt hätten, heute versuchten, eine Politik der Neutralität für ein vereinigtes Deutschland durchzusetzen. Er wolle hier nur Lafontaine nennen. Die Neutralität Deutschlands wäre eine Katastrophe für Europa.

Präsident Mitterrand stimmt dem Bundeskanzler zu. Er fährt fort, daß er Willy Brandt am Donnerstag dieser Woche sehe[8] und dann Näheres von ihm zur Position der SPD hören wolle. Diese sei ihm bisher offiziell noch nicht erläutert worden.

---

6   9. März 1990. Zu dem Treffen: Nr. 216 Anm. 5.
7   Gemeint waren die Wahlen zur Volkskammer in der DDR am 18. März 1990.
8   Staatspräsident Mitterrand empfing den Bundeskanzler a.D. Brandt am 8. März 1990 in Paris.

Der Bundeskanzler begrüßt die Begegnung des Präsidenten mit Willy Brandt. Er bezweifle allerdings, ob Willy Brandt die Position einnehme, die die Mehrheit seiner Partei vertrete. Präsident Mitterrand fährt fort, die einzige Schwierigkeit sei das Verfahren bei der Anerkennung der Oder-Neiße-Grenze. Er verstehe die Überlegungen des Bundeskanzlers, aber vom politischen Standpunkt aus wäre eine klare Absichtserklärung willkommen. Er könne nichts anderes sagen.

Der Bundeskanzler entgegnet, auch er wolle ja eine Absichtserklärung nach entsprechenden Entschließungen des Bundestags und der Volkskammer abgeben. Er könne diese Entschließungen als Regierungschef in einer Bundestagsdebatte ausdrücklich begrüßen.

Präsident Mitterrand bemerkt, er werde hierüber nachdenken. Das Gespräch mit dem Bundeskanzler am Vorabend seiner Begegnung mit der polnischen Seite sei sehr nützlich gewesen. Er werde ihn Anfang nächster Woche anrufen[9] und ihm über die Gespräche berichten. Der Präsident bedankt sich nochmals für den Bericht des Bundeskanzlers.

Der Bundeskanzler dankt dem Präsidenten ebenfalls für das Gespräch.

Neuer

Nr. 204
Schreiben des Bundeskanzlers Kohl an Generalsekretär Gorbatschow
Bonn, 6. März 1990

BK, 21 – 30100 (102) Br 8 (VS) Bd. 27a, Bl. 211 f. – Anschrift: Seiner Exzellenz, dem Vorsitzenden des Präsidiums des Obersten Sowjets der Union der Sozialistischen Sowjetrepubliken, Herrn Michail Sergejewitsch Gorbatschow, Moskau. – Bis auf die Anrede gleichlautendes Schreiben an Ministerpräsident Mazowiecki und im zweiten Absatz abweichende Schreiben an Präsident Bush, Staatspräsident Mitterrand und Premierministerin Thatcher, jeweils vom 6. März 1990 und mit anliegender Entschließung, Bl. 215, 219, 223, 231.

Sehr geehrter Herr Generalsekretär,

anliegend übersende ich Ihnen den Text einer Entschließung zur Frage der polnischen Westgrenze, auf den sich die Koalition heute geeinigt hat und den sie an diesem Donnerstag im Deutschen Bundestag einbringen wird.[1]

Ich würde es begrüßen, ⟨wenn die darin zum Ausdruck kommende Haltung Ihre Unterstützung finden würde⟩[2].

Ich darf hinzufügen, daß diesem Entschließungsantrag eingehende Gespräche im Rahmen der Koalition vorausgegangen sind und daß ich mich persönlich für das Zustandekommen dieses Textes eingesetzt habe.

Mit freundlichen Grüßen
Ihr
Helmut Kohl

---

9 Nr. 218.

1 Nr. 204A. Der Deutsche Bundestag nahm den Antrag (Drucksache 11/6579. 6. März 1990) am 8. März mit großer Mehrheit bei 5 Enthaltungen an (Verhandlungen des Deutschen Bundestages. Stenogr. Berichte. Bd. 152. Plenarprotokoll 11/200, 15429).

2 ⟨ ⟩ In den Schreiben an Präsident Bush und Premierministerin Thatcher lautet der Halbsatz abweichend (BK, 21 – 30100 [102] Br 8 [VS] Bd. 27a, Bl. 223, 231): „wenn Sie die darin zum Ausdruck kommende Haltung unterstützen würden"; in dem Schreiben an Staatspräsident Mitterrand (ebd., Bl. 219): „wenn Sie die darin zum Ausdruck kommende Haltung bei Ihren Gesprächen mit dem polnischen Staatspräsidenten und Ministerpräsident Mazowiecki unterstützen würden".

Nr. 204 A
Entwurf eines Entschließungsantrages der Fraktionen der CDU/CSU und der FDP

Der Deutsche Bundestag wolle beschließen:
Der Deutsche Bundestag schlägt unter Bezugnahme auf seine Erklärung vom 8. November 1989[3] vor, daß die beiden freigewählten deutschen Parlamente und Regierungen möglichst bald nach den Wahlen in der DDR eine gleichlautende Erklärung abgeben, die in ihrem Kern folgendes beinhaltet:
„Das polnische Volk soll wissen, daß sein Recht, in sicheren Grenzen zu leben, von uns Deutschen weder jetzt noch in Zukunft durch Gebietsansprüche in Frage gestellt wird.“
Ziel dieser Erklärung ist es, entsprechend den Prinzipien der KSZE-Schlußakte mit Blick auf die deutsche Einheit die Unverletzlichkeit der Grenzen gegenüber Polen als unverzichtbare Grundlage des friedlichen Zusammenlebens in Europa zu bekräftigen.
In diesem Sinne soll die Grenzfrage in einem Vertrag zwischen einer gesamtdeutschen Regierung und der polnischen Regierung geregelt werden, der die Aussöhnung zwischen beiden Völkern besiegelt.
Der Verzicht Polens auf Reparationen gegenüber Deutschland vom 23. August 1953[4] und die gemeinsame Erklärung von Ministerpräsident Mazowiecki und Bundeskanzler Helmut Kohl vom 14. November 1989[5] bleiben auch für das vereinte Deutschland gültig.

Nr. 205
Vorlage des Ministerialdirektors Teltschik an Bundeskanzler Kohl
Bonn, 6. März 1990

BK, 222 – 35400 De 7 Bd. 2. – Mitverfasser: Kapitän z.S. Lange. Vorlage über Chef BK. Mit Stempel: Der Leiter des Kanzlerbüros, 7. März 1990. Hs. von Bundeskanzler Kohl vermerkt: „R[udolf] Seiters R[ücksprache]“. Hs. vermerkt: „keine Antwort an Mallaby → AL 2“.

1. Der Botschafter Großbritanniens hat mir am 5. März 1990 ein Schreiben[1] zukommen lassen, in dem er darauf aufmerksam macht, daß sich die britische Regierung in Vorbereitung auf die in Kürze beginnenden Gespräche der „2+4“ derzeit mit den Aspekten zukünftiger Sicherheitsvereinbarungen für Europa befaßt. In diesem Zusammenhang sei von besonderer Bedeutung, daß die vier westlichen Teilnehmer über miteinander abgestimmte Auffassungen verfügen, bevor sie in die Gespräche mit der Sowjetunion eintreten. Er sei deshalb beauftragt, mir eine Liste von Hinweisen/Fragen zu übergeben, aus denen erkennbar wird, zu welchen Themen die britische Regierung eindeutige und militärisch schlüssige Positionen sehr bald für erforderlich hält. Er gibt seiner Hoffnung Ausdruck, daß sich die Bundesregierung in der Lage sieht, der britischen Regierung ihre Auffassung zu diesen Punkten mitzuteilen. Einige könnten bereits anläßlich Ihres Besuches bei der NATO am 8. März 1990[2] angesprochen werden.

---

3 Nr. 115 Anm. 3.
4 Nr. 92 Anm. 9.
5 Ebd., Anm. 3.
1 Schreiben in der Registratur des Bundeskanzleramtes nicht zu ermitteln.
2 Bundeskanzler Kohl traf am 8. März 1990 in Brüssel mit Generalsekretär Wörner und mit den Ständigen Vertretern im Nordatlantikrat zusammen (Teltschik, 329 Tage, 170 f.).

2. Die acht Hinweise/Fragen lauten:
   - Wir begrüßen die eindeutige Erklärung Bundeskanzler Kohls, daß die ehemalige DDR nicht entmilitarisiert würde.[3]
   - Wir gehen von der Annahme aus, daß Artikel 5 und 6 des NATO-Vertrags auch auf dieses Gebiet ausgedehnt würden.
   - Im Hinblick auf die Genscher/Stoltenberg-Erklärung, daß dort keine Streitkräfte der Bundeswehr stationiert würden,[4] stellt sich die Frage, wie die ehemalige DDR verteidigt würde.
   - Angesichts der in den NATO- und WEU-Verträgen eingegangenen Verpflichtungen zur kollektiven Verteidigung ist dies für die anderen NATO-Mitgliedstaaten eine Angelegenheit von unmittelbarem Interesse.
   - Unserer Auffassung nach müßten einige deutsche Truppen – auch wenn sie nicht Teil der Bundeswehr sind – dort stationiert werden. Wäre es möglich, den Bundesgrenzschutz zu einer glaubwürdigen militärischen Kraft aufzubauen?
   - Wenn die NATO eine wirksame Verteidigung der ehemaligen DDR in Kriegszeiten gewährleisten soll, wären Optionen für Truppenübungen, die einsatznahe Bereitstellung von Munition und logistischen Vorräten sowie in Krisenzeiten die Dislozierung von Streitkräften von großer Bedeutung.
   - Die Bundesluftwaffe wird vermutlich den Luftraum der ehemaligen DDR in Friedenszeiten sichern.
   - Es gibt auch die Frage der Garnisonen in Berlin. Könnten Streitkräfte der Bundeswehr in Berlin stationiert werden? Könnte es nach einem Erlöschen der Rechte der Vier Mächte dort auch ein multinationales Truppenkontingent geben?
3. Die Fragen berühren fast alle Bereiche der zukünftigen sicherheitspolitischen Situation Deutschlands. Sie werden in erster Linie Gegenstand von Gesprächen in der NATO, aber zum Teil auch der Gespräche „2+4" sein. Von daher ist eine abschließende Beantwortung derzeit nicht möglich.
Um so dringlicher stellt sich die Notwendigkeit, die Position der Bundesregierung zu diesen Fragen in der Arbeitsgruppe Außen- und Sicherheitspolitik (Vorsitz Außenminister) des Kabinettausschusses „Deutsche Einheit" zu entwerfen und anschließend im engsten Kreis (AA, BMVg, Bundeskanzleramt) festzulegen.

Teltschik

---

3 Vor dem Deutschen Bundestag erklärte Bundeskanzler Kohl am 15. Februar 1990 (Nr. 187 Anm. 1), die Deutschen achteten „die berechtigten Sicherheitsinteressen aller europäischer Länder, gerade auch der Sowjetunion". Jedoch dürfe „ein künftiges geeintes Deutschland nicht neutralisiert oder demilitarisiert werden", sondern müsse „im westlichen Bündnis eingebunden bleiben". Es würden aber „keine Einheiten und Einrichtungen des westlichen Bündnisses auf das heutige Gebiet der DDR vorgeschoben".
4 In einer gemeinsamen Erklärung vom 19. Februar 1990 bekräftigten die Bundesminister Genscher und Stoltenberg die in der Regierungserklärung des Bundeskanzlers Kohl enthaltenen Aussagen (ebd.) und ergänzten, der „Satz, daß keine Einheiten und Einrichtungen des westlichen Bündnisses auf das heutige Gebiet der DDR vorgeschoben werden", beziehe sich „auf die der NATO assignierten und nichtassignierten Streitkräfte der Bundeswehr". Der „sicherheitspolitische Status des Gebietes der heutigen DDR in allen seinen Aspekten" sei mit der freigewählten Regierung der DDR und den Vier Mächten zu klären (Bulletin. Nr. 28. 21. Februar 1990, 218). Zu den von den Bundesministern zuvor geäußerten Auffassungen: Nr. 182; Teltschik, 329 Tage, 148f., 151f.

Nr. 206
Vorlage des Vortragenden Legationsrats I Ueberschaer
an Ministerialdirektor Teltschik
Bonn, 6. März 1990

BK, 212 – 35400 De 39 Bd. 2. – Entwurf. – Mit Vorlage des VLR I Ueberschaer über GL 21 an AL 2 zur Information, 6. März 1990: „Betr.: Polnische Entschädigungsansprüche, hier: Rechtslage. Der beiliegende Vermerk ist mit dem Völkerrechtsberater des Auswärtigen Amtes, MD Dr. Oesterhelt, abgestimmt."

<u>Betr.</u>: Polnische Entschädigungsansprüche

<u>Fragestellung</u>: Ist ein <u>vertraglicher Ausschluß</u> polnischer Kriegsfolgeforderungen noch erforderlich?

1. Polen erhebt Ansprüche auf Entschädigungsleistungen für Personenschäden, die während des 2. Weltkriegs entstanden sind.
   - Hierbei geht es um <u>Schäden natürlicher Personen</u> (Tötung, Freiheitsberaubung, Körperschäden, Zwangsarbeit, Vermögensschäden).
   - Der genannte Personenkreis umfaßt Widerstandskämpfer, Zwangsarbeiter, Opfer von Repressalien sowie typische NS-Opfer.
2. Diese polnischen Forderungen sind völkerrechtlich als <u>Reparationsforderungen</u> zu betrachten.
   Unter diesen Begriff fallen alle völkerrechtlichen Entschädigungsforderungen im Zusammenhang mit Kriegsereignissen einschließlich der Forderungen im Sinne der deutschen Wiedergutmachungsgesetzgebung (BEG)[1].
   = Die Staatenpraxis verwendet den Begriff der Reparationen in einem umfassenden Sinne. Reparationen sind daher auch Forderungen von Privatpersonen wegen Schäden, die im Zusammenhang mit Kriegsgeschehen entstanden sind.
   (Beispiel: Das Londoner Schuldenabkommen von 1953[2] umfaßt ausdrücklich Ansprüche von Staatsangehörigen.)
   = Aussagen über den Umfang von Reparationsverpflichtungen würden sinnlos, wenn Staaten anstelle zwischenstaatlicher Ansprüche jederzeit Ansprüche im Namen ihrer Staatsangehörigen wegen der gleichen Vorgänge erheben könnten.
3. Die polnische Regierung hat jedoch durch Erklärung vom 23.8.1953 mit Wirkung vom 1.1.1954 <u>auf weitere Reparationsleistungen gegenüber Deutschland als Ganzem verzichtet</u>.[3]
   „Mit Rücksicht darauf, daß Deutschland seinen Verpflichtungen zur Zahlung von Reparationen bereits in bedeutendem Maße nachgekommen ist und daß die Verbesserung der wirtschaftlichen Lage Deutschlands im Interesse seiner friedlichen Entwicklung liegt, hat die Regierung der VR Polen den Beschluß gefaßt, mit Wirkung vom 1.1.1954 auf die Zahlung von Reparationen an Polen zu verzichten, um damit einen weiteren Beitrag zur Lösung der deutschen Frage ... zu leisten."
   Polen hat die Gültigkeit der Verzichtserklärung von 1953 auch bei späteren Gelegenheiten bestätigt, u.a. bei den Verhandlungen zum Vertrag zwischen der Bundesrepublik Deutschland und der VR Polen vom 7.12.1970 (Warschauer Vertrag).

---

1 Bundesergänzungsgesetz zur Entschädigung für Opfer der nationalsozialistischen Verfolgung (Bundesentschädigungsgesetz – BEG) vom 18. September 1953 (BGBl. 1953 I, 1387–1408) in der zuletzt am 9. Dezember 1986 geänderten Fassung (zu den bis dahin vorgenommenen Änderungen: Fundstellennachweis A 1989, 79).
2 Nr. 92 Anm. 10.
3 Ebd., Anm. 9.

Allerdings macht die polnische Regierung geltend, daß sich ihr seinerzeitiger Verzicht
nicht auf Schäden natürlicher Personen aus Freiheitsberaubung und sonstiger körper-
licher Beeinträchtigung (KZ-Aufenthalte/Zwangsarbeit) beziehe. Sie sieht – im Gegensatz
zur Staatenpraxis – diese Ansprüche nicht als Reparationsansprüche an. Diese Auffassung
ist völkerrechtlich nicht haltbar.

4. Da aufgrund des polnischen Reparationsverzichts weitere Ansprüche im Zusammenhang
   mit den Kriegsereignissen nicht mehr geltend gemacht werden können – und zwar nach
   unserer Auffassung auch keine Ansprüche auf Wiedergutmachung –, kann auch ein Anspruch auf den Abschluß eines globalen Wiedergutmachungsabkommens nicht in Betracht kommen.

   = Von polnischer Seite wird argumentiert, daß die BR Deutschland mit einer Reihe
     von Ländern eine vertragliche Wiedergutmachungsregelung getroffen und nur Po-
     len ausgelassen habe.
   = Die polnische Seite dürfte sich damit auf die globalen Wiedergutmachungsabkom-
     men beziehen, die die Bundesrepublik Deutschland neben dem Israel-Abkommen
     von 1952[4] mit 11 westeuropäischen Staaten über die Zahlung von Globalbeträgen
     zur eigenverantwortlichen Verteilung an ihre Staatsbürger, die durch NS-Verfol-
     gungsmaßnahmen Personenschäden erlitten hatten, zwischen den Jahren 1954 und
     1964 abgeschlossen hat.
   = Die Bundesregierung hatte den Abschluß solcher Globalabkommen mit osteuropäi-
     schen Ländern mit Ausnahme solcher über die Entschädigung von Opfern pseudo-
     medizinischer Versuche schon aus grundsätzlichen politischen Erwägungen ausge-
     schlossen. Im Falle Polens kam noch der polnische Reparationsverzicht von 1953
     hinzu.

5. Durch das Londoner Schuldenabkommen sind wir gegenüber unseren Vertragspartnern –
   zu denen Polen nicht gehört – gehalten, eine Prüfung von Forderungen aus dem 2. Weltkrieg bis zur endgültigen Regelung der Reparationsfragen zurückzustellen.
   Auch aus diesem Grunde können wir polnischen Ansprüchen, die für uns Reparationsansprüche darstellen würden, nicht entsprechen.

   = In Frage käme allenfalls – wenn dafür ein innenpolitischer Konsens hergestellt wer-
     den könnte – eine Entschädigung polnischer Zwangsarbeiter nach dem Stiftungsmo-
     dell (Frankreich, Luxemburg).
   = Mit einer solchen Ex-gratia-Leistung könnten wir gleichzeitig den Eindruck einer
     Durchbrechung unserer grundsätzlichen Position vermeiden, die bei Ablehnung
     aller Ansprüche auf den polnischen Reparationsverzicht abstellt.

Schlußfolgerung

Da der Volksrepublik Polen Rechtsansprüche auf den Ersatz von Schäden, die dem polnischen Staat oder polnischen Staatsangehörigen im Zusammenhang mit dem Kriegsgeschehen
entstanden sind, nicht (mehr) zustehen, bedarf es insoweit keines vertraglichen Ausschlusses
solcher Forderungen.
Wohl aber könnte – zur endgültigen politischen Regelung dieser Streitfrage – eine – vertragliche oder sonstige – Bestätigung von polnischer Seite, daß sie diese Forderungen nicht mehr
erheben will, in Betracht kommen.

---

4 Abkommen zwischen der Bundesrepublik Deutschland und dem Staate Israel, 10. September 1952, mit Anhängen
   und Briefwechsel, in: BGBl. 1953 II, 37–97.

Nr. 207
Vermerk des Ministerialdirigenten Busse
Bonn, 6. März 1990

BArch, B 136/23744, 41 – 68018 De 2 Bd. 8.

Arbeitsgruppe des BMI „Staatsstrukturen und Öffentliche Ordnung"

1. Die Arbeitsgruppe hat sich im wesentlichen befaßt mit grundsätzlichen Fragen zu folgenden Themenkomplexen:
   - Wege zur Herstellung der staatlichen Einheit Deutschlands
   - Verwaltungsorganisation in einem vereinten Deutschland
   - Öffentlicher Dienst
   - Polizeistruktur
   - Struktur der inneren Sicherheit.

2. Der „1. Bericht der Arbeitsgruppe" (12-Seiten-Papier)[1] ist von BM Schäuble mit den Bundesressorts und den Staatskanzleien der Länder (auf Leitungsebene) durchgesprochen worden. BMI hat dabei deutlich gemacht, daß es sich nicht um ein abgestimmtes Papier handeln könne, sondern um ein Papier des BMI, das die Thematik fachlich aufarbeite, ohne die Länder zu binden und ohne den der Bundesregierung vorbehaltenen politischen Entscheidungen vorzugreifen; die Länder hätten Gelegenheit, dazu ihre Stellungnahme einzubringen.
   Weitere vom BMI an uns übersandte „Berichtsbeiträge" sind der Länderseite – soweit zu übersehen – nicht zugänglich. In einzelne dieser Papiere ist fachlicher externer Rat eingeflossen.

3. Der „1. Bericht der Arbeitsgruppe" dürfte im wesentlichen im Ressortkreis konsensfähig sein. Erörterungsbedarf könnte sich allerdings u. a. zu folgenden Punkten ergeben:
   a) Wege über Art. 23 oder Art. 146 GG?
   Der „1. Bericht" versucht, die beiden Grundsatzoptionen argumentativ gegenüberzustellen, läßt aber – ohne dies expressis verbis zu sagen – durch die Gewichtung der Argumente eine Präferenz für den Weg über Art. 23 GG erkennen. Es könnte sein, daß von einzelnen Ressorts – z.B. AA – vorgeschlagen wird, im gegenwärtigen Stadium
   – die angedeutete Präferenz mehr zurückzunehmen,
   – zusätzlich stärker zu betonen, daß jeder der beiden Wege ein Votum der DDR-Seite voraussetzt.
   M.E. sind zu beiden Punkten je nach dem Verlauf der politischen Diskussion Formulierungsannäherungen möglich.

   b) Unterrichtung der Länder?
   Nachdem der Entwurf des „1. Berichts" mit der Länderseite durchgesprochen worden ist, könnte erwogen werden, den Ländern auch die Endfassung zugänglich zu machen. Zugesagt hat BM Schäuble dies nicht, sondern lediglich Fühlungnahme mit den Ländern, sobald zum Thema Staatsstrukturen Weichenstellungen anstünden.
   M.E. kann aber auch vertreten werden, von der Versendung des „1. Berichts" an die Länder abzusehen, weil er sich kaum vom Entwurf unterscheidet und – trotz der von

---

1 1. Bericht der Arbeitsgruppe des Bundesministers des Innern „Staatsstrukturen und Öffentliche Ordnung" im Rahmen des Kabinettausschusses „Deutsche Einheit", 5. März 1990; BK, 132 – 35400 De 12 Bd. 3.

BM Schäuble ausdrücklich erbetenen Diskretion – ausführlich in der Presse aus der Entwurfsfassung zitiert wird (z. B. FR v. 3.3.1990[2]).

c) Weiteres Procedere zu den „Berichtsbeiträgen".

Die „Berichtsbeiträge" befassen sich z.T. mit wichtigen Fragen zu auch außenpolitisch relevanten Fragen (z. B. Auswirkungen auf Europaparlament, EG, VN, NATO, RGW). Hier kann sich Abstimmungsbedarf zu anderen Arbeitsgruppen ergeben.

d) Fragen eines Durchbruchs?

Je nach dem politisch gewollten Zeitplan für den Einigungsprozeß (z. B. was soll bis zur Dezember-Wahl geleistet sein? Zeitvorstellung für gesamtdeutsche Wahlen?) werden die fachlichen Überlegungen des BMI Ausdruck finden müssen in einer Art „Drehbuch", das die einzelnen staatsorganisatorischen Schritte (z. B. gemeinsame Verfassung, gemeinsames Wahlrecht) auf diesen Zeitplan hin orientiert. BMI könnte gebeten werden, in Vorarbeiten zu einem solchen Drehbuch einzutreten.

Vorsorglich ist darauf hinzuweisen, daß die „Berichtsbeiträge" aus zeitlichen Gründen noch keiner Detail-Prüfung unterzogen werden konnten.

Hausintern ist darauf hinzuweisen, daß die vom BMI zu prüfenden Fragen der Verwaltungsorganisation sich berühren mit Fragen des BND und der StäV in Berlin (Ost), die den Geschäftsbereich des Bundeskanzleramtes unmittelbar betreffen.

Nr. 208
Vermerk des Ministerialdirigenten Busse
Bonn, 6. März 1990

BArch, B 136/23744, 41 – 68018 De 2 Bd. 8.

Arbeitsgruppe des BMJ „Rechtsfragen, insbesondere Rechtsangleichung"

1. Die Arbeitsgruppe hat sich konzentriert auf einen Beitrag zur grundsätzlichen Klärung
   – aktueller Rechtsfragen,
   – struktureller Fragen der Rechtsangleichung (allgemeine Kriterien für Rechtsangleichung durch die jeweiligen federführenden Ressorts und Herausarbeitung des konkreteren Angleichungsbedarfs im Geschäftsbereich des BMJ),
   – möglicher Unterstützungsmaßnahmen für die Reformbestrebungen in der DDR.

2. Das Papier des BMJ (Langfassung)[1] ist mit den Bundesressorts und den Ländern inhaltlich durchgesprochen worden. BMJ hat dabei alle Anregungen soweit als möglich aufgenommen. Gleichwohl hat BMJ der Länderseite deutlich gemacht, daß es sich nicht um ein zwischen Bund und Ländern abgestimmtes Papier handeln könne, sondern nur um ein Papier des BMJ, das im Ressortkreis und mit den Ländern erörtert worden sei.

3. Das Papier des BMJ (Langfassung) erscheint im Ressortkreis konsensfähig, die Kurzfassung darüber hinaus pressefähig.
   Erörterungsbedarf könnte sich u.a. zu folgenden Punkten ergeben:

---

2 Martin Winter, „Volk soll nicht über Einheit entscheiden", in: Frankfurter Rundschau. 46. Jg. Nr. 53. 3. März 1990, 1 f.

1 Bericht der Arbeitsgruppe des Bundesministers der Justiz „Rechtsfragen, insbesondere Rechtsangleichung" im Rahmen des Kabinettausschusses „Deutsche Einheit", 27. Februar 1990, 72 S.; BArch, B 137/10879.

a) Unterrichtung der Länder?

M.E. sollte BMJ ermächtigt werden, das Papier (auch Langfassung) den Ländern zugänglich zu machen, da es bereits im Entwurf vollinhaltlich mit den Ländern durchgesprochen wurde. Aber: Vermeidung von Präzedenzgefahr für die anderen Arbeitsgruppen.

b) Reichweite des BMJ-Papiers

Das BMJ befaßte sich nur mit der „Übergangsphase" bis zur Herbeiführung der Einigung, nicht aber – aus Zeitgründen – mit etwaigen Anpassungsprozessen danach. M.E. kann dies unter den gegebenen zeitlichen Umständen hingenommen werden. Prozedurale Überlegungen für den weiteren Verlauf des Einigungsprozesses wird BMJ später nachzuliefern haben.

c) Offene Vermögensfragen

Das Papier befaßt sich nur kursorisch mit diesem komplexen Thema (S. 15–17). Die konkrete Sacharbeit hierzu wird gegenwärtig vom BMB geleistet. Es sollte geklärt werden, ob BMB hierzu nicht einen differenzierten Text erstellt, der in das BMJ-Papier aufgenommen wird oder – vielleicht besser – vom BMB gesondert dem Kabinettausschuß zugeleitet wird.[2]

Nr. 209
Vermerk des Regierungsdirektors Stark
Bonn, 6. März 1990

BArch, B 136/23744, 41 – 68018 De 2 Bd. 8. – Az. 42 – 35006 – De 13.

Betr.: Arbeitsgruppe „Bildung einer Währungsunion, Finanzfragen"

Der Vorsitzende der Arbeitsgruppe, Sts Dr. Köhler, wird berichten.

1. Allgemeine Bewertung

Die Arbeitsgruppe „Bildung einer Währungsunion, Finanzfragen" wird von den Arbeiten der Gemeinsamen Expertenkommission überlagert und bestimmt. Der Bericht des BMF[1] konzentriert sich daher zu Recht auf die Beratungen der Expertenkommission sowie deren Arbeitsgruppen zu den Bereichen Währung, Wirtschaft, Finanzen, soziale Sicherung. Die Expertenkommission und die Arbeitsgruppen haben zielführend gearbeitet und bereits sichtbare Fortschritte erzielt. Die DDR arbeitet nicht nur konstruktiv an der Klärung der erforderlichen Fakten und Daten mit, sondern ist auch bereit, aktiv an der Lösung der sehr schwierigen Fragen mitzuwirken.

2. Inhalt

Die Expertenkommission hat bis jetzt zweimal getagt. Grundlage war ein Fragenkatalog, in dem die erforderlichen wirtschaftlichen und finanziellen Daten und Fakten erfaßt sind. Die anläßlich des ersten Treffens gebildeten Arbeitsgruppen haben sich inzwischen mehrfach zu Beratungen getroffen.

---

2 In einer Vorlage an Bundesministerin Wilms vom 5. März 1990 wurde die „Vorbereitung einer Beschlußvorlage für das Kabinett" empfohlen (Vermerk „Vermögensfragen" des Ministerialrats Motsch; ebd.).

1 Bericht des Bundesministers der Finanzen an den Kabinettausschuß Deutsche Einheit, M/AIB/38.1–38.9/SCHE, 5. März 1990; BArch, B 136/23744, 41 – 68018 De 2 Bd. 7.

Arbeitsgruppe Wirtschaft

In dieser Arbeitsgruppe wurden Fragen einer konsolidierten Bilanz des DDR-Kreditsystems, der internen Schuldner-Gläubiger-Verhältnisse und Fragen der Zahlungsbilanz der DDR erörtert sowie einer ersten ökonomischen Bewertung unterzogen.

Zentrales Anliegen der DDR-Seite war wiederholt die Frage des Umstellungssatzes der Mark der DDR zur D-Mark. Von unserer Seite wurde dazu betont, daß diese Frage erst am Ende des gesamten Klärungsprozesses entschieden werden könne.

Arbeitsgruppe Finanzen

Im Vordergrund standen die Bestandsaufnahme des DDR-Staatshaushalts, Fragen des Haushalts- und Steuerrechts sowie der Haushaltsorganisation und Steuerverwaltung. BMF erarbeitet derzeit ein Modell des DDR-Staatshaushalts nach Einführung eines gemeinsamen Währungs- und Wirtschaftsraumes und die daraus resultierenden Auswirkungen auf den Bundeshaushalt.

Arbeitsgruppe Wirtschaft

Die DDR hat bereits erste Antworten auf den Fragenkatalog zu gesamtwirtschaftlichen Daten und Wirtschaftsreformen vorgelegt. Sie äußerte sich sehr kritisch zur Wettbewerbsfähigkeit der DDR-Wirtschaft für den Fall, daß marktwirtschaftliche Regelungen ohne Übergangsfristen eingeführt werden.

Arbeitsgruppe soziale Sicherung

Erörtert wurden statistische Grundlagen und die Übertragbarkeit von Grundsätzen und Regelungen unseres Systems der sozialen Sicherung auf die DDR. Großes Interesse bestand an der Einführung einer beitragsfinanzierten Arbeitslosen- und Rentenversicherung.

3. Ggf. zu erörternde Punkte

– Bestätigung der strengen Vertraulichkeit der Arbeiten der Expertenkommission.
– Zur Frage des Umstellungssatzes DDR-Mark/D-Mark sollte größte Zurückhaltung geübt und jede weitere öffentliche Diskussion vermieden werden.
– Frage der weiteren Termin- und Arbeitsplanung bis zum 18. März.

Nr. 210
Schreiben der Premierministerin Thatcher an Bundeskanzler Kohl
7. März 1990

BK, 213 – 30130 P 4 Po 30 Bd. 8. – Inoffizielle Übersetzung. Mit Stempel: Bundeskanzleramt, 8. März 1990. – Mit Begleitschreiben des Botschafters Mallaby an Bundeskanzler Kohl, 7. März 1990: „Exzellenz! Ich bin von der Premierministerin, the Right Honourable Margaret Thatcher MP, beauftragt worden, Ihnen die beigefügte Botschaft zu übermitteln. Genehmigen Sie, Exzellenz, den Ausdruck meiner ausgezeichneten Hochachtung." Mit Stempel: Vorzimmer Bundeskanzler, 7. März 1990. Hs. von Bundeskanzler Kohl vermerkt: „erl."

Lieber Helmut,

es war sehr freundlich von Ihnen, mich so schnell über die Entscheidung der Bundesregierung bezüglich der deutsch-polnischen Grenze zu unterrichten.[1] Ich habe die Angelegenheit sehr sorgfältig verfolgt und teile Ihre Meinung, daß die Grenze vollkommen sicher und vertraglich garantiert sein sollte. Ich begrüße daher Ihre Absicht, daß die beiden deutschen Re-

---

1 Nr. 204 und Nr. 204A.

gierungen und Parlamente möglichst bald nach den Wahlen in der DDR offizielle Erklärungen darüber abgeben sollen und daß bald nach einer Vereinigung ein Vertrag erfolgen soll. Das sind höchst staatsmännische Schritte. Sie werden von großem Nutzen sein und dazu beitragen, die bisherige Ungewißheit zu zerstreuen.

Mit den besten Wünschen
Ihre Margaret

Nr. 211
Vorlage des Ministerialdirektors Teltschik an Bundeskanzler Kohl
Bonn, 9. März 1990

BK, 212 – 35400 We 35 Bd. 1. – Mitverfasser: VLR Nikel. Vorlage über Chef BK. Mit Stempel: Der Leiter des Kanzlerbüros, 15. März 1990. Hs. von Bundeskanzler Kohl vermerkt: „Teltschik erl."

Betr.: Jüngste sowjetische Äußerungen zur deutschen Frage
Bezug: Vorlage vom 22. Februar[1]

1. Überblick
GS Gorbatschow (Modrow-Besuch, ARD-Interview vom 6. März[2]) und AM Schewardnadse (Interview mit Berliner Illustrierten vom 7. März[3]) haben das Recht der Deutschen auf Einheit bekräftigt, gleichzeitig jedoch die Bedingungen für die Vereinigung erneut präzisiert.
Gorbatschow erteilt erstmalig einer wie auch immer beschaffenen NATO-Mitgliedschaft eines vereinten Deutschlands eine deutliche Absage. Er fordert einen etappenweisen und kontrollierbaren Vereinigungsprozeß unter voller Berücksichtigung der Interessen der Vier Mächte.
Schewardnadse qualifiziert – mit taktischer Zielrichtung – Artikel 23 Grundgesetz als überaus gefährlichen Weg der Vereinigung. Er meldet erstmals konkrete Tagesordnungswünsche für die 2+4-Gespräche an. Alle Stellungnahmen sind eine massive Einmischung in den DDR-Wahlkampf. Die SU möchte über die 2+4-Gespräche Einfluß auf die innere Entwicklung der Vereinigung nehmen. Sie versucht, den nunmehr beschleunigten deutschen Einigungsprozeß als Hebel für den beschleunigten Aufbau eines europäischen Sicherheitssystems zu nutzen.

2. ARD-Interview Gorbatschows vom 6. März
In Abkehr von früheren Aussagen hat Gorbatschow einer wie auch immer gearteten NATO-Mitgliedschaft eines vereinten Deutschlands eine deutliche Absage erteilt. Andererseits vermeidet der Generalsekretär den Begriff der Neutralität. Vielmehr definiert er die Stellung Deutschlands in einem einheitlich europäischen Prozeß (Wien, Helsinki II),

1 Nr. 191.
2 Generalsekretär Gorbatschow gab das Interview in Moskau für die Nachrichtenagentur TASS und Fernsehanstalten in der Bundesrepublik Deutschland und in der DDR (TASS/russ./6.3.90 in: Ostinformationen. Nr. 46. 7. März 1990, 1–3; BPA/PA, F 1/22).
3 „Was wird aus Deutschland?", in: Neue Berliner Illustrierte. 46. Jg. Nr. 11/90. 9. März 1990, 18f. Die Nachrichtenagentur TASS verbreitete vorab am 7. März den Wortlaut des Interviews (Meldung TASS/russ./7.3.90 in: Ostinformationen. Nr. 47. 8. März 1990, 1–5; BPA/PA, F 1/22).

in dem sich NATO und WP zu militärisch-politischen oder politischen Organisationen hin verändern werden. Von Auflösung der Bündnisse ist nicht die Rede.

3. Modrow-Besuch in Moskau am 5./6. März

Der TASS-Meldung über die Gespräche zufolge[4] forderte Gorbatschow ein etappenweises und kontrollierbares Vorgehen bei der Vereinigung. Eine Politik der vollendeten Tatsachen sei nicht verantwortungsvoll. Unabdingbare Voraussetzung sei die volle Berücksichtigung der Rechte der Vier Mächte und der Nachbarländer. Endgültig könnte die deutsche Einheit erst im Rahmen einer Friedensregelung gelöst werden, die ein wichtiges Element der neuen Sicherheitsstrukturen in Europa darstelle.

Bemerkenswert ist der von sowjetischer Seite nicht widersprochene Versuch der Regierung Modrow, Strukturelemente des SED-Staates in die deutsche Einheit hinüberzuretten (vgl. auch Modrow-Brief)[5]. Damit sollen Fragen der inneren Einigung der beiden deutschen Staaten deren Disposition unter Bezug auf durch die Vier Mächte zu treffende Vereinbarungen entzogen werden. Dies wird allerdings durch die Mitteilung über das Gespräch Modrow/Ryschkow vom 6. März dahingehend relativiert, daß der Übergang zu Marktverhältnissen in der DDR prinzipielle Wandlungen der wirtschaftlichen Austauschverhältnisse erfordere. MP Modrow hat offenbar sowjetische Rückendeckung für „Garantien zum Erhalt der sozialistischen Errungenschaften" der DDR im Vereinigungsprozeß" bekommen. Umgekehrt dürfte die SU in Zukunft versuchen, die DDR-Regierung an die sowjetische Zustimmung zu den die SU betreffenden Wirtschaftsfragen im Vereinigungsprozeß zu binden.

4. Schewardnadse-Interview in der Neuen Berliner Illustrierten vom 7. März

Der sowjetische Außenminister wendet sich in scharfer Form gegen Artikel 23 GG als überaus gefährlichen Weg auf ausgesprochen nationalistischer Basis. Artikel 23 wird polemisch-plakativ und in durchsichtiger Wahltaktik als „Anschluß" gewertet. Pläne eines länderweisen Anschlusses seien widerrechtlich. Er insinuiert, wir förderten aktiv die Destabilisierung der DDR („Taktik der Verzögerung der Hilfe, Versuchsgelände für die eigene Wahlkampagne").

Der sowjetische AM präzisiert sowjetische Vorstellungen hinsichtlich einer Tagesordnung für die 2+4-Gespräche:

– Anerkennung der Grenzen,
– Ausschluß einer Kriegsgefahr vom deutschen Boden,
– Entmilitarisierung (großzügig definiert als „Schaffung von Bedingungen, unter denen eine Aggression vom Territorium Deutschlands aus nicht möglich wäre"),
– Garantien gegen Wiederentstehen des Nazismus,
– bündnispolitischer Status des vereinten Deutschlands,
– Viermächte-Verantwortung,
– ausländische Truppen auf dem Territorium Deutschlands,
– finanzielle und materielle Ansprüche an Deutschland (der Begriff Reparationen fällt nicht).

Da auch die Lebensinteressen anderer Staaten berührt seien, müßten diese „Stimme und Platz im Verhandlungsprozeß haben". Hinsichtlich einer gesamtdeutschen NATO-Zugehörigkeit äußert sich Schewardnadse flexibler als Gorbatschow, indem er zukünftige Kompromisse nicht ausschließt.

Die Entmilitarisierung Gesamtdeutschlands (im oben definierten Sinn) sei im Rahmen des Verlaufes der KSZE-Verhandlungen voll und ganz möglich. Schewardnadse setzt sich

---

4   Meldung TASS/russ./6.3.90/1911 in: Ostinformationen. Nr. 46. 7. März 1990, 11 f.; BPA/PA, F 1/22.
5   Nr. 201.

für eine Synchronisierung der deutschen Frage mit dem gesamteuropäischen Prozeß ein und relativiert damit mechanistische Vorstellungen einer zeitlichen Verbindung zwischen den inneren und äußeren Aspekten der Vereinigung (vgl. sowjetischer Vize-AM Adamischin in Genf)[6]. Der beschleunigte Lauf der Geschichte erfordere, sich sofort mit der Bildung eines Systems des gesamteuropäischen Hauses, dessen rechtlichen, humanitären und wirtschaftlichen Aspekten und dessen Institutionalisierung auseinanderzusetzen. Das Ziel für die Lösung aller Fragen im Zusammenhang mit der deutschen Einheit sei ein „komplexes multilaterales Dokument ... mit ausreichender völkerrechtlicher Rechtskraft und Garantien für eine strikte Einhaltung der Bestimmungen durch alle Seiten". Er läßt zwar einen Vorzug für einen Friedensvertrag erkennen, legt sich darauf aber nicht fest.

5. Wertung

Mit den jüngsten Äußerungen präzisiert die sowjetische Führung ihre deutschlandpolitischen Vorstellungen, bewahrt sich aber in wichtigen Aspekten ihre Flexibilität. Polemisch-plakative Überzeichnungen sind mehr auf das Ziel der massiven Einmischung in den Wahlkampf in der DDR zurückzuführen, denn als echte Besorgnis zu werten, zumal die holzschnittartigen Ausführungen zu Artikel 23 große sachliche Unkenntnis verraten. Der Versuch, eine möglichst breite Palette von Einzelfragen in die 2+4-Gespräche einzubringen, zeugt von dem Wunsch, möglichst großen Einfluß auf die inneren Aspekte der Vereinigung zu gewinnen. Bedenklich ist dabei besonders Schewardnadses Hinweis auf die materiell-finanziellen Aspekte (nicht Reparationen). Ähnlich wie bei Polen dürfte hier vor allem an Entschädigung für Zwangsarbeit gedacht werden.

Da die SU die deutsche Frage als Hebel für eine neue europäische Sicherheitsstruktur benutzen will, drückt Schewardnadse angesichts des beschleunigten Tempos der deutschen Einigung auch bei der europäischen Sicherheitsordnung „aufs Gas". Insgesamt behält die sowjetische Position Flexibilität, wenn auch die Ablehnung einer NATO-Mitgliedschaft eines geeinten Deutschland deutlicher als bisher ausfällt.

Teltschik

---

6 Ministerialdirektor Kastrup und der stellvertretende Außenminister Adamischin führten am 2. März 1990 in Genf Sondierungsgespräche in Vorbereitung der Zwei-plus-Vier-Verhandlungen.

Nr. 212
Gespräch von Vertretern der Bundesregierung und der Regierung der DDR
im Rahmen des Mechanismus Zwei plus Vier
Berlin (Ost), 9. März 1990

BArch, B 136/20244, 221 – 34900 Wi 14 Bd. 1. – Vorlage des MDg Duisberg an Chef BK, 12. März 1990. Kopie: AL 2. Zur Unterrichtung. Hs. vermerkt: „ab am 12/3/90 Wi[chmann]".

Betr.: Gespräch mit der DDR im Rahmen des Mechanismus nach der Formel 2+4 am 09. März 1990 in Berlin (Ost)[1]

1. Das Gespräch (Dauer: 2 1/2 Stunden) mit anschließendem Mittagessen fand in einer sachlichen, angenehmen Atmosphäre statt.
   1.1 Im Vordergrund standen Fragen des Verfahrens für die Gespräche im Rahmen 2+4.[2] Dabei unterstützte die DDR grundsätzlich unseren Wunsch, daß diese Gespräche auf deutschem Boden, alternierend bei uns und [in] der DDR, stattfinden sollten.[3] Die DDR trat im übrigen für eine stärker formale Ausgestaltung dieser Gespräche ein; ihre – zweifellos sowjetisch inspirierten – Vorstellungen schienen in Richtung auf eine „Miniatur-KSZE" zu tendieren. Sie zeigte auch deutliche Bereitschaft, weitere Staaten bis hin zu allen übrigen KSZE-Staaten enger in den Prozeß einzubeziehen.
   1.2 Die DDR machte auch bereits längere Ausführungen zur Substanz der Gespräche, wobei sie sich weitgehend auf ihr uns und anderen KSZE-Staaten Ende Februar über-

---

1 Wiedergabe des Gesprächsverlaufs auch in dem Bericht des Ministerialdirektors Kastrup, übermittelt in: Fernschreiben des Ministerialdirigenten Meyer-Sebastian an den Chef des Bundeskanzleramtes, StäV Nr. 607, 9. März 1990, VS-Vertraulich; BK, 22 – 35400 (29) De 35 Bd. 1.
2 In dem Fernschreiben (ebd.) dazu vermerkt: „Zu den prozeduralen Aspekten erklärte sich DDR mit dem von mir [Kastrup] geschilderten Arrangement für das Treffen am 14.03.1990 einverstanden (Runder Tisch, Namensschilder in jeweiliger Landessprache, Sitzordnung in alphabetischer Reihenfolge unter Zugrundelegung des deutschen Alphabets, Simultanübersetzung in 4 Sprachen)."
3 Ebd. vermerkt: „Zum Ort der Treffen 2+4 auf Beamten- und auf Ministerebene bestand Übereinstimmung mit der DDR in klarer Präferenz für Durchführung aller Treffen auf deutschem Boden, alternierend in der Bundesrepublik Deutschland und in der DDR. Wir kamen überein, uns gegenüber den jeweiligen Gastländern für eine solche Regelung einzusetzen. Über unseren Gedanken, Treffen auf Ministerebene außerhalb des Sitzes der Regierungen durchzuführen, zeigte sich DDR überrascht. Sie machte in einer Weise deutlich, die nicht den Eindruck eines vorgeschobenen Arguments hatte, daß hier erhebliche logistische Probleme bestünden. Zur Frage des Vorsitzes hielt DDR es für unvermeidbar, das Rotationsprinzip, und zwar in alphabetischer Reihenfolge, anzuwenden. Es dürfte bei keinem Teilnehmerstaat der Eindruck entstehen, er solle benachteiligt werden. Zur Tagesordnung waren wir uns einig, nach dem Konsensprinzip zu verfahren, jedem Teilnehmerstaat solle es freistehen, die Einberufung einer Sitzung zu verlangen. Die DDR zeigte eine gewisse Präferenz für die Vereinbarung eines Sitzungskalenders. Wir plädierten dafür, pragmatisch von Fall zu Fall vorzugehen, da Festlegungen angesichts der Unübersehbarkeit des Prozesses nicht angezeigt seien. Die Anregung der DDR, in einem bestimmten Stadium der Gespräche Arbeitsgruppen einzurichten, nahmen wir mit der Zusage positiver Prüfung entgegen. Es bestand Übereinstimmung, Diskussionen über die Abfassung von jeweils am Ende der Sitzungen veröffentlichten Erklärungen zu vermeiden. Die Möglichkeit einer mündlichen Unterrichtung durch den jeweiligen Vorsitzenden auf der Grundlage vorher abgestimmter Leitlinien wurde als gangbarer Weg angesehen. Die DDR warf die Frage auf, wie ggf. einseitige Erklärungen oder bestimmte Zwischenergebnisse in rechtsverbindlicher Form festgehalten werden könnten, und gab in diesem Zusammenhang die Einrichtung eines Journals in Erwägung. Wir erkannten die Berechtigung dieser Frage an und erklärten Bereitschaft, nach angemessenen Lösungen zu suchen. Als generelle Richtschnur sollten nach den Vorstellungen der DDR die Verfahrensregeln der KSZE Anwendung finden. Wir erklärten, mit dem prinzipiellen Einsatz keine Probleme zu haben, allerdings mit der Einschränkung, daß wir uns vorbehalten müßten, diese im einzelnen noch zu prüfen. DDR warf die Frage der finanziellen Regelung für die Konferenzen und die mit den technischen Anlagen zusammenhängenden Fragen auf. Wir erklärten, hierzu keine verbindliche Zusage machen zu können, machten jedoch deutlich, daß für uns die Abhaltung der Konferenzen auf deutschem Boden politische Priorität habe."

mittels Memorandum[4] bezog.[5] Es bestand grundsätzliche Übereinstimmung, daß die drei folgenden Komplexe Gegenstand der Gespräche sein müßten:
- Grenzfrage[6],
- „militärpolitischer Status"[7],
- Beendigung der Viermächte-Rechte in bezug auf Berlin und Deutschland als Ganzes.[8]

Wir haben zu dem letzten Punkt erklärt, daß unserer Auffassung nach am Ende der Gespräche ein Akt der Vier Mächte stehen müsse, in dem zum Ausdruck gebracht werde, daß diese Rechte ihre Erledigung gefunden haben. In diesem Zusammenhang haben wir auch deutlich gemacht, daß wir einen Friedensvertrag aus politischen und rechtlichen Gründen für unerwünscht halten. Die DDR meinte dazu, die Ergebnisse der Gespräche sollten in einem völkerrechtlich verbindlichen Dokument zusammengefaßt werden, in dem alle aus Krieg und Nachkriegszeit herrührenden Probleme geregelt würden.[9]

Außer den drei genannten Komplexen verlangte die DDR – unter Bezug auf die Erklärung der DDR-Regierung vom 01.03.1990 und den Brief von MP Modrow an den Herrn Bundeskanzler vom 02.03.1990[10] – auch, daß die Eigentumsproblematik im Rahmen der Gespräche 2+4 behandelt werde, da die in der DDR entstandene Eigentumsordnung auf Beschlüssen und Entscheidungen der Vier Mächte (Potsdamer Konferenz und Entscheidungen der sowjetischen Militärregierung) beruhe. Wir haben das nachdrücklich zurückgewiesen; diese Fragen könnten nur in den bilateralen Gesprä-

---

4 Memorandum des Ministeriums für Auswärtige Angelegenheiten der Deutschen Demokratischen Republik zur Einbettung der Vereinigung der beiden deutschen Staaten in den gesamteuropäischen Einigungsprozeß, ohne Datum. Es wurde am 23. Februar 1990 in der Ständigen Vertretung der Bundesrepublik Deutschland bei der DDR übergeben (Vorlage des Ministerialrats Germelmann an den Chef des Bundeskanzleramtes Seiters, 27. Februar 1990, Anlage: Memorandum; BArch, B 136/20638, 221 – 35014 Wi 13 Bd. 1). Veröffentlicht in: Außenpolitische Korrespondenz. 34. Jg. Nr. 8. 9. März 1990, 58 f.

5 Ministerialdirektor Kastrup zufolge (Anm. 1) plädierten die Vertreter der DDR „für ein ‚berechenbares Zusammenwachsen' der beiden deutschen Staaten, das in Etappen erfolgen solle, in die europäischen Sicherheitsstrukturen eingebettet werden müsse und die Interessen aller Nachbarstaaten zu berücksichtigen habe. Der Prozeß dürfe nicht vom gesamteuropäischen Prozeß abgekoppelt werden. Der innerdeutsche und die 2+4-Gespräche sollten parallel laufen, um eine größtmögliche ‚Synchronisierung' zu gewährleisten. Sie sollen sich ferner auch auf den größeren Kreis der 35 KSZE-Staaten beziehen. Über die Frage, wie andere Staaten einbezogen werden können, müsse man noch nachdenken. Die DDR bezog sich in diesem Zusammenhang auf ihr Memorandum. Vor Herstellung der Einheit sollen alle wesentlichen Fragen der äußeren Aspekte geklärt sein."

6 Dazu in dem Fernschreiben (Anm. 1) vermerkt: „Zur Frage der polnischen Westgrenze schlug DDR ein Vorgehen vor, das dem des polnischen Ministerpräsidenten entspricht. Eine völkerrechtlich verbindliche Anerkennung der bestehenden polnischen Westgrenze sei unvermeidbar."

7 Ebd. dazu vermerkt: „Die Ausführungen zum ‚militärpolitischen Status des vereinigten Deutschland' bewegten sich ganz auf der Linie jüngster sowjetischer Äußerungen. Gesamtdeutschland könne weder Mitglied der NATO noch des WP sein. Der militärische Status beider Teile Deutschlands müsse in gleicher Weise verändert werden, was durch den Fortgang des Abrüstungsprozesses erleichtert werden könne. Zur Präsenz ausländischer Truppen führte DDR aus, wenn solche in einem Teil Deutschlands stationiert seien, müsse dies auch für den anderen gelten. Im übrigen sei es erforderlich, daß beide deutschen Staaten sich aktiv um die Schaffung blockübergreifender Strukturen bemühten. Hierbei könnten sie eine Vorreiterrolle übernehmen, beispielsweise bei der Schaffung einer blockübergreifenden Abrüstungskontrollbehörde. Schließlich gehe DDR davon aus, daß beide Seiten Verzicht auf ABC-Waffen bekräftigten. Dies könnten beide Parlamente durch entsprechende Erklärungen vorwegnehmen."

8 Ebd. vermerkt: „Mit der Herstellung der Einheit sollten nach Auffassung der DDR die bestehenden Rechte und Verantwortlichkeiten der Vier Mächte für Berlin und Deutschland als Ganzes entfallen."

9 Ebd. ausgeführt: „Nach Vorstellung der DDR soll das Ergebnis der Gespräche 2+4 in einem völkerrechtlichen Dokument zusammengefaßt werden, dessen Bezeichnung nicht entscheidend sei. Wir legten in diesem Zusammenhang Wert auf die Feststellung, daß der Abschluß eines Friedensvertrages für uns politisch und rechtlich unerwünscht sei. Die DDR zeigte für unsere Argumentation Verständnis. Generell machten wir deutlich, daß wir die Fragen der Substanz, die im Rahmen der Gespräche 2+4 zu behandeln sind, mit der aus den Wahlen hervorgehenden Regierung der DDR erörtern würden."

10 Nr. 201 und Nr. 201A.

chen behandelt werden.[11] Die DDR hat später erkennen lassen, daß sie auf einer Behandlung im Rahmen 2+4 nicht unbedingt bestehen wird, wenn Verhandlungen in einem anderen Rahmen gewährleistet sind.

2. Das Gespräch hat verstärkt die sachliche Notwendigkeit und das politische Interesse deutlich gemacht, daß das Bundeskanzleramt an dem gesamten Verfahren 2+4 – d. h. auch an den Gesprächen im Kreise der Sechs – personell beteiligt ist.

2.1 Sachlich sind diese Gespräche mit den künftig bilateral zu führenden Verhandlungen über die konkreten Schritte zur Herstellung der deutschen Einheit verzahnt. Die Frage des verfassungsrechtlichen Weges wurde bereits bei diesem ersten Gespräch direkt und indirekt berührt. Sie wird erst recht im Kreis der Sechs auftreten; die SOW, aber [auch] F und GB haben ein deutliches Interesse daran, das Verfahren 2+4 zu einem Kontrollmechanismus für die innerdeutsche Entwicklung zu machen. Die Bundesregierung selbst und insbesondere der Außenminister betonen ihrerseits, daß die bilateralen Gespräche sich im Einklang mit der Behandlung der äußeren Aspekte vollziehen müßten.

Im übrigen muß – wie die Behandlung der Eigentumsproblematik durch die DDR zeigt – mit Versuchen gerechnet werden, bilateral zu regelnde Materien in den Sechserkreis einzuführen.

2.2 Politisch liegt das Beteiligungsinteresse auf der Hand. Es ist auch notwendig, unmittelbar zu erfahren, was in diesem Bereich vorgeht. Im Kabinettausschuß und in der von ihm geleiteten Arbeitsgruppe hat das AA immer nur über bereits geführte Gespräche berichtet, jedoch keine Konzeptionen zur Diskussion gestellt. In dem Gespräch mit der DDR wurde ich durch die von MD Dr. Kastrup vorgetragenen – und von der DDR bereitwillig aufgegriffenen – „Überlegungen" überrascht, nach der Wahl am 18. März eine gemeinsame außenpolitische Kommission zu bilden mit der Aufgabe, gemeinsame Positionen zu entwickeln und das Vorgehen in internationalen Organisationen sowie gegenüber Drittstaaten allmählich zusammenzuführen, einschließlich der Erörterung von Konsequenzen für die Personal- und Sachverwaltung. Im übrigen gehen die DDR-Gesprächspartner selbstverständlich davon aus, daß das Bundeskanzleramt, jedenfalls durch meine Person, auch bei den Gesprächen im Kreis der Sechs beteiligt bleibt. Soweit ersichtlich, geht auch unsere Presse überwiegend von einer weiteren personellen Beteiligung des Bundeskanzleramtes an den Gesprächen aus; es würde mit Sicherheit Fragen und Kommentare geben, wenn die Gespräche am 14.03. allein vom Auswärtigen Amt geführt würden.

(Duisberg)

---

11   Vermerkt in dem Fernschreiben (Anm. 1.): „Unter Bezugnahme auf den Brief von MP Modrow an den Bundeskanzler trat DDR dafür ein, daß im Rahmen des Prozesses 2+4 die Frage der Eigentumsverhältnisse in der DDR verhandelt werden müsse. DDR verwies hierzu auf aus ihrer Sicht bindende Beschlüsse der Potsdamer Konferenz, die im nachhinein nicht zurückgenommen werden dürften. Wir sind dem nachdrücklich entgegengetreten und haben auf die Behandlung dieser Fragen in den bilateralen Gesprächen verwiesen, die nach den Wahlen aufgenommen werden würden."

Nr. 213
Gespräch des Bundeskanzlers Kohl mit Mitgliedern der Rüstungskontroll-Beobachtergruppe des amerikanischen Senats
Bonn, 12. März 1990

BK, 212 – 30132 A 5 Am 23 Bd. 4. – Undatierter Vermerk des VLR Westdickenberg. VS-NfD. – Mit Vorlage des MD Teltschik (mit Stempel: Hat AL 2 vorgelegt; unterzeichnet: „Hartmann") über Chef BK an den Bundeskanzler mit der Bitte um Billigung, 13. März 1990. Hs. von Bundeskanzler Kohl vermerkt: „Teltschik erl." – Gesprächsdauer: 11.00 bis 12.00 Uhr (Angabe nach Terminkalender des Bundeskanzlers).

Teilnehmer am Gespräch waren
- auf amerikanischer Seite:
  - -) die Senatoren Lugar, Sarbanes, Bumpers und Lott
  - -) Botschafter Walters und BR Grobel (US-Botschaft)
  - -) sowie die Senatsmitarbeiter Barata, Harris und Myers;
- auf deutscher Seite:
  - -) der Herr Bundeskanzler
  - -) MD Teltschik
  - -) MD Schäfer (BPA)
  - -) MDg Dr. Neuer
  - -) VLR Dr. Westdickenberg (als Note taker).

Senator Lugar dankte einleitend dem Bundeskanzler für die immer sehr großzügig bemessene Zeit, die er für die amerikanischen Senatoren reserviere, und erläuterte kurz das Reiseprogramm der Gruppe.

Der Bundeskanzler vermerkte mit Befriedigung, daß die Gruppe auch in die DDR fahre, und erkundigte sich, ob sie auch noch am Mittwochnachmittag in Leipzig sei: Dort gebe es eine große Kundgebung, bei der u. a. er selber sprechen werde.[1]

Auf Hinweis von Senator Lugar, daß man nur am Dienstag in Leipzig sei, betonte der Bundeskanzler, wie wichtig es sei, sich einen unmittelbaren Eindruck von solchen Kundgebungen zu machen. Deren Stimmung werde z. B. in den US-Medien nicht immer richtig wiedergegeben.

Der Bundeskanzler gab anschließend seine Einschätzung der Lage in der DDR, die sich weiter verschlechtere. Die Dinge entwickelten sich sehr schnell, so daß heute seine 10 Punkte[2] teilweise überholt seien. Gültigkeit habe aber auf jeden Fall, daß die Einigung eingebunden sein sollte in den europäischen Einigungsprozeß und daß die Bundesregierung keine Alleingänge beabsichtige. Unter ausdrücklichem Hinweis darauf, daß das Gespräch insgesamt nicht für die Öffentlichkeit bestimmt sei – wurde von Senator Lugar bestätigt –, erklärte der Bundeskanzler, er habe sich ursprünglich bei Vorlage seines 10-Punkte-Planes vorgestellt, daß es in diesem Jahr nach den Wahlen in der DDR zur Vertragsgemeinschaft, dann 1991 zu einer Konföderation und erst nach weiteren Jahren zu einer Föderation kommen könnte. Alles habe sich viel schneller entwickelt.

Als Ursachen für dieses Entwicklungstempo, das er, der Bundeskanzler, nicht vorgegeben habe, nannte er u. a., daß MP Modrow sich nicht an seine Zusagen vom Dresdener Gespräch vor Weihnachten gehalten habe: Ein Wahlgesetz sei z. B. erst vor 10 Tagen verabschiedet

---

1 Zu der Wahlkampfrede von Bundeskanzler Kohl am 14. März 1990 in Leipzig: Karl Feldmeyer, „Konfrontiert mit großen Erwartungen", in: Frankfurter Allgemeine. Nr. 64. 16. März 1990, 4.
2 Nr. 101, insbes. Anm. 14.

worden,[3] und die Wirtschaftsreformen seien nicht bzw. mit falschem Inhalt (z.B. Beteiligungsanteil für Firmen von 49%,[4] Gewerkschaftsgesetz[5]) eingeleitet worden.

Psychologisch besonders abträglich – so der Bundeskanzler – sei die zunächst geplante Gehaltsfortzahlung für Stasi-Mitarbeiter infolge der Stasi-Auflösung gewesen. Auch habe MP Modrow bisher nicht den Gerüchten widersprochen, bei seinem Moskau-Besuch habe er der SU u. a. die Übergabe des westlichen Auslandsspionagedienstes der Stasi angeboten. Exkurs (ohne Namensnennung des DA-Vorsitzenden Schnur): Es sei bekannt, welch probates Mittel Verunglimpfungen kurz vor Wahlen seien, so daß der Beschuldigte sich nicht rechtzeitig rehabilitieren könne.

Der Bundeskanzler unterstrich, die Bundesregierung habe die Hektik, die sich in der DDR-Entwicklung zeige, nicht ausgelöst, und verwies auf über 132 000 Menschen, die seit Jahresanfang aus der DDR in die Bundesrepublik Deutschland gekommen seien. Angesichts einer solchen Entwicklung habe die Bundesregierung Maßnahmen ergreifen müssen, um sie zu stoppen. Aus diesem Grund habe sie die Wirtschafts- und Währungsunion angeboten. Die Bundesregierung werde selbstverständlich Hilfe leisten. Dies sei z.B. bei der Rentenversicherung, bei der Schaffung einer Arbeitslosenversicherung erforderlich. Auch beim Umweltschutz, im Bereich der Reaktorsicherheit sei schnell Unterstützung nötig.

Er – der Bundeskanzler – vertraue nicht auf die bisher veröffentlichten Umfrageergebnisse über den Wahlausgang in der DDR (keine Vergleichsmaßstäbe!) und rechne mit einer Koalitionsregierung nach der Wahl, was auch gut sei. Die PDS werde weit abgeschlagen enden: Die Menschen in der DDR hätten den Sozialismus „satt".

Der Bundeskanzler ging dann im einzelnen auf Vor- und Nachteile eines Weges über Art. 23 bzw. Art. 146 des GG ein und unterstrich u. a., daß ein Verfahren nach Art. 146 zeitaufwendig (ca. 1 1/2 Jahre) sei und u. a. auch zur Folge habe, daß unser bewährtes Grundgesetz von einer verfassunggebenden Versammlung mit einfacher Mehrheit geändert werden könne. Für den Weg über Art. 23 GG spreche insbesondere, daß man so problemlos die bestehenden Verträge übernehmen könne. Denn die Bundesregierung wolle, daß auch das geeinte Deutschland in der NATO bleibe. Das erfordere allerdings Übergangsregelungen. So sollten Einheiten der NATO und der Bundeswehr nicht auf das Gebiet der heutigen DDR vorgeschoben werden und müßten Regelungen für die sowjetischen Truppen in der DDR (mit Familien an die 500 000 Personen) gefunden werden.

Er – der Bundeskanzler – sei gegen eine Demilitarisierung und Neutralisierung eines geeinten Deutschland. Es solle nicht aufgegeben werden, was in 40 Jahren aufgebaut worden sei: Das gelte auch für unsere Mitgliedschaft in NATO und EG. Der Weg über Art. 23 GG sei zudem kein „Anschluß", wie dies immer wieder im Hinblick auf Österreich 1938 insinuiert werde. Es handele sich um eine freie Entscheidung, die von der DDR zu treffen sei.

Der Bundeskanzler gab seinem Erstaunen darüber Ausdruck, daß nach 40 Jahren in der Wertegemeinschaft des Westens die Haltung der Bundesregierung auch im Westen z.T. in Frage gestellt werde. Er sei gegen jeden Versuch, die USA aus Europa „herauszudrücken", sondern betone vielmehr, wir brauchten den Schutz und Schirm der USA. Er hoffe, daß auch die SU sich letztlich nicht gegen eine NATO-Mitgliedschaft Gesamtdeutschlands stellen werde. Sie habe sich zwar jetzt dagegen geäußert, aber er vermute, sie wolle nur „die Preise in die Höhe treiben".

Senator Lugar eröffnete die Diskussion mit einer Frage nach den sowjetischen Truppen in

3 Gesetz über die Wahlen zur Volkskammer der Deutschen Demokratischen Republik am 18. März 1990, 20. Februar 1990, mit Anlage, in: GBl. DDR 1990 I, 60–65.
4 Nr. 142 Anm. 6.
5 Gesetz über die Rechte der Gewerkschaften in der Deutschen Demokratischen Republik, 6. März 1990, in: GBl. DDR 1990 I, 110 f.

der DDR. Der <u>Bundeskanzler</u> betonte, es könne sich nur um eine vorübergehende Stationierung sowjetischer Truppen auf dem Gebiet der heutigen DDR handeln. Die Zeitdauer müßte vertraglich festgelegt sein und dürfe nicht zu lang sein. Für GS Gorbatschow sei eine Regelung dieser Frage innenpolitisch ungemein wichtig. Der Rückzug der dort stationierten Truppen in die Sowjetunion verursache für ihn nicht unerhebliche Probleme.

<u>Senator Lugar</u> erkundigte sich nach der Länge dieser Übergangszeit, verwies auf die Abzugszeit von 16 Monaten, die die SU mit der ČSSR vereinbart habe[6] und erkundigte sich nach den „2 plus 4"-Gesprächen.

Der <u>Bundeskanzler</u> erwiderte, bei Dingen, die die NATO beträfen, möge man die NATO fragen und nicht auf die „2 plus 4"-Gespräche verweisen. Er habe bei seinem Besuch bei der NATO in der letzten Woche[7] gewisse Ängste der kleineren NATO-Staaten verspürt, bei NATO betreffenden Sicherheitsfragen „ausgeschaltet" zu bleiben. Uns liege an Konsultationen mit den Partnern und Freunden, aber auch mit den östlichen Nachbarn. So habe er seit dem 4. Januar bis jetzt mit 24 ausländischen Staats- und Regierungschefs bzw. Außenministern gesprochen, und in diesem Zusammenhang sei auch sein Besuch beim Ständigen NATO-Rat in der letzten Woche zu sehen.

Problematisch für uns – so führte der <u>Bundeskanzler</u> aus – seien einerseits die hohen Erwartungen unserer Landsleute in der DDR, die z.T. Wunder erhofften. Zum anderen gebe es aber auch Ängste bei unseren Freunden, z.B. in NATO und EG. Er verstehe, daß es z.B. in der EG solche Sorgen gebe. Die Bundesrepublik Deutschland sei bereits mit 62 Mio. Einwohnern die „Nr. 1" in der EG. Zudem sei die wirtschaftliche Lage bei uns z.Zt. glänzend, was die Befürchtungen vor der Wirtschaftskraft Deutschlands auch nicht mindere. Er sei jedoch optimistisch, daß auch die EG durch den Prozeß der Einigung bei uns neuen Schub erhalten werde, und verweise beispielshalber auf den Plan der Europäischen Währungsunion, für den er sich – trotz Widerständen – immer eingesetzt habe. Die entsprechende Regierungskonferenz werde Ende dieses Jahres stattfinden.[8] Vor 1992, d.h. vor den nächsten Wahlen zum Europäischen Parlament, müßten dem Parlament auch mehr Befugnisse eingeräumt werden.

Der <u>Bundeskanzler</u> machte deutlich, er wisse, daß die Geschichte auf uns laste und daß unsere Partner z.T. befürchteten, die Entwicklung werde zu schnell gehen und könne sie „überrumpeln". Die Bundesregierung forciere die Entwicklung jedoch nicht. Er verweise in seinen Gesprächen darauf, was es bedeute, daß seit Jahresbeginn bereits mehr als die Bevölkerung einer Großstadt aus der DDR zu uns gekommen sei und daß bei anhaltendem Trend bis zum Sommer die Größenordnung einer Stadt wie Leipzig (ca. 500000) erreicht werde. Die internationale Entwicklung und die innerdeutsche müßten parallel verlaufen. Dafür setze er sich ein.

Der <u>Bundeskanzler</u> hob die Bedeutung der Kommunalwahlen im Mai hervor und erläuterte die Bestrebungen in der DDR, die Länder wieder entstehen zu lassen. Deren Parlamente müßten in diesem Jahr ebenfalls gewählt werden, und seiner Meinung nach wäre es ideal, wenn die gesamtdeutschen Wahlen im kommenden Jahr stattfänden.

<u>Senator Bumpers</u> führte aus, in den USA sei die Grenzfrage von besonderer Wichtigkeit und ihre Regelung werde die Lage beruhigen. Am wichtigsten im Zusammenhang mit der Vereinigung Deutschlands sei für die USA die Mitgliedschaft in der NATO. Er frage sich, wie miteinander vereinbart werden könne, daß einerseits die SU sich evtl. mit einer solchen Mitglied-

---

6 Ein von Außenminister Dienstbier und Außenminister Schewardnadse am 26. Februar 1990 in Moskau unterzeichnetes Abkommen sah den vollständigen Abzug der sowjetischen Truppen vom Territorium der ČSSR bis zum 1. Juli 1991 vor.
7 Nr. 205 Anm. 2.
8 Nr. 424 Anm. 3.

schaft einverstanden erklären könne, andererseits sich der vermutliche Gegenkandidat des Bundeskanzlers bei den Wahlen im Dezember für einen Austritt aus der NATO ausspreche. Der <u>Bundeskanzler</u> unterstrich, er sei zu keinem Preis dazu bereit, den Austritt Deutschlands aus der NATO in Kauf zu nehmen. Wenn ein geeintes Deutschland diesen Schritt tue, werde man eine geschichtlich völlig andere Lage haben. Dann stelle sich auch bald die Frage der EG-Mitgliedschaft. Unsere Mitgliedschaft in der NATO sei existentiell für den Frieden in Europa. (<u>Exkurs:</u> Wir wollten auch weiterhin keine Atomwaffen besitzen.) Wir wollten die USA in Europa halten, und er weise beispielsweise darauf hin, daß die SU nur 600–800 km von den Grenzen eines geeinten Deutschland entfernt sei, die USA aber 6000 km. Die Perestroika sei eine vernünftige Entwicklung, und wir vermerkten dies dankbar. (<u>Exkurs:</u> Er habe Sympathie für die Litauer, frage sich aber, ob sie klug handelten.) Es sei aber abenteuerlich, wenn man wie MP Lafontaine wolle, daß Deutschland die NATO verlasse. Als stärkstes Land im Zentrum Europas könne es keinen Sonderstatus haben.

Er – der <u>Bundeskanzler</u> – wolle enge Bindungen an die USA nicht nur militärisch, sondern darüber hinaus auf breiter Basis: u. a. wirtschaftlich, kulturell, im Wissenschaftsbereich. (<u>Exkurs:</u> Hinweis auf die Bundeskanzlerinitiativen, u. a. die geplante deutsch-amerikanische Akademie der Wissenschaften.) Er wolle keine Isolierung der Deutschen. Deren negative Auswirkungen habe man nach 1918 gesehen. Damit wolle er die deutsche Verantwortung für Hitler allerdings nicht mindern: Deutschland habe Hitler zu vertreten.

Der <u>Bundeskanzler</u> trat Ansichten in den Medien entgegen, wonach er vom Ehrgeiz getrieben sei, erster gesamtdeutscher Bundeskanzler zu werden. Es gehe ihm um die Sache der Einheit Deutschlands, und da sei er zuversichtlich. Allerdings sei es erforderlich, daß alle in der NATO gemeinsam und solidarisch handelten. Er erinnere daran, daß die von ihm geführte Bundesregierung zur Stationierungsentscheidung gestanden habe, auch wenn die Wetten im Senat 9 zu 1 dagegen gelautet hätten.

Zur Frage der polnischen Westgrenze bekräftigte der <u>Bundeskanzler</u> das Recht der Polen, in sicheren Grenzen leben zu wollen. Hierbei gehe es um die jetzt bestehenden Grenzen, nichts anderes. Diese müsse ein vereintes Deutschland in einem Vertrag völkerrechtlich verbindlich anerkennen. Deutschland habe Polen überfallen und den Preis dafür durch den Verlust von 1/4 des alten Reichsgebietes – nicht des Hitlerdeutschlands – bezahlt. Es seien 14 Mio. Deutsche vertrieben worden und 2 Mio. dabei umgekommen. Jedoch hegten die Vertriebenen – bis auf wenige Unverbesserliche, die es überall gebe – keine Revanchegedanken, sondern jeder sage: „Nie wieder!" Seine Politik, wie er sie dargelegt habe, müsse innenpolitisch durchgesetzt werden.

Der <u>Bundeskanzler</u> verwies auf die Tschechoslowakei. Hier habe z.B. Präsident Havel an das auch an Deutschen begangene Unrecht erinnert, und nur wenige Tage später hätten die Verbände der Sudetendeutschen öffentlich erklärt, sie ergriffen die von Präsident Havel ausgestreckte Hand.[9]

Seinen Besuch in Polen bezeichnete der <u>Bundeskanzler</u> als sehr gut. Er wisse, daß es auch in Polen psychologische Probleme gebe, die die Arbeit von MP Mazowiecki nicht erleichterten. Er habe auch gehört, was Präsident Jaruzelski in Paris gesagt habe,[10] und er habe nicht vergessen, daß er der Präsident des Kriegsrechts in Polen gewesen sei. Er wolle MP Mazowiecki helfen und habe dies auch getan. Die Bundesrepublik Deutschland habe für Polen mehr Hilfe geleistet als alle anderen Länder. Er sehe sogar, daß wir in einem Jahr wieder zur Hilfe aufgerufen seien, weil die Dinge sich offensichtlich nicht so entwickelten, wie erhofft. Die Bundesrepublik Deutschland sei das einzige Land, das bereits seit mehreren Jahren jedes Jahr vor Weihnachten Pakete nach Polen kostenlos durch die Bundespost befördere.

---

9   Nr. 174 Anm. 14 und Nr. 187 Anm. 18.
10   Nr. 216, insbes. Anm. 3 und 5.

Der <u>Bundeskanzler</u> betonte sein Ziel, mit Polen ein Verhältnis der Aussöhnung wie mit Frankreich zu erreichen, und erklärte, er erhoffe sich von polnischer Seite, daß sie auch für ein vereintes Deutschland die Passagen der Gemeinsamen Erklärung[11] zu den Rechten der 500 000 Deutschen in Polen erneut bekräftige, und zwar aus psychologischen Gründen. Zum Thema „Reparationen" unterstrich der <u>Bundeskanzler</u>, daß er es nicht „vom Zaun gebrochen" habe. Die Bundesrepublik Deutschland habe über 100 Mrd. DM an Wiedergutmachung gezahlt. Für ihn sei es nicht leicht gewesen, in Polen bei seinem Besuch ehemaligen KZ-Häftlingen zu begegnen, die sich beklagten, von den deutschen Zahlungen nie einen Pfennig gesehen zu haben. Er erinnere daran, daß Präsident Jaruzelski Mitglied der Regierung Gierek gewesen sei, die von deutscher Seite Zahlungen erhalten habe. Israel schließe – wie man neuesten Zeitungsmeldungen entnehmen könne – die Forderung nach Reparationen nicht aus,[12] und auch aus Jugoslawien höre man entsprechende Erklärungen, obwohl die Bundesregierung in den letzten Jahren das Land erheblich unterstützt habe.

Er – der <u>Bundeskanzler</u> – wisse, was im US-Senat zu diesem Fragenkreis diskutiert worden sei. Er wolle sich da nicht einmischen. Er müsse aber mit dem innenpolitischen Problem bei uns fertigwerden, und er wisse, daß nicht nur Rechtsradikale gegen Reparationen seien.

Der <u>Bundeskanzler</u> betonte eindringlich, daß man angesichts einiger Meinungsäußerungen in den USA – ausdrücklich nehme er hier Präsident Bush und Außenminister Baker aus, die ungemein hilfreich gewesen seien! – den Eindruck gewinnen könne, die 40 Jahre Aufbau der Demokratie in der Bundesrepublik Deutschland seien nicht zur Kenntnis genommen worden und umsonst gewesen. Er frage sich, weshalb man an seinem Wort zweifle, weshalb man Erklärungen des Bundestages und der Volkskammer nicht für ausreichend halte, daß ein gesamtdeutscher Souverän die bestehenden Grenzen mit Polen vertraglich bestätige. (Exkurs über polnische Bemühungen in der Geschichte, Verständnis für seine Positionen zu gewinnen.)

Zusammenfassend schloß der <u>Bundeskanzler</u> mit dem Hinweis, er wolle kein „fait accompli" schaffen. Man müsse allerdings dafür sorgen, daß der Zustrom der Übersiedler gestoppt werde, um sie für den Aufbau in der DDR zu gewinnen, wo sie dringend gebraucht würden. Der Bundeskanzler wiederholte, er sei durch keinen Preis zum Austritt aus der NATO bereit. Er sei nicht erpreßbar. Er bitte auch nicht um Hilfe, sondern lediglich darum, daß man die Bundesregierung ihre verantwortungsvolle Aufgabe erledigen lasse.

Auf die abschließende Frage <u>Senator Bumpers</u>, wie denn der Senat abstimmen solle, wenn Präsident Bush um 200 Mio. $ für die Lance-Nachfolge bitte, erklärte der <u>Bundeskanzler</u>, er werde sich nicht in diese inneramerikanische Angelegenheit einmischen. Das sei Sache der Senatoren. Er wolle jedoch so viel sagen: Man solle sich einmal die Reichweite dieser Rakete ansehen. Die Leute in Rostock, die ihm am Wochenende gerade zugehört hätten, hätten sicherlich den Kopf geschüttelt, wenn man zu ihnen über diese Planung gesprochen hätte. Die Rakete erreiche auch das Land von Präsident Havel und von Lech Walesa, die beide gerade im US-Kongreß empfangen worden seien.[13]

Der <u>Bundeskanzler</u> betonte sodann, daß er dies nicht öffentlich sage, weil er sich nicht in die sowjetisch-amerikanischen Verhandlungen einmischen wolle, die über diesen Fragenkreis erfolgen müßten. Es sei nicht üblich, die Verhandlungspositionen dadurch zu beeinflussen, daß man sich vorher in die Karten sehen lasse.

Hier endete das Gespräch nach ca. 70 Minuten.

G. Westdickenberg

---

11 Nr. 92 Anm. 3.
12 Nr. 214 Anm. 7.
13 Nr. 93 Anm. 6 und Nr. 192 Anm. 15.

Nr. 214
Gespräch des Bundeskanzlers Kohl mit Außenminister Hurd
Bonn, 12. März 1990

BK, 211 – 30105 B 20 Gr 14, AM Hurd, 12.3.1990. -Vermerk des MDg Hartmann, 12. März 1990. – Mit Vorlage des MDg Hartmann über AL 2 und Chef BK an den Bundeskanzler zur Billigung, 13. März 1990. Hs. von Bundeskanzler Kohl vermerkt: „Teltschik erl." – Gesprächsdauer: 14.00 bis 15.00 Uhr (Angabe nach Terminkalender des Bundeskanzlers).

Der Bundeskanzler heißt AM Hurd herzlich willkommen und erläutert die jüngste Entwicklung in der DDR.

Er wisse nicht, wie die Wahlen in der DDR ausgehen würden. Die entsprechenden Umfragen gäben nicht viel her, da die Leute sich nicht trauten, offen zu sagen, was sie dächten. Der Eindruck herrsche vor, daß die SPD in der DDR einen Vorsprung habe. Dieser sei allerdings in jüngster Zeit zurückgegangen. Die CDU tue sich mit ihren Partnern in der DDR schwer. Der Bundeskanzler schildert kurz die Lage der Ost-CDU nach dem Kriege.

Aus seiner Sicht wäre es das beste, wenn aus den Wahlen in der DDR eine Koalitionsregierung hervorgehen würde. Bei seinen verschiedenen Wahlauftritten in der DDR habe er den Eindruck gewonnen, daß die Leute in der Tat nervös seien. Dies habe einmal damit zu tun, daß das Wahlgesetz erst sehr spät verabschiedet worden sei.[1] Die Verabschiedung sei bewußt von den Kommunisten verzögert worden. Zum anderen hätten die versprochenen Wirtschaftsreformen nicht begonnen. Vor allem habe die Diskussion um den Stasi Vertrauen zerstört.

Ergebnis dieser Entwicklung sei, daß allein in den ersten zwei Monaten dieses Jahres über 130000 Übersiedler in die Bundesrepublik Deutschland gekommen seien. Wenn das so weitergehe, müßten wir bis zum Sommer mit fast einer halben Million Übersiedlern rechnen. Vor allem aus diesem Grunde wolle er nach den Wahlen am 18. März mit der Schaffung der Währungsunion sowie der Wirtschafts- und Sozialgemeinschaft vorankommen. Er habe bei der Darstellung seines 10-Punkte-Programms noch andere Zeitvorstellungen gehabt. Diese seien aber durch die Entwicklung überholt worden. Jetzt gingen wir davon aus, daß nach den Wahlen im März zunächst Kommunalwahlen im Mai stattfänden sowie später Länderwahlen, da es in der DDR eine immer größere Mehrheit gebe, die auf eine Wiederherstellung der alten Länder dränge.

Wenn man diesen Fahrplan zugrunde lege und hinzunehme, daß wir in jedem Fall die Bundestagswahlen noch wie geplant in diesem Jahr durchführen würden, könnten 1991 gesamtdeutsche Wahlen stattfinden. Dies setze allerdings voraus, daß man sich vorher über die internationalen Fragen einige. Man unterstelle ihm, dem Bundeskanzler, immer wieder, er würde die Sache anheizen. Dies sei mitnichten der Fall; er sei froh über jeden Monat, der den Prozeß verlangsame.

Er hoffe, daß es gelinge, die Zwei-plus-Vier-Gespräche bis Ende des Jahres, d.h. vor dem geplanten KSZE-Gipfel, der möglicherweise im November stattfinden könne, abzuschließen. Um dieses Ziel zu erreichen, sei eine enge Zusammenarbeit mit den drei Westmächten vonnöten.

Gleichzeitig sei es sehr wichtig, sich über die Sicherheitsfragen in der NATO abzustimmen. Er wolle klarstellen, daß für ihn die Mitgliedschaft in der NATO kein Preis für die deutsche Einheit sein könne. Aber in dieser Frage gebe es andere politische Kräfte, die ihre Chance witterten.

---

1 Nr. 213 Anm. 3.

Dann gebe es schließlich die Frage der Artikel 23 bzw. 146 GG. Aus seiner Sicht sei die Anwendung des Artikels 146 indiskutabel. Die Ausarbeitung einer neuen Verfassung würde mindestens 1 1/2 Jahre in Anspruch nehmen. Dies sei politisch nicht durchzuhalten. Diejenigen, die auf Artikel 146 setzten, wollten eine neue Verfassung mit plebiszitären Elementen. Dabei sei es gerade eine der wichtigen Errungenschaften des Grundgesetzes gewesen, die plebiszitären Elemente der Weimarer Verfassung nicht übernommen zu haben.

Ferner sei es ein ganz entscheidender Punkt, daß man bei der Ausarbeitung einer Verfassung aufgrund von Artikel 146 nicht an die Zweidrittelmehrheit gebunden sei. Somit könnten mit einfacher Mehrheit entscheidende verfassungspolitische Änderungen durchgesetzt werden, etwa bezüglich der Sozialen Marktwirtschaft.

Schließlich und endlich müßte bei Anwendung von Artikel 146 die Mitgliedschaft der Bundesrepublik Deutschland in der NATO und in der EG neu verhandelt werden. Da Lafontaine bekanntlich die NATO verlassen wolle,[2] sei dies für ihn [ein] eleganter Ausweg.

Demgegenüber sei Artikel 23 ein natürlicher Weg. Es handele sich bei Artikel 23 keineswegs – wie unterstellt werde – um eine Art „Anschluß". Denn die DDR müsse ihrerseits zunächst einen entsprechenden Antrag stellen, und dann müßten auch Übergangsregeln ausgehandelt werden. Er sei entschlossen, den künftigen Bundestagswahlkampf unter das Thema des Artikels 23 zu stellen.

Der Bundeskanzler bedankt sich ausdrücklich für das Fernschreiben von PM Thatcher zu der jüngst gefaßten Bundestagsresolution zur polnischen Westgrenze.[3] Er äußert zugleich die Hoffnung, daß es im Rahmen der Gespräche Zwei plus Vier zu einer engen Zusammenarbeit kommen werde.

Dabei seien die Sicherheitsfragen besonders wichtig. Er wolle noch einmal wiederholen, daß die Mitgliedschaft in der NATO für ihn unter keinen Umständen zur Disposition stehe. Denn die Schaffung eines neutralen Deutschlands würde bedeuten, daß man alle Fehler der Vergangenheit wiederhole. Es dürfe keinen deutschen Sonderstatus geben. Die einzige Ausnahme hiervon sei der Verzicht auf atomare Waffen.

Natürlich müsse man Übergangsregelungen ins Auge fassen. Diese würden sowohl die vorübergehende Präsenz sowjetischer Truppen in der DDR betreffen als auch eine vorübergehende Regelung, die die Anwesenheit der Bundeswehr auf dem Territorium der DDR ausschließe. Alle diese Fragen seien lösbar. Er sei im übrigen überzeugt, daß Gorbatschow und Schewardnadse in dieser Frage pokerten.

AM Hurd wirft ein, das sähe er auch so.

Der Bundeskanzler fährt fort, er glaube, daß die Sowjetunion in Wirklichkeit den Wunsch habe, daß Deutschland in die NATO eingebunden bleibe. Die Motive hierfür seien wahrscheinlich nicht sehr freundschaftlicher Natur, aber das sei ihm gleichgültig.

AM Hurd erklärt, die Ausführungen des Bundeskanzlers zu einer künftigen NATO-Mitgliedschaft seien für ihn außerordentlich wichtig. Er habe die entsprechenden Aussagen von Lafontaine gelesen und auch gehört, daß Brandt sich heute in einem Interview dahingehend äußern wolle, daß die Sowjets und die Amerikaner ihre Truppen gleichzeitig reduzieren sollten. Dies sei aus seiner Sicht eine völlig falsche Symmetrie.

Der Bundeskanzler stimmt zu und erklärt – auf eine entsprechende Frage von AM Hurd –, die NATO-Mitgliedschaft werde wahrscheinlich eines der schwierigen Themen im Bundestagswahlkampf werden.

Der Bundeskanzler erläutert sodann kurz die Haltung der SPD in der Sicherheitspolitik seit 1982, wie auch deren Kehrtwendung in der Deutschlandpolitik. In der Tat müsse man damit rechnen, daß die SPD versuchen werde, gewisse sozialistische Elemente in eine neue Verfas-

---

2 Nr. 192 Anm. 22.
3 Nr. 210.

sung einzubringen und außenpolitisch ihre alte Idee der Neutralität durchzusetzen. Diese Idee liege ja auch dem heutigen Interview von Brandt zugrunde.

Er, der Bundeskanzler, sei gewiß, daß er die Auseinandersetzung über diese Fragen für sich entscheiden könne. Aber man müsse auch sehen, daß diese Auseinandersetzung unnötig von draußen belastet werde. Der Bundeskanzler erinnert in diesem Zusammenhang an die Bundestagsresolution zur polnischen Westgrenze.[4] Der Bundeskanzler erläutert kurz den Inhalt der Resolution und erklärt, niemand könne mehr an der klaren Haltung der Bundesregierung in der Grenzfrage zweifeln.

Dessen ungeachtet versuche die polnische Seite weiter, Zweifel zu säen. Er habe über die Problematik während seines Besuchs in Polen ausführlich mit Mazowiecki gesprochen. Er habe dabei auch um Verständnis dafür geworben, daß es über 12 Millionen Vertriebene gegeben habe, von denen 2 Millionen in zum Teil grausamer Weise umgekommen seien.

Der neue tschechoslowakische Präsident Havel habe eine Geste der Versöhnung gegenüber den Sudetendeutschen gemacht, indem er auch an deren Leiden erinnert habe. Diese Geste sei von den Sudetendeutschen sehr positiv aufgenommen worden.[5]

In Polen gebe es über 500 000 Deutschstämmige. Er habe in einer gemeinsamen Erklärung[6] mit MP Mazowiecki und in Übereinstimmung mit der KSZE-Schlußakte durchgesetzt, daß Polen entsprechende Zusicherungen für deren Rechtsstellung gebe. Ihnen gehe es darum, daß diese Zusicherungen auch für Gesamtdeutschland Geltung erlangten.

Die Bundesrepublik Deutschland habe Polen erhebliche Wirtschafts- und Finanzhilfe gegeben und auch beachtliche Wiedergutmachungszahlungen geleistet. Die kommunistische Regierung in Polen habe die entsprechenden Mittel allerdings nicht in voller Höhe an die Betroffenen weitergeleitet.

Wenn jetzt eine innenpolitische Diskussion über Reparationen beginne, werde das katastrophale Wirkungen haben. Die Israelis hätten bereits erklärt, daß wir jetzt für ihre Wiedergutmachungsforderungen an die DDR geradestehen müßten.[7]

Er, der Bundeskanzler, habe das Thema nicht erfunden, sondern der Marschall des polnischen Sejm sei kürzlich in Bonn gewesen und habe riesige Beträge genannt.[8] Wenn man die extreme Rechte in der Bundesrepublik Deutschland stärken wolle, müsse man nur in dieser Frage nachgeben. Im übrigen sei es ja bezeichnend, daß die Linke das Thema in dieser Absicht spiele.

Er sehe eine Chance, sich mit Polen zu einigen, sei aber nicht bereit, jeden Preis zu zahlen. Auch Deutschland habe eine Würde und er selber auch. Wenn Jaruzelski jetzt einfach behaupte, die Bundestagsresolution mache nicht klar, welche Grenze gemeint wäre,[9] gehe das entschieden zu weit. Es sei nicht zulässig, am Wort des deutschen Parlamentes zu zweifeln.

AM Hurd bedankt sich für die eingehende Unterrichtung und erklärt, er habe dem Bericht seiner Botschaft in Paris entnommen, daß Jaruzelski dort eine wesentlich härtere Linie ver-

---

4   Nr. 204 Anm. 1 und Nr. 204A.

5   Nr. 174 Anm. 14 und Nr. 187 Anm. 18.

6   Nr. 92 Anm. 3.

7   Botschafter Navon erklärte in einem Interview auf die Frage, ob „Israel nach der deutschen Vereinigung Wiedergutmachung fordern" werde, dies könne er nicht ausschließen. Das Luxemburger Abkommen mit der Bundesrepublik sehe ausdrücklich vor, daß Israel „im Falle der Einheit Deutschlands dazu ein Recht" habe. Die DDR, obwohl „Teil des ehemaligen Dritten Reiches", habe es bisher abgelehnt, „sich mit der Nazi-Vergangenheit auseinanderzusetzen" (Bild. Nr. 60. 12. März 1990, 1 f.).

8   Marschall Kozakiewicz, Leiter einer Delegation des Sejm, erklärte bei einem Pressegespräch am 13. Dezember 1989 in Bonn, ein grundlegendes Thema seiner politischen Gespräche in der Bundeshauptstadt sei die Frage der Entschädigungen für polnische Zwangsarbeiter im Zweiten Weltkrieg. Eine Wiedergutmachung für die Opfer sei Bedingung für eine Verständigung zwischen Deutschen und Polen (Meldung Radio Warschau/poln./13. 12. 89/1900 in: Ostinformationen. Nr. 240. 14. Dezember 1989, 3; BPA/PA, F 1/22).

9   Nr. 216, insbes. Anm. 3.

treten habe als Mazowiecki. Die britische Regierung sei mit der Resolution des Bundestages zufrieden. In der Sache könnten auch die Polen zufrieden sein. Er glaube nicht, daß die Polen jemanden erniedrigen wollten, sie wollten allerdings bestimmte prozedurale Zusagen haben.[10] Er habe über diese Frage mit BM Genscher ausführlich gesprochen, und beide seien der Meinung gewesen, daß man eine Lösung finden könne.

Er wolle den Bundeskanzler noch fragen, ob aus seiner Sicht der NATO-Vertrag künftig auf die DDR Anwendung finden werde, auch wenn dort vorübergehend noch sowjetische Truppen stationiert bleiben.

Der Bundeskanzler erwidert, diese Frage müsse in den jetzt anstehenden Gesprächen geklärt werden. Die Sowjets würden ihre Truppen in der DDR nahezu halbieren. Gorbatschow werde ferner Truppen aus Ungarn und der ČSSR abziehen. Man könne nicht sofort alles haben. Im übrigen müsse man auch sehen, daß die Gefahr eines militärischen Konfliktes sich erheblich verringert habe. Die NATO sei für ihn stets mehr als nur ein militärischer Verbund gewesen. Sie sei vor allem auch Ausdruck der westlichen Wertegemeinschaft.

Wenn Jaruzelski erkläre, er wolle kein zweites Jalta, so müsse er als Bundeskanzler hinzufügen, wir Deutschen wollten erst recht kein zweites Jalta. Wenn aber die Polen jetzt verlangten, daß die Zwei-plus-Vier-Gespräche nach Warschau verlegt würden, so sei dies schlicht unzumutbar. Es sei schon ärgerlich, daß die polnische Seite ständig versuche, neue Forderungen nachzuschieben. Dabei stünde doch außer Frage, daß sie das bekämen, was sie wollten.

Der Bundeskanzler schließt mit der Bitte, jetzt engsten Kontakt zu halten.

AM Hurd bedankt sich für das Gespräch und erklärt, es sei aus seiner Sicht wichtig, den nächsten deutsch-britischen Gipfel[11] sorgfältig vorzubereiten.

Hartmann

Nr. 215
Schreiben des Bundeskanzlers Kohl an Präsident Delors
Bonn, 13. März 1990

BK, 211 – 68000 Gi 48, Hauptvorgang Bd. 1. – Ms. vermerkt: „persönlich".

Sehr geehrter Herr Präsident, *lieber Jacques,*

Sie waren so freundlich, meinen Mitarbeitern am 16. Februar 1990 Ihre ersten Vorstellungen zum EG-Sondergipfel in Dublin am 28. April 1990 zu erläutern.[1]

Ich möchte Ihnen zunächst nochmals herzlich für die Unterstützung danken, die Sie in den letzten Monaten und Wochen in bezug auf den deutschen Einigungsprozeß und die Einbeziehung der DDR in die Gemeinschaft wiederholt geäußert haben.

Sie wissen, daß die Politik der von mir geführten Bundesregierung darauf gerichtet ist, den Prozeß zur Einheit in einen stabilen europäischen Rahmen einzubetten. Dies bedeutet auch,

---

10 In der Gesprächsunterlage für Bundeskanzler Kohl (mit Vorlage des Ministerialdirektors Teltschik, 8. März 1990; BK, 211 – 30105 B 20 Gr 14, AM Hurd, 12.3.1990) wurde für den Fall, daß Außenminister Hurd „nach der Haltung der Bundesregierung zur ‚internationalen Garantie' der polnischen Westgrenze fragen" sollte, empfohlen: Dies „sollte unmißverständlich zurückgewiesen werden, da damit die Vertragstreue der Bundesrepublik Deutschland in unzulässiger Weise in Zweifel gezogen" werde. Die Forderung nach einer solchen Garantie sei „von polnischer und französischer Seite in die Diskussion gebracht worden, bisher allerdings ohne sie näher zu spezifizieren (im KSZE-Rahmen? ‚Garantiemächte' eines deutsch-polnischen Grenzvertrages?)".
11 Nr. 238.
1 Nr. 188.

daß wir unsere Partner in der Europäischen Gemeinschaft auf verschiedenen Ebenen laufend über den Fortgang der Arbeiten zwischen den beiden deutschen Staaten unterrichten und mit ihnen die insofern bestehenden Probleme und Fragen offen besprechen.

Ich begrüße es, daß die Kommission intern diesen Fragenkomplex in mehreren Arbeitsgruppen aktiv vorbereitet und sich dabei eng mit der Bundesregierung und dem Kabinettsausschuß „Deutsche Einheit" bespricht.

Sie werden verstehen, daß unsere Überlegungen im Hinblick auf den Sondergipfel noch nicht abgeschlossen sind, ich möchte Ihnen aber gleichwohl heute meine erste Reaktion auf Ihre Anregungen übermitteln.

Mit Ihnen halte ich es für wichtig, daß dieser Sondergipfel eine Botschaft der Solidarität an die Menschen in der DDR verabschiedet. Unsere Mitbürger in der DDR sollen das Gefühl haben, daß sie in dieser Gemeinschaft der freien Völker Europas willkommen sind.

Ich teile andererseits Ihre Sorge, daß die Konkretisierung dieses Gedankens wahrscheinlich auf mancherlei Widerstand oder Bedenken seitens einiger Mitgliedstaaten stoßen könnte. Daher neige ich bisher zu der Auffassung, in Dublin alles daranzusetzen, eine solche Botschaft der politischen Solidarität zu verabschieden, nicht aber ins Detail – wie zum Beispiel in die Frage künftiger Hilfen für die DDR aus den EG-Strukturfonds – einzusteigen. Hierfür wird es aufgrund des Standes der Entwicklung wahrscheinlich ohnehin zu früh sein.

Gleichermaßen halte ich es wie Sie für wesentlich, in Dublin angesichts der Entwicklung in Mittel-, Ost- und Südosteuropa den Willen zu bekräftigen, die Politische Union zügig zu verwirklichen. Eine solche Erklärung darf m.E. jedoch in der jetzigen Lage nicht ein bloßes „Lippenbekenntnis" bleiben.

Meine Mitarbeiter und ich überlegen zur Zeit, ob es opportun sein könnte, schon in Dublin zumindest eine verfahrensmäßige Initiative zur Vertiefung des europäischen Integrationsprozesses einzuleiten. Mit Blick auf die institutionellen Reformen, die wir in den nächsten Jahren angehen wollen, scheint mir die Vorbereitung der Regierungskonferenz zur Wirtschafts- und Währungsunion im engeren Sinne auf gutem Gleis, dies gilt jedoch nicht für die „anderen institutionellen Reformen", über die wir in Straßburg zum ersten Mal kurz gesprochen haben. Hierzu gehören z.B. die Frage der Stärkung der Rechte des Europäischen Parlaments, die von Ihnen aufgegriffene Reform der EPZ oder Probleme, die die Arbeitsweise und Effizienz der Gemeinschaft betreffen.

Ich würde mich freuen, wenn wir vor dem Sondergipfel – wie telefonisch besprochen – zusammentreffen könnten, um gemeinsam zu überlegen, wie wir diesen Gipfel zum Erfolg für die Gemeinschaft führen können. Bis dahin werden unsere Mitarbeiter wie immer in den letzten Jahren engen Kontakt halten.

Mit freundlichen Grüßen
Ihr
Helmut Kohl

Nr. 216
Vorlage des Ministerialdirigenten Hartmann an Bundeskanzler Kohl
Bonn, 13. März 1990

BK, 212 – 35400 De 39 NA 2 Bd. 2. – Mitverfasser: VLR Nikel. Vorlage über AL 2 und Chef BK. Hs. vermerkt: „W[est-dickenberg] / N[ikel]. Wv. K[aestner] 22/3".

Betr.: Polnische Westgrenze;
hier: Sachstand, Bewertung und weiteres Vorgehen

I. Votum:
Billigung der unter III. beschriebenen Linie.

II. Sachstand
zur Haltung Polens, der SU und unserer westlichen Hauptverbündeten.

1. Polnische Vorstellungen
   a. In seiner Pressekonferenz vom 21. Februar hat Ministerpräsident Mazowiecki zum ersten Mal öffentlich und detailliert die polnischen Forderungen nach Paraphierung eines Friedensvertrages mit den beiden deutschen Staaten vor der Vereinigung und Unterzeichnung durch die Regierung eines vereinigten Deutschlands erhoben.[1]
   b. Am 23. Februar hat AM Skubiszewski im Rahmen eines 5-Punkte-Plans „Konzeption der Außenpolitik Polens gegenüber Deutschland" gefordert:
      – Teilnahme Polens an der Sechser-Konferenz in ihren die Sicherheit der Nachbarn des künftigen Deutschlands berührenden Abschnitten (also nicht nur zur Grenzfrage).
      – Ausarbeitung im Rahmen der Sechser-Konferenz eines polnisch-deutschen Grenzvertrages mit Bestätigung der Oder-Neiße-Grenze im „Rang einer Friedensregelung".[2]
   c. Anläßlich ihres Besuches am 9. März in Paris haben Präsident Jaruzelski und Ministerpräsident Mazowiecki vor allem in Interviews hervorgehoben:
      – Präsident Jaruzelski im Liberation-Interview vom 9. März:[3]
        = harte Kritik an der BT-Entschließung vom 8. März (Absichtserklärung, keine Nennung von Oder/Neiße, kein Bezug auf Warschauer Vertrag),
        = Mißtrauen gegenüber dem Einigungsprozeß wegen des beschleunigten Tempos,
        = Frage der Entschädigung für Zwangsarbeiter offen bezeichnet.
      – Ministerpräsident Mazowiecki im Le-Monde-Interview vom 9. März:[4] Forderung Polens nach Teilnahme an den Polen direkt betreffenden Teilen der 2+4-Verhandlungen bekräftigt. Konsultationen als unzureichend zurückgewiesen.

---

1 Wortlautauszüge, Radio Warschau/poln./21.2.90/1630, in: Ostinformationen. Nr. 38. 22. Februar 1990, 2f.; BPA/PA, F 1/22.
2 Der erste Punkt des Plans sah die Teilnahme Polens an den Zwei-plus-Vier-Verhandlungen „in ihren die Sicherheit der Nachbarn des künftigen Deutschland berührenden Abschnitten" vor. In diesem Rahmen sollte zweitens auch ein „polnisch-deutsches Grenztraktat" ausgearbeitet werden, das die Oder-Neiße-Grenze bestätige und den „Rang einer Friedensregelung" habe. Drittens sei Deutschland gemeinsam mit Polen „am Bau eines einheitlichen Europa" zu beteiligen und dürfe nicht isoliert werden, die Idee seiner Neutralität wurde „negativ bewertet". Die Punkte vier und fünf bezogen sich auf die Errichtung einer polnisch-deutschen Interessengemeinschaft und die gemeinsame Teilnahme an der Schaffung eines neuen kollektiven europäischen Sicherheitssystems (Meldung ADN/23.2.90/0314; ebd. Nr. 39. 23. Februar 1990, II).
3 „Jaruzelski: Kohl, encore un effort!", in: Liberation (Paris). Nouvelle série. Nr. 2735. 9. März 1990, 1–4.
4 „Un entretien avec le premier ministre polonais", in: Le Monde. 47. Jg. Nr. 14032. 9. März 1990, 1, 4.

- Auf gemeinsamer PK in Paris[5] forderte <u>Präsident Jaruzelski</u>:
  = <u>Synchronisierung von deutscher Einigung mit europäischer Integration</u> und Sicherheit für Nachbarstaaten (in der Form von militärischen Höchststärken für jedes Land);
  = <u>kein Junktim</u> der Grenzfrage mit <u>Minderheitenproblemen</u>: <u>Grenzfrage</u> sei kein polnisches, <u>sondern ein europäisches Problem</u>;
  = <u>polnische Rolle für das Schicksal Deutschlands.</u>
  <u>MP Mazowiecki</u> forderte seinerseits:
  = <u>Paraphierung eines Vertrages</u> zwischen Polen und den beiden deutschen Staaten <u>unter Beteiligung der Vier Mächte</u>, der die Grenze ein für allemal festlegt (im Rang eines Friedensvertrages).
  = Unterzeichnung und Ratifizierung dieses Vertrages durch Regierung und Parlament des vereinten Deutschlands.
  = <u>Direkte Teilnahme Polens an der Regelung dieses Problems</u>; Konsultationen nicht ausreichend.

2. <u>Französische Haltung</u>
   <u>Präsident Mitterrand</u> auf Pressekonferenz am 9. März:[6]
   - Bekräftigung des Selbstbestimmungsrechtes der Deutschen im Rahmen der bestehenden Grenzen.
   - <u>Unantastbarkeit</u> (nicht nur Unverletzlichkeit) der <u>Oder/Neiße-Grenze</u>; jede unklare Erklärung in diesem Bereich sei unzureichend.
   - <u>Proklamation</u> und <u>Besiegelung dieser Unantastbarkeit</u> in einem <u>internationalen Rechtsakt, der</u> in jedem Falle <u>vor der Vereinigung Deutschlands</u> ausgehandelt werden soll; <u>Garantie</u> eines deutsch-polnischen Grenzvertrages durch die <u>Vier Mächte</u> (deutsche Botschaft konnte zu diesen Vorstellungen Präzises nicht in Erfahrung bringen);
   - <u>Polen nicht Mitglied der Sechs</u>, aber „Assoziierung" Polens an allen Entscheidungen im Hinblick auf Grenzfrage;
   - Bundestagsentschließung: persönlich befriedigt, aber <u>Erklärung</u> müsse noch einige Umrisse <u>präzisieren (Nennung der Oder/Neiße-Grenze).</u>

3. <u>Britische Position</u>
   In Interview am 15.2. erklärte MP Mazowiecki, daß <u>Frau Thatcher</u> seinen Standpunkt <u>voll und ganz geteilt habe.</u>[7] <u>AM Hurd</u> (Unterhausrede vom 22. Februar) hat eine <u>formelle und bindende Vereinbarung zur Regelung der polnischen Grenzen</u> gefordert. <u>Polen solle eng involviert werden.</u>[8]

4. <u>Sowjetische Position</u>
   Die Sowjetunion unterstützt die polnischen Wünsche <u>tendenziell.</u> In Interview mit Berliner Illustrierten vom 7. März[9] fordert <u>Schewardnadse undeutlich</u> „Stimme und Platz im Verhandlungs<u>prozeß</u>" für die Staaten, deren Lebensinteressen berührt sind. <u>Polen wird nicht genannt.</u>

---

5 Gemeinsame Pressekonferenz der Staatspräsidenten Mitterrand und Jaruzelski sowie des Ministerpräsidenten Mazowiecki und des Premierministers Rocard im Elysée-Palast, Paris, 9. März 1990: Deutschland 1990. Bd. 18, 11467–11474.

6 Ebd.

7 Deutschland-Passage aus dem Interview des Ministerpräsidenten Mazowiecki, gegeben an Bord des Flugzeuges auf dem Rückflug nach dem Besuch vom 12.–14. Februar 1990 in Großbritannien, Radio Warschau/poln./15.2.90/12.10, in: Ostinformationen. Nr. 34. 16. Februar 1990, 4; BPA/PA, F 1/22.

8 Rede des Außenministers Hurd vor dem britischen Unterhaus, 22. Februar 1990, in: Parliamentary Debates (Hansard). House of Commons. Vol. 167, 1088–1096, hier 1090.

9 Nr. 211 Anm. 3.

GS Gorbatschow fordert in Prawda-Interview vom 21. Februar[10] eine Garantie der Nachkriegsgrenzen in einem völkerrechtlich verbindlichen Akt („Friedensvertrag"), ohne sich auf die Vertragspartner dieses Aktes, die Art des Verhandlungsprozesses bzw. den Zeitpunkt des Abschlusses eines solchen Vertrages festzulegen. Aus der sowjetischen Präzisierung der 2+4-Tagesordnung (Schewardnadse-Interview vom 7. März) ist jedoch zu entnehmen, daß die SU dieses Thema im Sechser-Rahmen zumindest besprechen will.

5. Amerikanische Haltung

Aus der Pressekonferenz von Präsident Bush anläßlich Ihres Besuchs in Camp David am 25. Februar[11] sind folgende Elemente festzuhalten:
- Unverletzlichkeit der bestehenden polnischen Grenzen,
- Nutzung aller möglichen Konsultationswege, um die Interessen der Polen zu berücksichtigen,
- Ausweichen auf alle Fragen nach Zeitplänen.

III. Politische Bewertung der Lage

Polen ist es in den letzten Wochen gelungen, für seine Vorstellungen nicht zuletzt bei unseren Hauptverbündeten politische Unterstützung in einem erheblichen Ausmaße zu mobilisieren.

Der Erfolg, den Jaruzelski und Mazowiecki in Paris erzielt haben, dürfte sich beim bevorstehenden Besuch Mazowieckis in Washington[12] – vielleicht nicht im Inhaltlichen, aber doch im Atmosphärischen – wiederholen. Die polnische Lobby hat den amerikanischen Kongreß seit Wochen in diesem Sinne bearbeitet.

Wir sollten keine Illusionen haben: In der Grenzfrage kann Polen im Westen mit einer stark emotional gefärbten Welle der Sympathie (hierbei spielt Erinnerung an II. Weltkrieg erhebliche Rolle) rechnen. Wir müssen davon ausgehen, daß Polen weiterhin für seine noch auf dem Tisch liegenden Forderungen Unterstützung mobilisieren kann und dies auch tun wird.

Mit den Emotionen dürfte sich bei unseren Partnern zudem das diplomatische Kalkül verbinden, daß man die Frage der polnischen Westgrenze auch benutzen kann, um dem aus westlicher Sicht zu ungestümen Vorgehen auf dem Weg zur deutschen Einheit Steine in den Weg zu legen.

Der Schaden, der aus dieser Frage weiterhin erwachsen kann, ist erheblich. Er würde nicht nur das deutsch-polnische Verhältnis und unsere Beziehungen zu den Hauptverbündeten belasten, sondern auch den weiteren Weg zur deutschen Einheit erschweren. Die Bundesregierung sollte daher eine offensive Strategie entwickeln, um dieses außen- und innenpolitisch brisante Gemisch zu entschärfen. Wir sollten uns mit den noch offenen polnischen Forderungen – soweit sie vertretbar sind – aktiv auseinandersetzen, zugleich aber auch im Gespräch mit unseren drei westlichen Verbündeten deutlich machen, daß es für uns Grenzen der Zumutbarkeit gibt.

IV. Vorschläge für das weitere Vorgehen

1. Zur Frage der Einbindung Polens in „Zwei plus Vier" haben Sie bereits in Camp David erklärt, daß man im Rahmen von „Zwei plus Vier" sicher Mittel und Wege finden werde, die zu einer befriedigenden Lösung für alle Seiten – auch für Polen – führen werde.

---

10 Nr. 191 Anm. 2.
11 Nr. 194 Anm. 5.
12 Dazu Nr. 224, insbes. Anm. 4.

⟨Es sollte daher bald eine Regelung gefunden werden, die sicherstellt, daß Polen bei der Grenzfrage einbezogen wird. Die Regelung im einzelnen sollte in enger Abstimmung mit den Drei Mächten getroffen werden. Die heutigen Gespräche in Paris und das morgige Gespräch Zwei plus Vier in Bonn[13] dürften Aufschluß darüber geben, unter welchen Bedingungen eine Einbeziehung Polens möglich ist.⟩[14]

Aus meiner Sicht sollten wir unter keinen Umständen akzeptieren, daß Polen a) einen Status erhält, der dem der Drei Mächte nahekommt, b) auch bei der Regelung von Fragen beteiligt wird, die nicht die polnische Westgrenze betreffen.

Es dürfte im übrigen nicht zu vermeiden sein, daß im Rahmen von „Zwei plus Vier" inhaltliche Elemente eines deutsch-polnischen Grenzvertrages erörtert, wenn nicht gar weitgehend festgelegt werden.

Darin liegt für uns vor allem ein innenpolitisch heikles Problem.

2. Das polnische Verlangen nach Klarstellung, daß es sich bei der jüngsten Bundestagsresolution tatsächlich um die Oder-Neiße-Grenze handelt, ist für sich genommen eine Zumutung, dies gilt auch ungeachtet der Tatsache, daß der französische Staatspräsident sich dem angeschlossen hat.

Wir sollten aber nicht ausdrücklich auf diese Kritik eingehen, zumal dies Sache des Bundestages wäre. Ich schlage vielmehr vor, daß Sie in Ihrer Rede auf der bevorstehenden KSZE-Wirtschaftskonferenz[15] den Punkt aufgreifen und gleichzeitig die Frage stellen, wieso klare politische Absichtserklärungen des Deutschen Bundestages in Zweifel gezogen würden (…[16]).

3. Was die polnischen Überlegungen zur Frage der Paraphierung eines Friedensvertrages mit den beiden deutschen Staaten vor der Vereinigung angeht, so plädiere ich nachdrücklich für ein offensives Herangehen an diese Frage.

Die Konzeption ist zwar in völkerrechtlicher Hinsicht ungewöhnlich. Wir müssen aber davon ausgehen, daß die polnische Seite von dieser Idee nicht ablassen wird, weil sie natürlich sieht, daß der deutsche Einigungsprozeß zum Abschluß kommen wird, bevor die Grenzfrage in einem Vertrag mit Gesamtdeutschland eindeutig geregelt werden kann.

Zwar bietet auch ein von beiden deutschen Staaten paraphierter Grenzvertrag Polen nicht die letzte Sicherheit – aber aus polnischer Sicht stellt ein inhaltlich durchverhandelter Vertrag, versehen mit der Paraphe der Vertreter zweier deutscher Regierungen, immer noch ein Plus an Sicherheit gegenüber den von uns bisher ins Auge gefaßten politischen Absichtserklärungen beider Parlamente und Regierungen dar.

(Polen befürchtet möglicherweise auch, daß die deutsche Seite nach der Vereinigung eine Grenzregelung mit anderen Fragen verknüpfen könnte – bspw. dem Status der Minderheit, Entschädigungsregelungen etc.).

Wenn wir uns auf diese Verhandlungen nicht einlassen, müssen wir damit rechnen, daß die Polen mit allen Mitteln – und unseren politischen Absichtserklärungen zum Trotz – versuchen werden, die Grenzfrage zum letzten Stolperstein für die Vereinigung aufzubauen. Es besteht kein Zweifel, daß ihnen hierfür auch die entsprechende außenpolitische Unterstützung zuteil werden wird – auch durch unsere westlichen Freunde.

---

13 Nr. 220.
14 ⟨ ⟩ Hs. durchgestrichen.
15 Nr. 227 Anm. 1.
16 Ein Satz nicht freigegeben.

Wir sollten m.E. eine solche Zuspitzung unter allen Umständen vermeiden, zumal ich nicht sehe, wie wir letztlich diese Auseinandersetzung durchhalten könnten.

Ich bin im übrigen aufgrund von Informationen aus dem Auswärtigen Amt sicher, daß BM Genscher Sympathien für diese Lösung hat. ⟨Auch von⟩[17] daher dürfte es nicht lange dauern, ⟨bis⟩[18] das Thema wieder auf den Tisch kommt.

4. Ich bin schließlich aus einem weiteren Grunde der Auffassung, daß wir uns dieser Option nicht mehr lange verschließen sollten: Nur wenn wir uns schon bald nach dem 18. März mit Polen an einen Tisch setzen und über die Grenzfrage tatsächlich verhandeln (und nicht von den anderen an den Tisch gezwungen werden!), wird es möglich sein, die m.E. unzumutbare Forderung nach Garantie dieses Rechtsaktes durch die Vier Mächte, wie sie insbesondere von Frankreich, aber auch von Großbritannien aufgestellt worden ist, wegzudrücken oder zumindest so abzumildern, daß sie für uns noch hinnehmbar sein würde.

Diese Forderung nach internationaler Garantie eines deutsch-polnischen Grenzvertrages ist aus meiner Sicht innen- und außenpolitisch schwerwiegender als der polnische Wunsch nach Paraphierung eines Friedensvertrages mit den beiden deutschen Staaten vor der Vereinigung.

Eine solche internationale Garantie würde vor aller Welt deutlich machen, daß an der Vertragstreue eines künftigen Deutschland Zweifel angebracht sind und daher zusätzliche Sicherungen eingebaut werden müssen. Ich halte es daher für wichtig, schon bald unseren westlichen Verbündeten klarzumachen, daß eine solche internationale Garantie mit unserer Selbstachtung nicht zu vereinbaren ist.

Allenfalls denkbar ist, daß das Ergebnis der Verhandlungen zwischen Polen und den beiden deutschen Staaten über den „Grenzvertrag" zusammen mit den anderen Ergebnissen der Zwei-plus-Vier-Gespräche dem KSZE-Gipfel zur Kenntnis gebracht wird.

H
(Dr. Hartmann)

Nr. 217
Vorlage der Arbeitsgruppe Innenpolitische Grundsatzfragen im Bundesministerium des Innern an Bundesminister Schäuble
Bonn, 13. März 1990

BMI, GE – 020 052 – 2/1 Bd. 1. – Az. G 1 – 0020 008 – AA/1. Vorlage über den stv. AL G, AL G und St Kroppenstedt zur Unterrichtung. Abdruck: St Neusel, AL V. Mit Stempel: Der Bundesminister des Innern, 15. März 1990. Abgezeichnet: „Sch[äuble]".

Betr.:   Kabinettausschuß „Deutsche Einheit";
       hier: Arbeitsgruppe „Außenpolitik und sicherheitspolitische Zusammenhänge" – Sitzung am 13.3.1990 -

BM Genscher eröffnete die Sitzung mit dem Hinweis, daß nach einem der Sitzung unmittelbar vorausgegangenen Gespräch mit BM Stoltenberg zwischen BMVg und AA Einigkeit darüber besteht, daß die Frage der künftigen militärischen Stärke der Bundesrepublik Deutschland kein Verhandlungsgegenstand der beginnenden 2+4-Gespräche sein könne.

---

17   ⟨ ⟩ Hs. von Ministerialdirigent Hartmann ergänzt.
18   ⟨ ⟩ Hs. von Ministerialdirigent Hartmann korrigiert aus: „bevor".

Ein gewisser Zusammenhang mit den Wiener Gesprächen und dem KSZE-Prozeß sei zwar nicht zu verneinen, aber nur dort sei der Raum für entsprechende Fragestellungen. BMVg und AA betonten übereinstimmend, daß aus diesen und anderen Gründen außen- und sicherheitspolitische Fragestellungen in einer Sitzung des <u>Bundessicherheitsrates</u> besprochen werden müssen – Termin: <u>Anfang April 1990, vor der Osterpause.</u>

Sodann berichtete AA über das Gespräch mit der DDR (1+1)[1], das insbesondere der formalen Vorbereitung der morgen beginnenden 2+4-Gespräche[2] diente.

Von beiden Seiten wird ein ständiger Wechsel des Tagungsortes (DDR-Gebiet bzw. Gebiet der Bundesrepublik Deutschland) favorisiert. BM Genscher verwies auf seine Absprache mit dem Regierenden Bürgermeister von Berlin, Momper, daß Berlin (West) nicht Tagungsort der 2+4-Gespräche sein könne.

Seitens DDR sind substantielle Fragen für die 2+4-Gespräche:
- Viermächterechte – DDR geht davon aus, daß zum Abschluß der 2+4-Gespräche die Viermächterechte global abgelöst werden,
- Grenzfrage – DDR vertritt den Standpunkt des polnischen Ministerpräsidenten,
- sicherheitspolitische Fragestellungen (NATO/WP/Neutralität) – DDR-Linie entspricht der Linie der UdSSR,
- Klärung der Eigentumsverhältnisse – wird aus westdeutscher Sicht abgelehnt, im Rahmen von 2+4 zu verhandeln,
- Vereinigungsproblematik – DDR lehnt Weg über Art. 23 GG z.Z. ab.

Zur Beteiligung von Polen an den 2+4-Gesprächen stellte AA fest, daß die polnische Seite bei ihren Gesprächen in Paris kein Gehör gefunden habe mit ihrem Verlangen nach regelmäßiger Beteiligung. Ihr wurde lediglich eingeräumt – was auch die Bundesregierung akzeptiert –, dann beteiligt zu werden, wenn konkrete polnische Belange berührt sind.

In diesem Zusammenhang wurde vereinbart, eine Unterarbeitsgruppe einzurichten (AA, BMB, Chef BK, Zwischenbericht bis zur nächsten Sitzung der Arbeitsgruppe), die auf der Basis der Erklärung des Deutschen Bundestages[3] die beabsichtigte Erklärung beider frei gewählten deutschen Parlamente zur polnischen Grenzfrage vorbereitet.

Sodann wurde die Frage der Abklärung der Rechte der vier Siegermächte nach Beendigung der 2+4-Gespräche diskutiert. Es bestand Einigkeit, eine weitere Unterarbeitsgruppe hierzu einzurichten (AA, BMVg, Chef BK, BMF, BMJ, BMI insbesondere Völkerrechtsfragen; Zwischenbericht bis zur nächsten Sitzung der Arbeitsgruppe), die sich folgender Fragestellungen annehmen soll:
- Förmliche Abwicklung; Vorgabe: kein Friedensvertrag; Idealvorstellung AA: einseitige Erklärung der Vier Mächte, daß ihre Rechte obsolet sind.
- Sachstandsauflistung dessen, was vorab geklärt sein muß, um die Rechte der Vier Mächte als obsolet anzusehen.
- Berlin-Frage; Stationierung der Alliierten, welche Rechte gelten in Berlin (West) nach Ablösung der Rechte der Alliierten, Status Gesamtberlins.
- Stationierungsvertrag über Truppen der UdSSR auf dem Gebiet der DDR – Ziel: Bundesrepublik Deutschland, DDR (bzw. gesamtdeutsche Regierung) und UdSSR stellen nach Wiedervereinigung in einem Vertrag fest, daß für einen bestimmten Zeitraum eine bestimmte Anzahl von Sowjetsoldaten auf dem Gebiet der DDR stationiert bleiben. Dieser Vertrag wird von den drei Westalliierten notifiziert. Entscheidung über den Verbleib bedeutet souveräne Entscheidung der gesamtdeutschen Regierung. Verbleib dient den Si-

---

1 Nr. 212.
2 Nr. 220.
3 Nr. 204 Anm. 1 und Nr. 204A.

cherheitsbedürfnissen der UdSSR ohne Bezug zu deren ursprünglichen Stationierungs-
interessen.
– Neufassung bestehender Verträge über die gewollte weitere Stationierung der Westalliierten auf dem Gebiet der Bundesrepublik Deutschland (z. B. NATO-Truppenstatut).
Weiterer Diskussionspunkt waren die wirtschaftlichen Verpflichtungen der DDR gegenüber der UdSSR bzw. den übrigen RGW-Staaten. Es bestand Einigkeit, die bereits begonnene Bestandsaufnahme zu intensivieren und auch die UdSSR direkt in die Aufarbeitung
dieses Komplexes mit einzubeziehen (nur BMF widersprach dieser Vorgehensweise). Chef
BK erinnerte in diesem Zusammenhang an die Zusage des Bundeskanzlers gegenüber MP
Modrow zu prüfen, inwieweit und in welche Verpflichtungen der DDR die Bundesregie-
rung eintreten könne.
Abschließend wurde vereinbart, eine weitere Unterarbeitsgruppe einzurichten (AA, Chef
BK, BMB, BMVg; Zwischenbericht bis zur nächsten Sitzung der Arbeitsgruppe), die sich
des KSZE-Konzepts annimmt und eine Aufarbeitung aus (gesamt-)deutscher Sicht vor-
nimmt.
Nächster Sitzungstermin:
Dienstag, 27. März 1990, 17.00–19.00 [Uhr], Gästehaus AA, Venusberg, Kiefernweg 12.[4]
Witzlau   *Flümann*

Nr. 218
Telefongespräch des Bundeskanzlers Kohl mit Staatspräsident Mitterrand
14. März 1990

BK, 21 – 30100 (56) Ge 28 (VS) Bd. 80, Bl. 178–184. – Vermerk des MDg Neuer, 15. März 1990. Hs. von Bundeskanzler
Kohl vermerkt: „Teltschik".

Nach der Begrüßung berichtet <u>Präsident Mitterrand</u> über sein Treffen mit der polnischen
Führung. Es seien viele Themen besprochen worden. Von besonderem Interesse für uns
seien zwei Punkte, bei denen zwischen der polnischen und der französischen Seite Übereinstimmung erzielt worden sei, nämlich die Notwendigkeit der Anerkennung der Oder-
Neiße-Grenze und der Wunsch, daß die Verhandlungen beginnen, bevor die deutsche Vereinigung vollzogen sei. Die endgültige Billigung des Vertrags könne allerdings erst durch ein
gesamtdeutsches Parlament nach der Vereinigung erfolgen. Die Stimmung sei leider etwas
vergiftet durch die falsche Darstellung der französisch-polnischen Gespräche in der Presse.
Die Verhandlungen über die deutsche Vereinigung sollten im Rahmen der Sechs stattfinden.
Die Polen sollten jedoch bei allen Fragen herangezogen werden, die die Grenzen zwischen
Deutschland und Polen berührten. Zu weiteren Punkten seien keine Absprachen getroffen
worden. Er wolle nochmals wiederholen, daß die französische und die polnische Seite der
Auffassung seien, die Verhandlungen über einen Vertrag betreffend die Anerkennung der
Oder-Neiße-Linie sollten jetzt schon unmittelbar aufgenommen werden, also vor der Verei-
nigung. Die Ratifizierung durch ein gesamtdeutsches Parlament solle dann später nach der
Vereinigung erfolgen. Hierüber habe er den Bundeskanzler informieren wollen. In der Substanz sei dies nicht viel Neues, außer, daß die Grenzfrage immer dringlicher werde.

---

4 Nr. 230.

Der <u>Bundeskanzler</u> bemerkt, er wolle zu den Äußerungen von Präsident Mitterrand folgendes sagen: Was die Verhandlungen im Rahmen 2 plus 4 angehe, sei er schon immer der Meinung gewesen – auch, als dies in Ottawa vereinbart worden sei –, daß sie in vernünftiger Weise vor sich gehen sollten, d.h., daß die Polen die Möglichkeit einer Mitwirkung haben sollten, wenn die Frage der deutsch-polnischen Grenze behandelt werde. Er habe hiermit nie Probleme gehabt. In der französischen und der polnischen Presse sei eine falsche Darstellung gebracht worden. Man könne nicht über die deutsch-polnische Grenze reden und die Polen nicht an diesen Gesprächen beteiligen. Er stimme jedoch mit Präsident Mitterrand darin überein, daß dadurch der grundsätzliche Rahmen 2 plus 4 nicht aufgelöst werde. Wir könnten nicht akzeptieren, daß die Behandlung der Grenzfrage in Warschau erfolge. Er habe den Eindruck, daß man Rücksicht auf die Gefühle aller Völker außer auf die Gefühle der Deutschen nehme. Zur Grenze wolle er noch sagen, er verstehe nicht, daß die polnische Seite ohne Rücksprache mit uns über die Aushandlung eines Vertrags spreche. Er habe im November zu Mazowiecki in Warschau gesagt, daß die Frage der deutschen Einheit mit der Oder-Neiße-Grenze verbunden sei. Auf sein, des Bundeskanzlers, Betreiben habe der Bundestag eine Entschließung gefaßt, in der der Bundestag und er selbst als Regierungschef deutlich für die Oder-Neiße-Grenze eingetreten seien. Es sei ihm unverständlich, wie man behaupten könne, es sei unklar, welche Grenze mit der Entschließung gemeint sei. Er habe ferner vorgeschlagen, daß die Regierung und das Parlament der DDR nach den Wahlen in der DDR mit uns Kontakt aufnehmen und daß man nochmals gleichzeitig gleichlautende Erklärungen abgebe. Klar sei allerdings, daß völkerrechtliche Verbindlichkeit nur durch die Ratifikation durch ein gesamtdeutsches Parlament hergestellt werden könne. Da der Zeitpunkt, wann dies erfolgen könne, ungewiß sei, sollten jetzt die Positionen klargestellt werden. Ein Vertrag, den die Regierungen der Bundesrepublik Deutschland und der DDR mit Polen ausarbeiten würden, hätte keine völkerrechtlich stärkere Wirkung als eine gemeinsame Entschließung.

In Polen sei gleichzeitig mit der Grenzfrage auch die Frage der Reparationen aufgebracht worden. Wenn die Polen in Paris behauptet hätten, daß sie das nicht getan haben, so stimme das nicht. Er habe die Frage der Reparationen nicht erfunden. In diesem Zusammenhang habe der Sejm-Präsident kürzlich bei einem Besuch[1] astronomische Zahlen genannt. Gerade gestern sei nun auch von israelischer Seite deutlich gemacht worden, daß an ein wiedervereinigtes Deutschland neue Reparationsforderungen herangetragen würden. Die Darstellung Warschaus, daß er versuche, die Frage der Reparationen oder der Rechte der deutschen Minderheit in Polen in den Grenzvertrag aufzunehmen, sei auch falsch. Er habe nur den Wunsch geäußert, Polen möge nochmals eindeutig das wiederholen, was es in dem Görlitzer Vertrag von 1953 in bezug auf seinen Reparationsverzicht gegenüber Deutschland erklärt habe[2]. Ferner habe er den Wunsch geäußert, die polnische Seite möge eine Erklärung des Inhalts abgeben, daß die Vereinbarung, die er mit MP Mazowiecki im November vergangenen Jahres bezüglich der Rechte der deutschen Minderheit in Polen getroffen habe, auch für ein wiedervereinigtes Deutschland gelte. In Polen lebten noch 500000 Deutschstämmige. Unser Interesse sei es, daß sie in Polen blieben und dort ihre kulturellen Rechte hätten. Sein Eindruck sei, alles, was er für die Aussöhnung mit Polen getan habe – und außer Willy Brandt habe wohl niemand soviel dafür getan wie er –, werde gegenwärtig aus innenpolitischen Gründen in Polen zur Seite geschoben. Innenpolitische Probleme gebe es aber auch bei uns. Die überwiegende Mehrheit der Bevölkerung in der Bundesrepublik Deutschland akzeptiere die Oder-Neiße-Linie als Grenze. Es seien schreckliche Dinge im deutschen Namen geschehen.

---

1 Nr. 214 Anm. 8.
2 Gemeint ist die Verzichtserklärung der polnischen Regierung von 1953 (Nr. 92 Anm. 9). Im sog. Görlitzer Vertrag regelten die DDR und Polen 1950 den gegenseitigen Grenzverlauf (ebd., Anm. 11).

Aber auch von den Polen sei Unrecht begangen worden. 12 Millionen Menschen seien aus diesen Gebieten geflohen; 2 Millionen seien zu Tode gekommen. Dennoch sei er sicher, daß über 90% der Bevölkerung für die Oder-Neiße-Grenze seien.

Der Bundeskanzler kommt auf die Lage in der DDR zu sprechen. Sie habe sich dramatisch verschlechtert. Seit dem 1. Januar seien 140 000 Übersiedler aus der DDR in die Bundesrepublik gekommen. Er habe mehrere Wahlveranstaltungen, die letzte gestern in Cottbus, durchgeführt. Überall habe er die DDR-Bürger aufgerufen zu bleiben. Die Verbesserung der Lebensverhältnisse dort werde natürlich nicht über Nacht kommen. Fest stehe jedoch, daß man ohne eine Währungsunion mit der DDR nicht vorankommen könne. Im Dezember wolle er bei der Regierungskonferenz der Europäischen Gemeinschaft auch die Frage der EG-Währungsunion tatkräftig unterstützen. Niemand solle denken, die Entwicklung in Europa solle hinter der Entwicklung in Deutschland zurückstehen. Er habe auch mit Delors telefoniert und einen Besuch bei der Kommission für die nächste Woche vereinbart.[3]

Er wolle sagen, und er sage dies ganz ruhig, daß er sich zur Zeit in einer seltsamen Lage befinde. Innenpolitisch versuche die SPD, über die Anwendung des Artikels 146 bei der Vereinigung aus der NATO herauszukommen. Im Grunde habe die Lage viel Ähnlichkeit mit der 1983 (Stationierung der Pershing II). Die Menschen in der Bundesrepublik Deutschland befürchteten, die zahlreichen Übersiedler könnten ihren Status schmälern. In der DDR befürchteten die Menschen, die Entwicklung zum Besseren lasse zu lange auf sich warten. Die Regierung Modrow habe sehr viele der gemachten Zusagen nicht eingehalten. Für ihn sei es jetzt wichtig, daß die Entwicklung sich nicht so darstelle, als ob wir die Nachbarn in Ost und West vor ein Fait accompli stellen wollten, schon gar nicht Frankreich. In Paris lebe man heute wie auf einem anderen Stern. Auf dem Stern, auf dem er lebe, seien seit 1. Januar 140 000 Übersiedler eingetroffen. Falls die Wahl in der DDR in ihrem Ausgang nicht den Erwartungen der Menschen entspreche, würde diese Zahl noch ansteigen. Er betreibe keine Hektik. Er wolle auch kein Viertes Reich, wie Poniatowski formuliert habe. Aber es sei eine ungeheure Dynamik in der Entwicklung. Die Menschen in der DDR hätten auf ihn persönlich ihre Hoffnung gesetzt.

Verwundert sei er über die Ratschläge, die von manchen Seiten erteilt würden. Es sei schon seltsam, daß zwei Erklärungen des Parlaments und der Regierung augenscheinlich so wenig Bedeutung beigemessen werde. Er sei sehr betroffen über die Art und Weise, mit der dieses Thema behandelt werde. Er habe lernen müssen, daß für viele 40 Jahre Demokratie in der Bundesrepublik nichts gelten. In der Grenzfrage sei die Lage so, daß der psychologische Eindruck erweckt werde, alles sei unklar. Dies stimme nicht. Die Sache werde so gespielt, daß die Position der CDU geschwächt werde. Von Polen komme keine positive Geste. Er wolle hier auf das Beispiel des tschechoslowakischen Präsidenten hinweisen. Die ČSSR sei das erste Opfer Deutschlands gewesen. Aber auch die Tschechen hätten an den Deutschen Schlimmes verübt. Das Ergebnis der positiven Äußerung von Präsident Havel sei eine Erklärung der sudetendeutschen Landsmannschaft gewesen, die die größte Vertriebenengruppe in der Bundesrepublik sei.[4] Der tschechoslowakische Präsident habe die Hand zur Versöhnung ausgestreckt, die die Sudetendeutschen ergriffen hätten. Jaruzelski tue dies nicht. Er, der Bundeskanzler, wolle dennoch die Aussöhnung mit Polen. Er sei einverstanden mit dem, was Präsident Mitterrand in der Pressekonferenz[5] gesagt habe, daß die deutsch-französische

---

3 Zu den Gesprächen des Bundeskanzlers Kohl mit Kommissionspräsident Delors und den Mitgliedern der EG-Kommission am 23. März 1990 in Brüssel: Schreiben des Gesandten Dohmes an den Chef des Bundeskanzleramtes, 26. März 1990, Anlagen: Vermerk betr. Gespräche des Bundeskanzlers, 26. März 1990, VS-NfD, und Erklärung von Bundeskanzler Kohl vor der internationalen Presse nach Abschluß seines Besuchs; BArch, B 136/30060, 211 – 30104 Eu 41, BK in Brüssel, 23.3.1990, Hauptvorgang.
4 Nr. 174 Anm. 14 und .
5 Nr. 216 Anm. 5.

Aussöhnung ein Beispiel für die deutsch-polnische Aussöhnung sein könnte. Aber man dürfe bei allem nicht nur auf die Psychologie der Polen Rücksicht nehmen, sondern man müsse auch auf die Psychologie der Deutschen achten. Die Würde eines Landes sei wichtig; dies gelte jedoch für alle Länder. Er sei sehr betroffen über alles, was er erlebe, und die Gehässigkeit, mit der dies zum Ausdruck komme. Es habe zwar nichts mit dem Thema zu tun, aber er wolle doch auf die letzte Nummer des Canard enchaîné hinweisen. In dieser Zeitschrift werde in einem Artikel behauptet, einer seiner engsten Mitarbeiter habe sich während eines kürzlichen Aufenthalts in London zum deutsch-französischen Verhältnis dahingehend geäußert, die Beziehungen seien nicht gut und es gebe zu viele Juden um Mitterrand. Keiner seiner Mitarbeiter sei in London gewesen. Die ganze Geschichte sei frei erfunden. Sie sei Teil der Kampagne, die auf allen Ebenen laufe und mit der er und seine Partei geschwächt werden sollten. Er wolle ausdrücklich feststellen, daß er bei der deutsch-französischen Freundschaft bleibe und daß er zur deutsch-polnischen Freundschaft beitragen wolle. Er werde eher sein Amt verlassen, als daß er nicht mehr zur Einheit seines Vaterlandes und zur Einigung Europas beitrage. Dies seien zwei Seiten einer Medaille. Man lebe in einer ungeheuer interessanten und aufregenden Zeit. Sie sei allerdings auch schwierig, und man mache bittere Erfahrungen.

Präsident Mitterrand dankt dem Bundeskanzler für seine Ausführungen. Er bedankt sich insbesondere für den menschlichen Aspekt, der zum Ausdruck gekommen sei und für die Darlegung der eigenen Überzeugungen des Bundeskanzlers. Er dankte auch für das, was der Bundeskanzler zur deutsch-französischen Freundschaft zum Ausdruck gebracht habe.

Er wolle noch zwei Bemerkungen zu den deutsch-polnischen Beziehungen machen. Der wichtigste Punkt, der die Lage vergiftet habe, sei die Oder-Neiße-Grenze gewesen. Dazu habe der Bundeskanzler ja etwas gesagt. Der zweite wichtige Punkt sei, daß bei den Verhandlungen im Rahmen der Sechs, soweit sie das deutsch-polnische Verhältnis betreffen, die Polen zu Rate gezogen werden sollten. Dies seien Ergebnisse seiner Besprechung mit den Polen. Nicht festgelegt sei, daß Warschau Ort der Verhandlungen, wenn Polen betroffen sei, sein solle. Zu dieser polnischen Bitte habe er keine Stellung genommen. Zur Frage der Reparationen habe er nichts gesagt, da sie Frankreich nicht betreffe. Hierzu habe es auch keine Diskussion gegeben. Er wolle darauf hinweisen, daß die Polen im Augenblick sehr nervös seien. Wenn der Bundeskanzler feststelle, die französische Presse sei ungerecht, so wisse er, daß auch die deutsche Presse ungerecht sei. Er habe den Canard nicht gesehen. Wenn er ihn gelesen hätte, wäre er am Anfang zwar etwas verwirrt gewesen, dann hätte er aber gedacht, dies sei nicht ernst zu nehmen. Eine Zeitschrift wie Canard, der jede Woche Artikel dieser Qualität liefere, könne er nicht ernst nehmen.

Der Bundeskanzler sagt, das glaube er auch.

Präsident Mitterrand kündigt an, daß er eine Erklärung abgeben werde, in der klar herauskomme, das Verhältnis zwischen Deutschland und Frankreich, den beiden Regierungen und dem Bundeskanzler und ihm selbst sei gut. Heute erwarte er den Besuch von Lafontaine. Er mache mehrere Besuche in Paris. Das Gespräch mit ihm sei auf 30 Minuten terminiert. Er wisse, daß Wahlkampf sei. Deswegen handle es sich um einen reinen protokollarischen Termin. Er werde keine Erklärung hinterher abgeben.

Der Bundeskanzler bezeichnet es als selbstverständlich, daß Lafontaine den Präsidenten besuche. Er habe hierzu keine Anmerkung zu machen. Er habe auch den Canard nur deswegen erwähnt, weil er heute früh auf diesen Beitrag aufmerksam gemacht worden sei.

Präsident Mitterrand wirft ein, da er den Bundeskanzler kenne, könne er sich vorstellen, daß er durch diesen Artikel verletzt sei.

Der Bundeskanzler kommt nochmals auf Polen zurück und bemerkt, man sei sich einig, daß Polen bei den Verhandlungen, die die Grenzen betreffen, beteiligt werde. Ein Meinungsunterschied bestehe nur darin, wie den Polen Sicherheit zwischen dem heutigen Tag und der endgültigen Ratifizierung eines Vertrags durch ein gesamtdeutsches Parlament gegeben werden könne. Über diese Frage könne man bei einem der nächsten Treffen sprechen. Er wolle sie telefonisch nicht vertiefen.

<u>Präsident Mitterrand</u> erklärt sich damit einverstanden. Er wiederholt, daß er das sagen werde, was notwendig sei.

Das Gespräch endete nach ca. 30 Minuten.

Neuer

Nr. 219
Schreiben des Staatssekretärs Köhler an Bundesminister Seiters
Bonn, 14. März 1990

BArch, B 136/21664, 222 – 35023 Wä 1 Bd. 1.

Sehr geehrter Herr Minister,

beigefügt übersende ich Ihnen den von der gemeinsamen Expertenkommission auf ihrer gestrigen Sitzung verabschiedeten Zwischenbericht über die Gespräche zur Schaffung einer Währungsunion und Wirtschaftsgemeinschaft.[1]

Ich möchte ausdrücklich die gute Atmosphäre der Gespräche betonen.

Aus dem Zwischenbericht ist insbesondere herauszuheben:

– Beide Seiten verstehen die Währungsunion und Wirtschaftsgemeinschaft als entscheidenden Schritt zur deutschen Einheit.

– Die Schaffung der Währungsunion und Wirtschaftsgemeinschaft ist bei entsprechendem Willen zügig machbar.

– Die Modalitäten und der Zeitpunkt der Währungsumstellung können nur im Gesamtverbund aller Elemente entschieden werden. Diese Fragen bedürfen noch einer weiteren vertiefenden fachlichen Klärung.

– Es besteht Einvernehmen, die Gespräche alsbald fortzusetzen. Dabei soll auch weiterhin Vertraulichkeit gewahrt bleiben.

Zur Klärung des weiteren Vorgehens halte ich ein inhaltliches Gespräch der zuständigen Minister mit dem Bundeskanzler und dem Präsidenten der Deutschen Bundesbank für dringend erforderlich.

Mit freundlichen Grüßen

Ihr H. Köhler

---

1 Nr. 219A.

Nr. 219A
Zwischenbericht der Expertenkommission zur Vorbereitung einer Währungsunion und Wirtschaftsgemeinschaft zwischen der Bundesrepublik Deutschland und der Deutschen Demokratischen Republik

Mit hs. unterzeichnetem Vorblatt der Leiter der Delegationen der Bundesrepublik Deutschland, St Köhler, und der DDR, Minister Romberg, Berlin, 13. März 1990: „Der beiliegende Zwischenbericht der Expertenkommission zur Vorbereitung einer Währungsunion und Wirtschaftsgemeinschaft zwischen der Bundesrepublik Deutschland und der Deutschen Demokratischen Republik an die Regierungen der Bundesrepublik Deutschland und der Deutschen Demokratischen Republik wurde am 13. März 1990 von der Gemeinsamen Expertenkommission verabschiedet."

Zwischen Ministerpräsident Hans Modrow und Bundeskanzler Helmut Kohl wurde am 13. Februar 1990 vereinbart, daß eine gemeinsame Expertenkommission Beratungen über die Schaffung einer Währungsunion und Wirtschaftsgemeinschaft zwischen der Deutschen Demokratischen Republik und der Bundesrepublik Deutschland aufnimmt.[2]

Diese Expertenkommission hat sich am 20. Februar 1990 konstituiert. Die Delegation der Deutschen Demokratischen Republik wird durch Minister Dr. Walter Romberg, die Delegation der Bundesrepublik Deutschland durch den Staatssekretär im Bundesministerium der Finanzen, Dr. Horst Köhler, geleitet.

In drei Plenarsitzungen und in verschiedenen Treffen der eingerichteten Arbeitsgruppen

– Währung
  (Vorsitzende: Präsident Horst Kaminsky; Vizepräsident Prof. Dr. Helmut Schlesinger)
– Wirtschaftsreformen/Wirtschaftspolitik
  (Vorsitzende: Minister Prof. Dr. Karl Grünheid; Staatssekretär Dr. Dieter von Würzen)
– Haushalt und Finanzen
  (Vorsitzende: amt[ierender] Minister Dr. Walter Siegert; Ministerialdirektor Dr. Manfred Overhaus)
– Soziale Sicherung
  (Vorsitzende: Stellvertreter des Ministers Dr. Ingolf Noak; Staatssekretär Bernhard Jagoda)

wurden die damit verbundenen umfangreichen Fragen erörtert. Der Stand dieser Erörterungen wird nachfolgend zusammengefaßt.

1. Aufgabenstellung

Grundlage der Beratungen der Expertenkommission ist das Angebot der Regierung der Bundesrepublik Deutschland an die Regierung der Deutschen Demokratischen Republik, eine Währungsunion und Wirtschaftsgemeinschaft zu schaffen. Dieses Angebot besteht im Kern aus zwei in einem unauflösbaren Zusammenhang stehenden Teilen:

– Zu einem Stichtag wird die Mark der Deutschen Demokratischen Republik als Währungseinheit und gesetzliches Zahlungsmittel durch die D-Mark ersetzt.
– Zeitgleich müssen von der Deutschen Demokratischen Republik die notwendigen rechtlichen Voraussetzungen für die Einführung einer sozialen Marktwirtschaft (Rechtsangleichung auf den zentralen Feldern der Wirtschaftsordnung) geschaffen sein.

Diese marktwirtschaftliche Reform ist die grundlegende Voraussetzung, um die bisherigen wirtschaftlichen Schwierigkeiten der Deutschen Demokratischen Republik zu beseitigen, insbesondere die Versorgungsmängel rasch zu überwinden, den erforderlichen Zustrom privaten Kapitals zu ermöglichen und neue zukunftsträchtige Arbeitsplätze zu schaffen.

---

2 Nr. 179.

Die Expertenkommission sieht in diesem Zusammenhang die wichtigsten Aufgaben darin,

- die Wirtschaft der Deutschen Demokratischen Republik möglichst rasch zu stabilisieren, ihr neue Wachstums- und Beschäftigungsimpulse zu geben und Anschluß an die internationale Wettbewerbsfähigkeit zu erreichen,
- den erreichten Lebensstandard zu erhalten und schrittweise zu verbessern, soziale Sicherheit zu gewährleisten und sie auf ein tragfähiges wirtschaftliches Fundament zu stellen.

Beide Seiten sehen in der Schaffung der Währungsunion und Wirtschaftsgemeinschaft ein zentrales Element, damit die Menschen in ihrer Heimat bleiben.

Diese Zielsetzungen erfordern einen umfassenden und raschen Übergang von der bisherigen staatlichen Planwirtschaft zu einer sozialen Marktwirtschaft, die ökologischen Erfordernissen Rechnung trägt.

2. Zusammenfassung des Beratungsstandes

a) Beide Seiten teilen das Grundverständnis, daß eine Währungsunion und Wirtschaftsgemeinschaft – gestützt durch einen Sozialverbund – zwischen beiden deutschen Staaten als entscheidender Schritt zur staatlichen Einheit zu verstehen ist.

b) Der Weg zur Währungsunion und Wirtschaftsgemeinschaft ist bei entsprechendem Willen zügig gangbar. Die Beratungen haben jedoch gezeigt, daß die sich stellenden Fragen schwierig sind und wechselseitig ineinandergreifen. Sie bedürfen noch einer weiteren vertieften fachlichen Klärung. Entscheidungen müssen von den beiden Regierungen getroffen werden.

c) Beide Seiten stimmen überein, daß die verschiedenen Elemente einer Währungsunion und Wirtschaftsgemeinschaft in einem zwingenden Zusammenhang stehen:
Eine stabile Währung, durchgreifende marktwirtschaftliche Reformen, solide Staatsfinanzen bei leistungsgerechter Besteuerung und eine wirksame soziale Absicherung der Menschen bedingen einander.

d) Bei der wirtschaftlichen und finanziellen Bestandsaufnahme wurden wesentliche Fortschritte erzielt. Dies gilt gleichermaßen für die Gebiete Währung, Wirtschaft, Finanzen und für den Bedarf an wirtschaftlichen Reformen und Maßnahmen zur sozialen Sicherung.
Auf dieser gemeinsamen Grundlage kann die weitere Arbeit aufbauen.

e) Einvernehmen besteht insbesondere über
- den raschen Übergang zur sozialen Marktwirtschaft, gestützt auf die Kreativität und Motivation der Menschen in der Deutschen Demokratischen Republik;
- die Grundrichtung der notwendigen marktwirtschaftlichen Reformen und Anpassungen;
- die Bedeutung eines breiten Zustroms privaten Kapitals für eine durchgreifende Besserung der wirtschaftlichen Lage in der Deutschen Demokratischen Republik. Dafür muß die Deutsche Demokratische Republik die notwendigen weiteren Rahmenbedingungen schaffen;
- die Notwendigkeit einer Strukturanpassung der DDR-Unternehmen mit marktwirtschaftlichen Methoden und von Übergangsmaßnahmen, die die Strukturanpassung erleichtern;
- den Grundsatz, daß die Währungsumstellung und die Geldpolitik in der Währungsunion sich am Prinzip der Geldwertstabilität orientieren müssen;
- die Zuständigkeit der Bundesbank für die Geldpolitik im künftigen gemeinsamen Währungsgebiet;
- die Notwendigkeit, das Problem eines zu hohen Defizits im Staatshaushalt der Deut-

schen Demokratischen Republik zu lösen und die dafür erforderlichen politischen Entscheidungen zu treffen;
- die Zielsetzung eines einheitlichen Steuer- und Abgabensystems;
- die Einführung einer gegliederten, beitragsfinanzierten und einkommensbezogenen Sozialversicherung sowie die Notwendigkeit einer sozialen Absicherung für alle.

Diese Einschätzung beruht auf einer Analyse der
- Schwachstellen der DDR-Unternehmen, vor allem dem wesentlich niedrigeren Produktivitätsniveau als in der Bundesrepublik Deutschland, dem überalterten Anlagevermögen, den Versorgungsengpässen bei Vormaterialien und Ersatzteilen, der den Weltmarktverhältnissen nicht entsprechenden Produktionspalette und einer ungenügenden Infrastruktur;
- Stärken der DDR-Wirtschaft, insbesondere den gut ausgebildeten, leistungsbereiten Menschen, leistungsfähigen Forschungskapazitäten, einem beachtlichen Potential für rasche Produktivitätssteigerungen; umfangreichen Wirtschaftsbeziehungen zu den RGW-Ländern und Kenntnissen ihrer wirtschaftlichen Bedingungen.

f) In den weiteren Gesprächen müssen u. a. noch vertieft und im Gesamtzusammenhang erörtert werden:
- Modalitäten und Zeitpunkt der Währungsumstellung (hierüber kann nur im Verbund aller Elemente einer Währungsunion und Wirtschaftsgemeinschaft entschieden werden),
- die institutionellen Fragen, die sich im Zusammenhang mit der Ausweitung des Währungsgebietes der D-Mark auf das Gebiet der Deutschen Demokratischen Republik für die Geldpolitik der Deutschen Bundesbank ergeben,
- die weitere Anpassung bzw. Schaffung von Rechtsvorschriften für einen Kernbestand unverzichtbarer marktwirtschaftlicher Reformen,
- die Ausgestaltung flankierender Hilfen für die Strukturanpassung der Wirtschaft der Deutschen Demokratischen Republik während einer Übergangsphase,
- außenwirtschaftliche Fragen einschließlich des Agrarhandels,
- Maßnahmen zur Begrenzung des Defizits im Staatshaushalt der Deutschen Demokratischen Republik,
- die möglichst schnelle Vereinheitlichung des Steuersystems,
- Fragen der Arbeitsrechtsordnung und von Einzelelementen der sozialen Sicherung sowie die damit zusammenhängenden finanziellen und organisatorischen Fragen.

Beide Seiten sind sich darüber einig, daß die Gespräche alsbald fortgesetzt werden.

Nr. 220
Erste Gesprächsrunde Zwei plus Vier auf Beamtenebene
Bonn, 14. März 1990

BK, 212 – 35400 De 39 NA 4 Bd. 1. – Vorlage des MDg Hartmann über Chef BK an den Bundeskanzler, 15. März 1990. Hs. von Bundeskanzler Kohl vermerkt: „Teltschik R[ücksprache]".

Nachstehend fasse ich kurz Ergebnis der gestrigen „Zwei-plus-Vier"-Gespräche zusammen:

1. Hauptgegenstand waren prozedurale Fragen. Über Sitzungsmodalitäten (runder Tisch, Namensschilder, Übersetzung) wurde rasch Einigung erzielt. Wichtiger war, daß die Vertreter der Vier Mächte sich mit dem von uns und der DDR gemeinsam eingebrachten Vorschlag einverstanden erklärten, die Treffen auf Beamtenebene abwechselnd in der Bundesrepublik Deutschland und der DDR durchzuführen. Die deutsche Seite unterstrich sym-

bolischen Stellenwert dieser Frage. F plädierte zunächst für Rotation, steckte dann aber zurück. Nächstes Treffen soll unmittelbar nach Bildung einer neuen DDR-Regierung in Berlin stattfinden. Als Datum wurde Anfang/Mitte April 1990 ins Auge gefaßt unter der Annahme, daß bis dahin die Regierungsbildung in der DDR abgeschlossen ist. Dem von der DDR und uns gemachten Vorschlag, Ministertreffen ebenfalls auf deutschem Boden – zunächst in Bonn, dann in der DDR – durchzuführen, stimmten Vertreter der drei Westmächte zu. SU plädierte für Anwendung des Rotationsprinzips. Frage soll von Ministern selbst endgültig entschieden werden.

Ferner wurde Einvernehmen erzielt, daß Vorsitz in der Reihe der Sitzungsordnung rotieren soll, also unabhängig von dem Ort der jeweiligen Sitzung.

Schließlich bestand Einvernehmen, daß Leitprinzip der Beratungen das Konsensverfahren sein soll. Es bestand auch Übereinstimmung, daß die Sitzungen streng vertraulich behandelt und über ihren Inhalt und Verlauf nichts der Öffentlichkeit mitgeteilt werden soll, bis auf eine jeweils zu vereinbarende mündliche Erklärung des Vorsitzes (wobei anzumerken ist, daß SU für mehr „Glasnost" plädierte). Form der Unterrichtung der Öffentlichkeit bei Ministertreffen bleibt Ministern vorbehalten.

Mögliche Einrichtung von Arbeitsgruppen soll zu gegebener Zeit entschieden werden.

Es bestand Einvernehmen, daß nach Möglichkeiten gesucht werden muß, rechtsverbindliche Erklärungen während der Gespräche festzuhalten. In welcher Form dies geschehen soll, soll im Laufe der weiteren Gespräche geklärt werden.

Sowjetischer (im Brief von AM Schewardnadse an die Außenminister der anderen Teilnehmerstaaten bereits enthaltener) Vorschlag,[1] daß jeder Teilnehmer jederzeit Einberufung einer Sitzung verlangen kann, führte zu einer schwierigen Diskussion. Deutsche Seite wies darauf hin, daß auch Einberufung einer Sitzung nach dem Konsensprinzip erfolgen müsse. Dem widersprach SU nicht. Es wurde Einvernehmen erzielt, daß jeder Teilnehmerstaat jederzeit Einberufung einer Sitzung auf Beamtenebene verlangen könne. Ferner müsse derjenige Teilnehmer, der Einberufung verlangt, eine substantielle Begründung geben. Die Teilnehmerstaaten werden dann Einberufung einer Sitzung unter Berücksichtigung der angegebenen Gründe in konstruktivem Geist prüfen. Ferner soll vernünftiger Zeitrahmen eingehalten werden. Frage, welche Regelung für Ministertreffen gilt, sollen diese selber entscheiden.

Ferner wurde Einvernehmen darüber erzielt, daß Vorbereitung der jeweiligen Gespräche in die Zuständigkeit desjenigen fällt, der als nächster den Vorsitz innehat.

Breiten Raum nahm die Diskussion über die Frage ein, ob dritte Staaten – hierbei geht es zunächst nur um Polen – an den Gesprächen beteiligt werden können. Insbesondere SU – aber auch F – machte sich dafür stark, daß Polen bei Fragen, die seine „Sicherheit" betreffen, einbezogen werden müsse. SU plädierte darüber hinaus dafür, solche Sitzungen auch in Warschau durchzuführen. F erklärte, es habe hiergegen keine Einwände. Deutscher Vorsitz machte klar, daß eine förmliche Beteiligung Polens an den „Zwei-plus-Vier"-Gesprächen nicht in Betracht komme. Polnisches Interesse, beteiligt zu werden, wenn es um die Frage der polnischen Westgrenze gehe, werde allerdings anerkannt. Über die Modalitäten der Beteiligung müsse noch weiter gesprochen werden. Deutscher Vorsitz erklärte nachdrücklich, daß ein Treffen in Warschau von uns nicht akzeptiert werden könne.

Über generelle Position – Einladung an Polen, sobald Fragen erörtert werden, die insbesondere seine Grenzen berühren – wurde Einvernehmen erzielt. SU hielt an Vorstellung fest, in diesem Fall auch Treffen in Warschau durchzuführen.

2. In einem zweiten Teil wurde die Frage behandelt, welcher Themenkatalog auf der Tages-

---

1 Nr. 202A.

ordnung der künftigen Sitzungen zu behandeln sein wird. Deutscher Vorsitz stellte vier Themenbereiche zur Diskussion:
- Grenzfrage,
- politisch-militärische Fragen,
- Berlin-Problem,
- Vier-Mächte-Rechte und -Verantwortlichkeiten und deren Ablösung.

Über diesen Themenkatalog wurde Einvernehmen erzielt, allerdings mit der Einschränkung, daß der Zusatz „und deren Ablösung" wegfällt. Dissens hierüber ergab sich daraus, daß SU hartnäckig die Auffassung vertrat, daß hierunter auch Problematik Friedensvertrag fallen müsse. Ebensowenig konsensfähig war der Vorschlag der DDR, daß in den Gesprächen „Zwei plus Vier" auch folgende Punkte behandelt werden sollten:
- Synchronisierung des Prozesses des Zusammenwachsens der deutschen Staaten mit dem gesamteuropäischen Prozeß;
- Eigentumsverhältnisse in der DDR (beispielsweise Bodenreform);
- internationale Verpflichtungen beider Staaten im bilateralen und multilateralen Breich.

Die Position der DDR wurde lediglich von SU unterstützt. Deutscher Vorsitz wies darauf hin, daß Frage der internationalen Verpflichtungen der beiden deutschen Staaten zunächst bilateral und da, wo es beispielsweise um wirtschaftliche Verträge der DDR mit der SU gehe, trilateral erörtert werden könnte.

DDR erklärte, daß Behandlung der von ihr vorgeschlagenen Fragen nicht präjudiziert werden dürfe (wobei Zweifel angebracht sind, daß künftige DDR-Regierung an Behandlung dieser Punkte festhält).

Festzuhalten bleibt, daß SU Vorschlag einer friedensvertraglichen Regelung mit großer Hartnäckigkeit verfolgte und nicht bereit war, andere, weniger bindende Formulierungen (bspw. „endgültige Regelung") zu akzeptieren.

Sobald mir ein umfassendes Protokoll der Sitzung vorliegt, werde ich dieses nachreichen. Die von den Teilnehmern gebilligte Erklärung für die Presse ist beigefügt.[2]

Hartmann

Nr. 221
Telefongespräch des Bundeskanzlers Kohl mit Präsident Bush
15. März 1990

BK, 212 – 35400 De 39 NA 1 Bd. 2. – Vermerk des MDg Hartmann, 16. März 1990. – Mit Vorlage des MD Teltschik über Chef BK an den Bundeskanzler zur Billigung, 19. März 1990. Hs. von Bundeskanzler Kohl vermerkt: „Teltschik erl."

Der Bundeskanzler eröffnet das Telefongespräch mit dem Hinweis, daß er am Vorabend eine große Wahlkampfveranstaltung in Leipzig mit mehr als 300 000 Zuhörern durchgeführt habe. In sechs Versammlungen habe er sich an über 1 Mio. Menschen gewandt. Zwar wisse man nicht, wie das Wahlergebnis ausfallen werde, aber er hoffe, daß aus den Wahlen eine vernünftige Koalition hervorgehen werde.

---

2 Presseerklärung, ohne Datum; BK, 212 – 35400 De 39 NA 4 Bd. 1. Darin wurde mitgeteilt, daß entsprechend dem von den Außenministern in Ottawa erteilten Mandat (Nr. 177 Anm. 3) „vorbereitende Gespräche auf Beamtenebene aufgenommen" worden seien. Treffen auf Beamtenebene würden künftig abwechselnd in der Bundesrepublik und in der DDR stattfinden, das nächste Treffen „so schnell wie möglich nach der Bildung einer neuen Regierung der DDR". Man sei sich „einig, daß Polen eingeladen wird, sobald im Rahmen des in Ottawa vereinbarten Mechanismus Fragen erörtert werden, die insbesondere seine Grenzen berühren".

Man müsse sich vor Augen halten, daß die DDR immer noch an den Folgen von 40 Jahren Stalinismus leide. Dazu habe auch die Bespitzelung und Erpressung von Leuten gehört. Der jüngste Fall (Schnur)[1] sei ein Beleg hierfür. Der Mann sei bereits als 16jähriger Schüler vom Staatssicherheitsdienst erpreßt worden.

Er hoffe, daß die Regierungsbildung in der DDR bis spätestens Ostern abgeschlossen sein werde. Dann werde man hart an dem Thema Währungsunion arbeiten. Hierbei gehe es nicht zuletzt darum, den Übersiedlerstrom zu stoppen. Seit Anfang Januar seien über 140 000 Menschen in die Bundesrepublik Deutschland übergesiedelt. Es läge auf der Hand, daß dies den Aufbau in der DDR erheblich erschwere.

Des weiteren hoffe er, daß es gelinge, die außen- und sicherheitspolitischen Probleme zu lösen. Erst danach könne man die entscheidenden Schritte in Deutschland tun. Wir würden auf keinen Fall unsere Partner vor ein Fait accompli stellen.

Er betreibe, entgegen dem, was die New Yorker Zeitungen schrieben, keine Hektik. Aber die Bevölkerung in der DDR wolle Bewegung sehen. Andernfalls würde sie davonlaufen.

Auf die Gespräche „Zwei plus Vier" eingehend, erklärte der Bundeskanzler, er sei sehr damit einverstanden, daß die Polen bei den Themen, die sie berührten, konsultiert würden. Er sei allerdings strikt gegen eine Ausweitung von Zwei plus Vier. Was die Grenzfrage betreffe, so habe er den Präsidenten bereits von der Absicht unterrichtet, daß der Deutsche Bundestag und die künftige frei gewählte Volkskammer der DDR sehr bald eine gemeinsame Erklärung hierzu abgeben sollten, in der noch einmal klar zum Ausdruck gebracht würde, daß eine gesamtdeutsche Regierung und ein gesamtdeutsches Parlament unverzüglich einen völkerrechtlich verbindlichen Vertrag mit Polen abschließen würden.[2]

Die Polen schöben allerdings ständig Forderungen nach, beispielsweise hätten sie die Idee einer Art Vorvertrag in die Diskussion gebracht, der völkerrechtlich keinerlei Bindung bedeuten würde. Demgegenüber würde eine Erklärung der beiden deutschen Parlamente wie auch der beiden deutschen Regierungen eine viel stärkere politische Wirkung haben. Außerdem höre er zu seinem Erstaunen, daß die Polen jetzt auch für die Durchführung von „Zwei-plus-Vier"-Gesprächen in Warschau einträten – was für ihn völlig indiskutabel sei. Dann könne man auch gleich nach Jalta fahren.

Er wolle in der Grenzfrage eine ruhige Entwicklung haben. Man müsse allerdings sehen, daß dieses Thema auch von den Linken hier betrieben würde. Dabei handele es sich um die gleichen Leute, die eine neue Verfassung anstrebten. Mit der Aufgabe des Grundgesetzes müßte dann auch die Mitgliedschaft in der NATO neu verhandelt werden. Die gleichen Leute drängten auf einen Abzug der amerikanischen Streitkräfte und die Neutralisierung Deutschlands.

Für ihn sei die NATO-Zugehörigkeit eines künftigen Deutschlands eine ganz entscheidende Frage. Hierfür finde er im übrigen auch in der DDR viel Anklang.

Präsident Bush fragt, ob er den Bundeskanzler richtig verstanden habe, daß das Konzept einer Integration eines künftigen Deutschlands auch in der DDR attraktiv sei.

Der Bundeskanzler bejaht dies. Diesen Eindruck habe er aus den zahlreichen Versammlungen mitgenommen, die er in der DDR durchgeführt habe.

Natürlich wüßten die Leute sehr wenig über die Zusammenhänge. Er verdeutliche seine Position an fünf Punkten:
– Das Hauptverdienst an der derzeitigen Entwicklung hätten die Bürger der DDR;
– gleichzeitig verdankten wir unseren Freunden in der Allianz, vor allem den Amerikanern,

---

1 Nachdem seine frühere Verbindung zu dem Ministerium für Staatssicherheit in der Öffentlichkeit bekanntgeworden war, legte der Vorsitzende des Demokratischen Aufbruchs, Schnur, am 14. März 1990 sein Amt nieder (Rücktrittserklärung in: Frankfurter Allgemeine. Nr. 63. 15. März 1990, 2).
2 Nr. 204 und Nr. 204A.

daß er vor ihnen stehen könne (an dieser Stelle gebe es regelmäßig gewaltigen Beifall, worüber man allerdings in amerikanischen Zeitungen nichts lese);
- ferner verdanke man dies der Perestroika von Generalsekretär Gorbatschow (erneut großer Beifall);
- sowie den Reformprozessen in Polen, Ungarn und jüngst in der ČSSR (vor allem bei Nennung von Ungarn gebe es regelmäßig riesigen Beifall);
- zu Polen erkläre er, daß wir bereit seien, einen Vertrag zu schließen, so daß sie keine Sorge wegen der Oder-Neiße-Grenze haben müßten. Und zum Schluß weise er darauf hin, daß auch ein vereinigtes Deutschland der EG und der NATO angehören müsse. Auch hier gebe es wiederum großen Beifall.

Präsident Bush erklärt, dies sei alles sehr gut. Das polnische Problem sei allerdings noch immer sehr sensitiv. Er werde nächste Woche mit MP Mazowiecki in Washington zusammentreffen.[3] Er werde das, was der Bundeskanzler ihm mitgeteilt habe, mit seinen engsten Mitarbeitern besprechen. Wenn er noch Fragen hierzu habe, werde er sich an den Bundeskanzler wenden.

Der Bundeskanzler erwidert, er sei gerne zu einem weiteren Gespräch vor dem Besuch Mazowieckis bereit. Seine Position sei die gleiche wie die, die er in Camp David[4] dargelegt habe. Präsident Bush erklärt, von einem Treffen in Warschau höre er zum ersten Mal. Diese Idee unterstütze er nicht. Der Bundeskanzler wiederholt noch einmal, daß er entschlossen sei, schon bald auf die Verabschiedung der Erklärungen der beiden deutschen Parlamente und der beiden Regierungen zu drängen. Die Polen seien bei seinem Besuch in Warschau[5] mit seinen damaligen Überlegungen zufrieden gewesen. Jetzt versuchten sie partout, Vertragsverhandlungen durchzusetzen, für die die Bundesregierung keine Kompetenz habe. Es sei schon eine Ungeheuerlichkeit, daß man die Erklärungen von zwei Regierungen und zwei Parlamenten in Zweifel ziehe.

Im übrigen habe er zu keiner Zeit die Frage der deutschen Minderheit und der Reparationen mit dem Grenzvertrag verknüpft. Sein Ziel sei lediglich, daß das, was die Polen schon einmal erklärt hätten, noch einmal bei der Vereinigung der beiden deutschen Staaten und dem Abschluß eines Friedensvertrages klargestellt werde.

Damit wolle er auch, daß das Thema Reparationen abgeschlossen sei. Der polnische Parlamentspräsident sei hier gewesen[6] und habe von Milliardenforderungen gesprochen. Im übrigen hätten auch die Israelis inzwischen Milliardenbeträge genannt. Ein Eingehen auf solche Forderungen würde ihn in eine innenpolitisch katastrophale Lage bringen. Die Menschen in der Bundesrepublik würden solche Forderungen beinahe 50 Jahre nach Ende des Krieges nicht mehr akzeptieren.

Der Bundeskanzler erinnert daran, daß in Polen noch über 500 000 Deutsche leben. Er habe mit Mazowiecki eine Absprache über deren Rechtsstellung getroffen. Er glaube Mazowiecki, daß er sich daran halten wolle. Es gehe jetzt darum, daß diese Abmachung auch gegenüber Gesamtdeutschland bekräftigt werde.
…[7]

Präsident Bush wiederholt, daß er den Bundeskanzler noch einmal anrufen werde.[8] Er glaube, daß man sich in der Wellenlänge sehr nahe sei. Gleichzeitig sehe er allerdings auch die große Sensitivität in dieser Frage. Die Amerikaner seien im übrigen von der mit dem Bundeskanzler vereinbarten Position nicht abgewichen.

---

3 Nr. 224 Anm. 4.
4 Nr. 192.
5 Nr. 76, Nr. 77, Nr. 89 und Nr. 92.
6 Nr. 214 Anm. 8.
7 Ein Satz nicht freigegeben.
8 Nr. 224.

Der Bundeskanzler wirft ein, das wisse er. Wenn alle unsere Freunde so zu uns stehen würden wie der amerikanische Präsident, würde er weniger Probleme haben. Er könne dem Präsidenten versichern, daß dies sich auch auszahlen werde.

Hartmann

Nr. 222
Vorlage des Ministerialdirektors Teltschik an Bundeskanzler Kohl
Bonn, 15. März 1990

BK, 212 – 35400 De 39 NA 2 Bd. 2. – Mitverfasser: VLR I Ueberschaer. Entwurf. Vorlage über Chef BK.

<u>Betr.</u>:   Berechtigung eventueller Reparationsforderungen von Siegern des 2. Weltkriegs gegen ein vereintes Deutschland
<u>hier</u>: Völkerrechtliche Bewertung
<u>Anlg.</u>:   –1–

Zur Information

Die nachfolgenden Leitsätze stellen die <u>Ergebnisse des beigefügten, mit dem Auswärtigen Amt abgestimmten Kurzgutachtens</u>[1] dar.
– Der in der Völkerrechtspraxis geltende Begriff des <u>Reparationsanspruchs</u> umfaßt <u>alle völkerrechtlichen Entschädigungsansprüche im Zusammenhang mit Kriegsereignissen</u>. Er umfaßt also auch <u>Individualansprüche geschädigter Staatsangehöriger</u> der Siegerstaaten.
– Gegenwärtig hat <u>keiner unserer ehemaligen Kriegsgegner gegen uns einen Anspruch auf Reparationsleistungen</u>.
Reparationsansprüche entstehen dem <u>Grund und der Höhe nach nur durch vertragliche Vereinbarungen zwischen Sieger und Besiegtem</u>. Eine <u>vertragliche Verpflichtung zur allgemeinen Reparationsleistung</u> für Schäden im Zusammenhang mit dem 2. Weltkrieg <u>sind wir bisher nie eingegangen</u>.
= In dem von uns unterzeichneten <u>Londoner Schuldenabkommen von 1953</u>[2] haben wir lediglich einer Regelung zugestimmt, wonach „eine Prüfung der aus dem 2. Weltkrieg herrührenden Forderungen … bis zur endgültigen Regelung der Reparationsfrage zurückgestellt wird".
<u>Wann</u> die „endgültige Regelung der Reparationsfrage" erfolgen soll, ist <u>im Londoner Schuldenabkommen nicht geregelt</u>.
= Auch aus dem mit den drei Westalliierten geschlossenen <u>Überleitungsvertrag</u>[3] geht nur hervor, daß „die Frage der Reparationen durch einen Friedensvertrag Deutschlands mit seinen Gegnern oder vorher durch diese Frage betreffende Abkommen geregelt werden soll".
Auch dies ist <u>keine vertragliche Vereinbarung eines konkreten Reparationsanspruchs</u>.

---

1 Nicht abgedruckt: Vermerk des Vortragenden Legationsrats I Ueberschaer betr. Eventuelle Geltendmachung von Reparationsforderungen gegen ein vereintes Deutschland, 8. März 1990; BK, 212 – 35400 De 39 NA 2 Bd. 2. Dieser Vermerk war laut beigefügter Vorlage an den Abteilungsleiter 2 (ebd.) „mit den zuständigen Experten des Auswärtigen Amtes (Dg 50, stv. RL 503) erarbeitet" und „anschließend noch einmal von stv. RL 503 durchgesehen" worden.
2 Nr. 92 Anm. 10.
3 Sechstes Kapitel Artikel 1 Abs. 1 Vertrag zur Regelung aus Krieg und Besatzung entstandener Fragen (sog. Überleitungsvertrag) vom 26. Mai 1952 in der gemäß Liste IV zu dem am 23. Oktober 1954 in Paris unterzeichneten Protokoll über die Beendigung des Besatzungsregimes in der Bundesrepublik Deutschland geänderten Fassung in: BGBl. 1955 II, 405–459, hier 439.

- Ein Anspruch unserer ehemaligen Kriegsgegner auf Reparationsleistungen könnte erst aufgrund von Verpflichtungen entstehen, die wir im Rahmen eines <u>friedensvertraglichen oder sonstigen, die Reparationsfrage regelnden Abkommens</u> eingehen. Die Übernahme solcher Verpflichtungen wollen wir unter allen Umständen vermeiden.
- Aufgrund der o.a. Bestimmung des Überleitungsvertrages können wir <u>bei Abschluß eines formellen Friedensvertrages aber nicht vermeiden, daß die Reparationsfrage als Ganze und in Form konkreter Ansprüche auf den Tisch kommt</u> und wir unter <u>Druck</u> gesetzt werden, <u>uns zur Zahlung von Reparationen zu verpflichten.</u> Aus diesem Grund hat die Bundesregierung wie auch die Regierung eines künftigen vereinigten Deutschlands <u>ein vorrangiges Interesse, sich jeder Forderung nach Abschluß eines Friedensvertrags zu widersetzen.</u>
- <u>Ohne Abschluß eines formellen Friedensvertrages</u> können wir darauf verweisen, daß <u>der Eintritt der Wiedervereinigung nicht bedeutet, daß die Reparationsproblematik noch einmal aufgerollt werden muß,</u>
  - = weil dies <u>nirgendwo vertraglich so vereinbart ist</u> und
  - = weil <u>die Reparationsproblematik</u> durch das Fehlen konkreter, vertraglich vereinbarter Verpflichtungen, durch Verzichtserklärungen unserer ehemaligen Gegner und durch die bereits erbrachten Leistungen Deutschlands 45 Jahre nach Kriegsende <u>de facto erledigt ist.</u>

(Teltschik)

Nr. 223
Gespräch des Ministerialdirektors Teltschik mit
Botschafter Karski und dem stellvertretenden Abteilungsleiter Sulek
Bonn, 19. März 1990

BK, 21 – 30100 (56) Ge 28 (VS) Bd. 80, Bl. 185–191. – Vermerk des VLR I Kaestner, 20. März 1990. Abgezeichnet: „i.O. T[eltschik] 21". – Gesprächsdauer: 15.00 bis 15.50 Uhr.

Nach freundschaftlicher Begrüßung erörtern AL 2, Botschafter Karski (K.) und Direktor Sulek (S.) zunächst das Ergebnis der DDR-Volkskammerwahl[1].
AL 2 spricht von Nicaragua-Effekt. Wieder einmal habe sich die Unzuverlässigkeit von Umfragen erwiesen. Erstaunlich sei das überdurchschnittliche Abschneiden der Allianz in Thüringen und Sachsen,[2] die in der Weimarer Republik sozialistische und kommunistische Regierungen gehabt hätten.
Auf Frage von S. nach der Regierungsbildung betont AL 2, der Vorsitzende der CDU-Ost, de Maizière, habe bereits in der Wahlnacht das Angebot einer großen Koalition gemacht, und zwar unter Einbeziehung sowohl der Liberalen als auch der Sozialdemokraten. Der Bundeskanzler unterstütze dies voll und ganz.

---

1 Die Wahlen zur Volkskammer der DDR am 18. März 1990 ergaben folgende Mandats- und Stimmverteilung (Statistisches Jahrbuch der Deutschen Demokratischen Republik '90. Hg. vom Statistischen Amt der DDR. 35. Jg. Berlin 1990, 449): CDU 163 von 400 Mandaten (40,82 v.H. der gültigen Stimmen), SPD 88 (21,88 v.H.), PDS 66 (16,40 v.H.), DSU 25 (6,31 v.H.), Bund Freier Demokraten – Die Liberalen (DFP, LDP, FDP) 21 (5,28 v.H.), Bündnis 90 (NF, DJ, IFM) 12 (2,91 v.H.), DBD 9 (2,18 v.H.), „Grüne Partei + Unabhängiger Frauenverband" 8 (1,97 v.H.), DA 4 (0,92 v.H.), NDPD 2 (0,38 v.H.), DFD 1 (0,33 v.H.), Aktionsbündnis Vereinigte Linke (Die Nelken, VL) 1 (0,18 v.H.). Die Wahlbeteiligung lag bei 93,38 v.H.
2 Das Wahlbündnis „Allianz für Deutschland", dem der Demokratische Aufbruch, die DSU und die CDU in der DDR angehörten, erreichte in Thüringen und in Sachsen jeweils um 60 v.H. der gültigen Stimmen.

Sollte die SPD – so AL 2 auf Frage S. weiter – dieser Einladung nicht folgen, ergebe sich die Gefahr der Negativkoalition mit der PDS und der Vorwurf, daß die SPD sich in einer geschichtlichen Stunde der Verantwortung entziehe. Vielleicht aber werde es einen Kompromiß geben: grundsätzlich Opposition, aber Unterstützung der Regierung bei Verfassungsänderungen.

S. umreißt sodann die Bonner Mission von Staatsminister Czyrek zur Vorbereitung des Staatsbesuchs des Herrn Bundespräsidenten.[3] Er übermittelt Grüße sowohl von Czyrek wie von Außenminister Skubiszewski.

Zugleich frage er namens AM Skubiszewskis, wie es nach der letzten Runde der Sechsergespräche nun im (deutsch-polnischen) Dialog weitergehen solle – solle Warschau sich auf die nähere Zukunft einstellen oder eher warten. Er – so S. weiter – habe jedenfalls von AM Skubiszewski bereits den Auftrag bekommen, ein Memorandum für die beiden deutschen Regierungen vorzubereiten, das die bekannte polnische Position darlege, sowie einen Vertragsentwurf als Arbeitsgrundlage für die bevorstehenden Verhandlungen.

AL 2 schickt zunächst folgende grundsätzlichen Bemerkungen voraus:

1. Zur Frage der Oder-Neiße-Grenze nach der Bundestagsentschließung vom 8. d.M.[4]:

    Er – AL 2 – frage sich, ob man sich in Warschau über das Ergebnis und seine Tragweite wirklich im klaren sei. Bei dieser Entschließung, die in ihren Kernpassagen mit der Entschließung vom 8.11.1989[5] identisch sei und dem Wortlaut des Warschauer Vertrages[6] entspreche, habe es nur fünf Enthaltungen gegeben – aber 99% Zustimmung! Dies sei ein sensationell gutes Ergebnis und ein großer Erfolg für Bundeskanzler Kohl. Damit sei die Oder-Neiße-Grenze praktisch anerkannt.

    Auf den Einwand von S., die Grenze werde aber nicht namentlich erwähnt, erwidert AL 2, dies sei ein formaler Einwand – tatsächlich sei in Bonn niemand auf die Idee gekommen, daß es um eine andere als um die Oder-Neiße-Grenze gehe. Mit dieser Entscheidung – der ein Vertrag mit einem geeinten Deutschland folgen werde – sei nun der vorletzte Schritt zur Anerkennung getan. Statt nun das Ergebnis der Abstimmung im Deutschen Bundestag, das im eminenten Interesse Polens liege, zu würdigen, habe sich Warschau – wie jetzt auch S. – nur mit formalen Einwänden geäußert. Dabei könne über die Haltung des Bundeskanzlers persönlich kein Zweifel bestehen: Er habe bekanntlich bereits 1975 mit seinem Rücktritt als CDU-Vorsitzender gedroht, als es um die Ratifizierung der damaligen Polen-Verträge[7] ging.

2. Zur derzeitigen polnischen Außenpolitik:

    Er – AL 2 – sehe die Gefahr, daß jetzt eine Situation entstehe, die weder Polen noch uns noch den beiderseitigen Partnern nütze. In den Gesprächen in Paris[8] und voraussichtlich jetzt auch in Washington[9] stelle die polnische Seite unsere Partner und Freunde vor die Entscheidung „entweder für Polen oder für Deutschland". Dies sei fatal.

---

3 Bundespräsident von Weizsäcker stattete Polen vom 2.–5. Mai 1990 einen Staatsbesuch ab (Bulletin. Nr. 56. 9. Mai 1990, 437–444; Weizsäcker, Vier Zeiten, 381–383).

4 Nr. 204 Anm. 1 und Nr. 204A.

5 Nr. 115 Anm. 3.

6 Nr. 8 Anm. 4.

7 Am 9. Oktober 1975 hatte die SPD/FDP-geführte Bundesregierung in Warschau vier Vereinbarungen mit der Regierung Polens geschlossen (Langfristiges Programm für die Entwicklung der wirtschaftlichen, industriellen und technischen Zusammenarbeit; Abkommen über Renten- und Unfallversicherung; Abkommen über die Gewährung eines Finanzkredits; Protokoll über Ausreisegenehmigungen). Die Abkommen waren innerhalb der Bundestagsfraktion von CDU/CSU und bei den CDU/CSU-geführten Regierungen der Länder im Hinblick auf die Zustimmung im Bundesrat umstritten.

8 Nr. 216 Anm. 5.

9 Nr. 224 Anm. 4.

S. wirft ein, daran sei Polen nicht schuld. AL 2 fährt fort, gleichwohl sei dieser Ansatz keine Lösung, im Gegenteil. Es dürfe im künftigen Europa keine Lösung gegen irgend jemand geben, sondern nur die Entscheidung für die Zusammenarbeit aller.

S. äußert „200%ige Zustimmung". Zugleich bemängelt er, daß durch die Erklärung des stv. RS Vogel vom 2. d.M. – Verknüpfung des Grenzvertrages mit Verzicht auf Reparationen und Respektierung der Rechte der deutschen Minderheit[10] – auf polnischer Seite ein Vertrauensschwund auf höchster Ebene, und zwar sowohl beim Präsidenten als auch beim Ministerpräsidenten, eingetreten sei. Die Folge sei eine „Flucht nach vorn" gewesen: Man habe anderswo Unterstützung gesucht, und das Echo sei einhellig gewesen. Polen habe in allen europäischen Hauptstädten volle Unterstützung bekommen. Dies sei aber nicht als Versuch gemeint gewesen, diese Länder zu einer Einstellung gegen Deutschland zu bringen. Im Gegenteil: AM Skubiszewski habe bei seinem Besuch Anfang Februar[11] von einer „Schicksals- und Interessengemeinschaft" zwischen der Bundesrepublik Deutschland und Polen gesprochen – und dies solle auch für ein vereinigtes Deutschland weitergelten.

K. regt an, daß sich zur Beilegung der entstandenen Irritationen die Regierungschefs unmittelbar miteinander verständigen.

AL 2 stellt zur Presseerklärung klar, dem Bundeskanzler habe es ferngelegen, irgendeinen „Handel" vorzuschlagen – leider aber habe die Presse die schlechteste Interpretation ausgewählt.

Tatsächlich aber gelte, was der Bundeskanzler seit 1983 immer wieder gesagt habe: Wir hielten uns an Buchstaben und Geist des Warschauer Vertrages, und letzteres bedeute, daß die Oder-Neiße-Grenze gelte. In diesem Sinne sei auch die „Gemeinsame Erklärung" vom letzten November[12] abgeschlossen worden.

S. wirft ein, es sei im polnischen Interesse, sie für ganz Deutschland zu übernehmen. AL 2 pflichtet bei: Gerade um eine derartige Bekräftigung gehe es dem Bundeskanzler, das gleiche gelte für den polnischen Reparationsverzicht von 1953. Wir seien hellhörig geworden, weil eine Reihe von polnischen Kritikern begonnen hätten, über Reparationen zu reden – 45 Jahre nach Kriegsende sei dies aber kein aktuelles Thema mehr.

S. erinnert an das, was in den letztjährigen Gesprächen AM Skubiszewski und Beauftragter Pszon dargestellt hätten: Es gehe um individuelle Wiedergutmachung für Zwangsarbeiter und KZ-Häftlinge. Man beabsichtige keine Absprache zwischen beiden Regierungen, statt dessen eine Lösung über eine oder zwei Stiftungen. Auch BM Genscher habe diese Idee aufgegriffen. Was polnische Parlamentarier zur Gesamtfrage äußerten, entziehe sich der Kontrolle der Regierung.

AL 2 erinnert daran, daß zwar der Bundeskanzler MP Mazowiecki eine Prüfung zugesagt habe, das Problem aber nach wie vor äußerst schwierig sei. Auch nach Auffassung des Auswärtigen Amts handele es sich bei individuellen Ansprüchen völkerrechtlich um Reparationen. Wenn man also überhaupt etwas tue, dürfe dies nicht in einer Weise gesche-

---

10 Unter Bezug auf die Stellungnahme von Außenminister Dumas „zur Frage der polnischen Westgrenze" am 1. März 1990 in Berlin erklärte der Stellvertretende Regierungssprecher Vogel, Bundeskanzler Kohl habe bereits angeregt, die beiden freigewählten deutschen Parlamente sollten nach den Wahlen zur Volkskammer eine gleichlautende Erklärung auf der Grundlage der Entschließung des Deutschen Bundestages vom 8. November 1989 abgeben. Darin müsse zum Ausdruck kommen, „daß die Erklärung der polnischen Regierung vom 23. August 1953, in der auf Reparationen gegenüber Deutschland verzichtet wird, unverändert fortgilt" und die Rechte der Deutschen in Polen vertraglich geregelt würden. Auf der Grundlage dieser Entschließung solle „ein Vertrag zwischen einer gesamtdeutschen Regierung mit der polnischen Regierung abgeschlossen und von einem gesamtdeutschen Parlament ratifiziert werden" (Pressekonferenz Nr. 24/90, 2. März 1990, 11.30 Uhr. Unkorrigiertes Manuskript, 7 S., hier 1; BPA/PA, F 1/30).
11 Nr. 164.
12 Nr. 92 Anm. 3.

hen, daß der Weg für weitere Reparationsansprüche geöffnet werde. S. unterstreicht den polnischen Gedanken von außerrechtlichen Hilfen. AL 2 fährt zum Grundsätzlichen fort.

3. Zur Zukunft der Beziehungen:
Schwierige Phasen stünden bevor, und es werde sehr darauf ankommen, wie beide Seiten sie behandelten. Wenn nunmehr der Deutsche Bundestag und das neugewählte Parlament der DDR – also die in einem demokratischen Staat höchsten Träger der Souveränität – eine Erklärung zur Oder-Neiße-Grenze abgäben – und der Name werde sicherlich drinstehen –, wenn beide frei gewählten Regierungen dies ihrerseits noch bekräftigten, dann werde nach dem, was man bisher aus Warschau dazu gehört habe, die polnische Haltung sein: Dies reiche nicht, ein Vertrag müsse noch paraphiert werden. Abgesehen davon, daß es dafür keinen völkerrechtlichen Präzedenzfall gebe, müsse man die psychologische Wirkung sehen: Im Kern sei es ein Signal an die Deutschen: „Wir trauen euch nicht!"
Im übrigen gewinne Polen durch einen paraphierten Vertrag keinen höheren Grad der Verbindlichkeit: Denn der gesamtdeutsche Souverän werde daran auch nur moralisch gebunden sein – wie in viel höherem Maße an die Parlamentserklärungen.
Polen, das uns gegenüber immer wieder mit seinem Selbstverständnis und seiner Würde argumentiere, möge aufpassen, daß es mit dieser Haltung keine Diskussion über Selbstverständnis und Würde bei uns entfache. Im Kern gehe es um Vertrauen. Er – AL 2 – habe den Eindruck gehabt, daß beim Besuch des Bundeskanzlers in Warschau gerade zwischen beiden Regierungschefs ein gutes Stück Vertrauen begründet worden sei (S. bestätigt dies). Den gleichen Eindruck habe er – AL 2 – nach dem Gespräch des Bundeskanzlers mit Staatspräsident Jaruzelski gehabt.
Nun müsse er leider feststellen, daß diese Entwicklung nicht lange vorgehalten habe – während andererseits die Entwicklung bei uns zu einem Punkt geführt habe, den Polen immer gewünscht habe.
Kurzum: Bei derartigen Tendenzen mache er sich Sorgen über die Entwicklung der Beziehungen. Beide Seiten müßten in der kommenden Zeit besonders aufpassen.
Daß es auch anders gehe, zeige Staatspräsident Havel in der Tschechoslowakei – seinen versöhnlichen Worten gegenüber den Sudetendeutschen habe die Sudetendeutsche Landsmannschaft sofort mit der Feststellung geantwortet, daß es für sie keine Grenzprobleme gebe.[13]
S. sieht keine „Gefährdung" für die Beziehungen. MP Mazowiecki und AM Skubiszewski, dies brauche er nicht besonders zu betonen, stünden mit ihrer Politik und Person für den eingeschlagenen Kurs der polnischen Politik (gegenüber D), und dieser Kurs werde beibehalten. Dabei sei die Lage jetzt insgesamt besser als 1989: Nach der DDR-Wahl sei die Lage geklärt und der Bundeskanzler gestärkt; und auf polnischer Seite schreite die innenpolitische Normalisierung rasch fort, und auch die wirtschaftliche Lage stabilisiere sich zunehmend. Vor diesem Hintergrund müsse die kleine Differenz zwischen Polen und der Bundesrepublik Deutschland über das weitere Prozedere gesehen werden.
– Entweder nach polnischer Vorstellung die Paraphierung eines Vorvertrages, wobei noch fraglich sei, wie die Vier Mächte hinsichtlich einer Grenzgarantie einbezogen werden sollten (Mitunterzeichnung? besonderer Garantievertrag?).
– Oder nach deutschem Rezept.
Vielleicht sei es deshalb vernünftig, jetzt darüber das Gespräch zu beginnen. Nach dem Beschluß der sechs Staaten (vom 14. d.M.)[14] habe die Bundesrepublik Deutschland ja den

---

13 Nr. 174 Anm. 14 und Nr. 187 Anm. 18.
14 Nr. 220.

Auftrag bekommen, mit der polnischen Seite in Kontakt zu treten, und Polen sei gern bereit, diesen Kontakt aufzunehmen.

K. wirft ein, vielleicht könne man „jemanden einschalten".

AL 2 stellt klar, daß seine Funktion als Beauftragter mit dem BK-Besuch in Warschau erledigt sei.

Nachdrücklich unterstützt er jedoch den Gedanken, über das weitere Procedere miteinander zu reden, und zwar bevor man sich öffentlich festlege. Dann entstehe sofort wieder die Frage der Gesichtswahrung. Im übrigen würden wahrscheinlich beide Parlamente eine Erklärung abgeben, die so klar und eindeutig sei, daß Polen seine Forderung (nach Paraphierung eines Vertrages vor Einigung) überdenken könne.

S. wirft ein, es stelle sich auch die Frage, wie die polnische Seite bei „Absegnung" dieser Parlamentserklärung eingeschaltet werden könne.

AL 2 antwortet, hier stelle sich das Problem des von Staatspräsident Mitterrand so genannten „Internationalen Aktes" – dieser könne unterschiedlich ausfallen, F. habe keine konkreten Vorstellungen. Aber auch hier gelte: Wenn Polen einen Vertrag bekomme, der von einem frei gewählten Parlament ratifiziert werde, müßten dann noch weitere Garantien hinzukommen? Eine derartige Forderung signalisiere doch wieder nur: „Man kann den Deutschen nicht trauen."

Etwas anderes sei die Einbettung eines derartigen Vertrages in den KSZE-Rahmen.

Kurzum: Über alle diese Fragen solle man vorher sprechen, aber nicht öffentlich.

S. betont, je schneller man in derartige Gespräche eintrete, desto besser. Er regt eine telefonische Unterhaltung der Regierungschefs an und fragt nach unseren Vorstellungen hinsichtlich eines „Blitzbesuchs".

AL 2 weist auf die Beanspruchung des Bundeskanzlers mit der Entwicklung in der DDR hin. Er könne deshalb die Frage S. nur entgegennehmen. Auch er sei für möglichst raschen Beginn von Gesprächen.

Abschließend wird kurz über die Entwicklung der bilateralen Projekte gesprochen. Dabei fragt S. im Zusammenhang mit dem Staatsbesuch des Bundespräsidenten, ob der Bundeskanzler diesen unterstütze.

AL 2 betont, nach unserer Verfassung könne der Bundespräsident ohne Zustimmung des Bundeskanzlers keine Staatsbesuche abstatten.[15] Aber abgesehen von diesem formalen Punkt, könne es über das Engagement des Bundeskanzlers für Verständigung und Versöhnung mit Polen keinen Zweifel geben. Er betone erneut, daß die 99%ige Zustimmung zur Bundestagsresolution ein großer Erfolg des Bundeskanzlers sei, insbesondere weil dies nicht mit einer Stärkung der Republikaner erkauft worden sei, was ja auch wieder Besorgnisse in Polen hervorrufen würde … Der Bundeskanzler habe MP Mazowiecki und Staatspräsident Jaruzelski verdeutlicht, sein Ziel sei, die Oder-Neiße-Frage in einer Weise zu lösen, daß der innere Friede in der Bundesrepublik Deutschland gewahrt bleibe – dies sei nunmehr gelungen.

(Dr. Kaestner)

---

15 Politischer Praxis folgend, befindet die Bundesregierung in Abstimmung mit dem Bundespräsidenten über die Einladung von Staatsoberhäuptern und die Planung von Staatsbesuchen im Ausland. Im juristischen Schrifttum wird dies vor allem mit der Richtlinienkompetenz des Bundeskanzlers (Artikel 65 Grundgesetz) und dem in Artikel 20 Abs. 2 Satz 1 Grundgesetz niedergelegten Demokratieprinzip (im Gegensatz zum Bundespräsidenten unterliegt die Politik der Bundesregierung der Kontrolle des Deutschen Bundestages) begründet (Dietmar Seidel, Der Bundespräsident als Träger der auswärtigen Gewalt [Schriften zum Öffentlichen Recht. Bd. 197]. Berlin 1972, 86–153).

Nr. 224
Telefongespräch des Bundeskanzlers Kohl mit Präsident Bush
20. März 1990

BK, 21 – 30100 (56) Ge 28 (VS) Bd. 80, Bl. 192–197. – Vermerk des MDg Neuer, 22. März 1990. Hs. von Bundeskanzler Kohl vermerkt: „Teltschik erl." – Gesprächsbeginn: 14.30 Uhr.

Präsident Bush beglückwünscht den Bundeskanzler zum Ergebnis der Volkskammerwahlen in der DDR[1].

Der Bundeskanzler bedankt sich und führt aus, es sei für ihn eine harte Zeit gewesen. Die letzte freie Wahl auf dem Gebiet der DDR habe vor 58 Jahren stattgefunden. Seit 1961 sei das Land praktisch von der Außenwelt völlig abgeschlossen. Deshalb sei es für die dortigen Parteien jetzt besonders schwierig. Es fehle ihnen an Erfahrung und an Personal. Sie müßten praktisch bei Null anfangen. Das Schwierigste sei jetzt, erfahrene Leute zu finden. Für ihn bedeute das eine enorme zusätzliche Arbeitsbelastung. Das Ergebnis der Wahlen in der DDR sei auch für Washington wichtig. Die Vorhersagen hätten alle so gelautet, daß das Land links wählen würde. Die Arbeiter hätten jedoch für die CDU gestimmt. Bei den Menschen dort gebe es jetzt viel Hoffnung. Wenn man die Dinge vernünftig angehe, könne man in fünf Jahren aus der jetzigen DDR ein blühendes Land machen. Ganz wichtig sei jetzt die Frage der NATO-Zugehörigkeit. Es gebe hierfür jetzt eine ganz andere Unterstützung, als dies vorherzusehen gewesen sei. Der Bundeskanzler bedankt sich nochmals für die tatkräftige Hilfe des Präsidenten. Er erwähnt in diesem Zusammenhang den Brief, den Präsident Bush ihm vor dem Besuch des Bundeskanzlers in Moskau im Februar geschrieben habe,[2] und die Unterstützung durch den Secretary of State Baker bei dessen Besuch dort einen Tag zuvor.[3]

Präsident Bush kommt auf den bevorstehenden Besuch des polnischen MP Mazowiecki zu sprechen. Mazowiecki komme am 21. März 1990 in die USA. In den USA bestehe sehr starkes Interesse an dem Besuch. Er wolle sich mit dem Bundeskanzler absprechen, um sicher zu sein, daß er auf der gleichen Wellenlänge mit ihm bleibe. Es könne sein, daß Mazowiecki auf eine größere Rolle Polens bei den Gesprächen im Rahmen 2 plus 4 drängen werde. Zur Grenzfrage werde er wiederholen,[4] was er bereits bei der Pressekonferenz in Camp David gesagt habe,[5] nämlich die USA respektierten die Bestimmungen der Schlußakte von Helsinki über die Unverletzlichkeit der Grenzen und erkennen formell die Grenzen in Europa und die bestehenden Grenzen zwischen Deutschland und Polen an.

Der Bundeskanzler erklärt seine völlige Übereinstimmung mit den Ausführungen des Präsidenten.

Präsident Bush fährt fort, er wolle Mazowiecki an die Initiative des Bundeskanzlers, nach der Bildung einer gesamtdeutschen Regierung die Grenzen festzulegen, erinnern. Er werde sagen, der Bundeskanzler habe wiederholt versichert, die Grenze zwischen Deutschland und Polen werde der heutigen Grenzziehung entsprechen. Zu den Gesprächen 2 plus 4 werde er Mazowiecki erklären, er freue sich über die am 14. März 1990 getroffene Entscheidung, wonach die Polen beteiligt sein könnten, wenn die Frage der Grenzen auf der Tagesordnung

---

1 Nr. 223 Anm. 1.
2 Nr. 170.
3 Nr. 173.
4 Begrüßungsansprache des Präsidenten Bush bei dem Besuch des Ministerpräsidenten Mazowiecki, 21. März 1990, in: Public Papers of the Presidents of the United States. Bush. 1990 I, 393f., hier 394; Auszüge in: Amerika Dienst. Nr. 12. 28. März 1990, 4 S., hier 3f.
5 Nr. 194 Anm. 5.

stehe.[6] Er werde ferner daran erinnern, daß er die Gespräche 2 plus 4 als Forum für Gespräche über die Rechte der Vier Mächte in Berlin und Deutschland ansehe. Fragen betreffend die Sicherheit in Europa oder die NATO-Mitgliedschaft Deutschlands würden in anderem Rahmen besprochen. Wenn Mazowiecki die Frage stelle, werde er ausführen, daß die USA nicht dafür seien, Warschau als Gesprächsort vorzusehen. Als Ort für die Gespräche seien lediglich die Bundesrepublik und die DDR vorgesehen. Er werde den Polen ausgedehnte Gespräche anbieten, aber keine Erweiterung des 2-plus-4-Rahmens und der polnischen Rolle dort über das bereits Gesagte hinaus. Im Rahmen 2 plus 4 könne zwar auch über Sicherheitsfragen gesprochen werden, aber die Entscheidungen fielen beispielsweise in den VKSE, wo ja auch Polen vertreten sei. Er hoffe, er könne Mazowiecki davon überzeugen, daß man von amerikanischer Seite die polnischen Besorgnisse durchaus sehr ernst nehme. Man müsse jedoch Verständnis für die gegenseitigen Belange haben. Jedenfalls würde die amerikanische Seite nicht die deutsche Position unterminieren. Von ihm seien keine Überraschungen zu erwarten.

Der Bundeskanzler bedankt sich sehr für den freundschaftlichen Geist, der aus den Ausführungen des Präsidenten spreche. Was der Präsident zum Rahmen 2 plus 4 gesagt habe, finde er so absolut in Ordnung. Er wolle noch einige Erläuterungen zur Grenzfrage geben. Wenn es dem Präsidenten nützlich erscheine, könne er Mazowiecki sagen, daß er mit ihm hierüber schon in Camp David und jetzt auch telefonisch gesprochen habe. Er wolle Mazowiecki helfen. Er wolle den Erfolg des Ministerpräsidenten in Polen. Mazowiecki müsse aber auch verstehen, daß der Bundeskanzler auch hier den Erfolg brauche. Sein Wahlerfolg am Sonntag habe auch etwas mit seiner Haltung zu tun. Mazowiecki müsse wissen, daß er fest entschlossen sei, die Oder-Neiße-Grenze zu akzeptieren. Hier gebe es bei ihm keine Hintergedanken. Es sei dies eine bittere Last der Geschichte, aber es sei an der Zeit, diese Frage jetzt zu regeln. Eine gesamtdeutsche Regierung und ein gesamtdeutsches Parlament müsse auf alle Fälle völkerrechtlich den letzten Akt setzen. Er verstehe die Polen, wenn sie fragten, was zwischen jetzt und diesem Zeitpunkt geschehen solle, zumal er nicht wisse, wann dieser Zeitpunkt eintreten werde, nämlich in ein oder in zwei Jahren. Seine Vorstellung, eine gleichlautende Entschließung der Volkskammer und des Bundestags und die Übermittlung dieser Entschließungen durch die beiden Regierungen an Polen, sei jetzt noch leichter zu verwirklichen, da es die gleichen Mehrheiten in der Volkskammer und im Bundestag gebe.

Präsident Bush stellt die Frage, wann die Volkskammer und der Bundestag diese gemeinsame Erklärung abgeben könnten.

Der Bundeskanzler antwortet, das könne im Mai oder Juni der Fall sein.

Präsident Bush bezeichnet diese Zusicherung als sehr beruhigend.

Der Bundeskanzler fährt fort, er könne ihm dies jetzt schon verbindlich versichern. Bis Mitte April müsse das DDR-Parlament sich konstituiert haben. Dies sei eine gesetzliche Frist. Die Regierung werde sicherlich bis Ostern im Amt sein. Es seien dann eine Reihe von Beschlüssen zu fassen, die sehr eilig seien, wenn bis Mitte des Jahres die DM in der DDR eingeführt werden solle. Es handele sich hier um Grundentscheidungen zugunsten einer sozialen Marktwirtschaft. Dann werde es wohl Mitte Mai sein. In der zweiten Mai-Hälfte rechne er mit der Entschließung der Volkskammer zur Oder-Neiße-Grenze. In der gleichen Woche solle der Bundestag eine solche Entschließung fassen. Beide Regierungen sollten dann Briefe an Mazowiecki richten, in denen der Beschluß der Parlamente übermittelt und von den Regierungen bekräftigt werde. Er wolle noch sagen – dies könne er natürlich nicht öffentlich tun –, daß er auch bereit sei, den Text dieses Schreibens mit MP Mazowiecki abzustimmen.

Bis Anfang Juni könne Mazowiecki im Besitz dieser Schreiben sein. Das solle auch so sein, damit die Gespräche 2 plus 4 nicht behindert werden.

Präsident Bush wirft ein, je schneller dies geschehe, um so besser sei es. Es sehe so aus, als ob die Sowjetunion versuche, in der Grenzfrage Unruhe zu stiften. Er wisse, daß der Bundeskanzler allein die Dinge nicht völlig unter Kontrolle haben könne. Das von dem Bundeskanzler skizzierte Vorgehen würde den Druck jedoch enorm mindern.

Der Bundeskanzler versichert, er könne und werde einhalten, was er gesagt habe.

Präsident Bush stellt die Frage, ob der Bundeskanzler den Polen nicht seine Absicht mitteilen könne, den Text des Schreibens mit ihnen abzustimmen.

Der Bundeskanzler bejaht diese Frage und fügt hinzu, er habe den Besuch Mazowieckis in den USA noch abwarten wollen.

Präsident Bush fragt, ob er diese Absicht des Bundeskanzlers erwähnen könne?

Der Bundeskanzler bemerkt, wenn der Präsident es für nützlich finde und es nicht öffentlich sage, könne er Mazowiecki mitteilen, daß er den Wortlaut des Schreibens mit diesem abstimmen wolle.

Präsident Bush sagt dem Bundeskanzler Unterrichtung über das Gespräch mit den Polen zu. Er bemerkt noch, die Unterrichtung der NATO in Brüssel durch den Bundeskanzler[7] habe ein sehr positives Echo gefunden. Er sei dem Bundeskanzler dafür dankbar, daß er bereit sei, die NATO gemeinsam über die 2-plus-4-Verhandlungen zu unterrichten. Präsident Bush begrüßt nochmals ausdrücklich den Standpunkt des Bundeskanzlers, ein vereinigtes Deutschland müsse in der NATO bleiben. Dieser Standpunkt setze sich allmählich auch in Osteuropa durch.

Der Bundeskanzler wirft ein, gemeinsam werde man diese Frage meistern.

Präsident Bush fährt fort, auch die USA würden hieran festhalten. Dies sei eine sehr wichtige Frage für Deutschland und für die USA, die NATO-Mitgliedschaft eines vereinten Deutschlands sei unerläßlich für die europäische Stabilität und Sicherheit.

Der Bundeskanzler kommt nochmals auf Polen zurück und bemerkt, er glaube, daß man mit den Polen einig werden könne. Er halte den polnischen Außenminister für einen klugen Mann. Er habe sich im übrigen auch für die NATO-Zugehörigkeit Deutschlands ausgesprochen. Er wiederholt, daß es sehr hilfreich wäre, wenn Mazowiecki verstünde, es gereiche zum gegenseitigen Vorteil, wenn man Verständnis füreinander zeigen würde.

Präsident Bush bemerkt, er wolle sein Bestes tun. Er versichert dem Bundeskanzler nochmals, ihn nach den Gesprächen zu unterrichten. Man wolle in engem Kontakt bleiben. Er erwähnt noch, er werde PM Thatcher und Präsident Mitterrand in naher Zukunft treffen.[8] Er sei allerdings ein wenig wegen gewisser Untertöne besorgt.

Der Bundeskanzler bedankt sich nochmals herzlich für den Anruf des Präsidenten.

Das Gespräch endete nach 30 Minuten.

Neuer

---

7 Nr. 205 Anm. 2.
8 Nr. 257 Anm. 8 und Nr. 281 Anm. 9.

Nr. 225
Gespräch des Bundesministers Seiters mit den Botschaftern der Drei Mächte
Bonn, 20. März 1990

BArch, B 136/20241, 221 – 34900 Spr 2 Bd. 1. – Vermerk des MDg Stern, 21. März 1990. Verteiler: AA, St Sudhoff; BMB, St Priesnitz; StäV, St Bertele; AL 2, LASD. – Mit Vorlage des MDg Stern an Chef BK mit der Bitte um Billigung und Zustimmung zu dem Verteiler. Hs. abgehakt und abgezeichnet: „S[eiters]". – Gesprächsbeginn: 16.30 Uhr.

Teilnehmer:
Botschafter Boidevaix (F)
Botschafter Mallaby (GB)
Botschafter Walters (USA)
Staatssekretär Sudhoff (AA)
MDgt Stern

BM Seiters bewertete das Ergebnis der Wahlen in der DDR[1] und die hohe Wahlbeteiligung als Absage an jede Art von Extremismus, als klares Votum für die Währungsunion und auch als Bekenntnis zur Einheit, die schnell verwirklicht werden solle. Wenn man die Wahlergebnisse der letzten Bundestagswahl[2] und der Wahlen in der DDR zusammenzähle (was man an sich nicht dürfe, da die Zahlen nicht vergleichbar seien), käme man zu einem Ergebnis von 45% für die Union und 33% für die SPD. Ein hoffnungsvolles Zeichen sei, daß an diesem Montag nur noch 1539 Übersiedler gekommen wären; an den letzten beiden Montagen seien es jeweils etwa 2800 gewesen. Das Wahlergebnis in der DDR sei in den Ländern allerdings sehr unterschiedlich gewesen. In Berlin habe die PDS annähernd 30% erreicht (viele Staatsfunktionäre). Im Hinblick darauf, daß die SPD hier 35% errungen habe, könne dies ein Problem für die Regierung der DDR werden. Die SPD in der DDR habe bisher den Eintritt in die Koalitionsregierung abgelehnt. Er könne sich jedoch nicht vorstellen, daß sie sich zusammen mit der PDS gegen die Einheit aussprechen würde.

BM Seiters fuhr fort, für uns sei eine enge Verzahnung zwischen Währungsunion, Weg zur Einheit und 2+4-Gesprächen sehr wichtig. Der Weg zur deutschen Einheit müsse in den europäischen Prozeß (2+4-Gespräche, KSZE) eingebettet sein. Die Bundesregierung hoffe zunächst auf eine schnelle Regierungsbildung. Es müsse unverzüglich eine Währungsunion mit Wirtschaftsgemeinschaft und Sozialunion vereinbart werden. Danach ginge es um die Schaffung von Ländern in der DDR. Die Eckdaten für die Währungsunion müßten bis zur Kommunalwahl in der DDR am 6. Mai festgelegt und vereinbart sein, damit die Menschen in der DDR wissen, woran sie sind. Dies sei auch machbar. Die Expertenkommission werde ihre Arbeit zügig fortsetzen. Die Währungsunion könne dann im Sommer eingeführt werden. Dann sei es erforderlich, daß eine Einigung in den 2+4-Gesprächen über die äußeren Aspekte erfolge, damit das Ergebnis der KSZE-Konferenz (im November) vorgelegt werden könne. Dieser Fahrplan sei mit den Alliierten abgesprochen. Danach würden am 2. Dezember die Bundestagswahlen durchgeführt werden.

Auf Frage des amerikanischen Botschafters erklärte BM Seiters, am 2. Dezember sollten die Bundestagswahlen und nicht Wahlen für ein gesamtdeutsches Parlament durchgeführt werden.

---

1 Nr. 223 Anm. 1.
2 Bei den Wahlen zum Deutschen Bundestag am 25. Januar 1987 entfielen auf CDU/CSU 44,3 v.H. der gültigen Stimmen (234 Mandate), auf die SPD 37,0 v.H. (193), auf die FDP 9,1 v.H. (48) und auf Die Grünen 8,3 v.H. (44). Angaben in: Statistisches Jahrbuch 1987 für die Bundesrepublik Deutschland. Hg. vom Statistischen Bundesamt. Wiesbaden 1987, 88, 91.

Der britische Botschafter zeigte sich verwundert, daß der Regierungssprecher den 1. Juli als Zieldatum für die Währungsunion verneint habe[3]. BM Seiters erläuterte, daß es keinen Beschluß über ein Zieldatum gebe. Es sei jedoch durchaus realistisch, daß die Währungsunion bei Erfüllung der von ihm genannten Voraussetzungen im Sommer (01.07. oder 01.08.) in Kraft trete.

BM Seiters bejahte die Frage des britischen Botschafters, ob die Einheit erst nach Einigung in den 2+4-Gesprächen herbeigeführt werde. Dies werde nicht mehr 1990 sein, sondern erst 1991. Es werde möglicherweise auch lange Übergangsfristen geben.

Der britische Botschafter wies darauf hin, daß eine Einigung in den 2+4-Gesprächen vor Beginn der KSZE-Konferenz sehr wichtig sei. StS Dr. Sudhoff stimmte dem nachdrücklich zu. Auf Frage des französischen Botschafters erklärte er, die Fortsetzung der 2+4-Gespräche sei für April vorgesehen. Der amerikanische Botschafter wies darauf hin, daß die DDR zunächst einen Politischen Direktor benennen müsse. BM Seiters wies darauf hin, daß der Personalbestand in den DDR-Ministerien weitgehend neu aufgebaut werden müsse. Das bisherige Personal sei häufig nicht qualifiziert.

Auf die Frage des französischen Botschafters, wann eine Regelung für Berlin angestrebt werde, erwiderte StS Sudhoff, dies gehöre zu dem Paket der 2+4-Gespräche.

Auf Frage des britischen Botschafters erklärte BM Seiters, der Beitritt sei sowohl durch die Länder in der DDR als auch durch die gesamte DDR möglich. Falls die Länder beitreten sollten, müßten diese allerdings erst geschaffen werden.

BM Seiters erläuterte dann die Vorteile des Art. 23 GG. Es handele sich nicht um einen Anschluß, sondern um einen Beitritt. Über die Modalitäten könne mit der DDR verhandelt werden. Ebenfalls sei es erforderlich, Übergangsvorschriften mit ggf. längeren Fristen vorzusehen. Ein historisches Beispiel hierfür sei die Eingliederung des Saarlandes. Dies bedeute, daß der Beitritt weder bedingungslos noch unmittelbar erfolgen müsse. Für uns sei besonders wichtig, daß wir uns bei Art. 23 GG auf den Fortbestand unserer bewährten Verfassung stützen könnten. Diese sei ein sicheres Fundament für die Zukunft. Bei einem Vorgehen nach Art. 146 GG sei dagegen über längere Zeit Unsicherheit mit politischer und wirtschaftlicher Instabilität zu befürchten. Die wirtschaftliche Entwicklung der DDR werde sehr erschwert werden. Es komme hinzu, daß Art. 23 GG eine bessere Grundlage dafür biete, daß völkerrechtliche Verträge und Mitgliedschaften der Bundesrepublik Deutschland grundsätzlich fortbestünden. Die Verzahnung der äußeren Aspekte in den 2+4-Gesprächen mit dem Weg zur Einheit sei bei Art. 23 GG gut möglich. Letztlich müsse man auch berücksichtigen, daß bei Art. 23 GG die DDR gleichberechtigt am Tisch sitze, während sie bei einem Vorgehen nach Art. 146 GG nur mit einer kleinen Minderheit beteiligt sei.

Die drei Botschafter bedankten sich für die Unterrichtung und die Erläuterungen.

Stern

---

3   Auf die Frage eines Journalisten, ob die Währungsunion mit der DDR „am 30. Juni oder 1. Juli" in Kraft treten werde, erklärte der Stellvertretende Regierungssprecher Vogel am 19. März 1990 vor der Bundespressekonferenz, das werde „noch einige Zeit dauern". Termine könne er „beim besten Willen nicht sagen" (Pressekonferenz Nr. 31/90, 19. März 1990, 14.30 Uhr. Unkorrigiertes Manuskript, 7 S., hier 3; BPA/PA, F 1/30).

Nr. 226
Schreiben des Präsidenten Bush an Bundeskanzler Kohl
Washington, 21. März 1990

BK, 212 – 30104 A 5 Am 2, BK in USA, 24./25. 2. 1990. – Hs. von Bundeskanzler Kohl vermerkt: „erl." – Mit Begleitschreiben des Geschäftsträgers a.i. Ward an Bundeskanzler Kohl, 26. März 1990: „Excellency, I have the honor to transmit to Your Excellency the enclosed letter from the President of the United States. Accept, Excellency, the renewed assurances of my highest consideration." Mit Stempel: Vorzimmer Bundeskanzler, 27. März 1990.

Lieber Helmut,

Barbara und ich haben uns sehr darüber gefreut, daß Sie und Hannelore zu uns nach Camp David[1] kommen konnten. Wir hoffen, Sie beide haben Ihr Wochenende genauso genossen wie wir.

In einem Geiste enger Freundschaft waren für mich unsere intensiven Gespräche über jene wichtigen und komplexen Fragen sehr wertvoll, vor die wir uns nun gestellt sehen, da wir unserem gemeinsamen Ziel der deutschen Einheit näherkommen. Während wir darangehen, eine neue und vielversprechende Zukunft für unsere beiden Länder und für Europa zu entwerfen, müssen wir dabei immer in enger Verbindung bleiben.

Helmut, herzlichen Dank für die wunderschöne Kamera samt Zubehör. Die Miniaturisierung ist einfach erstaunlich. Ich kann es kaum erwarten, die Kamera auszuprobieren.

Von Barbara und mir die besten Grüße und Wünsche an Sie und Hannelore.

Herzlichst
George Bush

Nr. 227
Gespräch des Bundeskanzlers Kohl mit Botschafter Kwizinskij
Bonn, 22. März 1990

BK, 212 – 35400 We 35 Bd. 1. – Vermerk des MD Teltschik, 27. März 1990. – Gesprächsdauer: 16.00 bis 17.10 Uhr.

Teilnehmer:
MD Horst Teltschik

Der Bundeskanzler eröffnete das Gespräch mit dem Hinweis, daß er den Botschafter bitte, dieses Gespräch direkt an Präsident Gorbatschow zu übermitteln und nicht den Dienstweg über die „Betonköpfe" zu wählen. Es ginge ihm darum, daß dem Generalsekretär seine Beurteilung der Lage unmittelbar übermittelt werde. Sein Ziel sei es, daß am Ende des Prozesses der Einigung Deutschlands die deutsch-sowjetischen Beziehungen nicht schlechter, sondern besser als heute sein sollten. Er wolle die Probleme für Präsident Gorbatschow nicht vergrößern, noch die Beziehungen belasten. In dieser Absicht sei er sich mit Präsident Bush völlig einig gewesen.

Er wolle auch deutlich machen, daß er nicht die Absicht habe, Hektik auszulösen. Im Augenblick sehe es so aus, daß der Wahltag in der DDR eine Erleichterung bringen werde. Die Zahl der Übersiedler sinke bereits.

---

1   Nr. 192 – Nr. 194.

Ursprünglich sei er in seinem Zeitplan, als er die Zehn Punkte vorgetragen habe, davon ausgegangen, daß in diesem Jahr die Vertragsgemeinschaft vereinbart werde, 1991 die konföderativen Strukturen entwickelt und 1992/93 eine Föderation errichtet werden könne. Die tatsächliche Entwicklung habe jedoch diese Vorstellungen sachlich überholt. Die DDR-Wirtschaft befinde sich in einem katastrophalen Zustand. Das Auslandsdefizit betrage rund 40 Milliarden. Eine Lösung dieser Probleme müsse auch im Interesse der Sowjetunion liegen.

Der Bundeskanzler erläuterte seine Vorstellungen zur Lösung der Probleme. Die Entwicklung müsse jetzt parallel auf zwei Schienen vorangetrieben werden: Die erste Schiene sei die Einigung Deutschlands und die zweite betreffe die internationale Einbettung. Der Bundeskanzler versicherte, daß die Sowjetunion wissen müsse, daß sie nicht über Nacht vor ein Fait accompli gestellt werde. Der Einigungsprozeß müsse in geordneten Bahnen verlaufen. Der Vorwurf der Hektik sei absolut unsinnig. Die Hektik sei allein durch die Entwicklung in der DDR bedingt. Sein Interesse sei es, den „Zwei-plus-Vier"-Prozeß bis zum November abzuschließen. 1990 könnte in den Beziehungen zwischen NATO und Warschauer Pakt ein weitreichender Schritt erreicht werden. Dies gelte auch für die nuklearen Kurzstreckensysteme. Dies werde für das Gesamtklima von großer Bedeutung sein.

Der Bundeskanzler erläuterte seine Position in der Grenzfrage im Rahmen des „Zwei-plus-Vier"-Prozesses. Er beklagte, daß er für ein Problem zum Prügelknaben gemacht werde, das nicht das seine sei. Er sei bereit, die entscheidenden Sätze aus dem Warschauer Vertrag aufzugreifen. Er könne sich vorstellen, daß diese Aussagen bald, eventuell im Mai, als gemeinsame Erklärung im Bundestag und in der Volkskammer verabschiedet werden könnten mit dem Ziel, daß Deutschland mit Polen über die Grenze einen völkerrechtlichen Vertrag schließen werde.

Er wolle jedoch genauso klar sagen, daß er den Vorschlag von Ministerpräsident Mazowiecki nicht akzeptiere. Ein sogenannter Vorvertrag sei völkerrechtlich nicht verbindlich. Außerdem bestünde die Gefahr, daß er in einem solchen Fall vor das Bundesverfassungsgericht gerufen werde. Er sei sich zwar sicher, daß er ein solches Verfahren gewinnen würde, aber er wolle ein solches Verfahren vermeiden. Die gemeinsame Entschließung beider Parlamente sei gewichtiger als ein „Vorvertrag".

Der Bundeskanzler unterstrich, daß andere polnische Probleme nicht mit der Oder-Neiße-Grenze verquickt werden dürften. Er lasse sich auch nicht in die Entwicklungen in Litauen hineinziehen. Es ginge ihm jetzt darum, gute und freundschaftliche Beziehungen mit der Sowjetunion zu entwickeln, und dies müsse Präsident Gorbatschow wissen.

Der Bundeskanzler kam dann auf den zukünftigen Status Deutschlands zu sprechen. Er wiederholte, daß das Problem bestehender Wirtschaftsabkommen der DDR mit der Sowjetunion gelöst werden könne. Für ihn sei auch die zeitlich begrenzte Präsenz sowjetischer Truppen auf dem DDR-Territorium vorstellbar; auch die damit verbundenen komplizierten finanziellen Probleme, die sich für die Sowjetunion stellen würden, wären lösbar. Er könne sich auch damit abfinden, daß während der Präsenz sowjetischer Truppen keine deutschen Truppen stationiert würden.

In bezug auf den Einigungsprozeß ginge es jetzt um zügige Verhandlungen mit der DDR über die Verwirklichung der Währungsunion und der Wirtschafts- und Sozialgemeinschaft. Diese Verhandlungen sollen bis Mitte des Jahres abgeschlossen werden. Es werde sicherlich zu einer Wiederherstellung der Länder in der DDR kommen, die dann Landtagswahlen erforderlich mache. Er selbst sei entschlossen, im Dezember die Bundestagswahlen durchzuführen. Dann könnten Ende 1991 gesamtdeutsche Wahlen stattfinden. Es bliebe also genug Zeit, die „Zwei-plus-Vier"-Gespräche in ruhiger Form zu einem Abschluß zu bringen.

Der Bundeskanzler unterstrich noch einmal seine Bereitschaft, jederzeit mit Präsident Gorbatschow zu direkten Gesprächen zusammenzutreffen zu wollen, wenn dies erforderlich sein sollte. Es wäre wichtig, daß sie offen miteinander reden würden, um Mißverständnisse zu vermeiden.

Auf eine Frage des Bundeskanzlers berichtete <u>Botschafter Kwizinskij</u>, daß es möglich sei, daß er in absehbarer Zeit eine neue Aufgabe im Außenministerium in Moskau übernehme und verantwortlich für ganz Europa werde. Heute seien zwei stellvertretende Außenminister für diesen Bereich verantwortlich.

<u>Der Bundeskanzler</u> erläuterte seine Vorstellungen für den EG-Sondergipfel Ende April in Dublin. Er wolle einen Beschluß herbeiführen, die Wirtschafts- und Währungsunion und die Herstellung der politischen Union zu beschleunigen. Der Prozeß der deutschen Einigung beschleunige auch die europäische Integration. Auch diese Entwicklung erfordere eine stetige und gleichzeitige Weiterentwicklung der deutsch-sowjetischen Beziehungen. Es sei für ihn wichtig, daß in der Sowjetunion kein Mißtrauen entstehe. Er baue kein „Viertes Reich", er ändere sich aber auch nicht. Er sei sich sicher, daß er die Bundestagswahl gewinnen werde und auch bei einer gesamtdeutschen Wahl eine reelle Chance besitze. Wenn er jedoch einmal sein Amt verlassen werde, wolle er die deutsch-sowjetischen Beziehungen in einem guten Zustand hinterlassen. So sei er beispielsweise auch dafür, die COCOM-Liste zu überprüfen. Das COCOM-System werde immer absurder.

Auf eine Frage des Bundeskanzlers erläuterte <u>Botschafter Kwizinskij</u>, daß eine Lösung der Probleme in Litauen auch von Westeuropa abhängig sei. Die Sowjetunion sei nicht gegen die Selbstbestimmung der Litauer; sie müßte jedoch in geordneten Bahnen geregelt werden. Es gebe zwei Möglichkeiten: den Weg der Konfrontation, so wie er sich heute anbahne, oder eine Lösung entsprechend den gesetzlichen Regelungen, die gerade erlassen worden seien. Wie beim Beispiel der DDR müßten die inneren und äußeren Auswirkungen der Selbstbestimmung Litauens geregelt werden. Unter anderem erfordere dies eine Zwei-Drittel-Mehrheit in Litauen.

<u>Der Bundeskanzler</u> bekräftigte, daß er in die Entwicklung in Litauen nicht hineingezogen werden noch Partei ergreifen wolle. Er müsse gewissermaßen seinen Kopf für Hitler hinhalten, das gleiche gelte für Gorbatschow gegenüber Stalin. Die Deutschen müßten jetzt für den Verlust von einem Viertel des Reichsgebietes „querschreiben". Er wolle dies jedoch unter Bedingungen machen, mit denen sowohl die Polen als auch die Deutschen leben können und müssen. Alles andere würde ihn in eine Lage der politischen Opportunität zwingen. Was die polnische Grenzfrage betreffe, sei für ihn der Inhalt nicht das Problem, sondern die Form. Er sage eine schwere Krise mit ihm voraus, wenn versucht werden sollte, ihn bei den „Zwei-plus-Vier"-Gesprächen über den Tisch zu ziehen. Es sei auch das sowjetische Interesse, daß alle Grenzen in Europa zur Ruhe kämen.

<u>Botschafter Kwizinskij</u> fragte nach der Ursache der Diskussion über die polnische Ostgrenze. Sie ginge von Polen und nicht von der Bundesregierung aus, erwiderte der <u>Bundeskanzler</u>.

<u>Botschafter Kwizinskij</u> erklärte, daß vielleicht eine Lösung darin gesucht werden könne, eine Verständigung über die bestehenden Grenzen beider deutscher Staaten und nicht über die polnische Westgrenze anzustreben. Es sollte ein Mandat über die Grenzen des sich einigenden Deutschlands von heute, der Bundesrepublik und der DDR, erarbeitet werden.

Vor dem KSZE-Gipfel könnte ein Prinzipienpapier erarbeitet werden, das keine Details enthalten würde. Sie sollten später ausgearbeitet werden. Dieses Prinzipienpapier sollte sich zu einem Vertrag zwischen Deutschland und Polen und über den zukünftigen militärischen Status Deutschlands äußern.

<u>Der Bundeskanzler</u> sagte eine Prüfung zu. Der Bundeskanzler bekräftigte, daß die deutsche Einigung erfolgen werde und genauso wenig aufzuhalten sei wie das Wasser im Rhein, das in jedem Fall ins Meer gelange. Wer den Rhein stoppen wolle, müsse mit einer Überflutung

rechnen. Der Fluß könne zwar umgeleitet werden und damit Verzögerungen erreicht werden, dennoch erreiche er sein Ziel.

Botschafter Kwizinskij machte deutlich, daß es für die Sowjetunion innenpolitisch nicht verkraftbar sei, daß Deutschland Mitglied der NATO bleibe. Dies sei doch auch das Interesse der Sowjetunion, erwiderte der Bundeskanzler. Ein neutrales Deutschland wäre für alle eine größere Belastung.

Botschafter Kwizinskij fragte, ob es nicht ein Deutschland geben könne, das in gleicher Weise im Westen wie im Osten verankert wäre. Der Warschauer Pakt sei heute militärisch unbedeutend geworden. Er sei nur noch politisch in Kraft. Dagegen sei die NATO auch militärisch noch intakt.

Der Bundeskanzler wies darauf hin, daß Deutschland einen Vertrag mit der Sowjetunion schließen könne und eine sowjetische Präsenz für etwa fünf Jahre akzeptieren könne. Danach würde sich dieses Problem nicht mehr stellen.

Botschafter Kwizinskij bekräftigte, daß diese Frage im Moment für die Sowjetunion ein sehr schwieriges Problem sei. Gorbatschow habe dies wiederholt gesagt. Er wolle eine persönliche Frage an den Bundeskanzler richten: Müsse sich eine Entmilitarisierung allein auf das DDR-Territorium beziehen, oder könnte nicht auch ein Teil der Bundesrepublik einbezogen werden in der Form, daß ein Streifen von 150 Kilometern Breite erfaßt werde? Es könnten auch 100 Kilometer sein. Er frage den Bundeskanzler, ob er in diese Richtung denken solle?

Der Bundeskanzler verwies auf die Tatsache, daß die engste Stelle der Bundesrepublik nur eine Breite von 150 Kilometern habe. Im übrigen müsse man ja in Rechnung stellen, daß Truppenreduzierungen bevorstünden. Das gelte sowohl für die amerikanischen als auch für die alliierten und deutschen Truppen.

Botschafter Kwizinskij erwiderte, daß es eine einfache Lösung geben könne: Die Sowjetunion ziehe ihre Truppen ab, wenn auch die anderen drei Westmächte Deutschland verlassen.

Der Bundeskanzler wies auf die unterschiedliche Ausgangsposition hin. Die Sowjetunion würde sich nur ca. 600 Kilometer zurückziehen, dagegen die USA 6000 Kilometer. Man müsse eine gemeinsame Antwort erreichen.

Botschafter Kwizinskij schlug vor, in das Dokument der Sechser-Gespräche die Erklärung aufzunehmen, daß Deutschland die vertraglichen Verpflichtungen der DDR mit der Sowjetunion übernehmen werde. Dies sollte generell gelten und nicht im Rahmen von Gesprächen zwischen beiden deutschen Staaten und der Sowjetunion geregelt werden. Die Sowjetunion habe mit der DDR 3600 Verträge und Abkommen abgeschlossen.

Der Bundeskanzler erwiderte, daß er keine Katze im Sack kaufen könne. Die Bundesregierung müsse die Verträge kennen. Gegebenenfalls sollte die Sowjetunion mit der Bundesregierung über diese Frage ein vertrauliches Gespräch aufnehmen.

Botschafter Kwizinskij wiederholte noch einmal seinen Vorschlag einer generellen Absichtserklärung seitens der Deutschen, die vorhandenen Abkommen zu übernehmen. Es könnte ein Vorbehalt hinzugefügt werden bezüglich der Details.

Der Bundeskanzler wies darauf hin, daß Deutschland kein Dukatenesel sei. Die Sowjetunion könne jedoch von dem guten Willen der Bundesregierung ausgehen, diese Fragen konstruktiv zu lösen.

Botschafter Kwizinskij erläuterte, daß die Sowjetunion vor allem Angst vor dem Zusammenbruch von DDR-Unternehmen hätte. Wer würde dann die Verantwortung gegenüber der Sowjetunion übernehmen? Die Sowjetunion sei der Auffassung, daß das Ergebnis in Form eines Friedensvertrages, einer friedlichen Regelung oder einer friedensvertragsähnlichen Regelung einmünden sollte. Dies sei aus völkerrechtlichen Gründen als Folge des Potsdamer Abkommens und anderer Vier-Mächte-Regelungen erforderlich.

Zum Abschluß bedankte sich Botschafter Kwizinskij für die Rede des Bundeskanzlers anläßlich der Eröffnung der KSZE-Ost-West-Wirtschaftskonferenz[1]. Die Ausführungen des Bundeskanzlers, insbesondere über mögliche neue Strukturen Europas im politischen und wirtschaftlichen Bereich, entsprächen den sowjetischen Vorstellungen. Die Sowjetunion und die Bundesrepublik könnten in diesen Fragen an einem Strang ziehen. Solche Überlegungen sollten in das „Zwei-plus-Vier"-Dokument aufgenommen werden.

T
(Teltschik)

Nr. 228
Vorlage des Ministerialdirektors Teltschik an Bundeskanzler Kohl
Bonn, 23. März 1990

BK, 212 – 35400 We 35 Bd. 1. – Mitverfasser: VLR Westdickenberg. Vorlage über Chef BK. Mit Stempel: Der Leiter des Kanzlerbüros, 28. März 1990. Hs. von Bundeskanzler Kohl vermerkt: „Teltschik erl."

Betr.: Sowjetische Position zum sicherheitspolitischen Status eines vereinten Deutschland, insbesondere zur NATO-Mitgliedschaft

I. Kurzfassung

1. Zum von ihr als Schlüsselfrage des deutschen Einigungsprozesses empfundenen sicherheitspolitischen Status hat sich die Sowjetunion bisher nur negativ – keine NATO-Mitgliedschaft Gesamtdeutschlands – geäußert und ihrerseits – als konkrete Alternative – lediglich von der Einfügung Deutschlands in „neue europäische Sicherheitsstrukturen" gesprochen.

2. Es spricht vieles dafür, daß die endgültige Haltung der SU – auch die NATO-Mitgliedschaft betreffend – noch nicht festgelegt ist und sich vorrangig insbesondere an folgenden Kriterien ausrichten wird:
   – keine einseitige Aufgabe der im Zweiten Weltkrieg errungenen Positionen, von der DDR eingeräumten Rechten und Vorteilen;
   – Wahrung der globalen Machtbalance, insbesondere im Vergleich zu den USA;
   – Sorge um die sowjetischen Truppen in der DDR;
   – verhandlungstaktische Überlegungen wie Zeitgewinn, Schaffung von „Manövriermasse", Kompensationen.

3. Östliche Diplomaten (einschließlich sowjetischer) und prominente Wissenschaftler wie Professor Daschitschew vermitteln den Eindruck, letztlich werde die Sowjetunion unter bestimmten Bedingungen doch eine NATO-Mitgliedschaft Gesamtdeutschlands hinnehmen.
   Die Sowjetunion würde damit dem Beispiel anderer WP-Mitglieder (insbesondere Polen, ČSSR und Ungarn) folgen.

4. Wir sollten auf dem bereits beschrittenen Weg fortfahren, die Sowjetunion davon zu überzeugen, daß eine solche Mitgliedschaft auch mit ihren Interessen vereinbar ist. Hierbei gilt es,

---

1 Ansprache des Bundeskanzlers Kohl anläßlich des Beginns der KSZE-Konferenz über wirtschaftliche Zusammenarbeit in Europa, Bonn, 19. März 1990, in: Bulletin. Nr. 37. 20. März 1990, 285–288. Abschlußdokument der bis 11. April tagenden Konferenz („Dokument der Bonner Konferenz") ebd. Nr. 46. 19. April 1990, 357–362.

– Bereitschaft zur Aufnahme von Verhandlungen über die Ausgestaltung einer Truppenstationierung in der DDR als Übergangsregelung zu signalisieren und sich darauf einzustellen, evtl. Beitrag zur Finanzierung dieser Stationierung zu leisten;
– dem Gefühl des „Verlustes" und des einseitigen Inkaufnehmens von Nachteilen auf seiten der SU entgegenzuwirken.

5. Fortbestand der NATO und gesamtdeutsche Mitgliedschaft müssen relativiert werden für die SU, indem
   – im Rahmen des Rüstungskontroll- und Abrüstungsprozesses die militärischen Potentiale so verringert werden, daß Verlust der NVA und verbleibendes gesamtdeutsches Potential psychologisch verkraftet werden;
   – wir den Aufbau gesamteuropäischer Strukturen der Sicherheit vorantreiben, die die NATO sozusagen „überwölben".
Über den sicherheitspolitischen Bereich hinaus müssen wir der Sowjetunion auch im Bereich der Wirtschaft den Eindruck vermitteln, daß wir sie nicht hinausdrängen, sondern im Gegenteil – auch zu ihrem Vorteil – mit ihr kooperieren wollen.

II. Im einzelnen

  1. Bisherige Stellungnahmen der Sowjetunion
Die sicherheitspolitischen Aspekte bilden für die Sowjetunion die Schlüsselfrage des deutschen Einigungsprozesses. Von einer für die Sowjetunion zufriedenstellenden Lösung dürfte das Gesamtverhalten der Sowjetunion bei den „Zwei-plus-Vier"-Gesprächen abhängen.

  1.1. Die Sowjetunion hat ihre Ablehnung einer Mitgliedschaft Gesamtdeutschlands in der NATO bisher deutlich und hochrangig artikuliert:
   – Präsident Gorbatschow (ARD-Interview am 6. März 1990)[1]:
    „Nein, da werden wir nicht zustimmen. Das ist absolut ausgeschlossen."
   – Außenminister Schewardnadse (Interview mit Berliner Illustrierten am 8. März 1990)[2]:
    „Die Prognose über eine Mitgliedschaft des vereinten Deutschland in der NATO entspricht nicht unseren Vorstellungen von den eigenen nationalen Interessen…"
   – Regierungssprecher Gerassimow am 19. März 1990[3]:
    „Ein vereintes Deutschland soll nicht Mitglied der NATO sein."

  1.2. Dennoch haben Diplomaten von WP-Staaten (SU, ČSSR, DDR) ihre Überzeugung geäußert, daß die SU letztlich doch eine NATO-Mitgliedschaft akzeptieren werde, sofern gewisse Bedingungen erfüllt seien. Diese Ansicht wird vielfach auch von westlichen Kreisen geteilt.
Auch Mitglieder renommierter sowjetischer Forschungsinstitute – oft „Herolde" neuer Entwicklungen in der SU – scheinen ebenfalls entweder die Frage der NATO-Mitgliedschaft in ihrer Bedeutung zu relativieren oder sie gar wie Professor Daschitschew als hinnehmbar anzusehen (Interview Bild am Sonntag, 18. März 1990: „… wenn das Volk Deutschlands den Wunsch äußert, das Land solle Mitglied der NATO sein, wird sich diesem Wunsch niemand widersetzen können"[4]).

1 Nr. 211 Anm. 2.
2 Ebd., Anm. 3.
3 Presseunterrichtung des Regierungssprechers Gerassimow am 19. März 1990 anläßlich der Ergebnisse der Wahlen zur Volkskammer in der DDR, Meldung TASS/20.3.90/1752, in: Ostinformationen. Nr. 55. 20. März 1990, 1 f.; BPA/PA, F 1/22.
4 Bild am Sonntag (Hamburg). 37. Jg. Nr. 11. 18. März 1990, 2. In einem weiteren Interview wies Professor Daschitschew die Vorstellung, ein vereinigtes Deutschland müsse außerhalb des NATO bleiben, als „nicht realistisch" zurück.

1.3. Nach dem „Doppel-Fiasko von Berlin und Prag" (so ein sowjetischer Wissen-schaftler in Anspielung auf die Wahlen in der DDR und das WP-Außenminister-treffen in Prag am 17. März, bei dem Moskau mit der Forderung nach deutscher Neutralisierung allein stand[5]) könnte sich eventuell auch in offiziellen Äußerun-gen eine Relativierung der bisherigen harten Ablehnung einer NATO-Mitglied-schaft ergeben.

Die Botschaft Moskau interpretiert eine Äußerung von Präsident Gorbatschow vom 19. März 1990, wonach die deutsche Vereinigung „eine einseitige Blockori-entierung ausschließen" müsse,[6] dahingehend, daß eine Blockorientierung gene-rell nicht ausgeschlossen sei.

ZK-Abteilungsleiter Falin deutete vor der Parlamentarischen Versammlung der WEU am 23. März 1990 an, ein vorübergehender Verbleib des vereinigten Deutschland in der NATO könne von der SU geduldet werden.

2. Haltung anderer WP-Staaten

Die abweichende Meinung der anderen WP-Mitgliedstaaten Ungarn, ČSSR, Polen, die in unterschiedlicher Intensität eine deutsche Neutralität ablehnen, kam eindeutig beim WP-Außenministertreffen in Prag zum Ausdruck, obwohl Außenminister Sche-wardnadse engagiert für die sowjetische Position warb. Außenminister Skubiszewski hat bei seinem Besuch in Brüssel bei der NATO noch deutlicher erklärt, NATO- und US-Präsenz in Europa seien Stabilitätsfaktoren und die NATO-Mitgliedschaft eines geeinten Deutschland sei grundsätzlich akzeptabel.[7]

3. Endgültige Position der Sowjetunion

3.1. Wird die Sowjetunion letztlich auf ihrer ablehnenden Haltung beharren? Bei ihren Überlegungen dürften vorrangig u.a. eine Rolle spielen:
   – die Sorge, einseitig einen Vorteil – d.h. die im Zweiten Weltkrieg errungene Position im eigenen Vorfeld – aufzugeben und in der Rivalität mit den USA in der globalen Machtbalance einen Nachteil zu erleiden.
   Neben diesem machtpolitischen Aspekt ist die Notwendigkeit zu sehen, vor der eigenen Öffentlichkeit den Verlust der „Kriegsbeute" zu rechtfertigen und in diese Richtung zielender harter Kritik im Obersten Sowjet und [in] dem Zentralkomitee zu begegnen.
   – die Frage der sowjetischen Truppen in der DDR unter den unterschiedlichsten Aspekten, wie z.B.:
      – – Interesse, auf nicht absehbare Zeit, jedenfalls möglichst lange, eigene Trup-pen auf dem Gebiet der heutigen DDR belassen zu können;
      – – Kostentragung der anhaltenden Stationierung, Regelung ihres Status;
      – – wirtschaftliche, militärische und insbesondere soziale Probleme einer

---

Der Nordatlantikpakt könnte „ohne die Bundesrepublik und ohne einen deutschen Beitrag nicht existieren" („Vereini-gung vielleicht schon bis Anfang nächsten Jahres", in: Die Welt. Nr. 67. 20. März 1990, 9).
5 Die Nachrichtenagentur AP meldete, auf dem Treffen der Außenminister der Teilnehmerstaaten des Warschauer Vertrages am 17. März 1990 in Prag hätte Außenminister Schewardnadse „nach Auskunft aus dem ČSSR-Außenmini-sterium mit seiner totalen Ablehnung einer NATO-Mitgliedschaft Deutschlands völlig allein" dagestanden (AP/ 18.3.90/1202 in: Ostinformationen. Nr. 54. 19. März 1990, 14f., hier 14; BPA/PA, F 1/22).
6 Mitteilung über das Gespräch zwischen Generalsekretär Gorbatschow und Ministerpräsident Lukanow am 19. März 1990 in Moskau, TASS/russ./19.3.90/1830; ebd. Nr. 55. 20. März 1990, 32.
7 Außenminister Skubiszewski, der am 21. März 1990 das Hauptquartier der NATO besuchte, befürwortete vor der Presse in Brüssel „ein neues Sicherheitssystem in Europa", in das „auch Deutschland einbezogen" werden müsse. Dabei gestand er sowohl der NATO als auch den amerikanischen Truppen in Europa einen „stabilisierenden Effekt" zu. Ein geeintes Deutschland solle „zunächst in der NATO bleiben", wobei „NATO-Truppen nicht auf DDR-Territorium stehen" dürften (Meldung ADN/21.3.90/2029; ebd. Nr. 57. 22. März 1990, 3).

Rückführung eines Großteils der dort stationierten ca. 380 000 Mann in die Sowjetunion.
- verhandlungstaktische Überlegungen, wie z. B. Zeitgewinn und Schaffen von „Manövriermasse" für die Erringung von Zugeständnissen bei den „Zwei-plus-Vier"-Gesprächen.
- Überlegungen, den Westen insgesamt durch eine harte Haltung dazu zu veranlassen, sich stärker und schneller rechtsverbindlichen KSZE-Strukturen eines gesamteuropäischen Systems der Sicherheit zuzuwenden.

3.2. Es spricht vieles dafür, daß die sowjetische Führung noch nicht endgültig entschieden hat, wie sie sich definitiv verhalten wird. Hierauf deutet – neben nachrichtendienstlichen Hinweisen – hin, daß ihre eigenen Überlegungen, was anstelle einer NATO-Mitgliedschaft gesetzt werden könne und wie denn der sicherheitspolitische Status Gesamtdeutschlands letztlich aussehen sollte, noch sehr unscharf sind:
- TASS-Kommentar vom 21. März 1990 bezeichnet die Schaffung „neuer europäischer Sicherheitsstrukturen" als beste Lösung, kann aber gleichzeitig nur anbieten, man müsse „darüber nachdenken, wie ein effizientes System der kollektiven Sicherheit geschaffen und wann es in Gang gesetzt werden kann".[8]
- Sprecher Gerassimow am 19. März 1990: Der „militärpolitische Status des vereinten Deutschland müsse sich in die neuen gesamteuropäischen Sicherheitsstrukturen einfügen"; „Entwicklung dieses Status" müsse „synchron sein mit Bildung dieser Strukturen".
- Marschall Achromejew am 15. März 1990: Gesamtdeutschland dürfe „keinem Militärbündnis angehören"; es müßten „neue Lösungen" gefunden werden, wobei „verschiedene Varianten" möglich seien: „Neutralität" oder „Integration in eine Organisation, die keine Gefahr für die SU", die anderen drei Mächte, andere europäische Staaten sei. Nach einer solchen Lösung müsse „gesucht" werden.[9]
- ZK-Abteilungsleiter für DDR-Fragen, Koptelzew: Die NATO könne durchaus Kontrollfunktion für Deutschland haben, es müsse dann aber auch die SU mitkontrollieren können. Dies könne eventuell auch durch Aufnahme der SU in die NATO erfolgen.

4. Schlußfolgerungen für das deutsche Vorgehen
Wir sollten den bereits beschrittenen Weg fortsetzen, die Sowjetunion davon zu überzeugen, daß die NATO-Mitgliedschaft eines vereinten Deutschland letztlich auch mit ihren oben angeführten Interessen vereinbar ist. Hierfür bestehen durchaus realistische Aussichten. Argumentativ könnte dabei auf folgende Überlegungen zurückgegriffen werden, die innerhalb der Bundesregierung zum Teil noch abgestimmt werden müßten.

4.1. Was die sowjetischen Truppen in der DDR anbetrifft, so haben Sie bereits öffentlich erklärt, daß Sie mit einer Übergangsregelung einverstanden sind. Wir sollten der SU signalisieren, daß wir bereit sind, nach Bildung einer handlungsfähigen Regierung in der DDR Gespräche über die Ausgestaltung dieser Übergangsregelung aufzunehmen: trilateral und/oder im Rahmen „Zwei plus Vier".
Wir sollten deutlich machen, daß wir Verständnis für die insbesondere sozialen

8 Kommentar TASS/russ./21.3.90/1245; ebd., 1 f.
9 Interview des militärischen Beraters von Generalsekretär Gorbatschow, Achromejew, mit der Presseagentur Nowosti, Meldung ADN/14.3.90/1324, in: Ostinformationen. Nr. 52. 15. März 1990, 4–6; BPA/PA, F 1/22.

Probleme einer Rückführung der sowjetischen Truppen in die SU haben. Wir
sollten allerdings auch keinen Zweifel daran lassen, daß wir eine klar vereinbarte
Frist der Stationierung anstreben. Der Endpunkt der Frist sollte dabei zeitlich
und nicht durch andere Bedingungen (z. B. VKSE-Fortschritt) festgelegt werden.
Dabei könnte allerdings argumentativ durchaus darauf hingewiesen werden, daß
ein solcher Zeitraum es auch ermögliche, daß im Rahmen der KSZE und des Rü-
stungskontroll- und Abrüstungsprozesses neue, übergreifende Strukturen der
Sicherheit in Europa geschaffen werden.
Wir sollten uns darauf einstellen, daß wir zu gegebener Zeit der SU anbieten können, zum Unterhalt der verbleibenden Truppen in der Übergangszeit beizutragen.
Abbau und schließlichen Abzug ihrer Truppen dürfte die SU wohl nur dann akzeptieren, wenn die Präsenz amerikanischer Truppen bei uns ganz entscheidend
reduziert wird. Hierauf sollten wir uns zusammen mit den USA einstellen. Herausragendes Sonderproblem wird die Frage der Nuklearwaffen auf deutschem
Boden sein.

4.2. Besonders wichtig erscheint es, dem Gefühl des „Verlustes" – zudem einseitig zu
Lasten der SU – entgegenzuwirken, dem nicht nur in der sowjetischen Führung
selbst, sondern auch in der Öffentlichkeit eine ausschlaggebende Wirkung zukommen dürfte.
In diesem Zusammenhang kommt zwar einerseits dem „Verlust des Bündnispart-
ners DDR" insoweit eine geringere Bedeutung zu, als der WP insgesamt – jedenfalls von den meisten seiner Mitglieder – als in Auflösung begriffen verstanden
wird, ganz unabhängig vom Schicksal der DDR. Andererseits wirkt gerade gegenüber dem moribunden Warschauer Pakt eine fortbestehende, durch Gesamtdeutschland erweiterte NATO für die SU besonders problematisch.
Der Fortbestand der NATO und eine gesamtdeutsche Mitgliedschaft in ihr müssen daher relativiert werden, z. B. indem sie „überwölbt" werden von einem gesamteuropäischen Sicherheitssystem. Um unser und des Bündnisses Engagement
für ein solches System deutlich und für die SU glaubhaft zu machen, sollten
– einerseits im Rahmen des Rüstungskontroll- und Abrüstungsprozesses die militärischen Potentiale in ganz Europa derart vermindert werden, daß der militärische gegenüber dem politischen Aspekt eindeutig in den Hintergrund tritt
(Verlust der NVA und verbleibendes militärisches Potential des gesamtdeutschen Staates sind für SU psychologisch dann leichter zu verschmerzen).
(AM Schewardnadse am 20. März 1990 gegenüber Nowosti: Er habe in Prag
das Wort Neutralität nicht verwandt, weil es vorkomme, „daß auch ein neutraler Staat über ein großes Militärpotential verfügt". Darum seien der Ausrü-
stungsstand und die Rüstung eines Landes entscheidend.)[10]
– andererseits wir und unsere westlichen Partner initiativ werden und Vorschläge machen, die eine Grundlage für europäische Sicherheitsstrukturen bilden könnten. Sie haben dies bereits in Ihrer Rede auf der KSZE-Konferenz am
19. März 1990[11] mit den Vorschlägen zum europäischen Konfliktzentrum und
eines Rüstungskontrollverifikationszentrums eingeleitet. Unser Bestreben,
diesen Prozeß energisch voranzutreiben, können wir z. B. auch durch Beiträge
bei den Wiener Verhandlungen über vertrauens- und sicherheitsbildende Maßnahmen unter Beweis stellen, die gerade dem sowjetischen „Kontrollbedürf-

---

10   Meldung der Nachrichtenagentur Reuters unter Bezug auf ein von der Nachrichtenagentur Nowosti am 20. März
1990 verbreitetes Interview (rtr/20. 3. 90/1709, ebd. Nr. 56. 21. März 1990, 1).
11   Nr. 227 Anm. 1.

nis" uns gegenüber Rechnung tragen, ohne – da 35er-Rahmen – uns zu singularisieren.

Bei diesem Überzeugungsprozeß gegenüber der Sowjetunion sollten wir uns – soweit möglich – auch der Unterstützung von Ländern wie Polen, der ČSSR und Ungarn versichern. Dies fiele diesen Ländern um so leichter, wenn wir gerade im Hinblick auf den Gedanken europäischer Sicherheitsstrukturen deren Überlegungen als prüfenswert aufgriffen bzw. sie zumindest auch öffentlich als wichtige Diskussionsbeiträge würdigten: z.B. den Vorschlag von Außenminister Skubiszewski zu deutsch-polnischen und deutsch-tschechoslowakischen Brigaden,[12] die Überlegungen von Außenminister Dienstbier zu einem europäischen Sicherheitssystem beim Außenministertreffen des Warschauer Paktes.[13]

Es gilt, überzeugend darzulegen, daß es uns nicht um ein Entweder-NATO-oder-europäische-Sicherheitstrukturen geht, sondern daß wir beides wollen.

4.3. Über den sicherheitspolitischen Bereich hinaus sollten wir gerade auch im wirtschaftlichen Bereich deutlich machen, daß wir die SU nicht „herausdrängen", sondern einbeziehen wollen in eine gesamteuropäische Wirtschaftskooperation, aus der sie die wirtschaftlichen Impulse erhalten kann, die sie braucht, um ihre eigene Wirtschaft grundlegend zu ändern und den Lebensstandard ihrer Bevölkerung entscheidend zu verbessern.

Das westliche Verhalten im Bereich von COCOM und der geplanten Europäischen Bank für Entwicklung und Wiederaufbau sollte ebenfalls nicht den Eindruck einer Diskriminierung der Sowjetunion erwecken. Hier allerdings haben wir bisher nicht die Unterstützung der USA gefunden.

Teltschik

Nr. 229
Vorlage des Ministerialdirigenten Busse an den Chef des Bundeskanzleramtes Seiters
Bonn, 26. März 1990

BK, 422 – 35400 Ve 2 Bd. 1. – Vorlage über AL 3, abgezeichnet: „W[agner]". Kopie: GL 22.

Betr.: Möglichkeit gesamtdeutscher Wahlen in der nächsten Legislaturperiode

I. Sachstand

1. Folgende Umstände geben Anlaß zur Prüfung, unter welchen verfassungsrechtlichen Voraussetzungen gesamtdeutsche Wahlen in der kommenden Legislaturperiode möglich wären:
   - Der Bundeskanzler hat in der letzten Woche angedeutet, daß es im Jahre 1991 zu gesamtdeutschen Wahlen kommen könnte.
   - MdB Dr. Weng hat durch seinen beiliegenden, dem Bundeskanzler in Kopie über-

---

12 Außenminister Skubiszewski unterbreitete den Vorschlag auf der Sondersitzung der Parlamentarischen Versammlung der WEU am 22. März 1990 in Luxemburg (Radio Warschau/poln./22.3.90/20.00 in: Ostinformationen. Nr. 58. 23. März 1990, 2; BPA/PA, F 1/22).

13 Auf dem Außenministertreffen des Warschauer Pakts am 17. März 1990 in Prag schlug Außenminister Dienstbier eine „gesamteuropäische Sicherheitsvereinbarung" vor, die von einer „Sicherheitskommission" überwacht werden und gegenseitige Beistandsverpflichtungen im Falle eines Angriffs auf einen der Signatarstaaten enthalten solle (AP/18.3.90/ 1202; ebd. Nr. 54. 19. März 1990, 14f., hier 14).

sandten Brief vom 14. März 1990 an Graf Lambsdorff[1] den Vorschlag gemacht, noch in dieser Legislaturperiode eine Rechtsänderung herbeizuführen, die es möglich macht, daß sich der Bundestag im Blick auf gesamtdeutsche Wahlen durch Mehrheitsbeschluß vorzeitig auflöst; darüber solle in der Koalition gesprochen werden.

2. Nach geltendem Verfassungsrecht ist eine vorzeitige Auflösung des Bundestages durch Mehrheitsbeschluß nicht möglich. Das Grundgesetz ermöglicht – infolge der Weimarer Erfahrungen – nur unter engen Voraussetzungen eine vorzeitige Auflösung des Bundestages; so kann der Bundespräsident den Bundestag auflösen, wenn der Bundeskanzler für seine Wahl nicht die erforderliche Mehrheit erreicht (Art. 63 GG) oder sein Vertrauensantrag scheitert (Art. 68 GG). Hiernach gibt es bisher kein verfassungsrechtlich brauchbares Instrument, um den 12. Deutschen Bundestag vorzeitig aufzulösen mit dem Ziel, gesamtdeutsche Wahlen noch vor Ablauf der 12. Wahlperiode herbeizuführen. Die Erwägung, den angestrebten Weg über Art. 68 GG zu gehen, dürfte für den Bundeskanzler politisch unzumutbar sein; es kann ihm, dessen Politik auf die Schaffung der Deutschen Einheit gerichtet ist, schwerlich zugemutet werden, zur Herbeiführung von gesamtdeutschen Wahlen wegen der Vollendung der Einheit einen zum Scheitern bestimmten Vertrauensantrag zu stellen.

Die Möglichkeit, den Bundestag durch Mehrheitsbeschluß vorzeitig aufzulösen, könnte nur durch Verfassungsänderung geschaffen werden (nicht – wie MdB Weng anscheinend meint – durch bloße Änderung des Wahlgesetzes). Fraglich ist, ob es genügt, diese Verfassungsänderung erst in der 12. Wahlperiode durchzuführen, wenn schon in derselben Wahlperiode davon Gebrauch gemacht werden soll. Die zeitliche Festlegung der Dauer der Wahlperiode ist eine Ausprägung des Demokratieprinzips. Es wird deshalb die Auffassung vertreten, daß Verfassungsänderungen zur Verlängerung, aber auch zur Verkürzung der Wahlperiode frühestens mit Wirkung für die folgenden Wahlperioden erfolgen dürften. M.E. ist es zwar erwägenswert, hiervon eine Ausnahme jedenfalls für den Fall zuzulassen, daß die vorzeitige Auflösung geschieht mit dem Ziel, das Staatsziel der Vollendung der Deutschen Einheit herbeizuführen. Im BMI wird dagegen auch mit einem solchen Ziel eine Ausnahme für unzulässig gehalten (dazu anliegende Aufzeichnung des BMI)[2].

Dies bedeutet, daß eine Auflösung des 12. Bundestages kraft Mehrheitsbeschlusses zumindest mit einem nicht unbeträchtlichen verfassungsrechtlichen Risiko behaftet wäre, wenn eine dies ermöglichende Verfassungsänderung erst in der 12. Wahlperiode erfolgen würde.

II. <u>Wertende Folgerungen</u>

Angesichts dessen empfiehlt es sich, frühzeitig eine politische Entscheidung darüber zu treffen, welche parlamentarische Gestalt der Bundestag haben soll, wenn im Laufe der

---

1 Nicht abgedruckt; BK, 422 – 35400 Ve 2 Bd. 1.
2 Nicht abgedruckt; ebd. In der Aufzeichnung „Vorzeitige Auflösung des Bundestages", die Ministerialrat Krafft mit Schreiben vom 23. März 1990 Ministerialdirigent Busse übermittelte, kam das Bundesministerium des Innern zu dem Ergebnis, eine unmittelbar vorgenommene Auflösung widerspreche dem Demokratieprinzip. Der Beitritt der DDR gemäß Artikel 23 Grundgesetz begründe keine Ausnahme. Er sei im Gegenteil „gerade auch deshalb gewählt worden, weil sofort handlungsfähige Organe zur Verfügung stehen müssen und stehen, die im bisherigen DDR-Gebiet gesicherte verfassungsrechtliche Strukturen und die überleitenden Maßnahmen zur Herstellung der Rechtseinheit herbeiführen können". Zudem könne eine Selbstauflösung in „Verknüpfung mit der Herstellung der deutschen Einheit" zu der Annahme verleiten, „der legale Bundestag sei verfassungspolitisch nicht mehr für die gesamtdeutschen Gesetzgebungsaufträge legitimiert". Bisherige Überlegungen gingen davon aus, „ähnlich wie beim Beitritt des Saarlandes die Zuwahl von Abgeordneten" aus dem Gebiet der ehemaligen DDR „für die weiterlaufende Legislaturperiode vorzusehen".

12. Wahlperiode die Deutsche Einheit vollendet wird. Zwei Wege kommen alternativ in Betracht:

1. Der 12. Deutsche Bundestag vollendet seine Wahlperiode vollständig. Sobald der Beitritt gemäß Art. 23 GG in Kraft tritt, werden Abgeordnete aus dem bisherigen Gebiet der DDR hinzugewählt (oder hilfsweise – ähnlich wie beim Beitritt des Saarlandes – durch die Volkskammer oder ihre Landtage entsandt). Oder:

2. Der 12. Deutsche Bundestag löst sich durch Mehrheitsbeschluß vorzeitig auf, damit alsbald gesamtdeutsche Wahlen zu einem homogenen Parlament stattfinden können. Dafür müßten dann aber aus den o.g. Gründen noch in der 11. Wahlperiode durch Verfassungsänderung die Voraussetzungen geschaffen werden.

BMI ist bisher vom Modell II 1 ausgegangen. Dies könnte aber folgenden Einwänden ausgesetzt sein:

– Treten dem Bundestag lediglich entsandte oder zugewählte Abgeordnete aus der DDR hinzu und ändert sich dadurch die politische Gewichtsverteilung, so fragt sich, in welchem Maße die parlamentarischen Gremien und sogar die Bundesregierung umgestaltet werden müßten. Wie wäre es, wenn gar die die Bundesregierung bis dahin tragende Mehrheit verlorenginge?

– Es würde die Frage nach der völligen Gleichberechtigung der zugewählten oder entsandten Abgeordneten zu klären sein.

Dies könnte dafür sprechen, eine Übergangszeit mit zugewählten oder entsandten Abgeordneten möglichst zu vermeiden oder nur kurz zu bemessen.

Möglicherweise aber können diese Einwände hingenommen werden, um eine allmählichere Überleitung zu einem aus gesamtdeutschen Wahlen hervorgegangenen Parlament nach Ende der 12. Wahlperiode zu schaffen.

III. Votum

Es sollte bald politisch entschieden werden, ob die Variante II 1 (12. Bundestag mit zugewählten oder entsandten Abgeordneten aus der DDR) hingenommen werden kann, u. U. auch für einen nicht ganz unwesentlichen Zeitraum bis zum Ende der 12. Wahlperiode.

Wenn die Bedenken dagegen für gewichtig gehalten werden und die Option gesamtdeutscher Wahlen schon vor Ablauf der 12. Wahlperiode offengehalten werden soll, dürfte sich eine Verfassungsänderung, welche die vorzeitige Auflösung des Bundestages durch Mehrheitsbeschluß ermöglicht, noch in dieser Legislaturperiode empfehlen. Dann müßte die entsprechende Initiative sehr bald ergriffen werden. Zu möglichen Regelungsmodellen soll hier nicht näher Stellung genommen werden (einfache Mehrheit? Qualifizierte Mehrheit (2/3 oder 3/4)? Bloßer Mehrheitsbeschluß ausreichend oder Einschaltung des BPräs. zur Vermeidung von Mißbräuchen erforderlich? Auflösungsregelung nur für den Fall der Deutschen Einheit, keine generelle Auflösungsregelung?).

Dr. Busse

Nr. 230
Sitzung der Arbeitsgruppe Außen- und Sicherheitspolitik
des Kabinettausschusses Deutsche Einheit
Bonn, 27. März 1990

BArch, B 136/20244, 221 – 34900 Wi 14 Bd. 1. – Vermerk des MDg Stern, 10. April 1990. Kopien: LASD, GL 22. Weiterleitung an Referat 221. – Sitzungsort: Gästehaus des Auswärtigen Amtes, Bonn.

1. BM Genscher berichtete über seine Gespräche mit Schewardnadse in Windhuk.[1] Die Sowjetunion bewerte die 2+4-Gespräche positiv. Der wichtigste zu klärende Punkt sei, ob es einen Friedensvertrag gäbe. Das Potsdamer Abkommen müsse durchgegangen werden, ob noch etwas zu regeln sei, denn alles müsse abschließend geklärt werden.

   BM Genscher bewertete die Auffassung der SU: Im Ergebnis müsse das Potsdamer Abkommen erledigt sein. Der Begriff Friedensvertrag müsse nicht im engeren Sinne ausgelegt werden. Vielleicht genüge eine Bestätigung der Nachkriegsordnung. Insgesamt gäbe es wohl noch keine abschließende Festlegung der SU.

   Eine weitere wichtige Frage für die SU sei die NATO-Mitgliedschaft. Die Sicherheit der SU stünde im Vordergrund. BM Genscher hatte den Eindruck, daß die Frage der Abrüstung entscheidende Bedeutung habe und daß die SU auch in diesem Punkt sich noch nicht endgültig festgelegt habe.

   Die SU sei an dem weiteren Fortgang des KSZE-Prozesses sehr interessiert.

   In einem Gespräch in Lissabon sei er sich mit dem polnischen Außenminister[2] einig [gewesen], daß die Frage der deutsch-polnischen Grenze nicht mit anderen Grenzfragen verknüpft werden dürfe. Es handele sich um eine deutsch-polnische Angelegenheit. Die Frage müsse zunächst mit Polen geregelt werden und erst dann mit den Vier Mächten. Polen sei damit einverstanden, daß ein 2+4-Gespräch nicht in Polen stattfinden werde.

2. MD Kastrup berichtete über die erste Runde der 2+4-Gespräche (vgl. entsprechenden Vermerk[3]). Auf die Frage von BM Schäuble, ob auch die Währungsunion in den 2+4-Gesprächen erörtert werden müsse, antwortete MD Kastrup, es müsse geprüft werden, ob Vorbehaltsrechte berührt seien. Wenn dies der Fall wäre, müßten wir dies mit den Drei Mächten besprechen (nicht mit den Vier Mächten). Eine Unterrichtung der Sowjetunion auf deren Anfrage solle allerdings mit großer Offenheit geschehen.

3. VLR I Dr. Lambach berichtete über die Besprechung über die Ablösung der Vier-Mächte-Rechte. Das vorliegende Papier sei mit den Ressorts abgestimmt. Eine besondere Besprechung über die Ablösung der Vier-Mächte-Rechte in Berlin solle folgen.

4. MDgt Dr. Eitel berichtete über die völkerrechtliche Arbeitsgruppe.
   a) Völkerrechtliche Verträge mit Grundsatzpapier und Papier zu Einzelverträgen; abgestimmt in erster Ressortbesprechung. ⟨BM Genscher bat darum, über die Frage nachzudenken, ob der Görlitzer Vertrag[4] übernommen werden könne.⟩[5]
   b) Stationierung der Truppen der SU.
   c) Reparationsfrage.

---

1 Bundesminister Genscher hielt sich anläßlich der Unabhängigkeitsfeiern Namibias am 20./21. März 1990 in Windhuk auf. Zu seiner Begegnung mit Außenminister Schewardnadse: Genscher, Erinnerungen, 747–750.
2 Das Treffen mit Außenminister Skubiszewski fand am Rande der außerordentlichen Außenminister-Tagung des Europarats am 23./24. März 1990 in Lissabon statt, bei der Bulgarien, die ČSSR, die DDR, Jugoslawien, Polen, die UdSSR und Ungarn durch Beobachter vertreten waren.
3 Nr. 220.
4 Nr. 92 Anm. 11.
5 ⟨ ⟩ Hs. vermerkt: „zu a".

5. MD Dr. Jellonek berichtete über das Problem der wirtschaftlichen Verpflichtungen der DDR gegenüber der Sowjetunion. Zweimal sei mit der DDR gesprochen worden, ein weiteres Gespräch sei in Aussicht genommen. Auch mit der SU müßten bilaterale Gespräche geführt werden.

MDgt Dr. Ollig berichtete über die Substanz der Gespräche. Für 1990 bestünden noch feste Lieferverträge. Für 1991 werde ein anderes Clearing angestrebt, für 1992 eine Abrechnung in Devisen. DDR sei an weiteren Lieferungen interessiert. Wir sollten dies jedenfalls für eine Übergangsphase unterstützen.

6. MDgt Dr. Höynck berichtete, daß es zu der Frage der Einbettung des Weges zur Einheit in den KSZE-Prozeß bisher nur interne Überlegungen gebe.

Drei Fragen:
- Wie wird das Ergebnis der 2+4-Gespräche bei dem KSZE-Gipfel präsentiert?
- Welche substantiellen Ergänzungen der KSZE-Schlußakte sind erforderlich (Prinzipien, Fortwirkung Potsdamer Abkommen, Minderheitenrechte)?
- Erweiterung der KSZE-Materie mit sicherheitspolitischen Fragen, vertrauensbildenden Maßnahmen.

BM Genscher bat um Bericht in der nächsten Sitzung.

7. Auf Frage von BM Dr. Schäuble zu Erklärungen über die deutsch-polnische Grenze erklärte BM Genscher, dies sei noch nicht ausgereift.

8. Neuer Termin am 24. April 1990 von 17.00 bis 19.00 Uhr im Gästehaus.

Stern

Nr. 231
Schreiben des Bundesministers Blüm an Bundeskanzler Kohl
Bonn, 27. März 1990

BK, 422 – 35006 De 13 NA 4. – Mit Stempel: Vorzimmer Bundeskanzler, 27. März 1990. Hs. von Bundeskanzler Kohl vermerkt: „R[udolf] Seiters + B[aldur] Wagner sofort prüfen u. R[ücksprache]".

Sehr geehrter Herr Bundeskanzler,

Deutschland ist auf dem Weg zur Einheit – politisch, wirtschaftlich und sozial. Dieser Weg wird bei unseren Mitbürgern in der DDR aber nur dann Akzeptanz finden, wenn die sozialen Elemente des marktwirtschaftlichen Systems auch dort entsprechend ausgeprägt sind. Vor diesem Hintergrund möchte ich im Anschluß an unser Gespräch vom Donnerstagabend, dem 21.3.1990, Ihnen nach näherer Prüfung der diskutierten Zahlen meine Einschätzung zur Frage des Umstellungssatzes darlegen. Ich bin der Überzeugung, daß ein Umstellungssatz, der unter der Relation 1:1 liegt, zu tiefgreifenden sozialen Verwerfungen sowie zu destabilisierenden politischen Folgewirkungen führen würde.

Zunächst möchte ich allerdings klarstellen, daß entgegen dem in unserem Gespräch von dritter Seite erweckten Eindruck die Zahlen des besprochenen Lohnmodells nicht mit dem Bundesministerium für Arbeit und Sozialordnung abgestimmt waren. Ich halte das vorgetragene Lohnmodell auch für sachlich nicht überzeugend.

Meine Einschätzung zu einem Umstellungssatz von 2:1 ist:
- Die Menschen in der DDR müßten krasse Einbußen gegenüber ihrem bisherigen, ohnehin niedrigeren Lebensstandard hinnehmen; dies gilt insbesondere für Rentner, Familien und Arbeitslose. Millionen Menschen würden unter die Sozialhilfeschwelle geraten. Die

durchschnittliche Rente liegt in der DDR bei subventionierten Preisen bei 450 DM – und es gibt knapp 3 Mio. Rentner. Das Kindergeld würde tatsächlich halbiert.

– Aller Voraussicht würde das mit der Wirtschaftsgemeinschaft und Währungsunion verfolgte Ziel gefährdet, die Menschen zu bewegen, in ihrer Heimat zu bleiben; denn das Wohlstandsgefälle würde nicht kleiner werden, sondern wachsen. Und wer könnte dann tatsächlich den Menschen verwehren, von Ost- nach West-Berlin zu gehen, im Zonenrandgebiet auf bundesdeutscher Seite einen Wohn- oder Scheinwohnsitz zu nehmen?

– Gemeinsame Auffassung ist, mit der Wirtschaftsgemeinschaft auch die Sozialgemeinschaft aufzubauen. Der künftige Sozialstaat Deutschland braucht eine darstellbare, konkrete Perspektive. Daran haben wir in den zurückliegenden Wochen – teilweise auch mit der DDR – intensiv gearbeitet. Es ist erklärtes Prinzip dieser Regierung, nicht willkürlich Leistungen abzuschneiden, sondern auf der Grundlage der gleichen Prinzipien die Sozialsysteme zu verschränken und so den gemeinsamen Sozialstaat herzustellen. Bei einem Umstellungssatz von 2:1 läßt sich dieses Konzept nicht verwirklichen. Leistungen der Sozialversicherung wie die Renten würden zur Existenzsicherung deutlich nicht ausreichen. Dann aber verliert eine Sozialversicherung innere Logik wie Akzeptanz.

– Es besteht in der Sozialpolitik gesetzgeberischer Handlungsbedarf in unmittelbarem Zusammenhang mit der Wirtschaftsgemeinschaft und Währungsunion. Nach geltendem Recht erhalten Empfänger von Eingliederungsgeld und Renten unter den Übersiedlern deutlich höhere Leistungen, als sie künftig erwarten können. Entsprechende Gesetzentwürfe, die dies ändern, sind ressortintern auf der Grundlage eines Umstellungssatzes von 1:1 vorbereitet. Eine Ausgestaltung beispielsweise eines Arbeitslosengeldes auf Grundlage der Werte in der DDR und eines de facto halbierten Bruttolohns – wie im vorgelegten Modell des Bundesfinanzministeriums vorgesehen – läßt sich im Zeitraum vor einer Umstellung wegen zu befürchtender Konsequenzen beim Übersiedlerstrom nicht darstellen. Im übrigen dürfte ein solcher Gesetzesvorschlag auf der Grundlage von 2:1 gegenüber den Ländern wegen der entstehenden, ergänzenden Sozialhilfeansprüche nicht durchsetzbar sein.

– Übersiedler, die nur ihre abgewerteten Ansprüche aus der DDR mitbrächten, würden in aller Regel hier Sozialhilfeempfänger. Bei Ungleichbehandlung von Aus- und Übersiedlern bei Renten und Eingliederungsgeld wären die Einkommensunterschiede nicht vertretbar, bei Gleichbehandlung würden – DDR-Niveau unterstellt – auch die Aussiedler hier regelmäßig zu Empfängern von Sozialhilfe, sofern sie nicht direkt erwerbstätig werden können.

Jedes dieser Argumente könnte vertieft, eine Fülle weiterer dargelegt werden. Die beigefügte Ausarbeitung gibt dazu weitere Hinweise.[1]

Die Entscheidung über den Umstellungssatz ist für uns und vor allem für die Menschen in der DDR eine einschneidende, weitreichende Entscheidung. In Anbetracht der in der DDR und hier anstehenden demokratischen Entscheidungen kommt es deshalb um so mehr darauf an, das in diese Regierung gesetzte Vertrauen nicht zu enttäuschen.

Mit freundlichen Grüßen
Ihr
Norbert Blüm

---

1 Anlage in der einschlägigen Akte nicht vorhanden.

Nr. 232
Gespräch des Ministerialdirektors Teltschik mit dem Berater der Abteilung für internationale Beziehungen des Zentralkomitees der KPdSU, Portugalow
Bonn, 28. März 1990

BK, 21 – 30100 (56) Ge 28 (VS) Bd. 80, Bl. 225–229. – Vorlage des MD Teltschik an Bundeskanzler Kohl, 4. April 1990. Hs. von Bundeskanzler Kohl vermerkt: „erl."

Einleitend berichtete Portugalow, daß Präsident Gorbatschow jetzt den Präsidialrat eingerichtet habe, der mit dem Nationalen Sicherheitsrat der USA vergleichbar sei. Im Augenblick würden sich eine Reihe von Kollegen darum bemühen, diesem Präsidialrat als Mitarbeiter zugeordnet zu werden. ZK-Abteilungsleiter Falin habe die Chance, möglicherweise Sekretär des Präsidialrates zu werden. In diesem Zusammenhang bestätigte Portugalow, daß Botschafter Kwizinskij in absehbarer Zeit zum stellvertretenden Außenminister ernannt werde. Der genaue Zeitpunkt stünde jedoch noch nicht fest. Als Nachfolger würden verschiedene Namen genannt. Es sei sicher, daß es jemand aus der alten deutschen Garde werde. Zu den bevorstehenden „Zwei-plus-Vier"-Gesprächen stellte mir Portugalow folgende Fragen bzw. ließ folgende Positionen der Sowjetunion erkennen. Er berief sich dabei ausdrücklich auf die Abstimmung mit Tschernajew, dem außenpolitischen Berater von Generalsekretär Gorbatschow, der an allen Gesprächen mit Ihnen teilgenommen hat.

1. Zum deutschen Einigungsprozeß

   Die sowjetische Führung sei sich darüber im klaren, daß sie die Anwendung von Artikel 23 GG nicht abwehren könne. Das sei für sie nicht so tragisch, weil auch damit keine Vereinnahmung der DDR durch die Bundesrepublik verbunden sei.

   Artikel 23 GG spreche jedoch von den „anderen Teilen Deutschlands", nach deren Beitritt das Grundgesetz in Kraft zu setzen sei. In Verbindung mit Artikel 116 GG (Definition der deutschen Staatsangehörigkeit) und in Verbindung mit den Urteilen des Bundesverfassungsgerichts bereite diese Aussage von den „Teilen" der Sowjetunion besondere Sorge, ob damit auch andere Gebiete angesprochen sein könnten.

   Eine andere Sorge, die mit Artikel 23 GG verknüpft sei, beziehe sich darauf, daß die DDR rechtlich aus sämtlichen Verpflichtungen entlassen werde, die der Bundesrepublik würden jedoch fortgelten. Hier müßten Lösungen gesucht werden, die den bestehenden Verpflichtungen der DDR gegenüber der Sowjetunion gerecht würden.

   Wann und mit welchen Bedingungen werde die Währungsunion in der DDR eingeführt? Welche sozialen Auswirkungen werde die Währungsunion in der DDR auslösen? Warum wolle die Bundesregierung das Notaufnahmeverfahren erst zum 1. Juli einstellen? Was werde geschehen, wenn es in der DDR zu einem Zusammenbruch der staatlichen Ordnung kommen würde?

   Wie schätzt die Bundesregierung eine solche Gefahr ein, wenn es eine sein sollte?

   Sollte es zu einem solchen politischen Kollaps der DDR kommen, wer würde dann für die Aufrechterhaltung der Ordnung Sorge tragen? Müßte dann nicht die Sowjetunion im Rahmen ihrer Verantwortlichkeit als Siegermacht diese Aufgabe übernehmen?

   Was halte die Bundesregierung von der Strategie Lafontaines gegenüber der DDR? Dieses Konzept der SPD komme der Sowjetunion in stärkerem Maße entgegen als das der Bundesregierung.

2. Zur internationalen Einbettung Deutschlands

   Ziel müsse es ein, eine Abstimmung über den zukünftigen militärischen Status Deutschlands zu erreichen und diesen schriftlich festzuhalten. Die sowjetische Führung verstünde nicht die innenpolitische Diskussion in der Bundesrepublik, die in der Frage der Anerkennung der Oder-Neiße von einem Ausverkauf der deutschen Interessen spreche. Dagegen solle die Sowjetunion eine Reihe von Kröten schlucken.

Für die Sowjetunion sei jedoch unabdingbar, daß ein geeintes Deutschland und die NATO jetzt nicht gegen die Sowjetunion genutzt werden dürften. Sie würden jetzt zwar hören, daß aus „NATO-Gnaden" sowjetische Truppen vorübergehend auf dem DDR-Territorium stationiert bleiben dürften. Er wolle mir jedoch ganz offen sagen, daß die Sowjetunion eigentlich an einer Fortdauer sowjetischer Militärpräsenz in der DDR nicht interessiert sei. Wichtiger sei für sie die Frage, ob die Bundesrepublik in der militärischen Integration der NATO und in den integrierten Stäben bleiben wolle? Besonders wichtig sei auch die Frage, was mit den taktischen Nuklearwaffen geschehen solle. Wenn sowjetische Truppen in der DDR verbleiben sollten, wäre die sowjetische Führung mehr an einer „symbolischen Präsenz" interessiert. Dies müsse jedoch dann auch für die drei Westmächte gelten.

Die sowjetische Führung gehe davon aus, daß auch ein geeintes Deutschland weiterhin auf ABC-Waffen verzichte und den Nichtweiterverbreitungsvertrag akzeptiere. Entscheidend bleibe jedoch die Frage, wie mit der NATO-Mitgliedschaft verfahren werden solle. Moskau gehe auch davon aus, daß die Bundeswehr reduziert werde.

Portugalow erklärte, daß man auf die Vokabel „Neutralisierung" für den zukünftigen Status des geeinten Deutschland verzichten könne. Eine Mitgliedschaft in der NATO sei jedoch für die sowjetische Führung nicht akzeptabel. Der eigentliche Kern des Themas der Neutralisierung Deutschlands liege in der Forderung, daß von deutschem Boden kein Krieg mehr ausgehen dürfe. In diesem Zusammenhang sei die Rede von Außenminister Genscher anläßlich der Außenministertagung der WEU[1] große Klasse gewesen. Sie habe weitgehend das Denken wiedergegeben, das in Moskau vorherrsche.

Vorschläge zur Institutionalisierung der KSZE seien sehr aussichtsreich. Sie seien jedoch mit einem Haken verbunden: Die Verwirklichung erfordere viel Zeit, deshalb müsse man über Überbrückungsmöglichkeiten nachdenken.

Die Endziele sollten innerhalb des „Zwei-plus-Vier"-Prozesses beschrieben und fixiert werden. Es müsse jedoch alles vermieden werden, daß es zu einer Konfrontation aller gegen die Sowjetunion komme.

Die Bundesregierung solle auch überlegen, ob für Deutschland nicht der französische Status innerhalb der NATO in Frage käme. Wenn Deutschland Mitglied der NATO sei, müßten die Verpflichtungen der DDR gegenüber dem Warschauer Pakt aufrechterhalten bleiben. Dies beziehe sich vor allem auf bestimmte Einrichtungen des Warschauer Paktes in der DDR. Außerdem müsse die Möglichkeit bleiben, den sowjetischen Militärstatus für dieses Gebiet wiederbeleben zu können. Vielleicht könne man auch über eine Art NATO-Mitgliedschaft der Sowjetunion nachdenken. Wichtig sei auch das Thema von übergreifenden Strukturen zwischen beiden Bündnissen. Notfalls könnte man als Behelf auch an ein Aneinanderrücken des Warschauer Paktes und der NATO denken.

3. Zum Thema: Friedensvertrag/Grenzfrage

In der Frage der Oder-Neiße-Grenze habe es bei allen Nachbarn ernste Besorgnisse gegeben. Die Ergebnisse des Zweiten Weltkrieges seien nur in einem Friedensvertrag lupenrein festzuschreiben. Die Westmächte seien von dieser Position nicht weit entfernt. Dies gelte vor allem für Frankreich und die USA. Die sowjetische Führung kenne die deutsche Position zu der Frage eines Friedensvertrages. Sie sei verständlich. Die Sowjetunion halte aber an dem Ziel eines Friedensvertrages als Ausgangsposition fest. Der Teilnehmerkreis

---

1 Rede des Bundesministers Genscher auf der Sondersitzung der Parlamentarischen Versammlung der WEU im Konferenzzentrum Kirchberg (Luxemburg), 23. März 1990, in: Bulletin. Nr. 40. 27. März 1990, 309–313.

sollte sich zusammensetzen aus Deutschland, den Vier Mächten und den von Deutschland besetzten Staaten (10 bis 15 Teilnehmer). Das Ergebnis sollte so sein, daß alle Teilnehmer der Friedenskonferenz feierlich auf alle Reparationsforderungen verzichten.

Die Alternative eines gesamteuropäischen Prozesses sei deshalb unbefriedigend, weil damit noch keine rechtliche Qualität verbunden und [sie] deshalb im Ergebnis zu unsicher sei.

Er wolle jedoch ausdrücklich sagen, je flexibler, je großzügiger Deutschland in der Frage des zukünftigen militärischen Status sei, desto flexibler werde die Sowjetunion in der Frage des Friedensvertrages sein.

4. Litauen

Portugalow äußerte sich sehr besorgt über das Verhalten der litauischen Führung. Präsident Gorbatschow bereite gegenwärtig ein Gesetz vor, das den Austritt aus der UdSSR ermöglichen solle. Die litauische Führung wolle jedoch diesen Prozeß nicht abwarten und versuche in gefährlicher Weise, Präsident Gorbatschow auszuspielen. Eine Lösung der Probleme sei auch von dem Verhalten des Westens abhängig. In diesem Zusammenhang sei die Position auch der Bundesrepublik für die Sowjetunion von großem Interesse.

Ich habe zu allen diesen Punkten und Fragen ausführlich die Position der Bundesregierung erläutert. Portugalow hat sich die Antworten notiert und Weiterleitung zugesagt.

Teltschik

Nr. 233
Gespräch des Staatssekretärs Bertele mit Ministerpräsident Modrow
Berlin (Ost), 28. März 1990

BArch, B 136/20579, 221 – 35014 Ge 34 Bd. 1. – FS StäV Nr. 756, 18.12 Uhr. VS-NfD. Citissime. Verteiler: ChBK, BM Seiters, MDg Stern; BMB, St Priesnitz, AL II; BMWi, St Köhler; Bonn AA, MD Kastrup. Mit Stempel: 006334, BK-Amt, FS-Zentrale, 28. März 1990, 19.27 Uhr.

Betr.: Aktuelle Probleme in den Beziehungen zwischen D und DDR

MP Modrow bat mich zu einem Gespräch zu sich, an dem nur noch der Leiter seines persönlichen Büros, Arnold, teilnahm. Aus dem mehr als einstündigen Gespräch halte ich folgendes fest:

1.

MP Modrow teilte mir eingangs mit, daß er morgen seinen voraussichtlichen Nachfolger de Maizière zu einem eingehenden Gespräch empfangen werde, in dem er diesen über alle anstehenden aktuellen Probleme unterrichten werde. (Schon im Heraufgehen zum Büro des Ministerpräsidenten hörte ich, daß Modrow sehr sorgfältig Dossiers zusammenstellen lasse, um de Maizière umfassend über die aktuellen Probleme zu unterrichten.)

Der Stand der Verhandlungen zwischen der Bundesrepublik Deutschland und der DDR hinsichtlich der Wirtschafts- und Währungsunion bereite ihm Sorgen. Weite Bereiche, die von entscheidender Bedeutung für die Zukunft seien, seien bisher nicht eingehend erörtert worden. Die Erwartungshaltung in der DDR-Bevölkerung sei groß; es drohe die Gefahr, daß die Bevölkerung enttäuscht werde. Der jetzt möglicherweise entstehende Zorn der Bevölkerung richte sich bereits auf die neue Regierung, die noch nicht einmal im Amt sei. Zum Nachweis übergab mir Modrow den Text eines Aufrufs des Bürgerkomitees „Runde Ecke"

in Leipzig, in dem für morgen, 29. März, zu einer Demonstration, die sich bereits gegen die neue Regierung richte, aufgerufen wird. Der Text des Aufrufs ist als Anlage beigefügt.[1]
Modrow kam dann auf ein Protokoll, das von StS Köhler und Minister Romberg zum aktuellen Stand der Gespräche unterschrieben worden sei,[2] zu sprechen (Modrow unterstellte zu Unrecht, daß mir dieses Protokoll bekannt sei). Er sprach dann von einem gewissen Vakuum, das jetzt eingetreten sei, und daß viele wesentliche Bereiche bisher in den Gesprächen nicht erörtert worden seien. So habe man sich bisher nicht über Probleme der Landwirtschaft, des staatlichen Eigentums und das Schicksal der großen Kombinate unterhalten. Der Ansatz auf unserer Seite sei zu mittelständisch. Man habe offenbar keine zutreffende Vorstellung über die Großindustrie in der DDR und darüber, welche Betriebe leistungsfähig seien und welche nicht.
Sehr vieles geschehe jetzt spontan: Händler aus der Bundesrepublik Deutschland kämen mit ihren Waren über die Grenze, die sie zu unterschiedlichen Tauschraten direkt an die DDR-Bevölkerung absetzten, z.T. in der Relation 1:1 oder 1:3 oder gar 1:5. Wir hätten praktisch bereits eine Wirtschaftsgemeinschaft in diesen Bereichen, ohne daß es konkrete, den Austausch regelnde Absprachen zwischen den Regierungen gebe. Dies sei ein Stück Anarchie. Die DDR habe das bisher ausgehalten und damit bewiesen, daß sie wirtschaftlich stabiler sei, als manche vermutet hätten. Aber er frage sich, wie lange dies noch gutgehe. Er verwies in diesem Zusammenhang auf die Tatsache, daß innerhalb weniger Wochen die 15jährigen Lieferfristen für den Trabant und den Wartburg auf Null zusammengebrochen seien und daß diese Fahrzeuge heute in der DDR nicht mehr verkäuflich seien. Da es für diese Fahrzeuge keine Exportmärkte gebe, werde die Produktion zusammenbrechen mit allen sozialen Folgen, die sich daraus ergeben würden. Man müsse sich im klaren sein, daß sich der Ärger der Bevölkerung sehr schnell auf die neue Regierung und nicht mehr auf ihn, Modrow, richten werde und daß auch die Bundesregierung im Zentrum der Kritik stehen würde.
In diesem Zusammenhang bemerkte Modrow, er habe über StS Priesnitz angeboten, daß er zu einem Gespräch mit Bundesminister Seiters bereit gewesen sei, um über die aktuellen Probleme zu sprechen. Eine Reaktion habe er nicht erhalten.[3] Er werde dies nicht in die Öffentlichkeit tragen, aber falls man ihm später vorwerfen sollte, er habe nicht alles in seiner Macht stehende getan, um den Übergang sich glatt vollziehen zu lassen, werde er hierauf öffentlich verweisen. Ich habe ihm dazu gesagt, daß in dieser Situation von ihm erwartet werde, daß er seinen Nachfolger über alle Probleme unterrichte, daß ich aber nicht sehen könne, was ein Gespräch in der jetzigen Situation mit der Bundesregierung auf dieser Ebene bringen könne. Wir seien mit der DDR über die anstehenden Fragen auf den verschiedensten Ebenen im Gespräch, u.a. StS Köhler mit Minister Romberg. Ich hätte sowohl von Minister Romberg wie auch von seinem, Modrows, Staatssekretär Rauchfuß gehört, daß diese Gespräche sehr konstruktiv verliefen. Modrow hat dies nicht bestritten, hat jedoch erneut betont, für ihn sei sehr wichtig, daß zentrale Punkte dort bisher nicht behandelt worden

---

1 Anlage nicht abgedruckt. In dem mit „Leipzig schlägt zu" überschriebenen Aufruf wurde eine „integere, über alle Zweifel erhabene Regierung" gefordert. Ehemalige Mitarbeiter der Staatssicherheit seien erpreßbar und eine „Gefahr für unsere junge Demokratie", daher müsse die „sofortige Überprüfung der gewählten Volksvertreter durch ein unabhängiges Gremium" erfolgen. Der neuen Regierung solle man durch landesweite Demonstrationen zeigen, „daß das Volk noch eine Macht besitzt".
2 Nr. 219A.
3 Staatssekretär Bertele wurde gebeten, „diese Mitteilung gegenüber der anderen Seite (Herrn Arnold) richtigzustellen"; Staatssekretär Priesnitz sei „ein solches Angebot nicht übermittelt worden" (Fernschreiben des Ministerialdirigenten Stern an Staatssekretär Bertele, BK Bn Nr. 500, 2. April 1990; BArch, B 136/20579, 221–35014 Ge 34 Bd. 1). Bertele berichtete noch am selben Tag nach Bonn, nachdem er die Frage „mit Arnold aufgenommen" habe, stelle sich die Sachlage folgendermaßen dar: Ministerpräsident Modrow sei der Ansicht gewesen, man solle „hochrangig" über die Probleme „im Zusammenhang mit dem Wirtschaftsverbund" sprechen, gegenüber Priesnitz sei jedoch „ein Name nicht genannt worden". Arnold werde Modrow entsprechend unterrichten, die DDR werde „nicht mehr darauf zurückkommen" (Fernschreiben an Ministerialdirigent Stern, StäV Nr. 787, 2. April 1990; ebd.).

seien. Neben den bereits genannten erwähnte er die Frage, wie es mit dem wirtschaftlichen Austausch mit dem RGW, insbesondere mit der Sowjetunion, weitergehen solle. In dieser eminent wichtigen Frage gebe es noch keine sauberen Vorstellungen. Im übrigen habe die Regierung der Sowjetunion sich nun zu den Eigentumsproblemen in der DDR öffentlich geäußert.[4] Sie habe damit auf seinen Vorstoß reagiert, der bei uns so sehr kritisiert worden sei. Dieser Problemkreis werde auch bei den Verhandlungen der 4 plus 2 eine Rolle spielen.

2.

MP Modrow kam dann auf einen zweiten großen Komplex, nämlich die Belastung von DDR-Bürgern durch frühere Tätigkeit für die Staatssicherheit, zu sprechen. Er erwähnte dabei öffentliche Äußerungen von Bundesminister Schäuble und des Bundeskanzlers über eine weitgehende Amnestie. Er sehe, daß die Bundesregierung hier beruhigend wirken wolle. Eine solche Amnestie werde jedoch das Problem nicht lösen, da nicht die strafrechtlichen Fragen im Vordergrund stünden, sondern die moralische Qualifikation für öffentliche Ämter. Hierfür wäre eine Generalamnestie nicht relevant. Große Sorge bereiteten ihm in diesem Zusammenhang Gerüchte, daß der Bundesnachrichtendienst die Bürgerkomitees, die bei der Auflösung der Staatssicherheit beteiligt würden, in erheblichem Umfang für sich gewonnen hätte. Man spreche mittlerweile davon, daß 2 von 3 Mitgliedern dieser Bürgerkomitees für den BND tätig seien. Zu allen bereits vorhandenen Ängsten käme noch die Angst, daß die Unterlagen der Staatssicherheit in die Hände des BND geraten würden. Als ich meinen Zweifeln über solche Aktivitäten des BND Ausdruck gab, meinte Modrow, daß diejenigen, die die Staatssicherheit früher für einen höchst effektiven Apparat gehalten hätten, heute nicht glauben sollten, daß Aktivitäten des BND auf dem Gebiet der DDR völlig unerkannt blieben. Wichtig sei in diesem Zusammenhang, daß die Staatssicherheit natürlich nicht in erster Linie den Bereich der SED ausgekundschaftet habe, sondern vorrangig Informationen über die Kirchen, oppositionelle Gruppen wie das Neue Forum oder die sich gründende Sozialdemokratische Partei gesammelt hätten. Wesentliches Material betreffe daher nicht den Bereich der jetzigen PDS und früheren SED, sondern die genannten anderen Gebiete. Er habe heute mit Rechtsanwalt Vogel diesen Aspekt erörtert. Er gebe zu überlegen, ob nicht Experten aus beiden deutschen Staaten sich möglichst bald zusammensetzen könnten, um über die Behandlung des in der DDR angefallenen Materials aus der früheren Tätigkeit der Staatssicherheit zu sprechen. Meine Frage, ob er diese Anregung mit de Maizière abgestimmt habe, verneinte er. Er nannte dann als mögliche Gesprächspartner auf seiten der DDR Rechtsanwalt Vogel, den Vorsitzenden des Anwaltskollegiums der DDR, Professor Wolf, seinen Mitarbeiter Dr. Arnold und einen Vertreter des Justizministeriums der DDR. RA Vogel habe auf unserer Seite als mögliche Gesprächspartner u. a. die Staatssekretäre Priesnitz und Kinkel genannt. Wichtig sei, daß sehr schnell Einigkeit hergestellt werde, wie man in der Frage früherer Tätigkeit für den Staatssicherheitsdienst in Zukunft verfahren solle. Die jetzigen öffentlichen Kampagnen seien eine große Last für die DDR. Ich habe Modrow in diesem Zusammenhang geantwortet, daß das Material in der DDR liege und daß man dort für die Sicherheit verantwortlich sei. Im übrigen sei nicht zu verhindern, daß die Medien über ihnen zugespieltes Material in großer Aufmachung berichteten.

3.

Wertung

MP Modrow, schon ganz in Abschiedsstimmung, war entspannter als in früheren Gesprächen. Er wolle de Maizière das Amt möglichst bald übergeben, und er wolle ihm – typisch für Modrow – das Büro des Ministerpräsidenten noch vor der Bildung der Regierung zur Verfügung stellen.

---

4 Nr. 236 Anm. 4.

Ich teile die Sorgen von MP Modrow, daß die wirtschaftliche Entwicklung in der DDR ganz schnell zu kritischen sozialen Zuständen führen kann. Es ist zutreffend, daß sich viele Menschen in weiten Bereichen so verhalten, als hätten wir bereits die Wirtschaftsunion. In der Erwartung des Umtauschs ihrer Sparguthaben im Verhältnis 1:1 stellen sie die Nachfrage nach technischen Bedarfsgütern zurück. Sie erwarten, in Kürze mit den dann umgetauschten DDR-Mark sehr viel hochwertigere westliche Güter erwerben zu können. Es gehört keine Prophetengabe dazu, vorherzusehen, daß die Kraftfahrzeugproduktion in der DDR sowie die Herstellung von Fernsehgeräten, Radiogeräten und anderen technischen Geräten mangels Absatzmöglichkeiten zum Stillstand kommt. Dies wird bedeuten, daß Entlassungen in großer Zahl erfolgen werden. Wir sind bisher davon ausgegangen, daß die soziale Absicherung zeitgleich mit der Wirtschafts- und Währungsunion erfolgen wird. Wir haben nun die tatsächliche Situation, daß die Vorwirkungen der Wirtschafts- und Währungsunion auf den Beschäftigungsbereich durchschlagen, ohne daß das hierfür erforderliche soziale Netz geknüpft ist. Wir müssen uns darüber im klaren sein, daß die Bevölkerung der DDR von der Bundesregierung erwartet, daß die soziale Absicherung, die mit dem Wechsel des Wirtschafts- und Währungssystems verbunden ist, durch uns erfolgt. Ärger und Enttäuschung, die sich aus dem Zusammenbruch von Betrieben und dem Anschwellen der Arbeitslosenzahl ergeben werden, werden sich unmittelbar gegen die Bundesregierung und erst in zweiter Linie gegen die Regierung der DDR richten. Wir müssen daher möglichst schnell Mittel und Wege finden, um zusammen mit der DDR nach der Bildung der neuen DDR-Regierung die soziale Abfederung in Angriff zu nehmen. Dies sollten wir auch öffentlich erklären.

Bei vielen Gesprächen, die ich in den letzten Tagen anläßlich der Inthronisation des neuen Bischofs in Magdeburg[5], bei einem Besuch in Dresden und jetzt mit MP Modrow zu führen hatte, hat es sich als nachteilig erwiesen, daß ich über Einzelheiten der Gespräche über die Fragen der Wirtschafts-, Währungs- und Sozialunion nicht unterrichtet werde. Ich wäre daher sehr dankbar, wenn meine Unterrichtung für die Zukunft sichergestellt würde. Daß Vertraulichkeit gewahrt bliebe, ist selbstverständlich.

Bertele

Nr. 234
Vorlage des Ministerialrats Ludewig an den Chef des Bundeskanzleramtes Seiters
Bonn, 28. März 1990

BK, 422 – 14495 Ka 71.

Betr.: Sitzung des Kabinettausschusses „Deutsche Einheit" am 28. März 1990;
   hier: Bericht BMF/BMWi zum Thema Währungsunion mit Wirtschafts- und Sozialgemeinschaft

Im Nachgang zu dem Gespräch beim Bundeskanzler am 22. März 1990 hat StS Dr. von Würzen – in Abstimmung mit StS Dr. Köhler, der sich zur Zeit in den USA aufhält – gestern eine StS-Besprechung durchgeführt, in der folgendes Arbeitsverfahren festgelegt worden ist:

1. Zum Inhalt der Arbeit:
   Die Arbeiten der Ressorts konzentrieren sich jetzt auf folgende Kernpunkte:
   (1) Eigentlicher Inhalt des Staatsvertrages (insbesondere Übertragung der Souveränität in Sachen Geldpolitik seitens der DDR auf die Deutsche Bundesbank).

---

5 Bischof Leopold Nowak.

(2) Leitsätze-Gesetz (es enthält eine politische Grundorientierung für die Auslegung vorhandener Gesetze in der DDR nach Durchführung der Währungsunion).

(3) Aufstellung über Gesetzesänderungen, die noch vor Vollzug der Währungsunion in der DDR durchgeführt werden müssen.

(4) Aufstellung über neue Gesetze, die noch vor Vollendung der Währungsunion in der DDR verabschiedet werden müssen.

(5) Aufstellung über Gesetze, die nach Vollzug der Währungsunion in der DDR möglichst bald in Angriff genommen werden müssen.

2. Zum zeitlichen Verfahren:
   (1) Alle Ressorts liefern ihre Beiträge für die unter 1. genannten Kernpunkte an den BMF bis Freitag, den 30. März 1990.
   Dabei
   – liefert BMWi auch die Beiträge für die von ihm betreuten Ressorts (BMV, BMU, BMPost, BMBau, BML),
   – liefern BMA und BMJ ihre Beiträge direkt an den BMF.
   (2) BMF faßt anschließend die Beiträge zu einer Gesamtunterlage zusammen, die mit den beteiligten Ressorts noch einmal abzustimmen wäre.
   Die Abstimmung dieser Gesamtunterlage müßte Anfang nächster Woche – also noch vor dem nächsten Gespräch beim Bundeskanzler am 5. April 1990 – stattfinden.
   (3) Anschließend soll eine Arbeitsgruppe unter Federführung des BMJ diese Unterlage – soweit dies erforderlich ist – in entsprechende juristische Texte übertragen.

(Dr. Ludewig)

Nr. 235
Vorlage des Ministerialdirektors Teltschik an Bundeskanzler Kohl
Bonn, 29. März 1990

BK, 213 – 30101 L 4 Li 14 Bd. 1. – Mitverfasser: VLR I Kaestner. Vorlage über Chef BK, ms. vermerkt: „EILT! – je besonders". Hs. von Bundeskanzler Kohl vermerkt: „Teltschik erl."

Betr.:   Lage in Litauen
    hier: Telefongespräch PM Frau Thatcher / Staatspräsident Gorbatschow
    (28. März 1990)

1. Premierministerin Frau Thatcher hat gestern ein längeres Telefongespräch mit Staatspräsident geführt, das sowohl von Downing Street Nr. 10 als auch von TASS als Tatsache öffentlich mitgeteilt wurde.

2. Über den Inhalt des Gesprächs hat soeben die hiesige britische Botschaft auf Weisung wie folgt unterrichtet (gleiche Unterrichtungen erhalten Paris und Washington):
   – Gorbatschow (G.) sei düster gestimmt gewesen. Die litauische Führung – so G. – scheine trotz seiner Warnungen entschlossen, außerhalb der verfassungsmäßigen Verfahren zu handeln. Ihre Unabhängigkeitserklärung[1] habe überall in der SU Empörung ausgelöst. Als Präsident habe er die verfassungsmäßige Pflicht, die Union zu erhalten

---

1 Erklärung des Obersten Rates der Republik Litauen über die Wiederherstellung des unabhängigen litauischen Staates, 11. März 1990, in: Ostinformationen. Nr. 50. 13. März 1990, 29 f.; BPA/PA, F 1/22.

und die <u>verfassungsmäßigen Verfahren zu wahren</u> (die allerdings in Richtung Selbstbestimmung und Austrittsrecht geändert würden). <u>Für die SU</u> gehe es um <u>zentrale Interessen, vor allem auch auf dem Gebiet der Verteidigung.</u>
Die <u>Lage sei gespannt.</u> Er wolle nicht, daß die Situation aus der Hand gerate. Aber der <u>Raum für taktische Manöver schrumpfe.</u>
Er wisse nicht, ob Maßnahmen gefunden werden könnten, die geeignet seien, die Situation zu entschärfen. Jedenfalls <u>müßte die litauische Führung die von ihr getroffenen Entscheidungen zurücknehmen.</u> Sie sei offenbar nicht in der Lage zu verstehen, daß so weitreichende Entscheidungen nicht ohne volle Berücksichtigung der Konsequenzen für andere getroffen werden könnten.

- PM Frau Thatcher drückte ihre <u>ernste Besorgnis</u> (serious concern) aus. Man habe sich (im Westen) mit öffentlichen Erklärungen zurückgehalten, um G. Schwierigkeiten nicht zu vermehren. Man habe jedoch <u>großes Gewicht auf G. öffentliche Zusicherung</u> gelegt, <u>keine Gewalt anwenden zu wollen,</u> die Lage vielmehr durch Dialog zu lösen. Gewaltanwendung würde intern und international nur zu Rückschlägen führen.
Nach Hinweis auf die britische Rechtsposition zur Annektion der baltischen Staaten habe PM Frau Thatcher <u>Verständnis für die besondere Sensitivität</u> der Frage für die SU geäußert und die <u>Hoffnung</u> ausgedrückt, G. werde seine Versicherung, eine <u>friedliche Lösung</u> zu finden, erneuern.

- <u>G. tat dies nicht.</u> Er äußerte lediglich, daß er diesen Wunsch verstehe und ihn im Sinn behalten werde. Nach erneutem Hinweis auf „Empörung anderswo in der SU" <u>bezeichnete er sich als unter Druck stehend, stark und entschieden zu handeln, um die Achtung der Verfassung durchzusetzen.</u> Grundlage sei und bleibe, daß Litauen weiterhin Teil der SU sei – demgegenüber seien Behauptungen, es gehe um eine internationale Frage, lächerlich.
Natürlich sei er <u>bestrebt, Stabilität in den internationalen Angelegenheiten</u> zu wahren <u>und einen friedlichen Kurs</u> fortzusetzen. Aber es sehe danach aus, daß man „durch diese Prüfung hindurch müsse".
Man müsse verhindern, daß gewisse Leute die Situation zum eigenen Vorteil ausnutzten. Im <u>Westen gebe es eine Tendenz, ihn – G. – als nur vorübergehendes Phänomen anzusehen, das es nicht wert sei, unterstützt zu werden.</u>

- PM Frau Thatcher versicherte G. demgegenüber, daß für ihn und seine Reformpolitik im Westen breite Unterstützung bestehe – dies sei auch der Hauptgrund, warum man besorgt sei, daß nichts in Litauen getan werde, was diese Haltung in Frage stelle.

Teltschik

Nr. 236
Kurzbericht über die zweite Sitzung der Expertengruppe
Klärung offener Vermögensfragen
Bonn, 29./30. März 1990

BArch, B 137/10879, II A 3 3890 – 13007/90. – Ausfertigung: 3. April 1990. Vorlage an BM Wilms a.d.D. – Sitzungsort: Ministerium für Finanzen der DDR, Berlin (Ost).

Die Besprechung fand in aufgeschlossener Atmosphäre statt. Die DDR-Delegation war bemüht, sich mit unseren Forderungen konstruktiv auseinanderzusetzen. Über die Verhandlung wird ein ausführliches Protokoll gefertigt. Vorab berichte ich wie folgt:
Zu Beginn der Sitzung gab ich als Leiter unserer Delegation weisungsgemäß eine Erklärung zum Modrow-Brief vom 2. 3. 1990 an BK Kohl[1] gem. beiliegender Sprachregelung[2] ab. (Text wurde dem Leiter der DDR-Delegation, Dr. Weichsel, als Non-paper übergeben.) Ich erklärte ergänzend, daß eine darüber hinausgehende schriftliche Antwort an MP Modrow nicht erfolgen werde, und bat Dr. Weichsel, seine Vorgesetzten über meine Erklärung zu informieren.
Die DDR-Delegation nahm meine Erklärung ohne Widerspruch und ohne besondere Überraschung zur Kenntnis. In einer kurzen Debatte wies ich darauf hin, daß die in der Erklärung der DDR-Regierung vom 1. 3. 1990[3] (Anlage zu den Briefen an BK Kohl und Gorbatschow) geforderte Anerkennung der nach dem Krieg in der SBZ und später in der DDR entstandenen Eigentumsverhältnisse von der SU lt. TASS-Bericht[4] nur hinsichtlich der Maßnahmen unterstützt wird, die von der sowj. Militäradministration von 1945–1949 verwirklicht wurden. Im übrigen habe die DDR bereits selbst begonnen, die Eigentumsverhältnisse in der DDR zu verändern, wobei ich insbesondere auf die im Gesetz vom 7. 3. 1990 vorgesehene Wiederherstellung ursprünglicher Eigentumsrechte (Reprivatisierung) an Betrieben verwies, die seit 1972 in Volkseigentum überführt worden sind.
Die Problematik der Enteignungen vor Gründung der DDR wurde aus der weiteren Verhandlung ausgeklammert. Es bestand jedoch Übereinstimmung darüber, daß eine Rückgängigmachung der Bodenreform und der von der SU vor 1949 angeordneten Enteignungen (Großindustrie, Banken u. a.) im Hinblick auf den Zeitablauf und die entstandenen neuen Eigentums- und Nutzungsrechte in der heutigen DDR kaum möglich sein dürfte. Hier stellt sich die Frage von über den Lastenausgleich hinausgehenden Entschädigungen aus dem Vermögen der DDR.
Die anschließende Diskussion beschränkte sich im wesentlichen auf die von der DDR seit 1949 getroffenen Maßnahmen gegen das Eigentum.

1 Nr. 201.
2 Nr. 236A.
3 Nr. 201A.
4 In der am 27. März 1990 von der Nachrichtenagentur TASS verbreiteten Erklärung „im Zusammenhang mit der Erklärung der Regierung der DDR vom 1. März 1990 zu Fragen des Eigentums in der DDR" wandte sich die Regierung der UdSSR „gegen die Versuche, die Vermögensverhältnisse in der DDR im Falle der Bildung der Währungs- und Wirtschaftsunion mit der BRD sowie im Falle des Entstehens des einheitlichen Deutschlands in Frage zu stellen. Das setzt voraus, daß beide deutsche Staaten im Prozeß ihrer Annäherung und Vereinigung davon ausgehen, daß die 1945 bis 1949 von der Sowjetischen Militäradministration in Deutschland verwirklichten Wirtschaftsmaßnahmen gesetzmäßig waren. Absolut unannehmbar wären eventuelle Versuche, die Rechte der gegenwärtigen Besitzer von Boden und anderen Vermögens in der DDR in Abrede zu stellen, die seinerzeit mit Einwilligung oder auf Beschluß der sowjetischen Seite, die sich dabei von der Erklärung über die Niederlage Deutschlands, vom Potsdamer Abkommen und von anderen vierseitigen Beschlüssen und Entscheidungen leiten ließ, erworben wurden." Die Regierung der UdSSR, hieß es abschließend, teile „die Position der Regierung der DDR, wonach es notwendig ist, die Rechtsordnung strikt einzuhalten sowie die sozialökonomischen Rechte und Interessen von Millionen Menschen in der DDR zu schützen" (TASS/russ./27. 3. 90/1420 in: Ostinformationen. Nr. 61. 28. März 1990, 3 f., hier 4; BPA/PA, F 1/22. Abgedruckt in: Texte zur Deutschlandpolitik. Reihe III/Bd. 8a – 1990, 135–138).

Lösungen zeichnen sich auf folgenden Gebieten ab:

1. Soweit es sich um Vermögenswerte handelt, die unter staatlicher Verwaltung stehen, bei denen aber die Eigentumstitel noch bestehen, ist die Wiederherstellung der vollen Verfügungsgewalt der Eigentümer (Gläubiger) auf deren Antrag unter Beachtung der in der DDR geltenden Gesetze (z. B. Kündigungsschutz, Mietpreisbindung) möglich (statt Rückgabe evtl. Entschädigung aus DDR-Vermögen).

Problematisch ist dabei die Bewertung von Aufwendungen, die seitens der staatlichen Verwaltung für die Werterhaltung und Wertverbesserung von Hausgrundstücken vorgenommen worden sind.

2. Bei der Altguthaben-Ablösungsanleihe, deren im Bundesgebiet lebende Gläubiger bisher nicht befriedigt worden sind, werden wir prüfen, ob gewährter Lastenausgleich in Erfüllung umgedeutet werden kann, so daß nur diejenigen Anteilsrechte zu bedienen wären, die im Lastenausgleich aus irgendwelchen Gründen nicht berücksichtigt wurden. Voraussetzung hierfür wäre, daß der Gegenwert für die entschädigten Anteilsrechte von der DDR für einen neu zu bildenden DDR-Ausgleichsfonds zur Verfügung gestellt wird.

3. Die Rückgabe von Grundstücken, die in Volkseigentum überführt worden sind (Eigentumstitel der Alteigentümer bestehen nicht mehr), hält die DDR für möglich, wenn sich deren Zweckbestimmung nicht infolge von Investitionen geändert hat. Bei einer Rückgabe müßte nach Auffassung der DDR der alte vermögensrechtliche Status (Verträge, Belastungen) wieder aufleben. Außerdem wären durch Investition volkseigener Mittel eingetretene Wertsteigerungen festzustellen und hypothekarisch zu sichern.

Die DDR machte deutlich, daß sie nur die Rückgabe solcher volkseigener Grundstücke für realisierbar hält, die vorher unter staatlicher Verwaltung standen.

Wenn Grundstücke aus Privathand direkt in Volkseigentum überführt worden sind (z. B. Flüchtlingsvermögen bis 1952, Überführung in Volkseigentum wegen Überschuldung), hält die DDR-Delegation eine Rückgabe angesichts der Vielzahl der Fälle für nicht durchführbar.

Wir haben darauf hingewiesen, daß eine Beschränkung der Rückgabe auf solche Fälle, in denen zuvor staatl. Verwaltung angeordnet worden war, unter Gleichheitsgesichtspunkten kaum vertretbar sei und bei einer solchen einschränkenden Regelung mit Prozeßlawinen zu rechnen sei. Dies müsse verhindert werden.

Die DDR-Seite hat hierzu nicht abschließend Stellung genommen, aber angedeutet, daß dann eine Rückgabe von Grundstücken aus Volkseigentum überhaupt in Frage gestellt sei.

4. Bei in Volkseigentum überführten Betrieben gilt das Gesetz über die Gründung und Tätigkeit privater Unternehmen vom 7.3.1990,[5] das in § 17 eine Reprivatisierung vorsieht. Einzelregelungen zur Bewertung der Betriebsvermögen müssen noch getroffen werden. Ich habe das Gesetz als einen Schritt in die richtige Richtung bezeichnet, aber gefordert, daß die getroffene Regelung auch auf Betriebe angewendet werden sollte, die vor 1972 in Volkseigentum überführt worden sind.

In diesem Zusammenhang hat die DDR-Delegation die Möglichkeit angedeutet, daß den früheren Eigentümern Entschädigungen bzw. Vorkaufsrechte an Gesellschaftsanteilen bzw. Aktien gewährt werden könnten.

5. Beide Delegationen waren sich einig, daß auch die Verfügungsbeschränkungen über Konten von juristischen Personen aufgehoben werden sollten, obwohl ein Transfer von Ost nach West nicht möglich und damit die volle Gegenseitigkeit nicht gewährleistet ist. Insoweit kommen wir der DDR-Seite entgegen.

---

5 Gesetz über die Gründung und Tätigkeit privater Unternehmen und über Unternehmensbeteiligungen, 7. März 1990, in: GBl. DDR 1990 I, 141–144.

Auch wollen wir den DDR-Vorschlag wohlwollend prüfen, in DM eingezahlte Unterhalts-leistungen auch in DM an U[nterhalts]-Berechtigte in der DDR auszuzahlen, auch wenn hierdurch die Antragszeiten beim Guthabentransfer geringfügig verlängert würden. Unter sozialen Gesichtspunkten sollten U[nterhalts]-Leistungen besonders begünstigt werden: Noch nicht abschließend geklärt wurde, ob beim Währungsumstellungsschlußgesetz[6] eine Neuregelung erforderlich ist. Auch zum Westvermögenabwicklungsgesetz[7] und zum Rechtsträgerabwicklungsgesetz[8] sind noch weitere Prüfungen auf unserer Seite erforder-lich.

6. Völlig unbefriedigend war die Antwort der DDR-Delegation auf unsere dringende Bitte, jetzt keine die früheren Eigentumsrechte berührenden Maßnahmen mehr durchzuführen (Veränderungsstopp).

Die DDR-Delegation erkannte zwar die grundsätzliche Berechtigung unserer Forderung an, erklärte aber zugleich ihr völliges Unvermögen, nach Inkrafttreten des von der Volks-kammer am 7.3.1990 beschlossenen Gesetzes über den Verkauf volkseigener Gebäude[9] von sich aus die Umwandlung von Nutzungsrechten in Volkseigentum an Grund und Bo-den zu stoppen. Der Delegationsleiter der DDR ließ durchblicken, daß dieses Gesetz ohne Beteiligung seiner Experten erlassen worden ist. Es sei ihm deshalb nicht möglich gewesen, unserer bereits in der 1. Sitzung am 21.2.1990 erhobenen Forderung nach einem Veränderungsstopp zu entsprechen.

Ich rege an, diesen außerordentlich wichtigen Punkt auf hoher Ebene gegenüber der DDR anzusprechen und/oder eine öffentliche Erklärung in folgendem Sinne abzugeben:

Es werden Regelungen getroffen, die die Interessenlage aller Beteiligten angemessen berücksichtigen. Aber niemand kann durch Rechtsänderungen in letzter Minute seine Ausgangslage verbessern. Die Bundesregierung werde im Rahmen der Währungsum-stellung darauf beharren, daß solche Praktiken rechtlich wirkungslos bleiben.

Dies ist besonders dann ein heikler Punkt, wenn sich die neue Volkskammer insoweit mit den gesetzgeberischen Maßnahmen der alten Volkskammer identifizieren sollte.

Ich habe die DDR-Delegation darauf hingewiesen, daß die im Falle der Nichtrückgabe von Vermögenswerten zu zahlenden Entschädigungen aus dem Vermögen der DDR zu leisten sind. Dies sei auch zumutbar, weil die jetzt zu lösenden Probleme von der DDR verursacht worden seien und die in Frage stehenden Vermögenswerte nicht untergegangen, sondern – umverteilt – im Gebiet der DDR noch vorhanden seien.

Für die zu zahlenden Entschädigungen bietet sich die Schaffung eines besonderen Fonds an. Die Klärung der noch offenen Vermögensfragen ist im Hinblick auf die bevorstehende Wäh-rungsunion besonders dringlich. Beide Delegationen haben sich darauf verständigt, daß eine kleine Arbeitsgruppe aus zwei Vertretern jeder Seite gebildet wird und noch in dieser Woche (5./6. April) zusammentritt, um ein Papier zu erarbeiten, aus dem sich ergibt, wo Überein-stimmung hergestellt werden kann und welche Punkte streitig bleiben. Dieses Papier soll Grundlage der nächsten Sitzung der Expertengruppe sein, die unmittelbar nach Ostern er-neut zusammentreten wird.

Süßmilch

6 Gesetz zum Abschluß der Währungsumstellung, 17. Dezember 1975, in: BGBl. 1975 I, 3123–3127.
7 Gesetz zur Abwicklung der unter Sonderverwaltung stehenden Vermögen von Kreditinstituten, Versicherungs-unternehmen und Bausparkassen vom 21. März 1972 (ebd. 1972 I, 465–472) in der durch Gesetz vom 31. Januar 1974 geänderten Fassung (ebd. 1974 I, 133).
8 Gesetz zur Regelung der Rechtsverhältnisse nicht mehr bestehender öffentlicher Rechtsträger (Rechtsträger-Ab-wicklungsgesetz) vom 6. September 1965 (mit Anlagen und Tabellen ebd. 1965 I, 1065–1086) in der zuletzt am 19. De-zember 1985 geänderten Fassung (zu den bis dahin vorgenommenen Änderungen: Fundstellennachweis A 1989, 190).
9 Gesetz über den Verkauf volkseigener Gebäude, 7. März 1990, in: GBl. DDR 1990 I, 157f.

Nr. 236A
Sprachregelung zu den offenen Vermögensfragen

Die offenen Vermögensfragen, die von Ministerpräsident Modrow in seinem Schreiben vom 02. März 1990 an Bundeskanzler Kohl[10] angesprochen werden, gehören zu den schwierigsten deutsch-deutschen Problemen. Sie haben sich leider bisher weitgehend jeder Regelung entzogen; auch im Rahmen der Verhandlungen zum Grundlagenvertrag konnten insoweit keine Ergebnisse erzielt werden.

Auf der Basis der Dresdner Erklärung[11] von Bundeskanzler Kohl und Ministerpräsident Modrow wurde eine deutsch-deutsche Arbeitsgruppe eingesetzt, um diesen Fragenkreis zu klären. Die erste Gesprächsrunde hat im Februar stattgefunden, ohne zu konkreten Ergebnissen zu führen; dies wird vor allem darauf zurückzuführen sein, daß der Regierung Modrow eine ausreichende demokratische Legitimation fehlt. Nachdem die Volkskammerwahl vom 18. März die Voraussetzungen für die Bildung einer demokratisch legitimierten Regierung geschaffen hat, ist zu erwarten, daß die bereits vorbereiteten weiteren Gespräche nun bald zu konkreten Ergebnissen führen.

Die Bundesregierung geht vom Grundsatz des Privateigentums aus, d. h. davon, daß – soweit dies möglich ist – Privateigentum in der DDR wiederhergestellt wird. Hierbei sind rechtsstaatliche Maßstäbe anzulegen.

Bei den offenen Vermögensfragen geht es vor allem um gegen Privateigentum gerichtete Zwangsmaßnahmen unterschiedlicher Art, wie z.B. staatliche Treuhandverwaltung von Flüchtlingsvermögen, vorläufige staatliche Verwaltung von altem Westbesitz, die formelle oder aber faktische Enteignung von Industrieunternehmen und Gewerbebetrieben, von landwirtschaftlichen Nutzflächen und privaten Immobilien. Die Mehrzahl der Betroffenen hat ihre Heimat unter dem Druck der politischen Verhältnisse, wirtschaftlicher Benachteiligungen und gegen sie gerichteter Schikanen verlassen. Viele von ihnen – aber auch von denen, die in der DDR geblieben sind – erwarten, daß geschehenes Unrecht nicht einfach hingenommen wird.

Bei den Überlegungen, wie die Probleme gelöst werden können, ist zu berücksichtigen, daß die letzten 40 Jahre in der DDR zu neuen sozialen und wirtschaftlichen Gegebenheiten geführt haben, die nicht ohne weiteres rückgängig gemacht werden können; zum Teil lassen es die entstandenen Verhältnisse nicht zu, zum Teil würde altes Unrecht durch neues ersetzt. Erforderlich sind sozial verträgliche Kompromisse, die die Interessen der Beteiligten in einsichtiger Weise berücksichtigen. So müssen Mieter auf den Bestand ihrer Mietverträge vertrauen können; die dringend erforderlichen Reformen im Bereich des Mietrechts können nur schrittweise durchgeführt werden, wobei die wirtschaftlichen Notwendigkeiten und die sozialen Erfordernisse gegeneinander abgewogen werden müssen. Wer an einem enteigneten Grundstück in redlicher Weise ein Nutzungsrecht erworben hat, das ihn zum Bau eines Ein- oder Zweifamilienhauses berechtigte, kann nicht einfach schutzlos gestellt werden.

Erforderlich sind Regelungen, die die offenen Vermögensfragen bald und endgültig bereinigen, um einen Schlußstrich unter die Vergangenheit zu ziehen und für die Zukunft Rechtssicherheit herzustellen. Ungelöste Eigentums- und Vermögensprobleme dürfen nicht zum Hemmschuh für den wirtschaftlichen Wiederaufbau in der DDR werden. Ebensowenig darf es zu langjährigen unerquicklichen politischen und gerichtlichen Auseinandersetzungen über die Abwicklung dieser Fragen kommen.

Erforderlich sind Regelungen, die in beiden Teilen Deutschlands breite politische und soziale Akzeptanz finden. Nur so läßt sich der stabile soziale Frieden in einer Gesellschaft

---

10 Nr. 201.
11 Nr. 129 Anm. 4.

sichern, der für die soziale und wirtschaftliche Entwicklung eines vereinigten Deutschlands erforderlich ist.

Dort, wo aus unterschiedlichen Rechtsentwicklungen Konflikte entstehen, müssen Lösungen entsprechend dem Rechts- und Sozialstaatsprinzip gefunden werden; ein anderer Weg existiert nicht. Maximalforderungen, wie sie Ministerpräsident Modrow in seinem Schreiben vom 02. März 1990 an Bundeskanzler Kohl erhoben hat, führen in der Sache nicht weiter. Bei einem Teil der Betroffenen wecken sie unrealistische Erwartungen, bei einem anderen Teil berechtigte Ablehnung und erschweren damit die Verhandlungen. Die Festschreibung aller Entwicklungen in der DDR bis zum 09. November 1989 ist ebenso unrealistisch wie ihre Rückgängigmachung bis hin zum 08. Mai 1945.

Nr. 237
Besprechung des Chefs des Bundeskanzleramtes Seiters mit den Chefs der Staats- und Senatskanzleien der Länder
Bonn, 30. März 1990

BArch, B 136/29248, 122 – 14020 Mi 1, 30. 3. 1990, Besprechung Chef BK/CdS. – Undatiertes Ergebnisprotokoll. – Vertreter: St Clement (Vorsitzland Nordrhein-Westfalen), St Menz (Baden Württemberg), MD Rauscher (Bayern), St Schröder (Berlin), StR Vahrenholt (Hamburg), St Gauland (Hessen), St Kopp (Saarland), St Pelny (Schleswig-Holstein); Ressorts: St Sudhoff, St Kinkel, St von Würzen, St Priesnitz; Bundeskanzleramt: Chef BK Seiters (Teilnehmer laut Protokoll; Teilnehmerliste nicht zu ermitteln). – Besprechungsdauer: 9.00 bis 11.00 Uhr.

TOP 1   Unterrichtung der Bundesregierung: Aktuelle Entwicklung in der DDR/Stand der Gespräche

Der Chef des Bundeskanzleramtes gibt einen Überblick über die Entwicklung der Lage in der DDR und den Rückgang der Übersiedlerzahlen nach der Wahl zur Volkskammer am 18. März 1990. Er betont, daß die Entwicklung in der DDR einen baldigen Beschluß zur Schaffung der Währungsunion mit Wirtschafts- und Sozialgemeinschaft erfordere. Nach Bildung einer neuen Regierung in der DDR seien sehr bald Gespräche mit der DDR und politische Grundsatzentscheidungen der Bundesregierung (Ende April/Anfang Mai) erforderlich. Der Bundeskanzler werde bei entsprechendem Verhandlungsstand ggf. kurzfristig die Regierungschefs der Länder zu einer Sonderbesprechung einladen, wie er es in der Regierungschefbesprechung am 15. Februar 1990 angekündigt habe.[1]

Der Chef der Staatskanzlei des vorsitzführenden Landes informiert über die Absicht der Landesregierung Nordrhein-Westfalens, künftig keine weiteren Übersiedler aufzunehmen. Er bittet die Bundesregierung namens aller Länder, das geltende Aufnahmegesetz[2] schon vor dem 1. Juli 1990 aufzuheben; die überwiegende Zahl der Länder sei darüber hinaus der Auffassung, daß die Bundesregierung wegen einer künftig erhöhten Sozialhilfebedürftigkeit der Übersiedler für mindestens ein Jahr die Sozialhilfelasten übernehmen solle.

Der Chef der Staatskanzlei des vorsitzführenden Landes bedauert, daß die Länder bislang über die wichtigsten Vorhaben auf dem Weg zur deutschen Einheit durch die Bundesregierung nicht ausreichend unterrichtet würden.

---

1 Nr. 185.
2 Gesetz über die Notaufnahme von Deutschen in das Bundesgebiet vom 22. August 1950 (BGBl. 1950, 367 f.) in der durch das erste Gesetz zur Bereinigung des Verwaltungsverfahrensrechts vom 18. Februar 1986 geänderten Fassung (ebd. 1986 I, 267; Bezeichnung fortan: Gesetz über die Aufnahme von Deutschen in das Bundesgebiet [Aufnahmegesetz – AufnG]).

Der Chef des Bundeskanzleramtes widerspricht und führt aus, daß sich die Bundesregierung strikt an den Beschluß der Regierungschefs von Bund und Ländern vom 15. Februar 1990[3] halte. Zur Währungsunion ergänzt er: Bisher hätten lediglich Expertengespräche mit der DDR mit dem Ziel einer Bestandsaufnahme stattgefunden. Entscheidungen der Bundesregierung lägen bisher nicht vor. Die Vorbereitungsgespräche berührten nicht die Finanzhoheit der Länder. Der Bundesminister der Finanzen habe die Länder in der Finanzministerkonferenz am 22. März 1990 eingehend über den Stand der Vorbereitungen für eine Währungsunion und Wirtschaftsgemeinschaft unterrichtet.

Der Leiter des Staatsministeriums des Landes Baden-Württemberg und der Chef der Staatskanzlei des Saarlandes begrüßen die Unterrichtung in der Finanzministerkonferenz und sprechen sich generell für eine Intensivierung der Unterrichtung über die Fachministerkonferenzen aus.

Die Chefs der Staatskanzlei des vorsitzführenden Landes und der Hessischen Staatskanzlei bedauern, daß das Auswärtige Amt die Länder noch nicht über die Absichten und Gespräche zu den außen- und sicherheitspolitischen Strukturen des künftigen deutschen Staates informiert habe, wie dies in dem Gespräch des Chefs des Bundeskanzleramtes mit den Chefs der Staats- und Senatskanzleien der Länder am 2. März 1990[4] in Aussicht gestellt worden sei. Der Chef des Bundeskanzleramtes teilt mit, er habe die Unterrichtungsbitte schriftlich an den Bundesminister des Auswärtigen weitergeleitet. Er gehe davon aus, daß das Auswärtige Amt zu einer gesonderten Unterrichtung einladen werde.

Der Chef der Staatskanzlei des vorsitzführenden Landes bittet, die Länder künftig entsprechend dem Beschluß der Regierungschefs von Bund und Ländern vom 15. Februar 1990 rasch über die Einrichtung neuer deutsch-deutscher Kommissionen zu unterrichten und die Länder auch an neuen Kommissionen zu beteiligen.

Der Chef des Bundeskanzleramtes und Staatssekretär Priesnitz (Bundesministerium für innerdeutsche Beziehungen) bestätigen, daß Expertengespräche mit der DDR über „Offene Vermögensfragen" aufgenommen worden seien.[5] Die Länder könnten sich beteiligen.

Der Chef der Staatskanzlei des vorsitzführenden Landes kündigt an, er werde für die Expertengespräche „Offene Vermögensfragen" und für die Fachkommission „Ernährung, Landwirtschaft und Forsten" nach Abstimmung mit den Ländern Ländervertreter benennen.

Sodann geben die Staatssekretäre Sudhoff (Auswärtiges Amt), Kinkel (Bundesministerium der Justiz), von Würzen (Bundesministerium für Wirtschaft) und Priesnitz (Bundesministerium für innerdeutsche Beziehungen) einen Überblick über die Arbeit der jeweiligen Arbeitsgruppen und den Stand der Gespräche mit der DDR.

Auf Nachfragen der Chefs der Staatskanzleien des vorsitzführenden Landes und des Landes Schleswig-Holstein, der Hessischen [Staatskanzlei] und der Niedersächsischen Staatskanzlei, des Amtschefs der Bayerischen Staatskanzlei, der Chefs der Senatskanzleien des Landes Berlin und der Freien und Hansestadt Hamburg sowie des Vertreters des Chefs der Staatskanzlei des Landes Rheinland-Pfalz werden insbesondere die Themen EG/deutsche Einheit, Wirtschaftsgemeinschaft (Lieferverpflichtungen der DDR gegenüber den RGW-Staaten), Details der Währungsunion, Verfassungslage in der DDR, Regelung der Eigentumsfragen in der DDR, Angleichung der Einreisebestimmungen, Aufbau einer demokratischen Verwaltung in der DDR mit evtl. personeller Hilfe aus der Bundesrepublik und Schaffung eines gemeinsamen Raumordnungsverfahrens erörtert.

---

3 Nr. 185.
4 Nr. 200.
5 Nr. 236.

TOP 2   Informationen der Länder über ihre Aktivitäten gegenüber der DDR

Der Chef der Staatskanzlei des vorsitzführenden Landes erklärt, daß gegenwärtig eine Aktualisierung der in der Besprechung am 2. März 1990 überreichten zusammenfassenden Darstellung der Maßnahmen der Länder der Bundesrepublik Deutschland zur Zusammenarbeit mit der DDR[6] vorbereitet und sodann übersandt werde.

TOP 3   Entschließung der deutschen Landesparlamente zur Beteiligung an den
         Gesprächen auf dem Weg zur Vollendung der deutschen Einheit

Der Chef des Bundeskanzleramtes und die Chefs der Staats- und Senatskanzleien der Länder führen einen Meinungsaustausch über die Bitte der Präsidentinnen und Präsidenten der deutschen Landesparlamente, künftig an den Gesprächen des Chefs des Bundeskanzleramtes mit den Chefs der Staats- und Senatskanzleien der Länder zur deutschlandpolitischen Situation mit zwei Vertretern beteiligt zu werden. Es besteht Einvernehmen, dem Wunsch aus verfassungspolitischen Gründen nicht zu entsprechen. Der Chef des Bundeskanzleramtes und der Chef der Staatskanzlei des vorsitzführenden Landes werden dies der Konferenz der Präsidentinnen und Präsidenten der deutschen Landesparlamente in gesonderten Schreiben mitteilen.

Der Chef der Senatskanzlei des Landes Berlin begrüßt die Absicht der Präsidentenkonferenz, ein gemeinsames parlamentarisches Gremium aus Vertretern des Deutschen Bundestages, der neugewählten Volkskammer und aller deutschen Landesparlamente anzustreben.

TOP 4   Verschiedenes

a) Termine

Die nächste Besprechung des Chefs des Bundeskanzleramtes mit den Chefs der Staats- und Senatskanzleien der Länder zur deutschlandpolitischen Situation findet statt am
Donnerstag, 26. April 1990, 9.30 Uhr, Bundeskanzleramt.[7]
Der Chef des Bundeskanzleramtes weist darauf hin, daß bei entsprechendem Stand der Gespräche mit der DDR ggf. ein früherer Termin erforderlich werde.[8]

---

6   Nr. 200A.
7   Nr. 258.
8   Ein TOP 4 b) ist in der Textvorlage nicht vorhanden.

Nr. 238
20. Deutsch-britische Konsultationen
London, 30. März 1990

BK, 211 – 30103 Ko 29, London, 30.3.1990, Hauptvorgang Bd. 2. – Vermerk des MDg Hartmann, 2. April 1990. – Mit Vorlage des MD Teltschik über Chef BK an den Bundeskanzler, 3. April 1990: „Anliegend lege ich Vermerk über o.a. Gespräch vor. Ich schlage ferner vor, daß der von Ihnen gebilligte Vermerk Herrn BM Genscher zur persönlichen Kenntnisnahme übermittelt wird." Hs. von Bundeskanzler Kohl vermerkt: „Teltschik", zur Übermittlung an BM Genscher: „Ja".

PM Thatcher eröffnet das Gespräch[1] mit dem Hinweis auf ihre Begegnung mit vier DDR-Vertretern nach der gestrigen Veranstaltung in Cambridge[2]. Sie habe den Eindruck gewonnen, daß alle vier höchst unterschiedliche Auffassungen verträten. Insbesondere der Vertreter des Bürgerforums sei sehr kritisch gewesen.

Der Bundeskanzler wirft ein, das Bürgerforum habe lediglich 2% der Stimmen bei den jüngsten Wahlen errungen. Dies zeige ihre wahre Bedeutung im Unterschied zu dem Medienecho, das sie bei uns erzielt hätten.

PM Thatcher fährt fort, die DDR-Vertreter hätten eine demilitarisierte Zone befürwortet. Dies bedeute, daß das DDR-Territorium dann keinen militärischen Schutz habe.

Der Bundeskanzler erklärt, diese Vorstellungen entsprächen nicht seiner Ansicht. Für ihn sei die NATO-Zugehörigkeit ganz Deutschlands unabdingbar. Dies stelle auch kein Problem bei der Bevölkerung der DDR dar. Die Menschen in der DDR wollten zum Westen gehören. Das bedeute, auch zur Europäischen Gemeinschaft und zur NATO.

Er glaube im übrigen nicht, daß dies zu einem wirklichen Problem in den Gesprächen „Zwei plus Vier" werde, wenn sich Amerikaner, Franzosen, Briten und die Vertreter der beiden deutschen Staaten einig seien. GS Gorbatschow habe diese Frage in seinem Gespräch mit ihm nicht zu einem großen Thema gemacht. In Wirklichkeit gehe es der Sowjetunion um die Lösung der mit der Stationierung ihrer Truppen zusammenhängenden finanziellen Fragen, wobei er nicht einmal sicher sei, daß die Sowjetunion ihre Truppen in der DDR lassen wolle. Ein weiteres wichtiges Thema für die SU seien die wirtschaftlichen Verträge zwischen ihr und der DDR, wobei es sich vor allem um Verträge zwischen Betrieben beider Länder handele. Die Sowjetunion wolle hierfür eine günstige Übergangslösung erreichen. Für Gorbatschow sei die wohl wichtigste Frage, daß die Bundesrepublik Deutschland in diese Verträge eintrete.

Demgegenüber werde die NATO-Zugehörigkeit von sowjetischer Seite vor allem unter taktischen Gesichtspunkten gespielt. Der Bundeskanzler verweist auf ein Gespräch zwischen AM Schewardnadse und dem tschechoslowakischen AM Dienstbier vor dem jüngsten Warschauer-Pakt-Treffen. In diesem Gespräch habe Dienstbier auf eine entsprechende Frage von Schewardnadse erklärt, die ČSSR sei für eine NATO-Zugehörigkeit von ganz Deutschland. Schewardnadse habe Dienstbier daraufhin zu verstehen gegeben, daß er dies deutlich in der Konferenz sagen solle. Dies habe Dienstbier ebenso wie die Vertreter Polens und Ungarns getan. Schewardnadse habe sich anschließend bei Dienstbier für dessen Stellungnahme

---

1   Einer Mitteilung des Regierungssprechers Klein zufolge war das Vieraugen-Gespräch für 9.00 bis 10.30 Uhr im Amtssitz des britischen Premierministers, Downing Street No. 10, vorgesehen (Pressekonferenz Nr. 35/90, 28. März 1990, 14.30 Uhr. Unkorrigiertes Manuskript, 16 S., hier 1; BPA/PA, F 1/30).

2   An der 40. Königswinterer Konferenz in Cambridge unter dem Thema „Deutschland und Europa – ungeteilt" nahmen aus der DDR Konrad Elmer (Mitglied des Vorstandes der SPD in der DDR), Horst Kaufmann (Generalsekretär, Deutsche Forumpartei), Bernd Oehler (Initiative Frieden und Menschenrechte, Leipzig) und Kersten Radzimanowski (Abteilungsleiter beim Parteivorstand der CDU in der DDR) teil (Liste der deutschen Teilnehmer in: The 40th Königswinter Conference 1990. St. Catharine's College, Cambridge. March 29–31, 1990, 75–80).

bedankt. Auch die Berater von Gorbatschow ließen unter vier Augen durchblicken, daß man über die Frage der NATO-Zugehörigkeit offen reden müsse.

Im übrigen gehörten die NATO-Fragen nicht zum Themenkatalog der Zwei-plus-Vier-Gespräche. Er, der Bundeskanzler, habe eine entsprechende Weisung gegeben, denn er wolle keinen Sonderstatus für Deutschland. Wenn man die NATO-Problematik in den Zwei-plus-Vier-Gesprächen behandele, wachse das Mißtrauen bei anderen westlichen Alliierten, beispielsweise bei Kanada. In den Zwei-plus-Vier-Gesprächen sollten vielmehr nur die Fragen behandelt werden, die speziell Deutschland beträfen, wie beispielsweise der Berlin-Status oder die Oder-Neiße-Grenze.

PM Thatcher erwidert, es gebe auf der anderen Seite Überschneidungen bei Fragen, die zwischen NATO und Warschauer Pakt geregelt werden müßten, und solchen, die in den Zwei-plus-Vier-Gesprächen behandelt würden. Dies gelte beispielsweise für die Frage der Sicherheit des derzeitigen DDR-Territoriums. In der Tat müsse es hierzu zunächst ausführliche Konsultationen unter uns geben. Wenn man sich auf eine gemeinsame Linie geeinigt habe, müsse man über das geeignete Forum zur Regelung dieser Frage sprechen. So stelle sich beispielsweise die Frage, ob Artikel 5 und 6 des NATO-Vertrages auch auf die DDR Anwendung finden sollen. Diese Frage sei noch nicht behandelt worden. Man könne bei der Behandlung dieser Frage nicht die Interessen der Sowjetunion ignorieren. Auch zu Berlin höre man sehr unterschiedliche Dinge, die teilweise verwirrend seien.

Der Bundeskanzler wiederholt, daß nach seiner Meinung Gorbatschow die NATO-Frage als ein Verhandlungsobjekt benutze. In der Tat müsse man versuchen, Lösungen zu finden, die Gorbatschow helfen, das Gesicht zu wahren, beispielsweise durch eine Übergangsregelung für die sowjetischen Truppen. Gorbatschow habe bekanntlich Probleme mit dem Rückzug seiner Truppen aus den WP-Staaten.

PM Thatcher stimmt zu und ergänzt, es sei daher wichtig, Gorbatschow bei der Lösung der wirtschaftlichen Probleme behilflich zu sein. Beispielsweise würden die sowjetischen Truppen künftig Hartwährung benötigen.

Der Bundeskanzler erklärt, dies treffe zu. Bisher habe die Sowjetunion mit Erdgas und Erdöl bezahlen können.

PM Thatcher fährt fort, Gorbatschow wisse inzwischen, daß die sowjetische Industrie nicht länger vom Staat betrieben werden könne. Er habe deswegen die staatlichen Garantien für die sowjetischen Betriebe aufgehoben. Dies führe allerdings dazu, daß die sowjetischen Betriebe ihre Zahlungsverpflichtungen nicht mehr einhalten könnten. Gorbatschow habe enorme wirtschaftliche Probleme. Es stelle sich daher die Frage, ob möglicherweise auf dem nächsten Weltwirtschaftsgipfel ein Arrangement mit der Sowjetunion gesucht werden müsse.

Der Bundeskanzler erklärt, unser Interesse müsse sein, daß die Schwierigkeiten Gorbatschows nicht vergrößert würden. Vielmehr müßten wir ihm im Rahmen unserer Möglichkeiten helfen. Man habe jetzt sechs bis sieben Monate Zeit. Diese Zeit solle man nutzen, um zwischen Frankreich, Großbritannien, USA und den beiden deutschen Staaten genaue Absprachen zu treffen, damit wir selber wüßten, was wir wollten.

Der Bundeskanzler wiederholt, wir sollten in den Zwei-plus-Vier-Gesprächen keine Fragen behandeln, die in den NATO-Rahmen gehörten.

PM Thatcher wirft ein, beispielsweise die nukleare Problematik.

Der Bundeskanzler stimmt zu und erklärt, daß die SU versuchen werde, in den Zwei-plus-Vier-Gesprächen die NATO-Fragen zu präjudizieren.

Unser Ziel müsse sein, auf dem KSZE-Gipfel die Sache abzuschließen. Auf dem Wege dahin käme dem Treffen zwischen GS Gorbatschow und Präsident Bush im Juni große Bedeutung zu.

Im übrigen schließe er nicht aus, daß die SU erklären werde, sie wolle ihre Truppen sofort aus der DDR zurückziehen. Auch Polen dränge darauf, daß die sowjetischen Truppen das

Land verließen. Dies sei allerdings solange nicht möglich, als sowjetische Truppen in der DDR stationiert seien. Insofern könne man sagen, daß die Polen an diesem Punkt in unserem Interesse wirkten.

Er habe im übrigen auch Gorbatschow erklärt, daß er noch froh sein werde, wenn die sowjetischen Soldaten bald aus der DDR abgezogen würden. Wenn dies beispielsweise nicht innerhalb der nächsten zwei Jahre geschehe, stünden die Sowjets vor dem Problem, ihren Soldaten in der DDR erklären zu müssen, wieso es möglich sei, in kurzer Zeit durch die Einführung der Marktwirtschaft ein Land wie die DDR wieder zur Blüte zu bringen.

PM Thatcher wirft ein, dies könnte für die Sowjets eine gute Lektion sein. Andererseits habe sie den Eindruck, daß Gorbatschow nicht wisse, wie man eine Marktwirtschaft einrichten soll.

Mazowiecki habe ihr übrigens bei seinem Besuch in London[3] gesagt, daß Polen bereit sei, sowjetische Truppen zu behalten, damit diese ihrerseits die sowjetischen Truppen in der DDR versorgten (supply).

PM Thatcher plädiert sodann dafür, die Optionen über die Problematik NATO/DDR zusammenzustellen. Hierbei müßten alle Möglichkeiten einbezogen werden. Dies sei auch wichtig, damit man Präsident Bush vor seinem Treffen mit Gorbatschow sagen könne, was zu tun sei. Im übrigen wolle sie feststellen, daß niemand genau wisse, wie es in der Sowjetunion weitergehe.

Der Bundeskanzler erklärt, er wolle auch der PM gegenüber noch einmal klarstellen, daß er nicht bereit sei, jeden Preis für die Einheit Deutschlands zu zahlen, insbesondere nicht den der Neutralität.

PM Thatcher stimmt nachdrücklich zu.

Der Bundeskanzler fährt fort, natürlich könne man für eine Übergangszeit auch eine Lösung für den weiteren Verbleib der sowjetischen Truppen in der DDR finden. Gleichzeitig könne man für diese Übergangszeit vereinbaren, daß keine NATO-Einrichtungen und NATO-Truppen auf das Gebiet der DDR vorgeschoben würden.

PM Thatcher erklärt, man brauche einen politischen Rahmen für die Zukunft. Dieser müsse auch eine sich demokratisierende Sowjetunion einschließen. Der Warschauer Pakt existiere praktisch nicht mehr.

Der Bundeskanzler greift sodann die Frage der Oder-Neiße-Grenze auf. Man müsse in diesem Zusammenhang berücksichtigen, daß es für die Sowjetunion auch ein Problem mit der polnischen Ostgrenze gebe. Er wisse, daß es in den früheren polnischen Gebieten, die heute zur SU gehörten, erhebliche Unruhe gebe. Die Sowjetunion versuche daher, in den Zwei-plus-Vier-Gesprächen von den Grenzen allgemein zu sprechen. Dies wolle er nicht, denn die allgemeine Frage der Grenzen gehöre in die KSZE.

PM Thatcher erklärt, die Oder-Neiße-Grenze müsse vertraglich geregelt werden. In der Tat seien nach dem Ersten Weltkrieg eine Reihe Staaten neu geschaffen worden. Man werde daher in größte Schwierigkeiten kommen, wenn man anfange, sich von diesen Grenzen wieder zu entfernen. Aus diesem Grund sei es in der Tat wichtig, daß die allgemeinen Grenzfragen in der KSZE behandelt würden.

Der Bundeskanzler erklärt, daß in den Zwei-plus-Vier-Gesprächen lediglich die Oder-Neiße-Grenze, alle anderen Grenzfragen aber in der KSZE behandelt werden sollten.

PM Thatcher stimmt zu und ergänzt, andernfalls werde man auch mit dem Problem Litauen konfrontiert, in das 1939 Teile von Weißrußland integriert worden seien.

---

3   Nr. 216 Anm. 7.

Wichtig sei, daß man (in der KSZE) auch die Minderheitenprobleme angehe, die sich in Südosteuropa und in der Sowjetunion selbst stellten.

Der Bundeskanzler erklärt, er habe über die polnische Westgrenze auch mit de Maizière gesprochen.[4] Unsere Absicht sei, wahrscheinlich im Juni zwei gleichlautende Resolutionen des Bundestags und der Volkskammer zu verabschieden, in denen klar festgelegt werde, daß die Oder-Neiße-Grenze endgültig sei. Darüber hinaus würden die Regierung der DDR und die Bundesregierung diese Entschließung der beiden Parlamente der polnischen Regierung in einer förmlichen Note übermitteln und gleichzeitig zum Ausdruck bringen, daß beide Regierungen nach der Vereinigung bereit seien, die Frage vertraglich abschließend zu regeln.

Was er jedoch nicht tun werde, sei, jetzt einen Vertrag abzuschließen, zu dem er nicht berechtigt sei. Würde er dies tun, beschwöre er eine verfassungsrechtliche Diskussion herauf. Im übrigen sei der jetzt aufgezeigte Weg politisch viel stärker.

PM Thatcher erinnert daran, daß sie dem Bundeskanzler eine Botschaft geschickt habe, in der sie diesbezügliche Erklärungen der beiden deutschen Parlamente sowie die Absicht, einen Vertrag nach der Vereinigung der beiden deutschen Staaten zu schließen, begrüße.[5] Sie verstehe, daß Deutschland keinen allgemeinen Friedensvertrag wünsche, aber eine friedensvertragliche Regelung mit Polen (peace settlement) sei wichtig.

PM Thatcher bittet sodann den Bundeskanzler um seine Einschätzung der Entwicklung in Deutschland.

Der Bundeskanzler erklärt, er wolle zunächst klarstellen, daß er nicht die Absicht habe, irgend jemanden vor vollendete Tatsachen zu stellen. Wir hätten die Sache jetzt in der Hand. Die Zahl der Übersiedler gehe zurück. Hätte man dies jetzt nicht erreicht, hätte sich bis zum Sommer eine katastrophale Lage ergeben.

Jetzt sei es sehr wichtig, in der DDR Kommunalwahlen durchzuführen. Auf kommunaler Ebene seien die Kommunisten noch sehr stark. Ferner sollten die Länder in der DDR wieder ins Leben gerufen werden.

PM Thatcher wirft ein, es sei in der Tat wichtig, die bestehenden kommunistischen Strukturen zu brechen.

Der Bundeskanzler stimmt zu und fährt fort, vielleicht sei es möglich, im Herbst Landtagswahlen durchzuführen und in der zweiten Hälfte 1991 gesamtdeutsche Wahlen. Er wolle in jedem Fall klarstellen, daß er die Bundestagswahl Ende dieses Jahres nicht verschieben werde.

Der Bundeskanzler kommt sodann auf die Problematik der Wirtschafts-, Währungs- und Sozialunion zu sprechen, die man im Gesamtzusammenhang sehen müsse. Die monetären Fragen lägen in den Händen der Bundesbank. Dies sei wichtig, damit keine politischen Experimente mit entsprechenden inflationären Auswirkungen gemacht würden. Die Bundesbank werde im Sommer die Währungsverantwortung für ganz Deutschland übernehmen. Zur Zeit habe man noch immer das Problem, eine Bestandsaufnahme der wirtschaftlichen Daten der DDR zu erhalten.

Der Bundeskanzler erklärt, de Maizière werde in seiner Regierungserklärung[6] die Lage ungeschminkt darlegen und vor allem auch die Verantwortung klarstellen. Dann werde man, wie gesagt, im Sommer die DM einführen. Hierbei gelte es, auch die soziale Lage der Men-

---

4 Bundeskanzler Kohl hatte erstmals nach den Wahlen in der DDR den Vorsitzenden der CDU in der DDR, de Maizière, und weitere Politiker der „Allianz für Deutschland" am 21. März 1990 in Bonn empfangen (Kohl, „Ich wollte Deutschlands Einheit", 337). Am Abend des 28. März traf er mit de Maizière „zu einem ersten Gespräch über die Regierungsbildung und zur Vorbereitung der Regierungserklärung" im Kanzlerbungalow zusammen (Teltschik, 329 Tage, 188).

5 Nr. 210.

6 Nr. 248 Anm. 1.

schen in der DDR zu bedenken. Die Probleme seien allerdings nicht so dramatisch, denn 85% der Sparguthaben in der DDR beliefen sich auf Beträge unter 5000,– Mark Ost.

PM Thatcher wirft ein, wenn diese Summe 1:1 umgetauscht werde, sei dies ein gutes Geschäft.

Der Bundeskanzler erklärt, es sei zunächst nur daran gedacht, pro Kopf 2000,– Mark im Verhältnis 1:1 umzutauschen. Alle anderen Konten würden 1:2 umgetauscht. Hierbei seien die Schulden der DDR-Betriebe ein entscheidendes Problem.

Parallel zu diesem Vorgehen werde man in der DDR eine marktwirtschaftliche Gesetzgebung erlassen.

Ein weiteres wichtiges Problem seien die Renten; hier müsse die Bundesrepublik Deutschland eine Anschubfinanzierung sicherstellen. Das gleiche gelte für die Arbeitslosenversicherung. Politisch sei in diesem Zusammenhang wichtig, daß etwa 37% der Bürger der DDR Rentner über 60 Jahre seien. Dies sei eine wichtige Zielgruppe, um die man sich kümmern müsse. Es werde in der DDR unvermeidlich Arbeitslosigkeit geben. Das bedeute, daß man für zwei bis drei Jahre Umschulungsmaßnahmen durchführen müsse.

Er sei sicher, daß die Einführung der DM in der DDR einen großen Boom zur Folge haben werde. Die deutschen Firmen stünden in den Startlöchern. Es sei wünschenswert, wenn sich auch britische Firmen in der DDR niederließen, denn die Qualifikation der Leute dort sei sehr gut. Er rechne mit einem großen Investitionsschub in der DDR, wobei allein das Baugewerbe eine große Dynamik auslösen werde. Die Bundesregierung werde im übrigen Existenzgründungen in der DDR steuerlich begünstigen.

Politisch schüre die SPD derzeit eine Angstkampagne. In der Bundesrepublik Deutschland werde von der SPD verkündet, daß wir zu viel zahlen müßten. In der DDR wiederum erkläre sie, es fließe zu wenig Geld. Er wolle klarstellen, daß die Bundesregierung die Steuern nicht erhöhen, aber Umschichtungen im Finanzsystem von Ländern, Bund und Kommunen in der Bundesrepublik Deutschland vornehmen werde.

PM Thatcher wirft ein, in der Bundesrepublik Deutschland gebe es erhebliches Kapital.

Der Bundeskanzler stimmt dem zu und wiederholt, er wolle keine Steuererhöhungen, aber eine Umschichtung der öffentlichen Finanzen. Dies werde sicherlich noch eine schwierige Diskussion nach sich ziehen. Auch werde man die öffentlichen Ausgaben in einigen Bereichen strecken müssen, was wiederum zu Streit führen werde. Schließlich habe er auch noch ein Problem mit den Gewerkschaften, die sich überhaupt nicht solidarisieren wollten, sondern statt dessen für eine Verkürzung der Arbeitszeit einträten. Hierfür hätten sie allerdings in der Bevölkerung keine Unterstützung.

PM Thatcher erkundigt sich nach dem Abbau der Preissubventionen in der DDR.

Der Bundeskanzler erwidert, es sei beabsichtigt, die Preise – bis auf die Mieten – freizugeben. Bei den Mieten brauche man eine Stufenlösung. Er wolle aber noch einmal sagen, daß das Problem insgesamt lösbar sei. Die DDR habe rund 16 Mio. Einwohner, aber nur die Wirtschaftskraft eines Landes wie Hessen, das 5 Mio. Einwohner habe. Außerdem gehe die Bundesrepublik Deutschland in das 8. Jahr des Wirtschaftsbooms.

Bei alledem sei wichtig, daß die Bundesregierung eng mit der Europäischen Gemeinschaft zusammenarbeite. Sein Interesse sei nicht, von der EG Geld zu erhalten. Er habe entsprechende Ängste von Griechenland und Irland bereits in Brüssel besänftigt. Man brauche aber für einzelne Bereiche Übergangsregelungen, wie seinerzeit im Falle von Spanien und Portugal.

Im Bereich der Umwelt herrschten in der DDR unfaßbare Zustände. Beispielsweise müsse man zwei der dort existierenden Kernkraftwerke sofort schließen. Andererseits hätten die Braunkohlekraftwerke keine Elektrofilter.

Wirtschaftlich werde die Struktur eines vereinigten Deutschlands anders aussehen als die des Deutschen Reiches. Die wirtschaftliche Schwerkraft bleibe am Rhein und im Südwesten

Deutschlands. Dies habe auch politische Relevanz. Auch ein künftiges Deutschland werde nicht nach Osten, sondern nach Westen orientiert sein.

PM Thatcher wirft die Frage auf, was der Europäische Rat am 28. April in Dublin zur DDR-Problematik sagen könne. Ihrer Meinung nach könne man keine Substanzdiskussion führen, sondern allenfalls Verfahrensfragen erörtern.

Der Bundeskanzler stimmt zu. Es sei in der Tat verfrüht, jetzt schon über Lösungen für die schwierigen Probleme, beispielsweise im Agrarbereich oder beim innerdeutschen Warenverkehr, zu sprechen.

Andererseits liege ihm sehr daran, die Premierministerin laufend über die anstehende Entwicklung zu informieren. Er biete daher an, daß seine Mitarbeiter im Bundeskanzleramt sich etwa einmal im Monat mit Charles Powell treffen und ihn auf dem laufenden hielten.

PM Thatcher ist mit diesem Vorschlag einverstanden.

PM Thatcher kommt sodann auf die Entwicklung in Litauen zu sprechen. Vor einer Woche habe es so ausgesehen, als ob die Dinge sich zuspitzen. Gorbatschow habe sie angerufen[7] und deutlich gemacht, daß er unter erheblichem Druck von innen stehe. Gorbatschow habe klar zum Ausdruck gebracht, daß das Vorgehen der Litauer sehr provozierend gewesen sei. Er versuche, die Gemüter zu beruhigen, habe aber nicht viel Unterstützung von litauischer Seite. In der Tat könne man eine friedliche Lösung nur erreichen, wenn beide Seiten einen Beitrag leisteten.

Die britische Regierung sei bei ihren öffentlichen Äußerungen sehr vorsichtig gewesen. Großbritannien habe die Annexion Litauens juristisch nie anerkannt, aber in Helsinki sei eine De-facto-Anerkennung erfolgt. Sie trete für ein sehr vorsichtiges Vorgehen ein und habe auch Präsident Bush wissen lassen, daß er auf die Litauer mäßigend einwirken solle. Insgesamt habe sie aus dem Gespräch mit Gorbatschow den Eindruck gewonnen, daß dieser sehr besorgt sei.

Der Bundeskanzler erklärt, er habe die Sowjets wissen lassen, daß wir nichts täten, um die Dinge zu komplizieren. Andererseits gebe es Leute, die ihn in dieser Sache bedrängten. Sollte es in Litauen zu Blutvergießen kommen, würde vieles kaputtgehen.

PM Thatcher ...[8]

Schließlich wolle sie dem Bundeskanzler noch mitteilen, daß die britische Regierung beabsichtige, Englischlehrer in die DDR zu schicken.

Der Bundeskanzler befürwortet dieses Vorhaben sehr und schlägt vor, daß die britische Regierung auch die Gewährung von Stipendien an Studenten aus der DDR in Erwägung ziehe.

PM Thatcher erklärt sich bereit, diese Frage wohlwollend zu prüfen.

Hartmann

---

7 Dazu Nr. 235.
8 Im folgenden besprochen: Südafrika.

Nr. 239
Schreiben des Bundesbankpräsidenten Pöhl an Bundeskanzler Kohl
Frankfurt (Main), 30. März 1990

BK, 422 – 35006 De 13 NA 4.

Sehr geehrter Herr Bundeskanzler,

wie ich Ihnen gestern schon am Telefon sagte, hat der Zentralbankrat in Anwesenheit des Bundesfinanzministers und nach langer, sorgfältiger Vorbereitung gestern einige für die geplante Währungsunion wichtige Beschlüsse gefaßt, die ich Ihnen als Anlage[1] übersende.

1. Eine <u>Umstellung 2:1</u> ist vor allem im Interesse der Wettbewerbsfähigkeit der DDR notwendig. Ein Umstellungssatz 1:1 würde die Wirtschaft der DDR dem internationalen Wettbewerb mit einem Kostenniveau und einer Verschuldung aussetzen, dem die meisten Betriebe nach unserer Auffassung nicht gewachsen wären. Die Folge wäre möglicherweise ein dramatischer Anstieg der Arbeitslosigkeit in der DDR mit allen Konsequenzen. Ein Umstellungssatz von 2:1 bedeutet für <u>Löhne und Renten</u> nur auf den ersten Blick eine auch nach unserer Auffassung unzumutbare Halbierung gegenüber den jetzigen nominalen Werten. Die <u>Renten</u> sollen ja ohnehin nach einer neuen Formel berechnet werden, nach der sie auch bei einem Umstellungssatz 2:1 nominal in D-Mark höher sein werden als heute in Ost-Mark. Bei den <u>Löhnen</u> ist es Sache der Betriebe und Gebietskörperschaften der DDR, mit den Arbeitnehmern und ihren Vertretungen neue Lohnverträge auszuhandeln. Ein Umstellungssatz von 2:1 ermöglicht dafür die notwendige <u>Differenzierung</u>, während ein Umstellungssatz von 1:1 die Gefahr beinhaltet, daß man von einem viel zu hohen Niveau aus beginnt.

Was die Umstellung der <u>Bestandsgrößen</u> angeht, so würde eine asymetrische Umstellung, also beispielsweise 2:1 für die Aktiva und 1:1 für die wichtigsten Posten auf der Passivseite, Ausgleichsforderungen gegen den Bund zwischen 50 und 100 Mrd. D-Mark notwendig machen, die marktgerecht zu verzinsen wären, um die Kreditinstitute in der DDR in die Lage zu versetzen, Zinsen auf eine 1:1 umgetauschte Passivseite zahlen zu können. Der Zentralbankrat ist einhellig der Auffassung, daß dies ein schlechter Weg wäre, zumal ohnehin erhebliche Belastungen auf die öffentlichen Hände in der BRD aus anderen Gründen zukommen. Ein Umstellungssatz von 2:1 für Bargeld und Bankguthaben ist nach unserer Auffassung ohne weiteres zumutbar, weil natürlich auch heute eine Mark der DDR keineswegs eine D-Mark wert ist. <u>Auch ein Umtausch der Bestände 2:1 bedeutet daher für die Sparer in der DDR eine erhebliche reale Aufwertung ihrer Ersparnisse.</u>

Um den Umstellungssatz politisch-psychologisch akzeptabel zu machen, schlagen wir vor, jedem Bürger der DDR die Möglichkeit zu geben, <u>2 000 DDR-Mark 1:1</u> gegen D-Mark umtauschen zu können. Außerdem ist in unserem Vorschlag <u>kein rückwirkender Stichtag</u> vorgesehen, weil wir dies für technisch nicht praktikabel halten, und auch <u>keine Sperrfrist</u> für die freie Verfügung über Spareinlagen. Wir glauben, dies geldpolitisch bei einem Satz von 2:1 verantworten zu können. Es wäre aber natürlich wünschenswert, wenn die Kreditinstitute in der DDR den Sparern auch längerfristige Anlagemöglichkeiten anbieten würden, so wie das ja auch in der Bundesrepublik der Fall ist. Eine Umstellung von Bargeld und privaten Bankguthaben 1:1 würde zu einer beträchtlichen Kaufkraft- und Geldmengenausweitung führen und wäre deshalb geldpolitisch bedenklich. Die Rückwirkungen auf die Finanzmärkte könnten sehr negativ sein, wie der schon jetzt eingetretene Zinsanstieg am Kapitalmarkt zeigt.

---

1 Nr. 239A.

Ein wichtiger Aspekt, der noch vertieft werden sollte, ist die Nutzung des sogenannten volkseigenen Vermögens für die private Vermögensbildung. Hier sollten großzügige Angebote vorgesehen werden, um die Sparer, die scheinbar einen Verlust bei einem 2:1-Umtauschsatz erleiden, durch Beteiligung am Volksvermögen zu entschädigen.
2. In dem vorgesehen Staatsvertrag mit der DDR muß nicht nur ein ordnungspolitischer Rahmen konkret und detailliert geschaffen werden, der die Einführung der D-Mark überhaupt erst möglich macht. Der Zentralbankrat betrachtet es als eine nicht verhandelbare Voraussetzung für die Einführung der D-Mark, daß die Deutsche Bundesbank die alleinige geldpolitische Verantwortung behält. Dies bedeutet konkret, daß Entscheidungen des Zentralbankrats für die Kreditinstitute in der DDR ebenso gelten wie in der Bundesrepublik und daß diese Entscheidungen auch von der Deutschen Bundesbank exekutiert werden können. Als vorläufigen organisatorischen Rahmen für eine kurzfristige Einführung der D-Mark halten wir es für erforderlich, etwa 15 Zweigstellen in der DDR in eigener Verantwortung und Organisation errichten zu können. Für den Aufbau und die Vorbereitungsarbeiten beabsichtigt die Deutsche Bundesbank, in West-Berlin zunächst eine Verwaltungsstelle einzurichten. Der Zentralbankrat hat das Mitglied des Direktoriums der Deutschen Bundesbank, Herrn Johann Wilhelm Gaddum, mit der Leitung dieser Stelle betraut.
3. Ihrem Wunsch entsprechend, Herr Bundeskanzler, hat der Zentralbankrat zugestimmt, daß Ihnen das Mitglied des Direktoriums, Herr Staatssekretär a.D. Dr. Hans Tietmeyer, für die Dauer der Vertragsverhandlungen als persönlicher Berater zur Verfügung steht. Seine dienstlichen Funktionen als Dezernent im Direktorium ruhen für diese Zeit. Wir begrüßen diese Lösung im Interesse einer engen Koordination zwischen Bundesregierung und Bundesbank und betrachten dies als einen Beitrag zur Erfüllung der im Bundesbankgesetz vorgesehenen Verpflichtung, die Bundesregierung in Fragen von währungspolitischer Bedeutung zu beraten. Vertreter der Bundesbank in den Verhandlungen mit der DDR bleibt weiterhin Herr Vizepräsident Prof. Dr. Helmut Schlesinger.
4. Eine Kopie dieses Schreibens und der Anlage habe ich den Herren Bundesministern Waigel, Haussmann und Blüm zukommen lassen. Ich habe keine Bedenken, wenn Sie von dem Beschluß des Zentralbankrats und meinen erläuternden Ausführungen auch öffentlich Gebrauch machen. Wir selbst wollen im Augenblick von einer Veröffentlichung absehen, weil wir dies für verfrüht halten.
Mit freundlichen Grüßen
Ihr
Karl Otto Pöhl

Nr. 239A
Entschließung des Zentralbankrats

Im Hinblick auf die beabsichtigte politische Vereinigung der beiden deutschen Staaten und die in diesem Zusammenhang vorgesehene Ausweitung des Währungsgebietes der D-Mark auf das Gebiet der DDR hält der Zentralbankrat folgende Regelungen im Rahmen eines Staatsvertrages mit der DDR für unerläßlich (Ziff. 1 sowie 3 bis 6) bzw. wünschenswert (Ziff. 2):

1 Alle am Umstellungstag auf Mark der DDR lautenden Schuldenverhältnisse (einschließlich der Verbindlichkeiten aus laufenden Transaktionen) sind im Verhältnis 2 Mark der DDR : 1 DM umzustellen. Ausgenommen hiervon sind Bankguthaben von natürlichen

Personen (einschließlich des auf diesen eingezahlten Bargeldes) bis zu einem Betrag von 2000 Mark je Einwohner der DDR, die im Verhältnis 1:1 umgestellt werden. Über die Bankkonten kann nach Umstellung frei verfügt werden.

2 Im Hinblick auf die notwendigen Abstriche an den über 2000 DM je Kopf hinausgehenden privaten Einlagen soll die Bundesregierung in Verhandlungen mit der DDR auf eine Regelung hinwirken, die eine Beteiligung der Sparer an dem Treuhandvermögen und Privatisierungsvermögen in der DDR sicherstellt.

3 Der Staatsvertrag muß sicherstellen, daß in der DDR auf währungspolitischem Gebiet ausschließlich das Bundesbankgesetz und die von der Bundesbank erlassenen Anordnungen gelten. Dazu gehört, daß die geldpolitischen Entscheidungen des Zentralbankrates in der DDR durchgesetzt werden können.

4 Zur Erfüllung ihrer Aufgaben muß die Deutsche Bundesbank für das Gebiet der DDR vorläufig eine Verwaltungsstelle in Berlin und ca. 15 Zweiganstalten in der DDR errichten können.

5 Das KWG ist in der DDR einzuführen, die Niederlassungsfreiheit für Kreditinstitute aus der Bundesrepublik Deutschland und dem Ausland zu gewähren; Vorschriften über Zinsbindungen und Devisenbeschränkungen sind aufzuheben.

6 Die Kreditaufnahme öffentlicher Stellen in der DDR ist zu limitieren.

Nr. 240
Schreiben des Ministerpräsidenten Mazowiecki an Bundeskanzler Kohl
Warschau, 3. April 1990

BK, 213 – 30130 P 4 Wi 18 Bd. 9. – Inoffizielle Übersetzung. Mit Stempel: Vorzimmer Bundeskanzler, 2. April 1990. Hs. von Bundeskanzler Kohl vermerkt: „Teltschik Briefentwurf". Hs. von MD Teltschik vermerkt: „H. GL 21 z.w.V. T[eltschik] 2/4".

Sehr geehrter Herr Bundeskanzler,

nehmen Sie bitte meine herzlichen Glückwünsche aus Anlaß Ihres 60. Geburtstages entgegen, der mit wichtigen Ereignissen in Deutschland und in Europa zusammenfällt.

Das polnische Volk und die Regierung der Republik Polen sind [sich] insbesondere dessen bewußt, daß [sich] der historische Augenblick nähert, in welchem die natürlichen Rechte des deutschen Volkes auf Selbstbestimmung verwirklicht werden, darunter auf die staatliche Einheit in Freiheit. Ich hoffe zutiefst, daß die Entstehung des vereinigten deutschen Staates als eines unmittelbaren Nachbarn Polens zugleich günstige Umstände für die Erfüllung des Wunsches des freien Volkes und des souveränen polnischen Staates nach dauerhafter polnisch-deutscher Versöhnung schafft. Eine entsprechende Grundlage dafür wird, wie ich meine, der Vertrag der Republik Polen und des vereinigten Deutschland sein, in dem die Oder-Neiße-Grenze anerkannt wird, damit nicht der geringste Keim für zukünftige Konflikte zwischen Deutschen und Polen wegen der Grenzenfrage übrigbleibt. Ich bin überzeugt, daß es unser gemeinsamer Wunsch ist, Herr Bundeskanzler, daß ein für allemal das Kapitel des Zweiten Weltkrieges in den polnisch-deutschen Beziehungen abgeschlossen und der Weg zum einträchtigen und dauerhaften Zusammenleben beider unserer Nachbarvölker in gemeinsamer Sicherheit, Freiheit und Demokratie geöffnet wird – im Rahmen eines vereinigten Europa, wo es keinen Platz für politische, wirtschaftliche, militärische, ideologische, zivilisatorische und andere Spaltungen geben wird.

Ich wünsche Ihnen, Herr Bundeskanzler, gute Gesundheit, persönliches Wohlergehen und Ausdauer auf dem Wege zu zwei historischen Zielen – zur Einheit Deutschlands und zur Verständigung und Versöhnung zwischen Polen und Deutschen in einem freien und demokratischen Europa.

Hochachtungsvoll
und mit persönlichen Grüßen

/-/ T. MAZOWIECKI

Nr. 241
Vorlage des Ministerialdirektors Teltschik an Bundeskanzler Kohl
Bonn, 3. April 1990

BK, 211 – 68000 Gi 48, Hauptvorgang Bd. 1. – Mitverfasser: VLR I Bitterlich. Vorlage über Chef BK. Mit Stempel: Der Leiter des Kanzlerbüros, 4. April 1990. Abgezeichnet: „K[ohl]".

<u>Betr.</u>:   Vorbereitung Sonder-ER Dublin 28. April 1990;
            <u>hier</u>: Deutsch-französische Initiative
<u>Bezug</u>: Vorlage vom 26. März 1990[1]
<u>Anlg.</u>: – 1 –[2]

Mit der Bitte um Zustimmung zu 3.

1. Wir haben am 2. April die Diskussion mit dem Elysée über aktuelle politische Fragen, insbesondere zur Vorbereitung des Sonder-ER in Dublin, fortgesetzt.[3]
<u>Wir haben dabei Einvernehmen über eine gemeinsame Initiative zur Beschleunigung und Vertiefung des europäischen Integrationsprozesses erzielt.</u>
Beide Außenministerien hatten sich in der vergangenen Woche über eine gemeinsame Haltung in den anderen wesentlichen Tagesordnungspunkten (Deutsche Einheit und EG, Außenbeziehungen) auf Grundlage unseres in der Bezugsvorlage enthaltenen Entwurfs von Schlußfolgerungen geeinigt.

2. In der Diskussion zum europäischen Integrationsprozeß hat der Elysée versucht, einen Text durchzusetzen, in dem insbesondere enthalten waren
   – inhaltliche Festlegungen zur Ausfüllung der Politischen Union (insbesondere unter Zugrundelegung des französischen Verfassungsverständnisses),
   – schärfere Zeitziele (Abschluß der Regierungskonferenz zur Wirtschafts- und Währungsunion bis Juni 1991).
   Wir haben nach eingehender Diskussion ad referendum Einvernehmen über einen Text erzielt, der sich weitgehend auf das einzuleitende Verfahren und das Zeitziel beschränkt und auf unserem internen (und mit dem Auswärtigen Amt besprochenen) Textentwurf beruht – wir sind der französischen Seite insoweit entgegengekommen, als darin – als Wunsch des Europäischen Rates – das Zeitziel enthalten ist, daß die entsprechenden Reformschritte nach Ratifizierung möglichst am 1. Januar 1993 in Kraft treten sollen.

---

1 Vorlage des Ministerialdirektors Teltschik an Bundeskanzler Kohl, 26. März 1990, mit Anlage: Wesentliche Elemente der Schlußfolgerungen des Sonder-ER in Dublin am 28. April 1990; BK, 211 – 68000 Gi 48, Hauptvorgang Bd. 1.
2 Nr. 241A.
3 Zu den Gesprächen am Nachmittag des 2. April 1990 im Bundeskanzleramt wurden die Mitarbeiter von Staatspräsident Mitterrand, Attali, Guigou und Védrine, erwartet (Vorlage des Vortragenden Legationsrats I Bitterlich an Ministerialdirektor Teltschik, 29. März 1990, mit Anlage: Skizze der möglichen Gesprächsthemen am 2. April 1990; BK, 211 – 68000 Gi 48, Hauptvorgang Bd. 1; dazu auch: Teltschik, 329 Tage, 191).

Wir haben abgesprochen, nach dem Sonder-ER die Erörterung der inhaltlichen Zielsetzungen aufzunehmen. Hierzu ist gesonderte Vorlage an Sie in Vorbereitung.

3. Wir sind mit dem Elysée übereingekommen, den Textentwurf dem Staatspräsidenten und Ihnen mit der Bitte um Zustimmung und mit folgenden Vorschlägen zur operativen Umsetzung vorzulegen:
   – Übermittlung des in Form von ER-Schlußfolgerungen gehaltenen Entwurfs durch einen gemeinsamen Brief an den Präsidenten der EG-Kommission und die Regierungschefs der EG;
   gemeinsame Erklärung der beiden Regierungssprecher vor der Presse einige Tage nach Übersendung;
   – Ankündigung (in dem Brief), daß die beiden Außenminister die Vorschläge beim informellen Außenministertreffen am 21. April einführen werden.

Sofern Sie vorstehendem zustimmen, wird Ihnen noch in dieser Woche – nach letzter sprachlicher Abgleichung des Textes der Schlußfolgerungen – ein mit dem Elysée abgestimmter Briefentwurf vorgelegt.

Darüber hinaus ist beabsichtigt, das Auswärtige Amt (BM Genscher) einzuschalten, das bisher nur auf Arbeitsebene beteiligt war – dies erscheint unumgänglich, da das in Aussicht genommene Verfahren ein Tätigwerden der Außenminister vorsieht.

Teltschik

Nr. 241A
Wesentliche Elemente von Schlußfolgerungen der
Sondertagung des Europäischen Rates am 28. April 1990 in Dublin
zur Beschleunigung des europäischen Integrationsprozesses

1. Die politischen Perspektiven

In der Perspektive
   – der Vollendung des Binnenmarktes zum 31. Dezember 1992,
   – des Ziels der Wirtschafts- und Währungsunion,
   – der Überprüfung der Vertragsbestimmungen der Einheitlichen Akte[1] über die Europäische Zusammenarbeit in der Außenpolitik
und aufgrund der tiefgreifenden Veränderungen in Mittel-, Ost- und Südosteuropa hält es der Europäische Rat für geboten, die grundlegenden Ziele der Einheitlichen Akte in die Tat umzusetzen. Darin haben die Mitgliedstaaten ihren Willen bekundet, die Gesamtheit ihrer Beziehungen in eine Europäische Union umzuwandeln und diese Union mit den erforderlichen Aktionsmitteln auszustatten.

2. Die Mittel zur Umsetzung dieser Ziele

   a. Die Wirtschafts- und Währungsunion
      – Der Europäische Rat bekräftigt die Schlußfolgerungen seiner Tagung in Straßburg im Dezember 1989[2], durch die die Entscheidungen der Europäischen Räte von Hannover[3] und Madrid[4] weiter konkretisiert worden sind.

---

1 Nr. 94A Anm. 8.
2 Nr. 117 Anm. 1.
3 Schlußfolgerungen des Vorsitzes und Dokument zur Europäischen Politischen Zusammenarbeit des Europäischen Rates in Hannover, 27./28. Juni 1988, in: Bulletin. Nr. 90. 30. Juni 1988, 845–847, 847f.
4 Nr. 7 Anm. 5.

– Der Europäische Rat fordert die zuständigen Gremien auf, die Arbeiten zur Vorbereitung der Regierungskonferenz zu intensivieren und dem Europäischen Rat im Dezember 1990 einen Abschlußbericht mit den wesentlichen noch offenen Fragen vorzulegen.[5]

b. Die anderen institutionellen Reformen
– Der Europäische Rat hat bei seiner Tagung in Straßburg eine erste Aussprache über die weiteren institutionellen Reformen geführt.
Verweis auf die aktive Diskussion dieser Fragen im Europäischen Parlament.
Verweis auf das Memorandum der belgischen Regierung.[6]
– Der Europäische Rat fordert die zuständigen Gremien auf, zu seiner Tagung im Dezember 1990 einen Bericht vorzubereiten, der die Fragen auflistet und die Anregungen herausarbeitet, die dazu geeignet sind, die Grundlagen der Union zu konkretisieren.

3. Die Orientierung der Arbeiten
Die vorbereitenden Arbeiten sollten insbesondere berücksichtigen, daß folgendes sichergestellt wird:
– Das volle ⟨demokratische Funktionieren⟩[7] der Union.
– Eine größere Effizienz der Aktion ihrer Institutionen.
– Die Einheit und Kohärenz der Union.

4. Arbeitskalender
a. Die Präsidentschaft wird beim Europäischen Rat in Dublin Ende Juni 1990 einen Fortschrittsbericht zu den vorstehenden Bereichen erstatten.
Die Schlußberichte werden dem Europäischen Rat im Dezember 1990 vorgelegt.
b. Ziel ist es, anläßlich jener Tagung ebenfalls in bezug auf die anderen institutionellen Reformen, die für die Union notwendig sind, eine Regierungskonferenz zu eröffnen.
c. Der Europäische Rat *verfolgt das Ziel*[8], daß diese grundlegenden Reformschritte nach Ratifizierung am 1. Januar 1993 in Kraft treten.

Nr. 242
Schreiben des Bundeskanzlers Kohl an Ministerpräsident Mazowiecki
Bonn, 4. April 1990

BK, 21 – 30100 (102) Br 8 (VS) Bd. 28, Bl. 10–13. – Datum der Ausfertigung hs. ergänzt. Abgezeichnet: „i.O. K[ohl]“.

Sehr geehrter Herr Ministerpräsident,

für die guten Wünsche, die Sie mir zu meinem 60. Geburtstag übermittelt haben,[1] danke ich Ihnen herzlich.

Ich möchte Ihnen sehr persönlich antworten. Denn ich habe mich nicht nur über Ihre Glückwünsche gefreut, sondern auch über die in Ihrem Schreiben bekräftigte gemeinsame Zielsetzung: im historischen Augenblick, in dem das deutsche Volk in freier Selbstbestim-

---

5   Hs. von Bundeskanzler Kohl rechts daneben vermerkt: „Klarer Satz: Regierungs-Konferenz!“
6   Memorandum on Institutional Relaunch, 20. März 1990, in: Europe. Agence Internationale d'Information pour la Presse. Documents. Nr. 1608. 29. März 1990, 1–5.
7   ⟨ ⟩ Hs. von Bundeskanzler Kohl unterschlängelt und am rechten Rand vermerkt: „?“.
8   ⟨ ⟩ Hs. von Bundeskanzler Kohl korrigiert aus: „drückt seinen Wunsch aus“.

1   Nr. 240.

mung seine Einheit in Freiheit verwirklicht, auch die Verständigung und Aussöhnung zwischen Deutschen und Polen in einem freien und demokratischen Europa zu besiegeln. Diesem in der Tat historischen Ziel galt auch mein Besuch in Ihrem Land im vergangenen Herbst.[2] Wir haben dieses Ziel damals in unserer Gemeinsamen Erklärung[3] bekräftigt. Seither hat sich die Entwicklung auf dem Weg zur deutschen Einheit dramatisch beschleunigt. Zugleich hat sich zu meiner großen Betroffenheit die Verständigung und Versöhnung unserer Völker erneut als politisch und psychologisch schwierig herausgestellt. Ich betone gleichwohl mit allem Nachdruck, daß dies nichts an meiner festen Absicht geändert hat oder ändern wird, meinen Beitrag zu leisten, um den Frieden in der Mitte Europas zu festigen und die Verständigung und Versöhnung mit Ihrem Land und Volk nicht nur im Verstand, sondern auch im Herzen der Menschen zu verankern.
Dazu gehört eine endgültige Regelung der Oder-Neiße-Grenze. Daß ich dazu entschlossen bin, habe ich Ihnen während unserer Gespräche in Warschau unmißverständlich klargemacht. Ich stelle deshalb aufgrund Ihres Glückwunschschreibens mit besonderer Befriedigung fest, daß wir jetzt darin übereinstimmen, daß diese endgültige Regelung durch einen Vertrag zwischen dem vereinten Deutschland und der Republik Polen erfolgen wird.
Bereits am 8. November 1989 und erneut am 8. März 1990 hat der Deutsche Bundestag – auch mit meiner Stimme – den Weg dahin aufgezeigt.[4] Nach Zusammentritt der frei gewählten Volkskammer der DDR und nach Bildung einer parlamentarisch legitimierten Regierung werden beide deutschen Parlamente und Regierungen gleichlautende Erklärungen abgeben, die in ihrem Kern besagen:
   „Das polnische Volk soll wissen, daß sein Recht, in sicheren Grenzen zu leben, von uns Deutschen weder jetzt noch in Zukunft durch Gebietsansprüche in Frage gestellt wird."
Nach unserem gemeinsamen Demokratieverständnis ist dies die stärkste politische Bindung, die wir heute für einen künftigen gesamtdeutschen Souverän eingehen können: sowohl für die künftige gesamtdeutsche Regierung, die diesen Vertrag abschließen, als auch für das gesamtdeutsche Parlament, das ihn ratifizieren wird.
Ich bitte Sie, auf diese politische Willenserklärung zu vertrauen. Die Mehrheiten, mit denen die bisherigen und künftigen Entschließungen angenommen wurden bzw. werden, sprechen für sich.
Aus der Geschichte unserer Länder wissen wir, daß genauso wichtig wie völkerrechtlich verbindliche Verträge die Tatsache ist, daß diese Verträge in beiden Ländern von einem breiten Konsens aller verantwortlichen politischen und gesellschaftlichen Kräfte mitgetragen und von den Bürgern aus eigener, tiefer Überzeugung bejaht werden.
Deshalb habe ich in unserem Gespräch in Warschau auch betont, daß es unsere vornehmste Aufgabe sein müsse, gerade auch die Deutschen und Polen für die Aussöhnung zu gewinnen, denen sie aufgrund ihrer leidvollen persönlichen Erfahrung schwerfällt, und ich habe angeregt, bei dieser politisch nicht einfachen Aufgabe einander durch positive Gesten der Versöhnung zu helfen.
Ich verstehe dabei die politische und psychologische Lage in Polen – und Ihre nicht einfache Situation – voll und ganz. Zugleich bitte ich aber auch die Empfindlichkeit meiner Landsleute zu verstehen, denen in der Stunde der deutschen Einheit ein bitterer, endgültiger Verzicht abverlangt wird. Ich kann und will über diese Gefühle nicht hinweggehen. Deshalb würde ich es als besonders hilfreich empfinden, wenn die von Ihnen im letzten Jahr mitun-

---

2 Nr. 76, Nr. 77, Nr. 89 und Nr. 92.
3 Nr. 92 Anm. 3.
4 Nr. 115 Anm. 3 und Nr. 204 Anm. 1.

terzeichnete Erklärung prominenter deutscher und polnischer Katholiken[5] auf politischer Ebene wiederholt werden könnte.

Lassen Sie mich in diesem Zusammenhang mein besonderes Interesse betonen, daß die in der ganzen Breite der Beziehungen zwischen Polen und uns gelegten Grundlagen auf ein geeintes Deutschland übertragen und von ihm fortgeführt werden. Dies gilt vor allem auch hinsichtlich der von uns unterzeichneten „Gemeinsamen Erklärung". In diesem Sinne – und in keinem anderen – war auch die Erklärung von Anfang März gemeint, daß die in der „Gemeinsamen Erklärung" enthaltene Regelung der Minderheitenrechte erneut von einem geeinten Deutschland und der Republik Polen bekräftigt werden sollte. Damit war und ist weder die Verknüpfung mit anderen Materien, insbesondere nicht mit der Grenzfrage, noch eine Kritik der bisherigen Umsetzung in diesen oder anderen Punkten der „Gemeinsamen Erklärung" noch der Wunsch nach inhaltlicher Neuverhandlung verbunden.

Im gleichen Sinne sollte auch der Verzicht auf Reparationen gegenüber Deutschland, den die polnische Regierung bereits 1953 ausgesprochen hat,[6] bekräftigt werden. Angesichts von wiederholten Äußerungen führender polnischer Politiker, darunter des Marschalls des Sejm, wonach diese Frage nicht abschließend geregelt sei, dürfen auch in diesem Punkt keine Unklarheiten fortbestehen. Ich bitte zu verstehen, daß diese Frage vor dem Hintergrund der historischen Erfahrungen dieses Jahrhunderts von hoher politischer Sensibilität ist. Gleichzeitig möchte ich betonen, daß auch hier keine Verknüpfung mit dem obengenannten Grenzvertrag beabsichtigt ist.

Das gleiche muß auch für die Anliegen der ehemaligen Zwangsarbeiter gelten. Ich habe Ihnen in Warschau die erneute Prüfung dieser menschlich sehr verständlichen, rechtlich aber außerordentlich schwierigen Frage zugesagt. Zu diesem Wort stehe ich. Dieses Problem darf aber ebenfalls nicht mit der Grenzfrage verknüpft werden.

In der bevorstehenden Zeit sollten wir alle Anstrengungen darauf konzentrieren, daß der Staatsbesuch von Herrn Bundespräsident von Weizsäcker[7] zu einem Erfolg und Fortschritt auf dem Weg der Verständigung und Aussöhnung zwischen den Deutschen und Polen wird.

Mit freundlichen Grüßen
K

---

5 Erklärung deutscher und polnischer Katholiken zum 1. September 1989, in: Rheinischer Merkur/Christ und Welt (Bonn). 44. Jg. Nr. 32. 11. August 1989, 8.
6 Nr. 92 Anm. 9.
7 Nr. 223 Anm. 3.

Nr. 243
Vorlage des Vortragenden Legationsrats I Bitterlich an Ministerialdirekor Teltschik
Bonn, 6. April 1990

BK, 211 – 68000 Gi 48, Hauptvorgang Bd. 1. – Vorlage über GL 21. Abgezeichnet: „T[eltschik] 9/4".

Betr.:   Vorbereitung Sonder-ER Dublin am 28. April 1990;
hier: Deutsch-französische Initiative

1. Ich habe heute mit Elisabeth Guigou gesprochen und ihr entsprechend gestriger Rücksprache mit dem Bundeskanzler mitgeteilt,
    – daß der Bundeskanzler den am 2. April[1] gemeinsam herausgearbeiteten Ansatz gebilligt habe;
    – er in bezug auf den Entwurf der Schlußfolgerungen drei Änderungen für notwendig erachte.

Elisabeth Guigou stimmte den Änderungen grundsätzlich zu und wiederholte – diesmal weitaus klarer –, daß der Staatspräsident es für wesentlich halte, ein „Minimum an Einvernehmen über den Inhalt" herbeizuführen, bevor man eine gemeinsame Verfahrensinitiative einleite. Die beiden Außenminister Dumas und Genscher sollten sich möglichst rasch zusammensetzen, um über Verfahren und Inhalt zu sprechen.

Ich habe betont, daß u.E. die Zeit bis Dublin I[2] nicht ausreichen könne, um Einvernehmen über die inhaltliche Ausfüllung der Politischen Union herbeizuführen, zugleich aber unsere Bereitschaft hervorgehoben, hierüber im gewohnten Kreise (zusammen mit den Außenministerien) nach Dublin I das Gespräch aufzunehmen. Ich habe Zuversicht geäußert, trotz wahrscheinlich manch unterschiedlicher Auffassungen eine gemeinsame Grundlinie entwickeln zu können. F müsse auch sehen, daß mit dieser Problematik politisch sensible Fragen verbunden seien, die einer politischen Absprache zwischen dem Bundeskanzler und BM Genscher bedürften. Wie Paris stünden auch wir z.Zt. erst am Anfang der Überlegungen.

„Auf persönlicher Grundlage" meinte sie dann unter Wiederholung der inhaltlichen Vorstellungen, die der Quai [d'Orsay] kürzlich gegenüber dem AA erläutert hatte, daß man sich vielleicht auf folgendes einigen könne:
    – Vereinbarung in Dublin I, daß die Außenminister bis Dublin II im Juni[3] einen Bericht über diese Fragen erarbeiten sollten (F und D sollten dabei konzertiert vorgehen).
    – Nach eingehender Sachdiskussion in Dublin II Verfahrensentscheidung zur Vorbereitung der Regierungskonferenz (Anmerkung: Es blieb offen, ob F noch an der Parallelität der beiden Konferenzen wirklich festhält).

Ich habe französische Zurückhaltung – und indirektes Mißtrauen gegenüber und in bezug auf den Inhalt – bedauert und folgendes hervorgehoben:
    – Es sei nicht gut, wenn wir jetzt hinter dem, was der Öffentlichkeit schon gesagt worden sei, zurückbleiben würden;
    – man könne vielleicht an einen solchen Ansatz denken, wie er der französischen Seite vorschwebe, wenn man den weiteren Weg klar vorzeichne (einschließlich Parallelität der Konferenzen);
    – im übrigen dürfe man uns dann in Zukunft aus Paris nicht mehr den Vorwurf eines Abbremsens des Einigungsprozesses machen, den man schon in den letzten Monaten zu Unrecht erhoben habe.

1 Nr. 241 Anm. 3.
2 Gemeint: die Sondertagung des Europäischen Rates am 28. April 1990 in Dublin.
3 Nr. 345B Anm. 19.

Elisabeth Guigou hat mir zugesagt, nochmals mit AM Dumas und dem Präsidenten zu sprechen. Ich habe ihr bedeutet, daß eine gemeinsame Initiative des Präsidenten und des Bundeskanzlers nur dann Sinn mache, wenn sie rechtzeitig vor dem Außenministertreffen, d. h. vor Ostern, erfolge.

2. Ich habe StS Lautenschlager über den aktuellen Stand unterrichtet. Er pflichtete mir in der Sache bei und sagte zu, BM Genscher mit Blick auf ein evtl. Gespräch mit AM Dumas am Rande des San-José-Treffens in Dublin am 9.4.[4] zu informieren. Er sicherte mir zu, unseren gemeinsamen Ansatz zu unterstützen – wollte aber keine Garantie für die Haltung von BM Genscher übernehmen.

3. Bewertung:
Obwohl ich mir noch nicht sicher bin, kann ich mich des Eindrucks nicht erwehren, daß französische Seite sich aus der gemeinsamen Initiative klammheimlich davonstehlen möchte, entweder da es sie stört, daß wir uns an die Spitze der Bewegung gestellt haben und F uns quasi folgen muß oder wir uns den ursprünglichen französischen Forderungen nicht gebeugt haben, oder um die Initiative bewußt AM Dumas mit der wahrscheinlichen Unterstützung durch BM Genscher zuspielen zu wollen.
⟨Wir sollten m.E. von uns aus nicht erneut initiativ tätig werden – wir sollten F nicht nachlaufen, sondern das Gespräch AM Dumas/BM Genscher abwarten und für den Eventualfall den Text einer gemeinsamen Botschaft weiter vorbereiten.⟩[5]
Ggf. könnten Sie Herrn Attali im Rahmen des beabsichtigten Telefonats[6] im Sinne unserer bisherigen Haltung ansprechen.
⟨Mitte nächster Woche sollten wir je nach weiterer Entwicklung die evtl. Konsequenzen besprechen.⟩[7]

Bitterlich

Nr. 244
Gespräch des Ministerialdirektors Teltschik mit Ministerpräsident de Maizière und Minister Reichenbach Berlin (Ost), 16. April 1990

BK, 212 – 35400 De 39 Bd. 3. – Vermerk des MDg Hartmann, 18. April 1990.

Aus o.a. Gespräch halte ich fest:
1. MP de Maizière vertrat sehr nachdrücklich die Auffassung, daß ein Kern der NVA erhalten werden müsse. Würde die NVA aufgelöst, stünde er schwierigen innenpolitischen Problemen gegenüber. Die neue demokratische Regierung liefe dann Gefahr, daß entlassene Offiziere und Unteroffiziere zu einem Faktor der Instabilität würden.
2. Unter Hinweis auf seine Gespräche mit dem sowjetischen Botschafter Kotschemassow erklärte de Maizière, es sei außerordentlich wichtig, daß die bestehenden Lieferverträge

---

4 Am 9./10. April 1990 trafen sich die Außenminister der EG-Mitgliedstaaten und der mittelamerikanischen Staaten Costa Rica, El Salvador, Guatemala, Honduras und Nicaragua zur VI. San-José-Konferenz in Dublin. Regierungsvertreter Kolumbiens, Mexikos, Panamas und Venezuelas nahmen als Beobachter teil.
5 ⟨ ⟩ Hs. von Ministerialdirektor Teltschik am rechten Rand vermerkt: „ja".
6 Im Auftrag von Staatspräsident Mitterrand gab dessen Berater Attali in einem Telefongespräch am 11. April 1990 „grünes Licht für die gemeinsame deutsch-französische Initiative zum EG-Sondergipfel" (Teltschik, 329 Tage, 195).
7 ⟨ ⟩ Hs. von Ministerialdirektor Teltschik am rechten Rand vermerkt: „ja".

der DDR mit der Sowjetunion und den anderen RGW-Staaten weitergeführt würden. Dies sei eine Frage, die man auch mit der EG besprechen wolle.

3. De Maizière wies auf den Antrag der PDS hin, die Wehrpflicht in der DDR abzuschaffen.[1] Dieser Antrag sei populär, und es werde daher keiner der anderen Parteien möglich sein, sich ihm ernsthaft zu widersetzen.

4. Minister Reichenbach zeigte sich sehr besorgt wegen der nach wie vor vorhandenen Stasi-Strukturen. Im Grunde genommen sei nur die erste Linie des Stasi beseitigt. Teile des Stasi hätten in Standorten der sowjetischen Streitkräfte, aber auch anderweitig Unterschlupf gefunden und könnten von dort weiter operieren.

H 18/4
(Dr. Hartmann)

Nr. 245
Vorlage des Ministerialdirigenten Duisberg an Bundeskanzler Kohl
Bonn, 17. April 1990

BArch, B 136/20225, 221 – 34900 De 1 Bd. 109. – Vorlage über Chef BK. Kopien: Chef BK, StM Stavenhagen, AL 2, AL 4, AL 5. Zur Unterrichtung. Mit Stempel: Der Leiter des Kanzlerbüros, 17. April 1990. Hs. von Bundeskanzler Kohl vermerkt: „R[udolf] Seiters erl."

Betr.:   Regierungsbildung in der DDR;
hier: Koalitionsvereinbarung

Die am 12. April 1990 unterzeichnete Koalitionsvereinbarung zwischen den Parteien der Allianz der SPD und den Liberalen besteht aus einem Grundsatzteil und Anlagen[1], die sehr detaillierte Aussagen zur Koalitionspolitik enthalten. Da die Anlagen auf Vorarbeiten mehrerer Arbeitsgruppen zurückgehen, sind sie im einzelnen nicht frei von Widersprüchen und Wiederholungen. Die Koalitionsvereinbarung stellt zwar insgesamt auf eine Übergangszeit ab, sieht aber gleichwohl eine umfangreiche Gesetzgebungsarbeit vor, die realistischerweise einen längeren Zeitbedarf erfordern dürfte. Nach erster Durchsicht ist hervorzuheben:

1. a) Zentrale Aussage: Weg zur deutschen Einheit durch Beitritt gemäß Artikel 23 GG. (Deutlich gemacht durch Aufnahme in „Präambel"; übrige Aussagen zur Politik in „Anlagen" verwiesen, die insgesamt unter dem Vorbehalt der Finanzierbarkeit stehen.) Als Voraussetzungen werden genannt:
– Verhandlungen mit Bundesregierung (wie auch von uns angestrebt),
– vorherige Schaffung der Länderstrukturen in der DDR.
Keine Erwähnung gesamtdeutscher Verfassung, kein Hinweis auf Art. 146 GG. Verhandlungsführung dürfte erleichtern, daß „soziale Sicherungsrechte" (Arbeit, Woh-

---

1 Nachdem der Parteivorsitzende Gysi Mitte Februar 1990 vorgeschlagen hatte, „in beiden deutschen Staaten die Wehrpflicht und damit auch jede Form von Ersatzdienst abzuschaffen" („Gregor Gysi: Gute Gründe, die PDS zu wählen", in: Neues Deutschland. 45. Jg. Nr. 26. Februar 1990, 8 f.), erneuerte er den Vorschlag nach den Wahlen zur Volkskammer dahingehend, „in der DDR so bald wie möglich die Wehrpflicht abzuschaffen" (Gregor Gysi, „Braucht Sicherheit künftig noch die Wehrpflicht?", ebd. Nr. 87. 12. April 1990, 5).

1 Grundsätze der Koalitionsvereinbarung zwischen den Fraktionen der CDU, der DSU, dem DA, den Liberalen (DFP, BFD, FDP) und der SPD vom 12. April 1990, Anlagen: A. Inhaltliche Vereinbarungen, B. Ressort- und Ministerliste; BArch, B 136/29110, 122 – 10100 Bu 24 NA 2 Bd. 2.

nung, Bildung) nur als Staatszielbestimmungen, nicht als einklagbare Individualrechte gewährleistet sein sollen.

Ausschüsse von Bundestag und Volkskammer zur deutschen Einigung sollen gemeinsam tagen und in dieser Form den „Gemeinsamen Ausschuß zur deutschen Einheit" darstellen. Aber keine eigene Verhandlungsführung, sondern nur Beteiligung am Prozeß der deutschen Einigung. Möglicherweise Stärkung der Stellung des Ministerpräsidenten der DDR durch Gewährleistung der Richtlinienkompetenz „insbesondere in der Deutschlandpolitik" im Rahmen der Verabredungen zur Klärung von Meinungsverschiedenheiten (Koalitionsausschuß).

b) Zielsetzung der Vereinigung der beiden Staaten in Deutschland dadurch betont, daß es für Verfassung der DDR nur Übergangsregelung geben soll. Basis dabei: DDR-Verfassung von 1949[2] (d. h.: nicht geltende Verfassung von 1968/1974[3]) und Verfassungsentwurf des Runden Tisches vom 04.04.1990[4].

Bundesstaatliche Strukturen sollen „kompatibel dem Grundgesetz" gestaltet werden. Noch nicht ganz klar, ob es die fünf „alten" Länder in der DDR wieder geben soll.

2. Auch vom Umfang her Schwergewicht der Koalitionsvereinbarung: Wirtschaft, Währung, Sozialpolitik.

Auch dieser Teil ist aus verschiedenen Einzelbeiträgen zusammengesetzt, die nicht immer übereinstimmen.

Generelle Aussage, daß Staatsvertrag über Währungsunion den Grundzügen der Koalitionsvereinbarung entsprechen muß; wiederholte Erwähnung (und auch Auflistung), daß bestimmte Punkte in Staatsvertrag aufgenommen werden sollen (wobei auch hier allerdings der Generalvorbehalt der Finanzierbarkeit gelten dürfte).

Hervorzuhebende Punkte:

– Umstellungssatz bei Sparguthaben, Löhnen und Renten 1:1 nach vorherigen Zuschlägen für Subventionsabbau; Streichung bzw. Umbewertung der Inlandsschulden der Betriebe.

    Hier sind schwierige Auseinandersetzungen zu erwarten.

– Genereller Finanzausgleich sowie Anschubfinanzierung durch uns für Sozialunion, Umwelt- und Energiepolitik.

    Auch hier Konfliktpotential.

– Positiv: Festlegung einer Wirtschafts- und Sozialpolitik, die an sozialer, ökologischer Marktwirtschaft orientiert ist; Abstimmung dieser Politik mit uns. Leitsätzegesetz sowie Übernahme bestimmter Gesetze von uns; Finanz- und Steuersystem nach unserem Vorbild.

– Forderung nach gleichberechtigter Teilnahme der Vertreter der DDR-Länder im Zentralbankrat.

– Gegliedertes Sozialversicherungssystem mit schrittweiser Anhebung der Renten auf 70% des Durchschnittslohnes nach 45 Versicherungsjahren.

– Offene Vermögensfragen (Eigentum) an zahlreichen Stellen angesprochen. Einige Grundsätze werden festgelegt (Festschreibung von Enteignungen aufgrund Besatzungsentscheidungen, Festschreibung der Bodenreform, im übrigen differenzierte Entschädigungsregelungen unter Berücksichtigung der Rechtmäßigkeit); im übrigen

---

2 Nr. 201A Anm. 1.
3 Nr. 96 Anm. 1.
4 Entwurf Verfassung der Deutschen Demokratischen Republik, Arbeitsgruppe „Neue Verfassung der DDR" des Zentralen Runden Tisches, Berlin-Niederschönhausen, 4. April 1990, mit Begleitschreiben an die Abgeordneten der Volkskammer; BArch, B 136/29110, 122 – 10100 Bu 24 NA 2 Bd. 2.

Verweis auf zu erlassende Gesetze. Von uns wird Anerkennung im Staatsvertrag erwartet.
- Privatisierung des Volkseigentums über Treuhandgesellschaft mit Ausgabe von Anteilscheinen an DDR-Bürger (auch an bis zum Stichtag zurückgekehrte Übersiedler-Anreize für DDR-Bürger, die in der DDR geblieben sind oder dorthin zurückkehren); die Frage des Entgelts für den Erwerb von Anteilscheinen bleibt unklar.

Weitere Bereiche:
Teilweise sehr lang, aber häufig unscharf:
Umwelt, Energie, Landwirtschaft (Eigentumsfragen!), Kultur, Medien, Wissenschaft und Bildung.
Zu dem Komplex bereitet Abteilung 4 gesonderte Aufzeichnung vor.[5]

3. Außen- und Sicherheitspolitik
Aussagen über Verzahnung der deutschen Einigung mit gesamteuropäischem Einigungsprozeß stimmen mit unseren Vorstellungen im Kern überein, aber Unterschiede im Detail und in der Vorgehensweise, insbesondere:
- polnische Westgrenze (Paraphierung Grenzvertrag schon vor staatlicher Einigung entsprechend polnischen Vorstellungen);
- Mitgliedschaft des geeinten Deutschland in der NATO anerkannt, aber Vorbehalt: bisherige Grundsätze und Strategie der NATO, wie z.B. Vorneverteidigung, flexible response, sollen aufgegeben werden;
- problematisch auch Vorstellung einer intensivierten politischen Zusammenarbeit im WP.
Zu diesem Komplex bereitet Abteilung 2 gesonderte Aufzeichnung vor.[6]

4. Aussagen zur Innenpolitik:
- Auffallend: Fehlen von Aussagen zur Polizeistruktur.
- Geplant: wirkliche Abschaffung aller Reste der Staatssicherheit. Keine Geheimpolizei, kein Verfassungsschutz mit „polizeilichen bzw. strafprozessualen Befugnissen". Umkehrschluß: Ohne solche Befugnisse könnte Verfassungsschutz errichtet werden (etwa wie bei uns).
- SED-Vergangenheit soll aufgearbeitet werden bis hin zur Enteignung unrechtmäßig erworbenen Vermögens von SED/PDS;
- Verwaltungsreform einschließlich Reduzierung der Staatsbediensteten („vorerst" kein Berufsbeamtentum);
- Aufbau eines Rechtsschutzsystems nach unserem Vorbild, Entlassung belasteter Richter und Staatsanwälte.

Duisberg

5 Nr. 246.
6 Nr. 249.

Nr. 246
Vorlage des Regierungsdirektors Nehring an Bundeskanzler Kohl
Bonn, 17. April 1990

BK, 421 – 60000 Wi 3 Bd. 2. – Az. 422 – 35006 Wi 3. Vorlage über GL 42, AL 4 und Chef BK – je gesondert. Zur Information. Mit Paraphe: „E[isel] 18/4". Hs. von Bundeskanzler Kohl vermerkt: „R[udolf] Seiters erl."

Betr.:   DDR-Koalitionsvereinbarung vom 12. April 1990
        hier: wirtschafts- und sozialpolitische Aussagen

1. Alles in allem ist die o.g. Koalitionsvereinbarung ein ermutigender Schritt nach vorn. Entgegen manchen Befürchtungen läßt sie bei den kommenden Verhandlungen über einen Staatsvertrag zur Schaffung einer Währungsunion mit Wirtschafts- und Sozialgemeinschaft genügend Spielraum. (In der Präambel ist zum Inhalt des künftigen Staatsvertrages festgehalten, daß dieser den Koalitionsvereinbarungen „in ihren Grundzügen entsprechen" muß.)
Für die Währungsumstellung wird grundsätzlich von einem Umtauschsatz von 1:1 ausgegangen. Dabei werden allerdings für Verbindlichkeiten von Betrieben/[im] Wohnungswesen sowie für Einlagen der Sparer (ab einer bestimmten, aber nicht fixierten Höhe) auch andere Umtauschsätze bzw. Verwendungseinschränkungen offengehalten.
Problematisch: Vor der 1:1-Umstellung von Löhnen/Renten sollen diese noch um einen Teuerungsausgleich erhöht werden!
Anschubfinanzierung durch die Bundesrepublik erwarten die Koalitionspartner nicht nur für die Arbeitslosen- und Rentenversicherung, sondern auch für die Sozialversicherung (z. B. Krankenversicherung), für Infrastruktur, Umweltschutz und Landwirtschaft.
Darüber hinaus wird von der Bundesrepublik ein genereller Finanzausgleich zur Finanzierung des DDR-Staatshaushalts gefordert; zusätzlich Finanzhilfen für bestehende und neue Betriebe, namentlich kleine und mittlere Unternehmen.

2. Die Koalitionsvereinbarung zeichnet sich besonders dadurch aus, daß der direkte Weg zur Sozialen Marktwirtschaft eingeschlagen werden soll, indem weitgehend die notwendigen Gesetze und Strukturen der Bundesrepublik ganz oder in angepaßter Form übernommen werden:
Zum Beispiel:
   – Arbeitsförderungsgesetz, Tarifvertragsgesetz, Mitbestimmung, Sozialversicherung, Familienlastenausgleich (einkommensunabhängiges Kindergeld, aber keine Kinderfreibeträge),
   – Stabilitäts- und Wachstumsgesetz, Kartellgesetz, Niederlassungsgesetz, Berufs-, Vertrags- und Gewerbefreiheit,
   – Steuersystem (insbesondere günstige Bedingungen für Investoren sowie kleine und mittlere Unternehmen),
   – Umweltgesetz, Umwelthaftung, gestaffelte Schadstoffabgaben,
   – Ausbildungsförderung (BAföG analog),
   – Agrargesetz (Heranführen an EG-Markt),
   – Mediengesetz (auch private Anbieter).
Dabei werden Übergangszeiten – analog Saarland – angestrebt.
Gesetze, die eine rasche marktwirtschaftliche Entwicklung der Wirtschaft massiv behindern, sollen meist ersatzlos gestrichen werden: z. B. Joint-venture-Verordnung, Außenwirtschafts- und Devisenmonopol, Gewerkschaftsgesetz.
Vergleichsweise mutig sind die Koalitionspartner bei den Mieten: Hier ist eine Mietpreisbindung in Abhängigkeit künftig steigender Einkommen vorgesehen, wobei – schrittweise – Kostenmieten angestrebt werden (flankierend: Wohngeld, Kündigungsschutz).

3. Aus unserer Sicht problematischer sind dagegen:
   – Aufnahme sozialer Sicherungsrechte (Recht auf Arbeit, Wohnung und Bildung) als nicht einklagbare Individualrechte in Verfassung/Grundgesetz in Form von Staatszielbestimmungen;
   – eher investitions- und wachstumshemmende Regelungen zum Staatseigentum:
     ○ Gebietsfremden wird nur ein Erbpachtrecht mit Vorkaufsrecht nach 10 Jahren (dann aber zu Marktpreisen!) zugebilligt,
     ○ die betrieblichen Vermögen sollen – gemäß einem relativ detaillierten Modell-Vorschlag – über einen von der Treuhandgesellschaft organisierten Fonds privatisiert werden mit gestaffelter Privilegierung von – auch ehemaligen – DDR-Bürgern beim Erwerb von Anteilen (während Übergangszeit bis Oktober 1994 nicht frei handelbar).

Aus der Behandlung der Eigentumsfrage schimmert immer noch die alte ideologisch gefärbte „Ausverkaufsangst" heraus.

S. Nehring

Nr. 247
Vorlage des Ministerialdirigenten Busse an den Chef des Bundeskanzleramtes Seiters
Bonn, 17. April 1990

BK, 422 – 35400 Ve 2 Bd. 1. – Vorlage über AL 3. Kopie: GL 22.

Betr.:   Bildung eines gesamtdeutschen Parlaments;
          hier: Verfassungsrechtliche Problematik der Verkürzung/Verlängerung der Wahlperiode
Bezug: Ihr Auftrag vom 17. April 1990

I. Sachstand

Die öffentliche Diskussion um die Frage des möglichen Zeitpunktes gesamtdeutscher Wahlen gibt Anlaß, die verfassungsrechtliche Zulässigkeit
– entweder einer Verlängerung der laufenden 11. Wahlperiode
– oder einer Verkürzung der kommenden 12. Wahlperiode
zu überprüfen.
1. Bundesminister Schäuble äußerte sich in einem DLF-Interview vom heutigen Tage[1] dahin, daß das Grundgesetz die Verlängerung der laufenden Legislaturperiode nicht zulasse, daß eine vorzeitige Auflösung des 12. Deutschen Bundestages jedoch durchaus denkbar sei, dies aber am besten durch Verfassungsänderung in der 11. Wahlperiode zu geschehen habe. Ähnlich hat sich Bundesminister Engelhard unlängst geäußert.
FDP-Vorsitzender Graf Lambsdorff schließt demgegenüber – ebenfalls in einem Rundfunkinterview[2] – die Verlängerung der laufenden Legislaturperiode bis zu gesamtdeut-

---

1   Interview des Deutschlandfunks mit Bundesminister Schäuble in der Sendung „Informationen am Morgen" am 17. April 1990, 7.15 Uhr, in: Der Bundesminister des Innern teilt mit. Informationsdienst des Bundesministeriums des Innern. Bonn. 17. April 1990 (abgedruckt in: Deutschland 1990. Bd. 3, 1192–1198).
2   Interview des Vorsitzenden der FDP, Graf Lambsdorff, mit dem Norddeutschen Rundfunk für die Sendung „Guten Morgen", 17. April 1990, in: fdk – Freie Demokratische Korrespondenz. Pressedienst der Freien Demokratischen Partei. Ausgabe 101. 18. April 1990 (abgedruckt in: Deutschland 1990. Bd. 3, 1215 f.).

schen Wahlen etwa im Frühjahr 1991 nicht aus. Eine Verkürzung der Wahlperiode des nächsten Bundestages könne demgegenüber nur in Betracht kommen, wenn schon der jetzige Bundestag dafür eine verfassungsrechtliche Grundlage schaffe.

2. Das geltende Verfassungsrecht sieht Änderungen der auf vier Jahre bestimmten Dauer der Wahlperiode (Art. 39 Abs. 1 GG) nicht vor.

Auch ein Selbstauflösungsrecht des Bundestages ist grundgesetzlich nicht gegeben. Während der Legislaturperiode kann eine Auflösung herbeigeführt werden, wenn ein Antrag des Bundeskanzlers, ihm das Vertrauen auszusprechen, nicht die Zustimmung der Mehrheit der Mitglieder des Bundestages findet (Art. 68 GG). Außerdem kann der Bundespräsident den Bundestag auflösen, wenn es dem Parlament nicht gelingt, mit absoluter Mehrheit einen Bundeskanzler zu wählen (Art. 63 Abs. 4 GG). Weitere Auflösungsmöglichkeiten enthält das Grundgesetz nicht.

II. Bewertung

1. Eine Verlängerung der laufenden Wahlperiode
ist nach ganz herrschender Meinung verfassungswidrig. Hierin stimmen BMI und BMJ – auf der Grundlage auch des verfassungsrechtlichen Schrifttums – überein.

Die zeitliche Begrenzung der Wahlperiode ist Ausdruck des Demokratieprinzips, nach dem die Volksvertretungen in regelmäßigen, im voraus bestimmten Abständen durch Wahlen abgelöst und neu legitimiert werden. Es ist unzulässig, daß die Gewählten durch Verfassungsänderung ihre eigene Wahlzeit verlängern und damit die Grundlagen ihres vom Volk zeitlich fixierten Mandats selbst verändern. Der Wähler muß bei der Wahl wissen, für wie lange er den zu Wählenden seine Stimme gibt.

2. Eine Verkürzung der laufenden – dann 12. – Wahlperiode
anläßlich des Beitritts der DDR kann nicht ohne Schwierigkeiten auf Art. 68 GG gestützt werden: Die Vertrauensfrage dient vornehmlich dazu, die Regierungsfähigkeit wiederherzustellen oder zu behalten, nicht aber dazu, etwaige verfassungspolitische Legitimationsdefizite des nur im bisherigen Bundesgebiet gewählten Bundestages für gesamtdeutsche Akte zu kompensieren. Der Ausnahmefall von 1982/83 ist vom BVerfG in seiner Entscheidung vom 16. 2. ⟨1983⟩[3] nur unter engen Voraussetzungen für zulässig erklärt worden: Der Bundeskanzler sollte dieses Verfahren nur anstrengen dürfen, „wenn es politisch für ihn nicht mehr gewährleistet ist, mit den im Bundestag bestehenden Kräfteverhältnissen weiterzuregieren. Die politischen Kräfteverhältnisse im Bundestag müssen seine Handlungsfähigkeit so beeinträchtigen oder lähmen, daß er eine vom stetigen Vertrauen der Mehrheit getragene Politik nicht sinnvoll zu verfolgen vermag."

Die Möglichkeit einer Verfassungsänderung zur Einführung eines Selbstauflösungsrechts in der laufenden Wahlperiode zwecks deren Verkürzung wird ganz überwiegend verneint. Auch wenn insoweit die Argumente weniger gewichtig als im Fall einer unmittelbar wirksamen Verlängerung sind, so wäre eine derartige Verfahrensgestaltung doch mit erheblichen verfassungsrechtlichen Risiken behaftet. BMJ hält diese Risiken für unter Umständen tragbar, BMI würde sie nicht mehr hinnehmen wollen.

3. Selbstauflösung des nächsten Bundestages, wenn in der gegenwärtigen 11. Wahlperiode eine dahingehende Verfassungsänderung vorgenommen würde (Ergänzung des Art. 23 oder des Art. 39 GG), wäre verfassungsrechtlich denkbar. Im BMI werden dazu folgende Einwände erwogen:

---

3 ⟨ ⟩ Von den Bearbeitern korrigiert aus: „1987". Urteil des Zweiten Senats des Bundesverfassungsgerichts vom 16. Februar 1983 in: Entscheidungen des Bundesverfassungsgerichts. Hg. von den Mitgliedern des Bundesverfassungsgerichts. 62. Bd. Tübingen 1983, 1–116.

a) Im Falle einer Selbstauflösung sei nicht wie im Falle einer Nachwahl oder Entsendung von Abgeordneten aus der DDR gewährleistet, daß sofort handlungsfähige Organe des Gesamtstaates zur Verfügung stehen, die im bisherigen DDR-Gebiet gesicherte verfassungsrechtliche Strukturen herbeiführen und den Auftrag zur Herstellung der Rechtseinheit nach Art. 23 Satz 2 GG zu erfüllen imstande sind. Die Einfügung einer Möglichkeit zur Selbstauflösung/Neuwahl und Neukonstituierung könnte die Annahme nahelegen, der legal gewählte Bundestag sei verfassungspolitisch nicht mehr für gesamtdeutsche Gesetzgebungsaufträge legitimiert.

b) Bei einer einheitlichen Wahl in Gesamtdeutschland dürften wahlrechtlich einheitliche Bedingungen für das gesamte Wahlgebiet anzustreben sein. Die 5%-Klausel sollte sich möglichst auf die gesamtdeutsche Stimmbevölkerung beziehen. Das hieße, daß die nur auf dem bisherigen DDR-Gebiet antretenden Parteien die Mindestschwelle erst bei etwa 20% – bezogen auf ihr Territorium – überspringen würden.

Diese Einwände dürften allerdings nicht zwingend sein: Dem Einwand zu a) könnte durch entsprechende Zeitpläne für das Wirksamwerden des Beitritts und für Neuwahlen entgegengewirkt werden. Zu b): Bis zu einem gemeinsamen Wahlrecht in Deutschland sind Übergangsregelungen (z. B. zur 5%-Klausel) denkbar.

III. Votum

Gesamtdeutsche Wahlen im Jahre 1991 dürften – in verfassungsrechtlich unangreifbarer Weise – nur zu erreichen sein, wenn noch in dieser Wahlperiode für den künftigen Bundestag das grundgesetzliche Recht geschaffen würde, sich angesichts der eingetretenen deutschen Einigung selbst aufzulösen. Hierüber sollte alsbald eine politische Entscheidung getroffen werden.

Bu
(Dr. Busse)

Nr. 248
Vorlage des Ministerialdirigenten Duisberg an Bundeskanzler Kohl
Bonn, 19. April 1990

BArch, B 136/20225, 221 – 34900 De 1 Bd. 109. – Vorlage über Chef BK. Kopien: StM Stavenhagen, AL 2, AL 4, AL 5. Zur Unterrichtung. Mit Stempel: Der Leiter des Kanzlerbüros, 20. April 1990. Hs. vermerkt: „erl. K[ohl]".

Betr.: Regierungserklärung von Ministerpräsident de Maizière am 19. April 1990

Die Regierungserklärung von MP de Maizière vor der Volkskammer am 19.04.1990[1] folgt in ihren Aussagen zur Gestaltung des künftigen politischen Kurses zwar insgesamt den Vorgaben aus der Koalitionsvereinbarung vom 12.04.1990[2], bleibt aber in wichtigen Punkten dahinter zurück. Betont wird der Wille zu einem völligen Neuanfang; jedoch wird auf eine polemische Auseinandersetzung mit dem früheren System verzichtet. Die problematische Wirtschafts- und Finanzlage wird nicht dargestellt. Daß die neue Regierung eine schwere

---

1 Regierungserklärung des Ministerpräsidenten de Maizière auf der 3. Tagung der Volkskammer, 19. April 1990, in: Volkskammer. 10. Wahlperiode. Protokolle. Bd. 27, 41–51.
2 Nr. 245 Anm. 1.

Erblast übernommen hat, ergibt sich nur indirekt aus der Aufzählung alles dessen, was neu geordnet werden soll.

Eine zentrale Aussage ist andererseits das Ja zur Einheit. Der Wille, in der DDR-Strukturen zu schaffen, die denen der Bundesrepublik entsprechen, durchzieht die ganze Erklärung. Verbunden damit sind ein Appell an die Sowjetunion, die deutsche Einheit nicht als Bedrohung zu empfinden, und wiederholte Versicherungen, daß die Beziehungen zur Sowjetunion nicht Schaden erleiden sollen.

Bemerkenswert ist die Würde und das Selbstbewußtsein, mit der de Maizière einleitend zu Fragen der Vergangenheitsbewältigung Stellung nimmt und das Mitspracherecht der DDR für den Weg zur deutschen Einheit einfordert.

Im einzelnen:

1. Der Erörterung der einzelnen Politikbereiche vorangestellt ist ein ausgewogener und selbstbewußter allgemeiner Teil, in dem die Rahmenbedingungen für den demokratischen Neuanfang definiert werden. Hervorzuheben sind folgende Kernaussagen:
   - Klares Ja zur Einheit über vertraglich zu vereinbarenden Weg gemäß Art. 23 GG.
   - Einheit „so schnell wie möglich, aber so gut, so vernünftig, so zukunftsfähig wie nötig".
   - Über den Weg dahin wird DDR-Regierung ein entscheidendes Wort mitreden. (Ein Votum für Berlin als künftige Hauptstadt Deutschlands findet sich dagegen nur an versteckter Stelle im Zusammenhang mit der Sportpolitik bei Befürwortung Olympischer Spiele in Berlin.)

Deutlich ist das Bemühen, zur inneren Befriedung der DDR beizutragen (klare Zusage, ehemaligen Staatssicherheitsdienst restlos aufzulösen).

Eine längere Passage ist dem Dank an verschiedene Personen und Kräfte gewidmet, die den politischen Neuanfang der DDR gefördert haben. Genannt werden an erster Stelle Gorbatschow, ferner demokratische Gruppierungen in der DDR, Freiheitsbewegungen in östlichen Nachbarstaaten (Solidarność), das ungarische Volk, die Bürger der Bundesrepublik Deutschland, westliche Medien, verantwortliche Politiker der Bundesrepublik (BP von Weizsäcker, BK Kohl, Brandt, Genscher), Hans Modrow sowie die Kirchen in der DDR.

Der Dank an die Bürger der Bundesrepublik Deutschland für die seit Sommer vorigen Jahres erwiesene Hilfsbereitschaft wird verbunden mit dem Appell an weitere Gemeinsamkeit und Solidarität („Die Teilung kann tatsächlich nur durch Teilen aufgehoben werden"). Diesem Appell wird eine selbstbewußte „Bilanz" der von der DDR in die deutsche Einheit einzubringenden Werte gegenübergestellt („unser Land und unsere Menschen, Fleiß, Ausbildung, Improvisationsgabe, Sensibilität für soziale Gerechtigkeit, für Solidarität und Toleranz, bittere und stolze Erfahrungen an der Schwelle zwischen Anpassung und Widerstand, Identität und Würde").

2. Im programmatischen Teil ist das Bemühen erkennbar, die Positionen verbindlicher zu formulieren als in der Koalitionsvereinbarung: Manche problematischen Punkte werden nicht erwähnt (z. B. Fristenlösung bei Schwangerschaftsabbruch).

Den Schwerpunkt bilden Ausführungen zum Prozeß der Umstellung vom staatlichen Plandirigismus auf die soziale Marktwirtschaft, der in „hohem Tempo, aber auch in geordneten Schritten" erfolgen müsse. Ziel und Orientierungsrahmen ist durchgängig die Rechts- und Wirtschaftsordnung in der Bundesrepublik Deutschland bzw. der EG bei gleichzeitigem Votum für großzügige Übergangsregelungen. Betont wird andererseits auch die Sicherung der Eigentumsrechte aus Bodenreform und nach Treu und Glauben erfolgtem Erwerb.

Die Grundlagen für die Wirtschafts-, Währungs- und Sozialunion sollen in den nächsten acht bis zehn Wochen geschaffen werden; die Währungsumstellung soll auf der Basis eines „grundlegenden Kurses von 1:1" erfolgen, bei Löhnen und Renten Zuschlag <u>vor</u> Währungsumstellung, weitgehende Streichung, mindestens Herabsetzung der Inlandsschulden von Betrieben (weitere Aussagen schließen Flexibilität bei Umstellungsverhältnis allerdings nicht völlig aus).

Das Preissystem soll umfassend geändert und eine neue Steuergesetzgebung eingeführt werden. Zur Arbeitslosigkeit wird ein Arbeitsförderungsprogramm vorgesehen. Im laufenden Jahr 1990 sollen 500000 Arbeitsplätze vor allem im Mittelstandsbereich neu geschaffen werden. In der Wohnungspolitik spricht sich die Regierungserklärung für ein soziales Mietrecht mit Mietpreisbindung, Kündigungsschutz, Wohngeld, aber auch Anreizen zur Eigentumsbildung aus.

In der Energiepolitik wird ein baldiger Energieverbund mit der Bundesrepublik angestrebt. Der Braunkohleabbau soll aus Umweltschutzgründen reduziert werden, statt dessen stärkerer Einsatz von Erdöl, Steinkohle und Erdgas; auf absehbare Zeit kein Verzicht auf Kernenergie.

Weitere innenpolitische Schwerpunktthemen sind die Stärkung der Rechtsstaatlichkeit und die Dezentralisierung:

- Ausbau des Rechtswesens (Verfassungs- und Verwaltungsgerichtsbarkeit),
- Einführung der Länder 1991 (Wahlen hierzu im Herbst 1990),
- Verlagerung der Kultur und Polizeihoheit auf die Länder.

Der ans Ende gestellte außenpolitische Teil ist zurückhaltender und insgesamt blasser als entsprechende Passagen des Koalitionspapiers:

- Zur polnischen Westgrenze: völkerrechtlich verbindliche Anerkennung, wie sie im Görlitzer Vertrag der DDR mit Polen[3] und im Warschauer Vertrag der Bundesrepublik mit Polen[4] beschrieben ist, aber keine Festlegung auf ein bestimmtes Verfahren.
- Keine Aussagen zur NATO-Mitgliedschaft Deutschlands; dafür allgemeine Ausführungen zur Unterstützung des Prozesses der Ablösung der Militärbündnisse durch Sicherheitsstrukturen mit immer weniger militärischen Funktionen.

Eine reduzierte NVA soll für eine Übergangszeit beibehalten werden. Die DDR tritt aber für eine dramatische Reduzierung aller deutschen Streitkräfte ein; Vorreiterrolle im Abrüstungsprozeß.

Betont wird die Garantie der Vertragstreue gegenüber der Sowjetunion (Außenhandelsverpflichtungen müssen strikt eingehalten werden) und gegenüber den anderen osteuropäischen Staaten. Nicht unproblematisch ist andererseits die Aussage über Loyalität gegenüber der Warschauer-Pakt-Organisation, deren Sicherheitsinteressen in den Verhandlungen stets berücksichtigt werden sollen, sowie die Absicht zur Intensivierung der politischen Zusammenarbeit im Rahmen des Bündnisses.

Duisberg

---

3 Nr. 92 Anm. 11.
4 Nr. 8 Anm. 4.

Nr. 249
Vorlage des Ministerialdirigenten Hartmann an Bundeskanzler Kohl
Bonn, 19. April 1990

BK, 212–35400 De 39 NA 4 Bd. 1. – Mitverfasser: VLR Westdickenberg. Vorlage über Chef BK. Mit Stempel: Der Leiter des Kanzlerbüros, 23. April 1990. Hs. von Bundeskanzler Kohl vermerkt: „Teltschik erl."

Betr.: Regierungserklärung von MP de Maizière
hier: Bewertung der außen- und sicherheitspolitischen Aussagen
Anlg.: – 1 –

1. **Votum**
Kenntnisnahme

2. **Sachverhalt**
Mit insgesamt 4 von 31 Seiten ist der außen- und sicherheitspolitische Teil der Regierungserklärung vom Umfang her kein Schwerpunkt, allerdings der Schlußpunkt der Rede. Er konzentriert sich auf
– ein klares Bekenntnis zu Europa und zur Einbettung des deutschen Einigungsprozesses in den europäischen mit dem Ziel: „Schaffung einer gesamteuropäischen Ordnung des Friedens, der Demokratie und der Zusammenarbeit";
– eine Bekräftigung der bestehenden Grenzen, insbesondere Anerkennung der polnischen Westgrenze (keine Aussage zum Procedere!);
– eine prononcierte Betonung der Abrüstungspolitik mit der Zielvorgabe, die Militärbündnisse durch bündnisübergreifende Strukturen abzulösen (keine Erwähnung der NATO!);
– ein Unterstreichen der besonderen Bedeutung des KSZE-Prozesses;
– eine Versicherung gegenüber der Sowjetunion und den übrigen WP-Staaten, daß ihre Sicherheitsinteressen berücksichtigt und die Außenhandelsverpflichtungen strikt eingehalten werden;
– eine knappe Aussage zum Sicherheitsstatus der DDR mit sowjetischen Streitkräften neben einer stark reduzierten NVA.
Folgende Einzelpunkte sind besonders hervorzuheben:
– Die Ablösung der alliierten Rechte für Berlin und Deutschland als Ganzes soll im Rahmen der „2-plus-4"-Gespräche erfolgen, die insgesamt in den Gesamtrahmen des KSZE-Prozesses zur Schaffung einer gesamteuropäischen Friedensordnung gehörten.
– Vorschläge zur Institutionalisierung des KSZE-Prozesses: Sicherheitsagentur zur Verifikation, Organ zur Streitschlichtung, gemeinsamer ständiger Rat der Außen- und Verteidigungsminister.
– Bekenntnis zum stufenweisen Abbau der militärischen Verpflichtungen der DDR, aber Intensivierung der politischen Zusammenarbeit im WP (Initiative gegenüber anderen WP-Staaten angekündigt).
– Unterstützung einer stufenweisen Erweiterung der EG im Hinblick auf die osteuropäischen Staaten, Interesse an Beitritt zur europäischen Menschenrechtskommission und an Teilnahme an Beratungen des Europarates und der EPZ(!).
– Zweimalige Erwähnung (einmal außerhalb des außenpolitischen Teils) der Herausforderungen im Nord-Süd-Konflikt: strukturelle Ungerechtigkeit als das eigentliche Problem der Welt.

3. **Bewertung**
Der Stellenwert der Außen- und Sicherheitspolitik in der Regierungserklärung dürfte angemessen sein im Hinblick auf die großen Anforderungen im Bereich der Innen- und

Wirtschaftspolitik und im Hinblick auf die zu schaffende Wirtschafts-, Währungs- und Sozialunion mit der Bundesrepublik Deutschland.

Begrüßenswert ist insbesondere das klare Bekenntnis zu Europa.

Positiv zu vermerken ist, daß u. a. folgende Aussagen aus der Koalitionsvereinbarung[1] nicht wiederholt werden:

– die Forderung nach Paraphierung eines Grenzvertrages mit Polen durch beide deutsche Staaten;
– die Forderung nach dem völligen Abzug der Nuklearwaffen von deutschem Boden;
– die Festsetzung der Größe (gesamt-)deutscher Streitkräfte in Relation zu den von den USA und der SU in Mitteleuropa stationierten Truppen sowie ihre Reduzierung im Vorgriff auf VKSE-I-Ergebnisse;
– die Gleichsetzung amerikanischer und sowjetischer Streitkräfte in Deutschland; es bleibt lediglich bei Aussagen zu den sowjetischen Truppen (Präsenz für Übergangszeit).

Diese Veränderungen gegenüber dem Koalitionspapier dürften auf unsere Gespräche am Ostermontag in Ost-Berlin zurückzuführen sein.[2] Dies muß aber nicht heißen, daß wir in Zukunft mit Fragen wie „Denuklearisierung" nicht mehr zu rechnen haben.

Sehr problematisch erscheint insbesondere, daß die NATO und die NATO-Mitgliedschaft eines geeinten Deutschlands überhaupt nicht erwähnt werden. In der Koalitionsvereinbarung hingegen wurde die NATO-Mitgliedschaft eines geeinten Deutschlands – wenn auch mit problematischen Kauteln – befürwortet. Verstärkt wird dieser gravierende Mangel dadurch, daß an anderer Stelle von einer „Loyalität gegenüber dem WP" und einer Initiative gegenüber den übrigen WP-Staaten gesprochen wird, die politische Zusammenarbeit zu intensivieren. Daß andererseits die problematischen Forderungen der Koalitionsvereinbarung wie Aufgabe der Vorneverteidigung und der Strategie der flexiblen Erwiderung fehlen, gleicht die Nichterwähnung der NATO nicht aus.

Wünschenswert wären klare Absagen an eine Demilitarisierung und an eine Neutralisierung Deutschlands – beides fehlt – und präzise gefaßte Aussagen zum Schicksal der NVA gewesen. (Im Koalitionspapier wurde lediglich generell von „deutschen Streitkräften" auf dem heutigen Gebiet der DDR gesprochen, nicht wie jetzt von der „NVA".) Ministerpräsident de Maizière hatte gegenüber Herrn AL 2 und mir ausdrücklich betont, daß ein Kern der NVA weiterbestehen werde, ohne dies zeitlich zu begrenzen.

Die Feststellung, die DDR-Regierung werde bis zur Vereinigung Deutschlands über die Ausdehnung der EG auf die heutige DDR verhandeln, ist problematisch. Es sollte vielmehr angestrebt werden, daß sich die beiden deutschen Regierungen in dieser Frage abstimmen und dann gemeinsam auf die EG-Kommission zugehen.

Vorsicht empfiehlt sich gegenüber einer Verknüpfung zwischen den „2-plus-4"-Gesprächen und dem KSZE-Prozeß, wie sie in der Regierungserklärung anklingt: Gefahr des Mißverständnisses, daß die 35 KSZE-Staaten Mitspracherecht hätten.

Der „idealistische Grundton" – der nicht nur den außen- und sicherheitspolitischen Teil durchzieht – ist prinzipiell nicht anfechtbar, läßt aber auch Bereiche erahnen, in denen sich zukünftig Probleme ergeben könnten: so z. B. die Hinweise auf Errichtung einer „gerechteren internationalen Wirtschaftsordnung", auf die Friedensbewegung als Fundament der demokratischen Erneuerung.

Die besondere Betonung der Abrüstung („Vorreiterrolle" der DDR) beschränkt sich auf allgemeine Aussagen, bleibt aber im Detail vergleichsweise blaß: „Drastische Reduzierung aller deutschen Streitkräfte", Forderung nach einem globalen Verbot chemischer

---

1   Nr. 245 Anm. 1.
2   Nr. 244; Teltschik, 329 Tage, 197–199.

Waffen noch in diesem Jahr, Hoffnung auf Abschluß der START-Verhandlungen in diesem Jahr. Die Wiener VKSE-Verhandlungen werden an keiner Stelle ausdrücklich erwähnt.

Mit Ausnahme des Hinweises auf das Selbstbestimmungsrecht der Völker im Nahen Osten werden keine Krisenregionen erwähnt.

Auffällig ist der vorrangige Dank an Generalsekretär Gorbatschow persönlich und das Bekenntnis zu freundschaftlicher Zusammenarbeit mit der Sowjetunion. Ministerpräsident de Maizière dankt danach ausdrücklich der „Solidarität" in Polen, hebt L. Walesa und V. Havel besonders hevor und erinnert an die Öffnung des Eisernen Vorhangs in Ungarn (in dieser Reihenfolge).

Hartmann

Nr. 250
Non-paper der Regierung der UdSSR
19. April 1990

BK, 212 – 35400 De 39 NA 2 Bd. 3. – Vom Sprachendienst des Auswärtigen Amtes überprüfter Übersetzungstext. – Inoffizielle Übersetzung mit Vorlage des MDg Hartmann an LASD und GL 42, 19. April 1990 (BArch, B 136/21664, 222 – 35023 Wä 1 Bd. 2): „Anliegend übersende ich ein Non-paper, das mir heute der sowjetische Geschäftsträger überreicht hat. Überprüfung der Übersetzung durch den Sprachendienst des Auswärtigen Amtes ist von mir veranlaßt. Zusatz Herrn LASD: Chef BK bittet Sie um eine kurze Vorlage zu dem sowjetischen Papier", hs. ergänzt: „Sofort auf den Tisch!".

Wie bekanntgeworden ist, hat die Regierung der BRD den Entwurf eines „Vertrages über die Schaffung einer Währungs-, Wirtschafts- und Sozialunion der Bundesrepublik Deutschland und der Deutschen Demokratischen Republik" vorbereitet. Die Einsichtnahme in den Inhalt dieses Entwurfes, wie er in der Presse der BRD veröffentlicht wurde,[1] zeigt, daß darin die grundsätzlichen Positionen und die praktischen Interessen der Sowjetunion in deutschen Angelegenheiten aufs unmittelbarste betroffen werden.

Es fällt auf, daß der Entwurf des genannten Dokumentes sowohl in seiner Form als auch in seinem Sachgehalt eher an ein Ultimatum erinnert als an einen Vertrag zwischen zwei gleichberechtigten Seiten: Er sieht eine vollständige und unverzügliche Abtretung der Souveränität der DDR im Finanz-, Wirtschafts- und Sozialbereich an die BRD vor. Auf diese Weise wird die DDR bereits in der Anfangsphase der Herstellung der deutschen Einheit auf ihre Selbständigkeit in den wichtigsten Bereichen des Staatslebens zu verzichten haben und die Möglichkeit verlieren, die sozialen und anderen Rechte ihrer Bürger zuverlässig abzusichern. Sehr bemerkenswert ist auch, daß ein solcher Vertrag, wie in seiner Präambel festgestellt wird, zum ersten bedeutenden Schritt in Richtung auf die staatliche Einheit der Deutschen auf der Grundlage des Artikels 23 des Grundgesetzes der BRD werden soll. Damit wird allein schon die Möglichkeit einer Vereinigung der DDR und der BRD auf gleichberechtigter Grundlage durchkreuzt. Statt dessen wird eine rechtliche Basis für die faktische Einverleibung der DDR geschaffen.

Es muß betont werden, daß ein Vertrag mit solchen Bedingungen keine akzeptable Grundlage für die Herstellung der staatlichen Einheit Deutschlands auch hinsichtlich der gebüh-

---

1 Zu diesem Entwurf, vom 4. April 1990 datierend: „Je nach Einkommensentwicklung sollen die Mieten steigen. Im Wortlaut: Auszüge aus den Bonner ‚Leitsätzen' für eine deutsch-deutsche Wirtschafts- und Währungsunion", in: Frankfurter Rundschau. 46. Jg. Nr. 89. 17. April 1990, 6. Das Arbeitspapier der Bundesregierung vom 24. April 1990 (Nr. 256) stellte eine überarbeitete und erweiterte Fassung dar.

renden Gewährleistung der Rechtsnachfolge in den internationalen Verpflichtungen der DDR bilden kann. Dies würde den Interessen der Sowjetunion und anderer Länder unvermeidlich Schaden zufügen sowie Rechte und Verantwortung der Vier Mächte berühren. Ein derartiges Vorgehen ist mit den wiederholten Versicherungen der Bundesregierung, nichts hinter dem Rücken der Vier Mächte zu unternehmen und sie nicht vor vollendete Tatsachen zu stellen, kaum zu vereinbaren. Die sowjetische Seite hat bereits ihre negative Haltung zur Anwendung des Artikels 23 des Grundgesetzes der BRD für das Ziel der deutschen Vereinigung zum Ausdruck gebracht und macht die Bundesregierung erneut darauf aufmerksam. Die Perspektive der Schaffung der Währungs-, Wirtschafts- und Sozialunion der DDR und der BRD, die sich, wie wir hoffen, auf einer gleichberechtigten, geordneten und gegenseitig annehmbaren Grundlage gestalten wird, wirft das schwerwiegende Problem der Erarbeitung von Maßnahmen zur Erfüllung der wirtschaftlichen Verpflichtungen der DDR gegenüber der Sowjetunion auf. Wir verlassen uns auf die Versicherungen der Bundesregierung, daß unter Berücksichtigung der weitverzweigten Handels- und Wirtschaftsverbindungen der UdSSR mit der DDR im Zuge der Vereinigung der beiden deutschen Staaten der UdSSR kein volkswirtschaftlicher Schaden zugefügt wird, und wir rechnen mit konkreten Schritten der BRD zur Untermauerung dieser Versicherungen.

Nr. 251
Vorlage des Ministerialdirigenten Duisberg an Bundeskanzler Kohl
Bonn, 19. April 1990

BK, 212 – 35400 De 39 NA 2 Bd. 3. – Vorlage über Chef BK – je gesondert. Kopien: GL 21, GL 22, GL 42. Zur Unterrichtung.

Betr.: Vertrag über die Schaffung einer Währungsunion mit Wirtschafts- und Sozialgemeinschaft mit der DDR;
hier: Sowjetische Demarche vom 19.04.1990

1. In der mündlich gegenüber GL 21 vorgetragenen und als Non-paper[1] hinterlassenen Demarche des sowjetischen Geschäftsträgers wird unter Bezug auf Presseveröffentlichungen über den Vertragsentwurf geltend gemacht, daß durch einen solchen Vertrag grundsätzliche Positionen und praktische Interessen der Sowjetunion unmittelbar betroffen würden. Kern der Argumentation ist,
   – daß die DDR durch die vollständige Abtretung der Souveränität auf den Gebieten Finanzen, Wirtschaft und Soziales schon in der Anfangsphase der Herstellung der deutschen Einheit auf ihre Selbständigkeit in den wichtigsten Bereichen des Staatslebens verzichten würde;
   – dieser Vertrag auch ausdrücklich als Schritt auf dem Weg zum Beitritt nach Art. 23 GG gekennzeichnet sei, den die Sowjetunion als rechtliche Grundlage für eine faktische Einverleibung der DDR (miß-)versteht.
   Die Sowjetunion hält den Vertrag deshalb für keine akzeptable Grundlage zur Herstellung der staatlichen Einheit, befürchtet eine Gefährdung der Rechtsnachfolge hinsichtlich der internationalen Verpflichtungen der DDR und dadurch eine Beschädigung ihrer Interessen und sieht im übrigen die Rechte und Verantwortlichkeiten der Vier Mächte als berührt an.

1 Nr. 250.

Die Sowjetunion verbindet damit allerdings unmittelbar keine konkreten Forderungen hinsichtlich der Ausgestaltung des Vertrages, verweist lediglich auf ihre bekannte negative Haltung zu Art. 23 GG. Die Demarche hat insofern den Charakter einer allgemeinen Warnung. Konkrete Schritte der Bundesregierung verlangt die Sowjetunion lediglich in bezug auf die Erfüllung der wirtschaftlichen Verpflichtungen der DDR.

2. Die sowjetischen Bedenken gegen den vorgesehenen Vertrag kommen nicht überraschend. Denn dieser Vertrag nimmt – unabhängig von der Erwähnung des Art. 23 GG – in seiner Substanz den Beitritt der DDR zu einem wesentlichen Teil schon vorweg. Die Sowjetunion möchte ihrerseits vor einem solchen entscheidenden Schritt ihre eigenen Sicherheits- und Wirtschaftsinteressen abgesichert sehen. Es ist anzunehmen, daß sie dies auch möglicherweise massiver gegenüber der DDR und außerdem im Rahmen des „Zwei-plus-Vier"-Verfahrens geltend machen wird.

Bei den jetzt uns gegenüber angesprochenen Wirtschaftsinteressen geht es um die Auswirkungen des Vertrages

– auf den Handelsverkehr zwischen DDR und der Sowjetunion (wie werden die gegenseitigen Lieferverträge nach der Währungsumstellung und privatwirtschaftlicher Umwandlung der Wirtschaftsordnung im bisherigen Austauschverhältnis weitergeführt?)

– und auf die Stationierungskosten der sowjetischen Truppen in der DDR (die bisher als DDR-Exporte in die Handels- und Leistungsbilanz eingingen, aber zu einem Teil – nach BND-Berechnungen 200 bis 300 Mio. Mark/DDR – von der DDR in Form der Preis- und Tarifsubvention mitfinanziert worden sind).

Es wird darauf ankommen, mit der Sowjetunion unverzüglich Gespräche darüber aufzunehmen und dann konkrete Lösungsansätze aufzuzeigen (BMWi und AA bereiten das vor). Im übrigen müßte die Sowjetunion – ebenso wie die drei Westmächte – im Zusammenhang mit den Verhandlungen mit der DDR frühzeitig über den Inhalt des Vertrages unterrichtet werden; dabei wäre auch gegen die sowjetische Fehlinterpretation von Art. 23 GG zu argumentieren.

Duisberg

Nr. 252
Vermerk des Ministerialrats Ludewig
Bonn, 20. April 1990

BK, 212 – 35400 De 39 NA 2 Bd. 3.

Betr.: Wirtschaftsbeziehungen DDR-Sowjetunion im Zusammenhang mit der Währungsunion mit Wirtschafts- und Sozialgemeinschaft (WWU) mit der DDR

Der aktuelle Sachstand hierzu ergibt sich aus einem Gespräch, das BM Dr. Haussmann am 9. 4. 1990 mit dem stv. sowjetischen MP Sitarjan am Rande der Bonner KSZE-Konferenz geführt hat. An diesem Gespräch haben außerdem Botschafter Kwizinskij und der stv. Außenminister Obminskij teilgenommen.

In dem einstündigen Gespräch konzentrierte sich das sowjetische Interesse auf die Fragen, die sich im Hinblick auf die WWU und die spätere Einheit Deutschlands aus den außenwirtschaftlichen Verpflichtungen der DDR gegenüber der Sowjetunion ergeben:

– Die UdSSR erwarte zusätzliche Impulse für die sowjetische Wirtschaft, die über die bisherige Zusammenarbeit mit der Bundesrepublik Deutschland und mit der DDR noch hinausgehen. Das gelte sowohl für den Handel als auch für die Kooperation bis hin zu Joint-ventures.

– Auch die UdSSR wolle möglichst schnell in ihrem internationalen Handel auf konvertible Währungen übergehen, spätestens ab 1991. Hier stelle sich dann die schwierige Frage der künftigen Preise. Das gelte auch gerade im Verhältnis zur DDR. Für die UdSSR vordringlich sei die Preisgestaltung bei den umfangreichen Öl- und Gaslieferungen in die DDR. Im übrigen gehe die UdSSR generell davon aus, daß die DDR die übernommenen Verpflichtungen auf der Export- und Importseite einhalten werde, ggf. mit Hilfe der Bundesregierung, falls sie selbst dazu nicht in der Lage sei.

Stv. MP Sitarjan erklärte im übrigen, er sei derzeit noch nicht in der Lage, zu allen wichtigen Fragen spezifische Aussagen machen zu können. Man habe die Situation mit der DDR bereits mehrfach erörtert und warte nun auf die neue Regierung, mit der man die Gespräche unverzüglich (bilateral) fortsetzen wolle.

Was die Gespräche mit der Bundesregierung über die außenwirtschaftlichen Verpflichtungen der DDR betreffe, so sehe man auch hier unverzüglichen Gesprächsbedarf, sei aber der Meinung, daß die Gespräche trilateral zwischen UdSSR, Bundesregierung und der neuen DDR-Regierung geführt werden sollten. Das sei auch der Grund dafür, daß er über unser Angebot zu bilateralen Gesprächen (zunächst auf Expertenebene) noch nicht entschieden habe.

BM Dr. Haussmann verwies auf das große Interesse der Bundesregierung, nach den Gesprächen mit den DDR-Experten auch mit der sowjetischen Seite über die Problematik zu sprechen. Wir seien allerdings der Auffassung, daß es ratsam sei, zunächst zur Feststellung der gegenseitigen Interessenlage bilateral miteinander zu sprechen, nicht zuletzt zur Vorbereitung der Reise von StS Dr. von Würzen am 14./15. Mai 1990 und vor allem der bevorstehenden Wirtschaftskommission am 21./22. Mai 1990 in Moskau.

Stv. MP Sitarjan erklärte hierzu, er werde sich das noch überlegen und eine Entscheidung nach seiner Rückkehr nach Moskau treffen.

Zusätzliche Anmerkung:
Nach Information aus dem AA hat stv. MP Sitarjan im nachfolgenden Gespräch mit BM Genscher am 10. April 1990 wiederum die Position der sofortigen trilateralen Gespräche vertreten.

J. Ludewig

Nr. 253
Gespräch des Bundeskanzlers Kohl mit Botschafter Kwizinskij
Bonn, 23. April 1990

BK, 21 – 30130 S 25 – De 2/5/90, Bd. 20, Bl. 126–133. – Vermerk des MD Teltschik, 30. April 1990. Erste Ausfertigung. Geheim. Hs. vermerkt: „H. GL 21 i.V. z.K., dann zdA T[eltschik] 8/5“. – Gesprächsdauer: 17.00 bis 18.00 Uhr.

Der Bundeskanzler bezeichnete das sowjetische Papier, das am 19. April 1990 der Bundesregierung übergeben worden sei,[1] als unverständlich. Er sei überrascht, daß sich die sowjetische Führung nach Presseveröffentlichungen richten würde. Es gebe noch gar keinen Staatsvertrag. Er selbst habe am gestrigen Abend zum ersten Mal Unterlagen zur Vorbereitung eines solchen Vertrages in der Hand gehabt.

1 Nr. 250.

Er habe den Botschafter zum Gespräch gebeten, um mit ihm noch einmal die Frage zu besprechen, ob jetzt nicht der Zeitpunkt gekommen sei, gemeinsam die wirtschaftlichen Verpflichtungen der DDR gegenüber der Sowjetunion aufzuarbeiten. Er sei zu einer einvernehmlichen Regelung bereit.

Außerdem wolle er mit dem Botschafter die Überlegung erörtern, schon jetzt mit den Vorbereitungen für einen Vertrag zu beginnen, die nach Erreichung der deutschen Einheit voraussichtlich Ende 1991 die Zusammenarbeit zwischen Deutschland und der Sowjetunion auf eine umfassende und weitreichende Basis stellen solle. Er denke dabei daran, den Moskauer Vertrag[2], die Verabredungen in der Gemeinsamen Erklärung[3] mit Generalsekretär Gorbatschow und andere Abkommen in eine neue vertragliche Regelung mit der Sowjetunion einzubringen.

Botschafter Kwizinskij warf ein, daß auch Fragen der Sicherheit und der europäischen Politik einbezogen werden sollten.

Der Bundeskanzler erläuterte, daß er davon ausgehe, die gesamtdeutsche Regierung selbst bilden zu müssen. Wie lange er auch noch Bundeskanzler bleibe, er wisse es heute nicht, so wolle er doch noch einige wichtige Entscheidungen auf den Weg bringen. So werde es ihm vor allem darum gehen, die Europäische Gemeinschaft weiterzuentwickeln, zum anderen wolle er gewissermaßen eine Charta der Zusammenarbeit mit der Sowjetunion im Sinne der großen geschichtlichen Tradition vereinbaren.

Er schlage deshalb vor, daß im Zusammenhang mit der Aufarbeitung der DDR-Verpflichtungen gegenüber der Sowjetunion eine darüber hinausreichende Perspektive für die deutsch-sowjetische Zusammenarbeit nach der Einigung Deutschlands erarbeitet werden solle. Es könne ja nicht das Ziel sein, nur solche Produkte an die Sowjetunion verkaufen zu wollen, die im Westen nicht absetzbar seien. Man müsse deshalb eine langfristige und dauerhafte Lösung anstreben.

Hinzu komme, daß die Oder-Neiße-Grenze kein Hindernis mehr darstelle. Damit gebe es kein Grenzproblem mehr, das einer langfristigen Zusammenarbeit im Wege stehen könnte. Zur Verdeutlichung seiner Überlegungen verwies der Bundeskanzler beispielhaft auf eine in die Zukunft gerichtete Schienenführung beider Eisenbahnen. Er könne sich durchaus vorstellen, daß das Schienennetz für die schnellen Züge eine Streckenführung von Moskau über Warschau, Berlin, Frankfurt nach Paris und London haben könne. Allein ein solches Projekt trage dazu bei, die Länder zu öffnen und die Beziehungen zu intensivieren.

Botschafter Kwizinskij teilte mit, daß in Kürze der stellvertretende Außenminister Obminskij, der zuständig für die Außenhandelsbeziehungen sei, nach Bonn kommen werde. Auf die Frage des Bundeskanzlers nach dessen Kompetenz wies Botschafter Kwizinskij darauf hin, daß sowohl von seiten der Wissenschaft als auch von GOSPLAN entsprechende Vorarbeiten geleistet worden seien, um Obminskij entsprechend zu instruieren.

Auf die Frage von Botschafter Kwizinskij, wann die Gespräche über einen deutsch-sowjetischen Vertrag aufgenommen werden könnten, erwiderte der Bundeskanzler, daß zuerst der 2+4-Prozeß und der KSZE-Gipfel Vorrang haben sollten. Erst dann sollten die Gespräche aufgenommen und möglichst rasch nach der Herstellung der Einheit Deutschlands abgeschlossen werden. Botschafter Kwizinskij bestätigte, daß der 2+4-Prozeß seine Zuständigkeit im Außenministerium sein werde.

Der Bundeskanzler bekräftigte noch einmal, daß der 2+4-Prozeß jetzt sehr dringlich sei. Er habe über Ostern[4] mit Präsident Bush telefoniert,[5] und sie seien sich in ihrer Politik gegen-

---

2   Nr. 50 Anm. 5.
3   Nr. 4 Anm. 1.
4   15./16. April 1990.
5   Vermerk über das Telefongespräch in der Registratur des Bundeskanzleramtes nicht zu ermitteln.

über der Sowjetunion einig gewesen. Sie hätten auch über Litauen gesprochen und stimmten darin überein, daß sie die Probleme der Sowjetunion nicht ausnützen wollten. Sie würden der Sowjetunion keine Probleme machen.

Der Bundeskanzler bekräftigte noch einmal seine Position, daß er vor Erreichen der deutschen Einheit keinen Vertragsentwurf mit Polen paraphieren werde. Jeder müsse wissen, der mit ihm gute Beziehungen wolle, daß er einen solchen Vorschlag in keinem Falle akzeptieren werde.

Jetzt gehe es darum, eine Erklärung der Parlamente beider deutscher Regierungen sorgfältig und ohne Zeitdruck vorzubereiten. Nach Vollzug der Einheit werde Deutschland mit Polen einen völkerrechtlichen Vertrag über die Anerkennung der Oder-Neiße-Grenze verhandeln und möglichst bald im Parlament ratifizieren. Dabei werde deutlich werden, daß die Beziehungen zur Sowjetunion von zentraler Bedeutung bleiben. Aus diesem Grunde wiederhole er noch einmal sein zentrales Interesse, zwei Ziele erreicht zu haben, wenn er einmal das Bundeskanzleramt verlassen werde: Erstens solle dann der Zug in Richtung auf die europäische Integration von keiner Seite mehr aufzuhalten sein; zweitens wünsche er gute Beziehungen mit der Sowjetunion.

Botschafter Kwizinskij erklärte, daß es von Anfang [an] so etwas wie sein Traum gewesen sei, zwischen der Bundesrepublik Deutschland und der Sowjetunion etwas im Bismarckschen Sinne zu machen.

Der Bundeskanzler erwiderte, daß heute noch der Blick zuviel in die Vergangenheit gerichtet werde. Jetzt müßte es grundsätzlich darum gehen, nach vorne zu sehen. Je mehr sich Deutschland in den Westen integriere, desto größer seien die Möglichkeiten der Zusammenarbeit mit der Sowjetunion und desto weniger bestehe die Gefahr, daß Deutschland zu einem unverdaubaren Klotz in der Mitte Europas werde.

Zukünftig werde es sicherlich auch Waffen geben müssen, aber es sei schon jetzt erkennbar, daß die Bereiche der Wirtschaft, der Technologie, der Forschung, der Wissenschaft und der Kultur eine immer größere Bedeutung spielen würden. In diesen Bereichen der Zusammenarbeit könnten gerade die Deutschen wichtige Beiträge leisten.

Er sei deshalb sehr zufrieden, daß der Botschafter jetzt eine solch wichtige Aufgabe in Moskau übernehmen werde. Er sei sich sicher, daß sie sich schnell verständigen könnten.

Botschafter Kwizinskij betonte, daß ein Vertrag, wie ihn der Bundeskanzler angesprochen habe, im Sinne von Präsident Gorbatschow sei.

Der Bundeskanzler bekräftigte noch einmal, daß er einen solchen Vertrag zwischen Deutschland und der Sowjetunion nicht nur für den Bereich der Wirtschaft anstrebe. Ein solcher Vertrag müsse weit darüber hinausgehen. So sei er sich sicher, daß auch die Sowjetunion – im Gegensatz zum Geschrei mancher in Moskau – höchsten Nutzen von der Einheit Deutschlands haben werde. Er wolle nur auf COCOM als Beispiel verweisen. Es reize ihn sehr, etwas mit der Sowjetunion zustande zu bringen – sowohl aus historischen Gründen als auch aufgrund der Zukunftsperspektive, am Ende dieses Jahrhunderts die Beziehungen in Ordnung bringen zu können.

Er sei gerne bereit, über ein solches Vorhaben auch einmal mit Präsident Gorbatschow in einem kleinen Kreis gemeinsam nachzudenken, wie ein solcher Vertrag aussehen könnte. Man müsse in Moskau auch wissen, daß seine Regierung in den USA außerhalb jedes Verdachts stehe. Deshalb sei er sich sicher, daß ein solcher Vertrag von beiden Seiten mit Wohlgefallen angesehen werde.

Botschafter Kwizinskij sprach den 2+4-Prozeß an. Für ihn wäre es von besonderem Interesse zu wissen, ob mit dem Bundeskanzler auch eine vertrauliche Zusammenarbeit möglich wäre. Darunter verstehe er, daß beide Seiten beispielsweise ein Dokument vertraulich vorbesprechen würden, das vorher erarbeitet worden sei. Ein solches Verfahren sei in früheren Zeiten mit den USA sehr erfolgreich gewesen. Es gehe darum, frühzeitig Kompromisse zu suchen. Er habe mit einem solchen Verfahren kein Problem, wenn es mit ihm durchgeführt werde, warf der Bundeskanzler ein.

Botschafter Kwizinskij fuhr fort, daß es dabei praktisch um eine Lösung in der Frage der NATO-Mitgliedschaft Deutschlands gehen solle. Er überlege sich beispielsweise, ob nicht auf der Grundlage des Grundsatzes pacta sunt servanda alle Verträge und Abkommen beider deutschen Staaten festgeschrieben werden sollten und nach der Einigung fortgeschrieben und notifiziert werden sollten. Das würde dazu führen, daß erst einmal alle Verträge im militärischen und wirtschaftlichen Bereich ihre Gültigkeit behielten und erst später weiterentwickelt würden. Es sollte danach eine generelle Zusage zu allen Verpflichtungen erfolgen und zugleich eine Zeitspanne vereinbart werden, in der die Verträge und Abkommen abgelöst oder geändert werden könnten.

Was die sowjetische Truppenpräsenz in der DDR betreffe, so gingen sie davon aus, daß sie nach der Dauer der alliierten Truppenpräsenz gemessen werde.

Der Bundeskanzler erklärte nachdrücklich, daß für ihn eine unbegrenzte sowjetische Truppenpräsenz in Deutschland nicht akzeptabel sei. Dies stünde im Widerspruch zur deutschen Souveränität.

Botschafter Kwizinskij erwiderte, daß er ehrlich sagen wolle, daß es um eine Reduzierung der Bundeswehr gehe. Entsprechend müßten die Truppen der Vier Mächte reduziert werden bis auf eine vielleicht symbolische Größenordnung. Ein Problem bestehe darin, daß Nuklearsysteme präsent blieben, solange die USA in Europa präsent seien. Die USA wollten in Deutschland bleiben, um die Deutschen unter Kontrolle zu halten. Das würden sie immer wieder in den USA hören.

Der Bundeskanzler wiederholte noch einmal, daß er bereit sei, über alle Fragen vertraulich zu sprechen. Er selbst werde danach Außenminister Genscher unterrichten.

Botschafter Kwizinskij wies darauf hin, daß die Position von Außenminister Genscher für die Sowjetunion keine Probleme schaffe, wenn er sage, daß die Einigung Deutschlands die Bundesrepublik, die DDR und Berlin erfasse und Deutschland keinerlei Gebietsansprüche erheben werde.

Das sei keine Position von Außenminister Genscher, sondern die der Bundesregierung, warf der Bundeskanzler ein. Er erläuterte noch einmal die Haltung der Bundesregierung zur Oder-Neiße-Grenze.

Botschafter Kwizinskij wies darauf hin, daß diese Frage im Rahmen des 2+4-Prozesses zu lösen sei. Für die Sowjetunion sei entscheidend, was sich am Ende einigen werde. Daraus würden sich selbstverständlicherweise die Grenzen ergeben. Ein Vertrag mit Polen sei dann eine bilaterale Frage zwischen Deutschland und Polen. Im Rahmen des 2+4-Prozesses gehe es um eine Schlußregelung oder ein Schlußprotokoll, das dem KSZE-Gipfel vorgelegt werden solle. In diesem Zusammenhang wies Botschafter Kwizinskij darauf hin, daß es bei einer Reihe von Verträgen und Abkommen der Bundesregierung mit anderen Staaten, vor allem bei der Aufnahme von diplomatischen Beziehungen, Vorbehaltsregelungen im Zusammenhang mit einem Friedensvertrag gegeben habe. Deshalb müsse man daran denken, eine Frist zu vereinbaren, in der diese Vorbehalte beseitigt würden. Dann könnten noch einmal die Vier Mächte abschließend zusammentreten, um die Bereinigung insgesamt festzustellen.

Abschließend erklärte Botschafter Kwizinskij, daß er dem Bundeskanzler noch eine Botschaft zu Litauen zu übermitteln habe. In der Sowjetunion bleibe die Tatsache nicht unbemerkt, daß die Regierungschefs der europäischen Staaten an die Frage Litauens in ausgewogener Weise herangingen. Die Opposition sei ausbalanciert und zurückhaltend. Die sowjetische Führung würde diese Haltung zu schätzen wissen. Bei Litauen handele es sich um eine innere Angelegenheit der Sowjetunion. Ein Versuch, Litauen und die Sowjetunion gegenseitig auszumanövrieren, berge für die Sowjetunion und für die internationale Situation Gefahren.

Es gebe jedoch eine Reihe von Stimmen, die sich für ökonomische Sanktionen aussprechen würden, um auf die Sowjetunion Druck zu erzeugen und um den nationalistischen Kräften in Litauen Vorschub leisten zu können.

Der Sowjetunion gehe es darum, daß die in Litauen vor dem 10. März 1990[6] bestandenen Realitäten respektiert werden müßten. Jetzt sei ein weitsichtiges Handeln erforderlich. Es müßten Wege gefunden werden, die litauische Regierung vor unüberlegten Schritten zurückzuhalten.

Dabei sei eine Lösung im Rahmen der sowjetischen Verfassung erforderlich. Im Falle Litauens seien vitale politische und ökonomische Interessen der Sowjetunion berührt, aber auch konstitutionelle Fragen. Außerdem ergäben sich daraus Auswirkungen auf Millionen von Menschen. Die Sowjetunion wolle keine künstliche Verschärfung herbeiführen. Es ginge ihr um eine rechtliche Regelung des Problems. Sie sei bereit, Geduld zu üben, werde aber auch, wenn erforderlich, die notwendige Härte aufbringen. Jetzt müsse ein Dialog auf der Grundlage der Verfassung stattfinden. Der Oberste Sowjet sei dabei, ein Gesetz zu beraten, wie eine Loslösung von der Sowjetunion realisiert werden könne. Das litauische Volk und nicht die litauischen Politiker müßten die Möglichkeit erhalten, selbst über die staatliche Unabhängigkeit oder über den Verbleib in der UdSSR zu entscheiden.

Eine Lösung der Probleme sei nicht einfach, deshalb müsse eine Situation hergestellt werden, die nicht von nationalistischen Leidenschaften geprägt sei. Präsident Gorbatschow sei der Auffassung, daß die Sowjetunion konsequent mit politischen Mitteln an dieses Problem herangehen müsse. Die sowjetische Führung rechne mit dem Verständnis der Bundesregierung und teilweise auf ihre Hilfe.

Der Bundeskanzler versicherte, daß auch er hoffe, daß sich die Lage wieder entspannen werde und Rückschläge in der Sowjetunion verhindert werden könnten. Er sei sich in dieser Auffassung auch mit Präsident Bush einig.

(Teltschik)

Nr. 254
Vorlage des Ministerialdirigenten Busse an den Chef des Bundeskanzleramtes Seiters
Bonn, 23. April 1990

BK, 132 – 35400 De 12 Bd. 5. – Vorlage über AL 3.

Betr.:   Koalitionsgespräch am 24. 4. 1990;
          hier: Wahltermin und gesamtdeutsche Wahlen

I. Sachstand

In der Koalition gibt es unterschiedliche Stimmen zum Termin der nächsten BT-Wahl und zum Termin gesamtdeutscher Wahlen:

FDP-Vors. Graf Lambsdorff hält eine Verlängerung der laufenden Legislaturperiode bis zu gesamtdeutschen Wahlen etwa im Frühjahr 1991 für anstrebenswert, falls dies verfassungsrechtlich machbar sei; ähnlich MdB Mischnick. Demgegenüber gehen BM Engelhard und BM Möllemann von BT-Wahlen Ende 1990 und gesamtdeutschen Wahlen Ende 1991 aus und sprechen sich dafür aus, noch in dieser Legislaturperiode dafür die verfassungsrechtlichen Voraussetzungen zu schaffen.

6   Dazu Nr. 235 Anm. 1.

BM Schäuble hat eine Verlängerung der laufenden Legislaturperiode als verfassungsrechtlich unzulässig bezeichnet; eine vorzeitige Auflösung des 12. Deutschen Bundestages zum Zwecke gesamtdeutscher Wahlen sei am besten durch Verfassungsänderung in
der 11. Wahlperiode zu erreichen; denkbar sei aber auch nach der Vereinigung Nachwahl
oder Entsendung von DDR-Parlamentariern in den 12. Bundestag. In der CSU (MdB
Bötsch) wird die zuletzt genannte Variante vorgezogen.

Der Bundeskanzler hat mehrfach als Zeitplan bekräftigt: Bundestagswahl im Dezember
1990 und gesamtdeutsche Wahlen voraussichtlich Ende 1991.

II. Stellungnahme

Aus verfassungsrechtlicher Sicht sind folgende Probleme zu unterscheiden:

1. Festlegung des Wahltermins für den 12. Bundestag
   Gemäß Art. 39 Abs. 1 S. 3 GG findet die Wahl eines neuen Bundestages frühestens 45,
   spätestens 47 Monate nach Beginn der Wahlperiode des bestehenden Bundestages
   statt. Der 11. Bundestag ist am 18.2.1987 zusammengetreten. Demzufolge muß die
   Wahl in der Zeit vom 19.11.1990 bis 19.1.1991 stattfinden. Gegenwärtig wird der
   2.12. favorisiert. Gemäß § 16 Bundeswahlgesetz[1] bestimmt der Bundespräsident den
   Tag der Wahl. Dem liegt ein Vorschlag der BReg. zugrunde. Dafür bereitet BMI Ka-
   binettsvorlage für Mai 1990 vor.

2. Möglichkeit einer Verlängerung der 11. Wahlperiode?
   Das geltende Verfassungsrecht sieht Änderungen der auf vier Jahre bestimmten
   Dauer der Wahlperiode nicht vor. Eine Verlängerung der laufenden Wahlperiode ist
   nach ganz herrschender Meinung auch nicht durch Verfassungsänderung zulässig.
   Hierin stimmen BMI und BMJ überein. Die zeitliche Begrenzung der Wahlperiode ist
   Ausdruck des Demokratieprinzips, nachdem die Volksvertretungen in regelmäßigen,
   im voraus bestimmten Abständen durch Wahlen abgelöst und neu legitimiert werden.
   Es wäre unzulässig, daß die Gewählten durch Verfassungsänderung ihre eigene Wahlzeit verlängern und damit die Grundlagen ihres vom Volk zeitlich fixierten Mandats
   selbst verlängern. Demgegenüber müssen andere Erwägungen (kostenaufwendige
   und u.U. für den Wähler „mühsamere" kurze Folge von Wahlen) zurücktreten.

3. Verkürzung der ⟨12.⟩[2] Wahlperiode
   a. Nach geltendem Verfassungsrecht ist ein Selbstauflösungsrecht des Bundestages
   nicht gegeben. Der BPräs. kann den Bundestag vorzeitig auflösen, wenn es dem
   Bundestag nicht gelingt, mit der erforderlichen Mehrheit einen Bundeskanzler zu
   wählen (Art. 63 Abs. 4 GG), oder wenn ein Antrag des Bundeskanzlers, ihm das
   Vertrauen auszusprechen, nicht die Zustimmung der Mehrheit der Mitglieder des
   Bundestages findet (Art. 68). Eine Verkürzung der laufenden – dann 12. – Wahlperiode infolge des Beitritts der DDR kann nicht ohne Schwierigkeiten auf Art. 68
   GG gestützt werden:
   Die Vertrauensfrage dient vornehmlich dazu, die Regierungsfähigkeit wiederherzustellen oder zu behalten, nicht aber dazu, etwaige verfassungspolitische Legiti-
   mationsdefizite des nur im bisherigen Bundesgebiet gewählten Bundestages für
   gesamtdeutsche Akte zu kompensieren. Der Ausnahmefall von 1982/83 ist vom
   BVerfG in seiner Entscheidung vom 16.2.1983[3] nur unter engen Voraussetzungen

1 Bundeswahlgesetz vom 7. Mai 1956 in der Neufassung der Bekanntmachung vom 1. September 1975 (mit Anlage in:
BGBl. 1975 I, 2325–2383) in der zuletzt am 8. Juni 1989 geänderten Fassung (zu den bis dahin vorgenommenen Änderungen: Fundstellennachweis A 1989, 6).
2 ⟨ ⟩ Von den Bearbeitern korrigiert aus: „2."
3 Nr. 247 Anm. 3.

für zulässig erklärt worden: Der Bundeskanzler sollte dieses Verfahren nur anstrengen dürfen, „wenn es politisch für ihn nicht mehr gewährleistet ist, mit den im
Bundestag bestehenden Kräfteverhältnissen weiter zu regieren. Die politischen
Kräfteverhältnisse im Bundestag müssen seine Handlungsfähigkeit so beeinträchtigen oder lähmen, daß er eine vom stetigen Vertrauen der Mehrheit getragene Politik nicht sinnvoll zu verfolgen vermag."

b. Die Möglichkeit einer Verfassungsänderung erst in der 12. Wahlperiode zur Einführung eines Selbstauflösungsrechts noch in der dann laufenden Wahlperiode
zwecks deren Verkürzung wird ganz überwiegend verneint. Auch wenn insoweit
die Argumente weniger gewichtig als im Fall einer unmittelbar wirksamen Verlängerung sind, so wäre eine derartige Verfahrensgestaltung doch mit erheblichen verfassungsrechtlichen Risiken behaftet. BMJ hält diese Risiken für unter Umständen
tragbar, BMI würde sie nicht mehr hinnehmen wollen.

c. Selbstauflösung des nächsten Bundestages, wenn noch in der gegenwärtigen 11.
Wahlperiode eine dahingehende Verfassungsänderung vorgenommen würde (Ergänzung des Art. 23 oder des Art. 39 GG), wäre verfassungsrechtlich denkbar. Im
BMI werden dazu folgende Einwände erwogen:

a) Im Falle einer Selbstauflösung sei nicht wie im Falle einer Nachwahl oder Entsendung von Abgeordneten aus der DDR gewährleistet, daß sofort handlungsfähige Organe des Gesamtstaates zur Verfügung stehen, die im bisherigen
DDR-Gebiet gesicherte verfassungsrechtliche Strukturen herbeiführen und den
Auftrag zur Herstellung der Rechtseinheit nach Art. 23 Satz 2 GG zu erfüllen
im Stande sind.

Die Einfügung einer Möglichkeit zur Selbstauflösung/Neuwahl und Neukonstituierung könnte die Annahme nahelegen, der legal gewählte Bundestag sei
verfassungspolitisch nicht mehr für gesamtdeutsche Gesetzgebungsaufträge
legitimiert.

b) Bei einer einheitlichen Wahl in Gesamtdeutschland dürften wahlrechtlich einheitliche Bedingungen für das gesamte Wahlgebiet anzustreben sein. Die 5%-
Klausel sollte sich möglichst auf die gesamtdeutsche Stimmbevölkerung beziehen. Das hieße, daß die nur auf dem bisherigen DDR-Gebiet antretenden Parteien die Mindestschwelle erst bei etwa 20% – bezogen auf ihr Territorium –
überspringen würden.

Diese Einwände dürften allerdings nicht zwingend sein: Dem Einwand zu a)
könnte durch entsprechende Zeitpläne für das Wirksamwerden des Beitritts und
für Neuwahlen entgegengewirkt werden. Zu b): Bis zu einem gemeinsamen Wahlrecht in Deutschland sind Übergangsregelungen (z.B. zur 5%-Klausel) denkbar.

III. Votum

Gesamtdeutsche Wahlen im Jahre 1991 dürften – in verfassungsrechtlich unangreifbarer
Weise – nur zu erreichen sein, wenn noch in dieser Wahlperiode für den künftigen Bundestag das grundgesetzliche Recht geschaffen würde, sich angesichts der eingetretenen
deutschen Einigung selbst aufzulösen. Hierüber sollte alsbald eine politische Entscheidung getroffen werden.

(Dr. Busse)

Nr. 255
Schreiben des Bundeskanzlers Kohl an Präsident Gorbatschow
Bonn, 24. April 1990

BK, 21 – 30100 Ja 15 Bd. 3. – Abgezeichnet: „i.O. K[ohl]".

Herr Präsident,

in diesen Tagen, in denen sich auch die Völker der Sowjetunion anschicken, des 45. Jahrestages des Endes des Zweiten Weltkrieges zu gedenken, möchte ich Ihnen und Ihren Mitbürgern unsere Verbundenheit in der Trauer um die Millionen Opfer, die dieser schreckliche Krieg in Ihrem Land gefordert hat, versichern. Auch wir Deutsche schließen sie in unser Gedenken ein und bekunden den trauernden Familien unser Mitgefühl.

Wir Deutsche haben aus diesen bitteren Jahren der Geschichte gelernt und die Folgerungen gezogen. Gerade in dieser für uns Deutsche wichtigen Zeit, in der wir – nicht zuletzt auch dank der von uns in Moskau erreichten Verständigung – auf dem Wege zur staatlichen Einheit fortschreiten, möchte ich wiederholen: Von deutschem Boden soll nur noch Frieden ausgehen!

Wir sind uns der ganz Europa berührenden Sicherheitsfragen auf dem Weg zur deutschen Einheit voll und ganz bewußt. Wir achten deshalb die berechtigten Sicherheitsinteressen aller europäischen Länder, insonderheit auch Ihres Landes, und respektieren die Sicherheitsbedürfnisse und Gefühle aller Europäer.

Wir werden auch, wie ich Ihnen bereits in Moskau versichert habe, für die Verpflichtungen der DDR gegenüber Ihrem Land einvernehmliche Lösungen im beiderseitigen Interesse finden.

Vor allem aber geht es mir darum, daß das mit Ihrem Land Erreichte von einem vereinten Deutschland nicht nur erhalten und eingehalten, sondern weiter ausgebaut wird. Dazu gehören die bewährten Grundlagen des Moskauer Vertrages[1] und des Abkommens über die langfristige wirtschaftliche und industrielle Zusammenarbeit[2] genauso wie die im vergangenen Jahr von uns unterzeichnete „Gemeinsame Erklärung"[3].

Gemäß dieser Erklärung wollen wir – gerade auch in der Perspektive der deutschen Einheit – mit der Sowjetunion ein Verhältnis guter und verläßlicher Nachbarschaft dauerhaft begründen und dabei an die guten Traditionen der jahrhundertelangen Geschichte anknüpfen. Wir wollen insbesondere auch, daß sich die Menschen unserer beiden Länder näherkommen, vor allem die junge Generation. Wir bekennen uns auch und gerade gegenüber den Völkern der Sowjetunion zu dem hohen Ziel, mit Verständigung und Versöhnung die Wunden der Vergangenheit zu heilen und gemeinsam eine bessere Zukunft zu bauen.

Mit freundlichen Grüßen
gez. Helmut Kohl

---

1 Nr. 50 Anm. 5.
2 Abkommen über die Entwicklung und Vertiefung der langfristigen Zusammenarbeit der Bundesrepublik Deutschland und der Union der Sozialistischen Sowjetrepubliken auf dem Gebiet der Wirtschaft und Industrie vom 6. Mai 1978 (BGBl. 1979 II, 58 f.), verlängert durch Regierungsvereinbarung vom 19. Januar 1988 (Bekanntmachung ebd. 1988 II, 428).
3 Nr. 4 Anm. 1.

Nr. 256
Arbeitspapier für die Gespräche mit der DDR für einen Vertrag über die Schaffung einer Währungsunion, Wirtschafts- und Sozialgemeinschaft zwischen der Bundesrepublik Deutschland und der Deutschen Demokratischen Republik
24. April 1990

BK, 132 – 35400 De 12 Bd. 5.

Präambel:
Die Hohen Vertragschließenden Seiten
– entschlossen, in Freiheit die Einheit Deutschlands in einer europäischen Friedensordnung alsbald zu vollenden,
– in dem gemeinsamen Willen, die Soziale Marktwirtschaft als Grundlage für die weitere wirtschaftliche und gesellschaftliche Entwicklung mit sozialem Ausgleich und sozialer Absicherung und Verantwortung gegenüber der Umwelt auch in der Deutschen Demokratischen Republik einzuführen und hierdurch die Lebens- und Beschäftigungsbedingungen ihrer Bevölkerung stetig zu verbessern,
– ausgehend von dem beiderseitigen Wunsch, durch die Schaffung einer Währungsunion, Wirtschafts- und Sozialgemeinschaft die Herstellung der staatlichen Einheit nach Artikel 23 des Grundgesetzes der Bundesrepublik Deutschland als Beitrag zur europäischen Einigung vorzubereiten unter Berücksichtigung der Tatsache, daß die äußeren Aspekte der Herstellung der Einheit Gegenstand der in Ottawa am 13. Februar 1990 vereinbarten Gespräche mit den Regierungen Frankreichs, der Sowjetunion, des Vereinigten Königreichs und der Vereinigten Staaten von Amerika sind,
– in dem Bewußtsein, daß die Regelungen dieses Vertrages die Anwendung des Rechts der Europäischen Gemeinschaften nach Herstellung der staatlichen Einheit gewährleisten sollen,
sind übereingekommen, einen Vertrag über die Schaffung einer Währungsunion, Wirtschafts- und Sozialgemeinschaft mit den nachfolgenden Bestimmungen zu schließen:

Kapitel I – Grundlagen
Artikel 1
Gegenstand des Vertrages
(1) Die Vertragsparteien errichten eine Währungsunion, Wirtschafts- und Sozialgemeinschaft.
(2) Die Vertragsparteien bilden beginnend mit dem … eine Währungsunion mit einem einheitlichen Währungsgebiet und der Deutschen Mark als gemeinsamer Währung. Die Deutsche Bundesbank ist die Währungs- und Notenbank dieses Währungsgebietes. Die auf Mark der Deutschen Demokratischen Republik lautenden Verbindlichkeiten und Forderungen werden nach Maßgabe des Vertrages auf Deutsche Mark umgestellt.
(3) Grundlage der Wirtschaftsgemeinschaft ist die Soziale Marktwirtschaft als gemeinsame Wirtschaftsordnung beider Vertragsparteien. Sie wird insbesondere bestimmt durch Privateigentum, Leistungswettbewerb, freie Preisbildung und grundsätzlich volle Freizügigkeit von Arbeit, Kapital, Gütern und Dienstleistungen. Sie trägt den Erfordernissen des Umweltschutzes Rechnung.
(4) Die Sozialgemeinschaft ergänzt die Währungsunion und die Wirtschaftsgemeinschaft. Sie wird insbesondere bestimmt durch eine der Sozialen Marktwirtschaft entsprechende Arbeitsrechtsordnung und ein auf den Prinzipien der Leistungsgerechtigkeit und des sozialen Ausgleichs beruhendes umfassendes System der sozialen Sicherung.

Artikel 2
Grundsätze

(1) Die Vertragsparteien bekennen sich zur freiheitlichen, demokratischen und sozialen Grundordnung im Sinne des Grundgesetzes der Bundesrepublik Deutschland. Zur Gewährleistung der in diesem Vertrag oder in Ausführung dieses Vertrages begründeten Rechte garantieren sie insbesondere die Vertragsfreiheit, Gewerbe-, Niederlassungs- und Berufsfreiheit, die Einreise von Deutschen in dem gesamten Geltungsbereich dieses Vertrags sowie ihre Freizügigkeit, das Eigentum privater Investoren an Grund und Boden sowie an Produktionsmitteln und die Freiheit, zur Wahrung und Förderung der Arbeits- und Wirtschaftsbedingungen Vereinigungen zu bilden.

(2) Entgegenstehende Vorschriften der Verfassung der Deutschen Demokratischen Republik über die Grundlagen ihrer bisherigen sozialistischen Gesellschafts- und Staatsordnung, insbesondere

– über die staatliche Leitung und Planung der Volkswirtschaft und aller anderen gesellschaftlichen Bereiche,
– über das Währungs- und Finanzsystem als Sache des sozialistischen Staates,
– über das sozialistische Eigentum,
– über sozialistische Betriebe und Produktionsgenossenschaften mit der damit verbundenen Einschränkung wirtschaftlicher Handlungsfreiheit,
– über Gewerkschaften als umfassende Klassenorganisation einer sozialistischen Gesellschaft sowie
– über die staatliche Monopolisierung der Außenwirtschaft

werden nicht mehr angewendet.

Artikel 3
Rechtsgrundlagen

Für die Errichtung der Währungsunion und die Währungsumstellung gelten die in der Anlage I[1] aufgeführten vereinbarten Bestimmungen.

Mit der Errichtung der Währungsunion gelten darüber hinaus die in der Anlage II[2] bezeichneten Rechtsvorschriften der Bundesrepublik Deutschland auf den Gebieten des Währungs-, Kredit-, Geld-, Münz- und Haushaltswesens sowie der Wirtschafts- und Sozialgemeinschaft in der jeweils geltenden Fassung im gesamten Geltungsbereich dieses Vertrages. Die Deutsche Bundesbank, das Bundesaufsichtsamt für das Kreditwesen und das Bundesaufsichtsamt für das Versicherungswesen üben die ihnen nach diesem Vertrag und nach diesen Rechtsvorschriften zustehenden Befugnisse im gesamten Geltungsbereich dieses Vertrages aus.

Artikel 4
Rechtsanpassung

(1) Die in Artikel 2 Absatz 1 niedergelegten Grundsätze und die im Gemeinsamen Protokoll vereinbarten Leitsätze[3] binden unmittelbar Organe der Gesetzgebung, der Verwaltung und Rechtsprechung der Deutschen Demokratischen Republik. Die Deutsche Demokratische Republik hebt bis zu dem in Artikel 1 Absatz 2 Satz 1 genannten Zeitpunkt ihre in der Anlage III[4] bezeichneten Vorschriften auf oder ändert sie und erläßt die in der Anlage IV[5] be-

---

1 Nr. 256B.
2 Anlage II nicht abgedruckt: „In der Deutschen Demokratischen Republik mit Inkrafttreten des Vertrages anzuwendende Rechtsvorschriften".
3 Nr. 256A.
4 Anlage III nicht abgedruckt: „Von der Deutschen Demokratischen Republik aufzuhebende oder zu ändernde Rechtsvorschriften".
5 Anlage IV nicht abgedruckt: „Von der Deutschen Demokratischen Republik neu zu erlassende Rechtsvorschriften".

zeichneten neuen Rechtsvorschriften, soweit nicht im Vertrag oder in den Anlagen ein anderer Zeitpunkt festgelegt ist.

(2) Die in der Bundesrepublik Deutschland zu ändernden Rechtsvorschriften sind in der Anlage V[6] aufgeführt. Regelungen, die in der Deutschen Demokratischen Republik anzustreben sind, sind in der Anlage VI[7] bezeichnet.

Artikel 5
Rechtsschutz

(1) Wird jemand durch die öffentliche Gewalt in seinen durch diesen Vertrag oder in Ausführung dieses Vertrages gewährleisteten Rechten verletzt, so steht ihm der Rechtsweg zu den Gerichten offen. Soweit eine andere Zuständigkeit nicht begründet ist, ist der ordentliche Rechtsweg gegeben.

(2) Die Deutsche Demokratische Republik gewährleistet gerichtlichen Rechtsschutz einschließlich eines effektiven einstweiligen Rechtsschutzes. Soweit für öffentlich-rechtliche Streitigkeiten keine besonderen Gerichte bestehen, werden Spezialspruchkörper bei den ordentlichen Gerichten eingerichtet. Die Zuständigkeit für diese Streitigkeiten wird bei bestimmten Kreis- und Bezirksgerichten konzentriert.

(3) Bis zum Aufbau einer unabhängigen Arbeitsgerichtsbarkeit werden Rechtsstreitigkeiten zwischen Arbeitgebern und Arbeitnehmern aus dem Arbeitsverhältnis von neutralen Schiedsstellen entschieden, die paritätisch mit Arbeitgebern und Arbeitnehmern sowie einem neutralen Vorsitzenden zu besetzen sind. Gegen ihre Entscheidung können die staatlichen Gerichte angerufen werden.

(4) Die Deutsche Demokratische Republik läßt eine freie Schiedsgerichtsbarkeit auf dem Gebiet des Privatrechts zu.

Artikel 6
Schiedsgericht

(1) Streitigkeiten über die Auslegung oder Anwendung dieses Vertrages werden durch die Regierungen der beiden Vertragsparteien beigelegt.

(2) Kann eine Streitigkeit auf diese Weise nicht beigelegt werden, so kann jede Vertragspartei die Streitigkeit einem Schiedsgericht zur Entscheidung vorlegen. Die Vorlage ist unabhängig davon zulässig, ob in der Angelegenheit gemäß Artikel 5 dieses Vertrages ein staatliches Gericht zuständig ist.

(3) Das Schiedsgericht setzt sich aus einem Präsidenten und vier Mitgliedern zusammen. Innerhalb einer Frist von einem Monat nach Inkrafttreten dieses Vertrages ernennt die Regierung einer jeden Vertragspartei zwei ordentliche und zwei stellvertretende Mitglieder. Innerhalb der gleichen Frist wird der Präsident im Einvernehmen zwischen den Regierungen der beiden Vertragsparteien ernannt. Kommt innerhalb dieser Frist eine Einigung nicht zustande, so wird der Präsident des Schiedsgerichts durch ... benannt.

(4) Vor Beginn ihrer Tätigkeit übernehmen der Präsident und die Mitglieder des Schiedsgerichts die Verpflichtung, ihre Aufgabe unabhängig und gewissenhaft zu erfüllen und das Beratungsgeheimnis zu wahren.

(5) Die Bestimmungen über die Einberufung und das Verfahren des Schiedsgerichts sind im Anhang geregelt.[8]

---

6 Anlage V nicht abgedruckt: „Liste der von der Bundesrepublik Deutschland zu ändernden Rechtsvorschriften".
7 Anlage VI nicht abgedruckt: „Regelungen, die im weiteren Verlauf in der Deutschen Demokratischen Republik anzustreben sind".
8 Anhang nicht abgedruckt: Schiedsgerichtsverfahren.

Artikel 7
Gemeinsamer Regierungsausschuß
Die Vertragsparteien bilden einen Gemeinsamen Regierungsausschuß. Sie werden in diesem Ausschuß Fragen der Durchführung des Vertrages erörtern und – soweit erforderlich – das notwendige Einvernehmen herstellen. Zu den Aufgaben des Ausschusses gehört auch die Beilegung von Streitigkeiten gemäß Artikel 6 Absatz 1 des Vertrages.

Artikel 8
Vertragsänderungen
Erscheinen Änderungen oder Ergänzungen dieses Vertrages erforderlich, um eines seiner Ziele zu verwirklichen, so werden sie zwischen der Regierung der Bundesrepublik Deutschland und der Regierung der Deutschen Demokratischen Republik vereinbart.

Kapitel II – Bestimmungen über die Währungsunion

Artikel 9
Voraussetzungen und Grundsätze
(1) Durch die Errichtung einer Währungsunion zwischen den Vertragsparteien wird der Geltungsbereich der Deutschen Mark als Zahlungsmittel, Rechnungseinheit und Wertaufbewahrungsmittel auf die Deutsche Demokratische Republik ausgedehnt. Zu diesem Zweck wird die geldpolitische Verantwortung für das erweiterte Währungsgebiet der Deutschen Bundesbank als Emissionsbank dieser Währung übertragen.
(2) Die Nutzung der Vorteile der Währungsunion setzt einen stabilen Geldwert für die Wirtschaft der Deutschen Demokratischen Republik voraus, ebenso muß die Währungsstabilität in der Bundesrepublik Deutschland gewährleistet bleiben. Die Vertragsparteien wählen deshalb Umstellungsmodalitäten, die keine Inflationsimpulse im Gesamtbereich der Währungsunion entstehen lassen und gleichzeitig die Wettbewerbsfähigkeit der Unternehmen in der Deutschen Demokratischen Republik stärken.
(3) Die Deutsche Bundesbank regelt durch den Einsatz ihrer Instrumente in eigener Verantwortung, gemäß § 12 Bundesbankgesetz unabhängig von Weisungen der Regierungen, den Geldumlauf und die Kreditversorgung im gesamten Währungsgebiet mit dem Ziel, die Währung zu sichern.
(4) Voraussetzung für die monetäre Steuerung ist, daß die Deutsche Demokratische Republik ein marktwirtschaftliches Kreditsystem aufbaut. Dazu gehört ein nach privatwirtschaftlichen Grundsätzen operierendes Geschäftsbankensystem, ein freier Geld- und Kapitalmarkt und eine nichtreglementierte Zinsbildung an den Finanzmärkten.
(5) Um die in den Absätzen 1 bis 4 bezeichneten Ziele zu erreichen, vereinbaren die Vertragsparteien nach näherer Maßgabe der in Anlage I niedergelegten Bestimmungen folgende Grundsätze für die Währungsunion:
– Mit Wirkung vom … wird die Deutsche Mark als Währung in der Deutschen Demokratischen Republik eingeführt. Die von der Deutschen Bundesbank ausgegebenen, auf Deutsche Mark lautenden Banknoten und die von der Bundesrepublik Deutschland ausgegebenen, auf Deutsche Mark oder Pfennig lautenden Bundesmünzen sind vom … an alleiniges gesetzliches Zahlungsmittel.
[– Grundsätze der Umstellungsmodalitäten –][9]
– Die Deutsche Bundesbank übt die ihr nach diesem Vertrag und nach dem Gesetz über die Deutsche Bundesbank zustehenden Befugnisse im Gesamtbereich der Währungsunion aus. Sie errichtet zu diesem Zweck ein Filialnetz in der Deutschen Demokratischen Republik.

---

9 Eckige Klammern in der Textvorlage.

– Die Deutsche Demokratische Republik wird während der Geltungsdauer dieses Vertrages weder währungspolitische Befugnisse einschließlich der Ausgabe von Banknoten und Münzen ausüben noch überträgt sie diese Befugnisse einer anderen Einrichtung.

Kapitel III – Bestimmungen über die Wirtschaftsgemeinschaft

Artikel 10

Wirtschaftspolitische Grundlagen

(1) Die Deutsche Demokratische Republik stellt sicher, daß ihre wirtschafts- und finanzpolitischen Maßnahmen mit der Sozialen Marktwirtschaft in Einklang stehen. Die Maßnahmen werden so getroffen, daß sie im Rahmen der marktwirtschaftlichen Ordnung gleichzeitig zur Stabilität des Preisniveaus, zu einem hohen Beschäftigungsstand und außenwirtschaftlichem Gleichgewicht bei stetigem und angemessenem Wirtschaftswachstum beitragen.

(2) Die Deutsche Demokratische Republik schafft die Rahmenbedingungen für die Entfaltung der Marktkräfte und der Privatinitiative, um den Strukturwandel, die Schaffung moderner Arbeitsplätze, die Bildung einer breiten Basis aus kleinen und mittleren Unternehmen sowie freien Berufen und den Schutz der Umwelt zu fördern. Die Unternehmensverfassung wird so gestaltet, daß sie auf dem Prinzip des Privateigentums und der freien Entscheidung der Unternehmen über Produkte, Mengen, Produktionsverfahren, Investitionen, Arbeitsverhältnisse, Preise und Gewinnverwendung beruht.

(3) Die Deutsche Demokratische Republik richtet ihre Politik schrittweise auf Recht und Ziele der Europäischen Gemeinschaften aus.

(4) Die Regierung der Deutschen Demokratischen Republik wird bei Entscheidungen, die die wirtschaftspolitischen Grundsätze der Absätze 1 und 2 berühren, das Einvernehmen mit der Regierung der Bundesrepublik Deutschland im Rahmen des Gemeinsamen Regierungsausschusses nach Artikel 7 herstellen.

Artikel 11

Innerdeutscher Handel

(1) Das zwischen den Vertragsparteien vereinbarte Berliner Abkommen[10] wird im Hinblick auf die Währungsunion und Wirtschaftsgemeinschaft angepaßt. Der Verrechnungsverkehr wird beendet, wobei der Abschlußsaldo des Swing ausgeglichen wird. Bestehende Verpflichtungen werden in Deutscher Mark abgewickelt.

(2) Die Vertragsparteien stellen sicher, daß die Waren, die nicht Ursprungswaren der Bundesrepublik Deutschland oder der Deutschen Demokratischen Republik sind, über die innerdeutsche Grenze in einem zollamtlich überwachten Verfahren befördert werden.

(3) Die Vertragsparteien sind bestrebt, so bald wie möglich die Voraussetzungen für einen vollständigen Wegfall der Kontrollen an der innerdeutschen Grenze zu schaffen.

Artikel 12

Außenwirtschaft

(1) Bei der Gestaltung des freien Außenwirtschaftsverkehrs trägt die Deutsche Demokratische Republik den Grundsätzen eines freien Welthandels, wie sie insbesondere im Allgemeinen Zoll- und Handelsabkommen (GATT)[11] zum Ausdruck kommen, Rechnung.

(2) Die gewachsenen außenwirtschaftlichen Verpflichtungen der Deutschen Demokratischen Republik, insbesondere gegenüber den Ländern des Rates für gegenseitige Wirtschaftshilfe,

---

10 Abkommen über den Handel zwischen den Währungsgebieten der Deutschen Mark (DM-West) und den Währungsgebieten der Deutschen Mark der Deutschen Notenbank (DM-Ost) (Berliner Abkommen) in der Fassung der Vereinbarung vom 16. August 1960, mit Anlagen 1–11, in: Bundesanzeiger. Hg. vom Bundesminister der Justiz. Bonn-Köln. Nr. 32. 15. Februar 1961. Beilage, 11 S.

11 General Agreement on Tariffs and Trade (GATT), 30. Oktober 1947, in: UNTS. Vol. 55, 187–284; in der Fassung des Protokolls von Torquay vom 21. April 1951 in: Verträge der Bundesrepublik Deutschland. Serie A: Multilaterale Verträge. Bd. 1. Hg. vom Auswärtigen Amt. Bonn–Köln–Berlin 1955, 418–495.

genießen Vertrauensschutz. Sie werden unter Beachtung der Gegebenheiten der Währungsunion und Wirtschaftsgemeinschaft und der Interessen aller Beteiligten fortentwickelt.
(3) Zur Vertretung der außenwirtschaftlichen Interessen arbeiten die Vertragsparteien eng zusammen.

Artikel 13
Land- und Ernährungswirtschaft
Wegen der zentralen Bedeutung der Regelungen der Europäischen Gemeinschaften für die Land- und Ernährungswirtschaft in der Bundesrepublik Deutschland gibt die Deutsche Demokratische Republik entsprechend dem Grundsatz des Artikels 10 Absatz 3 insbesondere die Preisbildung für Nahrungsmittel und landwirtschaftliche Erzeugnisse frei und führt ein Preisstützungs- und Außenschutzsystem entsprechend den Regelungen der Europäischen Gemeinschaften ein.

Artikel 14
Umweltschutz
(1) Der Schutz der Umwelt ist besonderes Anliegen beider Vertragsparteien.
(2) Die Deutsche Demokratische Republik trifft Regelungen, die mit Inkrafttreten des Vertrages sicherstellen, daß auf ihrem Gebiet für neue Anlagen und Einrichtungen die in der Bundesrepublik Deutschland geltenden Sicherheits- und Umweltschutzanforderungen eingehalten werden. Bestehende Anlagen und Einrichtungen, die weiter betrieben werden sollen, müssen entsprechende Anforderungen möglichst bald erfüllen.

Kapitel IV – Bestimmungen über die Sozialgemeinschaft

Artikel 15
Grundsätze der Arbeitsrechtsordnung
In der Deutschen Demokratischen Republik gelten Koalitionsfreiheit, Tarifautonomie, Arbeitskampfrecht, Betriebsverfassung, Unternehmensmitbestimmung und Kündigungsschutz entsprechend dem Recht der Bundesrepublik Deutschland gemäß Anlagen II und IV.

Artikel 16
Grundsätze der Sozialversicherung
Die Deutsche Demokratische Republik führt ein gegliedertes System der Sozialversicherung ein, für das folgende Grundsätze gelten:
1. Die Renten-, Kranken-, Unfall- und Arbeitslosenversicherung werden jeweils durch Selbstverwaltungskörperschaften unter der Rechtsaufsicht des Staates durchgeführt.
2. Die Renten-, Kranken-, Unfall- und Arbeitslosenversicherung einschließlich der Arbeitsförderung werden vor allem durch Beiträge finanziert, die grundsätzlich je zur Hälfte von Arbeitnehmern und Arbeitgebern entsprechend den Beitragssätzen des Sozialversicherungsrechts der Bundesrepublik Deutschland getragen werden. Die Beitragsbemessungsgrenze und andere sozialversicherungsrechtliche Werte werden nach den Grundsätzen des Sozialversicherungsrechts der Bundesrepublik Deutschland festgelegt.
3. Lohnersatzleistungen orientieren sich an der Höhe der versicherten Entgelte.

Artikel 17
Arbeitslosenversicherung und Arbeitsförderung
Die Deutsche Demokratische Republik führt ein System der Arbeitslosenversicherung einschließlich Arbeitsförderung ein, das den Regelungen des Arbeitsförderungsgesetzes der Bundesrepublik Deutschland entspricht. Dabei werden in der Übergangsphase Besonderheiten in der Deutschen Demokratischen Republik berücksichtigt.

Artikel 18
Krankenversicherung

(1) Mit Inkrafttreten dieses Vertrages wird ein gegliedertes Krankenversicherungssystem geschaffen.

(2) Die Entgeltfortzahlung im Krankheitsfall wird entsprechend den in der Bundesrepublik Deutschland geltenden Regelungen von den Arbeitgebern übernommen.

(3) Rentner sind beitragspflichtig.

Artikel 19
Rentenversicherung

(1) Der Träger der Rentenversicherung verwendet die ihm zur Verfügung stehenden Mittel ausschließlich zur Erfüllung der ihm obliegenden Aufgaben bei Invalidität, Alter und Tod. Die zur Wahrnehmung der Aufgaben der Rentenversicherung errichtete Körperschaft übernimmt die Aufgaben, bis eine Organisationsstruktur geschaffen ist, die der in der Bundesrepublik Deutschland entspricht.

(2) Die Bestandsrenten der Rentenversicherung werden bei Umstellung auf Deutsche Mark auf ein Nettorentenniveau festgesetzt, das bei einem Rentner, der 45 Versicherungsjahre hat und dessen Verdienst jeweils dem volkswirtschaftlichen Durchschnittsverdienst entsprach, 70% des durchschnittlichen Nettoarbeitsverdienstes in der Deutschen Demokratischen Republik beträgt. Bei einer größeren beziehungsweise geringeren Zahl von Versicherungsjahren ist der Prozentsatz entsprechend höher beziehungsweise niedriger. Basis für die Berechnung der individuell bezogenen Renten ist die nach Zugangsjahren gestaffelte Rente eines Durchschnittsverdieners in der Deutschen Demokratischen Republik, der von seinem Einkommen neben den Pflichtbeiträgen zur Sozialversicherung volle Beiträge zur freiwilligen Zusatzversicherung der Deutschen Demokratischen Republik gezahlt hat. Soweit die in Deutscher Mark berechneten Renten nach der Währungsumstellung nominal niedriger sind als die nach altem Recht der Deutschen Demokratischen Republik gewährten Renten, wird eine Rente in Deutscher Mark gezahlt, die der Höhe der früheren Rente in Mark der Deutschen Demokratischen Republik entspricht. Die Hinterbliebenenrenten werden von der Rente abgeleitet, die der Verstorbene nach der Umstellung erhalten hätte.

(3) Die Renten der Rentenversicherung werden entsprechend der Entwicklung der Nettolöhne und -gehälter in der Deutschen Demokratischen Republik angepaßt.

(4) Die freiwillige Zusatzversicherung in der Deutschen Demokratischen Republik entfällt.

(5) Die Deutsche Demokratische Republik beteiligt sich an den Ausgaben ihrer Rentenversicherung mit einem Staatszuschuß.

(6) Personen, die nach dem ... ihren gewöhnlichen Aufenthalt aus der Deutschen Demokratischen Republik in die Bundesrepublik Deutschland verlegen, erhalten von dem bisher zuständigen Rentenversicherungsträger ihre nach den Rechtsvorschriften der Deutschen Demokratische Republik berechnete Rente für die dort zurückgelegten Zeiten. Entsprechendes gilt für die Renten der Unfallversicherung.

(7) In der Deutschen Demokratischen Republik wird die Errichtung von berufsständischen Versorgungswerken ermöglicht. Für Personen, die kraft Gesetzes oder kraft Satzung Mitglieder eines berufsständischen Versorgungswerkes werden, wird die Möglichkeit einer Befreiung von der Versicherungspflicht in der gesetzlichen Rentenversicherung geschaffen.

Artikel 20
Anschubfinanzierung

Soweit in der Renten- und Arbeitslosenversicherung der Deutschen Demokratischen Republik in einer Übergangszeit die Beitragseinnahmen die Ausgaben für die Leistungen nicht voll abdecken, leistet die Bundesrepublik Deutschland an die Deutsche Demokratische Republik eine vorübergehende Anschubfinanzierung im Rahmen der nach Artikel 23 zugesagten Haushaltshilfe.

Kapitel V – Bestimmungen über den Staatshaushalt und die Finanzen

1. Abschnitt: Staatshaushalt

Artikel 21
Grundsätze für die Finanzpolitik
der Deutschen Demokratischen Republik

(1) Die öffentlichen Haushalte in der Deutschen Demokratischen Republik werden von der jeweiligen Gebietskörperschaft grundsätzlich in eigener Verantwortung unter Beachtung der Erfordernisse des gesamtwirtschaftlichen Gleichgewichts aufgestellt. Ziel ist eine in die marktwirtschaftliche Ordnung eingepaßte Haushaltswirtschaft. Die Haushalte werden in Einnahmen und Ausgaben ausgeglichen. Alle Einnahmen und Ausgaben werden in den jeweiligen Haushaltsplan eingestellt.

(2) Die Haushalte werden den Haushaltsstrukturen der Bundesrepublik Deutschland angepaßt. Hierzu werden, beginnend ab der Errichtung der Währungsunion mit dem Teilhaushalt 1990, aus dem Staatshaushalt insbesondere die folgenden Bereiche ausgegliedert:
– der Sozialbereich, soweit er in der Bundesrepublik Deutschland ganz oder überwiegend beitrags- oder umlagenfinanziert ist,
– die Wirtschaftsunternehmen durch Umwandlung in rechtlich und wirtschaftlich selbständige Unternehmen,
– die Verkehrsbetriebe unter rechtlicher Verselbständigung, die Führung der Deutschen Reichsbahn als Sondervermögen,
– das Wohnungswesen unter substanzgerechter Zuordnung der öffentlichen Wohnungskredite auf die Einzelobjekte.

(3) Die Gebietskörperschaften in der Deutschen Demokratischen Republik unternehmen bei Aufstellung und Vollzug der Haushalte alle Anstrengungen zur Defizitbegrenzung. Dazu gehören bei den Ausgaben:
– der Abbau von Haushaltssubventionen, insbesondere kurzfristig für Industriewaren, landwirtschaftliche Produkte und Nahrungsmittel, wobei für letztere autonome Preisstützungen entsprechend den Regelungen der Europäischen Gemeinschaften zulässig sind, und schrittweise in den Bereichen des Verkehrs, der Energien für private Haushalte und des Wohnungswesens,
– die nachhaltige Absenkung der Personalausgaben im öffentlichen Dienst,
– die Überprüfung aller Ausgaben einschließlich der ihnen zugrunde liegenden Rechtsnormen auf Notwendigkeit und Finanzierbarkeit,
– die Strukturverbesserung des Bildungswesens sowie vorbereitende Aufteilung nach föderaler Struktur (einschließlich Forschungsbereich).
Bei den Einnahmen erfordert die Defizitbegrenzung neben Maßnahmen des 2. Abschnitts dieses Kapitels die Anpassung beziehungsweise Einführung von Beiträgen und Gebühren für öffentliche Leistungen entsprechend den Strukturen in der Bundesrepublik Deutschland.

Artikel 22
Kreditaufnahme

(1) Die Festlegung der Kreditermächtigungen in den Haushalten der Gebietskörperschaften der Deutschen Demokratischen Republik sowie die Aufnahme von Krediten und das Einräumen von Ausgleichsforderungen erfolgen im Einvernehmen zwischen dem Minister der Finanzen der Deutschen Demokratischen Republik und dem Bundesminister der Finanzen der Bundesrepublik Deutschland.

(2) Gleiches gilt für die Übernahme von Bürgschaften, Garantien oder sonstigen Gewährleistungen durch die Deutsche Demokratische Republik sowie für die Summe der in den Haushalten auszubringenden Verpflichtungsermächtigungen.

(3) Die bis zum Zeitpunkt eines Beitritts nach Artikel 23 des Grundgesetzes aufgelaufene Verschuldung der Deutschen Demokratischen Republik wird zum Zeitpunkt des Beitritts auf die Länder, die sich auf dem Gebiet der Deutschen Demokratischen Republik neu gebildet haben, aufgeteilt.

Artikel 23
Finanzzuweisungen der Bundesrepublik Deutschland

(1) Die Bundesrepublik Deutschland gewährt der Deutschen Demokratischen Republik für eine Übergangszeit zum Haushaltsausgleich zweckgebundene Finanzzuweisungen nach Maßgabe der im Haushalt der Bundesrepublik Deutschland zur Verfügung stehenden Mittel.

(2) Die Vertragsparteien stimmen darin überein, daß die gemäß Artikel 18 des Abkommens über den Transitverkehr von zivilen Personen und Gütern zwischen der Bundesrepublik Deutschland und Berlin (West) vom 17. Dezember 1971[12] zu zahlende Transitpauschale mit Inkrafttreten dieses Staatsvertrages entfällt. In Abänderung der Vereinbarung vom 5. Dezember 1989[13] vereinbaren die Vertragsparteien, daß 1991 keine Einzahlungen in den Reisedevisenfonds mehr geleistet werden. Über die weitere Verwendung eines bei Einführung der Währungsunion noch vorhandenen Betrags der Gegenwertmittel aus dem Reisedevisenfonds wird zwischen den Finanzministern der Vertragsparteien eine ergänzende Vereinbarung getroffen. Die Deutsche Demokratische Republik hebt die Vorschriften über die in diesen Abkommen sowie in dem Abkommen über die Befreiung von Straßenfahrzeugen von Steuern und Gebühren vom 31. Oktober 1979[14] geregelten Gebühren mit Wirkung für die beiden Vertragsparteien auf.

Artikel 24
Übergangsregelung im öffentlichen Dienst

Die Regierung der Deutschen Demokratischen Republik gewährleistet unter Beachtung von Artikel 2 Absatz 1 Satz 1, daß in Tarifverträgen oder sonstigen Regelungen im Bereich der öffentlichen Verwaltung unter Beschränkung neuer dienstrechtlicher Vorschriften auf Übergangsregelungen die allgemeinen wirtschaftlichen und finanziellen Verhältnisse in der Deutschen Demokratischen Republik und die Erfordernisse der Konsolidierung des Haushalts beachtet werden. Das Bundespersonalvertretungsgesetz in der jeweils geltenden Fassung findet sinngemäß Anwendung.

2. Abschnitt: Finanzen

Artikel 25
Zölle und besondere Verbrauchssteuern

(1) Die Deutsche Demokratische Republik übernimmt schrittweise im Einklang mit dem Grundsatz in Artikel 10 Absatz 3 das Zollrecht der Europäischen Gemeinschaften einschließlich des Gemeinsamen Zolltarifs sowie die besonderen Verbrauchssteuern nach Maßgabe der Anlage IV.

(2) Die Vertragsparteien sind sich einig, daß ihr Zollgebiet den Geltungsbereich dieses Vertrages umfaßt.

---

12 Nr. 139 Anm. 3.
13 Nr. 110 Anm. 1.
14 Abkommen zwischen der Regierung der Bundesrepublik Deutschland und der Regierung der Deutschen Demokratischen Republik über die Befreiung von Straßenfahrzeugen von Steuern und Gebühren, 31. Oktober 1979, in: Bulletin. Nr. 133. 31. Oktober 1979, 1234 f.

(3) Der Grenzausgleich zwischen den Erhebungsgebieten für Verbrauchssteuern beider Vertragsparteien – ausgenommen für Tabak – entfällt. Die Steuerhoheit bleibt unberührt. Der Ausgleich der Aufkommensverlagerungen wird durch besondere Vereinbarungen geregelt.

(4) Zwischen den Erhebungsgebieten wird der Versand unversteuerter verbrauchssteuerpflichtiger Waren nach Maßgabe der Bestimmungen zugelassen, die den Verkehr mit unversteuerten Waren innerhalb eines Erhebungsgebiets regeln.

(5) Die Steuerentlastung für auszuführende Waren wird erst beim Nachweis der Ausfuhr in andere Gebiete als die der beiden Erhebungsgebiete gewährt.

Artikel 26
Besitz- und Verkehrssteuern

(1) Die Deutsche Demokratische Republik regelt die Besitz- und Verkehrssteuern nach Maßgabe der Anlage IV.

(2) Für Zwecke der Umsatzsteuer besteht zwischen den Vertragsparteien keine Steuergrenze; ein umsatzsteuerlicher Grenzausgleich erfolgt nicht. Die Steuerhoheit bleibt unberührt. Das Recht zum Vorsteuerabzug erstreckt sich auch auf die Steuer für Umsätze, die bei der anderen Vertragspartei der Umsatzsteuer unterliegen. Der Ausgleich der sich hieraus ergebenden Aufkommensminderung wird durch besondere Vereinbarung geregelt.

(3) Bei jeder der beiden Vertragsparteien erstreckt sich die unbeschränkte Vermögenssteuersowie Erbschafts- oder Schenkungssteuerpflicht mit Wirkung ab … 1990 nicht auf Vermögensgegenstände, die auf die andere Vertragspartei entfallen und von ihr zu der entsprechenden Steuer tatsächlich herangezogen werden; das gleiche gilt für Nutzungsrechte an solchen Gegenständen.

Artikel 27
Informationsaustausch

(1) Die Vertragsparteien tauschen die Informationen aus, die zur Durchführung ihres Steuerrechts erforderlich sind. Zuständig für den Informationsaustausch sind der Bundesminister der Finanzen der Bundesrepublik Deutschland und der Minister der Finanzen der Deutschen Demokratischen Republik. Alle Informationen, die eine Vertragspartei erhalten hat, sind ebenso geheimzuhalten wie die aufgrund ihres innerstaatlichen Rechts beschafften Informationen und dürfen nur den Personen oder Behörden (einschließlich der Gerichte und der Verwaltungsbehörden) zugänglich gemacht werden, die mit der Festsetzung oder Erhebung, der Vollstreckung oder Strafverfolgung oder mit der Entscheidung von Rechtsmitteln hinsichtlich der Besitz- und Verkehrssteuern befaßt sind. Diese Personen oder Behörden dürfen die Informationen nur für diese Zwecke verwenden. Sie dürfen die Informationen in einem öffentlichen Gerichtsverfahren oder in einer Gerichtsentscheidung offenlegen.

(2) Absatz 1 verpflichtet eine Vertragspartei nicht,
– Verwaltungsmaßnahmen durchzuführen, die von den Gesetzen und der Verwaltungspraxis dieser oder der anderen Vertragspartei abweichen;
– Informationen zu erteilen, die nach den Gesetzen oder im üblichen Verwaltungsverfahren dieser oder der anderen Vertragspartei nicht beschafft werden können;
– Informationen zu erteilen, die ein Handels-, Industrie-, Gewerbe- oder Berufsgeheimnis oder ein Geschäftsverfahren preisgeben würden oder deren Erteilung der öffentlichen Ordnung widerspräche.

Artikel 28
Konsultationsverfahren

(1) Die Vertragsparteien werden sich bemühen, bei den Besitz- und Verkehrssteuern eine Doppelbesteuerung durch Verständigung über eine sachgerechte Abgrenzung der Besteuerungsgrundlagen zu vermeiden. Sie werden sich weiter bemühen, Schwierigkeiten oder

Zweifel, die sich bei der Auslegung oder Anwendung ihres Steuerrechts im Verhältnis zueinander ergeben, im gegenseitigen Einvernehmen zu beseitigen.

(2) Zur Herbeiführung einer Einigung im Sinne des vorstehenden Absatzes können der Bundesminister der Finanzen der Bundesrepublik Deutschland und der Minister der Finanzen der Deutschen Demokratischen Republik unmittelbar miteinander verkehren.

Artikel 29
Aufbau der Finanzverwaltung

(1) Die Deutsche Demokratische Republik schafft die Rechtsgrundlagen für eine dreistufige Finanzverwaltung entsprechend dem Gesetz über die Finanzverwaltung der Bundesrepublik Deutschland mit den sich aus diesem Vertrag ergebenden Abweichungen und richtet die Verwaltungen entsprechend ein.

(2) Bis zum Beginn der Währungsunion, Wirtschafts- und Sozialgemeinschaft werden vorrangig funktionsfähige Steuer- und Zollverwaltungen aufgebaut.

Kapitel VI – Schlußbestimmungen

Artikel 30
Vorrang des Vertrages

Beide Vertragsparteien sind sich darüber einig, daß dieser Vertrag einschließlich der in seiner Ausführung geltenden oder in Kraft zu setzenden Rechtsvorschriften entgegenstehendem Recht der Deutschen Demokratischen Republik vorgeht.

Artikel 31
Berlin-Klausel

Entsprechend dem Viermächte-Abkommen vom 3. September 1971[15] wird dieser Vertrag in Übereinstimmung mit den festgelegten Verfahren auf Berlin (West) ausgedehnt.

Artikel 32
Geltungsdauer

(1) Dieser Vertrag einschließlich des Gemeinsamen Protokolls sowie der Anlagen und des Anhangs tritt an dem Tag in Kraft, an dem die Regierungen der Vertragsparteien einander mitgeteilt haben, daß die erforderlichen innerstaatlichen Voraussetzungen für das Inkrafttreten erfüllt sind.

(2) Die Bestimmungen dieses Vertrages werden bei grundlegender Änderung der gegebenen Umstände, insbesondere bei Herstellung der staatlichen Einheit, überprüft.

Anlagen
(Materialien und Vorschläge)

1. Gemeinsames Protokoll über Leitsätze (Artikel 4 Satz 1 des Vertrages)
2. Anlage I: Bestimmungen über die Währungsunion und über die Währungsumstellung
3. Anlage II: In der Deutschen Demokratischen Republik mit Inkrafttreten des Vertrages anzuwendende Rechtsvorschriften
4. Anlage III: Von der Deutschen Demokratischen Republik aufzuhebende oder zu ändernde Rechtsvorschriften
5. Anlage IV: Von der Deutschen Demokratischen Republik neu zu erlassende Rechtsvorschriften
6. Anlage V: Liste der von der Bundesrepublik Deutschland zu ändernden Rechtsvorschriften
7. Anlage VI: Regelungen, die im weiteren Verlauf in der Deutschen Demokratischen Republik anzustreben sind

15 Nr. 2 Anm. 25.

Nr. 256A
Gemeinsames Protokoll
über Leitsätze
zum Vertrag über die Schaffung einer Währungsunion,
Wirtschafts- und Sozialgemeinschaft zwischen der
Bundesrepublik Deutschland und der Deutschen Demokratischen Republik

Stand: 17. April 1990.

In Ergänzung des Vertrages über die Schaffung einer Währungsunion, Wirtschafts- und Sozialgemeinschaft haben die Hohen Vertragschließenden Seiten folgende Leitsätze vereinbart, die gemäß Artikel 4 Satz 1 des Vertrages[16] verbindlich sind:

A. Generelle Leitsätze

I. Allgemeines

1. Die Vertragspartner werden die Menschenrechte umfassend fördern und den Rechtsschutz gewährleisten. Das Recht der Deutschen Demokratischen Republik wird künftig nach den Grundsätzen einer freiheitlichen, demokratischen, sozialen und rechtsstaatlichen Ordnung gestaltet.
2. Vorschriften, die den einzelnen oder Organe der staatlichen Gewalt einschließlich Gesetzgebung und Rechtsprechung auf die sozialistische Gesetzlichkeit, die sozialistische Staats- und Gesellschaftsordnung, die Vorgaben und Ziele zentraler Leitung und Planung der Volkswirtschaft, das sozialistische Rechtsbewußtsein, die sozialistischen Anschauungen, die Anschauungen der Arbeiterklasse, die sozialistische Moral oder vergleichbare Begriffe verpflichten, sind nicht mehr anzuwenden.
3. Genehmigungsvorbehalte sollen nur aus zwingenden Gründen des allgemeinen Wohls bestehen. Ihre Voraussetzungen sind eindeutig zu bestimmen.

II. Wirtschaftsgemeinschaft

1. Bei der Erzeugung und Verteilung wirtschaftlicher Leistung gilt der Vorrang privatwirtschaftlicher Betätigung bei Sicherstellung wettbewerblicher Strukturen.
2. Bei allen staatlichen Entscheidungen ist dem Ziel einer Steigerung der Effizienz in der Wirtschaft Vorrang einzuräumen. Dabei sind bei Verwendung öffentlicher Mittel die Grundsätze der Wirtschaftlichkeit und Sparsamkeit zu beachten sowie soziale Belange und die Erfordernisse des Umweltschutzes zu berücksichtigen.
3. Die Vertragsfreiheit wird gewährleistet. In die Freiheit der wirtschaftlichen Betätigung darf nur sowenig als möglich eingegriffen werden.
4. Unternehmerische Entscheidungen sind frei von Planvorgaben (z.B. im Hinblick auf Produktion, Bezüge, Lieferungen, Investitionen, Arbeitsverhältnisse, Preise und Gewinnverwendung).
5. Private Unternehmen und freie Berufe dürfen nicht schlechter behandelt werden als staatliche und genossenschaftliche Betriebe.
6. Die Preisbildung ist frei, sofern nicht aus zwingenden gesamtwirtschaftlichen Gründen Preise staatlich festgesetzt werden.
7. Die Freiheit des Erwerbs, der Verfügung und der Nutzung von Grund und Boden und sonstiger Produktionsmittel sind wegen ihrer entscheidenden Bedeutung für wirtschaftliche Tätigkeit zu gewährleisten. Entgegenstehende Vorschriften sind entsprechend zu ändern bzw. aufzuheben.

16 Nr. 256.

[8. Ein rechtlich gesicherter Erwerb und eine rechtlich gesicherte Belastbarkeit von enteigneten oder von staatlicher Verwaltung erfaßten Grundstücken ist zu gewährleisten.][17]

9. Bei der Entscheidung über Genehmigungen im Grundstücksverkehr ist darauf Bedacht zu nehmen, daß wirtschaftliche Investitionen möglichst weitgehend gefördert werden sollten. Bei juristischen Personen des Privatrechts ist § 3 Absatz 5 der Grundstücksverkehrsordnung der Deutschen Demokratischen Republik vom 11. Januar 1963 (GBl. II S. 159) nicht anzuwenden.

[10. Leitsatz über Kombinate][18]

III. Sozialgemeinschaft

1. Jedermann hat das Recht, zur Wahrung und Förderung der Arbeits- und Wirtschaftsbedingungen Vereinigungen zu bilden, bestehenden Vereinigungen beizutreten, aus solchen Vereinigungen auszutreten und ihnen fernzubleiben. Ferner wird das Recht gewährleistet, sich in den Koalitionen zu betätigen. Alle Abreden, die diese Rechte einschränken, sind unwirksam. Gewerkschaften und Arbeitgeberverbände sind in ihrer Bildung, ihrer Existenz, ihrer organisatorischen Autonomie und ihrer koalitionsgemäßen Betätigung geschützt.

2. Tariffähige Gewerkschaften und Arbeitgeberverbände müssen frei gebildet, gegnerfrei, auf überbetrieblicher Grundlage organisiert und unabhängig sein sowie das geltende Tarifrecht als für sich verbindlich anerkennen; ferner müssen sie in der Lage sein, durch Ausüben von Druck auf den Tarifpartner zu einem Tarifabschluß zu kommen.

3. Solange und soweit tariffähige Gewerkschaften nicht bestehen, sind Vereinbarungen über Löhne und sonstige Arbeitsbedingungen durch Arbeitgeber und Betriebsrat in Abweichung vom Tarifvorrang der §§ 77 Absatz 3, 87 Absatz 1 des Betriebsverfassungsgesetzes[19] zugelassen.

4. Streik und Abwehraussperrung (Arbeitskampf) sind zugelassen, soweit sie nicht gegen den Grundsatz der Verhältnismäßigkeit verstoßen.

5. Arbeitskämpfe sind erst nach Ausschöpfung aller Verständigungsmöglichkeiten zulässig und nur dann, wenn sie von Gewerkschaften, Arbeitgeberverbänden oder einzelnen Arbeitgebern und um tariflich regelbare Ziele geführt werden.

6. Arbeitskämpfe führen im Regelfall nur zum Ruhen der Hauptpflichten aus dem Arbeitsverhältnis.

7. Rechtsvorschriften, die besondere Mitwirkungsrechte des Freien Deutschen Gewerkschaftsbundes, von Betriebsgewerkschaftsorganisationen und betrieblichen Gewerkschaftsleitungen vorsehen, werden nicht mehr angewendet.

B. Leitsätze für einzelne Rechtsgebiete

I. Rechtspflege

1. Vorschriften sind nicht mehr anzuwenden, soweit sie die Mitwirkung von Kollektiven, gesellschaftlichen Organen, der Gewerkschaften, der Betriebe, von gesellschaftlichen Anklägern und gesellschaftlichen Verteidigern an der Rechtspflege und über deren Unterrichtung über Verfahren regeln; das Recht der Gewerkschaften zur Beratung und [zu] Prozeßvertretungen in Arbeitsstreitigkeiten bleibt unberührt.

2. Vorschriften sind nicht mehr anzuwenden, soweit sie die Zusammenarbeit der Gerichte mit den örtlichen Volksvertretungen und anderen Organen, die Rechenschaftspflicht der Richter diesen gegenüber sowie die Gerichtskritik regeln.

---

17 Eckige Klammern in der Textvorlage.
18 Eckige Klammern in der Textvorlage.
19 Betriebsverfassungsgesetz vom 15. Januar 1972 in der Neufassung der Bekanntmachung vom 23. Dezember 1988 in: BGBl. 1989 I, 2–31, 902.

3. Die Vorschriften über die Mitwirkung der Staatsanwaltschaft an der Rechtspflege sind nur noch anzuwenden, soweit sie ihre Mitwirkung im Strafverfahren und in Familienrechts-, Kindschafts- und Entmündigungssachen betreffen.
4. Die im Strafrecht der Deutschen Demokratischen Republik auf die sozialistische Gesetzlichkeit sowie auf die sozialistische Staats- und Gesellschaftsordnung bezogenen Grundsätze sowie Vorschriften, die der Verfestigung planwirtschaftlicher Strukturen dienen, einer künftigen Vereinigung beider deutscher Staaten entgegenstehen oder Grundsätzen eines freiheitlichen, demokratischen Rechtsstaats widersprechen, finden auf nach Inkrafttreten dieses Vertrages begangene Taten keine Anwendung.
5. Soweit Vorschriften des Strafgesetzbuches das sozialistische Eigentum betreffen, finden sie auf Taten, die nach Inkrafttreten dieses Vertrages begangen werden, keine Anwendung; die das persönliche oder private Eigentum betreffenden Vorschriften finden nach dem Inkrafttreten dieses Vertrages auch Anwendung auf das sonstige Eigentum oder Vermögen.
6. Ein humaner, an rechtsstaatlichen Grundsätzen orientierter Strafvollzug ist zu gewährleisten.
7. Die Vorschriften über die Sonderstellung des Volkseigentums, der volkseigenen Betriebe und staatlicher Einrichtungen im Zivilprozeßrecht und [in] der Vollstreckung sind nicht mehr anzuwenden; unberührt bleiben steuerrechtliche Vorschriften für den Insolvenzfall.
8. Soweit die in der Anlage II genannten Regelungen straf- oder bußgeldbewehrt sind, wird die Deutsche Demokratische Republik entsprechende Vorschriften in Angleichung an das Recht der Bundesrepublik Deutschland ausgestalten.

II. Wirtschaftsrecht

1. Die Deutsche Demokratische Republik wird ihr Recht mit dem Ziel ändern, daß zum Zwecke der Besicherung von Krediten gleichwertige Rechte, insbesondere Grundpfandrechte, wie [sie] in der Bundesrepublik Deutschland erworben werden können, und die Verwirklichung dieser Rechte in gleichem Maße wie in der Bundesrepublik Deutschland gewährleistet sind.
2. Die Deutsche Demokratische Republik wird die vereinbarte Währungsunion und die Einführung der freien und sozialen Marktwirtschaft durch Schaffung eines Kapitalmarktes absichern. Hierzu gehört die Freigabe der Zinssätze. Besondere Bedeutung kommt der Zulassung von handelbaren Wertpapieren (Aktien und Schuldverschreibungen) zu. Sie wird für eine ordnungsgemäße Gewichtung ihrer Schulden und für die Führung eines Schuldbuches mit der Möglichkeit der Begebung von Schuldbuchforderungen Sorge tragen.
3. Die Deutsche Demokratische Republik wird dafür sorgen, daß Verwaltungsakte und sonstige Anordnungen der in Artikel 3 Satz 3 des Vertrages genannten Behörden gegenüber Personen mit Sitz oder Wohnsitz in der Deutschen Demokratischen Republik – notfalls auch mit Zwangsmitteln – durchgesetzt werden können.
4. Die Deutsche Demokratische Republik schafft das bestehende Versicherungsmonopol ab, beseitigt die Prämienkontrolle in den Versicherungszweigen, in denen die Tarife nicht zum Geschäftsplan gehören, und hebt die geltenden Rechtsvorschriften und Anordnungen über die Allgemeinen Bedingungen für Versicherungen sowie § 258 des Zivilgesetzbuches auf.
5. Die Deutsche Demokratische Republik wird für die Beseitigung aller Hemmnisse des Zahlungsverkehrs sorgen und seine privatrechtliche Ausgestaltung fördern.
6. Der Außenwirtschaftsverkehr ist grundsätzlich frei. Beschränkungen sind nur aus zwingenden gesamtwirtschaftlichen Gründen sowie aufgrund von zwischenstaatlichen Ver-

einbarungen zulässig. Die Deutsche Demokratische Republik wird das Außenhandelsmonopol aufheben und insbesondere das Gesetz über den Außenhandel der Deutschen Demokratischen Republik vom 9. Januar 1958[20] sowie die darauf beruhenden Durchführungsverordnungen außer Kraft setzen bzw. entsprechend anpassen.

7. Die Deutsche Demokratische Republik wird zum Zwecke der Gewinnung vergleichbarer Grundlagen ihre Statistiken an die der Bundesrepublik Deutschland anpassen und in Abstimmung mit dem Statistischen Bundesamt bzw. der Deutschen Bundesbank Informationen nach den Maßstäben der Bundesstatistik aus folgenden Bereichen erstellen: Arbeitsmarkt, Preise, Produktion, Umsätze, Außenwirtschaft und Einzelhandel.

8. Die Unternehmen haben die Rechnungslegung nach den für Kaufleute geltenden Grundsätzen ordnungsmäßiger Buchführung zu gestalten.

9. Die Deutsche Demokratische Republik wird im Einvernehmen mit der Bundesrepublik Deutschland ein Branntweinmonopol errichten.

III. Baurecht

Die Deutsche Demokratische Republik wird zur Planungs- und Investitionssicherheit für bauliche Vorhaben baldmöglichst Rechtsgrundlagen schaffen, die dem Baugesetzbuch vom 8. Dezember 1986 (BGBl. I S. 2253) und dem Raumordnungsgesetz vom 19. Juli 1989 (BGBl. I S. 1461) entsprechen.

IV. Arbeits- und Sozialrecht

1. Arbeitnehmer aus der Bundesrepublik Deutschland, die vorübergehend in der Deutschen Demokratischen Republik beschäftigt werden, können mit ihrem Arbeitgeber die Anwendung bundesdeutschen Arbeitsrechts vereinbaren.

2. Zur Förderung eines vorübergehenden Austauschs von Arbeitskräften wird eine Befreiung von der sich aus einer Beschäftigung ergebenden Versicherungspflicht in der Sozialversicherung ermöglicht, wenn eine Versicherung unabhängig von der Beschäftigung besteht.

3. Die Sicherheit und der Gesundheitsschutz der Arbeitnehmer bei der Arbeit sind zu gewährleisten. Hierzu sind, soweit erforderlich, die Vorschriften der Deutschen Demokratischen Republik innerhalb einer angemessenen Übergangszeit an das in der Bundesrepublik Deutschland und, soweit möglich, an das in der Europäischen Gemeinschaft geltende Arbeitsschutzrecht anzupassen. Dies gilt insbesondere für die Bereiche der Gefahrstoffe der überwachungsbedürftigen Anlagen, der Gerätesicherheit und der betrieblichen Arbeitsschutzorganisation. Die Kontrolle der Einhaltung der Bestimmungen über den Gesundheits- und Arbeitsschutz in den Betrieben wird durch staatliche oder andere öffentlich-rechtliche Stellen ausgeübt.

4. Die Deutsche Demokratische Republik führt zur Förderung und Sicherung der Eingliederung Schwerbehinderter in die Betriebe und Verwaltungen Schwerbehindertenvertretungen [und den besonderen behördlichen Kündigungsschutz][21] ein und gleicht schrittweise die Hilfen für Schwerbehinderte an das Schwerbehindertengesetz[22] der Bundesrepublik Deutschland an.

5. Die Deutsche Demokratische Republik paßt ihr Sozialversicherungsrecht unbeschadet der Regelungen in Kapitel IV des Vertrags schrittweise an das Sozialversicherungsrecht der Bundesrepublik Deutschland an. Sie baut leistungsfähige Krankenkassen in einem ge-

---

20 Gesetz über den Außenhandel der Deutschen Demokratischen Republik, 9. Januar 1958, in: GBl. DDR 1958 I, 69.
21 Eckige Klammern in der Textvorlage.
22 Gesetz zur Sicherung der Eingliederung Schwerbehinderter in Arbeit, Beruf und Gesellschaft (Schwerbehindertengesetz – SchwbG) in der Neufassung der Bekanntmachung vom 26. August 1986 (BGBl. 1986 I, 1421–1443, 1550) in der zuletzt am 22. Dezember 1989 geänderten Fassung (zu den bis dahin vorgenommenen Änderungen: Fundstellennachweis A 1989, 328).

gliederten System auf, die den Beitragseinzug, die Zahlung von Geldleistungen sowie die Bereitstellung und Vergütung der notwendigen medizinischen Sachleistungen für die Versicherten übernehmen, und schafft gesetzliche Rahmenbedingungen für die Regelung der vertraglichen und vergütungsrechtlichen Beziehungen zwischen der Krankenversicherung und bestehenden Versorgungseinrichtungen sowie neuen Leistungserbringern. Sie entwickelt neue Versorgungsstrukturen mit privaten Leistungserbringern. Unfallversicherungsrenten werden mit der Umstellung auf Deutsche Mark in Anlehnung an das Bruttodurchschnittsentgelt und danach entsprechend der Lohnentwicklung angepaßt.

6. Die Deutsche Demokratische Republik führt ein Sozialhilfegesetz mit entsprechender Verwaltung ein, durch das der Mindestlebensbedarf der Sozialhilfeempfänger in der Deutschen Demokratischen Republik, die Krankenhilfe und die Pflegehilfe gesichert werden. Die Sozialhilfe wird nachrangig zu anderen Leistungsbereichen als Rechtsanspruch ausgestaltet.

Nr. 256B
Anlage I
Bestimmungen über die Währungsunion und über die Währungsumstellung

1. Abschnitt: Bestimmungen zur Einführung der Währung der Deutschen Mark in der Deutschen Demokratischen Republik

Artikel 1
Einführung der Währung der Deutschen Mark

(1) Mit Wirkung vom ... wird die Deutsche Mark als Währung in der Deutschen Demokratischen Republik eingeführt. Ihre Rechnungseinheit bildet die Deutsche Mark, die in hundert Deutsche Pfennig eingeteilt ist.

(2) Alleinige gesetzliche Zahlungsmittel sind vom ... an die von der Deutschen Bundesbank ausgegebenen auf Deutsche Mark lautenden Banknoten und die von der Bundesrepublik Deutschland ausgegebenen auf Deutsche Mark oder Pfennig lautenden Bundesmünzen.

(3) Die von der Deutschen Bundesbank ausgegebenen Banknoten sind unbeschränkte gesetzliche Zahlungsmittel. Die von der Bundesrepublik Deutschland ausgegebenen Bundesmünzen sind mit der Maßgabe gesetzliche Zahlungsmittel, daß niemand verpflichtet ist, auf Deutsche Mark lautende Münzen im Betrag von mehr als 20 Deutsche Mark und auf Pfennig lautende Münzen im Betrag von mehr als 5 Deutsche Mark in Zahlung zu nehmen.

(4) Abweichend von den Absätzen 2 und 3 bleiben die Umlaufmünzen der Deutschen Demokratischen Republik in der Stückelung von 1, 5 und 10 Pfennig in der Deutschen Demokratischen Republik so lange gesetzliches Zahlungsmittel, bis sie durch entsprechende Bundesmünzen ersetzt werden können. Die Deutsche Demokratische Republik wird die Münzen zu einem von dem Bundesminister der Finanzen der Bundesrepublik Deutschland zu bestimmenden Zeitpunkt außer Kurs setzen.

(5) Der Bundesminister der Finanzen der Bundesrepublik Deutschland wird die Münzstätte der Deutschen Demokratischen Republik in die Prägung der für die Deutsche Demokratische Republik benötigten Bundesmünzen zu den üblichen Bedingungen einschalten, wenn die Deutsche Demokratische Republik sich hierzu bereit erklärt.

Artikel 2
Umbenennung

Wo in Gesetzen, Verordnungen, Anordnungen, gerichtlichen Entscheidungen, Verwaltungsakten und in rechtsgeschäftlichen Erklärungen die Rechnungseinheit Mark der Deutschen Demokratischen Republik verwendet wird, tritt vorbehaltlich besonderer Vorschriften an die Stelle dieser Rechnungseinheit die Rechnungseinheit Deutsche Mark. Die Regelung der Umstellung von auf Mark der Deutschen Demokratischen Republik lautenden Verbindlichkeiten auf Deutsche Mark wird davon nicht berührt.

Artikel 3
Genehmigungsvorbehalt
Das Eingehen von Verbindlichkeiten in einer anderen Währung als in Deutscher Mark durch Personen in der Deutschen Demokratischen Republik gegenüber Personen in der Bundesrepublik Deutschland oder in der Deutschen Demokratischen Republik bedarf der Genehmigung. Das gleiche gilt für auf Deutsche Mark lautende Verbindlichkeiten, deren Betrag durch den Kurs einer anderen Währung oder den Preis von Gold oder anderen Gütern oder Leistungen bestimmt werden soll. Über die Genehmigung entscheidet die Deutsche Bundesbank.

Artikel 4
Stundung
Alle auf Mark der Deutschen Demokratischen Republik lautenden Verbindlichkeiten werden bis zum Ablauf des ... gestundet.

2. Abschnitt: Währungsumstellung in der Deutschen Demokratischen Republik

Artikel 5
Tag der Umstellung, Umtauschstellen
(1) Die am Tage des Inkrafttretens dieser Bestimmungen den in Absatz 3 genannten Personen oder Stellen gehörenden auf Mark der Deutschen Demokratischen Republik lautenden Banknoten und auf Mark und Pfennig der Deutschen Demokratischen Republik lautenden Münzen können bis zum ... für Zwecke der Umstellung auf ein Konto bei einer Umtauschstelle eingezahlt werden. Umtauschstellen sind die Geldinstitute in der Deutschen Demokratischen Republik.
(2) Auf Mark der Deutschen Demokratischen Republik lautende Guthaben von den in Absatz 3 genannten Personen oder Stellen bei Geldinstituten in der Deutschen Demokratischen Republik können bis zum ... bei dem kontoführenden Geldinstitut zum Umtausch angemeldet werden.
(3) Zur Einzahlung und Anmeldung sind – mit Ausnahme der Geldinstitute – alle natürlichen oder juristischen Personen oder sonstigen Stellen berechtigt, deren Wohnsitz, Sitz oder Ort der Niederlassung sich in der Deutschen Demokratischen Republik befinden.
(4) Natürliche oder juristische Personen oder Stellen, deren Wohnsitz oder Sitz sich außerhalb der Deutschen Demokratischen Republik befinden, können ihre auf Mark der Deutschen Demokratischen Republik lautenden Guthaben bei Geldinstituten in der Deutschen Demokratischen Republik bis zum ... bei den jeweiligen kontoführenden Geldinstituten zum Umtausch anmelden.
(5) Mit Ablauf der in den Absätzen 1, 2 und 4 genannten Fristen können Ansprüche aus Banknoten und Münzen, die nicht bei einer Umtauschstelle eingezahlt worden sind, und nicht angemeldeten Guthaben bei Geldinstituten nicht mehr geltend gemacht werden.
(6) Gegen die Versäumung der in den Absätzen 1, 2 und 4 genannten Fristen können natürliche Personen bis zum ... [drei Monate nach dem Meldetermin][23] Wiedereinsetzung in den vorigen Stand beantragen. Einem Antrag auf Wiedereinsetzung in den vorigen Stand ist zu entsprechen, wenn der Antragsteller glaubhaft macht, daß er ohne sein Verschulden außer-

---

23 Eckige Klammern in der Textvorlage.

stande war, Banknoten und Münzen rechtzeitig abzuliefern oder Guthaben bei Geldinstituten rechtzeitig anzumelden. Die Wiedereinsetzung muß binnen einer zweiwöchigen Frist seit Behebung des Hindernisses beantragt werden.

Artikel 6
Umtausch

(1) Natürliche Personen mit Wohnsitz in der Deutschen Demokratischen Republik können bei einem für sie kontoführenden Geldinstitut beantragen, daß ihnen für ein Guthaben im Betrag von bis zu y tausend Mark der DDR für 1 Mark der Deutschen Demokratischen Republik 1 Deutsche Mark gutgeschrieben wird. Der Antrag kann nur einmalig bei einem Geldinstitut gestellt werden.

(2) Guthaben natürlicher Personen, soweit sie den Betrag von y tausend Mark der Deutschen Demokratischen Republik überschreiten, sowie Guthaben juristischer Personen oder sonstiger Stellen werden in der Weise umgestellt, daß für x Mark der Deutschen Demokratischen Republik 1 Deutsche Mark gutgeschrieben wird.

(3) Die nach dem ... bestehenden Guthaben natürlicher oder juristischer Personen oder von Stellen, deren Wohnsitz oder Sitz sich außerhalb der Deutschen Demokratischen Republik befinden, werden in der Weise umgestellt, daß für ... Mark der Deutschen Demokratischen Republik 1 Deutsche Mark gutgeschrieben wird. Guthaben der in Satz 1 genannten Personen oder Stellen, die nach dem ... entstanden sind, werden in der Weise umgestellt, daß für ... Mark der Deutschen Demokratischen Republik 1 Deutsche Mark gutgeschrieben wird. Umgehungsgeschäfte sind nichtig.

Artikel 7
Umstellung von auf Mark der Deutschen Demokratischen Republik
lautenden Verbindlichkeiten und Forderungen
auf Deutsche Mark;
DM-Eröffnungsbilanz

§ 1

(1) Vorbehaltlich der Regelung in Absatz 2 werden alle auf Mark der Deutschen Demokratischen Republik lautenden Verbindlichkeiten und Forderungen, die vor dem ... begründet wurden oder die nach den vor dem Inkrafttreten dieser Bestimmungen in Geltung gewesenen Vorschriften in Mark der Deutschen Demokratischen Republik zu erfüllen gewesen wären, mit der Wirkung auf Deutsche Mark umgestellt, daß der Schuldner an den Gläubiger für x Mark der Deutschen Demokratischen Republik 1 Deutsche Mark zu zahlen hat.

(2) Für auf Mark der Deutschen Demokratischen Republik lautende Verbindlichkeiten und Forderungen der in Artikel 5 Absatz 3 und 4 genannten Personen oder sonstigen Stellen aus Guthaben bei Geldinstituten gilt Artikel 6.

§ 2

(1) Eine vor dem ... begründete Verbindlichkeit verliert nicht dadurch die Eigenschaft einer auf Mark der Deutschen Demokratischen Republik lautenden Verbindlichkeit, daß der Gläubiger die Rechnung für die von ihm vor diesem Zeitpunkt bewirkte Gegenleistung erst nach ... vorlegt.

(2) Am ... noch nicht vollständig abgewickelte Zahlungsvorgänge zwischen zwei Konten bei Geldinstituten sind auf beiden Konten auch nach dem ... zunächst in Mark der Deutschen Demokratischen Republik zu verbuchen und in die Berechnung des zum Umtausch angemeldeten Guthabens einzubeziehen.

§ 3

(1) Die Deutsche Demokratische Republik wird innerhalb von drei Monaten nach Inkrafttreten dieses Vertrages ein Gesetz über die Eröffnungsbilanz in Deutscher Mark und die

Kapitalneufestsetzung (D-Mark-Bilanzgesetz)[24] erlassen, das für alle Kaufleute und juristischen Personen einschließlich der Kombinate, Kombinatsbetriebe und volkseigenen Betriebe mit Sitz in der Deutschen Demokratischen Republik gilt.

(2) Das Gesetz hat folgende Grundsätze zu berücksichtigen:

a) Die Vermögensgegenstände und Schulden sind in der Eröffnungsbilanz neu zu bewerten.

b) Bei der Neubewertung dürfen die Wiederbeschaffungs- oder Wiederherstellungskosten (Neuwert) zum Stichtag der Eröffnungsbilanz nicht überschritten werden. Dabei ist von dem Neuwert ein Wertabschlag vorzunehmen, der die zwischenzeitliche Nutzung des Vermögensgegenstandes und den technischen Fortschritt berücksichtigt (Zeitwert). Die in der Eröffnungsbilanz angesetzten Werte gelten für die Folgezeit als Anschaffungs- oder Herstellungskosten.

c) Vorbehaltlich der Absätze 1 und 2 sind die Vorschriften des Dritten Buches des Handelsgesetzbuches der Bundesrepublik Deutschland, soweit diese Vorschriften für alle Kaufleute gelten, zu beachten.

d) Das Verbot der Aktivierung selbst geschaffener immaterieller Vermögensgegenstände ist auch zu beachten, wenn das Unternehmen vor dem Stichtag der Eröffnungsbilanz in eine private Rechtsform umgewandelt worden ist.

e) Regelungen über Ausgleichsposten oder sonstige Bilanzierungshilfen zur Vermeidung einer Überschuldung oder zur Kapitalneufestsetzung dürfen nur mit Zustimmung der Bundesregierung der Bundesrepublik Deutschland getroffen werden. Gleiches gilt für Vorschriften über Ausgleichsforderungen gegenüber der Treuhandanstalt oder gegenüber anderen öffentlichen Stellen.

Artikel 8
Besondere Vorschriften für Geldinstitute

§ 1

Für die Umstellung von auf Mark der Deutschen Demokratischen Republik lautende Verbindlichkeiten und Forderungen von Geldinstituten mit Sitz in der Deutschen Demokratischen Republik einschließlich solcher aus Guthaben bei anderen Geldinstituten in der Deutschen Demokratischen Republik gelten Artikel 7 § 1 Absatz 1 sowie Artikel 7 § 2.

§ 2

(1) Die in § 1 bezeichneten Geldinstitute – ausgenommen die Staatsbank der Deutschen Demokratischen Republik – sind verpflichtet, die im Zusammenhang mit der Einführung der Währung der Deutschen Mark und der Währungsumstellung entgegengenommenen sowie die im eigenen Bestand befindlichen auf Mark der Deutschen Demokratischen Republik lautenden Noten und Münzen an die Staatsbank der Deutschen Demokratischen Republik oder die von dieser bestimmten Stelle abzuliefern.

(2) In Höhe des Gegenwerts erhalten die in Absatz 1 bezeichneten Geldinstitute vorbehaltlich einer besonderen Regelung gemäß § 3 Absatz 5 nach Maßgabe des in § 1 bestimmten Umstellungssatzes eine Gutschrift durch die Staatsbank der Deutschen Demokratischen Republik oder durch die von dieser bestimmten Stelle.

§ 3

(1) Die in Mark der Deutschen Demokratischen Republik geführten Bücher der Geldinstitute sind bis zum … durch eine Markschlußbilanz [nebst Gewinn- und Verlustrechnung][25] abzuschließen.

---

24 Gesetz über die Eröffnungsbilanz in Deutscher Mark und die Kapitalneufestsetzung (D-Markbilanzgesetz – DMBilG), Anlage II Kapitel III Sachgebiet D Abschnitt I Nr. 1 Einigungsvertrag, in: BGBl. 1990 II, 1169–1193.
25 Eckige Klammern in der Textvorlage.

(2) Vom … an dürfen in der Markrechnung der Geldinstitute nur noch diejenigen Buchungen vorgenommen werden, die durch diesen Vertrag oder durch Regelungen, die aufgrund einer durch diesen Vertrag eingeräumten Ermächtigung erlassen werden, zugelassen sind. Zugelassen sind auch die Buchungen, die der förmlichen Erstellung der Schlußbilanz dienen.
(3) Vom … an haben die Geldinstitute ihre Bücher in Deutscher Mark zu führen und alle neuen Geschäftsvorfälle in Deutscher Mark zu verbuchen.
(4) Zur Durchführung der Währungsumstellung errichtet die Deutsche Demokratische Republik einen Ausgleichsfonds. Zur Errechnung der den Geldinstituten nach § 4 zustehenden Forderungen gegen den Ausgleichsfonds und ihrer Verbindlichkeiten gegenüber dem Ausgleichsfonds haben diese eine besondere Umstellungsrechnung zu erstellen, aus der alle aus der Einführung der Währung der Deutschen Mark in der Deutschen Demokratischen Republik und der Währungsumstellung der Deutschen Demokratischen Republik unmittelbar hervorgehenden, auf Deutsche Mark lautenden Aktiva und Passiva ersichtlich sind. Sämtliche Buchungen der Umstellungsrechnung sind unabhängig davon, wann die Umstellung des einzelnen Bilanzpostens tatsächlich vorgenommen wird, auf den … zu valutieren. Die Umstellungsrechnung gilt als Eröffnungsbilanz auf den … .
(5) Für die Berücksichtigung der Kassenbestände der Geldinstitute an auf Mark der Deutschen Demokratischen Republik lautenden Noten und Münzen in der Umstellungsrechnung gelten die von der Deutschen Bundesbank zu erlassenden Regelungen und Anordnungen.

§ 4

(1) Den Geldinstituten wird, soweit ihre Vermögenswerte in Anwendung der Bewertungsvorschriften des Dritten Buches des Handelsgesetzbuches zur Deckung der aus der Einführung der Währung der Deutschen Mark und der Währungsumstellung in der Deutschen Demokratischen Republik hervorgehenden Verbindlichkeiten nicht ausreichen, eine mit … % jährlich verzinsliche Forderung gegen den Ausgleichsfonds zugeteilt.
(2) Die Zuteilung dieser Forderungen an die Geldinstitute ist so zu bemessen, daß die Vermögenswerte ausreichen, um neben den aus der Einführung der Währung der Deutschen Mark und der Währungsumstellung in der Deutschen Demokratischen Republik hervorgehenden Verbindlichkeiten ein Eigenkapital in der Höhe auszuweisen, daß es mindestens 4% der Bilanzsumme und die Auslastung des Grundsatzes I. gemäß § 10 des Gesetzes über das Kreditwesen[26] höchstens das dreizehnfache beträgt.
(3) Der Ausgleichsfonds hat die Forderungen jährlich in Höhe von … % des Nennwerts zu tilgen.
(4) Die Forderungen der Geldinstitute gegen den Ausgleichsfonds sind in den Bilanzen der Geldinstitute zum Nennwert einzusetzen.
(5) Soweit die Vermögenswerte eines Geldinstituts die aus der Einführung der Währung der Deutschen Mark und der Währungsumstellung der Deutschen Demokratischen Republik hervorgehenden Verbindlichkeiten sowie das Eigenkapital gemäß Absatz 2 überschreiten, wird dem Ausgleichsfonds gegen diese eine mit … % jährlich verzinsliche Forderung zugeteilt. Absätze 2 bis 4 gelten entsprechend.
(6) Soweit die dem Ausgleichsfonds gemäß Absatz 5 zugeteilten Forderungen nicht zur Deckung seiner Verbindlichkeiten gemäß Absatz 1 ausreichen, wird ihm eine Forderung gegen die Deutsche Demokratische Republik in entsprechender Höhe zugeteilt. Absätze 3 und 4 gelten entsprechend.

---

26 Gesetz über das Kreditwesen vom 10. Juli 1961 in der Neufassung der Bekanntmachung vom 11. Juli 1985 (BGBl. 1985 I, 1474–1496) in der zuletzt am 22. Dezember 1989 geänderten Fassung (zu den bis dahin vorgenommenen Änderungen: Fundstellennachweis A 1989, 223).

§ 5
Durch Rechtsverordnung der zuständigen Stelle der Bundesrepublik Deutschland können Formblätter oder andere Vorschriften für die Gliederung der Umstellungsrechnung, deren Prüfung durch Abschlußprüfer und Bestätigung der Prüfung durch die Aufsichtsbehörde sowie für die Berechnung, Zuteilung und den Erwerb der Ausgleichsforderungen und Ausgleichsverbindlichkeiten erlassen werden.

§ 6
Vor einer Bestätigung der Umstellungsrechnung sind Beschlüsse und Anordnungen über eine Gewinnverwendung nichtig.

Artikel 9
Ermächtigung zum Erlaß von Ausführungsbestimmungen
(1) Die Deutsche Bundesbank wird ermächtigt, in Wahrung ihres gesetzlichen Auftrages die zur Durchführung der in diesem Vertrag getroffenen Vereinbarungen erforderlichen Regelungen und Anordnungen nach pflichtgemäßem Ermessen zu erlassen, soweit nicht in diesem Vertrag ausdrücklich eine andere Zuständigkeit begründet ist.
(2) Die Deutsche Bundesbank und von ihr beauftragte Personen und Einrichtungen sind befugt, von den Geldinstituten und den Mitgliedern ihrer Organe Auskünfte über alle Geschäftsangelegenheiten sowie die Vorlegung der Bücher und Schriften zu verlangen und auch ohne besonderen Anlaß Prüfungen vorzunehmen, um sich von der Einhaltung der im Zusammenhang mit der Einführung der Währung der Deutschen Mark und der Währungsumstellung erlassenen Bestimmungen zu überzeugen. Die Bediensteten der Deutschen Bundesbank und die von ihr beauftragten Personen können hierzu die Geschäftsräume der Geldinstitute betreten; ein entgegenstehendes Grundrecht wird insoweit eingeschränkt.

Artikel 10
Schlußbestimmungen
Die Bestimmungen zur Einführung der Währung der Deutschen Mark und zur Währungsumstellung in der Deutschen Demokratischen Republik treten am ... in Kraft.

3. Abschnitt: Zuständigkeiten und Befugnisse der Deutschen Bundesbank in der Deutschen Demokratischen Republik

Artikel 11
Tätigkeit der Deutschen Bundesbank
Für die Tätigkeit der Deutschen Bundesbank als Währungs- und Notenbank des Währungsgebietes gelten nach Maßgabe des Gesetzes über die Deutsche Bundesbank in der jeweils geltenden Fassung insbesondere folgende Bestimmungen:
– Die Deutsche Bundesbank richtet in Berlin (Ost) eine dem Direktorium der Deutschen Bundesbank unterstehende Vorläufige Verwaltungsstelle mit bis zu fünfzehn Filialen in der Deutschen Demokratischen Republik ein, die für die Geschäfte mit Kreditinstituten in der Deutschen Demokratischen Republik sowie mit der Deutschen Demokratischen Republik und ihren öffentlichen Verwaltungen zuständig ist. Die Deutsche Demokratische Republik wird der Deutschen Bundesbank diejenigen Grundstücke und Gebäude zur Verfügung stellen, die sie zum Betrieb ihrer Filialen benötigt.
– Die Deutsche Bundesbank darf der Deutschen Demokratischen Republik Kassenkredit bis zur Höhe von 800 Millionen Deutsche Mark gewähren.
– Die Verpflichtung zur Einlage flüssiger Mittel gilt auch für die Deutsche Demokratische Republik und deren Gebietskörperschaften.
– Die Deutsche Demokratische Republik einschließlich ihrer Gebietskörperschafen sowie die Deutsche Reichsbahn und die Deutsche Post werden Anleihen, Schatzanweisungen

und Schatzwechsel in erster Linie durch die Deutsche Bundesbank, anderenfalls im Benehmen mit ihr begeben.

Artikel 12
Zusammenarbeit

(1) Die Deutsche Bundesbank und die Regierung der Deutschen Demokratischen Republik werden in währungspolitischen Angelegenheiten eng zusammenarbeiten.

(2) Der Finanzminister der Deutschen Demokratischen Republik soll in Angelegenheiten der Geld- und Währungspolitik zu Sitzungen des Zentralbankrates der Deutschen Bundesbank eingeladen werden.

(3) Die Regierung der Deutschen Demokratischen Republik wird der Deutschen Bundesbank diejenige Unterstützung und Hilfe gewähren, die diese zur Erfüllung ihrer Aufgaben benötigt.

Artikel 13
Entsendung von Mitarbeitern

(1) Die Deutsche Bundesbank ist berechtigt, Mitarbeiter zur Durchführung ihrer Aufgaben in die Deutsche Demokratische Republik zu entsenden.

(2) Der Deutschen Bundesbank werden in der Deutschen Demokratischen Republik die folgenden Rechte gewährt:

– Unverletzlichkeit der Räumlichkeiten der Deutschen Bundesbank, ihres Schriftverkehrs und Gestattung des freien Verkehrs für amtliche Zwecke,

– Schutz der Dienststellen der Deutschen Bundesbank durch staatliche Organe der Deutschen Demokratischen Republik (insbesondere Polizeiorgane),

– Berechtigung der Mitarbeiter der Deutschen Bundesbank, in Ausübung ihres Dienstes Waffen zu tragen.

(3) Arbeitsverhältnisse der Deutschen Bundesbank mit Personen mit ständigem Wohnsitz in der Deutschen Demokratischen Republik, die nicht von der Deutschen Bundesbank entsandt worden sind, unterliegen dem Arbeitsrecht der Bundesrepublik Deutschland. Für sie gelten die Tarifverträge der Deutschen Bundesbank, ausgenommen die Regelungen über Einkünfte aus dem Arbeitsverhältnis, Eingruppierungsregelungen (einschl. Vergütungsordnung), Arbeitszeit, Urlaub, Rationalisierungsschutz und Zusatzversorgung. § 31 des Gesetzes über die Deutsche Bundesbank findet auf diese Arbeitsverhältnisse keine Anwendung. Das Bundespersonalvertretungsgesetz findet bis auf weiteres keine Anwendung auf die Vorläufige Verwaltungsstelle und deren Filialen, die nach Artikel 11 eingerichtet werden.

Nr. 257
55. Deutsch-französische Konsultationen
Paris, 26. April 1990

BK, 211 – 30103 Ko 28, Paris, 25./26.4.1990, Hauptvorgang Bd. 2. – Vermerk des MDg Neuer, 26. April 1990. Hs. vermerkt: „Teltschik i.O. K[ohl]".

<u>Betr.</u>: Gespräch des Herrn Bundeskanzlers mit Präsident Mitterrand beim Frühstück im Elysée-Palais am Donnerstag, dem 26. April 1990

Außer dem Herrn Bundeskanzler und Präsident Mitterrand waren anwesend:
<u>Auf deutscher Seite:</u>
MD Teltschik
MDg Dr. Neuer als Note taker
Frau Siebourg, Dolmetscherin

<u>Auf französischer Seite:</u>
Generalsekretär Bianco
Herr Attali
Frau Stoffaes, Dolmetscherin.

Gesprächsgegenstand war zunächst der Attentatsversuch auf MP Lafontaine.[1]
<u>Präsident Mitterrand</u> bewertet das Gespräch vom Vortag als außerordentlich fruchtbar. ...[2]
Der <u>Bundeskanzler</u> stellt die Frage, wie man nun bezüglich des gemeinsamen Briefs an den litauischen Präsidenten Landsbergis verfahren wolle.
<u>Präsident Mitterrand</u> teilt mit, AM Dumas werde im Laufe des Vormittags einen Entwurf vorlegen. Der Brief solle heute weggeschickt werden.[3] Er solle auch Präsident Gorbatschow zugeleitet werden. Am Vormittag werde man die Prozedur noch des näheren besprechen. Man müsse vorsichtig verfahren, da Litauen ja Teil der Sowjetunion sei und man sich nicht den Vorwurf der Einmischung zuziehen dürfe. Allerdings habe Frankreich nie anerkannt, daß Litauen zur Sowjetunion gehöre. Man müsse aber eine Provokation vermeiden. Ein Teil der französischen Opposition habe gefordert, daß Frankreich einen Botschafter nach Wilna entsende. Genau das dürfe man nicht tun. Er erkundigt sich nach der Meinung des Bundeskanzlers.
Der <u>Bundeskanzler</u> stimmt dem Präsidenten zu. Er habe die Anweisung gegeben, die Vorgänge in Litauen herunterzuspielen. Das Problem Gorbatschows sei es, daß Litauen zu einer Kettenreaktion führen könne. Falls die Ukraine hiervon ergriffen würde, wäre dies lebensgefährlich.
<u>Präsident Mitterrand</u> äußert, dies könne zu einer Machtergreifung der Militärs in Moskau führen. Es gebe keine politischen Kräfte, die für eine evtl. Gorbatschow-Nachfolge bereitstünden. Sicherlich wäre ein ziviler Präsident als Fassade für das Militär möglich. Die Macht würde jedoch dann bei den Militärs liegen.
Das Gespräch wendet sich der bevorstehenden Sitzung des Verteidigungsrats[4] zu.

---

1 Der designierte Kanzlerkandidat der SPD, Ministerpräsident Lafontaine, wurde am 25. April 1990 bei einem Attentatsversuch auf einer Wahlveranstaltung in Köln-Mülheim schwer verletzt.
2 Im folgenden besprochen: Fragen der französischen Innenpolitik.
3 Gemeinsames Schreiben des Bundeskanzlers Kohl und des Staatspräsidenten Mitterrand an Präsident Landsbergis, 26. April 1990; BK, 213 – 30101 L 4 Li 14 Bd. 1. Veröffentlicht in: Bulletin. Nr. 48. 28. April 1990, 384.
4 Gemeint: der deutsch-französische Verteidigungs- und Sicherheitsrat, geschaffen durch das am 22. Januar 1988 unterzeichnete Protokoll zum Vertrag zwischen der Bundesrepublik Deutschland und der Französischen Republik über die deutsch-französische Zusammenarbeit vom 22. Januar 1963, in: Bulletin. Nr. 11. 27. Januar 1988, 82 f.

Der Bundeskanzler regt an, auch den Stand der deutsch-französischen Brigade zu behandeln.

Der Präsident stimmt dem zu und bemerkt, man solle vor allem auch über das sprechen, was bei der NATO geschehe.

Der Bundeskanzler teilt diese Auffassung. Er unterstreicht, es sei für uns eine lebenswichtige Frage, daß ein vereinigtes Deutschland der NATO weiterhin angehöre. Der europäische Sicherheitsaspekt müsse in Zukunft kräftiger angegangen werden.

Der Präsident stimmt zu. Er macht auf Meinungsumfragen aufmerksam, wonach die deutsche öffentliche Meinung bezüglich der NATO zurückhaltend sei. Der Bundeskanzler stehe an der Spitze derer, die die Zugehörigkeit eines vereinigten Deutschland zur NATO bejahten.

Der Bundeskanzler macht darauf aufmerksam, daß die Haltung der Parteien bei uns eindeutig sei. Außer den Grünen seien alle für die Mitgliedschaft in der NATO. Auch die Sozialdemokraten. Es gebe viele Fälschungen bei den Umfragen. Diese Frage sei kein wirkliches Problem für uns. Er fährt fort, wenn wir zu einer vertraglichen Vereinbarung kämen, so würde dieser Vertrag 1991 voraussichtlich mit dem Inhalt abgeschlossen werden, daß drei bis fünf Jahre weiterhin sowjetische Truppen auf dem Gebiet der jetzigen DDR bleiben würden. Innenpolitisch stelle dies kein Problem dar. Er glaube eher, daß es ein Problem für die Sowjetunion werde, wenn ihre Truppen in einem prosperierenden Deutschland stationiert wären und die Vergleichsmöglichkeiten mit zu Hause hätten. Er habe auch über diese Frage mit Gorbatschow gesprochen und ihm gesagt, er – Gorbatschow – werde Interesse daran haben, daß seine Soldaten Deutschland verließen. Dies zeige sich auch in Ungarn. Die sowjetischen Soldaten dort seien abgezogen, weil sich die Disziplin total aufgelöst habe. Sie hätten ihre Waffen verkauft bis hin zu Panzern. Außerdem habe es eine beachtliche Zahl von Deserteuren gegeben, als die Grenze nach dem Westen aufgemacht wurde. Die sowjetische Position, was den Warschauer Pakt anbelange, stehe noch nicht fest. Der Warschauer Pakt existiere ohnehin nur noch auf dem Papier. Bei der letzten Tagung des WP hätten Polen, die ČSFR und Ungarn sich nachdrücklich für den Verbleib eines vereinten Deutschlands in der NATO ausgesprochen.[5] Er wolle im übrigen heute wiederholen, was er zur Präsenz französischer, britischer und amerikanischer Truppen schon gesagt habe. Es gebe keine Stimmung gegen französische Truppen. Sie seien Teil der Familie. Die französischen Soldaten gehörten zu den Garnisonsstädten. Mit den amerikanischen Truppen sei es etwas schwieriger. Sie hätten zum Teil eine Ghetto-Psychologie, was auch mit ihren PX-Läden zusammenhänge. Aber auch dies sei unproblematisch. ...[6] Er glaube im übrigen, daß bezüglich der Truppenreduzierung die USA über die letzten Vorstellungen von Bush hinausgingen. Senator Sam Nunn wolle nur 70000 amerikanische Soldaten in Europa belassen.[7] Dies würde bedeuten, daß in Deutschland nur noch 40000 statt jetzt 280000 amerikanische Soldaten stünden. Heute schon gebe es Klagen, wenn die Amerikaner eine bisherige Garnison verließen.

Präsident Mitterrand wirft ein, er verfolge diese ganze Entwicklung sehr aufmerksam. Die Franzosen wollten auf keinen Fall eine Besatzungsmacht sein.

Der Bundeskanzler verspricht, daß er sich sofort mit Präsident Mitterrand in Verbindung setzen werde, falls er den geringsten Grund sehe, der in diese Richtung zu Vermutungen Anlaß gebe. Sonst würde hieraus eine Gefahr für die Beziehungen zwischen Deutschland und Frankreich entstehen. Der Bundeskanzler erwähnt das Beispiel Zweibrückens, wo die Ame-

---

5 Nr. 228 Anm. 5.
6 Drei Sätze nicht freigegeben.
7 Senator Nunn, Vorsitzender des Streitkräfteausschusses, erklärte in einer Rede vor dem Senat im April 1990, die Vereinigten Staaten sollten „eine in Europa verbleibende Streitmacht in der Größenordnung von 75000 bis 100000 Soldaten innerhalb der nächsten fünf Jahre planen" (Amerika Dienst. Nr. 16. 25. April 1990, 10 S., hier 5).

rikaner abgerückt seien und die Stadt sich jetzt schon erkundigt habe, ob nicht französische Truppen statt dessen nach Zweibrücken kommen könnten.

Präsident Mitterrand bemerkt, die Franzosen hätten nicht die Mentalität einer Besatzungstruppe. Zuerst seien sie infolge des Krieges gekommen und dann aus Gründen des militärischen Gleichgewichts geblieben. Heute sei die Notwendigkeit zum Bleiben nicht mehr so groß. Zunächst wolle man jetzt einmal abwarten, bis sich die Verhältnisse in der Sowjetunion konsolidiert hätten und die Abrüstung weitergediehen sei.

Der Bundeskanzler wirft ein, er habe Sorge wegen einer gewissen Meinungsströmung [von Menschen] in Deutschland, die Absichten für Tatsachen ansehen. Wenn Gorbatschow sich nicht halten könne und die Militärs die Macht übernähmen, würde es keine Fortschritte bei der Abrüstung geben. Die Militärs würden an ihren Planstellen festhalten.

Der Präsident wirft ein, er sehe das auch in Frankreich. Die Militärs hätten einen immer größeren Bedarf. Wenn etwas für die Luftwaffe angeschafft worden sei, müsse auch etwas für die Marine und das Heer beschafft werden. Das Ganze müsse einen vernünftigen Umfang behalten. In Deutschland gebe es präzisere Vorstellungen bezüglich der Kurzstreckenwaffen. Bei seinem Besuch in den USA[8] habe Bush bemerkt, der Schutz der amerikanischen Truppen könne nur durch Nuklearwaffen gewährleistet werden. Dies sei doch wohl ein Circulus vitiosus. Sie wollten offenbar doch die Kurzstreckenwaffen behalten.

Der Bundeskanzler macht darauf aufmerksam, daß es sich um Flugzeuge mit Nuklearbewaffnung handele. Die Amerikaner hätten erklärt, daß es keine Lance-Nachfolge geben werde. Diese Waffen liefen 1995 aus. Die nukleare Artillerie werde ebenfalls abgezogen.

MD Teltschik erläutert, daß es sich um Flugzeuge handele, die mit Raketen bewaffnet seien, die aus der Entfernung auf das Ziel abgeschossen werden könnten.

Der Bundeskanzler unterstreicht, daß dies die amerikanische Vorstellung sei. PM Thatcher hingegen wolle alles behalten. Die Lance-Raketen machten jetzt keinen Sinn mehr. In ihrem Zielradius lägen Rostock, Prag, Warschau und Budapest. Er glaube, daß man mit den Amerikanern zu einer Lösung kommen werde. Er habe immer gesagt, die amerikanische Präsenz sei nicht mit der sowjetischen Militärpräsenz zu vergleichen. Die Entfernung von Amerika nach Europa sei nun erheblich größer als von Ostpreußen, wo die sowjetischen Truppen stationiert seien. Für die Sowjetunion gebe es zwei zentrale Punkte zur Frage der NATO-Zugehörigkeit eines vereinigten Deutschland. Zum einen müsse man Gorbatschow ermöglichen, das Gesicht zu wahren; zum anderen wolle die Sowjetunion möglichst viele wirtschaftliche Vorteile aus dem Verlust der DDR ziehen. Es gebe sehr viele Wirtschaftsverträge, die für die Sowjetunion günstige Regelungen enthielten. Die sowjetische Seite sage offen, sie könnte auf diese Verträge nicht verzichten. Sie seien für die sowjetische Wirtschaft existentiell. Der Bundeskanzler äußert sich zuversichtlich, eine Lösung zu finden. Sein Interesse sei es, daß Gorbatschow nicht beschädigt werde. Denn wer käme nach? Wenn man diese sowjetischen Vorstellungen nicht berücksichtige, wäre dies auch nicht gut für die künftigen deutsch-sowjetischen Beziehungen. Der Bundeskanzler fährt fort, die Westgrenze der Sowjetunion werde eine unruhige Grenze sein. Er nennt das Baltikum und die Ukraine in diesem Zusammenhang.

Präsident Mitterrand wirft ein, Stalin habe Polen ein Drittel seines Territoriums genommen und den Polen zum Ausgleich deutsches Territorium gegeben.

Der Bundeskanzler fährt fort, er hoffe, die deutsch-polnischen Beziehungen entwickelten sich nach der Wiedervereinigung entsprechend seinen Vorstellungen. Wenn die Polen die in Polen lebenden Deutschen entsprechend den KSZE-Bestimmungen behandelten und wenn es eine offene Grenze nach Deutschland gebe, könnten sich die Beziehungen sehr gut ent-

---

8   Präsident Bush und Staatspräsident Mitterrand trafen am 19. April 1990 in Key Largo (Florida) zusammen. Gemeinsame Pressekonferenz in: Public Papers of the Presidents of the United States. Bush. 1990 I, 523–529.

wickeln. Dann werde diese Grenze sehr ruhig sein. Polen werde auch große wirtschaftliche Vorteile haben. Es könne eine ähnliche Lage eintreten, wie sie z.b. zwischen Baden und dem Elsaß herrsche. An der Grenze zwischen Polen und der Sowjetunion werde es anders sein. Die Sowjetunion werde diese Grenze nicht öffnen. Außerdem seien die Polen von der Mentalität her anders als die Deutschen.

Abschließend wendet sich das Gespräch noch kurz der bevorstehenden Pressekonferenz[9] zu. Der Bundeskanzler bezeichnet es als wichtigsten Punkt, die freundschaftlichen und ausgezeichneten deutsch-französischen Beziehungen herauszustellen und klarzumachen, daß man in Dublin[10] mit Europa vorankommen wolle.

Neuer

Nr. 258
Besprechung des Chefs des Bundeskanzleramtes Seiters mit den Chefs der Staats- und Senatskanzleien der Länder
Bonn, 26. April 1990

BArch, B 136/29248, 121 – 14020 Mi 1, 26.4.1990, Besprechung Chef BK/CdS. – Undatiertes Ergebnisprotokoll. – Vertreter: St Clement (Vorsitzland Nordrhein-Westfalen), St Menz (Baden-Württemberg), MD Rauscher (Bayern), St Schröder (Berlin), StR Fuchs (Bremen), StR Vahrenholt (Hamburg), St Gauland (Hessen), St Meyer (Niedersachsen), MD Bastian (Rheinland-Pfalz), MDg Jungfleisch i.V. von St Kopp (Saarland), St Bürsch i.V. von St Pelny (Schleswig-Holstein); Ressorts: St Sudhoff, St Kroppenstedt, St Neusel, St Kinkel, St Köhler, St von Würzen, St Priesnitz, St Jagoda, St Knittel, St Schaumann, Regierungssprecher (Teilnahme ungeklärt), St a.D. Tietmeyer; Finanzministerkonferenz: Min Kasper (Vorsitzender), StM Tandler (als Sprecher der Unionsgruppe); Wirtschaftsministerkonferenz: Min Jochimsen (Vorsitzender), StM Lang (als Sprecher der Unionsgruppe); Arbeits- und Sozialministerkonferenz: St Mühlbeyer (i.V. der Vorsitzenden der Arbeits- und Sozialministerkonferenz – unionsländerseitig abgestimmt –), St Tschöpe (i.V. der SPD-Sprecherin der Arbeits- und Sozialministerkonferenz – SPD-länderseitig abgestimmt –); Jusitizministerkonferenz: MD Held (i.V. des Vorsitzenden der Justizministerkonferenz – unionsländerseitig abgestimmt –), Min Krumsiek (als Sprecher der SPD-Ländergruppe); Bundeskanzleramt: Chef BK Seiters, AL 1, LASD; Protokollführer: RiVG Köster (Teilnehmerliste, Stand: 24. April 1990; BArch, B 136/29248, 122 – 14020 Mi 1, 26.4.1990, Besprechung Chef BK/CdS). – Besprechungsdauer: 9.30 bis 11.30 Uhr.

TOP 1   Unterrichtung über die beabsichtigte Währungsunion, Wirtschafts- und Sozialgemeinschaft und Stand der Gespräche mit der DDR

Vor Eintritt in die Tagesordnung bekundet der Chef des Bundeskanzleramtes seine Betroffenheit über den Anschlag auf Ministerpräsident Lafontaine[1] und wünscht ihm gute Genesung.

Der Chef des Bundeskanzleramtes und die Chefs der Staats- und Senatskanzleien der Länder führen unter Beteiligung der Vorsitzenden bzw. Vertreter der Länderministerkonferenzen für Wirtschaft, Finanzen, Arbeit und Soziales sowie Justiz ein eingehendes Gespräch über die deutschlandpolitische Situation unter besonderer Berücksichtigung der beabsichtigten Währungsunion, Wirtschafts- und Sozialgemeinschaft.

Der Chef des Bundeskanzleramtes kündigt an, die Länder würden entsprechend dem im Gespräch mit dem Chef der Staatskanzlei des vorsitzführenden Landes und dem Amtschef der Bayerischen Staatskanzlei erzielten Einvernehmen mit zwei Vertretern an den Verhandlungen mit der DDR über die Errichtung der Währungsunion, Wirtschafts- und Sozialge-

---

9 Pressekonferenz, 26. April 1990, 12.15 Uhr, Paris. Unkorrigiertes Manuskript, 13 S.; BPA/PA, F 1/30.
10 Zu den Ergebnissen der Sondertagung des Europäischen Rates am 28. April 1990 in Dublin: Schlußfolgerungen des Vorsitzes, mit Anlagen, in: Bulletin. Nr. 51. 4. Mai 1990, 401–404.

1 Nr. 257 Anm. 1.

meinschaft beteiligt, sobald die Gespräche auf politischer Ebene geführt würden. Länderseitige Vorstellungen könnten schon vorher beim Bundesminister der Finanzen eingebracht werden. Die Länder sollten im Hinblick auf ihre künftige Beteiligung frühzeitig ihre beiden Vertreter benennen. Auf Nachfrage des Chefs der Senatskanzlei der Freien und Hansestadt Hamburg sowie des Vertreters des Landes Schleswig-Holstein kündigt der Chef des Bundeskanzleramtes weitergehende Prüfung dahin an, die Länder flexibel an den laufenden Expertengesprächen zur Vorbereitung der Währungsunion, Wirtschafts- und Sozialgemeinschaft zu beteiligen. Der Chef der Senatskanzlei des Landes Berlin bittet, Berlin in besonderem Maße einzubeziehen. Der Chef des Bundeskanzleramtes nimmt diese Anregung auf, weist aber darauf hin, daß schon jetzt ein enger Kontakt zu Berlin bestehe.

Der Chef der Staatskanzlei des vorsitzführenden Landes bedauert, daß die Länder von der Bundesregierung nicht ausreichend über erste Entwürfe zu dem „Arbeitspapier für die Gespräche mit der DDR für einen Vertrag über die Schaffung einer Währungsunion, Wirtschafts- und Sozialgemeinschaft zwischen der Bundesrepublik Deutschland und der Deutschen Demokratischen Republik"[2] informiert worden seien, sondern diese Texte von dritter Seite erhalten hätten.

Der Chef des Bundeskanzleramtes teilt mit, das Arbeitspapier sei Ministerpräsident de Maizière am 24. April 1990 vom Bundeskanzler überreicht worden. Unmittelbar danach, am 24. bzw. 25. April 1990 hätten der Oppositionsführer, die Vorsitzenden der Fraktionen des Deutschen Bundestages und die Chefs der Staats- und Senatskanzleien das Arbeitspapier nebst Anlagen erhalten. Die Übersendung an die Länder sei mithin zum frühestmöglichen Zeitpunkt erfolgt. Die Chefs der Staats- und Senatskanzleien der Länder akzeptieren die Erklärung für das Arbeitspapier.

Der Chef der Senatskanzlei der Freien und Hansestadt Hamburg rügt eine unzureichende Länderbeteiligung[3] und überreicht eine Protokollnotiz[4].

Staatssekretär a.D. Tietmeyer erläutert die Grundzüge des Arbeitspapiers sowie Verlauf und Inhalt des ersten, allgemeinen Gesprächs mit der DDR auf Expertenebene am 25. April 1990 in Berlin. Die vorgesehenen Detailgespräche würden ab dem 27. April 1990 in Bonn bzw. Berlin geführt. Es werde angestrebt, Anfang Mai mit der DDR Einvernehmen über die die Bevölkerung vor allem interessierenden Eckpunkte für eine Währungsunion, Wirtschafts- und Sozialgemeinschaft zu erzielen.

Die Chefs der Staats- und Senatskanzleien der Länder weisen darauf hin, im Hinblick auf die Kürze der Vorbereitungszeit keine abschließenden Stellungnahmen zu dem Arbeitspapier abgeben zu können. Sie treten sodann mit dem Chef des Bundeskanzleramtes unter Beteiligung der Vertreter der Fachministerkonferenzen und den von Bundesseite anwesenden Staatssekretären Sudhoff, Kroppenstedt, Neusel, Kinkel, Köhler, von Würzen, Priesnitz, Jagoda, Knittel und Schaumann sowie Staatssekretär a.D. Tietmeyer in eine erste Erörterung ein:

Der Amtschef der Bayerischen Staatskanzlei und der Chef der Staatskanzlei des vorsitzfüh-

---

2 Nr. 256.
3 Der erste Bürgermeister Voscherau warf Bundeskanzler Kohl in einem Schreiben vom 18. April 1990 (Telefax, 20. April 1990; BArch, B 136/29248, 122 – 14020 Mi 1, Besprechung Chef BK/CdS, 26.4. 1990) vor, die Bundesregierung schalte entgegen der bundesstaatlichen Ordnung „die Verfassungsebene der Länder seit Monaten beharrlich aus dem Verhandlungsprozeß mit der DDR" aus. „Schwerwiegende Auswirkungen auf den Föderalismus und die Länder" schienen sicher. „Gleichwohl macht die Bundesregierung die Verhandlungen über die Länder hinweg einseitig abschlußreif." Die Zusage einer fortlaufenden Unterrichtung der Länder sei nicht eingehalten worden. Der Wortlaut eines „beabsichtigten Staatsvertrages mit der DDR" liege den Ministerpräsidenten nicht vor und solle „unverzüglich" zugänglich gemacht werden. Die Verständigung zwischen dem Bund und den Ländern vom 17. Dezember 1987 passe nicht mehr „für den jetzigen Prozeß der Vollendung der deutschen Einheit" und sei „obsolet".
4 Siehe unten.

renden Landes regen dabei an, in dem angestrebten Staatsvertrag föderale Grundsätze zu verankern (u. a. Art. 2, 16). Der Chef des Bundeskanzleramtes sagt dies zu.

Der Chef der Senatskanzlei des Landes Berlin kündigt Übersendung schriftlicher Änderungsvorschläge zur Problematik der Überführung der in Staatseigentum stehenden Betriebe in Privateigentum an. Er bittet die Bundesregierung, die DDR zu einer baldigen Aufhebung der allgemeinen Personenkontrollen im Reiseverkehr zu veranlassen. Die notwendigen Kontrollen sollten sich gezielt auf den Warenverkehr beschränken.

Es schließt sich eine eingehende Erörterung zu Kapitel V des Arbeitspapiers (Bestimmungen über den Staatshaushalt und die Finanzen) an:

Staatssekretär a.D. Tietmeyer führt auf Nachfrage des Leiters des Staatsministeriums des Landes Baden-Württemberg, der Chefs der Staatskanzlei des vorsitzführenden Landes sowie der Niedersächsischen und der Hessischen Staatskanzlei, des Chefs der Senatskanzlei der Freien und Hansestadt Hamburg sowie des Vertreters des Chefs der Staatskanzlei des Landes Rheinland-Pfalz insbesondere aus: Art. 22 Abs. 3 des Arbeitspapiers ziele nur darauf, daß die Verschuldung der DDR auf die sich auf ihrem Gebiet neu zu bildenden Länder verteilt werde. Der Besonderheit der Berliner Situation sei Rechnung zu tragen. Die Regelungen nach Art. 22 Abs. 3 und Art. 23 Abs. 1 des Arbeitspapiers berührten nicht den Länderfinanzausgleich.

Der Chef des Bundeskanzleramtes erklärt mit Blick auf diese Frage, daß die den Staatshaushalt betreffenden Verhandlungen mit der DDR nicht zu einer Präjudizierung der zwischen Bund und Ländern zu entscheidenden Finanzfragen führen würden. Der Bundeskanzler beabsichtige, Fragen des Länderfinanzausgleichs und der Beteiligung der Länder an den Kosten der deutschen Einheit in einer Sonderbesprechung mit den Regierungschefs der Länder zu erörtern.

Staatssekretär Köhler (BMF) betont die gesamtstaatliche Verantwortung von Bund und Ländern, die im Zusammenhang mit der Herstellung der deutschen Einheit entstehenden Finanzfragen zu lösen.

Der Chef der Staatskanzlei des vorsitzführenden Landes erklärt hierzu die grundsätzliche Bereitschaft der Länder. Allerdings müsse die grundsätzliche Kompetenzverteilung beachtet werden.

Ergänzend werden die Finanzlage der DDR, Fragen des dortigen Geldumlaufs und der künftigen Finanzzuweisungen der Bundesrepublik erörtert.

Minister Jochimsen (Nordrhein-Westfalen) und Staatsminister Lang (Bayern) rügen, die Bundesregierung habe zeitgleich mit einer Sitzung der Wirtschaftsministerkonferenz über wirtschaftspolitische Grundlagen im Verhältnis zur DDR entschieden und somit nicht ernstlich die Beteiligung der Wirtschaftsministerkonferenz angestrebt. Wesentliche wirtschaftspolitische Fragen blieben in dem Arbeitspapier unbeantwortet, und sie seien von der Bundesregierung auch in der Wirtschaftsministerkonferenz nicht zur Erörterung gestellt worden.

Staatssekretär von Würzen erwidert, die wirtschaftspolitischen Eckpunkte des Arbeitspapiers seien mit der Wirtschaftsministerkonferenz erörtert worden. Die Unterrichtung der Wirtschaftsministerkonferenz werde in der bevorstehenden nächsten Konferenz fortgesetzt.

Der Chef des Bundeskanzleramtes unterstreicht die generelle Absicht der Bundesregierung, auch in den Fachministerkonferenzen umfassende Informationen zu geben.

Für die Vorsitzende der Arbeits- und Sozialministerkonferenz stellt Staatssekretär Mühlbeyer Auswirkungen der in dem Arbeitspapier vorgeschlagenen Bestimmungen über die Sozialgemeinschaft zur Diskussion. Auf Nachfrage von Minister Krumsiek (Nordrhein-Westfalen) und Ministerialdirektor Held (Bayern) – Justizministerkonferenz – werden Fragen der Rechtsangleichung und der Ergänzung der Präambel des Arbeitspapiers um einen Hinweis auf die künftige rechtsstaatliche Ordnung erörtert.

Die Chefs der Staatskanzlei des vorsitzführenden Landes und der Hessischen Staatskanzlei sowie der Vertreter des Chefs der Staatskanzlei des Landes Rheinland-Pfalz fragen nach dem Stand der Vorbereitungen der Gespräche zu den außen- und sicherheitspolitischen Strukturen des künftigen deutschen Staates und bedauern, daß weiterhin die dazu in Aussicht gestellte Unterrichtung durch das Auswärtige Amt[5] nicht erfolgt sei.

Staatssekretär Sudhoff verweist auf sein Schreiben an den Chef der Staatskanzlei des vorsitzführenden Landes vom 17. April 1990 mit Darlegung der Gründe für die bisher unterbliebene Unterrichtung.

Der Chef des Bundeskanzleramtes bekräftigt seine Erwartung aus der Besprechung vom 30. März 1990, daß das Auswärtige Amt alsbald zu einer gesonderten Unterrichtung einladen und sodann die internen Informationen geben werde, die in der gegebenen Situation verantwortet werden könnten.

Protokollnotiz der Freien und Hansestadt Hamburg:

> In der Besprechung des Bundeskanzlers mit den Regierungschefs der Länder am 15.2.1990[6] hat der Bundeskanzler die Absicht der Bundesregierung bekräftigt, die Länder über den Fortgang der Zusammenarbeit mit der DDR fortlaufend zu informieren und sie an Verhandlungen umfassend zu beteiligen.
>
> Von einer solchen Beteiligung der Länder kann bei der Erarbeitung des Entwurfs eines Staatsvertrages zwischen der Bundesrepublik Deutschland und der DDR bislang keine Rede sein.
>
> Die Länder haben den Entwurf einen Tag vor Beginn der Verhandlungen erhalten, die die Bundesregierung mit der Regierung der DDR führt.
>
> Hamburg sieht hierin auch einen Verstoß gegen die Pflicht des Bundes zu bundesfreundlichem Verhalten gegenüber den Ländern.
>
> Im übrigen verweist Hamburg auf den Verfassungsvorbehalt des Präsidenten des Senats zur Stellung der Länder auf dem Weg zur deutschen Einheit.

Erklärung des Chefs des Bundeskanzleramtes zu dieser Protokollnotiz:

> Die Bundesregierung widerspricht der Auffassung der Freien und Hansestadt Hamburg und weist die in der Protokollnotiz zum Ausdruck kommenden Vorwürfe zurück. Sie hält sich bei der Beteiligung der Länder an den Regierungschefbeschluß vom 15. Februar 1990.

TOP 2   Termine

Der Chef des Bundeskanzleramtes verweist auf seine Ankündigung, der Bundeskanzler werde die Regierungschefs der Länder zu einer Sonderbesprechung über finanzpolitische Fragen auf dem Weg zur deutschen Einheit noch
für Mitte Mai 1990[7]
einladen.

Der Chef der Staatskanzlei des vorsitzführenden Landes regt an,
noch vor dieser Regierungschefbesprechung
eine weitere Besprechung des Chefs des Bundeskanzleramtes mit den Chefs der Staats- und Senatskanzleien der Länder durchzuführen.

Der Chef des Bundeskanzleramtes und der Chef der Staatskanzlei des vorsitzführenden Landes kommen überein, in Kürze telefonisch einen entsprechenden Termin abzustimmen.

---

5 Dazu Nr. 200.
6 Nr. 185.
7 Nr. 280.

Nr. 259
Vorlage des Ministerialdirektors Teltschik an Bundeskanzler Kohl
Bonn, 26. April 1990

BK, 213 – 30130 P 4 Po 30 Bd. 9. – Mitverfasser: VLR I Kaestner. Vorlage über Chef BK. Mit Stempel: *Der Leiter des Kanzlerbüros, 30. April 1990*. Hs. von Bundeskanzler Kohl vermerkt: „Teltschik + R[udolf] Seiters Sofort! R[ückspra-che.] Es geschieht nichts ohne vorherige Absprache mit mir! Das AA in diesem Sinne anweisen."

<u>Betr.</u>: Entschließung des Deutschen Bundestages und der DDR-Volkskammer zur polni-
schen Westgrenze
<u>Anlg.</u>: – 2 –

1. <u>Votum</u>:

Herr Chef des Bundeskanzleramtes nimmt hinsichtlich des beiliegenden Entschließungsentwurfs Kontakt mit den Fraktionen auf.

2. <u>Sachverhalt</u>:

2.1. Der Deutsche Bundestag hat in seiner Entschließung vom 8. März d.J.[1] gefordert, daß
– <u>die beiden frei gewählten deutschen Parlamente und Regierungen möglichst bald
nach den Wahlen in der DDR eine gleichlautende Erklärung</u> abgeben und
– die Grenzfrage in einem Vertrag zwischen einer gesamtdeutschen Regierung und
der polnischen Regierung vertraglich geregelt wird.
Seit Mitte März ist unter Federführung des Auswärtigen Amtes der Entwurf einer
solchen Erklärung der beiden Parlamente erarbeitet worden. Ich lege diesen Entwurf
mit der Bitte um grundsätzliche Billigung [hin]zu (Anlage 1)[2].

2.2. Da nach der Entschließung des Deutschen Bundestages vom 8. März d.J. zunächst an
gleichgerichtete Initiativen der beiden Parlamente gedacht ist, konnte es bei den Bemühungen um Formulierung eines Entwurfs nicht – wie etwa bei einem völkerrechtlichen Vertrag – darum gehen, einen fertigen Text zu erstellen und den beiden Parlamenten zur Billigung vorzulegen.
Vielmehr soll der Text – wie bereits vor dem 8. März praktiziert – <u>Material für die Abfassung eines möglichst gemeinsamen Entwurfs aller Fraktionen beider Parlamente</u>
sein.
Ich rege an, daß Herr Chef des Bundeskanzleramtes die entsprechenden Kontakte
aufnimmt.[3]

2.3. Es ist damit zu rechnen, daß die polnische Seite spätestens bei Befassung der Opposition von dem Textentwurf Kenntnis erhält und ggf. versuchen wird, auf die Formulierung im Sinne eigener Vorstellungen Einfluß zu nehmen (vgl. SPD-Entschlie-
ßungsentwurf vom 24. April 1990, mit dem die Haltung des polnischen Außenministers i.S. Grenzvertrag indossiert wird – Anlage 2[4]).
⟨Vor diesem Hintergrund beabsichtigt das Auswärtige Amt, das polnische Außenministerium Anfang Mai informell über den bis dahin erzielten Beratungsstand zu
unterrichten.⟩[5]

---

1 Nr. 204 Anm. 1.
2 Nr. 259A.
3 Hs. von Bundeskanzler Kohl dazu vermerkt: „Nein, zunächst mit mir!"
4 Anlage 2 nicht abgedruckt: Antrag der Fraktion der SPD „Vertrag über die polnische Westgrenze" (Deutscher Bundestag. Drucksache 11/6951. 24. April 1990).
5 ⟨ ⟩ Hs. von Bundeskanzler Kohl am linken Rand vermerkt: „Nein".

3. Inhaltliche Wertung:
   3.1. Die Präambel des Entschließungsentwurfs lehnt sich weitgehend an den Duktus der
        von Ihnen und Ministerpräsident Mazowiecki am 14. November 1989 unterzeichne-
        ten „Gemeinsamen Erklärung"[6] an.
   3.2. Der erste Absatz des operativen Teils zitiert sowohl den zwischen der DDR und Po-
        len geschlossenen Görlitzer Vertrag vom 6. Juli 1950[7] als auch den zwischen uns und
        Polen geschlossenen Warschauer Vertrag vom 7. Dezember 1970[8] mit vollem Titel.
        Diese „Gleichsetzung" hat – festgemacht am o.a. Entschließungsentwurf der SPD –
        zu Medienkritik (Welt, 26. April 1990)[9] geführt, die auch in den Fraktionen ihr Echo
        finden dürfte.
        Trotz gewisser Bedenken (der Görlitzer Vertrag wurde von einer nicht durch Wähler-
        votum legitimierten DDR-Regierung für Deutschland abgeschlossen) ist diese Paral-
        lelität letztlich unvermeidlich:
        – Der Görlitzer und der Warschauer Vertrag sind gleichermaßen völkerrechtlich gül-
          tig.
        – Nach der Entschließung des Deutschen Bundestages vom 8. März d.J. und der vor-
          ausgehenden politischen Willensbildung geht es nunmehr darum, die beiden ge-
          nannten Verträge durch einen neuen, mit dem künftigen gesamtdeutschen Souve-
          rän abzuschließenden Grenzvertrag zu ersetzen (damit ist implizit die denkbare
          Alternative abgelehnt, nämlich nur den Görlitzer Vertrag abzulösen und den War-
          schauer Vertrag gemäß Art. 23 GG auf Gesamtdeutschland auszudehnen).
        – Deshalb wäre es auch eine unzulängliche Lösung, wenn etwa der Deutsche Bun-
          destag nur den Warschauer Vertrag, die DDR-Volkskammer nur den Görlitzer
          Vertrag erwähnen würde: Dies ginge nicht nur zu Lasten der Einheitlichkeit des
          Textes, sondern würde auf klaren polnischen Widerstand stoßen, weil uns in diesem
          Fall unterstellt würde, wir wollten die Vorbehalte des Warschauer Vertrages (insbe-
          sondere Abschluß nur im Namen der Bundesrepublik Deutschland) am Leben er-
          halten.
        – Nicht zuletzt erleichtert uns der Hinweis auf die völkerrechtliche Gültigkeit des
          Görlitzer Vertrages, der die Grenze an Oder und Neiße bereits 1950 als endgültig
          anerkannt hat, die innenpolitische und rechtliche (Bundesverfassungsgericht!)
          Rechtfertigung des angestrebten neuen Grenzvertrags.

Teltschik

---

6 Nr. 92 Anm. 3.
7 Ebd., Anm. 11.
8 Nr. 8 Anm. 4.
9 Bernt Conrad, „Neuerdings ist die SPD sogar für den Görlitzer Vertrag", in: Die Welt. Nr. 97. 26. April 1990, 2.

**Nr. 259A
Anlage 1
Entschließung**

Der Deutsche Bundestag
- im Bewußtsein seiner großen Verantwortung vor der deutschen und europäischen Geschichte,
- fest entschlossen, dazu beizutragen, die Einheit und Freiheit Deutschlands in freier Selbstbestimmung zu vollenden, damit Deutschland als gleichberechtigtes Glied in einem vereinten Europa des Rechts und der Menschenrechte dem Frieden der Welt dienen kann,
- in dem verantwortungsvollen Bestreben, durch die deutsche Einheit einen historischen Beitrag zum Aufbau einer Europäischen Friedensordnung zu leisten, die allen europäischen Völkern ein Zusammenleben ohne Angst und Furcht, breite Zusammenarbeit zum Wohle aller sowie dauerhaften Frieden und Stabilität gewährleistet,
- in dem Wunsche, daß auch ein vereintes Deutschland im Gedenken an die tragischen und schmerzlichen Seiten der Geschichte die Politik der Verständigung und Versöhnung zwischen Deutschen und Polen konsequent fortsetzt, die Beziehungen zur Republik Polen zukunftsgewandt gestaltet und damit ein Beispiel für gute Nachbarschaft gibt,
- in der Erwartung, daß die frei gewählte Volkskammer der DDR gleichzeitig eine gleichlautende Erklärung abgibt (Hinweis: entsprechendes Element in der Erklärung der Volkskammer zu Bundestag),

gibt seinem Willen Ausdruck, daß der Verlauf der Grenze zwischen dem vereinten Deutschland und der Republik Polen vertraglich wie folgt geregelt wird:

Der Verlauf der Grenze zwischen Deutschland und der Republik Polen bestimmt sich nach dem „Abkommen zwischen der Deutschen Demokratischen Republik und der Republik Polen über die Markierung der festgelegten und bestehenden polnisch-deutschen Staatsgrenze" vom 06. Juli 1950 und den zu seiner Durchführung und Ergänzung geschlossenen Vereinbarungen sowie dem „Vertrag zwischen der Bundesrepublik Deutschland und der Volksrepublik Polen über die Grundlagen der Normalisierung ihrer gegenseitigen Beziehungen" vom 07. Dezember 1970.

Beide Seiten bekräftigen die Unverletzlichkeit der zwischen ihnen bestehenden Grenze jetzt und in der Zukunft und verpflichten sich gegenseitig zur uneingeschränkten Achtung ihrer territorialen Integrität.

Beide Seiten erklären, daß sie gegeneinander keinerlei Gebietsansprüche haben und solche auch in Zukunft nicht erheben werden.

Die Bundesregierung wird aufgefordert, diese Entschließung der Republik Polen förmlich als Ausdruck auch ihres Willens mitzuteilen.

Nr. 260
Gespräch des Bundesministers Seiters mit den Vertretern der Drei Mächte
Bonn, 30. April 1990

BArch, B 136/20241, 221 – 34900 Spr 2 Bd. 1. – Vermerk des MDg Stern, 4. Mai 1990. Verteiler: AA, St Lautenschlager; BMB, St Priesnitz; StäV, St Bertele; AL 2, LASD. – Mit Vorlage des MDg Stern an Chef BK mit der Bitte um Billigung und Zustimmung zu dem Verteiler. Abgezeichnet: „S[eiters]". – Gesprächsbeginn: 11.00 Uhr.

Teilnehmer:
Botschafter Boidevaix (F)
Botschafter Mallaby (GB)
Gesandter Ward (USA)
Staatssekretär Dr. Lautenschlager (AA)
MDgt Stern

BM Seiters berichtete über den Stand der Gespräche mit der DDR über die Währungsunion mit Wirtschafts- und Sozialgemeinschaft. Beide Seiten strebten das Inkrafttreten zum 01. Juli dieses Jahres an. Am 24. April habe der Bundeskanzler MP de Maizière ein Arbeitspapier[1] hierzu übergeben. Dieses Papier sei auch den Drei Mächten übermittelt worden. Es enthalte kein taktisches Angebot. Die Bundesregierung sei an die Grenze dessen gegangen, was richtig und vertretbar sei. Aber es sei natürlich verhandelbar. Die DDR sei hier gleichberechtigt; es gebe also noch Verhandlungsspielraum. Allerdings sei auch die DDR daran interessiert, ein Ergebnis zu erreichen, das Stabilität der DM wahre.

Botschafter Boidevaix fragte, ob es noch vor der Kommunalwahl am 06. Mai[2] eine politische Erklärung zur Währungsunion geben werde. BM Seiters erwiderte, daß dies beabsichtigt sei. Die Eckdaten sollten bekanntgegeben werden. Hierzu gehörten insbesondere Aussagen zu dem Umtauschkurs für Sparkonten, Renten und Löhne. Dies könne auch verständlich dargestellt werden.

Staatssekretär Dr. Lautenschlager berichtete, daß am gleichen Tage (30.04.) Gespräche in Ost-Berlin auf Beamtenebene zur Vorbereitung der „Zwei-plus-Vier"-Gespräche auf Ministerebene stattfänden.[3]

Botschafter Mallaby berichtete über den Abschiedsbesuch von Botschafter Kotschemassow. Das 80 Minuten dauernde Gespräche habe nicht viel Inhalt gehabt. Hervorzuheben seien jedoch zwei Punkte:

a) Auf seine Aussage, daß ein Friedensvertrag nicht mehr passend sei, habe Kotschemassow erwidert, die SU ziehe es vor, von einem Friedensvertrag zu sprechen. Sie sei aber bereit, hierüber zu diskutieren.

b) Auf seine Erklärung, daß eine NATO-Mitgliedschaft Deutschlands notwendig sei, habe Kotschemassow erwidert, nach Auffassung der SU könne Deutschland nicht Mitglied der NATO sein. Er habe dieses Thema aber sofort beiseite gelassen. In einem Artikel von Schewardnadse habe gestanden, daß Berlin als Zentrum für die KSZE vorgesehen werden solle. Er, Mallaby, habe den Eindruck, daß die Frage der Mitgliedschaft in der NATO weniger schwierig zu lösen wäre, wenn der Westen Berlin als KSZE-Zentrum akzeptiere.

Staatssekretär Dr. Lautenschlager erklärte, nach seiner Meinung sei die Neutralitätsfrage wohl vom Tisch. Die Sowjetunion scheine aber die Auffassung zu vertreten, daß andere Strukturen der NATO erforderlich seien, wenn Deutschland ihr angehören solle.

1 Nr. 256.
2 Ergebnisse der Wahlen zu Kreistagen und den Stadtverordnetenversammlungen der Stadtkreise am 6. Mai 1990 in der DDR in: Statistisches Jahrbuch der Deutschen Demokratischen Republik '90, 450.
3 Nr. 264.

Botschafter Boidevaix äußerte, der Westen dürfe nicht bereit sein, mit dem Osten über die Strategie der NATO zu verhandeln. Gesandter Ward erklärte, nach seiner Auffassung müßten zwei Preise gezahlt werden, und zwar im Sicherheitsbereich und im Wirtschaftsbereich. Er fragte nach unseren Vorstellungen über das Ausmaß des Entgegenkommens im Wirtschaftsbereich.

Staatssekretär Dr. Lautenschlager erklärte, daß es sich um ein sehr wichtiges, aber auch komplexes Gebiet handele. Die Tatsachenfeststellung sei sehr schwierig. Wir bemühten uns jetzt um Aufklärung bei der DDR. Danach beabsichtigten wir, Gespräche mit der Sowjetunion über dieses Thema aufzunehmen. Im Artikel 12 der Arbeitsgrundlage für die Währungsunion beabsichtigten wir, einen Vertrauensschutz für die außenwirtschaftlichen Verpflichtungen der DDR festzuschreiben.

Botschafter Mallaby fragte, ob es bezüglich der Zollfreiheit zwischen der Bundesrepublik Deutschland und der DDR Unterschiede zwischen den Gütern der Bundesrepublik Deutschland und den Gütern anderer Länder geben werde.

Staatssekretär Dr. Lautenschlager erklärte, dieser Komplex werde geprüft. Unsere Absicht sei klar, daß es keine Unterschiede geben solle. Unser Ziel sei, keine Kontrollen an der innerdeutschen Grenze mehr zu haben. Möglicherweise seien diese aber für eine Übergangszeit noch erforderlich. Insbesondere die Landwirtschaft stelle uns hier vor schwierige Probleme. Auf die Frage von Botschafter Mallaby, ob Polen einen Grenzvertragsentwurf vorgelegt habe, bestätigte Staatssekretär Dr. Lautenschlager, daß dies am 28.04. erfolgt sei.[4]

BM Seiters erklärte auf Nachfrage, daß wir nicht beabsichtigten, vor der Herstellung der Einheit über den Vertragstext zu verhandeln. St Dr. Lautenschlager ergänzte, daß eine Umsetzung in einen Vertragstext möglicherweise ohne größere Schwierigkeiten möglich sei, wenn die Parlamente eine Resolution mit entsprechendem Wortlaut verabschiedeten.

BM Seiters erklärte, er halte ein Verfahren für denkbar, daß alle Seiten befriedige.

Die Vertreter der Drei Mächte bedankten sich für das Gespräch.

Stern

Nr. 261
Schreiben des Staatssekretärs Clement an Bundesminister Seiters
Düsseldorf, 30. April 1990

BArch, B 136/26285, 441 – 14020 Mi 3 NA 1 Bd. 3. – Az. II A 1/II B 5. Mit Briefkopf: Der Chef der Staatskanzlei des Landes Nordrhein-Westfalen. Mit Stempel: Chef BK Eingegangen, 4. Mai 1990. Abgezeichnet: „S[eiters]". Nachrichtlich an die Chefs der Staats- und Senatskanzleien der übrigen Länder.

Sehr geehrter Herr Bundesminister,

aufgrund unseres Gesprächs vor Eintritt in die Besprechung am 26. April 1990[1] darf ich auf diesem Wege einige Punkte festhalten.

1. Gespräche, die Mitglieder der Bundesregierung mit Mitgliedern des Ministerrats der Deutschen Demokratischen Republik führen und die die Zuständigkeiten der Länder oder ihre wesentlichen Interessen berühren, dürfen nur unter Beteiligung der in der Sache federführenden Fachministerkonferenz vorbereitet und durchgeführt werden.

---

4 Nr. 263A.

1 Nr. 258.

Gespräche mit der Deutschen Demokratischen Republik und ihren Gebietskörperschaften, die die Hilfe zum Um- und Aufbau der Verwaltung zum Gegenstand haben, obliegen der in der Sache federführenden Fachministerkonferenz, soweit es sich um Verwaltungsbehörden oder Gerichte handelt, für deren Einrichtung in der Bundesrepublik Deutschland die Länder zuständig sind.

2. Gemäß Ziffer 3c der Vereinbarung zwischen dem Bundeskanzler und den Regierungschefs der Länder vom 15. 02. 1990[2] beteiligt die Bundesregierung die Länder an den Verhandlungen mit der DDR über die Währungsunion, die Wirtschafts- und Sozialgemeinschaft mit zwei Ländervertretern. Das gilt spätestens ab dem Zeitpunkt, in dem diese Verhandlungen auf politischer Ebene geführt werden. Ich begrüße zudem Ihre weitere Erklärung, die Beteiligung von Ländervertretern in den politischen Gesprächen vorangehenden und sie begleitenden Expertengesprächen flexibel und entsprechend dem Grundsatz länderfreundlichen Verhaltens zu handhaben. Dies gilt in besonderer Weise, soweit Finanzierungsfragen betroffen sind.

Ich darf Ihnen mitteilen, daß die Chefs der Staats- und Senatskanzleien sich in ihrer anschließenden Besprechung am 26. April 1990 darauf verständigt haben, Ihnen folgendes Verfahren vorzuschlagen:

Bei Verhandlungen, die für die Bundesregierung durch den Bundeskanzler oder durch Sie wahrgenommen werden, werden die Länder durch das vorsitzführende Land der Ministerpräsidentenkonferenz und den Sprecher der Ländergruppe vertreten, der der Vorsitzende nicht angehört.

Bei Verhandlungen, die für die Bundesregierung von Fachressorts wahrgenommen werden, werden die Länder durch das Vorsitzland der für die Verhandlungsmaterie federführenden Fachministerkonferenz und den Sprecher der Ländergruppe vertreten, der der Vorsitzende nicht angehört.

Im Interesse der Praktikabilität wäre ich Ihnen dankbar, wenn Sie mir alsbald die Termine und die Besprechungs- bzw. Verhandlungsgegenstände für die anstehenden Gespräche mit der DDR mitteilen wollten.

Ich wäre Ihnen sehr dankbar, wenn Sie die Bundesressorts auf diese Grundsätze und Verfahrensabreden hinweisen und für ihre Beachtung Sorge tragen wollten.

Die Fachministerkonferenzen erhalten eine Durchschrift dieses Schreibens.

Mit freundlichen Grüßen
Ihr Wolfgang Clement

---

2 Nr. 185.

Nr. 262
Schreiben des Staatssekretärs Clement an Bundesminister Seiters
Düsseldorf, 30. April 1990

BArch, B 136/26285, 441 – 14020 Mi 3 NA 1 Bd. 3. – Mit Briefkopf: Der Chef der Staatskanzlei des Landes Nordrhein-Westfalen. Mit Stempel: Chef BK Eingegangen, 4. Mai 1990. Abgezeichnet: „S[eiters]". Nachrichtlich an die Chefs der Staats- und Senatskanzleien der übrigen Länder.

Sehr geehrter Herr Bundesminister,

im Nachgang zu unserer Besprechung vom 26. April 1990[1] erlaube ich mir festzuhalten, daß die Vertreter der Bundesregierung ausdrücklich erklärt haben, durch die beabsichtigten Vereinbarungen mit der Deutschen Demokratischen Republik über Grundsätze für deren Finanzpolitik, über die Kreditaufnahme durch DDR-Gebietskörperschaften und über Finanzzuweisungen der Bundesrepublik Deutschland sollten weder unmittelbar noch mittelbar Vorfestlegungen für die künftigen Finanzbeziehungen zwischen Bund und Ländern sowie zwischen den Ländern getroffen werden.

Sie werden verstehen, daß ich es wegen der besonderen Bedeutung dieser Angelegenheit für die Länder namens der Chefs der Staats- und Senatskanzleien aller Länder für erforderlich halte, diese Erklärung der Bundesregierung schriftlich festzuhalten.

Mit freundlichen Grüßen
Ihr Wolfgang Clement

Nr. 263
Vorlage des Ministerialdirektors Teltschik an Bundeskanzler Kohl
Bonn, 30. April 1990

BK, 213 – 30130 P 4 Po 30 Bd. 9. – Mitverfasser: VLR I Kaestner. Entwurf, abgezeichnet: „T[eltschik] 30/4". Vorlage über Chef BK – je gesondert. Hs. vermerkt: „ab 30/4 D[omröse]".

Betr.: Polnische Westgrenze
hier: Polnischer Vertragsentwurf
Anlg.: –1–[1]

1. Der polnische Außenminister Skubiszewski hat am späten Abend des 28. April unseren Botschafter in Warschau einbestellt und ihm den beiliegenden Vertragsentwurf übergeben.
1.1. Zum weiteren Verfahren hat AM Skubiszewski seine bekannte Linie bekräftigt, wonach die Verhandlungen über diesen Vertrag zwischen beiden deutschen Staaten und Polen zügig geführt werden sollen. Er hoffe, bereits am 2. Mai während des Staatsbesuchs des Herrn Bundespräsidenten mit BM Genscher einen ersten Meinungsaustausch führen zu können.[2]

---

1 Nr. 258.

1 Nr. 263A.
2 Bundespräsident von Weizsäcker stattete Polen vom 2.–5. Mai 1990 einen Staatsbesuch ab (Bulletin. Nr. 56. 9. Mai 1990, 437–444). Während des Besuchs führte Bundesminister Genscher mit Außenminister Skubiszewski am 2. Mai 1990 in Warschau ein Vieraugengespräch „über die polnischen Interessen im Vereinigungsprozeß" (Genscher, Erinnerungen, 766).

1.2. Zum Inhaltlichen erläuterte AM Skubiszewski, man habe – zusätzlich zur Grenz-regelung im engeren Sinn – bewußt auch Grundsätze für die künftige Gestaltung der bilateralen Beziehungen aufgenommen, damit vom Vertrag eine positive Wirkung ausgehe. Andere Fragen, deren Berücksichtigung man ihm angeraten habe, seien mit Bedacht nicht aufgenommen worden.

2. Der polnische Vertragsentwurf enthält drei inhaltliche Schwerpunkte:

2.1. Die Präambel mit einem knappen, nüchternen und nicht mit einseitiger Schuldzuwei-sung verbundenen Rückblick auf den 2. Weltkrieg; mit der Bezugnahme auf die Pots-damer Beschlüsse[3], den Görlitzer[4] und den Warschauer Vertrag[5] sowie weitere die Grenze betreffende Vereinbarungen; mit der Bejahung der deutschen Einheit als Teil einer Friedensordnung in Europa und in der Welt; mit einem klaren Bekenntnis zu einem freien, demokratischen und vereinten Europa, in dem die Menschenrechte gel-ten; und mit deutlichen Anleihen bei der „Gemeinsamen Erklärung" vom 14. No-vember 1989[6] einschließlich des Ziels der deutsch-polnischen Versöhnung.

2.2. Die operative Grenzregelung mit ausführlicher Beschreibung des Grenzverlaufs; mit Bestätigung des Verzichts auf Gebietsansprüche jetzt und in Zukunft und mit der Ver-pflichtung zur Anpassung der (internen) Gesetzgebung an diesen Vertrag (Artikel 1–4).

2.3. Grundsätze für die künftige Gestaltung der Beziehungen (Artikel 5 und 6), wobei die Verstärkung menschlicher Kontakte gefordert und Zusammenarbeit in humanitären Fragen zugesagt, aber keine Vorschriften über die Rechte der Minderheiten aufge-nommen werden.

2.4. Abschlußbestimmungen, in denen die Weitergeltung der vertraglichen Verpflichtun-gen beider deutscher Staaten bis zu ihrer evtl. einvernehmlichen Beendigung sowie regelmäßige Konsultationen vereinbart werden.

3. Erste Bewertung

3.1. Mit der Übergabe des Vertragsentwurfs hat die polnische Seite am Vorabend des Staatsbesuchs des Herrn Bundespräsidenten ein neues Faktum gesetzt und damit auch die Tagesordnung der Warschauer Gespräche der nächsten Tage mitgeprägt. Zugleich hat sich Außenminister Skubiszewski mit seiner Linie – Vertragsverhand-lungen der beiden deutschen Staaten mit der Republik Polen noch vor Vollzug der Vereinigung – durchgesetzt. Die Forderung nach Paraphierung des auszuhandelnden Vertrages durch die Verhandlungsführer der beiden deutschen Staaten wird jedoch nicht ausdrücklich wiederholt.

Es ist nicht ausgeschlossen, daß hiermit die Tür für einen gesichtswahrenden Kom-promiß eröffnet wird, insbesondere wenn die von uns vorgesehenen gleichlautenden Erklärungen des Deutschen Bundestages und der DDR-Volkskammer auf polnische Formulierungsvorschläge – etwa der Präambel des Vertragsentwurfs – eingehen.

Für die Andeutung eines Kompromisses spricht auch, daß entgegen früheren Ankün-digungen kein polnisches Memorandum mit ausführlicher Darlegung der eigenen Position übergeben wurde.

3.2. Der Vertrag stimmt in der Grenzbeschreibung nicht mit dem Potsdamer Abkommen und den Verträgen von Görlitz und Warschau überein, vielmehr wird durch Neufor-mulierung die Einbeziehung Stettins – hier war gegenüber dem Potsdamer Abkom-men nachgebessert worden – nunmehr eindeutig klargestellt[7] (in diesem Zusammen-

---

3 Nr. 89 Anm. 15.
4 Nr. 92 Anm. 11.
5 Nr. 8 Anm. 4.
6 Nr. 92 Anm. 3.
7 Abweichend von der in Abschnitt IX Potsdamer Abkommen (Nr. 89 Anm. 15) getroffenen Regelung wurde am

hang hatte es noch vor wenigen Jahren Meinungsverschiedenheiten zwischen DDR und Polen hinsichtlich der Abgrenzung der Territorialgewässer gegeben).

Die so festgelegte Grenze wird zum „grundsätzlichen Bestandteil einer Friedens-regelung in Europa" erklärt, um so der Forderung des Potsdamer Abkommens nach einem „peace settlement" Rechnung zu tragen. Zusätzlich wird die Grenze als „jetzt und in Zukunft unverletzlich" erklärt, womit die Terminologie der KSZE-Schlußakte aufgenommen wird. Der in der Schlußakte auch vorgesehenen Möglichkeit zu fried-lichen Grenzveränderungen wird sodann mit dem gegenseitigen Verzicht auf Ge-bietsansprüche jetzt und in Zukunft ein Riegel vorgeschoben.

3.3. Problematisch ist die Aufnahme der alten polnischen Forderung nach Anpassung unserer innerstaatlichen Gesetzgebung an den Vertrag. Hier ist – aus früheren pol-nischen Forderungen zu schließen – mit einer breiten Palette von Veränderungs-wünschen zu rechnen: Beginnend mit dem Grundgesetz (z.B. Abschaffung des Arti-kels 23 GG nach Einigung mit der DDR) über unser Staatsangehörigkeitsrecht, über unsere Renten- und Sozialgesetzgebung bis hin zu Förderungsmaßnahmen für Flüchtlinge, Vertriebene und Aussiedler.

3.4. Die Aufzählung der Gebiete der Zusammenarbeit ist gegenüber der „Gemeinsamen Erklärung" kurz und selektiv. Während die „Gemeinsame Erklärung", soweit dies möglich ist, politische Verpflichtungen begründet, soll der – ansonsten verbindliche – Vertrag bei politischen Absichtserklärungen stehenbleiben.

In den Verhandlungen sollte – wenn man überhaupt Fragen außerhalb der Grenz-thematik regeln will – versucht werden, die Weitergeltung der „Gemeinsamen Erklä-rung" festzuschreiben, zumal auch AM Skubiszewski kürzlich vor dem Sejm erneut – wie bereits im Februar d.J. Ihnen gegenüber[8] – erklärt hat, Polen sei an deren Fortgel-tung auch für das geeinte Deutschland sehr interessiert.

4. Ausführliche Bewertung folgt nach den Gesprächen von Herrn Bundesminister Genscher in Warschau und nach Vorliegen der vom Auswärtigen Amt erstellten rechtlichen und politischen Analyse.

(Teltschik)

Nr. 263A
Entwurf
Vertrag zwischen der Republik Polen und Deutschland über die Grundlagen ihrer gegenseitigen Beziehungen

Inoffizielle Höflichkeitsübersetzung.

Die Republik Polen und Deutschland,

– In der Erwägung, daß 45 Jahre seit Ende des Zweiten Weltkrieges vergangen sind und die schweren Leiden, welche dieser Krieg gebracht hat, eine Mahnung und Aufforderung zur Gestaltung friedlicher Beziehungen zwischen beiden Staaten und Völkern sind,

– In dem Bewußtsein ihrer besonderen Verantwortung für Frieden, Sicherheit, Verständi-gung und Zusammenarbeit in Europa,

---

5. Oktober 1945 ein Gebiet westlich von Swinemünde und der unteren Oder mit der Stadt Stettin unter polnische Ver-waltung gestellt.

8 Nr. 164.

– In dem Bestreben, die Schaffung eines freien und demokratischen, vereinigten Europa zu fördern, in welchem die Menschenrechte voll geachtet werden,
– In der Überzeugung, daß das Wiedererlangen der staatlichen Einheit durch das deutsche Volk bei der Gewährleistung der Sicherheitsinteressen und der territorialen Integrität der Nachbarstaaten, darunter der vollen Achtung der polnisch-deutschen Grenze in ihrem gegenwärtigen Verlauf, der grundsätzliche Bestandteil einer Friedensordnung in Europa und in der Welt ist,
– Unter Berücksichtigung entsprechender Vereinbarungen der Potsdamer Konferenz vom 2. August 1945 sowie der Bestimmungen des am 6. Juli 1950 in Zgorzelec unterzeichneten Abkommens zwischen der Republik Polen und der Deutschen Demokratischen Republik über die Markierung der festgelegten und bestehenden polnisch-deutschen Staatsgrenze,[9] des am 27. Januar 1951 in Frankfurt/Oder unterzeichneten Aktes über die Ausführung der Markierung der Staatsgrenze zwischen Polen und Deutschland,[10] des am 7. Dezember 1970 in Warschau unterzeichneten Vertrages zwischen der Volksrepublik Polen und der Bundesrepublik Deutschland über die Grundlagen der Normalisierung ihrer gegenseitigen Beziehungen[11] (sowie) des am 22. Mai 1989 in Berlin unterzeichneten Vertrages zwischen der Volksrepublik Polen und der Deutschen Demokratischen Republik über die Abgrenzung der Seegebiete in der Oderbucht,[12]
– In dem Wunsche, feste Grundlagen für das freundschaftliche Zusammenleben und für die Entwicklung guter Beziehungen zwischen ihnen sowie für die Versöhnung und eine dauerhafte Verständigung zwischen Polen und Deutschen zu schaffen,
sind wie folgt übereingekommen:

Artikel 1
1. Die Hohen Vertragsparteien bekräftigen feierlich, daß die bestehende und – gemäß diesbezüglich geschlossener internationaler Abkommen – demarkierte polnisch-deutsche Grenze, welche die Seegebiete in der Oderbucht abgrenzt und weiter unmittelbar westlich von Swinemünde verläuft, ferner durch den Stettiner Haff und die Neuwarpbucht, weiter auf (dem) Festland zur Oder südlich vom Ort Kobaskowo und von dort die Oder entlang bis zur Einmündung der Lausitzer Neiße und ferner diesen Fluß entlang bis zur Grenze mit der Tschechoslowakei, die Staatsgrenze zwischen der Republik Polen und Deutschland bildet.
2. Die im Absatz 1 genannte Grenze ist grundsätzlicher Bestandteil einer Friedensregelung in Europa.

Artikel 2
Die Hohen Vertragsparteien stellen übereinstimmend fest, daß die im Artikel 1 dieses Vertrages bestimmte Grenze jetzt und in der Zukunft unverletzlich ist, und sie verpflichten sich zur uneingeschränkten Achtung der Souveränität und territorialen Integrität der jeweils anderen Vertragspartei.

Artikel 3
Die Hohen Vertragsparteien stellen übereinstimmend fest, daß sie gegeneinander keinerlei Gebietsansprüche haben und solche Ansprüche auch in Zukunft nicht erheben werden.

---

9   Nr. 92 Anm. 11.
10 Akt über die Ausführung der Markierung der Staatsgrenze zwischen Polen und Deutschland, ausgefertigt am 27. Januar 1951 in Frankfurt/Oder, amtlich beglaubigte Abschrift: BArch, DC 20 Ministerrat der DDR, Bd. 616, Bl. 64–67.
11 Nr. 8 Anm. 4.
12 Nr. 11 Anm. 3.

Artikel 4
Die Hohen Vertragsparteien verpflichten sich, ihr Recht den Bestimmungen dieses Vertrages, insbesondere des Artikels 1, anzupassen.

Artikel 5
In ihren gegenseitigen Beziehungen sowie in der Frage des Friedens, der Sicherheit und der Zusammenarbeit in Europa und in der Welt bleiben die Hohen Vertragsparteien vom Völkerrecht gebunden, insbesondere von der Charta der Vereinten Nationen[13], und lassen sich von Beschlüssen der Konferenz für Sicherheit und Zusammenarbeit in Europa leiten.

Artikel 6
Die Hohen Vertragsparteien werden weitere Schritte einleiten mit dem Ziel, die Zusammenarbeit im Bereich der menschlichen Kontakte, der Wirtschaft, der Kultur, der Wissenschaft, der Technik, der Bildung, des Umweltschutzes, des Tourismus sowie der humanitären Fragen zu vertiefen.
Insbesondere werden sie:
1. breite Kontakte von Menschen beider Vertragsparteien, darunter vor allem von Jugendlichen, Kirchen, politischen Parteien, Gewerkschaften, professionellen und gesellschaftlichen Organisationen sowie Partnerstädten und -gemeinden fördern;
2. günstige Umstände und Möglichkeiten für die wirtschaftliche, finanzielle und technisch-industrielle Zusammenarbeit, besonders für die Entwicklung moderner Formen dieser Zusammenarbeit, schaffen;
3. sich für das gegenseitige Verständnis und die Annäherung beider Völker, für die Entwicklung der kulturellen Zusammenarbeit und die Festigung der gemeinsamen kulturellen Identität Europas einsetzen.

Artikel 7
Die zwischen Polen und der Deutschen Demokratischen Republik und zwischen Polen und der Bundesrepublik Deutschland abgeschlossenen internationalen Abkommen bleiben zwischen den Hohen Vertragsparteien in Kraft, sofern nichts anderes im Einvernehmen festgelegt wurde.

Artikel 8
Die Hohen Vertragsparteien werden regelmäßig politische Konsultationen zu Fragen, an denen sie interessiert sind, durchführen.

Artikel 9
Dieser Vertrag bedarf der Ratifikation und tritt am Tage des Austausches der Ratifikationsurkunden in Kraft, der in ... stattfindet.
Zu Urkund dessen haben die Bevollmächtigten der Hohen Vertragsparteien diesen Vertrag unterzeichnet und mit Siegeln versehen.
Dieser Vertrag wurde in ... am ... 1990 in zwei Urschriften angefertigt, jede in polnischer und deutscher Sprache, wobei jeder Wortlaut gleichermaßen verbindlich ist.

Im Namen der
Republik Polen
Im Namen
Deutschlands

---

13 Charta der Vereinten Nationen vom 26. Juni 1945, zuletzt geändert am 20. Dezember 1971, in: Yearbook of the United Nations 1973. Vol. 27. United Nations. Office of Public Information. New York 1976, 977–987.

Nr. 264
Zweite Gesprächsrunde Zwei plus Vier auf Beamtenebene
Berlin-Niederschönhausen, 30. April 1990

BK, 212 – 35400 De 39 NA 4 Bd. 1. – Vorlage des MDg Hartmann über AL 2 und Chef BK an den Bundeskanzler, 1. Mai 1990. Mit Stempel: Der Leiter des Kanzlerbüros, 3. Mai 1990. Hs. von Bundeskanzler Kohl vermerkt: „Teltschik erl."

Nachstehend fasse ich kurz Ergebnis der „Zwei-plus-Vier"-Gespräche auf Beamtenebene am 30. April 1990 in Berlin zusammen:

Auch die 2. Runde der Gespräche „Zwei plus Vier" kam über die Behandlung von prozeduralen Fragen nicht wesentlich hinaus. Immerhin gelang es, die sowjetische Delegation – die unter Leitung von Bondarenko stand – zu bewegen, auf das Stichwort „Friedensvertrag" als besonderen TOP der künftigen Gespräche zu verzichten. Die Diskussion litt sichtlich darunter, daß der designierte DDR-Staatssekretär Misselwitz sich mit der Leitung schwertat. Ein Datum für die nächste Runde wurde nicht festgelegt. Zu hoffen ist, daß das bevorstehende Treffen auf Außenministerebene den Gang der Gespräche beschleunigt.

Im einzelnen:

Die Gespräche in Berlin – Niederschönhausen – umfaßten 4 Punkte:
1. Abschließende Klärung der Tagesordnung der künftigen Sitzungen
2. Erörterung evtl. offener Prozedurfragen
3. Vorbereitung des ersten Außenministertreffens
4. Abstimmung einer Presseerklärung.

Zu 1.) Zur Erinnerung: Die erste Gesprächsrunde „Zwei plus Vier" in Bonn am 14. März 1990[1] hatte folgende vier Themenbereiche als Tagesordnung der künftigen Sitzungen festgelegt:
– Grenzfragen
– Politisch-militärische Fragen
– Berlin-Probleme
– Vier-Mächte-Rechte und -Verantwortlichkeiten und deren Ablösung.

Die sowjetische Seite kam auf ihren Diskussionsbeitrag in der ersten Runde zurück und präzisierte ihre Forderungen zur Ergänzung des Themenkatalogs dahingehend, daß darin auch folgende Punkte aufgenommen werden müßten:
– Friedensvertrag oder ein adäquates Abschlußdokument
– Synchronisierung des deutschen Einigungsprozesses mit dem gesamteuropäischen Prozeß
– Internationale Verpflichtungen der beiden deutschen Staaten.

Bondarenko insistierte zunächst nachdrücklich, daß der Begriff „Friedensvertrag" im Themenkatalog auftauchen müsse. Dies sei nicht zuletzt wichtig, um der öffentlichen Meinung in der SU Rechnung zu tragen. MD Kastrup erklärte, daß ein Friedensvertrag für uns nicht akzeptabel sei. Er habe die diesbezüglichen Gründe Bondarenko bereits bei seinen Gesprächen in Moskau ausführlich dargelegt.

Auch bei anderen Delegationen stieß die sowjetische Forderung auf Ablehnung. Die amerikanische Seite wies nachdrücklich darauf hin, daß der Begriff nicht mehr am Platze sei, da der Kriegszustand längst beendet und dies auch in einschlägigen Dokumenten belegt sei.

Nach zäher Diskussion gelang es schließlich, sich auf folgende Formulierung zu einigen, die auf eine Ergänzung des bereits vereinbarten TOP 4 hinausläuft:

---

1 Nr. 220.

– Abschließende völkerrechtliche Regelung und Ablösung der Rechte und Verantwortlichkeiten der Vier Mächte.

In der Sache ist dies ein für uns akzeptables Ergebnis, da damit das Stichwort „Friedensvertrag" zunächst einmal aus der Diskussion ausgeklammert bleibt. Die jetzt gefundene Formulierung besagt lediglich, daß ein völkerrechtlicher Akt erforderlich sein wird, um im wesentlichen die Ablösung der Vier-Mächte-Rechte und -Verantwortlichkeiten zu formalisieren.

Es verdient ferner festgehalten zu werden, daß die Vertreter der Drei Mächte auf einer Klarstellung bestanden, wonach eine abschließende völkerrechtliche Regelung ausschließlich Sache der Vier Mächte und der beteiligten deutschen Staaten sein wird, mithin die Beteiligung weiterer Staaten ausgeschlossen ist. Dieser Klarstellung wurde von sowjetischer Seite nicht widersprochen.

Die beiden anderen sowjetischen Vorschläge zur Ergänzung der Tagesordnung
– Synchronisierung des deutschen Einigungsprozesses mit dem gesamteuropäischen Prozeß
– Internationale Verpflichtungen beider deutscher Staaten
konnten nicht abschließend geklärt werden. Sowjetische Delegation war zwar damit einverstanden, daß über die Verträge der DDR mit wirtschaftlicher Zielsetzung zwischen beiden deutschen Staaten und der Sowjetunion – also im trilateralen Rahmen – verhandelt werden soll. Sie machte aber geltend, daß politische Verträge – hierbei dürfte sie insbesondere den NATO-Vertrag im Auge gehabt haben – Gegenstand der „Zwei-plus-Vier"-Gespräche sein müßten. Ebenfalls müsse die Synchronisierung des innerdeutschen und europäischen Prozesses gesonderter TOP der künftigen Gespräche sein.

Dem wurde von den anderen Delegationen – auch der DDR – entgegengehalten, daß der bereits beschlossene TOP „Politisch-militärische Fragen" die Problematik der sicherheitspolitischen Verpflichtungen beider deutscher Staaten impliziere, so daß ein gesonderter TOP nicht erforderlich sei.

Der britische Vertreter machte nachdrücklich geltend, daß es im übrigen eine souveräne Entscheidung des künftigen Deutschlands sein müsse, welche internationalen Verpflichtungen es beibehalten bzw. eingehen wolle.

Französische Delegation erklärte zur Frage der Synchronisierung, dieser Begriff sei mißverständlich und könne als Konditionalität für den in Gang gekommenen Einigungsprozeß mißverstanden werden. Amerikanische Seite erinnerte daran, daß beide deutschen Staaten sich klar für eine Einbettung des innerdeutschen Einigungsprozesses in den europäischen Prozeß ausgesprochen hätten.

Bondarenko erklärte, er habe in dieser Frage feste Instruktionen und sei daher nicht in der Lage, auf seine Forderung zu verzichten. Er werde jedoch AM Schewardnadse über den Meinungsaustausch unterrichten. Die Frage solle daher abschließend auf dem bevorstehenden Außenministertreffen geklärt werden, es sei denn, AM Schewardnadse entscheide, daß die sowjetische Seite schon vorher von ihrer Forderung wieder abrücke.

Zu 2.) Bei den noch offenen Prozedurfragen ging es um die Modalitäten der Einbeziehung Polens in die Gespräche. StS Misselwitz teilte mit, daß er am 2. Mai zusammen mit MD Kastrup Gespräche in Warschau führen werde. Hierüber könnten die beiden deutschen Außenminister auf dem bevorstehenden Treffen in Bonn[2] berichten und zugleiche Vorschläge unterbreiten, in welcher Form und zu welchem Zeitpunkt

---

2 Nr. 268.

Polen zu den Gesprächen eingeladen werden könne. Hierbei werde auch zu entscheiden sein, ob die Polen auch zu den Gesprächen auf Beamtenebene eingeladen werden sollten. Die britische und die sowjetische Delegation erklärten, daß eine Teilnahme Polens an den Gesprächen auf Beamtenebene nicht ausgeschlossen werden dürfe.

Zu 3.) Zum bevorstehenden Außenministertreffen in Bonn erklärte StS Misselwitz, daß er von der Behandlung folgender Punkte ausgehe:
– Abschließende Entscheidung der Minister über die Tagesordnung für die künftigen Gespräche
– Grundsatzerklärungen der einzelnen Minister
– Vergabe von Aufträgen an Untergruppen, soweit erforderlich
– Entscheidung über Ort und Zeitpunkt des nächsten Treffens
– Pressemäßige Behandlung des Außenministertreffens.
MD Kastrup gab eine ergänzende Erläuterung zum geplanten Ablauf. Hiernach beginnt das Außenministertreffen um 10.00 [Uhr] vormittags und soll gegen 17.00 Uhr beendet sein. Im Anschluß findet eine gemeinsame Pressekonferenz statt.
Ich selber werde an dem bevorstehenden Außenministertreffen teilnehmen und Sie von dem Ergebnis umgehend unterrichten.

Hartmann

Nr. 265
Vorlage des Ministerialdirektors Teltschik an Bundeskanzler Kohl
Bonn, 3. Mai 1990

BK, 21 – 37921 (168) Na 25 Bd. 5, Bl. 343/0–343/3. – Mitverfasser: VLR Westdickenberg. Eine Ausfertigung. Az. 21 – 35400 – De 26/16/90. VS-Vertraulich. Vorlage über Chef BK. Hs. vermerkt: „Hat Herr AL 2 am 3. Mai 90 Herrn BK unmittelbar vorgetragen. D[omröse] 4/5".

Betr.: Fernschreiben von Präsident Bush an Sie vom 3.5., insbesondere zu NATO-Gipfel
Anlg.: – 1 –

1. Votum
Kenntnisnahme und Zustimmung zur Weiterleitung eines Doppels an BM Genscher und BM Stoltenberg.[1]

2. Sachverhalt
Präsident Bush übermittelte Ihnen auf direktem Weg ein Fernschreiben, dessen deutsche Übersetzung anliegt.[2] Aus dem Inhalt ist insbesondere hervorzuheben:
   2.1. Der Präsident unterrichtet Sie vorab über eine Rede am 4. Mai,[3] in der er vorschlagen werde, der Westen möge bald zu einem NATO-Gipfel zusammentreffen zur Erarbeitung einer neuen westlichen Strategie angesichts der einschneidenden Veränderungen in Mittel- und Osteuropa.
   Als Zeitpunkt schlägt er entweder Ende Juni oder Anfang Juli vor; NATO müsse schnelle Reaktionsfähigkeit beweisen.

1 Hs. rechts daneben abgehakt und vermerkt: „Wird durch Herrn AL 2 erledigt. D[omröse] 4/5".
2 Nicht freigegeben.
3 Rede des Präsidenten Bush an der Oklahoma State University in Stillwater, 4. Mai 1990, in: Amerika Dienst. Nr. 18. 9. Mai 1990, 5 S.; Public Papers of the Presidents of the United States. Bush. 1990 I, 625–629.

Er nennt 4 Gipfelthemen, die im Rahmen einer umfassenden Überprüfung der Allianzpolitik für die 90er Jahre besonders behandelt werden sollten:
- die zukünftige politische Rolle der NATO: Zusammen mit der EG sei sie entscheidend wichtige Schaltstelle für den Westen bei der Neugestaltung Europas;
- Überprüfung des Bedarfs für die konventionelle Verteidigung: Im Hinblick auf den sowjetischen Rückzug aus Europa
  = könne man beginnen, eine neue Strategie mit anderer militärischer Präsenz in einem neu gestalteten Europa zu entwickeln;
  = sollte man die Ziele der nach Wien I fortzusetzenden konventionellen Rüstungskontrollverhandlungen bestimmen.
- Überprüfung der Zukunft amerikanischer Nuklearwaffen in Europa:
  = Er geht von einem verminderten Bedarf an Nuklearsystemen kürzester Reichweite aus und fordert beschleunigte Bestimmung des erforderlichen Abschreckungsminimums.
  = Er kündigt das Ende des FOTL-Programms (Lance-Nachfolge) als auch einer weiteren Modernisierung von nuklearen US-Artilleriegranaten in Europa an.
  = Er schlägt für den Gipfel Einigung über die groben Ziele für SNF-Verhandlungen zwischen US/SU vor und befürwortet die Aufnahme der Verhandlungen kurz nach Unterzeichnung von Wien I.
- Festlegung gemeinsamer, erweiterter Aufgaben für KSZE-Prozeß: KSZE und Staaten Osteuropas sollten aktiveren Anteil an Ausgestaltung Europas erhalten (Details habe AM Baker seinen Amtskollegen brieflich übermittelt).
KSZE könnte Richtlinien für Aufbau demokratischer Gesellschaften und Forum für politischen Dialog in einem stärker geeinten Europa bieten.
2.2. Er unterrichtet Sie, daß er die anderen NATO-Staats- bzw. Regierungschefs über seine Ziele im „Zwei-plus-Vier"-Prozeß zusätzlich informiert: volle Souveränität eines demokratischen, friedlichen geeinten deutschen Staates. „Zwei plus Vier" dürfe nicht
- über das Recht Deutschlands, volles Mitglied der NATO zu bleiben, verhandeln,
- Anwesenheit und Disposition konventioneller und nuklearer alliierter Streitkräfte auf dem Gebiet der heutigen Bundesrepublik Deutschland festlegen,
- die gesamtdeutschen Streitkräfte zu begrenzen suchen und die
- Vier-Mächte-Rechte durch neue Beschränkungen deutscher Souveränität ersetzen.
Die SU werde möglicherweise versuchen, genau diese 4 Punkte einzubringen. Wie die Bundesregierung bereits festgestellt habe, solle die SU Zusicherungen zum militärischen Status des Gebiets der heutigen DDR erhalten einschließlich angemessener Vorkehrungen für eine zeitlich begrenzte Präsenz sowjetischer Truppen. Zusätzlich könne man Moskau anbieten, seine Sicherheitsinteressen in VKSE II bzw. den SNF-Verhandlungen zur Sprache zu bringen.

3. Erste Wertung
Es ist sehr zu begrüßen, daß Präsident Bush – ausdrücklich unter Bezug auf Ihr Gespräch mit ihm in Camp David[4] – enge Abstimmung mit uns sucht.
3.1. Was den Zeitpunkt des Gipfels – Ende Juni/Anfang Juli – anbetrifft, so ist er im Hinblick auf die von Präsident Bush vorgeschlagene Themenstellung nicht unproblematisch:

---

4 Nr. 192 – Nr. 194.

– Es ist kaum zu erwarten, daß die „Zwei-plus-Vier"-Gespräche bis zu diesem Zeitpunkt bereits abgeschlossen sind (1. Ministertreffen jetzt am 5. Mai)[5].

– Die vorgeschlagenen Gipfelthemen haben allerdings in sowjetischer Sicht eine deutliche Verknüpfung mit dem „Zwei-plus-Vier"-Prozeß.

– Wenn auch das von Präsident Bush erhoffte Ergebnis des Gipfels in vielerlei Hinsicht auf sowjetische Sorgen eingehen dürfte (z.B. zu FOTL, konventioneller und nuklearer Rüstungskontrolle), so <u>könnte</u> der „Fanfarenstoß" einer Gipfelerklärung – etwa zur NATO-Mitgliedschaft eines geeinigten Deutschland – <u>zu einer Verhärtung der sowjetischen Position</u> führen und evtl. den Fortgang des <u>„Zwei-plus-Vier"-Prozesses beeinträchtigen.</u>

Sollte sich deshalb – möglicherweise auf dem heutigen NATO-AM-Sondertreffen in Brüssel – die <u>Tendenz im Bündnis</u> dahingehend abzeichnen, auf den von Präsident <u>Bush gewünschten Termin zuzusteuern</u>, so ist es aus unserer Interessenlage <u>wichtig sicherzustellen</u>, daß nach Möglichkeit <u>negative Auswirkungen auf die SU</u> – am Vorabend des Parteitages der KPdSU (ab 3. Juli) – vermieden werden.

3.2. Die von Präsident Bush vorgeschlagene <u>Themenpalette</u> ist für das Bündnis äußerst relevant und bedarf in der Tat einer engen Abstimmung unter den Partnern. Die zukunftsgewandte Tendenz wird auch von uns geteilt, wie z.B.:

– Stärkung der politischen Rolle der NATO,

– weitere Anpassungen im konventionellen Bereich nach Wien I,

– Bestimmung des Abschreckungsminimums.

3.3. <u>Besonders zu begrüßen</u> sind die <u>operativen Punkte</u>:

– <u>Einstellung des FOTL-Programms</u> und der Modernisierung der nuklearen Artillerie,

– Vorschlag eines <u>vorgezogenen SNF-Verhandlungsbeginns</u> nach Unterzeichnung von Wien I.

– Forderung, Zielrichtung für schnell fortzuführende KSE-Verhandlungen festzulegen.

3.4. <u>Positiv</u> erscheinen die <u>Klarstellungen zum „Zwei-plus-Vier"-Prozeß</u>, die ganz auf unserer Linie liegen.

4. <u>Antwortentwurf</u> wird Ihnen <u>nach Stellungnahme der Ressorts</u> vorgelegt werden.

Teltschik

5 Nr. 268.

Nr. 266
Gespräch des Bundeskanzlers Kohl mit Außenminister Baker
Bonn, 4. Mai 1990

BK, 212–30105 A 5 Am 7, AM Baker, 4.5.1990. – Vermerk des VLR I Kaestner, 7. Mai 1990. VS-NfD. – Mit Vorlage des MD Teltschik über Chef BK an den Bundeskanzler: „Hiermit lege ich mit der Bitte um – Genehmigung – einen Vermerk über das o.a. Gespräch vor. Zugleich erbitte ich Ihre – Zustimmung –, daß die Bundesminister Genscher und Stoltenberg zu ihrer persönlichen Unterrichtung Doppel des Vermerks erhalten, wobei sichergestellt wird, daß sie Ihnen auch die Vermerke ihrer Gespräche mit AM Baker zuleiten." Hs. von Bundeskanzler Kohl vermerkt: „Teltschik", zur Unterrichtung der Bundesminister: „Ja". – Gesprächsdauer: 12.30 bis 13.50 Uhr.

<u>Gesprächsteilnehmer</u> **auf amerikanischer Seite:**
– Außenminister Baker (B.)
– Herr Zoellick, Counsellor des State Department
– Herr Bartholomew, Unterstaatssekretär für Sicherheitspolitik
– Herr Seitz, für Europa zuständiger Abteilungsleiter
– Frau Tutwiler, Pressesprecherin
– Herr Blackwill, für Europa zuständiger Direktor im NSC
– Botschafter Walters
– Dolmetscherin Frau Marcuse

<u>Gesprächsteilnehmer</u> **auf deutscher Seite:**
– AL 2
– RL 212 (Note taker)
– Dolmetscherin Frau Kaltenbach

Der <u>Bundeskanzler</u> (BK) dankt für die in letzter Zeit empfangenen <u>Botschaften von Präsident Bush</u>[1] und bittet B., den Präsidenten herzlich zu grüßen.

Mit dem vorgeschlagenen <u>NATO-Gipfeltreffen</u> sei er sehr einverstanden, bitte aber zu überlegen, ob man nicht eine Geste gegenüber PM Mulroney machen und in Ottawa zusammenkommen solle. Man könne den Termin kurz vor den Weltwirtschaftsgipfel legen und dann die Reisen nach Ottawa und Houston verbinden. Hauptargument für diese Terminierung sei jedoch der am 2./3. Juli stattfindende Parteitag der KPdSU – vor diesem Termin solle man den NATO-Gipfel jedenfalls nicht legen. Nach dem Parteitag werde die Position Präsident Gorbatschows klarer sein.

Er mißgönne keineswegs PM Thatcher den NATO-Gipfel, habe aber das starke Gefühl, daß die Kanadier sich beiseite gelassen fühlten und gerade jetzt ein Zeichen der Solidarität brauchten.

<u>B.</u> gibt zu bedenken, nach den gestrigen Erörterungen im Kreis der NATO-AM[2] sei das vom Bundeskanzler genannte Datum für andere Partner nicht günstig. Der Konsens ziele auf den Zeitraum 20. Juni – 15. Juli mit Präferenz für die letzten Juni- und ersten Juli-Tage. Präsident Bush habe ursprünglich den 20./21. Juni ins Auge gefaßt.

Er – B. – habe Bedenken, beide Gipfel zusammenzulegen. Daß die Mehrzahl der Bündnispartner für einen Gipfel in Europa – und hier GB – plädierten, spreche für Trennung beider Begegnungen.

Botschafter <u>Blackwill</u> fügt hinzu, NATO-GS Wörner habe London als Gipfelort bereits öffentlich genannt.

Der <u>BK</u> betont erneut, er halte es taktisch und strategisch [für] falsch, den NATO-Gipfel

---

1 Nr. 265; auch: Teltschik, 329 Tage, 210.
2 Zu den Ausführungen des Außenministers Baker auf der Sondertagung der NATO-Außenminister am 3. Mai 1990 in Brüssel: Teltschik, 329 Tage, 214 f.

vor den KPdSU-Parteitag zu legen. Er bezweifelt, daß dieser Gesichtspunkt ausreichend gewürdigt worden ist.

<u>B.</u> bestätigt, dieser Gesichtspunkt sei gestern nicht angesprochen worden. Er werde die Anregungen des BK dem Präsidenten vortragen.

Counsellor <u>Zoellick</u> fügt hinzu, ein NATO-Gipfel vor dem Parteitag könne für Präsident Gorbatschow durchaus günstig sein, insbesondere wenn die NATO sich den verändernden Umständen anpasse.

Der <u>BK</u> hält dies nicht für schlüssig: Denn die Richtung der NATO-Diskussion sei schon jetzt, sicher aber im Vorfeld des Parteitages klar, auch für Moskau. Diese Richtung sei zweifellos für Präsident Gorbatschow hilfreich. Ein NATO-Gipfel vor dem Parteitag könne jedoch von Hardlinern benutzt werden, um Gorbatschow Schwierigkeiten zu machen. Seine Lage sei kritisch. Er – der BK – sehe z.B. nicht, wie sich die Versorgungslage bis zum Sommer verbessern lasse.

Der <u>BK</u> erläutert sodann den gemeinsamen deutsch-französischen Schritt in Sachen <u>Litauen</u>.[3] Inzwischen habe Präsident Landsbergis geantwortet – daraus könne man jedoch nicht, wie viele Journalisten dies getan hätten, eine Vermittlungsbitte herauslesen. Dies sei auch aus seiner Sicht nicht sinnvoll. Unser Interesse müsse nun sein, die Lage zu entspannen.

<u>B.</u> unterrichtet über die jüngsten Schritte der USA in Sachen Litauen, zuletzt Empfang von Frau Prunskiene durch Präsident Bush.[4]

Er selbst habe ausführlich mit AM Schewardnadse über „Suspendieren/Einfrieren" der litauischen Gesetzgebungsmaßnahmen diskutiert und die sowjetische Führung zum Dialog aufgefordert. Auf indirektem Wege habe man dies auch Präsident Landsbergis übermittelt. Sein – B. – Eindruck sei nunmehr, daß beide Seiten den Dialog wollten, Zeichen des Aufeinanderzugehens setzten, aber irgendwie den Anschluß nicht fänden. Offenbar wolle Landsbergis die Unabhängigkeitserklärung nur einfrieren, wenn er Garantien des Westens, auch in territorialer Hinsicht, bekomme. Es gehe offenbar um mehr als bloßes Einfrieren von Gesetzgebungsmaßnahmen.

AM Schewardnadse habe ihm bekräftigt, wenn Landsbergis die Unabhängigkeitserklärung und die seitherigen Gesetzgebungsakte suspendiere – von „null und nichtig" sei keine Rede gewesen –, dann könne man mit dem Dialog beginnen, und zwar außerhalb des Föderationsrats.

Er – B. – könne nicht sagen, wie die nächsten Schritte aussehen sollten. Jedenfalls könnten die USA nicht als Vermittler auftreten. Prof. Geremek habe während eines kürzlichen USA-Besuchs die Idee eines Referendums ins Spiel gebracht.

Der <u>BK</u> bekräftigt, beim Gedanken an die Souveränität (der SU) sei die Rolle eines Mittlers oder Vermittlers keine gute Rolle, auch nicht für D und F. Wichtig sei vielmehr, den Litauern zu sagen, daß sie mit einer Politik des Alles-oder-nichts nichts gewinnen und möglicherweise viel verlieren.

<u>B.</u> sieht ein gewisses Potential der Kirche zur Beilegung des Konflikts. In den USA entwickle sich die Situation rasch zu einem Punkt, an dem man sich mit zumindest symbolischen Schritten nicht mehr zurückhalten könne. Der Druck im Kongreß wachse. U.a. werde gefordert, mit den Handelsverhandlungen mit der SU – die der SU Meistbegünstigung einräumen würden – nicht fortzufahren, solange sie wirtschaftliche Sanktionen gegen Litauen anwende. Dies habe er AM Schewardnadse und Präsident Bush [habe dies] Präsident Gorbatschow ganz klargemacht.

Der <u>BK</u> betont, er brauche nicht lange zu begründen, wo seine Sympathien lägen. In Wahr-

---

3 Nr. 257 Anm. 3.
4 Präsident Bush empfing Ministerpräsidentin Prunskiene am 3. Mai 1990 in Washington, D.C. (dazu Erklärung des Regierungssprechers Fitzwater, 3. Mai 1990: Public Papers of the Presidents of the United States. Bush. 1990 I, 621 f.).

heit sei aber das Litauen-Problem für Gorbatschow nicht das einzige. So sei z.B. die Oder-Neiße-Grenze für die Sowjets – ganz im Gegensatz zu den Polen – kein Thema. Wenn jedoch Gorbatschow morgen den Litauern nachgebe, stelle sich übermorgen die Frage der russisch-polnischen Grenze. In Breslau habe es keine Demonstrationen für [den] Anschluß an Deutschland gegeben, wohl aber in Lemberg für [die] Rückkehr nach Polen. Von dort könne der Funke in die Ukraine – „ins Eingemachte" – überspringen.

Es gehe jetzt darum, nicht einen großen, sondern viele kleine Schritte zu machen. Gerade deshalb habe er sich auch in der Fraktion der CDU/CSU dagegen ausgesprochen, Litauen jetzt zum Thema einer Bundestagsresolution zu machen. Er sei überzeugt, daß die Litauer in fünf Jahren ihr Ziel erreicht haben werden – aber nicht, wenn sie mit dieser Methode fortführen.

B. pflichtet lebhaft bei.

Der BK sieht als eigentliche Frage, was man Präsident Gorbatschow jetzt zumuten könne [und] was nicht. Im übrigen müsse man mit den Litauern auch über ihr Konzept der Souveränität sprechen. Nach unserem Verständnis – und dies gelte auch für ein vereinigtes Deutschland – widerspreche es keineswegs der staatlichen Souveränität, wenn man z.B. aufgrund freier Entscheidung noch für einen Zeitraum von drei Jahren sowjetische Truppen im Lande haben werde. Er sei übrigens der Meinung, daß Präsident Gorbatschow diese Streitkräfte – wie in Ungarn – aus Sorge um ihre Demoralisierung eher früher als später zurückziehen werde.

Was die litauische Führung angehe, so solle man s.E. versuchen, über einen Dritten guten Rat zu geben. Dies könne ein Mann der Kirche sein, vielleicht der polnische Papst, vielleicht ein polnischer Kardinal (...[5]) oder aber ein Skandinavier.

B. berichtet aus der gestrigen Diskussion der NATO-AM, daß je kleiner das Partnerland, desto stärkere Schritte gegenüber der SU gefordert wurden – am stärksten von Island –, daß aber die größeren Bündnispartner sich der Sensitivität der Frage für Präsident Gorbatschow voll und ganz bewußt seien und dem übergeordneten Gesichtspunkt folgten, daß die Sowjetunion sich auf dem Reformwege vorwärts bewegt.

Der BK pflichtet bei: Unser Interesse sei es, daß morgen in der SU kein Militärregime an die Macht komme. Neben den schwierigen Nationalitätenfragen werde gleichzeitig die sowjetische Wirtschaftslage immer schlechter.

B. sieht sie als „absolutes Desaster". Die USA versuchten, hilfreich zu sein, hätten aber keinen Spielraum für finanzielle Maßnahmen zugunsten der SU, solange Moskau Litauen wirtschaftlich blockiere.

Der BK sieht den Hauptgrund für Gorbatschows Schwierigkeiten darin, daß er den entscheidenden Schritt zum Markt nicht gehe, sondern sich mit halben Maßnahmen begnüge – dies führe aber zu nichts (Exkurs: Umstellungsschwierigkeiten in der DDR, Psychologie der Menschen, Verhältnis zum Staat, Stasi-Hinterlassenschaft).

Hinsichtlich der SU bleibe uns kein Ausweg, als wirtschaftlich zu helfen – dies sei aber nicht möglich, wenn Litauen unterdrückt werde. Ein Teufelskreis!

B. verweist auf die paradoxe Lage Gorbatschows: Einerseits habe er mit dem Präsidentenamt jetzt mehr Vollmachten denn je, andererseits könne er wegen zunehmender innerer Schwierigkeiten keine energischen Schritte gehen: So habe er den Werktätigen in Swerdlowsk beruhigend zugesichert, es werde keine radikalen Reformschritte wie in Polen geben ...

Der BK wendet sich erneut dem Brief Präsident Bushs zu: Dieser sei auf dem Wege zur deutschen Einheit sehr hilfreich! Seinerseits betone er erneut, Gesamtdeutschland werde ein Teil der NATO sein und bleiben. Wir seien nicht erpreßbar. Mit ihm könne man auch kein Spiel treiben, „wenn ihr Deutschen aus der NATO austretet, dann könnt ihr die Einheit haben".

---

5 Drei Worte nicht freigegeben.

Im übrigen bejahe – mit Ausnahme der Grünen – jede Partei in unserem Lande die NATO-Mitgliedschaft, desgleichen auch die meisten Parteien in der DDR und auch Ministerpräsident de Maizière persönlich.

Er – der BK – glaube, daß die Sowjets in den 2+4-Verhandlungen ein Pokerspiel veranstalteten, um möglichst viele Vorteile herauszuschlagen.

Hauptprobleme der Sowjets seien:

– Die Zukunft der Wirtschaftsbeziehungen mit dem geeinten Deutschland – die heutige DDR sei ein außerordentlich wichtiger Partner, die Dimension der wirtschaftlichen Verpflichtungen sei auch der Regierung de Maizière nicht exakt bekannt. Jedenfalls werde es auf uns zukommen, diese Verpflichtungen mit zu übernehmen.

– Das Zweite sei die Zukunft der sowjetischen Truppen auf dem Gebiet der heutigen DDR. Er gehe davon aus, daß die Sowjets eine Übergangsregelung bis zum Abzug haben wollten.

B. fragt, wie vsl. AM Meckel bei den 2+4-Gesprächen zur NATO-Mitgliedschaft Stellung nehmen werde.

Der BK verweist auf die Probleme in der DDR-Koalition. Dies werde dazu führen, daß die DDR sich zwar nicht in die erste Reihe der Befürworter stellen werde, am Ende aber unsere Haltung unterstützen werde. Dafür spräche nicht zuletzt, daß auch Polen, die ČSFR, Ungarn und andere WP-Staaten für deutsche NATO-Mitgliedschaft plädierten.

B. berichtet, Präsident Bush denke daran, MP de Maizière einzuladen.[6]

Der BK begrüßt dies nachhaltig. Er sei gern bereit, diskret herauszufinden, wann de Maizière einen günstigen Zeitpunkt sehe. Es sei gerade jetzt besonders wichtig, de Maizière und seine Minister als Partner auf gleichem Niveau zu behandeln und kein Gefühl der Diskriminierung aufkommen zu lassen.

Der BK fährt fort, für die Sowjets sei die künftige Entwicklung der NATO und ihrer Strategie eine entscheidende Frage – diese aber solle aus dem 2+4-Rahmen herausbleiben.

Hinsichtlich der Oder-Neiße-Frage seien im Juni gleichlautende Erklärungen von Bundestag und Volkskammer geplant. Damit sei die Frage in der Sache erledigt, obwohl Polen nach wie vor einen vor der Vereinigung auszuhandelnden Vertrag fordere[7] – dies werde er sicherlich nicht mitmachen.

Von entscheidender Bedeutung sei auf dem Weg zur deutschen Einheit, daß die Deutschen nicht singularisiert würden. Die Deutschen müßten normal wie alle anderen Länder behandelt werden, wobei ihnen – nach einem Wort Konrad Adenauers – nach 50 Jahren Hochstapelei nun gut anstehe, die nächsten 50 Jahre die Tiefstapler in Europa zu sein. Wenn andere auf die Zahl von 80 Mio. Deutschen, auf die Wirtschaftskraft Deutschlands usw. verwiesen, so sei dies deren Sache, er sage dies nicht. Vielmehr treibe er die europäische Integration stark voran. In Dublin[8] habe er PM Thatcher ganz klar gesagt, sie könne nicht beides haben: Mißtrauen gegen die Deutschen und Widerstand gegen die europäische Integration.

B. wirft ein, die Position der USA zur deutschen Einheit sei von Anfang an gewesen, so hilfreich wie möglich zu sein.

Der BK begrüßt dies dankbar und betont, wenn alle in den letzten sechs Monaten so positiv wie der Präsident und der Außenminister der USA gewesen seien, dann wäre vieles leichter gewesen.

B. betont, auch die USA wollten keine deutsche Singularisierung. Auch seien sie wie der BK dafür, daß die genannten Fragen – und einige weitere – nicht im 2+4-Rahmen, sondern in anderen Foren diskutiert und entschieden werden müßten.

---

6 Nr. 313, insbes. Anm. 1.
7 Nr. 263 und Nr. 263A.
8 Nr. 257 Anm. 10.

B. fragt sodann nach der Haltung des BK zur Geltung der <u>Artikel 5 und 6 des NATO-Vertrages</u> für das DDR-Territorium.

Der <u>BK</u> erwidert unter Hinweis auf unsere innenpolitische Szenerie, Stimmen, die sich heute dagegen aussprechen, seien genauso wenig ernsthaft wie ursprünglich NATO-kritische Journalisten, die jetzt ihr Herz für die NATO entdeckten – weil sie nicht von Bonn nach Berlin umziehen wollten.

<u>B.</u> fragt nach künftiger deutscher <u>Truppenpräsenz auf dem Staatsgebiet der DDR.</u>

Der <u>BK</u> bekräftigt, nach Abzug der Sowjets müßten deutsche Truppen stationiert werden können. Zunächst gehe es um die Frage: Was geschieht mit der NVA? Dieses Problem sei nicht über Nacht lösbar, man müsse völlig neue Modelle entwickeln. Hierzu gebe es noch keine abschließende Haltung der Bundesregierung.

Was die Erörterung im Kreis der 2+4 angehe, so könne er nur unsere Grundhaltung wiederholen: keine Singularisierung, aber Möglichkeit von Übergangsfristen (Exkurs: Übergangsfristen auch bei Einbeziehung der DDR in die EG).

<u>B.</u> erläutert sodann das Schreiben Präsident Bushs hinsichtlich der <u>nuklearen Kurzstreckenraketen:</u>

– Das Lance-Nachfolgeprogramm werde beendet.
– Folgeverhandlungen über SNF nach Unterzeichnung eines ersten VKSE-Abkommens.
– Dann auch „Deal" hinsichtlich der Größe der Bundeswehr und
– Beschleunigung von START.

Die US-Haltung für die bevorstehenden Verhandlungen werde aufs engste mit den NATO-Verbündeten ausgearbeitet. Für die USA sei sehr wichtig, doppelt verwendbare Flugzeuge zu behalten einschließlich der TASM. Er hoffe, hier mit der Bundesregierung abgestimmte Positionen erarbeiten zu können – der Präsident und er selbst wollten auf keinen Fall, daß die Dinge in den deutschen Wahlkampf geraten.

Der <u>BK</u> betont, an diesem Punkt müsse man in der Tat zusammenarbeiten. Er wolle, daß die Amerikaner in Europa und in Deutschland blieben, und zwar nicht in erster Linie aus militärischen, sondern aus langfristigen politischen Gründen. Vermindere sich die militärische Präsenz, würden diese immer wichtiger.

<u>B.</u> bittet um Unterstützung für den <u>amerikanischen Wunsch,</u> auch in der <u>europäischen politischen Debatte</u> ein „major player" zu bleiben. Die USA könnten nicht eine bedeutende militärische Präsenz aufrechterhalten, wenn sie nicht zugleich am politischen Dialog teilnähmen. Aus nicht ganz einsichtigen Gründen sei F zurückhaltend, einer Verstärkung des politischen Dialogs innerhalb der NATO zuzustimmen.

Der <u>BK</u> deutet an, Staatspräsident Mitterrand habe in den letzten 3–6 Monaten Probleme mit seiner „politischen Klasse" gehabt. Schon im Januar[9] habe er ihm offen gesagt, man könne den Eindruck haben, als liefen Clemenceau und Poincaré durch Paris, nicht Briand – dieser sei jetzt Gott sei Dank wieder da.

Ähnlich stehe es hinsichtlich PM Thatcher: Sie lebe, wenn man Churchills Zürcher Rede[10] als Maßstab anlege, vor Churchill, er – der BK – nach ihm. Sie habe erlebt, wie das britische Empire im Weltkrieg zerbrach – und nun seien die Deutschen wieder da.

<u>B.</u> pflichtet bei. Bisher habe Staatspräsident Mitterrand beides haben können: die unabhängige französische Rolle im Bündnis und zugleich die Betonung von dessen Sicherheitsfunktion sowie amerikanische Truppenpräsenz angesichts des Ost-West-Konflikts. Nachdem der letztere sich auflöse, sei F immer noch dafür, daß die USA in Europa blieben, zögere aber, ihnen eine Rolle im politischen Dialog in Europa zuzugestehen.

---

9 Nr. 135.
10 Nr. 1 Anm. 11.

Der <u>BK</u> kündigt an, er werde zu diesem Themenkomplex in seiner bevorstehenden Harvard-Rede[11] Stellung nehmen.

Im übrigen wolle Staatspräsident Mitterrand die fortdauernde US-Präsenz in Europa noch aus einem weiteren wichtigen Grunde: Die Deutschen würden auch künftig keine Atomwaffen haben, und F wolle mit dieser Waffenkategorie nicht allein dastehen – die britischen Atomwaffen seien hier keine ausreichende Begründung.

Nicht zuletzt müsse er – der BK – darauf hinweisen, daß die europäische wirtschaftliche Integration schnell fortschreite, in der politisch-militärischen aber noch viel zu tun sei. Das Dümmste, was man jetzt machen könne, sei, die Amerikaner herauszudrängen – dies werde mit ihm auf keinen Fall stattfinden. Gerade deshalb lege er großen Wert darauf, auch die kulturellen und wirtschaftlichen Verbindungen über den Atlantik zu verstärken (Exkurs: hochrangige Austauschprogramme).

Abschließend erklärt der <u>BK</u>, er sei hinsichtlich der weiteren Entwicklung optimistisch. Wie der jüngste Tarifabschluß in der Metallindustrie (+ 6%, Perspektive der 35-Stunden-Woche) zeige, seien wir „ein armes Land": Im kommenden Sommer würden 26 Mio. Bundesbürger ihren Urlaub im Ausland verbringen – und ab 2. Juli könnten dies auch die Deutschen in der DDR!

Der BK bittet B. erneut, dem Präsidenten seine herzlichsten Grüße zu übermitteln. Er sehe dem verabredeten Treffen am 16./17. Mai[12] mit großer Erwartung entgegen.

Kaestner

Nr. 267
Gespräch des Bundeskanzlers Kohl mit Außenminister Schewardnadse
Bonn, 4. Mai 1990

BK, 213 – 30105 S 25 So 16, AM Schewardnadse, 4.5.1990. – Vermerk des VLR I Kaestner, 7. Mai 1990. VS-NfD. – Mit Vorlage des MD Teltschik über Chef BK an den Bundeskanzler – je gesondert: „Hiermit lege ich Ihnen mit der Bitte um – Genehmigung – einen Vermerk über das o.a. Gespräch sowie einen gesonderten Vermerk zu finanziellen Fragen vor. Ihren Weisungen entsprechend habe ich Herrn Bundesminister Genscher bereits mündlich vorab unterrichtet." Hs. vermerkt: „Teltschik erl. K[ohl]". – Gesprächsdauer: 14.10 bis 15.20 Uhr.

Gesprächsteilnehmer **auf sowjetischer Seite:**
– Außenminister Eduard Schewardnadse
– Botschafter Julij Kwizinskij
– Iwan Kurpakow (Dolmetscher)

Gesprächsteilnehmer **auf deutscher Seite:**
– AL 2
– RL 212 (Note taker)
– VLR Hermann Scheel (Dolmetscher)

Der <u>Bundeskanzler (BK)</u> begrüßt Außenminister Schewardnadse (Sch.) und betont seine Genugtuung über dieses Gespräch – gerade in dieser Zeit müsse man sehr engen Kontakt halten. Sch. möge, wenn er in Westeuropa sei, Bescheid geben, damit man sich sehen könne. Der <u>BK</u> fährt fort, er hoffe, auch mit dem Präsidenten bald wieder zu einem ausführlichen Gespräch zusammentreffen zu können, ganz außerhalb des Protokolls.

---

11   Rede des Bundeskanzlers Kohl an der Harvard University, 7. Juni 1990, in: Bulletin. Nr. 74. 13. Juni 1990, 641–644.
12   Nr. 281.

1990 sei ein wichtiges Jahr. Im letzten Sommer habe man in den deutsch-sowjetischen Beziehungen einen guten Anfang gesetzt, und es wäre gut, ihn weiterzuentwickeln, auch in der Perspektive eines vereinigten Deutschlands. Er habe mit Botschafter Kwizinskij darüber schon einen Meinungsaustausch gehabt.[1]

Litauen

Bevor er sich anderen Themen zuwende, wolle er ganz offen und undiplomatisch Litauen ansprechen. Die Medien hätten aus dem gemeinsamen Brief, den er mit Staatspräsident Mitterrand geschrieben habe,[2] ein Vermittlungsangebot gemacht. Dies sei weder aus dem Text herauszulesen, noch sei es seine Absicht.

Er habe über diese Frage mehrfach mit Präsident Bush, der sich im Senat starkem Druck ausgesetzt sehe, telefoniert und dabei Einverständnis festgestellt, daß unser Interesse sein müsse, die Dinge zu beruhigen. Dies gehe nur mit Dialog, nicht mit Ultimaten. Wir wollten keine Scharfmacher sein. In dieser Richtung versuche er in den USA einzuwirken, dies sei der Sinn seines gemeinsamen Briefs mit Staatspräsident Mitterrand, und im gleichen Sinn habe er auch im Deutschen Bundestag verhindert, daß die Frage prominent angesprochen wird. Kurzum, wir wollten nichts tun, was die Lage erschwert. Wenn Sch. den Eindruck habe, daß er – der BK – in aller Diskretion etwas Hilfreiches tun könnte, dann möge er dies heute oder später mitteilen. Er wisse sehr wohl, daß die SU ein großes souveränes Land mit Autorität und Prestige sei und man deshalb hinsichtlich der psychologischen Seite sehr vorsichtig sein müsse. Andererseits halte er das bilaterale Verhältnis – und auch das persönliche mit Sch. – für so gut, daß man offen darüber reden könne.

Sch. dankt für die Gelegenheit zu diesem Gespräch trotz des angespannten Zeitplans und übermittelt herzliche Grüße von Präsident Gorbatschow – zu evtl. Kontakten wolle er später mehr sagen.

Der BK bittet, die Grüße zu erwidern.

Sch. betont zum Thema Litauen, die SU habe auf den gemeinsamen deutsch-französischen Brief nicht empfindlich (übersetzt: schmerzhaft) reagiert. Man zweifle nicht, daß der Bundeskanzler ehrlich bemüht sei, sowohl dem litauischen Volk als auch der sowjetischen Führung zu helfen, diese Situation zu regeln.

Dieselbe Frage wie der BK hätten auch Präsident Bush und Außenminister Baker gestellt – und die sowjetische Führung habe niemandem gesagt, dies wäre nicht seine Angelegenheit, oder sich Einmischung in die internen Angelegenheiten verboten. Denn man wisse: Destabilisierung in jener Region könnte auch Destabilisierung der SU bedeuten, insbesondere vor dem Hintergrund der Veränderungen in Osteuropa. Deshalb habe man Verständnis für die Besorgnis des Bundeskanzlers und anderer ausländischer Persönlichkeiten. Alle seien an der Bewahrung der Stabilität in Europa dringend interessiert.

Der BK pflichtet nachdrücklich bei.

Sch. fährt fort, die SU sei für Dialog. Sie könne aber nicht umhin, ihre Verfassung zu verteidigen. Auch der BK könne seine Verfassung nicht außer acht lassen, gleiches gelte für die USA und für jeden zivilisierten Staat.

Auch könne man nicht zulassen, daß die Union, an der jahrzehntelang gebaut worden sei, zerstört werde. Das litauische Volk berufe sich auf Selbstbestimmung – dies sei Teil der sowjetischen Verfassung, und diese sehe einen legitimen Weg der Ausübung vor. Erforderlich sei sehr ernstes, ausgewogenes Herangehen. Leider habe man die sowjetische Führung vor vollendete Tatsachen gestellt – und dies wenige Tage vor der Sitzung des Kongresses der Volksdeputierten, der dann auch prompt dem Präsidenten ein nachdrückliches Mandat er-

---

1 Nr. 253.
2 Nr. 257 Anm. 3.

teilt habe, die Dinge wieder in Ordnung zu bringen und die Geltung der Verfassung durchzusetzen.

Nun habe es von litauischer Seite unterschiedliche Versprechungen und Erklärungen gegeben. Man habe über „Entscheidungen einfrieren", „Dialog aufnehmen", „Wirkung der Parlamentsbeschlüsse einstellen" gesprochen – aber nichts Konkretes getan.

Was müsse man nun weiter tun? Zunächst dem Volk zu verstehen geben, daß diese Aktionen verantwortungslos waren. Dies werde im übrigen bereits zunehmend eingesehen.

Gewalt werde die sowjetische Führung nicht anwenden, zum Dialog sei sie jederzeit bereit. Wenn das Volk von Litauen sein Selbstbestimmungsrecht ausüben wolle – dann gebe es dafür einen Mechanismus einschließlich eines Referendums. Man müsse die Dinge auf gesetzmäßigem Wege und in zivilisierter Weise angehen.

Er sage offen: Die SU sei ein multinationaler Staat. Es gebe 15 Republiken, die nach der sowjetischen Verfassung souverän seien. Deshalb könne die sowjetische Führung diese Frage (Litauen) nicht leichthin behandeln, denn sie trage Verantwortung vor dem eigenen Volk. Gerade in der jetzigen Etappe der Entwicklung der Menschheit und der Gesellschaft trage die SU ihren Teil der Verantwortung – und deshalb müsse man die Einheit und Stärke der SU hüten.

Der BK dankt für diese offenen Worte – er glaube, daß Sch. auch seine Politik verstanden habe. Er fragt, ob es in Litauen nicht Leute gebe, die für eine vernünftige Lösung eintreten.

Sch. bejaht dies. Es gebe ernsthafte Leute, die für Selbständigkeit und Souveränität einträten und die Lösungen im Rahmen der Vernunft suchten. Die sowjetische Gesetzgebung erlaube ein differenziertes Herangehen im Fall jeder einzelnen Republik.

Stand der Perestroika

Das Problem stehe auch im engen Zusammenhang mit dem Stand der Perestroika, der Erneuerung der Gesellschaft und der Einführung des politischen Pluralismus. Dies alles habe heftige Reaktionen in der SU ausgelöst. Viele applaudierten, viele meinten aber auch, daß die Führung den Sozialismus begraben und die internationale Arbeiterklasse verraten habe. Es gebe Rechte – Linke – Konservative. In den einzelnen Republiken entstünden 10 oder 100 verschiedene politische Gruppierungen.

Vor diesem Hintergrund, wo das Schicksal der Perestroika und der Demokratisierung entschieden werde, könne man Handlungen wie die in Litauen nicht anders als verantwortungslos charakterisieren. Er betone aber erneut: Man sei für Dialog.

Der BK fragt, welche Chancen der Lösung er sehe.

Sch. antwortet, es gebe in Litauen auch vernünftige Kräfte und das Volk beginne zu denken. Man müsse Geduld und Ausdauer haben, sowohl in der SU wie im Westen. Dort rede man jetzt von einer „Blockade": Dabei gebe es Lieferbeschränkungen nur einiger Produkte, alles andere werde geliefert, auch aus anderen Unionsrepubliken, und das Zentrum befürworte solche Lieferungen. Man werde niemanden hungern lassen, denn es gehe um einen Teil des sowjetischen Volkes. Kurzum: Er sei zuversichtlich, daß man eine Lösung finden werde.

Der BK hofft, daß dies gelingen möge. Er sei sich in diesem Wunsch mit nicht wenigen im Westen einig und erneuere sein Angebot, wenn dies gewünscht werde, hilfreich zu sein. Er wolle auch, daß die Perestroika insgesamt erfolgreich sei, und zwar auch mit den jetzigen Führungspersönlichkeiten!

Sch. erwidert, wenn die Perestroika keinen Erfolg habe, dann werde es entweder totale Anarchie geben – und das Volk werde dies nicht zulassen –, oder es komme ein neuer Diktator – das Volk werde rufen, man brauche eine starke Hand. Er – Sch. – stelle diese Prognose mit aller Verantwortung.

Der BK wirft ein, von beidem habe man in Europa für die nächsten 100 Jahre genug.

<u>Sch.</u> stimmt lebhaft zu. Gerade deshalb habe man die Perestroika und die Demokratisierung eingeleitet – sie sei die einzige Alternative für die Entwicklung der Gesellschaft.

Deutsch-sowjetische Beziehungen

Der <u>BK</u> bezeichnete es als besonders wichtig, im Zusammenhang mit dem Weg zur deutschen Einheit die Frage der Wirtschaftsbeziehungen zwischen der DDR und der SU sowie der DDR und den anderen RGW-Staaten anzusprechen. Er wolle nicht die politischen Geschäfte der DDR wahrnehmen, aber beide – er und Sch. – kennten die Realität: Auch für diese Wirtschaftsbeziehungen komme auf die jetzige Bundesrepublik Deutschland in einem wiedervereinigten Deutschland eine besondere Verantwortung zu. Deshalb biete er an, ungeachtet der Gespräche SU-DDR und ungeachtet der Zuständigkeit der DDR-Regierung, die er nicht übergehen wolle, auch bilateral mit der SU über diesen Themenkreis zu sprechen. Im übrigen glaube er, daß die DDR-Regierung es begrüßen werde, wenn er – der BK – diese Frage mit betreibe. Er rede bewußt von sich selbst: Denn er halte diese Fragen für das zukünftige Klima zwischen beiden Ländern für so wichtig, daß er sich – zusätzlich zu den Bemühungen der Experten und den Zuständigkeiten der Bundesregierung insgesamt – auch persönlich darum kümmern werde.[3]

Er habe mit Botschafter Kwizinskij bereits über die Notwendigkeit gesprochen, sich über die langfristigen Aussichten der Beziehungen zwischen dem wiedervereinigten Deutschland und der SU Gedanken zu machen.[4] Dabei wäre er sehr froh, wenn man – pathetisch gesagt – ein „Gesamtwerk" fertigbringen könnte, in dem die Wirtschaftsfragen mit eingeschlossen seien, wo man sich aber nicht nur mit der Vergangenheit beschäftige, sondern auch nach vorn sehe. Vielleicht könne man auch alle vorhandenen Verträge einbringen. Natürlich gelte der Moskauer Vertrag mit Ausnahme eines Punktes, über den die Geschichte hinweggegangen sei – aber in diesem Jahrzehnt, das zum Ende des Jahrhunderts führe, sollte man noch einmal einen großen Wurf machen. Dies sei – offen gesagt – sein Ehrgeiz. Man könne bereits jetzt die Dinge überlegen, und eine gesamtdeutsche Regierung könne dann einen Vertrag unterschreiben und ratifizieren.

<u>Sch.</u> pflichtet bei.

Der <u>BK</u> fährt fort, die gesamtdeutsche Regierung und das gesamtdeutsche Parlament würden als eines der ersten Dinge auch das Thema Oder-Neiße-Grenze endgültig regeln. Dies aber sei wiederum ein „Gestern". Im Verhältnis des wiedervereinigten Deutschlands zur SU solle man demgegenüber mit etwas Neuem, Weitertragendem beginnen.

<u>Sch.</u> dankt und pflichtet bei. Den Bericht Botschafter Kwizinskijs über das genannte Gespräch mit dem BK habe er mit großem Interesse gelesen und auch Präsident Gorbatschow zugeleitet. Man habe die tiefgreifenden Überlegungen sehr sorgfältig studiert und sei zum Schluß gekommen, daß der BK diese Frage gerade zum rechten Zeitpunkt aufgeworfen habe.

---

3 Im Auftrag Außenminister Schewardnadses übergab Botschafter Kwizinskij Ministerialdirektor Teltschik am 5. Mai 1990 ein Papier (Inoffizielle Übersetzung, hs. datiert „5-5-90" und von Bundeskanzler Kohl vermerkt: „Teltschik Persönlich!"; BK, 213 – 30130 S 25 So 38 Bd. 1), in dem die Regierung der UdSSR „in den Bank- und Geschäftskreisen des Westens" auftauchende „Gerüchte über die Zahlungsunfähigkeit der Sowjetunion" ansprach. Diese Gerüchte würden „durch die Unausgewogenheit in den Verrechnungen der Sowjetunion in frei konvertierbarer Währung, durch den Zahlungsverzug seitens einiger sowjetischer Betriebe und Vereinigungen verursacht". Die „Wneschekonombank" erfülle zwar „rechtzeitig ihre Verpflichtungen im Bereich der Rückzahlung der Kredite und der Zinsenzahlung", jedoch werde es für die UdSSR „immer schwieriger, die Mittel der ausländischen Banken heranzuziehen, die für die Abdeckung der Bedürfnisse des Planes des Jahres 1990 und der Wirtschaftsreform erforderlich sind". Die Lage könnte, hieß es weiter, „durch ein Eingreifen seitens der Regierungen der EG-Länder und in erster Linie offenbar seitens der Bundesrepublik Deutschland, Frankreichs, Italiens, möglicherweise Großbritanniens, verbessert werden. Die Erteilung von staatlichen Garantien würde ohne Zweifel den Banken einen Anstoß geben, ihre jetzige zurückhaltende Position zu ändern und die Finanzkredite zu gewähren." Genannt wurde ein „Gesamtbetrag von ca. 20 Mrd. DM für 5 bis 7 Jahre". „Unter Berücksichtigung der Meinung der BRD in dieser Frage", so in dem Papier abschließend, „könnte eine entsprechende Bitte auch an die Regierungen einiger anderer EG-Länder gerichtet werden." Dazu: Teltschik, 329 Tage, 220 f., 226 f.
4 Nr. 253.

Die Welt verändere sich, Europa verändere sich, und man hoffe, daß alles glatt und stabil verlaufe. Aber andere Varianten der Entwicklung seien nicht ausgeschlossen, und gerade dafür brauche man um so mehr Sicherheitsgarantien.

Da der BK die Frage vor dem Hintergrund eines künftigen vereinten Deutschlands gestellt habe, wolle er klarstellen: Die sowjetische Führung sehe den Aufbau der deutschen Einheit als positiven und gesetzmäßigen Prozeß. Natürlich gebe es Zweifler, insbesondere noch Angehörige früherer Generationen, die dies anders sähen. Die Einheit Deutschlands müsse zum Faktor der Stabilität und des Friedens in Europa werden. Bereits früher habe man den Satz gesagt: Von deutschem Boden darf nie mehr Krieg ausgehen.

Aber Gefahren könnten auch von einem anderen Land ausgehen. Deshalb könnten zwei traditionelle (übersetzt: Groß-)Mächte wie die SU und das vereinigte Deutschland nicht umhin, die Prozesse in der Welt und in Europa zu berücksichtigen.

Die SU gehe davon aus, die Beziehungen mit einem vereinigten Deutschland auf einer soliden und ernsthaften Grundlage aufzubauen. Vom „alten Gepäck" müsse man alles Positive und Ernsthafte mitnehmen – und er sei keineswegs dagegen, die völkerrechtliche Grundlage zu erneuern.

Der BK ist einverstanden. Man könne über einen umfassenden Vertrag nachdenken.

Sch. berichtet vom ZK-Plenum vom Jahresanfang, bei dem der Führung vorgeworfen worden sei, sie habe die DDR verloren, dies sei ein negativer Faktor für die strategischen Interessen der SU. Diese Beschuldigungen seien nicht ohne Grund. Andererseits – so habe er dort verdeutlicht – müsse man auch das Positive sehen: den Bau der Beziehungen zu einem vereinten Deutschland auf neuer Grundlage, einschließlich der Wirtschaftsbeziehungen. Daran sei die sowjetische Führung sehr interessiert. Aber die Dinge bewegten sich nur mit Mühe und Not.

Vor diesem Hintergrund sei es nicht möglich, die mit der DDR in Jahrzehnten gewachsenen Wirtschaftsbeziehungen einfach abzubrechen – dies wäre auch für die DDR eine Katastrophe (Exkurs: Umfang der sowjetischen Energielieferungen, DDR-Waren zum Teil auf Weltmarkt nicht konkurrenzfähig).

Der BK betont, auch angesichts der Fülle der Probleme dürfe man nicht übersehen, daß es um eine geschichtliche Stunde gehe und daß man Außenpolitik nicht im Zeitrahmen des deutschen Rechnungshofs – vom 1. Januar – 31. Dezember eines Jahres – betreiben könne. Natürlich sei er dafür, die bestehenden wirtschaftlichen Verbindungen DDR-SU zu erhalten, und für die SU sei es auch kein Nachteil, wenn sie Waren höherer Qualität erhalte (Exkurs: Wiedergutmachung an Israel – Begründung dauerhafter Lieferbeziehungen).

Der BK fährt fort, ihm gehe es natürlich in erster Linie darum, im Blick auf die deutsche Einheit die zwischen DDR und SU bestehenden Wirtschaftsfragen lösen zu helfen. Aber man dürfe nicht zu kurzsichtig sein und müsse die nächste Stufe bereits jetzt mit bedenken.

Sch. pflichtet bei, man dürfe nicht nur an morgen denken, sondern müsse strategisch-langfristig planen. Gerade deshalb begrüße er die Konzeption des BK.

Gipfeltreffen BK – Gorbatschow

Sch. fährt fort, die Erwägungen des BK über ein baldiges Treffen und Gespräch mit dem Präsidenten und Generalsekretär würden von Gorbatschow voll und ganz geteilt. Ein Termin im Frühherbst sei durchaus annehmbar – vielleicht aber mit Rücksicht auf die Entwicklung der Ereignisse auch früher. Auf jeden Fall solle es eine Arbeitsbegegnung werden, nicht unbedingt in Moskau, sondern – wie mit Staatspräsident Mitterrand – in Kiew oder in Minsk oder aber in Genf. Wegen bereits feststehender Gipfelbegegnungen im Vorfeld des Parteitages[5] wäre dieser Zeitraum allerdings kaum geeignet. Vielleicht aber dann im Juli …

---

5 Nr. 350 Anm. 4.

Der BK betont, dies alles sei für ihn kein Dogma, er bitte, dem Präsidenten sein Interesse an einer baldigen Begegnung zu übermitteln – einen Termin werde man finden. Für ihn sei entscheidend, daß die sowjetische Führung wisse, was er wolle – nämlich aus dem, was sich jetzt ereigne, etwas Positives für die Zukunft zu gestalten. Gerade bei einem informellen Treffen könne man darüber eine Generaldiskussion führen, wie ein solches Gebäude (der deutsch-sowjetischen Beziehungen der Zukunft) aussehen könnte. Dann könne man die Gedanken bis zur Herstellung der deutschen Einheit aufbewahren und sodann einen Vertrag machen. Sein grundsätzliches Interesse – auch vom Psychologischen her – sei es, zum 31. Dezember 1992 – bis dahin werde es nach seiner Überzeugung ein wiedervereinigtes Deutschland geben – nicht nur den großen europäischen Markt mit aus der Taufe zu heben, sondern gleichzeitig auch zu verhindern, daß in Moskau der Eindruck entstehe, Deutschland zeige der Sowjetunion die kalte Schulter. Deshalb müsse es parallel zur europäischen eine andere Entwicklung geben, die den Menschen in Deutschland und in der Sowjetunion verdeutliche, daß tatsächlich ein neues Kapitel aufgeschlagen werde, und in wirtschaftlicher Hinsicht sehe es das Volk am ehesten.

Sch. pflichtet bei: Das Gegeneinander beider Völker sei uns sehr teuer zu stehen gekommen. Man könne nicht ernsthaft über die Lösung der europäischen und der Weltprobleme reden, wenn man nicht auch zu einer Verständigung in den Beziehungen zwischen Rußland und dem vereinigten Deutschland komme. Man kenne das Potential des eigenen Landes und des vereinigten Deutschlands sehr gut, und deshalb sei jetzt zum richtigen Zeitpunkt die Frage aufgeworfen, wie man ein dauerhaftes Fundament legen könne.

Der BK fährt fort, dazu gehöre auch, daß die Sowjetunion die jetzt diskutierten wirtschaftlichen Reformschritte auch umsetze. Dies werde der Intensivierung der Wirtschaftsbeziehungen nur zugute kommen.

Sch. pflichtet lebhaft bei. Alle Kanäle seien jetzt in der SU ganz offen. Nur die Leute hätten noch psychologische Anpassungsschwierigkeiten an die Bedingungen der Umgestaltung. Perestroika sei ein mühsamer Erziehungsprozeß.

Was die Gipfelbegegnung angehe – so Sch. weiter –, so werde man in Kontakt bleiben.

Der BK wirft ein, man werde hierzu der Presse nichts sagen, sondern als Gesprächsgegenstand „alle Fragen gemeinsamen Interesses" angeben.

Sch. fährt fort, die deutsch-sowjetische Verständigung dürfe nicht den Interessen dritter Länder zuwiderlaufen, weder in Europa noch in der Welt, einschließlich der Entwicklungsländer. Beide Länder sollten vielmehr zu Stabilität und Frieden in der Welt beitragen.

Der BK pflichtet lebhaft bei.

2+4-Gespräche

Sch. verdeutlicht dann mit Blick auf die morgigen Ministergespräche im 2+4-Rahmen[6] die sowjetische Haltung, die auch Präsident Gorbatschow persönlich bekräftigt habe: Die Sowjetunion könne nicht die Mitgliedschaft eines vereinigten Deutschlands in der NATO unterstützen. Er hoffe, damit keine Enttäuschung auszulösen. Auch schließe er nicht aus, daß man einen Kompromiß suchen und finden werde. Aber es müsse eine Entscheidung sein, die von allen Völkern, einschließlich dem sowjetischen, gebilligt werden könne. Nicht zufällig habe er davon gesprochen, daß das vereinigte Deutschland ein Faktor der Stabilität und des Friedens sein müsse.

Der BK stellt fest, hier gebe es unterschiedliche Positionen, über die man offen reden müsse. Er schlage vor, in den kommenden Wochen und Monaten – ungeachtet der Ministerkonferenzen – auch bilateral an diesem Problem zu arbeiten, so wie er dies bereits mit Botschafter Kwizinskij besprochen habe.

6 Nr. 268.

Sch. schätzt dies hoch ein. Er wolle die Sechs – diesen notwendigen Mechanismus – nicht übergehen, aber auch auf bilateraler Grundlage konsultieren. Vielleicht könne dies die Lösung im größeren Kreise erleichtern.

Der BK und Sch. verabreden sodann, auch die bilateralen Gespräche hinsichtlich der Wirtschaftsbeziehungen DDR-SU zu intensivieren.

Der BK betont hierzu, bei den anstehenden Expertengesprächen werde möglicherweise ein Punkt kommen, an dem man auf dieser Ebene nicht weiterkomme. Dann solle man nicht in Ärger verharren, sondern auf höherer Ebene darüber reden (Exkurs: Verhandlungen VAM Obminskij; künftige Zuständigkeiten von Botschafter Kwizinskij auch für Wirtschaftsfragen).

Sch. verabschiedet sich mit erneutem Dank für das Gespräch, und der BK erneuert seine Grüße an Präsident Gorbatschow.

Kaestner

Nr. 268
Erstes Treffen der Außenminister der Zwei plus Vier
Bonn, 5. Mai 1990

BK, 210 – 33000 De 39 NA 4 Bd. 2. – Vorlage des MDg Hartmann über AL 2 und Chef BK an den Bundeskanzler, 6. Mai 1990. Mit Stempel: Der Leiter des Kanzlerbüros, 7. Mai 1990. Hs. von Bundeskanzler Kohl vermerkt: „erl."

Zur Unterrichtung

Das erste Treffen „2+4" auf Außenministerebene in Bonn legte abschließend die Tagesordnung für die künftigen 2+4-Gespräche fest. Ferner wurde Einigung über Form und Zeitpunkt der Beteiligung Polens an den 2+4-Gesprächen erzielt.[1]

Im Mittelpunkt des Treffens standen jedoch die politischen Erklärungen der Außenminister[2], wobei AM Schewardnadse insofern für eine Überraschung sorgte, als er erklärte, daß die Regelung der inneren und äußeren Aspekte der deutschen Einheit nicht unbedingt zeitlich zusammenfallen müßte.

Der „Pferdefuß" seines Vorschlages liegt jedoch darin, daß er auch nach Schaffung eines einheitlichen Parlaments und einer gesamtdeutschen Regierung die Aufrechterhaltung der Rechte und Verantwortlichkeiten der Vier Mächte für eine gewisse Übergangsperiode vorsieht.

Bei erneuter Ablehnung einer NATO-Mitgliedschaft des künftigen geeinten Deutschland enthielt die Erklärung Schewardnadse jedoch den Hinweis, daß man die heute noch kompliziert erscheinenden militärisch-politischen Probleme in einem anderen Licht sehen könne, wenn die – von ihm im einzelnen aufgezeigten – europäischen Sicherheitsstrukturen Wirkung zu entfalten begännen.

1 Bundesminister Genscher gab das Ergebnis der Zwei-plus-Vier-Konferenz in einer mit den Außenministern der Vier Mächte und der DDR abgesprochenen Abschlußerklärung am 5. Mai 1990 vor der Presse in Bonn bekannt (Internationale Pressekonferenz, 5. Mai 1990, 17.00 Uhr. Unkorrigiertes Manuskript, 12 S., hier 1 f.; BPA/PA, F 1/30. Abschlußerklärung veröffentlicht in: Bulletin. Nr. 54. 8. Mai 1990, 423).

2 Eingangserklärung des Bundesministers Genscher, abgegeben auf der Konferenz der Außenminister am 5. Mai 1990 in Bonn, in: Bulletin. Nr. 54. 8. Mai 1990, 422f. Eingangserklärung des Außenministers Meckel in: Außenpolitische Korrespondenz. 34. Jg. Nr. 13. 7. Mai 1990, 100–102; gekürzt auch in: Europa-Archiv. 45. Jg. (1990) Folge 19, D500-D502. Eingangserklärungen der Außenminister Baker und Dumas ebd., D495-D497, D497-D500. Rede des Außenministers Schewardnadse, TASS/russ./5.5.90/1921, in: Ostinformationen. Nr. 86. 7. Mai 1990, 3–11; BPA/PA, F 1/22.

Eindeutig für eine NATO-Mitgliedschaft des künftigen geeinten Deutschlands sprachen sich erwartungsgemäß die Außenminister der vier westlichen Teilnehmerstaaten aus. AM Meckel machte demgegenüber seine Distanz gegenüber der „alten NATO" deutlich und forderte erhebliche Veränderungen der Aufgaben und der Strategie des Bündnisses, „wenn das vereinigte Deutschland zunächst der NATO angehören soll".

In den Ausführungen aller Vertreter wurde klar der Wille der Deutschen zur Einheit anerkannt. Zu einer Kontroverse mit dem sowjetischen Außenminister Schewardnadse kam es über die Formulierung, daß die Vereinigung ohne Verzögerung vonstatten gehen solle. AM Schewardnadse gab erst seine Zustimmung, als das Wort „und ordnungsgemäß" eingefügt wurde.[3]

Im einzelnen:

1. Bei den Prozedurfragen stand die Festlegung der Tagesordnung von „2+4" erneut im Vordergrund. Die sowjetische Seite beharrte zunächst – wie schon in den Beamtengesprächen[4] – auf Einfügung eines zusätzlichen Tagesordnungspunktes, der die Synchronisierung der Herstellung der deutschen Einheit mit dem gesamteuropäischen Prozeß zum Gegenstand haben sollte. Dieser Vorschlag wurde von allen anderen Delegationen abgelehnt. Man einigte sich schließlich auf eine Ergänzung des bisherigen TOP 2 (politisch-militärische Fragen), der nun wie folgt lautet: „Politisch-militärische Fragen unter Berücksichtigung von Ansätzen zu geeigneten Sicherheitsstrukturen in Europa".

   Ein weiterer prozeduraler Punkt betraf die künftigen AM-Treffen. Es wurde Einvernehmen erzielt, daß das nächste Treffen im Juni in Berlin, das dritte Treffen im Juli in Paris und schließlich ein weiteres Treffen Anfang September in Moskau stattfinden soll. Genaue Termine werden noch festgelegt. Ferner sollen die Treffen auf Beamtenebene in regelmäßigen Abständen intensiv fortgeführt werden. Den Politischen Direktoren wird es obliegen, weitere Arbeitsgruppen einzusetzen.

   Schließlich wurde Übereinstimmung über die Beteiligung Polens an dem geplanten Außenministertreffen in Paris erzielt. BM Genscher wird dem polnischen Außenminister eine entsprechende Mitteilung zukommen lassen. Im Mittelpunkt dieses Treffens soll die Grenzfrage stehen. Dem polnischen Außenminister soll aber mitgeteilt werden, daß es ihm obliegt, ob er auch andere damit in Zusammenhang stehende Fragen ansprechen will. Ferner soll ein polnischer Vertreter an dem letzten Beamtentreffen vor Paris teilnehmen können.

2. Zur Problematik der polnischen Westgrenze berichtete AM Meckel über die Gespräche, die von Vertretern beider deutschen Staaten kürzlich in Warschau geführt wurden.[5] Er unterstrich, daß es inhaltlich keine Differenzen zwischen beiden deutschen Staaten gebe: Beide Seiten gingen davon aus, daß die gegenwärtige polnische Westgrenze die endgültige Grenze Deutschlands sein sollte. Differenzen bestünden allerdings hinsichtlich des polnischen Vorschlags, bereits vor der Vereinigung einen Vertrag auszuarbeiten und zu paraphieren. Über diesen Punkt werde man weiter sprechen müssen. Das von der Bundesrepublik Deutschland vorgeschlagene Verfahren, wonach es eine Erklärung der beiden Parlamente geben solle, die sodann von beiden Regierungen der polnischen Seite notifiziert würde, werde zwar von Warschau nicht abgelehnt, reiche aber der polnischen Regierung nicht aus. BM Genscher unterstrich demgegenüber, daß das von unserer Seite vorgeschlagene Verfahren ein hohes Maß an Verbindlichkeit habe. (Wie ich höre, hat BM Genscher

---

3 Anm. 1.

4 Nr. 264.

5 Am 3. Mai 1990 fand in Warschau ein erstes Gespräch zwischen Regierungsvertretern der Bundesrepublik Deutschland, der DDR und Polens zur Regelung der Frage der polnischen Westgrenze statt. Delegationsleiter waren Ministerialdirektor Kastrup, Staatssekretär Misselwitz und der Leiter der Rechts- und Vertragsabteilung im polnischen Außenministerium, Mickiewicz.

sowohl AM Hurd als auch AM Dumas den innerhalb der Bundesregierung erarbeiteten Entwurf der Erklärung zur Kenntnis gebracht. Beide hätten hierauf sehr positiv reagiert.) Demgegenüber erklärte AM Dumas in der Sitzung selbst, das Beste wäre, wenn man bis zu dem Treffen in Paris einen vollständigen Vertrag erarbeitet hätte, den man dann durch die sechs Teilnehmerstaaten absegnen könne. In seiner Grundsatzerklärung ließ AM Dumas im übrigen erneut, wenn auch als Frage, den Gedanken einer Garantieerklärung der Vier Mächte für die deutschen Grenzen anklingen.

Es verdient, festgehalten zu werden, daß der sowjetische AM Schewardnadse sich zur Grenzfrage nicht näher äußerte.

3. AM Baker plädierte nachdrücklich dafür, in den „2+4"-Gesprächen nur solche Fragen zu behandeln, die in unmittelbarem Zusammenhang mit den Rechten und Verantwortlichkeiten der Vier Mächte stünden. Die „2+4" hätten kein Mandat, die Interessen anderer Nationen wahrzunehmen. Allenfalls könnten die „2+4" als eine Art „Steuerungsmechanismus" fungieren, der auf andere Foren verweise, in denen Fragen wie Rüstungskontrolle und Abrüstung etc. behandelt würden. Im übrigen müsse das vereinigte Deutschland voll souverän sein und dürfe keinerlei Diskriminierungen unterliegen. Der Versuch, die Selbstbestimmung der Deutschen zu behindern, würde nur zu Instabilität führen.

Der britische AM Hurd wies darauf hin, daß die Mitgliedschaft eines vereinten Deutschlands in der NATO wesentlich für die Stabilität in einem neuen Europa sei. AM Dumas vertrat die gleiche Position und erklärte, es wäre paradox, wenn man den Einigungsprozeß mit Sicherheitsbedingungen verknüpfen würde. Damit würde man die Souveränität und die Freiheit des neuen Deutschlands beschneiden.

4. AM Meckel erklärte, die demokratische Revolution in den vergangenen Jahren in Europa hätte nicht das Ziel gehabt, diese Länder in die „alte NATO" einzubringen. Das neue Europa brauche neue Sicherheitsstrukturen. Die NATO könne vielleicht (bei notwendiger Veränderung) als Mittel des Übergangs zu einem neuen Sicherheitssystem in Europa genutzt werden. Wenn das vereinte Deutschland zunächst der NATO angehören solle, dürften ihre militärischen Strukturen nicht auf das Gebiet der heutigen DDR ausgedehnt werden. Außerdem müßten ihre militärischen Aufgaben erheblichen Veränderungen unterworfen werden.

AM Meckel befürwortete eine weitgehende Reduzierung der sowjetischen Truppen auf dem DDR-Territorium. Gleichzeitig dürfe aber das Militärpotential eines vereinigten Deutschlands von keinem Nachbar als Bedrohung empfunden werden. Das neue Deutschland dürfe daher nicht die größte Armee in Europa außerhalb der Sowjetunion haben.

5. Der sowjetische AM Schewardnadse gab eine sehr umfassende Erklärung ab. Er unterstrich, daß für die SU die Beziehungen mit Deutschland eine zentrale und besondere Frage ihrer Geschichte seien. Die SU habe früher keinerlei Allergien gegen das Streben des deutschen Volkes zur Einheit gehabt und sie glücklicherweise auch nicht hinzu erworben. Die SU habe weder Grund noch Ursache, die Friedensliebe der neuen Generation der Deutschen in Zweifel zu ziehen. Eine Diskriminierung der Deutschen stünde daher auch nicht mehr zur Diskussion.

Es sei jetzt die Aufgabe, ein Modell zu erarbeiten, das die Möglichkeit einer Wiederholung des Vergangenen ausschließe und die volle Unterstützung der Völker erhalte. Hierbei gehe es nicht nur um die Lage in Deutschland, sondern um die ganze Struktur der militärischen und politischen Konfrontation in Europa. In die deutsche Regelung müßten daher wichtige Elemente einer gesamteuropäischen Regelung eingebaut werden.

Nachdrücklich wies Schewardnadse darauf hin, daß man bei der Lösung der äußeren Aspekte der Einigung Deutschlands nicht von den inneren Umständen in den eigenen Ländern absehen könne. Wenn versucht werden sollte, die Sowjetunion in Fragen der Sicherheit zu bedrängen, würde dies zu einer Situation führen, die den Grad ihrer politischen Flexibilität drastisch beschränke und die Emotionen innerhalb der SU „zum Kochen" bringe.

Weder die heutige noch jede andere sowjetische Führung könne über die öffentliche Meinung hinweggehen. Das sowjetische Volk müsse sehen, daß der Schlußstrich unter die Vergangenheit würdig und fair gezogen werde.

Insgesamt könne es nur um einen „paketmäßigen" Ansatz gehen, d. h., nichts sei vereinbart, bevor nicht alle Aspekte der Regelung abgestimmt seien. Die Sowjetunion sei bereit, den anderen Teilnehmern dadurch entgegenzukommen, daß sie nicht mehr den Abschluß eines Friedensvertrages zur Diskussion stelle, obwohl sie meine, daß dies der richtige Weg sei. Ergebnis der Arbeit der „2+4" müsse aber ein Dokument sein, das alle Aspekte umfasse, d. h. Bestimmungen über die Grenzen Deutschlands, seiner Streitkräfte, den militärpolitischen Status, die internationalen Verpflichtungen, die Übergangsperiode sowie die Präsenz von Truppenkontingenten der alliierten Mächte auf deutschem Boden.

Das Dokument müsse neben dem Verzicht auf ABC-Waffen auch Bestimmungen über die Nichtzulassung einer Wiedererstehung der nazistischen Ideologie und über das Verbot der Tätigkeit von nationalsozialistischen Parteien enthalten. Auch dürfe Deutschland die Legitimität der Maßnahmen der Vier Mächte in den Besatzungszonen nicht revidieren.

Zur Frage des militärpolitischen Status bekräftigte AM Schewardnadse die negative Haltung der SU zur Mitgliedschaft eines vereinten Deutschlands in der NATO. Diese Lösung würde eine starke Störung des Kräfteverhältnisses in Europa bedeuten und „eine gefährliche militär-strategische Situation" schaffen.

Man spreche zwar von einer Transformation der Blöcke, aber bisher seien keinerlei Garantien in diese Richtung erarbeitet worden. Sodann deutlich der Versuch, die Westmächte gegen die Deutschen auszuspielen: Wer für die Einbeziehung des neuen deutschen Staates in die NATO eintrete, verweige die Existenz dieses militärischen Blocks oder habe zu den Deutschen kein Vertrauen!

Ausdrücklich erklärte AM Schewardnadse, man solle bitte begreifen, daß die Sowjetunion nicht bluffe. Die sowjetische Bevölkerung stünde der Idee einer Einbeziehung des vereinigten Deutschlands in die NATO unversöhnlich gegenüber, wie Meinungsumfragen bewiesen.

Nach sowjetischer Vorstellung brauche die Regelung der inneren und äußeren Aspekte der Deutschen Einheit nicht unbedingt zeitlich zusammenzufallen und müsse nicht innerhalb ein und derselben Übergangsperiode vollzogen werden. Selbst nach Schaffung eines einheitlichen Parlaments und einer gesamtdeutschen Regierung würden für einige Jahre noch gewisse Maßnahmen wirksam sein, die mit der Lösung der äußeren Aspekte der Regelung im Zusammenhang stünden.

Die Experten sollten sich daher mit der Erarbeitung einer Konzeption für die Übergangsperiode befassen. Die Aufrechterhaltung der Rechte und Verantwortlichkeiten der Mächte und die Präsenz ihrer Truppen in Deutschland für eine Übergangsperiode würden auf den gesamten Prozeß der Herstellung der Deutschen Einheit stabilisierend wirken. Der abschließende Schritt in der Deutschlandregelung wäre dann die Ablösung der Rechte und Verantwortlichkeiten der Vier Mächte.

AM Schewardnadse entwickelte sodann einige Gedanken zur Schaffung gesamteuropäischer Sicherheitsstrukturen. Er schlug Begegnungen der führenden Politiker des „Großen Europa" alle zwei Jahre sowie regelmäßige Beratungen der Außenminister vor, ferner die Einrichtung eines Koordinationsbüros und die Schaffung eines technischen Sekretariats, das die Tätigkeit der neuen gesamteuropäischen Institution gewährleisten solle. Besondere Bedeutung käme der Gründung eines gesamteuropäischen Zentrums zur Abwendung militärischer Gefahren zu, das in Deutschland liegen solle. Parallel zu den „2+4"-Gesprächen könne eine Expertengruppe der 35 Staaten sich mit diesen gesamteuropäischen Sicherheitsstrukturen befassen. Die sechs Teilnehmerstaaten könnten sich gemeinsam an die anderen KZSE-Teilnehmer mit einem solchen Vorschlag wenden.

Es müsse ein Mechanismus vorgesehen werden, der es ermögliche, sich über die militärstrategische Situation in Deutschland und in ganz Europa lückenlos zu informieren. Ein solches Zentrum könne auf der Grundlage bestehender Bündnisstrukturen eingerichtet werden, darunter auch die Institutionen der militärischen Verbindungsstäbe und der Berliner Luftverkehrssicherungszentrale(!).

Die Gründung eines solchen Zentrums wäre zugleich der erste praktische Schritt bei der Synchronisierung der deutschen Vereinigung und des Helsinki-Prozesses. Dann ein weiterer Kernsatz: „Wenn solche Strukturen Wirkung zu entfalten beginnen, dann könnte man auch die heute noch kompliziert erscheinenden militärisch-politischen Probleme in einem neuen Licht sehen."

Hartmann

Nr. 269
Besprechung der beamteten Staatssekretäre
Bonn, 7. Mai 1990

BArch, B 136/24370, 51 – 14223 Sta 1 Bd. 6. – Undatiertes Ergebnisprotokoll. Vorlage an BM Seiters mit der Bitte um Billigung, abgezeichnet: „S[eiters]". Verteiler: StM Stavenhagen, alle beamteten Staatssekretäre, AL 1–6, LASD, MD Schmülling (BPA), LKB, PR/Chef BK, Herr Wormit, Frau Groschek, VS-Registratur. – Besprechungsbeginn: 11.00 Uhr.

1. Tagesordnung für die Kabinettsitzung am Freitag, 18. Mai 1990, 11.00 Uhr, Bundeskanzleramt

BM Seiters teilt mit, daß zwar in dieser Kabinettsitzung im Rahmen einer TOP-1-Liste unstreitige Entscheidungen ohne Aussprache das Kabinett passieren können. Einziger Punkt für eine ausführliche Kabinettbefassung in dieser Sitzung sei jedoch der Entwurf des Staatsvertrages. Soweit zur Vorbereitung dieser Sitzung eine St-Runde nötig sei, werde diese kurzfristig einberufen.

Fragen zur möglichen Regierungsbefragung in dieser Woche würden noch abgestimmt.

2. Direktwahl/Stimmrecht Berlin

St Neusel geht davon aus, daß auf der Basis der dem Kabinett in der Sitzung am 25.04.1990 vorgelegten Tischvorlage den Koalitionsfraktionen Formulierungshilfe bei der Erarbeitung eines Gesetzentwurfes geleistet werde. ⟨Auf Frage von BM Seiters verneint St Sudhoff, daß dieses Thema in den Gesprächen am 4. und 5. Mai 1990 – wenigstens, soweit Mitarbeiter des Auswärtigen Amtes beteiligt gewesen seien – angesprochen worden sei.⟩[1] Nach seiner Einschätzung könne mit Zustimmung auch der Sowjetunion gerechnet werden.

BM Seiters geht davon aus, daß BM Schäuble seinen Vorschlag mit den Koalitionsfraktionen abstimmen werde. Ziel sei die Einteilung in acht Wahlkreise. Über den Zuschnitt dieser Wahlkreise könne man Empfehlungen aussprechen; entscheiden müsse hier das Parlament. Zur Frage des Stimmrechts Berlins im Bundesrat bestehe Übereinstimmung, daß Direktwahl, volles Stimmrecht der Abgeordneten und Stimmrecht im Bundesrat eine untrennbare Einheit bildeten.

---

1 ⟨ ⟩ In der Kanzleiberichtigung (Ergebnisprotokoll über die Besprechung der beamteten Staatssekretäre, 28. Mai 1990; BArch, B 136/24370, 51 – 14223 Sta 1 Bd. 6) korrigiert aus: „Auf Frage von BM Seiters verneint St Sudhoff, daß es zu diesem Thema in den Gesprächen mit den Alliierten – wenigstens, soweit Mitarbeiter des Auswärtigen Amtes beteiligt gewesen seien – zu Differenzen gekommen sei."

⟨Die St[aatssekretär]e Neusel und Sudhoff stimmen überein, daß die Alliierten entsprechend unterrichtet werden sollen.⟩[2]

3. St von Würzen unterrichtet über die Genehmigung bestimmter Subventionen im Kohlebergbau durch die EG-Kommission. Diese Entscheidung spare wichtige Fragen aus. Deshalb würden Stimmen laut, die eine Klage der Bundesregierung gegen diese Entscheidung verlangten. Der BMWi habe Länder und Bergbau zu einer Stellungnahme aufgefordert; eine verbindliche Äußerung sei bisher nicht erfolgt. Der BMWi selbst halte ein rechtswahrendes Schreiben aus gegenwärtiger Sicht für ausreichend.

4. BM Seiters unterrichtet über die Bitte des Senats von Berlin gegenüber den Drei Mächten, die visafreie Einreise nach Berlin (West) für Angehörige aller Ostblockstaaten zu suspendieren. Der Senat habe seinen Vorstoß mit den unzumutbaren Zuständen begründet, zu denen die Möglichkeit der sichtvermerksfreien Einreise insbesondere polnischer Staatsangehöriger in den letzten Monaten an den Grenzübergängen nach Berlin (West) geführt habe. Die Alliierten hätten in der Sitzung der Bonner Vierer-Gruppe am 17.04.1990 die Bundesregierung um Stellungnahme zu dieser Frage gebeten.

Nach kurzer Diskussion stellt BM Seiters Einvernehmen dahingehend fest, diese Frage nochmals auf St-Ebene zwischen AA und BMI zu beraten. Grundlage hierbei solle ein Entscheidungsvorschlag des Auswärtigen Amtes sein, der die Position des BMI einbeziehe.

5. BM Seiters bittet die Ressorts, zur Ermöglichung der Koordinierung das Bundeskanzleramt über anstehende Vorhaben zu informieren und nachträglich durch die Übersendung der Gesprächsvermerke zu unterrichten sowie bei wichtigen Gesprächen mit der DDR zu beteiligen, ggf. auch die StäV.

6. Unter Beteiligung der Staatssekretäre Knittel, Chory, Kroppenstedt, Neusel, Klemm, Knittel, Kinkel, Schaumann und MD Dr. Kabel werden dienstrechtliche und finanzielle Fragen der Entsendung von Bediensteten des Bundes und der Länder für eine Tätigkeit auf Zeit in der DDR sowie der Bereitstellung von Mitteln für den Aufbau der Gerichtsbarkeit erörtert.

7. Im Hinblick auf den Entwurf eines Überleitungsgesetzes spricht sich StS Kroppenstedt dafür aus, daß die Ressorts Kontakte mit den Ländern, Kommunen und Gemeinden sowie mit den Ministerien der DDR aufnehmen. Bei politisch relevanten Punkten hält er eine zentrale Behandlung für wünschenswert. Die Entscheidung des Kabinetts solle im Laufe des Sommers fallen. Im August sei eine Sondersitzung des Bundesrates, im September die Beratung im Bundestag vorgesehen.

8. BM Seiters spricht ein Schreiben von StS Clement vom 30. April 1990 zur Beteiligung der Länder an Gesprächen und Verhandlungen mit der DDR[3] an. Er weist darauf hin, daß für die Beteiligung der Länder an Verhandlungen mit der DDR weiterhin der Beschluß der Regierungschefs von Bund und Ländern vom 15. Februar 1990 maßgeblich sei (Anlage)[4]. Daneben seien enge, verfahrensmäßig aber nicht festgelegte Kontakte zwischen den Ressorts und den Fachministerkonferenzen wünschenswert, soweit diese sinnvoll und praktikabel seien.

Die Protokollführer
zu Ziff. 1–4   *Wormit*
zu Ziff. 5–8   *Malina*

---

2 ⟨ ⟩ In der Kanzleiberichtigung (ebd.) korrigiert aus: „Die St Neusel und Sudhoff bestätigen dies; die Alliierten sollen entsprechend unterrichtet werden."
3 Nr. 261.
4 Anlage nicht abgedruckt; dazu Nr. 185.

Nr. 270
Vorlage des Ministerialdirektors Teltschik an Bundeskanzler Kohl
Bonn, 8. Mai 1990

BK, 212 – 35400 We 35 Bd. 1. – Mitverfasser: VLR I Kaestner. Vorlage über Chef BK – je gesondert. Abgezeichnet: „S[eiters]".

Betr.:   Deutsch-sowjetische Gespräche über Wirtschaftsfragen auf dem Weg zur deutschen Einheit

I. Votum:
    Kenntnisnahme – zur Zeit kein Entscheidungsbedarf.

II. Sachstand:

1. **Rahmen**
    Die von Ihnen und AM Schewardnadse am 4. d.M.[1] in Aussicht genommenen Gespräche über die sich auf dem Weg zur deutschen Einheit stellenden Wirtschaftsfragen im Verhältnis zur Sowjetunion haben bereits am 7./8. Mai in Bonn begonnen. Die sowjetische Delegation wurde von Stv. AM Obminskij, die deutsche von StS Dr. Lautenschlager geleitet (auf unserer Seite vertreten: BMF, BMWi, Bundeskanzleramt).
    Damit ist – parallel zu den beim Moskau-Besuch MP de Maizières[2] vereinbarten Wirtschaftsgesprächen DDR-SU (in 7 Arbeitsgruppen) – nunmehr auch mit uns das bilaterale Gespräch angeknüpft.
    Die Fortsetzung ist am Rande der regulären Sitzung der Gemischten Wirtschaftskommission Bundesrepublik Deutschland-UdSSR (Moskau, 20./21. Mai 1990) in Aussicht genommen.
    Das Gespräch zu dritt („Trilateralisierung") soll im Juni vorbereitet und dann unmittelbar nach Inkrafttreten der Währungsunion, Wirtschafts- und Sozialgemeinschaft aufgenommen werden.

2. **Inhalte/Ergebnisse**
2.1. Thematische Schwerpunkte waren
    – beiderseitiges Bekenntnis zu den sich aus der deutschen Vereinigung ergebenden langfristigen Chancen in den deutsch-sowjetischen Wirtschaftsbeziehungen, die es konsequent zu nutzen gelte; sowjetisches Ja zur deutschen Einheit auch angesichts einer Fülle ungelöster wirtschaftlicher, finanzieller und sozialer Fragen.
    – Kurzdurchgang der für die deutsche Einheit sowie für die sowjetische Integration in das Weltwirtschaftssystem wichtigen internationalen Organisationen und ihrer Kompetenzen (EG, Weltbank, GATT).
    – Erörterung der im sowjetischen Memorandum vom 28. April 1990 aufgeführten sowjetischen Beschwerdepunkte hinsichtlich des Vertragsentwurfs über die Währungsunion, Wirtschafts- und Sozialgemeinschaft („Staatsvertrag").[3]

1 Nr. 267.
2 Ministerpräsident de Maizière führte am 29. April 1990 in Moskau Gespräche mit Präsident Gorbatschow und anderen Regierungsvertretern der UdSSR (Außenpolitische Korrespondenz. 34. Jg. Nr. 13. 7. Mai 1990, 97). Erklärung de Maizières vor Journalisten in Moskau, ADN/29.4.90/1808, in: Presse- und Informationsamt der Bundesregierung. DDR-Informationen. Nr. 82. 30. April 1990, 1 f.; BPA/PA, F 1/23.
3 In einem an die Regierung der DDR übergebenen Aide-mémoire vom 28. April 1990 (Inoffizielle Übersetzung, VS-NfD; BK, 213 – 30100 Fr 6 Bd. 4) äußerte sich die Regierung der UdSSR zu Fragen im „Zusammenhang mit dem ‚Arbeitspapier für Gespräche mit der DDR über einen Vertrag über die Herbeiführung einer Währungsunion, Wirtschafts- und Sozialgemeinschaft zwischen der BRD und der DDR'". In dem Arbeitspapier (Nr. 256) werde „bedauerlicherweise

Diese Erörterung beschränkte sich auf die rein wirtschaftlichen Aspekte. Hierzu konnte unsere Seite sowjetische Bedenken insbesondere durch Information über die Neufassung der Staatsvertragsartikel zur Unberührtheit bestehender Verträge und zum Vertrauensschutz für Dritte zerstreuen.

Eine Reihe anderer Fragen konnte wegen fehlender Information auf sowjetischer Seite (z. B.: gesamtes Gebiet der Gesundheits- und Sozialfürsorge) sowie wegen der in der SU angelaufenen Reformprozesse nicht oder nur unter Vorbehalt beantwortet werden.

2.2. Nicht behandelt wurden
- die von Ihnen mit AM Schewardnadse besprochenen allgemeinen wirtschaftlich-finanziellen Fragen;
- die im Memorandum vom 28. April 1990 angesprochenen „Potsdamer Themen" (Entnazifizierung, Demilitarisierung usw.) sowie andere vorwiegend politische Fragen (Rechtmäßigkeit der Beschlüsse über Bodenreform usw.).[4]

2.3. Zu militärischen Fragen führte die sowjetische Seite ihre Hauptanliegen ein:
- Stationierungskosten: Hierzu wurde der Mechanismus erläutert, mit dem die DDR heute Finanzierungen sicherstellt, sowie die sich im Zuge der Währungsunion stellende Transferfrage identifiziert.
- Umtauschkurse für Bargeldbestände der sowjetischen Streitkräfte und ihrer Angehörigen: Es geht hier offensichtlich um größere Summen (SU: „mehrere hundert Millionen Mark"), darunter offenbar in erheblichem Umfang Gelder aus illegalen Geschäften von Angehörigen der Streitkräfte.

Hierzu wurde seitens des BMF klargestellt, daß ein Umtausch von Bargeld nicht in Frage kommt, daß alle Gelder mindestens auf die sowjetische „Feldbank" eingezahlt werden müssen und je nach Stichtag 1:2 oder 1:3 umgetauscht werden (hierbei allerdings Flexibilität denkbar).

(Hintergrund: Hier liegt das die SU-Streitkräfte in der DDR offenbar am meisten beunruhigende Thema mit Folgen für die Moral der Truppe!)
- Fortsetzung der Rüstungslieferungen in beiden Richtungen: Hierzu bestand sowjetischerseits vollkommenes Informationsdefizit; auch unsere Kontakte mit der DDR haben keine Aufschlüsse erbracht.

---

die grundlegende Tatsache nicht berücksichtigt, daß die Rechte und Verantwortlichkeiten der Vier Mächte für Deutschland als Ganzes und Berlin bis zur Herbeiführung einer deutschen Friedensregelung in Kraft" blieben. Bundesrepublik und DDR seien „an diese Rechtsbestimmung gebunden" und trügen Verantwortung auch für die Erfüllung von Verpflichtungen aus bereits abgeschlossenen internationalen bi- und multilateralen Verträgen. Der Staatsvertrag müsse „damit in Einklang" stehen. Ein „selektives Herangehen an diese Verpflichtungen und vor allem die Hervorhebung nur der Verträge der Europäischen Gemeinschaften" für die künftige „Ordnung auf dem Territorium der Gemeinschaft der zwei deutschen Staaten" diskriminiere die „Rechte der Staaten, die nicht Teilnehmer der EG sind". Auch dürfte der Vertrag die im Rahmen Zwei plus Vier zu behandelnde „Lösung der Fragen des internationalen Status des künftigen einheitlichen Deutschlands" nicht vorbestimmen. Bei der Regelung des Währungsumtausches seien „die finanziellen Interessen des sowjetischen Staates" zu berücksichtigen. „Fragen der Sicherung des Aufenthaltes der sowjetischen Truppen auf dem Territorium der DDR", insbesondere des Geldumtausches, der Preissubventionierung, der Unterhaltungskosten und der Reiseregelungen, bedürften einer Klärung. Auch seien „negative Auswirkungen auf die Lage und die Tätigkeitsbedingungen der SDAG ,Wismut' " zu vermeiden. Ein entsprechendes Aide-mémoire gleichen Datums wurde der Bundesregierung übergeben.
4 Die Regierung der UdSSR warnte in dem Aide-mémoire (ebd.) davor, „die Legitimität der Maßnahmen in Frage zu stellen, die in den Fragen der Entnazifizierung, Entmilitarisierung und Demokratisierung von den Vier Mächten gemeinsam oder von ihnen jeweils in ihren ehemaligen Besatzungszonen ergriffen wurden. Die Rechtmäßigkeit dieser Beschlüsse, insbesondere zu den Vermögens- und Bodenfragen, unterliegt keiner Neuüberprüfung oder Neubewertung durch die deutschen Gerichte oder anderen deutschen Staatsorgane." Dies betreffe „auch diejenigen Verpflichtungen, die die DDR zur Änderung ihrer Verfassung und der Gesetze über das sozialistische Eigentum in Stadt und Land übernehmen soll". Eine „unbefriedigende Lösung" der in dem Aide-mémoire aufgezählten Fragen, hieß es weiter, würde „einer Behandlung im Rahmen ,2+4' bedürfen" und könnte die „Abstimmung der äußeren Aspekte der Vereinigung" somit „aufhalten".

Die sowjetische Seite machte deutlich, daß sie in dieser Zusammensetzung nicht bevollmächtigt sei, über diesen Themenkomplex im einzelnen zu sprechen – dies besorge vielmehr die sowjetische Armee gegenüber der DDR selbst.
(Hinweis: Es erscheint geboten, auf unserer Seite vom Gesamtkomplex auch das BMVg einzuschalten!)

2.4. Nicht zuletzt zeigte sich, daß ein erheblicher Teil der sowjetischen Fragen und Anliegen nicht an den Verhandlungstisch gehört, sondern in einem umfassenden Beratungsprozeß (Gesellschaftsrecht, Steuerrecht, Unternehmensführung, Standardisierung usw.) beantwortet werden muß.

Teltschik

Nr. 271
Vermerk des Beauftragten des Bundeskanzlers, Tietmeyer, und des Ministerialrats Ludewig
Bonn, 8. Mai 1990

BK, 422 – 35400 De 14 Bd. 5.

Betr.:   Koalitionsgespräch am 9. Mai 1990 zum Thema Währungs-, Wirtschafts- und Sozialunion mit der DDR
hier: offene Fragen und Zeitplan

1. Wichtige, noch offene Fragen im Zusammenhang mit dem Staatsvertrag

   (1) Präambel
   DDR möchte die Währungs-, Wirtschafts- und Sozialunion als „ersten bedeutsamen Schritt" nach Art. 23 GG bezeichnen.
   Unser Vorschlag sieht demgegenüber entsprechend dem Vorschlag von BM Genscher eine vorsichtigere Formulierung vor (Herstellung der deutschen Einheit nach Art. 23 GG vorzubereiten).

   (2) Eigentumsfrage – Art. 1 Abs. 3
   Die Formulierung an dieser Stelle steht im Zusammenhang mit dem Gesamtkomplex der komplizierten Eigentumsfrage.
   Den entsprechenden Diskussionsstand könnte StS Dr. Kinkel erläutern.

   (3) Bezug auf das Grundgesetz – Art. 2 Abs. 1
   DDR ist mit dem Bekenntnis zur freiheitlichen, demokratischen, föderativen und sozialen Grundordnung einverstanden, wünscht aber keinen ausdrücklichen Bezug auf das Grundgesetz der Bundesrepublik Deutschland.
   Dies muß wohl auch im Zusammenhang mit der aktuellen DDR-Diskussion über Verfassungsänderungen gesehen werden.

   (4) Freizügigkeit/Aussiedlerproblem – Art. 2 Abs. 1
   DDR akzeptiert Freizügigkeit, möchte sich aber nicht verpflichten, DDR-Staatsbürgerschaft auch den in osteuropäischen Ländern lebenden Deutschen automatisch zu übertragen.
   Eine Protokollnotiz (siehe Seite 4 des Vertrages) könnte eventuell eine Lösungsmöglichkeit eröffnen (BMI ist einverstanden).

   (5) Außenwirtschaft/RGW – Art. 10 Abs. 3 und Art. 12 Abs. 2
   Mit der DDR besteht Übereinstimmung darüber, daß gewachsene außenwirtschaftliche Verpflichtungen gegenüber den RGW-Ländern eingehalten werden sollen.

Entsprechende Formulierungen sind in Art. 10 Abs. 3 und Art. 12 Abs. 2 vorgesehen.

In diesem Zusammenhang bestehen noch Einzelfragen, z.B. hinsichtlich der Umrechnung des Transfer-Rubels in D-Mark.

DDR hat im übrigen trilaterales Gespräch mit der Sowjetunion vorgeschlagen.

Sonstige Verpflichtungen der DDR, z.B. Stationierungskosten:

DDR möchte diese nicht ausdrücklich im Text erwähnen. Für Lösungen in der Sache wird im Staatshaushalt der DDR Vorsorge getragen.

(6) Strukturanpassung der Unternehmen – Art. 13

Über den Text selbst besteht Einvernehmen (Verfahrensregelung).

In der Sache sind Instrumente und finanzieller Aufwand noch nicht endgültig geklärt. Lösungen ohne handelspolitische Schutzmaßnahmen sind eventuell möglich, allerdings wohl nur bei gleichzeitiger Einführung einer zeitlich begrenzten, degressiv gestalteten Sondersteuer für importierte Güter.

Für die Umstrukturierung der DDR-Wirtschaft ist im übrigen die sog. Treuhand-Stelle von zentraler Bedeutung (sie wird im Vertragstext nicht angesprochen, über Organisation und Ausgestaltung wird aber mit der DDR gesondert gesprochen).

(7) Landwirtschaft – Art. 14

Zur Grundlinie des Textes besteht weitgehendes Einvernehmen. Zentrales Problem ist hier der Finanzaufwand für die notwendige Strukturanpassung bzw. für Einkommenshilfen.

(8) Sozialunion – Art. 17–24

Wegen Meinungsverschiedenheiten innerhalb der DDR-Regierung (Widerstand der SPD!) sind wesentliche Punkte dieses Kapitels noch offen.

Zentrales Problem besteht darin, daß die DDR-SPD zwar die Leistungen unseres Sozialversicherungssystems voll übernehmen will, bei den entsprechenden Beiträgen aber unser Niveau nur schrittweise einführen möchte. Zudem möchte die SPD alle in der DDR bestehenden Sozialleistungen voll erhalten.

Berufsständische Versorgungswerke werden von der SPD abgelehnt.

(9) Schuldenaufteilung und Finanzzuweisungen – Art. 25 Abs. 3 und Art. 26 Abs. 1

Dieses Thema kann wahrscheinlich erst in einer abschließenden Verhandlung auf Ministerebene unter Beteiligung der Bundesländer geregelt werden.

(10) Leitsätze

Hierzu besteht weitgehende Übereinstimmung, einige Formulierungen sind allerdings noch offen, insbesondere hinsichtlich der Freiheit des Erwerbs von Grund und Boden (Zusammenhang mit der Eigentumsfrage).

(11) Anlagen I–VI

Im Grundsatz besteht hierzu Übereinstimmung. Einzelfragen hierzu befinden sich noch in der Abstimmung.

2. Zum weiteren Verfahren

(1) Die nächste Verhandlungsrunde mit der DDR findet am Freitag/Samstag (11./ 12.05.1990) in Bonn statt.

Vorgeschaltet werden

– Gespräch mit den Vorsitzenden der zuständigen Bundestags-Ausschüsse (Donnerstag),

– Gespräch mit Länder-Vertretern (Donnerstag),

– Information des Bundestagsausschusses „Deutsche Einheit" (Freitag).

(2) Angestrebt wird ferner, die Verhandlungen mit der DDR in der nächsten Woche

durch ein Gespräch auf Minister-Ebene abzuschließen. Dabei dürfte es insbesondere um die Regelung der noch offenen Finanzfragen gehen.

In diesem zeitlichen Zusammenhang sind ferner vorgesehen:
- Koalitionsgespräch am Dienstag, 15.05.1990,
- Gespräch mit den Ministerpräsidenten der Länder am Mittwoch, 16.05.1990,[1]
- Bundeskabinett am Freitag, 18.05.1990, 11.00 Uhr,
  zuvor (08.30 Uhr) Sondersitzung der Koalitionsfraktionen,
- Sondersitzung des Deutschen Bundestages am Mittwoch, 23.05.1990,
- Plenarsitzung des Bundesrates am Freitag, 01.06.1990.

(3) Noch zu entscheiden ist die Frage, wann der Staatsvertrag mit der DDR paraphiert werden soll:
- noch vor der Kabinettsitzung am 18.05.1990
oder
- erst nach der Kabinettsitzung am 18.05.1990.

Nr. 272
Gespräch des Bundeskanzlers Kohl mit
Vertretern der Evangelischen Kirche in Deutschland
Bonn, 9. Mai 1990

BMI, Ge – 020 051 – 8/0 Bd. 1. – Protokollnotiz des GL Gotto, 11. Mai 1990. – Mit Schreiben des GL Gotto an BM Schäuble, 14. Mai 1990: „Sehr geehrter Herr Bundesminister, anbei schicke ich Ihnen eine Protokollnotiz über die Sie betreffenden Fragen, die sich im Gespräch mit Vertretern der EKD am 9. Mai 1990 ergeben haben. Mit freundlichen Grüßen, Klaus Gotto". Abgezeichnet: „Sch[äuble]". – Gesprächsdauer: 14.00 bis 16.30 Uhr.

Teilnehmer seitens der Bundesregierung:
BK
BM Engelhard
BM Schäuble
BM Seiters
BM Wilms
BM Warnke
PSt Carstens

Teilnehmer seitens der EKD:
Bischof Dr. Martin Kruse
Oberkirchenrat Dr. Werner Hofmann
Landesbischof i.R. D. Hans von Keler
Präsident Karl-Heinz Neukamm
Präsident Dr. Hartmut Löwe
Bischof Heinz-Georg Binder

II.
Fragen des Staatskirchenrechts und der Einführung der Kirchensteuer in der DDR

Bischof Binder bezeichnete es als Wunsch an die Regierung, daß die grundgesetzliche Regelung des Staat-Kirchen-Verhältnisses, insbesondere Art. 140 und Art. 7 GG, erhalten bleibt. Oberkirchenrat Hofmann führte aus, daß der Weg zur Einheit über Art. 23 GG der richtige sei und daß auf diesem Wege auch Art. 140 GG Geltung im gesamten Deutschland haben

---

1 Nr. 280.

müsse. In keiner Weise und in keinem Punkt seien Änderungen erwünscht. Denkbar seien allerdings Übergangsregelungen bis zur Konstituierung der Länder in der DDR. Auch die Synoden in der DDR hätten sich für diesen Weg und dieses Ziel offen gezeigt. Bischof Kruse sprach in diesem Zusammenhang von einem Realitätsschub in der DDR; sogar die Brandenburger Synode sei nunmehr positiv eingestellt. Auch sei noch vor 3 Monaten die Frage des Religionsunterrichts an Schulen auf vehemente Ablehnung gestoßen, heute stellte man einen großen Bedarf fest und gehe darauf ein.

Auf die Frage des Bundeskanzlers, wie die EKD die Problematik der Einführung der Kirchensteuer in der DDR im Kontext der Übernahme unseres Steuersystems zum 1. Januar 1991 beurteile, wurde ohne Einschränkung geantwortet, die Kirchensteuer solle möglichst ebenfalls zum 1. Januar 1991 erhoben werden. In diesem Sinne votierten insbesondere Bischof Binder und Oberkirchenrat Hofmann. Bischof Kruse und BM Schäuble wiesen darauf hin, daß in dieser Frage die Regierung der DDR von den Kirchen in der DDR orientiert werden müßte.

Der Bundeskanzler begrüßte ausdrücklich die Haltung der EKD und gab die Zusage, daß er sich für eine Einführung der Kirchensteuer in der DDR zum 1. Januar 1991 einsetzen werde. Er verwies darüber hinaus darauf, daß eine spätere Einführung zu erheblichen Akzeptanzproblemen führen könnte.

Es kamen in diesem Kontext auch Fragen um finanzielle Probleme der Kirchen für die Übergangszeit bis zur Einheit Deutschlands zur Sprache. Bischof Binder und Präsident Neukamm sprachen die bisherigen Zuwendungen der EKD für die Kirchen in der DDR an und gaben der Erwartung Ausdruck, daß sie weiter gezahlt und nicht gekürzt werden sollten. Dies gelte sowohl für den Sozialbereich wie für die Unterstützung von Lohnkosten.

Frau BM Wilms antwortete, daß für 1990 50 Millionen DM zugesagt seien. Davon würden 75% jetzt und 25% nach dem 1. Juli zugewiesen. Auch für 1991 sei als Übergangsregelung eine Finanzierung des Diakonischen Werkes wahrscheinlich. Bei einer Einführung der Kirchensteuer in der DDR müsse allerdings geprüft werden, ob dann noch eine Finanzierung von Lohnkosten möglich sei.

Bischof Binder wies zusätzlich auf das Problem des Währungsumtausches für Konten der Kirchen in der DDR hin. Eine Anwendung der vorgesehenen Umtauschregelung führe zu erheblichen Nachteilen.

Der Bundeskanzler bat um einen Sachstandsbericht, insbesondere um eine Auflistung der Konten. Auf dieser Grundlage regte er ein Gespräch zwischen BM Seiters, dem Finanzministerium und der EKD zur Klärung an.

III.
Fragen der Entwicklungshilfe und der Aussiedler

Bischof Kruse und Präsident Neukamm wiesen darauf hin, daß bei aller Konzentration auf die Fragen der deutschen Einigung die Hilfe für die Entwicklungsländer und die Länder Ost- und Südosteuropas nicht vernachlässigt werden dürfe. Es würden bereits aus dem Bereich der Ökumene zweifelnde Fragen laut.

Der Bundeskanzler erwiderte, daß es einem moralischen Versagen gleichkomme, wenn die Länder Osteuropas in Vergessenheit geraten würden. BM Warnke verwies bei seiner Antwort auf die vielfachen Äußerungen des Bundeskanzlers, daß die Entwicklungshilfe nicht gekürzt werde, und auch darauf, daß er in diesem Gespräch bei seinen Hinweisen auf die evtl. notwendige Reduzierung, zeitliche Streckung oder Streichung von Vorhaben in der Bundesrepublik die Entwicklungshilfe nicht erwähnt habe. Allerdings seien in der Entwicklungshilfe neue Schwerpunktsetzungen nötig. Dies gelte etwa für den Bereich „Entwicklungshilfe und globaler Umweltschutz". Er verwies auch auf die zusätzlichen Mittel aus seinem Etat für die Ungarn-Hilfe. Bischof Kruse begrüßte diese Aussagen und insbesondere den Hinweis auf die Berücksichtigung des Umweltschutzes.

Präsident Neukamm sprach die Weiterführung der Hilfe für den Süd-Sudan an. PSt Carstens sagte zu, das AA in dieser Frage anzusprechen.

BM Schäuble brachte das Thema Aus- und Übersiedler zur Sprache. Er führte aus, daß von den ca. 180 000 Rumäniendeutschen wohl die meisten zu uns kommen würden. Von den 2,5–3 Millionen Rußlanddeutschen würden wohl ebenfalls noch viele aussiedeln, hier gelte es aber auch, einen Massenexodus aus der Sowjetunion zu verhindern. Demgegenüber hätten sich die Probleme der Polenaussiedler entschärft.

BM Schäuble bat die Kirchen nachdrücklich um Unterstützung in diesen Fragen. Er verwies insbesondere darauf, daß von seiten der SPD-geführten Länder eine Bundesratsinitiative vorliege, das Vertriebenengesetz zu streichen.[1] Dies würde zu größten Problemen führen. ...[2]

Er bat um öffentliche Unterstützung und um Einwirkung auf die Landesregierungen.

Bischof von Keler bestätigte, daß der Auswanderungsdruck auf die Rußlanddeutschen ungebrochen sei.

Präsident Neukamm will sich der Bitte BM Schäubles annehmen.

Nr. 273
Schreiben des Außenministers Baker an Bundeskanzler Kohl
Washington, 10. Mai 1990

BK, 212 – 30105 A 5 Am 7, Delegation 100. Geburtstag Eisenhowers, 4.5.1990. – Übersetzung 105 – 90/2904. Mit Stempel: Vorzimmer Bundeskanzler, 5. Juni 1990. Hs. von Bundeskanzler Kohl vermerkt: „Teltschik erl.“

Sehr geehrter Herr Bundeskanzler,

ich war höchst erfreut, während meines Besuchs in Bonn mit Ihnen zusammentreffen zu können.[1] Ich weiß, daß ich auch für den Präsidenten spreche, wenn ich sage, daß wir Ihren Rat und Ihre freundschaftliche Verbundenheit mit den Vereinigten Staaten sehr zu schätzen wissen. Auf dem jüngsten Ministertreffen in Bonn wurde eine tragfähige Grundlage für die nächste Phase im „2+4“-Prozeß geschaffen.[2] Obwohl wir davon ausgehen müssen, daß in den kommenden Monaten schwierige Verhandlungen mit der Sowjetunion vor uns liegen, können wir meiner Meinung nach bedeutende Fortschritte in Richtung auf unser gemeinsames Ziel, die deutsche Einheit, machen. Es wird entscheidend darauf ankommen, daß wir die engen Konsultationen zwischen unseren beiden Ländern und mit unseren Verbündeten fortsetzen – Konsultationen, die uns bereits weit vorangebracht haben.

Im Namen des Präsidenten möchte ich Ihnen herzliche Grüße und die besten Wünsche für eine weiterhin erfolgreiche Politik in dieser historischen Zeit übermitteln.

Mit freundlichen Grüßen
(gez.) Jim
James A. Baker

(m.p.) Unser Besuch hat mir sehr gefallen. Vielen Dank, daß Sie uns empfangen haben.

---

1 Gesetzesantrag der Länder Berlin, Bremen, Nordrhein-Westfalen, Saarland und Schleswig-Holstein „Entwurf eines Gesetzes zur Änderung des Gesetzes über die Angelegenheiten der Vertriebenen und Flüchtlinge und des Gesetzes über den Lastenausgleich“ (Bundesrat. Drucksache 185/90. 7. März 1990).
2 Ein Satz nicht freigegeben.
1 Nr. 266.
2 Nr. 268.

Nr. 274
Gespräch des Bundeskanzlers Kohl mit Ministerpräsidentin Prunskiene
Bonn, 11. Mai 1990

BK, 213 – 30101 L4 Li 14 Bd. 2. – Vermerk des VLR I Kaestner, 11. Mai 1990. Hs. vermerkt: „Herrn N[ikel], W[estdik-kenberg]. Wv. K[aestner] 11/5". – Gesprächsdauer: 12.10 bis 13.00 Uhr.

Der Bundeskanzler begrüßt MP Frau Prunskiene (P.) und versichert ihr, daß die Deutschen das, was sie tue, mit Sympathie verfolgten und ihr Erfolg wünschten. Er wolle ganz offen mit ihr reden – was man der Presse sage, werde man später abstimmen.

P. dankt für die Möglichkeit zum offenen Gespräch. Am Ende ihrer Reise durch westliche Hauptstädte[1] könne sie feststellen, daß das Verständnis für die litauische Frage Fortschritte mache.

Dazu habe der gemeinsame Vorschlag des Bundeskanzlers und Staatspräsident Mitterrands[2] wesentlich beigetragen – er könne Schlüssel für eine Lösung sein. Die Litauer seien dankbar für diesen gemeinsamen Vorschlag, insbesondere weil die Initiative von dem Westen ausgehe. Der Inhalt sei vielleicht nicht das, was ein Teil des litauischen Volkes sofort erhoffe. Aber er zeige die Möglichkeit auf, die Unabhängigkeit zunächst de jure, später dann de facto zu erreichen.

Frau P. fährt fort, ihr Ziel sei es, eine vernünftige Lösung zu suchen, die für alle drei Seiten – Litauen, die SU und den Westen insgesamt – annehmbar sei. Kern der Sache sei, die Unabhängigkeitserklärung zwar nicht zu suspendieren, aber einzufrieren, in den praktischen Folgen nicht zu verwirklichen.

Dazu sei internationale Unterstützung sehr wichtig, damit Litauen als schwächere Seite in den Verhandlungen mit Moskau nicht in den Zustand vor dem 10. März zurückgestoßen werde. Die Litauer seien zu Gesprächen in Richtung auf einen Kompromiß bereit – und sie habe Anzeichen, daß auch die SU für eine solche Lösung offen sei. Moskau müsse dies aber auch durch konkrete Schritte beweisen, insbesondere [durch]
– Einstellung der Manöver und Bewegungen der sowjetischen Armee im Stadtgebiet und
– Aufhebung der Wirtschaftsblockade.

Beides brauche nicht demonstrativ erklärt, sondern einfach ins Werk gesetzt werden. Sie hoffe sehr auf eine friedliche Lösung bis zum Gipfel Bush/Gorbatschow in Washington Ende des Monats.

Was die sowjetische Armee insgesamt angehe, so sei die Haltung des Bundeskanzlers hinsichtlich sowjetischer Truppen in der DDR ihr sehr sympathisch.

Litauen könne gemeinsam mit Polen diese Position – befristete Stationierung sowjetischer Truppen gemäß einem auszuhandelnden Vertrag – übernehmen.

Der Bundeskanzler führt zunächst zum Grundsätzlichen aus, die Lage Gorbatschows sei derzeit sehr kritisch. Mehrere Faktoren kämen zusammen: die Wirtschaftslage und die Nationalitätenfrage. In wirtschaftlichen Dingen habe er bisher keinen Erfolg erzielt, weil er den entscheidenden Schritt zur Marktwirtschaft – aus welchen Gründen auch immer – nicht habe tun können. Sein internationales Kreditstanding werde zunehmend schwieriger.

Was Litauen angehe, so wäre es, wenn es nur diese Frage gebe, für Gorbatschow wohl kein Problem. Jedoch könne angesichts der Lage in der SU insgesamt Litauen zum Zünder wer-

---

1 Ministerpräsidentin Prunskiene besuchte am 8./9. Mai 1990 London und führte Gespräche mit Premierministerin Thatcher. Am 10. Mai traf sie in Paris mit Staatspräsident Mitterrand zusammen.
2 Nr. 257 Anm. 3.

den. Dann könnten Probleme in der Ukraine und in Zentralasien entstehen, die von ganz anderer Dimension wären.
Gleichzeitig zeige sich, daß im Ost-West-Verhältnis das Gewicht der SU dramatisch nachgelassen habe. Im Westen werde Frau P. keinen vernünftigen Menschen finden – und er nenne nur ihre Gesprächspartner Präsident Bush, Staatspräsident Mitterrand und Premierministerin Frau Thatcher –, die nicht ebenso wie er – der Bundeskanzler – sagten: Mit Gorbatschow wissen wir, woran wir sind; was dann kommt, wissen wir nicht.
Bei alledem sei die Grundstimmung für Litauen bei uns außerordentlich positiv – er brauche keinen Vortrag über Geschichte zu halten.
Der Bundeskanzler verdeutlicht anhand des Kalenders – Gipfeltreffen Bush/Gorbatschow,[3] Parteitag der KPdSU[4] –, daß man versuchen müsse, in nächster Zukunft in der Litauen-Frage einen Durchbruch zu erzielen. Unser unvermindertes Interesse sei, daß es zu einem wirklichen Dialog komme.
Vor einer Woche – so der Bundeskanzler weiter – habe AM Schewardnadse ihm gesagt,[5] nach der litauischen Unabhängigkeitserklärung habe der Kongreß der Volksdeputierten Präsident Gorbatschow aufgefordert, „mit geeigneten Maßnahmen die Dinge in Ordnung zu bringen". Er habe den Eindruck, daß Gorbatschow viele Maßnahmen, die die Deputierten von ihm erwarteten, nicht ergriffen habe. Tatsächlich habe auch AM Schewardnadse ihm versichert, die Sowjets wollten keine Gewalt anwenden und die Dinge durch Verhandlungen lösen, aber die litauische Seite sperre sich.
Nun schreibe ihm PM Frau Thatcher – so der Bundeskanzler –, daß nach ihrem Eindruck Litauen eine Erklärung abgeben könne, daß man die praktische Anwendung der Unabhängigkeitserklärung aussetze, um zu Gesprächen zu kommen.[6]
P. bestätigt dies als ihre Position.
Auf Frage des Bundeskanzlers, wie sich dies zur bisherigen sowjetischen Position – Rückkehr zum Status quo ante – verhalte, erläutert Frau Prunskiene, man müsse gerade angesichts der schwierigen Situation einen stabilisierenden Weg finden. Selbstverständlich wolle Litauen die SU nicht destabilisieren; dabei verzeichne sie mit Freude, daß das Verständnis der sogenannten demokratischen Kräfte in der SU (einschließlich Jelzins) für die litauische Sache wachse.
Der Bundeskanzler warnt, auf die sogenannten demokratischen Kräfte zu bauen, denn sie unterlägen leicht der Versuchung zum Populismus.
Der Bundeskanzler regt an zu prüfen, ob es gerade angesichts der Lage in Moskau nicht möglich sei, daß Litauen die Unabhängigkeitserklärung einschließlich der danach erlassenen Gesetze bis auf weiteres einfriere, ohne einen Zeitraum zu nennen. Es müsse alles vermieden werden, was nach einem Ultimatum aussehe.
Mit dieser Erklärung möge Litauen zugleich Dialog mit Moskau anbieten und dabei durchblicken lassen, daß es für die notwendigen Gespräche nicht günstig sei, wenn die Blockade andauere.
Der Westen – und er selbst – würden eine derartige Erklärung sofort nachhaltig unterstützen.
Demgegenüber bringe der gegenwärtige harte Kurs nichts. In der Politik sei der Umweg oft der erfolgversprechendere (Exkurs: Prager Frühling 1968).

---

3 Nr. 299 Anm. 2.
4 Nr. 350 Anm. 4.
5 Nr. 267.
6 Botschaft von Premierministerin Thatcher an Bundeskanzler Kohl mit Begleitschreiben des Botschafters Mallaby, 10. Mai 1990; BK, 213 – 30101 L 4 Li 14 Bd. 2.

Im übrigen – so der Bundeskanzler weiter – möge Frau P. selbst die Verhandlungen mit
Moskau führen.

P. versteht und akzeptiert diese Haltung, die dem Ziel diene, Moskau gewisse Möglichkeiten
zu schaffen, mit Autorität zum Dialog zu kommen. Litauen habe bereits vor der Blockade
angeboten, gewisse Entscheidungen, die Moskau am meisten störten, zu suspendieren.

Auf den Einwurf des Bundeskanzlers, es gehe auch um die Unabhängigkeitserklärung selbst,
erwidert Frau P., diese Erklärung sei für die Menschen heilig, eine Rücknahme sei psychologisch schwierig. Parlamentspräsident (nicht „Präsident der Republik Litauen") Landsbergis
überwache die Gültigkeit dieser Unabhängigkeitserklärung mit Argusaugen.

Demgegenüber sehe sie es als ihre Aufgabe als Regierungschefin, mit Moskau Kompromiß-
lösungen auszuhandeln. Dabei gehe es insbesondere um die Suspendierung der litauischen
Gesetzgebung hinsichtlich
- Fragen der Streitkräfte: insbesondere Wehrpflicht junger Litauer,
- Grenzfragen, insbesondere Grenzkontrollen,
- Rechten sowjetischer Bürger in Litauen,
- Eigentumsverhältnissen, insbesondere an Parteieinrichtungen.

Der Bundeskanzler erneuert seinen Vorschlag und betont die Bedeutung des „Verkaufens"
nach außen. Man müsse die Lage psychologisch umdrehen. Das „Einfrieren" der litauischen
Schritte müsse ohne Bedingungen geschehen, allerdings mit der „Erwartung", daß auch die
andere Seite sich bewege und die Blockade beende.

Frau P. bekräftigt, die Ratschläge des Bundeskanzlers hätten ihre eigenen Gedanken bestätigt. Litauen wolle erreichen, was realistischerweise erreicht werden könne. Sie wolle Gorbatschow keine Schwierigkeiten machen und habe mit ihrer Reise nach Washington kein
Hindernis für den Gipfel aufgebaut, sondern – wie ein Journalist geschrieben habe – für
Gorbatschow Blumen gestreut.

Sie wolle noch heute – vor ihrem Rückflug – versuchen, Präsident Gorbatschow telefonisch
zu erreichen. Auf jeden Fall werde sie die sowjetische Botschaft aufsuchen, dabei aber nicht
den Anschein erwecken, sie habe von deutscher Seite einen derartigen Ratschlag erhalten.

Der Bundeskanzler stellt abschließend fest, er werde der Presse sagen lassen, man habe ein
intensives Gespräch geführt; Frau Prunskiene habe ihre Lagebeurteilung gegeben und ihre
Vorstellungen über Lösungsmöglichkeiten mitgeteilt; von unserer Seite sei das Interesse der
Bundesrepublik bekräftigt worden, daß die Lage sich bald entspannt und es zu einem offenen Dialog kommt.[7]

Er selbst – so der Bundeskanzler weiter – werde Gelegenheit nehmen, der sowjetischen Seite
seine Eindrücke aus diesem Gespräch vertraulich mitzuteilen.

Der Bundeskanzler verabschiedet Frau P. mit guten Wünschen.

Gesprächsteilnehmer:
  auf litauischer Seite
- Politischer Berater Joseph Kacickes
- Persönlicher Referent ...

  auf deutscher Seite
- RL 212 (Note taker)
- Herr Iwanov (Dolmetscher)

---

7 Mitteilung des Regierungssprechers Klein, 11. Mai 1990, in: Bulletin. Nr. 59. 14. Mai 1989, 468.

Nr. 275
Vorlage des Vortragenden Legationsrats I Kaestner an Bundeskanzler Kohl
Bonn, 11. Mai 1990

BK, 213 – 30130 P4 Po 30 Bd. 10. – Vorlage über Chef BK – je gesondert. Mit Stempel: Der Leiter des Kanzlerbüros, 11. Mai 1990. Hs. von Bundeskanzler Kohl vermerkt: „Teltschik Vorlage für R[udolf] Seiters u. R[udolf] Seiters direkt erl. S. 3!!".

Betr.: Westgrenze der Republik Polen
hier: Regierungserklärung von Bundesminister Genscher (10.5.1990)[1]
Bezug: 1. Schreiben MdB Claus Jäger vom 10.5.1990 an Sie und BM Genscher[2]
2. Ihre Weisung vom heutigen Tage (übermittelt durch Herrn Dr. Prill)

1. Herr Bundesminister Genscher hat gestern im Deutschen Bundestag über die 2+4-Gespräche berichtet und dabei ausgeführt:
„Wir (d.h. Bundesrepublik Deutschland und DDR) haben die Vier darüber unterrichtet, daß das vereinigte Deutschland die Grenzfrage abschließend durch einen <u>völkerrechtlichen Vertrag mit Polen</u> regeln wird, der die bestehende deutsch-polnische Grenze, deren Verlauf in den Verträgen von Görlitz und Warschau und in den dazugehörigen Dokumenten festgelegt ist, als endgültig bestätigt."
Damit sind die von den beiden deutschen Staaten mit der Republik Polen geschlossenen Verträge in zeitlicher Reihenfolge nebeneinander genannt; jedoch enthält die <u>Aussage BM Genschers keine Bewertung des Görlitzer Vertrages</u>[3].
2. Die von MdB Claus Jäger in dem Ihnen beigefügten Schreiben an BM Genscher aufgestellte Behauptung, der Deutsche Bundestag habe den Görlitzer Vertrag für null und nichtig erklärt, ist nicht zu verifizieren. Feststellbar ist lediglich eine nach Aushandlung, aber vor Unterzeichnung des Görlitzer Vertrages vom damaligen <u>Alterspräsidenten des Deutschen Bundestages, Löbe</u>, am 13. Juni 1950 abgegebene Erklärung, in der die „<u>völker- und staatsrechtlich unhaltbare Behauptung</u>" angeprangert wird, es bestehe an Oder und Neiße eine völkerrechtlich verbindliche „Friedensgrenze".[4]
3. Im <u>Entwurf</u> einer gleichlautenden <u>Entschließung des Deutschen Bundestages</u> und der DDR-Volkskammer zur polnischen Westgrenze (vgl. Anlage[5]) sowie in dem inzwischen überreichten <u>polnischen Vertragsentwurf</u>[6] – zu beidem haben Ihnen Aufzeichnungen vorgelegen – sind <u>ebenfalls beide Verträge nebeneinander</u> genannt.
Trotz Bedenken wegen der Tatsache, daß der Görlitzer Vertrag von einer nicht durch Wählervotum legitimierten DDR-Regierung für Deutschland abgeschlossen wurde, ist diese Parallelität letztlich unvermeidlich:

---

1 Regierungserklärung des Bundesministers Genscher, 10. Mai 1990, in: Verhandlungen des Deutschen Bundestages. Stenogr. Berichte. Bd. 153. Plenarprotokoll 11/210, 16474–16478, hier 16477.
2 Nicht abgedruckt. In dem Schreiben an Bundesminister Genscher (BK, 213 – 30130 P4 Po 30 Bd. 10) erklärte der Bundestagsabgeordnete Jäger (CDU), es sei ihm „unverständlich", daß Genscher in seiner Regierungserklärung (Anm. 1) den Warschauer Vertrag und den „Görlitzer Vertrag zwischen dem seinerzeitigen Ulbricht-Regime und Polen in einem Atemzug genannt" habe. Während der Warschauer Vertrag nach dem Urteil des Bundesverfassungsgerichts völkerrechtlich gültig sei, habe „der Deutsche Bundestag seinerzeit einmütig gegen die Stimmen der damals noch in ihm vertretenen Kommunisten den Görlitzer Vertrag für null und nichtig erklärt". Jäger übermittelte das Schreiben am gleichen Tag an Bundeskanzler Kohl und stellte in dem Begleitschreiben (BK, 213 – 30130 P4 Po 30 Bd. 10) die Frage, ob die Aussagen Genschers mit dem Bundeskanzler „oder im Bundeskabinett abgestimmt" worden seien.
3 Nr. 92 Anm. 11.
4 Erklärung des Deutschen Bundestages zur Oder-Neiße-Linie, 13. Juni 1950, abgegeben durch den Alterspräsidenten Löbe im Namen aller Fraktionen mit Ausnahme der Fraktion der KPD und mit Zustimmung der Bundesregierung und des Bundesrates, in: Dokumente zur Deutschlandpolitik II/3 (1950), 222–224.
5 Anlage nicht abgedruckt; Wortlaut identisch mit Nr. 259A.
6 Nr. 263A.

- Der Görlitzer und der Warschauer Vertrag[7] sind gleichermaßen völkerrechtlich gültig.
- Nach der Entschließung des Deutschen Bundestages vom 8. März d.J.[8] und der vorausgehenden politischen Willensbildung geht es nunmehr darum, die beiden genannten Verträge durch einen neuen, mit dem künftigen gesamtdeutschen Souverän abzuschließenden Grenzvertrag zu ersetzen (damit ist implizit die denkbare Alternative abgelehnt, nämlich nur den Görlitzer Vertrag abzulösen und den Warschauer Vertrag gemäß Art. 23 GG auf Gesamtdeutschland auszudehnen).
- Deshalb wäre es auch eine unzulängliche Lösung, wenn etwa der Deutsche Bundestag nur den Warschauer Vertrag, die DDR-Volkskammer nur den Görlitzer Vertrag erwähnen würde: Dies ginge nicht nur zu Lasten der Einheitlichkeit des Textes, sondern würde auf klaren polnischen Widerstand stoßen, weil uns in diesem Fall unterstellt würde, wir wollten die Vorbehalte des Warschauer Vertrages (insbesondere Abschluß nur im Namen der Bundesrepublik Deutschland) am Leben erhalten.
- Nicht zuletzt erleichtert uns der Hinweis auf die völkerrechtliche Gültigkeit des Görlitzer Vertrages, der die Grenze an Oder und Neiße bereits 1950 als endgültig anerkannt hat, die innenpolitische und rechtliche (Bundesverfassungsgericht!) Rechtfertigung des angestrebten neuen Grenzvertrags.
4. Aufgrund eines SPD-Entschließungsentwurfs vom 24. April 1990,[9] mit dem die Opposition sich die Verfahrensvorschläge des polnischen Außenministers i.S. Grenzvertrag zu eigen macht, hatte „Die Welt" vom 26. April 1990[10] Kritik an der „Gleichsetzung" des Görlitzer und des Warschauer Vertrages geübt. Diese Kritik hatte MdB Claus Jäger bereits damals unterstützt.
⟨5. Zum Verfahren rege ich an, die Antwort von Bundesminister Genscher an MdB Claus Jäger abzuwarten und erst danach zu entscheiden, ob Sie auch Ihrerseits schriftlich antworten oder MdB Claus Jäger – im Rahmen der Fraktions-Erörterung des Entschließungsantrags – Ihre Haltung erläutern lassen.⟩[11]

Kaestner

---

7 Nr. 8 Anm. 4.
8 Nr. 204 Anm. 1 und Nr. 204A.
9 Nr. 259 Anm. 4.
10 Ebd., Anm. 9.
11 ⟨ ⟩ Hs. von Bundeskanzler Kohl am rechten Rand vermerkt: „Ja".

Nr. 276
Vorlage des Beauftragten des Bundeskanzlers, Tietmeyer,
und des Ministerialrats Ludewig an Bundeskanzler Kohl
Bonn, 13. Mai 1990

BK, 422 – 35400 De 14 Bd. 5. – Vorlage über Chef BK – je gesondert.

Betr.:   Morgige Tagung der CDU-Gremien sowie Ihr Gespräch mit MP de Maizière
          hier: Stand der Verhandlungen zum Staatsvertrag und Eigentumsfragen

1. Nach eingehenden Verhandlungen konnte am Samstag[1] gegen Mitternacht auf Expertenebene Einigkeit über die Formulierung des Staatsvertrags nebst Anlagen[2] erzielt werden.
Die erreichten Kompromisse zu den strittigen Fragen sind in Anlage 1[3] kurz dargestellt.
Ausgeklammert wurden vereinbarungsgemäß die Fragen Finanzierung und Schulden-
übernahme, da diese von den Finanzministern in der Schlußverhandlung behandelt werden sollen.
Außerdem muß noch (aber nicht unbedingt vor Unterzeichnung des Staatsvertrags) über
die konkreten steuerlichen Maßnahmen zur Unterstützung der Strukturanpassung in der
DDR-Wirtschaft entschieden werden.

2. Das weitere Verfahren sieht auf unserer Seite folgendes vor:
– Montag nachmittag: Gespräch BM Dr. Waigel (mit zwei Länder-Finanzministern
  NRW und Bayern sowie mit Dr. Tietmeyer) in Ost-Berlin zur formellen Bestandsauf-
  nahme der DDR-Staatsfinanzen.
– Dienstag: Koalitionsgespräch über Staatsvertrag, Finanzierungs- und Eigentumsfragen.
– Dienstag nachmittag: Konferenz der Länderfinanzminister mit BM Dr. Waigel in Bonn
  zur Vorklärung der Länderbeteiligung an den DDR-Hilfen.
– Mittwoch vormittag: Ihr Gespräch mit den Ministerpräsidenten der Länder.[4]
– Mittwoch nachmittag: Bundestags-Ausschuß „Deutsche Einheit".
– Donnerstag: Vorgesehen ist Verhandlungsrunde auf Ministerebene mit der DDR (Vor-
  sitz auf unserer Seite: BM Dr. Waigel) über Finanzhilfen und etwaige noch offene Fra-
  gen im Zusammenhang mit dem Staatsvertrag. Genaue Terminierung dieser Verhand-
  lungsrunde ist noch offen.
– Freitag: Bundeskabinett.
– Anschließend: Unterzeichnung des Staatsvertrags, damit dieser über das Wochenende
  dem Parlament zugeleitet werden kann.
Auf DDR-Seite ist bisher folgendes Verfahren vorgesehen (endgültige Terminplanung
muß noch von MP de Maizière festgelegt werden):
– Montag bzw. Dienstag: Informelle Übermittlung des Staatsvertrag-Entwurfs an die
  Fraktionsvorsitzenden in der Volkskammer.
– Mittwoch: Behandlung des Staatsvertrags und der damit zusammenhängenden Fragen
  im DDR-Kabinett.

3. Thema Vermögens- und Eigentumsfragen
Auf Expertenebene ist mit der DDR über die Behandlung der Eigentumsfragen grundsätzliche Einigkeit erzielt worden, doch ist die Zustimmung von MP de Maizière und der

---

1   12. Mai 1990.
2   Vertrag über die Schaffung einer Währungs-, Wirtschafts- und Sozialunion zwischen der Bundesrepublik Deutsch-
     land und der Deutschen Demokratischen Republik, Entwurf, Stand: 12. Mai 1990, 16.00 Uhr, Vertraulich, 32 S., mit Ge-
     meinsamem Protokoll über Leitsätze und Anlagen I-VIII (Stand der Anlage V: 19.16 Uhr); BK, 213 – 35400 De 39 Bd. 4.
3   Nr. 276A.
4   Nr. 280.

DDR-Koalition noch nicht gesichert. Auch bei uns ist die Behandlung in der Koalition noch notwendig (informell haben Graf Lambsdorff und BM Genscher laut StS Dr. Kinkel ihre Zustimmung signalisiert).

In der Sache ist folgendes in Aussicht genommen:
(1) Einseitige Erklärung der DDR hinsichtlich des sofortigen Eigentumserwerbs an Grund und Boden für gewerbliche Investitionen (vgl. Anlage 2[5]).
Inhaltlich soll damit die DDR-Koalitionsvereinbarung[6] geändert werden.
(2) Eine gemeinsame Erklärung beider Regierungen zu den offenen Vermögensfragen (vgl. Anlage 3[7]).
Hinweis: Für den Enteignungskomplex 1945–1949 wird die FDP eventuell noch fordern, daß über die Entschädigungsfrage endgültig erst ein gesamtdeutsches Parlament entscheidet.
Zusatz: Die von BM Kiechle gewünschte Möglichkeit des Erwerbs von Nicht-DDR-Bürgern an landwirtschaftlichem Grund und Boden konnte nicht geklärt werden. Laut StS Dr. Krause würde dies die DDR-Koalition gegenwärtig überfordern.

4. DDR-Finanzlage
Die vorläufige Bestandsaufnahme, die am Montag formell in Ost-Berlin erörtert werden soll, hat ein erschreckendes Bild gezeigt:
Nach der gegenwärtigen Einschätzung muß mit folgender Größenordnung für das Haushaltsdefizit in der DDR gerechnet werden (ohne Bundeshilfen):
– zweites Halbjahr 1990: ca. 44 Mrd. DM,
– 1991 (gesamtes Jahr): ca. 75 Mrd. DM.
In diesen Zahlen sind die Programme für die Infrastrukturverbesserung, die Strukturanpassung in der Industrie (einschließlich Verpflichtungen der DDR gegenüber dem RGW) und ein Programm für die Landwirtschaft enthalten. Der DDR-Agrarminister[8] (SPD) fordert allerdings noch zusätzliche Mittel in Höhe von jährlich gut 5 Milliarden DM.

5. Ausgleichszahlung für Kleinrentner im Zusammenhang mit der Währungsumstellung
In der Vereinbarung vom 2. Mai zur Währungsumstellung waren gezielte Ausgleichsmaßnahmen für die Bezieher niedriger Renten vorgesehen, über die die DDR im Rahmen ihrer eigenen finanziellen Verantwortung entscheiden sollte.
Die DDR denkt jetzt (nach informellen Kontakten mit uns) an folgende Lösung: Für etwa 700 000 Rentenbezieher, deren Rente unter 470 Mark liegt, soll vorübergehend eine Ausgleichszahlung (in Höhe der Differenz zwischen bisheriger Rente und 470 DM) geleistet werden. Nach Einführung des Sozialhilfegesetzes soll diese Ausgleichszahlung wegfallen.
Der DDR-Haushalt würde durch diese Ausgleichszahlung mit etwa 500 Mio. DM für 12 Monate belastet.
Unser Votum: Trotz des erheblichen Finanzaufwandes sollte diese vorübergehende Zahlung letztlich angesichts der besonderen Schwierigkeiten der DDR-Regierung (Wegfall der Nahrungsmittel-Subventionen und Einführung der Verbrauchssteuern) hingenommen werden.
Wichtig ist: Dies darf auf keinen Fall als Festlegung einer Mindestrente interpretiert werden. Deswegen sollte dies als Vorauszahlung für künftige Leistungen nach Sozialhilfegesetz dargestellt werden.

---

5 Nr. 276B.
6 Nr. 245 Anm. 1.
7 Nr. 276C.
8 Peter Pollack, Minister für Ernährung, Land- und Forstwirtschaft.

Nachtrag: Da Dr. Tietmeyer sich am Montag nachmittag in Ost-Berlin aufhält (Begleitung BM Dr. Waigel), könnte er Ihnen, falls Sie dies wünschen, kurzfristig zur Verfügung stehen.

Nr. 276A
Anlage 1
Zusammenstellung der wichtigsten Kompromißpunkte im Staatsvertrag

1. Privateigentum – Art. 1 Abs. 3
Eindeutige Formulierung, die für uns akzeptabel ist:
„(3) Grundlage der Wirtschaftsunion ist die Soziale Marktwirtschaft als gemeinsame Wirtschaftsordnung beider Vertragsparteien. Sie wird insbesondere bestimmt durch Privateigentum, Leistungswettbewerb, freie Preisbildung und grundsätzlich volle Freizügigkeit von Arbeit, Kapital, Gütern und Dienstleistungen; hierdurch wird die gesetzliche Zulassung besonderer Eigentumsformen für die Beteiligung der öffentlichen Hand oder anderer Rechtsträger am Wirtschaftsverkehr nicht ausgeschlossen, soweit private Rechtsträger dadurch nicht diskriminiert werden. Sie trägt den Erfordernissen des Umweltschutzes Rechnung."

2. Strukturanpassung der Unternehmen – Art. 14
Verfahrensregelung, daß entsprechende Maßnahmen in Abstimmung mit uns festgelegt werden.
Inhaltlich noch offen sind folgende Punkte:
   – Gestaltung der Steuervergünstigung in der Übergangszeit: befristete Investitionszulage oder vorübergehend generell niedrigere Steuersätze für Unternehmen (so gefordert von Finanzpolitikern der Koalition).
   – vorübergehende, degressive Einfuhrsteuer von 11% bzw. 6% für bestimmte Importe (DDR würde sogar Mengen-Kontingente vorziehen).

3. Agrar- und Ernährungswirtschaft – Art. 15
Grundsätzlich Übergang zum EG-Marktordnungskonzept. Für eine Übergangszeit sind Strukturanpassungsmaßnahmen und spezifische mengenmäßige Regelungsmechanismen möglich (in Absprache mit der Bundesregierung).

4. Bestimmungen über die Sozialunion

Grundsätze der Arbeitsrechtsordnung – Art. 17
Die DDR übernimmt unsere Arbeitsrechtsordnung ohne Ausnahmen.

Grundsätze der Sozialversicherung – Art. 18
Zustimmung der DDR zum gegliederten System der Sozialversicherung, jedoch mit folgenden Übergangsregelungen:
   – Zunächst Beibehaltung eines gemeinsamen Trägers, jedoch möglichst bis zum 1. Januar 1991 Bildung eigenständiger Träger für die Renten-, Kranken- und Unfallversicherung wie bei uns (Abs. 2).
   – Für eine Übergangszeit Beibehaltung der umfassenden Sozialversicherungspflicht in der DDR, jedoch für Selbständige und freiberuflich Tätige Befreiungsmöglichkeit und Zulassung berufsständischer Versorgungswerke (Abs. 3).
   – Sofortige Einführung der vollen Beitragspflicht (Arbeitgeber und Arbeitnehmerbeiträge), jedoch für Bezieher niedriger Einkommen vorübergehend bis Ende 1990 (nächste Lohnfestsetzung) staatlicher Zuschuß von 30, 20 oder 10 DM monatlich (Abs. 4).

– Versicherungspflicht- und Beitragsbemessungsgrenzen gelten sofort wie bei uns (Abs. 5).

Rentenversicherung – Art. 20
Grundsätzliche Schließung der Zusatz- und Sonderversorgungssysteme in der DDR mit Abschaffung bzw. Abbau ungerechtfertigter Versorgungsleistungen (Abs. 2).

Krankenversicherung – Art. 21
Einführung der Krankenversicherung mit Beiträgen der Rentner wie bei uns (Abs. 4).

Sozialhilfe – Art. 24
DDR verpflichtet sich zur Einführung eines Systems der Sozialversicherung entsprechend unserem Sozialhilfegesetz.

5. Mißbrauchsregelung – Anlage I, Seite 14, Art. 9
Hierzu wurde folgender Text vereinbart:
„Die Regierung der Deutschen Demokratischen Republik wird veranlassen, daß ihre zuständigen Organe der Strafverfolgung bei hinreichenden Anhaltspunkten eine Überprüfung von Guthaben auf Bankkonten hinsichtlich der Rechtmäßigkeit ihres Erwerbs und gegebenenfalls eine Sperrung von Konten vornehmen."
Über ein entsprechendes konkretes Verfahren muß von DDR-Seite entschieden werden.
Im Zusammenhang damit steht außerdem die Formulierung in Anlage I, Seite 7, Art. 6 Abs. 4: „Umgehungsgeschäfte sind nichtig."

Nr. 276B
Anlage 2
Möglichkeiten des Eigentumserwerbs an Grundstücken in der DDR zur Förderung gewerblicher, arbeitsplatzschaffender Investitionen

Im Staatsvertrag über die Schaffung einer Währungs-, Wirtschafts- und Sozialunion garantiert die DDR das Eigentum privater Investoren an Grund und Boden sowie an Produktionsmitteln. Die DDR gewährleistet ferner die Freiheit des Erwerbs, der Verfügung und der Nutzung von Grund und Boden und sonstiger Produktionsmittel.
Die bisher fehlende Möglichkeit, in der DDR Grundstücke zu Eigentum zu erwerben, ist ein erhebliches Investitionshindernis. Unternehmen brauchen Standorte, an denen sie über Grundstücke und alle Produktionsmittel frei verfügen können. Die DDR wird dieses Investitionshemmnis für Investitionen aus der Bundesrepublik und dem Ausland auch im Interesse ihrer eigenen Unternehmen beseitigen, um den dringend notwendigen Anstoß zur Modernisierung ihrer Wirtschaft auszulösen.
Zur Verwirklichung dieses Zieles wird die DDR Vorschriften ihrer Rechtsordnung ändern oder außer Kraft setzen, die dem entgegenstehen. Nach Ratifizierung des Staatsvertrages, den sich daraus ergebenden verfassungsrechtlichen Anpassungen und der Änderung sonstiger entgegenstehender Vorschriften wird die DDR dafür sorgen, daß Eigentum an Grund und Boden auch tatsächlich erworben werden kann. Dazu werden folgende erste Schritte unternommen:
1. Es werden in ausreichender Zahl und Größe Gewerbegebiete bereitgestellt, in denen für Gewerbeansiedlungen und sonstige arbeitsplatzschaffende Investitionen Grundstücke zum Erwerb mit entsprechender Nutzungsbindung zur Verfügung gestellt werden. Auf diese Weise wird die Sozial- und Umweltverträglichkeit von Gewerbeansiedlungen ge-

währleistet. Die Mitwirkung der kommunalen Selbstverwaltungsorgane wird sichergestellt.

2. Für Investoren, die Grundstücke an speziellen Standorten benötigen, etwa innerhalb des Stadtgebietes (beispielsweise für Handel und Dienstleistungen), werden solche Grundstücke ebenfalls in ausreichendem Umfang zum Erwerb zur Verfügung gestellt. Die DDR erhofft sich davon auch einen Beitrag zur Erneuerung und Belebung ihrer Innenstädte.

3. Im Zuge der Auswahl der zur Umwandlung in Kapitalgesellschaften geeigneten volkseigenen Unternehmen ist volkseigener Grund und Boden wie eigenes Anlagevermögen zu bewerten. Nach der Umwandlung ist den neu entstandenen Kapitalgesellschaften der volkseigene Grund und Boden zu Eigentum zu überlassen. Damit werden ihre Möglichkeiten zur Kreditaufnahme erweitert und die Voraussetzungen für Beteiligungen durch private Investoren verbessert. Darin liegt zugleich ein wesentlicher Beitrag zur langfristigen Sicherung von Arbeitsplätzen.

Hinweis:

Da es zunächst an einem funktionsfähigen Markt für Grund und Boden und entsprechenden Marktpreisen fehlen wird, kann im Rahmen der Vertragsfreiheit mit den üblichen Klauseln vorgesehen werden, den zunächst vereinbarten Grundstückspreis nach Ablauf einer Übergangsfrist einer Überprüfung und nachträglichen Anpassung zu unterziehen. Dabei sollten die Verfügbarkeit und Beleihungsfähigkeit des Grundstücks möglich, die Übergangszeit kurz und die Kalkulierbarkeit der Belastung für den Erwerber gewährleistet sein.

Nr. 276C
Anlage 3
Entwurf einer gemeinsamen Erklärung der Regierungen der
Bundesrepublik Deutschland und der Deutschen Demokratischen Republik
zu den offenen Vermögensfragen

Stand: 12. Mai 1990, 17.00 Uhr. Ms. vermerkt: „B. foltan Ar. 2000".

Die Teilung Deutschlands, die damit verbundene Bevölkerungswanderung von Ost nach West und die unterschiedlichen Rechtsordnungen in beiden deutschen Staaten haben zu zahlreichen vermögensrechtlichen Problemen geführt, die viele Bürger in der Deutschen Demokratischen Republik und der Bundesrepublik Deutschland betreffen. Beide deutsche Regierungen sind entschlossen, im Zuge der Herstellung der deutschen Einheit die offenen Vermögensfragen möglichst schnell und – soweit wie möglich – in einer für alle Betroffenen sozial verträglichen Weise zu lösen.

Die beiden Regierungen gehen davon aus, daß enteignetes Vermögen im Grundsatz zurückzugeben ist, soweit dies unter Berücksichtigung der Nachkriegsentwicklung und der sozialen sowie wirtschaftlichen Realitäten möglich ist, die in den letzten 40 Jahren in der DDR entstanden sind.

Hierbei lassen sich beide Seiten von folgenden Grundsätzen leiten:

– Die Rechtssicherheit für Bürger und Unternehmen ist unter Gewährleistung gleicher Rechte für die Deutschen in Ost und West wiederherzustellen.

– Die widerstreitenden Interessen sind sozial verträglich auszugleichen.

– Der Rechtsfriede in einer künftigen gesamtdeutschen Gesellschaft ist dauerhaft zu sichern.

Die beiden deutschen Regierungen sind sich über folgende Lösungswege einig:

1. Enteignungen auf besatzungsrechtlicher bzw. -hoheitlicher Grundlage (1945–1949) bleiben unberührt. Die Regierungen der Sowjetunion und der Deutschen Demokratischen

Republik sehen keine Möglichkeit, die damals getroffenen Maßnahmen zu revidieren. Die Regierung der Bundesrepublik Deutschland nimmt dies zur Kenntnis.

2. Treuhandverwaltungen und ähnliche Maßnahmen mit Verfügungsbeschränkungen über Grundeigentum, Gewerbebetriebe und sonstiges Vermögen sind aufzuheben. Damit wird denjenigen Bürgern, deren Vermögen wegen Flucht aus der DDR oder aus sonstigen Gründen in eine staatliche Verwaltung genommen worden ist, die Verfügungsbefugnis über ihr Eigentum zurückgegeben.

3. Enteignetes Vermögen wird grundsätzlich den ehemaligen Eigentümern oder ihren Erben zurückgegeben oder auf Wunsch entschädigt. Die Rückübertragung von Eigentumsrechten an Grundstücken und Gebäuden, deren Nutzungsart bzw. Zweckbestimmung insbesondere durch Gemeingebrauch, komplexen Wohnungsbau oder gewerbliche Nutzung ihrem Wesen nach verändert wurden, ist von der Natur der Sache her nicht möglich. In diesen Fällen wird eine Entschädigung geleistet, soweit nicht bereits nach den für den Bürger der Deutschen Demokratischen Republik geltenden Vorschriften entschädigt worden ist.

4. Sofern Bürger der Deutschen Demokratischen Republik an solchen Immobilien Eigentum oder dingliche Nutzungsrechte in redlicher Weise erworben haben, ist ein sozial verträglicher Ausgleich durch Schaffung einer Erbbaurechtsregelung herzustellen. Dem ehemaligen Eigentümer wird in diesen Fällen sein Eigentum wieder eingeräumt, das aber zugunsten der derzeitigen Nutzungsberechtigten in der Deutschen Demokratischen Republik mit einem Erbbaurecht belastet wird. Die Ausgestaltung des Erbbaurechtes insbesondere hinsichtlich seiner Laufzeit, der Höhe des Entgelts und seiner Anpassung an die allgemeine wirtschaftliche Entwicklung wird zwischen den beiden deutschen Regierungen ausgehandelt und von der Deutschen Demokratischen Republik gesetzlich geregelt.
   Eigentümer und Nutzungsberechtigte können sich auch eigenständig und unabhängig von der gesetzlichen Regelung über die beiderseitigen Rechte und Pflichten aus dem Erbbaurecht einigen.

5. Mieterschutz und bestehende Nutzungsrechte von Bürgern der Deutschen Demokratischen Republik an durch diese Erklärung betroffenen Grundstücken und Gebäuden werden wie bisher gewährt und regeln sich nach dem geltenden Recht der Deutschen Demokratischen Republik. Anpassungen der Mieten sind entsprechend der wirtschaftlichen Entwicklung in der Deutschen Demokratischen Republik und unter Berücksichtigung sozialer Belange möglich.

6. Sind Vermögenswerte – einschließlich Nutzungsrechte – auf Grund unlauterer Machenschaften (z. B. Machtmißbrauch, Korruption, Nötigung oder Täuschung) erlangt worden, so ist der Rechtserwerb nicht schutzwürdig und rückgängig zu machen, soweit ein redlicher Erwerb nicht nachgewiesen wird. In Fällen des redlichen Erwerbs findet Ziffer 4. Anwendung.

7. Soweit es zu Vermögenseinziehungen im Zusammenhang mit rechtsstaatswidrigen Strafverfahren gekommen ist, wird die Deutsche Demokratische Republik die gesetzlichen Voraussetzungen für ihre Korrektur in einem justizförmigen Verfahren schaffen.

8. Anteilsrechte an der Altguthaben-Ablösungsanleihe von Bürgern der Bundesrepublik Deutschland werden einschließlich der Zinsen in der 2. Jahreshälfte 1990 – also nach der Währungsumstellung – bedient.

9. Soweit noch Devisenbeschränkungen im Zahlungsverkehr bestehen, entfallen diese mit dem Inkrafttreten der Währungs-, Wirtschafts- und Sozialunion.

10. Zur Abwicklung:
    a) Die Deutsche Demokratische Republik wird die erforderlichen Rechtsvorschriften und Verfahrensregelungen umgehend schaffen.

b) Sie wird bekanntmachen, wo und innerhalb welcher Frist die betroffenen Bürger ihre Ansprüche anmelden können.

c) Zur Befriedigung der Ansprüche auf Entschädigung wird in der Deutschen Demokratischen Republik ein rechtlich selbständiger Entschädigungsfonds getrennt vom Staatshaushalt gebildet.

d) Die Deutsche Demokratische Republik wird dafür Sorge tragen, daß bis zum Ablauf der Frist gemäß Ziffer 10. b) keine Verkäufe von Grundstücken und Gebäuden vorgenommen werden, an denen frühere Eigentumsrechte ungeklärt sind.

Nr. 277
Gespräch des Ministerialdirektors Teltschik mit Präsident Gorbatschow
Moskau, 14. Mai 1990

BK, 21 – 30130 S 25 – De 2/6/90, Bd. 20, Bl. 135–144. – Vermerk des MD Teltschik, 16. Mai 1990. Eine Ausfertigung. Geheim. – Gesprächsdauer und -ort: 16.00 bis 17.30 Uhr, Kreml.

Teilnehmer:
Ministerpräsident Ryschkow
stellv. Außenminister Julij Kwizinskij
Dr. Röller, Vorsitzender der Vereinigung der deutschen Banken
Herr Kopper, Sprecher der Deutschen Bank

Präsident Gorbatschow begrüßte die Entsendung der Mission durch den Herrn Bundeskanzler. Um was es jetzt ginge, sei klar. Die Perestroika müsse jetzt verwirklicht werden. Die Sowjetunion wolle sich dabei auf ihre eigene Kraft stützen. Sie verfüge über ein großes Potential, auch ökonomisch. Dennoch werde die Bevölkerung jetzt eine Phase der Krankheit durchmachen müssen.

Dennoch sei es für die Sowjetunion nicht akzeptabel, abhängig zu sein. Andererseits seien in dieser Welt alle voneinander abhängig. Dennoch müsse man in seinen Entscheidungen frei bleiben.

Er wünsche deshalb enge Zusammenarbeit, die selbstverständlich einschließe, daß die Sowjetunion entschlossen sei, ihren Zahlungsverpflichtungen nachzukommen, um ihre Unabhängigkeit zu sichern. Es gehe bei der Zusammenarbeit um eine Arbeitsteilung.

Seine Politik der Perestroika sei jetzt in eine entscheidende Phase eingetreten. 1985 sei es darum gegangen, den Menschen die Absichten und Ziele der Perestroika deutlich zu machen. Er habe sich dabei viele Beulen geholt. Es sei aber darum gegangen, die Gesellschaft ins Wanken zu bringen und Bewegung in die Gesellschaft hineinzubringen. Das sollte vor allem durch die Politik von Glasnost bewirkt werden. Seine Absicht sei es gewesen, das System damit auf intellektueller Ebene zu demontieren.

Jetzt könne er die Politik in Richtung Marktwirtschaft nicht länger aufschieben. In den letzten Jahren sei es ihm darum gegangen, der Kommandowirtschaft einen entscheidenden Schlag zu versetzen. Jetzt stelle sich die Situation so dar, daß sich die Räder noch drehen würden, die Kupplung zwischen Staat und Wirtschaft jedoch nicht mehr greifen würde. Die Marktwirtschaft selbst sei jedoch noch nicht in Gang gekommen. Sein Ziel sei es, die Übergangsphase bis zur Durchsetzung der Marktwirtschaft zu verkürzen. Es sei ihm klar, daß die Sowjetunion jetzt wackeln würde. Wir hätten dabei aber mehr Angst als er selbst. Sie müßten jetzt nur mit ihrem russischen Charakter [die Initiative] an sich heranziehen, um Unterstützung zu erhalten. Was gelte es jetzt zu entscheiden? Die Übergangsperiode bis zur Verwirklichung der Marktwirtschaft habe sich durch die Verzögerung der Reformen kompliziert. Das alte System sei schneller zerschlagen worden, als neue Maßnahmen durchgesetzt werden konnten. Die Wirtschaft sei außer Kontrolle geraten.

Seine Politik bestehe darin, die Ausgaben zu reduzieren. Ein neues Steuersystem werde erarbeitet. Im Obersten Sowjet gebe es darüber einen heftigen Streit. Die Regierung habe Vorschläge für ein Bankensystem und für ein neues Kreditsystem erarbeitet. Vorzugszinsen würden bei ihnen 1,5 bis 2% und nicht wie bei uns 7% bedeuten.

Gleichzeitig hätten sie Maßnahmen zur Stärkung der Produktion eingeleitet. Die Sowjetunion sei durch die Priorität für die Schwerindustrie und für die Militärproduktion deformiert worden. Jetzt habe er eine Wende in Richtung der Leicht- und Konsumgüterindustrie eingeleitet.

Jetzt ginge es ihm darum, das Risiko während dieser Übergangsphase zu verringern und eine Absicherung zu erreichen. Er rechne deshalb mit Vorzugskrediten von seiten der westlichen Partner.

Präsident Gorbatschow berichtete von dem Besuch eines Betriebes im Ural, der Weltraumtechnologie produziere. Die Firma Philips war an einer Kooperation interessiert. Sie sei jedoch nicht zustande gekommen, solange der Betrieb der Außenwelt nicht zugänglich gewesen sei. Der Betrieb sei geöffnet und jetzt sei ein Kooperationsprogramm mit Philips für die nächsten 2 1/2 Jahre vereinbart worden.

Rüstungsbetriebe seien durch die Konversion in eine katastrophale finanzielle Lage geraten. Sie seien deshalb an einer Vorzugsfinanzierung für die Modernisierung interessiert. Die staatliche Plankommission habe eine Liste aller Betriebe vorliegen, die für eine Konversion vorgesehen.

Die Sowjetunion brauche aber auch Warenkredite, die den Kauf von Nahrungsmitteln einschlössen. Auch die Leicht- und Lebensmittelindustrie müsse modernisiert werden. Da die entsprechenden Lagermöglichkeiten fehlen würden, hätten sie Jahr für Jahr 25 bis 30% Verluste ihrer landwirtschaftlichen Produktion.

Er wisse, daß die deutschen Banken jetzt Angst um ihr Geld hätten. Es gehe jetzt aber darum, die Phase des Übergangs zur Marktwirtschaft zu beschleunigen. Er werde deshalb auch die Konvertibilität des Rubels beschleunigen. Das werde die Integration fördern. Seine Perspektive sei es, jetzt einen Punkt zu erreichen, wo wir uns besonders gut verstehen müßten.

Die Sowjetunion brauche jetzt Sauerstoff. Man könne sie auch nicht mit Ländern wie Polen, Bulgarien oder Indien vergleichen. Die Sowjetunion verfüge über reiche Ressourcen, mit denen sie zurückzahlen könnte.

In der sowjetischen Führung hätten sie ein Gespräch geführt und seien übereingekommen, daß sie jetzt 15 bis 20 Mrd. bräuchten, die sie in 7 bis 8 Jahren zurückzahlen würden. Sie seien auch an weiteren Joint-ventures interessiert, die ihre Gewinne reinvestieren würden. Sie bräuchten jetzt Geld, um die Wende herbeizuführen. Sie bräuchten eine Schulter.

Zur Lösung der aktuellen Probleme seien 1,5 bis 2 Mrd. Rubel erforderlich.

Er habe in der letzten Zeit mit vielen Partnern gesprochen. Die Vereinigten Staaten wollten ihnen nicht helfen.

Wir müßten jedoch erkennen, daß jetzt in Europa eine Wende in Gang gekommen sei. Wenn wir jedoch diese Wende jetzt versäumen und nur das Ziel verfolgen würden, die entstandenen Instabilitäten auszunutzen, dann seien wir alle engstirnige Pragmatiker. Jetzt gehe es darum, Europa und die Welt zu verändern. In der Welt werde sich jedoch nichts verändern, wenn sich die Sowjetunion nicht grundlegend ändere.

Das Verständnis für solche Veränderungen sei jetzt im Volk herangereift. Das sowjetische Volk sei jetzt selbstkritisch geworden. Der Wunsch nach neuen Lebensformen habe zugenommen. In den Jahren davor sei das Volk sehr komplex gewesen. Noch vor einem Monat sei die Ankündigung der Einführung der Marktwirtschaft als Rückkehr zum Kapitalismus empfunden worden. Jetzt habe sich die Lage schon normalisiert, und alle empfänden diese Politik als normal. Noch vor einem Monat hätte man ihn und Ryschkow dafür kreuzigen wollen. Sie würden jetzt die Wende realisieren. Wenn sie es nicht täten, würden sie den entscheidenden Punkt versäumen.

Er werde alles das auch Präsident Bush vertraulich sagen. Es wäre jedoch eine Fehlkalkulation, wenn die USA glauben sollten, daß sie jetzt weltweite Kontrolle übernehmen könnten, weil die Sowjetunion schwach sei. Sie würden jetzt mit den USA sehr offen sprechen. Auch der Bundeskanzler solle darüber mit Bush reden.

Er wolle ganz offen sagen, daß es nicht einfach sei, diesen Kurs nach innen und nach außen durchzusetzen. Sie würden es jedoch tun, unabhängig davon, ob sie der Westen unterstütze oder nicht. Dann werde dieser Prozeß jedoch sehr schmerzlich sein. Es gehe ihm darum, die entstehenden sozialen und wirtschaftlichen Spannungen zu überwinden. Das Volk müsse bereits in der ersten Etappe spüren, daß sich etwas positiv ändere. Das sowjetische Volk verfüge über viel Toleranz. Aufgrund der Opposition von links und von rechts bleibe jedoch die Gefahr, daß die Wende abgebrochen werden könnte. Die Gegner würden nur auf Fehler und eintretende Spannungen warten. Dennoch glaube er, daß die Perestroika nicht mehr aufzuhalten sei. Bei ihnen gebe es jedoch alle möglichen Leute. Präsident Gorbatschow verwies auf Stimmungen und Bewegungen, die Hitler den Weg bereitet hätten. Auch in der Sowjetunion gebe es bestimmte Schichten, die man für eine Krise nutzen könne. Alles sei deshalb sehr ernst. Er sei sich jedoch sicher, daß ein Versuch, die Wende zu verhindern, nicht klappen werde.

In den letzten 20 Tagen habe er nichts anderes getan, als seine Politik ununterbrochen zu erklären. Immer mehr Leute würden sich von der Opposition von links und rechts distanzieren: Auf ihm und auf Ryschkow laste jedoch höchster Druck.

Präsident Gorbatschow kündigte an, daß die Entscheidungen in der nächsten Woche im Präsidialrat und am 25. Mai im Obersten Sowjet getroffen würden.

Für ihn gehe es jetzt darum, Partner in Europa zu gewinnen. Der Rahmen dafür sei das gemeinsame Haus Europa. Er wolle nur darauf hinweisen, daß andere Staaten, wie z.B. Südkorea, Hilfe anbieten würden. Viele würden sich bei ihnen bemühen, Fuß zu fassen und Investitionen zu tätigen. Sie würden sich dabei zufriedengeben, nur Rubel zu verdienen. Diese Rubel wollten sie für Reinvestitionen nutzen, um endgültig in der Sowjetunion Fuß zu fassen.

Was die Beziehungen zu Deutschland betreffe, so sei er einverstanden, daß jetzt ein zweiseitiger Vertrag vorbereitet werden solle. Dabei gehe es nicht darum, anderen einen Schreck einzujagen. Ein solcher Vertrag zwischen Deutschland und der Sowjetunion werde jedoch ein Stützpfeiler für das europäische Haus sein. Er sei bereit, darüber zu einem Gespräch mit dem Bundeskanzler zusammenzutreffen. Eine solche Begegnung könne jedoch erst nach dem Parteitag[1] stattfinden. Am liebsten wäre ihm ein Termin nach dem 20. Juli.

Was die Sicherheitsfragen im Zusammenhang mit der deutschen Einigung betreffe, wolle er mir einen Gedanken ans Herz legen. Man müsse so handeln, daß bei der Bevölkerung der Sowjetunion nicht der Eindruck entstünde, daß die Sicherheit der Sowjetunion gefährdet sei. Das sei wichtig, aber nicht allein entscheidend. Die Waagschale der Sicherheit dürfe sich nicht zu Lasten einer Seite verändern. Das europäische System der Sicherheit müsse sehr ausgewogen sein und die Balance insgesamt wahren. Auch auf der strategischen Ebene müsse eine Balance gefunden werden. Keine Seite dürfe der anderen etwas aufzwingen. Auf meinen Hinweis, daß der Bundeskanzler davon ausgehe, daß in allen diesen Fragen eine Einigung möglich sei, erwiderte Präsident Gorbatschow, daß er auch davon ausgehe. Jetzt

---

1 Nr. 350 Anm. 4.

müßten wir gemeinsam auf Präsident Bush Druck ausüben. Er meine dies jedoch nicht im negativen Sinne.

Präsident Gorbatschow berichtete, daß er mit Präsident Bush telefoniert habe. Bush habe ihn gefragt, warum er gegenüber Deutschland Mißtrauen habe. Er habe ihm geantwortet, wenn Deutschland so sei, daß man kein Mißtrauen haben müsse, dann könne ein geeintes Deutschland auch dem Warschauer Pakt beitreten. Der Warschauer Pakt sei heute geschwächt. Wir sollten deshalb den Warschauer Pakt jetzt unterstützen. Bush sei darüber sehr schockiert gewesen. Er habe dann Bush gefragt, ob er den Deutschen vertraue. Dieser habe ihm dann gesagt, daß Deutschland in der NATO bleiben müsse, damit es unter westlicher Kontrolle bleibe.

Präsident Gorbatschow erklärte, daß die Suche nach Lösungen nicht einfach sein werde. Die einfachste Lösung würde darin bestehen, die Blöcke aufzulösen. Als er jetzt seine Rede zum 45. Jahrestag des Kriegsendes[2] vorbereitet habe, habe er nicht gewagt, alles zu sagen, was sich durch den Zweiten Weltkrieg verändert habe und was damals geschehen sei. Die Sowjetunion habe 27 Millionen Tote zu beklagen und 17 bis 18 Millionen Verwundete. Andere Schäden kämen hinzu. Jetzt müßten beide Völker zum Nutzen aller zusammenarbeiten. Heute sei die beste Chance aller Zeiten gegeben.
...[3]

Abschließend bekräftigte Präsident Gorbatschow noch einmal seine Absicht, die Reformen in der Sowjetunion durchzuführen, um das Land nach Europa [hin] zu öffnen. Er bat, dem Bundeskanzler seine besten Grüße zu übermitteln.

Ausführungen von AL 2 gegenüber Präsident Gorbatschow:
AL 2 dankte im Namen seiner Begleiter für die Möglichkeit des Gespräches mit dem Präsidenten und übermittelte die besten Grüße des Herrn Bundeskanzlers. Der Bundeskanzler wolle durch die Zusammensetzung dieser Delegation, durch die rasche Reaktion auf das zurückliegende Gespräch mit Außenminister Schewardnadse[4] und durch die Vertraulichkeit des Gesprächscharakters sein persönliches Interesse an guten und intensiven Beziehungen und an der Vertiefung der Zusammenarbeit zwischen der Bundesrepublik Deutschland und der Sowjetunion zum Ausdruck bringen. Wir seien mit offenem Herzen und mit der Bereitschaft zur engen Zusammenarbeit nach Moskau gekommen.

Wir befänden uns in einer historischen Phase für Deutschland, für die Sowjetunion und damit für ganz Europa. Dies sei nicht zuletzt das Verdienst des Präsidenten, der mit seiner weitreichenden Reformpolitik die entscheidende Voraussetzung dafür geschaffen habe.

Die jetzt eingetretene historische Phase müsse für beide Seiten, für die Sowjetunion als auch für Deutschland, und für ganz Europa zum Erfolg geführt werden.

Die Lösung könne nur im Rahmen eines Gesamtpaketes gefunden werden, das sich aus bilateralen und aus multilateralen Ergebnissen zusammensetzen müsse.

Der Bundeskanzler habe deshalb gegenüber Außenminister Schewardnadse den Vorschlag gemacht, die Beziehungen zwischen einem geeinten Deutschland und der Sowjetunion langfristig und umfassend zu gestalten und zu intensivieren. Es solle deshalb ein umfassender und weit in die Zukunft reichender Vertrag erarbeitet werden, der sowohl die Substanz des Moskauer Vertrages,[5] des langfristigen Wirtschaftskooperationsabkommens,[6] der gemein-

---

2 Rede des Präsidenten Gorbatschow am 8. Mai 1990 in Moskau auf einer Festsitzung anläßlich des 45. Jahrestages des Kriegsendes am 9. Mai 1945, ZSF/russ./8. 5. 90/1500, in: Ostinformationen. Nr. 88. 9. Mai 1990, 12–19; BPA/PA, F 1/22. Auszüge in: Neues Deutschland. 45. Jg. Nr. 108. 10. Mai 1990, 5.
3 Im folgenden besprochen: Litauen und Panama.
4 Nr. 267.
5 Nr. 50 Anm. 5.
6 Nr. 255 Anm. 2.

samen Erklärung des Präsidenten und des Bundeskanzlers vom 13. Juni 1989[7] als auch die im Rahmen der beiden Besuche abgeschlossenen 18 Abkommen und Fragen der Sicherheit einbeziehen solle. Dieser neue Vertrag müsse von historischer Bedeutung sein, der den Interessen beider Völker gerecht werde, aber auch den Interessen aller Nachbarn.

Der Bundeskanzler freue sich, daß der Präsident diesen Vorschlag positiv aufgenommen habe. Er sei wie der Präsident bereit, so bald als möglich ein persönliches Gespräch zur Vorbereitung eines solchen Vertrages aufzunehmen. Als Termine schlage er den 16.–20. Juli bzw. den 27. bis 31. August vor. In diesem Zusammenhang erinnerte AL 2 den Präsidenten an dessen Vorschlag gegenüber dem Bundeskanzler, einmal am Heimatort des Präsidenten zusammenzutreffen und dort dem Bundeskanzler die Steppe zu zeigen. Der Präsident nahm diesen Hinweis mit Wohlgefallen auf.

AL 2 verwies ebenso auf die Bereitschaft des Bundeskanzlers, die wirtschaftliche, technologische und wissenschaftliche Zusammenarbeit mit der Sowjetunion weiter auszubauen und Verhandlungen über entsprechende Verpflichtungen der DDR gegenüber der Sowjetunion auf trilateraler Ebene zu führen. Der Bundeskanzler sei sich bewußt, daß die Politik der Perestroika natürlicherweise zu Übergangsschwierigkeiten führe. Die heutige deutsche Gesprächsgruppe sei ein Zeichen dafür, daß der Bundeskanzler bereit sei, zur Überwindung solcher Schwierigkeiten beizutragen. Er verstehe diese Zusammenarbeit und Unterstützung als Teil des Gesamtpaketes, der zur Lösung der anstehenden Fragen beitragen könne.

Multilateral könne der KSZE-Prozeß einen wichtigen Beitrag zur Entwicklung der politischen Zusammenarbeit und zur Regelung von Sicherheitsfragen, insbesondere im Bereich der vertrauensbildenden Maßnahmen und der Verifikation, spielen. Außerdem müsse der Abrüstungs- und Rüstungskontrollprozeß weiter vorangetrieben werden. AL 2 verwies darauf, daß es der Bundeskanzler gewesen sei, der in seinen Gesprächen mit Präsident Bush in Camp David[8] darauf gedrängt habe, weitere Fortschritte im Abrüstungsbereich, insbesondere bei der weiteren Abrüstung von nuklearen Kurzstreckensystemen, zu erreichen. Die Vorschläge des amerikanischen Präsidenten gingen in diese Richtung und seien ermutigend.

Zu Litauen berichtete AL 2 im Auftrag des Bundeskanzlers über das Gespräch mit Frau Ministerpräsidentin Prunskiene.[9] Der Bundeskanzler habe nicht die Absicht, dem Präsidenten einen Rat zu erteilen oder eine Vermittlerrolle zu übernehmen. Es ginge ihm vor allem darum, dazu beizutragen, einen Konflikt zu vermeiden. Niemand könne an einer Krise oder einer beginnenden Destabilisierung interessiert sein. Das sei das Motiv für die gemeinsame Initiative mit Präsident Mitterrand gewesen.[10]

Der Bundeskanzler habe deshalb Ministerpräsidentin Prunskiene gesagt, daß Litauen zu einem Dialog bereit sein solle, ohne Bedingungen zu stellen. Die Unabhängigkeitserklärung solle eingefroren werden. Alle Seiten sollten sich der Gewalt oder einer Politik der Blockade enthalten.

Ministerpräsidentin Prunskiene habe geantwortet, daß niemand im Westen so offen mit ihr gesprochen habe. Der Bundeskanzler habe den Eindruck aus dem Gespräch gewonnen, daß Ministerpräsidentin Prunskiene von dem Gespräch beeindruckt gewesen sei und seine Worte auf einen fruchtbaren Boden gefallen seien. Er habe ihr auch deutlich gemacht, daß sie im Falle einer Krise nicht mit westlicher Hilfe rechnen könne. Der Bundeskanzler hoffe auf eine friedliche und politische Lösung.

(Teltschik)

---

7   Nr. 4 Anm. 1.
8   Nr. 192 – Nr. 194.
9   Nr. 274.
10 Nr. 257 Anm. 3.

Nr. 278
Gespräch des Bundeskanzlers Kohl mit Außenminister Hurd
Bonn, 15. Mai 1990

BK, 211 – 30105 B 20 Gr 14, AM Hurd, 15.5.1990. – Vermerk des VLR I Bitterlich, 15. Mai 1990. – Mit hs. Verfügung: „1) Herrn GL 21 RL 212 RL 213 2) Herrn AL 2 n[ach] R[ücksprache] z.K. 3) zdA (Hr. Stuth hat Ø) Bi[tterlich] 23/5".

Aus dem knapp einstündigen Gespräch[1] ist im wesentlichen festzuhalten:

1. Bewertung der Landtagswahlen in Nordrhein-Westfalen und Niedersachsen
– Bitte des Bundeskanzlers, PM Thatcher seine herzlichen Grüße und Dank für Ihre Botschaft in bezug auf den Ausgang dieser Wahlen zu übermitteln.
– Wahlausgang stelle kein beunruhigendes Ereignis dar; in der Geschichte der Bundesrepublik seien in der Vergangenheit – außer zur Zeit der Großen Koalition – gegensätzliche Mehrheiten in Bundestag und Bundesrat der Regelfall gewesen; insbesondere die letzten Jahre hätten gezeigt, daß es manchmal mit der eigenen Partei im Bundesrat schwieriger sei als mit der Opposition.[2]

2. Litauen-Problematik
– Er habe heute PM Thatcher wesentlichen Inhalt und Bewertung seines Gespräches mit PM Prunskiene schriftlich übermittelt;[3] er habe bei dem Gespräch[4] auf der gleichen Linie wie zuvor PM Thatcher und StP Mitterrand operiert.
– Er fasse wie folgt zusammen:
  = PM Prunskiene habe auf ihn wesentlich realistischeren und pragmatischeren Eindruck gemacht als Präsident Landsbergis;
  = er habe sie gefragt, warum sie mit ihrer Linie nicht die Unterstützung der Öffentlichkeit suche;
  = er habe ihr klar gesagt, Litauen müsse die Illusion aufgeben, jemand (aus dem Westen) werde aktiv durch Taten helfen;
  = er habe ihr den „Rat" gegeben, die Beschlüsse des Parlaments „auf Eis" zu legen, um einen realistischen Dialog mit Moskau einzuleiten;
  = bei dem Gespräch habe PM Prunskiene die spontane Idee geäußert, Botschafter Kwizinskij zu treffen – was dann ja erfolgt sei.
– AM Hurd pflichtet dem Bundeskanzler in der Sache bei. Wenn Litauen seine Bereitschaft entsprechend der Empfehlung von GB, F und D erkläre, könnten wir öffentlich dieses Signal begrüßen (Bundeskanzler stimmt dem zu). SU habe in London auf niedriger Ebene auf Mitterrand/Kohl-Initiative[5] und Besuche von PM Prunskiene reagiert und diese kritisch bewertet.

---

1 Gesprächsunterlage mit Vorlage des Ministerialdirektors Teltschik an Bundeskanzler Kohl, 9. Mai 1990: BK, 211 – 30105 B 20 Gr 14, AM Hurd, 15.5.1990.
2 Bei den Wahlen zum Niedersächsischen Landtag am 13. Mai 1990 entfielen auf die SPD 44,2 v.H., auf die CDU 42,0 v.H., auf die FDP 6,0 v.H. und auf Die Grünen 5,5 v.H. der gültigen Stimmen. Am selben Tag errangen bei den Wahlen zum Landtag von Nordrhein-Westfalen die SPD 50,0 v.H. der gültigen Stimmen, die CDU 36,7 v.H., die FDP 5,8 v.H. und Die Grünen 5,0 v.H. (Angaben in: Statistisches Jahrbuch 1990 für die Bundesrepublik Deutschland. Hg. vom Statistischen Bundesamt. Wiesbaden 1990, 82). Durch die Bildung einer Regierungskoalition von SPD und Grünen in Niedersachsen wechselten die Mehrheitsverhältnisse im Bundesrat zugunsten der SPD-geführten Länder.
3 Nr. 279, insbes. Anm. 1 und 6.
4 Nr. 274.
5 Nr. 257 Anm. 3.

3. Deutscher Einigungsprozeß

- Bundeskanzler äußert Zufriedenheit („es laufe ganz gut, zufrieden") über bisherige Entwicklung, wenn auch psychologische Entwicklung, nicht zuletzt aufgrund SPD-Doppelstrategie, zunehmend schwieriger werde.
- Er denke auch, daß 2+4-Prozeß bis Herbst positiv abgeschlossen werden könne („je früher, desto besser"). SU werde wahrscheinlich in der NATO-Frage nachgeben, wenn Gesichtswahrung und insbes. ihre Wirtschaftsinteressen abgedeckt seien.
- (Auf Frage von AM Hurd nach dem Staatsvertrag:) Er hoffe auf Verhandlungsabschluß und Unterschrift vor Ende der Woche; Währungs- und Sozialfragen seien abgeschlossen; Wirtschaftsunion werfe noch schwierige Probleme auf (Eigentumsfragen – „nicht in kurzer Zeit lösbar"; Umstellung der Wirtschaft).
- (Auf Frage von AM Hurd nach dem DDR-Haushaltsdefizit:) DDR habe zugesagt, Zahlen in dieser Woche zu liefern; Erläuterung des Fonds-Ansatzes und der neuesten Steuerschätzungen; DDR-Integration wirtschaftlich zu verkraften – nur gegenüber einer Wohlstandsgesellschaft schwer verständlich zu machen; Bekräftigung, Steuern nicht zu erhöhen.
- (Auf Frage von AM Hurd nach dem Datum für die gesamtdeutschen Wahlen:)
  = Stimmung habe sich in der DDR wie bei uns in den letzten Wochen verändert (hier: zunehmende Angst vor Kosten, keine Solidarität; drüben: Wir wollen nicht warten).
  = Tendenz in Koalition daher: gesamtdeutsche Wahlen im Dezember unter der Voraussetzung, daß 2+4 bis dahin abgeschlossen; dagegen SPD: erst in 2 Jahren, um von evtl. wirtschaftlichen Schwierigkeiten zu profitieren; Demoskopen gingen davon aus, daß Koalition Mehrheit erhalte, wenn die Wahlen innerhalb der nächsten 8 Monate stattfinden.
- (Auf Frage von AM Hurd nach entsprechender Bereitschaft der DDR:)
  MP de Maizière sei grundsätzlich für baldige Wahlen, lediglich Termin noch offen; im September/Oktober würden beide Parteien fusionieren (dies habe er mit de Maizière in Berlin abgesprochen[6]).
- Auf Frage, ob SU sich auch angesichts dieser weiteren inneren Beschleunigung bei den externen Aspekten kooperativ zeigen werde: Er glaube, ja, vor allem aus wirtschaftlichen Gründen; etwas politischer Druck sei gleichwohl notwendig; SU habe begriffen, daß ein Kollaps der DDR-Wirtschaft schlimmer für sie sei; er glaube nicht, daß sich Gorbatschow letztlich verweigern werde – er werde pokern, aber unter Berücksichtigung seiner Interessen einlenken; Erläuterung der Risiken einer zu langsamen Entwicklung.
- Auf Frage, ob die SPD in der Lage sei, im Bundesrat Obstruktion zu üben: An sich ja, aber sie würde sich damit schaden; sie müßte sich vorhalten lassen, sie sei in Wahrheit gegen die Einheit.

AM Hurd betont sein Verständnis für ein schnelleres Vorgehen – wir müssen versuchen, Gorbatschow nicht zu unterminieren, dies dürfe aber nicht zu Lasten unserer Sicherheit gehen.

Bitterlich

---

6 Bundeskanzler Kohl und Ministerpräsident de Maizière trafen am 14. Mai 1990 in Berlin (West) zusammen.

Nr. 279
Schreiben des Bundeskanzlers Kohl an Staatspräsident Mitterrand
Bonn, 15. Mai 1990

BK, 213 – 30101 L 4 Li 14 Bd. 2. – Tag der Ausfertigung hs. ergänzt.

Lieber François,[1]

angesichts unserer engen Abstimmung in der litauischen Frage möchte ich es nicht versäumen, Sie über mein Gespräch mit der litauischen Ministerpräsidentin Prunskiene vom 11. Mai[2] zu unterrichten.

Ich hatte den Eindruck, daß die litauische Ministerpräsidentin ...[3] politisches Augenmaß beweist und grundsätzlich gesprächs- und kompromißbereit ist. Ich habe ihr deshalb nahegelegt, die bevorstehenden Verhandlungen mit Moskau selbst zu führen.

Frau Prunskiene bestand zunächst darauf, daß ein Dialog mit Moskau nur beginnen könne, wenn die Wirtschaftsblockade aufgehoben und sowjetische Truppenbewegungen in litauischen Städten eingestellt würden. Den Gegenstand der Verhandlungen bezeichnete sie mit der Formel, die auch Parlamentspräsident Landsbergis in seinem Antwortschreiben[4] auf unsere gemeinsame Initiative[5] gebraucht hatte: Aussetzung der Folgen der litauischen Parlamentsbeschlüsse, die die sowjetische Führung am meisten beanstandet hat.

Ich habe Frau Prunskiene demgegenüber gedrängt, die Unabhängigkeitserklärung einschließlich der danach erlassenen Gesetze bis auf weiteres einzufrieren und der sowjetischen Regierung zugleich ohne Bedingungen oder ultimative Töne einen Dialog anzubieten. Wenn sie dies ankündige, könne sie allerdings durchblicken lassen, daß es für die Gesprächsatmosphäre nicht günstig sei, wenn die Blockade andauere.

Eine solche Aufforderung zum Dialog werde der Westen dann energisch unterstützen und seinerseits die Beendigung der Blockade fordern.

Ich habe unmißverständlich klargestellt, daß mit der gemeinsamen Initiative, die wir unternommen haben, keine Vermittlerrolle beabsichtigt ist. Litauen sei gut beraten, direkte Verhandlungen mit Moskau schnellstmöglich aufzunehmen. Die Zeit sei dafür im Vorfeld des Gipfels Bush-Gorbatschow besonders günstig.

Frau Prunskiene hat eine Rücknahme der Unabhängigkeitserklärung selbst als psychologisch schwierig bezeichnet, obwohl meine Anregung in eine Richtung ziele, in die sie sich selbst bereits bewegt habe. Eine Suspendierung der litauischen Gesetzgebung hinsichtlich der Streitkräfte, insbesondere der Wehrpflicht, der Grenzen und deren Kontrollen, der Rechte sowjetischer Bürger in Litauen und der Eigentumsverhältnisse, komme jedenfalls in Betracht. Ich habe Frau Prunskiene gebeten, das Einfrieren auch dieser Beschlüsse ohne Bedingungen anzukündigen.

Im übrigen hielt Frau Prunskiene das „deutsche Modell", d. h. Stationierung sowjetischer Truppen auf dem heutigen Gebiet der DDR für eine Übergangszeit gemäß zu schließender Vereinbarung, auch für Litauen für möglich.

---

1 In einem über weite Passagen wortgleichen Schreiben, das Bundeskanzler Kohl am 13. Mai 1990 an Premierministerin Thatcher richtete (BK, 213 – 30101 L 4 Li 14 Bd. 2), hieß es eingangs: „Liebe Margaret, für die Botschaft über Ihre Gespräche mit der litauischen Ministerpräsidentin Kasimiera Prunskiene, die mir der britische Botschafter in Bonn am 10. Mai übermittelt hat, danke ich Ihnen sehr. Ihre schnelle Unterrichtung war für mein Gespräch mit Frau Prunskiene außerordentlich wertvoll. Auch ich hatte den Eindruck, ..." Fortsetzung bis „... als sei ihr von der Bundesregierung ein entsprechender Rat erteilt worden" wortgleich mit dem abgedruckten Schreiben an Staatspräsident Mitterrand.
2 Nr. 274.
3 Ein Halbsatz nicht freigegeben.
4 Schreiben des Parlamentspräsidenten Landsbergis an Bundeskanzler Kohl und Staatspräsident Mitterrand, 2. Mai 1990; BK, 213 – 30101 L 4 Li 14 Bd. 1.
5 Nr. 257 Anm. 3.

Frau Prunskiene hat mir auch angekündigt, daß sie den scheidenden sowjetischen Botschafter in Bonn, Julij Kwizinskij (der künftig als Vize-Außenminister für West-Europa und insbesondere für die 2-plus-4-Gespräche zuständig sein wird), aufsuchen und über ihre Bonner Gespräche unterrichten wolle. Sie werde dabei jeden Eindruck vermeiden, als sei ihr von der Bundesregierung ein entsprechender Rat erteilt worden.

Lieber François,[6] meine Gespräche mit Frau Prunskiene und – eine Woche zuvor – mit dem sowjetischen Außenminister Schewardnadse[7] bestätigen meinen Gesamteindruck, daß die Ausgangslage für einen Kompromiß nicht ungünstig ist.

Ich weiß mich mit Ihnen einig, daß die sorgfältige Beobachtung der weiteren Entwicklung und die Fortsetzung unserer gemeinsamen Initiative in engster Abstimmung für die Stabilisierung der Region dringend geboten ist.

Mit gleicher Post unterrichte ich auch Premierministerin Thatcher über das Gespräch. Präsident Bush werde ich anläßlich meines bevorstehenden Besuches in Washington[8] persönlich informieren.

Mit freundlichen Grüßen
Ihr
Helmut Kohl

Nr. 280
Besprechung des Bundeskanzlers Kohl mit den Regierungschefs der Länder
Bonn, 16. Mai 1990

BArch, B 136/29249, 121 – 14020 Mi 1,Vorbereitung d. Bespr. BK/Reg.chefs der Länder, 16.5.1990. – Undatiertes Ergebnisprotokoll. – Vertreter: MP Rau, St Clement (Vorsitzland Nordrhein-Westfalen), MP Späth (Baden-Württemberg), MP Streibl (Bayern), RBgm Momper (Berlin), Bgm Wedemeier (Bremen), Erster Bgm Voscherau (Hamburg), MP Wallmann (Hessen), MP Albrecht (Niedersachsen), MP Wagner (Rheinland-Pfalz), Stellv. MP Min Kasper i.V. von MP Lafontaine (Saarland), MP Engholm (Schleswig-Holstein); Bundeskanzleramt: BK Kohl, Chef BK Seiters, StM Stavenhagen, St a.D. Tietmeyer (Beauftragter des Bundeskanzlers); BM Genscher, BM Schäuble, BM Engelhard, BM Waigel, BM Haussmann, BM Wilms, BM Blüm, BM Töpfer, BM Klein; Protokollführer: RiVG Köster (Teilnehmerliste, Stand: 14. Mai 1990; BArch, B 136/29249, 122 – 14020 Mi 1, 16.5.1990, BK/Reg.chefs, Mappe BK). – Besprechungsdauer: 10.00 bis 12.30 Uhr.

Vor Eintritt in die Tagesordnung kommen die Regierungschefs von Bund und Ländern überein, den in der Regierungschefbesprechung vom 21. Dezember 1989[1] in Aussicht genommenen Termin einer gemeinsamen Besprechung am 22. Juni 1990 zu streichen.

Ein neuer Termin wird für die Zeit nach der Sommerpause vorgesehen.[2] Er wird zwischen dem Chef des Bundeskanzleramtes und dem Chef der Staatskanzlei des vorsitzführenden Landes abgestimmt.

---

6 In dem Schreiben an Premierministerin Thatcher (Anm. 1) lautete die Schlußpassage: „Liebe Margaret, ich teile Ihre Auffassung, daß es notwendig ist, die Lage in Litauen weiterhin sorgfältig zu beobachten. Ein enger Kontakt zwischen unseren Regierungen hinsichtlich des weiteren Vorgehens in dieser Frage erscheint mir geboten.
Mit gleicher Post informiere ich auch Staatspräsident Mitterrand über das Gespräch. Präsident Bush werde ich bei meinem bevorstehenden Besuch in Washington persönlich unterrichten."
7 Nr. 267.
8 Nr. 281.
1 Nr. 133.
2 Nr. 403.

Die Regierungschefs von Bund und Ländern verständigen sich auf Vorschlag des Bundeskanzlers auf folgende Tagesordnung:

1. Beteiligung von Bund, Ländern und Gemeinden der Bundesrepublik Deutschland an den DDR-Finanzlasten
2. Unterrichtung über die äußeren Aspekte der Herstellung der deutschen Einheit
3. Stand der Verhandlungen über einen Staatsvertrag mit der DDR.

TOP 1   Beteiligung von Bund, Ländern und Gemeinden der Bundesrepublik Deutschland an den DDR-Finanzlasten

Bundesminister Waigel berichtet über seine Besprechung mit der Konferenz der Länderfinanzminister am 15. Mai 1990 zum o.a. Thema.[3] Er weist darauf hin, daß weitgehend Einigung über die Bildung eines Fonds „Deutsche Einheit" erzielt worden sei. Er und der Vorsitzende der Konferenz der Länderfinanzminister, Stellvertretender Ministerpräsident Kasper, erläutern die Ergebnisse der Beratungen.

Die Regierungschefs von Bund und Ländern begrüßen den von den Finanzministern vorgelegten Vorschlag als tragfähige Lösung, die Haushaltsdefizite der DDR angemessen auf Bund, Länder und Gemeinden zu verteilen.

Auf Nachfrage von Ministerpräsident Rau, Ministerpräsident Späth, Regierendem Bürgermeister Momper, Erstem Bürgermeister Voscherau und Bürgermeister Wedemeier erörtern die Regierungschefs von Bund und Ländern folgende Fragen:

– Die Größe des Fonds, das alleinige Risiko des Bundes im Falle höherer DDR-Finanzlasten sowie Art und Höhe des Betrages, den der Bund durch Einsparungen in den Fonds einbringen wird.
– Auswirkungen der Kreditaufnahme auf den Kapitalmarkt.
– Beteiligung der Länder bei der Entscheidung über die Verwendung der Mittel.
– Abbau der teilungsbedingten Kosten und Berücksichtigung der besonderen finanziellen Lasten des Landes Berlin.
– Einzelheiten zur Kostenbeteiligung der Kommunen, insbesondere zu erforderlichen Änderungen des Gewerbesteuergesetzes.
– Neuregelung der Finanzbeziehungen zwischen Bund und Ländern ab 1995.

Stellvertretender Ministerpräsident Kasper und Erster Bürgermeister Voscherau weisen darauf hin, durch die in der Vereinbarung über die Errichtung eines Fonds enthaltenen Aussagen über eine künftige Neuregelung der Finanzbeziehungen zwischen Bund und Ländern seien die hierzu beim Bundesverfassungsgericht anhängigen Normenkontrollverfahren nicht erledigt. Vor einer Einbeziehung der künftigen Länder auf dem Gebiet der heutigen DDR in ein neues bundesstaatliches Ausgleichssystem ab 1995 sei deren Finanzausgleichsfähigkeit u.a. im Hinblick auf Steuerkraft, Finanzkraft und Verschuldung zu überprüfen.

Ministerpräsident Rau merkt an, der in dem Fonds festgeschriebene Länderanteil an der Finanzierung der DDR-Finanzlasten dürfe nicht indirekt durch in Zusammenhang mit der Kreditaufnahme stehende Zinssteigerungen und Einsparungen des Bundes zu Lasten der Länder erhöht werden.

Bundesminister Waigel kündigt an, daß die Länder bei der Entscheidung über die Vergabe der Fondsmittel in geeigneter Weise beteiligt würden. Zur Beteiligung der Kommunen an der Finanzierung der DDR-Lasten werde Parlamentarischer Staatssekretär Carstens (Bundesministerium der Finanzen) am 16. Mai 1990 ein Gespräch mit den kommunalen Spitzenverbänden führen.

---

3   Dazu Tietmeyer, Erinnerungen an die Vertragsverhandlungen, 111 f.

Der Bundeskanzler regt ein Gespräch auf Fachministerebene zur Klärung der noch offenen Fragen zur Beteiligung der Kommunen an den DDR-Finanzlasten an.

Regierender Bürgermeister Momper und Ministerpräsident Streibl stellen fest, in der Konferenz der Länderfinanzminister sei darüber Einvernehmen erzielt worden, daß die übrigen Länder Berlin nach der Vereinigung der beiden Stadthälften wegen seiner besonderen Lasten von seinen Zahlungsverpflichtungen gegenüber dem Fonds freistellen würden.

Regierender Bürgermeister Momper verweist auf die Regelungen des Dritten Überleitungsgesetzes.[4] Er hält den Zeitraum von 7 Jahren, in dem die Kosten der Teilung abgebaut werden sollen, für sehr knapp bemessen.

Der Bundeskanzler erklärt, daß der besonderen Situation Berlins Rechnung getragen werde. Die Regierungschefs von Bund und Ländern fassen sodann folgenden Beschluß:[5]

1. Es wird ein Fonds „Deutsche Einheit" eingerichtet mit einer Laufzeit von 4 1/2 Jahren, aus dem folgende Beträge bereitgestellt werden können:

1990	22 Mrd. DM
1991	35 Mrd. DM
1992	28 Mrd. DM
1993	20 Mrd. DM
1994	10 Mrd. DM.

   Der Bund verpflichtet sich, in diesen Fonds einen Gesamtbetrag von 20 Mrd. DM aus Einsparungen einzubringen, so daß sich die Kreditaufnahme des Fonds auf netto 95 Mrd. DM begrenzt. Der Bund beabsichtigt, die 20 Mrd. DM in steigenden Beträgen mit etwa 2, 4, 4, 5 und 5 Mrd. DM in den Jahren ab 1990 einzubringen.

   Lastentragung Bund:Länder (einschließlich Gemeinden) 50:50.

   Abfinanzierung des Fonds durch eine 10%ige Annuität.

2. Der Bund übernimmt es, noch 1990 ein Gesetz einzubringen, mit dem die bisherigen Kosten der Teilung in einem Zeitraum von 7 Jahren abgebaut werden; dabei bleiben die Stufen zunächst offen. Einzelheiten sind noch festzulegen und zu beraten.

3. Im Fondsgesetz wird festgelegt, daß die Finanzbeziehungen zwischen Bund und Ländern (insbesondere Länderfinanzausgleich und Bundesergänzungszuweisungen) mit Wirkung ab 1. Januar 1995 neu geregelt werden müssen.

4. Die Annuität der Länder wird aus dem Umsatzsteueranteil der Länder erbracht. Zu prüfen ist, ob die Verteilung in Abweichung von dem üblichen Verfahren nach den Einwohnerzahlen möglich ist. Die Regelung für die Beteiligung der Kommunen soll weitgehend durch Bundesgesetz festgelegt werden. Hierzu werden die Länder bis zum 17. Mai 1990 einen Vorschlag unterbreiten. Ziel ist eine Aufteilung zwischen den Ländern und ihren Gemeinden im Verhältnis der Steuerausstattung.

5. Eine Überprüfung dieser Vereinbarung bleibt für 1992 in Ansehung der dann vorhandenen Gegebenheiten vorbehalten.

6. Die Umsatzsteuerverteilung wird über 1990 hinaus bis 1992 einschließlich unverändert belassen.

Protokollnotiz der Freien und Hansestadt Hamburg:

1. Der Vereinbarung gemäß Nr. 3 betr. den Fonds „Deutsche Einheit" tritt Hamburg mit der Maßgabe und auf der Geschäftsgrundlage bei, daß bis zum 01. Januar 1995 die künftigen Länder auf dem heutigen Gebiet der DDR eine finanzwirtschaftliche Entwicklung u. a. im Hinblick auf die Steuerkraft, Finanzkraft und Verschuldung genommen haben, die ihre Einbeziehung in ein reformiertes bundesstaatliches Finanzausgleichssystem zu-

---

4   Nr. 103 Anm. 3.
5   Nach der Besprechung gab Bundesminister Waigel den Beschluß vor der Presse bekannt (Pressekonferenz, 16. Mai 1990, 12.30 Uhr. Unkorrigiertes Manuskript, 14 S., hier 1 f.; BPA/PA, F 1/30).

läßt. Sollte dies dann noch nicht der Fall sein, muß die Einbeziehung entsprechend später erfolgen.

2. Das von Hamburg angestrengte Normenkontrollverfahren zum Länderfinanzausgleich ist durch die Vereinbarung nicht erledigt. Das Verfahren ist aus Sicht Hamburgs fortzusetzen, um grundsätzliche Fragen des bundesstaatlichen Finanzausgleichssystems, insbesondere hinsichtlich der Stadtstaatenproblematik, zu klären.

TOP 2   Unterrichtung über die äußeren Aspekte der Herstellung der deutschen Einheit

Bundesminister Genscher informiert die Regierungschefs der Länder unter besonderer Berücksichtigung der „2+4-Gespräche" über die äußeren Aspekte der Herstellung der deutschen Einheit.

TOP 3   Stand der Verhandlungen über einen Staatsvertrag mit der DDR

Die Regierungschefs von Bund und Ländern erörtern Teilaspekte des beabsichtigten Vertrages über die Schaffung einer Währungs-, Wirtschafts- und Sozialunion zwischen der Bundesrepublik Deutschland und der Deutschen Demokratischen Republik.

Ministerpräsident Rau und Erster Bürgermeister Voscherau bemängeln, daß die Länder an der Vorbereitung des Vertrages unzureichend beteiligt worden seien. Erster Bürgermeister Voscherau verweist auf die Protokollnotiz der Freien und Hansestadt Hamburg zu dem Beschluß der Regierungschefs von Bund und Ländern vom 15. Februar 1990.[6] Er betont, bei der auf dem Weg zur deutschen Einheit notwendigen grundgesetzlichen Anpassung seien alle Länder zu beteiligen.

Der Bundeskanzler erwidert, die Bundesregierung habe die Länder bisher auf dem Weg zur deutschen Einheit entsprechend dem verfassungsrechtlichen Gebot und den getroffenen Vereinbarungen unterrichtet und beteiligt. Eng bemessene Fristen seien auf den immensen Zeitdruck zurückzuführen.

Der Bundeskanzler weist sodann darauf hin, daß der schnelle Ablauf der Ereignisse auch künftig zügige Entscheidungen erfordere. Es sei sein Wunsch, hierbei Gemeinsamkeiten zu erarbeiten. Er spreche sich für pragmatische Regelungen aus und rege deshalb an, die Länderbeteiligung durch die regelmäßigen, etwa im Abstand von vier Wochen stattfindenden Gespräche des Chefs des Bundeskanzleramtes mit den Chefs der Staats- und Senatskanzleien der Länder sicherzustellen. Hierbei könnten auch Spezialthemen erörtert werden. Bei Bedarf sollten die Regierungschefs von Bund und Ländern kurzfristig zu Sonderbesprechungen zusammentreffen. Die nächsten Gespräche des Chefs des Bundeskanzleramtes mit den Chefs der Staats- und Senatskanzleien könnten im Juni und Juli 1990 stattfinden.[7] Die genauen Termine sollten von den Chefs des Bundeskanzleramtes und der Staatskanzlei des vorsitzführenden Landes abgesprochen werden.

---

6 Nr. 185.
7 Nr. 302, Nr. 341 und Nr. 369.

Nr. 281

**Delegationsgespräch des Bundeskanzlers Kohl mit Präsident Bush
Washington, 17. Mai 1990**

BK, 21 – 30100 (56) Ge 28 (VS) Bd. 81, Bl. 41/4–41/16. – Vermerk des VLR I Kaestner, Washington (D.C.), 17. Mai 1990. Entwurf. – Mit Vorlage des MD Teltschik über Chef BK an den Bundeskanzler, 21. Mai 1990: „Hiermit lege ich Ihnen einen Vermerk über das o.a. Delegationsgespräch mit der Bitte um Genehmigung vor. Zugleich erbitte ich Ihre – Zustimmung –, daß die Bundesminister Genscher und Stoltenberg durch Doppel unterrichtet werden." – Gesprächsdauer und -ort: 11.45 bis 13.00 Uhr, Weißes Haus, Kabinettsaal.

Präsident Bush begrüßt den Bundeskanzler und seine Delegation und würdigt den Besuchszeitpunkt: Angesichts seines kommenden Treffens mit Präsident Gorbatschow[1] sei es ihm besonders wichtig, heute die deutschen Ansichten und Einschätzungen zu hören. Angesichts der nicht einfachen Situation in der SU habe er großen Respekt für die gemeinsamen deutsch-französischen Bemühungen, als Katalysator für die Lösung der Litauen-Frage zu wirken. Der gemeinsame Brief des Bundeskanzlers und Staatspräsident Mitterrands[2] sei sehr hilfreich gewesen.

Nach seinem eigenen Gespräch mit der litauischen Ministerpräsidentin Prunskiene[3] hoffe er sehr, daß die Dinge sich in eine bessere Richtung entwickelten. Dies wäre auch für die USA hilfreich, denn die Gefühle für die Selbstbestimmung Litauens seien sehr stark. Er sehe die schwierige Lage Präsident Gorbatschows, er sehe, daß auch Litauen nicht so flexibel handele, wie es sein sollte, aber gleichzeitig sehe auch er – Bush – sich erheblichem Druck gegenüber, etwa den amerikanisch-sowjetischen Gipfel zu verschieben oder Sanktionen gegen die SU zu verhängen. Kurzum: Er müsse Präsident Gorbatschow klarmachen, daß die Beziehungen sich nicht normal weiterentwickeln könnten, solange dieses Problem andauere.

Dies sage er auch gerade angesichts der laufenden Rüstungskontrollverhandlungen, wo es früher schwieriger als heute gewesen sei, wo man heute vorwärtskommen wolle. Aber seine Hände seien nicht so ungebunden, wie sie es ohne das Litauen-Problem wären.

Präsident Bush äußert sich sodann außerordentlich befriedigt über die Intensität und Qualität der bilateralen Konsultationen, insbesondere auch der Außenminister.

Der Bundeskanzler dankt für die freundliche Begrüßung und bezeichnet den Präsidenten – nicht nur als Gast im Weißen Haus, sondern aufgrund seiner tiefsten Überzeugung – als Glücksfall für Europa und die Deutschen. Im 20. Jahrhundert hätten hier im Weißen Haus viele Präsidenten regiert, die weniger von Europa und Deutschland gewußt hätten als Präsident Bush.

Dies sei in der jetzigen dramatischen Übergangszeit mit ihren Gefahren und Chancen wichtiger denn je. Wir Deutsche wollten den vor uns liegenden Weg in engster Gemeinschaft und Abstimmung mit den Vereinigten Staaten gehen (Exkurs: bevorstehende Treffen mit den German Study Groups von Senat und Repräsentantenhaus[4] sowie mit amerikanischen Intellektuellen; 1991 Gründung einer deutsch-amerikanischen Akademie der Wissenschaften). Auch in der Perspektive des Jahres 2000 sei es ganz wichtig, daß Amerika in Europa und in Deutschland sei und bleibe. Das Militärische verliere dabei an Bedeutung, aber die amerikanische Präsenz im umfassenden Sinn bleibe notwendig.

Unser Ziel sei, die NATO weiterzuentwickeln. Wir brauchten sie genauso wie die USA. Zwar könne und müsse man auch parallel den KSZE-Prozeß weiterentwickeln, aber die

1 Nr. 299 Anm. 2.
2 Nr. 257 Anm. 3.
3 Nr. 266 Anm. 4.
4 Nr. 291.

NATO bleibe unentbehrlich und das wiedervereinigte Deutschland müsse Mitglied der NATO sein.

Wäre dies nicht so, würde die NATO derart ausgehöhlt, daß sie weitgehend ihre Bedeutung verliere: Dies habe gravierende innenpolitische Folgen in USA – wer wolle dann noch Soldaten nach Europa schicken? –, insbesondere aber auch für die kleineren europäischen Staaten wie Norwegen, die Benelux und andere: Wie sollten sie ohne NATO ihre Sicherheit gewährleisten? Dieses Argument müsse noch viel deutlicher herausgestellt werden.

Der Bundeskanzler würdigt sodann den ausgezeichneten Stand der bilateralen Beziehungen und die Intensität der Konsultationen zwischen dem Präsidenten und ihm, zwischen den Außen-, Verteidigungs- und weiteren Fachministern.

Dem Thema Litauen – so der Bundeskanzler weiter – komme in der Vorbereitung [des] Gorbatschow-Besuchs in USA besondere Bedeutung zu. Auch in Deutschland habe man viel Sympathie für Litauen, Estland und Lettland (Exkurs: Geschichte). Aber von Sympathie allein könne man nicht leben.

Er habe Premierministerin Prunskiene sehr offen und undiplomatisch gesagt,[5] daß sie keine Unterstützung erwarten könne, wenn der Dialog mit Moskau nicht möglich sei; und daß sie nicht glauben könne, daß – bei allem Verständnis für Ihre Lage – es klug wäre, wenn von der Litauen-Frage die gesamte übrige Weltlage abhängig gemacht werde. Wenn sie deshalb auch aus verständlichen emotionalen Gründen die Beschlüsse (sc. Unabhängigkeitserklärung usw.) nicht rückgängig machen könne, so solle sie sie wenigstens „in den Eisschrank legen". Sie solle sich zum Dialog bereiterklären und diesen nicht vom Widerruf der sowjetischen Boykottmaßnahmen abhängig machen – wohl aber mit Blick auf die übrige Welt verlauten lassen, man könne mit Boykottdrohungen nicht gut reden. Dann werde sie die ganze Welt auf ihrer Seite haben.

Nach den jüngsten Nachrichten zu schließen, bewege sie sich in der Tat in diese Richtung. Er – der Bundeskanzler – werde auch seine Kontakte nutzen, um Präsident Gorbatschow zu verdeutlichen, daß er für den Erfolg seiner Washingtoner Gespräche – an dem er offenbar stark interessiert sei, den er brauche – ein gutes psychologisches Klima brauche – also keine Demonstrationen vor dem Weißen Haus!

In dieser Linie wisse er – der Bundeskanzler – sich mit Staatspräsident Mitterrand und Premierministerin Thatcher einig. Was die Lage in Deutschland angehe, so entwickelten sich die Dinge dramatischer, als man habe annehmen können. Bereits morgen mittag werde der Staatsvertrag mit der DDR unterzeichnet[6] – dies habe er vor vier Wochen selbst nicht für möglich gehalten. Zum 1. Juli werde die Deutsche Mark in der DDR eingeführt, und er habe nicht den geringsten Zweifel, daß dort in vier Jahren ein wirtschaftlich blühendes Land entstehen werde. Auf dem Weg dahin gebe es noch enorme Probleme (Exkurs: soziale Umschichtungen, Arbeitslosigkeit, Finanzierungskosten).

Er habe den dringenden Wunsch, daß Präsident Bush bei seinem Treffen mit Präsident Gorbatschow den 2-plus-4-Prozeß anspreche. Dieser müsse erkennen, daß es auch elementares Interesse der USA sei, daß dieser Prozeß nicht unnötig verlängert wird, daß die Probleme aufgearbeitet werden und nicht liegenbleiben. Die Stimmung in der DDR und in der Bundesrepublik Deutschland wachse, bald zu wählen. Hauptschwierigkeiten bei der deutschen Vereinigung lägen nicht in Wirtschafts- und Finanzfragen, sondern bei der Verwundung der Seelen durch 40 Jahre Stalinismus (Exkurs: Stasi-Hinterlassenschaft).

Der Bundeskanzler vergleicht abschließend seine Situation mit der eines Bauern, der vorsorglich, weil möglicherweise ein Gewitter droht, die Heuernte einbringen möchte.

---

5 Nr. 274.
6 Nr. 283 Anm. 1.

Präsident Bush stellt fest, in allen diesen Fragen sei er mit dem Bundeskanzler auf derselben Wellenlänge. Und das amerikanische Volk unterstütze grundsätzlich die Präsenz amerikanischer Truppen in Europa. Er könne zwar nicht voraussagen, wie lange dies noch so sein werde. Ganz entscheidend sei jedoch, daß man bei der gemeinsamen Ansicht über die Unerläßlichkeit der NATO bleibe und nicht etwa den Sowjets erlaube, über den 2-plus-4-Prozeß in einen KSZE-Prozeß überzugehen und damit das Bündnis zu überspielen. Dies schließe eine Modernisierung der KSZE nicht aus. Wichtig aber sei eine erweiterte Rolle der NATO. Für die US-Präsenz in Europa sei mit ihr eine Institution gegeben, in der die USA eine angemessene Rolle spielten. Man habe in den letzten Wochen sehr wohl alle anderen Varianten überlegt – doch nur die NATO entspreche dem gemeinsamen Interesse, auch der vom Bundeskanzler erwähnten kleineren Verbündeten.

Daraus ergebe sich die Notwendigkeit, auch Präsident Gorbatschow zu überzeugen, daß amerikanische Truppen in Europa keine Bedrohung für die SU darstellen (Exkurs: bisherige Feindbilder werden überwunden), sondern im Gegenteil eine stabilisierende Rolle erfüllen. Nach seinen Gesprächen mit Staatspräsident Mitterrand,[7] Premierministerin Thatcher,[8] Generalsekretär Wörner[9] könne er feststellen, daß es hierüber keine zwei Meinungen im Bündnis gebe.

Der Bundeskanzler pflichtet bei.

Der Besuch Präsident Gorbatschows in Washington – so der Bundeskanzler weiter – werde wegen der für nächste Woche angekündigten Wirtschaftsreformmaßnahmen – in Richtung auf die Marktwirtschaft – noch größere Bedeutung gewinnen. Der Westen solle diese Schritte positiv kommentieren. Denn im Gegensatz zu Zeiten von Stalin, Chruschtschow und Breschnew habe es Gorbatschow heute mit einer öffentlichen Meinung auch im eigenen Lande zu tun. Deshalb sei er daran interessiert, und dies liege auch in unserem Interesse –, daß sein Besuch in USA erfolgreich verlaufe. Gerade angesichts der Probleme der sowjetischen Führung – Wirtschaftsfragen, Nationalitäten – müsse Gorbatschow vor der eigenen sowie vor der Weltöffentlichkeit nicht als „minderer Bruder" gegenüber den USA dastehen, sondern als oberster Vertreter der anderen Weltmacht (Exkurs: Prestigeeinbuße der SU bei Prager WP-AM-Konferenz;[10] Proteste auf dem Roten Platz).

Präsident Bush dankt für diesen guten Rat, den er 100%ig akzeptiere. Jedermann habe ein Niveau des Stolzes, unter das man ihn nicht herunterdrücken dürfe. Dabei sehe er die wirtschaftlichen Schwierigkeiten Gorbatschows sehr wohl. Er werde auch die Reformschritte unterstützen und in den Gesprächen klären, wie die USA – und der Westen insgesamt – bei den fundamentalen Strukturänderungen wirtschaftlich helfen könnten. Kurzum: Man werde Präsident Gorbatschow – selbst bei allen zu erwartenden Meinungsunterschieden – mit dem Respekt behandeln, den er nicht nur als Individuum verdient hat, sondern der ihm als Führer der Sowjetunion zukommt.

Der Bundeskanzler regt an, daß – nach dem erfolgreichen Vorbild des letzten Jahres – der bevorstehende NATO-Gipfel[11] wiederum auch bilateral vorbereitet wird. Darauf lege er –

---

7   Nr. 257 Anm. 8.

8   Zu den Ergebnissen des Treffens zwischen Präsident Bush und Premierministerin Thatcher am 13. April 1990 auf den Bermudas: gemeinsame Pressekonferenz in Hamilton (Public Papers of the Presidents of the United States. Bush. 1990 I, 494–500); Erklärung des Regierungssprechers Fitzwater (ebd., 500). Auszüge aus der gemeinsamen Pressekonferenz: Amerika Dienst. Nr. 15. 18. April 1990, 2 S.

9   Präsident Bush empfing Generalsekretär Wörner am 10./11. Februar 1990 in Camp David (dazu Erklärung des Regierungssprechers Fitzwater, 11. Februar 1990: Public Papers of the Presidents of the United States. Bush. 1990 I, 204). Zudem stand Bush eigenen Aussagen zufolge (Nr. 265 Anm. 3) in regelmäßigen Konsultationen mit Wörner.

10   Nr. 228 Anm. 5.

11   Nr. 344A Anm. 8.

gerade auch im Blick auf die bevorstehenden Treffen der Verteidigungs- und Außenminister – größten Wert.

Mit dem Treffen Präsident Bushs mit Präsident Gorbatschow,[12] mit dem NATO-Gipfel und dem Wirtschaftsgipfel[13] seien drei außerordentlich wichtige Termine angesprochen, die – ungeachtet aller Details der Tagesordnung – die Frage nach der Führungskraft des Westens und insbesondere des Präsidenten der USA in einer Übergangszeit stellten, in der die Menschen viele Hoffnungen, aber auch viele Ängste hegten. Die Situation sei tiefenpsychologisch absurd: Eine große Mehrheit der Deutschen sei für die Einheit, gleichzeitig habe man aber Angst vor dem Unbekannten, das auf einen zukomme. In der DDR wisse man, daß das System bankrott sei und geändert werden müsse – aber man habe Angst gerade vor diesen Änderungen.

Politische Führungskraft sei in einer so kritischen Übergangsphase auch deshalb so wichtig, weil in den freien Gesellschaften des Westens die Fixpunkte der Wertordnung relativiert seien. Jetzt brauche man politische Führung, die deutlich in Übereinstimmung mit dieser Werteordnung stehe.

<u>Präsident Bush</u> pflichtet bei und betont die Wichtigkeit, hier auf derselben Wellenlänge zu bleiben.

Er berichtet über amerikanische Expertenmeinungen zur Notwendigkeit fundamentaler Reformen in der SU und unterstreicht erneut die Aufgabe des Westens, diese wirtschaftlichen Reformen – ohne etwas von außen zu diktieren – zu fördern. Dies sei langfristig im eigenen Interesse des Westens.

Auf Bitten des Bundeskanzlers berichtet sodann <u>Bundesminister Genscher</u> über den Stand der 2-plus-4-Gespräche: Der Beginn in Bonn[14] sei ermutigend gewesen, insbesondere weil es gelungen sei, eine Tagesordnung mit genau den Themen zu vereinbaren, die wir in diesem Rahmen behandeln wollten, also weder Friedensvertrag noch Themen der Abrüstungsforen (z.B. Wien), bei denen eine Singularisierung des vereinten Deutschlands vermieden werden müsse.

Der Kalender für die nächsten Treffen sei ebenfalls vereinbart, wobei beim Juli-Treffen auf Ministerebene in Paris auch Polen beteiligt werde.

Bundesminister Genscher erläutert sodann die in Aussicht genommene gleichlautende Erklärung des Deutschen Bundestages und der Volkskammer zur polnischen Westgrenze, die von den beiden Regierungen der polnischen Regierung formell notifiziert werde. Nach der Vereinigung werde dann von einer gesamtdeutschen Regierung ein Vertrag unterzeichnet und von einem gesamtdeutschen Parlament ratifiziert.

Die Polen seien unsicher, ob wir es in dieser Frage wirklich ernst meinten oder nicht – dies habe auch innenpolitische Gründe (Exkurs: Haltung MP Mazowieckis, Staatspräsident Jaruzelskis, Walesas).

Dieses Verfahren – so Bundesminister Genscher weiter – bewirke ein hohes Maß an Bindungswirkung, die absolute Sicherheit gebe, daß das vereinigte Deutschland sich so und nicht anders verhalten werde. Er bitte die USA, dieses Verfahren nachdrücklich zu unterstützen.

Bundesminister Genscher bezeichnet es sodann als positiv, daß AM Schewardnadse auch mit einem Treffen in Moskau einverstanden gewesen sei. Der dafür vorgesehene Zeitpunkt Anfang September sei günstig, weil bis dahin die Vorbereitung des KSZE-Gipfels schon weiter gediehen sei. Gleichfalls habe er vorgeschlagen, daß die hohen Beamten intensiv arbeiten und sich evtl. sogar eine ganze Woche zusammensetzen sollten. Er schließe daraus,

---

12 Nr. 299 Anm. 2.
13 Nr. 344A Anm. 17.
14 Nr. 268.

daß die SU verstanden habe, daß sie einen Fehler machen würde, wenn sie die Lösung der äußeren Aspekte auf die lange Bank schiebe. Und daß sie nicht in die Lage kommen dürfe, das einzige Land zu sein, das die deutsche Einheit verzögere: Denn dies könne erstmals antisowjetische Gefühle in der DDR erzeugen, und dies sei bei rd. einer halben Million Sowjetbürger im Lande nicht zu vernachlässigen.

Auch das vom Bundeskanzler geschilderte deutsche Interesse, die Ernte so bald wie möglich einzufahren, wirke beschleunigend auf die 2-plus-4-Gespräche. Denn so müsse die sowjetische Seite stark interessiert sein, auch ihre Interessen schnell geregelt zu bekommen. Präsident Bush möge deshalb Präsident Gorbatschow bei den Washingtoner Gesprächen deutlich zum Ausdruck bringen, daß der 2-plus-4-Prozeß bis zum KSZE-Gipfel abgeschlossen sein sollte, so daß man dort das Ergebnis präsentieren könne. Er habe Außenminister Baker gebeten, dies auch in Moskau zu vertreten.

Bundesminister Genscher fährt fort, letzter Punkt der 2-plus-4-Tagesordnung sei die Regelung über die Ablösung der Rechte und Verantwortlichkeiten der Vier Mächte. Unser Ziel sei es, mit diesem Punkt zu beginnen, damit die Finalität deutlich werde: Wiederherstellung der vollen Souveränität Deutschlands.

Was die Bündnisfrage angehe, so sei sein Gefühl, daß die Öffentlichkeitsarbeit der sowjetischen Regierung darauf angelegt sei, die NATO zu entdämonisieren (Exkurs: Besuch AM Schewardnadse bei NATO-Brüssel,[15] Einladung GS Wörner nach Moskau[16]).

Für uns sei sehr bedeutsam, daß die deutsche Zugehörigkeit zur NATO nicht als Prinzip diskutiert werde. In der Schlußakte von Helsinki[17] sei das Recht jedes Staates verbrieft, einem Bündnis anzugehören oder nicht anzugehören. Beim Niederschreiben dieses Satzes habe man vor allen Dingen den zweiten Teil gewollt, um die Breschnew-Doktrin abzuwehren; heute sei der erste Teil für uns entscheidend wichtig. Man könne lediglich darüber reden, wie diese NATO-Mitgliedschaft für die SU erträglich gestaltet werde, dies könne in den Wiener Verhandlungen – ohne Singularisierung – geschehen.

In der Öffentlichkeitsarbeit des Westens müsse in diesem Zusammenhang ein Fehler auf jeden Fall vermieden werden: Die vorübergehende Anwesenheit sowjetischer Streitkräfte in der heutigen DDR in Parallelität zu sehen zur Anwesenheit amerikanischer Streitkräfte in Europa und in Deutschland. Beides sei nicht vergleichbar. Es gelte deshalb die bedeutsame Rolle der Vereinigten Staaten und des westlichen Bündnisses für die Stabilität in Deutschland und in ganz Europa herauszustellen: Es sei in der Tat ein großes Wunder, daß das westliche Bündnis und die Europäische Gemeinschaft Westeuropa zu einem Faktor der Stabilität ohne Nationalismus mit europäischem Geist gemacht habe. Leider müsse man feststellen, daß dies in Mittel- und Osteuropa oft nicht der Fall sei, sondern dort die Gedankenwelt des Jahres 1913 wiederbelebt werde.

Der Bundeskanzler bekräftigt dies: Präsident Bush möge sich von Stimmen, die es auch in der Bundesrepublik Deutschland gebe, nicht beeindrucken lassen, die Amerikaner und Sowjets gleichsetzen wollten. Dies sei nicht neu. Dagegen habe er 1983 gekämpft – dies müsse man wieder kämpferisch durchstehen. Der Präsident könne davon ausgehen, daß er seine politische Existenz wieder aufs Spiel setzen werde. Die NATO sei nicht nur eine militärische Frage, sondern eine Grundfrage des Selbstverständnisses Europas und Deutschlands. Die NATO-Mitgliedschaft sei kein Preis, den er für die deutsche Einheit bezahlen werde. Dies habe er übrigens auch in der DDR – und nicht ohne Erfolg! – öffentlich gesagt.

---

15 Nr. 131 Anm. 3.
16 NATO-Generalsekretär Wörner hielt sich vom 13.–16. Juli 1990 zu Gesprächen mit Präsident Gorbatschow, Außenminister Schewardnadse und Generalstabschef Moissejew in der UdSSR auf.
17 Nr. 40 Anm. 2.

Was die vorübergehende Anwesenheit sowjetischer Streitkräfte in einem geeinten Deutschland angehe, so dürfe keine Parallele zu anderen Fragen entstehen. Vielmehr werde ein neuer Vertrag zwischen uns und der SU nötig sein. Im übrigen glaube er, daß die SU interessiert sei, diese Streitkräfte eher früher als später abzuziehen, denn im Zuge der Währungsunion und weiterer Schritte zur deutschen Einheit drohe ein ganz anderes Sicherheitsproblem, nämlich die Demoralisierung der Truppe.

Der Bundeskanzler sagt abschließend voraus, daß Präsident Bush bei seinen Gesprächen mit Gorbatschow merken werde, daß dieser, wenn er über die NATO rede, die Wirtschaft meine. Auch in dieser Frage werde man noch bilateral zu reden haben.

Zu Polen bekräftigt der Bundeskanzler, daß all das, was in Camp David besprochen worden sei,[18] nun ausgeführt werde. Er halte es für eine vernünftige Lösung, obwohl bei uns psychologische Schwierigkeiten fortbestünden. Leider gebe es von polnischer Seite nicht etwa von Präsident Havel aus der ČSFR ein Wort des Verständnisses für die Vertriebenen.[19] Auch Staatspräsident Jaruzelski sei in den letzten Wochen nicht hilfreich gewesen. Seine – des Bundeskanzlers – tiefste Überzeugung sei und bleibe: Es werde keinen wirklichen Frieden in Europa geben, wenn nicht das, was zwischen D und F erreicht sei, auch zwischen D und Polen möglich werde. Dazu brauche man aber zwei Seiten …

Bundesminister Genscher schließt die erneute Bitte an, daß die USA der polnischen Regierung vermittelten, daß das Konzept der beiden Parlamentserklärungen und ihrer förmlichen Notifizierung auch für die USA eine befriedigende Lösung sei – dies wäre sehr hilfreich!

Präsident Bush betont, dies habe man bereits gegenüber MP Mazowiecki zum Ausdruck gebracht. Seither hätten sich offenbar die Polen etwas beruhigt. Er werde auch zusehen, wie man Staatspräsident Jaruzelski beeinflussen könne, um die Akzeptanz für den deutschen Vorschlag zu erhöhen.

Präsident Bush äußert sodann Besorgnis, daß die Sowjets versuchen könnten, den 2-plus-4-Prozeß über den KSZE-Gipfel hinaus am Leben zu erhalten, um ihr Standing in der deutschen Frage sichtbar zu erhalten.

Ferner befürchte er, daß je länger die sowjetische Truppenpräsenz im Gebiet der heutigen DDR andaure, desto stärker die praktische Gefahr des Parallelismus USA-SU werde.

Der Bundeskanzler gibt sodann einen Überblick über die bevorstehenden Wahlen und die Parteienentwicklung in den mittel- und osteuropäischen Ländern. Er bittet, den kommenden ungarischen Ministerpräsidenten Antall, der in der öffentlichen Meinung der USA ungerecht behandelt werde, als einen Mann zu würdigen, dessen geistiger Standort eindeutig in der Wertegemeinschaft des Westens sei.

Bundesminister Stoltenberg spricht die Stagnation bei den Rüstungskontrollverhandlungen an und bittet den Präsidenten, auch dies zu einem Hauptthema seiner Gespräche mit Präsident Gorbatschow zu machen. Dabei habe er auch die Diskussion über die Streitkräfteplanung bei uns und anderen europäischen Ländern, aber auch in den USA im Auge, die den Erfolg der Wiener Verhandlungen schon vorwegnehmen.

Angesichts des sowjetischen Arguments, das Ausscheiden der DDR mit ihren Streitkräften aus dem Warschauer Pakt schaffe eine neue Lage, begrüße er die Überlegungen der Administration, den Sowjets entgegenzukommen, insbesondere hinsichtlich der Obergrenze für Flugzeuge. Wichtig aber sei, dem sowjetischen Präsidenten zu vermitteln, daß die Sowjetunion das Ihre beitragen müsse, daß die Wiener Verhandlungen zeitgerecht abgeschlossen werden könnten, d. h. vor dem KSZE-Gipfel, der nach den klaren Äußerungen der Administration ein erstes Wiener Abkommen voraussetze.

---

18 Nr. 192.
19 Nr. 187 Anm. 18.

Bundesminister Stoltenberg gibt sodann einen kurzen Abriß der bevorstehenden Bündnisberatungen über Strategie und Struktur.

Der Bundeskanzler bedankt sich für die weiterführenden Vorschläge des Präsidenten zur Abrüstung (SNF, FOTL).

Der Präsident regt an, das Gespräch nunmehr bei Tisch fortzusetzen.

Kaestner

Anlage
Teilnehmerliste[20]

Nr. 282
Vorlage des Regierungsdirektors Lehnguth an den Chef des Bundeskanzleramtes Seiters
Bonn, 17. Mai 1990

BK, 132 – 35400 De 12 NA 7 Bd. 1. – Vorlage über GL 33 und AL 3. Abgezeichnet: „S[eiters]".

Betr.:   Gesamtdeutsche Wahlen am 2. Dezember 1990 oder 13. Januar 1991
         hier: Umsetzung

I.   Sachstand

Im BMI ist ein Modell zur Umsetzung des politischen Wunsches nach gesamtdeutschen Wahlen bereits am 2.12.1990 bzw. 13.1.1991 konzipiert worden, das im wesentlichen wie folgt aussieht:
–   Die Wahl findet in der Bundesrepublik Deutschland und in der DDR nach inhaltlich gleichen Wahlgesetzen statt; hierzu müßte die DDR ein entsprechendes Wahlgesetz in Kraft setzen.
–   Der Beitritt der DDR zur Bundesrepublik Deutschland wird wirksam nach Abschluß des Wahlvorganges.
–   In dem Überleitungsgesetz wird festgelegt, daß die in der DDR nach DDR-Recht für den Bundestag gewählten Abgeordneten kraft Bundesrechts in den vergrößerten Bundestag aufgenommen werden.

1.   Voraussetzung für dieses Modell ist, daß die DDR ein Wahlgesetz in Kraft setzt, das vom Bundeswahlgesetz[1] nur im Hinblick darauf abweicht, daß die Wahlen noch in zwei getrennten Staaten stattfinden.
     Das von der DDR zu erlassene Wahlgesetz müßte folgende Elemente enthalten:
     –   Übernahme des Systems der Wahl von Abgeordneten zur Hälfte in Wahlkreisen, zur Hälfte nach Listen.
     –   Übernahme des Verfahrens der Sitzverteilung: Verteilung der Gesamtzahl der Zweitstimmen auf die Parteien nach ihrem Stimmenanteil, danach Verteilung auf

---

20   Nicht abgedruckt. Darin als Teilnehmer wie folgt aufgeführt: auf deutscher Seite: Bundeskanzler Kohl, Bundesminister Genscher, Bundesminister Stoltenberg, Bundesminister Klein, Botschafter Ruhfus, Ministerialdirektor Teltschik, Ministerialdirektor Kastrup, Generalmajor Naumann, Ministerialdirigent Neuer, Vortragender Legationsrat I Kaestner (Note taker), Dolmetscherin Kaltenbach; auf amerikanischer Seite: Präsident Bush, Stabschef Sununu, Verteidigungsminister Cheney, Nationaler Sicherheitsberater Scowcroft, stellvertretender Außenminister Eagleburger, Botschafter Walters, Europadirektor im Nationalen Sicherheitsrat Blackwill, Abteilungsleiter Kimmitt, Referatsleiter Europa im Nationalen Sicherheitsrat Hutchings (Note taker), Dolmetscherin Markuse.

1   Nr. 254 Anm. 1.

die einzelnen Landeslisten. Die Verteilung müßte jeweils für den Bereich eines der beiden deutschen Staaten vorgenommen werden.

– Anwendung der 5%-Sperrklausel. Auch diese Klausel müßte für die Wahlgebiete Bundesrepublik Deutschland und DDR getrennt angewendet werden.

– Übernahme der Voraussetzungen für das aktive und passive Wahlrecht. Das Wahlrecht in der DDR dürfte an die DDR-Staatsbürgerschaft geknüpft werden. Es müßten dann zusätzliche Regelungen für Deutsche vorgenommen werden, die nicht DDR-Bürger sind, dort jedoch wählen wollen.

– Übernahme der Vorschriften über die Anerkennung als Parteien für die Wahl und das Verfahren der Aufstellung von Wahlbewerbern.

– Übernahme der Vorschriften über das Wahlverfahren und die Feststellung des Ergebnisses.

2. Nach dem Modell soll im Überleitungsgesetz vorgesehen werden, daß die noch nach DDR-Recht für den Bundestag gewählten Abgeordneten kraft Bundesrechts in den um ihre Zahl zu vergrößernden Bundestag aufgenommen werden. Die Mitgliedschaft im Bundestag wird mit Eingang der Annahmeerklärung beim zuständigen Wahlleiter, nicht jedoch vor Ablauf der Wahlperiode des letzten deutschen Bundestages erworben.

II. Problematik

1. Vor Beginn der Wahlvorbereitung bestehen noch <u>keine Länder</u> in der DDR. Nach unserem Bundeswahlgesetz sind die Länder in zweifacher Hinsicht von Bedeutung. Einmal werden die Abgeordneten zur Hälfte nach Landeslisten gewählt. Zum anderen sind bei der Wahlkreiseinteilung die Ländergrenzen einzuhalten. Zu den Wahlorganen gehört ein Landeswahlleiter und ein Landeswahlausschuß für jedes Land.

BMI ist der Auffassung, für die Anwendung des Wahlsystems des Bundeswahlgesetzes erscheine es nicht zwingend notwendig, daß sich bereits Länder konstituiert haben. Das Wahlsystem des Bundeswahlgesetzes werde entscheidend geprägt durch die Listenwahl (Verhältniswahl) in bestimmten regionalen Gliederungen. Es reiche aus, daß für die Aufstellung der Listen die Regionen feststehen, die im Wahlgesetz beschrieben werden. Diese Ansicht ist m.E. vertretbar.

2. Ein besonderes Problem stellt unsere 5%-Sperrklausel dar. Einmal ist fraglich, ob sich die DDR auf eine solche 5%-Sperrklausel einlassen würde. M.E. wäre es jedoch verfassungsrechtlich nicht zulässig, in der DDR eine andere Regelung als bei uns zu haben, weil die Chancen der Wahlbewerber ansonsten unterschiedlich wären (u.U. müßte unsere 5%-Sperrklausel auf eine 3%-Sperrklausel für diese <u>eine</u> Wahl herabgesenkt werden).

Allerdings könnte man als verfassungsrechtliche Rechtfertigung darauf hinweisen, daß für die DDR ein Übergang zum System der Bundesrepublik Deutschland geschaffen werden soll.

3. Eine weitere Schwierigkeit ergibt sich daraus, daß zwei Wahlausschüsse über die Anerkennung als Partei für die Wahl entscheiden. Hier besteht die Gefahr unterschiedlicher Entscheidungen, z.B. Wahlteilnahme der Republikaner in der DDR, Wahlteilnahme der PDS in der Bundesrepublik Deutschland.

Dies könnte durch gegenseitige Absprachen verhindert werden.

III. Bewertung

Das vom BMI entwickelte Modell ist bedenkenswert. Es hat den Vorzug, daß unser Bundeswahlgesetz, das derzeit im Hinblick auf die Direktwahl der Berliner Bundestagsabgeordneten im parlamentarischen Verfahren ist, nicht noch einmal geändert zu werden braucht. Dabei ist darauf hinzuweisen, daß hinsichtlich der Frage, ob es sich beim Bundeswahlgesetz um ein zustimmungspflichtiges Gesetz handelt, seit Jahren ein Meinungsunterschied zwischen Bundesregierung und Bundesrat besteht. Die Bundesregierung ist der Auffassung, daß es sich um kein zustimmungspflichtiges Gesetz handelt, hingegen ging der Bundesrat bislang stets von Zustimmungspflichtigkeit aus.

Allerdings müßten die aufgezeigten Probleme noch einer näheren Prüfung zugeführt werden.

Dem Vernehmen nach hat BM Dr. Schäuble dem Innenausschuß am 16. Mai 1990 dieses Modell erläutert.

Lehnguth

Nr. 283
Vermerk der Abteilung 4
Bonn, 17. Mai 1990

BK, 422 – 35400 De 14 Bd. 5.

Betr.:   Abschließende Veränderungen im Staatsvertrag[1]

Im Staatsvertrag sind – im Vergleich zur Fassung vom 12. Mai 1990 (letzte Verhandlungsrunde)[2] – abschließend noch folgende inhaltliche Veränderungen vorgenommen worden:

1. Thema: Eigentumserwerb privater Investoren – Art. 2 Abs. 1 in Verbindung mit der neuen Anlage IX
In dem bisherigen Text war bereits festgelegt: „... garantieren sie (die Vertragsparteien) ... das Eigentum privater Investoren an Grund und Boden sowie an Produktionsmitteln ...“
Dies ist jetzt präzisiert worden durch die Ergänzung: „... garantieren sie (die Vertragsparteien) ... nach Maßgabe der Anlage IX das Eigentum privater Investoren an Grund und Boden sowie an Produktionsmitteln“.
Diese Anlage IX ist neu in den Vertrag aufgenommen worden. Sie stellt eine einseitige Verpflichtung der DDR dar,
– in ausreichender Zahl und Größe Grundstücke in Gewerbegebieten für Gewerbeansiedlungen und sonstige arbeitsplatzschaffende Investitionen bereitzustellen;

---

2 Der Entwurf eines Neunten Gesetzes zur Änderung des Bundeswahlgesetzes (Gesetzentwurf der Fraktionen der CDU/CSU und FDP. Drucksache 11/7072. 8. Mai 1990), der am 10. Mai 1990 im Deutschen Bundestag in erster Beratung behandelt wurde, verfolgte das „Ziel, im Land Berlin die direkte Wahl der Bundestagsabgeordneten nach dem gleichen Verfahren wie in allen anderen Ländern einzuführen". Nach zweiter und dritter Beratung wurde das Gesetz am 23. Mai verabschiedet (Verhandlungen des Deutschen Bundestages. Stenogr. Berichte. Bd. 153. Plenarprotokoll 11/212, 16714 f.). Die Länder stimmten am 1. Juni dem Gesetz geschlossen zu (Verhandlungen des Bundesrates 1990. Stenogr. Berichte. 609.–625. Sitzung. Plenarprotokoll 614, 301 f.). Es trat am 12. Juni in Kraft (BGBl. 1990 I, 1015 f.).

1 Am 18. Mai 1990 unterzeichneten Bundesminister Waigel und Minister Romberg im Palais Schaumburg in Bonn den Vertrag über die Schaffung einer Währungs-, Wirtschafts- und Sozialunion zwischen der Bundesrepublik Deutschland und der Deutschen Demokratischen Republik (Vertrag mit Gemeinsamem Protokoll über Leitsätze, Anlagen I–IX und Protokollerklärungen in: BGBl. 1990 II, 537–567; GBl. DDR 1990 I, 332–356). Erklärungen des Bundeskanzlers Kohl und des Ministerpräsidenten de Maizière anläßlich der Unterzeichnung in: Bulletin. Nr. 64. 22. Mai 1990, 545 f., 546 f.

2 Nr. 276 Anm. 2.

– für Investoren, die Grundstücke an speziellen Standorten benötigen, auch etwa innerhalb des Stadtgebietes (beispielsweise für Handel, Gewerbe und Dienstleistungen), in
gleicher Weise zu verfahren;
– im Zuge der Umwandlung von volkseigenen Unternehmen in Kapitalgesellschaften
volkseigenen Grund und Boden zu bewerten und den neu entstandenen Kapitalgesellschaften zu überlassen;
– die Möglichkeit vorzusehen, im Rahmen der Vertragsfreiheit mit den üblichen Klauseln
den zunächst vereinbarten Grundstückspreis nach Ablauf einer Übergangsfrist einer
Überprüfung und nachträglichen Anpassung zu unterziehen.

2. Thema Umweltschutz – Art. 16
Der Text zum Thema Umweltschutz ist – entsprechend einem Wunsch beider Seiten – wesentlich erweitert worden.
Leitlinie ist die schnelle Verwirklichung einer deutschen Umweltunion. Für neue Anlagen
und Einrichtungen gelten mit Inkrafttreten des Vertrages bundesdeutsche Anforderungen. Bei bestehenden Anlagen und Einrichtungen sollen diese Standards „möglichst
schnell" erreicht werden. Das bundesdeutsche Umweltrecht soll übernommen werden.
Die DDR harmonisiert ihre staatliche Förderung von Umweltschutzmaßnahmen mit denen der Bundesrepublik Deutschland.

3. Kreditaufnahme und Schulden der DDR (Art. 27) sowie Finanzzuweisungen der Bundesrepublik Deutschland (Art. 28)
Diese Fragen sind gestern in dem Gespräch zwischen BM Dr. Waigel und DDR-Finanzminister Romberg abschließend geklärt worden.
Das Ergebnis lautet:
Bei den zweckgebundenen Finanzzuweisungen zum DDR-Haushaltsausgleich:
– 22 Mrd. DM für das 2. Halbjahr 1990 und
– 35 Mrd. DM für 1991.
Außerdem werden gem. Art. 25 des Vertrages zu Lasten des Bundeshaushalts als Anschubfinanzierung
– für die Rentenversicherung 750 Mio. DM für das 2. Halbjahr 1990 sowie
– für die Arbeitslosenversicherung 2 Mrd. DM für das 2. Halbjahr 1990 und 3 Mrd. DM
für 1991 gezahlt.
Bei der Frage der Aufteilung der Schulden des DDR-„Republikhaushalts" nach dem Beitritt:
– Übertragung an das Treuhandvermögen der DDR in dem Umfang, soweit die Verschuldung durch die zu erwartenden Erlöse aus der Verwertung des Treuhandvermögens getilgt werden kann,
– Übertragung der danach verbleibenden Verschuldung je zur Hälfte auf den Bund und
die Länder, die sich auf dem Gebiet der DDR neu gebildet haben.

Zusätzlicher wichtiger Hinweis:
Die beiderseitigen Gespräche über die Einzelheiten der Mißbrauchsregelung, wie sie in Anlage I, Art. 9 des Vertrages vorgesehen ist, sowie über die noch offenen Vermögensfragen
werden weiter fortgesetzt.

Nr. 284
Schreiben des Bundeskanzlers Kohl an Präsident Gorbatschow
Bonn, 22. Mai 1990

BK, 213 – 30130 S 25 So 38 Bd. 1. – Tag der Ausfertigung hs. ergänzt. Hs. vermerkt: „Herrn AL 2/GL 21 – als Entwurf – (von Herrn GL 21 so gebilligt). K[aestner] 22/5" und „Von AL 2 – mit Höflichkeitsübersetzung – an G[eschäfts-]T[rä-ger] Ussytschenko übergeben. K[aestner] 22/5". Mit hs. Korrekturen des MD Teltschik.

Sehr geehrter Herr Präsident,

mit diesem Schreiben möchte ich den offenen und vertrauensvollen Dialog fortsetzen, der uns zur guten Gewohnheit geworden ist. Ich beziehe mich dabei heute insbesondere auf die Gespräche, die Sie, Herr Ministerpräsident Ryschkow und Herr Außenminister Schewardnadse mit meinen Beauftragten am 14. Mai in Moskau geführt haben.[1]

Bei diesen Gesprächen wurden mit großer Offenheit die anstehenden wirtschaftlichen und finanziellen Fragen Ihres Landes und konkrete Unterstützungsmöglichkeiten seitens der Bundesrepublik Deutschland angesprochen.

Aufgrund des Berichts meiner Beauftragten habe ich den gesamten Fragenkomplex einer ersten Prüfung unterzogen, und zwar sowohl im Geiste des zwischen uns gewachsenen und in unserer Gemeinsamen Erklärung[2] bekräftigten Vertrauens als auch im Lichte der auf dem Wege zur deutschen Einheit zur Entscheidung anstehenden Fragen und nicht zuletzt angesichts der zentralen Bedeutung und großen Zukunftsperspektiven, die die Beziehungen des künftigen geeinten Deutschlands zur Union der Sozialistischen Sowjetrepubliken haben werden.

Meine Antwort fasse ich in dem Satz zusammen, daß die von mir geführte Bundesregierung mit einem hohen Maß an gutem Willen bereit ist, Ihrem Land bei der Bewältigung der bevorstehenden schwierigen Phase der wirtschaftlichen Anpassungen und der Neuordnung der internationalen Finanzbeziehungen zur Seite zu stehen. Allerdings sind dabei die Verpflichtungen zu berücksichtigen, die die Bundesrepublik Deutschland bereits jetzt zur Unterstützung der Republik Polen und der Republik Ungarn sowie im Rahmen der Wirtschafts-, Währungs- und Sozialunion für die DDR übernommen hat.

Was die kurzfristige Gewährung eines ungebundenen Finanzkredits angeht, so wäre die Bundesregierung grundsätzlich bereit, einen im privaten Bankensystem aufgenommenen Kredit bis zur Höhe von fünf Mrd. DM zu verbürgen. Wie mein Beauftragter bereits erläutert hat, wäre dies seitens der Bundesregierung eine erhebliche, an den von mir genannten Zielen orientierte politische Anstrengung.

Ich verbinde damit die Erwartung, daß Ihre Regierung im Rahmen des Zwei-plus-Vier-Prozesses im gleichen Geist alles unternimmt, um die erforderlichen Entscheidungen herbeizuführen, die eine konstruktive Lösung der anstehenden Fragen ermöglichen.

Ich gehe dabei davon aus, daß es in unserem gemeinsamen Interesse liegt, diese Entscheidung noch in diesem Jahr herbeizuführen, nicht zuletzt, um den Weg freizumachen für den von mir Ihnen bereits vorgeschlagenen umfassenden Kooperationsvertrag zwischen der Sowjetunion und dem künftigen geeinigten Deutschland.

Ich wäre Ihnen sehr verbunden, wenn Sie ⟨mir⟩[3] dies auf einem Ihnen geeignet erscheinenden Wege bestätigen würden. ⟨Selbstverständlich können, wenn Sie dies wünschen, die Beauftragten erneut in Moskau oder in Bonn z[u]s[ammen]treffen.⟩[4]

---

1 Nr. 277.
2 Nr. 4 Anm. 1.
3 ⟨ ⟩ Hs. ergänzt.
4 ⟨ ⟩ Hs. korrigiert aus: „Selbstverständlich ist, wenn Sie dies wünschen, mein Beauftragter gern bereit, erneut nach Moskau zu reisen."

Was die Frage weiterer langfristiger Kredite angeht, so werden die erforderlichen Volumen nur in einer gemeinsamen Anstrengung aller westlichen Partnerländer aufzubringen sein. In dieser Richtung haben soeben auf deutsche Initiative die Außenminister der zwölf Staaten der Europäischen Gemeinschaft ein unübersehbares Zeichen des politischen Willens gesetzt. Zu denken ist aber ebenfalls an den Kreis der sieben größten westlichen Industrieländer sowie an die von der Europäischen Gemeinschaft koordinierte Gruppe der 24.

Wenn Sie dies wünschen, bin ich ebenfalls gern bereit, erste vertrauliche Sondierungen mit unseren hauptsächlichen westlichen Partnern zu unternehmen, deren Erfolg ich heute allerdings nicht absehen kann.

Bereits in der vergangenen Woche habe ich mit Präsident George Bush 〈persönlich〉[5] die wirtschaftlichen und finanziellen Fragen Ihres Landes angeschnitten.[6] Ich nehme an, daß Sie dies bei Ihrer bevorstehenden Gipfelbegegnung mit Präsident Bush[7] auch selbst tun werden. Ich rege an, daß Sie mich bald nach diesem Gipfel wissen lassen, welches weitere Vorgehen Ihnen am geeignetsten erscheint.

Ich freue mich darauf, daß wir unser Gespräch über die künftige Gestaltung der deutsch-sowjetischen Beziehungen bald persönlich vertiefen werden.

Mit freundlichen Grüßen

Nr. 285
Dritte Gesprächsrunde Zwei plus Vier auf Beamtenebene
Bonn, 22. Mai 1990

BK, 210 – 33000 De 39 NA 4 Bd. 2. – Vorlage des MDg Hartmann über Chef BK an den Bundeskanzler, 23. Mai 1990. Hs. von Bundeskanzler Kohl vermerkt: „Teltschik erl."

Die 3. Runde auf Beamtenebene, die am 22. Mai in Bonn unter französischem Vorsitz stattfand, brachte im wesentlichen folgende Ergebnisse:

a. Ein vom französischen Vorsitz vorgeschlagenes <u>Schema für ein Schlußdokument wurde von allen Delegationen als Arbeitsgrundlage akzeptiert</u>. Demnach ist <u>folgende Struktur</u> vorgesehen:
   - Politische Erklärung in Form einer Präambel.
   - <u>Bestimmungen über die Grenzen</u> des künftigen Deutschland, die Beendigung des <u>Berlin-Status</u> sowie die <u>Ablösung der Vier-Mächte-Rechte</u> und -Verantwortlichkeiten.
   - Verweis darauf, daß die Vier Mächte <u>Kenntnis nehmen</u> von dem <u>deutsch-polnischen Vertrag</u> sowie den entsprechenden Anpassungen des Grundgesetzes.

Dieses Ergebnis soll der nächsten „Zwei-plus-Vier"-Runde auf Außenministerebene vorgelegt werden.

Dabei ist allerdings anzumerken, daß die <u>sowjetische Delegation</u> sehr <u>nachdrücklich darauf bestand</u>, daß ein <u>Schlußdokument auch Bestimmungen zum politisch-militärischen Status</u> des künftigen Deutschland enthalten müsse. Hierüber kam es zu einer <u>längeren Grundsatzdiskussion</u>, in deren Verlauf der sowjetische Vertreter u. a. erklärte, das künftige Gesamtdeutschland müsse <u>freiwillig</u> darauf verzichten, sein militärisches Potential zum Nutzen eines bestehenden Bündnisses beizusteuern. Dies erforderten die sowjeti-

---

5   〈 〉 Hs. korrigiert aus: „im kleinsten Kreise".
6   Nr. 281.
7   Nr. 299 Anm. 2.

schen Sicherheitsinteressen, die eine Veränderung des Kräftegleichgewichts in Europa nicht zuließen.

Die westliche Seite hielt dem entgegen, daß ein solcher Verzicht <u>klar im Widerspruch zu dem KSZE-Prinzip</u> stünde, daß jeder Teilnehmerstaat das Recht habe, Vertragspartei eines Bündnisses zu sein oder nicht. Auch dürfe es <u>keine Singularisierung</u> Deutschlands geben. Die sowjetische Seite konterte mit dem Argument, das Potsdamer Abkommen müsse respektiert werden, in dem es heiße, daß von deutschem Boden nie wieder Krieg ausgehen dürfe. Im übrigen müsse man darangehen, <u>neue Sicherheitsstrukturen</u> in Europa zu schaffen, in denen das künftige Deutschland den gebührenden Platz einnehmen werde. Sei dies erreicht, werde die Frage eines besonderen Status für Deutschland entfallen.

b. Wesentlich weniger kontrovers verlief die Diskussion über den zweiten Tagesordnungspunkt: die Grenzfrage. Dazu berichteten wir über die bisher von uns und der DDR geführten Gespräche und das von uns beabsichtigte Prozedere im Vorfeld einer abschließenden völkerrechtlichen Regelung. <u>Hierbei ist besonders hervorzuheben, daß der sowjetische Vertreter ausdrücklich erklärte, die SU wolle sich nicht in die Frage einmischen, welche vorläufige Lösung in den Gesprächen zwischen den beiden deutschen Staaten und Polen gefunden werde.</u>

Die von unserer Seite entwickelten Vorstellungen, wie das bilaterale Vorgehen zwischen den beiden deutschen Staaten und Polen mit dem multilateralen Ansatz im Rahmen von „Zwei plus Vier" verbunden werden könne, wurden von allen Delegationen grundsätzlich gebilligt. Dabei haben wir sehr nachdrücklich darauf hingewiesen, daß die Grenzregelung in freier Entscheidung von dem vereinten Deutschland getroffen werde und insofern <u>zusätzliche Garantien</u> (die der sowjetische Vertreter ansprach) <u>durch die Vier Mächte nicht akzeptabel seien.</u> Wir seien aber bereit, die mit Polen getroffenen Abmachungen den Vier Mächten <u>förmlich zur Kenntnis zu geben.</u> Unsere Vorstellungen sollen in der nächsten Runde in einem Arbeitspapier zusammengefaßt und sodann dem AM-Treffen vorgelegt werden.

Zu den vereinbarten Terminen ist festzuhalten, daß es <u>nicht gelang, einen Termin für das AM-Treffen im Juni zu vereinbaren.</u> Hierüber soll auf diplomatischem Wege weiter sondiert werden.

Im einzelnen:

1. Der französische Vorsitz stellte folgende Struktur für ein Schlußdokument zur Diskussion:
   a. Dem Dokument sollte eine allgemeine politische Erklärung in Form einer Präambel vorangestellt werden.
   b. Ferner könnte das Dokument folgende Rechtsinstrumente enthalten:
      – Bestimmungen darüber, daß die Einheit Deutschlands die Territorien der Bundesrepublik Deutschland, der DDR und von Groß-Berlin umfasse; damit verbunden sei eine endgültige Aussage zur Frage der Grenzen des künftigen Deutschlands.
      – Bestimmungen über die Beendigung des Status von Berlin.
      – Bestimmungen über die Ablösung der Vier-Mächte-Rechte und -Verantwortlichkeiten, womit gleichzeitig die volle Souveränität eines künftigen Deutschlands festgeschrieben würde.
   c. Das Dokument würde sodann darauf verweisen, daß die Vier Mächte Kenntnis nehmen von
      – dem deutsch-polnischen Vertrag über die endgültige Anerkennung der bestehenden Westgrenze Polens;
      – Anpassungen des Grundgesetzes, die der Endgültigkeit der Grenzen Rechnung tragen.

Amerikaner, Briten und wir bezeichneten die französischen Vorschläge als gute Arbeitsgrundlage. Die DDR forderte darüber hinaus, daß ein solches Dokument auch Aussagen zum künftigen militärpolitischen Status von Gesamtdeutschland enthalten müsse. Dies betreffe sowohl den Status ausländischer Truppen auf deutschem Gebiet und den ABC-Waffen-Verzicht, sollte aber auch mit einer allgemeinen Garantieerklärung für eine friedensorientierte Politik des künftigen Deutschland verbunden werden.

Der sowjetische Delegationsleiter Bondarenko griff diese (wenig geschickte) Intervention der DDR auf und erklärte, das Dokument müsse Lösungen für alle äußeren Aspekte haben und insbesondere auch Bestimmungen zum militärisch-politischen Status des künftigen Deutschland enthalten. Wie AM Schewardnadse bei den „Zwei-plus-Vier"-Gesprächen in Bonn[1] ausgeführt habe, sei die Schlüsselfrage für die Sowjetunion die Erhaltung des Kräftegleichgewichts in Europa. Dies dürfe durch den neuen deutschen Staat nicht gestört werden. Deshalb müsse das Dokument Bestimmungen darüber enthalten, daß das künftige Gesamtdeutschland freiwillig unter Berücksichtigung seiner zentralen Lage in Europa darauf verzichte, sein militärisches und menschliches Potential zum Nutzen eines beliebigen bestehenden Bündnisses beizusteuern. Zugleich müsse man darangehen, neue Sicherheitsstrukturen in Europa zu schaffen, in denen das künftige Deutschland den gebührenden Platz einnehmen werde. Wenn dies erreicht sei, werde die Frage eines besonderen politischen und militärischen Status für Deutschland von selbst entfallen.

Die sowjetischen Einlassungen führten zu einer längeren Grundsatzdiskussion. Der amerikanische Vertreter erklärte nachdrücklich, es dürfe keine Diskriminierung und Singularisierung Deutschlands geben, Deutschland müsse die volle Souveränität erhalten. Dies bedeute, daß der künftige deutsche Souverän über seinen militärisch-politischen Status selber entscheiden müsse. Der amerikanische Vertreter hielt Bondarenko vor, daß der von ihm geforderte freiwillige Verzicht klar im Widerspruch zu dem in der KSZE-Schlußakte vereinbarten Prinzip stünde, daß die Teilnehmerstaaten das Recht haben, internationalen Organisationen anzugehören oder nicht anzugehören, Vertragspartei bilateraler oder multilateraler Verträge einschließlich Vertragspartei eines Bündnisses zu sein oder nicht [zu] sein. Die Ausführungen des amerikanischen Vertreters wurden von uns wie auch von dem französischen Vertreter nachhaltig unterstützt.

Bondarenko setzte sich mit dem Argument zur Wehr, es sei von westlicher Seite wiederholt erklärt worden, daß den Sicherheitsinteressen aller Beteiligten Rechnung getragen werden müsse. Dies dürften keine hohlen Worte sein. Es gebe in der KSZE-Schlußakte nicht nur das von dem amerikanischen Vertreter erwähnte Prinzip der Entscheidungsfreiheit, sondern auch die Aussage, wonach die Teilnehmerstaaten ihre völkerrechtlichen Verpflichtungen zu erfüllen hätten. Dies bedeute im vorliegenden Fall, daß das Potsdamer Abkommen respektiert werden müsse. Darin gebe es die klare Aussage, daß von deutschem Boden nie wieder Krieg ausgehen dürfe. Entsprechend müßten die politisch-militärischen Fragen gelöst werden.

Die sowjetische Seite wolle das deutsche Volk nicht diskriminieren. Das Kräftegleichgewicht in Europa dürfe aber nicht gestört werden. Wenn die DDR den Warschauer Pakt verlasse, so werde niemand behaupten können, daß damit die Sicherheit der Sowjetunion gestärkt werde. So etwas könne man der sowjetischen Öffentlichkeit nicht verkaufen. Wenn man versuchen wolle, die Sowjetunion in dieser Frage niederzustimmen, würde Europa hieraus keinen Gewinn ziehen. Auch die Sowjetunion habe das Recht, sich sicher zu fühlen. Sie habe sich dieses Recht mit ihrer Rolle bei der Zerschlagung des Nazismus verdient. Diese Lektion solle man nicht vergessen. Deswegen könne man nicht einfach die

---

1 Nr. 268.

Beteiligung des künftigen Deutschlands in der NATO fordern und erklären, damit sei Schluß.

Die Sowjetunion habe nichts dagegen, daß das künftige Deutschland Mitglied der Europäischen Gemeinschaft sei, obschon diese sich immer mehr in eine politische Richtung entwickele und sogar Elemente militärisch-politischen Charakters in ihre Organisation einführen wolle. Man könne also nicht behaupten, daß die Sowjetunion für einen klassischen Neutralitätsstatus Deutschlands plädiere.

MD Kastrup entgegnete Bondarenko, die Bundesrepublik Deutschland sei selbstverständlich bereit, die legitimen Sicherheitsinteressen der Sowjetunion zu berücksichtigen. Die Bundesregierung habe hierzu bereits konkrete Vorschläge gemacht, u. a. die bestehenden NATO-Strukturen nicht auf das heutige Gebiet der DDR auszudehnen. Auch sei es erklärte Politik beider deutscher Staaten – und auch eines künftigen Deutschland –, daß von deutschem Boden nur Frieden ausgehen dürfe. Mit entsprechenden Formulierungen in einem Abschlußdokument hätten wir keine Probleme. Die Frage des zeitweiligen Aufenthalts ausländischer Truppen auf deutschem Territorium sei dagegen eine Entscheidung, die die Regierung eines künftigen Deutschland zu treffen habe. Hierüber seien wir bereit, mit der Sowjetunion zu sprechen. Diese Frage könne aber nicht Teil der abschließenden Regelung sein.

MD Kastrup erklärte, er frage sich, warum die Sowjetunion dem künftigen Deutschland das Recht vorenthalten wolle, Mitglied eines Bündnisses zu sein oder nicht.

Auf eine entsprechende Frage von Bondarenko stellte MD Kastrup klar, daß der Vorschlag der Bundesregierung, NATO-Strukturen nicht auf das heutige Territorium der DDR auszudehnen, von dem vereinigten Deutschland und auch der NATO selbst entschieden werden müsse und deshalb nicht im Abschlußdokument von „Zwei plus Vier" erscheinen dürfe. Dies mindere aber keineswegs die Verbindlichkeit einer solchen Regelung.

Bondarenko entgegnete, er könne diese Vorstellungen nicht akzeptieren. Dieser Ansatz genüge der sowjetischen Seite nicht. Die Sowjetunion werde in den nächsten Tagen ein Dokument übermitteln, in dem sie Vorstellungen zur Schaffung neuer Sicherheitsstrukturen entwickele. Diese sowjetischen Vorstellungen könnten auch für die Arbeit in „Zwei plus Vier" nützlich sein. Natürlich seien sie nicht das letzte Wort.

Der DDR-Vertreter erklärte, aus seiner Sicht sei es in der Tat angemessen, über diese Fragen auch in „Zwei plus Vier" zu sprechen. Die DDR sei im übrigen bereit, die von der Bundesregierung vertretene Position, wonach das Gebiet der DDR auch künftig nicht in die NATO integriert werden solle (sic!), gegenüber der Sowjetunion verbindlich zu machen. Man müsse eine Antwort auf die Frage finden, wie verhindert werden könne, daß ein mögliches Ausscheiden der DDR aus dem Warschauer Pakt den legitimen Sicherheitsinteressen der Sowjetunion schade.

Der französische Vorsitzende stellte Einvernehmen fest, daß das von ihm vorgeschlagene Schema mit Ausnahme der militärpolitischen Fragen für ein Schlußdokument von allen Delegationen akzeptiert worden sei. Es bestand ferner Einvernehmen, daß dieses Ergebnis der nächsten „Zwei-plus-Vier"-Runde auf Außenministerebene vorgelegt werden soll.

2. Weiterer Tagesordnungspunkt war auf Vorschlag des französischen Vorsitzes die Grenzfrage. Hierzu berichtete zunächst MD Kastrup über die jüngsten Gespräche mit der polnischen Seite am 18. Mai in Bonn, an denen auch die DDR beteiligt war.[2] Hierbei sei

---

2   Am 18. Mai 1990 fand in Bonn die zweite Runde der trilateralen Gespräche zwischen Regierungsvertretern der Bundesrepublik Deutschland, der DDR und Polens statt. Ministerialdirektor Oesterhelt wechselte Ministerialdirektor Kastrup, der in der ersten Gesprächsrunde die Bundesregierung vertreten hatte (ebd., Anm. 5), in der Delegationsleitung ab.

Übereinstimmung festgestellt worden, daß das vereinte Deutschland in einem abschlie-ßenden Vertrag mit Polen die bestehende deutsch-polnische Westgrenze bekräftigen werde. Ferner hätten wir auf die Absicht hingewiesen, daß beide deutschen Parlamente bereits vor der Vereinigung eine Resolution zur Grenzfrage verabschieden würden, der sich beide Regierungen anschließen würden. Dies bedeute ein hohes Maß an politischer Bindung seitens beider deutscher Staaten. Allerdings fordere Polen nach wie vor, daß be-reits vor der Vereinigung ein Vertrag ausgehandelt und paraphiert werden solle. Polen habe hierzu einen Entwurf übermittelt,[3] dessen Bestimmungen weit über die Grenzfrage hinausgingen. Man werde am 29. Mai in Berlin ein weiteres Gespräch mit Polen führen.[4]

Der DDR-Vertreter fügte hinzu, seine Regierung sei bereit, in dieser Frage weiterzugehen als die Bundesrepublik Deutschland und einer Lösung zuzustimmen, die Polen die Ge-wißheit einer völkerrechtlich verbindlichen Form bereits jetzt gebe. Man suche aber wei-ter nach gemeinsamen Lösungen.

Bemerkenswert war, daß Bondarenko ausdrücklich erklärte, die sowjetische Seite wolle sich nicht in die Frage einmischen, welche Form einer vorläufigen Lösung in den Gesprä-chen zwischen den beiden deutschen Staaten und Polen gefunden werde. Im übrigen wäre es wünschenswert, wenn das künftige Deutschland eine Erklärung abgebe, wonach es kei-nerlei territoriale Ansprüche gegenüber Dritten habe.

Sowohl der französische Vorsitzende als auch der sowjetische Vertreter erklärten, daß das bilaterale Vorgehen zwischen den beiden deutschen Staaten und Polen mit einem multi-lateralen Ansatz im Rahmen von „Zwei plus Vier" verbunden werden müsse.

MD Kastrup entwickelte hierzu folgende Vorstellungen:

a. Zunächst würden die beiden deutschen Staaten und später Gesamtdeutschland eine Einigung mit Polen herbeiführen, die in einem völkerrechtlich verbindlichen Vertrag münde.

b. Des weiteren seien wir bereit, eine Erklärung abzugeben, wonach das vereinte Deutschland aus den Gebieten der bisherigen DDR, der Bundesrepublik Deutschland und ganz Berlin bestehen werde.

c. Ferner seien wir bereit, eine Erklärung zur Kenntnis zu geben, wonach das vereinte Deutschland keinerlei Gebietsansprüche habe und auch in Zukunft nicht erheben werde.

d. Ferner seien wir zu einer Erklärung bereit, wonach die Verfassung des vereinten Deutschland keine der bisherigen Präambel, dem Art. 23 Abs. 2 GG und dem Art. 146 GG entsprechende Verpflichtung mehr enthalten werde.

e. Schließlich seien wir bereit, die mit Polen getroffenen Abmachungen den Vier Mächten förmlich zur Kenntnis zu geben.

Alle Delegationen stimmten diesen Überlegungen grundsätzlich zu. Der DDR-Vertreter warf allerdings ein, man müsse auch über die Problematik des Artikels 116 GG sprechen. Dem widersprach MD Kastrup nachdrücklich mit dem Argument, es gehe hier um die Grenzfrage und der Artikel 116 behandele eine ganz andere Problematik und gehöre nicht hierher.

Nachdrücklich widersprach MD Kastrup dem Vorschlag des sowjetischen Vertreters, eine zusätzliche Garantie der Grenzregelung durch die Vier Mächte ins Auge zu fassen, falls Polen dies wünsche. MD Kastrup erklärte, hier gehe es um eine Frage, die das vereinte Deutschland in freier Entscheidung treffe. Insofern könne es sich nur um eine Mitteilung an die Vier Mächte handeln, die diese dann zur Kenntnis nehmen würden. Hier gehe [es]

---

3 Nr. 263A.
4 Nr. 296 Anm. 6.

auch um unsere nationale Würde. Wenn wir internationale Verpflichtungen eingingen, würden wir sie selbstverständlich auch halten.

Der britische Vertreter wies ergänzend darauf hin, daß eine Kenntnisnahme der Grenzregelung durch die Vier Mächte auch bedeute, daß damit die Grenzen von Deutschland nicht länger vorläufigen Charakter hätten.

Bondarenko erklärte, wenn für die deutsche Seite eine förmliche Garantie durch die Vier Mächte nicht akzeptabel sei, dann könnte doch möglicherweise eine Form gefunden werden, mit der die Vier Mächte ihre Unterstützung der bilateralen vertraglichen Regelung zum Ausdruck brächten. Dies würde die nationale Würde nicht verletzen. Was die Behandlung der Grenzfrage im Rahmen der „Zwei plus Vier" betreffe, wolle sich daher die sowjetische Seite ihre Position vorbehalten.

Es bestand abschließend Einvernehmen, daß die von MD Kastrup vorgeschlagenen Punkte in Form eines Arbeitspapiers dem nächsten AM-Treffen vorgelegt werden.

Es wurde schließlich noch Einigung über die Form der Beteiligung Polens an den „Zwei-plus-Vier"-Gesprächen sowohl auf Beamten- als auch auf AM-Ebene festgestellt. Demnach ist vorgesehen, daß Polen jeweils nur an der zweiten Hälfte dieser Treffen beteiligt wird.

3. Der Vertreter der DDR schlug vor, daß man auf dem AM-Treffen im Juni in Berlin auch über die Berlin-Problematik sprechen solle, u.a. auch über den Luftverkehr. Die anderen Delegationen wandten sich vor allem gegen die Behandlung des technisch schwierigen Problems Luftverkehr durch die AM, wobei es den AM im übrigen überlassen bleibe, auch grundsätzliche Aspekte der Berlin-Frage zu erörtern.

Ein weiterer (wenig glücklicher) DDR-Vorschlag betraf mögliche Initiativen der „Zwei plus Vier" für den KSZE-Gipfel im Herbst. Hiergegen wurde von den anderen Delegationen zu Recht eingewandt, daß es nicht angehe, im Rahmen von „Zwei plus Vier" die Diskussion der 35 KSZE-Teilnehmerstaaten bestimmen zu wollen. Der französische Vorsitzende stimmte dem grundsätzlich zu, stellte aber im übrigen anheim, daß die AM auch diese Frage noch einmal behandelten.

4. Folgende Termine für die nächsten Sitzungen wurden festgelegt:
   – 09. Juni 1990 „Zwei-plus-Vier"-Treffen auf Beamtenebene in Berlin unter sowjetischem Vorsitz,
   – 04. Juli 1990 „Zwei-plus-Vier"-Treffen auf Beamtenebene in Bonn (mit polnischer Beteiligung) unter amerikanischem Vorsitz,
   – 17. Juli 1990 „Zwei-plus-Vier"-Treffen in Paris auf AM-Ebene (unter Beteiligung Polens) – sowjetische Zustimmung ad referendum.

Über einen Termin für das ⟨Außenministertreffen⟩[5] im Juni konnte leider keine Einigung erzielt werden. Termin soll auf diplomatischem Wege weiter sondiert werden.

Hartmann

---

5   ⟨ ⟩ Von den Bearbeitern korrigiert aus: „Außenministerium".

Nr. 286
Schreiben des Bundeskanzlers Kohl an Staatspräsident Mitterrand
Bonn, 23. Mai 1990

BK, 212 – 30104 A 5 Am 2, BK in USA, 16.–18. 5. 1990, Protokoll. – Tag der Ausfertigung hs. ergänzt. – Gleichlautendes Schreiben an Premierministerin Thatcher vom 23. Mai 1990.

Lieber François,

ich möchte Sie kurz über die Schwerpunkte meiner jüngsten Gespräche mit dem Präsidenten der Vereinigten Staaten von Amerika, George F. Bush,[1] unterrichten.

1. Weg zur deutschen Einheit

Ich habe Präsident Bush über die Kernpunkte des Staatsvertrages über die Währungs-, Wirtschafts- und Sozialunion unterrichtet und meine Überzeugung geäußert, daß die durch diesen Vertrag eingeleiteten Maßnahmen bewirken werden, daß trotz aller fortbestehenden Probleme auf dem Gebiet der heutigen DDR in 3 oder 4 Jahren ein wirtschaftlich blühendes Land entstehen wird.

Als im Vergleich zu den Wirtschaftsfragen schwerwiegenderes Problem der deutschen Einigung habe ich die Hinterlassenschaft von 40 Jahren Stalinismus, und zwar sowohl in den verbleibenden Strukturen der Staatssicherheit als auch in der Psychologie der Menschen im allgemeinen, gekennzeichnet.

Ich habe schließlich, ausgehend von der Lageentwicklung in der DDR selbst, die zeitlichen Faktoren geschildert, die die Bundesregierung auf dem Weg zur deutschen Einheit leiten.

Präsident Bush hat mir gegenüber erneut die uneingeschränkte Unterstützung der USA auf diesem Wege bekräftigt. Insbesondere waren wir uns einig, daß die 2+4-Gespräche zügig fortgeführt und bis zu einem KSZE-Gipfel im Herbst dieses Jahres abgeschlossen werden sollten. Gemeinsames Ziel sei die Herstellung der vollen Souveränität eines vereinigten Deutschlands. Dementsprechend müsse allen Versuchen der Sowjetunion entgegengewirkt werden, den 2+4-Prozeß zu verzögern und eine Einheit Deutschlands nur unter eingeschränkter Souveränität zustande kommen zu lassen.

Präsident Bush und ich waren uns einig, daß eine voraussichtlich über den Tag der deutschen Vereinigung andauernde sowjetische Truppenpräsenz aufgrund eines neuen, zeitlich befristeten Vertrages auszuhandeln sein wird und daß diese Präsenz auf keinen Fall mit der amerikanischer und anderer verbündeter Truppen in der Bundesrepublik Deutschland und in Westeuropa insgesamt auf eine Stufe gestellt werden darf, was auch eine herausragende Aufgabe öffentlicher Präsentation sein wird.

2. Polnische Westgrenze

Ich habe Präsident Bush erneut den von der Bundesregierung und der Regierung der DDR ins Auge gefaßten Lösungsweg erläutert. Dabei geht es in erster Linie um gleichlautende Entschließungen des Deutschen Bundestages und der DDR-Volkskammer – ihre Verabschiedung ist im kommenden Monat geplant –, die den Grenzverlauf im Sinne unseres Vertrages mit der Republik Polen von 1970 (sogenannter Warschauer Vertrag)[2] sowie des entsprechenden Vertrages der DDR mit der Republik Polen von 1950 (sogenannter Görlitzer Vertrag)[3] festschreiben. Diese Erklärung würde dann durch die beiden deutschen Regierungen der polnischen Regierung offiziell notifiziert werden. Damit ist nach

---

1 Nr. 281.
2 Nr. 8 Anm. 4.
3 Nr. 92 Anm. 11.

unserer Ansicht die höchstmögliche politische Bindungswirkung für einen künftigen gesamtdeutschen Souverän gegeben.

Nach der deutschen Vereinigung wird dann die gesamtdeutsche Regierung einen Vertrag mit dem vorgenannten Inhalt unterzeichnen und das gesamtdeutsche Parlament diesen Vertrag ratifizieren.

Präsident Bush hat zugesagt, sich bei der polnischen Führung nachhaltig für diesen Lösungsvorschlag einzusetzen.

3. Zukunft des Bündnisses und der transatlantischen Beziehungen

Präsident Bush und ich waren uns einig, daß der Platz des geeinten Deutschlands im Atlantischen Bündnis ist und bleibt. Gleichfalls waren wir uns einig, daß das Bündnis angesichts der veränderten Lage in Europa seine Risikoanalyse, seine Strategie und Struktur überprüfen und anpassen muß und daß in dieser Hinsicht den bevorstehenden Treffen der Verteidigungs- und Außenminister sowie dem Gipfel in London Anfang Juli[4] eine richtungweisende Bedeutung zukommt.

In diesem Sinne habe ich ausdrücklich die Vorschläge Präsident Bushs begrüßt, die er in seiner Rede vor der Oklahoma State University, Stillwater, vorgetragen hat[5].

Der Präsident äußerte seine Sorge, daß die Sowjetunion versuchen könne, durch die 2+4-Gespräche oder durch den KSZE-Prozeß das Bündnis zu überspielen.

Ich habe betont, daß es gerade deshalb erforderlich ist, die drei Verankerungen der USA und Kanadas mit Europa zu verstärken und dies der Öffentlichkeit auf beiden Seiten des Atlantiks zu verdeutlichen.

– Das Atlantische Bündnis, das zugleich die bewährte Grundlage unserer Sicherheit bildet und angesichts historischer Veränderung seine politische Gestaltungskraft beweist;
– die intensivierte Zusammenarbeit der Europäischen Gemeinschaft mit den USA und Kanada gemäß unseren Beschlüssen von Dublin[6];
– den Ausbau der KSZE – und zwar nicht als Ersatz, sondern als Ergänzung zum Bündnis und zu anderen bewährten Organisationen der westlichen Integration.

Präsident Bush und ich waren uns einig, daß gerade in der durch Unsicherheit und Ungewißheit geprägten Übergangsphase, die wir heute durchleben, politische Führungskraft des Westens in Übereinstimmung mit der unserem Bündnis zugrunde liegenden Werteordnung gefordert ist.

4. Lage in der Sowjetunion, bevorstehender amerikanisch-sowjetischer Gipfel

Bei Erörterung der Lage in der Sowjetunion haben wir mit Sorge die weiterschwelende Nationalitätenfragen und die offenkundig immer schwierigere Wirtschaftslage erörtert – gerade das letztere ist ein Thema, dem wir uns auf dem bevorstehenden NATO-Gipfel sowie dem Wirtschaftsgipfel in Houston werden zuwenden müssen. Dabei waren Präsident Bush und ich uns in der Einschätzung einig, daß der Erfolg der Reformpolitik in der Sowjetunion heute und in Zukunft im eigenen Interesse des Westens liegt. Wir haben uns deshalb vorgenommen, die in der laufenden Woche von der sowjetischen Regierung angekündigten Reformschritte in Richtung Marktwirtschaft positiv zu würdigen.

Gleichfalls waren wir uns einig, daß angesichts der nicht einfachen Lage in der Sowjetunion und der heute auch dort wichtigen öffentlichen Meinung der Besuch Präsident Gorbatschows in den USA[7] zu einem vorzeigbaren Erfolg werden muß und daß dabei auch den psychologischen Faktoren große Bedeutung zukommt.

---

4 Nr. 344A Anm. 8.
5 Nr. 265 Anm. 3.
6 Nr. 257 Anm. 10.
7 Nr. 299 Anm. 2.

Daß die soeben von Außenminister James Baker in Moskau erreichten Ergebnisse[8] den Weg für einen Erfolg des Gipfels geebnet haben, begrüße ich deshalb mit Erleichterung.

5. Litauen

Präsident Bush und ich haben aufgrund unserer Gespräche mit Ministerpräsidentin Prunskiene[9] – ich hatte Sie hierüber in der vergangenen Woche unterrichtet[10] – die Lage in Litauen und in den anderen baltischen Republiken ausführlich erörtert. Wir haben erneut unser Bekenntnis zur Selbstbestimmung der Litauer bekräftigt und beschlossen, Moskau und Vilnius – gerade auch in der Perspektive des bevorstehenden amerikanisch-sowjetischen Gipfels – erneut zur unverzüglichen Aufnahme des Dialogs zu drängen.

Präsident Bush schilderte in diesem Zusammenhang den in den USA wachsenden innenpolitischen Druck, Maßnahmen gegenüber der Sowjetunion zu ergreifen, wobei Handelsfragen im Vordergrund stehen, aber auch eine Verschiebung des Gipfels selbst gefordert wird. Ich habe mich von derartigen Stimmungen bei Gesprächen mit Vertretern beider Häuser des amerikanischen Kongresses selbst überzeugen können.

Präsident Bush und ich waren uns einig, daß je länger die Situation in den baltischen Staaten andauert, desto weniger Weiterungen in anderen Feldern der West-Ost-Beziehungen ausgeschlossen werden können – was es im gesamtwestlichen Interesse zu vermeiden gilt.

Ich werte die Gespräche, die Präsident Bush und ich geführt haben, und die von uns bei diesem Anlaß abgegebenen öffentlichen Erklärungen[11] als erneuten Beleg für engsten Schulterschluß unserer Politik auf dem Wege zur deutschen Einheit und zu einer zukunftsgewandten Gestaltung der transatlantischen Beziehungen.

Ich sehe der Fortsetzung auch unseres Gedankenaustausches über die hier angeschnittenen Fragen mit Freude entgegen und bin

mit freundlichen Grüßen
Ihr
Helmut Kohl

---

8   Erklärung des Außenministers Baker zu den Ergebnissen seiner viertägigen Gespräche in Moskau, 19. Mai 1990, in: Amerika Dienst. Nr. 20. 23. Mai 1990, 2 S. Zu dem Besuch auch: Baker, Drei Jahre, die die Welt veränderten, 218–225.
9   Nr. 274 und Nr. 266 Anm. 4.
10   Nr. 279.
11   Zu der gemeinsamen Pressekonferenz des Bundeskanzlers Kohl und des Präsidenten Bush nach ihren Gesprächen am 17. Mai 1990 in Washington (D.C.), gegen 14.00 Uhr: Public Papers of the Presidents of the United States. Bush. 1990 I, 678 f. Eingangserklärung des Bundeskanzlers Kohl in der anschließenden Pressekonferenz, 15.00 Uhr: Unkorrigiertes Manuskript, 15 S., hier 1–4; BPA/PA, F 1/30.

Nr. 287
Fernschreiben des Staatssekretärs Bertele an den Chef des Bundeskanzleramtes
Berlin (Ost), 25. Mai 1990

BK, 222 – 35400 De 7 Bd. 2. – FS StäV Nr. 1198, 16.18 Uhr. Az. 35000 De 2. VS-NfD. Verteiler: ChBK, MDg Duisberg; BMB, AL II; Bonn AA, D 2, auch für Ref. 210, Botschaft Moskau. Mit Stempel: 009942, BK-Amt, FS-Zentrale, 25. Mai 1990, 17.03 Uhr. Hs. vermerkt: „Herrn Chef BK zur Unterrichtung. D[uisberg] 28/5". Abgezeichnet: „i.V. T[eltschik] 28".

Betr.:   Prozeß 2+4 und Fragen der militärischen Präsenz der UdSSR in der DDR
hier: Gespräche mit dem Minister für Abrüstung und Verteidigung, Eppelmann, und sei-
         nem Staatssekretär, Ablass

1.

Am Rande meines Grundgesetzempfangs sprach mich Minister Eppelmann auf den Stand des Vereinigungsprozesses und insbesondere auf die damit verbundenen auswärtigen Fragen an. Er betonte zunächst, daß er die Vereinigung erst in zwei oder drei Jahren kommen sehe. Wir müßten uns bewußt sein, daß es in Osteuropa und insbesondere in der Sowjetunion und Polen große Vorbehalte jedenfalls im Hinblick auf das von uns vorgelegte Vereinigungstempo gebe. Nachdem wir uns kurz über das Ministertreffen der 2+4 unterhalten hatten, meinte Minister Eppelmann, Schewardnadse habe größte Mühen, die von ihm in Bonn eingenommene Linie zu Hause durchzusetzen. Die eigentlichen Probleme Schewardnadses begännen dann, wenn er Verteidigungsminister Jasow einbinden müßte. Von daher wäre es höchste Zeit, daß auch die Verteidigungsminister unmittelbar in den Prozeß der 2+4 eingeschaltet würden, da jedenfalls in der Sowjetunion dort der entscheidende Machtfaktor sei. Minister Eppelmann berichtete dann über seinen in den letzten Tagen erfolgten Besuch in Polen:[1] Auch hier hätten sich Präsident, der Ministerpräsident und der Außenminister sehr besorgt über die Dynamik der Vereinigung geäußert.

Eppelmanns Staatssekretär, Ablass, hat mir gegenüber in einem längeren Gespräch unter vier Augen bei einem Essen bei mir zu Hause nochmals auf die labile Lage in der Sowjetunion verwiesen. Eppelmann und er hätten bei ihrem kürzlichen Besuch in Moskau[2] den Eindruck erhalten, daß die Position Gorbatschows in höchstem Maße gefährdet sei. Schewardnadse habe in die Sicherheit betreffenden Fragen wenig Durchschlagskraft. Er, Ablass, fürchte, daß es in der Sowjetunion zu Unruhen bis hin zu einem Militärputsch kommen könnte. Ganz konkret frage er sich, was passiere, falls sich Einheiten der Sowjetunion in Polen und in der DDR im Laufe eines Putsches unterschiedlichen Gruppierungen zuordneten und gegebenenfalls ihre Konflikte in dieser Region austragen würden. Ablass meinte dann – in Abweichung von Eppelmann –, daß nicht Jasow der eigentlich starke Mann der sowjetischen Streitkräfte sei, sondern der 52jährige Generalstabschef[3]. Dieser halte sich in der öffentlichen Diskussion klug zurück, konsolidiere jedoch seine Position zielstrebig.

Aus alledem folgerte Ablass, daß man die deutsche Vereinigung zwar möglichst zügig durchführen solle, daß man jedoch in bezug auf die Sowjetunion sehr behutsam sein müsse, um nicht insbesondere dort Entwicklungen zu beschleunigen, die den gesamten Prozeß gefährden könnten.

Ablass kam dann auf die Situation der sowjetischen Streitkräfte in der DDR zusprechen. Auf meine Frage, ob ein weiterer Abzug der Truppen vorbereitet werde, sagte er, daß ihm Ge-

---

1 Minister Eppelmann hielt sich am 21./22. Mai 1990 zu Gesprächen mit Staatspräsident Jaruzelski, Ministerpräsident Mazowiecki und Verteidigungsminister Siwicki in Polen auf.
2 Auf Einladung seines Kollegen Jasow nahm Verteidigungsminister Eppelmann an den Feierlichkeiten aus Anlaß des 45. Jahrestages des Kriegsendes am 8. Mai 1990 in Moskau teil.
3 Armeegeneral Moissejew, Chef des Generalstabs der Streitkräfte der UdSSR und Erster Stellvertreter des Verteidigungsministers.

rüchte vorlägen, wonach die Sowjetunion abzuziehende Truppen aus Ungarn und der Tschechoslowakei vorübergehend in die DDR verlegen wolle, da sie zu Hause keinerlei Unterbringungsmöglichkeiten hätte. Er habe in Moskau erfahren, daß in die Sowjetunion zurückverlegte Truppenteile nicht unterzubringen seien, daß Frauen und Kinder auf engstem Raum in den Kasernen lebten und die Soldaten in Zelten hausten. Er werde versuchen, die Information über eine Verlegung in die DDR zu verifizieren. Meine Frage, ob denn die Sowjetunion solche Dinge nicht mit der DDR bespräche, verneinte er. Im Laufe des Gesprächs beklagte StS Ablass den verheerenden Zustand der von Truppen der SU benutzten Kasernen in der DDR. Grund und Boden seien weitgehend kontaminiert, da die Sowjets z. B. bei verstopften Abwasserleitungen diese zumauerten, dann schlicht Gruben aushöben und alle Abfälle, von Altöl bis zu sensiblen anderen Dingen, auf diese Weise entsorgten. Es gebe keinerlei Bewußtsein in bezug auf Umweltschutz.

2.
Bei der Bewertung des Gesprächs mit StS Ablass muß man dessen Lebenslauf berücksichtigen. Ablass war bis vor 5 Jahren Versicherungskaufmann, stellte dann einen Ausreiseantrag, wurde arbeitslos und hat bis zur Wende im vergangenen Herbst als Altenpfleger in einem Heim der evangelischen Kirche gearbeitet. Er hat sich dann dem Demokratischen Aufbruch angeschlossen, hat knapp ein Volkskammermandat verpaßt und wurde dann von Minister Eppelmann vor einigen Wochen zum Staatssekretär im Abrüstungs- und Verteidigungsministerium berufen. Mit den komplizierten Fragen, die er mir gegenüber angesprochen hat, ist er im Grunde nicht vertraut. Er hat mir im übrigen geschildert, daß er über die letzten Jahre hinweg immer mit großen Ängsten habe leben müssen. Der Angst vor Verhaftung sei jetzt die Angst vor Terroranschlägen gegenüber ihm und seiner Familie gefolgt. Er werde seine Familie im Sommerurlaub in eine militärische Einrichtung an der Ostsee schicken, weil er sonst ihres Lebens nicht sicher sein könnte. Auf diesem persönlichen Hintergrund ist vielleicht die Einschätzung der Lage als solche nicht so wichtig als vielmehr die Tatsache, daß an der Spitze des Verteidigungsministeriums der DDR so gedacht wird, wie Ablass es mir gegenüber vorgetragen hat.

Bertele

Nr. 288
Vorlage des Ministerialdirigenten Hartmann an Bundeskanzler Kohl
Bonn, 25. Mai 1990

BK, 213 – 30130 P 4 Po 30 Bd. 10. – Vorlage als AL 2 i.V. über Chef BK. Hs. von MDg Hartmann vermerkt: „H. AL 2 z.K."

Betr.:   Polnische Westgrenze

a. Gespräche des AA und des DDR-Außenministeriums mit Polen
b. Entschließung des Deutschen Bundestages und der DDR-Volkskammer

Zu a.: Wie ich aus dem AA erfahre, wird man aufgrund Ihres heutigen Gesprächs mit StS Sudhoff BM Genscher vorschlagen, die für Dienstag, 29. Mai 1990, vorgesehene Gesprächsrunde mit Polen abzusagen.[1] Als Begründung werde man darauf hinweisen, in der ersten Gesprächsrunde[2] habe sich gezeigt, daß die Vorstellungen über den Inhalt

1 Nr. 296 Anm. 6.
2 Nr. 268 Anm. 5.

der Gespräche weit auseinandergingen. Dabei wolle man zugleich darauf hinweisen, daß BM Genscher in nächster Zeit sowohl mit AM Meckel[3] als auch mit dem polnischen AM Skubiszewski zusammentreffen wird. BM Genscher wird Sie in dieser Sache möglicherweise morgen anrufen.

Zu b.: Zur Frage des Entschließungsentwurfs war Ihnen am 26. April 1990 eine Vorlage gemacht worden,[4] die ich erneut beifüge.

Der Vorlage war seinerzeit bereits ein Entschließungsentwurf beigefügt,[5] den ich aber aufgrund meiner Gespräche mit der Rechtsabteilung des Auswärtigen Amtes in zwei Punkten ändern bzw. ergänzen würde:

1. Die erste Änderung ist unproblematisch: Statt „vertraglich wie folgt geregelt wird" sollte es heißen: „durch einen Vertrag wie folgt bekräftigt wird", weil damit der deklaratorische Charakter deutlicher zum Ausdruck kommt. Dies ist politisch deswegen wichtig, weil damit klar wird, daß ein künftiges Gesamtdeutschland die Gebiete jenseits von Oder und Neiße nicht erst abtritt und einen noch umstrittenen Grenzverlauf regelt, sondern lediglich die bereits durch die DDR erfolgte Grenzregelung im Görlitzer Vertrag[6] und den Zusatzvereinbarungen[7] bekräftigt. Damit wird auch die historische Verantwortung klargestellt.

2. Der Leiter der AA-Rechtsabteilung rät dazu, den drittletzten Absatz des Erklärungsentwurfs durch den Hinweis auf den Begriff der „Souveränität" zu ergänzen. Demnach würde die Formulierung lauten: „verpflichten sich gegenseitig zur uneingeschränkten Achtung ihrer Souveränität und ihrer territorialen Integrität".

Zur Begründung weist das AA darauf hin, daß die Polen in der ersten Gesprächsrunde mit größtem Nachdruck darauf bestanden haben, daß der Begriff Souveränität in einem künftigen Vertrag mit Gesamtdeutschland auftaucht. Seine Einführung auch in den Resolutionsentwurf würde daher nicht nur die Akzeptanz durch die Polen erleichtern, sondern vor allem auch den Polen das Argument gegenüber den Vier Mächten bei Zwei plus Vier nehmen, die deutsche Seite drücke sich immer noch vor einer klaren Aussage zur Souveränität, sondern setze mit der Verwendung des Begriffs „territoriale Integrität" nur die Linie des Warschauer Vertrages[8] fort, dessen Aussagen von namhaften deutschen Juristen, insbesondere aber auch von den Vertriebenen-Politikern, lediglich als „Gewaltverzicht" interpretiert würden.

Ich bin in der Tat überzeugt, daß die Hereinnahme des Begriffs „Souveränität" die außenpolitische Akzeptanz des Resolutionstextes erleichtern würde. Andererseits muß aber auch klar darauf hingewiesen werden, daß gerade Bundestagsabgeordnete wie MdB Czaja an der Hereinnahme dieses Begriffes Anstoß nehmen werden, obschon wir – auch dies ist klar – letztlich in einem Vertrag um die Hereinnahme dieses Begriffes nicht herumkommen werden. Es ist somit eine Frage der innen- bzw. außenpolitischen Opportunität, ob man bereits jetzt diese zusätzliche „Kröte" schluckt.

Ich möchte mir noch vorbehalten, die Angelegenheit unverzüglich auch am Montag morgen mit Herrn MD Teltschik aufzunehmen.

Hartmann

---

3 Nr. 296 Anm. 7.
4 Nr. 259.
5 Nr. 259A.
6 Nr. 92 Anm. 11.
7 Nr. 263 Anm. 10.
8 Nr. 8 Anm. 4.

Nr. 288A
Entschließung

Hs. von MDg Hartmann vermerkt: „neu".

Der Deutsche Bundestag
- im Bewußtsein seiner großen Verantwortung vor der deutschen und europäischen Geschichte,
- fest entschlossen, dazu beizutragen, die Einheit und Freiheit Deutschlands in freier Selbstbestimmung zu vollenden, damit Deutschland als gleichberechtigtes Glied in einem vereinten Europa des Rechts und der Menschenrechte dem Frieden der Welt dienen kann,
- in dem verantwortungsvollen Bestreben, durch die deutsche Einheit einen historischen Beitrag zum Aufbau einer Europäischen Friedensordnung zu leisten, die allen europäischen Völkern ein Zusammenleben ohne Angst und Furcht, breite Zusammenarbeit zum Wohle aller sowie dauerhaften Frieden und Stabilität gewährleistet,
- in dem Wunsche, daß auch ein vereintes Deutschland im Gedenken an die tragischen und schmerzlichen Seiten der Geschichte die Politik der Verständigung und Versöhnung zwischen Deutschen und Polen konsequent fortsetzt, die Beziehungen zur Republik Polen zukunftsgewandt gestaltet und damit ein Beispiel für gute Nachbarschaft gibt,
- in der Erwartung, daß die frei gewählte Volkskammer der DDR gleichzeitig eine gleichlautende Erklärung abgibt (Hinweis: entsprechendes Element in der Erklärung der Volkskammer zu Bundestag),
gibt seinem Willen Ausdruck, daß der Verlauf der Grenze zwischen dem vereinten Deutschland und der Republik Polen durch einen Vertrag wie folgt bekräftigt wird.
Der Verlauf der Grenze zwischen Deutschland und der Republik Polen bestimmt sich nach dem „Abkommen zwischen der Deutschen Demokratischen Republik und der Republik Polen über die Markierung der festgelegten und bestehenden polnisch-deutschen Staatsgrenze" vom 06. Juli 1950 und den zu seiner Durchführung und Ergänzung geschlossenen Vereinbarungen sowie dem „Vertrag zwischen der Bundesrepublik Deutschland und der Volksrepublik Polen über die Grundlagen der Normalisierung ihrer gegenseitigen Beziehungen" vom 07. Dezember 1970.
Beide Seiten bekräftigen die Unverletzlichkeit der zwischen ihnen bestehenden Grenze jetzt und in der Zukunft und verpflichten sich gegenseitig zur uneingeschränkten Achtung ihrer Souveränität und territorialen Integrität.
Beide Seiten erklären, daß sie gegeneinander keinerlei Gebietsansprüche haben und solche auch in Zukunft nicht erheben werden.
Die Bundesregierung wird aufgefordert, diese Entschließung der Republik Polen förmlich als Ausdruck auch ihres Willens mitzuteilen.

Nr. 289
Besprechung der beamteten Staatssekretäre
Bonn, 28. Mai 1990

BArch, B 136/24370, 51 – 14223 Sta 1 Bd. 6. – Undatiertes Ergebnisprotokoll des RL Wormit. Vorlage an St Schlecht mit der Bitte um Billigung. Verteiler: StM Stavenhagen, alle beamteten Staatssekretäre, AL 1–6, LASD, MD Schmülling (BPA), LKB, PR/Chef BK, Herr Wormit, Frau Groschek, VS-Registratur. – Besprechungsbeginn: 9.30 Uhr.

Den Vorsitz führt St Schlecht.

1. Tagesordnung für die Kabinettsitzung am Mittwoch, 30. Mai 1990, 10.00 Uhr, Bundeskanzleramt
   ...¹

TOP 6:
*Deutschlandpolitische Fragen*²
St Kinkel spricht die Frage der Finanzierung der 100 Richterstellen an, die in der DDR zum Aufbau [der] verschiedenen Gerichtsbarkeiten dringend benötigt werden. Die Länder begehrten die Übernahme von 50% der vorerst auf drei Jahre geplanten Finanzierung durch den Bund. St Köhler sagt eine mit St Klemm abgestimmte Beurteilung dieser Frage bis zum 30.05.1990 zu. Er verweist in diesem Zusammenhang auf die prinzipielle Haltung der Bundesregierung zur Finanzierungsfrage, räumt jedoch ein, daß der angesprochene Bereich von eigener Qualität sei.

St Köhler verweist auf Verhandlungen verschiedener Ministerien mit den entsprechenden Ressorts der DDR, in denen teilweise über den Rahmen des Staatsvertrages hinausgegangen werde. Er halte dies für bedenklich; keinesfalls dürfe das bestehende finanzpolitische Fundament gefährdet werden. Bei ihren Aktivitäten müßten die Ressorts dies im Auge behalten und entsprechende Disziplin wahren.

Zwischen den St[aatssekretär]en Schaumann, Tegtmeier, Knittel, Ziller, Priesnitz, Carl, Stroetmann, Chory, Kroppenstedt, Eisenkrämer, Köhler und Schlecht führt dieser Hinweis zu einer ausführlichen Diskussion über Art und Umfang des Gestaltungsspielraums zwischen den Ministerien der Bundesregierung und der DDR in einzelnen Politikbereichen vor dem Hintergrund des Staatsvertrages und der haushaltsmäßigen Spielräume.

St Schlecht faßt die Diskussion dahingehend zusammen, daß der BMF die Ressorts über die finanzpolitischen Rahmenbedingungen der Zusammenarbeit mit der DDR unterrichten wird. Daneben erscheine es sinnvoll, daß das Kanzleramt Art und Umfang der politischen Koordination in den einzelnen Schwerpunktbereichen gegenüber den Ressorts erläutert; Einladung hierzu durch das Bundeskanzleramt solle möglichst rasch erfolgen.

St Köhler verteilt eine Aufstellung seines Hauses zur Betreuung der Bundestagsausschüsse im Rahmen der dortigen Beratungen des Vertragsentwurfes und des Ratifizierungsgesetzes. Nach kurzer Erörterung besteht Einvernehmen, daß die in dieser Aufstellung enthaltene Zuordnung der Bundestagsausschüsse zu dem an den Vertragsverhandlungen unmittelbar beteiligten Ressorts die bestehenden Ressortzuständigkeiten nicht berühre. Vielmehr – so faßt St Schlecht die Diskussion zusammen – würden die Fachausschüsse selbstverständlich entsprechend der ständigen Praxis von den Fachressorts bedient. Diese hätten für die angemessene Vertretung der Bundesregierung im Ausschuß zu sorgen. Für den Fall allerdings, daß übergreifende Probleme auftauchten, die nur aus den vorangegangenen Verhandlungen heraus beurteilt werden könnten, verlange es die Verantwortlichkeit der einzelnen Ressorts, die in diesem Zusammenhang an den Verhandlun-

---

1 TOP 1 bis TOP 5 behandeln sachfremde Themen.
2 Kursiv in der Textvorlage.

gen beteiligten Ressorts von sich aus zu den Ausschußsitzungen hinzuzuziehen. Als so verstandene Hilfestellung für die Ressorts wird die Unterlage des BMF begrüßt.
...³

Wormit

Termin der nächsten St-Besprechung
wird mitgeteilt.
...⁴

Nr. 290
Aufzeichnung des Bundesministers des Innern
Bonn, 28. Mai 1990

BMI, GE – 020 056/0 Bd. 3. – Hs. vermerkt: „Anlage 3".

Grundstrukturen eines Staatsvertrages
zur Herstellung der Deutschen Einheit

1. Wesentlicher Inhalt
   – Beitrittserklärung,
   – zur Herstellung der staatlichen Einheit notwendige Rechtsangleichung, insbesondere Inkraftsetzung des Grundgesetzes gem. Art. 23 Satz 2 GG,
   – Übergangsregelungen.
   – Vor allem aus Zeitgründen sollte der Staatsvertrag keinesfalls mit der parallel vorzubereitenden Wahlgesetzgebung zur Ermöglichung einer gesamtdeutschen Wahl verknüpft werden.

2. Außen- und sicherheitspolitische Zusammenhänge
   Inhalt und Umfang der in dem Staatsvertrag zu treffenden Regelungen werden wesentlich auch von den Ergebnissen der Beratungen und Abstimmungen über die außen- und sicherheitspolitischen Fragen im Zusammenhang mit der Vereinigung der beiden deutschen Staaten, insbesondere der 2+4-Gespräche, abhängen.

3. Staatsvertrag
   Um dem beitretenden Teil die Möglichkeit zu geben, im Wege von Verhandlungen Einfluß auf die für ihn nach Wirksamwerden des Beitritts geltende staatliche Ordnung zu nehmen und hierüber Absprachen zu treffen, kommt in erster Linie ein – von den gesetzgebenden Körperschaften beider Seiten zu ratifizierender – Staatsvertrag in Betracht. Zwar wäre hierfür auch ein Überleitungsgesetz des Bundes möglich und ausreichend. Denn dem beitretenden Teil bleibt es unbenommen, den Beitritt erst nach Verabschiedung eines solchen Überleitungsgesetzes zu erklären bzw. durch entsprechende Befristung wirksam werden zu lassen. Für einen Staatsvertrag spricht aber vor allem, daß hierbei die Volksvertretungen beider Seiten die Letztentscheidung in der Form eines Zustimmungsgesetzes zu dem Staatsvertrag haben.

---

3 TOP 7 bis TOP 10 und nachfolgende Abschnitte „2. Kabinettzeitplanung" und „3. Verschiedenes" behandeln sachfremde Themen.
4 Nicht abgedruckt: „Kanzleiberichtigung" zum Ergebnisprotokoll über die Besprechung der beamteten Staatssekretäre am 7. Mai 1990; dazu Nr. 269 Anm. 1 und 2.

4. Beschränkung auf die zur Herstellung der staatlichen Einheit und zur Verankerung demokratischer und rechtsstaatlicher Prinzipien notwendigen Regelungen
   Mit einem Beitritt nach Art. 23 Satz 2 GG treten das Grundgesetz und das übrige Bundesrecht nicht etwa automatisch im beitretenden Teil in Kraft, sondern es bedarf hierzu
   besonderer gesetzlicher Regelungen. Diese sind daher in dem Staatsvertrag und dem Ra-
   tifikationsgesetz dazu zu treffen.
   Hierbei sollten außer der Inkraftsetzung des Grundgesetzes bzw. derjenigen Vorschriften des Grundgesetzes, die sofort gelten sollen, zunächst nur die zur Herstellung der
   staatlichen Einheit und zur Verankerung demokratischer und rechtsstaatlicher Prinzipien erforderlichen materiell-rechtlichen, verfahrensrechtlichen und organisatorischen
   Regelungen durch Einführung der entsprechenden Vorschriften des Bundesrechts in der
   DDR (einschließlich der notwendigen Übergangsvorschriften und -fristen) getroffen
   werden. Im übrigen soll von dem Grundsatz ausgegangen werden, daß in der DDR bisher geltendes Recht weitergilt, soweit es nicht dem Grundgesetz, unmittelbar geltendem
   EG-Recht oder den im Staatsvertrag getroffenen Regelungen widerspricht. Die weitere
   Rechtsangleichung mit dem Ziel der Einheitlichkeit der Lebensverhältnisse im gesamten
   künftigen Bundesgebiet sollte dem künftigen gesamtdeutschen Gesetzgeber vorbehalten
   bleiben. Hierfür sprechen vor allem folgende Gründe:
   – die Rechtsangleichung kann wegen der unterschiedlichen politischen, wirtschaftlichen
     und gesellschaftlichen Gegebenheiten nur stufenweise erfolgen;
   – Zeitfaktor;
   – dem künftigen gesamtdeutschen Gesetzgeber wird nicht vorgegriffen.

5. GG-Änderungen; Ausnahmen von der Inkraftsetzung in der DDR
   Aus den gleichen Gründen sollten GG-Änderungen grundsätzlich auf die erforderlichen
   redaktionellen Anpassungen im Hinblick auf die Herstellung der deutschen Einheit be-
   schränkt werden, d. h.
   – Anpassung der Präambel,
   – Änderung von Art. 23 Satz 1 GG,
   – Streichung von Art. 23 Satz 2 GG.
   Darüber hinaus sollte allerdings durch Änderung von Art. 29 GG die Möglichkeit für
   eine spätere Neugliederung des Bundesgebietes erleichtert werden.
   Über Forderungen zur Änderung des Grundgesetzes, wie z. B.
   – Staatszielbestimmung Umweltschutz,
   – Staatszielbestimmung Recht auf Arbeit,
   sollte der künftige gesamtdeutsche Gesetzgeber nach gründlicher Vorbereitung (ggf.
   durch eine hochrangig besetzte Expertenkommission) und Beratung entscheiden.
   Von der Inkraftsetzung in der DDR auszunehmen sind die Vorschriften über Kriegsfolgelasten und Lastenausgleich (Art. 120 und 120a GG). Welche weiteren Vorschriften auszunehmen sind, z. B. aus dem Bereich der Finanz- oder der Wehrverfassung, bedarf noch
   näherer Prüfung.

6. Staatsorganisationsrechtliche Übergangsvorschriften
   Nach derzeitigem Stand ist nicht ausgeschlossen, daß die DDR im Zeitpunkt eines möglichen Beitritts noch nicht, wie vorgesehen, in Länder gegliedert ist oder die Länder der
   DDR noch keine funktionsfähigen Verfassungsorgane haben. Für die Wahrnehmung
   von deren Aufgaben müssen ggf. Übergangsvorschriften getroffen werden, z. B. könnten
   bis zur Bildung von Landesregierungen in den Ländern der DDR deren Aufgaben geschäftsführend vom bisherigen Ministerrat der DDR wahrgenommen werden.
   Mit Inkraftsetzung des Grundgesetzes im Gebiet der DDR bzw. ihren Ländern wird der
   Zuständigkeitsbereich der Bundesorgane (z. B. Bundespräsident, Bundesverfassungsge-

richt) auch auf das Gebiet der DDR erstreckt. Für die Übergangzeit bis zur Bildung einer gesamtdeutschen Bundesregierung sollten Mitglieder des bisherigen Ministerrats der DDR an den Sitzungen der Bundesregierung mit Initiativ-, Mitberatungsrecht teilnehmen.

Im Hinblick darauf, daß die künftigen Länder der DDR nach dem Ergebnis der Konferenz der Regierungschefs von Bund und Ländern vom 16. Mai 1990[1] bis Ende 1994 nicht in den Länder-Finanzausgleich einbezogen werden sollen, sind organisatorische Vorkehrungen zur Wahrung der Belange dieser Länder erforderlich. Das Nähere bedarf noch eingehender Prüfung und Abstimmung.

7. Beschränkung auf Materien, die der Regelungskompetenz des Bundes unterliegen
Die Regelungen im Staatsvertrag zur Rechtsangleichung sollten – abgesehen von der notwendigen Übereinstimmung von weitergeltendem DDR-Recht insbesondere mit dem Grundgesetz – prinzipiell auf der Regelungskompetenz des Bundes (Art. 73 ff., Art. 83 ff. GG) unterliegende Materien beschränkt werden. Hinsichtlich der der landesrechtlichen Regelung unterliegenden Materien sollte daher angestrebt werden, daß seitens der zuständigen DDR-Organe rechtzeitig die erforderlichen Vorkehrungen und Regelungen erfolgen. Dies schließt nicht aus, daß zur Vermeidung von nicht hinnehmbaren Regelungslücken – über eine Vorschrift zur Wahrnehmung der Aufgaben der Landesregierungen bis zu deren Bildung hinaus – Übergangsregelungen im Staatsvertrag getroffen werden.

8. EG-Problematik
Nach dem Grundsatz der beweglichen Vertragsgrenzen des allgemeinen Völkerrechts in Verbindung mit Art. 227 Abs. 1 EWG-Vertrag erstrecken sich die EG-Verträge nach einem Beitritt der DDR zur Bundesrepublik Deutschland auch auf das Gebiet der DDR bzw. ihrer künftigen Länder. Es bedarf somit keiner neuen Vertragsverhandlungen des künftigen Gesamtdeutschland mit den EG-Partnern über die Mitgliedschaft in der EG. Mit der Erstreckung der EG-Verträge gelten prinzipiell auch die aufgrund von Art. 189 ff. EWG-Vertrag erlassenen Verordnungen unmittelbar im Gebiet der DDR bzw. ihrer künftigen Länder. Für Richtlinien gem. Art. 189 ff. EWG-Vertrag sowie für EuGH-Entscheidungen gilt dies nur im Außenverhältnis gegenüber der EG und den EG-Partnern. Das hierauf beruhende Recht der Bundesrepublik Deutschland ist daher durch den Staatsvertrag auch in der DDR in Kraft zu setzen.

Da für die Anwendbarkeit des EG-Rechts und des darauf beruhenden Bundesrechts z.T. jedoch nicht die tatsächlichen Voraussetzungen in der DDR gegeben sein werden, sind Verhandlungen mit den EG-Organen über die notwendigen Übergangsvorschriften und -fristen erforderlich.

9. Völkerrechtliche Verträge
Auch die von der Bundesrepublik Deutschland abgeschlossenen völkerrechtlichen Verträge erstrecken sich nach dem Grundsatz der beweglichen Vertragsgrenzen nach einem Beitritt der DDR zur Bundesrepublik Deutschland grundsätzlich auf das Gebiet der DDR bzw. ihrer künftigen Länder; d.h. die Bindung der Bundesrepublik Deutschland grundsätzlich im Außenverhältnis gegenüber dem(n) jeweiligen Vertragspartner(n) gilt dann auch für dieses Gebiet. Doch dürfte nach der – nicht eindeutigen – Völkerrechtspraxis insbesondere in bezug auf die Vertragsbindungen der DDR u. U. sich etwas anderes ergeben für Verträge bestimmter Kategorien (Verträge mit territorialen Beziehungen, Verträge hochpolitischen Charakters, Mitgliedschaft in internationalen Organisationen). Hier bedarf es im einzelnen noch näherer Prüfung. Zur innerstaatlichen Geltung auch

---

1 Nr. 280.

für das Gebiet der DDR bzw. ihrer künftigen Länder bedarf es gem. Art. 59 Abs. 2 GG entsprechender Regelungen im Staatsvertrag.

Besonderer Prüfung bedarf auch, aus welchen von der DDR abgeschlossenen völkerrechtlichen Verträgen die Bundesrepublik Deutschland Verpflichtungen übernehmen soll.

10. Berlin-Problematik

Vor allem vom Ergebnis der 2+4-Gespräche hinsichtlich des künftigen Status von Berlin wird abhängen, welche Regelungen im Staatsvertrag zur Rechtsangleichung für die beiden Teile der Stadt mit dem übrigen Bundesgebiet einerseits und der DDR bzw. ihren künftigen Ländern andererseits getroffen werden können. Bislang gilt Bundesrecht – einschließlich der Vertragsgesetze zu völkerrechtlichen Verträgen – aufgrund der Vorbehaltsrechte der Alliierten in Berlin (West) nicht in vollem Umfang. Ähnlich ist Berlin (Ost) zwar umfassender, aber ebenfalls nicht vollständig in das Rechtssystem der DDR integriert. Bei den für Berlin zu treffenden Regelungen wird auch zu berücksichtigen sein, daß die Bemühungen von Senat und Magistrat in Berlin auf eine baldige Verwaltungs- und Rechtsangleichung zwischen beiden Teilen Berlins gerichtet sind.

11. Zur Notwendigkeit wirtschaftlicher Vorkehrungen

Der Staatsvertrag über die Währungs-, Wirtschafts- und Sozialunion sieht u. a. in Artikel 14 Maßnahmen vor, die eine rasche strukturelle Anpassung der Unternehmen in der DDR an die neuen Marktbedingungen erleichtern, um die Grundlage für mehr Wachstum und zukunftssichere Arbeitsplätze zu schaffen. Konkrete Maßnahmen sind von den Regierungen der Vertragsparteien vereinbart worden bzw. noch zu vereinbaren.

Es wird zu entscheiden sein, inwieweit diese Maßnahmen nach Herstellung der deutschen Einheit fortzuführen sind.

Darüber hinaus steht einer gesamtdeutschen Regierung das gesamte Instrumentarium der regionalen und sektoralen Strukturpolitik zur Verfügung, wie es in der Bundesrepublik Deutschland etwa zur Überwindung von Krisen in bestimmten Wirtschaftsbereichen (Montanindustrie, Werften) oder zum Abbau von regionalen Unterschieden der Arbeits- und Lebensbedingungen (z. B. Gemeinschaftsaufgabe „Verbesserung der regionalen Wirtschaftsstruktur" mit Sonderprogramm Ruhrgebiet) eingesetzt worden ist bzw. weiterhin eingesetzt wird.

Eine gesamtdeutsche Regierung kann – gestützt auf mit der marktwirtschaftlichen Praxis vertraute Verwaltungsbehörden – die Erfahrungen der Bundesrepublik Deutschland mit der Bewältigung des regionalen und sektoralen Strukturwandels auch für die Strukturanpassung in der DDR unmittelbar nutzen. Dabei kann auf auftretende wirtschaftliche Probleme schnell und flexibel reagiert werden.

12. Verfahren, Zeitplan

Im Bundesministerium des Innern sind die Vorarbeiten für den Staatsvertrag aufgenommen worden, um ggf. zügig handeln zu können und eine Verabschiedung in der laufenden Legislaturperiode des 11. Deutschen Bundestages zu ermöglichen. Dies würde bedingen, daß der Staatsvertrag bis spätestens Anfang September 1990 ausgehandelt und paraphiert ist und das Gesetzgebungsverfahren eingeleitet werden kann. Der Bundesminister des Innern strebt daher an, die Verhandlungen in der 2. Juli-Hälfte aufzunehmen. Dafür ist von entscheidender Bedeutung eine baldige Erklärung der Regierung der DDR zum beabsichtigten Beitrittstermin.

Nr. 291
Gespräch des Bundeskanzlers Kohl mit
Vertretern der Studiengruppen über Deutschland des amerikanischen Kongresses
Bonn, 29. Mai 1990

BK, 21 – 30100 (56) Ge 28 (VS) Bd. 81, Bl. 113–120. – Vermerk des VLR Westdickenberg, 13. Juni 1990. VS-NfD. – Mit
Vorlage des MD Teltschik über Chef BK an den Bundeskanzler mit der Bitte um Billigung und Zustimmung zur Wei-
terleitung an das Auswärtige Amt. Mit Stempel: Der Leiter des Kanzlerbüros, 19. Juni 1990. Hs. von Bundeskanzler
Kohl vermerkt: „Teltschik erl." – Gesprächsdauer: 18.00 bis 19.30 Uhr.

Der <u>Bundeskanzler</u> begrüßt die Gelegenheit, mit Vertretern der beiden Studiengruppen zusammenzutreffen, und dankt ihnen für ihre wichtige Arbeit und ihr Interesse für die Bundesrepublik Deutschland. Sodann bittet er sie, sofort mit der Diskussion zu beginnen und
Fragen zu stellen.

<u>Senator Roth</u> dankt dem Bundeskanzler dafür, daß er zu einem ausführlichen Gespräch zur
Verfügung stehe, und unterstreicht, unter welch glücklichen Zeitumständen dies geschehe.
Er erkundigt sich danach, weshalb Präsident Gorbatschow sich gegen die NATO-Mitglied-
schaft eines vereinten Deutschland wende und inwieweit diese Haltung endgültig sei.

Der <u>Bundeskanzler</u> gibt seiner Zuversicht Ausdruck, daß alles ein gutes Ende nehmen
werde, sofern der Westen solidarisch zusammenstehe. Präsident Bush sei in besonderer
Weise für seine Unterstützung der deutschen Sache zu danken. Er zeige sich als ein wirklicher Freund der Deutschen und der Europäer.

Die „2-plus-4"-Gespräche seien auf vier Runden der Außenminister angelegt, und selbstverständlich gebe es dabei einen „Verhandlungspoker". Man müsse – im Hinblick auf die Lage
Gorbatschows – in Betracht ziehen, daß Jelzin gerade als neuer Vorsitzender des Volksde-
putiertenkongresses der RSFSR gewählt worden sei[1] und damit ein besonders prominenter
Kritiker Gorbatschows eine wichtige Position erhalten habe.

Der <u>Bundeskanzler</u> unterstrich, für keinen Preis sei er bereit, auf die Mitgliedschaft in der
NATO zu verzichten. Es sei wichtig, daß ein vereintes Deutschland in das Bündnis und in
den europäischen Einigungsprozeß eingebunden sei. Die Erfahrungen der Geschichte (Versailles!) hätten gezeigt, daß Deutschland als Land in der Mitte Europas nicht isoliert sein
dürfe.

Die Präsenz der USA in Europa sei für sie über den militärischen Bereich hinaus wichtig und
interessant: Die EG werde – nach der deutschen Einigung – 336 Mio. Einwohner haben, und
die Vollendung des europäischen Binnenmarktes Ende 1992 eröffne große Chancen für die
amerikanische Wirtschaft. Er, der <u>Bundeskanzler</u>, befürworte eine „feste amerikanische
Wohnung" im europäischen Haus.

Wenn die amerikanischen Truppen aus Europa abgezogen würden, dann würde sich auch
das amerikanische Interesse an Europa vermindern. Er erinnere daran, daß die USA ein originäres, eigenes Interesse an einer Präsenz in Europa hätten. Hinzu käme die Bedeutung für
die kleineren Länder in der Allianz.

Die KSZE könne ein geeignetes Instrument für ein Krisenmanagement sein, jedoch kein Ersatz für die NATO. Hieran werde sich in absehbarer Zeit nichts ändern. Die NATO werde
sich umstellen auf die neue politische Lage: Die Bedrohung habe sich geändert.

Sodann geht der <u>Bundeskanzler</u> auf die Lage in der SU ein. Präsident Gorbatschow werde
sich halten. Jedoch, selbst wenn er die Macht abgeben müßte, sei spätestens der Nachfolger

---

1 Der Volksdeputiertenkongreß der RSFSR wählte Jelzin am 29. Mai 1990 mit 535 gegen 502 Stimmen zum Vorsitzenden des Obersten Sowjets der Republik (Meldung TASS/russ./29.5.90/1202 in: Ostinformationen. Nr. 102. 30. Mai
1990, 15; BPA/PA, F 1/22).

seines Nachfolgers gezwungen, die gleiche Politik wie Gorbatschow zu machen. Die SU habe insbesondere zwei Probleme:

Zum einen sei sie letztlich ein großes Kolonialreich, und die Frage der Selbstbestimmung der Völker komme auf sie zu. Kernproblem, zum anderen, sei jedoch das Wirtschaftliche.

Die SU benötige Hilfe von außen, und diese könne nur von Japan, den USA und Kanada und von Europa kommen. Zudem habe sie z.Zt. akute Probleme mit ihrer Zahlungsfähigkeit im Außenhandel.

Die DDR sei für die SU wichtig als Handelspartner. Wie wichtig, das zeige z.B. die Tatsache, daß 70% der Mähdrescher aus der DDR kämen und daß Präsident Gorbatschow diese Zahl kenne!

Der Bundeskanzler zeigt sich optimistisch, daß die äußeren Aspekte der Einigung im Rahmen der „2-plus-4"-Gespräche bis zum KSZE-Sondergipfel im Herbst geregelt seien. Es bestehe die Chance, daß der bevorstehende sowjetisch-amerikanische Gipfel[2] eine gewisse Richtung der Lösung erkennen lassen werde. Für ihn, den Bundeskanzler, sei es unvorstellbar, daß Gorbatschow die deutsche Einigung an der Frage der NATO-Mitgliedschaft scheitern lasse.

Der Abgeordnete Price fragt nach den Ursachen dafür, daß der Einigungsprozeß mit einer solchen Geschwindigkeit ablaufe.

Der Bundeskanzler betont, er drücke nicht auf das Tempo, sondern die Deutschen in der DDR bestimmten es. Als er sein 10-Punkte-Programm Ende November 1989 veröffentlicht habe,[3] habe er sich vorgestellt, daß 1990 die Vertragsgemeinschaft, in den Jahren 1991/92 die konföderativen Schritte und dann später 1993 bis 1995 die Föderation entstehen könne. Die Entwicklung sei dann jedoch anders verlaufen. U.a. auch deshalb, weil MP Modrow ihm, dem Bundeskanzler, gegebene Versprechen nicht gehalten habe. Dies habe einen dramatischen Anstieg der Übersiedlerzahlen hervorgerufen, wodurch er im Februar gezwungen gewesen sei, über Nacht zu handeln und die Wirtschafts-, Währungs- und Sozialunion anzubieten. Anderenfalls hätten wir in diesem Jahr bereits jetzt 500000 Übersiedler aus der DDR zu verzeichnen gehabt. Bei den Wahlen am 18. März[4] hätten viele in der DDR auf gepackten Koffern für den Fall gesessen, daß der Wahlausgang nicht ihren Erwartungen entsprochen hätte.

Der Bundeskanzler nennt im Anschluß Zahlen für die erwarteten Zuströme von Menschen aus Ost- und Südosteuropa: Allein aus Rumänien könnten es in diesem Jahr 150000 werden und insgesamt aus diesen Ländern bis zu 500000. Allein in der SU gebe es ca. 2 Mio. Deutsche. Man müsse sich fragen, wann sie an eine Aussiedlung dächten. Die Bundesrepublik Deutschland sei ein kleines Land (an der schmalsten Stelle gerade die Länge von Long Island!)

Der Staatsvertrag mit der DDR werde vom Parlament verabschiedet werden.[5] Wer ihn verhindern wolle, programmiere seine eigene Niederlage. In 3–4 Jahren werde die DDR ein blü-

---

2 Nr. 299 Anm. 2.
3 Nr. 101 Anm. 14.
4 Nr. 223 Anm. 1.
5 Am 21. Juni 1990 verabschiedete der Deutsche Bundestag das Gesetz zu dem Vertrag vom 18. Mai 1990 über die Schaffung einer Währungs-, Wirtschafts- und Sozialunion zwischen der Bundesrepublik Deutschland und der Deutschen Demokratischen Republik (Drucksachen 11/7171, 11/7350, 11/7351, 11/7412, 11/7464) in namentlicher Abstimmung mit 444 gegen 60 Stimmen bei einer Enthaltung (endgültiges Ergebnis in: Verhandlungen des Deutschen Bundestages. Stenogr. Berichte. Bd. 153. Plenarprotokoll 11/217, 17281 f.); der Bundesrat stimmte am nächsten Tag dem Gesetz gegen die Stimmen Niedersachsens und Schleswig-Holsteins zu (Verhandlungen des Bundesrates. Stenogr. Berichte 1990. 609.–625. Sitzung. Plenarprotokoll 615, 360). Die Volkskammer der DDR ratifizierte den Vertrag am 21. Juni mit 302 Ja-Stimmen, 82 Nein-Stimmen und einer Enthaltung (Ergebnis der namentlichen Abstimmung in: Volkskammer. 10. Wahlperiode. Protokolle. Bd. 27, 590, 625–630). Der Vertrag trat am 30. Juni 1990 in Kraft (Bekanntmachung in: BGBl. 1990 II, 700), gemäß Artikel 1 Abs. 2 bildeten die Bundesrepublik Deutschland und die DDR „beginnend mit dem 1. Juli 1990 eine Währungsunion mit einem einheitlichen Wirtschaftsgebiet" (ebd., 537).

hendes Land sein. Man solle jetzt nach der Devise eines Bauern handeln, der dunkle Wolken eines Unwetters heraufziehen sieht, nicht weiß, ob sein Land betroffen sein wird, und sich deshalb sicherheitshalber beeilt, die Ernte in die Scheuer zu fahren.

Senator Robb lobt die Arbeit von Botschafter Ruhfus in Washington und will sodann wissen, welche Auswirkungen von der Wahl Jelzins zu erwarten seien. Er schließt eine Frage nach der zukünftigen Entwicklung der EG an.

Der Bundeskanzler stellt in der SU den Beginn einer Entwicklung zum Pluralismus fest. Zum ersten Mal seit den Zeiten Lenins ergäben sich innerhalb der Partei wirkliche Meinungsunterschiede. Bei der Beurteilung der sich nun offener artikulierenden öffentlichen Meinung müsse man in Rechnung stellen, daß in der SU – wie auch in Deutschland – 2/3 der Bevölkerung den Krieg nicht mehr bewußt erlebt habe und daß die Medien – auch aus dem Ausland – zunehmend an Bedeutung gewönnen. Ebenfalls in die Lagebeurteilung eingestellt werden müsse, daß 1995 die Mehrheit der sowjetischen Rekruten dem Islam angehörten.

Zur Person von Jelzin will der Bundeskanzler kein Urteil abgeben, betont jedoch, der Westen sei gut beraten, die jetzige Lage von Gorbatschow nicht auszunützen, sondern vielmehr den Erfolg der Perestroika zu fördern.

Der Bundeskanzler verweist darauf, daß man in der SU, aber auch in den anderen Ländern Mittel-, Ost- und Südosteuropas nicht mehr durch Ausübung von Zwang etwas erreichen könne, sondern daß eine wirtschaftliche Motivation erforderlich sei.

Nicht unterschätzt werden dürften die Auswirkungen unseres Gesellschafts- und Wirtschaftssystems auf die Menschen in den östlichen Nachbarländern, die sich aus den nun intensiver entwickelnden menschlichen Kontakten ergäben. Beispielshalber verweist der Bundeskanzler auf die sowjetischen Manager (ca. 1000 im Jahr), die im Rahmen eines von ihm mit Präsident Gorbatschow vereinbarten Abkommens[6] in die Bundesrepublik kommen, und auf die liberalere Reiseregelung für die Deutschen aus der DDR seinerzeit im Gegenzug eines 1-Mrd.-DM-Kredites für die Regierung Honecker.[7]

Der Bundeskanzler beurteilt den europäischen Einigungsprozeß optimistisch. Es werde nicht alles über Nacht erreicht werden können, jedoch werde am Ende dieses Jahrhunderts die Integration große Fortschritte gemacht haben. Das Europäische Parlament z.B. werde das wichtigste Parlament in der EG sein. Im Rahmen der europäischen Währungsunion werde allein das Bundesbankmodell für die Zentralbank in Betracht kommen. Vor 8 Jahren sei dies noch undenkbar gewesen. Der gemeinsame Binnenmarkt nach 1992 werde nicht von „Festungsmentalität" beherrscht sein, sondern von offenen Grenzen!

Die EG sei allerdings nur ein Teil Europas. Um sie herum werde sich eine Wirtschaftsgemeinschaft weiterer Staaten bilden. Die USA müßten in Europa präsent bleiben.

Der Abgeordnete Petri will wissen, wie die Hilfe für die SU und die anderen Staaten Mittel-, Ost- und Südosteuropas nach Meinung des Bundeskanzlers ausgestaltet sein sollte.

Der Bundeskanzler schickt voraus, daß für den deutschen Einigungsprozeß kein Land hilfreicher als die USA gewesen sei. Die USA hätten – dies ergebe sich aus der Geschichte und Geographie – keine „Berührungsängste". Anhand der das Leben von MP Thatcher prägenden geschichtlichen Ereignisse – u.a. 2. Weltkrieg, danach sinkender Einfluß des siegreichen Großbritannien und wirtschaftliche Blüte in der Bundesrepublik Deutschland – zeigt er die psychologischen Probleme in Großbritannien auf, die ähnlich auch in Frankreich bestünden (dort sei die „politische Klasse" – ganz anders als die allgemeine Bevölkerung – uns gegenüber skeptisch eingestellt). In diesem Zusammenhang gewinne auch die Tatsache Bedeutung, daß Frankreich und Großbritannien Nuklearmächte seien und wir dies nicht anstrebten.

---

6 Nr. 4 Anm. 4.
7 Dazu Franz Josef Strauß, Die Erinnerungen. Berlin 1989, 470–476.

In dieser Lage habe sich die Haltung von Präsident Bush bewährt, die schließlich auch die anderen Alliierten beeinflußt habe. Bildlich gesprochen habe er zunächst bei einigen europäischen Nachbarn nur „Poincarés" gesehen, bis sich dann die „Briands" gezeigt hätten. Zur Hilfe an die Staaten Mittel-, Ost- und Südosteuropas geht der Bundeskanzler zunächst auf den bei uns nicht vergessenen Beitrag Ungarns zur Überwindung der deutschen Teilung ein. Ungarn und das Gewährenlassen Gorbatschows seien hier ausschlaggebend gewesen. Es müsse bei diesen Ländern um Hilfe zur Selbsthilfe gehen. Der Marshall-Plan sei seinerzeit optimal gewesen; angesichts der vorhandenen Basis an Erfahrung in Europa sei letztlich gar nicht eine so riesige Summe Geldes erforderlich gewesen. Der Marshall-Plan habe die wichtige Initialzündung bewirkt. Heute sei die Lage in Mittel- und Osteuropa nicht vergleichbar. Denn es müßten dort überall die Systeme völlig umgestellt werden.

Auf entsprechende Frage des Abgeordneten Slattery nach der Zukunft der NVA und der sowjetischen Truppen in der DDR meint der Bundeskanzler, für eine Übergangszeit sei eine Stationierung sowjetischer Truppen auf dem Gebiet der heutigen DDR in einem geeinten Deutschland kein Problem. Wichtig sei, daß dies eine freiwillige deutsche Entscheidung sei. Als Zeitrahmen würden z.B. ca. 24 Monate genannt. Er sehe letztlich in dieser Stationierung ein Problem für die SU. Denn ihre Truppen würden die positive Entwicklung in der DDR nach der Währungsunion erleben. Vergleiche zur SU könnten es schwermachen, die Moral der Truppe zu wahren. Er nehme deshalb nicht an, daß die SU an einer langen Stationierungszeit interessiert sei.

Man müsse sehen, daß in der DDR über 40 Jahre ein kommunistisches System an der Macht gewesen sei, daß auf dem Gebiet der heutigen DDR seit 1932 keine wirklich freien Wahlen mehr stattgefunden hätten bis zum 18. März 1990 und daß seit der durch den Mauerbau 1961 erfolgten Isolierung die Jüngeren völlig von der Entwicklung im Westen abgeschnitten gewesen seien. Die Lehrer und die Richter seien hier ein großes Problem.

Wir könnten wohl nur eine sehr kleine Zahl von Soldaten der NVA übernehmen. Die Wehrpflichtigen seien dabei natürlich nicht das Problem, sondern die Stabsoffiziere. Hier könne es nur Einzelfallregelungen geben. Eine Berufsarmee wolle er auf jeden Fall nicht.

Der Bundeskanzler versichert, es sei nicht nur die Bundesrepublik Deutschland, die der DDR etwas zu geben habe, sondern umgekehrt könne die DDR uns immaterielle Werte vermitteln. So seien z.B. bei uns die Leute vielfach saturiert, während in der DDR noch wirklicher „Hunger" = Energie festzustellen sei. Konkurrenz tue uns gut!

Der Abgeordnete Harris konstatiert den Kontrast zum Frühjahr 1989, als die Diskussion in der NATO über das Gesamtkonzept[8] auf dem Höhepunkt gewesen sei, und will wissen, wie lange man mit der Anwesenheit der SU auf dem Gebiet der heutigen DDR rechnen müsse. Der Bundeskanzler nennt einen Zeitraum von 2–2 1/2 Jahren und betont, die Zeit sei über die Lance-Modernisierung hinweggegangen.

Die Frage des Abgeordneten Lehman nach einer konstruktiven Politik im Hinblick auf das Baltikum beantwortet der Bundeskanzler mit dem Hinweis auf seine beiden Begegnungen mit MP Prunskiene und seinen Rat, man möge nicht versuchen, mit dem Kopf durch die Wand gehen zu wollen.[9] Auch Gorbatschow wisse, daß die Zeit voranschreite; die Litauer könnten ihn jedoch auch nicht „in die Knie zwingen". Er, der Bundeskanzler, habe viel Sympathie für das Selbstbestimmungsrecht. Er rate den Litauern, ihre Beschlüsse „in den Eisschrank" zu legen und ohne Vorbedingungen mit der SU zu verhandeln. Man müsse abwarten können und Geduld haben, dann könne man viel mehr erreichen (Hinweis auf Prag 1968, wo man sich evtl. zu ungeduldig gezeigt habe).

---

8 Nr. 1 Anm. 2 und 6.
9 Nr. 274.

Die US könnten ebensowenig wie wir vermitteln, aber sie könnten den Dialog fördern. Sanktionen jedenfalls könnten in solchen Situationen nicht weiterhelfen.

G. Westdickenberg

Teilnehmer am Gespräch waren auf
– amerikanischer Seite
    = Senator Roth, Vorsitzender der Study Group des US-Senats (R-Delaware),
    = Abgeordneter Price als Vorsitzender der Study Group des Repräsentantenhauses (D-North Carolina),
    = Senator Robb (D-Virginia),
    = die Abgeordneten Harris (D-Alabama), Payne (D-Virginia), Slattery (D-Kansas), Boucher (D-Virginia), Lehman (D-Kalifornien), Petri (R-Wisconsin),
    = Botschafter Walters
– deutscher Seite
    = der Bundeskanzler
    = Botschafter Dr. Ruhfus
    = MDg Dr. Neuer
    = VLR I Dr. Kaestner
    = VLR Dr. Westdickenberg als Note taker.

Nr. 292
Vorlage des Ministerialdirektors Teltschik an Bundeskanzler Kohl
Bonn, 29. Mai 1990

BK, 210 – 33000 De 39 NA 4 Bd. 2. – Mitverfasser: VLR Nikel. Vorlage über Chef BK. Mit Stempel: Der Leiter des Kanzlerbüros, 31. Mai 1990. Hs. von Bundeskanzler Kohl vermerkt: „Teltschik".

Betr.: Sowjetische Vorstellungen zur Institutionalisierung der KSZE
Bezug: Schreiben AM Schewardnadses an die Außenminister der KSZE-Teilnehmerstaaten vom 25. Mai 1990

1. Überblick
In einem Schreiben an seine Amtskollegen der KSZE-Teilnehmerstaaten unterbreitet AM Schewardnadse die bisher konkretesten sowjetischen Vorschläge zur institutionellen Ausgestaltung der KSZE in der Perspektive einer dauerhaften und stabilen europäischen Friedensordnung. Der sowjetische Außenminister stützt sich weitgehend auf bereits bekannte Vorstellungen anderer Staaten. Ihr Ausgangspunkt ist die überwundene deutsche und europäische Teilung.
Die Mehrzahl der Vorschläge ist aus unserer Sicht unproblematisch. In vielen Punkten ergeben sich Gemeinsamkeiten mit Ihrer Haltung (IPU-Rede)[1]. Es sind keinerlei Anzeichen für eine Singularisierung des künftigen geeinten Deutschlands erkennbar.

2. Wesentlicher Inhalt
Außenminister Schewardnadse bezeichnet die Sicherheit als wichtigsten Bestandteil der Architektur des gesamten europäischen Hauses. Sie sei nur denkbar bei
– einer wesentlichen Streitkräftereduzierung,

---

1 Rede des Bundeskanzlers Kohl in der abschließenden Plenarsitzung der Abrüstungskonferenz der Interparlamentarischen Union in Bonn, 25. Mai 1990, in: Bulletin. Nr. 68. 29. Mai 1990, 585–593.

- der Umwandlung der militärpolitischen Bündnisse in überwiegend politische Organisationen (mit der Perspektive ihrer Überwindung in einem gesamteuropäischen System) und
- einem baldigen erfolgreichen Abschluß der Wiener KSE- und VSBM-Verhandlungen sowie der Aufnahme neuer Verhandlungsrunden.

Die Idee des gesamteuropäischen Hauses sehe eine umfassende, ungehinderte Zusammenarbeit vor allem in der Wirtschaft und der Ökologie sowie den Übergang zu einheitlichen Maßstäben von Demokratie und Menschenrechten vor („gesamteuropäische Räume").

Nach sowjetischen Vorstellungen soll ein „Großeuroparat" der Staatsoberhäupter aller KSZE-Mitgliedstaaten regelmäßig – mindestens alle zwei Jahre – rotierend tagen. Mit den KSZE-Gipfeln 1990 und 1992 (sic!) sei dieser Weg bereits beschritten. Ein AM-Ausschuß solle mindestens zweimal im Jahr zur Vorbereitung der Gipfel tagen.

Das sowjetische Konzept sieht außerdem eine Troika - wie in der EPZ – zu Konsultationen hinsichtlich der Einleitung kollektiver Maßnahmen sowie einen Ständigen Botschafterausschuß am Sitz des – minimal ausgestatteten – Ständigen KSZE-Sekretariats vor.

AM Schewardnadse setzt sich für ein Verifikations- und ein Konfliktverhütungszentrum mit Sitz in Berlin ein, ohne deren Tätigkeiten allerdings auf das künftig geeinte Deutschland begrenzen zu wollen. Die Kompetenzen dieser Organe sollen im Laufe der Zeit erweitert werden und schrittweise in einen europäischen Sicherheitsrat einmünden.

Der sowjetische Außenminister plädiert für Organe zur Koordinierung und Entwicklung der wirtschaftlichen Zusammenarbeit und für den Umweltschutz. Alle konstruktiven Strukturen, wie der Europarat als Katalysator für den europäischen Rechtsraum, die EG, die OECD, die Europa-Bank, aber auch der RGW, müßten in den gesamteuropäischen Prozeß miteinbezogen werden.

Der sowjetische Außenminister signalisiert Verhandlungsbereitschaft zu seinen Vorschlägen. Ort der Diskussion könnte ein Vorbereitungsausschuß für den KSZE-Gipfel Ende des Jahres sein (ab 10. Juli). Die Arbeit des Vorbereitungsausschusses solle im Einklang mit den anderen Verhandlungen (Wiener und „Zwei-plus-Vier"-Verhandlungen) stehen. Die Sowjetunion akzeptiert Paris als Gipfelort und schlägt ein Außenministertreffen in Wien zur Billigung der Ergebnisse des Vorbereitungsausschusses vor.

3. Bewertung

Die Mehrzahl der sowjetischen Vorschläge ist unproblematisch, da sie allgemein akzeptiert sind. Einige Einzelfragen sind noch nicht diskutiert (KSZE-Hauptstadt etc.) bzw. treffen auf Vorbehalte (USA: gegen Ständiges Sekretariat und feste Organe, gegen „gesamteuropäische Räume"), stellen aber keine wirklichen Stolpersteine dar.

Von früheren sowjetischen Vorstellungen einer „kollektiven Sicherheit" sind nur noch „Konsultationen der Troika über die Einleitung kollektiver Maßnahmen" übriggeblieben. NATO und WP sollen zudem erst in politische Organisationen umgewandelt werden, bevor an eine Auflösung gedacht werden kann.

AM Schewardnadse geht von einem baldigen Abschluß der Wiener Verhandlungen aus, ohne sich allerdings zeitlich festzulegen oder dies mit dem KSZE-Gipfel in Verbindung zu bringen.

Erfreulich ist die Tatsache, daß die sowjetischen Vorschläge zu den Konflikt- und Verifikationszentren nunmehr das künftige und geeinte Deutschland in keiner Weise mehr singularisieren. Die sowjetischen Vorschläge im Wirtschafts- und Menschenrechtsbereich beruhen sehr weitgehend auf westlichen Vorstellungen. Insgesamt gesehen, läßt sich auf dieser Basis ein konstruktiver Dialog mit der Sowjetunion führen.

Teltschik

Nr. 293
Telefongespräch des Bundeskanzlers Kohl mit Präsident Bush
30. Mai 1990

BK, 21 – 30100 (56) Ge 28 (VS) Bd. 81, Bl. 48–50. – Vermerk des MDg Neuer, 30. Mai 1990. Hs. von Bundeskanzler Kohl vermerkt: „Teltschik". – Gesprächsdauer: 13.30 bis 13.45 Uhr.

Nach der Begrüßung bemerkt <u>Präsident Bush</u>, er sei dabei, sich auf einen wichtigen Besuch[1] vorzubereiten.

Der <u>Bundeskanzler</u> führt aus, daß er aus diesem Grunde anrufe. Er wolle Präsident Bush von seiner Seite in dieser schwierigen Zeit alle mögliche Unterstützung zusagen. Er wisse es zu schätzen, was der Präsident in diesen Tagen für uns getan habe. Er sei dankbar für die Freundschaft und die Zuverlässigkeit der USA. Wichtig sei es, daß Gorbatschow jetzt begreife, daß die USA und die Bundesrepublik Deutschland eng zusammenstünden, gleichgültig wie sich die Dinge entwickelten. Ausdruck hierfür sei die Mitgliedschaft eines künftigen wiedervereinigten Deutschland in der NATO, und zwar ohne jede Einschränkung. Der Präsident solle Gorbatschow das ebenso freundlich wie deutlich sagen. Dies sei auch seine ganz feste Position. Er glaube, daß man sich vernünftig auf dem Wirtschaftsgebiet mit der SU arrangieren könne. Gorbatschow brauche auf diesem Feld Unterstützung. Seine Lage sei kritisch. Gorbatschow sollte aber auch wissen, daß wir seine Schwäche nicht ausnutzen wollen. Ein letzter, sehr wichtiger Punkt, zu dem Präsident Bush den Schlüssel in der Hand halte, seien die Abrüstungsverhandlungen.

<u>Präsident Bush</u> dankt dem Bundeskanzler für seine Ausführungen. In der deutschen Frage werde es bei den Gesprächen sicherlich keinen Durchbruch geben. Er werde seine Position in keiner Weise ändern. Gorbatschow werde auch begreifen, daß die USA und die Bundesrepublik Deutschland, gleichgültig was passiere, immer Seite an Seite stehen. Er werde seine Auffassung zu den 2-plus-4-Gesprächen darlegen. Er werde gegenüber Gorbatschow auch deutlich machen, daß die USA auf einer Ablösung der Rechte der Vier Mächte beim Vollzug der deutschen Einheit ohne jegliche Einschränkung der deutschen Souveränität bestünden.

Der <u>Bundeskanzler</u> wirft ein, daß er diese Auffassung sehr begrüße.

<u>Präsident Bush</u> fährt fort, er wolle, daß Gorbatschow das Gefühl habe, es sei ein guter Gipfel gewesen, obwohl keine Durchbrüche in Sicht seien. Er hoffe, dies werde gelingen, denn Vorarbeiten seien geleistet worden und Abkommen stünden zur Unterzeichnung an. Die Frage der wirtschaftlichen Unterstützung, die er in dem Vier-Augen-Gespräch in Washington mit dem Bundeskanzler erörtert habe,[2] habe er inzwischen auch mit Jim Baker besprochen. Es gebe große Schwierigkeiten wegen Litauen. Er nehme den Rat des Bundeskanzlers auf. Er wolle Gorbatschow keine innenpolitischen Schwierigkeiten machen. In der Frage der Rüstungskontrolle werde er weiterhin versuchen, Fortschritte auch bei dem Abbau der konventionellen Streitkräfte zu erzielen. Gorbatschow müsse aber erkennen, daß die USA dies nicht allein entscheiden könnten, sondern daß es sich um eine Bündnisfrage handele. Es werde wohl keine wesentlichen Veränderungen im Hinblick auf die Truppenstärken geben.

<u>Präsident Bush</u> bedankt sich für das großzügige Angebot des Bundeskanzlers betreffend die Truppenstärke der Bundeswehr. Er sei der Auffassung, das Angebot sei etwas verfrüht; hierüber habe Herr Scowcroft bereits mit Herrn Teltschik gesprochen.[3]

---

1 Präsident Gorbatschow besuchte vom 30. Mai bis 3. Juni 1990 die Vereinigten Staaten von Amerika (Gorbatschow, Erinnerungen, 728–736).
2 Zu dem Vieraugen-Gespräch am 17. Mai 1990: Teltschik, 329 Tage, 236–238; dazu auch Nr. 281.
3 Sicherheitsberater Scowcroft hatte eine knappe halbe Stunde zuvor Ministerialdirektor Teltschik telefonisch mitgeteilt, „das Angebot des Kanzlers" sei „vorausschauend, der Zeitpunkt dafür jedoch noch nicht gekommen" (Teltschik, 329 Tage, 252 f.).

Der Bundeskanzler bemerkt, der Wind hätte ihm gewisse Gerüchte zugetragen. Deshalb habe er Herrn Teltschik gebeten, mit Herrn Scowcroft zu sprechen. Man könne ja über alles reden und alle Fragen diskutieren. Es sei jedoch ganz wichtig, daß man eine gemeinsame Auffassung habe. Vorher dürfe nichts geschehen. Der Präsident könne sich hierauf, was ihn angehe, verlassen.

Präsident Bush bedankt sich bei dem Bundeskanzler für diese Äußerung. Er bemerkt abschließend, daß das Treffen gut vorbereitet sei. Im übrigen freue er sich auf die Begegnung mit dem Bundeskanzler am Freitag nächster Woche.[4]

Der Bundeskanzler bedankt sich ebenfalls.

Das Gespräch endet nach ca. 15 Minuten.

Neuer

Nr. 294
Vorlage des Ministerialdirigenten Hartmann an Bundeskanzler Kohl
Bonn, 30. Mai 1990

BK, 211 – 30101 F 2 Fr 11 Bd. 7. – Mitverfasser: VLR I Bitterlich. Vorlage über Chef BK – je gesondert. Mit Stempel: Der Leiter des Kanzlerbüros, 30. Mai 1990. Hs. von Bundeskanzler Kohl vermerkt: „Teltschik".

Betr.:   Treffen Mitterrand/Gorbatschow am 25. Mai 1990 in Moskau
    hier: Unterrichtung durch den Elysée

Zur Unterrichtung

1. Sprecher (und sicherheitspolitischer Berater) des französischen Präsidenten, Hubert Védrine, der an dem Treffen in Moskau[1] teilgenommen hat, unterrichtete heute Herrn Bitterlich über wesentlichen Inhalt und die Bewertung der Gespräche seitens des Elysée. Herr Védrine kündigte an, daß Präsident Mitterrand Ihnen noch heute eine kurze schriftliche Unterrichtung übermitteln werde.[2] Er bedankte sich im übrigen für die Unterrichtung über Ihre Gespräche mit US-Präsident Bush,[3] die der Präsident auf dem Fluge nach Moskau mit Aufmerksamkeit gelesen habe.

2. Aus dem Gespräch mit Herrn Védrine ist festzuhalten:

    a. **Wesentliche Themen:**
        Innenpolitische Lage in der Sowjetunion, Wirtschaftsreformen, Abrüstung, Litauen, künftiger militärischer Status von Deutschland.
        Eindeutiger Schwerpunkt des Gesprächs habe dem künftigen militärischen Status von Deutschland gegolten.

    b. **Zu den einzelnen Themen:**
        – Innenpolitische Lage in der Sowjetunion
          Gorbatschow habe die Lage (vor der Wahl von Jelzin)[4] kurz als schwierig, aber als unter den gegebenen Umständen normal beschrieben.

---

4 Nr. 305.
1 Zu den Gesprächen in Moskau: Attali, Verbatim III, 496–501.
2 Nr. 295.
3 Nr. 286.
4 Nr. 291 Anm. 1.

– Wirtschaftsreformen
Gorbatschow habe seine Vorschläge erläutert und seine Entschlossenheit bekräftigt,
diese auch in die Tat umzusetzen – es gebe keine Alternative.
– Abrüstung
Gorbatschow habe mit Blick auf den Gipfel mit US-Präsident Bush das geplante
START-Abkommen in allgemeiner Form gewürdigt.
In der anschließenden Pressekonferenz[5] habe er, allerdings ohne dies näher zu spezifizieren, eine „Verbindung" zwischen dem Prozeß der Abrüstung und dem künftigen militärischen Status Deutschlands hergestellt. Elysée frage sich, ob Gorbatschow
damit echtes Junktim herstellen oder lediglich den engen Zusammenhang verdeutlichen wolle.
– Litauen
Gorbatschow habe die bisher bekannte sowjetische Haltung bestätigt. Er habe auch
seine Bereitschaft bekräftigt, mit der litauischen Seite Verhandlungen aufzunehmen,
allerdings nicht mit dem Ziel der Herbeiführung der Unabhängigkeit.

c. Künftiger militärischer Status Deutschlands
– Gorbatschow habe mehrfach Verbleib Gesamtdeutschlands in der NATO abgelehnt:
Ein solcher Status bedeute spätestens mit Ablauf der Übergangzeit (= vollständiger
Abzug der sowjetischen Truppen aus dem Gebiet der DDR) einen Bruch des bishe-
rigen Gleichgewichts zwischen West und Ost. Während auf der einen Seite der Warschauer Pakt praktisch schon heute nicht mehr bestehe, werde die NATO gestärkt.
⟨Gorbatschow habe diese Haltung nicht näher begründet, sie dafür aber mehrmals
wiederholt.⟩[6]
Eindruck des Elysée: Gorbatschow habe Mitterrand (und damit dem Westen) zu
überzeugen versucht, daß seine Haltung nicht oder zumindest nicht allein taktischer
Natur sei, sondern eine feste Position dahinterstehe (er habe wohl durch die westlichen Äußerungen in den letzten Wochen den Eindruck gewonnen, daß man die sowjetischen Einlassungen nicht ganz ernst nehme).
– ⟨Gorbatschow habe in der Diskussion die Forderung nach Neutralität des künftigen
wiedervereinigten Deutschlands nicht besonders erwähnt, dafür aber als „Möglichkeiten einer Lösung" die Doppelmitgliedschaft in beiden militärischen Bündnissen
und einen Status à la Frankreich genannt – ohne konkreter zu werden.⟩[7]
Präsident Mitterrand habe seinerseits Ihre Haltung verteidigt und die Einlassungen
Gorbatschows als „nicht vernünftig" bezeichnet. Er habe in freundschaftlichem Ton
Gorbatschow zu verstehen gegeben, daß man im Westen für seine Sorgen Verständnis habe und ihm durch die Vorschläge des Bundeskanzlers entgegenkommen wolle.
Man habe nicht die Absicht, die Sowjetunion „aus Europa auszuschließen" und
überlege sich zur Zeit, wie man die Einbeziehung als echter Partner am besten be-
werkstelligen könne (Erläuterung der Idee einer „Konföderation").
– Gesamtbewertung des Elysée:
Gorbatschow und seine Berater hätten am Ende des Treffens unverhohlen gewisse
Enttäuschung über die Haltung von Präsident Mitterrand bekundet („ihr versucht
uns nicht zu helfen"). Man gehe davon aus, daß Gorbatschows Haltung härter geworden sei – über die Gründe und sein weiteres Vorgehen sei man auf reine Speku-

---

5 Äußerungen des Präsidenten Gorbatschow auf der gemeinsamen Pressekonferenz mit Staatspräsident Mitterrand
am 25. Mai 1990 in Moskau, ZSF/russ./25.5.90/17.15, in: Ostinformationen. Nr. 100. 28. Mai 1990. Anhang II, 10 S.,
hier 6–8; BPA/PA, F 1/22.
6 ⟨ ⟩ Hs. am rechten Rand doppelt angestrichen; hier und im folgenden hs. Hervorhebungen und Anmerkungen des
Bundeskanzlers Kohl.
7 ⟨ ⟩ Hs. am linken Rand vermerkt: „?".

lation angewiesen. ⟨Dies könne mit der innenpolitischen Lage zusammenhängen, könne aber auch taktisch erklärt werden, um in den Verhandlungen mehr „für die Sowjetunion herauszuschlagen". Wahrscheinlich habe die sowjetische Führung ihre Haltung insgesamt noch nicht genau festgelegt.⟩[8]

Hartmann

Nr. 295
Schreiben des Staatspräsidenten Mitterrand an Bundeskanzler Kohl
Paris, 30. Mai 1990

BK, 211 – 30101 F 2 Fr 11 Bd. 7. – Arbeitsübersetzung des VLR I Bitterlich. – Mit Vorlage des MDg Hartmann an den Bundeskanzler, 31. Mai 1990: „Hiermit lege ich Ihnen Arbeitsübersetzung der Botschaft von Staatspräsident Mitterrand, die gestern nachmittag entsprechend der Ankündigung von Hubert Védrine per Telefax eingegangen ist, vor." Mit Paraphe: „E[isel] 1/6". Hs. von Bundeskanzler Kohl vermerkt: „Teltschik". – Per Telefax eingegangenes, hs. unterzeichnetes Original vom 30. Mai 1990.

Lieber Helmut,

ich möchte Ihnen zunächst für Ihren Brief in bezug auf Ihre Gespräche mit Präsident Bush danken, den ich vor meiner Abreise nach Moskau am 25. Mai 1990 erhalten habe.[1]

Ein Großteil der Gespräche, die ich mit Michail Gorbatschow geführt habe, hat den Problemen gegolten, die sich aus der deutschen Vereinigung ergeben.

Präsident Gorbatschow erschien mir fest und entschlossen in seiner klaren Ablehnung (wörtlich: Feindschaft) einer Präsenz des vereinigten Deutschlands in der NATO. ⟨Er ließ sogar durchblicken, daß er, wenn er vor vollendete Tatsachen gestellt werde, gezwungen wäre, seine Haltung in zahlreichen Bereichen zu ändern, insbesondere in der Abrüstung in Europa. Seine Einlassung zielt darauf ab, dem Westen von vornherein die Verantwortung für das Ungleichgewicht der Kräfte, das sich daraus ergeben würde, und für die daraus folgenden künftigen Spannungen zuzuweisen.⟩[2]

Ich habe geltend gemacht, daß es nicht vernünftig wäre, an eine andere Lösung als die Teilnahme Deutschlands in der Atlantischen Allianz zu denken, und ich habe darauf hingewiesen, daß man sich von westlicher Seite sicherlich nicht weigern würde, die Garantien klarzustellen, die er zu Recht für die Sicherheit seines Landes erwarten dürfte. Michail Gorbatschow hat meine Erläuterung „mit Aufmerksamkeit" aufgenommen.

Wir haben ebenfalls über Litauen gesprochen. Diesbezüglich danke ich Ihnen für den Brief, den Sie an mich nach Ihrem Gespräch mit Frau Prunskiene gerichtet haben.[3] Gorbatschow zeigte sich zum Dialog bereit, allerdings ohne geneigt zu sein, in bezug auf die Grundfrage nachzugeben. Er hält weiter daran fest, von den Litauern den Verzicht auf ihr Votum für die Unabhängigkeit zu fordern. Er schließt, wie es mir scheint, eine Verhandlung nicht aus, dies aber erst nach einer gewissen Frist.

Insgesamt schien mir Michail Gorbatschow aller Schwierigkeiten, denen er gegenübersteht, voll und ganz bewußt, aber mit Vertrauen in seinen Ansatz.

Ich freue mich, Sie bald in London[4] und in Deutschland[5] wiederzusehen, und verbleibe mit sehr herzlichen Grüßen

François Mitterrand

---

8 ⟨ ⟩ Hs. am rechten Rand vermerkt: „!!".
1 Nr. 286.
2 ⟨ ⟩ Hs. von Bundeskanzler Kohl am linken Rand angestrichen.
3 Nr. 279.
4 Gemeint: die Tagung der Staats- und Regierungschefs der NATO-Mitgliedstaaten am 5./6. Juli 1990 in London.
5 Nr. 324.

Nr. 296
Vorlage des Ministerialdirektors Teltschik an Bundeskanzler Kohl
Bonn, 30. Mai 1990

BK, 213 – 30130 P 4 Po 30 Bd. 10. – Mitverfasser: MDg Hartmann, VLR I Kaestner. Vorlage über Chef BK – je gesondert. Abgezeichnet: „S[eiters]".

Betr.: Polnische Westgrenze
 <u>hier</u>: DDR-Entwurf für eine „Feierliche Erklärung" und einen Grenzvertrag
Bezug: Ihre Weisung vom 29. Mai 1990
Anlg.: 1. Unser Entschließungsentwurf – Stand 29 Mai 1990[1]
  2. DDR-Entwurf – Stand 29. Mai 1990[2]
  3. Entschließungsantrag der SPD vom 24. April 1990[3]
  4. Entschließungsantrag der Grünen vom 26. April 1990[4]
  5. Entwurf eines Schreibens an Ministerpräsident de Maizière[5]

I. <u>Votum:</u>
 1. Entscheidung gemäß Ziffer 3
 2. Unterzeichnung des Schreibens an Ministerpräsident de Maizière
  (Anlage 5).

II. <u>Sachverhalt:</u>

1. **Prozedurfragen**
 1.1. Die DDR unterbreitet in dem anliegenden Entwurf (Anlage 2) ihre Vorstellungen für eine „Feierliche Erklärung" der Volkskammer und des Deutschen Bundestages sowie für einen „Vertrag zwischen Deutschland und der Republik Polen über die bestehende gemeinsame Staatsgrenze" sowie für eine Verbalnote, mit der die „feierliche Erklärung" der polnischen Regierung zur Kenntnis gebracht wird.
 <u>Dieser Entwurf</u> ist im DDR-Ministerium für Auswärtige Angelegenheiten ausgearbeitet und am 29. Mai 1990 <u>in die trilateralen Expertengespräche</u> DDR-Bundesrepublik Deutschland-Republik Polen[6] <u>eingeführt</u> worden. Dabei hat die DDR ihren Entwurf, begrenzt auf den Entschließungsantrag, erläutert. Von <u>polnischer Seite</u> wurde der <u>DDR-Entschließungsentwurf</u> für <u>annehmbar</u> betrachtet; demgegenüber hielt man den Vertragsentwurf für – selbstverständlich im Sinn des polnischen Entwurfs – ergänzungsbedürftig. <u>Unsere Vertreter</u> haben sich entsprechend Ihrer Weisung <u>rezeptiv</u> verhalten.
 1.2. Die nächsten Begegnungen, die zu weiterer Behandlung der Materie genutzt werden können, sind:
  – Treffen Bundesminister Genscher mit Außenminister Meckel in Ost-Berlin am 1. Juni 1990.[7]

---

1 Nr. 296A.
2 Nr. 296B.
3 Nr. 259 Anm. 4.
4 Entschließungsantrag der Fraktion Die Grünen zur Erklärung der Bundesregierung „Bericht über den Stand der Verhandlungen mit der DDR" (Deutscher Bundestag. Drucksache 11/7016. 26. April 1990).
5 Nicht abgedruckt; endgültige Fassung: Nr. 298.
6 Nach zwei Gesprächsrunden zwischen Regierungsvertretern der Bundesrepublik Deutschland, der DDR und Polens am 3. Mai 1990 in Warschau (Nr. 268 Anm. 5) und am 18. Mai in Bonn (Nr. 285 Anm. 2) fand das dritte Treffen am 29. Mai in Berlin (Ost) statt.
7 Zu dem Treffen zwischen Bundesminister Genscher und Außenminister Meckel am 1. Juni 1990 in Berlin (Ost): Außenpolitische Korrespondenz. 34. Jg. Nr. 17. 11. Juni 1990, 134 f.

– Treffen Bundesminister Genscher mit Außenminister Skubiszewski am 5. Juni
1990 in Kopenhagen (am Rande des KSZE-Menschenrechtstreffens[8]).
– ⟨Vierte⟩[9] Runde der trilateralen Expertentreffen am 21. Juni 1990 in Warschau
(vorgesehener Tag der Bundestagsentschließung!).

2. Textvergleich

Der Vergleich der vorliegenden Entschließungsentwürfe mit dem Ziel
– möglichst weitgehende Entlastung der 2+4-Gespräche von Grenzdiskussionen und
Begrenzung der polnischen Teilnahme auf ein Minimum und,
– nach Möglichkeit auch Polen zur Akzeptanz unseres Vorgehens zu bewegen,
führt zu folgenden Ergebnissen:

2.1. Unser Entschließungsentwurf (Anlage 1) ist darauf angelegt, dem Willen des
Deutschen Bundestages bzw. der Volkskammer Ausdruck zu geben, „daß der
Verlauf der Grenze (d.h. der bestehenden Grenze) zwischen dem vereinigten
Deutschland und der Republik Polen durch einen Vertrag ... bekräftigt wird",
und
– im operativen Teil für diesen Vertrag Elemente vorzugeben, die auf der Grundlage der Gegenseitigkeit formuliert sind.
Unser bisheriger Entwurf ist dabei sprachlich zurückhaltender, z.B.
– „bekräftigen" statt „feierlich bekräftigen" (wie DDR- Entwurf).
Es könnte erwogen werden, in diesem Punkt der DDR entgegenzukommen und
insofern unseren Entwurf zu ergänzen. Gleichzeitig würde dies die Akzeptanz
bei den Polen verbessern.

2.2. Der DDR-Entwurf ist konzipiert als erster Teil eines Pakets, dem – noch vor der
deutschen Vereinigung – als entscheidender weiterer Teil Vertragsverhandlungen
folgen sollen.
Dementsprechend stellt der DDR-Entschließungsentwurf einseitige „Leistun-
gen" der beiden deutschen Parlamente an den Anfang.
– Feierliche Bekräftigung der bestehenden deutsch-polnischen Staatsgrenze.
– Feierliche Bekräftigung der Unverletzlichkeit dieser Grenze.
– Feierliche Bekräftigung des Rechts des polnischen Volkes, in sicheren Grenzen
zu leben ...
– Bekenntnis zur uneingeschränkten Achtung der Souveränität und territorialen
Integrität Polens.
Hingegen wird im DDR-Entschließungsentwurf erst später die künftige vertrag-
liche Fixierung angesprochen.
Diese Form des Entschließungsentwurfs bleibt insofern hinter unserem Entwurf
zurück, der bereits deutlich macht, wie der künftige Grenzvertrag in seinen operativen Artikeln gestaltet sein soll.
Politisch ist unser Entwurf daher stärker und auch besser geeignet, im Rahmen
von 2+4 unseren klaren Willen zu einer abschließenden Regelung der Grenzfrage
zum Ausdruck zu bringen.
Dieser Unterschied ist logisch darin begründet, daß wir jetzt nicht in Vertragsverhandlungen eintreten wollen, die DDR aber wohl.

---

8 Vom 5.–29. Juni 1990 fand in Kopenhagen das zweite Treffen der Konferenz über die Menschliche Dimension der
KSZE statt (Dokument des Kopenhagener Treffens, 29. Juni 1990, mit Anhang in: Bulletin. Nr. 88. 4. Juli 1990, 757–
768).
9 ⟨ ⟩ Von den Bearbeitern korrigiert aus: „Dritte" (vgl. Anm. 6). Das für den 21. Juni 1990 angesetzte Treffen kam nicht
zustande; dazu: Nr. 371.

Zu beanstanden ist im DDR-Entwurf auf jeden Fall die Verpflichtung, die künftige gesamtdeutsche Verfassung in Einklang mit der Entschließung zu bringen.

2.3. Übereinstimmung besteht zwischen unserem und dem DDR-Entwurf darin, daß die Grenze nicht mit konstitutiver Wirkung anerkannt wird (so polnischer Vertragsentwurf und die Entschließungsentwürfe der SPD und der Grünen, Anlage 3 und Anlage 4), sondern durch Zitat bereits rechtsgültiger Dokumente mit deklaratorischer Wirkung beschrieben wird:
- Unser Entwurf: „Der Verlauf der Grenze ... bestimmt sich nach ...".
- DDR-Entwurf: „... wie sie ... beschrieben ist und ... demarkiert wurde".

Unterschiede bestehen in der Zahl der zitierten Dokumente:
- Wir nennen den Görlitzer Vertrag (mit Originaltitel, d.h. ohne Görlitz)[10] sowie die zu seiner Durchführung und Ergänzung beschlossenen Vereinbarungen sowie den Warschauer Vertrag[11].
- Die DDR nennt alle Grenzverträge und -vereinbarungen. Wir sind der Auffassung, daß eine erschöpfende Aufzählung aller Rechtsakte in einem politischen Text nicht erforderlich ist. Gleichwohl ist dies kein „harter Punkt".

2.4 Der DDR-Vertragsentwurf liegt in der Sache erfreulich nahe bei unseren Vorstellungen:
- keine konstitutive Festlegung der Grenze, wie von Polen gewünscht, sondern Beschreibung des bereits bestehenden Rechtszustandes;
- keine Übernahme des polnischen Passus, daß der Vertrag „Bestandteil einer Friedensregelung in Europa" (Potsdam!) ist;
- kein Bezug auf weitere internationale Dokumente wie z.B. UNO-Charta und KSZE-Dokumente sowie
- keine Regelung von Materien außer der Grenzfrage selbst.

Ein außerhalb des DDR-Vertragsentwurfs stehender Passus („Regieanweisung") spricht davon, daß „unverzüglich nach Herstellung eines einheitlichen deutschen Staates Schritte zum Inkrafttreten des ... Vertrages eingeleitet werden". Damit dürfte die DDR signalisieren, daß sie noch vor Herstellung der deutschen Einheit den Vertrag auszuhandeln bereit ist.

Ein weiterer Passus betrifft die Behandlung der Grenzfrage in einem abschließenden Dokument der 2+4-Gespräche – diese Frage ist besonders heikel, weil hier von dritter Seite versucht werden könnte, wiederum Garantien der Vier Mächte ins Gespräch zu bringen.

Dies wollen wir auf keinen Fall, sind aber selbstverständlich bereit, den 2+4-Partnern unsere Schritte zur Kenntnis zu bringen.

2.5 Schließlich übersendet die DDR noch den Entwurf einer Verbalnote, mit der die beiden deutschen Regierungen die Entschließung der beiden deutschen Parlamente der polnischen Regierung zur Kenntnis bringen. Dabei sollen sich die beiden Regierungen verpflichten, „sich in ihrer Politik von diesen in der feierlichen Erklärung ... dargelegten Grundsätzen hinsichtlich der völkerrechtlichen Bekräftigung der polnischen Westgrenze (in einem Vertrag) durch das vereinigte Deutschland leiten (zu) lassen".

3. Empfehlungen

3.1. Wir sollten an unserem Entschließungsentwurf festhalten, da er
- den wesentlichen Inhalt des künftigen Grenzvertrages vorgibt und

---

10 Nr. 92 Anm. 11.
11 Nr. 8 Anm. 4.

- geeignet ist, den 2+4-Partnern den politischen Willen der beiden frei gewählten Parlamente überzeugend nachzuweisen und damit
- das Grenzthema im 2+4-Prozeß zu einem baldigen Abschluß zu bringen, statt diesen Prozeß mit der Unsicherheit weiterer Vertragsverhandlungen zu belasten.

3.2. Wir sollten unseren Entschließungsentwurf
- zunächst der DDR offiziell zur Kenntnis bringen – vgl. Entwurf des beiliegenden Schreibens an Ministerpräsident de Maizière – und
- dann auch vertraulich den westlichen 2+4-Partnern zur Kenntnis bringen und erläutern.

Teltschik

Nr. 296A
Anlage 1
Entschließung

Der Deutsche Bundestag
- im Bewußtsein seiner großen Verantwortung vor der deutschen und europäischen Geschichte,
- fest entschlossen, dazu beizutragen, die Einheit und Freiheit Deutschlands in freier Selbstbestimmung zu vollenden, damit Deutschland als gleichberechtigtes Glied in einem vereinten Europa des Rechts und der Menschenrechte dem Frieden der Welt dienen kann,
- in dem Bestreben, durch die deutsche Einheit einen historischen Beitrag zum Aufbau einer Europäischen Friedensordnung zu leisten, in der Grenzen nicht mehr trennen und die allen europäischen Völkern ein vertrauensvolles Zusammenleben und umfassende Zusammenarbeit zum Wohle aller sowie dauerhaften Frieden, Freiheit und Stabilität gewährleistet,
- in dem Wunsche, daß im Gedenken an die tragischen und schmerzlichen Seiten der Geschichte auch ein vereintes Deutschland und die Republik Polen die Politik der Verständigung und Versöhnung zwischen Deutschen und Polen konsequent fortsetzen, ihre Beziehungen zukunftsgewandt gestalten und damit ein Beispiel für gute Nachbarschaft geben,
- in der Überzeugung, daß dem Engagement der jungen Generation bei der Aussöhnung beider Völker besondere Bedeutung zukommt,
- in der Erwartung, daß die frei gewählte Volkskammer der DDR gleichzeitig eine gleichlautende Erklärung abgibt (Hinweis: entsprechendes Element in der Erklärung der Volkskammer zu Bundestag),

gibt seinem Willen Ausdruck, daß der Verlauf der Grenze zwischen dem vereinten Deutschland und der Republik Polen durch einen Vertrag wie folgt bekräftigt wird.

Der Verlauf der Grenze zwischen Deutschland und der Republik Polen bestimmt sich nach dem „Abkommen zwischen der Deutschen Demokratischen Republik und der Republik Polen über die Markierung der festgelegten und bestehenden polnisch-deutschen Staatsgrenze" vom 06. Juli 1950 und den zu seiner Durchführung und Ergänzung geschlossenen Vereinbarungen sowie dem „Vertrag zwischen der Bundesrepublik Deutschland und der Volksrepublik Polen über die Grundlagen der Normalisierung ihrer gegenseitigen Beziehungen" vom 07. Dezember 1970.

Beide Seiten bekräftigen die Unverletzlichkeit der zwischen ihnen bestehenden Grenze jetzt und in der Zukunft und verpflichten sich gegenseitig zur uneingeschränkten Achtung ihrer Souveränität und territorialen Integrität.

Beide Seiten erklären, daß sie gegeneinander keinerlei Gebietsansprüche haben und solche auch in Zukunft nicht erheben werden.

Die Bundesregierung wird aufgefordert, diese Entschließung der Republik Polen förmlich als Ausdruck auch ihres Willens mitzuteilen.

Nr. 296B
Anlage 2
Entwurf Vereinbarung/Protokoll

Im Ergebnis von Gesprächen zwischen beauftragten Vertretern der Deutschen Demokratischen Republik, der Bundesrepublik Deutschland und der Republik Polen über die gemeinsame deutsch-polnische Staatsgrenze wurde Einvernehmen darüber erzielt, daß durch folgende Schritte eine befriedigende Regelung herbeigeführt wird:

1. Feierliche Erklärung der Volkskammer der Deutschen Demokratischen Republik und des Deutschen Bundestages

„Die Volkskammer der Deutschen Demokratischen Republik/der Deutsche Bundestag bekräftigt feierlich die bestehende gemeinsame deutsch-polnische Staatsgrenze, wie sie im ‚Abkommen zwischen der Deutschen Demokratischen Republik und der Republik Polen über die Markierung der festgelegten und bestehenden deutsch-polnischen Staatsgrenze' vom 6. Juli 1950, im ‚Vertrag zwischen der Bundesrepublik Deutschland und der Volksrepublik Polen über die Grundlagen der Normalisierung ihrer gegenseitigen-Beziehungen' vom 7. Dezember 1970 sowie im ‚Vertrag zwischen der Deutschen Demokratischen Republik und der Volksrepublik Polen über die Abgrenzung der Seegebiete in der Oderbucht' vom 22. Mai 1989[12] beschrieben ist und gemäß dem ‚Akt über die Ausführung der Markierung der Staatsgrenze zwischen Deutschland und Polen' vom 27. Januar 1951[13] demarkiert wurde.

Die Volkskammer der Deutschen Demokratischen Republik/der Deutsche Bundestag bekräftigt feierlich die Unverletzlichkeit dieser bestehenden Grenze jetzt und in Zukunft und bekennt sich zur uneingeschränkten Achtung der Souveränität und territorialen Integrität Polens.

Die Volkskammer der Deutschen Demokratischen Republik/der Deutsche Bundestag bekräftigt feierlich, daß das Recht des polnischen Volkes, in sicheren Grenzen zu leben, von uns Deutschen weder jetzt noch in Zukunft durch Gebietsansprüche in Frage gestellt wird. Dies soll ein künftiges gesamtdeutsches Parlament vertraglich bestätigen.

Die Volkskammer der Deutschen Demokratischen Republik/der Deutsche Bundestag tritt dafür ein, daß die künftige Verfassung des vereinten Deutschland keine Bestimmungen enthalten wird, die den vorstehend getroffenen Aussagen zum Grenzverlauf entgegenstehen."

Die Vertreter der Deutschen Demokratischen Republik und der Bundesrepublik Deutschland werden ihren jeweiligen Regierungen den Vorschlag unterbreiten, o.g. Entwurf einer feierlichen Erklärung an ihre jeweiligen Parlamente zu übermitteln mit dem Ziel ihrer Annahme.

---

12 Nr. 11 Anm. 3.
13 Nr. 263 Anm. 10.

Nach erfolgter Annahme solcher gleichlautender Erklärungen durch die Volkskammer der Deutschen Demokratischen Republik und den Deutschen Bundestag werden die Regierung der Deutschen Demokratischen Republik und die Regierung der Bundesrepublik Deutschland die Regierung der Republik Polen davon offiziell unterrichten (siehe Anlage)[14].

2. „Vertrag zwischen Deutschland und der Republik Polen über die bestehende gemeinsame Staatsgrenze

Deutschland und die Republik Polen

- in dem Bewußtsein ihrer besonderen Verantwortung für Frieden, Sicherheit, Verständigung und Zusammenarbeit in Europa,
- in dem Bestreben, die Schaffung eines freien und demokratischen, vereinigten Europa zu fördern, in welchem die Menschenrechte voll geachtet werden,
- in der Überzeugung, daß das Wiedererlangen der staatlichen Einheit durch das deutsche Volk bei der Gewährleistung der Sicherheitsinteressen und der territorialen Integrität der Nachbarstaaten, darunter der vollen Achtung der deutsch-polnischen Grenze in ihrem gegenwärtigen Verlauf, ein grundsätzlicher Bestandteil einer Friedensordnung in Europa und in der Welt ist,
- in dem Wunsche, feste Grundlagen für das freundschaftliche Zusammenleben und für die Entwicklung guter Beziehungen zwischen ihnen sowie für die Versöhnung und eine dauerhafte Verständigung zwischen Deutschen und Polen zu schaffen,

sind wie folgt übereingekommen:

Artikel 1

Die Hohen Vertragschließenden Seiten bekräftigen feierlich die bestehende gemeinsame Staatsgrenze zwischen Deutschland und der Republik Polen, wie sie im ‚Abkommen zwischen der Deutschen Demokratischen Republik und der Republik Polen über die Markierung der festgelegten und bestehenden deutsch-polnischen Staatsgrenze‘ vom 6. Juli 1950, im ‚Vertrag zwischen der Bundesrepublik Deutschland und der Volksrepublik Polen über die Grundlagen der Normalisierung ihrer gegenseitigen Beziehungen‘ vom 7. Dezember 1970 sowie im ‚Vertrag zwischen der Deutschen Demokratischen Republik und der Volksrepublik Polen über die Abgrenzung der Seegebiete in der Oderbucht‘ vom 22. Mai 1989 beschrieben ist und gemäß dem ‚Akt über die Ausführung der Markierung der Staatsgrenze zwischen Deutschland und Polen‘ vom 27. Januar 1951 demarkiert wurde.

Artikel 2

Die Hohen Vertragschließenden Seiten bekräftigen die Unverletzlichkeit der zwischen ihnen bestehenden gemeinsamen Grenze jetzt und in Zukunft und verpflichten sich gegenseitig zur uneingeschränkten Achtung ihrer Souveränität und territorialen Integrität.

Artikel 3

Die Hohen Vertragschließenden Seiten erklären, daß sie gegeneinander keinerlei Gebietsansprüche haben und solche auch in Zukunft nicht erheben werden.

Artikel 4

Dieser Vertrag bedarf der Ratifikation und tritt am Tag des Austausches der Ratifikationsurkunden in Kraft, der in   stattfindet.

Zu Urkund dessen haben die Bevollmächtigten der Hohen Vertragschließenden Seiten diesen Vertrag unterschrieben und mit Siegeln versehen.

14   Nr. 296C.

Geschehen in   am   in zwei Urschriften, jede in deutscher und polnischer Sprache, wobei jeder Wortlaut gleichermaßen verbindlich ist.

Für   Für die
Deutschland   Republik Polen"

Es wurde Einvernehmen darüber erzielt, daß unverzüglich nach Herstellung eines einheitlichen deutschen Staates Schritte zum Inkrafttreten des oben genannten Vertrages eingeleitet werden.

Weiterhin wurde Einvernehmen erzielt, daß im abschließenden Dokument der 2+4-Gespräche den vier Mächten die Erklärung zur Kenntnis gegeben wird, daß das vereinte Deutschland keinerlei Gebietsansprüche hegt und keine erheben wird.

Die Gespräche verliefen im Geiste gegenseitigen Verständnisses, freundschaftlicher Zusammenarbeit und dauerhafter Versöhnung zwischen Deutschen und Polen sowie der Verantwortung für Frieden, Sicherheit und Zusammenarbeit in Europa.

…, den

Für die
Für die
Für die

Nr. 296C
Anlage zu Anlage 2
Entwurf Note

Die Regierung der Deutschen Demokratischen Republik/Bundesrepublik Deutschland bezeugt der Regierung der Republik Polen ihre Hochachtung und beehrt sich mitzuteilen, daß die Volkskammer der Deutschen Demokratischen Republik/der Deutsche Bundestag am folgende feierliche Erklärung angenommen hat:
…[15]

Die Regierung der Deutschen Demokratischen Republik/Bundesrepublik Deutschland möchte der Regierung der Republik Polen mitteilen, daß sie sich in ihrer Politik von diesen in der feierlichen Erklärung der Volkskammer der Deutschen Demokratischen Republik/ des Deutschen Bundestages vom   dargelegten Grundsätzen hinsichtlich der völkerrechtlichen Bekräftigung der polnischen Westgrenze (in einem Vertrag) durch das vereinte Deutschland leiten lassen wird.

Die Regierung der Deutschen Demokratischen Republik/Bundesrepublik Deutschland benutzt auch diese Gelegenheit, die Regierung der Republik Polen ihrer ausgezeichnetsten Hochachtung zu versichern.

---

15 Nicht abgedruckt: identischer Wortlaut wie in Nr. 295B Punkt 1 von „Die Volkskammer …" bis „… Aussagen zum Grenzverlauf entgegenstehen".

Nr. 297
Gespräch des Bundeskanzlers Kohl mit Premierminister Lee Kuan Yew
Bonn, 31. Mai 1990

BK, 21 – 30100 (56) Ge 28 (VS) Bd. 81, Bl. 156–167. – Vermerk des MD Teltschik, 31. Mai 1990. – Gesprächsdauer: 11.30 bis 12.50 Uhr.

Teilnehmer:

Tony K. Siddique, Botschafter der Republik Singapur

AL 2

Der Bundeskanzler hieß den Ministerpräsidenten herzlich willkommen. Er gab noch mal seinem Bedauern Ausdruck, daß er im vergangenen Jahr nicht wie vorgesehen seinen Besuch in Singapur durchführen konnte. Der plötzliche Tod seines Kollegen Franz Josef Strauß habe ihn zum Abbruch seiner Reise gezwungen.[1] Er hoffe, den Besuch nachholen zu können.

Der Bundeskanzler erklärte, daß er sich sehr persönlich für die generöse Haltung des Ministerpräsidenten gegenüber den Deutschen bedanken wolle. Der Ministerpräsident habe einen großen Anteil an den guten politischen Beziehungen zwischen den beiden Ländern. Sicherlich könne das alles noch verbessert werden. Er bewundere auch das große Werk, das der Ministerpräsident in den letzten Jahrzehnten in Singapur vollbracht habe.

Der Besuch des Ministerpräsidenten finde in einer geschichtlich bedeutenden Zeit statt. Für die Deutschen und Europäer verwirkliche sich ein Traum: Innerhalb der nächsten zwei bis drei Jahre werde die europäische Integration einen großen Schritt nach vorn vollziehen. Dieses Europa werde keine Festung darstellen, sondern ein Partner im freien Welthandel sein. Das sei das gemeinsame Interesse. Für die Deutschen werde sich die Einheit verwirklichen.

MP Lee Kuan Yew erwiderte, daß es für ihn eine große Ehre sei, daß der Bundeskanzler sich die Zeit nehme, ihn zu empfangen. Er habe das große Wunder, das sich in Deutschland vollziehe, sehr bewundert. Das gelte besonders für den neuen Geist, der spürbar sei. Auch die große Zurückhaltung, mit der der Bundeskanzler auf die immense Gefahr des Terrorismus reagiert habe, sei Ausdruck eines neuen Geistes. Deshalb sei die Welt über das neu entstehende Deutschland nicht besorgt und fühle sich beruhigt. Er selbst habe den Bundeskanzler bei seinem Auftritt in Davos[2] erlebt. Die teilnehmenden Banker hätten ihm gesagt, daß der Bundeskanzler ein direkter Mensch sei und sie in ihn und in seine Politik Vertrauen hätten. Dieses Vertrauen käme auch in der Stimme und in der Körpersprache des Bundeskanzlers zum Ausdruck.

Die größte Sorge sei jetzt, daß sich die deutschen Ressourcen zukünftig nur noch auf die DDR konzentrieren würden und damit die Möglichkeiten sich verringerten, sich im Fernen Osten zu engagieren. In Südostasien finde gegenwärtig eine starke Expansion Japans statt, die zu der Gefahr führe, daß die Länder Südostasiens wie Singapur in zu starkem Maße an Japan gebunden würden, stärker, als sie es wünschten.

Der Bundeskanzler berichtete, daß er eine ähnliche Argumentation bei seinem letzten Besuch in der Volksrepublik China von Deng Xiaoping gehört habe.[3] Aber für eine solche Abkehr Deutschlands von Asien bestünde keine Gefahr. Um die Entwicklung realistisch ein-

---

1 Aufgrund des Todes des Bayerischen Ministerpräsidenten und Vorsitzenden der CSU, Strauß, am 3. Oktober 1988 brach Bundeskanzler Kohl seinen Aufenthalt in Australien am 5. Oktober ab; die im Anschluß geplanten Besuche in Neuseeland und Singapur wurden abgesagt.
2 Nr. 164 Anm. 12.
3 Während seines offiziellen Besuchs in der Volksrepublik China vom 12.–19. Juli 1987 traf Bundeskanzler Kohl mit dem damaligen Vorsitzenden der Militärkommission des Zentralkomitees der Kommunistischen Partei Chinas, Deng Xiaoping, zusammen.

schätzen zu können, müsse man die Dimension der zu lösenden Probleme objektiv beurteilen. Die Wirtschaftskraft der DDR sei mit dem Bundesland Hessen vergleichbar. Er rechne deshalb mit Übergangsproblemen für die Dauer von zwei bis drei Jahren, dann werde auch die DDR eine blühende Landschaft sein. Man müsse wissen, daß es sich bei der DDR um alte traditionelle Industriegebiete Deutschlands handele. Dies gelte insbesondere für Sachsen und Thüringen. Dort sei beispielsweise die Geburtsstätte der deutschen Autoindustrie gewesen. Die Menschen seien hochqualifiziert. Wenn jetzt die D-Mark in der DDR eingeführt werde, werde sich die Wirtschaft rasch entwickeln. Dann werde sogar neue Konkurrenz für Firmen in der Bundesrepublik entstehen. Dies sei jedoch teilweise nur zu begrüßen, da dadurch neue Dynamik entstünde. Er begrüße diese Perspektive, denn eine solche kleine „Kulturrevolution" sei durchaus wünschenswert. Eines sei jedoch sicher, daß ein solches neues Deutschland stärker als heute sein werde.

Der Bundeskanzler wies aber ebenso darauf hin, daß sich die Bundesrepublik Deutschland sehr stark in Polen, in Ungarn und zukünftig auch in der ČSFR engagiere. Außerdem sei sie auch gegenüber der Sowjetunion aktiv. Andererseits sei natürlich klar, daß die Bundesrepublik Deutschland ein Exportland sei. Die Exportquote betrage gegenwärtig rd. 36%. Aus diesen Gründen werde die Bundesrepublik Deutschland immer gegen Protektionismus und für einen offenen Welthandel auch gegenüber Südostasien eintreten. Außerdem handele es sich bei Südostasien um eine Region, in der Deutsche immer präsent gewesen seien.

Der Bundeskanzler berichtete über sein gestriges Gespräch mit führenden Intellektuellen aus den USA.[4] Er habe diesen dargelegt, daß das letzte Jahrzehnt dieses Jahrhunderts nicht nur die Einheit Deutschlands bringen werde, sondern auch einen neuen Anschub für die Einigung Europas. Das vor uns liegende Jahrzehnt werde kein Jahrzehnt Japans, sondern ein Jahrzehnt der Europäer sein.

Er sei zutiefst davon überzeugt, daß die deutsche Einigung die europäische Integration beschleunigen werde. Anfänglich seien die meisten Partner der Europäischen Gemeinschaft von dem Gedanken eines vereinigten Deutschland mit 80 Millionen Menschen geschockt gewesen. 60 Millionen Deutsche seien für einige von ihnen bereits zu groß gewesen; das gelte erst recht für 80 Millionen Deutsche.

Zwei Konsequenzen würden daraus gezogen werden: Erstens seien alle Nachbarn dafür, daß die Deutschen Mitglied in der NATO blieben. Dies sei auch die Auffassung von Polen, der ČSFR und von Ungarn. Am Ende gelte das auch für die Sowjetunion. Die Polen seien dafür, weil sie an ihrer Westgrenze die NATO und die Amerikaner haben wollten. In ihrem Verständnis sei es gut, über ein geeintes Deutschland ein solides Dach zu bauen.

Zweitens habe die Europäische Gemeinschaft gewissermaßen als zweites Dach an Bedeutung gewonnen. Für die meisten Europäer seien zwei Dächer über Deutschland besser als eines. Deshalb beschleunige die deutsche Einheit auch die europäische Integration. Sicherlich sei ein solches Motiv für die Deutschen nicht besonders schmeichelhaft, aber das Ergebnis sei positiv zu bewerten, weil beide Ziele im deutschen Interesse lägen.

1993 werde der Binnenmarkt mit 336 Millionen Menschen vollendet sein. Das werde der stärkste Binnenmarkt der Welt sein. Das werde zu einer Bündelung der Kräfte führen.

Die Vereinten Nationen hätten einen Bericht über Patentanmeldungen veröffentlicht, in dem drei Länder die gleiche Position einnähmen: die USA, Japan und die Bundesrepublik Deutschland. Japan verfüge aber jedoch über doppelt so viele Einwohner und die USA [über] viermal so viele wie die Bundesrepublik Deutschland.

Außerdem müsse man wissen, daß die Europäische Gemeinschaft nicht schlechthin mit Eu-

---

4 Bundeskanzler Kohl empfing am 30. Mai 1990 führende amerikanische Vertreter aus Wissenschaft, Wirtschaft und Medien zu einem Gespräch und anschließendem Abendessen (Vorbemerkungen, Gesprächspunktation, Teilnehmerliste; BArch, B 136/30538, 212 – 30132 Am 8 NA 6, Protokoll, 30.5.1990).

ropa gleichzusetzen sei. Die Beziehungen zu den übrigen europäischen Staaten entwickelten sich weiter. Die EFTA werde keine Dauerlösung bleiben. Präsident Mitterrand habe bereits die Idee einer europäischen Konföderation angesprochen. Damit deute sich die eigentliche Perspektive an.

Es sei das deutsche Interesse, daß sich diese Kraft Europas nicht vor allem auf Afrika richte. Die meisten europäischen Staaten hätten ehemalige koloniale Beziehungen zu diesem Kontinent. Dagegen seien für die Bundesrepublik Deutschland Asien und Lateinamerika natürliche Partner. Die Bundesrepublik brauche die Konkurrenz Japans nicht zu fürchten. Die Japaner verfügten über nicht mehr „graue Zellen" als die Deutschen. Wir müßten sie nur nutzen. Im übrigen sei es gut, wenn es Konkurrenz gebe.

Er betrachte Asien als eine Zukunftsregion, und darauf werde sich die Politik seiner Regierung ausrichten. Es gebe schon heute eine große Zahl deutscher Firmen in Singapur. Das liege im deutschen Interesse. Seine Sorge sei es, warf <u>MP Lee Kuan Yew</u> ein, daß diese deutschen Firmen zukünftig weniger Ressourcen und Zeit investieren würden, weil sie sich stärker in der DDR und in Osteuropa engagieren würden. Er sehe eine solche Entwicklung für die nächsten drei bis fünf Jahre voraus.

Dies glaube er nicht, erwiderte der <u>Bundeskanzler</u>. Das Interesse der deutschen Unternehmen an Asien sei zu groß. Außerdem könne man das Engagement in der DDR nicht vorrangig unter ökonomischen Gesichtspunkten sehen. Nach 40 Jahren Diktatur sei die Seele vieler Menschen in der DDR verwundet. Die letzte freie Wahl habe im November 1932 stattgefunden. Er wolle das Problem nur am folgenden Zahlenbeispiel deutlich machen. Auf dem Höhepunkt des Nazi-Regimes am 1. Januar 1942 habe das Deutsche Reich 80 Millionen Einwohner gehabt. Davon seien 9,3 Millionen Mitglieder der NSDAP gewesen. Die Gestapo habe 55 000 Mitarbeiter beschäftigt. Insgesamt habe das Nazi-Regime 12 Jahre gedauert. Im Vergleich dazu habe es in der DDR 16,8 Millionen Einwohner gegeben. Davon seien 2,3 Millionen Mitglied in der SED gewesen. Der Staatssicherheitsdienst (Stasi) habe über 105 000 Mitglieder verfügt. Insgesamt bestehe die DDR seit 40 Jahren. Diese Zahlen verdeutlichten die Tiefe des Problems in der DDR. Damit täten sich große Probleme im Bereich der Erziehung, der Schule, der Universitäten und insbesondere im Bereich der Geisteswissenschaft auf. So sei es nicht überraschend, daß es in der neugewählten Volkskammer der DDR Dutzende von Ärzten gebe. Insgesamt seien es 35 Mediziner. Im Bundestag dagegen sei nur ein Abgeordneter Arzt. Hinzu kämen in der DDR viele Wissenschaftler aus der Naturwissenschaft, jedoch keine Juristen oder Philosophen.

Als 1961 die Mauer errichtet worden sei, habe sich ein geschlossenes System herausgebildet. Ganze Generationen seien in der DDR ohne jede Chance gewesen. Dort liege das eigentliche Problem. Aber es handele es sich bei allen um Deutsche, deshalb bleibe er optimistisch, daß die Probleme gelöst werden könnten.

<u>MP Lee Kuan Yew</u> erklärte, daß ihm der Glaube und der Optimismus des Bundeskanzlers gefalle. Er sehe darin eine große Quelle der Stärke.

<u>Der Bundeskanzler</u> bezeichnete sich als einen realistischen Optimisten. Er gebe zu, daß es in der Bundesrepublik einen großen Kulturpessimismus gebe. Viele würden davon sehr gut leben. Dieser Kulturpessimismus sei eine Folge des Wohlstandes.

Vor einigen Jahren sei noch die Rede von der Euro-Sklerose gewesen. Es habe mehrere Botschafterberichte über diese Einschätzung Europas im Ausland gegeben. Heute sei keine Rede mehr davon. Vor zwei Tagen hätten ihn amerikanische Senatoren gefragt, ob die USA Europa verlassen sollten. In vielen Bibliotheken stünde ein berühmtes Buch von Oswald Spengler: „Untergang des Abendlandes"[5]. Er könne nur feststellen, daß Europa noch immer

---

5 Oswald Spengler, Der Untergang des Abendlandes. Umrisse einer Morphologie der Weltgeschichte. 2 Bde. München 1923.

nicht untergegangen sei. Sicherlich gebe es noch viele Probleme. Unter anderem entwickele sich eine neue Form des Nationalismus in Rumänien oder beispielsweise in der Sowjetunion. Auf die Frage des Bundeskanzlers, wie die Beziehungen Singapurs zur Sowjetunion seien, erwiderte MP Lee Kuan Yew, daß diese sich sehr gut entwickelt hätten. Er hoffe, daß Gorbatschow noch lange im Amt bleibe und die Reformpolitik weiterentwickele.

Dies sei auch die Politik des Westens, fügte der Bundeskanzler hinzu. Er habe darüber gerade mit Präsident Bush telefoniert.[6] Sie seien sich einig, daß das gemeinsame Interesse sei, daß Gorbatschow im Amt bleibe. Außerdem wisse niemand, wer ihm nachfolgen würde.

MP Lee Kuan Yew erklärte, daß man möglichst viele Probleme mit Gorbatschow lösen sollte. Dieser habe aber selbst große Probleme.

Der Bundeskanzler bekräftigte diese Einschätzung. Bei der Sowjetunion handele es sich um die letzte Kolonialmacht. So hätten die Balten mit den Usbeken nichts gemeinsam.

Die Sowjetunion sei mit einer großen Wirtschaftskrise konfrontiert. Einerseits sei sie eine militärische Weltmacht, andererseits verfüge sie nur über die Möglichkeiten einer mittleren Macht.

Für die Deutschen stelle sich jetzt die Frage, ob sie nach der Einigung für eine Übergangszeit sowjetische Truppen auf dem ehemaligen DDR-Territorium akzeptieren sollen. Das sei für die Bundesregierung kein Problem, wenn sie eine solche Entscheidung aus eigener Souveränität treffen könne und die Truppen nicht auf der Grundlage von Viermächte-Rechten stationiert blieben. Er habe Gorbatschow deutlich gemacht, daß er damit rechnen müsse, bei Fortdauer der Stationierung sowjetischer Truppen auf dem ehemaligen DDR-Territorium Probleme zu bekommen. Der Bundeskanzler erläuterte eine Reihe von vorliegenden Erfahrungen mit sowjetischen Soldaten in Ungarn und in der DDR. Schwarzmarktgeschäfte und Disziplinlosigkeiten seien im Wachsen.

Er könne sich vorstellen, warf der MP Lee Kuan Yew ein, daß die sowjetischen Soldaten die DDR dann nicht mehr verlassen wollten. Die sowjetischen Soldaten würden sicherlich Vergleiche mit den Verhältnissen zu Hause ziehen, fuhr der Bundeskanzler fort. Deshalb glaube er, daß Gorbatschow die Soldaten schneller abziehen werde, als viele heute noch glauben würden. Das sei die westliche Form von Subversion der östlichen Ideologie, warf MP Lee Kuan Yew ein.

Der Bundeskanzler berichtete, daß in den letzten Tagen in der DDR über 500 Fälle von Waffenverkäufen sowjetischer Soldaten bekanntgeworden seien, die Ostmark erhalten wollten, um sie in D-Mark eintauschen zu können. Aus solchen illegalen Geschäften seien in den Händen sowjetischer Soldaten mehrere hundert Millionen Ost-Mark. Alle solche Erscheinungen seien das Ergebnis des Bankrotts des Kommunismus.

MP Lee Kuan Yew erklärte, daß der Truppenrückzug die letzte Karte der Sowjetunion im Spiel sei.

Der Bundeskanzler stimmte zu. Er habe im Juni 1989 lange mit Präsident Gorbatschow gesprochen.[7] Das Gespräch sei sehr offen gewesen. Gorbatschow wisse genau, daß er die sowjetische Wirtschaft reformieren müsse. Er sei sich bewußt, daß die Sowjetunion wirtschaftlich am Ende angekommen sei. Er habe schon viel zuviel Zeit verstreichen lassen.

Die Welt habe sich seit Stalin dramatisch verändert. Zwei Drittel der heute lebenden Menschen in der Bundesrepublik seien nach dem Zweiten Weltkrieg geboren worden. Das gelte auch für die Sowjetunion. Diese Generationen verfolgten gleiche Interessen. So müsse Gorbatschow heute ebenfalls mit einer öffentlichen Meinung rechnen. Jetzt sei Boris Jelzin in

---

6 Nr. 293.
7 Nr. 2, Nr. 3 und Nr. 7 Anm. 2.

Moskau zum Präsidenten der RSFSR gewählt worden.[8] Der Pluralismus sei in der Sowjetunion im Vormarsch.

Der Bundeskanzler berichtete, daß das Abhören westlicher Sender in der Nazizeit verboten gewesen sei. Damals habe Todesstrafe darauf gestanden. DDR-Generalsekretär Ulbricht hätte ebenfalls seinen Bürgern verboten, westliche Fernsehsender zu sehen. In späteren Zeiten wurde mit Hilfe von Schikanen versucht, das Verfolgen westlicher Fernsehsendungen einzuschränken. In den 80er Jahren schon konnte das nicht mehr verhindert werden. Heute könnten bereits in Kiew westliche Rundfunksender und mit Sondereinrichtungen westliches Fernsehen empfangen werden. Das sei bereits der Anfang vom Ende dieses Regimes. Der Westen sei sich jedoch einig, daß er die Reformpolitik Gorbatschows unterstützen müsse.

MP Lee Kuan Yew wies darauf hin, daß Präsident Gorbatschow die richtigen Leute fehlen würden, um die Reformpolitik erfolgreich durchführen zu können. Er sei mit einem falschen System und einer falschen Ideologie und mit falschen Methoden konfrontiert. Eine Änderung sei nicht leicht durchzuführen. Die alte Politik jedoch fortzuführen, warf der Bundeskanzler ein, werde die Sowjetunion aber noch teurer zu stehen kommen.

MP Lee Kuan Yew fuhr fort, daß es schwer vorherzusagen sei, was in der Sowjetunion geschehen werde. Die UdSSR sei implodiert. Er habe im Februar Gespräche mit Ministerpräsident Ryschkow geführt und sei von diesem sehr beeindruckt gewesen.[9] Seine Probleme seien jedoch unglaublich groß. Er wisse praktisch nicht, wo er mit den Reformen ansetzen solle. Er benötige soviel Geld für viele Sachen gleichzeitig.
...[10]

MP Lee Kuan Yew verwies auf eine weltweite Kommunikationsrevolution. Die Telefax-Maschine würde die weltweiten Entwicklungen und Veränderungen beschleunigen. Insgesamt sei er optimistisch. Wenn die Veränderungen in Europa friedlich verlaufen würden und die gesamteuropäische Balance erhalten bleibe, werde sich das sehr positiv auswirken. Der Bundeskanzler solle nur dafür Sorge tragen, daß die USA in Europa blieben. Wenn die USA Europa verlassen sollten, dann würden sie auch aus dem pazifischen Raum herausgehen. Dies würde für sie große Probleme auslösen.

Der Bundeskanzler bekräftigte, daß es seine erklärte Politik sei, die Präsenz der USA in Europa zu sichern. Gerade angesichts der europäischen Integration würde es auch dem amerikanischen Interesse widersprechen, Europa zu verlassen. Er sei sich darüber im klaren, wenn die USA Deutschland verließen, wären sie damit auch aus Europa weg. Das sehe er genauso, fügte MP Lee Kuan Yew hinzu.

Der Bundeskanzler berichtete über seine Gespräche mit amerikanischen Politikern[11] und Intellektuellen in den beiden letzten Tagen. Er investiere in solche Gespräche viel Zeit. Außerdem unternehme er alles, um den Schüler- und Studentenaustausch zu intensivieren und auszuweiten. Er hoffe, daß es möglich sein werde, eine deutsch-amerikanische Akademie der Wissenschaften einzurichten. Die Geschichte beweise, daß kulturelle und wissenschaftliche Beziehungen dauerhafter seien als wirtschaftliche. Deshalb müßten sie weiter ausgebaut werden.

An dieser Stelle wurde das Gespräch unterbrochen und beim anschließenden Mittagessen fortgeführt.

Teltschik

---

8 Nr. 291 Anm. 1.
9 Premierminister Lee Kuan Yew traf am 17. Februar 1990 mit Ministerpräsident Ryschkow in Singapur zusammen.
10 Im folgenden besprochen: Lage in der Volksrepublik China und in Litauen.
11 Nr. 291.

Nr. 298
Schreiben des Bundeskanzlers Kohl an Ministerpräsident de Maizière
Bonn, 31. Mai 1990

BK, 213 – 30130 P 4 Po 30 Bd. 10. – Mit Stempel: 31. Mai 1990. Hs. vermerkt: „Gültige Fassung". Hs. von Bundeskanzler Kohl vermerkt: „R[udolf] Seiters erl."

Sehr geehrter Herr Ministerpräsident, lieber Herr de Maizière,

in der Zwischenzeit habe ich die Entwürfe einer „Feierlichen Erklärung der Volkskammer der Deutschen Demokratischen Republik und des Deutschen Bundestages" und eines „Vertrages zwischen Deutschland und der Republik Polen über die bestehende gemeinsame Staatsgrenze"[1] geprüft.

Ich freue mich, daß es in der Substanz der Grenzfrage keine Meinungsverschiedenheiten zwischen unseren beiden Regierungen gibt. Gestatten Sie mir daher, noch einmal die Haltung der Bundesregierung zum weiteren Vorgehen darzulegen.

Die Bundesregierung setzt sich – wie Sie wissen – mit Nachdruck für gleichlautende Entschließungen beider deutscher Parlamente ein, die, – nach ihrer Annahme – durch die beiden Regierungen der Regierung der Republik Polen förmlich notifiziert werden sollen.

Mit einer solchen Vorgehensweise wird die größtmögliche politische Bindungswirkung erzielt, die wir vor der Vereinigung der beiden deutschen Staaten erreichen können. Ein vor der Vereinigung von unseren beiden Regierungen lediglich paraphierter Grenzvertrag – wie von Polen vorgeschlagen – wäre demgegenüber vom politischen Standpunkt aus ein Minus. Ein solcher Vertrag begründet im übrigen keine völkerrechtliche Verpflichtung.

Erst der künftige gesamtdeutsche Souverän wird die Frage der Grenzen dann durch Vertrag mit der Republik Polen abschließend und in völkerrechtlich verbindlicher Form regeln.

Zu dem Entwurf einer Entschließung beider Parlamente darf ich Sie auf folgende Punkte hinweisen:

Hauptziel der Entschließungen der beiden frei gewählten deutsche Parlamente muß es sein, den klaren politischen Willen zum Ausdruck [zu] bringen, daß der vom künftigen gesamtdeutschen Souverän zu schließende Vertrag mit einem konkreten Inhalt zustande kommt. Dies ist auch im Hinblick auf den Tagesordnungspunkt „Grenzen" der 2+4-Gespräche von entscheidender Bedeutung; denn es muß unser gemeinsames Ziel sein, seitens der beiden deutschen Staaten zu einem möglichst frühen Zeitpunkt ein Ergebnis vorzuweisen, das unsere 2+4-Partner überzeugt. Demgegenüber würden Vertragsverhandlungen – abgesehen davon, daß die beiden deutschen Staaten derartige Verhandlungen nicht im eigenen Namen, sondern nur im Vorgriff auf ein Gesamtdeutschland führen würden – die Erledigung dieses Tagesordnungspunkts von dem in seinem zeitlichen Rahmen nicht absehbaren Verhalten der polnischen Seite abhängig machen, d. h. Polen könnte auch in anderen Fragen Druck ausüben.

Ein von unserer Seite erarbeiteter Entwurf,[2] den ich Ihnen in Kürze übermitteln werde, trägt diesen Überlegungen Rechnung. Demgegenüber zielt der Entwurf der DDR in seiner Logik darauf ab, daß der Verabschiedung der Entschließung alsbald Vertragsverhandlungen folgen.

Ich frage mich auch, ob es zweckmäßig ist, in die Entschließung alle einschlägigen Verträge als Bezugsdokumente aufzunehmen, oder ob es ausreicht, auf Warschauer und Görlitzer Vertrag sowie auf die zu ihrer Durchführung und Ergänzung geschlossenen Vereinbarungen zu verweisen – beim politischen Charakter der Entschließung ziehe ich das letztere vor.

1 Nr. 296B.
2 Nr. 296A.

Ferner ist für mich auf keinen Fall akzeptabel, daß im Rahmen der beabsichtigten Entschließung inhaltliche Festlegungen über die Verfassung des geeinten Deutschlands getroffen werden.

Schließlich möchte ich daran erinnern, daß wir beide abgesprochen hatten, uns im Detail über das weitere Vorgehen zu verständigen. Ich bin sehr erstaunt zu hören, daß der Vertreter des Außenministeriums der DDR entgegen dieser Absprache den Entschließungsentwurf der DDR – zusammen mit einem Vertragsentwurf – in die trilateralen Gespräche mit Polen bereits eingeführt hat.[3]

Angesichts dieser Vorgehensweise sehe ich erhebliche Schwierigkeiten in dieser Angelegenheit voraus.

Ich wäre Ihnen dankbar, wenn wir in dieser für den 2+4-Prozeß und die deutsch-polnischen Beziehungen so wichtigen Frage weiterhin in engem persönlichen Kontakt blieben.

Mit freundlichen Grüßen

Nr. 299
Fernschreiben des Präsidenten Bush an Bundeskanzler Kohl
4. Juni 1990

BK, 21 – 30101 A 5 (20) Am 12/4/90, Bd. 7, Bl. 352/0–352/2. – Geheim. Hs. am oberen Rand einer jeden Seite vermerkt „Übersetzung BK-FS 10479 Seite …" und ergänzt die jeweilige Seitenzahl.

Lieber Helmut,

lassen Sie mich im Anschluß an unsere Telefongespräche[1] noch einige zusätzliche Bemerkungen zum Besuch Gorbatschows[2] machen. Wie Sie den Presseberichten entnommen haben, wurde die Atmosphäre des Gipfeltreffens – zunächst die Konzentration auf heikle Fragen, dann die Unterzeichnung verschiedener Abkommen einschließlich des Handelsabkommens,[3] das die Presse für gescheitert gehalten hatte, und schließlich die Begegnungen in Camp David[4] und die Verabschiedung – zunehmend freundlicher.

Was die deutsche Vereinigung angeht, so lassen Sie mich lediglich meinen nachhaltigen Eindruck bestätigen, daß sich Gorbatschow mit dieser Frage immer noch abmüht und versucht, Verständnis für die sowjetische Position in Europa nach der Vereinigung zu erlangen. Es war ein Schritt nach vorne, daß er keine Einwände gegen meine Erklärung auf unserer Pressekonferenz am Sonntag erhob, als ich sagte, daß er und ich uns zwar nicht darüber einig seien, daß das vereinte Deutschland volles Mitglied der NATO sein solle, wir jedoch darin übereinstimmten, daß die Frage der Bündniszugehörigkeit in Übereinstimmung mit der Schlußakte von Helsinki von den Deutschen entschieden werden müsse.[5] ⟨In dem Maße, wie

---

3 Dazu Nr. 296.

1 Bundeskanzler Kohl und Präsident Bush telefonierten am 30. Mai (Nr. 293), 1. Juni und 3. Juni 1990 (Teltschik, 329 Tage, 255, 257; Zelikow/Rice, Sternstunde der Diplomatie, 387f., 390) miteinander.

2 Nr. 293 Anm. 1.

3 Zu den getroffenen amerikanisch-sowjetischen Vereinbarungen: Public Papers of the Presidents of the United States. Bush. 1990 I, 747–751.

4 Präsident Bush empfing Präsident Gorbatschow am 2. Juni 1990 in Camp David (ebd., 753–755; Gorbatschow, Erinnerungen, 732–734).

5 In der gemeinsamen Pressekonferenz am 3. Juni 1990 (Public Papers of the Presidents of the United States. Bush. 1990 I, 756–767, hier 756) erklärte Präsident Bush, „ein vereinigtes Deutschland sollte Vollmitglied der NATO sein". Auch wenn Präsident Gorbatschow diese Ansicht nicht teile, seien sie beide „in voller Übereinstimmung, daß die Frage der Bündniszugehörigkeit gemäß der Schlußakte von Helsinki eine Angelegenheit ist, die von den Deutschen entschie-

wir den sowjetischen Sicherheitsinteressen außerhalb der 2+4-Gespräche Rechnung tragen können – in unseren bilateralen Beziehungen, in Wien und auf dem NATO-Gipfeltreffen –, werden unsere Chancen steigen, daß wir Gorbatschow dazu bewegen können, ein vereinigtes Deutschland als volles Mitglied der NATO zu akzeptieren. Er muß wissen, daß die volle NATO-Mitgliedschaft nicht zur Disposition steht, wir ihm aber in anderer Weise helfen können.)[6] Der NATO-Gipfel wird von entscheidender Bedeutung sein: Wir müssen den Sowjets und den Osteuropäern und der Öffentlichkeit in unseren eigenen Ländern in diesem Zusammenhang zeigen, daß das Bündnis in einem neuen Europa ein verändertes Gesicht haben wird. Ich glaube, daß unsere Auffassungen dazu sehr dicht beieinanderliegen, und wir müssen im Vorfeld des 5. Juli zusammenarbeiten.

Im Bereich der Rüstungskontrolle haben wir gute Fortschritte erzielt; daraus ergibt sich der zusätzliche Vorteil, daß wir der Sowjetunion zeigen können, daß militärische Spannungen im neuen Europa beträchtlich verringert werden können. Die gemeinsame amerikanisch-sowjetische Erklärung zu den VKSE-Verhandlungen[7] war besonders wichtig, da sie unser Einvernehmen bekräftigt, daß ein KSE-Vertrag die unerläßliche Grundlage für die künftige europäische Sicherheit darstellt, und uns dazu verpflichtet, das Tempo der Wiener Verhandlungen zu beschleunigen und rasch eine Einigung über alle noch ungelösten Fragen zu erzielen. Das bilaterale Abkommen über chemische Waffen[8] bedeutete auch einen wichtigen Durchbruch, und unsere gemeinsame Erklärung zu den Reduzierungen strategischer Waffen[9] dürfte den START-Verhandlungen neue Impulse verleihen.

Es wurden viele weitere Abkommen unterzeichnet, darunter ein Handelsabkommen, und gemeinsame Erklärungen abgegeben; einige sind für die bilateralen Beziehungen von beträchtlicher Bedeutung. Wie ich bereits feststellte, trug die Ankündigung dieser Abkommen, insbesondere die Unterzeichnungszeremonie am 1. Juni[10], auch dazu bei, daß sich die Atmosphäre des Gipfeltreffens von den ernsten Diskussionen, die wir zu Beginn führten, zu einem optimistischeren Klima wandelte, das, wie ich hoffe, Gorbatschow zu Hause von Nutzen sein wird. Das Handelsabkommen war für ihn von großer Bedeutung.

Wir führten einige offene Gespräche über Litauen und die anderen baltischen Staaten, aber die Angelegenheit wurde nicht zum Schwerpunktthema für die Öffentlichkeit. Ich legte meine Positionen dar, damit Gorbatschow keinerlei Zweifel daran hat, für wie wichtig ich dieses Thema erachte. Ein Durchbruch wurde nicht erzielt, aber ich hoffe nach wie vor, daß zwischen Moskau und Wilna bald ein Dialog in Gang kommt.

---

den werden" müsse. Gorbatschows Berater Tschernajew zufolge kam die Übereinkunft am 31. Mai abends wie folgt zustande (Tschernajew, Die letzten Jahre einer Weltmacht, 298; Gesprächsverlauf auch in: Baker, Drei Jahre, die die Welt veränderten, 226; Gorbatschow, Erinnerungen, 723): „Gorbatschow: ,Wir formulieren also wie folgt: Die Vereinigten Staaten und die Sowjetunion sprechen sich dafür aus, um zu einer endgültigen Regelung unter Berücksichtigung der Ergebnisse des Zweiten Weltkrieges zu gelangen, dem vereinten Deutschland selbst die Entscheidung zu überlassen, zu welchem Bündnis es gehören will.' Bush: ,Ich würde eine etwas abgeänderte Fassung vorschlagen: Die USA sprechen sich eindeutig für eine Mitgliedschaft des vereinten Deutschland in der NATO aus, allerdings werden wir, falls es sich anders entscheiden sollte, die Entscheidung nicht anfechten, sondern tolerieren.' Gorbatschow: ,Einverstanden. Ich akzeptiere Ihre Formulierung.' "

6 ⟨ ⟩ Hs. von Bundeskanzler Kohl am linken Rand doppelt angestrichen.

7 Gemeinsame amerikanisch-sowjetische Erklärung über Konventionelle Streitkräfte in Europa, 1. Juni 1990 (Public Papers of the Presidents of the United States. Bush. 1990 I, 746).

8 Abkommen zwischen den Vereinigten Staaten von Amerika und der Union der Sozialistischen Sowjetrepubliken über die Vernichtung und Nicht-Herstellung chemischer Waffen und über Maßnahmen zur Förderung der Multilateralen Konvention über ein Verbot chemischer Waffen, 1. Juni 1990 (The United Nations Disarmament Yearbook. Vol. 15: 1990. New York 1991, 510–515).

9 Gemeinsame amerikanisch-sowjetische Erklärung zu dem Vertrag über Strategische Offensivwaffen, 1. Juni 1990 (Public Papers of the Presidents of the United States. Bush. 1990 I, 742–745).

10 Ansprachen der Präsidenten Bush und Gorbatschow anläßlich der Unterzeichnung der bilateralen Abkommen, 1. Juni 1990, ebd., 740–742.

Wie ich bei unserem Telefongespräch am 3. Juni erwähnte, sprach Gorbatschow in einem vertraulichen Augenblick in Camp David auch die Frage umfangreicher westlicher Wirtschaftshilfe für die Sowjetunion an und äußerte den Wunsch nach einer Beteiligung der Vereinigten Staaten an diesen Maßnahmen. Ich erwiderte ihm, daß ich ihm helfen wolle, auf einen Erfolg seiner Reformen hoffe und daß ich seine Probleme verstehe, es hierbei aber auch für mich ernsthafte Probleme gebe. Zunächst einmal wäre es schwierig, amerikanische Banken zur Gewährung von Unterstützung zu bewegen, bevor in der Sowjetunion ein wirksames wirtschaftliches Reformprogramm durchgeführt werde. Bedeutende Fortschritte bei der Lösung der deutschen Frage würden in den Vereinigten Staaten ein Klima schaffen, das mir dabei helfen würde, Unterstützung für Hilfsmaßnahmen für die Sowjetunion zu gewinnen. Sichtbare Fortschritte in Litauen und eine Kürzung sowjetischer Hilfe an Länder wie Kuba, Vietnam und Kambodscha würden auch das Argument entkräften, daß die Vereinigten Staaten der Sowjetunion helfen und damit Regime unterstützen, die die internationale Stabilität untergraben. Dieses Thema sollten wir auf dem Wirtschaftsgipfel in Houston[11] erörtern.

Alles in allem hatte ich den Eindruck, daß Gorbatschow immer noch zuversichtlich, aber offenkundig von all den Problemen, denen er sich im eigenen Land gegenübersieht, bedrückt ist. Was die Position der Sowjetunion auf internationaler Ebene angeht, so scheint er sich noch tastend seinen Weg durch die Auswirkungen all der Veränderungen des vergangenen Jahres zu suchen. Es spricht für ihn, daß er aufgeschlossen und bereit ist, sich durch Schritte beruhigen zu lassen, die die westlichen Bündnispartner unternehmen könnten, um zu zeigen, daß die Veränderungen in einer Art und Weise zu bewältigen sind, die die sowjetische Sicherheit nicht bedroht. In diesem Zusammenhang bin ich der Auffassung, daß das Gipfeltreffen dazu beigetragen hat, ihm einige Zusicherungen dieser Art zu geben. Ferner wird unsere Vereinbarung, jährliche Gipfeltreffen abzuhalten, das Gefühl der Kalkulierbarkeit der sowjetisch-amerikanischen Beziehungen stärken.

Mit freundlichen Grüßen
Ihr George

Nr. 300
**Gespräch des Bundesminister Seiters mit den Botschaftern der Drei Mächte
Bonn, 6. Juni 1990**

BArch, B 136/20241, 221 – 34900 Spr 2 Bd. 1. – Vermerk des MDg Duisberg, 12. Juni 1990. Kopie: GL 21. Weiterleitung an GL 22. – Gesprächsbeginn: 16.00 Uhr.

Teilnehmer:
Botschafter Boidevaix (F)
Botschafter Mallaby (GB)
Botschafter Walters (USA)
Staatssekretär Dr. Sudhoff
MDgt Dr. Duisberg

Der französische Botschafter bat um Erörterung von drei Fragen:
– Inkraftsetzung des Staatsvertrages über Wirtschafts-, Währungs- und Sozialunion,
– Perspektiven für die gesamtdeutschen Wahlen,
– die wirtschaftlichen Verpflichtungen der DDR, insbesondere gegenüber der Sowjetunion.

11 Nr. 344A Anm. 17

<u>BM Seiters</u> berichtete über den Stand des Ratifikationsverfahrens und brachte seine Überzeugung zum Ausdruck, daß die Ratifizierung wie vorgesehen erfolgen werde. Der Vertrag sei von der Regierung der DDR abgeschlossen worden, die sich auf eine breite parlamentarische Basis, einschließlich der SPD in der DDR, stützen könne. Für die von der hiesigen SPD aufgeworfenen Fragen seien die Regelungen alle bereits im Vertrag angelegt. Es gebe keine Rechtfertigung für eine Ablehnung; jeder wisse auch um die enorme Verantwortung, die er damit auf sich lade. Er erwarte deshalb auch keine Verzögerung im Bundesrat, zumal zur Finanzierung mit den Ländern einvernehmlich eine sehr gute Regelung[1] getroffen worden sei.

Zur Frage gesamtdeutscher Wahlen erklärte <u>BM Seiters</u>, daß es bisher keine Terminfestlegung und keine Gespräche darüber gebe. Es liege aber im gemeinsamen Interesse, daß es baldmöglichst zu gesamtdeutschen Wahlen komme. In der CDU, CSU und FDP der DDR gebe es starke Kräfte, die das befürworteten. Offen sei bisher die Frage, wie gesamtdeutsche Wahlen mit Wahlen in den in der DDR zu bildenden Ländern verbunden werden sollen. Offen sei auch, wann eine Erklärung zum Beitritt abgegeben werden solle. Alles dies müsse auch mit den „Zwei-plus-Vier"-Gesprächen abgestimmt werden.

Der <u>britische Botschafter</u> fragte unter Bezug auf den vorgesehenen KSZE-Gipfel, ob man an einen Wahltermin zwischen dem 02. und 16.12.1990 denke. <u>BM Seiters</u> antwortete, daß es gut wäre, wenn man einen Termin im Dezember erreichen könne; er wiederholte, daß es aber insoweit bisher keine Abstimmung gebe.

<u>St Dr. Sudhoff</u> führte aus, daß es kein inneres Junktim zwischen KSZE und gesamtdeutschen Wahlen gebe. Das Ergebnis der „Zwei-plus-Vier"-Gespräche sei nicht mit Sicherheit vorauszusagen. Daher könne auch nichts über die Zusammenführung der verschiedenen Elemente gesagt werden. Zur Zeit sei schwer abzusehen, ob man sich auf Übergangsfristen einlassen müsse. Die Zielvorstellung sei in jedem Fall, die „Zwei-plus-Vier"-Gespräche bis zum Jahresende zum Abschluß zu bringen.

Der <u>britische Botschafter</u> äußerte die Befürchtung, daß die sowjetische Haltung weiterhin hart bleiben und eine Einigung bis November möglicherweise nicht erreicht werden könne. Er stellte die Frage, ob dann dennoch die deutsche Einheit vollzogen und der KSZE als Fait accompli präsentiert werden könne. Die Sowjetunion würde dann möglicherweise auf der KSZE noch Unterstützung für ihre intransigente Haltung finden.

Der <u>britische Botschafter</u> warf ferner die Frage auf, ob eine abschließende Regelung in bezug auf Deutschland durch das gesamtdeutsche Parlament ratifiziert werden müsse. Der <u>französische Botschafter</u> fragte nach den Formalien eines Beitritts. <u>MDgt Dr. Duisberg</u> erläuterte dazu die rechtlichen Möglichkeiten – Beitrittserklärung der DDR mit anschließendem Überleitungsgesetz bei uns oder Vereinbarung über die Voraussetzungen und Modalitäten des Beitritts mit anschließender Beitrittserklärung. <u>BM Seiters</u> wies darauf hin, daß die Welt sich inzwischen auf die Herstellung der deutschen Einheit auf die eine oder andere Weise eingestellt habe. Die Einheit werde auch durch die Vereinigung der Parteien weiter befördert werden.

Der <u>amerikanische Botschafter</u> fragte nach bilateralen Gesprächen mit der Sowjetunion über die Absicherung der wirtschaftlichen Verpflichtungen der DDR. <u>St Dr. Sudhoff</u> verwies insoweit auf ein Gespräch mit St Dr. Lautenschlager, bei dem die Botschafter in der nächsten Woche einen Termin haben werden. Allgemein könne man sagen, daß die Sowjetunion nach der Vereinigung nicht schlechter stehen wolle als vorher. Zunächst müsse aber eine Bilanz erstellt werden, um die im Staatsvertrag enthaltene Bestimmung über den Vertrauensschutz konkret ausfüllen zu können. Die Fragen seien noch nicht ausdiskutiert; es sei jedoch erkennbar, daß sie für die Sowjetunion eine besondere Rolle spielten.

---

1 Nr. 280.

<u>BM Seiters</u> sprach seinerseits die Frage der Direktwahlen in Berlin an. Der <u>britische Bot-</u>
<u>schafter</u> meinte, daß es nur eine Fragen von Tagen sei, bis der alliierte Brief an den Bundes-
kanzler mit der Aufhebung der alliierten Vorbehalte eintreffen werde.[2]
Der <u>britische Botschafter</u> erklärte im übrigen, daß seine Regierung weiterhin davon ausgehe,
daß es keine Übergangsperiode mit fortbestehenden Vorbehaltsrechten geben solle. Er
sprach dann noch die Frage der polnischen Grenze an und erkundigte sich, ob es denkbar
sei, schon vor Herstellung der deutschen Einheit mit den Polen über einen Vertrag zu verhandeln, diesen jedoch noch nicht zu paraphieren. <u>BM Seiters</u> erklärte dazu, daß es nach
Auffassung der Bundesregierung keine Verhandlungen über einen Vertrag geben solle. Die
deutsche Position liege in der Substanz fest; sie werde in Parlamentsbeschlüssen zum Ausdruck kommen und von den beiden Regierungen bekräftigt werden. Dies sollte dann auch
von Polen nicht länger in Zweifel gezogen werden.

Duisberg

Nr. 301
Gespräch des Bundesministers Schäuble und des Bundesministers Waigel
mit Vertretern der SPD
Bonn, 6. Juni 1990

BK, 132 – 35400 De 12 NA 5 Bd. 12. – Vorlage des MR Ludewig an Chef BK, 6. Juni 1990.

<u>Betr.:</u>   Heutiges Gespräch BM Dr. Waigel/BM Dr. Schäuble mit der SPD zum Thema
Staatsvertrag mit der DDR

1. <u>Teilnehmer</u> des Gesprächs waren:
   Koalition: BM Dr. Waigel
   　　　　　　BM Dr. Schäuble
   　　　　　　Minister Kanther
   　　　　　　MdB Dr. Solms
   　　　　　　StS Dr. Köhler
   　　　　　　StS Dr. Kinkel
   　　　　　　MD Dr. Haller (BMF)
   　　　　　　Dr. Ludewig
   <u>SPD:</u>　　　MdB Dr. Däubler-Gmelin
   　　　　　　MdB Matthäus-Maier
   　　　　　　StS Pelny, Chef Staatskanzlei Schleswig-Holstein.

2. <u>Gesprächsinhalt:</u>
   Diskutiert wurden die Themenkomplexe Stasi-/DDR-Parteienvermögen sowie Umtausch-Mißbrauchsregelung.

---

2 Mit Schreiben ihrer Botschafter an Bundeskanzler Kohl vom 8. Juni 1990 teilten die Drei Westmächte mit, ihre Vorbehalte „in bezug auf die Direktwahl der Berliner Vertreter zum Bundestag und das volle Stimmrecht der Vertreter Berlins im Bundestag und Bundesrat, die insbesondere im Genehmigungsschreiben vom 12. Mai 1949 zum Grundgesetz angesprochen" seien, würden „hiermit aufgehoben". Ihre Haltung bleibe unverändert, nach der „die Bindungen zwischen
den Westsektoren Berlins und der Bundesrepublik Deutschland aufrechterhalten und entwickelt werden", wobei „diese
Sektoren wie bisher kein Bestandteil (konstitutiver Teil) der Bundesrepublik Deutschland" seien und „auch weiterhin
nicht von ihr regiert" würden (BK, 132 – 35400 De 12 NA 5 Bd. 1; mit deutscher Übersetzung veröffentlicht in:
BGBl. 1990 I, 1068).

(1) Zum Thema Stasi-/DDR-Parteienvermögen
SPD-Seite betonte,
- daß die rechtliche Tragfähigkeit des DDR-Volkskammer-Beschlusses vom 31. Mai 1990[1] noch geklärt werden müsse,
- daß die in diesem Beschluß vorgesehene Regierungskommission noch nicht arbeite,
- daß das gesetzliche Verfahren für die Einziehung entsprechender Vermögen noch unklar sei,
- daß die konkrete Umsetzung des Volkskammer-Beschlusses vom 31. Mai 1990 bis zur Ratifizierung des Staatsvertrages (21.06.1990 im Deutschen Bundestag)[2] nicht zu erwarten sei,
- daß deswegen eine entsprechende bindende Verpflichtung der DDR-Regierung notwendig sei (Zusatz zum Vertrag, Briefwechsel, Protokollerklärung o.ä.).
BM Dr. Schäuble hielt dem entgegen,
- daß in der Zielsetzung mit der SPD Einigkeit bestehe,
- daß dies aber von der DDR als ihre eigene Angelegenheit (Bewältigung ihrer Vergangenheit) angesehen werde (von daher heiße es auch richtig im SPD-Papier: „Die DDR stellt sicher, …"),
- daß von daher eine zweiseitige vertragliche Vereinbarung für die DDR unzumutbar sei („eigene Würde").

(2) Zum Thema Umtausch-Mißbrauchsregelung
BMF (MD Dr. Haller) erläuterte unsere an die DDR übermittelten Vorschläge hierzu ausführlich: Überprüfung aller Konten am 1. Juli 1990 ab einer bestimmten Höhe (z.B. 100000,– Mark) auf Rechtmäßigkeit und Spekulationsgewinne.
BMF wies gleichzeitig auf die von DDR-Seite geltend gemachten außerordentlichen technischen Probleme bei der praktischen Umsetzung unserer Vorschläge hin.
SPD-Seite betonte,
- daß alle Konten über 50000,– Mark überprüft werden müßten (100000-Mark-Grenze nicht ausreichend) trotz des hohen administrativen Aufwandes,
- daß derzeit noch unklar sei, ob und inwieweit das vom BMF der DDR empfohlene Verfahren überhaupt realisiert werde,
- daß auch unklar sei, was mit gesperrten Konten zu geschehen habe,
- daß das vorgetragene BMF-Verfahren nicht die im SPD-Papier angesprochene Frage der Konten-Handhabung von Funktionären des alten Regimes abdecke (legal zustande gekommen).
BMF wies zum letzten Punkt darauf hin, daß die DDR-Seite auf Listen mit Funktionärsnamen hingewiesen habe, deren Konten noch vor dem 1. Juli 1990 überprüft werden sollen. Dies sei im Zusammenhang mit dem Volkskammer-Beschluß vom 31. Mai 1990 zu sehen, auch wenn dies dort nicht ausdrücklich erwähnt sei.

3. Weiteres Verfahren
Ein weiteres Gespräch wurde für Montag, den 11. Juni 1990, 14.30 Uhr vereinbart, um

---

1 In dem Beschluß vom 31. Mai 1990 (Drucksache Nr. 51; zur Annahme: Volkskammer. 10. Wahlperiode. Protokolle. Bd. 27, 252, 282) beauftragte die Volkskammer den Ministerpräsidenten, eine unabhängige Kommission zu bilden mit der Aufgabe, bis zum 30. Juni die „Vermögenswerte aller Parteien und Massenorganisationen der DDR im In- und Ausland" festzustellen, zu veröffentlichen, die am Stichtag 7. Oktober 1989 vorhandenen Vermögen in treuhänderische Verwaltung zu überführen und ihre gemeinnützige Verwendung vorzubereiten.
2 Zur Ratifizierung des Staatsvertrages durch den Deutschen Bundestag und die Volkskammer am 21. Juni 1990: Nr. 291 Anm. 5.

ggf. den aktuellen Stand der Gespräche mit der DDR zu den genannten Themen noch einmal zu erörtern.[3]

4. Bewertung

– Unsere Position zum Thema Stasi-/DDR-Parteienvermögen (Volkskammer-Beschluß vom 31. Mai 1990) läßt sich gegenüber der SPD ohne größere Probleme vertreten und durchhalten.

– Demgegenüber ist unsere Position beim Thema Umtausch-Mißbrauchsregelung relativ schwach, weil die Gespräche mit der DDR hierzu aller Wahrscheinlichkeit nach wegen der großen praktisch/technischen Probleme (und des inzwischen fortgeschrittenen Zeitpunktes) zu keinen aus unserer Sicht politisch befriedigenden Lösungen führen dürften.

Hier kann unsere Linie wohl nur darin bestehen, gegenüber der DDR an unseren weitergehenden Forderungen konsequent festzuhalten.

(Dr. Ludewig)

Nr. 302
Besprechung des Chefs des Bundeskanzleramtes Seiters mit den Chefs der Staats- und Senatskanzleien der Länder
Bonn, 7. Juni 1990

BArch, B 136/29250, 121 – 14020 Mi 1, Besprechung Chef BK/CdS, 7.6.1990. – Undatiertes Ergebnisprotokoll. – Vertreter: St Clement (Vorsitzland Nordrhein-Westfalen), St Menz (Baden Württemberg), MDg Klotz i.V. von MD Rauscher (Bayern), SR Gerdsmeyer i.V. von St Schröder (Berlin), StR Fuchs (Bremen), StR Vahrenholt (Hamburg), St Gauland (Hessen), St Fischer i.V. von St Meyer (Niedersachsen), MD Bastian (Rheinland-Pfalz), St Kopp (Saarland), St Pelny (Schleswig-Holstein); Ressorts: St Sudhoff, St Kroppenstedt, St Neusel, St Kinkel, St Köhler, St von Würzen, St Priesnitz, PSt Vogt, St Knittel, St Stroetmann, St Schaumann, MD Schäfer, St a.D. Tietmeyer; Bundeskanzleramt: Chef BK Seiters, LASD; Protokollführer: RiVG Köster (Teilnehmerliste, Stand: 5. Juni 1990; BArch, B 136/29250, 122 – 14020 Mi 1, 7.6.1990, Besprechung Chef BK/CdS, Mappe Chef BK). – Besprechungsdauer: 9.30 bis 12.00 Uhr.

Der Chef des Bundeskanzleramtes und die Chefs der Staats- und Senatskanzleien verständigen sich auf folgende Tagesordnung:
1. Vertrag vom 18. Mai 1990 über die Schaffung einer Währungs-, Wirtschafts- und Sozialunion zwischen der Bundesrepublik Deutschland und der Deutschen Demokratischen Republik
2. Informationen der Länder über ihre Aktivitäten gegenüber der DDR
3. Verschiedenes
   a) Termine
   b) Entsendung deutscher Lehrkräfte nach Ungarn, Rumänien, Polen und in die ČSFR.

TOP 1   Vertrag vom 18. Mai 1990 über die Schaffung einer Währungs-, Wirtschafts- und Sozialunion zwischen der Bundesrepublik Deutschland und der Deutschen Demokratischen Republik[1]

Der Chef des Bundeskanzleramtes und die Chefs der Staats- und Senatskanzleien kommen überein, folgende Punkte zu erörtern:

---

3 Das zweite Gespräch zwischen Vertretern der Bundesregierung und der SPD fand am 12. Juni 1990 im Bundeskanzleramt statt. Erklärung des Bundesministers Seiters nach dem Treffen: Pressemitteilung Nr. 250/90. 12. Juni 1990; BPA/ PA, F 1/25.

1 Nr. 283 Anm. 1.

a) Erleichterung des Strukturwandels in der DDR-Wirtschaft
b) Umweltunion
c) Illegale Vermögen/offene Vermögensfragen
d) Mitwirkung der Länder bei der Durchführung des Vertrages.
Der Chef der Staatskanzlei des Landes Nordrhein-Westfalen kündigt über den Staatsvertrag hinausgehende Fragen zur
e) zweiten Phase auf dem Weg zur deutschen Einheit
f) ersten gesamtdeutschen Wahl
an.

a) <u>Erleichterung des Strukturwandels in der DDR-Wirtschaft</u>
Der Chef des Bundeskanzleramtes erläutert die mit der DDR in Ausfüllung von Art. 14 des Staatsvertrages vereinbarten Maßnahmen zur Begleitung und Erleichterung des DDR-Strukturwandels. Er äußert in Übereinstimmung mit Staatssekretär von Würzen (Bundesministerium für Wirtschaft) die Erwartung, aufgrund des Maßnahmenbündels sowie der zweckgebundenen Finanzzuweisungen aus dem von Bund und Ländern gemeinsam finanzierten Fonds „Deutsche Einheit" ohne unkalkulierbares Risiko die DDR-Wirtschaft auf eine soziale Marktwirtschaft umstellen zu können.
Die Chefs der Staatskanzleien des Landes Nordrhein-Westfalen und des Saarlandes tragen vor: Für sie sei das mit der Umstellung verbundene Risiko nicht überschaubar. Es bedürfe einer Revisionsklausel, nach der die Länder im Falle der negativen Entwicklung an Entscheidungen über die dann zu treffenden Maßnahmen beteiligt würden. Alleinige Entscheidungsbefugnisse der DDR-Regierung und der Bundesregierung auf der Grundlage der Art. 11 und 14 des Staatsvertrages seien nicht hinnehmbar.
Der Chef des Bundeskanzleramtes erwidert: Eine Änderung des Staatsvertrages komme nicht in Betracht. Art. 11 und 14 des Staatsvertrages sehen bereits die Möglichkeit vor, in der Übergangszeit in Vollzug des Vertrages der jeweiligen wirtschaftlichen Entwicklung flexibel Rechnung zu tragen.
Der Leiter des Staatsministeriums des Landes Baden-Württemberg schließt sich inhaltlich der Auffassung des Chefs des Bundeskanzleramtes an.

b) <u>Umweltunion</u>
Der Chef des Bundeskanzleramtes weist darauf hin, Art. 16 des Staatsvertrages und das vorgesehene Umweltrahmengesetz der DDR stellten ein in sich geschlossenes Gesamtkonzept zur Verwirklichung einer Umweltunion in Deutschland dar. Es werde zeitgleich mit der Wirtschaftsunion realisiert und gewährleiste, daß es in der DDR keinen „Rabatt auf Umwelt" geben werde.
Die Chefs der Staats- und Senatskanzleien der Länder nehmen die Erläuterungen des Chefs des Bundeskanzleramtes zur Umweltunion ohne weitere Aussprache zur Kenntnis.

c) <u>Illegale Vermögen/offene Vermögensfragen</u>
Der Chef des Bundeskanzleramtes verweist auf Art. 9 der Anlage I des Staatsvertrages, der eine Überprüfung der umzustellenden Guthaben und die Verhinderung spekulativen Mißbrauchs sicherstelle. Zur Zeit würden intensive Gespräche mit der DDR über noch zu klärende Einzelheiten zur Ausfüllung des Art. 9 geführt. Der Chef des Bundeskanzleramtes betont die Bedeutung des Beschlusses der DDR-Volkskammer vom 31. Mai 1990 zur Überprüfung, zur treuhänderischen Verwaltung sowie zur Vorbereitung des gesetzlichen Verfahrens zur künftigen Verwendung des Parteivermögens[2].

---

2 Nr. 301 Anm. 1.

Der Chef der Staatskanzlei des Landes Nordrhein-Westfalen fragt nach dem Stand der Verhandlungen mit der DDR zur Überprüfung der umzustellenden Guthaben. Parlamentarischer Staatssekretär Carstens (Bundesministerium der Finanzen) und Staatssekretär a.D. Tietmeyer erläutern, Schwierigkeiten bereite es, aus den vorliegenden Vorschlägen das Modell auszuwählen, auf dessen Grundlage spekulativer Mißbrauch am effektivsten verhindert werden könne, ohne das gesamte Umstellungssystem zu gefährden. Eine Klärung sei jedoch in Kürze zu erwarten. Der Chef des Bundeskanzleramtes kündigt an, die Länder würden über das Ergebnis informiert.

Die Chefs der Staatskanzleien des Landes Nordrhein-Westfalen und des Landes Schleswig-Holstein erklären, sie hielten den Beschluß der DDR-Volkskammer vom 31. Mai 1990 zur Überprüfung, zur treuhänderischen Verwaltung sowie zur Vorbereitung des gesetzlichen Verfahrens zur zukünftigen Verwendung des Parteivermögens nicht für ausreichend. Es bedürfe einer völkerrechtlich verbindlichen Festlegung durch entsprechende Ergänzung des Staatsvertrages oder einer den Staatsvertrag begleitenden Vereinbarung der Regierungen der DDR und der Bundesrepublik Deutschland.

Der Chef des Bundeskanzleramtes erwidert: Eine Ergänzung des Staatsvertrages komme nicht in Betracht. Der Beschluß der DDR-Volkskammer vom 31. Mai 1990, der auch von der DDR-SPD mitgetragen werde, sei entsprechend der Stellungnahme des Bundesrates vom 1. Juni 1990[3] positiv zu bewerten.

Der Chef der Staatskanzlei des Landes Schleswig-Holstein bemängelt, Mißbrauchsregelungen, die nur an den Tatbestand einer unrechtmäßigen Aneignung von Vermögen anknüpften, berührten nicht das aufgrund der bisherigen DDR-Gesetze erworbene Vermögen hoher Funktionsträger oder die unter der Regierung Modrow beschlossene Höhe der Renten früherer Mitarbeiter des Staatssicherheitsdienstes.

Der Chef des Bundeskanzleramtes verweist auf auch dies betreffende Gespräche mit der DDR sowie den Beschluß des Ministerrates der DDR, nach dem in Ausfüllung von Art. 20 des Staatsvertrages die Renten ehemaliger Funktionäre des Staatssicherheitsdienstes dem Grund und der Höhe nach überprüft werden sollten.

Der Chef des Bundeskanzleramtes betont abschließend zu a) – c), die von den SPD-geführten Ländern aufgeworfenen Fragen zum Verbleib des Vermögens der früheren SED, der Umweltunion und des notwendigen Strukturwandels in der DDR-Wirtschaft seien von der Bundesregierung frühzeitig aufgenommen und im Zusammenwirken mit der Regierung der DDR bereits weitgehend einer Klärung zugeführt worden. Soweit noch Fragen in Ausfüllung der Bestimmungen des Staatsvertrages zu regeln seien, sollten diese den Zeitpunkt des Beginns der Währungs-, Wirtschafts- und Sozialunion mit der DDR zum 1. Juli 1990 nicht in Frage stellen.

d) Mitwirkung der Länder bei der Durchführung des Vertrages

Der Chef des Bundeskanzleramtes bietet an, die Länder könnten – ohne Änderung des Vertragsgesetzes – für das Schiedsgericht gemäß Art. 7 des Staatsvertrages ein ordentliches Mitglied und ein stellvertretendes Mitglied benennen. Die Benennung müsse bis zum 20. Juli 1990 erfolgen, da anderenfalls nach Art. 7 Abs. 3 des Staatsvertrages die Ernennung vom Präsidenten des Gerichtshofs der Europäischen Gemeinschaft vorzunehmen sei.

Die Chefs der Staats und Senatskanzleien sind dazu bereit, so bald wie möglich die Benennung für das Schiedsgericht vorzunehmen.

---

3   Ziffer 2 Stellungnahme des Bundesrates zum Entwurf eines Gesetzes zu dem Vertrag vom 18. Mai 1990 über die Schaffung einer Währungs-, Wirtschafts- und Sozialunion zwischen der Bundesrepublik Deutschland und der Deutschen Demokratischen Republik (Drucksache 350/90 [Beschluß]. 1. Juni 1990).

Der Chef des Bundeskanzleramtes erklärt ferner die Bereitschaft der Bundesregierung, die Länder mit zwei Vertretern an dem Gemeinsamen Regierungsausschuß nach Art. 8 des Staatsvertrages nach Maßgabe der Nr. 3c Abs. 2 des Beschlusses der Regierungschefs vom 15. Februar 1990[4] zu beteiligen; soweit die Interessen einzelner Länder in besonderer Weise berührt seien, könnten diese hinzugezogen werden. Eine paritätische Beteiligung sei im Falle der Vertretung aller Landesregierungen wegen der dadurch hervorgerufenen Größe des Gremiums nicht möglich.

Der Chef des Bundeskanzleramtes erläutert sodann den Standpunkt der Bundesregierung zu weiteren Punkten der Stellungnahme des Bundesrates vom 1. Juni 1990 sowie seiner Ausschüsse, die die Länderbeteiligung betreffen.

– Es bedürfe keiner zusätzlichen Regelung, daß durch Art. 9 des Vertrages die Vorschriften über das Inkrafttreten von Änderungen oder Ergänzungen des Vertrages im Bereich der Bundesrepublik Deutschland nicht berührt würden. Durch den Vertrag werde das innerstaatliche Verfassungsrecht der Bundesrepublik Deutschland nicht geändert. Ein entsprechender Hinweis finde sich auch im letzten Satz der Denkschrift zu Art. 9 des Vertrages[5].

– Bei der Unterrichtung und Beteiligung der Länder sei für die Bundesregierung weiterhin der Beschluß der Regierungschefs von Bund und Ländern vom 15. Februar 1990 maßgebend.

– Eine Festlegung, wonach Regelungen des Übergangs des Vermögens und der Verschuldung der DDR bei der Herstellung der staatlichen Einheit durch Bundesgesetz mit Zustimmung des Bundesrates zu erfolgen habe, sei nicht erforderlich.
Soweit nicht der Staatsvertrag in Art. 27 Abs. 3 bereits Regelungen enthalte, seien weitere Regelungen schon im Überleitungsgesetz mit Zustimmung des Bundesrates festzulegen.

– Es bedürfe keiner Festlegung, daß der Bundesminister der Finanzen bei der Kreditaufnahme nach Art. 27 das Einvernehmen mit den Landesregierungen herzustellen habe. Die Länder würden durch die Kreditermächtigung nicht berührt. Durch den Fonds „Deutsche Einheit" bleibe das Endrisiko in diesem Bereich bei dem Bund.

e) *Zweite Phase auf dem Weg zur deutschen Einheit*
Der Chef des Bundeskanzleramtes und die Chefs der Staats- und Senatskanzleien erörtern die weiteren Schritte zur Verwirklichung der deutschen Einheit nach Einführung der Währungs-, Wirtschafts- und Sozialunion.

Der Chef der Staatskanzlei des vorsitzführenden Landes erinnert daran, in der ersten Phase auf dem Weg zur deutschen Einheit seien die Länder nicht ausreichend informiert und beteiligt worden. In der nun anstehenden zweiten Phase müsse die umfassende Information und Beteiligung zum frühestmöglichen Zeitpunkt erfolgen. Ihm liege Material aus der DDR vor, wonach der Bundesminister des Innern bereits Gespräche mit dem Ministerrat der DDR über die Grundzüge eines zweiten Staatsvertrages führe.

Der Chef des Bundeskanzleramtes weist den Vorwurf einer unzureichenden Länderbeteiligung in der ersten Phase zurück. Er und Staatssekretär Neusel (Bundesministerium des Innern) weisen darauf hin, bisher gebe es in der zweiten Phase keine Vorentscheidungen und Gespräche mit der DDR, die über Strukturierungsfragen hinausgingen. Der Chef des Bundeskanzleramtes sichert die Unterrichtung und die Beteiligung der Länder

---

4 Nr. 185.
5 Der entsprechende Satz in der Denkschrift zum Staatsvertrag besagt, es sei „nach dem Recht der Vertragsparteien" zu beurteilen, wie „Vertragsänderungen innerstaatlich zu behandeln sind" (Deutscher Bundestag. Drucksache 11/7350. 7. Juni 1990, 97–144, hier 103).

zu, sobald der derzeitige Abgleichungsprozeß zwischen den Bundesressorts abgeschlossen sei.

f) Erste gesamtdeutsche Wahl

Auf Nachfrage der Chefs der Staatskanzleien Nordrhein-Westfalen, des Saarlandes, des Landes Schleswig-Holstein sowie der Hessischen Staatskanzlei erörtern der Chef des Bundeskanzleramtes und die Chefs der Staats- und Senatskanzleien den Zeitpunkt und [die] Ausgestaltung einer ersten gesamtdeutschen Wahl. Der Chef des Bundeskanzleramtes erklärt, es gebe dazu bisher keine Entscheidungen der Bundesregierung und Vereinbarungen mit der DDR. Der Bundeskanzler werde dieses Thema bei Bedarf anläßlich der nächsten Regierungschefbesprechung ansprechen.

Der Chef der Staatskanzlei des Landes Nordrhein-Westfalen bittet, die Länder frühzeitig an der Entscheidung über den Wahltermin zu beteiligen. Er unterstreicht seine Auffassung, wonach die Feststellung des Wahltermins nur im Konsens zwischen Bund und Ländern erfolgen könne.

Staatssekretär Neusel verweist auf das gesetzliche Verfahren zur Bestimmung der Wahltermine.

Auf Nachfrage des Leiters des Staatsministeriums des Landes Baden-Württemberg sowie des Vertreters des Chefs der Staatskanzlei des Landes Rheinland-Pfalz werden die Zeitvorstellungen [der] DDR zur Wiedererrichtung der Länder, die Bestellung von Regierungsbeauftragten für die künftigen DDR-Länder sowie die Beteiligung der Länder der Bundesrepublik Deutschland in der Umsetzphase nach Abschluß des Staatsvertrages vom 18. Mai 1990 erörtert.

Der Chef des Bundeskanzleramtes erläutert die Vorstellungen der Bundesregierung zur personellen Hilfe des Bundes und der Länder bei einer an rechtsstaatlichen Erfordernissen ausgerichteten funktionsfähigen Verwaltung in der DDR. Danach sollen Landesbedienstete, die im Rahmen des Ministerrats der DDR Berateraufgaben wahrnehmen, in ein Bundesressort abgeordnet und von dort in die DDR entsandt werden. Der Bund sei bereit, in diesen Fällen die Personalkosten und Zusatzkosten zu übernehmen. Er sagt zu, die Chefs der Staats- und Senatskanzleien über das Verfahren im einzelnen schriftlich zu informieren.

TOP 2   Informationen der Länder über ihre Aktivitäten gegenüber der DDR

Der Chef der Staatskanzlei des Landes Nordrhein-Westfalen erklärt, er bereite eine Aktualisierung der im April 1990 erstellten zusammenfassenden Darstellung der Maßnahmen der Länder der Bundesrepublik Deutschland zur Zusammenarbeit mit der DDR[6] vor und werde diese nach Erstellung übersenden. Die Länder seien bemüht, ihre Hilfen beim Aufbau der Verwaltung in der DDR regional zu koordinieren.

Auf Nachfrage des Chefs der Senatskanzlei der Freien Hansestadt Bremen führt Staatssekretär Kinkel (Bundesministerium der Justiz) aus: Die Bundesregierung sei ausnahmsweise bereit, im Falle der Abordnung von 100 Richtern in die DDR für eine Verwendung in Fachgerichtsbarkeiten – ohne ein Präjudiz für weitere Hilfen zu schaffen – 50% der Kosten zu übernehmen. Er appelliert an die Länder, die von der DDR gewünschte Abordnung der 100 Richter schon ab Juli oder August vorzunehmen.

TOP 3   Verschiedenes

a) Termine

Der Chef des Bundeskanzleramtes und die Chefs der Staats- und Senatskanzleien nehmen als nächsten Termin einer Besprechung zur deutschlandpolitischen Situation den

---

6 Zusammenfassende Darstellung, Stand 1. März 1990: Nr. 200B.

5. oder 6. Juli 1990 in Aussicht. Der Termin soll zwischen dem Chef des Bundeskanzleramtes und dem Chef der Staatskanzlei des vorsitzführenden Landes abgestimmt werden.

Hinweis: Die Abstimmung ist nachträglich erfolgt. Die nächste Besprechung findet statt am

Donnerstag, 5. Juli 1990, 9.30 Uhr, Bundeskanzleramt.[7]

...[8]

Nr. 303
Schreiben des Präsidenten Bush an Bundeskanzler Kohl
7. Juni 1990

BK, 212 – 30104 A 5 Am 2, BK in USA, 5.–9.6.1990, Hauptvorgang. – Hs. von Bundeskanzler Kohl vermerkt: „Teltschik erl." – Englischer Text und (Inoffizielle) Übersetzung mit Begleitschreiben des Botschafters Walters, 15. Juni 1990: „Excellency, I have the honor to transmit to Your Excellency the enclosed letter from the President of the United States. Accept, Excellency, the renewed assurances of my highest consideration." Mit Stempel: Vorzimmer Bundeskanzler, 18. Juni 1990.

Lieber Helmut,

ich hatte große Freude, Sie kürzlich wieder im Weißen Haus willkommen heißen zu dürfen,[1] und ich schätzte es sehr, daß Sie sich für diesen Besuch Zeit nahmen.

Es war sehr befriedigend für mich, die engen Beratungen mit Ihnen fortsetzen zu können, und ich habe mir Ihre Ratschläge während meiner Beratungen mit Präsident Gorbatschow[2] sehr zu Herzen genommen. In einer Zeit, welche durch schnellste Veränderungen gekennzeichnet ist, gibt uns die Gewißheit, daß Sie und ich uns über die bevorstehenden historischen Sachverhalte einig sind, immense Sicherheit.

Bei dieser Gelegenheit möchte ich mich auch herzlich für die Fliegen, die Sie mir geschenkt haben, bedanken. Ich freue mich darauf, sie bei der nächsten Gelegenheit auszuprobieren.

Barbara schließt sich meinen wärmsten Grüßen an Sie an und übermittelt ihre besten Wünsche an Sie und Hannelore.

Mit freundlichen Grüßen
George Bush

---

7 Nr. 341.
8 TOP 3 b) behandelt ein sachfremdes Thema.
1 Nr. 281.
2 Nr. 299 Anm. 2.

Nr. 304
Schreiben des Bundesministers Haussmann an Bundesminister Seiters
Bonn, 7. Juni 1990

BK, 421 – 60000 Wi 3 NA 2 Bd. 2. – Mit Stempel: Chef BK Eingegangen, 8. Juni 1990. Abgezeichnet: „S[eiters]".

Lieber Herr Kollege!
Lieber Herr Seiters!

In den letzten Tagen ist unter Federführung des Amtes des Ministerpräsidenten und unter aktiver Beratung seitens unseres Wirtschafts-, Finanz- und Justizministeriums ein Gesetzentwurf zur Privatisierung und Reorganisation des volkseigenen Vermögens der DDR erstellt worden, der in seiner Gesamtkonzeption zufriedenstellend ist.

Grundlegend ist vor allem, daß der Entwurf die Absicht und den Auftrag zu privatisieren an die Spitze stellt. Wichtige Voraussetzung für das Gelingen dieses Auftrags ist auch, daß die bisher sehr langwierige Umwandlung der Kombinate und Betriebe in privatrechtliche Kapitalgesellschaften nunmehr zum 1. Juli 1990 durch Gesetz erfolgen soll und daß der von den neu entstehenden Gesellschaften bisher genutzte Grund und Boden uneingeschränkt in ihr Eigentum übergeht.

Mit Sorge erfüllt mich allerdings ein sehr wesentlicher organisatorischer Punkt. Dabei geht es um die Holding-Ebene, die zwischen der Treuhand-Anstalt und den neuen operativen Gesellschaften errichtet werden soll und muß. Seit dem Beginn der Beratungen über den Gesetzentwurf haben die Vertreter des Bundeswirtschaftsministeriums die Überzeugung zum Ausdruck gebracht, daß das schwierige Unterfangen der Umstrukturierung und Privatisierung der gewerblichen Wirtschaft nur dann rasch und wirksam in Gang gesetzt werden kann, wenn als eigentlicher Motor der Aktion schon im Juli ein hochkarätig besetzter Vorstand einer möglichst umfassenden Holding-Gesellschaft tätig wird.

Eine im Rahmen der nunmehr vorgesehenen Verordnungsermächtigung offenbar ernsthaft diskutierte Auffächerung der Gesamtverantwortung auf eine größere Zahl von branchenbezogenen Treuhand-Aktiengesellschaften erschiene mir hingegen bedenklich. Dies würde die Tendenz fördern, beim Herangehen an die zentrale Privatisierungsaufgabe die sektoral orientierten Perspektiven in den Vordergrund zu rücken und damit eine Vielzahl von unter betriebswirtschaftlichen Aspekten dringend anstehenden Entscheidungen zu verzögern.

Man sollte den Umfang der Verantwortung eines Vorstandes, der eine die wesentlichen Teile der gewerblichen Wirtschaft der DDR umfassende Holding leitet, nicht fürchten. Im Gegenteil: Gerade hierdurch würde er gezwungen, die unbedingt erforderliche Dezentralisierung der Entscheidungsstrukturen umgehend in die Wege zu leiten und dabei für die Vorstände der operativen Gesellschaften in eigener Verantwortung qualifizierte Manager zu gewinnen und geeigneten Sachverstand in beratender oder vermittelnder Tätigkeit selbst heranzuziehen oder durch jene Gesellschaften heranziehen zu lassen.

Hinzu kommt, daß es der Regierung und der Treuhand-Anstalt wesentlich leichter fallen wird, sofort vom Start weg ein wirklich leistungsfähiges Management für insgesamt maximal zwei oder drei Holding-Gesellschaften zu finden als für eine Vielzahl. Schließlich dürfte es einer straff geführten zentralen Treuhand-Aktiengesellschaft auch leichter fallen, die wirtschaftliche Unausweichlichkeit von harten Entscheidungen plausibel zu begründen, als es bei einer naturgemäß stärkeren Aufteilung der Verantwortlichkeit zwischen Branchenholding und – der Regierung wesentlich näher stehender – Treuhand-Anstalt zu erwarten wäre.

Mir liegt deshalb viel daran, unseren Kollegen in Ost-Berlin zur schnellstmöglichen Errichtung einer oder allenfalls ganz weniger den gewerblichen Bereich umfassender Treuhand-

Aktiengesellschaften zu raten. Über in Betracht kommende Optionen sollte zwischen Ost-Berlin und Bonn möglichst umgehend beraten werden.

Herrn Kollegen Waigel habe ich Kopie dieses Schreibens übersandt.

Mit freundlichen Grüßen
Ihr
H. Haussmann

Nr. 305
Gespräch des Bundeskanzlers Kohl mit Präsident Bush
Washington, 8. Juni 1990

BK, 212 – 30104 A 5 Am 2, BK in USA, 5.–9.6.1990, Hauptvorgang. – Vermerk des MDg Hartmann, 11. Juni 1990. – Mit Vorlage des MDg Hartmann über AL 2 und Chef BK an den Bundeskanzler zur Billigung – je gesondert –, 12. Juni 1990. Abgezeichnet: „K[ohl]", hs. vermerkt: „Teltschik".

a) Gespräch im kleinen Kreis

Teilnehmer auf deutscher Seite:
Der Bundeskanzler
MDg Dr. Hartmann als Note taker

Teilnehmer auf amerikanischer Seite:
Präsident Bush
AM Baker (später hinzugetreten)
General Scowcroft

b) Gespräch im größeren Kreis beim Abendessen:

Teilnehmer auf deutscher Seite:
Der Bundeskanzler
Bundesminister Klein
MDg Dr. Neuer
MDg Dr. Hartmann als Note taker

Teilnehmer auf amerikanischer Seite:
Vizepräsident Quayle
AM Baker
General Scowcroft
StS Eagleburger

Präsident Bush heißt den Bundeskanzler herzlich willkommen.

Der Bundeskanzler erklärt, er wolle in diesem Kreis zwei Dinge ansprechen:
– Vorbereitung des NATO-Gipfels[1],
– die wirtschaftliche Kooperation mit der SU.
Zunächst wolle er noch einmal klarstellen, daß für ihn alles indiskutabel sei, was zum Ziel habe, daß das vereinigte Deutschland außerhalb der NATO bleibe. Würde Deutschland aus der NATO ausscheiden, wäre dies eine qualitative Veränderung, mit der man zunichte mache, was man in 40 Jahren erreicht habe. Die erste Konsequenz wäre, daß die Amerikaner über kurz oder lang Europa verlassen würden. Dann würde man es mit einem anderen Europa zu tun haben.

---

1 Nr. 344A Anm. 8.

Er habe den Eindruck, daß Gorbatschow sich dessen bewußt sei. Unser Ziel müsse daher sein, ihm zu helfen, ohne etwas Wichtiges aufzugeben. Aus seiner Sicht solle daher der bevorstehende NATO-Gipfel eine Botschaft verabschieden, die sich an den Warschauer Pakt richte.

Präsident Bush fragt, wie eine solche Botschaft aussehen könne. Ob man sagen solle, daß die NATO eine mehr politische Funktion habe?

Der Bundeskanzler erwidert, die Botschaft müsse im Kern lauten, daß die NATO bereit sei, sich weiterzuentwickeln. Er habe heute morgen mit MP de Maizière gesprochen,[2] der ihm über die Sitzung des Warschauer Paktes[3] berichtet habe. Dort habe sich deutlich gezeigt, daß man die Rolle des Warschauer Paktes neu definieren wolle.

Präsident Bush wirft ein, de Maizière werde Anfang nächster Woche nach Washington kommen.[4] Im übrigen höre er, daß Ungarn den Warschauer Pakt verlassen wolle.[5]

Der Bundeskanzler erwidert, in der Tat wollten die Ungarn diesen Schritt spätestens zum 1.1.1991 tun. Er wiederholt seine Anregung, jetzt daranzugehen, eine Botschaft für den NATO-Gipfel in London zu erarbeiten, die deutlich mache, daß die NATO sich weiterentwickele.

Präsident Bush erklärt, dies habe er Präsident Gorbatschow bei dessen Besuch in Washington[6] schon deutlich gemacht. Im übrigen halte er den Vorschlag des Bundeskanzlers für eine gute Idee.

Der Bundeskanzler fährt fort, man könne auch an einen spektakulären Schritt denken, beispielsweise an einen Nichtangriffspakt zwischen NATO und Warschauer Pakt.

Präsident Bush fragt, ob ein solcher Pakt mit <u>allen</u> derzeitigen Mitgliedstaaten des Warschauer Paktes geschlossen werden solle.

Der Bundeskanzler erwidert, hierüber müsse man im einzelnen sprechen.

Präsident Bush erklärt, auf den ersten Blick sehe er ein Problem darin, daß man damit den Warschauer Pakt zementiere.

Der Bundeskanzler gibt zu erwägen, einen solchen Pakt mit einzelnen Mitgliedstaaten des Warschauer Paktes abzuschließen.

Präsident Bush erwidert, hierüber solle man nachdenken.

Der Bundeskanzler fährt fort, er sei bereit, MD Teltschik nach Washington zu schicken, um über das weitere Vorgehen zu sprechen. Sein Wunsch sei es, daß diese Idee vom amerikanischen Präsidenten auf dem Gipfel vorgetragen werden sollte. In diesem Zusammenhang wolle er auch feststellen, daß die Begegnung des Präsidenten mit Gorbatschow in Europa

---

2   Vermerk über das Telefongespräch in der Registratur des Bundeskanzleramtes nicht zu ermitteln.
3   In ihrer Deklaration, verabschiedet auf der Tagung des Politischen Beratenden Ausschusses am 7. Juni 1990 in Moskau, kündigten die Teilnehmerstaaten des Warschauer Vertrages an, „mit der Überprüfung des Charakters, der Funktionen und der Tätigkeit des Warschauer Vertrages sowie mit seiner Umwandlung in einen Vertrag souveräner, gleichberechtigter Staaten, der auf demokratischen Prinzipien beruht", zu beginnen. Eine zeitweilige Kommission von Regierungsbeauftragten werde bis Ende Oktober 1990 „entsprechende konkrete Vorschläge" unterbreiten. Die „äußeren Aspekte der Vereinigung Deutschlands", so erklärten sie, sollten „im Kontext des gesamteuropäischen Prozesses" stehen, die „legitimen Sicherheitsinteressen der Nachbarn Deutschlands und aller anderen Staaten berücksichtigen und feste Garantien für die Unverletzlichkeit der europäischen Grenzen gewährleisten" (Wortlaut, ADN/7.6.90/1858, verglichen mit TASS/russ., in: Ostinformationen. Nr. 108. 8. Juni 1990, 15 f.; BPA/PA, F 1/22. Auch veröffentlicht in: Außenpolitische Korrespondenz. 34. Jg. Nr. 17. 11. Juni 1990, 130 f.).
4   Nr. 313 Anm. 1.
5   Radio Budapest meldete, Ministerpräsident Antall habe auf der Tagung der Warschauer Vertragsstaaten in Moskau (Anm. 3) die „unverzügliche Auflösung der militärischen Organisation der osteuropäischen Länder vorgeschlagen". Eine Kommission solle einen entsprechenden Plan ausarbeiten. Ungarn habe bereits „begonnen, seine Streitkräfte unter nationale souveräne Kontrolle zu stellen" (Radio Budapest/dt./7.6.90/18.30 in: Ostinformationen. Nr. 108. 8. Juni 1990, 9; BPA/PA, F 1/22).
6   Nr. 299 Anm. 2.

sehr gut angekommen sei. Die Sowjets verbreiteten positive Nachrichten über diesen Gipfel. Sie hätten dabei nicht zuletzt die menschliche Atmosphäre im Auge.

Der Bundeskanzler greift sodann die schon vorher von Präsident Bush angeschnittene Frage der künftigen Stärke der Bundeswehr auf. Zunächst sei dies eine Frage, die aus seiner Sicht nicht in 2+4 behandelt werden sollte, sondern zwischen NATO und Warschauer Pakt bzw. zwischen der Sowjetunion auf der einen Seite sowie den USA und uns auf der anderen Seite. Diese Frage habe einerseits innenpolitische, andererseits sicherheitspolitische Aspekte.

Eines der unangenehmsten Probleme, das sich im Zusammenhang mit der Wiederherstellung der deutschen Einheit stelle, sei die Zukunft der Nationalen Volksarmee. Die NVA sei praktisch eine Parteiarmee, deren Offiziere, aber auch andere Berufssoldaten auf die kommunistische Ideologie gedrillt seien. Von diesen Leuten könne man allenfalls 20% verwenden. Im Prinzip sei daher nicht vorstellbar, daß die Offiziere der NVA in die Bundeswehr eingegliedert würden.

Eine der Hauptsorgen der Sowjetunion mit Blick auf die Wiedervereinigung sei die Stärke der künftigen Bundeswehr. Derzeit habe die Bundeswehr 480 000 Mann, die NVA eine Sollstärke von 170 000 Mann. Künftige deutsche Streitkräfte könnten nicht einfach aus der Addition der beiden bestehen. Die Sowjets sprächen jetzt von einer Gesamtobergrenze von 200[000]–250 000 Mann. Sie wollten diese Frage zwar nicht im Rahmen von VKSE I regeln, aber strebten an, daß wir uns im Vorgriff auf VKSE II schon jetzt auf eine Zahl für die künftigen deutschen Streitkräfte festlegten.

Das andere Problem sei die Übergangsregelung für die sowjetischen Truppen in der DDR. Er sei bereit, eine solche Übergangsregelung ins Auge zu fassen, wenn es sich hier um einen Vertrag zwischen einem souveränen Deutschland und der Sowjetunion handele und nicht um irgendwelche abgeleiteten Rechte aus dem Potsdamer Abkommen.

Er schlage daher vor, in den nächsten Wochen vor dem NATO-Gipfel gemeinsam über den Umfang der künftigen deutschen Streitkräfte nachzudenken.

Präsident Bush wirft ein, dies solle man aber in einem sehr engen Kreis tun. Der Bundeskanzler stimmt zu und erklärt sich noch einmal bereit, MD Teltschik und einen weiteren Mitarbeiter für entsprechende Gespräche mit General Scowcroft nach Washington zu schikken.

Präsident Bush erklärt sich einverstanden und fügt hinzu, auf amerikanischer Seite solle auch AM Baker beteiligt werden.

Der Bundeskanzler erklärt, die Frage der deutschen Streitkräfte löse bei den Sowjets irrationale Ängste aus. Sie wüßten natürlich genau, daß die Deutschen nicht mehr nach Moskau marschierten, aber es gebe entsprechende historische Erfahrungen. In dieser Perspektive werde z. B. Napoleon nicht als Franzose, sondern als Europäer, der mit den Deutschen gekommen sei, gesehen. Dann müsse man natürlich auch sehen, daß der letzte Weltkrieg die Sowjetunion 27 Mio. Tote gekostet habe. Es handele sich also nicht nur um Propaganda.

Präsident Bush stimmt dieser Einschätzung zu.

Der Bundeskanzler erklärt, er werde in den nächsten Tagen einen Brief von Präsident Gorbatschow erhalten, in dem es um wirtschaftliche Hilfe für die SU gehe.[7] Er nehme an, daß Gorbatschow hierüber auch mit Präsident Bush gesprochen habe. Dabei dächten die Sowjets an eine westliche Aktion in Höhe von 20 bis 25 Mrd. DM.

Präsident Bush wirft ein, Gorbatschow habe ihm gegenüber derartige Zahlen nicht genannt. Er habe lediglich am letzten Tag in Camp David[8] im Hinausgehen erklärt, daß er Wirtschaftshilfe brauche und hoffe, daß die USA sich an einer entsprechenden Aktion beteiligen würden.

---

7 Nr. 306.
8 Nr. 299 Anm. 4.

Der Bundeskanzler fährt – in Anwesenheit des hinzutretenden AM Baker – fort, außerdem hätten die Sowjets sich an uns wegen einer Kreditlinie in Höhe von 5 Mrd. DM gewandt. Hierbei gehe es um einen Bankenkredit, der durch die Bundesregierung garantiert werden solle. Er habe Gorbatschow signalisiert, daß wir davon ausgingen, daß es sich hierbei um ein „Geschäft auf Gegenseitigkeit" handele. Sobald ihm die schriftliche Antwort Gorbatschows auf sein Schreiben[9] vorliege, werde er Präsident Bush hiervon unterrichten.[10]

Präsident Bush wendet sich an AM Baker mit der Frage, ob Gorbatschow während des Gipfels weitere Einzelheiten zu der gewünschten westlichen Aktion erörtert habe.

AM Baker erklärt, er sei über die sowjetischen Vorstellungen im Detail in Moskau unterrichtet worden.[11] Dabei sei allerdings von einem Gesamtvolumen zwischen 25 und 30 Mrd. Dollar die Rede gewesen.

Der Bundeskanzler wirft ein, bei der von ihm genannten Summe handele es sich um DM.

Präsident Bush erklärt, er habe Gorbatschow bereits gesagt, daß eine amerikanische Wirtschaftshilfe sehr große Probleme mit dem Kongreß aufwerfe. Nicht nur wegen Litauen, sondern auch wegen eher technisch-juristischer Fragen würde er im Kongreß „auf Granit beißen", wenn er entsprechende Vorschläge einbringe. Wörtlich: „Unsere Hände sind in dieser Frage gebunden."

AM Baker fügt erläuternd hinzu, die amerikanische Gesetzgebung lasse nicht zu, daß die Sowjets sich am amerikanischen Kapitalmarkt bedienten. Dies habe u. a. mit der Problematik russischer Altschulden zu tun.

Der Bundeskanzler erläutert AM Baker seine Position in der Frage der NATO-Mitgliedschaft eines künftigen vereinten Deutschland. Er wiederholt, daß ein deutsches Ausscheren aus der NATO eine unhaltbare Lage in Europa schaffe. In einem solchen Falle würden beispielsweise Frankreich und Großbritannien als europäische Nuklearmächte zusammenrükken und sich in einer „Entente Cordiale" zusammenschließen. Auf der anderen Seite seien die nichtnuklearen europäischen Staaten von Norwegen bis Italien, aber auch neutrale Länder wie Schweden sicherheitsmäßig auf sich allein gestellt. Eine derartige Konstellation – ein neutrales Deutschland, zwei europäische Nuklearmächte und die übrigen nichtnuklearen Staaten – würde nicht zuletzt negative Rückwirkungen auf die EG und ihre politische Integration haben. Nicht zuletzt werde dies dazu führen, daß in spätestens 10 Jahren in Deutschland eine Diskussion darüber einsetzen werde, warum wir keine Nuklearwaffen hätten. Das sei für sich genommen schon katastrophal.

Er wolle daher seine Überlegungen noch einmal in drei Punkten zusammenfassen:

1. Gorbatschow müsse klar sehen, daß ein Ausscheren Deutschlands aus der NATO nicht zur Debatte stehe.
2. Gleichzeitig müßten wir die Frage der künftigen deutschen Truppenstärke aufzugreifen – dies dürfe aber nicht in 2+4 geschehen, sondern müsse zunächst in der NATO und sodann zwischen NATO und Warschauer Pakt behandelt werden.
3. Wir sollten eine Botschaft auf dem künftigen NATO-Gipfel verabschieden, die von dem amerikanischen Präsidenten ausgehen müsse.

Präsident Bush erwähnt, daß Gorbatschow ihn gefragt habe, ob die Sowjetunion nicht der NATO beitreten könne. Er habe daraufhin scherzhaft geantwortet, ob Gorbatschow sich vorstellen könne, daß Marshall Achromejew unter General Galvin diene.

Der Bundeskanzler wiederholt gegenüber AM Baker seine Überlegungen für einen Nichtangriffspakt zwischen WP und NATO.

9 Nr. 284.
10 Nr. 312.
11 Nr. 286 Anm. 8.

AM Baker erwidert, über diese Frage habe man schon in Turnberry[12] gesprochen. Dabei sei man sich allerdings einig gewesen, daß wir nichts tun sollten, was dem Warschauer Pakt Legitimität verleihe. Aber man könne mit einzelnen Mitgliedstaaten des Warschauer Paktes hierüber verhandeln.

...[13] Er habe dem entgegengehalten, daß es jetzt darauf ankomme, sich auf das Wesentliche zu konzentrieren, nämlich die volle Mitgliedschaft eines vereinigten Deutschlands in der NATO. Um dieses Ziel zu erreichen, könne sogar ein gewisses Fortbestehen des Warschauer Paktes hilfreich sein. Auch könne man Truppenstärken in Europa nur zwischen den beiden Pakten verhandeln.

Ein Weiteres sei wichtig; die Sowjets wollten auf keinen Fall vor ein Fait accompli gestellt werden, sondern an der Entwicklung vollen Anteil haben. Die von Gorbatschow ins Spiel gebrachte Idee einer Erklärung zwischen Warschauer Pakt und NATO[14] sei bisher von sowjetischer Seite nicht vertieft worden. Aber Schewardnadse habe ihm zugesagt, konkrete Überlegungen hierzu in etwa 10 Tagen zu übermitteln.[15]

Das Gespräch wird beim Essen im größeren Kreis fortgesetzt.

Präsident Bush erklärt, er mache sich erhebliche Sorge über mögliche Forderungen nach einem Parallelismus zwischen dem Abzug sowjetischer Truppen aus der DDR und dem Abzug amerikanischer Truppen aus der Bundesrepublik Deutschland.

Der Bundeskanzler erwidert, er wolle noch einmal klarstellen, daß die Frage der vorübergehenden sowjetischen Truppenpräsenz in der DDR nur in einem Vertrag zwischen einem souveränen Deutschland und der Sowjetunion geregelt werden könne. Damit entfalle von vornherein jede Berufungsgrundlage für entsprechende Forderungen an die amerikanische Adresse. Es gebe keine Parallelität, denn die USA seien aus anderen Gründen in der Bundesrepublik Deutschland präsent.

Präsident Bush erklärt, seine Sorge beziehe sich auch auf die öffentliche Meinung in Deutschland, die sich möglicherweise für einen parallelen Abzug amerikanischer Truppen aussprechen könne.

Der Bundeskanzler widerspricht und erklärt, er sehe diese Gefahr nicht. Eine andere Frage sei, wie wir die künftige Rolle der NATO definierten. Es sei immerhin bemerkenswert, daß in der Bundesrepublik Deutschland nur die Grünen für einen Austritt aus der NATO seien. Er empfehle, de Maizière bei seinem Besuch in Washington noch einmal das elementare Interesse der USA an einer Präsenz amerikanischer Truppen in Deutschland zu erläutern. Wenn es jetzt gesamtdeutsche Wahlen gebe, würde man in dieser Frage mit Sicherheit kein Problem mit den Menschen in der DDR haben. Diese wollten nach Europa kommen und gleichzeitig, daß die Sowjets ihr Land verließen.

Präsident Bush stellt die Frage nach der möglichen Dauer der Präsenz sowjetischer Truppen in der DDR.

---

12 „Botschaft von Turnberry" und Kommuniqué der Ministertagung des Nordatlantikrates am 7./8. Juni 1990 in Turnberry in: Bulletin. Nr. 75. 13. Juni 1990, 645, 645–649; NATO-Brief. Nr. 3/1990 – Mai/Juni, 30 f., 31–33.
13 Ein Satz nicht freigegeben.
14 „Ein bei diesem Gipfel unterbreiteter Vorschlag", so Außenminister Baker nach dem amerikanisch-sowjetischen Gipfeltreffen (Nr. 299 Anm. 2) am 3. Juni 1990 in der amerikanischen Fernsehsendung „Meet the Press", „der es unserer Ansicht nach wert ist, zumindest in Erwägung gezogen zu werden, war die Möglichkeit eines Abkommens zwischen der NATO und dem Warschauer Pakt" (Fernsehinterview in: Amerika Dienst. Nr. 22. 6. Juni 1990, 4 S., hier 2). Botschafter Mallaby unterrichtete am 11. Juni Ministerialdirektor Teltschik, Generalsekretär Gorbatschow habe gegenüber Premierministerin Thatcher am 8. Juni in Moskau eine „gemeinsame Erklärung von Warschauer Pakt und NATO" angeregt (Teltschik, 329 Tage, 266).
15 Außenminister Schewardnadse kündigte Außenminister Baker am 5. Juni 1990 in Kopenhagen an, Vorschläge „binnen zehn Tagen vorzulegen" (unter Bezug auf amerikanische Regierungsakten: Zelikow/Rice, Sternstunde der Diplomatie, 391). Zum Inhalt der Vorschläge, die Baker am 13. Juni in einem Schreiben übermittelt wurden: Teltschik, 329 Tage, 276 f.

Der Bundeskanzler erklärt, er könne sich eine Präsenz von 2–3 Jahren vorstellen. Im übrigen müsse man sehen, daß der fortgesetzte Aufenthalt sowjetischer Streitkräfte in der DDR zu erheblichen internen Problemen führen werde. Die sowjetischen Soldaten würden die Währungsumstellung und das damit einhergehende größere Warenangebot am eigenen Leib erleben, und Gorbatschow müsse dann die Frage beantworten, wieso es denn plötzlich alles zu kaufen gebe. Dies alles sei nicht gut für die Moral und Disziplin in der sowjetischen Armee.

Der Bundeskanzler weist in diesem Zusammenhang auf Geschäfte hin, die insbesondere sowjetische Offiziere in der DDR gemacht hätten.

Präsident Bush erklärt, die Sowjets würden auch das Problem der Unterbringung ihrer Truppen in der SU ins Feld führen.

Der Bundeskanzler erwidert, möglicherweise handele es sich hier um ein echtes Problem. Da die Sowjets Wirtschaftshilfe erbeten hätten, könne diese möglicherweise auch für diesen Zweck genutzt werden. Für ihn sei entscheidend, daß die Präsenz sowjetischer Truppen in der DDR nichts zu tun habe mit der Anwesenheit amerikanischer und anderer alliierter Truppen auf dem Territorium der Bundesrepublik Deutschland.

Präsident Bush erklärt, in der Tat müsse man auch sehen, daß Gorbatschow letztlich nicht gegen die Anwesenheit amerikanischer Truppen in Europa sei, sondern anerkenne, daß die USA in Europa eine wichtige Rolle spielten.

Der Bundeskanzler fügt hinzu, im übrigen müsse man sehen, daß fast alle europäischen Länder für die deutsche Mitgliedschaft in der NATO einträten. Deren Motive seien nicht immer freundschaftliche. Aber dies sei ihm im Grunde genommen egal. Es komme ihm auf das Ergebnis an.

Der Bundeskanzler kommt sodann auf die innerdeutsche Entwicklung zu sprechen. Er erläutert kurz die derzeitige innenpolitische Diskussion über den Staatsvertrag. Er gehe davon aus, daß der Staatsvertrag sowohl Bundestag als auch Bundesrat passieren werde.[16] Würde dies im übrigen nicht der Fall sein, müsse man damit rechnen, daß die DDR eine Woche später ihren Beitritt nach Art. 23 GG erklären würde. Eine andere Alternative sei nicht gegeben, denn nach einem Scheitern des Staatsvertrages würden ca. 300 000 bis 400 000 Menschen als zusätzliche Übersiedler in die Bundesrepublik kommen.

Diese Zusammenhänge sehe auch Gorbatschow, zumal bei einer weiteren Übersiedlerwelle die Wirtschaft der DDR nicht mehr in der Lage sein werde, die SU zu beliefern.

Präsident Bush wirft die Frage auf, ob die polnische Seite noch an ihrer ursprünglichen Idee festhalte, bereits vor der Wiedervereinigung einen Grenzvertrag auszuhandeln und zu paraphieren.

Der Bundeskanzler erwidert, er habe den Eindruck, daß die Polen daran festhielten. In 14 Tagen würden sowohl die Volkskammer als auch der Bundestag eine gleichlautende Erklärung verabschieden,[17] die eine klare Garantie der bestehenden Grenzen enthalten werde. Darin würden sich Volkskammer und Parlament sowie beide Regierungen zugleich verpflichten, daß ein wiedervereinigtes Deutschland sofort einen völkerrechtlichen Vertrag schließen werde, der die Frage abschließend regele.

Präsident Bush erklärt, er habe den Eindruck, daß die Polen unsere Haltung jetzt besser verstünden.

Der Bundeskanzler erwidert, das Ganze habe auch mit der polnischen Innenpolitik zu tun. Für Mazowiecki wäre dies kein Problem ...[18]

---

16 Nr. 291 Anm. 5.
17 Nr. 322 Anm. 3.
18 Eineinhalb Sätze nicht freigegeben.

Präsident Bush wirft die Frage auf, ob Walesa Jaruzelski in dessen Amt folgen werde.

Der Bundeskanzler erklärt, dies glaube er nicht.

Präsident Bush fügt hinzu, Walesa strebe dies an, wenngleich andere ihn nicht in diesem Amte sehen wollten.

Der Bundeskanzler erklärt auf ein entsprechendes Stichwort von Präsident Bush, es wäre aus seiner Sicht falsch, wenn Mazowiecki das Amt des Präsidenten anstreben würde, denn er sei der einzige polnische Politiker mit einer allseits anerkannten Autorität.

AM Baker spricht die Problematik der SNF an. Bei dem Außenministertreffen in Turnberry habe sich ein Konsens ergeben, daß diese Angelegenheit zunächst von einer Arbeitsgruppe weiter behandelt werden solle – auch mit Rücksicht auf die deutschen Bundestagswahlen.

Der Bundeskanzler weist darauf hin, daß mögliche Zielgebiete der „Lance" nicht nur Teile des wiedervereinigten Deutschlands, sondern auch Prag und Warschau sein würden. Auch sei es nicht hilfreich für die Diskussion über die deutsche NATO-Mitgliedschaft, wenn dieses Thema jetzt auf die Tagesordnung komme.

AM Baker erklärt, man müsse sich trotzdem Gedanken über unsere Verhandlungsposition machen. Wollten wir eine Null-Lösung? Wollten wir auf die TASM gehen? Man habe sich jetzt darauf geeinigt, diese Fragen zurückzustellen bis nach den Bundestagswahlen.

Der Bundeskanzler erklärt, damit sei er einverstanden.

Präsident Bush erkundigt sich nach einem möglichen Datum für gesamtdeutsche Wahlen.

Der Bundeskanzler erläutert kurz die verfassungsrechtliche Lage, wonach eine Durchführung der Bundestagswahlen nach dem 13. Januar 1991 nicht möglich ist. Seine Taktik sei, die Frage jetzt herunterzuspielen, bis die Behandlung des Staatsvertrages abgeschlossen sei. Für ihn sei es psychologisch außerordentlich wichtig, daß der Druck in Richtung auf gesamtdeutsche Wahlen aus der DDR komme. Man könne aber mit Sicherheit davon ausgehen, daß die Leute in der DDR nach Einführung der DM die Frage stellen würden, wie es dann weitergehe. Schließlich spiele in dieser Frage die Innenpolitik eine große Rolle. So würden gesamtdeutsche Wahlen auch die derzeitige Parteienlandschaft verändern.

AM Baker wirft ein, die Sowjets kalkulierten offenbar, daß es weder die SPD in der DDR noch die in der Bundesrepublik Deutschland mit gesamtdeutschen Wahlen eilig hätten.

Der Bundeskanzler erwidert, dies sei richtig, sei aber reine Theorie. Die Sozialdemokraten wollten die Wahlen nur deshalb verschieben, um für ihn schlechtere Bedingungen zu schaffen.

Präsident Bush wirft ein, aber auch den Sowjets gehe es offenbar zu schnell.

AM Baker ergänzt, er sei über eine Bemerkung von Schewardnadse gestolpert, der erklärt habe, man brauche keine Übergangsperiode über die Wirtschafts- und Währungsunion hinaus, vorausgesetzt, man löse die Frage der Truppenstärke. Er habe den Eindruck gewonnen, daß die Sowjets durch die Ausführungen des Präsidenten beim Gipfel ermutigt worden seien, die klar gezeigt hätten, daß sich die westliche Seite der psychologischen Notwendigkeit bewußt sei, die Sowjetunion einzubinden. Insofern gebe es eine Änderung der sowjetischen Haltung („approach").

Der Bundeskanzler erklärt, er habe eher den Eindruck, daß die Sowjets nicht wüßten, was sie eigentlich wollten.

AM Baker wirft ein, also handele es sich aus der Sicht des Bundeskanzlers um ein weiteres Stück Improvisation auf sowjetischer Seite.

Der Bundeskanzler stimmt zu. Er glaube, daß man eine gute Chance habe, in den nächsten 8 Wochen die Dinge voranzubringen. Für Gorbatschow sei wichtig gewesen, daß Präsident Bush ihm klar zu verstehen gegeben habe, daß er über eine NATO-Mitgliedschaft Deutschlands nicht zu diskutieren gedenke. Im Grunde genommen pokere Gorbatschow. Man müsse natürlich auch seine Lage sehen. Zu Hause sehe er sich dem Vorwurf ausgesetzt, er verspiele die sowjetische Position in der Weltpolitik. Man müsse sehen, daß auch Jelzin dies zu gegebener Zeit sagen werde. ...[19] Gorbatschow müsse den nächsten Parteitag[20] überleben. Seine Bilanz der Wirtschaft und der Nationalitätenfrage sei allerdings schlecht.

Präsident Bush wirft ein, zunächst müsse Gorbatschow eine Sitzung des Föderationsrates überleben.[21]

AM Baker fügt hinzu, Gorbatschow habe hier am Tisch ausdrücklich zugestimmt, daß in Übereinstimmung mit der KSZE-Schlußakte jeder Staat wählen könne, welchem Bündnis er angehören wolle.[22] Später sei er allerdings unter Berufung auf das Potsdamer Abkommen hiervon wieder abgewichen.[23] Im übrigen sei er sicher, daß die Sowjets zum Abschluß des VKSE-I-Abkommens bereit seien, aber sie wollten gleichzeitig Sicherheit in der Frage der künftigen Stärke der Bundeswehr haben. Erhielten sie diese Sicherheit nicht, könnten sie die 2+4-Gespräche aufhalten. Daher sei es wichtig, daß man sich vor dem NATO-Gipfel über diese Frage verständige.

Der Bundeskanzler stimmt dem nachdrücklich zu.

...[24]

Der Bundeskanzler erklärt, das Wichtigste sei gewesen, daß Gorbatschow mit dem Gefühl nach Hause gefahren sei, daß der Präsident und Außenminister Baker Verständnis für seine Position hätten und nicht versucht hätten, ihn zu demütigen.

AM Baker erklärt, man sei auf amerikanischer Seite sehr erfreut darüber, wie der Bundeskanzler und andere europäische Politiker die anstehenden Fragen anpackten. Allerdings werde diese Linie nicht immer von den Bürokraten übernommen.

Der Bundeskanzler erklärt, unter Freunden wolle er ganz offen sagen, daß es mit unseren europäischen Verbündeten natürlich auch ein psychologisches Problem gebe. Man brauche sich nur die Wirtschaftsdaten der Bundesrepublik anzusehen, die heute morgen veröffentlicht worden seien.[25] Mitterrand habe kürzlich wörtlich zu ihm gesagt: „Helmut, jetzt haben Sie alle Fäden in der Hand."

Präsident Bush fragt, ob Mitterrand dies mit Sorge sage.

Der Bundeskanzler verneint dies. Allerdings sei ein Unterton der Resignation zu verspüren. Man müsse dies psychologisch verstehen. Mitterrand akzeptiere die Entwicklung, aber für die Bürokraten im Quai d'Orsay sei dies schon schwieriger.

AM Baker wirft ein, auch die Amerikaner hätten mit dem Quai d'Orsay ihre Probleme.

Der Bundeskanzler fährt fort, die Vorbehalte der „politischen Klasse" in Frankreich habe er bei einer wichtigen Rede, die er Anfang Januar in Paris gehalten habe,[26] gespürt. Die Vorbehalte kämen nicht aus der Bevölkerung, deren Einstellung zu Deutschland sich gründlich geändert habe. ...[27]

---

19 Fünf Sätze nicht freigegeben.
20 Nr. 350 Anm. 4.
21 Der Föderationsrat trat unter Vorsitz von Präsident Gorbatschow am 12. Juni 1990 in Moskau zusammen (Meldung TASS/russ./13.6.90/2242 in: Ostinformationen. Nr. 111. 13. Juni 1990, 16; BPA/PA, F 1/22).
22 Nr. 299 Anm. 5.
23 Außenminister Schewardnadse erklärte am 4. Juni 1990 in Kopenhagen, das Potsdamer Abkommen lege in bezug auf Deutschland fest, „daß die siegreichen Länder des Zweiten Weltkrieges alle Fragen des militärischen und politischen Status bestimmen sollen". Schewardnadse führte dazu aus, eine Regelung der „äußeren Aspekte der deutschen Einheit" sollte „im Rahmen der sechs Staaten" erfolgen, und ergänzte: „Wir könnten diesen Prozeß leicht stören, aber wir wollen es nicht" (Meldung rtr/4.6.1990/2042 in: Ostinformationen. Nr. 105. 5. Juni 1990, 1; BPA/PA, F 1/22).
24 Drei Sätze nicht freigegeben.
25 Nach dem Monatsbericht Mai 1990 des Bundesministeriums für Wirtschaft (Bulletin. Nr. 73. 9. Juni 1990, 631–634) war die Zahl der Arbeitslosen bis Ende April weiter auf 1,915 Millionen gesunken; das entsprach einer Quote von 6,6 v.H. Die Verbraucherpreise lagen im selben Monat 2,3 v.H. über dem vergleichbaren Vorjahresniveau. Die Handelsbilanz im ersten Quartal 1990 wies einen Exportüberschuß von 36,9 Milliarden DM auf. Für das laufende Jahr prognostizierte das Bundesministerium ein gesamtwirtschaftliches Wachstum von 3,5 bis 4 v.H.
26 Nr. 138 Anm. 1.
27 Ein Satz nicht freigegeben.

Präsident Bush ergänzt, die französischen Sorgen bezögen sich eher auf den künftigen Einfluß, nicht auf eine militärische Wiedergeburt Deutschlands.

Auf Bitten von Präsident Bush erläutert der Bundeskanzler abschließend kurz den Werdegang von MP de Maizière, der zu einem offiziellen Besuch nach Washington kommt.

Hartmann

Nr. 306
Schreiben des Präsidenten Gorbatschow an Bundeskanzler Kohl
9. Juni 1990

BK, 213 – 30130 S 25 So 38 Bd. 1. – Inoffizielle Übersetzung.

Sehr geehrter Herr Bundeskanzler,

ich danke Ihnen für Ihren Brief[1] und für die Unterstützung, die Sie bei der Überwindung einiger zeitweiliger Probleme leisten, die entstanden sind auf der jetzigen Etappe der sowjetischen Wirtschaftsreform, der Anpassung unserer Organisationen und Vereinigungen an die neuen Arbeitsbedingungen auf den Außenmärkten. Die Bereitschaft der Bundesregierung, die Bürgschaften zu übernehmen für die Gewährung durch die Privatbanken der Bundesrepublik Deutschland eines ungebundenen Finanzkredits als erste Etappe der Lösung unserer Probleme, die Gegenstand der Erörterung in Moskau waren,[2] eröffnet die Möglichkeit, bereits in der nächsten Zeit, wie das mit Ihren Vertretern abgesprochen worden ist, ein entspechendes Abkommen fertigzustellen. Zu diesem Zweck wären unsere Vertreter bereit, unverzüglich nach Bonn zu reisen oder die Bevollmächtigten Ihrer Banken in Moskau zu empfangen.

Was die Frage der weiteren langfristigen Kredite anbelangt, die, wie Sie verstehen, für die Bewältigung der Aufgaben notwendig sind, die mit der tatkräftigeren Verwirklichung der Reformen verbunden sind, so würde deren Lösung sicherlich die Schaffung eines breiteren Konsortiums erforderlich machen. Ihre Unterstützung bei dessen Organisierung würde die Sache zweifelsohne beschleunigen. Ich bin Ihnen daher für Ihren Vorschlag dankbar, diese Frage in den vertraulichen Kontakten mit denjenigen westlichen Partnern durchzuarbeiten, die bereit wären, sich an dieser bedeutenden, nicht nur finanziellen, sondern auch politischen Aktion zu beteiligen. Ein stabiles Vorankommen der Sowjetunion auf dem Wege der Perestroika und der Reformen – das ist eine Frage, die nicht nur für uns, sondern auch für ganz Europa, für die gesamte Lage in der Welt von Bedeutung ist. Ich freue mich, feststellen zu können, daß unsere Auffassungen und Einschätzungen darin übereinstimmen. Jetzt werden die Weichen für einen koordinierten Übergang ins nächste Jahrhundert gestellt. Dementsprechend soll auch gehandelt werden.

Sie sprechen auch die Fragen an, die mit der Bewegung auf dem Weg zur deutschen Einheit, der Entwicklung der Verhandlungen im Rahmen des Mechanismus der „Sechs" verbunden sind. In diesem Zusammenhang kann ich bestätigen, daß alles, worüber wir mit Ihnen am 10. Februar d.J. in Moskau gesprochen haben,[3] in Kraft bleibt. Ich bin sicher, daß die Ausarbeitung einer komplexen Regelung der äußeren Aspekte der Vereinigung noch vor dem europäischen Gipfeltreffen möglich ist. Dies würde den Weg öffnen für die praktischen

1 Nr. 284.
2 Nr. 277.
3 Nr. 174 und Nr. 175.

Schritte zur Schaffung gesamtdeutscher Organe im Einvernehmen mit dem Willen beider deutschen Staaten, in Harmonie mit den Interessen der vier Mächte und der anderen Länder Europas. Ich bin dafür, daß die gegenseitig annehmbaren Lösungen im engen Kontakt mit Ihren Vertretern vorbereitet werden.

Ich stimme mit Ihnen überein, daß wir bereits jetzt den Blick für die neue Perspektive der sowjetisch-deutschen Zusammenarbeit schärfen sollen. Es handelt sich um einen qualitativen Wandel, der von dem Abschluß eines politisch maßgeblichen und in jeder Hinsicht gewichtigen Vertrages zwischen der Sowjetunion und dem künftigen Deutschland gekennzeichnet werden soll. Diesen Wandel herbeizuführen, ist unsere Pflicht gegenüber den eigenen Völkern, den Völkern Europas und der ganzen Welt.

Ich erwarte Sie in der zweiten Julihälfte für einen vertieften Dialog über die Zukunft unserer Beziehungen.[4]

Mit den besten Wünschen

M. Gorbatschow

Nr. 307
Gespräch des Ministerialdirektors Teltschik mit Botschafter Terechow
Bonn, 11. Juni 1990

BK, 21 – 30100 (56) Ge 28 (VS) Bd. 81, Bl. 75 f. – Vermerk des MD Teltschik, 11. Juni 1990. Hs. vermerkt: „Ø GL 21". – Gesprächsdauer: 10.30 bis 12.00 Uhr.

Botschafter Terechow übermittelte die Abschlußerklärung des Warschauer-Pakt-Gipfels vom 7. Juni 1990[1] und gab folgende mündliche Erläuterung dazu:

Die Entwicklung des Warschauer Paktes habe eine neue Etappe erreicht. Vorausgegangen seien tiefgreifende innere Veränderungen, die jetzt zu einer Umgestaltung des Paktes führen würden. Die Auswirkungen auf den Warschauer Pakt seien sehr weitreichend.

Die Einberufung des Warschauer-Pakt-Gipfels und seine Durchführung beweise jedoch die Funktionsfähigkeit des Paktes. Er sei nach wie vor ein wichtiges Instrument für die Stabilität und für die Weiterentwicklung Europas.

Im Mittelpunkt der Gipfelgespräche sei die Überwindung der Teilung Europas gestanden, die Institutionalisierung der KSZE und die Entwicklung gesamteuropäischer Strukturen.

Alle Teilnehmer hätten sich für die Beibehaltung des Paktes für die nächste Zeit ausgesprochen, jedoch eine rasche Umgestaltung gewünscht. Ungarn und die ČSFR hätten Vorschläge erläutert, die zu einer Schrumpfung der militärischen Komponente zugunsten gesamteuropäischer Strukturen führen sollen.

Es sei gemeinsam eine Empfehlung für eine außerordentliche Warschauer-Pakt-Gipfeltagung Ende November ausgesprochen worden. Eine Expertenkommission solle für diesen Gipfel entsprechende Vorschläge zur Reform des Paktes in Richtung eines politischen Bündnisses erarbeiten. Der reformierte Warschauer Pakt solle auf diese Weise Teil der neuen europäischen Strukturen werden.

---

4 Nr. 350, Nr. 352 und Nr. 353.
1 Nr. 305 Anm. 3.

Gleichzeitig seien die NATO-Staaten aufgefordert worden, entsprechende Änderungen ihres Bündnisses durchzuführen und Strategie und Militärstrukturen zu ändern.

Der Warschauer Pakt sei bereit, mit der NATO im Interesse der europäischen Stabilität konstruktiv zusammenzuarbeiten.

Die Entwicklung in Gesamteuropa werde in gleicher Weise gesehen. Man stehe jetzt vor einer Übergangsperiode, die in einen einheitlichen Raum einmünden solle, in dem alle Staaten in allen Bereichen der Wirtschaft, des Umweltschutzes, im humanitären Bereich usw. zusammenarbeiten sollen.

Botschafter Terechow wies ausdrücklich darauf hin, daß sich das Mitgliedsland Ungarn dafür ausgesprochen habe, daß ein geeintes Deutschland Mitglied der NATO bleiben solle.

Die Tagung des Warschauer Paktes sei in konstruktiver und wohlwollender Atmosphäre verlaufen.

Botschafter Terechow machte auf die gemeinsame Pressekonferenz von Präsident Gorbatschow mit Premierministerin Thatcher aufmerksam. Dort habe der Präsident ausdrücklich darauf hingewiesen, daß der Warschauer Pakt bereit sei, die Entwicklungen im Westen positiv einzuschätzen und den Westen zukünftig als Partner und nicht als Gegner zu verstehen. Ebenso habe er darauf hingewiesen, daß die Beschlüsse des Warschauer Paktes als Einladung an die NATO zu verstehen seien, die Allianz in ein politisches Bündnis umzuwandeln. Er habe auch noch einmal die eigenen Vorschläge für die Reform des Warschauer Paktes in Richtung eines politischen Bündnisses erläutert.[2]

(Teltschik)

Nr. 308
Vorlage des Regierungsdirektors Vogel an Ministerialdirektor Wagner
Bonn, 11. Juni 1990

BArch, B 136/26459, 422 – 52602 Ve 45 Bd. 2. – Az. 441 – 35020 – Ei 1/90. Vorlage über GL 44 und GL 42. Nachrichtlich.

Betr.: Entwurf gemeinsamer Erklärung zu offenen Vermögensfragen
   hier: Expertensitzung im BMJ am 11. Juni 1990

BMJ hatte Referat 441 zu einer Expertensitzung eingeladen, an der ich seitens BK für die Bereiche BML und BMBau teilgenommen habe.
Festzuhalten ist:

I.   Zum weiteren Ablauf

 BMJ schilderte Gesprächsverlauf der Verhandlung in Ost-Berlin am 8. Juni. DDR-Seite strebe Veröffentlichung der Gemeinsamen Erklärung zeitlich noch vor der Ratifizierung des Staatsvertrages an, d. h. also in der nächsten Woche. Unsere Seite sei auch für dieses Zeitziel.

---

2 Einleitende Erklärung und Antworten von Generalsekretär Gorbatschow in der gemeinsamen Pressekonferenz mit Premierministerin Thatcher am 8. Juni 1990 in Moskau, ZSF/russ./8.6.90/1545, in: Ostinformationen. Nr. 109. 11. Juni 1990, 40–46; BPA/PA, F 1/22.

Inhaltlich sei DDR in wesentlichen Punkten hinter bisherigen gemeinsam getragenen Entwurf einer Gemeinsamen Erklärung (Stand 24. Mai)[1] zurückgegangen. Neuer am 8. Juni übergebener DDR-Entwurf im Zusammenhang mit „Gesprächskonzeption" hierzu (Anlagen 2[2] und 3[3])
- stellt apodiktisch Endgültigkeit der Enteignungen der Jahre 1945–49 ohne Entschädigung fest und
- möchte ausschließlich nur eine Entschädigung – und keine Erbbaurechtsregelung geschweige denn Rückübertragung – für Ein- bzw. Zweifamilienhäuser incl. „Datschen" vorsehen, an denen DDR-Bürger Eigentum oder dingliche oder sonstige Nutzungsrechte an bebautem Grund und Boden in redlicher Weise erworben haben.
Die Experten waren übereinstimmend der Auffassung, daß dieser DDR-Entwurf nicht akzeptabel ist.

II. Neuer BMJ-Entwurf, Stand 11. Juni 1990

Nach heutiger Diskussion der Experten wird BMJ daher zur nächsten Koalitionsrunde – wahrscheinlich am Mittwoch, 13. Juni, 8.00–9.30 Uhr – neuen Entwurf vorlegen (Anlage 1)[4].
Zu diesem Entwurf möchte ich aus Sicht [der] Gruppe 44 bemerken:
1. BMJ-Zielrichtung, mit dem neuen Entwurf möglichst viele Themenbereiche anzusprechen und zu regeln, ist richtig und notwendig; DDR-Entwurf entspricht dieser Zielrichtung nicht und würde die sensible Konfliktregelung zwischen Westeigentümern und „redlichen" DDR-Eigentümern/Nutzern in die Zukunft schieben.
2. BMJ-Neuentwurf knüpft inhaltlich an bisherigen Entwurf vom 24. Mai an; zum neuen Text wird auf folgendes aufmerksam gemacht:
3. Zu Ziffer 1 „Enteignungen aufgrund Bodenreform"
Die angeblich von Graf Lambsdorff/StS Kinkel eingebrachte Erwähnung eventueller Ausgleichszahlungen (letzter Satz) war für Expertenebene BMF neu, die daraufhin Leitungsvorbehalt einlegte. Hierzu wird – wohl zu Recht – befürchtet, daß aus Gleichheitsgrundsätzen dann auch für andere Gruppen, die noch keinen Lastenausgleich erhielten, „das Faß aufgemacht" [wird].
4. Zu Ziffer 3b
Die Neuformulierung des BMJ zum „sozial verträglichen Ausgleich" zwischen Westeigentümern und DDR-Bürgern mit Eigentums- oder Nutzungsrechten legt neben einer Erbbaurechtsregelung auch – gleichrangig – eine Entschädigungsregelung als möglich fest; Einzelheiten müßten noch geklärt werden.
Damit kämen wir der DDR erheblich entgegen, denn nach unserem Recht hätte eine Restitution (auch über Erbbaurecht) zwingend Vorrang vor einer Entschädigung.
5. Landwirtschaftliche Flächen
BML-Experte stellte die Frage, ob die Nutzung von landwirtschaftlichen Flächen durch eine LPG (ohne Bodenreformland) aus DDR-Sicht eine Rückgabe an die früheren Westeigentümer verhindere.
BMJ erklärte, daß dies nicht der Fall sei; nach Ziffer 3 des neuen BMJ-Entwurfes wäre an die früheren Eigentümer zurückzugeben.

---

1 Nicht freigegeben. Entwurf der Gemeinsamen Erklärung vom 12. Mai 1990: Nr. 276C.
2 Nr. 308A.
3 Nr. 308B.
4 Nicht freigegeben: Entwurf des Bundesministeriums der Justiz einer gemeinsamen Erklärung der Regierungen der Bundesrepublik Deutschland und der Deutschen Demokratischen Republik zur Regelung von offenen Vermögensfragen, Stand: 11. Juni 1990, 13.00 Uhr; BArch, B 136/26459, 422 – 52602 Ve 45 Bd. 2.

6. Veränderungssperre Ziffer 12d
Diese Ziffer sieht neben der schon im alten gemeinsamen Entwurf enthaltenen Veränderungssperre hinsichtlich von Verkäufen von Grundstücken und Gebäuden mit
ungeklärten Eigentumsrechten zusätzlich auch vor, daß alle Veräußerungen, die nach
dem 1. Januar 1990 erfolgt sind, überprüft werden.
Beide Regelungen sind aus unserer Sicht in der gegenwärtigen Situation jetzt politisch
geboten und unumgänglich, weil insbesondere aufgrund des DDR-Gesetzes vom
7. März 1990[5] in der DDR laufend und in großer Zahl Eigentumsübertragungen –
auch mit Westverknüpfung – stattfinden.

III. Einschätzung BMJ
BMJ war sehr skeptisch, ob die DDR sich insbesondere zu unseren Forderungen zu den
o.a. Ziffern 4 und 6 einläßt.
Es wird befürchtet, daß weder die Erbbaurechtsregelung noch eine Veränderungssperre
geschweige denn eine Überprüfung der bisherigen Übertragungen ab dem 1. Januar
1990 vor der Ratifikation des Staatsvertrages durchsetzbar ist, mit der Folge, daß am
Ende für diese Fälle nur eine Entschädigung für Westeigentum übrigbliebe, die – mangels ausreichender Masse im Entschädigungsfonds – letztendlich aus dem Bundeshaushalt zu zahlen wäre.
Andererseits ist zu sehen, daß m.E. in der Öffentlichkeit jetzt eine Regelung zu diesen
Komplexen erwartet wird; sollten wir dies nicht regeln, kann sehr leicht der Eindruck
entstehen, daß wir uns auch zu diesem Komplex wesentlich mehr an den Interessen der
DDR-Bürger als an denen unserer Bürger orientieren.
Eine Bewertung, welche der noch offenen Streitpunkte noch geschoben und welche
möglichst jetzt geregelt werden müssen, ist schwierig.
Auf jeden Fall scheint mir angesichts der permanenten Übertragungen von Volkseigentum in private Hände aufgrund des Gesetzes vom 7. März d.J., bei denen es sehr viele
ungeklärte Eigentumsfälle geben dürfte, die Veränderungssperre bzw. die ab dem 1. Januar 1990 vorzunehmende Überprüfung aller Übertragungen (siehe oben Ziffer 6)
zwingend geboten zu sein.

Dr. Vogel

Nr. 308A
Anlage 2
**Entwurf einer gemeinsamen Erklärung der Regierungen der
Bundesrepublik Deutschland und der Deutschen Demokratischen Republik
zur Regelung von Vermögensfragen**

Die Teilung Deutschlands, die damit verbundene Bevölkerungswanderung von Ost nach
West und die unterschiedlichen Rechtsordnungen in beiden deutschen Staaten haben zu
zahlreichen vermögensrechtlichen Problemen geführt, die viele Bürger in der Deutschen
Demokratischen Republik und in der Bundesrepublik Deutschland betreffen.
Bei der Lösung der anstehenden Vermögensfragen gehen beide Regierungen davon aus, daß
ein sozial verträglicher Ausgleich unterschiedlicher Interessen zu schaffen ist. Rechtssicherheit und Rechtseindeutigkeit sowie das Recht auf Eigentum sind Grundsätze, von denen
sich die Regierungen der DDR und der BRD bei der Lösung der anstehenden Vermögens-

---

5   Nr. 236 Anm. 9.

fragen leiten lassen. Nur so kann der Rechtsfriede in einem künftigen Deutschland dauerhaft gesichert werden.

Die Vermögensfragen sind allumfassend zu klären. Hierzu finden auf Expertenebene Gespräche mit dem Ziel statt, für alle anstehenden Vermögensfragen auf rechtsstaatlicher Grundlage einen Interessenausgleich zu schaffen.

Im Ergebnis der bisherigen Gespräche wurde Übereinstimmung erzielt, daß Enteignungen der Jahre 1945 bis 1949 endgültig sind. Die Enteignungen resultieren aus dem Besatzungsrecht und der Besatzungshoheit. Sie sind nicht rückgängig zu machen.

Enteignetes Grundvermögen wird grundsätzlich den ehemaligen Eigentümern oder ihren Erben zurückgegeben. Bisher ist nicht geklärt, ob die ⟨Geltendmachung⟩[6] des Eigentumsrechts der ehemaligen Eigentümer über eine Entschädigung oder über eine am Erbbaurecht orientierte Regelung erfolgt. Für beide Lösungen ist ein Interessenausgleich zu sichern.

Es besteht weiterhin Übereinstimmung in der Frage, daß der Mieterschutz und bestehende Nutzungsrechte von Bürgern der Deutschen Demokratischen Republik an Grundstücken und Gebäuden wie bisher gewahrt werden und sich nach dem geltenden Recht der DDR regeln.

Beide Regierungen gehen davon aus, daß unredlicher Eigentumserwerb durch Machtmißbrauch, Korruption, Nötigung oder Täuschung nicht schutzwürdig ist und rückgängig zu machen ist.

Nr. 308B
Anlage 3
Gesprächskonzeption zum Thema Offene Vermögensfragen

Hs. vermerkt: „DDR-Papier" und „5.6."

1. Grundprinzipien bei der Lösung aller Vermögensfragen sind das Streben nach
    – einem sozial verträglichen Ausgleich unterschiedlicher Interessen;
    – Rechtssicherheit und Rechtseindeutigkeit in einem einheitlichen Deutschland für alle Bürger;
    – verfassungsmäßiger Sicherung des Rechtes auf Eigentum;
    – Gleichheit aller Deutschen vor dem Gesetz.
    (Rechtlich sind hier die Sorben, Dänen, Juden u.a. mitzufassen.)

2. Die Vermögensfragen sind juristisch eindeutig zu klären. Soweit wie möglich sollte jede Regelung über „Fallgruppen" vermieden werden, weil hiermit Rechtseindeutigkeit gefährdet wird.
    Aufgrund unterschiedlicher gesellschaftlicher Entwicklung und daraus resultierender unterschiedlicher Gesetzgebung und Rechtsauffassung ist eine rein juristische Klärung noch offener Vermögensfragen auf der Grundlage z.T. kollidierender Gesetze der BRD und der DDR nicht möglich.
    Politische und psychologische Aspekte haben für die Lösung offener Vermögensfragen große Bedeutung.

3. Psychologische Aspekte
    – In Eigentumsfragen ergeben sich für Bürger der BRD und der DDR unterschiedliche psychologische Ausgangspunkte. Mit der Verwirklichung der Einheit Deutschlands

---

6 ⟨ ⟩ Hs. korrigiert aus: „Inanspruchnahme".

eröffnet sich für viele Bürger der BRD die Möglichkeit zur Wiedererlangung ihres Eigentums (positive Erwartung). Für Bürger der DDR ergeben sich aus gleichen Gründen Befürchtungen und Ängste über die weitere Wahrnehmung ihrer Eigentums- und Nutzungsrechte, die aus dem Recht der DDR hergeleitet werden (negative Erwartung).
– Die große Zahl der Umsiedler aus den ehemaligen deutschen Ostgebieten, die heute in der DDR wohnen, haben nie Lastenausgleich erhalten. Diese Bürger haben vielfach im guten Glauben und mit unverhältnismäßig hohem individuellen Aufwand neues Eigentum erworben, das sie erneut gefährdet sehen. Sie fühlen sich doppelt benachteiligt.

4. Eigentumsfragen, zu denen einheitliche Rechtsauffassungen zwischen der DDR und der BRD bestehen bzw. zu erwarten sind
4.1. Unredlicher Eigentumserwerb wird nicht geschützt. Um jede Rechtsunsicherheit zu vermeiden, ist zu klären, auf welcher verfassungsmäßigen, bestehenden oder zu schaffenden gesetzlichen Grundlage die Unredlichkeit definiert wird.
Keinesfalls kann zugestimmt werden, daß der Eigentümer redlichen Erwerb beweisen muß. Unredlicher Erwerb ist zu beweisen.
4.2. Enteignungen der Jahre 1945–1949 sind endgültig. Juristisch ergibt sich dieser Standpunkt aus dem Besatzungsrecht bzw. der Besatzungshoheit.
Ökonomisch wäre jede Entschädigungslösung eine unvertretbar hohe Belastung für das geeinte Deutschland.
4.3. Grund und Boden, auf denen Neubaumaßnahmen durchgeführt wurden (Industriebau, Straßenbau, komplexer Wohnungsbau, Siedlungsbau), wird nicht zurückgegeben.

5. Eigentumsfragen, zu denen keine einheitliche Rechtsauffassung besteht
5.1. Vermögen von Personen, die die DDR vom 8.5.1945 bis 10.6.1953 ohne Genehmigung verlassen haben:
31 292 Grundstücke, darunter
10 059 Landwirtschaftsbetriebe,
4 148 Einfamilienhäuser,
5 819 unbebaute Grundstücke
2 678 Betriebe und 0,2 Mrd. Mark Kontoguthaben.
5.2. Vermögen von Personen, die die DDR zwischen 11.6.1953 und 31.7.1989 ohne Genehmigung verlassen haben (Staat als Treuhänder):
80 000 Grundstücke, darunter
16 000 Landwirtschaftsbetriebe,
ca. 25 000 Einfamilienhäuser, Wochenend- und Gartengrundstücke,
1,3 Mrd. Mark Kontoguthaben.
5.3. Vermögen von Personen aus der BRD und Westberlin, das sich bis zum 11.6.1953 auf dem Territorium der DDR befand (staatliche Verwaltung):
68 000 Grundstücke, davon
45 000 unbebaute Grundstücke,
2 000 eigentumsrechtliche Ansprüche an Betriebsvermögen,
260 Mio. Mark Kontoguthaben.
5.4. Grundvermögen in der DDR, das nach dem 11.6.1953 durch Bürger der BRD und aus Westberlin durch Erbfall erworben wurde:
68 000 Grundstücke, davon
27 000 unbebaut.

6. Lösungsvorschläge
6.1. Eigentum, das z.Z. keinen Nutzer hat oder wo das Einverständnis des bisherigen Nutzers zur Rückgabe vorliegt, wird dem ursprünglichen Eigentümer zurückgegeben.

Beispiel:
Staat ist Nutzer/Eigentümer. Restitution an ursprünglichen Eigentümer.

6.2. Das Erbbaurecht entspricht nicht den Anforderungen an eine sozial gerechte und juristisch eindeutige Regelung der Eigentumsfragen. Es könnte ausschließlich für Bungalowbauten Anwendung finden. Bestehende pachtrechtliche Verträge bleiben hiervon unberührt.

Begründung:
– Eine lange Frist (z.B. 99 Jahre) benachteiligt den Grundeigentümer. Er hat zu Lebzeiten keinen Nutzen aus seinem Eigentum.
  Eine kurze Frist (z.B. 50 Jahre) gibt dem gegenwärtigen Nutzer keine Sicherheit auf lebenslange Nutzung und schließt Vererbung aus. Der Nutzen für den Grundeigentümer ist ebenfalls „gestundet".
– Der Erbbauzins ist nicht für einen Zeitraum von 50–99 Jahren sozial überschaubar festzulegen.
– Das Erbbaurecht müßte zwingend durch Gesetz vorgeschrieben werden. Bisher ist es nur eine <u>Möglichkeit</u>, die einvernehmlich zwischen den Parteien genutzt werden <u>kann</u>.

6.3. Eine grundsätzliche, juristisch klar zu fassende Lösung, die die sozialen sowie Eigentumsinteressen aller Beteiligten berücksichtigt, kann nur über Entschädigungsregelungen gefunden werden.
Hierfür sollten folgende Möglichkeiten untersucht werden:
– Bei Grund und Boden wahlweise
  • Restitution, wenn Bedingungen wie unter 6.1. genannt erfüllt werden;
  • Austauschgrundstücke mit vergleichbarem Wert;
  • finanzielle Entschädigung.
– Bei allen anderen Immobilien bzw. finanziellen Ansprüchen: finanzielle Entschädigung.

7. Der Entschädigungsfonds sollte gedeckt werden
    – aus einem Prozentsatz des veräußerten Volkseigentums,
    – aus dem Staatshaushalt/Bundeshaushalt.

8. Bestimmte Eigentumsansprüche bedürfen gesonderter Regelung bzw. einer Entscheidung über deren Rechtmäßigkeit. Das sind Ansprüche aus
    – der Anwendung der Wirtschaftsstrafverordnung (Anwendung 1948–1953),
    – der Vermögensenteignung aus Steuergründen,
    – Aussiedlung aus den Grenzgebieten,
    – Verzichten auf Mietshäuser und Grundstücke zugunsten des Staates.
    Das betrifft sowohl Bürger der BRD als auch der DDR.

9. Ergänzende Empfehlungen:
    – Für alle Ansprüche sollte eine gesetzliche Frist festgelegt werden. Im Interesse der Rechtssicherheit sollte sie kurz bemessen sein.
    – Die Eigentumsfragen sollten gemeinsam mit der Paraphierung des (zweiten) Staatsvertrages im Grundsatz geklärt sein.
    – Alle Festlegungen zu Eigentumsfragen müssen mit dem Grundgesetz der BRD übereinstimmen. Das ist erforderlich, damit nachfolgend nicht durch Verfassungsklage Änderungen herbeigeführt werden können.
    – In der Vergangenheit gezahlte Entschädigungen (z.B. für Bergbaugebiete, Wohnungsbau) können nicht aufgrund ihrer Höhe anfechtbar sein. Die Entschädigungssumme entsprach der ökonomischen Gesamtsituation (z.B. niedrige Löhne, Renten usw.).

Nr. 309
Schreiben des Bundeskanzlers Kohl an Präsident Gorbatschow
Bonn, 12. Juni 1990

BK, 213 – 30130 S 25 So 38 Bd. 1. – Tag der Ausfertigung hs. ergänzt. VS-NfD. Mit Paraphe: „K[aestner] 12/6". – Zur Abfassung und Übergabe des Schreibens: Teltschik, 329 Tage, 269.

Sehr geehrter Herr Präsident,

für Ihr Schreiben vom 9. Juni 1990[1] danke ich Ihnen. Ich entnehme daraus mit großer Befriedigung, daß es auch im Interesse Ihres Landes liegt, sich nunmehr in allen angesprochenen Fragen rasch zu verständigen.

Besonders dankbar bin ich Ihnen für die Bestätigung, daß auch Ihr Land dafür eintritt, im Rahmen der laufenden ⟨Gespräche⟩[2] eine umfassende Regelung der äußeren Aspekte der deutschen Vereinigung noch vor dem Gipfeltreffen der KSZE im Herbst dieses Jahres auszuarbeiten. Ich verstehe dies in dem Sinne, daß damit auch die Frage der Bündniszugehörigkeit des künftigen geeinten Deutschlands in konstruktivem Geist und in einer Weise, die den Wünschen nicht nur der Deutschen, sondern auch ⟨den Interessen⟩[3] ihrer unmittelbaren Nachbarn entspricht, gelöst werden wird.

Ich danke Ihnen auch für die Bestätigung Ihrer Bereitschaft, in den zwischen unseren Beauftragten in Moskau besprochenen Fragen nunmehr zu raschen Regelungen zu kommen. Hinsichtlich der kurzfristigen Gewährung eines ungebundenen Finanzkredits sind Vertreter der beiden beteiligten Banken bereit, sofort nach Moskau zu reisen[4], um die konkreten Vereinbarungen vorzubereiten. Ich schlage Abstimmung über Ihre Botschaft in Bonn vor.

Die darüber hinausgehenden politischen und finanziellen Unterstützungsmaßnahmen für den Reformweg Ihres Landes und die damit verbundene Frage weiterer langfristiger Kredite werde ich zunächst auf die bevorstehenden Gipfeltreffen der Europäischen Gemeinschaft[5] und der sieben westlichen Industrieländer[6] ansprechen. Ich bin, gerade auch im Licht der Ergebnisse Ihrer Gipfelbegegnung mit Präsident Bush, überzeugt, ⟨daß meine westlichen Kollegen mir darin zustimmen werden,⟩[7] daß der konsequente Reformfortschritt Ihres Landes in einem Klima politischer, wirtschaftlicher und sozialer Stabilität eine Schlüsselfrage für die Zukunft Ihres Landes und Europas sowie für eine gedeihliche Entwicklung in der Welt insgesamt ist.

Über sich abzeichnende Lösungsmöglichkeiten werde ich Ihnen dann persönlich berichten. Ich danke Ihnen schließlich für die Bestätigung unserer Begegnung im nächsten Monat.[8] Ich würde es – wie Sie – sehr begrüßen, ⟨wenn wir bei dieser Begegnung über die Möglichkeiten der vertraglichen Ausgestaltung der deutsch-sowjetischen Beziehungen in der Perspektive der deutschen Einheit einen ausführlichen und vertieften Meinungsaustausch führen könnten⟩[9].

---

1 Nr. 306.
2 ⟨ ⟩ Hs. korrigiert aus: „Verhandlungen".
3 ⟨ ⟩ Hs. ergänzt.
4 Hs. nachfolgend gestrichen: „oder Vertreter Ihres Landes hier zu empfangen".
5 Nr. 344B Anm. 19.
6 Nr. 344A Anm. 17.
7 ⟨ ⟩ Hs. von Ministerialdirigent Hartmann korrigiert aus: „daß ich im Kreis meiner westlichen Kollegen auf Einmütigkeit rechnen kann".
8 Nr. 350, Nr. 352 und Nr. 353.
9 ⟨ ⟩ Hs. von Ministerialdirigent Hartmann korrigiert aus: „bei dieser Begegnung mit Ihnen auch über die Möglichkeiten der vertraglichen Ausgestaltungen der deutsch-sowjetischen Beziehungen in der Perspektive der deutschen Einheit einen ausführlichen und vertieften Meinungsaustausch zu führen".

Nr. 310
Vorlage des Regierungsdirektors Lehnguth
an den Chef des Bundeskanzleramtes Seiters
Bonn, 12. Juni 1990

BK, 422 – 35400 Ve 2 Bd. 1. – Vorlage über GL 33 und AL 3. Durchdruck: LASD. Zur Unterrichtung.

<u>Betr.</u>: Überlegungen für Verfassungsänderungen im Zusammenhang mit dem Beitritt der DDR;
<u>hier</u>: Gespräch zwischen BMI, BMJ, BMF und Bundeskanzleramt am 11. Juni 1990

1. Gegenstand des o. g. Gesprächs zwischen Vertretern des BMI, des BMJ, des BMF sowie der Gruppe 33 des Bundeskanzleramtes war die Frage,
   – in welchen Punkten das Grundgesetz im Zusammenhang mit dem Beitritt der DDR abzuändern ist sowie
   – in welcher äußeren Form die Änderungen erfolgen sollen.
   Ziel dieses vorbereitenden Gedankenaustausches war es insbesondere, die für und gegen eine staatsvertragliche Lösung sprechenden Argumente auszuloten.

2. Das Ergebnis der Besprechung läßt sich wie folgt zusammenfassen:
   a) <u>Staatsvertrag oder Überleitungsgesetz?</u>
   Für die insbesondere von BMI favorisierte Lösungsmöglichkeit, die erforderlichen Rechtsänderungen zum Gegenstand eines (zweiten) Staatsvertrages mit der DDR zu machen, spricht u. a.:
   – DDR wüßte schon vor Beitritt, „wohin die Reise geht",
   – zeitliche Konkordanz von Beitritt und Rechtsangleichung,
   – Bündelung aller Änderungs- und Anpassungswünsche in einem gesetzgeberischen Akt;
      keine endlosen Debatten über eine – ggf. zeitlich gestreckte – Überleitungsgesetzgebung,
   – breite Akzeptanz auf beiden Seiten; Rücksichtnahme auf Sensibilität der DDR; „Mitbestimmung" der DDR über Inhalt der Überleitungsgesetzgebung.
   <u>Gegen</u> eine staatsvertragliche Lösung und für die Schaffung eines Überleitungsgesetzes sprechen – vornehmlich aus Sicht des BMF – folgende Aspekte:
   – Inhalt des Staatsvertrages (Überleitungsgesetzgebung) wäre der Beschlußfassung des Gesetzgebers nur noch mit „Ja" oder „Nein" zugänglich, es entstünde u. a. wie schon beim ersten Staatsvertrag die Diskussion um eine Abänderung.
   – Erörterung mit DDR über hiesige GG-Änderungen sei nicht angezeigt.
   – Im ersten Staatsvertrag zur Wirtschafts- und Währungsunion sollen die finanziellen Festlegungen für viereinhalb Jahre abschließend geregelt sein. Ein zweiter Staatsvertrag könnte zu weiteren finanziellen Forderungen der DDR führen.
   – Beitritt nach Art. 23 GG setzt Verfassungsänderungen gerade nicht voraus. Daher sollten diese auch nicht durch Abschluß eines Vertrages in Abhängigkeit zum Beitritt gebracht werden.
   <u>BMJ</u> fügte dem als weitere Gesichtspunkte hinzu:
   – staatsvertragliche Lösung würde – auch in der Bundesrepublik Deutschland – breite Verfassungsdiskussion ermöglichen, die nicht gewollt ist,
   – GG-Änderung in zwischenstaatlichem, völkerrechtlichem Vertrag verfassungspolitisch nicht wünschenswert,
   – nötige Zwei-Drittel-Mehrheiten in BT und BR für Staatsvertrag würden eine sehr frühzeitige Einbindung von Opposition und Ländern schon im Beratungsstadium erfordern („Runder Tisch").

Einigkeit bestand zwischen den Ressorts darin, daß
– die staatsvertragliche Lösung nicht verfassungswidrig wäre,
– Verfassungsänderungen aufgrund des Staatsvertrages auf das unbedingt notwendige Maß beschränkt werden müßten.

b) Welche Grundgesetzänderungen wären erforderlich?
Einig war man sich, daß mit Beitritt der DDR zumindest die Präambel und auch Art. 23 GG zu ändern wären, bei Art. 23 GG jedoch ein ersatzloser Wegfall (zunächst noch) nicht anzustreben ist (Art. 23 GG als Ermächtigungsnorm für Überleitungsrecht).
Die Notwendigkeit einer Änderung des Art. 29 GG (Neugliederung des Bundesgebietes) wurde von den Ressorts unterschiedlich beurteilt:
– BMI für Erleichterung einer Neugliederung (zumindest Anlehnung an Art. 118 GG, Neugliederung der Länder im Südwesten) im Gebiet der DDR, evtl. in Gesamtdeutschland;
– BMJ: Änderung des Art. 29 GG nicht im Rahmen unbedingt erforderlicher GG-Änderungen; BMF: politisch keine Chance für Änderung des Art. 29 GG.
Aufhebung des Art. 146 GG inzwischen weitgehend unproblematisch, aber fraglich, ob politisch für SPD konsensfähig.
Inkraftsetzung der Finanzverfassung des GG in der DDR verbindet sich für BMF, aber auch für BMI noch mit zahlreichen – auch praktischen – Fragen. Bei Zugrundelegung der staatsvertraglichen Lösung wären vornehmlich in diesem Punkt die Vorgaben des ersten Staatsvertrages mit der DDR zu bedenken.
Die Möglichkeit einer Inkraftsetzung der Wehrverfassung des GG (Art. 12a, 87a, 115aff. GG) im Gebiet der heutigen DDR enthält ebenfalls zahlreiche Fragen, die noch mit BMVg zu erörtern sind. Bei einem Inkrafttreten erst später müßte zumindest Oberbefehl über NVA geregelt werden (Bundeskanzler?).
Zweifel bestanden, ob eine Änderung des Art. 116 GG (Staatsangehörigkeit) bereits im Zusammenhang mit dem Beitritt der DDR zu verhandeln ist. Die Frage, ob es auch nach der Einigung noch Deutsche ohne deutsche Staatsangehörigkeit geben wird, genießt besonderes Interesse auch im Ausland.
BMJ machte auf Berlin-Frage aufmerksam, deren Regelung im Staatsvertrag/in Überleitungsgesetzgebung nicht ausgespart werden sollte.
Im Hinblick auf die Gesetzgebung in der Bundesrepublik Deutschland und der DDR zum Schwangerschaftsabbruch – § 218 StGB – bleibt zu überlegen, welche Möglichkeiten das GG läßt, die unterschiedlichen Regelungen zumindest für eine Übergangszeit beizubehalten.

3. Der Zeitplan stellt sich für die Ressorts wie folgt dar:
Ausgehend von einem Termin für Wahlen zu einem gesamtdeutschen Parlament im Dezember und ca. zwei Monaten Zeitbedarf für die parlamentarischen Beratungen müßte ein Staatsvertrag Ende September abgeschlossen sein.
Die Koalition, dann der Kabinettausschuß sollten spätestens unmittelbar nach dem 1. Juli mit der Konzeption der Beitrittsverhandlungen und der Überleitungsgesetzgebung befaßt werden.

Lehnguth

Nr. 311
Vorlage des Majors i.G. Domröse an Ministerialdirektor Teltschik
Bonn, 12. Juni 1990

BK, 21 – 30101 A 5 (20) – Am 12/11/90, Bd. 7, Bl. 362. – Eine Ausfertigung. Geheim. Hs. vermerkt: „zdA T[eltschik] 26/6".

Betr.:   Amerikanisch-sowjetischer Gipfel;
hier: 9-Punkte-Konzept des US-Außenministeriums vom 2.6.1990
(Arbeitsübersetzung)
Bezug: DB Nr. 2155 vom 7.6.90 Botschaft Washington

1. Folgeverhandlungen zu VKSE (i.e. VKSE I a) für ganz Europa, welche insbesondere die Streitkräfte in der Zentralregion berühren (auf diese Weise kann der Umfang der Bundeswehr begrenzt werden).
2. Vorziehen von SNF-Verhandlungen.
3. Erneute Versicherung Deutschlands, auf die Entwicklung und den Besitz von ABC-Waffen zu verzichten.
4. Keine Ausdehnung der Stationierung von NATO-Truppen auf das Territorium der DDR – für eine Übergangszeit.
5. Eine kurze Übergangsperiode für den Rückzug sowjetischer Truppen aus der DDR.
6. Eine Überprüfung der NATO-Strategie so, daß Rolle und Anzahl konventioneller und nuklearer Streitkräfte den geänderten Bedingungen entsprechen.
7. Eine endgültige Bestätigung der Grenzen Deutschlands, die nur die Bundesrepublik, die DDR und Berlin umfassen.
8. Die Bereitschaft, den KSZE-Prozeß zu stärken.
9. Eine Erklärung bezüglich der Unterstützung deutsch-sowjetischer Wirtschaftsbeziehungen in der Art, daß die Umgestaltung (Perestroika) unterstützt wird.

H.-L. Domröse

Nr. 312
Botschaft des Bundeskanzlers Kohl an die Staats- und Regierungschefs der Mitgliedstaaten der Europäischen Gemeinschaften und der G-7-Staaten
Bonn, 13. Juni 1990

BK, 21 – 30101 S 25 (1) So 2 Bd. 7, Bl. 135/6–135/11. – Geheim. Drahterlaß. Citissime. Abgezeichnet: „i.O. K[ohl]". – Mit Vorspruch, gez. „Reiche": „Betr.: Wirtschaftslage der Sowjetunion/westliche Unterstützungsmaßnahmen; hier: Beratung auf dem bevorstehenden Europäischen Rat und Wirtschaftsgipfel. Für Botschafter o.V.i.A. 1. Botschafter wird gebeten, die anliegende Geheim-Botschaft des Bundeskanzlers so bald wie möglich dem Empfänger oder – falls dieser kurzfristig nicht erreichbar – möglichst hochrangig in dessen Amt zu übergeben. Bericht über Vollzug und ggf. erste Reaktion erbeten. 2. Empfänger sind: Präsident George Bush (V), Staatspräsident François Mitterrand (A+V), Premierministerin Margaret Thatcher (A+V), Ministerpräsident Giulio Andreotti (A+V), Ministerpräsident Brian Mulroney (V), Ministerpräsident Toshiki Kaifu (A), Premierminister Wilfried-A.-E. Martens (A+V), Ministerpräsident Poul Schlüter (A+V), Ministerpräsident Konstantin Mitsotakis (A), Ministerpräsident Charles J. Haughey, T.D. (A), Präsident Jacques Santer (A+V), Ministerpräsident Dr. R.F.M. Lubbers (A+V), Premierminister Prof. Dr. Anibal Antonio Cavaco Silva (A), Ministerpräsident Felipe González Marquez (A+V), Präsident Jacques Delors (A+V). (V) bedeutet: Anrede mit ‚Liebe/r plus Vornamen', Fortsetzung in Sie-Form. (A) bedeutet: Anrede mit ‚Sehr geehrter Herr plus Amtstitel'. 3. Höflichkeitsübersetzungen werden vom Sprachendienst unmittelbar übersandt, und zwar – Englisch: für Washington, London, Ottawa, Dublin, Kopenhagen, Den Haag, Tokyo, Lissabon. – Französisch: für Paris, Brüssel Diplo und Euro, Luxemburg, Athen, Rom und Madrid. Folgt Anlage".

Seiner Exzellenz (Adresse)
Anrede (V) oder (A)

Bereits in den vergangenen Monaten haben sich Nachrichten gehäuft, daß die Wirtschaft der Sowjetunion eine außerordentlich schwierige Phase durchläuft und negative Rückwirkungen auf die internationale Finanzposition des Landes nicht auszuschließen sind. Gleichzeitig hat die Sowjetunion sich mit einem dem Obersten Sowjet vorliegenden Reformprogramm entscheidende Schritte in Richtung auf eine „regulierte Marktwirtschaft" vorgenommen. Präsident Gorbatschow hat jetzt die Schwierigkeiten der sowjetischen Volkswirtschaft offen angesprochen. Er hat mich wissen lassen,[1] daß ein Erfolg der Sowjetunion auf dem Wege der Perestroika und der Reformen nicht nur für die Sowjetunion, sondern auch für ganz Europa und die Lage in der Welt insgesamt von entscheidender Bedeutung ist. In diesem Sinne hat er um Unterstützung der westlichen Partnerländer bei der Verwirklichung der sowjetischen Reformen nachgesucht, auch in Form von langfristigen Krediten. Er hat damit die Bitte an mich verbunden, bei der Organisation eines „breiten Konsortiums" zu helfen.

Ich habe ihm meine Bereitschaft zugesagt, sein Anliegen bei dem bevorstehenden Europäischen Rat in Dublin[2] (für Bush, Mulroney und Kaifu: beim Wirtschaftsgipfel in Houston[3]) anzusprechen.

Ich möchte Sie, lieber (V) bzw. sehr geehrter Herr (A), hiervon unterrichten und anregen, daß wir bei unserer bevorstehenden Begegnung die Lage in der SU unter allen Aspekten vertieft erörtern. Schon heute möchte ich Ihnen meine Überzeugung übermitteln, daß es in unserem gemeinsamen Interesse liegt, die Politik von Präsident Gorbatschow nach besten Kräften zu unterstützen. Deshalb sollte das Ergebnis unserer Gipfelbegegnung nicht nur ein politisches, sondern auch ein wirtschaftliches Signal des Willens zur Zusammenarbeit sein. Dabei ist es angesichts der Größe der Sowjetunion und der konkreten Hilfsnotwendigkeiten des Landes für mich eine Selbstverständlichkeit, daß die westlichen Partnerländer nur gemeinsam an die Aufgabe herangehen können, die Sowjetunion auf dem Wege zu einer marktorientierten Wirtschaftsreform mit Rat und Tat zu begleiten. Gleichzeitig sollten wir konkrete Schritte ins Auge fassen, die Eingliederung der Sowjetunion in die weltweite Ar-

---

1 Nr. 306.
2 Nr. 344B Anm. 19.
3 Nr. 344A Anm. 17.

beitsteilung zu erleichtern und sie näher an die internationalen Wirtschaftsorganisationen und Finanzinstitutionen heranzuführen.

Ich hoffe sehr, daß diese Überlegungen auf Ihre Zustimmung treffen werden.

Präsident Gorbatschow hat auch um eine kurzfristige Kreditaktion deutscher Privatbanken, für die die Bundesregierung bürgen würde, gebeten. Diese Frage wird derzeit wohlwollend geprüft. Dabei dringe ich darauf, daß die Sowjetunion auch ihrerseits in den Fragen, die sich auf dem Wege zur deutschen Einheit stellen – und dies gilt insbesondere auch für die Verankerung eines künftigen geeinten Deutschlands im Nordatlantischen Bündnis und in der Europäischen Gemeinschaft – konstruktives Herangehen beweist. Ferner möchte ich ausdrücklich hervorheben, daß ich eine solche kurzfristige Initiative, die effektiv der Erfüllung von Verbindlichkeiten der Sowjetunion gegenüber westlichen Banken insgesamt zugute käme, als Ausgangspunkt und zugleich als Anstoß für eine mittelfristige Aktion auf breiterer Ebene ansehe. (Nur für Teilnehmer ER Dublin: Dabei sollte die Europäische Gemeinschaft eine zentrale Rolle spielen.)

Ich werde Sie über die weitere Entwicklung bei unserer Begegnung unterrichten.

Mit freundlichen Grüßen
Helmut Kohl

Nr. 313
Schreiben des Präsidenten Bush an Bundeskanzler Kohl
Washington, 13. Juni 1990

BK, 21 – 35400 (28) De 26/22/90, Bd. 2, Bl. 18–20. – Eine Ausfertigung. Geheim. Vorlage des MD Teltschik über Chef BK an den Bundeskanzler: „Betr.: Brief (Skipper) von US-Präsident Bush vom 13. Juni 1990 an Sie; hier: Arbeitsübersetzung". Hs. von Bundeskanzler Kohl vermerkt: „R[udolf] Seiters + Teltschik".

Lieber Helmut,

ich möchte Ihnen direkt im Anschluß an meine Gespräche mit MP de Maizière vom 11. Juni 1990[1] meine Gedanken mitteilen.

Unsere Gespräche waren sehr freundschaftlich und offen. Ich fand, daß er ein nachdenklicher, in Staatsgeschäften unerfahrener Mann ist, aber von ausgeprägtem Sinn für Verantwortung. Ich sagte ihm, wie hoch ich die Zusammenarbeit schätze, die er mit Ihnen entwickelt hat.

Ich habe deutlich herausgestellt, daß die 2+4-Gespräche die Vier-Mächte-Rechte ablösen müßten und daß ein vereintes Deutschland zum Zeitpunkt der Vereinigung volle Souveränität genießen sollte, ohne diskriminierende Auflagen und ohne Singularisierung durch einen besonderen Status. In diesem Zusammenhang sagte ich ihm, daß ich durch den Entwurf eines Textes für die abschließende Regelung beunruhigt sei, wie er von der DDR bei den 2+4-Gesprächen auf Beamtenebene am 9. Juni vorgelegt worden sei.[2] Ich sagte, daß es mein fester Wille sei, daß ein Abschlußdokument Fragen wie die der deutschen Bündniszugehörigkeit oder andere wesentliche Fragen der Sicherheit nicht festlegen solle, die viele andere Staaten berühren, die NATO-Mitglieder eingeschlossen.

1 Ministerpräsident de Maizière besuchte vom 9.–12. Juni 1990 die Vereinigten Staaten von Amerika (Außenpolitische Korrespondenz. 34. Jg. Nr. 18. 22. Juni 1990, 137 f.). Erklärung des Regierungssprechers Fitzwater zu dem Treffen de Maizières mit Präsident Bush, 11. Juni 1990, in: Public Papers of the Presidents of the United States. Bush. 1990 I, 809 f.
2 Niederschrift [der Delegation der DDR] „Zum 4. Treffen im Rahmen 2+4 auf Beamtenebene am 9. Juni 1990 in Berlin", Anlage 3: Elemente einer völkerrechtlichen Regelung, 9. Juni 1990; BK, 210 – 33000 De 39 NA 4 Bd. 2.

Er sagte, daß er die Situation im ganzen genauso sähe, aber er bezog sich auf die „Brücken-funktion", die Deutschland übernehmen solle, um dabei zu helfen, die Sowjets, die Polen und auch die Tschechen zu beruhigen. Gerade vom WP-Gipfel aus Moskau[3] zurück, sei er sich der Sorgen der Zentral- und Osteuropäer sehr bewußt gewesen, und er schien eine be-sondere Verpflichtung denen gegenüber zu spüren, die er „Brüder und Schwestern" im Osten nannte. Er konzentrierte sich auf den Punkt, den er als Notwendigkeit Gorbatschows bezeichnete, einen Weg zu finden, seinen Militärs und seinem Volk erklären zu können, daß er nicht auf sowjetische Rechte in Deutschland verzichte, ohne dafür eine Gegenleistung zu erhalten. Er machte deutlich, daß er sowjetische Sorgen über den Truppenumfang in Zen-traleuropa meinte. Er sagte, daß Gorbatschow einen „Zug-um-Zug-Handel" wünsche, wo-bei er offensichtlich einige Beschränkungen bezüglich deutscher Streitkräfte im Gegenzug für Deutschlands volle Mitgliedschaft in der NATO meinte – aber de Maizière sagte auch, daß er an kein bestimmtes Modell dächte. Wiederum erinnerte ich ihn an die Gefahr einer Singularisierung Deutschlands. Als ich die Gefahr ansprach, die in einer „Parallelisierung" bzw. einer Gleichsetzung von US- und sowjetischen Truppen in Deutschland läge, stimmte de Maizière zu, daß es genau dies sei, was Gorbatschow wolle.

De Maizière fuhr zustimmend fort, daß die Vier-Mächte-Rechte mit dem Zeitpunkt der Ver-einigung abgelöst sein sollten und daß die 2+4-Gespräche nicht über entscheidende Fragen der europäischen Sicherheit entscheiden sollten und daß Deutschland souverän sein sollte, über seine Bündnismitgliedschaft frei zu entscheiden, aber zum nicht hilfreichen Papier, das die DDR am 9. Juni einführte, äußerte er sich weder unterstützend noch zurückweisend. Er distanzierte sich jedoch von der Idee seines Außenministers, vorgetragen in Kopenhagen, eine „Pufferzone" in Zentraleuropa einzuführen;[4] er sagte, es sei nicht seine Art, Vorschläge zu unterstützen, die er erstmals aus der Presse erfahre.

Er blieb auch vage zur Frage einer vollen Mitgliedschaft Deutschlands in der NATO. Er sprach positiv über die Rolle der NATO und widersprach mir nicht, als ich betonte, ich un-terstütze die volle Mitgliedschaft Deutschlands, aber seine eigenen Vorstellungen betonten mehr die Transformation der NATO dergestalt, daß sie weniger bedrohend werde, und die Bildung „neuer Strukturen" im Rahmen der KSZE.

Lassen Sie mich noch zwei andere Fragen erwähnen.

Während des Essens sprachen wir über die polnische Grenze. Er äußerte nichts grundsätz-lich Neues außer den Hinweis, daß wenn die Polen die Frage der Westgrenze ansprächen, sie auch an ihre Ostgrenzen dächten. Schließlich brachte er noch einige interessante Eindrücke vom WP-Gipfel mit. Ungarn und ČSFR, sagte er, seien entschlossen, den Pakt zu verlassen – die Ungarn sagten, sie seien spätestens bis 1992 heraus. Gorbatschow sei mit den Ergebnis-sen des US/SU-Gipfels[5] zufrieden und machte im ganzen einen optimistischen Eindruck. De Maizière stellte fest, daß Gorbatschow einer zerfallenden Kommunistischen Partei ge-genüberstehe, ohne eine Alternative zu sehen, die eine Struktur aufweise, den Zusammenhalt der UdSSR zu ermöglichen.

Ich hoffe, daß diese Eindrücke Ihnen ein wenig hilfreich sind, und ich würde es selbstver-ständlich begrüßen, Ihre Gedanken dazu zu hören. Insbesondere müssen wir uns offensicht-

---

3 Nr. 305 Anm. 3.

4 In einem am 6. Juni 1990 in Kopenhagen geführten Zeitungsinterview schlug Außenminister Meckel für eine Über-gangszeit, „in der die sowjetischen Truppen noch auf deutschem Boden stehen", eine „den östlichen Teil Deutschlands, Polen und die Tschechoslowakei" umfassende Sicherheitszone vor. Ein solches „Bündnis zwischen den Bündnissen" könnte der UdSSR eine „eine gewisse Sicherheit geben" („Eine neue militärische Überlegenheit in Mitteleuropa – ein Trauma für die Sowjetunion", in: Frankfurter Rundschau. 46. Jg. Nr. 130. 7. Juni 1990, 2; auch: Meldung dpa/6.6.90/ 1722 in: DDR-Informationen. Nr. 107. 7. Juni 1990, 8; BPA/PA, F 1/23).

5 Nr. 299 Anm. 2.

lich darauf konzentrieren, zusammen mit den Briten und Franzosen, de Maizière unsere Sicht über die beste Vorgehensweise in den 2+4-Gesprächen zu erläutern.

Wie immer, es war gut, die Gelegenheit letzte Woche zu nutzen, mit Ihnen ein längeres Gespräch zu führen;[6] unsere häufigen Konsultationen werden immer wichtiger, je näher die deutsche Vereinigung und die 2+4-Gespräche zu einer Entscheidung kommen.

Mit herzlichsten Grüßen
Ihr George

Nr. 314

**Aufzeichnung der Arbeitsgruppe Kabinettausschuß Deutsche Einheit
für Bundesminister Schäuble
Bonn, 13. Juni 1990**

BMI, GE – 020 056/0 Bd. 3. – Mit Vorlage über den stv. AL G, AL G, St Neusel und St Kroppenstedt an den Minister: „Betr.: Staatsvertrag/Überleitungsvertragsgesetzgebung im Zusammenhang mit einem Beitritt der DDR gemäß Artikel 23 GG. Als Anlage wird für Ihr Gespräch mit Herrn PSt Dr. Krause am 17. Juni 1990 in Berlin beiliegende Aufzeichnung vorgelegt. Die Aufzeichnung enthält unter Nummern 4 und 5 Bemerkungen zu Fragen, die von Herrn Dr. Lässig am 8. Juni 1990 in Berlin angesprochen worden sind."

1. Beitritt ohne Staatsvertrag

Sofern die DDR (etwa noch im Sommer) ihren Beitritt gemäß Art. 23 GG erklärt, wird die DDR damit ggf. zu dem in der Beitrittserklärung bestimmten Zeitpunkt völkerrechtlich und staatsrechtlich Bestandteil der Bundesrepublik Deutschland. Dies bedeutet nicht, daß damit das Grundgesetz und das sonstige Bundesrecht automatisch in der DDR gelten, sondern es gilt zunächst das Recht der DDR (einschl. des DDR-Verfassungsrechts) fort. Der Beitritt hat allerdings nach Art. 23 Satz 2 GG zur Folge, daß der Bundesgesetzgeber unverzüglich, d. h. so bald wie möglich, das Grundgesetz in der DDR bzw. in den Ländern der DDR in Kraft setzen muß. Außerdem muß so bald wie möglich eine Vertretung der DDR im Bundestag herbeigeführt werden.

Für die Herbeiführung einer Vertretung der DDR im Bundestag kommt es im Hinblick auf die bevorstehende Bundestagswahl entscheidend darauf an, zu welchem Zeitpunkt der Beitritt der DDR erfolgt. Erfolgt er bereits sehr bald, wäre möglicherweise noch daran zu denken, daß bis zu dann anzusetzenden gesamtdeutschen Bundestagswahlen Abgeordnete der Volkskammer in einer dem Bevölkerungsanteil der DDR entsprechenden Anzahl in den Bundestag entsandt werden. Voraussetzung hierfür wäre die Inkraftsetzung jedenfalls der wesentlichen Bestimmungen des Grundgesetzes sowie von die Entsendung der Volkskammerabgeordneten regelnden Bestimmungen (Modell Beitritt Saarland).

Da demnach auch für eine Entsendung von Volkskammerabgeordneten in den Bundestag bis zur gesamtdeutschen Bundestagswahl gesetzliche Regelungen notwendig wären, dürfe praktisch nur die Ausschreibung möglichst baldiger gesamtdeutscher Bundestagswahlen in Betracht kommen. Auch dies setzt die Inkraftsetzung jedenfalls der wesentlichen Bestimmungen des Grundgesetzes in der DDR und die notwendigen Änderungen des Bundeswahlrechts voraus. Außerdem ist zu berücksichtigen, daß im Hinblick auf die im Wahlrecht vorgeschriebenen Fristen eine Vorlaufzeit von mindestens drei Monaten einzuhalten sein wird. Andererseits ist die Frist des Art. 39 Abs. 1 Satz 2 GG für die Wahl des 12. Deutschen Bundestages zu beachten.

---

6 Nr. 305.

2. Zeitplan

Nach den bisherigen Prämissen
– Staatsvertrag
– Inkrafttreten rechtzeitig zum 2. Dezember 1990 als frühestmöglicher Termin einer (parallelen) gesamtdeutschen Bundestagswahl
ergibt sich in Grundzügen folgender Zeitplan:
– Ressortabstimmung über 1. Entwurf 1. Juli-Hälfte,
– Abstimmung mit den Bundesländern 2. Juli-Hälfte,
– Aufnahme der Gespräche/Verhandlungen mit der DDR Anfang August,
– Gesetzgebungsverfahren zur Ratifizierung ab September.

3. Angebliche Ost-Berliner Kritik an bisherigen Vorstellungen des BMI

Nach Agenturmeldungen (Anlage 1)[1] gibt es in der DDR-Regierung Kritik an unseren Überlegungen, bis zur Bildung einer gesamtdeutschen Bundesregierung nach einem Beitritt der DDR Mitglieder der bisherigen DDR-Regierung lediglich mitberatend an den Sitzungen der Bundesregierung teilnehmen zu lassen, d.h. ihnen kein Stimmrecht einzuräumen.

Hierzu ist darauf hinzuweisen, daß nach der einhelligen Auffassung der Verfassungsressorts BMI (Abteilung V) und BMJ die Einräumung eines Stimmrechts mit Art. 65 GG nicht vereinbar wäre.

4. „Einbindung der künftigen Länder der DDR"

Die DDR hat die „Einbindung der Länder" bzw. „die Wahrnehmung der Interessen der Länder" (auch in finanzieller Hinsicht) problematisiert.

Nach Äußerungen auf Arbeitsebene scheint dort noch unklar zu sein, wer den Beitritt nach Artikel 23 GG erklären soll und kann (Überlegung, „ob die Volkskammer den Beitritt für die Länder erklärt"). Nach unserer Auffassung kann auch die DDR den Beitritt als Ganzes erklären.

Sofern in der DDR zum Zeitpunkt des Beitritts bereits Länder gebildet und funktionsfähige Verfassungsorgane vorhanden sind, wären diese mit der Inkraftsetzung des Grundgesetzes im Bundesrat vertreten. Zur Stimmenzahl und zum Stimmengewicht im Bundesrat bei 16 Ländern im künftigen Deutschland wird auf Anlage 2 zur Vorlage der Arbeitsgruppe G 1 vom 8. Juni 1990 zur Ländergliederung im künftigen Deutschland verwiesen (Anlage 2[2]).

Sofern zum Zeitpunkt des Beitritts funktionsfähige Verfassungsorgane in den Ländern der DDR noch nicht vorhanden sind, müssen für die Wahrnehmung von deren Aufgaben Übergangsregelungen getroffen werden. Die DDR beabsichtigt offenbar, zunächst Regierungsbeauftragte für die Länder zur Wahrnehmung von deren Aufgaben zu bestellen. Diese könnten auch zu Vertretern der DDR-Länder im Bundesrat bestellt werden.

Die finanziellen Beziehungen zwischen der Bundesrepublik Deutschland und der DDR und nach dem Beitritt zwischen dem Bund und den Ländern der heutigen DDR wird bis Ende 1994 abschließend durch das Gesetz über die Errichtung eines Fonds „Deutsche Einheit" geregelt (Artikel 30 des Entwurfs eines Gesetzes zu dem Vertrag vom 18. Mai 1990 über die Schaffung einer Währungs-, Wirtschafts- und Sozialunion zwischen der Bundesrepublik Deutschland und der Deutschen Demokratischen Republik – StV – An-

---

1 Anlage 1 nicht abgedruckt: Meldung dpa 117 „DDR/Volkskammer. Volkskammerausschuß ‚Deutsche Einheit' befaßte sich mit Staatsvertrag – Widerspruch aus Ost-Berlin zum Fahrplan", 13. Juni 1990; Meldungen rtz 079 „Einheit-Papier. Zeitung – DDR kritisiert zweiten Staatsvertrag" und rtz 081 „Einheit-Papier zwei", 13. Juni 1990.
2 Nr. 314A.

lage 6[3]). Ab 1995 sind die Finanzbeziehungen zwischen Bund und Ländern in einem gesamtdeutschen Bundesstaat insgesamt neu zu regeln.

5. Anpassung völkerrechtlicher Verträge, insbesondere Mitgliedschaft der DDR im RGW

Die DDR sieht einen Regelungsbedarf für die Abwicklung/Anpassung der von ihr geschlossenen völkerrechtlichen Verträge. Nach unserer Auffassung und der nicht eindeutigen Völkerrechtspraxis ist für die Frage der Fortgeltung der Verträge nach deren Charakter zu differenzieren. Während hochpolitische Verträge der DDR mit dem Beitritt erlöschen, spricht bei reinen Handelsabkommen eine Vermutung für die Notwendigkeit eines Eintritts in daraus folgende Bindungen. Nach unserer Auffassung ist das Statut des Rats für gegenseitige Wirtschaftshilfe[4] als Vertrag hochpolitischen Charakters zu werten mit der Folge, daß die Vertragsbindung der DDR an das Statut mit dem Beitritt erlischt. Allerdings ist dadurch eine sinnvolle ökonomische Regelung der bestehenden Handelsbeziehungen nicht ausgeschlossen. Der StV sieht bereits als wichtiges stabilisierendes Element den Vertrauensschutz für bestehende Verträge im RGW-Handel vor (Artikel 13[5]). Für 1990 werden diese Verträge wie bisher in Transfer-Rubel abgewickelt. Für die folgenden Jahre ist zu entscheiden, ob zunächst weiterhin eine Abwicklung in Clearing-Verfahren und ggf. in konvertibler Währung erfolgt. In diesem Fall stellt sich die weitere Frage nach dem Umrechnungskurs Transferrubel/DM. Die zuständigen Ressorts (BMWi, BMF, AA) sind mit der Problematik befaßt.

Als weitere Anlagen sind beigefügt:
- Grundstrukturen eines Staatsvertrages zur Herstellung der Deutschen Einheit – BMI vom 28.5.1990 (Anlage 3)[6]
- Einheit Deutschlands; Beitritt der DDR nach Artikel 23 Grundgesetz für die Bundesrepublik Deutschland – übergeben von Herrn PSt Dr. Krause am 29.5.1990 (Anlage 4)[7]
- Standpunkt zum Material des Bundesministers des Innern der Bundesrepublik Deutschland „Grundstrukturen eines Staatsvertrages zur Herstellung der Deutschen Einheit" – übergeben von Herrn Dr. Lässig am 1.6.1990 (Anlage 5)[8].

---

3 Gesetzentwurf der Fraktionen der CDU/CSU und FDP (Deutscher Bundestag. Drucksache 11/7171. 18. Mai 1990. 144 S., hier 21–23).
4 Statut des Rates für Gegenseitige Wirtschaftshilfe vom 14. Dezember 1959 mit den Änderungen gemäß den Protokollen vom 21. Juni 1974 und 28. Juni 1979 in: GBl. DDR 1981 II, 82–86, russischer Text 87–91.
5 Deutscher Bundestag. Drucksache 11/7171. 18. Mai 1990, 57.
6 Nr. 290.
7 Nr. 314B.
8 Nr. 314C.

Nr. 314A
Anlage 2
Wesentliche Mängel der gegenwärtigen bzw.
in der DDR vorgesehenen Ländergliederung

BMI, G1 – 020 056/1. – Ausfertigung: 8. Juni 1990. Hs. versehentlich vermerkt: „Anlage 1".

Auf der Grundlage der Analyse der Ernst-Kommission[9], die sich von den materiellen Gesichtspunkten des Artikels 29 GG und sonstigen relevanten Verfassungsgeboten leiten ließ, sollen die wesentlichen Mängel der Ländergliederung kurz skizziert werden, wobei die Betrachtung hier über die Bundesrepublik Deutschland hinaus auch auf die vorgesehenen DDR-Länder erstreckt wird.

Der entscheidende Bezugspunkt ist die Eignung der Länder zur Erfüllung ihrer Aufgaben. Diese sind im ganzen Bundesgebiet prinzipiell gleichartig und stehen – nicht zuletzt aufgrund des sozialstaatlichen Postulats, in allen Teilen des Bundesgebiets gleichwertige Lebensbedingungen zu schaffen – nicht zur Disposition des einzelnen Landes.

a) Unzureichende wirtschaftliche und finanzielle Leistungsfähigkeit
Von besonderer Bedeutung für die Eignung der Länder zur Erfüllung ihrer Aufgaben ist die originäre – d. h. nicht aus Finanzzuwendungen des Bundes oder anderer Länder abgeleitete – finanzielle Leistungsfähigkeit, die wesentlich von der Wirtschaftskraft der Länder bestimmt wird.

Die Länder der Bundesrepublik Deutschland weisen weit über das annehmbare Maß hinausgehende, tendenziell zunehmende Wirtschafts- und Finanzkraftunterschiede auf. Insbesondere das Saarland, Bremen, Schleswig-Holstein und Niedersachsen waren und sind zur Erfüllung ihrer Aufgaben aus eigener Kraft nicht in der Lage. Dem Saarland und Bremen ist im Rahmen des Finanzausgleichs eine anhaltende Haushaltsnotlage bescheinigt worden.

Starke Finanzkraftunterschiede beeinträchtigen die Ausgewogenheit der Länder untereinander und begründen Abhängigkeiten der finanzschwachen Länder von zentralen Stellen, die mit der bundesstaatlichen Ordnung nicht vereinbar sind oder sich als Quelle chronischer Konflikte erweisen.

Infolge des zunehmenden Finanzkraftgefälles mußte das Volumen des Länderfinanzausgleichs, der Bundesergänzungszuweisungen sowie der Finanzhilfen des Bundes an die Länder ständig ausgeweitet werden.

Die damit verbundene Belastung der bundesstaatlichen Ordnung wird auch an mittlerweile 10 entschiedenen bzw. noch anhängigen Normenkontrollklagen zum Länderfinanzausgleich erkennbar.

Die Intensivierung des Länderfinanzausgleichs und die Ausweitung der Finanzhilfen des Bundes führen vielfach zu einer Vermischung der Aufgaben- und Finanzverantwortung mit der Folge schwerfälliger, kostenaufwendiger und vielfach ineffizienter Aufgabenerfüllung. Diese Entwicklung hat im Ergebnis zugleich zu einem Bedeutungsverlust der Länder und einer erheblichen Schwächung des föderativen Systems in der Bundesrepublik Deutschland geführt.

Zwar liegen vergleichbare Angaben über die Wirtschafts- und Finanzkraft der vorgesehenen DDR-Länder nicht vor. Es ist aber aufgrund der regionalen Wirtschaftsstruktur der

---

9 Sachverständigenkommission für die Neugliederung des Bundesgebietes. Vorschläge zur Neugliederung des Bundesgebiets gemäß Art. 29 des Grundgesetzes. Vorgelegt im November 1972. Hg. vom Bundesministerium des Innern. Bonn, Januar 1973. Am 20. Februar 1973 stellte die nach ihrem Vorsitzenden, Staatssekretär a.D. Ernst, benannte Kommission den Bericht der Öffentlichkeit vor.

DDR (ländlich geprägter Norden, Wirtschaftsraum Berlin, industrialisierter Süden) mit erheblichen Wirtschafts- und Finanzkraftunterschieden der künftigen DDR-Länder zu rechnen – ganz abgesehen von dem Rückstand der DDR-Länder gegenüber den Ländern im heutigen Bundesgebiet.

Die vorgesehene Ländergliederung der DDR wird den Ausgleichsbedarf im künftigen Deutschland somit über das – wegen des allgemeinen DDR-Rückstands – unvermeidliche Maß hinaus erhöhen und die bundesstaatliche Ordnung zusätzlich in einem Maße belasten, das durch Neugliederung vermeidbar wäre.

b) Unzureichende administrative Leistungsfähigkeit

Wie in anderen Bereichen müssen auch in der öffentlichen Verwaltung gewisse Mindestgrößen beachtet werden, wenn die aus Arbeitsteilung, Spezialisierung und Rationalisierung resultierenden Vorteile ausgenutzt und die Länderaufgaben möglichst bedarfsgerecht und wirtschaftlich erfüllt werden sollen. Von der Ernst-Kommission veranlaßte Untersuchungen haben ergeben, daß die Länder unter diesem Gesichtspunkt nicht weniger als etwa 5 Mio. Einwohner haben sollten.

In der Bundesrepublik Deutschland bleiben Bremen, Saarland, Hamburg, Schleswig-Holstein und Rheinland-Pfalz deutlich hinter der erforderlichen Mindestgröße zurück. Von den vorgesehenen DDR-Ländern und Groß-Berlin weist nur Sachsen (4,9 Mio. Einw.) annähernd die größenmäßigen Voraussetzungen für eine wirtschaftliche Landesverwaltung auf.

Die relativ hohen Verwaltungskosten kleiner Länder sind unbestreitbar, zumal auch kleine Länder vielfach Einrichtungen allein tragen, bei denen ebensogut eine Kooperation mit Nachbarländern möglich wäre (etwa Bremen mit Universität, Flughafen, Oberlandesgericht und Oberverwaltungsgericht).

Das Saarland verweist (im Normenkontrollantrag zum Länderfinanzausgleich vom 1.8.1985)[10] selbst auf „Kosten politischer Führung", die „auf das ungünstige Verhältnis zwischen notwendig hohem Verwaltungsaufwand und öffentlichem Dienstleistungsangebot einerseits sowie einer – seit über einem Jahrzehnt – rückläufigen Einwohnerzahl andererseits" zurückgingen. Dieses objektive Bedarfselement müsse als eine im Rahmen des Finanzausgleichs zu berücksichtigende Sonderlast angesehen werden.

c) Landesgrenzen inmitten von Ballungs- und Verdichtungsräumen

Landesgrenzen, die mitten durch Ballungs- und Verdichtungsräume verlaufen oder Oberzentren von ihren zugehörigen Verflechtungsbereichen trennen und zusammengehörige Wirtschaftsräume zerschneiden, erschweren oder verhindern eine wirksame Landesentwicklungspolitik und Regionalplanung, die gerade in solchen Räumen in besonderem Maße notwendig ist.

Problematisch sind insoweit vor allem die Landesgrenzen im Bereich der Stadtstaaten Hamburg und Bremen sowie künftig im Raum Groß-Berlin, ferner in den Verdichtungsräumen Mainz/Wiesbaden und Mannheim/Ludwigshafen.

Die vielfältigen Versuche und Bemühungen der Länder, auf der Grundlage von Absprachen oder Staatsverträgen die Planung und Durchführung der Landespolitik (etwa im Bereich der Infrastruktur) wirksam zu koordinieren, haben sich gerade in diesen Gebieten als unzureichend erwiesen.

Durch eine Länderneugliederung könnten die bestehenden Hemmnisse abgebaut und die wirtschaftlichen Entwicklungen dieser Regionen entscheidend gefördert werden.

---

10   Normenkontrollantrag der Regierung des Saarlandes, vertreten durch den Ministerpräsidenten, gegen Vorschriften des Gesetzes über den Finanzausgleich zwischen Bund und Ländern, 1. August 1985, 34 S., mit Anlagen; LA Saarbrücken, Staatskanzlei (StK), Nr. 3476.

d) Beeinträchtigung der politischen Leistungsfähigkeit

Nach mehr als 40 Jahren haben sich auch die nach 1945 neu geschaffenen Länder im Bewußtsein der Bevölkerung etabliert und weisen eine hohe Integrationskraft auf, die eine wesentliche Voraussetzung der politischen Leistungsfähigkeit der Länder ist. Neben der Integrationskraft kommt es aber u. a. auch auf die politische Handlungsfähigkeit der Länder an, d. h. die Fähigkeit, die konkreten Probleme und Aufgaben im Landesinnern zu bewältigen. Da diese Fähigkeit mit der wirtschaftlichen, finanziellen und administrativen Leistungsfähigkeit in engem Zusammenhang steht, sind die kleinen und finanzschwachen Länder insoweit deutlich benachteiligt.

Die politische Handlungsfähigkeit der Länderebene könnte somit durch eine Neugliederung entscheidend verbessert werden.

e) Destabilisierung der bundesstaatlichen Ordnung

Die gegenseitige Ausbalancierung, Begrenzung und Kontrolle politischer Macht ist einer der wesentlichen Aspekte, die für die bundestaatliche Ordnung als Verfassungsprinzip eines Staates sprechen.

Es wurde bereits darauf hingewiesen, daß die chronische Finanzschwäche einzelner Länder Abhängigkeiten dieser Länder begründet, die mit der bundesstaatlichen Ordnung nicht vereinbar sind. Die Balance zwischen Bund und Ländern wird auf diese Weise zu Lasten der Länder beeinträchtigt, und die Gewaltenteilung wird dann zu einer bloß äußeren Form, hinter der sich eine nur ungenügend kontrollierte Machtkonzentration verbirgt.

Hinzu kommt, daß sich das politische Gewicht der Länderebene gegenüber dem Bund seit 1945 unübersehbar verringert hat, weil frühere Länderaufgaben – ebenfalls vor allem wegen der finanziellen Leistungsschwäche einzelner Länder – in vielen Bereichen unmittelbar auf den Bund übergegangen sind oder im Rahmen eines Regelungs-, Planungs- und Finanzierungsverbunds von Bund und Ländern gemeinsam wahrgenommen werden. Hier sind nicht diejenigen Aufgabenbereiche gemeint, die – wie etwa Beamtenbesoldung oder Umweltschutz – beim Bund tatsächlich auch besser aufgehoben sind, sondern Aufgabenbereiche, die von leistungsfähigen Ländern besser oder zumindest ebenso wirksam erfüllt werden könnten.

Diese zu Lasten der Länderebene gehende Tendenz könnte durch die fünf finanzschwachen Länder der DDR im künftigen deutschen Bundesstaat noch verschärft werden.

Schließlich ist zu berücksichtigen, daß der Aufgabenbestand der Länder naturgemäß zunehmend auch durch den europäischen Einigungsprozeß berührt wird, und zwar um so mehr, je unterschiedlicher die finanzielle Leistungskraft der Länder ist und je mehr Länder aufgrund ihrer Leistungsschwäche einer weiteren Aufgabenverlagerung nicht ernsthaft entgegentreten können bzw. wollen.

Eine Länderneugliederung, die möglichst gleichmäßig finanzkräftige Länder schafft, würde die unübersehbare Tendenz zur Aufgabenverlagerung von den Ländern zum Bund bzw. zur europäischen Ebene sowie die Tendenz zur Aufgabenvermischung zwischen Bund und Ländern aufhalten, in manchen Fällen eine Rückübertragung auf die Länder ermöglichen und das politische Gewicht der Länderebene im Ergebnis stärken.

Die durch die Leistungsschwäche einzelner Länder und ihre unzweckmäßige Abgrenzung (Landesgrenzen inmitten von Ballungsräumen) verursachte Tendenz, daß immer mehr Entscheidungen nicht im Lande selbst, sondern durch Mitplanung und Mitfinanzierung anderer Länder oder durch Mitplanung und Mitfinanzierung des Bundes getroffen werden, ist auch im Hinblick auf das demokratische Prinzip bedenklich, weil die Entscheidungen dann ganz überwiegend im Bereich der Regierungen vereinbart werden müssen, während sich die grundsätzlich entscheidungszuständigen Landesparlamente in immer weiteren Bereichen auf die bloße Ratifizierung inhaltlich festliegender und praktisch nicht mehr veränderbarer Beschlüsse beschränken müssen.

Auch der Funktionsverlust der Landesparlamente könnte somit durch eine Länderneugliederung aufgehalten und vermieden werden.

Nr. 314B
Anlage 4
Einheit Deutschlands
Beitritt der DDR nach Artikel 23 Grundgesetz für die Bundesrepublik Deutschland

(Die Realisierung der Festlegungen des Staatsvertrages wird vorausgesetzt.)

1. Anforderungen aus dem Grundgesetz
2. Wirtschaft
3. Finanzen
4. Innenpolitik
5. Außenpolitik
6. Rechtswesen
7. Schule/Universität

1. Anforderungen aus dem Grundgesetz
   - Gründung der Länder
   - Prüfung der Gliederung/Neugliederung der Länder (Artikel 29)
   - Einheitliches Wahlgesetz für gesamtdeutsche Wahlen

2. Wirtschaft
   1. Bestehendes Abkommen DDR-EG neuen Bedingungen anpassen.
      Auftrag an Ministerium für Wirtschaft/MfAA
   2. Klärung Verhältnis zum RGW. Zeitweilige Doppelmitgliedschaft (?) (Ministerium für Wirtschaft) MfAA – Vorsicht! Außenpolitische Konsequenzen Warschauer Vertrag.
   3. Klärung Rechtsnachfolge für völkerrechtliche Verträge bzw. Verträge des Internationalen Wirtschaftsrechts mit der UdSSR. Was wird aus abgeschlossenen Verträgen? Wie erhalten wir DDR-Firmen die abgeschlossenen Verträge?
      Beschäftigungsproblem;
      (Zusage Kohl) Verrechnung mit RGW-Ländern klären.
   4. Klares Eigentumsrecht.
      Differenzierte Lösungen für
      Eigenheimbesitzer
      Bungalowbesitzer
      und Grund- und Bodenrechte, die für Beleihung und damit Gewerbe-/Industriegründung zwingend erforderlich.
   5. Wie kann Schutz der DDR-Erzeugnisse realisiert werden?
      Nach Möglichkeit Vermeidung von Zollgrenzen. Also: andere Formen der Kontrolle des Warentransfers BRD-DDR.
      Möglichkeit: nicht Benachteiligung der „Importe" (Zollabgaben, Steuerbelastung), sondern Bevorteilung der Inlandsproduktion (Steuervorteile). Damit wird nicht nur bestehende Industrie geschützt, sondern Neugründungen [werden] gefördert. Bei Belastung der „Importe" in die 5 Länder wird passiv bestehende Industrie geschützt.

6. Weiterführung von Firmen- und Markennamen
   CZ – Jena
   CZ – Oberkochen
   Ziel: Vermeidung von Rechtsstreitigkeiten bei Einheit.
7. Funktionsfähige Treuhandstelle.
   Klarheit über Vermögensnutzung.
   Umgehende Lösung für Leistungsstrukturen in Betrieben.
   Handlungsfähige Leitungen.
8. Frauen interessiert:
   • Haushaltstag
   • Schwangerschaftsurlaub
   • Kindergeld
   • Scheidungsrecht
   • § 218
   (• Kinderkrippe/Kindergarten)
   • soziale Sicherheit als Alleinstehende – hoher Anteil nichtgeschlossener Ehen – soziale Unsicherheit für Frauen.

3. Finanzpolitik
   1. Scheckbetrieb der DDR einstellen. Euroscheck und andere Verrechnungsformen einführen.
   2. Realisierung der im Staatsvertrag getroffenen Festlegungen.
   3. Rechte der Länder gegenüber Bundesbank sichern.

4. Innenpolitik
   1. Vereinheitlichung der Ausländerpolitik/der Asylpolitik. Versuch der Einschränkung weiterer Ansiedlung.
   2. Ländergründung
   3. § 218
   4. Personaldokumente – Vereinheitlichung, insbesondere hinsichtlich Reiseverkehr in EG-Staaten.
   5. Wiedereingliederung der aus Strafvollzug entlassenen Bürger.
   6. Petitionsrecht – Eingabenarbeit.
   7. Parteiengesetz: Finanzierung nichttraditioneller Parteien.
   8. Stellung der Bürgerkomitees – keine Parallelregierung.
   9. Amt für Arbeit – schnellere Vereinheitlichung mit Bundesanstalt. Dringender Handlungsbedarf.

⟨5.⟩[11] Außenpolitik
   1. Vereinheitlichung der Botschaften!
   2. Vereinheitlichung der Handelsvertretungen;
   3. Welche internationalen Abkommen und Konventionen gibt es, denen DDR beigetreten ist, nicht aber die Bundesrepublik? Wie ist Haltung BRD dazu?
   4. Rechtsnachfolge für von der BRD abgeschlossene Verträge. Gibt es Verträge, die für Gesamtdeutschland untragbar sind?
   5. Ist es sinnvoll, daß DDR noch vor Einheit Konventionen/Verträgen beitritt, denen sie bisher noch nicht beigetreten ist.

---

11 ⟨ ⟩ Von den Bearbeitern korrigiert aus: „4."

6. Diplomatische Beziehungen mit Israel – Verhandlungen <u>nicht</u> beschleunigen?
7. Reparationsfragen/Entschädigungen.
   Keine neuen Lasten übernehmen.
8. Entwicklungspolitik:
   Wie werden Fonds zusammengeführt?
   Beispiel: UNICEF, UNDP
   Insgesamt sollte Beitrag BRD-DDR erhalten bleiben. Strukturelle Wandlung der Entwicklungshilfe; <u>keine</u> quantitative Absenkungen.
9. UNO-Organisationen:
   Mit BRD klären, ob sich DDR mit Einheit voll in UNO-Arbeit der BRD integriert. Insbesondere bei Spezialorganisationen der UNO mit <u>Pflicht</u>beiträgen muß entschieden werden:
   a) Deutschland zahlt wie bisher die BRD
   b) Deutschland zahlt BRD und DDR.
10. Status von Berlin
11. Luftverkehr, Korridore

⟨6.⟩[12] Rechtswesen
1. Kostenlose Rechtsberatung erhalten.
   Rechtsbeistand/Notar – Finanzlage DDR-Bürger
2. Petitionsrecht
3. Kirchensteuer – Vorschlag: <u>Zahlungs</u>system beibehalten. (Nicht-Einbehaltung von Gehalt/Lohn). Bei anderer Lösung: Kirchenaustritte.

Schule/Universität
1. Wechselseitige Anerkennung der schulischen Abschlüsse, akademischen Grade, Berufsabschlüsse
2. Synchronisierung unterschiedlicher Berufsbezeichnungen und Berufsabschlüsse

Nr. 314C
Anlage 5
Standpunkt zum Material des
Bundesministers des Innern der Bundesrepublik Deutschland
„Grundstrukturen eines Staatsvertrages zur Herstellung der Deutschen Einheit"

Ausfertigung: Berlin, 29. Mai 1990.

1. Übereinstimmende Auffassung[13]

1.1. Beitrittserklärung: bei Anwendung Artikel 23 zwingendes Erfordernis.

1.2. Notwendigkeit der Schaffung von Übergangsregelungen und der Rechtsangleichung, wobei das „in der Deutschen Demokratischen Republik bisher geltende Recht weitergilt, soweit es nicht dem Grundgesetz, unmittelbarem EG-Recht oder den im Staatsvertrag getroffenen Regelungen widerspricht".

---

12 ⟨ ⟩ Von den Bearbeitern korrigiert aus: „5."
13 Zu den in der Aufzeichnung des Bundesministers des Innern vertretenen Positionen: Nr. 290.

Die Delegierung der Rechtsangleichung an den künftigen gesamtdeutschen Gesetzgeber müßte genauer definiert werden. Es sollte geklärt werden: Ist BRD-Parlament zeitweise gesamtdeutscher Gesetzgeber? In diesem Falle berechtigter Einwand: keine Mitsprache/Mitwirkung der 5 Länder.

Problem: Kann BRD-Parlament vom Zeitpunkt der Vereinigung bis zur Wahl des gesamtdeutschen Parlaments Gesetzesarbeit aussetzen?

Problemlos: Nach gesamtdeutschen Wahlen nimmt neues Parlament Rechtsangleichung vor. Einzige Ausnahmen:
– Rechtsakte lt. Staatsvertrag,
– Verabschiedung des Wahlgesetzes.

1.3. Außen- und Sicherheitspolitik
Es ist unstrittig, daß die Ergebnisse der 2+4-Gespräche wesentlich diese Komplexe beeinflussen werden.

1.4. Die Form des Staatsvertrages ist unbedingt dem Überleitungsgesetz vorzuziehen.
Gründe:
– Gleichberechtigte Handlungen der Volksvertretungen der Bundesrepublik Deutschland und der Deutschen Demokratischen Republik.
– Politische Bedeutung gleichberechtigter Handlung; psychologische Aspekte.
– Staatsvertrag eröffnet Möglichkeit detaillierterer Regelungen als Beitritt nach Überleitungsgesetz des Bundes.

1.5. Die im Material des Bundesministers des Innern genannten Änderungen des Grundgesetzes sind zwingend. Sie ergeben sich aus dem Beitritt.
Problem: Wäre es möglich, die bestehenden Forderungen zur Änderung des Grundgesetzes zu Fragen Umweltschutz, Recht auf Arbeit als Zielvorstellung im Staatsvertrag zu formulieren?
Formulierung: „Über eventuelle Änderungen des Grundgesetzes, insbesondere zu Fragen des Umweltschutzes und des Rechts auf Arbeit, befindet ein gesamtdeutsches Parlament."
Frage: Was begründet Notwendigkeit der Änderung von Artikel 29 Grundgesetz (Neugliederung des Bundesgebietes)? Soll Volksentscheid vermieden werden?

1.6. Dem Standpunkt zur EG sollte zugestimmt werden.
Erfordernis: Übergangsvorschriften und -fristen.
Zu klären: Welchen Charakter hat heutiges Gebiet der Deutschen Demokratischen Republik für EG? Wie kann Zollgrenze zur Bundesrepublik Deutschland vermieden und dennoch die Einhaltung der Übergangsvorschriften garantiert werden?

1.7. Berlin = Übereinstimmung der Standpunkte

2. Differenzstandpunkt

2.1. Staatsorganisationsrechtliche Übergangsvorschriften
(Punkt 6 des Materials des Bundesministers des Innern)
Die Schaffung der Länder in der DDR vor dem Beitritt ist erforderlich.
Grund:
– Der föderative Charakter der Vereinigung muß sichtbar bleiben.
– Erfolgt die Ländergründung nach Beitritt, ist lt. Artikel 29 Grundgesetz Volksentscheid erforderlich.
– Ein Beitritt zum Bund ohne Ländergründung erweckt den Eindruck überhasteter Schritte.
– Die Ländergründung muß nicht mit der Schaffung von Landesregierungen identisch sein. Die Verwaltung der Länder kann zwischenzeitlich durch parlamentarisch bestätigte Beauftragte erfolgen (nicht Beauftragte des Ministerrates).

2.2. Feststellung im Material des Bundesministers des Innern: „Für die Übergangszeit bis zur Bildung einer gesamtdeutschen Bundesregierung sollten Mitglieder des bisherigen Mini-

sterrates der Deutschen Demokatischen Republik an den Sitzungen der Bundesregierung mit Initiativ- und Mitberatungsrecht teilnehmen."
Es scheint erforderlich, daß für die Parlamente gemeinsame Gremien geschaffen werden.
Möglichkeit: zukünftig ein Parlamentsausschuß Deutsche Einheit.

2.3. Völkerrechtliche Verträge
(Punkt 9 des Materials des Bundesministers des Innern)
Der Grundsatz der beweglichen Vertragsgrenzen wird unbestritten das Grundprinzip für von der Bundesrepublik Deutschland abgeschlossene völkerrechtliche Verträge sein. Es ist aber die grundsätzliche Frage der Rechtsnachfolge für alle von der Deutschen Demokratischen Republik abgeschlossenen völkerrechtlichen Verträge zu beantworten.
Dabei ist zu klären:
– Eventuell Akzeptanz durch Bundesrepublik Deutschland; Übernahme von Rechten und Pflichten.
– Verhandlungen zur Lösung völkerrechtlicher Verträge zwischen DDR und Partnern.
– Kündigung durch Deutsche Demokratische Republik.

2.4. Wirtschaftliche Vorkehrungen (Punkt 11 des Materials des Bundesministers des Innern)
Es sollte davon ausgegangen werden, daß die Maßnahmen lt. Artikel 14 Staatsvertrag (Strukturanpassungen der Unternehmen) nach Herstellung der Deutschen Einheit fortgeführt werden, soweit daraus keine Widersprüche zur Nutzung des Instrumentariums der regionalen und sektoralen Strukturpolitik erwachsen.

Nr. 315
Schreiben des Präsidenten Gorbatschow an Bundeskanzler Kohl
14. Juni 1990

BK, 213 – 30130 S 25 So 38 Bd. 1. – Inoffizielle Übersetzung. Hs. vermerkt: „Von Bo[tschafter] Terechow am 15.06. BK übergeben. K[aestner] 15/6". – Mit Vorlage des MDg Hartmann über Chef BK an den Bundeskanzler, 15. Juni 1990 (BK, 212 – 35400 De 39 NA 2 Bd. 3): „Betr.: Schreiben Präsident Gorbatschows. Anlg.: –1–. 1. Votum: Freigabe für das Auswärtige Amt zu dortiger vertraulicher Verwendung. 2. Sachverhalt: Der sowjetische Botschafter Terechow hat Ihnen das in Anlage beigefügte Schreiben am 15. Juni übergeben. Angesichts der am 19.6. beginnenden weiteren Gesprächsrunde zwischen StS Lautenschlager und dem stellv. sowjetischen AM Obminskij sollte das Auswärtige Amt unterrichtet sein." Mit Stempel: Der Leiter des Kanzlerbüros, 18. Juni 1990. Hs. von Bundeskanzler Kohl vermerkt: „Teltschik", zur Unterrichtung des Auswärtigen Amtes: „Ja".

Sehr geehrter Herr Bundeskanzler!

Ich habe Ihren Brief bekommen.[1] Ich stelle mit Genugtuung fest, daß die Fragen, die von uns erörtert werden, operativ und im Geiste des Wunsches nach gegenseitigem Entgegenkommen gelöst werden. Solches Herangehen ist wichtig auf der jetzigen komplizierten Etappe der Entwicklung, aus der unsere beiden Länder nicht mit Minus, sondern mit Plus sowohl für die Beziehungen zwischen dem sowjetischen und dem deutschen Volk als auch für die zuverlässige Zukunft ganz Europas herausgehen sollen.
Unter Berücksichtigung der Bereitschaft Ihrer Bevollmächtigten, nach Moskau zu kommen für die Fertigstellung konkreter Vereinbarungen über die unverzügliche Gewährung eines ungebundenen Finanzkredits, schlage ich vor, daß diese Verhandlungen binnen zweitägiger

---

1 Nr. 309.

Frist beginnen werden. Die Einzelheiten könnten durch unsere Botschaft in Bonn abgesprochen werden.

Was die übrigen, zweifelsohne komplizierteren Probleme anbelangt, so wird ihre Behandlung und Regelung im Rahmen der Prozesse stattfinden, die bereits begonnen haben. Ich weiß in diesem Zusammenhang Ihre Bereitschaft zu schätzen, auf den Treffen der EG und der sieben Industrieländer des Westens Schritte zur Leistung der Hilfe und der finanziellen Unterstützung für die Durchführung der Reformen in der Sowjetunion zu unternehmen.[2] Ich halte es für sehr geboten, daß die Zusammenwirkung zwischen uns auf der Grundlage des klaren Verständnisses und der strikten Respektierung der gegenseitigen Interessen aufrechterhalten und vertieft wird. Das ist wichtig in bezug auf das, was jetzt geschieht, aber noch wichtiger für die Zukunft. In diesem Zusammenhang möchte ich bemerken, daß wir eine besondere Bedeutung den Treffen der Außenminister unserer beiden Länder beimessen, die in der jüngsten Zeit regulären Charakter haben[3] und es erlauben, den Grad der Übereinstimmung zu erhöhen in bezug auf die aktuellen Probleme der Herstellung der deutschen Einheit, der Lösung ihrer äußeren Aspekte, der Entwicklung bilateraler Zusammenarbeit. Mit den politischen Problemen, die Sie in Ihrem Brief berühren, werden wir uns offen und, ich bin mir sicher, konstruktiv während Ihres Aufenthaltes in der Sowjetunion in der Zeit zwischen dem 15. und dem 20. Juli[4] auseinandersetzen können. Eine große Bedeutung werden die Ergebnisse des Gipfeltreffens der NATO in London[5] haben, das erlauben wird, die Perspektive besser zu sehen und den Beitrag unserer Länder zu deren Gestaltung zu definieren.

Aber die wichtigste Frage unserer bevorstehenden Begegnung ist sicherlich das Gespräch über die neuen Beziehungen zwischen der Sowjetunion und dem künftigen einigen Deutschland. Da wir beide der gleichen Ansicht sind, daß solcher qualitativer Wandel notwendig und fällig ist, hoffe ich, daß die endgültige Vereinbarung zwischen uns über das Wesen und den Inhalt dieses Schrittes als Signal dazu dienen wird, gleich nach dem Abschluß der Verhandlungen der „Sechs" und der Durchführung des gesamteuropäischen Gipfeltreffens gemeinsam einen neuen Abschnitt zu eröffnen.

Mit den besten Wünschen
M. GORBATSCHOW

2　Nr. 344B Anm. 19.
3　Bundesminister Genscher und Außenminister Schewardnadse trafen am 23. Mai 1990 in Genf, am 11. Juni in Brest und am 15. Juni in Kopenhagen zusammen (Genscher, Erinnerungen, 788–796, 805–812, 815–818). Offizieller Wortlaut der Erklärung Schewardnadses nach dem Treffen in Brest, TASS/russ./12.6.90/1436, in: Ostinformationen. Nr. 111. 13. Juni 1990, 1–3; BPA/PA, F 1/22.
4　Nr. 350, Nr. 352 und Nr. 353.
5　Nr. 344A Anm. 8.

Nr. 316
Schreiben des Präsidenten Gorbatschow an Bundeskanzler Kohl
15. Juni 1990

BK, 21 – 30100 (102) Br 8 (VS) Bd. 29, Bl. 92. – Hs. vermerkt: „15.6.1990". – Von Generalsekretär Gorbatschow hs. unterzeichneter russischer Text des Schreibens: Bl. 93.

Sehr geehrter Herr Bundeskanzler!

Indem ich einen neuen Botschafter in die Bundesrepublik Deutschland entsende,[1] möchte ich Ihnen Grüße und gute Wünsche zukommen lassen.

In dem Schreiben vom 24. April 1990[2] bringen Sie Gedanken zum Ausdruck, die im Einklang mit meinen Überlegungen stehen. In der Tat sind die mit der deutschen Einheit verbundenen Fragen für ganz Europa relevant. Darum ist es notwendig, auch die Lösungen im Geiste und im Rahmen des gesamteuropäischen Prozesses, auf dem Wege der Überwindung des Blocksystems und der Gestaltung neuer Sicherheitsstrukturen zu suchen. Ich möchte der Hoffnung Ausdruck geben, daß die nach der Formel „Zwei plus Vier" aufgenommenen Verhandlungen eben in diesem Geiste geführt werden.

Sie haben mit Nachdruck betont, daß Sie sich an der Schwelle der deutschen Einheit von dem Wunsch leiten lassen, in erster Linie für die zuverlässige Gewährleistung der festen Beziehungen guter Nachbarschaft mit der Sowjetunion zu sorgen. Das ist eine breit angelegte Aufgabe von großer internationaler Bedeutung. Für mehrere Jahrzehnte wird das politische Klima in Europa in vieler Hinsicht von den Entscheidungen abhängen, die von uns getroffen werden. Ich gehe von unserer gegenseitigen Bereitschaft aus, auf solche Weise zu handeln, daß unseren Völkern der Weg in das kommende Jahrhundert auf einer qualitativ neuen Grundlage erleichtert wird.

Hochachtungsvoll

M. GORBATSCHOW

Nr. 317
Schreiben des Ministers Clement an Bundesminister Seiters
Düsseldorf, 15. Juni 1990

BArch, B 136/26287, 441 – 14020 Mi 3 NA 1 allgemein. – Mit Briefkopf: Der Chef der Staatskanzlei des Landes Nordrhein-Westfalen. Mit Stempel: Chef BK Eingegangen, 18. Juni 1990. Hs. vermerkt: „1. Chef BK hat Schreiben in der Besprechung am 26. Juni 1990 angesprochen; Minister Clement erklärte Anliegen als erledigt. 2. zdA Ma[lina] 6.7."

Sehr geehrter Herr Bundesminister,

in unserer Besprechung am 7. Juni 1990[1] habe ich mich veranlaßt gesehen, erneut darauf hinzuweisen, daß die Bundesregierung die Länder über ihre weiteren Vorhaben auf dem Weg zur deutschen Einheit nur unzureichend informiert. Das gilt insbesondere für die Frage, ob der nächste Abschnitt des deutschen Einigungsprozesses im wesentlichen durch einen 2. Staatsvertrag mit der Deutschen Demokratischen Republik oder durch ein Überleitungsgesetz des Bundes geregelt werden soll.

---

1 Wladislaw Terechow.
2 Nr. 255.

1 Nr. 302.

Ich mußte Sie darauf hinweisen, daß bedauerlicherweise die nordrhein-westfälische Landesregierung erst aus der DDR davon erfahren mußte, daß der Bundesminister des Innern dem Ministerrat der DDR Material über die „Grundstrukturen eines Staatsvertrages zur Herstellung der deutschen Einheit"[2] übermittelt hat.

Sie werden verstehen, daß eine wirksame Mitwirkung der Länder an den weiteren Vorhaben auf dem Weg zur deutschen Einheit eine umfassende Information und Beteiligung zum frühestmöglichen Zeitpunkt voraussetzt. Diese kann nicht erst dann erfolgen, wenn der Meinungsbildungsprozeß innerhalb der Bundesregierung abgeschlossen ist und eine ressortabgestimmte Haltung der Bundesministerien festliegt. Ich darf in diesem Zusammenhang daran erinnern, daß die Länder selbst bei der Vorbereitung von Entwürfen zu Bundesgesetzen und bei der Vorbereitung der Verhandlungsposition der Bundesrepublik Deutschland innerhalb der Europäischen Gemeinschaft sehr viel früher informiert und beteiligt werden, als es der gegenwärtigen Praxis der Bundesregierung im deutsch-deutschen Einigungsprozeß entspricht.

Ich wäre Ihnen daher sehr dankbar, wenn Sie mir umgehend die Ausarbeitung des Bundesministers des Innern über die „Grundstrukturen eines Staatsvertrages zur Herstellung der deutschen Einheit" übermitteln würden. Sofern die Bundesressorts auf dieser Grundlage bereits Entwürfe erarbeitet haben sollten, bitte ich um entsprechenden Hinweis und gegebenenfalls um unverzügliche Beteiligung der jeweils federführenden Fachministerkonferenz.

Mit freundlichem Gruß
Ihr Wolfgang Clement

Nr. 318
Vorlage des Vortragenden Legationsrats Westdickenberg
an Ministerialdirektor Teltschik
Bonn, 18. Juni 1990

BK, 21 – 37921 Na 25/2/90, Bd. 6, Bl. 18–21. – VS-Vertraulich. Vorlage über RL 212 und GL 21. Hs. vermerkt: „Ø GL 21".

Betr.:   Entwurf des Internationalen Stabes der NATO für Gipfelerklärung London (liegt bei)[1]
Anlg.:   – 1 –

Herr Roland Wegener vom Büro Generalsekretär Wörner erläuterte heute morgen bei einem Besuch bei Herrn Gruppenleiter 21 den anliegenden Entwurf, dessen <u>Schwerpunkt</u> ich nachfolgend kurz darstelle.

1. Vorgesehen ist eine <u>kurze</u> (ca. 2 Seiten) <u>politische Botschaft</u> der Staats- und Regierungschefs, die – Beispiel Turnberry[2] – begleitenden, <u>umfassenderen Papieren</u> zu wichtigen Kernpunkten <u>vorangestellt ist</u>. Ihr Umriß ist auf den ersten beiden Seiten der Anlage stichwortartig wiedergegeben und <u>enthält m.E. die wichtigsten „catch words"</u> wie z.B. „peace shaping", „co-operative dimension of security", „reach out to the SU". Darin sind m.E. <u>auch die wichtigsten Punkte</u> angesprochen. Ich machte Herrn Wegener lediglich darauf aufmerksam, daß in diesem ersten Teil die Aufgabe der <u>Rüstungskontrolle stärker hervorgehoben werden</u> könnte.

---

2   Nr. 290.

1   Anlage nicht freigegeben.
2   Nr. 305 Anm. 12.

2. Es schließt sich als <u>erstes der begleitenden Papiere</u> eines über den <u>KSZE-Gipfel</u> und KSZE generell an. In seiner <u>Ziffer 3</u> wird aufgelistet, was in der internationalen Diskussion an <u>Institutionalisierungsvorschlägen</u> gemacht wurde.

Mein Verständnis – bestätigt von Herrn Wegener – ist, daß es sich um eine <u>Auflistung</u> (gefertigt von KSZE-AG) handelt, die <u>um Vollständigkeit bemüht</u> ist, jedoch letztlich in diesem Umfang <u>nicht Bestand haben soll</u>. US – Taft gegenüber von Ploetz – bezeichneten diese deshalb etwas abfällig auch als „shopping list".

<u>Für uns wichtige Punkte</u> wie regelmäßig Gipfeltreffen, Treffen der AM (solche der VM allerdings nicht gleichrangig erwähnt, sondern im Zusammenhang mit „Ad-hoc-Treffen") ständiges Sekretariat, Konfliktverhütungs- und Verifikationszentrum <u>sind u. a. erwähnt</u>. <u>Allerdings: Einzelne Ausgestaltung müßte diskutiert werden</u>! (Hier müßte Bundesregierung zuvor ihre Vorstellungen zu den Zentren z. B. festlegen!) <u>Fazit: Ziffer 3</u> in dieser Fassung <u>lediglich</u> als „Steinbruch" zu werten. <u>Für Erklärung zu verwendende Teile müßten zuvor diskutiert werden</u>. USA z. B. zum jetzigen Moment noch nicht bereit, auf Zentren einzugehen (offensichtlich für „Zwei-plus-Vier"-„end-game" gedacht).

3. Das <u>folgende Papier</u> der Anlage geht auf die <u>militärpolitischen Fragen</u>, insbesondere Strategie und Struktur, ein.

   3.1. <u>Ziffer 3</u> betont Gültigkeit der fundamentalen Sicherheitsprinzipien (Gesamtkonzept) sowie u. a. multinationalen, kollektiven Charakter des Bündnisses. „Flexible response" ist <u>nicht ausdrücklich angesprochen</u>. <u>Atomare Kräfte</u> werden als „ultimate guarantee" bezeichnet. <u>Ich habe angeregt zu prüfen</u>, inwieweit in diesem Kontext <u>globales Konzept</u> eines <u>Minimums an nuklearen Waffen eingebracht</u> werden könnte. Funktion der <u>Kriegsverhütung</u> dieser Waffen sollte evtl. <u>noch deutlicher</u> zum Ausdruck kommen.

   3.2. <u>Ziffer 5</u> spricht die Problematik der „Vorneverteidigung" an, <u>ohne sie zu nennen</u>. Zutreffend wird neue Risikoanalyse angesprochen und als Folge die Möglichkeit von Reduzierungen (konventionell und nuklear) als auch der Dislozierung „of forces along the … lines of division between East and West". Forderung nach kleineren, mobileren Streitkräften, Verminderung der Übungstätigkeiten. <u>Ich habe angeregt zu prüfen</u>, ob man das <u>Abgehen</u> vom Prinzip bisheriger „Vorneverteidigung" nicht <u>deutlicher zum Ausdruck</u> bringen könnte.

4. Das <u>Papier zur Rüstungskontrolle</u> ist noch <u>weitgehend unausgefüllt</u>, lediglich „Platzhalter" für Formulierungen, die noch in HLTF bzw. beim Gipfel selbst gefunden werden müssen (letzteres gilt insbesondere für <u>SNF</u>!).

5. Das <u>Papier zur deutschen Einigung</u> enthält u. a. wichtige Aussagen zur vollen Souveränität, allerdings auch eine so <u>problematische</u> wie die, daß <u>lediglich für eine Übergangszeit keine NATO-Truppen und -Einrichtungen auf das Gebiet der heutigen DDR vorgeschoben</u> werden.

   Herr Gruppenleiter 21 hat sofort darauf hingewiesen, daß dies über Formulierungen der Bundesregierung hinausgeht. Ich habe Herrn Wegener gefragt, inwieweit es ratsam sei, solche Erklärungen beim Gipfel zu machen (Auswirkungen auf SU!). Er meinte, Formulierung sei lange diskutiert worden. Man habe sie reingenommen, um zu versuchen, bei Bündnisdiskussion Klarheit zu schaffen, sei sich aber im klaren, daß sie möglicherweise nicht Bestand haben werde.

6. Zur <u>Frage einer evtl. gemeinsamen</u> Erklärung zwischen Staaten beider Organisationen <u>(NATO und WP)</u>, die im bisherigen Entwurf nicht angesprochen ist, meinte Herr Wegener, man sehe insoweit <u>drei Punkte als essentiell</u> an:

   – Es könne sich nur um eine Angelegenheit <u>zwischen den jeweiligen Staaten</u> des WP und der NATO, <u>nicht</u> jedoch von <u>Block zu Block</u> handeln.

- Es komme allein eine gemeinsame Erklärung und nicht ein Vertrag in Betracht (zeitliche Bindung in die Zukunft hinein).
- Inhaltlich gehe es um Vertrauensbildung. Man könne z. B. denken an einen Gewaltverzicht, Absichtserklärungen zu Kooperation.

Man denke jedoch nicht an etwas Operatives, um nicht auf diese Weise den sich auflösenden WP in seinem Bestand zu halten.

Er könne sich vorstellen, daß man in der Ziffer III der vorangestellten Erklärung hierzu Passagen aufnehmen könnte. Bisher habe man noch nichts formuliert, weil Sache noch zu sehr im Fluß sei.

Ihn interessierte unsere Haltung. Auf rein persönlicher Basis bezeichnete ich die von ihm gemachten Punkte als richtig, insbesondere Prinzip der Vertrauensbildung, und z. B. [als] besonders interessant denjenigen eines Gewaltverzichts.

(Dr. Westdickenberg)

Nr. 319
Gespräch des Ministerialdirektors Teltschik mit Botschafter von Ploetz
und Vertretern des Auswärtigen Amtes
Bonn, 18. Juni 1990

BK, 212 – 37921 Na 8 Bd. 16. – Ergebnisvermerk des VLR Westdickenberg, 19. Juni 1990. Entwurf. VS-NfD. Vorlage an GL 23 sowie über RL 212 und GL 21 an AL 2. Abgezeichnet: „T[eltschik] 20/6". Durchdruck: GL 21, RL 212, GL 23, We[stdickenberg].

Betr.: Gespräch AL 2 mit Botschafter von Ploetz und Vertretern des Auswärtigen Amtes (Dg 20, RL 201) am 18. Juni 1990 über NATO-Gipfelerklärung

1. Zum Inhalt einer NATO-Gipfelerklärung wurde im Ergebnis Übereinstimmung wie folgt erzielt:

- KSZE-Fragen
Unsere Hauptanliegen umfassen zwei Bereiche und sollen sich in Erklärung wiederfinden:
  - allgemein-politischer Rahmen: Hierzu zählen die regelmäßigen Treffen der Staats- und Regierungschefs, der Außen- und Verteidigungsminister, der Generalstabschefs, Schaffung eines kleinen Sekretariats;
  - sicherheitspolitischer Rahmen: insbesondere das Konfliktverhütungs- und das Verifikationszentrum; Erwähnung wäre bereits Erfolg; Aussagen zu konkreter Ausgestaltung evtl. zu ehrgeizig.
- Gemeinsame Erklärung/Vertrag NATO/WP-Staaten
Steht im Zusammenhang mit KSZE-Bereich, um deutlich zu machen, daß es hier nicht um einen „Block-zu-Block"-Ansatz geht, sondern vielmehr – ausgehend von den 23 Staaten der NATO und des WP – um einen Ansatz, der allen 35 KSZE-Staaten offenstehen soll.
  - Entscheidung, ob lediglich Erklärung oder evtl. Nichtangriffs- oder Gewaltverzichtsvertrag, blieb offen; beide Alternativen müssen gewahrt bleiben (BK-Äußerung zu Nichtangriffspakt!)[1].

---

1 Dazu Nr. 305.

– Gipfelerklärung soll Bereitschaft der Bündnisstaaten zu einer solchen Erklärung/ Vertrag zum Ausdruck bringen.
– Bereich der Rüstungskontrolle und Abrüstung
  – Zum Bereich VKSE:
    = Bezugnahme auf Bush-Gorbatschow-Gipfelerklärung,[2] daß VKSE beschleunigt werden müssen und Ergebnis noch in diesem Jahr erreicht werden muß;
    = zu VKSE-Folgeverhandlungen lediglich allgemeine Absichtserklärung, daß Bündnis bereit, über Obergrenzen von Streitkräften in Zentraleuropa – und hier eingeschlossen: der deutschen Streitkräfte – zu verhandeln.
      Hintergrund: Inwieweit weitergehendere Festlegungen (u. a. z. B. bereits im Hinblick auf VKSE I, zahlenmäßige Vorstellungen) möglich sind, hängt vom Verlauf „Zwei plus Vier" ab und kann nicht bereits beim Gipfel, sondern erst später entschieden werden.
  – Zum Bereich substrategischer nuklearer Systeme
    = wird zunächst versucht, eine Aussage zu erreichen, die, vom Konzept eines Minimums nuklearer Waffen allgemein ausgehend, ein Minimum für substrategische Systeme festlegt, ohne die Zusammensetzung („mix") dieses Minimums zu bestimmen;
    = als Rückfallposition (US-Zustimmung zu solchem Konzept wurde bezweifelt): erneutes Verhandlungsangebot über amerikanische und sowjetische landgestützte nukleare Kurzstreckenraketen (NATO-Gipfel 1989 sowie Präsident Bush)[3] sowie ein einseitiger Verzicht auf nukleare Artillerie zu einem bestimmten Zeitpunkt (noch in diesem Jahr). Zu Fragen (z. B. auf PK) nach TASM könnte dann wie in Turnberry erklärt werden: „z. Zt. nicht relevant; wurde nicht behandelt" (zu letzterem Skepsis AL 2!).
– Zum Bereich Militärstrategie und -struktur
  – Ausgangspunkt ist veränderte Risikoanalyse: Fähigkeit zu raumgreifender Offensive (Reduzierungen bzw. Rückzug im Rahmen VKSE bzw. einseitig) und Überraschungsangriff (längere Vorwarnzeiten) auf östlicher Seite praktisch ausgeschlossen; dies und die sich daraus ergebenden Konsequenzen für Strategie und Struktur des Bündnisses müssen in Erklärung deutlich werden („Ursache und Wirkung").
  – Erklärung soll sich nicht auf Bereitschaft zur Strategieänderung beschränken, sondern muß bereits die Richtung angeben (wichtig nicht nur für „Zwei plus Vier", sondern auch für unsere Öffentlichkeit).
  – Neue Terminologie als Indiz für Tendenz zu neuen Inhalten (insbesondere, solange diese noch nicht endgültig festgelegt) wichtig! Zumindest muß Beschreibung der Ziele veränderten Inhalt erkennen lassen:
    = Begriff der „Vorneverteidigung" soll möglichst ersetzt werden; Formulierungsoption z. B. BM Stoltenberg in Fellbach-Rede: „Verteidigung an den Grenzen"[4];
    = Begriff der „Abschreckung" soll möglichst ersetzt werden; Formulierungsoption z. B. BM Stoltenberg/Fellbach: „nukleares Konzept der Rückversicherung".
– Politische Rolle des Bündnisses
  – Es muß zum Ausdruck kommen, daß der militärische Aspekt des Bündnisses mit zunehmenden politischen Veränderungen in Europa an Bedeutung verlieren und des-

---

2 Nr. 299 Anm. 7.
3 Nr. 1 Anm. 6.
4 Rede des Bundesministers Stoltenberg auf der 31. Kommandeurtagung der Bundeswehr in Fellbach, 13. Juni 1990, in: Bulletin. Nr. 76. 14. Juni 1990, 653–657, hier 654.

halb der politische Charakter des Bündnisses deutlicher in den Vordergrund treten wird.
- Dazu bedarf es nicht der Suche neuer Aufgaben oder Gremien für diese politische Rolle.
- Zum deutschlandpolitischen Passus im Entwurf des Internationalen Stabs der NATO: Es bestand Einigkeit, daß der Passus, in dem die Bekräftigung, Einheiten und Einrichtungen des Bündnisses nicht auf das Gebiet der heutigen DDR vorzuschieben, auf eine Übergangsphase beschränkt wird, nicht Haltung der Bundesregierung ist und auf keinen Fall in der Gipfelerklärung enthalten sein sollte.

2. Zur Form der Gipfelerklärung wurde keine abschließende Entscheidung getroffen. AA wird in jedem Fall einen Entwurf machen:
- Botschafter von Ploetz tendierte – wie der Internationale Stab mit seinem Entwurf – eher zu einer knappen, zweiseitigen politischen Erklärung, begleitet von Dokumenten zu wichtigen Einzelfragen (Modell Gipfelerklärung 1982)[5].
- AL 2 äußerte Präferenz für fünfseitige Erklärung, die jedoch auch eindeutige Sachaussagen macht und diese nicht in Zusatzdokumente verweist.

3. Zum weiteren Vorgehen verblieb man wie folgt:
- Botschafter von Ploetz wird zusammen mit stv. GS Wegener Möglichkeiten für weiteres Vorgehen ventilieren und bei Gespräch mit US/F/GB am Ende der Woche deren Tendenz klarer zu erkennen suchen.
- Möglichkeit, mit einem deutschen Entwurf „in Vorlage zu treten" – abgestimmt mit US –, wurde ebenso nicht ausgeschlossen wie Möglichkeit, daß z.B. Norwegen einen auf unserer Linie liegenden Entwurf vorlegt, um uns zunächst in der Hinterhand zu halten.
- Frage einer bilateralen Abstimmung mit USA wurde allgemein für sehr wichtig gehalten, ohne daß konkrete Schritte festgelegt wurden. AL 2 betonte Notwendigkeit, daß sie noch in diesem Monat erfolgen müsse, wenn ausschlaggebend für Gipfelerklärung.

We 19/6
(Dr. Westdickenberg)

---

5 Erklärung der an der Tagung des Nordatlantikrats am 10. Juni 1982 in Bonn teilnehmenden Staats- und Regierungschefs: NATO-Brief. Nr. 3/1982. Mai/Juni, 27 f.

Nr. 320
Vorlage des Ministerialdirektors Teltschik an Bundeskanzler Kohl
Bonn, 19. Juni 1990

BK, 212 – 35400 De 39 NA 2 Bd. 3. – Mitverfasser: VLR I Kaestner. Vorlage über Chef BK – je gesondert. Eilt. Sofort auf den Tisch. Hs. von Bundeskanzler Kohl vermerkt: „Teltschik".

Betr.:   Finanzierungsfragen der Westgruppe der sowjetischen Streitkräfte (WGS) in der DDR
    hier: 3. Konsultationsrunde Staatssekretär Dr. Lautenschlager/stv. AM Obminskij
    Bonn, 19. Juni 1990

I. Votum:

  1. **Behandlung in Ministerbesprechung**
      Mittwoch, 20. Juni 1990, 8.15 Uhr
      Thema wird vsl. von BM Dr. Waigel eingeführt.

  2. **Grundsatzentscheidungen**
      2.1.   Sicherstellung des DM-Bedarfs der WGS für das 2. Halbjahr 1990:
          von SU-Seite beziffert mit 1,4 Mrd. DM, wofür die SU der DDR rd. 250 Mio. Transfer-Rubel gutschreibt.
      2.2.   Dabei keine Anerkennung des von der SU geforderten Umrechnungskurses Transfer-Rubel/DM 1:5,5 und keine Präjudizierung der Regelung ab 1991.
      2.3.   Keine weiteren Konzessionen bei Umtausch der Mark-DDR-Bestände der WGS und ihrer Angehörigen in DM (grundsätzlich 1:2).

  3. **Prozedurale Fragen**
      3.1.   Auftrag an Ressorts, einvernehmliche Lösung der WGS-Kostenfrage vorzubereiten und in geeignetem Zeitpunkt in laufende Gespräche mit der SU einzuführen.
      3.2.   Verknüpfung einer endgültigen positiven Entscheidung mit Ihrem Namen: entweder sofortiges Schreiben an Präsident Gorbatschow oder Entgegenkommen bei Gipfel.

II. Sachverhalt:
Bei der heutigen 3. deutsch-sowjetischen Konsultationsrunde über die Zukunft der DDR-Vertragsverpflichtungen gegenüber der SU (Delegationsleitung auf unserer Seite StS Dr. Lautenschlager/Auswärtiges Amt; auf sowjetischer Seite: stv. AM Obminskij/SAM) schälte sich ein „2. deutsch-sowjetisches Finanzpaket" in Milliarden-Höhe heraus, dessen Begleichung von uns auf dem Wege zur deutschen Einheit erwartet wird.
Die sowjetische Seite stellte zwei Fragen in den Mittelpunkt, über die sie in parallel laufenden Verhandlungen mit der DDR bisher keine Einigung erzielt hat (Verhandlungen dauern heute – 19.06. – an), deren Lösung wegen des unmittelbar bevorstehenden Inkrafttretens der Wirtschafts-, Währungs- und Sozialunion äußerst dringend ist.
Sie betonte zusätzlich die Bedeutung beider Fragen für Stimmung und Moral der in der DDR stationierten sowjetischen Truppen.

  1. **Finanzierung der in der DDR stationierten Westgruppe der sowjetischen Streitkräfte (WGS) im 2. Halbjahr 1990**
      1.1.   ⟨Nach bisherigem Verfahren stellt die DDR der SU jährlich 2,8 Mrd. Mark-DDR in bar zur Verfügung und erhält dafür in der Handelsbilanz eine Gutschrift von rd. 500 Mio. Transfer-Rubel „für Energiebezüge". Der Umrechnungskurs Transfer-Rubel/Mark-DDR beträgt für diesen Zweck – Unterhalt der WGS – 1:5,5. Er

enthält gegenüber dem kommerziellen Kurs 1:4,67 bereits heute ein hohes Sub-
ventionselement.

Die DDR will nunmehr den mit uns – aber nicht mit der SU – vereinbarten Umrechnungskurs für Transfer-Rubel/DM 1:2,34, der künftig für den Handelsaustausch gelten soll, auch für die Rechnung der WGS durchsetzen.)[1]

Die SU weist dies zurück, weil sie wegen festliegender Pläne weder höhere Energielieferungen tätigen noch wegen ihres auf Jahresbasis festgestellten Haushalts
andere Finanzierungsquellen erschließen kann; den Gedanken an Kreditaufnahme für diesen Zweck weist sie rundweg zurück.

Uns gegenüber beruft sich die SU auf den im Staatsvertrag vereinbarten Vertrauensschutz („klassischer Fall").

Unser Hauptargument – höhere Kaufkraft der DM im Vergleich zur Mark-DDR
– wird auch zurückgewiesen, weil der Warenkorb der WGS hauptsächlich aus
billigen oder subventionierten DDR-Waren besteht (Nahrungsmittel, Brenn-
stoffe, Transportleistungen, Mieten usw.), die nach Einführung der Wirtschafts-,
Währungs- und Sozialunion vsl. teurer werden – wodurch sich bereits bei Festhalten am Kurs 1:5,5 eine Schlechterstellung der WGS ergeben könnte.

1.2. In der 3. Konsultationsrunde StS Dr. Lautenschlager, stv. AM Obminskij konnten die Gegensätze nur definiert, aber nicht überbrückt werden.

In einer internen Nachbesprechung bestand zwischen allen Ressorts Einvernehmen, daß

– auf jeden Fall eine Lösung gefunden werden muß, damit die notwendige
  Summe – angenommen 1,4 Mrd. DM – am 2. Juli 1990 der WGS effektiv zur
  Verfügung steht.

– diese Lösung nur mit übergeordneten politischen Erwägungen zu begründen
  ist und deshalb auf politischer Ebene beschlossen werden müßte.

– dabei jede Erwähnung des in der Tat unrealistischen Umrechnungskurses 1:5,5
  vermieden werden muß und

– eindeutig klargestellt werden muß, daß die Regelung nur für das 2. Halbjahr
  1990 gilt (von SU-Seite auch so präsentiert), daß für künftige Jahre aber alternative Finanzierungsmodelle ausgehandelt werden müssen (SU-Seite dafür
  offen).

1.3. Eine politische Entscheidung über die Finanzierung der WGS im 2. Halbjahr
1990 würde vsl. seitens der NATO auf keine größeren Bedenken stoßen, zumal
Präsident Bush und AM Baker in ihren „Neun Punkten",[2] mit denen die SU von
der NATO-Mitgliedschaft des künftigen Deutschlands überzeugt werden soll,
auch diese Art finanzieller Unterstützung bereits ins Auge gefaßt haben.

2. **Umtausch der im Besitz sowjetischer Institutionen und Staatsbürger befindlichen
Bestände an Mark-DDR**

Das Problem betrifft zahlenmäßig vor allem die WGS und ihre Angehörigen (Volumen
ca. 600–700 Mio. Mark-DDR), im geringeren Maße Botschaften, andere offizielle Vertretungen und ihre Angehörigen (500 000–1 Mio. Mark-DDR).

2.1. Die sowjetische Seite ist mit der Regelung des Staatsvertrages für nicht ständig in
der DDR ansässige Deutsche und Ausländer nicht einverstanden:

– Bankguthaben bis 31. Dezember 1989 1:2,

– Bankguthaben ab 1. Januar 1990 1:3.

---

1 ⟨ ⟩ Hs. von Bundeskanzler Kohl am linken Rand doppelt angestrichen.
2 Nr. 311.

Sie fordert statt dessen
- Bestände bis zu 4000–5000 Mark-DDR pro Person 1:1, darüber hinaus 1:2.

Diese Forderung scheint aber in erster Linie von der Moskauer Militärführung erhoben zu werden, die WGS-Angehörigen in der DDR sind laut DDR-Finanzministerium mit Umstellung 1:2 sehr zufrieden, zumal der Warenkorb der von ihnen privat erworbenen Gegenstände nach Einführung der DM verbilligt wird.

2.2. Bereits bisher wurde von seiten der DDR – aufgrund unserer Vorgaben – in zwei wichtigen Punkten Konzessionen gemacht:
- Behandlung der Bestände der WGS und ihrer Angehörigen bei der sogenannten „Feldbank" – d.h. in der Praxis auch Bargeldbestände in Truppenkassen usw. –, als ob es sich um Bankkonten handelte, und
- einheitlicher Umstellungskurs 1:2 ohne Stichtag (d.h. Besserstellung sogar gegenüber Bundesbürgern!).

StS Dr. Lautenschlager hat deshalb die weitergehenden sowjetischen Forderungen deutlich zurückgewiesen und dringend vor unrealistischen Wunschvorstellungen gewarnt.

2.3. In einer Nachbesprechung bestand unter den Ressorts einhellig der Eindruck, daß diese zweite Forderung von sowjetischer Seite mit weniger Nachdruck als die erste – Finanzierung der WGS – erhoben worden sei und letztendlich unsere Linie durchgehalten werden kann.

3. Die in der deutschen Delegation anwesenden Vertreter des Bundeskanzleramtes haben darauf hingewiesen, daß
- evtl. von deutscher Seite zu erbringende Leistungen in den Gesamtzusammenhang der deutsch-sowjetischen Beziehungen eingebettet sein müssen und
- wichtige Zeichen des Entgegenkommens der höchsten politischen Ebene – d.h. Ihnen selbst – vorbehalten bleiben müssen.

Teltschik

Nr. 321
Fernschreiben des Präsidenten Bush an Bundeskanzler Kohl
21. Juni 1990

BK, 21 – 37921 (168) Na 25/7/90, Bd. 6, Bl. 84/1–84/12. – Rohübersetzung 105 – 90/3226. 4. Ausfertigung. Geheim. – Übermittlung des englischen Textes per Fernschreiben in fünf Teilen. Mit Stempeln: 011738 bis 011742, BK-Amt, FS-Zentrale, 21. Juni 1990, 16.36 bis 16.43 Uhr (BK, 21 – 37921 [168] Na 25/6/90, Bd. 6, Bl. 68–76. Zweites von 2 Exemplaren. Geheim).

Lieber Helmut,

am 8. Juni unterhielten wir uns vor dem Abendessen über die ungeheure Wichtigkeit des NATO-Gipfels und der Erklärung, die wir dort verabschieden werden.[1] Ich teile völlig Ihre Meinung, vom Gipfel müsse eine klare Botschaft an Gorbatschow ausgehen, daß die NATO sich wandelt.

Unter anderem aus diesem Grund wird unsere Londoner Tagung[2] zu den bedeutsamsten in der Geschichte des Bündnisses gehören. Wir befinden uns in einer Zeit der Geschichtswende. Die Sowjets müssen noch in diesem Jahr entscheiden, ob sie die Vereinigung

1 Nr. 344A Anm. 8.
2 Nr. 344 – Nr. 344I.

Deutschlands als volles NATO-Mitglied gütlich hinnehmen. Wie Ihr Volk bildet sich auch das amerikanische ein Urteil über die Wirkkraft des Bündnisses für das nunmehr entstehende neue Europa. Noch wissen die demokratischen Führungskräfte Osteuropas nicht recht, was sie von der NATO und ihrer Rolle in der europäischen Sicherheit halten sollen. Letztlich wird dieser NATO-Gipfel wohl das Bild unseres Bündnisses in dieser Zeit des geschichtlichen Wandels bestimmen.

Ich meine deshalb, die Gipfelerklärung sollte ganz anders aussehen als ihre Vorgängerinnen. Sie sollte kurz, unbürokratisch und so verfaßt sein, daß eine breite Öffentlichkeit sie liest, darunter auch Präsident Gorbatschow. Sie sollte dicht auf zukunftsträchtige Fragen gebündelt sein.

Ich habe versucht, meine eigenen Gedanken und die kürzlichen Gespräche mit Ihnen – und mit François und Margaret – in den Text einer Erklärung einfließen zu lassen, die der Gipfel meines Erachtens verabschieden sollte. Ein entsprechender Entwurf ist diesem Brief beigefügt.[3] Im Augenblick möchte ich ihn vertraulich nur mit Ihnen, François, Margaret, Giulio Andreotti und Manfred Wörner austauschen.

Über die Anregung einiger Seiten, der NATO-Gipfel solle eine gemeinsame Erklärung von NATO und Warschauer Pakt verabschieden, habe ich nachgedacht. Ich verstehe, daß diese Idee eine gewisse Anziehungskraft hat. Dennoch habe ich ernstliche Bedenken. Es mißfiele mir, wenn wir die Vorstellung erweckten, die beiden Bündnisse seien gleichwertig – und letztlich zum selben Schicksal verurteilt. Besondere Sorgen machen mir die praktischen Probleme beim Versuch der Aushandlung eines solchen gemeinsamen Dokuments. Das gilt insbesondere angesichts des neueren sowjetischen Vorschlags, eine solche gemeinsame Erklärung solle ein voll ausgeprägtes gesamteuropäisches kollektives Sicherheitssystem ins Leben rufen, Verpflichtungen nach dem Nordatlantik-Pakt beenden und im übrigen auf einer Reihe längst bekannter sowjetischer Grundsätze für die europäische Sicherheit beruhen, die wir (und wie ich weiß, auch Sie) für inakzeptabel halten.[4] In Wirklichkeit könnte eine solche Verhandlung sogar die schnelle Lösung der äußeren Aspekte der deutschen Einheit behindern.

Vielmehr können wir, wie ich meine, Ihre Nichtangriffs-Idee weiterverfolgen, indem wir glasklar unser Bekenntnis zur Nichtaggression erklären und die einzelnen Mitgliedstaaten des Warschauer Paktes zu einer entsprechenden Erklärung auffordern. Eine dazu geeignete Formulierung ist in unserem Entwurf enthalten. Um unsere neue Perspektive noch zugkräftiger zu machen, habe ich vorgeschlagen, das Bündnis solle Präsident Gorbatschow zu einer Rede vor dem Nordatlantikrat einladen.

Ein Schritt von noch dauerhafterer Bedeutung bestünde darin, daß die NATO die Sowjetunion und die anderen osteuropäischen Staaten auffordert, Verbindungsmissionen bei der NATO einzurichten, deren Botschafter beim Bündnis akkreditiert wären. Das ist nicht etwa ein Angebot zur NATO-Mitgliedschaft. Vielmehr sollen damit neue Verbindungen bilateraler Art zwischen NATO und den einzelnen Ländern des Warschauer Pakts geschaffen werden, und dies anstatt förmlicher Bande zwischen den beiden Bündnissen.

---

3 Nr. 321 A.
4 Generalsekretär Gorbatschow plädierte am 12. Juni 1990 in einer Erklärung vor dem Obersten Sowjet der UdSSR für eine Annäherung der Blöcke. Ihre „militärisch-politischen Institutionen" müßten „mit den Vereinigungstendenzen des gesamteuropäischen Prozesses in Übereinstimmung" gebracht werden. Die NATO und die Organisation des Warschauer Vertrages könnten „einen Vertrag abschließen, der die Entstehung eines vereinten Deutschlands sowie die Transformation der eigenen Organisationen berücksichtigt". In einer Übergangsperiode könnte „die Bundeswehr wie bisher der NATO unterstellt" bleiben und „die DDR-Truppen der Regierung des neuen Deutschlands" unterstehen. Bei der „Gestaltung der künftigen Strukturen der gesamteuropäischen Sicherheit" sei, wie er Präsident Bush gesagt habe, die „amerikanische Anwesenheit in Europa, sofern sie eine bestimmte Rolle im Bereich der Stabilität" spiele, „kein Problem" (Ausführungen Gorbatschows, ZSF/russ./12.6.90/0800, in: Ostinformationen. Nr. 111. 13. Juni 1990, 9–12, hier 10 f.; BPA/PA, F 1/22).

Aus all den zwischen uns besprochenen Gründen glaube ich, daß wir, wenn wir uns letztendlich dazu entschließen, uns der sowjetischen Sorgen wegen der Größe der Bundeswehr in einem vereinten Deutschland anzunehmen, dies nur im Zusammenhang mit einem weiter gespannten Rahmen für die ganz Europa umspannende konventionelle Rüstungskontrolle geschehen soll.

In diesem Zusammenhang nennt unser Entwurf für eine NATO-Gipfelerklärung recht ehrgeizige, langfristige Sicherheitsziele für die Fortführung der konventionellen Rüstungskontrollgespräche in den 90er Jahren einschließlich weiterer, weitreichender Reduzierungen des Offensivpotentials konventioneller Streitkräfte. Ich halte es für wichtig, daß wir unserer Öffentlichkeit die Aussicht bieten, daß der Prozeß der Verringerung der konventionellen Streitkräfte weitergehen wird und wir dabei ehrgeizige Ziele verfolgen, auch hinsichtlich der sowjetischen Streitkräfte im Mutterland. Wir sollten uns näher ansehen, welche Streitkräfte wir Ende dieses Jahrhunderts haben möchten – und uns von den Sowjets wünschen –, und uns eine Methode der Rüstungskontrolle ausdenken, die diese Ziele fördert.

Mit den Leitlinien für die Überprüfung der konventionellen Verteidigungspläne der NATO haben wir deutlich zu machen versucht, daß wir von der „Vorneverteidigung" im jetzigen Sinne abgehen können. Der Entwurfstext besagt, daß wir weiterhin „das gesamte Gebiet aller unserer Mitglieder" verteidigen werden, womit wir auf die NATO-Vereinbarung in Turnberry[5] verweisen, daß sich die Artikel 5 und 6 des Nordatlantikpakts auf das Gebiet eines vereinten Deutschlands erstrecken. Wir müssen jedoch den NATO-Behörden Weisung erteilen, wie sich die Planung unserer Verteidigung verändern sollte.

Eine derartige Veränderung besteht, wie Sie sehen werden, darin, erheblich mehr Gewicht auf multinationale Korps zu legen. Meine Anregung geht dahin, daß die multinationalen NATO-Korps in Friedenszeiten von Korps-Kommandeuren geführt werden, die die NATO bestimmt und die an SACEUR berichten. Damit würde das kollektive Wesen unserer Verteidigung deutlicher als durch irgendwelche anderen Dinge veranschaulicht und somit eine neue Grundlage für die fortdauernde, stabilisierende Präsenz westlicher Stationierungskräfte – einschließlich erheblicher amerikanischer Streitkräfte – in einem vereinten Deutschland gelegt.

In der Nuklearproblematik sollten wir meines Erachtens unsere Ziele für die künftigen SNF-Rüstungskontrollgespräche zwischen meiner Regierung und den Sowjets nicht im einzelnen ausführen. Das sollte Ihnen eine innenpolitische Debatte in Deutschland über TASM wenigstens bis nach den deutschen Wahlen verhindern helfen. Allerdings sollten wir bereit sein, unseren Willen zum Abzug amerikanischer Artillerie-Atomgranaten aus Europa im Gegenzug zum Abzug von den Sowjets stationierten Streitkräften aus Europa zu bekunden. Die vorgeschlagene Erklärung ist so formuliert, daß uns genügend Spielraum für die Entscheidung bleibt, wie wir diese Initiative mit unseren anderen SNF-Rüstungskontrollzielen in Beziehung setzen wollen.

Die nukleare NATO-Strategie, die bislang schon früh in einem Konflikt den Einsatz von Atomwaffen vorsehen mußte, um einen plötzlichen und überwältigenden konventionellen Angriff der Sowjets abzuwehren, wird allmählich auch unpassend. Die derzeitige Strategie der flexiblen Reaktion bedarf ebenfalls der Revision. In Absatz 16 schlage ich, um einen Wandel anzudeuten, eine Neuformulierung vor, die sorgfältig vom gesamten Abzug der sowjetischen Stationierungskräfte und von der Verwirklichung eines KSE-Abkommens abhängig gemacht wird. Wir dürfen uns keinem Druck beugen, der uns in die Ecke des Nicht-Ersteinsatzes manövrieren möchte, weil Europa sonst schutzlos einem konventionellen Krieg ausgesetzt wäre. Tatsächlich müssen wir uns recht viel Flexibilität in der Entscheidung über den möglichen Ein-

---

satz von Atomwaffen erhalten. Dennoch müssen wir verdeutlichen, daß in diesem neuen Europa unsere Strategie Atomstreitkräfte wirklich als letzte Notwehr ansieht.

Mit einer möglichen Vision für die Zukunft der KSZE legt unser Entwurf Leitprinzipien dar sowie neue Institutionen, die diesen Prinzipien Leben verleihen können. Die von mir vorgelegte Liste neuer Institutionen orientiert sich an verschiedenen Vorschlägen, die Sie gemacht haben. Sie ist lang, aber ausgeglichen, wobei vermehrte politische Konsultationen unterstützt werden durch ein kleines Sekretariat, eine Wahlkommission zur Koordinierung der Überwachung freier Wahlen und ein Zentrum für die Konfliktverhinderung. Hinzu kommt eine parlamentarische Dimension, die im Laufe der Zeit die öffentliche Unterstützung der KSZE verbreitern kann. Ich glaube, wir sollten soweit es geht versuchen, diese neuen KSZE-Institutionen in den neuen demokratischen Staaten Osteuropas so anzusiedeln, daß diese Völker noch mehr das Gefühl haben, an den politischen Strukturen des neuen Europas beteiligt zu sein.

Anstatt eine Reihe verschiedener KSZE-Sicherheitsinstitutionen zu schaffen, schlage ich ein einziges Zentrum der Konfliktverhinderung vor, das in mehreren Bereichen, vom Datenaustausch bis zu möglichen Mechanismen der freundschaftlichen Streitschlichtung, klare Aufgaben erhielte, wie sie sich möglicherweise aus den KSZE-Erörterungen im nächsten Jahr in Valletta[6] ergeben werden. Mit unserer Befürwortung dieses Zentrums gingen wir positiv auf einen wichtigen sowjetischen Vorschlag ein, betonten dabei aber gleichzeitig die politischen Konfliktursachen anstatt eines gesamteuropäischen, eng auf Deutschland konzentrierten Krisenmanagements.

Natürlich nehme ich gerne Ihre Vorstellungen zu diesen Plänen entgegen, die Sie mir entweder unmittelbar oder über Horst Teltschik zur Kenntnis bringen, wenn er am 26. Juni mit Brent zusammentrifft[7].

Ich freue mich auf unser Wiedersehen in London.

Schlußformel
(gez.) George Bush

Nr. 321A
Entwurf
Gipfelerklärung

Londoner Erklärung
der Staats- und Regierungschefs
bei der Tagung des Nordatlantikrats in London
am 5. und 6. Juli 1990
über ein gewandeltes nordatlantisches Bündnis

1. Das nordatlantische Bündnis ist das erfolgreichste Verteidigungsbündnis der Geschichte. Nunmehr tritt Europa in eine neue, verheißungsvollere Ära ein. Mittel- und Osteuropa befreien sich. Die Sowjetunion begibt sich auf den langen Weg zu einer freien Gesellschaft.

---

6 Vom 15. Januar bis 8. Februar 1991 fand in La Valletta das Expertentreffen der Teilnehmerstaaten der KSZE über die Friedliche Regelung von Streitfällen statt.

7 In einem Telefongespräch mit Ministerialdirektor Teltschik am 27. Juni 1990 – kurz vor dessen beabsichtigter Abreise nach Washington – riet Sicherheitsberater Scowcroft von einem Treffen ab. Die „britischen Empfindlichkeiten" wären „zu groß", wenn dies bekannt würde; auch Generalsekretär Wörner habe „gebeten, keine Erörterung im kleinen Kreis zu führen". Teltschik war bereit, die deutschen Vorschläge fernschriftlich zu übermitteln und sich telefonisch abzustimmen (Teltschik, 329 Tage, 288 f.).

Mauern, die einst Menschen und Ideen einschlossen, fallen. Die Europäer bestimmen ihr eigenes Schicksal. Sie wenden sich der Freiheit zu. Sie wenden sich der wirtschaftlichen Freiheit zu. Sie wenden sich dem Frieden zu. Dem muß und will sich dieses Bündnis anpassen.

2. Beim Eintritt in sein fünftes Jahrzehnt und im Blick auf ein neues Jahrhundert muß unser Bündnis weiterhin für die gemeinsame Verteidigung Sorge tragen. Niemand kennt die Zukunft mit Gewißheit. Wir müssen fest zueinanderstehen, den langen Frieden, den wir in den vergangenen vier Jahrzehnten genießen durften, weitertragen. Doch unser Bündnis muß mehr noch als bisher Wirkkraft des Wandels sein. Es kann die Strukturen eines geeinteren Kontinents bauen helfen und dabei die Sicherheit und Stabilität mit der Kraft unseres gemeinsamen Glaubens an die Demokratie, die Rechte des einzelnen und die friedliche Beilegung von Streitigkeiten stärken.

3. Wir wissen, daß im neuen Europa die Sicherheit eines jeden Staates unlösbar mit der Sicherheit seiner Nachbarn verbunden ist. Die NATO muß zu einer Einrichtung werden, in der Europäer, Kanadier und Amerikaner nicht nur für die gemeinsame Verteidigung zusammenarbeiten, sondern neue Partnerschaften mit allen Ländern Europas gestalten. Die atlantische Gemeinschaft muß den Völkern im Osten, die uns im Kalten Krieg als Gegner entgegenstanden, die Hand der Freundschaft reichen.

4. Wir bleiben ein Verteidigungsbündnis und werden das gesamte Gebiet aller unserer Mitglieder verteidigen. Wir haben keine Angriffsabsichten und bekennen uns unter allen Umständen zur friedlichen Lösung von Streitigkeiten. Ohnehin werden wir niemals als erste Gewalt anwenden. Heute rufen wir die Mitgliedstaaten des Warschauer Paktes auf, sich ebenso feierlich zum Nichtangriff zu bekennen.

5. In diesem Geiste und in Darstellung der sich wandelnden politischen Rolle des Bündnisses laden wir heute den Präsidenten der Sowjetunion, Michail Gorbatschow, ein, nach Brüssel zu kommen und an den Nordatlantikrat das Wort zu richten. Ebenso laden wir heute die Regierungen der Sowjetunion, Polens, Ungarns, der Tschechoslowakei, Bulgariens und Rumäniens ein, zur NATO zu kommen, nicht nur zu Besuch, sondern auf Dauer. Wir schlagen vor, daß die UdSSR und diese Länder Osteuropas hier bei der NATO ständige Verbindungsmissionen unter Leitung von Botschaftern einrichten. Sind diese Länder auch nicht Mitglieder unseres Bündnisses, so wird sie dieser Schritt doch unserem Denken und unseren Erörterungen in dieser historischen Zeit des Wandels näherbringen, so daß ihre Diplomaten – und Generäle – gewiß sein können, Gehör zu finden.

6. Unser Bündnis soll seinen Beitrag zur Überwindung der Hinterlassenschaft von Jahrzehnten des Mißtrauens leisten. In Fortführung der großzügigen sowjetischen Einladung an den NATO-Generalsekretär Manfred Wörner nach Moskau zu Gesprächen mit der sowjetischen Führung[8] regen wir an, daß der Oberste Befehlshaber der NATO für Europa, General John Galvin, ebenfalls nach Moskau und in die osteuropäischen Hauptstädte reist, um dort das Friedensbekenntnis unseres Bündnisses zu erörtern.

7. Führende Militärs aus ganz Europa haben sich in diesem Jahr bereits in Wien getroffen und über ihre Streitkräfte und Doktrinen gesprochen.[9] Die NATO bietet an, zur Förderung des gegenseitigen Verständnisses im Herbst dieses Jahres eine weitere derartige Zusammenkunft zu veranstalten. Wir werden neben den politischen Gesprächen über Fragen wie die Umwandlung militärischer Ressourcen für zivile Zwecke die Kontakte zwischen Militärs aus ganz Europa erweitern und vertiefen. Auf diese Weise möchten wir ein völlig anderes

---

8 Nr. 281 Anm. 16.
9 Nr. 172 Anm. 11.

⟨Gefühl⟩[10] der Offenheit in Europa einrichten, und darum auch wollen wir ein Abkommen über den offenen Himmel schließen.

8. Die substantielle Präsenz nordamerikanischer konventioneller und amerikanischer nuklearer Streitkräfte in Europa belegt die tiefe politische Übereinstimmung, die das Schicksal Nordamerikas mit den Demokratien Europas fest verbindet. Doch wie Europa sich wandelt, müssen wir unser Verteidigungsdenken einschneidend verändern.

9. Zur Verringerung unserer militärischen Bedürfnisse sind solide Rüstungskontrollabkommen unabdingbar. Deswegen messen wir dem Abschluß des ersten Vertrages über die Reduzierung und Begrenzung konventioneller Streitkräfte in Europa (KSE) noch in diesem Jahr höchste Priorität bei. Diese Verhandlungen sollten ununterbrochen weitergehen, bis die Arbeit getan ist. Wir hoffen aber, noch weiterzukommen. Anhand des bereits bestehenden KSE-Mandats können neue konventionelle Rüstungskontrollverhandlungen bei gleichbleibender Mitgliedschaft beginnen, sobald ein KSE-Vertrag unterschrieben ist.

10. Vermittels neuer konventioneller Rüstungskontrollverhandlungen in den 90er Jahren streben wir weitere und weitreichende Verringerungen des Offensivpotentials der konventionellen Streitkräfte in Europa an, damit kein Land unverhältnismäßige Militärmacht auf dem Kontinent aufrechterhält. Wir werden die notwendigen Vorkehrungen treffen, daß in verschiedenen Regionen Disparitäten beseitigt werden und sichergestellt ist, daß in keiner Phase die Sicherheit irgendeines Landes Schaden leidet. Das ist ein ehrgeiziges Vorhaben, aber es steht in Einklang mit unserem Ziel: dauerhafter Friede in Europa.

11. Mit dem Abzug sowjetischer Truppen aus Osteuropa und der Verwirklichung eines Vertrages über die Begrenzung konventioneller Streitkräfte verändern sich die Streitkräftestruktur und Strategie des Bündnisses grundlegend, unter anderem dank folgender Elemente:

– Das Bündnis wird kleinere und umstrukturierte aktive Streitkräfte stationieren. Diese Streitkräfte werden hochmobil und vielseitig sein und die beweglichen Streitkräfte des alliierten Oberkommandos Europa sowie die Gesamtstreitmacht der NATO so verbessern, daß die alliierte Führung bei der Reaktion auf eine Krise größtmögliche Flexibilität besitzt.

– Die derzeitige Struktur der nationalen Korps-Sektoren in der NATO wird ersetzt. Die NATO wird künftig in vermehrtem Maße auf multinationale Korps zurückgreifen, die aus nationalen Einheiten bestehen.

– Zur Stärkung unseres Bekenntnisses zur multinationalen, kollektiven Gestaltung unserer gemeinsamen Verteidigung werden die Streitkräfte in diese multinationalen Korps bereits in Friedenszeiten integriert sein. Diese multinationalen Korps werden von Korps-Befehlshabern geführt werden, die die NATO einsetzt und die über den Befehlsstrang an den Obersten Befehlshaber Europa (SACEUR) berichten, der seinerseits der alliierten politischen Führung untersteht.

– Die NATO wird den Bereitschaftszustand ihrer aktiven Einheiten herunterschrauben und die Ausbildungserfordernisse und die Zahl der Übungen verringern.

– Das Bündnis wird künftig stärker die Fähigkeit nutzen, größere Streitkräfte wieder aufzubauen, sofern und wann sie erforderlich sind.

12. Auch die Größe und der Auftrag ihrer atomaren Abschreckungskräfte soll unser Bündnis verändern. Um den Frieden zu erhalten, braucht das Bündnis ein geeignetes Gemisch in Europa stationierter und auf neuestem Stand gehaltener nuklearer und konventioneller Streitkräfte. Aber als defensives Bündnis betont die NATO seit jeher, keine ihrer Waffen werde je eingesetzt außer zur Notwehr und sie strebe die niedrigste und stabilste Ebene nuklearer Streitkräfte an, die zur Kriegsverhinderung unerläßlich sind. Die politischen und

---

10 ⟨ ⟩ Hs. gestrichen und vermerkt: „Qualität".

militärischen Veränderungen in Europa und die Aussicht auf weitere Veränderungen erlauben es uns jetzt, hierin weiterzugehen.

13. Wir sind zu dem Schluß gelangt, daß sich infolge der neuen politischen und militärischen Gegebenheiten in Europa die Rolle der TNS kürzester Reichweite beträchtlich verringert hat. Wir haben konkret beschlossen, daß das Bündnis, sobald Verhandlungen über Atomstreitkräfte kurzer Reichweite beginnen, die Beseitigung seiner gesamten nuklearen Artilleriegeschosse aus Europa zu dem Zeitpunkt, zu dem alle in Europa stationierten sowjetischen Streitkräfte heimgekehrt sind, einbringen wird.

14. Neue Verhandlungen über die Reduzierung nuklearer Streitkräfte kurzer Reichweite sollten zwischen den Vereinigten Staaten und der Sowjetunion bald nach Unterzeichnung eines KSE-Abkommens aufgenommen werden.

15. Wir werden für diese Verhandlungen einen Rüstungskontrollrahmen entwickeln, der unseren Bedarf an weit weniger Atomwaffen und die geringere Notwendigkeit von TNS kürzester Reichweite berücksichtigt.

16. Schließlich kann bei völligem Abzug der sowjetischen Stationierungsstreitkräfte und bei Verwirklichung eines KSE-Abkommens das Bündnis seinen potentiellen Rückgriff auf Atomwaffen verringern. Damit haben wir die Möglichkeit, in dem gewandelten Europa eine neue NATO-Strategie zu verabschieden, in der ihre nuklearen Streitkräfte wahrhaft nur noch Waffen der äußersten Not sind.

17. Im Zusammenhang mit diesen revidierten Plänen für Verteidigung und Rüstungskontrolle und unter Beratung durch die Militärbehörden der NATO und zwischen allen beteiligten Mitgliedstaaten soll die NATO eine neue alliierte Militärstrategie entwerfen, die von der „Vorneverteidigung" abgeht und sich einer verminderten Vornepräsenz zuwendet und die „flexible Reaktion" so verändert, daß sich darin ein verminderter potentieller Rückgriff auf Nuklearwaffen niederschlägt. In diesem Zusammenhang soll das Bündnis neue Streitkräftepläne ausarbeiten, die mit dem revolutionären Wandel in Europa im Einklang stehen. Die hochrangige Einsatzgruppe der NATO sollte eine detaillierte Verhandlungsbasis für die nachfolgenden konventionellen Rüstungskontrollgespräche formulieren. Desgleichen sollte die NATO ein Forum für die alliierte Konsultation über die bevorstehenden Verhandlungen über Kurzstreckenwaffen sein. Alle diese NATO-Gremien, die in Abstimmung mit dem Nordatlantikrat arbeiten, sollen ihre Schlußfolgerungen so früh wie möglich im Jahre 1991 einer weiteren Tagung der NATO-Staats- und Regierungschefs vorlegen.

18. Selbstverständlich gestaltet nicht allein unser Bündnis das Europa des 21. Jahrhunderts mit. Die Europäische Gemeinschaft spielt eine lebenswichtige Rolle. Die Konferenz über Sicherheit und Zusammenarbeit in Europa (KSZE) sollte in Europas Zukunft stärker hervortreten, da sie die Länder Europas und Nordamerikas in sich vereinigt.

19. Wir befürworten die Abhaltung eines KSZE-Gipfels im weiteren Verlauf dieses Jahres in Paris, bei dem unter anderem ein KSE-Abkommen unterzeichnet und neue Standards für die Errichtung und Wahrung freier Gesellschaften aufgestellt werden sollen. Er sollte bekräftigen:
– die KSZE-Prinzipien über das Recht auf freie und gerechte Wahlen;
– die KSZE-Verpflichtung zur Achtung und Wahrung der Rechtsstaatlichkeit; und
– die KSZE-Leitlinien zur Vertiefung der wirtschaftlichen Zusammenarbeit auf der Basis der Entwicklung freier und wettbewerbsfähiger Marktwirtschaften.

20. Des weiteren schlagen wir vor, der KSZE-Gipfel in Paris solle beschließen, wie die KSZE als Institution ein Forum für den breiten politischen Dialog in einem geeinteren Europa werden kann. Wir empfehlen die Einrichtung durch die KSZE-Regierungen:
– eines Programms zu regelmäßigen, mindestens jährlichen Konsultationen zwischen den Mitgliedsregierungen auf Ministerebene, wobei weitere periodische Zusammenkünfte von Beamten diese Konsultationen vor- und nachbereiten sollen;

- eines Zeitplans für KSZE-Überprüfungskonferenzen alle zwei Jahre zur Bewertung der Fortschritte in Richtung auf ein ganzes und freies Europa;
- eines kleinen, vielleicht in Prag anzusiedelnden KSZE-Sekretariats zur Koordinierung dieser Tagungen und Konferenzen;
- einer vielleicht in Budapest anzusiedelnden KSZE-Wahlkommission zur Koordinierung der Überwachung freier Wahlen;
- eines vielleicht in Warschau oder Berlin anzusiedelnden KSZE-Zentrums zur Konfliktverhütung als Forum zum Austausch militärischer Informationen, zur Diskussion ungewöhnlicher militärischer Aktivitäten und zur freundschaftlichen Beilegung von Streitigkeiten, von denen KSZE-Mitgliedstaaten betroffen sind; und
- ein parlamentarisches KSZE-Gremium, die europäische Versammlung, auf der Grundlage der bestehenden parlamentarischen Versammlung des Europarates in Straßburg unter Einbeziehung von Vertretern aller KSZE-Mitgliedstaaten.

21. Dieses unser Bündnis hat viel zur Herbeiführung des neuen Europas geleistet. Eine geeinte deutsche Nation mit voller NATO-Mitgliedschaft wird im Herzen eines ganzen und freien Europas liegen.

22. Heute tritt unser Bündnis in seine Umwandlung ein. In Zusammenarbeit mit allen Staaten Europas sind wir entschlossen, auf diesem Kontinent dauerhaften Frieden zu schaffen.

Nr. 322
Tischgespräch des Bundeskanzlers Kohl mit Ministerpräsident Antall
Bonn, 21. Juni 1990

BK, 21 – 30100 (56) Ge 28 (VS) Bd. 81, Bl. 86–92. – Vermerk des VLR I Kaestner, 26. Juni 1990. – Mit Vorlage des MD Teltschik über Chef BK an den Bundeskanzler: „Hiermit lege ich mit der Bitte um – Genehmigung – einen Vermerk über Ihr Tischgespräch mit Ministerpräsident Antall vor. Zugleich erbitte ich Ihre – Zustimmung –, daß das Auswärtige Amt – zu Händen des Staatssekretärs – durch Doppel unterrichtet wird." Hs. von Bundeskanzler Kohl vermerkt: „Teltschik erl.", zur Unterrichtung des Auswärtigen Amtes: „Ja". – Gesprächsbeginn: 19.00 Uhr (Angabe nach Terminkalender des Bundeskanzlers).

Das Tischgespräch konzentriert sich auf die Lage in den Staaten Mittel-, Ost- und Südosteuropas.

Ministerpräsident <u>Antall</u> (A.) ...[1]

Mit Polen gebe es keine bilateralen Probleme. Die wirtschaftlichen Beziehungen entwickelten sich verhältnismäßig gut. Unterschiede gebe es allerdings in der Beurteilung des Warschauer Pakts: Polen wolle die militärische Organisation nicht auflösen, Ungarn habe hingegen bereits vor dem Moskauer Gipfel[2] angekündigt, daß es nicht mehr an gemeinsamen Manövern teilnehmen werde und die Stabsoffiziere, die im Moskauer WP-Hauptquartier Dienst täten, abziehe. Die ungarische Armee selbst werde umgruppiert und reduziert.

Er – <u>A.</u> – glaube allerdings, daß die beschriebene polnische Haltung nicht das letzte Wort sei, vielmehr – sobald die Westgrenze garantiert sei – geändert werde.

---

1 Im folgenden besprochen: die Entwicklungen in Rumänien, Bulgarien und in der ČSFR.
2 Nr. 305 Anm. 3.

Der BK zeigt sich von der polnischen Haltung in der Grenzfrage enttäuscht. Die heute parallel im Deutschen Bundestag und der Volkskammer verabschiedete Erklärung[3] sei eine der schwierigsten Operationen seiner politischen Laufbahn. Er habe heute – gerade auch in Richtung Polen – eine seiner wichtigsten Reden gehalten. Aber er frage sich, ob man ihn in Warschau verstehe.

Tatsache sei, daß wir die Grenze ohne Wenn und Aber ohne Mentalreservation garantierten. Sein Wunsch sei es – vorausgesetzt, man habe gesamtdeutsche Wahlen im Dezember d.J. –, in etwa einem Jahr einen Vertrag mit Polen fertig zu haben, der nicht nur die Frage der Grenzen behandele, sondern auch den Beziehungen insgesamt eine neue, zukunftsgerichtete Grundlage gebe. Sein Ziel sei, mit diesem Vertrag die gleiche Öffnung wie zwischen Deutschland und Frankreich zu erzielen.

Dies alles habe er bereits im November 1989 mit MP Mazowiecki besprochen.[4] Danach aber sei aus Warschau nur die Botschaft zu hören gewesen: „Ihr müßt die Grenze anerkennen!" Zusätzlich habe man versucht, ihn unter Druck zu setzen, bereits jetzt, d. h. vor der Vereinigung, einen Vertrag für das künftige Gesamtdeutschland abzuschließen, für den die Bundesregierung und er selbst nicht kompetent seien.

Gerade eben habe er Agenturmeldungen aus Warschau gelesen, wonach man die heutige Entschließung zwar begrüßt, sie aber als unzureichend bezeichnet habe. Warschau bestehe weiter auf einen Vertrag, diesen Vertrag werde es aber mit ihm – dem BK – nicht geben und Warschau werde auch für diesen Standpunkt international wenig Unterstützung bekommen. Die USA stünden voll zu seiner – des BK – Position. Desgleichen die Briten und am Ende die Franzosen auch. Auch über die letztendliche Haltung der SU werde sich mancher in Warschau noch wundern.

Demgegenüber fehle in Warschau offensichtlich nach wie vor jedes Verständnis, daß – bei allem Schrecklichen, was in Polen von Deutschen und im deutschen Namen geschehen sei – auch der Verlust der Heimat für 14 Millionen Deutsche, ihre Vertreibung und die vielen Todesopfer, die sie gefordert habe, für uns nicht leicht zu übergehen seien. In vergleichbarer Lage habe Präsident Havel durch eine versöhnliche Erklärung[5] sehr geholfen – und die Reaktion der Landsmannschaft der Sudetendeutschen sei sofort positiv ausgefallen.[6]

Er – der BK – betone, daß wir auch mit Polen weiterkommen wollten, er müsse aber ehrlich sagen, daß er in den letzten Monaten zunehmend skeptisch geworden sei.

A. unterstreicht, daß er die Dinge ebenso sieht wie der BK und dies auch öffentlich sagen werde.

…[7]

Er – A. – habe Mazowiecki in Moskau auf die juristischen Aspekte der Grenzfrage hingewiesen, insbesondere auch, daß im Augenblick noch zwei deutsche Staaten mit gültigen Grenzverträgen bestehen. Mazowiecki habe sich jedoch diesem juristisch-rationalen Element gegenüber unzugänglich gezeigt. Dazu trage sicherlich bei, daß die Grenzfrage auch ein schwieriges Thema der polnischen Innenpolitik sei. Mazowiecki wolle offensichtlich die Möglichkeit nicht aufgeben, mit dieser Frage politisch zu mobilisieren.

---

3   Am 21. Juni 1990 verabschiedete der Deutsche Bundestag die Gemeinsame Entschließung zur deutsch-polnischen Grenze (Entschließungsempfehlung des Ausschusses Deutsche Einheit. Drucksache 11/7465) in namentlicher Abstimmung mit 486 Stimmen gegen 15 Stimmen bei drei Enthaltungen (endgültiges Ergebnis in: Verhandlungen des Deutschen Bundestages. Stenogr. Berichte. Bd. 153. Plenarprotokoll 11/217, 17277–17279). Die Volkskammer nahm die Entschließung (Beschlußempfehlung des Ausschusses Deutsche Einheit. Drucksache Nr. 91) mit großer Mehrheit bei sechs Gegenstimmen und 18 Enthaltungen an (Volkskammer. 10. Wahlperiode. Protokolle. Bd. 27, 565 f.).
4   Nr. 92.
5   Nr. 187 Anm. 18.
6   Nr. 174 Anm. 14.
7   Zwei Sätze nicht freigegeben.

Der BK verweist auf die polnische Wirtschaftslage und auf die von uns in den letzten Jahren geleistete Hilfe. Er habe die Grenzfrage nie mit der Reparationsfrage verquickt, wohl aber Mazowiecki wissen lassen, daß es ihm helfen würde, wenn die polnische Regierung jetzt das, was sie 1953 bereits gesagt habe,[8] wiederhole – darauf habe Warschau „wild reagiert". Im übrigen wolle er unterstreichen, daß die öffentliche Erörterung dieses Punktes nicht seine Erfindung sei; vielmehr sei kurz vor Weihnachten 1989 der Sejm-Marschall während seines Besuches in der Bundesrepublik Deutschland[9] mit hohen Milliarden-Forderungen aufgetreten. Es sei aber absurd, von Reparationen zu reden, wenn man uns gleichzeitig den endgültigen Verzicht auf ein Viertel des alten Reichsgebiets – nicht des von Hitler eroberten – abverlange.

Auch die polnische Haltung in der Minderheitenfrage bleibe hinter der Ungarns zurück. Auch hier habe er – der BK – von den Polen nur das verlangt, was in der KSZE-Schlußakte und anderen KSZE-Dokumenten bereits stehe.

...[10]

A. wirft ein, MP Mazowiecki habe allerdings in der Minderheitenfrage Flexibilität bewiesen: Nach 40jähriger Vernachlässigung durch das kommunistische Regime habe er anerkannt, daß Polen tatsächlich Minderheitenprobleme habe.

A. bietet an, wenn der BK dies wünsche, mit MP Mazowiecki über unsere Anliegen zu sprechen.

Der BK nimmt dieses Angebot an. Er betont, ohne eine von CDU/CSU und FDP gestellte Bundesregierung und ohne ihn selbst wäre die heutige Entschließung nicht zustande gekommen und Polen möge nicht auf die Sozialisten bauen, die früher nicht die Solidarität, sondern das kommunistische Regime unterstützt hätten. In Warschau möge man auch daran denken, welche Persönlichkeiten in einem Jahr mit gewisser Wahrscheinlichkeit eine gesamtdeutsche Regierung bilden würden.

A. bedauert, daß MP Mazowiecki keinerlei Beziehungen zur europäischen christlich-demokratischen Bewegung angeknüpft habe.

Der BK hofft, im deutsch-polnischen Verhältnis weiterzukommen: Es sei zu wichtig, um hier persönliche Eitelkeiten einfließen zu lassen.

Kaestner

---

8   Nr. 92 Anm. 9.
9   Nr. 214 Anm. 8.
10   Zwei Sätze nicht freigegeben.

Nr. 323
Gespräch des Bundeskanzlers Kohl mit dem stellvertretenden Ministerpräsidenten und Finanzminister Balcerowicz
Bonn, 22. Juni 1990

BK, 213 – 30105 P 4 Po 27, Balcerowicz, 22.6.1990. – Vermerk des VLR I Kaestner, 22. Juni 1990. – Mit Vorlage des MD Teltschik über Chef BK an den Bundeskanzler, 25. Juni 1990: „Hiermit lege ich Ihnen mit der Bitte um – Genehmigung – einen Vermerk über das o.a. Gespräch vor. Zugleich erbitte ich Ihre – Zustimmung –, daß das Auswärtige Amt, das Bundesministerium der Finanzen und das Bundesministerium für Wirtschaft – jeweils zu Händen der Herren Staatssekretäre – durch Doppel unterrichtet werden." Hs. von Bundeskanzler Kohl vermerkt: „Teltschik", zur Unterrichtung der Bundesministerien: „Ja". – Gesprächsdauer: 9.00 bis 9.40 Uhr.

Der Bundeskanzler (BK) empfängt den stv. polnischen Ministerpräsidenten und Finanzminister Dr. Balcerowicz (B.) zu einem knapp einstündigen Gespräch[1], an dem teilnehmen:
– auf deutscher Seite:
= AL 2
= RL 212 (Note taker)
= Frau Domke (Dolmetscherin)
– auf polnischer Seite:
= stv. Finanzminister Sawicki
= Botschafter Karski.

Der BK begrüßt B. mit dem Hinweis auf den historischen Augenblick, in dem er die Bundesrepublik Deutschland besuche: Mit der gestern vom Deutschen Bundestag gefaßten Entschließung[2] sei ein großes Stück des Weges zur deutsch-polnischen Versöhnung und Verständigung zurückgelegt. Sein Ziel sei es, zwischen Deutschen und Polen ein so enges und zukunftsgewandtes Verhältnis aufzubauen, wie dies heute zwischen Deutschen und Franzosen bereits bestehe. Denn aus dem Aufbau des ganzen Europa könne nichts werden, wenn die Deutschen und Polen kein gutes Verhältnis zueinander entwickelten. Dies könne man nicht kommandieren, auch nicht einfach unterzeichnen – die Menschen selbst, insbesondere die junge Generation, müsse dies tun.

B. dankt dem Bundeskanzler für die freundliche Begrüßung und insbesondere für seine „große, historische Rede", die er gestern im Deutschen Bundestag gehalten habe.[3]

Das Ziel, die deutsch-polnischen Beziehungen auf ein ebenso hohes Niveau zu heben wie die deutsch-französischen, sei auch wesentliches Ziel der Regierung von MP Mazowiecki. Es gehe um zukunftsorientierte Politik und um Kontakte zwischen den Menschen, vor allem der jüngeren Generation. Von polnischer Seite werde alles getan, um dieses Ziel zu verwirklichen.

Was die polnische Volkswirtschaft angehe, so wisse der Bundeskanzler, daß die polnische Regierung derzeit ein großes Sanierungsprogramm durchführe, dessen zwei Hauptziele seien:
– Beendigung der Hyper-Inflation – dies sei in etwa gelungen – und
– Umwandlung in eine Marktwirtschaft und Förderung der Privatinitiative – auch hier habe man bedeutende Fortschritte erzielt.

Dabei wisse man sehr wohl, daß polnischerseits die Hauptaufgabe zu leisten sei. Mit Dankbarkeit nehme man aber die von ausländischen Partnern gewährte Hilfe entgegen. Die Bun-

---

1 Gesprächsführungsvorschlag mit Vorlage des Ministerialdirektors Teltschik an Bundeskanzler Kohl, 20. Juni 1990: BK, 213 – 30105 P 4 Po 27, Balcerowicz, 22.6.1990.
2 Nr. 322 Anm. 3.
3 Regierungserklärung des Bundeskanzlers Kohl vor dem Deutschen Bundestag, 21. Juni 1990, in: Verhandlungen des Deutschen Bundestages. Stenogr. Berichte. Bd. 153. Plenarprotokoll 11/217, 17141–17148, hier 17143f.

desregierung verdiene große Anerkennung für ihre Unterstützung der polnischen Bemühungen, wobei er gern in Erinnerung rufe, daß dies insbesondere Ergebnis des Besuchs des Bundeskanzlers in Polen im November 1989[4] sei. Vor allem habe die Bundesrepublik Deutschland als erstes westliches Gläubigerland einen großen Schritt in Richtung Schuldenerlaß getan (Jumbo).

Auf Frage des B̲K̲ nach der Inflationsentwicklung erläutert B̲., noch im Januar habe die monatliche Rate bei 80% gelegen, heute sei sie auf 3% herabgedrückt. Dies sei – auf das Jahr gerechnet – immer noch eine hohe Rate, und sie könne mit strukturellen Preisänderungen – z. B. Einführung marktkonformer Verbraucherpreise – wieder ansteigen.

Der B̲K̲ fragt unter Bezug auf sein gestriges Gespräch mit dem ungarischen MP Antall,[5] ob Polen dieselben Probleme habe wie Ungarn und die Sowjetunion.

B̲. bestätigt dies: Insbesondere gehe es um die ab Anfang 1991 vereinbarte Konvertibilität im Intra-RGW-Handel. Dies bedeute, daß Polen für Lieferungen aus der SU mehr – und in Devisen – zahlen müsse, während gleichzeitig die sowjetische Nachfrage nach polnischen Produkten absinken werde. Auch hieraus könnten sich Inflationsimpulse entwickeln.

Auf weitere Fragen des B̲K̲ beziffert B̲. den Teil der polnischen Exporte in die SU mit 30% des Gesamtvolumens, in die DDR 8%–10%. Im Fall der DDR würden in erheblichem Maße Bau- und andere Dienstleistungen erbracht. Polen sei sehr interessiert, gerade diese Leistungen in der Perspektive der deutschen Einheit fortzusetzen.

Der B̲K̲ lädt B. ein, im Herbst d.J. noch einmal zu einem vertieften Meinungsaustausch mit ihm nach Bonn zu kommen – dann werde sich die wirtschaftliche Lage der DDR klarer übersehen lassen (Exkurs: täglich neue Überraschungen, z. B. Privatkonten von Angehörigen der sowjetischen Streitkräfte).

Ihm liege sehr an diesem Gesprächskontakt über diesen Themenkreis – so der B̲K̲ weiter –, denn die deutsch-polnischen Beziehungen könnten nur gut laufen, wenn auch auf diesem Gebiet Fortschritte gemacht würden. Dies sei nicht nur eine Frage von Krediten. Es gehe gerade hier auch um psychologische Dimensionen. So dürfe nicht mit der Einführung der DM in der DDR nunmehr an Oder und Neiße eine „Wohlstandsgrenze" entstehen. Vielmehr müsse man – ohne große Öffentlichkeit – darüber reden, ob man nicht durch gezielte Privatinvestitionen in Grenzregionen – auch unter Einbeziehung der Deutschen, die dort leben – einem derartigen Gefälle vorbeugen könne. Denn anderenfalls werde es zu großen Abwanderungsbewegungen kommen.

Die DDR werde ferner in den nächsten Jahren eine gewaltige Baustelle werden, nicht zuletzt auch bei der Infrastruktur; auch darüber solle man sich eng abstimmen (Exkurs: Autobahnbau, Schnellbahnstrecke Paris-Berlin-Warschau-Moskau).

B̲. dankt für die Einladung zum erneuten Gespräch und betont, aus der deutschen Vereinigung ergäben sich für Polen viele Punkte – problematische und hoffnungsvolle. Einerseits werde die Nachfrage nach gewissen polnischen Produkten (z. B. Maschinen) abnehmen, andererseits [würden] sich gerade bei den Dienstleistungen neue Chancen eröffnen. Es gehe insgesamt darum, einen vernünftigen Ausgleich zu finden.

Gern pflichte er dem Bundeskanzler bei, sich in Fragen der grenzüberschreitenden Verkehrswege eng abzustimmen. Auf polnischer Seite fehle viel Infrastruktur bis hin zu Grenzabfertigungsanlagen. Gerade hier müsse man Engpässe abbauen.

Der B̲K̲ sieht weitere Chancen Polens im Tertiärsektor, insbesondere im Tourismus (Exkurs: Beispiel Österreich – Zahl deutscher Auslandstouristen – Tendenzen einer Freizeitgesellschaft – Naturschönheiten Polens).

---

4 Nr. 76, Nr. 77, Nr. 89 und Nr. 92.
5 Nr. 322.

B. unterstreicht sodann als Hauptzweck seines Besuchs in Bonn, für eine radikale Lösung des Problems der polnischen Außenverschuldung zu werben, über das man ja bereits mit den Banken im Londoner Club[6] und mit den öffentlichen Gläubigern im Pariser Club[7] im Gespräch sei. Er präsentiert polnische Vorschläge in Form eines Memorandums[8] (der Bundeskanzler gibt Weisung, das Memorandum allen beteiligten Ressorts zur Stellungnahme zuzuleiten).

B. bittet den Bundeskanzler, die polnischen Wünsche auf dem Wirtschaftsgipfel Houston[9] anzuschneiden – denn der Fortbestand des gegenwärtigen Zustandes hindere Polen, auf die eigenen Füße zu kommen.

Der BK sagt dies zu, und zwar nicht nur in bezug auf den Wirtschaftsgipfel Houston, sondern auch auf den Europäischen Rat Dublin[10]: Dort werde der Gesamtkomplex der wirtschaftlich-finanziellen Nöte der mittel-, ost- und südosteuropäischen Reformstaaten auf der Tagesordnung stehen. In diesem Sinne habe er bereits seinen Kollegen geschrieben.[11] Er hoffe, daß deren Befürwortung sich auch in Taten auswirken werde.

Im übrigen seien die Wirtschaftsfragen zwischen DDR und Polen begrenzt im Verhältnis zu dem, was aus dem Verhältnis DDR-SU auf uns zukomme. So wisse er erst seit zwei Tagen, was die DDR der SU für die Truppenstationierung bisher tatsächlich gezahlt habe[12] – dies würden wir nicht im selben Umfang tun.

Was den weiteren Weg zur deutschen Einheit angehe – so der BK weiter –, so rechne er mit gesamtdeutschen Wahlen im Dezember. Dabei sei es keineswegs sein Ziel, künstliche Hektik zu erzeugen. Tatsächlich gehe der Druck von den Menschen in der DDR aus. Gäbe es z. B. jetzt nicht die Wirtschafts-, Währungs- und Sozialunion, dann wären bereits in diesem Jahr 600 000 weitere Übersiedler zu uns gekommen.

B. pflichtet bei: Hier handele es sich in der Tat um eine Zwangssituation.

Der BK erläutert die Zeitvorstellungen, die er bei Vorlage seiner 10 Punkte[13] gehegt habe, und die Gründe für den Stimmungsumschwung in der DDR Anfang dieses Jahres mit daraus folgender Übersiedlungswelle. Nur durch frühzeitige Volkskammerwahlen und durch Einführung der Deutschen Mark in der DDR zur Jahresmitte sei man in der Lage gewesen, die Abwanderung – und zwar der besten Leute – zu stoppen.

Die Frage B., ob diese Übersiedlungsbewegung nun zum Stillstand gekommen sei, bejaht der BK im Prinzip – wir hätten heute praktisch normale Binnenfluktuation (Exkurs: Entwicklung der Arbeitslosenzahlen in der Bundesrepublik Deutschland, Struktur der Arbeitslosigkeit, 580 000 neu geschaffene Arbeitsplätze in den letzten 5 Monaten).

Der BK schließt mit einer optimistischen Perspektive: In der DDR werde jetzt ein dramatischer Umstellungsprozeß beginnen, die Marktwirtschaft werde sich durchsetzen, die Lebensverhältnisse [würden sich] denen der heutigen Bundesrepublik Deutschland rasch angleichen. Dies werde selbstverständlich nicht ohne Auswirkungen auf die deutsch-polnischen Wirtschaftsbeziehungen bleiben. Gerade wegen des besonderen politischen und psychologischen Hintergrunds im deutsch-polnischen Verhältnis wolle er auf keinen Fall, daß derartige wirtschaftliche Entwicklungen von der einen Seite als „Bösartigkeit" der anderen Seite gedeutet werden – es gehe um objektive Tatbestände und Entwicklungstendenzen, die

---

6 Nr. 12 Anm. 4.
7 Nr. 8 Anm. 6.
8 Memorandum der polnischen Regierung zum Thema Auslandsverschuldung, 21. Juni 1990; BK, 213 – 30105 P 4 Po 27, Balcerowicz, 22.6.1990.
9 Nr. 344A Anm. 17.
10 Nr. 344B Anm. 19.
11 Nr. 312.
12 Nr. 320.
13 Nr. 101 Anm. 14.

man frühzeitig erkennen und denen man notfalls gegensteuern müsse. Gerade unter diesem Aspekt gelte seine besondere Sorge den Grenzregionen, in denen man sich nicht weiter auseinanderleben, sondern im Gegenteil enger zusammenrücken müsse. Dies sei auch der tiefere Sinn seines Angebots an B., das Gespräch bald fortzusetzen.

B. dankt und stimmt mit dem Bundeskanzler Äußerungen gegenüber den Medien ab (u.a. Erwähnung dieser zweiten Gesprächseinladung)[14].

Kaestner

Nr. 324
Gespräche des Bundeskanzlers Kohl mit Staatspräsident Mitterrand
Assmannshausen und auf dem Rhein, 22. Juni 1990

BK, 211 – 30105 F 2 Fr 25, Präsident Mitterrand, 22.6.1990, Rheingau. – Vermerk des VLR I Bitterlich, 29. Juni 1990. – Mit Vorlage des MD Teltschik „Betr.: Ihr informelles Treffen mit dem französischen Staatspräsidenten am 22. Juni 1990 in Assmannshausen und auf dem Rhein" über Chef BK an den Bundeskanzler mit der Bitte um Billigung, 2. Juli 1990. Hs. von Bundeskanzler Kohl vermerkt: „Teltschik erl."

Betr.: Treffen des Bundeskanzlers mit dem französischen Staatspräsidenten am 22. Juni 1990
hier: Überblick über die wesentlichen Themen und Ergebnisse

1. Vorbereitung ER Dublin

a. Politische Union, Wirtschafts- und Währungsunion

Einvernehmen über Ziel, in Dublin[1] Entscheidung über Regierungskonferenz zur Politischen Union herbeizuführen und Termin für die Eröffnung der beiden Konferenzen zu konkretisieren (Dezember 1990 entsprechend Vorschlag der italienischen Präsidentschaft).
...[2]

f. Hilfe für die Sowjetunion sowie die Reformstaaten Mittel- und Osteuropas (Ungarn, Polen, ČSFR)

Der Bundeskanzler betont, auch unter Bezugnahme auf seine Botschaft,[3] daß es wichtig sei, in Dublin bzw. Houston Einigkeit über westliche Hilfe für die Reformstaaten Mittel-, Ost- und Südosteuropas sowie die Sowjetunion zu erzielen. Wenn jetzt keine Hilfe komme, gingen die Reformen schief – dies könne nicht in unser aller Interesse sein.

Er verweist auf den Besuch des ungarischen MP Antall am 21. Juni[4] (und den Besuch des polnischen Finanzministers am 22. Juni)[5] in Bonn. Es sei unverständlich, daß westliche, vor allem österreichische Banken unter Hinweis auf die Lage in Osteuropa derzeit Kapital aus Ungarn abzögen, obwohl die Wirtschaftsreformen sich gut entwickelten und die Regierung mutig vorgehe, gerade in bezug auf den Abbau der Subventionen.

---

14 Mitteilung des Regierungssprechers Klein, 22. Juni 1990, in: Bulletin. Nr. 80. 26. Juni 1990, 692.
1 Nr. 344B Anm. 19.
2 Im folgenden besprochen: Sitzfragen, Umweltpolitik, Organisiertes Verbrechen/Drogen, Südafrika.
3 Nr. 312.
4 Nr. 322.
5 Nr. 323.

Was die Sowjetunion angeht, sei es notwendig, ein solches Hilfsprogramm bis zum Herbst zu erarbeiten. Als Größenordnung würden 15–20 Mrd. Dollar genannt. Dies könnte die erste große Aufgabe der Ost-Europa-Bank sein.
...[6]

2. Deutsche Einheit

Der Bundeskanzler unterrichtet den Staatspräsidenten kurz über die gestrige Bundestagsdebatte. Er sei insbesondere erleichtert über die große Mehrheit für die Entschließung des Bundestages (und der Volkskammer) zur polnischen Westgrenze[7]. Formulierung sei weitgehender als der von Polen vorgeschlagene Text. Text werde heute der polnischen Seite durch die Bundesregierung übergeben.

Polnische Seite habe Vertragsentwurf vorgelegt,[8] der in anderen Fragen eine Reihe indiskutabler Forderungen enthalte. Polen greife z.B. durch Forderungen nach Änderung des Grundgesetzes und der Vertriebenengesetzgebung in die deutsche Innenpolitik ein.

Der Staatspräsident bemerkt, er habe heute morgen auf dem Flug die gestrige Rede des Bundeskanzlers[9] gelesen – „c'est un trés beau discours persuasif".

Der Bundeskanzler fährt fort, er hoffe, daß sich Polen bei den „2-plus-4"-Gesprächen in Paris[10] vernünftig verhalten werde. Er wolle, daß nach der Herstellung der Einheit als erstes ein Vertrag mit Polen geschlossen werde. Dieser Vertrag solle nicht auf die Grenzfrage beschränkt sein, sondern [die] Grundlage für eine umfassende Zusammenarbeit in der Zukunft bilden.

Ihm sei bewußt, daß die Zugehörigkeit eines vereinten Deutschlands zur NATO für Gorbatschow innenpolitisch schwierig sei. Diese Frage sei für uns jedoch nicht verhandelbar. Die Sowjetunion müsse dies akzeptieren (wichtig für die „Statik" Europas insgesamt). Zur Berücksichtigung der sowjetischen Anliegen seien wir bereit, daß für eine Übergangszeit von etwa 3 Jahren sowjetische Truppen auf dem heutigen Gebiet der DDR verbleiben. Gleiches gelte für eine Obergrenze der deutschen Streitkräfte, die jedoch nicht isoliert – außerhalb der Abrüstungsverhandlungen – festgelegt werden dürfe; Reduzierungen müßten sich zudem auf Zentraleuropa insgesamt beziehen, Deutschland dürfe nicht „singularisiert" werden. Zudem müsse die NATO angesichts der neuen Lage fortentwickelt werden. NATO-Gipfel müsse entsprechende Botschaft verabschieden.

3. NATO-Gipfel

Der Staatspräsident verweist darauf, daß er genauso in Moskau[11] argumentiert habe. NATO-Gipfel habe besondere Bedeutung für KSZE-Sondergipfel, wo man ja die Grundlagen für ein gemeinsames, aktives Sicherheitssystem auf der Basis gelungener Abrüstung legen wolle. Er halte dies für vorstellbar – nur müsse man sich vorher darüber klarwerden, was man meine, wenn man von einer „politischeren" Rolle der NATO bzw. der Bündnisse spreche. Die Allianz sei ja von Anfang [an] ein „politisches" Bündnis gewesen. Warschauer Pakt bestehe demgegenüber in Wahrheit nicht mehr. Allein die Sowjetunion selbst verbleibe als militärische Macht. Zeichen dieser politischen Rolle sei es, daß man ein neues Gleichgewicht in Europa anstrebe. Notwendigen „Ausfluß" des NATO-Gipfels stelle der KSZE-Gipfel dar.

---

6 Im folgenden besprochen: Meistbegünstigungsklausel der amerikanischen Regierung gegenüber der UdSSR, Kredite für Staaten Mittel- und Osteuropas.
7 Nr. 322 Anm. 3.
8 Nr. 263A.
9 Nr. 323 Anm. 3.
10 Nr. 354 – Nr. 354B.
11 Nr. 296.

Der <u>Bundeskanzler</u> führt die Überlegung ein, beim KSZE-Gipfel ein „Gewaltverzichtsabkommen" zwischen NATO und Warschauer Pakt vorzuschlagen, konkretisiert durch eine entsprechende Erklärung der Länder der NATO und des Warschauer Pakts, der sich die Neutralen anschließen könnten.

Der <u>Staatspräsident</u> stimmt dem zu. Es mache in der Tat keinen Sinn, eine solche Erklärung zwischen den Allianzen vorzunehmen.

Der <u>Bundeskanzler und der Staatspräsident</u> verabreden gemeinsame Vorbereitung für London durch die Herren Teltschik und Védrine.

Der <u>Bundeskanzler</u> wirft ein, er frage sich, wie die anderen Mitgliedstaaten der NATO auf eine solche Zielsetzung reagieren, insbesondere GB.

Der <u>Staatspräsident</u> betont die Notwendigkeit, zögernde Länder überzeugen zu müssen. Man müsse dabei vor allem realistisch sein und Klartext miteinander sprechen. Nur – einfach zu sagen, die Allianzen wandeln sich von einer „militärischen" zu einer „politischeren" Zielsetzung, sei nicht seriös.
…[12]

Bitterlich

Nr. 325
Zweites Treffen der Außenminister der Zwei plus Vier
Berlin-Niederschönhausen, 22. Juni 1990

BArch, B 136/20244, 221 – 34900 Wi 14 Bd. 1. – Vorlage des MDg Hartmann über Chef BK an den Bundeskanzler zur Unterrichtung, 23. Juni 1990. Hs. von Bundeskanzler Kohl vermerkt: „Teltschik erl."

1. Die Außenminister billigten
   - ein von den Experten bereits erarbeitetes Papier „Prinzipien zu Grenzen"
     (Anlage 1)[1],
   - die vorläufige Gliederung für Elemente einer abschließenden Regelung
     (Anlage 2)[2].
   Die Politischen Direktoren wurden beauftragt, die Diskussion über das zweite Dokument intensiv fortzusetzen, wobei das Dokument selbst um die Punkte erweitert werden soll, über die Konsens besteht. Gleichzeitig soll allerdings eine Liste der Fragen aufbereitet werden, über die keine Einigkeit erzielt werden kann. In Paris wollen die Außenminister eine Bilanz dieser Arbeit ziehen.
   Ein in der Sache weitergehendes Ergebnis war nicht zu erreichen und auch nach der vorausgegangenen zähflüssigen Diskussion mit dem sowjetischen Vertreter in den Expertensitzungen nicht zu erwarten.
2. Bei der kurzen Diskussion über das Grenzpapier wies BM Genscher auf die am Vortag von beiden deutschen Parlamenten mit überwältigender Mehrheit verabschiedete Entschließung zur polnischen Westgrenze hin.[3] Dieser Schritt wurde von den drei westlichen Außenministern sowie von AM Schewardnadse nachdrücklich begrüßt. AM Dumas fügte allerdings hinzu, die beiden deutschen Regierungen müßten jetzt in Verhandlungen über

---

12 Im folgenden besprochen: Einführung der Straßenbenutzungsgebühr in Deutschland.

1 Nr. 325A.
2 Nr. 325B.
3 Nr. 322 Anm. 3.

einen Vertrag eintreten – eine Forderung, die er auch in der späteren Pressekonferenz wiederholte.

Darüber hinaus erklärten die drei westlichen Außenminister – unterstützt von AM Schewardnadse –, den Polen müsse in Paris[4] noch Gelegenheit gegeben werden, sich zu dem vorliegenden Prinzipienpapier über Grenzen zu äußern. Sie dürften nicht vor ein „fait accompli" gestellt werden.

3. Nachdem AM Schewardnadse bereits bei der Zeremonie am „Checkpoint Charlie"[5] mit seinem Vorschlag, die alliierten Truppen aus dem Großraum Berlin sechs Monate nach der Bildung einer gesamtdeutschen Regierung abzuziehen, Aufsehen erregt hatte, sorgte er auf dem Treffen selbst durch die Vorlage von „Grundprinzipien für eine abschließende völkerrechtliche Regelung mit Deutschland" für eine weitere Überraschung (**Anlage 3**)[6]. Im Kern läuft der sowjetische Entwurf (Autor dürfte der frühere Bonner Botschafter Kwizinskij sein) darauf hinaus, daß nach der Vereinigung Deutschlands die Rechte und Verantwortlichkeiten der Vier Mächte für eine Übergangsperiode von mindestens fünf Jahren noch in Kraft bleiben.

Während dieser Übergangsperiode sollen sämtliche internationalen Verträge der DDR und der BR Deutschland weiterhin gültig bleiben und [soll] sich auch die Zugehörigkeit der DDR zum Warschauer Pakt und der Bundesrepublik Deutschland zur NATO nicht ändern.

Ferner sollen während der Übergangsperiode auf deutschem Territorium weiterhin Truppenkontingente der Vier Mächte stationiert bleiben, die aber im Wege von Verhandlungen drastisch reduziert werden sollen, und zwar innerhalb von drei Jahren um 50% der Truppenstärke zum Zeitpunkt der Unterzeichnung der vorgeschlagenen Regelung. Danach sollen die Streitkräfte der Vier Mächte vollständig abgezogen werden oder eine symbolische Obergrenze nicht überschreiten.

Für die deutschen Streitkräfte schlägt der sowjetische Entwurf Reduzierungen und strukturelle Veränderungen innerhalb von drei Jahren auf eine Obergrenze von 200000 bis 250000 Mann für alle drei Truppengattungen vor. (DDR-Außenminister Meckel machte sich diese Forderung sowohl in der Sitzung als auch später in der Pressekonferenz zu eigen.) Eine ausführliche Bewertung des sowjetischen Entwurfs wird Ihnen in der nächsten Woche vorgelegt werden.[7] An dieser Stelle möchte ich nur auf einen Passus hinweisen, der von grundsätzlicher Bedeutung ist: Hiernach soll nach Auflösung der Rechte und Verantwortlichkeiten der Vier Mächte das vereinte Deutschland nicht in seinem Recht begrenzt werden, solche internationalen Abkommen zu schließen, die es wünschen wird – allerdings mit dem Zusatz unter Berücksichtigung der Bestimmungen dieser Grundprinzipien".

4. Der sowjetische Ansatz, die Regelung des sicherheitspolitischen Status Deutschlands über den Zeitpunkt der Wiedervereinigung hinaus zu verschieben, wurde von den westlichen Außenministern deutlich kritisiert. Außenminister Baker arbeitete diesen Dissens in der Diskussion klar heraus und erklärte, mit dem Tag der Wiedervereinigung müsse Deutschland voll souverän sein und dürfe nicht durch irgendwelche Auflagen singularisiert oder diskriminiert werden. Auch AM Genscher fügte mit großem Nachdruck hinzu, das vereinte Deutschland dürfe nicht mit offenen Fragen belastet werden. Der britische und [der] französische Außenminister warnten davor, eine Lücke zwischen der innenpolitischen Entwicklung in Deutschland und der Arbeit an den äußeren Aspekten entstehen zu lassen.

---

4 Nr. 354 – Nr. 354B.
5 Am 22. Juni 1990 wurde in Anwesenheit von Bundesminister Genscher und der Außenminister der Vier Mächte, Baker, Dumas, Hurd und Schewardnadse, der alliierte Grenzkontrollpunkt Checkpoint Charlie im amerikanischen Sektor von Berlin demontiert.
6 Nr. 325C.
7 Nr. 327.

Wie mir AM Genscher mitteilte, ist dieser Dissens beim Mittagessen im Kreise der Außenminister noch einmal deutlich zur Sprache gebracht worden. Dabei habe er AM Schewardnadse unser Konzept erläutert, die sicherheitspolitischen Fragen – außerhalb von 2+4 – in den dafür zuständigen Foren – der NATO, den Wiener Verhandlungen sowie im KSZE-Prozeß – abzuklären. Zu den Punkten, die bis zur Wiedervereinigung geklärt sein könnten, gehöre auch die Frage der Obergrenze der künftigen deutschen Streitkräfte. Schewardnadse habe auf diese Überlegungen positiv reagiert. AM Genscher – wie auch andere Teilnehmer des Treffens – schließen nicht aus, daß der sowjetische Vorstoß auch vor dem Hintergrund der Moskauer Innenpolitik, insbesondere dem bevorstehenden Parteitag der KPdSU[8], erfolgte.

5. Daß der sowjetische Vorstoß nicht das „letzte Wort" sein dürfte, zeigte sich in der dann folgenden abschließenden Diskussion, in der es BM Genscher gelang, den sowjetischen Außenminister Schewardnadse darauf festzulegen, daß das Abschlußdokument bis zum KSZE-Sondergipfel am 7. November fertiggestellt werden soll.

Auf diesen Termin für den KSZE-Sondergipfel hatte BM Genscher nicht zuletzt unter Hinweis auf gesamtdeutsche Wahlen Anfang Dezember gedrängt. Er fand hierfür die nachdrückliche Unterstützung des amerikanischen und [des] britischen Außenministers. Auch AM Dumas ließ sich schließlich zu der Feststellung herbei, man werde in Paris überlegen, <u>ob man den KSZE-Sondergipfel auf November vorziehen könne. ...</u>[9]

Hartmann

Nr. 325A
Anlage 1
Prinzipien für die Diskussion unter Tagesordnungspunkt 1

1. Das vereinte Deutschland wird die Gebiete der Bundesrepublik Deutschland, der Deutschen Demokratischen Republik und ganz Berlins umfassen. Seine Außengrenzen werden definitiv die Grenzen der Deutschen Demokratischen Republik und der Bundesrepublik Deutschland am Tage des Inkrafttretens der endgültigen Regelung sein.
2. Das vereinte Deutschland und die Republik Polen bestätigen die bestehende Westgrenze Polens in einem völkerrechtlich verbindlichen Vertrag.
3. Das vereinte Deutschland hat keinerlei Gebietsansprüche gegen andere Staaten und wird solche auch nicht in Zukunft erheben.
4. Die Regierungen der Bundesrepublik Deutschland und der Deutschen Demokratischen Republik werden sicherstellen, daß die Verfassung des vereinten Deutschland keinerlei Bestimmungen enthalten wird, die mit diesen Prinzipien unvereinbar sind. Dies gilt dementsprechend für die Bestimmungen, die in der Präambel und in den Artikeln 23 Satz 2 und 146 des Grundgesetzes für die Bundesrepublik Deutschland niedergelegt sind.
5. Die Regierungen der UdSSR, der USA, des Vereinigten Königreiches und Frankreichs nehmen die entsprechenden Verpflichtungen und Erklärungen der Regierungen der Bundesrepublik Deutschland und der Deutschen Demokratischen Republik förmlich entgegen und stellen fest, daß mit deren Verwirklichung den Grenzen Deutschlands ihr definitiver Charakter bestätigt wird.

8 Nr. 350 Anm. 4.
9 Ein Satz nicht freigegeben.

Nr. 325B
Anlage 2
Eine vorläufige Gliederung für Elemente einer abschließenden Regelung

Mit ms. Anmerkung: „Der Inhalt dieses Dokuments wurde noch nicht endgültig abgestimmt und erfordert weitere Erörterung."

- Präambel
  - allgemeine politische Erklärung, die die bedeutsamen internationalen Faktoren aufzeigt, in die sich die Vereinigung Deutschlands einfügt.
- Grenzen
  - Bezugnahme auf die fünf den Ministern vorgelegten Prinzipien zu Grenzen.[10]
- Berlin
  - Auflösung der 4-Mächte-Institutionen, -Einrichtungen und -Übereinkommen einschließlich der Ablösung des 4-Mächte-Abkommens.
  - [Übertragung aller restlichen alliierten Gesetzgebung auf die deutschen Behörden.][11]
  - Ablösung des Besatzungsregimes und des 4-Mächte-Status, einschließlich für die dort stationierten Truppen.

Nr. 325C
Anlage 3
Grundprinzipien für eine abschließende
völkerrechtliche Regelung mit Deutschland

Inoffizielle Übersetzung. Entwurf.

Von ... bis ... fanden in ... Verhandlungen von Außenministern der Deutschen Demokratischen Republik und der Bundesrepublik Deutschland mit den Außenministern des Vereinigten Königreichs von Großbritannien und Nordirland, der Französischen Republik, der Vereinigten Staaten von Amerika und der Union der Sozialistischen Sowjetrepubliken statt, die aufgrund ihrer Rechte und Verantwortlichkeiten gegenüber Deutschland als Ganzes und Berlin handelten, die in Vereinbarungen und Beschlüssen der vier Mächte der Kriegs- und Nachkriegszeit, im Statut der Organisation der Vereinten Nationen und in ihren Dokumenten festgelegt worden sind bzw. ihren Niederschlag in den Verträgen der Union der Sozialistischen Sowjetrepubliken mit der Deutschen Demokratischen Republik sowie des Vereinigten Königreichs von Großbritannien und Nordirland, der Französischen Republik und der Vereinigten Staaten von Amerika mit der Bundesrepublik Deutschland gefunden haben. Im Ergebnis der Verhandlungen wurden nachstehende Grundprinzipien für eine abschließende völkerrechtliche Regelung mit Deutschland vereinbart, die die äußeren Bedingungen bestimmen, bei deren Verwirklichung die Deutsche Demokratische Republik und die Bundesrepublik Deutschland im Zuge der Realisierung ihres Rechts auf Selbstbestimmumg einen einheitlichen deutschen Staat in der Form und in dem Zeitraum gründen können, die von ihnen für zweckmäßig gehalten werden, und unter Berücksichtigung von legitimen Rechten und Interessen anderer Staaten, einschließlich derer, die an diesen Verhandlungen nicht teilgenommen haben.

10 Nr. 325A.
11 Eckige Klammern in der Textvorlage.

1. Das vereinte Deutschland wird die Territorien der Deutschen Demokratischen Republik, der Bundesrepublik Deutschland und des Gebiets von Groß-Berlin einschließen. Seine äußeren Grenzen werden endgültig die Grenzen der Deutschen Demokratischen Republik und der Bundesrepublik Deutschland seit dem Inkrafttreten der abschließenden Regelung. Das vereinte Deutschland und die Republik Polen bestätigen die bestehende westliche Grenze Polens in einem Vertrag, der einen verbindlichen Charakter in Übereinstimmung mit dem Völkerrecht hat.

Das vereinte Deutschland hat keine Gebietsansprüche gegenüber irgendeinem Staat und wird keine solchen Ansprüche in der Zukunft erheben.

Die Regierungen der Bundesrepublik Deutschland und der Deutschen Demokratischen Republik werden gewährleisten, daß die Verfassung des vereinten Deutschlands sowie sonstige deutsche Rechtsbestimmungen und Vorschriften keine Bestimmungen enthalten, die im Widerspruch zu diesen Grundprinzipien stehen. Das bezieht sich dementspechend auf die Bestimmungen, die in der Präambel, im Art. 23 (Satz 2) und 146 des Grundgesetzes für die Bundesrepublik Deutschland enthalten sind.

Die Regierungen des Vereinigten Königreichs von Großbritannien und Nordirland, der Französischen Republik, der Vereinigten Staaten von Amerika und der Union der Sozialistischen Sowjetrepubliken nehmen entsprechende Verpflichtungen und Erklärungen der Regierung der Bundesrepublik Deutschland und der Deutschen Demokratischen Republik zur Kenntnis und erklären, daß nach deren Erfüllung der endgültige Charakter der Grenzen des vereinten Deutschlands bestätigt wird.

2. Das vereinte Deutschland wird seine Politik dermaßen gestalten, daß von seinem Boden nur Frieden ausgehen wird. Von seinem Gebiet her werden keine militärischen Aktionen gegen irgend jemand weder mit eigenen Kräften noch im Bunde mit anderen Staaten vorgenommen, ausschließlich der Fälle der Verwirklichung des legitimen Rechts auf Selbstverteidigung. Auf dessen Gebiet dürfen ebenso militärische Aktivitäten von Drittstaaten nicht stattfinden, gegen wen sie auch gerichtet sein möchten.

Ihrerseits werden sich das Vereinigte Königreich von Großbritannien[12], die Vereinigten Staaten von Amerika und die Union der Sozialistischen Sowjetrepubliken dem vereinten Deutschland gegenüber von demselben leiten lassen.

3. Die Streitkräfte des vereinten Deutschlands werden hinsichtlich ihrer Stärke und Bewaffnung bis auf das Niveau der vernünftigen Hinlänglichkeit für Verteidigungszwecke abgebaut und strukturellen Veränderungen zum Zwecke der Gewährleistung von Unfähigkeit zu Offensivhandlungen unterzogen werden. Diese Reduzierungen und strukturellen Veränderungen werden binnen 3 Jahren vorgenommen, gerechnet von dem Augenblick der Gründung des gesamtdeutschen Parlaments und der Regierung, unter Anwendung von Mechanismen der Wiener Verhandlungen oder, im Falle der Nichtbeachtung von festgelegten Fristen, auch unabhängig von diesen Verhandlungen.

Zu jedem gegebenen Zeitpunkt jeweils drei Jahre nach der Bildung des gesamtdeutschen Parlaments und der Regierung wird die Stärke der deutschen Streitkräfte die summarische Obergrenze von 200 bis 250 Tausend Mann für Landstreitkräfte, Luftwaffe und Marine nicht überschreiten.

Das vereinte Deutschland wird keine ABC-Waffen herstellen, besitzen, erhalten, auf seinem Gebiet stationieren. Das vereinte Deutschland verpflichtet sich darüber hinaus, über Arten von diesen Waffen weder vollständig noch teilweise zu verfügen wie auch sich bei Beschlußfassung hinsichtlich deren Anwendung nicht [zu] beteiligen.

4. Das vereinte Deutschland wird die Legitimität jener Maßnahmen und Verfügungen aner-

---

12 In der Textvorlage vermutlich versehentlich nicht aufgeführt: „und Nordirland, die Französische Republik".

kennen, die von den vier Mächten gemeinsam oder in jeder ihrer ehemaligen Besatzungszonen hinsichtlich der Entnazifizierung, der Entmilitarisierung und der Demokratisierung getroffen wurden. Die Rechtmäßigkeit dieser Beschlüsse einschließlich der Vermögens- und Bodenfragen wird einer Überprüfung bzw. Revision durch deutsche Gerichte bzw. durch andere deutsche Staatsorgane nicht unterliegen.

Die deutschen Behörden werden dazu beitragen, daß die während des Zweiten Weltkrieges in Deutschland als Zwangsarbeiter eingesetzten Personen eine gerechte Entschädigung erhalten.

5. Das vereinte Deutschland wird alle notwendigen Vorkehrungen gegen die Wiederbelebung der nazistischen politischen Ideologie sowie der nationalsozialistischen politischen Parteien und Bewegungen treffen. Im Falle des Entstehens solcher Parteien und Bewegungen werden ihre Aktivitäten verboten werden.

6. Das vereinte Deutschland verpflichtet sich, die Unantastbarkeit von Gedenkstätten und anderen Denkmälern zu gewähren, die auf dem deutschen Territorium zum Andenken an Opfer errichtet wurden, die von Völkern bei der Zerschlagung des Faschismus erbracht worden sind, sowie der Kriegsgräber der Armeeangehörigen der Staaten der Anti-Hitler-Koalition. Diese Objekte werden entsprechend gepflegt werden.

7. In Übereinstimmung mit dem Prinzip „PACTA SUNT SERVANDA" bekräftigt das vereinte Deutschland die Gültigkeit sämtlicher internationaler Verträge und Abkommen, die von der Deutschen Demokratischen Republik und der Bundesrepublik Deutschland abgeschlossen wurden, für eine Übergangsperiode, die fünf Jahre nach der Gründung eines einheitlichen deutschen Parlaments und einer einheitlichen Regierung dauern wird. Die tatsächliche Lage, wie sie zum Zeitpunkt der Vereinigung Deutschlands bestand, die mit Zugehörigkeit der DDR zur Organisation der Warschauer Vertrages und der Bundesrepublik Deutschland zur NATO verbunden ist, wird sich nicht ändern, und die Kompetenzen der Organisation des Warschauer Vertrages und der NATO werden nicht auf die Territorien ausgedehnt, die nicht zu ihren Wirkungsbereichen gehörten.

Im Laufe von 21 Monaten, gerechnet vom Zeitpunkt der Gründung eines einheitlichen deutschen Parlaments und einer einheitlichen Regierung werden zwischen Deutschland und den früheren Vertragspartnern Verhandlungen durchgeführt werden, die Präzisierung, Änderung oder Einstellung von gültigen Verpflichtungen und deren Ersatz durch neue Verpflichtungen nach gegenseitiger Zustimmung zum Ziel haben werden. Das betrifft auch die materiell-finanziellen und sonstige Bedingungen der Anwesenheit der Truppen der Vier Mächte in Deutschland. Alle Bestimmungen, die sich auf die Übergangsperiode beziehen, werden im Kontext einer abschließenden völkerrechtlichen Regelung mit Deutschland verwirklicht.

Nach der Auflösung der Rechte und Verantwortlichkeiten der vier Mächte wird das vereinte Deutschland nicht in seinem Recht begrenzt, solche internationale Abkommen zu schließen, die es wünschen wird, unter Berücksichtigung der Bestimmungen dieser Grundprinzipien.

8. Im Laufe der Übergangsperiode, die nicht weniger als 5 Jahre ab dem Tag der Gründung eines einheitlichen deutschen Parlaments und einer einheitlichen Regierung dauern wird, werden auf dem Territorium des vereinten Deutschland Truppenkontingente des Vereinigten Königreiches, der Französischen Republik, der Vereinigten Staaten von Amerika und der Sowjetunion auch weiterhin stationiert. Die Bedingungen für ihre Anwesenheit und ihre Tätigkeit werden durch Abkommen festgelegt werden, die die Deutsche Demokratische Republik mit der Sowjetunion sowie die Bundesrepublik Deutschland mit dem Vereinigten Königreich, der Französischen Republik und den Vereinigten Staaten von Amerika entsprechend abgeschlossen haben.

Im Laufe der Übergangsperiode werden Verhandlungen über tiefgreifende Reduzierungen von Truppen der vier Mächte in Deutschland auf der Grundlage der Gegenseitigkeit durchgeführt werden. Nachdem die deutschen Streitkräfte, wie es im Abs. 3 dieser Grundprinzipien vorgesehen ist, ihre Gesamtobergrenze erreichen, müssen die Truppenkontingente der vier Mächte nicht mehr als 50% von der Truppenstärke dieser Streitkräfte für den Zeitpunkt der Unterzeichnung dieses Dokumentes betragen. Die Streitkräfte der vier Mächte sollen fernerhin vom Gebiet Deutschlands vollständig abgezogen werden oder eine vereinbarte symbolische Obergrenze nicht überschreiten, die zwischen der deutschen Regierung und dem Vereinigten Königreich, der Französischen Republik, den Vereinigten Staaten von Amerika und der Sowjetunion jeweils bilateral zu vereinbaren ist.

9. Die Truppenkontingente des Vereinigten Königreichs, der Französischen Republik und der Vereinigten Staaten von Amerika werden die mit der jetzigen Staatsgrenze zwischen der Deutschen Demokratischen Republik und der Bundesrepublik Deutschland zusammenfallende Linie, mit Ausnahme der Verschiebung ihrer Truppen aus den in [den] Westsektoren Berlins stationierten Verbänden, nicht überschreiten. Die Truppenkontingente der Sowjetunion werden die genannte Linie ihrerseits ebenso nicht überschreiten.

10. Die Truppenkontingente der Bundesrepublik Deutschland sowie die Truppenkontingente der Nationalen Volksarmee der Deutschen Demokratischen Republik werden dementsprechend die mit der jetzigen Staatsgrenze zwischen der Bundesrepublik Deutschland und der Deutschen Demokratischen Republik zusammenfallende Linie nicht überschreiten. Die Gebiete der ständigen Stationierung der Truppenkontingente der Bundeswehr werden in drei Jahren nach der Unterzeichnung dieses Dokuments westlich der Linie Kiel-Bremen-Frankfurt-am-Main-Heilbronn-Stuttgart-Konstanz und die Gebiete der ständigen Stationierung der Truppenkontingente der Nationalen Volksarmee östlich der Linie Rostock-Leipzig-Gera-Schleiz liegen. Solche Regelung bleibt in Kraft bis zur Auflösung der NATO und der Organisation des Warschauer Vertrages bzw. bis zum Austritt Deutschlands aus diesen Bündnissen.

Ohne das Vorgebrachte zu beeinträchtigen, kann das vereinte Deutschland über Grenzschutzverbände, Polizeieinheiten und Zolldienst verfügen, die ohne Beschränkung auf dem gesamten Territorium des Landes tätig sind.

11. Nach der Bildung des einheitlichen deutschen Parlaments und der Regierung wird das Besatzungsregime der Westsektoren Berlins aufgehoben, alle Truppen der vier Mächte verlassen das Gebiet Groß-Berlins binnen sechs Monaten. Die alliierten Vereinbarungen über Berliner Luftkorridore, [die] Berliner Kontrollzone, [die] Regelung des militärischen Transits über Landverbindungen treten außer Kraft, worüber ein entsprechendes Protokoll von hierfür beauftragten Vertretern der vier Mächte unterzeichnet wird. Die in Westsektoren Berlins tätige Alliiertenkommandatura sowie Militärmissionen und andere beim Alliierten Kontrollrat in Berlin akkreditierte diplomatische Vertretungen werden aufgelöst.

Danach erklären das Vereinigte Königreich, die Französische Republik, die Vereinigten Staaten von Amerika und die Sowjetunion, daß die Gültigkeit des Vierseitigen Abkommens vom 3. September 1971[13] ausgesetzt wird. Das Abkommen verliert endgültig Kraft am Tage der Beendigung der Gültigkeit der vierseitigen Rechte und Verantwortlichkeiten in bezug auf Berlin und Deutschland als Ganzes.

Die Seiten werden dazu beitragen, die Möglichkeiten Berlins für die Schaffung der gesamteuropäischen Strukturen der Sicherheit und Zusammenarbeit zu nutzen, einschließlich der Unterbringung von entsprechenden Organen in dieser Stadt.

12. Parallel dazu und bei optimaler Synchronisierung mit dem Vereinigungsprozeß Deutschlands sowie Realisierung der vorgenannten Grundprinzipien für eine abschließende völkerrechtliche Regelung werden die Deutsche Demokratische Republik und die Bundesrepublik Deutschland gemeinsam mit dem Vereinigten Königreich, der Französischen Re-

---

13 Nr. 2 Anm. 25.

publik, den Vereinigten Staaten von Amerika und der Sowjetunion sowie in Zusammenarbeit mit anderen KSZE-Staaten aktiv zu einer weiteren Vertiefung und Entwicklung des Helsinki-Prozesses als Hauptfaktor der Stabilität in Europa beitragen.

Zu diesem Ziel werden sie energische Maßnahmen treffen zur Institutionalisierung des KSZE-Prozesses und Bildung neuer integrierender und auf eine gegenseitige Anpassung gerichteter Strukturen im Bereich der Politik, Sicherheit (einschließlich der Verhinderung von Kriegsgefahr und Konflikten, der Verringerung der militärischen Bedrohung und des Ausbaus vertrauensbildender Maßnahmen, der Durchführung der Rüstungskontrolle), Wirtschaft, Wissenschaft und Technik, Ökologie, Menschenrechte und humanitären Zusammenarbeit.

13. Diese Grundprinzipien werden der Konferenz der Staats- und Regierungschefs von Staaten vorgelegt werden, die die Schlußakte von Helsinki unterzeichnet haben.

Sie müssen von Parlamenten der an deren Ausarbeitung beteiligten Staaten und – nach Abschluß des Vereinigungsprozesses beider deutschen Staaten – auch durch das Parlament Deutschlands ratifiziert werden.

14. Nach Ablauf von 21 Monaten nach der Bildung des Parlaments und der Regierung des neuen vereinten Deutschlands findet eine Konferenz von Außenministern des Vereinigten Königreichs, der Französischen Republik, der Vereinigten Staaten von Amerika, der Sowjetunion und Deutschlands statt, bei der die Ergebnisse der Verhandlungen zwischen Deutschland und den Teilnehmerstaaten der mit der Deutschen Demokratischen Republik und der Bundesrepublik Deutschland jeweils früher geschlossenen Verträge sowie die allgemeine Situation bei der Erfüllung dieser Gundprinzipien für eine abschließende völkerrechtliche Regelung erörtert werden. Die Konferenzteilnehmer bestimmen danach den Ablauf und Zeitpunkt der Unterzeichnung eines Schlußprotokolls über die Beendigung der Rechte und Verantwortlichkeiten der vier Mächte für Berlin und Deutschland als Ganzes und vereinbaren notwendige Schritte zur Rücknahme von Klauseln, die von [den] vier Mächten bei der Aufnahme beider deutschen Staaten in die Organisation der Vereinten Nationen vorgebracht wurden.

Geschehen zu … am …

in … Urschriften, jede in russischer, englischer, französischer und deutscher Sprache, wobei jeder Wortlaut gleichermaßen verbindlich ist.

(Unterschriften)

Nr. 326
**Vorlage des Oberstleutnants i.G. Ludwigs und
des Vortragenden Legationsrats Westdickenberg an Ministerialdirektor Teltschik
Bonn, 25. Juni 1990**

BK, 212 – 37921 Na 8 NA 5, Hauptvorgang. – VS-NfD. Hs. vermerkt: „zdA K[aestner] 9/7".

Betr.: Bewertung und Ergänzung des amerikanischen Entwurfs einer NATO-Gipfelerklärung (Bush-Brief)

Nachfolgend werden Ihnen eine Kurzbewertung des US-Entwurfs (zusammengefaßt nach Hauptabschnitten) und – soweit erforderlich und möglich – Ergänzungsvorschläge (ausformuliert oder zumindest in der Tendenzrichtung) vorgelegt, wie sie im Rahmen eines „brainstorming" unter Beteiligung von AA und BMVg (ohne diese zu binden, auf persönlicher Basis) erarbeitet wurden.

1. Zusammenfassende Kurzbewertung

Ganz in unserem Sinne sieht Präsident Bush im Gipfel und seiner Erklärung große Bedeutung für das Bild des Bündnisses in der Zeit des jetzt ablaufenden geschichtlichen Wandels und will die Erklärung deshalb kurz, unbürokratisch und öffentlichkeitswirksam verfaßt sehen. Er wendet sich mit seinem Schreiben an Mitterrand, Thatcher, Andreotti und Wörner.

Herausragend im Schreiben von Präsident Bush[1] und [in] dem Entwurf der Gipfelerklärung[2] sind insbesondere folgende Punkte:

– Eine gemeinsame Erklärung von NATO- und WP-Staaten wird mit „erheblichen Bedenken" betrachtet und deshalb im Entwurf nur sehr eingeschränkt angesprochen. Gründe: Sorge um Gleichwertigkeit NATO-WP; praktische Probleme bei Aushandlung der Erklärung gerade im Hinblick auf als problematisch angesehene Schewardnadse-Vorschläge[3]; Sorge, daß „Zwei-plus-Vier"-Gespräche verzögert werden könnten. Allerdings: BK-Gedanke einer Nichtangriffs-Erklärung[4] sei akzeptabel.

– Die auch von ihm anerkannte Notwendigkeit von Veränderungen des Bündnisses wird z.T. nur zögerlich, z.T. vage und oft in einem längerfristigen Zeitrahmen angesprochen, insbesondere im SNF-Bereich und [in] der Nuklearproblematik insgesamt. Hierbei fällt besonders die Verknüpfung von westlichen Maßnahmen mit dem völligen Rückzug von SU-Streitkräften in die SU auf.

– Der gesamte Bereich Stärkung der KSZE bzw. Aufbau neuer Strukturen allgemein enthält zwar eine zahlenmäßig beachtliche Aufzählung von Vorschlägen und bewegt sich auf unsere Position zu, erfährt aber letztlich doch eine geringere Aufmerksamkeit, als wir es uns vorstellen.

Diese Auffassung wurde im großen und ganzen auch von den anwesenden Ressortleitern geteilt. Sie sehen wie wir, daß neben bemerkenswert positiven Aspekten (z.B. grundsätzliche Akzeptanz eines Konfliktverhütungszentrums) aus unserer Sicht der Hauptmangel darin liegen dürfte, daß aus deutscher Sicht die erhoffte „Signalwirkung" von der jetzigen Fassung noch nicht ausgeht.

Dazu bedarf es einiger, nicht unwesentlicher Ergänzungen, die – bevor sie ins Bündnis eingebracht werden – bilateral mit der amerikanischen Seite aufgenommen werden sollten. Hierfür besteht ein gewisser Eilbedarf, weil die ebenfalls Angeschriebenen vermutlich z.T. umgehend reagieren werden (z.B. PM Thatcher).

2. Bewertung des Entwurfs im einzelnen
(Buchstabe „a" jeweils Bewertung, Buchstabe „b" die Ergänzung)

Ziffer 1 bis 3 (Einleitung, pol. Lageanalyse)

a) Der einleitenden Analyse ist grundsätzlich zuzustimmen. Es kommt – z.T. noch steigerungsfähig – die Bedeutung des Wandels zum Ausdruck und die Notwendigkeit und Bereitschaft, daß sich das Bündnis anpassen muß. Auffällig und abschwächungsbedürftig erscheint an dieser Stelle die Hervorhebung des Verteidigungsaspektes; stärkungsbedürftig – wenn auch schon angelegt – die Kooperationsbereitschaft. Der von uns angestrebte Adressatenkreis (SU, kleinere WP-Staaten, eigene Öffentlichkeit) könnte noch deutlicher angesprochen werden.

---

1 Nr. 321.
2 Nr. 321A.
3 Nr. 305 Anm. 15.
4 Dazu Nr. 305.

b) Konkrete Änderungsvorschläge wurden nicht geäußert, jedoch allgemein zum Ausdruck gebracht, daß Passagen aus der „Turnberry-Erklärung"[5] und der „Bonner Erklärung"[6] Eingang finden sollten. Die Zielrichtung müsse sein, den Gedanken der letzten Ziffer 22 bereits an den Anfang der Erklärung als Auftakt zu setzen.

Darüber hinaus sollten – soweit möglich – sowjetische Vorstellungen (Schewardnadse-Brief)[7] aufgegriffen werden.

Ziffer 4 (Bekenntnis zum Nichtangriff)

a) Sowohl inhaltlich als auch dem Umfang nach wird diesem – immer deutlicher sich herausschälenden zentralen (deutsche NATO-Mitgliedschaft!) – sowjetischen Anliegen nicht ausreichend Rechnung getragen. Anstelle eines Vertrages (SU-Wunsch) oder zumindest einer gemeinsamen Erklärung (so überwiegend – wie auch wir – die Bündnispartner) werden lediglich einseitige, gleichlautende Bekenntnisse der jeweiligen Bündnisstaaten zum Nichtangriff vorgeschlagen. Diese Ziffer dürfte eines der schwierigsten Probleme im bilateralen Kontext mit den USA aufwerfen. Evtl. berücksichtigt US-Ansatz noch nicht, daß ein „Block-zu-Block"-Ansatz bereits zumindest im Bündnis abgelehnt ist und einige kleinere WP-Staaten prinzipiell nichts gegen gemeinsame Erklärung einzuwenden haben.

b) Konkrete Änderungsvorschläge wurden nicht vorgebracht, jedoch bestand in der Zielrichtung Einvernehmen, daß in der Londoner Erklärung ein unmißverständliches Angebot zu einer gemeinsamen Erklärung der Bündnis-Mitglieder beider Organisationen enthalten sein müsse. Zum Inhalt einer solchen Erklärung: Gewaltverzichtsformulierungen aus der VN-Charta, der KSZE-Schlußakte, dem Dokument der Konferenz von Stockholm[8] und der Bonner Erklärung.

Ziffer 5–6 (Vorschläge zu engerem Kontakt WP-Mitglieder mit NATO)

a) Es werden u. a. angeregt: Einladung an Gorbatschow, vor NATO-Rat zu sprechen; Angebot an WP-Mitgliedstaaten, Verbindungsmissionen bei der NATO einzurichten; Angebot, Besuch von NATO-OB Galvin in den WP-Hauptstädten. Im Prinzip keine Einwände, jedoch ergänzungsbedürftig.

b) Einladungsvorschlag an Gorbatschow in Ziffer 5 könnte dahingehend konkretisiert werden, daß er zu einem NATO-Außenminister- bzw. Gipfeltreffen eingeladen wird.

Ziffer 6 zu detailliert in Eingehen auf Galvin-Reise. Beschränkung auf allgemeine Bekenntnis zu einer Intensivierung der militärischen Kontakte, einschließlich der Führung, ist vorzuziehen.

Ziffer 7 (Vorschlag zu einem Doktrinenseminar im Herbst 1990)

a) Der Grundgedanke, das erfolgreiche Experiment eines Doktrinenseminars vom Januar 1990[9] fortzusetzen, ist positiv; er sollte jedoch erweitert werden. Das Datum erscheint im Hinblick auf den dichten politischen Terminkalender in diesem Herbst verfrüht. Die Erwähnung des „Open-skies"-Vorschlags am Ende der Ziffer und „en passant" erscheinen ausreichend und sollten nicht ausgeweitet werden.

b) Dem in dieser Ziffer zum Ausdruck kommenden Gedanken der Vertrauensbildung sollte durch eine klare Vorgabe der Themen für das Seminar Rechnung getragen werden: Informationsaustausch über Strategiefragen, u. a. Prinzip der Hinlänglichkeit der Verteidigung, Transparenz der Verteidigungshaushalte und Rüstungsprogramme, Hilfe

5 Ebd., Anm. 12.
6 Nr. 319 Anm. 5.
7 Nr. 305 Anm. 15.
8 Dokument der Stockholmer Konferenz über Vertrauens- und Sicherheitsbildende Maßnahmen und Abrüstung in Europa, 19. September 1986, mit Anhängen in: Bulletin. Nr. 110. 26. September 1986, 929–936.
9 Nr. 321A Anm. 9.

bei der Konversion. Zudem sollte die Thematik weiterhin im 35er-KSZE-Rahmen bleiben und nicht auf 23er-Rahmen beschränkt werden.

Formulierungsvorschlag: 1. Satz bleibt. Rest wird gestrichen und wie folgt neu gefaßt: „Das Bündnis regt an, zur Förderung des gegenseitigen Verständnisses und Stärkung des Vertrauens im Frühjahr 1991 eine Zusammenkunft im KSZE-Rahmen zu veranstalten, und zwar insbesondere zu den Themen Informationsaustausch über Strategiefragen (u.a. zum Prinzip der Hinlänglichkeit der Verteidigung), Transparenz der Verteidigungshaushalte und Rüstungsprogramme, Hilfe bei der Konversion militärischer Ressourcen für zivile Zwecke im Bereich der Bündnisstaaten des Warschauer Paktes. Auf diese Weise möchten wir eine andere Qualität der Offenheit in Europa fördern, und darum befürworten wir weiterhin ein Abkommen über den „Offenen Himmel".

Ziffer 8 (u.a. Bekenntnis zu US-Präsenz in Europa)
a) Ziffer erscheint etwas beziehungslos an dieser Stelle und enthält neben der begrüßenswerten Aussage zur US-Präsenz den Hinweis auf notwendiges Umdenken, der an anderen Stellen z.T. griffiger und inhaltsvoller formuliert ist.
b) Gedanke, die Ziffer zu streichen, wurde verworfen im Hinblick auf evtl. US-Empfindlichkeiten.
Formulierungsvorschlag: 1. Satz bleibt. 2. Satz wird wie folgt gefaßt: „Wir werden die Sicherheitsphilosophie, die Strategie und die Struktur des Bündnisses der sich verändernden politischen Lage in Europa anpassen."

Ziffer 9 und 10 (konventionelle Rüstungskontrollverhandlungen)
a) Ganz in unserem Sinne wird einem VKSE-I-Abschluß in diesem Jahr höchste Priorität beigemessen.
Mißverständlich sind Formulierungen wie „neue" konventionelle Rüstungskontrollverhandlungen, die die amerikanische Unentschiedenheit und Reserve zur Problematik der Überleitung der 23er- in die 35er-Gesprächsrunde widerspiegeln. In der Ziffer 9 sind die von uns mit VKSE Ia bezeichneten Verhandlungen gemeint, die sofort ohne Pause und mit bestehendem Mandat nach Wien I fortgesetzt werden sollen, in Ziffer 10 hingegen VKSE II nach Helsinki 1992.
Es fehlt völlig der Hinweis, bis zum KSZE-Sondergipfel in diesem Jahr auch ein substantielles Ergebnis bei den VVSBM zu erzielen.
Es erscheint fraglich, inwieweit eine Passage wie der 2. Teil des 1. Satzes von Ziffer 10 („unverhältnismäßige Militärmacht") als Ziel für VKSE II hilfreich erscheint (zielt eindeutig auf SU).
b) Formulierungsvorschläge wurden zurückgestellt, weil noch eine HLTF-Sitzung abgewartet werden sollte, von der man sich Formulierungsvorschläge erhofft. Im Hinblick auf Ziffer 9 wurde ein Hinweis auf die Bereitschaft zu Flexibilität in der Erklärung für wichtig gehalten. In der Ziffer 10 sollte die Überleitung von den 23 zu den 35 als Perspektive zu sehen sein, ohne daß ausdrücklich von der Erarbeitung eines Mandats die Rede ist.

Ziffer 11 (Aussagen zur Struktur des militärischen Bündnisses)
a) Die in den Anstrichen vorgeschlagenen Elemente erscheinen grundsätzlich interessant, sind jedoch z.T. zu detailliert für Gipfelerklärung. Problematisch ist die Verknüpfung mit dem Abzug der sowjetischen Truppen aus Osteuropa. Sie sollte jedenfalls erst an 2. Stelle nach der Verwirklichung eines VKSE-I-Abkommens genannt werden.
Es ist zu überlegen, inwieweit nicht noch deutlicher die phasenweise Verwirklichung der in den Anstrichen genannten Maßnahmen herausgestellt werden soll, anstatt sie völlig von der noch in der Zukunft liegenden Implementierung abhängig zu machen.

b) Neuformulierungsvorschlag zum 1. Anstrich: „Das Bündnis wird kleinere und um-strukturierte Streitkräfte der Mitgliedstaaten benötigen. Diese werden so mobil und vielseitig sein, daß die alliierte Führung bei der Reaktion auf eine Krise größtmögliche Flexibilität besitzt."
Formulierungsvorschlag zum 2. Anstrich: „Die derzeitige Struktur der nationalen Korps-Sektoren im Rahmen der Vorneverteidigung wird stufenweise aufgegeben. Die Führungsstrukturen werden sich ändern." 2. Satz bleibt.
Der 3. Anstrich wird als zu detailliert für Gipfelerklärung gestrichen.
Im 5. Anstrich wird das Wort „nutzen" durch „entwickeln" ersetzt.

Ziffer 12 bis 16 (Nukleare Streitkräfte)

a) Das Ziel der Erklärung, Änderungen in Rolle und Umfang von nuklearen Streitkräften vorzugeben, kommt inhaltlich und sprachlich nicht deutlich genug zum Ausdruck.
So sind die Konditionen für den Abbau von nuklearer Artillerie (Koppelung an den Abzug der SU-Truppen) nicht akzeptabel.
Das anzustrebende Ziel einer Null-Lösung bei SNF wird mit der bestehenden Formulierung praktisch ausgeschlossen.
Die Formulierung des Auftrags der Staats- und Regierungschefs, für SNF-Verhandlungen einen Mandatsvorschlag zu erarbeiten, gibt ein zu undeutliches Signal.
Die politische Funktion von Nuklearwaffen – schon bisher und verstärkt in Zukunft – wird nur schwach herausgearbeitet, die verwendeten Begriffe („potentieller Rückgriff auf Atomwaffen", „wahrhaft nur noch Waffen der äußersten Not") sind teilweise miß-verständlich und signalisieren nicht die gewünschte Veränderung.
Um den Willen des Bündnisses, die Rolle von Nuklearwaffen zu verändern, über jeden Zweifel deutlich zu machen, könnte der Gipfel ein zusätzliches Signal setzen und den Abzug von weiteren 1000 nuklearen Artilleriesprengköpfen mit Beginn der SNF-Ver-handlungen ankündigen.
b) Generell: Der Verbindlichkeitsgrad der Sprache ist zu erhöhen (statt „soll", „sollte": wird).
Ziffer 12, ab 2. Satz Neuformulierung:
„Nuklearwaffen dienen nur dem politischen Zweck, den Frieden zu wahren und jede Art von Krieg zu verhüten. Sie sind Mittel der politischen Rückversicherung.
Dazu braucht das Bündnis einerseits ein geeignetes Gemisch konventioneller und nu-klearer Streitkräfte in und für Europa, das auf dem neuesten Stand gehalten wird, wo notwendig. Andererseits strebt das Bündnis das niedrigste und stabilste Niveau an, das für den Zweck der Kriegsverhinderung unerläßlich ist."
Ziffer 13, 2. Satz Neuformulierung:
„Wir haben daher insbesondere beschlossen, daß das Bündnis, sobald Verhandlungen über Atomstreitkräfte kurzer Reichweite beginnen, auch Schritte zur Beseitigung der nuklearen Artillerie zum frühestmöglichen Zeitpunkt unternehmen wird."
Ziffern 14/15 sollten in einer Ziffer zusammengefaßt werden:
„Damit Verhandlungen über die Reduzierung nuklearer Streitkräfte kurzer Reichweite unmittelbar nach Unterzeichnung eines KSE-Abkommens aufgenommen werden, be-auftragen wir eine Special task force, für diese Verhandlungen einen Rüstungskontroll-rahmen zu entwickeln, der die geringere Notwendigkeit von sub-strategischen Syste-men berücksichtigt und darauf abzielt, sie zu vermindern."
Ziffer 16 Neuformulierung:
„Parallel zum völligen Abzug der sowjetischen Stationierungsstreitkräfte, der Verwirk-lichung eines KSE-Abkommens sowie zur weiteren Verfestigung und zum Ausbau des KSZE-Prozesses wird das Bündnis in einem gewandelten Europa seine neue Strategie

in Kraft setzen, die den politischen Charakter von Nuklearwaffen im Sinne einer politischen Rückversicherung stärker verdeutlicht."
Ziffer 17 (NATO-Militärstrategie)
a) Die Formulierung zur Rolle von Nuklearwaffen in der Strategie trifft, wie in Ziffer 12,
nicht den Kern. Außerdem bringt die Verknüpfung der Arbeitsergebnisse der NATO
mit einer weiteren Gipfelkonferenz eine ungewünschte Verzögerung.
Wir sind darüber hinaus der Auffassung, daß die neue Militärstrategie auch terminolo-
gisch nicht mit der bisherigen Strategie der flexiblen Reaktion in Verbindung gebracht
werden sollte. Stärker als im Entwurf der Gipfelerklärung sollten daher die zukünftigen Ziele der Militärstrategie angesprochen werden.
b) Umformulierung von Ziffer 17:
„Auf der Grundlage und in Zusammenhang mit diesen revidierten Plänen für Verteidigung ..., die von der Vorneverteidigung abgeht und sich einer Verteidigung an den
Grenzen mit einer verminderten Vornepräsenz zuwendet. Die Rolle von Nuklearwaffen soll ihrer Bedeutung als politische Rückversicherung entsprechen. ... Schlußfolgerungen so früh wie möglich vorlegen."

Ziffer 18 bis 20 (KSZE)
a) Die US-Vorschläge zur Funktion der KSZE bedeuten ein beachtliches Einschwenken
auf die deutschen Vorstellungen.
Ziffer 18 greift die Vorstellung des Herrn Bundeskanzlers von drei Ankern des transatlantischen Sicherheitsverbundes auf (NATO, EG, KSZE).
In Ziffer 20 sollte – ohne das Ziel, über Institutionen eine Einbindung Mittel- und Osteuropas zu bewirken, aufzugeben – vermieden werden, für zukünftige KSZE-Institutionen bereits Orte ins Gespräch zu bringen, um die Diskussion nicht zu belasten.
Für die Konsultationen in der NATO sollte bedacht werden, daß von deutscher Seite
bisher sowohl ein Konfliktverhütungs- als auch ein Verifikationszentrum[10] vorgeschlagen worden war. Der amerikanische Entwurf faßt hingegen diese beiden Institutionen
zu einem Zentrum zusammen.
Bisher kommt nicht genügend zum Ausdruck, daß die KSZE zum zentralen Instrument für die Herstellung einer neuen Einheit Europas und zu einem neuen Rahmen für
die Stabilität unseres Kontinents werden kann, und zwar in Ergänzung des Bündnisses.
b) Neuformulierung zu Ziffer 20:
– Erster Satz: Streiche „als Institution".
– Nach dem ersten Satz füge ein:
  [„]Dabei sollen die Standorte zukünftiger Institutionen soweit wie möglich reflektieren, daß die neuen demokratischen Staaten Mittel- und Osteuropas Teil der politischen Strukturen des neuen Europas sind.["]
– Strichaufzählung: Streiche die Ortsangaben.

Ziffer 21 (Deutsche Vereinigung)
Übereinstimmend wurde festgestellt, es bei dieser kurzen Passage über die deutsche Einigung und die deutsche NATO-Mitgliedschaft bewenden zu lassen, um die Selbstverständlichkeit dieses Prozesses zu unterstreichen.
Ggf. könnte ergänzt werden, daß diese Mitgliedschaft ein Beitrag zur Stabilität in Europa
ist.

---

10 Nr. 151 Anm. 7.

Nr. 327
Vorlage des Ministerialdirektors Teltschik an Bundeskanzler Kohl
Bonn, 26. Juni 1990

BK, 212 – 35400 De 39 NA 4 Bd. 3. – Mitverfasser: VLR Nikel. Vorlage über Chef BK. Mit Stempel: Der Leiter des Kanzlerbüros, 27. Juni 1990. Hs. von Bundeskanzler Kohl vermerkt: „Teltschik erl."

<u>Betr.</u>:   Außenminister-Treffen im Rahmen der 2+4-Gespräche am 22. Juni in Berlin-Ost
<u>hier</u>:   Sowjetischer Entwurf betreffend Grundprinzipien für eine abschließende völkerrechtliche Regelung mit Deutschland
<u>Bezug</u>: Vorlage GL 21 vom 23. Juni 1990[1]

1. <u>Überblick</u>

Der sowjetische Entwurf[2] beinhaltet einen <u>detaillierten</u>, für uns <u>weitgehend inakzeptablen Forderungskatalog,</u> der die sowjetischen Vorstellungen im Vergleich zum ersten Außenminister-Treffen am 5. Mai in Bonn[3] <u>konkretisiert</u>, in den Grundfragen allerdings <u>keine Kompromißbereitschaft</u> erkennen läßt. Der Vorschlag einer Übergangsregelung bis zur endgültigen Ablösung der Vier-Mächte-Rechte entkoppelt den Vollzug der Einheit von der Regelung der äußeren Aspekte und belastet die deutsche Einheit <u>mit offenen Fragen</u>.

In inakzeptabler Weise will der sowjetische Entwurf die <u>Rechtsordnung des geeinten Deutschlands binden bzw. uns gegenüber anderen Staaten singularisieren.</u> An der <u>negativen sowjetischen Haltung zur NATO-Mitgliedschaft</u> hat sich nichts geändert. Durch die <u>Konkretisierung</u> der sicherheitspolitischen Vorstellungen ist sogar eher eine <u>tendenzielle Verhärtung</u> eingetreten, die, wenn die SU an ihnen festhalten sollte, die weiteren Gespräche erschweren. Darüber hinaus wirft die Sowjetunion <u>erstmals in konkreter Form wirtschaftlich-finanzielle Forderungen</u> auf, zu deren Erfüllung wir weder rechtlich noch politisch in der Lage sind.

Der sowjetische Vorschlag ist auch im Hinblick auf <u>innenpolitische Kritik am deutschlandpolitischen Kurs der Führung im Zusammenhang mit dem bevorstehenden Parteitag[4]</u> zu sehen. Der Westen wäre <u>schlecht beraten</u>, wenn er sich auf eine <u>Diskussion dieser sowjetischen Vorschläge einließe.</u>

2. <u>Analyse der Einzelvorschläge</u>

2.1. Der sowjetische Entwurf will die 2+4-Gespräche nur mit einer Vereinbarung über die „Grundprinzipien" für eine abschließende völkerrechtliche Regelung beenden, die <u>formale völkerrechtliche Regelung</u> mit der Ablösung der Vier-Mächte-Rechte jedoch um 21 Monate <u>zurückstellen</u>. Über diesen Zeitraum hinaus sollen bereits jetzt bis zu <u>5jährige Übergangsfristen</u> vereinbart werden. Dadurch soll – wie schon anläßlich des ersten 2+4-Außenminister-Treffens – der Vollzug der Einheit von deren äußeren Aspekten abgekoppelt und <u>Zeit für die Lösung der schwierigen Sicherheitsfragen</u> gewonnen werden. Die dadurch bedingte Belastung der deutschen <u>Einheit mit offenen Fragen</u> sowie die deutliche Einschränkung der Souveränität eines geeinten Deutschland sind <u>inakzeptabel</u>.

2.2. Der sowjetische Entwurf will über die 2+4-Gespräche <u>Einfluß auf unsere Rechtsordnung</u> nehmen und <u>verweigert dem geeinten Deutschland wesentliche Attribute</u>

---

1   Nr. 325.
2   Nr. 325C.
3   Nr. 268.
4   Nr. 350 Anm. 4.

seiner Souveränität. Einige der Forderungen sind im übrigen <u>von der Sache her unannehmbar</u>:
- Anerkennung der <u>Legitimität der Besatzungsmaßnahmen</u> einschließlich der Eingriffe in Vermögen und Grundeigentum und <u>keine Überprüfung</u> dieser Maßnahmen <u>durch deutsche Gerichte</u>.
- <u>Entschädigung für Zwangsarbeiter</u>.

Auch die Gewährleistung, daß die <u>Verfassung</u> des geeinten Deutschlands keine Bestimmungen enthält, die – der in der Sache unstrittigen – <u>Grenzregelung entgegenstehen</u>, ist in dieser Form nicht akzeptabel. Wir sind allerdings bereit, <u>aus eigener Souveränität heraus</u> die einschlägigen Bestimmungen der Präambel, von Art. 23 Satz 2 und Art. 146 Grundgesetz der neuen Lage anzupassen.

2.3. Die Sowjetunion lehnt <u>erneut eine Mitgliedschaft des vereinten Deutschlands in der NATO ab</u>.
- Nach sowjetischer Vorstellung sollen alle Verträge – insbesondere auch die Bündnisverträge – beider deutscher Staaten für <u>fünf Jahre</u> nach Vollzug der Einheit ihre <u>Gültigkeit</u> behalten. Dies läuft praktisch auf die von der Sowjetunion immer wieder als eine Möglichkeit vertretene – absurde – <u>Doppelmitgliedschaft des vereinten Deutschlands in beiden Bündnissen hinaus</u>. Nach 21 Monaten sollen dann die <u>endgültigen vertraglichen Verpflichtungen</u> festgeschrieben werden, die sich <u>auch</u> auf die <u>finanziellen Aspekte der Anwesenheit fremder Truppen</u> in Deutschland beziehen.

   Hinsichtlich eines wichtigen Souveränitätsattributes – der <u>freien Wahl der Allianzzugehörigkeit</u> – tritt eine Verzögerung von 5 Jahren ein. Über diesen Zeitraum hinaus soll Deutschland allerdings <u>unbegrenzt Verträge</u> schließen können, <u>soweit diese den anderen, jetzt zu vereinbarenden Grundprinzipien nicht entgegenstehen</u>.
- Der sowjetische Entwurf will der Sowjetunion ein weiteres <u>5jähriges Stationierungsrecht für die Truppen auf deutschem Boden zu den mit der DDR ausgehandelten Konditionen</u> sichern. Der Bezug auf die Truppen der Westalliierten in diesem Zusammenhang ist inakzeptabel, da die <u>Grundlagen für deren Anwesenheit völlig andere sind als die der Sowjettruppen</u>.
- Die <u>Streitkräfte des vereinten Deutschlands</u> sollen innerhalb von drei Jahren auf <u>200000–250000 Mann reduziert</u> werden – etwas unklar ausgedrückt <u>„unter Anwendung von Mechanismen der Wiener Verhandlungen"</u>, womit zwar unser Wunsch auf das geeignete Forum aufgenommen, nicht <u>aber eine Singularisierung</u> vermieden wird.

2.4. Auch nach der fünfjährigen Übergangsperiode soll das geeinte Deutschland bündnisintern <u>nur bedingt handlungsfähig</u> sein. Dadurch würden wir nicht nur singularisiert, sondern auch die <u>NATO</u> insgesamt <u>geschwächt</u>.
- Das vereinte Deutschland soll nicht nur <u>keine ABC-Waffen</u> besitzen dürfen, sondern <u>sie weder auf seinem Gebiet stationieren</u> noch sich bei der <u>Beschlußfassung</u> hinsichtlich deren Anwendung <u>beteiligen</u> dürfen. Dies würde eine <u>Denuklearisierung Deutschlands</u> bedeuten.
- Innerhalb der Übergangsperiode sollen die <u>Truppen der vier Mächte</u> in Deutschland <u>um die Hälfte reduziert</u> werden. Danach sollen sie ganz abgezogen werden (bzw. nur symbolische Präsenz).
- Gänzlich unakzeptabel – da <u>diskriminierend</u> und im <u>Widerspruch zur Strategie des Bündnisses</u> stehend – sind die sowjetischen Vorstellungen zur <u>Stationierung der deutschen Streitkräfte</u>. Solange NATO und WP existieren bzw. bis zum Austritt Deutschlands aus den Bündnissen, dürften <u>Bundeswehreinheiten</u> nur westlich einer Linie Kiel-Bremen-Frankfurt[/Main]-Stuttgart-Konstanz(!) stationiert wer-

den. Da Ähnliches auch von der NVA gefordert wird, würde dadurch eine entmilitarisierte Zone mitten in Deutschland entstehen.

2.5. Überzogen ist der von Schewardnadse auch öffentlich verkündete Plan zur Beendigung des Besatzungsregimes für Berlin sechs Monate nach der Einheit. Der Rückzug aller alliierten Truppen aus Groß-Berlin würde nur die Westalliierten treffen, da die sowjetischen Verbände nicht in Berlin selbst, sondern außerhalb stationiert sind. Im übrigen macht es wenig Sinn, Berlin von den Regelungen in ganz Deutschland abzukoppeln und damit die Stadt völlig zu entmilitarisieren, während in der DDR weiterhin sowjetische Truppen stehen.

Wie wenig seriös dieser Vorschlag ist, wird auch daran deutlich, daß das Vier-Mächte-Abkommen auch nicht etwa vorfristig außer Kraft tritt, was in der Logik dieses Vorschlags gelegen hätte, sondern nur ausgesetzt werden soll.

2.6. Im Vergleich zu Äußerungen Schewardnadses vom 5. Mai sind die Äußerungen zum KSZE-Prozeß diesmal wesentlich kürzer. Es werden lediglich optimale Synchronisierung mit dem deutschen Einheitsprozeß und energische Maßnahmen zur Institutionalisierung angemahnt. Damit deutet sich an, daß die von uns gewollte KSZE-Institutionalisierung als Gegenleistung zu sowjetischen Zugeständnissen bei der NATO-Mitgliedschaft des vereinten Deutschlands aus sowjetischer Sicht offenbar bereits „konsumiert" ist.

2.7. Völkerrechtlich ungewöhnlich ist der sowjetische Vorschlag, die ausgehandelten Prinzipien, die – wie dargelegt – nicht die völkerrechtlich verbindliche Endregelung darstellen, bereits durch die Parlamente der an der Ausarbeitung beteiligten Staaten ratifizieren zu lassen.

2.8. Positiv zu werten ist, daß AM Schewardnadse auch öffentlich erklärt hat, daß die sowjetischen Vorstellungen nicht das letzte Wort seien und er eine Vereinbarung noch vor dem KSZE-Gipfel im Spätherbst dieses Jahres erwarte. Sein Aufruf, unverzüglich einen Verhandlungsmechanismus zu installieren, zeigt, daß die Sowjetunion bereit ist, in die Diskussion ihrer Vorschläge einzutreten.

3. Wertung

3.1. Insgesamt gesehen, drängt sich der Eindruck eines eilig zusammengetragenen, in sich widersprüchlichen Kataloges sehr unterschiedlicher, in der Tendenz maximalistischer Forderungen auf. Gegenüber dem ersten 2+4-Außenminister-Treffen in Bonn hat sich die sowjetische Position in Kernfragen – also vor allem hinsichtlich der NATO-Mitgliedschaft – nicht bewegt. Eher ist durch eine Konkretisierung eine Verhärtung eingetreten.

Die im Forderungskatalog zum Ausdruck kommende Tendenz steht auch im Widerspruch zur aufgeschlossenen Linie, wie sie AM Schewardnadse in Brest[5] und Münster[6] gegenüber BM Genscher, dann schließlich auch bei dem Mittagessen der 6 AM in Ost-Berlin vertreten hat.

3.2. Der sowjetische Vorschlag hat auch eine innenpolitische Blickrichtung (Absicherung gegenüber konservativer Kritik im Blick auf den KPdSU-Parteitag und gegenüber Vorwürfen, die DDR werde gegen deutsche wirtschaftliche Hilfe verkauft).

Allerdings muß angesichts beispielloser konservativer Kritik an Präsident Gorbatschow im Vorfeld des KPdSU-Parteitages damit gerechnet werden, daß der Parteitag

---

5   Nr. 315 Anm. 3.
6   Bundesminister Genscher und Außenminister Schewardnadse trafen am 18. Juni 1990 in Münster zusammen (Genscher, Erinnerungen, 819–822; Interview des Außenministers Schewardnadse auf dem Rückflug von Münster nach Moskau in: Deutschland 1990. Bd. 22, 13832–13834).

die Reformkräfte zumindest nicht stärkt, sie unter Umständen sogar schwächt. Die Folge wäre, daß Gorbatschow mehr Rücksicht auf die neuen Kräfteverhältnisse nehmen muß und weniger denn je zu Kompromissen bereit sein könnte.

3.3. Der sowjetische Entwurf reflektiert die Denkrichtung der engstirnigen deutschlandpolitischen Spezialisten im sowjetischen Außenministerium.

Angesichts der Tatsache, daß die innere Dynamik des deutschen Einigungsprozesses nicht aufzuhalten ist, hat die SU mit der Präsentation dieses Papieres, dessen wesentlicher Inhalt auch öffentlich vertreten wurde, einen taktischen Fehler begangen.

Die feste westliche Haltung zu den sowjetischen Vorschlägen, die offenbar für AM Schewardnadse keineswegs überraschend kam, wird die SU früher oder später davon überzeugen, daß dieses Konzept zum Scheitern verurteilt ist.

Der Westen jedenfalls ist gut beraten, sich auf eine Einzeldiskussion der sowjetischen Vorschläge erst gar nicht einzulassen.

Teltschik

Nr. 328
Rundschreiben des Bundesministers Schäuble an die ständigen Mitglieder des Kabinettausschusses Deutsche Einheit
Bonn, ohne Datum

BK, 132 – 35400 De 12 NA 1 Bd. 5. – Kabinettausschußsache. Adressaten: ChBK, BM Seiters; AA, BM Genscher; BMJ, BM Engelhard; BMF, BM Waigel; BMWi, BM Haussmann; BMB, BM Wilms; BMA, BM Blüm; BMU, BM Töpfer; nachrichtlich: BML, BM Kiechle; BMVg, BM Stoltenberg; BMJFFG, BM Lehr; BMV, BM Zimmermann; BMPT, BM Schwarz-Schilling; BMBau, BM Hasselfeldt; BMFT, BM Riesenhuber; BMBW, BM Möllemann; BMZ, BM Warnke; BPA, BM Klein. Hs. vermerkt: „ca. 25./26. 6."

Betr.: Sitzung des Kabinettausschusses „Deutsche Einheit" am 04. Juli 1990

Sehr verehrte Frau Kollegin, sehr geehrter Herr Kollege,

die DDR hat uns mitgeteilt, daß sie Verhandlungen über die Modalitäten eines Beitritts gem. Art. 23 Satz 2 GG aufnehmen möchte, und hat für den Beginn den 6. Juli vorgeschlagen. Eine erste Gesprächsrunde sollte deshalb möglichst noch in dieser Woche stattfinden. Ich wäre dankbar, wenn hierüber und über die nachfolgend skizzierten Grundzüge für die vorgesehenen Verhandlungen Einvernehmen in der Sitzung des Kabinettausschusses „Deutsche Einheit" am 04. Juli 1990 erzielt werden könnte. Soweit erforderlich, können Einzelheiten noch in einer Ressortbesprechung auf AL-Ebene am 4. Juli 1990 nachmittags abgestimmt werden.

1. Die Verhandlungen beginnen mit einer ersten Verhandlungsrunde auf Minister-/St-Ebene. Den Verhandlungen soll kein ausformulierter Entwurf für die zu treffenden Regelungen zugrunde gelegt werden. Die notwendige Abstimmung eines solchen Entwurfs auch mit den Ländern würde mehr Zeit in Anspruch nehmen, als jetzt zur Verfügung steht. Deshalb erscheint es mir richtig, das Gespräch anhand des – den Bundesressorts, den Chefs der Staats- und Senatskanzleien der Länder[1] und den Vorsitzenden sowie den Obleuten des Innenausschusses und des Ausschusses Deutsche Einheit des Deutschen

---

1 Schreiben des Bundesministers Schäuble an die Chefs der Staats- und Senatskanzleien der Länder, mit Stempel: Absendestelle 27. Juni 1990; BArch, B 136/29251, 121 – 14020 Mi 1, Vorbespr. Chef BK, 5.7.1990.

Bundestages[2] vorliegenden – „Diskussionspapiers des Bundesministers des Innern mit Elementen einer zur Herstellung der deutschen Einheit zu treffenden Regelung" (Anlage 1[3]) zu führen.

Es wird zunächst in allgemeiner Form über den Verhandlungsrahmen und die zu behandelnden Themen zu sprechen sein. Zugleich sollte über das weitere Vorgehen und den Zeitplan Einvernehmen erzielt werden. Hierbei sollte auch eine Verständigung über die Richtlinien für die anschließend zu führenden Fachgespräche erfolgen. Als Anlage 2[4] ist eine Übersicht über die Kriterien beigefügt, die den bisherigen Ressortabstimmungen über die Überleitungsgesetzgebung zugrunde gelegt worden sind und die Grundlage für die entsprechenden Meldungen der Ressorts waren.

2. Auf der Grundlage der ersten Verhandlungsrunde der Gesamtdelegationen sollten die Bundesressorts mit den jeweils auf seiten der DDR zuständigen Ressorts/Verhandlungspartnern die in ihrem Zuständigkeitsbereich zu treffenden Regelungen behandeln. Hierbei werden diejenigen Bereiche zurückzustellen sein, bei denen zunächst die Ergebnisse der 2+4-Gespräche abzuwarten sind. Der DDR müßte in der 1. Verhandlungsrunde mitgeteilt werden, welche Bundesressorts über welche Sachgebiete sprechen werden.

   Das jeweils zuständige Ressort hat die fachlich betroffenen Ressorts zu beteiligen. Im Hinblick auf die Erfordernisse der Gesamtkoordinierung halte ich es außerdem für notwendig, daß der Bundesminister des Innern bei allen Gesprächen beteiligt wird. Außerdem werden entsprechend den Absprachen mit den Chefs der Staats- und Senatskanzleien der Länder jeweils Ländervertreter einzubeziehen sein.

3. Für die Berlin betreffenden Fragen sollte eine gemeinsame Arbeitsgruppe mit der DDR gebildet werden, in der BMI (Vorsitz), AA, BMJ, BMB und das Land Berlin vertreten sind.

4. Im Anschluß an die Gespräche der Ressorts und die Beratungen der Berlin-Arbeitsgruppe sollten die Verhandlungen in einer zweiten Verhandlungsrunde der Gesamtdelegationen fortgesetzt werden.

   Als Anlage 3[5] ist ein Ablaufplan beigefügt.

5. Ich schlage vor, daß sich unsere Delegation für die erste Gesprächsrunde wie folgt zusammensetzt:

   BM Dr. Schäuble (Leitung) und Beamte; Chef BK, AA, BMJ, BMF, BMB (jeweils St+1), 5 Länder (jeweils St+1),
   1 Vertreter der EG-Kommission.
   Die DDR-Delegation wird voraussichtlich etwa 20 Personen umfassen.

Mit freundlichen Grüßen
Ihr Schäuble

---

2 Schreiben des Bundesministers Schäuble an die Vorsitzende des Ausschusses Deutsche Einheit des Deutschen Bundestages, Bundestagspräsidentin Süssmuth, Schreiben an die Obleute der Fraktionen des Ausschusses Deutsche Einheit, Schreiben an den Vorsitzenden und die Obleute der Fraktionen des Innenausschusses des Deutschen Bundestages, jeweils hs. vermerkt „TK 26/6": BMI, GE – 020 056/0 Bd. 5.
3 Nr. 328A.
4 Nr. 328B.
5 Nr. 328C.

Nr. 328A
Anlage 1
Diskussionspapier des Bundesministers des Innern mit Elementen einer zur Herstellung der deutschen Einheit zu treffenden Regelung

Vorbemerkung

In Übereinstimmung mit der Bundesregierung will die Deutsche Demokratische Republik die Einheit Deutschlands auf der Grundlage des Artikels 23 GG verwirklichen. Für die Verwirklichung dieser Absicht gibt es zwei Wege:

1. Die Deutsche Demokratische Republik erklärt ihren Beitritt zur Bundesrepublik Deutschland, und der Bundesgesetzgeber beschließt davor oder danach in eigener Zuständigkeit und Verantwortung, ggf. unter Berücksichtigung von Wünschen der Deutschen Demokratischen Republik, ein Überleitungsgesetz, mit dem das Grundgesetz und sonstiges Bundesrecht für das beigetretene Gebiet in Kraft gesetzt werden.

2. Die Bundesrepublik Deutschland und die Deutsche Demokratische Republik schließen einen Vertrag über den Inhalt der Überleitungsregelung. Die Deutsche Demokratische Republik erklärt auf dieser Grundlage ihren Beitritt, und der Bundesgesetzgeber stimmt dem Vertrag zu und gibt dem Vertragsinhalt damit gemäß Artikel 59 Abs. 2 GG innerstaatliche Geltung.

Nach allen bisherigen Äußerungen möchte die Deutsche Demokratische Republik den zweiten Weg gehen, um die Möglichkeit zu haben, noch vor dem Beitritt durch Verhandlungen als gleichberechtigter Partner Einfluß auf die nach dem Beitritt für sie geltende Ordnung zu nehmen.

Die nachfolgenden Überlegungen gehen deshalb davon aus, daß zwischen der Bundesrepublik Deutschland und der Deutschen Demokratischen Republik ein Vertrag über die Herstellung der deutschen Einheit geschlossen wird. Die dabei auftretenden Probleme stellen sich sachlich in der gleichen Weise aber auch für ein Überleitungsgesetz.

Im übrigen wird davon ausgegangen, daß

– im Zeitpunkt des Beitritts bereits die Länder in der Deutschen Demokratischen Republik bestehen und Landesregierungen gebildet sind,

– der Beitritt im zeitlichen Zusammenhang mit der Wahl eines gesamtdeutschen Parlaments wirksam werden soll,

– gleichzeitig das Grundgesetz, ein Teil des Bundesrechts und grundsätzlich das EG-Recht in den Ländern der Deutschen Demokratischen Republik in Kraft treten.

In dem auszuarbeitenden Staatsvertrag (entsprechend auch in einem Überleitungsgesetz) sind die notwendigen Änderungen des Grundgesetzes, das im Bereich der Deutschen Demokratischen Republik zu übernehmende Bundesrecht sowie die Fortgeltung von DDR-Recht festzulegen und Regelungen für die Übergangszeit zu treffen.

Die staatliche Einheit wird erst mit dem Wirksamwerden der Beitrittserklärung hergestellt; von diesem Zeitpunkt an wird es nur noch die – durch die Länder der Deutschen Demokratischen Republik erweiterte – Bundesrepublik Deutschland geben, dementsprechend auch nur eine Bundesregierung, die den Gesamtstaat nach innen und außen vertritt. Der Staatsvertrag könnte aber bereits vor dem Beitritt in Kraft treten, nämlich sobald beiderseits das parlamentarische Zustimmungsverfahren abgeschlossen worden ist; in ihm können daher in begrenztem Umfang auch noch Vereinbarungen getroffen werden, die vor dem Beitritt von den beiden Staaten selbständig erfüllt werden sollen.

Die „Zwei-plus-Vier"-Gespräche werden voraussichtlich im Zeitpunkt des Beitritts (Dezember 1990) abgeschlossen sein; insoweit kann erwartet werden, daß die Beendigung der Vier-Mächte-Rechte dann geklärt ist. Zum Abschluß der Verhandlungen über den Vertrag wird das möglicherweise aber noch nicht der Fall sein; insoweit wird daher bei Abschluß ein allgemeiner Vorbehalt erforderlich werden, der dann später aufgehoben werden kann.

Das gilt insbesondere für Regelungen, die sich auf Berlin und auf sicherheitspolitische Fragen beziehen.

1. Beitritt der Deutschen Demokratischen Republik

Der Beitritt der Deutschen Demokratischen Republik könnte unabhängig von dem Vertrag erfolgen. Er kann aber auch am Anfang des Vertrages selbst zu dem vorgesehenen Termin erklärt werden. Das hätte den Vorteil, daß damit die Voraussetzungen für die nachfolgenden Regelungen eindeutig festgestellt werden. Damit würde auch die Lösung des wegen unterschiedlicher rechtlicher Ausgangspositionen nicht einfachen Problems der gleichzeitigen Vereinigung Berlins leichter lösbar, weil auf diese Weise eine Regelung im Vertrag möglich wird.

Mögliche Vertragsformulierungen:

Beitritt der Deutschen Demokratischen Republik

Artikel 1

Die Deutsche Demokratische Republik erklärt mit Wirkung vom ... (Tag nach der Wahl zum gesamtdeutschen Parlament) ihren Beitritt zur Bundesrepublik Deutschland gemäß Artikel 23 des Grundgesetzes der Bundesrepublik Deutschland.

Artikel 2

Die Länder Brandenburg, Mecklenburg-Vorpommern, Sachsen, Sachsen-Anhalt und Thüringen werden mit diesem Tag Länder der Bundesrepublik Deutschland.

Die 21 Stadtbezirke von Berlin bilden das Land Berlin.

Artikel 3

Die Deutschen beider Teile Deutschlands bilden ein einheitliches Staatsvolk.

2. Inkraftsetzung des Grundgesetzes

Zu regeln ist, in welcher Fassung und in welchem Umfang das Grundgesetz vom Zeitpunkt des Beitritts an auf dem Gebiet der Deutschen Demokratischen Republik gelten soll. Das Grundgesetz sollte bei dieser Gelegenheit nur in dem unbedingt nötigen Umfang – d. h. Präambel, Artikel 23 und Artikel 29 GG – geändert werden; im Interesse der Rechtseinheit sollten andererseits von der Überleitung nur solche Bestimmungen ausgenommen werden, die im Hinblick auf internationale Festlegungen (Zwei-plus-Vier-Gespräche) oder aus der Natur der Sache für das Gebiet der Deutschen Demokratischen Republik nicht anwendbar sind. Das gilt insbesondere für die Wehrverfassung; klärungsbedürftig ist allerdings in diesem Zusammenhang – unter Berücksichtigung der „Zwei-plus-Vier-Gespräche" – der Status der NVA einschließlich des Oberbefehls sowie die Fragen von Wehrpflicht und zivilem Ersatzdienst. Die Finanzverfassung sollte grundsätzlich gelten, jedoch müßten für eine Übergangszeit Sonderregelungen vorgesehen werden.

Mögliche Vertragsformulierungen:

Überleitung des Grundgesetzes

Artikel 1

Mit Wirkung vom Tage des Beitritts tritt das Grundgesetz für die Bundesrepublik Deutschland vom 23. Mai 1949 in der Fassung vom 21. Dezember 1983 einschließlich der nachstehend vorgesehenen Änderungen in den Ländern Brandenburg, Mecklenburg-Vorpommern, Sachsen, Sachsen-Anhalt und Thüringen sowie in dem Teil des Landes Berlin, in dem es bisher nicht galt, in Kraft, soweit nicht etwas anderes bestimmt wird.

Artikel 2
Das Grundgesetz wird wie folgt geändert:
1. Die Präambel wird wie folgt gefaßt: ...
2. Artikel 23 wird aufgehoben.
3. Artikel 29 wird wie folgt gefaßt: ...

3. Übergangsregelung für Verfassungsorgane
Die am gleichen Tag in der Bundesrepublik Deutschland und in der Deutschen Demokratischen Republik gewählten Abgeordneten werden zusammen den nächsten Deutschen Bundestag bilden, der nach Artikel 39 Abs. 2 GG spätestens am 30. Tag nach der Wahl zu seiner konstituierenden Sitzung zusammentreten muß. Bis dahin besteht der bisherige Bundestag fort; er wird aber voraussichtlich in dieser Zeit nicht mehr zusammentreten. Es wird davon ausgegangen, daß die Volkskammer sich vor dem Beitritt der Deutschen Demokratischen Republik auflöst.
Die Bundesregierung bleibt noch bis zum Zusammentritt des neuen Bundestages, d.h. maximal 30 Tage nach der Wahl, im Amt. Für diese Zeit könnten möglicherweise die Ministerpräsidenten der im Gebiet der Deutschen Demokratischen Republik gebildeten Länder an den Kabinettsitzungen teilnehmen.
Diese Länder haben im übrigen sofort mit der Inkraftsetzung des Grundgesetzes Sitz und Stimme im Bundesrat.

Im Vertrag könnten entsprechende Klarstellungen vorgesehen werden; mögliche Formulierungen:

Übergangsvorschriften für Verfassungsorgane

Artikel 1
Die nach dem ... (DDR-Wahlgesetz) am ... gewählten Abgeordneten werden Abgeordnete des am gleichen Tage gewählten Deutschen Bundestages.
Der Bundestag tritt innerhalb der in Artikel 39 Absatz 2 des Grundgesetzes bestimmten Frist zu seiner konstituierenden Sitzung zusammen.

Artikel 2
Die Bundesregierung bleibt gemäß Artikel 69 des Grundgesetzes bis zum Zusammentritt des Bundestages im Amt. Die Ministerpräsidenten von ... (Länder im Gebiet der DDR) können an den Beratungen der Bundesregierung teilnehmen.

Artikel 3
Die Länder Brandenburg, Mecklenburg-Vorpommern, Sachsen, Sachsen-Anhalt und Thüringen haben vom Tage des Beitritts und der Inkraftsetzung des Grundgesetzes an Sitz und Stimme im Bundesrat gemäß Artikel 51 des Grundgesetzes.

4. Übergangsregelung für den Haushalt 1991
Zu regeln ist, daß der für das Gebiet der DDR unter Mitwirkung der Bundesregierung für 1991 erstellte Haushalt, soweit er sich nicht auf die in der DDR gebildeten Länder bezieht, Teil des Bundeshaushalts wird.

5. Überleitung von Bundesrecht und Fortgeltung von DDR-Recht
Ausgangspunkt ist die Überlegung, daß kein rechtsfreier Raum entstehen darf. Das kann dadurch bewirkt werden, daß Bundesrecht in der Deutschen Demokratischen Republik umfassend in Kraft gesetzt wird, soweit nicht Ausnahmen vorgesehen werden. Diese Lösung hätte den Vorzug, sofort weitgehende Rechtseinheit herzustellen. Andererseits würden Bevölkerung, Verwaltung und Justiz der DDR möglicherweise durch die kurzfristige Einführung einer Vielzahl neuer Rechtsvorschriften überfordert.
Die Alternative wäre daher, die Einführung von Bundesrecht zunächst auf das für die staat-

liche Einheit unbedingt Notwendige zu beschränken und die weitere Rechtsangleichung dem künftigen gesamtdeutschen Gesetzgeber zu überlassen. (Dabei wird davon ausgegangen, daß wichtige Regelungen schon aufgrund des Staatsvertrages über die Währungs-, Wirtschafts- und Sozialunion in der DDR übernommen worden sind.) Die Überleitung des Bundesrechts sollte auch nicht zu einer Überforderung der Wirtschaft und der öffentlichen Haushalte führen. Bei der Finanzierung zusätzlicher Lasten muß die bundesstaatliche Finanzordnung des GG beachtet werden. Die zwischen dem Bundeskanzler und den Ministerpräsidenten der Länder am 16. Mai 1990 getroffene Vereinbarung über die Finanzierung des deutschen Einigungsprozesses[6] bleibt weiterhin gültig.

Bundesrecht sollte aus Anlaß der Überleitung in jedem Fall nur aus zwingenden Gründen abgeändert werden.

Wo Bundesrecht nicht übergeleitet wird, gilt das bisherige DDR-Recht weiter, soweit es nicht dem Grundgesetz und unmittelbar geltendem Recht der Europäischen Gemeinschaften widerspricht. Allerdings wird zu regeln sein, inwieweit es künftig als Bundesrecht bzw. als Landesrecht fortgilt.

In welchem Umfang Vorschriften des Bundesrechts übergeleitet werden sollen, wird noch geprüft und muß im einzelnen (in Anlagen zum Vertrag) festgelegt werden. Geprüft werden muß ebenfalls, welche Vorschriften des DDR-Rechts vor und mit dem Beitritt außer Kraft gesetzt werden sollten.

Eine Sonderregelung ist für Berlin vorzusehen, weil in einer einheitlichen Stadt Interesse an einer sehr viel schnelleren Rechtsangleichung besteht. Die Lage wird hier im übrigen dadurch kompliziert, daß wegen der alliierten Vorbehalte Bundesrecht bisher nicht uneingeschränkt in Berlin (West) gilt.

Mögliche Vertragsformulierungen:

Überleitung von Bundesrecht

Artikel 1

In den ... (Länder im Gebiet der DDR)

Variante 1

treten die Vorschriften des Bundesrechts in Kraft, soweit sich nicht aus den Anlagen ... bis ... etwas anderes ergibt.

Variante 2

werden die in Anlage ... bis ... aufgeführten Vorschriften des Bundesrechts mit den dort genannten Maßgaben in Kraft gesetzt. Soweit nichts anderes bestimmt ist, treten sie am Tage des Beitritts in Kraft.

Die weitere Rechtsangleichung bleibt dem künftigen gesamtdeutschen Gesetzgeber vorbehalten.

Die Bundesregierung wird ermächtigt, bis zum ... (Stichtag) geltendes Bundesrecht mit Zustimmung des Bundesrates durch Rechtsverordnung in den genannten Ländern in Kraft zu setzen, das dort bis zu diesem Zeitpunkt noch nicht gilt.

Artikel 2

(Sonderregelung für Berlin (Ost).)

Fortgeltendes Recht

Artikel 1

Recht der Deutschen Demokratischen Republik gilt in ... (Länder im Gebiet der DDR) fort, soweit es nicht dem Grundgesetz oder unmittelbar geltendem Recht der Europäischen Gemeinschaften widerspricht oder soweit nicht etwas anderes bestimmt wird.

---

6 Nr. 280.

Artikel 2

Nach Artikel 1 fortgeltendes Recht, das Gegenstände der ausschließlichen Gesetzgebung des Bundes betrifft, gilt als Bundesrecht fort. Recht, das Gegenstände der konkurrierenden Gesetzgebung des Bundes betrifft, gilt als Bundesrecht fort, wenn und soweit es sich auf Sachgebiete bezieht, die im gesamten übrigen Geltungsbereich des Grundgesetzes bundeseinheitlich geregelt sind; für die Dauer seiner Fortgeltung als Bundesrecht werden die vorgenannten Länder ermächtigt, mit Zustimmung der Bundesregierung dieses Bundesrecht aufzuheben, zu ändern oder zu ergänzen. Für Recht, das Gegenstände der Rahmengesetzgebung des Bundes betrifft, gilt Satz 2 entsprechend.

Artikel 3

(Außerkraftsetzung von DDR-Rechtsvorschriften.)

Überlegungen müssen auch angestellt werden zur Frage der Rechtsanwendung. Wenn die hier unter dem Gesichtspunkt des Rechtsschutzes in der Bundesrepublik Deutschland entwickelten Maßstäbe sofort und uneingeschränkt auf das Gebiet der DDR übertragen werden, obwohl dort keine entsprechenden Voraussetzungen bestehen, könnte das zu erheblichen Problemen für die laufende Verwaltung führen.

6. Recht der Europäischen Gemeinschaften

Durch den Beitritt wird das Gebiet der DDR Teil der Bundesrepublik Deutschland und damit Vertragsgebiet der EG. Das EG-Vertragsrecht sowie das Verordnungsrecht der EG gelten damit unmittelbar. Abweichende Regelungen darüber können nicht zwischen der Bundesrepublik Deutschland und der DDR, sondern nur von der EG selbst getroffen werden. Darüber wird eine Abstimmung mit der EG erforderlich sein.

Bundesrecht, das auf EG-Recht beruht, insbesondere in Ausführung von EG-Richtlinien erlassenes Bundesrecht, muß aufgrund vertraglicher Verpflichtung grundsätzlich sofort mit dem Beitritt auch für das Gebiet der DDR in Kraft gesetzt werden. In Abstimmung mit der EG könnte hier aber eine Regelung angestrebt werden, die nur einen Teil dieses Bundesrechts sofort überleitet und für den (listenmäßig zu erfassenden) Rest eine schrittweise Inkraftsetzung etwa bis zum 31. Dezember 1992 vorsieht.

Mögliche Vertragsformulierung:

Recht der Europäischen Gemeinschaften

Artikel 1

Mit Wirkung vom Tage des Beitritts gelten in ... (Länder im Gebiet der DDR) die Zustimmungsgesetze zu den Verträgen über die Gründung der Europäischen Gemeinschaften. Diese Verträge und die auf ihrer Grundlage erlassenen Verordnungen der Europäischen Gemeinschaften sind unmittelbar geltendes Recht, soweit nicht die zuständigen Organe der Europäischen Gemeinschaften für eine Übergangszeit Ausnahmeregelungen zulassen.

Artikel 2

Die in Anlage E 1 aufgeführten Vorschriften des Bundesrechts, die auf Recht der Europäischen Gemeinschaften beruhen, gelten in den genannten Ländern unmittelbar.

Die Bundesregierung wird ermächtigt, durch Rechtsverordnung ohne Zustimmung des Bundesrates im Einvernehmen mit den zuständigen Organen der Europäischen Gemeinschaften und nach Maßgabe des geltenden EG-Rechts den Zeitpunkt des Inkrafttretens und erforderliche Anpassungen der in Anlage E 2 aufgeführten Vorschriften in den genannten Ländern bis zum ... (Stichtag) festzulegen.

Ministerverordnungen können entsprechend Absatz 2 durch den zuständigen Bundesminister in den genannten Ländern eingeführt werden.

7. Völkerrechtliche Verträge

Bei den für die Bundesrepublik Deutschland geltenden völkerrechtlichen Verträgen ist davon auszugehen, daß sie fortgelten und sich künftig grundsätzlich auf das gesamte – durch die DDR erweiterte – Staatsgebiet beziehen. Im Einzelfall können aus praktischen und politischen Gründen Anpassungen erforderlich werden, über die dann – ggf. auch nach dem Beitritt – mit den Vertragspartnern zu verhandeln wäre.

Besonderheiten werden – unter Berücksichtigung der „Zwei-plus-Vier"-Gespräche – bei Verträgen mit sicherheitspolitischem Inhalt zu beachten sein. Im übrigen werden alle im Rahmen der „Zwei-plus-Vier"-Verhandlungen von den beiden deutschen Staaten übernommenen Verpflichtungen selbstverständlich von der Bundesrepublik Deutschland weitergeführt.

Entsprechendes wie für einfache Verträge gilt für Mitgliedschaften der Bundesrepublik Deutschland in internationalen Organisationen und Institutionen: Sie bestehen fort; die Festlegung der künftigen Beiträge für das vereinigte Deutschland ergibt sich nach der jeweiligen Satzung. Für Vereinbarungen zwischen den beiden deutschen Staaten ist insoweit kein Raum und Bedarf. Eine fortbestehende eigenständige Mitgliedschaft der DDR bzw. der dort gebildeten Länder in internationalen Organisationen (etwa auch im RGW) ist nicht möglich.

Bei den für die DDR geltenden völkerrechtlichen Verträgen ist davon auszugehen, daß die ausschließlich gebietsbezogenen – „radizierten" – Verträge für die Bundesrepublik Deutschland fortgelten. Für andere Verträge ist das nicht automatisch der Fall. Vielmehr wird hier im Einzelfall zu prüfen sein, wieweit die Bundesrepublik Deutschland Verpflichtungen aus diesen Verträgen übernehmen kann. Gegenüber den Vertragspartnern sollte grundsätzlich Verhandlungsbereitschaft zum Ausdruck gebracht werden. Das Prinzip des Vertrauensschutzes für die gewachsenen außenwirtschaftlichen Beziehungen der DDR, insbesondere gegenüber den Staaten des RGW, das bereits in Artikel 13 Absatz 2 des Staatsvertrages über die Währungs-, Wirtschafts- und Sozialunion[7] enthalten ist, könnte noch einmal ausdrücklich bekräftigt werden.

Bei verschiedenen Verträgen der DDR, insbesondere Freundschafts- und Beistandsverträgen, wird allerdings eine Übernahme von Verpflichtungen durch die Bundesrepublik Deutschland von vornherein nicht in Betracht kommen können. Hier wäre es wünschenswert, wenn die DDR noch vor dem Beitritt eine einvernehmliche Lösung dieser Vertragsbindungen bewirkte.

8. Bilaterale Regelungen zwischen der Bundesrepublik Deutschland und der DDR

Die auf dem Weg zur deutschen Einheit, insbesondere im Staatsvertrag über die Währungs-, Wirtschafts- und Sozialunion, von der Bundesrepublik Deutschland gegenüber der DDR eingegangenen Verpflichtungen bleiben als Verpflichtungen des künftigen Gesamtstaates gegenüber den auf dem Gebiet der DDR gebildeten Ländern erhalten. Das könnte in dem neuen Vertrag noch einmal bekräftigt werden. Entsprechendes gilt für förmliche Zusagen zur Unterstützung bei der Entwicklung in verschiedenen Fachbereichen, u.a. Verkehr, Post- und Fernmeldewesen.

Auch die in der gemeinsamen Erklärung vom 15. Juni 1990 über offene Vermögensfragen[8] enthaltenen Grundsätze könnten Eingang in den neuen Vertrag finden.

Im übrigen ist allerdings davon auszugehen, daß die zwischen den beiden deutschen Staaten geschlossenen Verträge mit dem Beitritt ihre Erledigung finden.

---

7   Nr. 283 Anm. 1.

8   Gemeinsame Erklärung der Regierungen der Bundesrepublik Deutschland und der Deutschen Demokratischen Republik zur Regelung offener Vermögensfragen, 15. Juni 1990, in: Bulletin. Nr. 77. 19. Juni 1990, 661–663. Die Erklärung wurde als Anlage III Bestandteil des Einigungsvertrages vom 31. August 1990 (BGBl. 1990 II, 1237f.).

9. Überleitung der Bundesverwaltung

Die bisher von der staatlichen Verwaltung der DDR erledigten Aufgaben werden künftig in einer bundesstaatlichen Verfassung überwiegend Verwaltungsaufgaben der Länder sein. Die entsprechenden Verwaltungsdienststellen werden folglich Dienststellen der Länder werden müssen. Verschiedene Einrichtungen werden auch ganz aufgelöst werden müssen. In dem Vertrag sollte festgelegt werden, daß Verwaltungsdienststellen, soweit sie nicht schon bis zum Beitritt in Dienststellen der Länder umgewandelt oder aufgelöst worden sind, anschließend umgewandelt bzw. aufgelöst werden.

Soweit in der Bundesrepublik Deutschland Verwaltungsaufgaben von Behörden des Bundes erfüllt werden (z.B. BfA), erstreckt sich deren Zuständigkeit nach dem Beitritt grundsätzlich auch auf das Gebiet der in der DDR gebildeten Länder. Hierzu wird in dem Vertrag eine Aussage zu machen sein. Inwieweit Einrichtungen und Personal entsprechender Behörden der DDR übernommen werden sollen, müßte – möglichst schon vor dem Beitritt – in Absprache zwischen den einzelnen Behörden bzw. den zuständigen Ministerien jeweils für den Einzelfall geregelt werden.

Entsprechendes gilt für die diplomatische und konsularische Vertretung in Drittstaaten. Die diplomatischen und konsularischen Missionen sowie die Handelsvertretungen der DDR müßten zum Beitritt geschlossen werden.

10. Öffentlicher Dienst

Im Interesse der Klarheit für die Betroffenen werden in dem Vertrag auch die Bedingungen für Weiterführung und Beendigung von Beschäftigungsverhältnissen im öffentlichen Dienst der DDR zu regeln sein. Im Hinblick auf die notwendige Vereinheitlichung des öffentlichen Dienstes sollte außerdem festgelegt werden, daß künftig auch in dem Gebiet der DDR die Wahrnehmung öffentlicher Aufgaben grundsätzlich durch Beamte erfolgen soll.

Mögliche – durch ausführliche Bestimmungen in einer Anlage zu ergänzende – Vertragsformulierung:

Öffentlicher Dienst

Artikel 1

Für die im Zeitpunkt des Beitritts in der öffentlichen Verwaltung in der Deutschen Demokratischen Republik beschäftigten Arbeitnehmer gelten die für sie bestehenden Arbeitsbedingungen nach Maßgabe dieses Vertrages fort. Die für den öffentlichen Dienst im übrigen Bundesgebiet geltenden Tarifverträge gelten erst, wenn und soweit deren Tarifvertragsparteien dies vereinbaren.

Zur öffentlichen Verwaltung gehören alle Bereiche, für die bei entsprechender Erstreckung des räumlichen Geltungsbereichs das Recht des öffentlichen Dienstes im übrigen Bundesgebiet gelten würde.

Der Arbeitnehmer hat seine Aufgaben in Bindung an Gesetz und Recht unparteiisch, uneigennützig, insbesondere unbeeinflußt von parteipolitischen Einwirkungen, und gerecht zu erfüllen, wobei er auf das Wohl der Allgemeinheit Bedacht zu nehmen hat.

Wird die bisherige Beschäftigungsstelle oder ein Teil derselben, in dem sich der Arbeitsplatz des Arbeitnehmers befindet, aufgelöst, so ruht das Arbeitsverhältnis. Während der Ruhenszeit ist ein monatliches Wartegeld zu zahlen. Innerhalb von 6 Monaten ist eine anderweitige Verwendung des Arbeitnehmers anzustreben; kommt diese nicht zustande, endet das Arbeitsverhältnis mit deren Ablauf.

Artikel 2

Die Wahrnehmung öffentlicher Aufgaben (Artikel 33 Absatz 4 des Grundgesetzes) ist so bald wie möglich Beamten zu übertragen.

Die Bundesregierung bestimmt durch Rechtsverordnung, mit welchen Übergangsregelungen die in Anlage … genannten beamtenrechtlichen Bundesgesetze in … (Länder im Gebiet der DDR) gelten sowie, ab wann und mit welchen Anpassungen das übrige für die Beamten geltende Bundesrecht in diesen Ländern eingeführt wird.

Bis zum Inkrafttreten eines Landesbeamtenrechts in den genannten Ländern gilt dort Kapitel I des Beamtenrechtsrahmengesetzes[9] mit den Übergangsregelungen nach Absatz 2 als Bundesrecht unmittelbar; die für Bundesbeamte geltenden Vorschriften finden ergänzende Anwendung.

Nr. 328B
Anlage 2
Kriterien für die Überleitung von Bundesrecht in die DDR
im Zusammenhang mit einem Beitritt gemäß Artikel 23 Satz 2 Grundgesetz

In einer zur Herstellung der deutschen Einheit zu treffenden Regelung sollte die möglichst rasche und umfassende Verwirklichung der Rechtseinheit und Schaffung einheitlicher Lebensverhältnisse [Ziel] sein. Daher sollten die Vorschriften des Bundesrechts übergeleitet werden, die für die Herstellung, aber auch für die Funktionsfähigkeit der staatlichen Einheit notwendig sind. Der Bewertung der Dringlichkeit können folgende Kriterien zugrunde gelegt werden:[10]

1. Besondere politische Bedeutung
   (Z. B. Verankerung der grundlegenden Demokratie- und Rechtsprinzipien[11].)
2. Sachliche Notwendigkeit
   (Intensität des zu erwartenden Rechtsverkehrs; Überleitung des für die Aufgabenwahrnehmung von Bundesbehörden, deren Tätigkeit sich auf das Gebiet der DDR erstrecken soll, erforderlichen Rechts.)
3. Rechtliche Vorgaben
   (Überleitung grundlegender allgemeiner Regelungen vor dem die Detailfragen regelnden besonderen Recht; Überleitung von Rechtsverordnungen nur mit der dazugehörigen Ermächtigungsgrundlage; Überleitung von Vorschriften mit Verweisungen gleichzeitig mit den Vorschriften, auf die verwiesen wird.)
4. Anpassungsverpflichtung aus Völker- und EG-Recht
5. Sachspezifische Besonderheiten
   (Überleitung einheitlicher Sachgebiete in einem Rechtsetzungsverfahren; bereichsspezifische Inkraftsetzung unter Berücksichtigung der Vollziehbarkeit mit den gegebenen personellen, administrativen und technischen Mitteln.)
6. Finanzielle Auswirkungen[12]

---

9 Rahmengesetz zur Vereinheitlichung des Beamtenrechts (Beamtenrechtsrahmengesetz – BRRG) vom 1. Juli 1957 in der Neufassung der Bekanntmachung vom 27. Februar 1985 (BGBl. 1985 I, 462–479) in der zuletzt am 30. Juni 1989 geänderten Fassung (zu den bis dahin vorgenommenen Änderungen: Fundstellennachweis A 1989, 17).
10 In der überarbeiteten Fassung des vorliegenden Papiers, die unter dem Titel „Richtlinien für die Ressortgespräche über die im Zusammenhang mit einem Beitritt gemäß Artikel 23 Satz 2 Grundgesetz zu treffenden Regelungen" zusammen mit dem Ergebnisprotokoll der ersten Verhandlungsrunde über den Einigungsvertrag verteilt wurde (Nr. 345 Anm. 4), lautet der erste Absatz abweichend: „Ziel einer zur Herstellung der deutschen Einheit zu treffenden Regelung sollte die möglichst rasche und umfassende Verwirklichung der Rechtseinheit und Schaffung einheitlicher Lebensverhältnisse sein. Dazu wird erforderlich sein, grundsätzlich alle Vorschriften des Bundesrechts überzuleiten, die für die Herstellung, aber auch für die Funktionsfähigkeit der staatlichen Einheit notwendig sind. Bei der Bewertung der Dringlichkeit sollten in den Ressortgesprächen folgende Kriterien zugrunde gelegt werden:".
11 In den „Richtlinien" (ebd.) an dieser Stelle nach Semikolon ergänzt: „keine Verfestigung eines grundlegenden Ungleichgewichts".
12 Ebd. im folgenden ergänzt: „7. Verfassungsrechtliche Fragen".

Nr. 328C
Anlage 3
Möglicher Ablaufplan

Formelle Eröffnung der Verhandlungen auf Minister-/St-Ebene in Berlin.
In der Woche vom 9. Juli Aufnahme der Fachgespräche der Ressorts und der Berlin-Arbeitsgruppe in Bonn oder Berlin; Vorlage von Ergebnisberichten bis zum 20. Juli.
Interne Abstimmung der Ergebnisse der Ressortgespräche (Bundesressorts, Länder) in der Woche vom 23. Juli.
In dieser Woche auch Unterrichtung des BT-Ausschusses „Deutsche Einheit".
Ab 30. Juli weitere Verhandlungen der Gesamtdelegationen.

Nr. 329
Vorlage des Ministerialdirektors Teltschik an Bundeskanzler Kohl
Bonn, 27. Juni 1990

BK, 212–35400 We 35 Bd. 1. – Mitverfasser: VLR I Kaestner. Vorlage über Chef BK. Mit Stempel: Der Leiter des Kanzlerbüros, 28. Juni 1990. Hs. von Bundeskanzler Kohl vermerkt: „Seiters erl."

Betr.: Finanzierungsfragen der Westgruppe der sowjetischen Streitkräfte (WGS) in der DDR
hier: Verhandlungen Staatssekretär Dr. Lautenschlager/stv. AM Obminskij und stv. MP Sitarjan
Moskau, 25. Juni 1990
Bezug: Ministerbesprechung vom 20. Juni 1990

1. Sts Dr. Lautenschlager hat in schwierigen Verhandlungen – ad referendum – folgende Ergebnisse erzielt:
   1.1. Guthaben von Angehörigen der WGS in Mark-DDR werden zu einem Umtauschkurs von 2:1 umgetauscht. Die weitergehenden Zusagen der DDR-Regierung (Gleichbehandlung von Angehörigen der WGS mit DDR-Bürgern) sind damit überholt.
   1.2. Die Stationierungskosten der WGS im zweiten Halbjahr 1990 werden durch Bereitstellung eines Betrages von 1,25 Mrd. DM finanziert, für die – im Umtauschkurs 1:5,50 – die sowjetische Seite Transfer-Rubel zur Verfügung stellt. Diese Regelung gilt ausschließlich für das zweite Halbjahr 1990 und hat keine Präzedenzwirkung für die folgenden Jahre.
2. Mit diesem Ergebnis ist eine zeitgerechte Lösung der für die Sowjetunion im Zusammenhang mit der Währungsumstellung in der DDR drängendsten Fragen gewährleistet. Die in der Ministerbesprechung vom 20. d.M. vorgegebene Verhandlungslinie wurde eingehalten. Ein weiterer formaler Beschluß zur Annahme dieser Verhandlungsergebnisse ist deshalb nicht notwendig.
3. Es ist damit zu rechnen, daß die DDR-Regierung sich diese Lösung zu eigen macht. Ein Mitglied der Delegation von Staatssekretär Dr. Lautenschlager ist in Moskau geblieben, um den am 25. Juni dort anreisenden Staatssekretär beim Ministerpräsidenten der DDR, Dr. Krause, persönlich zu unterrichten, damit dieser bei seinen Gesprächen mit der sowjetischen Seite – u. a. Ministerpräsident Ryschkow[1] – dieselbe Haltung einnimmt.

---

1 Zu den Gesprächen des Parlamentarischen Staatssekretärs Krause mit Ministerpräsident Ryschkow und mit dem stellvertretenden Ministerpräsidenten Sitarjan am 25. Juni 1990 in Moskau: Meldung TASS/russ./26.6.90/1847 in: Ostinformationen. Nr. 120. 27. Juni 1990, 2 f.; BPA/PA, F 1/22.

4. Es ist <u>damit zu rechnen</u>, daß die <u>sowjetische Delegation</u>, der auch hohe Militärs angehörten, ihrer Regierung das <u>Ergebnis zur Annahme empfehlen</u> wird.

Teltschik

Nr. 330
Schreiben des Ministerialdirektors Teltschik
an Sicherheitsberater Scowcroft
Bonn, 28. Juni 1990

BK, 212 – 37921 Na 8 NA 5, Hauptvorgang. – VS-NfD. Abgezeichnet: „T[eltschik] 28." Mit Stempel: Bundeskanzleramt, Fernschreibstelle, Nr. 1081, 28. Juni 1990, 14.01 Uhr.

Dear Brent,

as agreed yesterday by phone[1] I am sending you the following proposal of a summit declaration[2] based on the draft you had communicated to us.[3]
I am looking forward to hear from you.

Horst

Nr. 330A
Entwurf
NATO-Gipfelerklärung

Hs. vermerkt: „Deutscher Gegenentwurf' zdA K[aestner] 9/7". – Englische Übersetzung 105 – 90/3313, hs. vermerkt „Herrn AL 2 K[aestner] 28/6" und „zdA T[eltschik] 6/7": BK, 212 – 37921 Na 8 NA 5, Hauptvorgang.

1. Der Kalte Krieg ist überwunden. Europa tritt in eine neue, verheißungsvollere Ära ein. Wir sind Zeugen einer grundlegenden, revolutionären Veränderung in den Staaten Mittel-, Ost- und Südosteuropas, die den Weg zum Aufbau freiheitlicher, rechtsstaatlicher Demokratien eingeschlagen haben. Mauern, die einst Menschen und Ideen einschlossen, fallen. Diesem Wandel der politischen Lage will und wird sich das Bündnis anpassen.

2. Wir nähern uns bei Eintritt des Bündnisses in sein 5. Jahrzehnt endlich einem Zustand in Europa, den 1967 der Harmel-Bericht[4] als Ziel vorzeichnete: die Schaffung einer dauerhaften und gerechten Friedensordnung. Die uns seit damals leitenden Prinzipien haben zu diesem heutigen Erfolg beigetragen und werden weiterhin Grundlage unserer Politik sein: einerseits ausreichende militärische Stärke und politische Solidarität, andererseits konstruktiver Dialog.

Doch unser Bündnis muß mehr noch als bisher Wirkkraft des Wandels sein. Es tritt deshalb als weitere, neue Dimension die Kooperation hinzu. Die Allianz kann und will die

---

1 Nr. 321 Anm. 7.
2 Nr. 330A.
3 Nr. 321A.
4 Die Außenminister des Nordatlantikpakts billigten am 14. Dezember 1967 den auf Initiative des belgischen Außenministers Harmel hin ausgearbeiteten Bericht „Die künftigen Aufgaben der Allianz" (Schlußkommuniqué der Ministertagung der NATO in Brüssel mit Anhang in: NATO-Brief. Nr. 1/1968 – Januar, 25–27).

Strukturen eines geeinten Kontinents bauen helfen. Es gilt, den Frieden in einem die Teilung überwindenden Europa zu gestalten.

Mit der Vereinigung Deutschlands wird auch die Teilung Europas überwunden. Das geeinte Deutschland im atlantischen Bündnis freiheitlicher Demokratien und in zunehmender politischer und wirtschaftlicher Integration in der Europäischen Gemeinschaft wird ein unerläßlicher Stabilitätsfaktor sein, den Europa in seiner Mitte braucht.

3. Unser Bündnis ist der Zusammenschluß freiheitlicher, dem Recht verpflichteter Demokratien. Um sie zu schützen und zu bewahren, haben wir unsere gemeinsame Verteidigung aufgebaut. Der transatlantische Sicherheitsverbund ist existentiell für den Bestand unseres Bündnisses. Die substantielle Präsenz nordamerikanischer Streitkräfte in Europa belegt die tiefe politische Übereinstimmung, die das Schicksal Nordamerikas mit den Demokratien Europas fest verbindet.

Wir haben nun die Möglichkeit, angesichts der Veränderungen in Mittel- und Osteuropa neue Partnerschaften mit allen Ländern Europas zu begründen. Wir wissen, daß im neuen Europa die Sicherheit eines jeden Staates unlösbar mit der Sicherheit seiner Nachbarn verbunden ist. Wir haben die Phase der Konfrontation überwunden. Wir reichen den Völkern in der Mitte und im Osten Europas, deren Staaten uns im Kalten Krieg als Gegner gegenüberstanden, die Hand zu Zusammenarbeit und Freundschaft.

4. Unser Ziel ist es, Krieg zu verhindern und dauerhaften Frieden zu schaffen. Keine unserer Waffen wird jemals eingesetzt werden, es sei denn als Antwort auf einen Angriff. So haben es die Staats- und Regierungschefs der Allianz in der Bonner Erklärung von 1982[5] bekräftigt. Wir sind ein Bündnis, das seine gemeinsamen politischen, kulturellen und wirtschaftlichen Werte schützt und alle seine Mitglieder kollektiv verteidigt.

Wir haben keine Angriffsabsichten und bekennen uns unter allen Umständen zur friedlichen Lösung von Streitigkeiten. Die Mitgliedstaaten des Nordatlantischen Bündnisses schlagen daher den Staaten des Warschauer Paktes eine gemeinsame Erklärung vor, in der wir feierlich erklären, daß wir uns nicht mehr als Gegner gegenüberstehen, und bekräftigen, …

(Erste Alternative, Text VN-Charta Art. 2, Ziffer 4): „jede gegen die territoriale Unversehrtheit oder die politische Unabhängigkeit eines Staates gerichtete oder sonst mit den Zielen der VN unvereinbare Androhung oder Anwendung von Gewalt zu unterlassen";

(Zweite Alternative, KSZE-Schlußakte, Teil 1a „Prinzipien", Art. II): „der Androhung oder Anwendung von Gewalt, die gegen die territoriale Integrität oder politische Unabhängigkeit irgendeines Staates gerichtet oder auf irgendeine neue Weise mit den Zielen der VN und mit der KSZE-Schlußakte unvereinbar ist, zu enthalten".

Eine solche Erklärung könnte bei der Unterzeichnung des KSE-Abkommens Ende dieses Jahres von den Mitgliedstaaten der beiden Bündnisse unterzeichnet werden. Sie sollte auch anderen KSZE-Staaten zur Unterzeichnung offenstehen.

5. In diesem Geist und zur Unterstreichung der sich wandelnden politischen Rolle des Bündnisses laden wir heute den Präsidenten der Sowjetunion, Michail Gorbatschow, ein, in Brüssel an den Nordatlantikrat auf Ebene der Minister oder Staats- und Regierungschefs das Wort zu richten.

Ebenso schlagen wir vor, daß die Sowjetunion, Polen, Ungarn, die Tschechoslowakei, Bulgarien und Rumänien am Sitz des Bündnisses in Brüssel ständige Verbindungsmissionen unter Leitung von Botschaftern einrichten. Ohne sie zu Mitgliedern unseres Bündnisses zu machen, wird dieser Schritt sie doch unserem Denken und unseren Erör-

---

5 Nr. 319 Anm. 5.

terungen in dieser historischen Zeit des Wandels näherbringen, so daß ihre Diplomaten – und Generäle – gewiß sein können, Gehör zu finden.

6. In diesem Sinne befürworten wir ganz allgemein eine Intensivierung der Kontakte zwischen den Angehörigen der Streitkräfte – auf allen Ebenen – der Mitgliedstaaten der Bündnisse und darüber hinaus der KSZE-Teilnehmerstaaten, um die Erbschaft von Jahrzehnten des Mißtrauens zu überwinden.

Führende Militärs und Abrüstungsexperten aus ganz Europa haben sich in diesem Jahr bereits in Wien getroffen und über ihre Streitkräfte und Doktrinen gesprochen.[6] Das Bündnis regt an, zur Förderung des gegenseitigen Verständnisses und Stärkung des Vertrauens erneut eine Zusammenkunft im KSZE-Rahmen zu veranstalten, und zwar insbesondere zu den Themen Informationsaustausch über Strategiefragen (u. a. zum Prinzip der Hinlänglichkeit der Verteidigung), Transparenz der Verteidigungshaushalte und Rüstungsprogramme, Hilfe bei der Konversion militärischer Ressourcen für zivile Zwecke im Bereich der Mitgliedstaaten des Warschauer Paktes. Auf diese Weise möchten wir eine neue Qualität der Offenheit in Europa fördern, und darum befürworten wir weiterhin ein Abkommen über den „Offenen Himmel".

7. Zur Absicherung des politischen Fortschritts und in Umsetzung unserer Absicht zur Verringerung der Streitkräfte sind solide Rüstungskontrollabkommen unabdingbar. Deswegen messen wir dem Abschluß eines ersten Vertrages über die Reduzierung und Begrenzung konventioneller Streitkräfte in Europa (KSE) noch in diesem Jahr höchste Priorität bei. Um dieses Ziel zu erreichen, bedarf es bei allen Beteiligten der Bereitschaft zu Flexibilität und Kooperation.

Wir sind bereit, in den laufenden Wiener KSE-Verhandlungen über Reduzierungen und Begrenzungen der Personalhöchststärken nicht nur stationierter sowjetischer und amerikanischer, sondern auch einheimischer Streitkräfte anderer Teilnehmerstaaten, einschließlich der zukünftigen Streitkräfte eines vereinten Deutschlands, zu verhandeln.

Wir bekräftigen unsere Entschlossenheit, die KSE-Verhandlungen ohne Pause unmittelbar nach Unterzeichnung eines ersten Abkommens fortzusetzen.

Wir bekräftigen unsere Absicht, bis zum KSZE-Gipfel in diesem Jahr auch ein substantielles Ergebnis bei den Wiener Verhandlungen über Vertrauens- und Sicherheitsbildende Maßnahmen zu erreichen. Auch diese Verhandlungen sollen anschließend ohne Unterbrechung fortgesetzt werden.

8. Im Rahmen neuer konventioneller Rüstungskontroll- und Abrüstungsverhandlungen in den 90er Jahren streben wir weitere und weitreichende Verringerungen des Offensivpotentials der konventionellen Streitkräfte in Europa an, damit kein Land unverhältnismäßige Militärmacht auf dem Kontinent aufrechterhält. Wir werden die notwendigen Vorkehrungen treffen, daß in verschiedenen Regionen Disparitäten beseitigt werden und sichergestellt ist, daß in keiner Phase die Sicherheit irgendeines Landes Schaden leidet. Denn unser Ziel ist: ein Mehr an Sicherheit für alle auf möglichst niedrigem Niveau der Streitkräfte.

9. Die Bedrohung des Bündnisses, wie wir sie in der Vergangenheit in Rechnung stellen mußten, hat bereits deutlich abgenommen. Die eingeleiteten einseitigen Reduzierungen bei den Stationierungstruppen der SU als auch der Streitkräfte der übrigen Mitgliedstaaten des Warschauer Paktes haben hierzu beigetragen, und die Verwirklichung eines Vertrages über die konventionellen Streitkräfte in Europa sowie der Abzug sowjetischer Truppen aus Mittel- und Osteuropa werden eine wahrhaft dramatische Verbesserung unserer gegenseitigen Sicherheit zur Folge haben.

---

6 Nr. 321A Anm. 9.

Diese neue Risikoanalyse des Bündnisses ermöglicht es ihm, seine Struktur schrittweise grundlegend zu verändern:
- Das Bündnis wird kleinere und umstrukturierte Streitkräfte der Mitgliedstaaten benötigen. Diese werden so mobil und vielseitig sein, daß die alliierte Führung auch in einer Krise größtmögliche Flexibilität besitzt.
- Die derzeitige Struktur der nationalen Korps-Sektoren im Rahmen der Vorneverteidigung wird stufenweise aufgegeben. Die Führungsstrukturen werden sich ändern. Das Bündnis wird künftig in vermehrtem Maße auf multinationale Korps zurückgreifen, die aus nationalen Einheiten bestehen.
- Die Allianz wird den Bereitschaftsstand ihrer aktiven Einheiten herunterschrauben und die Ausbildungserfordernisse und die Zahl der Übungen verringern.
- Das Bündnis wird seine Fähigkeit erhalten, größere Streitkräfte wieder aufzubauen, sofern und wann sie erforderlich sind.

10. Das Bündnis wird auch Auftrag und Umfang seiner Nuklearstreitkräfte verändern. Wie in den letzten 40 Jahren werden Nuklearwaffen auch weiterhin nur dem politischen Zweck dienen, den Frieden zu wahren und jede Art von Krieg zu verhüten. Sie sind Mittel der politischen Rückversicherung.

Dabei soll im Zuge der politischen und militärischen Veränderungen zukünftig das Ziel an Bedeutung gewinnen, ein vertraglich vereinbartes System gegenseitiger Sicherheit in Europa abzusichern und zu stabilisieren.

Dazu braucht das Bündnis eine geeignete Zusammensetzung konventioneller und nuklearer Streitkräfte in und für Europa. Dabei strebt das Bündnis das niedrigste und stabilste Niveau an, das für den Zweck der Kriegsverhinderung unerläßlich ist.

Wir bekräftigen daher den Vorschlag des amerikanischen Präsidenten, Verhandlungen über die sowjetischen und amerikanischen Nuklearsysteme kurzer Reichweite in Europa unmittelbar nach dem Abschluß von VKSE aufzunehmen.

Als sichtbares Zeichen der neuen Einschätzung nuklearer Kurzstreckensysteme bietet die Allianz darüber hinaus an, mit Unterzeichnung eines KSE-Vertrages ihre nuklearen Artillerie-Sprengköpfe in Europa auf Null zu reduzieren, sofern sich die Sowjetunion dazu ebenfalls bereit erklärt.

Damit Verhandlungen über die Reduzierung nuklearer Streitkräfte mit kurzer Reichweite unmittelbar nach Unterzeichnung eines KSE-Abkommens aufgenommen werden, beauftragen wir eine special task force, für diese Verhandlungen einen Rüstungskontrollrahmen zu entwickeln, der den Außenministern auf ihrer Herbsttagung 1990 zur Billigung vorgelegt werden soll.

11. Auf der Grundlage und im Zusammenhang mit diesen revidierten Plänen für Verteidigung und Rüstungskontrolle wird die NATO eine neue Militärstrategie entwerfen.

Die neue Militärstrategie wird den politischen Charakter von Nuklearwaffen im Sinne einer politischen Rückversicherung noch stärker verdeutlichen.

Sie wird von dem operativen Konzept der Vorneverteidigung abgehen und sich einer Verteidigung an den Grenzen mit einer deutlich verringerten Präsenz von aktiven Streitkräften zuwenden.

Flexibilität und Wirksamkeit in der Krise werden gestärkt werden.

12. Dazu wird das Bündnis neue Streitkräftepläne ausarbeiten, die mit dem revolutionären Wandel in Europa im Einklang stehen.

Die high level task force der NATO wird eine detaillierte Verhandlungsbasis für die nachfolgenden konventionellen Rüstungskontrollgespräche formulieren.

Alle diese NATO-Gremien, die in Abstimmung mit dem Nordatlantikrat arbeiten, sollen ihre Schlußfolgerungen so früh wie möglich vorlegen.

13. Selbstverständlich gestaltet nicht allein unser Bündnis das Europa des 21. Jahrhunderts.

Die Europäische Gemeinschaft hat ihren unerläßlichen Anteil.

Die Konferenz für Sicherheit und Zusammenarbeit in Europa (KSZE) sollte in Europas Zukunft verstärkt dazu beitragen, in Ergänzung des Bündnisses einen Stabilitätsrahmen für den Kontinent insgesamt zu schaffen und die Völker Europas und Nordamerikas zusammenzuführen.

14. Wir unterstützen einen KSZE-Gipfel im November in Paris, bei dem unter anderem ein KSE-Abkommen unterzeichnet und neue Maßstäbe für die Errichtung und Wahrung freier Gesellschaften gesetzt werden sollen. Der Gipfel sollte bekräftigen und verankern:
    – die KSZE-Prinzipien zum Recht auf freie und gerechte Wahlen und politischen Pluralismus,
    – die KSZE-Verpflichtung zur Achtung und Wahrung der Rechtsstaatlichkeit,
    – den Schutz von Minderheiten und ihr Recht, die Menschenrechte und Grundfreiheiten ohne Diskriminierung und in voller Gleichheit vor dem Gesetz in Anspruch zu nehmen,
    und
    – die KSZE-Leitlinien zur Vertiefung der wirtschaftlichen Zusammenarbeit auf der Basis sich entwickelnder freier und wettbewerbsfähiger Marktwirtschaften.

15. Darüber hinaus schlagen wir vor, daß der KSZE-Gipfel in Paris Entscheidungen treffen soll, wie die KSZE sich zu einem Forum für den breiteren politischen Dialog in einem größeren Europa entwickeln kann.

Wir empfehlen, daß die KSZE-Regierungen
    – ein Programm etablieren, das einen regelmäßigen, intensiven Dialog mit einer umfassenden Kooperation auf allen politischen Ebenen und für alle Bereiche vorsieht,
    – einen Zeitplan für KSZE-Folgekonferenzen aufstellen, die alle zwei Jahre Fortschritte in Richtung auf ein ganzes und freies Europa bewerten,
    – ein kleines KSZE-Sekretariat zur Koordinierung dieser Tagungen und Konferenzen einrichten,
    – eine KSZE-Wahlkommission bilden, die die Überwachung freier Wahlen koordiniert,
    – ein Konfliktverhütungs- und Verifikationszentrum einrichten,
    – ein parlamentarisches KSZE-Gremium – die europäische Versammlung – bilden, das auf der existierenden parlamentarischen Versammlung des Europarates in Straßburg aufbaut und alle KSZE-Mitgliedstaaten einbezieht.

Dabei sollen die Standorte zukünftiger Institutionen soweit wie möglich reflektieren, daß die neuen demokratischen Staaten Mittel- und Osteuropas Teil der politischen Strukturen des neuen Europas sind.

16. Das Bündnis versteht diese Verpflichtungen und Entscheidungen als Antwort auf die historischen Veränderungen, die derzeit in Europa stattfinden.

Wir sind entschlossen, auf dieser Grundlage eine gerechte und dauerhafte Friedensordnung in Europa zu errichten.

Wir reichen allen europäischen Ländern die Hand, dieses Ziel mit uns im Geist der Zusammenarbeit und Freundschaft zu erreichen.

Nr. 331
Vorlage des Ministerialdirektors Teltschik an Bundeskanzler Kohl
Bonn, 28. Juni 1990

BK, 212 – 35400 De 39 NA 4 Bd. 4. – Mitverfasser: VLR Nikel. Vorlage über Chef BK. Mit Stempel: Der Leiter des Kanzlerbüros, 2. Juli 1990. Hs. von Bundeskanzler Kohl vermerkt: „Teltschik".

Betr.: DDR-Haltung zu den äußeren Aspekten der deutschen Einheit
　　hier: Rede von AM Meckel auf der AM-Konferenz im 2+4-Rahmen in Berlin (Ost) am 22.6.1990

1. Wie die SU – aber im Gegensatz zu den Westmächten und uns – will AM Meckel aktiv den deutschen Einigungsprozeß für den Aufbau einer europäischen Sicherheitsorganisation nutzen. Konsequenterweise ordnet er seine gesamten Ausführungen dem Ziel einer europäischen Sicherheitsorganisation/-gemeinschaft/-partnerschaft (bei ständig wechselnder Wortwahl) unter. Letzterer Begriff stellt eine deutliche Anleihe beim Vokabular der Bundes-SPD dar.
Die DDR – so AM Meckel – wolle nicht eher vom 2+4-Tisch aufstehen, bis „solides Einvernehmen über Grundsätze und Fahrplan" zu einer europäischen Sicherheitsorganisation (nicht nur „Struktur" oder „System") erreicht ist.
Konkret schlägt der DDR-AM folgendes vor:
- „Selbstbestimmter" Verzicht Deutschlands auf Herstellung, Besitz, Weitergabe und Stationierung von ABC-Waffen.
Dies würde eine Denuklearisierung und Singularisierung Deutschlands sowie eine Schwächung des Bündnisses bedeuten.
- Freiwillige einseitige deutsche Erklärung bei den 2+4-Gesprächen, die Personalstärke von NVA und Bundeswehr zu halbieren und dies anschließend in die Wiener Verhandlungen einzubringen.
- Sicherheitspolitische Sonderregelungen für das Gebiet der DDR („Genscher-Formel").
- Erklärung der Mitgliedstaaten beider Bündnissysteme (ohne Einzelheiten zum Inhalt).
AM Meckel schließt Übergangsregelungen nicht aus, wenn deren Dauer klar ist und keine offenen Fragen fortbestehen.

2. Wertung:
2.1. AM Meckels Äußerungen liegen den sowjetischen Positionen näher als den unsrigen. Alle von Meckel vorgetragenen konkreten Vorschläge gehören in andere Verhandlungsforen. Eine Behandlung im 2+4-Rahmen würde trotz der von Meckel hervorgehobenen „selbstbestimmten" Komponente zu einer Singularisierung Deutschlands führen. Durch dieses Verhalten wird die sowjetische Haltung, die andernfalls in die Isolation zu drohen geriete, tendenziell gestärkt.
2.2. Durch die bedingungslose – auch zeitliche – Unterordnung des Einigungsprozesses unter den Aufbau einer europäischen Sicherheitsorganisation riskiert die DDR eine Verzögerung des Vollzugs der deutschen Einheit. In dieser Hinsicht geht AM Meckel weiter als AM Schewardnadse, der immerhin nur von einer „optimalen Synchronisierung" beider Prozesse sprach.

Teltschik

Nr. 332
Vorlage des Ministerialdirektors Teltschik an Bundeskanzler Kohl
Bonn, 28. Juni 1990

BK, 213 – 30130 P 4 Po 30 Bd. 11. – Mitverfasser: VLR Nikel. Vorlage über Chef BK. Mit Stempel: Der Leiter des Kanzlerbüros, 4. Juli 1990. Hs. von Bundeskanzler Kohl vermerkt: „Neuer. Wv. Flugzeug Texas!" und „Teltschik erl." Hs. vermerkt: „zdA T[eltschik] 12/7".

Betr.: Polnische Reaktion auf die Entschließung des Deutschen Bundestages vom 21. Juni 1990

1. Überblick

Die Haltung der polnischen Regierung zur Grenzfrage im Anschluß an die Entschließung des Deutschen Bundestages und der DDR-Volkskammer vom 21. Juni[1] ist uneinheitlich. Während Außenminister Skubiszewski flexibel reagiert und Kompromißbereitschaft signalisiert, vertritt Ministerpräsident Mazowiecki weiterhin – wie im übrigen auch der Fraktionschef der Solidarität im Sejm, Geremek – die bekannte harte Haltung. Bedenklich ist die Tatsache, daß beide Politiker noch immer – in unterschiedlich geschickter diplomatischer Form – den Gedanken von Grenzgarantien durch die Vier Mächte verfolgen.

2. Haltung von AM Skubiszewski

Anläßlich der förmlichen Notifizierung der Entschließung des Deutschen Bundestages vom 21. Juni durch den deutschen Botschafter in Warschau[2] lobte Außenminister Skubiszewski die Entschließung und Ihre unmißverständlichen Formulierungen zur Grenzfrage in der Regierungserklärung[3]. Polen hoffe, den Vertrag möglichst bald nach der Vereinigung beider deutscher Staaten unterzeichnen zu können. Von einer Paraphierung vor der Vereinigung war keine Rede.

Skubiszewski mahnte zwar die Fortsetzung der Arbeiten an einem deutsch-polnischen Grenzvertrag an, bezeichnete diese jedoch ausdrücklich als „Gespräche" und nicht als „Verhandlungen", da letztere „förmlich erst nach der Vereinigung beginnen könnten".

Er frage sich allerdings, ob es bei dieser einen vertraglichen Bestätigung bleibe oder ob es noch einen zweiten Vertrag unter Einschluß der Vier Mächte als Abschluß der 2+4-Gespräche geben werde.

Inhaltlich bestand Skubiszewski weder auf dem polnischen Entwurf als Diskussionsgrundlage noch schloß er die Diskussion anderer Themenbereiche (u. a. ausdrücklich genannt deutsche Minderheit) aus. In diesem Zusammenhang reagierte der polnische Außenminister wohlwollend auf die Möglichkeit verstärkter deutscher Zuwendungen an die deutsche Minderheit in den Vertreibungsgebieten. Schließlich äußerte Skubiszewski Besorgnis über die drohende Einführung der Sichtvermerkspflicht für Polen beim Besuch in Berlin (West).

3. Haltung von Ministerpräsident Mazowiecki

MP Mazowiecki hielt am 24. Juni in Stettin eine Rede, in der er seine Befriedigung über die Entschließungen des Deutschen Bundestages und der DDR-Volkskammer vom

---

1 Nr. 322 Anm. 3.
2 In einem Schreiben an Außenminister Skubiszewski, das Botschafter Knackstedt am 22. Juni 1990 übergab, teilte Bundesminister Genscher im Namen der Bundesregierung den Wortlaut der Entschließung förmlich mit. Darin hieß es, die Bundesregierung mache sich die Entschließung, der sie „grundlegende Bedeutung" beimesse, „in vollem Umfang zu eigen" (Schreiben in: Der Bundesminister des Auswärtigen informiert. Mitteilung für die Presse Nr. 1134/90. 22. Juni 1990).
3 Nr. 323 Anm. 3.

21. Juni ausdrückte, gleichzeitig jedoch die Vorbereitung und „Vereinbarung" eines Grenzvertrages noch vor der Vereinigung anmahnte. Polen brauche vertragliche Garantien für die Unverletzlichkeit seiner Grenzen und erwarte dies auch von der internationalen Gemeinschaft.[4]
⟨Wenngleich auch MP Mazowiecki das Reizwort Paraphierung nicht in den Mund nimmt, so besteht er im Gegensatz zu seinem Außenminister jedoch auf einem wie auch immer gearteten förmlichen Abschluß von Vertragsverhandlungen vor der Vereinigung.⟩[5] Seine Regierungssprecherin Niezabitowska hat dafür in Anlehnung an den DDR-Vorschlag den Begriff „Vereinbarungsprotokoll" geprägt.

4. Wertung
Auch die flexiblere – wohl taktischen Erwägungen gehorchende – Haltung AM Skubiszewskis darf nicht darüber hinwegtäuschen, daß die polnische Haltung in der Grenzfrage noch immer ein großes Störpotential für den deutschen Einigungsprozeß darstellt.
Zwar scheint mit den von allen Teilnehmern an den 2+4-Gesprächen bereits akzeptierten „Prinzipien zur Grenzfrage"[6] die Gefahr einer Grenzgarantie durch die Vier Mächte vorerst gebannt. Alle westlichen Außenminister betonten jedoch ausdrücklich, daß Polen am 17. Juli in Paris[7] noch Gelegenheit haben müsse, sich zu diesem Prinzipienpapier zu äußern. ⟨Polens Haltung zum erreichten Grenzgarantiekompromiß beim nächsten 2+4-Außenministertreffen am 17. Juli in Paris wird auch davon abhängen, inwieweit seinen Forderungen nach baldigen „Gesprächen" über einen Vertragstext entsprochen wird. Die – zumindest – französische Unterstützung für diese Forderung hat Polen bereits.⟩[8]

Teltschik

Nr. 333
Note der Regierung der DDR an die Bundesregierung
Berlin, 30. Juni 1990

BArch, B 136/21666, 222 – 35023 Wä 1 Bd. 6. – Mit Auszug aus dem Vermerk des MDg Stern über ein Gespräch mit dem Gesandten Glienke am 30. Juni 1990, 2. Juli 1990, Az. 22 – 35016 – Ve 36: „Herr Glienke überreichte mir die anliegende Note zum Inkrafttreten des Vertrages über die Schaffung einer Währungs-, Wirtschafts- und Sozialunion."

Die Ständige Vertretung der Deutschen Demokratischen Republik ist beauftragt, dem Bundeskanzleramt der Bundesrepublik Deutschland die folgende Note der Regierung der Deutschen Demokratischen Republik an die Regierung der Bundesrepublik Deutschland zu übermitteln:

„Die Regierung der Deutschen Demokratischen Republik beehrt sich, der Regierung der Bundesrepublik Deutschland davon Kenntnis zu geben, daß auf seiten der Deutschen Demokratischen Republik die erforderlichen Voraussetzungen für das Inkrafttreten des Ver-

---

4 Bericht über die Rede in: Fernschreiben Nr. 1320 des Botschafters Knackstedt (Warschau) an das Auswärtige Amt, 27. Juni 1990; BK, 213 – 30130 P 4 Po 30 Bd. 11.
5 ⟨ ⟩ Hs. am rechten Rand vermerkt: „?"; hier und im folgenden hs. Anmerkungen und Hervorhebungen des Bundeskanzlers Kohl.
6 Nr. 325A.
7 Nr. 354 – Nr. 354B.
8 ⟨ ⟩ Hs. unterstrichen und am rechten Rand doppelt angestrichen.

trages über die Schaffung einer Währungs-, Wirtschafts- und Sozialunion zwischen der Deutschen Demokratischen Republik und der Bundesrepublik Deutschland[1] vorliegen. Die Regierung der Deutschen Demokratischen Republik bestätigt der Regierung der Bundesrepublik Deutschland die Übereinstimmung, daß der Vertrag einschließlich des Gemeinsamen Protokolls, der Anlagen I bis IX und der bei der Unterzeichnung des Vertrages abgegebenen Protokollerklärungen am 30. Juni 1990 in Kraft tritt.

Die Regierung der Deutschen Demokratischen Republik benutzt auch diese Gelegenheit, die Regierung der Bundesrepublik Deutschland ihrer ausgezeichneten Hochachtung zu versichern.

Berlin, den 30. Juni 1990

An die Regierung der Bundesrepublik Deutschland, Bonn"

Die Ständige Vertretung der Deutschen Demokratischen Republik benutzt auch diesen Anlaß, das Bundeskanzleramt der Bundesrepublik Deutschland ihrer vorzüglichen Hochachtung zu versichern.

Nr. 334
Schreiben des Ministers Clement an Bundesminister Seiters
Düsseldorf, 30. Juni 1990

BK, 132 – 35400 De 12 NA 5 Bd. 16. – Mit Briefkopf: Der Chef der Staatskanzlei des Landes Nordrhein-Westfalen. Eingangsstempel unleserlich. Abgezeichnet: „S[eiters]". Hs. vermerkt: „LASD b[itte] A[ntwort-]E[ntwurf]. Ø BM Schäuble. Sp[eck] 4/7".

Sehr geehrter Herr Kollege,

die öffentliche Diskussion über die Frage, ob über Hauptstadt und Regierungs-/Parlamentssitz in dem vereinten Deutschland bereits jetzt im Zusammenhang mit einem zweiten Staatsvertrag entschieden werden soll, hält weiterhin an. Deshalb möchte ich auf diesem Wege nochmals festhalten, was der Herr Bundeskanzler gegenüber den Ministerpräsidenten[1] erklärt hatte und was Sie und Bundesminister Dr. Schäuble in dem Gespräch am 26. Juni 1990[2] nochmals ausdrücklich bestätigt haben:

Die Hauptstadtfrage und die Frage des Sitzes von Regierung und Parlamenten wird nicht im zweiten Staatsvertrag geregelt – darüber haben nach Herstellung der Einheit die zuständigen Verfassungsorgane zu entscheiden.

Nordrhein-Westfalen verläßt sich darauf, daß dieses klare Wort des Bundeskanzlers und der Bundesregierung gilt.

Den Kollegen in den anderen Staats- und Senatskanzleien werde ich eine Kopie dieses Schreibens zuleiten.

Mit freundlichen Grüßen
Ihr Wolfgang Clement

---

1   Nr. 283 Anm. 1.

1   Nr. 280.
2   An dem Gespräch im Bundeskanzleramt nahmen die Bundesminister Seiters und Schäuble und seitens der Länder die Chefs der Staats- und Senatskanzleien Bayerns, Rauscher, Berlins, Schröder, und Nordrhein-Westfalens, Clement, teil. Dazu auch: Nr. 338; Schäuble, Der Vertrag, 114, 116.

Nr. 335
Schreiben des Sicherheitsberaters Scowcroft
an Ministerialdirektor Teltschik
30. Juni 1990

BK, 21 – 37921 (168) Na 25/23/90, Bd. 6, Bl. 122 f. – Erste Ausfertigung. Geheim. Hs. vermerkt: „30. Juni 1990". – Mit Schreiben des MD Teltschik an BM Genscher (BK, 21 – 37921 [168] Na 25/25/90, Bd. 6, Bl. 126) und BM Stoltenberg (BK, 21 – 37921 [168] Na 25/26/90, Bd. 6, Bl. 127), 2. Juli 1990 (jeweils: Entwurf und eine Ausfertigung – ohne Anlage offen. Mit Paraphe: „T[eltschik] 2/7"): „Sehr geehrter Herr Bundesminister, im Auftrag des Herrn Bundeskanzlers übersende ich Ihnen die Antwort des amerikanischen Sicherheitsberaters, Brent Scowcroft, auf den deutschen Entwurf für eine Erklärung des bevorstehenden Sondergipfels der NATO in London zu Ihrer persönlichen Kenntnisnahme. Mit freundlichen Grüßen".

Lieber Horst,

Ihrer Bitte entsprechend möchte ich einige Reaktionen auf Ihre Vorschläge[1] hinsichtlich der vom Präsidenten vorgeschlagenen Gipfelerklärung[2] übermitteln. Hauptsächlich sind wir darüber erfreut, daß Sie darin übereinstimmen, daß wir ein starkes politisches Dokument mit neuen Ideen für die Umwandlung des Bündnisses brauchen. Unsere schwierigste Aufgabe in London wird es sein, unsere Kollegen zu überzeugen, daß dies nicht einfach ein weiteres NATO-Kommuniqué, das wie alle übrigen verwässert wird, sein darf.

Ich bin erfreut, daß wir hinsichtlich der ständigen Verbindungsmissionen (von WP-Staaten bei der NATO) und hinsichtlich der Einladung Gorbatschows zur NATO übereinstimmen. Wir stimmen auch überein, daß die NATO eine Nicht-Angriffserklärung abgeben sollte. Aber wir haben eine starke Präferenz dafür, daß die NATO und Warschauer-Pakt-Länder wechselseitige Erklärungen über Gewaltverzicht austauschen, statt daß sie versuchen, ein gemeinsames Dokument auszuhandeln. Unsere Gründe hat der Präsident in seinem Schreiben an Bundeskanzler Kohl genannt.[3]

Wir sind besorgt über die von Ihnen vorgeschlagene Behandlung der Frage von Begrenzungen für die Bundeswehr. Wir glauben, daß es verfrüht ist, diese Konzession den Sowjets zu machen. Gorbatschow könnte sie jetzt einstecken und weiterhin dagegen sein, daß ein vereintes Deutschland Vollmitglied der NATO ist und daß die Vier-Mächte-Rechte im Zeitpunkt der deutschen Einheit enden. Wir lehnen eine Singularisierung der Bundeswehr in jedem Zeitpunkt ab, aber die Idee, in der jetzigen Phase der (Wiener) Verhandlungen nationale Obergrenzen für das Militärpersonal aller VKSE-Teilnehmer auszuhandeln, erscheint problematisch. So wie ich dieses Konzept verstehe, würden die 23 sich über die Größe der griechischen Streitkräfte, der türkischen Streitkräfte usw. für jedes Land in Europa einigen müssen. Wir sind besonders besorgt darüber, daß ein Versuch, diese gewaltige Aufgabe bei den laufenden VKSE zu bewältigen, den Abschluß eines KSE-Vertrages auf unabsehbare Zeit verzögern könnte (eine Entwicklung, die die sowjetischen Militärs sogar begrüßen könnten). Es ist auch möglich, daß Gorbatschow diese Vorstellung und die ihr innewohnende Komplexität benutzen könnte, um die abschließende Lösung des 2+4-Prozesses zu verzögern.

Wir haben Ihre Unterstützung von „weiteren, weitreichenden Verminderungen" der Offensivfähigkeiten der konventionellen Streitkräfte in Europa als Ziel künftiger Verhandlungen über konventionelle Rüstungskontrolle begrüßt. Ihre Vorschläge spiegeln auch eine – von uns geteilte – Einschätzung wieder, daß die NATO ankündigen sollte, daß sie eine neue Stra-

---

1 Nr. 330A.
2 Nr. 321A.
3 Nr. 321.

tegie beschließen wird, die von dem gegenwärtigen operativen Konzept der Vorneverteidigung abgeht.

Hinsichtlich der nuklearen Fragen stelle ich fest, daß Sie eine unterschiedliche Formel für die Erfassung der nuklearen Artillerie haben, die wir erörtern müssen. Wir werden auch darüber zu reden haben, wie die Fragen hinsichtlich der Nukleardoktrin der NATO in der (Londoner) Erklärung gehandhabt werden sollen. Unsere Vorstellungen gehen in die Richtung, daß eine Debatte darüber, ob die NATO ihre Nuklearstrategie den neuen Gegebenheiten in Europa anpaßt, unausweichlich ist, deshalb sollte der Gipfel eine haltbare Position gegen die Befürworter des „no first use" abstecken.

Die Haltungen unserer beiden Regierungen hinsichtlich der KSZE sind sehr nahe beieinander.

Wir möchten, daß der Text unserer Erklärung und Ihre Ideen erst am 5. Juli in London auf politischer Ebene behandelt werden. Unsere größte Herausforderung wird es sein, die bedeutenden konkreten Initiativen, die jetzt in der Deklaration stehen, zu erhalten und Versuche zu vermeiden, die Erklärung in hinlänglich bekannte Rhetorik umzumünzen.

Schlußformel

Nr. 336
Schreiben des Ministerialdirigenten Hessing an Bundesminister Seiters
Düsseldorf, 3. Juli 1990

BArch, B 136/26286, 441 – 14020 Mi 3 NA 1 Bd. 4. – Az. II A 1. Mit Briefkopf: Der Chef der Staatskanzlei des Landes Nordrhein-Westfalen. Mit Stempel: Chef BK Eingegangen, 5. Juli 1990. Abgezeichnet: „S[eiters]".

Betr.:   Ministerpräsidentenkonferenz am 22. Juni 1990 in Bonn;
hier: Deutschlandpolitik

Sehr geehrter Herr Minister,

die Regierungschefs der Länder haben in Ihrer Besprechung das o.g. Thema behandelt. Sie haben hierzu folgende Beschlüsse gefaßt:

„Vertretung der Landesregierungen im Gemeinsamen Regierungsausschuß gemäß Artikel 8 des Staatsvertrages mit der DDR
Der Staatsvertrag mit der Deutschen Demokratischen Republik über die Schaffung einer Währungs-, Wirtschafts- und Sozialunion und seine Durchführung stellen weitreichende Schritte zur Veränderung der staatlichen Ordnung in Deutschland dar, die die Länder der Bundesrepublik Deutschland in ihrer staatlichen Existenz und die ihr Mitwirkungsrecht im Bundesstaat unmittelbar berühren. Daher erwarten die Regierungschefs der Länder, daß die Landesregierungen in dem Gemeinsamen Regierungsausschuß gemäß Artikel 8 des Vertrages gleichgewichtig im Verhältnis zur Bundesregierung vertreten sind.
Die Regierungschefs der Länder beauftragen das vorsitzführende Land und das Land, das die Ländergruppe koordiniert, in Gesprächen mit der Bundesregierung darauf hinzuwirken, daß die Landesregierungen in dem Gemeinsamen Regierungsausschuß gleichgewichtig im Verhältnis zur Bundesregierung vertreten sind und zu einzelnen Beratungspunkten weitere Länder hinzugezogen werden können, soweit deren Interessen berührt werden."

„Weitere Schritte zur deutschen Einheit
Bei Eintritt in die nächste, entscheidende Phase des deutschen Einigungsprozesses fordern die Regierungschefs der Länder, daß sie durch die Bundesregierung über alle weite-

ren Vorhaben auf dem Weg zur deutschen Einheit umfassend informiert und an allen Vorbereitungen und Verhandlungen dazu wirksam beteiligt werden. Das gilt insbesondere für das Vorhaben eines ‚Vertrages zur Herstellung der deutschen Einheit zwischen der Bundesrepublik Deutschland und der Deutschen Demokratischen Republik‘.

Die Regierungschefs der Länder unterstreichen die im Verhältnis zum Bund gleichgewichtige Mitverantwortung der Länder für den deutschen Einigungsprozeß. Sie sehen es als ihre Verpflichtung an, die Grundstrukturen der staatlichen Ordnung eines vereinten Deutschland und die Ausgestaltung der zweiten Stufe des Einigungsprozesses maßgeblich mitzubestimmen. Dazu werden die Regierungschefs der Länder der Bundesregierung kurzfristig ihre Vorstellungen übermitteln.

Die Regierungschefs der Länder beschließen, eine Arbeitsgruppe der Staats- und Senatskanzleien einzusetzen. Diese soll kurzfristig einen Vorschlag für ‚Eckpunkte einer bundesstaatlichen Ordnung im vereinten Deutschland‘ vorlegen.[1] Die Regierungschefs der Länder erwarten, daß die Vorschläge der Länder bei den weiteren Schritten zur deutschen Einheit Eingang finden.“

Ich darf Sie hiermit über die Beschlüsse unterrichten. In diesem Zusammenhang darf ich darauf ausdrücklich hinweisen, daß die Regierungschefs der Länder sich im Verhältnis zum Bund als gleichgewichtig mitverantwortlich für den deutschen Einigungsprozeß ansehen. Dies bedeutet, daß, wie im Gespräch am 26. Juni 1990[2] abgesprochen, im Regierungsausschuß gemäß Artikel 8 des Staatsvertrages wie bei den Verhandlungen über einen zweiten Staatsvertrag fünf Länder vertreten sind. Dabei gehe ich davon aus, daß Berlin daneben gesondert vertreten ist.

Mit freundlichen Grüßen
In Vertretung
Hessing

Nr. 337
Punktation des Ministerialrats Ludewig, des Referatsleiters Westerhoff und des Regierungsdirektors Stark
Bonn, 3. Juli 1990

BK, 422 – 35006 De 13 NA 4.

Umsetzung des Staatsvertrages zur Schaffung einer Währungs-, Wirtschafts- und Sozialunion mit der DDR

1. Der Staatsvertrag ist am 30. Juni 1990 in Kraft getreten.[1] Seit dem 1. Juli 1990 ist die D-Mark alleiniges gesetzliches Zahlungsmittel in der DDR.
   Die Währungsumstellung erfolgt problemlos. Dies ist entscheidend auf die hervorragenden Vorbereitungen durch die Deutsche Bundesbank und die Kreditinstitute in der DDR zurückzuführen. Die Deutsche Bundesbank hat die wohl größte Herausforderung ihrer Geschichte gut gemeistert. An den Finanzmärkten im In- und Ausland ist dies offensichtlich aufmerksam registriert worden.

---

1 Nr. 342A.
2 Nr. 334 Anm. 2.
1 Nr. 291 Anm. 5.

Die bisherigen Erfahrungen bei der Währungsumstellung zeigen, daß der pro Kopf aus-
zahlbare Höchstbetrag von 2 000 D-Mark bei weitem nicht ausgeschöpft wurde.
[**Zur internen Information:** bisher pro Familie etwa 800 DM.][2]

2. Die DDR-Bürger verhalten sich damit äußerst stabilitätsbewußt und -gerecht. Sie gehen
   vorsichtig, abwartend und überlegt mit der neuen Währung um.
   Es besteht zudem ein erstaunlich großes Interesse am Abschluß von Bausparverträgen.
   Damit wird langfristig Kapital für Investitionszwecke gebunden.
   Von einem Kaufrausch kann keine Rede sein.

3. Die mit der Einführung der D-Mark in der DDR gelegentlich geäußerten Inflationsbe-
   fürchtungen verlieren damit weiter an Gewicht.
   Dies gilt auch für (bisher) kritischere Stimmen aus dem Ausland zur Preis- und Zinsent-
   wicklung. Dort wird die Währungsunion mit der DDR inzwischen gelassener beurteilt.
   Zuversicht herrscht auch für den neuen deutschen Kapitalmarkt.

4. Gleichzeitig ist am 1. Juli eine Fülle von Gesetzen in Kraft getreten, die die rechtlichen
   Voraussetzungen für die Einführung der Sozialen Marktwirtschaft in der DDR schaffen.
   Damit können sich Unternehmer und Arbeitnehmer in der DDR frei entfalten.
   Der Bundeskanzler hatte für den 28. Juni zu einem zweiten Gespräch [mit] Unternehmern, Vertretern der großen Verbände sowie mit den Gewerkschaften eingeladen. Wie
   im ersten Gespräch dieser Art im Februar dieses Jahres ging es auch diesmal um das
   unternehmerische Engagement in der DDR.
   Unter allen Gesprächsteilnehmern bestand Übereinstimmung darüber, daß mit dem
   Staatsvertrag zur Schaffung der Währungs-, Wirtschafts- und Sozialunion mit der DDR
   einheitliche und kalkulierbare Rahmenbedingungen für privatwirtschaftliche Investitionen und Produktion geschaffen wurden.
   Es ist nun entscheidend, daß die Unternehmen mit ihrem wirtschaftlichen Engagement
   in der DDR maßgeblich dazu beitragen, Arbeitsplätze und Einkommen zu schaffen.

5. Die wirtschaftlichen Probleme der DDR werden uns noch eine Zeitlang begleiten. Die
   noch bestehenden administrativen Investitionshemmnisse müssen möglichst schnell beseitigt werden. Um den Fortgang der wirtschaftlichen Entwicklung in der DDR weiterhin zu beobachten, wird der Bundeskanzler zu einem dritten Gespräch mit Unternehmern, Verbänden und Gewerkschaften im September einladen.

6. Neben den Investitionen kommt vor allem der weiteren beruflichen Qualifizierung der
   Arbeitnehmer zentrale Bedeutung zu. Die Bundesregierung begrüßt daher ausdrücklich
   die vom DIHT und dem Deutschen Handwerk gemeinsam initiierte Ausbildungs- und
   Umschulungsinitiative in der DDR. Sie wird mit dazu beitragen, die Übergangsprobleme zur Sozialen Marktwirtschaft zu bewältigen. Es ist vorgesehen, am 28. August
   1990 in einer Stadt der DDR die Mobilisierungskampagne „Berufsbildung" einzuleiten.

7. Bei der Liquiditätssicherung der DDR-Unternehmen durch Bürgschaften der Treuhandanstalt sind wir inzwischen weiter vorangekommen. Zur Deckung ihres Liquiditätsbe-
   darfs haben die Unternehmen zunächst alle Möglichkeiten der Liquiditätsbeschaffung
   einschließlich der Ausnutzung der banküblichen Sicherheiten auszuschöpfen. Sofern dadurch der Liquiditätsbedarf nicht gedeckt werden kann, können den Unternehmen
   Bürgschaften für den Liquiditätsbedarf des Monats Juli 1990 von der Treuhandanstalt
   gewährt werden. Die Laufzeit der Bürgschaften beträgt drei Monate.
   Allerdings sind die Möglichkeiten der Treuhandanstalt, Liquiditätsbürgschaften zu gewähren, begrenzt.

---

2 Eckige Klammern hier und im folgenden in der Textvorlage.

[**Zur internen Information:** zur Plafond-Obergrenze von 3 Mrd. DM noch keine Einigung mit der DDR.]
Zunächst soll der Liquiditätsbedarf für Juli 1990 ermittelt und dann eine Überprüfung vorgenommen werden. Zur Auswertung der bis zum 2. Juli 1990 eingereichten Liquiditätspläne werden die Gespräche mit der DDR heute (4. Juli) in Ost-Berlin fortgesetzt.

8. Die Arbeitsverwaltung in der DDR wird zügig aufgebaut. In 38 Arbeitsämtern mit insgesamt 161 Nebenstellen wird ein umfassendes Netz zur Arbeits- und Berufsberatung sowie Arbeitsvermittlung und Leistungsgewährung geschaffen. Die Bundesanstalt für Arbeit leistet dabei wichtige Hilfestellungen durch Schulung von Mitarbeitern der Arbeitsämter der DDR und Entsendung von Beratern.

9. Nach Art. 7 des Staatsvertrages ist innerhalb eines Monats nach dessen Inkrafttreten ein Schiedsgericht zu errichten. Es setzt sich aus einem Präsidenten und vier Mitgliedern zusammen.
Gegenwärtig läuft das Verfahren zur Bestellung der Mitglieder.
[**Zur internen Information:** BMJ schlägt vor, darauf zu bestehen, daß die Präsidentenstelle von der Bundesrepublik übernommen wird; der Stellvertreter sollte von der DDR benannt werden.]

10. Die Bundesregierung ist wegen der Konstituierung des im Staatsvertrag vereinbarten Gemeinsamen Regierungsausschusses mit der DDR und den Ländern im Gespräch.
[**Zur internen Information:** Die Bundesregierung hatte ihre Bereitschaft erklärt (Besprechung mit den Chefs der Staats- und Senatskanzleien der Länder vom 7. Juni 1990), die Länder mit zwei Vertretern an dem Gemeinsamen Regierungsausschuß nach Maßgabe des Beschlusses der Regierungschefs vom 15. Februar 1990[3] zu beteiligen. Soweit die Interessen einzelner Länder in besonderer Weise berührt sind, können diese hinzugezogen werden. Eine paritätische Beteiligung wird von der Bundesregierung abgelehnt.]

11. Über den Staatsvertrag zur Währungs-, Wirtschafts- und Sozialunion hinaus sind weitere wichtige Einzelvereinbarungen mit der DDR getroffen worden: z. B. im Umwelt-, Post- und Verkehrsbereich.
Unter all diesen erfreulichen Fortschritten ist die Abschaffung der Personenkontrollen an der innerdeutschen Grenze, die ebenfalls am 1. Juli 1990 wirksam geworden ist,[4] besonders bedeutsam. Denn ebenso wie bei der Einführung der D-Mark in der DDR wird hier konkret und für jedermann erlebbar das Zusammenwachsen der beiden Teile Deutschlands deutlich. Damit fiel am 1. Juli eine Grenze, an der über 200 Menschen ihr Leben lassen mußten.
[BM Schäuble wird in seinem Bericht ausführlicher darauf eingehen.]

---

3 Nr. 185.
4 In Ausführung der in Artikel 12 Abs. 3 Staatsvertrag (Nr. 283 Anm. 1) erklärten Absicht, „so bald wie möglich die Voraussetzungen für einen vollständigen Wegfall der Kontrollen an der innerdeutschen Grenze zu schaffen", unterzeichneten Bundesminister Schäuble und Minister Diestel am 1. Juli 1990 das Abkommen zwischen der Regierung der Bundesrepublik Deutschland und der Regierung der Deutschen Demokratischen Republik über die Aufhebung der Personenkontrollen an den innerdeutschen Grenzen (mit Anlagen in: BGBl. 1990 II, 571–575; GBl. DDR 1990 II, 41–43).

Nr. 338
Vermerk der Abteilung 3
Bonn, 3. Juli 1990

BArch, B 136/26285, 441 – 14020 Mi 3 NA 1 Bd. 3. – Verfasser: ORR Wilhelm. – Mit Vorlage des MR Hegerfeldt über GL 33 und AL 3 an RL 221: „Betr.: Besprechung des Chefs des Bundeskanzleramtes mit den Chefs der Staats- und Senatskanzleien der Länder zur deutschlandpolitischen Situation am 5. Juli 1990, 9.30 Uhr, Bundeskanzleramt. Für die Unterlagen zu o.a. Besprechung übersende ich in Anlage einen Sachstandsvermerk zum Thema ‚Änderung und Überleitung des Grundgesetzes im Zusammenhang mit dem Beitritt der DDR‘.“ Abgezeichnet: „He[gerfeldt] i.V. 3.7.“ und „W[agner] 3/7“. Hs. vermerkt: „Herrn Dr. Malina. G[ermelmann] 3.7“.

Betr.:   Stand der Überlegungen zu Staatsvertrag und Überleitung des Grundgesetzes im Zusammenhang mit dem Beitritt der DDR

I.   Sachstand

Ausgangspunkt der Überlegungen zu o.a. Betreff ist das „Diskussionspapier des Bundesministers des Innern mit Elementen einer zur Herstellung der deutschen Einheit zu treffenden Regelung"[1].

Eine erste Arbeitsskizze zur Konzeption eines Staatsvertrages vom 13. Juni 1990 gelangte vorzeitig an die Öffentlichkeit.[2] Eine zweite, mit den Ressorts noch nicht abgestimmte Entwurfsfassung vom 25. Juni 1990[3] wurde den Ländern (Minister Clement, NW, und Amtschef MD Rauscher, BY, sowie CdS Schröder, Bln) anläßlich der Besprechung mit Chef BK und BM Schäuble am 26. Juni 1990[4] übergeben *und von BM Schäuble am 27. Juni 1990 allen Staats- und Senatskanzleien übersandt.*

Die nunmehr vorliegende überarbeitete Entwurfsfassung entspricht (Stand 28. Juni 1990) weitgehend der Fassung vom 25. Juni 1990.[5] Sie enthält in Abweichung zu jener insbesondere eine Zusammenstellung der jeweils abweichenden Voten der beteiligten Ressorts (BMJ, BMF, AA, BMVg).[6]

---

1 Nr. 328A.

2 Die „Berliner Morgenpost" meldete, Bundesminister Schäuble habe „bereits einen ersten Entwurf des zweiten Staatsvertrages (Titel: ‚Grundstrukturen eines Staatsvertrages zur Herstellung der Deutschen Einheit') ausarbeiten lassen und der DDR übersandt". In einem internen Positionspapier, das der Redaktion vorliege, fordere die Regierung der DDR „eine Reihe von Nachbesserungen und zusätzlichen Änderungen" („Zweiter Staatsvertrag wird schon verhandelt", in: Berliner Morgenpost. Nr. 135. 13. Juni 1990, 14).

3 Diskussionspapier des Bundesministers des Innern mit Elementen einer zur Herstellung der deutschen Einheit zu treffenden Regelung, ms. überarbeitet „Stand: 25. Juni 1990". Mit Schreiben vom 26. Juni 1990 übersandte der Chef des Bundeskanzleramtes das Papier an die Staats- und Senatskanzleien der Länder „vorab auf Arbeitsebene" mit dem Hinweis, die offizielle Übersendung folge durch den Bundesminister des Innern (BArch, B 136/29251, 121 – 14020 Mi 1, Vorbespr. Chef BK, 5.7.1990). Demgegenüber geringfügig überarbeitete, undatierte Fassung des Diskussionspapiers: Nr. 328A.

4 Nr. 334 Anm. 2.

5 „Angesichts der Ergebnisse weiterer zwischenzeitlicher Besprechungsrunden im BMI" wurde der hier abgedruckte Sachstandsvermerk nochmals überarbeitet (Vorlage des Ministerialrats Hegerfeldt an Ministerialrat Annecke mit beigefügtem Vermerk der Oberregierungsrätin Wilhelm, 4. Juli 1990; BArch, B 136/29251, 121 – 14020 Mi 1, Vorbespr. Chef BK, 5.7.1990). Im Vermerk heißt es an dieser Stelle entsprechend: „Die nunmehr vorliegende, auf AL-Ebene erarbeitete Entwurfsfassung entspricht (Stand 4. Juli, Anlage) weitgehend der Fassung vom 25. Juni 1990."

6 In der überarbeiteten Fassung des Sachstandsvermerks (ebd.) im folgenden ausgeführt: „In der Länderbesprechung am 29. Juni 1990 im BMI wurden von den Ländern – unabhängig von der bereits vorliegenden Entwurfsfassung – folgende grundsätzliche Petita erarbeitet (vgl. Anlage ‚Eckpunkte der Länder für die bundesstaatliche Ordnung im vereinten Deutschland'): – Staatsbezeichnung (Bundesrepublik Deutschland, Deutschland, Bund deutscher Länder), – Änderung der Finanzverfassung (Sicherstellung der finanziellen Ausstattung leistungsstarker Länder), – Revision des Art. 72 GG (Einschränkung der konkurrierenden Gesetzgebungszuständigkeiten des Bundes), – Ergänzung der Art. 24 GG, 32 GG (stärkere Länderbeteiligung in auswärtigen Angelegenheiten), – Neugestaltung der Stimmverteilung im Bundesrat (Art. 51 Abs. 2 GG), – Erleichterung der Neugliederung des Bundesgebietes (Art. 29 GG, Art. 118 GG). Diese Petita wurden BM Schäuble von Ländervertretern am 4. Juli 1990 vorgetragen. Hinweis von BM Schäuble, Staatsvertrag nicht von bundesdeutscher Seite mit GG-Änderungswünschen zu überfrachten, stieß bei den Ländern auf Verständnis. Gegenvorschlag von Länderseite: Schon jetzt Verfassungsänderungsauftrag für die Zeit nach dem Beitritt formulieren oder

II. Strittige Fragen

Einigkeit besteht darüber, daß die Grundgesetzänderungen im Staatsvertrag so schmal wie möglich zu gestalten und größere Verfassungsdiskussionen in diesem Zusammenhang zu vermeiden sind.

Dissens besteht in folgenden Punkten:

1. Präambel:

Änderungsbedürftigkeit unproblematisch, Frage aber, ob Gedanke vollendeter deutscher Einheit in Präambel enthalten sein sollte. Dafür: BMI, dagegen: BMJ, offengelassen von AA unter der Voraussetzung der Streichung auch des Art. 146 GG. Frage ferner, ob Wahrung nationaler und staatlicher Einheit Inhalt der Präambel bleiben sollte. Dafür: BMJ, grundsätzlich auch AA, dagegen: BMI.

Stellungnahme:

Vollendungsgedanke muß unmißverständlich zum Ausdruck kommen. Dies am einfachsten durch Streichung des Wiedervereinigungsgebots in der Präambel, des Art. 23 GG sowie des Art. 146 GG (vgl. dazu II. 4). Ausdrückliche Erwähnung (so BMI) dann verzichtbar. Vorteil: „DDR" oder „anderer deutscher Staat" erhielte in Präambel nicht Ewigkeitscharakter. Einheitsgedanke beizubehalten, da schon durch sonstige GG-Änderungen (Streichung Art. 23, Art. 146) Befriedung deutschen Einheitsstrebens dokumentiert wird.

2. Art. 29 GG:

Nach BMI-Entwurf völlige Neufassung mit dem Ziel, künftige Länderneugliederung zu erleichtern. BMJ hält – mit gleicher Zielsetzung wie BMI – im wesentlichen Anfügung eines Absatzes 9 für ausreichend.

Stellungnahme:

Änderung des Art. 29 GG möglichst unauffällig und schmal zu halten. Angesichts in jedem Falle geringer Realisierungschancen einer Länderneugliederung und im Hinblick auf das bei der staatsvertraglichen Lösung bestehende Erfordernis einer Zweidrittelmehrheit auch im Bundesrat sollte an Art. 29 GG jetzt nicht weiter gerührt werden. Änderungen könnten einem gesamtdeutschen Parlament überlassen bleiben.

3. Zusätzlicher Artikel betreffend Einschränkung des Rechtsschutzes für Übergangszeit:

Gewünscht von BMI, um Funktionsfähigkeit der öffentlichen Verwaltung im Gebiet der heutigen DDR sicherzustellen. Strikte Ablehnung durch BMJ, BMF.[7]

Stellungnahme:

Vorschlag des BMI wäre Rückschritt gegenüber Staatsvertrag I und auch gegenüber DDR-Verfassung (Stand: Juni 1990). Eingeschränkter Rechtsschutz würde wirtschaftliche Investitionsbereitschaft bremsen und die Erwartungshaltung der DDR-Bürger (Rechtsstaatlichkeit, Rechtsschutzgarantie) herb enttäuschen. Problematik dürfte zudem eher verfahrensrechtlich in zu erwartender Überlastung der (Instanz-) Gerichte liegen.

---

gewünschte GG-Änderungen nicht in Staatsvertrag, sondern nur in Zustimmungsgesetz hineinnehmen." Im weiteren wurde ein Abschnitt „II. Konsens" (dazu Anm. 7–9) eingefügt.

7 In dem ergänzten Abschnitt „II. Konsens" (Anm. 6) dazu vermerkt: „Rechtsschutz in der Übergangszeit; keine Einschränkungen; Engpässe bei den Gerichten müssen und können (so BMJ) durch personelle Verstärkungen aus dem Bundesgebiet vermieden werden."

4. Art. 146:
   Frage, ob Streichung. Dafür: AA, dagegen: BMI. BMJ zwar für Streichung, ggf. aber Festschreibung der Einberufung einer späteren (gesamtdeutschen) Verfassungskommission.

   Stellungnahme:
   Beibehaltung des Art. 146 würde außenpolitisch als Signal mißverstanden werden können, daß die Deutschen noch nicht „saturiert" seien. Zustimmung der Opposition zur Streichung ungewiß, da sie darin eine formelle Beendigung der Verfassungsdiskussion sehen würde. Dem könnte durch die Einsetzung einer gesamtdeutschen Verfassungskommission (Vorschlag des BMJ) entgegengewirkt werden. Auch Opposition wird den außenpolitischen Schaden einer Beibehaltung des Art. 146 nicht unberücksichtigt lassen können.

5. Überleitung des Grundgesetzes:
   Problematisch insoweit vor allem Überleitung der Wehrverfassung sowie der Lastenausgleichsregelungen (Art. 120, 120a GG).
   BMVg: vollständige Übertragung der Wehrverfassung, aber (einfachrechtliche) Abstriche, insbesondere im sozialen und dienstrechtlichen Bereich; damit Möglichkeit eines Nachgebens in 2+4-Verhandlungen. AA: unnötige Belastung der 2+4-Verhandlungen bei Übertragung der Wehrverfassung.[8]

   Stellungnahme:
   Zumindest partiell wäre sofortige Überleitung anzustreben. Auch für Übergangszeit müßten Status und Funktion der NVA rechtlich fixiert sein. Von erst späterer Inkraftsetzung des Art. 12a GG (für Westdeutsche sonst Möglichkeit, sich der Wehrpflicht durch zeitweise Übersiedlung in die DDR zu entziehen) sowie Art. 4 Abs. 3 GG (übergangsweise Ausschluß der NVA-Angehörigen vom Recht der Kriegsdienstverweigerung aus Gewissensgründen) ist BMI auf Fachebene bereits abgerückt.

6. Sonderregelungen für DDR-Länder (§§ 4, 4a Überleitungsgesetz):
   Problematisch insbesondere § 4 Satz 2 (Teilnahme der Ministerpräsidenten an Beratungen der Bundesregierung). Dafür: BMI, dagegen: BMJ.[9]

   Stellungnahme:
   Teilnahmerecht für DDR-Länder-Vertreter wäre gegenüber westdeutschen Bundesländern rechtlich nicht vertretbar und im Bundesrat nicht durchzusetzen. Bundesregierung hat – auch im Zusammenhang mit einer Änderung des Art. 24 GG – weiteren Formen der Länderbeteiligung stets distanziert gegenübergestanden. § 4 Abs. 1 und § 4a sind entbehrlich, da das Grundgesetz bereits entsprechende Regelungen enthält.

III. Weiteres Verfahren
Entwurfsfassung vom 28. Juni 1990 wird Gegenstand weiterer AL-Besprechung sein. Möglichkeiten, die bestehenden Meinungsunterschiede zwischen BMI einerseits sowie BMJ, AA, BMF andererseits zu überwinden, zeichnen sich auf dieser Ebene zur Zeit kaum ab.

---

8   Unter „II. Konsens" (Anm. 6) dazu vermerkt: „Einigung wurde auch erzielt in den bisher umstrittenen Punkten: – Überleitung der Wehrverfassung (s. Anlage 2; § 1 vorläufiger Vorbehalt des AA)".
9   Ebd. weiterhin vermerkt: „Einigkeit bestand auch darüber, zum Staatsvertrag I folgende Formulierung in die Überleitungsregelung aufzunehmen: Die Verpflichtungen aus dem Vertrag vom 18. Mai 1990 über die Schaffung einer Währungs-, Wirtschafts- und Sozialunion zwischen der Bundesrepublik Deutschland und der Deutschen Demokratischen Republik gelten grundsätzlich fort, soweit nicht in diesem (Vertrag/Gesetz) Abweichendes bestimmt wird oder die Vereinbarungen im Zuge der Herstellung der deutschen Einheit gegenstandslos werden."

Nr. 339
Sechste Gesprächsrunde Zwei plus Vier auf Beamtenebene
unter Beteiligung Polens
Berlin-Niederschönhausen, 3./4. Juli 1990

BK, 214 – 33000 De 39 NA 4 Bd. 4. – Vorlage des MDg Hartmann über Chef BK an den Bundeskanzler, hs. ergänzt: „gesondert", 5. Juli 1990. Mit Paraphe: „E[isel] 6/7". Hs. von Bundeskanzler Kohl vermerkt: „Teltschik erl."

Das o. a. Treffen am 3. und 4. Juli 1990 in Berlin[1] befaßte sich schwerpunktmäßig mit zwei Themen:
– Erstellung einer Inventurliste für eine abschließende Regelung;
– Prinzipien für die Grenzregelung.

1. Die Erstellung einer Inventurliste ging auf die Weisung der Außenminister bei dem letzten Treffen am 22. Juni 1990[2] zurück. Die als Anlage 1 beigefügte Liste[3] macht allerdings deutlich, daß darüber, ob und wie die aufgelisteten Fragen in „2+4" behandelt werden sollen, die Meinungen noch weit auseinandergehen.
In der Diskussion wurde erneut deutlich, daß die Sowjetunion nach wie vor darauf drängt, mit der Vereinigung Deutschlands zusammenhängende sicherheitspolitische Fragen sowohl in „2+4" zu erörtern als auch in die abschließende Regelung aufzunehmen. Dies, wie auch die Forderung nach einer Übergangsperiode bis zur abschließenden Regelung dieser Fragen, entspricht im Ansatz den von AM Schewardnadse in Berlin gemachten Vorschlägen.
Angesichts dieser wenig produktiven Diskussion erwägen wir, in die nächste Sitzung mit dem Entwurf einer Präambel für das abschließende Dokument hineinzugehen, die einige grundsätzliche politische Aussagen enthalten soll, um endlich an die Substanzfragen heranzugehen.
Demgegenüber soll sich der eigentlich operative Teil des Dokuments nach unserer Vorstellung – die auch von den drei westlichen Mächten geteilt wird – im wesentlichen auf einige Prinzipien zur Grenzfrage sowie auf die Ablösung der Rechte und Verantwortlichkeiten der Vier Mächte für Berlin und Deutschland als Ganzes beschränken. 。
Der jetzt vorliegende Entwurf einer Liste wird Gegenstand der Beratungen der Außenminister in Paris am 17. Juli sein,[4] die über das weitere Verfahren entscheiden müssen.
2. Unter Beteiligung der polnischen Delegation fand erneut eine Diskussion über das von den Außenministern bereits gebilligte Prinzipienpapier zu den Grenzen statt (Anlage 2)[5]. Der polnische Vertreter brachte den Wunsch vor, das Papier in drei Punkten zu ergänzen:
– Hinweis, daß die in Abschnitt 1 aufgeführten Außengrenzen des vereinten Deutschland „grundlegender Bestandteil einer Friedensregelung in Europa" sein würden, um den endgültigen Wegfall des Friedensvertragsvorbehalts deutlich zu machen;
– Zusatz in Abschnitt 4, daß nicht nur die dort genannten Verfassungsbestimmungen, sondern „auch andere Rechtsvorschriften" angepaßt würden;
– Koordinierung zwischen dem Inkrafttreten des deutsch-polnischen Vertrages und der abschließenden völkerrechtlichen Regelung.

---

1 Bei diesem Treffen unter Vorsitz der britischen Delegation kamen die Vertreter der Bundesrepublik Deutschland, der DDR und der Vier Mächte zunächst ohne polnische Beteiligung zu zwei Sitzungen am 3. Juli 1990 und am 4. Juli morgens zusammen. An der anschließenden dritten Sitzung am 4. Juli nahm der Vertreter Polens, Sulek, teil.
2 Nr. 325.
3 Nr. 339A.
4 Nr. 354 – Nr. 354B.
5 Anlage 2 nicht abgedruckt; identisch mit Nr. 325A.

Zu der erstgenannten Forderung wiesen der britische und [der] französische Vertreter, aber auch wir darauf hin, daß das Dokument die Überschrift „endgültige Regelung" haben werde, so daß die Problematik des Friedensvertragsvorbehalts sich nicht mehr stelle. Bei der zweiten Forderung, die von uns noch einmal nachdrücklich zurückgewiesen wurde, erhielt der polnische Vertreter Schützenhilfe lediglich von Bondarenko, der sich schon in den früheren Sitzungen hierfür stark gemacht hatte. Im Ergebnis schien der polnische Vertreter aber bereit, von beiden Forderungen abzurücken.

Bei der dritten Forderung handelt es sich allerdings nach Auffassung auch der westlichen Vertreter um eine schwierige Substanzfrage, die nicht auf Anhieb zu lösen ist. In der Tat wird zu prüfen sein, wie das Erlöschen der Rechte und Verantwortlichkeiten der Vier Mächte – soweit diese die Frage der Grenzen betreffen – mit dem Inkrafttreten des deutsch-polnischen Grenzvertrages zeitlich verknüpft werden kann.

Ich darf darauf hinweisen, daß diese Forderung auch in der polnischen Antwortnote auf die Entschließung des Deutschen Bundestags[6] erhoben wird, die am 3.7.1990 der deutschen Botschaft in Warschau überreicht wurde[7] (hierzu folgt gesonderte Aufzeichnung).

3. Der polnische Vertreter leitete seine Erklärung mit allgemeinen Bemerkungen ein. Darin begrüßte er sowohl die Entschließungen des Deutschen Bundestags und der Volkskammer, erklärte aber zugleich, die trilateralen Gespräche über den deutsch-polnischen Vertrag müßten so fortgesetzt werden, daß schon an der Schwelle der Vereinigung Klarheit bestehe und ein entsprechender Vertrag sofort nach der Vereinigung unterschrieben werden könne (die Forderung nach Paraphierung wiederholte er nicht, allerdings erklärte der DDR-Vertreter, seine Regierung sei auch zu diesem Schritt bereit).

Beim Mittagessen ging der polnische Vertreter, wie mir MD Kastrup mitteilte, von dieser Forderung allerdings insofern wieder ab, als er nicht mehr auf förmlichen Verhandlungen bestand, sondern auf einer Fortsetzung der Gespräche in einer Form, die es Polen erlaube, gegenüber der eigenen Öffentlichkeit das Gesicht zu wahren.

Im übrigen machte der polnische Vertreter bei gleicher Gelegenheit deutlich, daß Polen Wert darauf lege, zunächst einen reinen Grenzvertrag abzuschließen, dem dann ein umfassender Kooperationsvertrag, an dem man sehr interessiert sei, folgen solle.

Wir erklärten hierzu, daß wir bereit seien, mit der polnischen Seite über die Perspektiven des deutsch-polnischen Verhältnisses in ihrer ganzen Breite zu sprechen, um auf der Grundlage dieser Gespräche nach der Vereinigung bald in Verhandlungen über die vertragliche Ausgestaltung der Beziehungen treten zu können.

Hartmann

---

6 Nr. 322 Anm. 3.
7 In der Note vom 3. Juli 1990 (Wortlaut in: Fernschreiben Nr. 1379 des Auswärtigen Amtes an die Ständige Vertretung der Bundesrepublik Deutschland bei der DDR, 3. Juli 1990; BK, 213 – 30130 P 4 Po 30 Bd. 11) begrüßte die Regierung Polens die Entschließung des Deutschen Bundestages als eine „wichtige und nötige Etappe in den polnisch-deutschen Gesprächen" über den abzuschließenden Grenzvertrag. Diese schüfen ein „sehr gutes politisches Klima" für die Fortsetzung der Gespräche und „dafür, den Vertrag unverzüglich nach der Vereinigung Deutschlands zu schließen". Um „jeglichen Zweideutigkeiten in der Frage der polnisch-deutschen Grenze ein Ende zu setzen", plädierte die polnische Regierung dafür, „den geplanten Vertrag mit der völkerrechtlichen ‚abschließenden Regelung' der ‚2+4'-Gespräche zu verknüpfen". Insbesondere das zeitliche Inkrafttreten der beiden Vereinbarungen sollte koordiniert werden. Weiterhin legte die Regierung Wert darauf, den in den Potsdamer Beschlüssen enthaltenen „Verweis auf ein peace settlement im rechtlichen Sinne gegenstandslos zu machen". In die Zwei-plus-Vier-Vereinbarung sollte daher eine Formulierung aufgenommen werden, daß die „Grenzen des vereinten Deutschland in ihrem gegenwärtigen Verlauf grundsätzlicher Bestandteil einer Friedensregelung (oder abschließenden Regelung) in Europa sind".

Nr. 339A
Anlage 1
Liste

1. Verzicht Deutschlands auf nukleare, biologische und chemische Waffen
   (Beide deutsche Staaten erklären, daß das vereinigte Deutschland eine entsprechende Erklärung abgeben wird. Die Erklärung der beiden deutschen Staaten wird im Rahmen der abschließenden Regelung zur Kenntnis genommen.)

2. Künftige Struktur der europäischen Sicherheit
   (KSZE-Prozeß, insbesondere KSZE-Gipfel und auch weitere Gremien: geeigneter Hinweis im abschließenden Dokument.)

3. Künftiger militärischer Status des Territoriums der heutigen DDR in einem vereinigten Deutschland
   ([BRD: Entscheidung der Regierung eines vereinigten Deutschlands und der NATO][1]/ [DDR: Erklärung der beiden deutschen Staaten, die im Rahmen von 2+4 zur Kenntnis genommen wird]/[Sowjetunion: Prüfung im Rahmen von 2+4 und Widerspiegelung im abschließenden Dokument])

4. Präsenz der sowjetischen Truppen auf dem Territorium der heutigen DDR in einem vereinigten Deutschland
   ([DDR: bilateral oder trilateral zwischen den betreffenden Regierungen, Information der 2+4]/[BRD: Vertrag oder vertragliche Vereinbarung zwischen einem vereinigten Deutschland und der Sowjetunion]/[Sowjetunion: Die Frage ist im Rahmen von 2+4 zu erörtern, und ein Hinweis sollte in das Dokument der abschließenden Regelung Eingang finden.])

5. Stellung Deutschlands innerhalb des Systems der politischen und militärischen Bündnisse
   ([USA: Entscheidung eines vereinigten Deutschlands gemäß der Schlußakte von Helsinki]/[Sowjetunion: Festlegung einer Zwischenphase im Rahmen der 2+4 bis zur abschließenden Regelung dieser Frage unter Berücksichtigung der Wahrung der Stabilität in Europa und des Rechtes der Staaten, gemäß der Schlußakte von Helsinki die Zugehörigkeit zu einem Bündnis zu wählen]/[DDR: Entscheidung der BRD und der DDR, die den militärischen Status des Territoriums der heutigen DDR berücksichtigt])

6. Veränderungen in der NATO
   (Entscheidung durch die Mitgliedstaaten der NATO [DDR: Entscheidung durch die Mitgliedstaaten der NATO mit geeignetem Hinweis in der Präambel]/[Sowjetunion: Entscheidung durch die Mitgliedstaaten der NATO mit geeignetem Hinweis in abschließendem Dokument])

7. Gemeinsames Dokument der Mitgliedstaaten der NATO und der Warschauer Vertragsorganisation
   (Entscheidung durch die Mitgliedstaaten der NATO und der Warschauer Vertragsorganisation [UdSSR/DDR: im Falle einer positiven Entscheidung geeigneter Hinweis in der Präambel oder in einem anderen Teil des abschließenden Dokuments])

8. Ablösung der Rechte und Verantwortlichkeiten der Vier Mächte
   (Entscheidung durch die Vier und Bestandteil der abschließenden Regelung [UdSSR: im Zusammenhang mit der Schaffung einer Übergangsperiode])

---

1 Eckige Klammern hier und im folgenden in der Textvorlage.

9. Berlin: Übertragung der alliierten Gesetzgebung an deutsche Behörden
([Frankreich: Entscheidung im Rahmen der abschließenden Regelung]/[UdSSR: Einspruch gegen die Aufnahme dieses Punktes in die abschließende Regelung])

10. Deutsch-polnischer Grenzvertrag: Modalitäten

11. Bezugnahme auf Herstellung der vollen deutschen Souveränität
(Erörterung in den 2+4 und, soweit angebracht, mögliche Aufnahme in die abschließende Regelung)

12. Bezugnahme auf Vereinigung Deutschlands durch Selbstbestimmung
(Erörterung in den 2+4 und, soweit angebracht, mögliche Aufnahme in die abschließende Regelung)

13. Bezugnahme auf gemeinsame Verpflichtung zu Frieden und zur Erweiterung der europäischen Zusammenarbeit
(Erörterung in den 2+4 und, soweit angebracht, mögliche Aufnahme in die abschließende Regelung)

14. Bezugnahme auf Verpflichtungen gemäß der UNO-Charta
(Erörterung in den 2+4 und, soweit angebracht, mögliche Aufnahme in die abschließende Regelung)

15. Bezugnahme auf die Prinzipien der Vereinbarungen von Helsinki
(Erörterung in den 2+4 und, soweit angebracht, mögliche Aufnahme in die abschließende Regelung)

16. Bezugnahme auf Friedenszustand zwischen den Unterzeichnern seit 1945
(Erörterung in den 2+4 und, soweit angebracht, mögliche Aufnahme in die abschließende Regelung)

17. Erklärung, daß von deutschem Boden nur Frieden ausgehen darf
([UdSSR: Aufnahme in das abschließende Dokument]/[BRD: Erklärungen durch beide deutsche Staaten und die Möglichkeit, diese in den 2+4 zur Kenntnis zu nehmen])

18. Regelung der Frage der Streitkräfte Deutschlands
([DDR: auf der Grundlage von Erklärungen durch die beiden deutschen Staaten] Entscheidung in den VKSE-Verhandlungen; Hinweis [USA: wenn möglich] in dem abschließenden Dokument)

19. Dislozierung der Streitkräfte der Sowjetunion, der Vereinigten Staaten, des Vereinigten Königreiches und Frankreichs [und weiterer ausländischer Streitkräfte] in Deutschland
([USA: Bilaterale Entscheidung zwischen dem vereinigten Deutschland und den betreffenden Staaten]/[UdSSR: Erörterung in den 2+4 und entsprechende Widerspiegelung im abschließenden Dokument])

20. Vorkehrungen für die Dislozierung und Bewegung von deutschen Truppen auf dem derzeitigen Territorium der Bundesrepublik Deutschland und dem derzeitigen Territorium der Deutschen Demokratischen Republik
([DDR: Erklärung der beiden deutschen Staaten, die im 2+4-Dokument zur Kenntnis genommen wird]/[Vereinigtes Königreich: Entscheidung durch ein vereinigtes Deutschland in Konsultationen mit anderen, soweit angebracht]/[BRD: Einspruch gegen Erörterung in den 2+4]/[Sowjetunion: Prüfung im Rahmen der 2+4 und Widerspiegelung im abschließenden Dokument])

Es steht jeder Delegation frei, weitere Punkte zur Aufnahme in diese Liste vorzuschlagen.

Nr. 340
Vorlage des Ministerialdirektors Teltschik an Bundeskanzler Kohl
Bonn, 4. Juli 1990

BK, 212 – 37921 Na 8 NA 5, Hauptvorgang. – Mitverfasser: VLR Nikel. Vorlage über Chef BK – je gesondert.

Betr.: Innere Lage in der Sowjetunion nach Beginn des 28. KPdSU-Parteitages[1]

1. Ausgangslage: konservative Bugwelle
Gorbatschows Haltung gegenüber Partei, KGB und Militär im Vorfeld des 28. KPdSU-Parteitages sowie der mißglückte Start in Richtung Marktwirtschaft (Ryschkow-Programm) hatten Zweifel an der Reformwilligkeit und vor allem -fähigkeit der sowjetischen Führung genährt. Der vom Parteiapparat völlig beherrschte Gründungskongreß der russischen KP und die Wahl des farblosen Apparatschiks Poloskow zu deren 1. Sekretär[2] hatte die Stärke der Konservativen in den russischen Kernlanden unterstrichen. Umfragen zufolge hatten sich lediglich 2% der Delegierten für den 28. KPdSU-Parteitag zur demokratischen Plattform und damit zur uneingeschränkten Fortführung des Reformkurses bekannt. Von liberaler Seite gestreute Gerüchte über eine Verschiebung des Parteitags gaben zusätzlich Anlaß zu Befürchtungen über einen „konservativen Durchmarsch".
Das Ausbleiben einer Reaktion Gorbatschows auf die öffentlichen Ausfälle eines hochrangigen Militärs, die zu früheren Zeiten disziplinarisch geahndet worden wären, jetzt jedoch ungesühnt blieben, ließ befürchten, daß Gorbatschow den Konflikt mit der Militärführung, die seiner Außenpolitik kritisch gegenübersteht, scheut. Andererseits ging er gegen einen ranghohen KGB-Funktionär, der die KGB-Praktiken einer deutlichen Kritik unterzog, mit aller Härte vor.

2. Ziel der Führung: Auseinandersetzung mit den Konservativen
Die Eröffnung des 28. Parteitages durch Gorbatschows dreistündigen Rechenschaftsbericht[3] – er war vorher vom ZK-Plenum gebilligt worden – und die Reden weiterer Führungspersönlichkeiten vermittelten zunächst den Eindruck einer guten Regie und einer die innerparteilichen Gegensätze überbrückenden Integrationsbereitschaft.
Die Substanz der Führungsaussagen verdeutlicht jedoch, daß ihre Strategie auf eine Auseinandersetzung mit den Konservativen zielt. Dafür sprechen sowohl die der Partei gewidmeten Passagen in Gorbatschows Rechenschaftsbericht als auch die vom Parteitag zu verabschiedenden Entwürfe einer Programmerklärung und eines Parteistatuts. Auch die Tatsache, daß erstmalig auf einem KPdSU-Parteitag ausländische KP-Delegationen nicht eingeladen wurden, spricht für diese These.
GS Gorbatschows Rechenschaftsbericht ist eine angesichts der Kräfteverhältnisse mutige und selbstbewußte Kriegserklärung an die konservativen Kritiker. Dies wird vor allem an folgenden Stellen deutlich:
– rückhaltloses Bekenntnis zur Marktwirtschaft ohne jedes einschränkende Adjektiv („regulierte", „geregelte" etc.),
– in offenem Gegensatz zu Ligatschow klare Aussage, daß in der Landwirtschaft die Produktionsverhältnisse geändert werden müssen (Klartext: Privateigentum),

---

1 Der Parteitag fand vom 2.–13. Juli 1990 statt; dazu Nr. 350 Anm. 4.
2 Auf dem Gründungskongreß der Kommunistischen Partei der RSFSR vom 20.–23. Juni 1990 in Moskau wurde am letzten Tag Iwan Poloskow zum Ersten Sekretär der Partei gewählt.
3 Rohübersetzung des Berichts, ZSF/TASS/russ./2.7.90/8.00, in: Ostinformationen. Nr. 124. 3. Juli 1990. Anhang, 38 S.; BPA/PA, F 1/22.

- in der Nationalitätenpolitik Forderung nach einer „Union souveräner Staaten" und Vorbereitung eines neuen Unionsvertrages[4] (Regelung eines „bedeutenden Teils" der Probleme in Zukunft auf Republiksebene),
- offensive Verteidigung der Osteuropapolitik („Freiheit der Wahl"), dabei keine Erwähnung Deutschlands.

Gorbatschow sucht offenbar in populistischer Manier über die Köpfe der Parteitagsdelegierten hinweg die Allianz mit der progressiveren Basis. Dementsprechend apathisch bis feindselig war die Reaktion des Parteitagsplenums, das erst ab heute – 4. Juli – mit Kurzbeiträgen zu Wort kam.

Gorbatschows Formulierungen zur Partei sind – wohl bewußt – schwammiger. Zwar setzt er sich in der Ideologiediskussion nicht nur von Marx und Engels, sondern auch von Lenin ab („historische Bedingtheit jeder Theorie", „gesamtmenschliche" anstatt „sozialistische" Ideale). Zu Konfliktbegriffen in der sich verändernden KPdSU wie „Fraktionsbildung" und „demokratischer Zentralismus" äußert er sich jedoch bewußt ambivalent und provoziert so geradezu eine Diskussion in einem Bereich, in dem die Partei unter dem Druck der Basis de facto schon auf dem Rückzug ist.

Die vom ZK-Plenum am 29. Juni nur im Prinzip gebilligte Programmerklärung und der Statutenentwurf, die beide in wesentlichen Passagen progressiver ausgefallen sind als ihre Vorgänger, tragen die deutliche Handschrift Gorbatschows und müssen eigentlich den entschiedenen Widerspruch der Konservativen hervorrufen.

3. Absehbare Personaländerungen

Bereits jetzt ist absehbar, daß es auf dem Parteitag zu einer erheblichen personellen Erneuerung kommen wird. So dürften einige Politbüromitglieder als Sündenböcke für die katastrophale wirtschaftliche Entwicklung in Pension geschickt werden. Dies könnte auch Ministerpräsident Ryschkow treffen. Die progressiven „Gallionsfiguren" Schewardnadse und Jakowlew haben bereits selbst angekündigt, daß sie nicht mehr für die Parteiführung kandidieren wollen.

Wer ihnen nachfolgen wird und ob es überhaupt ein neues Politbüro oder – wie im Statut gefordert – ein Parteipräsidium geben wird, ist derzeit völlig offen.

Zumindest den bevorstehenden Abgang von AM Schewardnadse aus der Parteiführung wird man wohl als Versuch werten müssen, die Außenpolitik stärker dem Parteiapparat zu entziehen und sie unter staatliche Kontrolle zu bringen.

4. Wertung

Es spricht einiges dafür, daß die Reformmannschaft um Präsident Gorbatschow den Parteitag jetzt vor die Entscheidung stellen will, entweder die notwendigen Reformen aktiv mitzugestalten oder jeden Anspruch auf eine führende Rolle in der Gesellschaft in der näheren Zukunft zu verwirken.

Nach dem Verzicht Ligatschows auf eine Gegenkandidatur stehen Gorbatschows Chancen auf eine Wiederwahl gut. Selbst wenn kluge Regie und populistischer Appell an die Parteimitglieder die konservative Grundstimmung des Parteitages nicht durchbrechen können, wird Gorbatschow kaum die Parteiführung bereits jetzt abgeben wollen. Denn die staatlichen Räte werden auf absehbare Zeit nicht in der Lage sein, entweder selbst die notwendigen Entscheidungen zu treffen oder als „Transmissionsriemen" die Partei zu ersetzen. Ein Machtvakuum wäre die Folge.

Angesichts der Mehrheitsverhältnisse auf dem Parteitag stellt die Abspaltung der progressiven Kräfte eine reale Gefahr dar. Die Parteiführung möchte diese Kräfte – dies hat der Rechenschaftsbericht Gorbatschows klar erwiesen – in der Partei halten. Ob die Partei-

---

4 Gemeint: die Verfassung der UdSSR vom 7. Oktober 1977.

tagsdelegierten ähnlich denken, wird sich erst am Ende des auf 10 Arbeitstage angesetzten Parteitages erweisen. Wie immer der Parteitag auch ausgehen mag, er wird die Verlagerung der Macht auf die staatlichen Institutionen beschleunigen. Gorbatschows Stellung und seine Durchsetzungskraft für eine konsequente Reformpolitik nach innen und eine dem „Neuen Denken" verpflichtete Außenpolitik werden auf absehbare Zeit durch strukturelle Hemmnisse eingeschränkt bleiben.

Teltschik

Nr. 341
Besprechung des Chefs des Bundeskanzleramtes Seiters mit den Chefs der Staats- und Senatskanzleien der Länder
Bonn, 5. Juli 1990

BArch, B 136/29251, 121 – 14020 Mi 1, Vorbesprechung Chef BK/CdS, 5.7.1990. – Undatiertes Ergebnisprotokoll. – Vertreter: St Schröder (Berlin) i.V. für den wegen Urlaubs abwesenden Min Clement (Vorsitz Länderseite), St Menz (Baden-Württemberg), MD Rauscher (Bayern), StR Fuchs (Bremen), StR Vahrenholt (Hamburg), St Gauland (Hessen), St Scheibe (Niedersachsen), MDg Hessing (Nordrhein-Westfalen), MD Bastian i.V. von St Schreiner (Rheinland-Pfalz), St Kopp (Saarland), St Pelny (Schleswig-Holstein); Ressorts: BM Schäuble, MDg Duisberg, St Sudhoff, St Kroppenstedt, St Neusel, St Kinkel, St Klemm, St von Würzen, St Priesnitz, St Jagoda, St Knittel, St Stroetmann, St Schaumann, MD Vogel; Bundeskanzleramt: Chef BK Seiters, AL 1, AL 3; Protokollführerin: ORR Storsberg (Teilnehmerliste, Stand: 3. Juli 1990; BArch, B 136/29250, 122 – 14020 Mi 1, Besprechung Chef BK/CdS, 5. 71990, Mappe Chef BK). – Besprechungsbeginn: 9.30 Uhr.

Der Chef des Bundeskanzleramtes und die Chefs der Staats- und Senatskanzleien verständigen sich auf folgende Tagesordnung:
1. Umsetzung des Vertrages vom 18. Mai 1990 über die Schaffung einer Währungs-, Wirtschafts- und Sozialunion zwischen der Bundesrepublik Deutschland und der Deutschen Demokratischen Republik
2. Weitere Schritte auf dem Weg zur deutschen Einheit
3. Stand der Beratungen der von den Regierungschefs der Länder eingesetzten Arbeitsgruppe der Staats- und Senatskanzleien zur Erarbeitung von „Eckpunkten der Länder für die bundesstaatliche Ordnung im vereinten Deutschland"
4. Verschiedenes
   a) Nächster Termin
   b) Deutsch-französischer Fernsehkulturkanal.

TOP 1   Umsetzung des Vertrages vom 18. Mai 1990 über die Schaffung einer Währungs-, Wirtschafts- und Sozialunion zwischen der Bundesrepublik Deutschland und der Deutschen Demokratischen Republik

Der Chef des Bundeskanzleramtes verweist einleitend auf einige wichtige Schritte zur Umsetzung des Staatsvertrages zur Schaffung einer Währungs-, Wirtschafts- und Sozialunion:
– Problemlose Währungsumstellung in der DDR zum 1. Juli 1990. Hervorzuheben seien die Leistungen der Bundesbank und der beteiligten Kreditinstitute sowie das vernünftige, maßvolle Verhalten der DDR-Bürger.
– Zweites Gespräch des Bundeskanzlers am 28. Juni 1990 mit Unternehmern, Vertretern der großen Verbände sowie mit den Gewerkschaften im Beisein von Ministerpräsident de Maizière zur Anregung von verantwortlichem unternehmerischen Engagement in der DDR. Ein drittes Gespräch sei für September vorgesehen.

- Besetzung des Verwaltungsrats der Treuhandanstalt durch den Ministerrat der DDR, insbesondere die Übertragung des Vorsitzes auf Detlev Rohwedder.
- Die von dem DIHT und dem Deutschen Handwerk initiierte Ausbildungs- und Umschulungsinitiative, die am 28. August 1990 in einer Stadt in der DDR mit einer Mobilisierungskampagne „Berufsbildung" eingeleitet werden solle.
- Zügiger Aufbau der Arbeitsverwaltung in der DDR mit Hilfe der Bundesanstalt für Arbeit.
- Abschaffung der Personenkontrollen an der innerdeutschen Grenze ab 1. Juli 1990.
- Unterzeichnung des Milliarden-Projekts „Bau einer Schnellbahn Hannover-Berlin" am 28. Juni 1990, das die West-Ost-Verbindung in Deutschland wesentlich verbessern werde.

Der Chef der Senatskanzlei des Landes Berlin, der für den abwesenden Chef der Staatskanzlei des Landes Nordrhein-Westfalen auf Länderseite den Vorsitz führt, begrüßt ebenfalls den Ablauf der Währungsumstellung und unterstreicht die Bedeutung der Qualifizierungsinitiativen. Er macht auf Investitionshemmnisse aufmerksam, die aus Rechtsakten der DDR ab 9. November 1989 resultierten und die immer noch nicht vollständig abgebaut seien.

Zu den im Staatsvertrag vorgesehenen Gremien führt der Chef des Bundeskanzleramtes aus:
- Der DDR würden in den nächsten Tagen die auf die Bundesrepublik entfallenden Mitglieder und stellvertretenden Mitglieder des Schiedsgerichts mitgeteilt, darunter die von den Ländern benannten Persönlichkeiten.[1]
- Mit der DDR sei vereinbart worden, daß der Gemeinsame Regierungsausschuß unter Leitung des Parlamentarischen Staatssekretärs beim Ministerpräsidenten der DDR und des Chefs des Bundeskanzleramtes stehen werde. Die Zahl der Mitglieder des Ausschusses werde noch verabredet werden. Danach sollte sich vernünftigerweise die Beteiligung der Länder richten. Es gelte aber nach wie vor das Angebot einer Beteiligung von mindestens zwei Ländervertretern sowie eines Vertreters des Landes Berlin; eine endgültige Fixierung sei bisher nicht erfolgt.

Der Chef der Senatskanzlei des Landes Berlin erinnert an den Beschluß der Ministerpräsidentenkonferenz vom 22. Juni 1990, wonach die Länder im Gemeinsamen Regierungsausschuß gleichgewichtig im Verhältnis zur Bundesregierung vertreten sein sollen.[2] Er teilt weiter mit, die Chefs der Staats- und Senatskanzleien hätten heute die Benennung von fünf Ländervertretern vorgeschlagen. Zunächst solle jedoch das Ergebnis der Gespräche mit der DDR über die Zahl der Mitglieder abgewartet werden.

Auf Fragen des Leiters des Staatsministeriums des Landes Baden-Württemberg sowie der Chefs der Staatskanzleien des Landes Hessen und des Saarlandes gehen die Staatssekretäre Klemm (Bundesministerium der Finanzen) und von Würzen (Bundesministerium für Wirtschaft) auf Probleme der Finanzlastenverteilung Bund/Länder im Zusammenhang mit der Herstellung der deutschen Einheit und der Übernahme der Energieversorgung in der DDR durch Energieversorgungsunternehmen aus der Bundesrepublik Deutschland ein.

---

1 Von seiten der Bundesrepublik Deutschland benannte Mitglieder des Schiedsgerichts: Präsident: Professor Steinberger; ordentliche Mitglieder: Staatsminister a.D. Posser, Professor Randelshofer; stellvertretende Mitglieder: Präsident des Bundesgerichtshofes a.D. Professor Pfeiffer, Bayerische Staatsministerin der Justiz Berghofer-Weichner. Seitens der Deutschen Demokratischen Republik benannte Mitglieder: Stellvertretender Präsident: Präsident des Oberkirchenrates Peter Müller; ordentliche Mitglieder: Rechtsanwalt Eckert, Mitglied der Volkskammer Frau Kögler; stellvertretende Mitglieder: der Vorsitzende des 2. Zivilsenats am Obersten Gericht der DDR, Hejhal, der Landesvorsitzende der FDP Sachsen-Anhalt, Professor Brunner (Schreiben des Büros des Ministerrates der DDR an das Büro des Staatssekretärs des Bundesministeriums der Justiz, nachrichtlich an den Chef des Bundeskanzleramtes, Telekopie vom 31. Juli 1990; Schnellbrief des Bundesministers der Justiz betr. Schiedsgericht nach Artikel 7 des Vertrages vom 18. Mai 1990 über die Schaffung einer Währungs-, Wirtschafts- und Sozialunion zwischen der Bundesrepublik Deutschland und der Deutschen Demokratischen Republik, 2. August 1990, IV B 3 – 7200 [DDR] – 1–330 750/90; beide: BK, 132 – 35400 De 12 NA 1 Bd. 5).
2 Dazu Nr. 336.

TOP 2 Weitere Schritte auf dem Weg zur deutschen Einheit

Der Chef des Bundeskanzleramtes und die Chefs der Staats- und Senatskanzleien erörtern folgende Punkte:

a) Möglicher Ablauf der Verhandlungen mit der DDR über die Modalitäten eines Beitritts gemäß Artikel 23 Satz 2 des Grundgesetzes und der parlamentarischen Beratungen eines Staatsvertrages/der Überleitungsregelungen

b) Beteiligung der Länder an den Verhandlungen mit der DDR

c) Diskussionspapier des Bundesministers des Innern mit Elementen einer zur Herstellung der deutschen Einheit zu treffenden Regelung.[3]

a) Möglicher Ablauf der Verhandlungen mit der DDR über die Modalitäten eines Beitritts gemäß Artikel 23 Satz 2 des Grundgesetzes und der parlamentarischen Beratungen eines Staatsvertrages/der Überleitungsregelungen

Bundesminister Schäuble führt aus: Die DDR habe mitgeteilt, daß sie Verhandlungen über die Modalitäten eines Beitritts gemäß Artikel 23 Satz 2 GG aufnehmen möchte. Die Bundesregierung habe zugestimmt. Folgender zeitlicher Ablauf sei möglich:

– 6. Juli 1990 formelle Eröffnung der Verhandlungen mit der DDR auf Minister-/Staatssekretärsebene in Berlin (Festlegung des Verhandlungsrahmens, der zu behandelnden Themen und des Zeitplans; Verständigung über Richtlinien für die anschließend zu führenden Fachgespräche der Ressorts)

– 9. Juli 1990 internes Ressortgespräch für die Erarbeitung eines Rasters für die Fachgespräche der Ressorts Bundesrepublik Deutschland/DDR

– 9.–20. Juli 1990 Fachgespräche der Ressorts Bundesrepublik Deutschland/DDR über die jeweiligen Überleitungsbereiche und die dort zu treffenden Regelungen

– Ab 23. Juli 1990 interne Abstimmung der Ergebnisse der Ressortgespräche zwischen den Bundesressorts und mit den Ländern

– Ab 30. Juli 1990 weitere Verhandlungen der Gesamtdelegationen Bundesrepublik Deutschland/DDR

– Bis Ende August 1990 Abschluß der Verhandlungen

– Parlamentarische Beratungen der Überleitungs-/Ratifizierungsregelungen.

Des weiteren legt Bundesminister Schäuble dar, daß die Bundesregierung mit einem sehr offenen Konzept in die Verhandlungen gehe. Sie strebe an, die Gesprächslinie an den Elementen des den Ländern übermittelten „Diskussionspapiers" zu orientieren. Die DDR habe vorrangig die Themen zu bestimmen. Da ihr Interesse auf einen Staatsvertrag (Einigungsvertrag) gerichtet sei, müsse dem Rechnung getragen werden.[4]

Die Bundesregierung habe die EG-Kommission eingeladen, durch einen hochrangigen Beamten die Verhandlungen beobachten zu lassen.

Ergänzend teilt Bundesminister Schäuble aus der Sitzung des Bundestagsausschusses „Deutsche Einheit" mit, daß die Präsidentin des Landtages von Schleswig-Holstein um Beteiligung der Landtage an den Verhandlungen mit der DDR gebeten habe.[5] Es besteht Einvernehmen, daß dem Wunsch aus verfassungsrechtlichen Gründen nicht entsprochen werden kann.

---

3 Nr. 328A.

4 In hs. Notizen der Protokollantin, Oberregierungsrätin Storsberg (13 S.; BArch, B 136/29251, 121 – 14020 Mi 1, Vorbespr. Chef BK, 5.7.1990), dazu vermerkt: „BReg. hat sich dafür entschieden, sehr offen in die Verhandlungen zu gehen, kein fertiger Entwurf[.] Weil: BRD hat kein originäres Interesse[,] sondern DDR, deshalb Wünsche von dort[,] nicht einseitig von hier Vorgaben machen[.] Zeitplan: Ende Aug. abschlußreifer Vertrag. Sept./Okt. Parlamente zustimmungsbedürftig mit 2/3-Mehrheit".

5 Schreiben der Präsidentin des Schleswig-Holsteinischen Landtages, Paulina-Mürl, an Bundeskanzler Kohl, 10. Mai 1990; BArch, B 136/29250, 122 – 14020 Mi 1, Besprechung Chef BK/CdS, Mappe Chef BK.

b) Beteiligung der Länder an den Verhandlungen mit der DDR

Der Chef des Bundeskanzleramtes und die Chefs der Staats- und Senatskanzleien kommen überein, daß

– an den Verhandlungen mit der DDR die Vertreter von fünf Ländern sowie ein Vertreter des Landes Berlin beteiligt werden,

– sich an den Fachgesprächen der Ressorts Bundesrepublik Deutschland/DDR die Länder mit mindestens zwei Vertretern beteiligen und, soweit durch die Beratungspunkte die Interessen einzelner Länder berührt werden, diese hinzugezogen werden.

Bundesminister Schäuble weist ergänzend darauf hin, daß die jeweiligen Delegationen der Zahl nach arbeitsfähig gehalten werden müßten und die Gesamtdelegation der Bundesrepublik Deutschland gegenüber der DDR nicht überdimensioniert sein dürfe.

Der Chef der Senatskanzlei des Landes Berlin benennt als Vertreter der Länder für die Gesamtdelegation Minister Schwier (Nordrhein-Westfalen), Ministerialdirektor Rauscher (Bayern), Staatsrat Vahrenholt (Hamburg), Staatssekretär Menz (Baden-Württemberg) und Staatssekretär Scheibe (Niedersachsen) sowie Staatssekretär Schröder (Berlin); sie werden sich von je einem Begleiter unterstützen lassen.

c) Diskussionspapier des Bundesminsters des Innern mit Elementen einer zur Herstellung der deutschen Einheit zu treffenden Regelung

In der Erörterung von Einzelfragen des „Diskussionspapiers", an der sich auf seiten der Länder die Chefs der Staatskanzleien des Landes Hessen, des Landes Schleswig-Holstein sowie des Saarlandes, auf seiten des Bundes Bundesminister Schäuble sowie die Staatssekretäre Schaumann (Bundesministerium für Bildung und Wissenschaft), Priesnitz (Bundesministerium für innerdeutsche Beziehungen) und Kinkel (Bundesministerium der Justiz) beteiligen, werden folgende Themen behandelt:[6]

– Modalitäten und Zeitpunkt des Beitritts der DDR zur Bundesrepublik Deutschland;

– Wahlrechtsmodalitäten;

– Überleitung von Bundesrecht und Fortgeltung von DDR-Recht in den Bereichen Mietverhältnisse/Wohneigentum/Eigentum an Grund und Boden;

– Überleitung von Einrichtungen der DDR-Verwaltung in die Verwaltungen der einzuführenden Länder und in die Bundesverwaltung;

---

6 In hs. Notizen der Protokollantin (Anm. 4) dazu vermerkt: „Schröder: Detailfragen zum Staatsvertrag[.] Kopp: Energierecht: Wettbewerbsfähigkeit[.] Beabs. BReg. Verhandlungen aufzunehmen[?] Sicherung der Mietverhältnisse? v. Würzen: Rechtl. Grundlagen sind im Staatsvertrag[.] Jetzt Verhandlungen über Stromversorgung[.] DDR hat Schwierigkeiten[;] Modell d. DDR[;] RWE Rhenag, Bayern-Werk[;] Verträge müssen Kartellbehörden angemeldet werden[;] mit Treuhand[;] Kartellamt hat Anhörung gestern veranstaltet[;] weiteren Fortgang abwarten. Bewertung (vorsichtig): Kartellrechtl. Bed[eutung.] Kartellbehörde der DDR hat sich abwartend geäußert. Brief S an BMWi: Es gebe Ministergenehmigung[.] Schröder: Frage: Notwendigkeit d. Entflechtung[.] Stadtverordnetenversammlung gestern in Berlin: Entflechtung: Gaswirtschaft in Berlin in Eigenbetriebe[.] v. Würzen: Stadtverordnetenversammlung kann dies gar nicht vereinbaren, da Treuhand. Schröder: Treuhand[,] aber Weig[.] der PDS[.] von Würzen: Kein Vorrang für Kommunale im Treuhandgesetz. St Kinkel: DDR hat erklärt, daß sie sich nicht in der Lage sieht[,] über Mietwohnungen zu verhandeln[.] Wir wollen BGB übertragen. DDR will Übergangsregelungen haben[.] Wir müssen sozialverträgliche Regelungen finden[.] Anlage 9 zum Staatsvertrag leider nur auf Gewerbeansiedlungen, zu Landwirtschaft u. Wohnungen nicht[.] Wird mit DDR jetzt weiter gesprochen, große Regelung wahrscheinlich nicht[.] Gauland: Öffentl. Dienst zum Diskussionspapier. Für öffentl. Aufgaben? hier: Für hoheitliche Aufgaben. BMI: Es ist nicht beabsichtigt eine Änderung[.] In nächsten 2 Wochen soll auch verhandelt werden über Verwaltungszusammenführung[,] s. Art. 9, 10 des Papiers[.] Beitritt zum GG ist Titel, d. h., es bleibt bei dem Dienstrecht hier. In Länderneugliederungsgesetz aufnehmen: Aufgaben + Personal müssen auf Länder übertragen werden. Art. 1 Abs. 4 – Ruhensregelung ⇒ Wir können von Strukturen hier ausgehen[.] Pelny: MP könne an den Beratungen des Bundeskab. teilnehmen (Disk.papier), MP hier außen vor der Tür[.] BMI: gilt für Zeitraum zwischen Beitritt u. gesamtdt. Reg. Sehr begr. Zeitraum[;] de Maizière: will Beitritt erst nach Wahl, vielleicht will er auch Beitritt bei Zusammentritt gesamtdt. Parlament, weil keinen rechtsfreien Raum, Reg. dann immer noch nicht da. Regierung in Abwicklung kann nach Beitritt nicht mehr existieren. Ressort bilden: Aufbau in DDR? Überlegungen, um DDR zu zeigen, daß man ihre Sorgen versteht[.] Bin gespannt[,] wie das mit L[and]t[ags]-Wahl u. Reg.Bildungen klappt, Wahlkampf gleichzeitig[.] Im Augenblick nicht übergewichten."

– Verwendung der in der öffentlichen Verwaltung der DDR beschäftigten Arbeitnehmer;
– Übergangsvorschriften für Verfassungsorgane.

TOP 3 Stand der Beratungen der von den Regierungschefs der Länder eingesetzten Arbeitsgruppe der Staats- und Senatskanzleien zur Erarbeitung von „Eckpunkten der Länder für die bundesstaatliche Ordnung im vereinten Deutschland"

Der Chef der Senatskanzlei der Freien und Hansestadt Hamburg berichtet als Leiter der von den Regierungschefs der Länder eingesetzten Arbeitsgruppe der Staats- und Senatskanzleien zur Erarbeitung von „Eckpunkten der Länder für die bundesstaatliche Ordnung im vereinten Deutschland" über den Stand der Beratungen. Er teilt mit, daß sich die Länder auf ein Ergebnis verständigt hätten, das mit Bundesminister Schäuble am 4. Juli 1990 in einer ersten Gesprächsrunde erörtert worden sei und das in Kürze der Bundesregierung förmlich übermittelt werde.

Anschließend erläutert er die Grundsätze des „Eckpunkte"-Papiers (Anlage 1[7]). Unter Zustimmung der Chefs (Vertreter) der betreffenden Staats- und Senatskanzleien erklärt er ergänzend, daß hierzu Protokollnotizen
– der Länder Berlin, Bremen, Rheinland-Pfalz und Saarland,
– des Landes Berlin,
– der Länder Nordrhein-Westfalen und Hessen abgegeben werden (Anlage 2[8]).
Bundesminister Schäuble spricht sich dafür aus, in kleiner Arbeitsgruppe zu erörtern, in welchen Punkten es einen Konsens für Verfassungsänderungen bis Ende August 1990 geben könne. Hierzu gehörten die Fragen der Neugliederung des Bundesgebietes (Artikel 29 und 118 GG) und einer sachgerechten Stimmverteilung im Bundesrat. Die gesetzlichen Regelungen zur Herstellung der deutschen Einheit dürften aber nicht als Hebel für sonst nicht durchsetzbare Verfassungsänderungen genommen werden. Soweit ein Konsens für Verfassungsänderungen so schnell nicht gefunden werden könne, seien Kompromißmöglichkeiten denkbar.[9]

Der Chef der Senatskanzlei der Freien und Hansestadt Hamburg sieht ebenfalls Einigungsmöglichkeiten. Die Länder würden es allerdings begrüßen, wenn wenigstens Konsens über die vorgeschlagenen Änderungen der Artikel 24 und 72 GG erreicht werden könnte. Diese und weitere vorgeschlagene Änderungen, auch das Thema Neugliederung, könnten unter

---

7 Anlage 1 nicht abgedruckt; Wortlaut: Nr. 342A.
8 Anlage 2 nicht abgedruckt; Wortlaut ebd.
9 In hs. Notizen der Protokollantin (Anm. 4) dazu unter anderem vermerkt: „Schäuble: […] geht davon aus, daß das[,] was im Disk.papier zum GG steht, hier Einvernehmen ist. Einigung soll nicht dazu dienen[,] etwas durchzusetzen (GG), für die es sonst keinen Konsens gäbe. BR-Initiative zu Art. 24 kurzfristig intensive Gespräche oder mit Staatsvertrag[.] Vahrenholt: Wenn kein Konsens, dann im Vertrag wenigstens weitere Schritte festlegen, insbes. Art. 24 und 32. In der best. Arb.gruppe könne dies besprochen werden[,] auch Art. 29[.] Schäuble: – Es gibt Fragen im B[und]-L[änder]-V[erhältnis][,] für die Hinweis, daß Länder sich einig sind, nicht hilft, weil Bund dagegen ist. Bedenkenswerter Hinweis[.] – In diesen Fragen ein Ergebnis nicht ohne Chefs möglich, auf CdS[-]Ebene nicht möglich[.] StS Kopp: Trifft sehr unser Anliegen[;] stellt sich voll hinter das Disk.papier[.] DDR-Länder dürfen nicht übergangen werden, da ⇒ Protokollnotiz dazu[.] 2 wichtige Fragen: Wahlgesetz: Konsens sollte erstrebt werden[;] weitreichende GG-Änd.[.] in 7 Wochen nicht möglich[;] ‚Herrenchiemsee' 2'[.] Menz: Papier geht von Beschlüssen zu Stiftung Dt. Einheit aus[;] ist [im] Mai noch Konsens[?] Klemm: Mai ist noch Grundlage, von Einwohnerzahl ausgehen. Menz: Kommt auf Länder so etwa 3 Mrd. DM zusätzlich zu? Gauland: Regelungen können im nachhinein nicht ausgehebelt werden. In Eckpunkten steht: DDR-Länder dürfen bis 93–94 nicht in Finanzausgleich kommen. Gauland: Für H[essen] wichtig: In DDR soll zentrales Kultusministerium für 2 Jahre ≡ beibehalten werden. Kulturhoheit d. Länder: Keine zentralen Einheiten! Kommt nur zentrale Einheit der KMK in Frage[.] Darf nicht im Staatsvertrag auftauchen[.] Schaumann: wenig substantiell[;] im vereinten D gleiche Struktur Org. auch nicht möglich, da […] Satz unvollständig] Priesnitz: In der letzten Komm. haben wir betont, daß das nicht möglich ist[.] Nächste Woche wird das ganz in Gaulands Sinne gelöst! Schäuble: Es wird keine Reg. in der DDR mehr geben[;] alles andere nicht vorstellbar."

Mitwirkung des Bundes in der bestehenden Arbeitsgruppe beraten werden. Dieses Verfahren hätte den Vorzug, daß alle Länder teilnähmen.

TOP 4   Verschiedenes

a) Nächster Termin

Der Chef des Bundeskanzleramtes und die Chefs der Staats- und Senatskanzleien nehmen als nächsten Termin

Mittwoch, den 25. Juli 1990, 10.30 Uhr[10]

in Aussicht.

Hinweis: Der Beginn der Besprechung ist nachträglich zwischen Bundeskanzleramt und Staatskanzlei des vorsitzführenden Landes abgestimmt worden.

...[11]

Nr. 342
Schreiben des Ministerpräsidenten Rau an Bundeskanzler Kohl
Düsseldorf, 5. Juli 1990

BK, 421 – 60000 Wi 3 Bd. 3. – Mit Briefkopf: „Der Ministerpräsident des Landes Nordrhein-Westfalen. Als Vorsitzender der Ministerpräsidentenkonferenz." Mit Stempel: Vorzimmer Bundeskanzler, 6. Juli 1990. Hs. vermerkt: „R[udolf] Seiters direkt erl. K[ohl]".

Sehr geehrter Herr Bundeskanzler,

aufgrund der gleichgewichtigen Mitverantwortung der Länder für den deutschen Einigungsprozeß sehen es die Regierungschefs der Länder als ihre Verpflichtung an, die Grundstrukturen der staatlichen Ordnung eines vereinten Deutschlands und die Ausgestaltung der nunmehr anstehenden zweiten Stufe des Einigungsprozesses maßgeblich mitzubestimmen.

Die Regierungschefs der Länder haben daher „Eckpunkte der Länder für die bundesstaatliche Ordnung im vereinten Deutschland" beschlossen, die ich Ihnen hiermit übermittele.[1] In diese „Eckpunkte" sind nur solche Vorschläge aufgenommen worden, die – entsprechend dem in der Ministerpräsidentenkonferenz praktizierten Konsensprinzip – von allen Ländern getragen werden.

Die einzelnen Länder behalten sich vor, ergänzende Wünsche in die weiteren Verhandlungen und in das Gesetzgebungsverfahren einzubringen.

Die Regierungschefs der Länder gehen davon aus, daß die Vorschläge der Länder bei den weiteren Schritten zur deutschen Einheit Eingang finden.

Ich habe die „Eckpunkte der Länder für die bundesstaatliche Ordnung im vereinten Deutschland" gleichzeitig dem Vorsitzenden des Ministerrates der Deutschen Demokratischen Republik übermittelt.

Mit freundlichen Grüßen
Ihr
Johannes Rau.

---

10   Nr. 369.
11   Nicht abgedruckt: TOP 4 b) Deutsch-französischer Fernsehkulturkanal.
1   Nr. 342A.

Nr. 342A
Eckpunkte der Länder
für die bundesstaatliche Ordnung im vereinten Deutschland

Die Länder tragen im Prozeß der deutschen Einigung neben dem Bund eine ihrer Stellung in der Verfassung gemäße, gleichgewichtige Verantwortung. Sie sehen es daher als ihre Verpflichtung an, die Grundstrukturen der staatlichen Ordnung eines vereinten Deutschland und die zu ihr führende zweite Stufe des Einigungsprozesses maßgeblich mitzugestalten und mitzubestimmen.

Das bundesstaatliche Verfassungsprinzip, das dem Zentralstaat gleichberechtigte Gliedstaaten gegenüberstellt, ist seit 1949 ein Garant der freiheitlichen und demokratischen Entwicklung im Innern der Bundesrepublik Deutschland. Für unsere Nachbarn hat die föderative Struktur der Bundesrepublik Deutschland gerade nach dem Fehlschlag des ersten zentralistischen Versuches deutscher Einheit – entscheidend zum Bild eines friedlichen Deutschland beigetragen. Die Länder haben daher mit Sorge zur Kenntnis genommen, daß Verfassung und Verfassungswirklichkeit durch zentralistische Entwicklungen und zunehmende Aushöhlung der Kompetenz der Länder gekennzeichnet waren.

Ein einheitliches Deutschland darf schon von seiner Größe und seinem Gewicht her kein Nationalstaat im historischen Sinne sein. Es wird noch in viel stärkerem Maße ein entschieden föderativ geprägter Bundesstaat sein müssen. Seine künftige Struktur wird stärker als bisher die Eigenstaatlichkeit der Länder mit eigener, nicht vom Bund abgeleiteter, sondern von ihm nur anerkannter staatlicher Hoheitsmacht zur Geltung zu bringen haben.

Die Länder der Bundesrepublik Deutschland sehen daher auch im Interesse der künftigen Länder auf dem Gebiet der DDR die nachstehend vorgeschlagenen Änderungen des Grundgesetzes als erste wesentliche Schritte zur Stärkung der bundesstaatlichen Ordnung an. Diese Schritte sollten möglichst bereits im Zuge der Einigung nach Art. 23 GG verwirklicht werden. Sie werden deshalb unmittelbar mit der DDR und dann mit den Ländern auf dem Gebiet der DDR in diesem Sinne tätig werden und fordern auch die Bundesregierung auf, diese Vorschläge bei den weiteren Schritten zur deutschen Einheit, insbesondere bei der Verhandlung des zweiten Staatsvertrages, zu berücksichtigen.

Sie erwarten, daß ihre Vorschläge bei den weiteren Schritten zur deutschen Einheit Eingang finden.

Im einzelnen schlagen die Länder vor:

1.) In der Frage des Namens des geeinigten Deutschlands treten die Länder für eine Bezeichnung ein, in der das bundesstaatliche Verfassungsprinzip deutlich zum Ausdruck kommt.

2.) Im Bereich der Finanzverfassung:
Die Länder halten es für erforderlich, die Finanzbeziehungen zwischen Bund und Ländern im vereinten Deutschland einer grundlegenden Überprüfung zu unterziehen. Sie werden sofort nach der Bildung von Landesregierungen auf dem Gebiet der DDR die Vorstellungen der Länder konkretisieren. Sie erwarten, daß der Bund mit den Ländern umgehende Gespräche in institutionalisierter Form auf der Grundlage dieser Vorstellungen aufnimmt. Als Termin nehmen sie den Herbst 1991 in Aussicht. Die Länder halten fest, daß die für 1994/95 vorgesehene Neuordnung des Finanzausgleiches nur dann sinnvoll zu erreichen ist, wenn die jetzt bestehenden grundlegenden Disparitäten zwischen dem jetzigen Gebiet der Bundesrepublik Deutschland und der DDR wie auch innerhalb der Bundesrepublik überwunden sind. Sie gehen davon aus, daß bis 1994/95 eine Teilnahme der Länder auf dem Gebiet der DDR am bundesstaatlichen Finanzausgleich nicht in Betracht kommt.

Nach Auffassung der Länder wären unter anderem folgende Fragenkreise zu erörtern:[2]
- leistungsstarke Länder als Träger eines lebensfähigen Föderalismus;
- Beseitigung wirtschaftlicher und sozialer Disparitäten;
- Ausgleich nach objektiven Kriterien zur Stärkung der allgemeinen Finanzkraft der Länder, Rolle von Bedarfsgesichtspunkten;
- Prüfung eigenständiger Finanzquellen der Länder durch eigene Gesetzgebungskompetenz über Steuern, deren Erträge den Ländern zufließen;
- Konkordanz zwischen Gesetzgebungszuständigkeit und finanzieller Lastentragung (Überprüfung Art. 104a Abs. 3 GG);
- sachgerechte Veränderung des Institutes der Gemeinschaftsaufgaben sowie der Mischfinanzierung, klare Aufgabentrennung bei Stärkung der Finanzkraft der Länder;
- Überprüfung der Zerlegung der Steuern.

3.) Im Bereich Gesetzgebungskompetenz und – verfahren:
In der Frage der Abgrenzung der Gesetzgebungskompetenzen halten die Länder die nachstehende Neufassung des Art. 72 GG, die einem Vorschlag der Enquete-Kommission Verfassungsreform des Deutschen Bundestages[3] entspricht, für erforderlich:

„(1) Im Bereiche der konkurrierenden Gesetzgebung haben die Länder die Befugnis zur Gesetzgebung, solange und soweit der Bund von seinem Gesetzgebungsrechte keinen Gebrauch macht.

(2) Der Bund ist in diesem Bereich zur Gesetzgebung befugt, wenn und soweit die für die Herstellung gleichwertiger Lebensverhältnisse im Bundesgebiet erforderliche Rechtseinheit, die Wirtschaftseinheit oder die geordnete Entwicklung des Bundesgebietes nur durch eine bundeseinheitliche Regelung zu erreichen ist.

(3) Bundesgesetze nach Abs. 2 sind auf diejenigen Regelungen zu beschränken, die erforderlich sind, um die dort genannten Ziele zu erreichen; das Weitere ist der Landesgesetzgebung zu überlassen."

Bei der Überleitung bestehenden Rechts gehen die Länder davon aus, daß diese Neufassung des Art. 72 GG bei künftigen Gesetzesnovellierungen Anwendung findet.

Die Länder beabsichtigen ferner eine umfassende Überprüfung insbesondere der Kompetenzkataloge des Grundgesetzes im Bereich der Gesetzgebung mit der Zielsetzung, die Gesetzgebungskompetenz der Länder zu stärken.

Die bisher im Grundgesetz geregelten Fälle, in denen zum Zustandekommen eines Bundesgesetzes die Zustimmung des Bundesrates erforderlich ist, decken nicht die gesamte Bandbreite der Regelungen mit Länderbetroffenheit ab. Deswegen sollte vorgesehen werden, daß alle Bundesgesetze, die von den Ländern auszuführen oder mit Kostenfolgen für die Länder verbunden sind, der Zustimmung des Bundesrates bedürfen.

Die knappen Fristen des Art. 76 und 77 GG verkürzen insbesondere bei umfangreichen Gesetzgebungsvorhaben die Mitwirkungsmöglichkeiten des Bundesrates. Beide Artikel sollten daher die Möglichkeit der Verlängerung dieser Fristen auf Verlangen des Bundesrates vorsehen.

4.) Im Bereich der internationalen Beziehungen:
In der Frage der Beziehungen zu zwischenstaatlichen Einrichtungen ist Art. 24 Abs. 1 GG wie folgt neu zu fassen:
„Der Bund kann durch Gesetz mit Zustimmung des Bundesrates Hoheitsrechte auf zwi-

---

2 Anmerkung in der Textvorlage: „Die Freie Hansestadt Bremen und das Saarland begrüßen die Zielsetzung dieses Fragenkreises, wonach die Finanzverfassung die Voraussetzung für leistungsstarke Länder schaffen muß."
3 Schlußbericht der Enquete-Kommission Verfassungsreform (Deutscher Bundestag. Drucksache 7/5924. 9. Dezember 1976, 292 S., hier 123, 131).

schenstaatliche Einrichtungen übertragen. In Angelegenheiten dieser Einrichtungen wirken die Länder bei der Willensbildung des Bundes mit. Das Nähere regelt ein Gesetz, das der Zustimmung des Bundesrates bedarf; soweit die im Grundgesetz festgelegten Zuständigkeiten der Länder oder ihre wesentlichen Interessen berührt werden, ist die Möglichkeit einer wesentlichen Einflußnahme der Länder vorzusehen."

In der Frage der Pflege der <u>auswärtigen Beziehungen</u> schlagen die Länder die Neufassung des Art. 32 Abs. 3 GG und die Hinzufügung eines neuen Abs. 4 in Art. 32 GG vor. Sie folgen damit im wesentlichen einem Vorschlag der Enquete-Kommission Verfassungsreform des Deutschen Bundestages:

„(3) Soweit die Länder für die Gesetzgebung zuständig sind, können sie mit Zustimmung der Bundesregierung völkerrechtliche Verträge abschließen. Schließt der Bund solche Verträge ab, so hat er vor dem Abschluß die Zustimmung der Länder einzuholen. Die Länder treffen die zur Durchführung dieser Verträge erforderlichen Maßnahmen.

(4) Vor Abschluß von Verträgen, die wesentliche Interessen der Länder berühren, sind die Länder rechtzeitig zu unterrichten und zu hören, damit sie ihre Wünsche geltend machen können. Das Nähere regelt ein Bundesgesetz mit Zustimmung des Bundesrates."

Die Länder beabsichtigen, bei der Änderung von Art. 32 GG darüber hinaus die Frage zu erörtern, wie der Entwicklung Rechnung zu tragen ist, daß die Angelegenheiten der Europäischen Gemeinschaft inzwischen ein Gegenstand europäischer Innenpolitik und nicht mehr der Pflege der Beziehungen zu auswärtigen Staaten sind.

5.) Die überwiegende Mehrheit der Länder will mit Rücksicht auf die geplante Schaffung von 5 Ländern auf dem Gebiet der DDR die Frage einer sachgerechten Stimmverteilung im Bundesrat prüfen.

* **Protokollnotiz des Landes Berlin**
1. Das Land Berlin versteht die Nichterwähnung der zukünftigen Funktion Berlins als Hauptstadt und Regierungssitz des vereinten Deutschlands in den Eckpunkten als Bestätigung dafür, daß die Entscheidung über Hauptstadt und Regierungssitz aus Sicht der Länder die bundesstaatliche Ordnung weder berührt noch gar eine Gefahr für den Föderalismus der Bundesrepublik Deutschland darstellt.
2. Das Land Berlin hält an seiner Forderung fest, den Ländern Berlin und Brandenburg die Möglichkeit zu einer vereinfachten Neugliederung ihrer Länder durch eine entsprechende Neufassung des Art. 118 GG offenzuhalten.

* **Protokollnotiz des Landes Nordrhein-Westfalen und des Landes Hessen**
Nordrhein-Westfalen und Hessen unterstützen die bislang von der Bundesregierung vertretene Haltung, daß die Entscheidung über die Bundeshauptstadt noch nicht im Staatsvertrag geregelt wird, sondern den verfassunggebenden Organen eines vereinten Deutschlands vorbehalten bleiben muß.

* **Protokollnotiz der Länder Berlin, Bremen, Rheinland-Pfalz und Saarland**
Fragen der Neugliederung und der Stimmverteilung im Bundesrat sowie die damit zusammenhängenden Änderungen des Grundgesetzes können abschließend erst nach der Bildung von Ländern in der DDR unter deren Mitwirkung entschieden werden.

Nr. 343
Schreiben des Ministerpräsidenten Wallmann an Bundesminister Seiters
Wiesbaden, 5. Juli 1990

BK, 421 – 60000 Wi 3 Bd. 3. – Mit Stempel: Chef BK Eingegangen, 6. Juli 1990. Abgezeichnet: „S[eiters]".

Sehr geehrter Herr Bundesminister!

Nach allen bisher vorliegenden Äußerungen beabsichtigt die Regierung der Deutschen Demokratischen Republik, die Modalitäten ihres Beitritts zur Bundesrepublik Deutschland gem. Art. 23 GG in einem Zweiten Staatsvertrag mit der Bundesrepublik Deutschland zu vereinbaren, um noch vor dem Beitritt durch Verhandlungen als gleichberechtigter Partner Einfluß auf die nach dem Beitritt für sie geltende Ordnung zu nehmen.

Im Vorfeld der Gespräche über den Zweiten Staatsvertrag mit der Deutschen Demokratischen Republik sind Äußerungen der DDR-Minister für Bildung und Wissenschaft sowie für Kultur bekanntgeworden, wonach auch nach Bildung der Länder in der Deutschen Demokratischen Republik es eines längeren Übergangszeitraumes von 1 1/2 bis 2 Jahren bedürfe, in dem ein zentralstaatliches Kulturministerium zumindest im Bereich der Deutschen Demokratischen Republik unverzichtbar sei.

Die Hessische Landesregierung bittet eindringlich darum, in den geplanten Zweiten Staatsvertrag Übergangsbestimmungen, die derartige Regelungen enthalten, nicht aufzunehmen. Hessen wird darauf bestehen, daß die verfassungsmäßigen Länderzuständigkeiten des Grundgesetzes auch den neuen, auf dem Gebiet der jetzigen Deutschen Demokratischen Republik zu bildenden Ländern spätestens bei ihrem Beitritt zur Bundesrepublik nach Art. 23 GG in vollem Umfang gewährt werden. Bildung, Wissenschaft und Kultur als Kernbereiche der Länderkompetenzen können von diesem Grundsatz keinesfalls ausgenommen werden.

Für alle Bereiche, in denen die auf dem Gebiet der jetzigen Deutschen Demokratischen Republik neu zu bildenden Länder originäre Kompetenzen erhalten werden, stellt sich die Frage nach der Gestaltung der Übertragung dieser Kompetenzen von der bis dahin zuständigen Zentralregierung auf die Länder. Alle dazu notwendigen Vereinbarungen sollten im Zweiten Staatsvertrag nach Abstimmung mit den Ländern der Bundesrepublik Deutschland, die sich bis zur Neubildung der Länder in der Deutschen Demokratischen Republik als deren Sachwalter verstehen, getroffen werden.

Die Übertragung der künftigen Landeskompetenzen ist bis zur Bildung der Länder in der Deutschen Demokratischen Republik durch die Zentralregierung vorzubereiten. Die Bundesregierung wird in Abstimmung mit den Ländern dafür Sorge zu tragen haben, daß bis zur Bildung der Länder in der Deutschen Demokratischen Republik keine Fakten geschaffen werden, durch die der verfassungsrechtlich zu garantierende Wirkungskreis der Länder im Vorfeld mit präjudizierender Wirkung beschnitten wird.

Mit der Bildung der Länder gehen die Kompetenzen für Bildung, Wissenschaft und Kultur wie alle anderen Landeskompetenzen auf sie über. Die Ministerien für Bildung und Wissenschaft und für Kultur werden wie alle anderen Ministerien auch zu zeitlich befristeten administrativen Einrichtungen. Gemeinsam mit den Ländern treffen sie auf der Grundlage der Vereinbarungen im Zweiten Staatsvertrag die notwendigen Überleitungsregelungen. Dabei bedarf es der ausdrücklichen Zustimmung der Länder.

Neben den Vereinbarungen zum Übergang der Landeskompetenzen auf die Länder in der Deutschen Demokratischen Republik bedarf es nach meiner Überzeugung staatsvertraglicher Regelungen zur Anpassung des Hochschulsystems, von Lehre, Wissenschaft und Forschung, des Schulsystems und der Kulturförderung. Im Hinblick auf die überragende Bedeutung dieser Bereiche für die bundesstaatliche Ordnung bitte ich Sie – auch auf ausdrücklichen Wunsch des Stellvertretenden Ministerpräsidenten und Hessischen Ministers für Wissenschaft und Kunst, Herrn Dr. Gerhardt –, dieses Anliegen in Ihre Überlegungen einzubeziehen.

Mit freundlichen Grüßen
Ihr
Walter Wallmann

Nr. 344
Gesprächsunterlagen des Bundeskanzlers Kohl für das Gipfeltreffen der Staats- und Regierungschefs der Mitgliedstaaten der NATO
London, 5./6. Juli 1990

BK, 01 (212) – 37921 Na 8 NA 5, Protokoll. – VS-NfD. Hs. vermerkt: „LKB".

I n h a l t s v e r z e i c h n i s[1]

I. Vorbemerkungen
II. Gesprächspunktationen
– Wirtschaftshilfe für die SU
– Entwicklung in Mittel- und Osteuropa, westliche Hilfsmaßnahmen
– KSZE-Prozeß
– Gemeinsame Erklärung der Mitgliedstaaten von NATO und WP
– „2+4"-Gespräche
– Fortgang des deutschen Einigungsprozesses
– Rüstungskontrolle und Abrüstung
– NATO-Militärstrategie

Nr. 344A
Vorbemerkung

1. Vorgeschichte
Das Treffen der Staats- und Regierungschefs des Bündnisses in London setzt die in der Geschichte der NATO bisher nicht gekannte Dichte der Beratungen auf höchster politischer Ebene fort; nach den Gipfeln im Mai 1989[2] und Dezember 1989[3] ist es bereits das dritte Gipfeltreffen des Bündnisses in der Amtszeit von Präsident Bush.
Die Idee wurde bei den Frühjahrsbegegnungen von Präsident Bush mit Staatspräsident Mitterrand[4] und Premierministerin Thatcher[5] konzipiert, und zwar als Forum, in dem die Fragen, die die Veränderungen in Europa und insbesondere die deutsche Vereinigung für das Bündnis stellen, erörtert werden sollten.
Dementsprechend hat Präsident Bush als Tagesordnung für London vorschlagen:
– Künftige politische Aufgabenstellung des Bündnisses.

---

1 Von den Bearbeitern im folgenden hinter den Gliederungspunkten die Angabe des betreffenden Einlegfaches gestrichen.
2 Nr. 1 Anm. 2.
3 Nr. 111 Anm. 2.
4 Nr. 257 Anm. 8.
5 Nr. 281 Anm. 8.

- Künftige Erfordernisse für konventionelle Verteidigung.
- Zukunft der amerikanischen Nuklearstreitkräfte in Europa.
- Gemeinsame Ziele der Alliierten für die Zukunft der KSZE.

Angesichts der seither eingetretenen Entwicklungen
- einerseits: verstärkte Zerfallserscheinungen des Warschauer Pakts als militärisches Bündnis (Gipfel Moskau 7. Juni 1990)[6],
- andererseits: 2+4-Prozeß vor dem Hintergrund unüberbrückter Gegensätze in der Frage der Bündniszugehörigkeit des künftigen geeinten Deutschlands und der Stärke seiner Streitkräfte

ist nunmehr der Londoner Gipfel ein Schlüsselereignis für uns auf dem Wege zur deutschen Einheit (äußere Aspekte) und für die künftige Sicherheitsarchitektur Europas insgesamt. Der Erfolg dieses Gipfels liegt in unserem unmittelbaren Interesse als Deutsche, als Europäer und als Freunde und Partner der USA.

2. Aufgabenstellung/Ausgangslage

Der Londoner Gipfel wird die Kernfrage zu beantworten haben, ob das Bündnis angesichts des historischen Wandels in Europa selbst wandlungsfähig ist und die Chancen dieses Wandels durch aktive, initiative und zukunftsgewandte Politik zu nutzen und mitzugestalten weiß.

Diese Antwort muß in einer Form und mit einer Substanz erfolgen, daß
- sowohl die SU und die anderen Mitgliedstaaten des Warschauer Pakts überzeugt werden – auch als Grundlage ihrer letztendlichen Hinnahme des geeinten Deutschlands als Vollmitglied der NATO –
- als auch der gesamtwestlichen und internationalen Öffentlichkeit zu vermitteln [ist], daß das Bündnis auch in Zukunft unerläßlich ist, und zwar sowohl als Anker der westlichen – und deutschen – Sicherheit und als Grundlage einer bündnisübergreifenden europäischen Sicherheitsarchitektur.

Nach der von Präsident Bush vorgeschlagenen Tagesordnung und dem bei der Frühjahrstagung der NATO-AM in Turnberry[7] ausgesandten Signal („... Hand der Freundschaft und Zusammenarbeit") sieht sich das Bündnis hohen Erwartungen gegenüber, deren Enttäuschung für die deutsche Einheit ein Rückschlag und für das Bündnis selbst zu einer Akzeptanzkrise führen könnte.

3. Konkrete Probleme

3.1. Londoner Erklärung:

Die Antwort des Bündnisses wird – darüber herrscht Einvernehmen – in erster Linie in der vom Londoner Gipfel zu verabschiedenden Erklärung gegeben werden müssen. Einvernehmen herrscht auch, daß diese Erklärung kein „gewöhnliches Kommuniqué" sein darf, sondern sich durch Sprache, konkrete Initiativen und zukunftsweisende Visionen deutlich abheben muß.

Allerdings gibt es für eine derartige Erklärung bisher keine entscheidungsfähige Vorlage. Diese muß vielmehr während des Londoner Gipfels selbst – und zwar auf politischer Ebene – erarbeitet werden.[8]

Die in den Brüsseler NATO-Gremien aufgrund eines Entwurfs des Internationalen Stabes geführten Vorgespräche[9] ließen ein Maß an „altem Denken" erkennen, das die

---

6   Nr. 305 Anm. 3.
7   Ebd., Anm. 12.
8   Endgültiger Wortlaut der „Londoner Erklärung: Die Nordatlantische Allianz im Wandel", abgegeben auf der Tagung der Staats- und Regierungschefs des Nordatlantikrats am 5./6. Juli 1990, in: Bulletin. Nr. 90. 10. Juli 1990, 777–779; NATO-Brief. Nr. 4/1990 – Juli/August, 33–35.
9   Nr. 318.

Formulierung einer zukunftsweisenden Erklärung nicht erlaubte. Der <u>von Präsident
Bush</u> zunächst an einige, dann an alle Bündnispartner <u>übermittelte amerikanische
Entwurf</u>[10] ist deutlich besser, <u>bleibt aber nach unserem Urteil</u>[11] ebenfalls hinter den
Erwartungen zurück. Wir haben den USA einen Gegenentwurf übermittelt.[12] F und
It haben im Bündnis Formulierungsvorschläge zu einzelnen Kapiteln zirkuliert.
Die Londoner Beratungen werden sich auf folgende <u>Eckpunkte</u> konzentrieren:

3.2. Verhältnis NATO-Warschauer Pakt:
AM Schewardnadse hat in einem Schreiben an AM Baker vorgeschlagen, daß beide
Bündnisse in einem Vertrag oder in einer Gemeinsamen Erklärung ihr künftiges Ver-
hältnis zueinander nach den Leitworten Nichtangriff – Gewaltverzicht regeln.[13]
Konsens herrscht im Bündnis, daß ein <u>Abschluß „von Block zu Block"</u> wegen der da-
mit erreichten Stabilisierung des Warschauer Pakts <u>nicht in Frage kommt</u>, wohl aber
ein <u>Dokument unter den einzelnen Mitgliedstaaten</u>; ferner, daß ein völkerrechtlicher
Vertrag wegen der damit verbundenen Ratifikationserfordernisse nicht empfehlens-
wert ist.
Unterhalb dieser Schwelle teilen sich die Meinungen:
– Die USA ziehen Austausch von Erklärungen vor, d. h. keine Verhandlungen mit
  den Staaten des Warschauer Pakts.
– Wir und wohl die Mehrheit der anderen Partner halten eine „Gemeinsame Erklärung" für erreichbar.
Sie selbst hatten in Ihrer Regierungserklärung vom 21. Juni[14] für einen Nicht-An-
griffspakt der Mitglieder beider Bündnissysteme im KSZE-Rahmen plädiert.
<u>Vorschlag</u>: Der Londoner Gipfel sollte [die] am 10. Juli beginnenden <u>Vorbereitungen
für den KSZE-Gipfel</u> mit <u>Sondierungen</u> in Richtung <u>auf eine Gemeinsame Erklärung
der Bündnismitglieder</u> beauftragen. Der Austausch inhaltlich ähnlicher, aber textlich
nicht abgestimmter Erklärungen bliebe als Rückfallposition erhalten.

3.3. Personalobergrenzen im Rahmen der Wiener VKSE:
Nach dem Stand und absehbaren Verlauf der 2+4-Gespräche ist eine <u>konkrete Aussage über die Stärke der künftigen deutschen Streitkräfte unumgänglich</u>. Unsere Präferenz – die die westlichen 2+4-Partner uneingeschränkt teilen – ist nach wie vor, eine
derartige substantielle <u>Festlegung ohne Singularisierung Deutschlands in die VKSE
einzubringen</u>.
Dies bedingt aber, daß – in Form einer <u>Absichtserklärung</u> – <u>bereits in die laufenden
Verhandlungen</u> das Thema nationale Höchststärken für das Militärpersonal (Land-
und Luftstreitkräfte) aller Teilnehmer – zusätzlich zu den amerikanischen und sowjetischen Stationierungsstreitkräften – eingeführt und dies mit der Verpflichtung verbunden wird, bis zum Inkrafttreten entsprechender Vereinbarungen das gegenwärtige Personal nicht zu erhöhen.
Die <u>USA</u>, denen wir eine diesbezügliche Lösung bereits als unseren Beitrag zu einem
Erfolg des Gipfels Bush/Gorbatschow angedeutet hatten, sind grundsätzlich einverstanden, <u>halten aber eine derartige Festlegung beim Londoner Gipfel für verfrüht</u> –
sie wollen sie für die Schlußphase der 2+4-Gespräche aufheben.
<u>Vorschlag</u>: Wir sollten auf einen <u>Kompromiß in London</u> drängen: Andeutung der

---

10   Nr. 321A.
11   Nr. 326.
12   Nr. 330A.
13   Nr. 305 Anm. 15.
14   Nr. 323 Anm. 3.

grundsätzlichen Verhandlungsbereitschaft über Personalobergrenzen und allgemeine Richtung, absolute Zahlen für das „end game" aufheben.

3.4. Nuklearstrategie

Als bedeutsames amerikanisches Entgegenkommen ist die Bereitschaft zu werten, vom operativen Konzept der Vorneverteidigung abzugehen und eine neue Bündnisstrategie – gerade auch für die Nuklearfragen – auszuarbeiten.

Vorschlag: Der Londoner Gipfel sollte einen konkreten und befristeten Auftrag an ein besonderes Bündnisgremium erteilen. Diese prozedurale Lösung erlaubt es auch, die Gretchen-Frage nach den vom Bündnis künftig in und für Europa erforderlich gehaltenen Nuklearwaffen („TASM-Problem") zu vertagen.

3.5. Nuklearartillerie:

Dies dürfte um so eher gelingen, je konkreter die Frage der nuklearen Artillerie jetzt angesprochen wird. Zu diesem Punkt gehen der amerikanische und unser Entwurf einer Londoner Erklärung am weitesten auseinander:

– Für die USA kommt der Abzug der nuklearen Artillerie erst in Frage, wenn alle in Europa stationierten sowjetischen Streitkräfte heimgekehrt sind;

– wir halten bereits auf dem Wege zur drastischen Absenkung der konventionellen Streitkräfte in Europa entschlossene Schritte in Richtung auf eine Null-Lösung für die Nuklearartillerie für möglich.

Vorschlag: Der Londoner Gipfel darf die Artillerie-Frage nicht ad calendas grecas verschieben. Wenn Festlegung auf eine letztendliche Null-Lösung nicht erreichbar ist, sollte der Gipfel zumindest eine weitere bezifferte Reduzierung beschließen („als Zeichen unseres guten Willens … Abzug von weiteren … Artilleriesprengköpfen bis …"); das Bündnis hatte bereits zwei Mal derartige einseitige Schritte ergriffen.

In diese Richtung denkt lt. Washington Post auch die Administration, unklar ist allerdings die Zeitvorstellung.

3.6. KSZE:

Der gesamtwestliche Konsens hat sich in den letzten Wochen erfreulicherweise soweit bewegt, daß gewisse Formen der KSZE-Institutionalisierung durchsetzbar sind.

– Regelmäßige Treffen der Staats- und Regierungschefs, der Außen- und Verteidigungsminister, der Generalstabschefs.

– Dazu kleines ständiges Sekretariat und modernes Kommunikationsnetz.

– Zusätzlich Zentren (oder US: Zentrum) für Verifikation und Konfliktverhütung.

Vorschlag: Der Londoner Gipfel sollte konkrete Aufträge für die bündnisinterne KSZE-Gipfelvorbereitung erteilen.

4. Weitere Themen

Wahrscheinlicher Einstieg in die Gipfel-Diskussionen wird die innere Lage der Sowjetunion (28. Parteitag der KPdSU,[15] Aufhebung des Litauen-Embargos[16]) sein, verbunden mit der Frage nach wirtschaftlichen Hilfsmöglichkeiten des Westens. Von britischer Seite wird angeblich eine Abstimmung der Verbündeten, die am Wirtschaftsgipfel Houston[17] teilnehmen, angestrebt.

---

15 Nr. 350 Anm. 4.

16 Nachdem der Oberste Rat der Republik Litauen am 29. Juni 1990 die Unabhängigkeitserklärung (Nr. 235 Anm. 1) vorerst ausgesetzt hatte, hob die Regierung der UdSSR am 1. Juli die gegen Litauen verhängten wirtschaftlichen Beschränkungen auf.

17 Der Wirtschaftsgipfel der Staats- und Regierungschefs der G-7-Staaten und des Präsidenten der EG-Kommission als Vertreter der Europäischen Gemeinschaften fand vom 9.–11. Juli 1990 in Houston (Texas) statt. Politische Erklärung, 10. Juli 1990, sowie Erklärung zu staatenübergreifenden Problemen (Terrorismus, Nichtverbreitung) und Wirtschaftserklärung von Houston, 11. Juli 1990, in: Bulletin. Nr. 91. 13. Juli 1990, 781 f., 782 f., 783–790.

Nr. 344B
Wirtschaftlich-finanzielle Hilfsmaßnahmen für die Sowjetunion

Mit beiliegender Aufstellung des Bundesministeriums der Finanzen, Referat VII C 4, 27. Juni 1990: „Die Konditionen des 5-Mrd.-DM-Kredits an die Außenhandelsbank der UdSSR sind die folgenden: I. Betrag 5 Mrd. DM. Kreditgeber: Konsortium deutscher Banken; Deutsche Bank und Dresdner Bank als Konsortialführer (KfW nimmt mit 400 Mio. DM teil). Kreditnehmer: Bank for Foreign Economic Affairs of the USSR. Rückzahlung: 78, 84, 90, 96, 102, 108, 114, 120, 126, 132, 138 und 144 Monate nach dem Tag der Auszahlung, d. h. 1. Rückzahlungsrate 6 1/2 Jahre nach Auszahlung. Zinssatz: Libor + 5/8%. II. Bürgschaftskonditionen des Bundes: Selbstbehalt der Banken: 10%. Entgelt: 0,375 v.H. auf den jeweils ausstehenden Kapitalbetrag." Hs. vermerkt: „GL 21/AL 2 GL 42/RL 421. K[aestner] 29".

- <u>Westen steht vor politischer Herausforderung und öffentlicher Erwartung</u>, positives Signal zu geben, daß er der <u>SU auf ihrem Reformweg in Richtung Marktwirtschaft mit Rat und Tat zur Seite steht</u>.
- <u>Gründe</u> wirtschaftlicher Schwierigkeiten und Liquiditätsengpässe der SU vielfältig.
  - = Erbschaft eines <u>ineffizienten Zentralplansystems</u>, das Ressourcen fehlgeleitet und Privatinitiative gelähmt hat.
  - = Unzureichende Reformschritte u.a. in der Landwirtschaft: deshalb anhaltend hoher <u>Getreideimportbedarf</u> (insb. aus USA und Kanada!).
  - = Nicht genügend durchdachte Reformschritte: Dezentralisierung der Unternehmensentscheidungen im Außenhandel, deshalb zunehmende Importe ohne ausreichende Devisendeckung.
  - = Weltkonjunkturelle Gründe: Einbruch der Rohöl- und Erdgaspreise praktisch mit Amtsantritt Gorbatschows – Einnahmenausfälle durch Kredite überbrückt.
- <u>Daraus folgt</u>: <u>derzeitige sowjetische Wirtschafts- und Finanzlage nicht etwa ausgelöst durch Prozeß der deutschen Vereinigung, deshalb kein „deutsches Problem"</u>. Unsere jetzige Initiative – gemeinsam mit F – bedeutet deshalb nicht, daß wir Kosten der deutschen Vereinigung auf andere Partner abwälzen. (Exkurs: Selbstverständlich stehen wir gerade für <u>Lieferverpflichtungen der DDR gegenüber RGW-Partnern und Unterhalt sowjetischer Streitkräfte</u> in DDR.)
- Allerdings <u>unser und gesamtwestliches Interesse</u>, daß <u>Politik Gorbatschows fortgesetzt</u> wird und uns ein dem „Neuen Denken" verpflichteter Partner in der SU erhalten bleibt.
  - = Demokratisierung und Menschenrechte in Mittel-, Ost- und Südosteuropa
  - = Prozeß der deutschen Vereinigung – 2+4-Hinnahme deutscher NATO-Mitgliedschaft
  - = Weitere Maßnahme der Abrüstung und Rüstungskontrolle (Wien I und START noch in diesem Jahr!)
  - = Europäische Sicherheitsarchitektur – KSZE-Institutionalisierung
    Lösung regionaler Konflikte (bisher Afghanistan, Süd-Afrika, Mittel-Amerika, Zukunftsaufgabe: Kuba).
- Angesichts <u>Kumulierung sowjetischer Rückzahlungsverpflichtungen Ende Juni</u> hat sowjetische Führung um sofortige Gewährung eines ungebundenen <u>Finanzkredits eines deutschen Bankenkonsortiums mit Bundesbürgschaft</u> gebeten. Wir dazu bereit – unter Vorab-Information unserer westlichen Partner.
- <u>Kreditgewährung</u> angesichts <u>bisheriger Hartwährungsverschuldung</u> (lt. OECD Ende 1989: 49 Mrd. $, zum Vergleich: Polen 42 Mrd.) und <u>langfristiger Bonität der SU</u> (Rohstoffexporteur!) <u>gerechtfertigt</u> – keine Wiederholung Polen/Gierek.
- <u>Kreditmittel</u> werden nicht in „Faß ohne Boden" fließen, sondern für fällige Rückzahlungen verwandt: Sie <u>kommen</u> damit im Endeffekt <u>den Aktionären von Banken und Firmen westlicher Länder zugute</u>.
- Bei Nicht-Rückzahlung dieser Fälligkeiten Ende Juni wären Schadensfälle bei staatlichen Exportkreditversicherungen (bei uns Hermes) nicht ausgeschlossen gewesen: Diese hät-

ten aus Haushaltsmitteln abgedeckt werden müssen. Demgegenüber vorzuziehen Bundesbürgschaft, die jetzt den Steuerzahler nichts kostet und ihn künftig nicht zu belasten braucht.
- Derartige „Feuerwehraktion" aber nicht beliebig wiederholbar. Deshalb langfristige Hilfe des Westens erforderlich. Dabei angesichts der Größe der Aufgaben und Hilfsnotwendigkeiten Zusammenwirken aller westlichen Partner der SU gefordert (Gorbatschow: „breites Konsortium").
- Selbstverständliche Voraussetzung: Fortsetzung des sowjetischen Reformprozesses in Richtung Marktwirtschaft: Dazu kürzlicher Grundsatzbeschluß des Obersten Sowjets, verbunden mit Auftrag an Regierung, Reformprogramm bis September entscheidend zu verbessern.[18]
- Auftrag des ER Dublin: Kommission soll zusammen mit Weltbank, IWF, OECD usw. mit SU konkrete Hilfsnotwendigkeiten sondieren.[19] Wirtschaftsgipfel sollte sich diesen Auftrag zu eigen machen (Vorbild: EG-Koordinierung der Gruppe der 24).
- Zusätzlich erforderlich – und zwar in Houston – politische Grundsatzentscheidungen.
  = Keine lange Forderungsliste sowjetischer Reformschritte, bevor Westen überhaupt reagiert, sondern Begleitung konkreter Reformen durch wirksame Hilfen (stufenweises Vorgehen).
  = Keine bloßen Summen (die in Medien zirkulierenden Summen nicht von uns genannt!), sondern Verbindung mit vernünftiger Konditionalität in politischer und wirtschaftlicher Hinsicht sowie Beachtung sozialer Faktoren (Versorgung der Bevölkerung/Streikgefahr).

Nr. 344C
Entwicklung in Mittel- und Osteuropa, westliche Hilfsmaßnahmen

1. Allgemeine Aspekte
- Friedliche Freiheitsrevolutionen haben politisch-wirtschaftliche Reformprozesse in Gang gesetzt, die angesichts struktureller Probleme westlicher Abstützung bedürfen („Hilfe zur Selbsthilfe").
- Gemeinsame Strategie: Stabilisierung der Reformprozesse, Einbeziehung aller Reformstaaten auf der Basis konkreter Reformzusagen und Unterstützungswünsche („maßgeschneiderte Unterstützungsprogramme").
- Notwendigkeit, mit IWF vereinbarte Anpassungsprogramme trotz Schwierigkeiten konsequent fortzusetzen.

---

18 Zu dem von Ministerpräsident Ryschkow am 24. Mai 1990 vorgestellten Wirtschaftsprogramm der Regierung (Bericht „Über die wirtschaftliche Lage des Landes und die Konzeption für den Übergang zur regulierten Marktwirtschaft", Rohübersetzung TASS/russ./24.5.90 in: Ostinformationen. Nr. 100. 28. Mai 1990. Anhang, 43 S.; BPA/PA, F 1/22) faßte der Oberste Sowjet am 13. Juni einen Beschluß, in dem der Übergang zur geregelten Marktwirtschaft als „wichtigster Inhalt der Wirtschaftsreform" bezeichnet wurde. Zugleich forderte er die Regierung der UdSSR auf, „zum 1. September d.J. ein konkretes Programm zur Bildung der Struktur und des Mechanismus des geregelten Marktes vorzulegen" (Meldung TASS/russ./13.6.90/1652; ebd. Nr. 112. 15. Juni 1990, 11).
19 Der Auftrag lautete, „Konsultationen mit der Regierung der Sowjetunion aufzunehmen, um umgehend Vorschläge für kurzfristige Kredite und eine längerfristige Unterstützung für Strukturreformen auszuarbeiten" (Schlußfolgerungen des Vorsitzes des Europäischen Rates in Dublin, 25./26. Juni 1990, mit Anlagen in: Bulletin. Nr. 84. 30. Juni 1990, 717–732, hier 720f.).

– 24er-Gruppe: zentrale Koordinierungsinstanz, Ministertreffen 4. Juli,[20] flexibler institutioneller Ansatz; EG-Kommission: wichtiger Beitrag, Europäische Bank für Wiederaufbau und Entwicklung.

– Einbeziehung der Reformstaaten in europäische Institutionen:

= EG: Stabilitätsanker, Handels- und Kooperationsabkommen, Assoziierung, Europäische Ausbildungsstiftung, auch SU muß in Überlegungen einbezogen werden.

= Europarat: Unterstützung von Gaststatus und Anträgen auf Mitgliedschaft, Zugehörigkeit zum demokratischen Europa, Abstützung der politischen Reformen, Nutzung für KSZE-Prozeß; keine Verwässerung des hohen Standards.

– COCOM: Einschränkung der Kontrollen auf sicherheitsrelevanten Kernbereich.

2. Sowjetunion

– Innere Lage für Präsident Gorbatschow zunehmend schwierig: katastrophale Wirtschafts- und Versorgungslage (negatives Wirtschaftswachstum, Kaufkraftüberhang etc.), konservative und Militärkritik an Reform- und Außenpolitik (Ligatschow-Rede vom 20.6.)[21], Wahl Jelzins,[22] Gründung russischer KP als konservative Bastion und Wahl eines konservativen Apparatschiks – Poloskow – als 1. Sekretär,[23] Entspannung im Baltikum (Aussetzung litauischer Unabhängigkeitserklärung, Aufhebung der Wirtschaftsblockade), Abspaltungsgefahr auf 28. KPdSU-Parteitag (ab 2. Juli).

– Wirtschaftsprogramm der Regierung Ryschkow vom Obersten Sowjet hart kritisiert; Verschiebung der Verabschiedung konkreten Programms auf September.[24]

– Liquiditätsengpässe (Dezentralisierung der Außenhandelsbefugnisse, Häufung von Importen ohne Devisendeckung, staatliche Importe zur Nahrungsmittelversorgung) offenbar geworden; deshalb kurzfristiger Überbrückungskredit durch Privatbanken; angesichts langfristiger Bonität der Sowjetunion (Rohstoffexporteur) trotz Bedenken gerechtfertigt.

– Bürgschaft für Bankenkredit in Höhe von 5 Mrd. DM; darüber hinaus 1,25 Mrd. DM für sowjetische Streitkräfte in der DDR (2. Halbjahr 1990) nach Vollzug der Währungs-, Wirtschafts- und Sozialunion (vgl. 9 Punkte Präsident Bushs)[25].

– Notwendigkeit gemeinsamer westlicher Aktion; Studie der EG-Kommission; Bitte um Unterstützung deutsch-französischer Initiative auch für Weltwirtschaftsgipfel (vgl. gesonderten Sprechzettel[26]).

– Langfristige allseitig vorteilhafte Zusammenarbeit; Investitionen in Strukturveränderungsprojekte; (EG-Strukturhilfe: Europabank, EG-Haushalt); wirtschaftspolitische Beratung, Marktöffnung („Assoziierung besonderen Typs").

– Flankierend: stärkere Einbeziehung der SU in die internationale Arbeitsteilung; SU näher an internationale Wirtschaft- (GATT) und Finanzinstitutionen (IWF, Weltbank),

---

20 Die Außenminister der Gruppe der 24 kamen am 4. Juli 1990 in Brüssel überein, das bislang auf Polen und Ungarn beschränkte Wirtschaftshilfeprogramm auf Bulgarien, die DDR, die ČSFR und Jugoslawien auszudehnen und die Frage einer Unterstützung der UdSSR zu prüfen; Rumänien wurde vorerst nicht miteinbezogen.

21 Einer TASS-Meldung zufolge kritisierte Ligatschow, Mitglied des Politbüros der KPdSU, in einer Rede auf dem Gründungskongreß der Kommunistischen Partei der RSFSR, „viele äußerst wichtige Fragen" – darunter „die deutsche Frage" – würden „weder im Politbüro noch auf den Plenarsitzungen des ZK erörtert". Es drohe die Schwächung und letztendlich „Zerstörung der Kommunistischen Partei und der sozialistischen Union der Republiken von innen heraus" (TASS/russ./20.6.90/1513 in: Ostinformationen. Nr. 116. 21. Juni 1990, 15; BPA/PA, F 1/22).

22 Nr. 291 Anm. 1.

23 Nr. 340 Anm. 2.

24 Nr. 344B Anm. 18.

25 Nr. 311.

26 Nr. 344B.

an G 7 („Dialog", Brief Gorbatschow an Weltwirtschaftsgipfel Paris 1989[27]) sowie an G 24 („Sonderbereich", sofern SU darum bittet) heranführen.

3. Ungarn

– Ungarn nach erster völlig freier Wahl Ende März/Anfang April erste volle Demokratie westlicher Prägung in Mittel- und Osteuropa; Bereitschaft der Regierung Antall, zusammen mit dem IWF wirtschaftliches Anpassungsprogramm fortzusetzen.
– Trotz erster Erfolge bei Stabilisierungsprogramm (Leistungsbilanz) Liquiditätskrise.
– Besuch MP Antall 21.6. in Bonn;[28] neuer Kreditwunsch (800 Mio. DM).
– Notwendigkeit, junge, demokratisch legitimierte Regierung auf politischem und wirtschaftlichem Reformweg weiter zu unterstützen.

4. Polen

– Innere Lage: Anzeichen, daß polnische Bevölkerung drastisches Wirtschaftsreformprogramm nicht mehr mitträgt (Eisenbahn-Streik, geringe Beteiligung an Kommunal- und Regionalwahlen), zunehmende innenpolitische Auseinandersetzungen, aber keine Alternative; Richtungskämpfe Solidarität, Rivalität Walesa/Mazowiecki, möglicherweise vorgezogene Parlaments- und Präsidentschaftswahlen 1991.
– Westgrenze: überwältigende Mehrheit für Entschließung des Deutschen Bundestages;[29] von beiden deutschen Regierungen polnischer Regierung förmlich notifiziert; völkerrechtlicher Vertrag erst nach Vereinigung (Einigung mit MP Mazowiecki in Budapest[30]).
– Besuch Finanzminister Balcerowicz 22.6. in Bonn;[31] Übergabe Memorandum: Schuldenerlaß um 80%, Schuldendienstreduzierung auf 2% pro Jahr.[32]
– Schuldenerlaß derzeit nicht aktuell, da Polen von Rückzahlungen bis 31.3.1991 freigestellt; Notwendigkeit, daß Privatbanken sich ernsthaft beteiligen.

5. Rumänien

– Schwerer Rückschlag für Demokratisierungsprozeß und Vertrauensverlust für Präsident Iliescu nach gewaltsamer Räumung des Universitätsplatzes am 13. Juni in Bukarest; schwere Ausschreitungen mit 6 Toten, 500 Verletzten und 600 Verhafteten.
– Hoher Wahlsieg der Front zur nationalen Rettung (66% für Parlament, 85% für Präsident Iliescu); offenbar keine systematischen Wahlfälschungen; von internationalen Beobachtern weitgehend bestätigt.
– Signal notwendig: Entscheidung über Aussetzung der Unterzeichnung eines – bereits paraphierten – EG-Handels- und Kooperationsabkommens; nach weiteren Untersuchungen Nichteinbeziehung in G-24-Initiative, Nichtteilnahme am G-24-Ministertreffen, 4. Juli; trotz deutlicher Kritik darf Rumänien aber nicht isoliert werden.
– Unser besonderes Interesse: Rumäniendeutsche: bis Ende Mai 35000 Aussiedler.

---

27 In einem an Staatspräsident Mitterrand, den Gastgeber des Gipfeltreffens der G-7-Staaten vom 14.–16. Juli 1989 in Paris, gerichteten Schreiben sprach sich Generalsekretär Gorbatschow für eine „konstruktive und von Vorurteilen freie Zusammenarbeit" bei weltwirtschaftlichen Problemen aus und bot an, „einen konstruktiven Dialog" aufzunehmen (französischer Wortlaut und deutsche Übersetzung, 14. Juli 1989; BArch, B 136/31016, 21 – 68320 Wi 39 Bd. 3).
28 Nr. 322.
29 Ebd., Anm. 3.
30 An dem Wochenende zuvor (30. Juni/1. Juli 1990) hatten Bundeskanzler Kohl und Ministerpräsident Mazowiecki an einem Treffen europäischer Christdemokraten in Budapest teilgenommen (Teltschik, 329 Tage, 292 f.).
31 Nr. 323.
32 Ebd., Anm. 8.

Nr. 344D
KSZE

1. **Perspektiven des KSZE-Prozesses**
   - Nach Erfolg der Freiheitsrevolutionen in Mittel- und Osteuropa KSZE-Prozeß als zentrales Instrument der Einheit Europas – politisch, wirtschaftlich, rechtlich, kulturell – ausbauen.
   - Sicherheit: Schaffung übergreifender Sicherheitsstrukturen, komplementär zum Bündnis, Stärkung der politischen Rolle des Bündnisses (Botschaft von Turnberry, WP-Gipfel Moskau).

2. **KSZE-Sondergipfel** (Paris, 19. November 1990)
   - Europäischer Rat, Dublin:[33] KSZE ist entscheidender Beitrag zur Stärkung der Stabilität und der Zusammenarbeit in Europa sowie Abrüstung.
   - Zentrale Elemente (breite Tagesordnung):
     - Bekräftigung der zehn Prinzipien der Schlußakte von Helsinki als Grundelemente europäischer Friedensordnung („Gemeinsamer Rechtsraum": Ziel europäischer Rechtsstaat; Europa der Demokratie; soziale Marktwirtschaft; kulturelle Identität).
     - Unterzeichnung des ersten Vertrages über konventionelle Streitkräfte in Europa (Wien I); möglichst erstes Ergebnis zu vertrauensbildenden Maßnahmen; koordinierte Fortführung beider Verhandlungen aufgrund jetziger Mandate.
     - Einbettung deutscher Einheit in gesamteuropäischen Rahmen; Präsentation der Ergebnisse („abschließende völkerrechtliche Regelung") der bis dahin abgeschlossenen „Zwei-plus-Vier"-Gespräche.
     - Klare Perspektiven für Struktur des künftigen Europas („gesamteuropäische Friedensordnung"); Stabilitätsrahmen für neue europäische Sicherheitsarchitektur als Ergänzung – nicht Ersatz – vorhandener Strukturen; Berücksichtigung der Sicherheitsinteressen aller Staaten.
     - Deutlicher Einstieg in schrittweisen Aufbau permanenter gemeinsamer Institutionen.

3. **KSZE-Institutionalisierung**
   - Eigene Vorschläge in Rede vor der Interparlamentarischen Union in Bonn am 25. Mai[34] unterbreitet; vom Europäischen Rat teilweise indossiert (Hinweis: Überzeugungsarbeit notwendig für Konflikt- und Verifikationszentrum); Europäischer Rat in Dublin: aktive Rolle, verstärkte Koordinierung der Gemeinschaft.
     - Gipfeltreffen der Staats- und Regierungschefs der KSZE-Teilnehmerstaaten alle zwei Jahre, regelmäßige Treffen der Außenminister, der Verteidigungsminister und der Generalstabschefs.
     - Ständiger Rat der Delegationsleiter am Ort des letzten KSZE-Folgetreffens („Wahrung der Kontinuität") – wir auch offen für kleines ständiges Sekretariat („Steuerungsmechanismus").
     - Schrittweise Entwicklung eines Verifikationszentrums für Rüstungskontrollvereinbarungen.
     - Europäisches Konfliktverhütungszentrum (Konsultation und Streitschlichtung).
     - Aufbau eines hochmodernen Kommunikationsnetzes.
   - Bereitschaft zur Übernahme von weitgehenden Verpflichtungen, aber keine Singularisierung des vereinten Deutschlands.

---

33 Nr. 344B Anm. 19.
34 Nr. 292 Anm. 1.

4. **Weitere Felder der Zusammenarbeit im gesamteuropäischen Rahmen**
   - Wirtschaftliche Kooperation („weitere Säule europäischer Sicherheitsarchitektur")
   - Mein Vorschlag auf Bonner Konferenz über wirtschaftliche Zusammenarbeit in Europa (19. März bis 11. April)[35]: Institutionalisierung wirtschaftlicher Kooperation – Bonner Konferenz periodisch wiederholen; Abstützung des Übergangs von der Zentralverwaltungs- zur Marktwirtschaft.
   - Menschenrechte
   - Zentrale Rolle des Europarates; hoher Standard darf nicht verwässert werden;
   - Zweites Treffen der Konferenz über menschliche Dimension in Kopenhagen, 5. bis 29. Juni d.J.[36]: Aufbau rechtsstaatlicher Institutionen, „freie Wahlen", Schutz nationaler Minderheiten.

Nr. 344E
Gemeinsame Erklärung der Mitgliedstaaten von NATO und Warschauer Pakt

- AM Schewardnadse hat BM Genscher in Brest und Münster[37] und AM Baker in Kopenhagen[38] „vertragliche Grundlage" für neue Beziehungen NATO/WP bzw. ihrer Mitglieder vorgeschlagen.
- Wir für gemeinsame Erklärung (nicht Abkommen) der Mitgliedstaaten (nicht der Bündnisse) mit politischer Bindungswirkung; Verabschiedung zusammen mit erstem KSE-Abkommen.
- Erklärung hat für sowjetische Führung bedeutende innen- und außenpolitische Funktion; Schlüsselelement für sowjetische Akzeptanz der NATO-Mitgliedschaft des vereinten Deutschlands.
- Formfrage für SU offenbar sekundär (keine Ratifikationsprobleme in Teilnehmerstaaten); SU würde auch Erklärung(en) der Mitgliedstaaten (statt Abkommen zwischen Bündnissen) akzeptieren.
- Wichtig: Wie SU bereits akzeptiert hat, „Beitritt" für andere KSZE-Teilnehmerstaaten offen. Keine Verewigung des Warschauer Paktes, keine Gleichwertigkeit oder Gleichberechtigung der Bündnisse. Keine Gleichstellung zwischen NATO und künftiger gesamteuropäischer KSZE-Sicherheitsordnung.
- Vorzügliches Instrument zur Bekräftigung und Vertiefung der KSZE-Prinzipien einschließlich des Rechts auf Mitgliedschaft oder Nichtmitgliedschaft in einem Bündnis. Auch von Interesse für Staaten, die mit dem Gedanken eines WP-Austritts (Ungarn!) spielen.

---

35   Nr. 227 Anm. 1.
36   Nr. 295 Anm. 9.
37   Nr. 315 Anm. 3 und Nr. 327 Anm. 6.
38   Nr. 305 Anm. 15.

Nr. 344F
2+4-Gespräche

– Übereinstimmung unter allen Beteiligten, daß deutsches Volk <u>Anspruch auf Herstellung der deutschen Einheit</u> und auf <u>Klärung der</u> äußeren Aspekte <u>ohne Verzögerung</u> hat.
– Tagesordnungspunkte:
= Grenzfragen;
= <u>politisch-militärische Fragen</u> unter Berücksichtigung von Ansätzen geeigneter Sicherheitsstrukturen in Europa;
= <u>Berlin</u>-Probleme;
= <u>abschließende völkerrechtliche Regelung</u> und Ablösung der Vier-Mächte-Rechte und -Verantwortlichkeiten.
– <u>Ziele aus unserer Sicht:</u>
„<u>Abschließende völkerrechtliche Regelung</u>"; ersatzlose Ablösung aller noch bestehenden Vier-Mächte-Rechte und -Verantwortlichkeiten für Deutschland als Ganzes und Berlin.
= <u>Uneingeschränkte Souveränität</u>; keine offenen Fragen; keine Singularisierung oder Diskriminierung.
= Deutschland hat wie jeder andere KSZE-Staat <u>Recht, Bündnis anzugehören oder nicht.</u> Hierüber entscheidet es allein. Berücksichtigung der legitimen Sicherheitsinteressen aller europäischen Staaten (insbesondere auch SU).
= „2+4"-Gespräche: <u>kein Verhandlungsgremium, in dem Fragen entschieden werden, die in anderen Formen, z.B. VKSE oder KSZE, angesiedelt sind</u>; Erörterung möglich.
– <u>Zeitlicher Rahmen</u>
Abschluß bis zum KSZE-Gipfel 19. November d.J. in Paris und Präsentation der Ergebnisse („abschließende völkerrechtliche Regelung") auf dem Gipfel.
– Bisher zwei Ministertreffen (5.5. und 22.6.1990).[39] <u>Nächstes Ministertreffen 17. Juli in Paris mit polnischer Beteiligung</u> („Grenzfrage").[40] Bundestags-/Volkskammer-<u>Entschließung vom 21. Juni</u> von Vier Mächten <u>einhellig begrüßt, polnische Haltung</u> zunächst hart: „Vereinbarung eines Vertragstextes vor Vereinigung", nach jüngstem Gespräch BK/MP Mazowiecki kompromißbereit.
– AM-Treffen am 22.6. Berlin (Ost): <u>harter sowjetischer Vorschlag;</u>[41] stark innenpolitisch motiviert (konservative Kritik, KPdSU-Parteitag); noch <u>keine Bewegung bei NATO-Zugehörigkeit</u> des vereinigten Deutschland; <u>feste westliche Haltung weiterhin notwendig.</u>
– Unsere Haltung klar: <u>keine Sonderwege, keine Alleingänge;</u> souveränes Vollmitglied in der NATO, ggf. durch souverän <u>vereinbarte Abwicklungsfristen</u> bzw. <u>Selbstbeschränkungen</u>; keine Singularisierung/Diskriminierung.

---

39 Nr. 268 und Nr. 325 – Nr. 325C.
40 Nr. 354 – Nr. 354B.
41 Nr. 325C.

Nr. 344G
Fortgang des deutschen Einigungsprozesses

Ausfertigung: 2. Juli 1990.

Am 1. Juli 1990 wirksam gewordene Währungs-, Wirtschafts- und Sozialunion entscheidender Schritt auf dem Weg zur Einheit. Chance für die Menschen in der DDR, daß sich ihre Lebensverhältnisse schnell und durchgreifend bessern. DDR-Volkskammer hat durch begleitende Gesetze Voraussetzungen für Übergang zu sozialer Marktwirtschaft geschaffen. Umstellung der Wirtschaft der DDR fordert von allen Deutschen Opfer. Sozialunion bedeutet, daß niemandem unbillige Härten zugemutet werden.

Staatsvertrag Ausdruck der Solidarität aller Deutschen und ihrer Entschlossenheit, staatliche Einheit und Freiheit rasch zu verwirklichen. Prozeß der Vereinigung unumkehrbar geworden.

Staatsvertrag dokumentiert Willen der beiden Staaten, Einheit durch Beitritt der DDR zur Bundesrepublik Deutschland gemäß Artikel 23 GG zu verwirklichen.

Mit Hochdruck Arbeit an Vorbereitung von Überleitungsregelung. Dafür zwei Wege:
- DDR erklärt Beitritt zur Bundesrepublik Deutschland, und der Bundesgesetzgeber beschließt in eigener Zuständigkeit und Verantwortung ein Überleitungsgesetz mit den notwendigen Überleitungsregelungen.
- Bundesrepublik Deutschland und DDR schließen „zweiten" Staatsvertrag über Inhalt der Überleitungsregelung. DDR erklärt auf dieser Grundlage ihren Beitritt.

Die DDR bevorzugt nach allen bisherigen Äußerungen die staatsvertragliche Lösung.

Zeitvorstellungen: noch im Dezember gesamtdeutsche Wahlen. Diskussion in den Parteien über Wahlmodus (Problematik: Sperrklausel, Zulassung von Parteien).

Vorher: Schaffung der Länder in der DDR. Gesetzentwurf wird in DDR-Volkskammer beraten.[42] Termin Landtagswahlen in DDR: Herbst 1990 (ob noch September, fraglich).[43]

Nr. 344H
Rüstungskontrolle und Abrüstung

1. Verhandlungen über konventionelle Streitkräfte in Europa (VKSE)
   - Abschluß eines ersten KSE-Abkommens [ist] bis zum für November 1990 vorgesehen. KSZE-Gipfel hat für uns höchste Priorität (so auch Bush/Gorbatschow).
   - Abschluß KSE-Abkommens von zentraler Bedeutung, um den politischen Wandel in Europa abzusichern und Grundstein für europäische Sicherheitsarchitektur zu legen.
   - Jetzt Kompromißbereitschaft auf allen Seiten nötig, um noch offene Fragen fristgerecht – vor KSZE-Gipfel – zu lösen.

---

42   Am 22. Juli 1990 verabschiedete die Volkskammer das Verfassungsgesetz zur Bildung von Ländern in der Deutschen Demokratischen Republik (sog. Ländereinführungsgesetz), durch das mit Wirkung vom 14. Oktober 1990 die Länder Brandenburg, Mecklenburg-Vorpommern, Sachsen, Sachsen-Anhalt und Thüringen gebildet wurden; „Berlin, Hauptstadt der DDR", erhielt „Landesbefugnisse" (GBl. DDR 1990 I, 955–959; Änderungsgesetz vom 13. September 1990, ebd., 1567).

43   Mit dem Gesetz über die Wahlen zu Landtagen in der Deutschen Demokratischen Republik (sog. Länderwahlgesetz) und der Ordnung zur Durchführung der Wahlen zu Landtagen in der Deutschen Demokratischen Republik am 14. Oktober 1990, beide vom 22. Juli 1990 (ebd., 960–976, 977–990), schufen Volkskammer und Ministerrat die Voraussetzungen für Landtagswahlen auf dem Gebiet der DDR (Gesetz zur Änderung des Länderwahlgesetzes vom 30. August 1990, ebd., 1422).

- Wir wollen KSE-Abkommen für alle 5 Waffenkategorien (Panzer, Artillerie, gepanzerte Kampffahrzeuge, Hubschrauber und Flugzeuge); Flugzeugfrage ist besonders wichtig angesichts der starken Überlegenheit des WP (ca. 2:1).
- Wir sind bereit, über Personalhöchststärken – nicht nur der US und SU, sondern auch der einheimischen Streitkräfte, einschließlich der künftigen deutschen – zu verhandeln; wir streben eine solche Aussage in Gipfelerklärung an, um sie dann in Wien einzubringen; Reaktion der Partner ist noch offen.
- Verhandlungen sollen nach Unterzeichnung von Wien I aufgrund bisherigen Mandats ohne Unterbrechung fortgesetzt werden.
- KSZE-Gipfel sollte Weiterführung von VKSE und VVSBM beschließen.

2. Verhandlungen über Vertrauens- und Sicherheitsbildende Maßnahmen (VVSBM)
- Konzeptionelle Übereinstimmung in wichtigen Punkten, jedoch noch viele Grundsatzfragen offen; nicht von Mandat gedecktes Bestreben der SU, Seestreitkräfte einzubeziehen, wird immer deutlicher, ist aber eher taktisch zu sehen („Warteposition").
- Wir streben an, bis zum KSZE-Gipfel ein substantielles Ergebnis vorzulegen; noch offen, ob dies gelingen wird.

3. Chemische Waffen
- Wir sind für möglichst baldigen Abschluß eines weltweiten Verbotsabkommens, das überfällig ist; Erwartung auf Durchbruch in Sommersitzungsperiode.
- Wir begrüßen Abschluß bilateralen CW-Vernichtungs- und Produktionsstoppabkommens zwischen SU und US (Gipfel in Washington)[44]; wichtiges Zeichen für Engagement; nun jedoch entscheidende Fortschritte in Genf erforderlich.
- Dringlichkeit für Abkommen nicht zuletzt wegen Gefahr der Weiterverbreitung von CW-Technologie.
- Wichtig: Westen muß insbesondere bei Verifikation klare Position formulieren.
- CW-Abzug der USA aus der Bundesrepublik Deutschland noch in diesem Jahr; Vorbereitungen bereits begonnen.

4. START
- Wir begrüßen den Fortschritt, den US und SU beim Washington-Gipfel erreichten und der Fertigstellung des Abkommens noch 1990 möglich macht.
- Beschluß Washington-Gipfel über START-Folgeverhandlungen sehr wichtig; ohne strategische Stabilität US/SU keine neuen stabilen Strukturen der Sicherheit in Europa.

5. „Open Skies"
- US/SU waren bei Washington-Gipfel einig, Ziel eines „Open Skies"-Regimes zur Vertrauensbildung trotz Meinungsunterschieden weiterzuverfolgen; wir teilen Auffassung.
- Wir sind mit der Fortsetzung der Verhandlungen am 17. September einverstanden, sofern SU Positionsänderungen und Verhandlungserfolg möglich erscheinen lassen.

6. SNF
- Für uns ist vorrangig, daß Gipfelerklärung Arbeitsgruppe einsetzt, die gemeinsame SNF-Verhandlungsposition erarbeitet; Ziel: Bericht an Herbsttagung der NATO-AM.
- Wünschenswert, daß Gipfelerklärung auch Aussage zu Einbeziehung von nuklearer Artillerie in Abrüstung macht (unser Ziel: Null-Lösung, Beginn Abbau mit KSE-I-Unterzeichnung, wenn SU ebenfalls einseitigen Abbau erklärt).
- Schlüsselfragen für Arbeitsgruppe:
  = Einbindung kooperativer Systeme
  = Kreis der Verhandlungspartner (nur US/SU oder auch andere?)
  = Umfang der Reduzierungen.

---

44 Nr. 299 Anm. 8.

Nr. 344I

NATO-Militärstrategie

Ausfertigung: 2. Juli 1990.

I. Sachstand

1. Der NATO-Gipfel soll Zielrichtung und Rahmen für die Überprüfung der Militärstrategie setzen, die die Verteidigungsminister bei ihrer Tagung im Mai bereits eingeleitet haben.[45]

2. Wesentliche militärische Bezugsgrößen dafür sind die Erosion des Warschauer Paktes als operationsfähiges Militärbündnis, der einseitige Abzug der SU-Truppen aus dem westlichen Vorfeld sowie der bevorstehende Abschluß eines VKSE-Vertrages. Nach der Implementierung eines KSE-Abkommens – so die Auffassung des Militärausschusses der NATO – wird ein Überraschungsangriff mit überlegenen Kräften nicht mehr möglich sein, eine großangelegte Offensive nur nach einer mehrere Monate dauernden Warnzeit.

Bei der Revision der Militärstrategie ist darüber hinaus einzubeziehen, daß Sicherheit in Europa zukünftig verstärkt auf politischen und wirtschaftlichen Strukturen beruhen soll.

3. Folgende Prinzipien der Strategie sollen unverändert fortgelten:
   - Kriegsverhinderung als oberstes Ziel des Bündnisses
   - Schutz der territorialen Integrität der Bündnismitglieder
   - Erhaltung des transatlantischen Verbundes
   - geeignete Zusammensetzung konventioneller und nuklearer Streitkräfte
   - multinationale Verteidigung.

4. Folgende korrespondierende Veränderungen in Militärstrategie und Verteidigungsstrukturen sollten nach unserer Auffassung auf dem Gipfel festgeschrieben werden:
   - Militärstrategie
     * Abgehen von dem operativen Konzept der Vorneverteidigung; Zuwendung zu einer „Verteidigung an den Grenzen" und einer deutlich verringerten Präsenz aktiver Streitkräfte.
     * flexibleres und wirksameres Handeln des Bündnisses in einer Krise.
     * noch stärkere Verdeutlichung des politischen Charakters von Nuklearwaffen im Sinne einer politischen Rückversicherung.
       Anmerkung:[46]
       1. Die ebenfalls auf dem Gipfel zu verabschiedenden Eckdaten eines Rüstungskontrollrahmens für substrategische Systeme setzen bereits ein deutliches Zeichen.
       2. Ein Verzicht auf den Ersteinsatz von Nuklearwaffen sollte nicht festgeschrieben werden. Andernfalls könnte ein Aggressor das mit einem Nuklearwaffeneinsatz verbundene Risiko für seine eigene Existenz ausschließen. Konventionelle Kriege erschienen wieder denk- und führbar.
   - Verteidigungsstrukturen
     * Umstrukturierung der Streitkräfte mit dem Ziel höherer Mobilität und Vielseitigkeit, um auch in einer Krise größtmögliche Flexibilität zu gewährleisten.
     * Aufgabe der derzeitigen Struktur nationaler Korps-Sektoren; vermehrter Rückgriff auf multinationale Korps unter Anpassung der Führungsstrukturen.

---

45 Kommuniqué der Ministertagung des Verteidigungs-Planungsausschusses in Brüssel, 22./23. Mai 1990, in: NATO-Brief. Nr. 3/1990 – Mai/Juni, 33 f.
46 In der Textvorlage hier kleingedruckt.

* Verringerung des Bereitschaftsstandes der aktiven Einheiten, Anpassung der Ausbildungserfordernisse und der Zahl der Übungen.

* Erhaltung der Fähigkeit, größere Streitkräfte wieder aufzubauen, sofern und wann erforderlich.

Diese Strukturen sollen schrittweise, auch in Abhängigkeit von der weiteren politischen und militärischen Entwicklung in Europa, eingenommen werden.

5. Diese Zielvorstellungen stimmen in vieler Hinsicht mit denen der USA überein.

Derzeit nicht absehbar ist die Haltung der übrigen Bündnismitglieder. Widerstand könnte vor allem von Großbritannien sowie den Flankenstaaten Norwegen und Türkei kommen, die das verbleibende Risiko aufgrund einer konservativen Einstellung bzw. ihrer geographischen Lage gegenüber der Sowjetunion höher bewerten.

Dieser Widerstand könnte sich an der veränderten Rolle von Nuklearwaffen bzw. der Aufgabe der Vorneverteidigung in Verbindung mit einer Verringerung der aktiven Einheiten kristallisieren.

II. Gesprächsführungsvorschlag

Sie sollten

(1) – als Ausgangspunkt hervorheben, daß die neue Risikoanalyse des Bündnisses, insbesondere aufgrund eines KSE-Abkommens, eine neue Militärstrategie mit neuen Verteidigungsstrukturen möglich macht;

(2) – verdeutlichen, daß sich diese Änderungen sowohl bei den nuklearen als auch bei den konventionellen Streitkräften reflektieren müssen. Eine noch stärkere Hervorhebung der politischen Rolle von Nuklearwaffen bei stark vermindertem Umfang sowie eine Aufgabe der Vorneverteidigung mit einer Verringerung der präsenten Streitkräfte entsprechen dem;

(3) – darauf hinweisen, daß die neuen Strukturen schrittweise eingenommen werden sollten und daß die neuen Streitkräftegrundsätze (Mobilität, Vielseitigkeit, Flexibilität) in Verbindung mit den bewährten, aufrechtzuerhaltenden Prinzipien der Allianz (u. a. Kriegsverhinderung, Solidarität, transatlantischer Verbund, Multinationalität) die Sicherheit aller Bündnispartner weiterhin gewährleisten werden;

(4) – Verständnis dafür wecken, daß die neue Strategie und der Weg dorthin Raum für eine zügige Vollendung der deutschen Einigung lassen müssen.

Nr. 345
Erste Verhandlungsrunde über den
Vertrag zur Herstellung der Einheit Deutschlands
(Einigungsvertrag)
Berlin, 6. Juli 1990

BK, 132 – 35400 De 12 NA 5 Bd. 2. – Mit Kopfzeile: Bundesminister des Innern. Bonn, 8. Juli 1990. – Mit Schnellbrief des MR Schnapauff an Chef BK Seiters, 9. Juli 1990, Gesch.-Z. GE – 020 056/0 VS-NfD.

– Ergebnisprotokoll –

Am 6. Juli 1990 haben Vertreter beider deutschen Staaten in Berlin Verhandlungen über die im Zusammenhang mit einem Beitritt der DDR gem. Art 23 Satz 2 GG zu treffenden Regelungen aufgenommen.

1. Zusammensetzung der Delegationen
   Delegationsleitung:
   – auf seiten der DDR
   Ministerpräsident de Maizière
   Parlamentarischer Staatssekretär Dr. Krause
   – auf seiten der Bundesrepublik Deutschland
   Bundesminister Dr. Schäuble.
   Vertreten waren außerdem
   – auf seiten der DDR
   Ministerien des Innern, für Wirtschaft, der Finanzen, der Justiz, für Umwelt, Naturschutz, Energie und Reaktorsicherheit, für Arbeit und Soziales, für Ernährung, Land- und Forstwirtschaft
   Amt für den Rechtsschutz des Vermögens der DDR
   – auf seiten der Bundesrepublik Deutschland
   Chef des Bundeskanzleramtes, Auswärtiges Amt, Bundesministerien der Justiz, der Finanzen, für Wirtschaft, für innerdeutsche Beziehungen, für Arbeit und Sozialordnung
   Nordrhein-Westfalen, Bayern, Hamburg, Baden-Württemberg, Niedersachsen, Berlin
   Kommission der Europäischen Gemeinschaften.

2. Einleitende Erklärungen
   MP de Maizière würdigte eingangs die Aufnahme der Verhandlungen zwischen den beiden deutschen Staaten zur Herstellung der Einheit Deutschlands und äußerte die Erwartung, daß dieser Tag einmal als historisch für Deutschland und Europa angesehen werde. Die DDR sei bereit und entschlossen, die staatliche Einheit nach über 40 Jahren der Teilung durch einen Beitritt zur Bundesrepublik Deutschland und zum Geltungsbereich des Grundgesetzes gem. Art 23 GG zu vollenden, und strebe die Wahl des ersten gesamtdeutschen Parlaments im Dezember 1990 an.
   Die DDR habe den Wunsch, über die Voraussetzungen des Beitritts mit der Bundesrepublik Deutschland einen Vertrag zu schließen, der nach ihrer Meinung nicht als zweiter Staatsvertrag, sondern als „Einigungsvertrag" bezeichnet werden sollte. In den in großer Breite zu führenden Verhandlungen gehe es darum, eine Balance herzustellen zwischen dem, was auf beiden Seiten in mehr als 40 Jahren unterschiedlich gewachsen ist. Die Teilung sei nur durch Teilen zu überwinden. Dies gelte insbesondere für die Regelung der finanziellen Beziehungen und des Finanzausgleichs.
   Besonders bedeutsam sei die Sicherung des äußeren Friedens. Dies sei nicht nur eine Aufgabe der 2+4-Gespräche. Auch die beiden deutschen Staaten müßten miteinander verbindliche Regelungen treffen, die den Respekt und die Anerkennung unserer Nachbarn finden.

Die Besonderheit des zu verhandelnden Vertrages bestehe darin, daß er zwischen zwei Partnern geschlossen werde, die zueinander finden wollen und sollen und von denen einer dabei untergehen werde. Deshalb gehe es darum, die Interessen der Bürger dieses Partners zu sichern. Dazu gehöre u. a., daß die politische Einigung über die Eigentumsfragen juristisch festgeschrieben werde. Eine Verständigung müsse vor allem über folgende Fragen gefunden werden:
- Hauptstadt,
- staatliche Symbole,
- Finanzen der 5 neugebildeten Länder sowie des künftigen Landes Berlin,
- Zuständigkeit und Verantwortlichkeit für die Treuhandstelle.

BM Dr. Schäuble würdigte die historische Bedeutung der Absicht der DDR, die deutsche Einheit durch einen Beitritt gem. Art. 23 GG zu vollenden. Er wies darauf hin, daß Art. 23 GG eine einseitige Erklärung für den Beitritt vorsieht. Wenn die DDR in diesem Zusammenhang eine vertragliche Regelung wünsche, wozu die Bundesregierung bereit sei, seien die Themen dafür in erster Linie von der DDR zu bestimmen. Die Bundesregierung gehe daher nicht bereits mit einem Vertragsentwurf in die Verhandlungen, sondern die in dem Vertrag zu treffenden Regelungen seien in einem offenen Prozeß zu entwickeln. Er erklärte sich einverstanden, für den Vertrag allein den Begriff „Einigungsvertrag" zu verwenden.

BM Dr. Schäuble wies ferner im Hinblick auf die zu erwartenden Änderungen des Grundgesetzes auf die Notwendigkeit der Ratifizierung des Vertrages mit einer 2/3-Mehrheit in den gesetzgebenden Körperschaften hin. Da die Ablehnung eines solchen Vertrages sehr schwerfalle, sei es besonders wichtig, auf die Belange der Parlamente Rücksicht zu nehmen. Um den Vorwurf des Mißbrauchs zu vermeiden, sei eine Beschränkung der zu treffenden Regelungen auf das unbedingt Notwendige erforderlich. Im übrigen seien beide Seiten in den Verhandlungen nicht Verhandlungsgegner, sondern Partner, die gemeinsam die deutsche Einheit verwirklichen wollen.

Nach Auffassung von MP de Maizière sollte der Vertrag nach dem Muster des Staatsvertrages über die Währungs-, Wirtschafts- und Sozialunion in einen allgemeinen Teil mit klarer Beschreibung der Ziele und einen besonderen Teil (Anlagen) gegliedert werden, bei dem große Detailtreue nötig sein werde. MP de Maizière sprach sich dafür aus, die Verhandlungen bis Ende August und das Ratifikationsverfahren noch im September abzuschließen.

3. Wahl des ersten gesamtdeutschen Parlaments

Unter Hinweis darauf, daß hierüber noch nicht abschließend Konsens in der die DDR-Regierung tragenden Koalition erzielt worden sei, vertrat MP de Maizière die Auffassung, daß der Beitritt der DDR nach den Wahlen zum ersten gesamtdeutschen Parlament wirksam werden sollte. Er führte hierfür folgende Gründe an, die er als für ihn zwingend bezeichnete:
- Nach den Wahlen könne die Bildung der neuen gesamtdeutschen Regierung schwierig sein und längere Zeit in Anspruch nehmen. Die DDR-Regierung sei andererseits nur bis zum Wirksamwerden des Beitritts im Amt. Dieser müsse daher zu einem möglichst späten Termin nach der Wahl erfolgen, um so lange wie möglich eine Vertretung der Interessen der Bevölkerung in der DDR durch eine von ihr gewählte Regierung zu gewährleisten.
- Einer einheitlichen Wahl in einem einheitlichen Wahlgebiet nach einheitlichem Wahlrecht stünden unüberwindliche praktische Schwierigkeiten entgegen. U. a. könnten im Hinblick auf die am 14. Oktober vorgesehenen Landtagswahlen in den künftigen Ländern der DDR die Kandidatenaufstellungen nicht innerhalb der vom Bundeswahl-

gesetz vorgeschriebenen Fristen vor Wahlen zum gesamtdeutschen Parlament am 2. Dezember 1990 erfolgen.
- Im Zuge der friedlichen Revolution in der DDR im Herbst 1989 hätten sich viele politische Gruppierungen gebildet. Obwohl inzwischen, insbesondere durch die Volkskammerwahlen und die Kommunalwahlen, bereits ein Klärungsprozeß erfolgt sei, hätte eine einheitliche Wahl in einem einheitlichen Wahlgebiet mit einer einheitlichen Sperrklausel von 5% zur Folge, daß bei Zugrundelegung der Ergebnisse der Volkskammerwahlen etwa 30% der Wähler in den 5 neugebildeten Ländern nicht im ersten gesamtdeutschen Parlament repräsentiert wären.

BM Dr. Schäuble führte aus, daß auch innerhalb der Bundesregierung und der sie tragenden Koalition hinsichtlich der Wahlmodalitäten noch nicht in allen Fragen Konsens bestehe. Einigkeit bestehe darüber, daß eine Wahl sowohl vor als auch nach dem Wirksamwerden des Beitritts verfassungsrechtlich möglich sei.
- Vor dem Beitritt könne die Wahl in den 5 Ländern der DDR aufgrund eines möglichst weitgehend dem Bundeswahlgesetz entsprechenden Wahlgesetzes der DDR erfolgen. Im Rahmen der Überleitungsgesetzgebung im Zusammenhang mit dem „Einigungsvertrag" sei für diesen Fall die Rechtsgrundlage für den Erwerb der Mitgliedschaft der in der DDR gewählten Abgeordneten im gesamtdeutschen Parlament zu schaffen.
- Eine Wahl nach Wirksamwerden des Beitritts müsse nach einheitlichem Verfahren erfolgen und erfordere wegen der im Bundeswahlgesetz bestimmten Fristen, die aus Anlaß der ersten gesamtdeutschen Wahlen nicht verkürzt werden sollten, eine Vorlaufzeit von mehreren Monaten.

Mit dem Hinweis, daß er zugesagt habe, auch diese Variante vorzutragen, erläuterte BM Dr. Schäuble die Möglichkeit, vor der staatlichen Einheit auf der Grundlage von Art. 8 des Verfassungsgrundsatzgesetzes der DDR[1] eine vertragliche Grundlage für eine Wahl nach Wirksamwerden des Beitritts zu schaffen. Auch in diesem Fall müßten die Fristen des Bundeswahlgesetzes eingehalten werden.

BM Dr. Schäuble sprach sich dafür aus, daß in der Wahlrechtsfrage Optionen nicht durch Fristablauf erledigt werden sollten, wobei er betonte, daß allein die DDR zu entscheiden habe, zu welchem Zeitpunkt sie den Beitritt erklärt.

MP de Maizière äußerte die Erwartung, daß in der DDR eine Entscheidung bis Ende Juli getroffen werde.

4. Über folgende Einzelfragen fand ein erster Meinungsaustausch statt.

4.1 Hauptstadtfrage

BM Dr. Schäuble erläuterte, daß in der Bundesrepublik Deutschland Übereinstimmung darüber bestehe, daß die Entscheidung über die Hauptstadt des geeinten Deutschlands dem künftigen gesamtdeutschen Gesetzgeber vorbehalten bleiben müsse. Sie sollte nicht durch einen Vertrag der beiden Regierungen geregelt werden, der nur einheitlich angenommen oder abgelehnt werden könne. Der gesamtdeutsche Gesetzgeber könne beauftragt werden, darüber kurzfristig zu entscheiden. MP de Maizière vertrat demgegenüber die Auffassung, die Hauptstadtfrage müsse im „Einigungsvertrag" geregelt werden. Für Berlin als Hauptstadt des geeinten Deutschlands sprächen insbesondere folgende Gesichtspunkte:
Integration der 5 neugebildeten Länder; Einigung Europas mit den Ländern Osteuropas;

---

1 Nach Artikel 8 Gesetz zur Änderung und Ergänzung der Verfassung der Deutschen Demokratischen Republik (Verfassungsgrundsätze) vom 17. Juni 1990 konnte die DDR „durch Verfassungsgesetz Hoheitsrechte auf zwischenstaatliche Einrichtungen und Einrichtungen der Bundesrepublik Deutschland übertragen oder in die Beschränkung von Hoheitsrechten einwilligen" (GBl. DDR 1990 I, 299f., hier 300).

Hoffnungen und Sehnsüchte der Menschen; Berlin als Hauptstadt Deutschlands sei auch in der Bundesrepublik von Beginn an bis noch vor kurzem nie strittig gewesen; nirgends anders konnte die Teilung und könne die Einigung besser dokumentiert werden als in Berlin.

4.2 Bezeichnung, Fahne, Hymne

Während BM Dr. Schäuble sich für die Beibehaltung von Bezeichnung („Bundesrepublik Deutschland"), Fahne (schwarz, rot, gold) und Hymne (Deutschlandlied) aussprach, trat MP de Maizière dafür ein, über die Bezeichnung „Deutsche Bundesrepublik" nachzudenken. Die Hymne könne als 1. Strophe die – textlich an die Melodie von Haydn angepaßte – DDR-Hymne und als 2. Strophe die 3. Strophe des Deutschlandliedes umfassen.

4.3 Treuhandstelle

Zur Frage der Treuhandstelle wies MP de Maizière auf die Notwendigkeit hin, daß die Erträge ausschließlich dem jetzigen DDR-Gebiet zugute kommen müssen. Im übrigen müßten besondere organisatorische Vorkehrungen getroffen werden, um die Belange der Menschen in der DDR zu wahren. In diesem Zusammenhang könne an die Schaffung eines „Aufbauministeriums" oder einer Sonderkonferenz der Ministerpräsidenten der DDR-Länder gedacht werden.

4.4 Änderungen des Grundgesetzes

Nach Auffassung von BM Dr. Schäuble sollten Grundgesetz-Änderungen im Zusammenhang mit der Herstellung der Einheit Deutschlands auf das Notwendige beschränkt werden. Hierzu rechnet er die Änderung der Präambel und von Artikel 23. In der Frage einer Aufhebung des Artikels 146 gebe es unterschiedliche Positionen in Bund und Ländern. Zu Artikel 29, der eine Neugliederung eher verhindere, sollte jedenfalls ein Prüfungsauftrag für die Möglichkeit einer Neugliederung aus Anlaß der Herstellung der Einheit Deutschlands erteilt werden. Auch im Hinblick auf die mögliche Verankerung weiterer Staatszielbestimmungen sowie die von den Ländern geforderte Änderung der Vorschriften für die Inanspruchnahme der konkurrierenden Gesetzgebungszuständigkeiten des Bundes könne an einen Prüfungsauftrag gedacht werden.

MP de Maizière sprach sich ebenfalls für eine Änderung der Präambel, in der die Einbettung in Europa zum Ausdruck kommen müsse, sowie die Aufhebung von Artikel 23 aus. Hinsichtlich Artikel 146 sei die Aufhebung bereits von den Außenministerien beider Seiten auf Beamtenebene in die 2+4-Gespräche eingebracht worden.[2] Bei Artikel 29 sehe die DDR im Hinblick auf ihre fünf Länder keinen Änderungsbedarf. Zur Frage der Aufnahme neuer Staatszielbestimmungen und sozialer Sicherungsrechte als nicht einklagbarer Individualrechte wies MP de Maizière auf die Koalitionsvereinbarungen der DDR[3] hin. Danach seien dahingehende Ergänzungen des Grundgesetzes anzustreben. Hierüber müsse in der DDR-Koalition noch gesprochen werden.

5. Einvernehmen über weiteres Verfahren und Zeitplan

Über das weitere Verfahren und den Zeitplan wurde wie folgt Einvernehmen erzielt:

10.–20. 7. 1990	Fachgespräche der Ressorts;
	Einrichtung einer gemeinsamen Arbeitsgruppe „Berlin-Fragen"
	Berichte an die jeweiligen Regierungen
1. 8. 1990	2. Verhandlungsrunde in Berlin;
	Ziel: Erstellung eines 1. Vertragsentwurfs

---

2 Nr. 285.
3 Nr. 245 Anm. 1.

ab 6. 8. 1990   Ggf. weitere Abstimmungen auf Fachebene
bis 24. 8. 1990   Gemeinsamer Zwischenbericht an die Gesamtdelegationen
ab 27. 8. 1990   3. Verhandlungsrunde in Bonn

6. Einvernehmen über Verhandlungsthemen
    Es wurde Einvernehmen über den als <u>Anlage</u> beigefügten „Katalog von Verhandlungsthemen zum Vertrag über die Herstellung der Einheit Deutschlands (Einigungsvertrag)" für die weiteren Verhandlungen erzielt.[4]

Nr. 345A

Abgestimmter Katalog der Verhandlungsthemen zum Vertrag über die Herstellung der Einheit Deutschlands (Einigungsvertrag)

Ausfertigung: Berlin, 9. Juli 1990.

1. <u>Grundsatzfragen zum Beitritt nach Artikel 23</u>
1.1. Grundsätzliche Struktur des Vertrages
     Verantwortlich: Parlamentarischer Staatssekretär beim Ministerpräsidenten
1.2. Präambel und Gegenstand des Vertrages
     Verantwortlich: Parlamentarischer Staatssekretär beim Ministerpräsidenten
1.3. Der Beitritt der fünf Länder zur Bundesrepublik
     – Bei Nichtbeendigung der 2+4-Verhandlungen bis zum Abschluß des Einigungsvertrages ist eine Vorbehaltsklausel hinsichtlich Berlins in den Vertrag aufzunehmen.
     – Die Inkraftsetzung des Grundgesetzes in den fünf Ländern und Berlins als Ganzes. Die Einbeziehung von Berlin-Ost (Land Berlin aus 23 Stadtbezirken).
     – Vorschläge zur Mitwirkung von Vertretern aus den fünf neugebildeten Ländern in der EG.
     Verantwortlich: • Parlamentarischer Staatssekretär beim Ministerpräsidenten
                     • Ministerium für Auswärtige Angelegenheiten
                     • Ministerium des Innern
                     • Ministerium für Regionale und Kommunale Angelegenheiten
1.4. Fragen des Grundgesetzes
     – Erforderliche Änderungen des Grundgesetzes
       (Präambel, Art. 23 und gegebenenfalls Art. 29 sowie andere)
     – Übergangsregelung bei der Ausdehnung des Grundgesetzes, z. B. Finanzverfassung
     – Ausnahmen, z. B. Wehrverfassung
     – Regelung hinsichtlich Zivildienst und Wehrdienst
     Verantwortlich: • Parlamentarischer Staatssekretär beim Ministerpräsidenten
                     • zuständige Ressorts

---

4 Mit Vorlage vom 9. Juli 1990 berichtete Ministerialdirigent Busse dem Chef des Bundeskanzleramtes, Seiters, die im Ergebnisprotokoll „erwähnte Anlage (Themenkatalog der DDR)" werde „nach noch notwendiger Überarbeitung den Ressorts nachgeschickt" (BK, 132 – 35400 De 12 NA 5 Bd. 2). Der angekündigten, vom 9. Juli datierenden Anlage (7 S.; Nr. 345A) waren – bei durchgehender Paginierung – als Anlage 2 bezeichnete „Richtlinien für die Ressortgespräche über die im Zusammenhang mit einem Beitritt gemäß Artikel 23 Satz 2 Grundgesetz zu treffenden Regelungen" (Wortlaut: Nr. 328B, insbes. Anm. 10–12) sowie die vom Arbeitsstab Deutsche Einheit im Bundesministerium des Innern erstellte Delegationsliste der Ständigen Teilnehmer der Regierung der DDR an den Verhandlungen zum Einigungsvertrag (Stand: Berlin, 5. Juli 1990) beigefügt.

1.5. Prinzipien der Rechts- und Verwaltungsangleichung
  – Die Überleitung von Bundesrecht
  – Die weitere Wirkung von gegenwärtigem DDR-Recht
  – Übergangsregelungen bis zur Schaffung des Rechtes in den Ländern
  – Erstreckung des Berliner Landesrechts auf Berlin-Ost
  Verantwortlich: • Ministerium der Justiz
  • Amt für den Rechtsschutz des Vermögens der DDR
  • alle Ministerien in Zusammenarbeit mit dem Ministerium der Justiz und dem Amt für den Rechtsschutz des Vermögens der DDR
  • Oberbürgermeister von Berlin
  – Die Organisation der Verwaltung auf Bundesebene und auf der Ebene der fünf neugebildeten Länder unter anderem:
  • Der öffentliche Dienst
  • Die öffentliche Sicherheit
  • Die Rechtspflege
  • Das Asylrecht und das Asylverfahrensgesetz
  • Das Kriegsfolgenrecht und Aufnahme von Aussiedlern
  Verantwortlich: • Ministerium des Innern
  • Ministerium der Justiz
  • zuständige Ressorts
  Die „Richtlinien für die Ressortgespräche über die im Zusammenhang mit einem Beitritt gemäß Artikel 23 Satz 2 GG zu treffenden Regelungen"[5] finden Anwendung.
1.6. Das Schicksal von Verträgen, die zwischen der DDR und der BRD abgeschlossen wurden.
  a) Verträge, die vor dem 18.03. abgeschlossen wurden,
  b) Verträge, die nach dem 18.03. abgeschlossen wurden, insbesondere im Zusammenhang mit der Herstellung der Einheit Deutschlands (vorrangig 1. Staatsvertrag[6]).
  c) Der Schutz der Vereinbarungen zum Eigentum;
  Umsetzung der „Gemeinsamen Erklärung der Regierungen der Bundesrepublik Deutschland und der Deutschen Demokratischen Republik zur Regelung offener Vermögensfragen" vom 15. Juni 1990[7] in rechtliche Regelungen
  Verantwortlich: • Ministerium für Auswärtige Angelegenheiten
  • Amt für den Rechtsschutz des Vermögens der DDR in Abstimmung mit dem Parlamentarischen Staatssekretär beim Ministerpräsidenten

2. Die Schaffung eines Aufbauministeriums für die fünf neugebildeten Länder (Alternative Bezeichnungen: Ministerium für innerdeutsche Wirtschaftskooperation oder Ministerium für Länderentwicklung) und/oder einer von den fünf neugebildeten Ländern getragenen Oragnisationsform
  Verantwortlich: • Parlamentarischer Staatssekretär beim Ministerpräsidenten
  • zuständige Minsterien

3.   Berlin
3.1. Grundsatzentscheidung über die deutsche Hauptstadt
3.2. Rechtliche Besonderheiten bei Überleitungsgesetzen für das Land Berlin

---

5 Anm. 4.
6 Nr. 283 Anm. 1.
7 Nr. 328A Anm. 8.

Verantwortlich: • Parlamentarischer Staatssekretär beim Ministerpräsidenten
- Ministerium für Auswärtige Angelegenheiten
- Ministerium des Innern
- Ministerium der Finanzen
- Oberbürgermeister von Berlin

4. Finanzfragen
4.1. Eingliederung des Haushaltssystems der DDR in das Haushaltssystem der Bundesrepublik
4.2. Anwendung der Finanzverfassung
4.3. Bedingungen und Zeiträume für die volle Vereinheitlichung des Steuer- und Zollrechtes
4.4. Die finanzielle Förderung der fünf neugebildeten Länder und von Berlin
Verantwortlich: • Ministerium der Finanzen

5. Die Treuhandanstalt
Verantwortlich: • Parlamentarischer Staatssekretär beim Ministerpräsidenten
- Ministerium für Wirtschaft
- Ministerium der Finanzen

6. Die Europäischen Gemeinschaften
6.1. Zwingend zu übernehmendes EG-Recht (EG-Vertragsrecht, Verordnungsrecht der EG, Richtlinien der EG)
6.2. Übergangsregelungen für die fünf neugebildeten Länder
6.3. EG-Zuständigkeiten und Regelungen, die das Verhältnis zum RGW betreffen
Verantwortlich: • Ministerium für Wirtschaft
- Ministerium für Ernährung, Land- und Forstwirtschaft
- Ministerium für Auswärtige Angelegenheiten
- Ministerium der Justiz
- Ministerium der Finanzen
- Amt für den Rechtsschutz des Vermögens der DDR

7. Rechtliche Regelung zur Gestaltung der Wirtschaftsbeziehungen mit dem RGW, der UdSSR und anderen RGW-Ländern
- Klärung des Verhältnisses zum RGW und seinen Institutionen
- Vertrauensschutz aus wirtschaftlicher Sicht
Verantwortlich: • Ministerium für Wirtschaft
- Ministerium der Finanzen
- Ministerium für Auswärtige Angelegenheiten

8. Völkerrechtliche Verträge
8.1. Erforderliche Anpassungen der völkerrechtlichen Verträge, die die BRD abgeschlossen hat
8.2. Klärung der Fortgeltung der von der DDR abgeschlossenen völkerrechtlichen Verträge und der Solidarverpflichtungen
Verantwortlich: • Ministerium für Auswärtige Angelegenheiten
- Ministerium für wirtschaftliche Zusammenarbeit
- Ministerium für Wirtschaft

9. Sicherheitspolitische Fragen (Ergebnisse der 2+4-Verhandlungen)
Vorbehalt im Staatsvertrag; nach folgender Einigung
Protokollerklärung.
Verantwortlich: • Ministerium für Auswärtige Angelegenheiten
- Ministerium für Abrüstung und Verteidigung

10. Universität, Schule, Bildung, Kultur
10.1. Übergangsregelungen für Schulen und Hochschulen bis zur Schaffung der Landesverfassung und Landesgesetzgebung
10.2. Anerkennung und Gleichstellung von Schulabschlüssen und akademischen Graden
10.3. Vereinheitlichung der Berufsbezeichnungen, insbesondere für staatlich anerkannte Berufe
10.4. Maßnahmen der Kulturförderung in den fünf Ländern. Übergangsregelungen für die Zeit bis zur Schaffung von Landesverfassungen und Landesgesetzen
Verantwortlich: • Ministerium für Bildung und Wissenschaft
• Ministerium für Kultur
11. Die Rechte des sorbischen Volkes
Verantwortlich: • Ministerium des Innern
• Ministerium für Regionale und Kommunale Angelegenheiten

Nr. 346
Schreiben des Präsidenten des Bundesverfassungsgerichts Herzog an Bundeskanzler Kohl
Karlsruhe, 10. Juli 1990

BK, 421 – 60000 Wi 3 Bd. 3. – Az. – 1004/21 – 602/90. Übermittlung per Telefax. Absender: Bundesverfassungsgericht Karlsruhe, 11. Juli 1990.

Sehr geehrter Herr Bundeskanzler,

die Vereinigung der beiden deutschen Staaten wirft Fragen der Belastung und Belastbarkeit des Bundesverfassungsgerichts auf, auf die ich Sie bereits heute hinweisen muß, weil ihre Lösung möglicherweise bis in die jetzt bevorstehenden Staatsverträge hineinwirkt.

Ich nenne nur die beiden Sachverhalte, die den Richtern des Bundesverfassungsgerichts im Augenblick die größten Sorgen bereiten:

1. Mit dem Beitritt der DDR (ca. 16 Mio. Einwohner) und dem Wegfall der alliierten Vorbehalte für Westberlin (ca. 2 Mio. Einwohner) erhöht sich die Zahl der potentiellen Verfassungsbeschwerdeführer um etwa 30 Prozent. Diese zusätzliche Belastung ist allein mit personellen Aufstockungen und verfahrensrechtlichen Schönheitskorrekturen nicht zu bewältigen. Ohne einschneidende Entlastungsmaßnahmen wird nicht auszukommen sein. Aber das wird später zu beraten sein und ist auch nicht der Grund dafür, daß ich mich im Auftrag des Plenums bereits heute an Sie wende.

2. Entscheidend ist das folgende: Da die DDR über keine ausgebaute und rechtsstaatliche Justiz verfügt, wird der Prozentsatz jener Gerichtssachen, die an das Bundesverfassungsgericht gelangen, weil keine niedrigere Instanz abgeholfen hat, erheblich höher liegen als heute in der Bundesrepublik, und – vor allem – die Sachen werden auch erheblich schneller zum Bundesverfassungsgericht gelangen als hier. Man braucht kein Prophet zu sein, um gerade hiervon einen ausgesprochenen Verstopfungseffekt zu befürchten.

Ich bitte Sie dringend, diesen zweiten Gesichtspunkt schon jetzt ins Auge zu fassen und ggf. in die Verhandlungen mit der Regierung der DDR einzubringen. Soweit wir das hier beurteilen können, bieten sich – alternativ oder kumulativ – zwei Lösungen an:

1. Unterstellung der gesamten DDR-Gerichtsbarkeit unter die Kontrolle der obersten Gerichtshöfe des Bundes, die dann aber wohl nicht auf Rechtsfragen – und zwar im allgemeinen nur solche des Bundesrechts – beschränkt werden dürfte, oder

2. vorübergehende Einführung einer Art „Selbstkontrolle" der DDR-Justiz, sei es bei den wohl neu entstehenden Landesverfassungsgerichten, sei es in Form eines eigenständigen Organs. Dort wäre rechtsstaatlicher Geist wohl am ehesten zu garantieren, so daß dort Fälle, in denen ersichtlich das Recht verletzt worden ist, auch am sichersten herausgefiltert und ohne Belastung des Bundesverfassungsgerichts gelöst werden könnten.

Daß sich in beiden Fällen am Ende ihres Verfahrens auch die bisherigen DDR-Bürger an das Bundesverfassungsgericht wenden können, stellt hier niemand in Frage. Es geht uns nur um die Effektivität und Vergleichbarkeit der uns vorgeschalteten Filter. Das allerdings ist eine Frage von enormer praktischer Bedeutung, und da sie zumindest dann, wenn der zweite aufgezeigte Weg beschritten werden soll, staatsvertraglich gelöst werden müßte, habe ich es für nötig gehalten, Sie schon jetzt auf sie hinzuweisen.

Wegen der Eilbedürftigkeit der Sache erlaube ich mir, Durchschläge dieses Schreibens an die Bundesminister Engelhard und Seiters zu leiten.

Mit freundlichen Grüßen
Roman Herzog

Nr. 347
Gespräch des Bundesministers Seiters mit den Botschaftern der Drei Mächte
Bonn, 11. Juli 1990

BArch, B 136/20241, 221 – 34900 Spr 2 Bd. 1. – Vermerk des MDg Stern, 13. Juli 1990. Verteiler: AA, St Sudhoff; BMI, St Neusel; StäV, St Bertele; AL 2. – Mit Vorlage des MDg Stern an Chef BK mit der Bitte um Billigung und Zustimmung zu dem Verteiler. Abgezeichnet: „S[eiters]". – Gesprächsbeginn: 17.00 Uhr.

Teilnehmer:
Botschafter Boidevaix (F)
Botschafter Mallaby (GB)
Botschafter Walters (USA)
Staatssekretär Dr. Sudhoff
Staatssekretär Dr. Neusel
MDgt Stern

BM Seiters erklärte einleitend, die Ratifizierung des Staatsvertrages über die Währungsunion sei reibungslos und zeitgerecht erfolgt, so wie er es im letzten Gespräch mit den Drei Botschaftern am 6. Juni 1990[1] zum Ausdruck gebracht habe. Jetzt gehe es darum, die Verhandlungen über den „Einigungsvertrag" – dies sei die Bezeichnung, auf die wir uns mit der DDR geeinigt hätten – zügig durchzuführen. Die DDR habe in der ersten Verhandlung am 6. Juli 1990[2] ihre Auffassung bekräftigt, die staatliche Einheit durch Beitritt der DDR gemäß Artikel 23 GG zu verwirklichen. Sie wünsche, die Modalitäten vorher in dem Einigungsvertrag festzulegen; dies sei von unserer Seite akzeptiert worden. Die DDR werde jetzt die Frage klären, ob der Beitritt vor oder nach der Wahl des Bundestages erfolge.

StS Dr. Neusel berichtete eingehend über die erste Verhandlung mit der DDR am 6. Juli 1990: Verhandlungsführung BM Dr. Schäuble und PStS Dr. Krause, vormittags MP de Maizière. Beteiligung der Bundesländer und der EG-Kommission. Erörterung allgemeiner Grundsätze. Auch DDR für Wahlen im Dezember, weil die Menschen darauf drängen.

---

1 Nr. 300.
2 Nr. 345.

Wichtige Grundsätze für die DDR: bindende Verpflichtungen im Vertrag, die über Tag der Einheit hinausgehen; Gemeinsame Erklärung zu Vermögensfragen in Vertrag aufnehmen;[3] Hauptstadt Berlin festschreiben (nach unserer Meinung nicht im Vertrag festlegen, sondern vom zukünftigen Parlament zu entscheiden); Behandlung bilateraler und völkerrechtlicher Verträge; Finanzverfassung; EG-Fragen; RGW-Probleme; Parallelität zu 2+4-Gesprächen. StS Dr. Sudhoff erklärte, die Frage von Botschafter Mallaby, wie die Ergebnisse der 2+4-Gespräche im Einigungsvertrag berücksichtigt würden, könne noch nicht beantwortet werden. Eine Verzahnung sei erforderlich.

Auf die Frage von Botschafter Walters, ob der Vertrag länger als erwartet werde, erklärte StS Dr. Neusel, dies hänge von den Wünschen der DDR ab. Nach unserer Auffassung könne alles das, was nicht im Vertrag geregelt werde, vom späteren Gesetzgeber entschieden werden. Gewisse Punkte seien allerdings auf jeden Fall aufzunehmen, wie beispielsweise die Änderung der Präambel und des Artikels 23 GG. Bei dem zur Verfügung stehenden engen Zeitrahmen könnten allerdings umfassende Änderungen des Grundgesetzes kaum ausdiskutiert werden. Offen sei, ob Artikel 29 GG geändert werde; auch über die Stimmrechtsverteilung im Bundesrat werde diskutiert.

Botschafter Mallaby erklärte, er habe einen Hinweis auf Artikel 146 GG vermißt. Hierzu gebe es Festlegungen in einem Fünf-Punkte-Papier im Rahmen der 2+4-Gespräche[4]. Dieses Papier sei von Außenminister Meckel im Auftrag der anderen Teilnehmer an Polen übergeben worden. Falls Artikel 146 GG unverändert bestehenbleibe, würden die Gespräche mit Polen sehr erschwert werden. StS Dr. Neusel erklärte, zu Artikel 146 GG habe es noch keine vertiefte Diskussion gegeben. Artikel 146 GG erlange eine neue Bedeutung, wenn die Präambel und der Artikel 23 GG geändert worden seien. Er habe dann noch Bedeutung in bezug auf die Frage eines Volksentscheides. Es sei noch offen, ob der Wortlaut des Artikels geändert werde. StS Dr. Sudhoff fügte hinzu, es bestehe keine Veranlassung, diesen Punkt gegenüber Polen aufzunehmen. Wir stünden zu unserem Wort.

Auf Frage von Botschafter Walters erklärte StS Dr. Neusel, in der DDR seien für den 14. Oktober Landtagswahlen vorgesehen. Danach würden die Länder entstehen. Die Erklärung des Beitritts durch einzelne Länder dürfte keine rechtliche Wirkung haben, da dies in der DDR-Verfassung, deren Geltung in der DDR weiterhin angenommen werde, nicht vorgesehen sei.

StS Dr. Neusel erläuterte den vorgesehenen Zeitplan. Die DDR strebe die Ratifizierung vor den Länderwahlen an. Es sei offen, zu welchem Datum der Beitritt erklärt werde. Dies hänge mit dem Problem der Wahlen zusammen. Hierüber sei die Meinungsbildung noch nicht abgeschlossen. MP de Maizière habe sich für einen möglichst späten Termin der Wirksamkeit des Beitrittsantrages ausgesprochen, damit die DDR in einer Übergangszeit nicht von einer Regierung regiert werde, die von der Bevölkerung der DDR nicht demokratisch legitimiert sei.

Auf Frage von Botschafter Boidevaix erklärte StS Dr. Neusel, für die Zustimmung zum Vertrag sei im Parlament voraussichtlich eine Zweidrittelmehrheit erforderlich, weil der Vertrag Verfassungsänderungen enthalten werde. Dies spiele jedoch keine große Rolle, da schon wegen der Stimmverhältnisse im Bundesrat eine breite Mehrheit erforderlich sei.

Botschafter Mallaby fragte, ob der Vertrag eine Klausel enthalte, daß die DDR aus dem Warschauer Pakt und dem RGW austrete. StS Dr. Sudhoff erwiderte, bei der Frage der Weitergeltung von völkerrechtlichen Verträgen handele es sich primär nicht um ein rechtliches, sondern um ein politisches Problem. Rechtlich gesehen würden ⟨bestimmte⟩[5] völkerrecht-

---

3 Nr. 377 Anm. 7.
4 Nr. 325A.
5 ⟨ ⟩ Von den Bearbeitern gemäß nachträglicher Korrekturanweisung (Vermerk des Ministerialdirigenten Stern, 23. Juli 1990; BArch, B 136/20241, 221 – 34900 Spr 2 Bd. 1) ergänzt.

liche Verträge mit dem Untergang des Völkerrechtssubjektes hinfällig werden. Es sei jedoch aus politischen Gründen sehr wichtig, in den Vertrag eine Klausel aufzunehmen, daß Verträge im Hinblick auf ihr Fortbestehen zu überprüfen seien. Man werde zwar davon ausgehen, daß die Mitgliedschaften der DDR im Warschauer Pakt und im RGW erlöschen würden. Es gäbe aber viele tausend andere Verträge, bei denen im einzelnen zu prüfen sei, ob sie in unsere Vertragsgestaltung einfließen könnten. Auch die DDR habe Wert auf eine entsprechende Klausel im Einigungsvertrag gelegt.

Auf Fragen von Botschafter Mallaby erklärte <u>BM Seiters</u>, für uns sei die Reihenfolge klar: Ratifizierung des Einigungsvertrages, Beitritt der DDR, Vertrag mit Polen. Über diese Reihenfolge habe auch Übereinstimmung bei den 2+4-Gesprächen bestanden. Die Polen hätten jetzt draufgesattelt. Wir fragten uns, was dies solle, da in der Sache Einvernehmen bestehe.

<u>Botschafter Mallaby</u> bestätigte, daß es das gemeinsame Ziel sei, zugleich mit der Herstellung der Einheit Deutschlands die Vier-Mächte-Rechte aufzuheben.

<u>Botschafter Mallaby</u> fragte nach Investitionsmöglichkeiten in der DDR. <u>BM Seiters</u> erklärte, die Investitionsbereitschaft sei groß, allerdings seien in der DDR noch Hemmnisse vorhanden. Die DDR habe deren Beseitigung zugesagt. <u>StS Dr. Sudhoff</u> ergänzte, Investitionen in der DDR seien keineswegs unseren Firmen vorbehalten. Wir würden es begrüßen, wenn auch Firmen aus dem Ausland sich in der DDR engagierten. Er möchte anregen, daß die drei Botschafter sich wegen dieser Frage an das BMWi wenden.

<u>Botschafter Mallaby</u> bedankte sich im Namen seiner Kollegen für das Gespräch.

Stern

Nr. 348
Schreiben des Staatssekretärs Menz an
Bundesminister Seiters und Bundesminister Schäuble
Stuttgart, 12. Juli 1990

BK, 132 – 35400 De 12 NA 5 Bd. 4. – Az. II/0136. Mit Briefkopf: „Staatsministerium Baden-Württemberg. Der Staatssekretär". Mit Stempel: Chef BK Eingegangen, 13. Juli 1990. Abgezeichnet: „S[eiters]".

Sehr geehrter Herr Bundesminister,

die Landesregierung hat sich am 9. Juli 1990 mit aktuellen Fragen des deutschen Einigungsprozesses befaßt und hierbei die in der Anlage[1] beigefügte Stellungnahme zu Eckpunkten des Zweiten Staatsvertrages mit der DDR verabschiedet.

Ich wäre Ihnen dankbar, wenn die Bundesregierung die Positionen des Landes bei den weiteren Verhandlungen mit der DDR in ihre Überlegungen einbeziehen könnte.

Mit freundlichen Grüßen

Ihr

Lorenz Menz

---

1 Nr. 348A.

Nr. 348A
Stellungnahme der Landesregierung von Baden-Württemberg zu Eckpunkten des Zweiten Staatsvertrags mit der DDR

Ausfertigung: Stuttgart, 9. Juli 1990.

I.
Zum Diskussionspapier des Bundesministers des Innern vom 25. Juni 1990[2]

1. Beitritt der DDR auf der Grundlage des Art. 23 Satz 2 GG

Dem Wunsch der DDR, den Weg des Staatsvertrags zu gehen, sollte gefolgt werden. Er räumt der DDR weitgehende Einwirkungsmöglichkeiten auf den Umfang, den Inhalt und die Modalitäten der in den neuen Ländern in Kraft zu setzenden bundesgesetzlichen Regelungen ein.

2. Änderung des Grundgesetzes

– **Zwangsläufige Änderungen**

Aus Anlaß des Beitritts sollte das Grundgesetz nur im unbedingt notwendigen Umfang geändert werden. Dazu gehören die Aufhebung des Art. 23 und die Änderung der Präambel. Noch zu prüfen ist, inwieweit die Erstreckung der Art. 104a ff. (Finanzwesen) und Art. 91a und b (Gemeinschaftsaufgaben) für eine Übergangszeit auszusetzen ist.

– **Länderneugliederung**

Die ebenfalls in Aussicht genommene Änderung des Art. 29 wird von Baden-Württemberg unterstützt. Neben der Verbesserung der Leistungsfähigkeit der Länder würde eine Verringerung ihrer Zahl auch im Interesse einer ausgewogenen Verteilung politischer Mitspracherechte in einer gesamtdeutschen Länderkammer liegen.

– **Stimmen im Bundesrat**

Die künftigen Länder auf dem Gebiet der DDR werden mit insgesamt 20 Stimmen rd. 15,2 Mio. Einwohner (ohne Ost-Berlin, das dann Teil eines neuen Landes Berlin wird) repräsentieren. Die westdeutschen Bundesländer (ohne Berlin) hätten demgegenüber 41 Stimmen, durch die rd. 59,1 Mio. Einwohner repräsentiert würden. Eine solche Stimmverteilung würde in keiner Weise dem jeweiligen Bevölkerungsanteil entsprechen. Es wäre zu befürchten, daß die kleineren und finanzschwächeren Länder die einwohnerstarken Länder majorisieren. Daher ist es erforderlich, die Stimmrechtsverteilung im Bundesrat zu ändern. Sie sollte stärker als bisher an der Einwohnerzahl orientiert werden.

– **Stärkung des Föderalismus**

Es muß darüber hinaus geprüft werden, inwieweit die das Bund-Länder-Verhältnis berührenden Art. 32 (Beziehungen zu auswärtigen Staaten) und 72 (konkurrierende Gesetzgebung) einer Änderung bedürfen.

– **Bereits anhängige Grundgesetzänderungen**

Der Bundesrat hat in der laufenden Legislaturperiode Gesetzentwürfe zur Änderung des Grundgesetzes bezüglich Art. 24 Abs. 1 GG (Übertragung von Hoheitsrechten auf zwischenstaatliche Einrichtungen nur mit Zustimmung des Bundesrates)[3] sowie zur Einführung eines Art. 20a (Staatszielbestimmung Umweltschutz)[4] beschlossen. Sollte

---

2 Nr. 328A und Nr. 338 Anm. 3.
3 Einem Gesetzesantrag der Länder Bayern, Hessen, Nordrhein-Westfalen und Rheinland-Pfalz vom 7. Dezember 1989 folgend, beschloß der Bundesrat am 16. März 1990, den „Entwurf eines ... Gesetzes zur Änderung des Grundgesetzes (Artikel 24 Abs. 1 GG)" beim Deutschen Bundestag einzubringen (Bundesrat. Drucksache 703/89).
4 Gesetzentwurf des Bundesrates „Entwurf eines Sechsunddreißigsten Gesetzes zur Änderung des Grundgesetzes (Einfügung eines Artikels 20a)" (Deutscher Bundestag. Drucksache 11/885. 5. Oktober 1987).

es zu weiteren Grundgesetzänderungen kommen, müßten diese Gesetzentwürfe sowie die vom Land vorgeschlagene Änderung des Art. 16 GG (Harmonisierung des Asylrechts auf europäischer Ebene) einbezogen werden.

3. Hauptstadtfrage
Die Hauptstadtfrage muß von dem gesamtdeutschen Parlament unter Einbeziehung der bis dahin bestehenden Länder entschieden werden.

4. Rechtsharmonisierung
– **Überleitung von Bundesrecht**
Zur Vermeidung einer Überforderung der Bevölkerung, der Verwaltung und der Gerichte ist der enumerativen Aufzählung des auf die DDR zu erstreckenden Bundesrechts der Vorzug einzuräumen. Die Einführung von Bundesrecht sollte sich auf das für die Herstellung der staatlichen Einheit Erforderliche beschränken. Bei der Eingliederung des Saarlandes wurde in dieser Weise verfahren.[5]
Im übrigen sollte der Grundsatz gelten, das anläßlich der Überleitung Bundesrecht nur aus zwingenden Gründen geändert wird.
– **Fortgeltung von DDR-Recht**
Zur Klarstellung sollte ausdrücklich bestimmt werden, daß früheres DDR-Recht auch insoweit nicht weitergilt, als es einfachem Bundesrecht widerspricht, das in der DDR in Kraft gesetzt wird.
– **Geltung von EG-Recht**
Sichergestellt werden muß, daß auch die Richtlinien, die von den Ländern in innerstaatliches Recht zu transformieren sind (z.B. Architekten-Richtlinie, Umweltverträglichkeitsprüfung), umgesetzt werden. Solche Richtlinien beanspruchen Geltung auch für die neuen Länder der DDR.

5. Öffentlicher Dienst
Dem Grundkonzept des Rechts des öffentlichen Dienstes in der DDR und der Absicht, öffentliche Aufgaben möglichst durch Beamte wahrnehmen zu lassen, wird zugestimmt. Jedoch sollte der Personalbedarf kritisch geprüft werden. Sicherzustellen ist insbesondere, daß bei der Ernennung von Beamten jegliche Automatik vermieden wird. Darüber hinaus ist von Bedeutung, daß alle Beamtenbewerber eine Probezeit von drei Jahren durchlaufen müssen.
In den Staatsvertrag sollte ferner eine Bestimmung aufgenommen werden, daß den Bediensteten gekündigt werden kann, die sich Verstöße gegen die Rechtsstaatlickeit und Menschlichkeit zuschulden kommen ließen oder der Bekämpfung der freien demokratischen Grundordnung oder dem SED-Regime erheblichen Vorschub geleistet haben.

II.
Weitere Anliegen des Landes

1. Finanzbeziehungen
Nach der Vereinbarung der Regierungschefs vom 16. Mai 1990[6] sind die Finanzbeziehungen mit Wirkung ab dem 1. Januar 1995 in einem gesamtdeutschen Bundesstaat neu zu re-

---

5 Aufgrund des Gesetzes über die Eingliederung des Saarlandes vom 23. Dezember 1956 galt das im Saarland geltende Recht zunächst fort, soweit es nicht dem Grundgesetz widersprach. Wenige in Kraft zu setzende Bundesgesetze waren eigens aufgeführt (BGBl. 1956 I, 1011–1015). Nach Ablauf der Übergangszeit (Artikel 3 Vertrag zwischen der Bundesrepublik Deutschland und der Französischen Republik zur Regelung der Saarfrage, 27. Oktober 1956, mit Anlagen, Briefwechseln und Protokoll zur Berichtigung, ebd. 1956 II, 1587–1836, hier 1594) trat am 1. Januar 1960 mit Ausnahme in einer Negativliste aufgezählter Bestimmungen „das im gesamten übrigen Bundesgebiet geltende Bundesrecht in Kraft" (Gesetz zur Einführung von Bundesrecht im Saarland, 30. Juni 1959, ebd. 1959 I, 318–331).
6 Nr. 280.

geln. Bis zu diesem Zeitpunkt soll sich – was Umsatzsteuerverteilung und Länderfinanzausgleich angeht – die Finanzbeteiligung der Länder auf die Beiträge zum Fonds „Deutsche Einheit" beschränken.

Dies muß auch im Hinblick auf das neu zu schaffende Land Berlin und die Einbeziehung der Länder der DDR in die Verteilung des Umsatzsteueraufkommens gelten. Sonst würden sich daraus erhebliche finanzielle Auswirkungen auf die Länder ergeben.

Gemäß § 2 Abs. 4 des Gesetzes über den Finanzausgleich zwischen Bund und Ländern ist das „Land Berlin" am Aufkommen aus der Umsatzsteuer im Verhältnis seiner Einwohnerzahl beteiligt. Ohne eine klarstellende Änderung des Wortlauts von § 2 Abs. 4 Finanzausgleichgesetz[7] wäre der Anteil Berlins am Umsatzsteueraufkommen nach der neuen Gesamteinwohnerzahl zu berechnen. Der Anteil Baden-Württembergs an der Umsatzsteuer würde sich dadurch um ca. 150 Mio. DM verschlechtern. Noch gravierender wäre die Auswirkung, wenn die neu entstehenden Länder in der DDR in die Umsatzsteuerverteilung unter den Ländern einbezogen würden.

§ 2 Abs. 4 FAG muß daher insoweit geändert werden, als das Land Berlin nur im Verhältnis seiner <u>bisherigen</u> Einwohnerzahl am Umsatzsteueraufkommen beteiligt werden darf. Mit der vorgesehenen Ausdehnung der Mischfinanzierung, z. B. des Hochschulbauförderungsgesetzes, der Wohnungsbau-, Städtebau- oder Gemeindeverkehrsfinanzierungs-Förderungsgesetze, aber auch des Strukturhilfegesetzes und des Gesetzes Gemeinschaftsaufgabe Wirtschaftsstruktur, auf die künftigen Länder auf dem Gebiet der DDR ist zu prüfen, inwieweit die erforderlichen Finanzierungsmittel zusätzlich vom Bund bereitgestellt werden müssen.

2. Zonenrandförderung

Im Arbeitspapier zum Zweiten Staatsvertrag[8] ist als überzuleitendes Recht das Gesetz zur Förderung des Zonenrandgebiets enthalten. Dies ist abzulehnen, da die dem Gesetz zugrunde liegende Zielsetzung durch die Beseitigung der Grenze hinfällig wurde.

Da die Fördersätze nach dem Zonenrandförderungsgesetz ebenso wie nach dem Berlin-Fördergesetz[9] höher sind als die für die DDR vorgesehene Investitionsförderung, besteht ein Fördergefälle zu Lasten des Gebiets der DDR. Dies wirkt in höchstem Maße Anstrengungen entgegen, Investitionen in die DDR zu lenken. Als Konsequenz sollte ab 1991 auf einen Abbau der Zonenrand- und Berlin-Förderung hingewirkt werden.

3. Sozialversicherungsrecht

SGB V (Recht der Krankenversicherung) und RVO (Arbeiter-Rentenversicherung) sollten insbesondere im Hinblick auf die damit verbundenen Finanzausgleichsregelungen nicht sofort durch den Staatsvertrag auf die Länder der DDR ausgedehnt, sondern stufenweise durch Rechtsverordnungen übergeleitet werden.

4. Hochschulbereich

Zur Problematik der Hochschulzugangsberechtigung von Bewerbern mit DDR-Bildungsabschluß haben die Kultusminister der Länder am 10. Mai 1990 Beschlüsse gefaßt.[10]

---

7 Gesetz über den Finanzausgleich zwischen Bund und Ländern in der Neufassung der Bekanntmachung vom 28. Januar 1988 (BGBl. 1988 I, 94), zuletzt geändert durch Gesetz vom 26. April 1990 (ebd. 1990 I, 822).

8 Vermutlich gemeint: Vertrag über die Herstellung der Deutschen Einheit zwischen der Bundesrepublik Deutschland und der Deutschen Demokratischen Republik – 1. Arbeitsentwurf, Stand: 13. Juni 1990, mit Verzeichnis der Anlagen I–XVI; BK, 132 – 35400 De 12 NA 1 Bd. 5.

9 Gesetz zur Förderung der Berliner Wirtschaft (Berlinförderungsgesetz 1990 – BerlinFG 1990) in der Neufassung der Bekanntmachung vom 2. Februar 1990 in: BGBl. 1990 I, 174–197.

10 Beschluß der Kultusministerkonferenz vom 10. Mai 1990 über die Zulassung von Hochschulzugangsberechtigten aus der DDR an Hochschulen in der Bundesrepublik Deutschland in: Sammlung der Beschlüsse der Ständigen Konferenz der Kultusminister der Länder in der Bundesrepublik Deutschland. 3. Aufl. Neuwied 1982ff. (Loseblattsammlung. 5 Bde.), Beschluß Nr. 908 (Stand: KMK Erg.-Lfg. 68, Mai 1991).

Ein im Auftrag der Kultusministerkonferenz erstellter Gesetzentwurf zur Änderung des Zulassungsrechts im Hochschulrahmengesetz ist inzwischen vom Bundesrat im Bundestag eingebracht worden.[11] Er beschränkt sich auf das Notwendigste und reicht zur Lösung der akuten Probleme aus.

Für weitere Modifizierungen der Bestimmungen des Hochschulrahmengesetzes über die Studienzulassung besteht für die Übergangszeit bis zu einer Neugestaltung der zum Hochschulzugang berechtigenden Bildungsgänge in der DDR keine Eilbedürftigkeit.

5. Kulturhoheit

Einigkeit besteht darüber, daß nach Aufhebung des DDR-Kulturministeriums eine zeitlich begrenzte administrative Abwicklungseinrichtung notwendig sein wird, um die bisher zentral verwalteten Kompetenzen auf die künftigen Kulturministerien der Länder zu übertragen. In Ost-Berlin denkt man nun daran, für den Bereich der Kultur auf Dauer eine Einrichtung zu schaffen, die zentral und gemeinsam für die künftigen Länder der DDR gewisse Aufgaben im Kulturbereich (Theater, Museen) wahrnimmt.

Es ist wichtig, daß derartige Überlegungen in den Staatsvertrag keinen Eingang finden und die unbeschränkte Kulturhoheit der Länder sichergestellt wird.

6. Landwirtschaft

Im Rahmen des Strukturanpassungsprozesses in der DDR und des damit verbundenen Abbaus der personellen Überbesetzung der bisherigen staatlichen Landwirtschaftlichen Produktionsgenossenschaften stellt sich auch die Frage einer Vorruhestandsregelung für ältere landwirtschaftliche Arbeitskräfte. Bei den weiteren Überlegungen sollte deshalb geprüft werden, inwieweit Regelungsbereiche des Gesetzes zur Förderung der Einstellung der landwirtschaftlichen Erwerbstätigkeit (FELEG)[12] auf die DDR übertragbar sind.

7. Innere Sicherheit

– **Zivilschutzgesetze**

Der Beschluß der Innenministerkonferenz vom 29. Juni 1990, wonach die Zivilschutzgesetze nicht auf das Gebiet der DDR übergeleitet werden sollen,[13] wird unterstützt. Angesichts der veränderten Lage in Europa sollte das künftige gesamtdeutsche Parlament diese Gesetze überarbeiten und konzeptionell neu gestalten.

– **Kriegsfolgelasten**

Nicht gebilligt werden könnte der vollständige Ausschluß der Geltung des Art. 120 des Grundgesetzes für das Gebiet der DDR, da dann u. a. auch das Erste Gesetz zur Überleitung von Lasten und Deckungsmitteln auf den Bund (Erstes Überleitungsgesetz)[14] keine Anwendung finden würde. Es entfiele damit die Verpflichtung des Bundes, den Ländern und Kommunen in der DDR bestimmte Leistungen für den Personenkreis der Aussiedler als Kriegsfolgelasten zu erstatten.

---

11   Der Bundesrat beschloß am 22. Juni 1990, den „Entwurf ... eines Gesetzes zur Änderung des Hochschulrahmengesetzes" (Drucksache 402/90) beim Deutschen Bundestag einzubringen (Verhandlungen des Bundesrates 1990. Stenogr. Berichte. 609.–625. Sitzung. Plenarprotokoll 615, 361, 369).

12   Gesetz zur Förderung der Einstellung der landwirtschaftlichen Erwerbstätigkeit (FELEG), 21. Februar 1989, in: BGBl. 1989 I, 233–240.

13   Nach ihrer Tagung am 29. Juni 1990 in Bonn unter Teilnahme von Regierungsvertretern der DDR sprachen sich die Innenminister der Länder dafür aus, die gegenwärtigen Zuständigkeiten beizubehalten, wonach der Bund „lediglich für den Zivilschutz im Verteidigungsfall zuständig" sei. Die „bisherigen Organisationsstrukturen in der DDR – Brandschutz Teil der Volkspolizei, Zivilschutz Teil der Nationalen Volksarmee –" sollten „durch Regelungen der künftigen Länder ersetzt werden, die den landesrechtlichen Regelungen in der Bundesrepublik vergleichbar" seien (Ständige Konferenz der Innenminister und -senatoren der Länder. Pressemitteilung 21/90. Hg. vom Innenministerium Baden-Württemberg, Pressestelle. 6 S., hier 2 f.).

14   Erstes Gesetz zur Überleitung von Lasten und Deckungsmitteln auf den Bund (Erstes Überleitungsgesetz) vom 28. November 1950 (BGBl. 1950, 773–777) in der zuletzt am 8. Juni 1977 geänderten Fassung (zu den bis dahin vorgenommenen Änderungen: Fundstellennachweis A 1989, 152).

Nr. 349
Schreiben des Bundeskanzlers Kohl an Ministerpräsident Mazowiecki
Bonn, 13. Juli 1990

BK, 21 – 30100 (102) Br 8 (VS) Bd. 30, Bl. 148/1–148/3. – Übermittlung per Fernschreiben an die Botschaft in Warschau. Citissime nachts. Verschlüsselt. Einzel. Abgezeichnet: „i.O. K[ohl]". – Mit Vorspruch, gez. „Reiche": „Betr.: Deutsch-polnischer Grenzvertrag – enthält Weisung –. Botschafter wird gebeten, das nachstehende Schreiben des Bundeskanzlers – mit dort zu fertigender Höflichkeitsübersetzung – umgehend dem Empfänger oder, falls dieser nicht erreichbar, dem Minister im Amt des Ministerpräsidenten zu übermitteln. Drahtbericht erbeten. Folgt Anlage."

Sehr geehrter Herr Ministerpräsident,

ich nehme Bezug auf unser jüngstes Gespräch in Budapest,[1] in dem wir unser Einvernehmen bekräftigt haben, daß der Verlauf der Grenze zwischen dem vereinten Deutschland und der Republik Polen durch einen völkerrechtlichen Vertrag endgültig bekräftigt wird.
Grundlage eines solchen Vertrages bleiben die gleichlautenden Resolutionen, die der Deutsche Bundestag und Bundesrat sowie die Volkskammer der DDR dazu am 21. und 22. Juni 1990 verabschiedet haben.[2] Wie Sie wissen, haben sich beide deutsche Regierungen diese Resolutionen in vollem Umfang zu eigen gemacht und dies Ihrer Regierung offiziell mitgeteilt. Ich kann nicht verhehlen, daß ich über die Reaktion, die diese Mitteilung seitens Ihrer Regierung gefunden hat, enttäuscht bin. Ursprünglich bin ich davon ausgegangen – und ich habe Ihnen das auch in unserem Gespräch erläutert –, daß es jetzt möglich sein sollte, einen umfassenden Vertrag zu schließen, wie ich es in meiner Regierungserklärung vor dem Deutschen Bundestag am 21. Juni 1990[3] ausgeführt habe:
„Ich wünsche mir, daß bei uns in Deutschland und in Polen schon bald die Voraussetzungen geschaffen werden, die Zukunft eines deutsch-polnischen Miteinanders im vereinten Europa in einem umfassenden Vertrag über gutnachbarschaftliche und freundschaftliche Beziehungen besiegeln zu können."
Da ich nach Ihrer offiziellen Antwort[4] davon ausgehen muß, daß das Ihren jetzigen Überlegungen nicht entspricht, schlage ich folgendes weitere Verfahren vor:
Nach Auffassung der Bundesregierung sollte sich der erste zwischen dem vereinten Deutschland und der Republik Polen abzuschließende Vertrag auf die Grenzfrage beschränken. Die Resolutionen der beiden deutschen Parlamente sind so abgefaßt, daß ihre operativen Absätze unverändert in den Grenzvertrag übernommen werden könnten.
Sie, Herr Ministerpräsident, können davon ausgehen, daß die Regierung des vereinten Deutschlands bereit sein wird, binnen drei Monaten nach dem Zusammentreten des gesamtdeutschen Parlaments Ihrer Regierung einen Vertragsentwurf auf der Grundlage der eben genannten Resolution zu übermitteln. Die Bundesregierung ist bereit, im Rahmen der bevorstehenden „Zwei-plus-Vier"-Gespräche auf Ministerebene (Paris am 17. Juli 1990)[5] eine derartige Absichtserklärung auch in den „Zwei-plus-Vier"-Prozeß einzuführen.
Ein solches Vorgehen würde es ermöglichen, den Grenzvertrag innerhalb kürzester Zeit nach der Vereinigung zu unterzeichnen und dem gesamtdeutschen Parlament zur Ratifikation zuzuleiten.
In diesem Zusammenhang möchte ich mit allem Nachdruck betonen, daß es Ziel der Bundesregierung ist, daß beim Zeitpunkt der Vereinigung der gesamtdeutsche Staat seine volle

1 Nr. 344C Anm. 30.
2 Nr. 322 Anm. 3.
3 Nr. 323 Anm. 3.
4 Nr. 339 Anm. 7.
5 Nr. 354 – Nr. 354B.

Souveränität erhält. Eine Verbindung dieser Frage mit dem Inkrafttreten des deutsch-polnischen Grenzvertrages ist für uns deshalb nicht annehmbar.

Ich würde es, Herr Ministerpräsident, sehr begrüßen, wenn die polnische Delegation bei den bevorstehenden „Zwei-plus-Vier"-Gesprächen auf Ebene der Außenminister die Haltung Ihrer Regierung zum vorstehenden Vorschlag übermitteln könnte.

Mit freundlichen Grüßen
Helmut Kohl

Nr. 350
Gespräch des Bundeskanzlers Kohl mit Präsident Gorbatschow
Moskau, 15. Juli 1990

BK, 21 – 30100 (56) Ge 28 (VS) Bd. 81, Bl. 226/1–226/17. – Vermerk des MD Teltschik, 14. August 1990. Az. 21 – 30130 S 25 – De 2/8/90. VS-Vertraulich. – Mit Vorlage des MD Teltschik über Chef BK an den Bundeskanzler, 17. August 1990 (Az. 21 – 30130 S 25 – De 2/9/90 – ohne Anlage offen): „Anbei lege ich den Vermerk über Ihr Gespräch mit Präsident Gorbatschow am 15. Juli 1990 mit der Bitte um Billigung vor. Ich bitte um Genehmigung, ein Exemplar des Vermerks dem Bundesminister des Auswärtigen zur Kenntnisnahme zuzuleiten." Hs. von Bundeskanzler Kohl vermerkt: „Teltschik zuerst R[ücksprache]". – Gesprächsdauer und -ort: 10.00 bis 11.45 Uhr, Gästehaus des Ministeriums für Auswärtige Angelegenheiten der UdSSR.

Teilnehmer:
Tschernajew, außenpolitischer Berater des Präsidenten
AL 2

Präsident Gorbatschow[1] begrüßte den Bundeskanzler. Die Erde sei rund, und sie beide würden um sie herumfliegen.

Sein Bedarf sei gedeckt, erwiderte der Bundeskanzler. Er freue sich über die Gelegenheit dieses Gesprächs und hoffe, daß sie erfolgreich sein würden. Er habe Außenminister Schewardnadse bereits gestern auf der Fahrt vom Flughafen zum Gästehaus gesagt, daß es sich jetzt um historisch bedeutsame Jahre handele. Solche Jahre kämen und gingen. Man müsse die Chancen nutzen. Wenn man nicht handele, seien sie vorbei. Bismarck habe einmal davon gesprochen, daß man den Mantel der Geschichte ergreifen müsse. Präsident Gorbatschow stimmte zu. Diese Aussage von Bismarck sei sehr interessant.

Der Bundeskanzler fuhr fort, daß die 90er Jahre historisch bedeutsam sein würden. Das gelte vor allem für die erste Hälfte des vor uns liegenden Jahrzehnts. Er verstehe es als eine besondere Chance der Generation, der der Präsident und er angehören, die im Zweiten Weltkrieg noch zu jung gewesen sei, um persönlich in Schuld geraten zu können, andererseits aber alt genug, um diese Jahre bewußt mitzuerleben. Er habe deshalb einmal von der „Gnade der späten Geburt" gesprochen. Ihre Aufgabe sei es jetzt, die vorhandenen Chancen zu nutzen. Die Generationen nach ihnen hätten bereits andere Erfahrungen.

Präsident Gorbatschow erwiderte, daß er diesen Gedanken des Bundeskanzlers besonders unterstreichen wolle. In Erinnerung an die Ereignisse in seinem eigenen Land könne er Vergleichbares feststellen. Auch er gehöre einer Generation an, die den Krieg erlebt hätte und sich noch daran erinnern könne. Er sei zehn Jahre alt gewesen, als der Krieg begonnen habe, und fünfzehn, als er zu Ende war. Er habe sich alles gut eingeprägt und könne sich sehr gut an die Ereignisse erinnern. Er teile deshalb die Feststellung des Bundeskanzlers, daß ihre Ge-

---

1 Auszüge aus dem übersetzten russischen Gesprächsprotokoll in: Gorbatschow, Gipfelgespräche, 162–177 (erschienen März 1993); Vorabdruck in: Die Woche. Nr. 8. 18. Februar 1993, 19; Nr. 9. 25. Februar 1993, 22.

neration über eine einzigartige Erfahrung verfüge. Jetzt hätten sich große Chancen eröffnet, und es sei jetzt die Aufgabe ihrer Generation, diese zu nutzen und zu gestalten. Besonders imponiere ihm die Tatsache, daß heute weniger darüber geredet werde, wer gewonnen oder wer verloren habe. Gemeinsam ginge man von dem Verständnis von einer Welt aus.

Der Bundeskanzler erinnerte Präsident Gorbatschow an ihr gemeinsames Gespräch im Juni 1989 im Park des Bundeskanzleramtes.[2] Er habe damals gesagt, daß er die Chancen, die sich jetzt eröffnet hätten, gemeinsam mit dem Präsidenten nutzen wolle. Er wolle deshalb dem Präsidenten zu seiner Politik ausdrücklich gratulieren.

Präsident Gorbatschow berichtete, daß sie jetzt in der Sowjetunion manche Schlacht geschlagen hätten. Die Einsätze seien sehr hoch gewesen. Zuerst habe der Parteitag der Kommunistischen Partei der RSFSR[3] und dann der Parteitag der KPdSU[4] stattgefunden. Beide Parteitage seien sehr schwierig gewesen. Die konservativen Kräfte hätten versucht, sich zu revanchieren.

Das sei ein Ritt auf dem Tiger gewesen, warf der Bundeskanzler ein. Der Parteitag der KPdSU zähle sicherlich zu den vier wichtigsten historischen Parteitagen der KPdSU.

Das sei absolut so, stimmt Präsident Gorbatschow zu. Früher habe man bei ihnen stereotyp alle Parteitage als historisch bezeichnet. Der letzte Parteitag gehöre aber wirklich dazu. Es sei ein offener Schlagabtausch erfolgt. Es habe kein Kampf hinter den Kulissen oder im Rahmen von Intrigen stattgefunden. Es habe eine offene Auseinandersetzung der Ideen, Meinungen und Gedanken gegeben. Es sei darum gegangen, die Gesellschaft so umzugestalten, daß sie weiter vorangehen und ein Marktsystem durchsetzen könnten.

Der Bundeskanzler erkundigte sich nach der Rolle von Jelzin und nach den möglichen Auswirkungen seiner Präsidentschaft in der RSFSR. Präsident Gorbatschow erwiderte, daß er vor dem Hintergrund der Tatsache, daß es jetzt auf dem Parteitag gelungen sei, den konservativen Kräften eine solche Abfuhr zu erteilen, es bedaure, daß Jelzin gegangen sei. ...[5] Er habe mit Jelzin ein Treffen nach Abschluß des Parteitages verabredet. Er bleibe mit ihm in Kontakt. Jelzin habe politische Wechsel ausgestellt, obwohl es gelungen sei, den anfänglichen Charakter des Parteitags zu verändern und progressive Dokumente zu beschließen, und er habe auch noch nicht verstanden, daß er eine staatliche Persönlichkeit sei. Jelzin setze populistische Methoden ein, als befände er sich auf einer Massenveranstaltung. Er komme jedoch mit Jelzin zurecht.

Präsident Gorbatschow fuhr fort, daß er jetzt mit dem Bundeskanzler über konkrete Dinge sprechen, aber zuerst einen prinzipiellen Gedanken voranstellen wolle. Wie schon in der Vergangenheit entwickele sich jetzt in den 90er Jahren eine Situation, die Rußland und Deutschland wieder zusammenführen müsse. Wenn beide Völker früher getrennt gewesen seien, so müßten sie jetzt wieder zusammenkommen. Sie beide stünden an der Spitze beider Völker. Einer der kritischen Punkte der 90er Jahre werde es sein, ob es ihnen gelinge, diese Aufgabe zu meistern. Für ihn sei dieses Ziel gleichrangig mit der Normalisierung der Beziehungen mit den USA. Wenn es gelinge, eine qualitativ neue Ebene der Beziehungen zu erreichen, werde das beiden Völkern und ganz Europa zugute kommen.

Der Bundeskanzler stimmte zu. Nach seiner Auffassung komme die Entwicklung der deutsch-sowjetischen Beziehungen auch denen zwischen der UdSSR und den USA zugute. Sein Ziel sei es, vorausgesetzt, daß sie gemeinsam die aktuellen Probleme lösen würden, in-

2 Nr. 7 Anm. 2.
3 Nr. 340 Anm. 2.
4 Zu den Ergebnissen des XXVIII. Parteitages der KPdSU vom 2.–13. Juli 1990 in Moskau: Ostinformationen. Nr. 133a. 16. Juli 1990, insbes. 22f., 30–35, 36–39; BPA/PA, F 1/22. Programmatische Erklärung „Für einen humanen demokratischen Sozialismus" in: Prawda. Nr. 196 (26 279). 15. Juli 1990, 1, 3; Neues Deutschland. 45. Jg. Nr. 163. 16. Juli 1990, 2.
5 Ein Satz nicht freigegeben.

nerhalb eines Jahres einen umfassenden Vertrag mit der Sowjetunion zu schließen. Er könne in diesem Punkt nur für sich selbst sprechen, weil im Dezember Bundestagswahlen stattfinden würden. Der Ausgang dieser Wahl sei nicht sicher, aber es sehe so aus, daß er im Amt bleiben werde. Dann sei er dafür, daß sie gemeinsam eine neue Ära der Beziehungen einleiten sollten und das für alle sichtbar machen sollten.

Mit der Arbeit an einem solchen Vertrag könne jetzt schon in diskreter Weise begonnen werden, um nach der Bundestagswahl rasche Fortschritte zu erreichen. Seine Vorstellung sei, alle bestehenden Verträge und Abkommen zu überprüfen, was davon obsolet und was weiterhin nützlich sei bzw. was neu entwickelt werden könne. Ein solcher Vertrag solle alle Gebiete umfassen, den Bereich der Wirtschaft genauso wie den der Kultur, der Technologie und vieles mehr. Aufgenommen werden könne auch der Gedanke des Gewaltverzichts und des Nichtangriffs analog der Erklärung des NATO-Gipfels in London. Dort habe Präsident Bush den Vorschlag aufgegriffen, daß die Mitgliedstaaten beider Bündnissysteme unter dem Dach der KSZE eine Erklärung über Gewaltverzicht und Nichtangriff vorbereiten.[6] Das könne auch im bilateralen Vertrag zwischen Deutschland und der Sowjetunion aufgegriffen werden. Es sollte jedoch nicht isoliert geschehen, sondern eingebettet bleiben in vertragliche Regelungen über alle anderen Bereiche der Beziehungen, vom Jugendaustausch angefangen bis zum Bereich der Kultur. Die Zeit für einen solchen Vertrag sei reif.

Der Bundeskanzler berichtete über die Ergebnisse der Gipfelkonferenzen in den zurückliegenden Wochen, des Europäischen Rates in Dublin,[7] der NATO in London und der G 7 in Houston[8]. In allen diesen Konferenzen sei die gemeinsame Überzeugung spürbar gewesen, daß der Reformprozeß in der Sowjetunion unterstützt werden solle. Unterschiedliche Akzente gab es in der Frage, mit welchem Tempo das geschehen solle. Auch die innenpolitischen Zwänge der einzelnen Teilnehmer seien deutlich geworden. So stehe Präsident Bush vor Mid-term-Wahlen.[9]

Wenn Präsident Gorbatschow sein Reformprogramm weiterentwickele und parallel dazu die Vorbereitungen für eine Zusammenarbeit beginnen würden, könnten Entscheidungen bis Ende des Jahres möglich sein. Solche Entscheidungen würden dann alle die Punkte einbeziehen wie Kredite, Beratung und anderes mehr, wie sie Präsident Gorbatschow in seinem Brief an Präsident Bush[10] angesprochen habe. Der Bundeskanzler unterstrich, daß für ihn alle diese Bemühungen um eine wirtschaftliche und finanzielle Zusammenarbeit Bestandteil des Gesamtpaketes seien. Er betonte, daß beide deutsche Staaten in den nächsten Monaten vor wichtigen Aufgaben stünden. Die Lage in der DDR sei sehr schwierig. Die wirtschaftlichen Probleme seien größer als vermutet. Die Lage verschlechtere sich von Tag zu Tag. Er sei es nicht, der auf das Tempo drücke. Ursprünglich habe er völlig andere Zeitvorstellungen gehabt. Es wäre ihm lieber gewesen, wenn man mehr Zeit zur Verfügung gehabt hätte. Die wirtschaftliche Entwicklung vollziehe sich jedoch sehr dramatisch. Das habe auch Auswir-

---

6   In Ziffer 6 der Londoner Erklärung (Nr. 344A Anm. 8) hatten die Mitgliedstaaten des Nordatlantischen Bündnisses den Abschluß einer gemeinsamen Erklärung „mit den Mitgliedstaaten der Warschauer Vertragsorganisation" vorgeschlagen und alle anderen KSZE-Staaten aufgefordert, sich „dieser Verpflichtung zum Nichtangriff anzuschließen". Präsident Gorbatschow übergab NATO-Generalsekretär Wörner am 14. Juli 1990 in Moskau einen „Entwurf für Überlegungen für die zukünftige gemeinsame Erklärung" (Meldung TASS/russ./14.7.90/1819 in: Ostinformationen. Nr. 133a. 16. Juli 1990, 61 f.; BPA/PA, F 1/22).

7   Nr. 344B Anm. 19.

8   Nr. 344A Anm. 17.

9   Am 6. November 1990 fanden in den Vereinigten Staaten von Amerika Wahlen zum Repräsentantenhaus statt. Außerdem wurden ein Drittel der 100 Senatoren des Senats sowie in den Bundesstaaten 36 der 50 Gouverneure und rund 6000 Abgeordnete neu gewählt.

10   Präsident Gorbatschow richtete das Schreiben an Präsident Bush in dessen Eigenschaft als Vorsitzender des Weltwirtschaftsgipfels in Houston und über ihn „an die anderen Teilnehmer" (Inoffizieller englischer und deutscher Wortlaut des Schreibens, 4. Juli 1990; BArch, B 136/26789, 412 – 68320 We 50 Bd. 3).

kungen auf die Sowjetunion. Deshalb sei ein Wahltermin für gesamtdeutsche Wahlen am 2. Dezember für ihn sehr wichtig.

Präsident Gorbatschow erwiderte, daß der Bundeskanzler jetzt seine eigene Perestroika erlebe. Dabei gebe es nicht nur angenehme Dinge. Die großen Ziele seien mit ebenso großen Schwierigkeiten verbunden. Man müsse sich gegenseitig helfen, weil die Entwicklungen wechselseitige Wirkungen auslösen würden.

Der Bundeskanzler wies darauf hin, daß er Wort gehalten habe. Er erinnerte an die Lebensmittelaktion im Februar,[11] an die Verbürgung des 5-Milliarden-Kredits,[12] an die Leistungen für die sowjetische Armee in der DDR für die zweite Hälfte des Jahres 1990 und für die Zusage des Vertrauensschutzes für die DDR-Verpflichtungen gegenüber der Sowjetunion. Dies alles sei ohne schriftliche Vereinbarung erfolgt.

Präsident Gorbatschow erwiderte, daß alles, was der Bundeskanzler tue, große Bedeutung für Deutschland habe, aber auch große psychologische und politische Probleme für die Sowjetunion aufwerfe. Es gehe deshalb darum, ausgewogen und behutsam zu handeln. Es müsse ein neues Niveau des Vertrauens, des gegenseitigen Verständnisses und des Zusammenwirkens erreicht werden. Das alles könne man mit Papieren allein nicht erreichen, dennoch seien auch solche wichtig.

Der Bundeskanzler erläuterte dem Präsidenten, daß in drei Bereichen Vereinbarungen erreicht werden müßten, wenn der zeitliche Rahmen gewahrt bleiben solle: 1. über die Abwicklung des Truppenabzugs der Sowjetunion aus der DDR, 2. über die Mitgliedschaft des geeinten Deutschlands in der NATO und 3. über die zukünftige Obergrenze der Streitkräfte eines geeinten Deutschlands. Diese drei Hürden müßten überwunden werden. Am Ende der 2+4-Gespräche müsse die volle Souveränität für den Zeitpunkt der Einigung Deutschlands erreicht sein. Er sei sich bewußt, daß in die Lösung dieser Probleme auch die USA, Frankreich und Großbritannien einbezogen werden müßten. Die Frage der Obergrenze für die deutschen Streitkräfte berühre auch die NATO, primär sei es jedoch eine Frage zwischen ihnen beiden.

Präsident Gorbatschow erwiderte, daß bereits die alten Griechen davon gesprochen hätten, daß alles im Fluß sei und sich alles verändere. Mit anderen Worten: Man dürfe nicht zweimal in den gleichen Fluß steigen. Binnen weniger Monate, jetzt sogar binnen weniger Tage, verändere sich die Lage. Alles sehe heute anders aus als damals, als sie begonnen hätten, die Probleme zu erörtern. Jetzt sei der Zeitpunkt und die Notwendigkeit gekommen, alle Fragen zu klären und die Entscheidungen für die weitere Arbeit zu treffen.

Präsident Gorbatschow erläuterte, daß es gelungen sei, in den sowjetisch-amerikanischen Beziehungen wesentliche Fortschritte zu erzielen. Die Position von Präsident Bush sei dabei von äußerst wichtiger Bedeutung gewesen. Auf Bush sei großer Druck ausgeübt worden. Doch hätten sich die USA schließlich für eine Erneuerung der Beziehungen zur Sowjetunion entschieden. Die Kontinuität der Beziehungen zwischen ihm und dem Bundeskanzler habe in der letzten Zeit sehr positiv gewirkt. Die Bundesregierung habe ihre Position sehr aktiviert und sehr auf die amerikanische Administration eingewirkt. Das sei sehr wirksam und sehr gut gewesen.

Er habe es dem Bundeskanzler schon früher einmal gesagt und wiederhole es heute, daß er anfänglich in den USA den Eindruck gewonnen hatte, daß dort die Befürchtung vorhanden gewesen sei, daß die Sowjetunion etwas im Schilde führe und die USA aus Europa herausdrängen wolle. Seine Position sei jedoch, daß die Präsenz der USA in Europa zur Stabilität beitrage. Präsident Bush sei über diese Position sehr überrascht gewesen.

---

11 Nr. 155 Anm. 4.
12 Dazu Nr. 84 und Nr. 306.

<u>Der Bundeskanzler</u> warf ein, daß er lange mit Präsident Bush über die Beziehungen zur Sowjetunion gesprochen habe. Er könne nur feststellen, daß diese sich sehr positiv entwickelt hätten. <u>Präsident Gorbatschow</u> stimmte ausdrücklich zu. <u>Der Bundeskanzler</u> fuhr fort, daß auf dem NATO-Gipfel in London und beim Wirtschaftsgipfel in Houston die Position von Präsident Bush sehr deutlich geworden sei. Er sei sich sehr bewußt, daß sie sich jetzt in einer geschichtlichen Phase befänden und daß jetzt gehandelt werden müsse.

Der Bundeskanzler erläuterte, daß die Entwicklung in Deutschland nicht jedem in Europa gefalle. Darin spiegele sich die Last der Vergangenheit wider. Für ihn sei das sehr verständlich. Er müsse diese Empfindungen psychologisch in Rechnung stellen, sowohl in Paris als auch in London oder in Den Haag. Die Haltung von Präsident Bush sei sehr klar. In seinem Konzept spiele Deutschland eine wichtige Rolle. Es sei deshalb außerordentlich wichtig, daß in Washington gegenüber Deutschland kein Mißtrauen entstünde, wenn sich die deutsch-sowjetischen Beziehungen weiterentwickeln und intensivieren würden. Vielmehr müsse deutlich werden, daß das auch zum Vorteil für die USA sei. Er habe darüber lange mit dem amerikanischen Sicherheitsberater Scowcroft gesprochen, der ein kluger Mann sei und eine wichtige Rolle in Washington spiele. Scowcroft sei ja auch immer bei den Gesprächen von Präsident Bush dabei, warf <u>Präsident Gorbatschow</u> ein.

<u>Der Bundeskanzler</u> bezeichnete Scowcroft als einen strategischen Kopf und einen Verehrer von Clausewitz. Er habe begriffen, wie wichtig es sei, eine neue Grundlage für die sowjetisch-amerikanischen Beziehungen zu schaffen. Das sei die eine Ebene, die andere sei die der deutsch-sowjetischen Beziehungen. Beide Ebenen könne man nicht völlig vergleichen. Es bestünde jedoch zwischen beiden eine Wechselwirkung, die auch auf andere Bereiche wie z. B. auf die Europäische Gemeinschaft Auswirkungen hätte.

<u>Präsident Gorbatschow</u> berichtete, daß seine Reise in die USA[13] für ihn viel Neues erbracht hätte. Innerhalb der letzten zwei Monate habe sich vieles verändert. Alles sei in Bewegung gekommen. Auch die NATO verändere sich in Richtung einer politischen Funktion. Darauf müsse man die besondere Aufmerksamkeit lenken, da eine andere Situation entstehe. Die Londoner Erklärung sei ein richtiger Schritt in die richtige Richtung gewesen, auch wenn sie noch Ballast der Vergangenheit mit sich trage. Aussagen über die Zusammenarbeit und darüber, daß die Sowjetunion nicht länger als Gegner betrachtet werde, seien ein sehr wichtiger politischer Fortschritt und ein Beweis für die grundlegenden Veränderungen. Unsere Völker würden diese Entwicklung sehr aufmerksam verfolgen.

Von äußerst wichtiger Bedeutung seien auch die Erklärungen der Bundesregierung und des Bundeskanzlers. Was der Bundeskanzler in der letzten Zeit gesagt und hervorgehoben habe, spiele in den beiderseitigen Beziehungen eine außerordentliche Rolle und sei von größter Bedeutung.

Der Bundeskanzler habe sicherlich bemerkt, daß sie ihre Bevölkerung Schritt für Schritt an die Probleme heranführen würden. Dabei könne nicht alles, was die Vergangenheit betreffe, vergessen gemacht werden. Jetzt gehe es aber darum, den Blick nach vorne zu richten und vor allem die Beziehungen zum großen deutschen Volk in das Bewußtsein der sowjetischen Menschen zu bringen.

Bei den Militärs, die von ihren Interessen ausgingen, und bei Journalisten gebe es das Geschrei, daß sie jetzt die Früchte des großen Sieges im 2. Weltkrieg gegen DM verkaufen würden. Sie würden aber auf die Öffentlichkeit einwirken, um sie allmählich auf den richtigen Weg zu bringen.

Dessenungeachtet verändere sich jedoch die Lage zum Besseren. Sie sollten deshalb heute die Probleme ohne Emotionen mit Blick auf die Perspektiven sehr konkret und ernsthaft be-

---

13 Nr. 299 Anm. 2.

sprechen. Dabei sei es für beide Seiten notwendig zu berücksichtigen, was der Bundeskanzler gesagt habe: Man müsse die Ziele sehen, die Zusammenhänge und die Zusammenarbeit vertiefen. Das sei ein starkes Argument, das nutzbar gemacht werden müsse. Sie hätten über die zukünftigen Beziehungen einige Überlegungen angestellt, die er dem Bundeskanzler übergeben wolle. Es handele sich um keinen Vertragsentwurf, sondern sei nur für den Bundeskanzler bestimmt. Präsident Gorbatschow übergab dem Bundeskanzler „Überlegungen zum Inhalt eines Vertrages über Partnerschaft und Zusammenarbeit zwischen der Union der Sozialistischen Sowjetrepubliken und Deutschland"[14].

Der Bundeskanzler erläuterte dem Präsidenten, daß auch er persönliche Überlegungen angestellt habe, die er dem Präsidenten übergeben wolle. Der Bundeskanzler übergab dem Präsidenten entsprechende Überlegungen zum Inhalt eines bilateralen Vertrages zwischen Deutschland und der UdSSR.[15]

Präsident Gorbatschow unterstrich ebenfalls, daß es sich um seine sehr persönlichen Überlegungen handele.

Der Bundeskanzler verwies darauf, daß seine Überlegungen Anlehnungen an den deutsch-französischen Freundschaftsvertrag[16] enthielten. Er verstehe diesen Hinweis, erwiderte Präsident Gorbatschow.

Der Bundeskanzler schlug vor, daß über diese Papiere auf der Ebene von Beauftragten weiter gesprochen werden solle und zu einem späteren Zeitpunkt die Außenminister die Verhandlungen fortsetzen sollten. Für ihn sei es jedoch wichtig, daß der Inhalt dieser Verhandlungen nicht Gegenstand des Wahlkampfes in Deutschland werde. Dies verstehe er, erwiderte Präsident Gorbatschow.

Er wolle sich jetzt den aktuellen Fragen zuwenden. Sie gingen davon aus, daß sie bei weiterer günstiger Entwicklung der Probleme nicht darauf bestehen würden, daß alle völkerrechtlichen Regelungen getroffen werden müßten, die sie der Bundesregierung übermittelt hätten. Dennoch müßten einige Fragen beantwortet werden. Der Prozeß müsse jedoch zu einem guten Ergebnis geführt werden. Man müsse sehen, was sich weiter herauskristallisiere, wo neue Entscheidungen oder neue Lösungen notwendig seien. Sie gingen erstens davon aus, daß das neue Deutschland in den Grenzen der Bundesrepublik, der DDR und Berlins gebildet werde.

Das sei kein Problem, warf der Bundeskanzler ein. Er erläuterte das Verfahren, das der polnischen Regierung vorgeschlagen worden sei. Dieses Verfahren sei wasserdicht und eindeutig. Der Bundeskanzler fügte hinzu, daß er die polnische Haltung nicht immer verstanden habe. So habe er Ministerpräsident Mazowiecki angeboten, sofort nach der Einigung Deutschlands innerhalb von drei Monaten einen Grenzvertrag zu unterzeichnen.[17] Das sei für ihn kein Problem. Sein Vorschlag sei jedoch darüber hinausgegangen. Sein Ziel sei ein Vertrag mit Polen, der weit in die Zukunft reiche. Die polnische Regierung sei zögerlich. Er könne jedoch schon heute voraussagen, wie die Reaktion Polens sein werde, wenn Deutschland einen Vertrag mit der Sowjetunion schließen werde. Das müsse man berücksichtigen, erwiderte Präsident Gorbatschow. Er fuhr fort, daß zweitens Deutschland auf ABC-Waffen verzichten müsse. Er wisse, daß das auch die Position des Bundeskanzlers sei.

Drittens dürften die militärischen Strukturen der NATO nicht auf das DDR-Territorium ausgedehnt werden. Außerdem müsse eine Übergangsregelung für die Präsenz der sowjeti-

---

14 Nr. 351.
15 In den einschlägigen Akten des Bundeskanzleramtes nachzuweisen: Entwurf eines Vertrages über Zusammenarbeit und gute Nachbarschaft zwischen dem künftigen geeinten Deutschland und der Union der Sozialistischen Sowjetrepubliken – Inhaltsgliederung, 9. Juli 1990, 3 S.; BK, 213 – 30104 S 25 So 17, BK in der UdSSR, 15./16. 7. 1990, Hauptvorgang Bd. 2.
16 Nr. 89 Anm. 9.
17 Nr. 349.

schen Truppen vereinbart werden. Viertens müßten die Vier-Mächte-Rechte abgelöst werden.

Der Bundeskanzler fragte den Präsidenten, ob das heiße, daß Deutschland seine volle Souveränität mit der Einigung erhalten werde. Präsident Gorbatschow bejahte diese Frage: „Selbstverständlich". Das setze jedoch voraus, daß die NATO-Militärstrukturen nicht auf die DDR ausgedehnt würden und eine Übergangsregelung für die Präsenz der sowjetischen Truppen vereinbart werde.

Als wichtigste Frage bezeichnete Präsident Gorbatschow die Mitgliedschaft eines geeinten Deutschlands in der NATO. De jure sei die Frage klar. De facto sehe es so aus, daß nach der Vereinigung Deutschlands der Geltungsbereich der NATO nicht auf das Territorium der DDR ausgedehnt werde.

Die Lage sei die, daß es um die Regelung für eine Übergangszeit gehe. Die Mitgliedschaft in der NATO bleibe bestehen. Solange jedoch sowjetische Truppen in der DDR stationiert seien, könne der Geltungsbereich der NATO nicht auf das DDR-Territorium ausgeweitet werden. Präsident Gorbatschow wiederholte, also Mitgliedschaft in der NATO, aber für eine Übergangsperiode müsse die NATO berücksichtigen, daß ihr Geltungsbereich nicht auf das DDR-Territorium übertragen werde, weil dort sowjetische Truppen stationiert seien. So könne eine Entscheidung getroffen werden, die beide Seiten zufriedenstelle.

Der Bundeskanzler wünsche die sofortige Ablösung der Vier-Mächte-Rechte, aber die Ergebnisse der 2+4-Gespräche müßten ratifiziert werden. Das erfordere Zeit. Das Abschlußdokument, das die Hauptprinzipien enthalten werde, werde die Aufhebung der vierseitigen Verantwortung ohne Übergangszeit zum Ausdruck bringen. Darüber hinaus müsse es einen separaten Vertrag über den Aufenthalt sowjetischer Truppen für die Dauer von 3 bis 4 Jahren auf dem bisherigen DDR-Territorium geben oder eine Bestätigung, daß die DDR-Verpflichtungen weitergelten.

Der Bundeskanzler erklärte, daß die Bundesregierung bereit sei, einen Vertrag zwischen dem geeinten souveränen Deutschland und der Sowjetunion abzuschließen mit der Vereinbarung, daß sowjetische Truppen für die Dauer von 3 bis 4 Jahren auf DDR-Territorium verbleiben können. Dieser Vertrag müsse alle Details enthalten. Präsident Gorbatschow stimmte zu.

Der Bundeskanzler fuhr fort, daß es das Interesse der Bundesregierung sei, die Vier-Mächte-Rechte so früh als möglich zu beenden und die volle Souveränität für Deutschland zu erreichen.

Präsident Gorbatschow erwiderte, daß er das verstehe. Deshalb sollte die Frage des weiteren Verbleibes sowjetischer Truppen aus dem Gesamtkomplex herausgenommen und separat gelöst werden. Damit solle die Herstellung der vollen Souveränität Deutschlands möglich werden, ohne daß die Frage der Truppenpräsenz störend wirke. Sonst würden die sowjetischen Truppen als Besatzungstruppen bleiben.

Der Bundeskanzler bekräftigte, daß das ein wichtiger Punkt für die Bundesregierung und für die beiderseitigen Beziehungen sei. Deutschland als Ganzes müsse Mitglied der NATO bleiben. Das schließe ein, daß keine NATO-Truppen auf das Territorium verschoben werden.

Wenn er den Präsidenten richtig verstanden habe, dann solle der Geltungsbereich der NATO auf das DDR-Territorium erst nach Abzug der sowjetischen Truppen ausgeweitet werden.

Das sei das gemeinsame Interesse, erwiderte Präsident Gorbatschow. Das vereinigte Deutschland werde Mitglied der NATO sein. De facto werde es aber so aussehen, daß das jetzige Territorium der DDR nicht zum Wirkungsbereich der NATO gehöre, solange sowjetische Truppen stationiert seien.

Die Souveränität Deutschlands stelle er nicht in Frage. Deutschland bleibe Mitglied der

NATO. Notwendig sei jedoch eine Vereinbarung über die Präsenz der sowjetischen Truppen. De facto müsse sie so aussehen, daß das DDR-Territorium nicht zum Wirkungsbereich der NATO gehöre, solange sowjetische Truppen dort stationiert seien. De jure werde Deutschland Mitglied der NATO sein. Nach einem Jahr sollten Verhandlungen über den völligen Abzug der sowjetischen Truppen erfolgen. Über die rechtliche Grundlage für die sowjetische Truppenpräsenz sollte ein separater Vertrag vereinbart werden, oder die Verpflichtungen der DDR sollten bekräftigt werden.

Der Bundeskanzler schlug vor, einen solchen separaten Vertrag über die Präsenz sowjetischer Truppen sofort vorzubereiten.

Präsident Gorbatschow faßte seine Position noch einmal wie folgt zusammen: Die vierseitigen Rechte werden aufgehoben. Das vereinigte Deutschland erhält die volle Souveränität. Über die Präsenz sowjetischer Truppen für den Zeitraum von 3 bis 4 Jahren wird ein separater Vertrag geschlossen.

Der Bundeskanzler wies darauf hin, daß der Zeitraum von 3 bis 4 Jahren für die sowjetische Truppenpräsenz für ihn kein Problem darstelle. Es werde vielmehr ein Problem für den Präsidenten sein. Er müsse die Veränderungen in der DDR berücksichtigen und die entsprechenden Reaktionen der sowjetischen Soldaten, die für die sowjetische Führung zu einem Problem werden könnten. Dies müßten sie besprechen, erwiderte Präsident Gorbatschow.

Der Bundeskanzler bekräftigte noch einmal, daß es für ihn leichter sei, Unterstützung zu geben, wenn ein solcher separater Vertrag geschlossen würde, als wenn die Präsenz der sowjetischen Truppen weiterhin auf Besatzungsrecht beruhen würde. Das sei gut, warf Präsident Gorbatschow ein.

Der Bundeskanzler erläuterte seine Vorstellungen über mögliche Hilfestellungen. Er könne sich vorstellen, daß Umschulungsprogramme vereinbart werden könnten, um den Einstieg in zivile Berufe zu erleichtern. Auch Managementtraining könne möglich sein. Und Wohnungen seien erforderlich, warf Präsident Gorbatschow lachend ein.

Es könne sich dabei aber nur um Wohnungen in der Sowjetunion handeln. Er halte eine solche Unterstützung für möglich, wenn es sich um ein Programm für die sowjetische Bevölkerung und nicht ausschließlich für die sowjetische Armee handele. Das sei für ihn ein wichtiges Kriterium, warf der Bundeskanzler ein.

Das verstehe er, erwiderte Präsident Gorbatschow. Die Soldaten würden auf das ganze Land verteilt werden.

Der Bundeskanzler wiederholte, daß es für ihn wichtig sei, daß ein solches Wohnungsprogramm den richtigen Namen habe.

Der Bundeskanzler unterstrich noch einmal, daß der Präsident persönlich für die Sowjetunion das größte Kapital im Westen darstelle. Das sollte er auch seinen Gegnern sagen.

Wichtig sei jetzt auch, daß die Beziehungen beider mit den USA optimal seien. Auch in den USA selbst sei großes Verständnis für die Lage in Europa vorhanden. Im Augenblick sei es sehr populär, in den USA auf eine deutsche Herkunft verweisen zu können. So wie bei Kissinger, warf Präsident Gorbatschow ein.

Der Bundeskanzler fuhr fort, daß auch die Beziehungen der Bundesrepublik zu Frankreich optimal seien. Sicherlich gebe es psychologische Probleme. Bisher habe eine Art Balance zwischen Frankreich und der Bundesrepublik bestanden, auch wenn die Bundesrepublik über keine Nuklearwaffen verfügt habe. Die Entwicklung habe aber dazu geführt, daß heute die Frage gestellt werden müsse: Was seien Nuklearwaffen noch wert? Weder die Sowjetunion noch die NATO hätten Aggressionsabsichten. Die Bedeutung der Wirtschaft sei heute um vieles wichtiger. Sicherlich werde es auch in Zukunft Waffen geben müssen, aber wesentlich weniger als heute.

In Deutschland herrsche heute die Meinung, daß mit der Sowjetunion Frieden geschaffen werden müsse. Dieser dürfe jedoch nicht erzwungen werden. Das Bewußtsein kehre zurück, daß es zwischen den Deutschen und Russen keine natürlichen Gegensätze gebe. Im Gegenteil, fügte Präsident Gorbatschow hinzu.

Es komme ja nicht von ungefähr, daß heute noch in Rußland 2 Millionen Deutsche leben würden, fuhr der Bundeskanzler fort.

Präsident Gorbatschow berichtete, daß er am Rande des Parteitages gelegentlich spazierengegangen sei und dabei dreimal mit Deutschen zusammengetroffen sei. Die Gespräche seien sehr herzlich gewesen. Unter anderem seien sie aus München gewesen. Man habe sich beinahe umarmt.

Der Bundeskanzler unterstrich noch einmal die Notwendigkeit von guten Beziehungen auch zwischen der Sowjetunion und den USA.

Präsident Gorbatschow bekräftigte, daß er die Gespräche mit den USA fortsetzen werde. Anschließend kündigte er an, daß er den Bundeskanzler ins kaukasische Gebirge führen wolle. Dort werde es möglich sein, noch klarere Gedanken zu fassen.

Der Bundeskanzler kam noch einmal auf die Dauer der sowjetischen Truppenpräsenz in der DDR zu sprechen. Die Frist von 4 Jahren sei für ihn kein Problem. Er wolle aber noch einmal deutlich machen, daß er glaube, daß eine solche Dauer vor allem für den Präsidenten Probleme schaffen werde. Je länger sowjetische Truppen stationiert blieben, desto größer würden die Probleme sein.

Präsident Gorbatschow erwiderte, daß sie an dieser Frage gemeinsam arbeiten sollten. Es gehe darum, die rechtlichen Fragen zu klären, die Frage der Lebensbedingungen und den Prozeß der Rückkehr zu regeln. Außerdem müßten sie noch über die zukünftige Begrenzung der Bundeswehr diskutieren, über die Verhandlungen in Wien und über andere Fragen mehr.

(Teltschik)

Nr. 351
Überlegungen zum Inhalt eines
Vertrages
über Partnerschaft und Zusammenarbeit zwischen
der Union der Sozialistischen Sowjetrepubliken und Deutschland
15. Juli 1990

BK, 213 – 30130 S 25 Au 27 Bd. 1. – Hs. vermerkt: „Von Präs. Gorbatschow am 15.7.90 dem BK übergeben" und „H. GL 21 z.w.V. T[eltschik] 17/7".

Die Union der Sozialistischen Sowjetrepubliken und Deutschland
im Bewußtsein ihrer Rolle und Verantwortung bei der Erhaltung des Weltfriedens, des Aufbaus eines neuen, durch gemeinsame Werte vereinten Europas,
in Bekräftigung ihres Bekenntnisses zu den Prinzipien und Zielsetzungen der Charta der Organisation der Vereinten Nationen, den Bestimmungen der Schlußakte von Helsinki vom 1. August 1975, der nachfolgenden Dokumente der Konferenz für Sicherheit und Zusammenarbeit in Europa,
in dem Wunsche, endgültig einen Schlußstrich unter die Vergangenheit zu ziehen, einen gewichtigen Beitrag zur Überwindung der Spaltung und wechselseitigen Entfremdung in Europa und zur Heranbildung neuer Strukturen der Stabilität und Sicherheit zu leisten,
geleitet vom beiderseitigen Bestreben, Frieden, gute Nachbarschaft, gegenseitig vorteilhafte Partnerschaft und konstruktive Zusammenarbeit zum Rückgrat ihrer Beziehungen zu machen,

stützend auf die früher abgeschlossenen Verträge und Abkommen der Union der Sozialistischen Sowjetrepubliken und der Deutschen Demokratischen Republik, der Union der Sozialistischen Sowjetrepubliken und der Bundesrepublik Deutschland,
erfüllt von dem Wunsche, alles Notwendige für die Gestaltung eines qualitativ neuen Verhältnisses zwischen den beiden Staaten auf allen Gebieten im Interesse ihrer Völker, des Friedens und einer gedeihlichen Entwicklung in Europa zu unternehmen,
sind wie folgt übereingekommen.

Artikel 1

Die Union der Sozialistischen Sowjetrepubliken und Deutschland werden ihre Beziehungen nach Prinzipien der gegenseitigen Achtung, der souveränen Gleichheit, der territorialen Integrität, der Nichtanwendung und Nichtandrohung von Gewalt, des beiderseitigen Vorteils, der Achtung von Menschenrechten, der Gutnachbarlichkeit, der Berücksichtigung und Förderung von Interessen voneinander gestalten.
Sie erkennen die gegenwärtigen Grenzen voneinander an, wie diese am Tage der Unterzeichnung dieses Vertrages verlaufen, erklären, daß sie keinerlei Gebietsansprüche haben, verpflichten sich, die territoriale Integrität aller Staaten in Europa uneingeschränkt zu achten.

Artikel 2

Die Union der Sozialistischen Sowjetrepubliken und Deutschland betrachten einander als natürliche Partner bei der Etablierung einer neuen Friedensordnung in Europa, beim Aufbau eines gemeinsamen europäischen Hauses. Ihre Verpflichtungen aus anderen Verträgen stellen dafür kein Hindernis dar.

Artikel 3

Beide Seiten erklären feierlich, daß ihre Streitkräfte niemals und unter keinen Umständen Handlungen unternehmen werden, die eine Gefahr für die Sicherheit der anderen Seite darstellen könnten.
Sie werden Waffen jeglicher Art gegeneinander als erste nicht anwenden und werden mit allen Mitteln dazu beitragen, daß ein solcher Zustand schon bald für den zwischenstaatlichen Verkehr in ganz Europa bestimmend wird.

Artikel 4

Die Union der Sozialistischen Sowjetrepubliken und Deutschland werden gemeinsam und individuell Maßnahmen treffen, die auf eine wesentliche Herabsetzung des Niveaus von Streitkräften und Rüstung in Europa, auf deren Aufbau auf den Prinzipien der defensiven Hinlänglichkeit, auf den Ausbau von vertrauensbildenden Maßnahmen gerichtet sind.

Artikel 5

Die Union der Sozialistischen Sowjetrepubliken und Deutschland erklären, daß ihre Territorien für keinerlei aggressive Handlungen gegeneinander oder gegen irgend jemand in Europa verwendet werden. Sollte eine der beiden Seiten zum Angriffsobjekt werden, so wird die andere Seite dem Angreifer keine militärische Hilfe oder sonstigen Beistand leisten und alle Maßnahmen ergreifen, um den Konflikt unter Anwendung von UNO-Mechanismen und anderen Strukturen kollektiver Sicherheit beizulegen.

Artikel 6

Mit dem Ziel, ein Zusammenwirken auf der internationalen Arena und insbesondere in Europa zu gewährleisten sowie die bilateralen Beziehungen weiterhin zu entwickeln und zu vertiefen, haben sich die Union der Sozialistischen Sowjetrepubliken und Deutschland darüber verständigt, einen ständig funktionierenden Mechanismus sowjetisch-deutscher politischer und anderer Konsultationen zu gründen.
Die obersten Staatslenker beider Länder werden je nach Bedarf, in der Regel aber mindestens zweimal jährlich, zusammentreten.

Die Außenminister der Union der Sozialistischen Sowjetrepubliken und Deutschland treten mindestens viermal jährlich zusammen.

Jährlich werden mindestens zwei Treffen von Verteidigungsministern vorgesehen.

Um die Zusammenarbeit auf unterschiedlichen Richtungen zu koordinieren und eine umfassendere Realisierung der abgeschlossenen Abkommen zu ermöglichen, werden Kommissionen der Regierungsbeauftragten beider Länder gebildet, die ihre Sitzungen je nach Bedarf abwechselnd in den Hauptstädten beider Länder abhalten.

Die Liste der Kommissionen bedarf einer Abstimmung. Sie wird je nach Zustand und Bedürfnissen der Zusammenarbeit einer Überprüfung unterzogen werden.

Artikel 7

Sollten Situationen entstehen, die nach Auffassung beider Seiten Frieden gefährden, Frieden stören oder Spannungen hervorrufen, so werden beide Seiten unverzüglich Kontakt miteinander aufnehmen, um ihre Positionen sowie Maßnahmen abzustimmen, die zur Bewältigung solcher Situationen verhelfen könnten.

Artikel 8

Die Union der Sozialistischen Sowjetrepubliken und Deutschland sind sich darüber einig, ihre bilaterale Zusammenarbeit, insbesondere auf dem wirtschaftlichen, wissenschaftlich-technischen und ökologischen Gebiet, bei der Erforschung und kommerziellen Nutzung des Weltraums, der Ressourcen der Weltmeere, der Entwicklung der Energie einschließlich der Nutzung derer alternativen Quellen sowie bei der Ausbildung von Fachkräften wesentlich auszubauen und zu vertiefen. Einzelheiten werden durch Sondervereinbarungen bestimmt.

Artikel 9

Beide Seiten werden Maßnahmen zur beträchtlichen Erweiterung der Transportverbindungen (Luft-, Eisenbahn-, See- und Autoverkehr) zwischen der Union der Sozialistischen Sowjetrepubliken und Deutschland unter Nutzung modernster Technologien treffen.

Artikel 10

Organisationen und Bürger einer Seite werden auf dem Territorium der anderen Seite sämtliche Privilegien, Erleichterungen und Vergünstigungen genießen, die von der Gesetzgebung dieser Seite für unternehmerische und sonstige wirtschaftliche Tätigkeit, für Erwerb, Besitz und Verfügung über Mobilien und Immobilien den Bürgern beliebiger dritter Seite eingeräumt werden.

Zur Stimulierung wirtschaftlicher, kommerzieller, transportmäßiger und wissenschaftlich-technischer Tätigkeit von Bürgern und Organisationen einer Seite auf dem Territorium der anderen Seite werden möglichst kurzfristig präferenzielle rechtliche, organisatorische und sonstige Voraussetzungen einschließlich der Ausarbeitung staatlicher Zielprogramme und der steuerlichen Förderung der Investitionen geschaffen.

Beide Seiten werden sich bemühen, in der nächsten Zukunft auf der Grundlage der Gegenseitigkeit das Visumverfahren für Reisen der Bürger beider Länder, in erster Linie mit geschäftlichen und kommerziellen Zwecken, aufzuheben.

Artikel 11

Die Union der Sozialistischen Sowjetrepubliken und Deutschland sind sich darüber einig, daß keine der bilateralen und multilateralen Vereinbarungen über Fragen der Wirtschaft, des Handels, des Transportwesens, der Wissenschaft und Technik sowie der Eigentums- und Sozialfragen, die von der Union der Sozialistischen Sowjetrepubliken mit der Deutschen Demokratischen Republik oder mit der Bundesrepublik Deutschland abgeschlossen wurden und die vom Standpunkt ⟨jeweils einer Seite⟩[1] als wichtig anerkannt wird, auf dem einseitigen Wege ausgesetzt oder annulliert wird.

---

1 ⟨ ⟩ Von den Bearbeitern korrigiert aus: „einer der jeweiligen Seite".

Im Laufe von eineinhalb Jahren nach Inkrafttreten dieses Vertrages werden Verhandlungen über Präzisierung, Veränderung oder Aufhebung der Verpflichtungen aus obengenannten Verträgen bzw. deren Ablösung durch neue im gegenseitigen Einvernehmen durchgeführt.

Artikel 12

Beide Seiten werden Maßnahmen zur Einbeziehung eines möglichst breiten Spektrums sowjetischer und deutscher politischer und gesellschaftlicher Kräfte in den gegenseitigen Austausch einleiten. Besondere Aufmerksamkeit wird der Vertiefung der zwischenparlamentarischen Kontakte gewidmet.

Die Regierungen der Union der Sozialistischen Sowjetrepubliken und Deutschlands werden Voraussetzungen für eine Intensivierung der Zusammenarbeit der politischen und gesellschaftlichen Organisationen sowie Massenmedien, Gesundheitsorgane und Institutionen des sozialen Bereiches gewährleisten.

Die Tätigkeit des bilateralen Jugendrates wird staatliche Unterstützung genießen.

Weitere Entwicklung werden regionale Zusammenarbeit, Verbindungen zwischen den Unionsrepubliken der UdSSR und den Ländern Deutschlands sowie zwischen den Partnerstädten erfahren.

Artikel 13

Die Union der Sozialistischen Sowjetrepubliken und Deutschland werden angesichts der jahrhundertelangen Erfahrungen beim Umgang miteinander und der wechselseitigen kulturellen Durchdringung der in diesen Ländern wohnhaften Völker alle Bestrebungen unternehmen, damit ihre Zusammenarbeit auf dem kulturellen Gebiet die ihren Potentialen angemessene Vielfalt und Dimension erlangen ⟨kann⟩[2].

Beide Seiten werden notwendige Vorkehrungen für Pflege der Gegenstände und Denkmäler des russischen und sowjetischen Kultur- und Geschichtserbes in Deutschland und des deutschen Kultur- und Geschichtserbes in der Union der Sozialistischen Sowjetrepubliken treffen.

Staatliche, gesellschaftliche und individuelle Tätigkeit, die auf gegenseitiges Kennenlernen der kulturellen und künstlerischen Leistungen beider Länder, auf Verbreitung russischer und deutscher Sprache, darunter auch mittels Fernsehen, Hörfunk, Audio-, Video- und Computertechnik gerichtet ist, wird gefördert und unterstützt.

Beide Seiten sind sich darüber einig, den Bürgern beider Staaten einen breiten Zugang zum gegenseitigen wirtschaftlichen, kulturellen, Lehr- und sonstigen Austausch zu gewähren.

Artikel 14

Die Regierung Deutschlands gewährleistet die Unantastbarkeit und die Unversehrtheit von Gedenkstätten, anderen Denkmälern, die auf dem deutschen Gebiet zum Andenken an die vom sowjetischen Volke in den Jahren 1941–1945 gebrachten Opfer errichtet sind, sowie von Kriegsgräbern der Bürger der Union der Sozialistischen Sowjetrepubliken und Zugang zu diesen.

Die Regierung der Union der Sozialistischen Sowjetrepubliken gewährleistet ihrerseits Zugang zu den Gräbern deutscher Bürger auf dem Territorium der Union der Sozialistischen Sowjetrepubliken und ihre Pflege.

Artikel 15

Die Regierung Deutschlands wird zu der Sicherstellung einer gerechten Entschädigung für die Bürger der UdSSR beitragen, die während des Zweiten Weltkriegs in Deutschland als Zwangsarbeiter eingesetzt wurden.

---

2 ⟨ ⟩ Von den Bearbeitern korrigiert aus: „könnte".

Artikel 16

Bedingungen für den Aufenthalt sowjetischer Truppen auf dem Territorium Deutschlands bis zu dem Abschluß eines neuen Vertrages werden durch die derzeit geltenden Verträge, Abkommen und andere Dokumente reglementiert, die zwischen der Union der Sozialistischen Sowjetrepubliken und der Deutschen Demokratischen Republik geschlossen wurden.

Artikel 17

Die Union der Sozialistischen Sowjetrepubliken und Deutschland werden einander beim Aufbau und [bei] der Entwicklung der Zusammenarbeit mit denjenigen internationalen und europäischen Organisationen und Vereinigungen Beistand leisten, deren Mitglieder sie sind, falls die andere Seite ihr Interesse für eine Zusammenarbeit mit genannten Organisationen bekundet.

Artikel 18

Dieser Vertrag berührt nicht Rechte und Verpflichtungen aus geltenden multilateralen und bilateralen Verträgen und Vereinbarungen, die von beiden Seiten mit anderen Staaten abgeschlossen sind, und ist nicht gegen Drittländer gerichtet.
Die Union der Sozialistischen Sowjetrepubliken und Deutschland werden jeden beliebigen KSZE-Teilnehmerstaat über den Stand der sowjetisch-deutschen Zusammenarbeit auf Anfrage oder auf regelmäßiger Grundlage unterrichten.
Sie betrachten ihre Zusammenarbeit als einen Bestandteil und dynamisches Element der Weiterentwicklung des KSZE-Prozesses.

Artikel 19

Dieser Vertrag gilt für die Dauer von 20 Jahren. Danach verlängert er sich stillschweigend um jeweils weitere fünf Jahre, sofern keine der Vertragsparteien schriftlich mit einer Frist von einem Jahr vor Ablauf der jeweiligen fünfjährigen Frist ihren Wunsch ankündigt, den Vertrag zu kündigen.

Artikel 20

Dieser Vertrag bedarf der Ratifikation und tritt am Tage des Austausches der Ratifikationsurkunden in Kraft, der in ... stattfinden soll.
Geschehen zu ... am ... in zwei Urschriften, jede in russischer und deutscher Sprache, wobei jeder Wortlaut gleichermaßen verbindlich ist.

Für die Union der Sozialistischen   Für Deutschland
    Sowjetrepubliken

Nr. 352
Delegationsgespräch des Bundeskanzlers Kohl mit Präsident Gorbatschow
Moskau, 15. Juli 1990

BK, 213 – 30104 S 25 So 17, BK in der UdSSR, 15./16.7.1990, Hauptvorgang Bd. 1. – Vermerk des VLR I Kaestner, 16. Juli 1990. VS-NfD. – Mit Vorlage des MD Teltschik über Chef BK i.V. an den Bundeskanzler mit der Bitte um Genehmigung, 19. Juli 1990. Hs. vermerkt: „Vertraulich! Teltschik" und „i.O. K[ohl]". – Gesprächsdauer: 11.35 bis 12.10 Uhr.

Präsident Gorbatschow begrüßt den Bundeskanzler und seine Delegation und unterstreicht, daß das heutige Treffen einen außerordentlichen Charakter habe und einen wichtigen Platz in der Geschichte der Beziehungen einnehme. An die komplexen Fragen, die auf diesem Treffen zu erörtern seien, solle man so herangehen, daß man, ohne das Zurückliegende zu vergessen, an die Zukunft denke. In den Beziehungen sei sowohl das philosophische als auch das praktische Element sehr wichtig. In den Gesprächen mit dem Bundeskanzler und in den

Gesprächen der Außenminister und ihrer Mitarbeiter sei viel getan worden, diese zwei verschiedenen Elemente in Einklang zu bringen und der künftigen Entwicklung der Beziehungen zugrunde zu legen.

Beim ersten Gespräch am heutigen Vormittag[1] habe man sich gleichsam aufgewärmt. Jetzt bestünden sehr gute Aussichten (für eine Einigung), denn in der herrlichen kaukasischen Luft arbeiteten die Gehirne besser.

Besonders herausheben wolle er, daß der Dialog mit dem Bundeskanzler sehr verantwortlich und ernst sei. Das Fazit der Gespräche werde man später ziehen, doch der gute Anfang heute morgen berechtige zu guter Hoffnung.

Der Bundeskanzler – so Präsident Gorbatschow weiter – sei am Tage nach Moskau gekommen, als der XXVIII. Parteitag der KPdSU mit der Wahl der Führungsorgane und der ersten Sitzung von Zentralkomitee und Politbüro zu Ende gegangen sei. Er erinnere in diesem Zusammenhang an das Buch des amerikanischen Schriftstellers John Reed „10 Tage, die die Welt erschütterten"[2]. Jetzt habe hier ein 11tägiges Ereignis stattgefunden, das außerordentlich wichtig, nicht nur für die Sowjetunion, sondern auch für Europa und die Welt gewesen sei.

Den Parteitag zu bewerten – wie es immer wieder von ihm verlangt werde – sei nicht einfach. Man müsse noch viel nachdenken, denn der Parteitag habe seine eigene Logik, seine eigene Dynamik und seine eigene Entwicklung genommen. Hervorheben wolle er aber, daß alle Versuche, von rechts oder links oder aus ultraradikaler Ecke der Partei einen Schlag zu versetzen, abgewehrt worden seien. Die dahinterstehenden Kräfte hätten eine deutliche Niederlage erlitten.

In der nächsten Woche stehe nun eine Sitzung des Präsidialrats und des Föderationsrats bevor, auf der wichtige praktische Fragen, die die Regierung eingebracht habe, zu entscheiden seien, insbesondere hinsichtlich des Übergangs zum Markt. Denn der Ministerpräsident müsse im September dem Obersten Sowjet einen umfangreichen Aktionsplan vorlegen,[3] der die Etappen und Prioritäten beim Übergang zum Markt festlege sowie grundlegende Dokumente ausarbeite. Die nächsten Sommermonate werden also sehr aktiv sein.

Auf dem Präsidial- und Föderationsrat werde auch die zweite große Frage besprochen: Erneuerung des Allunions-Vertrages. Auf dieser Grundlage werde die Sowjetunion als Vielvölkerstaat gestärkt. Die tiefgreifenden Veränderungen stünden bevor.

Präsident Gorbatschow begrüßt dann die sich entwickelnden Kontakte zwischen deutschen Firmen und sowjetischen Unternehmen (Beispiel: Konversion eines Rüstungsbetriebes in Swerdlowsk mit Deutscher Bank zur Förderung von mittleren und kleinen Betrieben auf dem Gebiet der Leicht- und Nahrungsmittelindustrie; Vorschläge MP Späths).

Präsident Gorbatschow spricht schließlich namens der Führung seine Anerkennung über die Verbürgung des 5-Mrd.-DM-Kredits durch die Bundesregierung aus. Dieser „Schachzug" sei zum richtigen Augenblick gekommen. Die Sowjetunion stehe im Augenblick vor großen Aufgaben der Umgestaltung („Manövern"). Man brauche in diesem Zusammenhang eine gewisse Unterstützung, deshalb schätze man den Schritt der Bundesregierung sehr hoch ein.

Der Bundeskanzler dankt für die freundliche Begrüßung sowie für das außerordentlich gute und konstruktive Gespräch. Es lasse bereits jetzt sehr positive Ergebnisse für die 2 Tage seines Besuchs in der Sowjetunion erwarten. Man habe sehr grundsätzlich miteinander gesprochen – das, was der Präsident mit dem Wort von den „philosophischen Grundlagen" ge-

---

1 Nr. 350.
2 John Reed, Zehn Tage, die die Welt erschütterten. Berlin (Ost) 1957; englische Erstausgabe: Ten days that shook the world. New York, März 1919.
3 Nr. 344B Anm. 18.

meint habe. Es sei in der Tat jetzt ein historischer Augenblick in der Weltpolitik; gerade jetzt, am Anfang der 90er Jahre, spüre man, daß die Entwicklung zu Entscheidungen dränge. Diese Entscheidungen könnten lange positiv wirken. Aber man könne die Chancen auch verschlafen oder vertun.

Mit dem Präsidenten sei er einig, daß man jetzt handeln wolle. Er selbst stehe noch sehr unter dem Eindruck von drei wichtigen Begegnungen, dem Europäischen Rat in Dublin,[4] dem NATO-Gipfel in London,[5] dem Wirtschaftsgipfel in Houston[6]. In allen drei Konferenzen seien die Freunde und Partner einer Meinung gewesen, daß es jetzt große Chancen gebe, die man ergreifen müsse. Dabei habe man selbstverständlich mit großem Interesse die Entwicklung in der Sowjetunion, insbesondere auf dem Parteitag, beobachtet. Er wolle in diesem Kreise – wie schon vorher unter vier Augen – dem Präsidenten zu seiner Wiederwahl und zu dem Parteitag gratulieren.[7]

Der Präsident habe erwähnt, daß die sowjetische Regierung jetzt bis zum Herbst viel arbeiten müsse, um das Reformprogramm rechtzeitig fertigzustellen.

Der Bundeskanzler erwähnt sodann den von Präsident Gorbatschow an die Teilnehmer des Wirtschaftsgipfels Houston gerichteten Brief,[8] den die G 7 – aber auch die Europäische Gemeinschaft – bis Ende dieses Jahres beantworten wollten. Wenn er – der Bundeskanzler – einen Rat geben dürfe, so empfehle er, die Termine auf Anfang Dezember – d. h. 4 Wochen nach der amerikanischen Wahl – vorzuziehen.

Präsident Bush habe in Houston wörtlich gesagt: „Wir wollen, daß Michail Gorbatschow Erfolg hat!"[9] Dies sei, wenn man drei bis vier Jahre zurückdenke, ein ungewöhnliches Zitat. Wir als Deutsche würden dabei gern hilfreich sein, und zwar in den nächsten Monaten, und nicht erst bis Dezember warten, und zwar durch Entsendung von Experten und was immer der Präsident für vernünftig halte. Er – der Bundeskanzler – halte nichts von großer öffentlicher Diskussion, sondern man solle es einfach tun.

Für ihn – den Bundeskanzler – spiele dabei noch ein anderer Grund eine wichtige Rolle – für ihn der wichtigste: Ende dieses Jahres werde, nach allem, was man jetzt wisse und noch tun werde, Deutschland wiedervereinigt. Dies sei ein historisches Datum, sowohl für die Deutschen als auch für ihre Nachbarn. Dabei gebe es einen elementaren Unterschied zwischen 1870 und 1990. 1870 sei nach einem Krieg, in scharfer Kontroverse mit den Nachbarn, die Einheit des Reiches in Versailles verkündet worden. 1990 komme die deutsche Einheit in Übereinstimmung mit unseren Nachbarn. Sie habe deshalb eine andere Qualität.

Die Geschichte dürfe man nicht vergessen. Denn wer die Geschichte nicht kenne, könne die Gegenwart nicht begreifen und die Zukunft nicht gestalten. Die meisten an diesem Tisch Anwesenden gehörten ungefähr zu einer Generation – sie hätten den Krieg noch als Kinder oder Jugendliche erlebt, zwar zu jung, um in Schuld zu geraten, aber alt genug, um zu begreifen.

---

4   Ebd., Anm. 19.
5   Nr. 344A Anm. 8.
6   Ebd., Anm. 17.
7   Generalsekretär Gorbatschow wurde am 10. Juli 1990 mit 3 411 gegen 1 116 Stimmen von den Parteitagsdelegierten in seinem Amt bestätigt (Meldung TASS/russ./10.7.90/1845 in: Ostinformationen. Nr. 130. 11. Juli 1990, 9; BPA/PA, F 1/22).
8   Nr. 350 Anm. 10.
9   Regierungssprecher Fitzwater gab in einer Erklärung über das Gespräch des Bundeskanzlers Kohl mit Präsident Bush am 9. Juli 1990 in Houston bekannt, Bush habe nachdrücklich betont, „die Vereinigten Staaten unterstützen Perestroika und Glasnost" (Public Papers of the Presidents of the United States. George Bush. 1990 [in two books]. Book II- July 1 to December 31, 1990. Hg. vom Office of the Federal Register, National Archives and Records Administration. Washington [D.C.] 1991, 978). Bereits zuvor hatte Präsident Bush mehrfach öffentlich erklärt, er wünsche der Politik der Perestroika von Generalsekretär Gorbatschow Erfolg (Pressekonferenzen, 24. Januar, 25. Januar und 3. Mai 1990, ebd. 1990 I, 77–84, hier 78, 81 f.; 96–103, hier 100; 608–617, hier 613).

Aufgabe gerade dieser Generation sei es, bevor sie die Stafette an die nächste Generation weiterreiche, am Ende dieses Jahrhunderts einiges in Ordnung zu bringen.

Deshalb habe er mit dem Präsidenten darüber gesprochen, und es sei gemeinsamer Wunsch, daß das vereinte Deutschland und die Sowjetunion spätestens bis in einem Jahr einen umfassenden Vertrag abschließen, wobei man die alten Verträge ansehen müsse. Was ist überholt und obsolet? Was braucht man jetzt? Was braucht man für die Zukunft?

Dieser Vertrag solle umfassend sein: von der Wirtschaft über die Kultur, Technologie, Begegnung der jungen Generation, Sicherheitsfragen.

Zum letzteren Punkt habe man auch beim NATO-Gipfel in London wichtige Weichenstellungen getroffen: So sollten nun unter dem Dach der KSZE die Länder des Warschauer Paktes und der NATO miteinander eine gemeinsame Erklärung über Gewaltverzicht und Nichtangriff annehmen.[10] Es wäre gut, wenn die Sowjetunion und die Deutschen dabei unter den ersten Unterzeichnern wären.

<u>Präsident Gorbatschow</u> dankt und unterstreicht, die Diskussion über die genannten Themenkomplexe müsse noch vertieft werden. Das gelte insbesondere für die mit der Vereinigung Deutschlands zusammenhängenden Fragen – hierzu habe man das Gespräch bereits aufgenommen, und er sei sicher, daß man mit konstruktivem Herangehen an diese Frage beiden Ländern, aber auch Europa insgesamt einen Dienst leisten werde.

<u>Präsident Gorbatschow</u> lädt sodann zum Mittagessen ein.

Kaestner

Nr. 353
Gespräch des Bundeskanzlers Kohl mit Präsident Gorbatschow im erweiterten Kreis
Archys/Bezirk Stawropol, 16. Juli 1990

BK, 213 – 30104 S 25 So 17, BK in der UdSSR, 15./16.7.1990, Hauptvorgang Bd. 2. – Vermerk des MDg Neuer, 18. Juli 1990. Hs. von Bundeskanzler Kohl vermerkt: „Teltschik erl.“ Hs. vermerkt: „H. Chef BK z.g.K. N[euer] 19.VII.“ – Gesprächsdauer: 10.00 bis 13.45 Uhr.

An dem Gespräch nahmen teil:

<u>Auf deutscher Seite:</u>
Bundeskanzler
BM Genscher
BM Waigel
BM Klein
Botschafter Dr. Blech
MD Teltschik
MD Dr. Kastrup
MD Dr. Haller
MDg Dr. Neuer (als Note taker)
Dolmetscher, Herr Weiß

<u>Auf sowjetischer Seite:</u>
Präsident Gorbatschow
AM Schewardnadse
Stellv. MP Sitarjan
Stellv. AM Kwizinskij
Botschafter Terechow
Sprecher Maslennikow
Dolmetscher, Herr Kurpakow

Der <u>Bundeskanzler</u> eröffnet das Gespräch und knüpft an die Vier-Augen-Gespräche mit Präsident Gorbatschow[1] an. Man solle jetzt schon mit der Vorbereitung der Arbeiten für einen langfristigen Vertrag beginnen. Als Zielvorstellung nennt der Bundeskanzler, daß der

---

10 Nr. 350 Anm. 6.

1 Nr. 350.

Vertrag in einem Jahr fertig sein solle. Er sei von der Regierung des vereinigten Deutschland zu unterzeichnen und von dessen Parlament zu billigen.

Präsident Gorbatschow bemerkt, diese Auffassung des Bundeskanzlers entspreche der Logik, auch in bezug auf die Lehren der Geschichte und die Realitäten. Es sei dies eine offene und ehrliche Position. Er glaube, man werde auch in der DDR Verständnis dafür haben.

Der Bundeskanzler sieht hierin kein Problem. Bisher habe er es aus psychologischen Gründen vermieden, so aufzutreten, als ob wir die Regierung des ganzen Deutschland seien. Er wolle nochmals betonen, daß es sich um einen umfassenden Vertrag handeln solle, der alle Gebiete, auch Wirtschaft, Wissenschaft und Kultur einbeziehen solle. Die bisher bestehenden Verträge sollten überprüft und in den neuen Vertrag, soweit sie für die Zukunft noch bedeutsam seien, übernommen werden.

Präsident Gorbatschow fragt, ob der Bundeskanzler mit diesem Vertrag eine langfristige Perspektive für die deutsch-sowjetischen Beziehungen eröffnen wolle.

Der Bundeskanzler bejaht. Dies sei der Sinn des Vertrags.

Präsident Gorbatschow betont, daß es für das sowjetische Volk sehr wichtig sei, die Beziehungen zu regeln.

Der Bundeskanzler nennt als Ziel eine neue auf Dauer angelegte Qualität der Beziehungen.

Außenminister Schewardnadse wirft ein, der Vertrag könne später unterzeichnet werden, solle jedoch bis zum November 1990 vorbereitet werden. Einige Bestimmungen solle man schon aushandeln, da es sonst schwierig sei, das Vertragswerk rechtzeitig durch den Obersten Sowjet zu verabschieden.

Der Bundeskanzler stellt die Frage, was die sowjetische Seite für den Obersten Sowjet benötige.

AM Schewardnadse hält einen Briefaustausch für erforderlich.

Präsident Gorbatschow fügt hinzu, daß darin eine Absichtserklärung enthalten sein müsse.

Der Bundeskanzler bezeichnet ein solches Vorgehen als unproblematisch. Man könne folgendes vereinbaren: Er schreibe einen Brief an Präsident Gorbatschow, der gemeinsam von der deutschen und der sowjetischen Seite erarbeitet werde und eine Erklärung mit dem beabsichtigten Inhalt des abzuschließenden Vertrags enthalte.

Präsident Gorbatschow wirft ein, in dem Brief solle die Meinung der DDR berücksichtigt sein.

Der Bundeskanzler führt aus, MP de Maizière könnte einen Brief schreiben, in dem er sich seinem eigenen Brief anschließe. Ein Konsens werde zwischen uns und der DDR direkt hergestellt. Gespräche über den Vertrag würden also zwischen uns und der sowjetischen Seite stattfinden. In diesen Gesprächen solle der Entwurf eines Briefes erarbeitet werden, den er selbst an Präsident Gorbatschow schreibe. Dieser Brief werde von der DDR gebilligt.

Präsident Gorbatschow erklärt sich mit diesem Verfahren einverstanden.

Der Bundeskanzler schneidet das Thema der Verhandlungen 2+4 an. Zentrales Ziel sei die volle Souveränität ohne jede Einschränkung für das wiedervereinigte Deutschland. Dazu seien eine Reihe von Themen zu besprechen. Zu nennen sei z.B. das Verhältnis zu Polen, d.h. die Anerkennung der Grenze. Der Bundeskanzler weist auf die klare Entschließung der Volkskammer und des Bundestags hin.[2] Mit der polnischen Seite seien noch Gespräche zu führen. Er werde versuchen, einen umfangreichen Vertrag mit Polen abzuschließen. Polen wolle das auch. Dieser Vertrag könne nach der Vereinigung gleich abgeschlossen werden.

Präsident Gorbatschow stellt die Frage, womit die Aufgabe der 2+4-Gespräche ende.

BM Genscher führt aus, sie werde mit einem abschließenden Dokument beendet. Dieses Dokument solle bis zu der KSZE-Gipfelkonferenz im November in Paris erarbeitet sein und

---

2 Nr. 322 Anm. 3.

danach unterzeichnet werden. Das Ergebnis solle sein, daß ein vereinigtes Deutschland die volle Souveränität erhalte und keine Fragen offenblieben.

Präsident Gorbatschow stellt fest, es werde sich also um ein Dokument mit prinzipiellen Antworten handeln. Das neue Deutschland werde aus der heutigen DDR, der Bundesrepublik und Berlin bestehen und auch einen Verzicht auf ABC-Waffen aussprechen.

BM Genscher bejaht dies und bemerkt, daß die Vereinbarung „abschließende völkerrechtliche Regelung" heiße.

Präsident Gorbatschow fährt fort, daß mit der Herstellung der vollen Souveränität Deutschlands einige Hauptprinzipien festgestellt werden müßten, nämlich auch die Nichtausdehnung der militärischen Strukturen der NATO auf das Gebiet der heutigen DDR. Über den Aufenthalt der sowjetischen Truppen in der DDR solle ein separater Vertrag abgeschlossen werden.

BM Genscher bemerkt, in dem abschließenden Dokument müsse festgestellt werden, daß Deutschland das Recht habe, sich einem Bündnis seiner Wahl anzuschließen. Es sei klar, daß dies die NATO sein werde.

Präsident Gorbatschow wünscht, daß die NATO nicht ausdrücklich erwähnt wird. Wenn Deutschland die volle Souveränität habe, sei dies ohnehin klar.

Der Bundeskanzler schlägt vor, sich den Sachthemen zuzuwenden. Er stellt nochmals fest, das vereinigte Deutschland werde nach Auffassung beider Seiten die volle Souveränität haben.

BM Genscher fügt hinzu, man sei sich auch darüber einig, daß das vereinigte Deutschland das Recht der Zugehörigkeit zu einem Bündnis habe und daß dies die NATO sei, ohne daß dies ausdrücklich erwähnt werden müsse.

Der Bundeskanzler faßt zusammen, die volle Souveränität enthalte das Recht zur Bündniszugehörigkeit, diese Bündniszugehörigkeit sei die NATO. Eine ausdrückliche Erwähnung in dem Dokument sei deshalb nicht erforderlich.

Präsident Gorbatschow stimmt dieser Zusammenfassung zu.

Der Bundeskanzler fährt fort, der Verzicht Deutschlands auf ABC-Waffen stehe fest. Es sei ferner über eine Aufenthaltsregelung für die sowjetischen Truppen in der heutigen DDR gesprochen worden. Diese Regelung solle auch nach unserer Auffassung ein bilateraler Vertrag sein. Dieser Vertrag müsse jetzt ausgearbeitet werden. Er schlage hierzu das gleiche Procedere vor: Die sowjetische und die deutsche Seite verhandeln miteinander; die deutsche Seite stimmt sich intern mit der DDR ab.

Präsident Gorbatschow stimmt zu. Er bezeichnet die Frage der Regelung des Aufenthalts sowjetischer Truppen auf dem Gebiet der DDR als einen der wichtigsten Punkte. Dieser Punkt sei verbunden mit der Festlegung der Nichtausdehnung der NATO-Strukturen auf dieses Gebiet. Die Zusage der Nichtausdehnung der NATO-Strukturen stelle nicht die Souveränität des vereinigten Deutschland in Frage. Es sei dies in der Sphäre der bilateralen Beziehungen zwischen der Sowjetunion und Deutschland. Über den Truppenaufenthalt müsse ein separater Vertrag für eine bestimmte Zeit abgeschlossen werden.

BM Genscher hält fest, daß ein vereinigtes Deutschland voll souverän sei und daß für eine bestimmte Zeit die Stationierung sowjetischer Streitkräfte auf dem Gebiet der heutigen DDR vorgesehen werde. Grundlage und Voraussetzungen dieser Stationierung würden in einem bilateralen Vertrag zwischen dem vereinigten Deutschland und der Sowjetunion geregelt.

Der Bundeskanzler weist darauf hin, daß der Vertrag bis November 1990 ausgearbeitet sein müsse. Er wiederholt seinen Vorschlag, Präsident Gorbatschow in einem Brief den Inhalt des Vertrags mitzuteilen und intern diesen Inhalt vorher mit der DDR abzustimmen. Diese bilaterale Vereinbarung zwischen dem vereinigten Deutschland und der Sowjetunion müsse jetzt schon vorbereitet werden.

<u>Präsident Gorbatschow</u> bezeichnet als nächsten wichtigen Punkt die Zusicherung, daß die Strukturen der NATO nicht auf DDR-Gebiet erstreckt werden, solange dort sowjetische Truppen stationiert seien. Es sei für ihn dann leichter, in der Sowjetunion Verständnis dafür zu finden, daß das vereinigte Deutschland das Recht habe, sein Bündnis zu wählen, und daß dies die NATO sei. Es sei klar, daß das vereinigte Deutschland in der NATO bleibe. Eine Erstreckung des NATO-Gebiets dürfe jedoch so lange nicht stattfinden, wie sowjetische Truppen in der DDR seien. Präsident Gorbatschow fügt hinzu, er brauche Argumente, um der sowjetischen Bevölkerung die Lage zu erklären. Die vorgeschlagene Lösung sei mit der Wiederherstellung der Souveränität des vereinigten Deutschland verbunden. Das neue souveräne Deutschland erkläre, daß es Verständnis für die sowjetischen Sorgen habe und keine Erstreckung der NATO auf das Gebiet der DDR erfolge.

Der <u>Bundeskanzler</u> wirft ein, dies gelte nur, solange die sowjetischen Truppen auf dem Gebiet der heutigen DDR stünden.

<u>Präsident Gorbatschow</u> fährt fort, wenn die sowjetischen Truppen dann abzögen, sei die Situation vielleicht so, daß die Truppenstärken nach Wien II reduziert würden. Die sowjetische Seite werde keine Erklärung des Inhalts abgeben, daß eine Erstreckung des NATO-Gebiets auf das Gebiet der heutigen DDR nach dem Abzug der sowjetischen Truppen erfolge, und Deutschland solle dies auch nicht tun.

<u>BM Genscher</u> fügt hinzu, es müsse nur klar sein, daß das souveräne Deutschland das Recht habe, dies zu tun. Es werde nach der Lage entschieden, wie sie sich darstelle, aber Deutschland werde hierdurch in seiner Entscheidungsfreiheit nicht eingeschränkt.

<u>Präsident Gorbatschow</u> stimmt zu.

<u>BM Genscher</u> fährt fort, die Entscheidung erfolge dann in Ausübung der deutschen Souveränität.

<u>Außenminister Schewardnadse</u> bemerkt, es handele sich um eine sehr ernste Frage. Man dürfe nicht zulassen, daß nach einem Abzug der sowjetischen Truppen die NATO-Strukturen auf das Gebiet der DDR erstreckt und dort Nuklearwaffen stationiert würden.

Der <u>Bundeskanzler</u> faßt als Ergebnis des bisherigen Gesprächs zusammen:

1. Die volle Souveränität wird mit der Vereinigung Deutschlands sofort erreicht.
2. Zwischen dem wiedervereinigten Deutschland und der Sowjetunion wird eine Vereinbarung über den Abzug der sowjetischen Truppen auf dem Gebiet der heutigen DDR getroffen. Die sowjetischen Truppen bleiben für eine bestimmte Frist aufgrund eines bilateralen Vertrags in der heutigen DDR. Dieser bilaterale Vertrag solle jetzt zwischen der Sowjetunion und der Bundesrepublik Deutschland vorbereitet werden. Hierbei werde eine interne Abstimmung unserer Seite mit der DDR erfolgen.
3. Es sei die Entscheidung des souveränen Deutschland, welchem Bündnis es sich anschließe. Wir sagten, wir würden Mitglieder der NATO sein. Jetzt müsse eine Formulierung gefunden werden, die festlege, daß für die Zeit der Anwesenheit sowjetischer Truppen in der DDR die Strukturen der NATO nicht auf dieses Gebiet erstreckt werden. Es sei dann Sache des souveränen Deutschland, wie es sich nach dem Abzug der sowjetischen Truppen weiterhin entscheide. Es sei uns klar, daß dies einige Jahre dauern würde; unser Ziel müsse sein, uns nicht gegenseitig unnötig zu belasten.

<u>Außenminister Schewardnadse</u> kommt nochmals auf die Frage der Erstreckung der NATO-Strukturen zurück. Er bemerkt, die NATO-Strukturen dürften sich nicht auf das Gebiet der heutigen DDR erstrecken. Auch nach dem Abzug der sowjetischen Truppen dürfe dieses Territorium nicht gegen den Willen der SU hierzu benutzt werden. Beim Abschluß eines Vertrages müsse dies berücksichtigt werden.

<u>Präsident Gorbatschow</u> wirft ein, wenn in der bilateralen Vereinbarung gesagt werde, nach dem Abzug der sowjetischen Truppen werde nichts unternommen, was die Sicherheit der Sowjetunion beeinträchtige, so stelle dies keine Einschränkung der Souveränität Deutsch-

lands dar. Es solle nicht niedergeschrieben werden, daß das vereinigte Deutschland Mitglied der NATO werde, aber die sowjetische Seite meine dies. Es solle auch nicht geschrieben werden, daß die DDR nach dem Abzug der sowjetischen Truppen nicht NATO-Gebiet werde, aber die sowjetische Seite habe dieses Verständnis, insbesondere dürften keine Nuklearwaffen stationiert werden. Eine gesamtdeutsche Bundeswehr dürfe auf diesem Gebiet stationiert sein.

<u>BM Genscher</u> macht Gorbatschow darauf aufmerksam, er habe zuvor gesagt, Deutschland werde nach dem Abzug der sowjetischen Truppen in seiner Souveränität entscheiden. Jetzt sage er, er gehe von dem Verständnis aus, daß keine Erstreckung der NATO-Strukturen erfolge. Dies sei eine Änderung der sowjetischen Position.

<u>Präsident Gorbatschow</u> bestreitet dies. Er wiederholt:

1. Keine Erstreckung des NATO-Territoriums auf das Gebiet der heutigen DDR, solange sowjetische Truppen dort anwesend seien. Über den Aufenthalt der Truppen solle ein Vertrag abgeschlossen werden.

2. Er gehe davon aus, daß die NATO-Strukturen sich nicht auf dieses Gebiet erstreckten, ohne daß dies in dem Vertrag gesagt werde.

<u>BM Genscher</u> stellt die Frage, ob in dieser Zeit, d.h. der Zeit der Anwesenheit sowjetischer Truppen, deutsche Streitkräfte in der DDR stationiert sein könnten, die nicht in die NATO-Verbände integriert seien. Ob man sich hierüber einig sei?

<u>Präsident Gorbatschow</u> bejaht diese Frage mit der Begründung, Deutschland habe ja die volle Souveränität.

<u>BM Genscher</u> spricht das Problem der Streitkräfte der Vier Mächte in Berlin an. Diese Streitkräfte seien dort aufgrund von Rechten, die mit der Vereinigung Deutschlands und dessen Souveränität erlöschen würden. Unser Interesse sei es, daß alle Militärkontingente aufgrund neuer vertraglicher Grundlagen in Berlin bleiben, solange die sowjetischen Truppen in der DDR stationiert seien. Diese Kontingente sollten allerdings nicht stärker sein als jetzt.

<u>Kwizinskij</u> betont, daß in Berlin auch sowjetische Truppen anwesend sein sollten und daß die Anwesenheit aller Truppen auf der Grundlage von 1945 erfolge, d.h.[, daß sie] nicht mit Massenvernichtungswaffen ausgerüstet sein sollten.

Der <u>Bundeskanzler</u> stimmt zu.

<u>BM Genscher</u> faßt zusammen: Mit der Wiedervereinigung Deutschlands ist das vereinigte Deutschland voll souverän. Es erfolge keine Ausdehnung der Strukturen der NATO auf das Gebiet der heutigen DDR, solange die sowjetischen Streitkräfte dort weilten. Über die Dauer des Aufenthalts dieser Streitkräfte und andere damit zusammenhängende Fragen werde ein bilateraler Vertrag zwischen dem vereinigten Deutschland und der Sowjetunion abgeschlossen. Außer den sowjetischen Streitkräften auf dem Gebiet der heutigen DDR würden auch deutsche Streitkräfte dort stationiert, jedoch nur solche, die nicht in die NATO integriert seien. Was ganz Berlin angehe, so sollten die dort stationierten Streitkräfte der Vier Mächte nach Herstellung der deutschen Souveränität ebenfalls auf der Grundlage bilateraler Vereinbarungen für die Dauer der Anwesenheit der sowjetischen Streitkräfte auf dem Gebiet der heutigen DDR dort bleiben. Die Truppenstärke in Berlin solle nicht höher sein als jetzt; die bilateralen Vereinbarungen sollten die gleichen Bestimmungen betreffend Ausrüstung und Bewaffnung enthalten. Die Anwesenheit der Streitkräfte der Vier Mächte aufgrund bilateraler Vereinbarungen schließe die Anwesenheit deutscher Truppen, die nicht in die NATO integriert seien, in Berlin nicht aus.

<u>Präsident Gorbatschow</u> erklärt sich mit dieser Zusammenfassung einverstanden. Die sowjetischen Truppen würden nach einem bestimmten Zeitraum abziehen; vorher erlange das vereinigte Deutschland schon die volle Souveränität. Die Zugehörigkeit des vereinigten Deutschlands zur NATO werde nicht ausdrücklich niedergeschrieben. Die Stationierung der Bundeswehr sei wie bisher das souveräne Recht Deutschlands. Sicher müsse aber sein,

daß in diesen Raum nicht die NATO mit nuklearen Waffen oder NATO-Stützpunkten einziehe. Die Sowjetunion wolle nicht nur abziehen, sondern sie wolle auch keine Erstreckung des NATO-Territoriums.

BM Genscher wirft ein, wir hätten immer die Auffassung vertreten, daß keine Zonen unterschiedlicher Sicherheit entstehen dürften. Dies müsse auch für das Gebiet der heutigen DDR gelten.

Präsident Gorbatschow bemerkt, das sei das souveräne Recht Deutschlands. Aber man spreche jetzt davon, daß keine NATO-Strukturen dort hinzukommen.

AM Genscher fährt fort, die Garantie der NATO für Deutschland gelte für das vereinigte Deutschland unabhängig von der Stationierung der NATO-Truppen.

Präsident Gorbatschow stimmt zu. Wenn jedoch fremde Truppen dort erschienen, werde man sagen, man könne kein Vertrauen zu den Deutschen haben.

AM Genscher stellt nochmals klar, daß mit der Wiederherstellung der Souveränität des vereinigten Deutschland die Artikel 5 und 6 des NATO-Vertrags[3] für ganz Deutschland gelten.

Präsident Gorbatschow stimmt zu mit dem Zusatz, daß dies auch gelte, wenn die sowjetischen Truppen noch auf dem Gebiet der heutigen DDR seien. Jedoch dürften bei dem Abzug der sowjetischen Truppen keine in die NATO integrierten Truppen dorthin verlegt werden.

Der Bundeskanzler weist auf die Wichtigkeit dieser Feststellung hin. Mit der Erlangung der vollen Souveränität gelten die Artikel 5 und 6 für ganz Deutschland. Für die Dauer der Präsenz der sowjetischen Truppen in der DDR könnten auch Soldaten der gesamtdeutschen Bundeswehr dort stationiert sein. Es dürfe sich jedoch nicht um in die NATO integrierte Verbände handeln. Gleichzeitig würden Regelungen für Berlin in Form bilateraler Vereinbarungen mit den Vier Mächten getroffen. Bewaffnung und Zahl dieser Verbände wie bisher; auch Bundeswehrverbände könnten in Berlin stationiert werden. Der Bundeskanzler fährt fort, daß in dem Vertrag zwischen der Sowjetunion und Deutschland auch eine Sicherheitsgarantie bzw. ein Nichtangriffspakt enthalten sein solle. Zu diesem Vertrag würde es nicht passen, wenn wir nach einigen Jahren Nuklearwaffen auf das Gebiet der heutigen DDR verlegen würden. Es sei eine Frage der Formulierung.

Präsident Gorbatschow stimmt dem Bundeskanzler zu. Er macht jedoch geltend, daß keine ausländischen Truppen auf dem Gebiet der heutigen DDR nach dem Abzug der sowjetischen Truppen stationiert werden dürften.

Der Bundeskanzler bemerkt, man müsse ehrlich sein, wenn man über Gegensätze rede. Heute könne er keine Lösung anbieten, die man fixieren könne. Er wolle es aber versuchen. Im Augenblick sei er überfragt.

Präsident Gorbatschow wiederholt, daß das vereinigte Deutschland NATO-Mitglied werden könne, daß Artikel 5 und Artikel 6 des NATO-Vertrags vor und nach dem Abzug der sowjetischen Truppen für das ganze Deutschland gelten. Er fragt, ob der Bundeskanzler in seinem Brief eine diesbezügliche Absichtserklärung abgebe. Eine Formulierung könne später gefunden werden.

Der Bundeskanzler bemerkt, er habe seine Meinung zur Sache vorgetragen. Über Formulierungen brauche man sich jetzt nicht zu unterhalten.

BM Genscher fügt hinzu, daß vor dem Abzug der sowjetischen Truppen nur nichtintegrierte Verbände der Bundeswehr auf dem Gebiet der heutigen DDR stationiert sein sollten; danach könnten auch der NATO unterstellte Truppen dorthin verlegt werden.

Präsident Gorbatschow bejaht dies. Es dürften jedoch keine ausländischen Truppen und keine Nuklearwaffen dorthin verlegt werden.

---

3 Nr. 184 Anm. 2.

Der <u>Bundeskanzler</u> weist darauf hin, daß die volle Souveränität Deutschlands bedeute, jede Art deutscher Truppen dürfe nach dem Abzug der sowjetischen Truppen auf dem Gebiet der heutigen DDR stationiert werden mit Ausnahme nuklearer Träger. Es dürften jedoch keine ausländischen Truppen dort stationiert werden.

<u>Präsident Gorbatschow</u> kommt auf das Schlußdokument der 2+4-Verhandlungen zu sprechen. Dort werde die Souveränität Deutschlands festgelegt. Der bilaterale Vertrag könne jedoch nicht publiziert werden, weil ein vereinigtes Deutschland noch nicht vorhanden sei und er deshalb nicht abgeschlossen werden könne. Man solle deshalb daran denken, evtl. im Abschlußdokument eine Zeile anzufügen, daß über den Aufenthalt der sowjetischen Truppen auf dem Gebiet der heutigen DDR ein bilateraler Vertrag abgeschlossen werden solle.

Der <u>Bundeskanzler</u> sieht hierin kein Problem. Man könne dies heute der Öffentlichkeit schon mitteilen. Er stellt die Frage nach den Vorstellungen der sowjetischen Seite bezüglich der Länge des Aufenthalts und der Zahl der sowjetischen Truppen in der DDR.

<u>Präsident Gorbatschow</u> antwortet, die Sowjetunion denke an 195 000 Mann sowjetischer Truppen. Der Abzug solle in 5 bis 7 Jahren erfolgen.

Der <u>Bundeskanzler</u> weist Präsident Gorbatschow darauf hin, daß er am Vortag von 3–4 Jahren gesprochen habe. Er halte diesen Zeitraum auch für realistisch. Das Problem werde nicht bei uns liegen. Die sowjetischen Soldaten erlebten in der DDR eine wirtschaftlich völlig veränderte Umwelt. Er rate dringend aus der sowjetischen Interessenlage heraus zu einer Zeitdauer von nur 3 Jahren. Er werde sich jedoch nicht verkämpfen, ob schließlich 3 oder 4 Jahre das Ergebnis seien. Die deutsche Seite könne bei der Umschulung von Soldaten in Zivilberufe helfen. Dies habe er ja auch mit Präsident Gorbatschow besprochen. Er habe verstanden, daß es bei der Rückführung Probleme bei der Unterbringung gebe. Direkt könnten wir diese Probleme nicht lösen. Es sei Sache der sowjetischen Seite, Wohnungen zu bauen.

<u>Präsident Gorbatschow</u> begrüßt die Ausführungen des Bundeskanzlers und fügt hinzu, er höre dies mit großer Befriedigung. Die sowjetische Armee sei noch nicht einmal um eine halbe Million Mann reduziert worden und schon jetzt gebe es eine verschärfte Lage, die sich noch weiter zuspitzen werde.

Der <u>Bundeskanzler</u> wirft ein, daß im Rahmen der Wirtschaftshilfe auch der Bausektor berücksichtigt werde.

<u>Präsident Gorbatschow</u> weist darauf hin, daß die Wirtschaftslage sich verändern werde. Sitarjan solle mit BM Waigel über diese Fragen sprechen.

Das Gespräch wendet sich wirtschaftlichen Fragen zu (Wiedergabe ist nicht vollständig).

Der <u>Bundeskanzler</u> führt aus, daß diese Fragen auf der Ebene der führenden Beamten besprochen werden sollten; die Minister sollten jedoch eingeschaltet werden.

<u>Präsident Gorbatschow</u> fordert, es müßten Lösungen in bezug auf die Kooperationsverbindungen von Betrieben der DDR mit Betrieben der Sowjetunion gefunden werden. Hieran bestehe ein großes Interesse. Man dürfe auch nicht vergessen, daß sehr viel Erfahrung der DDR-Unternehmen mit dem sowjetischen Markt vorliege. Diesen Umstand sollte man berücksichtigen.

<u>Sitarjan</u> ergänzt, daß man nach Kompensationsformeln suchen müsse. Er weist darauf hin, daß zur Zeit der Unterhalt der sowjetischen Streitkräfte in der DDR den Gegenwert von 6 Millionen Tonnen Erdöl koste. Wenn man keine Änderungen vornehme, koste künftig die Stationierung der sowjetischen Truppen den Gegenwert von 17 Millionen Tonnen Erdöl in DM. Dies sei soviel wie die gesamten derzeitigen Erdöllieferungen der Sowjetunion an die DDR. Er meine, der ganze Komplex müsse nochmals durchdacht werden.

<u>Präsident Gorbatschow</u> bemerkt, er sei für die Aussage des Bundeskanzlers in bezug auf die sowjetischen Truppen in der DDR sehr empfänglich. Hier müsse eine Lösung gefunden werden, damit bei den Soldaten keine Unruhe entstehe. Dies könne Einfluß auf die ganze Armee haben.

Sitarjan fährt fort, daß auch die Frage des Eigentums des sowjetischen Verteidigungsministeriums in der DDR nach dem Abzug der sowjetischen Truppen gelöst werden müsse. Eine weitere Fragengruppe sei bereits erwähnt worden. Die bestehenden Kooperationsvereinbarungen zwischen Betrieben der DDR und sowjetischen Betrieben dürften nicht leiden. Man könne diese Frage vielleicht im Lichte des Vorschlags von Ryschkow[4] lösen. Jedenfalls dürfe die Angelegenheit nicht in die Länge gezogen werden. Eine weitere Gruppe von Fragen könne nach der Vereinigung Deutschlands durch den Abschluß eines umfassenden Zusammenarbeitsvertrags auf dem Gebiet der Wirtschaft, des Handels, der Wissenschaft und Technik gelöst werden.

BM Waigel führt aus, in den letzten Monaten habe man sich sehr engagiert um eine Lösung dieser Fragen bemüht. In dem Staatsvertrag mit der DDR habe man ausdrücklich einen Vertrauensschutz für die RGW-Länder gewährt. Er sehe Schwierigkeiten, aber auch große Chancen für beide Seiten.

Präsident Gorbatschow macht darauf aufmerksam, daß ab 1. Januar 1993 die Abrechnung zwischen den RGW-Ländern in frei konvertierbarer Währung erfolge.

BM Waigel fährt fort, er habe mit Sitarjan auch die Frage besprochen, wie Lieferungen der Sowjetunion verstärkt werden könnten, z.B. durch Erhöhung des Erdgasexports um 3 Mrd. m^3. Damit könnten auch große Umweltprobleme in der DDR gelöst werden. In Houston sei auch eine Zusage für technische Hilfe gegeben worden.[5]

Präsident Gorbatschow bemerkt im Zusammenhang mit dem Ergebnis von Houston, er habe verstanden, daß man den 4. November (US-Wahlen)[6] im Auge behalten müsse. Aber er befürchte, daß das Paket hinterher in Washington vom IWF verschnürt werde. Er hoffe, daß es keine Aufweichung der Haltung des Bundeskanzlers geben werde. In der Sowjetunion werde in allen Bereichen der Übergang zum Markt vorbereitet. Er habe auch das Signal des Bundeskanzlers verstanden, es sei wichtig, bis zum Herbst ein Programm des Übergangs zum Markt vorzulegen.

Der Bundeskanzler bejaht dies.

BM Waigel fährt fort, es sei für alle Bereiche wichtig, daß Garantien von uns nur übernommen werden könnten, wenn das Investitionsschutzabkommen ratifiziert sei.

Präsident Gorbatschow spricht sich für enge Zusammenarbeit aus. Die sowjetische Seite habe keine Angst vor einer Abhängigkeit von Deutschland; Deutschland dürfe umgekehrt auch keine solchen Ängste hegen.

Der Bundeskanzler bezeichnet als Vision des umfassenden Vertrags, eine neue Qualität der Beziehungen einzuleiten. Wir wollten aus dem Teufelskreis der jüngsten Geschichte herauskommen. Die Sowjetunion sei unser wichtigster Partner im Osten. Unser Interesse sei es, daß Gorbatschow Erfolg habe. Das Weitergehen der Sowjetunion auf dem eingeschlagenen Weg sei im sowjetischen, deutschen, europäischen und westlichen Interesse. Entscheidend sei, was in den nächsten Monaten in der SU passiere. Wenn das Reformprogramm klar sei, ändere sich die psychologische Situation. Wenn Gorbatschow um Experten zur Ausarbeitung des Reformprogramms bitte, würden wir sofort reagieren. Die Debatte in Dublin[7] und in Houston habe die Chance eröffnet, etwas Gutes zu Wege zu bringen. Er werde sich voll engagieren. Die Summe, die in Frage stehe, übersteige jedoch die deutsche Kraft. Gestern habe er mit Gorbatschow schon besprochen, daß er mit Delors diese Frage aufnehmen wolle, der sehr engagiert sei und auch eine klare Rückendeckung bei Mitterrand habe sowie die Mehrheit der EG-Staaten hinter sich habe. Es wäre klug, wenn Gorbatschow Andreotti

---

4 Dazu Nr. 360.
5 Nr. 344A Anm. 17.
6 Nr. 350 Anm. 9.
7 Nr. 344B Anm. 19.

als amtierenden Präsidenten der EG ins Gespräch ziehen würde. Andreotti sei sehr für den Gedanken einer Unterstützung der Sowjetunion, und wenn Italien eine führende Rolle spielen könne, sei dies sehr gut. Er sei überzeugt, insbesondere nach dem heutigen Ergebnis, daß auch Präsident Bush dafür sei. Am 3. November werde der Sonder-EG-Gipfel in Rom stattfinden.[8] Bis dahin müßten wir wissen, was wir wollten.

Präsident Gorbatschow faßt zusammen, worüber man sich jetzt einig geworden sei. Man sei einig über die Bedingungen des Aufenthalts der sowjetischen Truppen. Ryschkow werde einen Brief an den Bundeskanzler schreiben betreffend die Unternehmen in der DDR, die mit sowjetischen Unternehmen zusammenarbeiten.[9] Ein weiterer Punkt sei die Behandlung des Eigentums des sowjetischen Verteidigungsministeriums in der DDR nach dem Abzug der sowjetischen Truppen.

BM Genscher macht darauf aufmerksam, daß uns nicht bekannt sei, worin dieses Eigentum bestehe.

Der Bundeskanzler fügt hinzu, daß über diese Frage verhandelt werden müsse.

Präsident Gorbatschow fährt fort, daß eine Konzeption für den Übergang zum Markt von der sowjetischen Seite vorgelegt werde.

Der Bundeskanzler spricht erneut die Frage der Dauer des Aufenthalts der sowjetischen Truppen an. Es müsse nicht heute entschieden werden, ob diese Truppen 3 oder 4 Jahre auf dem Gebiet der heutigen DDR bleiben.

Präsident Gorbatschow stimmt zu. Es müsse nicht gleich entschieden werden.

BM Genscher fragt, ob man sich einig sei, daß der Aufenthalt sich in diesem Zeitrahmen bewege.

Präsident Gorbatschow bemerkt, die sowjetischen Truppen sollten sich 3 bis 4 Jahre auf dem Gebiet der heutigen DDR aufhalten, dann erfolge der Abzug.

Der Bundeskanzler widerspricht. Er habe auch innenpolitische Probleme. Wenn man im Parlament über Hilfe an die Sowjetunion spreche z. B. für den Bau von Wohnungen, müsse er sagen können, daß sich der Aufenthalt der sowjetischen Truppen auf 3 bis 4 Jahre beschränke.

Präsident Gorbatschow ist dafür, diese Aussage zu machen, aber im Gesamtzusammenhang.

BM Genscher unterstreicht, daß es nicht wichtig sei, wann der erste Soldat gehe, sondern wann der letzte Soldat gehe.

Er faßt nochmals zusammen: Man sei einig, daß durch einen großen umfassenden Vertrag die deutsche Vereinigung zu einem Gewinn für beide Seiten werde. Zur Stärke der Bundeswehr nach der Vereinigung wolle er einen Gedanken äußern. Unsere Auffassung sei es, daß in den Wiener Verhandlungen die nationalen Höchststärken für die Luft- und Landstreitkräfte aller Teilnehmerstaaten vereinbart werden sollen. Bis zum Inkrafttreten dieser Vereinbarung solle kein Teilnehmerstaat die Truppenstärke erhöhen. Deutschland sei bereit, eine Erklärung abzugeben, wie stark die deutschen Luft- und Landstreitkräfte sein sollten. Diese Verpflichtung werde völkerrechtlich verbindlich zusammen mit einer Gesamtregelung für alle Teilnehmerstaaten in Wien II. Wir würden jetzt diese Erklärung in der Erwartung abgeben, daß es zu Wien II komme. Wir würden mit der Reduzierung sofort nach Abschluß von Wien I beginnen. Die Reduzierung würde so erfolgen, daß mit dem vollständigen Abzug der sowjetischen Streitkräfte aus der heutigen DDR unser Reduzierungsziel erreicht sei. Unabhängig davon, was sich sonst ergebe.

Der Bundeskanzler weist darauf hin, daß insofern ein Zusammenhang mit der Frist von 3 oder 4 Jahren bestehe.

---

8 Zur Sondertagung des Europäischen Rates trafen die Staats- und Regierungschefs am 27./28. Oktober 1990 in Rom zusammen (Schlußfolgerungen des Vorsitzes mit Anlagen in: Bulletin. Nr. 128. 6. November 1990, 1333–1338).
9 Nr. 360.

<u>Präsident Gorbatschow</u> erkundigt sich nach der Zahl der deutschen Truppen nach der Reduzierung.

Der <u>Bundeskanzler</u> bezieht sich auf seine Äußerung vom Vortag.

<u>Präsident Gorbatschow</u> möchte eine Antwort auf die Frage, ob die Finanzierung des Aufenthalts der sowjetischen Truppen in der heutigen DDR für die folgenden Jahre wie 1990 – zumindest im Prinzip – erfolge. Wenn der erste Bereich betreffend die Streitkräfte und den zeitlichen Rahmen gelöst werde, müsse man auch Klarheit über die Bedingungen finanzieller Art haben.

Der <u>Bundeskanzler</u> wirft ein, wobei von 195 000 Mann ausgegangen werde.

<u>Präsident Gorbatschow</u> bemerkt, man müsse von der Zahl ausgehen, die es gebe.

<u>BM Genscher</u> erläutert, daß in dem verabredeten Brief des Bundeskanzlers Klarheit geschaffen werden solle. Er macht darauf aufmerksam, daß die für das zweite Halbjahr 1990 gefundene Regelung nicht automatisch verlängert werden könne. Die Mittel, die z. B. für die Umschulung usw. bereitgestellt würden, müßten auch berücksichtigt werden. Es dürfe keinen Vertrag geben, in dem wir <u>Stationierungskosten</u> bezahlen. Dies sei nicht eine Frage der Höhe der Kosten. Es gebe aber Streitkräfte anderer Länder in der Bundesrepublik Deutschland, für die die Bundesrepublik keine Stationierungskosten zahle. Man dürfe keine Begehrlichkeiten wecken. Man dürfe den Vertrag über die finanziellen Fragen nicht Vertrag über Stationierungskosten nennen.

<u>Präsident Gorbatschow</u> bezeichnet eine Einigung über die Benennung des Vertrags als nicht schwierig, falls das Verständnis sei, daß die veränderten Bedingungen für den Aufenthalt der sowjetischen Truppen in der heutigen DDR zusätzliche Ausgaben erforderten.

Der <u>Bundeskanzler</u> betont das deutsche Interesse am Abzug der sowjetischen Truppen innerhalb der vereinbarten Frist sowie unser Interesse daran, daß der Abzug der Sowjetunion nicht zu viele Schwierigkeiten bereite. Man müsse Wege finden, um zu helfen, wie z. B. Wohnungsbau, technische Hilfe bei der Umschulung usw. Er wolle keine Diskussion in Deutschland darüber, daß Deutschland souverän sei und noch Stationierungskosten zahle. Er sichert Präsident Gorbatschow zu, eine befriedigende Lösung zu finden und wiederholt, er wolle dessen Schwierigkeiten nicht erhöhen.

<u>Präsident Gorbatschow</u> bezeichnet als sowjetisches Problem, daß man sich heute schon darüber Gedanken machen müsse, wie ab dem 1. Januar 1991 die sowjetischen Truppen in der DDR unterhalten werden. Diese Frage müsse heute gelöst werden, damit alles klar sei. Ein zweites Problem seien die enormen mit dem Rücktransport verbundenen Kosten. Ein dritter Problemkreis betreffe die Unterbringung und Versorgung der zurückgekehrten Truppen im eigenen Land. Man müsse überlegen, wie man das machen wolle. Die deutsche Beteiligung am Unterhalt der Truppen in der DDR müsse <u>heute</u> schon klarwerden.

Der <u>Bundeskanzler</u> wirft das Wort „Überleitungsvertrag" in die Debatte.

<u>BM Genscher</u> formuliert „Überleitungsvertrag betreffend die finanziellen Auswirkungen der Einführung der DM im Gebiet der DDR". Er fährt fort, unser Verständnis sei, daß dadurch diese Kosten gedeckt würden, ohne daß dies ausdrücklich gesagt werde.

<u>BM Waigel</u> bemerkt, hier sollten auch allgemeine außenwirtschaftliche Fragen einbezogen werden, wie die Neubewertung des Transfer-Rubels.

<u>Präsident Gorbatschow</u> wirft ein, alles, was mit der Währungsumstellung zu tun habe, solle geregelt werden.

<u>BM Genscher</u> weist darauf hin, daß der Überleitungsvertrag zeitlich befristet werden müsse.

<u>Präsident Gorbatschow</u> betont, daß die Ausgaben sich parallel zum fortschreitenden Abzug der Truppen reduzieren würden. Dieser Abzug solle innerhalb von 3 bis 4 Jahren erfolgen. Es würden also zwei Verträge geschlossen, nämlich ein Vertrag über den Aufenthalt der sowjetischen Truppen in der jetzigen DDR und ein Überleitungsvertrag. Er stellt die Frage, ob man die Öffentlichkeit hiervon unterrichten solle.

Der <u>Bundeskanzler</u> bejaht diese Frage.

<u>AM Schewardnadse</u> bestätigt nochmals den Abzugstermin der sowjetischen Truppen innerhalb der nächsten 3–4 Jahre. Ihm sei die Obergrenze der gesamtdeutschen Bundeswehr noch nicht ganz klar. Man wisse nicht, wann Wien II beginne. Es gebe keine Verbindung der deutschen Reduzierung mit dem Abzug der sowjetischen Truppen.

Der <u>Bundeskanzler</u> bemerkt, die gesamtdeutsche Bundeswehr könne innerhalb von 3–4 Jahren auf 370 000 Mann reduziert werden.

<u>BM Genscher</u> ergänzt, daß wir bei den Wiener Verhandlungen eine Erklärung abgeben könnten, daß in vier Jahren die Streitkräfte des vereinigten Deutschland auf 370 000 Mann reduziert würden. Die Reduzierung beginne mit dem Inkrafttreten von Wien I. Ferner würden wir in Wien dafür eintreten, daß bei Wien II alle 23 Staaten sich verpflichten, nationale Höchststärken festzulegen und ihre Streitkräfte nicht zu erhöhen. Wir würden dann unsere Reduzierung in Wien II völkerrechtlich verbindlich machen. De facto sei die Reduzierung allerdings bis dahin vielleicht schon vollendet. Er sehe kein Problem darin, wenn im Rahmen der 2+4-Verhandlungen diese Erklärung zur Kenntnis genommen werde.

<u>Präsident Gorbatschow</u> erklärt sein Einverständnis hiermit.

<u>BM Genscher</u> fährt fort, in bezug auf die Grenzfrage werde er sich morgen in Paris[10] so verhalten, wie dies mit AM Schewardnadse besprochen worden sei. Polen stelle drei zusätzliche Forderungen. Es wolle die deutsche Souveränität erst dann, wenn der Grenzvertrag zwischen Deutschland und Polen abgeschlossen sei. Wir seien hiermit nicht einverstanden. Es bestehe kein Bedürfnis für ein solches Vorgehen. Er wolle nochmals auf die Erklärungen des Bundestags und der Volkskammer zum Abschluß eines Grenzvertrags hinweisen. Das Dokument werde auch besagen, woraus das vereinigte Deutschland bestehe. Die polnische Seite fordere ferner, daß wir unser innerstaatliches Recht ändern. Hierzu habe er bei den 2+4-Verhandlungen gesagt, daß die Bestimmungen beseitigt oder verändert würden, die durch die deutsche Vereinigung überflüssig würden. Dazu stünden wir. Es sei aber unser souveränes Recht. Die polnische Seite fordere weiterhin, daß die Grenzen zwischen dem vereinigten Deutschland und Polen grundsätzlicher Bestandteil einer Friedensregelung für Europa würden. Es sei für uns nicht annehmbar, eine besondere Regelung für die deutsch-polnische Grenze zu treffen.

<u>Präsident Gorbatschow</u> unterstreicht, daß es sich für Polen hier um eine Herzensfrage handele.

<u>BM Genscher</u> möchte sicher sein, daß die sowjetische Seite diese Frage ebenso wie wir beurteile.

Der <u>Bundeskanzler</u> wirft ein, mit der Grenze gebe es kein Problem. Wir bekämen jedoch ein erhebliches innenpolitisches Problem, wenn die deutsch-polnische Grenze zu <u>der</u> Grenze in Europa gemacht werde.

<u>BM Genscher</u> fragt, ob man in der Sache einig sei.

<u>AM Schewardnadse</u> bejaht diese Frage.

<u>BM Genscher</u> möchte eine letzte Bemerkung machen. In Wien seien die Land- und Luftstreitkräfte Gegenstand der Verhandlungen. Bei der Zahl von 370 000 Mann, die von uns genannt worden sei, sei auch die Marine einbezogen. Es müsse aber auch klar sein, daß dies kein Präjudiz für den Verhandlungsgegenstand in Wien darstelle.

<u>AM Schewardnadse</u> erklärt sich hiermit einverstanden.

<u>Präsident Gorbatschow</u> fragt, was man vor der Presse erklären wolle. Man müsse vermeiden, den Eindruck zu erwecken, als ob man für die 2+4 entschieden habe. Der Ausgangspunkt müsse sein, daß man die 2+4-Verhandlungen vorbereitet habe.

<u>BM Genscher</u> formuliert, die Verhandlungen hätten der Klärung von Fragen gedient, die wichtig für die 2+4-Verhandlungen im Zusammenhang mit der deutschen Vereinigung seien. <u>Präsident Gorbatschow</u> fährt fort, man müsse die Position darlegen. Die erste Frage an den Bundeskanzler werde sein, ob er dem NATO-Beitritt Gesamtdeutschlands zugestimmt habe. Man werde sagen, Gorbatschow habe dies gegen die Gewährung von Krediten verkauft. Das sei aber nicht richtig. Es sei Realpolitik betrieben worden. Man müsse sagen, Deutschland erhalte die volle Souveränität. Der vereinigte deutsche Souverän müsse über die Bündniszugehörigkeit entscheiden.

Der <u>Bundeskanzler</u> spricht zunächst eine Einladung an Präsident Gorbatschow und Frau Gorbatschowa aus, Deutschland im nächsten Jahr zu besuchen. Er wolle sie gerne in seiner Heimat empfangen. Gegenüber der Presse wolle er erklären, daß die deutsch-sowjetischen Beziehungen für die Zukunft Europas von schicksalhafter Bedeutung seien. Hierüber sei man sich bei den Gesprächen einig gewesen.[11] Er wolle darauf hinwirken, daß alle Politikbereiche in diese Beziehungen einbezogen würden. Man müsse gemeinsam die äußeren Aspekte der deutschen Einheit rechtzeitig vor dem KSZE-Gipfel lösen. Es bestehe Übereinstimmung darüber, daß das vereinigte Deutschland die Bundesrepublik Deutschland, die DDR und Berlin umfasse, die uneingeschränkte Souveränität erhalte, was bedeute, daß die Vier-Mächte-Rechte und -Verantwortlichkeiten abgelöst würden. Das vereinigte Deutschland entscheide selbst entsprechend der KSZE-Schlußakte, welchem Bündnis es angehören wolle. Es sei bekannt, daß wir, die Bundesrepublik Deutschland, die Mitgliedschaft in der NATO wollten. Das vereinigte Deutschland werde mit der Sowjetunion einen bilateralen Vertrag abschließen zur Abwicklung des Abzugs der sowjetischen Truppen aus dem Gebiet der jetzigen DDR innerhalb von 3 bis 4 Jahren sowie einen Überleitungsvertrag über die wirtschaftlich-finanziellen Auswirkungen der Einführung der DM in der DDR ab 1991. Ferner werde er mitteilen, daß er die Vier Mächte zum Abschluß bilateraler Verträge betreffend die Präsenz ihrer Truppen in Berlin einladen werde. Er werde den Verzicht auf ABC-Waffen auch für das vereinigte Deutschland bekräftigen sowie bestätigen, daß auch das vereinigte Deutschland dem Nichtverbreitungsvertrag[12] weiter angehören werde. Deutsche, nicht in die NATO integrierte Streitkräfte könnten in der DDR und Berlin schon vor dem Abzug der sowjetischen Truppen stationiert werden. Die Obergrenze der gesamtdeutschen Streitkräfte würde 370 000 Mann betragen. Er werde im Sinne dieser Vereinbarung auch mit der DDR sprechen. Ferner werde über weitere Möglichkeiten der wirtschaftlichen Zusammenarbeit gesprochen.

<u>Präsident Gorbatschow</u> erklärt sich hiermit einverstanden.

Der <u>Bundeskanzler</u> spricht noch ein weiteres Thema an. Man müsse bald über die Frage der in der Sowjetunion lebenden Deutschen sprechen. In unserem Interesse liege es nicht, daß diese Menschen die Sowjetunion verließen.

<u>Präsident Gorbatschow</u> bemerkt hierzu, die sowjetische Seite müsse nachdenken. Das Gebiet Uljanowsk könne einen Teil dieser Menschen aufnehmen. Probleme gebe es in den Gebieten Saratow und Wolgograd, die früher auch Siedlungsgebiete der Wolgadeutschen gewesen seien.

Der <u>Bundeskanzler</u> bringt seinen Wunsch zum Ausdruck, daß in diese Richtung gearbeitet werde. Er schlägt vor, BM Schäuble nach Moskau zu entsenden, um Informationen zu erhalten.

---

11 Bundeskanzler Kohl gab am 16. Juli 1990 nachmittags auf einer Pressekonferenz in der kaukasischen Stadt Schelesnowodsk die Ergebnisse der Gespräche mit Generalsekretär Gorbatschow in einer acht Punkte umfassenden Erklärung bekannt (Protokoll der Pressekonferenz in: Klein, Es begann im Kaukasus, 305–353, hier 306f.; Erklärung, Meldung AP/16.7.90/1648, in: Ostinformationen. Nr. 134. 17. Juli 1990, 1; BPA/PA, F 1/22).
12 Nr. 166 Anm. 5.

Präsident <u>Gorbatschow</u> hält ein solches Vorgehen für zu demonstrativ. Es würde sicherlich zu Demonstrationen vor der Kreml-Mauer führen. Er schlägt vor, daß der sowjetische Innenminister BM Schäuble einlädt, um über die Bekämpfung des internationalen Verbrechertums zu sprechen. Dann würde diese Einladung kein Problem darstellen. BM Schäuble würde eingeladen werden.

Der <u>Bundeskanzler</u> erklärt sich mit diesem Vorgehen einverstanden.

Neuer

Nr. 354
Drittes Treffen der Außenminister der Zwei plus Vier
unter zeitweiliger Beteiligung Polens
Paris, 17. Juli 1990

BK, 214 – 33000 De 39 NA 4 Bd. 4. – Vorlage des MDg Hartmann über Chef BK an den Bundeskanzler zur Unterrichtung, hs. ergänzt: „je gesondert", 18. Juli 1990. Abgezeichnet: „Seiters".

1. Die Vormittagssitzung (ohne polnische Beteiligung) beschränkte sich im wesentlichen auf einen Meinungsaustausch über den Stand der bisherigen Beratungen. AM Dumas als Vorsitzender würdigte ausdrücklich die Ergebnisse, die im Gipfelgespräch zwischen Ihnen und Präsident Gorbatschow erreicht worden seien,[1] und unterstrich, daß die Erklärung des NATO-Gipfels in London[2] entscheidende sicherheitspolitische Weichen gestellt habe. Beides habe den Weg freigemacht für einen baldigen Abschluß der „2+4"-Gespräche.

AM Schewardnadse schloß sich dieser Einschätzung ausdrücklich an. Die Londoner Erklärung bedeute einen Wendepunkt und die Beendigung des Kalten Krieges. Man gehe jetzt auf eine Art „Allianz" zwischen den Blöcken zu. Die Begegnung zwischen Ihnen und Präsident Gorbatschow habe in einem ganz neuen Rahmen stattgefunden. Die Gespräche im Kaukasus hätten zwar nicht alle deutschen Probleme gelöst, aber die wesentlichen Fragen seien nunmehr geklärt. Es sei ein neues Verständnis entstanden, das es ermögliche, im Rahmen von „2+4" nunmehr ein abschließendes Dokument zu erarbeiten. Ein erster Entwurf sollte bis zum nächsten AM-Treffen am 12. September in Moskau[3] vorliegen.

BM Genscher berichtete kurz über die Gespräche mit der sowjetischen Führung und erwähnte die positive Resonanz, die diese bei den anderen Teilnehmerstaaten gefunden hätten. Auch AM Hurd und AM Baker unterstrichen den Erfolg Ihrer Gespräche in der Sowjetunion. AM Meckel wertete ebenfalls deren Ergebnisse als „entscheidenden Schritt", erklärte aber unter Anspielung auf die entsprechende Passage über den ABC-Waffen-Verzicht, daß nach Auffassung der DDR künftig auf deutschem Boden Nuklearwaffen auch nicht <u>stationiert</u> werden sollten.

Festzuhalten bleibt auch, daß DDR-StS Misselwitz bei einer kurzen Sitzung der politischen Direktoren, in der der vorliegende Fragenkatalog für das Abschlußdokument aufgrund der Gesprächsergebnisse [in] der SU bereinigt werden sollte, rundweg erklärte, die <u>DDR müsse sich ihre Position weiterhin vorbehalten</u>, da sie offiziell von dem Ergebnis nicht unterrichtet sei und im übrigen auch in der Sache noch Vorbehalte habe (!).

---

1 Nr. 350, Nr. 352 und Nr. 353.
2 Nr. 344A Anm. 8.
3 Nr. 421 Anm. 1.

2. Im Mittelpunkt der Nachmittagssitzung unter Beteiligung des polnischen AM Skubiszewski stand die Behandlung der Grenzfragen. Wichtigstes Ergebnis war, daß auch Polen
dem schon früher von den Außenministern der sechs Teilnehmerstaaten gebilligten Text
zustimmte (Anlage 1)[4]. Auf polnischen Wunsch wurden in Absatz 1 der Satz hinzugefügt:
„Die Bestätigung des endgültigen Charakters der Grenzen Deutschlands ist ein <u>wesent-
licher Beitrag zur Friedensordnung in Europa</u>", sowie in Absatz 2 die Worte „die bestehende <u>Westgrenze Polens</u>" durch „<u>die zwischen ihnen bestehende Grenze</u>" ersetzt.
Der polnische Außenminister erklärte sich ferner ausdrücklich mit der Erklärung von BM
Genscher einverstanden, daß der Vertrag über die deutsch-polnische Grenze <u>innerhalb
der kürzestmöglichen Frist nach der Vereinigung und der Wiederherstellung der Souveränität Deutschlands</u> unterzeichnet und dem gesamtdeutschen Parlament zur Ratifizierung
unterbreitet wird.
Damit rückte Skubiszewski zugleich von der von dem polnischen Vertreter auf der Beam-
tensitzung am 4. Juli in Berlin[5] erhobenen Forderung ab, <u>wonach die abschließende Regelung nicht in Kraft treten könne, bevor der deutsch-polnische Grenzvertrag in Kraft getreten sei</u> (auch wenn er dies erneut als „ideale Lösung" bezeichnete).
In seiner langatmigen Einführung forderte der polnische AM zwar erneut, daß noch <u>vor
der Vereinigung über den Text dieses Vertrages weiterverhandelt</u> werde, verzichtete aber
darauf, daß diese Forderung förmlich zu Protokoll genommen wurde.
AM Skubiszewski warf ferner die Frage des Friedensvertragsvorbehalts in Artikel 7 des
Deutschlandvertrages vom 26. Mai 1952[6] auf. Um den polnischen Bedenken Rechnung zu
tragen, vereinbarten die vier Außenminister beim Mittagessen eine <u>Protokollerklärung</u>, in
der die vier Siegermächte erklären, „daß die Grenzen des vereinten Deutschland einen
endgültigen Charakter haben, <u>der weder durch ein äußeres Ereignis noch durch äußere
Umstände in Frage gestellt</u> werden kann". Im Gegenzug verlangte BM Genscher, daß die
polnische Seite zu Protokoll gebe, daß „nach Ansicht der polnischen Regierung diese Erklärung <u>keine Grenzgarantie durch die Vier Mächte</u> darstelle" und gab als weitere Erklärung der Bundesrepublik Deutschland zu Protokoll, „daß die in dieser Erklärung erwähnten Ereignisse oder Umstände nicht eintreten werden, <u>d. h., daß ein Friedensvertrag oder
eine Friedensregelung nicht beabsichtigt sind</u>" (Anlage 2)[7].
Damit haben wir schwarz auf weiß die <u>Zusicherung, daß ein Friedensvertrag nicht mehr
in Aussicht genommen ist</u>.
Insgesamt waren die Ausführungen des polnischen Außenministers vom Bemühen um
eine konziliante Haltung gegenüber Deutschland gekennzeichnet. Er zitierte wiederholt
aus Ihrer Rede im Bundestag[8] und erklärte die Bereitschaft Polens, <u>nach Abschluß eines
Grenzvertrages</u> einen umfassenden <u>Vertrag zur Zusammenarbeit</u> auszuarbeiten, wie es
zwischen Ihnen und MP Mazowiecki in Budapest[9] vereinbart worden sei.

Hartmann

---

4 Nr. 354A.
5 Nr. 339 und Nr. 339A.
6 Nr. 94B Anm. 30.
7 Nr. 354B.
8 Nr. 323 Anm. 3.
9 Nr. 344C Anm. 30.

Nr. 354A
Anlage 1
Pariser Text zu den Grenzfragen

1. Das vereinte Deutschland wird die Gebiete der Bundesrepublik Deutschland, der Deutschen Demokratischen Republik und ganz Berlins umfassen. Seine Außengrenzen werden definitiv die Grenzen der Deutschen Demokratischen Republik und der Bundesrepublik Deutschland am Tage des Inkrafttretens der endgültigen Regelung sein. Die Bestätigung des endgültigen Charakters der Grenzen Deutschlands ist ein wesentlicher Beitrag zur Friedensordnung in Europa.
2. Das vereinte Deutschland und die Republik Polen bestätigen die zwischen ihnen bestehende Grenze in einem völkerrechtlich verbindlichen Vertrag.
3. Das vereinte Deutschland hat keinerlei Gebietsansprüche gegen andere Staaten und wird solche auch nicht in Zukunft erheben.
4. Die Regierungen der Bundesrepublik Deutschland und der Deutschen Demokratischen Republik werden sicherstellen, daß die Verfassung des vereinten Deutschland keinerlei Bestimmungen enthalten wird, die mit diesen Prinzipien unvereinbar sind. Dies gilt dementsprechend für die Bestimmungen, die in der Präambel und in den Artikeln 23 Satz 2 und 146 des Grundgesetzes für die Bundesrepublik Deutschland niedergelegt sind.
5. Die Regierungen der UdSSR, der USA, des Vereinigten Königreiches und Frankreichs nehmen die entsprechenden Verpflichtungen und Erklärungen der Regierungen der Bundesrepublik Deutschland und der Deutschen Demokratischen Republik förmlich entgegen und stellen fest, daß mit deren Verwirklichung der definitive Charakter der Grenzen Deutschlands bestätigt wird.

Nr. 354B
Anlage 2
Protokoll des französischen Vorsitzenden

Zusammenkunft der Außenminister
Frankreichs,
Polens,
Der Union der Sozialistischen Sowjetrepubliken,
Der Vereinigten Staaten von Amerika,
Großbritanniens,
Der Bundesrepublik Deutschland
und der Deutschen Demokratischen Republik
in Paris am 17. Juli 1990

Protokoll[10]

1. Das Prinzip Nr. 1 hinsichtlich der Frage der deutschen Grenzen, auf das sich die sechs Mitgliedstaaten der in Ottawa eingesetzten Gruppe geeinigt haben, wird durch folgenden Satz ergänzt: „Die Bestätigung des endgültigen Charakters der Grenzen wird einen wesentlichen Bestandteil der Friedensordnung in Europa darstellen."

---

10 Hs. ergänzt: „(d. franz. Vorsitzenden)".

2. Der Wortlaut des 2. Prinzips hinsichtlich der Frage der deutschen Grenzen wird wie folgt geändert: Die Worte „die bestehende Westgrenze Polens" werden durch die Worte „die zwischen ihnen bestehende Grenze" ersetzt.

3. Der Außenminister der Bundesrepublik Deutschland, Hans-Dietrich Genscher, erklärt, daß „der Vertrag über die deutsch-polnische Grenze innerhalb der kürzestmöglichen Frist nach der Vereinigung und der Wiederherstellung der Souveränität Deutschlands unterzeichnet und dem gesamtdeutschen Parlament zwecks Ratifizierung unterbreitet werden wird.[11]

Der Außenminister der Deutschen Demokratischen Republik, Markus Meckel, hat darauf hingewiesen, daß sein Land dieser Erklärung zustimmt.

4. Die vier Siegermächte erklären, daß die Grenzen des vereinigten Deutschland einen endgültigen Charakter haben, der weder durch ein äußeres Ereignis noch durch äußere Umstände in Frage gestellt werden kann.

Der Außenminister Polens, Krzysztof Skubiszewski, weist darauf hin, daß nach Ansicht der polnischen Regierung diese Erklärung keine Grenzgarantie durch die vier Mächte darstellt.

Der Außenminister der Bundesrepublik Deutschland, Hans-Dietrich Genscher, weist darauf hin, daß er zur Kenntnis genommen hat, daß diese Erklärung für die polnische Regierung keine Grenzgarantie darstellt. Die BRD stimmt der Erklärung der vier Mächte zu und unterstreicht, daß die in dieser Erklärung erwähnten Ereignisse oder Umstände nicht eintreten werden, d.h., daß ein Friedensvertrag oder eine Friedensregelung nicht beabsichtigt sind. Die DDR stimmt der von der BRD abgegebenen Erklärung zu.

Erklärungen zu Protokoll

BM zu deutsch-polnischem Grenzvertrag:
- „Der deutsch-polnische Grenzvertrag wird innerhalb kürzestmöglicher Zeit nach der Vereinigung und der Herstellung der Souveränität des vereinten Deutschland unterzeichnet und dem gesamtdeutschen Parlament zugeleitet."
- „Innerhalb kürzester Zeit bezieht sich sowohl auf die Unterzeichnung als auch auf die Zuleitung zur Ratifikation."

– BM zu Erklärung der Vier:
„Die Vier Mächte erklären, daß der endgültige Charakter der Grenzen Deutschlands durch keine ⟨äußeren⟩[12] Umstände oder Ereignisse in Frage gestellt werden kann."

– BM:
- Die Bundesregierung nimmt zur Kenntnis, daß die polnische Regierung in der Erklärung der Vier Mächte keine Grenzgarantie sieht.
- Die Bundesregierung schließt sich der Erklärung der Vier Mächte an und stellt dazu fest, daß die in der Erklärung der Vier Mächte erwähnten Ereignisse und Umstände nicht eintreten werden, nämlich daß ein Friedensvertrag oder eine friedensvertragliche Regelung nicht beabsichtigt sind.

11 Abführungszeichen in der Textvorlage nicht vorhanden.
12 ⟨ ⟩ Hs. korrigiert aus: „auswärtigen".

Nr. 355
Telefongespräch des Bundeskanzlers Kohl mit Präsident Bush
17. Juli 1990

BK, 212 – 30132 A 5 Am 31 Bd. 2. – Vermerk des MDg Neuer, 17. Juli 1990. Hs. von Bundeskanzler Kohl vermerkt: „Teltschik". Hs. vermerkt: „Herrn Chef BK z.g.K. u. R[ücksprache] Neuer 17.VII." – Gesprächsdauer: 14.45 bis 15.15 Uhr.

Zu Beginn des Gesprächs gratuliert der <u>Präsident</u> dem Bundeskanzler herzlich zu dem Erfolg seiner Reise in die Sowjetunion.[1]
Der <u>Bundeskanzler</u> bemerkt, er sei gestern abend spät zurückgekommen, wollte den Präsidenten aber heute gleich anrufen, um ihn zu unterrichten.
Der <u>Präsident</u> bemerkt, alles deute darauf hin, daß dies ein historisches Treffen gewesen sei.
Der <u>Bundeskanzler</u> bestätigt, daß es sich um eine historische Stunde gehandelt habe. Er habe Gorbatschow in wirklich guter Verfassung angetroffen. Er habe eine harte Woche auf dem Parteitag[2] hinter sich. Der Erfolg habe ihn offensichtlich sehr beschwingt. Seine Situation sei recht schwierig gewesen. Aber er verfüge jetzt legal über soviel Macht wie keiner vor ihm. Dies sei ihm auf dem Parteitag auch vorgeworfen worden, und man habe wissen wollen, was er damit zu tun gedenke. Gorbatschow sehe die besondere Situation und die Verantwortung. Er sehe auch, daß er schnell handeln müsse. Er habe gesagt, daß er den Pluralismus durchsetzen müsse. Die Gesellschaft müsse verändert werden. Bis Ende des Jahres müßten die notwendigen Gesetzesänderungen für die Wirtschaftsreformen vorgenommen werden. Er habe Gorbatschow erklärt, es werde keine Chance westlicher Hilfe geben, wenn nicht ein vernünftiges Reformprogramm vorliege. Gorbatschow habe hierfür Verständnis geäußert. Er habe Gorbatschow ferner gesagt, Gorbatschow könne nicht erwarten, daß etwas Ähnliches wie die 5-Milliarden-Hilfe sich wiederholen könne. Er glaube, daß auch die Umgebung Gorbatschows dies begriffen habe.
Sein Eindruck sei ferner, im Wirtschaftsbereich seien personelle Veränderungen nicht auszuschließen. Gorbatschow sei sehr unzufrieden. In seinem Beisein habe er zu Ryschkow und anderen gesagt, bis September müsse alles auf gutem Wege sein. Offensichtlich wolle er den Staatsapparat stärker einsetzen und die Partei zurücknehmen. Gegen die Gründung einer Partei durch Jelzin habe er keine Einwendungen. Neben den Sachthemen sei lange über die Geschichte der Sowjetunion gesprochen worden. Es sei interessant zu sehen, mit welcher Energie Gorbatschow die Entstalinisierung betreibe. Er habe früher schon erzählt, sein Großvater sei in der Stalin-Zeit ins Gefängnis geworfen und gefoltert worden. Zum ersten Mal habe jedoch Frau Gorbatschowa erwähnt, daß ihr Großvater unter Stalin liquidiert worden sei. Von seinem Treffen mit George Bush sei Gorbatschow sehr angetan.[3] Er habe in warmen Tönen von Bush gesprochen. Gorbatschow habe guten Kontakt zu Präsident Bush gefunden und wolle diesen auch vertiefen. Der Besuch Gorbatschows vor einem Jahr in Bonn[4] habe eine qualitative Veränderung der Beziehungen zur Sowjetunion gebracht. Er habe Gorbatschow gesagt, welche Probleme die Sowjetunion in bezug auf die USA regeln müsse und habe in diesem Zusammenhang auf Kuba hingewiesen. Wenn Gorbatschow die Beziehungen zu den USA verbessern wolle, müsse er seine Position in bezug auf Kuba verändern. Gorbatschow sei nicht ausgewichen, habe aber nichts hierzu bemerkt. Er habe jedoch verstanden, daß es sich um ein wichtiges Thema auch im Zusammenhang mit einer denkbaren Hilfe der USA handle. Gorbatschow habe das Ergebnis des NATO-Gipfels in

---

1 Nr. 350, Nr. 352 und Nr. 353.
2 Nr. 350 Anm. 4.
3 Nr. 299 Anm. 2 und 4.
4 Nr. 2 – Nr. 4.

London[5] gewürdigt. Sein Interesse sei es, daß auf Wien I Wien II folge. Mittel- und Südosteuropa hätten in den Gesprächen keine große Rolle gespielt. Das Interesse Gorbatschows gelte insbesondere der Sowjetunion. An seinen früheren Mitkämpfern aus der DDR sei er nicht interessiert. Die Entwicklung in Rumänien beurteile er skeptisch. Was Polen anbetreffe, so sei seine Haltung klar. Er wolle nicht, daß Polen Deutschland Schwierigkeiten mache. In Gegenwart des Bundeskanzlers habe er mit Schewardnadse gesprochen. Es habe sich gezeigt, daß seine Position nicht unterschiedlich zu der unserer amerikanischen Freunde sei: Die Grenze zwischen Polen und Deutschland müsse klar sein; weitere Schwierigkeiten sollten nicht verursacht werden.

Zu Deutschland habe er mit Gorbatschow ein intensives Vier-Augen-Gespräch geführt. Nach ca. 3 Stunden sei man ziemlich weit gewesen. Gorbatschow vertrete die Position, mit der Wahl Ende des Jahres solle Deutschland die uneingeschränkte Souveränität erhalten, und zwar eine volle und uneingeschränkte Souveränität. Der Bundeskanzler habe daraufhin die Formel Präsident Bushs von Camp David[6] verwandt, d.h., ein souveränes Land entscheide selbst, welchem Bündnis es angehören wolle. Der Bundeskanzler habe hinzugefügt, daß die Deutschen ohne Einschränkung für die NATO votieren würden. Darin schließe er auch die Geltung der Artikel 5 und 6 des NATO-Vertrags ein. Gorbatschows Haltung in diesen Fragen sei klar (zustimmend) gewesen. Seine Umgebung habe ihn jedoch anders zu bestimmen versucht. Man habe auch eine Diskussion über einen Vertrag zwischen dem vereinigten Deutschland und der Sowjetunion über den Truppenabzug geführt. Der Vorschlag sei akzeptiert worden, den Abzug der sowjetischen Truppen in einem Zeitraum von 3–4 Jahren vorzusehen, obwohl die Mitarbeiter Gorbatschows andere Zeitvorstellungen genannt hätten. Wie zuvor schon besprochen, sei auch vereinbart worden, daß für die Dauer der Anwesenheit der sowjetischen Truppen auf dem Gebiet der heutigen DDR keine NATO-Truppen dort stationiert werden sollten; nichtintegrierte deutsche Truppen könnten jedoch dort stationiert werden. Nach dem Abzug der sowjetischen Truppen in 3–4 Jahren könnten auf dem Gebiet der heutigen DDR auch deutsche NATO-Verbände stationiert werden; allerdings keine ausländischen NATO-Verbände. Er habe Gorbatschow ferner gesagt, daß er seinen amerikanischen, britischen und französischen Freunden den Vorschlag machen werde, aufgrund neuer Verträge, die zwischen dem wiedervereinigten Deutschland und diesen Partnern abgeschlossen würden, den Vier-Mächte-Status von Berlin abzulösen und die Stationierung von amerikanischen, britischen und französischen Truppen für diesen Zeitraum (bis zum Abzug der sowjetischen Truppen) vorzusehen. Aus psychologischen Gründen halte er dies für wichtig, sowohl was die Deutschen als auch was die NATO betreffe. Von diesem Gedanken habe er die Alliierten vorher nicht unterrichten können. Man habe auch über die Obergrenze der gesamtdeutschen Bundeswehr gesprochen. Die Zahlen, die der sowjetischen Seite vorgeschwebt hätten, seien nicht akzeptabel gewesen, weil aufgrund unserer Tradition nur eine Wehrpflichtarmee und keine Berufsarmee in Frage komme. Bei einer Wehrpflicht von 12 Monaten würden wir auf eine Zahl von 370000 Mann kommen. Was den wirtschaftlichen Teil angehe, solle es jetzt Verhandlungen über die Probleme, die aus den Verträgen zwischen der DDR und der Sowjetunion entstehen, geführt werden. Summen seien in diesem Zusammenhang nicht genannt worden, und es seien auch keine dementsprechenden Absprachen getroffen worden. Auf der Grundlage unserer festen Einbindung in den Westen, unserer Zugehörigkeit zur NATO und zur Europäischen Gemeinschaft und unseres festen Willens, Deutschland nicht zu neutralisieren, wollten wir vernünftige Beziehungen zur Sowjetunion entwickeln. Es werde ein Vertrag über die Gesamtbeziehungen, der alle Felder der Politik umfasse, angestrebt. Diesen Vertrag werde allerdings erst

---

5   Nr. 344A Anm. 8.
6   Nr. 299 Anm. 5.

das wiedervereinigte Deutschland abschließen. Es habe auch ein langes Gespräch über die Beziehungen zwischen Deutschland und den USA gegeben. Er habe gesagt, aus unserer Sicht seien diese Beziehungen essentiell. Ein Versuch, sie zu unterlaufen, würde automatisch die Beziehungen zwischen Deutschland und der Sowjetunion aushöhlen. Gorbatschow habe dazu geäußert, er habe dazugelernt. Es sei falsch zu versuchen, die USA aus Europa herauszumanövrieren, zumal ein solcher Versuch ohnehin keinen Erfolg hätte. Das Thema sei mehrmals behandelt worden; deshalb glaube er, daß es Gorbatschow mit dieser Äußerung ernst sei. Vor allem auch deswegen, weil Gorbatschow hoffe, gute wirtschaftliche Beziehungen zu den USA entwickeln zu können. Es sei ihm auch klar, daß gute Beziehungen zwischen Deutschland und der Sowjetunion besser gedeihen, wenn die Beziehungen zwischen Deutschland und den USA nicht tangiert würden. Mit einer gewissen Selbstironie habe er geäußert, daß er alle Brücken hinter sich abgebrochen habe. In der Tat gebe es für Gorbatschow keinen Weg zurück. Bemerkenswert sei die Reaktion der Bevölkerung in Stawropol gewesen. Sicherlich handele es sich um den Besuch seiner Heimatprovinz; dennoch habe man gespürt, daß keine bestellten Jubler ihn willkommen hießen. Auch bei den einfachen Leuten sei in bezug auf ihn, den Bundeskanzler, zu spüren gewesen, daß die Menschen die Öffnung wollten. Er sei in einer Region gewesen, in der Kämpfe mit den Deutschen stattgefunden hätten. Er habe mit Veteranen gesprochen. Aber die Stimmung der Menschen sei die gewesen, die Vergangenheit ruhenzulassen. Als letzten Punkt wolle er noch sagen, daß wir ohne unsere Freunde diesen Tag nicht erlebt hätten. Vor allem wolle er hier die USA nennen und gerade in den letzten Monaten insbesondere Präsident Bush. Er habe gerade zu einem guten Freund gesagt, die ersten sowjetischen Soldaten hätten die deutsche Reichsgrenze im November 1944 überschritten. Jetzt würden Ende 1994, nach 50 Jahren, einem halben Jahrhundert, die letzten sowjetischen Soldaten Deutschland verlassen. Präsident Bush werde sicherlich Verständnis für die Gefühle der Deutschen haben.

Präsident Bush bedankt sich für den ausführlichen Bericht und bezeichnet diese Vorgänge als sehr bewegend. Er werde sich, was der Kanzler gesagt habe, nochmals gründlich überlegen und sich evtl. mit Rückfragen an ihn wenden. Die einzige Frage, die ihn im Augenblick beunruhige, sei, daß es keine Parallelität zwischen dem Abzug der sowjetischen Truppen in 3–4 Jahren und einem Rückzug amerikanischer Truppen geben dürfe. Es mache ihm Sorge, daß die Sowjetunion diesen Zeitrahmen von 4 Jahren evtl. benutzen werde, um die öffentliche Meinung gegen uns aufzubauen (die amerikanische Truppenpräsenz). Dies wäre schlecht für die NATO.

Der Bundeskanzler bemerkt, das Thema habe in seinen Gesprächen mit Gorbatschow überhaupt keine Rolle gespielt. Er habe von sich aus erklärt, die amerikanischen Truppen seien aufgrund unseres Wunsches hier und es stehe fest, daß sie auch hier bleiben würden. Gorbatschow habe keinesfalls ein Junktim hergestellt.

Präsident Bush bedankt sich nochmals bei dem Bundeskanzler, gratuliert ihm zu der hervorragenden Führungsrolle, dem ausgezeichneten Ergebnis, das ihnen allen weiteren Auftrieb gebe, und gibt seinem Stolz auf die Leistung des Bundeskanzlers Ausdruck. Die Geschehnisse der letzten Tage habe er mit großer Aufmerksamkeit verfolgt. Präsident Bush bemerkt noch abschließend, er werde gleich mit Gorbatschow über die Ergebnisse des Wirtschaftsgipfels von Houston[7] reden.[8] Er nehme an, der Bundeskanzler habe dieses Thema schon angeschnitten. Er werde sich auf eine eher formelle Unterrichtung über die Ergebnisse in seiner Eigenschaft als Vorsitzender beschränken.

---

7 Nr. 344A Anm. 17.
8 Präsident Bush bestätigte später, ein 30–40minütiges Telefongespräch mit Präsident Gorbatschow geführt zu haben (dazu Pressegespräch, 17. Juli 1990, 11.35 Uhr Ortszeit Washington D.C.: Public Papers of the Presidents of the United States. Bush. 1990 II, 1014–1021, hier 1014).

Der Bundeskanzler bittet Präsident Bush, Gorbatschow, der ihn gestern von diesem Telefongespräch unterrichtet habe, seine Grüße zu bestellen.

Präsident Bush sagt dies zu und verabschiedet sich mit nochmaligem Dank für den ausführlichen Bericht.

Neuer

Nr. 356
Schreiben des Bundeskanzlers Kohl an Staatspräsident Mitterrand
Bonn, 17. Juli 1990

BK, 213 – 30104 S 25 So 17, BK in der UdSSR, 15./16.7.1990, Hauptvorgang Bd. 1. – Datum der Ausfertigung hs. ergänzt. – Gleichlautendes Schreiben an Premierministerin Thatcher und geringfügig abweichendes Schreiben an Ministerpräsident Andreotti, beide 17. Juli 1990.

Lieber François,

mit diesem Schreiben möchte ich Sie persönlich über meine Gespräche mit Präsident Michael Gorbatschow in Moskau und im Kaukasus[1] unterrichten: Ihr Ergebnis bedeutet den Durchbruch zur deutschen Einheit im festen Bündnis mit den freiheitlichen Demokratien Westeuropas und Nordamerikas und in zunehmender politischer und wirtschaftlicher Integration Europas.

I.

Ich habe Präsident Gorbatschow trotz des hinter ihm liegenden anstrengenden Parteitags[2] in guter Verfassung, in bester Stimmung und mit gewohnter Energie angetroffen. Gegenüber seinen Kollegen in der Führung und erst recht gegenüber den hohen Funktionären des sowjetischen Außenministeriums wirkt er eher mit noch gesteigerter Autorität. Beeindruckend war insbesondere seine Entschlossenheit, Entscheidungen sofort zu treffen und durch detaillierte Vorgaben ihre Verwirklichung sicherzustellen.

Ich habe meine Gespräche mit Präsident Gorbatschow auf einer gemeinsamen philosophischen Grundlage geführt: Als Angehörige derselben Generation, die den Krieg und seine Folgen noch bewußt miterlebt hat, haben wir uns der Herausforderung gestellt, jetzt die große, vielleicht einmalige Chance zu ergreifen, daran mitzuwirken, die Teilung Europas endgültig zu überwinden und die Zukunft unseres Kontinents auf Dauer friedlich, sicher und frei zu gestalten.

II.

Ich freue mich, daß es gelungen ist, die sicherheitspolitische Lage des geeinten Deutschland entsprechend den von uns seit langem gemeinsam erhobenen Forderungen festzuschreiben. Damit sind die 2+4-Gespräche wesentlich erleichtert worden, und ihr erfolgreicher Abschluß vor dem KSZE-Gipfel im November in Paris ist nunmehr ein Fixpunkt der europäischen Politik der nächsten Monate.

Die sicherheitspolitischen Ergebnisse der Gespräche habe ich öffentlich[3] – in Gegenwart und mit ausdrücklicher Billigung Präsident Gorbatschows – in folgenden Punkten zusammengefaßt:

1. Die Einigung Deutschlands umfaßt die Bundesrepublik Deutschland, die DDR und ganz Berlin.

---

1 Nr. 350, Nr. 352 und Nr. 353.
2 Nr. 350 Anm. 4.
3 Nr. 353 Anm. 11.

2. Mit der Herstellung der Einheit Deutschlands werden die Vier-Mächte-Rechte und -Verantwortlichkeiten in bezug auf Deutschland als Ganzes und Berlin beendet. Das vereinte Deutschland erhält zum Zeitpunkt seiner Vereinigung seine volle und uneingeschränkte Souveränität.

3. Das geeinte Deutschland kann – entsprechend der KSZE-Schlußakte – in Ausübung seiner Souveränität frei und selbst entscheiden, ob und welchem Bündnis es angehören will. Ich habe die Auffassung der Bundesregierung unterstrichen, daß das geeinte Deutschland Mitglied des Atlantischen Bündnisses sein möchte und daß ich davon ausgehe, daß dies auch dem Wunsch der DDR entspreche.

4. Das geeinte Deutschland wird mit der Sowjetunion einen zweiseitigen Vertrag zur Abwicklung des Truppenabzugs aus dem heutigen Gebiet der DDR abschließen, der, wie die sowjetische Führung erklärt hat, innerhalb von 3–4 Jahren beendet sein soll. Für diesen Zeitraum soll ferner ein Überleitungsvertrag über die Auswirkungen der Einführung der Deutschen Mark abgeschlossen werden.

5. Während der Dauer der Anwesenheit sowjetischer Truppen auf dem Territorium der heutigen DDR werden keine Strukturen der NATO auf dieses Gebiet ausgedehnt. Gleichwohl finden Artikel 5 und 6 des NATO-Vertrags sofort mit der Vereinigung auf das gesamte Gebiet des vereinten Deutschland Anwendung.

6. Nichtintegrierte Verbände der Bundeswehr, d. h. unsere Einheiten der territorialen Verteidigung, können ab sofort nach der Vereinigung Deutschlands auf dem Gebiet der heutigen DDR und in Berlin stationiert werden.

7. Für die Dauer der Anwesenheit sowjetischer Truppen auf dem Gebiet der heutigen DDR sollen nach unserer Vorstellung die Truppen der drei Westmächte in Berlin bleiben.
Ich möchte Sie, lieber François, bereits heute ausdrücklich darum ersuchen, und ich bin sicher, daß die Regierung des geeinten Deutschlands diesen Wunsch bekräftigen wird. Mit dem vereinten Deutschland müßte dann als Rechtsgrundlage für die Anwesenheit der alliierten Streitkräfte in Berlin ein Vertrag geschlossen werden. Dabei würden wir davon ausgehen, daß Zahl und Ausrüstung dieser Truppen nicht stärker sein werden als heute.

8. Nach Abzug der sowjetischen Truppen aus dem Gebiet der heutigen DDR und Ost-Berlins können in diesem Teil Deutschlands auch der NATO assignierte deutsche Einheiten stationiert werden, allerdings ohne für Atomwaffen verwendbares Abschußgerät. Ausländische Truppen und Atomwaffen sollen dorthin nicht verlegt werden.

9. Die Bundesregierung erklärt sich bereit, noch in den laufenden Wiener Verhandlungen eine Verpflichtungserklärung abzugeben, die Streitkräfte eines geeinten Deutschlands innerhalb von 3–4 Jahren auf eine Personalstärke von 370 000 Mann zu vermindern, und zwar beginnend mit Inkrafttreten des 1. Wiener Abkommens.

10. Das geeinte Deutschland wird auf Herstellung, Besitz und Verfügung von nuklearen, bakteriologischen und chemischen Waffen verzichten und Mitglied des Nichtverbreitungsvertrages[4] bleiben.

III.

Ein weiterer Schwerpunkt meiner Gespräche mit Präsident Gorbatschow, aber auch von Bundesfinanzminister Waigel mit seinen sowjetischen Partnern, war eine zukunftsgewandte und umfassende wirtschaftlich-finanzielle Zusammenarbeit. Aufgrund unserer Beratungen in Dublin,[5] London[6] und Houston[7] habe ich der sowjetischen Führung und Präsident Gor-

---

4 Nr. 166 Anm. 5.
5 Nr. 344B Anm. 19.
6 Nr. 344A Anm. 8.
7 Ebd., Anm. 17.

batschow persönlich verdeutlicht, daß der Westen auf den Erfolg der Perestroika setzt und ihn nach besten Kräften fördern will.

Ich habe gleichzeitig unterstrichen, daß nunmehr die Hauptarbeit in der Sowjetunion selbst zu leisten ist. Präsident Gorbatschow ist fest entschlossen und fühlt sich auch durch die Beschlüsse des Parteitags darin bestärkt, die sowjetische Volkswirtschaft in kürzester Frist in marktwirtschaftlicher Richtung umzugestalten und grundlegend zu erneuern. Die Regierung unter Ministerpräsident Ryschkow wird den Sommer über an einem Programm arbeiten, das dem Obersten Sowjet im September vorgelegt und alsbald in Kraft gesetzt werden soll. Dies – auch hierin waren Präsident Gorbatschow und ich uns einig – ist Voraussetzung für wirksame westliche Abstützung.

Diese westliche Abstützung sollte dann aber nicht lange auf sich warten lassen! Das meiner Delegation vermittelte realistische Bild der sowjetischen Wirtschaftslage im allgemeinen und der außenwirtschaftlichen Verpflichtungen im besonderen läßt eine rasche und substantielle Unterstützung seitens des Westens unausweichlich erscheinen.

Ich messe deshalb der in dieser Woche beginnenden Reise von Präsident Delors, zu dem wir ihm in Dublin das Mandat erteilt haben,[8] besondere Bedeutung zu. Ich würde es sehr begrüßen, wenn dem EG-Sonderrat in Rom Anfang November[9] bereits entscheidungsfähige Vorschläge unterbreitet würden.

IV.

Mit Präsident Gorbatschow habe ich schließlich über die Perspektiven der Beziehungen des geeinten Deutschlands zur Sowjetunion ausführlich gesprochen. Wir haben uns vorgenommen, daß bald nach der deutschen Vereinigung ein umfassender Vertrag ausgehandelt wird, der die Kooperation auf allen Gebieten stärkt und der Begegnung der Völker, insbesondere der Jugend, unter dem Vorzeichen der Versöhnung den Weg ebnet.

Dieser Vertrag wird geschlossen werden auf der festen Grundlage und dem beiderseitigen klaren Verständnis, das sowohl mit der deutsch-sowjetischen Zusammenarbeit als auch mit der festen Verankerung des geeinten Deutschlands im Westen ein unerläßlicher Beitrag zur Stabilität in der Mitte Europas und darüber hinaus geleistet wird.

V.

⟨Mit großer Dankbarkeit stelle ich fest, daß zu diesem Erfolg die feste Haltung und ständige Unterstützung durch unsere Freunde beigetragen haben, die besondere Verantwortung für Deutschland als Ganzes und Berlin tragen und dieser Verantwortung in den 2+4-Gesprächen in hervorragender Weise gerecht werden.⟩[10] Zu großem Dank verpflichtet sind wir allen unseren Verbündeten, die mit der zukunftsweisenden Londoner Erklärung[11] den Grundstein für die Einbettung des vereinten Deutschlands ins westliche Bündnis gelegt haben, sowie allen Partnern im KSZE-Prozeß, die auf dem bevorstehenden Pariser Gipfeltreffen den Bau der gerechten und dauerhaften europäischen Friedensordnung vorantreiben werden.

Diesen Dank möchte ich Ihnen, lieber François, auch ganz persönlich aussprechen.

Mit herzlichen Grüßen
Ihr
Helmut Kohl

---

8 Auf der Grundlage des in Dublin erteilten Mandats (Nr. 344B Anm. 19) führte Kommissionspräsident Delors vom 18.–20 Juli 1990 in Moskau Gespräche mit Präsident Gorbatschow, Ministerpräsident Ryschkow und weiteren Regierungsvertretern der UdSSR.
9 Nr. 353 Anm. 8.
10 ⟨ ⟩ In dem mit Ausnahme der persönlichen Anreden ansonsten wortgleichen Schreiben an Ministerpräsident Andreotti (BK, 213 – 30104 S 25 So 17, BK in der UdSSR, 15./16.7.1990, Hauptvorgang Bd. 1) lautet der Satz abweichend: „Mit großer Dankbarkeit stelle ich fest, daß zu diesem Erfolg die feste Haltung und ständige Unterstützung durch unsere Freunde wesentlich beigetragen haben."
11 Nr. 344A Anm. 8.

Nr. 357
Schreiben der Premierministerin Thatcher an Bundeskanzler Kohl
London, 17. Juli 1990

BK, 213 – 30104 S 25 So 17, BK in der UdSSR, 15./16.7.1990, Hauptvorgang Bd. 1.

Dear Helmut,

I send you my warmest congratulations on the success of your visit to the Soviet Union. Securing President Gorbachev's agreement to a united Germany in NATO is a mighty step forward in the interests of Europe and the West as a whole. We must hope the other external aspects of unification can now be dealt with rapidly in the Two plus Four Group so that the whole process can be brought to a successful conclusion by the end of the year.
I hope you will now be able to enjoy a well-earned rest and holiday.

Warm regards
yours ever
Margaret

Nr. 358
Schreiben des Ministerpräsidenten Streibl an Bundeskanzler Kohl
München, 17. Juli 1990

BK, 421 – 60000 Wi 3 Bd. 3. – Az. B III 5. Hs. von Bundeskanzler Kohl vermerkt: „R[udolf] Seiters direkt erl."

Sehr geehrter Herr Bundeskanzler!

Ich teile die Auffassung der Bundesregierung, daß der Einigungsvertrag mit der DDR sich auf die in diesem Zusammenhang notwendigen Änderungen des Grundgesetzes konzentrieren sollte. Das sind vor allem Änderungen im organisationsrechtlichen Teil. Für ganz wesentlich halte ich jedoch dabei, daß in das Ratifizierungsgesetz eine Neuverteilung der Stimmen im Bundesrat aufgenommen wird (Art. 51 Abs. 2 GG).
Derzeit entfallen auf die Länder der Bundesrepublik Deutschland (ohne West-Berlin) 41 Stimmen. Mit den 5 neu zu bildenden Ländern auf dem Gebiet der DDR kämen nach der derzeit geltenden Regelung 20 Stimmen hinzu. Das würde bedeuten: Die Länder der Bundesrepublik Deutschland hätten bei einer ca. vierfachen Bevölkerungszahl nur wenig mehr als die doppelte Stimmenzahl. Weiter würde sich das Stimmengewicht der großen Länder wesentlich verschlechtern. Hier ist jedoch bereits der mit der bisherigen Stimmenverteilung gefundene Kompromiß zwischen der für den Föderalismus wichtigen Eigenstaatlichkeit jedes Landes einerseits und dem Gewicht seiner Bevölkerungszahl andererseits sehr zu Gunsten der kleinen Länder ausgefallen. Dennoch ist das derzeitige System ausgewogen, weil es durch eine Begrenzung der Stimmenzahl nach oben eine Dominanz der großen Flächenstaaten verhindert, ihnen aber eine Sperrminorität gegen Verfassungsänderungen sichert. Ohne Änderung der Kriterien, die für die bisherige Stimmenverteilung maßgeblich sind, würde bei Hinzutreten der neugebildeten Länder der DDR diese Ausgewogenheit gestört.
Deshalb unterbreitete Bayern in einer von der Ministerpräsidentenkonferenz eingesetzten Länderarbeitsgruppe den beiliegenden Vorschlag zur Neuverteilung der Stimmen.[1] Der Vorschlag fand als Prüfungsempfehlung Eingang in die „Eckpunkte einer bundesstaatlichen Ordnung im vereinten Deutschland"[2], die am 04. Juli 1990 von Vertretern der Arbeits-

1 Nr. 358A.
2 Nr. 342A.

gruppe Herrn Bundesinnenminister Dr. Schäuble übergeben wurden. Herr Dr. Schäuble gab dabei zu erkennen, daß er den Vorschlag für eine Neuverteilung der Stimmen im Bundesrat in den Entwurf für das Ratifizierungsgesetz aufnehmen wird, wenn dafür im Bundesrat eine 2/3-Mehrheit zu erwarten ist. Davon gehe ich bei der Ausgewogenheit des Vorschlags aus. Deshalb wollte ich Sie, sehr geehrter Herr Bundeskanzler, über dieses wesentliche Anliegen der Länder frühzeitig unterrichten und zugleich dringend bitten, daß die Bundesregierung ihm Rechnung trägt. Ich habe mir erlaubt, Herrn Kollegen Rau als Vorsitzenden der Ministerpräsidentenkonferenz einen Abdruck dieses Schreibens zu übermitteln.

Mit freundlichen Grüßen
Ihr

Max Streibl

Nr. 358A
Vorschlag zur Neuverteilung der Stimmen

Modell

Einwohner	Stimmen	Anzahl der Länder	Stimmen insgesamt
bis 2 Mio.	3	3 (HH, HB, Saarland)	9
2 bis 3 Mio.	4	5 (Schleswig-H., Mecklenburg, Sachsen-Anhalt, Thüringen, Brandenb.)	20
3 bis 5 Mio.	5	3 (Berlin, Sachsen, Rheinland-Pfalz)	15
5 bis 7 Mio.	6	1 (Hessen)	6
über 7 Mio.	7	4 (NRW, Bayern, BW, Niedersachsen)	28
		Gesamtstimmenzahl	78

Bevölkerungs- und Stimmenzahl der Länder Gesamtdeutschlands

Land	Einwohnerzahl (BRD 30. 6. 87 DDR Stand 89 Bez.)	Stimmen gelt. Recht	Stimmen Modell A
Nordrhein-Westfalen	16,7 Mio.	5	7
Bayern	10,9 Mio.	5	7
Baden-Württemberg	9,3 Mio.	5	7
Niedersachsen	7,2 Mio.	5	7
Hessen	5,5 Mio.	4	6
Sachsen (Leipzig, Dresden, Chemnitz)	4,9 Mio.	4	5
Rheinland-Pfalz	3,6 Mio.	4	5
Berlin Ost und West	3,1 Mio.	4	5
Sachsen-Anhalt (Magdeburg, Halle)	2,99 Mio.	4	4
Brandenburg (Frankfurt/Oder, Potsdam, Cottbus, ohne Berlin)	2,7 Mio.	4	4
Schleswig-Holstein	2,6 Mio.	4	4
Thüringen (Erfurt, Suhl, Gera)	2,5 Mio.	4	4
Mecklenburg (Neubrandenburg, Rostock, Schwerin)	2,1 Mio.	4	4
Hamburg	1,6 Mio.	3	3
Saarland	1,1 Mio.	3	3
Bremen	0,7 Mio.	3	3
insgesamt		65	78

Nr. 359
Sitzung von Vertretern des Bundes,
der Deutschen Demokratischen Republik und der Länder
Bonn, 18. Juli 1990

BK, 132 – 35400 De 12 NA 6. – Protokoll, 19. Juli 1990. – Mit Rundschreiben des Bundesministers des Innern (im Auftrag MD Schiffer) an die Teilnehmer der Sitzung, 23. Juli 1990, Gesch.-Z. V I 1 – 110 013/17: „Vereinbarungsgemäß übermittle ich die Niederschrift über die gemeinsame Besprechung ‚Verfassungsfragen des Einigungsvertrags‘ vom 18. Juli 1990 im Bundesministerium des Innern." – Sitzungsbeginn: 10.00 Uhr.

Thema:	Verfassungsfragen des Einigungsvertrages
Teilnehmer:	Anlage 1[1]
Leitung:	MD Schiffer
Protokoll:	RD Dr. Roewer

Schiffer eröffnet die Sitzung und teilt mit, daß eine Aufzeichnung über das Gespräch durch den BMI angefertigt werde.
Hiergegen erhebt sich kein Widerspruch.

1. Änderungen des Grundgesetzes

   a) Präambel zum Grundgesetz

   aa) Vorschlag Nordrhein-Westfalen (Anlage 3)[2]
   Engel übergibt und erläutert einen Alternativentwurf zum Vorschlag des Bundes zur Präambel der Verfassung (Anlage 2)[3].
   Schiffer hält [es] für nachteilig, daß dem Entwurf ein Zusatz „als gleichberechtigtes Glied" wie im geltenden Recht fehle. Hierdurch könnten im Ausland Assoziationen einer Furcht vor einem „Großdeutschland" geweckt werden.
   Engel stimmt dem zu.
   Schiffer wendet sich gegen die Hereinnahme von Staatszielbestimmungen in die Präambel, wie „in Verantwortung gegenüber den Menschen in den weniger entwickelten Gebieten der Erde, in der Verpflichtung, die natürlichen Lebensgrundlagen zu schützen und für die künftigen Generationen zu bewahren". Die selektive Auswahl werde im Ausland mehr Wünsche enttäuschen als erfüllen.
   Mittendorfer verweist darauf, daß in der geltenden Präambel im Text „vor den Menschen" all dies in umfassender Weise geregelt sei.
   Stallbaum weist darauf hin, daß die Fassung von Nordrhein-Westfalen Anlaß zu Definitionsproblemen sein könnte, was „entwickelte Gebiete" seien und was nicht.
   Magen hält dafür, daß die Präambel einer Verfassung nur allgemeine fundamentale Zielbestimmungen enthalten sollte.
   Gallitz wirft die Frage der Prüfung von Staatszielbestimmungen im Rahmen des Eini-

---

1 Nicht abgedruckt. Als Teilnehmer aufgeführt: seitens der Bundesregierung: Vortragender Legationsrat Geyer, Regierungsdirektor Lehnguth, Oberregierungsrätin Wilhelm (Bundeskanzleramt), Ministerialrat Bopp, Regierungsdirektor Müller-Machens, Regierungsrat Erdwiens (Bundesministerium der Finanzen), Ministerialdirektor Schiffer, die Ministerialdirigenten Duisberg, Erb, Hausmann und Kitschenberg, die Ministerialräte Krafft, Limbach, Schnapauff, Thiemann und Westkamp, die Regierungsdirektoren Kind und Roewer, Regierungsrat Boehl (Bundesministerium des Innern), Ministerialdirektor Bülow, Regierungsdirektor Weis (Bundesministerium der Justiz); seitens der Länder: Leitender Ministerialrat Freiherr von Rotberg (Baden-Württemberg), Ministerialrat Mittendorfer (Bayerische Staatskanzlei), Senatsdirigent Magen (Senatsverwaltung für Inneres, Berlin), Senatsdirektor Schmid, Leitender Regierungsdirektor Stallbaum (Senatskanzlei und Justizbehörde, Hamburg), Ministerialdirektor Engel, Leitender Ministerialrat Dästner (Innenministerium und Staatskanzlei, Nordrhein-Westfalen); seitens der DDR: die Gruppenleiter Bauer (Amt des Ministerpräsidenten) und Gallitz (Ministerrat).
2 Nr. 359B.
3 Nr. 359A.

gungsvertrages allgemein auf. Er bejaht ihre Notwendigkeit als Auftrag für die Zukunft, nicht aber für den jetzt vorzunehmenden Einigungszeitpunkt.

Engel regt an, den eigenen Vorschlag im ersten Absatz hinter Frieden „und der sozialen Gerechtigkeit" zu erweitern.

Gallitz hält dies für eine Verbesserung.

Bülow fragt, ob durch den dritten Absatz das Staatsziel Umweltschutz als erledigt anzusehen sei.

Engel verneint dies.

Stallbaum stellt fest, daß die Schlußformulierung „hat sich das deutsche Volk für dieses Grundgesetz entschieden" nicht den Realitäten entspreche; er regt nach dem Einigungsprozeß eine Neufassung des Grundgesetzes an.

Bülow fragt, was der Begriff ökologische Grundordnung zu bedeuten habe.

Engel teilt mit, daß er hierin die aus Art. 1 und 2 Grundgesetz fließende Tradition verstehe.

bb) Vorschlag Bund (Anlage 2)

Von Rotberg teilt mit, daß er es nicht für notwendig hält, die geschichtliche Entwicklung der Einigung Deutschlands in der Präambel nachzuzeichnen.

Schiffer widerspricht dem mit Hinweis auf deren elementare Bedeutung.

Gallitz gesteht zu, daß das Geschichtsbewußtsein entwickelt werden müsse, hält allerdings die Präambel des Grundgesetzes nicht für den geeigneten Ort. Er regt an, den Istzustand nach der Einigung zu beschreiben, indem die 16 Länder alphabetisch aufgezählt werden. Für ihn hat Vorrang, den Gedanken der Einheit in der Präambel zu betonen.

Magen gibt zu bedenken, daß die friedliche Revolution in der DDR ein wichtiger Einschnitt in der historischen Entwicklung, gerade auch des Einigungsvorganges darstelle.

Schiffer hält zwei Alternativen für denkbar, deren erste, wie der Textvorschlag bisher, die historische Entwicklung schildere, während die zweite den Text ohne Unterscheidung der alten und der jungen Bundesländer formuliere, dann aber einen Hinweis auf die friedliche Revolution enthalten müsse.

Magen weist darauf hin, daß dann die Gefahr einer geschichtlichen Verfälschung für politisch Unbedarfte dabei herauskommen könne.

Mittendorfer gibt zu bedenken, daß eine schlichte Aufzählung aller 16 Länder den Blick für die Realitäten verstelle.

Schmid regt an, die Aufzählung und die historische Entwicklung miteinander zu verbinden.

Bülow hält einen verfassungsgeschichtlichen Exkurs für verfassungsrechtlich nicht zwingend.

Dästner stellt einen Vergleich mit Art. 146 GG an und stellt fest, daß der BMI-Text in seinem letzten Satz über die Realitäten hinausgehe.

Magen gibt zu bedenken, daß im BMI-Vorschlag zweimal die Formulierung „in Teilen Berlins" vorkommen müsse.

Schiffer stimmt dem zu.

Engel weist darauf hin, daß auch der gültigen Verfassung die Legitimation durch das plebiszitäre Element fehle.

Stallbaum weist demgegenüber auf die Zustimmung der Landtage zum Grundgesetz hin.

Gallitz betont noch einmal, daß es ihm hinsichtlich der Länderaufzählung auf den notwendigen Einheitsgedanken ankomme.

b) Staatssymbole
Schiffer nennt die regelungsbedürftigen Staatssymbole: Staatsname, Flagge, Hymne, Staatsfeiertag, Wappen, Orden, Hauptstadt. Die hiermit in Zusammenhang stehenden Fragen seien politisch zu entscheiden. Verfassungsrechtsfragen ergäben sich nicht. Hiergegen erhebt sich kein Widerspruch.

c) Schutz von Reservatsbestimmungen zugunsten der DDR
Schiffer erläutert die Frage des Schutzes von Reservatsbestimmungen zugunsten der DDR. Er stellt fest, daß eine BMI-Aufzeichnung hierzu angefertigt [worden] sei, die aber noch mit den Bundesressorts abgestimmt werden müsse. Sie komme zu dem bereits in der letzten Sitzung ohne Widerspruch unterstellten Ergebnis, daß ein solcher Schutz inhaltlich und verfahrensrechtlich über den Zeitpunkt der Einigung hinaus möglich ist. Er kündigt an, daß der Text unmittelbar nach der Abstimmung an die anderen Beteiligten übersandt werde.

d) Neugliederung des Bundesgebietes (Anlage 4)[4]
Schiffer erläutert den BMI-Text und stellt zunächst fest, daß in Absatz 7 die Zahl 10 000 durch 50 000 zu ersetzen sei. Zielvorstellung sei es, den jetzt geltenden Text des Art. 29 zu ersetzen, da dieser in der Praxis nicht handhabbar sei. Der BMI-Vorschlag teile sich in zwei zeitliche Phasen: In den ersten fünf Jahren könnten nur die Länder tätig werden, und zwar durch Vereinbarung und anschließende Volksabstimmung, in der zweiten Phase könne dann der Bund tätig werden; an die Bundesregelung schließe sich ebenfalls eine Volksabstimmung an.
Weis teilt mit, daß der BMI-Vorschlag vom BMJ nicht mitgetragen werde.
Schiffer stellt auf Rückfrage von Magen klar, daß die vorgesehene Volksbefragung entscheidungserheblich sei, nicht lediglich konsultativ.
Thiemann stellt auf Rückfrage klar, daß der Begriff Volksbefragung durch den einheitlichen Begriff Volksentscheid ersetzt werden könne.
Magen legt einen Beschluß des Berliner Abgeordnetenhauses vor (Anlage 5)[5], der eine mögliche Vereinigung der Länder Brandenburg und Berlin unter Abweichung der Vorschrift des Art. 29 GG zum Inhalt hat. Er teilt mit, daß die hierin enthaltene Regelung das Minimum der von Art. 29 des jetzt geltenden Rechts abweichenden Bestimmungen für den Zeitpunkt der Vereinigung darstellen müsse.
Thiemann stimmt dem zu und teilt mit, daß dies auch Auffassung der übrigen Länder sei. Er bemängelt, daß dem Berliner Text ein Schlußsatz fehle, der die „Regelung im übrigen" dem Gesetzgeber zuweise.
Schmid wendet sich wieder dem BMI-Vorschlag zu und teilt mit, daß Abs. 3 letzter Satz sowie Abs. 4 und 5 für die Länder keine akzeptablen Lösungen enthielten. Abs. 6 und Abs. 7 seien hingegen akzeptabel.
Er gibt zu erwägen, daß wenn es nicht zur Neufassung des Art. 29 komme, die Aufzählung der Bundesländer, wie sie nunmehr im BMI-Vorschlag enthalten sei, an anderer Stelle des Grundgesetzes zu erfolgen habe.
Stallbaum regt an, in Abs. 2 die Formulierung „um zu gewährleisten" in „um wirksamer zu gewährleisten" umzuformulieren.
Schiffer hält dies für akzeptabel: Auch hält er auf der Länderstufe den letzten Satz von Abs. 3 für entbehrlich. Er fragt [nach] einem Erfordernis einer Zustimmung der Bundesregierung für Regelungen der Länder.

4 Nr. 359C.
5 Nr. 359D.

<u>Bopp</u> hält ein Zustimmungserfordernis durch die Bundesregierung bei Regelungen der Länder zur Neugliederung für zwingend erforderlich.

<u>Von Rotberg</u> gibt zu bedenken, daß durch Streichung des jetzt geltenden Abs. 1 Satz 2 eine Schutznorm zugunsten der jetzt bestehenden Länder entfalle. Er spricht sich gegen die in Abs. 3 enthaltene Frist von 5 Jahren aus und regt an, die Länder bis zum Ablauf der gesamten Frist zu ermächtigen, selbst zu Regelungen zu kommen.

<u>Dästner</u> bezweifelt, daß das Thema überhaupt mit dem Einigungsvertrag zu tun habe.

<u>Schiffer</u> widerspricht dem unter Hinweis darauf, daß mit der Einigung die endgültige Gestalt des Staates gefunden werden solle; der BMI-Vorschlag sei daher einigungsrelevant.

<u>Dästner</u> weist darauf hin, daß die Länder diese Frage in ihren „Eckpunkten"[6] nicht aufgeführt hätten. Er hält eine weitere Detaildiskussion des BMI-Vorschlags nicht für sinnvoll. Die Thematik gehöre in eine Gesamtrevision der föderalen Strukturen, wohin z. B. auch die Änderung des Art. 51 gehöre.

<u>Schiffer</u> faßt in seiner Auffassung zum BMI-Vorschlag noch einmal dahingehend zusammen, daß der Bund nicht auf eine Möglichkeit der Bundeskorrektur, wie in Abs. 4 vorgesehen, verzichten könne; eine Ausdehnung der Länderstufe bis zum Endzeitpunkt, also dem 31. 12. 1990, sei vorstellbar; den vom BMF genannten Zustimmungsvorbehalt müsse er akzeptieren. Er sagte zu, die so entstandene redigierte Fassung mit dem Protokoll zu übersenden (Anlage 6)[7].

<u>Gallitz</u> bemerkt, daß für die DDR insofern kein Handlungsbedarf gesehen werde; der Vorschlag des BMI werde dem Minister für Regionales zunächst zur Prüfung übermittelt.

<u>Mittendorfer</u> bittet, zusätzlich zu überlegen, ob die gesetzliche Regelung in Abs. 4–6 nicht der Zustimmung des Bundesrates zu unterwerfen sei.

<u>Stallbaum</u> trägt vor, daß das Weglassen der Zielvorstellungen der Neugliederung aus dem jetzt geltenden Abs. 1 Satz 2 für den hamburgischen Senator für Justiz nicht akzeptabel sei.

e) Eckwerte der Länder

<u>Schmid</u> überreicht die Formulierung der Eckwerte der Länder (Anlage 7)[8]. Er weist darauf hin, daß Formulierungen für die Zahlen der Stimmverteilung im Bundesrat nach Art. 51 noch fehlen.[9]

<u>Schiffer</u> weist darauf hin, daß der Bund, wie in der vorigen Sitzung bereits ausgeführt, diesen Forderungen jedenfalls im Rahmen des Einigungsvertrages nicht zustimmen könne.

Eine Aussprache hierzu findet im übrigen nicht statt.

f) Artikel 23

<u>Schiffer</u> erläutert, daß Art. 23 drei Elemente enthalte, nämlich die Aufzählung der Länder, die Möglichkeit künftiger Beitritte, Ermächtigung zum Inkraftsetzen von Bundesrecht. Die beiden letzten Elemente könnten nach seiner Auffassung entfallen.

<u>Engel</u> stimmt der Streichung der beiden letzten Elemente zu. Allerdings solle die Aufzählung der Länder erhalten bleiben.

<u>Bülow</u> betont, daß wenn die Länderaufzählung in der Präambel oder an anderer Stelle erfolge, Art. 23 insgesamt überflüssig werde.

Hiergegen erhebt sich kein Widerspruch.

---

6 Nr. 342A.
7 Nr. 359E.
8 Nr. 359G.
9 Dazu Nr. 358A.

g) Zusätzlicher Artikel (Anlage 8)[10]
Schiffer stellt den Inhalt des Entwurfs vor.
Dästner stimmt im Prinzip zu, hält aber die Formulierung „im beigetretenen Teil Deutschlands" so nicht für handhabbar, da die Formulierung dann auch auf das Saarland Anwendung finde.
Gallitz fragt, ob die Formulierung eine differenzierende Regelung für § 218 StGB zulasse.
Schiffer bejaht dies.
Engel gibt zu bedenken, daß Art. 79 Abs. 3 GG in gegenteiliger Weise interpretiert werden könne, gibt aber zu erkennen, daß dies nicht seine Auffassung sei. Im übrigen begrüßt er die Auslegung durch Schiffer.
Stallbaum merkt an, daß die Formulierung „unterschiedliche Verhältnisse" das §-218-StGB-Problem möglicherweise nicht hinreichend abdecke.
Bülow hält [es] für möglich, dem Vertrag eine entsprechende erklärende Notiz beizugeben.
Schiffer stellt klar, daß nicht die gesamte Überleitungsgesetzgebung an Reservatrechten teilnehmen könne, vielmehr müßten Reservatrechte gegenüber der „normalen" Überleitungsgesetzgebung deutlich abgegrenzt sein.
Weis unterstützt dies. Das bedeute, daß jeweils im Einigungsvertrag sichergestellt werden müsse, was als Reservate gesichert werden solle. Er gibt zu bedenken, daß wer die Einheit wolle, sich grundsätzlich auch einem künftigen gesamtdeutschen Bundesgesetzgeber stellen müsse.
Gallitz betont, daß der Beitritt zur Rechtseinheit führen solle und müsse. Hier gehe es vor allem um die juristische Absicherung der Verträge vom „Kaliber" des Staatsvertrages, des Einigungsvertrages und der Verträge aus den Zwei-plus-Vier-Verhandlungen.

h) Vorschlag NW zur Ergänzung von Art. 26 (Anlage 8)[11]
Schiffer sagt Prüfung durch den Bund zu.

i) Bundesverfassungsgerichtsbarkeit
Bülow trägt vor, daß nach Auffassung des Bundesverfassungsgerichts nach der Einheit in erheblichem Maße mit Verfassungsbeschwerden zu rechnen sei, so daß das bereits jetzt überbeanspruchte Gericht die Prozeßlawine nicht sachgerecht werde bewältigen können.[12] Man überlege daher, für das Gebiet der DDR Vorschaltinstanzen einzurichten, die sich nach Ausschöpfung des auch in Westdeutschland geltenden Rechtsweges mit möglichen Verletzungen von Grundrechten oder grundrechtsgleichen Rechten zu befassen hätten. Darüber hinaus trägt er vor, daß das Bundesverfassungsgericht keine Erweiterung seines Personalkörpers anstrebe.
Gallitz bezweifelt, daß dies mit den gleichberechtigten Anrufungsmöglichkeiten des Bundesverfassungsgerichts durch Bürger der DDR in Einklang zu bringen sei.
Bülow hält dem entgegen, nach seiner Auffassung sei dies eine Begünstigung der Bürger der DDR, da sie insbesondere schnell zu den Bundesgerichten vordringen könnten.
Gallitz hält dem entgegen, nach seiner Auffassung sei eher eine Komplizierung aller Angelegenheiten zu erwarten.

---

10 Nr. 359H.
11 Gemeint: Anlage 9; Nr. 359I.
12 Nr. 346.

Schiffer gibt zu erwägen, daß der Vorschlag des BMJ personell auf die Struktur des Bundesverwaltungsgerichts durchschlagen müsse.

Bülow stimmt dem zu.

Gallitz weist darauf hin, daß sich auch ein allgemeines Problem hinsichtlich der Mitberücksichtigung von Verfassungsrichtern aus der DDR ergäbe.

Bülow gibt demgegenüber zu bedenken, daß erst entsprechend ausgebildete Kräfte vorhanden sein müßten, um Richter am Bundesverfassungsgericht zu werden.

Gallitz erwidert, daß er hier ein ähnliches Problem wie hinsichtlich der Anerkennung gleicher oder gleichförmiger Bildungsabschlüsse sehe.

j) Revision der Verfassung

Schiffer merkt an, daß nach Herstellung der Einheit eine zügige Behandlung der aktuellen Fragen von Änderungen des Grundgesetzes erfolgen solle. Es gehe hierbei um die Frage, welche Themen dazugehörten und welches Verfahren einzuschlagen sei.

Engel weist auf den Vorschlag des Landes Nordrhein-Westfalen zu einem einzustellenden Artikel 146a (Anlage 10)[13] hin. Es sei ein Gremium, der Verfassungsrat, vorzusehen, der nicht der normale Gesetzgeber sei. Eine Frist zur Erledigung der Aufgaben des Verfassungsrats sei wünschenswert. Die Entscheidung des Verfassungsrats sei ihrerseits einem Volksentscheid zu unterwerfen.

Schiffer wendet sich gegen diesen Vorschlag, da das Grundgesetz nicht für eine Übergangszeit in Kraft gesetzt sei. Nur der Bundesrat und der Bundestag als die Gesetzgebungsorgane des Grundgesetzes spiegelten im Gegensatz zum Verfassungsrat die politische Vielfalt in der Bundesrepublik Deutschland wider. Das Grundgesetz besitze zudem keinen Legitimationsmangel. Eine Volksabstimmung über das in Generationen bewährte und vom Grundkonsens getragene Grundgesetz als Ganzes komme nach seiner Auffassung auf keinen Fall in Betracht. Allenfalls könne man über Volksentscheide über Neuregelungen des Grundgesetzes nachdenken.

Engel hält dies für nachdenkenswert und weist darauf hin, daß der von ihm unterbreitete Vorschlag noch vorläufig sei.

Schiffer ergänzt auf Rückfrage, daß ihm eine Verfassungsenquete vorschwebe, wobei durchaus zu bedenken sei, was mit den Ergebnissen der Enquete in Richtung eines dann anzuschließenden Gesetzgebungsverfahrens geschehe. Auf jeden Fall müsse die Enquete das Recht und die Pflicht haben, über die ihr aufgegebenen Themen innerhalb einer bestimmten Frist zu entscheiden.

Gallitz erklärt, daß nach seiner Auffassung der Artikel 146 als Tor ausreiche, neue Staatsziele in der Zukunft ins Grundgesetz zu installieren. Er halte Art. 146 für eine erhaltenswerte Grundlage, die über den eigentlichen Einigungsvorgang hinausgehe.

Stallbaum regt an, über Alternativen zum Vorschlag von Nordrhein-Westfalen nachzudenken. Eine solche Alternative sei es, den Verfassungsrat lediglich als Organ für Ergänzungen oder Änderungen des Grundgesetzes, nicht hingegen zur Ausarbeitung einer neuen Verfassung zu begreifen. Grundgesetz und die vorgeschlagenen Änderungen würden dann einer Volksabstimmung unterworfen und somit endgültige Verfassung. Eine weitere Hilfsüberlegung sei es, eine Enquete einzurichten, der zumindest das Recht zuzubilligen sei, nach Art. 76 GG selbst Gesetze einzubringen.

Bülow fragt, was nach den Vorschlägen Nordrhein-Westfalens geschehen solle, wenn der Verfassungsrat nicht innerhalb der vorgesehenen Frist zu einem Entschluß komme. Er fragt zudem nach Größe und Zusammensetzung des Verfassungsrats.

Engel betont, nach seiner Vorstellung könne der Verfassungsrat aus jeweils 120 vom

Bundestag und vom Bundesrat ausgewählten Mitgliedern bestehen, die selbst aber diesen Organen nicht angehören müßten.

Lehnguth stellt die Frage, wozu die DDR beitrete, wenn die Vorläufigkeit des Grundgesetzes gleichzeitig betont werde.

Gallitz bemerkt, daß Art. 146 deswegen nützlich sei, um den Einigungsprozeß nicht durch Verfassungsdiskussionen unnütz aufzuhalten.

Mittendorfer weist darauf hin, daß das Grundgesetz sich in 40 Jahren bewährt habe; dies gelte auch für die Möglichkeit der Abänderbarkeit, wie sich anhand von 36 stattgefundenen Änderungen nachweisen lasse.

Schmid hält [es] für denkbar, daß ein konkretes Vorgehen nach Art. 146 GG im Einigungsvertrag geregelt und zur Pflicht gemacht werde.

Bopp kann für eine Neuschaffung einer Verfassung kein Bedürfnis erkennen.

Engel bemerkt, sein Vorschlag schließe nicht aus, möglichst viel vom jetzigen Grundgesetz beizubehalten. Sein Vorschlag sei ein Weg zu einer Neubesinnung auf die Verfassung, nicht zu einer Gesamtrevision.

Dästner fügt hinzu, die Einfügung sozialer Staatsziele (nach der Einigung) müßte ernsthaft geprüft werden, sonst sehe Nordrhein-Westfalen sich nicht in der Lage, dem Einigungsvertrag zuzustimmen.

Von Rotberg sieht kein Bedürfnis, das Grundgesetz zu einer Volksabstimmung zu bringen. Die Festschreibung eines Prüfungskataloges im Einigungsvertrag hält er für möglich.

Schiffer betont noch einmal, daß es ihm auf eine ernstliche Prüfung der vorgeschlagenen Änderungen des Grundgesetzes nach der Einigung ankomme. Eine wichtige, dabei zu entscheidende Frage sei, ob das Prüfungsfeld im Einigungsvertrag begrenzt werden solle. Dies sei nach seiner Auffassung im Interesse der Praktikabilität von Vorteil. Ein Zur-Disposition-stellen der gesamten Verfassung sei der Bevölkerung als sinnvoll nicht zu vermitteln.

Gallitz stellt klar, daß es der DDR darauf ankomme, den Einigungsprozeß nicht mit Grundgesetzdiskussionen zu belasten, geschweige denn das Grundgesetz zu „kippen".

k) Artikel 116/Artikel 16

Schiffer stellt fest, daß die Regelungen der genannten Artikel in absehbarer Zeit wohl einer Prüfung unterzogen werden müssen. Der gegenwärtige Zeitpunkt sei allerdings in bezug auf Statusfragen des Staatsangehörigkeitsrechts ungeeignet, da sonst leicht eine Schieflage zu Polen entstehen könne. Es bestünde im übrigen auch kein Bedarf, hier schnell zu einem Abschluß zu kommen, da selbst der polnische Außenminister nach einer Radiomeldung seit gestern eine entsprechende Grundgesetzänderung nicht mehr fordere.[14]

Gallitz stimmt zu; wenn sich das mit „Zwei plus Vier" vereinbare, bestehe kein Handlungsbedarf.

Schiffer stellt klar, daß für die weitere Behandlung des Grundgesetzes im Einigungsverfahren Art. 116 und Art. 16 außer Diskussion seien.

Dem wird nicht widersprochen.

---

14 Vor seinem Abflug zur Zwei-plus-Vier-Konferenz in Paris erklärte Außenminister Skubiszewski am 16. Juli 1990 in Warschau, die polnische Regierung werde sich nicht zur Verfassung eines geeinten Deutschland äußern. Er wies darauf hin, die Deutschen wollten selbst die Verfassung ändern, und ergänzte: „Aber wir diktieren nicht, welcher Artikel der deutschen Verfassung verändert werden soll". Ferner sprach sich Skubiszewski für einen „knappen Grenzvertrag" zwischen Polen und Deutschland aus, der „sofort nach der Vereinigung unterzeichnet werden sollte". Im Anschluß daran sollten Verhandlungen über einen umfassenden deutsch-polnischen Freundschafts- und Nachbarschaftsvertrag aufgenommen werden (Meldung dpa/16.7.90/1838 in: Ostinformationen. Nr. 134. 17. Juni 1990, 13f.; BPA/PA, F 1/22).

2. Einigungsvertrag

a) Präambel zum Einigungsvertrag

Duisberg stellt den Präambelentwurf des BMI vor (Anlage 11)[15]. Er weist darauf hin, daß der Vertrag eine Verbindung mit dem Beitritt der DDR zur Bundesrepublik deutlich machen müsse. Er geht davon aus, daß der Beitritt selbst außerhalb des Vertrages erklärt werde. Er erläuterte dann die einzelnen Elemente der Präambel.

Gallitz erklärt, man habe den Vorschlag des BMI mit Freude zur Kenntnis genommen und auf seiner Basis einen eigenen Präambelentwurf erarbeitet (Anlage 12)[16]. Gravierender Unterschied sei es, daß im DDR-Entwurf die Vollendung der Einheit Deutschlands als erstes genannt werde. Er halte eine Erwähnung der Zwei-plus-Vier-Gespräche in der Präambel für nicht erforderlich.

Hausmann stellt fest, daß inhaltlich über die Präambel somit Einigkeit bestehe.

Von Rotberg fordert, daß das Rechtsstaatsprinzip als ein leitendes Staatsprinzip der Bundesrepublik Deutschland in die Präambel aufgenommen werde.

Dästner stimmt dem zu.

Gallitz ergänzt, daß eine Erwähnung der Wahlen im Vertragstext, nicht jedoch in der Präambel erfolgen solle.

Duisberg ergänzt, daß der erste Anstrich seines Präambelentwurfs dem Art. 20 Grundgesetz nachgebildet sei. Auf eine Verzahnung mit „Zwei plus Vier" solle vorerst nicht verzichtet werden, vielmehr müsse man die weitere Entwicklung abwarten.

b) Verhältnis des Beitritts zum Vertrag

Dästner führt aus, daß die Regelung über den Beitritt der DDR in den Vertrag und nicht die Präambel gehöre. Der Beitritt solle vor den Wahlen liegen.

Weis führt zur Beitrittserklärung aus, daß diese zwar einseitig, aber nicht vertragsfeindlich sei. Die Beitrittserklärung müsse bei Vertragsabschluß vorliegen, da sonst der Vertrag nicht ratifiziert werden könne. Die Inkraftsetzung des Vertrages und das Wirksamwerden der Beitrittserklärung müßten identisch sein.

Schiffer führt aus, daß er keine Präferenz dafür habe, ob der Beitritt innerhalb oder außerhalb des Vertrages erklärt werde.

Gallitz erläutert, daß die Fragen des Zeitpunkts des Beitritts und der Wahl in der DDR politisch umstritten seien. Er könne hierzu noch keine verbindlichen Erklärungen abgeben. Er hält es für sinnvoll, daß die Frage des Beitritts im Vertragstext Erwähnung findet, ebenso die des Wahltermins.

Duisberg ergänzt, daß Vertrag und Beitritt irgendwie miteinander verknüpft werden müßten, entweder in der Präambel oder im Vertragstext. Der Wahltermin könne im Vertrag genannt werden. Eine selbständige vertragliche Vereinbarung hierüber sei allerdings aus Fristgründen nicht möglich.

Gallitz hält es für möglich, daß die Beitrittserklärung eher in einem gesonderten Dokument erfolge.

Weis weist darauf hin, daß sie dann zum Vertragsschluß vorliegen müsse. Er erläutert, daß das Vorliegen der Beitrittserklärung bedeute, daß der Beitritt auch gleichzeitig wirksam werde; dieser Termin könne anders bestimmt werden.

Schiffer hält unter diesen Umständen die Beitrittserklärung im Vertrag für den besseren Weg.

Engel stimmt dem zu.

---

15 Gemeint: Anlage 12; Nr. 359L.
16 Gemeint: Anlage 13; Nr. 359M.

Schiffer ergänzt, daß aufgrund der Aussprache bundesseitig die Beitrittserklärung im Vertrag als richtiger Standort angesehen wird.
Dem wird auf Rückfrage nicht widersprochen.
Gallitz trägt vor, daß er dieses Ergebnis mit den eigenen Gremien zunächst erörtern müsse.

c) Staatsorganisatorisches
Kitschenberg stellt einen Textentwurf (Anlage 13)[17] vor, der die Organisationsnachfolge für DDR-Behörden regeln soll.
Von Rotberg weist darauf hin, daß mögliche Konkurrenzen zur Ländereinführungsgesetzgebung[18] der DDR zu beachten seien.
Gallitz stellt fest, daß die Regelung in den Regelungsauftrag zum Einheitsvertrag hineinpasse.
Weis meint, daß hier ein nicht abgestimmter Vorschlag präsentiert werde.
Kitschenberg widerspricht dem mit Hinweis darauf, daß am selben Vormittag eine einvernehmliche Abstimmung mit allen Ressorts stattgefunden habe.

d) Überleitung von Bundesrecht
Hausmann weist hinsichtlich der Möglichkeit der Überleitung von Bundesrecht darauf hin, daß dies in Form einer Positivliste oder einer Negativliste erfolgen könne. Er spricht sich für eine Positivliste aus.
Schiffer stimmt dem zu. Die benannte Überführung von Bundesrecht habe den Vorteil, daß jedermann ablesen könne, welche Bundesgesetze ab wann in der DDR gelten. Diese Frage sei völlig unabhängig davon, ob viel oder wenig Bundesrecht übergeleitet werde.
Gallitz schließt sich dem an.

e) Vollständigkeit der im Vertragsentwurf aufgeführten Themen
Hausmann stellt die Frage, ob was immer im Vertragsentwurf (Anlage 14)[19] an Themen vorgesehen sei, stehenbleiben könne.
Gallitz weist auf den Katalog der abgestimmten Themen hin und ergänzt, daß sich diese in den Inhalten wiederfinden müßten.
Hausmann fragt, ob dies auch in den Anlagen geschehen könne.
Gallitz stimmt dem zu.
Hausmann fragt nach ergänzenden Themenwünschen.
Schmid weist darauf hin, daß auch die Finanzverfassung erwähnt werden solle.
Dästner fragt, ob die Rechtspflege untergebracht werden solle.
Schnapauff erklärt, daß eine Regelung getroffen werde. Es sei noch offen, ob eine gesonderte Bestimmung im Vertrag notwendig sei.
Hausmann fragt, ob damit Einverständnis hinsichtlich der Themata besteht.
Gallitz stimmt dem im Prinzip zu.

f) Zur Vertragsstruktur
Bopp fordert eine Reihe von Umstellungen in der Reihenfolge der Vertragsbestimmungen. U. a. seien Kapitel 2 und Kapitel 1 auszutauschen, da die Einführung des Grundgesetzes als Hauptthema an die Spitze des Vertrages gehört.
Schiffer widerspricht dem unter Hinweis auf die Einheit als dem Hauptelement des Einigungsvertrages.

---

17 Der als Anlage 13 bezeichnete Textentwurf zur Organisationsnachfolge für DDR-Behörden ist dem als Textvorlage dienenden Vorgang nicht beigefügt.
18 Nr. 344G Anm. 42.
19 Nr. 359N.

Gallitz stimmt dem zu.

Hausmann stimmt auch zu, sagt aber im übrigen Prüfung der Reihenfolge der Themen zu.

g) Sonstiges

Schmid fordert, daß die Eckwerte der Länder[20] ins Vertragspapier hineingeschrieben werden.

Von Rotberg widerspricht dem mit Hinweis darauf, daß die Eckwerte nicht als zwingend einigungsbedingt anzusehen seien.

Schiffer schlägt vor, daß nur die Überschriften der Präambel und der Änderung des Grundgesetzes im Vertragstext erscheinen. Im übrigen würden Anlagen beigegeben. Hiergegen erhebt sich kein Widerspruch.

Ein weiteres Zusammentreffen wird für die Zeit nach dem 6. August 1990 für notwendig erachtet. Hierzu wird kurzfristig eingeladen werden.

Nr. 359A
Anlage 2a
Vorschlag des Bundes

Ausfertigung: 19. Juli 1990.

Präambel

„Im Bewußtsein seiner Verantwortung
vor Gott und den Menschen, von dem Willen beseelt,
als gleichberechtigtes Glied in einem vereinten Europa
dem Frieden der Welt zu dienen,
hat das Deutsche Volk
in den Ländern Baden, Bayern, Bremen, Hamburg, Hessen,
Niedersachsen, Nordrhein-Westfalen, Rheinland-Pfalz,
Schleswig-Holstein, Württemberg-Baden, Württemberg-Hohenzollern
und in einem Teil Berlins
kraft seiner verfassunggebenden Gewalt
dieses Grundgesetz der Bundesrepublik Deutschland beschlossen.

Die Deutschen im Saarland, dann in Brandenburg, Mecklenburg-Vorpommern, Sachsen,
Sachsen-Anhalt, Thüringen und im anderen Teil Berlins,
denen zunächst an der Verfassunggebung mitzuwirken versagt war,
haben durch ihren Beitritt in freier Selbstbestimmung
die Einheit und Freiheit Deutschlands vollendet
und sich für dieses Grundgesetz entschieden.

Damit ist dieses Grundgesetz die Verfassung des
gesamten Deutschen Volkes."

---

20 Nr. 342A.

Nr. 359B
Anlage 3
Vorschlag Nordrhein-Westfalens

Stand: 17. Juli 1990.

Präambel

„Im Bewußtsein seiner Verantwortung vor Gott und den Menschen, von dem Willen beseelt, in einem vereinten Europa dem Frieden in der Welt zu dienen,
in Verantwortung gegenüber den Menschen in den weniger entwickelten Gebieten der Erde,
in der Verpflichtung, die natürlichen Lebensgrundlagen zu schützen und für die künftigen Generationen zu bewahren,
eingedenk der friedlichen demokratischen Revolution, die es möglich gemacht hat, die Einheit Deutschlands zu vollenden,
mit dem Ziel, eine freiheitliche, demokratische, rechtsstaatliche, föderale, soziale und ökologische Grundordnung für das ganze Deutschland zu schaffen,
hat sich das deutsche Volk in freier Selbstbestimmung dieses Grundgesetz gegeben."

Nr. 359C
Anlage 4
Vorschlag des Bundesministers des Innern

Stand: 17. Juli 1990.

Artikel 29 Grundgesetz

(1) Die Bundesrepublik Deutschland umfaßt die Länder Baden-Württemberg, Bayern, Berlin, Brandenburg, Bremen, Hamburg, Hessen, Mecklenburg-Vorpommern, Niedersachsen, Nordrhein-Westfalen, Rheinland-Pfalz, Saarland, Sachsen, Sachsen-Anhalt, Schleswig-Holstein und Thüringen.
(2) Aus Anlaß der Herstellung der deutschen Einheit kann das Bundesgebiet bis zum 31. Dezember 1999 neu gegliedert werden, um zu gewährleisten, daß die Länder nach Größe und Leistungsfähigkeit die ihnen obliegenden Aufgaben wirksam erfüllen können.
(3) Bis zum 31. Dezember 1995 können die beteiligten Länder die Neugliederung durch Staatsverträge regeln. Die Bundesregierung ist zu hören.
Die Staatsverträge müssen in den von der Neugliederung unmittelbar betroffenen Ländern und in den ebenso betroffenen Gebietsteilen Volksbefragungen vorsehen, die darauf gerichtet sind festzustellen, ob die in dem jeweiligen Staatsvertrag vorgesehene Änderung der Landeszugehörigkeit Zustimmung findet. Wird ein Staatsvertrag in einem betroffenen Land oder in einem betroffenen Gebietsteil abgelehnt, so bedarf er der Annahme durch Volksentscheid im Gesamtgebiet der betroffenen Länder.
(4) Soweit nicht eine Neugliederung nach Absatz 2 bis zum 31. Dezember 1995 zustande kommt, kann bis zum 31. Dezember 1999 durch Bundesgesetz eine Neugliederung vorgenommen werden.
Das Bundesgesetz bedarf der Bestätigung durch Volksentscheid. Die betroffenen Länder sind zu hören.

(5) Der Volksentscheid [nach Absatz 4][21] findet in den betroffenen Ländern und in den betroffenen Gebietsteilen statt. Der Volksentscheid kommt zustande, wenn er in jedem der betroffenen Länder und in jedem betreffenden Gebietsteil die Zustimmung der Mehrheit findet. Soweit beim Volksentscheid das Bundesgesetz in einem betroffenen Land oder in einem betroffenen Gebietsteil keine Mehrheit findet, kann es erneut beim Bundestag eingebracht werden. Nach erneuter Verabschiedung bedarf es der Annahme durch Volksentscheid mit einer Mehrheit im gesamten Bundesgebiet.

(6) Mehrheit im Volksentscheid und in der Volksbefragung ist die Mehrheit der abgegebenen Stimmen, wenn sie mindestens ein Viertel der zum Bundestag Wahlberechtigten umfaßt. Im übrigen wird das Nähere über Volksbefragung und Volksentscheid in den Fällen des Absatzes 2 durch Landesgesetz, in den Fällen der Absätze 3 und 4 durch Bundesgesetz geregelt.

(7) Sonstige Änderungen des Gebietsbestandes der Länder können auch über den 31. Dezember 1999 hinaus durch Staatsverträge der beteiligten Länder oder durch Bundesgesetz mit Zustimmung des Bundesrates erfolgen, wenn das Gebiet, dessen Landeszugehörigkeit geändert werden soll, nicht mehr als 10 000 Einwohner hat. Das Nähere regelt ein Bundesgesetz, das der Zustimmung der Mehrheit der Mitglieder des Bundestages sowie des Bundesrates bedarf. Es muß die Anhörung der betroffenen Gemeinden und Kreise vorsehen.

Nr. 359D
Anlage 5
Beschluß des Abgeordnetenhauses von Berlin

Gemäß Beschlußprotokoll über die 34. Sitzung des Abgeordnetenhauses von Berlin am 28. Juni 1990 hat das Abgeordnetenhaus folgenden Beschluß gefaßt:

Vereinfachtes Verfahren für eine Neugliederung der Länder Brandenburg und Berlin

Der Senat von Berlin wird aufgefordert, in geeigneter Weise darauf hinzuwirken, daß in das Grundgesetz eine Vorschrift aufgenommen wird, die, ähnlich der Regelung nach Art. 118 GG, ein von Art. 29 GG abweichendes, vereinfachtes Verfahren zur Neugliederung der künftigen Länder Brandenburg und Berlin vorsieht. Die Vorschrift könnte etwa wie folgt lauten:

„Die Bildung eines die Länder Brandenburg und Berlin umfassenden Bundeslandes kann abweichend von den Vorschriften des Art. 29 durch Vereinbarung der beiden Länder erfolgen. Die Vereinbarung bedarf der Bestätigung durch Volksentscheid. Der Volksentscheid kommt zustande, wenn in beiden Ländern jeweils eine Mehrheit der sich am Volksentscheid beteiligenden Wahlberechtigten der Neubildung zustimmt."

Für die Richtigkeit:
Berlin, den 3. Juli 1990
Lier

---

21 Eckige Klammern in der Textvorlage.

Nr. 359E
Anlage 6
Redigierter Vorschlag des Bundes

Ausfertigung: 19. Juli 1990.

Artikel 29 Grundgesetz

(1) Die Bundesrepublik Deutschland umfaßt die Länder Baden-Württemberg, Bayern, Berlin, Brandenburg, Bremen, Hamburg, Hessen, Mecklenburg-Vorpommern, Niedersachsen, Nordrhein-Westfalen, Rheinland-Pfalz, Saarland, Sachsen, Sachsen-Anhalt, Schleswig-Holstein und Thüringen.

(2) Aus Anlaß der Herstellung der deutschen Einheit kann das Bundesgebiet bis zum 31. Dezember 1999 neu gegliedert werden mit dem Ziele, daß dadurch ⟨Länder⟩[22] nach Größe und Leistungsfähigkeit die ihnen obliegenden Aufgaben wirksamer erfüllen können.

(3) Bis zum 31. Dezember 1995 können die beteiligten Länder die Neugliederung durch Staatsverträge regeln. Die Bundesregierung ist zu hören.

Die Staatsverträge müssen in den von der Neugliederung unmittelbar betroffenen Ländern und in den ebenso betroffenen Gebietsteilen Volksentscheide darüber vorsehen, ob die in dem jeweiligen Staatsvertrag vorgesehene Änderung der Landeszugehörigkeit Zustimmung findet.

(4) Soweit nicht eine Neugliederung nach Absatz 2 bis zum 31. Dezember 1995 zustande kommt, kann sie bis zum 31. Dezember 1999 durch Bundesgesetz ⟨vorgenommen⟩[23] werden. Das Bundesgesetz bedarf der Bestätigung durch Volksentscheid. Die betroffenen Länder sind zu hören.

(5) Der Volksentscheid (nach Absatz 4) findet in den betroffenen Ländern und in den betroffenen Gebietsteilen statt. Er kommt zustande, wenn er in jedem der betroffenen Länder und in jedem betroffenen Gebietsteil die Zustimmung der Mehrheit findet. Soweit beim Volksentscheid das Bundesgesetz in einem betroffenen Land oder in einem betroffenen Gebietsteil keine Mehrheit findet, kann es erneut beim Bundestag eingebracht werden. Nach erneuter Verabschiedung bedarf es der Annahme durch Volksentscheid mit einer Mehrheit im gesamten Bundesgebiet.

(6) Mehrheit im Volksentscheid ist die Mehrheit der abgegebenen Stimmen, wenn sie mindestens ein Viertel der zum Bundestag Wahlberechtigten umfaßt. Im übrigen wird das Nähere über den Volksentscheid in den Fällen des Absatzes ⟨3⟩[24] durch Landesgesetz, in den Fällen der Absätze ⟨4⟩[25] und ⟨5⟩[26] durch Bundesgesetz geregelt.

(7) Sonstige Änderungen des Gebietsbestandes der Länder können auch über den 31. Dezember 1999 hinaus durch Staatsverträge der beteiligten Länder oder durch Bundesgesetz mit Zustimmung des Bundesrates erfolgen, wenn das Gebiet, dessen Landeszugehörigkeit geändert werden soll, nicht mehr als 50 000 Einwohner hat. Das Nähere regelt ein Bundesgesetz, das der Zustimmung der Mehrheit der Mitglieder des Bundestages sowie des Bundesrates bedarf. Es muß die Anhörung der betroffenen Gemeinden und Kreise vorsehen.

---

22 ⟨ ⟩ Hs. korrigiert aus: „die Länder".
23 ⟨ ⟩ Hs. ergänzt.
24 ⟨ ⟩ Hs. korrigiert aus: „2".
25 ⟨ ⟩ Hs. korrigiert aus: „3".
26 ⟨ ⟩ Hs. korrigiert aus: „4".

Nr. 359F
Anlage 6[27]
Alternative des Bundesministers der Justiz

Stand: 19. Juli 1990.

Alternative BMJ Artikel 29 Grundgesetz

1. Absatz 1 erhält folgende Fassung:
    „(1) Die Bundesrepublik Deutschland umfaßt die Länder Baden-Württemberg, Bayern, Berlin, Brandenburg, [Bremen,] Hamburg, Hessen, Mecklenburg-Vorpommern, Niedersachsen, Nordrhein-Westfalen, Rheinland-Pfalz, Saarland, Sachsen, Sachsen-Anhalt, Schleswig-Holstein und Thüringen."
2. Die bisherigen Absätze 1 (ohne Satz 2) bis 7 des Art. 29 GG werden Absätze 2 bis 8.
3. Nach Absatz 8 wird folgender Absatz 9 eingefügt:
    „(9) Abweichend von den Bestimmungen der Absätze 3 bis 8 kann das Bundesgebiet bis zum 31. Dezember 1999 durch Vereinbarung der beteiligten Länder neu gegliedert werden. Die Vereinbarung bedarf der Bestätigung durch Bundesgesetz."

Nr. 359G
Anlage 7
Vorschlag der Länder

Ausfertigung: „Hamburg, den 16. Juli 1990".

Betreff: Föderative Elemente im Einigungsvertrag
hier: Formulierungsvorschläge zur Umsetzung der Eckpunkte der Länder
Bezug: Verhandlungstermin am 18. Juli 1990

Unter Bezugnahme auf ihr „Eckpunkte-Papier"[28] und das Diskussionspapier des Bundesministers des Innern zur Vertragsstruktur[29] schlagen die Länder vor, Kapitel III Artikel 2 um die im folgenden aufgeführten Grundgesetzänderungen zu erweitern. Dabei werden zur Erleichterung der Verständlichkeit und der Diskussion Artikelgruppen entsprechend der Themenbildung im Eckpunkte-Papier gebildet. Das Problem, wie ein verbindliches Verfahren zu der von den Ländern geforderten Revision des Finanzverfassungsrechts sicherzustellen ist, wird in diesem Papier nicht behandelt.

4.[30] (Zum Thema: Abgrenzung der Gesetzgebungskompetenz)

a) Artikel 72 wird wie folgt geändert:
aa) Absatz 2 wird wie folgt gefaßt:
    „(2) Der Bund ist in diesem Bereich zur Gesetzgebung befugt, wenn und soweit die für die Herstellung gleichwertiger Lebensverhältnisse im Bundesgebiet erforderliche Rechtseinheit, die Wirtschaftseinheit oder die geordnete Entwicklung des Bundesgebietes nur durch eine bundeseinheitliche Regelung zu erreichen ist."

---

27 In der Textvorlage Anlage 6 doppelt ausgewiesen.
28 Nr. 342A.
29 Nr. 328A.
30 Punkte 1–3 in der Textvorlage nicht vorhanden.

ab) Es wird folgender Absatz 3 angefügt:

„(3) Bundesgesetze nach Absatz 2 sind auf diejenigen Regelungen zu beschränken, die erforderlich sind, um die dort genannten Ziele zu erreichen; das Weitere ist der Landesgesetzgebung zu überlassen."

b) Es wird folgender Artikel 125a eingefügt:

„Recht, das als Bundesrecht im Bereich der Gegenstände der konkurrierenden Gesetzgebung erlassen worden ist, aber wegen nachträglicher Änderung des [dieses][31] Grundgesetzes nicht mehr als Bundesrecht erlassen werden könnte, gilt als Bundesrecht fort. Es kann durch Landesrecht aufgehoben oder geändert werden."

5. (Zum Thema: Erweiterung der Zustimmungsbedürftigkeit)

a) Artikel 83 wird wie folgt geändert:

aa) Der bisherige einzige Satz wird Absatz 1.

ab) Es wird folgender Absatz 2 angefügt:

„(2) Bundesgesetze, die von den Ländern als eigene Angelegenheiten oder im Auftrage des Bundes geführt werden, bedürfen der Zustimmung des Bundesrates."

b) (Folgeänderungen):

aa) Artikel 84 wird wie folgt geändert:

(1) In Absatz 1 werden die Worte „mit Zustimmung des Bundesrates" gestrichen.

(2) In Absatz 5 Satz 1 wird die Textstelle „das der Zustimmung des Bundesrates bedarf" gestrichen.

bb) In Artikel 85 Abs. 1 werden die Worte „mit Zustimmung des Bundesrates" gestrichen.

cc) Artikel 104a Abs. 3 Satz 3 wird gestrichen.

dd) In Artikel 80 Abs. 2 wird die Textstelle „oder die von den Ländern im Auftrage des Bundes oder als eigene Angelegenheiten ausgeführt werden" gestrichen.

6. (Zum Thema: Fristen im Gesetzgebungsverfahren)

a) Artikel 76 Abs. 2 wird wie folgt gefaßt (Änderungen sind durch Unterstreichung gekennzeichnet):

„(2) Vorlagen der Bundesregierung sind zunächst dem Bundesrat zuzuleiten. Der Bundesrat ist berechtigt, innerhalb von sechs Wochen zu diesen Vorlagen Stellung zu nehmen. Verlangt er mit Rücksicht auf den Umfang einer Vorlage oder ausnahmsweise aus anderen wichtigen Gründen eine Fristverlängerung, so beträgt die Frist ... Wochen. Die Bundesregierung kann eine Vorlage, die sie bei der Zuleitung an den Bundesrat ausnahmsweise als besonders eilbedürftig bezeichnet hat, nach drei Wochen oder, wenn der Bundesrat ein Verlangen nach Satz 3 geäußert hat, nach ... Wochen dem Bundestage zuleiten, auch wenn die Stellungnahme des Bundesrates noch nicht bei ihr eingegangen ist; sie hat die Stellungnahme des Bundesrates unverzüglich nach Eingang dem Bundestage nachzureichen."

b) In Artikel 77 wird folgender Absatz 5 angefügt:

„(5) Die Frist zur Einberufung des Ausschusses nach Absatz 2 Satz 1 und die Einspruchsfrist nach Absatz 3 Satz 1 verlängern sich auf die doppelte Dauer, wenn der Bundesrat ein solches Verlangen aus Gründen im Sinne von Artikel 76 Abs. 2 Satz 3 äußert."

7. (Zum Thema: Zwischenstaatliche Einrichtungen)

Artikel 24 Absatz 1 wird wie folgt gefaßt:

„Der Bund kann durch Gesetz mit Zustimmung des Bundesrates Hoheitsrechte auf zwischenstaatliche Einrichtungen übertragen. In Angelegenheiten dieser Einrichtungen wirken die Länder bei der Willensbildung des Bundes mit. Das Nähere regelt ein

---

31 Eckige Klammern in der Textvorlage.

Gesetz, das der Zustimmung des Bundesrates bedarf; soweit die im [in diesem][32] Grundgesetz festgelegten Zuständigkeiten der Länder oder ihre wesentlichen Interessen berührt werden, ist die Möglichkeit einer wesentlichen Einflußnahme der Länder vorzusehen."

8. (Zum Thema: Auswärtige Beziehungen)

Artikel 32 wird wie folgt geändert:
a) Absatz 3 wird wie folgt gefaßt:
„(3) Soweit die Länder für die Gesetzgebung zuständig sind, können sie mit Zustimmung der Bundesregierung völkerrechtliche Verträge abschließen. Schließt der Bund solche Verträge ab, so hat er vor dem Abschluß die Zustimmung der Länder einzuholen. Die Länder treffen die zur Durchführung dieser Verträge notwendigen Maßnahmen."
b) Es wird folgender Absatz 4 angefügt:
„(4) Vor Abschluß von Verträgen, die wesentliche Interessen der Länder berühren, sind die Länder rechtzeitig zu unterrichten und zu hören, damit sie ihre Wünsche geltend machen können. Das Nähere regelt ein Bundesgesetz mit Zustimmung des Bundesrates."

Nr. 359H
Anlage 8
Vorschlag des Bundesministers des Innern

Stand: 19. Juli 1990.

Zusätzlicher Artikel des Grundgesetzes
Artikel ... wird wie folgt gefaßt:

„Recht in dem beigetretenen Teil Deutschlands kann bis zum ... von Bestimmungen dieses Grundgesetzes abweichen, soweit und solange infolge der Unterschiedlichkeit der Verhältnisse die völlige Anpassung an die grundgesetzliche Ordnung noch nicht erreicht werden kann. Abweichungen dürfen nicht gegen Artikel 19 Abs. 2 verstoßen und müssen mit den in Artikel 79 Abs. 3 genannten Grundsätzen vereinbar sein."

Nr. 359I
Anlage 9
Vorschlag Nordrhein-Westfalens

Stand: 19. Juli 1990.

An Artikel 26 wird folgender ⟨Absatz⟩[33] 3 angefügt:
Massenvernichtungsmittel, insbesondere atomare, biologische und chemische Waffen, sind verboten. In und durch Deutschland dürfen solche Waffen weder hergestellt oder gelagert noch darf über sie verfügt werden. Die Beteiligung an derartigen Handlungen ist unzulässig.

---

32 Eckige Klammern in der Textvorlage.
33 ⟨ ⟩ Von den Bearbeitern korrigiert aus: „Artikel".

Nr. 359J
Anlage 10
Vorschlag Nordrhein-Westfalens

Stand: 19. Juli 1990.

Es wird folgender Artikel 146a eingefügt:
Wird die Einheit Deutschlands durch den Beitritt der Deutschen Demokratischen Republik hergestellt, gilt das Grundgesetz im gesamten Bundesgebiet für eine Übergangszeit weiter. Bundestag und Bundesrat berufen alsbald nach der Wahl des ersten gesamtdeutschen Bundestages einen Verfassungsrat, der binnen zwei Jahren auf der Grundlage des Grundgesetzes eine Verfassung zu entwerfen und mit mindestens zwei Dritteln seiner Stimmen zu beschließen hat. Das Grundgesetz tritt außer Kraft, wenn der vom Verfassungsrat vorgelegte Verfassungsentwurf durch einen Volksentscheid von der Mehrheit der Wahlberechtigten bestätigt worden ist.

Nr. 359K
Anlage 11
Vorschlag Nordrhein-Westfalens

Stand: 19. Juli 1990.

– Staatszielbestimmungen Umweltschutz, Arbeit, Wohnen, soziale Sicherheit, Gesundheit, Bildung und Kultur –
Einfügung des folgenden Artikels 20a:
(1) Die natürlichen Lebensgrundlagen stehen unter dem besonderen Schutz des Staates. Jedermann ist verpflichtet, durch eigenes Verhalten zu diesem Schutz beizutragen.
(2) Der Staat trägt zur Erhaltung und zur Schaffung von Arbeitsplätzen und angemessenem Wohnraum bei.
(3) Der Staat unterhält ein System der sozialen Sicherheit. Er sorgt insbesondere für eine Grundsicherung im Alter und bei Krankheit, Pflegebedürftigkeit, Erwerbsunfähigkeit, Obdach- und Mittellosigkeit.
(4) Der Staat ist verpflichtet, zum Schutz und zur Förderung der körperlichen und geistigen Gesundheit beizutragen.
(5) Die Förderung von Bildung und Kultur ist öffentliche Aufgabe.

Nr. 359L
Anlage 12
Vorschlag des Bundesministers des Innern

Stand: 19. Juli 1990.

Präambel Einigungsvertrag

Die Hohen Vertragschließenden Parteien

– ausgehend von dem Wunsch der Menschen in beiden Teilen Deutschlands, gemeinsam in Freiheit in einem demokratischen und sozialen Bundesstaat zu leben;
– in dankbarem Respekt vor denen, die der Freiheit zum Durchbruch verholfen haben, und denen, die an der Aufgabe der Herstellung der deutschen Einheit unbeirrt festgehalten haben;
– entschlossen, die Einheit und Freiheit Deutschlands als gleichberechtigtes Glied der Völkergemeinschaft in freier Selbstbestimmung zu vollenden;
– getragen von der Überzeugung, daß das geeinte Deutschland, das den geistigen und sittlichen Werten verpflichtet ist, die gemeinsames Erbe der europäischen Völker sind, dem Frieden und der Freiheit der Welt dienen wird;
– in dem Bestreben, durch die deutsche Einheit einen Beitrag zur Einigung Europas und zum Aufbau einer europäischen Friedensordnung zu leisten, in der Grenzen nicht mehr trennen und die allen europäischen Völkern ein vertrauensvolles Zusammenleben gewährleistet;
– in dem Bewußtsein, daß die Unverletzlichkeit der Grenzen und der territorialen Integrität und Souveränität aller Staaten in Europa in ihren Grenzen eine grundlegende Bedingung für den Frieden ist;
[– in der Erwartung, daß in den Gesprächen mit den Regierungen der Französischen Republik, der Union der Sozialistischen Sowjetrepubliken, des Vereinigten Königreichs Großbritannien und Nordirland und der Vereinigten Staaten von Amerika eine abschließende Regelung über die äußeren Aspekte der Herstellung der deutschen Einheit getroffen wird und die Rechte und Verantwortlichkeiten der Vier Mächte in bezug auf Berlin und Deutschland als Ganzes damit ihre Erledigung finden;][34]
– ausgehend davon, daß mit dem Vertrag vom 18. Mai 1990 über die Schaffung einer Währungs-, Wirtschafts- und Sozialunion zwischen der Bundesrepublik Deutschland und der Deutschen Demokratischen Republik bereits der erste bedeutsame Schritt in Richtung auf die Herstellung der staatlichen Einheit getan wurde;
[– angesichts der Tatsache, daß am ... Wahlen für den Deutschen Bundestag als gesamtdeutsche Volksvertretung stattfinden sollen;][35]
sind im Hinblick auf den mit Wirkung zum ... beabsichtigten Beitritt der Deutschen Demokratischen Republik zur Bundesrepublik Deutschland übereingekommen, diesen Einigungsvertrag zu schließen:

---

34 Eckige Klammern in der Textvorlage.
35 Eckige Klammern in der Textvorlage.

Nr. 359M
Anlage 13
Vorschlag der DDR

Entwurf, 17. Juli 1990.

P r ä a m b e l

Die Hohen Vertragschließenden Seiten
entschlossen, die Einheit Deutschlands in Frieden und Freiheit als gleichberechtigtes Glied
der Völkergemeinschaft in freier Selbstbestimmung zu vollenden,
ausgehend von dem Wunsch der Menschen in beiden Teilen Deutschlands, gemeinsam in
Freiheit in einem demokratischen und sozialen Bundesstaat zu leben,
in dankbarem Respekt vor denen, die der Freiheit zum Durchbruch verholfen haben und
denen, die an der Aufgabe der Herstellung der Einheit Deutschlands unbeirrt festgehalten
haben,
getragen von der Überzeugung und dem Wunsch (Willen), mit der Einheit Deutschlands
einen Beitrag zur Einigung Europas, zum Aufbau einer europäischen Friedensordnung und
zum Frieden in der Welt zu leisten,
in dem Bewußtsein, daß die Unverletzlichkeit der Grenzen und der territorialen Integrität
und Souveränität aller Staaten in Europa in ihren Grenzen eine grundlegende Bedingung für
den Frieden ist,
sind übereingekommen, einen Vertrag zur Herstellung der Einheit Deutschlands mit den
nachfolgenden Bestimmungen zu schließen:

Nr. 359N
Anlage 14
Vorschlag des Bundesministers des Innern

Stand: 19. Juli 1990.

Überlegungen zur Struktur des Einigungsvertrages
Präambel
Kapitel I
Länder, Staatsvolk

Artikel 1
Länder

(1) Mit dem Beitritt der Deutschen Demokratischen Republik zur Bundesrepublik Deutschland gemäß Artikel 23 des Grundgesetzes am ... werden die Länder Brandenburg, Mecklenburg-Vorpommern, Sachsen, Sachsen-Anhalt und Thüringen Länder der Bundesrepublik
Deutschland. Für die Grenzen dieser Länder untereinander sind die Bestimmungen des ...
(Ländereinführungsgesetz der DDR) maßgebend, die bis zu ihrer vollständigen Ausführung
als Bundesrecht fortgelten.
(2) Die 23 Stadtbezirke von Berlin einschließlich des zum Bezirk Spandau gehörenden Gebietes West-Staaken bilden das Land Berlin.

Artikel 2
Staatsvolk
Die Deutschen beider Teile Deutschlands bilden ein einheitliches Staatsvolk.

Kapitel II
Überleitung des Grundgesetzes
Artikel 1
Inkrafttreten des Grundgesetzes

Mit dem Wirksamwerden des Beitritts tritt das Grundgesetz für die Bundesrepublik Deutschland in den Ländern Brandenburg, Mecklenburg-Vorpommern, Sachsen, Sachsen-Anhalt und Thüringen sowie in dem Teil des Landes Berlin, in dem es bisher nicht galt, mit den sich aus Artikel 3 ergebenden Änderungen in Kraft, soweit nicht etwas anderes bestimmt wird.

Artikel 2
Ausnahmen

Artikel 3
Beitrittsbedingte Änderungen des Grundgesetzes

Das Grundgesetz für die Bundesrepublik Deutschland vom 23. Mai 1949 wird wie folgt geändert:
1. Die Präambel wird wie folgt gefaßt: ...
2. Artikel 23 wird aufgehoben.
3. Artikel 29 wird wie folgt gefaßt: ...

Artikel 4
(Sonderbestimmungen für die Finanzverfassung)

Kapitel ...
Überleitung von Bundesrecht

Artikel 1
Übergeleitetes Recht

(1) In den in Kapitel I Artikel 1 genannten Gebieten werden die in Anlage I bis ... aufgeführten Vorschriften des Bundesrechts mit den dort genannten Maßgaben in Kraft gesetzt. Soweit nichts anderes bestimmt ist, treten sie am Tage des Beitritts in Kraft.

(2) Soweit die Inkraftsetzung von Bundesrecht nicht durch den Gesetzgeber erfolgt, wird die Bundesregierung ermächtigt, bis zum ... (Stichtag) geltendes Bundesrecht durch Rechtsverordnung in den genannten Gebieten in Kraft zu setzen. Vor Erlaß der Rechtsverordnung nach Satz 1 sind die Regierungen der betroffenen Gebiete zu hören. Die Rechtsverordnungen bedürfen der Zustimmung des Bundesrates, wenn sie sich auf Gesetze beziehen, die der Zustimmung des Bundesrates bedürfen.

(3) Die übergeleiteten Rechtsvorschriften können durch den ursprünglich zuständigen Verordnungsgeber aufgrund der einschlägigen Ermächtigungen geändert oder aufgehoben werden.

Artikel 2
Sonderregelungen für Berlin (Ost)

Kapitel ...
Weitergeltendes Recht

Artikel 1
Geltung bisherigen Rechts

(1) Recht der Deutschen Demokratischen Republik gilt in den in Kapitel I Artikel 1 genannten Gebieten fort, soweit es mit dem Grundgesetz unter Berücksichtigung dieses Vertrages sowie mit unmittelbar geltendem Recht der Europäischen Gemeinschaften vereinbar ist oder soweit nicht etwas anderes bestimmt wird.

(2) Recht, das Gegenstände der ausschließlichen Gesetzgebung des Bundes betrifft, gilt als Bundesrecht fort, wenn und soweit es sich auf Sachgebiete bezieht, die im gesamten übrigen Geltungsbereich des Grundgesetzes bundesrechtlich geregelt sind; für die Dauer seiner Fortgeltung als Bundesrecht werden die in Kapitel I Artikel 1 genannten Länder ermächtigt, mit Zustimmung der Bundesregierung dieses aufzuheben, zu ändern oder zu ergänzen. Für Recht, das Gegenstände der Rahmengesetzgebung des Bundes betrifft, gilt Satz 2 entsprechend.

Artikel 2
(Außerkraftsetzung von DDR-Rechtsvorschriften)
Kapitel ...
[Umsetzung der „Gemeinsamen Erklärung der Regierungen
der Bundesrepublik Deutschland und der
Deutschen Demokratischen Republik zur Regelung
offener Vermögensfragen" vom 15. Juni 1990][36]

Kapitel ...
Öffentliche Verwaltung

Artikel 1
Behörden

Artikel 2
Fortgeltung von Entscheidungen der öffentlichen Verwaltung
[Kapitel ...
Recht der Europäischen Gemeinschaften][37]

Kapitel ...
Völkerrechtliche Verträge

Kapitel ...
Öffentlicher Dienst

Kapitel ...
Eisenbahnwesen

Kapitel ...
Verhältnis zum Staatsvertrag über die Schaffung
einer Währungs-, Wirtschafts- und Sozialunion

Die Verpflichtungen aus dem Vertrag vom 18. Mai 1990 über die Schaffung einer Währungs-, Wirtschafts- und Sozialunion zwischen der Bundesrepublik Deutschland und der Deutschen Demokratischen Republik gelten fort, soweit nicht in diesem Vertrag Abweichendes bestimmt wird oder die Vereinbarungen im Zuge der Herstellung der deutschen Einheit gegenstandslos werden.

Kapitel ...
Inkrafttreten

Schlußformel

---

36 Eckige Klammern in der Textvorlage.
37 Eckige Klammern in der Textvorlage.

Nr. 360
Schreiben des Ministerpräsidenten Ryschkow an Bundeskanzler Kohl
Moskau, 18. Juli 1990

BK, 132 – 35400 De 12 NA 5 Bd. 6. – [Übersetzungs-]Überprüfung 105 – 90/4091.

Sehr geehrter Herr Bundeskanzler,

die sowjetische Führung stellt mit Genugtuung fest, daß im Verlaufe der Verhandlungen auf höchster Ebene in Moskau und Stawropol[1] der Grundsatz bestätigt worden ist, daß die Schaffung der Wirtschafts-, Währungs- und Sozialunion zwischen der Bundesrepublik Deutschland und der DDR zu keiner Störung der bestehenden wirtschaftlichen Verbindungen führen und der Sowjetunion keinen Schaden zufügen soll. Aus der Vereinigung Deutschlands und der Durchführung bedeutender wirtschaftlicher Umgestaltungen in der UdSSR ergeben sich neue Möglichkeiten für die Vertiefung der sowjetisch-deutschen Zusammenarbeit und deren Übergang zu einem qualitativ neuen Niveau.

Es ist Übereinstimmung darin erzielt worden, daß es notwendig ist, einen Vertrag abzuschließen, der die für die UdSSR entstehenden wirtschaftlichen und finanziellen Folgen im Zusammenhang mit der Umsetzung von praktischen Maßnahmen zur Vereinigung Deutschlands und der Einführung der Mark der Bundesrepublik Deutschlands in der DDR regeln soll.

Es besteht auch Einverständnis über die Beteiligung der Bundesrepublik Deutschland und in der Folgezeit des geeinten Deutschlands an der Finanzierung und der materiellen Sicherstellung der Errichtung von Wohnkomplexen in der UdSSR für heimkehrende Armeeangehörige sowie über die Einrichtung spezieller Zentren für deren Umschulung auf zivile Berufe. Unter Berücksichtigung des auf höchster Ebene erfolgten Meinungsaustausches gehen wir davon aus, daß bei der Abwicklung der mit der Finanzierung des Unterhalts der Westgruppe der Streitkräfte zusammenhängenden Verrechnungen vom 1. Januar 1991 an keine schlechteren Modalitäten als die für die zweite Hälfte 1990 vereinbarten gelten werden.

Wir sind bereit, unverzüglich Verhandlungen über folgende wichtigste Fragen aufzunehmen.

1. Finanzielle Verrechnungen, die mit dem Aufenthalt sowjetischer Streitkräfte in Deutschland zusammenhängen.

2. Die rechtlichen und wirtschaftlichen Aspekte der Nutzung von Immobilien durch die Westgruppe der Streitkräfte.

3. Entwicklung breit angelegter Handels- und Wirtschaftsbeziehungen einschließlich solcher Bereiche der Zusammenarbeit wie Landwirtschaft, Nahrungsmittelindustrie, Konsumgüterproduktion, Konversion der Rüstungsindustrie, Weltraum, Verkehrs- und Fernmeldewesen.

4. Einvernehmliche Lösung der Probleme, die im Zusammenhang mit der Einbeziehung der DDR in den Geltungsbereich der EG stehen.

5. Eine Bestandsaufnahme der geltenden Verträge und Abkommen zwischen der UdSSR und der BRD sowie zwischen der UdSSR und der DDR mit dem Ziel ihrer Erneuerung, Verlängerung oder Anpassung an die neuen Bedingungen.

Für die Lösung der obengenannten Fragen wäre es zweckmäßig, eine trilaterale Sondergruppe aus bevollmächtigten Vertretern der UdSSR, der BRD und der DDR auf der Grundlage der Regierungskommissionen zwischen der UdSSR einerseits und der BRD und der DDR andererseits zu schaffen.

---

1 Nr. 350, Nr. 352 und Nr. 353.

Von sowjetischer Seite wird diese Arbeit vom Stellvertreter des Vorsitzenden des Minister-rates der UdSSR, S.A. Sitarjan, geleitet.

Die Verhandlungen könnten in nächster Zeit in Bonn oder Berlin aufgenommen werden.

Wir sind auch bereit, eine solche Begegnung in Moskau durchzuführen.

Ein Brief mit dem Vorschlag über die Durchführung trilateraler Verhandlungen wurde an den Ministerpräsidenten der DDR, de Maizière, gerichtet.

Genehmigen Sie, Herr Bundeskanzler, den Ausdruck meiner vorzüglichen Hochachtung.

> N. Ryschkow
> Vorsitzender des
> Ministerrates der UdSSR

Nr. 361
Schreiben des Bundeskanzlers Kohl an Präsident Bush
Bonn, 19. Juli 1990

BK, 21 – 30100 (102) Br 8 (VS) Bd. 30, Bl. 121 f. – Tag der Ausfertigung hs. ergänzt. Mit Paraphe: „K[aestner] 19/7".

Lieber George,

mit dem Gipfeltreffen der Staats- und Regierungschefs der NATO in London,[1] mit den Er-gebnissen meines kürzlichen Besuchs in der Sowjetunion, über die ich Sie schon telefonisch unterrichtet habe,[2] und mit dem letzten 2+4-Gespräch auf der Ebene der Außenminister[3] ist der äußere Rahmen abgesteckt, in dem sich noch in diesem Jahr die deutsche Einheit voll-enden wird.

An dieser entscheidenden Wegemarke in der Geschichte nicht nur des deutschen Volkes, sondern Europas insgesamt, möchte ich Ihnen, lieber George, noch einmal aufs herzlichste für die großartige Unterstützung danken, die Sie und das amerikanische Volk uns Deutschen von Anfang an auf unserem Weg zur Einheit gewährt haben.

Mit großer Dankbarkeit denke ich insbesondere an unser Telefongespräch nach dem Fall der Berliner Mauer im November letzten Jahres[4] sowie an Ihr Schreiben vom 9. Februar d.J.[5] zurück, das bereits heute ein Dokument der deutsch-amerikanischen Freundschaft und Partnerschaft von historischem Rang ist.

Ich denke an unsere guten Gespräche am Kamin von Camp David[6] und an die laufende enge Abstimmung zwischen uns und unseren Mitarbeitern in den dann folgenden Wochen.

Diese Zusammenarbeit hat sich besonders im Vorfeld des Londoner NATO-Gipfels und in der Abfassung der Londoner Erklärung[7] bewährt. Daß Sie, lieber George, persönlich den Anstoß für diese zukunftsweisende Erklärung gegeben haben,[8] ist und bleibt ein historisches Verdienst um unser Bündnis. Denn mit dieser Erklärung haben wir die Tür weit geöffnet für die sicherheitspolitische Einbindung des künftigen geeinten Deutschlands in eine sich verän-dernde NATO, für die weitere Festigung der transatlantischen Partnerschaft, für ein neues

---

1 Nr. 344 – Nr. 344I.
2 Nr. 355.
3 Nr. 354 – Nr. 354B.
4 Nr. 82.
5 Nr. 170.
6 Nr. 192 – Nr. 194.
7 Nr. 344A Anm. 8.
8 Nr. 321 und Nr. 321A.

Verhältnis der Freundschaft und Zusammenarbeit mit den Staaten des Warschauer Pakts und nicht zuletzt für die Festigung des Bündnisses selbst als einer gemeinsamen Werten und solidarischer Politik verpflichteten Allianz der freiheitlichen Demokratien Westeuropas und Nordamerikas.

Ich wäre Ihnen, lieber George, sehr verbunden, wenn Sie meinen Dank auch Ihren Mitarbeitern, insbesondere an Außenminister James Baker und Sicherheitsberater General Brent Scowcroft, übermitteln würden.

Mit herzlichen Grüßen an Sie und Barbara, denen sich auch Hannelore anschließt, bin ich

Helmut Kohl

Nr. 362
Schreiben des Bundeskanzlers Kohl an Präsident Delors
Bonn, 20. Juli 1990

BK, 211 – 35400 Eg 29 Bd. 3. – Übermittlung per Telekopie.

Sehr geehrter Herr Präsident,
lieber Jacques,

wie ich soeben erfahre, besteht die Absicht, im Rahmen der Kommission bis Anfang September das Paket von Übergangsregelungen zur Integration der DDR, einschließlich für den Bereich der Strukturpolitiken, dem Rat vorzulegen.

Offensichtlich besteht in diesem Zusammenhang auch die Absicht, den Plafond für die Eigenmittel der EG zu erhöhen. Ein derartiger Schritt hätte verständlicherweise zur Folge, daß in allen Hauptstädten der EG-Mitgliedsstaaten die Notwendigkeit einer höheren Abgabe an die EG mit der deutschen Wiedervereinigung begründet wird.

Wie Sie, lieber Jacques, wissen, habe ich mich immer gegen eine solche Entwicklung ausgesprochen, und ich habe nicht die Absicht, meine Position zu ändern.

Ich darf Sie deshalb herzlich bitten, daß wir – bevor die Kommission ihre Vorschläge endgültig formuliert – miteinander sprechen.[1]

Den zuständigen Ressorts in der Bundesregierung habe ich heute meine Position in dieser Frage noch einmal verdeutlicht.

Mit freundlichen Grüßen
Ihr
Helmut Kohl

1 Nr. 388.

Nr. 363
Schreiben des Bundeskanzlers Kohl an Vizepräsident Bangemann
Bonn, 20. Juli 1990

BK, 211 – 35400 Eg 29 Bd. 3.

Lieber Herr Bangemann,

beigefügt übersende ich Ihnen Kopie meines heutigen Briefes an Präsident Delors[1] mit der herzlichen und dringenden Bitte, in diesem Sinne zu verfahren.

Das letzte, was wir angesichts der Stimmungslage in Europa jetzt brauchen, ist die These: „Wir müssen die deutsche Wiedervereinigung bezahlen."

Mit freundlichen Grüßen
Ihr
Helmut Kohl

Nr. 364
Schreiben des Bundeskanzlers Kohl an Bundesminister Blüm
Bonn, 20. Juli 1990

BK, 311 – 35022 De 1 NA 1 Bd. 2. – Ms. vermerkt: „sofort dringend".

Lieber Herr Blüm,

unmittelbar vor meiner Abreise in den Urlaub[1] erfahre ich, daß die Bundesministerien für Arbeit und Sozialordnung, für Wirtschaft und für Ernährung, Landwirtschaft und Forsten Gespräche mit der EG-Kommission in Brüssel wegen der Übergangsregelungen für die DDR, insbesondere auch für den Bereich der Strukturfonds, aufgenommen haben.

Wie ich ebenfalls höre, ist die Kommission dabei, hierzu ein Paket zu erarbeiten, daß sie Anfang September dem Rat vorlegen wird.

Das Ergebnis der Bemühungen der Kommission wird mit Sicherheit dazu führen, daß 1991 der Eigenmittelplafond der EG erhöht werden muß.

In der Praxis bedeutet dies, daß in der EG und in allen Hauptstädten der EG-Länder die Erhöhung der Mittel mit der deutschen Wiedervereinigung begründet wird. Natürlich weiß ich, daß dies so nicht stimmt, aber die psychologischen Wirkungen in der ohnehin schwierigen Gesamtsituation sind unübersehbar.

Ich habe deshalb den dringenden Wunsch, daß Sie in Ihrem Bereich die Anweisung geben, die oben geschilderten Bemühungen sofort einzustellen, und wir unmittelbar nach meiner Rückkehr in dieser Sache eine abschließende Besprechung führen.

An die ebenfalls zuständigen Bundesminister habe ich gleichlautendes Schreiben gerichtet.

Mit freundlichen Grüßen
Ihr
Helmut Kohl

1 Nr. 362.
1 Bundeskanzler Kohl trat am Mittag des 20. Juli 1990 seinen Urlaub an; am 20. August 1990 nahm er die Amtsgeschäfte in Bonn wieder auf.

Nr. 365
Schreiben des Präsidenten Bush an Bundeskanzler Kohl
20. Juli 1990

BK, 21 – 30101 A 5 (20) Wi 14/4/90, Bd. 7, Bl. 367/3. – Arbeitsübersetzung des Majors i.G. Domröse. Erste Ausfertigung. Az. 21 – 68320 – Wi 14/4/90. Geheim.

Lieber Helmut,

als Gastgeber des jüngsten Treffens in Houston möchte ich Ihnen für Ihre zahlreichen Beiträge danken, die aus meiner Sicht zu einem äußerst fruchtbaren Gipfel führten. Wir haben bedeutende Fortschritte auf einer Zahl von Feldern erzielt, die für jeden einzelnen von uns und für die Welt als Ganze sehr entscheidend sind.

Unsere Gespräche über die Bitte Präsident Gorbatschows um westliche Unterstützung waren besonders wichtig. Wie in Houston vereinbart, habe ich Präsident Gorbatschow in einem Brief unsere Entscheidungen mitgeteilt.

Wie ich höre, hat Michael Camdessus bereits zu einem Treffen mit Barber Conable, Jacques Attali und Jean-Claude Paye eingeladen, um die Studie über die sowjetische Wirtschaft zu erörtern, mit der ihre Institutionen beauftragt worden sind.

Das Houston-Kommuniqué[1] sieht für ihre Arbeit klare Richtlinien vor: Ausarbeitung einer detaillierten Studie der sowjetischen Wirtschaft, Empfehlungen für ihre Reform und die Ausarbeitung von Kriterien, entsprechend denen westliche Wirtschaftshilfe diese Reform wirksam unterstützen könnte.

Es wird für unsere Vertreter beim IMF und den anderen Organisationen bedeutsam sein, mit dem Fortschreiten dieser Studie in engem Kontakt untereinander zu bleiben. Michael Camdessus hat uns versichert, daß dieses Projekt schnell vorangetrieben wird und daß wir den Bericht im Dezember erhalten werden.

Ich freue mich darauf, mit Ihnen in bewährter enger Zusammenarbeit diese und andere Fragen weiter zu erörtern.

Mit herzlichen Grüßen
George

---

1 Nr. 344A Anm. 17.

Nr. 366
Vorlage des Ministerialdirigenten Hartmann an Bundeskanzler Kohl
Bonn, 23. Juli 1990

BK, 21 – 30101 A 5 (20) Wi 14/5/90, Bd. 7, Bl. 367/1–367/2. – Mitverfasser: VLR Westdickenberg, Major i.G. Domröse. Eine Ausfertigung. Az. 21 – 68320 – Wi 14/5/90. Geheim. Hs. von dem Bundeskanzler Kohl vermerkt: „Eisel H. Hartmann". Hs. vermerkt: „GL 21 z.w.V. E[isel] 25/7".

Betr.: Implementierung des Wirtschaftsgipfels in Houston;
hier: 1. Brief von Präsident Bush an Sie vom 20. Juli 1990 („Skipper")
2. Brief von Präsident Bush an Präsident Gorbatschow

1 Anlage

1. Votum
Kenntnisnahme und Zustimmung zu Vorschlag in Ziffer 3.

2. Sachverhalt
2.1. Mit dem anliegend in Arbeitsübersetzung beigefügten Schreiben vom 20. Juli[1] dankt Ihnen Präsident Bush für Ihre Unterstützung beim Wirtschaftsgipfel[2] und geht inhaltlich kurz auf die Bitte Gorbatschows um westliche Unterstützung und die Reaktion des Gipfels ein. Präsident Bush betont die Bedeutung, die bisherige enge bilaterale Zusammenarbeit mit Ihnen fortzusetzen.
2.2. Von der amerikanischen Botschaft wurde am 20. Juli ferner der Durchdruck eines Schreibens von Präsident Bush an Präsident Gorbatschow vom 18. Juli übermittelt, in dem Präsident Bush im Namen der Gipfelteilnehmer Gorbatschows Botschaft an die G 7 vom 4. Juli[3] beantwortet. Darin macht Präsident Bush deutlich, daß die westliche Hilfe durch sowjetische Entscheidungen in drei Bereichen „gefördert" würde: fundamentale Wirtschaftsreformen hin zur Marktwirtschaft, Umlenkung substantieller Ressourcen weg vom militärischen Sektor und Verminderung der Unterstützung für Länder, die Regionalkonflikte schüren.
Abschließend betont Präsident Bush, die Entscheidungen von Houston und London (NATO-Gipfel)[4] seien klare Zeichen dafür, daß die Beziehungen zwischen der Sowjetunion und den „industriellen Demokratien" in eine neue Phase getreten seien und nun alle Anstrengungen darauf gerichtet werden müßten, eine friedlichere und wohlhabendere Welt zu schaffen.

3. Wertung
3.1. ⟨Eine Beantwortung des Schreibens an Sie erscheint nicht erforderlich. Ich erbitte aber Ihre Zustimmung zur Weiterleitung des Briefes an die Bundesminister Genscher, Waigel und Haussmann.⟩[5]
3.2. ⟨Übersetzung des Schreibens von Präsident Bush an Präsident Gorbatschow wird Ihnen nach Rückkehr aus Ihrem Urlaub vorgelegt werden, zumal in der Sache nichts zu veranlassen ist.⟩[6]

Hartmann

---

1 Nr. 365.
2 Nr. 344A Anm. 17.
3 Nr. 350 Anm. 10.
4 Nr. 344A Anm. 8.
5 ⟨ ⟩ Hs. am rechten Rand vermerkt: „Ja"; hier und im folgenden hs. Anmerkungen des Bundeskanzlers Kohl.
6 ⟨ ⟩ Hs. am rechten Rand vermerkt: „Ja".

Nr. 367
Vermerk des Regierungsdirektors Lehnguth
für die Sitzung des Kabinettausschusses Deutsche Einheit am 24. Juli 1990
Bonn, 23. Juli 1990

BK, 421 – 60000 Wi 3 NA 2 Bd. 3. – Az. 332 – 35022 – De 12 (A 5).

<u>hier:</u>   Vertrag über die Herstellung der Einheit Deutschlands
(Einigungsvertrag)

I. <u>Allgemeines</u>
Zwischen dem 10. und 20. Juli 1990 fanden in Berlin und Bonn zwischen den Bundesressorts unter Beteiligung der Bundesländer mit den entsprechenden Ministerien der DDR Fachgespräche über die im Einigungsvertrag zu treffenden Regelungen statt. Sie wurden auf der Grundlage der in der ersten Verhandlungsrunde am 6. Juli 1990[1] getroffenen Absprachen über weiteres Verfahren, Zeitplan und Verhandlungsthemen geführt.

II. <u>Struktur des Vertrages</u>
Über den wesentlichen Inhalt und die Struktur des Vertrages wurden folgende Ergebnisse erzielt:

1. <u>Präambel Einigungsvertrag</u>
Hier besteht über wesentliche Elemente Einigkeit. Nach dem Gespräch des Vorsitzenden des Zentralrats der Juden in Deutschland, Galinski, beim Bundeskanzler[2] ist allerdings noch eine Formulierung zur „geschichtlichen Verantwortung für die Vergangenheit", die der Bundeskanzler zugesagt hat, einzufügen.

2. <u>Beitritt der DDR gemäß Art. 23 GG</u>
In der einleitenden Bestimmung des Vertrages soll der Zeitpunkt genannt werden, zu dem der Beitritt der DDR wirksam wird.

3. <u>Weitere Kapitel des Vertrages befassen sich mit:</u>
– Überleitung des Grundgesetzes
– Überleitung des Bundesrechts
– Weitergeltung des bisherigen DDR-Rechts
– Überleitung von Behörden und Einrichtungen der öffentlichen Verwaltung und der Rechtspflege
– Beschäftigungsverhältnissen im öffentlichen Dienst
– Fortgeltung von Verwaltungsentscheidungen
– Generelle Überleitung des EG-bedingten nationalen Rechts
– Grundsätzliche Fortgeltung der völkerrechtlichen Verträge der Bundesrepublik Deutschland, Aufnahme von Gesprächen über die Verträge der DDR
– Umsetzung der „Gemeinsamen Erklärung der Regierungen der Bundesrepublik

---

1 Nr. 345.
2 Gegenstand des Gesprächs am 18. Juli 1990 war das Anliegen des Zentralrates der Juden in Deutschland, „ein Bekenntnis zur deutschen Geschichte in allen ihren Teilen" in die Präambel des Einigungsvertrages aufzunehmen. Nach Mitteilung des Regierungssprechers Klein nahm Bundeskanzler Kohl „diesen Vorschlag positiv auf" und schlug vor, „das Gespräch darüber fortzusetzen" (Bulletin. Nr. 95. 20. Juli 1990, 818). Ein zuvor von Galinski übermitteltes Memorandum (Schreiben an Bundeskanzler Kohl, 28. Juni 1990, mit Memorandum; BK, 132 – 35400 De 12 NA 5 Bd. 1) enthielt die Forderung, in der Präambel zu erklären, „daß die Gründung des neuen deutschen Staates im vollen Bewußtsein der Kontinuität der deutschen Geschichte des 20. Jahrhunderts geschieht". Dazu gehöre ein „uneingeschränktes Bekenntnis zur Verantwortung für die Vergangenheit" ebenso wie „der erklärte Wille, sowohl rechtliche als auch politische Garantien" gegen „eine Wiederkehr der totalitären Herrschaft oder ihrer wesentlichen Elemente" zu schaffen.

Deutschland und der Deutschen Demokratischen Republik zur Regelung offener Vermögensfragen" vom 15. Juni 1990[3]
– Übergangsregelungen für besondere Sachgebiete.

III. Zentrale Verhandlungsthemen

1. Beitrittsbedingte Änderungen des Grundgesetzes
   Die Bundesressorts und die DDR treten im Hinblick auf den Zeitdruck dafür ein, nur unbedingt notwendige Änderungen des Grundgesetzes vorzunehmen:[4]
   – Anpassung der Präambel,
   – Änderung oder Aufhebung von Art. 23,
   – Änderung von Art. 29 (DDR: kein Handlungsbedarf),
   – ggf. Änderung von Art. 146,
   – Ergänzung des GG um einen zusätzlichen Artikel, der die Schaffung von den Bestimmungen des GG abweichenden Übergangsrechts ermöglicht.
   Die Länder treten entsprechend den von den Ministerpräsidenten beschlossenen „Eckpunkten"[5] für weitergehende Grundgesetzänderungen ein.
   Wegen der Einzelheiten siehe hierzu gesonderten Vermerk von Ref. 332.[6]

2. Haushalts- und Finanzhilfen
   Hier gibt es einen gemeinsamen Zwischenbericht der Staatssekretäre Dr. Siegert (Ministerium der Finanzen) und Dr. Klemm (BMF).[7] Übereinstimmung ergibt sich in folgendem:
   – grundsätzliche Inkraftsetzung der Vorschriften des Grundgesetzes über das Finanzwesen im weiteren Sinne für die beitretenden Länder,
   – grundsätzliche Übernahme der Vorschriften des Haushalts- und des Steuerrechts sowie der Zölle,
   – die Organisation der Finanzverwaltung in den Ländern und Gemeinden der DDR.[8]
   Keine Übereinstimmung ergibt sich in folgenden Fragen:
   – Vertikale Verteilung des Steueraufkommens zwischen den Ländern im beitretenden Teil Deutschlands und dem Bund.
   – Bund und Länder: für Übertragung der Steuerverteilung nach Art. 106 GG.
   – DDR: bis Ende 1994 Zuweisung des gesamten Steueraufkommens einschl. Bundessteuern auf dem Gebiet der bisherigen DDR an die neuen Länder einschl. deren Gemeinden.

---

3 Nr. 328A Anm. 8.
4 Der Kabinettausschuß Deutsche Einheit erzielte am 24. Juli 1990 Einvernehmen, „nur die aus Anlaß des Beitritts notwendigen Änderungen" vorzunehmen (Vorlage des Regierungsdirektors Lehnguth an den Chef des Bundeskanzleramtes Seiters betr. Deutsche Einheit, hier: – Einigungsvertrag, – Wahlvertrag, 31. Juli 1990; BK, 132 – 35400 De 12 NA 5 Bd. 10).
5 Nr. 342A.
6 Vermerk des Regierungsdirektors Lehnguth betr. Änderungen des Grundgesetzes im Zusammenhang mit dem Beitritt der DDR nach Art. 23 GG, 20. Juli 1990, abgezeichnet „i.V. Bu[sse] 23.7. "; BArch, B 136/26286, 441 – 14020 Mi 3 NA 1 Bd. 4.
7 Zwischenbericht der Arbeitsgruppe Haushalts- und Finanzwesen an die Leiter der Verhandlungsdelegationen zur Vorbereitung des Einigungsvertrages zwischen der Bundesrepublik Deutschland und der Deutschen Demokratischen Republik, unterzeichnet von Staatssekretär Klemm und Staatssekretär Siegert, Berlin/Bonn, 20. Juli 1990; BArch, B 136/ 29252, 122 – 14020 Mi 1, Besprechung Chef BK/CdS, 25. 7. 1990, Mappe Chef BK.
8 Staatssekretär Klemm legte in der Sitzung des Kabinettausschusses Deutsche Einheit am 24. Juli 1990 „einen generellen Vorbehalt des BMF gegenüber finanzwirksamen Zusagen der Ressorts im Zusammenhang mit den Fachgesprächen" ein (Vorlage des Regierungsdirektors Lehnguth; Anm. 4).

– Aufteilung der Mittel des Fonds „Deutsche Einheit" für die Erfüllung zentralstaatlicher und länderspezifischer Aufgaben im beitretenden Teil Deutschlands
Bund: feste Anteile für DDR-Länder und Bund.
DDR: Entscheidung für jedes Haushaltsjahr im jeweiligen Haushaltsgesetz.

– Zuordnung der Defizite und Neuverschuldung auf die einzelnen Gebietskörperschaften
Unstreitig: Übernahme der Gesamtverschuldung des Republikhaushalts der DDR bis Ende 1993 auf Sondervermögen und erst anschließend Aufteilung der Schulden nach Art. 27 Abs. 3 des Staatsvertrages vom 18. Mai 1990.
Bund: Beteiligung der DDR-Länder zu einem Drittel an den Zinsleistungen.
DDR: Zinsleistungen des Sondervermögens bis Ende 1993 sind von Bund und Treuhandanstalt zu tragen.

– Sofortige und umfassende Nutzung der Mischfinanzierungstatbestände
Bund: schrittweise Erstreckung der Ausführungsgesetze unter Berücksichtigung der vorhandenen Strukturunterschiede und der finanziellen Möglichkeiten des Bundes.
Länder: im Hinblick auf Fonds „Deutsche Einheit" grundsätzlicher Vorbehalt gegen Inkraftsetzung der Art. 91a, 91b, 104a Abs. 3 und 4 GG im beitretenden Teil Deutschlands.
DDR: zugehörige Ausführungsgesetze des Bundes sofort uneingeschränkt auf bisheriges DDR-Gebiet erstrecken.

– Verteilung des öffentlichen Vermögens auf die staatlichen Ebenen einschließlich Stichtagsproblematik
Bund: Beim Verwaltungsvermögen soll auf die Zweckbestimmung mit Stichtag 1. Oktober 1989 abgestellt und bestimmt werden, daß den Gebietskörperschaften in der bisherigen DDR Vermögenswerte, die ihnen vom Zentralstaat entzogen worden sind, unentgeltlich zurückübertragen werden.
DDR: DDR-Gesetze über Verteilung des öffentlichen Vermögens sollen weiterhin gelten.

– Verteilung des Länderanteils an der Umsatzsteuer
Bund: Aufteilung in West- und Ost-Anteil nach Einwohnerzahl.
Länder: Ablehnung, da Finanzbeteiligung der Länder durch Fonds „Deutsche Einheit" abschließend geregelt.
DDR: Gesamtumsatzsteueraufkommen in der bisherigen DDR an die DDR-Länder einschl. Gemeinden.

3. Rechtsangleichung, Überleitung von Bundesrecht[9]
Siehe hierzu gesonderten Vermerk von Ref. 332.[10]

---

9 Diskutiert wurden die Alternativen einer „Positivliste" – darin sollten die für das Beitrittsgebiet geltenden bundesrechtlichen Vorschriften im Anhang zum Einigungsvertrag aufgezählt werden – und einer „Negativliste", derzufolge grundsätzlich bundesdeutsches Recht mit Ausnahme der im Anhang zum Einigungsvertrag aufgeführten Bestimmungen der DDR gelten sollte. Überlegungen des Bundesministeriums des Innern gingen von der Konzeption der Positivliste aus. Insbesondere das Bundesministerium der Justiz und das Bundesministerium für Arbeit und Sozialordnung bevorzugten eine Negativliste. „Einvernehmen" bestand darüber „abzuwarten, welche Haltung die DDR in den Verhandlungen" vertreten würde. Als Ergebnis der Sitzung des Kabinettausschusses Deutsche Einheit am 31. Juli 1990 wollte das Bundesministerium des Innern „auf Drängen von insbesondere BMJ und BMWi in den Verhandlungen für das Prinzip der Negativliste werben" (Vorlage des Regierungsdirektors Lehnguth; Anm. 4).
10 Vermerk des Regierungsdirektors Lehnguth für die Sitzung des Kabinettausschusses Deutsche Einheit am 24. Juli 1990, hier: Überleitung von Bundesrecht durch den Einigungsvertrag, 19. Juli 1990; BArch, B 136/26286, 441 – 14020 Mi 3 NA 1 Bd. 4.

4. Arbeit und Soziales
BMA und MAS sind der Auffassung, daß grundsätzliche Positionen zur Vereinheitlichung des Arbeitsrechts und der Sozialordnung in den Einigungsvertrag aufgenommen werden sollen. Formulierungsvorschläge müssen noch verhandelt werden.

5. Verwaltungseinrichtungen, Öffentlicher Dienst
a) Hinsichtlich des Fortbestands der DDR-Einrichtungen soll im Einigungsvertrag eine Regelung vorgenommen werden, wonach entsprechend der grundgesetzlichen Aufgabenzuweisung entweder die zuständige Landesregierung oder der zuständige Bundesminister hierüber entscheidet.

b) Recht des öffentlichen Dienstes
Hier gibt es einen Arbeitsentwurf:
- grundsätzliches Fortbestehen der Arbeitsverhältnisse für alle Arbeitnehmer der öffentlichen Verwaltung der DDR,[11]
- Ruhens-Regelung von Arbeitsverhältnissen für den Bereich der Bundesverwaltung.
Während über den ersten Teil mit der DDR Einigkeit besteht, bedürfen die Ruhens-Regelungen noch weiterer Abstimmungen.
Zum Beamtenrecht besteht Einvernehmen, im Einigungsvertrag die gesetzlichen Voraussetzungen dafür zu schaffen, im beitretenden Teil soweit wie möglich Beamtenverhältnisse für die Wahrnehmung öffentlicher Aufgaben begründen zu können (dreijährige Probezeit mit der Möglichkeit der Verkürzung).

c) Berlin-Fragen
Offengeblieben ist hier insbesondere die Einbeziehung von West-Staaken in den Gebietsstand des Landes Berlin.
Einigkeit: Grundgesetzbestimmungen der Wehrverfassung und die einschlägigen Gesetze für Berlin (Ost) sollen in gleichem Umfang in Kraft gesetzt werden wie für die fünf Länder in der bisherigen DDR,
- bei der Überleitung von Bundesrecht sollen sofort eingeführt werden die Normen des staatlichen Organisationsrechts und der Gerichtsverfassung einschl. des Verfahrens- und Vollstreckungsrechts.

6. Das vom BMI vorgelegte Papier enthält anschließend für jeden Ressortbereich eine Darstellung der Einvernehmenspunkte sowie der noch offenen Fragen der Überleitung.[12]
Hierzu wird auf die Vorlage des BMI verwiesen.
Besonders hinzuweisen ist auf die Verklammerung des „2+4"-Prozesses mit dem Einigungsvertrag. Da der Einigungsvertrag voraussichtlich vor dem Abschluß der 2+4-Gespräche unterzeichnet wird, ist ein genereller Vorbehalt notwendig. Im Einvernehmen mit der DDR-Seite wird darüber hinaus eine Erklärung zu Protokoll vorgeschlagen.

Lehnguth

---

11 Für den Personalabbau in den Ministerien der DDR war in der Sitzung des Kabinettausschusses Deutsche Einheit am 24. Juli 1990 ein zweistufiges Verfahren vorgesehen worden, demzufolge zunächst eine Regelung durch das jeweilige Ressort, später durch eine zentrale Verwaltungsstelle erfolgen sollte (Vorlage des Regierungsdirektors Lehnguth; Anm. 4).
12 Bericht des Bundesministers des Innern „Vertrag über die Herstellung der Einheit Deutschlands (Einigungsvertrag) – Stand und Ergebnisse der Fachgespräche", 23. Juli 1990; BArch, B 136/29252, 121 – 14020 Mi 1, Besprechung Chef BK/CdS, 25. 7. 1990.

Nr. 368
Schreiben der Premierministerin Thatcher an Bundeskanzler Kohl
London, 24. Juli 1990

BK, 21 – 30100 (102) Br 8 (VS) Bd. 30, Bl. 171–174. – Inoffizielle Übersetzung. Hs. vermerkt: „25.7.1990". – Mit Begleitschreiben des Geschäftsträgers Budd an Bundeskanzler Kohl, 26. Juli 1990 (Bl. 167): „Exzellenz! Ich bin von der Premierministerin, the Right Honourable Margaret Thatcher MP, beauftragt worden, Ihnen das beigefügte Schreiben zu übermitteln, dessen Inhalt Ihnen bereits mit meinem Begleitschreiben vom 25. Juli 1990 zur Kenntnis gebracht wurde. Genehmigen Sie, Exzellenz, den Ausdruck meiner ausgezeichneten Hochachtung." Mit Stempel: Vorzimmer Bundeskanzler, 30. Juli 1990. – Originalschreiben, mit hs. Anrede „Dear Helmut" und unterzeichnet „Warm regards. Yours ever, Margaret", 24. Juli 1990, Bl. 168–170. Mit beiliegendem Vermerk des VLR Westdickenberg: „Colin Budd von der britischen Botschaft übergab die beiden anliegenden Schreiben an den BK: – Antwort auf BK-Schreiben vom 17.7. – Unterrichtung über britische Planungen im Streitkräftebereich, die heute vom britischen VM im Parlament bekanntgegeben werden. Mündlich führte Budd aus: – Man habe uns nicht eher unterrichten können, weil Überlegungen erst im letzten Moment abgeschlossen worden seien. – Die britische Regierung werde ihre endgültigen Entscheidungen im Lichte des Fortschritts bei den KSE-Verhandlungen und bei der Diskussion mit den Bündnispartnern über die Evolution der NATO-Strategie treffen. – Seine Regierung sei offen für Konsultationen in den normalen NATO-Kanälen und erwarte keine sofortige Antwort, weil man davon ausgehe, daß man die britischen Überlegungen erst einmal studieren wolle. – Wir würden evtl. noch heute, spätestens aber morgen den Text der Rede selbst erhalten. Darin werde betont, daß man großen Wert auf Konsultationen mit der Bundesregierung lege, sowohl, was die Größe der BAOR angehe, als auch, was den ganzen Umfang der Fragen anbetreffe, die sich aus der deutschen Einigung und der Beendigung der 4-Mächte-Rechte im Hinblick auf die BAOR und die britischen Einheiten in Berlin ergäben. – Sie seien aufgeschlossen für alle Gesprächswege, die wir für diese Fragen angemessen hielten. Er fuhr unmittelbar anschließend ins AA, um dort H. Hofstetter über die bevorstehende Rede und deren Inhalt zu unterrichten. Kopien der Briefe an den BK werde [er] nicht verteilen, sondern dies uns überlassen."

Lieber Helmut,

auf der Londoner Gipfelkonferenz[1] kamen wir überein, daß durch den Abzug sowjetischer Truppen aus Osteuropa und die Durchführung des KSE-Vertrages die NATO in der Lage sein würde, ihre Streitkräftestruktur und ihre Strategie in Richtung auf kleinere, hochmobile und vielseitige Streitkräfte zu verändern. Wir freuen uns auf baldige Ergebnisse aus der Überprüfung der Strategie und der Streitkräftestruktur, die nun unter der Leitung des Nordatlantikrates erfolgen wird.

Großbritannien leistet einen großen Beitrag zu den konventionellen und nuklearen Streitkräften des Bündnisses. Natürlich haben die Entwicklungen der letzten Monate uns – wie andere auch – dazu veranlaßt, die langfristigen Erfordernisse unserer nationalen Verteidigung zu überdenken. Auf diesem Wege möchte ich Ihnen persönlich die Schlußfolgerungen mitteilen, die wir bisher gezogen haben und zu denen der britische Verteidigungsminister heute im Unterhaus eine Erklärung abgeben wird[2].

Dabei wird er deutlich machen, daß wir in eine Konsultationsphase eintreten. Es sind vorläufige Schlußfolgerungen, die noch der weiteren Detailarbeit und den Konsultationen mit unseren Verbündeten und den NATO-Behörden unterliegen. Wie ich beim Treffen in Lancaster House sagte, ist es meines Erachtens sehr wichtig, daß unsere nationalen Entscheidungen in einer koordinierten Art und Weise getroffen werden, die die Aufgabe der NATO-Verteidigungsplaner erleichtert.

Die wesentlichen Punkte unserer Parlamentserklärung lauten wie folgt:

– Die Überprüfung der Möglichkeiten für eine Umstrukturierung der britischen Streitkräfte geht von dem radikal veränderten militärischen Umfeld in Europa aus, einschließlich der Aussichten auf einen sowjetischen Abzug aus Osteuropa und die Durchführung eines KSE-Abkommens. Deren Zweck liegt darin, eine haltbare Grundlage für die Vertei-

---

1 Nr. 344A Anm. 8.
2 Erklärung des Verteidigungsministers King vor dem britischen Unterhaus, 25. Juli 1990, in: Parliamentary Debates (Hansard). House of Commons. Vol. 177, 470–474.

digung Großbritanniens in den 90er Jahren zu schaffen, die die neuen Umstände widerspiegeln, aber auch die Notwendigkeit, eine starke und zuverlässige Verteidigung gegen alle vorhersehbaren Eventualitäten und einen großen fortbestehenden Beitrag Großbritanniens zur NATO, die auch weiterhin die Grundlage unserer Verteidigung bleibt.

– Das Ziel wird sein, Streitkräfte zu schaffen, die zwar kleiner, aber ausreichend flexibel, beweglich und gut ausgerüstet sind, damit sie innerhalb der NATO und überall dort, wo sie gebraucht sein könnten, einen rechtzeitigen Beitrag leisten können.

– Die Überprüfung wird der eventuellen Notwendigkeit voll Rechnung tragen, unsere Streitkräfte wieder aufzustocken, falls die internationalen Umstände dies je erforderlich machen sollten.

– Wir gehen davon aus, daß die Umstrukturierung schrittweise bis 1995 erfolgen soll.

– Innerhalb dieses Zeitrahmens sehen wir folgendes vor:

i. Die Aufrechterhaltung der unabhängigen britischen strategisch-nuklearen Abschreckungskraft auf dem gegenwärtig geplanten Niveau, zusammen mit einer substrategischen Streitmacht von nuklearfähigen Tornado-Flugzeugen.

ii. Die Aufrechterhaltung der konventionellen Verteidigung Großbritanniens und der heimischen Gewässer auf etwa dem gegenwärtigen Niveau.

iii. Die Reduzierung unserer in Deutschland stationierten Streitkräfte auf etwa die Hälfte des gegenwärtigen Niveaus. Wir werden auch weiterhin einen erheblichen Beitrag zu den alliierten Land- und Luftstreitkräften leisten. Während Deutschland die Verantwortung für die Sicherung der Lufthoheit übernimmt, würden wir unseren Luftverteidigungsbeitrag in dem Bereich abbauen.

iv. Mit dem Abzug sowjetischer Streitkräfte aus der heutigen DDR werden wir auch unsere Garnison – einschließlich des RAF-Kontingents – aus Berlin abziehen.

v. Die Aufrechterhaltung einer amphibischen Fähigkeit zur Verstärkung des Abschnitts Nord zusammen mit einem Beitrag der Luftstreitkräfte. Wir werden die Notwendigkeit der britischen Eingreifkräfte überprüfen.

vi. Eine Reduzierung der Flotte auf etwa 40 Fregatten/Zerstörer und etwa 16 U-Boote (zusätzlich zu unserer Trident-Streitmacht).

vii. Die Einrichtung einer strategischen Reservedivision, die amphibische, Fallschirm-, luftbewegliche und Panzerverbände zusammenbringen soll.

viii. Die Bereitstellung von Streitkräften für unsere abhängigen Gebiete und überseeischen Verantwortungen, solange sie noch dort gebraucht werden.

Ich weiß, daß diese Entscheidungen für Deutschland von wesentlicher Bedeutung sind. Sie stehen, so hoffe ich, im Einklang mit den neuen Realitäten in Mitteleuropa, aber sie bringen außerdem unsere Bereitschaft zum Ausdruck, auch weiterhin unsere vollständige Rolle bei den kollektiven Verteidigungsanstrengungen in Deutschland zu spielen. Wir freuen uns auf enge Konsultationen mit der Bundesregierung über die einzelnen Fragen, die sich aus diesen Vorschlägen ergeben.

Mit freundlichen Grüßen
Margaret

Nr. 369
Besprechung des Bundesministers Schäuble mit
den Chefs der Staats- und Senatskanzleien der Länder
Bonn, 25. Juli 1990

BArch, B 136/29252, 121 – 14020 Mi 1, Besprechung Chef BK/CdS, 25.7.1990. – Undatiertes Ergebnisprotokoll. – Vertreter: St Schröder (Berlin) i.V. für den wegen Urlaub abwesenden Min Clement (Vorsitz Länderseite), St Menz (Baden-Württemberg), MD Rauscher (Bayern), StR Fuchs (Bremen), SenDir Schmid i.V. von StR Vahrenholt (Hamburg), MDg Frh. von der Osten-Sacken i.V. von St Gauland (Hessen), St Scheibe (Niedersachsen), MDg Hessing (Nordrhein-Westfalen), MD Bastian i.V. von St Schreiner (Rheinland-Pfalz), St Kopp (Saarland), St Pelny (Schleswig-Holstein); Ressorts: BM Schäuble, MDg Duisberg, St Sudhoff, St Kroppenstedt, St Neusel, St Kinkel, St Klemm i.V. von St Köhler, St Schlecht i.V. von St von Würzen, St Priesnitz, St Jagoda, St Knittel, St Stroetmann, PSt Probst, St Schaumann, St Kittel, MD Vogel; Bundeskanzleramt: StM Stavenhagen; Protokollführer: RiVG Köster (Teilnehmerliste; BArch, B 136/29252, 122 – 14020 Mi 1, Besprechung Chef BK/CdS, 25.7.1990, Mappe BK). – Besprechungsbeginn: 10.30 Uhr.

Bundesminister Schäuble, in Vertretung für den abwesenden Chef des Bundeskanzleramtes, und die Chefs der Staats- und Senatskanzleien verständigen sich auf folgende Tagesordnung:
1. Stand der Verhandlungen mit der DDR zum Einigungsvertrag.
2. Umsetzung des Vertrages vom 18. Mai 1990 über die Schaffung einer Währungs-, Wirtschafts- und Sozialunion zwischen der Bundesrepublik Deutschland und der Deutschen Demokratischen Republik.
3. Verschiedenes
   a) Termine
…[1]

TOP 1   Stand der Verhandlungen mit der DDR zum Einigungsvertrag

Bundesminister Schäuble weist vorab darauf hin, die weitere Vorbereitung des Einigungsvertrages erfolge unbeschadet der aktuellen politischen Diskussionen über den Modus der gemeinsamen Wahl.
Auf Bitte des Chefs der Senatskanzlei des Landes Berlin, der für den abwesenden Chef der Staatskanzlei des Landes Nordrhein-Westfalen auf Länderseite den Vorsitz führt, erläutert Bundesminister Schäuble die Modelle für eine gemeinsame Wahl und den Beschluß der Volkskammer vom 22. Juli 1990 zur Vereinbarung eines Wahlvertrages[2]. Im Falle der Vereinbarung einer Wahlunion seien Änderungen des Bundeswahlgesetzes[3] erforderlich, die Sondersitzungen des Bundestages und des Bundesrates im August 1990 erforderten.[4] Er be-

---

1   TOP 3 b) – e) nicht freigegeben.
2   Die Volkskammer hatte am 20. und 22. Juli 1990 über den Antrag der Fraktion Die Liberalen beraten, „einen Tag vor Durchführung von Wahlen für ein einheitliches deutsches Parlament" dem Geltungsbereich des Grundgesetzes beizutreten (Drucksache Nr. 148. 10. Juli 1990). Damit stellte sich die Frage einheitlicher oder unterschiedlicher Wahlmodi im geeinten Deutschland (Volkskammer. 10. Wahlperiode. Protokolle. Bd. 27, 1129–1131, 1157–1169, 1237–1247, 1265–1270). Am 22. Juli beschloß die Volkskammer in namentlicher Abstimmung mit 166 gegen 82 Stimmen bei 17 Enthaltungen einen Änderungsantrag der Fraktion der CDU/DA zur Drucksache Nr. 148, der die Einberufung einer gemeinsamen „Sitzung der beiden Ausschüsse für Deutsche Einheit noch im Juli" vorsah, um über „gesamtdeutsche Wahlen zu beraten". Die Regierung der DDR wurde zudem beauftragt, mit der Bundesregierung „parallel zu den Verhandlungen zum Einigungsvertrag einen Vertrag zur Vorbereitung der gesamtdeutschen Wahlen auszuhandeln" (Abstimmungsergebnis ebd., 1283–1285).
3   Nr. 254 Anm. 1.
4   Einer nichtdatierten Aufzeichnung „Wesentliches Ergebnis des Gesprächs mit den Chefs der Staats- und Senatskanzleien der Länder zur deutschlandpolitischen Situation am 25. Juli 1990" (BArch, B 136/29252, 122 – 14020 Mi 1, 25.7.1990, Besprechung Chef BK/CdS, Mappe Chef BK) zufolge erläutert Bundesminister Schäuble, „daß bei einem solchen Vertrag die Frage offenbleiben könne, ob die DDR vor oder nach der Wahl beitrete. Voraussetzung für eine Wahlunion sei, daß die DDR dies wünsche. In der Bundesrepublik müßten dann durch entsprechende Änderungen des Bundeswahlgesetzes Fristverkürzungen durchgeführt werden, um im Dezember wählen zu können." Hs. ergänzt: „Verkürzung der Anzeigefrist auf 47 Tage".

tont, die Bundesregierung sei um eine baldige, einvernehmliche Regelung des Wahlmodus bemüht.

Bundesminister Schäuble dankt den Chefs der Staats- und Senatskanzleien für ihre konstruktive Mitarbeit bei der ersten Verhandlungsrunde mit der DDR zur Vorbereitung des Einigungsvertrages. Er verweist auf den die Ergebnisse der bisherigen Fachgespräche zusammenfassenden Bericht[5], der den Ländern, gleichzeitig mit der Versendung an die Ressorts, nach Abschluß der Gespräche zum frühestmöglichen Zeitpunkt am 24. Juli 1990 übersandt worden sei. Er schlägt vor, anhand des Berichts vor allem die Themen
– Änderungen und Ergänzungen des Grundgesetzes
– Zwischenbericht der Arbeitsgruppe Haushalts- und Finanzwesen[6]
zu erörtern.

Zum Themenkreis „Änderungen und Ergänzungen des Grundgesetzes" betont Bundesminister Schäuble die Absicht des Bundes, nur solche Grundgesetzänderungen und Ergänzungen vorzunehmen, die unmittelbar einigungsrelevant seien. Er erläutert die Änderungsvorstellungen des Bundes zur Präambel und zu Artikel 146 Grundgesetz.[7]

Der Chef der Senatskanzlei des Landes Berlin verweist auf die länderseitigen Vorstellungen zur Änderung der Präambel sowie der Artikel 23, 29 und 146 Grundgesetz. Er betont, auf Länderseite bestünden unterschiedliche Vorstellungen zur Änderung des Artikels 146 Grundgesetz.

Der Chef der Staatskanzlei des Saarlandes legt zur Änderung der Präambel und des Artikels 146 Grundgesetz die Vorschläge des Saarlandes dar. Die Präambel solle inhaltlich durch Hinweis auf einen Auftrag zu einer Verfassungsreform, etwa mit der Benennung künftiger Staatsschutzziele, angereichert werden. Die Neufassung des Artikels 146 Grundgesetz solle die Einberufung eines Verfassungsrates vorsehen, der Vorschläge für eine endgültige Verfassung erarbeiten solle. Dazu legt er einen Formulierungsvorschlag vor – Anlage –[8].

Der Chef der Staatskanzlei des Landes Schleswig-Holstein erklärt, die Vorschläge zu Artikel 146 Grundgesetz würden von mehreren Ländern unterstützt. Der Amtschef der Bayerischen Staatskanzlei lehnt die Vorschläge insgesamt ab.

Bundesminister Schäuble erwidert: Die Bundesregierung könne die Änderungsvorschläge des Chefs der Staatskanzlei des Saarlandes zur Präambel und zu Artikel 146 Grundgesetz nicht akzeptieren. Der Einigungsvertrag solle den Beitritt der DDR zum Grundgesetz, nicht zu einer anderen Verfassung regeln. Er könne zudem auch wegen der Kürze der zur Verfügung stehenden Zeit nicht mit Verfassungsänderungen befrachtet werden, die nicht einigungsrelevant seien.

Die Chefs der Senatskanzleien des Landes Berlin und der Freien Hansestadt Bremen sowie der Staatskanzleien des Saarlandes und des Landes Schleswig-Holstein führen aus, sie hielten auf der Grundlage des Vorschlages des Bundesministeriums der Justiz ein Einvernehmen hinsichtlich einer Änderung des Artikels 29 Grundgesetz[9] für erreichbar.

Bundesminister Schäuble erwidert, er sei in dieser Frage kompromißbereit und werde zur Erzielung einer einvernehmlichen Änderung des Artikels 29 Grundgesetz auf der Grundlage des Vorschlages des Bundesministeriums der Justiz die Gespräche fortführen.

---

5 Nr. 367 Anm. 12.
6 Ebd., Anm. 7.
7 In der Aufzeichnung (Anm. 4) vermerkt: „Bei den Grundgesetzänderungen wurde die Änderung der Präambel und der Art. 23 und 146 sowie 29 und 51 Abs. 2 GG diskutiert. Bei Art. 29 GG ist nach Auffassung der Länder der Vorschlag des BMJ konsensfähig. Bei Art. 51 Abs. 2 GG wurde eine 2/3-Mehrheit von einer Reihe von Ländern für möglich gehalten. BM Schäuble erklärte, daß gegebenenfalls versucht werden könnte, die Änderung im Einigungsvertrag zu regeln."
8 Nr. 369A.
9 Nr. 359F.

Der Amtschef der Bayerischen Staatskanzlei tritt unter Hinweis auf das Schreiben des Bayerischen Ministerpräsidenten an den Bundeskanzler vom 17. Juli 1990[10] und einen entsprechenden Beschluß der Bayerischen Staatsregierung vom 24. Juli 1990 dafür ein, durch Änderung des Artikels 51 Abs. 2 Grundgesetz eine Neuverteilung der Stimmen im Bundesrat zum Zeitpunkt des Beitrittes der DDR zu regeln. Andernfalls werde das bisher ausgewogene System zwischen kleinen und großen Ländern zu Lasten der großen Länder gestört.

Der Leiter des Staatsministeriums des Landes Baden-Württemberg und der Vertreter des Landes Nordrhein-Westfalen sehen gleichfalls die Notwendigkeit einer Neuverteilung der Stimmen im Bundesrat.

Der Chef der Senatskanzlei der Freien Hansestadt Bremen, der Chef der Staatskanzlei des Landes Schleswig-Holstein sowie der Vertreter der Freien und Hansestadt Hamburg befürworten weitere Abstimmungsgespräche über eine Änderung des Artikels 51 Abs. 2 Grundgesetz. Das für eine verfassungsändernde Mehrheit notwendige Einvernehmen sei erreichbar.

Bundesminister Schäuble bittet, die dazu erforderlichen länderseitigen Abstimmungsgespräche fortzusetzen. Er werde die Thematik in die Verhandlung mit der DDR einbringen. Er rechne mit einem Einverständnis der DDR mit einer Änderung des Artikels 51 Abs. 2 Grundgesetz.

Die Chefs der Staatskanzleien des Landes Schleswig-Holstein und des Saarlandes, der Vertreter des Chefs der Staatskanzlei des Landes Rheinland-Pfalz und der Vertreter der Freien und Hansestadt Hamburg verweisen auf die von den Regierungschefs der Länder beschlossenen „Eckpunkte der Länder für die bundesstaatliche Ordnung im vereinten Deutschland"[11] und bitten, die in dem „Eckpunkte-Papier" enthaltenen verfassungsändernden Vorschläge in dem Einigungsvertrag zu berücksichtigen.

Bundesminister Schäuble erwidert, die Lösung der in dem „Eckpunkte-Papier" angesprochenen Fragen sei langwierig, so daß sie nicht unter dem Zeitdruck der Einigung erfolgen könne. Sie sei vielmehr nach erfolgter Einigung anzustreben.[12] Die Bundesregierung sei bereit, eine entsprechende Absichtserklärung zum künftigen Verfahren in den Staatsvertrag aufzunehmen.

Bundesminister Schäuble teilt die Absicht des Bundes mit, die Aufnahme eines zusätzlichen Artikels in das Grundgesetz herbeizuführen, um in dem beitretenden Teil für eine befristete Übergangszeit von Bestimmungen des Grundgesetzes abweichen zu können, soweit und solange infolge der Unterschiedlichkeit der Verhältnisse die völlige Anpassung an die grundgesetzliche Ordnung nicht erreichbar sei. Dies gelte etwa für Übergangsregelungen zum Schwangerschaftsabbruch, zu offenen Vermögensfragen, zum Wehrrecht, zu speziellen Berlinproblemen und in Kompetenzfragen.[13]

Der Chef des Senatskanzlei des Landes Berlin erwidert, er könne wegen der erst am Vortage erfolgten Übersendung des Berichts über Stand und Ergebnisse der Fachgespräche zu dieser Frage noch keine Stellung nehmen. Zunächst müsse der Bericht insgesamt ausgewertet werden.

Der Chef der Staatskanzlei des Saarlandes regt eine Streichung des Artikels 116 Grundgesetz an.

---

10 Nr. 358 und Nr. 358A.
11 Nr. 342A.
12 Dazu in der Aufzeichnung (Anm. 4) vermerkt: „Zur Behandlung der ‚Eckpunkte der Länder' erklärte BM Schäuble die Bereitschaft der Bundesregierung, sich mit dem Komplex außerhalb des Einigungvertrages zu beschäftigen. Offen blieb insoweit noch die Formulierung des Art. 146 GG."
13 Ebd. vermerkt: „BM Schäuble griff anschließend die Frage der Ergänzung des Grundgesetzes um einen neuen Artikel auf, der die Schaffung von Übergangsvorschriften ermöglicht. Die Länder nahmen hierzu nicht abschließend Stellung."

Bundesminister Schäuble hält eine neue Regelung des Staatsangehörigkeitsrechts zur Zeit nicht für ratsam. Die außenpolitischen Aspekte der Herstellung der deutschen Einheit sollten nicht zusätzlich befrachtet werden.

Staatsminister Stavenhagen (Bundeskanzleramt) bestätigt den Eingang der Schreiben des Vorsitzenden der Ministerpräsidentenkonferenz vom 5. Juli 1990[14] und des Bayerischen Ministerpräsidenten vom 17. Juli 1990 an den Bundeskanzler sowie der Schreiben des Hessischen Ministerpräsidenten vom 5. Juli 1990[15] und des Leiters des Staatsministeriums des Landes Baden-Württemberg vom 12. Juli 1990[16] an den Chef des Bundeskanzleramtes, die verfassungspolitische Fragen betreffen. Er stellt Einvernehmen her, daß es mit Blick auf die vorangegangene Erörterung keiner schriftlichen Beantwortung mehr bedarf.

Bundesminister Schäuble und die Chefs der Staats- und Senatskanzleien besprechen im Rahmen der verfassungspolitischen Erörterungen Fragen der Teilnahme von Ländervertretern an der zweiten Verhandlungsrunde mit der DDR:[17]

Auf Ankündigung des Chefs der Staatskanzlei des Saarlandes, er behalte sich vor, u.U. in die bevorstehenden Verhandlungen mit der DDR eigene Positionen des Saarlandes einzuführen, weist Bundesminister Schäuble darauf hin, daß die Verhandlungsführung auf seiten der Bundesrepublik bei ihm liege. Die Führung der Delegation sei nur nach interner Abstimmung möglich. Die Länder könnten bei der Erarbeitung der gemeinsamen Verhandlungslinie ihre Interessen einbringen, wobei jedoch Krompromißbereitschaft aller Beteiligten vorausgesetzt werde. Dazu sei auch er im Interesse einer sachgerechten Regelung des Übergangs zur deutschen Einheit bereit. Er erwarte jedoch auch Kompromißbereitschaft auf seiten der Länder. Andernfalls müsse damit gerechnet werden, daß der Beitritt der DDR ohne die vertraglichen Regelungen erfolge.

Der Vertreter der Freien und Hansestadt Hamburg weist auf den Wunsch von Bürgermeister Voscherau hin, an der zweiten Verhandlungsrunde mit der DDR als Vertreter der Freien und Hansestadt Hamburg teilzunehmen.

Bundesminister Schäuble lehnt die Bitte unter Hinweis auf die in der Besprechung des Chefs des Bundeskanzleramtes mit den Chefs der Staats- und Senatskanzleien am 5. Juli 1990 beschlossene Beteiligungsregelung (Beteiligung auf der Ebene der Chefs der Staats- und Senatskanzleien unter Begleitung jeweils eines Beamten)[18] ab. Eine mit allen Ländern getroffene Vereinbarung könne nicht von einem Land einseitig gekündigt werden, ohne die Vereinbarung insgesamt in Frage zu stellen. Die Teilnahme von Regierungschefs anstatt der Chefs der Staats- und Senatskanzleien beziehungsweise deren Vertreter stelle eine substantielle Abweichung von der Vereinbarung vom 5. Juli 1990 dar.

Der Chef der Senatskanzlei des Landes Berlin bestätigt die Absprache vom 5. Juli 1990, nach der eine Beteiligung auf der Ebene der Chefs der Staats- und Senatskanzleien vereinbart worden sei.

Staatssekretär Klemm (Bundesministerium der Finanzen) erläutert den Zwischenbericht der Arbeitsgruppe Haushalts- und Finanzwesen vom 20. Juli 1990 unter besonderer Berücksichtigung der Themen

– Verteilung des Länderanteils an der Umsatzsteuer,

---

14 Nr. 342.
15 Nr. 343.
16 Nr. 348 und Nr. 348A.
17 Vermerkt in der Aufzeichnung (Anm. 4): „BM Schäuble wies darauf hin, daß die Teilnahme der Länder in der Sitzung am 6. Juli 1990 im Hinblick auf die Zahl und die Ebene eindeutig abgesprochen worden sei. Eindeutig sei auch die Frage der Verhandlungsführung durch ihn als Vertreter der Bundesregierung. Nachdem Senatsdirektor Schmid (HH) wegen der Frage der Ebene, die den Ländern selbst überlassen bleiben müsse, Vorbehalte angemeldet hatte, bestätigte StS Schröder auf eine entsprechende Frage von BM Schäuble die in der Sitzung am 6. Juli 1990 getroffene Absprache."
18 Nr. 341.

– Fragen zum Mischfinanzierungsbereich.

Er führt aus, bei der Verteilung des Länderanteils an der Umsatzsteuer sehe er eine Kompromißmöglichkeit in der Aufteilung der beiden Umsatzsteuerverteilungsmassen Ost und West anhand makroökonomischer Daten.

Der Chef der Senatskanzlei des Landes Berlin weist darauf hin, er könne ohne eingehende Prüfung des Zwischenberichts keine abschließende Stellungnahme abgeben. Er lege jedoch schon vorab Wert auf die Feststellung, daß in der Regierungschefbesprechung am 16. Mai 1990[19] Einvernehmen darüber bestanden habe, daß die Finanzbeteiligung der Länder durch den Fonds „Deutsche Einheit" abschließend geregelt worden sei.

Auf Veranlassung der Chefs der Senatskanzlei des Landes Berlin und der Staatskanzlei des Landes Schleswig-Holstein, des Leiters des Staatsministeriums des Landes Baden-Württemberg und des Vertreters des Landes Nordrhein-Westfalen erörtern Bundesminister Schäuble und die Chefs der Staats- und Senatskanzleien unter Beteiligung der Staatssekretäre Klemm (Bundesministerium der Finanzen), Knittel (Bundesministerium für Verkehr), Kroppenstedt (Bundesministerium des Innern) und Jagoda (Bundesministerium für Arbeit und Sozialordnung) insbesondere Haushaltsfragen der DDR, die Umverteilung des öffentlichen Vermögens auf die staatlichen Ebenen, die Verwendung von Privatisierungserlösen, sozialversicherungsrechtliche Probleme, Fragen zum öffentlichen Dienst in der DDR, die künftige Regelung der Verwaltungs- und Betriebszugehörigkeit im Berliner S-Bahn-Verkehr sowie die Rolle eines „Aufbauministeriums" in der DDR. Bundesminister Schäuble stimmt der Erklärung des Chefs der Senatskanzlei des Landes Berlin zu, daß zentralstaatliche DDR-Behörden abgebaut werden sollen.

Bundesminister Schäuble weist auf Ziffer 4 des schriftlichen Berichts hin (Rechtsangleichung, Überleitung von Bundesrecht). Die in dem Bericht noch offene Frage, nach welcher Konzeption die Überleitung von Bundesrecht zur Rechtsangleichung vorgenommen werden solle, sei nunmehr zugunsten der Alternative einer Negativliste (umfassendes Inkrafttreten von Bundesrecht in der DDR, soweit nicht Ausnahmen vorgesehen werden) entschieden.[20]

Auf Hinweis des Chefs der Staatskanzlei des Saarlandes, daß die Punkte, zu denen er nicht vorgetragen habe, deswegen nicht von ihm gebilligt seien, stellt Bundesminister Schäuble klar, daß er im Hinblick auf die erst am 24. Juni 1990 erfolgte Übersendung des Berichts über Stand und Ergebnisse der Fachgespräche noch keine vollständige und abschließende Stellungnahme der Länder erwartet habe. Er bitte jedoch im Hinblick auf die am 1. August 1990 beginnende zweite Verhandlungsrunde mit der DDR, länderseitige Abstimmungen und Stellungnahmen umgehend in den Arbeitsgruppen und/oder auf postalischem Wege fortzusetzen.

Die Chefs der Staats- und Senatskanzleien stimmen dem Vorschlag von Bundesminister Schäuble zu, daß die Delegation der Bundesrepublik für die zweite Verhandlungsrunde vor Beginn der Gespräche mit der DDR am 1. August 1990, 9.00 Uhr in Ost-Berlin zu einem Abstimmungsgespräch zusammentreten soll.[21]

---

19   Nr. 280.

20   In der Aufzeichnung (Anm. 4) vermerkt: „Hinsichtlich der Überleitung von Rechtsvorschriften wies BM Schäuble dabei darauf hin, daß man sich in der gestrigen Sitzung des Kabinettausschusses ‚Deutsche Einheit' darauf verständigt habe, von einer Negativliste auszugehen, wenn dies auch von der DDR gewollt werde. Die bisherige Auffassung habe man insoweit geändert."

21   Ebd. vermerkt: „StM Stavenhagen sprach die vorliegenden 4 Schreiben aus den Ländern zu Fragen des Einigungsvertrages an und stellte Einvernehmen fest, daß eine schriftliche Beantwortung nicht mehr erforderlich sei."

TOP 2   Umsetzung des Vertrages vom 18. Mai 1990 über die Schaffung einer Währungs-, Wirtschafts- und Sozialunion zwischen der Bundesrepublik Deutschland und der Deutschen Demokratischen Republik

Bundesminister Schäuble und die Chefs der Staats- und Senatskanzleien stimmen darin überein, daß zu diesem Tagesordnungspunkt kein über die Erörterungen zu TOP 1 hinausgehender Besprechungsbedarf besteht.

TOP 3   Verschiedenes

a) Termine:

Bundesminister Schäuble und die Chefs der Staats- und Senatskanzleien bitten den Chef des Bundeskanzleramtes und den Chef der Staatskanzlei des vorsitzführenden Landes, den nächsten Termin einer Besprechung des Chefs des Bundeskanzleramtes mit den Chefs der Staats- und Senatskanzleien telefonisch abzustimmen.

Hinweis:

Entsprechend nachträglicher Abstimmung zwischen dem Bundeskanzleramt und der Staatskanzlei des vorsitzführenden Landes wird die nächste Besprechung stattfinden am
Donnerstag, dem 23. August 1990,[22]
9.30 Uhr, Bundeskanzleramt.

...[23]

Nr. 369A
Vorschlag der Regierung des Saarlandes

Art. 143 bis 146 des Grundgesetzes werden durch folgenden Art. 143 GG ersetzt.

„(1) Mit der Geltung des Grundgesetzes in den Ländern Baden-Württemberg, Bayern, Berlin, Brandenburg, Bremen, Hamburg, Hessen, Mecklenburg-Vorpommern, Niedersachsen, Nordrhein-Westfalen, Rheinland-Pfalz, Saarland, Sachsen, Sachsen-Anhalt, Schleswig-Holstein und Thüringen ist die nationale und staatliche Einheit Deutschlands vollendet.

(2) Die Bundesversammlung beruft innerhalb eines Jahres nach diesem Zeitpunkt mit der Mehrheit von zwei Dritteln ihrer Mitglieder einen Verfassungsrat aus 120 Personen ein. Der Verfassungsrat entwirft auf der Grundlage des Grundgesetzes binnen zwei Jahren eine Verfassung für das vereinigte Deutschland. Die Gliederung des Bundes in die Länder, die grundsätzliche Beteiligung der Länder an der Gesetzgebung, die Grundsätze der Art. 1 und 20 des Grundgesetzes sowie der Wesensgehalt der Grundrechte dürfen dabei nicht berührt werden.

(3) Der Bundespräsident beruft den Verfassungsrat zu seiner ersten Sitzung ein und leitet sie. Der Verfassungsrat wählt sich ein Präsidium und gibt sich eine Geschäftsordnung.

(4) Der Verfassungsrat beschließt mit der Mehrheit von zwei Dritteln seiner Mitglieder über den Entwurf einer Verfassung für das vereinigte Deutschland. Über den von dem Verfassungsrat vorgelegten Entwurf ist eine Volksabstimmung herbeizuführen. Spricht sich die Mehrheit der Abstimmungsberechtigten für ihn aus, so gilt er als neues Grundgesetz für das vereinigte Deutschland.“

---

22 Nr. 394.
23 Im folgenden besprochen: TOP 3 b) – e), nicht freigegeben.

Nr. 370
Botschaft der Premierministerin Thatcher an Bundeskanzler Kohl
London, 25. Juli 1990

BK, 212 – 37935 Tr 2 NA 1. – Inoffizielle Übersetzung. – Mit Begleitschreiben des Geschäftsträgers Budd an Bundeskanzler Kohl, 25. Juli 1990: „Exzellenz! Ich bin von der Premierministerin, the Right Honourable Margaret Thatcher MP, beauftragt worden, Ihnen die beigefügte Botschaft zu übermitteln. Genehmigen Sie, Exzellenz, den Ausdruck meiner ausgezeichneten Hochachtung." – Originalschreiben mit hs. Anrede „Dear Helmut" und unterzeichnet „Yours ever, Margaret". Mit Stempel: Vorzimmer Bundeskanzler, 30. Juli 1990.

Für Ihr detailliertes Schreiben vom 17. Juli über Ihre Gespräche mit Präsident Gorbatschow[1] bin ich Ihnen sehr dankbar. Die nützlichen Ergebnisse dieser Gespräche haben sich auf dem Außenministertreffen der Zwei-plus-Vier-Gruppe am 17. Juli in Paris[2] sofort bemerkbar gemacht.

Auf diesem Wege möchte ich Ihnen nun eine umgehende Antwort auf Ihr spezifisches Ersuchen im Zusammenhang mit dem Verbleiben der Truppen der drei Westmächte in Berlin für die Dauer der Anwesenheit sowjetischer Truppen auf dem Gebiet der heutigen DDR zukommen lassen.

Großbritannien ist grundsätzlich gewillt, einen Beitrag zur weiteren Präsenz der Streitkräfte der drei Westmächte während der Anwesenheit sowjetischer Truppen in Deutschland zu leisten, wenn es auch Spielraum für eine Reduzierung der Größe unserer Garnison in Berlin geben mag. Wir sind zwar bereit, Gespräche über eine Vereinbarung aufzunehmen, die eine Rechtsgrundlage für den Aufenthalt dieser Streitkräfte in Berlin schaffen würde, doch wäre es natürlich zunächst erforderlich, eine breite Übereinstimmung über die Rolle solcher Streitkräfte und die Bedingungen, unter denen sie dort stationiert würden, zu erzielen. Wir werden auch die Ansichten Frankreichs und der Vereinigten Staaten berücksichtigen wollen. Ich schlage vor, daß diese Fragen bald auf Beamtenebene erörtert werden sollen.

Nr. 371
Schreiben des Ministerpräsidenten Mazowiecki an Bundeskanzler Kohl
Warschau, 25. Juli 1990

BK, 213 – 30130 P 4 Po 48 Bd. 1. – Übersetzung 105 – 90/3964.

Sehr geehrter Herr Bundeskanzler,

ich darf mich bei Ihnen für Ihren Brief vom 13. dieses Monats[1] bedanken. Ich habe diesen Brief mit gebührender Aufmerksamkeit zur Kenntnis genommen. Den Beziehungen zwischen Polen und der Bundesrepublik Deutschland (und bald dem geeinten Deutschland) sowie unseren Beziehungen als Regierungschefs zueinander messe ich großes Gewicht bei. Für außerordentlich wichtig halte ich unseren direkten und persönlichen Kontakt. Daher habe ich mich aufrichtig gefreut, daß wir uns in Budapest treffen konnten.[2]

In Ihrem Brief bringen Sie einige Fragen von weitreichender Bedeutung zur Sprache: erstens – die Resolution des Bundestages[3] –, zweitens – den Grenzvertrag – und drittens – einen um-

---

1 Nr. 356.
2 Nr. 354 – Nr. 354B.
1 Nr. 349.
2 Nr. 344C Anm. 30.
3 Nr. 322 Anm. 3.

fassenderen polnisch-deutschen Vertrag. Gestatten Sie mir, zu diesen Fragen Stellung zu nehmen, obwohl sie bereits Gegenstand früherer offizieller polnischer Erklärungen waren, insbesondere während der Diskussion beim Pariser Ministertreffen am 17. dieses Monats[4].

1. Die Resolution des Bundestages zur polnisch-deutschen Grenze
Sie schreiben, daß Sie über die Reaktion der polnischen Regierung auf diese Resolution enttäuscht sind.

Es ist mir nicht klar, warum die polnische Note vom 3. d.M.,[5] die eine Antwort auf die uns durch die Bundesregierung offiziell notifizierte Resolution[6] darstellt, die sich die Bundesregierung in vollem Umfang zu eigen gemacht hat, von Ihnen auf diese Weise verstanden wurde. Sowohl diese letztgenannte Tatsache, d.h. den Standpunkt der Bundesregierung, als auch vor allem den Inhalt der Resolution haben wir in Polen mit großer Befriedigung zur Kenntnis genommen. Wir sind der Auffassung, daß diese Resolution einen bedeutenden Akt in den polnisch-deutschen Beziehungen darstellt.

Mit aufrichtigem Interesse habe ich auch Ihre Rede vor dem Bundestag am 21. Juni[7] dieses Jahres studiert: Dies war eine politische Rede, die die Grundlagen und Perspektiven unserer Beziehungen aufgezeigt hat. In unserer Antwort auf die Notifizierung der Resolution haben wir die unterschiedlichen Gedanken in dieser Rede und umfassendere Aspekte der polnisch-deutschen Zusammenarbeit nur deshalb nicht aufgegriffen, weil sich die polnische Note auf den Inhalt der Notifizierung, d.h. auf die Bestimmungen der Resolution zur Grenze, beschränkte. Wir behalten diese anderen Fragen natürlich im Auge; sie waren jedoch nicht Gegenstand der deutschen Note.

2. Der Vertrag zwischen Polen und dem geeinten Deutschland über die Bestätigung der bestehenden Grenze
Ich stelle mit Genugtuung fest, daß ein solcher Vertrag in der Bundestags-Resolution erwähnt worden ist. In unserem Vertragsentwurf, den wir der Bundesregierung am 27. April 1990 übermittelt haben,[8] sind wir über die Grenzbestimmungen hinausgegangen, weil wir eine umfassendere Vision unserer Beziehungen hatten und haben. Während der Gespräche der Direktoren der Außenministerien Polens, der DDR und der BRD am 3., 18. und 29. Mai d.J.[9] war es die bundesdeutsche Delegation, die hinsichtlich der Zweckmäßigkeit anderer, die Grenze nicht betreffender Bestimmungen eine skeptische Haltung einnahm. Am Rande sei vermerkt, daß wir immer der Ansicht waren, daß dies nicht die endgültige Position sei, was Ihr Brief bestätigt hat.

Unmittelbar vor dem Pariser Treffen der beiden deutschen Staaten und der Vier Mächte (zu dem Polen eingeladen wurde) ist die polnische Regierung jedoch zu der Überzeugung gelangt, daß unmittelbar nach der Vereinigung Deutschlands ein Vertrag, der ausschließlich der Bestätigung der Grenze gewidmet ist, unterzeichnet werden müßte, und daß wir später – und zwar unverzüglich – Verhandlungen über einen erweiterten Vertrag aufnehmen würden. Bei dieser unserer Schlußfolgerung haben wir auch das berücksichtigt, was Sie, Herr Bundeskanzler, über die Haltung Ihrer Regierung in der Frage eines ersten, zwischen dem geeinten Deutschland und der Republik Polen abzuschließenden Vertrages geschrieben haben, nämlich, sich ausschließlich auf die Grenzfrage zu konzentrieren.

Die Aufgabe, einen solchen Vertrag abzuschließen, wird durch den obenerwähnten polnischen Entwurf (der während der Gespräche der drei Staaten – Republik Polen, BRD und

---

4 Nr. 354 – Nr. 354B.
5 Nr. 339 Anm. 7.
6 Nr. 332 Anm. 2.
7 Nr. 323 Anm. 3.
8 Nr. 263A.
9 Nr. 268 Anm. 5, Nr. 285 Anm. 2 und Nr. 296 Anm. 6.

DDR – teilweise erörtert wurde) sowie durch den während dieser Gespräche von der DDR eingebrachten Entwurf[10], vor allem aber durch die Resolutionen der beiden deutschen Parlamente erleichtert. Daher bin ich der Ansicht, daß ein solcher Vertrag direkt nach der Vereinigung unterzeichnet werden kann.

Sie weisen darauf hin, daß die Übermittlung eines deutschen Vertragsentwurfs an die polnische Regierung binnen drei Monaten nach der Einberufung des gesamtdeutschen Parlaments erfolgen werde. Die Gespräche über den deutschen Entwurf werden dann also noch länger dauern, vom Zeitpunkt der Unterzeichnung ganz zu schweigen. Eine derartige Perspektive entspricht weder den Möglichkeiten noch den Erfordernissen unserer Beziehungen. Wir können und sollten wesentlich schneller vorgehen. Das Fehlen einer zeitlichen Koordinierung (im Rahmen des Möglichen) des Vertragsabschlusses mit anderen, die Vereinigung Deutschlands betreffenden Rechtsakten würde in Europa einen fatalen Eindruck hervorrufen. Dieser Vertrag sollte unmittelbar nach der Vereinigung unterzeichnet werden. Da der Vertrag, wie Sie, Herr Bundeskanzler, schreiben, die Bestimmungen der Parlamentsresolutionen, d. h. bereits fertige Bestimmungen übernehmen kann, und da wir über die Bestimmungen bezüglich der Grenze bereits im Mai im Kreise der drei Staaten ausführlich diskutiert haben, gibt es keine objektiven Gründe dafür, den Vertragsabschluß hinauszuzögern. Während des Pariser Treffens der sechs Staaten unter Beteiligung Polens (am 17. Juli 1990) hat der Bundesminister des Auswärtigen verbindlich erklärt, daß der Vertrag „innerhalb der kürzestmöglichen Frist nach der Vereinigung und der Wiederherstellung der Souveränität Deutschlands unterzeichnet und dem gesamtdeutschen Parlament zur Ratifizierung vorgelegt werden wird".[11] Die polnische Regierung hat diese Erklärung mit voller Befriedigung zur Kenntnis genommen.

Um dieses Ziel zu erreichen, ist es erforderlich, daß bereits jetzt, d. h. in der gegenwärtigen Etappe des Vereinigungsprozesses, von den Außenministerien Polens, der Deutschen Demokratischen Republik und der Bundesrepublik Deutschland Gespräche zur Ausarbeitung eines gemeinsamen Textes geführt werden. Schließlich besteht doch die Union der beiden deutschen Staaten. Niemand wird verstehen, warum Polen und Deutsche in dieser wichtigen Sache nicht schon jetzt Gespräche führen und ihre Positionen in Einklang bringen sollten, um nach der endgültigen Vereinigung eine leichtere Aufgabe zu haben und deren Verwirklichung beschleunigen zu können. Ich schlage vor, daß nach der Sommerpause, d. h. im September d. J., die Gespräche aufgenommen werden, die auf deutschen Wunsch vor Verabschiedung der Parlamentsresolutionen im Juni unterbrochen worden waren.

3. Vertrag zwischen Polen und dem vereinten Deutschland über gute Nachbarschaft und
    freundschaftliche Beziehungen

Beim Lesen Ihrer Rede vom 21. Juni dieses Jahres habe ich, Herr Bundeskanzler, mit Befriedigung den Teil zur Kenntnis genommen, in dem der Abschluß eines solchen Vertrags gefordert wird. Unser Vertragsentwurf, der Ihrer Regierung am 27. April 1990 vorgelegt wurde, ging über die Bestätigung der polnisch-deutschen Grenze hinaus und formulierte die Grundlagen unserer neuen Beziehungen. Es handelt sich dabei natürlich um einen allgemeinen Entwurf, und man kann (und muß) einen wesentlich detaillierteren Entwurf erarbeiten. Ich stimme dem zu, was ich von Ihnen in Budapest gehört habe. In dieser wichtigen Frage sind wir einer Meinung. In Übereinstimmung mit dem, was ich Ihnen in Budapest sagte, sind wir bereit, einen thematisch umfassenden polnisch-deutschen Vertrag anzustreben. Ich denke, daß wir Einvernehmen erzielen werden.

---

10 Nr. 296B.
11 Nr. 354B.

In Budapest sprachen Sie von der Möglichkeit eines Treffens im Oktober dieses Jahres. Ich halte meine Bereitschaft zu einem solchen Treffen nach wie vor aufrecht. Sie haben auch angeregt, daß diese Angelegenheit einstweilen unter uns bleiben solle. Ich war damit einverstanden; u. a. deshalb hat der polnische Außenminister in unserer Antwort auf die uns notifizierte Resolution des Bundestages die Frage eines erweiterten Vertrags nicht erwähnt. Sie war übrigens auch nicht Gegenstand der Notifikation. Ich verstehe also nicht, warum Sie in unserer Antwort auf die Notifizierung die Auffassung herauslasen, daß mir die Idee eines umfassenden Vertrags zum gegenwärtigen Zeitpunkt nicht behage. Weder die polnische Regierung noch ich selbst haben zu einer solchen Vermutung Anlaß gegeben.

Wir betrachten den Abschluß eines erweiterten Vertrags als eine für die Zukunft bedeutsame Aufgabe. Der vorherige Abschluß eines Grenzvertrages wird dies nicht nur nicht verhindern, sondern – wie ich meine – eher noch erleichtern. Der polnische Außenminister hat dies in seiner Rede während des „Zwei-plus-Vier"-Treffens der Minister in Paris umfassend zum Ausdruck gebracht.[12]

Ich darf bei dieser Gelegenheit hinzufügen, daß wir das Ergebnis des Pariser Treffens für voll und ganz gelungen halten. Ich denke, daß Sie diese Ansicht teilen. Dies ist ein gutes Zeichen für die sich günstig entwickelnden Beziehungen zwischen unseren Staaten und Völkern.

Ich zähle auf die Fortsetzung unserer gegenseitigen Kontakte und verbleibe mit den besten Grüßen

gez. T. Mazowiecki

Nr. 372
Schreiben des Staatssekretärs Schlecht an Bundesminister Seiters
Bonn, 26. Juli 1990

BK, 441 – 14495 Ka 71. – Mit Stempel: Chef BK Eingegangen, 26. Juli 1990.

Sehr geehrter Herr Minister Seiters!

Im Kabinettausschuß Deutsche Einheit am 12. Juli 1990 hatten Sie BMF und BMWi gebeten, das Kommunalvermögensgesetz (KVG) der DDR[1] in seinen Auswirkungen zu analysieren und darüber im Kabinettausschuß zu berichten. Ich habe in der heutigen Sitzung kurz darüber berichtet und parallel zu der Abstimmung des Berichts mit BMF und BMI diesen Brief angekündigt.

Mir liegt daran, Sie unter wirtschaftspolitischen Gesichtspunkten bereits jetzt auf folgende besonders gravierenden Probleme hinzuweisen:

Wir haben zwar vor dem Hintergrund der desolaten finanziellen Lage der Kommunen in der DDR Verständnis für das Anliegen des Gesetzes, die Kommunen mit dem für ihre Aufgabenerfüllung erforderlichen Verwaltungs- und Finanzvermögen auszustatten. Entsprechende programmatische Aussagen enthalten ja bereits das Kommunalverfassungs- und das Treuhandgesetz.[2]

---

12 Rede des Außenministers Skubiszewski auf der Zwei-plus-Vier-Konferenz in Paris, 17. Juli 1990, in: Zbiór Dokumentów/Recueil de documents 1991. Nr. 3, 46–64.

1 Gesetz über das Vermögen der Gemeinden, Städte und Landkreise (Kommunalvermögensgesetz – KVG), 6. Juli 1990, in: GBl. DDR 1990 I, 660 f.

2 Gesetz zur Privatisierung und Reorganisation des volkseigenen Vermögens (Treuhandgesetz), 17. Juni 1990, ebd., 300–313.

Inhaltlich geht das Gesetz jedoch deutlich über diese Zielsetzung hinaus:
- Zum einen wird Vermögen übertragen, das für eine ordnungsgemäße Aufgabenerfüllung der Kommunen nicht erforderlich ist und daher bei der Treuhandanstalt verbleiben bzw. ihr übertragen werden sollte. Das gilt insbesondere für nicht mehr benötigtes Staatsvermögen (z. B. Grundstücke und Gebäude des ehemaligen MfS oder der Armee). Dies ist kritisch insbesondere auch deshalb, weil eine baldige Veräußerung dieses Vermögens an private Investoren dringend ist und – anders als die Veräußerung vieler Industriebetriebe – der Treuhandanstalt erhebliche Erlöse bringen dürfte, die dann auch für die Restrukturierungsaufgaben der Treuhandanstalt zur Verfügung stünden.
- Zum anderen wird bei der Übertragung von Wirtschaftsbetrieben und -Einrichtungen das Subsidiaritätsprinzip unseres Kommunalrechts nicht hinreichend berücksichtigt. Besonders gravierend ist dies im Bereich der Energieversorgung. Das Gesetz sieht eine generelle Übertragung von örtlichen Energieanlagen an die Kommunen vor, ohne privaten Unternehmen den Nachweis einer besseren und wirtschaftlicheren Aufgabenerfüllung zu ermöglichen. Diese umfassende Kommunalisierung der Energieversorgung ist energiepolitisch nicht vertretbar und entspricht nicht den vergleichbaren Verhältnissen in der Bundesrepublik Deutschland. Die laufenden Gespräche über die Umstrukturierung der Energieversorgung in der DDR werden auf diese Weise präjudiziert.

Insgesamt besteht die Gefahr, daß durch das KVG wichtige wirtschafts- und finanzpolitische Ziele des Staatsvertrages über die Schaffung einer Währungs-, Wirtschafts- und Sozialunion in Frage gestellt werden. Das gilt zum einen unter dem Aspekt einer Aushöhlung des Treuhandvermögens bei der Treuhandanstalt mit der Folge, daß Mittel aus Privatisierungsmaßnahmen insoweit nicht mehr für Strukturanpassung und Haushaltssanierung zur Verfügung stünden. Besorgt macht aber auch die zu befürchtende Einschränkung des Privatisierungsgebots, also der vorrangig privatwirtschaftlichen Erbringung wirtschaftlicher Leistungen einschließlich der Freiheit des Erwerbs, der Verfügung und der Nutzung von Grund und Boden für wirtschaftliche Tätigkeiten, und die damit geschaffenen Hemmnisse für private Investitionen.

Ich möchte Sie daher bitten, bei der DDR-Regierung möglichst umgehend zu intervenieren, um zu verhindern, daß in diesem Bereich durch Verwaltungshandeln vollendete Tatsachen geschaffen werden. Wenn eine Rücknahme des bereits verabschiedeten Gesetzes durch die Volkskammer nicht erfolgversprechend ist, sollte in jedem Fall im Einigungsvertrag eine nachträgliche Eingrenzung und Konkretisierung des KVG und des Kommunalverfassungsgesetzes[3] unter Berücksichtigung der tatsächlichen Verhältnisse in der Bundesrepublik, des Subsidiaritätsprinzips und des im 1. Staatsvertrag verankerten Privatisierungsgebots erfolgen.

Den Kollegen Dr. Klemm und Neusel übersende ich unter Bezugnahme auf die bereits eingeleitete Abstimmung auf Fachebene Kopien dieses Schreibens.

Mit freundlichen Grüßen
Ihr
O. Schlecht

---

3 Gesetz über die Selbstverwaltung der Gemeinden und Landkreise in der DDR (Kommunalverfassung), 17. Mai 1990, ebd., 255–269.

Nr. 373
Vorlage des Regierungsdirektors Nehring an Bundeskanzler Kohl
Bonn, 30. Juli 1990

BK, 421 – 60000 Wi 3 NA 4 Bd. 1. – Mitverfasser: RR z.A. Heimbach. Az. 422 – 35006 – Wi 003. Weitere Adressaten der Vorlage: Chef BK, BM Klein, StM Stavenhagen. Mit Stempel: Der Leiter des Kanzlerbüros, 31. Juli 1990. Hs. von Bundeskanzler Kohl vermerkt: „H. Ludewig".

<u>Betr.</u>: Zur Wirtschaftslage in der DDR

I. Gesamtlage
Einen Monat nach Einführung der Marktwirtschaft und der D-Mark wird zunehmend der erwartete <u>tiefgreifende Umstrukturierungsprozeß</u> von der Kommandowirtschaft zur Sozialen Marktwirtschaft erkennbar. Denn wie nach der Währungsreform 1948 sehen sich heute in der DDR zahlreiche Unternehmen und Arbeitskräfte völlig neuen Aufgaben und Marktverhältnissen ausgesetzt, die hohe Anpassungsbereitschaft erfordern.

II. Im einzelnen:
1. Die Menschen in der DDR gehen besonnen mit der <u>D-Mark</u> um. Trotz Angebotsverknappung in Einzelbereichen (Gebrauchtwagen) ist der zum Teil befürchtete Kaufrausch ausgeblieben. Die Spar-, Bauspar- und Geldanlageangebote der Banken und Sparkassen werden erkannt und wahrgenommen.
2. Die <u>Preisfreigabe</u> – vor allem bei Grundnahrungsmitteln – hat zunächst zu erheblichen Anlaufschwierigkeiten geführt. Anfänglich überhöhte Preisforderungen wurden zwischenzeitlich aber vielfach den Marktverhältnissen angepaßt. Die oft noch geringe Zahl konkurrierender Anbieter vor Ort führt allerdings in manchen Regionen noch zu einem deutlich höheren Preisniveau als in der Bundesrepublik.
3. Die <u>Güterversorgung</u> hat sich trotz erheblicher Mängel im Transport- und Verteilungssystem der DDR nach größeren Problemen Anfang Juli inzwischen gebessert.
Der sehr ausgeprägten Tendenz der DDR-Verbraucher, Westprodukte vorzuziehen, wird jetzt mit gezielten Anstrengungen des Groß- und Einzelhandels begegnet, auch wieder Waren aus DDR-Produktion ins Sortiment zu nehmen.
4. ⟨Zahlreiche <u>Unternehmen</u> müssen mit erheblichen <u>Liquiditätsproblemen</u> fertigwerden (mangelnder bis fehlender Absatz bei fälligen Lohn- und Materialzahlungen). Zudem fehlt es noch an geeigneten Sicherheiten.⟩[1] Auch deshalb ist der Bürgschaftsrahmen der Treuhandanstalt (im Einvernehmen mit BMF) allein für Juli auf 10 Mrd. DM erhöht worden. Notwendig ist aber, daß die Banken ihre Zurückhaltung aufgeben und verstärkt Kredite auch ohne staatliche Garantien an neue und alte Betriebe mit „Überlebenschancen" geben.
5. Rückläufige Industrieproduktion hat zu einem deutlichen Anstieg der <u>Kurzarbeit</u> auf zuletzt knapp 230 000 Personen geführt.
Die registrierte <u>Arbeitslosigkeit</u> lag am 20. Juli bei gut 250 000 (Arbeitslosenquote: 3%). ⟨Eine weitere rasche Zunahme der Arbeitslosigkeit wird allgemein erwartet (die bisher <u>verdeckte</u> Arbeitslosigkeit im Sozialismus wird vom Ifo-Institut auf ca. 1,25 Millionen geschätzt, ohne daß diese nun sofort voll in Erscheinung treten muß!).⟩[2]
Zugleich gibt es aber rund 100 000 <u>Betriebsneugründungen</u> (Bau, Handwerk, Gaststätten, Tourismus, Handel). Gerade in vielen Dienstleistungszweigen erfolgen bereits <u>Neueinstellungen</u> in erheblichem Umfang (Handel, Banken, Versicherungen, Kfz-Ge-

1 ⟨ ⟩ Hs. am rechten Rand vermerkt: „?"; hier und im folgenden hs. Anmerkungen des Bundeskanzlers Kohl.
2 ⟨ ⟩ Hs. am rechten Rand vermerkt: „?".

werbe). Genauere Zahlen zur Entwicklung der Erwerbstätigkeit liegen jedoch noch nicht vor.

6. Sicherung vorhandener und Schaffung neuer Arbeitsplätze – insbesondere in der Industrie – werden angesichts massiver Tariflohnerhöhungen (zwischen +25% und +50%) und Arbeitszeitverkürzung erheblich erschwert. Bremsende Effekte auf den notwendigen Strukturwandel gehen auch von Beschäftigungsgarantien und Rationalisierungsschutzabkommen aus, die die Tarifpartner vereinbart haben.

7. Positiv zu werten ist das große Interesse an Privatisierungen. Bisher wurden knapp 9000 Anträge auf Unternehmensprivatisierung gestellt, in gut 1100 Fällen ist bereits die Reprivatisierung von Betrieben erfolgt.
   Lebhaftes Echo finden auch Kooperationen zwischen Betrieben in der DDR und Unternehmen in der Bundesrepublik Deutschland und dem Ausland. Zu den rund 2700 bereits eingegangenen Kooperationen gehören westdeutsche Partnerunternehmen (u.a. VW mit IFA, Karstadt mit Zentrum-Warenhäusern, Holsten-Brauerei mit Getränkekombinat Dresden) sowie japanische (z. B. bei Telefaxgeräten mit Robotron) und französische Firmen (z. B. Übernahme des größten Zementwerks der DDR in Karsdorf).

8. Dem erheblichen Überangebot an DDR-Agrarerzeugnissen wird mit einer vollständigen Integration der DDR-Landwirtschaft in die EG ab August begegnet. Dies dürfte die Lage der DDR-Landwirtschaft bald spürbar verbessern.

9. ⟨Der gerade vorgelegte DDR-Staatshaushalt für das 2. Halbjahr 1990 hält die Vorgaben des ersten Staatsvertrages zwar ein, doch wird dies nur mit einer globalen Minderausgabe von 3,4 Mrd. DM (6,9 v.H. der Gesamtausgaben) erreicht.⟩[3]
   Haushalts- und Finanzierungsrisiken bestehen insbesondere durch mögliche Steuermindereinnahmen, durch Mehrausgaben aufgrund eigener DDR-Beschlüsse (z.B. Energiesubventionen, Wohnungsbauprämiengesetz,[4] Arzneimittelpreisfreigabe, Sozialhilfe, höhere Lehrerbesoldung) sowie im Sozialbereich (Arbeitslosigkeit, Krankenversicherung) und Schadensfälle aufgrund übernommener Bürgschaften.

Fazit:
⟨Die DDR befindet sich jetzt – wie 1948 die Westzonen – auf einer Durststrecke bei der Überwindung des Erbes aus der Vergangenheit. Dank massiver öffentlicher und privater Hilfe von hier und insgesamt vernünftigen Verhaltens der Verbraucher bestehen aber günstige Voraussetzungen auf spürbare Besserung.⟩[5]

S. Nehring

---

3   ⟨⟩ Hs. am rechten Rand vermerkt: „?".
4   Verordnung über die Einführung des Bausparens in der DDR, 21. Juni 1990, in: GBl. DDR 1990 I, 478f.
5   ⟨⟩ Hs. am rechten Rand vermerkt: „!".

Nr. 374
Aufzeichnung des Arbeitsstabes Deutsche Einheit
im Bundesministerium des Innern
30. Juli 1990

BMI, GE – 020 056/0 Bd. 11. – Tag der Ausfertigung hs. korrigiert.

Zusammenstellung
der Textvorschläge aus den Ressortverhandlungen
für den Einigungsvertrag

Präambel

1. Variante: DDR-Vorschlag

Die Hohen Vertragschließenden Seiten
entschlossen, die Einheit Deutschlands in Frieden und Freiheit als gleichberechtigtes Glied
der Völkergemeinschaft in freier Selbstbestimmung zu vollenden,[1]
ausgehend von dem Wunsch der Menschen in beiden Teilen Deutschlands, gemeinsam in
Freiheit in einem demokratischen und sozialen Bundesstaat zu leben,
in dankbarem Respekt vor denen, die der Freiheit zum Durchbruch verholfen haben, und
denen, die an der Aufgabe der Herstellung der Einheit Deutschlands unbeirrt festgehalten
haben,
getragen von der Überzeugung und dem Wunsch (Willen), mit der Einheit Deutschlands einen Beitrag zur Einigung Europas, zum Aufbau einer europäischen Friedensordnung und
zum Frieden in der Welt zu leisten,
in dem Bewußtsein, daß die Unverletzlichkeit der Grenzen und der territorialen Integrität
und Souveränität aller Staaten in Europa in ihren Grenzen eine grundlegende Bedingung für
den Frieden ist,
sind übereingekommen, einen Vertrag zur Herstellung der Einheit Deutschlands mit den
nachfolgenden Bestimmungen zu schließen:

2. Variante: BRD-Vorschlag

Die Hohen vertragschließenden Parteien
– ausgehend von dem Wunsch der Menschen in beiden Teilen Deutschlands, gemeinsam in
  Freiheit in einem demokratisch und sozialen Bundesstaat zu leben;
– in dankbarem Respekt vor denen, die der Freiheit zum Durchbruch verholfen haben, und
  denen, die an der Aufgabe der Herstellung der deutschen Einheit unbeirrt festgehalten
  haben;
– getragen von der Überzeugung, daß das geeinte Deutschland, das den geistigen und sittlichen Werten verpflichtet ist, die gemeinsames Erbe der europäischen Völker sind, dem
  Frieden und der Freiheit der Welt dienen wird;
– in dem Bestreben, durch die deutsche Einheit einen Beitrag zur Einigung Europas und
  zum Aufbau einer europäischen Friedensordnung zu leisten, in der Grenzen nicht mehr
  trennen und die allen europäischen Völkern ein vertrauensvolles Zusammenleben gewährleistet;
– in dem Bewußtsein, daß die Unverletzlichkeit der Grenzen und der territorialen Integrität
  und Souveränität aller Staaten in Europa in den Grenzen eine grundlegende Bedingung
  für den Frieden sind;

---

1 Anmerkung in der Textvorlage: „DDR-Standpunkt: Dieser Gedanke der Einheit gehört an die erste Stelle in der
Präambel."

[- in der Erwartung, daß in den Gesprächen mit den Regierungen der Französischen Republik, der Union der Sozialistischen Sowjetrepubliken, des Vereinigten Königreichs Großbritannien und Nordirland und der Vereinigten Staaten von Amerika eine abschließende Regelung über die äußeren Aspekte der Herstellung der deutschen Einheit getroffen wird, und die Rechte und Verantwortlichkeiten der Vier Mächte in bezug auf Berlin und Deutschland als Ganzes damit ihre Erledigung finden;][2]
- ausgehend davon, daß mit dem Vertrag vom 18. Mai 1990 über die Schaffung einer Währungs-, Wirtschafts- und Sozialunion zwischen der Bundesrepublik Deutschland und der Deutschen Demokratischen Republik bereits der erste bedeutsame Schritt in Richtung auf die Herstellung der staatlichen Einheit getan wurde;
[- angesichts der Tatsache, daß am ... Wahlen für den Deutschen Bundestag als gesamtdeutsche Volksvertretung stattfinden sollen][3]
[sind im Hinblick auf den mit Wirkung zum ... beabsichtigten Beitritt der Deutschen Demokratischen Republik zur Bundesrepublik Deutschland übereingekommen, diesen Einigungsvertrag zu schließen:][4]

Kapitel I: Grundlagen

Artikel 1
Gegenstand des Vertrages

Vorschlag der DDR (noch nicht mit der BRD abgestimmt):

(1) Die Deutsche Demokratische Republik und die Bundesrepublik Deutschland vereinbaren die Modalitäten, unter denen die staatliche Einheit Deutschlands (vorbereitet und) vollzogen wird.

(2) Der Einigungsvertrag bestimmt die Pflichten, die die Vertragsparteien bis zur Herstellung der Einheit Deutschlands zu erfüllen haben, sowie die Rechte, die sie wahrnehmen.

(3) Die Vertragsparteien vereinbaren die Rechte und Pflichten, die sich aus der Herstellung der Einheit Deutschlands ergeben, insbesondere die Rechte und Pflichten der Bundesrepublik gegenüber den Ländern Mecklenburg-Vorpommern, Brandenburg, Sachsen-Anhalt, Sachsen und Thüringen und umgekehrt.

Formulierungsvariante zum Absatz (3):

Die Vertragsparteien vereinbaren die Rechte und Pflichten, die sich aus der Herstellung der Einheit Deutschlands ergeben, insbesondere die Rechte und Pflichten der Bundesrepublik gegenüber den Ländern Berlin, Brandenburg, Mecklenburg-Vorpommern, Sachsen, Sachsen-Anhalt und Thüringen und umgekehrt sowie das Verhältnis der neugebildeten Länder zu den 11 Ländern der Bundesrepublik Deutschland.

Artikel 2
Länder

Abgestimmter Vorschlag:

(1) Mit dem Beitritt der Deutschen Demokratischen Republik zur Bundesrepublik Deutschland gemäß Artikel 23 des Grundgesetzes am ... werden die Länder Brandenburg, Mecklenburg-Vorpommern, Sachsen, Sachsen-Anhalt und Thüringen Länder der Bundesrepublik Deutschland. Für die Grenzen dieser Länder untereinander sind die Bestimmungen des ...

---

2 Anmerkung in der Textvorlage: „Eckige Klammer, weil Abhängigkeit von 2+4-Gesprächen"; auch im folgenden eckige Klammern in der Textvorlage.
3 Anmerkung in der Textvorlage: „Eckige Klammer, weil politische Entscheidung aussteht. Sollte vorzugsweise in den Hauptteil des Vertragstextes aufgenommen werden."
4 Anmerkung in der Textvorlage: „DDR-Standpunkt: Gehört nicht in die Präambel des Vertrages."

(Ländereinführungsgesetz der DDR)[5] maßgebend, die bis zu ihrer vollständigen Ausführung als Bundesrecht fortgelten.
(2) Die 23 Bezirke von Berlin nach dem Gebietsstand vom ... (Tag der Unterzeichnung) [einschließlich des zum Bezirk Spandau gehörenden Gebietes West-Staaken] bilden das Land Berlin.[6]

Vorschlag DDR-Seite:

(3) [Hauptstadt und Regierungssitz des gesamtdeutschen Staates ist Berlin. Vom gesamtdeutschen Parlament werden 1991 die Modalitäten zur weiteren Entwicklung der Hauptstadt als Regierungssitz festgelegt.]
(4) Nach Bildung der Länder in der Deutschen Demokratischen Republik und der Wahl der Landesregierungen nehmen die Vertreter dieser Länder bis zur Herstellung der deutschen Einheit mit beratender Stimme an der Arbeit des Bundesrates teil.

Artikel 3
Staatsvolk

Die Deutschen [beider Teile/in den Ländern Baden-Württemberg, Bayern, Berlin, Brandenburg, Bremen, Hamburg, Hessen, Mecklenburg-Vorpommern, Niedersachsen, Nordrhein-Westfalen, Rheinland-Pfalz, Saarland, Sachsen, Sachsen-Anhalt, Schleswig-Holstein und Thüringen] bilden ein einheitliches Staatsvolk.[7]

Kapitel II: Rechtsangleichung

Artikel 4
Inkrafttreten des Grundgesetzes

Mit dem Wirksamwerden des Beitritts tritt das Grundgesetz für die Bundesrepublik Deutschland in den Ländern Brandenburg, Mecklenburg-Vorpommern, Sachsen, Sachsen-Anhalt und Thüringen sowie in dem Teil des Landes Berlin, in dem es bisher nicht galt, mit den sich aus Artikel 5 ergebenden Änderungen in Kraft, soweit in diesem Vertrag nicht etwas anderes bestimmt wird.

Artikel 5
Beitrittsbedingte Änderungen des Grundgesetzes

Das Grundgesetz für die Bundesrepublik Deutschland vom 23. Mai 1949 wird wie folgt geändert:
1. Die Präambel wird neu gefaßt.
Die neue Fassung ist in der Anlage 1 enthalten.[8]
2. Der Artikel 23 wird aufgehoben.
[Weitere Vorschläge betreffend die Artikel 29, 35, 118, 146 u.a. zur Veränderung des Grundgesetzes wurden nicht zum Gegenstand der Ressortsverhandlungen gemacht.
Z.B. Vorschlag des UNER[9]:
Die Aufnahme des Umweltschutzes als Staatszielbestimmung wird unterstützt und folgende Fassung eines Artikels 20a vorgeschlagen:

5 Nr. 344G Anm. 42.
6 Anmerkung in der Textvorlage: „Die DDR-Seite lehnt eine Regelung von Gebietsveränderungen im Einigungsvertrag ab, da dieses und weitere ungeklärte ähnliche Probleme, die später durch die jeweiligen Länder gelöst werden können, die Vertragsverhandlungen unnötig belasten würden. Die BRD-Seite möchte den Einigungsvertrag nutzen, um ungelöste Probleme auf diesem Weg gleich mit zu klären."
7 Anmerkung in der Textvorlage: „Die erste Variante in der eckigen Klammer ist der Vorschlag der BRD-Seite. Der DDR-Vorschlag will die Teilung im Vertrag nicht hervorheben, sondern den bundesstaatlichen Aspekt in den Vordergrund stellen."
8 Nr. 374B.
9 Vermutlich gemeint: UNEP (United Nations Environment Programme).

(1) Die natürlichen Lebensgrundlagen des Menschen stehen unter dem Schutz des Staates.
(2) Den Schutz der Umwelt und die Sicherung ihrer Entwicklung im Interesse der heutigen und künftigen Generationen regeln die Gesetze.]

Artikel 6
Finanzverfassung

Artikel 7
Wehrverfassung[10]

(1) Im vereinten Deutschland gelten die derzeitige Wehrverfassung und das Wehrrecht der Bundesrepublik Deutschland.
Der Wehrverfassung liegen gleiche Bedingungen des Wehrdienstes zugrunde.
Bis zu ihrer uneingeschränkten Geltung in den Territorialstreitkräften-OST und der Wehrverwaltung-OST sind Übergangs- und Anpassungsregelungen zu treffen.
(2) Die Regelung des Zivildienstes der Deutschen Demokratischen Republik wird in den fünf neugebildeten Ländern und Berlin-Ost bis zu einer einheitlichen Entscheidung durch das gesamtdeutsche Parlament weitergelten.
(3) Bei der Anwendung der Gesetze und Bestimmungen der Bundesrepublik Deutschland wird vom Grundsatz der Gleichstellung von dienenden und gedienten Soldaten sowie des tätigen und ausgeschiedenen zivilen Personals der Nationalen Volksarmee und der Bundeswehr ausgegangen.
Der vereinigte deutsche Staat übernimmt gleichermaßen für die Soldaten und das zivile Personal beider Armeen Fürsorgepflicht.
(4) Gewissensprüfungen werden nicht zugelassen.
(5) Angehörige und ziviles Personal der Nationalen Volksarmee und der Grenztruppen der Deutschen Demokratischen Republik sowie Mitarbeiter spezieller Organe des Ministeriums für Abrüstung und Verteidigung, die ihre Gehorsamspflicht ohne Verstrickung in persönliche Schuld erfüllt haben, sind prinzipiell in den Territorialkräften-OST und der Wehrverwaltung-OST verwendbar.

Artikel 8
Überleitung von Bundesrecht

(1) In den in Artikel 2 genannten Gebieten werden die in der Anlage 2[11] aufgeführten Vorschriften des Bundesrechts mit den dort genannten Maßgaben durch den Gesetzgeber in Kraft gesetzt. Soweit nichts anderes bestimmt ist, treten sie am Tage des Beitritts in Kraft.
(2) Die Bundesregierung wird ermächtigt, (in der Übergangszeit) Bundesrecht durch Rechtsverordnung in einem oder mehreren der in Artikel 2 genannten Länder im Benehmen mit der jeweils betroffenen Regierung bzw. den jeweils betroffenen Regierungen in Kraft zu setzen, soweit es für die Durchsetzung der Ziele des Vertrages erforderlich ist. Die Rechtsverordnungen bedürfen der Zustimmung des Bundesrates [wenn sie sich auf Gesetze beziehen, die der Zustimmung des Bundesrates bedurften].[12]

Artikel 9
Weitergeltendes Recht

(1) Rechtsvorschriften der Deutschen Demokratischen Republik gelten in den im Artikel 2 genannten Gebieten fort, soweit es mit dem Grundgesetz unter Berücksichtigung dieses

---

10 Dazu hs. rechts oben auf der Seite vermerkt: „Inhalt neu formuliert".
11 Anlage 2 nicht abgedruckt; BMI, GE – 020 056/0 Bd. 11.
12 Anmerkung in der Textvorlage: „Der Standpunkt der DDR-Seite ist, daß in jedem Fall eine Zustimmung des Bundesrates erfolgen sollte, damit die neugebildeten Länder Gelegenheit bekommen, ihre Position darzulegen. Deshalb wird die Streichung des Inhaltes der eckigen Klammer gefordert."

Vertrages sowie mit unmittelbar geltendem Recht der Europäischen Gemeinschaften vereinbar ist oder soweit in den Anlagen 3–6[13] nicht etwas anderes bestimmt wird.

(2) Recht, das Gegenstände der ausschließlichen Gesetzgebung des Bundes betrifft, gilt als Bundesrecht fort. Recht, das Gegenstände der konkurrierenden Gesetzgebung des Bundes betrifft, gilt als Bundesrecht fort, wenn und soweit es sich auf Sachgebiete bezieht, die im gesamten übrigen Geltungsbereich des Grundgesetzes bundesrechtlich geregelt sind; für die Dauer seiner Fortgeltung als Bundesrecht werden die in Artikel 2 genannten Länder ermächtigt, mit Zustimmung der Bundesregierung dieses aufzuheben, zu ändern oder zu ergänzen. Für Recht, das Gegenstände der Rahmengesetzgebung des Bundes betrifft, gilt Satz 2 entsprechend.

Artikel 10
Außerkraftsetzung von Rechtsvorschriften der DDR

Durch den Gesetzgeber sind mit dem Wirksamwerden des Beitritts die in der Anlage 7[14] aufgeführten Rechtsvorschriften der DDR außer Kraft zu setzen.

Kapitel IV:[15] Verträge und Vereinbarungen

Artikel 11
Regelung von Vermögensfragen

(1) Die Deutsche Demokratische Republik schafft vor dem Beitritt die erforderlichen Rechtsvorschriften, die zur Realisierung der Gemeinsamen Erklärung der Regierungen der Bundesrepublik Deutschland und der Deutschen Demokratischen Republik zur Regelung offener Vermögensfragen vom 15. Juni 1990[16] erforderlich sind und setzt sie in Kraft.

(2) Die Bundesrepublik Deutschland garantiert gegenüber den in Artikel 2 genannten Gebieten, daß die in der Gemeinsamen Erklärung der Regierungen der Bundesrepublik Deutschland und der Deutschen Demokratischen Republik zur Regelung offener Vermögensfragen vom 15. Juni 1990 vereinbarten Prinzipien bei allen Gesetzgebungsakten beachtet werden.

Artikel 12
Regelung zu den Verträgen der Deutschen Demokratischen Republik

(1) Die Vertragsparteien sind sich einig, daß die völkerrechtlichen Verträge der Deutschen Demokratischen Republik im Zuge der Herstellung der deutschen Einheit unter den Gesichtspunkten des Vertrauensschutzes, der Interessenlage der beteiligten Staaten und der vertraglichen Verpflichtungen der Bundesrepublik Deutschland sowie nach den Prinzipien einer freiheitlichen, demokratischen und rechtsstaatlichen Grundordnung mit den Vertragspartnern der Deutschen Demokratischen Republik zu erörtern sind, um deren Fortgeltung (Anlage 8), Anpassung (Anlage 9) und Erlöschen (Anlage 10)[17] zu regeln bzw. festzustellen.
Sofern die Erörterungen bis zum Vollzug der deutschen Einheit nicht beendet sind, werden sie unter Beteiligung von Experten aus dem Gebiet der heutigen DDR, die von den Regierungen der beigetretenen Länder zu benennen sind, fortgeführt werden.

(2) Das vereinigte Deutschland legt seine Haltung zum Übergang völkerrechtlicher Verträge der Deutschen Demokratischen Republik nach Konsultation mit den jeweiligen Vertragspartnern fest.

---

13 Anlagen 3–6 nicht abgedruckt; BMI, GE – 020 056/0 Bd. 11.
14 Anlage 7 nicht abgedruckt; ebd.
15 Kapitel III in der Textvorlage nicht vorhanden.
16 Nr. 328A Anm. 8.
17 Anlagen 8–10 nicht abgedruckt; BMI, GE – 020 056/0 Bd. 11.

(3) Beabsichtigt das vereinigte Deutschland, in Mitgliedschaften in internationale Organisationen und sonstigen mehrseitigen Verträgen einzutreten, denen die Deutsche Demokratische Republik, nicht aber die Bundesrepublik Deutschland angehört, so wird Einvernehmen mit den jeweiligen Vertragspartnern hergestellt.

Artikel 13
Regelung zu den Verträgen der Bundesrepublik Deutschland

(1) Die Vertragsparteien gehen davon aus, daß völkerrechtliche Verträge und Vereinbarungen, denen die Bundesrepublik Deutschland als Vertragspartei angehört, einschließlich solcher Verträge, die Mitgliedschaften in internationalen Organisationen oder Institutionen begründen, ihre Gültigkeit behalten und die daraus folgenden Rechte und Verpflichtungen sich grundsätzlich auch auf die in Artikel 2 genannten Gebiete beziehen. Soweit im Einzelfall Anpassungen erforderlich werden, wird sich die Regierung des vereinigten Deutschland mit den jeweiligen Vertragspartnern ins Benehmen setzen.

(2) Zustimmungsgesetze zu völkerrechtlichen Verträgen der Bundesrepublik Deutschland gelten in den in Artikel 2 genannten Gebieten im gleichen Umfang wie die ihnen zugrunde liegenden Verträge. Die Regierung des vereinigten Deutschland wird ermächtigt, im Einzelfall erforderliche Anpassungen durch Erlaß von Rechtsverordnungen vorzunehmen.

Kapitel V: Öffentliche Verwaltung

Artikel 14
Aufbauministerium für die fünf neugebildeten Länder und Berlin-Ost

Die Regierung der Bundesrepublik Deutschland richtet für eine Übergangszeit ein Bundesministerium für die Förderung der fünf neugebildeten Länder und Berlin-Ost mit dem Ziel ein, die rasche Angleichung an das Niveau der bisherigen Bundesländer auf wirtschaftlichem, finanziellem, sozialem und kulturellem Gebiet zu sichern.

Artikel 15
Übergang von Verwaltungseinrichtungen

(1) Verwaltungsorgane und sonstige der öffentlichen Verwaltung oder Rechtspflege dienende Einrichtungen in den in Artikel 2 genannten Gebieten unterstehen der Regierung des Landes, in dem sie ihren Sitz haben. Die Landesregierung regelt die Überführung oder Abwicklung, soweit erforderlich durch Rechtsverordnung.

(2) Soweit die in Abs. 1 Satz 1 genannten Einrichtungen bis zum Beitritt Aufgaben erfüllt haben, die nach der Ordnung des Grundgesetzes vom Bund wahrzunehmen sind, unterstehen sie dem zuständigen Bundesminister. Dieser regelt die Überführung oder Abwicklung, soweit erforderlich durch Rechtsverordnung.

Artikel 16
Rechtsverhältnisse der Arbeitnehmer im öffentlichen Dienst

(1) Für die bei Inkrafttreten dieses Vertrages in der öffentlichen Verwaltung der Deutschen Demokratischen Republik (einschl. Berlin-Ost) beschäftigten Arbeitnehmer gelten die am Tage vor dem Inkrafttreten für sie geltenden Arbeitsbedingungen nach Maßgabe dieses Vertrages fort. Die für den öffentlichen Dienst im übrigen Bundesgebiet bestehenden Arbeitsbedingungen gelten erst, wenn und soweit die Tarifvertragsparteien diese vereinbaren.

(2) Die Arbeitsverhältnisse der Arbeitnehmer bei Behörden und Einrichtungen, deren Aufgaben bei ihrem Fortbestehen Bundesaufgaben wären, ruhen vom Tage des Inkrafttretens der Vertrages an. Dies gilt nicht, wenn bestimmt ist, daß Behörden und Einrichtungen oder Teile derselben fortbestehen bzw. in andere Behörden oder Einrichtungen ein-

gegliedert werden, für die in diesen Bereichen beschäftigten Arbeitnehmer.[18] Während des Ruhens des Arbeitsverhältnisses nach Satz 1 hat der Arbeitnehmer Anspruch auf ein monatliches Wartegeld in Höhe von ... v.H. des durchschnittlichen monatlichen Arbeitsentgelts der letzten zwölf Monate; einmalige oder Sonderzahlungen werden hierbei nicht berücksichtigt. Wird der Arbeitnehmer nicht innerhalb von ... Monaten weiterverwendet, endet das Arbeitsverhältnis mit Ablauf dieser Frist. Während der Ruhenszeit anderweitig erzieltes Erwerbseinkommen oder Lohnersatzleistungen sind auf das monatliche Wartegeld anzurechnen, soweit die Summe aus diesen Einnahmen und dem Wartegeld die Bemessungsgrundlage des Wartegeldes übersteigt.

(3) Absatz 2 gilt entsprechend für die Arbeitnehmer bei Behörden und Einrichtungen, die Aufgaben der Länder, des beigetretenen Teils von Berlin oder Gemeinschaftsaufgaben nach Artikel 91b GG wahrnehmen.

(4) Die ordentliche Kündigung eines Arbeitsverhältnisses in der öffentlichen Verwaltung ist auch dann sozial gerechtfertigt, wenn

1. der Arbeitnehmer wegen mangelnder fachlicher oder persönlicher Qualifikation ungeeignet ist oder

2. der Arbeitnehmer wegen mangelnden Bedarfs nicht mehr verwendbar ist, sofern ihm keine zumutbare andere, ggf. geringerwertige Beschäftigung angeboten werden kann oder

3. die bisherige Beschäftigungsstelle ersatzlos aufgelöst wird oder bei Verschmelzung, Eingliederung oder wesentlicher Änderung des Aufbaus der Beschäftigungsstelle die bisherige oder eine anderweitige Verwendung nicht mehr möglich ist.

In den Fällen der Nr. 2 und 3 kann ein Übergangsgeld in Höhe des monatlichen Wartegeldes nach Abs. 2 gewährt werden. Abs. 2 Satz 5 gilt entsprechend.

Die Kündigungsfrist beträgt bei einer Beschäftigungszeit von mindestens einem Jahr einen Monat zum Monatsschluß, bei einer längeren Beschäftigungszeit sechs Wochen zum Schluß eines Kalendervierteljahres.

Ein wichtiger Grund für eine außerordentliche Kündigung ist insbesondere dann gegeben, wenn der Arbeitnehmer

1. gegen die Grundsätze der Menschlichkeit oder Rechtsstaatlichkeit verstoßen hat oder

2. für das frühere Ministerium für Staatssicherheit/Amt für nationale Sicherheit oder eine vergleichbare andere Stelle tätig war

und dadurch ein Festhalten am Arbeitsverhältnis unzumutbar erscheint. Eine Kündigung nach diesem Absatz ist nur zulässig innerhalb von 2 Jahren nach Inkrafttreten dieses Gesetzes.

Die Kündigung kann auch in den Fällen der Absätze 2 und 3 ausgesprochen werden.

[DDR-Standpunkt (MdI):

Die vorgesehenen Übergangsregelungen zur Änderung, Begründung oder Beendigung von Angestelltenverhältnissen oder Beamtenverhältnissen des öffentlichen Dienstes können in der vorgeschlagenen Form nicht akzeptiert werden.

Die beamtenrechtliche bzw. arbeitsrechtliche Gleichstellung der zukünftigen Angestellten oder Beamten im öffentlichen Dienst (der ehemaligen DDR) muß in Übereinstimmung mit dem Gleichbehandlungsgrundsatz des Artikels 3 Grundgesetz der BRD gewährleistet sein. Vom bundesdeutschen Recht abweichende Vergütungs- bzw. Besoldungsregelungen sollten der ausschließlichen Entscheidung der Tarifparteien vorbehalten bleiben.

Es ist zusätzlich ein Artikel einzufügen:

---

18 Anmerkung in der Textvorlage: „Evtl. Ergänzungsvorschlag BMPT".

Übergang von Verwaltungseinrichtungen

(1) Verwaltungsorgane und sonstige der öffentlichen Verwaltung oder Rechtspflege die-
nende Einrichtungen im beigetretenen Teil Deutschlands unterstehen der Regierung des
Landes, in dem sie ihren Sitz haben. Die Landesregierung regelt die Überführung oder
Abwicklung, soweit erforderlich durch Rechtsverordnung.

(2) Soweit die in Abs. 1 Satz 1 genannten Einrichtungen bis zum Beitritt Aufgaben erfüllt
haben, die nach der Ordnung des Grundgesetzes vom Bund wahrzunehmen sind, unterstehen sie dem zuständigen Bundesminister. Dieser regelt die Überführung oder Abwicklung, soweit erforderlich durch Rechtsverordnung.]

Artikel 17
Einführung des Beamtenrechts

(1) Die Wahrnehmung von öffentlichen Aufgaben (hoheitsrechtliche Befugnisse im Sinne
von Art. 33 Abs. 4 GG) ist so bald wie möglich Beamten zu übertragen.

(2) Die Bundesregierung bestimmt durch Rechtsverordnung, mit welchen Übergangsregelungen die in Verbindung mit Anlage 11 Nr. 1 bis 6 übergeleiteten beamtenrechtlichen
Bundesgesetze in den in Artikel 2 genannten Ländern gelten sowie, ab wann und mit
welchen Anpassungen, die durch die besonderen Gegebenheiten im Beitrittsgebiet erforderlich sind, das übrige für die Beamten geltende Bundesrecht dort eingeführt wird. Vor
Erlaß einer Rechtsverordnung nach Satz 1 sind die Regierungen der betroffenen Länder
zu hören. Die Rechtsverordnungen bedürfen der Zustimmung des Bundesrates, wenn sie
sich auf Gesetze beziehen, die der Zustimmung des Bundesrates bedürfen.

(3) Die in Artikel 2 genannten Länder sind im Sinne des § 1 Beamtenrechtsrahmengesetz[19]
verpflichtet, ihr Beamtenrecht bis zum 31. Dezember 1992 zu regeln. Bis zum Inkrafttreten des jeweiligen Landesbeamtenrechts gelten in diesen Ländern die für Bundesbeamte
bestehenden Vorschriften einschließlich der sich aus Absatz 2 ergebenden Übergangsregelungen entsprechend.

Kapitel VI: Finanzen

Artikel 18
Verteilung des Steueraufkommens, Finanzausgleich

(1) Für die Verteilung des Steueraufkommens auf den Bund sowie auf die Länder und Gemeinden (Gemeindeverbände) in den in Artikel 2 genannten Gebieten gelten die Bestimmungen des Artikels 106 GG mit der Maßgabe, daß
1. bis zum 31. Dezember 1994 die Regelungen des Absatzes 3 Satz 4 und des Absatzes 4
keine Anwendung finden.
(Hinweis: Hieraus ergibt sich die Konsequenz, daß die Deckungsquotenberechnung
in diesem Zeitraum auf das Verhältnis der Gebietskörperschaften in der bisherigen
Bundesrepublik Deutschland beschränkt werden muß.
Als Gegenstück für die Nichteinbeziehung der DDR-Länder in die Deckungsquotenberechnung bei der Umsatzsteuerneuverteilung dürfen die Ausgaben des Bundes für
das Gebiet der DDR (Nachfolge Zentralhaushalt bzw. Länderhaushalte) nicht in die
Deckungsquotenberechnung im Verhältnis Bund/West-Länder für die Umsatzsteuerverteilung einbezogen werden.)
2. bis zum 31. Dezember 1996 der Anteil der Gemeinden an dem Aufkommen der Ein-
kommensteuer nach Artikel 106 Abs. 5 GG von den Ländern an die Gemeinden nicht

---

19 Nr. 328A Anm. 9.

auf der Grundlage der Einkommenssteuerleistung ihrer Einwohner, sondern nach der Einwohnerzahl der Gemeinden weitergeleitet wird.

(2) Es ist sicherzustellen, daß das in den in Artikel 2 genannten Gebieten erzielte Steueraufkommen bis 31. Dezember 1994 ausschließlich für öffentliche Aufgaben in diesen Gebieten verwendet wird.

(DDR-Position: Die DDR möchte bis Ende 1994 das gesamte Steueraufkommen auf dem Gebiet der bisherigen DDR (einschließlich Bundessteuern) ausschließlich den neuen Ländern sowie den Gemeinden in der bisherigen DDR zuweisen.)

(3) Artikel 107 GG gilt in den in Artikel 2 genannten Gebieten mit der Maßgabe, daß im Hinblick auf die vom Fonds „Deutsche Einheit" gewährten Leistungen bis zum 31. Dezember 1994

[1. die Regelung des Absatzes 1 Satz 4 zwischen den bisherigen Ländern einschließlich Berlin-Ost nicht angewendet wird und]

(Hinweis: Wegen der Detailregelungen zur Verteilung des Länderanteils an der Umsatzsteuer ist eine Änderung des Finanzausgleichsgesetzes notwendig. Die DDR will, daß das Aufkommen uneingeschränkt den ehemaligen DDR-Ländern zur Verfügung steht.)

2. ein Länderfinanzausgleich zwischen den bisherigen Ländern der Bundesrepublik Deutschland und den fünf neugebildeten Ländern einschließlich Berlin-Ost gemäß Absatz 2 nicht stattfindet.

(4) Artikel 120 GG gilt in den in Artikel 2 genannten Gebieten mit der Maßgabe, daß durch Gesetz, das der Zustimmung des Bundesrates bedarf, die Lastenverteilung zwischen dem Bund und den Ländern abweichend von Artikel 120 Abs. 1 Sätze 1 bis 3 GG geregelt werden kann.

Artikel 19
Verwaltungsvermögen in der Deutschen Demokratischen Republik

(1) Das Vermögen der Republik, das unmittelbar bestimmten Verwaltungsaufgaben dient (Verwaltungsvermögen), wird grundsätzlich Bundesvermögen. Sofern es nach seiner Zweckbestimmung am 1. Oktober 1989 überwiegend für Verwaltungsaufgaben bestimmt war, die nach dem Grundgesetz von Ländern, Gemeinden (Gemeindeverbänden) oder sonstigen Trägern öffentlicher Verwaltung wahrzunehmen sind, ist es unentgeltlich auf diese zu übertragen.

(2) Das übrige Verwaltungsvermögen steht nach Herstellung der deutschen Einheit demjenigen Träger öffentlicher Verwaltung zu, der nach der Kompetenzordnung des Grundgesetzes für die Verwaltungsaufgabe zuständig ist, für die das Vermögen nach seiner Zweckbestimmung am [1. Oktober 1989[20]] überwiegend bestimmt war.

(Hinweis: Ein Kompromiß könnte ggf. darin bestehen, daß auf die Zweckbestimmung am 1. Oktober 1989 abgestellt und gleichzeitig bestimmt wird, daß den Gebietskörperschaften in der bisherigen DDR Vermögenswerte, die ihnen vom Zentralstaat entzogen worden sind, unentgeltlich zurückzuübertragen sind.)

(3) Das Nähere wird durch Bundesgesetz mit Zustimmung des Bundesrates geregelt.

(4) Soweit nach den Absätzen 1 und 2 oder aufgrund Bundesgesetzes nach Absatz 3 Verwaltungsvermögen Bundesvermögen wird, ist es für die Erfüllung öffentlicher Aufgaben in den in Artikel 2 genannten Gebieten zu verwenden. Dies gilt auch für die Verwendung der Erlöse aus Veräußerungen von Vermögenswerten.

---

20 Anmerkung in der Textvorlage: „DDR-Position: ‚nach seiner Zweckbestimmung bei Herstellung der deutschen Einheit' ".

[(5) Artikel 135a des Grundgesetzes findet entsprechende Anwendung auf Verbindlich-
keiten der Deutschen Demokratischen Republik oder ihrer Rechtsträger sowie auf
Verbindlichkeiten des Bundes oder anderer Körperschaften und Anstalten des öffent-
lichen Rechts, die mit dem Übergang von Vermögenswerten nach diesem Artikel in
Zusammenhang stehen, und auf Verbindlichkeiten, die auf Maßnahmen der Deutschen
Demokratischen Republik oder ihrer Rechtsträger beruhen.]
(DDR-Position: Prüfvorbehalt)

Artikel 20
Finanzvermögen in der Deutschen Demokratischen Republik

(1) Öffentliches Vermögen in der Deutschen Demokratischen Republik einschließlich des
Grundvermögens und des Vermögens in der Land- und Forstwirtschaft, das nicht unmittelbar bestimmten Verwaltungsaufgaben dient (Finanzvermögen), unterliegt, soweit
es nicht am 1. Juli 1990 der Treuhandanstalt übertragen war, nach Herstellung der deutschen Einheit der Treuhandverwaltung des Bundes. Durch Bundesgesetz, das der Zustimmung des Bundesrates bedarf, ist das Finanzvermögen so auf den Bund und diese
Länder aufzuteilen, daß der Bund und die Gesamtheit dieser Länder etwa je die Hälfte
des Vermögenswerts erhalten. Vermögenswerte, die hiernach der Bund erhält, sind zur
Erfüllung öffentlicher Aufgaben in den in Artikel 2 genannten Gebieten zu verwenden.
Die Verteilung des Länderanteils auf die einzelnen Länder soll grundsätzlich so erfolgen,
daß das Verhältnis der Gesamtwerte der den einzelnen Ländern übertragenen Vermö-
gensteile dem Verhältnis der Bevölkerungszahlen dieser Länder im Zeitpunkt der Herstellung der deutschen Einheit ohne Berücksichtigung der Einwohnerzahl von Berlin
(West) entspricht. Die Länder können das Vermögen, soweit eine Privatisierung nicht
geboten erscheint, auf ihre Gemeinden oder sonstige Träger öffentlicher Verwaltung
weiterübertragen.
(Hinweis: Hier könnte ggf. zusätzlich vorgesehen werden, daß den Gebietskörperschaften in der bisherigen DDR Vermögenswerte, die ihnen vom Zentralstaat entzogen
worden sind, unentgeltlich zurückzuübertragen sind.)
(2) Bis zu einer gesetzlichen Regelung wird das Finanzvermögen von den bisher zuständigen Behörden verwaltet, soweit nicht der Bundesminister der Finanzen die Übernahme
der Verwaltung durch Behörden der Bundesvermögensverwaltung anordnet.
(3) Die in den Absätzen 1 und 2 bezeichneten Gebietskörperschaften gewähren sich untereinander auf Verlangen Auskunft über und Einsicht in Grundbücher, Grundakten
und sonstige Vorgänge, die Hinweise zu Vermögenswerten enthalten, deren rechtliche
und tatsächliche Zuordnung zwischen den Gebietskörperschaften ungeklärt oder streitig
ist.

Artikel 21
Verteilungsregelung über Schulden

(1) Mit der Herstellung der deutschen Einheit wird die bis zu diesem Zeitpunkt aufgelaufene Gesamtverschuldung des Republikhaushaltes der Deutschen Demokratischen Republik von einem nicht rechtsfähigen Sondervermögen des Bundes übernommen, das die
Schuldendienstverpflichtungen erfüllt. Das Sondervermögen wird ermächtigt, Kredite
aufzunehmen
1. zur Tilgung von Schulden des Sondervermögens,
2. zur Deckung anfallender Zins- und Kreditbeschaffungskosten,
3. zum Zwecke des Ankaufs von Schuldtiteln des Sondervermögens im Wege der Markt-
pflege.
(Hinweis: Die DDR ist der Auffassung, daß die Bundesrepublik Deutschland die Auslandsverschuldung der DDR übernehmen sollte.)

(2) Der Bundesminister der Finanzen verwaltet das Sondervermögen. Das Sondervermögen kann unter seinem Namen im rechtsgeschäftlichen Verkehr handeln, klagen und verklagt werden. Der allgemeine Gerichtsstand des Sondervermögens ist der Sitz der Bundesregierung. Der Bund haftet für die Verbindlichkeiten des Sondervermögens. Näheres über die Errichtung des Sondervermögens wird durch Bundesgesetz geregelt.

(3) In der Zeit von der Herstellung der deutschen Einheit bis zum 31. Dezember 1993 erstatten der Bund [die Gesamtheit der Länder Brandenburg, Mecklenburg-Vorpommern, Sachsen, Sachsen-Anhalt, Thüringen und das Land Berlin][21] sowie die Treuhandanstalt (jeweils ein Drittel)[22] der vom Sondervermögen erbrachten Zinsleistungen. Die Erstattung erfolgt bis zum 1. des Monats, der dem Monat folgt, in dem das Sondervermögen die in Satz 1 genannten Leistungen erbracht hat. Die Anteile der Länder Brandenburg, Mecklenburg-Vorpommern, Sachsen, Sachsen-Anhalt und Thüringen sowie des Landes Berlin an dem dem Sondervermögen zu erstattenden Beträgen werden im Verhältnis ihrer Einwohnerzahlen bei Herstellung der deutschen Einheit ohne Berücksichtigung der Einwohnerzahl von Berlin (West) berechnet.

(4) Mit Wirkung vom 1. Januar 1994 übernehmen die Treuhandanstalt, der Bund und die Länder Brandenburg, Mecklenburg-Vorpommern, Sachsen, Sachsen-Anhalt und Thüringen sowie das Land Berlin die beim Sondervermögen zum 31. Dezember 1993 aufgelaufene Gesamtverschuldung nach Maßgabe des Artikels 27 Absatz 3 des Vertrages vom 18. Mai 1990 über die Schaffung einer Währungs-, Wirtschafts- und Sozialunion zwischen der Bundesrepublik Deutschland und der Deutschen Demokratischen Republik. Die Verteilung der Schulden im einzelnen wird durch besonderes Gesetz gemäß Artikel 34 des Gesetzes zu dem Vertrag vom 18. Mai 1990 über die Schaffung einer Währungs-, Wirtschafts- und Sozialunion zwischen der Bundesrepublik Deutschland und der Deutschen Demokratischen Republik vom 25. Juni 1990 (BGBl. II S. 518) mit Zustimmung des Bundesrates geregelt. Die Anteile der Länder Brandenburg, Mecklenburg-Vorpommern, Sachsen, Sachsen-Anhalt und Thüringen sowie des Landes Berlin an dem von der Gesamtheit der beigetretenen Länder zu übernehmenden Betrag werden im Verhältnis ihrer Einwohnerzahl bei Herstellung der deutschen Einheit ohne Berücksichtigung der Einwohnerzahl von Berlin (West) berechnet.

(5) Das Sondervermögen wird mit Ablauf des Jahres 1993 aufgelöst.

Artikel 22
Finanzierung von Sozialleistungen

(1) Der Bundeszuschuß zu den Ausgaben der Rentenversicherung der Arbeiter und Angestellten wird zum 1.1.1992 zusätzlich erhöht, damit der Anteil des Bundeszuschusses an den Gesamtrentenausgaben erhalten bleibt. Für die durch Beitragsfreiheit der Beamten entstehenden Mindereinnahmen in den in Artikel 2 genannten Gebieten ist ein zusätzlicher Zuschuß zu gewähren. Der Rentenversicherung sind vom Bund die Leistungen zu erstatten, die nicht Leistungen der Rentenversicherung sind, einschließlich der durch die Überführung der Zusatzversorgungen bedingten Leistungen.

(2) Der in den Ländern Berlin (ohne Berlin-West), Brandenburg, Mecklenburg-Vorpommern, Sachsen, Sachsen-Anhalt und Thüringen mit dem Staatsvertrag vom 18.5.1990 über die Schaffung einer Währungs-, Wirtschafts- und Sozialunion eingeführte Sozialzuschlag zu Leistungen der Renten- und Arbeitslosenversicherung bleibt für eine Übergangszeit bis zum 31. Dezember 1995 erhalten. Er wird jeweils mit der Anpassung der Renten erhöht.

---

21 Anmerkung in der Textvorlage: „DDR-Position: Die Zinsleistungen sollen von Bund und Treuhandanstalt getragen werden."
22 Wie Anm. 21.

Artikel 23
Treuhandvermögen

Das Gesetz zur Privatisierung und Reorganisation des volkseigenen Vermögens (Treuhandgesetz) vom 17.6.1990 (GBl. der DDR Teil I Nr. 33/1990 S. 300) gilt nach Herstellung der deutschen Einheit mit folgender Maßgabe fort:

1. Die Treuhandanstalt wird dem in Artikel 14 genannten noch zu schaffenden Aufbauministerium unterstellt.
2. Gemäß Artikel 26 Abs. 4 des Gesetzes zum Vertrag vom 18.5.1990 über die Schaffung einer Währungs-, Wirtschafts- und Sozialunion zwischen der Bundesrepublik Deutschland und der Deutschen Demokratischen Republik sind die Erlöse der Treuhandanstalt für die Strukturanpassung der Wirtschaft und die Sanierung der Haushalte der Länder Brandenburg, Mecklenburg-Vorpommern, Sachsen, Sachsen-Anhalt und Thüringen sowie Berlin-Ost zu nutzen.

[Darüber hinaus ist nach Möglichkeit ein verbrieftes Anteilsrecht am volkseigenen Vermögen für die Sparer einzuräumen, denen bei der Währungsumstellung Sparguthaben 2 zu 1 reduziert wurden.][23]

Artikel 24
Finanzverwaltung

Die Kompetenzen des derzeitigen Ministeriums der Finanzen gehen auf das Bundesfinanzministerium über.

Solange die Länderverwaltungen personell und organisatorisch noch nicht voll arbeitsfähig sind, nimmt eine aus dem Ministerium der Finanzen zu bildende Außenstelle des Bundesfinanzministeriums für eine Übergangszeit die Rechte und Pflichten der Länder (Finanzausgleiche, Liegenschaftsverwaltung, Vermögensfragen, Entschädigungen u.a.) treuhänderisch wahr.

Artikel 25
Finanzanpassung an die Europäischen Gemeinschaften

Die Deutsche Demokratische Republik wird alle außenwirtschaftlichen Finanzbeziehungen auf eine EG-konforme Basis stellen und dazu mit den RGW-Ländern, Clearing-Rubel-Ländern, EFTA-Ländern, anderen Industrieländern und Entwicklungsländern die erforderlichen Verhandlungen unverzüglich aufnehmen.

Kapitel VII: Verkehrswesen

Artikel 26
Sondervermögen „Deutsche Reichsbahn"

(1) Das Eigentum und alle sonstigen Vermögensrechte der Deutschen Demokratischen Republik und in Berlin (West), die zum Sondervermögen „Deutsche Reichsbahn" im Sinne des Artikels 26 Abs. 2 des Vertrages über die Schaffung einer Währungs-, Wirtschafts- und Sozialunion zwischen der Bundesrepublik Deutschland und der Deutschen Demokratischen Republik vom 18. Mai 1990 (BGBl. II S. 518) gehören, sind mit Inkrafttreten dieses Vertrages als Sondervermögen „Deutsche Reichsbahn" Vermögen der Bundesrepublik Deutschland. Dazu gehören auch alle Vermögensrechte, die nach dem 8. Mai 1945 entweder mit Mitteln des Sondervermögens „Deutsche Reichsbahn" erworben oder die ihrem Betrieb oder dem ihrer Vorgängerverwaltungen gewidmet worden sind, ohne Rücksicht darauf, für welchen Rechtsträger sie erworben wurden.

---

23 Anmerkung in der Textvorlage: „Dazu ist die DDR nach dem o.g. Staatsvertrag verpflichtet worden, so daß bei der Herstellung der deutschen Einheit eine Regelung erforderlich ist."

(2) Für die Verbindlichkeit des Sondervermögens „Deutsche Reichsbahn" gilt Absatz 1 entsprechend.

(3) Auf das Sondervermögen „Deutsche Reichsbahn" sind die Vorschriften des Bundesbahngesetzes in der im Bundesgesetzblatt Teil III, Gliederungsnummer 931–1 veröffentlichten bereinigten Fassung, zuletzt geändert durch Art. 31 des Gesetzes vom 28.6.1990 (BGBl. I S. 1221), in der jeweils geltenden Fassung sinngemäß anzuwenden.

(4) § 1 Bundesbahngesetz gilt dabei mit der Maßgabe, daß
   – das dem S-Bahnverkehr dienende Reichsbahnvermögen in Berlin (West) nach den bestehenden Rechten und Pflichten (Vereinbarung zwischen dem Senat von Berlin und der Deutschen Reichsbahn vom ⟨30.12.1983⟩[24]) vom Land Berlin verwaltet wird,
   – das nicht verkehrlichen Zwecken dienende ehemalige Reichsvermögen (Vorratsvermögen) in Berlin (West) nach den bestehenden Rechten und Pflichten vom Bundesminister für Verkehr und – in dessen Auftrag – von der Verwaltungsstelle des ehemaligen Reichsbahnvermögens (VdeR) verwaltet wird.
   Die Bundesregierung kann durch Rechtsverordnung mit Zustimmung des Bundesrates von Satz 1 erster Aufzählungsstrich abweichende Regelungen treffen, sofern sich die beteiligten Träger der Aufgaben- und Finanzverantwortung über ein einheitliches Konzept für den S-Bahnverkehr verständigen.

(5) Sonstige Rechtsvorschriften, die besondere Regelungen für die Deutsche Bundesbahn vorsehen, gelten für die Deutsche Reichsbahn sinngemäß.

(6) Der Vorsitzer des Vorstandes der Deutschen Bundesbahn und der Vorsitzer des Vorstandes der Deutschen Reichsbahn sind für die Koordinierung der beiden Sondervermögen verantwortlich. Dabei haben sie auf das Ziel hinzuwirken, die beiden Bahnen technisch und organisatorisch zusammenzuführen.

Artikel 27
Übergangsregelungen für den Bau von Anlagen

Anhängige Verfahren zum Bau oder zur Änderung von Anlagen der Deutschen Reichsbahn werden nach dem Bundesbahngesetz[25] und dem Verwaltungsverfahrensgesetz[26] zu Ende geführt, wenn eine abschließende Sachentscheidung vor Inkrafttreten dieses Vertrages noch nicht ergangen ist.

Artikel 28
Übertragung von Strecken und Streckennetzen

Die Deutsche Reichsbahn soll Strecken oder Streckennetze, die ganz oder überwiegend örtlichen oder regionalen Zwecken dienen, gegen Abgeltung auf Länder, Kommunen oder private Träger übertragen, die die Verkehrsbedienung in eigener Verantwortung fortführen.

Artikel 29
Güterkraftverkehr

(1) Güterbeförderungen zwischen dem Geltungsbereich des Güterkraftverkehrsgesetzes (GüKG) in der Fassung der Bekanntmachung vom 10. März 1983 (BGBl. I S. 256), zuletzt geändert durch Artikel 30 des Dritten Rechtsbereinigungsgesetzes vom 28. Juni

---

24 ⟨ ⟩ Von den Bearbeitern korrigiert aus: „29.12.1983"; Vereinbarung zwischen dem Senat von Berlin und der Deutschen Reichsbahn/Reichsbahndirektion Berlin über die S-Bahn, 30. Dezember 1983, mit Protokollvermerken in: Dokumente zur Berlin-Frage 1967–1986. Hg. für das Forschungsinstitut der Deutschen Gesellschaft für Auswärtige Politik e.V. in Zusammenarbeit mit dem Senat von Berlin von Hans Heinrich Mahnke. München 1987, 601–606.

25 Bundesbahngesetz vom 13. Dezember 1951 (BGBl. 1951 I, 955–965) in der zuletzt durch das Dritte Rechtsbereinigungsgesetz vom 28. Juni 1990 (ebd. 1990 I, 1221–1247) geänderten Fassung.

26 Verwaltungsverfahrensgesetz (VwVfG) vom 25. Mai 1976 (ebd. 1976 I, 1253–1277) in der am 2. Juli 1976 geänderten Fassung (zu den vorgenommenen Änderungen: Fundstellennachweis A 1989, 16).

1990 (BGBl. I S. 1221), und dem Geltungsbereich der fortgeltenden Verordnung der DDR vom 20. Juni 1990 über den Güterkraftverkehr (GBl. I Nr. S GüKVO) sind kein grenzüberschreitender Verkehr im Sinne von § 6b Abs. 1 Güterkraftverkehrsgesetz bzw. § 8 Abs. 1 Güterkraftverkehrsverordnung.

(2) Die in den Geltungsbereichen des Güterkraftverkehrsgesetzes und der Güterkraftverkehrsverordnung erteilten Genehmigungen und Erlaubnisse sowie die ausgestellten Meldebescheinigungen werden gegenseitig anerkannt. Entsprechendes gilt für die Bestellung zum Abfertigungsspediteur und die Meldebestätigung im Werkverkehr.

(3) Die aufgrund des Güterkraftverkehrsgesetzes und der Güterkraftverkehrsverordnung gebildeten Nahzonen werden in ihrer Ausdehnung gegenseitig anerkannt. Die im Geltungsbereich des Güterkraftverkehrsgesetzes gebildeten Bezirkszonen werden im Geltungsbereich der Güterkraftverkehrsverordnung in ihrer Ausdehnung anerkannt.

(4) Die Aufgaben und Befugnisse der Anstalt für den Güterfernverkehr werden von der Bundesanstalt für den Güterfernverkehr (BAG) wahrgenommen. Die Vorschriften der §§ 53 bis 76, 97a bis 97c, 100, 102a, 102b Abs. 4 Güterkraftverkehrsgesetz gelten unmittelbar auch im Geltungsbereich der Güterkraftverkehrsverordnung. Über Anfechtungsklagen gegen Entscheidungen der BAG entscheiden die für den Sitz der BAG zuständigen Verwaltungsgerichte auch dann, wenn der Kläger seinen Wohnsitz im Geltungsbereich der Güterkraftverkehrsverordnung hat.

(5) Die im Geltungsbereich des Güterkraftverkehrsgesetzes bestehenden Tarife für den Güterfern-, Güternah- und Umzugsverkehr gelten auch im Geltungsbereich der Güterkraftverkehrsverordnung. Die Vorschriften der §§ 20a bis 22, 40 und 84 bis 84g Güterkraftverkehrsgesetz gelten unmittelbar auch im Geltungsbereich der Güterkraftverkehrsverordnung.

Kapitel VIII: Sicherheitspolitik und Streitkräfte[27]

Artikel 30
Sicherheitspolitik und Streitkräfte

(1) Die vertragschließenden Seiten stimmen darin überein, daß die Mitgliedschaft der Deutschen Demokratischen Republik im Warschauer Vertrag mit der Vereinigung von Bundesrepublik Deutschland und Deutscher Demokratischer Republik erlischt.

Das vereinte Deutschland wird Mitglied in der NATO sein.

Es fördert den Aufbau einer europäischen Sicherheitsordnung unter Einschluß der Sowjetunion und der Staaten des Warschauer Vertrages und setzt sich für die schließliche Auflösung der Bündnisse ein.

Es wird auf dem Gebiet der fünf neugebildeten Länder und Berlin-Ost auch nach dem Abzug der sowjetischen Streitkräfte keine fremden Streitkräfte stationieren und weder Stationierung noch Transport von Kernwaffen zulassen.

Der Export von Militärtechnik in Krisenregionen und krisengefährdete Gebiete wird ausgeschlossen.

(2) Über Anwesenheit, Reduktion und Abzug der Truppen der Westgruppe der Streitkräfte der UdSSR innerhalb von drei bis vier Jahren wird ein Vertrag zwischen dem vereinten Deutschland und der Sowjetunion aufgrund eines Verfahrens abgeschlossen, auf das sich die Bundesrepublik Deutschland, die Deutsche Demokratische Republik und die Sowjetunion geeinigt haben.

(3) Auf dem Territorium der derzeitigen Deutschen Demokratischen Republik werden für die Dauer der Anwesenheit sowjetischer Truppen auf diesem Gebiet

---

27 Auf der Seite oben rechts dazu hs. vermerkt: „Inhalt neu formuliert".

– ein [Staatssekretariat/Direktorat als] Organ des Bundesministeriums der Verteidigung, nicht in die NATO integrierte deutsche Territorialstreitkräfte-OST und eine Wehrverwaltung gemäß Artikel 87 des Grundgesetzes unterhalten und

– keine NATO-Strukturen übernommen.

(4) Die Territorialstreitkräfte-OST, die aus Kontingenten der Luft- und Küstenverteidigungskräfte bestehen und ein Fünftel der gesamtdeutschen Streitkräfte ausmachen, und die Wehrverwaltung-OST stehen unter nationalem Kommando und werden im Verlaufe der Legislaturperiode des gesamtdeutschen Parlaments zur vollen Eingliederung in die Bundeswehr reformiert.

(5) Struktur und Stärke der Wehrverwaltung in den in Artikel 2 genannten Gebieten sind in Angleichung an die bestehende Bundeswehrverwaltung vorzusehen.

Artikel 31
Abrüstung und Verifikation

(1) Die Vertragsparteien bekräftigen, daß das geeinte Deutschland die von beiden deutschen Staaten übernommenen Abrüstungs- und Rüstungskontrollverpflichtungen strikt erfüllen wird.

(2) Für die Verifikation vereinbarter Abrüstungsmaßnahmen wird eine einheitliche Organisation geschaffen.

(3) In die Wehrverwaltung-OST wird eine Konversions- und [Rekultivierungsorganisation/ Abrüstungsbehörde] eingegliedert, die auf der Basis von aus dem aktiven Dienst ausscheidenden Soldaten und entlassenen zivilem Personal gebildet wird. Sie erfüllt im Zusammenwirken mit den Ländern und Kommunen bzw. zuständigen Behörden und privatwirtschaftlichen Unternehmen Aufgaben der personellen, technischen und regionalen Konversion unter Einbeziehung nicht mehr genutzter Liegenschaften der Westgruppe der Streitkräfte der UdSSR.

(4) Für die Abrüstungsmaßnahmen wird ein spezieller Abrüstungsfonds gebildet.

Kapitel IX: Regelung internationaler Beziehungen

Artikel 32
Auslandsvertretungen

(1) Die Auslandsvertretungen der DDR stellen mit Wirkung des Beitritts nach Art. 23 GG ihre Tätigkeit ein. DDR-Auslandsvertretungen an Orten, an denen die Bundesrepublik Deutschland bisher keine Auslandsvertretung hatte, werden – vorbehaltlich der Überleitung diplomatischer Beziehungen – mit Wirkung des Beitritts Auslandsvertretungen des vereinten Deutschland. Über deren personelle Besetzung ist vor Wirksamwerden des Beitritts Einvernehmen zwischen dem Bundesminister des Auswärtigen und dem Minister für Auswärtige Angelegenheiten herzustellen.

(2) Die Liegenschaften im Ausland werden als Vermögen der Republik dem Bundesverwaltungsvermögen und dem Auswärtigen Amt als Verwaltungsträger zugeordnet.[28]

Artikel 33
Gleichheitsgrundsatz

In Anlehnung an den in Artikel 36 des Grundgesetzes enthaltenen Gleichheitsgrundsatz verpflichtet sich die Bundesregierung, auf dem Territorium der DDR lebende deutsche Bürger bei der Repräsentanz des vereinigten Deutschland in den Organen der europäischen und internationalen Institutionen angemessen zu berücksichtigen.

---

28 Anmerkung in der Textvorlage: „[DDR-Standpunkt: Prüfung der Zuführung zum Treuhandvermögen]“.

Artikel 34
Die Europäischen Gemeinschaften

(1) Mit Wirkung vom Tage des Beitritts gelten in den in Artikel 2 genannten Gebieten die Zustimmungsgesetze zu den Verträgen über die Europäischen Gemeinschaften nebst Änderungen und Ergänzungen sowie die internationalen Vereinbarungen, Verträge und Beschlüsse, die in Verbindung mit diesen Verträgen ergangen sind.

(2) Die Verträge und die auf ihrer Grundlage ergangenen Rechtsakte der Europäischen Gemeinschaften gelten mit Wirkung vom Tage des Beitritts in den genannten Gebieten, soweit nicht die zuständigen Organe der Europäischen Gemeinschaften Ausnahmeregelungen erlassen. Diese Ausnahmeregelungen sollen den verwaltungsmäßigen Bedürfnissen Rechnung tragen und der Vermeidung wirtschaftlicher Schwierigkeiten dienen. Die Bundesregierung verpflichtet sich, bei der Schaffung solcher Ausnahmeregelungen die Interessen der in Artikel 2 genannten Gebiete wahrzunehmen.

(3) Vorschriften des Bundesrechts, die Rechtsvorschriften der Europäischen Gemeinschaften umsetzen oder ausführen, werden im Rahmen von Artikel 8 in den genannten Gebieten in Kraft gesetzt.

(4) Die Bundesregierung wird ermächtigt, nach Maßgabe des EG-Rechts durch Rechtsverordnung die erforderlichen Anpassungen und Ergänzungen festzulegen. Die Rechtsverordnungen bedürfen der Zustimmung des Bundesrates.
Rechtsakte der Europäischen Gemeinschaften, deren Umsetzung oder Ausführung in die Zuständigkeit der Länder fällt, sind von diesen durch landesrechtliche Vorschriften umzusetzen oder auszuführen.

Artikel 35
Vertrauensschutz zum Rat für Gegenseitige Wirtschaftshilfe, zu der UdSSR und anderen Ländern des Rates für Gegenseitige Wirtschaftshilfe sowie zu Entwicklungsländern

(1) [Das geeinte Deutschland läßt sich entsprechend dem geltenden Völkerrecht, einschließlich dem bestehenden Gewohnheitsrecht, wie es sich in Artikel 31 der Wiener Konvention über die Staatennachfolge in Verträgen vom 23. August 1978[29] niedergeschlagen hat, unter Beachtung der Zuständigkeit der Europäischen Gemeinschaften, von dem Grundsatz der Vertragskontinuität hinsichtlich der mit den Mitgliedsländern des RGW bestehenden multilateralen und bilateralen völkerrechtlichen Verträge nach Maßgabe der Anlage … zu vorliegendem Vertrag leiten.]
Die gewachsenen außenwirtschaftlichen Beziehungen auf dem Gebiet der fünf neugebildeten Länder einschließlich Berlin-Ost, insbesondere bestehende vertragliche Verpflichtungen gegenüber den Ländern des Rates für Gegenseitige Wirtschaftshilfe, genießen Vertrauensschutz. Sie werden unter Berücksichtigung der Interessen aller Beteiligten und unter Beachtung marktwirtschaftlicher Grundsätze fortentwickelt sowie ausgebaut.

(2) Die Bundesregierung wird sich mit den zuständigen Organen der Europäischen Gemeinschaften darüber abstimmen, welche Ausnahmeregelungen für eine Übergangszeit auf dem Gebiet des Außenhandels im Hinblick auf Absatz 1 erforderlich sind.

(3) [Im Auftrag der fünf neugebildeten Länder nimmt das Amt für Außenwirtschaft] in Rechtsnachfolge der DDR die Verantwortung für gemeinsames Eigentum mit RGW-Partnern sowie für abgeschlossene Verträge und Vereinbarungen die Lieferungen und Leistungen begründen, entsprechend Anlage … wahr.

---

29 Vienna Convention on Succession of States in Respect of Treaties, 23. August 1978 (Document A/CONF.80/31), in: United Nations Conference on Succession of States in Respect of Treaties. 1977 session and resumed session 1978. Vienna, 4 April–6 May 1977 and 31 July–23 August 1978. Official Records. Vol. III: Documents of the Conference. New York 1979, 187–196, hier 193.

(4) Verpflichtungen der Deutschen Demokratischen Republik, die diese im Rahmen ihrer Beziehungen zu Entwicklungsländern eingegangen ist, genießen Vertrauensschutz. Die Deutsche Demokratische Republik und die Bundesrepublik Deutschland und nach der Vereinigung der gesamtdeutsche Staat streben in bezug auf bevorstehende Verbindlichkeiten der Deutschen Demokratischen Republik gegenüber Entwicklungsländern und internationalen Organisationen einschließlich mit ihnen auf vertraglicher Basis durchgeführter Projekte einvernehmliche Regelungen an.

Kapitel X: <u>Kultur, Bildung und Wissenschaft</u>

Artikel 36
Kultur

(1) Schutz und Förderung von Kunst und Kultur in den in Artikel 2 genannten Gebieten obliegt grundsätzlich den Ländern und Kommunen.

(2) Die bisher zentral geleiteten kulturellen Einrichtungen gehen in die Trägerschaft der Länder bzw. Kommunen über, in denen sie gelegen sind. Eine gemeinsame Finanzierung mehrerer Länder und eine Mitfinanzierung durch den Bund wird für Ausnahmefälle gesondert bestimmt.

(3) Die durch die Nachkriegsereignisse getrennten Teile der ehemals staatlichen preußischen Sammlungen (u. a. Staatliche Museen, Staatsbibliotheken, Geheimes Staatsarchiv, Ibero-Amerikanisches Institut, Staatliches Institut für Musikforschung) sind in Berlin wieder zusammenzuführen.
Bis zum Erreichen einer geeigneten Lösung übernimmt die vorläufige Trägerschaft die Stiftung Preußischer Kulturbesitz.

(4) Zum Ausgleich der Auswirkungen der Teilung Deutschlands sind die Erhaltung und der Ausbau der kulturellen Infrastruktur sowie kulturelle Maßnahmen in den Gebieten der DDR bevorzugt zu fördern. Zu diesem Zweck wird der Bund bis zum 31.12.1997 einzelne kulturelle Maßnahmen und Einrichtungen unterstützen.

(5) Die Künstlersozialversicherung der Deutschen Demokratischen Republik wird durch die Künstlersozialversicherung der Bundesrepublik Deutschland abgelöst. Hierfür ist eine Anpassungszeit erforderlich. Die Anpassungsregelungen sind bis zur Vereinigung durch die Regierung der Bundesrepublik Deutschland und der Deutschen Demokratischen Republik vorzubereiten.

(6) Der Sport regelt seine Angelegenheiten in autonomer Eigenverantwortlichkeit. Die grundgesetzliche Aufgabenteilung gilt auch künftig bei der Förderung des Sports. Für den Abbau der zentralistischen Strukturen im Sport der Deutschen Demokratischen Republik und die Anpassung an die föderalistische Zuständigkeitsverteilung, die das Grundgesetz vorsieht, ist eine Übergangszeit erforderlich. Deshalb erfährt der Breiten- und Behindertensport bis 31.12.1992 in den in Artikel 2 genannten Gebieten eine ergänzende Förderung durch den Bund.

(7) Der Bund gewährleistet die Fortführung des Forschungsinstituts für Körperkultur und Sport (FKS) in Leipzig, der Forschungs- und Entwicklungsstelle für Sportgeräte (FES) in Berlin (Ost) sowie des vom IOC anerkannten Dopingkontrollabors in Kreischa (bei Dresden) als zentrale Institutionen des Gesamtstaates. Die personelle und sachliche Ausstattung dieser Institutionen bemißt sich nach fachlichen Notwendigkeiten; eine etwaige Anbindung an bereits bestehende Institutionen oder Zusammenführung mit diesen bleibt – insbesondere auch unter Berücksichtigung wirtschaftlicher Gesichtspunkte – vorbehalten. Die übrigen Sporteinrichtungen, die bisher zentral geführt wurden, werden nicht in die Trägerschaft des Bundes übernommen.

Artikel 37[30]
Bildung

(1) In der Deutschen Demokratischen Republik erworbene schulische, akademische und berufliche Abschlüsse/Befähigungsnachweise gelten im Gebiet der bisherigen Deutschen Demokratischen Republik weiter.
Das Recht auf Führung erworbener akademischer Grade wird davon nicht berührt.

(2) Die bei der Neugestaltung des Schulwesens auf dem Gebiet der Deutschen Demokratischen Republik erforderlichen Übergangsregelungen einschließlich der Regelungen zur Anerkennung von Abschlüssen schulrechtlicher Art werden von den neu konstituierten Ländern auf der Basis des Hamburger Abkommens[31] und der weiteren einschlägigen Vereinbarungen in der Kultusministerkonfenenz getroffen.

(3) Prüfungszeugnisse nach der Systematik der Ausbildungsberufe und der Systematik der Facharbeiterberufe der Deutschen Demokratischen Republik stehen Prüfungszeugnissen nach bundesdeutschem Recht gleich.

(4) Studenten, die vor Abschluß eines Studiums an eine in der Bundesrepublik Deutschland gelegene Hochschule wechseln wollen, werden bisher erbrachte Studien- und Prüfungsleistungen im Rahmen des § 7 der Allgemeinen Bestimmungen für Diplomprüfungsordnungen (ABD)[32] anerkannt.

(5) Grundsätze und Verfahren für die Anerkennung von Fach- und Hochschulabschlüssen und für darauf aufbauende Schul- und Hochschulausbildungen sind im Rahmen der Kultusministerkonferenz zu entwickeln.

(6) Soweit nicht besondere rechtliche Bestimmungen gelten, sind für die Anerkennung und Gleichstellung von akademischen Abschlüssen im Hinblick auf den Zugang zum Beruf bzw. die Ausübung des Berufes berufsspezifische Regelungen zu treffen in Anlehnung an die Grundsätze der Richtlinien des Rates der Europäischen Gemeinschaften vom 21.12.1988 über eine allgemeine Regelung zur Anerkennung der Hochschuldiplome[33], die eine mindestens dreijährige Berufsausbildung abschließen.
Für Lehramtsprüfungen gilt das in der Kultusministerkonferenz übliche Anerkennungsverfahren.
Die Kultusministerkonferenz wird entsprechende Übergangsregelungen treffen.

(7) Für Hochschulen, Schulen, Fach- und Berufsschulen erlassene vorläufige bzw. im Gesetzgebungsverfahren befindliche Rechtsvorschriften der Deutschen Demokratischen Republik gelten bis zum Inkrafttreten entsprechender landesgesetzlicher Regelungen.

Artikel 38
Wissenschaft

(1) Die Verordnung über die Akademie der Wissenschaften der DDR vom ⟨27.6.1990⟩[34] wird außer Kraft gesetzt.
Unbeschadet dessen wird das faktische Fortbestehen des Institutsverbundes der Akademie der Wissenschaften in seinem jeweiligen Bestand (also in Funktion von Entschei-

---

30 Dazu hs. oben rechts auf der Seite vermerkt: „Inhalt neu formuliert".

31 Abkommen zwischen den Ländern der Bundesrepublik zur Vereinheitlichung auf dem Gebiete des Schulwesens, unterzeichnet am 28. Oktober 1964 in Hamburg, in: Sammlung der Beschlüsse der Ständigen Konferenz der Kultusminister der Länder in der Bundesrepublik Deutschland, Beschluß Nr. 101 (Stand: KMK Erg.-Lfg. 31, 22. August 1978).

32 Beschluß der Kultusministerkonferenz vom 15. November 1979 über Allgemeine Bestimmungen für Diplomprüfungsordnungen – Universitäten und gleichgestellte Hochschulen, ebd., Beschluß Nr. 1910.1 (Stand: KMK Erg.-Lfg. 64, August 1990).

33 Richtlinie des Rates vom 21. Dezember 1988 über eine allgemeine Regelung zur Anerkennung der Hochschuldiplome, die eine mindestens dreijährige Berufsausbildung abschließen (89/48/EWG), mit Anhang, in: ABl. EG. Nr. L 19, 16–23.

34 ⟨ ⟩ Von den Bearbeitern korrigiert aus: „2.7.1990"; Verordnung in: GBl. DDR 1990 I, 543.

dungen oder Vereinbarungen über die Herauslösung von Teilen und Zuordnung zum privaten oder zu anderen öffentlichen Bereichen) im Jahre 1991 durch Übergangsfinanzierung aus dem Teil des Haushaltes gesichert, der für die fünf neugebildeten Länder einschließlich Berlin-Ost vorgesehen ist.[35]
Die Entscheidung über die Fortführung der Gelehrtensozietät der Akademie der Wissenschaften der DDR wird landesrechtlich getroffen.
Soweit die Akademie der Wissenschaften fortbesteht, gilt sie als Einrichtung im Länderbereich, soweit und bis nicht andere Regelungen (z. B. durch Vereinbarungen gemäß Art. 91b GG) getroffen werden.

(2) Die Bundesregierung wird gewährleisten, daß die in der Bundesrepublik Deutschland bewährten Methoden und Programme der Forschungsförderung so schnell wie möglich auf das gesamte Bundesgebiet angewendet werden sowie den Wissenschaftlern und wissenschaftlichen Einrichtungen der neugeschaffenen Länder der Zugang zu laufenden Projekten der Forschungsförderung ermöglicht wird.

(3) Die Bundesregierung wird mit den Ländern Verhandlungen mit dem Ziel aufnehmen, die Bund-Länder-Vereinbarungen gemäß Art. 91b GG so anzupassen oder neue abzuschließen, daß die Förderung von Einrichtungen und Vorhaben der wissenschaftlichen Forschung von überregionaler Bedeutung auf die in Artikel 2 genannten Gebiete erstreckt wird.

(4) Der Beschluß über das Statut des Forschungsrates der Deutschen Demokratischen Republik vom 27. 6. 1990 tritt außer Kraft; damit ist der Forschungsrat aufgelöst.[36]

(5) Zwischenstaatliche Vereinbarungen der Deutschen Demokratischen Republik über wissenschaftlich-technische Zusammenarbeit werden mit dem Tage des Beitritts ausgesetzt, soweit nicht vorher im Einvernehmen mit dem dritten Staat oder der zwischenstaatlichen Organisation und nach Abstimmung zwischen der Bundesrepublik Deutschland und der Deutschen Demokratischen Republik ihre Weitergeltung für die Bundesrepublik Deutschland geregelt wird.
Die Bundesrepublik Deutschland verpflichtet sich, mit den Partnern der zwischenstaatlichen Vereinbarungen der Deutschen Demokratischen Republik Verhandlungen darüber aufzunehmen, ob und ggf. inwieweit und in welcher Form die wissenschaftlich-technische Zusammenarbeit im Rahmen von Vereinbarungen zwischen der Bundesrepublik Deutschland und dem jeweiligen Partnerstaat oder der jeweiligen zwischenstaatlichen Einrichtung fortgeführt werden soll.

Kapitel XI: Rechtsnachfolge und Inkraftsetzen des Vertrages

Artikel 39
Rechtsnachfolge

Die Rechte aus diesem Vertrag können in Rechtsnachfolge der Deutschen Demokratischen Republik in bezug auf diesen Vertrag von den in Artikel 2 genannten Ländern einzeln oder gemeinsam in Anspruch genommen werden.

---

35 Anmerkung in der Textvorlage: „BMFT und MFT gehen davon aus, daß im Zeitpunkt des Inkrafttretens dieses Vertrages Institutsverbund und Gelehrtensozietät der AdW der DDR getrennt worden sind. BMFT und MFT gehen ferner davon aus, daß bis Ende 1991 Klarheit über die Zuordnung und Finanzierung der Einrichtungen des Institutsverbundes der AdW der DDR geschaffen ist."
36 Bereits durch den genannten Beschluß des Ministerrates der DDR vom 27. Juni 1990 (Bekanntmachung in: GBl. DDR 1990 I, 546) trat die Verordnung über das Statut des Forschungsrates der Deutschen Demokratischen Republik vom 7. Januar 1965 (ebd. 1965 II, 177–180) außer Kraft.

Artikel 40
Inkraftsetzen des Vertrages

(1) Dieser Vertrag einschließlich der Anlagen 1-... tritt an dem Tage in Kraft, an dem die Regierungen der Bundesrepublik Deutschland und der Deutschen Demokratischen Republik einander mitgeteilt haben, daß die erforderlichen innerstaatlichen Voraussetzungen für das Inkrafttreten erfüllt sind.

(2) Der Vertrag bedarf als Voraussetzung für sein Inkrafttreten der Mitzeichnung der bevollmächtigten Vertreter der in Artikel 2 genannten Länder.

(3) Der Vertrag bleibt nach Herstellung der Einheit Deutschlands als Bundesrecht geltendes Recht für das einheitliche Deutschland.

(4) Der Vertrag kann nur durch ein Gesetz geändert werden, das der 2/3-Mehrheit im gesamtdeutschen Parlament und der 2/3-Mehrheit in den Parlamenten der in Artikel 2 genannten Länder bedarf.
...[37]

Nr. 374A
Erklärung zu Protokoll

Beide Seiten sind sich einig, daß die [Bestimmungen (Vorschlag DDR: anstelle von „Bestimmungen" den Begriff „Festlegungen")][38] dieses Vertrages unbeschadet der zum Zeitpunkt der Unterzeichnung noch bestehenden Rechte und Verantwortlichkeiten der Vier Mächte in bezug auf Berlin und Deutschland als Ganzes sowie der noch ausstehenden Ergebnisse der Gespräche über die äußeren Aspekte der Herstellung der deutschen Einheit getroffen werden.

Nr. 374B
Anlage 1
Neufassung der Präambel des Grundgesetzes

Präambel des Grundgesetzes (BRD-Vorschlag)

„Im Bewußtsein seiner Verantwortung
vor Gott und den Menschen, von dem Willen beseelt,
als gleichberechtigtes Glied in einem vereinten Europa
dem Frieden der Welt zu dienen,
hat das Deutsche Volk
in den Ländern Baden, Bremen, Hamburg, Hessen,
Niedersachsen, Nordrhein-Westfalen, Rheinland-Pfalz,
Schleswig-Holstein, Württemberg-Baden, Württemberg-Hohenzollern
und Berlin
kraft seiner verfassunggebenden Gewalt
dieses Grundgesetz der Bundesrepublik Deutschland beschlossen.

---

37 Nicht abgedruckt: Verzeichnis der Anlagen (Erklärung zu Protokoll, Anlagen 1–11); BMI, GE – 020 056/0 Bd. 11.
38 Eckige Klammern in der Textvorlage.

Die Deutschen im Saarland, dann in Brandenburg, Mecklenburg-Vorpommern, Sachsen,
Sachsen-Anhalt und Thüringen,
denen zunächst an der Verfassungsgebung mitzuwirken versagt war,
haben durch ihren Beitritt in freier Selbstbestimmung
die Einheit und Freiheit Deutschlands vollendet
und sich für dieses Grundgesetz entschieden.
Damit ist dieses Grundgesetz die Verfassung des
gesamten Deutschen Volkes."

Im Ergebnis der Gespräche am 18. Juli 1990 zu den Themen:
– grundsätzliche Struktur des Vertrages,
– Präambel und Gegenstand des Vertrages,
– Fragen des Grundgesetzes
ergeben sich folgende Probleme, die aus der Diskussion zu diesem Vorschlag sichtbar wurden:
– rein historische Sicht,
– Benennung der nicht mehr existierenden Länder.
– Die im Grundgesetz aufgeführten Länder waren von [den] Alliierten festgelegt [worden].
– Der Schlußsatz wird von SPD-regierten Ländern kritisiert, da hiermit der Eindruck erweckt wird, die Verfassung sei endgültig (Art. 146).
Argumentation der DDR-Delegation:
1. Die Präambel des Grundgesetzes soll vorrangig zum Ausdruck bringen: Die Einheit
   Deutschlands ist vollzogen. Die Bundesrepublik Deutschland wird gebildet aus den 16
   Ländern, die alphabetisch genannt werden.
   Das Grundgesetz gilt in diesen Ländern.
2. Die ausschließliche historische Sicht wird nicht akzeptiert.
   Das engt nicht das Erfordernis ein, das Wissen über die Geschichte des Grundgesetzes
   und seiner Ausdehnung zu verbreiten.
3. Option: Die Deutschen haben in freier Selbstbestimmung <u>die Einheit</u> vollendet, nicht
   aber die Freiheit. Nur der verdient sich Freiheit wie das Leben, der täglich sie erobern muß. Freiheit ist kein ein für alle Ewigkeit gegebener Ist-Zustand.

Einschätzung der Durchsetzbarkeit der Argumentation
Überwiegend wurde die rein historische Sicht auf die Präambel abgelehnt. Die Überlegung,
daß Freiheit nicht zu vollenden sei, wurde sehr breit akzeptiert.

Vorschlag für die Präambel des Grundgesetzes
„Im Bewußtsein seiner Verantwortung vor Gott und den Menschen, vom Willen beseelt, als
gleichberechtigtes Glied in einem vereinten Europa dem Frieden der Welt zu dienen, hat sich
das Deutsche Volk kraft seiner verfassunggebenden Gewalt dieses Grundgesetz gegeben.
Die Deutschen in den Ländern Baden-Württemberg, Bayern, Berlin, Brandenburg, Bremen,
Hamburg, Hessen, Mecklenburg-Vorpommern, Niedersachsen, Nordrhein-Westfalen,
Rheinland-Pfalz, Saarland, Sachsen, Sachsen-Anhalt, Schleswig-Holstein und Thüringen haben in freier Selbstbestimmung die Einheit Deutschlands vollendet. Damit ist dieses Grundgesetz die Verfassung des gesamten Deutschen Volkes."

Nr. 375
Vorlage des Ministerialdirigenten Stern an
den Chef des Bundeskanzleramtes Seiters
Bonn, 31. Juli 1990

BK, 213 – 35400 De 39 Bd. 6. – Zur Unterrichtung. Kopien: AL 1, AL 2, AL 3. Hs. vermerkt: „H. GL 21. Nach Kenntnisnahme bitte Rückgabe. D[omröse] 1/8".

Betr.: Deutsche Einheit

Wichtige offene Punkte (Stand: 31. Juli 1990)
Wegen Einzelheiten verweise ich auf die chronologische Darstellung des Referats 332.[1] Er-
gänzender Bericht über die Verhandlungen mit der DDR vom 01. bis 03. August 1990 folgt.[2]

I. Wahl
Am 26. Juli 1990 nach Koalitionsgespräch weitgehende Einigung in gemeinsamer Sitzung
der Ausschüsse „Deutsche Einheit" von Bundestag und Volkskammer[3]:
Wahltermin 02. Dezember 1990, Wahlvertrag, einheitliches Wahlgebiet, einheitliches Wahl-
recht, Fristverkürzung. Noch offen: Sperrklausel. Am 30. Juli 1990 im Gespräch Schäuble/
Krause zwei Modelle erörtert: länderbezogene 5%-Klausel oder Listenverbindungen (offen,
ob auch für konkurrierende Parteien). Entscheidung hierüber in Koalition am 31. Juli 1990
und in Verhandlungen mit der DDR am 01. August 1990 erforderlich.[4]
Zeitplan: 01. August 1990 Abschluß der Verhandlungen, danach Umlaufverfahren Kabinett.
Unterzeichnung am 03. August 1990 in Berlin, Bundestag 1./2. und 3. Lesung 08./09. August 1990, Bundesrat 24. August 1990.

II. Einigungsvertrag
1. Generell
BM Schäuble ist nach letzten Eindrücken aus Ostberlin nicht mehr sicher, ob der Einigungsvertrag noch zustande kommt. Sehr große Meinungsverschiedenheiten in der DDR-
Koalition.
2. Finanzverfassung
Sehr schwierig, weil bisher keine Annäherung Bund/Länder (auch in Vorbesprechung
Bund/Länder am 01. August 1990 kaum zu erwarten). Länder möchten bisherigen Status
voll erhalten unter Berufung auf Fondsvereinbarung. DDR-Ansatz: Steuern, die in DDR
aufkommen, bleiben in DDR. Wichtigste Punkte: Umsatzsteuerverteilung, Regionalförderung, Verteilung von Schulden und Mitteln des Fonds „Deutsche Einheit".
3. Grundgesetzänderungen
Weitgehende Annäherung: Änderung Präambel, Streichung Art. 23, Ergänzung Art. 146
(Einheit vollendet), Zusatzartikel für Überleitungsrecht. Änderung von Art. 29 und 51
möglich, wenn Länder sich einigen.
Schwierigkeiten mit Ländern und mit DDR bzgl. weiterer Änderungen zu erwarten (Eck-

---

1 Vorlage des Regierungsdirektors Lehnguth an den Chef des Bundeskanzleramtes Seiters betr. Deutsche Einheit, hier:
– Einigungsvertrag, – Wahlvertrag, 31. Juli 1990; BK, 132 – 35400 De 12 NA 5 Bd. 10.
2 Nr. 377.
3 Deutscher Bundestag/Volkskammer der DDR. Ausschuß Deutsche Einheit. Stenogr. Bericht. 12. Sitzung (Dritte gemeinsame Sitzung). Bonn, 26. Juli 1990.
4 In der Vorlage des Regierungsdirektors Lehnguth (Anm. 1) dazu vermerkt: „In der Kabinettausschußsitzung am
31. Juli ist folgendes vereinbart worden: Der Wahlvertrag soll von der Bundesregierung im Umlaufverfahren (Fristende
Freitagmorgen) beschlossen und am Freitagvormittag – 3. August 1990 – in Ost-Berlin gezeichnet werden. Voraussetzung dafür ist, daß rechtzeitig vorher: – die politische Entscheidung über die Sperrklausel getroffen wird, – die DDR die
ihr obliegenden Angaben zur Wahlkreiseinteilung termingerecht vorher macht. Falls sich dies verzögern sollte, kommt
auch in Betracht: Kabinettbeschluß und Zeichnung am 8. August 1990."

punkte der Länder, Staatsziele). Spannbreite der Vorschläge: Volksabstimmung, Verfassungsrat in Ergänzung von Art. 146 GG, Enquete-Kommission.

4. Positiv- oder Negativliste für Rechtsvorschriften
   Bisherige Arbeiten beruhen auf dem Grundsatz, daß nur das in den Anlagen aufgeführte Bundesrecht (Positivliste) in der DDR vom Tage des Beitritts an gilt. BM Schäuble jetzt bereit, aufgrund des Wunsches anderer Ressorts (insbesondere BMJ) DDR Negativliste vorzuschlagen (grundsätzlich gilt Bundesrecht, wenn nicht Ausnahmen im Vertrag festgelegt sind).

5. Öffentlicher Dienst
   Zunächst soll jedes Ressort Übernahmemöglichkeiten entscheiden. Dann zentrale Verwaltungsstelle zur Abwicklung.

6. Beitrittstermin, Übergangsregelung
   Nach wie vor offen, ob MP de Maizière bis zur Unterzeichnung des Wahlvertrages bereit ist, sich auf einen Beitrittstermin (vor der Wahl) festzulegen. Überwiegend wurde angenommen, daß ein einheitliches Wahlgebiet einen vorherigen Beitritt bedingt. Im engen Zusammenhang mit dieser Frage steht der Wunsch von MP de Maizière, daß die DDR zwischen dem Beitritt und der Bildung einer gesamtdeutschen Regierung nicht ohne eine vom Volk legitimierte Regierung ist.
   Tendenz bei Erörterung im Kabinettausschuß: Bisherige DDR-Regierung kann nicht weiterregieren; eine Verpflichtung, Personen aus der DDR an Kabinettssitzungen zu beteiligen, wäre keine akzeptable Lösung, weil Bundeskabinett dann geschäftsführend tagen müßte. Auch die Berufung von geschäftsführenden Ministern aus der DDR in die geschäftsführende Bundesregierung wäre als Krampf anzusehen. Denkbar: informelle Beteiligung.

7. Hauptstadtfrage
   Regelung in Vertrag bei uns nicht durchsetzbar, DDR besteht noch darauf.

8. Weitere Fragen:
   Organisation der Treuhandanstalt
   Einrichtung eines Aufbauministeriums
   Vermögensfragen
   Reservatrechte
   Arbeit und Soziales
   Ausbildungsanerkennung
   § 218 StGB
   Familienrecht
   Amnestie
   spezielle Berlinfragen (West-Staaken, S-Bahn, Finanzfragen)
   Bundesverfassungsgericht.

GL 33 hat mitgezeichnet.

Stern

Nr. 376
Schreiben des Präsidenten Delors an Bundeskanzler Kohl
Brüssel, 1. August 1990

BK, 211 – 35400 Eg 29 Bd. 4. – Hs. von Bundeskanzler Kohl vermerkt: „Teltschik – Bitterlich Hartmann R[ücksprache] 20. Aug."

Herr Bundeskanzler!

Ich danke Ihnen für Ihr Schreiben vom 20. Juli,[1] das meine volle Aufmerksamkeit gefunden hat. Ich verstehe Ihre Besorgnis, daß die finanziellen Auswirkungen der deutschen Einigung bei den Mitgliedstaaten eine Diskussion auslösen könnten, die dem erfolgreichen Abschluß des Einigungsprozesses, den die Kommission, wie Sie wissen, von Anfang an unterstützt hat, abträglich sein könnte.

Dennoch bin ich der Auffassung, daß die Einbeziehung der DDR in die Gemeinschaft nicht ohne Folgen für den Haushalt bleiben kann. Alle Organe der Gemeinschaften haben hierfür bereits einen Orientierungsrahmen festgelegt, innerhalb dessen sich auch die am 21. August von der Kommission zu prüfenden Vorschläge bewegen werden.

Wie die Kommission in ihrer Mitteilung vom 28. April 1990 an den Europäischen Rat in Dublin deutlich gemacht hat, ist ein wichtiger Grundsatz bei der Anwendung der internen Politik der Gemeinschaft – Binnenmarkt, Agrarpolitik, übrige Strukturpolitiken, Umwelt- und Verkehrspolitik –, nur ein Mindestmaß an Ausnahme- und Übergangsregelungen zuzulassen. Der Europäische Rat hat die Kommission beauftragt, „im Rahmen eines umfassenden Berichts Vorschläge für die erforderlichen Übergangsmaßnahmen zu unterbreiten …, die mit der Vereinigung in Kraft treten und eine ausgewogene Integration ermöglichen werden, die sich an dem Grundsatz der Kohäsion und der Solidarität sowie an der Notwendigkeit orientiert, allen Belangen, einschließlich der sich aus dem gemeinschaftlichen Besitzstand ergebenden Belange, Rechnung zu tragen. Durch diese Übergangsmaßnahmen, die sich auf das unbedingt Notwendige beschränken werden, soll eine möglichst vollständige, rasche und ausgewogene Eingliederung erreicht werden."

Das Europäische Parlament hat sich dieser Auffassung angeschlossen.

Die Auswirkung dieser Politiken auf ein erweitertes Gemeinschaftsgebiet hat natürlich finanzielle Konsequenzen für die Gemeinschaft, die bereits im Haushaltsplan 1991 sowohl auf der Einnahmen- als auch auf der Ausgabenseite zu berücksichtigen sind. Jedes andere Verfahren würde bedeuten, daß entweder Ausgaben im Rahmen der Gemeinschaftspolitik auf Kosten anderer Gebiete der Gemeinschaft vorgesehen werden – was die betroffenen Mitgliedstaaten nicht hinnehmen würden – oder daß das Gemeinschaftsrecht nicht sofort voll angewendet wird, was den obengenannten Orientierungen widersprechen würde.

Diese Konsequenzen waren im übrigen Gegenstand einer Konzertierung zwischen dem Europäischen Parlament, dem Rat und der Kommission, die am 27. Juli 1990 stattfand und bei der eine Einigung über die Methode zur Änderung der finanziellen Vorausschau erzielt wurde.

⟨Die Änderung der Eigenmittelobergrenze, die der Europäische Rat 1988 unter Ihrem Vorsitz beschlossen hat, wird bei dieser Gelegenheit nicht notwendig sein. Innerhalb dieser Obergrenze werden die verfügbaren Mittel vollkommen ausreichen, zumal die Mehrausgaben in den kommenden Haushaltsjahren weitgehend durch zusätzliche Einnahmen gedeckt sein werden, die ebenfalls durch die Einigung entstehen.⟩[2]

---

1 Nr. 362.
2 ⟨ ⟩ Hs. am linken und am rechten Rand doppelt angestrichen; hier und im folgenden hs. Hervorhebungen des Bundeskanzlers Kohl.

Ganz allgemein möchte ich hinzufügen, daß der für die deutsche Einigung eingeschlagene Weg die Einhaltung der mit der Zugehörigkeit zur Gemeinschaft verbundenen Rechte und Pflichten impliziert und daß dies in den Augen der Kommission ein wesentlicher politischer Grundsatz ist.

Wie mit ihren Mitarbeitern vereinbart worden ist, kann ich Ihnen am ⟨20. August nachmittags⟩[3] telefonisch nähere Angaben mitteilen.[4]

Mit freundlichen Grüßen

Ihr
J. Delors

Nr. 377
Zweite Verhandlungsrunde über den Vertrag zur Herstellung der deutschen Einheit (Einigungsvertrag)
Berlin (Ost), 1. bis 3. August 1990

BK, 213 – 35400 De 39 Bd. 6. – Vorlage des MDg Busse und des MDg Stern an Chef BK zur Unterrichtung, 4. August 1990. Kopien: AL 1, AL 2, AL 4, AL 5. Hs. vermerkt: „H. GL 21. Nach Kenntnisnahme bitte Rückgabe. D[omröse] 6/8" und „zdA T[eltschik] 26/9".

I. Äußerer Ablauf

Konstruktive Arbeitsatmosphäre. PSt Krause hat sich im Verlauf der Sitzung teilweise rigoros gegen seine eigenen Delegationsmitglieder durchgesetzt, um ein einvernehmliches Ergebnis zu erreichen. Auch die Vertreter der Bundesländer haben große Kooperationsbereitschaft erkennen lassen.

Grundlage der Verhandlung war eine Grobskizze des Vertrages, die von der DDR zu Beginn der Sitzung verteilt wurde.[1] Diese beruhte zum Teil auf den von BM Dr. Schäuble übersandten Materialien. Nach einem ersten Durchgang und Sitzungen von Arbeitsgruppen erstellte die DDR zu Beginn des dritten Sitzungstages einen ersten Rohentwurf. Nach einem zweiten Durchgang am dritten Sitzungstag wurde ein neuer Entwurf erstellt (Anlage[2]).

Die Verhandlungen über den Wahlvertrag liefen am 01. August 1990 parallel zu den Verhandlungen über den Einigungsvertrag. Die Paraphierung des Wahlvertrages erfolgte am 02. August 1990, die Unterzeichnung am 03. August 1990[3] kurz nach der Erklärung von MP de Maizière zum Vorziehen der Wahl[4].

---

3 ⟨ ⟩ Hs. doppelt unterstrichen und Absatz am linken Rand doppelt angestrichen.
4 Nr. 388.

1 Vorschlag der DDR-Seite, Vertrag zwischen der Deutschen Demokratischen Republik und der Bundesrepublik Deutschland über die Herstellung der Einheit Deutschlands – Einigungsvertrag, Rohskizze, Stand: 31. Juli 1990, 33 S.; BK, 132 – 35400 De 12 NA 5 Bd. 10.

2 Anlage nicht abgedruckt: Vertrag zwischen der Deutschen Demokratischen Republik und der Bundesrepublik Deutschland über die Herstellung der Einheit Deutschlands – Einigungsvertrag, 1. Entwurf, Stand: Berlin, 3. August 1990, 30 S.; BK, 213 – 35400 De 39 Bd. 6.

3 Vertrag zur Vorbereitung und Durchführung der ersten gesamtdeutschen Wahl des Deutschen Bundestages zwischen der Bundesrepublik Deutschland und der Deutschen Demokratischen Republik, 3. August 1990, mit Anlage und Anhang in: BGBl. 1990 II, 822–825.

4 In der Erklärung (Der Ministerpräsident der DDR informiert. Berlin, 3. August 1990. Sperrfrist: 11.00 Uhr) sprach sich Ministerpräsident de Maizière für den 14. Oktober 1990 als Wahltermin aus.

Zur Klärung der noch offenen Fragen, insbesondere in den Anlagen tagen die jeweiligen Arbeitsgruppen in den nächsten 14 Tagen. Die abschließende Verhandlungsrunde soll bereits am 20. August 1990 beginnen, falls die Ressorts ihre Arbeit bis dahin abschließen können (ursprünglich war für die letzte Verhandlungsrunde die Woche ab 27. August 1990 vorgesehen).

II. Bewertung

1. Die erzielten Fortschritte in den Verhandlungen sind größer als erwartet. Einvernehmen besteht zur Struktur und weitgehend auch zu den Formulierungen des Vertrages. Die Formulierung der Anlagen bedarf allerdings noch erheblicher Arbeit der Ressorts, bei denen nach zahlreiche Differenzen auftauchen können.
Schwierigkeiten wird vor allem der Bereich der Finanzen bereiten, weil hier sowohl die Vorstellungen der Bundesländer als auch die der DDR mit den Auffassungen der Bundesregierung in Einklang zu bringen sind. Es ist nicht ausgeschlossen, daß die weitgehende Annäherung zwischen Bund und Bundesländern durch das Vorziehen der Wahl tangiert wird. Auch Schwierigkeiten bezüglich spezieller Probleme Berlins dürfen nicht unterschätzt werden (Finanzen, S-Bahn, Gebietsumfang).

2. Zur Frage gesamtdeutscher Wahlen am 14. Oktober 1990
Zur Erreichung des Wahltermins 14. Oktober 1990 wäre der Weg der Verfassungsänderung vorzuziehen; der Weg über Art. 68 (gescheiterte Vertrauensfrage des Bundeskanzlers) bedürfte noch näherer Prüfung. Beide Wege würden zeitlich erfordern, daß möglichst bis Mitte August, äußerstenfalls (noch prüfungsbedürftig) bis 28. August 1990
– der Wahlvertrag in Kraft getreten ist und
– die Verfassungsänderung in Kraft tritt oder die Auflösungsentscheidung getroffen würde.
Dafür käme – falls nicht weitere Sondersitzungen des BT in Betracht gezogen werden – nur die BT-Sitzungen bereits am 08./09. August 1990 in Betracht. Näheres dazu siehe anliegenden Vermerk[5].

III. Ergebnisse im einzelnen

1. Präambel
Einvernehmen. Hervorhebenswert: Im vierten Anstrich „im Bewußtsein der Kontinuität deutscher Geschichte ...“ konnte ein Teil des zusätzlichen Wunsches des Zentralrats der Juden, die „jüngste Geschichte“ zu erwähnen,[6] nicht durchgesetzt werden. Begründung: Mißverständnisse möglich im Hinblick auf die jüngste Geschichte der DDR.

2. Kapitel I: Wirkung des Beitritts
Berlin befürchtet bei der jetzigen Formulierung des Art. 1 Abs. 2 Wahlanfechtungen in Berlin. Zum einen gehört Weststaaken nach Wegfall des Besatzungsrechtes wieder zu Berlin-West (DDR widerspricht bisher der Aufnahme dieser Klarstellung). Zum anderen gibt es im Ostteil der Stadt Gebiete mit über 20 000 Einwohnern, die formal zur DDR gehören, nach der Praxis der letzten Jahre (Wahlbeteiligung, Versorgung, ff.) jedoch zu Ostberlin. Klärung soll gesucht werden.
Die Formulierung in Art. 2 zur Hauptstadtfrage wurde in sehr schwierigen internen Gesprächen mit den Bundesländern gefunden. Sie wurde am letzten Verhandlungs-

---

5 Vermerk des Ministerialdirigenten Busse betr. verfassungsrechtliche und verfahrensmäßige Aspekte der gesamtdeutschen Wahl am 14. Oktober 1990; 3. August 1990; BK, 132 – 35400 De 12 NA 7 Bd. 2.
6 Nr. 367 Anm. 2.

tag von der DDR akzeptiert, nachdem BM Dr. Schäuble erklärt hatte, dies sei das äußerst Mögliche. Nach dem Bekanntwerden der Erklärung von MP de Maizière haben jedoch die Bundesländer erneut Vorbehalte angemeldet.

3. Grundgesetzänderung (ohne Finanzverfassung)
Überraschend völliges Einvernehmen – wenn auch nach schwierigen Gesprächen, insbesondere mit den Bundesländern. Beschränkung der Änderungen auf Präambel, Art. 23, 146, 131 und Zusatzartikel 143. Der neue Artikel 143 GG soll die Grundlage dafür geben, daß DDR-Recht vorübergehend vom GG abweichen darf (von praktischer Bedeutung z. B. für die Regelung des Schwangerschaftsabbruchs in der DDR). Alle übrigen Wünsche auf Verfassungsänderungen werden mit Art. 5 aufgefangen: Empfehlung an die gesetzgebenden Körperschaften, sich innerhalb von zwei Jahren damit zu befassen. Die zunächst vorgesehene Erwähnung des Art. 51 (Stimmrechtsverteilung im Bundesrat) in Art. 5 unterblieb letztlich aufgrund des Wunsches der großen Länder, die sich Initiativen vor Ablauf der zwei Jahre im Parlament vorbehalten wollten.

4. Finanzverfassung
Schwierigster Abschnitt. Bundesländer bemühen sich nachdrücklich, den Status quo zu halten. Weitere Kosten soll allein der Bund übernehmen. DDR hatte weit überzogene Forderungen. Vorbehalte der Bundesländer zum jetzigen Entwurf bestehen weiter und sind nach Bekanntgabe der Erklärung von MP de Maizière verstärkt worden. Länder-Finanzminister wollen sich in der nächsten Woche mit dieser Frage befassen.
Der Entwurf enthält folgendes Paket: Grundsätzlich wird die Finanzverfassung übernommen. Für die Umsatzsteuer wird ein abweichender Aufteilungsschlüssel vorgesehen (Trennung in Ost- und Westanteil, Höhe wird nach makro-ökonomischen Kriterien bemessen, wobei der durchschnittliche Umsatzsteueranteil pro Einwohner in der DDR bis 1995 von 60 auf 100% steigt). Aus dem Fonds „Deutsche Einheit" erhalten die DDR-Länder abweichend von den bisher vorgesehenen 50% jetzt 80%. Bezüglich der Mischfinanzierung gibt es noch Vorbehalte der Bundesländer, insbesondere wegen der Regionalförderung und der Strukturhilfe.
Die Frage, ob und inwieweit Berlin einbezogen wird, bedarf nach Klärung der grundsätzlichen Fragen noch einer Prüfung im Gesamtzusammenhang aller finanziellen Fragen bezüglich Berlins (sehr schwieriger Komplex!).

5. Rechtsüberleitung
Einvernehmen, von der bisherigen Arbeitsgrundlage eines Positivkataloges auf Negativkatalog umzustellen: Grundsätzlich gilt Bundesrecht, soweit nicht durch Einigungsvertrag etwas anderes bestimmt wird. Hauptargumente: trägt dem Beitrittsgedanken mehr Rechnung, größere Rechtssicherheit, verstärkte Investitionsbereitschaft. Der Vertreter der EG hat ausdrücklich die Regelung in Art. 10 zum Recht der Europäischen Gemeinschaft gutgeheißen. Bezüglich der völkerrechtlichen Verträge der Bundesrepublik Deutschland wird in Art. 11 der für uns selbstverständliche Grundsatz wiederholt, daß unsere Verträge grundsätzlich weitergelten. Bezüglich der völkerrechtlichen Verträge der DDR (von denen die Mehrzahl erlöschen wird) ist in Art. 12 lediglich aufgenommen, daß ihre Fortgeltung, Anpassung oder ihr Erlöschen zu erörtern ist.
Im Verlauf der Verhandlungen konnte erreicht werden, daß alle Vorschläge der DDR zu Fragen der äußeren Sicherheit im Vertragstext gestrichen wurden. Es gibt lediglich eine Erklärung zu Protokoll, daß die Festlegungen dieses Vertrages unbeschadet der Ergebnisse der 2+4-Gespräche getroffen werden. Die Außen- und Ver-

teidigungsminister sollen gemeinsam prüfen, ob Elemente der weggefallenen DDR-Vorschläge im Rahmen der 2+4-Gespräche zu Protokoll genommen werden.
Ebenso konnte erreicht werden, daß Vorschläge der DDR zur <u>Wehrverfassung</u> gestrichen wurden. Fragen der Übernahme von Soldaten sollen im Bereich der Regelungen für den öffentlichen Dienst behandelt werden, Fragen des Zivildienstes in der DDR ggf. in Anlagen zu Art. 9 Abs. 2 (weitergeltendes Recht der DDR).

6. <u>Öffentliche Verwaltung und Rechtspflege (einschl. öffentlicher Dienst)</u>
   Weitgehendes Einvernehmen. Der Grundsatzstreit mit der DDR über den Umfang der Verpflichtung zur Übernahme von Personal aus der DDR konnte reduziert werden auf die Protokollnotiz zu Art. 13. Danach ist geeignetes Personal entsprechend den Notwendigkeiten der Aufgabenerfüllung in angemessenem Umfang zu übernehmen, soweit Einrichtungen ganz oder teilweise auf den Bund überführt werden. Der Grundsatzstreit betrifft die Regelungsreichweite des Art. 36 GG (Verwendung von Beamten aus allen Ländern in angemessenem Verhältnis). DDR leitet hieraus weitreichende Übernahmeverpflichtungen bis hin zu Quoten ab. Wir halten dem entgegen, daß Art. 36 GG nur eine generelle Zielvorgabe enthält und im Zusammenhang gesehen werden muß mit Art. 33 Abs. 2 GG (gleicher Zugang zu öffentlichen Ämtern nach Eignung, Befähigung und fachlichen Leistungen).

7. <u>Öffentliches Vermögen und Schulden</u>
   Weitgehendes Einvernehmen. Unsere Seite konnte durchsetzen, daß für die Aufteilung des Verwaltungsvermögens seine Zweckbestimmung <u>am 01. Oktober 1989</u> (und nicht am Tage des Beitritts) ausschlaggebend ist. Hiermit sollen Vermögensverschiebungen nach dem Stichtag revidierbar gemacht werden.
   Streitig ist noch die Aufteilung der Zinsleistungen für den DDR-Haushalt (Art. 19 Abs. 3). Die DDR möchte die fünf Länder hiervon entlasten.
   Klar ist, daß die <u>Treuhandanstalt</u> bundesunmittelbare Anstalt des öffentlichen Rechts wird. Geklammert ist noch die Fach- und Rechtsaufsicht des BMF bzw. BMWi (Art. 20 Abs. 1). Hier besteht ein Zusammenhang mit der Zuständigkeit des zukünftigen „DDR-Ministeriums". Ursprünglich hat die DDR nachdrücklich gefordert, im Einigungsvertrag die Schaffung eines <u>Aufbauministeriums</u> zu regeln. Sie hat diesen Wunsch erst zurückgezogen, nachdem BM Dr. Schäuble erklärte: Der Bundeskanzler habe ihn ermächtigt zu erklären, er werde einen Brief schreiben, in dem er die Absicht mitteile, zur Wahrung der Interessen der DDR einen Bundesminister zu ernennen und zum geschäftsführenden Vorsitzenden des Kabinettausschusses „Deutsche Einheit" zu machen; dieser solle u.a. die Koordinierung übernehmen für den Aufbau der neu zu bildenden Länder in der DDR. Eine vertragliche Festlegung dieses Punktes sei mit Rücksicht auf die verfassungsrechtlich verankerte Organisationsgewalt des Bundeskanzlers nicht möglich.
   Nach Art. 21 soll es neben dem Sondervermögen „Deutsche Bundesbahn" ein getrenntes Sondervermögen <u>„Deutsche Reichsbahn"</u> geben (anders als bei der Post). BMF steht hinter dieser Sonderregelung. Gleichzeitig ist vorgesehen, daß die <u>S-Bahn</u> in Westberlin von Berlin verwaltet wird (nicht jedoch in Ostberlin und den angrenzenden Gebieten der DDR) und daß das ehemalige Reichsbahnvermögen in Westberlin weiter im Auftrag des BMV verwaltet wird. Berlin widersetzt sich nachdrücklich dieser Regelung, weil sie nicht nur praktische Schwierigkeiten beinhaltet, sondern Berlin mit jährlich 170 Mio. Defizit belastet. Auch diese Frage wird letztlich erst im Gesamtzusammenhang der finanziellen Fragen Berlins geregelt werden können.

8. Arbeit, Soziales und Gesundheit
Streitig vor allem noch vorzeitiger Ruhestand und Dynamisierung des Sozialzuschlages für die Renten.

9. Kultur, Bildung und Wissenschaft
Der Text ist zwischen KMK und DDR abgestimmt. Die Finanzminister haben noch nicht zugestimmt. Für den Bereich der Bildung (hierzu gehört die Frage der Anerkennung von Bildungsabschlüssen) gibt es noch keine Formulierung.

10. Vermögensfragen
In Art. 32 ist die gemeinsame Erklärung vom 15. Juni 1990 zum Bestandteil des Vertrages erklärt worden. Keine Änderungen. Einvernehmen.[7]

11. Rechtswahrung
Art. 33 regelt, daß Rechte aus diesem Vertrag zugunsten der DDR oder ihrer Länder nach dem Beitritt von diesen Ländern geltend gemacht werden können. Er entspricht dem dringenden Wunsch der DDR, eine solche „Reservatklausel" ausdrücklich festzuschreiben. Inhaltlich enthält er keine weitere Festlegung, als durch die Rechtsprechung des Bundesverfassungsgerichts bereits ohnehin feststeht. Es besteht Einvernehmen über den Text und darüber, daß damit das zur Rechtswahrung der DDR Erforderliche getan ist.

12. Weitere Punkte
Folgende Punkte wurden nicht im Plenum der Verhandlungen erörtert, sondern lediglich in den internen Besprechungen der Delegation der Bundesrepublik:
a) Amnestie
Hierzu scheint innerhalb der Koalition Einvernehmen über das unter Vorsitz von St Kinkel entwickelte Konzept zu bestehen. Interesse des Bundes ist es, dieses Ergebnis in den Einigungsvertrag einzuführen. Auf die Frage von BM Dr. Schäuble, ob dies konsensfähig sei, erklärte St Kopp (wohl nach Rücksprache mit MdB Däubler-Gmelin), hier bestehe ein Zusammenhang zu den Komplexen Amnestie für Sitzblockierer und Novellierung des Nötigungstatbestandes des § 240 StGB. BM Dr. Schäuble stellte daraufhin die Einführung des Themas Amnestie in die Verhandlungen zunächst zurück.
b) Bundesverfassungsgericht
In internen Gesprächen BM Dr. Schäuble/St Kinkel mit dem Bundesverfassungsgericht ist im Prinzip Einvernehmen erzielt worden, daß ggf. eine personelle Ergänzung des BVerfG um Richter aus der DDR in Betracht gezogen werden könne und eine Entlastung des BVerfG[8] vorgenommen werden solle. Einvernehmen innerhalb unserer Delegation, daß dieses Thema nicht in die Verhandlungen eingeführt wird, wenn nicht die DDR-Seite ihrerseits eine Initiative ergreift. Eine solche Initiative gab es nicht.

Dr. Busse   *Stern*

---

7 Die Gemeinsame Erklärung zur Regelung offener Vermögensfragen (Nr. 328A Anm. 8) wurde als Anlage III Bestandteil des Einigungsvertrages vom 31. August 1990 (BGBl. 1990 II, 1237f.).
8 Dazu Nr. 346.

Nr. 378
Vorlage des Ministerialdirigenten Hartmann an Bundeskanzler Kohl
Bonn, 3. August 1990

BK, 213 – 30130 S 25 Üb 5 Bd. 1. – Mitverfasser: VLR Westdickenberg. Vorlage über Chef BK mit der Bitte um Zustimmung zu Ziffer 5. Mit Stempel: Der Leiter des Kanzlerbüros, 7. August 1990. Hs. von Bundeskanzler Kohl vermerkt: „Teltschik + Hartmann bald R[ücksprache]".

<u>Betr.:</u>   Außenpolitischer Regelungsbedarf im Hinblick auf die neue deutschlandpolitische Lage (mögliche gesamtdeutsche Wahlen und Beitritt im Oktober)

Im Hinblick auf die jetzt eingetretene neue Lage ergeben sich folgende Konsequenzen für den außenpolitischen Regelungsbedarf, insbesondere in zeitlicher Hinsicht:

1. „2+4"-Gespräche:
⟨Ihr Abschluß am 12. September beim AM-Treffen in Moskau dürfte gesichert sein, zumal auch AM Schewardnadse sich diesbezüglich am 31.07. geäußert hat.[1] Voraussetzung ist allerdings, daß es Experten beim vorgesehenen Treffen zwischen dem 4. bis 8. September („open ended") in Berlin gelingt, Text weitgehend fertigzustellen.⟩[2]
Es war unsere bisherige Linie, dem <u>KSZE-Gipfel</u> (19. bis 21. November) in Paris die Arbeitsergebnisse der „2+4"-Gespräche <u>zu präsentieren.</u> Hieran sollten wir prinzipiell festhalten. Eine wie auch immer geartete „Billigung" durch KSZE-Gipfel war ohnehin nie beabsichtigt, so daß spätere Befassung unproblematisch sein dürfte (wenngleich SU hierzu erklärt hat, das neue Beitrittsdatum könne Zeitplan in gewissem Grade „desorganisieren").
Eine mögliche Option könnte auch darin bestehen, daß das Ergebnis der „2+4"-Gespräche dem <u>Außenministertreffen der KSZE-Staaten</u> präsentiert wird, das für den 1./2. Oktober in New York zur Vorbereitung des KSZE-Gipfels vorgesehen ist.
Nach Abschluß der „2+4"-Gespräche und vor dem KSZE-Gipfel sollten wir unsere NATO-Partner allerdings ausführlich unterrichten.

2. <u>Vertragliche Umsetzung Ihrer Vereinbarungen in Archys mit der SU[3]</u>
<u>Der bisherige Zeitplan für die Verhandlung dieser Verträge müßte drastisch verkürzt werden.</u> Zudem dürfte es im Hinblick auf den knappen Zeitrahmen z.T. <u>nur möglich sein, generelle Übergangsregelungen auszuhandeln, die nicht alle materiellen Fragen umfassend regeln.</u>

2.1 Abzugsvertrag (Federführung AA)
Im Hinblick darauf, daß das Stationierungsabkommen zwischen der DDR und der SU[4] mit Datum des Beitritts erlöschen dürfte („hochpolitischer Vertrag"), entstünde – <u>sofern nicht rechtzeitig eine neue Regelung getroffen wird</u> – eine rechtlich ungeklärte Lage, die wir nicht wünschen können. Für den Zeitraum zwischen Erlöschen des alten und dem Inkrafttreten eines umfassenden neuen Abkommens müßte deshalb eine <u>Übergangsregelung</u> gefunden werden.

---

1 Außenminister Schewardnadse erklärte in einem Interview, nachdem Generalsekretär Gorbatschow und Bundeskanzler Kohl „in Stawropol einen Durchbruch erzielt" hätten, müsse die „nächste Sitzung der sechs Länder Mitte September in Moskau" seiner Meinung nach „zur abschließenden Sitzung werden" (Meldung TASS/russ./31.7.90/16.30 in: Ostinformationen. Nr. 145. 1. August 1990, 15; BPA/PA, F 1/22).
2 ⟨ ⟩ Hs. von Bundeskanzler Kohl am linken Rand doppelt angestrichen. Dazu hs. von Ministerialdirigent Hartmann am Ende der Seite angemerkt: „Problem einseitige Suspendierung R[echte] + V[erantwortlichkeiten] 4 M[ächte]!".
3 Nr. 353; auch: Nr. 356.
4 Nr. 166 Anm. 1.

2.2 Überleitungsvertrag (Federführung BMF)

Die darin zu regelnden Fragen (genaue Aufteilung zwischen Überleitungs- und Abzugsvertrag wird z.Z. zwischen AA und BMF geklärt) haben überragendes Interesse für die
SU. Sie wird daher auf Klärung des wesentlichen Vertragsinhalts vor dem Beitritt drängen. Dem können wir uns kaum entziehen. Zudem liegt die Parallelität der zeitlichen Fristen mit dem Abzugsvertrag auf der Hand.

Es wird evtl. erforderlich sein, die Materie dieses Vertrages auf die zunächst dringendsten
Fragen zu beschränken (z. B. Kostenfrage, Liegenschaften, Umschulung etc.).

(Derzeitige Zeitvorstellungen des BMF – Stellungnahmen der Ressorts im Laufe August
– sind ohnehin zu großzügig.)

2.3 Generalvertrag (Federführung AA)

In Archys war vereinbart worden, daß gemeinsam mit der SU der Inhalt eines Briefes
von Ihnen an Präsident Gorbatschow erarbeitet werden sollte, der eine Absichtserklärung zum Inhalt des „Generalvertrages" enthält. Dieser Brief sollte „bis zum November" vorbereitet werden. Diese Frist verkürzt sich durch die neue Entwicklung praktisch
um zwei Monate.

2.4 „Drittlandverträge" (u. a. SU, Polen, ČSFR, Ungarn)

Es ist unmöglich, die damit zusammenhängenden Fragen materiell bis zum Tag der Vereinigung zu regeln. Daher wäre zu erwägen, daß durch eine entsprechende Erklärung
unsere Zusage, Vertrauensschutz zu gewähren, bekräftigt wird. Ob dies den betroffenen
Staaten ausreicht, läßt sich zum jetzigen Zeitpunkt nicht sagen.

3. Verträge mit den 3 Westmächten über die Stationierung von Streitkräften in Berlin (Federführung AA)

Im Hinblick darauf, daß die Grundlage für ihre Stationierung mit der deutschen Einigung und der vollen Souveränität entfällt, wir jedoch ihren Verbleib bis zum völligen
Abzug der SU-Truppen wünschen, bedarf es auch hier einer baldigen Regelung. Der
Zeitrahmen für eine umfassende Regelung im Rahmen eines Abkommens dürfte nicht
ausreichen (z. B. ist eine schlichte Übernahme des NATO-Truppenstatuts[5] aufgrund des
NATO-Bezugs nicht möglich). Es sollte daher eine Übergangsregelung bis zum Inkrafttreten späterer Abkommen geschaffen werden.

4. Einbeziehung DDR in EG

Zwischen einem vorgezogenen Beitritt im Oktober und dem Ratsbeschluß über die für
die DDR notwendigen Anpassungs- und Übergangsvorschriften (frühestens Ende November) klafft eine zeitliche Lücke. Wird für diese Zeit keine Regelung getroffen, gilt das
EG-Recht vollständig und unmittelbar mit Beitritt für das Wirtschaftsgebiet der DDR,
was für diese zum Teil nicht tragbar ist.

Übergangsregelungen sind jedoch denkbar. Die Ressorts werden sich am 06.08. damit
befassen. Kontakte mit den zuständigen Kommissionsdienststellen sind bereits aufgenommen.

Nach der Verständigung mit der Kommission müßten Präsidentschaft und vor allem das
Europäische Parlament unverzüglich unterrichtet werden.

Ich schlage vor, daß wir – sofern sich früherer Beitritt der DDR und evt. Wahltermin
14. Oktober konkretisieren – die zuständigen Ressorts umgehend um eine eingehende

---

5 Abkommen zwischen den Parteien des Nordatlantikvertrags über die Rechtsstellung ihrer Truppen (sog. NATO-
Truppenstatut), 19. Juni 1951, mit Anlage, in: BGBl. 1961 II, 1190–1217; Zusatzabkommen zu dem Abkommen zwischen den Parteien des Nordatlantikvertrags über die Rechtsstellung ihrer Truppen hinsichtlich der in der Bundesrepublik Deutschland stationierten ausländischen Truppen, 3. August 1959, und Unterzeichnungsprotokoll ebd., 1218–1312,
1313–1351.

Stellungnahme zu den möglichen Optionen bitten. Gleichzeitig sollte dann der Chef des Bundeskanzleramtes sich an die in Frage kommenden Ressortchefs mit der Bitte wenden, alle jetzt erforderlichen Maßnahmen zu treffen, um eine rechtzeitige Regelung der noch bis zur Vereinigung zu klärenden Fragen sicherzustellen (dies dürfte m.E. in jedem Fall erforderlich werden).

Hartmann

Nr. 379
Tischvorlage des Bundesministers Schäuble für die Sitzung des Bundeskabinetts
Bonn, 9. August 1990

BK, 132 – 35400 De 12 NA 7 Bd. 3. – Gesch.-Z. V I 5 – 121 120 – 8/2. Kabinettsache. Datenblatt-Nr. 11/0616301.

Betr.:   Wahltag für die Wahl des 12. Deutschen Bundestages

Mit Ihrem Einverständnis schlage ich vor, in der heutigen Sitzung des Bundeskabinetts die Frage des Wahltermins für die Wahl des 12. Deutschen Bundestages zu behandeln.

Das Bundeskabinett möge beschließen, dem Herrn Bundespräsidenten den Erlaß folgender Anordnung zu empfehlen:

„Anordnung
über die Bundestagswahl 1990

Aufgrund des § 16 des Bundeswahlgesetzes in der Fassung der Bekanntmachung vom 1. September 1975 (BGBl. I S. 2325), zuletzt geändert durch Gesetz vom 11. Juni 1990 (BGBl. I S. 1015), ordne ich an:

Die Wahl zum Deutschen Bundestag findet am
2. Dezember 1990 statt.

Bonn, den   1990."

1. Nach Artikel 39 Abs. 1 Satz 3 des Grundgesetzes findet die Wahl des 12. Deutschen Bundestages in der Zeit vom 19. November 1990 bis 18. Januar 1991 statt. Nach § 16 Satz 1 des Bundeswahlgesetzes wird der Wahltag, der ein Sonntag oder gesetzlicher Feiertag sein muß (§ 16 Satz 2), vom Bundespräsidenten bestimmt. Die Bundesregierung unterbreitet dem Herrn Bundespräsidenten hierzu eine Empfehlung.

2. Entsprechend der Praxis bei den vorausgegangenen Bundestagswahlen habe ich zur Vorbereitung der Entscheidung des Bundeskabinetts die Innenminister der Länder um Stellungnahme gebeten, welche Sonntage oder gesetzlichen Feiertage innerhalb des verfassungsrechtlich vorgeschriebenen Zeitraumes aus der Sicht des jeweiligen Landes als Tag der nächsten Bundestagswahl ungeeignet oder weniger geeignet erscheinen. Außerdem habe ich den Bevollmächtigten des Rates der EKD, Herrn Bischof Binder, und Herrn Prälaten Bocklet, Katholisches Büro Bonn, um Äußerung gebeten.

Zusammenfassend lassen sich auf Grund der eingegangenen Äußerungen folgende Feststellungen zu den einzelnen in Betracht kommenden Wahlterminen treffen:

– Die Sonn- und Feiertage zu Weihnachten und Neujahr kommen als Wahltage nach Auffassung aller Beteiligten nicht in Betracht (23. Dezember 1990 bis 1. Januar 1991). Der 6. Januar 1991 liegt am Ende oder in einigen Ländern noch innerhalb der Weihnachtsschulferien und wird daher von keinem Land befürwortet.

– Kein Land hat den 21. November 1990 (Buß- und Bettag) befürwortet, die Länder Baden-Württemberg, Bayern, Bremen, Hamburg und Schleswig-Holstein haben sich ausdrücklich dagegen ausgesprochen, zum Teil unter Hinweis auf die in dieser Zeit häufigen Kurzurlaube. Der Bevollmächtigte der EKD hat darauf aufmerksam gemacht, daß es sich beim Buß- und Bettag um einen staatlichen Feiertag handele, so daß aus der Sicht der EKD keine Bedenken gegen eine Wahl an diesem Tage bestünden. Das Katholische Büro Bonn hat sich nicht geäußert.

- Die Länder Hessen, Niedersachsen, Nordrhein-Westfalen, Saarland und Schleswig-Holstein haben sich für den 25. November 1990 ausgesprochen, Rheinland-Pfalz hat einen möglichst frühen Wahltermin befürwortet. Der Deutsche Landkreistag, der sich aus eigener Initiative geäußert hat, hat ebenfalls für den 25. November 1990 votiert. Baden-Württemberg, Bayern, Bremen und Hamburg haben hingegen diesen Termin als nicht geeignet bezeichnet. Der Bevollmächtigte der EKD hat darauf hingewiesen, daß der 25. November 1990 für die Evangelische Kirche Ewigkeitssonntag oder Totensonntag ist und sich deshalb ebenfalls gegen diesen Termin ausgesprochen.
- Für den 2. Dezember 1990 haben sich die Länder Baden-Württemberg, Bayern, Bremen, Hamburg und – als Alternative zum 25. November – Niedersachsen ausgesprochen. Schleswig-Holstein sowie der Deutsche Landkreistag halten diesen Tag für weniger geeignet. Der Bevollmächtigte der EKD hat sich unter Hinweis auf die herausgehobene Bedeutung des 1. Adventssonntages gegen diesen Tag ausgesprochen.
- Für den 9. Dezember 1990 haben sich Baden-Württemberg, Bremen und Hamburg ausgesprochen, während Bayern den 9. Dezember ausdrücklich als ungeeignet bezeichnet hat.
- Der 16. Dezember wird nur von Hamburg befürwortet, von Baden-Württemberg, Bayern und Bremen ausdrücklich abgelehnt.
- Kein Land hat sich für den 13. Januar 1991 ausgesprochen, einige Länder haben ausdrücklich dagegen votiert unter Hinweis auf das Ziel, die Wahl zum 13. Deutschen Bundestag wieder im Herbst durchführen zu können.

3. Ebenfalls entsprechend der Staatspraxis bei früheren Bundestagswahlen sind unter Mitteilung des Ergebnisses der Umfrage auch die Fraktionen im Deutschen Bundestag um Stellungnahme gebeten worden. Die Fraktionen der CDU/CSU, SPD und FDP haben sich für den 2. Dezember 1990 als Wahltag ausgesprochen, die Fraktion der Grünen hat den 9. Dezember 1990 als Wahltermin befürwortet.

4. Unter Abwägung aller Gesichtspunkte erscheint der 2. Dezember 1990, für den sich drei der vier Fraktionen des Deutschen Bundestages und fünf Länder ausgesprochen haben, als der innerhalb des verfassungsrechtlich vorgegebenen Wahlzeitraums am besten geeignete Wahltermin:
- Gegen eine Wahl am Buß- und Bettag (21. November 1990) oder am Totensonntag (25. November 1990) dürften bei weiten Teilen der Bevölkerung Vorbehalte bestehen. Auch würden sich die in dieser Zeit häufigen Kurzurlaube voraussichtlich negativ auf die Wahlbeteiligung auswirken.
- Ein Wahltermin in der Zeit der Weihnachtsschulferien kann wegen der Auswirkungen auf die Wahlbeteiligung und die Schwierigkeiten der Wahlorganisation nicht in Betracht gezogen werden. Der danach noch zulässige Wahltermin am 13. Januar 1991 würde dazu führen, daß der Wahlkampf sich über die Weihnachtszeit erstrecken würde.
- Von den vorweihnachtlichen Sonntagen im Dezember erscheint der 2. Dezember 1990 als der früheste Termin sowohl im Hinblick auf die Wahlbeteiligung als auch aus Gründen der Wahlorganisation (Feststellung des Wahlergebnisses durch die Wahlausschüsse) noch als am besten geeignet.

Dr. Schäuble

Nr. 380
Rundschreiben des Staatssekretärs Schlecht an
die Mitglieder des Kabinettausschusses Deutsche Einheit
Bonn, 9. August 1990

BK, 422 – 14495 Ka 71. – Adressaten: ChBK, BM Seiters; BMI, St Neusel; BMU, St Stroetmann; BMV, St Knittel; BMA, St Jagoda; BML, St Kittel; BMF, St Carstens; BMJ, St Kinkel; BMBW, St Schaumann; AA, St Sudhoff; BMJFFG, St Chory; BMB, St Priesnitz; BMVg, PSt Hürland-Büning; BMZ, St Lengl; BPA, SRS Vogel. Hs. vermerkt: „AL 4 z.w.V. Sp[eck]".

Sehr geehrte Damen und Herren!

In der letzten Sitzung des Kabinettausschusses „Deutsche Einheit" haben Sie von mir einen weiteren Bericht zur wirtschaftlichen Situation in der DDR erhalten.

Beigefügt finden Sie eine, insbesondere zum Punkt 11 der Ausarbeitung, ergänzte Version.

Mit freundlichen Grüßen
Ihr
O. Schlecht

Nr. 380A
Zur wirtschaftlichen Situation in der DDR

Stand: 8. August 1990. Az. BMWi – I D 5 – 02 11 29.

1. <u>DDR-Wirtschaft</u> nach 45 Jahren sozialistischer Kommandowirtschaft jetzt <u>im Übergang zur Marktwirtschaft</u>. Dieser bringt – wie seit langem klar war – zunächst erhebliche <u>Umstellungsprobleme</u> mit sich, denn immense Fehlleistungen des früheren sozialistischen Plansystems sind eine <u>schwere Hypothek</u> (z. B. gewaltige Vergeudung von Material und Arbeitskräften, unzureichende Güterversorgung, jahrzehntelange Unterdrückung privater Initiative, Fehlen eines voll funktionsfähigen Handels-, Transport- und Kommunikationssystems, fehlende internationale Wettbewerbsfähigkeit, hohe verdeckte Arbeitslosigkeit, schwere Schäden an Infrastruktur, Bausubstanz und Umwelt).

Tiefgreifender Umstellungsprozeß in allen Bereichen der Wirtschaft notwendig; kann nicht ohne zeitweilige schmerzhafte Reibungsverluste (z.B. Schließung von Betrieben, zeitweilige hohe Arbeitslosigkeit) abgehen und ist auch nicht von heute auf morgen zu bewältigen. Wer dies zum Anlaß für Panikmache nimmt, zeigt nur seine Inkompetenz. Ähnliche Übergangserscheinungen auch 1948 nach Währungsreform beobachtet. Damals durch Soziale Marktwirtschaft mit investitionsfreundlichem Klima rasch überwunden.

Zugunsten der DDR inzwischen umfassende Maßnahmen in Gang gesetzt (siehe im einzelnen Ziffer 10). Diese können erst in nächsten Monaten allmählich Wirkung entfalten. Jetzt zu behaupten, sie seien unzureichend, ist daher verfehlt.

Hierzu Ifo-Institut in „Wirtschaftskonjunktur" Nr. 7/90:

„Berücksichtigt man die Kürze der Zeit und die Unsicherheiten, die mit der Umstellung eines gesamten Wirtschaftssystems verbunden sind, so kann bei Evakuierung der sich bislang abzeichnenden Investitionsaktivitäten wohl kaum von einem zögerlichen Engagement westlicher Investoren in der DDR gesprochen werden. Die Initiativen auf Unternehmensebene zeigen deutlich, daß der Standort DDR auf breiter Ebene positiv bewertet wird."

Deshalb jetzt keine neuen großen Programme. Wohl aber Fortsetzung, Verstärkung und Beschleunigung von bestehenden Maßnahmen im Rahmen eines Gesamtkonzepts, wie im Entwurf des Einigungsvertrages zur Wirtschaftsförderung vorgesehen; insbesondere Schaffung eines Sonderprogramms im Rahmen der Gemeinschaftsaufgabe „Regionale Wirtschaftspolitik" mit Präferenzgefälle zugunsten der Länder der bisherigen DDR.

2. Mit Einführung der D-Mark in der DDR und Aufbau marktwirtschaftlicher Rahmenbedingungen sind wichtigste Voraussetzungen für Entfaltung privater Eigeninitiative und Besserung der Verhältnisse geschaffen.
   Erstes positives Fazit der Währungsunion: Bürger der DDR handeln besonnen. Vielfach befürchteter Kaufrausch ist ausgeblieben. Anlagechancen auf Geld- und Kapitalmärkten sowie beim Bausparen erkannt.

3. Bei der Preisumstellung allerdings Anlaufschwierigkeiten. Preisfindungsprozeß noch in vollem Gange. Anfänglich überhöhte Preisforderungen – vor allem staatlicher – Anbieter inzwischen offenbar vielfach durch den Markt korrigiert, aber noch starkes regionales Gefälle.

4. Güterversorgung nicht sofort überall nach dem 1. Juli reibungslos. Groß- und Einzelhandel der DDR nutzten Monopolstellungen aus und zeigten sich inflexibel. Außerdem offenbar Mangel an Läden.
   Nachfrage der Bürger zunächst primär auf Westprodukte gerichtet, die aufgrund gravierender Mängel im Verteilungs- und Transportsystem der DDR nicht überall verfügbar waren. Selbst Anlieferung von DDR-Gütern trotz reichlicher Bestände der Produzenten zunächst vielfach schleppend. Westlieferanten zögern teilweise bei Belieferung finanziell ungesicherter Handelsbetriebe.

5. Mit Beginn der Währungsunion in einer Reihe von DDR-Unternehmen auch bedrohlicher Liquiditätsengpaß. Bankkredite aus technischen Gründen noch nicht hinreichend verfügbar. Frühere Staatsbank hat zudem Kreditlinien gekappt. Bundesregierung will für Liquiditätskredite der Treuhandanstalt bis zu insgesamt 10 Mrd. DM bürgen, um Übergangsprobleme zu mildern.

6. Industrie der DDR in schwierigem Umstrukturierungsprozeß. Vielfach nicht nur durchgreifende Modernisierung und Rationalisierung, sondern Übergang zu neuen Produkten notwendig.
   Im 1. Halbj. 1990 deutlicher Rückgang der Industrieproduktion (–7% gegenüber 1. Hj. [19]89), weil Arbeitskräfte in die Bundesrepublik abgewandert und Erzeugnisse vielfach kaum noch absetzbar sind. Bauwirtschaft zeigte hingegen zuletzt Anzeichen für eine Stabilisierung (Bauproduktion im Juni erstmals wieder höher als vor Jahresfrist).

7. Beschäftigung (Industrie, Bau) seit Herbst letzten Jahres erheblich gesunken. Hauptursache: Abwanderung, Produktionsumstellungen, aber auch Bereinigung vielfältiger unproduktiver Scheinbeschäftigung. Verdeckte Arbeitslosigkeit in der sozialistischen Planwirtschaft auf ca. 1 1/2 Mio. Arbeitskräfte veranschlagt (Ifo). Tritt jetzt mehr und mehr offen zutage. Ende Juli gab es:
   - 242 Tsd. Arbeitslose (Quote: 3%)
   - 656 Tsd. registrierte Kurzarbeiter
   - 847 Tsd. Anmeldungen für beabsichtigte Kurzarbeit.
   Auch dies kommt nicht überraschend. Anstieg dürfte in nächster Zeit weitergehen. Eigentliche Strukturanpassungen stehen noch bevor (nicht überlebensfähige Industriebetriebe, Landwirtschaft, öffentliche Verwaltung).
   Bedeutet nicht, daß daraus dauerhaft offene Arbeitslosigkeit wird. Andererseits entsteht nämlich Vielzahl neuer Arbeitsplätze (z.B. Bauwirtschaft, Handwerk, Handel, Banken, Versicherungen, freie Berufe, Tourismus, Gaststättengewerbe). Im ersten Halbjahr gut 100000 Gewerbeanzeigen in der DDR (vor allem Handel, Gaststätten, Handwerk); Tempo im Juni wesentlich beschleunigt.

Kurzfristig können freilich nicht so viel neue Arbeitsplätze entstehen wie alte wegfallen. Auch dies nicht überraschend. War bisher in keinem Fall bedeutsamer Umstrukturierungen anders (z. B. Ruhrgebiet).

8. Ob vorhandene Arbeitsplätze gesichert und wie viele neue geschaffen werden, hängt entscheidend von Lohnentwicklung ab. Eilen Löhne dem zu erwartenden starken Produktivitätsanstieg voraus, so wird einem möglichen Aufbruchsklima in der DDR, in dem Produktion, Arbeitsplätze und Wohlstand rasch zunehmen, die Grundlage entzogen. Unter diesem Aspekt bisherige Tarifabschlüsse sehr bedenklich:
z. B. Banken: + 40% zzgl. Einmalzahlung eines Bruttomonatsgehalts; Sparkassen: +50% zzgl. Einmalzahlung eines halben Monatsgehalts; Metall- und Elektroindustrie: +250 DM ab 1. Juli, + weitere 50 DM ab 1. Okt. zzgl. Arbeitszeitverkürzung auf 40 Std.; Chemische Industrie: Anhebung der Tarifeinkommen um ca. 25%.
Höchst problematisch ferner Beschäftigungsgarantien (z. B. in der Metallindustrie) und Rationalisierungsschutzabkommen. Zementieren überholte Unternehmensstrukturen; beeinträchtigen Neuinvestitionen und gefährden erhaltbare Arbeitsplätze.

9. Daneben weitere objektive Investitionshemmnisse, z. B.:
   – Unklarheiten über Vermögens- und Ertragsstatus sowie über Altlasten von DDR-Betrieben erschweren derzeit noch Beteiligung westlicher Firmen.
   – Unklarheiten über Besitzverhältnisse bei Grundstücken.
   – Mangelnde Initiative und Kooperationsbereitschaft kommunaler Behörden (altes Denken); zeigt sich z. B. in Verzögerungen bei Bereitstellung von Gewerbeflächen und Geschäftsräumen sowie bei Bearbeitung von Gewerbeanmeldungen.

10. Umstrukturierung der DDR-Wirtschaft dennoch voll im Gange:
    – Wichtigste Strukturhilfe Einführung des leistungs- und wachstumsfreundlichen Steuersystems der Bundesrepublik (Senkung der Nettoabgabenbelastung für DDR-Betriebe um über 100 Mrd. Mark).
    – Kreditermächtigungsrahmen für Treuhandanstalt (1990: 7 Mrd. DM, 1991: 10 Mrd. DM).
    – Seit März 1990 rd. 40 000 Anträge und 33 400 Zusagen für ERP-Kredite. Bisher Zusagevolumen von 4,4 Mrd. DM. Weitaus größter Teil Antragsteller aus der DDR.
    – Eigenkapitalhilfeprogramm wird seit Beginn der WWU erheblich verstärkt in Anspruch genommen. Allein seit 1. Juli 4000 Anträge.
    – Im Grenzraum der DDR zur Bundesrepublik Programm der Bundesregierung zur Förderung wirtschaftlicher Infrastruktur. Erste Anträge bewilligt. 1990 und 1991 insgesamt 400 Mio. zur Verfügung.
    – Zusätzlich Förderung gewerbenaher Infrastruktur in der gesamten DDR vorgesehen (1991–1995 insg. 1 Mrd. DM).
    – Investitionszulage aus dem DDR-Haushalt für bewegliche Anlagegüter für 2 Jahre in Höhe von 12 bzw. 8%.
    – Bundesgarantien für Investitionsgüterlieferungen in die DDR.
    – Für Netzausbau der Post bis 1997 gut 55 Mrd. DM geplant. Vervierfachung der Hauptanschlüsse. Zum einen grundlegende Verbesserung des Kommunikationsnetzes, zum anderen große Beschäftigungschancen für mittelständische Tiefbau- und Elektrobetriebe der DDR (20 Mrd. DM für Montage und Bauleistungen!).
    – Wesentliche Schritte zur Verbesserung des Verkehrsnetzes im Gange oder in Vorbereitung (Lückenschlüsse auf Schiene und Straße zwischen beiden Teilen Deutschlands, Ausbau und Elektrifizierung der Hauptverkehrsachsen).
    – Flächendeckendes Netz von 15 IHK im Aufbau (kompetente Beratung).
    – Hilfen für Umstrukturierungsberatungen von Kombinaten.
    – Mittelständische Hilfen für Beratung und Fortbildung.

- Funktionsfähige Arbeitsverwaltung entstanden (38 Arbeitsämter mit 160 Nebenstellen). Umschulung und Qualifizierung wird durch großzügige Kurzarbeitergeld-Regelung erleichtert.
- Im Grunde genommen jedes größere deutsche Unternehmen hat Interesse an Kooperation mit DDR-Betrieben. Ähnliches gilt für viele kleine und mittlere Betriebe. Im 1. Hj. 2 800 Joint-ventures genehmigt bzw. realisiert. BMWi-Schnellumfrage hat gezeigt, daß eine Vielzahl weiterer Projekte in Vorbereitung.
- Rechtliche Voraussetzungen für Privatisierung volkseigener Unternehmen nunmehr geschaffen. Treuhandstelle mit neuer kompetenter Mannschaft besetzt.
- Vertrauensschutz für bestimmte Verträge im RGW-Handel (2 Mrd. DM Haushaltsmittel 1990 für Exportstützungen).
- Hermes-Deckung zur Absicherung der DDR-Exportwirtschaft.

11. Seit 1. August besteht zwischen EG und DDR De-facto-Zoll- und Agrarunion. Damit beiderseitiger Warenverkehr voll liberalisiert. Zusammen mit den bereits Anfang Juli in der DDR eingeführten Marktordnungen somit dort Voraussetzungen für ein Agrarpreisniveau geschaffen, das dem in der EG entspricht. Zusätzlich gezielte Hilfsmaßnahmen eingeleitet (Fördergesetz[1]). Insgesamt stehen für den Agrarsektor im 2. Hj. 1990 rd. 5,2 Mrd. DM Haushaltsmittel zur Verfügung sowie Kreditrahmen von 2 Mrd. DM für Interventionskäufe.

Damit geeignete Instrumente geschaffen, um aufgetretene Probleme – Liquiditätsengpässe, stockender Warenabsatz, Preisverfall – zu mildern und zu lösen. Insbesondere werden Überschußmengen durch staatliche Interventionskäufe und Exporte in Drittländer aus dem Markt genommen. Erste Tranchen der Liquiditäts- und Anpassungshilfe ausgezahlt.

Mittelfristige Perspektiven der DDR-Landwirtschaft nicht ungünstig: gute natürliche Produktionsbedingungen (gute Böden und Klimaverhältnisse) und vergleichsweise hohes technisches Know-how.

12. Staatshaushalt der DDR für 2. Hj. 1990 enthält Defizit von rd. 35 Mrd. DM (10 Mrd. DM Nettokreditaufnahme, rd. 25 Mrd. DM Finanzierung durch Bund und Länder der Bundesrepublik). DDR-Regierung spricht inzwischen von der Notwendigkeit eines Nachtragshaushalts, für den ein zusätzlicher Kreditbedarf von über 10 Mrd. DM genannt wird (insbesondere für Arbeitslosen-, Kranken- und Rentenversicherung). Auch dies nicht überraschend, denn Finanzbedarf läßt sich gerade in einer Zeit des grundlegenden Übergangs auch nicht annähernd zuverlässig vorausschätzen.

13. Fazit: DDR hat gute Chancen, in wenigen Jahren beträchtliche wirtschaftliche Fortschritte zu erzielen und allmählich Anschluß an Verhältnisse in der Bundesrepublik zu finden. Am Anfang steht freilich erwartungsgemäß schwierige Durststrecke, die bei totaler Umstellung des Wirtschaftssystems und angesichts der gravierenden Fehlentwicklungen in den letzten 45 Jahren unvermeidlich. Doch
- werden Preis- und Versorgungsprobleme schon in wenigen Wochen überwunden sein,
- werden in zahlreichen Bereichen neue Arbeitsplätze entstehen,
- werden sich bei beruflicher Umorientierung auch für freigesetzte Arbeitskräfte neue Beschäftigungschancen ergeben,
- wird schon im Verlaufe des nächsten Jahres wirtschaftlicher Aufschwung richtig in Gang kommen, wenn keine neuen administrativen oder tariflichen Hindernisse aufgebaut werden.

---

1 Gesetz zur Förderung der agrarstrukturellen und agrarsozialen Anpassung der Landwirtschaft der DDR an die soziale Marktwirtschaft – Fördergesetz, 6. Juli 1990, in: GBl. DDR 1990 I, 633 f.

Nr. 381
Gespräch des Ministerialdirektors Teltschik mit Ministerialdirektor Kastrup
Bonn, 15. August 1990

BK, 212 – 35400 De 39 NA 2 Bd. 4. – Vermerk des MDg Hartmann, 15. August 1990.

MD Kastrup berichtete über seine Gespräche mit Kwizinskij in Moskau[1]. Hieraus ist festzuhalten:

1. Stand der „Zwei-plus-Vier"-Gespräche
   MD Kastrup hat ein allgemeines Gespräch über die Struktur des Abschlußdokumentes geführt. Hierbei hat er zwei Punkte hervorgehoben:
   – Unterzeichnung soll durch beide deutsche Staaten erfolgen;
   – Ratifikation durch das gesamtdeutsche Parlament.
   Da das Abschlußdokument erst nach Ratifikation durch alle Teilnehmer in Kraft treten kann, stellt sich die Frage einer vorzeitigen Suspendierung der Rechte und Verantwortlichkeiten der Vier Mächte. Die Drei Mächte haben dem schon grundsätzlich zugestimmt. MD Kastrup hat Sowjetunion gebeten zu prüfen, den gleichen Schritt zu tun.
   Kwizinskij hat Prüfung zugesagt, allerdings darauf hingewiesen, daß auch eine einseitige Erklärung möglicherweise der Ratifizierung durch Obersten Sowjet bedürfe. Ferner habe er klargestellt, daß <u>vorher</u> Klarheit über die Problematik des Stationierungsvertrags (und wohl auch des Überleitungsvertrages) bestehen müsse.
   Die sowjetische Seite habe ferner darauf gedrängt, daß deutsche Erklärungen zum ABC-Waffenverzicht, zum militärischen Status der DDR, aber auch zur künftigen Stärke deutscher Streitkräfte in das Abschlußdokument aufgenommen werden müßten. Offen sei aus seiner Sicht, in welcher Form dies geschehen könne (nach unseren bisherigen Vorstellungen sollten diese Erklärungen in den sogenannten „Take-note"-Teil des Schlußdokuments gehören).
   Sowjetische Frage: Was geschieht mit deutscher Erklärung zur Truppenstärke, wenn Wien II nicht läuft.

2. Er habe des weiteren ein längeres Gespräch über den umfassenden deutsch-sowjetischen Vertrag geführt und hierbei zu einzelnen Punkten des sowjetischen Entwurfs[2] Stellung genommen. Sowjetische Seite habe unsere Einlassungen sorgfältig notiert und wird ihren Entwurf überarbeiten. Der neue sowjetische Entwurf werde aller Voraussicht bei dem Besuch von BM Genscher überreicht werden.[3]
   AA will nächste Woche eigenen Entwurf vorlegen.
   Kwizinskij werde voraussichtlich am 26./28. August 1990 nach Bonn kommen, wo die eigentlichen Verhandlungen beginnen.[4]
   Chef BK ist eingeladen, sich an diesen Verhandlungen durch einen Vertreter zu beteiligen.
   MD Kastrup will den Vertragstext zunächst soweit wie möglich verhandeln und dann erst den beabsichtigten Brief Bundeskanzler an Präsident Gorbatschow erarbeiten.

3. Sowjetische Seite habe deutlich gemacht, daß man für Stationierung/Abzug zwei Verträge anstrebe, einen, der die sowjetischen Truppen in der heutigen DDR betreffe, und einen anderen für Berlin. Dies entspräche auch der Vorstellung von BM Genscher sowie dem eigenen Verständnis der Gespräche im Kaukasus.[5]

---

1 13. August 1990.
2 Nr. 351.
3 Nr. 395 Anm. 3.
4 Dazu Nr. 402.
5 Nr. 353.

4. Zum Überleitungsvertrag habe die sowjetische Seite einen Überblick über den von ihr beabsichtigten Vertragsinhalt gegeben. Nähere Einzelheiten gehen aus dem in Ablichtung beigefügten Vermerk[6] hervor.

H[artmann] 15/8

Nr. 382
Schreiben des Bundesministers Seiters an Bundesminister Schäuble
Bonn, 16. August 1990

BK, 132 – 35400 De 12 NA 5 Bd. 20. – Tag der Ausfertigung hs. ergänzt. Hs. vermerkt: „Kopie für Herrn Dr. Lehnguth".

Sehr geehrter Herr Kollege,

die Volkskammer der DDR hat am 22. Juli eine Änderung des Parteiengesetzes der DDR beschlossen.[1] In einem neu eingefügten § 13a wird die bis dahin nicht gegebene Zulässigkeit eines Zusammenschlusses von Parteien der DDR mit Parteien der Bundesrepublik Deutschland eröffnet und in Satz 2 festgelegt, daß „die durch einen solchen Zusammenschluß entstandenen gesamtdeutschen Parteien ... die Gesamtrechtsnachfolge der Vorgängerparteien" antreten.

Damit stellt sich die Frage, ob und inwieweit sich diese neue Bestimmung des Parteiengesetzes der DDR auf die finanzielle und rechtliche Situation der (bisherigen) Parteien der Bundesrepublik auswirken kann, nachdem sich diese mit DDR-Parteien zusammengeschlossen haben. Diese Auswirkung könnte darin bestehen, daß

a) der (bisherigen) Partei der Bundesrepublik Vermögenswerte der (bisherigen) DDR-Partei mit zuwachsen

oder

b) auf die (bisherige) Partei der Bundesrepublik Verpflichtungen (zum Beispiel aus Sozialplänen) zukommen, die die (bisherige) DDR-Partei eingegangen ist.

Die nach § 20a des Parteiengesetzes der DDR eingesetzte Unabhängige Kommission hat zu diesem Problem den in der Anlage beigefügten Beschluß[2] gefaßt.

Ich bin nicht sicher, ob durch diesen Beschluß die o.a. Auswirkungen auf die (bisherigen) Parteien der Bundesrepublik vermieden werden können.

Ich wäre Ihnen daher sehr dankbar, wenn Sie diese Fragen prüfen und gegebenenfalls im Zusammenhang mit dem Einigungsvertrag bzw. der Vorbereitung der Überleitungsgesetzgebung sicherstellen könnten, daß diese Auswirkungen nicht eintreten.

Mit freundlichen Grüßen
Ihr Rudolf Seiters

---

6 Vermerk des Vortragenden Legationsrats I Dreher betr. Deutsch-sowjetischer Überleitungsvertrag über die Auswirkungen der Einführung der DM in der DDR, 15. August 1990, Az. 201–360.90 SOW; BK, 213 – 35400 De 39 NA 4 Bd. 5.
1 Gesetz zur Änderung und Ergänzung des Gesetzes über Parteien und andere politische Vereinigungen – Parteiengesetz, 22. Juli 1990, in: GBl. DDR 1990 I, 904.
2 Nr. 382A.

Nr. 382A
Beschluß der Unabhängigen Kommission vom 1. August 1990

<u>Betr.:</u>   Fusion gemäß § 13a Parteiengesetz

Die Kommission gibt nachstehenden Beschluß zur Vermögensfinanzierung im Falle der beabsichtigten Fusion schon vorsorglich bekannt:

1. Das von den DDR-Parteien eingebrachte Vermögen, einschließlich aller damit verbundenen Rechte und Pflichten, muß dabei im Geltungsbereich der bestehenden gesetzlichen Grundlagen der DDR verbleiben. Daraus folgt notwendigerweise, daß mit der Vereinigung das Vermögen der bisherigen DDR-Parteien als abgegrenztes Sondervermögen geführt und in der DDR verwaltet bleibt.
2. Der Zugriff der mit dem Gesetz zur Änderung des Parteiengesetzes vom 31. Mai 1990 eingesetzten Unabhängigen Kommission zur Überprüfung der Vermögenswerte aller Parteien und Massenorganisationen der DDR ist bis zur Erledigung ihres Auftrages zu wahren. Es muß garantiert werden, daß in den Rechnungslegungen der künftigen gesamtdeutschen Parteien dieses Sondervermögen der DDR-Parteien abgegrenzt ausgewiesen und nicht mit Vermögenswerten gegenwärtiger BRD-Parteien vermischt wird.
3. Die Parteien, die nach dem 7. Oktober 1989 gegründet wurden, stehen nach § 20b Parteienänderungsgesetz nicht unter treuhänderischer Verwaltung. Gemäß § 20 Abs. 1 bedürfen alle Vermögensveränderungen der Zustimmung – Genehmigung –. Dieses Erfordernis ist auch bei einer Fusion gegeben. Der Vermögensbericht per Wirksamkeit der Fusion ist deshalb zur Zustimmung für den Eintritt der Rechtsnachfolge einzureichen. Die Wirksamkeit der Rechtsnachfolge tritt erst mit der Zustimmung des Vorsitzenden der Kommission ein.

Nr. 383
Vorlage des Ministerialdirigenten Busse an den Chef des Bundeskanzleramtes Seiters
Bonn, 17. August 1990

BArch, B 136/29254, 122 – 14020 Mi 1, 20.8.1990, Besprechung Chef BK/CdS, Mappe Chef BK. – Vorlage über AL 3. Abgezeichnet: „i.V. Bu[sse] 17.8." Mit Paraphe: „A[nnecke], 17.8."

<u>Betr.:</u>   3. Verhandlungsrunde zum Einigungsvertrag

Zur Information:

In der heutigen StS-Besprechung wurden die noch offenen Punkte zum Entwurf des Einigungsvertrages und den Anlagen[1] erörtert. Die Zahl der offenen Punkte zu den Anlagen konnte dabei von ca. 30 auf etwa die Hälfte reduziert werden. Auch zum Einigungsvertrag konnte in vielen Punkten zusätzliche Klärung erreicht werden. Die einzelnen noch offenen Punkte werden in gesonderten Papieren[2] abgehandelt.

---

1 Dazu Nr. 384.
2 Nr. 385 und Nr. 386.

Über diese Punkte hinaus gibt es noch folgende Merkposten:
– Amnestie für ND-Mitarbeiter
Hier besteht Einigkeit innerhalb BReg. A-Länder-Seite (Saarland) hat bisher Junktim versucht mit Amnestie für Blockierer und Novellierung des § 240 StGB (Nötigung). Dies für BReg. nicht konsensfähig. BMJ/BMI werden versuchen, Amnestie-Regelung für ND-Mitarbeiter durchzusetzen. Dann auch Regelung im Einigungsvertrag.
– Rehabilitierungs-Ges[etz] der DDR
Ges[etz-]E[ntwurf] liegt Volkskammer vor.[3] Er enthält neben immaterieller Regelung (betr. Strafrecht) auch beträchtliche finanzielle Regelungen. Letztere für BReg. nicht akzeptabel. BReg. wird versuchen, Verabschiedung des Gesetzes zu verhindern, keinesfalls aber Überleitung im Einigungsvertrag tolerieren.
– Bei den bisherigen Gesprächen mußte aus Zeitgründen das Thema Rechtspflege ausgeklammert werden. Ergebnisse wird BMJ nachliefern.
Abschließende Rechtsförmlichkeitsprüfung BMJ bleibt vorbehalten.

Zum weiteren Verfahren:
BMI plant, am Nachmittag des 18. August 1990 aktualisierte Fassung des Entwurfs des Einigungsvertrages und der Anlagen zu versenden an Ressorts und Länder. Es ist sichergestellt, daß Herr Speck davon sofort ein Exemplar für Sie zugestellt erhält. Vorsorglich füge ich die vorläufige Arbeitsunterlage der heutigen StS-Besprechung zum Einigungsvertrag bei *(siehe Mappe 4)*.[4]
Während der 3. Verhandlungsrunde mit der DDR werden Arbeitsgruppen zu folgenden Bereichen vorgeschlagen werden:
Arbeitsgruppe 1: Finanzen
Arbeitsgruppe 2: Struktur/Wirtschaft/Landwirtschaft
Arbeitsgruppe 3: Arbeit und Soziales/Familie und Gesundheit
Arbeitsgruppe 4: Justiz
Arbeitsgruppe 5: Äußeres/Verteidigung
Arbeitsgruppe 6: Inneres (einschl. öffentlicher Dienst, Verwaltungsorganisation, Sport)
Arbeitsgruppe 7: Kultur, Bildung, Wissenschaft, Forschung und Technologie.

Dr. Busse

---

3 Antrag des Ministerrates der DDR vom 18. Juli 1990 mit Entwurf Rehabilitierungsgesetz (Drucksache Nr. 157). Wortlaut des am 6. September 1990 von der Volkskammer verabschiedeten Gesetzes in: GBl. DDR 1990 I, 1459–1465.
4 Vertrag zwischen der Deutschen Demokratischen Republik und der Bundesrepublik Deutschland über die Herstellung der Einheit Deutschlands – Einigungsvertrag, 1. Entwurf, Stand: 16. August 1990, 53 S.; BArch, B 136/29254, 122 – 14020 Mi 1, 20. 8. 1990, Besprechung Chef BK/CdS, Mappe Chef BK.

Nr. 384
Vermerk des Regierungsdirektors Lehnguth
Bonn, 17. August 1990

BArch, B 136/29254, 122 – 14020 Mi 1, 20.8.1990, Besprechung Chef BK/CdS, Mappe Chef BK. – Mitverfasser: ORR Wilhelm. Az. 332 – 35022 – De 12 (NA 5). Abgezeichnet: „i.V. Bu[sse] 17.8." Mit Paraphe: „A[nnecke], 17.8."

Entwurf des Einigungsvertrages

I. Zum Entwurf des Einigungsvertrages[1] fanden am 16. August 1990 Abstimmungsgespräche auf Arbeitsebene im BMI unter Beteiligung der Länderseite statt. Dabei ergab sich zu einer Reihe von Punkten noch politischer Abstimmungsbedarf.
In der StS-Besprechung am 17. August 1990 konnten die offenen Punkte reduziert werden.

II. Für folgende Punkte besteht vor Beginn der dritten Verhandlungsrunde mit der DDR noch <u>Klärungsbedarf</u> (Klärungen können in der <u>Kabinettausschußsitzung</u> am 20. und der nachfolgenden Besprechung des <u>Chefs des Bundeskanzleramtes mit den Chefs der Staats- und Senatskanzleien</u>[2] durchgeführt werden), erforderlichenfalls Koalitionsgespräch am 21. August 1990: <u>Leitgedanke</u> sollte sein, daß von dem in der zweiten Verhandlungsrunde vereinbarten Text nicht ohne zwingenden Grund abgegangen werden sollte (so ausdrücklich BM Schäuble).

1. <u>Präambel:</u>
Vorbehalt AA zur letzten Erwägung „Souveränität aller Staaten".
<u>Grund:</u> Überbetonung der staatlichen Souveränität mit Blick auf EG.
<u>Dagegen BMI:</u> Entspricht der Bundestagsresolution zur deutsch-polnischen Grenze.[3]

2. <u>Artikel 2: Hauptstadt</u>
<u>Parlamentsausschuß:</u> Ausdrückliche Gleichsetzung von Parlaments- und Regierungssitz gewünscht. Dies ist erwägenswert.
Allerdings besteht Uneinigkeit zwischen Bund und Ländern, die sich nunmehr gegen eine Festlegung der Hauptstadt (Berlin) wenden. NRW ist im Namen der A-Länder für eine Streichung dieses Artikels eingetreten; Bayern hat Sympathie für diesen Vorschlag erkennen lassen.
Müßte in <u>CdS-Besprechung</u> erörtert werden.

3. <u>Artikel 4: Beitrittsbedingte Änderungen</u>
a) Ein neu in das Grundgesetz einzufügender Art. 143[4] bietet die Rechtsgrundlage für im bisherigen Gebiet der DDR weitergeltendes abweichendes Recht, soweit und solange infolge der unterschiedlichen Verhältnisse die völlige Anpassung an die grundgesetzliche Ordnung noch nicht erreicht werden kann. Diese Abweichungen dürfen nicht gegen Art. 19 Abs. 2 (Wesensgehalt) oder Art. 79 Abs. 3 (Grundsätze der Art. 1 und 20) verstoßen.
<u>BMI</u> schlägt darüber hinaus eine Befristung bis Ende Dezember 1992 vor.
<u>BMJ</u> tritt ebenfalls für eine Frist, jedoch bis Ende 1995 ein.
BMJ argumentiert mit dem Hinweis auf die Notwendigkeit der Ausbildung von Richtern, die unseren Voraussetzungen entsprechen; hier würde die Zeit bis Ende

---

1 Nr. 383 Anm. 4.
2 Nr. 387.
3 Nr. 322 Anm. 3.
4 Der frühere Artikel 143 Grundgesetz war 1968 aufgehoben worden (17. Gesetz zur Ergänzung des Grundgesetzes, 24. Juni 1968, in: BGBl. 1968 I, 709–714, hier 714).

1992 nicht ausreichen. Politisch bedeutsam ist dieser Punkt für die unterschiedlichen Regelungen der Strafbarkeit von Abtreibungen.
NRW ist für die längere Frist eingetreten. Klärung evtl. im Koalitionsgespräch.
b) Art. 146 soll wie folgt neu gefaßt werden:
„Dieses Grundgesetz, das nach Vollendung der Einheit und Freiheit Deutschlands für das gesamte deutsche Volk gilt, verliert seine Gültigkeit an dem Tage, an dem eine neue Verfassung in Kraft tritt, die von dem deutschen Volk in freier Entscheidung beschlossen worden ist."
Eventuell werden AA/BMJ Professoren-Vorschlag zur redaktionellen Veränderung einbringen. M.E. allenfalls erwägenswert, wenn dadurch nicht Rückwirkung auf den konsentierten Text (Präambel GG) und Bund/Länder-Konsens gefährdet ist.

4. Art. 5: Künftige Verfassungsänderungen
Hierin ist festgelegt, daß die Regierungen der beiden Vertragsparteien den gesetzgebenden Körperschaften empfehlen, sich innerhalb von zwei Jahren mit Fragen zur Änderung oder Ergänzung des Grundgesetzes zu befassen, die im Zuge der Einigungserörterungen aufgeworfen worden sind. Dabei werden als Beispiele aufgezählt das „Eckpunktepapier" der Länder,[5] Überlegungen zur Aufnahme von Staatszielbestimmungen sowie die Frage der Anwendung des Art. 146 GG.[6]
Berlin möchte als weiteren Teilstrich angefügt wissen:
„In bezug auf die erleichterte Neugliederung Berlin/Brandenburg".
NRW hat hiergegen einen Vorbehalt angemeldet, weil im Bundesrat Bremen einen Antrag gestellt hat, wonach Neugliederungen, wie sie derzeit in Art. 29 vorgesehen sind, nicht „erleichtert" werden sollen[7].
Wird in CdS-Besprechung vom Land Berlin angesprochen.

5. Art 7: Finanzverfassung
Klärungsbedürftig zwischen Bund und Bundesländern hinsichtlich des gesamtdeutschen Länderanteils an der Umsatzsteuer. Der Vertragsentwurf sieht hierzu vor, daß der gesamtdeutsche Länderanteil so in einen Ost- und Westanteil aufgeteilt wird, daß im Ergebnis der durchschnittliche Umsatzsteueranteil pro Einwohner in den Ländern Brandenburg, Mecklenburg-Vorpommern, Sachsen, Sachsen-Anhalt und Thüringen in den Jahren

1991	60 v.H.
1992	70 v.H.
1993	80 v.H.
1994	90 v.H.

des durchschnittlichen Umsatzsteueranteils pro Einwohner in den Ländern BW, BY, BR, HE, HH, NS, NRW, Rh.-Pf., Saarl. und SH beträgt. Der Anteil des Landes Berlin wird vorab nach der Einwohnerzahl berechnet.
Die Länder wollen dagegen keine Festlegung der Prozentsätze im Vertrag. Sie streben vielmehr eine Verordnungsermächtigung im Finanzausgleichsgesetz an, in der Details festgelegt werden. Für 1991 soll vorläufig 50 v.H. vorgesehen werden.
Länder wenden sich weiter gegen die Einbeziehung der bisherigen DDR-Gebiete in die Regelungen der [Art.] 91a, 91b und 104a Abs. 3 und 4 GG. Sie sehen aufgrund

---

5 Nr. 342A.
6 Dazu Nr. 359J und Nr. 359K.
7 Senatspräsident Wedemeier erläuterte die Vorbehalte des Bremer Senats gegen eine Änderung des Artikels 29 Grundgesetz am 24. August 1990 vor dem Bundesrat (Verhandlungen des Bundesrates 1990. Stenogr. Berichte. 609.– 625. Sitzung. Plenarprotokoll 617, 447–449, hier 448).

der bisherigen Zusicherung des Bundes in einigen Mischfinanzierungsbereichen Möglichkeiten einer Anwendung der entsprechenden Grundgesetzartikel.
Länder sind auch gegen BMF-Vorschlag zur Beteiligung der Gemeinden und Gemeindeverbände am Steueraufkommen.
Offen sind allerdings noch
– bei Art. 91a die Gemeinschaftsaufgabe „Verbesserung der regionalen Wirtschaftsstruktur",
– Art. 91b (Bildungsplanung und Forschungsförderung),
– Art. 104a Abs. 4 (Investitionshilfen des Bundes, insbesondere nach dem Strukturhilfegesetz).
Hier noch Gesprächsbedarf der Ministerpräsidenten/Finanzminister von Bund und Ländern.

6. Art. 9: Weitergeltendes Recht der Deutschen Demokratischen Republik
Hier geht es um das Problem von weitergeltendem Partikularrecht in der DDR als Bundesrecht. Grundsatz ist, daß im Zeitpunkt der Unterzeichnung dieses Vertrages geltendes Recht der DDR, das nach der Kompetenzordnung des Grundgesetzes Landesrecht ist, in Kraft bleibt, soweit es mit dem Grundgesetz (Ausnahme Art. 143), mit dem in Kraft gesetzten Bundesrecht sowie mit dem EG-Recht vereinbar ist.
Die Länder haben hier einen allgemeinen Prüfvorbehalt eingelegt. Dieser bezieht sich insbesondere auf Abs. 3 der Bestimmung, wonach fortgeltendes Recht, das Gegenstände der konkurrierenden oder der Rahmengesetzgebung des Bundes betrifft, als Bundesrecht fortgilt.
Könnte in der CdS-Besprechung von Länderseite problematisiert werden.

7. Art. 13: Öffentliche Verwaltung und Rechtspflege, Übergang von Einrichtungen
Diese Bestimmung sieht vor, daß
– Verwaltungseinrichtungen, soweit sie Bundesaufgaben erfüllt haben, der zuständigen obersten Bundesbehörde „zugeschlagen" werden;
– alle anderen Einrichtungen und Verwaltungsorgane dem neu zu bildenden DDR-Land „unterfallen", in dem sie gelegen sind (Ausnahmen für Einrichtungen mit überregionalem Wirkungskreis).
Berlin, in dem sich eine Vielzahl von Verwaltungsorganen und Einrichtungen befindet, hat einen Vorbehalt gegen diese Regelung eingelegt. In einem Schreiben des Regierenden Bürgermeisters Momper an BM Schäuble,[8] nachrichtlich an den Bundeskanzler, ist vorgeschlagen worden, daß eine von Bundesregierung und Landesregierung besondere Stelle eingerichtet werden soll, der die Lösung der Entflechtung zukommen soll.
NRW sieht in dem „Gelegenheitsprinzip" ebenfalls keinen Ansatz einer gleichmäßigen Lastenverteilung zwischen Bund und Ländern und hat sich dem Vorbehalt von Berlin angeschlossen.
In der Diskussion hat BMI den Ländern eine Generalklausel angeboten, wonach eine zentrale Behörde geschaffen werden kann, die übergangsweise Ländereinrichtungen zentral übernimmt. Hiergegen haben sich die Länder allerdings ebenfalls ausgesprochen.
Das Gesamtproblem ist Gegenstand der CdS-Besprechung.

---

8 Schreiben des Regierenden Bürgermeisters Momper an Bundesminister Schäuble betr. Artikel 13 des Entwurfs des Einigungsvertrages in Verbindung mit § 22 des Ländereinführungsgesetzes der DDR, 14. August 1990; BMI, GE – 020 056/0 Bd. 13.

8. Art. 14: Fortgeltung von Entscheidungen der öffentlichen Verwaltung
   Hiernach bleiben Verwaltungsakte von Behörden der DDR wirksam, soweit sie nicht dem Grundgesetz oder den Vorschriften dieses Vertrages widersprechen oder in diesem Vertrag etwas anderes bestimmt ist. Dabei bleiben die Vorschriften über den Bestandsschutz von Verwaltungsakten unberührt.
   BMJ sieht hierin eine nicht zu bewältigende Daueraufgabe, weil die Formulierung zu einer Überprüfung einer sehr großen Zahl von Verwaltungsakten führen dürfte. BMJ denkt hierbei an eine Stichtagsregelung, wie sie von ihm selbst im nachfolgenden Artikel 15 (Fortgeltung von richterlichen Entscheidungen) vorgeschlagen wird. Ebenso hat Baden-Württemberg unter diesem Aspekt einen Vorbehalt eingelegt. Dürfte in Kabinettausschuß-Sitzung und CdS-Besprechung angesprochen werden.

9. Art. 18: Finanzvermögen
   Regelungsgegenstand ist hier die Übertragung öffentlichen DDR-Vermögens (auch: Grundvermögen, Land- und Forstwirtschaft), welches nicht unmittelbar bestimmten Verwaltungsaufgaben dient. Es soll zunächst der Treuhandverwaltung des Bundes unterstellt werden, um dann durch Bundesgesetz auf die Länder aufgeteilt zu werden.
   Schleswig-Holstein: Bei Übertragung des Vermögens auf Land- und Forstwirtschaft entsprechende Zweckbindungen anzustreben. BMF tendenziell gegen solche Zweckbindungen, da diese zur Zerfaserung der Vermögensüberleitung führen würden.
   Ländervorbehalt wegen Abs. 4 (Wohnungsvermögen): noch nicht abgestimmt.
   Könnte in CdS-Besprechung zur Sprache kommen.

10. Art. 20: Treuhandvermögen
    Regelung der Aufgaben und personellen Infrastruktur der Treuhandanstalt nach Herstellung der deutschen Einheit. In Abs. 3 allgemeine Klausel, wonach volkseigenes Vermögen nur zugunsten von Maßnahmen im Gebiet der heutigen DDR unabhängig von der haushaltsmäßigen Trägerschaft zu verwenden ist.
    BMU dringt auf Zusatz, wonach DDR-Altlasten unter Einsatz des Treuhandvermögens saniert werden könnten.
    BMJ hält dagegen, da Treuhandvermögen für Bewältigung der „offenen Vermögensfragen zur Verfügung stehen müsse".
    Befassung des Kabinettausschusses mit dieser Frage möglich.

11. Art. 23: Wirtschaftsförderung
    Einbeziehung des Gebiets der DDR in die Wirtschaftsförderung des Bundes unter besonderer Berücksichtigung der Notwendigkeiten der Strukturanpassung; Katalog konkreter Maßnahmen zur Beschleunigung des wirtschaftlichen Wachstums in Abs. 2.
    Ländervorbehalt: Landwirtschaft sollte in Wirtschaftsförderung miteinbezogen werden.
    Weiterer Ländervorbehalt hinsichtlich Abs. 2, erster Spiegelstrich (Präferenzgefälle zugunsten der Länder der bisherigen DDR). Erörterung in CdS-Besprechung wahrscheinlich.
    BMU wird im Kabinettausschuß voraussichtlich ausdrückliche Erwähnung der Umwelt fordern. Dagegen insbesondere: BMWi.

12. Art. 25: Arbeitsrecht/Arbeitsschutz
    Hier werden Regelungsaufträge für gesamtdeutschen Gesetzgeber (z.B. Arbeitsvertragsrecht/Arbeitsschutzrecht; Altersübergangsgeld bei Arbeitslosigkeit (Abs. 2); Erstreckung des Sozialversicherungssystems auf das Gebiet der DDR) erteilt.

Zu Abs. 2: unterschiedliche Modelle des BMA und der DDR zum Vorruhestand, die beide synoptisch nebeneinander stehen. Kompromißgespräche zwischen BMA und DDR dauern an.
Art. 25 ist für BMA ein Politikum ersten Ranges.
Befassung des Kabinettausschusses.

13. Art. 26: Familie und Frauen
    BMJFFG fordert über den in Berlin konsentierten Text hinaus zusätzlich
    a) weitere Schritte zur Gleichberechtigung zwischen Männern und Frauen sowie zur Vereinbarkeit von Familie und Beruf,
    b) zusätzlichen Art. 26a (freie gesellschaftliche Kräfte).
    Dagegen entschieden BMI: wegen schon früher erreichter Verhandlungsergebnisse in Ost-Berlin sollte an dort mit Mühe erreichtem Ergebnis festgehalten werden.
    Dagegen auch BMF: Wegen weiterer Kosten, die Realisierung des BMJFFG-Vorschlages mit sich brächte (vgl. insbesondere Abs. 3: Erhalt von Kinderbetreuungseinrichtungen auf Kosten des Bundes bis 31. Dezember 1992).
    Erörterung in Kabinettausschuß wahrscheinlich; Konsens zum BMJFFG-Vorschlag nicht in Sicht.

14. Art. 27: Gesundheitswesen
    Festlegung weiterer Aufgaben des gesamtdeutschen Gesetzgebers mit dem Ziel der Angleichung des Niveaus der stationären Versorgung der Bevölkerung in Ost und West; staatlicher Beitragszuschuß als vorübergehender Ausgleich von Defiziten in der gesetzlichen Krankenversicherung.
    BMA hat Entwurf mit DDR abgestimmt, nicht aber mit den anderen Bundesressorts.
    Streitig zwischen BMA und BMF insbesondere: Defizithaftung des Bundes für Krankenversicherung.
    Zusatzforderung des BMJFFG: Erstreckung des Abs. 1 auf Altenheime (Widerspruch BMA).
    Befassung des Kabinettausschusses.

15. Art. X (ggf. als Art. 27a): Umwelt
    Wunsch des BMU nach Aufnahme eines Vertragsartikels zum Umweltschutz. Dazu Diskussionsbedarf im Kabinettausschuß. Fraglich, ob zusätzliche Artikel in Vertrag aufgenommen werden sollen, wenn dies nicht mit Regelungsnotwendigkeiten, sondern nur mit dem Bedürfnis nach politischen Aussagen begründet wird.

16. Art. 28: Kultur
    Hier geht es um die Aufgabenverteilung und die Finanzierung kultureller Aufgaben/Einrichtungen (Text zwischen KMK, BMI und DDR abgestimmt).
    BMF, Bayern: Mittel aus Fonds Deutsche Einheit sollten nicht gebunden werden (hier: für Förderung und Einrichtungen des Sports).
    Länder-Vorbehalt hinsichtlich Abs. 10: Klarstellung, daß Forderung nicht nur für DDR-Länder gewährt wird.
    Als Thema für CdS-Besprechung denkbar.

17. Art. X (ggf. als Art. 28a): Hörfunk, Fernsehen, Medien
    Neuer, erst jetzt eingebrachter Vorschlag des BMI. Am 17. August 1990 sollte Abstimmung mit Ländern möglichst abgeschlossen sein. Keine Erörterung auf Fachebene, soll insgesamt politischer Ebene vorbehalten bleiben.
    Könnte schon in CdS-Besprechung sowie im Kabinettausschuß zur Diskussion gestellt werden.

18. Art. 32: Regelung von Vermögensfragen
Die gemeinsame Erklärung zur Regelung offener Vermögensfragen[9] wird hiernach Bestandteil des Vertrages; die Bundesrepublik wird durch Abs. 2 gehindert, Rechtsvorschriften zu erlassen, die der gemeinsamen Erklärung widersprechen.
Vorbehalt NRW für A-Länder: Zusatzregelung, wonach Vermögensverschiebungen zwischen 1945 und 1949 durch Besatzungsmächte nicht rückabzuwickeln sind. Dies ist für Bundesregierung nicht konsensfähig.
Zusätzlicher Hinweis BMJ: Im Kontext mit anderen Vertragsregelungen muß gesichert sein, daß zur Erfüllung der zu erbringenden Ausgleichsleistungen Treuhandvermögen nicht geschmälert wird.
Könnte insbesondere in CdS-Besprechung zur Sprache kommen.

19. Art. X (als Art. 32a): Entsendung von Abgeordneten
Vorschlag des BMI, schon in Vertrag Regelung aufzunehmen, in der das Verfahren zur Auswahl und Entsendung von VK-Abgeordneten in den Deutschen Bundestag sowie die Modalitäten der BT-Mitgliedschaft dieser Abgeordneten festgelegt werden.
Vorschlag ist im Ressortkreis und auch mit der DDR noch nicht abgestimmt: Regelung ist von erheblicher politischer Bedeutung. Kabinettausschußthema.

Lehnguth

Nr. 385
Vorlage des Regierungsdirektors Lehnguth an
den Chef des Bundeskanzleramtes Seiters
Bonn, 17. August 1990

BArch, B 136/26286, 441 – 14020 Mi 3 NA 1 Bd. 5. – Vorlage über GL 33 und AL 3. Abgezeichnet: „Bu[sse] 17. 8. “ und „W[agner] 17/8“.

Betr.: Einigungsvertrag

Sie baten um Prüfung der Folgen, wenn der vorgesehene Einigungsvertrag zwischen DDR und Bundesrepublik Deutschland scheitern sollte; hierzu bemerke ich folgendes:
1. Bisher ist in Art. 3 des Entwurfs des Einigungsvertrages vorgesehen, daß mit dem Wirksamwerden des Beitritts das Grundgesetz für die Bundesrepublik Deutschland in den neugebildeten Ländern der DDR in Kraft tritt, und zwar mit den dann zugleich vereinbarten Änderungen.
Ohne Einigungsvertrag ist gem. Art. 23 GG das Grundgesetz nach dem Beitritt der DDR dort in Kraft zu setzen.
Hierfür ist ein einfaches Bundesgesetz (ohne Zwei-Drittel-Mehrheit) notwendig. Allerdings können dann auch keine Änderungen, wie sie bisher im Einigungsvertrag in bezug auf das Grundgesetz vorgesehen sind, vorgenommen werden. Hierzu bedürfte es wiederum einer Zweidrittelmehrheit.
2. Das übrige Bundesrecht müßte durch ein Überleitungsgesetz auf dem Gebiet der bisherigen DDR in Kraft gesetzt werden.

---

9 Nr. 328A Anm. 8.

Dabei könnte auf die bisherigen Arbeiten zum Einigungsvertrag zurückgegriffen werden. Bei den Bundestagsberatungen könnten dann allerdings zu jedem Teil dieses Überleitungspakets Anträge gestellt werden. Dies ist anders als beim Ratifikationsverfahren, wo nur eine Zustimmung oder Ablehnung der Bundestagsabgeordneten erfolgen kann. Dies hat zur Folge, daß sich bei Überleitung des Bundesrechts eine starke zeitliche Verzögerung ergeben dürfte. Es ist also nicht mehr möglich, daß zugleich mit Wirksamwerden des Beitritts das gesamte Bundesrecht, allerdings mit gewissen Modifikationen, in der DDR in Kraft gesetzt wird.

Lehnguth

Gruppenleiter 33
Darüber hinaus ist politisch zu bedenken, daß die Vollendung der deutschen Einheit über einen Einigungsvertrag statt über eine Überleitungsgesetzgebung eher das Zusammenwachsen beider Teile Deutschlands dokumentiert und so die – von Kritikern ins Gespräch gebrachte – Optik jeglichen „Ausschlusses" deutlicher vermieden würde.

Busse

Nr. 386
Vermerk des Ministerialrats Hegerfeldt
Bonn, 17. August 1990

BArch, B 136/29254, 122 – 14020 Mi 1, 20.8.1990, Besprechung Chef BK/CdS, Mappe Chef BK. – Az. 331 – 43000 – Schu 9/90. Abgezeichnet: „i.V. Bu[sse] 17." Mit Paraphe: „A[nnecke], 17.8. "

Betr.:   Regelung des Schwangerschaftsabbruchs nach Beitritt der DDR

I. Sachverhalt

1. Entsprechend der Haltung der Koalitionsparteien in der DDR wie auch den Äußerungen führender Koalitionsvertreter hier sollten nach dem Ergebnis der ersten Verhandlungsrunde über den Staatsvertrag die DDR-Regelung für das Gebiet der ehemaligen DDR befristet fortgelten. Die Frist ist bisher offengehalten worden. BMJ fordert auf Fachebene eine Frist bis Ende [19]95, BMI eine Frist bis Ende [19]92 (Stand: 17. August 1990).
   In der hiesigen Koalition bestand zunächst Einvernehmen darüber, daß sich durch den Beitritt an der Rechtslage für westdeutsche Frauen nichts ändern sollte, für westdeutsche Frauen also das bisherige bundesdeutsche Recht auch in der DDR gelten sollte (Wohnortprinzip). Pressemeldungen zufolge sind hiervon führende Vertreter der FDP, auch BM Engelhard, abgerückt.

2. Die DDR-Krankenkassen übernehmen anders als bundesdeutsche Krankenkassen die Kosten von Schwangerschaftsverhütungsmitteln. Ab 1. Januar 1991 tritt das bundesdeutsche Krankenversicherungsrecht auf dem Gebiet der DDR in Kraft. Zwischen BMJFFG und BMA sowie dem MdA[1] bestand ursprünglich Einvernehmen darüber, daß ab 1. Januar 1991 auf dem Gebiet der DDR die Krankenkassen die Kosten für Schwangerschaftsverhütungsmittel nicht mehr tragen. Das Frauenministerium der DDR will hiervon abweichen und hat das BMJFFG für seine Haltung gewonnen. BMJFFG fordert die unbefristete Weitergeltung der DDR-Regelung.

---

1 Gemeint: Ministerium für Arbeit und Soziales der DDR.

II. Problematik

1. Übergangsfrist:
Die Anpassung der DDR-Bevölkerung an das bundesdeutsche Strafrecht erfordert von ihr gravierende Verhaltensänderungen im intimen Bereich von Ehe, Partnerschaft und Familie. Für diese Verhaltensänderungen ist der Bevölkerung ausreichend Zeit einzuräumen. Zudem nicht unbeträchtlicher Zeitbedarf für Erarbeitung eines neuen einheitlichen Rechts des Schwangerschaftsabbruchs. Auf Fachebene hatten sich BMI und BMJ bereits auf Ende [19]94 geeinigt.

2. Wohnort-/Tatortprinzip:
Die praktische Bedeutung dieser Streitfrage ist relativ gering. Ein „Abtreibungstourismus" in die DDR ist nicht zu erwarten; denn Frauen, die die bundesdeutsche Regelung umgehen wollen, dürften statt dessen weiterhin ins westeuropäische Ausland fahren. Die Einführung des Wohnortprinzips rechtfertigt sich in erster Linie durch die Überlegung, die Zustimmung zum befristeten Nebeneinander der beiden Regelungen zu erleichtern.

3. Zum 1.1.1991 soll das gesamte Krankenversicherungsrecht auch für das Gebiet der ehemaligen DDR in Kraft treten. Auf Dauer scheint daher die Übernahme der Kosten empfängnisverhütender Mittel durch die GKV in der DDR nicht möglich.

Mit RL 311, 312 abgestimmt.

Hegerfeldt

Nr. 387
Besprechung des Chefs des Bundeskanzleramtes Seiters mit den Chefs der Staats- und Senatskanzleien der Länder
Bonn, 20. August 1990

BArch, B 136/29255, 121 – 14020 Mi 1, Besprechung Chef BK/CdS, Mappe Chef BK, 10.9.1990 (Entwurf, wortgleich mit Kopie der Endfassung: B 136/29253, 122 – 14020 Mi 1, Besprechung Chef BK/CdS, 20.8.1990). – Undatiertes Ergebnisprotokoll. – Vertreter: Min Clement (Vorsitzland Nordrhein-Westfalen), MDg Classen i.V. von St Menz (Baden-Württemberg), MD Rauscher (Bayern), St Schröder (Berlin), StR Fuchs (Bremen), StR Vahrenholt (Hamburg), St Gauland (Hessen), St Scheibe (Niedersachsen), MD Bastian i.V. von St Schreiner (Rheinland-Pfalz), St Kopp (Saarland), St Pelny (Schleswig-Holstein); Ressorts: BM Schäuble, MDg Duisberg, St Sudhoff, St Kroppenstedt, St Neusel, St Kinkel, St Klemm i.V. von St Köhler, St von Würzen, St Priesnitz, St Jagoda, St Carl, MD Sandhäger i.V. von St Knittel, St Stroetmann, St Ziller, MD Vogel; Bundeskanzleramt: Chef BK Seiters, AL 1, Al 3; Protokollführer: RiVG Köster (Teilnehmerliste; BArch, B 136/29254, 122 – 14020 Mi 1, Besprechung Chef BK/CdS, 20.8.1990, Mappe Chef BK). – Besprechungsbeginn: 11.00 Uhr.

Der Chef des Bundeskanzleramtes und die Chefs der Staats- und Senatskanzleien einigen sich auf folgende Tagesordnung:
1. Fragen zum Wahlvertrag
2. Organisation der Länderbildung in der DDR
3. Offene Fragen zum Einigungsvertrag
4. Verschiedenes
   a) Entsendung von Grundbuchbeamten in die DDR
   b) Termine.

TOP 1   Fragen zum Wahlvertrag

Bundesminister Schäuble teilt mit, die DDR bitte um Änderung von 11 der in dem Wahlvertrag[1] bezeichneten Wahlbezirke. Die Änderungsvorschläge seien sachgerecht. Dem Wunsch könne jedoch nur durch Abschluß eines neuen Vertrages entsprochen werden. Er strebe an, den Änderungsvertrag schon in das Ratifizierungsverfahren zum bisherigen Wahlvertrag einzuführen.

Der Chef der Staatskanzlei des vorsitzführenden Landes erklärt, er nehme den Änderungswunsch zur Kenntnis und werde ihn prüfen. Zum Wahlvertrag verweist er auf die Vorbehalte der Länder Berlin und Niedersachsen.

TOP 2   Organisation der Länderbildung in der DDR

Der Chef des Bundeskanzleramtes und Bundesminister Schäuble erörtern mit den Chefs der Staats- und Senatskanzleien unter Beteiligung von Staatssekretär Neusel (Bundesministerium des Innern) und Staatssekretär Klemm (Bundesministerium der Finanzen) die Notwendigkeit, nach Wirksamwerden des Beitritts der DDR die Verantwortung der Exekutive der Länder in der DDR bis zur Herstellung der Funktionsfähigkeit der Länder zu organisieren. Bundesminister Schäuble erläutert dazu die Überlegungen des Bundes und legt einen Formulierungsvorschlag für eine Ergänzung des Einigungsvertrages um Art. 13a und Art. 13b vor – Anlage 1[2] –.

Der Chef der Staatskanzlei des vorsitzführenden Landes erklärt die grundsätzliche Bereitschaft der Länder, mit dem Bund Verwaltungshilfe beim Aufbau der Länderverwaltungen zu leisten und zur Durchführung der Verwaltungshilfe eine Clearingstelle zwischen Bund und Ländern einzurichten. Im Detail stellen er sowie die Chefs der Hessischen Staatskanzlei, der Senatskanzleien des Landes Berlin und der Freien und Hansestadt Hamburg sowie der Ständige Vertreter der Chefs der Staatskanzlei des Landes Rheinland-Pfalz insbesondere die Verantwortung des Bundes in der Übergangszeit, eine Weisungsbefugnis des Bundes, die Dauer der Übergangszeit und Finanzierungsfragen zur Diskussion.

Bundesminister Schäuble begrüßt die grundsätzliche Zustimmung der Länder. Er kommt mit den Chefs der Staats- und Senatskanzleien überein, daß die die Übergangszeit betreffenden Regelungen des Staatsvertrages kurzfristig auf Arbeitsebene zwischen Bund, Nordrhein-Westfalen und Bayern auf der Grundlage des bundesseitigen Vorschlages und dem Ergebnis der Diskussion abgestimmt werden sollen.

Hinweis:

Die Abstimmung ist erfolgt – vgl. Anlage 2[3] –.

TOP 3   Offene Fragen zum Einigungsvertrag

Bundesminister Schäuble verweist auf den Entwurf des Einigungsvertrages (Stand: 18. August 1990), der den Ländern am 19. August 1990 zusammen mit dem Referentenentwurf der DDR für den Einigungsvertrag sowie den Beiträgen der DDR-Ministerien zur Anlage II des Vertrages übersandt worden sei. Noch offene Fragen sollten zunächst von den Verhandlungen mit der DDR ausgeklammert und in der Verhandlungsdelegation der Bundesrepublik abgeklärt werden. Dabei stünden für ihn die Themen

– Aufnahme der von der Mehrheit der Länder gewünschten Änderung des Artikels 51 Abs. 2 Grundgesetz in den Staatsvertrag
– Hauptstadt, Sitz von Parlament und Regierung
– Finanzverfassung

---

1 Nr. 377 Anm. 3.
2 Nr. 387A.
3 Nr. 387B.

- Weiterführung der DDR-Rundfunkanstalten
- Regelung über das Kirchensteuerwesen
- weitergeltendes Recht der Deutschen Demokratischen Republik

im Vordergrund. Die Chefs der Staatskanzleien des Landes Nordrhein-Westfalen und des Saarlandes, der Amtschef der Bayerischen Staatskanzlei sowie der Ständige Vertreter des Chefs der Staatskanzlei des Landes Rheinland-Pfalz nehmen zu den von Bundesminister Schäuble angesprochenen Punkten Stellung unter besonderer Berücksichtigung des Vorschlages, eine von den Ländern angestrebte Änderung des Artikels 51 Abs. 2 Grundgesetz in den Einigungsvertrag aufzunehmen.

Der Chef der Staatskanzlei des Landes Nordrhein-Westfalen führt sodann für die SPD-geführten Länder grundsätzlich aus, die politischen Ereignisse der letzten Wochen hätten auch für die Verhandlungen zum Einigungsvertrag eine völlig neue Lage geschaffen. Er erläutert die Erklärung der Regierungschefs der SPD-geführten Länder vom 19. August 1990 – Anlage 3⁴ –, mit der eine Änderung des Entwurfs des Einigungsstaatsvertrages in zentralen Punkten gefordert werde. Er weist darauf hin, die Entscheidung der SPD-geführten Länder über eine Zustimmung zu dem Vertrag sei abhängig davon, ob den in der Erklärung vom 19. August 1990 beschriebenen Forderungen durch Änderung des Entwurfs des Einigungsvertrages ausreichend Rechnung getragen werde.

Der Amtschef der Bayerischen Staatskanzlei betont für die unionsgeführten Länder, sie lehnten die von den Regierungschefs der SPD-geführten Länder erhobenen Forderungen weitgehend ab. Sie bedeuteten eine Aufkündigung des Konsenses, der ursprünglich weitgehend zwischen den Ländern bestanden habe. Der Inhalt des Einigungsvertrages sei an den für die Herstellung der Deutschen Einheit erforderlichen Regelungen zu orientieren.

Bundesminister Schäuble erklärt, den von den Regierungschefs der SPD-geführten Ländern erhobenen Forderungen sei zum Teil in dem Entwurf des Einigungsvertrages schon ausreichend Rechnung getragen, im übrigen gingen sie jedoch über das für die Herstellung der deutschen Einheit Erforderliche hinaus. Der Vertrag werde gefährdet, wenn nichtkonsensfähige Forderungen zusätzlich gestellt würden.

Der Chef des Bundeskanzleramtes und Bundesminister Schäuble erörtern eingehend mit den Chefs der Staats- und Senatskanzleien, insbesondere unter Beteiligung der Chefs der Staatskanzlei des Landes Nordrhein-Westfalen, der Hessischen Staatskanzlei, der Staatskanzlei des Saarlandes, des Amtschefs der Bayerischen Staatskanzlei und des Ständigen Vertreters des Chefs der Staatskanzlei des Landes Rheinland-Pfalz, die künftige Verhandlungsführung in den Gesprächen mit der DDR, die vorgelegten Änderungsforderungen der Regierungschefs der SPD-geführten Länder und die Konsequenzen im Falle des Scheiterns des Vertrages.

Bundesminister Schäuble erklärt, er halte es weiterhin für sachgerecht, den Beitritt der DDR zum Grundgesetz mit der DDR einvernehmlich durch einen Staatsvertrag zu regeln. Er erzielt Einvernehmen mit den Chefs der Staats- und Senatskanzleien, noch offene Fragen zum Staatsvertrag, insbesondere die Forderungen der SPD-geführten Länder, am 21. August 1990 in der Verhandlungsdelegation der Bundesrepublik zu erörtern und die betreffenden Themenbereiche bis dahin nicht in die Verhandlungen mit der DDR einzubringen.

TOP 4   Verschiedenes

a) Entsendung von Grundbuchbeamten in die DDR

Staatssekretär Kinkel (Bundesministerium der Justiz) verweist auf die völlige Überlastung der Liegenschafts- und Grundbuchämter in der DDR und seine Gespräche mit dem Justizminister des Landes Nordrhein-Westfalen sowie der Bayerischen Staatsministerin der

Justiz, in denen eine Lösung des Problems durch Personalhilfe erörtert worden sei. Er bittet die Chefs der Staats- und Senatskanzleien, durch Bereitschaft, kurzfristig Grundbuchbeamte in die DDR zu schicken, die investitionshemmenden Engpässe im Bereich der Liegenschafts- und Grundbuchämter beseitigen zu helfen.

b) Termine

Der Chef des Bundeskanzleramtes und der Chef der Staatskanzlei des vorsitzführenden Landes kommen überein, den nächsten Termin einer Besprechung des Chefs des Bundeskanzleramtes mit den Chefs der Staats- und Senatskanzleien[5] telefonisch abzustimmen.

Nr. 387A

Anlage 1

Formulierungsvorschlag des Bundes

für Artikel 13a und 13b Einigungsvertrag

Artikel 13a

Gemeinsame Einrichtungen der Länder

(1) Einrichtungen oder Teile von Einrichtungen, die bis zum Beitritt Aufgaben erfüllt haben, die nach der Ordnung des Grundgesetzes von den Ländern wahrzunehmen sind, werden bis zur endgültigen Regelung durch die in Art. 1 Abs. 1 genannten Länder als gemeinsame Einrichtungen der Länder weitergeführt. Dies gilt nur, soweit die übergangsweise Weiterführung für die Erfüllung der Aufgaben der Länder unerläßlich ist.

(2) Die gemeinsamen Einrichtungen der Länder unterstehen bis zur Wahl der Ministerpräsidenten der Länder den Landesbevollmächtigten. Danach unterstehen sie den Ministerpräsidenten. Diese können die Aufsicht dem zuständigen Landesminister übertragen.

Hinweis: Art. 13 Abs. 4 wird gestrichen.

Artikel 13 b

Übergangsregelungen für die Landesverwaltung

(1) Die Landessprecher in den in Artikel 1 Abs. 1 genannten Ländern und die Regierungsbevollmächtigten in den Bezirken nehmen ihre bisherigen Aufgaben bis zur Wahl der Ministerpräsidenten wahr. Die Landessprecher sind als Landesbevollmächtigte Leiter der Verwaltung ihres Landes.

Die Landesbevollmächtigten haben ein Weisungsrecht gegenüber den Bezirksverwaltungsbehörden sowie gegenüber den Gemeinden und Landkreisen bei übertragenen Aufgaben.

(2) Die anderen Länder und der Bund leisten Verwaltungshilfe beim Aufbau der Landesverwaltung.

(3) Für den Fall, daß die Länder im beigetretenen Teil Deutschlands (auch mit Hilfe anderer Länder) bestimmte ihnen obliegende Verwaltungsaufgaben nicht wahrnehmen können, führt sie der Bund auf Ersuchen und im Einvernehmen mit der zuständigen Landesregierung aus, und zwar längstens bis zum 30. Juni 1991. Bis zur Bestellung der jeweiligen Landesregierung tritt an deren Stelle der Landesbevollmächtigte.

(4) Soweit Stellen und Angehörige des Bundes Verwaltungshilfe bei der Durchführung von Fachaufgaben leisten, haben sie insoweit ein Weisungsrecht. Soweit der Bund Verwaltungshilfe bei der Durchführung von Fachaufgaben leistet, stellt er auch die zur Durchführung

---

5 Nr. 419.

der Fachaufgaben erforderlichen Haushaltmittel zur Verfügung. Die eingesetzten Haushaltmittel werden mit dem Anteil des jeweiligen Landes an den Leistungen des Fonds „Deutsche Einheit" oder an der Einfuhr-Umsatzsteuer verrechnet.

Nr. 387B
Anlage 2
Abgestimmte Fassung der Artikel 13a und 13b Einigungsvertrag

Artikel 13a
Gemeinsame Einrichtungen der Länder

(1) Einrichtungen oder Teile von Einrichtungen, die bis zum Beitritt Aufgaben erfüllt haben, die nach der Ordnung des Grundgesetzes von den Ländern wahrzunehmen sind, werden bis zur endgültigen Regelung durch die in Art. 1 Abs. 1 genannten Länder als gemeinsame Einrichtungen der Länder weitergeführt. Dies gilt nur, soweit die übergangsweise Weiterführung für die Erfüllung der Aufgaben der Länder unerläßlich ist.
(2) Die gemeinsamen Einrichtungen der Länder unterstehen bis zur Wahl der Ministerpräsidenten der Länder den Landesbevollmächtigten. Danach unterstehen sie den Ministerpräsidenten. Diese können die Aufsicht dem zuständigen Landesminister übertragen.

Hinweis: Art. 13 Abs. 4 wird gestrichen.

Artikel 13b
Übergangsregelungen für die Landesverwaltung

(1) Die Landessprecher in den in Artikel 1 Abs. 1 genannten Ländern und die Regierungsbevollmächtigten in den Bezirken nehmen ihre bisherigen Aufgaben bis zur Wahl der Ministerpräsidenten in der Verantwortung der Bundesregierung wahr und unterstehen deren Weisungen. Die Landessprecher sind als Landesbevollmächtigte Leiter der Verwaltung ihres Landes.
Die Landesbevollmächtigten haben ein Weisungsrecht gegenüber den Bezirksverwaltungsbehörden sowie gegenüber den Gemeinden und Landkreisen bei übertragenen Aufgaben.
(2) Die anderen Länder und der Bund leisten Verwaltungshilfe beim Aufbau der Landesverwaltung.
(3) Auf Ersuchen der Ministerpräsidenten der in Artikel 1 Abs. 1 genannten Länder leisten die anderen Länder und der Bund Verwaltungshilfe bei der Durchführung bestimmter Fachaufgaben, und zwar längstens bis zum 30. Juni 1991. Soweit Stellen und Angehörige der Länder und des Bundes Verwaltungshilfe bei der Durchführung von Fachaufgaben leisten, räumt der Ministerpräsident ihnen insoweit ein Weisungsrecht ein.
(4) Soweit der Bund Verwaltungshilfe bei der Durchführung von Fachaufgaben leistet, stellt er auch die zur Durchführung der Fachaufgaben erforderlichen Haushaltmittel zur Verfügung. Die eingesetzten Haushaltmittel werden mit dem Anteil des jeweiligen Landes an den Leistungen des Fonds „Deutsche Einheit" oder an der Einfuhr-Umsatzsteuer verrechnet.

Erklärung zu Artikel 13b:
Es besteht Einvernehmen, daß zur Durchführung der Verwaltungshilfe eine Clearingstelle zwischen dem Bund und den Ländern gebildet wird.

Nr. 387C
Anlage 3
Erklärung der Regierungschefs der SPD-geführten Länder vom 19. August 1990

Die politischen Ereignisse der letzten Wochen haben auch für die Verhandlungen zum Einigungsstaatsvertrag eine völlig neue Lage geschaffen:
- Ministerpräsident de Maizière hat die DDR-Koalition leichtfertig und willkürlich gebrochen.[6] Der Verhandlungspartner DDR hat damit keine handlungsfähige Regierung mehr; eine parlamentarische Mehrheit für den Einigungsstaatsvertrag ist offen.
- Unter den von der Bundesregierung zu verantwortenden Bedingungen verschärft sich die wirtschaftliche und soziale Lage für die Menschen in der DDR von Stunde zu Stunde. Es besteht dringender Handlungsbedarf zum Ausbau der Infrastruktur, zur Stabilisierung der Unternehmen und zur Sicherung der Beschäftigung.
- Die Bundesregierung verschleiert nach wie vor die Finanzsituation in der DDR und täuscht die Menschen in der Bundesrepublik über die Notwendigkeit von Steuererhöhungen. Die Weigerung, unverzüglich einen Kassensturz vorzunehmen, endlich realistische Finanzdaten vorzulegen und die Verschiebung des Bundeshaushalts 1991 hinter die Wahl vom 2. Dezember lassen ihre Forderungen an die Länder der Bundesrepublik Deutschland nicht nachvollziehbar und unglaubwürdig werden.

Die Regierungschefs der A-Länder stellen fest, daß der Entwurf zum Einigungsstaatsvertrag in folgenden zentralen Punkten geändert werden muß, um zur Gesundung der Wirtschaft der DDR beizutragen und den Menschen in der DDR zu helfen:
- Der Entwurf beseitigt nicht die mangelnde Rechtssicherheit für Investitionen. Die Regelungen der offenen Vermögensfragen, insbesondere des Eigentums an Grund und Boden, ist unzureichend. Entschädigung muß Vorrang haben vor Rückübereignung.
- Der Entwurf versäumt es, Länder und Gemeinden in der DDR finanziell handlungsfähig zu machen. So verhindert er den Aufbau einer wirtschaftsnahen Infrastruktur und verzichtet vor allem auf die Kommunen als Motor öffentlicher Investitionen mit wichtiger Anstoßfunktion für private Investitionen.

Die Länder weisen darauf hin, daß der Bund nach den Vereinbarungen zum 1. Staatsvertrag/Fonds „Deutsche Einheit" die politische und finanzielle Verantwortung dafür trägt, daß die Länder und Gemeinden auf dem Gebiet der heutigen DDR über eine angemessene Finanzausstattung verfügen.
- Der Entwurf verzichtet völlig auf eine klare Festlegung hinsichtlich des Vermögens der SED/PDS, der Blockparteien und der sogenannten Massenorganisationen, das für die wirtschaftliche Umstrukturierung in der DDR verwandt werden muß.
- Die vorgesehenen zentralstaatlichen Regelungen für Verwaltungs-, Finanz- und Treuhandvermögen werden von den Regierungen der A-Länder so nicht akzeptiert.
- Die Zukunft des öffentlichen Dienstes in der DDR mit fast 2 Mio. Menschen (ohne Bahn, Post, NVA) bleibt ungewiß oder soll den künftigen Ländern aufgelastet werden. Bereits jetzt findet in der DDR eine sachlich nicht gerechtfertigte Verschiebung von Personal in Verwaltungsbereichen statt, die später auf die Länder übergehen.
- Soziale Schutzfunktionen für die Menschen in der DDR sind im Entwurf an zahlreichen Stellen mangelhaft geblieben. Eine schlichte Übertragung des Kündigungsrechts für

---

6 Ministerpräsident de Maizière hatte mit Wirkung vom 16. August 1990 die Minister Pohl (Wirtschaft, CDU), Pollack (Ernährung, Land- und Forstwirtschaft, parteilos) und Romberg (Finanzen, SPD) entlassen und dies mit Fehlentscheidungen der betreffenden Ressorts und Differenzen über den Einigungsvertrag begründet. Außerdem wurde der Justizminister Wünsche von seinem Amt entbunden. Am 20. August legten die noch in der Regierung verbliebenen Minister der SPD, Hildebrandt (Arbeit und Soziales), Meckel (Auswärtige Angelegenheiten), Reider (Handel und Tourismus), Schnell (Post- und Fernmeldewesen) und Terpe (Forschung und Technologie), ihre Ämter nieder.

Wohnraum und der Voraussetzungen für Mieterhöhungen berücksichtigen nicht die angespannte Wohnraumversorgung und die Einkommenssituation in der DDR. Ungenügend sind weiter die Vorruhestandsregelung, die Krankenhausfinanzierung und die Vorkehrungen vor Anpassung der DDR-Landwirtschaft an die EG.

– Keine Bewegung zeigt die Bundesregierung in wichtigen Fragen, die die Einheitlichkeit der Rechtsverhältnisse im künftigen Deutschland betreffen. Beratung und Hilfe statt Strafe beim Schwangerschaftsabbruch, Wahlrecht zwischen Wehrdienst und Zivildienst bei grundsätzlich gleicher Dauer und Schaffung von Rechtsfrieden (Amnestie) nicht nur für Stasi-Angehörige, sondern auch für Friedensdemonstranten sind für die Regierungen der A-Länder unverzichtbare Forderungen.

– Das bloße Inaussichtstellen einer Diskussion über künftige Verfassungsänderungen erscheint absolut unzureichend. Erforderlich ist eine klare Vereinbarung über
  – Verfassungsänderungen zur Fortentwicklung des Föderalismus im Sinne des gemeinsamen Beschlusses der Ministerpräsidenten vom 5. Juli 1990[7],
  – die Aufnahme von Staatszielbestimmungen, insbesondere zum Umweltschutz und zur Konkretisierung des Sozialstaatsangebots.

Über die neue, auf dem Grundgesetz aufbauende Verfassung soll das Deutsche Volk entscheiden.

Nr. 388
Telefongespräch des Bundeskanzlers Kohl mit Präsident Delors
20. August 1990

BK, 211 – 35400 Eg 29 Bd. 4. – Vermerk, 20. August 1990. – Mit Vorlage des AL 2 i.V., MDg Hartmann, über Chef BK an den Bundeskanzler mit der Bitte um Genehmigung, 21. August 1990. Hs. vermerkt: „erl. K[ohl]". – Gesprächsbeginn: 16.45 Uhr (Angabe nach Gesprächsführungsvorschlag, Vorlage des MDg Hartmann an den Bundeskanzler, 20. August 1990).

Aus o.a. Telefongespräch ist folgendes festzuhalten:

Der Bundeskanzler dankt Präsident Delors für seinen Brief[1] und fügt hinzu, er wolle in den nächsten 2–3 Wochen mit Präsident Delors einen weiteren Kontakt herstellen, in dem er ihn u.a. über seine Vier-Augen-Gespräche mit Präsident Gorbatschow berichten wolle. Ferner wolle er mit ihm über die Lage in der ČSFR, in Polen und Ungarn sprechen, die seiner Einschätzung nach kritisch sei.

Präsident Delors erwidert, er habe kürzlich mit dem bulgarischen MP Lukanow gesprochen. Aus diesem Gespräch habe er den Eindruck, daß auch dort die Lage sehr kritisch sei.

Der Bundeskanzler fährt fort, er habe die Sorge, daß die Entwicklung im Nahen Osten die Aufmerksamkeit von den Reformstaaten ablenke. Dabei dürfe man nicht übersehen, daß das neue Verhältnis zur Sowjetunion einen großen Einfluß auf unsere gemeinsame Politik im Nahen Osten habe. Dies habe er auch Präsident Bush gesagt. Vor 10 Jahren hätte eine solche Entwicklung uns an den Rand eines Weltkriegs gebracht. Er habe den Eindruck, daß die USA die konstruktive Haltung von Gorbatschow würdigten.

---

7 Nr. 342A.

1 In dem Gesprächsführungsvorschlag regte Ministerialdirigent Hartmann an, Kommissionspräsident Delors zu dessen Schreiben (Nr. 376) mitzuteilen, man sei „durch seine Ausführungen insbesondere zur Eigenmittelobergrenze beruhigt". Zugleich könne dann die Bereitschaft ausgedrückt werden, den „strukturpolitischen Vorschlägen der KOM" zu folgen, „ohne allerdings selbst initiativ zu werden". Von Bundeskanzler Kohl dazu hs. vermerkt: „Ja" (Vorlage an Bundeskanzler Kohl, 20. August 1990; BK, 211 – 35400 Eg 29 Bd. 4).

<u>Präsident Delors</u> erklärt, er werde auf dem nächsten Europäischen Rat einen ausführlichen Bericht über seine Reise in die Sowjetunion[2] geben und bei dieser Gelegenheit auch die Lage in den anderen osteuropäischen Ländern behandeln.

<u>Der Bundeskanzler</u> erklärt sich einverstanden.

<u>Präsident Delors</u> fährt fort, er stehe dem Bundeskanzler gerne zu einem Gespräch in Bonn zur Verfügung.

<u>Der Bundeskanzler</u> erwidert, er übersehe im Augenblick nicht seinen Terminkalender, komme aber auf die Angelegenheit zurück.[3]

Auf eine entsprechende Frage von <u>Präsident Delors</u> zu 2+4 erklärt der <u>Bundeskanzler</u>, er gehe davon aus, daß die Sache gut laufe und daß man am 12./13. September in Moskau zu einem Abschluß komme.[4] Auf alle Fälle solle man dann noch die KSZE-Außenministerkonferenz in New York[5] abwarten, um dort das Ergebnis von 2+4, wie zugesagt, zu präsentieren. Er rechne mit einem Beitritt der DDR entweder am 6. oder 14. Oktober.

Auf eine weitere entsprechende Frage von <u>Präsident Delors</u> erklärt der <u>Bundeskanzler</u>, die wirtschaftliche Entwicklung in der DDR lasse sich gut an. Natürlich gebe es noch erhebliche Probleme, beispielsweise im Bereich der Landwirtschaft. Aber er habe keinen Grund, von seinem Optimismus abzugehen. Die Schwierigkeiten lägen nicht zuletzt in der Unfähigkeit mancher Akteure.

<u>Präsident Delors</u> erklärt, die Kommission sei jedenfalls auf alle Eventualitäten vorbereitet. Er werde morgen in der Kommissionssitzung das DDR-Paket behandeln. Die Kommission werde auch Vorsorge treffen, daß bei einem früheren Beitritt der DDR die erforderlichen Übergangsregelungen und Anpassungsmaßnahmen sofort in Kraft treten könnten.

In diesem Zusammenhang sei auch vorgesehen, daß die Handelsbeziehungen zwischen der DDR und der Sowjetunion entsprechend berücksichtigt würden. Dies sei gleichzeitig eine Hilfsmaßnahme zugunsten von Gorbatschow. Er gehe davon aus, daß das Paket ohne Schwierigkeiten von der Kommission akzeptiert werde. Ansonsten werde man das normale Verfahren bis Ende November durchführen. Für ihn sei wichtig, daß die DDR unverzüglich nach Beitritt in den Genuß sämtlicher Rechte komme.

<u>Der Bundeskanzler</u> begrüßt dies sehr nachdrücklich und greift sodann drei Einzelpunkte auf:
– Die Bitte, daß die Kommission die Beihilfekontrollen für das DDR-Gebiet großzügig ausübe: Hierzu erklärt <u>Präsident Delors</u>, es sei eine 12%ige Prämie für Investoren in der DDR vorgesehen, die später auf 8% gesenkt werde.
– Die Anwendung des Umsatzsteuerausgleichs für die Landwirtschaft in der DDR: Hierzu erklärt <u>Präsident Delors</u>, er werde dies vorschlagen, müsse allerdings mit Schwierigkeiten seitens der anderen Kommissionsmitglieder rechnen. <u>Der Bundeskanzler</u> fügt hinzu, Entgegenkommen in diesem Bereich werde auch der französischen Landwirtschaft helfen.
– Zur Flexibilitätsklausel schlägt <u>der Bundeskanzler</u> vor, daß eventuell notwendige Verlängerungen im erleichterten Kommissionsverfahren beschlossen werden. Dem stimmt <u>Präsident Delors</u> grundsätzlich zu.

Sodann spricht der <u>Bundeskanzler</u> den Vertrauensschutz für Osthandelsverträge der DDR an. <u>Präsident Delors</u> erklärt hierzu, dies stelle eigentlich nur im Verhältnis zur Sowjetunion ein größeres Problem dar. Da sei er zu einer Ausnahmeregelung bereit. Auf eine entsprechende Frage des <u>Bundeskanzlers</u> nach der Behandlung der anderen Staaten, erklärt <u>Präsident Delors</u>, die EG habe mit der ČSFR, mit Ungarn und Polen Einjahresverträge, in deren Rahmen der Handel der ostdeutschen Wirtschaft mit diesen Ländern berücksichtigt werden könne. Allerdings gebe es Schwierigkeiten bei den Preisen, insbesondere mit der ČSFR, aber dies sei eine Sache zwischen Deutschland und der ČSFR.

Der Bundeskanzler spricht als letzten Punkt die Haushaltsdiskussion in der EG an. Er wolle noch mal nachdrücklich betonen, daß die deutsche Einheit unter keinen Umständen in Zusammenhang mit einer Erhöhung der Mittel gebracht werden dürfe.

Präsident Delors erwidert, er werde morgen eine Pressekonferenz geben und dabei zwei Punkte deutlich machen:

– erstens, daß die deutsche Einheit vollzogen werde, ohne daß die Geldmittel der Gemeinschaft erhöht würden.

– zweitens, daß die vorgesehenen Mittel für Griechenland, Italien, Portugal etc. nicht geschmälert würden.

Der Bundeskanzler stimmt dem nachdrücklich zu und ergänzt, diese Erklärung sei für ihn – nicht zuletzt vor dem Hintergrund der Diskussion in einigen Mitgliedstaaten – sehr wichtig. Im übrigen wolle er Präsident Delors noch einmal versichern, daß er sich, sobald die schwierigen innerdeutschen Dinge erledigt seien, mit ganzer Kraft der Europapolitik widmen werde.

Präsident Delors begrüßt dies außerordentlich und erklärt noch einmal, er verstehe sehr gut das Anliegen des Bundeskanzlers, wonach die deutsche Einheit nicht mit der Erhöhung von Beiträgen verbunden werden dürfe.

Hartmann

Nr. 389
Vorlage des Ministerialdirektors Kabel an
den Chef des Bundeskanzleramtes Seiters
Bonn, 20. August 1990

BK, 132 – 35400 De 12 NA 7 Bd. 3. – Mit Paraphe: „Sp[eck] 20/8." Abgezeichnet: „S[eiters]".

Wie mir Herr Dr. Roll soeben telefonisch mitteilt, hat sich Herr Jahn (SPD) an Herrn Dr. Rüttgers gewandt (Herr Bohl war nicht erreichbar) und für den Ablauf des Plenums folgenden Vorschlag gemacht:

1. 2./3. Beratung Wahlrechtsvertrag[1] mit Kurzdebatte 30 Min. Dabei hat er zugesagt, daß die SPD die vorgesehenen Änderungen mitträgt.
2. Vereinbarte deutschlandpolitische Debatte 90 Min. Dabei wird die SPD einen Entschließungsantrag[2] einbringen (vermutlich mit dem gleichen Inhalt wie das heute vorgelegte Papier der A-Länder[3]).

Ob und inwieweit die Situation am Golf im Plenum zur Sprache kommen wird, ist dabei noch offengeblieben.

Anmerkung:

Zur vorgesehenen Änderung der Wahlkreiseinteilung in der DDR und damit des Wahlvertrages: Nach Auffassung der zuständigen Mitarbeiter in der Bundestagsverwaltung von

---

1 Nach zweiter und dritter Beratung wurde der Vertrag am 23. August 1990 vom Deutschen Bundestag mit der Mehrheit der Fraktionen von CDU/CSU, FDP und SPD angenommen (Verhandlungen des Deutschen Bundestages. Stenogr. Berichte. Bd. 154. Plenarprotokoll 11/221, 17439–17461).
2 Entschließungsantrag der Fraktion der SPD zur vereinbarten Aussprache zur Vorbereitung der deutschen Einheit (Deutscher Bundestag. Drucksache 11/7718. 23. August 1990).
3 Nr. 387C.

Herrn Dr. Roll bedarf es zu einer solchen Änderung keiner erneuten Einbringung einer neuen Wahlkreiseinteilung in 1. Beratung. Es ist nach deren Auffassung möglich, aber nicht unbedingt nötig, einen Änderungsantrag in der 2. Beratung im Plenum zu stellen; da der federführende Ausschuß („Deutsche Einheit") noch tagt, kann die Änderung auch schon im Ausschuß eingefügt und in die Beschlußempfehlung eingebaut werden.

Anlage: Schreiben der Präsidentin des Deutschen Bundestages[4]
          sowie der Präsidentin der Volkskammer[5]
          sowie Vorlage der Bundestagsverwaltung[6].

Kabel

Nr. 389A
Schreiben der amtierenden Bundestagspräsidentin Renger
an Bundesminister Schäuble

Sehr geehrter Herr Kollege Schäuble,

die Präsidentin der Volkskammer der Deutschen Demokratischen Republik hat mich von einem Schreiben unterrichtet, das sie am 17. August 1990 an den Parlamentarischen Staatssekretär beim Ministerpräsidenten der DDR, Herrn Dr. Günther Krause, gerichtet hat. Darin sind verschiedene Änderungsvorschläge zur Wahlkreiseinteilung im Gebiet der DDR zusammengefaßt, die zwischen den Regierungsbevollmächtigten, den Landräten und dem Statistischen Amt der DDR abgestimmt seien und keinen parteipolitischen Charakter hätten. Herr Dr. Krause wird in dem Schreiben gebeten, diese Änderungsvorschläge am Montag, dem 20. August 1990, mit Ihnen zu beraten[7].

Mir liegt daran, Ihnen mitzuteilen, daß aus der Sicht des parlamentarischen Beratungsstandes im Bundestag keine Gründe dagegen sprechen, Änderungen der Wahlkreiseinteilung, über die zwischen den Vertragspartnern Einvernehmen erzielt wird, gegebenenfalls noch – durch entsprechende Textänderung in der Anlage – zu berücksichtigen. Es bedarf keiner neuen Einbringung solcher Änderungen und auch keiner erneuten Ausschußberatung. Das Verbot bei Vertragsgesetzen (§ 82 Abs. 2 Geschäftsordnung des Bundestages[8]) bezieht sich auf einseitige Änderungen eines Vertragsgesetzes im Parlament. Bei dem mir bekannten gegenwärtigen Sachverhalt würde es sich dagegen um eine einvernehmliche Korrektur in der Anlage handeln, die dem Bundestag zur Zweiten Lesung noch vorgelegt werden kann.

Mit freundlichen Grüßen

Amtierende Präsidentin

---

4 Nr. 389A.
5 Nr. 389B.
6 Nr. 389C.
7 Bundesminister Schäuble und der Parlamentarische Staatssekretär Krause unterzeichneten am 20. August 1990 in Bonn den Vertrag zur Änderung des Vertrages zur Vorbereitung und Durchführung der ersten gesamtdeutschen Wahl des Deutschen Bundestages zwischen der Bundesrepublik Deutschland und der Deutschen Demokratischen Republik (BGBl. 1990 II, 831f.), durch den elf der im Anhang zum Wahlvertrag (Nr. 377 Anm. 3) aufgeführten Wahlkreise neu eingeteilt wurden.
8 Nach § 82 Abs. 2 Geschäftsordnung des Deutschen Bundestages (in der Neufassung der Bekanntmachung vom 2. Juli 1980 in: BGBl. 1980 I, 1237–1263, hier 1248) sind Änderungsanträge zu „Verträgen mit auswärtigen Staaten und ähnlichen Verträgen, welche die politischen Beziehungen des Bundes regeln oder sich auf Gegenstände der Bundesgesetzgebung beziehen (Artikel 59 Abs. 2 des Grundgesetzes)", nicht zulässig.

Nr. 389B
Schreiben der Volkskammerpräsidentin Bergmann-Pohl
an den Parlamentarischen Staatssekretär Krause

Ausfertigung: Berlin, 17. August 1990.

Sehr geehrter Herr Krause!

In der Anlage befinden sich die Änderungsvorschläge bezüglich der neuen Wahlkreiseinteilung, die durch die Parteien beantragt wurden und mit den Regierungsbevollmächtigten in Abstimmung mit den Landräten an das Statistische Amt der DDR übermittelt wurden. Diese Änderungswünsche wurden über das Statistische Amt der DDR bearbeitet und in dem vorliegenden Entwurf festgelegt.

Zur Begründung der Änderungsanträge:

Unter Berücksichtigung des Willens der Bevölkerung und historisch gewachsener Strukturen in den Ländern wurden diese Änderungswünsche verantwortungsbewußt über die Parteien eingebracht. Die Regierungsbevollmächtigten haben diese Änderungswünsche geprüft, mit den Landräten abgestimmt und ihnen zugestimmt. Diese Änderungswünsche haben damit keinerlei parteipolitischen Charakter.

Wie einvernehmlich im Präsidium am 14. 8. 1990 festgelegt wurde, halten wir auf Grund der Änderungsvorschläge eine Neuverhandlung des gesamten Wahlvertrages für nicht erforderlich. Aus unserer Sicht handelt es sich hier lediglich um Korrekturen des Anhangs des Wahlvertrages, die nur das Territorium der DDR betreffen. Die in § ⟨3⟩[9] Abs. 1 des Bundeswahlgesetzes[10] enthaltenen Kriterien werden voll eingehalten. Insbesondere werden Ländergrenzen von diesen Änderungsanträgen nicht berührt.

Wir möchten Sie bitten, diese Änderungsvorschläge am Montag, den 20. 8. 1990, mit dem Bundesminister, Herrn Dr. Schäuble, zu beraten und mir bis spätestens Montag abend das Ergebnis dieser Beratung mitzuteilen, da ich am Dienstag morgen mit den Parlamentarischen Geschäftsführern über die Einbringung des Gesetzentwurfes entscheiden muß.

Mit freundlichen Grüßen
Bergmann-Pohl

---

9   ⟨ ⟩ Zahl in der Textvorlage unleserlich, von den Bearbeitern ergänzt.
10   Nr. 254 Anm. 1.

Nr. 389C
Vorlage an die amtierende Bundestagspräsidentin Renger

Vorlage a.d.D.

<u>Betr.:</u> Beratung des Wahlrechtsvertrages mit der DDR im Deutschen Bundestag
<u>Bezug:</u> Schreiben der Präsidentin der Volkskammer der DDR vom 17. August 1990 an Parlamentarischen Staatssekretär Dr. Krause, Ministerrat der DDR

Die Präsidentin der Volkskammer der DDR hat das Bezugsschreiben übermittelt. Daraus geht hervor, daß in der Anlage zum Wahlrechtsvertrag noch Änderungen bezüglich der Wahlkreiseinteilung vorgenommen werden sollen.

Das mit der Bitte um Unterzeichnung vorgelegt Schreiben an den Bundesminister des Innern Dr. Schäuble, MdB, enthält Ausführungen zur parlamentarischen Behandlung dieser Änderungen im Deutschen Bundestag.

In Vertretung
Ru 20/8.
(Ruthe)

Nr. 390
Telefongespräch des Bundeskanzlers Kohl mit Präsident Bush
22. August 1990

BK, 21 – 30100 (56) Ge 28 (VS) Bd. 81, Bl. 232–236. – Vermerk des MDg Hartmann, 22. August 1990. Entwurf. – Mit Vorlage des MDg Hartmann über Chef BK an den Bundeskanzler, 23. August 1990: „Anliegend lege ich Vermerk über o.a. Gespräch zur Billigung vor. Ich gehe davon aus, daß dieser Vermerk nicht weitergeleitet werden soll. Weisungsgemäß habe ich allerdings Herrn BM Genscher von Ihrer Bitte unterrichtet, daß er in seiner heutigen Intervention im Bundestag in dem von Präsident Bush gewünschten Sinne argumentiert." Hs. vermerkt: „an Chef BK 24.8.90".

Der <u>Bundeskanzler</u> erklärt eingangs, er wolle gerne hören, wie der Präsident die Entwicklung im Golf einschätze. Gestern habe ein Treffen der Außenminister im Rahmen der WEU und dann auch im Rahmen der EPZ stattgefunden. Er habe AM Genscher gebeten, auf beiden Sitzungen deutlich zu machen, daß unsere amerikanischen Freunde in dieser Lage unsere volle Unterstützung und Solidarität hätten.[1] Die Ergebnisse hätten diesem Anliegen voll entsprochen.

Darüber hinaus habe er persönlich Gespräche über eine Änderung des Grundgesetzes in Gang gesetzt. Bekanntlich lasse das Grundgesetz kein militärisches Engagement der Bundeswehr außerhalb des Bündnisgebietes zu. Die Gespräche, die wegen der erforderlichen 2/3-Mehrheit auch mit der sozialdemokratischen Opposition geführt werden müßten, seien schwierig, und eine Änderung der Verfassung sei auch nicht sehr schnell durchzusetzen. Er hoffe aber, in dieser Frage nach der Vereinigung im Oktober weiterzukommen. Ziel sei eine Änderung in dem Sinne, daß die Bundeswehr künftig im Rahmen entsprechender Beschlüsse des UN-Sicherheitsrates tätig werden könne.

Wichtig sei in diesem Zusammenhang auch, daß in der öffentlichen Diskussion immer wieder deutlich gemacht werde, daß Solidarität keine Einbahnstraße sein dürfe.

---

1 Bericht der Bundesregierung über die Tagung der WEU und EPZ-Sitzung zur Lage am Golf, abgegeben von Bundesminister Genscher am 23. August 1990 vor dem Deutschen Bundestag, in: Verhandlungen des Deutschen Bundestages. Stenogr. Berichte. Bd. 154. Plenarprotokoll 11/221, 17468–17470.

Präsident Bush erwidert, er höre die Ausführungen des Bundeskanzlers mit Befriedigung. Er verstehe unsere Position in der Verfassungsfrage und respektiere sie selbstverständlich. Er habe sowohl die Diskussion innerhalb der WEU als auch die interne Diskussion in der Bundesrepublik Deutschland genau verfolgt. Er sei dankbar für die Solidarität, die wir im Rahmen unserer Möglichkeiten zeigten. Die WEU-Erklärung[2] sei in jedem Fall sehr nützlich gewesen. Er wolle aber noch einmal wiederholen, daß die amerikanische Seite die besondere Zwangslage verstehe, in der die Bundesrepublik Deutschland hinsichtlich eines militärischen Engagements „out of area" stehe. Der Bundeskanzler solle sich bitte hierüber keine Sorgen machen. Er sei dem Bundeskanzler jedenfalls sehr dankbar, daß er jetzt den Versuch unternehme, entsprechende Änderungen herbeizuführen.

Auch die Entsendung von Minensuchbooten ins östliche Mittelmeer, die dort die Präsenz inzwischen im Golf eingesetzter alliierter Schiffe kompensierten, sei sehr nützlich. Ferner sei er dem Bundeskanzler sehr dankbar für die erteilten Überfluggenehmigungen sowie mögliche Überlegungen für eine Luftbrücke.

Er wolle ausdrücklich erwähnen, daß die Türkei in der für sie schwierigen Situation sehr verständig reagiert habe. Dies gelte insbesondere für Präsident Özal. Eine mögliche Unterstützung der Türkei in dieser Lage wäre daher sehr willkommen.

Das gleiche gelte für Ägypten, wo sich Präsident Mubarak stark exponiert habe. Sehr schwierig sei die Lage in Jordanien, das sich buchstäblich in der Klemme befinde. König Hussein habe ihm zwar zugesagt, daß er die Sanktionen unterstütze, aber das letzte Wort hierüber sei offenbar noch nicht gesprochen. Wenn er allerdings seine Zusage einhalte, solle man auch überlegen, ob man Jordanien finanzielle Unterstützung gewähren könne.

Zur Lage im Golf erklärte Präsident Bush, die USA seien entschlossen, die Seeblockade durchzusetzen. Zur Zeit seien drei Schiffe auf dem Weg in den Jemen unterwegs, und die USA würden – mit oder ohne einen entsprechenden Beschluß der UNO – ihnen die Durchfahrt nicht erlauben, zumal sich schon eindeutig herausgestellt habe, daß eines der Schiffe Öl transportiere.

Im übrigen führen die Vereinigten Staaten fort, ihre Truppenpräsenz in Saudi-Arabien – zusammen mit anderen – zu verstärken. In der derzeitigen Lage wäre es daher außerordentlich abenteuerlich, wenn Saddam Hussein versuchen sollte, Saudi-Arabien anzugreifen.

Der Bundeskanzler wirft ein, er glaube nicht, daß er dies tue.

Präsident Bush fährt fort, er mache sich mehr und mehr Sorge über die Verletzung der Rechte der Bürger verschiedener Länder durch den Irak.

Der Bundeskanzler wirft ein, auch für uns stelle dies eine große Sorge dar.

Präsident Bush fährt fort, in dieser Frage dürfe es keinen Kompromiß geben. Der Irak spreche zwar von „Gästen", aber in Wirklichkeit handele es sich um Geiseln. Der Versuch des Irak, Menschen als eine Art Schutzschild einzusetzen, sei inakzeptabel.

Saddam Hussein versuche darüber hinaus, der Welt weiszumachen, daß es sich jetzt um einen Konflikt zwischen den USA und dem Rest der Welt handele. Für die Amerikaner sei es daher wichtig, daß man immer wieder klarstelle, daß es um eine Auseinandersetzung zwischen Saddam Hussein und dem Rest der zivilisierten Welt – handele es sich nun um arabische oder nichtarabische Länder – gehe.

Der Bundeskanzler erklärt, er stimme dem Präsidenten nachdrücklich zu, und wir würden unsere Meinung hierüber auch immer wieder deutlich zum Ausdruck bringen. Wenn der Präsident glaube, daß er, der Bundeskanzler, in irgendeiner Weise hilfreich sein könne, sei er hierzu selbstverständlich bereit. Wir stünden vor einer unvergleichlichen Herausforderung.

---

2 Kommuniqué der Tagung der Außen- und Verteidigungsminister der Westeuropäischen Union in Paris, 21. August 1990, in: Bulletin. Nr. 102. 25. August 1990, 859.

Wenn Saddam Hussein Erfolg habe, hätte dies schreckliche Konsequenzen für den Rest der Welt, da dann auch andere seinem Beispiel folgen würden.

Präsident Bush stimmt dem nachdrücklich zu und wiederholt, es sei sehr wichtig, wenn dies auch immer wieder öffentlich zum Ausdruck gebracht werde.

Der Bundeskanzler erklärt, morgen finde über dieses Thema eine Debatte im Bundestag statt[3] und er werde dafür sorgen, daß diesem Wunsch des Präsidenten Rechnung getragen werde.

Präsident Bush erklärt, die amerikanische Seite werde nichts Unbedachtes tun, aber eine Hinnahme des Status quo sei nicht akzeptabel.

Der Bundeskanzler greift sodann die Frage der Tiefflüge auf, die er bereits mit General Scowcroft in Washington erörtert habe. Diese Frage bereite ihm große Schwierigkeiten im bevorstehenden Wahlkampf, zumal die Linke sie hochspiele. BM Stoltenberg habe bereits mit Verteidigungsminister Cheney hierüber Gespräche geführt, aber beide seien noch nicht zu einem befriedigenden Ergebnis gekommen. Es gehe im Grunde genommen nur um den Unterschied zwischen 200 m (600 Fuß) und 300 m (900 Fuß). Sein Ziel sei eine Lösung bei 300 m (900 Fuß). Es handele sich wirklich um eine zentrale innenpolitische Frage, und seine Bitte an den Präsidenten sei daher, seine Mitarbeiter anzuweisen, bald zu einer einvernehmlichen Lösung zu kommen.

Präsident Bush erwidert, er werde in 3 Stunden mit Verteidigungsminister Cheney und General Powell zusammentreffen. Er sei über die Kontakte zwischen BM Stoltenberg und Cheney unterrichtet und sich der Schwierigkeit des Bundeskanzlers bewußt.

Der Bundeskanzler wirft ein, die Frage sei in der Tat für ihn eines der wichtigsten innenpolitischen Probleme.

Präsident Bush erklärt abschließend, wenn dies in der Tat so wesentlich für den Bundeskanzler sei, werde er Cheney sagen, er solle hierauf positiv (responsive) reagieren.

H 23/8
(Dr. Hartmann)

Nr. 391
Schreiben des Bundeskanzlers Kohl an Premierministerin Thatcher
Bonn, 22. August 1990

BK, 212 – 37935 Tr 2 NA 1. – Tag der Ausfertigung hs. ergänzt.

Sehr geehrte Frau Premierminister, liebe Margaret,

ich danke Ihnen für Ihre beiden Schreiben vom 25. Juli d.J.,[1] in denen Sie mir die Überlegungen Ihrer Regierung zur zukünftigen Streitkräfteplanung sowie die grundsätzliche Bereitschaft mitteilen, britische Truppen entsprechend meiner Bitte so lange in Berlin zu belassen, bis die sowjetischen Truppen auf dem heutigen Gebiet der DDR vollständig abgezogen sind. Mit der Londoner NATO-Gipfelerklärung[2] haben wir nicht nur eine erfolgreiche Bündnispolitik bestätigt, sondern auch zukunftsweisende Richtlinien für weitere und konkrete Fortschritte beim Aufbau eines europäischen Sicherheitsrahmens und einer europäischen Frie-

---

3 Zur Debatte über den Bericht der Bundesregierung (Anm. 1): Verhandlungen des Deutschen Bundestages. Stenogr. Berichte. Bd. 154. Plenarprotokoll 11/221, 17470–17479.

1 Nr. 368 und Nr. 370.
2 Nr. 344A Anm. 8.

densordnung entwickelt. Wie auch Sie gehen wir davon aus, daß die neue Lage in Europa für die Allianz im allgemeinen und den Mitgliedstaaten im besonderen Entlastungen im militärischen Bereich ermöglichen wird.

Die Bundesregierung hat großes Verständnis für die Schlußfolgerungen, die die britische Regierung aus der neuen, veränderten Lage in Europa hinsichtlich der zukünftigen britischen Streitkräftestruktur gezogen hat. Auch wir halten es für wichtig, nationale Planungen zur Streitkräftestruktur im Geist der Kooperation vorzunehmen und im Wege eines zeitgerechten Informationsaustausches im Bündnis zu erörtern. Dies gilt auch für uns in bezug auf die Ausgestaltung und die Einzelheiten der Reduzierung der zukünftigen gesamtdeutschen Streitkräfte auf 370 000 Mann in den kommenden 3–4 Jahren.

Über die von Ihnen beabsichtigte Restrukturierung der Rheinarmee sollte auch im WEU-Rahmen auf der Basis des Protokolls II, Artikel 6 in der Anlage zum Brüsseler Vertrag[3] konsultiert werden.

Ich begrüße die britischen Maßnahmen zur Anpassung der Streitkräfteplanung an die sich abzeichnenden Realitäten in Europa. Wir sind zuversichtlich, daß kleinere, flexiblere und mobilere Streitkräfte-Einheiten, wie sie auch in der Londoner Erklärung angestrebt werden, den künftigen Verhältnissen in Europa gerecht werden und dem Sicherheitsbedürfnis der NATO-Partner entsprechen.

Die positive Entwicklung in Deutschland und in Europa – Ergebnis und Symbol des historischen politischen Wandels – wird es in Zusammenhang mit einem KSE-Abkommen erlauben, die Präsenz der Alliierten hier mittelfristig quantitativ zu verändern. Dabei ist besonders bedeutsam, daß der Zusammenhalt unseres Bündnisses und seine der veränderten Lage angepaßten operativen Fähigkeiten sichtbar bestehenbleiben. Im Zusammenhang mit dem teilweisen Truppenabzug werden auf die Bundesrepublik Deutschland auch umfangreiche finanzielle und soziale Verpflichtungen zukommen, auf die fast hunderttausend Zivilbedienstete Anspruch haben, die den alliierten Truppen hier z.T. über Jahrzehnte zugearbeitet haben. Wir sind sicher, daß wir bei unseren Partnern und damit auch bei Ihnen hier Verständnis finden und gemeinsam eine für alle Beteiligten zufriedenstellende Lösung erarbeiten können.

Ich schätze die positive Antwort Großbritanniens auf mein Ersuchen sehr, für die Dauer der Anwesenheit sowjetischer Truppen in Deutschland einen Beitrag zur Präsenz alliierter Streitkräfte in Berlin leisten zu wollen. Die britischen Truppen sind uns als Freunde willkommen und genießen gerade bei den Berlinern großes Ansehen.

Die alliierten Streitkräfte in Berlin werden vom Tage der Vereinigung Deutschlands an keinen besatzungsrechtlichen Status mehr haben. Unser aller Ziel ist es, in den 2+4-Gesprächen die Ablösung der Vier-Mächte-Rechte und -Verantwortlichkeiten zu erreichen, so daß das vereinte Deutschland volle Souveränität erlangt. Angesichts der bis zum endgültigen Abzug noch verbleibenden sowjetischen Verbände auf dem Gebiet der heutigen DDR wird der Grund für die Präsenz der alliierten Streitkräfte in Berlin somit darin liegen, aus politischen Erwägungen ein sichtbares Zeichen westlicher Partnerschaft zu demonstrieren.

Ich befürworte Ihren Vorschlag, Rolle und Ausgestaltung der militärischen Präsenz in Berlin zunächst auf Beamtenebene der Außenministerien zu erörtern. Erste Kontakte sind bereits aufgenommen.

Mit freundlichen Grüßen
K

---

3 Protokoll Nr. II über die Streitkräfte der Westeuropäischen Union, unterzeichnet am 23. Oktober 1954 in Paris, in: BGBl. 1955 II, 262–265, hier 264.

Nr. 392
Schreiben des Bundeskanzlers Kohl an Ministerpräsident Ryschkow
Bonn, 22. August 1990

BK, 213 – 30130 S 25 Üb 5 Bd. 1. – Tag der Ausfertigung hs. ergänzt.

Sehr geehrter Herr Ministerpräsident,

haben Sie herzlichen Dank für Ihr Schreiben vom 18. Juli 1990,[1] in dem Sie Ihre Vorstellungen zum Überleitungsabkommen über die finanziellen Auswirkungen der Einführung der D-Mark im Aufenthaltsgebiet der Westgruppe der sowjetischen Streitkräfte übermitteln. Ihre Vorschläge und Anregungen werden z.Zt. von den zuständigen Bundesressorts geprüft. Wir werden uns erlauben, hierauf in den Gesprächen selbst zurückzukommen.
Entsprechend der Absprache in Archys[2] habe ich Herrn Bundesfinanzminister Dr. Theo Waigel mit der Gesprächsführung zum Überleitungsabkommen auf deutscher Seite beauftragt. Ich freue mich, daß die Gespräche zwischen ihm und Ihrem Beauftragten, dem stellvertretenden Ministerpräsidenten S.A. Sitarjan, schon in Kürze aufgenommen werden.[3]
Entsprechend der Absprache in Archys und aus Gründen der Zweckmäßigkeit sollten die Gespräche zwischen der Bundesrepublik Deutschland und der Sowjetunion geführt werden. Die Bundesregierung wird intern die Regierung der DDR beteiligen.

Mit freundlichen Grüßen
K

Nr. 393
Vorlage des Ministerialdirigenten Busse und des Ministerialdirigenten Stern
an den Chef des Bundeskanzleramtes Seiters
Bonn, 22. August 1990

BK, 132 – 35400 De 12 NA 5 Bd. 22. – Vorlage über AL 3. Abgezeichnet: „W[agner]".

Betr.:   3. Verhandlungsrunde zum Einigungsvertrag

Zu Ihrer Information:
Zur Vorbereitung der heutigen Sitzung des BT-Ausschusses legen wir Ihnen die aktuelle Fassung des Entwurfs des Einigungsvertrages vor (Stand 21.8. abends).[1] Der Text ist in mehreren Plenarsitzungen mit der DDR beraten und bis auf eine Reihe politisch bedeutsamer Punkte in vielen Teilen konsentiert.
Offen sind insbesondere die Punkte, die noch im Bund-Länder-Verhältnis innerhalb der Delegation der Bundesrepublik intern weiterverhandelt werden müssen.
Dies wird heute abend ab 19.00 Uhr (open end) geschehen. Es handelt sich im wesentlichen um folgende Punkte:

1   Nr. 360.
2   Nr. 353.
3   Nr. 399.

1   Vertrag zwischen der Deutschen Demokratischen Republik und der Bundesrepublik Deutschland über die Herstellung der Einheit Deutschlands – Einigungsvertrag, Entwurf, Stand: 21. August 1990, 59 S. mit Zusatzseiten; BK, 132 – 35400 De 12 NA 5 Bd. 22.

1. Umsatzsteuer
   BM Schäuble hat gestern abend den Ländern äußerstenfalls folgendes angeboten und um Sprechbereitschaft für heute abend gebeten: Länderanteil für die DDR-Länder wird für die Jahre 1991–1994 auf die Prozentsätze 55, 60, 65, 70% gesenkt; als Ausgleich hierfür sollen die DDR-Länder – statt bisher 80% – nunmehr 85% aus dem Fonds „Deutsche Einheit" erhalten. Hierzu Zustimmung Bayern, Hessen, Rheinland-Pfalz, Baden-Württemberg (zeitlicher Vorbehalt). NRW und Saarland haben erklärt, sich nicht unterhalb [der] Ebene [der] Regierungschefs äußern zu können; Bundesregierung müsse in diesem Chefgespräch bekräftigen, daß Länder außer ihrem Beitrag zum Fonds „Deutsche Einheit" keine Kosten der Teilung zu tragen hätten.

2. Weitergehende Wünsche der A-Länder (teilweise abweichend vom bisher erreichten Konsens) zu:
   - offene Vermögensfragen (Art. 4, Art. 32 des Vertrages): auch für Enteignungen ab 1949 Entschädigung und nicht Naturalrestitution,
   - Bund/Länder-Verteilung bei Verwaltungs-, Finanzvermögen und Treuhand (Art. 17, 18, 20),
   - öffentlicher Dienst (insbesondere Art. 16),
   - weitere GG-Änderungen (Staatsziel Umwelt, soziale Sicherheit; Schaffung Verfassungsrat, Volksabstimmung),
   - Parteivermögen.

3. Amnestie
   Bund wird gemäß Koalitionsgespräch Einstellung einer Amnestieregelung in den Einigungsvertrag fordern. A-Länder machen dies bisher noch abhängig von zusätzlicher Amnestie für Blockierer und Novellierung § 240 StGB (Nötigung).

4. § 218 StGB
   BM Schäuble hat gestern abend Koalitionsergebnis vorgetragen. A-Länder haben dies als „schwierigste Hürde" bezeichnet, die „fast nicht zu überwinden" sei.

5. Stimmrechtsverteilung BR (Art. 51)
   Ländermehrheit im BR fordert Änderung Stimmrechtsverteilung noch vor Herstellung der Einheit. DDR (Krause) hat in der Sache – trotz beträchtlicher Vorbehalte – Gesprächsbereitschaft signalisiert, falls dies nicht separat, sondern im Einigungsvertrag geschieht und falls befriedigende Regelung zur Finanzfrage gefunden wird.

Zum Verfahrensstand:
Heute laufen Expertengespräche. Die Plenarverhandlungen werden morgen ab 9.30 Uhr fortgesetzt. Dabei sollen u. a. Formulierungsvorschläge aufgrund des gestrigen Koalitionsgespräches eingebracht und wesentliche Fragen zu den Anlagen des Vertrages (dazu bisher noch keine Plenarberatungen) verhandelt werden.

Bewertung
Mehrheitsfähigkeit des Einigungsvertrages wird wesentlich davon abhängen, ob die sehr schwierigen Bund-Länder-Gespräche zu den genannten Punkten zum Erfolg geführt werden können.
Wir werden Sie über deren Verlauf unterrichten.

(Stern)   (Dr. Busse)

Nr. 394
Vorlage des Ministerialdirigenten Busse und des Ministerialdirigenten Stern an den Chef des Bundeskanzleramtes Seiters
Bonn, 23. August 1990

BK, 132 – 35400 De 12 NA 5 Bd. 22. – Vorlage über AL 3 zur Unterrichtung. Abgezeichnet: „W[agner]".

Betr.: Einigungsvertrag
hier: Internes Gespräch mit den Vertretern der Bundesländer

Das Gespräch dauerte fünf Stunden und war von dem Ziel geprägt, Einigung zu erreichen. Alle offenen Fragen wurden angesprochen, eine Annäherung wurde erreicht. Heute, am 23. August 1990, werden die Ministerpräsidenten über das Ergebnis beraten. Ein Gespräch des Bundeskanzlers mit den Ministerpräsidenten – ggf. mit einem Vorgespräch der Finanzminister – wird erforderlich sein.[1] Minister Clement schlug für das Finanzministergespräch Montag, den 27. August 1990, und für das Chefgespräch Dienstag, den 28. August 1990, vor. Die beabsichtigten Gespräche sollten nach Abschluß der Verhandlungen (BM Dr. Schäuble strebt hierfür Freitag, den 24., spätestens Montag, den 27. August 1990, an) und vor der Behandlung des Einigungsvertrages im Kabinett (29. August 1990) stattfinden.

Einzelpunkte:

1. **Vermögensfragen**
   A-Länder schlagen vor, für Zeit nach 1949 auch von dem Grundsatz der Entschädigung und nicht der Naturalrestitution auszugehen. Einvernehmen in der Zielsetzung: Hindernisse für Investitionen wegen ungeklärter Eigentumsfragen beseitigen. Bund schlug vor, Absichtserklärung in Artikel 32 aufzunehmen, in der DDR ein Gesetz zu schaffen, durch das Gemeinden ermächtigt werden, bei anstehenden Investitionen Grundstücke auch bei ungeklärter Eigentumsfrage zu veräußern; zusätzlich verfassungsrechtliche Absicherung auf unbegrenzte Zeit.
   Minister Clement sagte Prüfung zu.

2. **Vermögensaufteilung (Artikel 17 bis 20)**
   BM Dr. Schäuble hat zugesagt, daß Zinsleistungen für Schulden der DDR von Bund und Treuhand je zur Hälfte übernommen werden (bisher je ein Drittel Bund, Treuhand, DDR-Länder). Das Stasi-Vermögen soll der Treuhand zugewiesen werden. Die Länder sind aufgrund dieser Zusagen bereit, die Konzeption der Vermögensaufteilung nach Artikel 17 bis 20 hinzunehmen. BM Dr. Schäuble hat auf Wunsch der Länder Gespräch auch der Länder mit Treuhand zugesagt.

3. **Öffentlicher Dienst**
   Gemeinsames Ziel von Bund und Ländern: baldiger Abbau des Personalüberhangs in der DDR. Sorge der Länder, daß ihnen hierbei kurz nach Schaffung der Länder in der DDR zuviel Verantwortung zuwachse und höhere Personalkosten auf diese zukämen. A-Länder schlugen vor, hierfür eine zentrale Personalabwicklungsinstitution zu schaffen. Bund betonte demgegenüber, daß Verantwortung für Personalabbau nach föderalistischen Gesichtspunkten zwischen Bund und Ländern aufgeteilt sein müsse. Gemeinsame Einschätzung von Bund und Ländern, daß noch eine nähere Übersicht über Kosten und Personal gewonnen werden müsse; dazu soll heute eine Bund-Länder-Arbeitsgruppe auf hoher Ebene zusammentreten. Je nach Verlauf der Besprechungen dieser Arbeitsgruppe erscheint Annäherung möglich.

---

1 Nr. 401 und Nr. 403.

Befürchtungen von Hamburg, daß bisherige Staatsbedienstete unter erleichterten Bedingungen Beamte werden können, wurden ausgeräumt.

4. **Parteivermögen**
Weitgehendes Einvernehmen über Überleitung des Parteiengesetzes der DDR[2]. Schatzmeister der Parteien sollen noch heute Einzelheiten prüfen.

5. **Landwirtschaft**
Bedenken der Länder konnten voll ausgeräumt werden.

6. **Kündigungsschutz für Mietwohnungen**
Auch hier konnten weitgehend die Bedenken der Länder ausgeräumt werden, insbesondere durch den Hinweis, daß die Bestimmungen mit der DDR abgestimmt seien. Länder behalten sich nur vor, durch Experten noch Einzelheiten einzubringen.

7. **§ 218**
Sehr intensive Diskussion. A-Länder wiederholten immer wieder, daß derzeitige Regelung so nicht durchsetzbar sei. Sie deuteten jedoch Annäherung an, wenn zwei Voraussetzungen erfüllt sind:
a) Spitzengespräch zu diesem Punkt,
b) Prüfung einer Ergänzung des Artikels 26 (Familie): Schutz des werdenden Lebens, Beratung. Zusätzlich Protokollerklärung zu Artikel 9 (Rechtsüberleitung): Erwähnung von Regelungselementen für zukünftige Regelung.
NRW und Bayern werden versuchen, dies auszuformulieren.

8. **Verfassungsänderungen**
Diskutiert wurden folgende Punkte:
Stimmenverhältnis im Bundesrat: Die großen Bundesländer zeigten sich zuversichtlich, noch in dieser Woche im Bundesrat die erforderliche 2/3-Mehrheit für die von ihnen angestrebte GG-Änderung zu erreichen. BM Dr. Schäuble legte Wert darauf, daß – falls dies gelinge – diese Regelung nicht isoliert erfolge, sondern in den Einigungsvertrag aufgenommen werde. Er erklärte es für aussichtsreich, dazu Einvernehmen mit der DDR zu erreichen.
Staatsziel Umweltschutz: A-Länderseite thematisierte aus der Vielzahl von ihr geforderter Verfassungsänderungen vor allem Artikel 20a GG (Staatsziel Umweltschutz). Formulierungsvorschlag: „Die natürlichen Lebensgrundlagen stehen unter dem besonderen Schutz des Staates." BM Dr. Schäuble deutete an zu versuchen, dies konsensfähig zu machen, falls die A-Länderseite dieser Formulierung den sog. „anthropozentrischen" Aspekt hinzufüge (Lebensgrundlagen des Menschen).
Der Verlauf der intensiven Diskussion erlaubt den Eindruck, daß sich die A-Länderseite mit dem bisherigen globalen Artikel 5 des Einigungsvertrages über die Prüfung künftiger Verfassungsänderungen abfinden wird (Verzicht auf Verfassungsrat und Volksentscheid), wenn die vorgenannten Punkte befriedigend gelöst werden.

9. **Hauptstadt**
Minister Clement äußerte die Sorge vor einer Salamitaktik. Wichtig sei, daß die Frage des Regierungs- und Parlamentssitzes wirklich offenbleibe.
BM Dr. Schäuble erklärte, er wünsche nach wie vor die Aufnahme der entsprechenden Formulierung in den Vertrag. Sie sei ausgewogen. Ein Herausnehmen sei ein negatives Präjudiz für Berlin. Er habe keine Einwände, daß in zu führenden Gesprächen zu dem Punkt Salamitaktik etwas gesagt werde, ggf. auch in einer Protokollnotiz. BM Dr. Schäu-

---

2 Nr. 382 Anm. 1.

ble wies auf die Äußerungen des Bundeskanzlers im Koalitionsgespräch hin, daß eine Nichtaufnahme in den Vertrag im Ausland eine starke negative Wirkung haben würde. Dieser Punkt bedarf der Erörterung im Spitzengespräch.

10. Umsatzsteuer

BM Dr. Schäuble machte deutlich, daß der Bund seinen Spielraum mit dem letzten Vorschlag zur Umsatzsteuer und zum Fonds erschöpft habe (Länderanteil für DDR-Länder 1991 bis 1994 55%, 60%, 65%, 70%; 85% statt 80% aus dem Fonds „Deutsche Einheit"). Er möchte dies heute in die Verhandlungen einführen unter Hinweis darauf, daß es hier noch Probleme mit den Ländern gebe.

Minister Clement erwiderte, hierüber müsse es ein Spitzengespräch geben, in dem weitere Punkte zu erörtern seien:
– Erklärung der Bundesregierung zur Mischfinanzierung;
– Problematik der Revisionsklausel zum Fonds „Deutsche Einheit" (Artikel 7 Absatz 6);
– erneute Bestätigung der Bundesregierung, daß alle Kosten der Einheit für die Länder mit ihrem Beitrag zum Fonds „Deutsche Einheit" abgegolten seien.

Er hat letztlich jedoch nicht dem Vorschlag widersprochen, den Punkt Umsatzsteuer in die Verhandlungen einzuführen.

Heute noch soll ein Gespräch des BMF mit zwei Finanzministern der Länder stattfinden, um diese Punkte abzuklären.

11. Amnestie

Gemeinsames Interesse von Bund und Ländern, eine Regelung zu finden. Der Wunsch der A-Länder, zugleich eine Amnestie für Blockierer zu regeln und § 240 StGB (Nötigung) zu novellieren, ist für den Bund nicht machbar; eine isolierte Amnestie für Blockierer ohne Novellierung des § 240 StGB ist rechtlich nicht durchführbar. Letztlich zeichnete sich eine Annäherung wie folgt ab: A-Länder wären mit Regelung im Einigungsvertrag einverstanden, wenn zu den Themenbereichen Amnestie für Blockierer und § 240 StGB eine gemeinsame Formulierung (Protokollnotiz?) gefunden werden könnte, welche die Absicht bekundet, dies zu überprüfen. Nach einer entsprechenden Formulierung soll gesucht werden.

Hieraus ergibt sich, daß für ein Spitzengespräch insbesondere folgende Punkte in Betracht kommen: § 218, Hauptstadt, Finanzen.

Dr. Busse   Stern

<hr>

Nr. 395
Gespräch des Bundesministers Genscher
mit dem Ministerpräsidenten de Maizière
Berlin (Ost), 24. August 1990

BK, 422 – 35400 De 39 NA 4 Bd. 6. – FS StäV Nr. 1689, 29. August 1990, 7.32 Uhr. Citissime nachts. Verteiler: AA, Ministerbüro, auch für Ref. 210, D 2; ChBK, Gruppe 22; BMB, AL II.

Aus dem Gespräch MP de Maizière/BM Genscher, das am Morgen des 24. 8. 1990 im Amtssitz des Ministerpräsidenten (MP) stattfand und rd. 1 Stunde dauerte, halte ich folgendes fest: MP begrüßte das Zustandekommen des Gesprächs, da er nun auch das Amt des Außenministers übernommen habe.[1] Im Laufe des Gesprächs wurde ein enger Kontakt für die

<hr>

1 Nach dem Rücktritt von Außenministers Meckel (Nr. 387C Anm. 6) übernahm Ministerpräsident de Maizière am 22. August 1990 zusätzlich noch das Amt des Ministers für Auswärtige Angelegenheiten der DDR.

Zukunft verabredet. Ansprechpartner von MD Kastrup soll im Amt des MP dessen persönlicher Berater Holzwarth und für den Leiter des Ministerbüros, Elbe, Frau Schulz sein.

MP ließ erkennen, daß er an den Außenministergesprächen 2+4 im September in Moskau[2] teilnehmen werde. Nach dem Ausscheiden von Sts Misselwitz habe er Sts Domke mit den Vorbereitungsarbeiten beauftragt, die Domke in enger Abstimmung mit seinem Büro durchführen soll. Der MP sprach dann die Beendigung der Mitgliedschaft der DDR im Warschauer Pakt an. Diese komplizierte Frage solle in Kürze auf Fachebene innerhalb des Warschauer Pakts erörtert werden. Als Gesprächsort sei Berlin vorgesehen. Die DDR bemühe sich jedoch um die Verlegung an einen anderen Ort (nach dem Stand von gestern abend ist diese Frage immer noch offen).

BM Genscher betonte, die DDR müsse aus dem Warschauer Pakt nicht austreten, mit dem Wirksamwerden des Beitritts erlösche die Mitgliedschaft. MP de Maizière befürchtete, daß die Sowjets dies so nicht hinnehmen würden, man müsse dies jedenfalls höflich machen. BM Genscher bemerkte hierzu, daß MD Kastrup dazu Ideen entwickeln solle. Kastrup und Holzwarth sollten sich sofort in Verbindung setzen (im anschließenden Gespräche sagte mir Holzwarth zu, sofort MD Kastrup anzurufen, ich habe später MD Kastrup telefonisch unterrichtet).

Im Verlaufe des Gesprächs bemerkte der MP, daß die Modalitäten des Abzugs der sowjetischen Truppen regelungsbedürftig seien. BM Genscher unterrichtete ihn über seine Gespräche mit AM Schewardnadse[3] und über das dabei abgesprochene Szenario. Er erläuterte die notwendigen rechtlichen Instrumente von Übergangslösungen für die sowjetischen Truppen in der DDR und für das Verbleiben von Truppen der Alliierten und der Sowjetunion in Berlin.

BM Genscher regte dann an, die nächste Gesprächsrunde 2+4 auf Beamtenebene, die turnusgemäß in Berlin stattfinden sollte, in Bonn abzuhalten. In der jetzigen entscheidenden Phase komme es sehr auf den Vorsitz an: Bei einem Treffen in Bonn fiele dieser an den erfahrenen Unterhändler Kastrup. MP de Maizière nahm dies verständnisvoll auf, ohne am Tisch eine Zusage zu erteilen.

MP bemerkte im Verlauf des Gesprächs, daß er wahrscheinlich außer am Moskauer 2+4-Termin zu Abrüstungsgesprächen nach Wien[4] reisen würde – nach letztem Sachstand wohl morgen –, ob er nach New York reisen würde, sei noch offen[5] (wegen des CDU-Parteitages, vielleicht entsende er Innenminister Diestel)[6]. Aus dem Büro des MP habe ich gestern abend gehört, daß MP de Maizière in Wien an einem kurzen Gespräch mit dem BM sehr interessiert sei.

Das Gespräch streifte dann noch die Beziehungen der DDR zu Israel und zum Jewish World Congress. MP betonte, er habe keinerlei Leistungszusagen abgegeben, er erhalte aber fast jeden 2. Tag einen Brief des Jewish World Congress, in dem Leistungen der DDR eingefordert würden.

---

2 Nr. 421 Anm. 1.
3 Zu den Gesprächen des Bundesministers Genscher mit Außenminister Schewardnadse am 16./17. August 1990 in Moskau: Genscher, Erinnerungen, 854–857; auch: Meldungen TASS/russ./17.8.90/1404, 1528, 1616 und 1650 in: Ostinformationen. Nr. 158. 20. August 1990, 1–4; BPA/PA, F 1/22.
4 Am 27. August 1990 wurden in Wien die am 8. August unterbrochenen Verhandlungen über konventionelle Streitkräfte in Europa fortgesetzt.
5 Ministerpräsident de Maizière ließ sich auf der Außenminister-Konferenz der KSZE in New York (Nr. 421 Anm. 2) durch Minister Hans-Joachim Meyer vertreten.
6 Ministerpräsident de Maizière und Innenminister Diestel nahmen an dem Vereinigungsparteitag der CDU in Hamburg teil (1. Parteitag der Christlich Demokratischen Union Deutschlands. Protokoll. Hamburg, 1.–2. Oktober 1990. Hg. von der CDU, Bundesgeschäftsstelle. Bonn ohne Jahr, 38–45, 70–72, 77f., 99–101).

BM Genscher schilderte den Umfang der von D erbrachten Entschädigungsleistungen, die um ein Mehrfaches höher gelegen hätten, als ursprünglich ins Auge gefaßt worden sei. Weitere finanzielle Entschädigungen seien daher nicht angebracht, wohl aber die Rückgabe enteigneten jüdischen Grundbesitzes.

Bertele

Nr. 396
Vorlage des Kapitäns zur See Lange an Ministerialdirektor Teltschik
Bonn, 24. August 1990

BK, 422 – 35400 De 39 NA 4 Bd. 6. – Hs. vermerkt: „Ø GL 21".

Betr.:   Reduzierung der Streitkräfte Deutschlands

1. Der Außenminister hat bei seinen Gesprächen in Moskau am 17. August 1990 AM Schewardnadse[1] die vom Herrn Bundeskanzler gebilligte Erklärung für Wien (Anlage 1[2]) dargelegt und auf den zeitlichen Zusammenhang mit dem vollständigen Abzug der sowjetischen Truppen aus der DDR verwiesen (dazu: Schreiben MD Kastrup an Sie vom 20. August 1990, Anlage 2[3]).

2. Die o.a. Erklärung für Wien soll auch Eingang in das Abschlußdokument der 2+4-Gespräche finden, und zwar als eine von mehreren Anlagen („take-note").

3. Daher hat MD Kastrup sie am 23. August 1990 bei Vorgesprächen mit den drei westlichen Partnern zirkuliert. Die westlichen Partner schlugen eine Neufassung des dritten Absatzes vor, dem MD Kastrup ad referendum zugestimmt hat. Die neue Formulierung fällt hinter unseren Vorschlag zurück, von Reduzierungen der anderen Verhandlungsteilnehmer ist nicht mehr die Rede (Anlage 3[4]).

4. MD Kastrup wollte am 24. August 1990 unser Einverständnis zu dieser Formulierung einholen, um diese Formulierung mit der sowjetischen Seite zu besprechen.

5. GL 21 hat MD Kastrup deutlich gemacht, daß ohne Rücksprache mit Ihnen oder dem Herrn Bundeskanzler eine Zustimmung nicht möglich ist. MD Kastrup hat zugesagt, die Angelegenheit vorerst mit sowjetischer Seite nicht aufzunehmen.

1 Nr. 395 Anm. 3.
2 Nr. 396A.
3 Anlage 2 nicht abgedruckt. Ministerialdirektor Kastrup antwortete auf das Schreiben des Ministerialdirektors Teltschik vom 16. August 1990 zur Frage der Reduzierung der Streitkräfte des geeinten Deutschland, Bundesminister Genscher habe bei seinem Gespräch mit Außenminister Schewardnadse am 17. August 1990 in Moskau dargelegt, die Bundesregierung beabsichtige, in den laufenden KSE-Verhandlungen in Wien – wahrscheinlich noch im August – die Erklärung abzugeben. Außenminister Schewardnadse habe grundsätzlich positiv reagiert und eine sorgfältige Prüfung zugesagt. Unter Hinweis auf die Gespräche des Bundeskanzlers mit Präsident Gorbatschow in Archys habe Bundesminister Genscher klargestellt, der Zeitraum von drei bis vier Jahren für die Reduzierung der Streitkräfte des vereinten Deutschland auf eine Gesamtstärke von 370000 Mann sei nicht zufällig gewählt worden, sondern stehe im Zusammenhang mit dem vollständigen Abzug aller Truppen aus der DDR im gleichen Zeitraum. Außenminister Schewardnadse habe durch Kopfnicken seine Zustimmung zu erkennen gegeben.
4 Die als Anlage 3 beigefügte Fassung (nicht abgedruckt) stimmt mit der bindenden Erklärung überein, die Bundesminister Genscher für die Bundesregierung und in Absprache mit der Regierung der DDR am 30. August 1990 vor dem Plenum der VKSE in Wien abgab (Bulletin. Nr. 106. 7. September 1990, 1129–1131, hier 1130). Diese war in bezug auf die ersten beiden Absätze wortgleich mit der ursprünglichen Formulierung (Nr. 396A), der dritte Absatz wurde neu formuliert. Der abgeänderte Absatz blieb in der vom Bundesministerium der Verteidigung gewünschten Neuformulierung erhalten (Nr. 396B).

6. BMVg stimmt der Neuformulierung des Absatzes 3 unter der Voraussetzung zu, daß in den Absätzen 1 und 2 hinter den Zahlen das Wort „Mann" durch „aktive Soldaten" ersetzt wird, und in dem Verständnis, daß es eine politische Erklärung ist, deren völkerrechtliche Verbindlichkeit erst in einem KSE-Folgeabkommen festgelegt wird. Der 2. Satz des Absatzes 3 wird als Auflösungsklausel verstanden (Anlage 4)[5].

7. Der Hintergrund für die Unterscheidung „Mann" und „aktive Soldaten" ist, daß das BMVg sich einen gewissen Spielraum für Wehrübende etc. schaffen möchte. Bisher war es genau umgekehrt: Um die 495 000 auf dem Papier zu halten, wurden Wehrübende, Verfügungsbereitschaft und Soldaten in der Ausbildung zum Zivilberuf am Ende der Dienstzeit mitgezählt.

AA hat gegen „aktive Soldaten" angeblich keine Einwände, berief sich aber bisher auf die Festlegung des Textes durch den Herrn Bundeskanzler.

8. Was die völkerrechtliche Verbindlichkeit anbetrifft, so ist schon die Tatsache, daß diese Erklärung nur eine Anlage zu dem eigentlichen 2+4-Dokument sein soll, relativierend. Dies wird noch dadurch verstärkt, daß vor diese Anlage der Satz gestellt werden soll: „Die Regierungen der Bundesrepublik Deutschland und der DDR haben in Wien folgende Erklärung abgegeben."

9. Es wird vorgeschlagen, daß Sie das Thema mit dem Herrn Bundeskanzler alsbald aufnehmen. Die den Wünschen des AA und des BMVg entsprechende Neuformulierung ist als Anlage 5[6] beigefügt.

GL 21 hat mitgezeichnet.[7]

Lange

---

5 Anlage 5 nicht abgedruckt: Schreiben des Generalmajors Naumann an Ministerialdirektor Kastrup, 24. August 1990. In dem Schreiben, das Generalmajor Naumann an Ministerialdirektor Teltschik zur Kenntnis übersandte, wurde mitgeteilt, das Bundesministerium der Verteidigung stimme dem vorliegenden Text der Erklärung unter der Voraussetzung zu, daß in den Absätzen eins und zwei die Formulierungen „370 000 Mann" bzw. „345 000 Mann" durch 370 000 bzw. 345 000 „aktive Soldaten" ersetzt würden. Im englischen Text solle entsprechend der Ausdruck „active soldiers" eingefügt werden. Die Zustimmung erfolge in dem Verständnis, daß die Erklärung eine politische Erklärung sei, deren Inhalt völkerrechtlich verbindlich in einem KSE-Folgeabkommen festgelegt werde. Aus diesem Grunde werde Satz 2 des Absatz 3 als Auflösungsklausel verstanden.

6 Nr. 396B.

7 „Zu Punkt 6 des beigefügten Vermerks" notierte Ministerialdirigent Hartmann: „Das Verständnis des BMVg, daß es sich um eine politische Erklärung handelt, ist in Ordnung. Problematisch ist aber der Zusatz, daß deren völkerrechtliche Verbindlichkeit erst in einem KSZE-Folgeabkommen festgelegt und der zweite Satz infolgedessen als Auflösungsklausel verstanden wird. Dies bedeutet im Klartext, daß unsere Verpflichtung nur und erst mit einem KSE-Folgeabkommen wirksam würde – mit dessen Zustandekommen nicht unter allen Umständen zu rechnen ist – und somit unter einer auflösenden Bedingung steht, was die SU m.E. nicht akzeptieren wird" (ms. Notiz, hs. ergänzt: „2) Herrn RL 212 3) Wv. mir. H[artmann] 24/8"; BK, 422 – 35400 De 39 NA 4 Bd. 6).

Nr. 396A
Anlage 1
Erklärung der Bundesregierung
über die Reduzierung der Streitkräfte Deutschlands

Ausfertigung: 16. August 1990.

Die Regierung der Bundesrepublik Deutschland verpflichtet sich, die Streitkräfte des vereinten Deutschland innerhalb von 3 bis 4 Jahren auf eine Personalstärke von 370000 Mann (Land-, Luft- und Seestreitkräfte) zu reduzieren. Diese Reduzierung soll mit dem Inkrafttreten des ersten KSE-Vertrags beginnen.

Im Rahmen dieser Gesamtobergrenze werden nicht mehr als 345000 Mann den Land- und Luftstreitkräften angehören, die gemäß vereinbartem Mandat allein Gegenstand der Verhandlungen über Konventionelle Streitkräfte in Europa sind.

Die Bundesregierung sieht in ihrer Verpflichtung einen bedeutsamen deutschen Beitrag zur Reduzierung der Konventionellen Streitkräfte in Europa. Sie geht davon aus, daß in Folgeverhandlungen auch die anderen Verhandlungsteilnehmer ihren Beitrag zu Reduzierungen in Europa leisten werden.

Nr. 396B
Anlage 5
Neuformulierung der Erklärung der Bundesregierung
über die Reduzierung der Streitkräfte Deutschlands

Die Regierung der Bundesrepublik Deutschland verpflichtet sich, die Streitkräfte des vereinten Deutschland innerhalb von 3 bis 4 Jahren auf eine Personalstärke von 370000 aktiven Soldaten (Land-, Luft- und Seestreitkräfte) zu reduzieren. Diese Reduzierung soll mit dem Inkrafttreten des ersten KSE-Vertrags[8] beginnen.

Im Rahmen dieser Gesamtobergrenze werden nicht mehr als 345000 aktive Soldaten den Land- und Luftstreitkräften angehören, die gemäß vereinbartem Mandat allein Gegenstand der Verhandlungen über konventionelle Streitkräfte in Europa sind.

Die Bundesregierung sieht in ihrer Verpflichtung zur Reduzierung von Land- und Luftstreitkräften einen bedeutsamen deutschen Beitrag zur Reduzierung der konventionellen Streitkräfte in Europa. Sie geht davon aus, daß in Folgeverhandlungen auch die anderen Verhandlungsteilnehmer ihren Beitrag zur Festigung von Sicherheit und Stabilität in Europa, einschließlich Maßnahmen zur Begrenzung der Personalstärken, leisten werden.

---

8 Der am 19. November 1990 in Paris unterzeichnete Vertrag über konventionelle Streitkräfte in Europa (mit Protokollen und Anlagen in: BGBl. 1991 II, 1155–1298) trat in der Fassung des Schlußdokuments vom 5. Juni 1992 (ebd. 1992 II, 1037–1042) am 9. November 1992 in Kraft (Bekanntmachung ebd., 1175).

Nr. 397
Schreiben der Volkskammerpräsidentin Bergmann-Pohl an Bundeskanzler Kohl
Berlin, 25. August 1990

BK, 132 – 35400 De 12 NA 5 Bd. 23. – Hs. vermerkt: „Dr. Busse, GL 33. H. Stern, LASD i.V. Das Originaldokument befindet sich bei mir zwecks Rücksprache mit BK über künftigen Aufbewahrungsort. Ei[sel] 31/8".

Sehr verehrter Herr Bundeskanzler,

gestatten Sie mir, Ihnen den Beschluß der Volkskammer vom 23. August 1990 zum Beitritt der Deutschen Demokratischen Republik zum Geltungsbereich des Grundgesetzes der Bundesrepublik Deutschland zu übermitteln.

Der Beschluß ist das Ergebnis der Beratung eines Gemeinsamen Antrages der Fraktionen der CDU, der DSU, der FDP und der SPD.[1] 294 Abgeordnete stimmten dem Beschluß zu, 62 Abgeordnete stimmten mit Nein und 7 Abgeordnete enthielten sich der Stimme. Von den 400 Abgeordneten waren 363 anwesend.[2]

Es ist mir eine große Freude, Ihnen dies in einem persönlichen Schreiben mitteilen zu dürfen.[3]

Mit freundlichen Grüßen
Ihre S. Bergmann-Pohl

---

1 Die Volkskammer der DDR lehnte in ihrer 30. Tagung, die am 22. August 1990 um 21.10 Uhr begann, zunächst in namentlicher Abstimmung einen Antrag der Fraktion der DSU ab, den Beitritt der DDR zum Geltungsbereich des Grundgesetzes noch am gleichen Tag zu erklären (Drucksache Nr. 200). Abänderungsanträge der Fraktion Bündnis 90/ Grüne, auf einer Volkskammersitzung am 3. Oktober über den Beitritt zu entscheiden, und der Fraktion der SPD, sofort den Beitritt mit Wirkung vom 15. September zu beschließen, wurden mehrheitlich abgelehnt (Volkskammer. 10. Wahlperiode. Protokolle. Bd. 27, 1378 f., 1383–1385). Der am 23. August kurz vor 1.00 Uhr erstmals verlesene gemeinsame Abänderungsantrag der Fraktionen CDU/DA, DSU, FDP und SPD zur Drucksache Nr. 201 (ebd., 1379, auch 1380, 1382) entsprach wörtlich dem später gefaßten Beschluß (Nr. 397A). In der Drucksache Nr. 201 (Antrag von mehr als 20 Abgeordneten der Fraktion CDU/DA) war die Volkskammer ursprünglich aufgefordert zu beschließen, auf einer Volkskammersitzung am 9. Oktober den Beitritt der DDR mit Wirkung vom 14. Oktober 1990, 24.00 Uhr zu erklären.

2 Volkskammerpräsidentin Bergmann-Pohl verkündete das Ergebnis der Abstimmung am 23. August 1990 gegen 2.45 Uhr morgens (Volkskammer. 10. Wahlperiode. Protokolle. Bd. 27, 1382). In der namentlichen Abstimmung (Ergebnis ebd., 1385–1388) votierten die anwesenden Abgeordneten der Fraktionen CDU/DA, FDP, DSU und DBD/DFD ohne Ausnahme, die Mandatsträger der Fraktion der SPD bis auf zwei Nein-Stimmen und zwei Enthaltungen für den Antrag. Zwei Abgeordnete der Fraktion Bündnis 90/Grüne und drei Fraktionslose stimmten mit Ja. Mit Nein votierten ein fraktionsloser Abgeordneter, zwei Abgeordnete der SPD und acht Abgeordnete der Fraktion Bündnis 90/Grüne. Die mit 51 Abgeordneten vertretene Fraktion der PDS stimmte geschlossen gegen den Antrag. Anschließend erklärte Bergmann-Pohl (ebd., 1382), „ich glaube, das ist ein wirklich historisches Ereignis. Wir haben uns die Entscheidung alle sicher nicht leicht gemacht, aber wir haben sie heute in Verantwortung vor den Bürgern der DDR in der Folge ihres Wählerwillens getroffen. Ich danke allen, die dieses Ergebnis im Konsens über Parteigrenzen hinweg ermöglicht haben. (Beifall bei der CDU/DA, bei der F.D.P., der DSU, teilweise bei der SPD)". Der Abgeordnete Gysi (PDS) gab dazu eine persönliche Erklärung ab, in der er unter anderem sagte: „Frau Präsidentin! Das Parlament hat soeben nicht mehr und nicht weniger als den Untergang der Deutschen Demokratischen Republik zum 3. Oktober 1990 ... (Jubelnder Beifall bei der CDU/DA, der DSU, teilweise bei der SPD) beschlossen. Ich bedaure, daß die Beschlußfassung im Hauruckverfahren über einen Änderungsantrag geschehen ist und keine würdige Form ohne Wahlkampftaktik gefunden hat."

3 Bundeskanzler Kohl verlas den Beitrittsbeschluß der Volkskammer zu Beginn seiner Regierungserklärung am 23. August 1990 nachmittags (Verhandlungen des Deutschen Bundestages. Stenogr. Berichte. Bd. 154. Plenarprotokoll 11/221, 17439–17443, hier 17439).

Nr. 397A
Beschluß der Volkskammer der Deutschen Demokratischen Republik
über den Beitritt der Deutschen Demokratischen Republik
zum Geltungsbereich des Grundgesetzes für die Bundesrepublik Deutschland
vom 23. August 1990

Die Volkskammer erklärt den Beitritt der Deutschen Demokratischen Republik zum Geltungsbereich des Grundgesetzes der Bundesrepublik Deutschland gemäß Artikel 23 des Grundgesetzes mit Wirkung vom 3. Oktober 1990.
Sie geht dabei davon aus,
– daß die Beratungen zum Einigungsvertrag zu diesem Termin abgeschlossen sind,
– die Zwei-plus-Vier-Verhandlungen einen Stand erreicht haben, der die außen- und sicherheitspolitischen Bedingungen der deutschen Einheit regelt,
– die Länderbildung soweit vorbereitet ist, daß die Wahl in den Länderparlamenten am 14. Oktober 1990 durchgeführt werden kann.
Vorstehender Beschluß wurde von der Volkskammer der Deutschen Demokratischen Republik in ihrer 30. Tagung am 23. August 1990 gefaßt.
Berlin, 23. August 1990

Die Präsidentin der Volkskammer
der Deutschen Demokratischen Republik
Bergmann-Pohl

Nr. 398
Vorlage des Ministerialdirektors Teltschik an Bundeskanzler Kohl
Bonn, 27. August 1990

BK, 132 – 35400 De 12 NA 14 Bd. 1. – Mitverfasser: VLR Westdickenberg. VS-NfD. Vorlage über Chef BK. Mit Paraphe: „Bu[sse] 4.9."

Betr.: Verhandlungen mit der SU über den Aufenthalts-/Abzugsvertrag
hier: Sachstand

1. Votum
Bitte um Kenntnisnahme.

2. Sachverhalt
2.1 Am 24./25. August fand in Moskau die erste Verhandlungsrunde über den o.a. Vertrag statt.[1] Die Verhandlungsführung lag auf Dirigentenebene (Federführung: bei uns AA, Ressorts und BK-Amt in Delegation vertreten; auf sowjetischer Seite ebenfalls beim AM, in Delegation starkes militärisches Element). Verhandelt wurde auf der Grundlage eines am 17. August von AM Schewardnadse an BM Genscher übergebenen sowjetischen Vertragsentwurfs und eines deutschen Arbeitspapiers[2] zu diesem Entwurf (den sowjetischen Entwurf sehr stark abändernd). Das deutsche Arbeitspapier (Entwurf AA) war zuvor

---

1 Nr. 399.
2 Arbeitspapier zum sowjetischen Vertragsentwurf, Vertrag zwischen der Bundesrepublik Deutschland und der Union der Sozialistischen Sowjetrepubliken über die Bedingungen des befristeten Aufenthalts und die Modalitäten des planmäßigen Abzugs sowjetischer Truppen aus dem Gebiet der Bundesrepublik Deutschland, [Stand: 24. August 1990], 42 S.; BK, 132 – 35400 De 12 NA 14 Bd. 1.

unter Mitarbeit aller einschlägigen Ressorts und des Bundeskanzleramtes in zwei Ressortbesprechungen erarbeitet worden.

2.2 Die Verhandlungen fanden in einer zentralen Verhandlungsgruppe und parallel dazu in
zwei Arbeitsgruppen zu den Fachgebieten „Rechtsfragen" und „Verkehr und Transport"
statt. Ein voller Durchgang des gesamten Entwurfstextes und aller Anlagen konnte noch
nicht erreicht werden, jedoch wurden die wichtigsten Punkte bereits erörtert. Hieraus ist
insbesondere hervorzuheben:

– Abzugszeitplan: Es wurde deutlich, daß die sowjetische Seite – dargelegt von den Militärs – den Abzugsbeginn nach hinten verlagern (ab 1992) und den Abzug selbst über
die vereinbarten 3–4 Jahre hinaus strecken will: Abzug von Personal und Gerät innerhalb von 4 Jahren, sonstiges Material (Brennstoff, Munition) zusätzlich 1 – 1 1/2 Jahre.
Abzugsabschluß somit erst Mitte 1996 anstelle spätestens 31.12.1994. Gründe: technisch-logistische Transportprobleme (u.a. beschränkte Abzugskapazität auf Schiene
und Straße) sowie Unterbringungsprobleme (Wohnungsbau!) in der SU selbst.

– Abzugsumfang: Sowjetische Seite zeigte deutliche Ablehnung gegenüber einer zahlenmäßigen Festlegung der abzuziehenden Truppen (wäre völlige Abkehr von bisheriger
Informationspolitik), sondern war lediglich zu einer Erklärung bereit, die jetzige Zahl
zukünftig nicht zu erhöhen. Sie unterschied darüber hinaus zwischen Truppenabzug
im Rahmen einseitiger sowjetischer Ankündigungen (diese würden in diesem und im
nächsten Jahr fortgesetzt) und denjenigen im Rahmen des geplanten Abzugsvertrages
(in der DDR gebe es auch andere Truppen als im Rahmen der Westgruppe der sowjetischen Truppen, WGT).

– Rechtsfragen: Sowjetische Seite sieht hier erhebliche Probleme (u.a. Asyl, Fahnenflucht). In der Arbeitsgruppe Rechtsfragen sind diese jedoch erst andiskutiert worden.
So hatte SU auch Sorge, die von deutscher Seite vorgeschlagene ausführliche Liste (im
Rahmen des Artikels zur Gerichtsbarkeit) zu den Rechten der sowjetischen Soldaten
vor deutschen Strafgerichten könnte die Soldaten zu negativen Vergleichen mit ihrer
Situation in der SU veranlassen.

– Finanzielle Fragen im Rahmen der Liegenschaften: Deutsche Seite machte deutlich,
daß diese im Rahmen des Überleitungsvertrages zu klären seien. Sowjetische Seite
(Militärs) legte Wert darauf, daß diese Fragen jedenfalls nicht aus dem Abzugsvertrag
herausfallen dürften, wenn sie von anderen Verhandlungsdelegationen geregelt würden. Sowjetische Gesamttendenz kann unter dem Motto zusammengefaßt werden: Je
besser der Zustand bei Übergabe sein soll, desto länger wird es dauern.

2.3 Es gelang in der ersten Runde nur in wenigen Fragen, ad referendum Einvernehmen zu
Formulierungen zu erreichen. Ganz überwiegend wurden die jeweiligen Passagen nach
einer Erläuterung der Motive geklammert. Die Verhandlungen sollen in dieser Woche
fortgesetzt werden. Unser Vorschlag, 28./29. in Bonn wurde nicht akzeptiert. SU verwies
auf Probleme, mit der erforderlichen Delegationsgröße nach Bonn zu kommen, und
schlug Fortsetzung am 31.8./1.9. in Moskau vor.[3] Danach könne erforderlich werdende
3. Runde evtl. in Bonn stattfinden.

3. Bewertung

3.1 Unbeschadet einer eingehenden Prüfung der von sowjetischer Seite vorgetragenen
Gründe für eine längere Abzugsdauer, kann ein Abweichen vom Grundsatz, daß spätestens innerhalb von 4 Jahren alle sowjetischen Truppen aus dem Gebiet der heutigen
DDR abgezogen sein müssen, nicht akzeptiert werden. So war Ihre Vereinbarung in

---

3 Nr. 410.

Archys.[4] Hierfür spricht insbesondere der von Ihnen in Archys eindeutig festgestellte Zusammenhang mit der Reduzierung der deutschen Streitkräfte auf 370000 Mann im gleichen Zeitraum, der bereits Ende dieses Monats in Wien von beiden deutschen Delegationen erklärt werden soll[5].

Inwieweit man im Hinblick auf evtl. zurückbleibendes Material wie Munition oder Treibstoffe eine zusätzliche Abtransportfrist über den 31.12.1994 hinaus akzeptieren kann, muß sorgfältig geprüft werden. Grundsätzlich haben wir kein Interesse daran, mit dem weiteren Schicksal dieser Güter belastet zu sein. Andererseits erscheint ein sowjetisches Taktieren nach der Devise entweder 4jährige Abzugsdauer und Zurücklassen einerseits oder Abtransport auch dieser Güter, dann aber längere Abzugsdauer andererseits, nicht ausgeschlossen.

Das auch von sowjetischer Seite geäußerte Bestreben, zügig zu einem Ergebnis zu kommen, zeigte sich in der konkreten Verhandlungsführung durchaus. Allerdings wurde auch deutlich, daß die SU das von uns eingeschlagene Verhandlungstempo nicht mithalten kann (oder will). Trotz des grundsätzlich nicht enttäuschenden Verhandlungsbeginns insgesamt wird es deshalb jedenfalls schwierig sein, rechtzeitig bis zum Abschluß der 2+4-Gespräche die Einzelheiten des Abzugsvertrages ausgehandelt zu haben. Zu gegebener Zeit – sie kann zur Zeit noch nicht festgelegt werden – könnte ein zusätzlicher Anstoß auf politischer Ebene erforderlich werden, um dieses Ziel zu erreichen.

3.3 Bei der Argumentation der sowjetischen Seite wurden Positionsunterschiede zwischen der Delegationsleitung des sowjetischen AM und den Militärs (50% der Delegation, bei uns weniger als 10%) deutlich: Die militärische Seite zeigte sich härter und mißtrauischer. Aus Einzelfragen ging das Interesse hervor zu erfahren, wie die entsprechende Regelung bei den 3 Westmächten sei.

(Teltschik)

Nr. 399
Vorlage des Vortragenden Legationsrats I Kaestner an Ministerialdirektor Teltschik
Bonn, 27. August 1990

BK, 213 – 30130 S 25 Üb 5 Bd. 1. – Entwurf. Hs. vermerkt: „W[estdickenberg] / N[ikel]. Wv. K[aestner] 27/8" und „GL 21 z.K. Wv. 212. K[aestner] 28/8".

Betr.:   Verhandlungen der Bundesminister Dr. Waigel und Dr. Haussmann in Moskau (24./25. August 1990)

Aufgrund einer telefonischen Vorabunterrichtung durch das Auswärtige Amt fasse ich die Ergebnisse der Gespräche von BM Dr. Waigel und BM Dr. Haussmann mit stv. MP Sitarjan wie folgt zusammen:

1. In den Gesprächen von BM Dr. Waigel bildeten die Themen des sogenannten Überleitungsvertrages – Stationierungskosten, Wohnungsbau, Umschulung, Liegenschaften – sowie der SU-DDR-Saldo und die Folgeprobleme der Wismut-AG die Schwerpunkte.
Das Thema Stationierungskosten wurde nach dem Prinzip behandelt, daß die SU keine größeren Belastungen zu tragen haben werde, als dies für das zweite Halbjahr 1990 ver-

---

4 Nr. 353.
5 Nr. 396 Anm. 4.

einbart worden ist (also – entgegen der Absprache Lautenschlager/Obminskij[1] – doch gewisse Präzedenzwirkung!).

Der schwierigste Punkt war der Wohnungsbau für die heimkehrenden Angehörigen der WGT:

– Von sowjetischer Seite wurde anfangs angestrebt, uns das Problem insgesamt zu übertragen, da man angeblich weder Kapazitäten, noch Personal, noch Material habe;
– ferner wurde versucht, eine Synchronisierung zwischen Fertigstellung der Wohneinheiten und dem Abzug der WGT herzustellen.

BM Dr. Waigel hat beides dezidiert zurückgewiesen und die sowjetische Verantwortung für den Gesamtkomplex unterstrichen, wobei wir allerdings erhebliche Hilfestellung leisten wollten. Von sowjetischer Seite wurde auf die psychologische Situation der WGT verwiesen.

Zu den Themen Umschulung, Liegenschaften und Wismut sind Arbeitsgruppen eingesetzt worden; bei den letzteren beiden Themen hat die sowjetische Seite wenigstens im Prinzip anerkannt, daß es Forderungen und Gegenforderungen geben könne. Über letztere – so stv. MP Sitarjan wörtlich – solle man unter Wirtschaftlern reden, nicht unter Grünen!

Zum Thema des Transfer-Rubel-Saldos erläuterte die sowjetische Seite ihre Ausgangsposition, wonach der jetzige DDR-Überschuß nur durch jahrelange billige sowjetische Energielieferungen bei gleichzeitig – im Verhältnis zum Weltmarktniveau – überteuerten DDR-Exporten erreicht worden sei. Deshalb die Forderung, ihn zu streichen. BM Dr. Waigel hat hierzu eine Lösung „im gegenseitigen Einvernehmen" in Aussicht gestellt.

Die sowjetische Seite hat BM Dr. Waigel im übrigen ein neues Aide-mémoire übergeben,[2] das alle sowjetischen Positionen zusammenfaßt, z.T. über das in den bisherigen Vertragsentwürfen Niedergelegte noch hinausgeht. Das Aide-mémoire wird im Auswärtigen Amt geprüft, wir erhalten Doppel des Papiers und der Bewertung.

Die Fortsetzung der Verhandlungen über den Überleitungsvertrag – Delegationsleitung StS Dr. Köhler – ist für 30./31. August in Moskau[3] und 3./4. September in Bonn[4] geplant. Stv. MP Sitarjan kommt dann am Mittwoch, 5. September 1990, zu einer abschließenden Runde mit BM Dr. Waigel nach Bonn.

2. Die Gespräche BM Dr. Haussmanns mit stv. MP Sitarjan waren erheblich kürzer und einfacher. Im Zentrum stand die sowjetische Forderung nach einer „Generalklausel", wonach für eine Übergangszeit die von sowjetischen Branchenministerien mit ihren DDR-Partnern geschlossenen Verträge weitergelten sollen. Damit verbunden ist die Forderung der SU, auch künftig etwa die Hälfte des bilateralen Warenaustauschs SU-Ex-DDR über Warenprotokolle abzuwickeln.

BM Dr. Haussmann hat der sowjetischen Seite dringend geraten, in dieser Hinsicht ihre Wünsche noch bis Ende September/Anfang Oktober mit der DDR auszuhandeln, da nur so gewährleistet werden könne, daß die EG-Kommission Ausnahmeregelungen zugestehen werde. Die sowjetische Seite bezweifelt, ob diese Einigung noch mit der DDR erreichbar ist.

Zum „Umfassenden Wirtschaftsvertrag" hat das BMWi erste Formulierungsvorschläge übergeben. Zur weiteren Behandlung wurde eine Arbeitsgruppe unter MD Dr. Schome-

---

1 Nr. 270.
2 Aide-mémoire der Regierung der UdSSR, Moskau, 24. August 1990, Übersetzung 105 – 90/4489; BK, 213 – 30130 S 25 Üb 5 Bd. 1.
3 Nr. 410.
4 Nr. 413 und Nr. 414.

rus eingesetzt, die parallel zu der Verhandlungsgruppe von StS Dr. Köhler aktiv werden soll. Jedoch wurden keine zeitlichen Ziele – etwa 12. September – gesetzt. Nach <u>Eindruck des Auswärtigen Amtes</u> ergeben sich aus dem sowjetischen Entwurf zum Überleitungsvertrag[5] sowie dem BM Dr. Waigel übergebenen Aide-mémoire die <u>sowjetischen Prioritäten, die bis zum 12. September 1990 unter Dach und Fach</u> gebracht werden sollen. Im Mittelpunkt stehen dabei die sowjetischen Vorstellungen über die <u>künftige finanzielle Absicherung der WGT</u> und die möglichst bruchlose <u>Überleitung von DDR-SU-Verträgen</u>. Hingegen wird der „Umfassende Wirtschaftsvertrag" in weiterer Perspektive gesehen.

(Dr. Kaestner)

Nr. 400
Schreiben des Bundeskanzlers Kohl an Ministerpräsident de Maizière
Bonn, 28. August 1990

BK, 422 – 35400 Ve 2 Bd. 1. – Mit Vorlage des MDg Busse über AL 3, AL 1, AL 2, AL 4 und AL 5 an GL 22, 31. August 1990: „Betr.: Berufung von Bundesministern für besondere Aufgaben. Zu Ihrer Unterrichtung übersende ich anbei Kopie des Briefes des Bundeskanzlers an MP de Maizière vom 28.8.1990. Dieser Brief ist inzwischen von BM Schäuble im Zusammenhang mit den Verhandlungen zum Einigungsvertrag der DDR-Seite übergeben worden." Abgezeichnet: „St[ern] 3/9".

Sehr geehrter Herr Ministerpräsident,

mit dem Wirksamwerden des Beitritts gemäß Art. 23 des Grundgesetzes am 3. Oktober 1990[1] erstreckt sich die Zuständigkeit der Verfassungsorgane der Bundesrepublik Deutschland auf das Gebiet des vereinten Staates. Im Blick darauf beabsichtige ich, zu jenem Zeitpunkt bis zur Neubildung der Bundesregierung nach der Bundestagswahl am 2. Dezember 1990 Bundesminister für besondere Aufgaben zu berufen. Diese sollen beauftragt sein, die besonderen Interessen der neu zu schaffenden Bundesländer wahrzunehmen, und Mitglieder im Kabinettausschuß „Deutsche Einheit" werden. Darüber hinaus soll nach der Wahl am 2. Dezember 1990 ein Kabinettausschuß die Fragen koordinieren, die mit den besonderen Interessen der Menschen aus der bisherigen Deutschen Demokratischen Republik und mit der Angleichung der Lebensverhältnisse der Bundesländer im vereinten Deutschland zusammenhängen; dazu gehören insbesondere Maßnahmen im Treuhandbereich sowie die besonderen außenwirtschaftlichen Beziehungen zu den RGW-Ländern. Beauftragter Vorsitzender dieses Kabinettausschusses soll einer der neu zu berufenden Bundesminister werden.

Mit freundlichen Grüßen
Ihr Helmut Kohl

5   Sowjetischer Entwurf, Abkommen zwischen Deutschland und der Union der Sozialistischen Sowjetrepubliken über die überleitenden wirtschaftlichen Maßnahmen im Zusammenhang mit der Vereinigung der Bundesrepublik Deutschland und der Deutschen Demokratischen Republik, Übersetzung 105 – 90/4344, 9 S. (Fernkopie des Auswärtigen Amtes, 21. August 1990); BK, 213 – 30130 Üb 5 Bd. 1.
1   Nr. 397A.

Nr. 401
Gespräch des Bundesministers Waigel mit den Finanzministern der Länder
Bonn, 28. August 1990

BArch, B 136/26286, 441 – 14020 Mi 3 NA 1 Bd. 5. – Vermerk des MR Nowak, 28. August 1990.

<u>Betr.</u>: Gespräch des Bundesministers der Finanzen mit den Länderfinanzministern am 28. August 1990 über Finanzfragen des Einigungsvertrages

Das Gespräch hatte im wesentlichen folgendes Ergebnis:

1. <u>Kosten der Einheit</u>
   BM Waigel wies u.a. darauf hin, daß gegenwärtig mit der Aufstellung des 3. Nachtrags 1990 und des Haushalts 1991 begonnen würde. Derzeit gäbe es keine abschließenden Grundlagen für die Beurteilung der finanziellen Situation. Die ungefähre Größenordnung des 3. Nachtrags könne bisher mit 20 Mrd. DM beziffert werden.
   Die Informationen des BMF wurden von einem Teil der Länder als unbefriedigend angesehen. Insbesondere wurde eine Modellberechnung des BMF zum Personalkostenanteil der neuen Länder als zu optimistisch bezeichnet.
2. Die <u>Finanzminister der Länder</u> haben in ihrer Konferenz am 28. August 1990 <u>eine Reihe von Beschlüssen</u> zum Einigungsvertrag gefaßt (siehe <u>Anlage</u>[1]). Die Finanzminister der <u>SPD-regierten Länder</u> wollen ihren Ministerpräsidenten die Zustimmung zu der vorgesehenen Regelung über die Umsatzsteuerverteilung zwischen den Ländern (55/60/65/70) <u>nur empfehlen, wenn diese Beschlüsse erfüllt werden</u>.
   Im einzelnen handelt es sich um folgendes:
   a) <u>Deckungsquotenberechnung</u> für die Umsatzsteuerverteilung. <u>Von BMF akzeptiert</u>.
   b) Förmliche Erklärung des Bundes, daß die <u>Länder ihren Beitrag zur Finanzierung der deutschen Vereinigung</u> nunmehr <u>abschließend geleistet haben</u>. <u>BMF hat eine solche Erklärung abgelehnt</u>.
   c) Es wird eine <u>spezielle Revisionsklausel</u> in bezug auf die <u>Umsatzsteuerverteilung</u> angefügt; die Überprüfung soll allerdings nicht an makroökonomischen Daten gemessen werden. Hierfür ist eine Vertragsänderung erforderlich, die BMF versuchen will. Die <u>Länder haben</u> dafür im Gegenzug die vorgesehene <u>generelle Revisionsklausel akzeptiert</u>.
   d) Die <u>Länder fordern</u> eine <u>förmliche Erklärung des Bundes</u>, daß durch die Einbeziehung der Länder der DDR in die <u>Mischfinanzierung ihre finanzielle Position nicht verschlechtert</u> wird. <u>BMF hat eine Zusage in uneingeschränkter Form abgelehnt</u>. Es besteht jedoch eine <u>gewisse Aussicht auf Konsens</u> in der morgigen Regierungschefbesprechung.[2]
3. Zu der vorgesehenen Erstattung von „<u>Verwaltungskosten</u>" des Bundes (Artikel 15 Absatz 4 des Vertrages)[3] aus dem Fonds „Deutsche Einheit" wurde eine <u>einvernehmliche Präzisierung</u> vorgenommen. Eine von Länderseite angeregte Vertragsänderung hat BMF nicht zusagen können.
4. Die Erörterung der Frage der <u>Neuordnung der Finanzbeziehungen</u> ab 1995 wurde einvernehmlich beendet, nachdem von Bundesseite erklärt wurde, daß auch die Umsatzsteuerverteilung in den neu zu ordnenden Bereich gehört.

Nowak

---

1 Nr. 401A.
2 Nr. 403.
3 Artikel 15 Abs. 4 Entwurf, Vertrag zwischen der Bundesrepublik Deutschland und der Deutschen Demokratischen Republik über die Herstellung der Einheit Deutschlands – Einigungsvertrag, Stand: 24. August 1990, 46 S., hier 15 f.; BArch, B 136/26286, 441 – 14020 Mi 3 NA 1 Bd. 5.

Nr. 401A
Beschluß der Finanzministerkonferenz der Länder

Mit umfangreichen ms. und hs. Korrekturen.

<u>Betr.:</u>   Finanzfragen (Bund/Länder) im Zusammenhang mit dem Einigungsvertrag

1. Die in Artikel 7 des Einigungsvertrags-E[ntwurfs] vorgesehene Regelung zur Umsatzsteuerverteilung zwischen den Ländern führt für die Länder zu erheblichen finanziellen Mehrbelastungen im Zeitraum 1991–1994.

Den bisherigen Ländern der Bundesrepublik Deutschland verbleibt im Zeitraum von 1991 bis 1994 ein Weniger an Umsatzsteueranteilen in der Größenordnung von 4 bis 5 Mrd. DM, als dies ohne diese Festlegung der Fall wäre. Die vorgesehene Regelung zur Umsatzsteuerverteilung steht damit im Widerspruch zu den Vereinbarungen im Zusammenhang mit dem Fonds „Deutsche Einheit", wonach die Länderbeteiligung an den Kosten des Einigungsprozesses damit abschließend geregelt sein sollte.

Die Finanzminister/-senatoren können ihren Ministerpräsidenten die Zustimmung zu der vorgeschlagenen Regelung (55/60/65/70) daher nur empfehlen, wenn die folgenden Voraussetzungen erfüllt sind:

a) <u>Zu Artikel 7 Absatz 2 Nummer 1</u>
Förmliche Erklärung des Bundes:
Als Gegenstück für die Nichteinbeziehung der DDR-Länder in die Deckungsquotenberechnung bei der Umsatzsteuerneuverteilung dürfen die Ausgaben des Bundes für das Gebiet der DDR (Nachfolge Zentralhaushalt bzw. Länderhaushalte) nicht in die Deckungsquotenberechnung im Verhältnis Bund/West-Länder für die Umsatzsteuerverteilung einbezogen werden. Dies war bereits gemeinsame Grundlage der bisherigen Verhandlungen (so z.B. Vertragstext, Stand 20.7.1990[4]).

b) <u>Zu Artikel 7 Absatz 3</u>
Förmliche Erklärung des Bundes:
Die Länder haben mit der Regelung in Artikel 7 Absatz 3 und im Rahmen der Finanzierung des Fonds Deutsche Einheit gem. § 6 Abs. 5 des Art. 31 des Gesetzes zum Staatsvertrag vom 18. Mai 1990[5] ihren Beitrag zur Finanzierung der Vereinigung beider deutscher Staaten abschließend geleistet; evtl. darüber hinausgehende Verpflichtungen obliegen dem Bund (vgl. Nr. 13 der Stellungnahme des Bundesrates zum Gesetz zum Staatsvertrag vom 18.5.1990[6] bzw. Gegenäußerung der Bundesregierung dazu in BT-Drs. 11/7351[7]).
Für 1990 bleibt es bei der in Ausführung von Art. 31 Nr. 2 des Staatsvertrages vom 18. Mai 1990 geschlossenen Vereinbarung zum Umsatzsteuerausgleich.

c) <u>Zu Artikel 7 Absatz 3 und Absatz 6</u>
Änderung des Vertragsentwurfs:
Die Länder lehnen die Aufnahme einer Revisionsklausel in Artikel 7 Absatz 6 ab; auch die Revisionsregelung für den Fonds „Deutsche Einheit" muß entfallen.

---

4 Bundesministerium der Finanzen, Beitrag zum Einigungsvertrag, Stand: 20. Juli 1990, Anlage 3 zum Zwischenbericht der Arbeitsgruppe Haushalts- und Finanzwesen (Nr. 367 Anm. 7).
5 Nr. 283 Anm. 1.
6 Nr. 302 Anm. 3.
7 Unterrichtung durch die Bundesregierung „Entwurf eines Gesetzes zu dem Vertrag vom 18. Mai 1990 über die Schaffung einer Währungs-, Wirtschafts- und Sozialunion zwischen der Bundesrepublik Deutschland und der Deutschen Demokratischen Republik – Drucksache 11/7350 –, hier: Stellungnahme des Bundesrates und Gegenäußerung der Bundesregierung" (Deutscher Bundestag. Drucksache 11/7351. 7. Juni 1990).

Sofern an den vorgenannten Revisionsklauseln festgehalten wird, fordern die Länder die Einfügung einer Überprüfungsklausel in den Einigungsvertrag, wonach 1992 überprüft werden muß, ob sich die festgelegten Prozentsätze für die Umsatzsteuerverteilung zwischen den Ländern – gemessen an makroökonomischen Daten – als sachgerecht erwiesen haben, und ggf. Neufestlegung für 1993 und 1994. Die Länder weisen darauf hin, daß diese Regelung der Umsatzsteuerverteilung unter den Ländern kein Präjudiz für die Neuregelung der Finanzbeziehungen ab 1995 darstellt.

d) Zu Artikel 7 Absatz 4
Förmliche Erklärung des Bundes:
Durch die Einbeziehung der Länder der DDR in die Mischfinanzierungstatbestände wird die finanzielle Position der westdeutschen Länder zumindest nicht verschlechtert; der Bund erklärt, daß er seine Haushaltspolitik an diesen Erwartungen ausrichten wird.

2. Zu Artikel 15 Absatz 4
Die vorgesehene Erstattung („Verrechnung") der Verwaltungskosten des Bundes aus dem Fonds „Deutsche Einheit" muß entfallen, weil die Länder ebenfalls keine Erstattung ihrer Verwaltungskosten erhalten.

3. Zu Artikel 20
Die Finanzminister und Finanzsenatoren der Länder bekräftigen für ihren Zuständigkeitsbereich ihre Bereitschaft, bei dem Aufbau der Landesverwaltungen mitzuwirken. Im Bereich des öffentlichen Dienstes sind Lösungen erforderlich, die die künftigen DDR-Länder und Gemeinden vor untragbaren Haushaltsbelastungen schützen.

Nr. 402
Gespräch des Ministerialdirektors Teltschik mit dem stellvertretenden Außenminister Kwizinskij
Bonn, 28. August 1990

BK, 21 – 30100 (56) Ge 28 (VS) Bd. 81, Bl. 237–241. – Vermerk des MD Teltschik, 30. August 1990. Entwurf, hs. vermerkt: „H. GL 21 z.K., dann zdA T[eltschik] 30." – Gesprächsdauer: 19.15 bis 20.30 Uhr.

1. Kwizinskij wies darauf hin, daß er im Auftrag von Außenminister Schewardnadse um dieses Gespräch gebeten habe. Er komme aufgrund einer „ernsten Besorgnis".
Die Lage in der Sowjetunion spitze sich zu. Angesichts der Beratungen über den zukünftigen Unionsvertrag und über die grundlegende Wirtschaftsreform stünden sie vor einer heißen Phase. Außenminister Schewardnadse wolle ausdrücklich darauf aufmerksam machen, daß sich jetzt die sowjetische Führung in einer „kritischen Minute" befinde.

2. Besondere Besorgnis bereite der Stand der Verhandlungen über den Abzugsvertrag. Die Verhandlungsrunde mit Bundesminister Waigel in Moskau[1] habe den sowjetischen Militärs alle Argumente geliefert, sich nachdrücklich gegen einen raschen Abzug aus der DDR zu wehren. Außenminister Schewardnadse sei niemals zuvor in solcher Weise auf dem „Kriegsfuß mit den Militärs" gestanden wie heute.
Wenn Bundesminister Waigel bei seiner Position bleibe, keinerlei Mittel für Transportkosten, für neue Wohnungen, für den Aufenthalt der sowjetischen Truppen in der DDR zur Verfügung zu stellen, dann werde es bei der Sowjetarmee einen „Aufstand" geben.

---

1 Nr. 399.

Die Militärs schließen einen Abzug innerhalb von 3 bis 4 Jahren aus. Sie hätten vorge-schlagen, in den ersten 1 bis 2 Jahren das militärische Material abzuziehen und in den fol-genden 3 bis 4 Jahren die Truppen. Die sowjetische Führung habe ihrerseits vorgeschla-gen, zuerst innerhalb von 3 bis 4 Jahren die Truppen und danach das militärische Material abzuziehen. Das sei durchsetzbar. Die Transportprobleme seien jedoch riesig.

Kwizinskij bezeichnete jedoch als zentralen Punkt das Angebot des Bundeskanzlers bei seinen Gesprächen mit Präsident Gorbatschow, dazu beizutragen, daß für die rückkeh-renden sowjetischen Soldaten neue Wohnungen zur Verfügung gestellt werden könnten. Diese seien nicht bereit, „auf dem Feld in Zelten zu kampieren". Die sowjetische Führung müsse damit rechnen, daß sich selbst die Frauen querlegen würden. Die Sowjetarmee ver-füge heute in der DDR über 5 Mio. qm Wohnfläche. Wenn es bei den vereinbarten Ab-zugszeiten bleibe, müßten 80000 Familien pro Jahr aus der DDR zurückgeführt werden. Hinzu kämen 80000 Familien der Sowjetarmee aus Ungarn und der ČSFR. Die vereinbar-ten Termine würden nicht zu halten sein, wenn es zu keinen vereinbarten Lösungen kom-men werde. Präsident Gorbatschow verweise immer wieder auf seine Gespräche mit Bun-deskanzler Helmut Kohl in Archys[2] und vertraue auf die dort gegebenen Zusagen.

Die deutschen Vorschläge eines revolvierenden Fonds und für Consulting seien nicht praktikabel. Im übrigen ginge es auch nicht darum, daß Geldmittel zur Verfügung gestellt werden sollten, die nicht kontrolliert werden und die ohne Wirkung auf den Wohnungs-markt bleiben könnten. Im übrigen stünden in der Sowjetunion keinerlei zusätzliche Ka-pazitäten auf dem Baumarkt wie beim Baumaterial zur Verfügung. Was die Arbeitskräfte betreffe, könnte man auf Drittstaaten wie Polen, Jugoslawien oder [die] Türkei zurück-greifen. Heute bereits würden türkische Bauarbeiter in der Sowjetunion arbeiten. Nur wenn die Arbeitskräfte mit Devisen bezahlt würden, könnte man damit rechnen, daß so-wjetische Baufacharbeiter abgeworben werden könnten.

Die Wohnungsbauprojekte sollten sich auf drei große Zentren konzentrieren. Kwizinskij nannte u. a. Moskau und Jaroslawl.

Was den Vorschlag von Weiterbildung und Ausbildung der sowjetischen Berufssoldaten in der DDR betreffe, so bestehe in diesem Bereich kein großer Bedarf. Bei diesen Berufs-soldaten handele es sich um Elitetruppen, die nicht demobilisiert werden würden.

3. In bezug auf den bilateralen politischen Vertrag unterstrich Kwizinskij noch einmal das sowjetische Interesse, daß es darum gehen müsse, die neue Qualität der Beziehungen zwi-schen dem geeinten Deutschland und der Sowjetunion deutlich zu unterstreichen. Inso-fern sei der deutsche Vertragsentwurf bisher unbefriedigend.

Besonderes Gewicht sollten die Vereinbarungen in zwei Bereichen haben: 1. Die Aussa-gen über Fragen der Sicherheit, des Gewaltverzichts, des Nichtangriffs usw. sollten wei-terreichend sein und eine neue Qualität erreichen. 2. Die Aussagen über die umfassende wirtschaftliche, technologische und wissenschaftliche Zusammenarbeit müßten umfas-sender und deutlicher formuliert werden. Der Sowjetunion ginge es um eine weitrei-chende Zusammenarbeit. Die sowjetische Führung wolle sich auf Deutschland „abstüt-zen". Dabei gehe es darum, die „privilegierte Zusammenarbeit" deutlich werden zu lassen. Kwizinskij verwies in diesem Zusammenhang auf die Vereinbarung mit den USA, in der der Sowjetunion die Meistbegünstigung eingeräumt worden sei. Man wisse zwar, daß diese Vereinbarung sich nicht so rasch konkretisieren werde, sie zeige jedoch eine Perspektive auf. Analog sollte dies auch mit der Bundesrepublik möglich sein, auch wenn Beschränkungen aufgrund der EG-Mitgliedschaft bestünden.

---

2 Nr. 353.

4. Die Verhandlungen mit Ministerialdirektor Kastrup über das Dokument zu den 2+4-Gesprächen seien „ziemlich erfolgreich" gewesen.[3] Seine Sorge sei jedoch immer die, wie lange solche Verabredungen mit Dr. Kastrup Bestand hätten.

Das besondere Anliegen von Außenminister Schewardnadse sei es, besonders starke Aussagen darüber zu erhalten, daß von deutschem Boden zukünftig nur noch Frieden ausgehen werde, über Gewaltverzicht usw. Der Oberste Sowjet müsse den Eindruck gewinnen, daß das geeinte Deutschland die „Inkarnation der Friedensliebe" sei. Außerdem müsse die Ablösung des Potsdamer Abkommens deutlich werden.

Kwizinskij wies darauf hin, daß es in diesem Zusammenhang noch einige schwierige Punkte gebe wie z. B. die Rechtsnachfolge für Verträge und Abkommen mit der DDR, die Regelung der Kriegsgräberpflege und des Schutzes sowjetischer Denkmäler, die Unantastbarkeit der Gesetzgebung der Alliierten in den Jahren 1945 bis 1949. Sie stünden gerade in dieser Frage unter starkem Druck der DDR. Offen sei die Regelung der Frage einer Wiedergutmachung für die sowjetischen Zwangsarbeiter. In dieser Frage käme Außenminister Schewardnadse unter immer stärkeren Druck. MD Kastrup habe es abgelehnt, darüber zu sprechen. Kwizinskij insistierte aber nicht besonders stark auf diesen Punkt.

Darüber hinaus gebe es noch eine Reihe anderer Fragen praktischer Natur: Kwizinskij verwies in diesem Zusammenhang auf die Verabredungen des Bundeskanzlers mit Präsident Gorbatschow über die Restriktionen für die Bundeswehr auf dem DDR-Territorium und über die Notwendigkeit von Kontrollen über die Einhaltung dieser Vereinbarungen. Außerdem müßten die Rechte der alliierten Truppen und der sowjetischen Truppen in Berlin auf der Grundlage gleicher Bedingungen noch geregelt werden.

Besonders seien die sowjetischen Militärs an der Aufrechterhaltung ihrer Militärmissionen interessiert. Die Vorschläge von Ministerialdirektor Kastrup seien in diesem Zusammenhang hilfreich gewesen.

Schwierig sei der Vorschlag von Außenminister Genscher über die Suspendierung der Vier-Mächte-Rechte. Hier müßten noch Regelungen gefunden werden.

Zum Abschluß des Gesprächs unterstrich Kwizinskij noch einmal die besondere Bedeutung des bilateralen politischen Vertrages zwischen der Sowjetunion und dem geeinten Deutschland. Es wäre für die sowjetische Führung äußerst hilfreich, wenn dieser Vertrag noch vor dem 3. Oktober von der Bundesregierung, der DDR-Regierung und der sowjetischen Regierung paraphiert werden und unmittelbar nach Vollzug der Einigung Deutschlands unterschrieben werden könnte. Kwizinskij verwies darauf, daß es auch deshalb vorteilhaft wäre, weil Frankreich ebenfalls einen zweiseitigen Vertrag mit der Sowjetunion verhandele, der noch im Oktober beim Besuch von Präsident Gorbatschow in Paris unterschrieben werden solle.[4] Der deutsch-sowjetische Vertrag würde an Bedeutung verlieren, wenn er erst nach dem sowjetisch-französischen Vertrag unterschrieben werden würde.

(Teltschik)

---

3 Dazu Nr. 381.
4 Präsident Gorbatschow, Staatspräsident Mitterrand, Premierminister Rocard und die Außenminister Dumas und Schewardnadse unterzeichneten am 29. Oktober 1990 in Rambouillet den Vertrag über gegenseitige Verständigung und Zusammenarbeit zwischen der Französischen Republik und der Union der Sozialistischen Sowjetrepubliken.

Nr. 403
Besprechung des Bundeskanzlers Kohl mit den Regierungschefs der Länder
Bonn, 29. August 1990

BArch, B 136/29254, 121 – 14020 Mi 1, Besprechung BK/MP, 29. 8. 1990 und Abwicklung. – Undatiertes Ergebnisprotokoll. – Vertreter: MP Rau, Min Clement (Vorsitzland Nordrhein-Westfalen), MP Späth (Baden-Württemberg), MP Streibl (Bayern), RBgm Momper, St Schröder (Berlin), Bgm Wedemeier (Bremen), Erster Bgm Voscherau (Hamburg), MP Wallmann (Hessen), MP Schröder (Niedersachsen), MP Wagner (Rheinland-Pfalz), MP Lafontaine (Saarland), MP Engholm (Schleswig-Holstein); Bundeskanzleramt: BK Kohl, Chef BK Seiters, StM Stavenhagen; BM Genscher, BM Schäuble, BM Engelhard, BM Waigel, BM Haussmann, BM Wilms, BM Blüm, BM Lehr, St Stroetmann i.V. von BM Töpfer, BM Möllemann, MD Vogel, MDg Duisberg; Treuhandanstalt: Präs Rohwedder, Vors VerwR Odewald; Protokollführer: RiVG Köster (Teilnehmerliste, Stand: 28. August 1990; BArch, B 136/29254, 122 – 14020 Mi 1, Besprechung BK/Reg.chefs der Länder, 29. 8. 1990). – Besprechungsdauer: 10.00 bis 13.00 Uhr.

Die Regierungschefs von Bund und Ländern verständigen sich auf folgende Tagesordnung:
1. Arbeit der Treuhandanstalt
2. Fragen der Deutschen Einheit.

TOP 1   Arbeit der Treuhandanstalt

Der Präsident der Treuhandanstalt, Dr. Detlev Karsten Rohwedder, und der Vorsitzende des Verwaltungsrates der Treuhandanstalt, Dr. Jens Odewald, berichten ausführlich über die künftige Struktur der Treuhandanstalt und die Zielrichtung ihrer Tätigkeit.

Es schließen sich auf Nachfrage von Ministerpräsident Rau, Ministerpräsident Engholm, Regierendem Bürgermeister Momper und Ministerpräsident Späth Erörterungen an zu den Themen

– Verhandlungen mit den Elektrizitäts-Versorgungs-Unternehmen über die künftige Stromversorgung in dem Gebiet der heutigen DDR,
– Entwicklung der Wirtschaftsbeziehungen der DDR mit den Oststaaten,
– Versorgung der Bevölkerung durch bestehende DDR-Handelsketten,
– Verkauf von Betriebsstätten an mittelständische Unternehmen.

Die Regierungschefs von Bund und Ländern sind übereinstimmend der Ansicht, daß bei den Verhandlungen der Treuhandanstalt mit den Elektrizitäts-Versorgungs-Unternehmen auch die wirtschaftlichen Interessen der Kommunen auf dem Gebiet der Energieversorgung zu berücksichtigen seien, die historisch gewachsen seien und in unmittelbarem Zusammenhang mit ihren Aufgaben stünden.

Dr. Rohwedder erklärt, er werde die Auffassung des Bundeskanzlers und der Regierungschefs der Länder in die weiteren Verhandlungen mit den Elektrizitäts-Versorgungs-Unternehmen einbringen. Angesichts der schlechten Haushaltslage der Kommunen müsse vermieden werden, daß sie sich bei einer Beteiligung an der Energieversorgung wegen der hohen Investitions- und Folgekosten wirtschaftlich übernähmen.

Der Bundeskanzler und die Regierungschefs der Länder danken Dr. Rohwedder und Dr. Odewald für ihre Bereitschaft, kurzfristig führende Tätigkeiten im Bereich der Treuhandanstalt zu übernehmen.

TOP 2   Fragen der Deutschen Einheit

a) Der Bundeskanzler spricht sich dafür aus, den 3. Oktober, 1990 beginnend, als „Tag der Deutschen Einheit" zum Nationalfeiertag zu erklären und dafür den 17. Juni nicht mehr als Feiertag vorzusehen. Er schlägt eine entsprechende Festlegung im Einigungsvertrag vor.[1]

---

1 Artikel 2 Abs. 2 Einigungsvertrag (BGBl. 1990 II, 890).

Die Regierungschefs der Länder stimmen dem Vorschlag des Bundeskanzlers grundsätzlich zu. Auf Anregung von Ministerpräsident Rau kündigt der Bundeskanzler an, er werde die Kirchen und Gewerkschaften zu seinem Vorschlag konsultieren.

b) Bundesminister Schäuble teilt mit, die Gespräche über den Einigungsvertrag seien weitgehend abgeschlossen. Er dankt den Ländern für ihre Bereitschaft, in offenen Fragen einvernehmliche Regelungen zu finden. Folgenden weiteren Zeitplan stellt er für den Einigungsvertrag in Aussicht:

30. August – abschließende Verhandlungen mit der DDR-Delegation
31. August – Kabinettsbeschluß, Unterzeichnung, anschließend Zuleitung an den Bundestag; wenn von seiten der Länder ein erster Durchgang Bundesrat gewünscht werde, auch an den Bundesrat
5. September – 1. Lesung Bundestag
7. September – möglicher Termin eines ersten Durchgangs Bundesrat
14. September – 2. und 3. Lesung Bundestag
21. September – zweiter Durchgang Bundesrat.

Die Regierungschefs von Bund und Ländern nehmen den von Bundesminister Schäuble dargestellten Zeitplan zustimmend zur Kenntnis. Ministerpräsident Rau befürwortet, den Einigungsvertrag im Bundesrat in zwei Durchgängen zu beraten. Die Regierungschefs von Bund und Ländern verständigen sich darauf, daß der 21. September 1990 als Termin des zweiten Durchgangs Bundesrat auch bestehenbleiben soll, falls der Zeitplan im übrigen nachträglich modifiziert werden muß.

c) Die Regierungschefs von Bund und Ländern treten in ein Gespräch über noch offene Fragen des Einigungsvertrages ein:

aa) Ministerpräsident Lafontaine befürwortet eine schnelle Entscheidung über die Zukunft des öffentlichen Dienstes in der DDR, insbesondere dazu, welches Personal an welchen Stellen benötigt wird, welches zu entlassen ist und welche Kosten dadurch entstehen. Ministerpräsident Engholm und Ministerpräsident Schröder treten dafür ein, nicht die neuen Länder mit diesen Fragen zu belasten.

Bundesminister Schäuble erläutert die nach dem Entwurf des Einigungsvertrages vorgesehene Lösung und den zwischen Bund und Ländern auf Arbeitsebene abgestimmten Beschlußvorschlag über die Einrichtung einer Clearingstelle für die Durchführung der Art. 14 und 15 des Entwurfs des Einigungsvertrages. Nach dem Beschlußvorschlag sei es Aufgabe der Clearingstelle, Musterstellenpläne und Personalabbaupläne für die Verwaltung der in dem Gebiet der heutigen DDR entstehenden Länder zu entwickeln. Erst danach könne abschließend beurteilt werden, welches Personal wo benötigt werde. Die Entscheidung über den Personalabbau solle im wesentlichen sodann durch die auch für die Finanzierungsfragen zuständigen Stellen erfolgen.

Die Regierungschefs von Bund und Ländern fassen sodann folgenden **Beschluß**:

1. Für die Durchführung der Art. 14 und 15 des Entwurfs des Einigungsvertrages richten Bund und Länder eine Clearingstelle ein.
2. Die Clearingstelle setzt sich wie folgt zusammen:
   Auf seiten der Länder:
   je ein Vertreter der bisherigen Länder der Bundesrepublik Deutschland,
   je ein Vertreter der in Art. 1 Abs. 1 des Entwurfs des Einigungsvertrages genannten Ländern,
   an deren Stelle bis zur Wahl der Ministerpräsidenten die Landesbevollmächtigten in den in Art. 1 Abs. 1 des Entwurfs des Einigungsvertrages genannten Länder.
   Auf seiten des Bundes:
   Chef des Bundeskanzleramtes,

Bundesminister des Innern,
Bundesminister der Finanzen,
Bundesminister für Wirtschaft,
Bundesminister für Arbeit- und Sozialordnung.

3. Aufgaben der Clearingstelle:

a) Entwicklung von Musterstellenplänen und Personalabbauplänen für die Verwaltung der in Art. 1 Abs. 1 des Entwurfs des Einigungsvertrages genannten Länder,

b) Unterstützung der in Art. 1 Abs. 1 des Entwurfs des Einigungsvertrages genannten Länder bei der Umsetzung der Musterstellenpläne und Personalabbaupläne mit Mitteln der Verwaltungshilfe; Ziel ist, daß der den Musterstellenplänen zugrunde gelegte Personalbestand bis zum 31. Dezember 1991 erreicht wird,

c) Abstimmung der Qualifizierungs- und Weitervermittlungsmaßnahmen mit der Arbeitsverwaltung,

d) Abstimmung der Verwaltungshilfe des Bundes und der Länder beim Aufbau der Landesverwaltung (Art. 15 Abs. 2 des Entwurfs des Einigungsvertrages), einschließlich der Bereitstellung von Beraterstäben,

e) Abstimmung der Verwaltungshilfe bei der Durchführung bestimmter Fachaufgaben durch Bund und Länder (Art. 15 Abs. 3 des Entwurfs des Einigungsvertrages), einschließlich der Bereitstellung von Personal,

f) Abstimmung der Aufgabenstellung und Arbeitsweise von gemeinsamen Einrichtungen der Länder, die übergangsweise Aufgaben der Länder erfüllen (Art. 14 des Entwurfs des Einigungsvertrages).

4. Beim Bundesminister des Innern wird sofort eine Geschäftsstelle eingerichtet. Bund und Länder entsenden in die Geschäftsstelle zunächst je 20 Mitarbeiter. Sie ist bei Bedarf aufzustocken.

Der Umfang der Beteiligung der in Art. 1 Abs. 1 des Entwurfs des Einigungsvertrages genannten Länder ist mit den Landesbevollmächtigten/den Landesregierungen abzustimmen.

Die kommunalen Spitzenverbände auf Bundesebene werden um Beteiligung gebeten.

bb) Ministerpräsident Rau teilt den Vorschlag der SPD-geführten Länder mit, Art. 51 Abs. 2 Grundgesetz wie folgt zu ergänzen:

„Länder mit mehr als 7 Millionen Einwohner 6 Stimmen".

Die Ministerpräsidenten der uniongeführten Länder stimmen dem Vorschlag zu.

Der Bundeskanzler erklärt Einverständnis mit dem Vorschlag und bittet Bundesminister Schäuble, eine entsprechende Änderung des Art. 4 Ziff. 3 des Entwurfs des Einigungsvertrages mit der DDR zu verhandeln.

Erster Bürgermeister Voscherau verweist insoweit auf einen entgegenstehenden Beschluß des Senats der Freien und Hansestadt Hamburg und behält sich deshalb die endgültige Entscheidung vor.

cc) Bundesminister Waigel, Finanzminister Schleußer (Nordrhein-Westfalen) und Staatssekretär Klemm (Bundesministerium der Finanzen) erläutern das Ergebnis der Besprechung des Bundesfinanzministers mit den Länderfinanzministern am 28. August 1990[2] über Finanzfragen des Einigungsvertrages unter besonderer Berücksichtigung der Einigung im Bereich der Deckungsquotenberechnung für die Umsatzsteuerverteilung und der Revisionsklauseln in Art. 7 Abs. 6 des Entwurfs des Einigungsvertrages und des Beschlusses zum Fonds „Deutsche Einheit".

2 Nr. 401.

Zu Art. 7 Abs. 4 des Entwurfs des Einigungsvertrages (Mischfinanzierung) erklärt Bundesminister Waigel:

– Der Bund wird im Bereich der Mischfinanzierungen selbstverständlich weiterhin seine rechtlichen Verpflichtungen erfüllen.
– Eine generelle Besitzstandsgarantie für die Länder kann nicht gegeben werden, weil die Entscheidung über künftige Haushaltsausgaben dem Gesetzgeber obliegt.
– Der Bund hat grundsätzlich nicht die Absicht, die für die jetzigen Länder der Bundesrepublik vorgesehenen Mittel zu schmälern. Das gilt insbesondere für die Gemeinschaftsaufgaben Hochschulbau sowie Agrarstruktur und Küstenschutz.
– Bei der Gemeinschaftsaufgabe „Regionale Wirtschaftsförderung" können die bisherigen Bundesländer nicht davon ausgehen, daß ihnen künftig die gewohnten Beträge ungeschmälert zur Verfügung stehen. Eine Neubewertung der regionalen Prioritäten in Gesamtdeutschland ist unausweichlich.

Nr. 404
Schreiben des Bundespräsidenten a.D. Carstens an Bundeskanzler Kohl
Bonn, 29. August 1990

BK, 213 – 35400 De 39 NA 5 Bd. 1. – Mit Stempel: Vorzimmer Bundeskanzler, 30. August 1990. Hs. von Bundeskanzler Kohl vermerkt: „Teltschik Briefentwurf".

Sehr geehrter Herr Bundeskanzler, lieber Herr Kohl,

mit meiner folgenden Anregung werde ich sicher bei Ihnen offene Türen einrennen; aber ich wollte doch nicht verfehlen, sie an Sie heranzutragen:

Ich meine, daß am 3. Oktober neben den Feiern und Festlichkeiten, die in Deutschland aus Anlaß der Vereinigung unseres Landes vorgesehen sind, die Bundesregierung – am besten wohl Sie selbst – namens des vereinigten Deutschlands eine Botschaft an alle Regierungen der Welt richten sollten. Darin sollte unsere Entschlossenheit zum Ausdruck kommen, unsere bisherige Politik des friedlichen Ausgleichs und der engen Zusammenarbeit mit anderen Ländern fortzusetzen. Vor allem sollte das Ziel der Einigung Europas als weiterhin gültiges Ziel unserer Politik, dem wir unsere besondere Kraft widmen werden, genannt werden.

Schließlich sollte allen ausländischen Staaten, die in der einen oder anderen Weise zur Einigung beigetragen haben, dafür der Dank des deutschen Volkes ausgesprochen werden.[1]

Mit herzlichen Grüßen und besten Wünschen
Ihr Karl Carstens

---

1 Bundeskanzler Kohl teilte in seiner Antwort die „Überlegungen und Anregungen" des Bundespräsidenten a.D. Carstens. Sie entsprächen ganz seinen Absichten, er „greife sie deshalb gerne auf" (Schreiben, 6. September 1990; BK, 213 – 35400 De 39 NA 5 Bd. 1). Botschaft des Bundeskanzlers Kohl an alle Regierungen der Welt, 3. Oktober 1990, in: Bulletin. Nr. 118. 5. Oktober 1990, 1227f.

Nr. 405
Vorlage des Ministerialrats Zilch an den Chef des Bundeskanzleramtes Seiters
Bonn, 29. August 1990

BK, 121 – 44008 Re 36 Bd. 1. – Az. 222 – 35006 – Ve 52. Vorlage über LASD i.V. Kopien: AL 2, AL 3, AL 4. Abgezeichnet: „W[agner] 30/8" und verfügt: „GL 33".

Betr.:   Regelung offener Vermögensfragen mit der DDR
      hier: Gesetzentwurf der DDR

1. Inhalt

In der vergangenen Woche wurde im BMJ der Gesetzentwurf der DDR zur Regelung offener Vermögensfragen als Ausfüllungsgesetz zur Gemeinsamen Erklärung der beiden Regierungen vom 15.06.1990[1] mit den Bundesressorts, Vertretern der Länder Bayern, Nordrhein-Westfalen und Berlin und Vertretern der DDR detailliert erörtert.

Der Entwurf regelt vermögensrechtliche Ansprüche an Vermögenswerten, die
– enteignet und in Volkseigentum überführt,
– durch staatliche Treuhänder oder nach Überführung in Volkseigentum an Dritte veräußert oder
– durch unlautere Machenschaften von Dritten erworben wurden.

Er regelt ferner die Aufhebung staatlicher oder vorläufiger Verwaltung über Vermögenswerte und die damit im Zusammenhang stehenden Ansprüche der Eigentümer und Berechtigten.

Das Gesetz soll entsprechend für vermögensrechtliche Ansprüche von Personen und Vereinigungen gelten, die zwischen 1933 und 1945 aus rassischen, politischen, religiösen oder weltanschaulichen Gründen verfolgt wurden und ihr Vermögen verloren haben.

Der Entwurf geht vom Prinzip der Rückübertragung, insbesondere von Grundstücken und Gebäuden, aus. Unternehmen sind auf Antrag des Berechtigten zurückzugeben, wenn es unter Berücksichtigung des technischen Fortschritts und der allgemeinen wirtschaftlichen Entwicklung mit dem enteigneten Unternehmen im Zeitpunkt der Enteignung vergleichbar ist. Wesentliche Verschlechterungen oder wesentliche Verbesserungen der Vermögens- oder Ertragslage sind auszugleichen.

Die in der Gemeinsamen Erklärung allgemein beschriebenen Fälle, in denen eine Rückgabe nicht möglich ist, werden ausformuliert.

Entschädigung in Geld soll (bei Ausschluß der Rückgabe oder freiwilliger Wahl des Berechtigten) grundsätzlich nach Maßgabe der für DDR-Bürger im Zeitpunkt der Enteignung geltenden Rechtsvorschriften gewährt werden. Die Entschädigungen sind aus dem einzurichtenden Entschädigungsfonds zu gewähren. In der DDR bereits erhaltene Entschädigungen sind anzurechnen. Im Bundesgebiet gewährte Lastenausgleichsleistungen sind zurückzuzahlen. Einzelheiten sollen durch Gesetz geregelt werden.

Bewertung: Hier liegt eine der Schwierigkeiten für die Geltendmachung und Klärung der Ansprüche: Die Anspruchsberechtigten, die häufig ein Wahlrecht zwischen Rückübertragung oder Geldentschädigung haben, werden sich (z.B. bei belasteten Grundstücken) voraussichtlich nicht selten erst entscheiden können oder wollen, wenn sie die Höhe der Entschädigung kennen. BMB hält jedoch auch vor Erlaß der Regelungen über die Einzelheiten der Entschädigung eine ungefähre Einschätzung der Entschädigungshöhe für möglich, weil nach den Erfahrungen des Ministeriums die Entschädigungen in der Vergangenheit aufgrund der DDR-Vorschriften in der Regel zwischen

---

1 Nr. 328A Anm. 8.

30% über oder unter dem Einheitswert (je nach Zustand des Entschädigungsgegenstands) lagen.

Für Enteignungen von Vermögenswerten auf besatzungsrechtlicher oder besatzungshoheitlicher Grundlage (Ziffer 1 der Gemeinsamen Erklärung vom 15.06.1990) wird die Anwendung des Gesetzes ausdrücklich ausgeschlossen.

Der Entwurf regelt ferner die Rechtsverhältnisse zwischen dem Berechtigten und Dritten bei Rückübertragung und das Verfahren zur Durchführung der Gesamtregelung.

2. Ausschluß der Rückgabe von Grundstücken und Gebäuden bei Inanspruchnahme für Investitionszwecke

   Am 24.08.1990 wurde auf Anregung Bayerns der DDR vorgeschlagen, über die bereits geregelten Ausschlußfälle hinaus eine Rückübertragung ferner auszuschließen, wenn das Grundstück für dringende, näher festzulegende Investitionszwecke benötigt wird und die Verwirklichung dieser Investitionsentscheidung volkswirtschaftlich besonders förderungswürdig ist, vor allem Arbeitsplätze schafft oder sichert. Eine entsprechende Regelung soll in den Einigungsvertrag aufgenommen werden (Art. 41 Abs. 2). Die DDR begrüßt den Vorschlag. In einer Ressortbesprechung im BMJ am 24.08.1990 unter Leitung von St Kinkel (Bund, Länder, DDR) hat Minister Clement darauf hingewiesen, daß die A-Länder den Antrag gestellt hätten, generell für Enteignungen nach Gründung der DDR statt Restitution Geldentschädigung vorzusehen. Der Vorschlag der Bundesregierung sei erwägenswert, wenn die für die Inanspruchnahme des Grundstücks vorgesehenen einschränkenden Voraussetzungen gemildert werden könnten. St Kinkel wies auf die schützenswerten Rechte des früheren Eigentümers hin. Man bewege sich schon jetzt hart an der Grenze der Enteignung. Er sagte aber Prüfung zu. Auf Anfrage teilte BMJ am 28.08.1990 mit, in der im Spitzengespräch am 26.08.1990 beschlossenen Arbeitsgruppe Vermögensfragen sei diese Frage erörtert worden. Ein Ergebnis sei aber auf Arbeitsebene im BMJ bisher nicht bekannt.

3. Weitere Behandlung des Gesetzentwurfs

   Nach Mitteilung BMJ wird der Entwurf gegenwärtig mit der DDR noch einmal redaktionell überarbeitet. Da wahrscheinlich ist, daß die DDR das Gesetz erst nach Unterzeichnung des Einigungsvertrags verabschieden wird,[2] würde es nach Art. 9 Abs. 3 Einigungsvertrag evtl. nur mit bestimmten Maßgaben übernommen werden können, wenn es im DDR-Gesetzgebungsverfahren in für uns nicht akzeptabler Weise verändert werden sollte.

Zilch

---

2 Dazu Nr. 409, insbes. Anm. 1.

Nr. 406
Telefongespräch des Bundeskanzlers Kohl mit Präsident Bush
30. August 1990

BK, 21 – 30100 (56) Ge 28 (VS) Bd. 81, Bl. 242 f. – Vermerk des MDg Neuer, 31. August 1990. Hs. von Bundeskanzler Kohl vermerkt: „Teltschik".

Nach der Begrüßung erklärt Präsident Bush, er rufe an, um den Bundeskanzler über die jüngste Entwicklung am Golf zu unterrichten. Die Sache sehe gut aus. Die Welt sei entschlossen, auch auf der Ebene der UNO, der Aggression zu widerstehen. Jetzt müsse man abwarten, ob die Sanktionen Wirkung zeigen. Durch das Embargo und auch die Truppenverlegungen würden sehr hohe Kosten verursacht. Durch das Steigen der Ölpreise und die allgemeine Verschlechterung der wirtschaftlichen Lage kämen viele Länder in wirtschaftliche Bedrängnis. Die USA gebe auch viel Geld aus, um weitere Aggressionen abzuschrecken. Er habe ein neues Programm zur Unterstützung dieser Länder entwickelt. Er wisse, daß Deutschland tue, was es militärisch im Rahmen seiner Verfassung tun könne, wie ihm auch der Bundeskanzler bei seinem letzten Gespräch[1] dargelegt habe. In großer wirtschaftlicher Not seien die Türkei, Ägypten, Jordanien, einige Länder Osteuropas, Pakistan, Indien, Marokko und die Philippinen. Sie seien besonders hart betroffen. Man müsse sich überlegen, wie man den besonderen Bedürfnissen dieser Länder Rechnung tragen könne. Er wolle darum bitten, daß der Bundeskanzler in der nächsten Woche Jim Baker empfange, der ihm die amerikanischen Vorstellungen hierzu übermitteln wolle. Jim Baker wolle eine Rundreise machen. Er werde außer den Bundeskanzler auch Delors und Andreotti sehen; Brady werde u. a. Mitterrand, Frau Thatcher und Kaifu aufsuchen. Es handele sich um umfassende Konsultationsreisen. Er wisse, daß Deutschland durch die Kosten der Wiedervereinigung hoch belastet sei; es sei jedoch wichtig, den Druck auf den Irak aufrechtzuerhalten und die Kostenfrage zu lösen. Es sei ihm klar, daß diese zusätzlichen Belastungen für Deutschland eine Schwierigkeit bedeuteten. Präsident Bush wiederholt, man dürfe jedoch nicht nachlassen in seinen Bemühungen, den Irak unter Druck zu setzen.

Der Bundeskanzler erklärt, er wolle ganz offen sprechen. Er freue sich, Jim Baker zu sehen.[2] Er wolle ihn nicht nur anhören, sondern auch sehen, was er tun könne. Er bitte nur darum, daß der Termin vorher abgestimmt werde.

Es wurde vereinbart, daß der Termin über die Botschaft vereinbart wird.

Das Gespräch endete nach 15 Minuten.

Neuer

---

1 Nr. 390.
2 Nr. 423.

Nr. 407
Schreiben des Ministerialdirektors Teltschik an Staatssekretär Sudhoff
Bonn, 30. August 1990

BK, 212 – 37935 Tr 2 Bd. 1. – Mit Paraphe: „T[eltschik] 30". Hs. vermerkt: „ab mit Fahrer am 30.8. Tü[nsmeyer]".

Sehr geehrter Herr Staatssekretär,

heute morgen hat mich Botschafter Walters aufgesucht und darauf hingewiesen, daß man in Washington über die deutsche Entscheidung, in dem zur Unterzeichnung anstehenden Einigungsvertrag[1] das NATO-Truppenstatut sowie das Zusatzabkommen zum NATO-Truppenstatut[2] und die damit in Zusammenhang stehenden Durchführungsabkommen auf die Negativliste zu setzen – womit eine Ausdehnung auf die DDR ausgeschlossen wird –, außerordentlich verstimmt sei. Die amerikanische Seite könne dies nicht akzeptieren und erwarte, daß keine endgültige Entscheidung getroffen werde, bevor die laufenden Konsultationen mit den drei Westmächten beendet seien.

Botschafter Mallaby hat in einem Telefongespräch mit MDg Dr. Hartmann die gleiche Position vertreten.

Ich lege großen Wert darauf, das Auswärtige Amt von diesen in der Sache harten Demarchen unverzüglich zu unterrichten.

Mit freundlichen Grüßen

Nr. 408
Note der Regierung der DDR an die Bundesregierung
Berlin, 3. September 1990

BK, 132 – 35400 De 12 NA 7 Bd. 4. – Az. 22 – 35016 – Ve 36. – Mit Vermerk des MDg Stern, 3. September 1990: „Betr.: Vertrag zur Vorbereitung und Durchführung der ersten gesamtdeutschen Wahl des Deutschen Bundestages. Herr Glienke überreichte mir vereinbarungsgemäß die anliegende Note mit der Bestätigung der Regierung der DDR, daß die innerstaatlichen Voraussetzungen zum Inkrafttreten des Wahlvertrages (einschließlich des Änderungsvertrages) erfüllt sind." – Mit Vorlage des MDg Stern an Chef BK (Kopie: AL 2): „Betr.: Gespräche mit der Ständigen Vertretung der DDR. Zur Unterrichtung lege ich einen Vermerk über ein Gespräch mit dem Gesandten Glienke, Ständige Vertretung der DDR, am 3. September 1990 im Bundeskanzleramt vor."

97/90 Die Ständige Vertretung der Deutschen Demokratischen Republik beehrt sich, dem Bundeskanzleramt der Bundesrepublik Deutschland die folgende Note der Regierung der Deutschen Demokratischen Republik an die Regierung der Bundesrepublik Deutschland zu übermitteln:

„Die Regierung der Deutschen Demokratischen Republik beehrt sich, der Regierung der Bundesrepublik Deutschland davon Kenntnis zu geben, daß auf seiten der

---

1 Bundesminister Schäuble und der Parlamentarische Staatssekretär Krause unterzeichneten am 31. August 1990 in Berlin den Vertrag zwischen der Bundesrepublik Deutschland und der Deutschen Demokratischen Republik über die Herstellung der Einheit Deutschlands – Einigungsvertrag (Vertrag, Protokoll, Anlage I: Besondere Bestimmungen zur Überleitung von Bundesrecht, Anlage II: Besondere Bestimmungen für fortgeltendes Recht der Deutschen Demokratischen Republik, und Anlage III: Gemeinsame Erklärung der Regierungen der Bundesrepublik Deutschland und der Deutschen Demokratischen Republik zur Regelung offener Vermögensfragen vom 15. Juni 1990, in: BGBl. 1990 II, 889–904, 905 f., 907–1147, 1148–1236, 1237 f.). Vereinbarung zwischen der Bundesrepublik Deutschland und der Deutschen Demokratischen Republik zur Durchführung und Auslegung des Einigungsvertrages, unterzeichnet am 18. September 1990 in Bonn, ebd., 1239–1245.
2 Nr. 378 Anm. 5.

Deutschen Demokratischen Republik die erforderlichen verfassungsrechtlichen und sonstigen innerstaatlichen Voraussetzungen für das Inkrafttreten des Vertrages zur Vorbereitung und Durchführung der ersten gesamtdeutschen Wahl des Deutschen Bundestages zwischen der Deutschen Demokratischen Republik und der Bundesrepublik Deutschland vom 3. August 1990[3] sowie des Vertrages zur Änderung des Vertrages zur Vorbereitung und Durchführung der ersten gesamtdeutschen Wahl des Deutschen Bundestages zwischen der Deutschen Demokratischen Republik und der Bundesrepublik Deutschland vom 20. August 1990[4] erfüllt sind. Die Regierung der Deutschen Demokratischen Republik bestätigt der Regierung der Bundesrepublik Deutschland die Übereinstimmung, daß der Vertrag einschließlich seiner Anlagen und des diese ergänzenden Anhangs vom 3. August 1990 sowie der Änderungsvertrag vom 20. August 1990 am 3. September 1990 in Kraft treten.

Die Regierung der Deutschen Demokratischen Republik benutzt auch diese Gelegenheit, die Regierung der Bundesrepublik Deutschland ihrer ausgezeichneten Hochachtung zu versichern.

Berlin, den 3. September 1990

An die

Regierung der

Bundesrepublik Deutschland

B o n n"

Die Ständige Vertretung der Deutschen Demokratischen Republik benutzt diesen Anlaß, das Bundeskanzleramt der Bundesrepublik Deutschland ihrer ausgezeichneten Hochachtung zu versichern.

Bonn, den 3. September 1990

Nr. 409
Vorlage des Ministerialrats Zilch an den Chef des Bundeskanzleramtes Seiters
Bonn, 3. September 1990

BK, 121 – 44008 Re 36 Bd. 1. – Az. 222 – 35006 – Ve 52. Vorlage über LASD i.V. zur Unterrichtung. Kopien: AL 2, AL 3, AL 4. Abgezeichnet: „W[agner]" und verfügt: „GL 33".

<u>Betr.:</u>   Regelung offener Vermögensfragen mit der DDR

In Anlage II des Einigungsvertrages wurden die Texte des „Gesetzes über besondere Investitionen in der Deutschen Demokratischen Republik" und des „Gesetzes zur Regelung offener Vermögensfragen" aufgenommen.[1] Sie werden nach Inkrafttreten des Vertrags als DDR-Gesetze wirksam.

---

3 Nr. 377 Anm. 3.
4 Nr. 389A Anm. 8.

1 Gesetz über besondere Investitionen in der Deutschen Demokratischen Republik, Anlage II Kapitel III Sachgebiet B Abschnitt I Nr. 4 Einigungsvertrag, in: BGBl. 1990 II, 1157f.; Gesetz zur Regelung offener Vermögensfragen, Anlage II Kapitel III Sachgebiet B Abschnitt I Nr. 5 Einigungsvertrag, ebd., 1159–1167.

1. Investitionsgesetz

Durch dieses Gesetz erhält der gegenwärtige Verfügungsberechtigte für besondere Investitionszwecke die Befugnis, über Grundstücke und Gebäude zu verfügen, die Gegenstand von Rückübertragungsansprüchen sein können.

Die Bundesregierung hat die ursprünglich schärferen Anforderungen für die Annahme eines „besonderen Investitionszwecks" auf Wunsch der A-Länder gemildert. Daraufhin haben die A-Länder ihr früheres Petitum, bei Enteignungen in der DDR statt Restitution generell Geldentschädigung vorzusehen (Widerspruch zur Gemeinsamen Erklärung vom 15. 06. 1990) nicht weiterverfolgt. Der frühere Eigentümer, der durch Inanspruchnahme des Grundstücks für Investitionszwecke seinen Rückübertragungsanspruch verliert, kann vom Veräußerer die Zahlung eines Geldbetrags in Höhe des Veräußerungserlöses verlangen. Ist dieser erheblich niedriger als der Verkehrswert, kann er Zahlung in Höhe des Verkehrswerts fordern.

Mögliche Probleme in der Praxis:
- Die Gemeinden geraten in Versuchung, Drittgrundstücke zu veräußern, um eigene für andere Zwecke zu behalten.
- Es kann nicht ausgeschlossen werden, daß Berechtigte, die aufgrund des Gesetzes zur Regelung offener Vermögensfragen für den Verlust ihres Grundstücks eine geringere Entschädigung erhalten, unter Berufung auf den Gleichbehandlungsgrundsatz Nachforderungen erheben.

2. Gesetz zur Regelung offener Vermögensfragen

a) Zur Frage der Entschädigung wird in der in den Einigungsvertrag übernommenen Gesetzesfassung nur noch gesagt, daß eine Entschädigung in Geld zu gewähren ist. Das Nähere soll durch ein Gesetz geregelt werden. Die ursprünglich mit der DDR vereinbarte Fassung, daß die Entschädigung „grundsätzlich nach Maßgabe der für Bürger der Deutschen Demokratischen Republik im Zeitpunkt der Maßnahme geltenden Rechtsvorschriften gewährt" wird, ist aus mir nicht bekannten Gründen in der Schlußphase der Verhandlungen über den Einigungsvertrag gestrichen worden.

Es ist zu erwarten, daß die Festlegung der Kriterien der Entschädigung in dem noch zu erlassenden Gesetz zu einer Verzögerung der Entscheidung über die geltend gemachten vermögensrechtlichen Ansprüche und damit zu einer Verlängerung der Unklarheit über die rechtlichen Verhältnisse führen wird, weil der Berechtigte, der zwischen Rückübertragung und Geldentschädigung wählen kann, sein Wahlrecht erst ausüben wird, wenn ihm zumindest eine ungefähre Einschätzung der voraussichtlichen Höhe seiner Entschädigung möglich ist.

b) Das Gesetz gilt entsprechend für vermögensrechtliche Ansprüche von Personen, die zwischen 1933 und 1945 verfolgt worden sind.

Die Überführung dieser Vermögenswerte in Volkseigentum durch Enteignungsmaßnahmen in dieser Zeit („Bodenreform") führt für die Verfolgten nicht zu einem Verlust ihres Anspruchs, weil ihnen die Vermögenswerte bereits vor 1945 entzogen worden sind.

c) Ursprünglich war mit der DDR vereinbart, daß die DDR das Gesetz zur Regelung offener Vermögensfragen noch als eigenes erläßt. Mit Aufnahme des Wortlauts des Gesetzentwurfs in die Anlage II des Einigungsvertrags wird dieses Verfahren überflüssig. Vermutlich aus diesem Grund will die DDR ihren Entwurf – wie BMJ mitteilt – zurückziehen.

Zilch

Nr. 410
Vorlage des Vortragenden Legationsrats Westdickenberg
an Ministerialdirektor Teltschik
Bonn, 3. September 1990

BK, 213 – 30130 S 25 Au 27 Bd. 4. – VS-NfD. Vorlage über RL 212 und GL 21 (für beide abgezeichnet: „K[aestner] 3/9") zur Unterrichtung und mit der Bitte um Billigung. Hs. von VLR Westdickenberg vermerkt: „AL 2 hat am 4.9. gebilligt."

<u>Betr.:</u>   Deutsch-sowjetische Verhandlungen über den Abzugsvertrag
<u>hier:</u> Ergebnis 2. Runde am 31.08.1990/1.09.1990 in Moskau

1. Mit Ende der 2. Verhandlungsrunde sind nunmehr <u>alle Artikel</u> des Vertrages sowie die Anlagen zu Rechts-, Verkehrs-, Fernmeldefragen <u>einmal</u> mit der sowjetischen Seite <u>besprochen</u> worden. Nicht behandelt wurden die Anlage Zollfragen und der Abzugsplan (SU auch noch nicht übergeben).
<u>Nächste Runde am 6./7. (evtl. 8.09.) in Bonn.</u>

2. Es wurden weiterhin <u>Fortschritte</u> erzielt, <u>jedoch</u> erwies sich der <u>Verhandlungsfortgang</u> als <u>langsam</u> und <u>schwierig</u>, ohne daß hieraus notwendigerweise auf sowjetische Verzögerung geschlossen werden kann: SU bekannte sich ausdrücklich zu zügigem Verhandlungsabschluß. Delegationsleiter <u>Koptelzew</u> (erst seit Wochen wieder im AM, bis dahin im ZK) bezeichnete es als seinen <u>Verhandlungsauftrag, bis zum 12.09.</u> ein <u>unterschriftsreifes Ergebnis</u> zu haben.
<u>Besonders bemerkenswert</u>, jedoch noch nicht eindeutig gesichert, erscheinen die folgenden Punkte:
   – Es müsse zwar noch auf höchster Ebene entschieden werden, jedoch gehe SU bei diesen Verhandlungen davon aus, daß lediglich <u>ein Vertrag</u> über den Abzug der sowjetischen Truppen aus der <u>DDR und aus Berlin</u> geschlossen werden soll (so Koptelzew unter Hinweis, es werde jedoch noch geprüft, ob gesonderter Vertrag über Berlin günstiger sei).
   – Delegationsleiter Koptelzew stellte in Abwesenheit des maßgeblichen Militärs in der Delegation fest, daß dieser sich nunmehr vermutlich mit dem <u>Abzugsdatum 31.12.1994</u> hätte bereiterklären können (in Vorwoche hatte dieser noch Abzugsbeginn 1992 und Abzugsende Mitte 1997 genannt).
   – Sowjetische Überlegungen eines <u>Abzugsendes 1994</u> wurden auch aus den Verhandlungen zum Überleitungsvertrag ersichtlich, wo man von einem Abzug von 15–20% der Truppen 1991, je 30% 1992 und 1993 und einem Restbestand von 0 für 1995 sprach.
<u>Besonders schwierig</u> erwiesen sich die Verhandlungen zu den Fragen des <u>militärischen Luftverkehrs, Asyl, Fahnenflucht und Todesstrafe</u>. Das <u>Gros</u> der Texte in Vertrag und Anlagen ist noch <u>geklammert</u>. In den Verhandlungen zum Überleitungsvertrag wurde deutlich, daß <u>finanzielle Aspekte der Liegenschaften</u> nach sowjetischer Auffassung in den Abzugsvertrag gehören.
Sowjetischer Gesprächspartner hielt es für nötig, grundsätzlich die Möglichkeit nicht auszuschließen, daß man <u>bis zum Zieldatum am 12.09. evtl. nur die Eckpunkte</u> behandelt habe und dann noch offene Fragen danach klären müsse.

3. <u>Problematische Einzelfragen:</u>
   – <u>SU</u> zeigte sich absolut <u>unflexibel</u> bei der Frage, der deutschen Seite <u>Angaben zur Anzahl der sowjetischen Truppen in der DDR</u> zu machen. Das könne die deutsche Seite anhand der Ein- und Ausreisedokumente feststellen. Vom AA war zu hören, es gebe Vermutungen, es könnten sich bis zu 1,2 Mio. sowjetische Staatsangehörige in der

DDR aufhalten. Andere Stellen sprachen von 600 000 Männern und 300 000 Familienangehörigen.

– Vertreterin des BMJ, die die AG „Rechtsfragen" leitete, wies darauf hin,
  = SU sei nicht flexibel, was das Begehren nach Rücküberstellung von Deserteuren auch aus dem heutigen Bundesgebiet anbetreffe. Hier habe sie entsprechende Zugeständnisse gemacht. Ich habe den Hinweis auf die Behandlung der Westmächte (Nichtausdehnung des NTS und des ZA-NTS[1] auf heutiges DDR-Gebiet) eingebracht. MDg Hofstetter sagte mir, BM Genscher habe inzwischen einer analogen Anwendung [des] NTS zugestimmt, wodurch Problematik weitgehend entschärft und BMJ-Linie akzeptabel sein könnte.
  = ein ausdrückliches Festschreiben des Asylrechts im Vertrag stoße auf sowjetischen Widerstand (Sorge, dadurch würden Soldaten erst recht auf den Gedanken gebracht). Unsere eindeutige Haltung sei ausführlich erläutert worden, und man werde sie auch in der Denkschrift für den Bundestag[2] deutlich machen. SU habe damit keine Probleme.
– „Knackpunkte" in der AG über Verkehrsfragen (Einzelheiten erst bekannt, wenn BMV-Vermerk vorliegt) waren insbesondere:
  = sowjetische Seite nicht damit einverstanden, daß Flugleitkontrolle unter deutscher Leitung bei sowjetischer Mitwirkung (zu diesen Fragen sollen Sechser-Gespräche in Berlin noch nicht ganz abgeschlossen sein);
  = SU mit Festlegung der Flugzeiten und -höhen (z. B. keine Flüge unter 1200 m) und Verbot [der] Überschallflüge nicht einverstanden;
  = SU will Eisenbahntransport weiterhin nach günstigen bisherigen Tarifen (mit – so BMV – erheblichen finanziellen Konsequenzen).
  = Unseren Punkt, Bewegungsfreiheit im Aufenthaltsgebiet aus dienstlichen Zwecken nicht zu gestatten, ließ sich nicht durchsetzen. BMVg hätte dies auch gern angestrebt, sah aber keine praktische Möglichkeit, dies effektiv zu überwachen. Ich habe nicht weiter insistiert.
– SU beharrte auf ihrem Standpunkt, daß bis zum Inkrafttreten des Abzugsvertrages der bisherige Vertrag mit der DDR weitergelten solle.
– SU zeigte sich grundsätzlich nicht abgeneigt, den Vorstellungen zu folgen, die der deutsche Delegationsleiter MDg Hofstetter zum zeitlichen Vorgehen darlegte (hierzu schien es Abstimmung im AA auf Leitungsebene gegeben zu haben; wir waren vorab nicht unterrichtet):
  = National werden wir den Bundestag um die Ermächtigung zu einem Regierungsabkommen bitten.
  = Im Verhältnis zur SU werde der vom Bundeskanzler bereits in Archys angesprochene Notenwechsel[3] ins Auge gefaßt, evtl. noch vor dem 12. 09. im Hinblick auf 2+4, jedenfalls vor dem 3. 10. im Hinblick auf den Beitritt der DDR. Der Notenwechsel solle die bis dahin erzielten Regelungen – hoffentlich sogar das endgültige Verhandlungsergebnis – enthalten und dann für die transitorische Übergangsphase zwischen dem 3. 10. und der gesamtdeutschen Zeichnung, Ratifizierung und Inkrafttreten des Vertrages die Grundlage bilden.

---

1 Nr. 378 Anm. 5.
2 Denkschrift zum Vertrag zwischen der Bundesrepublik Deutschland und der Union der Sozialistischen Sowjetrepubliken über die Bedingungen des befristeten Aufenthalts und die Modalitäten des planmäßigen Abzugs der sowjetischen Truppen aus dem Gebiet der Bundesrepublik Deutschland (Deutscher Bundestag. Drucksache 11/8154. 18. Oktober 1990, 22–35).
3 Dazu Nr. 353.

SU betonte, Abzugsvertrag müsse bis zum 12. 09. unterschriftsreif (auf Nachfrage: paraphiert) sein, da sonst 2+4 nicht fertig werde. Dabei machte SU deutlich, daß sie die „wesentlichen Punkte" des Vertrages meinte. Der „Rest" könne im Anschluß geregelt werden. Im Obersten Sowjet scheint eine Zustimmung zunächst nicht nötig zu sein wie bei uns.

Ich habe der Darlegung von H. Hofstetter nicht widersprochen, da sie m. E. dem Geist der Ausführungen des Bundeskanzlers in Archys entspricht. Das damals genannte Datum Ende November für Fertigstellung des Vertragsinhalts und den Briefwechsel zielte auf Beitritt um den Wahltermin 2. 12. und war entsprechend der neuen Lage anzupassen.

– Bei der Frage Versorgung habe ich unser Petitum eingebracht, daß wir auf direkter Beschaffung durch SU entsprechend unserer Marktordnung bestehen sollten. Es zeigte sich bei ausführlicher Verhandlung dieses Punktes die große sowjetische Sorge, boykottiert zu werden (z. B. Hinweis auf Berliner S-Bahn-Boykott nach Mauerbau; Sorge vor Streiks, Übervorteilung etc.), und die Unfähigkeit, sich von einer Mangelwirtschaft auf eine Überflußwirtschaft umzustellen.

AA, unterstützt von BMVg, strebt an, Möglichkeiten einer Beratung der SU in diesen Fragen zu finden. M.E. zu Recht (evtl. Lehrgang bei Bw-SToV oder Abordnung einiger Berater der Bw – insoweit jedoch bei BMVg anscheinend Reserven auf Leitungsebene).

4. Schlußfolgerungen

Wenn Vertrag auch nur in den wesentlichen Punkten vor dem 12. 09. unterschriftsreif sein soll, dann muß noch ein Riesenstück Arbeit geleistet werden. M.E. sind mindestens 3 Verhandlungstage in kommender Woche nötig. Ohne sie erscheint die Identifizierung der entscheidenden Fragen, die ggf. noch auf politischer Ebene zu klären sind (BM Genscher wird evtl. noch vor den 2+4-Gesprächen – Vorabend? – mit AM Schewardnadse zusammentreffen[4]) nicht möglich. Bis Beginn 3. Runde müssen Ressorts Positionen für „end game" mit Rückfallpositionen festgelegt haben. Insoweit werde ich Ihnen noch eine weitere Aufzeichnung vorlegen.[5]

We 3/9
(Dr. Westdickenberg)

---

4 Zu dem Gespräch am 11. September 1990 nachmittags in Moskau: Genscher, Erinnerungen, 865–869.
5 Vorlage des Vortragenden Legationsrats Westdickenberg an Ministerialdirektor Teltschik betr. Verhandlungen mit der SU über den Aufenthalts-/Abzugsvertrag, hier: Verhandlungsstand und deutsche Position für „end game", 5. September 1990, VS-NfD; BK, 213 – 30130 S 25 Au 27 Bd. 4.

Nr. 411
Vorlage des Ministerialrats Ludewig an Bundeskanzler Kohl
Bonn, 5. September 1990

BK, 421 – 60000 Wi 3 Bd. 6. – Mitverfasser: RD Nehring. Vorlage über Chef BK. Hs. von MR Ludewig vermerkt: „Der Eile halber direkt vorgelegt". Hs. von Bundeskanzler Kohl vermerkt: „H. Ludewig R[ücksprache]".

Betr.: Überlegungen zur Beteiligung breiter Bevölkerungsschichten in der DDR am ehemals „volkseigenen Vermögen"
Bezug: Ihre mündliche Anfrage

1. Nach Staatsvertrag vom 18. Mai 1990 und Einigungsvertrag sollen die Erlöse der Treuhandanstalt (THA) „vorrangig" zur Sanierung der Wirtschaft und zur Bedienung der Schulden genutzt werden.[1]
   Es sind aber auch „Möglichkeiten vorzusehen, daß den Sparern zu einem späteren Zeitpunkt für den bei der Umstellung 2:1 reduzierten Betrag ein verbrieftes Anteilsrecht am volkseigenen Vermögen eingeräumt werden kann".
2. Richtig ist, daß die THA – per Saldo – zunächst mit erheblichen Schulden belastet sein wird, ehe Verkaufs- und Liquidationserlöse in erheblichem Umfang fließen werden.
   ⟨Gleichwohl könnte aber, wenn dies politisch gewünscht wird, bald auch ein deutliches Signal für eine Beteiligung breiter Bevölkerungsschichten in der ehemaligen DDR am volkseigenen Vermögen gesetzt werden.⟩[2]
3. Bereits ab 1. Januar 1991 sind auch in der ehemaligen DDR die rechtlichen Fördervoraussetzungen für den Beteiligungserwerb von Arbeitnehmern vollständig gegeben (Vermögensbildungsgesetz[3] und § 19a Einkommensteuergesetz[4]).[5]
   Für die Unternehmen wären solche Beteiligungen zwar als Kapitalzufuhr sehr attraktiv, für eine breite Vermögensbildung aber unzureichend, weil vermutlich nur wenige Unternehmen – z. B. durch Gang an die Börse oder als Arbeitgeber – in der DDR in diesem Rahmen aktiv werden dürften.
   Im Falle von DDR-Aktien müßten ihre Besitzer zwangsläufig auch das Risiko eines Wertverfalls ihrer Papiere an der Börse verkraften – zumindest in der ersten Phase des tiefgreifenden Strukturwandels.
   Im Falle einer Direktbeteiligung der Arbeitnehmer durch den Arbeitgeber am Produktivvermögen des Unternehmens (Aktien, stille Beteiligungen) hätten die Arbeitnehmer die Kumulation von Arbeitsplatz- und Anlagerisiko zu tragen, vor allem wenn sie durch Lohnverzicht oder Bareinzahlung bei Kapitalerhöhungen in das Unternehmen investieren müßten.
4. Die hiesigen Gewerkschaften haben sich bislang immer gegen diese Kumulation ausgesprochen (bis auf den Fall mehrheitlicher Arbeitnehmerbeteiligungen an einem Unternehmen = Belegschaftsfonds in der Rechtsform eines Vereins oder einer Stiftung). Sie haben dagegen stets für überbetriebliche Beteiligungsfonds mit hoher gewerkschaftlicher Einflußnahme („Investitionslenkung durch die Hintertür") plädiert.

---

1 Artikel 26 Abs. 4 Staatsvertrag (BGBl. 1990 II, 542) und Artikel 25 Abs. 3 Einigungsvertrag (ebd., 897).
2 ⟨ ⟩ Hs. von Bundeskanzler Kohl am linken Rand vermerkt: „Ja".
3 Fünftes Gesetz zur Förderung der Vermögensbildung der Arbeitnehmer (Fünftes Vermögensbildungsgesetz – 5. VermBG) in der Neufassung der Bekanntmachung vom 19. Januar 1989 (BGBl. 1989 I, 138–146), geändert durch Artikel 3 Finanzmarktförderungsgesetz vom 22. Februar 1990 (ebd. 1990 I, 266–282, hier 281).
4 § 19a Einkommensteuergesetz regelte die „Überlassung von Vermögensbeteiligungen an Arbeitnehmer" (Einkommensteuergesetz 1990 [EStG 1990] in der Neufassung der Bekanntmachung vom 7. September 1990; ebd. 1990 I, 1899–1988, hier 1937–1939).
5 Gemäß Anlage I Kapitel IV Sachgebiet B Abschnitt II Nr. 16 und Kapitel VIII Sachgebiet L Einigungsvertrag (ebd. 1990 II, 974–976, 1070).

Wirtschaftlich vertretbar sind solche überbetrieblichen Fonds aber nur, wenn das Anlagemanagement unabhängig und die Beteiligungsquoten an einem einzigen Unternehmen begrenzt bleiben (z.B. 10%).

Gerade dies ist im geltenden Gesellschaftsrecht gewährleistet. Die Regierungskoalition hatte das Gesetz über Kapitalanlagegesellschaften (KAGG)[6] zum Zwecke einer breiteren Vermögensbildung erweitert. Es sieht sowohl hohen Anlegerschutz, ertragreiche und liquide Anlage bei hoher Transparenz und hohen Qualifikationsanforderungen an das unabhängige Management vor.

5. Zu überlegen wäre in diesem Zusammenhang die Auflegung eines Spezial-Beteiligungs-Sondervermögens, das mindestens 70% in Aktien und stillen Beteiligungen in in- und ausländischen Unternehmen anlegen kann (DDR-Bevölkerung erhält die „weltweit" besten Anlagewerte).

Nach einem – politisch – festzulegenden Schlüssel speist sich der Fonds aus den Liquidations- und Verkaufserlösen der Treuhandanstalt (z.B. 5%, evtl. mit steigender Rate im Zeitablauf).

Da der Bund künftig Eigentümer des Treuhandvermögens ist, wird er zugleich auch Anteilseigner des „Beteiligungsfonds" sein.

6. Um die Akzeptanz – nicht zuletzt für die Tarifpartner – des Fonds zu erhöhen, könnte als Besonderheit ein „Anlageausschuß" gebildet werden, in dem z.B. der Bund/Treuhandanstalt, die neuen Länder und die Tarifvertragsparteien vertreten sind:

Der Anlageausschuß gibt dem Fonds-Management Richtlinien/Empfehlungen, die eine sehr flexible Verwendung der eingehenden Erlöse der Treuhandanstalt als grobe Orientierung für die Anlagepolitik vorsehen.

So kann Einigung darüber erzielt werden, wieviel Prozent der Anlagebeträge jeweils in bestimmte Wirtschaftssektoren gehen sollen (z.B. 30% Chemie, 10% Bau usw. – aber nicht in spezielle Unternehmen = Aufgabe des Fondsmanagements).

Ebenso kann der staatliche Anteilseigner des Fonds mit den Gewerkschaften übereinkommen, ob und wie viele Fondsanteile Arbeitnehmern (im Rahmen von Tarifverträgen), aber auch ganz allgemein anderen Bevölkerungsschichten (Sparer) gratis oder begünstigt zugute kommen sollen (wann, was, wieviel und an wen).

Hinweis: Eine Gleichverteilung der Anteile auf die Bevölkerung der DDR wäre hier nicht sachgerecht, weil es die Jüngeren stärker begünstigen würde als die Älteren, die unter dem sozialistischen System weitaus länger gelitten haben.

7. Wenn die Idee einer breit angelegten Arbeitnehmerbeteiligung weiterverfolgt werden soll, könnte im einzelnen folgendermaßen vorgegangen werden:

Erster Schritt: Treuhandanstalt/Bund erwirbt mit den erlösten Geldern aus dem Verkauf von DDR-Unternehmen Anteile an dem für sie gegründeten Spezial-Beteiligungs-Sondervermögen (Beteiligungsfonds).

Zweiter Schritt: Treuhandanstalt/Bund und Tarifvertragsparteien einigen sich im Anlageausschuß auf die Richtlinien für die Verwendungs-/Anlagemöglichkeiten der Fondsmittel.

Dritter Schritt: Tarifvertragsparteien vereinbaren ggf. im Rahmen von Tarifverhandlungen, daß Arbeitnehmern – neben den Barlohnerhöhungen – Anteilscheine am Beteiligungsfonds übertragen werden, sofern diese nach dem Vermögensbildungsgesetz festgelegt werden. (Das heißt: Während in der Bundesrepublik – per Tarifvertrag – die Unternehmen die vermögenswirksame Leistung mit erbringen, würde es im Fall des „Beteiligungsfonds" die Treuhandanstalt bzw. der Staat sein.)

J. Ludewig

---

6 Gesetz über Kapitalanlagegesellschaften (KAGG) in der Neufassung der Bekanntmachung vom 14. Januar 1970 (ebd. 1970 I, 128–140), zuletzt geändert durch Artikel 8 des Gesetzes vom 25. Juni 1990 (ebd. 1990 II, 518–536, hier 521).

Nr. 412
Schreiben des Bundeskanzlers Kohl an Ministerpräsident Mazowiecki
Bonn, 6. September 1990

BK, 213 – 30130 P 4 Po 48 Bd. 1. – Entwurf. Tag der Ausfertigung hs. ergänzt. – Mit Schreiben des VLR I Kaestner an VLR I Elbe, 5. September 1990 (per Sonderboten): „Lieber Herr Elbe, wie gestern von dem Herrn Bundeskanzler mit Herrn Bundesminister Genscher vereinbart, übersende ich anliegend den Entwurf eines Schreibens des Herrn Bundeskanzlers an den polnischen Ministerpräsidenten Mazowiecki mit der Bitte, so bald wie möglich das Einverständnis des Herrn Bundesministers einzuholen. Entsprechend der genannten Vereinbarung soll dieses Schreiben vor dem 2+4-Ministertreffen (Moskau, 12. September 1990) durch unseren Botschafter in Warschau übergeben werden. Mit freundlichen Grüßen".

Sehr geehrter Herr Ministerpräsident,

für Ihr Schreiben vom 25. Juli 1990 danke ich Ihnen.[1] Ich habe Ihre Würdigung der Entschließung des Deutschen Bundestages zur deutsch-polnischen Grenze vom 21. Juni 1990[2] und Ihre anerkennenden Worte zu meiner Regierungserklärung vom gleichen Tage[3] mit großer Genugtuung zur Kenntnis genommen, desgleichen die positive Würdigung meiner Rede in Stuttgart-Bad Cannstatt am 5. August 1990[4] durch Ihre Regierungssprecherin[5].

Meinerseits möchte ich Ihnen meine besondere Wertschätzung für die Erklärung zum Ausdruck bringen, die Herr Außenminister Professor Skubiszewski zum 51. Jahrestag der Wiederkehr des Kriegsausbruchs im Namen der polnischen Regierung abgegeben hat.[6] Diese Erklärung ist vom Geist der Verständigung und Versöhnung getragen, wie er auch schon in der von Ihnen mitunterzeichneten Erklärung deutscher und polnischer Katholiken vom Sommer 1989[7] zum Ausdruck gekommen war.

Ich bin zutiefst überzeugt, daß es uns auf dieser Grundlage der Verständigung und Versöhnung gelingen wird, auch die vor uns liegenden Aufgaben zu lösen. Dazu gehören insbesondere die Verhandlungen über die von uns in Aussicht genommenen Verträge zwischen Ihrem Land und dem vereinigten Deutschland.

Seit unserer Begegnung in Budapest[8] hat sich die Entwicklung hin zur deutschen Einheit erneut beschleunigt. Ging ich damals davon aus, am 2. Dezember 1990 würden die ersten freien gesamtdeutschen Wahlen stattfinden und anschließend die deutsche Einheit hergestellt, so wird durch den kürzlichen Beschluß der Volkskammer der DDR[9] deren Beitritt nunmehr bereits am 3. Oktober 1990 vollzogen werden.

Angesichts dieses vorgezogenen Termins sieht sich die Bundesregierung einer Fülle noch zu bewältigender Gesetzgebungsakte, organisatorischer Fragen sowie den Wahlkämpfen in den neuen Bundesländern im Oktober[10] und zum Deutschen Bundestag im Dezember dieses Jahres[11] gegenüber. Dies alles setzt die Bundesregierung unter erheblichen Zeitdruck.

1 Nr. 371.
2 Nr. 322 Anm. 3.
3 Nr. 323 Anm. 3.
4 Ansprache von Bundeskanzler Kohl in Stuttgart-Bad Cannstatt anläßlich des 40. Jahrestages der Verkündung der Charta der deutschen Heimatvertriebenen, 5. August 1990, in: Bulletin. Nr. 99. 17. August 1990, 841–846.
5 Regierungssprecherin Malgorzata Niezabitowska.
6 In der in deutscher Sprache abgegebenen Erklärung äußerte Außenminister Skubiszewski „tiefes Verständnis für die Leiden jener Deutschen, die infolge von Kriegshandlungen, Vertreibung oder Aussiedlung ihre Heimat verloren" hätten. Ihnen wäre „viel Leid und Ungerechtigkeit" widerfahren (Meldung Radio Polonia/dt./1.9.90/16.00 in: Ostinformationen. Nr. 168. 3. September 1990, 4; BPA/PA, F 1/22).
7 Nr. 242 Anm. 3.
8 Nr. 344C Anm. 30.
9 Nr. 397A.
10 Am 14. Oktober 1990 fanden in Brandenburg, Mecklenburg-Vorpommern, Sachsen, Sachsen-Anhalt und Thüringen Wahlen zu den Landtagen statt.
11 Dazu Nr. 379.

Ich bitte deshalb um Ihr freundschaftliches Verständnis, wenn ich Ihnen für den Monat Oktober keinen Besuchstermin vorschlagen kann.

Wenn Sie damit einverstanden sind, würde ich Sie gern nach den Landtagswahlen im Oktober anrufen, um mit Ihnen einen Termin für eine persönliche Begegnung in der ersten Hälfte November zu vereinbaren.

Schon heute könnte ich Ihnen – falls Ihnen dies terminlich möglich ist – den 8. November 1990 anbieten. Ich denke dabei an ein nichtprotokollarisches Treffen in der Nähe der deutsch-polnischen Grenze. Einzelheiten sollten dann zwischen unseren Büros vereinbart werden.[12]

Bei dieser Gelegenheit sollten wir – Ihr Einverständnis vorausgesetzt – den weiteren Zeitplan und das weitere Vorgehen verabreden, um den von uns beiden angestrebten umfassenden Vertrag über die zukunftsgewandte Gestaltung der deutsch-polnischen Beziehungen sowie über die Grenzfrage so bald wie möglich im neuen Jahr zum Abschluß zu bringen.

Mit freundlichen Grüßen
Ihr
Helmut Kohl

Nr. 413
Schreiben des Bundesministers Waigel an Bundeskanzler Kohl
Bonn, 6. September 1990

BArch, B 136/26701, 421 – 65109 Wi 9 Bd. 59. – Hs. von Bundeskanzler Kohl vermerkt: „erl."

Betr.:   Deutsch-sowjetischer Vertrag über einige überleitende Maßnahmen

Sehr geehrter Herr Bundeskanzler,

in den frühen Morgenstunden des heutigen Tages habe ich mit dem Stellvertretenden sowjetischen Ministerpräsidenten, Herrn Sitarjan, bis auf wenige eckige Klammern Einvernehmen über einen Textentwurf für den in Archys vereinbarten Überleitungsvertrag erzielen können. Die Verhandlungen wurden offen und konstruktiv geführt, waren aber in der Sache äußerst hart. Sie wurden allerdings erkennbar auch von sowjetischer Seite mit dem Ziel geführt, zu Ergebnissen zu kommen. Die Sowjets haben im wesentlichen unsere Position akzeptiert, daß wir den Vertrag nur mit einem festumrissenen, kalkulierbaren Finanzrahmen abschließen können.

In dem formulierten Textentwurf (Anlage)[1] sind allerdings die entscheidenden finanziellen Punkte offengeblieben. Herr Sitarjan war auch nach einem 4-Augen-Gespräch nicht bereit, mit der von mir angebotenen Gesamtsumme für die Jahre 1991 bis 1994, zunächst 5 Mrd. DM, dann 6 Mrd. DM, abzuschließen. In der Plenumssitzung bezifferte er die Gesamtforderung der Sowjetunion für den Zeitraum bis 1994 auf 18,5 Mrd. DM, aufgeteilt in
– 11 Mrd. DM Wohnungsbauprogramm,
–   4 Mrd. DM Aufenthaltskosten,

---

12 Bundeskanzler Kohl und Ministerpräsident Mazowiecki trafen am 8. November 1990 in Frankfurt/Oder zusammen.

1 Anlage unsicher. Vermutlich: Vertrag zwischen der Bundesrepublik Deutschland und der Union der Sozialistischen Sowjetrepubliken über einige überleitende Maßnahmen, Entwurf, Stand: 7. September 1990, 18.00 Uhr, Vertraulich; BArch, B 136/26701, 421 – 65109 Wi 9 Bd. 59.

– 3 Mrd. DM Transportkosten für Abzug der Truppen,
– 0,5 Mrd. DM Umschulungs-/Ausbildungsprogramm.

Eine Überschreitung des von mir angebotenen Finanzrahmens (6 Mrd. DM) muß vor dem Hintergrund der äußerst angespannten Finanzlage des Bundes in den nächsten Jahren beurteilt werden. Hierbei muß auch einbezogen werden, daß ich der sowjetischen Seite für die Regelung ihrer Transferrubelschuld gegenüber der DDR eine großzügige, für 4 bis 5 Jahre belastungsfreie Regelung zugestanden habe, die für den Bundeshaushalt eine erhebliche Zins- und Tilgungsbelastung darstellt.

Es ist in den Gesprächen deutlich geworden, daß für die sowjetische Seite die Verwirklichung des Abzugs der Truppen eng mit der Schaffung von Wohnraum verbunden ist. Wir können angesichts der unwägbaren Kostensituation eine finanzielle Kalkulierbarkeit unseres Engagements für das Wohnungsbauprogramm nur sichern, wenn wir uns nicht vertraglich an die von den Sowjets geforderten Quantitäten binden lassen (2 Mio. qm = 36000 schlüsselfertige Wohnungen). Es ist uns gelungen, eine entsprechend offene Formulierung durchzusetzen. Die sowjetische Forderung nach 11 Mrd. DM beinhaltet auch die Schaffung einer umfangreichen Infrastruktur mit Schulen, Krankenhäusern, Kindergärten usw. Ich habe die Bereitschaft der Bundesregierung unterstrichen, auch unsererseits dem Wohnungsbau Priorität einzuräumen und alle Möglichkeiten der Kombination verschiedener Lösungswege zu prüfen (schlüsselfertige Wohnungen, Fertigungskapazitäten, Modernisierung und Ausrüstung), um bei einem gegebenen Finanzrahmen eine möglichst hohe Zahl von Wohnungen erstellen zu können.

Ich halte es auch für ratsam, daß der für die inhaltliche Ausgestaltung des Wohnungsbauprogramms federführende Wirtschaftsminister eine Konzeption entwickelt, die bereits für 1991 eine nennenswerte Zahl von Wohnungen unter weitgehend direkter Einschaltung deutscher Firmen ermöglicht, möglichst auch unter Nutzung freier DDR-Kapazitäten.

Bei den Aufenthaltskosten für die Truppen steht einer sowjetischen Forderung von 4 Mrd. DM für den deutschen Beitrag unsererseits ein Angebot von rd. 2 Mrd. DM gegenüber. Auch hier ist es wichtig, an der im Vertragsentwurf durchgesetzten Pauschalregelung für die Jahre 1991 bis 1994 festzuhalten. In diesem Zusammenhang weise ich darauf hin, daß die Sowjetunion in <u>diesem Vertrag</u> (Art. 1) eine Fixierung des Endtermins für den vollzogenen Truppenabzug spätestens zum 31. Dezember 1994 bisher ablehnt.

Die Forderung der Sowjetunion, ihr einen zinslosen Kredit für die Finanzierung ihres Anteils an den Aufenthaltskosten zu gewähren, habe ich abgelehnt. Dies könnte darauf hinauslaufen, daß die Bundesrepublik die vollen Aufenthaltskosten zu tragen hätte. Im übrigen müssen weitere Kredite an die Sowjetunion auch im Kontext der noch bevorstehenden internationalen Hilfen gesehen werden.

Abgelehnt habe ich auch die von der sowjetischen Seite geforderte völlig kostenlose Bereitstellung von Transportleistungen (Art. 2).

Insgesamt sollten wir daran festhalten, daß sich alle finanzwirksamen Einzelelemente des Überleitungsvertrages in einen für uns tragbaren Gesamt-Finanzrahmen einpassen.

Ihr
Theo Waigel

Nr. 414
Notiz des Referatsleiters Westerhoff für den Chef des Bundeskanzleramtes Seiters
Bonn, 6. September 1990

BArch, B 136/26869, 441 – 84010 Wo 107 Bd. 2.

<u>Betr.</u>:   Überleitungsabkommen mit der UdSSR
<u>hier</u>:   Ergebnis der gestrigen Sitzung im Bundeskanzleramt

1. Die Formulierung des Abkommenstextes, das die wirtschaftlichen und finanziellen Probleme des sowjetischen Truppenabzugs aus der DDR regelt, konnte heute morgen, 03.00 Uhr abgeschlossen werden. Offen sind nur noch jene Textstellen, die finanzielle Aspekte betreffen und die dann wegfallen können, wenn ein Gesamtfinanzrahmen vereinbart ist.
2. Die sowjetische Seite hat eine Gesamtforderung von 18,5 Mrd. DM (in 4 Jahren) erhoben, die sich auf Nachfrage wie folgt aufteilen soll:
   – Hilfe zum Wohnungsbau (inkl. Infrastruktur)   11   Mrd. DM
   – Kosten für den vorübergehenden Aufenthalt   4   Mrd. DM
   – Transportkosten bis zur sowjetischen Grenze   3   Mrd. DM
   – Umschulungs- und Ausbildungsmaßnahmen   0,5 Mrd. DM.
   BM Waigel hat diese Forderung als „keine diskutable Größe", „unrealistisch", „für eine zukünftige Zusammenarbeit schädlich" und „wird in der Öffentlichkeit bei uns nicht akzeptiert" bezeichnet. BM Waigel unterbreitete seinerseits kein Angebot. (Bei den internen Vorbereitungsgesprächen im BMF war von unserer Seite ein Betrag von 4 Mrd. DM plus Verhandlungsmarge als realistisch angesehen worden.) BM Waigel vertrat die Meinung, daß das Problem des Gesamtfinanzrahmens nur auf höchster politischer Ebene gelöst werden könne.
3. Zu bedenken ist weiterhin folgender Sachverhalt:
   – Wird der Transfer-Rubelsaldo, der bis zum Jahresende auf 10 Mrd. DM veranschlagt wird, der SU als finanzloser Kredit gewährt, so entstehen bei uns jährlich Zinskosten in Höhe von 1 Mrd. DM. Die Sowjetunion sieht dies nicht als eine Forderung ihrerseits an, weil das sowjetische Defizit eine Folge der Währungsumstellung in der DDR sei.
   – Bei den Themen „Liegenschaften" und „Wismut" sind nur prozedurale Vereinbarungen getroffen worden. Gleichwohl muß in diesem Bereich auch mit Belastungen in Milliardenhöhe gerechnet werden.[1]

Dr. Westerhoff

---

1   Einer Notiz des Regierungsdirektors Vogel vom 6. September 1990 zufolge (BArch, B 136/26701, 421 – 65109 Wi 9 Bd. 59) enthielt „dieses Paket noch nicht die Ansätze für die Themen ‚Liegenschaften' und ‚Wismut', so daß die russischen Forderungen damit über 20 Mrd. DM" lägen. Zu den sowjetischen Forderungen in Gesamthöhe von 18,5 Mrd. DM von Bundeskanzler Kohl hs. vermerkt: „36 000 Wohnungen", „BRD 6 Milliard[en]" und eingekreist „8 Milliard[en]".

Nr. 415
Telefongespräch des Bundeskanzlers Kohl mit Präsident Gorbatschow
7. September 1990

BK, 213 – 30130 S 25 Üb 5 Bd. 2. – Vermerk des VLR I Kaestner, 7. September 1990. VS-NfD. – Mit Vorlage des AL 2 i.V., VLR I Kaestner, über Chef BK an den Bundeskanzler mit der Bitte um Genehmigung. Hs. von Bundeskanzler Kohl vermerkt: „Teltschik sofort R[ücksprache]". – Gesprächsdauer: 10.02 bis 10.40 Uhr.

Der Bundeskanzler begrüßt Präsident Gorbatschow und fragt nach seinem Befinden.
Präsident Gorbatschow erwidert, das Leben sei nicht einfach. Für ihn – wie für den Bundeskanzler – sei es schwierig, Überzeugungen zu ändern. Was man verändern könne, sei die Taktik, seine Ziele zu erreichen.
Nach Austausch von Grüßen an Frau Gorbatschow und Frau Kohl knüpft der Bundeskanzler an das Gespräch in Archys[1] an: Es sei für ihn sehr wichtig gewesen, nicht nur wegen der behandelten politischen Fragen, sondern auch in menschlicher Beziehung.
Präsident Gorbatschow stimmt zu: Dies sei das „gewaltigste Gespräch" zwischen ihnen gewesen, daraus stellten sich jetzt viele Aufgaben, die mit großer Verantwortung zu lösen sein.
Der Bundeskanzler wirft ein, aber auch Chancen!
Präsident Gorbatschow stimmt zu und scherzt, er hoffe, noch Zeiten zu erleben, wo er in größerer Ruhe mit dem Bundeskanzler in den Bergen wandern könne.
Der Bundeskanzler hofft, daß dies bald so sein werde.
Heute – so der Bundeskanzler weiter – wolle er einige Fragen anschneiden, die er Präsident Gorbatschow mit seinen Mitarbeitern zu besprechen bitte – nächste Woche könne man dann noch einmal telefonieren.
Präsident Gorbatschow ist einverstanden.
Der Bundeskanzler bekräftigt alles, was in Moskau und Archys besprochen worden ist. Hinsichtlich des dort vereinbarten „großen Vertrages" sei er sehr zufrieden über den erreichten Stand. Er wünscht, er könne diesen Vertrag bald nach dem Wiedervereinigungsdatum, nach dem 3. Oktober 1990, mit dem Präsidenten unterzeichnen.
Präsident Gorbatschow teilt den Optimismus – die Dinge bewegten sich im großen Ganzen nach vorn. Er sei gern bereit, die konkrete Planung näher anzusehen.
Der Bundeskanzler fährt fort, nach seinen Informationen gingen auch die Verhandlungen über den Vertrag über Aufenthalt und Stationierung sowjetischer Streitkräfte voran[2] – er glaube, daß auch hier alles zu einem guten Ende kommen werde.
Präsident Gorbatschow wirft ein, man habe ihm berichtet, daß nicht alles glatt verlaufe.
Der Bundeskanzler sieht das eigentliche Problem im sogenannten Überleitungsvertrag, und zwar bei den Kosten. Von sowjetischer Seite seien vier Positionen vorgetragen worden:
– Hilfe für Wohnungsbau in der Sowjetunion;
– Kosten der Stationierung bis zum Abzug;
– Kosten für Umschulung (dieses Problem jedoch wegen nicht so hoher Kosten zu vernachlässigen);
– und als neue Position: Rücktransportkosten.
Er – der Bundeskanzler – habe dem Präsidenten gesagt, daß wir beim Wohnungsbau helfen werden. Dies sei unverändert seine Meinung. Nun gebe es offensichtlich in Details Probleme. Nach unserer Meinung sei es richtig, diesen Wohnungsbau gemeinsam mit den sowjetischen Stellen zu verwirklichen. Von unserer Seite werde eine Summe und Material und alles, was dazugehört, zur Verfügung gestellt. Aber alles werde nicht funktionieren, wenn

---

1 Nr. 353.
2 Dazu Nr. 410.

die sowjetische Seite nicht eine Persönlichkeit mit praktisch diktatorischen Vollmachten benenne, die vor Ort Entscheidungen treffen könne.

Er wolle den Präsidenten fragen, ob man nicht gut beraten wäre, dann, wenn man sich über die Summe geeinigt habe, kompetente Fachleute beider Seiten zusammenzuführen, die den Ablauf im einzelnen miteinander besprechen. Er glaube nicht, daß dies auf der bisherigen hohen Verhandlungsebene möglich sei.

Der Bundeskanzler unterstreicht erneut unser Interesse, daß die Sache funktioniert. Dies werde aber nur möglich sein, wenn man dabei generalstabsmäßig vorgehe.

Präsident Gorbatschow betont zwei Punkte:

Zum einen sei es wichtig, den politischen Aspekt im Auge zu behalten. Es sei deshalb sehr wichtig, dieses Problem entsprechend den historischen Beschlüssen, die man gefaßt habe, zu lösen, wobei er hoffe, daß man bei diesen historischen Beschlüssen bleibe. Er hoffe, daß man die grundsätzlichen Fragen klären könne, ohne dabei durch Details ins Stocken zu kommen. Er wolle, daß die grundsätzliche Einigung bewahrt werde und man die Zusammenarbeit aufrechterhalte.

Dabei verstehe er durchaus, daß neue Probleme beim Bundeskanzler – wie auch bei ihm – auftreten könnten. Diese seien aber nicht so groß wie die Maßstäbe, die sich aus der Vereinigung Deutschlands ergäben. Zum anderen sei es sicherlich nicht so, daß man von sowjetischer Seite kleinlich auftrete. Alle Berechnungen seien nachprüfbar – die deutsche Seite verstehe dies sehr gut!

Im übrigen sei er bereit, wenn man hinsichtlich der Summe eine Einigung erzielt habe, dem Vorschlag des Bundeskanzlers folgend, ein Forum auf einer anderen Ebene zu bilden, das alle praktischen Fragen klärt, die sich bei der Verwirklichung dieser Beschlüsse stellen.

Nunmehr sei politischer Wille des Bundeskanzlers vonnöten – er hoffe auf die Zusammenarbeit mit dem Bundeskanzler und hoffe, mit ihm zu einem angemessenen Beschluß zu kommen.

Der Bundeskanzler unterstreicht, daß er diesen politischen Willen nicht nur hege, sondern dies auch bewiesen habe. Für ihn sei klar, daß man am Ende des Jahres, wenn das Reformpaket des Präsidenten deutlich werde, sowohl als Bundesrepublik Deutschland wie auch zusammen mit den westlichen Partnern noch einmal gemeinsame Überlegungen anstellen werde, die auch in [die] finanzielle Dimension hineingingen.

Er habe sich, weil er die Wichtigkeit der Frage des Wohnungsbaus sehe, die finanziellen Fragen sehr genau angesehen. Er wolle jetzt die gegenseitigen Rechnungen beiseite lassen. Er sei zum Ergebnis gekommen, daß man jetzt über eine Summe reden müsse und dann über ihre Aufteilung, wobei es die Entscheidung des Präsidenten sei, wo er den Schwerpunkt setzen wolle: beim Wohnungsbau oder bei Aufenthalts- und Stationierungskosten.

Er halte ein Gesamtangebot in einer Größenordnung von 8 Mrd. DM für denkbar. Dabei wolle er – wenn er einen Rat geben dürfe – empfehlen, den Schwerpunkt auf den Wohnungsbau zu legen.

Präsident Gorbatschow sagt mit Deutlichkeit, daß diese Zahl in eine Sackgasse führt. Er erläutert sodann, daß nach sowjetischen Berechnungen der Wohnungsbau mit dazugehöriger Infrastruktur (Kindergärten, Schulen, medizinische Einrichtungen) allein auf 11 Mrd. DM anzusetzen sei (der Bundeskanzler wirft ein, dies sei ihm bekannt).

Wenn man nun die Frage der Transportkosten und des Aufenthalts der Truppen dazunehme, komme man zu einer ganz anderen Summe.

Offen gesagt, das Angebot des Bundeskanzlers unterminiere die gemeinsame Arbeit, die bisher geleistet wurde. Wenn er sich die Analysen deutscher Experten zu den Kosten der Integration der DDR in neue Strukturen ansehe, so gingen die Schätzungen von 500 Mrd. DM für 10 Jahre aus, also 50 Mrd. pro Jahr. Wenn man die Fristen verkürze, würde dies noch höher.

Aber es gehe nicht nur um die DDR, sondern um einen gegenseitig abhängigen Prozeß. Das, was zwischen ihm und dem Bundeskanzler jetzt besprochen werde, sei ein Element dieses Prozesses. Die sowjetischen Kostenanalysen seien keine Bettelei (Dolmetscher: Ansuchen), sondern man rede offen miteinander. Deshalb sei die für vier Jahre genannte Summe nicht zu hoch. Alles sei organisch miteinander verbunden. Dieser Zusammenhang sei für die sowjetische Seite unverletzlich.

So habe man sich mit gemeinsamem guten Willen und bei gegenseitigem Verständnis geeinigt, daß man die endgültige Regelung im Zusammenhang mit der Vereinigung Deutschlands in einem Dokument und die Fragen im Zusammenhang mit Aufenthalt und Abzug der Truppen in einem anderen Dokument festlegen wolle.

Der Bundeskanzler bekräftigt dieses Einverständnis.

Präsident Gorbatschow fährt fort, das politische Dokument habe den Weg freigemacht in eine Richtung, in der es um schicksalsträchtige Fragen des Aufenthalts und Abzugs sowjetischer Truppen gehe. Wenn man bei der Regelung dieser Fragen keinen Fortschritt mache, bestehe die Gefahr, daß die Vereinbarungen in Widerspruch zueinander gerieten. Man müsse aber den Zusammenhang sehen!

Der Bundeskanzler hält diesen Widerspruch für nicht gegeben. Beide Seiten seien guten Willens und müßten einen Weg finden. Dabei müsse er aber feststellen, daß die Position der Sowjetunion wesentlich höher ausgefallen sei, als ursprünglich vereinbart. Man habe zwar von Wohnungsbau gesprochen, jetzt aber gehe es um Infrastruktur – dies sei ein völlig neues Argument. Dabei müsse er sehen, daß wir derzeit vor vielfältigen finanziellen Belastungen stünden.

Zum weiteren Prozedere schlägt der Bundeskanzler vor, daß man die Dinge noch einmal überlege und am Montag erneut miteinander telefoniere. Hierfür wird 14.30 Uhr Bonner Zeit/16.30 Uhr Moskauer Zeit vereinbart.

Präsident Gorbatschow bestätigt die Vereinbarungen und unterstreicht erneut im Zusammenhang mit den ihm vorgetragenen Informationen seine große Besorgnis.

Der Bundeskanzler betont, man müsse sich beiderseits bemühen.

Präsident Gorbatschow betont, er denke auch an den 12. September, wo die 2+4 in Moskau auf Ministerebene zusammenkommen.[3] Welche Weisungen solle er AM Schewardnadse nun geben? Er müsse sagen, die Situation sei für ihn sehr alarmierend. Es komme ihm so vor, als sei er in eine Falle geraten.

Der Bundeskanzler widerspricht dezidiert – so könne und wolle man nicht miteinander reden. Dies sei nicht seine Absicht, und er wisse, daß dies auch nicht die Absicht des Präsidenten sei.

Präsident Gorbatschow verweist auf die Realitäten.

Der Bundeskanzler erwidert, gerade deshalb rede man über die Realitäten, die es im übrigen auf beiden Seiten gebe.

Präsident Gorbatschow betont abschließend, daß es entscheidend wichtig sei, den Knoten aufzulösen.

Der Bundeskanzler bekräftigt seine Absicht, dies zu tun.

Der Bundeskanzler weist sodann auf in Moskau stattfindende Verhandlungen von StS Kittel/BML hin, bei denen es um die Lieferung von Schweinefleisch, Zigaretten usw. im Werte von 600 Mio. DM gehe. Dieses Angebot sei nach seiner Überzeugung sehr vernünftig. Es gebe jedoch ein Zeitproblem: Da es auch um Waren aus der DDR gehe, könne das Angebot in dieser Form nur bis zum 3. Oktober aufrechterhalten werden, danach seien u.a. Bestim-

---

3 Nr. 421 Anm. 1.

mungen des GATT und der EG zu berücksichtigen. Er bitte den Präsidenten, das den sowjetischen Unterhändlern zu verdeutlichen.

Präsident Gorbatschow sagt zu, entsprechende Weisungen sofort zu geben.

Der Bundeskanzler fragt sodann unter Bezug auf sein gestriges Telefongespräch mit Präsident Bush,[4] ob Präsident Gorbatschow daran interessiert sein könnte, zur Einheitsfeier am 3. Oktober nach Berlin zu kommen. Er stelle diese Frage ganz unprotokollarisch, und zwar, bevor er mit London und Paris gesprochen habe. Wenn es dem Präsidenten vernünftig erscheine, könne er das Thema mit Präsident Bush in Helsinki[5] besprechen, und man könne nächste Woche weiterreden.

Präsident Gorbatschow betont, daß es entscheidend wichtig sei, die gute Atmosphäre aufrechtzuerhalten, die zwischen ihnen erreicht sei und die es ermöglicht habe, diese historischen Prozesse auf den Weg zu bringen – dann sei er durchaus interessiert, die Krönung dieses Prozesses auf gebührender Ebene mit zum Abschluß zu bringen. Er unterstreicht die Bedeutung der Atmosphäre erneut.

Der Bundeskanzler bestätigt, gerade diese Atmosphäre habe ja erlaubt, den Prozeß auf den Weg zu bringen. Hier gebe es keine Meinungsunterschiede.

Präsident Gorbatschow drückt die Hoffnung aus, daß nunmehr keine Hindernisse geschaffen würden, die das unterminieren (Dolmetscher: sprengen) könnten, was aufgebaut worden sei und was es ermöglicht habe, zu langfristigen, großen Plänen für die Zukunft zu kommen.

Der Bundeskanzler pflichtet voll und ganz bei und bestätigt die Verabredung für Montag nachmittag.[6]

Verabschiedung.

Uwe Kaestner

---

4   Vermerk über das Telefongespräch vom 6. September 1990 in der Registratur des Bundeskanzleramtes nicht zu ermitteln. Sprechzettel für Bundeskanzler Kohl, 6. September 1990, mit Angaben über Art und Umfang der Hilfsleistungen durch die Bundesregierung: BK, 214 – 30101 I 1 Ir 24 NA 6 Bd. 2; zu dem Telefonat auch: Teltschik, 329 Tage, 358.
5   Präsident Bush traf am 9. September 1990 mit Präsident Gorbatschow in Helsinki zusammen. Gemeinsame Erklärung zur Golfkrise und gemeinsame Pressekonferenz in: Public Papers of the Presidents of the United States. Bush. 1990 II, 1203 f., 1204–1212.
6   Vermerk über das Telefongespräch in der Registratur des Bundeskanzleramtes nicht zu ermitteln. In diesem Telefonat am 10. September 1990 stand, so berichtet Teltschik (329 Tage, 361 f.), das „Finanzpaket im Mittelpunkt". Bundeskanzler Kohl bot anfangs einen Gesamtbetrag von zwölf Milliarden DM an. Daraufhin nannte Präsident Gorbatschow unter Hinweis auf die schwierige Wirtschaftssituation der UdSSR die Zahl von 15 bis 16 Milliarden DM. Schließlich „gehe es darum, einen großen Mechanismus zu bewegen, um die Vereinigung Deutschlands zu erreichen". Nachdem das Gespräch festzufahren drohte, erklärte Gorbatschow, nun müsse „praktisch alles noch einmal von Anfang an erörtert werden". Kohls anschließende Offerte eines zusätzlichen zinslosen Kredits in Höhe von drei Milliarden DM nahm Gorbatschow „spürbar erleichtert" auf. Einzelheiten sollten bei einem Expertentreffen am darauffolgenden Tag in Moskau erörtert werden.

Nr. 416

Vorlage des Vortragenden Legationsrats I Kaestner an Ministerialdirektor Teltschik

Bonn, 7. September 1990

BK, 422 – 35400 De 39 NA 4 Bd. 6. – Hs. vermerkt: „W[estdickenberg]. K[aestner] 7/9" und „zdA K[aestner] 13/9".

Betr.:   Stand der 2+4-Gespräche in Berlin
Bezug: DB/Moskau Nr. 3660 vom 7. September 1990
Anlg.:   – 1 – (Bezugsbericht)[1]

1. Den Bezugsbericht hatte ich heute früh dem Herrn Bundeskanzler vor seinem Telefongespräch mit Präsident Gorbatschow[2] vorgelegt. Er hat ihn mir mit seiner Verfügung „Rücksprache" zurückgeschickt.

2. Inzwischen hatte mich GL 21 aus Berlin telefonisch wie folgt unterrichtet:
   – Bis auf zwei entscheidende Punkte ist das 2+4-Abschlußdokument fertig. Derzeit wird noch an [der] Bereinigung der Texte gearbeitet. Die 2+4-Beamtenrunde geht heute zu Ende.[3]
   – Die beiden offenen Punkte sind
      = dual capable systems: Die Sowjets wollen unter Berufung auf die angebliche Absprache des Herrn Bundeskanzlers mit Präsident Gorbatschow durchsetzen, daß nicht nur keine ABC-Waffen, sondern auch keine doppelt verwendbaren Trägersysteme – dies würde praktisch jedes Flugzeug und jede großrohrige Artillerie einschließen – auf heutigem DDR-Gebiet zugelassen werden.
      = crossing the line: Hier geht es um die Frage, ob nicht in der DDR stationierte ausländische Truppen zeitweise zu Manövern usw. dorthin verbracht werden dürfen.
      = Von amerikanischer Seite sei noch ein Vorbehalt eingebracht, weil wir die künftige Reduzierung der Bundeswehr mit dem Abzug der sowjetischen Streitkräfte gekoppelt hätten.
      = Schließlich sei die Suspendierung der 4-Mächte-Rechte und -Verantwortlichkeiten insgesamt an ein zufriedenstellendes Ergebnis der 2+4 gebunden.

3. Der Herr Bundeskanzler hat mich dann am frühen Nachmittag im Zusammenhang mit seinem Telefongespräch mit Präsident Gorbatschow angerufen. Dabei habe ich die Rücksprache teilweise erledigt und insbesondere über den Berliner Verhandlungsstand berichtet. Der Herr Bundeskanzler sagte mir hierzu:
   – Hinsichtlich der mehrfach verwendbaren Waffen sei die Lage ganz einfach: Er habe mit Präsident Gorbatschow vereinbart, daß konventionelle Streitkräfte auf dem heutigen Gebiet der DDR stationiert werden könnten, ABC-Waffen aber nicht. Daran könnten die Sowjets jetzt nicht herumdrehen und zum Beispiel großkalibrige Mörser generell ausschließen.
...[4]

---

1   Nicht abgedruckt: Fernschreiben Nr. 3660 der Botschaft der Bundesrepublik Deutschland in der UdSSR (Moskau) an das Auswärtige Amt, 7. September 1990; BK, 422 – 35400 De 39 NA 4 Bd. 6.
2   Nr. 415.
3   Vom 4.–7. September 1990 tagte in Berlin (Ost) die letzte Gesprächsrunde Zwei plus Vier auf Beamtenebene mit dem Auftrag, Einigung über noch offene Fragen des Schlußdokuments herzustellen und das abschließende Ministertreffen in Moskau vorzubereiten.
4   Neun Sätze nicht freigegeben. Teltschik (329 Tage, 361) hielt dazu unter dem Datum des 7. September 1990 fest: „Andererseits sei er", Bundeskanzler Kohl, „aber auch nicht bereit, die amerikanischen Wünsche zu akzeptieren. Es sei vereinbart, daß auf dem heutigen Gebiet der DDR keine ausländischen Truppen stationiert werden dürfen. Deshalb könnten dort auch keine Manöver alliierter Truppen stattfinden. Außerdem gebe es genügend militärische Übungsplätze in der Bundesrepublik."

Nr. 417
Vorlage des Ministerialdirektors Teltschik an Bundeskanzler Kohl
Bonn, 8. September 1990

BK, 213 – 30130 S 25 Au 27 Bd. 4. – Mitverfasser: VLR Westdickenberg. VS-NfD. Vorlage über Chef BK – je gesondert. Mit Stempel: Der Leiter des Kanzlerbüros, 11. September 1990. Hs. von Bundeskanzler Kohl vermerkt: „Teltschik erl."

Betr.: Verhandlungen mit der SU über den Aufenthalts-/Abzugsvertrag
hier: Verhandlungsstand nach der 3. Verhandlungsrunde
Bezug: Vorlage an Sie in gleicher Sache nach der 1. Verhandlungsrunde[1]

1.   Votum
Kenntnisnahme

2.   Sachverhalt

2.1. Nach der 3. Runde (2 in Moskau, 1 in Bonn) intensiver, zäher Verhandlungen ist nunmehr am 08.09. ad referendum ein Vertragsentwurf erarbeitet worden, der bis zu seiner endgültigen Fertigstellung zwar noch mindestens einer Verhandlungsrunde bedarf, jedoch bereits wichtige politische Eckwerte für uns akzeptabel festlegt, u. a.:
– Festlegung der Abzugsdaten: Beginn mit Inkrafttreten des Vertrages, Abschluß „spätestens bis zum Ende des Jahres 1994";
– prinzipielle Anerkennung, daß SU Abzug schonend für Bevölkerung und Umwelt gestalten muß, wenn auch noch Widerstand gegen Regelungen im Detail (Durchsetzung in der Praxis wird in jedem Fall problematisch);
– Beschränkung der Manövertätigkeit auf bestehende Übungsplätze;
– Grundsatz des Primats deutschen Rechts.
Zu begrüßen ist, daß Aufenthalt und Abzug der Truppen in Berlin und der DDR in einem und nicht in zwei Verträgen geregelt wird, da so Gefahr einer zu weitgehenden Gleichstellung Westmächte und SU weitgehend vermieden sein dürfte.

2.2. Es konnte jedoch in wichtigen Punkten, die für unsere Öffentlichkeit besonders sensibel sind bzw. den Kern voller deutscher Souveränität mit Herstellung der Einigung berühren, noch keine Einigung erzielt werden, u. a.:
– grundsätzliche Anerkennung der deutschen Lufthoheit (bisher Ablehnung festgesetzter Zeiten für den militärischen Flugbetrieb und des Überschall- bzw. Tiefflugverbots unter 1 200 m);
– Durchführung des Abzugs gemäß eines mit uns abgestimmten Gesamtabzugsplanes;
– Zustand der zu übergebenden Liegenschaften: mittlerer Erhaltungszustand ohne Gesundheits- und Umweltgefahren (wir) bzw. Ist-Zustand (SU);
– Unterrichtung durch die SU über Art und Umfang ihrer Truppen in festgelegten regelmäßigen Abständen.

2.3. Einzelheiten des Vertrages – wie bisher ad referendum verhandelt – sehen u. a. vor:

Art. 2:
Aufenthalt und Abzug der Truppen in gegenseitigem Einvernehmen und mit gegenseitiger Unterstützung; Beachtung der deutschen Souveränität; Nichteinmischung in deutsche innere Angelegenheiten.

---

1 Nr. 398.

Art. 3:
Außerhalb der zugewiesenen Liegenschaften (wie z.B. Kasernen, Übungsplätzen) Führung von <u>Waffen</u> und scharfer <u>Munition</u> nur in genau umrissenen Fällen.

Art. 3a:
<u>Sonderbestimmungen</u> betreffend <u>Berlin</u> (Ost): Festschreiben von Zahl und Ausrüstung der Truppen, Zugang zum Ehrenmal im Bezirk Tiergarten.

Art. 3b:
Abzug beginnend mit Inkrafttreten des Vertrages, Abschluß „spätestens bis zum Ende des Jahres 1994"; Ernennung von Bevollmächtigten für den Abzug.

Art. 4:
regelt die besonders <u>problematische Materie der Ausbildung</u>: nur innerhalb von zugewiesenen Liegenschaften; Benutzungsregelung (strittig) von besonderen Panzerstraßen (fast 12 000 km); Anmeldung von Übungen oberhalb der Regimentsebene; detaillierte Regelung der Nutzung von Schießplätzen (strittig), keine im Rahmen von KVAE notifizierungspflichtigen Manöver (strittig).

Art. 5:
regelt die weiterhin <u>besonders strittigen Fragen des Flugbetriebs</u> der Westgruppe der Truppen; wichtigste offene Fragen wurden oben (Ziff. 2.2.) bereits genannt.

Art. 6:
regelt die <u>Nutzung der Liegenschaften</u>, wobei die SU besonders Wert auf Erstattung von durch sie durchgeführten Instandhaltungsmaßnahmen und Investitionen legt; staatliche Liegenschaften werden ihr unentgeltlich überlassen; grundsätzliche Sicherstellung des deutschen Zugangs zu Liegenschaften; <u>Verfahren der Übergabe</u>; Bestimmung des Bestandes und des Wertes der auf den Liegenschaften befindlichen sowjetischen Investitionen durch gemischte deutsch-sowjetische Kommission.

Art. 7:
Innerhalb der Liegenschaften Ausübung der <u>Polizeigewalt</u> durch SU, <u>außerhalb</u> durch SU lediglich <u>Disziplinargewalt</u>.

Art. 13:
Einräumung von weitgehenden <u>Zoll-, Steuer- und Monopolvergünstigungen</u> für die Waren zum eigenen Verbrauch der sowjetischen Truppen; Mißbrauchsbestimmung.

Art. 14–16:
regeln <u>Rechtsfragen</u> wie z.B. grundsätzliche deutsche Strafgerichtsbarkeit. <u>Problematisch</u> und noch ungeklärt <u>unsere Forderung</u>, daß, soweit sie zuständig sind, sowjetische Gerichte <u>keine Todesstrafe verhängen</u>.
Die Überstellung von Fahnenflüchtigen an die sowjetischen Behörden im gesamten Gebiet des geeinten Deutschlands ist <u>unter zwei Vorbehalten möglich</u>:
– falls <u>Asyl</u> beantragt wurde, muß Antrag zuvor rechtskräftig abgelehnt sein;
– allgemeiner Verfassungsvorbehalt wie z.B. Verbot des Übermaßes bei zu erwartenden Strafen.

Schlußbestimmungen
<u>SU prüft noch unseren Vorschlag einer vorläufigen Anwendung</u> des Abkommens nach dem 3. Oktober und vor dem Inkrafttreten des Vertrages und will ihrerseits, daß eine einseitige Kündigung des Vertrages ausgeschlossen ist.

3. Wertung
<u>Ob aus sowjetischer Sicht vor dem 12.09. noch eine weitere Verhandlungsrunde</u> erforderlich ist, <u>will SU uns im Laufe des 10.09. mitteilen.</u> Wir haben unsere Bereitschaft zur

Fortführung der Verhandlungen jederzeit und unser Bestreben nach einem möglichst schnellen Abschluß immer wieder betont. Es erscheint <u>nicht ausgeschlossen, daß SU sich für den Abschluß der 2+4-Regelung am 12.09.[2] mit dem jetzigen Verhandlungsstand zufrieden erklärt</u> und die noch offenen Fragen danach klären lassen will.[3] <u>Hauptproblem</u> ist die Haltung des <u>sowjetischen Militärs</u>.

Teltschik

Nr. 418
Schreiben des Staatssekretärs Köhler an Bundeskanzler Kohl
Bonn, 9. September 1990

BK, 213 – 30130 S 25 Üb 5 Bd. 3. – Hs. von VLR I Kaestner vermerkt: „Ø Herrn AL 2".

Sehr geehrter Herr Bundeskanzler,

beigefügt übersende ich Ihnen das erbetene Argumentationspapier für ein erweitertes Angebot an Präsident Gorbatschow.[1]

Nr. 418 A
Argumentation für Überleitungsvertrag

Hs. von Bundeskanzler Kohl vermerkt und später durchgestrichen: „Treffen 3. Oktober"; weiterhin vermerkt: „Teltschik".

1. Stv. MP Sitarjan hat im Vieraugengespräch mit BM Waigel am 5. September 1990[2] insgesamt 16 bis 18 Mrd. DM gefordert. Die Forderung enthält nach unserer Einschätzung überhöhte Forderungen für die Aufenthalts- und Abzugskosten sowie eine Maximalforderung für Infrastrukturmaßnahmen beim Wohnungsbau (siehe Sp. 1 der Tab.)[3]. BK hatte am letzten Freitag Präsident Gorbatschow einen Betrag von rd. 8 Mrd. DM angeboten (siehe Sp. 2 der Tab.).
⟨2. Es ist möglich, der SU ein Angebot in Höhe eines Gesamtbetrages von gut 10 Mrd. DM zu machen, das auch in den Einzelelementen gegenüber der sowjetischen Forderung gut begründbar ist, weil es⟩[4]
– der SU im Bereich der Aufenthalts- und Abzugskosten weit entgegenkommt und
– insbesondere ermöglicht, die geforderte Wohnungszahl (⟨36 000 Wohnungen⟩[5] = 2 Mio. qm) <u>voll zu erfüllen</u> (voll funktionsfähige Wohnungen, einschl. Anschlüsse an Versorgungsnetze, Zuwege usw. = ⟨kleine Infrastruktur⟩[6]), allerdings ohne die von SU

---

2 Nr. 421 Anm. 1.
3 Hs. dazu vermerkt: „Verhandlungen werden in der nächsten Woche fortgesetzt. N[euer] 11.IX.".
1 Ohne Grußformel und Unterschrift in der Textvorlage.
2 Dazu Nr. 413 und Nr. 414.
3 Nr. 418 B.
4 ⟨ ⟩ Hs. am linken Rand angestrichen; hier und im folgenden hs. Anmerkungen und Hervorhebungen des Bundeskanzlers Kohl.
5 ⟨ ⟩ Hs. unterstrichen.
6 ⟨ ⟩ Hs. unterstrichen.

geforderte umfassende Infrastruktur. Dies entspricht voll Angebot BK von Archys[7]. Die Verwirklichung eines vollständigen Städtebauprogramms wurde zu keinem Zeitpunkt zugesagt.[8]

3. Falls Präsident Gorbatschow auf das erweiterte Angebot von gut 10 Mrd. DM vollständig ablehnend reagiert, könnte
   - ⟨entweder das Angebot auf insgesamt 11 Mrd. DM erhöht werden, oder⟩[9]
   - der geforderte zusätzliche zinslose Kredit zur Finanzierung des SU-Anteils an den Aufenthaltskosten ⟨(3 Mrd. DM)⟩[10] zugestanden werden (Zinskosten bei Laufzeit ⟨von 5 Jahren insgesamt 1,2 Mrd. DM⟩[11]).
   [Interne Bewertung: besser Aufstockung des Gesamtangebots als zusätzlicher Kredit.][12]

4. Dieses Angebot muß auch vor dem Hintergrund gesehen und bewertet werden, daß die Bundesrepublik
   - bereits im Juli einen 5-Mrd.-DM-Kredit bereitgestellt hat,[13]
   - die Initiative für eine internationale Hilfsaktion ergriffen hat und
   - in diesem Zusammenhang zu weiteren Beiträgen bereit ist (diese Frage dürfte spätestens Anfang kommenden Jahres anstehen).

5. Mit Präsident Gorbatschow sollte eine abschließende Verständigung über einen finanziellen Gesamtrahmen von gut 10 Mrd. DM (nur äußerstenfalls von 11 Mrd. DM) erzielt werden. Auf dieser Grundlage könnte von den jeweiligen Unterhändlern (deutsche Seite St Kö[hler]), ⟨wenn nötig⟩[14], nochmals ein Gespräch geführt werden, in dem die Einzelelemente des finanziellen Gesamtrahmens festgelegt und der Vertrag paraphiert werden könnte.

6. Interne finanzpolitische Bewertung
   Die Gesamtsumme verteilt sich auf 4 Jahre. Dennoch ist zu bedenken, daß sie bisher in der Finanzplanung nicht enthalten ist und den ohnehin in den kommenden Jahren extrem hohen Nettokreditbedarf des Bundes zusätzlich vergrößern wird. Das Angebot ist überhaupt nur vertretbar, wenn die Gesamtsumme als abschließende finanzielle Regelung vereinbart wird, die mit dem vollständigen Abzug der SU-Truppen spätestens zum 31. Dezember 1994 gekoppelt ist. Sie muß auch vor dem Hintergrund bewertet werden, daß auf die Bundesrepublik im Zusammenhang mit einer international koordinierten Hilfsaktion für die SU weitere Belastungen zukommen.

---

7 Nr. 353.
8 Hs. Absatz am linken Rand angestrichen und vermerkt: „Ja".
9 ⟨ ⟩ Hs. am linken Rand vermerkt: „Ja".
10 ⟨ ⟩ Hs. unterstrichen.
11 ⟨ ⟩ Hs. unterstrichen.
12 Eckige Klammern in der Textvorlage.
13 Dazu Nr. 284 und Nr. 306.
14 ⟨ ⟩ Hs. unterstrichen und am linken Rand vermerkt: „Ja".

Nr. 418B
Finanztableau

	Sowjetische Forderung (Stv. Sitarjan im Plenum am 05.09.1990)	Deutsches Angebot	
		D-Angebot vom 07.09.1990 ggü. Präs. Gorbatschow	Mögliches erweitertes Angebot
1. Stationierungskosten	4 Mrd. DM		3 Mrd. DM
2. Abzug (Transport)	3 Mrd. DM	3 Mrd. DM	0,6–1 Mrd. DM
3. Wohnungsbau	11 Mrd. DM	5 Mrd. DM	6,3 Mrd. DM
4. Umschulung	0,5 Mrd. DM	0,2 Mrd. DM	0,2 Mrd. DM
	18,5 Mrd. DM	8,2 Mrd. DM	10,1–10,5 Mrd. DM

Erläuterungen zum erweiterten D-Angebot (Sp. 3):

1. Stationierungskosten: Festlegung einer Gesamtsumme von 3 Mrd. DM. Ausgangspunkt für 1991 Kosten des Jahres 1990 (2,4 Mrd. DM), linearer Abbau (25%/Jahr), 50 v.H. D-Kostenbeteiligung.

2. Abzugskosten: Kostenlose Bereitstellung von D-Schienentransportkap[azitäten] bis zur SU-Grenze, d.h. nur Übernahme der Transitgebühren durch Polen durch SU. Volle Bereitstellung der Schienentransportkap[azitäten] bis zu Fährhäfen, Übernahme der Hafengebühren und Umschlagkosten in den Häfen, d.h., SU trägt nur Kosten für Transport mit eigenen Fährschiffen.

3. Wohnungsbau: Mögliche Programmgestaltungen (Varianten)

(1) Bau von 36000 schlüsselfertigen Wohnungen (= 2 Mio. qm) und
Errichtung von 4 Fertigteilwerken

(2) Bau von 27500 schlüsselfertigen Wohnungen (= 1,55 Mio. qm) und
Errichtung von 6 Fertigteilwerken und
Lieferung von gewünschter zusätzl. Ausrüstung (z.B. Ziegelei, Sanitärerzeugnis-, Parkett-, Einbaumöbelfabriken)

(3) Wenn Kostensenkung möglich, dann entsteht Spielraum für zusätzl. Wohnungen oder mehr Fertigteilwerke oder einzelne Infrastrukturmaßnahmen (Schulen usw.). Hierzu optimale Voraussetzungen erforderlich (wenige und kostengünstige Standorte).

Bundesreg. ist bereit, Voraussetzungen für schnellstmögl. Bau von schlüsselfertigen Wohnungen zu schaffen, insbes. durch Nutzung vorhandener DDR-Kapazitäten, Bereitstellung von westdt. Managementkapazitäten. Ziel: bereits 1991/92 Fertigstellung von Wohnungen. Hierfür sind klare verantwortl. Zuständigkeiten in SU unabdingbar.

Nr. 419
Besprechung des Chefs des Bundeskanzleramtes Seiters mit den Chefs der Staats- und Senatskanzleien der Länder
Bonn, 10. September 1990

BK, 211 – 31070 Eu 48 Bd. 25. – Undatiertes Ergebnisprotokoll. – Vertreter: Min Clement (Vorsitzland Nordrhein-Westfalen), St Menz (Baden-Württemberg), MD Rauscher (Bayern), SR Müller i.V. von St Schröder (Berlin), StR Fuchs (Bremen), StR Vahrenholt (Hamburg), St Gauland (Hessen), St Scheibe (Niedersachsen), MD Bastian i.V. von St Schreiner (Rheinland-Pfalz), St Kopp (Saarland), St Pelny (Schleswig-Holstein); Ressorts: BM Schäuble, St Sudhoff, St Kroppenstedt, St Neusel, St Kinkel, St Klemm, St von Würzen, St Priesnitz, St Tegtmeier i.V. von St Jagoda, St Knittel, St Ziller, St Schaumann, MD Vogel; Bundeskanzleramt: Chef BK Seiters, AL 1, Al 3; Protokollführer: RiVG Köster (Teilnehmerliste; BArch, B 136/29255, 122 – 14020 Mi 1, Besprechung Chef BK/CdS, 10.9.1990, Mappe Chef BK). – Besprechungsdauer: 9.00 bis 11.00 Uhr.

Der Chef des Bundeskanzleramtes und die Chefs der Staats- und Senatskanzleien einigen sich auf folgende Tagesordnung:
1. Mitwirkung der Länder in EG-Fragen
2. Aufbau der Landesverwaltungen in der heutigen DDR, Arbeit der Clearingstelle
3. Termine.

...[1]

TOP 2   Aufbau der Landesverwaltungen in der heutigen DDR, Arbeit der Clearingstelle

Bundesminister Schäuble und Staatssekretär Kroppenstedt (Bundesministerium des Innern) berichten über den Stand der Vorbereitungen zum Aufbau von Landesregierungen und neuen Verwaltungsstrukturen auf dem Gebiet der heutigen DDR.

Es schließt sich auf Vortrag bzw. Nachfragen des Chefs der Staatskanzlei des vorsitzführenden Landes, des Leiters des Staatsministeriums des Landes Baden-Württemberg, der Chefs der Senatskanzleien der Freien und Hansestadt Hamburg sowie der Freien Hansestadt Bremen, des Chefs der Staatskanzlei des Landes Schleswig-Holstein, des Ständigen Vertreters des Chefs der Staatskanzlei des Landes Rheinland-Pfalz und des Vertreters der Senatskanzlei des Landes Berlin eine Aussprache über Besetzung und Aufgabe der Clearingstelle, die künftige Verwaltungshilfe und deren Koordination sowie über die Notwendigkeit eines beschleunigten Ausbaus der Telekommunikationsverbindungen zu den künftigen Landesregierungen und zum Ostteil Berlins an.

Bundesminister Schäuble dankt für die Bereitschaft der Länder, den Aufbau von neuen Verwaltungsstrukturen auf dem Gebiet der heutigen DDR durch sachliche und personelle Hilfe zu unterstützen. Er weist auf die Notwendigkeit hin, die Hilfe zu verstärken, um die Verwaltungen in den künftigen Ländern in den Stand zu versetzen, schon ab dem 03. Oktober 1990 ihre Aufgaben zu erfüllen.

Es bestehe auf allen Ebenen der Verwaltung der dringende Wunsch nach einer sehr umfassenden personellen Unterstützung aus der Bundesrepublik.

Der Chef des Bundeskanzleramtes weist speziell auf Probleme in Sachsen-Anhalt hin, zu dem mit Niedersachsen bisher nur eine Länderpartnerschaft bestehe. Er regt Überprüfung an, ob die Bemühungen Niedersachsens in Sachsen-Anhalt durch weitere Länder unterstützt werden könnten. Der Chef der Niedersächsischen Staatskanzlei unterstützt diese Anregung.

TOP 3   Termine

Der Chef des Bundeskanzleramtes und die Chefs der Staats- und Senatskanzleien erörtern, in welchem Umfang ihre bisher etwa monatlich stattfindenden Besprechungen zur deutsch-

---

1   Nicht abgedruckt: TOP 1.

landpolitischen Situation künftig durchgeführt werden sollen. Sie kommen überein, daß die nächste Besprechung stattfinden soll am

Montag, 29. Oktober 1990, 10.00 Uhr, Bundeskanzleramt.

Die Chefs der Staats- und Senatskanzleien begrüßen den Vorschlag des Chefs des Bundeskanzleramtes, zu dieser Besprechung auch die Landesbevollmächtigten der auf dem Gebiet der heutigen DDR neu entstehenden Länder einzuladen.

Nr. 420
Vorlage des Vortragenden Legationsrats I Kaestner an Ministerialdirektor Teltschik
Bonn, 10. September 1990

BK, 422 – 35400 De 39 NA 4 Bd. 6. – Vorlage über GL 21 – je gesondert. Abgezeichnet: „zdA T[eltschik] 11/9“.

Betr.:   2+4-Verhandlungen
hier: Problem „crossing the line"

Am 8. September 1990, 16.45 Uhr rief General Scowcroft aus Helsinki[1] bei mir an und bat, Ihnen folgendes mitzuteilen:

In seinem Telefongespräch mit dem Bundeskanzler[2] habe sich der Präsident auf ein 2+4-Problem bezogen und angekündigt, Außenminister Baker werde es im Detail mit dem Bundeskanzler erörtern. Es handele sich um den sowjetischen Vorschlag, der es westlichen Truppen – den Amerikanern, Briten, Franzosen usw. – verbieten würde, nach Abzug der sowjetischen Truppen die Linie in das gegenwärtige Territorium der DDR zu überqueren.

Dem Präsidenten sei bei diesem Telefongespräch leider nicht bewußt gewesen, daß der Bonn-Besuch von AM Baker erst nach dem 2+4-Ministertreffen [in] Moskau stattfinden werde.

Er wolle deshalb noch einmal die amerikanische Haltung umreißen: Eine derartige Verpflichtung könnte Fragen nach der vollen NATO-Mitgliedschaft des vereinten Deutschlands aufwerfen.

Ich habe diese Mitteilung ohne Kommentar entgegengenommen und zugesagt, Sie sofort nach Rückkehr nach Bonn zu unterrichten.

Ich verweise auf meinen Vermerk vom 7. September 1990,[3] der die Haltung des Bundeskanzlers in dieser Frage klarstellt.

Kaestner

---

1   Dazu Nr. 415 Anm. 6.
2   Nr. 406.
3   Nr. 416.

Nr. 421
Gespräch des Chefs des Bundeskanzleramtes Seiters mit den Vertretern der Drei Mächte
Bonn, 13. September 1990

BArch, B 136/20241, 221 – 34900 Spr 2 Bd. 1. – Vermerk des MDg Duisberg, 13. September 1990. Verteiler: AA, St Sudhoff; AL 2, AL 4, LKB. Vorlage an Chef BK mit der Bitte um Billigung und Zustimmung zu dem Verteiler, abgezeichnet: „S[eiters]". Weiterleitung an GL 22. – Gesprächsbeginn: 7.30 Uhr.

Teilnehmer:
Botschafter Boidevaix (F)
Botschafter Sir Christopher Mallaby (GB)
Gesandter Ward (USA)
Staatssekretär Dr. Sudhoff (AA)
Ministerialdirigent Dr. Duisberg

1. BM Seiters eröffnete das Gespräch mit dem Ausdruck des Dankes für die Unterstützung der drei Mächte im deutschen Einigungsprozeß und den erfolgreichen Abschluß der „Zwei-plus-Vier"-Gespräche[1]. Er würdigte, daß die Vier Mächte sich bereitgefunden haben, ihre Rechte bereits mit Wirkung vom 03. Oktober zu suspendieren,[2] und dankte zugleich für die Wahrung dieser Rechte in der Vergangenheit, die für die Erhaltung der Einheit Deutschlands und für den Schutz von Berlin von größter Bedeutung gewesen seien. Auf Fragen des französischen Botschafters erläuterte BM Seiters die bisherigen Planungen für die Feierlichkeiten zum 03. Oktober:

   02.10. abends Fernsehansprache des Bundeskanzlers und von Ministerpräsident de Maizière,[3] Festveranstaltung mit Beethovens Neunter Symphonie voraussichtlich im Schauspielhaus, gegen Mitternacht Übergangsveranstaltung vor dem Reichstag.
   03.10., 09.00 Uhr ökumenischer Gottesdienst,
   11.00 Uhr Staatsakt in der Philharmonie mit Grußworten von Frau Bergmann-Pohl, Frau Süssmuth und Herrn Momper, Ansprache des Bundespräsidenten;[4] anschließend Empfang.
   04.10., 11.00 Uhr Sondersitzung des Bundestages im Reichstag mit den neuen Abgeordneten, Vereidigung der neuen Minister, Regierungserklärung des Bundeskanzlers und Debatte bis etwa 15.00 Uhr.[5]

---

1 Bundesminister Genscher, Ministerpräsident de Maizière als amtierender Außenminister der DDR und die Außenminister Baker, Dumas, Hurd und Schewardnadse unterzeichneten am 12. September 1990 in Moskau den Vertrag über die abschließende Regelung in bezug auf Deutschland, „Zwei-plus-Vier-Vertrag" (Vertrag und Vereinbarte Protokollnotiz in: BGBl. 1990 II, 1318–1329; Faksimile des Vertrages in: „2+4". Die Verhandlungen über die äußeren Aspekte der Herstellung der deutschen Einheit. Eine Dokumentation. Hg. vom Auswärtigen Amt. Bonn 1991). Gemeinsamer Brief Genschers und de Maizières an die Außenminister der Vier Mächte im Zusammenhang mit der Unterzeichnung in: Bulletin. Nr. 109. 14. September 1990, 1156 f.
2 Die Außenminister der Vier Mächte unterzeichneten am 1. Oktober 1990 in New York eine Erklärung, mit der ihre Regierungen „die Wirksamkeit ihrer Rechte und Verantwortlichkeiten in bezug auf Berlin und Deutschland als Ganzes" vom Zeitpunkt der Vereinigung Deutschlands bis zum Inkrafttreten des Zwei-plus-Vier-Vertrages aussetzten. Bundesminister Genscher und Minister Meyer für die DDR nahmen die Erklärung durch ihre Unterschrift zur Kenntnis (Bulletin. Nr. 121. 10. Oktober 1990, 1266; Bekanntmachung der Erklärung in: BGBl. 1990 II, 1331 f.).
3 Ansprachen des Bundeskanzlers Kohl und des Ministerpräsidenten de Maizière über Rundfunk und Fernsehen, 2. Oktober 1990, in: Bulletin. Nr. 118. 5. Oktober 1990, 1225 f., 1226 f.
4 Ansprachen der ehemaligen Volkskammerpräsidentin Bergmann-Pohl, der Bundestagspräsidentin Süssmuth, des Bundesratspräsidenten Momper und des Bundespräsidenten von Weizsäcker ebd., 1229–1238.
5 Die Sitzung im Gebäude des Reichstages in Berlin, an der 144 von der Volkskammer in den Deutschen Bundestag gewählte Abgeordnete teilnahmen, dauerte von 10.00 bis 16.57 Uhr. Als Bundesminister für besondere Aufgaben wurden Sabine Bergmann-Pohl, Günther Krause, Lothar de Maizière, Rainer Ortleb und Hans-Joachim Walther vereidigt (Verhandlungen des Deutschen Bundestages. Stenogr. Berichte. Bd. 154. Plenarprotokoll 11/228, 18015–18081).

05.10. erste Sitzung des erweiterten Kabinetts und Bundestagsplenum (Nachtragshaushalt) in Bonn.

Auf Fragen des <u>französischen und des britischen Botschafters</u> nach ausländischer Beteiligung sagte <u>BM Seiters</u>, angesichts der Tatsache, daß Präsident Bush terminlich verhindert
sei, komme nach den Sondierungen eine Teilnahme ausländischer Staats- und Regierungschefs nicht in Betracht; hinsichtlich der Außenminister wisse er nicht, ob der Bundesaußenminister dazu in Moskau etwas verabredet habe; die Botschafter würden jedenfalls
eingeladen werden.

Der <u>britische Botschafter</u> erkundigte sich weiter nach der inhaltlichen Ausrichtung der
Reden und ließ erkennen, daß britischerseits eine Würdigung der Rolle der Alliierten in
der Vergangenheit besonders begrüßt würde. BM Seiters erläuterte die Grundlinie anhand
der Punkte in der Erklärung des Bundeskanzlers vor dem Kabinett am 12.09.[6] und fügte
hinzu, daß ohne die Unterstützung der Alliierten die Entwicklung nicht möglich gewesen
wäre; dies solle auch gewürdigt werden. Der <u>britische Botschafter</u> bedankte sich dafür
ausdrücklich.

Der <u>französische Botschafter</u> sprach die am 02. Oktober in Berlin (West) vorgesehene Zeremonie zur Ehrung der Stadtkommandanten an, wobei er darauf hinwies, daß es sich hier
um eine Ehrung der alliierten Streitkräfte und ihres Einsatzes in Berlin insgesamt handele.
Er knüpfte daran die Frage, ob die Bundesregierung vertreten sein werde. <u>St Dr. Sudhoff</u>
erklärte, das aufnehmen zu wollen.

Der <u>amerikanische Gesandte</u> erkundigte sich nach dem Stand der Verhandlungen über die
Verträge mit der Sowjetunion. <u>St Dr. Sudhoff</u> teilte mit, daß der umfassende Vertrag über
Zusammenarbeit heute (13.09.) paraphiert werden solle;[7] die drei anderen Verträge soll-
ten so schnell wie möglich fertiggestellt werden.[8]

Auf weitere Fragen des <u>amerikanischen Gesandten und des britischen Botschafters</u> erläuterte <u>BM Seiters</u> die noch mit der DDR zu behandelnden Fragen, die Aussichten der anhängigen Verfassungsklage der acht Abgeordneten[9] sowie Gegenstand und Ausmaß des

---

6 Erklärung des Bundeskanzlers Kohl, abgegeben in der Sitzung des Bundeskabinetts am 12. September 1990, in:
Bulletin. Nr. 109. 14. September 1990, 1159f.
7 Bundesminister Genscher und Außenminister Schewardnadse paraphierten am 13. September 1990 in Moskau den
Vertrag über gute Nachbarschaft, Partnerschaft und Zusammenarbeit zwischen der Bundesrepublik Deutschland und
der Union der Sozialistischen Sowjetrepubliken. Am 9. November 1990 wurde der Vertrag von Bundeskanzler Kohl
und Präsident Gorbatschow in Bonn unterzeichnet (BGBl. 1991 II, 703–709; Briefwechsel Genschers und Schewar-
nadses im Zusammenhang mit der Unterzeichnung in: Deutscher Bundestag. Drucksache 12/199. 6. März 1991, 16–19).
8 Abkommen zwischen der Regierung der Bundesrepublik Deutschland und der Regierung der Union der Sozialistischen Sowjetrepubliken über einige überleitende Maßnahmen, 9. Oktober 1990 (sog. Überleitungsabkommen), in:
BGBl. 1990 II, 1655–1659; Vertrag zwischen der Bundesrepublik Deutschland und der Union der Sozialistischen Sowjetrepubliken über die Bedingungen des befristeten Aufenthalts und die Modalitäten des planmäßigen Abzugs der sowjetischen Truppen aus dem Gebiet der Bundesrepublik Deutschland, 12. Oktober 1990 (sog. Truppenabzugsvertrag),
mit Anlagen ebd. 1991 II, 258–290, Verbalnoten vom 26. September 1990 über die vorläufige Anwendung ebd. 1990 II,
1255; Vertrag zwischen der Bundesrepublik Deutschland und der Union der Sozialistischen Sowjetrepubliken über die
Entwicklung einer umfassenden Zusammenarbeit auf dem Gebiet der Wirtschaft, Industrie, Wissenschaft und Technik,
9. November 1990 (sog. Wirtschaftsvertrag), mit Briefwechsel ebd., 799–809. Weiterhin wurde am 9. November 1990 in
Bonn das Abkommen zwischen der Regierung der Bundesrepublik Deutschland und der Regierung der Union der Sozialistischen Sowjetrepubliken über die Zusammenarbeit auf dem Gebiet des Arbeits- und Sozialwesens unterzeichnet
(ebd., 710f.).
9 In ihrer Verfassungsklage machten die acht Bundestagsabgeordneten von CDU und CSU geltend, „das Verfahren
der Vereinbarung und parlamentarischen Behandlung des Einigungsvertrages" verstoße gegen die ihnen nach Grundgesetz und Geschäftsordnung des Deutschen Bundestages zustehenden Mitwirkungsrechte. Zugleich beantragten sie, die
weitere parlamentarische Behandlung bis zur Feststellung des Bundesverfassungsgerichts auszusetzen. In seinem Beschluß vom 18. September 1990 wies der Zweite Senat die Klage als „offensichtlich unbegründet" ab (Entscheidungen
des Bundesverfassungsgerichts. Hg. von den Mitgliedern des Bundesverfassungsgerichts. 82. Bd. Tübingen 1991, 316–
321, hier 319).

vorgesehenen Amnestie-Gesetzes[10]. Die Alliierten waren diesbezüglich besonders daran interessiert zu erfahren, inwieweit auch Westdeutsche unter die Amnestie fallen würden. BM Seiters sagte zu, ihnen den Gesetzentwurf zukommen zu lassen (dies ist inzwischen geschehen).

2. Im Anschluß an das Gespräch mit BM Seiters sprach der amerikanische Gesandte mir gegenüber die Frage jüdischer Ansprüche an. Der Brief des Bundeskanzlers an den Präsidenten der Claims Conference, Rabbi Miller,[11] habe diesen allem Anschein nach nicht zufriedengestellt. Es bestehe dort eine erhebliche Unruhe und ein rational kaum zu begründender Eindruck, die Bundesregierung wolle die jüdischen Ansprüche nicht wirklich berücksichtigen. Hier bestehe auch ein Risikopotential, wenn das „Zwei-plus-Vier"-Übereinkommen dem Senat zur Zustimmung vorgelegt werden sollte. Der amerikanische Gesandte fragte, ob nicht bei den Feierlichkeiten zum 03. Oktober auch in Richtung auf die jüdischen Kreise eine beruhigende Erklärung abgegeben werden könne. Möglicherweise wäre auch ein klärendes Gespräch mit den entscheidenden Leuten nützlich. Ich habe zugesagt, diese Anregungen weiterzugeben.

Duisberg

Nr. 422
Gespräch des Ministerialdirektors Teltschik mit Botschafter Terechow
Bonn, 15. September 1990

BK, 213 – 30130 S 25 Üb 5 Bd. 3. – Vermerk, 17. September 1990. Vorlage des MD Teltschik über Chef BK an den Bundeskanzler – je gesondert. Abgezeichnet: „S[eiters]".

Betr.: Kreditanfrage der Sowjetunion über den sowjetischen Botschafter

Am Samstag, dem 15. September 1990, 11.00 Uhr suchte mich auf Weisung von Außenminister Schewardnadse der sowjetische Botschafter Terechow auf. Er hatte sehr dringlich um dieses Gespräch gebeten.

Botschafter Terechow bezog sich auf das Gespräch des Bundeskanzlers mit Präsident Gorbatschow am 10. September 1990, in dem über den Gesamtrahmen der finanziellen Leistungen der Bundesrepublik gegenüber der Sowjetunion gesprochen worden sei. Bei diesem Gespräch sei vereinbart worden, daß die Bundesrepublik Leistungen in Höhe von 12 Milliarden DM plus 3 Milliarden DM in Form eines ungebundenen, zinslosen Kredites für fünf Jahre zur Verfügung stellt.[1]

Dagegen hätten Bundesminister Waigel und der stellvertretende sowjetische Ministerpräsident Sitarjan darüber gesprochen, den Gesamtbetrag der deutschen Leistungen festzulegen und dann die einzelnen Verwendungsbereiche. In diesem Gesamtpaket sollten auch die Aufenthaltskosten für die sowjetische Armee einbezogen sein. Der Kredit von 3 Milliarden DM sei unabhängig davon als besondere Frage gesehen worden. In diesem Punkt liege möglicherweise ein Mißverständnis zwischen beiden Seiten.

Als Lösung des Problems schlage die sowjetische Seite jetzt vor, daß die Bundesregierung als einmalige Aktion einen ungebundenen, zinslosen Kredit von 3 Milliarden DM für fünf Jahre

---

10 Gesetzentwurf der Bundesregierung „Entwurf eines Gesetzes über Straffreiheit bei Straftaten des Landesverrats und der Gefährdung der äußeren Sicherheit" (Deutscher Bundestag. Drucksache 11/7871. 13. September 1990).
11 Schreiben in der Registratur des Bundeskanzleramtes nicht zu ermitteln.

1 Nr. 415 Anm. 3.

zur Verfügung stelle. Die Sowjetunion wolle mit diesem Kredit vor allem Schulden bei deutschen Firmen zurückzahlen. Damit würde dieser Kredit sofort in die Bundesrepublik zurückfließen. Dieser Kredit sollte jedoch noch im September zur Verfügung stehen.

Auf Rückfrage teilte mir Staatssekretär Dr. Köhler vom BMF mit, daß der Kredit von 3 Milliarden DM als Leistung für die Aufenthaltskosten der sowjetischen Armee für die vier Jahre ihrer Präsenz vorgesehen sei. Beabsichtigt sei, diesen Kredit in jährlichen Tranchen zur Verfügung zu stellen. Er sehe deshalb keine Möglichkeit, diesen Kredit in der Gesamthöhe sofort anzubieten. Möglich wäre allenfalls, daß die erste Tranche [über] eine Milliarde DM oder vielleicht etwas höher ausfallen könnte.

Der sowjetische Botschafter hat sehr eindringlich darum gebeten, den Gesamtkredit noch im September zur Verfügung zu stellen. Das sei der Wunsch von Präsident Gorbatschow und Außenminister Schewardnadse. Die sowjetische Führung erwarte möglichst rasch eine positive Antwort.

Teltschik

Nr. 423
Gespräch des Bundeskanzlers Kohl mit Außenminister Baker
Ludwigshafen, 15. September 1990

BK, 212 – 30105 A 5 Am 7, AM Baker, 15. 9. 1990, Hauptvorgang. – Vermerk des MDg Neuer, 20. September 1990. Hs. vermerkt: „Teltschik erl. K[ohl]".

Das Gespräch begann als Vier-Augen-Gespräch, bei dem nur die Dolmetscher (auf unserer Seite Frau Kaltenbach) anwesend waren.

Nach ca. 40 Minuten wurden zu dem Gespräch hinzugezogen:

auf amerikanischer Seite: Botschafter Walters, Herr Ross, Herr Seitz, Herr McAllister,
auf deutscher Seite: MD Teltschik, MDg Dr. Neuer als Note taker.

Der Bundeskanzler weist auf die Diskussion bei den G 7 am vergangenen Freitag in Paris hin. Dort sei beschlossen worden, bezüglich der von der Golf-Krise betroffenen Länder aktiv zu werden.[1] Eine Summe sei nicht genannt worden. Er wolle diesen Punkt daher jetzt auch nicht berücksichtigen. Es gebe ferner einen Beschluß der EG, an die „Frontstaaten" 1,5 Milliarden ECU zu geben.[2] Wir trügen von diesem Betrag 420 Millionen DM als deutschen Anteil. Die deutschen Leistungen an die Türkei gliederten sich in eine Warenhilfe im Wert von 110 Millionen DM als Zuschuß. Über eine Rüstungshilfe wolle er direkt mit Präsident Özal sprechen. Hiervon solle im Augenblick nicht weiter die Rede sein. Er wolle für Secretary Baker hinzufügen, daß wenn man der Türkei auf diesem Sektor etwas gebe, man auch Griechenland berücksichtigen müsse.
...[3]

Der Bundeskanzler fährt fort, daß an Leistungen für Jordanien 200 Millionen DM Warenhilfe als Zuschuß vorgesehen seien. An Ägypten sollte ebenfalls eine Warenhilfe als Zuschuß im Wert von 200 Millionen DM geleistet werden. Ferner sollten Entwicklungshilfeprojekte im Wert von 775 Millionen DM für Ägypten vorgesehen werden. Hierbei handele es sich um

---

1 Die Stellvertreter der G-7-Staaten hatten über wirtschaftliche Hilfsleistungen für Ägypten, Jordanien und die Türkei beraten.
2 Das Hilfspaket von umgerechnet 3,135 Milliarden DM an Zuschüssen und Krediten sollten Ägypten, Jordanien und der Türkei erhalten, die von den gegen den Irak verhängten Sanktionen besonders betroffen waren.
3 Im folgenden besprochen: Rüstungshilfe der Vereinigten Staaten an die Türkei.

projektgebundene Kredite. Die Leistungen an Israel seien noch offen. Hierüber wolle man jetzt auch nicht weiter reden.

Die vorgesehenen Leistungen an die USA gliederten sich in zwei Gruppen: nämlich 60 Spürpanzer Fuchs, und zwar nicht nur leihweise, sowie Ausbildung amerikanischer Soldaten an den Spürpanzern. Der Wert dieser deutschen Leistung betrage 200 Millionen DM zusammen. Falls die amerikanische Seite noch mehr Spürpanzer benötige, könnten eventuell noch weitere zur Verfügung gestellt werden.

Ferner werde der amerikanischen Seite allgemeines Wehrmaterial wie Radfahrzeuge, Funkgeräte, Pioniermaterial, Autokräne, Generatoren, Wassertransportfahrzeuge und ABC-Abwehrmaterial sowie Pioniermaterial aus NVA-Beständen zur Verfügung gestellt. Ferner stünden 400 Millionen DM als Zuschuß für die Transportkosten der USA bereit. Die Hilfe an die USA belaufe sich somit auf ca. 1,6 Milliarden DM. Der Wert der deutschen Hilfe insgesamt belaufe sich auf 3,3 Milliarden DM.[4]

<u>Secretary Baker</u> stellt die Frage, ob man dies alles als unmittelbaren Beitrag noch für das Jahr 1990 bezeichnen könne.

<u>Der Bundeskanzler</u> bejaht diese Frage.

<u>Secretary Baker</u> führt aus, daß diese Zahlen größer seien, als die amerikanische Seite vorgeschlagen und erwartet habe. Leider sei an der Tatsache nichts zu ändern, daß keine deutschen Truppen am Golf seien.

...[5]

<u>Secretary Baker</u> weist darauf hin, daß die Japaner zum Beispiel Sanitätspersonal in den Golf schicken. Dies bedeute, daß eben Japaner dort präsent seien. Die Bürger in Amerika würden sagen, es seien keine Deutschen im Golf. Die Beträge, die wir zur Verfügung stellten, seien zwar höher, als in dem amerikanischen Non-paper[6] vorgesehen gewesen sei. ...[7]

<u>Der Bundeskanzler</u> führt aus, Deutschland tue mehr als alle anderen, aber bekomme die Prügel. Es wäre einfacher und billiger für uns, eine Fallschirmjäger-Brigade zu entsenden. Dies gehe aber aus Verfassungsgründen nicht.

<u>Secretary Baker</u> wiederholt, daß die deutsche Hilfe höher sei, als sie vorgesehen hätten. Der Betrag sei substantiell höher als das, was die Amerikaner verlangt hätten.

...[8]

<u>Der Bundeskanzler</u> weist auf die enormen Umweltbelastungen hin, die uns als Erbschaft in der DDR hinterlassen würden.

<u>Secretary Baker</u> dankt dem Bundeskanzler für das Verständnis, das er gegenüber dem Präsidenten für dessen Terminlage am 03. Oktober geäußert habe.

<u>Der Bundeskanzler</u> bestätigt nochmals, daß er hierfür großes Verständnis habe. In Europa gebe es einige, die beleidigt seien, weil er sie nicht zuerst gefragt habe. Er sei jedoch der Auffassung, daß eine Einladung keinen Sinn mache, wenn Präsident Bush am 03. Oktober nicht dabei sein könne.

<u>Secretary Baker</u> erwähnt noch, daß die Suspendierung der Vier-Mächte-Rechte ab 03. Oktober in New York beschlossen werden solle.[9]

---

4 Von Bundeskanzler Kohl hs. korrigierte Aufstellung „Leistungen der Bundesrepublik Deutschland", ohne Datum, hs. vermerkt: „zdA T[eltschik] 19/9": BK, 211 – 30101 I 1 Ir 24 NA 6 Bd. 1.
5 Im folgenden besprochen: logistische Unterstützungsmaßnahmen.
6 Staatssekretär Köhler ließ Ministerialdirektor Teltschik am 14. September 1990 die an diesem Tage von der amerikanischen Botschaft übergebene „Kostenrechnung der USA" zukommen (Aufstellung „The Cost of the Crisis to Key Partners", ohne Datum; BK, 211 – 30101 I 1 Ir 24 NA 6 Bd. 1).
7 Im folgenden besprochen: logistische Unterstützungsmaßnahmen.
8 Im folgenden besprochen: die Gesamtsumme der Hilfe, Fragen des internationalen Terrorismus, Iran, Irak, Kuwait.
9 Nr. 421 Anm. 2.

Der Bundeskanzler bemerkt, daß er in Washington etwas errichten wolle, was die Amerikaner wiedererkennen und mit Deutschland verbinden. Er möchte ein solches Erinnerungsmal zusammen mit Präsident Bush einweihen. Es solle die Erinnerung an die Luftbrücke, den Marshall-Plan und die amerikanische Hilfe wachhalten. Er betrachte dies als sehr wichtig. Er wolle das Thema auch noch mit Präsident Bush besprechen.

Das Gespräch im erweiterten Kreis dauerte etwa zwei Stunden.

Neuer

Nr. 424
56. Deutsch-französische Konsultationen
München, 17./18. September 1990

BK, 211–30103 Ko 28, München, 17./18.9.1990, Hauptvorgang Bd. 2. – Vermerk des VLR I Bitterlich, 24. September 1990. VS-NfD. – Mit Vorlage des MD Teltschik über Chef BK an den Bundeskanzler mit der Bitte um Billigung, 25. September 1990. Hs. von Bundeskanzler Kohl vermerkt: „Teltschik erl."

...¹

II.

Wesentliche Ergebnisse

1. Gespräche mit Staatspräsident Mitterrand

a. Gemeinsame Erklärung

Einvernehmen über Text der Erklärung nach eingehender Erörterung des Entwurfs und Überarbeitung einiger Passagen (in erster Linie zur Stationierungsfrage).²

b. Stationierung französischer Streitkräfte in D

– Der Staatspräsident bittet um Verständnis für seine grundsätzliche Haltung. Für ihn liege es in der Logik der deutschen Einheit, daß die französischen Streitkräfte Deutschland verlassen. Ein Verbleib auf Dauer wäre nicht gut („malsain"). Er schätze die Haltung des Bundeskanzlers persönlich, wolle jedoch nicht, daß eines Tages durch einen anderen Bundeskanzler die Stationierung F-Streitkräfte in eine öffentliche Debatte hineingezogen werde und [diese] dann unter dem Druck der öffentlichen Meinung abziehen müßten.

Sowohl die in den nächsten beiden Jahren angestrebte Reduzierung um die Hälfte als auch weiterer Reduzierungen in der Folge sollten im Einvernehmen miteinander vonstatten gehen. F sei insoweit für Kompromisse offen.

– Der Bundeskanzler verweist darauf, daß er die Haltung des Staatspräsidenten respektiere. Er wünsche, daß die französischen Streitkräfte, die Teil der gewachsenen deutsch-französischen Beziehungen geworden seien, in D verbleiben. Viele Bürgermeister betroffener Städte hätten ihm hierzu geschrieben. (Der Staatspräsident bestätigt, daß ihm auch 2 Bürgermeister geschrieben hätten – diese Briefe hätten ihn gerührt – „touché".)

---

1 Im folgenden aufgeführt: Überblick über die besprochenen Themen.
2 Gemeinsame Erklärung anläßlich der 56. deutsch-französischen Konsultationen am 17./18. September 1990 in München in: Bulletin. Nr. 111. 19. September 1990, 1169f.

c. Fortgang des europäischen Integrationsprozesses, insbes. Vorbereitung der Regierungskonferenzen

 – Der Bundeskanzler betont die Notwendigkeit, gerade in der jetzigen Lage in der europäischen Integration voranzukommen. Dies sei auch die beste Methode, um Ängsten angesichts der deutschen Einheit entgegenzuwirken.

 – Der Staatspräsident wirft ein, daß die deutschen „wirtschaftlichen und monetären Autoritäten" sehr zurückhaltend seien.

 – Der Bundeskanzler regt an, vor Eröffnung der beiden Konferenzen in Rom[3] das weitere Vorgehen miteinander abzustimmen, ggf. sei er bereit, kurz nach Paris zu kommen. Er habe das Gefühl, daß man ohne eine neue deutsch-französische Initiative nicht in vernünftiger Weise weiterkommen werde.

 – Der Staatspräsident stimmt der Anregung zu.

...[4]

e. Lage und Entwicklung in den Ländern Mittel-, Ost- und Südosteuropas, insbesondere in der Sowjetunion, der ČSFR und Jugoslawien

 – Lage in der Sowjetunion

  = Der Bundeskanzler spricht kurz die Frage der Unterstützung der Reformen in der SU durch den Westen im Verfolg des Weltwirtschaftsgipfels von Houston[5] an: Er habe in der letzten Woche mit US-Präsident Bush gesprochen;[6] die USA seien dabei, ihre Position zu ändern. Sie hätten, gerade auch im Lichte der Golfkrise, erkannt, wie nützlich es sein könne, von der SU mit einer konstruktiven Haltung unterstützt zu werden. Bush könne jedoch eine Entscheidung nicht vor den US-Wahlen im November herbeiführen. Es sei daher aus seiner Sicht sinnvoll, Angelegenheit im Dezember in Rom aufzunehmen.

  = Der Staatspräsident stimmt dem zu und fragt den Bundeskanzler nach seiner Einschätzung der Chancen Gorbatschows.

  = Der Bundeskanzler betont, auch wenn sich die Wirtschaftslage in den letzten Monaten erheblich verschlechtert habe (Beispiel: Grundnahrungsmittel), könne Gorbatschow es schaffen, wenn er jetzt entschlossen Reformen einleite; Erfolg hänge von der Tragweite und der Durchsetzung, zudem auch von der Einbindung der Militärs ab – für die es nicht um Revolution, aber um das Existenzminimum gehe (siehe Lage in DDR, Wohnungsfrage).

...[7]

2. Gespräch mit Premierminister Rocard

a. Fragen der europäischen Integration

 – EG-Erweiterung

  = Der Bundeskanzler wiederholt gegenüber dem Premierminister, daß es notwendig sei, parallel zur deutschen Einheit die europäische Integration voranzutreiben. Die Grundentscheidungen zur politischen Einigung müßten spätestens in den nächsten zwei Jahren getroffen werden. Stimmen würden wieder – vor allem aus London, auch aus Dänemark – laut, die dafür plädierten, alle Länder Europas

---

3 Gemeint war die Eröffnung der beiden Regierungskonferenzen über die Wirtschafts- und Währungsunion und die Politische Union am 15. Dezember in Rom (Schlußfolgerungen des Vorsitzes der Tagung des Europäischen Rates am 14./15. Dezember 1990 in Rom, erster Teil, ebd. Nr. 149. 21. Dezember 1990, 1553–1556).
4 Im folgenden besprochen: Sitzfragen europäischer Institutionen.
5 Nr. 344A Anm. 17.
6 Zu dem Telefongespräch am 11. September 1990: Teltschik, 329 Tage, 363.
7 Im folgenden besprochen: Lage in der ČSFR, Jugoslawien, Golf-Krise.

außer der Türkei in die EG aufzunehmen. Konsequenz wäre eine gehobene Freihandelszone, nicht aber die Politische Union, die er wolle. ...[8]
= Der Premierminister stimmt den Ausführungen des Bundeskanzlers zu.

...[9]

Bitterlich

Nr. 425
Vorlage des Vortragenden Legationsrats Westdickenberg
an Ministerialdirektor Teltschik
Bonn, 20. September 1990

BK, 213 – 30130 S 25 Au 27 Bd. 6. – VS-NfD. Vorlage über RL 212 und GL 21 mit der Bitte um Zustimmung. Abgezeichnet: „i.O. T[eltschik] 24/9".

Betr.: Verhandlungen mit der SU über den Aufenthalts-/Abzugsvertrag
hier: sich abzeichnendes Endergebnis
Anlg.: – 2 –

1. Nach 2 Verhandlungstagen (heute Fortsetzung) zeichnet sich nunmehr ein mögliches Endergebnis ab, was den Hauptvertrag anbetrifft. Alle Klammern sind nunmehr praktisch aufgehoben. Auch bei den umfangreichen Anlagen wurden beträchtliche Fortschritte gemacht, jedoch läßt sich hier noch nicht absehen, ob heute ein Abschluß erreicht werden kann.[1]

2. Es wurden gestern in kritischen Bereichen Durchbrüche „ad referendum" erzielt. Z.T. müssen die Ressorts, überwiegend die sowjetische Seite, heute noch die Zustimmungen einholen. Herausheben möchte ich folgende Hauptpunkte:

2.1. Regelung des Luftverkehrs der WGT (Art. 7):
Der anliegende Entwurfstext[2] besteht nunmehr ohne Klammern. BM Stoltenberg hat zugestimmt.
– Die deutsche Lufthoheit ist grundsätzlich gewahrt, allerdings ergeben sich gewisse Besonderheiten, wie z.B.
= für den Luftraum, der nicht der zivilen Luftverkehrskontrolle untersteht, eine sowjetische militärische Nutzung in Koordinierung mit der deutschen Luftraum-Koordinierungsstelle (Ziff. 2a);
= „in der Anfangsphase" insoweit das bisher geltende Verfahren und erst später ein „weiterentwickeltes" (Ziff. 2b);
= jedoch trifft bei außergewöhnlichen Umständen die deutsche Seite die endgültige Entscheidung.
– Bei den Flugzeiten und den Flughöhen wurde als Kompromiß ein auch zeitlich gestaffeltes System gewählt, wobei in den kommenden Jahren die Flugzeiten abnehmen (Details in Ziff. 3 des Art. 7). Das jetzige Zugeständnis beinhaltet allerdings,

---

8 Ein Satz nicht freigegeben.
9 Im folgenden besprochen: Vorbereitung der Regierungskonferenzen, insbesondere über die Wirtschafts- und Währungsunion, Sitzfragen, deutsch-französischer Fernsehkulturkanal, Eisenbahn-Hochgeschwindigkeitsverbindungen.

1 Entwurf, Vertrag zwischen der Bundesrepublik Deutschland und der UdSSR über die Bedingungen des befristeten Aufenthalts und die Modalitäten des planmäßigen Abzugs sowjetischer Truppen aus dem Gebiet der Bundesrepublik Deutschland, Stand: 20. September 1990, 18.00 Uhr, mit vier Anlagen; BK, 213 – 30130 S 25 Au 27 Bd. 6.
2 Anlage nicht abgedruckt: „Artikel 7 Regelung für den Luftverkehr der sowjetischen Truppen"; ebd.

daß die SU wöchentlich immer noch 22 Stunden mehr Flugzeit hat als jede andere Streitkraft in Deutschland. Besonderheiten:

= Nachtflüge sind im Gegensatz zur Luftwaffe noch bis zum 15. Mai bis Mitternacht zulässig;

= Flüge unter 2000 Fuß grds. unzulässig (Ausnahmen auf besonders festgelegten Strecken bis 1000 Fuß und über Truppenübungsplätzen unter 1000 Fuß);

= Überschallflüge sind in Höhen über 36 000 Fuß unter bestimmten Umständen eingegrenzt möglich.

2.2. Liegenschaften (Art. 8)

– Die deutsche Seite will zugestehen, daß die Frage der im 3. Absatz der Ziff. 2 geregelten Instandhaltungskosten durch eine gemeinsame Kommission gelöst werden soll. Ursprünglich hatte die SU hier jährlich einen Betrag von ca. 125 Mio. DM geltend machen wollen, konnte jedoch keine näheren Angaben im tatsächlichen und konkreten zu den Anspruchsgrundlagen darlegen. An diesem Punkt liegt den Militärs sehr viel. StS Köhler war es auch beim letzten Anlauf am 12.9. in Moskau nicht gelungen, diese Frage durch den Überleitungsvertrag abgelten zu lassen. Grds. besteht die Möglichkeit, daß hier finanzielle Leistungen an die SU folgen werden, sofern im tatsächlichen sich Grundlagen herausstellen sollten. BMF akzeptiert dies.

– Die strittige Frage des mittleren Erhaltungszustandes und des Fehlens von Gesundheits- und Umweltgefahren in Ziff. 5 soll nunmehr völlig gestrichen werden. SU zeigte sich hier völlig hartleibig, und BMF war zum Zugeständnis der Streichung bereit (Einverständnis von Leitungsebene), um voranzukommen mit dem Vertrag. Problematisch ist m.E. insoweit, daß eine sehr heikle Frage wie der Umweltschutz hier etwas zurücktritt.

Hauptargument des BMF und des ihn drängenden AA ist insoweit, daß in der Ziff. 1 des Artikels festgeschrieben ist, daß die SU Maßnahmen zur Erfüllung des Vertrages unter Einhaltung der deutschen Rechtsvorschriften, ausdrücklich auch des Umweltschutzes, ergreift. Dies läßt sich als ausreichender Schutz vertreten, jedoch muß man auch sehen, daß dies auf einen zukünftigen, mit dem Vertragsabschluß beginnenden Zeitraum bezogen werden könnte, nicht jedoch auf bestehende, aus der Vergangenheit herrührende Gefahren. Argument BMF und AA: Das deutsche Recht verlangt Maßnahmen, die grundsätzlich Umweltgefahren ausschließen – unabhängig von der Entstehung der Gefahren.

2.3. Berlinfrage (Art. 3)

– In den Art. 3 wird auf sowjetischen Wunsch eine neue Ziffer eingeführt, die lautet: „Die Mitglieder der sowjetischen Truppen und ihre Familienangehörigen im gleichgestellten Gebiet (Anm.: dies heißt praktisch in Ostberlin) können die in diesem Vertrag nichtgenannten Stadtbezirke Berlins (Anm.: dies heißt praktisch Westberlin) zu außerdienstlichen Zwecken ungehindert besuchen." Dabei ist klargestellt, daß ein Sichtvermerk nicht erforderlich ist.

Diese Regelung bedeutet, daß Besuche in Westberlin nur den Mitgliedern der sowjetischen Truppen erlaubt sind, die im Ostteil der Stadt disloziert sind und dies auch nur zu nichtdienstlichen Zwecken. Im Hinblick auf die von den Westmächten angestrebte Regelung (Bewegung in ganz Berlin wie bisher) ist dies weniger. Dem „Geist von Archys" hätte es jedenfalls nicht entsprochen, wenn man den Westmächten Bewegungsfreiheit zugebilligt hätte, SU jedoch nicht.

M.E. nicht unproblematisch ist, daß die SU durchaus das Gefühl einer Ungleichbehandlung erhalten könnte. Sie hat jedenfalls zu Protokoll gegeben, sie könne nicht garantieren, daß bei den Besuchern Westberlins nur solche sind, die in Ostberlin stationiert sind. Mitglieder der in der heutigen DDR stationierten Truppen hätten freien Zugang nach Ostberlin, und da es zwischen den Teilen der Stadt keine Grenzen und Kontrollen gebe, könne die SU keine Verantwortung für den Personenkreis übernehmen. Hieraus wird zwar einerseits deutlich, daß man souveräne deutsche Entscheidungen über Bewegungen auf seinem Staatsgebiet hinnehmen wird. Letztlich dürfte es hier <u>weniger um eine praktische Frage</u> gehen (SU gerade nicht daran interessiert, daß Mitglieder ihrer Truppe frei in alle Teile Berlins gehen können), als <u>vielmehr</u> um eine des <u>Prinzips und des Prestiges</u>: Gleichbehandlung mit Westmächten.

– Es heißt nun <u>nicht mehr</u>, daß der SU der <u>Aufenthalt „gestattet"</u> ist, <u>sondern</u>, daß man „Einvernehmen" über die Regelung in Art. 3 <u>erzielt</u> hat. Bei den Westmächten diskutiert man eine Formulierung: „stimmt dem Aufenthalt zu". Hier könnte evtl. eine ganz leichte Besserstellung der SU gegenüber den Westmächten gesehen werden, die evtl. als Ausgleich für eine gewisse Schlechterstellung in der Sachregelung dienen kann.

2.4. <u>Todesstrafe (Art. 18)</u>
Hier läuft der Kompromiß in Ziff. 5 darauf hinaus, daß bei Ausübung der sowjetischen Gerichtsbarkeit die <u>Todesstrafe nicht im Aufenthaltsgebiet vollstreckt wird</u> (so de facto der Standard mit den Verbündeten, insbesondere USA) und daß die Art. 6 und 14 Abs. IV des Menschenrechtspaktes (SU hat gezeichnet) beachtet werden. Danach muß es grundsätzlich eine 2. Instanz geben, die nicht in Deutschland, sondern in der SU wäre. Somit könnte man sagen, daß definitiv eine Todesstrafe nicht in Deutschland, sondern in der SU verhängt würde (insoweit eine Verbesserung gegenüber Standard mit den Westmächten).
M.E. ein <u>akzeptabler Kompromiß</u>, wenn man sieht, daß SU sich hier nicht bewegen wollte und sich z.B. die USA in dieser Frage ähnlich unflexibel zeigen.

2.5. Zur Frage in Art. 6, Ziff. 2 der <u>Kolonnenmarschwege</u> bzw. Panzertrassen (ca. 12000 km) könnte <u>Kompromiß</u> erzielt werden, wonach – SU kündigte an, daß sie wohl im kommenden Jahr (weiter abnehmende Tendenz) nur noch ca. 3500 km benötige – die zu nutzenden <u>Wege grds. mit den deutschen Behörden zu vereinbaren sind</u> und die konkrete Regelung der Benutzung 2–3 Wochen vorher zu klären ist.

2.6. <u>Versorgung (Art. 10)</u>
– Die Regelung stellt den <u>Grundsatz</u> sicher, daß die <u>SU ihre Truppen selbst versorgt</u>, sich die <u>deutschen Behörden</u> im Rahmen unseres Rechts und unserer Wirtschaftsordnung für die Versorgung einsetzen und dafür eine <u>Beratungsstelle einrichten</u>. Hier muß zwischen BMWi und BMVg auf StS-Ebene entschieden werde, wer diese wie einrichtet.
– Es wurde auch ein Passus aufgenommen, wonach die <u>Lieferung von Kriegswaffen</u> und Rüstungsgütern <u>ins Ausland</u> der <u>Zustimmung der Bundesregierung bedarf</u>.
– <u>COCOM-Einhaltung</u> wird durch generellen <u>Vorbehalt deutschen Rechts</u> gesichert.

3. <u>Bewertung</u>
<u>Insgesamt</u> halte ich das Ergebnis für <u>akzeptabel</u>. M.E. dürfte es <u>unter den gegebenen Rahmenbedingungen</u> – insbesondere im Hinblick auf die angestrebte Suspendierung der 4-Mächte-Rechte zum 3. Oktober[3] und eine Zeichnung und Ratifizierung durch das ge-

---

3 Nr. 421 Anm. 2.

samtdeutsche Parlament noch in dieser Legislaturperiode – zumindest äußerst schwierig, wenn überhaupt möglich sein, ein für uns weitergehendes Ergebnis zu erzielen. Um ggf. noch heute evtl. Einwände in den Verhandlungen selbst erheben zu können, bitte ich um Ihre Zustimmung zum oben dargelegten Verhandlungsstand.

G. Westdickenberg

Nr. 426
Schreiben des Bundeskanzlers Kohl an Ministerpräsident Antall
Bonn, 25. September 1990

BK, 21 – 30100 (102) Br 8 (VS) Bd. 31, Bl. 71. – Tag der Ausfertigung hs. ergänzt.

Sehr geehrter Herr Vorsitzender, lieber Herr Antall,

für Ihre Glückwünsche[1] aus Anlaß der bevorstehenden Vereinigung Deutschlands und der kürzlichen Vertragsunterzeichnung in Moskau[2] danke ich Ihnen herzlich.
Der Vertrag über die abschließende Regelung in bezug auf Deutschland bringt uns die Verwirklichung einer über Jahrzehnte hinweg gehegten Vision: der Einheit der Deutschen in Freiheit. In wenigen Tagen werden wir dieses Ziel erreicht haben.
Die Freundschaft und Unterstützung, die wir Deutsche von Ihnen und der ungarischen Bevölkerung auf diesem Wege erfahren haben, wird uns unvergessen bleiben. Die Öffnung der Grenzen Ihres Landes vor Jahresfrist hat den Weg geebnet, die künstliche Teilung Deutschlands und Europas endlich zu überwinden.

Mit freundlichen Grüßen
K

Nr. 427
Vorlage des Ministerialdirektors Teltschik an Bundeskanzler Kohl
Bonn, 25. September 1990

BK, 213 – 30130 S 25 Üb 5 Bd. 3. – Vorlage über Chef BK. Mit Stempel: 25. September 1990, und Paraphe: „[Axel] H[artmann]". Abgezeichnet: „S[eiters]".

Betr.: Überleitungsabkommen mit der UdSSR;
hier: zinsloser, ungebundener Kredit in Höhe von 3 Mrd. DM für 5 Jahre an die Sowjetunion

1. StS Dr. Köhler hat am 20.9.1990 dem sowjetischen Botschafter Terechow angeboten, von dem in dem Überleitungsabkommen mit der UdSSR für 1991 bis 1994 vorgesehenen 3-Mrd.-DM-Kredit 2 Mrd. DM bereits 1990 auszuzahlen, während die verbleibende Summe in zwei Tranchen 1991 und 1992 ausgezahlt werden solle.

1 Grußadresse des Ministerpräsidenten Antall an Bundeskanzler Kohl, 13. September 1990; BK, 21 – 30100 (102) Br 8 (VS), Bl. 69 f.
2 Nr. 421 Anm. 1.

Botschafter Terechow hatte sich gegenüber StS Dr. Köhler erneut – wie auch mir gegen-über[1] – auf das Gespräch zwischen Bundeskanzler Kohl und Präsident Gorbatschow[2] be-rufen, in dem eine Einigung über die Zahlung von 12 Mrd. DM und über einen zinslosen, ungebundenen Kredit in Höhe von 3 Mrd. DM für 5 Jahre erzielt worden sei. Die Finan-zierung des sowjetischen Anteils der Aufenthaltskosten sei dabei nicht angesprochen worden.

2. StS Dr. Köhler hat gegenüber Botschafter Terechow seine Verwunderung über die sowje-tische Auslegung seiner Gespräche in Moskau zum Ausdruck gebracht und darauf hinge-wiesen, daß sich diese stets nur auf das Überleitungsabkommen bezogen hätten. Nach der letzten Verhandlungsrunde in Moskau seien beide Seiten in dem Verständnis auseinander-gegangen, daß alle Fragen in der Sache abschließend geklärt seien.

Auf die Frage, wie UdSSR die Aufenthaltskosten für 1992 und 1993 bestreiten wolle, wenn der dafür vorgesehene Kredit von 3 Mrd. DM bereits 1990 aufgebraucht sei, habe der sowjetische Botschafter Terechow erklärt, daß dies ein Problem des sowjetischen Finanzministers sei.

3. Am 21. 9. 1990 hat mich Botschafter Terechow kurzfristig zu einem von ihm als sehr dringlich bezeichneten Gespräch aufgesucht. Er hat dabei erläutert, daß sich die Stand-punkte in der Frage des 3-Mrd.-DM-Kredits weiter angenähert hätten. Er sei jedoch er-neut von Außenminister Schewardnadse darum gebeten worden, mich sofort aufzusu-chen, um dem Herrn Bundeskanzler erneut den dringlichen Wunsch der sowjetischen Führung zu übermitteln, daß der Kredit von 3 Mrd. DM noch im September an die So-wjetunion ausgezahlt werde. Das Überleitungsabkommen solle in Artikel 1, Punkt 3,[3] entsprechend geändert werden.[4]

Teltschik

Nr. 428
Schreiben des Präsidenten Gorbatschow an Bundeskanzler Kohl
26. September 1990

BK, 21 – 30101 S 25 (1) So 2 Bd. 7, Bl. 139/7–139/8. – Übersetzung 105 – 90/5154. – Auf Inoffizieller Übersetzung (Bl. 139/1–139/2) hs. vermerkt: „Am 26.9.90 von Botschafter Terechow übergeben" und „H. GL 21 bitte noch einmal übersetzen lassen + Vorlage an BK. T[eltschik] 26/9".

Sehr geehrter Herr Bundeskanzler!

Offen gesagt habe ich nach Archys[1] nicht angenommen, daß sich so bald die Notwendigkeit ergeben würde, mich in einer Frage an Sie zu wenden, die – so hätte man meinen können – allein durch die Folgerichtigkeit des Schlußstrichziehens unter die Vergangenheit hätte abge-schlossen sein sollen. Doch ist der Schlußstrich unter der Vergangenheit überhaupt möglich,

---

1 Nr. 422.
2 Nr. 415 Anm. 3.
3 Nach Artikel 1 Abs. 3 Entwurf des Überleitungsabkommens (Abkommen zwischen der Regierung der Bundesrepu-blik Deutschland und der Regierung der Union der Sozialistischen Sowjetrepubliken über einige überleitende Maßnah-men, Entwurf, Stand: 13. September 1990, Vertraulich; BK, 213 – 30130 S 25 Üb 5 Bd. 3) gewährte die deutsche Seite den zinslosen Kredit „in den Jahren 1991 bis 1994 in zu vereinbarenden Tranchen".
4 In dem am 9. Oktober 1990 unterzeichneten Überleitungsabkommen (Nr. 421 Anm. 8) verpflichtete sich die Bun-desregierung, die erste Tranche des zinslosen Kredits in Höhe von 2 Milliarden DM „im Oktober 1990", den Rest „am 1. Oktober 1991" zur Verfügung zu stellen.

1 Nr. 353.

wenn damit begonnen wird, wegen des Verhaltens und der Politik in dem anderen Staat, der nach eigenen Gesetzen lebte, abzurechnen?

Sie haben sicherlich schon erraten, daß ich die Anschuldigungen und die bereits begonnene Verfolgung von Mitgliedern der SED und ihrer Führung im Geiste eines primitiven Antikommunismus meine.

Ich kann nicht beurteilen, inwieweit die Zahl von achttausend Personen, die man, so heißt es, wegen „Landesverrats", „Verbrechen gegen die Menschlichkeit" und nicht zuletzt wegen „subversiver Tätigkeit" zugunsten eines fremden Staates" vor Bundesgerichte stellen will, richtig ist. Hat man erst einen Täter, so wird sich ein passender Paragraph finden lassen, und aus Archiven läßt sich auf Wunsch alles Mögliche herausziehen.

Als Kinder des „Kalten Kriegs" wissen wir beide ja, wieviel Unrecht ihn auf beiden Seiten begleitete. Die Bundesrepublik und die DDR bildeten hier natürlich keine Ausnahme.

Anstelle von zwei Lebensordnungen, zwei Souveränitäten entsteht nun eine Ordnung. Doch manch einem ist dies offenbar nicht genug. Man will den ehemaligen Gegner zwingen, den bitteren Kelch bis zur Neige zu leeren.

Was den „Dienst für einen fremden Staat" angeht – wir wollen nicht Verstecken spielen –, so zielt man auf die Sowjetunion ab und übersieht dabei ihren Beitrag zur Wiederherstellung der Einheit Deutschlands. Die sowjetische Öffentlichkeit und der Oberste Sowjet, dem noch die Ratifizierung bevorsteht,[5] verfolgen aufmerksam den Einigungsprozeß. Auf sie werden die Versuche, das, was sich bis vor kurzem in der DDR aus den Bündnisverpflichtungen ergab, als Verbrechen hinzustellen, ganz gewiß nicht ohne Wirkung bleiben. Die offene oder gar verborgene Propagierung von Antisowjetismus und Antikommunismus paßt nicht mit den Prinzipien der guten Nachbarschaft zusammen, denen wir beide uns verpflichtet haben.

Dies ist der Grund, Herr Bundeskanzler, weshalb ich Ihnen die Anregung geben möchte, einen Weg zu finden, um den Eifer derjenigen zu dämpfen, die nicht abgeneigt sind, den „Kalten Krieg" an der innerdeutschen Front zu verlängern. Die große historische Wende, die wir gemeinsam eingeleitet haben, muß auch bei Ihnen zu Hause von einem Frieden unter den Bürgern gekrönt werden und darf nicht von einer „Hexenjagd" getrübt werden. Dies würde Ihnen nur noch mehr Sympathien und mehr Vertrauen einbringen.

Mit vorzüglicher Hochachtung
M. GORBATSCHOW

---

5   Der Vertrag über die abschließende Regelung in bezug auf Deutschland (Nr. 421 Anm. 1) wurde am 4. März 1991 vom Obersten Sowjet der UdSSR ratifiziert und trat mit Hinterlegung der Ratifikationsurkunde der UdSSR als des letzten der Vertragspartner am 15. März 1991 in Kraft (Bekanntmachung über das Inkrafttreten in: BGBl. 1991 II, 587).

Nr. 429
Gespräch des Bundeskanzlers Kohl mit Präsident Delors
Bonn, 28. September 1990

BK, 211 – 30105 Eu 70, Kommissionspräsident Delors, 28. 9. 1990. – Vermerk des VLR I Bitterlich, 2. Oktober 1990. VS-NfD. – Mit Vorlage des MDg Hartmann über Chef BK an den Bundeskanzler mit der Bitte um Billigung, 4. Oktober 1990. Mit Stempel: Der Leiter des Kanzlerbüros, 8. Oktober 1990. Abgezeichnet: „K[ohl]". – Gesprächsdauer: 12.30 bis 15.00 Uhr.

...¹

II. Wesentliche Ergebnisse

1. Deutsche Einheit

Der <u>Bundeskanzler</u> und der <u>Präsident</u> erörtern eingehend Lage und Perspektiven in der heutigen DDR,
- insbesondere die innenpolitischen und wirtschaftlichen Problemstellungen
- sowie die Aufnahme und Akzeptanz der deutschen Einheit bei den Nachbarn und in Europa insgesamt einschließlich der Konsequenzen für die Europapolitik.

Der <u>Bundeskanzler</u> dankt dem Präsidenten und der Kommission für die tatkräftige Unterstützung im Rahmen der Vorbereitung der deutschen Einheit und bekräftigt sein Engagement, in den nächsten Jahren die europäische Einigung insbesondere durch die Vollendung des Binnenmarktes und den erfolgreichen Abschluß der Regierungskonferenzen zur Wirtschafts- und Währungsunion und zur Politischen Union weiter voranzubringen. Die fünf Jahre von November 1989 bis zu den nächsten EP-Wahlen Mitte 1994 stellten eine entscheidende Zeitspanne für Europa dar.

Der <u>Bundeskanzler</u> spricht im Zusammenhang mit der deutschen Einheit auch das Verhältnis Deutschlands zu seinen Nachbarn an und verweist darauf, daß die <u>Beziehungen zu Polen</u> am kompliziertesten seien. Er bedaure, daß die polnische Regierung seine Vorstellung nicht aufgegriffen habe, als erstes nach der Einheit mit Polen zusammen mit dem Grenzvertrag² einen umfassenden Vertrag über die künftige Zusammenarbeit abzuschließen. Er hoffe gleichwohl, daß dieser Vertrag bald zustande kommen werde.³ Ein wichtiges Kapitel sei für ihn die regionale Zusammenarbeit im grenznahen Bereich. Die Oder-Neiße-Grenze dürfe nicht zu einer „Wohlstandsgrenze" werden. Seine Vorstellung sei es, für diesen Raum eine regionale Zusammenarbeit zu entwickeln, wie sie bereits zum Beispiel im Bodenseeraum oder im pfälzisch-elsässischen Grenzgebiet bestehe.

...⁴

(Bitterlich)

---

1 Im folgenden aufgeführt: Überblick über die Gesprächsthemen.
2 Vertrag zwischen der Bundesrepublik Deutschland und der Republik Polen über die Bestätigung der zwischen ihnen bestehenden Grenze, 14. November 1990, in: BGBl. 1991 II, 1329 f.
3 Vertrag zwischen der Bundesrepublik Deutschland und der Republik Polen über gute Nachbarschaft und freundschaftliche Zusammenarbeit, unterzeichnet am 17. Juni 1991 in Bonn, mit Briefwechsel ebd., 1315–1327.
4 Im folgenden besprochen: EG-Erweiterung, Vorbereitung der Regierungkonferenz Politische Union, Vorbereitung der Regierungskonferenz Wirtschafts- und Währungsunion, Europäische Sitzfragen, GATT-Uruguay-Runde, Hilfe für die Sowjetunion und die anderen Staaten Mittel- und Südosteuropas, Golf-Krise.

Nr. 430
Vorlage des Ministerialdirigenten Duisberg an Bundeskanzler Kohl
Bonn, 1. Oktober 1990

BK, 132 – 35400 De 12 NA 5 Bd. 33. – Mitverfasser: MR Germelmann. Az. 221 – 34905 Ve 69. Vorlage über Chef BK zur Unterrichtung. Kopien: AL 1, AL 2, AL 3, AL 4, AL 5. Abgezeichnet: „Bu[sse] 1.10."

Betr.: Inkraftsetzung des Einigungsvertrages mit der DDR

Am Samstag, den 29. September 1990, haben die Bundesregierung und die Regierung der DDR durch entsprechende Noten einander mitgeteilt, daß die erforderlichen innerstaatlichen Voraussetzungen für das Inkrafttreten des Einigungsvertrages[1] erfüllt sind. Damit ist dieser am 29. September 1990 in Kraft getreten.

Die Note der Bundesregierung wurde vom Stellvertretenden Leiter der Ständigen Vertretung der Bundesrepublik Deutschland im Amt des Ministerpräsidenten in Berlin übergeben;[2] die beigefügte Note der Regierung der DDR hat der Geschäftsträger der Ständigen Vertretung der DDR im Bundeskanzleramt dem Unterzeichner übergeben.[3]

Zugleich hat der Geschäftsträger der Ständigen Vertretung der DDR durch eine weitere Note offiziell die Schließung der Ständigen Vertretung der DDR zum 2. Oktober 1990, 24.00 Uhr angekündigt.[4] Ich habe diesen letzten förmlichen Akt der Ständigen Vertretung der DDR genutzt, um den Geschäftsträger zu verabschieden.

Duisberg

Nr. 430A
Note der Regierung der DDR an die Bundesregierung vom 29. September 1990

126/90   Die Ständige Vertretung der Deutschen Demokratischen Republik beehrt sich, dem Bundeskanzleramt der Bundesrepublik Deutschland die folgende Note der Regierung der Deutschen Demokratischen Republik an die Regierung der Bundesrepublik Deutschland zu übermitteln:

„Die Regierung der Deutschen Demokratischen Republik beehrt sich, der Regierung der Bundesrepublik Deutschland davon Kenntnis zu geben, daß auf seiten der Deutschen Demokratischen Republik die erforderlichen verfassungsrechtlichen und sonstigen Voraussetzungen für das Inkrafttreten des Vertrages vom 31. August 1990 zwischen der Deutschen Demokratischen Republik und der Bundesrepublik Deutschland über die Herstellung der Einheit Deutschlands – Einigungsvertrag – einschließlich des dem Vertrag beigefügten Protokolls und der Anlagen I bis III zu dem Vertrag erfüllt sind.

Die Regierung der Deutschen Demokratischen Republik bestätigt der Regierung der Bundesrepublik Deutschland die Übereinstimmung, daß der genannte Vertrag nebst Protokoll und Anlagen gemäß dessen Artikel 45 sowie die Vereinbarung vom

---

1   Nr. 407 Anm. 1.
2   Kopie der Note und Beleg der Übergabe in der Registratur des Bundeskanzleramtes nicht zu ermitteln.
3   Nr. 430A.
4   Note der Regierung der DDR in der Registratur des Bundeskanzleramtes nicht zu ermitteln; am 11. September 1990 im Bundeskanzleramt übergebener Entwurf: BK, 213 – 35400 De 39 Bd. 7.

18. September 1990 zwischen der Deutschen Demokratischen Republik und der Bundesrepublik Deutschland zur Durchführung und Auslegung des am 31. August 1990 in Berlin unterzeichneten Vertrages zwischen der Deutschen Demokratischen Republik und der Bundesrepublik Deutschland über die Herstellung der Einheit Deutschlands – Einigungsvertrag – gemäß deren Artikel 7 am 29. September 1990 in Kraft treten.

Die Regierung der Deutschen Demokratischen Republik benutzt auch diese Gelegenheit, die Regierung der Bundesrepublik Deutschland ihrer ausgezeichneten Hochachtung zu versichern.

Berlin, *29.* September 1990
An das Bundeskanzleramt der
Bundesrepublik Deutschland
B o n n "

Die Ständige Vertretung der Deutschen Demokratischen Republik benutzt auch diesen Anlaß, das Bundeskanzleramt der Bundesrepublik Deutschland ihrer ausgezeichneten Hochachtung zu versichern.

Bonn, *29.* September 1990

German-American Day, 1990

By the President of the United States of America

A Proclamation

On October 6, 1683, the first German immigrants to America landed near Philadelphia. This small group of men, women, and children had sailed across the vast, treacherous waters of the Atlantic in search of religious freedom and a more prosperous future in the New World. Seven million other Germans eventually followed in their wake. These courageous, hardworking individuals and their descendants have helped to write the story of the United States.

The rich heritage we celebrate each year on German-American Day consists of more than cultural, familial, and historic ties, however; it is also rooted in shared values and aspirations. Ever since General Friedrich von Steuben stood on the front lines in this Nation's struggle for liberty and independence, German immigrants and their descendants have demonstrated—through word, deed, and sacrifice—their strong devotion to democratic ideals.

German-American Day, 1990, is like none before it, for this year's commemoration coincides with the achievement of the goal Americans and Germans have long shared: a united, democratic, and sovereign Germany. During the past year, the German people have torn down the artificial barriers that, for too long, cruelly divided their country. The Berlin Wall, which once stood as a bleak and even deadly symbol of division, now lays in ruin—a fitting reminder of the discredited regime that had directed its construction 29 years ago. Today Germany is at peace with its neighbors and, on this day of German unity, at peace with itself.

The achievement of German unity will also give hope to others, particularly the Baltic peoples, that a peaceful but determined struggle for national self-determination can succeed even over seemingly insurmountable obstacles. The United States remains true to its policy of nonrecognition of the annexation of the Baltic states, just as we never wavered in our support for German unity even through the darkest hours of the Cold War.

Since the end of World War II, the American people have stood shoulder to shoulder with the people of the Federal Republic of Germany (FRG) in efforts to secure our freedom and to advance our common interests. The spirit of friendship and cooperation between the people of the United States and the FRG is reflected in the wide range of exchange programs and other contacts we have developed over the years.

Now, from this day forward, a new, united Germany will be our partner in leadership. We Americans, and above all, those of German descent, are proud of the role we have played in support of German unity. We rejoice with the German people on this day and celebrate the centuries-old relationship between the German and American peoples.

The Congress, by House Joint Resolution 469, has designated October 6, 1990, as "German-American Day" and has authorized and requested the President to issue a proclamation in observance of that day.

NOW, THEREFORE, I, GEORGE BUSH, President of the United States of America, do hereby proclaim October 6, 1990, as German-American Day. I call upon the people of the United States to observe that day with appropriate ceremonies and activities.

IN WITNESS WHEREOF, I have hereunto set my hand this third day of October, in the year of our Lord nineteen hundred and ninety, and of the Independence of the United States of America the two hundred and fifteenth.

Dear Helmut — I had a tear of joy in my eye when I signed this. With respect + friendship

George Bush

G. Bush

(Abdruck mit freundlicher Genehmigung des Office of George Bush, Houston, Texas)

Übersetzung
105 - 90/6615

(Siegel des amerikanischen Präsidenten)

DEUTSCH-AMERIKANISCHER TAG 1990

Proklamation des Präsidenten der Vereinigten Staaten von Amerika

Am 6. Oktober 1683 gingen die ersten deutschen Einwanderer in Amerika in der Nähe von Philadelphia an Land. Diese kleine Gruppe von Männern, Frauen und Kindern war auf der Suche nach Religionsfreiheit und einer besseren Zukunft in der Neuen Welt über den riesigen, tückischen Atlantik gesegelt. Im Laufe der Zeit folgten ihnen weitere sieben Millionen Deutsche nach. Diese mutigen und hart arbeitenden Menschen und ihre Nachfahren haben an der Geschichte der Vereinigten Staaten mitgeschrieben.

Das reiche Vermächtnis, das wir jedes Jahr am Deutsch-Amerikanischen Tag würdigen, besteht jedoch nicht nur aus kulturellen, familiären und historischen Bindungen; es ist auch in gemeinsamen Werten und Bestrebungen verwurzelt. Seit General Friedrich von Steuben sich in vorderster Linie am Kampf dieser Nation für Freiheit und Unabhängigkeit beteiligte, haben die deutschen Einwanderer und ihre Nachfahren durch Worte, Taten und Opfer ihr unerschütterliches Bekenntnis zu den demokratischen Idealen unter Beweis gestellt.

Der Deutsch-Amerikanische Tag 1990 sucht in der Geschichte seinesgleichen, da die diesjährigen Feierlichkeiten mit der Verwirklichung eines Zieles zusammenfallen, das die Deutschen und Amerikaner seit langem gemeinsam verfolgen: ein geeintes, demokratisches und souveränes Deutschland. Im vergangenen Jahr hat das deutsche Volk die künstlichen Schranken niedergerissen, die sein Land viel zu lange auf grausame Weise geteilt haben. Die Berliner Mauer, einst das düstere und sogar todbringende Symbol der Teilung, liegt jetzt in Trümmern - eine angemessene Mahnung an das in Mißkredit geratene Regime, das vor 29 Jahren ihren Bau befohlen hatte. Heute lebt Deutschland in Frieden mit seinen Nachbarn und an diesem Tag der deutschen Einheit in Frieden mit sich selbst.

- 2 -

Die Vollendung der Einheit Deutschlands wird auch andere, vor allem die baltischen Völker, mit Hoffnung erfüllen, daß ein friedlicher, aber mit Entschlossenheit geführter Kampf um nationale Selbstbestimmung auch scheinbar nicht zu überwindende Hindernisse aus dem Weg räumen kann. Die Vereinigten Staaten halten an ihrer Politik der Nichtanerkennung der Annexion der baltischen Staaten ebenso unbeirrbar fest wie an ihrer Unterstützung der deutschen Einheit selbst in den dunkelsten Stunden des kalten Krieges.

Seit dem Ende des Zweiten Weltkriegs hat sich das amerikanische Volk Seite an Seite mit der Bevölkerung der Bundesrepublik Deutschland für die Sicherung unserer Freiheit und die Förderung unserer gemeinsamen Interessen eingesetzt. Der zwischen den Vereinigten Staaten und der Bundesrepublik Deutschland herrschende Geist der Freundschaft und Zusammenarbeit findet seinen Niederschlag in einem breiten Spektrum von Austauschprogrammen und anderen Kontakten, die wir im Laufe der Jahre geknüpft haben.

Von diesem Tag an wird ein neues geeintes Deutschland als unser Partner eine führende Rolle übernehmen. Wir Amerikaner - und vor allem die Amerikaner deutscher Abstammung - sind stolz auf den Beitrag, den wir zur Unterstützung der deutschen Einheit geleistet haben. Wir freuen uns mit dem deutschen Volk an diesem Tag und feiern die jahrhundertealten Beziehungen zwischen dem deutschen und dem amerikanischen Volk.

Mit der gemeinsamen Entschließung 469 hat der Kongreß den 6. Oktober 1990 zum "Deutsch-Amerikanischen Tag" erklärt und den Präsidenten ermächtigt und ersucht, zur Würdigung dieses Tages eine Proklamation zu erlassen.

Daher erkläre ich, George Bush, Präsident der Vereinigten Staaten von Amerika, hiermit den 6. Oktober 1990 zum Deutsch-Amerikanischen Tag. Ich rufe die Bürger der Vereinigten Staaten auf, diesen Tag mit angemessenen Feiern und Veranstaltungen zu begehen.

1558

- 3 -

Zu Urkund dessen habe ich dies am 3. Oktober 1990 und im 215. Jahr der Unabhängigkeit der Vereinigten Staaten von Amerika unterzeichnet.

(gez.) George Bush

(m.p.) Lieber Helmut,

ich hatte Freudentränen in den Augen, als ich dies unterzeichnete. In Würdigung Ihrer Leistung und in Freundschaft

George Bush

Abkürzungen

AA	Auswärtiges Amt
ABC-Waffen	Atomare, biologische und chemische Waffen
ABD	Allgemeine Bestimmungen für Diplomprüfungsordnungen
ABl.	Amtsblatt
ABM	Anti-Ballistic Missile (Abwehrflugkörper gegen ballistische Flugkörper)
a.D.	außer Dienst
a.d.D.	auf dem Dienstweg
ADIZ	Air Defense Identification Zone
ADN	Allgemeiner Deutscher Nachrichtendienst
AdW	Akademie der Wissenschaften der DDR
AfNS	Amt für Nationale Sicherheit
AFP	Agence France-Presse
AG	Aktiengesellschaft
	Arbeitsgruppe
AHM	Außenhandelsminister
a.i.	ad interim
AL	Abteilungsleiter
ALCM	Air-Launched Cruise Missile (Luftgestützter Marschflugkörper)
AM	Außenminister
ANSA	Agenzia Nazionale Stampa Associazione
AOK	Allgemeine Ortskrankenkasse
AP	Associated Press
ARD	Arbeitsgemeinschaft der öffentlich-rechtlichen Rundfunkanstalten in der Bundesrepublik Deutschland
ASSR	Autonome Sozialistische Sowjetrepublik
B	Belgien
BAföG	Bundesausbildungsförderungsgesetz
BAG	Bundesanstalt für den Güterfernverkehr
BAOR	British Army of the Rhine
BArch	Bundesarchiv
BASF	Badische Anilin- und Soda-Fabrik AG
BB	Deutsche Bundesbank
BBC	British Broadcasting Corporation
BDI	Bundesverband der Deutschen Industrie
BEG	Bundesentschädigungsgesetz
BerlinFG	Berlinförderungsgesetz
BfA	Bundesversicherungsanstalt für Angestellte
BFD	Bund Freier Demokraten – Die Liberalen
BGB	Bürgerliches Gesetzbuch
BGBl.	Bundesgesetzblatt
Bgm	Bürgermeister
BIZ	Bank für Internationalen Zahlungsausgleich
BK	Bundeskanzler
	Bundeskanzleramt
Bln	Berlin

BM	Bundesminister
BMA	Bundesministerium für Arbeit und Sozialordnung
BMB	Bundesministerium für innerdeutsche Beziehungen
BMBau	Bundesministerium für Raumordnung, Bauwesen und Städtebau
BMBW˙	Bundesministerium für Bildung und Wissenschaft
BMF	Bundesministerium der Finanzen
BMFT	Bundesministerium für Forschung und Technologie
BMI	Bundesministerium des Innern
BMJ	Bundesministerium der Justiz
BMJFFG	Bundesministerium für Jugend, Familien, Frauen und Gesundheit
BML	Bundesministerium für Ernährung, Landwirtschaft und Forsten
BMPost, BMPT	Bundesministerium für Post und Telekommunikation
BMU	Bundesministerium für Umwelt, Naturschutz und Reaktorsicherheit
BMV	Bundesministerium für Verkehr
BMVg	Bundesministerium der Verteidigung
BMWi	Bundesministerium für Wirtschaft
BMZ	Bundesministerium für wirtschaftliche Zusammenarbeit
BND	Bundesnachrichtendienst
BP	Bundespräsident
BPA	Bundespresseamt/Presse- und Informationsamt der Bundesregierung
BPrA	Bundespräsidialamt
BPräs.	Bundespräsident
BR	Botschaftsrat
	Bremen
	Bundesrat
	Bundesrepublik
BRD	Bundesrepublik Deutschland
BReg.	Bundesregierung
BRRG	Bundesrechtsrahmengesetz
bspw.	beispielsweise
BT	Deutscher Bundestag
BVerfG	Bundesverfassungsgericht
BVerfGE	Bundesverfassungsgerichts-Entscheidungen
BVG	Berliner Verkehrs-Gesellschaft
	Bundesverfassungsgericht
Bw	Bundeswehr
BW	Baden-Württemberg
Bw-StoV	Bundeswehr-Standortverwaltung
BY	Bayern
CdS	Chef der Staatskanzlei/Senatskanzlei
CDU	Christlich Demokratische Union Deutschlands
CFE	Conventional Forces in Europe
ChBK, Chef BK	Chef des Bundeskanzleramtes
COCOM	Coordinating Committee for East-West Trade Policy
COMECON	Council for Mutual Economic Assistance (Rat für Gegenseitige Wirtschaftshilfe)
ČSFR	Česka a Slovenská Federatívná Republika (Tschechische und Slowakische Föderative Republik)

CSPD	Christlich Soziale Partei Deutschlands
ČSSR	Československá Socialistická Republika (Tschechoslowakische Sozialistische Republik)
CSU	Christlich-Soziale Union in Bayern
CW	Chemische Waffen/Chemical Weapons
CZ	Carl Zeiss
D	Demokratische Partei
	Deutschland
	(Ministerial-)Direktor
DA	Demokratischer Aufbruch – sozial + ökologisch
DB	Deutsche Bundesbahn
	Deutsche Bundesbank
	Drahtbericht
DBD	Demokratische Bauernpartei Deutschlands
DC	Democracia Cristiana
DD	Durchdruck
DDR	Deutsche Demokratische Republik
DFD	Demokratischer Frauenbund Deutschlands
DFP	Deutsche Forumpartei
Dg	(Ministerial-)Dirigent
DIHT	Deutscher Industrie- und Handelstag
DK	Dänemark
DLF	Deutschlandfunk
dpa	Deutsche Presse-Agentur
DR	Deutsche Reichsbahn
Drs.	Drucksache
DSU	Deutsche Soziale Union
ECU	European Currency Unit
EEA	Einheitliche Europäische Akte
EFTA	European Free Trade Association
EG	Europäische Gemeinschaft(en)
EG-K	Europäische Gemeinschaften, Kommission
EIB	Europäische Investitionsbank
EKD	Evangelische Kirche in Deutschland
EP	Europäisches Parlament
EPZ	Europäische Politische Zusammenarbeit
ER	Europäischer Rat
ERP	European Recovery Program (Europäisches Wiederaufbau-Programm)
EStG	Einkommensteuergesetz
EuGH	Europäischer Gerichtshof
Euratom	Europäische Atomgemeinschaft
EUREKA	European Research Coordination Agency
EWG	Europäische Wirtschaftsgemeinschaft
EWS	Europäisches Währungssystem
F	Frankreich
FAG	Finanzausgleichsgesetz
FAZ	Frankfurter Allgemeine Zeitung
FBI	Federal Bureau of Investigation
FCO	Foreign and Commonwealth Office

FDGB	Freier Deutscher Gewerkschaftsbund
FDJ	Freie Deutsche Jugend
FDP, F.D.P.	Freie Demokratische Partei Deuschlands
F.d.R.	Für die Richtigkeit
FELEG	Förderung-der-Einstellung-der-landwirtschaftlichen-Erwerbs-tätigkeit-Gesetz
FES	Forschungs- und Entwicklungsstelle für Sportgeräte
FKS	Forschungsinstitut für Körperkultur und Sport
FOTL	Follow-on to Lance (Nachfolge der Lance-Flugkörper)
FR	Frankfurter Rundschau
FRG	Federal Republic of Germany
FS	Fernschreiben
GATT	General Agreement on Tariffs and Trade
GB	Großbritannien
GBl.	Gesetzblatt
GDR	German Democratic Republic
GGO	Gemeinsame Geschäftsordnung
GKV	Gesetzliche Krankenversicherung
GL	Gruppenleiter
Gosplan	Gosudarstwennyj planowyj komitet sowjeta ministrow SSSR (Staatliches Plankomitee beim Ministerrat der UdSSR)
GR	Griechenland
grds.	grundsätzlich
GS	Generalsekretär
GüKG	Güterkraftverkehrsgesetz
GÜST	Grenzübergangsstelle
GüVO	Güterkraftverordnung
GVFG	Gemeindeverkehrsfinanzierungsgesetz
HB	Hansestadt Bremen
HE	Hessen
HH	Freie und Hansestadt Hamburg
HLTF	High Level Task Force (Hochrangige Arbeitsgruppe)
hs.	handschriftlich
IATA	International Air Transport Association
ICAO	International Civil Aviation Organization
ICBM	Inter-Continental Ballistic Missile
IFA	Industrieverwaltung für Fahrzeugbau
IFM	Initiative Frieden und Menschenrechte
Ifo	Institut für Wirtschaftsforschung
i.G.	im Generalstabsdienst
IHK	Industrie- und Handelskammer
IMF	International Monetary Fund
INF	Intermediate-Range Nuclear Forces (Nukleare Mittelstrecken-waffen)
i.O.	in Ordnung
IOC	International Olympic Committee
IPU	Interparlamentarische Union
IRL	Irland
i.S.	im Sinne
It	Italien

i.V.	in Vertretung
IWF	Internationaler Währungsfonds
JCS	Joint Chiefs of Staff (Vereinigte Stabschefs)
KAGG	Kapitalanlagegesellschaften-Gesetz
KfW	Kreditanstalt für Wiederaufbau
KGB	Komitet Gosudarstwennoj Besopasnosti (Komitee für Staatssicherheit)
KKW	Kernkraftwerk
KMK	Kultusministerkonferenz
KOM	Kommission der Europäischen Gemeinschaften
KP	Kommunistische Partei
KPD	Kommunistische Partei Deutschlands
KPdSU	Kommunistische Partei der Sowjetunion
KPF	Kommunistische Partei Frankreichs
KPI	Kommunistische Partei Italiens
KSE	Konventionelle Streitkräfte in Europa
KSZE	Konferenz für Sicherheit und Zusammenarbeit in Europa
KVAE	Konferenz über Vertrauens- und Sicherheitsbildende Maßnahmen und Abrüstung in Europa
KVG	Kommunalvermögensgesetz
KWG	Kreditwesengesetz
KWZE	Konferenz über wirtschaftliche Zusammenarbeit in Europa
LASD	Leiter Arbeitsstab Deutschlandpolitik
LDP(D)	Liberal-Demokratische Partei (Deutschlands)
LH	Lufthansa
LKB	Leiter Kanzlerbüro
LPG	Landwirtschaftliche Produktionsgenossenschaften
LUX, Lux	Luxemburg
LV	Landesvertretung
LZB	Landeszentralbank
MAE	Ministère de Affaires Étrangères
MAH	Ministerium für Außenhandel
MAS	Ministerium für Arbeit und Soziales
MD	Ministerialdirektor
MdB	Mitglied des Deutschen Bundestages
m.d.B.u.	mit der Bitte um
MDg(t)	Ministerialdirigent
MdI	Ministerium des Innern
MfAA	Ministerium für Auswärtige Angelegenheiten
MfS	Ministerium für Staatssicherheit
Min	Minister
MinDir	Ministerialdirektor
MinDirig	Ministerialdirigent
MP	Ministerpräsident
MR	Ministerialrat
MRG	Militärregierungsgesetz
ms.	maschinenschriftlich
NATO	North Atlantic Treaty Organization
ND	Nachrichtendienst
	Neues Deutschland

NDP(D)	National-Demokratische Partei (Deutschlands)
NF	Neues Forum
NfD	Nur für den Dienstgebrauch
NL	Niederlande
NRW	Nordrhein-Westfalen
NS	Niedersachsen
NSC	National Security Council
NSDAP	Nationalsozialistische Deutsche Arbeiterpartei
NSP	Nachrichtenspiegel
NSWP	Nicht-Sowjetischer Warschauer Pakt
NTS	NATO-Truppenstatut
NVA	Nationale Volksarmee
NVV	Nichtverbreitungsvertrag
NW	Nordrhein-Westfalen
OB	Oberbefehlshaber
OECD	Organization for Economic Cooperation and Development
ORR	Oberregierungsrat
o.V.i.A.	oder Vertreter im Amt
PA	Pressearchiv
PAM	Polnisches Außenministerium
PBS	Public Broadcasting Service
PDS	Partei des Demokratischen Sozialismus
PK	Pressekonferenz
PM	Premierminister
PR	Persönlicher Referent
Präs	Präsident
PSt(s)	Parlamentarischer Staatssekretär
PVAP	Polnische Vereinigte Arbeiterpartei
PX	Post Exchange
R	Republikanische Partei
RA	Rechtsanwalt
RAF	Royal Air Force
RBgm, RBM	Regierender Bürgermeister
RD	Regierungsdirektor
Ref.	Referat
RGBl.	Reichsgesetzblatt
RGW	Rat für Gegenseitige Wirtschaftshilfe
Rh.-Pf.	Rheinland-Pfalz
RIAS	Rundfunk im amerikanischen Sektor von Berlin
RiVG	Richter im Verwaltungsgericht
RKP	Rumänische Kommunistische Partei
RL	Referatsleiter
RR	Regierungsrat
RSFSR	Russische Sozialistische Föderative Sowjetrepublik
RTL	Radiotélévision de Luxembourg
rtr	Reuters Telegraphenbureau
RVO	Reichsversicherungsordnung
RWE	Rheinisch-Westfälisches Elektrizitätswerk AG
SACEUR	Supreme Allied Commander Europe (Oberster Alliierter Befehlshaber Europa)

SAM	Sowjetisches Außenministerium
SAPMO-BArch	Stiftung Archiv der Parteien und Massenorganisationen der DDR im Bundesarchiv
SBZ	Sowjetische Besatzungszone
SDAG	Sowjetisch-Deutsche Aktiengesellschaft
SDI	Strategic Defense Initiative (Strategische Verteidigungsinitiative)
SDP	Sozialdemokratische Partei in der DDR
SED	Sozialistische Einheitspartei Deutschlands
SEL	Standard Elektronik Lorenz AG
Sen	Senator
SenDir	Senatsdirektor
SGB	Sozialgesetzbuch
SH	Schleswig-Holstein
SHAPE	Supreme Headquarter Allied Powers Europe (Oberstes Hauptquartier der alliierten Mächte in Europa)
SIKB	Saarländische Investitionskreditbank AG
SLCM	Sea-Launched Cruise Missile (Seegestützter Marschflugkörper)
SNF	Short-Range Nuclear Forces (Nukleare Kurzstreckenwaffen)
SOW	Sowjetunion
SPA	Spanien
SPD	Sozialdemokratische Partei Deutschlands
SR	Senatsrat
SRS	Stellvertretender Regierungssprecher
SS	Surface-to-Surface Missile (Boden-Boden-Flugkörper)
St	Staatssekretär
StäV	Ständige Vertretung der Bundesrepublik Deutschland bei der DDR
START	Strategic Arms Reduction Talks (Verhandlungen über die Verringerung Strategischer Waffen)
	Strategic Arms Reduction Treaty (Vertrag über die Verringerung Strategischer Waffen)
Stellv.	Stellvertreter
StGB	Strafgesetzbuch
StM	Staatsminister
StP	Staatspräsident
StR	Staatsrat
Sts, StS	Staatssekretär
StV	Staatsvertrag
SU	Sowjetunion
SV	Staatsratsvorsitzender
SVR	Sachverständigenrat
TASM	Tactical Air-to-Surface Missile (Taktischer Luft-Boden-Flugkörper)
TASS	Telegrafnoe Agentswo Sowjetskogo Sojusa (Telegrafenagentur der Sowjetunion)
THA	Treuhandanstalt
TNS	Theater Nuclear Systems (Nukleare Gefechtsfeldsysteme)
TO	Tagesordnung
TOP	Tagesordnungspunkt
UdSSR	Union der Sozialistischen Sowjetrepubliken

UN	United Nations
UNDP	United Nations Development Programme
UNICEF	United Nations International Childrens' Emergency Fund
UNO	United Nations Organization
UNTS	United Nations Treaty Series
US(A)	United States (of America)
USAP	Ungarische Sozialistische Arbeiterpartei
USSR	Union of Socialist Soviet Republics
VA	Verwaltungsangestellte(r)
VAM	Vizeaußenminister
VdeR	Verwaltungsstelle des ehemaligen Reichsbahnvermögens
VE	Verrechnungseinheit
VerwR	Verwaltungsrat
Vfg.	Verfügung
VK	Volkskammer
VKSE	Verhandlungen über Konventionelle Streitkräfte in Europa
VL	Vereinigte Linke
VLR (I)	Vortragender Legationsrat (I. Klasse)
VM	Verteidigungsminister
VN	Vereinte Nationen
VO	Verordnung
VP	Vizepräsident
VR	Volksrepublik
VS	Verschlußsache
vsl.	voraussichtlich
VVSBM	Verhandlungen über Vertrauens- und Sicherheitsbildende Maßnahmen
VW	Volkswagen AG
WDR	Westdeutscher Rundfunk
WEU	Westeuropäische Union
WGS, WGT	Westgruppe der sowjetischen Streitkräfte bzw. Truppen
WINTEX/CIMEX	Winter Exercise/Civil Military Exercise
WP	Wahlperiode
	Warschauer Pakt
Wv.	Wiedervorlage
WWU	Währungs- und Wirtschaftsunion
	Währungs-, Wirtschafts- und Sozialunion
z.A.	zur Anstellung
ZA-NTS	Zusatzabkommen zum NATO-Truppenstatut
z.d.A.	zu den Akten
ZDF	Zweites Deutsches Fernsehen
z.g.K.	zur gefälligen Kenntnis(nahme)
ZK	Zentralkomitee
z.K.	zur Kenntnis(nahme)
ZSF	Zentrales Sowjetisches Fernsehen
z.w.V.	zur weiteren Veranlassung/Verwendung

Organisationsplan des Bundeskanzleramtes

Stand: 10. April 1990

Organisationsplan des Bundeskanzleramtes

Anschrift:
Adenauerallee 139-141, 5300 Bonn 1

Stand: 10. April 1990

Bundeskanzler
Dr. Helmut Kohl

01 Kanzlerbüro
Leiter: MinDirig Dr. Neuer

011 Persönliches Büro VAe Weber	012 Eingaben und Petitionen VA Dr. Gundelach

---

Staatsminister
Dr. Lutz G. Stavenhagen
Persönlicher Referent: MinR Kindler

Chef des Bundeskanzleramtes
Bundesminister
Rudolf Seiters
Leiter des Büros: VA Speck

Parl. Staatssekretär
zugleich
Bevollmächtigter der Bundesregierung in Berlin
Günter Straßmeir
Persönlicher Referent: VA Dr. Kontetzki

Abteilung 1
Zentralabteilung
MinDir Dr. Kabel

10 Vorprüfungsstelle RegDir Hellingrath

Gruppe 11
Leiter: VA Dr. Reckers
Personalangelegenheiten der Bundesregierung

Referat 111
Personalangelegenheiten des Bundeskanzleramtes und der Ständigen Vertretung
MinR Maurer

Referat 112
Organisation und Haushalt des Bundeskanzleramtes und der Ständigen Vertretung
MinR Dr. Fischer

Referat 113
Innerer Dienst
MinR Großkopf

Referat 114
Geheimschutzbeauftragter; Sicherheitsbeauftragter
RegDir Hoffmann

Referat 115
Ressortübergreifende und internationale Personalangelegenheiten; Organisation der Bundesregierung; Zivile Verteidigung
MinR Dr. Guddat

Gruppe 12
Leiter: MinDirig Ordolff
Aufgabenplanung der Bundesregierung

Referat 121
Kabinett- und Parlamentreferat; Ständiger Protokollführer
VA Wormit

Referat 122
Bund-Länder-Verhältnis; Bundesrat u. Vermittlungsausschuß; Besprechungen des Bundeskanzlers mit den Regierungschefs der Bundesländer
MinR Annecke

Referat 123
Ablaufplanung; Planungsbeauftragte; Informationssystem zur Vorhabenplanung der Bundesregierung; automatisierte Datenverarbeitung
RegDir Hüper

Abteilung 2
Auswärtige und innerdeutsche Beziehungen; Entwicklungspolitik; äußere Sicherheit
MinDir Teltschik

Gruppe 21
Leiter: MinDirig Dr. Hartmann
Auswärtiges Amt;
BM für wirtschaftliche Zusammenarbeit

Referat 211
Europäische Einigung; bilaterale Beziehungen zu westeuropäischen Staaten und der Türkei; Kabinettausschuß für Europapolitik
VLR I Bitterlich

Referat 212
Ost-West-Beziehungen; bilaterale Beziehungen zu osteuropäischen Staaten, zur UdSSR und zu Nordamerika; Abrüstung und Rüstungskontrolle
VLR I Dr. Kaestner

Referat 213
Weltweite internationale Organisationen; bilaterale Beziehungen zu Asien, Afrika und Lateinamerika
VLR I Dr. Ueberschaer

Referat 214
Entwicklungspolitik; Nord-Süd-Fragen
MinR Frhr. Leuckart von Weißdorf

Gruppe 23
Leiter: K.z.S. Lange
BM der Verteidigung;
Sicherheitspolitik (Verteidigungsfragen); Bundessicherheitsrat

Arbeitsstab 20
Deutschlandpolitik
MinDirig Dr. Duisberg

Gruppe 22
Leiter: MinDirig Stern
BM für innerdeutsche Beziehungen; Beziehungen zur DDR; Berlin-Fragen

Referat 221
Allgemeine Fragen der Beziehungen zur DDR; Ständige Vertretungen; Beziehungen zur DDR sowie Berlin-Fragen in den Bereichen Außenpolitik, Staatsrecht und Verwaltung
MinR Germelmann

Referat 222
Beziehungen zur DDR sowie Berlin-Fragen in den Bereichen Justiz, Verkehr, Wirtschaft
MinR Zilch

Referat 223
Allgemeine Berlin-Fragen; Beziehungen zur DDR sowie Berlin-Fragen in den Bereichen Kultur, Bildung, Medien
MinR Dr. Kass

Referat 224
Kabinettausschuß "Deutsche Einheit"; Bund-Länder-Verhältnis in bezug auf Deutschlandpolitik; Beziehungen zur DDR und Berlin-Fragen in den Bereichen Arbeit und Soziales
MinR Dr. Malina

Abteilung 3
Innere Angelegenheiten; Soziales; Umwelt
MinDir Wagner

Gruppe 31
Leiter: MinR Schulte
Grundsatzfragen der Sozial- und Gesellschaftspolitik; Kontakte zu den Gewerkschaften und Arbeitgeberverbänden

Referat 311
BM für Arbeit und Sozialordnung
RegDir Boldorf

Referat 312
BM für Jugend, Familie, Frauen und Gesundheit; Sport; Vertriebenenfragen
MinR Krannich

Referat 313
BM für Bildung und Wissenschaft
MinR Dr. Schulte

Gruppe 32
Leiter: MinDirig Dr. Glatzel
Umwelt, Technologie, Verkehr; Medienfragen

Referat 321
BM für Umwelt, Naturschutz und Reaktorsicherheit; Kabinettausschuß für Umwelt und Gesundheit
MinR Dr. Hanning

Referat 322
BM für Forschung und Technologie; Kabinettausschüsse für Zukunftstechnologien und Raumfahrt
MinR Dr. Eschelbacher

Referat 323
BM für Verkehr; BM für Post und Telekommunikation
MinR Harting

Gruppe 33
Leiter: MinDirig Dr. Busse
Recht; staatliche Organisation

Referat 331
BM der Justiz; Justitiariat; öffentliche und innere Sicherheit; Angelegenheiten der Polizei und des Bundesgrenzschutzes
MinR Hegerfeldt

Referat 332
Verfassungsrecht; Geschäftsordnung der Bundesregierung; Statistik; Öffentlicher Dienst; Kommunalwesen
RegDir Dr. Lehnguth

Abteilung 4
Wirtschafts- und Finanzpolitik
MinDir Dr. Grimm

Gruppe 41
Leiter: MinDirig Dr. Thiele
Europäische Wirtschaftsintegration; Europäischer Binnenmarkt

Referat 411
Wirtschaftliche Aspekte der europäischen Integration
MinR Dr. Kaiser

Gruppe 42
Leiter: MinR Dr. Ludewig
Wirtschaftspolitik;
BM für Wirtschaft; internationale Währungsordnung und -politik; Geld-, Kredit- und Kapitalmarktpolitik

Referat 421
Wettbewerbs-, Struktur-, Industrie-, Energie- und Unternehmenspolitik; Handwerk und Handel; ERP-Vermögen; Außenwirtschaft; Kabinettausschuß für Wirtschaft
VA Dr. Westerhoff

Referat 422
Gesamtwirtschaftliche Entwicklung; Grundsatzfragen; Sonderaufgaben
RegDir Dr. Nehring

Gruppe 43
Leiter: MinDirig Dr. Michels
BM der Finanzen; Finanzverfassungs- und Haushaltsrecht; Steuerpolitik

Referat 431
Finanzplanung des Bundes; Aufstellung des Bundeshaushalts; Finanzbeziehungen zu Ländern und Gemeinden; Wiedergutmachung; Lastenausgleich; Bundesrechnungshof
MinR Nowak

Gruppe 44
Leiter: MinR Dr. Feiter
Agrar- und Raumordnungspolitik; BM für Ernährung, Landwirtschaft und Forsten

Referat 441
BM für Raumordnung, Bauwesen und Städtebau; Raumordnung und Regionalplanung; soziales Mietrecht
RegDir Dr. Vogel

Abteilung 5
Gesellschaftliche und politische Analysen - Kommunikation und Öffentlichkeitsarbeit
MinDir Dr. Ackermann

Gruppe 51
Leiter: VA Dr. Gotto
Gesellschaftliche und politische Analysen

Referat 511
Auswertung von Programmen und Modellen politischer Problemlösung
VA Dr. Laitenberger

Referat 512
Verbindung zu gesellschaftlichen Gruppen, zu den Kirchen sowie zum Bereich von Kunst und Kultur
MinR Dr. Stukenberg

Referat 513
Analyse des wirtschaftlich-technischen und des sozialen Wandels; Auswertung der Meinungsforschung; Sozialindikatoren
MinR Sykora

Referat 514
Sonderaufgaben
VA Dr. Schmoeckel

Gruppe 52
Leiter: VA Dr. Prill
Kommunikation und Öffentlichkeitsarbeit; politische Planung

Pressestelle
RegDir Gärtner

Referat 521
Mitwirkung bei der Öffentlichkeitsarbeit des Bundeskanzlers
RegDir Mertes

Referat 522
Aktuelle Dokumentation; Pressematerialien
VA Wagenknecht

Referat 523
Lagezentrum
MinR Dahms

Referat 53
Zeitgeschichtliche Dokumentation und Information
MinR Winkel

Abteilung 6
Bundesnachrichtendienst; Koordinierung der Nachrichtendienste des Bundes
MinDirig Dr. Jung

Gruppe 61
Leiter: MinDirig Staubwasser
Bundesnachrichtendienst; Grundsatzangelegenheiten der Dienstaufsicht; Haushalt; parlamentarische Angelegenheiten

Referat 611
Bundesnachrichtendienst: Organisation, Personal, Recht; Informationsgewinnung; Sicherheit
MinR Dr. Kämmer

Referat 612
Nachrichtendienstliche Lageinformation; Auftragssteuerung des Bundesnachrichtendienstes
MinRin Dr. Vollmer

Gruppe 62
Leiter: MinR Dr. Borgiel
Koordinierung der Nachrichtendienste; Organisations- und Haushaltsangelegenheiten; Verwaltung; Technik; G-10-Verfahren

Referat 621
Allgemeine Zusammenarbeit; Informationsaustausch; Staatssekretärausschuß für das geheime Nachrichtenwesen; Parlamentarische Kontrollkommission; Bundesamt für Verfassungsschutz; Militärischer Abschirmdienst
MinR Radau

Biographisches Verzeichnis

Ablass, Werner E. (geb. 1946), April bis Oktober 1990 Staatssekretär im Ministerium für Abrüstung und Verteidigung der DDR

Achromejew, Sergej F. (1923–1991), Marschall, 1989 bis 1991 militärischer Berater des Generalsekretärs des Zentralkomitees der KPdSU und Präsidenten der UdSSR, Gorbatschow

Ackermann, Eduard (geb. 1928), Ministerialdirektor, 1982 bis 1994 Leiter der Abteilung 5 im Bundeskanzleramt

Adameč, Ladislav (geb. 1926), 1988 bis Dezember 1989 Vorsitzender des Ministerrates der Tschechoslowakischen Sozialistischen Republik

Adamischin, Anatolij L. (geb. 1934), 1986 bis April 1990 Stellvertreter des Ministers für Auswärtige Angelegenheiten der UdSSR

Albrecht, Ernst (geb. 1930), 1976 bis Juni 1990 Niedersächsischer Ministerpräsident

Andreotti, Giulio (geb. 1919), 1983 bis 1989 Minister für Auswärtige Angelegenheiten, Juli 1989 bis 1992 Ministerpräsident der Italienischen Republik, Juli bis Dezember 1990 amtierender Vorsitzender des Europäischen Rates

Annecke, Rüdiger (geb. 1940), Ministerialrat, 1987 bis 1990 Leiter des Referats 122 im Bundeskanzleramt

Antall, József (1932–1993), Mai 1990 bis 1993 Ministerpräsident der Ungarischen Republik

Arens, Moshe (geb. 1925), 1988 bis Juni 1990 Außenminister, anschließend bis 1992 Verteidigungsminister des Staates Israel

Arnold, Karl-Heinz (geb. 1925), November 1989 bis April 1990 Persönlicher Referent des Vorsitzenden des Ministerrates der DDR, Modrow

Attali, Jacques (geb. 1943), 1981 bis 1991 außenpolitischer Berater des Präsidenten der Französischen Republik, Mitterrand

Baker, James A. (geb. 1930), 1989 bis 1992 Außenminister der Vereinigten Staaten von Amerika

Balcerowicz, Leszek (geb. 1947), September 1989 bis 1991 Minister für Finanzen und Stellvertreter des Vorsitzenden des Ministerrates der (Volks-)Republik Polen

Bangemann, Martin (geb. 1934), seit 1988 Vizepräsident der Kommission der Europäischen Gemeinschaften

Bastian, Günther (geb. 1934), Ministerialdirektor, 1988 bis 1991 Ständiger Vertreter des Chefs der Staatskanzlei Rheinland-Pfalz

Beil, Gerhard (geb. 1926), 1986 bis April 1990 Minister für Außenhandel bzw. Außenwirtschaft der DDR

Berghofer-Weichner, Mathilde (geb. 1931), 1986 bis 1993 stellvertretende Bayerische Ministerpräsidentin und Bayerische Staatsministerin der Justiz

Bergmann-Pohl, Sabine (geb. 1946), April bis Oktober 1990 Präsidentin der Volkskammer und amtierendes Staatsoberhaupt der DDR

Bertele, Franz (geb. 1931), Staatssekretär, Januar 1989 bis Oktober 1990 Leiter der Ständigen Vertretung der Bundesrepublik Deutschland bei der DDR

Bianco, Jean-Louis (geb. 1943), 1982 bis 1991 Generalsekretär im Amt des Präsidenten der Französischen Republik, Mitterrand

Binder, Heinz-Georg (geb. 1929), evangelischer Bischof, 1977 bis 1992 Bevollmächtigter des Rates der EKD am Sitz der Bundesregierung in Bonn

Bitterlich, Joachim (geb. 1948), Vortragender Legationsrat I. Klasse, 1987 bis 1993 Leiter des Referats 211 im Bundeskanzleramt

Blackwill, Robert D., von 1989 an Leitender Direktor für europäische und sowjetische Angelegenheiten des Nationalen Sicherheitsrates der Vereinigten Staaten von Amerika

Blech, Klaus (geb. 1928), Juli 1989 bis 1991 Botschafter der Bundesrepublik Deutschland in der UdSSR

Blüm, Norbert (geb. 1935), seit 1982 Bundesminister für Arbeit und Sozialordnung

Bötsch, Wolfgang (geb. 1938), 1989 bis 1993 Vorsitzender der CSU-Landesgruppe und 1. stellvertretender Vorsitzender der Fraktion der CDU/CSU im Deutschen Bundestag

Bohl, Friedrich (geb. 1945), 1989 bis 1991 1. Parlamentarischer Geschäftsführer der Fraktion der CDU/CSU im Deutschen Bundestag

Bohley, Bärbel (geb. 1945), September 1989 Mitbegründerin des Neuen Forums in der DDR

Boidevaix, Serge (geb. 1928), 1986 bis 1992 Botschafter Frankreichs bei bzw. in der Bundesrepublik Deutschland

Bondarenko, Alexander P. (geb. 1922), 1971 bis 1991 Leiter der 3. Europäischen Abteilung im Ministerium für Auswärtige Angelegenheiten der UdSSR

Brandt, Willy (1913–1992), 1969 bis 1974 Bundeskanzler

Broek, Hans van den (geb. 1936), 1982 bis 1992 Minister für Auswärtige Angelegenheiten des Königreichs der Niederlande

Bumpers, Dale I. (geb. 1925), seit 1975 Senator der Vereinigten Staaten von Amerika (Arkansas)

Bush, George (geb. 1924), 1989 bis 1993 Präsident der Vereinigten Staaten von Amerika

Busse, Volker (geb. 1939), Ministerialdirigent, seit 1981 Leiter der Gruppe 13 (1990 Gruppe 33) im Bundeskanzleramt

Camdessus, Jean-Michel (geb. 1933), seit 1987 geschäftsführender Direktor des Internationalen Währungsfonds

Carstens, Karl (1914–1992), 1979 bis 1984 Bundespräsident

Carstens, Manfred (geb. 1943), 1989 bis 1993 Parlamentarischer Staatssekretär beim Bundesminister der Finanzen

Ceauşescu, Nicolae (1918–1989), 1965 bis Dezember 1989 Generalsekretär der RKP, 1974 bis Dezember 1989 Präsident der Sozialistischen Republik Rumänien

Cheney, Richard B. (geb. 1941), 1989 bis 1993 Verteidigungsminister der Vereinigten Staaten von Amerika

Chory, Werner, (1932–1991), 1982 bis 1991 Staatssekretär im Bundesministerium für Jugend, Familie, Frauen und Gesundheit

Clement, Wolfgang (geb. 1940), 1989 bis 1995 Chef der Staatskanzlei des Landes Nordrhein-Westfalen (Staatssekretär, ab Juni 1990 Minister für besondere Aufgaben), Oktober 1989 bis Oktober 1990 federführender Amtschef der Chefs der Staats- und Senatskanzleien der Länder

Czaja, Herbert (1914–1997), 1953 bis 1990 Mitglied des Deutschen Bundestages (CDU), 1970 bis 1994 Vorsitzender des Bundes der Vertriebenen

Däubler-Gmelin, Herta (geb. 1943), 1983 bis 1993 stellvertretende Vorsitzende der Fraktion der SPD im Deutschen Bundestag, 1988 bis 1992 stellvertretende Vorsitzende der SPD

De Michelis, Gianni (geb. 1940), 1989 bis 1992 Minister für Auswärtige Angelegenheiten der Republik Italien

Delors, Jacques (geb. 1925), 1985 bis 1994 Präsident der Kommission der Europäischen Gemeinschaften

Dienstbier, Jiří (geb. 1937), 1989 Mitbegründer des Bürgerforums, Dezember 1989 bis 1992 Minister für Auswärtige Angelegenheiten der Tschechoslowakei (bis März 1990 Tschechoslowakische Sozialistische Republik, März bis April 1990 Tschechoslowakische Republik, ab April 1990 Tschechische und Slowakische Föderative Republik)

Diestel, Peter-Michael (geb. 1952), Dezember 1989 Mitbegründer der CSPD und im Januar 1990 der DSU in Leipzig, Januar bis Juni 1990 Generalsekretär der DSU, April bis Oktober 1990 Stellvertreter des Vorsitzenden des Ministerrates und Minister des Innern der DDR

Dobiey, Burkhard (geb. 1940), Ministerialdirektor, 1986 bis 1991 Leiter der Abteilung II Deutschlandpolitik im Bundesministerium für innerdeutsche Beziehungen

Domröse, Hans-Lothar (geb. 1952), Major i.G., 1989 bis 1991 Referent in der Gruppe 23 im Bundeskanzleramt

Dregger, Alfred (geb. 1920), 1982 bis 1991 Vorsitzender der Fraktion der CDU/CSU im Deutschen Bundestag

Dufourcq, Bertrand (geb. 1933), 1988 bis 1991 Politischer Direktor im Ministerium für Auswärtige Angelegenheiten der Französischen Republik

Duisberg, Claus-Jürgen (geb. 1934), Ministerialdirigent, 1987 bis 1990 Leiter des Arbeitsstabs 20 im Bundeskanzleramt, 1990 vorübergehend im Bundesministerium des Innern tätig

Dumas, Roland (geb. 1922), 1988 bis 1993 Minister für Auswärtige Angelegenheiten der Französischen Republik

Eagleburger, Lawrence S. (geb. 1930), 1989 bis 1992 stellvertretender Außenminister der Vereinigten Staaten von Amerika

Eisel, Stephan (geb. 1955), 1987 bis 1991 stellvertretender Leiter des Kanzlerbüros im Bundeskanzleramt

Elbe, Frank (geb. 1941), Vortragender Legationsrat I. Klasse, 1987 bis 1992 Leiter des Ministerbüros im Leitungsstab des Auswärtigen Amts

Engelhard, Hans (geb. 1934), 1982 bis 1990 Bundesminister der Justiz

Engholm, Björn (geb. 1939), 1988 bis 1993 Ministerpräsident des Landes Schleswig-Holstein

Eppelmann, Rainer (geb. 1943), evangelischer Theologe, September 1989 Mitbegründer des Demokratischen Aufbruchs, Februar bis April 1990 Minister ohne Geschäftsbereich der DDR, März bis September 1990 Vorsitzender des Demokratischen Aufbruchs, April bis Oktober 1990 Minister für Verteidigung und Abrüstung der DDR

Falin, Valentin M. (geb. 1926), Diplomat, 1988 bis 1991 Leiter der Internationalen Abteilung des Zentralkomitees der KPdSU

Fischer, Oskar (geb. 1923), 1971 bis 1989 Mitglied des Zentralkomitees der SED, 1975 bis April 1990 Minister für Auswärtige Angelegenheiten der DDR

Fitzwater, Marlin (geb. 1942), 1989 bis 1993 Pressesprecher des Präsidenten der Vereinigten Staaten von Amerika, Bush

Forck, Gottfried (1923–1996), evangelischer Theologe, 1981 bis 1991 Bischof von Berlin-Brandenburg

Fuchs, Andreas (geb. 1936), Staatsrat, 1989 bis 1995 Chef der Senatskanzlei der Freien Hansestadt Bremen

Galvin, John R. (geb. 1929), General, 1987 bis 1992 Oberbefehlshaber der Streitkräfte der Vereinigten Staaten von Amerika in Europa und Oberster Alliierter Befehlshaber Europa

Gates, Robert M. (geb. 1943), 1989 bis 1991 stellvertretender Nationaler Sicherheitsberater des Präsidenten der Vereinigten Staaten von Amerika, Bush

Gauland, Alexander (geb. 1941), Staatssekretär, 1987 bis 1991 Leiter der Hessischen Staatskanzlei

Genscher, Hans-Dietrich (geb. 1927), 1974 bis 1992 Bundesminister des Auswärtigen

Gerassimow, Gennadij I. (geb. 1933), 1986 bis 1990 Leiter der Hauptabteilung für Information im Ministerium für Auswärtige Angelegenheiten der UdSSR

Geremek, Bronislaw (geb. 1932), 1989 bis 1990 Vorsitzender der Fraktion des Bürgerkomitees Solidarität im Sejm der (Volks-)Republik Polen

Gerlach, Manfred (geb. 1928), 1960 bis 1989 Stellvertreter des Vorsitzenden und von Dezember 1989 bis April 1990 amtierender Vorsitzender des Staatsrates der DDR, 1967 bis Februar 1990 Vorsitzender der LDPD

Germelmann, Peter-Christian (geb. 1936), Ministerialrat, 1983 bis 1991 Leiter des Referats 221 im Bundeskanzleramt

Glienke, Lothar (geb. 1935), Gesandter, 1985 bis Oktober 1990 Stellvertreter des Leiters der Ständigen Vertretung der DDR in der Bundesrepublik Deutschland

Gonzáles, Felipe Márquez (geb. 1942), 1982 bis 1996 Ministerpräsident des Königreichs Spanien, Januar bis Juni 1989 amtierender Vorsitzender des Europäischen Rates

Gorbatschow, Michail S. (geb. 1931), 1980 bis 1991 Mitglied des Politbüros und 1985 bis 1991 Generalsekretär des Zentralkomitees der KPdSU, 1988 bis 1990 Vorsitzender des Präsidiums des Obersten Sowjets der UdSSR, März 1990 bis 1991 Präsident der UdSSR

Grósz, Károly (1930–1996), 1988 bis 1989 Generalsekretär der USAP

Guigou, Elisabeth (geb. 1946), 1988 bis 1990 Beraterin des Präsidenten der Französischen Republik, Mitterrand

Gysi, Gregor (geb. 1948), Dezember 1989 bis Dezember 1992 Vorsitzender der SED-PDS bzw. PDS

Hager, Kurt (geb. 1912), 1963 bis November 1989 Mitglied des Politbüros des Zentralkomitees der SED

Haller, Gert (geb. 1944), Januar 1990 bis 1992 Leiter der Abteilung VII Geld und Kredit im Bundesministerium der Finanzen

Hanz, Martin (geb. 1955), Legationsrat I. Klasse, 1989 bis 1992 Referent in der Gruppe 52 im Bundeskanzleramt

Hartmann, Peter (geb. 1935), Ministerialdirigent, 1987 bis 1991 Leiter der Gruppe 21 im Bundeskanzleramt

Hasselfeldt, Gerda (geb. 1950), 1989 bis 1990 Bundesministerin für Raumordnung, Bauwesen und Städtebau

Haughey, Charles (geb. 1925), 1987 bis 1992 Ministerpräsident der Republik Irland, Januar bis Juni 1990 amtierender Vorsitzender des Europäischen Rates

Haussmann, Helmut (geb. 1943), 1988 bis 1990 Bundesminister für Wirtschaft

Havel, Václav (geb. 1936), Dezember 1989 bis 1992 Präsident der Tschechoslowakei (bis März 1990 Tschechoslowakische Sozialistische Republik, März bis April 1990 Tschechoslowakische Republik, April 1990 bis 1992 Tschechische und Slowakische Föderative Republik)

Hegerfeldt, Carsten (geb. 1942), Ministerialrat, seit 1986 Leiter des Referats 331 im Bundeskanzleramt

Herrhausen, Alfred (1930–1989), 1985 bis 1989 Vorstandssprecher der Deutschen Bank

Herzog, Roman (geb. 1934), 1987 bis 1994 Präsident des Bundesverfassungsgerichts

Hessing, Franz-Josef (geb. 1929), Ministerialdirigent, 1990 Leiter der Abteilung II in der Staatskanzlei des Landes Nordrhein-Westfalen

Hofstetter, Rolf (geb. 1935), Ministerialdirigent, 1989 bis 1990 Leiter der Unterabteilung 20 im Auswärtigen Amt

Honecker, Erich (1912–1994), 1976 bis Oktober 1989 Generalsekretär des Zentralkomitees der SED und Vorsitzender des Staatsrates der DDR

Horn, Gyula (geb. 1932), Mai 1989 bis 1994 Minister für Auswärtige Angelegenheiten der Volksrepublik Ungarn bzw. der Ungarischen Republik

Horváth, István (geb. 1943), 1984 bis 1991 Botschafter der Volksrepublik Ungarn bzw. der Ungarischen Republik in der Bundesrepublik Deutschland

Huber, Hermann (geb. 1930), 1988 bis 1992 Botschafter der Bundesrepublik Deutschland in der Tschechoslowakei (bis März 1990 Tschechoslowakische Sozialistische Republik,

März bis April 1990 Tschechoslowakische Republik, ab April 1990 Tschechische und Slowakische Föderative Republik)

Hurd, Douglas (geb. 1930), Oktober 1989 bis November 1990 Minister für Auswärtige und Commonwealth-Angelegenheiten des Vereinigten Königreichs Großbritannien und Nordirland

Jagoda, Bernhard (geb. 1940), 1987 bis 1990 Staatssekretär im Bundesministerium für Arbeit und Sozialordnung

Jakowlew, Alexander N. (geb. 1923), 1986 bis 1990 Sekretär, 1987 bis 1990 Mitglied des Politbüros und 1988 bis 1990 Vorsitzender der Kommission für Internationale Politik des Zentralkomitees der KPdSU

Jaruzelski, Wojciech (geb. 1923), General, 1981 bis 1989 Erster Sekretär des Zentralkomitees der PVAP, 1985 bis 1989 Vorsitzender des Staatsrates, Juli 1989 bis 1990 Präsident der (Volks-)Republik Polen

Jasow, Dmitrij (geb. 1923), 1987 bis 1991 Minister für Verteidigung der UdSSR

Jelzin, Boris N. (geb. 1931), 1989 bis 1991 Mitglied des Obersten Sowjets der UdSSR, von Mai 1990 an Vorsitzender des Obersten Sowjets der RSFSR

Jochimsen, Reimut (geb. 1933), 1985 bis 1990 Minister für Wirtschaft, Mittelstand und Technologie des Landes Nordrhein-Westfalen, 1989 bis 1990 Vorsitzender der Wirtschaftsministerkonferenz der Länder

Jung, Hermann (geb. 1930), Ministerialdirigent, 1983 bis 1991 Leiter der Abteilung 6 im Bundeskanzleramt

Kabel, Rudolf (geb. 1934), Ministerialdirektor, 1989 bis 1991 Leiter der Abteilung 1 im Bundeskanzleramtes

Kaestner, Uwe (geb. 1939), Vortragender Legationsrat I. Klasse, 1987 bis 1991 Leiter des Referats 212 im Bundeskanzleramt

Kaifu, Toshiki (geb. 1931), 1989 bis 1991 Ministerpräsident von Japan

Kanther, Manfred (geb. 1939), 1987 bis 1991 Hessischer Finanzminister

Karski, Ryszard (geb. 1926), 1987 bis Juli 1990 Botschafter der (Volks-)Republik Polen in der Bundesrepublik Deutschland

Kasper, Hans (geb. 1939), 1986 bis November 1994 stellvertretender Ministerpräsident und Minister der Finanzen des Saarlandes

Kass, Rüdiger (geb. 1944), Ministerialrat, 1987 bis 1990 Leiter des Referats 223 im Bundeskanzleramt

Kastrup, Dieter (geb. 1937), Ministerialdirektor, 1988 bis 1991 Leiter der Abteilung 2 im Auswärtigen Amt

Kiechle, Ignaz (geb. 1930), 1983 bis 1993 Bundesminister für Ernährung, Landwirtschaft und Forsten

Kimmitt, Robert M. (geb. 1947), 1988 bis 1991 Staatssekretär für Politische Angelegenheiten im Außenministerium der Vereinigten Staaten von Amerika

Kinkel, Klaus (geb. 1936), 1982 bis 1991 Staatssekretär im Bundesministerium der Justiz

Kittel, Walter (geb. 1931), 1987 bis 1993 Staatssekretär im Bundesministerium für Ernährung, Landwirtschaft und Forsten

Klein, Hans (1931–1996), 1989 bis 1990 Bundesminister für besondere Aufgaben und Leiter des Presse- und Informationsamtes der Bundesregierung

Klemm, Peter (geb. 1928), 1989 bis 1993 Staatssekretär im Bundesministerium der Finanzen

Knackstedt, Günter (geb. 1929), 1989 bis 1992 Botschafter der Bundesrepublik Deutschland in der (Volks-)Republik Polen

Knittel, Wilhelm (geb. 1935), 1987 bis 1995 Staatssekretär im Bundesministerium für Verkehr

Köhler, Horst (geb. 1943), Januar 1990 bis 1993 Staatssekretär im Bundesministerium der Finanzen

Kohl, Helmut (geb. 1930), seit 1973 Vorsitzender der CDU, seit 1982 Bundeskanzler

Kopp, Reinhold (geb. 1949), Staatssekretär, 1985 bis 1991 Chef der Staatskanzlei des Saarlandes

Kopper, Hilmar (geb. 1935), seit 1989 Vorstandssprecher der Deutschen Bank AG

Kotschemassow, Wjatscheslaw I. (geb. 1918), 1983 bis 1990 Botschafter der UdSSR in der DDR

Kowaljow, Anatolij G. (geb. 1923), 1986 bis 1991 Erster Stellvertreter des Ministers für Auswärtige Angelegenheiten der UdSSR

Kozakiewicz, Mikolaj (geb. 1923), Juli 1989 bis Oktober 1991 Marschall des Sejm der (Volks-)Republik Polen

Krabatsch, Ernst (geb. 1940), 1976 bis 1990 Leiter der Hauptabteilung, nach April 1990 Unterabteilung Grundsatzfragen und Planung im Ministerium für Auswärtige Angelegenheiten der DDR

Krack, Erhard (geb. 1931), 1974 bis 1990 Oberbürgermeister von Berlin (Ost)

Krause, Günther (geb. 1953), März bis Oktober 1990 Vorsitzender der Fraktion der CDU in der Volkskammer, April bis Oktober 1990 Parlamentarischer Staatssekretär beim Ministerpräsidenten der DDR

Krenz, Egon (geb. 1937), Oktober bis Dezember 1989 Generalsekretär des Zentralkomitees der SED und Vorsitzender des Staatsrates der DDR

Krolikowski, Herbert (geb. 1924), Staatssekretär, 1975 bis 1989 Erster Stellvertreter des Ministers für Auswärtige Angelegenheiten der DDR

Kroppenstedt, Franz (geb. 1931), 1983 bis 1994 Staatssekretär im Bundesministerium des Innern

Krumsiek, Rolf (geb. 1934), 1985 bis 1995 Justizminister des Landes Nordrhein-Westfalen

Kruse, Hans-Joachim (geb. 1928), 1984 bis 1990 Staatsrat der Freien und Hansestadt Hamburg

Kruse, Martin (geb. 1929), Bischof, 1985 bis 1991 Vorsitzender des Rates der EKD

Kwizinskij, Julij A. (geb. 1936), 1986 bis Mai 1990 Botschafter der UdSSR in der Bundesrepublik Deutschland, Mai 1990 bis 1991 Erster Stellvertreter des Ministers für Auswärtige Angelegenheiten der UdSSR

Lafontaine, Oskar (geb. 1943), seit 1985 Ministerpräsident des Saarlandes, 1987 bis 1995 stellvertretender Vorsitzender der SPD

Lambsdorff, Otto Graf (geb. 1926), 1988 bis 1993 Vorsitzender der FDP

Lamy, Pascal (geb. 1947), 1985 bis 1994 Kabinettchef des Präsidenten der Kommission der Europäischen Gemeinschaften, Delors

Landsbergis, Vytautas (geb. 1932), März 1990 bis 1992 Vorsitzender des Obersten Rates der Republik Litauen

Lange, Rudolf (geb. 1941), Kapitän zur See, 1987 bis 1991 Leiter der Gruppe 23 im Bundeskanzleramt

Lautenschlager, Hans Werner (geb. 1927), 1987 bis 1992 Staatssekretär des Auswärtigen Amts

Lee Kuan Yew (geb. 1923), 1959 bis 1990 Premierminister der Republik Singapur

Lehnguth, Gerold (geb. 1944), Regierungsdirektor, 1989 bis 1992 Leiter des Referats 332 im Bundeskanzleramt

Lehr, Ursula (geb. 1930), 1988 bis 1991 Bundesministerin für Jugend, Familie, Frauen und Gesundheit

Ligatschow, Jegor (geb. 1920), 1985 bis 1990 Mitglied des Politbüros des Zentralkomitees der KPdSU

Lubbers, Ruud (geb. 1939), 1982 bis 1994 Ministerpräsident des Königreichs der Niederlande

Ludewig, Johannes (geb. 1945), Ministerialrat, 1989 bis 1991 Leiter der Gruppe 42 im Bundeskanzleramt

Ludwigs, Michael (geb. 1947), Oberstleutnant i.G., 1988 bis 1991 Referent in der Gruppe 23 im Bundeskanzleramt

Luft, Christa (geb. 1938), November 1989 bis April 1990 Stellvertreter des Vorsitzenden des Ministerrates der DDR und Ministerin für Wirtschaft

Lugar, Richard G. (geb. 1932), Senator der Vereinigten Staaten von Amerika (Indiana)

Mai, Wolfgang, 1986 bis Mai 1990 Leiter des Büros des Leiters der Ständigen Vertretung der DDR in der Bundesrepublik Deutschland

Maizière, Lothar de (geb. 1940), November 1989 bis Oktober 1990 Vorsitzender der CDU in der DDR, April bis Oktober 1990 Ministerpräsident und August bis Oktober 1990 amtierender Minister für Auswärtige Angelegenheiten der DDR

Malina, Manfred (geb. 1941), Ministerialrat, 1990 bis 1991 Leiter des Referats 224 im Bundeskanzleramt

Mallaby, Christopher (geb. 1936), 1988 bis 1993 Botschafter des Vereinigten Königreichs Großbritannien und Nordirland in der Bundesrepublik Deutschland

Martens, Wilfried (geb. 1936), 1979 bis 1981 und 1981 bis 1992 Ministerpräsident des Königreichs der Belgier

Matthäus-Meier, Ingrid (geb. 1945), seit September 1988 stellvertretende Vorsitzende der Fraktion der SPD im Deutschen Bundestag

Mazowiecki, Tadeusz (geb. 1927), August 1989 bis 1991 Vorsitzender des Ministerrates der (Volks-)Republik Polen

Meckel, Markus (geb. 1952), Oktober 1989 Mitbegründer der SDP (ab Januar 1990 SPD in der DDR), April bis August 1990 Minister für Auswärtige Angelegenheiten der DDR

Menz, Lorenz (geb. 1935), Staatssekretär, seit 1984 Leiter des Staatsministeriums Baden-Württemberg

Mertes, Michael (geb. 1953), Regierungsdirektor, 1987 bis 1993 Leiter des Referats 521 im Bundeskanzleramt

Meyer, Josef (geb. 1936), Staatssekretär, 1983 bis 1990 Chef der Niedersächsischen Staatskanzlei

Meyer, Wolfgang (geb. 1934), Journalist, November 1989 bis April 1990 Regierungssprecher der DDR

Meyer-Landrut, Andreas (geb. 1929), 1987 bis 1989 Botschafter der Bundesrepublik Deutschland in der UdSSR, 1989 bis 1994 Leiter des Bundespräsidialamtes

Meyer-Sebastian, Hans-Michael (geb. 1939), Ministerialdirigent, Oktober 1989 bis Oktober 1990 stellvertretender Leiter der Ständigen Vertretung der Bundesrepublik Deutschland bei der DDR

Mischnick, Wolfgang (geb. 1921), 1968 bis 1991 Vorsitzender der Fraktion der FDP im Deutschen Bundestag

Misselwitz, Hans-Jürgen (geb. 1950), April bis August 1990 Parlamentarischer Staatssekretär beim Minister für Auswärtige Angelegenheiten der DDR

Mitchell, George (geb. 1933), Senator der Vereinigten Staaten von Amerika (Maine)

Mittag, Günter (1926–1994), 1966 bis November 1989 Mitglied des Politbüros und 1976 bis 1989 Sekretär für Wirtschaft des Zentralkomitees der SED

Mitterrand, François M. (1916–1996), 1981 bis 1995 Präsident der Französischen Republik

Modrow, Hans (geb. 1928), 1973 bis 1989 Erster Sekretär der Bezirksleitung der SED Dresden, November 1989 bis April 1990 Vorsitzender des Ministerrates der DDR

Möllemann, Jürgen (geb. 1945), 1987 bis 1990 Bundesminister für Bildung und Wissenschaft

Momper, Walter (geb. 1945), 1989 bis 1991 Regierender Bürgermeister von Berlin, Oktober 1988 bis Oktober 1989 Vorsitzender der Ministerpräsidentenkonferenz

Mulroney, Brian (geb. 1939), 1984 bis 1993 Premierminister von Kanada

Naumann, Klaus (geb. 1939), Generalmajor, 1988 bis 1991 Leiter der Stabsabteilung III Führungsstab der Streitkräfte im Bundesministerium der Verteidigung

Nehring, Sighardt (geb. 1945), Regierungsdirektor, 1989 bis 1991 Leiter des Referats 422 im Bundeskanzleramt

Németh, Miklós (geb. 1948), 1988 bis Mai 1990 Vorsitzender des Ministerrates der Volksrepublik Ungarn bzw. der Ungarischen Republik

Neubauer, Horst (geb. 1936), Botschafter, 1988 bis 1990 Leiter der Ständigen Vertretung der DDR in der Bundesrepublik Deutschland

Neuer, Walter (geb. 1932), Ministerialdirigent, 1987 bis 1994 und seit 1996 Leiter des Kanzlerbüros im Bundeskanzleramt

Neusel, Hans Heinrich (geb. 1927), 1985 bis 1992 Staatssekretär im Bundesministerium des Innern

Nier, Kurt (geb. 1927), 1973 bis 1989 Stellvertreter des Ministers für Auswärtige Angelegenheiten der DDR

Nowak, Günter (geb. 1935), Ministerialrat, 1981 bis März 1992 Leiter des Referats 431 im Bundeskanzleramt

Obminskij, Ernest (geb. 1931), 1989 bis 1991 Stellvertreter des Ministers für Auswärtige Angelegenheiten der UdSSR

Oesterhelt, Jürgen (geb. 1935), Ministerialdirektor, 1986 bis 1992 Leiter der Rechtsabteilung im Auswärtigen Amt und Völkerrechtsberater der Bundesrepublik Deutschland

Ordonez, Francisco F. (geb. 1930), 1985 bis 1993 Minister für Auswärtiges des Königreichs Spanien

Pelny, Stefan (geb. 1938), Staatssekretär, 1988 bis 1993 Chef der Staatskanzlei des Landes Schleswig-Holstein

Pfarr, Heide M. (geb. 1944), 1989 bis 1990 Senatorin für Bundesangelegenheiten und Bevollmächtigte Berlins beim Bund

Platzeck, Matthias (geb. 1953), 1989 Sprecher der Grünen Liga in der DDR, Februar bis April 1990 Minister ohne Geschäftsbereich der DDR, März bis Oktober 1990 Parlamentarischer Geschäftsführer der Fraktion Bündnis 90/Grüne in der Volkskammer

Ploetz, Hans-Friedrich von (geb. 1940), Botschafter, 1988 bis 1993 Ständiger Vertreter der Bundesrepublik Deutschland bei der NATO

Pöhl, Karl-Otto (geb. 1929), 1980 bis 1991 Präsident der Deutschen Bundesbank

Portugalow, Nikolaj (geb. 1928), 1978 bis 1991 Berater der Abteilung für Internationale Beziehungen des Zentralkomitees der KPdSU

Powell, Charles (geb. 1941), 1984 bis 1991 Privatsekretär der Premierministerin des Vereinigten Königreichs Großbritannien und Nordirland, Thatcher

Pozsgay, Imre (geb. 1933), 1988 bis 1990 Staatsminister im Ministerium für Auswärtige Angelegenheiten der Volksrepublik Ungarn bzw. der Ungarischen Republik

Priesnitz, Walter (geb. 1932), 1988 bis 1991 Staatssekretär im Bundesministerium für innerdeutsche Beziehungen

Prill, Norbert (geb. 1946), 1987 bis 1993 Leiter der Gruppe 52 im Bundeskanzleramt

Prunskiene, Kazimiera (geb. 1943), März 1990 bis 1993 Ministerpräsidentin von Litauen

Pszon, Mieczyslaw (geb. 1915), 1989 bis 1990 Beauftragter des Vorsitzenden des Ministerrates der (Volks-)Republik Polen, Mazowiecki, für Beziehungen mit Deutschland

Rakowski, Mieczyslaw (geb. 1926), 1988 bis Juli 1989 Vorsitzender des Ministerrates der Volksrepublik Polen, 1989 bis 1990 Erster Sekretär der PVAP

Rau, Johannes (geb. 1931), 1978 bis 1998 Ministerpräsident des Landes Nordrhein-Westfalen, Oktober 1989 bis Oktober 1990 Vorsitzender der Ministerpräsidentenkonferenz

Rauchfuß, Wolfgang (geb. 1931), 1965 bis November 1989 Stellvertreter des Vorsitzenden des Ministerrates der DDR, November bis Dezember 1989 Mitglied des Politbüros und Sekretär für Wirtschaft des Zentralkomitees der SED, anschließend bis April 1990 Staatssekretär beim Vorsitzenden des Ministerrates der DDR, Modrow

Rauscher, Klaus (geb. 1949), Ministerialdirektor, 1988 bis 1990 Amtschef der Bayerischen Staatskanzlei

Reichenbach, Klaus (geb. 1945), April bis Oktober 1990 Minister im Amt des Ministerpräsidenten der DDR

Renger, Annemarie (geb. 1919), 1953 bis 1990 Mitglied und seit 1976 Vizepräsidentin des Deutschen Bundestages (SPD)

Richthofen, Hermann Freiherr von (geb. 1933), 1988 bis 1993 Botschafter der Bundesrepublik Deutschland im Vereinigten Königreich Großbritannien und Nordirland

Riesenhuber, Heinz (geb. 1935), 1982 bis 1993 Bundesminister für Forschung und Technologie

Rocard, Michel (geb. 1930), 1988 bis 1991 Ministerpräsident der Französischen Republik

Röller, Wolfgang (geb. 1929), 1985 bis 1993 Vorstandssprecher der Dresdner Bank AG, 1987 bis 1991 Präsident des Bundesverbandes Deutscher Banken

Roh Tae Woo (geb. 1932), 1988 bis 1993 Präsident der Republik Korea

Rohwedder, Detlev Karsten (1932–1991), seit 1980 Vorsitzender des Vorstands der Hoesch AG, Juli bis August 1990 Vorsitzender des Verwaltungsrates und August 1990 bis April 1991 Vorsitzender des Vorstands der Treuhandanstalt

Romberg, Walter (geb. 1928), Dezember 1989 Mitglied der SDP, Februar bis April 1990 Minister ohne Geschäftsbereich und April bis August 1990 Minister für Finanzen der DDR

Ross, Dennis, 1989 bis 1992 Direktor des Planungsstabs im Außenministerium der Vereinigten Staaten von Amerika

Rühe, Volker (geb. 1942), 1989 bis 1992 Generalsekretär der CDU

Ruhfus, Jürgen (geb. 1930), 1987 bis 1992 Botschafter der Bundesrepublik Deutschland in den Vereinigten Staaten von Amerika

Ruth, Friedrich (geb. 1927), 1986 bis 1992 Botschafter der Bundesrepublik Deutschland in der Republik Italien

Ryschkow, Nikolaij I. (geb. 1929), 1985 bis 1990 Vorsitzender des Ministerrates der UdSSR

Santer, Jacques (geb. 1937), 1984 bis 1994 Ministerpräsident des Großherzogtums Luxemburg

Schabowski, Günter (geb. 1929), 1986 bis 1989 Sekretär des Zentralkomitees der SED

Schäuble, Wolfgang (geb. 1942), 1989 bis 1991 Bundesminister des Innern

Schalck-Golodkowski, Alexander (geb. 1932), 1975 bis Dezember 1989 Staatssekretär im Ministerium für Außenhandel bzw. Außenwirtschaft der DDR, 1977 bis 1989 Mitglied des Wirtschaftskomitees beim Politbüro des Zentralkomitees der SED

Schaumann, Fritz (geb. 1946), seit 1988 Staatssekretär im Ministerium für Bildung und Wissenschaft

Scheibe, Reinhard (geb. 1943), Staatssekretär, Juni 1990 bis August 1991 Chef der Niedersächsischen Staatskanzlei

Schewardnadse, Eduard A. (geb. 1928), 1985 bis 1990 Mitglied des Politbüros des Zentralkomitees der KPdSU und bis 1991 Minister für Auswärtige Angelegenheiten der UdSSR

Schiffer, Eckart (geb. 1927), Ministerialdirektor, Februar 1974 bis Dezember 1991 Leiter der Abteilung V Verfassung, Staatsrecht und Verwaltung im Bundesministerium des Innern

Schindler, Hans (geb. 1937), Gesandter, 1972 bis 1990 Stellvertreter des Leiters der Abteilung BRD im Ministerium für Auswärtige Angelegenheiten der DDR

Schlecht, Otto (geb. 1925), 1973 bis 1991 Staatssekretär im Bundesministerium für Wirtschaft

Schlesinger, Helmut (geb. 1924), 1980 bis 1991 Vizepräsident des Zentralbankrats der Deutschen Bundesbank

Schleußer, Heinz (geb. 1936), seit 1988 Minister für Finanzen des Landes Nordrhein-Westfalen

Schmülling, Herbert (geb. 1937), 1985 bis September 1989 stellvertretender Sprecher der Bundesregierung, 1989 bis 1991 Chef des Presse- und Informationsamtes der Bundesregierung

Schnapauff, Klaus Dieter (geb. 1945), Ministerialrat, April 1990 bis Dezember 1990 Leiter der Arbeitsgruppe Kabinettausschuß Deutsche Einheit im Bundesministerium des Innern

Schneider, Hans K. (geb. 1920), 1968 bis 1992 Mitglied und 1985 bis 1992 Vorsitzender des Sachverständigenrates zur Begutachtung der gesamtwirtschaftlichen Entwicklung

Schneider, Oscar (geb. 1927), 1982 bis 1989 Bundesminister für Raumordnung, Bauwesen und Städtebau

Scholz, Rupert (geb. 1937), Mai 1988 bis April 1989 Bundesminister der Verteidigung

Schreiner, Hanns (geb. 1930), Staatssekretär, 1989 bis 1991 Chef der Staatskanzlei des Landes Rheinland-Pfalz

Schröder, Dieter (geb. 1935), Staatssekretär, 1989 bis 1990 Chef der Senatskanzlei Berlin, Oktober 1988 bis Oktober 1989 federführender Amtschef der Chefs der Staats- und Senatskanzleien der Länder

Schröder, Gerhard (geb. 1944), seit Juni 1990 Niedersächsischer Ministerpräsident

Scowcroft, Brent (geb. 1925), 1989 bis 1993 Nationaler Sicherheitsberater des Präsidenten der Vereinigten Staaten von Amerika, Bush

Seidel, Karl (geb. 1930), Botschafter, 1971 bis 1990 Leiter der Abteilung BRD im Ministerium für Auswärtige Angelegenheiten der DDR

Seiters, Rudolf (geb. 1937), 1989 bis 1991 Bundesminister für besondere Aufgaben und Chef des Bundeskanzleramtes

Seitz, Raymond G. H. (geb. 1940), 1989 bis 1991 Leiter der Abteilung für europäische und kanadische Angelegenheiten im Außenministerium der Vereinigten Staaten von Amerika

Shamir, Jitzhak (geb. 1915), 1986 bis 1992 Ministerpräsident des Staates Israel

Silajew, Iwan S. (geb. 1930), 1985 bis 1990 Stellvertreter des Vorsitzenden des Ministerrates der UdSSR

Sitarjan, Stepan A. (geb. 1930), 1989 bis 1991 Stellvertreter des Vorsitzenden des Ministerrates der UdSSR und Vorsitzender der Kommision für Außenwirtschaft

Skubiszewski, Krzysztof (geb. 1926), September 1989 bis 1993 Minister für Auswärtige Angelegenheiten der (Volks-)Republik Polen

Solms, Hermann-Otto (geb. 1940), 1985 bis 1991 stellvertretender Vorsitzender der Fraktion der FDP im Deutschen Bundestag

Späth, Lothar (geb. 1937), 1978 bis 1991 Ministerpräsident des Landes Baden-Württemberg

Speck, Manfred (geb. 1946), 1989 bis 1991 Persönlicher Referent des Chefs des Bundeskanzleramtes, Seiters

Staab, Jürgen (geb. 1929), Ministerialdirigent, 1986 bis September 1989 stellvertretender Leiter der Ständigen Vertretung der Bundesrepublik Deutschland bei der DDR

Stahmer, Ingrid (geb. 1942), 1989 bis 1991 Bürgermeisterin von Berlin und seit 1989 Senatorin für Soziales

Stark, Jürgen (geb. 1948), Regierungsdirektor, 1988 bis 1991 Referent in der Gruppe 42 im Bundeskanzleramt

Stavenhagen, Lutz (1940–1992), 1987 bis 1991 Staatsminister beim Bundeskanzler im Bundeskanzleramt

Stern, Ernst Günter (geb. 1931), Ministerialdirigent, 1973 bis 1990 Leiter der Gruppe 22 im Bundeskanzleramt

Stoltenberg, Gerhard (geb. 1928), 1989 bis 1992 Bundesminister der Verteidigung

Stoph, Willi (geb. 1914), 1953 bis 1989 Mitglied des Politbüros des Zentralkomitees der SED, 1976 bis 1989 Vorsitzender bzw. Stellvertreter des Vorsitzenden des Staatsrates der DDR

Straßmeir, Günter (geb. 1929), 1989 bis 1991 Parlamentarischer Staatssekretär beim Bundeskanzler und Bevollmächtigter der Bundesregierung in Berlin

Streibl, Max (geb. 1932), 1988 bis 1993 Bayerischer Ministerpräsident

Stroetmann, Clemens (geb. 1946), 1987 bis 1995 Staatssekretär im Bundesministerium für Umwelt, Naturschutz und Reaktorsicherheit

Studnitz, Ernst-Jörg von (geb. 1937), Vortragender Legationsrat I. Klasse, 1986 bis Juni 1990 Leiter der Abteilung 1 Politik der Ständigen Vertretung der Bundesrepublik Deutschland bei der DDR

Sudhoff, Jürgen (geb. 1935), 1987 bis 1991 Staatssekretär des Auswärtigen Amts

Süssmuth, Rita (geb. 1937), seit 1987 Mitglied und seit 1988 Präsidentin des Deutschen Bundestages (CDU)

Sulek, Jerzy (geb. 1939), Dezember 1988 bis Mai 1990 Stellvertreter des Direktors der IV. Abteilung Europa West im Ministerium für Auswärtige Angelegenheiten der (Volks-) Republik Polen

Sununu, John H. (geb. 1939), 1989 bis 1991 Stabschef des Präsidenten der Vereinigten Staaten von Amerika, Bush

Tegtmeier, Werner (geb. 1940), seit 1988 Staatssekretär im Bundesministerium für Arbeit und Sozialordnung

Teltschik, Horst (geb. 1940), Ministerialdirektor, 1982 bis 1991 Leiter der Abteilung 2 im Bundeskanzleramt

Terechow, Wladislaw P. (geb. 1933), 1990 bis 1997 Botschafter der UdSSR in der Bundesrepublik Deutschland

Thatcher, Margaret (geb. 1925), 1975 bis 1990 Vorsitzende der Konservativen Partei, 1979 bis 1990 Premierministerin des Vereinigten Königreichs Großbritannien und Nordirland

Thiele, Rüdiger (1936–1996), Ministerialdirigent, 1983 bis 1990 Leiter der Gruppe 41 im Bundeskanzleramt

Tietmeyer, Hans (geb. 1931), 1982 bis Dezember 1989 Staatssekretär im Bundesministerium der Finanzen, seit Januar 1990 Mitglied des Direktoriums der Deutschen Bundesbank, April bis Juni 1990 Persönlicher Berater und Beauftragter des Bundeskanzlers Kohl für die Dauer der Vertragsverhandlungen mit der DDR über die Einrichtung einer Wirtschafts-, Währungs- und Sozialunion

Töpfer, Klaus (geb. 1938), 1987 bis 1994 Bundesminister für Umwelt, Naturschutz und Reaktorsicherheit

Tomášek, František (1899–1992), Kardinal, 1978 bis 1991 Erzbischof von Prag

Tschernajew, Anatolij S. (geb. 1921), 1986 bis 1991 Berater in außenpolitischen Fragen des Generalsekretärs der KPdSU und Präsidenten der UdSSR, Gorbatschow

Ueberschaer, Christian (geb. 1936), Vortragender Legationsrat I. Klasse, 1985 bis 1992 Leiter des Referats 213 bzw. des Referats 214 im Bundeskanzleramt

Ullmann, Wolfgang (geb. 1929), September 1989 Mitbegründer der Bürgerbewegung Demokratie Jetzt, Februar bis April 1990 Minister ohne Geschäftsbereich der DDR, April bis Oktober 1990 Vizepräsident der Volkskammer (Bündnis 90/Grüne)

Vahrenholt, Fritz (geb. 1949), Staatsrat, 1988 bis 1992 Chef der Senatskanzlei der Freien und Hansestadt Hamburg

Védrine, Hubert (geb. 1948), 1988 bis 1995 Generalsekretär im Amt des Präsidenten der Französischen Republik, Mitterrand

Vogel, Dieter (geb. 1931), Oktober 1989 bis 1991 stellvertretender Sprecher der Bundesregierung

Vogel, Hans-Jochen (geb. 1926), 1983 bis 1991 Vorsitzender der Fraktion der SPD im Deutschen Bundestag, 1987 bis 1993 Vorsitzender der SPD

Vogel, Wolfgang (geb. 1946), Regierungsdirektor, seit Februar 1990 Leiter des Referats 441

Vogel, Wolfgang (geb. 1925), Rechtsanwalt, 1965 bis 1990 Beauftragter der Regierung der DDR für die Regelung humanitärer Fragen

Voscherau, Henning (geb. 1941), 1988 bis 1997 Präsident des Senats und Erster Bürgermeister der Freien und Hansestadt Hamburg

Waffenschmidt, Horst (geb. 1933), 1982 bis 1997 Parlamentarischer Staatssekretär beim Bundesminister des Innern

Wagner, Baldur (geb. 1939), Ministerialdirektor, 1987 bis 1991 Leiter der Abteilung 3 im Bundeskanzleramt

Wagner, Carl-Ludwig (geb. 1930), 1989 bis 1991 Ministerpräsident von Rheinland-Pfalz

Wagner, Horst (geb. 1931), 1989 bis 1991 Senator für Arbeit, Verkehr und Betriebe des Landes Berlin

Waigel, Theodor (geb. 1939), seit 1989 Bundesminister der Finanzen

Walesa, Lech (geb. 1943), 1980 bis 1990 Vorsitzender der Gewerkschaft Solidarität, 1990 bis 1995 Präsident der Republik Polen

Wallmann, Walter (geb. 1932), 1987 bis 1991 Hessischer Ministerpräsident

Walters, Vernon (geb. 1917), 1988 bis 1991 Botschafter der Vereinigten Staaten von Amerika in der Bundesrepublik Deutschland

Ward, George F. (geb. 1945), Gesandter, 1989 bis 1992 stellvertretender Leiter der Mission der Vereinigten Staaten von Amerika in der Bundesrepublik Deutschland

Warnke, Jürgen (geb. 1932), 1989 bis 1991 Bundesminister für wirtschaftliche Zusammenarbeit

Wedemeier, Klaus (geb. 1944), 1985 bis 1995 Präsident des Senats und Bürgermeister der Freien Hansestadt Bremen

Weizsäcker, Richard Freiherr von (geb. 1920), 1984 bis 1994 Bundespräsident

Westdickenberg, Gerhard (geb. 1944), Vortragender Legationsrat, 1988 bis März 1991 Referent im Referat 212 im Bundeskanzleramt

Westerhoff, Horst (geb. 1941), 1989 bis 1991 Leiter des Referats 421 im Bundeskanzleramt

Weston, Philip John (geb. 1938), Politischer Direktor im Amt für Auswärtige und Commonwealth-Angelegenheiten des Vereinigten Königreichs Großbritannien und Nordirland

Wilms, Dorothee (geb. 1929), 1987 bis 1991 Bundesministerin für innerdeutsche Beziehungen

Witzlau, Gernot (geb. 1941), Ministerialrat, 1990 Leiter der G 1 Arbeitsgruppe Innenpolitische Grundsatzfragen im Bundesministerium des Innern

Wörner, Manfred (1934–1994), 1988 bis 1994 Generalsekretär der NATO

Wormit, Alexander (geb. 1947), 1985 bis 1991 Leiter des Referats 121 im Bundeskanzleramt

Würzen, Dieter von (geb. 1930), 1979 bis 1995 Staatssekretär im Bundesministerium für Wirtschaft

Zilch, Volkmar (geb. 1936), Ministerialrat, 1973 bis 1991 Leiter des Referats 222 im Bundeskanzleramt

Zimmermann, Friedrich (geb. 1925), 1982 bis April 1989 Bundesminister des Innern, April 1989 bis 1991 Bundesminister für Verkehr

Zoellick, Robert B. (geb. 1953), 1989 bis 1992 Berater (Counselor) im Außenministerium der Vereinigten Staaten von Amerika

Personenregister

Der Eintrag „Helmut Kohl" unterblieb angesichts der fortlaufenden Erwähnung. – An der Erstellung des Registers waren Monika Schleuter und Ulrike Baulig beteiligt.

Abe, Shintaro 807
Abend, Volker 817
Ablass, Werner E. 256, 1146f., 1569
Achromejew, Sergej F. 68, 87, 289, 299, 973, 1194, 1569
Ackermann, Anton 414
Ackermann, Eduard 24, 54, 345, 455, 690, 749f., 878, 1012, 1018, 1094, 1150, 1449, 1502, 1553, 1567, 1569
Adameč, Ladislav 48, 240, 437–439, 1569
Adamischin, Anatolij L. 129, 923, 1569
Adenauer, Konrad 21, 54, 275, 282, 287, 340f., 343f., 399, 525, 587, 638, 652, 683, 689, 763, 806, 880, 1082
Ahrendt, Lothar 611, 713
Albrecht, Ernst 327f., 330, 332, 432, 680, 834, 1122, 1569
Altenburg, Wolfgang 411
Ambroziak, Jacek 480f.
Anding, Volker 465
Andreotti, Giulio 49f., 66, 181, 188, 194, 241, 452, 454f., 576, 595, 603, 645, 741, 866, 1211, 1235, 1257, 1362f., 1374, 1376, 1514, 1569
Andriessen, Frans 705
Andropow, Jurij W. 29, 463, 527, 765
Annecke, Rüdiger 776f., 903, 1464, 1466, 1472, 1567, 1569
Antall, József 183, 229, 259, 268, 1131, 1192, 1241–1243, 1245, 1247, 1316, 1549, 1569
Apelt, Andreas 717
Arens, Moshe 112, 249, 839f., 842, 1569
Arias Sánchez, Oscar 600
Arnold, Karl-Heinz 707, 711, 753, 983, 985, 1569
Ashworth, George W. 590
Attali, Jacques 31, 126, 138, 470, 628, 631, 743, 842, 1005, 1011, 1056, 1404, 1569
August III. (König von Polen) 522

Axen, Hermann 320, 455
Bachmann, Ralf 777
Bächmann, Horst 404
Bahr, Egon 658, 732
Baker, James A. 30f., 35, 46, 51, 60, 65f., 72f., 85, 91f., 97–99, 101f., 116, 118, 120, 160–164, 169, 172, 174, 176f., 180, 184, 228, 231, 234, 241, 244f., 248, 254f., 268, 271, 273, 275, 281, 290, 300, 313f., 398, 418f., 422, 465, 467, 540, 546, 548, 569, 574, 622–625, 633, 636–641, 658, 732, 743, 756f., 784f., 793f., 798, 804, 809, 826f., 860, 862, 864f., 867–870, 872–877, 931, 961, 1077, 1079–1085, 1090, 1092, 1102, 1129, 1145, 1161, 1191, 1193–1195, 1197f., 1250f., 1311, 1318, 1367, 1402, 1514, 1538f., 1542f., 1569
Balcerowicz, Leszek 183, 259, 498, 1244–1247, 1316, 1569
Bangemann, Martin 194, 263, 1403, 1569
Barata, Mira 927
Barkley, Richard 636
Bartholomew, Reginald 1079
Bartoszewski, Wladislaw 879
Bastian, Günther 735f., 899, 994, 1059, 1061f., 1184, 1188, 1299, 1412, 1414, 1473–1475, 1537, 1569
Battai, Bruno 576
Bauer, Rolf-Wilfried 1379
Baumgärtel, Gerhard 149, 708
Beatrix (Königin der Niederlande) 606
Bebel, August 801
Becker, Elmar 782
Beethoven, Ludwig van 1539
Beil, Gerhard 119, 609f., 613, 644, 662, 668, 696, 708, 825, 1569
Bell, Robert G. 590
Benthien, Bruno 708
Berger, Lieselotte 24
Berghofer, Wolfgang 592

Berghofer-Weichner, Mathilde 680, 1300, 1475, 1569
Bergmann-Pohl, Sabine 210, 216, 265 f., 1482–1484, 1497 f., 1539, 1569
Bertele, Franz 39, 42 f., 45 f., 48, 52, 56 f., 71, 143, 172, 237–244, 252, 256, 311, 316, 320, 323, 327, 329–331, 335, 353–356, 358 f., 362, 364, 371–374, 376, 382 f., 386–388, 391–394, 409 f., 413, 416, 429–433, 435 f., 438–440, 447 f., 456–458, 476–478, 482, 501, 517–519, 550, 557 f., 564, 609, 611 f., 619, 621 f., 668, 674 f., 701 f., 707, 712 f., 716, 718, 819, 821, 964, 983–986, 1066, 1146 f., 1332, 1494, 1569
Bianco, Jean-Louis 125, 1056, 1569
Binder, Heinz-Georg 1100 f., 1456, 1569
Bismarck-Schönhausen, Otto Fürst von 57, 154, 189, 453, 521, 528, 649, 684, 871, 1340
Bitterlich, Joachim 23, 31, 42, 61, 114 f., 238, 244, 246, 253, 305, 310, 345 f., 443, 447, 465, 470, 474, 476, 541, 546, 574, 596, 598 f., 614, 628, 631, 705 f., 719, 1005, 1010 f., 1119 f., 1162, 1164, 1170, 1247, 1249, 1448, 1544, 1546, 1552, 1567, 1569
Blackwill, Robert D. 30 f., 35, 67, 85, 91, 102, 138, 271, 860, 870, 874, 1079, 1132, 1570
Blech, Klaus 99, 148, 724, 749, 793, 1355, 1570
Blüm, Norbert 142 f., 195, 252, 263, 378, 384, 386, 399, 578, 584–586, 656, 668, 671, 673, 825, 834, 878, 979 f., 1003, 1122, 1265, 1403, 1508, 1570
Bocklet, Paul 1456
Boehl, Henner 1379
Böhm, Tatjana 820
Bötsch, Wolfgang 22, 54, 1570
Bohl, Friedrich 1481, 1570
Bohley, Bärbel 46, 409 f., 621 f., 717, 1570
Boidevaix, Serge 31, 41, 51, 54, 61, 70–73, 76, 110, 131, 163, 176, 206, 227, 237, 241–245, 248, 251, 254, 257, 261, 268, 314, 337, 462–464, 501, 564 f., 619 f., 631, 641 f., 679, 701, 831, 964 f., 1066 f., 1075, 1180–1182, 1332 f., 1539 f., 1570
Boldorf, Klaus 1473
Bondarenko, Alexander P. 32, 37, 129, 158, 171, 338, 1074 f., 1139–1142, 1294, 1570

Bopp, Gerhard 1379, 1382, 1385, 1387
Boucher, Rick 1159
Brady, Nicholas F. 508, 1514
Brandenburg 717
Brandt, Willy 26, 54, 62, 146, 243, 426, 444, 504, 563 f., 801, 871, 911 f., 934, 944, 1019, 1570
Breschnew, Leonid I. 229, 283, 413, 570, 1128
Briand, Aristide 1083
Broek, Hans van den 103, 706, 866, 1570
Brundtland, Gro Harlem 276
Brunner, Gerd 1300
Brunner, Guido 576
Bryan, Richard H. 589
Brzezinski, Zbigniew 30, 55
Budd, Colin 1410, 1418
Bude, Roland 349
Büchler, Hans 488
Bülow, Erich 893, 1379 f., 1382–1384
Bürsch, Michael 1059
Bujak, Zbigniew 339
Bumpers, Dale I. 927, 929, 931, 1570
Burghardt, Günter 443
Bush, Barbara 281, 300, 323, 966, 1189, 1402
Bush, George 27 f., 30, 33, 35–37, 39, 45, 50–53, 56–58, 60, 63–69, 72, 78, 84 f., 91–93, 97, 101–103, 116–123, 126 f., 131, 135, 137, 139, 154 f., 158, 160, 164, 166–170, 173–178, 180–182, 187, 193, 224, 228, 230–235, 237, 240–244, 247–249, 251, 254, 256–259, 262 f., 265, 267, 271–276, 278–283, 290 f., 299–301, 304, 307, 309, 314 f., 320–323, 326, 332, 340, 377–379, 395, 399, 406, 408, 412, 417–419, 422–425, 444, 459 f., 465–467, 469 f., 489 f., 507–509, 516, 520, 526, 529, 536, 538–540, 544, 546, 548, 567–573, 588, 600–609, 614, 624 f., 633–636, 640, 645, 647, 656, 699, 731, 739–743, 758, 762, 765, 784 f., 793, 815, 826–828, 860–863, 865–869, 872–877, 898, 910–912, 931, 939, 952–955, 961–963, 966, 997 f., 1001, 1027, 1030, 1057, 1076–1085, 1102–1104, 1116–1118, 1129–1132, 1137, 1143–1145, 1155, 1158, 1161–1164, 1170, 1175, 1178–1180, 1189, 1191–1199, 1207, 1211–1214, 1230, 1234–1237, 1257, 1279, 1285, 1309–1311, 1315,

1320, 1342–1344, 1354, 1363, 1371–1374, 1401 f., 1404 f., 1479, 1484–1486, 1514, 1530, 1538, 1540, 1543–1545, 1555–1558, 1570
Busse, Volker 23, 107, 132, 214, 216 f., 250, 252 f., 265, 917 f., 975–977, 1016, 1018, 1030, 1032, 1132, 1208, 1290, 1328, 1407, 1447, 1449 f., 1453, 1464–1466, 1471 f., 1488–1490, 1492, 1497 f., 1502, 1512, 1516, 1553, 1567, 1570
Butler, George L. 740, 742
Čalfa, Marian 681
Camdessus, Jean-Michel 535, 1404, 1570
Carl, Karl-Heinz 1150, 1473
Carlsson, Ingvar 537
Carstens, Karl 229, 267, 1511, 1570
Carstens, Manfred 578, 583, 878, 889, 892, 1100, 1102, 1123, 1186, 1458, 1570
Castro, Fidel 600
Cavaco Silva, Anibal A. 1211
Ceauşescu, Nikolae 307, 377, 382, 688, 1570
Chafee, John 589 f.
Chassard, Dominique 832
Cheney, Richard B. 30, 314, 466, 1132, 1486, 1570
Chevènement, Jean-Pierre 473
Chory, Werner 1095, 1150, 1458, 1570
Chruschtschow, Nikita S. 601, 1128
Chung Sup Shing 561
Churchill, Winston S. 89, 116, 275 f., 342, 527, 606 f., 640, 1083
Cink, Herbert 903
Ciosek, Stanislaw 116
Classen, Werner 1473
Clausewitz, Carl von 1344
Clay, Lucius D. 880
Clemenceau, Georges 1083
Clement, Wolfgang 103–106, 150, 201 f., 215, 217 f., 246 f., 254, 258, 260, 680, 721, 735 f., 738, 676–678, 834, 899–901, 903, 993–995, 1059–1062, 1067–1069, 1095, 1122, 1125, 1184–1189, 1226 f., 1284, 1290, 1299, 1412, 1417, 1473–1476, 1490–1492, 1508, 1513, 1537, 1570
Collins, Gerard 705
Collor de Mello, Fernando 757
Conable, Barber 1404
Conrad, Clyde L. 657
Cranston, Alan 378
Crespo, Enrique Baron 472
Cresson, Edith 310
Czaja, Herbert 527, 1148, 1570
Czyrek, Józef 957
Dästner, Christian 1379 f., 1382 f., 1385–1387
Däubler-Gmelin, Herta 196, 1182, 1453, 1570
Dana, Thierry 129
Daschitschew, Wjatscheslaw 970 f.
De Michelis, Gianni 103, 576 f., 595 f., 866, 1570
Delors, Jacques 49, 65, 80, 113 f., 138, 144, 194 f., 240, 242, 249, 251, 263–265, 268, 308 f., 443–446, 460, 470, 475 f., 532, 541 f., 544 f., 577, 587, 651, 706, 730, 818, 829, 849, 852 f., 935 f., 945, 1006, 1211, 1312, 1362, 1376, 1402 f., 1448 f., 1479–1481, 1514, 1552, 1570
Delp, Alfred 521
Delworth, William T. 509
Deng Xiaoping 1172
Dienstbier, Jiří 435, 745, 929, 975, 996, 1570
Diestel, Peter-Michael 143, 673, 1289, 1493, 1571
Dobbins, James 30
Dobiey, Burkhard 315, 349, 388, 409, 430, 447, 476, 517, 550, 590, 609, 621, 673, 707, 716, 983, 1146, 1492, 1571
Dönhoff, Marion Gräfin 522
Dohlus, Horst 414
Dohmes, Johannes 945
Dole, Robert J. 587
Domke, Dagmar 339, 762, 1244
Domke, Helmut 1493
Domröse, Hans-Lothar 178, 258, 402, 405, 469, 509, 785 f., 789, 898, 1069, 1076, 1210, 1404 f., 1446, 1449, 1571
Dregger, Alfred 22, 54, 446, 1571
Dreher, Johann-Georg 1229, 1463
Drnovšek, Janez 653
Drück, Helmut 409
Dubinin, Jurij W. 83, 732
Due, Ole 1186
Dufourcq, Bertrand 129, 170, 1139–1142, 1571
Duisberg, Claus-Jürgen 23, 25, 40–43, 45, 47 f., 50, 54, 63, 75, 96, 104, 128, 131, 133, 145 f., 154, 229, 238–242, 245, 248,

253, 268, 311f., 314f., 323f., 328–331, 335–338, 345, 349, 351–358, 364, 371f., 374, 382, 384, 386, 391–394, 405, 407, 413, 429f., 433, 436, 438–441, 447, 455, 458, 461f., 464, 476f., 482, 487, 501–503, 513, 517, 530f., 550, 558f., 564f., 578, 609, 612f., 619–621, 641f., 662, 668, 673, 679, 690, 701f., 707, 713, 735, 776–778, 782, 797, 819–821, 826, 830–833, 854, 878, 899, 924, 926, 964, 978, 1012, 1014, 1018, 1020, 1023–1025, 1059, 1066, 1094, 1150, 1180–1182, 1184, 1208, 1284, 1299, 1379, 1386, 1412, 1473, 1497, 1508, 1512, 1516, 1539, 1541, 1553, 1567, 1571
Dumas, Roland 102, 138, 163, 184f., 231, 276, 332, 444, 542, 545, 575, 577, 631, 633, 706, 732, 815, 958, 1006, 1011, 1056, 1090, 1092, 1146, 1249–1251, 1367, 1507, 1539, 1571
Eagleburger, Lawrence S. 30, 45, 85f., 239, 247, 395–398, 405, 739–741, 743, 1132, 1191, 1571
Ebeling, Fred 717
Ebeling, Hans-Wilhem 673, 718
Eberle, Paul 700
Eckert, Hans-Joachim 1300
Ehmke, Horst 133
Ehrmann, Riccardo 517
Eichler, Heinz 550
Eisel, Stephan 1015, 1164, 1293, 1405, 1497, 1571
Eisenhower, Dwight D. 36
Eisenkrämer, Kurt 1150
Eitel, Antonius 978
Elbe, Frank 23, 129, 180, 1493, 1523, 1571
Elmer, Konrad 996
Engel, Hans 1379f., 1382–1386
Engelhard, Hans 132, 262, 680, 831, 834, 854, 878, 889, 1016, 1030, 1100, 1122, 1265, 1332, 1472, 1508, 1571
Engels, Friedrich 801, 1298
Engholm, Björn 196, 680, 834, 837, 1122, 1508f., 1571
Eppelmann, Rainer 109, 143, 146, 172, 256, 622, 817, 820, 822f., 1146f., 1571
Eppler, Erhard 319
Erb, Johann-Georg 1379
Erdwiens, Hermanus 1379
Erhard, Ludwig 96, 272, 526, 750, 761

Ernst, Werner 1217
Eyskens, Marc 576, 706
Fabius, Laurent 635
Falin, Valentin M. 32f., 61f., 86, 189, 972, 981, 1571
Falk, Elke 662
Feiter, Franz 1201
Fischbeck, Hans Jürgen 673, 717
Fischer, Oskar 47, 52, 102, 323–330, 336–338, 391, 433, 435, 468, 477, 550, 609, 612, 668, 708, 1075, 1184, 1571
Fischer, Rudolf 1184
Fitzwater, Marlin 271, 509, 588, 1080, 1128, 1212, 1354, 1571
Fjodorow, Andrej W. 86
Florian, Winfried 482
Flümann, Bernhard 943
Foley, Thomas S. 281
Forck, Gottfried 319, 754, 1571
Ford, Gerald R. 30
Franco, Francisco 304
Frasyniuk, Wladyslaw 398
Fretwell, John 451
Freudenberg, Winfried 334
Frick, Helmut 673
Friedrich II. (König in Preußen) 279
Friedrich-Kafer, Doris 443
Fuchs, Andreas 106, 735, 737, 899f., 1059, 1184, 1188, 1299, 1412–1414, 1473, 1537, 1571
Gaddafi, Muammar al 630
Gaddum, Johann W. 1003
Galinski, Heinz 1406
Gallitz, Helmut 1379–1388
Galvin, John R. 608, 742, 1194, 1238, 1258, 1571
Garn, Jake 588, 590
Gates, Robert M. 30, 247, 739–741, 1571
Gaudian, Christian 334
Gauer, Denis 129
Gauland, Alexander 106, 735, 737f., 899f., 993f., 1059, 1061f., 1184, 1188, 1299, 1302f., 1412, 1473–1475, 1537, 1571
Gaulle, Charles de 57, 521, 525, 606
Gaus, Günter 732
Gehrke, Bernd 717
Gellert 288
Genscher, Hans-Dietrich 22f., 31, 37, 44, 47f., 54, 70, 72f., 83, 85, 91f., 100,

102f., 106, 111f., 116, 118, 120, 122, 124, 127–129, 134–138, 146, 153, 158f., 167, 170, 179f., 187–189, 191f., 221, 223f., 227, 231, 238, 244, 250, 266, 271, 287, 293, 295, 297, 299, 313f., 327, 339, 377–382, 396, 428–430, 433, 435, 448, 452, 472, 519, 530f., 540f., 574f., 577–579, 581, 586, 598, 622–625, 633–635, 645, 648, 650, 658f., 661, 668, 676, 680f., 719f., 731, 739, 742f., 745, 749, 756f., 760, 765, 794, 807–811, 827, 830, 834, 839f., 852, 854, 860, 866, 878, 899, 908f., 914, 926, 935, 941f., 958, 978f., 982, 994, 996, 1006, 1010f., 1019, 1026, 1029, 1069, 1071, 1075f., 1079, 1084, 1090f., 1098, 1106f., 1109, 1122, 1125f., 1129–1132, 1147f., 1165f., 1225, 1249–1251, 1264f., 1281f., 1285, 1318, 1355–1360, 1363–1368, 1370, 1405, 1420, 1462, 1484, 1492–1494, 1498, 1507f., 1519f., 1523, 1539f., 1571

Gerassimow, Gennadij I. 299, 541, 548, 775, 777, 971, 973, 1571
Gerdsmeyer, Heinz-Jürgen 1184
Geremek, Bronislaw 42, 185, 237, 339–341, 343–345, 494–496, 1080, 1282, 1571
Gerhardt, Wolfgang 1309
Gericke 717
Gerlach, Manfred 413, 593, 629, 1572
Germelmann, Peter-Chr. 24, 26f., 55, 104, 530, 610, 776, 925, 1290, 1567, 1572
Geyer, Klaus 1379
Gibowski, Wolfgang 63
Gierek, Edward 125, 306, 444, 1313
Gieseke, Helmut 691f.
Giscard d'Estaing, Valéry 529, 541
Glienke, Lothar 54, 242, 352, 357, 435, 439f., 502f., 635, 1283, 1515, 1553, 1572
Gobrecht, Horst 680
Goebbels, Joseph 36
Goerdeler, Ulrich 521
Goethe, Johann W. von 522, 746
Götting, Gerald 593
Gonzáles, Felipe M. 38, 65, 237, 284f., 303f., 308, 473, 542, 606, 1211, 1572
Gorbatschow, Andrei M. 302, 304
Gorbatschow, Michail S. 28–38, 41f., 44, 46f., 49f., 52f., 55–57, 61–88, 91f., 96–101, 109f., 112f., 115f., 118–123, 126, 134, 137, 146, 148, 153–156, 159–161, 165–170, 172–179, 182–184, 187–193, 223–228, 233–238, 240, 242f., 245, 247f., 250, 252f., 255–258, 262f., 267f., 273, 276–293, 295f., 298–305, 307, 309f., 325, 332, 340, 345f., 350, 377–380, 396, 398, 400, 411, 413, 417–419, 423–426, 445, 449–451, 453, 455, 459, 466, 468–471, 489f., 492, 501, 504–506, 508, 515–517, 519, 526, 529f., 538f., 542, 545, 547f., 562–564, 567–573, 575, 577, 587f., 595, 600, 602–609, 611, 614, 616, 623f., 628, 630f., 633–635, 637, 639f., 645–654, 656, 658–661, 676, 678f., 682, 685–689, 700, 719f., 722–724, 730f., 741, 747–749, 753–755, 758, 784f., 789, 793–815, 818, 826f., 841–846, 853, 856–860, 864–869, 873, 877, 893, 898, 909f., 912, 921f., 929, 933, 935, 939, 954, 966f., 969, 971f., 981, 983, 987–989, 996–998, 1001, 1019, 1023, 1027f., 1030, 1033, 1056–1058, 1079–1081, 1084f., 1087–1090, 1096, 1103–1105, 1114–1118, 1120f., 1126–1131, 1136f., 1144, 1146, 1155–1158, 1161–1164, 1170f., 1175f., 1178–1180, 1189, 1192–1201, 1207, 1211–1213, 1224–1226, 1230, 1232, 1234f., 1238, 1248, 1258, 1264f., 1277, 1285, 1297–1299, 1311, 1313–1316, 1320, 1340–1348, 1352–1367, 1371–1377, 1404f., 1418, 1454f., 1462, 1479f., 1494, 1506f., 1527–1531, 1534–1536, 1540–1542, 1545, 1550f., 1572
Gorbatschow, Sergei A. 279, 302
Gorbatschowa, Marija 279, 304
Gorbatschowa, Raissa 300–302, 304, 449f., 517, 1366, 1371, 1527
Gotto, Klaus 89, 749, 1100, 1567
Gremitskich, Jurij 577
Grimm, Georg 151, 195, 578, 690f., 1012, 1015, 1018, 1094, 1150, 1449, 1458, 1502, 1512, 1516, 1539, 1553, 1567
Grinin, Wladimir 505
Grobel, Olaf 407, 461, 590, 927
Gromyko, Andrej A. 32f., 426, 623, 648
Groschek, Erika 690, 1094, 1150
Grósz, Károly 322, 377–379, 1572
Grotewohl, Otto 534, 895
Grünheid, Karl 822, 948
Grupe, Dieter 462
Gueffroy, Christian 334

Guigou, Elisabeth 31, 126, 138, 305, 310, 470, 472, 475, 628, 842, 1005, 1010f., 1572
Gulbinowicz, Henryk 480
Gysi, Gregor 87, 216, 628, 1012, 1497, 1572
Haas, Wilhelm 594
Haddock, Raymond 501, 892
Härdtl, Wighard 941, 1214
Hager, Kurt 318f., 414, 1572
Hahl, Manfred 903
Haller, Gert 1182f., 1355, 1572
Hamerlak-Hermesdorff 496
Hansen, Niels 413
Hanz, Martin 120, 249, 749, 878f., 1572
Harmel, Pierre 1276
Harris, Claude 927, 1158f.
Hartmann, Axel 413, 1549
Hartmann, Peter 23, 31, 49, 52, 63, 66, 74, 76f., 87f., 93, 113f., 122–124, 128f., 145f., 171f., 194, 222, 240, 243, 245–247, 249–251, 253, 256, 263f., 345, 377, 380, 382, 384, 386, 395, 403, 422, 425, 439, 451f., 455, 470, 474, 480, 505, 507, 509, 511f., 574, 586, 595f., 628, 631, 636, 641, 644, 651, 660f., 664, 676, 679, 681f., 684, 699, 701, 727–730, 734, 760f., 771, 829, 852f., 893, 908, 915, 927, 932, 935, 937, 940f., 950, 952, 955, 996, 1001, 1011f., 1021–1026, 1074, 1076, 1090, 1094, 1119, 1136f., 1142, 1147–1149, 1162–1165, 1191, 1199, 1207, 1224, 1227–1229, 1249, 1251, 1262, 1293f., 1313, 1348, 1367f., 1405, 1446, 1448f., 1454–1456, 1462f., 1479, 1481, 1484, 1486, 1494f., 1500, 1505, 1515, 1518, 1531, 1538, 1546, 1550, 1552, 1555, 1567, 1572
Hasselfeldt, Gerda 680, 834, 1265, 1572
Haughey, Charles 138, 156, 248, 542, 828f., 853, 1211, 1572
Hausmann, Willi 941, 1214, 1379, 1386–1388
Haussmann, Helmut 143, 153, 179, 188, 196, 201, 257, 266, 293, 295–297, 299, 334, 498f., 560, 578, 610, 668, 681, 696, 702, 755, 761, 824f., 834, 878, 897, 1003, 1025, 1122, 1190f., 1265, 1405, 1500f., 1508, 1572
Havel, Václav 77, 245, 681–683, 689, 842,

846, 848, 868, 931, 934, 945, 959, 1023, 1131, 1242, 1572
Heaslip, Kester W. 829
Hegerfeldt, Carsten 199, 1290, 1472f., 1567, 1572
Heimbach, Stephan 1423
Hejhal, Gottfried 1300
Held, Wolfgang 1059, 1061
Hengsbach, Franz 496
Hennekenne 682
Henze, Gisela 717
Herger, Wolfgang 591
Herrhausen, Alfred 44, 295, 377, 379, 587, 1572
Herrmann, Joachim 323, 415, 455f.
Herrnstadt, Rudolf 414
Herzog, Roman 213, 261, 1331f., 1572
Hessing, Franz-Josef 202, 260, 1286f., 1299, 1412, 1414, 1572
Hildebrandt, Regine 1478
Hinkefuß, Dietrich 903
Hirsch, Ralf 621
Hitler, Adolf 53, 134, 320f., 336, 340, 342, 399, 471, 481, 521, 527, 654, 930, 968, 1115, 1243
Höke, Margret 662
Höpcke, Klaus 413
Hösch, Jan 517
Höynck, Wilhelm 353, 358, 979
Hoffmann, Hans-Joachim 432
Hoffmann, Matei 432
Hofmann, Werner 1100f.
Hofstetter, Rolf 441, 1229, 1410, 1519f., 1572
Holik, Josef 739
Holmer, Uwe 764
Holzwarth, Fritz 1493
Homann, Friedrich 644, 691
Honecker, Erich 21, 27, 34, 38, 40f., 43f., 49f., 108, 230, 237f., 283, 310, 316, 318f., 323–325, 327f., 330–337, 355–359, 363, 372–376, 381, 389, 413f., 416, 427, 445, 453, 455–458, 463, 471, 492, 494, 517, 526, 563, 589f., 600f., 629, 689, 756, 764f., 800, 1157, 1572
Honecker, Margot 318
Horn, Gyula 44, 238, 377f., 380f., 391, 404–406, 657, 1572
Horváth, István 44f., 239, 377, 379, 404–407, 657, 1572

Huber, Hermann 434, 477, 1572 f.
Hürland-Büning, Agnes 1458
Hurd, Douglas 29, 60, 84, 102, 123–125, 130, 137, 158, 163, 167, 184, 224, 231, 250, 255, 547, 633, 706, 720, 732, 932–935, 938, 1090, 1092, 1119 f., 1250 f., 1367, 1539, 1573
Hussein (König von Jordanien)1485
Hussein, Saddam 1485 f.
Hutchings, Robert L. 175, 1132
Iliescu, Ion 1316
Ingham, Bernard 501
Iwanov 1105
Jackson, Henry M. 36
Jäger, Claus 1106 f.
Jagoda, Bernhard 147, 690, 834, 878, 889, 899, 901, 948, 1059 f., 1299, 1412, 1458, 1473, 1537, 1573
Jahn, Gerhard 1481
Jahsnowsky, Franz 355, 708
Jakeš, Miloš 381
Jakowlew, Alexander N. 32, 55, 86, 299–301, 304, 616, 1298, 1573
Janicki, Czeslaw 499 f.
Jansen, Michael 377, 435 f.
Jaruzelska, Barbara 522
Jaruzelski, Wladyslaw 307
Jaruzelski, Wojciech 54, 57, 121–123, 125, 242, 302, 304, 306 f., 344, 380 f., 386, 515, 519–525, 527–529, 531–534, 629, 682, 764, 802, 911 f., 930 f., 934 f., 937–939, 945, 958–960, 1128, 1131, 1146, 1197, 1573
Jasow, Dmitrij 172, 725, 1146, 1573
Jellonek, Alois 979
Jelzin, Boris N. 1104, 1155, 1157, 1170, 1175, 1197, 1315, 1341, 1573
Jochimsen, Reimut 662, 1059, 1061, 1573
Johanes, Jaromir 47, 433, 681
Johannes Paul II. (Papst) 629, 860, 1081
Jung, Hermann 52, 241, 278 f., 690, 1094, 1150, 1567, 1573
Jungfleisch, Norbert 735, 903, 1059
Kabel, Rudolf 210, 265, 690, 735, 776, 899, 1059, 1094 f., 1150, 1299, 1446, 1449, 1473, 1481 f., 1502, 1537, 1553, 1567, 1573
Kacickes, Joseph 1105
Kaczmarek, Norbert 878

Kaesler, Hans-J. 530
Kaestner, Uwe 23, 31, 34, 63, 111, 116, 157, 223 f., 248, 255, 266, 268, 271, 276, 295, 299, 339, 345, 395, 398, 402, 405–409, 411, 480 f., 492, 496 f., 500, 519, 529, 532, 537, 590, 633, 651, 653, 657 f., 722, 727, 739 f., 743, 747 f., 762, 766, 771, 786, 789, 808, 833 f., 860, 873 f., 893, 895, 937, 956, 960, 987, 1063, 1069, 1079, 1084, 1090, 1096, 1103, 1105–1107, 1119, 1126, 1132, 1136, 1159, 1165, 1203, 1224, 1227, 1229, 1232, 1241, 1244, 1247, 1256, 1275 f., 1313, 1352, 1355, 1401, 1500, 1502, 1518, 1523, 1527, 1530 f., 1534, 1538, 1546, 1555, 1567, 1573
Kaifu, Toshiki 1211, 1514, 1573
Kaiser, Rolf 194
Kaltenbach, Dorothee 1079, 1132, 1542
Kaminsky, Horst 558, 822, 948
Kanther, Manfred 1182, 1573
Karpow, Viktor P. 159
Karski, Ryszard 126 f., 251, 762, 956, 958, 960, 1244, 1573
Kasper, Hans 680, 834, 1059, 1122 f., 1573
Kass, Rüdiger 24, 63, 324, 361, 578, 776, 832, 878, 1567, 1573
Kastrup, Dieter 23, 37, 93, 128 f., 137, 158, 171, 187, 223, 264, 271, 295, 299, 382, 386, 391–393, 429, 433, 435 f., 438, 441, 447, 760, 830, 833, 854, 908, 923–926, 978, 983, 1074–1076, 1091, 1132, 1140–1142, 1146, 1294, 1355, 1462, 1493–1495, 1507, 1573
Kaufmann, Horst 996
Keler, Hans von 1100, 1102
Kennedy, Mary G. 395
Keßler, Heinz 327 f.
Khomeini, Ruhollah 303
Kiechle, Ignaz 80, 360, 388, 444, 500, 747, 1109, 1265, 1573
Kim Tae Kyung 561
Kimmitt, Robert M. 501, 1132, 1573
Kind, Hansgeorg 1379
King, Thomas J. 1410
Kinkel, Klaus 82, 147, 149, 207, 210, 220, 701 f., 899 f., 985, 993 f., 1059 f., 1095, 1098, 1109, 1150, 1182, 1184, 1188, 1202, 1299, 1302, 1412, 1453, 1458, 1473, 1475, 1513, 1537, 1573

Kissinger, Henry   30, 407, 604, 637, 1347
Kiszczak, Czeslaw   344, 380
Kitschenberg, Helmut   1379, 1387
Kittel, Walter   1095, 1412, 1458, 1529, 1573
Klein, Hans   48, 54, 240, 299, 339, 344, 435, 469, 471, 540, 668, 672, 680, 699, 834, 996, 1105, 1122, 1132, 1191, 1247, 1265, 1355, 1406, 1423, 1573
Klemm, Peter   311 f., 482, 550, 609, 701 f., 899–901, 1095, 1150, 1299 f., 1303, 1407, 1412, 1415 f., 1422, 1473 f., 1510, 1537, 1573
Klötzer, Karl-Heinz   357
Klotz, Werner   1184
Knackstedt, Günter   157, 1069, 1282 f., 1573
Knittel, Wilhelm   311, 313, 337, 482, 610, 735, 737, 878, 890 f., 899, 1059 f., 1095, 1150, 1184, 1299, 1412, 1458, 1473, 1537, 1573
Kögler, Brigitta   1300
Köhler, Horst   96, 139 f., 147, 227, 248, 251, 267, 691, 693, 782, 919, 947 f., 983 f., 986, 1059–1061, 1150, 1182, 1184, 1412, 1473, 1501 f., 1534 f., 1542 f., 1547, 1549 f., 1573
König, Herta   609, 668
Koenig, Pierre   880
Körber, Kurt   296
Köster, Ulrich   152, 680, 735, 834, 899, 1059, 1122, 1184, 1412, 1473, 1508, 1537
Kohl, Hannelore   323, 449 f., 785, 857, 966, 1189, 1402, 1527
Kohl, Peter   292
Kohl, Walter   281
Kohl, Walter   292
Kohlhoff, Werner   878
Kopp, Reinhold   899, 993 f., 1059, 1184 f., 1188, 1299 f., 1413–1415, 1453, 1473, 1475, 1537, 1574
Kopper, Hilmar   165, 170, 1114, 1574
Koptelzew, Valentin   973, 1518
Kosiniak-Kamysz, Andrzej   500
Kotschemassow, Wjatscheslaw I.   32, 73, 146, 154, 548, 631, 641 f., 701, 1011, 1066, 1574
Kowaljow, Anatolij G.   295, 299, 968, 1574
Kovács, László   44

Kozakiewicz, Mikolaj   125, 934, 944, 954, 1009, 1243, 1574
Krabatsch, Ernst   129, 1140–1142, 1574
Krack, Erhard   612, 672, 1574
Krafft, Ralf   976, 1379
Kramár, Ivan   439
Krannich, Joachim   1473
Krause, Günther   145, 147, 149, 197, 204, 210–212, 217, 220 f., 265, 1109, 1214, 1216, 1275, 1324, 1332, 1446, 1449, 1482–1484, 1489, 1515, 1539, 1574
Krenz, Egon   50–53, 56, 58 f., 230, 241–243, 319, 414 f., 455–459, 461, 463, 468 f., 471, 476 f., 492, 494, 502 f., 505 f., 508, 512–516, 523, 526, 530, 543, 550–555, 557–560, 564, 591 f., 601, 611, 629, 631, 645, 796, 1574
Kreutzer, Hermann   488
Krjutschkow, Wladimir   87
Kroker, Herbert   600
Krolikowski, Herbert   43, 52, 238, 356, 358–363, 365, 371–374, 376 f., 477, 1574
Krolikowski, Werner   360 f., 408
Kroppenstedt, Franz   831, 854, 899 f., 941, 1059 f., 1095, 1150, 1184, 1214, 1299, 1412, 1473, 1537, 1574
Krumsiek, Rolf   1059, 1061, 1475, 1574
Kruse, Hans-Joachim   738, 836, 899, 994, 1060 f., 1303, 1414 f., 1574
Kruse, Martin   1100 f., 1474, 1574
Kurnikow   660
Kurpakow, Iwan   276, 287, 299, 1084, 1355
Kwizinskij, Julij A.   32, 47, 55, 58, 72 f., 80, 88, 129, 134, 154 f., 165, 223, 225, 227, 240, 242, 247, 251, 253, 266, 268, 288, 295, 297, 299, 396, 408, 422 f., 425–428, 464, 501, 504, 530 f., 631, 660 f., 672, 747, 966, 968–970, 981, 1025–1029, 1084 f., 1087, 1089 f., 1114, 1119, 1122, 1250, 1355, 1359, 1462, 1505–1507, 1574
Lässig, Wolfram   1214, 1216
Lafontaine, Oskar   88, 196, 214, 319, 680, 727, 834, 872, 911, 930, 933, 946, 981, 1056, 1059, 1122, 1508 f., 1574
Lambach, Frank   978
Lambsdorff, Otto Graf   94, 132, 149, 196, 409, 976, 1016, 1030, 1109, 1202, 1574
Lamy, Pascal   443, 447, 853, 1574
Landsbergis, Vytautas   156, 165 f., 1056, 1080, 1105, 1119, 1121, 1574

Lang, August 1059, 1061
Lange, Rudolf 223, 266, 771, 833, 913, 1229, 1494 f., 1567, 1574
Langer, František 478
Lassalle, Ferdinand 801
Lautenschlager, Hans Werner 25, 163, 165, 178, 259 f., 311, 313, 1101, 1166 f., 1196, 1181, 1224, 1232–1234, 1275, 1501, 1574
Le Pen, Jean-Marie 306
Lee Kuan Yew 173, 257, 1172, 1174–1176, 1574
Lehman, Richard 1158 f.
Lehndorff, Graf 527
Lehnguth, Gerold 197, 200, 207, 209, 214, 256, 258, 263, 265, 777, 1132, 1143, 1208 f., 1379, 1385, 1406–1409, 1446, 1463, 1466, 1471 f., 1567, 1574
Lehr, Ursula 500, 578, 585, 680, 1265, 1508, 1574
Leich, Werner 319
Lenárt, Jozef 381
Lengl, Siegfried 1458
Lenin (Uljanow), Wladimir I. 55, 1157, 1298
Lenz, Heinz-Dieter 311, 327, 330 f.
Liebknecht, Karl 319
Lier 1390
Ligatschow, Jegor 86, 115, 408, 686, 1298, 1315, 1574
Limbach, Peter 1379
Lindenberg, Klaus 62, 563
Lintner, Eduard 428
Löbe, Paul 1106
Löwe, Hartmut 1100
Loewenich, Gerhard von 735, 737
Loncar, Budimir 653
Lott, Trent 927
Lubbers, Ruud 576, 866, 1211, 1574
Ludewig, Johannes 23, 71, 75, 82, 113 f., 140, 144 f., 147, 149, 153, 204, 219, 244, 246, 249, 252 f., 255, 260, 267, 625, 627, 643, 691, 694, 703, 705, 749, 782, 852 f., 986 f., 1015, 1023–1026, 1098, 1108, 1182, 1184, 1201, 1287, 1313, 1423, 1521 f., 1567, 1575
Ludwig, Erhard 703, 705, 749
Ludwigs, Michael 182, 259, 1256, 1575
Luft, Christa 110, 591, 610, 644, 708, 823, 1575

Lugar, Richard G. 587, 590, 927–929, 1575
Lukanow, Andrei 972, 1479
Luxemburg, Rosa 319
MacArthur, Douglas 275
Magen, Rolf P. 1379–1381
Mahnke, Hans-Heinrich 104
Mai, Wolfgang 433, 438, 440 f., 1575
Maizière, Lothar de 131, 143–149, 154, 164, 171 f., 178, 198, 205 f., 211 f., 214, 216, 223, 236, 253, 255, 257, 265 f., 513 f., 549, 593, 956, 983, 985, 999, 1011 f., 1018, 1021–1023, 1066, 1082, 1096, 1108, 1120, 1134, 1165, 1168, 1177 f., 1192, 1195, 1212–1214, 1299, 1302, 1324–1327, 1332 f., 1356, 1401, 1447, 1449, 1451, 1478, 1492, 1502, 1539, 1575
Maleuda, Günther 323
Malina, Manfred 141, 202, 1095, 1226, 1290, 1567, 1575
Mallaby, Christopher 31, 41, 51, 54, 61, 70–73, 76, 110, 131, 163, 176, 206, 227, 237, 241–245, 248, 251, 254, 257, 261, 268, 314, 337 f., 462–464, 501 f., 564 f., 575, 619 f., 631, 641 f., 679, 701, 720, 831 f., 913, 920, 964 f., 1066 f., 1075, 1104, 1121, 1180–1182, 1195, 1332–1334, 1515, 1539 f., 1575
Marchais, Georges 688
Marcuse, Gisela 860, 874, 1079, 1132
Markovic, Dusko 850
Martens, Wilfried 866, 1211, 1575
Marter, Alfred 635
Marx, Karl 526, 801, 1298
Maslennikow, Arkadi 1355
Mastrobuoni, Pio 576
Matthäus-Meier, Ingrid 81, 761, 1182, 1575
Mazowiecki, Tadeusz 38, 45 f., 53 f., 57, 83, 94, 101, 113, 115–117, 120–123, 126 f., 135, 139, 146, 157, 185 f., 190, 222, 225, 230, 239–242, 247 f., 252 f., 261, 264, 267, 378, 384–386, 395, 399 f., 402 f., 420–422, 445, 471, 480 f., 497–500, 521–523, 525 f., 529, 532–538, 544, 629, 682, 688 f., 700, 702, 744–747, 762–764, 766, 802, 852, 863 f., 879, 910–913, 930, 934 f., 937–939, 942, 944, 954, 958, 960–963, 967, 998, 1004 f., 1007–1009, 1064, 1129, 1131, 1146, 1196 f., 1199, 1242–1244,

1282 f., 1316, 1319, 1339 f., 1345, 1368, 1418–1421, 1423 f., 1575
McAllister, Eugene 1542
McCloy, John J. 273
Meckel, Markus 148, 158, 163 f., 178, 184, 260, 1082, 1090–1092, 1148, 1165, 1213, 1250, 1281, 1333, 1367, 1370, 1478, 1492, 1575
Meisner, Norbert 578, 582 f.
Meissner, Boris 154, 878 f.
Menem, Carlos 757
Menz, Lorenz 106, 203 f., 261, 735, 738, 899 f., 993 f., 1059, 1061, 1184 f., 1188, 1299 f., 1302 f., 1334, 1412, 1414 f., 1473, 1537, 1575
Merkel, Ina 717
Mertes, Michael 63, 89, 120, 247, 249, 749 f., 878 f., 1567, 1575
Meyer, Bruno 609
Meyer, Hans-Joachim 1493, 1539
Meyer, Josef 735, 737, 899 f., 903, 994, 1059, 1061, 1184, 1575
Meyer, Wolfgang 293 f., 591, 668, 708, 1575
Meyer-Landrut, Andreas 295–297, 299, 621, 1575
Meyer-Sebastian, Hans-Michael 505, 610, 662, 668, 924, 1553, 1575
Mickiewicz, Adam 1091
Mielke, Erich 414
Miller, Israel 1541
Mischnick, Wolfgang 22, 54, 468, 1030, 1575
Misselwitz, Hans-Jürgen 1074–1076, 1091, 1367, 1493, 1575
Mitchell, George 60, 467, 546, 587, 1575
Mitsotakis, Konstantin 1211
Mittag, Günter 408, 455 f., 591, 601, 1575
Mittendorfer, Heinz 1379 f., 1382, 1385
Mitterrand, Danielle 687
Mitterrand, François M. 27 f., 31, 39, 41, 49, 52, 56, 60 f., 63, 65 f., 68 f., 71 f., 78–80, 83 f., 86, 91–93, 101, 112 f., 118, 121–123, 125, 137 f., 155–157, 161, 167, 170, 172, 177, 181, 183 f., 188, 194, 228, 231 f., 235, 237 f., 241–247, 249 f., 255–257, 259, 262, 275, 281, 285, 304–310, 315, 345 f., 446 f., 470–474, 495, 511 f., 520, 528, 535, 541–548, 564–566, 575,

596–600, 602, 606 f., 614 f., 624, 628–633, 640, 645, 681 f., 684–689, 694, 718, 741, 756–758, 765 f., 842–852, 861, 864, 866, 909–912, 938, 940, 943–947, 960, 963, 1005 f., 1010 f., 1056–1058, 1083–1085, 1088, 1103 f., 1118 f., 1121 f., 1126–1128, 1143, 1162–1164, 1170 f., 1174, 1198, 1211, 1235, 1247–1249, 1257, 1309, 1315, 1362, 1374–1376, 1507, 1514, 1544 f., 1575
Mitzscherling, Peter 578
Mock, Alois 276, 377
Modrow, Hans 58 f., 62, 65, 69, 71, 75 f., 82 f., 87–91, 96, 104 f., 107–110, 130, 139, 141, 143, 232, 243–248, 250, 252, 319, 414 f., 396, 502, 530, 538, 543, 550–552, 555 f., 558 f., 564, 572, 591 f., 601 f., 609–613, 617, 619 f., 622, 628 f., 636 f., 642, 645, 649, 652, 654, 656, 658, 662, 664, 666, 668–672, 674, 679, 688 f., 700, 707–713, 727, 734–736, 738, 747 f., 750, 753–759, 761, 763 f., 776, 784, 791 f., 796, 803, 814–819, 821 f., 825 f., 831, 835, 840 f., 843, 862, 871 f., 899, 906, 921 f., 925–928, 943, 948, 983–986, 989, 992 f., 1019, 1156, 1186, 1575
Möllemann, Jürgen 132, 680, 834, 1030, 1265, 1508, 1575
Moissejew, Michail A. 1130, 1146
Moltke, Freya Gräfin von 471, 521
Moltke, Helmuth James Graf von 53, 521
Momper, Walter 26, 55, 70, 110, 152, 243, 249, 324, 326, 329, 333, 409, 461, 504, 556, 578–584, 586, 612, 620 f., 672, 680, 724, 758, 771, 797, 799, 834, 878–892, 894, 903, 942, 1122–1124, 1468, 1508, 1539, 1575
Motsch, Richard 919
Moynihan, Daniel P. 590
Mubarak, Hosni 1485
Mühlbeyer, Hermann 1059, 1061
Müller, Gerhard 363
Müller, Herbert 1537
Müller, Klaus 749
Müller, Peter 1300
Müller-Machens, Gerhard 1379
Mulroney, Brian 116, 242, 246, 249, 509, 698, 855–857, 1079, 1211, 1576
Myers, Ken 590, 927

Napoleon I. (Kaiser der Franzosen) 1193
Naumann, Klaus 85, 111, 137, 187, 299, 739, 833, 1132, 1495, 1576
Navon, Yitzhak 839, 934
Necker, Tyll 703
Nehring, Sighardt 95, 145, 204, 247, 253, 264, 749, 761, 1015 f., 1423 f., 1521, 1567, 1576
Németh, Miklós 43–45, 49, 74, 230, 238–240, 245, 377–382, 404–406, 442 f., 538, 570, 602, 606, 629, 631, 637, 651–657, 688, 871, 1576
Neubauer, Horst 45, 47 f., 239 f., 293 f., 429–431, 433–435, 438–441, 550, 609 f., 668, 707 f., 1576
Neubert, Erhard 717
Neubert, Frank 673
Neuer, Walter 22, 54, 85, 116, 175, 271, 299, 301, 303 f., 308, 314 f., 437, 449 f., 459 f., 480, 515, 538, 540, 578, 590, 600, 609, 628, 682, 690, 739, 753, 756–758, 814, 826, 828 f., 842, 850, 852, 855, 857, 860, 874, 877 f., 909, 912, 927, 943, 947, 961, 963, 1056, 1059, 1094, 1132, 1150, 1159, 1161 f., 1170, 1191, 1224, 1282, 1309, 1355, 1367, 1371, 1374, 1514, 1539, 1542, 1544, 1567, 1576
Neukamm, Karl-Heinz 1100–1102
Neumann, Reiner 840
Neusel, Hans Heinrich 690, 777, 878, 941, 1059 f., 1094 f., 1184, 1187 f., 1214, 1299, 1332 f., 1412, 1422, 1458, 1473 f., 1537, 1576
Neville-Jones, Pauline 832
Nickles, Don 589 f.
Nier, Kurt 42 f., 238, 350, 353–355, 358, 362 f., 668, 1576
Niester, Werner 462
Niezabitowska, Malgorzata 1283, 1523
Nikel, Rolf 921, 937, 1103, 1159, 1262, 1281 f., 1297, 1500
Nischanov, Rafik 635
Noack, Ingolf 668, 948
Nossol, Alfons 480
Notbohm, Perry 395
Notev, Martin 334
Nowak, Günter 151, 1503, 1576
Nowak, Leopold 986
Nunn, Samuel 412, 1057
Obminskij, Ernest 165, 179, 259 f., 1025,

1027, 1090, 1096, 1224, 1232 f., 1275, 1501, 1576
Odewald, Jens 1508
Oehler, Bernd 996
Oesterhelt, Jürgen 893, 915, 1140, 1148, 1576
Özal, Turgut 1485, 1542
Ollig, Gerhard 979
Ordonez, Francisco F. 576 f., 1576
Ortleb, Rainer 143, 1539
Ost, Friedhelm 304, 333, 352
Osten-Sacken, Klaus Freiherr von der 1412
Overhaus, Manfred 948
Paulina-Mürl, Lianne 1301
Paye, Jean-Claude 1404
Payne, Lewis 1159
Pell, Claiborne 587, 590
Peller, Wolfgang 702
Pelny, Stefan 106, 899 f., 903, 993 f., 1059 f., 1182, 1184, 1186, 1188, 1299, 1302, 1412–1414, 1473, 1537, 1576
Penn, William 272
Petit, Philippe 474
Petri, Thomas 1157, 1159
Pfarr, Heide M. 311 f., 323, 578, 580 f., 701 f., 878, 891, 1576
Pfeffer, Franz 79
Pfeifer, Anton 873
Pfeiffer, Gerd 1300
Pflugbeil, Sebastian 820
Platzeck, Matthias 820, 822, 1576
Plewa, Klaus 517
Ploetz, Hans-Friedrich von 181, 258, 1228 f., 1231, 1576
Pöhl, Karl-Otto 81, 143, 252, 558, 638, 720, 761, 947, 1002 f., 1576
Pohl, Gerhard 705, 1478
Poincaré, Raymond 1083
Pollack, Peter 1109, 1478
Poloskow, Iwan K. 1297, 1315
Poniatowski, Michel 945
Ponomarjow, Boris N. 33
Poppe, Gerd 820
Portugalow, Nikolaj 32, 61–63, 70, 135 f., 252, 616, 700, 981–983, 1576
Posser, Diether 1300
Powell, Charles 31, 49, 450 f., 1001, 1576
Powell, Colin 30, 1486
Powell, Jonathan 129

Pozsgay, Imre 278, 406, 409, 451, 1576
Preiß, Manfred 1382
Price, Jennifer 1156, 1159
Priesnitz, Walter 27, 47, 240, 311, 337, 349, 351, 353 f., 358, 372–374, 382, 386, 388, 391–393, 413, 420, 429 f., 433, 435 f., 438, 447, 462, 476, 482, 501, 517, 550, 564, 619, 621, 701 f., 735, 738, 899 f., 964, 983–985, 993 f., 1059 f., 1066, 1150, 1184, 1299, 1302 f., 1458, 1473, 1537, 1576
Prill, Norbert 63, 89, 749, 1106, 1567, 1576
Primakow, Jewgeni M. 275, 635
Probst, Albert 1412
Prunskiene, Kazimiera 165, 168, 255, 1080, 1103–1105, 1118 f., 1121 f., 1126 f., 1145, 1158, 1164, 1576
Pszon, Mieczyslaw 39, 399, 536, 958, 1576
Pugo, Boris 1367
Pusz, Krzysztof 398
Quayle, Dan 466, 1191
Quincy 474
Radzimanowski, Kersten 996
Raible, Edith 305
Rakowski, Mieczyslaw 306, 321, 377 f., 380, 449, 860, 1576
Ramstetter, Erich 24
Ramstetter, Fritz 24
Randelshofer, Albrecht 1300
Rantzau, Johann Graf zu 792
Rau, Johannes 77, 109 f., 152, 202, 261, 680, 777, 824, 834 f., 837, 1122 f., 1125, 1304, 1378, 1508–1510, 1576
Rauchfuß, Wolfgang 707, 712 f., 822, 901, 984, 1576 f.
Rauscher, Klaus 150, 202, 204, 735, 737 f., 899, 903, 993 f., 1059 f., 1184, 1284, 1290, 1299, 1302, 1412–1414, 1473, 1475, 1537, 1577
Reagan, Ronald W. 28, 30, 35, 272, 280–282, 285, 300, 313, 608, 792
Reed, John 1353
Reiche, Friedrich 1339
Reichelt, Hans 313, 610
Reichenbach, Klaus 145 f., 211, 253, 1011 f., 1577
Reider, Sybille 1478
Reinfried, Dieter 673
Reinhold, Otto 319, 397
Reißmüller, Johann Georg 878

Reiter, Janusz 339
Remling, Elmar 735, 737 f.
Renger, Annemarie 210, 265, 1482, 1484, 1577
Rettner, Gunther 353
Reuter, Frank 388
Ribbentrop, Joachim von 606
Rice, Condoleezza 30, 67, 85, 129
Richthofen, Hermann Freiherr von 26, 451, 574, 1577
Ridgway, Rozanne 33
Riesenhuber, Heinz 500, 680, 1265, 1577
Robb, Charles S. 1157, 1159
Robertson, Brian H. 880
Rocard, Michel 28, 241, 470, 474–476, 938, 1507, 1545 f., 1577
Röller, Wolfgang 165, 170, 379, 691–693, 1114, 1577
Roewer, Helmut 1379
Roh Tae Woo 61, 243, 561, 563, 1577
Rohwedder, Detlev K. 219, 1508, 1577
Roll, Hans-Achim 1481
Romberg, Walter 139, 153, 214, 817, 819 f., 822, 824, 948, 984, 1134 f., 1453, 1478, 1577
Roosevelt, Franklin D. 116
Ross, Dennis 30 f., 65, 67, 85, 92, 102, 1542, 1577
Roßbach, Anton 854
Rotberg, Konrad Freiherr von 1379 f., 1382, 1385–1388
Roth, William 412, 1155, 1159
Roth, Wolfgang 761
Rühe, Volker 89, 575, 1577
Rüttgers, Jürgen 1481
Ruhfus, Jürgen 271, 1132, 1157, 1159, 1577
Ruhnau, Heinz 890
Ruth, Friedrich 576, 595, 1577
Ruthe, Rangar 1484
Ryschkow, Nikolaij I. 86, 165 f., 191, 222, 224, 263, 265, 611, 653, 922, 1114, 1116, 1136, 1176, 1275, 1297 f., 1314 f., 1362 f., 1371, 1376, 1400 f., 1488, 1577
Sabottka 718
Sadovský, Pavol 439
Sagladin, Wadim W. 299
Sandhäger, Heinz 899, 1473
Santer, Jacques 473, 1211, 1577
Sarbanes, Paul 588, 590, 927

Sawicki, Janusz 1244
Schabowski, Günter 54, 319, 414, 517 f., 591, 1577
Schachnasarow, Georgij Ch. 32, 86
Schäfer, Barbara 1061
Schäfer, Norbert 927, 1184
Schäuble, Wolfgang 22, 24, 27, 51, 78, 80, 89, 106, 128, 132 f., 146, 148 f., 196–199, 201–204, 206 f., 209–212, 215, 217 f., 220 f., 236, 251, 256–259, 261–265, 331, 377, 489, 491, 494, 537, 550, 578 f., 581 f., 584, 680, 713, 834, 878, 891, 917 f., 941, 978 f., 985, 1016, 1031, 1094, 1100–1102, 1122, 1134, 1182 f., 1187, 1214, 1216, 1265 f., 1284, 1289 f., 1299, 1301–1303, 1324–1327, 1332, 1334, 1366 f., 1378, 1412–1417, 1446 f., 1449, 1451–1453, 1456 f., 1463, 1466, 1468, 1473–1475, 1482–1484, 1489–1492, 1502, 1508–1510, 1515, 1537, 1577
Schalck-Golodkowski, Alexander 27, 51, 75, 323, 352, 468, 601, 613, 634, 1577
Schaper, Klaus-G. 478
Schaumann, Fritz 899, 1059 f., 1095, 1150, 1184, 1299, 1302 f., 1412, 1458, 1537, 1577
Scheel, Hermann 299, 426, 1084
Scheel, Walter 448, 561
Scheibe, Reinhard 204, 1299, 1302, 1412, 1473, 1537, 1577
Schewardnadse, Eduard A. 31 f., 34, 37, 46 f., 70, 76 f., 80, 86, 91, 100, 102, 115 f., 119, 122 f., 134 f., 148, 159–165, 167, 169 f., 172, 179 f., 184 f., 192, 225, 231 f., 234, 245, 250, 254, 287–289, 293, 295–297, 299, 303, 377, 398, 417–419, 422–424, 433, 435, 489, 530 f., 542, 569, 576 f., 595 f., 605, 633, 635, 658, 661, 676–678, 747, 749, 786, 789, 793, 806–809, 857–859, 867, 873 f., 876, 908–910, 921–923, 929, 933, 938 f., 951, 971 f., 974, 978, 996, 1066, 1075, 1080, 1084–1093, 1096 f., 1104, 1117, 1122, 1129 f., 1136, 1139, 1195, 1197 f., 1225, 1249–1251, 1257, 1264 f., 1281, 1293, 1298, 1311, 1318, 1340, 1355 f., 1358, 1365, 1367, 1372, 1454, 1493 f., 1498, 1505, 1507, 1520, 1529, 1539–1542, 1577
Schiffer, Eckart 854, 893, 941, 1146, 1159 f., 1379–1384, 1386–1388, 1577

Schindler, Hans 353, 356, 358 f., 374–376, 382 f., 386–388, 392–394, 477, 609, 668, 1577
Schiwkow, Todor 307, 382
Schlecht, Otto 208, 213, 264, 1150, 1412, 1421 f., 1458, 1476, 1577
Schlemm, Eckart 502 f.
Schlesinger, Helmut 139, 143, 147, 691 f., 694, 782, 825, 948, 1003, 1578
Schleußer, Heinz 151, 834, 1510, 1578
Schlüter, Klaus 820
Schlüter, Poul 1211
Schmid, Walter-Jürgen 735, 1379–1382, 1385, 1387 f., 1412, 1415
Schmidt, Helmut 27, 29, 281, 306
Schmidt-Bens, Walter 735
Schmülling, Herbert 352, 690, 1094, 1150, 1578
Schnapauff, Klaus Dieter 1324, 1379, 1387, 1578
Schneider, Hans K. 95 f., 248, 691 f., 778, 781, 1578
Schneider, Oscar 334, 1578
Schnell, Emil 1478
Schnur, Wolfgang 673, 928, 953
Schnurr, Joachim 691, 782
Schönhuber, Franz 336
Scholz, Heinrich 580, 610
Scholz, Rupert 80, 327, 725, 1578
Schomerus, Lorenz 1501
Schreiner, Hanns 735, 1299, 1412, 1537, 1578
Schreyer, Michaela 578, 583, 878
Schröder, Dieter 202, 204, 578, 735 f., 738, 878, 889, 899 f., 903, 993–995, 1059–1061, 1184, 1284, 1290, 1299–1302, 1412–1416, 1473 f., 1508, 1578
Schröder, Gerhard 196, 1508 f., 1537, 1578
Schröder, Richard 143
Schroeter, Sonja 673
Schukow, Georgij 801
Schulte, Gerhard 1502, 1567
Schulz 1493
Schwanitz, Wolfgang 621
Schwarz-Schilling, Christian 610, 1265
Schwier, Hans 204, 1302
Scowcroft, Brent 30, 31, 35, 65, 85, 91, 102, 116, 120, 167, 182, 187, 224, 249, 260, 271, 321, 460, 540, 608, 732, 860,

864, 874, 898, 1132, 1161 f., 1191, 1193, 1237, 1276, 1285, 1344, 1402, 1486, 1538, 1578

Seidel, Karl   48, 129, 328–331, 335, 447 f., 550, 557, 707–709, 713, 814, 1578

Seiters, Rudolf   22 f., 31, 39–41, 43, 45 f., 48, 50–52, 54, 56–59, 61, 63 f., 69–71, 73, 75 f., 80–83, 94, 103–106, 109 f., 114, 127 f., 131–133, 137, 140 f., 143, 150, 152, 163, 176, 187, 196 f., 199–206, 208–211, 214–217, 219–221, 226 f., 238–249, 251–254, 256–258, 260 f., 264–268, 271, 276, 295, 305, 311–314, 316, 318, 323–339, 349–364, 371–376, 380, 382–384, 386, 388, 391–398, 404–409, 411–413, 417, 420, 422, 425, 427, 429–435, 437–441, 443, 447, 452, 455 f., 458, 461–463, 464, 471, 476–478, 489, 491 f., 494, 497, 501 f., 505, 507, 510 f., 513 f., 517, 519, 530–532, 541, 543, 548, 550, 552, 557–559, 561, 563–565, 571, 574, 578, 580 f., 583, 586, 590 f., 609–614, 616, 619–622, 625, 633, 635 f., 641–643, 645, 651, 660, 662, 668, 671–673, 676, 679 f., 691- 694, 699, 701–703, 707 f., 710–712, 716–719, 721 f., 735–739, 755, 759, 761 f., 776–778, 785, 797, 808, 814, 819–821, 831 f., 834 f., 837, 839, 852, 854, 860, 874, 878, 888, 891, 893, 898–900, 903, 909, 913, 921, 924 f., 927, 932, 937, 943, 947, 950, 955, 963, 965, 970, 975, 979, 983 f., 986, 993–996, 1005, 1012, 1015 f., 1018, 1021, 1023 f., 1030, 1059–1063, 1066–1069, 1074, 1076, 1079, 1084, 1090, 1094–1096, 1100 f., 1106, 1108, 1122, 1125 f., 1132, 1137, 1146 f., 1155, 1159, 1162, 1165, 1177, 1180–1182, 1184 f., 1187–1190, 1208, 1212, 1224, 1226 f., 1232, 1241, 1244, 1247, 1249, 1262, 1265, 1275, 1281 f., 1284, 1286, 1290, 1293, 1297, 1299–1302, 1304, 1308, 1324 1328, 1332, 1334, 1340, 1352, 1367, 1371, 1377, 1407, 1412, 1415, 1417, 1421–1423, 1446, 1449, 1454, 1456, 1458, 1462–1466, 1471, 1473–1476, 1479, 1481, 1484, 1488, 1490, 1498, 1508, 1512, 1515 f., 1521, 1526 f., 1532, 1537–1541, 1544, 1549, 1552 f., 1567, 1578

Seitz, Raymond G. H.   30, 102, 129, 158, 1079, 1542, 1578

Shamir, Jitzhak   66 f., 112, 243 f., 594, 632, 839, 1578

Shultz, George   290

Siddique, Tony   1172

Siebourg, Gisela   443, 839, 842, 860, 874, 1056

Siegert, Walter   822, 948, 1407

Silajew, Iwan S.   293, 295–297, 299, 1578

Sindermann, Horst   328, 456

Sitarjan, Stepan A.   153, 192, 224, 226, 260, 1025 f., 1275, 1355, 1361 f., 1401, 1488, 1500 f., 1524, 1534, 1536, 1541, 1578

Siwicki, Florian   1146

Skubiszewski, Krzysztof   47, 93 f., 123, 157, 185, 221, 247, 433, 435, 522, 744, 762, 764–766, 814, 896, 937, 957–959, 963, 972, 975, 978, 1063, 1069–1071, 1091, 1107, 1146, 1148, 1166, 1282 f., 1368, 1370, 1385, 1421, 1523, 1578

Slattery, James   1158 f.

Sliwinski, Krzysztof   339

Solms, Hermann-Otto   1182, 1578

Soukup, Václav   440

Späth, Lothar   40, 89, 406, 612, 680, 834, 837, 1122 f., 1353, 1508, 1578

Speck, Manfred   353, 386, 433, 435, 438–441, 468 f., 550, 578, 609, 690, 707, 878, 1094, 1150, 1284, 1458, 1465, 1481, 1567, 1578

Spengler, Oswald   1174

Staab, Jürgen   42, 349–352, 361, 1578

Stahmer, Ingrid   578, 580 f., 584 f., 1578

Stalin (Dschugaschwili), Josif W.   29, 116, 134, 157, 275, 287, 301, 317, 320, 342, 399, 527, 534, 860, 1058, 1128, 1175, 1371

Stallbaum, Kurt-Michael   1379–1384

Stark, Jürgen   107, 238, 250, 260, 919, 1287, 1578

Stavenhagen, Lutz   310, 443, 478, 680, 690, 777, 834, 1012, 1018, 1094, 1122, 1150, 1412, 1415 f., 1423, 1508, 1567, 1578

Steinberger, Helmut   1300

Stepanow, Tejmuras   32

Stern, Ernst G.   23, 25, 42, 52, 211, 216 f., 238, 241, 264 f. 311, 323, 333, 337, 351, 353, 357 f., 393, 429, 433, 438, 461, 482, 484, 486 f., 530, 578, 635, 673, 703, 776, 819, 821, 878, 983 f., 1016, 1024, 1066 f.,

1283, 1332–1334, 1446f., 1449, 1453, 1488–1490, 1492, 1497, 1502, 1515, 1539, 1567, 1578

Steuben, Friedrich von 1555

Stiller, Wolfgang 561

Stoffaes, Brigitte 682, 842, 1056

Stoltenberg, Gerhard 24, 85, 111f., 127f., 137, 146, 187, 327f., 412, 473, 680, 739, 742, 830f., 860, 914, 941, 1076, 1079, 1126, 1131f., 1230, 1265, 1285, 1486, 1546, 1579

Stoph, Willi 440, 455, 591, 1579

Storsberg, Annette 1299, 1301

Straßmeir, Günter 578, 878, 1567, 1579

Strauß, Franz Josef 528, 1172

Streibl, Max 109, 203, 262, 406, 680, 824, 834, 1122, 1124, 1377f., 1414f., 1508, 1579

Stroetmann, Clemens 311–313, 735, 737, 899, 1150, 1184, 1299, 1412, 1458, 1473, 1508, 1579

Štrougal, Lubomir 381

Studnitz, Ernst-Jörg von 108, 316, 318, 349, 413, 590, 1579

Stürmer, Michael 733

Stuth, Reinhard 1119

Sudhoff, Jürgen 25, 73, 223, 267, 311, 323, 337, 430–432, 435f., 462f., 482, 501f., 530f., 550, 564, 609, 619, 641f., 679, 701, 707, 831, 878, 964f., 993f., 1059f., 1062, 1094f., 1147, 1180f., 1184, 1299, 1332–1334, 1412, 1458, 1473, 1515, 1537, 1539f., 1579

Süß, Herbert 129

Süßmilch, Horst-Hermann 989–991

Süssmuth, Rita 328, 432, 635, 745, 777, 1266, 1539, 1579

Sulek, Jerzy 126f., 186, 251, 762, 956–960, 1294, 1579

Sununu, John H. 271, 1132, 1579

Swiecicki, Marcin 479

Synnott, Hillary 129

Syryjczyk, Tadeusz 499

Szatmari, István 391

Taft, William H. 1228

Tandler, Gerold 151, 1059

Tarasenko, Sergej P. 32, 180

Tegtmeier, Werner 691f., 1150, 1537, 1579

Teltschik, Horst 23, 30f., 33f., 37, 39, 47, 51, 53, 55, 60–65, 70, 76, 80, 84f., 87, 91, 96f., 99, 111, 115f., 120–129, 134, 136–138, 145f., 157, 160, 165–167, 170–172, 178f., 181f., 184f., 187–191, 223–225, 227, 240–244, 246f., 249–260, 264, 266–268, 271, 276, 281, 286f., 292, 295, 299, 301, 303, 305, 314, 321, 323, 337, 339, 342, 345, 351, 353, 357f., 380, 384, 393, 395, 398f., 402f., 405, 407, 411, 417f., 421f., 424–428, 433, 438, 443f., 447, 449, 452, 455, 459–462, 465, 467, 469–471, 478, 480f., 492, 496f., 501f., 504f., 507, 509, 511, 513, 515, 519, 532, 535, 537f., 541, 561, 563f., 574, 577f., 586, 594–596, 609, 614, 616, 619, 622, 625, 633, 636, 641, 643, 645, 656, 658, 660, 662, 668, 673, 676, 679, 681, 690, 699, 706, 719f., 722, 726, 739, 744, 749f., 753, 756f., 760, 762, 771, 776, 784–786, 789, 795, 807f., 814, 819, 821, 826, 839, 842, 852, 855, 857, 859, 872, 874, 893, 897f., 908f., 913–915, 921, 923f., 927, 932, 935, 937, 943, 950, 952, 955–961, 964, 966, 970, 975, 981, 983, 987f., 996, 1004–1006, 1010–1012, 1018, 1021f., 1026, 1030, 1056, 1058, 1063f., 1066, 1069, 1071, 1074, 1076, 1078f., 1084, 1087, 1090, 1094, 1096, 1098, 1102, 1106, 1114, 1117–1119, 1126, 1132, 1136f., 1143, 1146–1148, 1150, 1155, 1159–1162, 1164f., 1168, 1172, 1176, 1189, 1191–1193, 1195, 1200f., 1207, 1210, 1212, 1224, 1227, 1229–1232, 1234, 1237, 1241, 1244, 1247, 1249, 1256, 1262, 1265, 1275f., 1281–1283, 1285, 1293, 1297, 1299, 1313, 1332, 1340, 1348, 1352, 1355, 1371, 1446, 1448f., 1454, 1462, 1479, 1494f., 1498, 1500, 1502, 1505, 1507, 1511f., 1514–1516, 1518, 1520, 1527, 1529, 1531f., 1534, 1538f., 1541–1544, 1546, 1549f., 1552f., 1567, 1579

Terechow, Wladislaw P. 178, 227, 257, 268, 1200f., 1224, 1226, 1355, 1541f., 1549f., 1579

Terpe, Frank 1478

Thatcher, Margaret 28f., 31, 35, 38f., 49, 55, 60, 63, 65f., 68f., 83f., 86, 90, 96, 101, 114, 118, 121–123, 134, 136f., 155f., 158, 167, 170, 177, 181, 194, 223, 231f., 236f., 242, 250, 252, 262f., 265, 275f., 285,

301–303, 307, 450 f., 453, 460, 473, 501, 505–507, 520, 546–548, 564, 574 f., 577, 603, 606 f., 633, 635 f., 638, 640, 684, 719 f., 741 f., 756, 758, 765, 853, 866 f., 876, 912, 920 f., 933, 938, 963, 987 f., 996–1001, 1058, 1079, 1082 f., 1103 f., 1119, 1121 f., 1127 f., 1157, 1195, 1201, 1211, 1235, 1257, 1309, 1374, 1377, 1410 f., 1418, 1486 f., 1514, 1579
Thiele, Rüdiger   114, 246, 345, 705 f., 1567, 1579
Thiemann, Hermann-Wilhelm   1379, 1381
Tibitt   740
Tichonow, Nikolai A.   33
Tietmeyer, Hans   23, 140, 143–147, 149 f., 255, 1003, 1059–1061, 1098, 1108, 1110, 1122, 1184, 1186, 1579
Tisch, Harry   601, 1577
Tjutschew, Fjodor I.   649
Töpfer, Klaus   610, 737, 759, 798, 834, 1122, 1265, 1508, 1579
Toeplitz, Heinrich   601
Tomášek, František   682, 689, 1579
Truman, Harry S   587, 765
Trzeciakowski, Witold   339, 342, 398
Tschernajew, Anatoli S.   31, 62, 86, 99, 135, 159, 189 f., 276, 287, 299, 795, 981, 1179, 1340, 1579
Tschernenko, Konstantin U.   463
Tschoepe, Armin   1059
Tünsmeyer, Elisabeth   622, 1515
Tutwiler, Margaret D.   1079
Ueberschaer, Christian   121, 250, 561, 563, 594, 757, 839, 842, 915, 955, 1119, 1579
Ulbricht, Walter   414, 455, 765, 844, 862, 1176
Ullmann, Wolfgang   820, 822, 824, 1579
Ussytschenko, Leonid G.   170, 1023 f., 1136
Vaatz, Albrecht   673
Vahrenholt, Fritz   204, 993, 1059, 1184, 1299, 1302 f., 1412, 1473, 1537, 1579
Vandersee, Jürgen   409, 716
Vanik, Charles A.   36
Vattani, Umberto   452
Védrine, Hubert   31, 305, 308, 628, 1005, 1162, 1164, 1170, 1249, 1579
Vogel, Dieter   613, 887, 958, 965, 1299, 1412, 1458, 1473, 1508, 1537, 1579

Vogel, Hans-Jochen   40 f., 54, 196, 218, 277, 407, 409, 771, 872, 1580
Vogel, Wolfgang   200, 257, 1201–1203, 1526, 1580
Vogel, Wolfgang   26 f., 42 f., 46 f., 238, 240, 349, 351 f., 354, 356, 373 f., 376, 382–384, 387 f., 391–394, 407, 420, 427, 431, 434, 436, 448, 477, 985, 1580
Vogt, Wolfgang   1184
Voigt, Karsten   604
Voscherau, Henning   40, 105, 152, 209, 680, 834, 836, 1060, 1122 f., 1125, 1508, 1510, 1580
Waffenschmidt, Horst   440, 680, 1580
Wagner, Baldur   200, 257, 461, 578, 690, 782, 975, 979, 1016, 1026, 1094, 1132, 1150, 1201, 1208, 1290, 1299, 1446, 1449, 1464, 1471, 1473, 1488, 1490, 1502, 1516, 1537, 1553, 1567, 1580
Wagner, Carl-Ludwig   680, 834, 1122, 1508, 1512, 1580
Wagner, Herbert   673
Wagner, Horst   578, 583, 585, 1580
Waigel, Theodor   22, 24, 60, 81, 89, 94 f., 109 f., 140, 143, 151, 153, 179, 188, 196, 201 f., 218 f., 224–226, 242, 247, 257, 266 f., 325, 328, 343, 442, 445, 472, 475, 510 f., 578, 581, 598, 627, 680 f., 735, 761–763, 766, 778, 823, 834, 836 f., 878, 888, 892, 994, 1002 f., 1060, 1108, 1110, 1122–1124, 1134 f., 1182, 1191, 1232, 1265, 1355, 1361 f., 1364, 1375, 1405, 1453, 1488, 1500–1503, 1505, 1508, 1510 f., 1524–1526, 1534, 1541, 1580
Walesa, Lech   45, 53, 239, 241, 306 f., 344 f., 378, 398–402, 409, 415, 492–497, 539, 568, 653, 931, 1023, 1197, 1316, 1580
Wallenberg, Raoul   277
Wallmann, Walter   196, 203, 261, 612, 680, 834, 1122, 1308 f., 1415, 1508, 1580
Walter   691 f.
Walters, Vernon A.   31, 41, 46, 50 f., 54, 70–73, 76, 83, 91 f., 110, 131, 163, 176, 206, 237, 239, 241 f., 244, 246–248, 251, 254, 257, 261, 271, 273, 314, 337 f., 407–409, 461–464, 501, 548, 590, 608, 619, 631, 641 f., 699–701, 740, 756, 793, 831 f., 927, 964 f., 1079, 1132, 1159, 1180–1182, 1189, 1332 f., 1515, 1542, 1580

Walther, Hans-Joachim 1539
Ward, George F. 61, 163, 227, 243, 245, 268, 395, 564f., 679, 832, 966, 1066f., 1075, 1539–1541, 1580
Warner, John 590
Warnke, Jürgen 24, 1100f., 1265, 1580
Wartenberg, Sieglinde 673
Watzek, Hans 708, 825
Weber, Juliane 22, 1567
Wedemeier, Klaus 680, 834, 1122f., 1467, 1508, 1580
Wegener, Henning 411f.
Wegener, Roland 412, 1227–1229, 1231
Wehner, Herbert 716
Weichsel 989, 991
Weidenfeld, Werner 590
Weis, Hubert 1379, 1381, 1383, 1386f.
Weiske, Christine 717
Weiß, Andreas 276, 287, 1355
Weiß, Konrad 717
Weißhuhn, Reinhard 717
Weiz, Herbert 323
Weizsäcker, Carl Friedrich Freiherr von 801
Weizsäcker, Richard Freiherr von 64, 146, 212, 280, 386, 427, 476, 529, 531, 621, 662, 682, 708, 744, 857, 957, 960, 1009, 1019, 1069f., 1456, 1539, 1580
Wendland, Günter 601
Weng, Wolfgang 975
Wesemann, Hartmut 903
Westdickenberg, Gerhard 31, 33, 181f., 226, 258f., 267f., 395, 398, 411, 413, 417, 422, 425, 428, 465, 574, 586, 590, 622, 927, 931, 937, 970, 1021, 1076, 1103, 1155, 1159, 1227–1229, 1231, 1256, 1405, 1410, 1454, 1498, 1500, 1518–1520, 1531f., 1546, 1549, 1555, 1580
Westerhoff, Horst 204, 226, 260, 267, 691, 694, 1287, 1313, 1526, 1580
Westkamp, Klaus 1379
Weston, Philip John 93, 129, 158, 760, 1142, 1580
Wiatr, Slawomir 396

Wichmann, Karin 351, 355, 924
Wilhelm, Dorothee 199, 1290, 1379, 1466
Wilhelm II. (Deutscher Kaiser) 606, 851
Wilms, Dorothee 311, 313, 323–325, 328, 447f., 482, 578, 580f., 585, 668, 673, 680, 701, 707, 738, 834, 878, 919, 989, 1100f., 1122, 1265, 1508, 1580
Wilson, Woodrow 587, 765
Witzlau, Gernot 943, 1580
Wörner, Manfred 46, 155, 181, 239, 411f., 678, 875, 913, 1079, 1128, 1130, 1227, 1235, 1237f., 1257, 1342, 1580
Wohlrabe, Jürgen 54
Wolf, Christa 818
Wolf, Friedrich 985
Wolf, Klaus 610
Wolf, Markus 408, 871
Wormit, Alexander 690, 776, 1094f., 1150f., 1567, 1580
Woycicki, Kazimierz 398
Wünsche, Kurt 1478
Würzen, Dieter von 23, 147, 311–313, 482, 511, 550, 578, 583, 609, 691, 693f., 701f., 707, 711, 716, 735, 737, 755, 782, 899f., 948, 986, 993f., 1026, 1059–1061, 1095, 1184, 1299f., 1302, 1412, 1473, 1537, 1580
Zaisser, Wilhelm 414
Zelikow, Philip 30, 35, 67, 85
Zhao Ziyang 302, 310
Zietkiewicz, Jaroslaw 398
Zilch, Volkmar 220f., 266f., 352, 357, 1512f., 1516f., 1567, 1580
Ziller, Gebhard 1150, 1473, 1537
Zimmermann, Falk 717
Zimmermann, Friedrich 24, 578, 580, 878, 1265, 1580
Zimmermann, Werner 682
Zoellick, Robert B. 30f., 35, 85, 92, 102, 129, 1079f., 1580
Zolotas, Xenophon 575
Zwoll, Jürgen van 157

Sachregister

Wegen der häufigen Nennung wurde auf den Eintrag „Bonn" verzichtet. – An der Erstellung des Registers waren Peter Dittmann, Patrick Fitschen, Kordula Krombholz, Ingrid Ohrem, Birgit Ramscheid und Nathalie Schmitz beteiligt.

ABC-Waffenverzicht, deutscher
  86, 97, 99, 111, 113, 117 f., 136, 144,
  161, 169, 180, 190 f., 193, 224, 235,
  774, 787, 791, 800, 833, 847, 895, 925,
  982, 1093, 1139, 1210, 1253, 1281,
  1295, 1345, 1357, 1366 f., 1375, 1394,
  1462, 1531

Abkommen, Akte, Übereinkommen
  siehe auch
  KSZE-Schlußakte von Helsinki
  Protokolle
  Überleitungsabkommen
  Verträge
  – Abkommen zwischen der DDR und der
    UdSSR über Fragen, die mit der zeitwei-
    ligen Stationierung sowjetischer Streit-
    kräfte auf dem Territorium der DDR
    zusammenhängen, 12. März 1957
      771, 895, 1454, 1519
  – Abkommen zwischen der Bundesrepu-
    blik Deutschland und der DDR auf dem
    Gebiet des Gesundheitswesens, 25. April
    1974
      484
  – Abkommen zwischen der Bundesrepu-
    blik Deutschland und der Volksrepu-
    blik Polen über Renten- und Unfallver-
    sicherung, 9. Oktober 1975
      534 f.
  – Abkommen zwischen der Bundesrepu-
    blik Deutschland und der UdSSR über
    die Entwicklung und Vertiefung der
    langfristigen Zusammenarbeit auf dem
    Gebiet der Wirtschaft und Industrie,
    6. Mai 1978
      1033, 1117
  – Abkommen zwischen der Regierung der
    Bundesrepublik Deutschland und der
    Regierung der DDR über die Befreiung
    von Straßenfahrzeugen von Steuern und
    Gebühren, 31. Oktober 1979
      1042
  – Abkommen zwischen der Regierung
    der Bundesrepublik Deutschland und
    der Regierung der UdSSR über wissen-
    schaftlich-technische Zusammenarbeit,
    22. Juli 1986
      639, 725
  – Abkommen zwischen dem Bundesmini-
    ster für Forschung und Technologie der
    Bundesrepublik Deutschland und dem
    Staatskomitee für die Nutzung der
    Atomenergie der UdSSR über wissen-
    schaftlich-technische Zusammenarbeit
    bei der friedlichen Nutzung der Kern-
    energie, 22. April 1987
      725
  – Abkommen zwischen dem Bundesmini-
    ster für Jugend, Familie, Frauen und Ge-
    sundheit der Bundesrepublik Deutsch-
    land und dem Ministerium für Gesund-
    heitswesen der UdSSR über die Zusam-
    menarbeit auf dem Gebiet des Gesund-
    heitswesens und der medizinischen
    Wissenschaft, 23. April 1987
      725
  – Abkommen zwischen dem Bundesmini-
    ster für Ernährung, Landwirtschaft und
    Forsten der Bundesrepublik Deutsch-
    land und dem Staatskomitee für den
    agro-industriellen Komplex der UdSSR
    über die Zusammenarbeit im Bereich
    der Agrarforschung, 4. Mai 1987
      725
  – Abkommen zwischen der Regierung
    der Bundesrepublik Deutschland und
    der Regierung der DDR über die Zu-
    sammenarbeit auf den Gebieten der
    Wissenschaft und Technik, 8. Septem-
    ber 1987
      696
  – Abkommen zwischen der Regierung
    der Bundesrepublik Deutschland und
    der Regierung der UdSSR über die Ein-

richtung einer direkten Nachrichtenverbindung zwischen dem Bundeskanzleramt in Bonn und dem Kreml in Moskau, 13. Juni 1989
286
– Abkommen zwischen der Regierung der Bundesrepublik Deutschland und der Regierung der UdSSR über eine vertiefte Zusammenarbeit in der Aus- und Weiterbildung von Fach- und Führungskräften der Wirtschaft, 13. Juni 1989
295, 1157
– Abkommen zwischen der Regierung der DDR, der Regierung der Volksrepublik Polen und der Regierung der Tschechoslowakischen Sozialistischen Republik über die Zusammenarbeit auf dem Gebiet des Umweltschutzes, 1. Juli 1989
333
– Abkommen zwischen der EWG und der DDR über den Handel und die handelspolitische und wirtschaftliche Zusammenarbeit, 8. Mai 1990
115, 705 f., 730
– Abkommen zwischen den Vereinigten Staaten von Amerika und der UdSSR über die Vernichtung und Nicht-Herstellung chemischer Waffen und über Maßnahmen zur Förderung der Multilateralen Konvention über ein Verbot chemischer Waffen, 1. Juni 1990
1179, 1321
– Abkommen zwischen der Regierung der Bundesrepublik Deutschland und der Regierung der DDR über die Aufhebung der Personenkontrollen an den innerdeutschen Grenzen, 1. Juli 1990
1289
– Abkommen zwischen dem Bundesminister für Forschung und Technologie der Bundesrepublik Deutschland und der Akademie der Wissenschaften der UdSSR über die wissenschaftlich-technische Zusammenarbeit auf dem Gebiet der Erforschung und Nutzung des Weltraums zu friedlichen Zwecken, 5. Juli 1990
807

– Abkommen zwischen der Regierung der Bundesrepublik Deutschland und der Regerung der UdSSR über die Zusammenarbeit auf dem Gebiet des Arbeits- und Sozialwesens, 9. November 1990
1540
– ABM-Vertrag (Vertrag zwischen den Vereinigten Staaten von Amerika und der UdSSR über die Begrenzung Antiballistischer Raketensysteme), 26. Mai 1972
47, 417, 419, 423
– Akt über die Ausführung der Markierung der Staatsgrenze zwischen Polen und Deutschland, 27. Januar 1951
1072, 1169 f.
– Berliner Abkommen (Abkommen über den Handel zwischen den Währungsgebieten der Deutschen Mark [DM-West] und den Währungsgebieten der Deutschen Mark der Deutschen Notenbank [DM-Ost]), 16. August 1960
1038
– Einheitliche Europäische Akte, 28. Februar 1986
543, 567, 597, 1006
– Europäische Menschenrechtskonvention (Konvention zum Schutze der Menschenrechte und Grundfreiheiten), 4. November 1950
895, 1021
– Freihandelsabkommen zwischen Kanada und den Vereinigten Staaten von Amerika, 2. Januar 1988
274
– GATT (Allgemeines Zoll- und Handelsabkommen), 30. Oktober 1947
1038
– Hamburger Abkommen (Abkommen zwischen den Ländern der Bundesrepublik zur Vereinheitlichung auf dem Gebiete des Schulwesens), 28. Oktober 1964
1442
– Londoner Schuldenabkommen (Abkommen über deutsche Auslandsschulden), 27. Februar 1953
124, 535, 915 f., 955
– Luxemburger Abkommen (Abkommen

zwischen der Bundesrepublik Deutschland und dem Staate Israel), 10. September 1952
916, 934
- NATO-Truppenstatut (Abkommen zwischen den Parteien des Nordatlantikvertrags über die Rechtsstellung ihrer Truppen), 19. Juni 1951
128, 226, 943, 1455, 1515, 1519
- Potsdamer Abkommen (Bericht/Mitteilung über die Berliner Konferenz der Drei Mächte und Verhandlungsprotokoll der Berliner Konferenz der drei Großmächte), 2. August 1945
88, 135, 142, 157, 171, 527, 677, 732, 787, 790, 847, 880, 896, 907, 925, 969, 978f., 989, 1070–1072, 1138f., 1165, 1167, 1193, 1198, 1294, 1507
- Schengener Abkommen (Übereinkommen zwischen den Regierungen der Staaten der Benelux-Wirtschaftsunion, der Bundesrepublik Deutschland und der Französischen Republik betreffend den schrittweisen Abbau der Kontrollen an den gemeinsamen Grenzen), 14. Juni 1985
310, 476
- Transitabkommen (Abkommen zwischen der Regierung der Bundesrepublik Deutschland und der Regierung der DDR über den Transitverkehr von zivilen Personen und Gütern zwischen der Bundesrepublik Deutschland und Berlin [West]), 17. Dezember 1971
697, 1042
- Vereinbarung zwischen dem Bundesminister für Ernährung, Landwirtschaft und Forsten der Bundesrepublik Deutschland und dem Minister für Außenwirtschaftsbeziehungen der UdSSR über den Bezug von Nahrungsmitteln, 8. Februar 1990
747, 873
- Viermächte-Abkommen (Vierseitiges Abkommen), 3. September 1971
26, 37, 287, 327, 330, 333, 620, 676, 698, 701, 716, 732, 788, 792, 1044, 1252, 1255, 1264
- Waffenstillstandsabkommen zwischen den Alliierten und dem Deutschen Reich, 11. November 1918
847
- Wiener Übereinkommen über konsularische Beziehungen, 24. April 1963
328, 360, 362
- Wiener Übereinkommen über die Staatennachfolge in bezug auf Verträge, 23. August 1978
1440
- Zusatzabkommen zum NATO-Truppenstatut (Zusatzabkommen zu dem Abkommen zwischen den Parteien des Nordatlantikvertrags über die Rechtsstellung ihrer Truppen hinsichtlich der in der Bundesrepublik Deutschland stationierten ausländischen Truppen), 3. August 1959
1455, 1515, 1519

Abrüstung, Rüstungskontrolle
siehe auch
Abkommen, Akte, Übereinkommen
Erklärungen
Kommuniqués
Konferenzen, Gipfeltreffen, Tagungen
Protokolle
Verträge
VKSE
Waffen und Waffensysteme
31, 33–35, 38, 41, 45f., 50, 53, 61f., 64f., 68, 73, 85, 88, 97, 99–101, 117, 119, 125, 134, 160–162, 166f., 169, 179–182, 187, 229, 243, 250, 261, 271, 273, 277–279, 282, 285f., 289, 300, 302, 309f., 324–326, 328, 332, 334, 380, 382, 411, 417, 423f., 437, 446, 451, 460, 465–467, 472, 491, 516, 520, 524–526, 548, 554, 562, 568–570, 573, 588, 603, 607f., 611, 617, 622, 624f., 634, 647, 655f., 663, 669f., 686, 714, 723, 731, 733–735, 766, 772f., 776, 786f., 789, 791, 793, 798, 809f., 822, 845, 868f., 873, 877, 910, 925, 927, 971, 974, 978, 1020–1022, 1058, 1077f., 1092, 1118, 1126, 1129, 1131, 1159, 1161f., 1170, 1179, 1227f., 1230, 1236, 1239f., 1248, 1256, 1259f., 1278f., 1309, 1313, 1317, 1320–1322, 1348, 1363, 1365, 1439

– Abbau chemischer Waffen
  36, 38, 64, 99, 467, 622, 624 f., 647,
  670, 1022, 1179, 1321
– Konventionelle Abrüstung
  64, 86, 144, 156, 160, 187, 266, 278,
  285 f., 289–292, 315, 332, 334, 380,
  524, 569, 607 f., 1057, 1161, 1228,
  1236, 1239, 1259, 1278, 1312
– Nichtverbreitung von Nuklearwaffen
  111, 117, 136, 161, 772, 833, 895, 982,
  1312, 1366, 1375
– Nukleare Abrüstung
  41, 144, 159, 180 f., 278, 290, 304, 332,
  418, 524, 537, 570, 607, 669, 773, 822,
  1022, 1118, 1228, 1260, 1312
– Null-Lösung
  182, 292, 774, 1312, 1321
Ägypten
  757, 1485, 1514, 1542
Ärmelkanal
  66, 275
Afghanistan
  34 f., 424, 465, 1313
Afrika
  35, 398, 424, 465, 629, 1174
Agence France-Presse (AFP)
  378, 676
Agenzia Nazionale Stampa Associazione (ANSA)
  517
Aide-mémoires, Memoranden, Non-papers
  siehe auch *Noten, Brief*
– Aide-mémoire der Regierungen Frankreichs, Großbritanniens und der Vereinigten Staaten von Amerika an die Regierung der UdSSR, 29. Dezember 1987
  314
– Aide-mémoire der Regierung der UdSSR an die Regierungen Frankreichs, Großbritanniens und der Vereinigten Staaten von Amerika, 15. September 1988
  314
– Aide-mémoire der Regierung der DDR an die EG-Präsidentschaft, 17. November 1989
  635, 669
– Aide-mémoire der Regierung der UdSSR an die Bundesregierung, 28. April 1990
  1097
– Aide-mémoire der Regierung der UdSSR an die Regierung der DDR, 28. April 1990
  148, 1096
– Aide-mémoire der Regierung der UdSSR an die Bundesregierung, 24. August 1990
  1501 f.
– Memorandum des Ministeriums für Auswärtige Angelegenheiten der DDR zur Einbettung der Vereinigung der beiden deutschen Staaten in den gesamteuropäischen Einigungsprozeß, 23. Februar 1990
  130
– „Memorandum on Institutional Relaunch" der Regierung Belgiens an die Mitgliedstaaten der EG, 20. März 1990
  1007
– Memorandum der Regierung Polens an die Bundesregierung zum Thema Auslandsschulden, 21. Juni 1990
  1246, 1316
– Non-paper der Regierung der UdSSR an die Bundesregierung, 19. April 1990
  153 f., 1023 f., 1026
– Non-paper der Regierung der Vereinigten Staaten von Amerika „The Cost of the Crisis to Key Partners", 14. September 1990
  1543
– Schriftstück der Regierung der UdSSR an die Bundesregierung, 5. Mai 1990
  1087
Alleinvertretungsanspruch
  617
Allgemeiner Deutscher Nachrichtendienst (ADN)
  350 f., 388, 393, 515, 817, 1192
Alliierter Kontrollrat
  73, 287, 586, 906, 1255, 1507
Amnestie
  215, 461, 463, 468, 558, 611, 985,
  1447, 1453, 1465, 1479, 1489, 1492,
  1541
Angola
  35

Annaberg
53, 470, 480, 492

Arbeitslosigkeit
167, 204, 213, 318, 452, 464, 717,
782, 817, 821, 826, 980, 985, 1000,
1002, 1020, 1127, 1246, 1423f.,
1458f., 1469

Arbeitsmarkt
95f., 140, 204, 213, 313, 464, 555f.,
584f., 666, 693, 695f., 711, 769f., 782,
861, 948, 1015, 1048, 1288f., 1300,
1395, 1423f., 1453, 1459–1461, 1469,
1510, 1513

Arbeitsrecht
82, 207, 759, 950, 1034, 1036, 1039,
1046, 1048, 1055, 1110, 1409

Archys (Bezirk Stawropol, Kaukasus)
188, 191, 193, 235, 262, 724, 1355,
1454f., 1488, 1494, 1500, 1506,
1519f., 1524, 1527, 1535, 1547, 1550

Argentinien
757

Armenien
277, 279

Asien
1104, 1172–1174

Assmannshausen/Rhein
183f., 259, 1247

Associated Press (AP)
576, 972

Asylrecht
476, 1329, 1336, 1519, 1533

Athen
575, 891, 1211

Atlantik
28, 272, 275, 280, 460, 758, 856, 1555f.

Atlantische Allianz
siehe *NATO*

Atomwaffen
siehe
Kernwaffen
Waffen und Waffensysteme

Aufstand am 17. Juni 1953 in der DDR
219, 414f., 1508

Auschwitz
341

Auslandsdeutsche
37, 273, 277, 287, 295, 303, 322, 635,
671, 723, 726, 806, 1156, 1316, 1348,
1350, 1366, 1555, 1557

Ausreise aus der DDR
siehe auch *Reiseverkehr, innerdeutscher*
21, 25, 27, 42f., 45, 48, 51f., 54f., 79,
230, 237–240, 317, 336, 349f., 354–
357, 360f., 366, 368, 373–376, 380,
383, 386–388, 391–393, 397, 407, 420,
429–433, 435f., 438, 441, 448, 457,
463, 477, 486, 504, 517f., 530, 558,
670, 683, 718, 781

Aussiedler
siehe auch *Übersiedler*
37, 401, 498, 537, 562, 581f., 584, 589,
726, 768, 806, 823, 836f., 980, 1071,
1098, 1101f., 1316, 1329, 1338

Australien
520, 1172

Baden
157, 1059, 1388, 1444

Baden-Württemberg
106f., 151, 203, 406, 442f., 545, 680,
735, 834, 837, 845, 899, 903f., 993,
1059, 1122, 1184f., 1188, 1299, 1302,
1324, 1334f., 1337, 1378f., 1388f.,
1391f., 1412, 1417, 1427, 1444f.,
1456f., 1467, 1469, 1473, 1489, 1508,
1537

Baikal-See
725, 775

Baltikum
34, 162, 688, 844, 864, 988, 1058,
1145, 1158, 1179, 1315, 1555, 1557

Bamberg
331

Bangladesch
757

Bank für Internationalen Zahlungsausgleich (BIZ)
445, 545

Barcelona
891

Bauwesen und Städtebau in der DDR
389, 696, 703, 738, 769, 824, 889,
904f., 1020, 1337, 1522

Bayern
107, 151, 202f., 220, 406, 442f., 545,
649, 680, 735, 765, 777, 834, 837, 845,
899, 902, 904, 993, 1059, 1061, 1108,
1122, 1184, 1290, 1299, 1302, 1324,
1335, 1377–1379, 1388f., 1391f.,
1412, 1417, 1427, 1445, 1456f.,

1466 f., 1470, 1473–1475, 1489, 1491,
1508, 1512 f., 1537

Beitritt der DDR zum Geltungsbereich des Grundgesetzes
siehe auch *Grundgesetz für die Bundesrepublik Deutschland*
    106, 110, 131 f., 151, 154, 194–199,
203, 205 f., 209, 211 f., 214, 216, 222,
236, 885, 965, 1017 f., 1132, 1151–
1153, 1181, 1208, 1215, 1267–1273,
1290, 1302 f., 1326, 1333 f., 1386 f.,
1395 f., 1412 f., 1426 f., 1447, 1453–
1455, 1472, 1474 f., 1477, 1480,
1497 f., 1519 f.
– Beitritt nach Artikel 23 Grundgesetz
    78, 106, 110, 130, 132, 135 f., 141, 143–
145, 147, 153, 189, 196–199, 205, 233,
236, 258 f., 822 f., 830–832, 853 f., 870,
879–883, 885, 894, 899, 917, 921–923,
928, 932 f., 942, 965, 976 f., 1012, 1019,
1024 f., 1034, 1042, 1064, 1098, 1100,
1107, 1152, 1196, 1208, 1214–1216,
1220, 1222, 1265, 1267 f., 1274, 1301,
1305, 1308, 1320, 1324 f., 1328 f.,
1332, 1334, 1397, 1426, 1439, 1443,
1445, 1471, 1498, 1502
– Beitritt nach Artikel 146 Grundgesetz
    78, 106, 130, 831, 854, 879, 894, 899,
917, 928, 932 f., 965

Belgien
siehe auch
Abkommen, Akte, Übereinkommen
Aide-mémoires, Memoranden, Non-
Papers
Benelux-Staaten
Verträge
    598, 606, 706

Benelux-Staaten
    310, 524, 576 f., 598, 1127

Berlin
siehe auch
Berlin (Ost)
Berlin (West)
Verkehr, innerdeutscher
    21, 23–26, 40, 54 f., 71–73, 93, 99, 107,
129, 152, 158, 161, 163, 191, 194, 203 f.,
210, 218, 220, 222–224, 261 f., 277, 284,
287, 300, 312, 314, 316, 324, 326 f., 335,
337 f., 346 f., 356 f., 391, 408 f., 415, 429,
433 f., 438 f., 468 f., 483–487, 492, 501,
504–509, 511 f., 514 f., 517, 522, 527,
533, 542 f., 549 f., 556 f., 572, 578, 580–
582, 584–586, 612, 620, 627, 631, 640,
642, 644, 646, 664, 667, 701 f., 706 f.,
709, 718, 724, 728, 732 f., 738, 748, 752,
758, 760, 767, 769, 771, 784, 787 f., 790,
792, 797–799, 832, 840, 845, 847, 852,
865, 870, 872, 885, 887–892, 902, 909,
942, 948, 951 f., 964 f., 972, 978, 997,
1004, 1019, 1027, 1029, 1066, 1074,
1082, 1091, 1094, 1097, 1120, 1123 f.,
1134, 1141 f., 1154, 1160, 1209 f., 1214,
1218, 1222 f., 1241, 1245, 1250–1252,
1255 f., 1264, 1266, 1268, 1270, 1275,
1283, 1287, 1293, 1296, 1300 f., 1307,
1319, 1324–1330, 1333, 1335, 1337,
1345, 1357, 1359 f., 1366, 1369, 1374–
1376, 1378, 1380 f., 1389, 1391 f.,
1397 f., 1401, 1409–1411, 1414, 1416–
1418, 1426 f., 1435, 1441, 1445, 1447,
1450–1452, 1454 f., 1462, 1466, 1468,
1486, 1491, 1493, 1497, 1507, 1515,
1518–1520, 1530 f., 1539 f., 1547 f.,
1553 f.
– Allied Checkpoint Charlie
    506 f., 512, 1250
– Berlin-Initiative der Drei Mächte
(Frankreich, Vereinigte Staaten von
Amerika, Vereinigtes Königreich Großbritannien und Nordirland)
    73, 313, 337 f., 462 f., 580, 641 f.
– Brandenburger Tor
    75, 313, 555, 662, 666, 672
– Grenzübergänge
    39 f., 311 f., 327, 483, 518, 552, 556,
1095
– Groß-Berlin
    797, 1138, 1218, 1253, 1264
– Mauer
    40, 53 f., 348, 388, 390, 408, 414, 467,
493–495, 507, 509, 518 f., 539, 567,
571, 646, 698, 847, 1158, 1174, 1401,
1520, 1555 f.
– Maueröffnung
    21, 50, 54–56, 59, 61, 73, 89, 137, 229–
231, 235, 572, 591
– Olympische Spiele
    313, 603, 655 f., 891, 1019
– Regionalausschuß Berlin
    579 f., 612, 667

– Sektoren
  26, 639, 1182, 1250, 1255
– Streitkräfte/Streitkräfteabzug der Vier
  Mächte
  128, 222, 914, 1250, 1252, 1255, 1359 f.,
  1366, 1372, 1375, 1410 f., 1455, 1462,
  1486 f., 1493, 1507, 1518, 1532 f., 1540,
  1547 f.
– Verkehrsverbindungen zwischen Berlin
  (Ost) und Berlin (West)
  312, 651, 888
– Viermächte-Rechte
  93, 128, 133, 170, 784, 872, 978, 1021,
  1137 f., 1154, 1252, 1293, 1296, 1331,
  1359, 1366, 1372, 1375, 1410, 1426,
  1444, 1539
– Wirtschaft, Handel, Finanzen
  26, 644, 887, 889, 892
Berlin (Ost)
siehe auch
Berlin
  23, 25, 27, 32 f., 39 f., 42 f., 46, 48, 51,
  53 f., 56, 58 f., 61, 69, 72, 77, 82 f., 93, 96,
  98, 105, 107, 128–130, 135, 143, 145–
  147, 151, 205, 212, 214, 221, 223 f., 230,
  238, 243 f., 246, 250, 252 f., 264, 266,
  302, 304, 311, 314, 316, 319, 323, 327,
  330, 334, 337, 347, 349, 353–355, 357 f.,
  360, 364, 366, 372, 374, 386, 388, 391,
  396 f., 408 f., 413, 430, 436, 439, 447,
  464, 468, 476, 484, 486, 496, 501, 503,
  505–508, 511, 513 f., 517, 550, 563, 571,
  579, 582–585, 590, 603, 609 f., 619–621,
  631, 633, 636, 644, 651, 653, 662, 692,
  701, 703, 707, 712, 716, 797, 887–889,
  904–906, 918, 924, 980, 983, 989, 1011,
  1022, 1054, 1066, 1108–1110, 1146,
  1163 f., 1190 f., 1201, 1215, 1262, 1264,
  1270, 1281, 1289, 1319 f., 1328 f., 1335,
  1338, 1375, 1378, 1388, 1398, 1409,
  1416, 1428, 1430 f., 1433, 1436, 1438,
  1440 f., 1443, 1446, 1449 f., 1452, 1492,
  1531, 1533, 1537, 1547 f.
– Magistrat
  110, 584, 612, 797, 799, 887, 1154
Berlin (West)
siehe auch
Abkommen, Akte, Übereinkommen
Berlin
Bundesrat

Deutscher Bundestag
Transitverkehr
Verkehr, innerdeutscher
  32, 34, 37, 70, 72, 75, 205, 207, 245,
  277, 286, 289, 297 f., 312, 314, 323–
  327, 330, 333 f., 336, 347, 349, 351,
  433, 484, 486, 501, 504 f., 508, 511 f.,
  518, 556 f., 560, 579, 582–585, 600,
  603, 620, 636, 644, 672, 689, 698, 705,
  716, 735, 768, 797, 799, 834, 837, 887,
  889 f., 892, 899 f., 904, 942, 980, 993,
  1003, 1044, 1059 f., 1095, 1102, 1120,
  1122, 1154, 1182, 1184, 1205, 1270,
  1282, 1290, 1299, 1302 f., 1307, 1331,
  1377 f., 1381, 1388, 1390, 1412, 1434–
  1437, 1444, 1450, 1452, 1473 f., 1508,
  1512, 1537, 1540, 1547 f.
– Abgeordnetenhaus
  26, 132, 207, 262, 1302, 1381, 1390
– Luftbrücke 1948/49
  887, 891, 1544
– Senat/Senatskanzlei
  26, 70, 312, 326, 484, 506, 512, 555,
  578, 580–586, 612, 620, 635, 672, 736,
  797, 887–892, 903, 1095, 1154, 1379,
  1390, 1437, 1474
Berlin-Marienfelde
  581
Berlin-Niederschönhausen
  158, 184, 186, 254, 259 f., 1013, 1074,
  1249, 1293, 1368
Berlin-Rummelsburg
  611
Berlin-Schönefeld
  667, 890 f.
Berlin-Spandau
  1397, 1427
Berlin-Tegel
  581, 667, 890 f.
Berlin-Staaken
  334, 551, 555, 580, 1397, 1409, 1427,
  1447, 1450
„Berliner Morgenpost"
  201, 1290
„Berliner Zeitung"
  345
Bermudas
  155, 1128
Bernau
  764

Besatzung in Deutschland
siehe auch
Alliierter Kontrollrat
Drei Mächte
Vier Mächte
– Besatzungsmächte
156, 223, 1471
– Besatzungsrecht
1204 f., 1263 f.
– Besatzungszonen
148, 164, 586, 880, 1097, 1254
– Militärregierung in Deutschland
552, 556, 586
– Sowjetische Besatzungsmacht
90, 110, 142, 145, 220, 925, 989
– Sowjetische Besatzungszone (SBZ)
348, 750, 906, 989

Biarritz
849 f.

„Bild" (Hamburg)
700, 971

Bildung/Wissenschaft
siehe auch *Einigungsvertrag*
39, 154, 197, 203, 207, 220, 263, 296,
514, 572, 696, 715, 725 f., 729, 746, 759,
773, 836 f., 880, 883, 904 f., 930, 1014 f.,
1027, 1041, 1073, 1173 f., 1222, 1256,
1288, 1300, 1302, 1308, 1331, 1337 f.,
1350, 1356, 1362, 1395, 1441–1443,
1447, 1453, 1465, 1511, 1540
– Anerkennung von Schul- und Hochschulabschlüssen der DDR
1222, 1331, 1384, 1442

Bodenreform in der SBZ
siehe auch
Eigentumsverhältnisse in der DDR
Enteignungen in der SBZ/DDR
Vermögensfragen, offene
90, 110, 130, 142, 145, 148, 164, 184,
754, 823, 825, 876, 907, 952, 989,
1013, 1019, 1097, 1202, 1517

Bodensee
1552

Boston (Massachusetts)
274

Brandenburg
203, 207, 262, 738, 883, 885, 1268 f.,
1307, 1320, 1378, 1381, 1388 f.,
1391 f., 1397 f., 1417, 1426 f., 1435 f.,
1445, 1467, 1523

Brasilien
536, 757

Bremen
44 f., 63, 106 f., 203, 581, 680, 735, 834,
837, 883, 899, 903 f., 1059, 1102, 1122,
1184, 1188, 1217 f., 1255, 1263, 1299,
1303, 1306 f., 1378, 1388 f., 1391 f.,
1412, 1417, 1427, 1444 f., 1456 f.,
1467, 1473, 1508, 1537

Breslau
480, 1081

Brest
179, 1264, 1318

Brüssel
27, 35, 46, 66, 68, 76, 114, 144, 160,
232, 243–245, 271–276, 279, 281 f.,
285 f., 290, 292, 302–304, 314–316,
395, 411, 443, 447, 454, 540, 545, 562,
577, 590, 600, 607, 614, 618, 625,
633 f., 663, 676, 678, 731, 773, 785 f.,
789, 945, 963, 972, 1000, 1078 f., 1130,
1211, 1238, 1276 f., 1310, 1322, 1403,
1448

Buchara
288

Budapest
42 f., 74, 185, 229, 245, 315 f., 323, 349,
359, 361, 374 f., 377 f., 383, 404, 406,
443, 459, 492, 506, 517, 520, 526, 542,
544, 590, 628 f., 651, 655, 681, 810,
860, 872, 1058, 1241, 1316, 1368,
1418, 1420 f., 1523

Bündniszugehörigkeit Deutschlands
siehe auch
NATO
Warschauer Vertragsorganisation
73, 96, 99 f., 113, 119, 122, 128, 133 f.,
136, 158 f., 166, 172–175, 178, 180,
191, 193, 231, 233–235, 251, 300, 302,
304, 309, 617, 676, 684–686, 729, 733,
735, 748, 754, 758, 771 f., 775, 794,
798, 800, 804 f., 813, 830–833,
844 f., 865, 872, 883, 925, 969, 973,
982 f., 998, 1074, 1117, 1161–1163,
1195, 1212 f., 1228, 1250, 1254 f.,
1295, 1310, 1319, 1357 f., 1366, 1372,
1375

Bukarest
291, 300, 302, 304, 316, 377, 570, 590,
800, 1316

Bulgarien
siehe auch *Verträge*
307, 382, 396, 516, 570, 649, 682,
705, 850, 861, 978, 1115, 1238, 1241,
1277
Bund Freier Demokraten (BFD)
siehe *Liberal-Demokratische Partei*
Deutschlands/Liberal-Demokratische
Partei/Bund Freier Demokraten
Bund-Länder-Beziehungen
siehe auch
Bundesrat
Fonds Deutsche Einheit
Länder der Bundesrepublik Deutsch-
land, allgemein
Länder der DDR
Ländergremien in der Bundesrepublik
Deutschland
Neugliederung des Bundesgebietes
Staats- und Senatskanzleien der Länder,
Chefs der
104 f., 137, 150–152, 196, 199, 201–
204, 209, 212, 216, 219, 249, 254, 257,
261, 263, 265, 268, 722, 735, 737–739,
777, 834, 836, 899 f., 993, 1062, 1069,
1095, 1122 f., 1125, 1152, 1215–1217,
1219, 1226 f., 1286 f., 1289 f., 1299,
1303–1305, 1335 f., 1377 f., 1407 f.,
1426, 1441, 1446, 1466–1468, 1474,
1477, 1488 f., 1504
– Beschluß des Bundeskanzlers und der
Regierungschefs der Länder, 15. Februar 1990
105 f., 248 f., 835, 837 f., 899 f., 994,
1062, 1068, 1095, 1125, 1187, 1289
– Eckpunkte der Länder für die bundesstaatliche Ordnung im vereinten
Deutschland
201 f., 209, 1287, 1290, 1299, 1301,
1303–1305, 1307, 1377, 1382, 1388,
1392, 1407, 1414, 1446, 1467
– Finanzausgleich
105, 150–152, 202, 217, 236, 837,
1061, 1123–1125, 1217 f., 1300, 1303,
1305, 1324, 1336 f., 1432 f., 1436,
1467
– Finanzverfassung
151, 203, 211 f., 215, 1152, 1268, 1290,
1305, 1330, 1392, 1446, 1451, 1467,
1474, 1503

– Mischfinanzierung
151, 208, 219, 837, 1306, 1337, 1408,
1416, 1451, 1468, 1492, 1503, 1505,
1511
– Umsatzsteuerverteilung
105, 151 f., 208 f., 211, 216–219, 836 f.,
1337, 1408, 1415 f., 1432 f., 1446,
1451, 1467, 1480, 1489, 1503–1505,
1510
– Verständigung zwischen der Bundesregierung und den Regierungen der Länder über die Beteiligung der Länder bei
Abkommen zwischen der Bundesrepublik Deutschland und der DDR, 17. Dezember 1987
103–105, 721 f., 736 f., 777, 836, 838 f.
Bund der Vertriebenen – Vereinigte
Landsmannschaften und Landesver-
bände
siehe auch
Landsmannschaften, deutsche
Vertriebene
342 f., 639, 878, 1523
Bundesbehörden
914, 1035, 1302, 1384, 1438
– Bundesanstalt für Arbeit
445, 447, 585, 1221, 1273, 1289, 1300
– Bundesnachrichtendienst (BND)
52, 59, 241, 478, 753, 918, 985, 1025
– Statistisches Bundesamt
348, 778, 1048
Bundesgesetzgebung
25, 203, 882, 1271, 1274, 1307, 1392,
1468, 1482
– Ausschließliche Gesetzgebung
1399, 1429
– Konkurrierende Gesetzgebung
203, 208, 1290, 1306, 1327, 1335,
1393, 1429, 1468
Bundeshaushalt
25, 63, 71, 75, 140, 151 f., 220, 627,
643, 904 f., 920, 1135, 1203, 1206,
1269, 1505, 1525, 1535
– Haushalt 1990
109, 394, 510, 572, 627, 644, 693, 752,
768, 823
– Nachtragshaushalt 1990
95, 109, 151, 627, 766 f., 823
– Haushalt 1991
768, 1269, 1478, 1503, 1540

Bundesländer
siehe
Länder der Bundesrepublik Deutsch-
land, allgemein
Ländergremien in der Bundesrepublik
Deutschland
Bundesministerien
siehe *Bundesregierung*
Bundespräsidialamt
621, 662
Bundesrat
133, 141, 151 f., 195, 199, 202 f., 208,
235, 777 f., 882 f., 1095, 1100, 1119 f.,
1134, 1156, 1181, 1186 f., 1196, 1208,
1215, 1269–1271, 1291 f., 1294, 1303,
1306 f., 1333, 1335, 1338 f., 1378,
1382, 1384 f., 1390 f., 1393–1395,
1398, 1412, 1427 f., 1432–1434, 1440,
1446, 1467, 1489, 1504, 1509
– Neuregelung der Stimmrechtsverteilung
202 f., 209, 216, 219, 236, 262, 1290,
1303, 1307, 1333, 1335, 1377 f., 1382,
1414, 1451, 1489
– Stimmrecht Berlins
579, 1094, 1182
Bundesregierung
siehe auch *Kabinettausschuß Deutsche*
Einheit
– Auswärtiges Amt (AA)
23–26, 30 f., 37, 43, 73, 92–94, 102,
111, 114, 117, 120, 128 f., 165, 169,
181, 190, 199 f., 212, 248, 271, 316,
323, 337, 349, 353, 358, 372, 374, 382,
386, 388, 391–393, 395, 409, 411, 413,
419, 429 f., 433, 436, 438, 441, 447,
462, 476, 482, 501, 517, 550, 561, 564,
578, 581, 586, 590, 609, 619, 621, 635,
651, 661, 673, 716, 759, 762, 830–834,
840, 854, 887, 893, 908, 914 f., 917,
926, 941–943, 955, 958, 964, 978, 983,
994, 1005 f., 1010, 1023, 1025 f.,
1062 f., 1066, 1071, 1094, 1102, 1146–
1148, 1151, 1155, 1216, 1224, 1229,
1231 f., 1241, 1244, 1256, 1265 f.,
1283, 1290–1292, 1324, 1332, 1410,
1439, 1454 f., 1458, 1462, 1466 f.,
1492, 1495, 1498, 1500–1502, 1515,
1518–1520, 1547
– Bundeskabinett
22, 24, 94, 210, 214, 216, 224, 227, 314,

351, 516, 676, 728, 755, 759, 761–763,
778, 899, 919, 1094 f., 1100, 1106,
1269, 1302, 1446 f., 1456, 1490, 1509,
1540
– Bundeskanzleramt (BK)
21–27, 30 f., 33 f., 37, 42, 45–47, 49 f.,
52, 54–56, 59–62, 64, 71, 73, 76, 79–
81, 84, 87 f., 91, 93, 95 f., 102, 104, 115,
117, 120–124, 128, 131, 137, 141, 145–
147, 150–152, 169 f., 172, 182 f., 185,
196, 207, 213 f., 224, 230 f., 234, 258,
267, 286, 295, 303, 310, 315, 324, 337,
345, 352, 363, 372, 374, 382, 384, 386,
388, 391–393, 397, 409, 413, 420, 430,
435, 440, 447, 472, 474, 476 f., 502,
511, 530, 535, 540, 550, 572, 578, 580,
590, 601, 621, 635, 662, 673, 680, 690,
694, 716, 735, 739, 777, 782, 831,
833 f., 854, 887, 899, 903, 914, 918,
926, 981, 983, 993, 1001, 1005, 1028,
1059, 1095 f., 1122, 1150, 1184, 1189,
1201, 1208, 1234, 1276, 1283 f., 1290,
1299, 1304, 1341, 1379, 1415, 1417,
1462, 1473, 1499, 1505, 1508 f.,
1515 f., 1526, 1538, 1553 f.
– Bundesministerium für Arbeit und Sozialordnung (BMA)
94, 147, 213, 578, 584 f., 673, 693, 759,
854, 887, 901, 979, 987, 1265, 1324,
1403, 1408 f., 1416, 1458, 1470, 1472,
1510
– Bundesministerium für innerdeutsche
Beziehungen (BMB)
23–26, 40, 82, 94, 104, 128, 142, 196,
315, 323, 352 f., 358, 372, 374, 382, 386,
388, 391–393, 413, 420, 429 f., 433, 438,
447, 462, 476, 482, 487, 501, 511, 550,
564, 578, 581, 590, 609, 619, 621, 673,
702, 716, 735, 759, 830 f., 854, 887, 919,
942 f., 964, 983, 987, 994, 1066, 1146,
1265 f., 1302, 1324, 1458, 1512
– Bundesministerium für Bildung und
Wissenschaft (BMBW)
1265, 1302, 1458
– Bundesministerium für Ernährung,
Landwirtschaft und Forsten (BML)
388, 987, 1201 f., 1403, 1458
– Bundesministerium der Finanzen
(BMF)
23, 25, 75, 81, 89, 94, 96, 128, 139–141,

147, 194, 196, 198–200, 226f., 252,
258, 312, 482, 511, 550, 578, 582f.,
609, 643f., 693, 704, 759, 830f., 854,
887, 889, 892, 901, 919f., 942f., 980,
985, 987, 1096f., 1101, 1123, 1150f.,
1182f., 1186, 1190, 1202, 1208f.,
1216, 1244, 1265f., 1290–1292, 1300,
1324, 1379, 1382, 1407, 1415f., 1421,
1423, 1436, 1452, 1455, 1458, 1468–
1470, 1474, 1503f., 1510, 1526, 1542,
1547
– Bundesministerium für Forschung und
Technologie (BMFT)
725, 1265, 1443
– Bundesministerium des Innern (BMI)
22, 25f., 94, 106, 128, 132, 197–201,
207–214, 251, 258, 264, 517, 578, 581,
759, 777, 830f., 854, 879, 882–884,
887, 893, 900, 917f., 941f., 976f.,
1017, 1031f., 1095, 1098, 1132f.,
1154, 1187, 1208f., 1215, 1266, 1290–
1292, 1302, 1328, 1332, 1379–1382,
1386, 1408f., 1416, 1421, 1425,
1465f., 1468, 1470–1474, 1510
– Bundesministerium für Jugend, Familie,
Frauen und Gesundheit (BMJFFG)
578, 1265, 1458, 1470, 1472
– Bundesministerium der Justiz (BMJ)
25, 82, 94, 128, 141, 147, 199f., 207,
210f., 257f., 702, 759, 830, 854, 887,
893, 900, 918f., 942, 987, 994, 1017,
1031f., 1188, 1190, 1201f., 1208f.,
1215, 1265f., 1289–1292, 1302, 1324,
1379, 1381, 1384, 1386, 1408, 1413,
1447, 1458, 1465–1467, 1469, 1471–
1473, 1475, 1512f., 1517, 1519, 1537
– Bundesministerium für Post und Telekommunikation (BMPT)
482, 550, 610, 987, 1265
– Bundesministerium für Raumordnung,
Bauwesen und Städtebau (BMBau)
735, 987, 1201, 1265
– Bundesministerium für Umwelt, Naturschutz und Reaktorsicherheit (BMU)
487, 560, 610, 735, 752, 830f., 987,
1265, 1458, 1469f.
– Bundesministerium für Verkehr (BMV)
24f., 214, 337, 462, 482, 517, 550, 578,
581, 610, 662, 735, 752, 887, 889, 987,
1265, 1416, 1452, 1458, 1519

– Bundesministerium der Verteidigung
(BMVg)
23, 111, 128, 187, 200, 271, 411, 830f.,
833, 854, 914, 941f., 943, 1098, 1209,
1256, 1265, 1290, 1292, 1439, 1458,
1494f., 1519f., 1548
– Bundesministerium für Wirtschaft
(BMWi)
23, 25f., 94f., 143, 147, 201, 243,
252, 482f., 511, 550, 552, 578, 609f.,
627, 643, 705, 707, 716, 735, 759, 782,
830, 887, 900, 983, 985, 987, 994,
1025, 1095f., 1185, 1190, 1198, 1216,
1244, 1265, 1300, 1302, 1324, 1334,
1403, 1408, 1421, 1461, 1469, 1501,
1510, 1548
– Bundesministerium für wirtschaftliche
Zusammenarbeit (BMZ)
1265, 1458
– Bundessicherheitsrat
942
– Presse- und Informationsamt
388, 927, 1150, 1265, 1458
Bundesverfassungsgericht
132, 151, 213, 361, 760, 800, 884f.,
967, 981, 1017, 1031, 1064, 1106f.,
1123, 1152f., 1331f., 1383f., 1447,
1453, 1540
– Urteil des Zweiten Senats zum Grundlagenvertrag, 21. Juli 1973
57, 73, 93, 99, 106, 325, 342, 533, 596,
639, 654, 787, 790, 793, 798, 800, 871,
879–882, 981
Bundesversammlung
1417
Bundeswehr
siehe auch
Streitkräfte, gesamtdeutsche
111f., 138, 144, 176, 187, 192, 228,
272, 292, 412, 525, 604, 715, 725, 787,
791, 797, 840, 843, 865, 1193, 1230,
1235f., 1255, 1263, 1285, 1359, 1428,
1439, 1484, 1520
– Auslandseinsätze
228, 1484f., 1543
– Kriegsdienstverweigerung
1292, 1328
– Obergrenze der Truppenstärke
266, 982, 1020, 1029, 1077, 1083,
1161, 1210, 1236, 1281, 1285, 1348

– Wehrpflicht
138, 187, 209, 215, 272, 412, 831,
1328, 1372, 1428, 1479

Cambridge
137, 996

„Le Canard enchaîné" (Paris)
946

Cannstadt, Bad
1523

Chemnitz
siehe auch *Karl-Marx-Stadt*
61, 1378

China, Volksrepublik
33, 277, 300, 302, 310, 317, 319, 398,
415, 458, 589, 656, 693, 804, 814, 860,
874, 1172, 1176

**Christlich Demokratische Union
Deutschlands (CDU)**
siehe auch
Deutscher Bundestag
*Ländergremien in der Bundesrepublik
Deutschland*
21 f., 24 f., 55, 88 f., 95 f., 104–106, 121,
131, 146, 149, 183, 195 f., 202, 215,
210, 218, 220, 235, 247, 250, 255, 284,
305, 314, 340, 344, 399, 407, 427 f.,
446, 451 f., 506, 532 f., 564, 636 f., 655,
703, 727, 749, 766, 777, 827, 862, 876,
910, 913, 932, 945, 964, 1081, 1108,
1120, 1216, 1243, 1475, 1481, 1510,
1540
– Parteitage
44 f., 47, 63, 426–428, 1493

**Christlich Demokratische Union
Deutschlands der DDR (CDU)**
siehe auch *Volkskammer der DDR*
89, 131, 143, 196, 216, 407, 445, 494,
549, 593, 700, 702, 708, 754, 817, 871,
932, 956, 961, 996, 1012, 1120, 1181,
1412, 1478, 1497
– Wahlbündnis „Allianz für Deutschland"
89, 130, 143 f., 233, 235, 956, 999, 1012

**Christlich Soziale Partei Deutschlands
(CSPD)**
673

**Christlich-Soziale Union in Bayern
(CSU)**
siehe auch
Deutscher Bundestag

**Ländergremien in der Bundesrepublik
Deutschland**
22, 24 f., 89, 95, 105, 121, 146, 149, 183,
202, 210 f., 215, 218, 220, 235, 247, 250,
305, 314, 407, 452, 532 f., 655, 703, 727,
749, 766, 777, 827, 913, 964, 1081,
1172, 1216, 1243, 1481, 1540

Clermont-Ferrand
843

COCOM (Coordinating Committee for
East-West-Trade-Policy)
161, 283, 294, 498, 525, 657, 700,
787 f., 790, 792, 968, 975, 1028, 1548

College Station (Texas)
282

Compiégne
847

„Corriere della Sera" (Mailand)
576

Costa Rica
600, 1011

Cottbus
61, 107, 905, 945, 1378

Dänemark
308, 355, 524, 598, 1204, 1545

Dallas (Texas)
540

Danzig
399 f., 402

Davos
90 f., 247, 681, 747 f., 753, 757, 763,
765, 797, 801, 841, 850, 1172

Demilitarisierung
134, 148, 161, 676–678, 772, 775, 788,
791, 830 f., 856, 922, 928, 969, 996,
1022, 1097, 1254

Demokratie Jetzt (DJ)
siehe auch *Volkskammer der DDR*
46, 410, 415, 673, 717, 754, 816, 820,
956
– Bündnis 90
956

**Demokratische Bauernpartei Deutsch-
lands (DBD)**
siehe auch *Volkskammer der DDR*
593, 708, 754, 956, 1497

Demokratischer Aufbruch (DA)
siehe auch *Volkskammer der DDR*
89, 131, 143 f., 216, 673, 717, 754, 820,
956, 1012, 1147, 1412, 1497

– Wahlbündnis „Allianz für Deutschland"
89, 130, 143 f., 233, 235, 956, 999, 1012

Demokratischer Frauenbund Deutschlands (DFD)
siehe auch *Volkskammer der DDR*
592, 956, 1497

Den Haag
459, 775, 1211, 1343

Dessau
815, 821, 843, 888

Deutsche Ausgleichsbank
510, 705

Deutsche Bundesbahn
439, 484, 651, 665, 752, 768, 1437, 1452

Deutsche Bundesbank
siehe auch *Gesetze, Statute, Verordnungen*
23, 90, 140 f., 143, 146, 483, 555, 750, 752, 770, 862, 949 f., 985, 999, 1003 f., 1034 f., 1037, 1048–1050, 1053–1055, 1157, 1221, 1287, 1299
– Zentralbankrat
108, 143, 145, 147, 252, 752, 783, 1002–1004, 1013, 1055

Deutsche Forumpartei (DFP)
siehe auch *Volkskammer der DDR*
144, 816, 956, 996, 1012
– Wahlbündnis „Bund Freier Demokraten – Die Liberalen"
816, 871, 956

Deutsche Presse-Agentur (dpa)
354, 574, 577, 817, 1215

Deutsche Reichsbahn
siehe auch *Vermögen in der DDR*
387, 438 f., 651, 665, 1041, 1054, 1437, 1452, 1478

Deutsche Soziale Union (DSU)
siehe auch *Volkskammer der DDR*
89, 131, 143 f., 210 f., 216, 718, 956, 1012, 1181, 1497
– Wahlbündnis „Allianz für Deutschland"
89, 130, 143 f., 233, 235, 956, 999, 1012

Deutsche Zentrums-Partei (Zentrum)
399

Deutscher Bundestag
siehe auch
Wahlen

Wahlen, gesamtdeutsche
Wahlvertrag
22, 24, 63, 121, 127, 131–133, 141, 184, 196 f., 199, 205, 208, 214, 264 f., 276, 302, 319, 324, 384, 394, 405 f., 412, 428, 446, 452, 491, 493, 495, 538, 543, 572, 578, 604, 635, 654 f., 659, 665, 708, 710, 724, 744 f., 751, 755, 759, 777 f., 827, 843, 878, 882, 886, 912–914, 934, 940, 944, 953, 957–960, 962, 976 f., 995, 1017 f., 1031 f., 1064 f., 1085, 1095, 1100, 1106, 1109, 1119, 1129, 1132 f., 1141, 1143, 1147, 1149, 1151, 1154, 1156, 1165–1169, 1174, 1177, 1182 f., 1196, 1208, 1214, 1223 f., 1244, 1265 f., 1269, 1325, 1333, 1335, 1338, 1368, 1384 f., 1390 f., 1393, 1395, 1412, 1419, 1446, 1450, 1456 f., 1471, 1481 f., 1484–1486, 1504, 1509, 1515 f., 1519, 1523, 1539 f.
– Auflösung
131–133, 212, 976 f., 1016–1018, 1031 f.
– Ausschuß Deutsche Einheit
90, 144, 198, 728, 1013, 1242, 1265 f., 1275, 1301, 1446, 1482, 1488
– Ausschuß für Innerdeutsche Beziehungen
244, 633
– Auswärtiger Ausschuß
70, 244, 633
– Direktwahl Berliner Abgeordnete
70, 73, 176, 579, 620, 635, 701, 892 f., 1094, 1133 f., 1182
– Enquete-Kommission Verfassungsreform
203, 1306 f., 1447
– Entschließung zum Bericht zur Lage der Nation im geteilten Deutschland, 8. November 1989
53, 623, 633, 913, 957 f., 1008
– Entschließung zu Deutschland und Polen, 8. März 1990
935, 937 f., 940, 942, 944, 957, 1008, 1063 f., 1107
– Entschließung zur deutsch-polnischen Grenze, 21. Juni 1990
120–128, 135, 139, 171, 183, 186, 254, 260, 910–913, 931, 933 f., 953 f., 959 f., 962, 967, 999, 1008, 1063, 1065, 1070,

1082, 1106, 1129, 1131, 1143, 1147,
1165–1171, 1177 f., 1182, 1242–1244,
1248 f., 1282, 1294, 1316, 1319, 1339,
1356, 1365, 1418–1421, 1466, 1523
– Fraktion der CDU/CSU
22, 24 f., 95, 121 f., 146, 183, 196, 218,
220, 247, 250, 655, 703, 766, 827, 913,
1081, 1216, 1457, 1481
– Fraktion der FDP
24 f., 121 f., 250, 468, 604, 655, 913,
1216, 1457, 1481
– Fraktion Die Grünen
121, 604, 1165, 1167, 1457
– Fraktion der SPD
121, 214, 604, 655, 761, 1063 f., 1107,
1165, 1167, 1457, 1481
– Innenausschuß
1134, 1265 f.
– Konstruktives Mißtrauensvotum
212, 976, 1017, 1031
– Stimmrecht Berliner Abgeordneter
579, 1094, 1182
– Verkürzung/Verlängerung der Wahlperiode
132, 976 f., 1016 f.
**Deutscher Industrie- und Handelstag
(DIHT)**
399, 402, 693, 1288, 1300
Deutsches Handwerk, Zentralverband
1288, 1300
Deutsches Reich
siehe auch
Wahlen
Weimarer Republik
41, 78, 106, 112 f., 117, 183, 333, 470 f.,
596, 654, 845, 847, 871, 884, 1000,
1174
– Deutscher Reichstag
340, 703, 840, 1539
„Deutschland Archiv" (Köln)
416
Drei Mächte (Frankreich, Vereinigte Staaten von Amerika, Vereinigtes Königreich
Großbritannien und Nordirland)
siehe auch *Berlin*
23, 25, 31, 41, 51, 54, 61, 65 f., 71, 73,
76, 79, 97, 110, 117, 131, 133, 163 f.,
169, 172, 176, 206, 222 f., 227, 237,
241–245, 248, 251, 254, 257, 261, 268,
314, 337 f., 426, 461 f., 501, 527, 546 f.,

564, 612, 631, 641, 679, 709, 728,
732 f., 831 f., 848, 875, 880, 890, 892,
908, 932, 939 f., 942 f., 951, 955,
964, 969, 973, 978, 982, 1025, 1066 f.,
1075, 1095, 1182, 1293, 1332, 1418,
1455, 1462, 1500, 1515, 1532, 1539,
1547 f.
Dresden
61, 69 f., 74–76, 80, 83, 107, 245, 333,
399, 415, 508, 592, 610–612, 628, 637,
646, 649, 651–653, 660–662, 668, 673,
678 f., 683, 689, 692, 698, 700, 707–
709, 736, 738, 754 f., 765, 776, 796,
800 f., 819, 821, 841, 843, 860, 876,
890, 904, 985, 992, 1378, 1424, 1441
Dublin
126, 138, 156–158, 183, 194, 252, 475,
706, 828 f., 935 f., 968, 1001, 1005–
1007, 1010 f., 1059, 1082, 1144,
1211 f., 1246 f., 1314, 1317, 1342,
1354, 1362, 1376
Düsseldorf
296, 352, 461, 721, 725, 1067, 1069,
1226, 1284, 1286, 1304
EFTA (European Free Trade Association)
446, 453, 546, 640, 861, 1174, 1436
Eichsfeld
700
Eigentumsverhältnisse in der DDR
siehe auch
Bodenreform in der SBZ
Enteignungen in der SBZ/DDR
Erklärungen
Vermögensfragen, offene
109 f., 128, 130, 142, 147–149, 153, 205,
217, 220, 752, 769, 816 f., 823, 825, 862,
876, 942, 952, 984, 994, 1016, 1019,
1047, 1108, 1111, 1113, 1120, 1134,
1205 f., 1302, 1325, 1329, 1478
Einigungsvertrag (Vertrag zwischen der
Bundesrepublik Deutschland und der
DDR über die Herstellung der Einheit
Deutschlands), 31. August 1990
siehe auch
Gesetze, Statute, Verordnungen
Hauptstadtfrage
Öffentlicher Dienst und Verwaltung
Rechtsangleichung
177, 195, 197–203, 205 f., 209, 211–214,
216, 219–221, 229, 235 f., 261–266, 268,

1206, 1208, 1222, 1226 f., 1267 f., 1270,
1272–1274, 1284, 1287, 1290 f., 1301,
1303, 1305, 1307 f., 1320, 1324–1326,
1328, 1331–1338, 1377, 1379 f., 1382 f.,
1385–1387, 1389, 1391 f., 1396 f.,
1406–1409, 1412–1414, 1416, 1422,
1425–1427, 1432–1440, 1442–1444,
1446, 1449–1453, 1459, 1463–1467,
1469–1475, 1478, 1488–1492, 1498,
1502–1504, 1509 f., 1513, 1515–1517,
1521, 1540, 1553 f.
– Amnestie
  1479, 1489, 1492
– Beitrittsbedingte Änderungen des
  Grundgesetzes (Artikel 4)
  206, 1328, 1333, 1379, 1388, 1398,
  1427, 1451, 1466 f., 1474 f., 1479,
  1489, 1491, 1510
– Bildung (Artikel 37)
  1331, 1442
– Familie und Frauen (Artikel 31)
  1470, 1491
– Finanzverfassung (Artikel 7)
  205, 211, 218, 1333, 1387, 1398, 1428,
  1451, 1467 f., 1492, 1504 f., 1510 f.
– Finanzvermögen (Artikel 22)
  1434, 1469, 1489
– Fortgeltendes Recht der DDR (Artikel 9)
  1398, 1406, 1428, 1452, 1468, 1513,
  1515
– Fortgeltung von Entscheidungen der
  öffentlichen Verwaltung (Artikel 19)
  1399, 1406, 1469
– Gesundheitswesen (Artikel 33)
  1470, 1479
– Hauptstadt (Artikel 2)
  205 f., 211, 218, 1466, 1491 f.
– Inkraftsetzen des Grundgesetzes (Artikel 3)
  1398, 1406, 1427, 1471
– Kultur (Artikel 35)
  1331, 1338, 1441, 1470
– Länder (Artikel 1)
  205, 1397, 1426–1430, 1432–1434,
  1440 f., 1443 f., 1476 f., 1509 f.
– Parteivermögen
  1463 f., 1489, 1491
– Präambel
  209, 263, 1328, 1386, 1388 f., 1396 f.,
  1406, 1425 f., 1450, 1466

– Recht der Europäischen Gemeinschaften (Artikel 10)
  1330, 1333, 1399, 1406, 1451
– Rechtsverhältnisse im öffentlichen Dienst (Artikel 20)
  1329, 1430, 1452, 1489 f., 1505
– Regelung von Vermögensfragen (Artikel 41)
  205 f., 209, 221, 229, 1329, 1333, 1429,
  1453, 1471, 1478, 1489 f., 1513, 1517
– Schwangerschaftsabbruch
  209, 218, 229, 1383, 1479, 1489, 1491 f.
– Tag der Deutschen Einheit (Artikel 2)
  1333, 1508
– Treuhandvermögen (Artikel 25)
  1436, 1469, 1489
– Übergang von Einrichtungen (Artikel 13)
  215, 1406, 1430, 1432, 1452, 1468,
  1474, 1476 f.
– Übergangsregelungen für die Landesverwaltung (Artikel 15)
  1503, 1505, 1509 f.
– Überleitung von Bundesrecht (Artikel 8)
  1398, 1406, 1408, 1428, 1440, 1451,
  1491, 1515
– Umsatzsteuer (Artikel 7)
  211, 1489, 1492, 1503–1505, 1510
– Umweltschutz (Artikel 34)
  1470, 1479, 1491
– Verträge der Bundesrepublik Deutschland (Artikel 11)
  1330, 1333 f., 1406, 1430, 1451
– Verträge der DDR (Artikel 12)
  1330, 1333 f., 1406, 1429, 1451
– Verwaltungsvermögen (Artikel 21)
  1433 f., 1489
– Wirtschaftsförderung (Artikel 28)
  1330, 1469
Eisenach
  801
El Salvador
  1011
Elbe
  311 f., 327 f., 330 f., 333, 335, 487, 602,
  737, 902
Elsaß-Lothringen
  157, 529, 1059, 1552
Ems
  331

Energiewirtschaft
siehe auch *Kernenergie*
333,415 f.,521,560,714 f.,724,730,737,
752,759,892,904 f.,1000,1013 f.,1020,
1300, 1302, 1350, 1422, 1501, 1508
- Erdgas
724, 845, 997, 1020, 1362
- Erdöl
414, 724, 845, 858, 997, 1020, 1361,
1485, 1514
- Kohle
730, 1020, 1095

Enteignungen in der SBZ/DDR
siehe auch
Bodenreform in der SBZ
Eigentumsverhältnisse in der DDR
Vermögensfragen, offene
147, 184, 200, 220 f., 754, 989, 1013,
1206, 1489, 1512 f., 1517
- Enteignung 1945–1949
90, 110, 142, 148 f., 164, 220, 907, 989,
1109, 1112, 1202, 1204 f., 1513
- Enteignung von Flüchtlingsvermögen
990, 992
- Überführung von Unternehmen und
Beteiligungen in Volkseigentum
989, 990, 992, 1517

Entnazifizierung
148, 907, 1097, 1254

**Erfassungsstelle der Landesjustizverwal-
tungen, Zentrale (Salzgitter)**
40, 325, 327, 551, 554

Erfurt
856 f., 862, 905, 1378

Erklärungen
siehe auch
Deutscher Bundestag
Kommuniqués
Regierungserklärungen
Volkskammer der DDR
- Charta der deutschen Heimatvertriebenen, 5. August 1950
342, 639, 1523
- EG, Erklärung des Europäischen Rates
zu Mittel- und Osteuropa, 8./9. Dezember 1989
663
- Erklärung der Regierung Polens zur Reparationsfrage, 15. Mai 1950
534

- Erklärung der Regierung Polens zur Reparationsfrage, 23. August 1953
57, 121, 125, 139, 534, 895 f., 910, 913,
915 f., 944, 958, 1009, 1243
- Erklärung des Ministerpräsidenten
Grotewohl bei Unterzeichnung des
Warschauer Vertrages über Freundschaft, Zusammenarbeit und gegenseitigen Beistand, 14. Mai 1955
895
- Erklärung der Regierung der Bundesrepublik Deutschland über die Bestimmung des Begriffs „Deutscher Staatsangehöriger", 25. März 1957
706
- Erklärung der Regierung der Bundesrepublik Deutschland über die Geltung
der (Römischen) Verträge für Berlin,
25. März 1957
706
- Erklärung der Bundesregierung zum
Vierseitigen Abkommen, 3. September
1971
287
- Erklärung deutscher und polnischer
Katholiken, 1. September 1989
1009, 1523
- Erklärung der Landsmannschaft der
Sudetendeutschen, 26. Januar 1990
802, 945
- Erklärung der Bundesminister Genscher und Stoltenberg über sicherheitspolitische Fragen eines künftigen geeinten Deutschland, 19. Februar 1990
112, 914
- Erklärung der Regierung der DDR zu den
Eigentumsverhältnissen, 1. März 1990
141, 250, 906, 925, 989
- Erklärung des Obersten Rates der Republik Litauen über die Wiederherstellung des unabhängigen litauischen Staates, 11. März 1990
134, 165, 168, 987, 1103–1105, 1118,
1312, 1315
- Erklärung der Regierungschefs der SPD-
geführten Bundesländer, 19. August 1990
1475, 1478
- Erklärung des Bundesaußenministers
Genscher vor dem Plenum der VKSE in
Wien, 30. August 1990

223, 1363, 1365, 1375, 1494–1496, 1500
– Erklärung des amtierenden Außenministers der DDR, de Maizière, vor dem Plenum der VKSE in Wien, 30. August 1990
223, 1500
– Erklärung der 56. Deutsch-französische Konsultationen, 17./18. September 1990
1544
– Erklärung der Regierungen der Vier Mächte über die Aussetzung der Rechte und Verantwortlichkeiten der Vier Mächte in bezug auf Berlin und Deutschland als Ganzes, 1. Oktober 1990
229, 1539
– G 7, Erklärung des Wirtschaftsgipfels in Paris zu den Ost-West-Beziehungen, 16. Juli 1989
343
– G 7, Politische Erklärung des Wirtschaftsgipfels in Houston, 10. Juli 1990
188, 1312
– G 7, Wirtschaftserklärung des Wirtschaftsgipfels in Houston, 11. Juli 1990
1312, 1404
– G 24, Erklärung der „Gruppe der 24 für wirtschaftliche Hilfe an Polen und Ungarn" in Brüssel, 13. Dezember 1989
663
– Gemeinsame Erklärung über das Gespräch des Bundeskanzlers Kohl mit Generalsekretär Honecker in Moskau, 12. März 1985
333
– Gemeinsame Erklärung von Präsident Reagan und Generalsekretär Gorbatschow über das Gipfeltreffen in Genf, 19.–21. November 1985
285
– Gemeinsame Erklärung von Bundeskanzler Kohl und Generalsekretär Gorbatschow, 13. Juni 1989
37 f., 47, 49, 73, 155, 230, 277, 293, 295, 297, 325, 398, 426, 617, 645, 678, 722, 724, 795, 811, 895, 1027, 1033, 1118, 1136
– Gemeinsame Erklärung von Bundeskanzler Kohl und Ministerpräsident Mazowiecki, 14. November 1989

139, 157, 480 f., 525, 532 f., 537, 745 f., 766, 895, 910, 913, 931, 934, 944, 958, 1008 f., 1064, 1070 f.
– Gemeinsame Mitteilung über die Gespräche des Bundeskanzlers Kohl mit Ministerpräsident Modrow in Dresden, 19./20. Dezember 1989
671 f., 679, 821, 992
– Gemeinsame Erklärung über die medienpolitische Zusammenarbeit mit der DDR, 8. Februar 1990
777
– Gemeinsame amerikanisch-sowjetische Erklärung über Konventionelle Streitkräfte in Europa, 1. Juni 1990
1179, 1230
– Gemeinsame amerikanisch-sowjetische Erklärung zu dem Vertrag über Strategische Offensivwaffen, 1. Juni 1990
169, 1179, 1321
– Gemeinsame Erklärung der Regierung der Bundesrepublik Deutschland und der Regierung der DDR zur Regelung offener Vermögensfragen, 15. Juni 1990
153, 200, 205 f., 220 f., 255, 257, 1202 f., 1272, 1329, 1333, 1399, 1406, 1429, 1453, 1471, 1512 f., 1515, 1517
– NATO, Erklärung der Staats- und Regierungschefs in Bonn, 10. Juni 1982
1231, 1258, 1277
– NATO, Erklärung der Staats- und Regierungschefs in Brüssel, 29./30. Mai 1989
46, 411, 571
– NATO, Botschaft von Turnberry, 7./8. Juni 1990
176, 182, 1195, 1227, 1230, 1236, 1258, 1317
– NATO, Londoner Erklärung der Staats- und Regierungschefs „Die Nordatlantische Allianz im Wandel", 6. Juli 1990
180–183, 258–260, 1227, 1229–1231, 1234–1237, 1258, 1276, 1285 f., 1311 f., 1342, 1344, 1367, 1376, 1401, 1486 f.
– Warschauer Pakt, Erklärung des Politischen Beratenden Ausschusses in Bukarest, 7./8. Juli 1989
291

– Warschauer Pakt, Erklärung des Politischen Beratenden Ausschusses in Moskau, 7. Juni 1990
178, 1200
– WEU, Plattform „Europäische Sicherheitsinteressen", 26./27. Oktober 1987
775

Eschwege
363

Estland
1127

EUREKA (European Research Coordination Agency)
850

Europäische Atomgemeinschaft (Euratom)
siehe auch *Verträge*
114, 618, 706

Europäische Bank für Wiederaufbau und Entwicklung
689, 975, 1160, 1248, 1315

Europäische Demokratische Union (EDU)
595, 603, 1316

Europäische Gemeinschaft (EG)
siehe auch
Konferenzen, Gipfeltreffen, Tagungen
Europäische Atomgemeinschaft
Europäische Wirtschaftsgemeinschaft
Europäischer Rat
Integration, europäische
Noten, Brief
Wahlen
Wirtschafts- und Währungsunion, europäische
31, 36, 44, 48–50, 60 f., 66, 68, 71 f., 78 f., 84, 105, 113 f., 117 f., 126, 138, 144, 148, 156 f., 165, 170, 172, 178, 194 f., 201, 203, 215, 232, 236, 258, 272, 274 f., 277, 285, 302, 304, 309, 314, 342 f., 377, 379, 385, 396, 399 f., 406, 411, 425, 443–446, 451, 453, 460, 470, 472 f., 475, 498 f., 520, 528, 532, 536–539, 541–543, 545 f., 560, 562, 567, 574–577, 581, 587, 594 f., 597–599, 602–604, 606 f., 624, 629, 635, 638, 640, 648, 651 f., 656 f., 663, 671, 681, 684, 687, 689, 694, 699, 705 f., 710, 716, 719, 729 f., 741, 743, 747, 751, 760, 765, 788, 792, 819, 824 f.,

828–831, 836–838, 841 f., 845, 849–855, 861–863, 876, 883, 895, 904, 910, 918, 928–930, 933, 936, 945, 954, 994, 996, 1000, 1005 f., 1011 f., 1015, 1019, 1022, 1027, 1038 f., 1041, 1077, 1087, 1096 f., 1110, 1130, 1137, 1140, 1144, 1153, 1155, 1157, 1160, 1173, 1186, 1194, 1207, 1212, 1221, 1223, 1225, 1227, 1240, 1261, 1267, 1270 f., 1274, 1277, 1280, 1307, 1312, 1314–1316, 1330, 1333, 1336, 1344, 1354, 1362 f., 1372, 1376, 1398, 1402 f., 1436, 1440, 1448 f., 1455, 1461, 1466, 1479–1481, 1506, 1530, 1537, 1542, 1545 f.
– Beitrittsfragen
276, 687
– Beziehungen zur DDR
88, 90, 93, 111, 114 f., 147, 157, 194 f., 222, 543, 560, 635, 648, 669, 705 f., 716, 729 f., 737, 760, 854, 1022, 1083, 1220 1400, 1402, 1424, 1448, 1455, 1461
– Binnenmarkt
213, 272, 275, 281, 294, 307, 335, 453, 475, 520, 566 f., 589, 598 f., 614 f., 618, 703, 743, 824, 850, 861, 891, 1006, 1155, 1157, 1173, 1448, 1546, 1552
– Erweiterung
93, 1021, 1552
– Europäische Politische Zusammenarbeit (EPZ)
730, 936, 1021, 1160, 1484
– Europäische Union (EU)
156, 473 f., 543, 565, 567, 575 f., 597, 599 f., 1006 f.
– Europäischer Gerichtshof
1153, 1186
– Europäisches Parlament
53, 61, 76, 114, 245, 275, 305, 472, 474, 476, 544, 597 f., 606, 614 f., 676, 706, 861, 866, 883, 918, 929, 936, 1007, 1157, 1448, 1455, 1552
– Gemeinschaftsrecht
144, 147, 194 f., 198, 1034, 1152 f., 1222, 1271, 1330, 1336, 1399, 1429, 1440, 1455, 1468
– Haushalt
194 f., 1315, 1448, 1481
– Kommission der Europäischen Gemeinschaften

80, 91, 114, 157, 194 f., 231, 443 f., 475,
541–543, 545, 577, 599, 606, 615,
705 f., 757, 829, 853, 936, 945, 1022,
1095, 1266, 1301, 1314 f., 1324, 1332,
1402 f., 1448 f., 1455, 1480, 1501, 1552
– Politische Union
52, 61, 69, 113, 126, 138, 156, 158, 183,
229, 231, 614, 849, 853, 936, 968,
1005, 1010, 1247, 1545 f., 1552
– Präsidentschaften
183, 308, 475, 528, 542, 565 f., 596,
599, 614 f., 635, 706, 828, 850 f., 1007,
1247, 1455
– Rat der Europäischen Gemeinschaften
194, 444, 472, 499, 543, 854, 1442
– Rechtsangleichung
90, 205, 474 f., 597, 730
– Strukturfonds
936, 1403
– Zölle
213, 1042, 1461
Europäische Investitionsbank (EIB)
544
**Europäische Wirtschaftsgemeinschaft
(EWG)**
siehe auch
Erklärungen
Verträge
114, 195, 213, 379, 599, 705, 1153
Europäischer Rat
siehe auch
Erklärungen
Kommuniqués
Konferenzen, Gipfeltreffen, Tagungen
27, 49, 52, 55, 60, 69, 71 f., 113 f.,
137 f., 156, 158, 183, 194, 242–244,
252, 284, 304 f., 307 f., 314 f., 443,
446 f., 453 f., 470–476, 507, 528, 535 f.,
541 f., 544 f., 566 f., 575, 588, 596–600,
603, 614 f., 622, 624, 628, 636, 638 f.,
645, 647, 651, 663, 679, 689, 705 f.,
828 f., 850, 936, 1001, 1005–1007,
1010, 1021, 1144, 1211 f., 1246 f.,
1314, 1317, 1342, 1354, 1362 f.,
1375 f., 1403, 1448, 1480, 1545
Europäisches Währungssystem (EWS)
566, 597
Europarat
siehe auch *Konferenzen, Gipfeltreffen,
Tagungen*

788, 792, 883, 895, 1160, 1241, 1280,
1315, 1318
**Evangelische Kirche in Deutschland
(EKD)**
208, 329, 715, 1100 f., 1147, 1456 f.,
1509
– Bund evangelischer Kirchen in der DDR
46, 52, 319, 415, 445, 479, 496,
506, 637, 683, 689, 698, 754, 862, 985,
1019
„L'Express" (Paris)
446
Familienzusammenführung
25 f., 349, 433, 486
Fellbach
1230
Fergana
288
Fernseh- und Rundfunkanstalten
130, 279, 308, 317, 409, 461, 547, 594,
604, 621, 651, 658, 860, 1016, 1176,
1192, 1195, 1475
– ARD
122, 502, 763, 921, 971
– ZDF
502, 604, 763
„Le Figaro" (Paris)
658
Finnland
276, 866
Florida
743
Flüchtlinge aus der DDR
21, 42 f., 45–48, 51 f., 58, 77, 116, 230,
334, 347 f., 350, 380, 388–391, 393,
397 f., 403, 405, 407, 409, 413–416,
435, 445, 447, 464, 478 f., 485 f., 497,
501, 526, 554, 589, 612, 822
Föderalismus
siehe auch
Bund-Länder-Beziehungen
*Länder der Bundesrepublik Deutsch-
land, allgemein*
*Ländergremien in der Bundesrepublik
Deutschland*
Neugliederung des Bundesgebietes
97, 105, 110, 215, 217, 232, 262, 467,
751, 786, 789, 883, 1041, 1060, 1217,
1305, 1307, 1335, 1377, 1382, 1389,
1392, 1479, 1490

Föderation, deutsche
siehe auch
Konföderation, deutsche
Vertragsgemeinschaft, deutsche
Zehn-Punkte-Plan/Zehn-Punkte-
Programm
63–65, 74, 77, 88, 232, 587, 589, 603,
652, 655, 721, 727, 748, 751, 758, 763,
824 f., 835, 838, 840, 967, 1156, 1336
Fonds Deutsche Einheit
151 f., 208 f., 217–219, 236, 1123 f.,
1185, 1187, 1215, 1337, 1408, 1416,
1433, 1446, 1451, 1470, 1477 f., 1489,
1492, 1503–1505, 1510
Frankfurt/Main
166, 338 f., 352, 461, 580, 757, 891,
1002, 1027, 1255, 1263
Frankfurt/Oder
318, 431, 1072, 1378
„Frankfurter Allgemeine"
79, 427, 685, 733, 878
„Frankfurter Rundschau"
918
Frankreich
siehe auch
Abkommen, Akte, Übereinkommen
Aide-mémoires, Memoranden, Non-
papers
Berlin
Drei Mächte
Erklärungen
G-7-Staaten
Kernwaffen
Kommuniqués
Konferenzen, Gipfeltreffen, Tagungen
Streitkräfte in der Bundesrepublik
Deutschland, alliierte
Verträge
Vier Mächte
Zwei-plus-Vier-Verhandlungen
Zwei-plus-Vier-Vertrag
25, 41, 66 f., 69, 72 f., 79, 84, 86, 99, 102,
113, 117 f., 123, 125, 135 f., 138, 156, 160,
165, 172, 177, 224, 231 f., 285, 305–308,
310, 332, 337, 339, 342, 345 f., 399, 405 f.,
408, 412, 446–448, 462–464, 467, 470,
472–475, 501, 511 f., 521 f., 525, 529,
532, 541 f., 544, 546, 564 f., 575, 586, 597,
606, 615, 619, 629–631, 635 f., 638,
640 f., 684, 686, 688 f., 694, 700, 706, 716,

729, 756 f., 771, 774, 787, 790, 798, 800,
805, 809, 815, 830 f., 833, 847, 849–852,
863, 865, 870, 874–876, 889, 892, 897,
911, 916, 926, 931, 938, 941, 943, 945 f.,
951, 960, 964, 982, 996 f., 1010 f., 1056,
1058, 1066, 1083 f., 1087, 1119, 1131,
1157, 1163, 1180, 1194, 1198, 1214,
1231, 1242, 1252–1255, 1296, 1311,
1313, 1332, 1343, 1347, 1369, 1372,
1418, 1480, 1507, 1539, 1544
– Beziehungen zur Bundesrepublik
Deutschland
27 f., 52 f., 57, 72, 79 f., 83, 125 f., 138,
155 f., 177, 190, 228, 232, 241, 254,
268, 310, 340, 400, 446 f., 453, 470,
472, 495, 520, 522, 525, 682, 684–687,
689, 743, 845, 851, 861, 945 f., 1005,
1010 f., 1056 f., 1059, 1126, 1242,
1244, 1252, 1299, 1315, 1336, 1345,
1347, 1544–1546, 1552
– Deutsch-französische Brigade
52, 473, 1057
– Deutsch-französischer Rat für Verteidigung und Sicherheit
156, 473, 1056, 1119
– Elysée-Palast
31, 172, 242, 256, 305, 345, 472, 474,
541, 687, 850, 938, 1005 f., 1056, 1162 f.
– Ministerium für Auswärtige Angelegenheiten
129, 185, 1010, 1198
– Nationalversammlung
575, 635
– Regierung
60 f., 236, 313, 473, 1034, 1251, 1369,
1396, 1426
– Sozialistische Partei
28, 275, 285, 305
– Streitkräfte
473, 525, 1029, 1058, 1296
Freie Demokratische Partei (FDP)
siehe auch *Deutscher Bundestag*
22, 24 f., 63, 83, 120 f., 123, 132 f., 149,
195, 210 f., 218, 250, 305, 468, 604 f.,
655, 727, 913, 964, 1109, 1120, 1216,
1243, 1472, 1481
Freie Demokratische Partei in der DDR
(FDP)
siehe auch *Volkskammer der DDR*
144, 816, 956, 1012, 1181

– Wahlbündnis „Bund Freier Demokraten – Die Liberalen"
816, 871, 956

Freie Deutsche Jugend (FDJ)
318, 413, 592 f.

**Freier Deutscher Gewerkschaftbund
(FDGB)**
592, 1046

Friedensvertrag, deutscher
siehe auch *Verträge*
57, 67, 74, 85, 88, 111, 115, 117, 122–
124, 128 f., 134–136, 139, 154, 158,
161, 163 f., 183, 221 f., 325, 328, 335,
342, 399, 523, 527, 529, 546, 618,
654 f., 732, 787, 790, 830, 848, 857–
859, 863, 880, 885, 922 f., 925, 937–
942, 952, 954–956, 969, 978, 982 f.,
999, 1029, 1066, 1074 f., 1093, 1097,
1129, 1293 f., 1368, 1370

Friedrich-Ebert-Stiftung e.V.
699, 871

G 24 (Gruppe der 24 für wirtschaftliche
Hilfe an Polen und Ungarn)
siehe auch *Erklärungen*
170, 444, 544 f., 622, 625, 648, 656,
1137, 1314–1316

G-7-Staaten (Bundesrepublik Deutschland, Frankreich, Italien, Japan, Kanada,
Vereinigte Staaten von Amerika, Vereinigtes Königreich Großbritannien und Nordirland, Kommission der Europäischen Gemeinschaften)
siehe auch
Erklärungen
Konferenzen, Gipfeltreffen, Tagungen
178, 184, 188, 191, 258, 263, 274, 301,
308, 315, 321–323, 340–343, 395, 400,
444, 544 f., 743, 856, 1079, 1137, 1207,
1225, 1246 f., 1312, 1316, 1342 f.,
1354, 1362, 1373, 1375, 1404 f., 1542,
1545

GATT (General Agreement on Tariffs and
Trade)
siehe auch
Abkommen, Akte, Übereinkommen
Konferenzen, Gipfeltreffen, Tagungen
215, 454, 1038, 1096, 1315, 1530,
1552

„General-Anzeiger" (Bonn)
427 f., 893

Genf
73, 163, 285 f., 291, 326, 471, 569, 588,
647, 732, 798, 923, 1088, 1321

Georgien
32, 34, 685

Gera
905, 1255, 1378

Gesetze, Statute, Verordnungen
– Aufnahmegesetz (Gesetz über die Aufnahme von Deutschen in das Bundesgebiet, vorher Gesetz über die Notaufnahme von Deutschen in das Bundesgebiet), 22. August 1950
348, 993
– Beamtenrechtsrahmengesetz (Rahmengesetz zur Vereinheitlichung des Beamtenrechts), 1. Juli 1957
1274, 1432
– Berlinförderungsgesetz 1990 (Gesetz
zur Förderung der Berliner Wirtschaft),
2. Februar 1990
1337
– Betriebsverfassungsgesetz, 15. Januar
1972
1046
– Bundesbahngesetz, 13. Dezember 1951
1437
– Bundesentschädigungsgesetz (Bundesergänzungsgesetz zur Entschädigung
für Opfer der nationalsozialistischen
Verfolgung), 18. September 1953
915
– Bundespersonalvertretungsgesetz,
15. März 1974
1042, 1055
– Bundesvertriebenengesetz (Gesetz über
die Angelegenheiten der Vertriebenen
und Flüchtlinge), 19. Mai 1953
1102, 1248
– Bundeswahlgesetz, 7. Mai 1956
976, 1031, 1132–1134, 1325 f., 1412,
1456, 1483
– D-Markbilanzgesetz (Gesetz über die
Eröffnungsbilanz in Deutscher Mark und
die Kapitalneufestsetzung, Anlage II Kapitel III Sachgebiet D Abschnitt I Nr. 1
Einigungsvertrag, 31. August 1990)
1052
– Drittes Überleitungsgesetz (Gesetz über
die Stellung des Landes Berlin im

Finanzsystem des Bundes), 4. Januar
1952
583, 1124
– Einkommenssteuergesetz 1990, 7. September 1990
738, 1521
– Erstes Überleitungsgesetz (Erstes Gesetz zur Überleitung von Lasten und
Deckungsmitteln auf den Bund),
28. November 1950
1292, 1338
– Finanzmarktförderungsgesetz, 22. Februar 1990
1521
– Fördergesetz (Gesetz zur Förderung
der agrarstrukturellen und agrarsozialen Anpassung der Landwirtschaft der
DDR an die soziale Marktwirtschaft),
6. Juli 1990
1461
– Fremdrentengesetz, 7. August 1953
584
– Fünftes Vermögensbildungsgesetz (Gesetz zur Förderung der Vermögensbildung der Arbeitnehmer), 19. Januar
1989
1521 f.
– Gemeindeverkehrsfinanzierungsgesetz
(Gesetz über Finanzhilfen des Bundes
zur Verbesserung der Verkehrsverhältnisse der Gemeinden), 18. März 1971
888, 1337
– Gesetz Nr. 53 der Militärregierung –
Deutschland, 19. September 1949
552, 556
– Gesetz über die weitere Demokratisierung des Aufbaus und der Arbeitsweise
der staatlichen Organe in den Ländern
der DDR, 23. Juli 1952
612
– Gesetz über die Eingliederung des Saarlandes, 23. Dezember 1956
1336
– Gesetz über die Deutsche Bundesbank,
26. Juli 1957
108, 783, 1003 f., 1037, 1054
– Gesetz über den Außenhandel der
DDR, 9. Januar 1958
1048
– Gesetz über die Auflösung der Län-

derkammer der DDR, 8. Dezember
1958
612
– Gesetz zur Einführung von Bundesrecht im Saarland, 30. Juni 1959
1336
– Gesetz über das Kreditwesen, 10. Juli
1961
1004, 1053
– Gesetz über den Finanzausgleich zwischen Bund und Ländern, 28. August
1969
1337, 1433, 1467
– Gesetz über Kapitalanlagegesellschaften, 14. Januar 1970
1522
– Gesetz zur Förderung des Zonenrandgebietes, 5. August 1971
1337
– Gesetz zur Abwicklung der unter Sonderverwaltung stehenden Vermögen von
Kreditinstituten, Versicherungsunternehmen und Bausparkassen, 21. März
1972
991
– Gesetz zur Änderung der Verfassung
der DDR, 7. Oktober 1974
550, 880, 1013
– Gesetz zum Abschluß der Währungsumstellung, 17. Dezember 1975
991
– Gesetz zur Änderung des Wahlgesetzes,
28. Juni 1979
579
– Gesetz zur Bereinigung des Verwaltungsverfahrensrechts, 18. Februar 1986
993
– Gesetz zum Ausgleich unterschiedlicher Wirtschaftskraft in den Ländern,
20. Dezember 1988
837
– Gesetz zur Förderung der Einstellung
der landwirtschaftlichen Erwerbstätigkeit, 21. Februar 1989
1338
– Gesetz zur Aussetzung der Verlängerung des Grundwehrdienstes und des
Zivildienstes, 30. Juni 1989
412

– Gesetz zur Änderung der Verfassung der DDR, 1. Dezember 1989
550
– Gesetz über die Wahlen zur Volkskammer der DDR am 18. März 1990, 20. Februar 1990
59, 83, 108, 197, 503, 550, 553, 565, 620, 843, 927, 932, 1223
– Gesetz über die Rechte der Gewerkschaften in der DDR, 6. März 1990
928
– Gesetz zur Änderung des Gesetzes über die Staatsbank der DDR, 6. März 1990
704
– Gesetz über die Gründung und Tätigkeit privater Unternehmen und über Unternehmensbeteiligungen, 7. März 1990
142, 701, 704, 989 f., 1203
– Gesetz über Verkauf volkseigener Gebäude, 7. März 1990
991
– Gesetz zum Vertrag vom 18. Mai 1990 über die Schaffung einer Währungs-, Wirtschafts- und Sozialunion zwischen der Bundesrepublik Deutschland und der DDR, 25. Juni 1990
1152, 1156, 1186, 1215, 1435 f.
– Gesetz zur Änderung und Ergänzung des Gesetzes über Parteien und andere politische Vereinigungen, 22. Juli 1990
215, 264, 1463 f., 1491
– Gesetz über besondere Investitionen in der DDR (Anlage II Kapitel III Sachgebiet B Abschnitt I Nr. 4 Einigungsvertrag, 31. August 1990)
626, 1516 f.
– Gesetz zur Regelung offener Vermögensfragen (Anlage II Kapitel III Sachgebiet B Abschnitt I Nr. 5 Einigungsvertrag, 31. August 1990)
1512 f., 1516 f.
– Gewerbegesetz der DDR, 6. März 1990
701, 704
– Grundstücksverkehrsordnung der DDR, 11. Januar 1963
1046
– Güterkraftverkehrsgesetz, 17. Oktober 1952
1437 f.

– Kommunalverfassung (Gesetz über die Selbstverwaltung der Gemeinden und Landkreise in der DDR), 17. Mai 1990
1422
– Kommunalvermögensgesetz (Gesetz über das Vermögen der Gemeinden, Städte und Landkreise), 6. Juli 1990
208, 1421 f.
– Ländereinführungsgesetz (Verfassungsgesetz zur Bildung von Ländern in der DDR), 22. Juli 1990
1302, 1320, 1387, 1397, 1427, 1468
– Länderwahlgesetz (Gesetz über die Wahlen zu Landtagen in der DDR), 22. Juli 1990
1320
– Ordnung zur Durchführung der Wahlen zu Landtagen in der DDR, 22. Juli 1990
1320
– Raumordnungsgesetz, 19. Juli 1989
1048
– Rechtsbereinigungsgesetz, 28. Juni 1990
1437
– Rechtsträger-Abwicklungsgesetz (Gesetz zur Regelung der Rechtsverhältnisse nicht mehr bestehender öffentlicher Rechtsträger), 6. September 1965
991
– Rehabilitierungsgesetz, 6. September 1990
1465
– Reichsversicherungsordnung, 19. Juli 1911
1337
– Reisegesetz (Gesetz über Reisen von Bürgern der DDR in das Ausland), 11. Januar 1990
50, 468, 502 f., 517 f., 585
– Schwerbehindertengesetz (Gesetz zur Sicherung der Eingliederung Schwerbehinderter in Arbeit, Beruf und Gesellschaft), 29. April 1974
1048
– Statut der Sparkassen der DDR, 23. Oktober 1975
704
– Steueränderungsgesetz (Gesetz zur Änderung der Rechtsvorschriften über die Einkommens-, Körperschafts- und Vermögenssteuer), 6. März 1990
702

– Strukturhilfegesetz (Gesetz über Finanzhilfen des Bundes nach Artikel 104a Abs. 4 GG an die Länder Freistaat Bayern, Berlin, Freie Hansestadt Bremen, Freie und Hansestadt Hamburg, Niedersachsen, Nordrhein-Westfalen, Rheinland-Pfalz, Saarland und Schleswig-Holstein), 20. Dezember 1988
  837, 1337, 1468
– Treuhandgesetz (Gesetz zur Privatisierung und Reorganisation des volkseigenen Vermögens), 17. Juni 1990
  201, 1190, 1302, 1421, 1436
– Verfassungsgrundsätze (Gesetz zur Änderung und Ergänzung der Verfassung der DDR), 17. Juni 1990
  1326
– Verordnung über das Statut des Forschungsrates der DDR, 7. Januar 1965
  1443
– Verordnung über Reisen von Bürgern der DDR nach dem Ausland, 30. November 1988
  349f., 354, 364f., 375, 420
– Verordnung über Reisen von Bürgern der Bundesrepublik Deutschland und Personen mit ständigem Wohnsitz in Berlin (West) in und durch die DDR, 21. Dezember 1989
  672
– Verordnung über die Gründung und Tätigkeit von Unternehmen mit ausländischer Beteiligung in der DDR, 25. Januar 1990
  702, 781
– Verordnung über die Organisation des Handwerks der DDR, 22. Februar 1990
  704
– Verordnung über den Güterkraftverkehr, 20. Juni 1990
  1438
– Verordnung über die Einführung des Bausparens in der DDR, 21. Juni 1990
  1424
– Verordnung über die Akademie der Wissenschaften der DDR, 27. Juni 1990
  1442
– Versammlungsgesetz (Gesetz über Versammlungen in der DDR), 7. März 1990
  553

– Verwaltungsverfahrensgesetz, 25. Mai 1976
  1437
– Wahlgesetz (Gesetz über die Wahlen zu den Volksvertretungen der DDR), 24. Juni 1976
  579
Gesundheitswesen
  39, 207, 263, 452, 484, 572, 584f., 696, 725, 764, 767, 769, 824, 862, 904f., 1395, 1453, 1470
– Gesundheitswesen der DDR
  107, 215, 503, 683, 717f., 738, 752, 763, 797, 870, 1479
Gießen
  396
Godesberg, Bad
  301, 406
Görlitz
  1064f., 1070, 1106, 1167
– polnischer Stadtteil (Zgorzelec)
  1072
Golfkrise
  228, 1481, 1484f., 1514, 1530, 1542f., 1545, 1552
Gotha
  801
Greifswald
  319, 798
Grenze, innerdeutsche
  siehe auch *Berlin*
  21, 40f., 53, 59, 69, 77, 97, 134, 223, 327, 332–335, 416, 427, 432, 436, 468, 486, 508, 513, 518f., 530, 554, 558, 596, 603, 619, 623, 625, 630f., 639, 646, 672, 686, 698, 713, 775f., 788, 791, 871, 984, 1038, 1255, 1289, 1300, 1337
– Elbe-Grenze
  39, 311, 324, 327f., 330f., 333, 335
– Grenzkommission
  311, 327, 330f., 334, 697
– Grenzöffnung
  41f., 59, 75, 77, 493, 507f., 513–515, 518f., 530, 538, 554, 562, 571f., 579, 690, 695
– Grenztruppen der DDR
  41, 518f., 713, 1428
– Grenzübergänge
  40, 59, 330, 332, 334, 504, 513, 517f., 551, 554–557, 580

– Grenzzwischenfälle
41, 324, 326, 332, 334, 361, 363, 416,
1289
– Personenkontrollen
1038, 1061, 1289, 1300
– Schießbefehl
40 f., 69, 333–335
Grenzen Deutschlands
siehe auch
Grenzvertrag, deutsch-polnischer
Oder-Neiße-Linie
Polen
37, 41, 56 f., 65, 71, 79, 83, 91, 93, 98,
100, 111 f., 115 f., 119, 121–129, 135,
137, 157 f., 163 f., 169–171, 184–186,
190–193, 221, 428, 437, 521–523, 528,
533, 546 f., 554, 574, 676, 684, 686,
720, 732, 745, 760, 771, 775, 787, 790,
793, 798 f., 802, 804 f., 815, 822, 830,
832, 847 f., 858 f., 863, 867, 880, 889,
898, 937, 998, 1021, 1074, 1091–1093,
1137 f., 1142, 1166 f., 1169 f., 1177,
1196, 1210, 1249–1253, 1263, 1293 f.,
1319, 1345, 1368–1370, 1419 f.
– Grenzen der Bundesrepublik Deutschland
190, 350, 1253, 1345, 1369
– Grenzen der DDR
190, 324, 350, 439, 471, 518, 635,
1168 f., 1253, 1345, 1369
– Grenzen von 1937
106, 121, 136, 325 f., 333, 335, 428,
576 f., 596, 871, 1373
Grenzvertrag, deutsch-polnischer (Vertrag zwischen der Bundesrepublik
Deutschland und der Republik Polen über
die Bestätigung der zwischen ihnen bestehenden Grenze, 14. November 1990)
siehe auch
Oder-Neiße-Linie
Polen
115, 117, 121, 123–127, 135, 137, 139,
146, 157, 163, 171 f., 183–186, 190,
193, 206, 221 f., 225, 235, 254, 256,
798 f., 848, 863, 878, 913, 921, 930 f.,
935, 937 f., 940 f., 943 f., 947, 953 f.,
957–960, 967, 999, 1004, 1008 f., 1014,
1022, 1028 f., 1063–1065, 1067, 1069–
1073, 1082, 1091 f., 1106 f., 1129,
1137 f., 1141 f., 1144, 1148 f., 1165,

1171, 1177 f., 1182, 1196, 1242, 1248,
1250 f., 1253, 1282 f., 1293 f., 1296,
1316, 1319, 1334, 1339 f., 1345, 1356,
1365, 1368–1370, 1385, 1418–1421,
1523 f., 1552
Griechenland
598, 634, 1000, 1285, 1481, 1542
Grönland
417, 423
Großbritannien
siehe Vereinigtes Königreich Großbri-
tannien und Nordirland
Die Grünen
siehe auch *Deutscher Bundestag*
121, 195, 210, 305, 336, 604, 964,
1082, 1120, 1165, 1167, 1195, 1497
Grundgesetz für die Bundesrepublik
Deutschland
siehe auch
Beitritt der DDR zum Geltungsbereich
des Grundgesetzes
Einigungsvertrag
21, 78, 107, 145, 197, 200, 205, 208,
211, 271, 361, 428, 514, 596, 777,
822 f., 831, 854, 871, 879–885, 893,
928, 933, 953, 965, 976, 981, 1013,
1016 f., 1035, 1098, 1152 f., 1182,
1206, 1209, 1214, 1220, 1222, 1267 f.,
1270 f., 1292, 1302 f., 1306–1308,
1328, 1335 f., 1380 f., 1384 f., 1387–
1389, 1394 f., 1398 f., 1406, 1413 f.,
1417, 1427 f., 1430, 1432, 1444 f.,
1467 f., 1471, 1476 f., 1479, 1484 f.,
1540, 1543
– Änderung
131–133, 171, 184, 186, 196, 198 f.,
203 f., 206, 208 f., 211 f., 214 f., 228,
235 f., 258, 263, 881–883, 885 f., 976,
1017, 1032, 1208 f., 1223, 1248, 1267 f.,
1290 f., 1303, 1305, 1307, 1325, 1327 f.,
1333, 1335 f., 1377, 1379 f., 1384 f.,
1388, 1393 f., 1413 f., 1427, 1450 f.,
1466, 1479, 1484, 1489, 1491
– Änderung, beitrittsbedingte
207, 1125, 1137 f., 1152, 1290, 1398,
1407, 1427, 1444, 1446, 1466 f.
– Artikel 1
1380, 1417, 1466
– Artikel 2
1380

– Artikel 3
    1292, 1431
– Artikel 4
    1292
– Artikel 7
    1100
– Artikel 11
    354
– Artikel 12a
    200, 1209, 1292
– Artikel 16
    1336, 1385
– Artikel 19
    207, 1394, 1466
– Artikel 20
    960, 1017, 1386, 1417, 1427, 1466
– Artikel 20a
    217, 1335, 1395, 1491
– Artikel 23
    103, 110, 136, 157, 171, 199, 206 f.,
    209, 211 f., 214, 258, 824, 854, 879,
    882, 885, 894, 933, 965, 977, 981,
    1012, 1017 f., 1023, 1025, 1032, 1071,
    1141, 1151 f., 1209, 1251, 1253, 1263,
    1268 f., 1291, 1325, 1327 f., 1333,
    1335, 1369, 1382, 1398, 1407, 1413,
    1427, 1446, 1451
– Artikel 24
    203 f., 1290, 1292, 1303, 1306, 1335,
    1393
– Artikel 25
    893
– Artikel 26
    208, 263, 893, 1394
– Artikel 29
    199, 203, 206 f., 209, 211, 262, 883,
    1152, 1209, 1217, 1220, 1223, 1268 f.,
    1290 f., 1303, 1327 f., 1333, 1335,
    1381, 1389–1392, 1398, 1407, 1413,
    1427, 1446, 1467
– Artikel 32
    203, 1290, 1303, 1307, 1335, 1394
– Artikel 33
    1273, 1432, 1452
– Artikel 35
    1427
– Artikel 36
    1439, 1452
– Artikel 39
    1017, 1031 f., 1214, 1269, 1456

– Artikel 51
    203, 211, 215, 219, 1269, 1290, 1377,
    1382, 1413 f., 1446, 1451, 1474 f., 1510
– Artikel 59
    205, 1154, 1267, 1482
– Artikel 63
    976, 1017, 1031
– Artikel 65
    960, 1215
– Artikel 68
    976, 1017, 1031, 1450
– Artikel 69
    1269
– Artikel 72
    203 f., 208, 1290, 1303, 1306, 1335,
    1392
– Artikel 73
    1153
– Artikel 76
    1306, 1384, 1393
– Artikel 77
    1306, 1393
– Artikel 79
    208, 831, 884, 1383, 1394, 1466
– Artikel 80
    1393
– Artikel 83
    208, 1153, 1393
– Artikel 84
    1393
– Artikel 85
    1393
– Artikel 87
    1439
– Artikel 87a
    200, 1209
– Artikel 91a
    1335, 1408, 1467 f.
– Artikel 91b
    1408, 1431, 1443, 1467 f.
– Artikel 104a
    837, 1306, 1335, 1393, 1408, 1467 f.
– Artikel 106
    151, 208, 1407, 1432
– Artikel 107
    217, 1433
– Artikel 110
    151
– Artikel 115a
    200, 1209

– Artikel 116
200, 208, 354, 981, 1141, 1209, 1385, 1414
– Artikel 118
203, 1209, 1303, 1307, 1390, 1427
– Artikel 120
200, 1152, 1292, 1338, 1433
– Artikel 120a
1152, 1292
– Artikel 125a
1393
– Artikel 131
212, 1451
– Artikel 135a
1434
– Artikel 140
1100
– Artikel 141
883
– Artikel 143
212, 1417, 1451, 1466, 1468
– Artikel 144
1417
– Artikel 145
1417
– Artikel 146
171, 199f., 206, 211, 831, 836, 854, 879f., 884, 886, 894, 933, 945, 1012, 1141, 1209, 1251, 1253, 1263, 1291f., 1327, 1333, 1369, 1380, 1384f., 1407, 1413f., 1417, 1427, 1445–1447, 1451, 1467
– Artikel 146a (vorgeschlagen)
208, 212, 263, 1384, 1395
– Inkraftsetzung im Beitrittsgebiet
200, 1151f., 1214f., 1268f., 1290, 1292, 1328, 1398, 1407, 1427, 1471
– Präambel
40, 64, 171, 199, 204, 206f., 209, 211f., 215, 264, 426, 634, 706, 836, 871, 880, 884, 1141, 1152, 1209, 1251, 1253, 1263, 1268f., 1291, 1327f., 1333, 1335, 1369, 1379f., 1382, 1398, 1407, 1413, 1427, 1444–1446, 1451, 1467
– Staatszielbestimmungen
144, 204, 206f., 211, 215–217, 263, 1016, 1152, 1223, 1327, 1335, 1379f., 1384f., 1395, 1413, 1427, 1447, 1467, 1479, 1489, 1491

Guatemala
1011
Guthenfürst
438
Häftlinge/Häftlingsfreikäufe
27, 328, 349, 424, 611, 644, 662, 671
Halle
61, 905, 1378
Hambacher Schloß
340
Hamburg
105, 107, 150, 204, 207, 333, 581, 680, 735, 834, 836f., 899, 904, 993, 1059, 1062, 1122, 1124f., 1184, 1218, 1299, 1302, 1324, 1378, 1388f., 1391f., 1412, 1417, 1427, 1442, 1444f., 1456f., 1467, 1473, 1491, 1493, 1508, 1537
– Senatskanzlei
903, 1379, 1474, 1510
Hamilton (Bermuda)
155, 1128
Handel, innerdeutscher
26, 40, 75, 82, 510, 565, 643, 705f., 708, 710f., 730, 1001, 1038
Hannover
296, 325–328, 330, 332, 334, 483f., 552, 556, 580, 644, 667, 738, 891, 1006, 1300
Harz
902
Harzburg, Bad
328, 330, 332, 334, 486
Hauptstadtfrage
siehe auch *Einigungsvertrag*
202f., 205, 211f., 215, 217f., 886, 1019, 1284, 1307, 1325–1327, 1329, 1336, 1381, 1427, 1447, 1450, 1466, 1474, 1491f.
Haushalt der DDR
108, 145, 149, 151f., 208, 213, 783, 904f., 920, 948–950, 1015, 1041, 1099, 1108f., 1114, 1120, 1135, 1330, 1408, 1416, 1424, 1434, 1452, 1460f.
– Verschuldung
75, 81, 108f., 140, 144, 149, 217, 219, 643, 691, 783, 817, 920, 967, 1002, 1013, 1020, 1123f., 1135, 1187, 1408, 1434, 1446, 1452, 1490, 1521
Heilbronn
1255

Helena (Montana)
406

Helmstedt
240, 430–432, 580

Helsinki
154, 175, 224, 346, 404, 574, 576, 595 f.,
603, 611, 623 f., 634, 645, 647, 650, 656,
659, 663, 668 f., 676 f., 686, 695, 714,
745, 811, 921, 961, 1001, 1094, 1178,
1256, 1295 f., 1317, 1348, 1530, 1538

Herleshausen
40

Hessen
106 f., 151, 203, 313, 363, 680, 735, 834,
845, 899, 902 f., 905, 993, 1000, 1059,
1122, 1173, 1184, 1188, 1299, 1302 f.,
1307 f., 1335, 1378, 1388 f., 1391 f.,
1412, 1417, 1427, 1444 f., 1457, 1467,
1473–1475, 1489, 1508, 1537

Hildesheim
891

Hof
40, 440, 551, 556, 673

Homburg, Bad
587

Honduras
1011

Hongkong
398

Houston
184, 186 f., 191, 193, 263, 1079, 1144,
1180, 1246 f., 1312, 1314, 1342 f.,
1354, 1362, 1373, 1375, 1404 f., 1545

Husum
311

Indien
804, 1115, 1514

Industrie- und Handelskammer (IHK)
737, 905, 1460

**Initiative Frieden und Menschenrechte
(IFM)**
siehe auch *Volkskammer der DDR*
717, 754, 816, 820, 956, 996
– Bündnis 90
956

Institut für Wirtschaftsforschung e.V.
1423, 1458 f.

Integration, europäische
23, 28 f., 36, 49, 52, 60 f., 64–66, 68 f.,
71 f., 79 f., 88, 117, 130, 137 f., 154–

156, 158, 172, 183, 228 f., 231 f., 276,
443, 445 f., 453, 472–474, 520, 541–
543, 546, 572, 575, 577, 595, 598,
602 f., 606, 624, 635, 638, 640, 659,
661, 663, 684, 687, 713, 718, 729, 741,
743, 751, 765, 769, 786, 789, 801, 810,
829, 851, 858, 861, 863, 869, 876, 885,
895, 898, 938, 968, 1005, 1028, 1034,
1074 f., 1082, 1084, 1155, 1157,
1172 f., 1176, 1192, 1219, 1277, 1374,
1511, 1545, 1552
– Vereinigte Staaten von Europa
453, 542, 872

Internationaler Gerichtshof (IGH)
424

Internationaler Währungsfonds (IWF)
siehe auch
Konferenzen, Gipfeltreffen, Tagungen
49, 57, 76, 306 f., 321, 377–379, 399 f.,
406, 411, 442, 444, 451, 505, 507 f.,
511, 520, 535, 539, 544, 570, 656 f.,
665, 671, 694, 1314–1316, 1362, 1404

**Internationales Olympisches Komitee
(IOC)**
891, 1441

Interparlamentarische Union (IPU)
1159, 1317

Irak
228, 1485, 1514, 1542 f.

Iran
300, 303, 309, 688, 1543

Irland
276, 542, 566, 598 f., 614, 705, 1000

Island
1081

Israel
siehe auch
Judentum
Wiedergutmachung
67, 112, 223, 281, 300, 302 f., 309,
398 f., 522, 594, 632, 653, 787, 790,
823, 839 f., 842, 863, 916, 931, 934,
944, 954, 1543
– Beziehungen zur Bundesrepublik
Deutschland
112, 340, 632, 839, 1222
– Beziehungen zur DDR
112, 839 f., 1493

„Iswestija" (Moskau)
115, 858

Italien
siehe auch *G-7-Staaten*
66, 165, 183, 243, 306, 308, 452–455,
566 f., 575–577, 595–599, 614, 618,
688, 730, 849, 851 f., 866, 1087, 1194,
1311, 1363, 1481
Jackson Hole (Wyoming)
419
Jalta
28, 116, 126, 342, 407, 527, 542, 567
622, 863, 872, 935, 953
Japan
siehe auch *G-7-Staaten*
36, 67, 172 f., 274 f., 281, 395, 400, 451,
520, 589, 641, 652, 682, 741, 763, 807,
855, 861, 1156, 1172–1174, 1543
Jaroslawl
1506
Jelabuga
288
Jemen
1485
Jena
1221
Jerusalem
632
Jordanien
1485, 1514, 1542
Judentum
siehe auch *Wiedergutmachung*
36, 112, 209, 398, 594, 606, 632, 840,
946, 1204, 1494, 1541
– Holocaust
66, 207, 209, 594, 632
– World Jewish Congress
223, 840, 1493
– Zentralrat der Juden in Deutschland
207, 1406
Jugoslawien
383, 686, 849 f., 931, 978, 1506,
1545
„Junge Welt" (Berlin)
413
Kabinettausschuß Deutsche Einheit
94, 106, 114, 132 f., 135, 141, 198, 207,
209, 213 f., 220, 252, 259, 263 f., 759,
854, 900, 914, 917–919, 926, 936, 941,
985, 1099, 1108, 1209, 1214, 1265,
1406–1409, 1416, 1421, 1447, 1452,
1458, 1502

– Arbeitsgruppe Außensicherheitspoliti-
sche Zusammenhänge
94, 106, 110, 112, 115, 128, 135, 248 f.,
251 f., 830, 854, 914, 941, 978
– Arbeitsgruppe Bildung einer Währungsunion, Finanzfragen
94, 106, 250, 900, 919 f.
– Arbeitsgruppe Rechtsfragen, insbesondere Rechtsangleichung
94, 106, 900, 918
– Arbeitsgruppe Staatsstrukturen und öffentliche Ordnung
94, 105 f., 250, 777, 900, 917
Kagan
288
Kalifornien
30, 459
Kalter Krieg
35, 280, 302, 388, 509, 523, 871, 1238,
1276 f., 1367, 1551, 1555, 1557
Kambodscha
176, 424, 465, 1180
Kanada
siehe auch *G-7-Staaten*
36, 116, 172, 274 f., 509, 520, 589, 634,
659, 730, 734, 741, 787, 791, 855–857,
997, 1144, 1156, 1238, 1313
Karl-Marx-Stadt
siehe auch *Chemnitz*
904
Karlsruhe
1331
Karsdorf
1424
Kasachstan
806
Kasan
288
Katholische Kirche
siehe auch *Erklärungen*
319, 381, 445, 453, 480 f., 494, 496,
523, 715, 860, 862, 985, 1009, 1019,
1456, 1509, 1523, 1529
Kaukasus
28 f., 191, 194, 221, 223, 1348, 1353,
1366 f., 1374, 1462
Kernenergie
39, 725, 737, 775, 798, 841, 862, 928,
1000, 1020

Kernwaffen
siehe auch
Abkommen, Akte, Übereinkommen
Verträge
Waffen und Waffensysteme
   35, 38, 41, 47, 52, 62, 96 f., 113, 118,
   144, 155–157, 159 f., 167, 169, 177,
   180–183, 186, 189 f., 192–194, 273,
   278, 285 f., 289–291, 304, 325 f., 332,
   334, 418 f., 423 f., 524, 537, 570, 607 f.,
   669, 772–774, 776, 822, 846, 865, 867,
   872, 974, 982, 997, 1022, 1029, 1058,
   1077, 1083 f., 1118, 1194, 1210, 1228,
   1230, 1236 f., 1239 f., 1257, 1260 f.,
   1279, 1286, 1312, 1321–1323, 1347,
   1358–1361, 1367, 1375, 1438
– Frankreich
   734, 771, 774, 846, 861
– UdSSR
   33, 733, 772, 774, 872, 1230, 1279
– Vereinigte Staaten von Amerika
   78, 118, 155 f., 159, 734, 772, 785, 846,
   867, 1230, 1236, 1239, 1279, 1310,
   1312
– Vereinigtes Königreich Großbritannien
   und Nordirland
   734, 771, 774, 1410
Key Largo (Florida)
   155, 1058
Key West (Florida)
   743
Kiel
   1255
Kiew
   79, 630, 685, 1088, 1176
Kirchberg (Luxemburg)
   982
Kobaskowo
   1072
Köln
   101, 891, 1056
Königsberg (Kaliningrad)
   136, 277, 287 f.
**Königswinterer Konferenz, Cambridge,
29.–31. März 1990**
   137, 996
Kokand
   288
Kolumbien
   1011

Kommuniqués
siehe auch
Erklärungen
Konferenzen, Gipfeltreffen, Tagungen
– EG, Tagung des Europäischen Rates in
   Hannover, Schlußfolgerungen des Vor-
   sitzes, 27./28. Juni 1988
   1006
– EG, Tagung des Europäischen Rates in
   Madrid, Schlußfolgerungen des Vorsit-
   zes, 26./27. Juni 1989
   1006
– EG, Tagung des Europäischen Rates in
   Straßburg, Schlußfolgerungen des Vor-
   sitzes, 8./9. Dezember 1989
   72, 628, 645, 679, 1006
– EG, Sondertagung des Europäischen
   Rates in Dublin, Schlußfolgerungen des
   Vorsitzes, 28. April 1990
   138, 252
– EG, Tagung des Europäischen Rates in
   Dublin, Schlußfolgerungen des Vorsit-
   zes, 25./26. Juni 1990
   1314
– EG, Tagung des Europäischen Rates in
   Rom, Schlußfolgerungen des Vorsitzes,
   14./15. Dezember 1990
   1545
– Gemeinsames Kommuniqué über den
   offiziellen Besuch des Generalsekretärs
   Honecker in der Bundesrepublik
   Deutschland, 8. September 1987
   333 f., 453
– Kommuniqué über die Konferenz von
   Jalta, 11. Februar 1945
   342
– Kommuniqué über die 9. Tagung des
   Zentralkomitees der SED, 18. Oktober
   1989
   455
– Kommuniqué der Außenminister der
   Bundesrepublik Deutschland, der
   DDR, Frankreichs, Großbritanniens,
   der UdSSR und der Vereinigten Staaten
   von Amerika über Aspekte der Herstel-
   lung der deutschen Einheit, 13. Februar
   1990
   102 f., 815, 874, 952, 1369 f.
– Kommuniqué der Außenminister von
   NATO und Warschauer Pakt zur Eröff-

nung der Konferenz über ein Regime des „Offenen Himmels", 13. Februar 1990
810
– Kommuniqué der Außenminister von NATO und Warschauer Pakt zu VKSE und KSZE, 13. Februar 1990
810
– KSZE, Abschließendes Dokument des Madrider Folgetreffens, 6. September 1983
645
– KSZE, Abschließendes Dokument des Wiener Folgetreffens, 15. Januar 1989
321, 645
– KSZE, Abschlußdokument der Konferenz über wirtschaftliche Zusammenarbeit in Europa (Dokument der Bonner Konferenz), 11. April 1990
970
– NATO, Schlußkommuniqué über die Ministertagung in Brüssel, 14. Dezember 1967
1276
– NATO, Kommuniqué der Sondersitzung der Außen- und Verteidigungsminister in Brüssel, 12. Dezember 1979
562
– NATO, Kommuniqué der Ministertagung des Nordatlantikrates in Brüssel, 15. Dezember 1989
625, 634, 663, 679
– NATO, Kommuniqué der Ministertagung des Verteidigungs-Planungsausschusses in Brüssel, 22./23. Mai 1990
1322
– NATO, Kommuniqué der Ministertagung des Nordatlantikrates in Turnberry, 7./8. Juni 1990
1195
– Warschauer Pakt, Kommuniqué über die Tagung des Politischen Beratenden Ausschusses in Bukarest, 7./8. Juli 1989
291, 570
– WEU, Kommuniqué der Außen- und Verteidigungsminister, 21. August 1990
1485
Kommunistische Partei der Sowjetunion (KPdSU)
29, 33 f., 86, 136, 159, 161, 166, 234, 284, 1213, 1297 f., 1353, 1371

– Kommunistische Partei der RSFSR
1297, 1315, 1341, 1371
– 28. Parteitag, 2.–13. Juli 1990
160–162, 166 f., 172, 174, 177, 180, 185, 188 f., 191, 193, 235, 260, 826, 1078–1080, 1104, 1116, 1198, 1251, 1264, 1297–1299, 1312, 1315, 1319, 1341, 1348, 1353 f., 1371, 1374, 1376
– Politbüro
31 f., 86, 115, 159, 161, 234, 301, 304, 1298, 1315, 1353
– Zentralkomitee
29, 31–33, 37, 61, 277, 288, 310, 408, 616, 656, 659–661, 676, 747, 749, 795, 802, 826, 844, 857, 873, 972, 981, 1088, 1297 f., 1315, 1353
Kommunistische Partei Deutschlands (KPD)
801
Konferenzen, Gipfeltreffen, Tagungen
siehe auch
Erklärungen
Zwei-plus-Vier-Verhandlungen
– Bonn, Wirtschaftsgipfel (Tagung der Staats- und Regierungschefs der G7), 2.–4. Mai 1985
856
– Bonn, 54. Deutsch-französische Konsultationen, 2./3. November 1989
52 f., 241, 446 f., 470
– Bonn, Konferenz über wirtschaftliche Zusammenarbeit in Europa (KWZE), 19. März bis 11. April 1990
153, 294, 624, 647, 773, 788, 792, 897, 940, 970, 974, 1025, 1318
– Bonn, Sondertreffen der Außenminister der KSZE, 5. Juni 1990
1129–1131
– Brüssel, Ministertagung der NATO, 13./14. Dezember 1967
1276
– Brüssel, Tagung der Staats- und Regierungschefs der NATO, 29./30. Mai 1989
35, 271–273, 275, 278 f., 281, 283, 290, 292, 302–304, 310, 314 f., 325, 338, 395, 411, 460, 490, 547, 569 f., 742, 773, 1230, 1309
– Brüssel, Treffen der Staats- und Regierungschefs der NATO, 4. Dezember 1989

27, 68, 137, 571, 600, 614, 633, 636, 645, 647, 731, 1309
- Brüssel, Außenministertreffen der „Gruppe der 24 für wirtschaftliche Hilfe an Polen und Ungarn", 13. Dezember 1989
622, 625
- Brüssel, Ministertagung der NATO, 14./15. Dezember 1989
622, 624, 634
- Brüssel, Sondertagung der Außenminister der NATO, 3. Mai 1990
1078 f., 1081
- Brüssel, Ministertagung des Ausschusses für Verteidigungsplanung der NATO, 22./23. Mai 1990
1322
- Brüssel, Außenministertreffen der „Gruppe der 24 für wirtschaftliche Hilfe an Polen und Ungarn", 4. Juli 1990
1314, 1316
- Brüssel, Ministerkonferenz des GATT, 3.–7. Dezember 1990
454
- Brüssel, Tagung der Außenminister der NATO, 17./18. Dezember 1990
1321
- Budapest, Treffen der Verteidigungsminister des Warschauer Pakts, 29. November 1989
655
- Bukarest, Tagung des Politischen Beratenden Ausschusses des Warschauer Pakts, 7./8. Juli 1989
291, 302, 377, 382
- Den Haag, Tagung des Ministerrats der WEU, 26./27. Oktober 1987
775
- Dublin, Außenministertreffen der EG, 20. Januar 1990
706, 765, 828
- Dublin, VI. San-José-Konferenz der Außenminister der EG und zentralamerikanischer Staaten, 9. April 1990
1011
- Dublin, Sondertagung des Europäischen Rates, 28. April 1990
27, 126, 138, 155, 157 f., 252 f., 829, 851, 853, 869, 935 f., 967, 1001, 1005 f., 1010 f., 1059, 1082, 1144

- Dublin, Tagung des Europäischen Rates, 25./26. Juni 1990
27, 138, 183, 475, 1007, 1010, 1207, 1211 f., 1246 f., 1314, 1317, 1342, 1354, 1362, 1375 f.
- Genf, Viermächte-Konferenz, 11. Mai bis 20. Juni und 13. Juli bis 5. August 1959
73, 163, 732
- Genf, amerikanisch-sowjetischer Gipfel, 19.–21. November 1985
285
- Hannover, Tagung des Europäischen Rates, 27./28. Juni 1988
1006
- Houston, Wirtschaftsgipfel (Tagung der Staats- und Regierungschefs der G 7), 9.–11. Juli 1990
184, 186 f., 191, 193, 263, 1079, 1129, 1144, 1180, 1207, 1211, 1246 f., 1312, 1314 f., 1342 f., 1354, 1362, 1373, 1375, 1404 f., 1545
- Jalta, Konferenz der Staats- und Regierungschefs Großbritanniens, der UdSSR und der Vereinigten Staaten von Amerika, 4.–11. Februar 1945
28, 116, 407, 527, 542, 567, 622, 863, 872, 935
- Kopenhagen, 2. Treffen der Konferenz über die Menschliche Dimension der KSZE, 5.–29. Juni 1990
179 f., 624, 647, 788, 792, 1166, 1213, 1318
- La Valletta, KSZE-Expertentreffen über die friedliche Regelung von Streitfällen, 15. Januar bis 8. Februar 1991
1237
- Lissabon, Außerordentliche Ministertagung des Europarates, 23./24. März 1990
978
- London, Informationsforum der KSZE, 18. April bis 12. Mai 1989
137, 788, 792
- London, 20. Deutsch-britische Konsultationen, 29./30. März 1990
137, 252, 935, 996
- London, Tagung der Staats- und Regierungschefs der NATO, 5./6. Juli 1990
28, 155, 159–161, 170, 175 f., 178 f., 183, 186, 191, 254, 261, 1076, 1079 f., 1128 f., 1144, 1164, 1179, 1191–1194,

1198, 1225, 1228, 1230, 1234 f., 1237, 1248, 1285 f., 1309–1312, 1322, 1342 f., 1354 f., 1367, 1371 f., 1375, 1401, 1405, 1410
– Madrid, 2. KSZE-Folgetreffen, 11. November 1980 bis 9. September 1983
404
– Madrid, Tagung des Europäischen Rates, 26./27. Juni 1989
304 f., 307 f., 314 f., 599
– Malta, amerikanisch-sowjetischer Gipfel, 2./3. Dezember 1989
52 f., 55 f., 58, 64, 67–69, 231, 542, 567, 600, 607, 622, 625, 633 f., 636, 647, 654 f., 858, 873
– Moskau, Treffen der Führer des Warschauer Pakts, 4. Dezember 1989
74, 611, 654
– Moskau, Tagung des Politischen Beratenden Ausschusses des Warschauer Pakts, 7. Juni 1990
1192, 1200 f., 1213, 1241, 1310, 1317
– Moskau, 3. Treffen der Konferenz über die Menschliche Dimension der KSZE, 10. September bis 4. Oktober 1991
647, 788, 792
– München, Multilaterale Umweltkonferenz, 24.–27. Juni 1984
788, 792
– München, 56. Deutsch-französische Konsultationen, 17./18. September 1990
228, 268, 1544
– New York, Außenministerkonferenz der KSZE, 1./2. Oktober 1990
216, 222, 229, 1142 f., 1454, 1480, 1493, 1539, 1543
– Ottawa, Außenministertreffen des Warschauer Pakts, 11. Februar 1990
815
– Ottawa, Treffen der Außenminister von NATO und Warschauer Pakt, 12.–14. Februar 1990 (Open-Sky-Konferenz)
47, 53, 101 f., 116, 634, 810, 866, 872, 1034
– Paris, Wirtschaftsgipfel (Tagung der Staats- und Regierungschefs der G 7), 14.–16. Juli 1989
274, 301, 308, 315, 321–323, 340 f., 343, 395, 400, 444, 544 f., 1315 f.

– Paris, Sondertagung des Europäischen Rates, 18. November 1989
27, 60, 242, 535 f., 541, 850
– Paris, 55. Deutsch-französische Konsultationen, 25./26. April 1990
155 f., 254, 1056
– Paris, Außenministertreffen der EG, 21. August 1990
1484
– Paris, Tagung der Außen- und Verteidigungsminister der WEU, 21. August 1990
1485
– Paris, Treffen der Staats- und Regierungschefs der KSZE, 19.–21. November 1990
133, 169, 176 f., 222, 730 f., 733, 743, 756 f., 809 f., 815, 824, 826, 829 f., 864, 869, 876 f., 932, 941, 1156, 1160, 1181, 1207, 1228, 1240, 1248 f., 1251, 1259, 1264, 1280, 1295, 1311, 1317, 1319–1321, 1356, 1366, 1374, 1376, 1454
– Potsdam, Konferenz der Staats- und Regierungschefs Großbritanniens, der UdSSR und der Vereinigten Staaten von Amerika, 17. Juli bis 2. August 1945
732, 925, 1072
– Prag, Außenministertreffen des Warschauer Pakts, 17. März 1990
972, 975, 996, 1128
– Reykjavik, amerikanisch-sowjetischer Gipfel, 11./12. November 1986
608
– Rom, Sondertagung des Europäischen Rates, 27./28. Oktober 1990
156, 1362, 1376
– Rom, Tagung des Europäischen Rates, 14./15. Dezember 1990
1545
– Stockholm, Konferenz über Vertrauens- und Sicherheitsbildende Maßnahmen und Abrüstung in Europa (KVAE), 17. Januar 1984 bis 19. September 1986
1258
– Straßburg, Tagung des Europäischen Rates, 8./9. Dezember 1989
27, 49, 60, 69, 71 f., 243 f., 308, 443, 446, 453, 470–472, 474, 476, 507, 528, 542, 544 f., 565, 575, 588, 596–600,

603, 615, 624, 636, 638 f., 647, 651, 663, 689, 706, 729, 828 f., 936, 1007
– Turnberry, Ministertagung der NATO, 7./8. Juni 1990
176 f., 179, 1197, 1310
– Washington (D.C.), Jahresversammlung des Internationalen Währungsfonds und der Weltbank, 26.–28. September 1989
406, 442
– Washington (D.C.)/Camp David, amerikanisch-sowjetischer Gipfel, 31. Mai bis 4. Juni 1990
119, 160, 168, 173, 175, 180, 193, 234, 258, 469, 868, 873 f., 877, 997, 1103, 1121, 1126 f., 1130, 1137, 1146, 1156, 1178–1180, 1189, 1193, 1195, 1197, 1210, 1213, 1311, 1321
– Wien, 3. KSZE-Folgetreffen, 4. November 1986 bis 15. Januar 1989
321, 324, 404
– Wien, VKSE-Außenministertreffen, 6.–8. März 1989
289
– Wien, Seminar über Sicherheitskonzepte und Militärdoktrinen im Rahmen der Verhandlungen über Vertrauens- und Sicherheitsbildende Maßnahmen, 16. Januar bis 5. Februar 1990
1238, 1258, 1278

Konföderation, deutsche
siehe auch
Föderation, deutsche
Vertragsgemeinschaft, deutsche
Zehn-Punkte-Plan/Zehn-Punkte-Programm
68 f., 77, 87 f., 231 f., 574, 576, 590, 593, 603, 618, 637, 649 f., 684, 690, 714, 748, 803, 825, 1163
– Konföderative Strukturen
60, 63–65, 74, 87, 90, 93, 134, 573, 576, 584, 589, 603, 638, 649 f., 652, 655, 674, 684, 727, 733, 750 f., 759 f., 763, 796, 818, 840, 855, 967, 1156
– Konzeption der Regierung der DDR, 1. Februar 1990
87 f., 727, 729, 734, 748 f., 754, 759, 784, 788, 791, 858

Konrad-Adenauer-Stiftung e.V.
340, 674 f.

Konstanz
1255, 1263
Kopenhagen
112, 179 f., 624, 647, 788, 792, 840, 866, 1166, 1195, 1198, 1211, 1213, 1318
Korea, Demokratische Volksrepublik
275
Korea, Republik
36, 67, 561, 563, 589, 653, 741, 1116
Krakau
399, 527, 788, 792
Krasnojarsk
47, 417, 419, 423, 525
Kreditanstalt für Wiederaufbau (KfW)
71, 75, 510, 560, 626 f., 643, 705, 752, 1313
Kreisau
53, 471, 480, 519, 521, 528, 533, 744, 766
Kreischa
1441
Kreuznach, Bad
657
Kriegsgefangene
277, 287 f., 726, 851
Kriminalität, internationale
36, 275, 454, 476, 549, 556, 601, 666, 724, 1247, 1367
KSE (Konventionelle Streitkräfte in Europa)
siehe auch
Verträge
VKSE
156, 169, 175, 273, 324–326, 332, 354, 385, 394, 741, 743, 810, 1078, 1160, 1179, 1198, 1236, 1239 f., 1260, 1277–1280, 1285, 1317 f., 1320–1323, 1410, 1487, 1495 f.
KSZE (Konferenz für Sicherheit und Zusammenarbeit in Europa)
siehe auch
Kommuniqués
Konferenzen, Gipfeltreffen, Tagungen
KSZE-Schlußakte von Helsinki
KVAE
VKSE
VVSBM
34, 65, 67, 72 f., 84 f., 91 f., 97 f., 100–102, 118, 124, 127 f., 133, 136, 153 f.,

156, 159 f., 162, 168 f., 171, 173–176, 178, 180–182, 186 f., 191, 216, 222, 229, 256, 261, 285, 321, 324, 326, 332, 354, 398, 404, 416, 509, 531, 572 f., 576, 596, 611, 623 f., 645, 647, 656, 659, 663, 669 f., 676 f., 695, 706, 714, 723, 729–731, 733, 743, 745, 751, 756 f., 765, 772 f., 786–790, 792–794, 809 f., 815, 824 f., 826, 829 f., 850, 852, 859, 864 f., 868 f., 876 f., 880, 897, 921 f., 924 f., 932, 935, 941 f., 960, 964 f., 968, 970, 973 f., 978 f., 982, 997–999, 1021 f., 1027, 1029, 1058, 1066, 1073, 1077, 1094, 1118, 1126, 1128, 1138, 1142, 1144, 1155 f., 1159 f., 1166 f., 1178, 1181, 1198, 1200, 1207, 1210, 1213, 1228 f., 1237 f., 1240 f., 1243, 1248 f., 1251, 1256–1261, 1264, 1277 f., 1280, 1295, 1309, 1311–1313, 1317–1321, 1342, 1348, 1352, 1356, 1366, 1374–1376, 1454, 1480, 1493, 1539, 1543

KSZE-Schlußakte von Helsinki, 1. August 1975
siehe auch *KSZE*
72 f., 154, 173, 175, 404, 465, 574, 576, 595 f., 602–604, 623, 625, 639, 645, 647, 650, 655, 659 f., 663, 686, 695, 714, 745, 773, 787, 790, 811, 895, 910, 913, 934, 961, 979, 1071, 1130, 1139, 1178, 1198, 1243, 1256, 1258, 1277, 1295 f., 1317, 1348, 1366, 1375

Kuba
176, 466, 623, 1180, 1313, 1371

Kulturbund der DDR
592

Kuwait
228, 1543

KVAE (Konferenz über Vertrauens- und Sicherheitsbildende Maßnahmen und Abrüstung in Europa)
siehe auch *Konferenzen, Gipfeltreffen, Tagungen*
1258, 1533

La Valletta
1237

Laeken/Brüssel
66, 68, 231, 244, 600

Länder der Bundesrepublik Deutschland, allgemein
siehe auch

Abkommen, Akte, Übereinkommen
Bundesrat
Bund-Länder-Beziehungen
Erklärungen
Gesetze, Statute, Verordnungen
Ländergremien in der Bundesrepublik Deutschland
Staats- und Senatskanzleien der Länder, Chefs der
22, 77, 90, 103–107, 150–152, 196 f., 199, 201–204, 206–209, 211–220, 235 f., 246 f., 250, 262, 266, 313, 324, 680, 721 f., 726, 735–739, 768, 777 f., 816 f., 819, 824, 834–838, 843 f., 871, 883, 899–901, 980, 993–995, 1059 f., 1067 f., 1095, 1123–1125, 1135, 1150, 1184–1188, 1208, 1215, 1217–1219, 1226 f., 1266, 1270, 1272 f., 1275, 1286 f., 1289 f., 1292, 1300–1307, 1327, 1332, 1335, 1337 f., 1351, 1377–1382, 1389–1394, 1415–1417, 1426, 1431, 1439, 1441, 1445 f., 1449–1451, 1456, 1461, 1466–1468, 1470, 1474–1478, 1489–1492, 1503–1505, 1508–1511, 1513, 1537
– Hoheitsrechte
105 f., 994, 1308, 1335, 1338
– Länderfinanzausgleich
1061, 1124 f., 1153, 1217 f., 1337, 1433, 1436
– Regionale Zusammenarbeit mit Gebietskörperschaften in der DDR
107, 579 f., 612, 619, 667, 674, 697, 715, 736, 738, 901–905, 1188

Länder der DDR
105 f., 145, 152 f., 164, 197, 202 f., 205, 208 f., 211 f., 217, 219, 236, 612, 751 f., 765, 844, 870, 880–883, 889, 964, 1013, 1152, 1188, 1215, 1217–1221, 1223, 1267, 1269–1271, 1273 f., 1287, 1292, 1303, 1305, 1308, 1325–1331, 1335–1338, 1377, 1380, 1397–1399, 1408 f., 1426–1428, 1430, 1432–1434, 1438, 1440, 1443, 1451–1453, 1457, 1459, 1467–1469, 1471, 1474, 1476–1478, 1483, 1489 f., 1492, 1503 f., 1509 f., 1522 f., 1537 f.
– Neubildung
90, 198, 203, 258, 817, 824, 835 f., 838, 844, 856, 862, 870, 880, 882 f., 910,

964, 967, 1012, 1020, 1188, 1217f.,
1220f., 1223, 1307f., 1320, 1333,
1397, 1427f., 1430, 1438, 1440, 1443,
1452, 1468, 1471, 1473f., 1490, 1498
– Wiedereinführung der Kultur- und
Polizeihoheit
1020, 1308, 1338
**Ländergremien in der Bundesrepublik
Deutschland**
siehe auch *Staats- und Senatskanzleien
der Länder, Chefs der*
– Arbeitsgruppe Haushalt- und Finanzwesen
1407, 1413, 1415
– CDU/CSU-regierte Länder (B-Länder)
104–106, 202, 215, 235, 777, 1475,
1510
– Finanzministerkonferenz
152, 218f., 266, 994, 1059, 1124, 1490,
1503–1505, 1510
– Justizministerkonferenz
325, 1059, 1061
– Kultusministerkonferenz
738, 777, 1303, 1337f., 1442
– Ministerpräsidentenkonferenz
104f., 202, 260, 680, 735f., 738, 835f.,
838f., 884, 1068, 1286, 1300, 1304,
1377, 1479, 1490
– SPD-regierte Länder (A-Länder)
104, 106, 150f., 195f., 202, 207, 209,
214–217, 220, 777, 1102, 1186, 1445,
1465f., 1471, 1475, 1478f., 1481,
1489–1492, 1503, 1510, 1513, 1517
– Wirtschaftsministerkonferenz
662, 901, 1059, 1061
Länderkammer der DDR
612
Landsmannschaften, deutsche
siehe auch *Bund der Vertriebenen –
Vereinigte Landsmannschaften und
Landesverbände*
399, 463
– Schlesier
325, 328, 333–335, 481, 492, 527, 848
– Sudetendeutsche
802, 848, 930, 934, 945, 959, 1242
Landwirtschaft in der DDR
140, 215, 220, 696, 703, 825, 904f.,
950, 984, 1001, 1014f., 1039, 1099,

1109, 1202, 1302, 1338, 1424, 1459,
1461, 1469, 1479f., 1491
Latché
79, 245, 682, 843
Lateinamerika
641, 874, 1174
Lausitz
1072
Leipzig
41, 52f., 61, 89, 237, 329, 337f., 352,
399, 415, 445, 452, 461f., 479, 492,
508, 521, 646, 656, 709, 816, 832,
871f., 890, 904f., 927, 929, 952, 984,
996, 1255, 1378
Lemberg
523, 1081
Leningrad
725f.
Lettland
1127
Leuna
763
**Liberal-Demokratische Partei Deutsch-
lands (LDPD)/Liberal-Demokratische
Partei (LDP)/Bund Freier Demokraten
(BFD)**
siehe auch *Volkskammer der DDR*
131, 143f., 413, 549, 593, 708, 754,
816, 956
– Bund Freier Demokraten (BFD)
143f., 956, 1012
– Wahlbündnis „Bund Freier Demokraten – Die Liberalen"
816, 871, 956
„Libération" (Paris)
123, 937
Libyen
290, 656
Lissabon
135, 978, 1211
Litauen
siehe auch *Erklärungen*
134, 155–157, 161f., 165–168, 170,
176, 252, 967f., 983, 987f., 998, 1001,
1028–1030, 1056, 1080f., 1085f.,
1103–1105, 1118f., 1121, 1123,
1126f., 1145, 1161f., 1164, 1176,
1179f., 1194, 1312, 1315
– Unabhängigkeit
134, 156, 162, 165, 168, 1030, 1056,

1080f., 1086, 1103–1105, 1118, 1121, 1126f., 1145, 1163f., 1312, 1315

London
28, 30, 34, 60, 62, 78, 86f., 115, 129, 137, 170, 175, 186, 191, 223, 232, 240, 258, 261, 281f., 316, 450f., 459, 495, 507, 577, 590, 606f., 633, 636, 740f., 788, 792, 813, 909, 915f., 946, 996, 998, 1027, 1079, 1103, 1119, 1144, 1164, 1192, 1211, 1224, 1227, 1237, 1249, 1285f., 1309–1312, 1342f., 1354f., 1367, 1372, 1375–1377, 1401, 1405, 1410, 1418, 1486f., 1530, 1545

Londoner Club
321, 498, 1246

Long Island
272, 1156

Lübeck
902

Ludwigshafen (-Oggersheim)
228, 268, 538, 651, 657, 1218, 1542

Luxemburg
siehe auch
Abkommen, Akte, Übereinkommen
Benelux-Staaten
Verträge
135, 308, 454, 535, 576, 598, 606, 916, 975, 982, 1211

Madrid
304f., 307f., 314, 404, 454, 599, 615, 645, 1006, 1211

Magdeburg
905, 985, 1378

Main
845

Main-Donau-Kanal
277

Mainz
1218

Malmsheim
473

Malta
53, 64, 68, 231, 539, 567f., 588, 600, 607, 622, 625, 633f., 636, 647, 654f., 858, 873

Mannheim
1218

Marienborn
431

Marktwirtschaft, soziale
81, 90, 96, 110, 141, 147, 272, 293, 693, 728, 743, 752, 761, 782, 825, 832, 901, 933, 948f., 962, 979, 1013, 1015, 1019, 1034, 1038, 1047, 1110, 1185, 1288, 1317, 1320, 1423, 1458

Marokko
1514

Marshallplan
75, 271, 322, 483, 510, 643, 705, 737, 743, 1158, 1460, 1544

Mecklenburg-Vorpommern
107, 754, 883, 885, 905, 1268f., 1320, 1378, 1388f., 1391f., 1397f., 1417, 1426f., 1435f., 1445, 1467, 1523

Meißen
738

Memoranden
siehe *Aide-mémoires, Memoranden,*
Non-papers

Menschenrechte
35, 41, 47, 74, 320, 328, 364, 366, 411, 422, 424, 426f., 442, 465, 523, 573, 600, 695, 698, 713, 728, 731, 773, 787f., 790, 792f., 869, 893, 895, 910, 1021, 1045, 1065, 1070, 1072, 1149, 1160, 1166, 1168, 1170, 1280, 1313, 1318, 1349, 1548

Mexiko
520, 589, 1011

Minsk
1088

Mittelmeer
542, 548, 1485

„Le Monde" (Paris)
345, 446, 720, 937

„Der Morgen" (Berlin)
413

Moskau
21, 28–31, 33–38, 46, 49, 53, 61–63, 65, 67–70, 76, 80, 83f., 86–88, 91f., 96f., 99, 101, 112f., 115f., 118, 122, 130, 134–136, 148f., 153f., 158–160, 163f., 166f., 169f., 174, 177f., 180, 184, 187–189, 193, 216, 221–227, 229, 231–235, 243, 248, 255f., 262, 266f., 277, 280, 284, 286f., 290, 296–301, 303, 316, 333, 338, 408, 426, 450f., 492, 505, 517, 526, 542, 545, 563f., 590, 611, 619, 623, 633, 635, 639, 645, 647f., 650, 654f., 658–

661, 684, 689, 722, 724–726, 734, 747–
749, 755, 758, 765, 784, 786, 788 f.,
792 f., 795 f., 798, 800, 806–808, 812,
818, 826 f., 830, 832, 844, 853, 856–860,
868, 871, 873, 908, 921 f., 928, 961, 968,
972, 982, 1026–1028, 1033, 1056, 1074,
1080 f., 1087–1089, 1091, 1096, 1103–
1105, 1114, 1117, 1119, 1121, 1127,
1129 f., 1136, 1145–1147, 1162–1164,
1175, 1179, 1192, 1194 f., 1198 f., 1201,
1207, 1224, 1234, 1238, 1241 f., 1245,
1248, 1251, 1264, 1275, 1297, 1310,
1317, 1340, 1352–1354, 1366 f., 1374,
1376, 1400 f., 1454, 1462, 1480, 1493 f.,
1498–1501, 1505 f., 1518, 1520, 1523,
1527, 1529–1532, 1538–1540, 1547,
1549 f.

Moskwa
170

München
77, 91, 228, 245, 268, 580, 681, 788,
792, 1348, 1377, 1544

Münster
1264, 1318

Naher Osten
32, 228, 274, 300, 302 f., 309, 398, 424,
455, 589, 874, 1023, 1479

Namibia
35, 135, 978

Nation
25, 28, 40, 51, 59, 101, 232, 491, 494,
501, 537, 543, 686, 699 f., 713, 729,
784, 806, 810, 818, 846

**Nationaldemokratische Partei Deutsch-
lands (NDPD)**
593, 754, 956

Nationale Volksarmee (NVA)
siehe auch *Streitkräfte, gesamtdeutsche*
112, 144, 146, 176, 200, 351, 414, 416,
588, 608 f., 715, 734, 766, 797, 804,
831, 833 f., 840, 843, 849, 855, 865,
971, 974, 1011, 1020–1022, 1083,
1158, 1193, 1209, 1255, 1264, 1268,
1281, 1292, 1338, 1428, 1478, 1543
– Wehrpflicht
415, 609, 833, 1012, 1268, 1292

**Nationales Olympisches Komitee
(NOK)**
891

Nationalsozialismus
66 f., 122, 164, 344, 480, 522, 593, 595,
606, 632, 719, 839 f., 870, 893, 916,
934, 1093, 1139, 1174, 1254, 1406
– Entschädigung von Opfern
127, 139, 915, 934, 958, 1263, 1351,
1494, 1507
– Häftlinge in Konzentrationslagern
127, 916, 931, 958
– Widerstand
53, 321, 471, 521, 915
– Zwangsarbeiter
127, 139, 915 f., 923, 934, 937, 958,
1009, 1254, 1263, 1351, 1507

NATO (Nordatlantikvertrags-Organisa-
tion)
siehe auch
Abkommen, Akte, Übereinkommen
Erklärungen
Kommuniqués
Konferenzen, Gipfeltreffen, Tagungen
Nordatlantik-Vertrag
27–29, 35, 46, 50, 65, 68, 78, 84–86, 92,
97 f., 100 f., 103, 110–113, 115, 117–
120, 122, 135–137, 144, 155, 159–164,
166–173, 175–183, 186 f., 191–193,
223 f., 228, 234 f., 254, 258, 261, 271–
273, 275, 278 f., 281, 283, 285 f., 289,
290–292, 302–304, 310, 314–316,
324 f., 338, 395, 411 f., 443, 454, 460,
466 f., 490, 524, 533, 540, 543, 546 f.,
562, 569–571, 574, 587–590, 594, 600,
602 f., 608, 614, 618, 622, 624 f., 630,
633 f., 636, 639 f., 645, 647, 652, 655,
657, 663, 669, 678 f., 685, 699, 720,
731, 734 f., 741–743, 751, 756, 763,
771–773, 775, 784 f., 794, 799, 804,
810, 827, 830 f., 833, 844, 846, 849,
856, 858, 865, 866–869, 872, 875, 877,
883, 895 f., 898, 909 f., 913 f., 918, 922,
928–933, 935, 942 f., 945, 953 f., 963,
967, 969, 971–975, 982, 996–998,
1014, 1021 f., 1034, 1057, 1066 f.,
1076–1083, 1091–1093, 1120, 1126–
1128, 1130 f., 1140, 1144, 1155, 1158,
1160, 1163 f., 1173, 1178 f., 1191–
1194, 1197 f., 1201, 1212 f., 1225,
1227–1231, 1233–1241, 1248–1251,
1254–1258, 1261, 1263, 1276–1281,
1285 f., 1295, 1309–1312, 1317–1319,

1322 f., 1342–1344, 1346 f., 1354 f.,
1357–1360, 1367, 1371–1373, 1375,
1401, 1405, 1410 f., 1439, 1454 f.,
1486 f., 1515
– Ausdehnung der NATO-Strukturen auf
das Territorium der DDR
91, 97–99, 111 f., 117 f., 120, 161, 169,
181, 190, 192 f., 223, 734 f., 756, 775,
784, 788, 791, 794, 799, 804, 830–833,
846, 859, 865, 877, 898, 911, 914, 935,
972, 997 f., 1210, 1228, 1231, 1235,
1254, 1295, 1345–1347, 1357–1360,
1366, 1372, 1375, 1531
– Beziehungen zum Warschauer Pakt
135, 154, 175, 180–184, 186 f., 191,
261, 289, 655, 669, 982, 1228 f., 1235,
1249, 1257, 1277, 1285, 1309, 1311,
1318, 1342, 1355, 1402
– Doppelbeschluß
28, 61, 562
– Flexible response
144, 182, 1014, 1022, 1228, 1236,
1239 f., 1261, 1322 f.
– Gesamtkonzept für Rüstungskontrolle
und Abrüstung, 29./30. Mai 1989
271, 273, 285 f., 570
– Harmel-Bericht („Die künftigen Aufgaben der Allianz"), 14. Dezember 1967
1276, 1310
– High Level Task Force
634, 1259, 1279
– Internationaler Stab
181, 1231
– Militärstrategie
144, 160, 163, 168–170, 175 f., 181 f.,
187, 261, 1210, 1236, 1240, 1261,
1279, 1309, 1312, 1322 f., 1410
– Nordatlantikrat
913, 929, 1195, 1235, 1237 f., 1240,
1258, 1277, 1279, 1310
– Nuklearstrategie
144, 167, 169, 181–183, 186 f., 235,
1240, 1286, 1279, 1312, 1322 f.
– Oberster Alliierter Befehlshaber in Europa (SACEUR)
1236, 1238 f.
– Umstrukturierung der Streitkräfte
742, 1322 f., 1487
– Vorneverteidigung
144, 181 f., 1014, 1022, 1228, 1230,

1236, 1240, 1261, 1279, 1286, 1312,
1322 f.
– Zugehörigkeit des geeinten Deutschland
65, 67 f., 84 f., 91 f., 97 f., 101, 113, 115,
117–120, 122, 126 f., 134, 136 f., 144,
146, 154, 159–164, 166–170, 172–175,
177, 181, 183 f., 188–191, 193, 223,
231, 233–236, 251, 302, 309, 699, 720,
734, 804, 830, 856, 858, 865, 867–869,
872, 877, 893, 898, 909, 921–923, 925,
928–930, 932 f., 953, 961–963, 969–
974, 978, 982, 996 f., 1014, 1020, 1022,
1029, 1057 f., 1066, 1077 f., 1081 f.,
1089–1093, 1117, 1127, 1130, 1137,
1139 f., 1155 f., 1161, 1163 f., 1173,
1178 f., 1194–1197, 1201, 1212 f.,
1233, 1235, 1241, 1248, 1258, 1261–
1264, 1285, 1310, 1313, 1318 f., 1343,
1346 f., 1357–1360, 1366, 1372, 1375,
1377, 1401, 1438, 1538
Neiße
342, 527, 1064, 1072, 1106 f., 1148
Neubrandenburg
905, 1378
„Neue Berliner Illustrierte"
122, 921 f., 938, 971
„Neue Zeit"
549
„Neues Deutschland" (Berlin)
349, 388, 393, 414 f.
Neues Forum (NF)
siehe auch *Volkskammer der DDR*
46, 409 f., 415, 456, 479, 503, 592, 621,
673, 717, 754, 820, 956, 985
– Bündnis 90
956
Neugliederung des Bundesgebietes
199, 203, 207, 612, 884, 1152, 1209,
1215, 1217–1220, 1223, 1290 f., 1303,
1327, 1335, 1381 f., 1389–1392, 1467
– Geplanter Zusammenschluß der Länder
Berlin und Brandenburg
207, 262, 1307, 1390, 1467
Neuseeland
520, 1172
Neutralität Deutschlands
38, 65, 70, 72, 78, 91 f., 97–101, 113,
115, 122, 126, 130, 136 f., 149, 234,
300, 302, 304, 460, 467, 574, 577, 588,
604, 634, 641, 676–678, 685 f., 699,

734, 748, 754–756, 758, 765, 772, 775,
784, 788, 791, 794, 798, 804, 827, 832,
844, 846, 856, 858, 911, 921, 928, 934,
937, 942, 953, 969, 972–974, 982, 998,
1022, 1066, 1163, 1194, 1372

Neuwarpbucht
1072

New York
47, 116, 216, 222, 229, 282, 284, 418,
433–435, 465, 623, 856, 953, 1454,
1480, 1493, 1539, 1543

„The New York Times"
466 f.

„Newsweek" (New York)
36

Nicaragua
623, 898, 956

Niederlande
siehe auch
Abkommen, Akte, Übereinkommen
Benelux-Staaten
Verträge
308, 331, 576, 606, 615, 686, 706, 730,
798, 852, 866

Niedersachsen
107, 151, 195, 204, 235, 313, 416, 680,
721, 735, 737, 834, 837, 899, 905,
1059, 1119, 1122, 1156, 1184, 1217,
1299, 1302, 1324, 1378, 1388 f.,
1391 f., 1412, 1417, 1427, 1444 f.,
1457, 1467, 1473 f., 1508, 1537

Nordatlantik-Vertrag, 4. April 1949
97, 175, 190, 618, 895, 914, 935, 997,
1075, 1455

– Artikel 5
111, 118, 137, 182, 190, 192, 833, 914,
997, 1083, 1236, 1360, 1372, 1375

– Artikel 6
111, 118, 137, 182, 190, 192, 914, 997,
1083, 1236, 1360, 1372, 1375

Nordatlantische Allianz
siehe *NATO*

Nordrhein-Westfalen
106 f., 151, 196, 202 f., 207 f., 218, 220,
262 f., 427 f., 680, 721, 735, 778, 834,
837, 883, 899, 905, 993, 1059, 1061,
1102, 1108, 1119, 1184–1186, 1188,
1227, 1284, 1290, 1299, 1302 f., 1307,
1324, 1335, 1378 f., 1383–1385,
1388 f., 1391 f., 1394 f., 1412, 1417,

1427, 1444 f., 1457, 1467 f., 1471,
1473–1475, 1489, 1491, 1508, 1510,
1512, 1537

Norwegen
276, 850, 866, 1127, 1194, 1231, 1322

Noten, Brief
siehe auch *Aide-mémoires, Memoran-*
den, Non-papers

– Brief zur deutschen Einheit, 12. August
1970
72, 426, 634, 648, 655, 663

– Note des EG-Kommissionspräsidenten
Delors an die Regierung der Volksrepublik Polen (November 1989)
532

– Note der Regierung der DDR an die
Bundesregierung, 5. Dezember 1989
601

– Note der Regierung der DDR an die
Bundesregierung, 30. Juni 1990
1283

– Note der Regierung Polens an die Bundesregierung, 3. Juli 1990
186, 1264, 1419

– Note der Regierung der DDR an die
Bundesregierung, 3. September 1990
1515

– Note der Regierung der DDR an die
Bundesregierung, 29. September 1990
229, 268, 1554

Nowosti
973 f.

Nürnberg
296

Nuklearwaffen
siehe *Kernwaffen*

Obereichsfeld
905

Oberkochen
1221

Oder
100, 342, 527, 832, 1064, 1071 f.,
1106 f., 1148

Oderbucht
317, 1072, 1169 f.

Oder-Neiße-Linie
siehe auch
Deutscher Bundestag
Grenzen Deutschlands
Grenzvertrag, deutsch-polnischer

Polen
Volkskammer der DDR
  42, 59, 72, 74, 83, 99, 109, 113, 120–
  125, 127, 135–137, 139, 157, 169, 183,
  341, 343, 426, 491, 493, 501, 527 f.,
  532, 552, 623, 625, 639, 655, 684, 802,
  815, 844, 847 f., 863, 884, 910–912,
  920, 937–946, 954, 957–960, 962, 967,
  981 f., 997–999, 1004, 1008, 1027,
  1029, 1064, 1072, 1081 f., 1087,
  1106 f., 1138, 1242, 1244 f., 1248,
  1311, 1319, 1339, 1368, 1419 f., 1523,
  1552

Oebisfelde
  483

OECD (Organization for Economic Cooperation and Development)
  444, 665, 1160, 1313 f.

Öffentlicher Dienst und Verwaltung
  25, 78, 107, 212, 215–217, 666, 736,
  754, 764, 841, 887, 889, 904, 917, 994,
  1014, 1188, 1269, 1273, 1291, 1303,
  1329, 1336, 1399, 1409, 1416, 1430–
  1433, 1447, 1452, 1459, 1468 f., 1475–
  1478, 1489 f., 1505, 1509 f., 1537
– Überleitung
  207, 1273, 1302, 1336, 1474, 1476 f.
– Verwaltungsreform in der DDR
  213, 1478, 1510

Österreich
  siehe auch *Verträge*
  30, 44 f., 275 f., 343, 378, 382, 405,
  606, 687, 842, 846, 849 f., 928, 1245, 1247

Oppositionsgruppen in der DDR
  siehe auch *Runder Tisch in der DDR*
  46, 51, 58, 76, 80, 82, 108, 230, 239,
  245, 409 f., 413, 415 f., 445, 456, 572,
  579, 590 f., 601, 621, 636 f., 656, 673–
  675, 679, 694, 707 f., 711 f., 716 f., 736,
  985, 1019, 1326
– Bürgerkomitee „Runde Ecke"
  983
– Grüne Liga
  717, 754, 815, 820
– Grüne Partei
  717, 754, 815 f., 820, 823, 956
– Grünes Netzwerk Arche
  405, 815
– Gruppe der Zwanzig
  673

– Die Nelken
  956
Ostpreußen
  79, 287, 686, 848, 1058
– Verwaltung der UdSSR unterstellter
  Teil (nördliches Ostpreußen)
  74, 99, 136, 206, 225, 277, 527, 623,
  726, 1349
Ostsee
  537, 762, 1147
Ost-West-Handel
  siehe *COCOM*
Ottawa
  101–103, 116, 129, 509, 810, 815, 827,
  830, 832, 835, 844, 866, 872, 874, 943,
  952, 1079, 1211, 1369
Pakistan
  757, 1514
Palais Schaumburg
  1134
Panama
  1011, 1117
Paris
  30 f., 34, 39, 52, 60, 62, 66, 78–81, 83,
  86 f., 112–114, 121 f., 125, 136, 153, 155,
  163, 172, 185, 193, 221 f., 232, 238, 242,
  249, 254, 262, 274 f., 305, 315, 321–323,
  340, 343, 345, 395, 400, 443 f., 446, 459 f.,
  472, 474, 495, 512, 521, 525, 535, 539,
  541, 565, 575, 577, 580, 590, 633, 635,
  684, 687, 689, 694, 718, 720, 730, 732,
  740 f., 743, 757 f., 802, 813, 842, 852, 891,
  909, 911, 930, 934, 937–940, 942, 944,
  946, 955, 957, 987, 1010, 1027, 1056,
  1083, 1091 f., 1103, 1129, 1142, 1160,
  1164, 1198, 1211, 1240, 1245, 1248–
  1251, 1280, 1283, 1293, 1316 f., 1319,
  1339, 1343, 1356, 1365, 1367, 1369,
  1374, 1376, 1385, 1418–1421, 1454,
  1485, 1487, 1507, 1530, 1542, 1545
Pariser Club
  306 f., 315, 321, 341, 343, 385, 395,
  399 f., 536, 570, 1246
Parlament, gesamtdeutsches
  113, 123, 125, 131, 149, 172, 186, 197,
  199, 203, 205 f., 210 f., 218, 220, 223,
  235, 253, 733, 798, 817, 848, 863 f.,
  896, 910 f., 938, 943, 947, 953, 962,
  964, 1008, 1016, 1087, 1090, 1109,
  1129, 1144, 1168, 1181, 1209, 1223,

1253–1256, 1267f., 1291, 1302, 1324–
1326, 1333, 1336, 1338f., 1356, 1368,
1370, 1396, 1412, 1420, 1426–1428,
1439, 1444, 1462, 1548f.

Parlamentarischer Rat
271, 880

**Partei des Demokratischen Sozialismus
(PDS)**
siehe *Sozialistische Einheitspartei
Deutschlands/Partei des Demokratischen Sozialismus*

Pazifik
280, 863

Peking
319, 415, 842

Pennsylvania
272

Pfalz
1552

Philadelphia
862, 1555f.

Philippinen
1514

Pisa
866

Plauen
551, 556

„Le Point" (Paris)
446

Polen
siehe auch
*Abkommen, Akte, Übereinkommen
Aide-mémoires, Memoranden, Non-
Papers
Erklärungen
Grenzvertrag, deutsch-polnischer
Konferenzen, Gipfeltreffem, Tagungen
Noten, Brief
Oder-Neiße-Linie
Verträge
Zufluchtsfälle
Zwei-plus-Vier-Verhandlungen*
21, 38, 42, 45f., 48, 52–57, 72, 93f., 99,
101, 111, 113, 115–117, 120f., 123–127,
129, 139, 157f., 163, 171, 178, 183–186,
206, 208, 225f., 231, 235, 241, 262,
283f., 300, 306f., 315, 317, 320–323,
328f., 333, 340–345, 350, 361, 377f.,
380f., 384f., 389f., 395–397, 399–403,
405, 409, 411f., 416, 421f., 428, 431,

443–447, 449, 451, 453, 459f., 464,
470–472, 476, 480f., 492–495, 497–
501, 505–507, 509, 511, 513–515, 517f.,
520–529, 531, 533–539, 542, 544, 548,
562, 570, 584, 587f., 602f., 605f., 608,
623, 629f., 635, 648, 651f., 654f., 665,
682–684, 686f., 698, 705f., 731, 734,
743–746, 755, 762–766, 787f., 790, 792,
800, 802, 811, 815f., 826, 848f., 852,
858, 860f., 863f., 866, 872, 875, 878f.,
894, 896, 910f., 913, 915f., 930f., 934f.,
937f., 940–946, 951, 953f., 957–963,
967f., 970, 972, 975, 978, 996–999,
1004, 1008f., 1020, 1022f., 1028f.,
1057–1059, 1065, 1067, 1069–1073,
1076, 1081f., 1103, 1106, 1115, 1129,
1131, 1136, 1138, 1141–1143, 1146–
1149, 1165–1171, 1173, 1177f., 1182,
1184, 1196, 1213, 1241–1243, 1245–
1248, 1250f., 1253, 1277, 1282f.,
1293f., 1313, 1316, 1319, 1333f.,
1339f., 1345, 1356, 1365, 1368f., 1372,
1385, 1419f., 1455, 1479f., 1506, 1536,
1552

– Beziehungen zur Bundesrepublik
Deutschland
39, 44–46, 53, 56f., 120f., 123–127,
139, 157, 163, 171, 184–186, 222, 225,
230, 254, 305f., 320f., 328, 340–343,
381, 384f., 399f., 402f., 421f., 444,
449, 459, 480, 492, 495, 499, 520–525
527, 529, 531, 533, 538, 617, 623, 639,
654f., 744–746, 762, 766, 787f., 790,
799, 848, 878, 896, 915, 930, 934, 937,
946, 957–959, 967, 975, 978, 1004f.,
1008f., 1020, 1058, 1064f., 1070–
1073, 1082, 1106f., 1143, 1148f.,
1165–1170, 1177f., 1220, 1241–1246,
1294, 1339f., 1356, 1368f., 1385,
1418–1421, 1524, 1552

– Beziehungen zur DDR
317, 333, 558, 1072, 1169f.

– Deutsche in Polen
46, 120f., 123, 125f., 157, 306, 321,
401, 403, 421, 481, 878, 884, 910, 931,
934, 938, 940, 944, 954, 958, 1009,
1058, 1070, 1102, 1243, 1282

– Gewerkschaft „Solidarität"
42, 44, 146, 398, 400–402, 492, 497,
539, 764, 1019, 1023, 1243, 1282, 1316

– Landwirtschaft
400, 444, 492, 498–500, 532, 544
– Oppositionsgruppen
339, 341 f., 344, 400, 764
– Polnische Vereinigte Arbeiterpartei
(PVAP)
38, 339, 344, 377 f., 396, 524
– Reformen
39, 42, 126, 341–344, 395–397, 400 f.,
420, 422, 453, 455, 470, 472, 474,
492 f., 496 f., 506 f., 516, 523–526, 529,
531 f., 538, 561, 570, 587, 681, 746,
762, 954, 1081
– Regierung
21, 39, 115 f., 121, 135, 139, 157 f., 163,
183, 185 f., 221, 230, 333, 534, 895 f.,
910, 913, 916, 943 f., 958, 999, 1004,
1009, 1063, 1165, 1171, 1238, 1243 f.,
1246, 1282, 1294, 1316, 1345, 1370,
1385, 1419 f., 1523, 1552
– Sejm
38, 42, 315, 342, 344, 422, 653, 764,
847, 896, 934, 1009, 1071, 1243, 1282
– Streitkräfte der UdSSR
44, 172, 380, 1103
– Westgrenze
42, 57, 68, 70, 83, 94, 99, 113, 115, 117,
119–121, 123–127, 129, 135, 137, 139,
145, 157 f., 163, 169–171, 183, 185 f.,
206, 221, 225, 235, 249, 251, 254–256,
262, 341, 401, 426, 523, 527, 529, 623,
633, 639, 655, 686 f., 729, 731, 744 f.,
760, 802, 859, 863 f., 866 f., 872, 878,
893, 912 f., 925, 930 f., 934 f., 937–940,
944–946, 951–953, 958, 961–963,
967 f., 978 f., 999, 1008 f., 1014, 1020 f.,
1063, 1065, 1069, 1072, 1091, 1106,
1129, 1138, 1141–1143, 1147, 1165–
1171, 1173, 1177, 1182, 1196, 1213,
1241–1243, 1248 f., 1251, 1253, 1282 f.,
1294, 1316, 1339, 1356, 1365, 1368–
1370, 1372, 1419 f., 1466, 1523 f., 1552
– Wirtschaft, Handel, Finanzen
184, 321, 342, 381, 385, 395, 400–402,
422, 445, 449, 459, 492, 497, 499, 506,
511, 516, 523–526, 529, 532, 535, 537,
544, 629, 649, 682 f., 746, 959, 1243–
1246, 1316
– Wirtschafts- und Finanzhilfe
38 f., 42, 45, 48, 57, 94, 125, 230, 306 f.,
322 f., 340–343, 385, 395 f., 399–403,
422, 443 f., 447, 449, 451, 459 f., 464 f.,
467, 470, 472, 474, 476, 498–500, 507 f.,
511, 520, 524–526, 529, 532, 535 f.,
538 f., 541 f., 544, 588, 606, 625, 694,
745 f., 762, 864, 1243–1245, 1313, 1316
Portugal
446, 769, 1000, 1481
Postwesen
58, 60, 328 f., 469, 484 f., 510, 551,
556 f., 625, 644, 667, 696, 736, 752,
818, 930, 1054, 1272, 1289, 1452,
1460, 1478
Potsdam
88, 637, 658, 732, 787, 790, 1167, 1378
Prag
21, 46–48, 52, 230, 316, 349, 374, 381–
383, 392, 397, 399, 407, 420, 426, 428–
430, 432–441, 447 f., 455, 471, 476–
478, 496, 517, 520, 551, 554, 590, 653,
681 f., 689, 872, 972, 974 f., 1058, 1128,
1158, 1197, 1241
„Prawda" (Moskau)
115, 123, 408, 648, 858, 893, 939
Preußen
97, 522, 786, 789, 848
Protokolle
siehe auch
*Abkommen, Akte, Übereinkommen
Verträge*
– Protokoll der Konferenz von Jalta,
11. Februar 1945
342
– Protokoll über den Erlaß der deutschen
Reparationszahlungen und über andere
Maßnahmen zur Erleichterung der finanziellen und wirtschaftlichen Verpflichtungen der DDR, die mit den Folgen des Krieges verbunden sind, 22. August 1953
534
– Protokoll zur Änderung und Ergänzung des Brüsseler Vertrags, 23. Oktober 1954
618
– Protokoll über die Beendigung des Besatzungsregimes in der Bundesrepublik
Deutschland (Pariser Protokoll), 23. Oktober 1954
955

– Protokoll Nr. II über die Streitkräfte der
Westeuropäischen Union, 23. Oktober
1954
1487
– Protokoll über den innerdeutschen
Handel und die damit zusammenhängenden Fragen, 25. März 1957
706
– Protokoll über die Einrichtung des
Hauses der Wirtschaft und Industrie der
Sowjetunion in der Bundesrepublik
Deutschland und des Hauses der Wirtschaft der Bundesrepublik Deutschland
in der Sowjetunion, 13. Juni 1989
295
Rambouillet
1507
Rapallo
453, 799
**Rat für gegenseitige Wirtschaftshilfe
(RGW)**
siehe auch *Konferenzen, Gipfeltreffen,
Tagungen*
44, 114, 128, 146, 148, 317, 378, 545,
559, 706, 710, 842, 849, 883, 918, 943,
950, 985, 994, 1012, 1038, 1087, 1098,
1109, 1160, 1216, 1220, 1245, 1272,
1313, 1330, 1333 f., 1362, 1436, 1440,
1461, 1502
Rechtsangleichung
siehe auch
Einigungsvertrag
Staatsvertrag
*Währungs-, Wirtschafts- und Sozial-
union zwischen der Bundesrepublik
Deutschland und der DDR*
82, 90, 150, 197 f., 215, 250, 258, 612,
711, 728, 748, 751, 759, 782, 879, 881–
883, 889, 905, 918, 948, 987, 1015,
1046 f., 1061, 1109, 1151–1154, 1208,
1214, 1222 f., 1270, 1330, 1406 f.,
1427, 1451
– Arbeitsrecht
82, 207, 759, 1046, 1409
– Mietrecht
207, 215, 992, 1478, 1491
– Recht der DDR, fortgeltendes
198, 206, 1214, 1222, 1267, 1269,
1302, 1329, 1336, 1394, 1398, 1406,
1428, 1468, 1475

– Reservatsrechte
1381, 1383, 1447, 1453
– Schwangerschaftsabbruch (§ 218 StGB)
200, 209, 215 f., 218, 229, 265, 1019,
1209, 1221, 1383, 1414, 1447, 1451,
1467, 1472 f., 1479, 1489, 1491 f.
– Sozialordnung
82, 207, 728, 753, 759, 821 f., 948 f.,
1109, 1409
– Überleitung von Bundesrecht
106, 195, 198 f., 205–207, 211, 213 f.,
216, 885, 1152, 1209, 1214, 1226,
1266–1271, 1273 f., 1302, 1306, 1329,
1331, 1336, 1382 f., 1387, 1398, 1406,
1409, 1416, 1428, 1451, 1472 f., 1491
– Völkerrechtliche Verträge der Bundesrepublik Deutschland
249, 716, 729, 800, 893–895, 897, 952,
965, 978, 1097, 1153, 1221, 1250,
1254, 1256, 1272, 1330, 1400, 1406,
1429 f., 1451
– Völkerrechtliche Verträge der DDR
100, 162, 222, 226, 249, 716, 729, 883,
893–895, 897, 952, 965, 969, 978, 981,
996, 1024, 1097, 1154, 1216, 1220 f.,
1224, 1250, 1254, 1256, 1272, 1330,
1372, 1400, 1406, 1429, 1443, 1451,
1501 f., 1507
Regierung der DDR
– Amt für Außenwirtschaft
1440
– Amt des Ministerpräsidenten
1379
– Amt für Nationale Sicherheit
712, 1431
– Amt für den Rechtsschutz des Vermögens
1324, 1329 f.
– Ministerium für Arbeit und Löhne/Mi-
nisterium für Arbeit und Soziales
1324, 1409, 1472, 1478
– Ministerium für Außenwirtschaft
550
– Ministerium für Auswärtige Angelegenheiten
48, 128–130, 158, 171, 323, 334, 352 f.,
355 f., 358 f., 374, 392–394, 439 f.,
476 f., 518, 550, 609, 668, 707, 875,
1147, 1165, 1178, 1220, 1328–1330,
1478

- Ministerium für Bildung und Wissenschaft
  1331
- Ministerium für Familie und Frauen
  1472
- Ministerium der Finanzen und Preise/
  Ministerium der Finanzen
  712, 989, 1234, 1324, 1330, 1436, 1478
- Ministerium für Forschung und Technologie
  1443, 1478
- Ministerium für Gesundheits- und Sozialwesen/Ministerium für Gesundheitswesen
  613
- Ministerium für Handel und Tourismus
  1478
- Ministerium für Innere Angelegenheiten/Ministerium des Innern
  410, 471, 518, 713, 1324, 1328–1330, 1431
- Ministerium der Justiz
  702, 985, 1324, 1329 f.
- Ministerium für Kultur
  1331, 1338
- Ministerium für Land-, Forst- und Nahrungsgüterwirtschaft/Ministerium für Ernährung, Land- und Forstwirtschaft
  1324, 1330, 1478
- Ministerium für Nationale Verteidigung/Ministerium für Abrüstung und Verteidigung
  713, 1147, 1330, 1428
- Ministerium für Naturschutz, Umweltschutz und Wasserwirtschaft/Ministerium für Umweltschutz, Naturschutz, Energie und Reaktorsicherheit
  1324
- Ministerium für Post- und Fernmeldewesen
  283, 1478
- Ministerium für Regionale und Kommunale Angelegenheiten
  1328, 1331
- Ministerium für Staatssicherheit
  41, 46, 69, 74, 80, 82 f., 86, 108, 145, 215, 228, 233, 319, 351, 410, 415, 431 f., 591, 593, 621, 651, 683, 688, 700, 708, 712, 753, 796, 841, 843 f.,
  871, 928, 932, 953, 984 f., 1012, 1014, 1019, 1127, 1143, 1174, 1186, 1431, 1479, 1490
- Ministerium für Wirtschaft
  1220, 1324, 1330, 1478
- Ministerium für wirtschaftliche Zusammenarbeit
  1330
- Ministerrat
  114, 221, 456, 468, 471, 502–504, 518, 538, 591, 609, 703, 707, 710, 714, 1067, 1152, 1186–1188, 1223, 1227, 1300, 1304, 1320, 1379, 1443, 1465
- Nationaler Verteidigungsrat
  468
- Statistisches Amt
  1482 f.

Regierungsausschüsse/Regierungskommissionen, deutsch-deutsche
siehe auch
Grenze, innerdeutsche
Staatsvertrag
Währungs-, Wirtschafts- und Sozialunion zwischen der Bundesrepublik Deutschland und der DDR
551 f., 556 f., 560, 580, 603, 611, 619, 638, 664, 666 f., 696–698, 714 f., 728, 778, 822, 834–836, 838 f., 899–902, 926, 994

Regierungserklärungen
- Bundesregierung
  21, 59, 255, 302, 340, 384, 399, 491, 493, 501, 538, 543, 552, 843, 914, 1106, 1242, 1244, 1248, 1311, 1339, 1368, 1419 f., 1497, 1523, 1539
- Regierung der DDR
  58, 146, 253, 550, 553, 555, 649, 999, 1018, 1021

Reims
525

Reiseverkehr, innerdeutscher
siehe auch
Ausreise aus der DDR
Berlin
Transitverkehr
Verkehr, innerdeutscher
27, 40 f., 43, 45, 51 f., 56 f., 60, 324 f., 329, 332, 335 f., 339, 350, 359, 375, 453, 457 f., 486–489, 502, 510, 513 f., 517, 519, 530, 551–555, 557–559, 583,

586, 662, 665f., 672, 690, 707, 713, 1061, 1157
- Begrüßungsgeld
58f., 484f., 487f., 531, 551, 555, 558, 578, 582, 601f., 644, 768
- Besuchsreisen
40, 49, 318, 324, 329, 335, 375, 397, 433, 453, 486, 512, 517f., 671
- Ein- und Ausreisegenehmigungen
40, 242, 324, 332, 356, 360, 489, 518, 690, 994
- Mindestumtausch
59, 69, 324, 329, 485, 487, 489, 551f., 555, 558f., 611, 662, 672, 690
- Reisedevisenfonds
59, 61, 484f., 488, 551f., 555, 565, 572, 579, 609, 611, 613, 620, 644, 707, 712, 738, 767, 769, 888f., 1042
- Reisefreiheit
42, 54, 59, 69, 409, 427, 453, 461, 468, 501, 512, 551f., 557, 573, 591
- Tourismus
458, 469, 485, 552, 556, 558, 560
- Umtausch
609, 666
- Visafreiheit
69, 75, 504, 662

Reparationen
57, 111f., 115, 117, 120–122, 124–127, 136, 183, 250f., 534f., 556, 859, 863f., 867, 878, 896, 907, 915, 922f., 931, 934, 944, 946, 954–956, 958f., 978, 983, 1009, 1222, 1243

Die Republikaner
210, 305–307, 314, 320, 335f., 452, 533, 576, 711, 848, 960, 1133

Reuters Telegraphenbureau
54, 974, 1198, 1215

Reykjavik
608

Rhein
36, 113, 137, 183f., 259, 271, 525, 589, 684, 845, 968, 1000, 1247

Rheinland-Pfalz
23, 107, 151, 203, 680, 735f., 803, 834, 837, 845, 899, 905, 1059, 1122, 1184, 1188, 1218, 1299, 1303, 1307, 1335, 1378, 1388f., 1391f., 1412, 1417, 1427, 1444f., 1457, 1467, 1473–1475, 1489, 1508, 1537

Rom
34, 156, 459, 495, 575, 624, 634, 661, 740f., 1363, 1376, 1545

Rostock
107, 601, 872, 904f., 1058, 1255, 1378

Rotes Kreuz
277, 287f., 428

Rüstungskontrolle
siehe *Abrüstung, Rüstungskontrolle*

Ruhr/Ruhrgebiet
537, 845, 1154, 1460

Rumänien
siehe auch *Verträge*
307, 322, 382, 396, 405, 568, 649, 671, 682, 686, 688, 705, 807, 861, 1156, 1175, 1184, 1241, 1277, 1316, 1372

Runder Tisch in der DDR
siehe auch *Verfassung der DDR*
80, 82f., 108f., 145, 199, 494, 621, 683, 700, 707–712, 716, 753–755, 816, 819–821, 824, 831, 841, 1013

Rundfunkanstalten
siehe *Fernseh- und Rundfunkanstalten*

Saar/Saarland
siehe auch
Gesetze, Statuten, Verordnungen
Verträge
88, 107, 151, 196, 209, 263, 680, 735, 834, 837, 845, 882f., 885, 899, 905, 993, 1015, 1059, 1102, 1122, 1184f., 1188, 1217f., 1299, 1302f., 1306f., 1378, 1383, 1388f., 1391f., 1412f., 1415, 1417, 1427, 1445, 1457, 1465, 1467, 1473, 1475, 1489, 1508, 1537
- Beitritt zum Geltungsbereich des Grundgesetzes 1957
197, 882, 965, 976f., 1214, 1336

Saarbrücken
319

Sachsen
130, 454, 612, 765, 801, 844, 849, 862, 883, 885, 904, 956, 1173, 1268f., 1320, 1378, 1388f., 1391f., 1397f., 1417, 1426f., 1435f., 1445, 1467, 1523

Sachsen-Anhalt
107, 883, 885, 905, 1268f., 1320, 1378, 1388f., 1391f., 1397f., 1417, 1426f., 1435f., 1445, 1467, 1523, 1537

Sachverständigenrat zur Begutachtung
der gesamtwirtschaftlichen Entwicklung
   95, 711, 769, 778
Saint-Germain-en-Laye
   842
Salzburg
   595, 603
Salzgitter
   siehe *Erfassungsstelle der Landesjustiz-*
   verwaltungen, Zentrale
San Francisco
   465 f.
Saratow
   1366
Saudi-Arabien
   1485
Schelesnowodsk
   1366
Schengen/Luxemburg
   310, 581
Schleiz
   1255
Schlesien
   79, 471, 537, 686, 845, 848
Schleswig-Holstein
   106 f., 151, 680, 735, 834, 837, 899,
   905, 993, 1059, 1102, 1122, 1156,
   1184, 1186, 1188, 1217 f., 1299, 1302,
   1378, 1388 f., 1391 f., 1412, 1417,
   1427, 1444 f., 1456 f., 1467, 1469,
   1473, 1508, 1537
Schloß Gymnich
   44, 238, 377, 380, 853
Schwangerschaftsabbruch (§ 218 StGB)
   siehe auch
   Einigungsvertrag
   Rechtsangleichung
   200, 209, 215 f., 218, 229, 265, 1019,
   1209, 1221, 1383, 1414, 1447, 1451,
   1467, 1472 f., 1479, 1489, 1491 f.
Schweden
   276, 343, 846, 850, 866, 1194
Schweiz
   275 f., 322, 343, 601, 606, 846, 889
Schwerin
   61, 905, 1378
Selbstbestimmungsrecht
   35–38, 41, 46 f., 49, 51, 59 f., 64–68,
   72–77, 87 f., 91, 93, 96, 99–101, 107,
   109, 162, 164, 172, 230 f., 233–235,

   295, 325, 345, 397 f., 407 f., 411, 416,
   426–428, 464, 466 f., 543, 547, 554,
   557, 568, 572–575, 587, 594 f., 604–
   606, 634, 648, 656, 663, 677 f., 695,
   698, 720, 732, 756, 760, 764, 768, 787,
   790, 801, 812, 814, 820, 822, 828, 856,
   871, 879, 881, 884, 938, 968, 988,
   1004, 1007 f., 1023, 1065, 1092, 1149,
   1252, 1296, 1388, 1445, 1555, 1557
Selmsdorf
   902
Seoul
   561
Sevilla
   304
Sibirien
   307
Singapur
   173, 1172, 1174–1176
Skandinavien
   322, 588
Sofia
   316, 590
Sooden-Allendorf, Bad
   363
Sorben
   1204, 1331
Souveränität Deutschlands
   99, 124, 133, 155 f., 159, 163 f., 170,
   181, 186, 189–193, 223, 233, 235, 337,
   339, 554, 684, 733, 788, 800, 823, 868,
   959, 1029, 1077, 1092, 1130, 1138 f.,
   1143, 1148 f., 1161, 1212 f., 1228,
   1250, 1262 f., 1296, 1319, 1340, 1342,
   1346 f., 1356–1361, 1364–1366, 1368,
   1370, 1372, 1375, 1396 f., 1425, 1455,
   1487, 1555
Sozialdemokratische Partei in der DDR
(SDP)
   673
Sozialdemokratische Partei Deutschlands (SPD)
   siehe auch
   Deutscher Bundestag
   Ländergremien in der Bundesrepublik
   Deutschland
   54, 83, 86 f., 90, 92, 95, 104, 106, 110,
   121, 130, 133, 150 f., 195 f., 200, 202,
   204, 207, 209–211, 214–218, 220,
   235 f., 305, 319, 336, 339, 406 f., 409,

504, 533, 556, 604, 635, 655, 750, 758, 761, 770, 777, 801, 818, 872, 911, 933, 945, 964, 981, 1000, 1056f., 1063f., 1099, 1102, 1107, 1120, 1165, 1167, 1181–1184, 1186, 1197, 1209, 1281, 1445, 1465f., 1471, 1475, 1478f., 1481, 1484, 1489–1492, 1503, 1513, 1517

Sozialdemokratische Partei Deutschlands der DDR (SPD)
siehe auch *Volkskammer der DDR*
76, 131, 143f., 196, 214, 216, 220, 604, 700, 716, 729, 754, 818f., 869, 871, 932, 956f., 964, 985, 996, 1012, 1099, 1109, 1181, 1186, 1197, 1478, 1497

Sozialgesetzgebung/Sozialversicherungen
siehe auch
Rechtsangleichung
Sozialpolitik
Staatsvertrag
Währungs-, Wirtschafts- und Sozialunion zwischen der Bundesrepublik Deutschland und der DDR
141, 147, 724, 920, 1039f., 1071, 1110, 1337, 1395, 1424, 1453, 1469
– Arbeitslosenversicherung
108, 783, 818, 825, 862, 888f., 920, 928, 980, 1000, 1015, 1039f., 1135, 1337, 1435, 1461
– Kindergeld
980, 1015
– Krankenversicherung
889f., 1015, 1039f., 1110, 1337, 1424, 1461, 1470, 1472f.
– Rentenversicherung
108, 141, 215, 584, 693, 724, 753, 782f., 818, 821, 825f., 862, 888f., 920, 928, 980, 1000, 1002, 1015, 1039f., 1110, 1135, 1337, 1435, 1453, 1461

Sozialistische Einheitspartei Deutschlands (SED)/Partei des Demokratischen Sozialismus (PDS)
siehe auch
Kommuniqués
Volkskammer der DDR
21, 39, 43, 45, 49–52, 55f., 58f., 61, 68f., 72, 74–76, 80–83, 90, 110, 130, 145, 215, 217, 228, 230, 316–319, 381, 389–391, 407, 410, 413, 415, 446, 452,

456, 458, 482, 491, 493f., 503, 508, 548–550, 553, 559, 571, 590–593, 600f., 604f., 628, 649, 651, 674, 678, 683, 688, 690–692, 694, 700, 711f., 717f., 754f., 796, 843, 871, 928, 985, 1014, 1133, 1174, 1186, 1336, 1478, 1551
– Partei des Demokratischen Sozialismus (PDS)
109, 210, 754, 769, 797, 956f., 964, 985, 1012, 1302, 1497
– Außerordentlicher Parteitag der SED, 8./9. und 16./17. Dezember 1989
59, 64, 552f., 555, 571, 592f., 601, 620, 628
– 12. Parteitag der SED (geplant)
317, 350, 389, 391, 457
– Politbüro des Zentralkomitees der SED
50, 310, 316, 372, 414f., 427, 455f., 458, 468, 517, 563, 591f., 600, 628
– Zentralkomitee der SED
39, 50, 237, 310, 316, 319, 350, 353, 389, 415, 455–457, 468, 471, 503, 514, 517, 553, 590–592, 600f., 628, 648

Sozialpolitik/Sozialstaatlichkeit
siehe auch *Sozialgesetzgebung/Sozialversicherungen*
23, 818, 820, 823, 825, 832, 980, 986, 1013, 1016
– Sozialstaatlichkeit
69, 90, 215, 263, 683, 693, 695f., 711, 751, 753, 993, 1395, 1479

Spanien
303f., 308, 342, 539, 542, 576, 598, 769, 1000

„Der Spiegel" (Hamburg)
170

Spree
334

„Sputnik" (Moskau)
283

Staats- und Senatskanzleien der Länder, Chefs der
103–106, 150, 152, 197, 202f., 205, 209, 214f., 219f., 246, 249, 254, 257, 261, 263, 265, 268, 680, 721f., 735, 737–739, 777, 835, 838, 899f., 993–995, 1000, 1062, 1069, 1185–1188, 1265f., 1289f., 1299–1304, 1412f., 1415–1417, 1466–1471, 1473–1476, 1537f.

Staatsangehörigkeit, deutsche
siehe auch *Erklärungen*
40, 324, 327, 347, 361, 394, 448, 457f.,
468f., 485, 634, 702, 706, 889, 981,
1071, 1133, 1209, 1385, 1415
Staatsbank der DDR
485, 487f., 555, 558, 609, 613, 691,
704f., 778, 780, 1052, 1459
Staatsrat der DDR
212, 468, 550, 553, 558, 592, 611, 692
Staatssymbole
205f., 1325, 1327, 1381
Staatsvertrag (Vertrag über die Schaffung
einer Währungs-, Wirtschafts- und Sozialunion zwischen der Bundesrepublik
Deutschland und der DDR), 18. Mai 1990
133, 140, 143, 145–147, 149f., 152f.,
157, 167, 176, 195f., 201f., 205, 211,
233, 235, 255–258, 260, 756, 985,
1003f., 1013–1015, 1023, 1034, 1037,
1039–1045, 1061, 1096–1100, 1108,
1110f., 1120, 1123, 1125–1127, 1134f.,
1143, 1150–1154, 1156, 1180–1188,
1196f., 1201, 1203, 1208f., 1214–1216,
1220–1223, 1233, 1270, 1272, 1283f.,
1286–1292, 1299f., 1302, 1320, 1325,
1329, 1332, 1362, 1383, 1389, 1391,
1396, 1399, 1412, 1417, 1422, 1424,
1426, 1435f., 1478, 1504, 1521
– Agrar- und Ernährungswirtschaft (Artikel 15)
1039, 1110
– Außenwirtschaft (Artikel 13)
1038, 1067, 1272
– Fachkommission Ernährung, Landwirtschaft und Forsten
696, 703, 994
– Gemeinsamer Regierungsausschuß (Artikel 8)
1037f., 1187, 1286f.
– Grundsätze der Arbeitsrechtsordnung
(Artikel 17)
1039, 1110
– Grundsätze der Sozialversicherung (Artikel 18)
1039, 1110
– Innerdeutscher Handel (Artikel 12)
1038, 1289
– Krankenversicherung (Artikel 21)
1040, 1111

– Kreditaufnahme und Schulden (Artikel
27)
208, 1041f., 1187, 1408, 1435
– Präambel
1023, 1098
– Rentenversicherung (Artikel 20)
211, 1040, 1111, 1186
– Schiedsgericht (Artikel 7)
1036f., 1186, 1289, 1300
– Strukturanpassung der Unternehmen
(Artikel 14)
1110, 1154, 1185, 1224
– Umweltschutz (Artikel 16)
1039, 1185
– Vertragsänderungen (Artikel 9)
1037, 1187
– Wirtschaftspolitische Grundlagen (Artikel 11)
1038, 1185
Staatsvertrag, zweiter
siehe *Einigungsvertrag*
**Ständige Vertretung der Bundesrepu-
blik Deutschland bei der DDR**
siehe auch *Zufluchtsfälle*
22f., 25f., 43, 45f., 50, 56, 69, 323–
331, 335, 349–353, 355–361, 364,
366f., 372–376, 383, 386–388, 391–
393, 397, 429, 436, 447f., 477, 482,
501, 505, 564, 609, 611, 619, 621, 668,
736, 819, 918, 925, 964, 983, 1066,
1095
– Vorübergehende Schließung 1989
42f., 48, 52, 238, 351–353, 355, 357,
372f., 429, 433f., 447, 477
**Ständige Vertretung der DDR in der
Bundesrepublik Deutschland**
23, 26f., 71, 357, 435, 439–441, 447,
502, 550, 708, 1283f., 1515f., 1553f.
„Stampa Sera" (Turin)
576
Stanford
30
Stapelburg
486
START-Verhandlungen
siehe auch *Verträge*
47, 53, 64, 99, 159, 161, 169, 176, 286,
419, 423, 465f., 489f., 569, 607f., 625,
773, 798, 1023, 1083, 1163, 1170,
1179, 1313, 1321

Stawropol
191, 1373, 1400, 1454

Stettin
157, 1071

Stettiner Haff
1072

Steuer
siehe auch
Abkommen, Akte, Übereinkommen
Bund-Länder-Beziehungen
Einigungsvertrag
Gesetze, Statute, Verordnungen
Währungs-, Wirtschafts- und Sozial-
union zwischen der Bundesrepublik
Deutschland und der DDR
149, 1120, 1123, 1306, 1330, 1446,
1460
– Einkommenssteuer
1432f., 1521
– Kirchensteuer
208, 1100f., 1222, 1475
– Steuergesetzgebung der DDR
82, 701, 704, 783, 825, 920, 949, 1013,
1015, 1020
– Umsatzsteuer
105, 151f., 208f., 211, 216–219, 836f.,
1043, 1124, 1337, 1408, 1415f.,
1432f., 1446, 1451, 1467, 1477, 1480,
1488f., 1492, 1503, 1505, 1510

Stiftung Preußischer Kulturbesitz
1441

Stillwater (Oklahoma)
1076, 1144

Stockholm
1258

Stralsund
738

Straßburg
49, 60, 71, 243f., 443, 446, 453f., 470,
472, 474–476, 507, 528, 542, 544f.,
565, 575, 596–600, 603, 614f., 624,
628, 633, 636, 638f., 647, 651, 663,
689, 706, 729f., 828f., 851, 853, 936,
1006f., 1241, 1280

Streitkräfte, gesamtdeutsche
siehe auch
Bundeswehr
Nationale Volksarmee
97f., 111, 177, 181, 187, 676, 772, 775,
787f., 791, 804, 830, 845, 861, 1083,

1093, 1253f., 1263, 1278, 1296, 1349,
1359–1361, 1438f., 1455, 1531
– Obergrenze der Truppenstärke
88, 96f., 111, 133, 136, 159f., 169, 173,
177, 179–184, 187–190, 192f., 223,
235, 775f., 786, 789, 830, 941, 969,
1020, 1022, 1193, 1197f., 1213, 1230,
1248, 1250f., 1253, 1255, 1263, 1278,
1310–1312, 1321, 1343, 1363–1366,
1372, 1375, 1462, 1487, 1494–1496,
1500, 1531
– Territorialkommando Ost
97, 111f., 117f., 144, 189, 192f., 830,
834, 865, 914, 928, 933, 1366, 1372,
1375, 1428, 1439, 1507, 1531

Streitkräfte in der Bundesrepublik
Deutschland, alliierte
siehe auch
Berlin
Streitkräfte in der DDR, sowjetische
Streitkräfteabzug aus Deutschland,
sowjetischer
78, 113, 122, 164, 192f., 223f., 226,
272, 547, 676, 734, 748, 771, 776, 788,
815, 845f., 852, 914, 922, 925, 969,
1029, 1077, 1093, 1139f., 1143, 1196,
1250, 1254f., 1263f., 1296, 1346,
1359f., 1418, 1455, 1487, 1507, 1540
– Abzug
88, 180, 734, 846, 852, 969, 1487, 1538
– Frankreich
156, 228, 676, 734, 815, 845f., 969,
1057, 1077, 1254f., 1372, 1538, 1544
– Vereinigte Staaten von Amerika
97f., 118f., 134, 137, 155f., 167, 174,
188, 193, 235, 272–274, 412, 425, 589,
676, 734, 742, 776, 785, 794, 815,
845f., 866–868, 872, 953, 969, 974,
1022, 1057f., 1077, 1083, 1130, 1143,
1145, 1195, 1213, 1254f., 1311,
1372f., 1538
– Vereinigtes Königreich Großbritannien
und Nordirland
194, 676, 734, 815, 845, 969, 1057,
1077, 1254f., 1372, 1410f., 1486f.,
1538

Streitkräfte in der DDR, sowjetische
(Westgruppe)
44, 62, 87, 103, 111, 113, 117f., 128,
134, 138, 148, 154, 159, 163, 165, 167–

169, 172, 179f., 182, 184, 187–190, 192–194, 222–226, 235, 256, 259f., 380, 397, 548, 631, 633, 651, 676, 689, 723, 771, 776, 788, 791, 797, 807, 815, 830f., 833f., 841, 844–846, 865, 868, 872, 877, 895, 909, 928f., 933, 935, 942, 967, 970–974, 978, 982, 996, 998, 1021f., 1025, 1029, 1057f., 1077, 1082, 1092, 1097, 1099, 1103, 1121, 1130f., 1143, 1146f., 1158, 1163, 1175, 1193, 1195f., 1210, 1213, 1232–1234, 1246, 1248, 1254f., 1263f., 1275, 1295, 1311, 1313, 1315, 1343, 1345–1348, 1352, 1357–1365, 1372, 1375, 1400, 1410, 1418, 1438f., 1454f., 1462, 1486–1488, 1493f., 1499–1502, 1505–1507, 1518, 1526–1529, 1531–1536, 1538, 1540, 1546–1548

Streitkräfteabzug aus Deutschland, sowjetischer
siehe auch
Berlin
Streitkräfte in der DDR, sowjetische
98, 113, 118, 134, 138, 163, 167, 169, 180, 182, 184, 187–189, 193f., 223–225, 235, 407, 425, 734, 865, 868, 895, 929, 969, 973f., 1083, 1146, 1163, 1175, 1195, 1210, 1236, 1257, 1278, 1342, 1346f., 1358–1366, 1372f., 1375, 1411, 1438, 1455, 1486, 1493f., 1499–1501, 1505f., 1518, 1525f., 1529, 1531f., 1534f., 1538, 1540, 1546
– Liegenschaften
  1400, 1439, 1532f.
– Rechtsfragen
  1533, 1547
– Stationierungskosten
  165, 178, 192, 1232, 1275, 1400, 1541f., 1547
– Todesstrafe
  1518, 1533, 1548
– Wohnungsbau
  190, 192, 1400, 1545

Stukenbrock
292

Stuttgart
473, 726, 1255, 1263, 1334, 1523

Sudan
1102

Südafrika
451, 842, 1001, 1247, 1313

Suhl
904f., 1378

„The Sunday Times" (London)
137

Swerdlowsk
1081, 1353

Swinemünde
1071f.

Tag der Deutschen Einheit
21, 216, 219, 229, 1333, 1498, 1502, 1507f., 1511, 1523, 1527, 1530, 1533, 1537, 1539, 1541, 1543, 1548, 1555, 1558

TASS (Telegrafnoe Agenstwo Sowjetskogo Sojusa)
101, 142, 661, 818, 858, 873, 921f., 973, 987, 989, 1155, 1192, 1198

Teilung Deutschlands
21, 37, 51, 57, 60, 205, 229f., 236, 300, 317, 320, 396, 404, 464, 474, 483, 493, 527, 542, 561, 567, 576, 587f., 611, 640, 650, 695, 698, 801, 823, 847, 1124, 1158f., 1324, 1327, 1488, 1549, 1555f.

Tel Aviv
594

Telekommunikation
71, 329f., 389, 484, 498, 551f., 556f., 562, 572, 602, 626, 667, 690, 696, 715, 717, 728, 736, 752, 769, 862, 902, 1272, 1317, 1460, 1537

Terrorismus
36, 275, 587, 1172, 1312, 1543

Texas
36, 282, 540, 1312

Thüringen
107, 130, 334, 416, 454, 612, 738, 801, 844, 851, 862, 883, 885, 902–905, 956, 1173, 1268f., 1320, 1378, 1388f., 1391f., 1397f., 1417, 1426f., 1435f., 1445, 1467, 1523

Tiflis
32

„The Times" (London)
275

Tokio
1211

Transitverkehr
siehe auch *Abkommen, Akte, Überein-*
kommen
27, 40, 58, 312, 327, 431, 433, 486, 519,
551 f., 554–556, 580 f., 665 f., 697, 713,
891, 1042, 1255
Treuhandanstalt
siehe auch
Gesetze, Statute, Verordnungen
Vermögensfragen, offene
26, 145, 201, 205 f., 208, 216 f., 219,
1014, 1016, 1052, 1099, 1113, 1190,
1221, 1288, 1300, 1302, 1325, 1327,
1330, 1408, 1422 f., 1434–1436, 1447,
1452, 1459–1461, 1469, 1490, 1502,
1508, 1521 f.
– Treuhänderisch verwaltetes Vermögen
153, 206, 1422, 1439, 1464
Truppenabzugsvertrag (Vertrag zwischen der Bundesrepublik Deutschland
und der über die Bedingungen des befristeten Aufenthalts und die Modalitäten des
planmäßigen Abzugs der sowjetischen
Truppen aus dem Gebiet der Bundesrepublik Deutschland), 12. Oktober 1990
siehe auch
Berlin
Streitkräfte in der DDR, sowjetische
Streitkräfteabzug aus Deutschland,
sowjetischer
134, 189, 191, 222–226, 266–268, 942,
969, 1131, 1143, 1193, 1195, 1295,
1346 f., 1352, 1357–1359, 1361, 1366,
1372, 1375, 1438, 1454, 1462, 1498–
1500, 1505, 1518–1520, 1527, 1529,
1532 f., 1540, 1546–1548
– Befristeter Aufenthalt sowjetischer
Truppen in Berlin (Artikel 3)
1518, 1532 f., 1547 f.
– Gesundheitswesen (Artikel 14)
226, 1547
– Regelung für den Luftverkehr der sowjetischen Truppen (Artikel 7)
1518 f., 1532, 1546 f.
– Umweltschutz (Artikel 13)
1532, 1547
– Zoll- und Steuervergünstigungen (Artikel 16)
1518, 1533

„Trybuna Ludu" (Warschau)
533
Tschechoslowakei (ČSSR, ČSFR)
siehe auch
Verträge
Zufluchtsfälle
48, 178, 310, 333, 381 f., 390, 405, 426,
428 f., 437, 439, 453, 455, 470 f., 478,
502, 514, 518, 524, 587, 630, 635, 640,
681–684, 687, 705, 740, 742 f., 755,
763 f., 766, 802, 811, 815, 826, 849 f.,
858, 861, 866, 868, 929 f., 945, 954,
959, 970–972, 975, 978, 996, 1057,
1072, 1082, 1104, 1131, 1147, 1173,
1184, 1200, 1213, 1241, 1247, 1277,
1455, 1479–1481, 1506, 1545
– Beziehungen zur Bundesrepublik
Deutschland
975, 1481
– Reformen
126, 382, 568, 570, 587, 681, 762,
954
– Regierung
333, 1238
– Streitkräfte der UdSSR
44, 380, 868, 935, 1147
Tschernobyl
798, 841
Türkei
687, 833, 850, 1285, 1322, 1485, 1506,
1514, 1542, 1546
Turnberry
176 f., 179, 182, 1195, 1197, 1227,
1230, 1236, 1258, 1310, 1317
Tutzing
91, 756
Überleitungsabkommen (Abkommen
zwischen der Regierung der Bundesrepublik Deutschland und der Regierung der
UdSSR über einige überleitende Maßnahmen), 9. Oktober 1990
222–227, 267 f., 1364, 1366, 1375,
1377, 1400, 1454 f., 1462 f., 1488,
1499–1502, 1506, 1518 f., 1524–1527,
1534 f., 1540, 1547, 1549 f.
– Liegenschaften
222, 1362 f., 1455, 1499–1501, 1526
– Rücktransportkosten
224–226, 1361, 1364, 1499, 1505,
1525–1528, 1536

– Stationierungskosten
226, 259 f., 1232, 1234, 1275, 1364,
1455, 1500, 1524–1528, 1534–1536,
1550
– Transfer-Rubel-Saldo
1232 f., 1275, 1364, 1500 f., 1525 f.
– Umschulungsprogramm
226, 1347, 1361, 1364, 1455, 1500 f.,
1506, 1525–1527, 1536
– Wohnungsbau
222, 224–226, 1347, 1361, 1363 f.,
1499–1501, 1505 f., 1524–1529, 1534–
1536
Übersiedler
27, 41, 50, 59, 61, 70, 76, 80–82, 89, 93,
95, 107, 232, 318, 320, 324, 329, 347–
349, 367, 372, 383, 397, 433, 436, 452 f.,
459, 486, 493, 498, 501, 503, 508–510,
512, 515, 517, 547, 551, 554, 581 f., 584,
609, 612, 620, 646, 664, 666, 670, 674,
693, 698, 708, 717, 747–749, 751, 754,
756 f., 761, 763, 768, 778–781, 796, 798,
814, 816, 818–821, 823, 826, 836 f., 841,
843 f., 855, 861 f., 888–890, 931 f., 945,
953, 964, 966, 980, 993, 999, 1014,
1102, 1156, 1196, 1246
– Begrüßungsgeld
796, 818, 980
Ukraine
301, 408, 726, 1056, 1058, 1081, 1104
Uljanowsk
1366
Umweltschutz
siehe auch
Einigungsvertrag
Kernenergie
Staatsvertrag
23, 36, 39, 58, 60, 71, 153, 196, 207, 215,
217, 220, 263, 274, 324, 327, 332 f., 457,
469, 483, 486 f., 500, 510, 514, 537,
551 f., 556 f., 560, 572, 589, 602, 626,
638, 644, 666, 674, 683, 690, 695 f., 711,
714 f., 717, 725, 729, 731, 736–738, 753,
759, 762, 768 f., 773, 775, 788, 792, 818,
836 f., 862, 870, 902, 904 f., 928, 1000,
1013–1015, 1034, 1038 f., 1045, 1101,
1110, 1135, 1147, 1152, 1160, 1185 f.,
1201, 1219, 1223, 1247, 1289, 1335,
1362, 1380, 1395, 1427, 1458, 1470,
1479, 1488, 1491, 1543

– Versalzung von Werra und Weser
39, 311, 313, 333, 335, 644, 667, 737
Unabhängiger Frauenverband (UFV)
717, 754, 816, 820, 956
Ungarn
siehe auch
Erklärung
Konferenzen, Gipfeltreffen, Tagungen
Verträge
Zufluchtsfälle
43 f., 45 f., 146, 178, 230, 239, 283 f.,
300, 302, 304, 307, 315, 317, 320, 322 f.,
340, 343, 350, 359 f., 362, 377–382,
388–391, 393, 395–397, 401, 403, 405–
409, 411, 414, 416, 428, 442 f., 445, 449,
451, 453 f., 459 f., 464, 474, 476, 478,
493 f., 497, 506, 508 f., 524, 538 f., 541,
544, 548, 551, 554, 562, 570, 587–589,
601–603, 606, 608, 625, 629 f., 637, 648,
651–653, 655–657, 665, 675, 682–684,
687 f., 698, 705 f., 740, 743, 755, 763 f.,
766, 788, 792, 800, 826, 841–844, 849,
861, 954, 970, 972, 975, 978, 996, 1019,
1023, 1057, 1081 f., 1136, 1147, 1158,
1173, 1175, 1184, 1192, 1200, 1213,
1241, 1243, 1245, 1247, 1277, 1316,
1318, 1455, 1479 f., 1506, 1549
– Beziehungen zur Bundesrepublik
Deutschland
44, 322, 359 f., 382, 405 f.
– Grenzöffnung
21, 43–45, 229 f., 388–390, 403, 405,
416, 478, 1549
– Nationalversammlung
601, 649, 656, 678
– Opposition
377 f., 651, 657
– Reformen
39, 44, 48, 126, 230, 379, 396 f., 400,
405 f., 442 f., 453, 455, 470, 496, 538,
561, 570, 587, 629, 657, 681, 762, 843,
954, 1247, 1316
– Regierung
43, 229 f., 1238, 1316
– Streitkräfte der UdSSR
44, 380, 407, 935, 1081, 1147
– Ungarische Sozialistische Arbeiterpartei
(USAP)
44, 317, 322, 377–379, 381, 405 f. 443,
445, 494

– Ungarische Sozialistische Partei (USP)
  406, 443, 459, 653
– Wirtschaft, Handel, Finanzen
  44, 323, 378 f., 406, 442, 445, 459,
  602, 649, 656, 682 f., 700, 1247,
  1316
– Wirtschafts- und Finanzhilfe
  44 f., 48, 230, 322, 378 f., 400, 405 f.,
  442–445, 451, 464, 474, 476, 588, 625,
  651, 656, 694, 1101, 1316

Union der Sozialistischen Sowjetrepubliken (UdSSR)
  siehe auch
  Abkommen, Akte, Übereinkommen
  Aide-mémoires, Memoranden, Non-
  papers
  Berlin
  Erklärungen
  Kernwaffen
  Kommuniqués
  Kommunistische Partei der Sowjetunion
  Konferenzen, Gipfeltreffen, Tagungen
  Streitkräfte in der DDR, sowjetische
  Streitkräfteabzug aus Deutschland,
  sowjetischer
  Truppenabzugsvertrag
  Überleitungsabkommen
  Verträge
  Vier Mächte
  Zwei-plus-Vier-Verhandlungen
  Zwei-plus-Vier-Vertrag
  28, 30, 32–34, 36–39, 46 f., 49 f., 52 f.,
  55–74, 76–80, 85–87, 91–94, 97–103,
  111, 113, 115, 118 f., 122, 124, 127–
  129, 134–136, 146, 148, 153–155,
  158 f., 160–170, 172–177, 179–182,
  187–189, 192 f., 222–229, 231–234,
  236, 241, 243 f., 251, 258, 260, 262,
  266 f., 276–292, 295, 297–300, 302 f.,
  309 f., 317, 321 f., 325, 327, 332, 337–
  339, 345 f., 350, 378, 380, 382, 396–
  398, 402, 408, 411 f., 414 f., 417–419,
  423–428, 445 f., 449–452, 455, 462–
  467, 469–473, 490, 494, 505, 516, 522–
  525, 527, 530, 534, 538 f., 541 f., 545–
  548, 557, 562, 564, 568–573, 575–577,
  586–589, 595, 600–602, 605–608,
  611 f., 616–618, 622–625, 628–631,
  633–637, 640, 642, 645–655, 659–661,
  663, 669, 676 f., 681 f., 684–690, 698,
  700 f., 705, 709 f., 716, 720, 723–726,
  727–729, 731–735, 740 f., 743, 747,
  749, 756–758, 760, 762–766, 771–774,
  776, 784 f., 787–796, 798–803, 805,
  807–809, 811 f., 825–827, 830, 832–
  834, 841 f., 844–846, 849 f., 852, 858–
  860, 863–877, 880, 892, 894 f., 910,
  913, 921–923, 926, 928–930, 933, 935,
  937–939, 942 f., 951 f., 963, 967–975,
  978 f., 981–983, 985, 987–989, 996–
  999, 1001, 1019, 1021–1030, 1033,
  1056–1059, 1066, 1074 f., 1077 f.,
  1080–1082, 1085–1089, 1092–1094,
  1096, 1099, 1102–1104, 1114–1120,
  1126, 1128, 1130 f., 1136, 1138–1140,
  1143–1147, 1155–1158, 1160–1164,
  1173, 1175–1181, 1191, 1193 f.,
  1196 f., 1199 f., 1210–1213, 1225,
  1227 f., 1232–1237, 1240, 1242, 1245–
  1248, 1250, 1252–1258, 1262–1265,
  1275–1277, 1279, 1281, 1285, 1293,
  1295–1297, 1310, 1312–1315, 1318 f.,
  1321, 1323, 1341–1345, 1348–1356,
  1358 f., 1361–1363, 1365–1367, 1369,
  1371–1376, 1400, 1438, 1440, 1454 f.,
  1462, 1479 f., 1488, 1493–1495, 1498–
  1500, 1504–1507, 1518–1520, 1524–
  1527, 1529, 1531–1536, 1538, 1540,
  1545–1548, 1550 f.
– Bank für Außenwirtschaft
  1087, 1313
– Beziehungen zur Bundesrepublik
  Deutschland
  28, 33, 36–39, 80, 87, 92, 100 f., 115,
  119, 134–136, 146, 154 f., 157–159,
  161 f., 164–170, 172, 174 f., 177 f.,
  189–193, 221–225, 229, 233 f., 246,
  255, 262, 267, 277, 283 f., 286–289,
  293–299, 305, 309, 317, 396, 408, 414,
  426 f., 516 f., 635, 639, 645, 648 f.,
  659 f., 722–725, 774, 803 f., 807 f., 811,
  825, 845, 912, 966–968, 970, 1025,
  1027 f., 1033, 1058, 1082, 1085, 1087–
  1089, 1092, 1096, 1114, 1116–1118,
  1136 f., 1160, 1191, 1200, 1207, 1210,
  1224, 1226, 1232, 1234, 1341–1345,
  1347–1353, 1355–1357, 1362, 1366,
  1371–1373, 1375 f., 1400, 1455,
  1506 f., 1518, 1524, 1527 f., 1540,
  1546

– Beziehungen zur DDR
31, 100 f., 128, 153, 155, 253, 414, 455,
530, 771, 790, 803, 805, 870, 880, 895,
967, 969, 979, 985, 996, 1011 f., 1019,
1024 f., 1087 f., 1090, 1096, 1180,
1220, 1232, 1246, 1252, 1330, 1349 f.,
1361–1363, 1372, 1480, 1501, 1551
– Breschnew-Doktrin
229, 283, 570, 1130
– Föderationsrat
1080, 1198, 1353
– Glasnost
396, 408, 465, 605, 951, 1114, 1354
– KGB
29, 87, 1297
– Kongreß der Volksdeputierten
33, 288, 635, 653, 1085, 1104, 1155
– Ministerium für Auswärtige Angelegenheiten
31 f., 34, 129, 148, 190, 314, 338, 426,
749, 857, 1232, 1265, 1340, 1374,
1498, 1518
– Nationalitätenfrage
34, 38, 165, 177, 284, 303, 309, 450,
568, 685, 688, 723, 726, 806, 826, 844,
968, 999, 1001, 1081, 1128, 1298,
1312, 1315
– Oberster Sowjet
33 f., 279, 635, 648, 806, 869, 972,
1030, 1115 f., 1155, 1211, 1235,
1314 f., 1356, 1376, 1462, 1507, 1520,
1551
– Perestroika
33–35, 62 f., 68, 86 f., 126, 166, 169,
172, 229, 284, 288, 292, 396, 445,
465 f., 470, 524, 563, 569 f., 603, 635,
681, 723, 793, 803, 807, 842, 954,
1086 f., 1089, 1114, 1116, 1118, 1157,
1199, 1210 f., 1343, 1354, 1376
– Präsidialrat
981, 1116, 1353
– Reformen
32–35, 37, 39, 62, 68, 86, 99, 119, 164,
167, 170, 183, 188, 225, 229 f., 350,
411, 413, 425, 450, 465 f., 471, 494,
545, 561, 568, 617, 628, 630, 635, 646,
677, 719, 762, 795, 873, 1081, 1114,
1117, 1128 f., 1144, 1162, 1175 f.,
1180, 1199, 1211, 1225, 1297 f., 1313–

1315, 1341 f., 1353 f., 1362 f., 1371,
1400, 1404 f., 1505, 1528, 1545
– Regierung
34 f., 55, 61 f., 67, 70, 74, 86 f., 91, 98,
122, 135 f., 142, 148, 153 f., 157, 161 f.,
165 f., 177 f., 222 f., 225, 227, 231 f.,
234, 295, 314, 725, 786, 789, 799, 859,
973 f., 981 f., 985, 989, 1023, 1034,
1097, 1112, 1238, 1251, 1297, 1312–
1314, 1318, 1347, 1351, 1354, 1367,
1369, 1374–1376, 1396, 1400, 1426,
1501, 1505–1507, 1542, 1550
– Russische Sozialistische Föderative So-
wjet-Republik (RSFSR)
288, 1155, 1176, 1297, 1315, 1341
– Streitkräfte
34 f., 76, 98, 160, 166, 182, 187, 191,
273, 291, 418, 466, 495, 569, 608,
630 f., 635, 639, 689, 725 f., 734, 740 f.,
758, 764, 772, 784 f., 830, 842, 844,
846, 866, 997, 1012, 1022, 1029,
1097 f., 1103, 1131, 1146, 1236,
1239 f., 1245, 1257, 1259 f., 1278,
1285, 1296 f., 1312, 1321 f., 1349,
1361, 1373, 1410, 1505
– Tatarische Autonome Sozialistische Sowjetrepublik
288
– Verfassung
191, 225, 1030, 1085 f., 1298, 1353
– Wirtschaft, Handel, Finanzen
34, 36, 38, 58, 61, 63, 68, 86, 100, 154,
161, 165–167, 169 f., 177, 188, 193,
222, 225, 234, 236, 294 f., 303, 309,
414, 465, 516, 565, 603, 605, 623, 635,
649 f., 723–726, 772, 774, 790, 803,
805, 807, 811, 842, 845, 858, 967, 971,
975, 979, 985, 996 f., 1011 f., 1024–
1028, 1033, 1087–1089, 1097, 1103,
1114 f., 1128, 1136 f., 1162, 1175,
1211, 1247, 1297 f., 1313, 1315, 1341,
1350, 1353, 1361–1363, 1371, 1373,
1376, 1400, 1404 f., 1480, 1505, 1530,
1545
– Wirtschafts- und Finanzhilfe
37, 64, 69, 80, 87, 99, 162, 164–168,
170, 172, 176, 178, 183, 186, 188 f.,
193, 222, 227, 229, 233–235, 261, 268,
471, 544 f., 688, 723 f., 747, 758, 795,
853, 873, 975, 997, 1087, 1115, 1136 f.,

1180, 1193 f., 1196, 1199, 1207, 1211,
1224, 1232 f., 1247 f., 1309, 1312–
1315, 1342 f., 1353, 1361, 1366, 1371,
1376, 1404 f., 1480, 1525 f., 1529 f.,
1535, 1540–1542, 1545, 1549 f., 1552
– „Wolga-Republik"
37, 277
UNO (United Nations Organization)
siehe *Vereinte Nationen*
Ural
277, 1115
Uruguay
454, 863, 1552
Usbekistan
288
Venezuela
1011
Verdun
28, 285, 766
Vereinigte Linke (VL)
717, 956
– Aktionsbündnis Vereinigte Linke
816, 956
Vereinigte Staaten von Amerika
siehe auch
Abkommen, Akte, Übereinkommen
Aide-mémoires, Memoranden, Non-
papers
Berlin
Drei Mächte
Erklärungen
G-7-Staaten
Kernwaffen
Kommuniqués
Konferenzen, Gipfeltreffen, Tagungen
Streitkräfte in der Bundesrepublik
Deutschland, alliierte
Verträge
Vier Mächte
Zwei-plus-Vier-Verhandlungen
Zwei-plus-Vier-Vertrag
25, 28, 30 f., 33–36, 38, 44 f., 47, 51–53,
56, 58, 60, 63 f., 67–69, 77 f., 85 f., 91 f.,
94, 97 f., 111, 115–118, 120, 126, 134,
155, 160, 166–168, 172 f., 175 f., 183,
187 f., 190, 193, 224, 228, 231–234, 240,
271–275, 281–285, 289–291, 300, 304,
337, 339, 345 f., 377–380, 385, 395–400,
405–407, 409, 411 f., 416 f., 419, 422–
425, 445 f., 449, 459–463, 465–467,

469 f., 490, 498, 500 f., 508, 511 f., 520,
524, 527, 539, 541 f., 546, 548, 564, 568–
571, 574, 586–589, 600, 602, 605, 607 f.,
619, 622, 624 f., 630, 633–641, 647, 652,
654–656, 658 f., 663, 671, 685 f., 699 f.,
716, 729 f., 732, 734, 740–743, 746, 763,
765, 771–773, 784, 787 f., 791–793, 796,
800, 805, 827, 830 f., 847, 849, 855–858,
861 f., 864–870, 872–877, 879 f., 892 f.,
897, 909, 928–931, 939, 953 f., 961–964,
969 f., 972, 974 f., 982, 985, 996 f., 1022,
1028 f., 1057, 1066, 1077, 1080, 1082–
1085, 1102 f., 1115 f., 1127–1131,
1143–1145, 1155–1161, 1173 f., 1176,
1178–1180, 1193, 1195 f., 1210, 1213,
1228, 1231, 1235, 1238, 1240, 1242,
1252–1256, 1258 f., 1261, 1295 f.,
1310–1313, 1321 f., 1332, 1341, 1343 f.,
1347 f., 1354, 1362, 1369, 1371–1373,
1417, 1479, 1484–1486, 1506, 1514 f.,
1531, 1538 f., 1542–1545, 1548, 1555–
1558
– Außenministerium
30 f., 79, 84 f., 91, 97, 129, 258, 395, 1210
– Beziehungen zur Bundesrepublik
Deutschland
28, 36, 73, 98, 116 f., 125, 127, 155 f.,
173, 176, 178, 193, 230, 235, 271–273,
300, 395, 460, 490, 567, 586, 636, 640,
658, 741, 743, 785, 826, 860 f., 866,
873, 930, 966, 1082, 1127, 1144 f.,
1176, 1252, 1347, 1373, 1401, 1404,
1555–1557
– Camp David
50, 116, 118–120, 123, 127, 175, 249,
460, 539, 607, 699, 784 f., 827, 855,
860, 866, 873 f., 877, 897 f., 909, 939,
954, 961 f., 966, 1077, 1118, 1128,
1131, 1178, 1180, 1193, 1372, 1401
– Demokratische Partei
28, 60, 460
– Deutsch-amerikanisches Akademisches
Konzil
640, 1126, 1176
– Kongreß
28, 36, 85, 116, 118, 123, 167, 256,
272–274, 281, 395, 412, 425, 460, 539,
568, 699, 740, 865 f., 868, 910, 931,
939, 1080, 1145, 1155, 1194, 1555,
1557

– Nationaler Sicherheitsrat
30, 33, 35, 78 f., 97, 129, 181, 981
– Regierung
46, 57, 65, 72, 78, 91–93, 97 f., 102,
116, 127, 155, 178, 223, 228, 230, 232–
234, 236, 314, 892, 1034, 1251, 1369,
1396, 1426
– Repräsentantenhaus
117, 228, 1126, 1145, 1159, 1342
– Republikanische Partei
28, 272, 540
– Senat
60, 67, 125, 243, 250, 281, 461, 467,
546, 586–588, 590, 927, 930 f., 1085,
1126, 1145, 1159, 1342, 1541
– Streitkräfte
35 f., 78, 85 f., 91, 98, 100, 117 f., 126,
167 f., 173, 186, 232, 234, 291, 380,
412, 425, 469, 570, 589, 635, 657, 734,
740–742, 758, 772, 830, 865, 868 f.,
898, 972, 1022, 1029, 1057, 1128,
1196, 1236, 1239, 1259, 1277 f., 1296,
1321, 1343, 1543
– Weißes Haus
31, 84 f., 91, 168, 281, 469, 603, 785,
1126 f., 1189
**Vereinigtes Königreich Großbritannien
und Nordirland**
siehe auch
*Abkommen, Akte, Übereinkommen
Aide-mémoires, Memoranden, Non-
papers
Berlin
Drei Mächte
Erklärungen
G-7-Staaten
Kernwaffen
Kommuniqués
Konferenzen, Gipfeltreffen, Tagungen
Streitkräfte in der Bundesrepublik
Deutschland, alliierte
Verträge
Vier Mächte
Zwei-plus-Vier-Verhandlungen
Zwei-plus-Vier-Vertrag*
25, 28, 29, 31, 49, 67, 72, 84, 92 f., 99,
102, 111, 118, 135, 160, 165, 177, 224,
231 f., 275, 282, 309, 337, 339, 345 f.,
398, 406, 412, 416 f., 423, 446, 451,
462–464, 467, 473, 501, 511 f., 527,

541 f., 564, 574 f., 577, 579, 586, 598,
607, 619, 640 f., 652, 686, 706, 716,
720, 729, 731, 771, 774, 800, 805, 809,
830 f., 849, 866, 870, 874–876, 897,
926, 938, 941, 964, 996 f., 1001, 1066,
1079, 1087, 1119, 1157, 1180, 1194,
1214, 1231, 1242, 1249, 1252–1255,
1293, 1322, 1332, 1343, 1369, 1372,
1410 f., 1418, 1486 f., 1539 f.
– Amt für Auswärtige und Commonwealth-Angelegenheiten
49, 60, 93, 129, 240, 450 f., 760
– Beziehungen zur Bundesrepublik
Deutschland
28 f., 31, 84, 137, 252, 935, 996, 1252,
1410 f., 1418
– Downing Street No. 10
35, 66, 987, 996
– Regierung
60, 66, 115, 194, 224, 236, 240, 313,
913, 935, 1001, 1034, 1251, 1369,
1396, 1426, 1487
– Streitkräfte
194, 507, 1029, 1296, 1410 f., 1486 f.
– Unterhaus
89, 96, 137, 276, 282, 547, 607, 938,
1410
Vereinte Nationen
47, 276, 313, 326, 418, 424, 433, 494, 633,
773, 883, 895, 918, 1173, 1222, 1252,
1256, 1277, 1349, 1427, 1484 f., 1514
– Charta, 26. Juni 1945
426, 1073, 1167, 1258, 1277, 1296,
1348
– Generalversammlung
222, 418, 433, 623
Verfassung, gesamtdeutsche
78, 90, 106, 133, 200, 208, 215, 751,
879 f., 884–886, 894, 1012, 1167 f.,
1178, 1251, 1253, 1369, 1385, 1395,
1445, 1479
– Verfassunggebende Versammlung
78, 88, 733, 886
– Verfassungskommission
200, 208 f., 211, 217, 1292, 1384, 1395,
1413, 1417, 1447, 1489, 1491
– Volksentscheid
107, 133, 207 f., 217, 881, 884, 886,
1333, 1381, 1384 f., 1395, 1417, 1447,
1479, 1489, 1491

Verfassung der DDR
  58, 110, 555, 559, 881, 1013, 1035,
  1291, 1326, 1333
– Änderungen
  552 f., 571, 579, 664
– Entwurf des Runden Tisches, 4. April
  1990
  145, 621, 1013
– Verfassung vom 7. Oktober 1949
  145, 907, 1013
– Verfassung vom 6. April 1968
  550, 591, 880, 1013
Verkehr, innerdeutscher
  siehe auch
  Abkommen, Akte, Übereinkommen
  Berlin
  Gesetze, Statute, Verordnungen
  Reiseverkehr, innerdeutscher
  Transitverkehr
  Verträge
  40, 60, 71, 332, 352, 387, 461, 483, 488,
  510, 551, 555, 666 f., 674, 683, 690,
  696, 711, 714 f., 728, 737–739, 752,
  797, 824, 888 f., 902, 1042, 1272, 1289,
  1300, 1337, 1437 f.
– Eisenbahn
  39, 58, 311 f., 324, 327 f., 333, 484 f.,
  487, 551 f., 554–557, 580, 644, 696,
  737–739, 752, 768
– Grenznaher Verkehr
  324, 328–330, 332, 334 f.
– Luftverkehr
  41, 237, 311, 313 f., 327, 337–339, 352,
  461–463, 581, 642, 667, 738 f., 832,
  890 f., 1094, 1142
– Schiffahrt
  277, 333, 738
– Verkehrsverbindungen
  40, 311, 327, 334, 484, 551, 556, 580, 582,
  625 f., 644, 667, 696, 738, 768 f., 891
Vermögen in der DDR
  siehe auch
  Enteignungen in der SBZ/DDR
  Eigentumsverhältnisse in der DDR
  Vermögensfragen, offene
  109, 142, 145, 200, 208 f., 267, 907,
  989–991, 1003 f., 1052, 1187, 1202,
  1221, 1421, 1434 f., 1452, 1469
– Betriebe
  990, 1016

– Finanzvermögen
  215 f., 1421, 1434, 1478, 1489
– Ministerium für Staatssicherheit/Amt
  für Nationale Sicherheit
  196, 201, 217, 229, 1182–1184, 1422
– Parteien
  196, 201, 215, 1014, 1182–1186,
  1463 f., 1478, 1489, 1491
– Sondervermögen Deutsche Reichsbahn
  1041, 1436 f., 1452
– Treuhand
  153, 215, 1004, 1135, 1469, 1471,
  1478, 1489, 1522
– Verwaltungsvermögen
  215 f., 1408, 1421, 1433, 1439, 1478,
  1489
Vermögensfragen, offene
  siehe auch
  Bodenreform in der DDR
  Eigentumsverhältnisse in der DDR
  Enteignungen in der SBZ/DDR
  Erklärungen
  Vermögen in der DDR
  82, 141 f., 148 f., 153, 200, 206, 208 f.,
  215–217, 220, 252, 255, 257, 267, 696,
  702, 906, 919, 925 f., 989 f., 992, 994,
  1013, 1097–1099, 1108 f., 1112, 1135,
  1185 f., 1201–1206, 1254, 1272, 1329,
  1399, 1406, 1414, 1429, 1436, 1447,
  1453, 1460, 1469, 1471, 1478, 1489 f.,
  1512, 1516 f., 1521
– Entschädigung
  142, 149, 200, 220 f., 989–991, 1013,
  1113 f., 1202, 1206, 1436, 1478,
  1489 f., 1512, 1517
– Entschädigungsfonds
  990 f., 1114, 1203, 1206, 1512
– Erbbaurecht
  1202–1204, 1206
– Expertengruppe Klärung offener Vermögensfragen
  141 f., 989, 1513
– Privatisierung von Volkseigentum
  142, 201, 219, 991 f., 1014, 1016, 1061,
  1112, 1190, 1203, 1206, 1421, 1461,
  1521 f.
– Rechtssicherheit
  90, 110, 141, 215, 906 f., 992, 1112,
  1203 f., 1206, 1478

– Rückübertragung (Rückübereignung,
Restitution)
200, 208, 220 f., 990, 1113, 1202, 1206,
1478, 1489 f., 1494, 1512 f., 1517
Versailles
111, 172, 470, 842, 1155, 1354
Verträge
siehe auch
Abkommen, Akte, Übereinkommen
Einigungsvertrag
Grenzvertrag, deutsch-polnischer
Nordatlantik-Vertrag
Protokolle
Staatsvertrag
Truppenabzugsvertrag
Wahlvertrag
Zwei-plus-Vier-Vertrag
– Brüsseler Vertrag (Vertrag über Zusam-
menarbeit in wirtschaftlichen, sozialen
und kulturellen Angelegenheiten und
zur kollektiven Selbstverteidigung),
17. März 1948
618, 771, 914, 1487
– Deutschlandvertrag (Vertrag über die
Beziehungen zwischen der Bundesrepublik Deutschland und den Drei Mächten), 23. Oktober 1954
66, 546 f., 654, 771, 848, 879 f., 884,
1368
– Elysée-Vertrag (Vertrag zwischen der
Bundesrepublik Deutschland und der
Französischen Republik über die
deutsch-französische Zusammenarbeit),
22. Januar 1963
120, 525, 878, 1056, 1345
– Ems-Dollart-Vertrag (Vertrag zwischen
der Bundesrepublik Deutschland und
dem Königreich der Niederlande
über die Regelung der Zusammenarbeit in der Emsmündung), 8. April
1960
331
– Euratom-Vertrag (Vertrag über die
Gründung der Europäischen Atomgemeinschaft), 25. März 1957
114, 618, 706
– EWG-Vertrag (Vertrag zur Gründung
der Europäischen Wirtschaftsgemeinschaft), 25. März 1957
114, 195, 275, 618, 706, 1153

– Friedensvertrag von Saint-Germain-
en-Laye zwischen Österreich und den
alliierten und assoziierten Mächten,
10. September 1919
842
– Friedensvertrag von Trianon zwischen
Ungarn und den alliierten und assoziierten Mächten, 4. Juni 1920
842, 847
– Görlitzer Vertrag (Abkommen zwischen der DDR und der Republik Polen
über die Markierung der festgelegten
und bestehenden deutsch-polnischen
Staatsgrenze), 6. Juli 1950
72, 157, 535, 944, 978, 1020, 1064 f.,
1070, 1072, 1106 f., 1143, 1148 f.,
1165, 1167 f., 1177, 1242
– Grundlagenvertrag (Vertrag über die
Grundlagen der Beziehungen zwischen
der Bundesrepublik Deutschland und
der DDR), 21. Dezember 1972
62, 354, 359–361, 596, 617, 654, 669,
695, 697, 714, 871, 992
– INF-Vertrag (Vertrag zwischen den
Vereinigten Staaten von Amerika und
der UdSSR über die Beseitigung ihrer
Flugkörper mittlerer und kürzerer
Reichweite), 8. Dezember 1987
285 f., 290, 300, 326, 332
– Internationaler Pakt über bürgerliche und
politische Rechte, 19. Dezember 1966
895
– KSE-Vertrag (Vertrag über konventionelle Streitkräfte in Europa), 19. November 1990
47, 176, 417, 419, 490, 569, 608, 634,
647, 731, 743, 774, 810, 866, 869,
1077 f., 1198, 1236, 1239 f., 1259 f.,
1277–1280, 1285, 1317 f., 1320–1323,
1375, 1410, 1487, 1496
– Moskauer Vertrag (Vertrag zwischen
der Bundesrepublik Deutschland und
der UdSSR), 12. August 1970
37, 47, 62, 72–74, 99, 155, 426, 571, 617,
639, 645, 648, 650, 654 f., 678, 787, 790,
799, 848, 896, 1027, 1033, 1087, 1117
– Nichtangriffsvertrag zwischen dem
Deutschen Reich und der UdSSR,
23. August 1939
226, 894

– Nichtverbreitungsvertrag (Vertrag über die Nichtverbreitung von Kernwaffen), 1. Juli 1968
    111, 117, 136, 161, 772, 833, 895, 982, 1366, 1375
– START-Vertrag (Vertrag zwischen den Vereinigten Staaten von Amerika und der UdSSR über die Verringerung und Begrenzung Strategischer Offensivwaffen), 31. Juli 1991
    159, 169, 419, 423 f., 622, 868, 1163, 1170, 1179, 1313, 1321
– Überleitungsvertrag (Vertrag zur Regelung aus Krieg und Besatzung entstandener Fragen), 23. Oktober 1954
    124, 955 f.
– Versailler Vertrag (Friedensvertrag zwischen Deutschland und den alliierten und assoziierten Mächten), 28. Juni 1919
    111 f., 172, 470, 639, 760, 842, 847, 1155
– Vertrag zwischen Deutschland und den Vereinigten Staaten von Amerika, 25. August 1921
    847
– Vertrag von Rapallo zwischen dem Deutschen Reich und der Russischen Sozialistischen Föderativen Sowjetrepublik, 16. April 1922
    799
– Vertrag über den Aufenthalt ausländischer Streitkräfte in der Bundesrepublik Deutschland, 23. Oktober 1954
    771
– Vertrag zwischen der Bundesrepublik Deutschland und Frankreich zur Regelung der Saarfrage, 27. Oktober 1956
    1336
– Vertrag zwischen der Bundesrepublik Deutschland und der DDR über Fragen des Verkehrs, 26. Mai 1972
    697
– Vertrag zwischen den Vereinigten Staaten von Amerika und der UdSSR über die Begrenzung unterirdischer Nukleartests, 3. Juli 1974
    419, 423, 490
– Vertrag zwischen den Vereinigten Staaten von Amerika und der UdSSR über unterirdische Explosionen für friedliche Zwecke, 28. Mai 1976
    419, 424, 490
– Vertrag zwischen der DDR und der Republik Polen über die Abgrenzung der Seegebiete in der Oderbucht, 22. Mai 1989
    317, 1072, 1169 f.
– Vertrag zwischen der Bundesrepublik Deutschland und der UdSSR über die Förderung und den gegenseitigen Schutz von Kapitalanlagen, 13. Juni 1989
    295
– Vertrag zwischen der Bundesrepublik Deutschland und der Volksrepublik Polen über die Förderung und den gegenseitigen Schutz von Kapitalanlagen, 10. November 1989
    499, 525
– Vertrag über gegenseitige Verständigung und Zusammenarbeit zwischen der Französischen Republik und der UdSSR, 29. Oktober 1990
    1507
– Vertrag zwischen der Bundesrepublik Deutschland und der UdSSR über die Entwicklung einer umfassenden Zusammenarbeit auf dem Gebiet der Wirtschaft, Industrie, Wissenschaft und Technik, 9. November 1990
    1531 f., 1540
– Vertrag über gute Nachbarschaft, Partnerschaft und Zusammenarbeit zwischen der Bundesrepublik Deutschland und der UdSSR, 9. November 1990
    162, 190 f., 222, 225, 227, 262, 1027 f., 1087–1089, 1116–1118, 1136, 1200, 1342, 1345, 1348–1352, 1355 f., 1360, 1362, 1372, 1376, 1455, 1462, 1506, 1527, 1540
– Vertrag zwischen der Bundesrepublik Deutschland und der Republik Polen über gute Nachbarschaft und freundschaftliche Zusammenarbeit, 17. Juni 1991
    120, 186, 222, 225, 254, 878, 1294, 1334, 1339, 1345, 1356, 1368, 1385, 1419–1421, 1524, 1552
– Warschauer Pakt (Vertrag über Freundschaft, Zusammenarbeit und gegenseiti-

gen Beistand zwischen der Volksrepublik Albanien, der Volksrepublik Bulgarien, der Ungarischen Volksrepublik, der DDR, der Volksrepublik Polen, der Rumänischen Volksrepublik, der UdSSR und der Tschechoslowakischen Republik), 14. Mai 1955
895
– Warschauer Vertrag (Vertrag zwischen der Bundesrepublik Deutschland und der Volksrepublik Polen über die Grundlagen der Normalisierung ihrer gegenseitigen Beziehungen), 7. Dezember 1970
39, 44, 62, 72, 99, 157, 306, 328, 342, 381, 399, 403, 421, 449, 527, 533, 617, 623, 639, 654f., 744, 787, 790, 799, 848, 896, 915, 937, 957f., 967, 1020, 1064f., 1070, 1072, 1106f., 1143, 1148f., 1165, 1167–1170, 1177, 1220, 1242

Vertragsgemeinschaft, deutsche
siehe auch
Föderation, deutsche
Konföderation, deutsche
Regierungsausschüsse/Regierungskommissionen, deutsch-deutsche
Zehn-Punkte-Plan/Zehn-Punkte-Programm
58, 62, 64f., 69, 76f., 77, 80, 82f., 87f., 90, 103f., 134, 231f., 551, 572, 611, 617, 619, 638, 649, 652, 664, 669–671, 674f., 680, 685f., 688, 695, 702f., 707f., 710f., 713f., 717, 721f., 727f., 735f., 748, 751, 763, 796, 803, 818–821, 840, 855, 901, 967

Vertrauensbildende Maßnahmen
siehe auch
Konferenzen, Gipfeltreffen, Tagungen
KVAE
VVSBM
38, 161, 524, 786f., 789, 833, 897, 979, 1278, 1317, 1533

Vertriebene
siehe auch
Bund der Vertriebenen – Vereinigte Landsmannschaften und Landesverbände
Erklärungen
Landsmannschaften, deutsche
183f., 863, 934, 945, 1071, 1102, 1131, 1242, 1523

Vier Mächte (Frankreich, UdSSR, Vereinigte Staaten von Amerika, Vereinigtes Königreich Großbritannien und Nordirland)
siehe auch
Alliierter Kontrollrat
Berlin
Besatzung in Deutschland
Erklärungen
Viermächte-Konferenz
Viermächte-Rechte
Zwei-plus-Vier-Verhandlungen
Zwei-plus-Vier-Vertrag
26, 37, 41, 62, 65, 72f., 78f., 83–85, 87f., 90–93, 97f., 100–103, 110–113, 119, 122–124, 148, 158, 163f., 170f., 173, 180, 205, 221, 223, 229, 233–235, 247, 287, 314, 327, 330, 333, 546, 575, 579, 620, 641, 676, 698, 701, 716, 732f., 748, 755–758, 760, 771, 784, 788, 792f., 804f., 811, 815, 820, 827, 830, 832, 835, 846f., 858, 867, 872, 878, 884f., 890, 892, 897, 899, 906, 921f., 925, 938, 941f., 950, 959, 969, 978, 983, 1024, 1029, 1044, 1075, 1092f., 1106, 1137f., 1141f., 1148, 1165, 1167, 1169, 1171, 1182, 1200, 1250, 1252, 1254–1256, 1263f., 1282f., 1293, 1319, 1359f., 1366, 1368, 1370, 1419, 1539

Viermächte-Konferenz
siehe auch
Zwei-plus-Vier-Verhandlungen
65, 67, 73, 76, 83, 100, 631, 642, 732, 805, 815, 821, 824

Viermächte-Rechte
siehe auch
Vier Mächte
Viermächte-Konferenz
Zwei-plus-Vier-Verhandlungen
Zwei-plus-Vier-Vertrag
62, 79, 88, 113, 122, 128f., 133, 156, 158f., 161, 163, 170, 184f., 190, 193, 222f., 229, 233, 426, 654, 658, 732, 760, 830, 880, 884f., 914, 922, 925, 942, 952, 962, 978, 1024, 1074f., 1090, 1092f., 1097, 1130, 1137f., 1161, 1175, 1212f., 1250, 1252, 1254–1256, 1262, 1267, 1285, 1293–1295, 1319, 1334, 1346f., 1366, 1375, 1396, 1426, 1444, 1454, 1462, 1487, 1507, 1531, 1539, 1543, 1548

Vietnam
35, 176, 398, 1180
VKSE (Verhandlungen über Konventionelle Streitkräfte in Europa)
siehe auch
Erklärungen
Kommuniqués
Konferenzen, Gipfeltreffen, Tagungen
KSE
Verträge
38, 53, 64, 85, 88, 117, 144, 159 f., 169, 175, 177, 179, 181–183, 186 f., 189, 192, 223, 247, 273, 278, 285, 289, 291 f., 300, 310, 314 f., 325 f., 328, 332, 334, 346, 412, 417, 419, 424 f., 465 f., 473, 490, 520, 524 f., 548, 554, 569, 588 f., 622, 624 f., 634 f., 669 f., 723, 731, 733, 739, 741–743, 773 f., 787, 791, 810, 834, 865 f., 869, 910, 921, 942, 962, 974, 1022 f., 1077 f., 1130 f., 1160, 1179, 1198, 1210, 1230, 1238, 1251, 1253, 1259, 1263, 1278 f., 1281, 1285, 1296, 1311, 1313, 1319–1322, 1348, 1358, 1363, 1365, 1372, 1375, 1462, 1493 f., 1496
– Konfliktverhütungszentrum
181 f., 1160, 1241, 1280, 1312, 1317
Völkerbund
894
Volksbund Deutsche Kriegsgräberfürsorge e.V.
277
Volkskammer der DDR
siehe auch
Gesetze, Statute, Verordnungen
Regierungserklärungen
Wahlen zur Volkskammer der DDR
99, 108, 121, 130 f., 141, 143, 145, 197, 210, 212, 214–216, 229, 254, 456 f., 468, 503 f., 514, 538, 553, 579, 592, 600, 612, 621, 692, 700 f., 704, 709, 712, 751, 754, 797, 856, 878, 881–883, 888, 944, 953, 958 f., 962, 977, 991, 995, 1008, 1018, 1064 f., 1107 f., 1129, 1141, 1143, 1147, 1149, 1151, 1156, 1165–1169, 1174, 1177, 1183, 1185 f., 1196, 1214 f., 1224, 1269, 1319, 1325, 1412, 1422, 1446, 1463, 1465, 1471, 1482, 1497 f., 1539
– Ausschuß Deutsche Einheit
90, 144, 198, 1013, 1242, 1446

– Beschluß betreffend Vermögen der Parteien und Massenorganisationen der DDR, 31. Mai 1990
201, 1183–1186
– Beschluß über den Beitritt der DDR zum Geltungsbereich des Grundgesetzes, 23. August 1990
133, 197, 216, 218, 223, 266, 1497 f., 1523
– Erklärung zur polnischen Westgrenze, 21. Juni 1990
120 f., 126–128, 135, 139, 910–913, 931, 953 f., 959 f., 962, 967, 999, 1008, 1063, 1065, 1070, 1082, 1106, 1129, 1131, 1143, 1147, 1165–1171, 1177, 1182, 1242, 1248 f., 1282, 1294, 1319, 1338, 1356, 1365, 1420
– Fraktion Bündnis 90 (DJ, IFM, NF)/Grüne
1497
– Fraktion der CDU/DA
196, 1412, 1497
– Fraktion der DBD/DFD
1497
– Fraktion der DSU
1497
– Fraktion Die Liberalen (BFD, DFP, FDP)/Fraktion der FDP
196, 1012, 1412, 1497
– Fraktion der PDS
1497
– Fraktion der SPD
196, 214, 1497
Volkspolizei der DDR
415 f., 504, 840, 1338
VVSBM (Verhandlungen über Vertrauens- und Sicherheitsbildende Maßnahmen)
siehe auch *Konferenzen, Gipfeltreffen, Tagungen*
466, 1160, 1259, 1321
Währungsreform 1948
444, 750, 761, 764, 1423, 1458
Währungs-, Wirtschafts- und Sozialunion zwischen der Bundesrepublik Deutschland und der DDR
siehe auch
Staatsvertrag
Wirtschaft, Handel und Finanzen der DDR
24, 80 f., 88–91, 93–96, 99, 105, 107–109, 112, 131, 133, 139–147, 149 f.,

153 f., 157, 164, 196, 203 f., 233, 235 f.,
247 f., 251–255, 649, 702 f., 715, 728,
730, 733, 748–751, 759–761, 763, 766–
768, 770, 777–783, 797, 799, 803, 806,
815–826, 831 f., 835, 841, 843 f., 853,
855, 862, 870, 876, 887, 899, 906, 908,
928, 932, 945, 947–950, 953, 964 f., 967,
978, 980 f., 983 f., 986 f., 989, 991, 993 f.,
999, 1002, 1013, 1015, 1019, 1022–
1025, 1034 f., 1037–1039, 1041 f.,
1044–1047, 1049, 1059, 1066, 1068,
1096, 1098, 1111, 1113, 1120, 1125,
1131, 1136, 1143, 1152, 1154, 1156,
1158, 1180, 1184, 1186 f., 1197, 1232 f.,
1246, 1270, 1288, 1299, 1315, 1320,
1436, 1459 f.
– Anschubfinanzierung
  141, 1013, 1015, 1040 f.
– Arbeitsrechtsordnung
  950, 1034, 1036, 1039, 1046, 1048,
  1055
– Außenwirtschaft
  1038, 1048, 1067, 1098
– Einführung der Deutschen Mark in der
  DDR
  81 f., 90, 95 f., 140, 144, 204, 235, 752,
  755, 761, 778–780, 782, 807, 819, 823,
  825, 832, 844, 855, 862, 887 f., 920,
  948, 950, 985, 999 f., 1003, 1040, 1049,
  1051, 1053 f., 1127, 1173, 1197, 1234,
  1245 f., 1287–1289, 1364, 1366, 1375,
  1400, 1423, 1459, 1488
– Expertenkommission zur Vorbereitung
  108, 140, 783, 817–823, 825, 835, 844,
  919 f., 947–949, 964, 994, 1060
– Gemeinsamer Regierungsausschuß
  88, 90, 202, 204, 1037, 1187, 1286 f.,
  1289, 1300
– Kreditaufnahme und Schulden
  153, 1041 f., 1054, 1069, 1099, 1108
– Rechtsanpassung
  782, 950, 1035, 1044
– Schiedsgericht
  1036, 1289, 1300
– Sozialversicherung
  141, 949 f., 979 f., 985, 1039 f., 1048 f.,
  1099, 1109
– Steuerfragen
  950, 1043
– Strukturanpassung der Unternehmen

196, 949 f., 1038, 1099, 1108 f., 1154,
1186, 1436
– Umtauschkurse
  95, 142–148, 620, 899, 920, 986, 1000,
  1002 f., 1013, 1015, 1020, 1066, 1232–
  1234, 1275
– Währungsumstellung
  81, 142 f., 147, 149, 154, 179, 204, 254,
  620, 638, 750, 778, 899, 947, 949 f.,
  979 f., 985, 991, 999, 1002–1004, 1013,
  1015, 1020, 1025, 1035, 1040, 1044,
  1049–1054, 1097, 1101, 1109, 1113,
  1186, 1196, 1233, 1275, 1287 f., 1299 f.,
  1364, 1436, 1526
– Zölle
  1042, 1067, 1220, 1223, 1407
Waffen und Waffensysteme
  siehe auch *Kernwaffen*
  34 f., 38, 71, 117, 154, 156, 176, 278,
  290, 292, 326, 418, 423, 466, 489–491,
  562, 591, 600 f., 603, 607 f., 621, 630,
  652, 670, 725, 774, 800, 872, 1028,
  1131, 1179, 1239 f., 1253, 1310, 1321,
  1347, 1349, 1359, 1531, 1533
– ABC-Waffen
  86, 97, 99, 111, 113, 117 f., 136, 144,
  161, 169, 180, 190 f., 208, 235, 224,
  774, 776, 787, 791, 800, 833, 847, 895,
  925, 982, 1093, 1210, 1263, 1357,
  1366 f., 1394, 1462, 1531, 1543
– Air-Launched Cruise Missiles (ALCM)
  34, 423
– Anti-Ballistic Missiles (ABM)
  47, 417, 419, 423
– Binäre Waffen
  69, 607 f., 622
– Biologische Waffen
  290, 1375
– Chemische Waffen
  36, 38, 47, 64, 97, 99, 161, 240, 286,
  290 f., 417–419, 424 f., 465 f., 520, 525,
  569, 588, 607 f., 622, 624 f., 647,
  669 f., 773, 776, 798, 1022, 1179, 1321,
  1375
– Follow-on to Lance (FOTL)
  1077 f., 1132
– Intermediate-range Nuclear Forces
  (INF)
  33, 285, 290, 304

– Lance
    38, 160, 273, 290, 304, 774, 865, 872,
    931, 1058, 1077, 1083, 1158, 1197
– Pershing Ia
    168, 278, 286, 562
– Pershing II
    34, 61, 602, 911, 945
– Sea-Launched Cruise Missiles (SLCM)
    34, 419, 423
– Short-range Nuclear Forces (SNF)
    47, 69, 118, 159–161, 182, 278, 315,
    324, 412, 418f., 446, 723, 865, 967,
    1077f., 1083, 1132, 1197, 1210, 1228,
    1236, 1257, 1260, 1321
– Tactical Air-to-Surface Missiles
    (TASM)
    1083, 1197, 1230, 1236, 1312

Wahlhausen
    363

Wahlen
    siehe auch
    Gesetze, Statute, Verordnungen
    Wahlen, gesamtdeutsche
    Wahlen zur Volkskammer der DDR
    Wahlvertrag
    50f., 53, 58f., 112, 231, 305, 319, 491–
    496, 538, 548–550, 552f., 668, 670, 678,
    685, 692, 699, 731, 840, 869,
    885, 898, 1133, 1237, 1240f., 1280, 1318
– Deutscher Bundestag, 14. August 1949
    841
– Deutscher Bundestag, 25. Januar 1987
    964
– Bundestagswahlen 1990/91
    32, 65, 89, 131–133, 137, 177, 182,
    195, 446, 454, 528, 605, 729, 856, 864,
    870, 888, 932, 964, 967f., 999, 1030,
    1181, 1197, 1214, 1456
– Europäisches Parlament, 15.–18. Juni
    1989
    274f., 285, 303, 305, 307, 314, 567
– Europäisches Parlament 1994
    53, 472, 566, 597, 615, 861, 883, 1552
– Kommunalwahlen in der DDR, 7. Mai
    1989
    318, 415
– Kommunalwahlen in der DDR, 6. Mai
    1990
    140, 709, 754, 856, 870, 875, 910, 929,
    932, 964, 999, 1066, 1326,

– Landtag Niedersachsen, 13. Mai 1990
    195, 235, 1119
– Landtag Nordrhein-Westfalen, 13. Mai
    1990
    1119
– Landtag Saarland, 28. Januar 1990
    88
– Landtage Brandenburg, Mecklenburg-
    Vorpommern, Sachsen, Sachsen-Anhalt
    und Thüringen, 14. Oktober 1990
    137, 212, 876, 910, 932, 967, 999,
    1020, 1302, 1320, 1325f., 1333, 1498,
    1523f.
– Reichstag, 6. November 1932
    112, 130, 840, 870, 1174

Wahlen, gesamtdeutsche
    siehe auch *Wahlvertrag*
    88, 131–133, 137, 164, 176f., 195, 197,
    205, 211f., 252f., 264, 408, 677, 733, 856,
    870, 883, 918, 929, 932, 967f., 975–977,
    999, 1016–1018, 1030–1032, 1120,
    1132, 1151, 1180f., 1185, 1188, 1197,
    1209, 1214, 1220, 1223, 1236, 1242,
    1246, 1251, 1267, 1302, 1320, 1324f.,
    1333, 1386, 1395f., 1412, 1426, 1446f.,
    1450, 1454, 1457, 1482, 1515f.
– Deutscher Bundestag, 2. Dezember
    1990
    197, 205f., 209f., 216, 235, 579, 883,
    964, 1030, 1215, 1326, 1332, 1342f.,
    1372, 1478, 1502, 1520, 1523
– Fünf-Prozent-Klausel
    197, 206, 210f., 1018, 1032, 1133,
    1326, 1446
– Listenverbindungen
    210f.
– Wahlkreiseinteilung in der DDR
    197, 210, 883, 1094, 1446, 1474, 1481–
    1484
– Wahltermin
    130, 133, 176, 204, 210, 212, 253, 256,
    264, 883, 918, 1030f., 1320, 1324,
    1332f., 1343, 1386, 1446, 1449f.,
    1455, 1457

Wahlen zur Volkskammer der DDR
    siehe auch
    Gesetze, Statute, Verordnungen
    Volkskammer der DDR
    58f., 61, 64, 68f., 72, 75, 230, 410, 550,
    559, 591f., 635, 638, 648, 1246, 1386

– Entwurf eines Wahlgesetzes
  503, 550, 553, 700, 708f., 712, 796,
  841, 843
– Wahlen vom 18. März 1990
  82, 87, 89f., 92f., 99, 102, 108–110,
  112, 114f., 120f., 124, 126–128, 130,
  139, 233, 235, 712, 723, 727, 736, 739,
  750f., 754–759, 761, 763, 767, 793f.,
  796f., 799f., 815–822, 824–829, 832,
  835, 840f., 843f., 846, 850, 856, 862,
  869f., 874–876, 878, 881, 887f., 899f.,
  909–911, 913, 921, 926, 932, 940, 944,
  952, 956, 958f., 961, 964, 966, 972,
  992f., 1012, 1156, 1158, 1326
– Wahltermin 6. Mai 1990
  76f., 89, 621, 674, 683, 688, 692, 694,
  702f., 707–712, 796, 856
Wahlvertrag (Vertrag zur Vorbereitung
und Durchführung der ersten gesamtdeutschen Wahl des Deutschen Bundestages
zwischen der Bundesrepublik Deutschland und der DDR), 3. August 1990
  siehe auch *Wahlen, gesamtdeutsche*
  210, 212, 221, 265, 1412, 1446f.,
  1449f., 1473f., 1481–1484, 1515f.
– Vertrag zur Änderung des Vertrages zur
  Vorbereitung und Durchführung der
  ersten gesamtdeutschen Wahl des Deutschen Bundestages zwischen der Bundesrepublik Deutschland und der DDR,
  20. August 1990
  1474, 1481–1484, 1515f.
„The Wall Street Journal" (New York)
  83, 246, 719
Warschau
  21, 39, 46–48, 53f., 56f., 93, 99, 120,
  123f., 126f., 129, 157f., 225, 230, 240–
  242, 306, 316, 323, 328, 340–342,
  384f., 392, 397, 399, 402, 407f., 420,
  429–436, 438, 441, 444, 446–449, 451,
  455, 471, 478, 480, 492f., 495–499,
  503, 505–507, 515, 519–521, 524,
  526f., 531–534, 542, 544, 551, 554,
  570, 580, 590, 654f., 681, 684, 744,
  746f., 762, 764, 800, 860, 864, 895,
  915, 935, 944, 946, 951, 953f., 957–
  960, 962, 1004, 1008f., 1027, 1058,
  1069–1072, 1075, 1091, 1106, 1165f.,
  1197, 1241–1243, 1245, 1282f., 1294,
  1339, 1385, 1418, 1523

**Warschauer Vertragsorganisation
(Warschauer Pakt)**
  siehe auch
  Erklärungen
  Kommuniqués
  Konferenzen, Gipfeltreffen, Tagungen
  Verträge
  34, 36, 46, 49, 67, 70f., 74, 85, 98,
  100f., 113, 122, 135, 144, 146, 159f.,
  166, 175, 178–181, 184, 223, 234, 273,
  278, 286, 291f., 300, 302, 304, 317,
  320, 325, 377f., 382, 407, 411, 425,
  428, 450, 460, 523f., 547, 562, 569f.,
  587–589, 608, 611, 624, 630, 633–635,
  652, 654f., 660, 669, 677, 685, 699,
  733, 735, 741, 763, 766, 771, 804,
  809f., 815, 827, 843f., 849, 856, 858f.,
  895, 922, 925, 942, 967, 969–972,
  974f., 982, 996–998, 1014, 1020–1022,
  1057, 1082, 1117, 1128, 1131, 1139f.,
  1160, 1163, 1192–1195, 1200f., 1213,
  1228f., 1235, 1238, 1241, 1248–1250,
  1254f., 1257–1259, 1263, 1277f.,
  1281, 1285, 1295, 1309–1311, 1318,
  1321f., 1333f., 1355, 1402, 1438,
  1493
– Beziehungen zur NATO
  135, 154, 180–182, 184, 186f., 191,
  261, 655, 669, 982, 1228f., 1235, 1249,
  1257, 1277, 1285, 1309, 1311, 1318,
  1342, 1355, 1402
– Politischer Beratender Ausschuß
  291, 570, 1192, 1317
Washington (D.C.)
  21, 28, 30f., 33f., 38, 46, 50, 53, 63, 65,
  67–69, 73, 76, 78, 83–86, 91–93, 98,
  103, 115f., 123, 126f., 135, 137, 139,
  154, 158, 160f., 164, 167, 173, 176–178,
  180, 182, 218, 223, 230, 232, 234, 256f.,
  280, 314f., 398, 405, 423, 442, 461f.,
  539f., 564, 586, 590, 743, 756, 760, 793,
  813, 857, 868, 939, 954, 957, 961, 966,
  987, 1080, 1102f., 1105, 1122, 1126,
  1128, 1145, 1157, 1161, 1191–1193,
  1195, 1199, 1210–1212, 1237, 1321,
  1344, 1362, 1486, 1515, 1544
„The Washington Post"
  466, 1312
Weimar
  738

Weimarer Republik
130, 381, 933, 956
Weißrußland
998
„Die Welt" (Hamburg)
388, 411, 1064, 1107
Weltbank (Internationale Bank für Wiederaufbau und Entwicklung)
49, 321, 399f., 406, 442, 1096, 1314f.
Weltkrieg, Erster
162, 587, 765, 851, 998
Weltkrieg, Zweiter
21, 29, 41, 45, 67, 84, 99, 112, 117, 124, 134, 164, 174, 189, 251, 279, 288, 292, 300, 302, 320, 335, 341f., 346, 348, 384f., 396f., 399, 406, 421, 445, 459, 466, 480f., 525, 527f., 534, 587–589, 607, 639, 654, 678, 765f., 784, 799, 801f., 805, 807, 809, 823, 846–848, 858–860, 863f., 896, 906f., 915f., 934, 939, 954–956, 958, 970, 972, 1004, 1033, 1070f., 1083, 1117, 1157, 1175, 1178, 1193, 1198, 1254, 1340, 1344, 1351, 1354, 1374, 1523, 1555, 1557
Weltraum
423, 489, 725, 807, 811, 1115, 1350
Werra
39, 311, 363, 486, 551, 556f., 667, 737
Weser
737
WEU (Westeuropäische Union)
siehe auch
Erklärungen
Kommuniqués
Konferenzen, Gipfeltreffen, Tagungen
135f., 618, 775, 1484f., 1487
– Parlamentarische Versammlung
972, 975, 982
Wiedergutmachung
57, 112, 117, 124, 525, 534f., 555, 671, 823, 840, 863, 916, 931, 934, 958, 1088
Wien
30, 34, 38, 64, 85, 117, 144, 156, 159f., 169, 176f., 179, 186, 189, 192, 223, 247, 273, 278, 282, 285f., 290–292, 300, 310, 314f., 324–326, 328, 332, 334, 346, 377, 404, 417, 419, 424f., 490, 520, 524f., 548, 554, 569, 580, 589, 606, 634f., 645, 669f., 723, 733, 739, 741–743, 773f., 787, 791, 798,

810, 834, 865f., 869, 910, 921, 942, 974, 1023, 1077f., 1129–1131, 1160, 1179, 1238, 1251, 1253, 1278, 1281, 1285, 1311, 1313, 1317, 1321, 1348, 1358, 1363, 1365, 1372, 1375, 1462, 1493–1495, 1500
Wiesbaden
325, 778, 1218, 1308
Wilna
156, 523, 1056, 1145, 1179
Windhuk
135, 978
Wirtschaft, Handel und Finanzen der Bundesrepublik Deutschland
siehe auch
Handel, innerdeutscher
Steuer
Währungs-, Wirtschafts- und Sozialunion zwischen der Bundesrepublik Deutschland und der DDR
Wirtschafts- und Finanzhilfe für die DDR
21, 33f., 74, 78, 81, 84, 140, 149, 158, 177, 227, 231, 236, 243, 246, 295, 311f., 484, 510, 525, 572, 656, 676, 695f., 708, 714, 736f., 752, 763, 771, 803, 817, 845, 849, 851, 861, 879, 882f., 886, 890, 902, 1000, 1019, 1033, 1041, 1115, 1221, 1270, 1302, 1424, 1540
– Deutsche Bank AG
295, 298, 377, 379, 587, 1313, 1353
– Deutsche Lufthansa
41, 237, 311, 313, 337–339, 352, 461, 581, 890
– Dresdner Bank AG
379, 692, 1313
– Volkswagenwerk AG
665, 817, 1424
Wirtschaft, Handel und Finanzen der DDR
siehe auch
Handel, innerdeutscher
Haushalt der DDR
Landwirtschaft der DDR
Währungs-, Wirtschafts- und Sozialunion zwischen der Bundesrepublik Deutschland und der DDR
Wirtschafts- und Finanzhilfe für die DDR

41, 50–52, 61 f., 69 f., 72, 74–76, 80 f.,
86, 88 f., 94 f., 99, 109, 139 f., 143, 147,
167, 196 f., 204, 213, 219, 230–232, 243,
245 f., 264, 316, 337 f., 389, 454, 456 f.,
485, 493, 495, 503, 506, 508, 516, 531,
538, 549, 551, 554–560, 572, 591, 654,
656, 664, 668, 670 f., 674, 682 f., 688,
691–696, 703–705, 710 f., 714, 717, 727,
736 f., 749 f., 752, 754, 763, 768–770,
776, 779, 781, 797, 799, 803, 810, 817,
820, 822–824, 832, 855, 870, 882 f., 886,
902, 904 f., 910, 920, 949 f., 965, 967,
985, 992, 1000, 1002, 1013, 1018, 1022,
1026 f., 1109, 1120, 1123, 1127, 1135,
1173, 1180 f., 1185, 1190, 1196, 1217 f.,
1220, 1245 f., 1288, 1342, 1422 f., 1458–
1461, 1478, 1480, 1521 f.
– Außenhandel, Außenwirtschaft
  71, 81 f., 108, 146, 153, 601, 613, 626,
  704, 752, 880, 950, 1015, 1020 f., 1025,
  1035, 1047, 1272, 1440, 1502, 1508
– Bankwesen
  80, 82, 108, 704, 737, 753, 780, 783,
  824, 862, 880, 985, 1002 f.
– Industrie
  389, 454, 862, 870, 984, 1522
– Infrastruktur
  39, 71, 215, 482 f., 494, 557, 638, 695,
  711, 715, 718, 752, 759, 767, 779, 862,
  904 f., 950, 1015, 1041, 1109, 1185,
  1205, 1458, 1460, 1478
– Investitionen
  71, 75, 81 f., 137, 140, 149, 215, 217,
  220, 255, 457, 510, 559 f., 664 f., 670,
  691–694, 701, 703, 705, 737, 752, 767–
  769, 779, 782, 818, 824 f., 862, 904 f.,
  948 f., 990, 1000, 1015 f., 1109, 1111 f.,
  1134, 1288, 1291, 1300, 1334, 1337,
  1422, 1424, 1458, 1460, 1478, 1490,
  1513, 1516 f., 1521
– Joint-ventures
  58, 81, 483, 510, 550, 556, 559 f., 565,
  665, 691, 694, 701, 705, 710, 781,
  803 f., 1015, 1461
– Kombinate
  664 f., 704, 984, 1046, 1052, 1190
– Niederlassungs- und Gewerbefreiheit
  81, 108, 560, 693, 701, 703 f., 718, 737,
  752, 780, 783, 824 f., 862, 1004, 1015,
  1045, 1110 f., 1302

– Planwirtschaft
  59, 81, 95, 149, 317, 491, 493, 554,
  664 f., 693, 752, 761, 880, 949, 1019,
  1035, 1045, 1458 f.
– SDAG Wismut
  148, 1097, 1500 f., 1526
– Wirtschaftsreformen
  49, 51 f., 58 f., 64 f., 75, 81, 83, 95 f.,
  107, 401, 445, 451, 453, 471, 482 f.,
  491, 493, 510, 512, 543, 550, 552, 554–
  557, 559 f., 562, 571, 602, 626, 638,
  664, 691–693, 701 f., 706, 711, 737,
  759, 761, 763, 767–769, 778–783, 796,
  821, 841, 843, 856, 862, 922, 948–950,
  1025, 1099, 1111, 1120, 1128, 1246,
  1320, 1423, 1458, 1478
Wirtschafts- und Finanzhilfe für die DDR
  41 f., 51 f., 58–60, 63 f., 69–71, 74–76,
  82 f., 90, 95, 99, 107–109, 222, 225, 227,
  230, 232 f., 235, 244, 397, 470, 482 f.,
  486, 491, 493, 495, 510, 512, 514, 538,
  543, 551, 559, 602, 625–627, 643 f.,
  662–665, 668, 671, 679, 692, 705, 707,
  709, 711 f., 717, 737, 752, 755, 767, 777,
  819 f., 822–824, 831, 841, 862, 885, 889,
  892, 904 f., 989, 1013, 1015, 1061, 1108,
  1123, 1135, 1150, 1181, 1324, 1461
„Wirtschaftskonjunktur" (München)
  1458
Wirtschafts- und Währungsunion
  siehe
  *Währungs-, Wirtschafts- und Sozial-
  union zwischen der Bundesrepublik
  Deutschland und der DDR
  Wirtschafts- und Währungsunion,
  europäische*
**Wirtschafts- und Währungsunion,
europäische**
  49, 52, 61, 69, 72, 114, 138, 153, 156,
  158, 231, 236, 308 f., 453 f., 472–476,
  542, 565–567, 575, 577, 597–599, 614,
  638, 719 f., 729 f., 829, 849, 853, 861,
  910, 929, 945, 968, 1006, 1157, 1247,
  1545 f., 1552
– Regierungskonferenz
  52, 61, 138, 158, 308 f., 454, 472, 474–
  476, 566 f., 596–599, 614 f., 618, 729,
  829, 936, 945, 1005, 1007, 1010, 1247,
  1545 f., 1552

Wissenschaft
  siehe *Bildung/Wissenschaft*
Wolfgangsee
  212
Wolga
  726, 1366
Wolgograd
  1366
Württemberg-Baden
  1388, 1444
Württemberg-Hohenzollern
  1388, 1444
Wyoming
  46, 419, 489, 569
Zehn-Punkte-Plan/Zehn-Punkte-Programm
  siehe auch
  Föderation, deutsche
  Konföderation, deutsche
  Vertragsgemeinschaft, deutsche
  24, 59, 63–65, 67 f., 70, 72–75, 79, 86–89, 96, 231 f., 243, 572–578, 583, 587–589, 596, 600, 602–604, 606, 616, 619, 633, 637, 639, 641 f., 646–648, 651 f., 654–656, 659–661, 663, 670, 674, 679, 683, 685 f., 698, 709, 720, 723, 728, 731, 733, 749, 763, 788, 792, 799, 818 f., 822, 855, 861, 927, 932, 967, 1156, 1246
„Die Zeit" (Hamburg)
  81
Zentralamerika
  35, 424, 465, 874, 1313
Zgorzelec
  siehe *Görlitz*
Zivildienst
  215, 1328, 1428, 1452, 1479
Zonenrandgebiet
  487, 580, 585, 737, 769, 870, 892, 980, 1337
Zürich
  276, 607, 640
Zufluchtsfälle
  siehe auch *Flüchtlinge aus der DDR*
  42 f., 45, 47 f., 53, 230, 240, 350, 355, 362, 374–376, 380, 383 f., 386–388, 394, 396 f., 401, 403, 407 f., 426 f., 432, 436, 438, 447, 468, 477 f., 493, 495, 521, 571, 634

– Behandlung von Zufluchtsuchenden seitens der Regierung der DDR, rechtliche
  45, 350, 353, 355, 359, 362, 372, 375
– Botschaft der Bundesrepublik Deutschland in Budapest
  42 f., 238, 349, 361 f., 374–377, 383, 391
– Botschaft der Bundesrepublik Deutschland in Prag
  21, 46–48, 52, 230, 238–241, 349, 374–376, 382 f., 386 f., 392, 407, 420, 426, 428–430, 434–438, 447 f., 455, 471, 476, 478, 496
– Botschaft der Bundesrepublik Deutschland in Warschau
  21, 46–48, 230, 239 f., 392, 405, 407, 429–431, 434–436, 438, 447 f., 455, 478, 496
– Botschaft des Königreichs Dänemark in Berlin (Ost)
  42, 355, 363
– Ständige Vertretung der Bundesrepublik Deutschland bei der DDR
  42 f., 45, 230, 238, 328 f., 349, 352 f., 355–361, 364 f., 372–376, 382–384, 391, 393 f., 396 f.
Zweibrücken
  1057 f.
Zwei-plus-Vier-Verhandlungen
  siehe auch
  Vier Mächte
  Viermächte-Rechte
  Zwei-plus-Vier-Vertrag
  30, 84 f., 87, 92, 98, 100–103, 105, 110 f., 115–117, 119, 122–129, 131, 133, 135–137, 139, 145, 147 f., 154, 156, 159–164, 167 f., 170–172, 174 f., 177, 180, 182–184, 186 f., 190–192, 200, 205, 216, 223, 225, 233, 250, 261, 267 f., 760 f., 793 f., 804 f., 815, 821, 824, 835, 852, 854, 856, 859, 864, 866 f., 869 f., 872, 874–877, 895, 897, 899, 909 f., 913 f., 921–926, 929, 932 f., 935, 937, 939–944, 946, 950, 953, 957, 961–965, 967–971, 973, 978 f., 981 f., 985, 996–998, 1021 f., 1025, 1027–1029, 1066, 1074, 1077 f., 1082 f., 1091–1093, 1097, 1102, 1106, 1120, 1122, 1125, 1127–1131, 1136–1138, 1140–1144, 1146, 1148, 1151, 1154–

1156, 1160f., 1166–1168, 1171, 1177–
1179, 1181, 1193, 1198, 1202, 1212–
1214, 1223, 1225f., 1228, 1230, 1248,
1251, 1257, 1262, 1266–1268, 1272,
1281–1283, 1285, 1292–1296, 1309–
1311, 1313, 1317, 1319, 1324, 1327,
1330, 1333f., 1343, 1346, 1356f.,
1365–1367, 1374, 1376f., 1385f.,
1409, 1426, 1451f., 1454, 1462, 1480,
1487, 1493, 1498, 1500, 1519f., 1531,
1534, 1538f., 1541
– Außenministertreffen in Bonn, 5. Mai
1990
    158, 163, 165, 255, 1076, 1078, 1089f.,
1102, 1139, 1262, 1264, 1319
– Außenministertreffen in Berlin-Niederschönhausen, 22. Juni 1990
    184, 259f., 1091, 1249, 1262, 1281,
1293, 1319
– Außenministertreffen in Paris, 17. Juli
1990
    185, 193, 221f., 262, 1091f., 1142,
1249f., 1283, 1319, 1339f., 1365,
1367, 1385, 1401, 1418–1421
– Außenministertreffen in Moskau, 12./
13. September 1990
    216, 222, 224, 226, 1091, 1367, 1454,
1480, 1493, 1523, 1529, 1531, 1534,
1538f.
– Erstes Beamtentreffen in Bonn, 14. März
1990
    128f., 251, 940, 942, 950, 959, 961,
978, 1074
– Zweites Beamtentreffen in Berlin-Niederschönhausen, 30. April 1990
    158, 254, 1074
– Drittes Beamtentreffen in Bonn, 22. Mai
1990
    170, 256, 1137

– Viertes Beamtentreffen in Berlin-Niederschönhausen, 9. Juni 1990
    1212
– Sechstes Beamtentreffen in Berlin-Niederschönhausen, 3./4. Juli 1990
    185f., 260, 1293, 1368
– Achtes Beamtentreffen in Berlin, 4.–
7. September 1990
    222, 224, 1531
– Beamtentreffen Eins plus Eins (Bundesrepublik Deutschland, DDR)
    172, 223, 875
– Beamtentreffen Eins plus Drei (Bundesrepublik Deutschland, Frankreich, Vereinigte Staaten von Amerika, Vereinigtes Königreich Großbritannien und
Nordirland)
    172, 223, 875f.
– Beteiligung Polens
    115f., 123–127, 129, 158, 163, 171,
185f., 221f., 260, 937–940, 942, 944,
946, 951–953, 961f., 978, 1075f.,
1090f., 1142, 1166, 1248, 1250, 1283,
1293, 1319, 1333, 1367, 1419f.
Zwei-plus-Vier-Vertrag (Vertrag über die
abschließende Regelung in bezug auf
Deutschland), 12. September 1990
siehe auch *Zwei-plus-Vier-Verhandlungen*
    190f., 221, 223–227, 1074f., 1137–
1140, 1167, 1171, 1181, 1212, 1249–
1256, 1262, 1293, 1295, 1317, 1319,
1346, 1356f., 1361, 1367f., 1383,
1396, 1426, 1462, 1494f., 1507, 1529,
1531, 1534, 1539, 1549, 1551

Dokumente zur Deutschlandpolitik

Bisher erschienen

I. Reihe 3. September 1939 bis 8. Mai 1945

Bd. 1   Britische Deutschlandpolitik 1939–1941. Bearb. R. Blasius. 1984.
Bd. 2   Amerikanische Deutschlandpolitik 1941–1942. Bearb. M.-L. Goldbach. 1986.
Bd. 3   Britische Deutschlandpolitik 1942. Bearb. R. Blasius. 1988/89.
Bd. 4   Amerikanische Deutschlandpolitik 1943. Bearb. M.-L. Goldbach. 1991.

II. Reihe 9. Mai 1945 bis 4. Mai 1955

Bd. 1   Die Konferenz von Potsdam. Bearb. G. Biewer/H. Nathan. 1992.
Bd. 2   Die Konstituierung der Bundesrepublik Deutschland und der Deutschen Demokratischen Republik. 7. September bis 31. Dezember 1949. Veröffentlichte Dokumente. Bearb. H. J. Küsters. Unveröffentlichte Dokumente. Bearb. H. J. Küsters unter Mitarb. von D. Hofmann. 1996.
Bd. 3   1. Januar bis 31. Dezember 1950. Veröffentlichte Dokumente. Bearb. H. J. Küsters/D. Hofmann. Unveröffentliche Dokumente. Bearb. H. J. Küsters/C. Tessmer. 1997.

III. Reihe 5. Mai 1955 bis 9. November 1958

Bd. 1   5. Mai bis 31. Dezember 1955. Bearb. E. Deuerlein. Mitw. H. Schierbaum. 1961.
Bd. 2   1. Januar bis 31. Dezember 1956. Bearb. E. Deuerlein/H. Schierbaum. 1963.
Bd. 3   1. Januar bis 31. Dezember 1957. Bearb. E. Deuerlein/G. Biewer/H. Schierbaum. 1967.
Bd. 4   1. Januar bis 9. November 1958. Bearb. E. Deuerlein/G. Biewer. 1969.

IV. Reihe 10. November 1958 bis 30. November 1966

Bd. 1   10. November 1958 bis 9. Mai 1959. Bearb. E. Deuerlein/H. Nathan. 1971.
Bd. 2   9. Mai bis 10. August 1959. Bearb. E. Deuerlein/W. John. 1971.
Bd. 3   11. August bis 31. Dezember 1959. Bearb. E. Deuerlein†/W. John. 1972.
Bd. 4   1. Januar bis 30. Juni 1960. Bearb. E. Deuerlein†/G. Holzweißig. 1972.
Bd. 5   1. Juli bis 31. Dezember 1960. Bearb. G. Holzweißig. 1973.
Bd. 6   1. Januar bis 11. August 1961. Bearb. R. Salzmann. 1975.
Bd. 7   12. August bis 31. Dezember 1961. Bearb. G. Biewer. 1976.
Bd. 8   1. Januar bis 31. Dezember 1962. Bearb. H. Nathan. 1977.
Bd. 9   1. Januar bis 31. Dezember 1963. Bearb. G. Biewer/W. John†. 1978.
Bd. 10 1. Januar bis 31. Dezember 1964. Bearb. M.-L. Goldbach/K.-G. Schirrmeister. 1980.
Bd. 11 1. Januar bis 31. Dezember 1965. Bearb. M.-L. Goldbach. 1978.
Bd. 12 1. Januar bis 30. November 1966. Bearb. G. Oberländer. 1981.

V. Reihe 1. Dezember 1966 bis 20. Oktober 1969

Bd. 1   1. Dezember 1966 bis 31. Dezember 1967. Bearb. G. Oberländer. 1984.
Bd. 2   1. Januar bis 31. Dezember 1968. Bearb. G. Oberländer. 1987.

Dokumente zur Deutschlandpolitik

bisher erschienen

I. Reihe 3. September 1939 bis 8. Mai 1945

Bd. 1   Britische Deutschlandpolitik 1939-1941, Bearb. R. Blasius, 1984.
Bd. 2   Amerikanische Deutschlandpolitik 1941-1942, Bearb. M.-L. Goldbach, 1986.
Bd. 3   Britische Deutschlandpolitik 1941/42, Bearb. R. Blasius, 1988/89.
Bd. 4   Amerikanische Deutschlandpolitik 1943, Bearb. M.-L. Goldbach, 1990.

II. Reihe 9. Mai 1945 bis 4. Mai 1955

Bd. 1   Die Konferenz von Potsdam, Bearb. G. Dietrich/I. Marus, 1992.
Bd. 2   Die Konstituierung des Bundestages bis zur Deutschland und der Deutschen
        Demokratischen Republik. 7. September bis 21. Dezember (1919) Verschiedene
        Dokumente, Bearb. H.-J. Küsters, Voröffentlichung, Dokumente, Bearb.
        H.-J. Küsters, unter Mitarb. von D. Hofmann, 1990.
Bd. 3   1. Januar bis 31. Dezember 1950, Veröffentlichte Dokumente, Bearb.
        H.-J. Küsters, D. Hofmann, Unveröffentlichte Dokumente, Bearb. H.-J. Küsters,
        G. Fessner, 1997.

III. Reihe 5. Mai 1955 bis 9. November 1958

Bd. 1   5. Mai bis 31. Dezember 1955, Bearb. E. Deuerlein, M.G. H. Schönhoven, 1961.
Bd. 2   1. Januar bis 31. Dezember 1956, Bearb. E. Deuerlein, U. Schönhoven, 1963.
Bd. 3   1. Januar bis 31. Dezember 1957, Bearb. E. Deuerlein, G. Brewer, H. Schönhoven,
        1967.
Bd. 4   1. Januar bis 9. November 1958, Bearb. E. Deuerlein, G. Brewer, 1969.

IV. Reihe 9. November 1958 bis 30. November 1966

Bd. 1   9. November 1958 bis 9. Mai 1959, Bearb. E. Deuerlein/H. Nilsson, 1971.
Bd. 2   9. Mai bis 10. August 1959, Bearb. E. Deuerlein/W. John, 1971.
Bd. 3   11. August bis 31. Dezember 1959, Bearb. E. Deuerlein/W. John, 1972.
Bd. 4   1. Januar bis 10. Juni 1960, Bearb. E. Deuerlein/C. Holzweißig, 1972.
Bd. 5   11. Juli bis 31. Dezember 1960, Bearb. C. G. Holzweißig, 1974.
Bd. 6   1. Januar bis 14. August 1961, Bearb. E. Salzmann, 1975.
Bd. 7   2. August bis 31. Dezember 1961, Bearb. G. Brewer, 1976.
Bd. 8   1. Januar bis 31. Dezember 1962, Bearb. H. Nilsson, 1977.
Bd. 9   1. Januar bis 31. Dezember 1963, Bearb. G. Brewer, W. John, 1978.
Bd. 10 1. Januar bis 31. Dezember 1964, Bearb. M.-L. Goldbach, E. Schumacher,
        1980.
Bd. 11 1. Januar bis 31. Dezember 1965, Bearb. M.-L. Goldbach, 1978.
Bd. 12 1. Januar bis 30. November 1966, Bearb. G. Schumacher, 1981.

V. Reihe 1. Dezember 1966 bis 20. Oktober 1969

Bd. 1   1. Dezember 1966 bis 5. ... Bearb. ... G. Holzweißig, 1984.
Bd. 2   ... Januar bis 31. Dezember 1967, Bearb. G. Schumacher, 1987.